AF540891

लाल किताब

उर्दू में लिखी गयी ज्योतिष की प्राचीन एवं दुर्लभ पुस्तक

लाल किताब (لال کتاب)

का हिन्दी रूपान्तर

पंडित चंद्रेश कौशिक

पुस्तक महल®

प्रशासनिक कार्यालय एवं विक्रय केन्द्र
J-3/16, दरियागंज, नई दिल्ली-110002
☎ 011-23276539, 23272783, 23272784, 23260518
E-mail: info@pustakmahal.com
Website: www.pustakmahal.com

शाखाएं

बंगलुरू: ☎ 080-22234025, 40912845
E-mail: pustakmahalblr@gmail.com

ISBN 978-81-223-1426-7

संस्करण : 2026

मुद्रक: ग्लोरियश प्रिंटर्स, दिल्ली

समर्पण

मैं अपनी माता सावित्री देवी शर्मा के स्नेहपूर्ण आशीर्वाद से ही इस किताब को आप लोगों के समक्ष लाने में सफल हुआ हूँ। अतः इस पुस्तक को मैं अपनी माता के श्रीचरणों में समर्पित करता हूँ।

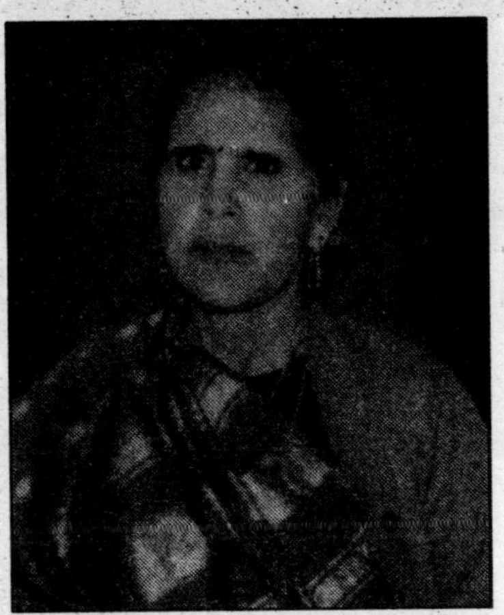

श्री कृष्णाष्टकम्

वसुदेव सुतं देवं कंस चाणूर मर्दनम् ।
देवकी परमानन्दं कृष्णं वन्दे जगद्गुरुम् ॥
अतसी पुष्प सङ्काशं हार नूपुर शोभितम् ।
रत्न कङ्कण केयूरं कृष्णं वन्दे जगद्गुरुम् ॥
कुटिलालक संयुक्तं पूर्णचन्द्र निभाननम् ।
विलसत् कुण्डलधरं कृष्णं वन्दे जगद्गुरुम् ॥
मन्दार गन्ध संयुक्तं चारुहासं चतुर्भुजम् ।
बर्हि पिंछाव चूडाङ्गं कृष्णं वन्दे जगद्गुरुम् ॥
उत्फुल्ल पदमपत्राक्षं नील जीमूत सन्निभम् ।
यादवानां शिरोरत्नं कृष्णं वन्दे जगद्गुरुम् ॥
रुक्मिणी केलि संयुक्तं पीताम्बर सुशोभितम् ।
अवाप्त तुलसी गन्धं कृष्णं वन्दे जगद्गुरुम् ॥
गोपिकानां कुचद्वन्द कुङ्कुमाङ्कित वक्षसम् ।
श्रीनिकेतं महेष्वासं कृष्णं वन्दे जगद्गुरुम् ॥
श्रीवत्साङ्कं महोरस्कं वनमाला विराजितम् ।
शङ्खचक्र धरं देवं कृष्णं वन्दे जगद्गुरुम् ॥
कृष्णाष्टक मिदं पुण्यं प्रातरुत्थाय यः पठेत् ।
कोटिजन्म कृतं पापं स्मरणेन विनश्यति ॥

अनुक्रमणिका

भूमिका

लाल किताब मूलतः भृगु–संहिता एवं ज्योतिष–रत्नाकर जैसे ग्रन्थों की तरह ही फलित–ज्योतिष पर आधारित एक महाग्रन्थ है। लाल किताब की फलित–पद्धति कोई नई पद्धति नहीं है अपितु इसका आधार भृगु–संहिता ही है। इसके सिद्धान्त एवं नियम दूसरे ग्रन्थों से भिन्न एवं सहज हैं। लाल किताब किसी भी ग्रन्थ की कोई आलोचना नहीं करती बल्कि स्वयं के द्वारा निर्धारित सिद्धान्तों को ही वरीयता प्रदान करते हुए फलादेश करती है। इसके सिद्धान्त फरमानों के रूप में अंकित हैं। लाल किताब के सिद्धान्त कितने पुराने हैं, इस सम्बन्ध में कुछ ज्यादा ठोस प्रमाण तो मौजूद नहीं हैं परन्तु इस ग्रन्थ पर सन् 1939 ई० के लगभग कार्य अवश्य हुआ था। उस समय भारतवर्ष में प्रचलित साधारण एवं लोकप्रिय भाषा मूलतः उर्दू एवं फारसी ही थी इसीलिए शायद टीकाकारों ने इस ग्रन्थ को उर्दू एवं फारसी भाषा में अनुवाद करना श्रेयस्कर समझा, जो निःसन्देह उचित भी था। इस दौर के प्रख्यात ज्योतिर्विद पंडित रूप चन्द्र जोशी को भी लाल किताब का लेखक माना जाता है, जिन्होंने सर्वप्रथम लाल किताब को उर्दू भाषा में प्रकाशित करवाया। लाल किताब की वर्तमान में उपलब्ध प्रतिलिपि में उर्दू, फारसी, पंजाबी एवं देसी भाषाओं का मिश्रित प्रभाव देखने को मिलता है। वर्तमान परिप्रेक्ष्य में उर्दू एवं फारसी भाषाएं ज्यादा प्रचलन में न होने के कारण लाल किताब के ये दुर्लभ सिद्धांत लुप्त होने के कगार पर हैं। इस पुस्तक को लिखने का मुख्य उद्देश्य यह भी है कि इस दुर्लभ विधा को सहज भाषा एवं मूलरूप में ज्योतिष के जिज्ञासु पाठकों तक पहुंचाया जा सके, जिससे लाल किताब महाग्रन्थ की इस दुर्लभ विधा के अस्तित्त्व को बचाया जा सके।

संभवतः इस पुस्तक को पढ़ते समय पाठकों को बहुत से शब्द एवं वाक्य अटपटे एवं क्लिष्ट लगें परन्तु हमारा प्रथम उद्देश्य लाल किताब के मूल–स्वरूप को पाठकों तक पहुंचाना था, इस कारण उन शब्दों व वाक्यों को यथावत रखा गया है साथ ही पाठकों की सुविधा को ध्यान में रखते हुए प्रत्येक क्लिष्ट शब्द का हिन्दी अनुवाद भी साथ में दिया गया है। मैंने अपनी जानकारी में पुस्तक के मूल–स्वरूप से कोई छेड़छाड़ नहीं की है। जिस स्थान पर आवश्यक समझा वहां पर अलग से व्याख्या ज़रूर प्रस्तुत की है। पुस्तक के प्रत्येक बिन्दु को मैंने अधिक से अधिक स्पष्ट करने का प्रयास किया है, कहीं–कहीं पर अपनी लेखनी को मौन भी रखना पड़ा है। निःसन्देह लाल किताब जैसे महाग्रन्थ का पार पाना साधारण मनुष्य की क्षमता से बाहर की बात है, इसलिए मैंने भी इस ग्रन्थ की जितनी व्याख्या की है वह ग्रन्थ की अलौकिकता की तुलना में तुच्छ ही है। लाल किताब में ज्योतिष के साथ–साथ सामुद्रिक–शास्त्र और वास्तुशास्त्र का भी अद्भुत संगम देखने को मिलता है। निःसन्देह ज्योतिष, सामुद्रिक एवं वास्तुशास्त्र को आपस में जोड़कर, एक–दूसरे के पूरक बनाने का श्रेय लाल किताब को ही जाता है। लाल किताब के अलावा ऐसा अन्य कोई ग्रन्थ नहीं है, जिसमें इन तीनों विधाओं का एक साथ संगम देखने को मिलता हो। भारतवर्ष में प्रचलित प्रमुख ज्योतिष ग्रन्थों गें शायद लाल किताब ही एक ऐसा एकाकी ग्रन्थ है जो फलादेश के साथ–साथ, समय रहते बुरे परिणामों का उपाय भी प्रस्तुत

करता है। अब तक प्राप्त ज्योतिष के किसी भी ग्रन्थ में जातकों के लिए इतना सूक्ष्म-विचार करके उपाय प्रस्तुत नहीं किए गए हैं, जितना कि लाल किताब में वर्णन मिलता है। इससे भी अधिक महत्त्वपूर्ण बिन्दु यह है कि ये उपाय इतने सरल और सहज हैं कि निर्धन से निर्धन और व्यस्त से व्यस्त व्यक्ति भी इन उपायों को आसानी से कर सकता है। इन उपायों की विशेषता यह भी है कि सही उपाय करने के तुरन्त बाद जातक को अवश्य ही लाभ होता है। यह मेरा व्यक्तिगत अनुभव भी रहा है कि मैंने अभी तक लाल किताब के जितने उपाय लोगों को बताए उनसे लगभग सभी को लाभ हुआ है। खैर, जो कुछ भी हो परन्तु महत्त्वपूर्ण यह है कि जो पद्धति लाभदायक है उसे अधिक से अधिक लोगों तक पहुंचाया जाना चाहिए और यही हमारा उद्‌देश्य भी है। "Knowledge for All"।

''सर्वे भवन्तु सुखिनः, सर्वे सन्तु निरामयाः।
सर्वे भद्राणि पश्यन्तु, मा कश्चित् दुःख भाग भवेत्॥''

इस पुस्तक की कमियों और विशेषताओं पर आपकी प्रतिक्रिया का सदैव इंतजार रहेगा। कृपया पत्र व्यवहार इसी पते पर करें।

आपका

पंडित चन्द्रेश कौशिक

पता- 1. 131 रघुवीर पुरम, गढ़ी भदौरिया
(महल के सामने) आगरा।

2. 44/47 नारी शिल्प मन्दिर मार्ग,
चकराता रोड़, देहरादून।

मोबाइल नम्बर- (+91) 9927778811
E-mail: kaushik.chandresh479@gmail.com
Website: www.hindustanastro.com

विषय–प्रवेश

लाल किताब में प्रयुक्त महत्त्वपूर्ण शब्द

विषय की शुरुआत करने से पूर्व, सर्वप्रथम महत्त्वपूर्ण ज्योतिषीय शब्दों का भाव समझ लेना अत्यन्त आवश्यक है। यहां पर कुछ ऐसे शब्दों से भी पाठकों का परिचय कराना मैं आवश्यक समझता हूं, जो समय के साथ–साथ व्यवहारिक वार्तालाप से पृथक हो चुके हैं।

उम्दा– उम्दा का अर्थ है– अच्छा। जब जनम–कुंडली में कोई ग्रह अच्छी स्थिति में स्थित हो तथा उस पर शत्रु ग्रहों की दृष्टि न हो या पापी ग्रहों या शत्रु ग्रहों का साथ न हो रहा हो तो वह उम्दा ग्रह कहलाता है। इसी तरह उम्दा "भाव" भी होता है, अगर कोई भाव (घर) पापी ग्रहों से पीड़ित न हो तो वह "उम्दा–खाना" कहलाता है। जिस ग्रह पर जितने शुभ प्रभाव होंगे वह उत्तरोत्तर उतना ही उम्दा होगा।

मंदा– मंदा का अर्थ है खराब। जब कोई ग्रह अच्छी स्थिति में न हो अर्थात् भाव या ग्रह से मित्र ग्रहों की दृष्टि, साथ या सम्बन्ध इत्यादि न बन रहा हो तो वह मंदा प्रभाव वाला घर (खाना) कहलाएगा। जिस ग्रह पर जितने अधिक अशुभ प्रभाव होंगे वह ग्रह उत्तरोत्तर उतना ही मंदा होता जाएगा।

उत्तम– किसी भी ग्रह या घर की उत्तमता का निर्णय उस ग्रह या भाव (घर) की अन्य ग्रहों से मित्रता या शत्रुता पर निर्भर करता है परन्तु सम्बन्धित ग्रह, उस ग्रह या भाव पर प्रत्यक्ष या अप्रत्यक्ष रूप से प्रभाव डाल रहा हो। किसी ग्रह या भाव पर जितने अधिक मित्र ग्रहों का प्रभाव होगा वह उतना ही उत्तम होगा। जो ग्रह हर तरह से शुभ प्रभावों से युक्त हो वह उत्तम ग्रह कहलाता है।

रद्दी– रद्दी शब्द का अभिप्राय खराब होने से है। कोई ग्रह अगर अपने दुश्मन या पापी ग्रहों से बहुत ज्यादा पीड़ित है और इतना खराब हो रहा है कि वह स्वयं के मित्र ग्रहों के लिए भी खतरा बन रहा है अथवा जहां पर उस ग्रह का प्रभाव पड़ रहा है उसे भी खराब कर रहा है तो इस स्थिति में कहा जाएगा कि ग्रह रद्दी है।

बरबाद– अगर कोई ग्रह दुश्मन या पापी ग्रहों से इतना खराब हो रहा है कि वह स्वयं अकर्मण्यता की स्थिति में पहुंच गया है तो वह ग्रह बरबाद कहलाएगा। ऐसा ग्रह अपना बुरा तो करता ही है साथ ही जो कोई दूसरा ग्रह या घर भी उसके प्रभाव में आता है वह भी इसके बुरेपन से बच नहीं पाएगा। ऐसा ग्रह नष्टी ग्रह भी कहलाता है।

नेक– ऐसा ग्रह जो शुभ हो और जिस पर भी प्रभाव डाले उस पर शुभ ही प्रभाव डाले और शुभत्व ही करे, नेक ग्रह कहलाता है।

बद– बद का अर्थ है बुरा अर्थात् अशुभ प्रभाव वाला। निश्चित रूप से ऐसा ग्रह जिस ग्रह या भाव (घर) पर अपना प्रभाव डालेगा उसका बुरा ही करेगा। ग्रहों में सिर्फ मंगल ग्रह को ही लाल किताब ने मंगल–नेक और मंगल–बद की संज्ञा दी है। जब सूरज–बुध एक साथ एक ही घर में बैठे हों तो मंगल को, मंगल–नेक कहेंगे और अगर सूरज–शनि एक साथ एक ही घर में बैठे हों तो मंगल को मंगल–बद कहेंगे।

निकम्मा– ऐसा ग्रह जो दुश्मन या पापी ग्रहों से इतना पीड़ित हो कि वह न तो शुभ और न ही अशुभ प्रभाव दे सकने के काबिल हो तो वह निकम्मा ग्रह कहलाता है।

भला– ऐसा ग्रह या घर जो हमेशा, शुभ प्रभाव ही देने वाला हो तो वह 'भला' ग्रह कहलाता है।

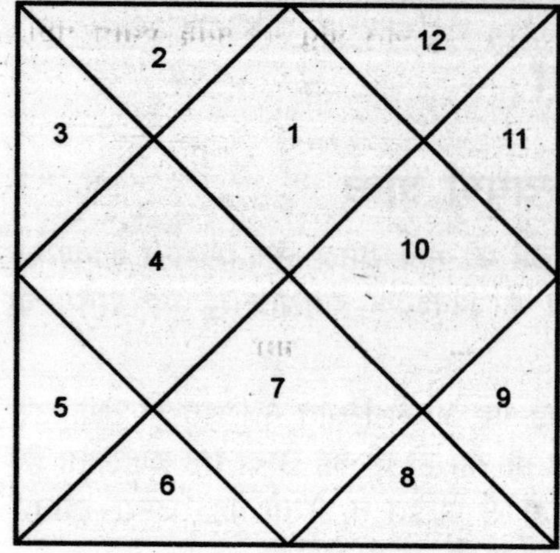

टेवा– टेवा का अर्थ है जनमपत्रिका। जनम के समय पर आकाश में ग्रहों की स्थिति की सम्पूर्ण गणना जनमपत्रिका में अंकित कर ली जाती है। यह जनमपत्रिका ही टेवा है। टेवा सामान्यतः बारह खानों में नौ ग्रहों की स्थिति की गणना को प्रदर्शित करने का सिद्धान्त है।

यह बारह खानों की आकृति है, इसमें नौ ग्रहों को किसी निश्चित समय को आधार मानकर, पंचांग के सिद्धान्त के अनुसार बैठा दिया जाए तो वह टेवा कहलाएगा।

लगन– ऊपर दिए गए टेवे में जहां पर अंक 1 लिखा है उसे खाना नंबर 1 या लगन (लग्न) कहेंगे यह उच्चारण "लगन" सिर्फ उसी स्थिति में प्रयुक्त होगा जब यह बारह खानों की आकृति टेवा (जनमपत्रिका या जनमांक) हो।

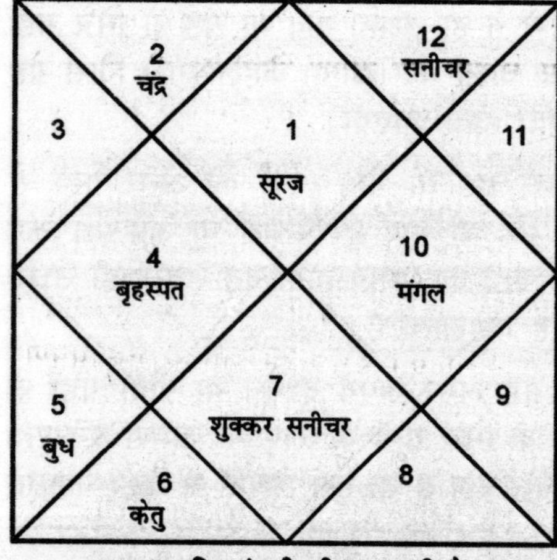

यह आकृति कुंडली भी कहलाती है।

तख़्त– लाल किताब में फलादेश करने के लिए अद्‌भुत पद्धति का प्रयोग हुआ है जिसे वर्षफल कहते हैं। इस पद्धति का विस्तारपूर्वक वर्णन फरमान नंबर 13 में मिलेगा। वर्षफल के अनुसार जो टेवा तैयार किया जाता है उसे वर्षकुंडली कहा जाता है। इस वर्षकुंडली में लगन वाले स्थान अर्थात् खाना नंबर 1 (जहां अंक 1 लिखा है) को तख़्त कहते हैं।

पाप, पापी या बहैसियत पापी– लाल किताब में पापत्व को बहुत अधिक महत्त्व दिया गया है। इसमें तीन तरह के पापत्व बताए गए हैं। जहां भी 'पाप' शब्द का प्रयोग हो रहा है वहां पर अभिप्राय राहु और केतु नामक दो ग्रहों से होगा और जहां "पापी" शब्द का प्रयोग हुआ है वहां पर राहु–केतु और "बहैसियत पापी सनीचर" तीन ग्रहों से अभिप्राय होगा। लाल किताब में सनीचर और शुक्कर दो इस तरह के ग्रह बताए गए हैं जो अपनी हैसियत के अनुसार फल करेंगे। सनीचर, पापी ग्रहों में तभी शामिल होगा जब वह पापी–हैसियत का हो अर्थात् बुरे और खराब ग्रहों से सम्बन्ध बना रहा हो।

सामुद्रिक– सामुद्रिक, भविष्य कथन की सबसे पुरानी विधा है। सामुद्रिक–शास्त्र के अन्तर्गत मानव के शरीर एवं हाव–भावों के आधार पर फलादेश किए जाते हैं। हस्तरेखा–शास्त्र भी सामुद्रिक–शास्त्र का ही एक अंग है। सामुद्रिक को फ़ारसी में "क़ियाफ़ा" के नाम से जाना जाता है।

ग्रह मुश्तरका– जब टेवे में दो या दो से अधिक ग्रहों की युति हो तो यह मुश्तरका (इकट्‌ठा) स्थिति कहलाती है। मुश्तरका स्थिति, दृष्टि, युति, या साझी दीवार (दो खानों की एक दीवार) के सिद्धान्त पर भी हो सकती है।

हस्तरेखा– हस्तरेखा–शास्त्र में फलादेश करने के लिए दो आधार होते हैं।

(i) ख़त– ख़त का अर्थ होता है रेखा या लाइन।

(ii) बुर्ज़– बुर्ज़ का अर्थ होता है, पर्वत। हथेली पर आठ बुर्ज़ों के स्थान होते हैं जो क्रमशः, बृहस्पत, सूरज, चन्द्र, शुक्कर, मंगल–नेक, मंगल–बद, बुध, सनीचर हैं। हथेली में राहु और केतु को कोई स्थान नहीं दिया गया है।

ग्रहों के नाम– लाल किताब में मूलतः नौ ग्रहों को आधार मानकर फलादेश के नियम दर्शाए गए हैं। क्रमानुसार इनके नाम इस प्रकार हैंः–

बृहस्पत	–	गुरु	सूरज	–	सूरज
चन्द्र	–	चन्द्र	शुक्कर	–	शुक्र
मंगल	–	मंगल	बुध	–	बुध
सनीचर	–	सनीचर	राहु	–	राहु
केतु	–	केतु			

लाल किताब में ग्रहों का उपर्युक्त क्रम ही ग्रहण किया गया है।

समय निर्धारण– लाल किताब में समय निर्धारण करने के लिए एक पृथक पद्धति को ग्रहण किया गया है। अगर टेवे (जनमपत्रिका) में फलादेश करने पर ज्ञात होता है कि अमुक घटना घटित होगी तो इस फलादेश का वास्तविक लाभ व्यक्ति को तभी मिलेगा जब इस घटना का समय निर्धारण भी हो सके अर्थात् घटना कब घटित होगी?

इस प्रश्न की गूढ़ता को सुलझाने के लिए लाल किताब में दो सिद्धान्त दिए गए हैं–

1. ग्रहों की उम्र 2. वर्षफल कुंडली

(1) ग्रहों की उम्र– लाल किताब में प्रत्येक ग्रह की उम्र, फरमान नंबर–6 के शीर्षक "ग्रहों की मियाद" के अंतर्गत दी गई है जो पुस्तक का सबसे महत्त्वपूर्ण एवं सैद्धान्तिक पक्ष है। इसमें भी अधिक महत्त्वपूर्ण ग्रहों के "आम साल" नामक बिन्दु हैं। ग्रहों के 'आम साल' इस प्रकार दिए गए हैं।

(1) बृहस्पत – 16	(5) मंगल–नेक – 13	(8) सनीचर – 36
(2) सूरज – 22	(6) मंगल–बद – 15	(9) राहु – 42
(3) चन्द्र – 24	(7) बुध – 34	(10) केतु – 48
(4) शुक्कर – 25		

मंगल की आम उम्र– 28 साल, राहु–केतु की मुश्तरका (इकट्‌ठी) उम्र– 45 साल है। उपर्युक्त दी गई उम्र (आयु) ग्रहों की बुनियादी उम्र हैं। लेकिन सूक्ष्म विवेचन के लिए इसी उम्र में गणना करके ग्रहों की विस्तृत आयु प्राप्त की जा सकती है। इसके लिए निम्न गणनायें करनी होंगी।

(1) ग्रह की उम्र × ½ (3) ग्रह की उम्र × 2

(2) ग्रह की उम्र × ¾ (4) ग्रह की उम्र × 4

उदाहरणार्थ, अगर हमें बृहस्पत की उम्र ज्ञात करनी है, तो उपर्युक्त नियम प्रयोग करेंगे। अर्थात्

$16 \times \frac{1}{2} = 8$ $16 \times \frac{3}{4} = 12$

$16 \times 2 = 32$ $16 \times 4 = 64$

अर्थात् बृहस्पत के कारण घटित होने वाली किसी भी घटना में अगर बृहस्पत की दशा में फल मिलना है तो कह सकते हैं कि "टेवे वाले इंसान को उम्र के आठवें, बारहवें, सोलहवें, बत्तीसवें एवं चौसठवें साल में बृहस्पत का उम्दा या मंदा फल मिलेगा।" अगर ज्यादा सूक्ष्म विवेचना में जाना चाहें तो गणना का एक दूसरा तरीका यह भी है कि जिस भी ग्रह की जो उम्र हो उसको 2 से भाग देते चले जाएं, वह ग्रह की उम्र होगी। उदाहरणार्थ– बृहस्पत की उम्र $16 \times ½ = 8 \times ½ = 4 \times ½ = 2 \times ½ = 1$ इत्यादि अर्थात् बृहस्पत की उम्र 16, 8, 4, 2, 1 साल होगी। दोनों सिद्धान्तों को संयुक्त करके देखें तो बृहस्पत की उम्र इंसान की उम्र में 1, 2, 4, 8, 12, 16, 32, 64, 128 साल होगी। इसी तरह दूसरे ग्रहों की उम्र की भी गणना कर सकते हैं। अगर ग्रहों के आधार पर दिनों की गणना भी करनी हो तो यही सिद्धान्त लागू होगा। अर्थात् इस गणना के द्वारा घटना के घटित होने का वर्ष मालूम किया जा सकता है।

(2) वर्षफल कुंडली– घटित होने वाली घटना का समय निर्धारण करने का यह दूसरा सिद्धान्त है। इस सिद्धान्त की विवेचना फरमान नंबर 13 में विस्तारपूर्वक की गई है। इस सिद्धान्त में पहले फलादेश करने वाला साल निर्धारित कर लिया जाता है, उसके आधार पर प्रत्येक ग्रह की टेवे में स्थिति के अनुसार एक कुंडली तैयार कर ली जाती है, जिस कुंडली से उस वर्ष घटित होने वाली नेक या मंदी घटनाओं का निर्धारण सूक्ष्मता से किया जाता है। वर्षफल कुंडली बनाने के लिए फरमान नंबर 13 में अलग से सारिणी दी हुई है। इस सारिणी के द्वारा टेवे के माध्यम से वर्षफल कुंडली बनाई जा सकती है। जैसे– टेवे में ग्रहों की स्थिति इस प्रकार हैं।

माना – बृहस्पत – खाना नंबर – 12 सूरज – खाना नंबर – 11
चन्द्र – खाना नंबर – 1 शुक्कर – खाना नंबर – 9
मंगल – खाना नंबर – 1 बुध – खाना नंबर – 10
सनीचर – खाना नंबर – 12 राहु – खाना नंबर – 11
केतु – खाना नंबर – 5

अब अगर हमें किसी व्यक्ति की वर्षफल कुंडली बनानी है तो मात्र फरमान नंबर 13 में दी गई फेहरिस्त वर्षफल में उम्र के कॉलम (प्रथम स्तम्भ) में उस वर्ष की रेखा (लाइन) को देखें, जिस वर्ष की कुंडली आप देखना चाहते हैं। अब माना कि हमें तैंतीसवें साल की वर्ष कुंडली बनानी है। अब देखें कि फेहरिस्त (सारिणी) में तैंतीसवें साल के सामने बारह खाने बने हैं, ये खाने कुंडली के बारह खाने दर्शाते हैं। जिनका क्रम भी कुंडली के अनुसार ही है परन्तु इनमें लिखे हुए अंक टेवे के खानों को दर्शाएंगे। सिद्धान्त स्पष्ट है।

उदाहरण द्वारा समझें– तैंतीसवें वर्ष की फेहरिस्त वर्षफल

खाना नंबर	1	2	3	4	5	6	7	8	9	10	11	12
ग्रहों की स्थिति	12	2	6	10	8	3	9	1	5	7	4	11

इसे यूं भी समझ सकते हैं कि

खाना नंबर = वर्षकुंडली के अंक
ग्रहों की स्थिति = जनम–कुंडली (टेवा) का खाना नंबर (ग्रहों सहित)

अर्थात्–	बृहस्पत	–	खाना नंबर	–	11
	सूरज	–	खाना नंबर	–	4
	चन्द्र	–	खाना नंबर	–	12
	शुक्कर	–	खाना नंबर	–	5
	मंगल	–	खाना नंबर	–	12
	बुध	–	खाना नंबर	–	7
	सनीचर	–	खाना नंबर	–	11
	राहु	–	खाना नंबर	–	4
	केतु	–	खाना नंबर	–	8

अब टेवे के अनुसार वर्षकुंडली का निर्माण हो चुका है। इससे तैंतीसवें साल का फलादेश आसानी से उसी तरह किया जा सकता है जैसे साधारण कुंडली पर विचार करके फलादेश किया जाता है।

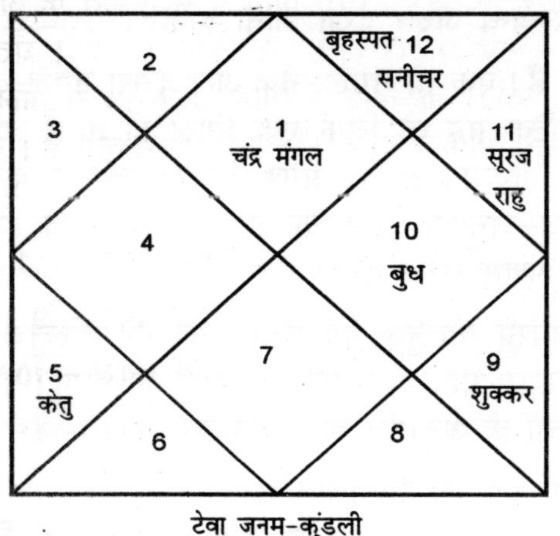

टेवा जनम-कुंडली

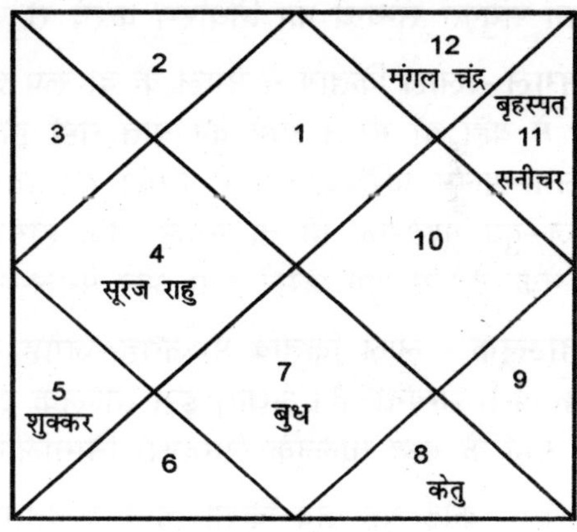

तैंतीसवें साल की कुंडली

अगर इस साल के अन्तर्गत भी सूक्ष्मता तक जाने की आवश्यकता समझें तो हर साल के तीन हिस्से करके चार–चार महीनों के टुकड़े में बांट दें। फिर फरमान नंबर 6 में दी हुई "दरमियानी ग्रह की सारिणी" से प्रत्येक खाने में तीन ग्रहों के प्रभाव को अलग–अलग ज्ञात कर लें। उदाहरणार्थ वर्षफल कुंडली के अनुसार अगर बृहस्पत खाना 11 पर आया तो बृहस्पत के प्रथम चार महीने– केतु का प्रभाव, द्वितीय चार महीने– बृहस्पत का प्रभाव और अन्तिम चार महीने– सूरज का प्रभाव होगा। ये प्रभाव खाना नंबर 11 पर बृहस्पत का माना जाएगा। ध्यान रहे कि कोई ग्रह टेवे में जिस किसी खाने में हो, वर्षफल कुंडली के उसी खाने में उसके दोस्त ग्रह आ जाएं तो उम्दा असर होगा और अगर दुश्मन ग्रह आ जाएं तो मंदा असर होगा।

मुकर्रर (निर्धारित) खाने

लाल किताब ने टेवे के बारह के बारह खानों को किसी न किसी ग्रह के लिए (निश्चित असर के लिए) निर्धारित किया हुआ है। उसी के अनुसार सम्बन्धित व्यक्ति पर ग्रहों का असर होता है। इसमें जिन चार पदवियों को बहुत अधिक महत्त्व दिया गया है। वे इस प्रकार हैं।

1. मालिक ग्रह – ग्रह खाने की राशि का मालिक होता है।
2. उच्च ग्रह – यह अपने खाने में बैठकर शुभ एवं उच्च फल देता है।

3. नीच ग्रह – यह अपने खाने में बैठकर खराब फल देता है।

4. पक्का घर – प्रत्येक ग्रह का पक्का घर सैद्धान्तिक रूप से निर्धारित होता है। अपने पक्के घर में बैठकर प्रत्येक ग्रह शुभ, नेक और उम्दा फल ही देता है, कभी इंसान का अहित नहीं करता।

पितृ ऋण– पितृ ऋण बृहस्पत के कारण होता है और इसके कारक खाने, खाना नंबर 2, 5, 9, 12 हैं। अर्थात् जब बृहस्पत खाना नंबर 2, 5, 9, 12 में बैठ जाए तो पितृ ऋण होगा। विस्तृत विवरण देखें फरमान नंबर 8, पितृ ऋण।

ग्रहण– टेवे (जनम–कुंडली) में ग्रहण दो प्रकार के होते हैं। जब सूरज और राहु दोनों मुश्तरका (इकट्ठे) हो जाएं तो सूर्यग्रहण और जब चन्द्र तथा केतु मुश्तरका हो जाएं तो चन्द्रग्रहण होगा। मुश्तरका होने का अर्थ केवल इस बात से भी लगा लेना पर्याप्त न होगा कि कोई भी ग्रह एक साथ बैठे हैं या नहीं बल्कि ज्योतिष की किसी भी गणना में सबसे अधिक महत्त्वपूर्ण तथ्य "दृष्टि–सिद्धान्त" होता है इसलिए मुश्तरका संयुक्त सम्बन्ध का निर्धारण करने से पूर्व दृष्टि–सम्बन्ध जरूर देखा जाना चाहिए।

मंगल– लाल किताब ने मंगल के दो रूप प्रस्तुत किए हैं। एक तो मंगल–नेक और दूसरा मंगल–बद। वास्तव में यहां दो मंगल ग्रहों की बात नहीं हो रही है बल्कि ग्रह तो सिर्फ एक मंगल ही होगा लेकिन दो अलग–अलग परिस्थितियों में मंगल का स्वभाव बदल जाएगा। अर्थात् अगर टेवे या वर्षफल कुंडली में सूरज–बुध मुश्तरका हों तो मंगल, नेक होगा और सूरज–सनीचर, मुश्तरका हों तो मंगल–बद होगा। मंगल–नेक, टेवे में शुभ असर देगा और मंगल–बद टेवे में अशुभ असर देगा।

ताल्लुक– लाल किताब में जगह–जगह ग्रहों के आपसी ताल्लुक का जिक्र हुआ है। ताल्लुक का शाब्दिक अर्थ 'सम्बन्ध' है। अर्थात् इस ताल्लुक शब्द से अभिप्राय ग्रहों के आपसी सम्बन्धों का होगा। दो या अधिक ग्रहों के मध्य ताल्लुक (सम्बन्ध) निम्नलिखित सिद्धान्तों के अन्तर्गत हो सकते हैं।

(1) कोई ग्रह जब किसी खाने में बैठता है तो उस ग्रह का सम्बन्धित खाने के मालिक ग्रह और पक्के घर के मालिक ग्रह से सम्बन्ध बन जाता है। ध्यान रहे कि प्रत्येक खाने का मालिक ग्रह और पक्के घर का मालिक ग्रह स्थायी रूप से मुकर्रर है। देखें फरमान नंबर 6, "ग्रह और राशि का बाहमी (आपसी) ताल्लुक"।

(2) एक ग्रह का दूसरे ग्रह से दृष्टि–सिद्धान्त के अन्तर्गत भी ताल्लुक बनता है। देखें फरमान नंबर 8।

(3) दो ग्रह बराबर–बराबर वाले घरों में बैठकर पड़ोसी ग्रह के रूप में भी ताल्लुक बनाते हैं।

(4) प्रत्येक ग्रह की दूसरे ग्रह से दोस्ती या दुश्मनी या फिर समता स्थायी रूप से मुकर्रर है। यही दोस्ती और दुश्मनी उनके आपसी ताल्लुक के आधार हैं। परन्तु ये सिद्धान्त ताल्लुक होने के बाद नेक या बद (अच्छा या बुरा) प्रभाव का आधार होगा।

(5) सूक्ष्मता से अवलोकन करने पर ज्ञात होगा कि मकान में वस्तुओं की स्थिति के अनुसार भी इंसान के ग्रह उससे अच्छा या बुरा ताल्लुक बनाते हैं। देखें फरमान नंबर 16 एवं 17।

मस्नूई ग्रह– मस्नूई का शाब्दिक अर्थ है "बनावटी" अर्थात् जब दो ग्रह मुश्तरका (इकट्ठे) होकर एक दूसरे के स्वभाव का आदान–प्रदान करके एक ऐसे स्वभाव का निर्माण करते हैं जो स्वभाव मूल रूप से विद्यमान नौ ग्रहों में से किसी एक से हू–ब–हू मिलता हो तो ऐसी स्थिति में इन दोनों ग्रहों के जोड़े को उस ग्रह का नाम देते हुए मस्नूई की उपाधि दे दी जाती है। ये मस्नूई ग्रह लाल किताब में सैद्धान्तिक

रूप से पूर्व निर्धारित हैं। लाल किताब के अनुसार किन–किन ग्रहों के संयोग से किस मस्नूई ग्रह का निर्माण होता हैं। इसका विवरण निम्न प्रकार से है–

(1)	सूरज–शुक्कर मुश्तरका	–	मस्नूई बृहस्पत
(2)	बुध–शुक्कर मुश्तरका	–	मस्नूई सूरज
(3)	सूरज–बृहस्पत मुश्तरका	–	मस्नूई चन्द्र
(4)	राहु–केतु मुश्तरका	–	मस्नूई शुक्कर
(5)	सूरज–बुध मुश्तरका	–	मस्नूई मंगल–नेक
(6)	सूरज–सनीचर मुश्तरका	–	मस्नूई मंगल–बद
(7)	बृहस्पत–राहु मुश्तरका	–	मस्नूई बुध
(8)	शुक्कर–बृहस्पत मुश्तरका	–	मस्नूई सनीचर (केतु स्वभाव)
(9)	मंगल–बुध मुश्तरका	–	मस्नूई सनीचर (राहु स्वभाव)
(10)	मंगल–सनीचर मुश्तरका	–	मस्नूई राहु (उच्च)
(11)	सूरज–सनीचर मुश्तरका	–	मस्नूई राहु (नीच)
(12)	शुक्कर–सनीचर मुश्तरका	–	मस्नूई केतु (उच्च)
(13)	चन्द्र–सनीचर मुश्तरका	–	मस्नूई केतु (नीच)

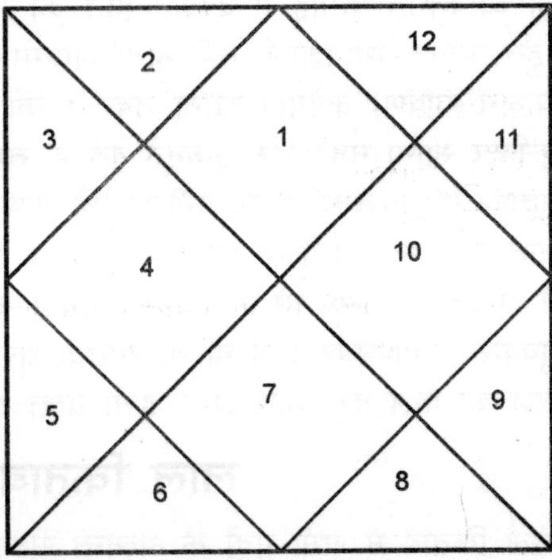

साझी दीवार– टेवे (कुंडली) की आकृति में एक खाने की तीन या चार दीवारें होती हैं। यहां खाना नंबर 1, 7, 4, 10 की चार दीवारें हैं और खाना नंबर 2, 3, 5, 6, 8, 9, 11, 12 की तीन दीवारें हैं, परन्तु तीन दीवारों वाले खानों के हमसाया (पड़ोसी) घर दो हैं। जैसे खाना नंबर 9 के हमसाया घर खाना नंबर 8, 10 हैं। इसी तरह ख़ाना नंबर 10 के हमसाया घर खाना नंबर 11, 1, 7, 9 हैं। गणना स्पष्ट है कि कोई भी खाना तभी किसी दूसरे घर (खाने) का हमसाया हो सकता है जब वह सम्बन्धित खाने से साझी–दीवार के सिद्धान्त पर जुड़ा हो। पुनः ध्यान दें– खाना नंबर 10 की चार दीवारें हैं जो कि खाना नंबर 11, 1, 7, 9 की एक–एक दीवारों से मिलकर बनी हैं यही दीवार खाना नंबर 10 और खाना नंबर 11 या 1 या 7 या 9 के मध्य ताल्लुक (सम्बन्ध) स्थापित करती हैं। दो खानों की इस एक दीवार को साझी दीवार कहते हैं और इन खानों में बैठे हुए ग्रहों को हमसाया (पड़ोसी) ग्रह कहते हैं।

लाल किताब उपाय के नियम

लाल किताब को "उपाय" के सम्बन्ध में विशेष पहचान मिली हुई है। परन्तु उपाय करते या करवाते वक्त हमेशा ध्यान रखें कि उपाय की अवधि ग्रहों की अवधि के अनुसार निर्धारित होनी चाहिए तथा अवधि के सम्बन्ध में किसी भी तरह की लापरवाही नहीं होनी चाहिए वरना किए गए उपाय का कोई फल जातक (टेवे वाले इंसान) को नहीं मिल सकेगा। फ़रमान नंबर 6 में, ग्रहों की मियादें (अवधि) शीर्षक में प्रत्येक ग्रह के दिन निर्धारित किए गए हैं। अतः उपाय उसी के अनुसार किए जाने चाहिए। सभी उपायों के लिए

चालीस–तैंतालीस दिन की अवधि ली जा सकती है। संभव हो तो प्रत्येक ग्रह का निर्धारित समय (टाइम) ज़रूर उपाय के वक्त ग्रहण करें। कोई भी उपाय रात के वक्त न करें और मांस–मदिरा से दूर रहें।

मच्छ रेखा और काग रेखा

''मच्छ रेखा'' और ''काग रेखा'' लाल किताब के योग हैं जो सनीचर की स्थिति से बनते हैं अर्थात् सनीचर ही इन दोनों योगों के घटित होने का कारक ग्रह है। मेष राशि में सनीचर तीन गुना मंदा (अशुभ) होता है क्योंकि यह इस राशि में नीच का होता है। सैद्धान्तिक रूप से जब सनीचर या शुक्कर खाना नंबर 1 (मेष राशि) में हो तो ''काग रेखा'' नामक योग घटित होता है। ऐसे वक्त टेवे वाले इंसान के माता–पिता चाहे राजघराने के मालिक ही क्यों न हों वे रंक हो जाते हैं। सब कुछ धीरे–धीरे मिट्टी हो जाता है, ऐसे में अगर बुध भी मंदा हो जाए तो इंसान की शिक्षा भी अधूरी रह जाती है। लेकिन अगर सातवां या दसवां घर खाली हो तो वही काग रेखा मच्छ रेखा बन जाती है। जब बुध या राहु–केतु (इनमें से कोई एक) खाना नंबर 7, 10 में हों तो सातवां घर खाली गिना जाएगा और जब सनीचर खाना नंबर 1 में हो और शुक्कर 7 या 9 में हो तो खाना नंबर 7 खाली गिना जाएगा। इसी तरह अगर सनीचर खाना नंबर 7 में (उच्च) हो तो भी खाना नंबर 7 खाली गिना जाएगा यानि जब सनीचर उच्च का हो तो मच्छ रेखा का उत्तम योग बनेगा। जब खाना नंबर 7, 10 खाली हों और मंगल 6 से 12 तक के घरों में से किसी घर में हो तो भी मच्छ–रेखा नामक योग टेवे (जनम–कुंडली) में बनेगा लेकिन मंगल से बनने वाले इस योग में इंसान के पास असीमित धन–दौलत होने की शर्त न होगी अथवा परिवार की बरकत (उन्नति) अथवा टेवे वाले इंसान की व्यक्तिगत कमाई में बरकत होने की भी कोई शर्त नहीं होगी। अर्थात् मंगल से बनने वाला यह योग बहुत ज्यादा प्रभावशाली नहीं माना जाएगा। मच्छ रेखा होने पर सनीचर इंसान की ईश्वर के समान पालना (पालन–पोषण) करेगा। खाना नंबर 1 का शुक्कर खज़ाने (साथ लाए हुए) का दाता होगा। शुक्कर और सनीचर खाना नंबर 7 में इकट्ठे बैठे हों तो मंदे ही गिने जाते हैं। इसी तरह अगर खाना नंबर 1 में बैठकर शुक्कर खाना नंबर 7 के सनीचर को देखता है तो टेवे वाले के रिश्तेदार कीड़े की तरह उसका धन खा जाते हैं। अगर सनीचर खाना नंबर 1, 4, 7, 10 (बंद मुठ्ठी के खानों में) का स्त्री ग्रहों (शुक्कर या चन्द्र) से सम्बन्ध हो जाए तो ऐसा सनीचर राहु–केतु का बुरा प्रभाव देगा। जब सनीचर खाना नंबर 7 में हो और शुक्कर खाना नंबर 1 में हो तो सातवां घर खाली ही गिना जाएगा अर्थात् खाना नंबर 1 का शुक्कर काग रेखा का फल देगा और अगर इसी वक्त खाना नंबर 7 खाली हो जाए तो मच्छ रेखा कहलाएगी।

लाल किताब के ग्रहों का सूक्ष्म परिचय

लाल किताब में सभी ग्रहों के अत्यन्त सूक्ष्म से सूक्ष्म वर्णन दिए गए हैं। जो सम्पूर्ण ग्रन्थ में अलग–अलग स्थानों पर प्रस्तुत हैं। पाठकों की सुविधा के लिए सभी ग्रहों के संक्षिप्त वर्णन प्रस्तुत किए जा रहे हैं।

बृहस्पत

मालिक ग्रह	खाना नंबर	9, 12
उच्च ग्रह	खाना नंबर	4
नीच ग्रह	खाना नंबर	10
पक्का घर	खाना नंबर	2, 5, 9, 11
भाग्य कारक	खाना नंबर	9, 11
ग्रह फल	खाना नंबर	5, 9, 11

राशि फल	खाना नंबर	6, 7
उम्दा घर	खाना नंबर	2, 5, 8, 9, 12
मंदा घर	खाना नंबर	6, 7, 10
दुश्मन ग्रह		शुक्कर, बुध
दोस्त ग्रह		सूरज, मंगल, चन्द्र
सम ग्रह		राहु, केतु, सनीचर
रंग		पीला
मस्नूई ग्रह		सूरज+शुक्कर
दिन		32 दिन
उम्र के साल		75 साल
आम साल		16 साल (1, 2, 4, 8, 12, 16, 32, 64 साल)
महादशा साल		16 साल
35 साल चक्र में साल		6 साल
समय		सूर्योदय से सुबह 8 बजे तक
पेशा		पूजा–पाठ, सुनार, ब्राह्मण, सोने का काम, पुजारी
बीमारी		सांस की बीमारी
धातु		सोना, पुखराज
शरीर के अंग		गर्दन
चेहरे के अंग		नाक
पशु		शेर बब्बर या शेरनी
वृक्ष		पीपल
अनाज		चने की दाल, हल्दी, केसर
वार		गुरुवार
रिश्तेदार		बाप, दादा
तत्त्व		हवा (सांस)
लिंग		नर
पूजन		हरि–पूजन
दान		चना दाल, सोना
देवता		ब्रह्मा

सूरज

मालिक ग्रह	खाना नंबर	5
उच्च ग्रह	खाना नंबर	1
नीच ग्रह	खाना नंबर	7
पक्का घर	खाना नंबर	1
भाग्य कारक	खाना नंबर	5
ग्रह फल	खाना नंबर	5
राशि फल	खाना नंबर	6, 7
उम्दा घर	खाना नंबर	1, 5, 8, 9, 11, 12
मंदा घर	खाना नंबर	6, 7, 10

दुश्मन ग्रह	शुक्कर, सनीचर, राहु से ग्रहण, केतु
दोस्त ग्रह	बृहस्पत, मंगल, चन्द्र
सम ग्रह	बुध, सूरज के साथ चुप होगा
रंग	गेहुंआ, तांबाई
मस्नूई ग्रह	बुध+शुक्कर
दिन	22 दिन
उम्र के साल	100 साल
आम साल	22 साल (5.5, 11, 16.5, 22, 44, 88 साल)
महादशा साल	6 साल
35 साल चक्र में साल	2 साल
समय	सुबह 8 से 10
पेशा	क्षत्रिय, राजपूत
बीमारी	बुखार, सिर दर्द, नेत्र विकार
धातु	तांबा, माणिक्य
शरीर के अंग	पूरा शरीर
चेहरे के अंग	दायां भाग, हड्डियां, दायीं आंख
पशु	बंदर, गाय (कपिला), पहाड़ी गाय
वृक्ष	तेजबल
अनाज	गुड़, बाजरा
वार	रविवार
रिश्तेदार	स्वयं का शरीर
तत्त्व	प्रदीप्तवान, तेज, आत्मा
लिंग	नर
पूजन	कथा– हरिबन्स
दान	गेहूं, तांबा
देवता	विष्णु

चन्द्र

मालिक ग्रह	खाना नंबर	4
उच्च ग्रह	खाना नंबर	2
नीच ग्रह	खाना नंबर	8
पक्का घर	खाना नंबर	4
भाग्य कारक	खाना नंबर	2, 4, 8
ग्रह फल	खाना नंबर	4
राशि फल		कोई नहीं
उम्दा घर		1, 2, 3, 4, 5, 7, 9
मंदा घर		6, 8, 10, 11, 12

दुश्मन ग्रह	केतु से ग्रहण, राहु से मद्धम
दोस्त ग्रह	सूरज, बुध
सम ग्रह	शुक्कर, सनीचर, मंगल, बृहस्पत
रंग	दूध जैसा सफेद
मस्नूई ग्रह	सूरज+बृहस्पत
दिन	24 दिन
उम्र के साल	85 साल
आम साल	24 साल (3, 6, 12, 18, 24, 48, 96 साल)
महादशा साल	10 साल
35 साल चक्र में साल	1 साल
समय	चांदनी रात
पेशा	कहार, झीवर, पूज्य, पानी या दूध का व्यापार
बीमारी	कफ़, पेट की बीमारी
धातु	चांदी, सफेद मोती
शरीर के अंग	हृदय
चेहरे के अंग	बायां भाग, बायीं आंख
पशु	घोड़ा
वृक्ष	दूधवाले पोस्त का हरा पौधा
अनाज	चावल, दूध
वार	सोमवार
रिश्तेदार	माता, नानी, दादी
तत्त्व	जल (जीवन या आयु)
लिंग	स्त्री
पूजन	आराध्य पूजन
दान	दूध, चावल, चांदी
देवता	शिव

शुक्कर

मालिक ग्रह	खाना नंबर	2, 7
उच्च ग्रह	खाना नंबर	12
नीच ग्रह	खाना नंबर	6
पक्का घर	खाना नंबर	7
भाग्य कारक	खाना नंबर	7

ग्रह फल	खाना नंबर	7
राशि फल	खाना नंबर	4
उम्दा घर	खाना नंबर	2, 3, 4, 7, 12
मंदा घर	खाना नंबर	1, 6, 9
दुश्मन ग्रह		सूरज, चन्द्र, राहु
दोस्त ग्रह		सनीचर, बुध, केतु
सम ग्रह		मंगल, बृहस्पत
रंग		दही जैसा सफेद
मस्नूई ग्रह		राहु+केतु
दिन		50 दिन
उम्र के साल		85 साल
आम साल		25 साल (6.25, 12.5, 18.75, 25, 50, 100 साल)
महादशा साल		20 साल
35 साल चक्र में साल		3 साल
समय		दोपहर
पेशा		कुम्हार, वैश्य, किसान, स्त्रियों से सम्बन्धित
बीमारी		वीर्य सम्बन्धी
धातु		मिट्टी, दही के रंग का मोती
शरीर के अंग		गाल
चेहरे के अंग		चेहरे का नक्श
पशु		बैल, गाय
वृक्ष		कपास
अनाज		आलू, ज्वार
वार		शुक्रवार
रिश्तेदार		स्त्री, पत्नी
तत्त्व		पृथ्वी (मिट्टी), जीविका
लिंग		स्त्री
पूजन		लोगों की सेवा
दान		घी, कपूर, दही, मोती
देवता		लक्ष्मी

मंगल

मालिक ग्रह	खाना नंबर	1, 8
उच्च ग्रह	खाना नंबर	10
नीच ग्रह	खाना नंबर	4
पक्का घर	खाना नंबर	3, 8
भाग्य कारक	खाना नंबर	1
ग्रह फल	खाना नंबर	1, 8
राशि फल	खाना नंबर	4, 6
उम्दा घर	खाना नंबर	1, 3, 5, 7, 9, 12
मंदा घर	खाना नंबर	4, 8
दुश्मन ग्रह		बुध, केतु
दोस्त ग्रह		सूरज, चन्द्र, बृहस्पत
सम ग्रह		शुक्कर, सनीचर, राहु से मद्धम
रंग		लाल
मस्नूई ग्रह		सूरज+बुध (मंगल–नेक), सूरज+सनीचर (मंगल–बद)
दिन		24 दिन मंगल–नेक और 6 दिन मंगल–बद
उम्र के साल		90 साल मंगल–नेक और 90 साल मंगल–बद
आम साल		13 साल मंगल–नेक और 15 साल मंगल–बद
महादशा साल		3 साल मंगल–नेक और 4 साल मंगल–बद
35 साल चक्र में साल		2 साल मंगल–नेक और 4 साल मंगल–बद
समय		पक्की दोपहर
पेशा		फौजी–सिपाही (मंगल–नेक), कसाई–हत्यारा (मंगल–बद)
बीमारी		रक्त विकार
धातु		लाल पत्थर अगर चमकीला (मंगल–बद), सादा (मंगल–नेक)
शरीर के अंग		यकृत या जिगर
चेहरे के अंग		ऊपर का होठ (मंगल–नेक), नीचे का होठ (मंगल–बद)
पशु		शेर (मंगल–नेक), ऊंट या हिरन (मंगल–बद)
वृक्ष		नीम (मंगल–नेक), डेक (मंगल–बद)
अनाज		लाल मसूर

वार	मंगलवार
रिश्तेदार	बड़ा भाई, ताऊ
तत्त्व	अग्नि, भस्माग्नि (पाचन)
लिंग	नर
पूजन	गायत्री पाठ
दान	मसूर, लाल चीज़
देवता	हनुमान

बुध

मालिक ग्रह	खाना नंबर	3, 6
उच्च ग्रह	खाना नंबर	6
नीच ग्रह	खाना नंबर	12
पक्का घर	खाना नंबर	7
भाग्य कारक	खाना नंबर	3
ग्रह फल	खाना नंबर	6
राशि फल	खाना नंबर	10, 12
उम्दा घर	खाना नंबर	1, 2, 4, 5, 6, 7
मंदा घर	खाना नंबर	3, 8, 9, 12
दुश्मन ग्रह		चन्द्र
दोस्त ग्रह		सूरज, शुक्कर, राहु
सम ग्रह		सनीचर, केतु, मंगल, बृहस्पत
रंग		हरा
मस्नूई ग्रह		बृहस्पत+राहु
दिन		68 दिन
उम्र के साल		82 साल
आम साल		34 साल (4.25, 8.5, 17, 25.5, 34, 68 साल)
महादशा साल		17 साल
35 साल चक्र में साल		2 साल
समय		सायं (4 से 6 बजे तक)
पेशा		लुहार, दलाल, व्यापारी, लेखक, विक्रेता (वाक्पटुता)
बीमारी		दांतों और नाड़ियों के रोग
धातु		हीरा, पन्ना
शरीर के अंग		दिमाग, जिहवा (जीभ), दांत, जबड़ा, नसें
चेहरे के अंग		नाक का अग्रभाग

पशु	बकरा, भेड़, चमगादड़
वृक्ष	केला, चौड़े पत्तों वाला (वट को छोड़कर) पेड़
अनाज	मूंग की दाल
वार	बुधवार
रिश्तेदार	बहिन, बुआ, बेटी
तत्त्व	आकाश (विवेक)
लिंग	नपुंसक
पूजन	दुर्गा पाठ
दान	साबुत मूंग
देवता	दुर्गा

सनीचर

मालिक ग्रह	खाना नंबर	10, 11
उच्च ग्रह	खाना नंबर	7
नीच ग्रह	खाना नंबर	1
पक्का घर	खाना नंबर	8, 10
भाग्य कारक	खाना नंबर	10
ग्रह फल	खाना नंबर	3, 10, 11
राशि फल	खाना नंबर	3 धन के लिए, 6, 9
उम्दा घर	खाना नंबर	1, 3, 7, 12
मंदा घर	खाना नंबर	1, 4, 5, 6
दुश्मन ग्रह		सूरज, चन्द्र, मंगल
दोस्त ग्रह		बुध, शुक्कर, राहु
सम ग्रह		केतु, बृहस्पत
रंग		काला
मस्नूई ग्रह		शुक्कर+बृहस्पत (केतु), मंगल+बुध (राहु)
दिन		72 दिन
उम्र के साल		90 साल
आम साल		36 साल (2.25, 4.5, 9, 18, 27, 36, 72 साल)
महादशा साल		19 साल
35 साल चक्र में साल		6 साल
समय		रात (अमावस्या), अंधेरी रात
पेशा		लुहार, खाती, मोची, मैकेनिक, बढ़ई
बीमारी		उदर, खांसी, नजर की ज्योति
धातु		लोहा, फौलाद
शरीर के अंग		आख की ज्योति

चेहरे के अंग	बाल, कनपटी
पशु	भैंस, भैंसा
वृक्ष	कीकर, आक, मदार, खजूर
अनाज	उड़द की दाल
वार	शनिवार
रिश्तेदार	छोटा भाई, चाचा
तत्त्व	पत्थर (मकान)
लिंग	नपुंसक
पूजन	राजा की उपासना
दान	उड़द की काली दाल, लोहा
देवता	भैरो

राहु

मालिक ग्रह	खाना नंबर	12
उच्च ग्रह	खाना नंबर	3, 6
नीच ग्रह	खाना नंबर	9, 12
पक्का घर	खाना नंबर	12
भाग्य कारक	खाना नंबर	6
ग्रह फल	खाना नंबर	2, 12
राशि फल	खाना नंबर	1, 7
उम्दा घर	खाना नंबर	3, 4, 6
मंदा घर	खाना नंबर	1, 2, 5, 7, 12
दुश्मन ग्रह		सूरज, शुक्कर, मंगल
दोस्त ग्रह		बुध, सनीचर, केतु
सम ग्रह		बृहस्पत, चन्द्र से मद्धम
रंग		नीला
मस्नूई ग्रह		मंगल+सनीचर (उच्च), सूरज+सनीचर (नीच)
दिन		40 दिन
उम्र के साल		90 साल
आम साल		42 साल (5.25, 10.5, 21, 31.5, 42, 84 साल)
महादशा साल		18 साल
35 साल चक्र में साल		6 साल

समय	पक्की दोपहर
पेशा	शूद्र, मेहतर
बीमारी	बुखार
धातु	नीलम, सिक्का
शरीर के अंग	सिर में दिमागी विचार (खयालात)
चेहरे के अंग	ठोड़ी
पशु	हाथी, कांटेदार जंगली चूहा
वृक्ष	नारियल, कांटेदार घास, भखड़ा
अनाज	जौ
वार	रविवार की शाम
रिश्तेदार	ससुर, ससुराल
तत्त्व	धुआं (तनाव)
लिंग	नपुंसक
पूजन	कन्यादान
दान	सरसों, नीलम
देवता	सरस्वती

केतु

मालिक ग्रह	खाना नंबर	6
उच्च ग्रह	खाना नंबर	9, 12
नीच ग्रह	खाना नंबर	3, 6
पक्का घर	खाना नंबर	6
भाग्य कारक	खाना नंबर	12
ग्रह फल	खाना नंबर	2, 6
राशि फल	खाना नंबर	4, 10
उम्दा घर	खाना नंबर	3, 6, 9, 10, 12
मंदा घर	खाना नंबर	7, 8, 11
दुश्मन ग्रह		चन्द्र, मंगल
दोस्त ग्रह		शुक्कर, राहु

सम ग्रह	बृहस्पत, सनीचर, बुध, सूरज से मद्धम
रंग	दोरंगा (काला–सफेद), चितकबरा
मस्नूई ग्रह	शुक्कर+सनीचर (उच्च), चन्द्र+सनीचर (नीच)
दिन	43 दिन
उम्र के साल	80 साल
आम साल	48 साल (1.5, 3, 6, 12, 24, 36, 48, 96 साल)
महादशा साल	7 साल
35 साल चक्र में साल	3 साल
समय	सुबह सवेरे, ऊषाकाल
पेशा	स्वतन्त्र, स्वच्छन्द या कुली, मजदूर
बीमारी	जोड़ों में दर्द, पैर या मूत्राशय से सम्बन्धित
धातु	दोरंगा पत्थर, लहसुनिया
शरीर के अंग	गर्दन तक पूरा धड़, रीढ़ की हड्डी, मूत्राशय, घुटने
चेहरे के अंग	कान, पांव
पशु	कुत्ता, गधा, छिपकली, सूअर
वृक्ष	इमली का पेड़, तिल, केला
अनाज	तिल
वार	रविवार
रिश्तेदार	बेटा
तत्त्व	स्वच्छन्द, (यात्रा)
लिंग	नपुंसक
पूजन	कपिला गाय, दान
दान	तिल
देवता	गणेश

"लाल किताब – हस्तरेखा"

लाल किताब में सामान्यतः सभी सिद्धान्त पूरे ग्रन्थ में बिखरे हुए से प्रतीत होते हैं परन्तु सूक्ष्मता से अध्ययन करने पर ज्ञात होगा कि ये सिद्धान्तों का बिखराव नहीं अपितु विशेषता है। इससे पाठकों को तथा ज्योतिष के जिज्ञासु छात्रों को क्रमबद्ध तरीके से विषय की साधारणता से सूक्ष्मता की ओर ले जाया गया है। इस बात को कुछ इस तरह समझा जा सकता है कि शिक्षण–पद्धति में रसायन विज्ञान इत्यादि विषय लगभग पांचवें दर्जे की कक्षा से छात्रों की शिक्षा में संलग्न कर दिया जाता है और आगे जाकर इन्हीं विषयों में पी.एच.डी. तथा रिसर्च तक की उपाधियां प्रदान की जाती हैं। इसका मतलब, यह नहीं है कि सम्बन्धित विषय छात्रों के लिए दस–पंद्रह वर्षों तक के लिए बिखरा हुआ है बल्कि उद्देश्य यह है कि छात्रों को सामान्य से पारंगत की ओर धीरे–धीरे ले जाया जाए, यह विशेषता "लाल किताब" ग्रन्थ की भी है। आवश्यकता सिर्फ इस बात की है कि पाठक सर्वप्रथम अपनी बुनियाद इतनी मजबूत कर ले कि आगे प्राप्त होने वाले दुर्लभ ज्ञान उन्हें बोझ न लगे बल्कि उनके व्यक्तित्व के निखार के रूप में सुशोभित हो। इसी कड़ी को आगे बढ़ाते हुए अब मैं नवीन पाठकों की सुविधा हेतु हस्तरेखा से जुड़ी महत्त्वपूर्ण रेखाओं का सूक्ष्म परिचय प्रस्तुत कर रहा हूं, जिससे पाठक विषय की गूढ़ता को आसानी से समझ सकें। सम्बन्धित रेखाओं का विस्तृत व सचित्र ब्यौरा आगे दिया गया है।

उम्र रेखा– आधुनिक ज्योतिष में इसे आयु रेखा कहा जाता है। यह रेखा बृहस्पत तथा मंगल–नेक के बुर्ज़ (पर्वत) के मध्य से शुरू होकर, शुक्कर के बुर्ज़ को अर्द्धचन्द्राकार आकृति में घेरती हुई कलाई तक आती है।

सिर रेखा– आधुनिक ज्योतिष में इसे मस्तिष्क रेखा कहते हैं। यह रेखा भी बृहस्पत और मंगल–नेक के बुर्ज़ (पर्वत) के मध्य से शुरू होकर, मंगल–बद के बुर्ज़ पर आकर समाप्त होती है। यह रेखा कलाई को दो हिस्सों में बांटती हुई प्रतीत होती है।

दिल रेखा– आधुनिक ज्योतिष में इसे हृदय–रेखा कहते हैं। यह रेखा बुध के बुर्ज़ के पास कलाई के बाहर से शुरू होकर बृहस्पत के बुर्ज़ पर जाकर समाप्त होती है।

किस्मत रेखा– आधुनिक ज्योतिष में इसे भाग्य रेखा कहा जाता है। यह रेखा कलाई रेखा (मणिबन्ध रेखा) से शुरू होकर सनीचर के बुर्ज़ पर पहुंचती है।

सूरज रेखा– आधुनिक ज्योतिष में इसे सूरज रेखा कहते हैं। यह रेखा सूरज के बुर्ज़ से शुरू होकर, हथेली में किसी भी बुर्ज़ तक या रेखा तक जा सकती है।

इज्जत रेखा– जब सिर रेखा, बृहस्पत के बुर्ज़ के पास अथवा बृहस्पत के बुर्ज़ तक पहुंच जाती है तो यही सिर रेखा इज्जत रेखा कहलाती है।

सेहत रेखा– उम्र रेखा से बुध के बुर्ज़ की ओर जाने वाली रेखा तथा अन्त में बुध के बुर्ज़ (पर्वत) पर पहुंचने वाली रेखा सेहत रेखा कहलाती है। सेहत रेखा को आधुनिक ज्योतिष में स्वास्थ्य रेखा के नाम से जाना जाता है।

गृहस्थ रेखा– गृहस्थ रेखा को आधुनिक ज्योतिष में मंगल रेखा कहा जाता है। यह रेखा उम्र रेखा की सहायक रेखा है जो उम्र रेखा की भांति ही अर्द्धगोलाकार रूप में शुक्कर के बुर्ज़ से मंगल–नेक के बुर्ज़ पर पहुंचती है। यह रेखा उम्र रेखा के अन्दर अंगूठे की ओर विद्यमान होती है।

चन्द्र रेखा– इस रेखा को आधुनिक ज्योतिष में यात्रा रेखा कहा जाता है। यह रेखा चन्द्र पर्वत से शुरू होती है तथा हथेली में किसी भी पर्वत की ओर आ सकती है।

दिमागी लियाकत रेखा– लियाकत का अर्थ है 'योग्यता' अर्थात् यह रेखा बौद्धिक योग्यता को दर्शाती है। आधुनिक ज्योतिष में इस रेखा को व्यापार रेखा भी कहते हैं। यह रेखा शुक्कर के बुर्ज़ से बुध के बुर्ज़ पर इस तरह से पहुंचती है कि मंगल–बद के बुर्ज़ को स्पर्श नहीं करती।

अन्दरूनी अक्ल रेखा– आधुनिक ज्योतिष में इसे अन्तर्ज्ञान रेखा भी कहते हैं। यह रेखा भी चन्द्र के बुर्ज़ से बुध के बुर्ज़ तक इस तरह से पहुंचती है कि मंगल–बद के बुर्ज़ को स्पर्श नहीं करती।

तरक्की रेखा– जब किस्मत रेखा, बुध या सूरज के बुर्ज़ (पर्वत) पर सीधी (बिना दूषित हुए) पहुंच जाए तो यह तरक्की (उन्नति) रेखा कहलाती है।

शराफत रेखा– जब कोई रेखा सूरज के बुर्ज़ से शुरू होकर चन्द्र के बुर्ज़ (पर्वत) तक इस तरह से पहुंचती है कि मंगल–बद के बुर्ज़ से स्पर्श न हो तो यह शराफत रेखा कहलाती है।

मोहब्बत रेखा– जब दिल रेखा बृहस्पत के बुर्ज़ तक पहुंच जाए तो यही दिल रेखा मोहब्बत रेखा कहलाती है अथवा बृहस्पत से कोई रेखा चलकर दिल रेखा को स्पर्श कर ले तो यह रेखा भी मोहब्बत रेखा कहलाती है।

पितृ रेखा– कोई रेखा जब चन्द्र के बुर्ज़ से चलकर बृहस्पत के बुर्ज़ तक जाती है तो पितृ रेखा कहलाती है अथवा अगर उम्र रेखा, चन्द्र के बुर्ज़ पर समाप्त हो तो भी यह पितृ रेखा होगी।

मातृ रेखा– सिर रेखा या मस्तिष्क रेखा ही मातृ रेखा कहलाती है।

ऊर्ध्व रेखा– किस्मत रेखा अगर सीधी सनीचर के बुर्ज़ पर पहुंचे तो ऊर्ध्व रेखा कहलाती है।

खूनी रेखा– दिल रेखा और सिर रेखा को आपस में मिलाने वाली रेखा खूनी रेखा कहलाती है।

जंगी रेखा– अगर दिल रेखा सूरज के बुर्ज़ तक ही पहुंच रही हो तो जंगी रेखा कहलाती है।

कुव्वत रेखा– मंगल–बद के बुर्ज़ से सूरज के बुर्ज़ की तरफ अग्रसर रेखा कुव्वत रेखा कहलाती है। चाहे ये रेखा सूरज के बुर्ज़ पर पहुंचे या न पहुंचे।

तब्दीली खयालात रेखा– सिर रेखा और उम्र रेखा के मध्य, सिर रेखा की सहायक रेखा बनकर चलने वाली रेखा तब्दीली खयालात रेखा कहलाती है। यह रेखा विचारों के परिवर्तन की ओर इशारा करती है। आधुनिक ज्योतिष में इसे दोहरी मस्तिष्क रेखा भी कह दिया जाता है।

सनीचर की उम्र रेखा– अगर हथेली में उम्र रेखा आदर्श स्थिति में हो तो यह सनीचर की उम्र रेखा कहलाएगी।

बृहस्पत की किस्मत रेखा– किस्मत रेखा अगर बृहस्पत के बुर्ज़ पर पहुंच जाए तो यह बृहस्पत की किस्मत रेखा होगी।

तपेदिक रेखा– शुक्कर से सूरज के बुर्ज़ तक पहुंचने वाली रेखा तपेदिक रेखा कहलाती है।

शादी रेखा– बुध के बुर्ज़ पर आड़ी रेखाएं शादी रेखाएं कहलाती हैं। इसके अलावा किस्मत रेखा या उम्र रेखा पर बनने वाले अर्द्ध वृत्त जैसी आकृति भी स्त्री के सम्बन्ध को दर्शाती है। इसलिए यह निशानी भी शादी रेखा के दर्जे (स्तर) की होती है।

शुक्कर रेखा– यह रेखा शादी रेखा की सहायक रेखा होती है मगर शादी रेखा नहीं होती। यह रेखा मंगल–बद के बुर्ज़ की ओर होती है।

तलाक रेखा– जब शादी रेखा द्विमुखी हो जाए तो यह रेखा तलाक रेखा कहलाती है।

जुदाई रेखा– जब कोई रेखा दिल रेखा से शुरू होकर बृहस्पत और सनीचर के बीच की उंगली में घुस जाए तो यह रेखा जुदाई रेखा कहलाती है।

सफ़र से वापसी– शुक्कर के बुर्ज़ पर अंगूठे की ओर खड़ी रेखाएं सफर से वापसी होने की ओर इशारा करती हैं।

देश की मौत– अगर उम्र रेखा समाप्ति पर दो भागों में बंट जाएं और उसका दूसरा हिस्सा (वास्तविक उम्र रेखा के अतिरिक्त) अन्दर की ओर हल्का–सा मुड़ जाए या मुड़ते हुए उम्र रेखा के साथ चलते हुए समाप्त हो जाए तो ऐसी रेखा होने पर इंसान की अपने ही देश में मौत होती है।

ज़रूरी सफर रेखा– चन्द्र के बुर्ज़ से सूरज के बुर्ज़ की ओर अग्रसर रेखा, महत्त्वपूर्ण एवं आवश्यक यात्राओं की ओर इशारा करती हैं।

शुक्कर का पतंग– आधुनिक ज्योतिष में इसे 'शुक्र–वलय' कहा जाता है। यह ऐसा अर्द्ध वृत्ताकार रेखा के रूप में होता है जो सूरज और सनीचर दोनों के बुर्जों को एक साथ घेर लेता है।

बड़ा मुस्ततील– मुस्ततील का अर्थ है आयत। दिल रेखा और सिर रेखा की वास्तविक स्थिति से इनके बीच बनने वाला आयत या खाली स्थान "मुस्ततील" कहलाता है।

बड़ा त्रिकोण– सिर, उम्र और सेहत रेखा से मिलकर बनने वाली आकृति "बड़ा त्रिकोण" कहलाती है। अगर हथेली में बड़ा त्रिकोण मौजूद हो तो इंसान की सेहत हमेशा उम्दा रहेगी।

भाईयों की रेखा– शुक्कर पर्वत पर आड़ी (पड़ी) रेखाएं भाईयों की रेखा कहलाती हैं।

औलाद रेखा– बुध पर्वत पर खड़ी रेखाएं औलाद रेखाएं कहलाती हैं। इसके अलावा चन्द्र के बुर्ज़ और मंगल–बद के बुर्ज़ पर भी आड़ी रेखाएं संतान के बारे में बताती हैं।

गणित विद्या– अनामिका और मध्यमा उंगली के बीच, जड़ में छोटी–सी खड़ी रेखा गणित विद्या के बारे में बताती है।

भूत विद्या– तर्जनी उंगली और मध्यमा उंगली के बीच खडी छोटी रेखा भूत विद्या के बारे में बताती है।

ज्योतिष विद्या– अनामिका और कनिष्ठा उंगली के बीच खड़ी छोटी रेखा ज्योतिष विद्या के बारे में सूचना देती है। अर्थात् ऐसा इंसान ज्योतिष का जानकार होगा।

नशेबाजी रेखा– जब दिल रेखा बुध के बुर्ज़ से चलकर, बुध के बुर्ज़ पर ही रह जाए तो यह नशेबाजी रेखा कहलाती है।

फकीरी रेखा– जब चन्द्र रेखा मस्तिष्क रेखा से टकराकर रुक जाए तो यह फकीरी रेखा कहलाती है। बुनियादी रूप से फ़कीरी रेखा एक योग है।

मच्छ रेखा, काग रेखा, मगरमच्छ रेखा और शुक्कर के पतंग की आकृति

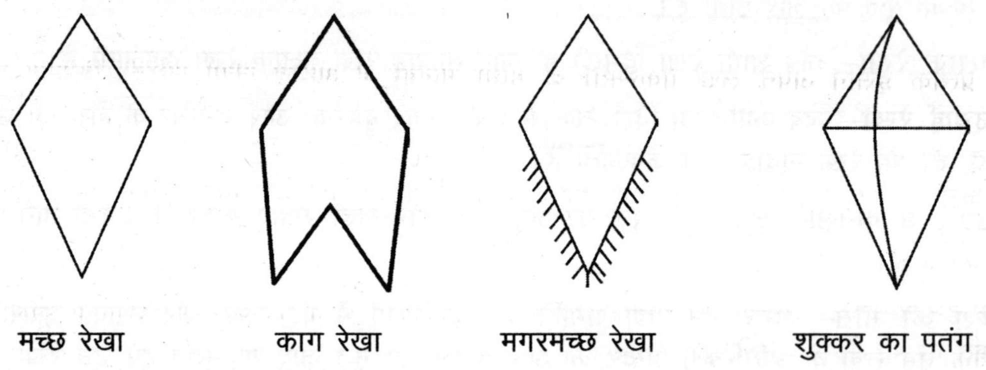

मच्छ रेखा काग रेखा मगरमच्छ रेखा शुक्कर का पतंग

उपर्युक्त विवेचन में लाल किताब की लगभग सभी रेखाओं को शामिल कर लिया गया है। यहां मैं पाठकों के संज्ञान में एक बात अवश्य लाना चाहूंगा कि कभी भी आप रेखाओं के नामों को न रटें तथा इनके नामों से भयभीत न हों। हस्तरेखा–शास्त्र वास्तव में समझने का विषय है रटने का नहीं। सम्पूर्ण हस्तरेखा–शास्त्र में सिर्फ और सिर्फ एक ही नियम कार्य करता है और वह नियम है– ''किसी भी रेखा का सूक्ष्मता से अवलोकन''। तात्पर्य सिर्फ इतना सा है कि जब भी हथेली का अध्ययन करें तो ध्यान दें कि जिस रेखा का अवलोकन कर रहे हैं। वह–

(1) रेखा किस पर्वत से आ रही है और किस पर्वत (बुर्ज़) पर जा रही है। रेखा जिस–जिस बुर्ज़ से सम्बद्ध होती है उन–उन बुर्ज़ों के प्रभाव स्वयं में रखती है और यही प्रभाव रेखा के गुणों का निर्धारण करता है।

(2) रेखा जिस सिरे पर नुकीली या पतली हो वह सिरा अन्तिम सिरा होगा और जिस सिरे पर रेखा मोटी, गहरी हो वह सिरा रेखा का शुरुआती सिरा होगा।

(3) यही नियम लाल किताब के सामुद्रिक–शास्त्र पर भी कार्य करता है यानि रेखा जिन–जिन खानों से सम्बद्ध है, वे दोनों ही खाने जनम–कुंडली से जरूर सम्बन्धित होंगे लेकिन अगर पतली और हल्की रेखा दो खानों को सम्बद्ध कर रही है तो यह प्रभाव वर्षफल कुंडली पर जरूर नज़र आएगा।

(4) रेखा जितनी सुदृढ़, गहरी, लाली लिए हुए, पतली और बिना कटी–फटी होगी तथा जितना अधिक दोषमुक्त होगी उतना ही अधिक शुभ और उम्दा प्रभाव दिखलाएगी।

लाल किताब

याद रहे ना रहे, मगर ख्याल जरूर रहे कि–

इंसान बंधा खुद लेख से अपने, लेख विधाता, कलम से हो
कलम चले खुद करम पे अपने, झगड़ा अकल न किस्मत हो

प्रत्येक इंसान अपने लेख (किस्मत) के हाथों मजबूर है अर्थात् जैसी उसकी किस्मत होगी वैसा ही उसके साथ घटित होगा, परन्तु इस लेख (किस्मत) की कलम, विधाता (ईश्वर) के हाथों में है अर्थात् ईश्वर जैसा चाहेगा या देखेगा उसी के अनुसार कलम को चलाएगा। निःसन्देह ईश्वर की यह कलम जो इंसान की किस्मत का निर्धारण करती है, इंसान के खुद के कर्मों पर निर्धारित होती है। स्पष्ट है कि यह किस्मत के लेख का झगड़ा, न तो किस्मत का है और न ही अक्ल (बुद्धि) का अर्थात् "जैसी करनी वैसी भरनी"। अक्ल (बुध) और किस्मत (बृहस्पत) का आपस में कोई झगड़ा नहीं है बल्कि इन दोनों का समन्वय ही मानव–जीवन है। कुछ चीजें कर्मों पर आधारित होती हैं और कुछ चीजें किस्मत पर भी निर्भर करती है। क्योंकि

लिखा जब किस्मत का कागज़ वक्त था वह गैब का
भेद उसने गुम था रखा, मौत दिन और ऐब का
ख्याल रखना था बताया, कृतघ्न इंसान का
एवज लड़की, लड़का बोला, खतरा था शैतान का

प्रायः इंसान जनम से पहले ही जनम लेने वाले शिशु के बारे में जानकारी प्राप्त करना चाहता है कि गर्भ में उपस्थित शिशु लड़का है या लड़की। इस सम्बन्ध में वास्तविकता तो यही है कि वक्त से पहले ऐसी बातों को जानना कुदरत के नियम के खिलाफ होता है। और जो भी इंसान ऐसे अनैतिक कार्यों में मदद करता है, कहा जाता है कि ऊपर वाला उस इंसान को कोढ़ की बीमारी देता है।

(1) ज्योतिष ग़ैबी–वाकफियत (भविष्य की जानकारी) का ज्ञान जरूर है मगर कोई जादू–मन्तर नहीं है। ये सब दुनियावी हिसाब–किताब हैं, कोई दावा–ए–खुदाई (ईश्वरीय भविष्यवाणी) नहीं है। ज्योतिष का उद्देश्य सिर्फ रूह (आत्मा) की शक्ति के लिए मदद का जरिया (रास्ता) है। यह ज्ञान अपने जाती (व्यक्तिगत) बचाव में किसी दूसरे पर हमला करने का हथियार (साधन) नहीं है। किस्मत के मैदान में अगर पानी की नाली पीछे से भरी आ रही हो और उस नाली के रास्ते में कोई ईंट या पत्थर गिराकर उसकी रवानगी (गतिशीलता) को रोक रहा हो तो इस ज्योतिष शास्त्र की मदद से उस पत्थर को दुरुस्त (ठीक) करने की कोशिश की जा सकती है। पानी की मिक़दार (मात्रा) यानि क़िस्मत के मैदान में कमी या बढ़ोतरी नहीं की जा सकती है। इस ज्योतिष शास्त्र विषय का एक फ़ायदा और भी है कि यह विषय किसी इंसान की उन्नति से जलकर उस पर हमला करने वाले शख्स (व्यक्ति) के सामने एक ईश्वरीय दीवार (ढाल) खड़ी कर देगा। जिससे कि हमला करने वाला अगर एक शेर भी हो तो भी उसका कुछ न बिगाड़ सके। अगर हमला करने वाला शेर और ऊंची छलांग लगाए तो फिर यह इंसान इस ईश्वरीय दीवार (ज्योतिष शास्त्र के उपाय) को और ऊंची करता चला जाएगा। बचाव पक्ष

वाला इंसान न तो इस शेर पर हमला करेगा और न ही उसे रोकने की कोशिश करेगा। आखिर में यह शेर थक–हारकर खुद ही वापस चला जाएगा अथवा हमले का इरादा ही बदल देगा। इस शेर के चले जाने से इंसान चैन की सांस ले सकेगा।

(2) इस ज्योतिष–शास्त्र की कवर पृष्ठ पर सुर्ख रंग (खूनी लाल) से जो चमकीला न हो "लाल किताब" लिखना मुबारक असर देगा। इस रंग के अलावा बाकी रंग मनहूस असर देने वाले ही होंगे।

(3) इस किताब में सामुद्रिक–शास्त्र को सम्पूर्ण रूप से देने की कोशिश की गई है मगर एक फरमान दूसरे से अलग ही होता चला गया है। इसलिए सम्पूर्ण किताब को शुरू से आखिर तक बार–बार पढ़ते ही चले जाना ही स्वतः विषय के रहस्य को स्पष्ट कर देगा अर्थात् पुस्तक को बार–बार पढ़ने से उत्तरोत्तर ज्ञान का विकास होता चला जाएगा।

(4) किसी भी बात (या पक्ष) को आज़माने से पहले ही उसे गलत समझकर, दिमाग में वहम (संशय) पैदा कर लेना ज्ञान प्राप्ति के रास्ते में बहुत बड़ा रोड़ा (अवरोध) होगा।

(5) किताब के बगैर काल्पनिक उपाय या फलादेश बेवजह के वहम (संशय) पैदा कर देंगे और वहम का कहीं पर भी कोई इलाज नहीं है।

(6) कुंडली का निर्माण और कुंडली की दुरुस्ती (ठीक करना) इत्यादि बातों पर विषय की संपूर्ण जानकारी के बाद ही कार्य शुरू करें। अध्ययन के दौरान सिर्फ पहले से बनी हुई कुंडली से ही तजुर्बा (अनुभव) हासिल करें। इस दौरान विशेष ध्यान रहे कि अपनी ही कुंडली से इस विद्या को सीखना ज्ञान हासिल के मार्ग में सबसे बड़ी रुकावट बनेगी।

(7) इस किताब में विषय से सम्बन्धित गलतियां बताने वाला इस "लाल किताब" विषय की उन्नति और विकास में सबसे मददगार दोस्त साबित होगा, क्योंकि असली दोस्त वही है जो गलतियां बताए।

(8) किसी भी विषय को समझने या सीखने के लिए, किसी भी दूसरे ग्रन्थ या विषय की निन्दा से परहेज (बचाव) ही रखना चाहिए। अर्थात् किसी दूसरे ग्रन्थ की निन्दा न करें।

(9) इसमें कोई शक की बात नहीं कि लड़कपन की तबीयत (अपरिपक्व व्यक्तित्व) वाले इंसान (निन्दा करने की आदत वाला) और कुएं के मेढक पर घृणा आ जाती है अर्थात् ऐसा इंसान जो "विषय" का उपहास उड़ाता हो उससे नफरत हो जाती है। दूसरे दुनियावी (सांसारिक) साथियों और दोस्तों को इस ज्ञान के माध्यम से फायदा और लाभ पहुंचाना ही इंसानी शराफत कहलाएगी क्योंकि–

कर भला होगा भला, आखीर भले का भला

नए और पुराने मज़मून (विषय) का फर्क

यह किताब

जनम वक़्त दिन माह उम्र साल सब कुछ, इस्म नाम को भी मिटा देती है
फ़क़त रेखा चित्र मकानों से कुंडली, जनम मयचन्द्र बना देती है
लिखत जब विधाता किसी की हो शक्की, उपाय मामूली बता देती है
ग्रह फल और राशि के टुकड़े दो करती, या रेखा में मेखा लगा देती है

लाल किताब सिद्धान्त के द्वारा अगर इंसान का जनम वक्त, दिन, माह या साल भी न हो तो भी उसका फलादेश करना संभव है यानि उस इंसान के हाथ की रेखा और मकान की हालत से कुंडली और चन्द्र कुंडली बनाई जा सकती है। अगर किसी इंसान की किस्मत में कुछ कमी हो तो लाल किताब के मामूली

(साधारण) से उपाय से उसकी किस्मत की वह रुकावट दूर हो जाएगी। हस्तरेखा और कुंडली को संयुक्त रूप से मिलाकर फलादेश करने की पद्धति ही वास्तव में लाल किताब है।

(1) लाल किताब ग्रन्थ का आधार सामुद्रिक–शास्त्र ही है। इसके द्वारा ज्योतिष के मुताबिक बनी हुई जनम–कुंडली को दुरुस्त (ठीक) करने में मदद मिलती है। प्राचीन ज्योतिष के अनुसार ढाई साल की सनीचर की मंदी चाल के तीन बड़े चक्र (साढ़ेसाती) खराब फल देते हैं। इसी तरह लाल किताब में भी सनीचर अपने वक्त पर सनीचर के मंदे वाकिआत (घटनाएं) जैसे– सांप का डसना, मकान गिर जाना, बिक जाना, आंखों की रोशनी की परेशानियां, चाचा पर जान का खतरा या मशीनों की खराबियां वगैरह की परेशानियां देकर अपने मंदे होने का सबूत देगा। हालांकि सूरज की दशा या सनीचर की साढ़ेसाती चलने के कयासों (भविष्यवाणियों) को लगाने की बजाय लाल किताब में घटनाओं के आधार पर ही प्राप्त नतीजों को स्वीकार किया जाता है। इस किताब में हस्तरेखा से इंसान का टेवा (जनम–कुंडली) बना लेने के अलावा हर इंसान के टेवे से उसकी एक सौ बीस साल तक की उम्र के वर्षफल (फरमान नंबर 13 में दी गई सारिणी) के द्वारा ग्रहचाल की हालत बनाई जा सकती है।

(2) जब टेवे में ग्रह अच्छा फल न दे रहे हों तो उन ग्रहों की अच्छी हालत का फ़ायदा उठाने के लिए 'उपाय' करना निहायत ही आसान है और सस्ती कीमत पर इस लाल किताब में मौजूद हैं, जो अमूमन वक्त पर कारगर असर देते हुए पाये गए हैं।

(3) ज्योतिष शास्त्र विषय बहुत लम्बा होने की वजह से इस किताब में सिर्फ उन्हीं घटनाओं का जिक्र किया गया है। जो बहुत संगीन (गंभीर) और खून से लिखे जाने के काबिल हो। मामूली तप (बुखार) या साधारण बीमारी के बजाय तपेदिक, मिरगी, अधरंग, इंसान की जिन्दगी और मौत वगैरह का फलादेश किया गया है। इसके अलावा भी बीमारी से सम्बन्धित कुछ शक्की (संदेह) जवाबों को भी दूर करने की कोशिश की गई है।

(4) प्राचीन ज्योतिष के अनुसार राहु जिस घर में बैठा होता है, केतु उसके सातवें ही घर में बैठता है। इसी तरह बुध भी सूरज के आगे–पीछे या नजदीक ही चलता है। लेकिन लाल किताब में ग्रहों की यह कैदें (मजबूरियां) नहीं रखी गई हैं बल्कि इस ग्रन्थ में वर्षफल सारिणी के द्वारा राहु–केतु एक दूसरे के नजदीक यहां तक कि एक ही घरों में भी आ सकते हैं। इसी तरह हो सकता है कि बुध का घर भी सूरज के घर से बहुत ज्यादा दूर हो जाए यानि इस पद्धति में हर एक ग्रह अपनी–अपनी जगह पर आज़ाद होगा। उसकी बैठक (अवस्था) किसी भी तरह से कैद न होगी। सभी ग्रह बैठक के मामले में बराबर की पदवी के मालिक होंगे।

(5) टेवे से इंसान की ज़िन्दगी से सम्बन्धित फलादेश देखने के लिए–

राशि छोड़ नच्छत्तर भूला, न ही कोई पंचांग लिया
मेख राशि ख़ुद लगन को गिनकर, बारह पक्के घर मान लिया

लाल किताब पद्धति, ज्योतिष के अनुसार बनी हुई जनम–कुंडली में लगन (लग्न) वाले घर को मेष राशि मानती है और उसमें हमेशा हिन्दसा (अंक) 1 लिखकर क्रमानुसार सभी घरों में आगे के हिन्दसे लिखकर टेवा तैयार करती है। लाल किताब में 'लगन' पक्का घर ख़ाना नंबर 1 होता है। यानि प्राचीन ज्योतिष वाले लगन में चाहे कोई सा भी हिन्दसा (अंक) लिखकर लगन की राशि मुकर्रर (निर्धारित) करें लेकिन लाल किताब में लगन के खाने को हमेशा खाना नंबर 1 ही मिलेगा और मेष राशि ही मुकर्रर होगी। मसलन (जैसे) कोई जनम–कुंडली, तुला लगन की है। अब सभी घरों में से सिर्फ हिन्दसे मिटा दें मगर ग्रह जैसे के तैसे रखे रहने दें और लगन के घर को

हिन्दसा 1 देकर बाकी सभी घरों में क्रमानुसार आगे के हिन्दसे लिखते–चले जाएं। अब इस तरह से तैयार कुंडली हस्बेज़ैल (निम्नलिखित) होगी। यह तैयार कुंडली लाल किताब कुंडली होगी। अब इस लाल किताब कुंडली से ग्रहों का हाल देखने के लिए बृहस्पत खाना नंबर 1, राहु–सूरज मुश्तरका (इकट्ठे) खाना नंबर 2, चन्द्र खाना नंबर 3, शुक्कर खाना नंबर 4 वगैरह–वगैरह उच्चारण किए जाएंगे। ठीक इसी तरह ही वर्षफल कुंडली तैयार करके उसके ग्रह पढ़े जाएंगे। लाल किताब कुंडली में राशियों में घूमने का चक्कर ही खत्म (समाप्त) हो जाएगा। अर्थात् पंचांग की लम्बी–चौड़ी गिनती (गणना) भी खत्म हुई और फलादेश देखने के लिए अट्ठाइस नक्षत्र और बारह राशियों का झमेला भी नहीं रहेगा।

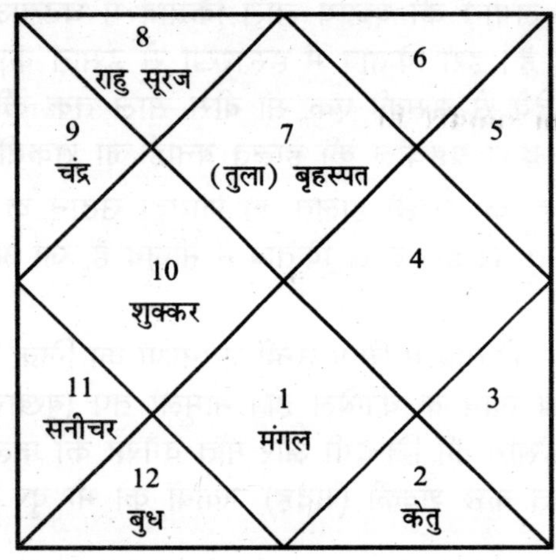

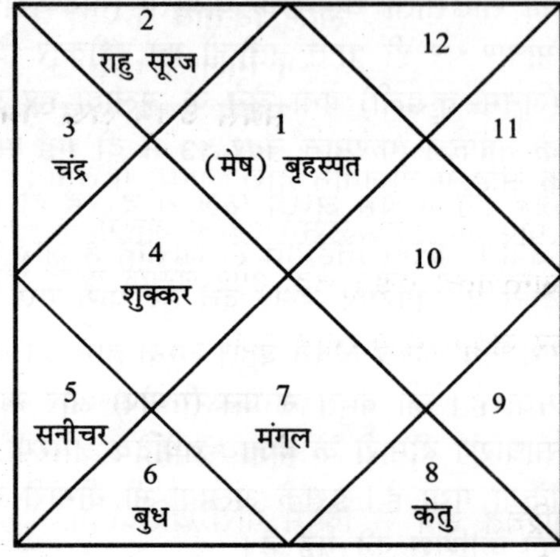

(6) जनम–कुंडली में मुश्तरका (इकट्ठे) बैठे हुए ग्रह, वर्षफल में भी मुश्तरका ही रहेंगे यानि फलादेश करने के लिए इन ग्रहों के अलग–अलग न होने से धनेश–सुखेश की पुरानी गिनती का भी ध्यान रखने का झंझट खुद–ब–खुद खत्म हो जाएगा।

(7) ग्रहों के असर (दशा) का ज्ञान ग्रहों से मुतअल्लिक (सम्बन्धित) अश्या (वस्तुएं), कारोबार (व्यापार) और ताल्लुकदारों (रिश्तेदारों) के कायम (स्थापित) होने से ज़ाहिर (प्रकट) होगा जो जरूरत के वक्त फलादेश करने में मददगार साबित होगा।

लाल किताब के फरमान

हाथ रेखा को समुद्र गिनते, नजूम फलक का काम हुआ
इल्म कियाफ़ा ज्योतिष मिलते, 'लाल किताब' का नाम हुआ
लाल किताब फरमाए यूं, अक्ल लेख से लड़ती क्यों
न गिला तदबीर अपनी, न ही खुद तहरीर हो
सबसे उत्तम लेख गैबी, माथे की तकदीर हो

एक साहसी नौजवान द्वारा जीवन में तमाम तरह के प्रयास करने के बावजूद उसके लक्ष्य उसे हासिल नहीं हो पाए और जब उसने अपनी आंखों के सामने एक साधारण व्यक्ति को उन्नति करते हुए देखा तो उसकी अन्तरात्मा तड़प उठी और उसके दुखी दिल ने पूछा कि यह भेद क्या है?

फिर जवाब में फरमान हुआ–

न जरूरी नफ्स ताक़त, न ही अंग दरकार हो
लेख चमके जब फकीरी, राजा आ दरबार हो

निश्चित रूप से विषम परिस्थितियों में न तो व्यक्ति की मेहनत रंग लाती है और न ही शारीरिक पुष्टता ही करतब दिखाती है। वहीं यदि किस्मत साथ दे तो फकीर को भी राजा बनाकर दरबार में बैठा देती है।

फरमान नंबर 1

(कुदरत से किस्मत किस तरह आई)

हुक्म विधाता जनम मिले तो, लेख ज्योतिष बतलाता है
लाल किताब बच्चा ग्रह चाली, किस्मत साथ ले आता है
इस बच्चे की नन्हीं मुट्ठी में, पकड़ा देव आकाश का है
भरा खजाना जिसके अन्दर, निधि-सिद्धि की माला है
नौ निधि को ग्रह नौ माना, सिद्धि बारह राशि है
नौ में जरब जब बारह देते, होती माला पूरी है

जब नवजात शिशु का जनम होता है तो वह अपनी किस्मत अपनी मुट्ठी में लाता है तथा अपनी किस्मत को अपनी मुट्ठी में ही बन्द रखता है उस बन्द मुट्ठी में हवा (आकाश) है अर्थात् संपूर्ण ब्रह्मांड है। वही ब्रह्मांड जिसके अन्दर नौ ग्रह तथा बारह राशियां स्थित हैं। ज्योतिष में संपूर्ण ब्रह्मांड को बारह राशियों के अन्तर्गत बांटा है तथा इसी ब्रह्मांड में नौ ग्रह भी स्थित हैं। इन्हीं बारह राशियों और नौ ग्रहों के ज्योतिषीय संयोग से 12×9 = 108 प्रकार के योग बनते हैं जिसे यहां माला की संज्ञा दी गयी है। जब नन्हा बच्चा

अपनी बंद मुट्ठी खोलता है तो उसमें कुछ लकीरें (दरिया) तथा कुछ उठे हुए पर्वत (बुर्ज़) साफ दृष्टिगोचर होते हैं। इन्हीं छोटे–छोटे दरियों और बुर्ज़ के कारण इसे सामुद्रिक–शास्त्र का नाम दिया गया है।

फरमान नंबर 2

(कहां पाया गया कुदरत का हुक्मनामा)

अक्स ग़ैबी ज़ाहिर पहले, था सितारों पर हुआ
नक़्श जिसका पीछे दुनिया, के दिमागों का हुआ
दिमागी खानों का असर तब, हाथ की रेखा हुआ
चांद-सूरज फ़लकी दुनिया, से जहां दो बन गया
इल्म ज्योतिष इस तरह पर, जब सितारों से हुआ
सीधी टेढ़ी हाथ रेखा, से कियाफा चल पड़ा
दिमाग दायां हाथ बायां, पर चमक जब दे चुका
हुक्मनामा उसकी क़िस्मत, मुट्ठी बन्द इंसान था

दैवीय शक्ति ने अपना प्रभाव सितारों को प्रदान किया, फिर वो प्रभाव दुनिया पर पड़ा तत्पश्चात् प्राणियों के दिमागों पर होते हुए हाथ की रेखाओं पर आया। आकाशीय तथा सांसारिक दोनों प्रकार के गूढ़ रहस्यों का ज्ञान ज्योतिष के माध्यम से संभव हैं। सीधी–टेढ़ी हाथ की रेखाओं में सामुद्रिक–शास्त्र का विषय विद्यमान है। वह इंसान जो मुट्ठी बन्द करके इस दुनिया में आया उसका भविष्य दायें व बायें हाथ में छिपा हुआ है। दरअसल सर्वशक्तिमान सत्ता ने अपनी शक्तियों का संपूर्ण असर ग्रहों तथा राशियों में समाहित कर दिया। सर्वविदित है कि संपूर्ण ब्रह्मांड को काल्पनिक रूप से खगोल शास्त्रियों ने तीन सौ साठ अंश पर बांटकर बारह राशियों में विभक्त किया। जिसमें एक राशि को लगभग तीस अंश का स्थान प्रदान किया गया है।

इस खगोलीय गणना को आकाशीय दुनिया कहा गया है तथा जमीनी कुदरत अर्थात् चर–अचर, प्राणी, जानवर, चल–अचल दुनिया को दूसरे जहां के रूप में दर्शाया गया है। दोनों जहां में जितने भी पदार्थ या प्राणी हैं वे सितारों अर्थात् ग्रहों से प्रभावित हैं, और जो ग्रहों से प्रभावित हैं उसका भूत, वर्तमान तथा भविष्य निर्धारित है। ग्रहों से सर्वशक्तिमान सत्ता का प्रभाव इंसान के दिमाग पर पड़ता है। इंसान का दिमाग बयालीस खानों में विभाजित है। लाल किताब के अनुसार इंसानी दिमाग पूर्णरूपेण ग्रहों के अन्तर्गत ही कार्य करता है तथा इंसानी दिमाग के द्वारा ही रेखाओं का निर्माण होता है। यहां यह बात स्पष्ट कर देना बेहद जरूरी है कि प्रत्येक व्यक्ति का दिमाग दो भागों में विभक्त होता है।

(1) चेतन मस्तिष्क (2) अचेतन मस्तिष्क

वैज्ञानिक मान्यता के अनुसार सामान्य व्यक्ति अपने दिमाग का लगभग तीन प्रतिशत भाग चेतन मस्तिष्क के रूप में तथा सतानवे प्रतिशत भाग अचेतन मस्तिष्क के रूप में प्रयोग करता है। पौराणिक मान्यता के अनुसार प्रत्येक व्यक्ति का जीवन पूर्व जनमों के कर्मों से प्रभावित होता है। जो वह अपने जनम के समय अचेतन मस्तिष्क में साथ लेकर आता है। चूंकि वर्तमान में अचेतन मस्तिष्क प्रभावी नहीं रहता, अतः व्यक्ति को अपने पूर्व जनमों में किए गए अच्छे–बुरे कर्मों का ज्ञान नहीं होता, परन्तु वे सभी पूर्व संस्कार मस्तिष्क के माध्यम से विद्युत तरंगों के रूप में भुजाओं से होते हुए करतल में रेखाओं के रूप में (मूक रूप से) प्रदर्शित

हो जाते हैं। वास्तव में हाथों पर स्थित पर्वत इन विद्युत तरंगों के स्रोत हैं। जब इन स्रोतों से होते हुए विद्युत शक्ति करतल (हाथों) पर प्रवेश करती है तो सम्बन्धित पर्वत का प्रभाव स्वयं में समाहित रखती है। परिणामस्वरूप हाथ में स्थित प्रत्येक रेखा का गुण अलग–अलग होता है। यही सामुद्रिक शास्त्र का परम रहस्य है। यही कथन लाल किताब में बेहद सरल और सुन्दर रूप में दर्शाया गया है। हथेली पर पर्वतों को बुर्ज़ तथा रेखाओं को दरिया संबोधन दिया गया है। हथेली पर ऊपर की ओर उठे बुर्ज़ जितने ऊंचे, लम्बे, चौड़े और मजबूत होंगे उसी अनुपात में एक दूसरे की अच्छी व बुरी हवा (सकारात्मक व नकारात्मक ऊर्जा) की रोकथाम कर सकेंगे। दरिया की नदियों (लकीरों की गहराई) या समुद्र की मददगार दरिया (करतल की सहायक रेखाएं) जितनी गहरी व साफ जमीन वाली होंगी उतनी ही उसमें पानी की ज्यादा चाल (विद्युत तरंगों के मार्ग) होंगे व जितने संकरे होंगे उसी अनुपात में पानी की चाल हल्की व कम असरकारक होगी।

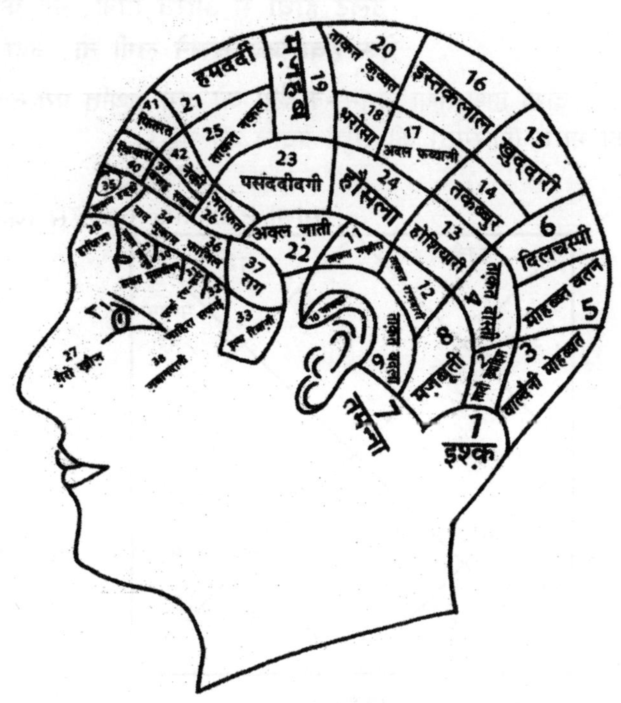

चित्र 1: दिमाग के बयालीस खाने

दरिया के रास्ते में जितनी व जैसी रुकावट, मिट्टी, जड़ी–बूटी, बुर्ज़, पहाड़ तथा विभिन्न प्रकार के पौधों से आई मीठी या कड़वी हवा का असर होगा, वही असर उस दरिया में भी आ जाएगा अर्थात् हाथ में निर्धारित किए गए ग्रहों व राशियों के मिश्रित संयोग के फल के अनुसार व्यक्ति का भाग्य लिखा होगा। हथेली पर स्थित ग्रहों के द्वारा जनम–कुंडली बनाने पर ग्रहों की नैसर्गिक मित्रता के अनुसार तथा ग्रहों की दृष्टि की गणना करने पर निर्धारित अर्थात् निश्चित दशा आने पर वह अच्छी या बुरी घटना घटित होगी। करतल पर राशियों और ग्रहों का विभाजन इस प्रकार किया गया है। उंगलियों के पोरों तथा हथेली के करतल दोनों के ही बारह–बारह टुकड़े किए गए अर्थात् पोरों व करतल पर बारह राशियां निर्धारित की गई, साथ ही बुर्जों (पर्वतों) को भी नौ हिस्सों में बांटा गया, यही नौ निधि व बारह सिद्धि की बुनियाद हुई। यहां 'निधि' से दैवीय शक्ति तथा 'सिद्धि' से इंसानी शक्ति का अर्थ लिया जाना चाहिए। ग्रह राशि और रेखा के अलावा मकान, रिहाइश, स्वप्न, माल मवेशी, दुनिया के दूसरे साथी आदि शुभ निशानियां सामुद्रिक–शास्त्र के जरूरी पहलू गिने गए, जिनका वर्णन आगे के फरमानों में स्पष्ट किया गया है। इस प्रकार नवजात शिशु के दिमागी खानों का नक्शा हाथ की रेखाओं के रूप में चित्रित हुआ तथा हथेली पर पर्वतों ने भी स्पष्ट रूप से अपना स्थान ले लिया। बच्चे के सांस की हवा ने रूख बदला, जिससे करतल तथा उंगलियों पर स्थित बारह राशियां स्पष्ट हुईं। जुदा रहा तो केवल अंगूठा जो दुनियादारों के पुण्य–पाप का पैमाना मुकर्रर हुआ अर्थात् अंगुष्ठ पर न तो राशि ही और न ही ग्रह का प्रभाव रहा जिसका फलादेश पाप–पुण्य का निर्धारण करने व भाग्य सम्बन्धी फलादेश करने के लिए मुकर्रर हुआ।

फरमान नंबर 3

ऊंचे आकाश का साया किधर है?

हाथ दायां और कुंडली जनम को, तदबीर मर्द का नाम हुआ
कुंडली चंद्र या हाथ बायें से, तकदीर बशर का काम हुआ
उलट हाथों से औरत माना, ग्रह फल राशि आम हुआ
नेक हवा जब चलने लगी तो, जहां दोनों का नाम हुआ

दायां हाथ तथा जनम–कुंडली को कर्म अर्थात् प्रयत्न का नाम दिया गया। चंद्र कुंडली तथा बाएं हाथ को भाग्य (किस्मत) की संज्ञा प्रदान की गई।

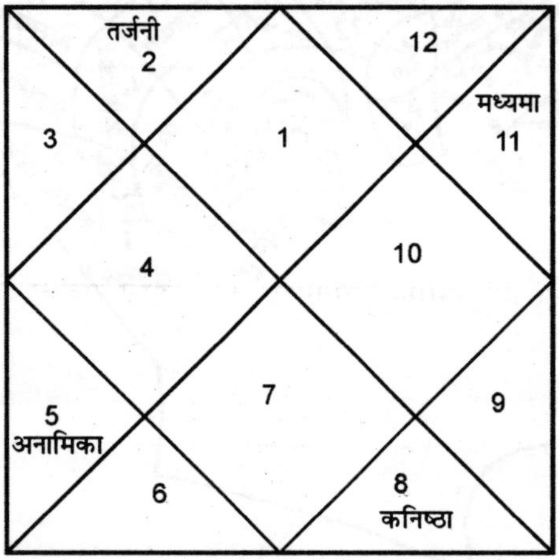

चित्र 2:

मद्रास की जनम-कुंडली

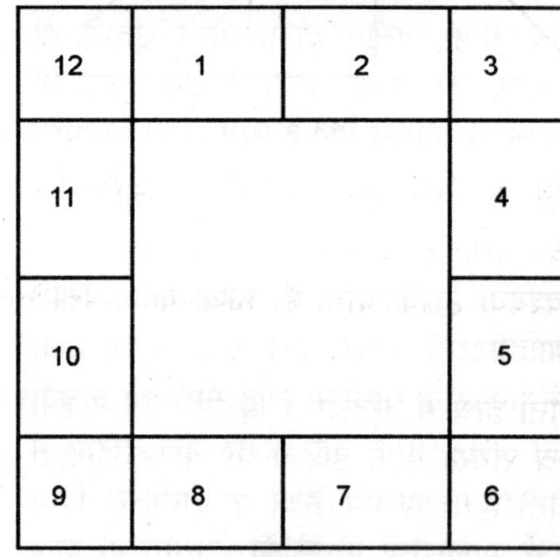

चित्र 3:

पंजाब की जनम-कुंडली

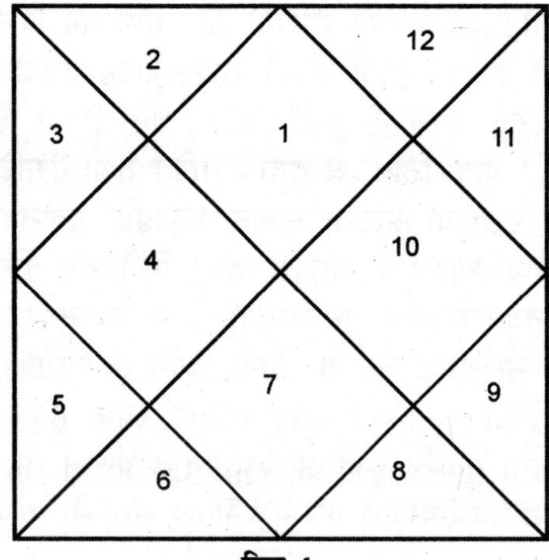

चित्र 4:

मकान कुंडली में राशियों के स्थान

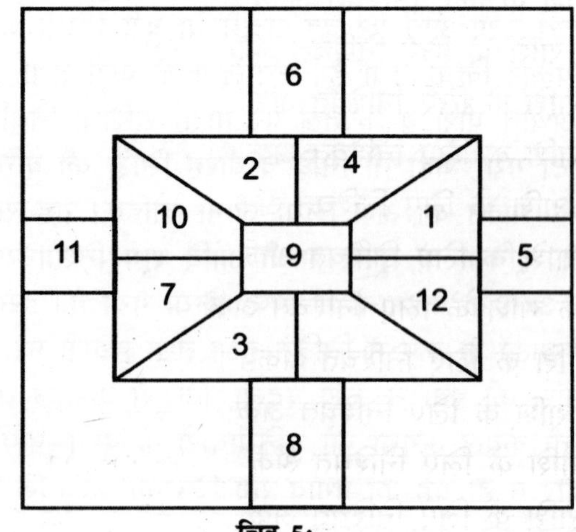

चित्र 5:

बंगाल की जनम-कुंडली

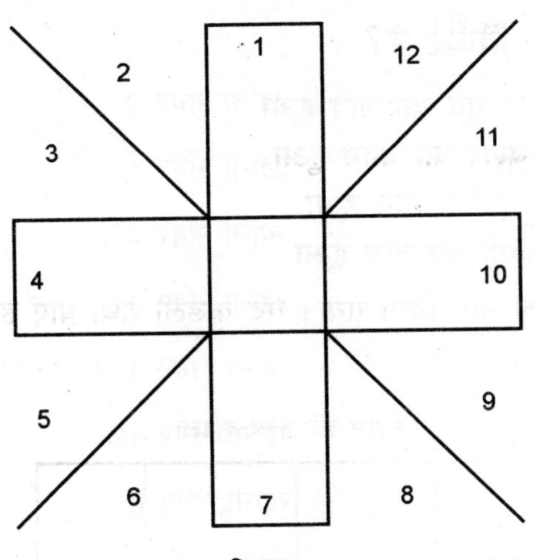

चित्र 6:

मकान में ग्रहों के पक्के स्थान

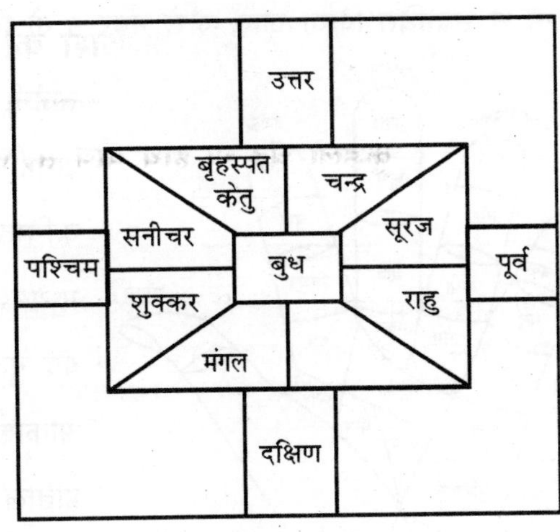

चित्र 7:

इसी में थोड़े संशोधन के साथ यदि हाथ उलट दिए जाएं व औरत का फलादेश किया जाए तब औरत का बायां हाथ कर्म का तथा दायां हाथ भाग्य का माना जाएगा। सकारात्मक तथा सटीक फलादेश हेतु आवश्यक है कि दोनों ही हाथों को अपना मानते हुए दोनों ही जनम–पत्रिकाओं को समान महत्त्व दिया जाना चाहिए।

मानों हाथ में कुंडली व कुंडली में उंगली के हवाई इशारे से ब्रह्मांड का मैदान एक ही दम में गूंज उठा हो। चित्र संख्या 9 में हथेली पर बारह राशियों के पक्के घर दर्शाए गए हैं। प्रत्येक पोर पर एक निश्चित राशि होती है। चार उंगलियों के बारह पोरों पर बारह राशियां स्थाई रूप से होती हैं। हथेली पर भी बारह राशियों के पक्के घर स्थाई ही हैं। प्रत्येक राशि के लिए निश्चित अंक निर्धारित है, जब भी सम्बन्धित अंक का जिक्र किया जाए तो उसी अंक के नाम वाली राशि की पहचान बताएगा। जैसे–

मेष राशि के लिए निश्चित अंक – 1
वृष राशि के लिए निश्चित अंक – 2
मिथुन राशि के लिए निश्चित अंक – 3
कर्क राशि के लिए निश्चित अंक – 4
सिंह राशि के लिए निश्चित अंक – 5
कन्या राशि के लिए निश्चित अंक – 6
तुला राशि के लिए निश्चित अंक – 7
वृश्चिक राशि के लिए निश्चित अंक – 8
धनु राशि के लिए निश्चित अंक – 9
मकर राशि के लिए निश्चित अंक – 10
कुंभ राशि के लिए निश्चित अंक – 11
मीन राशि के लिए निश्चित अंक – 12

हथेली पर राशियों के पक्के घर

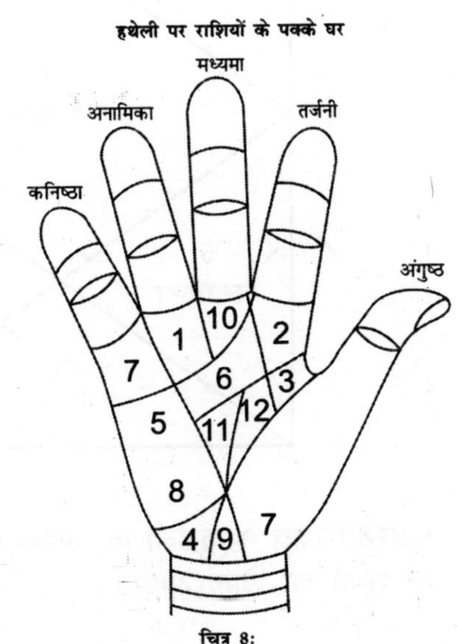

चित्र 8:

प्रस्तुत चित्रों में हथेली व उंगलियों पर नंबर दर्शाए गए हैं परन्तु व्यवहार में उच्चारण करने पर राशि के नाम से संबोधित किया जाए, जैसे नंबर 5 के लिए सिंह राशि।

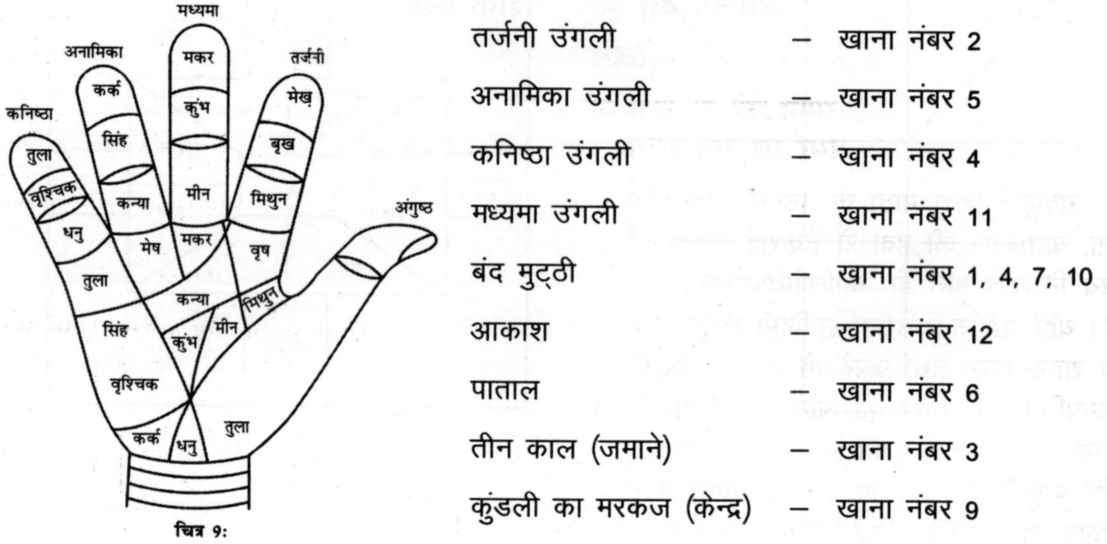

चित्र 9:

तर्जनी उंगली	–	खाना नंबर 2
अनामिका उंगली	–	खाना नंबर 5
कनिष्ठा उंगली	–	खाना नंबर 4
मध्यमा उंगली	–	खाना नंबर 11
बंद मुट्ठी	–	खाना नंबर 1, 4, 7, 10
आकाश	–	खाना नंबर 12
पाताल	–	खाना नंबर 6
तीन काल (जमाने)	–	खाना नंबर 3
कुंडली का मरकज (केन्द्र)	–	खाना नंबर 9

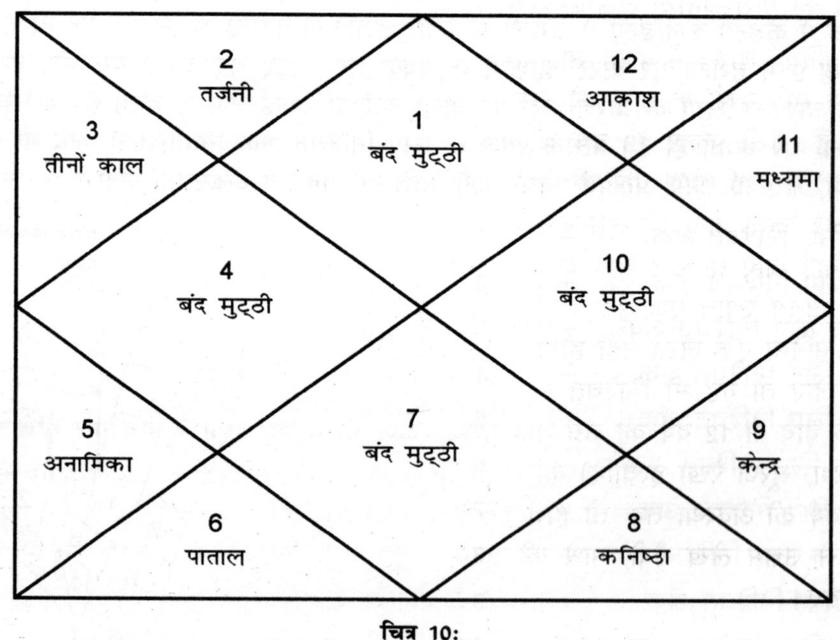

चित्र 10:

प्रस्तुत चित्र में कुंडली के प्रत्येक खाने को अलग–अलग उपमाएं दी गई हैं। आगे आने वाले फरमानों में इन शब्दों का ज़िक्र आएगा।

फरमान नंबर 4

आलिम को इल्म में शक क्या है?

(जनम वक्त)

समय करे नर क्या करे, समय बड़ा बलवान
असर ग्रह सब ही पर होगा, परिंदा, पशु-इंसान

नवजात शिशु माता के पेट में आया, फिर बंद हवा (गर्भ) से इस दुनिया में आया जैसे ही उसकी सांस, वातावरण की हवा से टकराई उसके जीवन का लम्बा–चौड़ा हिसाब खुल गया। उसके जनम का समय निश्चित होते ही ज्योतिषीय गणना के अनुसार उस बच्चे की (अदृश्य) कुंडली बन कर तैयार हो गई। यहां यह शक उठना लाजिमी है कि एक बाप के दो बेटे, एक घर के दोनों भाई (चाचा–ताऊ के), एक शहर, वतन तथा कस्बे के हम उम्र साथी आदि का जनम वक्त यदि एक हो तो इन व्यक्तियों की जनमपत्रिका में अन्तर का आधार क्या होगा? एक ही जनम समय व एक ही शहर में पैदा हुए बच्चों में एक राजा तो एक फकीर, कोई शान–शौकत को भोगने वाला व दूसरा दीन–दुःखी और भिखारी; आखिर क्यों? प्राकृतिक अथवा आकस्मिक आपदा में हजारों–लाखों की तादात में मरने वालों का हश्र एक जैसा, आखिर क्यों? जबकि उनके जनम शहर व जनम समय भिन्न–भिन्न होते हैं। इसके पीछे वास्तविकता अथवा सच्चाई यह है कि जिस प्रकार प्रत्येक बच्चे व व्यक्ति की हस्त रेखाएं अलग–अलग होती हैं तो फिर उनके तकदीर (भाग्य) अलग–अलग क्यों नहीं होंगे? निश्चित रूप से उनके जीवन में घटने वाली महत्त्वपूर्ण घटनाएं व उनके जीवन की परिस्थितियां अलग–अलग ही होंगी।

मगर, सामुद्रिक–शास्त्र में बारह साल से कम उम्र के बच्चे की रेखाओं पर विश्वास नहीं किया जाता क्योंकि इस उम्र तक बच्चे के हाथ की रेखाएं बनती–बिगड़ती रहती हैं तथा रेखाओं में अधिक तेजी से परिवर्तन होता है। इसी प्रकार 18 वर्ष की उम्र के पश्चात् उसकी मुख्य रेखाओं (जीवन रेखा, मस्तिष्क रेखा, हृदय रेखा) में कोई खास परिवर्तन नहीं माना जाता तो फिर इन दोनों विवादास्पद बिन्दुओं पर किस रास्ते को स्वीकार किया जाए जो तसल्ली देने वाला हो? मुद्दा यह है कि यदि गोचर को आधार मानकर जनमपत्रिका बनाई जाए तो उन सभी बच्चों की जनमपत्रिकाओं में ग्रहों की स्थिति एक ही होंगी, जिनका जनम समय व जनम स्थान एक है। परन्तु धरातल की पृष्ठभूमि पर विचार करने पर ज्ञान होगा कि इन सभी बच्चों का भविष्य एक जैसा नहीं होगा। दूसरी ओर यदि सामुद्रिक–शास्त्र का सहयोग लेकर बच्चे का भविष्य बताया जाए तो वह भी निश्चित रूप से गलत ही सिद्ध होगा क्योंकि व्यवहार में ऐसा देखा गया है कि जनम के बाद से 12 वर्ष की उम्र तक मुख्य रेखाएं भी बदल जाती हैं, तो फिर गौण रेखाओं (भाग्य रेखा, विवाह रेखा, सूरज रेखा इत्यादि) का तो जिक्र ही क्यों किया जाए? अनुभव में आया है कि बच्चे के जनम से एक वर्ष की अवस्था तक तो हाथ की बनावट व उंगलियों की स्थिति तक में सूक्ष्म परिवर्तन आ जाता है। 'सबसे उत्तम लेख गैबी, माथे की तकदीर हो' अतः फलित ज्योतिष के लिए दो अलग–अलग अध्याय बनाए गए।

(1) ''व्याकरण'' (2) ''ग्रहों के फल'' या 'फलादेश'

''व्याकरण'' फरमान नंबर पांच से चौदह तक ''फलादेश'' फरमान नंबर पन्द्रह से अन्त तक लाल किताब में अंकित हैं।

फरमान नंबर 5

(तदबीर पहले या तकदीर)

बेटी आई पहले दुनिया, या कि पहले माता हो।
जोड़े बच्चे पेट माता, पहले जनमे छोटा हो।

हाथ की चार उंगलियों की बारह पोरों को चौबीस घंटों और बारह राशियों में विभाजित किया गया है। हर एक को निश्चित उंगली का निश्चित स्थान (पोर) प्रदान किया गया है। परन्तु ध्यान रहे कि एक राशि निश्चित दो घंटे की नहीं होती।

मेख बृख जब मिले मिथुन से, तर्जनी उंगली गिनते हैं
कर्क सिंह और कन्या राशि, अनामिका उंगली लेते हैं
तुला वृश्चिक धनु तीनों की, छोटी कनिष्ठा होती हैं
मकर कुंभ और मीन इकट्ठी, मध्यमा उंगली बनती हैं

राशियां गिनती में बारह होती हैं। प्रत्येक राशि के लिए एक निश्चित अंक होता है तथा ज्योतिष में उस नंबर की पहचान उस अंक वाली राशि के रूप में होती है। जैसे मेष राशि के लिए 1 नंबर निश्चित किया गया है। अतः जब भी कुंडली में 1 अंक नजर आएगा तब कहा जाएगा कि उक्त राशि मेष है। इससे हर बार राशि का नाम लिखने की आवश्यकता नहीं रहती। लाल किताब की खासियत यह है कि इसमें प्रत्येक राशि के लिए भाव (घर) भी निश्चित हैं जो लाल किताब को अन्य ज्योतिष ग्रन्थों (वृहद पराशर शास्त्र, भृगु संहिता, ज्योतिष रत्नाकर) आदि से भिन्न बनाता है।

उदाहरणार्थ प्रथम भाव या लगन में सदैव मेष राशि अर्थात् 1 नंबर ही आएगा।

उंगली	गुण	ग्रह	राशि संख्या	राशि
तर्जनी	हुकूमत (शासन)	बृहस्पत	(1, 2, 3)	मेष, वृष, मिथुन
अनामिका	कमाई (मेहनत)	सूरज	(4, 5, 6)	कर्क, सिंह, कन्या
कनिष्ठा	हुनर (कला)	बुध	(7, 8, 9)	तुला, वृश्चिक, धनु
मध्यमा	उदासी (वैराग्य)	सनीचर	(10, 11, 12)	मकर, कुंभ, मीन

तर्जनी उंगली हुकूमत की उंगली होती है। जिसका अधिपति ग्रह बृहस्पत है। तर्जनी के प्रथम पर्व पर मेष, द्वितीय पर्व पर वृष तथा तृतीय पर मिथुन राशि का स्थान होता है। कनिष्ठा उंगली हुनर या कला की उंगली कहलाती है। इसका अधिपति ग्रह बुध होता है। कनिष्ठा के प्रथम पर्व पर तुला, द्वितीय पर्व पर वृश्चिक तथा तृतीय पर्व पर धनु राशि का वास होता है।

अनामिका उंगली हिम्मत (मेहनत) की उंगली कहलाती है। इसका अधिपति ग्रह सूरज होता है। अनामिका के प्रथम पर्व पर कर्क, द्वितीय पर्व पर सिंह तथा तृतीय पर्व पर कन्या राशि का वास होता है। मध्यमा उंगली को सबसे बाद में लिया गया है क्योंकि मध्यमा उंगली वैराग्य की उंगली है। मध्यमा उंगली का अधिपति ग्रह सनीचर (शनि) है तथा मध्यमा के प्रथम पर्व पर मकर, द्वितीय पर्व पर कुंभ तथा तृतीय पर्व पर मीन राशि को स्थान दिया गया है। सूक्ष्मता से देखा जाए तो उपर्युक्त तीन उंगलियों (तर्जनी, अनामिका तथा कनिष्ठा) के गुणों में समानता यह है कि तीनों ही उंगलियों के गुण सामाजिक अथवा सांसारिक हैं। जैसे हुकूमत, हिम्मत व हुनर परन्तु मध्यमा उंगली का गुण (वैराग्य), तीनों से भिन्न तथा सांसारिकता के विपरीत है। अतः मध्यमा उंगली को दोनों उंगलियों के पश्चात् स्थान दिया गया है। दूसरा कारण यह भी है कि चारों उंगलियों का क्रम सांसारिक कार्यों के क्रमानुसार दर्शाया गया है। जैसे किसी भी व्यक्ति पर सर्वप्रथम हुकूमत (जिम्मेदारी) का बोझ पड़ता है। इस जिम्मेदारी का बोझ उताने के लिए उसे हिम्मत तथा तत्पश्चात् हुनर की आवश्यकता होती है तथा अनिश्चित समय तक हुकूमत करने के पश्चात् वह वैराग्य धारण कर लेता है अर्थात् परिस्थितियों व स्थिति में सम हो जाता है। इसके अतिरिक्त कुंडली में भी प्रत्येक राशि को निश्चित खाना (भाव) प्रदान किया गया है। खाना नंबर एक में सदैव मेष राशि ही रखी जाती है। खाना नंबर दो में वृष, खाना नंबर तीन में मिथुन, खाना नंबर चार में कर्क, खाना नंबर पांच में सिंह, छः में कन्या, सात में तुला, आठ में वृश्चिक, नौ में धनु, दस में मकर, ग्यारह में कुंभ और बारह में मीन राशि को स्थान दिया गया है। ये राशियां व खाना नंबर कुंडली में निश्चित हैं। गोचर या जनम–कुंडली के अनुसार ग्रहों को सम्बन्धित राशियों में बैठाया जाता है। संपूर्ण लाल किताब में ''खाना नंबर'' वाक्य का प्रयोग है जिसका अर्थ है कुंडली का खाना नंबर।

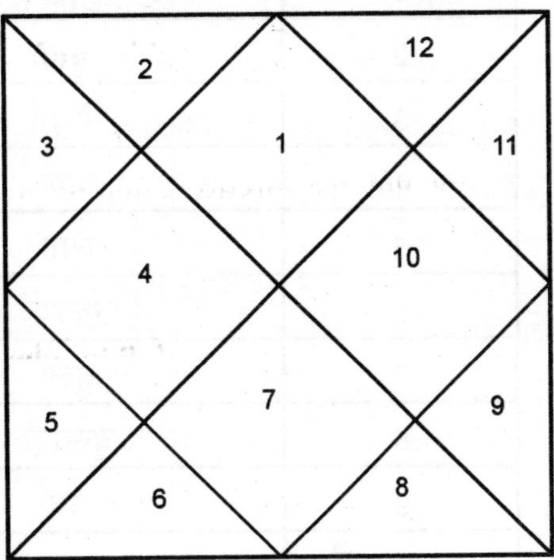

चित्र 11:

जैसेकि खाना नंबर एक का अर्थ लग्न लेंगे। इसके अतिरिक्त प्रत्येक ग्रह के लिए निश्चित की गई रेखा भी कुंडली का खाना नंबर हो जाती है।

(1) तर्जनी व मध्यमा के बीच खाना नंबर 11

(2) हाथ का अंगूठा खाना नंबर 2

(3) दिल रेखा (हृदय रेखा) खाना नंबर 4

(4) सिर रेखा (मस्तिष्क रेखा) खाना नंबर 7

(5) जहां पर 4, 7, 8, 9, 11, 12 राशियां एक दूसरे को काटती हैं। वह सनीचर का खाना नंबर 8 होगा।

(6) शुक्र से बुध की ओर लकीर (रेखा) खाना नंबर 5

(7) अंगूठे की ओर कलाई राहु

(8) अंगूठे से दूर कलाई केतु

राशि संख्या	लाल किताब राशि का नाम	आधुनिक ज्योतिष राशि का नाम	लाल किताब राशि चिह्न
1	मेख	मेष	♈
2	बृख	वृष	♉
3	मिथुन	मिथुन	♊
4	कर्क	कर्क	♋
5	सिंह	सिंह	♌
6	कन्या	कन्या	♍
7	तुला	तुला	♎
8	बृस्चक	वृश्चिक	♏
9	धनु	धनु	♐
10	मकर	मकर	♑
11	कुंभ	कुंभ	♒
12	मीन	मीन	♓

फरमान नंबर 6

(किस्मत की गांठों से ग्रहमण्डल बनेगा)

धर्म दया चाहे कोसों ऊंची, चाहें सखी लखदाता हो
उल्टे वक्त खुद गांठ आ लगती, लेख लिखा था विधाता जो

दुनिया के प्रारम्भ और ब्रह्मांड के खाली आकाश (बृहस्पत) में सबसे पहले अंधेरा (शनि) जानकर इसमें रोशनी (सूरज़) का ख्याल किया गया। इस रोशनी तथा अंधेरे के साथ–साथ हवा (बृहस्पत की राजधानी) चल रही है। उदाहरणस्वरूप यदि शीशे (बुध) का एक बक्सा (जीव) हो तो उस बक्से के अन्दर हवा होगी और बाहर भी हवा होगी परन्तु वह (शीशा) हवा को बाहर से अन्दर व अन्दर से बाहर जाने की इज़ाजत नहीं देगा। यही बुध व बृहस्पत की शत्रुता (नैसर्गिक शत्रुता) का कारण है। परन्तु यही शीशा, अंधेरे व प्रकाश को अन्दर व बाहर जाने की इज़ाजत दे देगा। अतः बृहस्पत का सूरज मित्र तथा सनीचर सम रहेगा। बुध के आकाश की खाली जगह में (ब्रह्मांड में) किस्मत को जाहिर करने वाला ग्रह चाली बच्चा (ग्रहों से भरा ब्रह्मांड) बुध की मदद से सूरज व सनीचर को जगह देगा।

ग्रह

बुध का शीशा ही बृहस्पत के दोनों जहानों में गांठ (ग्रह) लगा देगा और यह गांठ ही ग्रह है। जिससे आकाश सबके लिए गांठ हुआ (ग्रह युक्त) मैदान है या यूं कहें कि अक्ल हर तरफ गांठें लगा रही हैं। संक्षेप में कहें तो अलग–अलग चीजों (नक्षत्रों) को इकट्ठा करने की हालत का नाम गांठ (ग्रह) है। दूसरे शब्दों में हवा (बृहस्पत की राजधानी) व आकाश (बृहस्पत) को इकट्ठा बांध देने वाली चीज का नाम ग्रह है। अथवा

बच्चे की किस्मत की उलझन पैदा करने वाली ताकत का नाम ग्रह है। उंगलियों व हथेली को इकट्ठा मिलाने वाली गांठ या हथेली की अपनी हरेक गांठ (पर्वत या बुर्ज़) तथा बच्चे की माता के पेट के सफर की नौ मंजिलों की हरेक गांठ को ग्रह के नाम से याद कर लें। कुदरत की ताकत का असली नाम ग्रह है जिसकी वजह से इल्म सामुद्रिक में भी हर बुर्ज़ (पर्वत) की बुनियाद उंगलियों की जड़ या हथेली की गांठ पर ही मानी गई है। "लाल किताब" की यही विशेषता है कि इसमें संपूर्ण ज्ञान को अत्यन्त सरल व रोचक बनाने का प्रयास किया गया है, उपर्युक्त फरमान में यह बात स्पष्ट हो रही है कि प्रत्येक वस्तु का किसी न किसी ग्रह से सम्बन्ध अवश्य ही होता है। जैसे यहां स्पष्ट किया गया है कि बृहस्पत, आकाश का कारक ग्रह है। यहां शीशे के बक्से के उदाहरण में शीशे का कारक बुध न माने, यह लाल किताब का मात्र एक उदाहरण है। लाल किताब में तात्कालिक मित्रता व शत्रुता को महत्त्व नहीं दिया गया है बल्कि नैसर्गिक मित्रता, शत्रुता तथा सम स्थिति को दर्शाया गया है। ग्रह संख्या में नौ होते हैं और वे कुंडली के बारह खानों (भावों) में घूमने की ताकत रखते हैं। अर्थात् राशियां स्थिर रहती हैं तथा ग्रहों को राशियों में बैठाया जाता है। लगन में सदैव मेष राशि (नंबर 1) स्थित रहती है। इंसानों की तरह ग्रहों में भी आपसी मित्रता व शत्रुता, उच्च व नीच स्थिति, उत्तम या मंदा (कमजोर ग्रह) असर देने की ताकत होती है। प्रत्येक ग्रह अपना असर खास–खास मियादों पर दिया करते हैं अर्थात् जब उस ग्रह की दशा आएगी तभी वह पूर्ण असरकारक होगा।

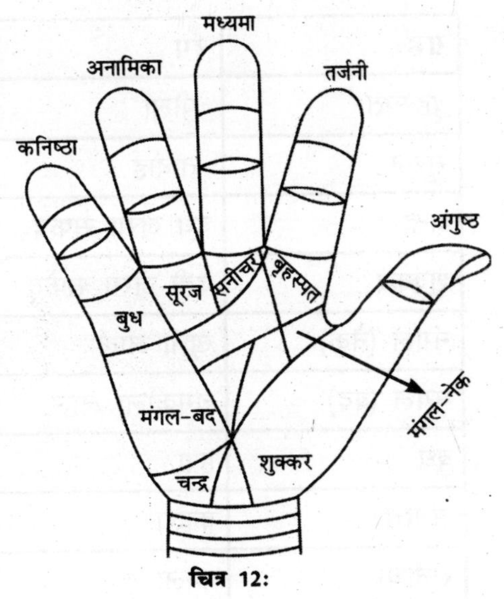

चित्र 12:

उंगलियां और ग्रह

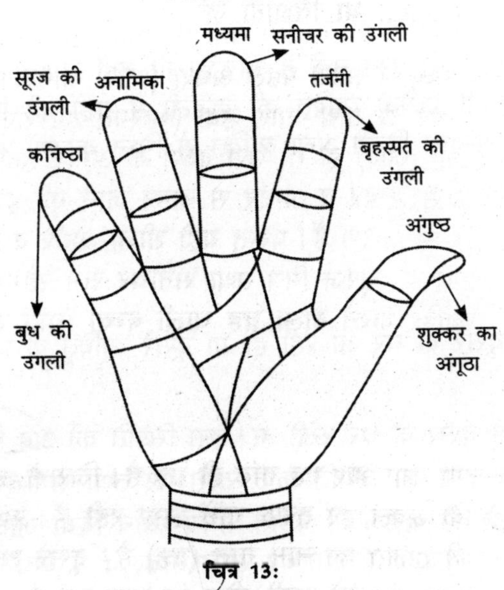

चित्र 13:

कुंडली में राशियों के पक्के घर

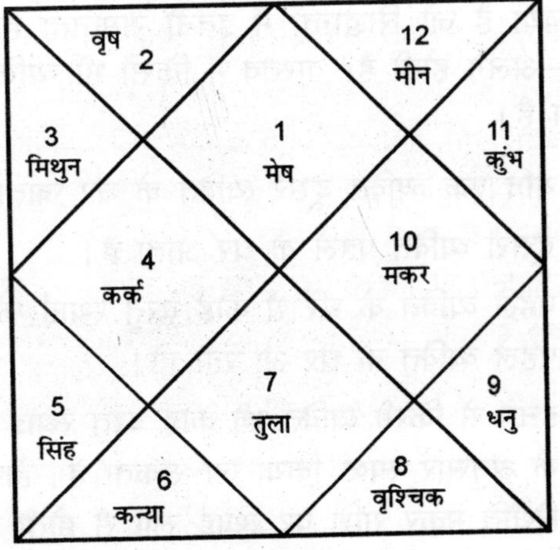

चित्र 14:

ग्रह	रंग	मस्नूई (बनावटी) ग्रह	सामुद्रिक चित्र
बृहस्पत	पीला	सूरज–शुक्कर	ᒣ, |||
सूरज	तांबाई	बुध–शुक्कर	⋇, ⫽
चन्द्र	दूध जैसा सफेद	सूरज–बृहस्पत	) (, ◡, ⌒
शुक्कर	दही जैसा सफेद	राहु–केतु	♀, =, –
मंगल (नेक)	खूनी लाल	सूरज–बुध	O+, □
मंगल (बद)	चमकीला लाल	सूरज–सनीचर	∧, ∨, ∧, △
बुध	हरा	बृहस्पत–राहु	♆, o
सनीचर	काला	शुक्कर–बृहस्पत = केतु	+, ह, ३, ⫛
सनीचर	काला	मंगल–बुध = राहु	+, ह, ३, ⫛
राहु	नीला	मंगल–सनीचर = उच्च	▦
राहु	नीला	सूरज–सनीचर = नीच	▦
केतु	चितकबरा	शुक्कर–सनीचर = उच्च	┌┴┐, ┌┬┐, └┴┘, E
केतु	काला सफेद	चन्द्र–सनीचर = नीच	┌┴┐, ┌┬┐, └┴┘, E

यह एक महत्त्वपूर्ण प्रश्न है कि यदि प्रत्येक ग्रह का स्थान 'पक्के घर" के रूप में स्थिर कर दिया गया है तो फिर हस्तरेखा देखते समय तथा जातक की कुंडली का निर्माण करते समय क्या यह कार्य इतना सरल होगा कि सहजता से कुंडली में (हाथ देखकर) ग्रहों को बैठाया जा सके? इससे भी महत्त्वपूर्ण प्रश्न यह है कि हाथ में अभी तक के ज्ञान के अनुसार सूरज सदैव खाना नंबर एक में, सनीचर सदैव खाना नंबर दस में, बुध सदैव खाना नंबर सात में आना चाहिए परन्तु ऐसा नहीं है और हो भी नहीं सकता। फिर ऐसा क्या है जो सिद्धान्तों में इतनी समानता होते हुए भी प्रत्येक व्यक्ति की कुंडली में ग्रहों की स्थिति अलग–अलग होती है? वास्तव में किसी भी व्यक्ति का सम्बन्ध किसी अन्य व्यक्ति से निम्न कारणों से बन सकता है।

(1) यदि एक व्यक्ति दूसरे व्यक्ति के घर जाता है।

(2) दूसरा व्यक्ति पहले के घर आता है।

(3) पहले व्यक्ति के घर से कोई वस्तु स्थाई रूप से दूसरे के घर आ रही हो या दूसरे व्यक्ति के घर से पहले व्यक्ति के घर आ रही हो।

(4) इनमें से किसी व्यक्ति की कोई वस्तु स्थाई रूप से दूसरे के घर रखी हो। इस स्थिति को अब विषय के अनुसार स्पष्ट किया जा सकता है। हाथ में चन्द्रमा की स्थिति कर्क राशि पर तथा सनीचर की स्थिति मकर राशि पर स्थाई रूप से होती है। ग्रहों को कुंडली में बैठाते समय ध्यान दिया जाए कि यदि कर्क राशि पर सनीचर का चिह्न अंकित है तो कुंडली में सनीचर खाना नंबर 4 में बैठा दिया जाएगा। इसी प्रकार यदि कोई लकीर शुक्कर के क्षेत्र से स्थाई रूप से सूरज के बुर्ज़ पर पहुंचती

है तो यह सूरज तथा शुक्कर के युति सम्बन्ध को प्रदर्शित करती है। इसी प्रकार आगे आने वाले फरमानों के साथ–साथ विषय स्पष्ट होता चला जाएगा।

'लाल किताब' में प्रत्येक ग्रह का अपना रंग निर्धारित है तथा निश्चित सामुद्रिक चिह्न है। हाथ में जिस प्रकार का चिह्न जिस स्थान पर अंकित होगा उसी स्थान के बुर्ज़ (पर्वत) के अनुसार कुंडली का निर्धारण होगा। इसके अतिरिक्त जब भी दो ग्रहों की युति (जोड़ा) बनती है तो वे किन्हीं परिस्थितियों में किसी विशेष ग्रह का गुण धारण कर लेते हैं। जैसे बुध व शुक्कर ग्रह का संयुक्त फल (सूरज) के अनुसार फलित होगा। प्रत्येक हथेली पर बुर्जों (पर्वतों) के पक्के घर निधारित हैं। हथेली पर ऊपर की ओर उठी हुई जगह का नाम बुर्ज़ (पर्वत) कहलाता है। बुर्ज़ तादाद (गिनती) में सात होते हैं।

बृहस्पत, सूरज और मंगल तीनों, नर ग्रह भी कहलाते हैं
सनीचर, राहु और केतु तीनों, पापी ग्रह बन जाते हैं
शुक्कर लक्ष्मी, चन्द्र माता, दोनों स्त्री होते हैं
बुध मुखन्नस चक्कर सभी का, जिस में सब ये घूमते हैं
नेकी-बदी दो मंगल भाई, शहद ज़हर दो मिलते हैं
बद लालच गर मारे दुनिया, नेक दान को गिनते हैं

बृहस्पत, सूरज और मंगल तीनों नर ग्रह होते हैं। सनीचर, राहु और केतु तीनों पापी ग्रह कहलाते हैं। शुक्कर तथा चन्द्र स्त्री ग्रह **होते** हैं। जिसमें शुक्कर लक्ष्मी या स्त्री तथा चन्द्र माता का कारक ग्रह है। बुध नपुंसक ग्रह है। मंगल ग्रह के दो विरोधाभासी तत्व हैं। मंगल–नेक (उच्च मंगल) तथा मंगल–बद (निम्न मंगल)। मंगल–नेक शहद के समान तथा मंगल–बद ज़हर के समान माना गया है। राहु और केतु को हथेली पर कोई पक्का स्थान प्रदान नहीं किया गया है। ये लहरों के मालिक हैं। एक ने इंसान को सिर से पकड़ा व दूसरे (केतु) ने इंसान को पैर से पकड़ा तो स्वतः ही उनको जगह मिल गई और वह बुध और बृहस्पत के साथ ब्रह्मांड में जा बैठे और दुनिया में पाप के नाम से मशहूर हुए। वास्तव में राहु व केतु छाया ग्रह माने जाते हैं, जो चन्द्रमा के काल्पनिक पाद बिन्दु कहलाते हैं। परन्तु ज्योतिष शास्त्र में इनकी उपस्थिति अत्यन्त महत्त्वपूर्ण है। राहु और केतु का अस्तित्व प्रत्येक ज्योतिष शास्त्र ने छाया ग्रह के रूप में ही स्वीकार किया है। पाराशर शास्त्र तथा भृगु संहिता इत्यादि ग्रन्थों के अनुसार राहु और केतु जिस–जिस भाव में बैठते हैं, जिस–जिस ग्रह से संयुक्त होते हैं उन्हीं के अनुसार फल प्रदान करते हैं। परन्तु यही लाल किताब राहु को बृहस्पत के घर में, खाना नंबर 12 तथा केतु (जो नेकी का मालिक) को बुध के साथ खाना नंबर 6 में स्थान देती है। ज्ञातव्य है कि खाना नंबर 6 पाताल तथा खाना नंबर 12 आकाश कहलाते हैं। नैसर्गिक रूप से सनीचर पापी नहीं कहलाता है बल्कि यदि सनीचर, राहु अथवा केतु के संपर्क में आ जाता है तो पापी कहलाता है। हथेली पर प्रत्येक ग्रह के पक्के घरों का स्थान निर्धारित किया गया है। प्रत्येक भाव के साथ तीन ग्रहों का सम्बन्ध माना गया है।

कुंडली में ग्रहों के पक्के घर

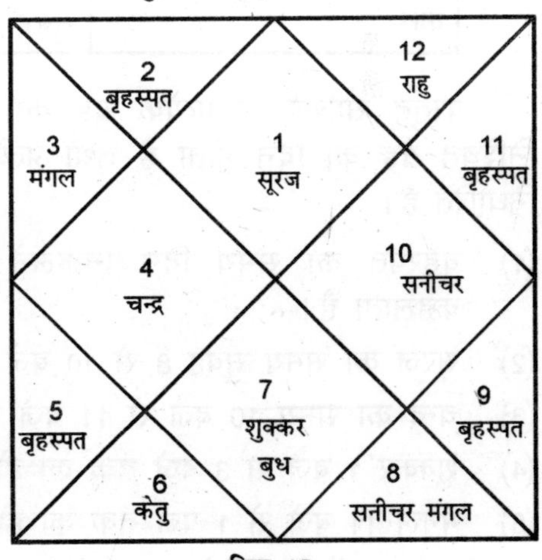

चित्र 15:

(1) राशिपति ग्रह कहीं भी हो अपनी राशि का फल जरूर देता है। जैसे मंगल कहीं भी स्थित हो परन्तु लगन का फल अवश्य देता है।

(2) राशिपति यदि जमीन का स्वामी है तो कारक ग्रह उस पर बने मकान का स्वामी होगा तथा उसमें बैठा ग्रह किरायेदार माना जाएगा।

(3) प्रत्येक ग्रह दूसरे ग्रह का मित्र होगा, शत्रु या सम/नीच या उच्च होगा अर्थात् प्रत्येक खाने में अलग–अलग फल करेगा।

ग्रहों का (काल) समय

ग्रह	दिन में	हफ्ते में
बृहस्पत	पहला हिस्सा	वीरवार (गुरुवार)
सूरज	दूसरा हिस्सा	रविवार (इतवार)
चन्द्र	चांदनी रात	सोमवार
शुक्कर	काली रात	शुक्रवार
मंगल	पक्की दोपहर	मंगलवार
बुध	शाम 4 बजे	बुधवार
सनीचर	सारी रात (अंधेरा)	शनिवार
राहु	पक्की शाम	वीरवार की शाम
केतु	सुबह (ऊषा काल)	रविवार की सुबह

प्रस्तुत सारिणी में प्रत्येक ग्रह का काल निर्धारित किया गया है। प्रत्येक हफ्ते का दिन किसी निश्चित ग्रह का दिन होता है तथा प्रत्येक दिन का निश्चित हिस्सा भी किसी ग्रह के समय रूप में निर्धारित है।

(1) बृहस्पत का समय दिन निकलने से 8 बजे तक निर्धारित है, जो दिन का पहला हिस्सा कहलाता है।

(2) सूरज का समय सुबह 8 से 10 बजे तक का होता है जो दिन का दूसरा हिस्सा कहलाता है।

(3) चन्द्र का समय 10 बजे से 11 बजे तक का होता है।

(4) शुक्कर 1 बजे से 3 बजे तक का होता है।

(5) मंगल 11 बजे से 1 बजे तक का होता है।

(6) बुध 4 बजे से 6 बजे तक का होता है।

(7) सनीचर दिन छिपने के बाद तथा कोई भी एक तारा निकलने से पहले का समय।

(8) राहु का समय सायंकाल निर्धारित है।

(9) केतु का समय दिन निकलने से 2 घन्टे पहले का होता है।

ग्रहों की आपस में दोस्ती व दुश्मनी

ग्रह	सम	मित्र	शत्रु
बृहस्पत	राहु, केतु, सनीचर,	सूरज, मंगल, चन्द्र,	शुक्कर, बुध
सूरज	बुध जो सूरज के साथ चुप हो	बृहस्पत, मंगल, चन्द्र	शुक्कर, सनीचर, राहु से ग्रहण व केतु से मद्धम
चन्द्र	शुक्कर, सनीचर, मंगल, बृहस्पत	सूरज, बुध	केतु से ग्रहण, राहु से मद्धम
शुक्कर	बृहस्पत, मंगल	सनीचर, बुध, केतु	सूरज, चन्द्र, राहु
मंगल	शुक्कर, सनीचर, राहु अब मंगल के साथ चुप होगा	सूरज, चन्द्र, बृहस्पत	केतु, बुध
बुध	मंगल, बृहस्पत, सनीचर, केतु	सूरज, शुक्कर, राहु	चन्द्र
सनीचर	केतु, बृहस्पत	शुक्कर, राहु, बुध	सूरज, चन्द्र, मंगल
राहु	बृहस्पत, चन्द्र मद्धम होगा	केतु, सनीचर, बुध	सूरज, शुक्कर, मंगल
केतु	बृहस्पत, सनीचर, बुध, सूरज इसके साथ मद्धम होगा	शुक्कर, राहु	चन्द्र, मंगल

(1) चन्द्र से शुक्कर सम भाव रखता है परन्तु शुक्कर से चन्द्र शत्रु भाव रखता है।

(2) शुक्कर से बृहस्पत सम भाव रखता है परन्तु बृहस्पत से शुक्कर शत्रु भाव रखता है।

(3) मंगल से सनीचर समभाव रखता है परन्तु सनीचर से मंगल शत्रु भाव रखता है।

(4) बुध, चन्द्र से मित्र भाव रखता है परन्तु चन्द्र, बुध से शत्रु भाव रखता है।

(5) राहु यदि बृहस्पत के साथ हो तो बृहस्पत चुप रहेगा परन्तु गुम न होगा। यदि राहु व बृहस्पत खाना नंबर 2 में साथ बैठे होंगे तो राहु–बृहस्पत के अधीन होगा क्योंकि खाना नंबर 2 स्वयं बृहस्पत का है। राहु–बृहस्पत साथ बैठकर बुध का फल देंगे।

(6) बुध, बृहस्पत का शत्रु है परन्तु खाना नंबर 2 व खाना नंबर 4 में स्थित बुध, बृहस्पत की सहायता करेगा।

(7) चन्द्रमा, बुध का शत्रु है परन्तु यदि खाना नंबर 4 में बुध हो अथवा बुध व चन्द्र की युति किसी भी खाने में हो, बुध, चन्द्रमा की सहायता करेगा। विशेष रूप से धन प्राप्ति के सम्बन्ध में।

(8) मित्र ग्रह– सूरज का मित्र चन्द्र, चन्द्र का बृहस्पत, बृहस्पत का मंगल–नेक (उच्च मंगल), मंगल–नेक का राहु, राहु का बुध, बुध का सनीचर, सनीचर का शुक्कर, सबका मित्र केतु।

(9) शत्रु ग्रह– सनीचर का शत्रु सूरज, सूरज का शुक्कर, शुक्कर का बृहस्पत, बृहस्पत का बुध, बुध का चन्द्र, चन्द्र का केतु, केतु का मंगल–बद (निम्न मंगल), सबका शत्रु राहु।

जिस्म व ग्रह का सम्बन्ध

जिगर व दिल, धड़ के सलाहकार हैं। दिमाग व जुबान, ''देखभाल'' में दोनों सिर के सलाहकार हैं। सिर और धड़ दोनों को मिलाने वाली गर्दन की सांस का मालिक बृहस्पत है। बृहस्पत बहालत (ऐसी परिस्थिति में) एक अकेला इंसानी जिस्म लोक–परलोक का मालिक है। सिर्फ उसी सिफ्त (गुण) पर यह किसी से दुश्मनी नहीं करता। यहां जिगर– मंगल, दिल– चन्द्र, धड़– केतु का कारक है। दिमाग व जुबान– बुध, देखभाल– सनीचर और सिर– राहु का कारक है। सांस (गर्दन) का कारक बृहस्पत है। बृहस्पत को ज्योतिष शास्त्र में जीव की संज्ञा दी गई है। जीव अर्थात् इंसान जो लोक–परलोक में सबसे ताकतवर व हुकूमत करने वाला है। इसलिए वह किसी ग्रह के साथ शत्रु भाव नहीं रखता।

ग्रहों की मियादें (अवधि)

नाम	कितने दिन	आम साल	आयु के साल	महादशा साल	आमदौरा 35 वर्ष चक्कर	असर का वक्त	असर की रफ्तार (गति)
बृहस्पत	32	16	75	16	6	दरमियान (मध्य)	शेर बब्बर
सूरज	22	22	100	6	2	शुरू	रथ
चन्द्र	24	24	85	10	1	आखिर पर (अंत)	घोड़ा (अश्व)
शुक्कर	50	25	85	20	3	दरमियान (मध्य)	बैल
मंगल–नेक	24	13] 28	90	3] 7	2] 6	शुरू	चीता
मंगल–बद	32	15		4	4		हिरण
बुध	68	34	80	17	2	हमेशा (सदेव)	मेढ़ा
सनीचर	72	36	90	19	6	हमेशा (सदैव)	मछली
राहु	40	42	90	18	6	आखिर पर	हाथी
केतु	43	48	80	7	3	आखिर पर	सुअर, कुत्ता
योग				120 वर्ष	35 वर्ष		

(1) प्रत्येक ग्रह अपनी आधी या चौथाई अवधि में अपना फल प्रकट कर देता है।

(2) एक दिन में ग्रहों का समय ज्ञात करने के लिए 40 मिनट का वक्त लेंगे।

(3) राहु की 42 व केतु की 48 वर्ष की आम साल अवधि होती है दोनों की इकट्ठी अवधि 45 वर्ष होगी।

(4) सूर्यग्रहण के वक्त सूरज व राहु की युति तथा चन्द्रग्रहण के वक्त चन्द्र व केतु की युति बनती है। इस दशा में ग्रह की उम्र तीन वर्ष कम होगी।

(5) सनीचर उम्र के दसवें, उन्नीसवें तथा सैंतीसवें वर्ष में नेक असर (शुभ फल) देगा। इसके अतिरिक्त नौवें वर्ष में धन दौलत देगा। अठारहवें वर्ष में पिता पर मंदा असर देगा। सत्ताइसवें वर्ष मकान व पशुओं (वाहन) पर मंदा असर देगा। छत्तीसवें तथा उनतालीसवें वर्ष में साधारण असर देगा।

(6) भाग्योदय के लिए बुध तेइसवें वर्ष तथा मंगल इकत्तीसवें वर्ष में असर देगा। बाकी सभी ग्रह अपनी–अपनी मियाद के अनुसार फल देंगे।

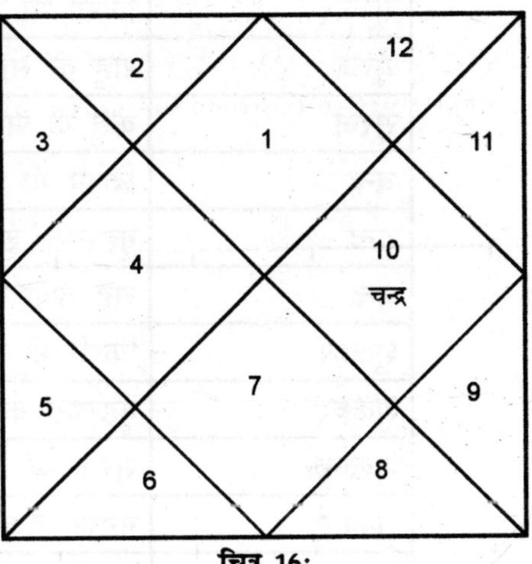

चित्र 16:

उदाहरण 1– एक साल के समय को 3 से भाग दिया जाए 12 ÷ 3 = 4 माह। अब 4, 4 माह के 3 टुकड़े बने। यदि वर्षफल कुंडली में बृहस्पत खाना नंबर 5 में आता है तो उस साल के प्रथम 4 माह में खाना नंबर 5 पर केतु का असर होगा। दूसरे 4 माह में स्वयं बृहस्पत का असर होगा तथा आखरी के 4 माह सूरज का असर होगा। इसी प्रकार प्रत्येक ग्रह का दी गई दरमियानी (मध्यम) ग्रह सारिणी से असर लेंगे।

उदाहरण 2– यदि वर्षफल कुंडली में चन्द्र खाना नंबर 10 में आता है तो प्रथम चार मास बृहस्पत का असर होगा, द्वितीय चार मास सूरज का असर होगा, तृतीय चार मास चन्द्र का असर होगा तथा फल अच्छा या बुरा ग्रह की स्थिति से ज्ञात होगा।

दरमियानी (मध्यम) ग्रह

पक्का घर	शुरू	दरमियान (मध्य)	आखीर (अंत)
बृहस्पत	केतु	बृहस्पत	सूरज
सूरज	सूरज	चन्द्र	मंगल
चन्द्र	बृहस्पत	सूरज	चन्द्र
शुक्कर	मंगल	शुक्कर	बुध
मंगल	मंगल	सनीचर	शुक्कर
बुध	चन्द्र	मंगल	बृहस्पत
सनीचर	राहु	बुध	सनीचर
राहु	मंगल	केतु	राहु
केतु	सनीचर	राहु	केतु

ग्रह की उम्र का असर

ग्रह का नाम	किस ग्रह के साथ (युति)	उम्र की अवधि (साल)
बृहस्पत	किसी भी ग्रह के साथ हो	16
सूरज	किसी भी ग्रह के साथ	22
सूरज	राहु के साथ	00
सूरज	केतु के साथ	11
चन्द्र	किसी भी ग्रह के साथ	24
चन्द्र	बृहस्पत, शुक्कर, बुध	12
चन्द्र	राहु तथा सनीचर एक साथ	8
शुक्कर	किसी भी ग्रह के साथ	25
शुक्कर	बृहस्पत के साथ	60
शुक्कर	सूरज के साथ	34
शुक्कर	मंगल–नेक के साथ	8
मंगल–नेक	किसी भी ग्रह के साथ	13
मंगल–बद	किसी भी ग्रह के साथ	15
बुध	किसी भी ग्रह के साथ	34
बुध	सूरज, मंगल	17
सनीचर	किसी भी ग्रह के साथ	36
सनीचर	बृहस्पत के साथ	18 पिता की उम्र
सनीचर	बृहस्पत के साथ	27 धन–दौलत
सनीचर	सूरज के साथ	24
सनीचर	मंगल, शुक्कर के साथ	12
सनीचर	बुध के साथ	45
राहु	किसी भी ग्रह के साथ	42
राहु	मंगल–नेक के साथ	00
राहु	केतु के साथ	45
केतु	किसी भी ग्रह के साथ	48
केतु	बृहस्पत के साथ	40
केतु	सूरज, सनीचर के साथ	24
केतु	मंगल–नेक के साथ	45
केतु	राहु के साथ	45

(1) यदि कोई ग्रह किसी अन्य ग्रह के प्रभाव में न हो या अन्य ग्रह से सम्बन्ध न रखता हो तो वह अपनी संपूर्ण उम्र तक (अच्छा, बुरा, उच्च, नीच जैसा भी) प्रभाव देता रहेगा।

(2) सभी 9 ग्रहों की कुल आयु 120 वर्ष निर्धारित है।

(3) यदि कोई ग्रह किसी अन्य ग्रह के न तो प्रभाव में हो और न ही किसी अन्य ग्रह के साथ (युति) स्थित हो वरन अन्य ग्रह के साथ शत्रु आदि का भाव रखता हो तो (ग्रहों की अवधि नामक सारिणी में अंकित आमदौरा साल–35 वर्ष चक्कर) उसके लिए आमदौरा साल सिद्धान्त को स्वीकार किया जाए, जिसमें बृहस्पत 6, सूरज 2, व चन्द्र 1 साल आदि लेंगे।

(4) अपनी निश्चित अवधि पर प्रत्येक ग्रह शुरू, मध्य व आखिर पर असर करता है। अतः हर ग्रह के साथ दरमियानी ग्रह का असर (सारिणी के अनुसार) शामिल होगा।

रियायत के 40 दिन

न तो मंदे ग्रहों का असर निर्धारित समय से पहले आ सकता है और न ही भले ग्रहों की मदद मुकर्रर (निश्चित) वक्त के बाद तक रह सकती है। यदि हो सकता है तो मात्र इतना कि एक ग्रह का असर खत्म तथा दूसरे ग्रह का असर शुरू होने के मध्य 40 दिनों का अंतर। अर्थात् किसी ग्रह की दशा आने के 1 दिन से लेकर 40 दिन पहले तक दशा असर दिखाना शुरू कर दे अथवा जाती हुई दशा, मियाद (समय) पूरी होने के 1 से लेकर 40 दिन अधिक तक रहे अथवा दोनों ग्रहों द्वारा संपूर्ण दिनों में से कुछ–कुछ आपस में बांट लिये जाएं। किसी भी स्थिति में यह मियाद (अवधि) मात्र 40 दिन की ही होगी। इसी कारण शिशु के जनम पर छिला (प्रसूति) अथवा सूतक 40 दिन रखने का संस्कार है तथा व्यक्ति की मृत्यु पर 40 दिन का मातम या चालीसा मनाया जाता है। चूंकि ग्रहों की उम्र के ज्ञान में लम्बी गणना से बचने के लिए 28 नक्षत्रों तथा 12 राशियों को जोड़ दिया गया है जिनका योग 28+12 = 40 होता है। अतः 40 दिन कम से कम तथा रियायती 3 दिन अतिरिक्त अर्थात् 43 दिन तक उपाय का असर पूरा होगा।

जिसकी अच्छी या बुरी निशानियां (संकेत) इस अवधि में प्राप्त हो जाती हैं।

ग्रहों की ताकत– ग्रहों की ताकत का अवरोही क्रम निम्नवत है।

सूरज–चन्द्र–शुक्कर–बृहस्पत–मंगल–बुध–सनीचर–राहु–केतु

अर्थात् सूरज ताकत में सभी ग्रहों की अपेक्षा अधिक ताकतवर है। जबकि केतु सबसे कमजोर और मंगल ताकत के संदर्भ में सबसे मध्य का ग्रह है।

टकराओं या बरताओं पर पैमाना ताकत– इन्हें बिलमुकाबिल या आमने–सामने के ग्रह कहे गए हैं, जब दो ग्रह आपस में नैसर्गिक रूप से तो मित्र हैं परन्तु जनमपत्रिका में यही ग्रह नीच या शत्रु राशि में आ जाते हैं। तो ये टकराव के ग्रह कहे जाते हैं। इस स्थिति में ताकत का आधार निम्नवत होगा।

सूरज – 9/9, चन्द्र – 8/9, शुक्कर – 7/9

बृहस्पत – 6/9, मंगल – 5/9, बुध – 4/9

सनीचर – 3/9, राहु – 2/9, केतु – 1/9

जब कभी किसी ग्रह के सापेक्ष दूसरे ग्रह का उपाय किया जाएगा तो यह नियम मददगार सिद्ध होगा। यहां 9 अंक से विभाजित करने का मुख्य आधार "नव ग्रह" की संख्या नौ को स्वीकार्य करना है।

ग्रहों से राशियों का सम्बन्ध

नाम ग्रह	स्वामी राशि	उच्च राशि	नीच राशि	पक्का घर राशि	भाग्य कारक राशि	ग्रह फल	राशिफल
सूरज	सिंह	मेष	तुला	मेष	सिंह	सिंह	तुला
चन्द्र	कर्क	वृष	वृश्चिक	कर्क	वृष, कर्क, वृश्चिक	कर्क	
मंगल	मेष, वृश्चिक	मकर	कर्क	वृश्चिक मिथुन	मेष	मेष, वृश्चिक	कर्क
बुध	मिथुन, कन्या	कन्या	मीन	तुला	मिथुन	कन्या	मकर, मीन
बृहस्पत	धनु, मीन	कर्क	मकर	सिंह, कुम्भ वृष, धनु	धनु, कुम्भ	सिंह, धनु, कुम्भ	तुला
शुक्कर	वृष, तुला	मीन	कन्या	तुला	तुला	तुला	कर्क
सनीचर	मकर, कुम्भ	तुला	मेष	वृश्चिक, मकर	मकर	मिथुन, मकर, कुम्भ	मिथुन, कन्या, धनु
राहु	मीन	मिथुन, कन्या	मीन, धनु	मीन	कन्या	वृष, मीन	मेष, तुला
केतु	कन्या	धनु, मीन	मिथुन, कन्या	कन्या	मीन	वृष, कन्या	कर्क, मकर

ग्रहों की दूसरी अवस्था (ग्रह फल तथा राशि फल इस्तलात)

जब कोई ग्रह स्वग्रही (जिस राशि का वह मालिक है उसी राशि में ग्रह की स्थिति) या उच्च–नीच राशि (प्रत्येक ग्रह की उच्च राशि व नीच राशि अलग–अलग निर्धारित है) या अपने पक्के घर की बजाय किसी अन्य राशि में बैठ जाए या किसी ''दूसरे ग्रह'' का ''साथी ग्रह'' (स्थान परिवर्तन–योग) बन जाए तो ऐसी स्थिति में वह ''राशि फल का ग्रह'' या शक्की हालत'' का ग्रह होगा, जिसके बुरे प्रभाव से बचने के लिए उसके असर में तब्दीली (ज्योतिष–उपाय) की जा सकती है। परन्तु इसके विपरीत यदि ग्रह अपनी उच्च, नीच राशि में स्थित न हो बल्कि किसी अन्य राशि में स्थित हो तो ''ग्रहफल'' या ''पक्की हालत'' का ग्रह होगा। जिसका असर हमेशा के लिए निश्चित है। तथा इसके असर को कम या खत्म करना इंसानी ताकत के बाहर होगा। सिर्फ खास–खास हस्तियां ही रेखा में मेख (खाना नंबर 1 में कैद) लगा सकती है। वह भी एक जानदार ताकत को हटाकर दूसरी जानदार ताकत को पैदा कर देंगी। मगर दूसरी ताकत तब तक पैदा न होगी जब तक वे हस्तियां खुद ही अपनी ताकत या स्वयं को ही तबाह न कर लें। यह हालत भी उनकी खुदाई शरीफ होने की होगी परन्तु ग्रह फल फिर भी न टला बल्कि तबादला ही दिया गया। अर्थात् यदि ग्रह ''पक्की हालत'' की स्थिति में होगा तो उसका कोई उपाय नहीं होगा। यदि हो सकता है तो सिर्फ

यह कि कोई नेक इंसान उस ग्रह के असर को अपने या अपनों के ऊपर ले ले। तात्पर्य यह है कि ''पक्की हालत'' के ग्रह का असर स्थानान्तरित तो किया जा सकता है परन्तु समाप्त नहीं किया जा सकता।

पैंतीस साला चक्कर

पूर्व में दी गई ''दरमियानी ग्रह'' सारिणी तथा ''ग्रह की अवधि'' सारिणी के अन्तर्गत ''आमदौरा साल– 35 वर्ष चक्कर'' बिन्दु देखें–

(1) संख्या में ग्रह 9 हैं तथा 9 ग्रह 35 साल के बाद अपना चक्कर पूरा कर जाते हैं। जो ग्रह अपने पहले चक्कर (35 साल अवधि) में बुरा असर करते हैं वे दूसरे चक्कर में बुरा असर नहीं करेंगे परन्तु जरूरी नहीं कि अच्छा असर करेंगे।

(2) ग्रहों के 35 साला चक्कर और इंसान की उम्र के 35 वर्ष दो अलग–अलग बातें हैं। जरूरी नहीं कि 35 वर्ष के पश्चात् इंसान के 35 साला ग्रह की पुनरावृत्ति शुरू हो जाए क्योंकि 35 साल चक्कर का इस्तेमाल वर्षफल के रूप में होता है।

(3) 35 साला चक्कर एक आम व्यक्ति के जीवन में तीन बार आ सकता है।

(4) 35 साला चक्कर में बाप–बेटे की आपसी उम्र का सम्बन्ध 70 साल में खत्म माना गया है।

(5) यदि दायीं तरफ का असर उम्र के पहले हिस्से में हो गया हो तो बायीं तरफ का असर बाद में होगा। यहां ''दायीं तरफ का असर'' से अभिप्राय हाथ की रेखाओं या दिमागी खानों या कुंडली के पहले घरों के ग्रहों से है।

ग्रह	दौरा (कुल वर्ष)	शुरू (माह)		मध्य (माह)		अन्त माह	
बृहस्पत	6	केतु	24	बृहस्पत	24	सूरज	24
सूरज	2	सूरज	8	चन्द्र	8	चन्द्र	8
चन्द्र	1	बृहस्पत	4	सूरज	4	चन्द्र	4
शुक्कर	3	मंगल	12	शुक्कर	12	बुध	12
मंगल	6	मंगल	24	सनीचर	24	शुक्कर	24
बुध	2	चन्द्र	8	मंगल	8	बृहस्पत	8
सनीचर	6	राहु	24	बुध	24	सनीचर	24
राहु	6	मंगल	24	केतु	24	राहु	24
केतु	3	सनीचर	12	राहु	12	केतु	12

जनमदिन व जनम समय का ग्रह

जिस दिन पैदाइश (जनम) हो उस दिन का ग्रह ''जनमदिन का ग्रह'' होगा। जिस वक्त पैदाइश हो उस वक्त का ग्रह ''जनम समय का ग्रह'' होगा। सप्तवार सात ग्रहों के सूचक हैं। सामुद्रिक में सूर्योदय से नया दिन आरम्भ होता है। सूर्योदय से पूर्व संध्या काल में केतु का और सूर्यास्त के पश्चात् संध्या काल में राहु

का समय निश्चित किया गया है। कृष्ण पक्ष की मध्य रात्रि काल शुक्र का समय है। पूर्ण मध्याह्न काल (12 बजे दोपहर) मंगल का समय है। मध्याह्न के पश्चात् तथा सायं से पहले (तीसरा पहर) बुध का समय है। पूर्णिमा की रात्रि (शुक्ल पक्ष की मध्य रात्रि) चन्द्र का समय, सूर्योदय से दिन का प्रथम पहर बृहस्पत का, मध्याह्न का दूसरा पहर सूरज का निर्धारित है। बादलों वाला दिन या काली रात सनीचर का दिन है। पक्की शाम अर्थात् रात से पहले राहु का समय है। जनम समय व जनमदिन के हिसाब से ग्रह को गिनते हैं। राशि फल का ग्रह भाग्य को जगाने वाले ग्रह का पक्का घर होगा, परन्तु जनम समय का ग्रह 'ग्रहफल' होगा जो मंदा हो तो कोई उपाय न होगा। जैसे सोमवार को शाम का जनम हो तो चन्द्र–जनमदिन ग्रह तथा राहु–जनम समय ग्रह होगा। अतः राहु को चन्द्र के पक्का घर का माना जाएगा। चूंकि चन्द्रमा राशि फल का ग्रह है अतः राहु चन्द्रमा से सम्बन्धित हानि नहीं करेगा। इसके अतिरिक्त चन्द्रमा के उपाय से राहु को सही किया जा सकता है।

नाम ग्रह	खाना नंबर	दिन	समय शुरू	समय तक
बृहस्पत	9	वीरवार (बृहस्पतवार)	4–06	10–6
सूरज	1	इतवार (रविवार)	1–22	11–28
चन्द्र	4	चन्द्रवार (सोमवार)	0–41	12–09
शुक्कर	7	शुक्रवार	2–3	14–12
मंगल	3	भौमवार (मंगलवार)	4–6	18–18
बुध	7	बुधवार	1–22	19–40
सनीचर	10	शनिवार	4–6	23–46
राहु	12	बृहस्पतवार की शाम	4–6	3–53
केतु	6	रविवार की सुबह (प्रातः)	2–3	5–55

लाल किताब से सम्बन्धित कुछ विशेष परिभाषाएं– यहां लाल किताब से सम्बन्धित कुछ विशेष तात्पर्य व परिभाषाएं प्रस्तुत की जा रही हैं। जिनका उपयोग आगे आने वाले फरमानों में प्रस्तुत होगा। इन तथ्यों का प्रयोग सामुद्रिक से जनम–कुंडली साधन के दौरान तथा जनम–कुंडली तैयार होने के पश्चात् फलादेश करते वक्त प्रयुक्त होगा।

(1) पापी ग्रह– हमेशा राहु, केतु और सनीचर ही पापी ग्रहों की श्रेणी में आते हैं।

(2) पाप– केवल राहु– केतु ही पाप ग्रह के नाम से जाने जाते हैं।

(3) शेष खाने– धर्म स्थान– खाना नंबर 2, औलाद स्थान– खाना नंबर 5, मारक स्थान– खाना नंबर 8, धर्म स्थान– खाना नंबर 11 शेष खाने कहलाते हैं।

(4) मंगल ग्रह– मंगल के दो हिस्से होते हैं।

(i) **नेक मंगल**– सूरज व बुध की युति नेक–मंगल कहलाता है। जिसका स्वभाव केतु के समान होता है।

(ii) **बद मंगल**– सूरज व सनीचर की युति बद मंगल कहलाता है, जिसका स्वभाव राहु के समान होता है।

(5) बुध– सूरज–सनीचर एक साथ हों तो "खाली बुध" कहलाते हैं और यदि ऐसे खाने में हो जो जहां सूरज या सनीचर दोनों में से कोई भी एक मंदा हो तो निम्न नियम लागू होंगे।

(i) सूरज 22 साल की उम्र तक नीच होगा।

(ii) सनीचर 36 साल की उम्र तक नीच होगा।

(iii) मंगल ग्रह, मंगल–बद होगा और राहु भी मंदा होगा चाहे राहु और मंगल किसी भी खाने में कैसी भी (अच्छी से अच्छी) स्थिति में क्यों न हों?

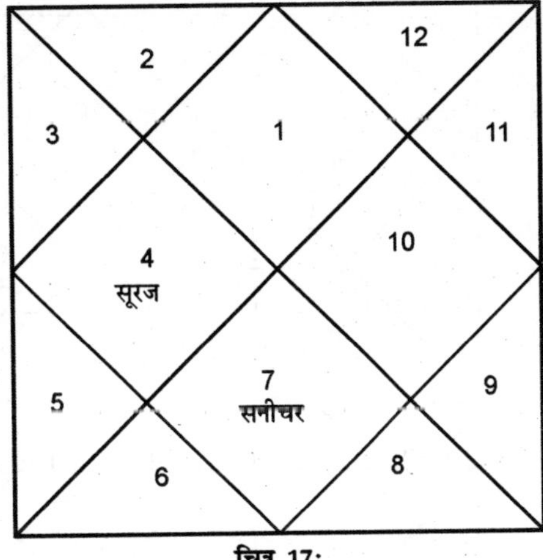

चित्र 17:

(6) अन्धे ग्रह– अगर खाना नंबर 10 खराब हो रहा हो तो वह टेवा अन्धे ग्रहों का होगा। फलस्वरूप सभी ग्रह अपना फल अन्धे ग्रहों की तरह देंगे चाहे वह खाना नंबर 10 में बैठा सनीचर ही क्यों न हो। यहां खाना खराब होने से तात्पर्य शत्रु ग्रह, नीचस्थ ग्रह या अशुभ ग्रहों से भाव का सम्बन्ध माना जाए।

(7) नहोराता के ग्रह– इस प्रकार के ग्रहों को रतान्ध ग्रह भी कह सकते हैं। ये ग्रह ऐसे इंसान की तरह हैं जो दिन में देख सके परन्तु रात्रि में अन्धे हो जाते है। सूरज खाना नंबर 4 और सनीचर खाना नंबर 7 में हो तो ऐसा टेवा नहोराता वाला टेवा अर्थात् आधा अन्धा कहलाता है। देखें चित्र 17।

(8) धर्मी ग्रह– सनीचर, राहु और केतु मिलकर पापी ग्रह कहलाते हैं।

(i) यदि राहु या केतु, खाना नंबर 4 में हो अथवा चन्द्र के साथ किसी भी खाने में हो। देखें चित्र 18।

(ii) सनीचर खाना नंबर 11 में हो अथवा बृहस्पत के साथ किसी भी खाने में हों। इस प्रकार के टेवे में पाप या पापी दोनों का ही बुरा प्रभाव नहीं पड़ेगा और सभी ग्रह धर्मी हो जाएंगे अर्थात् पाप नहीं करेंगे परन्तु यह शर्त नहीं है कि शुभ फल देंगे। देखें चित्र 19।

(9) साथी ग्रह– (i) जब कोई दो ग्रह एक दूसरे की ऊंच–नीच राशि में या पक्के घरों में अदल–बदल कर बैठ जाए तो साथी ग्रह कहलाएंगे। मसलन सूरज का पक्का घर खाना नंबर 5 है और सनीचर का पक्का घर खाना नंबर 10 है। अब यदि सूरज खाना नंबर 10 में बैठ जाए और सनीचर खाना नंबर 5 में बैठ जाए तो सूरज और सनीचर पापी ग्रह हो जाएंगे। देखें चित्र 20।

(ii) जब कुंडली (टेवा) बनाई जाती हैं तो बारह खाने बनाने के लिए अलग–अलग लकीरों को खींचकर उन खानों को अलग–अलग दर्शाया जाता है। इन लकीरों का कार्य दोस्तों (मित्र ग्रहों) को मिलाना तथा दुश्मनों (शत्रु ग्रहों) को अलग–अलग रखना है। यदि दो दोस्त लकीर के इधर–उधर हों अर्थात् एक लकीर के इस ओर व दूसरा लकीर के उस ओर हो तो

यह लकीर उन्हें जुदा नहीं कर सकेगी और वे एक दूसरे का भला करेंगे। यदि यही स्थिति दो दुश्मनों के मध्य हो तो यह लकीर उन दुश्मनों को अलग–अलग रखने का कार्य करेगी। जिससे वे एक दूसरे को हानि न पहुंचा सकें अर्थात् टेवा का प्रत्येक खत (लकीर) महत्त्वपूर्ण माना जाता है। देखें चित्र 21।

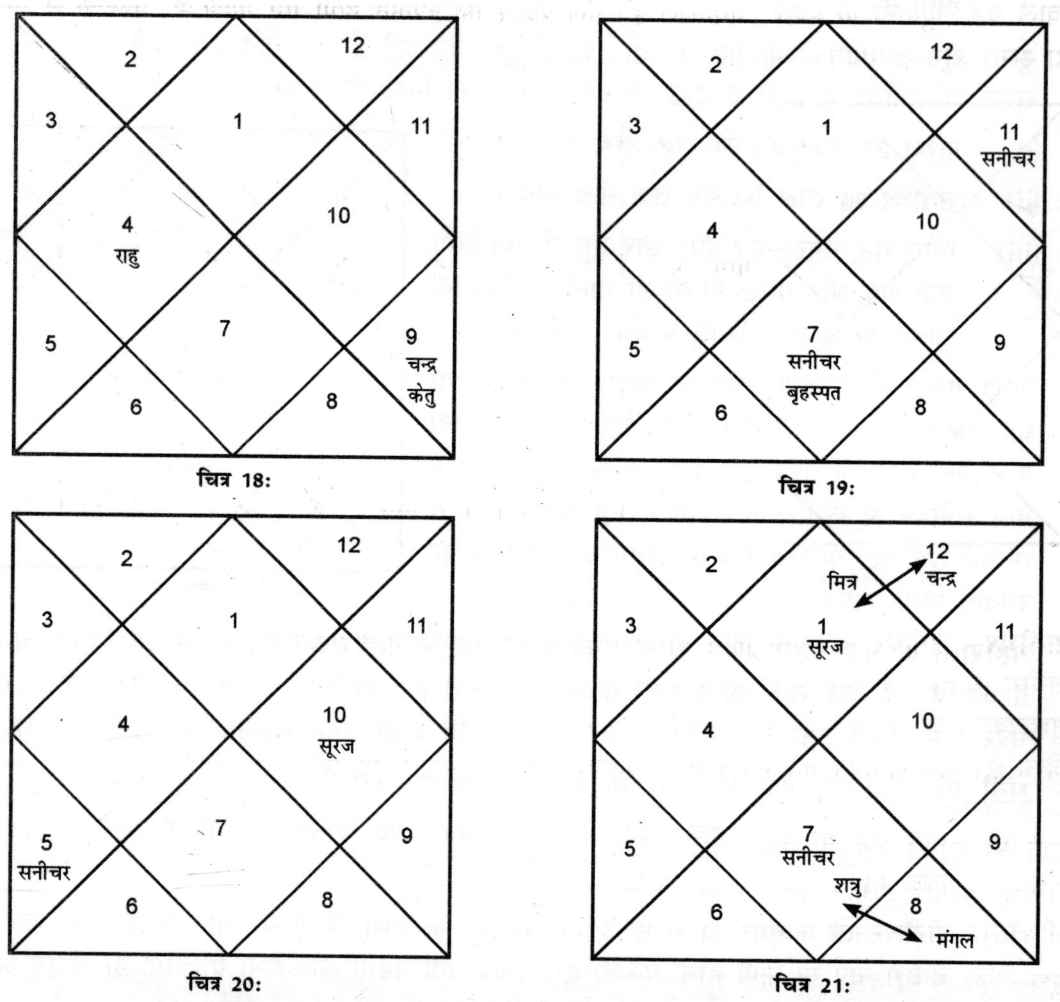

चित्र 18:

चित्र 19:

चित्र 20:

चित्र 21:

(iii) सामुद्रिक शास्त्र के अनुसार एक रेखा के साथ यदि दूसरी रेखा चल रही हो तो ये दोनों रेखाएं एक ही किस्म (प्रकार) की रेखाएं होंगी बशर्ते दोनों एक ही बुर्ज़ (पर्वत) पर स्थित हों। मुख्य रेखा के साथ चलने वाली सहायक रेखा किसी अपने ही भाई–बहन, रिश्तेदार को इंगित (प्रदर्शित) करेगी। मसलन कोई अपना ही खून साथ चल रहा है।

बिनमुकाबिल ग्रह

जो ग्रह आपस में दोस्त (मित्र) हो, मगर ऐसी हालत में बैठे हों कि उनमें से किसी एक की या सभी की जड़ में एक दुश्मन (शत्रु) ग्रह हो जाए तो वह बिनमुकाबिल या आमने–सामने के ग्रह होते हैं, क्योंकि इनमें अब दुश्मनी के भाव आ गए हैं। देखें चित्र 22।

ग्रह की कुर्बानी के बकरे:– असली ग्रह अपनी जगह की बजाय दूसरे ग्रह की हालत खराब कर दे तथा खराब हालत वाले ग्रह की जगह किसी तीसरे ग्रह को मरवा जाए अर्थात् कुछ ग्रह विशिष्ट परिस्थितियों में अपने ऊपर आई आफत (विपत्ति) को दूसरे अन्य ग्रह पर हस्तान्तरित करके स्वयं बच जाते हैं और वे ग्रह जिन पर आफत हस्तान्तरित होती है अन्य तीसरे को फंसाकर स्वयं बच जाते हैं। ऐसी स्थिति में आफत झेलने वाले ग्रह "कुर्बानी के बकरे" कहलाते हैं। इस प्रकार की हरकत सभी ग्रह करते हैं। दुश्मनी के मारे हुए मंदा असर होने के वक्त ये कुर्बानी के बकरे बनते हैं।

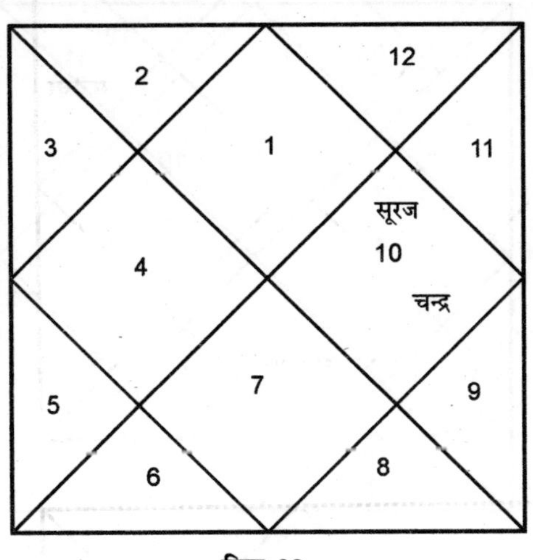

चित्र 22:

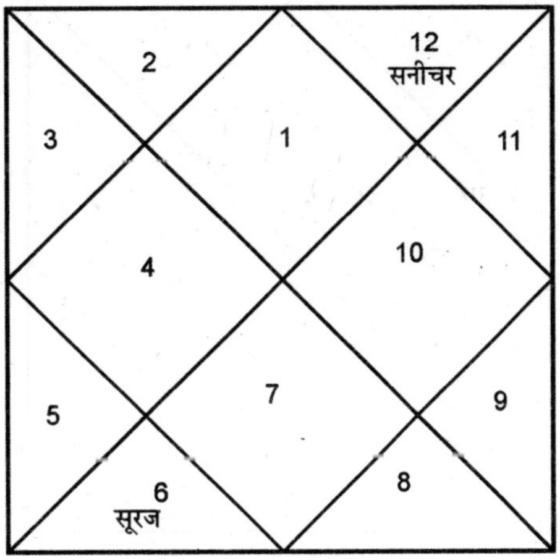

चित्र 23:

(1) **सनीचर**– सनीचर ने अपनी जान बचाने के लिए राहु–केतु का सहारा लिया हुआ है। राहु–केतु का संयोग (युति) जब होता है तो शुक्कर का गुण हो जाता है। लाल किताब में इस योग को "राहु–केतु मुश्तरका" या "मस्नूई शुक्कर" कहा जाता है। अर्थात् राहु–केतु का फल बनावटी शुक्कर के गुण जैसा है। जब सनीचर को सूरज का टकराव परेशान करता है तो वह खुद अपनी जगह (राहु+केतु = शुक्कर = औरत) औरत को मरवा देता है। अतः ऐसे टेवे वाले व्यक्ति की औरत पर इन दोनों ग्रहों की दुश्मनी (शत्रुता) का असर पड़ेगा। इस झगड़े में न तो सूरज का नुकसान होगा और न ही सनीचर बरबाद होगा। उदाहरणार्थ– यदि सूरज खाना नंबर 6 में, सनीचर खाना नंबर 12 में, हो तो औरत पर औरत मरती जाएंगी। देखें चित्र 23।

(2) **बुध**– बुध ने भी बला (आफत) शुक्कर पर ही डाल रखी है। यदि बुध पर कोई भी मुसीबत पड़ती है तो वह अपनी मुसीबत शुक्कर पर ड़ाल देता है अर्थात् शुक्कर से सम्बन्धित इंसानों और वस्तुओं का नुकसान होता चला जाएगा।

(3) **मंगल (बद)**– मंगल–बद यदि इस प्रकार की मुसीबत में फंसता है तो वह अपनी मुसीबत केतु पर डाल देगा। केतु की हानि मतलब लड़के की हानि अर्थात् केतु मुसीबत में आने पर लड़के को मरवा देगा। मसलन सूरज खाना नंबर 6 में और मंगल खाना नंबर 10 में हो तो लड़के भतीजे आदि को मरवाएंगे। देखें चित्र 24।

(4) **शुक्कर**– शुक्कर पर विपदा (विपत्ति) आने पर वह चन्द्र का सहारा लेता है मतलब शुक्कर पर बला आने पर कुंडली वाले व्यक्ति की माता अंधी होगी।

(5) बृहस्पत– बृहस्पत, केतु का दोस्त है। परन्तु बृहस्पत पर परेशानी आने पर उसने केतु को ही कुर्बानी के लिए चुना है। केतु औलाद को दर्शाता है। अतः बृहस्पत पर आफत आने पर केतु के खाना संख्या से सम्बन्धित आफतें आएंगी। औलाद से सम्बन्धित नहीं, क्योंकि बृहस्पत भी औलाद कारक ग्रह है। यदि बृहस्पत खाना नंबर 5 में और केतु खाना नंबर 6 में हो और बृहस्पत की महादशा आ जाए तो खाना नंबर 5 का नुकसान नहीं होगा बल्कि खाना नंबर 6 (मामा) को यह दशा सात साल तक तकलीफ (परेशानी) देगी। देखें चित्र संख्या 25।

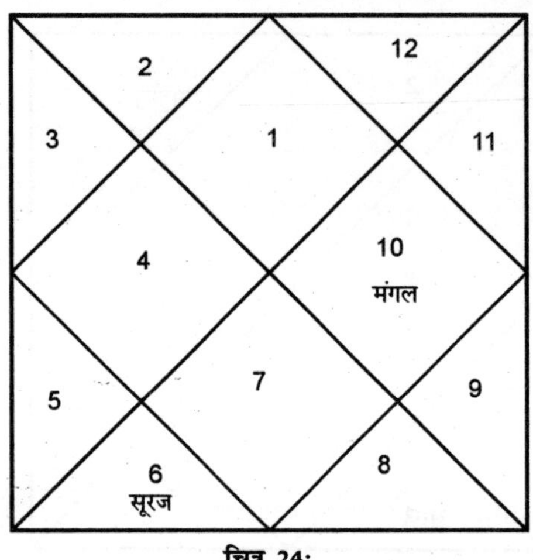

चित्र 24:

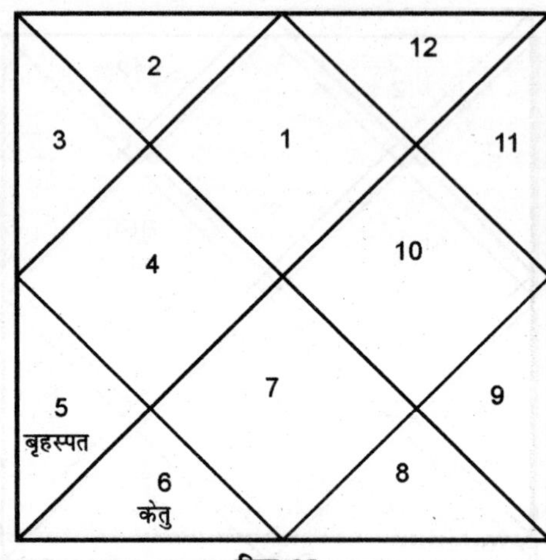

चित्र 25:

(6) सूरज– सूरज पर मुसीबत आने पर वह केतु को कुर्बानी का बकरा बनाएगा। अतः केतु से सम्बन्धित इंसानों व चीजों (वस्तुओं) पर मुसीबत आएगी।

(7) चन्द्र– चन्द्र के दोस्त (मित्र) बृहस्पत, सूरज और मंगल होते हैं। परन्तु आफत आने पर चन्द्र अपनी बला इन्हीं दोस्त ग्रहों पर डाल देगा। इन दोस्त ग्रहों में जो मंदा ग्रह होगा सबसे अधिक वही कुर्बानी का बकरा बनेगा।

(8) राहु–केतु– राहु–केतु पापी ग्रह होते हैं परन्तु अपनी मुसीबत के समय वे अपनी मुसीबत को किसी दूसरे ग्रह पर नहीं डालते बल्कि उसका सामना खुद–ब–खुद (स्वयं) करते हैं। अपने ही सम्बन्धित, रिश्तेदारों, वस्तुओं पर मुसीबत का भूचाल पैदा करेंगे।

धर्म स्थान– धर्म पालन, पूजा पाठ या इष्ट सिद्धि पवित्र स्थान पर ही सार्थक (सिद्धि) होगी। प्रत्येक धर्म के लिए अलग–अलग स्थान होंगे। मसलन मुसलमान के लिए मस्जिद, सिख के लिए गुरुद्वारा, ईसाइयों के लिए गिरजाघर और हिन्दुओं के लिए मन्दिर आदि स्थान सार्थक होंगे। जिस जगह के प्रति व्यक्ति की श्रद्धा एवं विश्वास हो वह प्राणी के लिए धर्म स्थान मुकर्रर होगा। इसके अतिक्ति किसी प्राणी की उपर्युक्त में से किसी के प्रति आस्था न हो उसके लिए चलता हुआ दरिया, नदी या सनीचर (एकांत) का चौराहा, (जहां से चार रास्ते विपरीत दिशा में जाते हों) धर्म स्थान का काम देगा।

कायम ग्रह– जो ग्रह हर प्रकार से दुरुस्त हो और किसी प्रकार से दूषित न हो अर्थात् अपना असर बिना किसी दुश्मन ग्रह के प्रभाव से अथवा राशि–स्वामी, ऊंच–नीच, पक्के घर, दृष्टि नियम इत्यादि किसी भी प्रकार से अपने दुश्मन से प्रभावित न हो और न ही किसी दुश्मन (शत्रु) ग्रह का साथी ग्रह ही हो अर्थात् किसी भी अन्य (शत्रु) ग्रह की मिलावट उस पर न हो तो वह ''कायम ग्रह'' कहलाता है।

ग्रह का घर– सम्बन्धित ग्रह की अपनी निश्चित राशि ग्रह का घर कहलाएगा मसलन बृहस्पत खाना नंबर 9 तथा खाना नंबर 12 के लिए धनु व मीन राशि का घर कहलाएगा। देखें चित्र 26।

घर का ग्रह– सम्बन्धित ग्रह का ''पक्का घर'' उसका ''घर का ग्रह'' कहलाएगा मसलन खाना नंबर 4, चन्द्र के लिए ''घर का ग्रह'' मुकर्रर (निर्धारित) होगा। देखें चित्र 27।

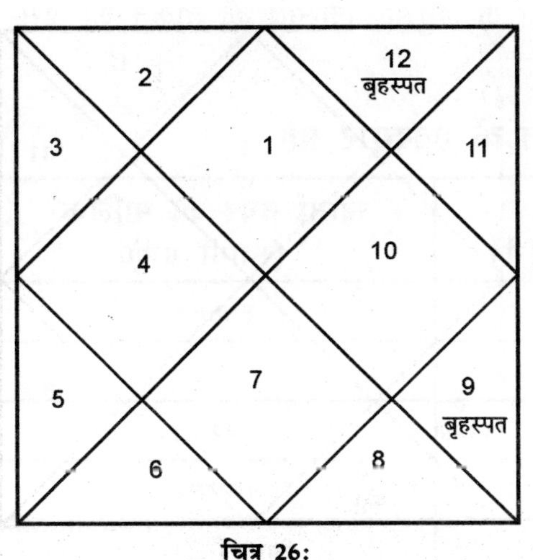

चित्र 26:

''पक्का घर''

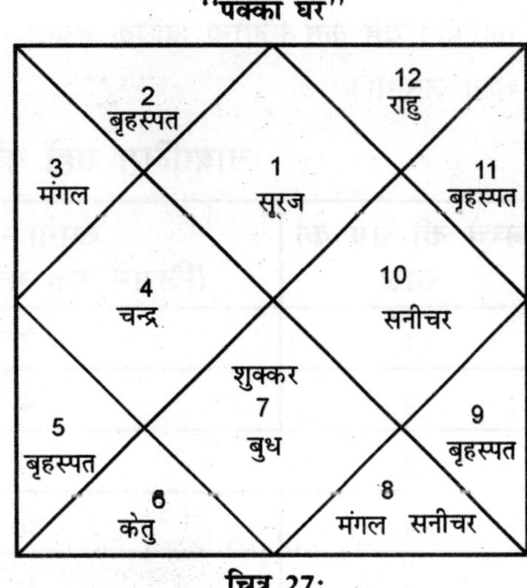

चित्र 27:

दोस्त–दुश्मन ग्रह– प्रत्येक ग्रह के दोस्त ग्रह (मित्र ग्रह) व दुश्मन ग्रह (शत्रु ग्रह) नैसर्गिक रूप से होते हैं। पूर्व में दी गई ग्रहों की आपस में दोस्ती और दुश्मनी ''फरमान नंबर 6'' के अनुसार ही ली जाएगी। दोस्त ग्रह अपने दोस्त का भला नहीं करेंगे तो कम से कम बुरा तो नहीं करेंगे। दुश्मन ग्रह अपने दुश्मन का बुरा ही करेंगे तथा नुकसान पहुंचाएंगे।

ऊंच ग्रह, नीच ग्रह, बराबर के ग्रह– प्रत्येक ग्रह की उच्च स्थिति, नीच स्थिति तथा बराबर के ग्रह की स्थिति निश्चित तथा अटल है। प्रत्येक ग्रह किसी निश्चित राशि पर उच्च अन्य राशि पर नीच पक्के घर वगैरह (इत्यादि) का होता है। विस्तारपूर्वक देखने के लिए सारिणी ''ग्रहों से राशियों का सम्बन्ध'' ''फरमान नंबर 6'' में देखा जाए, ऊंच (उच्च) ग्रह सौ प्रतिशत ताकत का असर दिखाएगा। नीच ग्रह सौ प्रतिशत से कम ताकत के बराबर तथा बराबर का ग्रह बराबर (50 प्रतिशत) की ताकत के साथ असर दिखाएगा।

बालिग–नाबालिग ग्रह– सामुद्रिक शास्त्र में बच्चे की रेखा का 12 साल की उम्र तक कोई ऐतबार नहीं रहता। मुख्य रेखाएं भी परिवर्तनशील रहती हैं तथा 21 साल के पश्चात् रेखा में कोई तब्दीली (परिवर्तन) नहीं मानी जाती। मगर मुमकिन (संभव) है कि 12 साल के उम्र वाले बच्चे (नाबालिग) के हाथ की रेखाएं स्थिर हो जाएं। 12 वर्ष से कम उम्र नाबालिग तथा 21 वर्ष से अधिक की उम्र वाला बालिग कहलाएगा। बच्चे की बन्द मुट्ठी (खाना नंबर 1, 4, 7, 10) खाली (ग्रहों से रहित) हो या उन बन्द मुट्ठी के खानों में सिर्फ पापी ग्रह (राहु–केतु–सनीचर) या बुध अकेला हो तो वह टेवा नाबालिग ग्रहों का होगा। नाबालिग ग्रहों के टेवे वाले इंसान की किस्मत (भाग्य) का हाल 12 साल की उम्र तक शक्की होगा। परन्तु 12 साल की उम्र तक उस इंसान की किस्मत का निर्धारण कोई एक निश्चित ग्रह करेगा। मसलन बच्चा एक साल का है तो उसकी किस्मत में खाना नंबर 7 में स्थित ग्रह मददगार होंगे परन्तु यदि खाना नंबर 7 में कोई ग्रह

न हो तो देखा जाएगा कि खाना नंबर 7 (तुला) का राशि स्वामी शुक्कर जिस खाने में होगा उस खाने में स्थित ग्रह किस्मत के मददगार ग्रह होंगे। इस नियम में ध्यान देने वाला क्रम प्रस्तुत सारिणीनुसार होगा।

उम्र का साल– उम्र के हिसाब से निर्धारित खाना नंबर में स्थित ग्रह– इस खाने में ग्रह न हो और खाने के राशि के मालिक ग्रह जिस भाव में हो उसमें भी ग्रह न हो, उसमें स्थित ग्रह– यदि उसमें भी ग्रह न हो तो इस खाने के राशि मालिक की जिस खाने में स्थिति है उसमें स्थित ग्रह इत्यादि को इसी प्रकार देखा जाएगा। यह क्रम जितना अधिक बढ़ता जाएगा उसी के अनुसार किस्मत की ताकत का असर कम होता चला जाएगा।

नाबालिग ग्रहों की किस्मत के मददगार ग्रह

बच्चे की उम्र का साल	खाना नंबर (जिसमें ग्रह मददगार होंगे)	खाना नंबर का मालिक (स्वामी ग्रह)
1	7	शुक्कर
2	4	चन्द्र
3	9	बृहस्पत
4	10	सनीचर
5	11	सनीचर
6	3	बुध
7	2	शुक्कर
8	5	सूरज
9	6	बुध–केतु
10	12	बृहस्पत–राहु
11	1	मंगल
12	8	मंगल

सामुद्रिक में राशियों के चिन्ह

राशि अंक	राशि का नाम	राशि चिन्ह
1	मेष	♈
2	वृष	♉
3	मिथुन	♊
4	कर्क	♋

5	सिंह	♌
6	कन्या	♍
7	तुला	♎
8	वृश्चिक	♏
9	धनु	♐
10	मकर	♑
11	कुंभ	♒
12	मीन	♓

फरमान नंबर 7

(बुत से रूह ने अपना घर क्यों पूछ लिया)

राशि मालिक है लेख की होती, या कि होता ग्रह मण्डल हो
मिलके कटेगी उम्र दोनों की, कुंडली जनम ख़्वाह चन्द्र हो
घर पहले की उम्र सौ साला, तीन नब्बे दस बारह है
पिच्चासी उम्र सात चौथे की लेते, अस्सी होती घर छः की है
पौन सदी या साल पचहत्तर, बृहस्पत मंदिर घर दो की है
घर और ग्रह की उम्र जुदा पर, गुजरती दो की इकट्ठी है
बृहस्पत जगत की उम्र पचहत्तर, बुध-केतु अस्सी होती है
शुक्कर-चन्द्र की उम्र पिच्चासी, सनीचर-मंगल-राहु नब्बे है
स्त्री ग्रह जब मिले नरों से, उम्र छानवे होती है
साथ मिले जब बुध पापी का, वही पिच्चासी होती है
रवि मालिक है पूरी सदी का, उम्र लम्बी उसकी होती है
ग्रहण लगे जब चन्द्र-रवि को, साल तीन कम होती है

राशियां तथा ग्रह इंसानी किस्मत (भाग्य) के मालिक होंगे। राशि तथा ग्रह की आयु अलग–अलग निर्धारित है परन्तु ये दोनों इकट्ठे आयु भोगते हैं। इस नियम में जनम–कुंडली अथवा चन्द्र कुंडली किसी को भी स्वीकार क्यों न किया जाए।

खाना नंबर 1 की उम्र	–	100 साल
खाना नंबर 3, 10, 12 की उम्र	–	90 साल
खाना नंबर 7, 4 की उम्र	–	85 साल
खाना नंबर 6 की उम्र	–	80 साल
खाना नंबर 9, 2 की उम्र	–	75 साल
बृहस्पत की उम्र	–	75 साल

बुध–केतु की उम्र	–	80 साल
शुक्कर–चन्द्र की उम्र	–	85 साल
सनीचर–मंगल–राहु की उम्र	–	90 साल

इसके अतिरिक्त जब स्त्री ग्रह नर ग्रहों (पुरुष ग्रहों) से मिलते हैं। तब 96 साल की उम्र मानी जाए। जब बुध ग्रह का साथ पापी ग्रह (सनीचर, राहु, केतु) से हो जाएगा तो उम्र 85 साल होगी।

सूरज की उम्र 100 साल।

जब चन्द्र व सूरज को ग्रहण लगेंगे तब उम्र 3 साल कम मानी जानी चाहिए। जब जनम–कुंडली में चन्द्र के साथ केतु हो तब चन्द्रग्रहण और जब सूरज के साथ राहु हो तो सूर्यग्रहण होगा।

ध्यान दिया जाना चाहिए कि उपर्युक्त उम्र केवल ग्रहों व राशियों की अलग–अलग उम्र है। इनका इंसानी उम्र से कोई सम्बन्ध नहीं है। फर्जन (उदाहरणार्थ) खाना नंबर 12 जिसकी उम्र 90 साल है, वहां बुध (जिसकी उम्र 80 साल है) बैठा हुआ है तो बुध अपना अच्छा या बुरा असर 80 साल तक ही दे सकता है। इसी प्रकार अन्य ग्रहों व अन्य खानों की उम्र देखकर ग्रहों के अच्छे व बुरे फल टेवे के अनुसार निर्धारित किए जाने चाहिए। देखें चित्र 28।

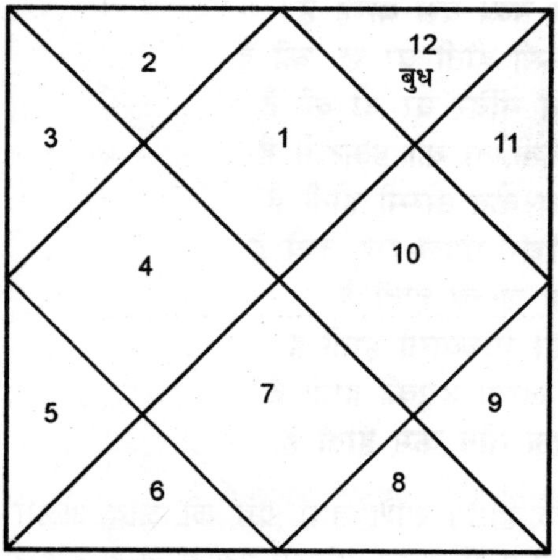

1 2 3 4 5 6 7 8 9 10 11 12 बुध

चित्र 28:

राशियों के मालिक ग्रह

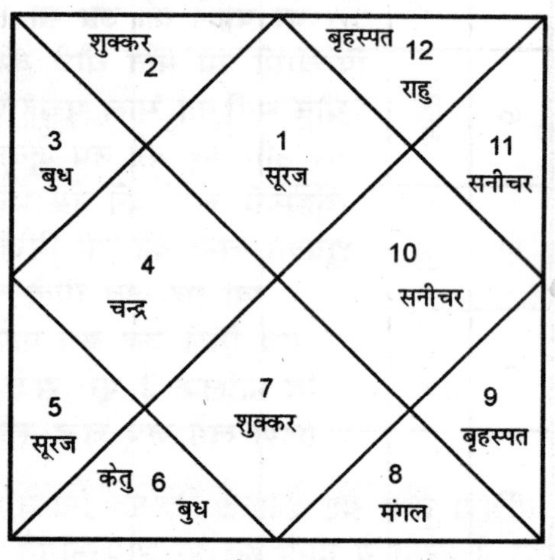

चित्र 29:

ग्रह व राशि का सम्बन्ध

मेख, बृच्छक मालिक मंगल, तुला, बृख शुक्कर की है
कन्या, मिथुन का बुध है मालिक, कुंभ, मकर दो सनीचर की है
बृहस्पत मालिक है धनु, मीन का, कर्क, चन्द्र की होती है
सिंह अकेला गरजे दुनिया, राशि जो सूरज की है
केतु बैठे गर कन्या राशि, राहु निवासी मीन का है
पाप चढ़ा आकाश के ऊपर, जड़ जिसकी पाताल में है

ग्रहों से राशियों का सम्बन्ध

राशि नंबर	1	2	3	4	5	6	7	8	9	10	11	12
राशि नाम	मेष	वृष	मिथुन	कर्क	सिंह	कन्या	तुला	वृश्चिक	धनु	मकर	कुंभ	मीन
मालिक ग्रह	मंगल	शुक्कर	बुध	चन्द्र	सूरज	बुध केतु	शुक्कर	मंगल	बृहस्पत	सनीचर	सनीचर	बृहस्पत राहु
उच्च ग्रह	सूरज	चन्द्र	राहु	बृहस्पत	–	बुध राहु	सनीचर	–	केतु	मंगल	–	शुक्कर केतु
नीच ग्रह	सनीचर	–	केतु	मंगल	–	शुक्कर केतु	सूरज	चन्द्र	राहु	बृहस्पत	–	बुध राहु
पक्का घर	सूरज	बृहस्पत	मंगल	चन्द्र	बृहस्पत	केतु	शुक्कर बुध	मंगल सनीचर	बृहस्पत	सनीचर	बृहस्पत	राहु
भाग्य जगाने वाला ग्रह	मंगल	चन्द्र	बुध	चन्द्र	सूरज	राहु	शुक्कर	चन्द्र	बृहस्पत	सनीचर	बृहस्पत	केतु
ग्रहफल का ग्रह	मंगल	राहु केतु	सनीचर	चन्द्र	बृहस्पत सूरज	बुध केतु	शुक्कर	मंगल	बृहस्पत	सनीचर	बृहस्पत सनीचर	राहु
राशिफल का ग्रह	राहु	–	सनीचर (धन)	मंगल शुक्कर केतु	–	नर ग्रह, सनीचर	सूरज बृहस्पत राहु	–	सनीचर	केतु बुध	–	बुध

मेष और वृश्चिक राशि का मालिक — मंगल
तुला और वृष राशि का मालिक — शुक्कर
कन्या और मिथुन राशि का मालिक — बुध
कुंभ और मकर राशि का मालिक — सनीचर
धनु और मीन राशि का मालिक — बृहस्पत
कर्क राशि का मालिक — चन्द्र
सिंह राशि का मालिक — सूरज
कन्या राशि का मालिक — केतु
मीन राशि का मालिक — राहु

मीन राशि का मालिक आकाश तथा कन्या राशि का पाताल होता है।

नोट– ***विस्तारपूर्वक अन्य ग्रहों की ऊंच-नीच, मालिक (स्वग्रही), पक्का घर, किस्मत को जगाने वाले ग्रह, ग्रह फल का ग्रह देखने के लिए ''फरमान नंबर 6'' में ''ग्रहों से राशियों का सम्बन्ध'' सारिणी देखें।***

(1) इसी प्रकार उच्च ग्रह अपनी सौ प्रतिशत ताकत के साथ अपना उत्तम दर्जे का नेक (शुभ) फल प्रदान करता है। नीच ग्रह अपनी सौ प्रतिशत से कम ताकत के साथ मंदी हालत (अशुभ) का फल देता है। घर का मालिक ग्रह, घर में बैठा हो (जैसे मंगल, मेष अथवा वृश्चिक राशि में बैठा हो) तो फल औसत (सामान्य) दर्जे का परन्तु नेक (शुभ) प्राप्त होगा।

(2) प्रत्येक ग्रह की उच्च व नीच राशि निर्धारित है। हर राशि के सातवें नंबर (सामने) पर वही ग्रह उच्च होगा, जो उसी नंबर पर नीच का था।

मसलन– खाना नंबर 1 में सूरज उच्च राशि का होगा तथा इसी की सातवीं राशि खाना नंबर 7 में सूरज नीच का होगा। इसी प्रकार खाना नंबर 7 में सनीचर उच्च का है तो यह खाना नंबर 1 में नीच राशि का होगा। ग्रह और बारह राशि के संयोग से (12×7 = 84) 84 की ''जूनी का जंजाल'' (84 लाख योनि) पैदा हो गया है। जिससे हर सातवें के बाद फिर वही ग्रह असर करते हैं तथा हर आठवें साल वही हालत हो जाती है। अर्थात् 84 लाख योनियां ग्रहों के प्रभाव से ग्रसित हैं। ''ऊंच–नीच सिद्धान्तों'' के अनुसार जो ग्रह राशि में उच्च का होता है वही सातवें घर अर्थात् आंठवें चरण नीच का प्रभाव (गोचर के अनुसार) प्रदान करता है। इसी सिद्धान्त के कारण ग्रह और राशि की गणना साथ–साथ लेकर चलते हैं। प्रत्येक ग्रह जिस खाने में उच्च का होता है उसी खाने में दूसरा अन्य ग्रह नीच का होता है। परन्तु इसी सिद्धान्त में खाना नंबर 2 अपवाद है। खाना नंबर 2 का नीच नहीं होता परन्तु चन्द्र खाना नंबर 2 में उच्च होता है। यह खाना राहु और केतु की बैठक (ग्रह फल राशि के अनुसार) है। खाना नंबर 2 के लिए 'राशि फल ग्रह'' कोई नहीं है। इस खाना नंबर की विशेषता यह होगी कि इसमें स्थित ग्रह जो भी अच्छे या बुरे फल देंगे वे अपने निजी असर से देंगे।

खाना नंबर 5 का न तो उच्च ग्रह और न ही नीच ग्रह होगा। इस खाने में बैठने वाला ग्रह जातीय (व्यक्तिगत्त) कमाई, औलाद (संतान), ओहदा (पद) इत्यादि क्षेत्रों में स्वयं किस्मत (भाग्योदय कारक) का ग्रह होगा। खाना नंबर 11 का भी कोई उच्च व नीच ग्रह नहीं होगा। यह खाना सामाजिक लेन–देन का है। खाना नंबर 8 में चन्द्र नीच का ग्रह होता है, इसका कोई उच्च ग्रह नहीं होगा। खाना नंबर 8 मौत का घर

है और मौत पर किसी की जीत (विजय) नहीं है, सिवाय चन्द्र के क्योंकि चन्द्र को अष्ठमेश (खाना नंबर 8 का मालिक) होने का दोष नहीं लगता। खाना नंबर 8 (मौत का खाना) में चन्द्र मानो मां के गर्भ में बच्चे जैसा है, जिस प्रकार संसार में जीव। राहु खाना नंबर 12 में घर का मालिक होता है और खाना नंबर 12 में ही नीच का है। इसका कारण यह है कि खाना नंबर 12 आकाश कहलाता है और बृहस्पत हवा है। राहु और बृहस्पत आपस में बराबर के हैं। देखें चित्र 30।

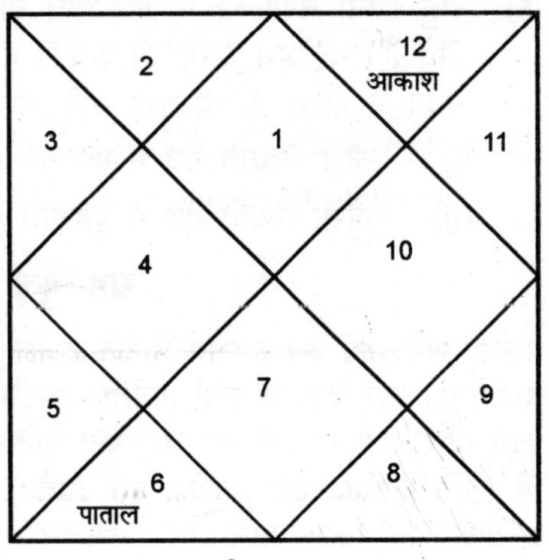

चित्र 30:

टेवे के खाना नंबर 12 में जब राहु और बृहस्पत इकट्ठे बैठते हैं तो राहु के सापेक्ष बृहस्पत चुप (शांत) हो जाता है और राहु को आकाश (खाना नंबर 12) में उठने का मौका मिलने लगता है। इसके अलावा राहु को हवा (बृहस्पत) का भी साथ मिलता है। यह नियम है कि जैसे–जैसे हवा आकाश में उठती जाएगी जमाने के लिए मुश्किल (सांस लेने में) होती चली जाएगी। इसलिए जब खाना नंबर 12 में राहु, बृहस्पत के साथ होगा, राहु नीच का होगा। अपना बुरा असर देगा और बृहस्पत का असर मंदा होगा। यदि खाना नंबर 12 में बृहस्पत के बिना राहु अकेला हो तो उसे खुले आकाश (खाना नंबर 12) में उड़ने का मौका मिलेगा और वह अपना अच्छा असर करेगा क्योंकि उसके साथ हवा का साथ नहीं रहेगा। इसलिए बृहस्पत के बिना राहु खाना नंबर 12 में घर का मालिक (स्वग्रही) होगा। इसी प्रकार जब राहु खाना नंबर 6 (पाताल) में होगा तो उसको बुध (आकाश) का साथ मिलेगा और वह खाना नंबर 6 (पाताल) में होने के कारण दुनियावालों के लिए नुकसान दायक नहीं होगा और राहु खाना नंबर 6 में उच्च का होगा। इसके अलावा राहु, बुध का दोस्त (मित्र ग्रह) भी है इसलिए अगर दोनों खाना नंबर 6 में हो तो इनका असर उम्दा (श्रेष्ठ) होगा। यदि राहु–बुध दोनों इकट्ठे खाना नंबर 12 में हों तो मंदे ही होंगे क्योंकि दोनों ही नीच के होंगे। इसी प्रकार यदि केतु के साथ बुध खाना नंबर 6 में हो तो केतु नीच का होगा परन्तु यदि केतु को बृहस्पत का साथ मिल जाएगा तो केतु उच्च होगा। केतु और बृहस्पत दोनों बराबर का फल देंगे। जब बुध खाना नंबर 12 में होगा तो नीच होगा क्योंकि खाना नंबर 12 बृहस्पत का घर होगा और अपने घर में बृहस्पत अपने दुश्मन बुध का आना गवारा नहीं करेगा। अतः बुध को दूषित कर देगा, फलस्वरूप बुध अपना बुरा फल प्रदान करेगा। बुध केतु के घर खाना नंबर 6 में होगा तो उच्च का होगा। एक कारण यह भी है कि केतु का घर होने के अतिरिक्त यह घर उसका अपना भी है, अतः बुध खाना नंबर 6 में उच्च होगा। शुक्कर और बुध आपस में बराबर (सम) हैं। इस बात का बुध पर कोई असर न होगा परन्तु खाना नंबर 6 में आते ही बुध शुक्कर को दूषित कर देगा और शुक्कर खाना नंबर 6 में नीच का कहलाएगा। इसी प्रकार केतु खाना नंबर 6 में नीच का होगा। इसके अतिरिक्त यह माना जाए कि–

(1) बृहस्पत के साथ तथा बृहस्पत के घरों में राहु बुरा फल देगा और नीच होगा। मतलब "हाथी का तेंदुआ।"

(2) बुध के साथ तथा बुध के घरों में केतु नीच होगा और बुरा फल देगा। मतलब "कुत्ते का सिर"।

(3) खाना नंबर 6 खाली हो और बुध खाना नंबर 3 में बैठा हो तो खाना नंबर 6 का मालिक ग्रह केतु माना जाए। यदि खाना नंबर 6 खाली हो और खाना नंबर 3 में बुध न हो तो खाना नंबर 6 का मालिक ग्रह बुध और केतु में से वह ग्रह लेंगे जो टेवे में दोनों ग्रहों से उम्दा (अपेक्षाकृत अच्छा) होगा।

(4) खाना नंबर 12 खाली हो और बृहस्पत खाना नंबर 9 में बैठा हो तो खाना नंबर 12 का मालिक ग्रह राहु लेंगे। जब खाना नंबर 12 खाली हो और बृहस्पत खाना नंबर 9 में न हो तो खाना नंबर 12 के लिए बृहस्पत–राहु मुश्तरका (अर्थात् बुध) खाना मालिक माना जाएगा।

(5) राहु खाना नंबर 12 में और केतु खाना नंबर 6 में नीच राशि व घर के मालिक (स्वग्रही) दोनों ही होते हैं। यह इन दोनों की शक्की हालत कहलाती हैं। राहु, बुध की मदद से तथा केतु, बृहस्पत की मदद से असर करेगा तथा यही नियम इन दोनों की शक्की हालत को दूर करेगा।

(i) जैसी स्थिति टेवे में बुध की होगी वही असर राहु खाना नंबर 12 का होगा।

(ii) जैसी स्थिति टेवे में बृहस्पत की होगी वही असर केतु खाना नंबर 6 का होगा।

ग्रह–बुर्ज़ व राशियों की गलतफहमी

प्रत्येक राशि का असर ''मकान की जमीन'' और राशि मालिक (राशि–स्वामी) ''जमीन पर बने मकान'' को दर्शाएगा। सामुद्रिक में बुर्ज़ों (पर्वतों) के लिए तथा राशियों के लिए जगह मुकर्रर (निश्चित) कर दी गई हैं। इसलिए हथेली में ग्रहों का घर, बुर्ज़ कहलाएगा और राशियों का घर उंगलियों के पोरों पर स्थित राशियों के स्थान लिए जाएंगे। प्रत्येक बुर्ज़ (पर्वत) और राशि का निशान निश्चित है। इन निशानों को ग्रहों (बुर्जों) व राशियों के जिस्म माने जाएं। मसलन यदि किसी बुर्ज़ पर अन्य बुर्ज़ का निशान अंकित है तो माना जाए कि वह बुर्ज़ अपने मकान से दूर किसी दूसरे के मकान में है और उसका मकान खाली पड़ा है। मतलब बुध के बुर्ज़ पर मंगल का निशान अंकित हो तो मंगल अपने घर (बुर्ज़) को खाली छोड़कर बुध के घर में बैठा है। इसी प्रकार राशियों को माना जाएगा। उंगलियों के पोरों पर जो जगह राशियों की मुकर्रर हैं वह राशियों का घर है और राशि के लिए मुकर्रर निशान (सामुद्रिक चिन्ह) राशि का जिस्म (शरीर) या वजूद है।

खाना नंबर 4 (कर्क) में बृहस्पत

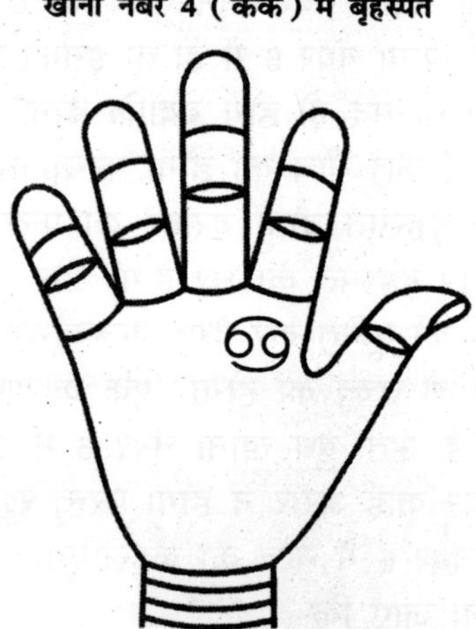

चित्र 31:

कन्या राशि के गुणों वाला इंसान

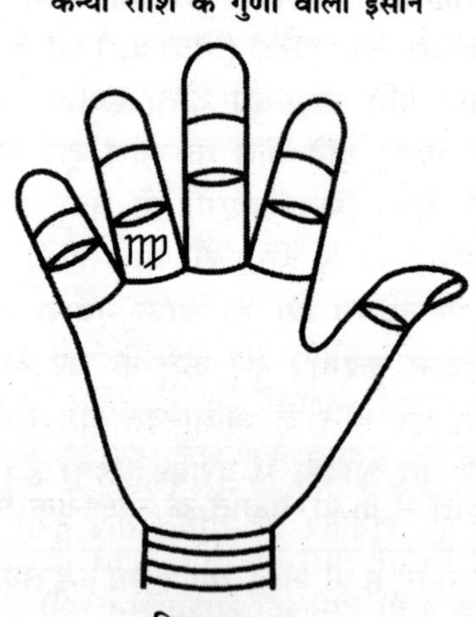

चित्र 32:

अब अगर राशि का निशान किसी बुर्ज़ (ग्रह) पर आएगा तो सम्बन्धित बुर्ज़ तथा राशि का आपस में सम्बन्ध माना जाएगा (देखें चित्र 31)। यदि उंगलियों के किसी पोर पर उसी राशि का चिह्न अंकित हो तो वह इंसान (व्यक्ति) उसी राशि का होगा (देखें चित्र 32)। यदि किसी बुर्ज़ पर उसी बुर्ज़ का सामुद्रिक निशान अंकित है तो वह इंसान उसी बुर्ज़ के ग्रह की प्रधानता वाला व्यक्तित्व माना जाएगा। (देखें चित्र 33 तथा 34)।

बृहस्पत के गुणों वाला इंसान

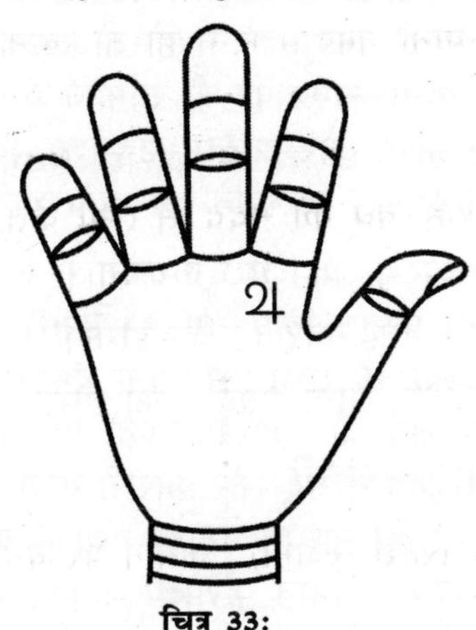

चित्र 33:

बृहस्पत के व्यक्तित्व वाला इंसान

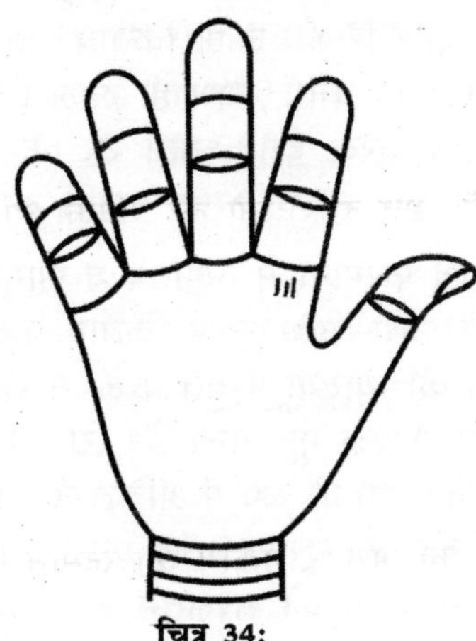

चित्र 34:

यही ''लाल किताब'' की सबसे बड़ी विशेषता है कि इसके द्वारा हाथ की राशि व ग्रहों को टेवे के ग्रहों से मिलाकर शुद्ध किया जा सकता है।

फरमान नंबर 8

12 पक्के घर

पूर्व में वर्णित फरमानों में अभी तक ज्योतिष के सिद्धान्त चल रहे थे। लाल किताब के द्वारा फलादेश करने हेतु इन सिद्धान्तों की जानकारी अनिवार्य रूप से जरूरी है तभी लाल किताब के फलादेश तथा उपाय किए जा सकते हैं। ज्योतिष शास्त्र की अनेक पद्धतियां प्रचलन में हैं। इनमें पाराशर पद्धति, जैमिनी पद्धति, के. पी. पद्धति और लाल किताब पद्धति अधिक प्रचलन में हैं। ये सभी पद्धतियां अलग–अलग सिद्धान्त पर आधारित हैं परन्तु मूल सिद्धान्तों के मामले में इन सभी में समानताएं देखने को मिलती हैं। ज्योतिष के छात्रों से ये बहुत बड़ी भूल होती है कि वे एक पद्धति का सिद्धान्त दूसरी पद्धति में लागू कर देते हैं, जिससे फलादेश गलत होते हैं तथा वे आलोचना का पात्र बनते हैं। मैं अक्सर अपनी कक्षा में छात्रों को इस प्रकार की गलती न करने की हिदायत देता हूं। के. पी. पद्धति नक्षत्रों पर आधारित है और नक्षत्र ग्रहों की सूक्ष्म गणना की इकाई हैं। परन्तु इसका यह मतलब नहीं है कि पराशर पद्धति में के.पी. पद्धति के नाक्षत्रिक नियम लागू कर दिए जाए। यदि नियम लागू कर दिए जाते हैं तो के.पी. पद्धति छात्रों को फलादेश सही होने का आश्वासन नहीं देती है। निश्चित रूप से के. पी. और पराशर पद्धति में काफी समानताएं हैं या यूं कहें कि के.पी. पद्धति, पाराशर पद्धति का ही उद्‌गम स्थल है। यदि छात्र नाक्षत्रिक पद्धति को अपनाना ही चाहते हैं तो उन्हें सर्वप्रथम के.पी. के मूल सिद्धान्तों को समझना होगा और उन्हें जनमपत्री (टेवा) निर्माण के समय से ही लागू करना होगा। तभी फलादेश सौ फीसदी तक सही आएंगे। अभिप्राय सिर्फ इतना सा है कि जब छात्र ''लाल किताब'' के फरमानों पर फलादेश करें तब यह बात निश्चित समझिए कि

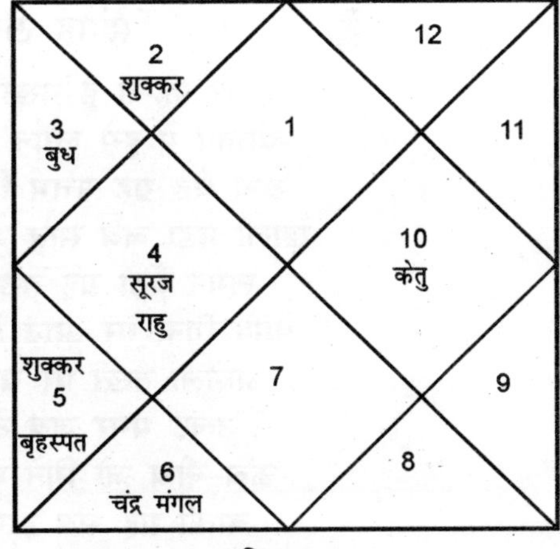

चित्र 35:

सर्वप्रथम आपको "लाल 'किताब" के मूल सिद्धान्तों को अपनाना होगा। टेवा निर्माण से लेकर अन्त तक आपको सिर्फ और सिर्फ "लाल किताब" के ही सिद्धान्त और नियम लागू करने होंगे। अन्यथा छात्र स्वयं तो उपहास का पात्र बनेंगे, साथ ही लाल किताब जैसे ज्योतिष के महाग्रन्थ पर भी सामाजिक दृष्टिकोण से प्रश्नचिह्न अंकित करवा देंगे। ध्यान रहे कि हमारा और आपका प्रथम और अन्तिम उद्देश्य स्वयं से पहले ज्योतिष शास्त्र और लाल किताब पद्धति को सामाजिक रूप से सम्मान दिलवाने का होना चाहिए।

प्रथम पांच फरमानों में ज्योतिष व सामुद्रिक की प्राथमिक व्याख्या थी। छठे फरमान में ग्रहों व राशियों के परिचय के साथ–साथ लाल किताब पद्धति के मूल सिद्धान्त प्रस्तुत किए गए हैं। इससे पहले कि मैं अन्य फरमानों की व्याख्या प्रस्तुत करूं, मैं सर्वप्रथम एक बात पाठकों के संज्ञान में लाना चाहता हूं कि लाल किताब वास्तव में एक गूढ़ ग्रन्थ है। लाल किताब की मूल शैली उर्दू और फारसी शब्दों पर आधारित तथा लोकोक्तियों (कविता) के रूप में अंकित है। प्रथम तो आज के परिप्रेक्ष्य में उर्दू और फारसी भाषा भारतीय मूल में प्रचलन में नहीं है। दूसरा, ग्रन्थ को लिखने में जो लोकोक्तियों को माध्यम बनाया गया है वह पौराणिक काल में भले ही शैली को सरलतम बनाने का माध्यम रहा हो परन्तु वर्तमान परिप्रेक्ष्य में यह युक्ति पाठकों के दृष्टिकोण से सरलतम ग्राह्य नहीं हैं क्योंकि पाठक वर्तमान में इस युक्ति के आदी नहीं हैं। अतः ग्रन्थ की व्याख्या करते हुए मैंने इस बात पर विशेष ध्यान केन्द्रित किया है कि ग्रन्थ की शैली को सर्वप्रथम सरल से सरल बनाया जाए परन्तु ग्रन्थ के मूल सिद्धान्तों व नियमों को यथावत व सरल भाषा में लिखा जाए, जिससे पाठकों को विषय को समझने में परेशानी का सामना न करना पड़े। पुस्तक में सभी फरमानों की लोकोक्तियों को शामिल नहीं किया गया है, बल्कि उनके प्रारम्भिक और महत्त्वपूर्ण चरणों को ही महत्त्व दिया है परन्तु सभी फरमानों की लोकोक्तियों की विस्तृत व्याख्या प्रस्तुत की गई है जिससे पुस्तक में विषय की संपूर्णता शामिल रह सके। मैं पाठकों से पुनः निवेदन करना चाहता हूं कि पाठक कुंडली (टेवा) प्राचीन ज्योतिष नियम पर न बनाएं बल्कि टेवा का आकार बनाकर उनमें से राशियों को मिटा दें तथा खाना नंबर 1 (प्रथम भाव) में मेष राशि को लिखकर शेष सभी राशियों को क्रम से रख दें तथा ग्रह यथावत् रखें जैसे कि जनम के समय टेवे में (गोचर के अनुसार) अंकित हों। राशियों के लिखे गए अंक ही पक्के घर कहलाएंगे।

पक्का घर खाना नंबर 1

(शाह सलामत का तख्त बादशाही)

घर पहला है तख्त हजारी ग्रह फल राजा कुंडली का
ज्योतिष में इसे लगन भी कहते, झगड़ा खाने रूह माया का
ऊंच बैठे ग्रह उत्तम कितने, दस्ती लिखा ख्वाह विधाता हो
खाली पड़ा जब सात जब टेवे, शक्की असर कुल ग्रह का हो
लगन बैठा ग्रह तख्त नशीनी राज शाही जब करता हो
आंख गिना घर आठ है उसकी, ग्यारह से हर दम चलता हो
अकेला तख्त पर बहुत हो सातवें, राजा वजीरी होती है
उलट मगर जब टेवे बैठे, जड़ सातवें की कटती है
ऊंच-नीच जो गिने घरों के, वही नहीं एक-सात लड़ते हैं
बाकी ग्रह सब झगड़ा करते, उम्र से भी चंद मरते हैं

(1) खाना नंबर 1 को कुंडली का सिंहासन कहते हैं और खाना नंबर 1 में बैठा हुआ ग्रह कुंडली का राजा कहलाता है। ज्योतिष शास्त्र में खाना नंबर 1 को लगन (लगन) कहते हैं तथा यह प्रथम भाव के नाम से भी जाना जाता है। खाना नंबर 1 से रूह (जीव) का ज्ञान किया जाता है, जिस व्यक्ति का टेवा

(कुंडली) होगा उसके शरीर को खाना नंबर 1 प्रदर्शित करेगा। खाना नंबर 1 को छोड़कर अन्य सभी 2 से लेकर खाना नंबर 12 प्रकृति (माया) के कारक माने जाएंगे। अतः खाना नंबर 1 (तनु भाव) से अन्य खानों का तुलनात्मक दृष्टिकोण अपनाना होगा।

(2) खाना नंबर 1 में उच्च ग्रह (सूरज) सदैव उत्तम फल प्रदान करने वाला होगा। खाना नंबर 7 में जब कोई ग्रह न हो तो सभी ग्रहों का असर संदेहजनक समझा जाए। लगन रूपी सिंहासन पर बैठा राजा (ग्रह) जब राज्य का संचालन करता है तो खाना नंबर 8 (वृश्चिक राशि) उसकी आंख गिनी जाए और राजशाही (हुकूमत) वह खाना नंबर 11 (कुम्भ राशि) से करता है।

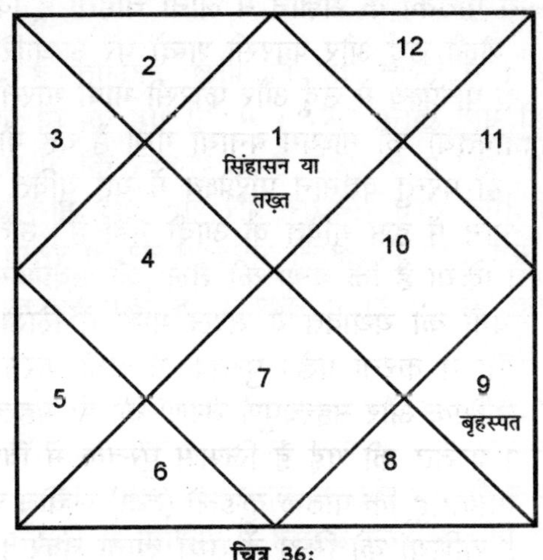

चित्र 36:

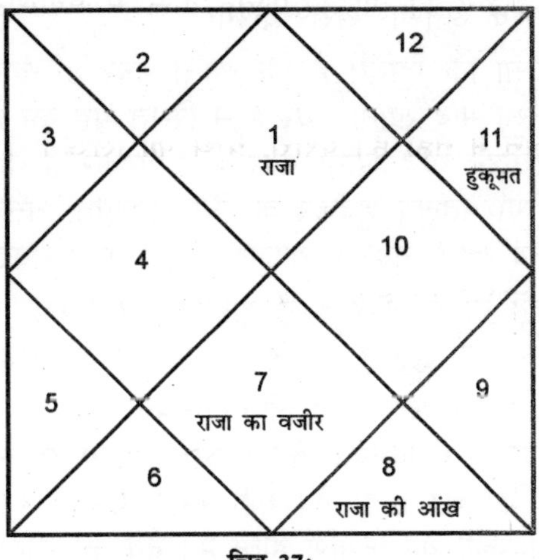

चित्र 37:

(3) यदि खाना नंबर 1 में अकेला ग्रह हो और खाना नंबर 7 में बहुत से ग्रह स्थित हों तो खाना नंबर 1 के ग्रह का असर कई गुना बढ़ जाएगा और यदि इसका उल्टा हो यानि खाना नंबर 7 में एक ग्रह और खाना नंबर 1 में कई ग्रह बैठै हों तो वे खाना नंबर 7 (स्त्री) को नुकसान पहुंचाएंगे अथवा जो ग्रह खाना नंबर 7 में होगा उसी ग्रह की वस्तु या व्यक्तियों से सम्बन्धित आफत आएगी। मसलन खाना नंबर 1 में बृहस्पत, चन्द्र, राहु, बुध, तथा सातवें खाने में केतु हो तो 34 वर्ष (बुध की अवधि) तक नर संतान पैदा नहीं होगी या मर जाएगी। 48 साल की उम्र तक एक ही लड़का होगा। यदि दूसरा लड़का पैदा हो गया (48 की उम्र तक) तो लड़की मंदे असर से बेघर या बेज्जत हो बरबाद होगी। टेवे वाला यदि चार जीवों को अपनी रोटी का भाग देगा तो नर संतानें जीवित रहेंगी। ये जीव कुत्ता, घोड़ा, गाय या तोता हो सकता है। ये उपाय करने के बाद चन्द्र, राहु, बृहस्पत, बुध के योग से राजयोग का निर्माण होगा।

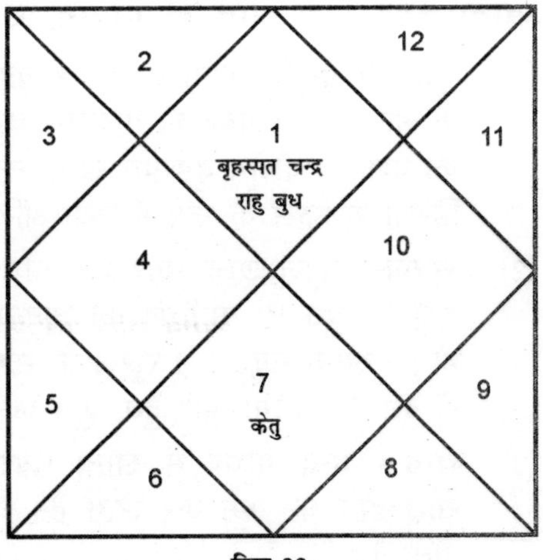

चित्र 38:

(4) वास्तव में खाना नंबर 1 का ज्योतिष में बहुत अधिक महत्त्व है। नंबर 1 शुरुआत तथा सर्वोच्चता का प्रतीक है। खाना नंबर 1 में सूरज ऊंच और सनीचर नीच होगा। खाना नंबर 1 का मालिक ग्रह मंगल है। यह खाना सूरज का पक्का घर है।

(5) पूर्व में बताया जा चुका है कि दो ग्रहों के योग (युति या जोड़ा) से एक नए ग्रह का असर आता है। जिसे मस्नूई (बनावटी) ग्रह कहते हैं। मसलन–

(सूरज+बुध) जोड़ा = मंगल–नेक

(सूरज+सनीचर) जोड़ा = मंगल–बद

यदि टेवे के किसी भी खाने में मस्नूई मंगल स्थित हो तो खाना नंबर 1, खाना नंबर 11 को देखेगा अर्थात् खाना नंबर 11 में स्थित ग्रह के अनुसार फल करेगा और यदि खाना नंबर 11 में कोई ग्रह नहीं हो (खाना नंबर 11 खाली हो) तो खाना नंबर 1 का ग्रह बुध की चाल (जैसा कि टेवे में स्थित है) के अनुसार असर करेगा।

(6) जैसा कि विदित है कि खाना नंबर 8, खाना नंबर 1 में स्थित ग्रह की आंख कहलाता है। अर्थात् जैसा भाव खाना नंबर 8 में स्थित ग्रह का होगा वही भाव खाना नंबर 1 में बैठे ग्रह का हो जाएगा। मसलन यदि खाना नंबर 1 में शुक्कर है तथा खाना नंबर 8 में सूरज है तो शुक्कर की आंख सूरज होगा मतलब शुक्कर के लिए बृहस्पत, चन्द्र, मंगल, मित्र तथा सनीचर और राहु, शत्रु माने जाएंगे। जब खाना नंबर 8 खाली हो तो खाना नंबर 1 का ग्रह स्वयं ही अपनी आंख से देखता रहेगा।

(7) जब खाना नंबर 1 में शुक्कर समेत कई ग्रह स्थित हों तो खाना नंबर 1 के लिए शुक्कर राजा कहलाएगा तथा वही इस खाने के लिए न्यायकर्ता ग्रह होगा।

(8) ब्रह्मांड में सभी ग्रह अपनी–अपनी कक्षाओं में घूमते हैं। इन्हीं कक्षाओं को 360 अंश में बांटकर 12 राशियों में विभक्त किया गया है, जिससे ज्योतिषीय गणना में प्रत्येक ग्रह का भ्रमण पथ राशियों पर दृष्टिगोचर होता है। यही भ्रमण स्थिति गोचर कहलाती है। जिससे जनम के समय शिशु के टेवे (कुंडली) का निर्माण होता है। टेवे का सीधा अर्थ है कि ग्रहों की ब्रह्मांड में राशियों में स्थिति। अन्य पद्धतियों में टेवे के अतिरिक्त फलादेश के दौरान गोचर पर भी विचार किया जाता है।

प्रत्येक ग्रह की अपनी हुकूमत

खाना नंबर 1 में आने के दौरान, उस ग्रह के मुकाबले अन्य ग्रहों की ताकत के अनुपातः

(1) **बृहस्पत**– यदि खाना नंबर 1 में बृहस्पत हो तो यह ग्रह किसी से दुश्मनी नहीं करता ऐसे में बृहस्पत के सापेक्ष अन्य ग्रहों की ताकत– चन्द्र ½, शुक्कर ¾, सनीचर ¾ और केतु ⅚ होगी। सूरज या राहु की दशा के दौरान बृहस्पत खाना नंबर 1 में चुप होगा परन्तु बुरे ग्रहों के साथ अपनी अवधि का आधा हिस्सा शुभफल के रूप में तथा अंतिम आधा हिस्सा अशुभफल के रूप में प्रदान करेगा।

(2) **सूरज**– सूरज खाना नंबर 1 में गोचर के दौरान ऊंच होगा। बृहस्पत के सापेक्ष अन्य ग्रहों की ताकत– केतु ½, बुध ½, सनीचर की ताकत धन के लिए ⅔ और पिता के लिए ½, जायदाद के लिए ⅓ होगी। खाना नंबर 1 में सूरज के साथ शुक्कर भी हो तो शुक्कर नीच कहलाएगा और दोनों के मिलाप से बुध पैदा होगा और बुध, शुभ फल प्रदान करेगा।

(3) **चन्द्र**– चन्द्र गोचर में खाना नंबर 1 में आने पर स्वयं ही अपना नेक (शुभ) असर किसी के साथ होने पर कम कर लेता है। चन्द्र के सापेक्ष कोई ग्रह शत्रुता नहीं करता, राहु का असर ½, होता है।

(4) **शुक्कर**– जिस प्रकार सूरज अपने साथ शुक्कर को नीच कर देता है उस प्रकार शुक्कर किसी को नीच नहीं करता। शुक्कर के सापेक्ष अन्य ग्रहों की ताकत– चन्द्र ½, सनीचर ⅓

(5) **सनीचर**– सनीचर के सापेक्ष अन्य ग्रहों की ताकत– चन्द्र ⅓, केतु ½

(6) **बुध**– बुध के सापेक्ष अन्य ग्रहों की ताकत– सनीचर ¼, केतु ½, चन्द्र ½

(7) **मंगल–नेक**– मंगल के सापेक्ष अन्य ग्रहों की ताकत– शुक्कर, सनीचर, मंगल–बद– ⅓ केतु, बुध– ½, राहु– शून्य

(8) **राहु**– राहु के सापेक्ष अन्य ग्रहों की ताकत– सूरज – शून्य, चन्द्र – ½

(9) **केतु**– केतु के सापेक्ष अन्य ग्रहों की ताकत– चन्द्र – शून्य , सूरज – ½

(10) खाना नम्बर 1 दिशाओं में पूरब (पूर्व) है। खाना नंबर 1 से वजूद (सामाजिक स्तर), कमाई, भोजन, मकान, आदि का भी ज्ञान किया जाता है। खाना नंबर 1 राजसी सम्बन्ध, गुड़ के रंग जैसा, पुरानी रस्म, तथा शाही यात्रा का कारक खाना है।

(11) हथेली में यदि खाना नंबर 1 पर झिल्ली का निर्माण होता है तो यह सामाजिक स्तर को अत्यधिक बढ़ाने वाला तथा समाज में उस व्यक्ति को अच्छी प्रतिष्ठा प्रदान करने वाला होता है।

(12) जिस प्रकार खाना नंबर 1 मुख्य के रूप में जाना जाता है उसी प्रकार खाना नंबर 7 इसको सामंजस्य बैठाने में अहम भूमिका निभाता है। खाना नंबर 7 में ग्रह का होना बहुत जरूरी है अन्यथा 24 वर्ष की अवस्था (आयु) के पश्चात् टेवे वाले व्यक्ति के खाना नंबर 1 में स्थित ग्रह उल्टा असर दिखाने लगेंगे अर्थात् उसकी राजशाही छिन जाएगी। परन्तु यह स्थिति तभी आएगी जब 24 वर्ष की अवस्था के पश्चात् उसका (खाना नंबर 1 में स्थित ग्रह का) कोई दुश्मन ग्रह दशा में आएगा।

(13) यदि खाना नंबर 1 में कोई ग्रह न हो तो व्यक्ति का भाग्योदय कारक ग्रह खाना नंबर 7 में बैठा ग्रह होगा, यदि खाना नंबर 7 में ग्रह न हो तो खाना नंबर 4 और वहां भी न हो तो खाना नंबर 10 में बैठा ग्रह होगा।

(14) बंद मुट्ठी के खाने खाना संख्या 1, 4, 7, 10 हैं। यदि यह चारों खाने खाली हों तो बंद मुट्ठी के खानों जितना ही महत्त्व खाना नंबर 5, 11, 3, 9 का होगा और यदि ये घर भी खाली हों तो खाना नंबर 8, 12, 2, 6 का होगा। अर्थात् उपर्युक्त खानों में बैठने वाले ग्रहों की दशा, महादशा व गोचर भ्रमण शुभ फल दायक होगा।

(15) खाना नंबर 1 में स्थित ग्रह भाग्योदय कारक ग्रह होगा चाहे, कुंडली में अन्य ग्रह कितनी ही अच्छी स्थिति में उच्च, स्वग्रही इत्यादि क्यों न हो।

(16) खाना नंबर 1 सिंहासन तथा उसमें बैठा ग्रह राजा होगा तथा खाना नंबर 7 में बैठा ग्रह उस राजा का वजीर (मंत्री) होगा। परन्तु यदि खाना नंबर 1 में 2 से अधिक ग्रह होंगे तो वे आपस में दुश्मन होंगे। फलस्वरूप व्यक्ति (जातक) राजा होने के बजाय फकीर होगा। साथ ही ऊंच–नीच वाले ग्रह इन घरों में नहीं लड़ते हैं परन्तु अन्य ग्रह आपस में दुश्मनों जैसा बर्ताव करते हैं और परस्पर एक दूसरे की उम्र भी कम कर देते हैं।

(17) खाना नंबर 1 में नर ग्रह (सूरज, मंगल, बृहस्पत) बैठा हो तथा खाना नंबर 7 में 2 स्त्री ग्रह (बुध एवं शुक्कर) बैठे हों तो यह नर ग्रह, स्त्री ग्रह हो जाएगा तथा स्त्री ग्रह की तरह व्यवहार करेगा।

(18) खाना नंबर 1 में एक से अधिक ग्रह हों तो वे सभी नर ग्रह, स्त्री ग्रह हो जाते हैं और यदि खाना नंबर 7 में, 2 से अधिक स्त्री ग्रह हो तो नर ग्रह हो जाते हैं।

(19) टेवे में कहीं भी सनीचर, बृहस्पत, मंगल एक साथ बैठे हों तो इनका प्रभाव वैसा ही होगा जैसा खाना नंबर 1 में बैठा ग्रह का होता है।

उपर्युक्त विवेचन ''लाल किताब महाग्रंथ'' के अनुसार खाना नंबर 1 तथा उससे सम्बन्धित महत्त्वपूर्ण बिन्दुओं का है। मैं इस पुस्तक में लाल किताब की अभी तक जितनी जानकारी अपने व अपने मित्रों व शुभचिन्तकों के सहयोग से प्राप्त कर सका हूं सभी को शामिल कर रहा हूं। लाल किताब के मौजूदा फरमान संपूर्ण हैं या नहीं यह भी अभी तक खोज का विषय बना हुआ है। भविष्य में यदि मुझे लाल किताब से सम्बन्धित अतिरिक्त फरमानों की उपलब्धता होती है तो मैं अवश्य ही अगले संस्करण के माध्यम से पाठकों तक पहुंचाने का प्रयास करूंगा। मैं पुनः पाठकों को बताना चाहता हूं कि पुस्तक में स्थान के अभाव के कारण मैंने सभी फरमानों की कविताओं को शामिल न करते हुए कविता के मुख्य-मुख्य भागों को दर्शाया है परन्तु सभी फरमानों की व्याख्या तथा समीक्षा को शामिल किया है।

पक्का घर खाना नंबर 2

घर पक्का दूजा बृहस्पत, ब्रह्म गाय अस्थान है
मिलता जहां पर इकट्ठा, मान-ओ-जर, ससुराल है
घर चल कर जो आवे दूजे ग्रह किस्मत बन जाता है
घर दसवां जब खाली होवे, सोया हुआ कहलाता है
बुनियाद समुद्र ग्रह नौ होते, पहाड़ ऊंचा ग्रह दो का हो
चाल असर ग्रह दूजे बैठे, जेर असर बृहस्पत साया हो
हवा बारिश जो नौ से चलती, टक्कर दूजे पर खाती हो
आठ पड़ा घर जब तक खाली, असर भला ही देती हो
शुरू उम्र में असर दूजे का, घर छठें पर पड़ता हो
जाती असर जो नेक हो अपना, वक्त बुढ़ापे गढ़ता हो
बुनियाद मंदिर घर चौथा गिनते, आठ छठें से मिलता हो
खाली होते गर मन्दिर टेवे, असर रुहानी उम्दा हो
बृहस्पत जहां दो मन्दिर कच्चा, पाप बैठक खुद साथी हो
मारक घर से बृहस्पत भी डरता, आठ दृष्टि जो खाली हो
ग्रह मुश्तरका बुरा न करते, बन्द मुट्ठी के खानों में
फल दो-ग्यारह अपने-अपने, धर्म मन्दिर, गुरुद्वारे में
ज्ञान समुद्र घर नौवे का, या फल उम्र हो पहली का
सफेद झण्डा कोहसार पे झूले उम्र बुढ़ापा घर दो का
पाप की बैठक घर दो बृहस्पत के, गृहस्थी शुक्कर बनाता जो
लेख जगत का मस्तक गिनते, मौत जनम जहां मिलता हो

(1) खाना नंबर 2, बृहस्पत का पक्का घर है और बृहस्पत देवताओं के गुरु हैं। अतः बृहस्पत को ब्रह्म कहा गया है इसलिए खाना नंबर 2 ब्रह्म स्थान होगा। हिन्दू धर्म में गाय को भी ब्रह्म का दर्जा प्राप्त है अतः खाना नंबर 2 ब्रह्म (गौ) स्थान होगा। इस खाना संख्या से सम्मान, धन और ससुराल पक्ष को देखा जाना चाहिए।

(2) वर्षफल के अनुसार यदि कोई ग्रह खाना नंबर 2 (वृष राशि) में आता है तो वह किस्मत का ग्रह (भाग्य कारक) बन जाएगा। परन्तु यदि खाना नंबर 10 (टेवे के अनुसार) खाली होगा तो यह भाग्य कारक ग्रह सोई अवस्था का सा असर दिखाएगा। खाना नंबर 2 से खाना नंबर 4 का सीधा सम्बन्ध है क्योंकि

खाना नंबर 4 सुख–संपत्ति का है। सुख–संपत्ति का होना तथा धन का होना, दो अलग–अलग बातें समझनी चाहिए।

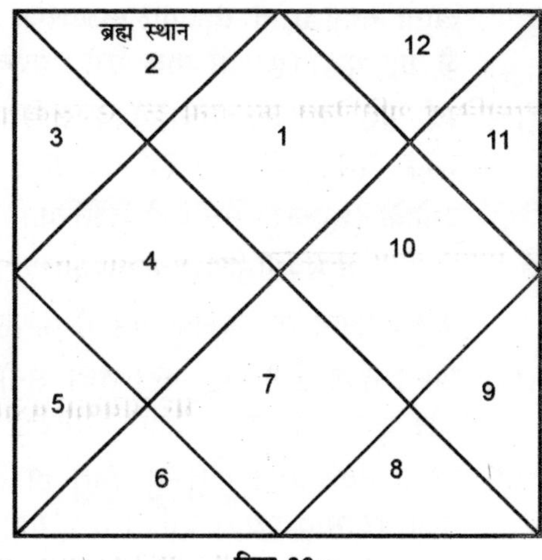

चित्र 39:

(3) खाना नंबर 2 का अर्थ पहाड़ी श्रृंखला से लिया जाए और खाना नंबर 9 (भाग्य स्थान) समुद्र के समान है अर्थात् समुद्र से जल से भरे हुए (भाग्य रूपी) बादल उठते हैं तथा पहाड़ी श्रृंखला (धन) से टकराकर वर्षा (धन की) करते हैं। तात्पर्य है कि खाना नंबर 2 में धन को देखने के लिए खाना नंबर 9 का परीक्षण करना अत्यन्त आवश्यक है। बृहस्पत की टेवे में जिस प्रकार की स्थिति होगी उसी के अनुसार धन वर्षा होगी। खाना नंबर 2 में बृहस्पत की स्थिति भी उपर्युक्त योग को अधिक प्रभावशाली बनाती है।

(4) खाना नंबर 2 का शुभ फल प्राप्त करने के लिए आवश्यक है कि खाना नंबर 8 खाली (ग्रह रहित) हो तो खाना नंबर 2, खाना नंबर 9 के सहयोग से शुभ फल प्रदान करेगा। उम्र के शुरुआती दौर में खाना नंबर 6 शुभ फल प्रदान करेगा तथा उम्र के अन्तिम दिनों में (बुढ़ापे में) खाना नंबर 2 का पूर्ण असर इंसान (जातक) को प्राप्त होगा।

(5) **दृष्टि प्रभाव**– खाना नंबर 2, खाना नंबर 6 व खाना नंबर 8 के दृष्टि प्रभाव निम्न हैं।

खाना नंबर 8, 2, 6। अतः खाना नंबर 8, खाना नंबर 2 को देखता और खाना नंबर 2 खाना नंबर 6 को देखता है।

(6) खाना नंबर 2 खाली हो तो शुभ फल प्राप्त होगा। यदि खाना नंबर 2 में बृहस्पत हो और खाना नंबर 8 खाली हो तो बृहस्पत का प्रभाव मंदा (अशुभ) रहेगा अर्थात् बृहस्पत की हवा अत्यन्त हानिकारक होगी। क्योंकि खाना नंबर 2 में स्थित बृहस्पत की हवाएं पर्वत श्रृंखलाओं से टकरा तो जाएंगी परन्तु उनकी रफ्तार इतनी अधिक न होगी कि वर्षा कर सकें। अतः ये हवाएं नुकसान दायक ही सिद्ध होंगी।

(7) यदि खाना नंबर 10 खाली हो तथा खाना नंबर 2 भी सहयोग न कर रहा हो तो इंसान (जातक) की कमाई, किस्मत तथा बचत सभी बरबाद चली जाती हैं साथ ही पत्नी इत्यादि के (गहने, आभूषण इत्यादि) स्त्रीधन भी गिरवी रख दिए जाते हैं या बिक जाते हैं। स्त्री जाति (माता, बुआ, मौसी) से धन लाभ होगा। खाना नंबर 2 का भाग्योदय कारक ग्रह (भाग्य का ग्रह) चन्द्र है। अतः स्त्रियों से धन लाभ होगा।

(8) खाना नंबर 2, खाना नंबर 8 का मैदान कहलाता है। इस खाना नंबर में कोई भी ग्रह मंदा (खराब) असर नहीं करेगा। बल्कि पापी ग्रह (राहु, केतु, सनीचर) इत्यादि भी शुभ फलदायक सिद्ध होंगे। खाना नंबर 8 मौत का स्थान है।

(9) खाना नंबर 2 में मस्नूई मंगल–बद (बनावटी मंगल–बद=सूरज+सनीचर की युति) भी मंदा असर न देगा और राहु भी बृहस्पत के अधीन होगा। वास्तव में इस खाना नंबर में कोई भी मस्नूई (बनावटी) ग्रह बुरा असर नहीं करेगा।

(10) बंद मुट्ठी के खानों (1, 4, 7, 10) में बैठे मुश्तरका (2 से अधिक) ग्रह इंसान का बुरा नहीं करते। खाना नंबर 2 धर्म मन्दिर और खाना नंबर 11 गुरुद्वारा होगा। खाना नंबर 9 ज्ञान समुद्र होता है। खाना नंबर 9 के ग्रह बाल–अवस्था में ही अपना फल दे देंगे परन्तु खाना नंबर 2 व खाना नंबर 11 के ग्रह वृद्धावस्था में फल देंगे। परन्तु सदैव शुभ फल प्रदान करेंगे।

(11) स्त्री ग्रह (शुक्कर, चन्द्र) जब सनीचर के साथ खाना नंबर 2 या टेवे में कहीं भी बैठे हों तथा इस जोड़े (युति) को कोई ग्रह देखता है तो इसके प्रभाव से उसकी औलाद मर जाती है।

क्योंकि (शुक्कर+सनीचर) मुश्तरका = केतु

(चन्द्र+सनीचर) मुश्तरका = केतु

केतु औलाद का कारक ग्रह है अर्थात् औलाद को नुकसान देगा।

(12) खाना नंबर 2 में राहु–केतु तथा सनीचर हों साथ ही शुक्कर खाना नंबर 4 में हो अथवा केतु–बृहस्पत और बुध तीनों टेवे में खाना नंबर 2 में बैठे हों तो इंसान (जातक) भाग्यशाली माना जाए।

(13) खाना नंबर 2 में केतु–बृहस्पत हो तो इंसान का मस्तक लम्बा होगा। बुद्धिमान, साथ ही कर्म, धर्म तथा दयाभाव प्रधान व्यक्तित्व होगा। खाना नंबर 2 में बुध हो तो इंसान लेखक तथा बुद्धिजीवी (माथा खुला) होता है।

(14) शुक्कर+बृहस्पत = बनावटी सनीचर कहीं भी टेवे में बैठे हों तो उसका फल खाना नंबर 2 के अनुसार होगा।

धर्मस्थान या पेशानी (मस्तक) का द्वार

मस्तक पर तिलक का स्थान सामुद्रिक में खाना नंबर 2 होगा। परन्तु खाना नंबर 8 खाली हो तो ही तिलक का स्थान खाना नंबर 2 कहलाएगा। तिलक लगाने की जगह को छोड़कर बाकी स्थान ललाट या मस्तक कहलाएगा। यह स्थान समस्त कल्पनाओं का केन्द्र बिन्दु है। यह राहु–केतु की मुश्तरका (शुक्कर) बैठक का स्थान होगा। खाना नंबर 2, 6, 8 का दृष्टि सम्बन्ध पूर्व में बताया जा चुका है। इसी सम्बन्ध में खाना नंबर 2 का असर खाना नंबर 2, 6, 8 को संयुक्त करके देखना होगा। यदि राहु–केतु तथा सनीचर को संयुक्त मानकर खाना नंबर 8 को इसके बैठने का स्थान मान लें तो खाना नंबर 8 (मौत के दीवानखाने) का द्वार खाना नंबर 2 होगा अर्थात् मारक स्थान होगा परन्तु इसमें सनीचर की मौत का कोई सम्बन्ध न होगा बल्कि यह राहु–केतु की संयुक्त बैठक होगी।

राहु–केतु की अपनी नेकी–बदी (शुभ–अशुभ) का स्थान धर्मस्थान (मन्दिर, मस्जिद, गिरजाघर, नदी, सनीचर का चौराहा) होंगे। दुनिया के बाहर (मौत) खाना नंबर 8 तथा दुनिया के अन्दर (जिन्दगी) खाना नंबर 11 के साथ बृहस्पत की दूसरी ताकत होगी।

भूतकाल– खाना नंबर 9

वर्तमान– बन्द मुट्ठी के खाने 1, 4, 7, 10

भविष्य– खाना नंबर 5

जिस प्रकार खाना नंबर 4 ने अपनी नेकी न छोड़ी उसी प्रकार खाना नंबर 2 संसार से अपने सम्बन्ध नहीं छोड़ेगा। मसलन नाभि सारे शरीर का केन्द्र है और बन्द मुट्ठी के खाने (1, 4, 7, 10) में खाना नंबर 4 बच्चे के साथ लाए हुए खजाने का रहस्य है तो खाना नंबर 2 या माथे पर तिलक का स्थान बच्चे का सब तरफ से मिलने वाले खजाने का रहस्य है। अर्थात् खाना नंबर 2 तथा खाना नंबर 4 के संयुक्त प्रभाव

से ही भाग्य का चमत्कार होगा। जो खाना नंबर 2 के ग्रह फल तथा खाना नंबर 4 के राशि फल का सार कहा जा सकता है। खाना नंबर 4 चन्द्र का तथा खाना नंबर 2 बृहस्पत का प्रभाव बढ़ाता है। चन्द्र तथा बृहस्पत मिलकर अथवा अकेला बृहस्पत दोनों जहानों का मालिक होगा, जो इंसान (जातक) की सहायता के लिए खाना नंबर 5 में सूरज के साथ और खाना नंबर 11 में सनीचर के साथ जा मिलता है। बृहस्पत की इस लम्बाई को सबकी लम्बाई गिनते हैं। इसमें चेहरे की लम्बाई खाना नंबर 6 तथा पेशानी (ललाट) की लम्बाई खाना नंबर 11 शामिल हैं। संक्षेप में कहा जाए तो तिलक की जगह (बृहस्पत का खाना नंबर 2) या राहु–केतु मुश्तरका (मिले–जुले या युति) की बैठक की जगह अर्थात् मस्नूई शुक्कर का दरवाजा खाना नंबर 2 है।

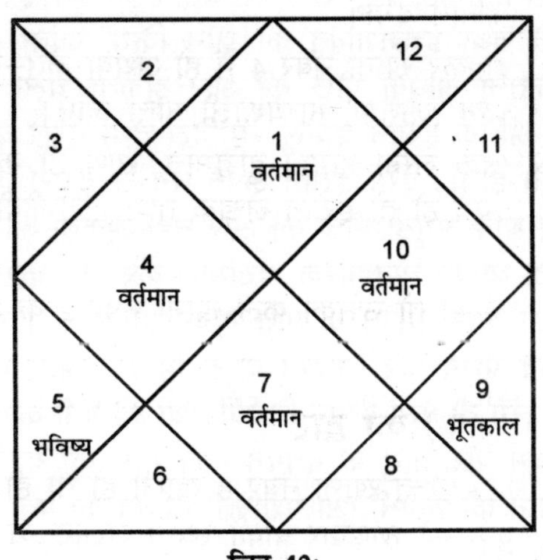

चित्र 40:

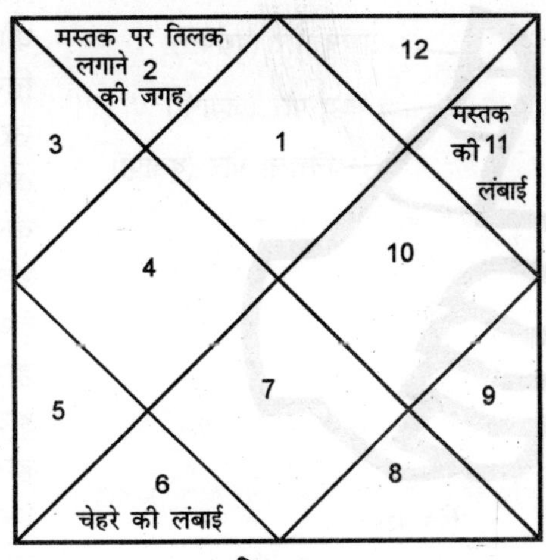

चित्र 41:

खाना नंबर 2 को निम्न का दरवाजा कहते हैं।

(i) तिलक की जगह (ii) बृहस्पत का स्थान

(iii) राहु–केतु मुश्तरका (संयुक्त) (iv) मस्नूई (बनावटी) शुक्कर

जब खाना नंबर 2 में ग्रह हो और खाना नंबर 8 खाली हो तो ललाट पर त्रिकोण (△) का निशान होगा। यदि खाना नंबर 2 में अकेला केतु हो तो ललाट पर हुक्मरान आसूदा (ा꞉) निशान होगा। इसके अतिरिक्त खाना नंबर 2 हाथ के अंगूठे तथा पैर के अंगूठे को भी दर्शाता है।

अंगूठा (हाथ या पांव)

जिस प्रकार मस्तिष्क का मालिक बुध है और उसके अन्दर विचारों की लहरें पैदा करने की ताकत का मालिक (स्वामी) राहु है उसी प्रकार इंसानी दिल का मालिक चन्द्र है। तथा दिल में इच्छाओं की लहरों में विचलन पैदा करने की ताकत का नाम राहु और केतु मुश्तरका शुक्कर को जनम देते हैं। यह पाप की बैठक (जिसमें सनीचर शामिल नहीं है) खाना नंबर 2 में होती है। खाना नंबर 2 इंसानी अंगूठे पर माना गया है।

अंगूठे से सम्बन्धित सामान्य नियम

(1) अंगूठा जितना अधिक लम्बा होगा उतना अधिक इंसान कामेच्छा पर नियन्त्रण रखने वाला होगा।

(2) अंगूठा जितना अधिक मोटा होगा, इंसान उतना ही अधिक मुफलिस (निर्धन) होगा।

(3) अंगूठा जितना अधिक छोटा होगा उतना ही अधिक इंसान हैवानी ताकत (निर्दयी), जिद्दी, तंग हौसला (इच्छाशक्ति तथा आत्मविश्वास की कमी) तथा कठोर होगा।

(4) अंगूठा अगर सीधा हो और प्रथम पोर (नाखून वाले हिस्से) पर पीछे की ओर झुका हो तो दयालु हृदय होगा, उसके धन का उपभोग उसके सम्बन्धी तथा साथीगण करेंगे।

अंगूठे को निम्न तीन हिस्सों में बांटा गया है –

(1) **प्रथम पोर**– प्रथम पोर अंगूठे का नाखून वाला हिस्सा (भाग) होता है। यह कुंडली (टेवे) का खाना नंबर 6 होगा। यह केतु से सम्बन्धित होता है। इससे मन की स्थिति तथा इच्छाशक्ति का ज्ञान किया जाता है। यह हिस्सा जितना अधिक पीछे की ओर झुकता चला जाएगा उतना ही अधिक इंसान दयालु, नर्मदिल तथा दूसरे का भला करने वाला होगा। ऐसा इंसान अपने धन से दूसरों का भला करता है। यदि अंगूठा पीछे की ओर नहीं झुकता और सीधा रहता है तो व्यक्ति व्यवहारिक, देखभाल कर खर्च करने वाला तथा सामने वाले व्यक्ति के प्रति भावनाओं में न बहने वाला होगा। यदि प्रथम पोर (नाखून वाला हिस्सा) आगे की ओर झुका–सा लगे तो ऐसा इंसान निर्दयी तथा बेईमानी करने वाला होगा। प्रथम पोर आयु के बचपन वाले भाग को दर्शाता है। इससे इंसान की रुहानी (आत्मशक्ति) ताकत का पता लगाया जा सकता है।

चित्र 42:

(2) **मध्य पोर**– दरमियानी (मध्य) पोर कुंडली (टेवे) का खाना नंबर 12 होता है। यह भाग राहु से मुतअल्लिक (सम्बन्धित) होता है। अंगूठे के इस हिस्से से इंसान की मन्तकी (तार्किक/दलीली) शक्ति तथा सोचने–विचारने की शक्ति को देखा जाता है। तार्किक शक्ति के द्वारा इस प्रकार का इंसान "बातों का धनी" होता है। यह पोर जितना अधिक लम्बा होगा उतना ही अधिक इंसान तार्किक बातें बनाने में माहिर, विलक्षण सोच का धनी तथा अत्यन्त बुद्धिमान होगा। यदि यह हिस्सा छोटा होगा तो इंसान में वाणीदोष, नकारात्मक सोच तथा कम बुद्धिमानी जैसे गुण विकसित हो जाते हैं। अंगूठे के इस हिस्से से जवानी की उम्र तथा शारीरिक बल का पता लगाया जाता है।

(3) **निचला पोर**– निचला पोर तथा हथेली का भाग तीसरे पोर के अन्तर्गत आते हैं। सामान्यतः अंगूठे में दो ही पाटे (हिस्से) देखे जाते हैं। यदि तीसरा हिस्सा होता है तो अत्यन्त छोटा होगा जो अंगूठे के मध्य वाले पोर को छोटा कर देगा। तीसरा हिस्सा (निचला पोर) है अथवा नहीं परन्तु हथेली वाले भाग को निचले हिस्से के अन्तर्गत ही मानना चाहिए। निचला हिस्सा शुक्कर से मुतआल्लिक (सम्बन्धित) माना गया है। शुक्कर का बुर्ज़ (पर्वत) भी इसी भाग के अन्दर आएगा। यह कुंडली का खाना नंबर 2 होगा, इस पर्वत से 'प्रेम' के बारे में जाना जाता है। यह हिस्सा इंसानी नफ्सानी (विलासिता तथा कामवासना) को भी इंगित करता है। यह हिस्सा जितना अधिक छोटा होगा उतना ही अधिक इंसान के अन्दर अधिक नफ्सानी (कामेच्छा) इच्छा पैदा होगी तथा वह जादू, टोने–टोटके इत्यादि सीखने को इच्छुक होगा। इस हिस्से का न होना (सामाजिक दृष्टि से) अधिक अच्छा समझा जाता है। यदि यह हिस्सा अंगूठे में नहीं होगा तो संपूर्ण शुक्कर क्षेत्र (शुक्र का हिस्सा) इसके अन्तर्गत माना जाएगा।

शुक्कर का हिस्सा इंसान को सकारात्मक प्रभाव प्रदान करने वाला होगा। इस हिस्से से इंसान की वृद्धावस्था (बुढ़ापा) तथा कामुक शक्ति का पता लगाया जाता है।

पक्का घर खाना नंबर 3

(दुनिया से कूच के वक्त बीमारी वगैरह)

घर तीजा है पक्का मंगल, धन दौलत के जाने का
खवैश-ओ-अकारिब अपना, या चोरी अय्यारी का
इस घर का जो रंग है खूनी, असर होता भी खूनी है
होता जभी ग्रह इस घर जुल्मी, देता असर वो कष्टी है
पापी अगर हो उम्दा टेवे, कष्ट सभी ग्रह कटता हो
तीन काने पग बारह उम्दा, असर खाना आठ करता हो
ग्रह मंदे घर तीसरे बैठे, बुरा मालिक न करते हो
खून दृष्टि जुल्म से अपने, जहर बाहर ही भरते हैं
उम्र पहली हो ग्यारह शक्की, ग्रह तीजे जब मंदा हो
मौत रुकेगी आठ से उठती, बैठा तीजे, ख्वाह कैसा हो
ग्रह जब तक कोई तीसरे बैठा, मौत टेवा न पाता हो
भेद बृहस्पत से बेशक खुलता, फैसला बुध से होता है
माया दौलत जो ग्यारह आती, भाग तीजे से जाती है
तासीर मंगल हो टेवे जैसी, हालत वही कर पाती है

(1) खाना नंबर 3 मंगल का पक्का घर होगा। यह खाना धन–दौलत का खर्चा दिखाता है तथा भाई–बन्धु इत्यादि के बारे में बताता है। इसके अतिरिक्त इस खाना संख्या से चोरी, मक्कारी एवं चालाकी को भी जाना जाएगा।

(2) खाना नंबर 3 में पापी ग्रह (राहु, केतु, सनीचर) हों तो इंसान को शारीरिक कष्ट (संभवतः कुष्ठ रोग या चर्म रोग) होता है। परन्तु यदि कोई पापी ग्रह टेवे में कहीं भी प्रबल रूप से विद्यमान हो तो इस शारीरिक कुष्ठ का नाश करेगा।

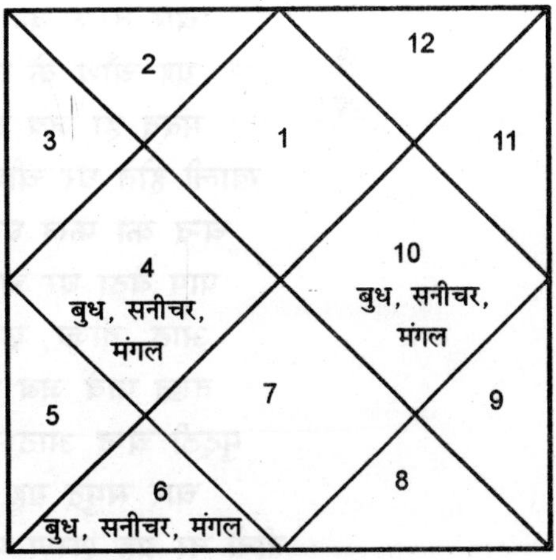

(3) खाना नंबर 3 का पक्का घर का ग्रह मंगल होगा जो कुष्ठ रोग का कारक होता है। यदि खाना नंबर 3 मंदा हो, खाना नंबर 12 उम्दा हो तो खाना नंबर 8 का असर प्रभावशाली होगा।

चित्र 43:

(4) जब खाना नंबर 3 में पापी ग्रह (राहु, केतु, सनीचर) बैठा हो और खाना नंबर 8 और खाना नंबर 6 भी मंदे (अशुभ) हों तो यह स्थिति मौत के समान मानी जाए। खाना नंबर 12 का ग्रह यदि खाना नंबर 3 का दुश्मन भी हो तो भी वह खाना नंबर 3 की मदद करेगा। 11 साल तक उम्र शक्की होगी। उदाहरणार्थ–

(i) यदि खाना नंबर 12 में मंगल और खाना नंबर 3 में केतु हो तो मंगल केतु का दुश्मन होने पर भी केतु की मदद करेगा।

(ii) यदि बुध खाना नंबर 12 तथा सनीचर खाना नंबर 3 में हो तो बुध सनीचर को धन सम्बन्धित सभी प्रकार की सहायता देगा।

(iii) खाना नंबर 12 में शुक्कर–राहु इकट्ठे हों तो यह 21 या 25 साल की उम्र में विधवा–योग बनाएगा परन्तु खाना नंबर 3 में सनीचर बैठा हो तो राहु का शुक्कर पर कोई प्रभाव नहीं पड़ेगा क्योंकि सनीचर, शुक्कर को मदद कर देगा।

(iv) जब खाना नंबर 3 में कई ग्रह बैठे हों तो खाना नंबर 12 में बैठे ग्रहों की खाना नंबर 3 में बैठे ग्रहों से तुलनात्मक दोस्ती दुश्मनी देखी जाएगी।

(4) खाना नंबर 3 के पक्के घर का मालिक ग्रह मंगल है। टेवे में मंगल की स्थिति खाना नंबर 3 को निर्धारित करेगी। जैसा मंगल का टेवे में हाल होगा वही हाल खाना नंबर 3 का होगा।

(5) जब स्त्री ग्रह खाना नंबर 3 में हो तो वे स्त्री ग्रह, पुरुष ग्रह का असर दिखाएंगे। शुक्कर ग्रह, बैल का तथा चन्द्र, साधु का सा व्यवहार करेगा। खाना नंबर 3 में जितने ग्रह होंगे उसी के अनुसार इंसान की आयु अधिक होगी।

(6) खाना नंबर 3 के मंदे (बुरे) असर को कम करने के लिए शिवजी की पूजा और स्त्रियों का सम्मान करना होगा।

(7) कुंडली (टेवे) में यदि बुध, सनीचर, मंगल एक साथ कहीं भी बैठे हों तो वे वैसा ही फल देते हैं, जैसा खाना नंबर 3 का असर होता है। देखें चित्र 43।

पक्का घर खाना नंबर 4

(माता की गोद व पेट का जमाना)

ग्रह चौथे पेट माता चंदर, ठंडी रोशनी माना है
चार तरफ का पानी दुनिया, दूध समुद्र दरिया है
ग्रह चौथे के रात को जागे, या जागे मुसीबत में
मदद हो जब कोई करता, आ तारे वह बुढ़ापे में
खाली होते घर चौथा मन्दिर, आखीर उम्र तक उन्नति हो
चन्द्र का फल घर दे चन्द्र, बैठा चन्द्र चाहे नष्टी हो
पाप बैठा घर चन्द्र माता, बुध सनीचर दो उम्दा हो
आठ, तीजा, छठे टेवे मंदा, मौत बहाना चौथा हो
तख्त पावे जब चौथा टेवे, राहु मंदा खुद होता हो
मुट्ठी चन्द्र आठ-ग्यारह बैठे, अकेला चौथे न मंदा हो
चार समुद्र ग्रह नौ नाभि, मुर्दा कोई न रखता हो
तीनों नर ग्रह शरण माता की, पेट के अन्दर कुल पालता हो
घर चौथे में ग्रह है आता, चंदर सा वो होता है
असर मगर उस घर में जाए सनीचर जहां कि बैठा हो
बृहस्पत रवि और चंदर टेवे कहीं भी इसमें बैठे हो
फल वैसा ही घर चौथे का, उस टेवे में होता हो

(1) खाना नंबर 4 में सबसे अधिक असरकारक (महत्त्वपूर्ण) ग्रह चन्द्र होगा। चन्द्र खाना नंबर 4 के लिए घर का मालिक, पक्के घर का ग्रह, किस्मत जगाने वाला ग्रह तथा ग्रह फल का ग्रह होगा। चन्द्र रात्रिबली ग्रह होता है।

(2) खाना नंबर 4 के कारक पेट, माता तथा चन्द्र हैं। खाना नंबर 4 सुख–शान्ति का दाता है। जल तथा दूध का कारक भी खाना नंबर 4 होगा।

(3) खाना नंबर 4 से सम्बन्धित कारोबार रात्रि में करना फायदेमंद तथा अधिक असरकारक होगा।

(4) यदि चन्द्र बंद मुट्ठी के खानों (1, 4, 7, 10) से बाहर हो तथा खाना नंबर 4 में कोई ग्रह न हो तो चन्द्र का सभी ग्रहों पर शुभ प्रभाव होगा। यहां तक कि चन्द्र का चन्द्र पर भी शुभ प्रभाव होगा। चाहे चन्द्र कितना ही खराब तथा अशुभ क्यों न हो?

(5) यदि चन्द्र बंद मुट्ठी के खानों से बाहर हो तथा खाना नंबर 4 में कोई एक ग्रह हो साथ ही चन्द्र नीच या मंदा (अशुभ) होकर खराब हो रहा हो तो खाना नंबर 4 में स्थित ग्रह अच्छा फल देगा, चाहे वह चन्द्र का दोस्त हो अथवा दुश्मन।

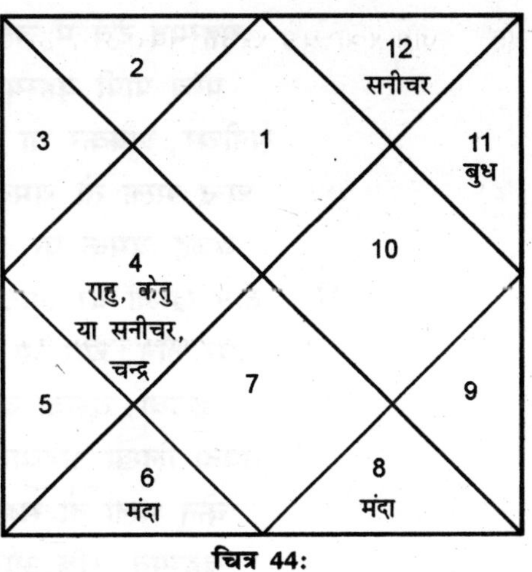

चित्र 44:

(6) खाना नंबर 4 में सनीचर जहरीला सांप और मंगल खाना नंबर 4 में बद–मंगल के समान फल करेगा। राहु–केतु खाना नंबर 4 में धर्मात्मा ही होंगे अर्थात् राहु, केतु सिर्फ इसी घर में चुप रहेंगे, निश्चित रूप से इस खाने में बैठकर मंदा (अशुभ) असर नहीं देंगे। परन्तु किसी और खाने में चुप रहने के दौरान जरूरी नहीं कि राहु, केतु अशुभ फल नहीं देंगे।

(7) खाना नंबर 4 में कोई भी ग्रह क्यों न हो वह चन्द्र के समान ही फल देगा। मुसीबत के समय जब कोई सहायता न करे तो खाना नंबर 4 में बैठा ग्रह सहायता करेगा। खाना नंबर 4 में यदि कोई ग्रह न हो तो चन्द्र की मदद से वृद्धावस्था तक शुभ प्रभाव बना रहता है। खाना नंबर 4 के ग्रह की मदद उस खाने के लिए असर करेगी जिस खाने में सनीचर बैठा हो।

(8) खाना नंबर 4 में पापी ग्रह (राहु, केतु, सनीचर) बैठा हो तथा खाना नंबर 4 में चन्द्र हो और बुध तथा सनीचर टेवे में ताकतवर हो साथ ही खाना नंबर 3, खाना नंबर 6 और खाना नंबर 8 मंदा (अशुभ) हो तो इंसान मौत के समान कष्ट झेलेगा।

(9) जब सभी नर ग्रह (सूरज, मंगल, बृहस्पत) खाना नंबर 4 में हों तो इस टेवे वाले इंसान की माता की तरह रक्षा करते हैं और यदि खाना नंबर 4 में राहु, केतु हों तो खाना नंबर 4 में समुद्र के समान तथा सभी नौ ग्रह नाभि के समान होंगे अर्थात् इस स्थिति में समुद्र मुर्दे को भी बाहर निकाल फेंकेगा। यदि अन्य ग्रह राहु या केतु से दुश्मनी करेंगे तो जब तक राहु–केतु जिन्दा रहेंगे तब तक वे लड़ते रहेंगे वरना खुद बरबाद हो जाएंगे। यहां ''राहु–केतु जिन्दा रहने से तात्पर्य राहु–केतु से सम्बन्धित वस्तुओं को सम्बन्धित व्यक्ति द्वारा अपने पास रखने से है। इसका प्रभाव आयु 4, 16, 28, 40, 52, 64, 76, 88, 100, 114 पर होगा। देखें फेहरिस्त वर्षफल, पृष्ठ 219।

(10) बृहस्पत, सूरज और चन्द्र टेवे में तीनों इकट्ठे कहीं भी बैठे हों तो उस टेवे में वैसा ही फल होगा जैसा कि खाना नंबर 4 का असर होता है।

(11) सामुद्रिक के अनुसार खाना नंबर 4 चन्द्र का बुर्ज़ (पर्वत) होगा तथा दिल की अन्दरूनी (मन के विचार) हालत का अनुमान खाना नंबर 4 से होगा।

पक्का घर खाना नंबर 5

(औलाद के भविष्य का जमाना)

घर पांचवां है ज्ञान बृहस्पत का, तेज तपस्या होता है
हवा, रोशनी, लड़के, पोते वक्त आइन्दा होता है
बृहस्पत टेवे में जब तक उम्दा, औलाद दुखी न होती है
पांच पापी बृहस्पत टेवे मंदा, बिजली चमका देती हो
सनीचर, शुक्कर या दो कोई मंदा, बिजली कड़कती मंदी हो
चन्द्र भला तो चमक हो उम्दा, असर हालत दो जल्दी हो
वजह चमक घर तीसरे होगी, कड़क निशानी ग्यारह हो
तीन खाली घर आठ से पड़ती उलट हालत पड़े आठ पे हो
घर तीन, चार या नौ हो मंदा, बुरा असर पांच देता हो
छठवां, दसवां दोस्त हो उसका, शत्रु जहरी होता हो
अपना लिखा अहवाल आइन्दा, बृहस्पत, सूरज से चलता हो
केतु भला तो सब कुछ उम्दा, राहु, मंदे सब उल्टा हो
बृहस्पत, रवि और राहु, केतु, कहीं भी इसके बैठे हों
फल वैसे ही घर पांचवें के, उस टेवे में होते हो

(1) खाना नंबर 5 के पक्के घर का मालिक बृहस्पत है। यह खाना ज्ञान तथा पदवी का खाना है। खाना नंबर 5 से लड़का, पोता (बेटे का बेटा) आदि के बारे में जाना जाता है। यदि टेवे में बृहस्पत उम्दा (अच्छा) हो तो औलाद दुःखी तथा परेशान नहीं होती है।

(2) खाना नंबर 5 में पापी ग्रह हो और बृहस्पत की स्थिति भी टेवे में शुभ न हो तो औलाद पर आफत (मुसीबत) आ गिरती है अर्थात् संतान दुःखी होती है। जब सनीचर और शुक्कर दोनों या फिर इनमें से कोई एक मंदा (अशुभ) हो तो पापी ग्रहों का असर अधिक होगा परन्तु चन्द्र उम्दा (शुभ या प्रबल) हो तो यह हालत उत्तम फल देने वाली होगी।

(3) खाना नंबर 5 में यदि शुक्कर, सूरज मुश्तरका (जोड़ा) हो अथवा अकेला सूरज या अकेला बृहस्पत हो साथ ही कोई पापी ग्रह या शुक्कर (वर्षफल में) खाना नंबर 1 में आए तो सेहत (स्वास्थ्य) के लिए मंदा असर करेगा। देखें चित्र 45।

(4) यदि खाना नंबर 5 में शुक्कर, बुध या कोई पापी ग्रह हो साथ ही बृहस्पत या सूरज खाना नंबर 1 में (वर्षफल में) आए तो सेहत (स्वास्थ्य) मंदी होगी। इंसान के टेवे में अगर बृहस्पत खाना नंबर 5 में हो तो संतान के पैदा होते ही सेहत ठीक हो जाएगी।

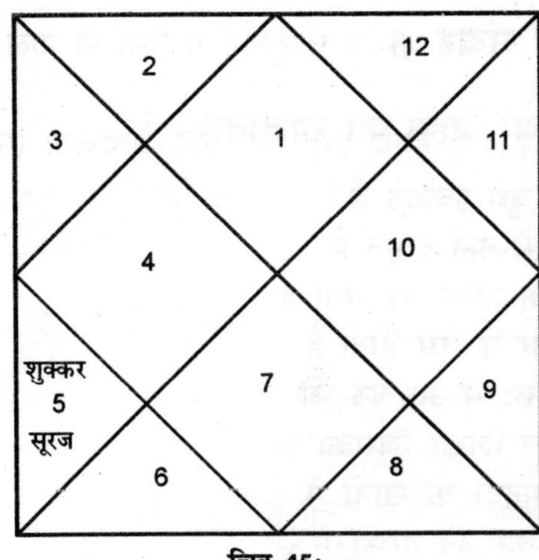

चित्र 45:

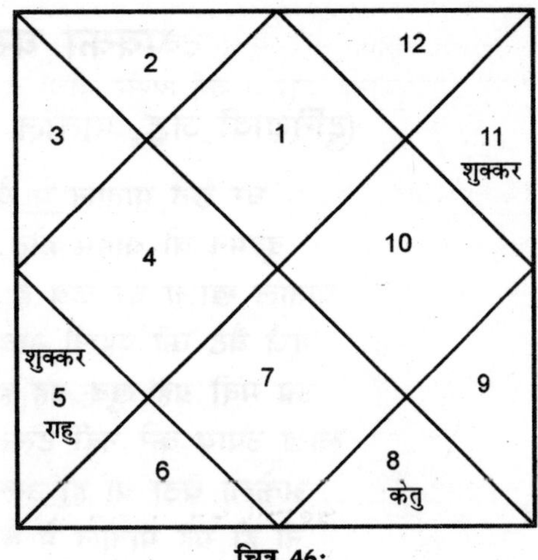

चित्र 46:

(5) खाना नंबर 5 में पापी ग्रह (राहु, केतु, सनीचर) हो और बृहस्पत उम्दा (शुभ) न हो तो औलाद पर आफत आएगी। इस आफत का कारण खाना नंबर 3 में बैठा ग्रह होगा तथा इसका असर खाना नंबर 11 से संबन्धित चीजों (वस्तुओं) पर भी पड़ेगा। यदि खाना नंबर 3 में कोई ग्रह न हो तो यह आफत टल जाएगी अर्थात् नुकसान करके नहीं जाएगी। यह आफत खाना नंबर 8 में समा जाएगी।

(6) खाना नंबर 3, खाना नंबर 4, खाना नंबर 9 का मंदा (अशुभ) प्रभाव खाना नंबर 5 पर पड़ेगा। जब खाना नंबर 6 और खाना नंबर 10 में कोई ग्रह हो तो वह खाना नंबर 5 में बैठे ग्रह का जहर के समान शत्रु गिना जाएगा। चाहे वह खाना नंबर 5 का मित्र ही क्यों न हो। परन्तु इस स्थिति में बृहस्पत (खाना नंबर 5 का पक्के घर का ग्रह) तथा सूरज (खाना नंबर 5 का मालिक ग्रह) पर निर्भर करेगा कि प्रभाव कितना होगा। यदि सूरज व बृहस्पत उम्दा हो तो प्रभाव कम या बिल्कुल नहीं होगा।

(7) खाना नंबर 6 तथा खाना नंबर 10 के विष से बचाव के लिए खाना नंबर 6 (पाताल) के दुश्मन ग्रह की चीज (वस्तु) जमीन में दबाएं या बुजुर्गी पैतृक मकान में दबाएं। यह उपाय तब किया जाए जब खाना नंबर 8 उम्दा हो। यदि खाना नंबर–8 मंदा हो तो खाना नंबर 5 के शत्रु ग्रह की चीज जमीन के नीचे दबाएं। मसलन बृहस्पत खाना नंबर 10 में, शुक्कर खाना नंबर 11 में, केतु खाना नंबर 8 में, सनीचर राहु खाना नंबर 5 में हो तो औरत (स्त्री) को जुलाब (केतु की बीमारी) के बाद औलाद (केतु) पर मंदा (बुरा) असर पड़ेगा। इसका उपाय यह होगा कि औलाद (लड़के) के वजन के बराबर 25 (शुक्कर की अवधि) से 48 (केतु की अवधि) दिन तक आटे की रोटियां कुत्तों (केतु का कारक) को खिलाएं।

(8) खाना नंबर 6 को पाताल तथा खाना नंबर 10 बुजुर्गों का मकान होता है। खाना नंबर 5 का सम्बन्ध खाना नंबर 8 और खाना नंबर 10 से होता है। जब खाना नंबर 6 तथा खाना नंबर 10 विषैला हो रहा हो साथ ही खाना नंबर 8 मंदा हो तो खाना नंबर 10 दोगुनी गति से मंदा होगा।

(9) खाना नंबर 10 में यदि सूरज या बृहस्पत में से कोई भी बैठा हो तो खाना नंबर 5 में बैठा ग्रह चाहे इन ग्रहों का दोस्त ही क्यों न हो इनके लिए विष के समान असर करेगा।

(10) सूरज तथा बृहस्पत मुश्तरका (युति) अथवा राहु–केतु मुश्तरका टेवे में कहीं भी बैठे हो उस टेवे का फल खाना नंबर 5 के अनुसार माना जाएगा।

पक्का घर खाना नंबर 6

(दुनियावी जड़, पाताल की दुनिया, रहम का खजाना)

घर छठे पाताल में बैठे, केतु, बुध इकट्ठे हैं
दुश्मन वो बाहम होते, इस घर में नहीं लड़ते हैं
पाताल खाली घर जब है रहता, नेक असर वह देता है
दूजे बैठे की पहली अवस्था, असर छः पर होता है
उम्र मंदी ग्रह खुद वह होगा, घर छः में आ बैठे जो
लाख उपाय करे नहीं टलता, ग्रहफल लिखा जिसका हो
अकेला बैठा या हो अलग, बंद मुट्ठी के खानों में
नौ ही ग्रह पाताल में बैठे, देखा करे उन तरफों में
दस पांचवें का दुश्मन जहरी, हुकम राहु का पाता हो
साथ मगर दो-आठ दृष्टि, फैसला छः का होता हो
बुध, केतु और शुक्कर टेवे, कहीं भी इसके बैठे हों
फल वैसा ही घर छठे का, इस टेवे में होते हों

(1) खाना नंबर 6 पाताल कहलाता है तथा खाना नंबर 6 में बैठा ग्रह पाताल में होगा। बुध और केतु आपस में सम होते हैं परन्तु इन दोनों का स्वभाव एक दूसरे से भिन्न है। यदि बुध तथा केतु खाना नंबर 6 में बैठे हों तो वे इस खाने में नहीं लड़ते हैं। केतु लड़के का तथा बुध लड़की का कारक होता है।

(2) खाना नंबर 6 यदि ग्रह से रहित हो अर्थात् खाली हो तो वह अपना नेक (शुभ) असर देता है। खाना नंबर 2, खाना नंबर 6 को देखता है अर्थात् खाना नंबर 6 पर खाना नंबर 2 में बैठे ग्रह का शुभ व अशुभ प्रभाव पड़ता है।

(3) खाना नंबर 6 में बैठे ग्रह की उम्र कम हो जाएगी तथा कोई भी उपाय कारगर नहीं होगा यदि वह "ग्रह फल" का ग्रह है।

(4) खाना नंबर 6 खाली हो तो खाना नंबर 2 तथा खाना नंबर 12 के ग्रह सोए हुए माने जाएंगे। खाना नंबर 2 तथा खाना नंबर 12 का असर खाना नंबर 6 के अनुसार होगा।

चूंकि दृष्टि सिद्धान्त के अनुसार– खाना नंबर 8 देखता है खाना नंबर 2 को।

खाना नंबर 2 देखता है– खाना नंबर 6 को।

खाना नंबर 6 देखता है– खाना नंबर 12 को। देखें चित्र 47।

इसलिए यदि खाना नंबर 2 तथा खाना नंबर 12 में शुभ ग्रह (उम्दा ग्रह) बैठे हों तो खाना नंबर 6 को जगा लेना आसान होगा। अतः टेवे वाला इंसान यदि अपने मामा के खानदान या अपनी लड़की के बच्चों की सेवा करता रहे तो खाना नंबर 6 जाग जाएगा और उसे खाना नंबर 2 तथा खाना नंबर 12 के भी उत्तम फल प्राप्त होंगे। खाना नंबर 2 में बैठे ग्रह का शुभ फल खाना नंबर 6 को सदैव मिलता रहेगा।

(5) जो ग्रह खाना नंबर 6 में होगा वह अपनी चीजों (वस्तुओं) से सम्बन्धित मंदा फल अपनी ग्रहचाली आयु तक देगा।

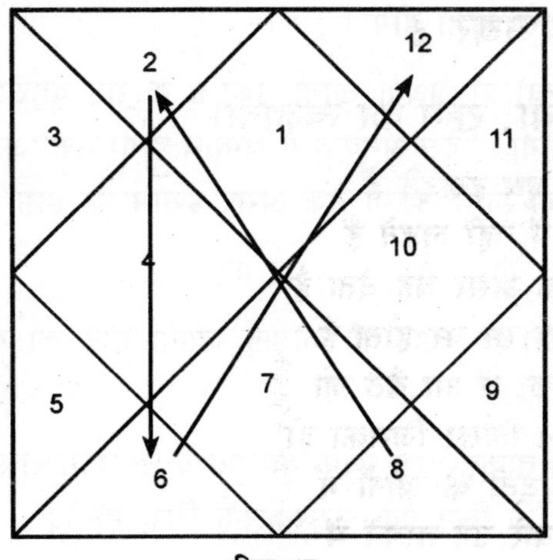

चित्र 47:

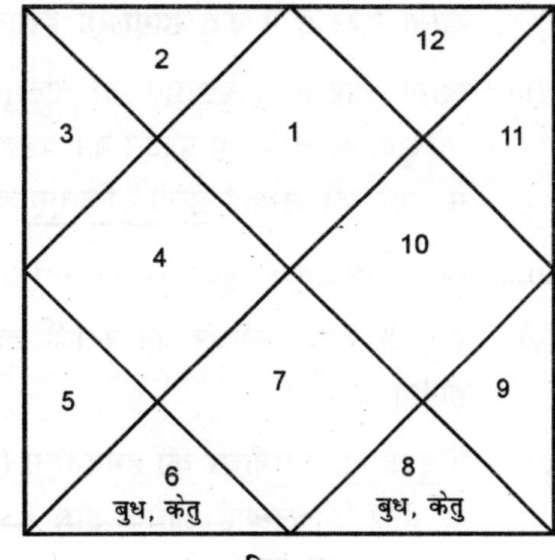

चित्र 48:

(6) सूरज, बृहस्पत तथा चन्द्र को छोड़कर सभी ग्रह खाना नंबर 6 में 'ग्रह फल' के होंगे और ग्रह फल का कोई उपाय नहीं होगा। बुध और केतु विशेष रूप से खाना नंबर 6 तथा खाना नंबर 8 में बैठे हुए अपनी आयु (ग्रह–आयु) तक मंदे (अशुभ) होंगे। देखें चित्र 48।

(7) जिन–जिन खानों में बुध, केतु या शुक्कर बैठे हों, उन–उन खानों में, खाना नंबर 6 में बैठे ग्रह का प्रभाव होगा।

(8) खाना नंबर 6 में स्थित सनीचर खाना नंबर 2 को देखता है। यदि खाना नंबर 2 में सूरज या चन्द्र हो तो खाना नंबर 4 का मंगल मांगलिक या मंगल–बद नहीं होगा।

(9) खाना नंबर 6 में बुध और राहु उच्च होंगे, खाना नंबर 6 में ये कभी मंदे न होंगे। खाना नंबर 6 का फल, खाना नंबर 2 और खाना नंबर 8 की दृष्टि से होगा।

खाना नंबर 6 और सामुद्रिक लक्षण

(1) चेहरे की लम्बाई के तीन हिस्से (काल्पनिक रूप से) किए जाएं। चेहरे की चौड़ाई, चेहरे की लम्बाई का 2/3 भाग नेक (अच्छा) होगा। यह चौड़ाई जिस कदर घटती जाए उसी के अनुसार नेक़ असर बढ़ता जाएगा। चेहरे की आकृति (बनावट) में ग्रहों का अलग–अलग असर होगा।

(i) चेहरे की चौड़ाई – केतु की विशेषता

(ii) चेहरे की लम्बाई – बृहस्पत की विशेषता

(iii) चेहरे के उभार (गोलाई) – बुध की विशेषता

(iv) चेहरे की गहराई (दबापन) – राहु की विशेषता

उपर्युक्त स्थिति में ग्रहों की विशेषताएं घटती और बढ़ती रहती हैं। इसका कारण ग्रहों की दृष्टि है। जिस अनुपात में दृष्टि होगी उसी अनुपात में चेहरे की आकृति (बनावट) होगी।

(2) खाना नंबर 6 से चेहरे का सम्बन्ध होगा। टेवे में जिस कदर खाना नंबर 6 से ग्रहों का सम्बन्ध होगा उसी के अनुसार चेहरे की बनावट होगी।

(i) खाना नंबर 6 में केतु होगा तो इंसान का चेहरा चौड़ा होगा।

(ii) खाना नंबर 6 से बृहस्पत का ताल्लुक (सम्बन्ध) हो अथवा खाना नंबर 6 के ग्रह बृहस्पत से ताल्लुक रखते हों तो इंसान का चेहरा लम्बा होगा। जिस अनुपात में सम्बन्ध होगा उसी अनुपात में चेहरे की लम्बाई होगी। जितना चेहरा लम्बा होगा उतना नेक असर इंसान पर होगा।

(iii) खाना नंबर 6 से बृहस्पत का कम सम्बन्ध भी चेहरा चौड़ा होने का कारण होगा।

(iv) राहु के साथ सनीचर की स्वार्थी ताकतें इंसान के चेहरे की चौड़ाई ज्यादा होने का कारण होगी।

(v) केतु के साथ सनीचर की हमदर्दाना (सहयोगी) ताकतें तथा उसमें बृहस्पत के सहयोग से इंसान के चेहरे की लम्बाई अधिक होगी। जो इंसान के लिए नेक असरकारक सिद्ध होंगी।

(vi) चेहरे की चौड़ाई की तुलना में लम्बाई बढ़े तो इंसान बुद्धिमान व कम स्वार्थी होगा और लम्बाई अत्यधिक बढ़ जाए तो इंसान हमदर्द (हितैषी) होता चला जाएगा।

(3) चेहरे की आकृति इंसान के व्यक्तित्व को परिभाषित करेगी।

(i) मर्द (पुरुष) का चेहरा तथा मुख लम्बा हो तो मर्द भाग्यशाली होगा।

(ii) मर्द का चेहरा तथा मुख चौड़ा हुआ तो वह खुदगर्ज (स्वार्थी) होगा।

(iii) औरत (स्त्री) का चेहरा और मुख लम्बा होगा तो बदबख्त (दुर्भाग्यपूर्ण) होगी।

(iv) औरत का चेहरा और मुंह जितना चौड़ा होगा वह उतनी नेक नसीब (भाग्यवती) होगी।

पांव पर खास चिन्ह

खाना नंबर 6 से इंसान के पांव का भी विशेष सम्बन्ध माना जाएगा। दाएं पांव के पंजे पर कनिष्ठा उंगली के नीचे (जड़ पर) बुध का बुर्ज़ (पर्वत) और अंगूठे की जड़ में शुक्कर का बुर्ज़ होगा।

(i) यदि बुध या शुक्कर के बुर्ज़ पर संख (शंख), सदफ़ (सीपी) का निशान है तो यह भाग्यशाली निशान होगा।

(ii) यदि चक्कर (चक्र) हो तो इंसान प्रतापी तथा प्रसिद्ध होगा।

(iii) त्रिशूल, अंकस (अंकुश) का निशान हो तो बड़ा अफसर और न्यायप्रिय होगा।

(iv) हाथी की आंख का निशान दाएं पांव पर हो तो साहिबे तख्त (सम्माननीय कुर्सी पर बैठने वाला) होगा और अगर गज चक्षु का निशान बाएं पांव पर हो तो चोर, डाकू, लुटेरा आदि होगा फिर भी तंग–हालात (निर्धन) होगा।

(v) औरत के पांव में (दोनों पांव को मिलाकर) जिस कदर (जितने) चक्र, पदम, सीपी, हल्की लकीरों वाले होंगे उतनी लड़कियां होंगी।

पक्का घर खाना नंबर 7

(गृहस्थी, चक्की)

घर सातवां है पक्का शुक्कर, घूमता बुध ऊपर का है
दोनों इकट्ठे चक्की चलती, निचला शुक्कर होता हो
आकाश जमीन दो पत्थर सातवें, रिजक अकल की चक्की हो
दोनों घुमाते कीली लोहे की, घर आठवें जो होती हो
घर पहले के खाली होते, सातवां फौरन सोया हो
पांच साला हो सूरज निकले, आठवें दूजे होया हो
दोस्त शुक्कर हों घूमते पत्थर, शत्रु पत्थर गढ़े माना हो
बुध बराबर चाक कुम्हारा, साथी हत्थे को जाना है
जैसा शुक्कर वैसे ही फल, निचले पत्थर होते हों
बाकी असर ग्रह अपना-अपना, साथी को प्रबल गिनते हों
दो से ज्यादा घर सातवें में स्त्री ग्रह नर होते हों
उसूल मिलावट बेशक अपने, असर मर्द पर करते हों

(1) खाना नंबर 7 शुक्कर तथा बुध का पक्का घर है तथा शुक्कर खाना 7 में भाग्य को जगाने वाला ग्रह भी है साथ ही ग्रह फल का ग्रह भी शुक्कर ही है अर्थात् शुक्कर खाना नंबर 7 के लिए महत्त्वपूर्ण ग्रह होगा।

(2) खाना नंबर 7 गृहस्थी की चक्की कहलाता है। इस गृहस्थी की चक्की का नीचे वाला पाटा शुक्कर होगा तथा ऊपर वाला पाटा बुध होगा। चक्की के ये दो पत्थर आकाश और जमीन माने जाएं तो अक्ल इस रिज़क (आजीविका) को चलाने वाला हत्था माना जाएगा।

(3) शुक्कर को पृथ्वी (निचला पत्थर) तथा बुध को आकाश (ऊपर वाला पत्थर) माना है। अर्थात् निचला पत्थर स्थाई तथा ऊपर का पत्थर चलायमान होगा। इस चक्की की धुरी (कील) खाना नंबर 8 होगा। अतः खाना नंबर 8 में स्थित ग्रह जब खाना नंबर 1 या खाना नंबर 8 में (वर्षफल के अनुसार) आएंगे तब अपना फल प्रदान करेंगे, शुभ सम्बन्ध होगा तो नेक–फल करेंगे और अशुभ सम्बन्ध होगा तो बद असर करेंगे।

(4) जब खाना नंबर 8 का ग्रह, खाना नंबर 2 में आएगा तो पांच साल के अन्दर भाग्योदय होगा।

(5) यदि लगन में कोई ग्रह न हो तो खाना नंबर 7 सोया हुआ खाना होगा, शुक्कर के दोस्त ग्रह (बुध, केतु, सनीचर) घूमते पत्थर होंगे तथा धन के लिए घूमते रहेंगे। शुक्कर के दुश्मन (सूरज, चन्द्र, राहु) धन के लिए गढ़े पत्थर का फल देंगे, इसका उपाय संभव नहीं है।

(6) आमतौर पर स्त्री ग्रह, औरतों पर तथा नर ग्रह मर्दों पर असर करते हैं। खाना नंबर 7 में दो से ज्यादा ग्रह हों तो स्त्री ग्रहों को नर ग्रह मानकर असर देखा जाएगा। मसलन चन्द्र खाना नंबर 7 में किसी अन्य दो ग्रहों के साथ बैठा हो तो दृष्टि के आधार पर जो असर खाना नंबर 1 तथा खाना नंबर 7 में बैठे हुए बृहस्पत पर होगा वही असर चन्द्र के लिए (माता पर न लेकर पिता पर) लिया जाए। अन्य उदाहरण में यदि शुक्कर खाना नंबर 7 में दो अन्य ग्रहों के साथ हो तो उसका असर टेवे वाले

इंसान की स्त्री पर न लेकर उसके स्वयं के जिस्म पर होगा अथवा यह असर किसी भी अन्य नर ग्रह (बृहस्पत, मंगल, सूरज) से सम्बन्धित व्यक्ति या वस्तु पर होगा।

(7) खाना नंबर 7 का पक्का घर का मालिक 'बुध' कुम्हार का चाक (अकेला काम करने वाला) माना जाएगा। जिस खाना नंबर में शुक्कर होगा उस घर का मालिक, चाक की धुरी होगा। खाना नंबर 7 में बुध व शुक्कर तथा इनके दोस्त व दुश्मन ग्रह ही मुख्य भूमिका में फल देंगे, अन्य ग्रह अपने परस्पर दृष्टि सम्बन्ध के द्वारा ही फल देंगे।

(8) शुक्कर और बुध जब दोनों इकट्ठे खाना नंबर 7 में हों तथा सनीचर भी उम्दा हो (अच्छी स्थिति में हो) तो इंसान के घर में दौलत की कमी नहीं होगी तथा कम मेहनत में अच्छी कमाई होगी।

(9) टेवे में कहीं भी शुक्कर और बुध साथ हों तो खाना नंबर 7 के अनुसार फल होगा।

(10) खाना नंबर 7 से दक्षिणी–पश्चिमी हिस्सा गाय, औरत, बाहरी (दिखावटी शान), शादी, उन्नति तथा व्यापार आदि को देखा जाएगा।

पक्का घर खाना नंबर 8

(मुकाम–फानी या नश्वर संसार)

मौत सनीचर हो मंगल, चन्द्र, बुध, मंगल नहीं मंदे हैं
बैठा कोई ग्रह हो तीजे, मौत टली ही गिनते हैं
घर आठवें है मौत निमाणी, मंगल-बद ही लेते हैं
ग्रह नर में से गर हो आठे, मौत टली ही गिनते हैं
घर आठा जब बदी पे आए, दो-छः भी आ मिलते हैं
बैठा बारह चाहे हो दुश्मन, फैसला उसका लेते हैं
मंगल-बद गो सबसे मंदा, बुध पापी नहीं अच्छे हैं
ग्रह ग्यारह घर चीज जो आए, छत गिरी ही गिनते हैं
मंगल-बद है सबसे मंदा, मंदा जादू मंतर हैं
एक अकेला हर दम अच्छा, सनीचर, मंगल या चंदर हैं
सनीचर, मंगल और चंदर टेवे, कही भी इसके बैठे हो
फल वैसे ही घर आठवें के, उस टेवे में होते हों

(1) खाना नंबर 8 के पक्का घर का मालिक मंगल और सनीचर हैं। ग्रह फल का ग्रह भी मंगल है तथा किस्मत चमकाने वाला ग्रह चन्द्र है।

(2) सनीचर मौत का कारक ग्रह है और खाना नंबर 8 मौत का खाना है। मंगल–चन्द्र और मंगल–बुध खाना नंबर 8 में मंदे (अशुभ) नहीं होंगे। चूंकि खाना नंबर 8 का मालिक ग्रह–मंगल है। चन्द्र खाना नंबर 8 में नीच होता है। लेकिन खाना नंबर 8 में बैठने पर बद (अशुभ) नहीं होगा। मंगल–बुध मुश्तरका सनीचर का फल करते हैं। सनीचर खाना नंबर 8 में पक्का घर का मालिक ग्रह होता है।

(3) खाना नंबर 8 के द्वारा कोई आफत दिखाई दे रही हो जो मौत को दर्शाती हो तथा साथ ही खाना नंबर 3 में कोई ग्रह बैठा हो तो मौत टली समझनी चाहिए।

(4) खाना नंबर 8 में कोई नर ग्रह हो तो मौत को टली हुई ही समझना चाहिए।

(5) जब खाना नंबर 8 अशुभ प्रभाव दिखाना शुरू करेगा तो उसको खाना नंबर 2 तथा खाना नंबर 6 भी सहयोग करेंगे। इस स्थिति में खाना नंबर 12 का फैसला ही अन्तिम होगा चाहे वह खाना नंबर 8 में बैठे ग्रह का मित्र हो अथवा शत्रु।

(6) खाना नंबर 8 में सनीचर, मंगल या चन्द्र अकेले बैठे हों तो टेवे वाले इंसान को शुभ फल ही देंगे। खाना नंबर 8 में बुध सदैव मंदा (अशुभ) फल ही देगा। परन्तु मंगल–बुध मुश्तरका (इकट्ठे) शुभ फल ही देंगे।

(7) खाना नंबर 8 में मंगल, मंगल–बद होगा तथा युद्ध में मृत्यु का बहाना बनेगा। खाना नंबर 2 में सनीचर होगा तो असर कम हो जाएगा।

(8) खाना नंबर 8 में सूरज, बृहस्पत या चन्द्र में से कोई भी हो अथवा इनमें से दो या तीनों ही एक साथ खाना नंबर 8 में हों तो खाना नंबर 8 का दृष्टि सम्बन्ध खाना नंबर 12 और खाना नंबर 8 से नहीं बनेगा बल्कि खाना नंबर 8 केवल मौत के घर को ही सम्भालेगा।

(9) खाना नंबर 8 में सनीचर, मंगल तथा चन्द्र अकेले–अकेले हों तो उम्दा (अच्छा) असर करेंगे परन्तु यदि ये सभी इकट्ठा खाना नंबर 8 में बैठ जाएं तो निम्न असर करेंगे।

सनीचर – मौत का भण्डारी।

चन्द्र – दौलत व सेहत की बरबादी।

मंगल – खाना नंबर 2 व खाना नंबर 6 का मंदा असर देगा (लानत का देवता)

(10) खाना नंबर 8 में अन्य ग्रहों का असर इस प्रकार होगा।

बुध (अकेला) – सदैव मंदा

मंगल (अकेला) – अधिकतर बुरा

(मंगल–बुध) मुश्तरका – उत्तम फल

(11) खाना नंबर 8 व खाना नंबर 6 में कोई भी एक मंदा होगा तो दोनों खाने मंदे होंगे।

(12) खाना नंबर 8 से सम्बन्धित अंतिम अपील चन्द्र की होगी। चन्द्र का फैसला ही अंतिम फैसला होगा चाहे यह फैसला शुभ हो अथवा अशुभ।

(13) यदि खाना नंबर 11 का ग्रह (टेवे के अनुसार) वर्षकुंडली के खाना नंबर 8 या खाना नंबर 11 में ही आ जाए तो खाना नंबर 11 में बैठे हुए ग्रह से सम्बन्धित नई चीज घर में खरीदकर लाने पर सेहत व दौलत दोनों बरबाद होंगे।

(14) खाना नंबर 8 की मंदी हालत का कारण खाना नंबर 4 है परन्तु खाना नंबर 4 अपना असर खाना नंबर 2 के माध्यम से देगा। यदि खाना नंबर 2 में ग्रह नहीं होगा तो खाना नंबर 8 का असर खाना नंबर 8 तक ही सीमित रह जाएगा। यहां 4, 8, 12 खानों का दृष्टि सम्बन्ध कार्य करेगा।

(15) खाना नंबर 11 में अगर खाना नंबर 8 का दुश्मन हो तो खाना नंबर 8 का बुरा असर खाना नंबर 2 में नहीं जाएगा।

(16) खाना नंबर 8 का ग्रह यदि खाना नंबर 2 व खाना नंबर 11 का दुश्मन हो तो खाना नंबर 8 का ग्रह मौका मिलते ही खाना नंबर 11 व खाना नंबर 2 पर वार कर देगा।

(17) खाना नंबर 8 में सनीचर तथा मंगल एक साथ बैठ जाएं तो राहु का फल देंगे (सनीचर+मंगल = राहु)। अतः टेवे वाले इंसान की सेहत अत्यधिक खराब हो जाए व चलने फिरने से महरूम हो जाएं तो राहु का उपाय करने से मुसीबत टल जाएगी।

पक्का घर खाना नंबर 9

किस्मत का आगाज (आरम्भ)

घर नौवां है बृहस्पत बुजुर्गी, जड़ बुनियाद ग्रह नौ की है
मकान जद्दी होवे अपना, पर उपकार बुजुर्गों का है
जड़ बुनियाद ग्रह नौ होता, किस्मत का आगाज भी है
घर दूजे पर बारिश करता, समुद्र भरा ब्रह्मांड भी है
घर तीजे का असर हो पहले, बाद मिला घर पांच का है
कुंडली, मकान ओ मरकज गिनते, हाकिम गिना सब ग्रह का है
उम्र ग्रह जो अपनी जागा, असर गिना उस उम्र का है
ऋण-पितृ जब टेवे बैठे, रेत समुद्र जलता है
पांच दृष्टि नौ पर करता, निकास औलाद की गिनती जो
रवि चन्द्र कोई नौ जब बैठा, नजर दृष्टि वह उल्टी है
ज्ञान समुद्र घर नौवे का या फल उम्र हो पहली का
सफेद झण्डा कोहसार पे झूले, उम्र बुढ़ापा घर दो का
बृहस्पत अकेला जिस टेवे में, कहीं भी उसके बैठा हो
फल वैसा ही घर नौवें का, उस टेवे में होता हो

(1) खाना नंबर 9 बुजुर्ग स्थान होता है। टेवे में खाना नंबर 9 का सबसे अधिक महत्त्व होगा। इस खाने का मालिक ग्रह, पक्का घर का मालिक, ग्रह फल का ग्रह तथा किस्मत जगाने वाला ग्रह बृहस्पत ही होता है। अतः बृहस्पत से खाना नंबर 9 का गहरा रिश्ता है। यहां तक कि टेवे में कहीं भी बृहस्पत अकेला बैठा हो तो टेवे का फल खाना नंबर 9 के अनुसार ही होता है। खाना नंबर 9 यदि उम्दा हो तो यह पैतृक सम्पत्ति प्रदान करेगा।

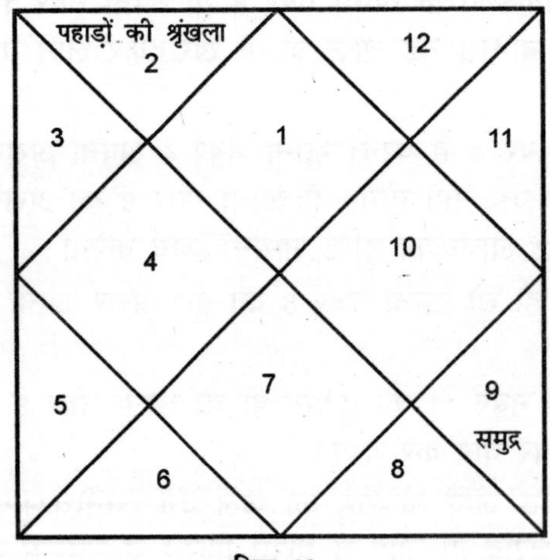

चित्र 49:

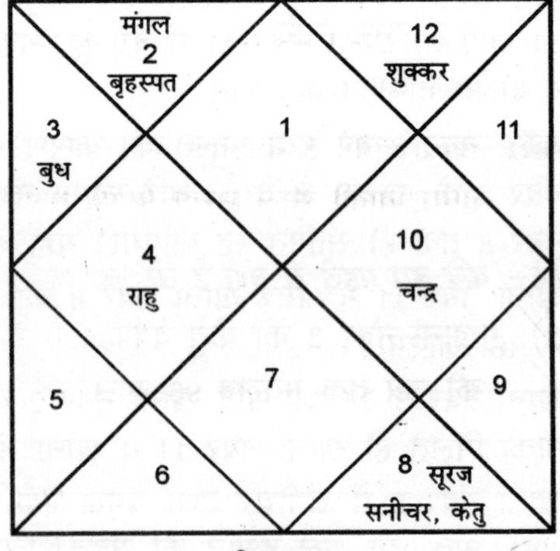

चित्र 50:

(2) खाना नंबर 9 से किस्मत चमकती है। यह खाना ब्रह्मांड का समुद्र है जहां से उठती हुई घटाएं खाना नंबर 2 में बरसात करेंगी। देखें चित्र 49।

(3) खाना नंबर 3 और खाना नंबर 5 खाली हों तथा खाना नंबर 9 सोया हुआ हो तो खाना नंबर 2 के द्वारा सोया हुआ खाना नंबर 9 जाग जाएगा। परन्तु जब खाना नंबर 3 सोया हुआ हो तो खाना नंबर 9 का प्रभाव 3 साल की आयु के पश्चात् होगा।

(4) खाना नंबर 9 का ग्रह सभी ग्रहों का राजा होगा। मकान कुंडली में खाना नंबर 9 मकान का केन्द्र बिन्दु है तथा टेवे में भी खाना नंबर 9 को केन्द्र मानकर फलादेश किया जाएगा।

(5) खाना नंबर 9 में आने पर (वर्षकुंडली के अनुसार) कोई भी ग्रह सोया हुआ हो तो भी जाग जाएगा और अपनी आयु से शेष आयु तक शुभ फल देगा।

(i) सूरज खाना नंबर 8 में हो और वर्षफल टेवे में खाना नंबर 9 में आए तो 22 वर्ष से 22 वर्ष तक मतलब 44 साल तक शुभ फल देगा।

(ii) मंगल खाना नंबर 2 में हो और वर्षफल टेवे में खाना नंबर 9 में आए तो 28 से 28 अर्थात् 56 साल तक अपना उम्दा फल देगा।

(iii) खाना नंबर 2 का बृहस्पत वर्षफल टेवे (कुंडली) में खाना नंबर 9 में आए तो 16 से 16 साल अर्थात् 32 साल तक शुभ फल देगा।

(iv) खाना नंबर 10 का चन्द्र वर्षफल टेवे में खाना नंबर 9 में आए तो 24 साल से 24 साल की उम्र अर्थात् 48 साल तक उम्दा होगा।

(v) खाना नंबर 8 का सनीचर वर्षफल कुंडली में खाना नंबर 9 में आने पर 36+36 = 72 साल तक शुभ होगा।

(vi) खाना नंबर 4 का राहु वर्षफल कुंडली में खाना नंबर 9 में आने पर 42+42 = 84 साल तक उम्दा होगा।

(vii) खाना नंबर 12 का शुक्कर वर्षफल कुंडली में खाना नंबर 9 में आए तो केवल पच्चीसवें साल मंदा होगा (यदि खाना नंबर 3, खाना नंबर 5, की दृष्टि से मंदा हो रहा हो) बाकी साल शुभ फल देगा।

(viii) खाना नंबर 3 का बुध वर्षकुंडली में खाना नंबर 9 में आए तो 17+17 = 34 वर्ष तक मंदा होगा, बाकी साल उम्दा (शुभ) असर देगा।

नोट– ***यदि बुध पहले से मंदा है तो मंदा होगा अन्यथा उम्दा होगा।***

(ix) खाना नंबर 8 का केतु वर्षफल में खाना नंबर 9 में आएगा तो 48 साल की उम्र से 48 साल की उम्र तक मतलब 96 साल की उम्र तक उम्दा असर देगा। देखें चित्र 50।

ग्रह नाम	खाना संख्या जिसमें वह स्थित है	वर्षफल में खाना नंबर 9 में आने पर शुरुआती साल–अंतिम साल
बृहस्पत	2	16 से 32 साल
सूरज	8	22 से 44 साल
चन्द्र	10	24 से 48 साल
शुक्कर	12	पच्चीसवें साल मंदा बाकी उम्दा
मंगल	2	28 से 56 साल
बुध	3	17 से 34 साल मंदा
सनीचर	8	36 से 72 साल
राहु	4	42 से 84 साल
केतु	8	48 से 96 साल

नोट– उपर्युक्त नियम में शुक्कर तथा बुध को छोड़कर अन्य सभी ग्रहों में एक ही नियम लागू होगा।

(6) खाना नंबर 9 उम्दा हो तो इंसान अपने जीवन से संतुष्ट रहता है चाहे परिस्थितियां कैसी भी हों, आराम को हराम समझेगा, परिस्थितियों को ईश्वरीय मानकर स्वीकार करेगा।

(7) खाना नंबर 9 से धर्म–कर्म, पिछला जनम, वीर्य, हवाई यात्रा, धर्म से कमाई का जरिया आदि देखेंगे।

(8) मंगल–बद, शुक्कर, बुध, खाना नंबर 9 में मंदे हो जाते हैं। सनीचर, केतु या नर (पुरुष) ग्रह खाना नंबर 9 में उम्दा (शुभ) होते हैं। खाना नंबर 9 में चन्द्र हो तो इसका असर नौ गुना हो जाएगा।

(9) पैतृक ऋण का कारक खाना नंबर 9 का ग्रह होगा जो किस्मत के समुद्र में जलती हुई रेत के समान है अर्थात् किस्मत के दरवाजे को खुलने से रोकता है खासकर जब टेवे वाले इंसान पर पितृ ऋण हो।

(10) खाना नंबर 5, खाना नंबर 9 को देखेगा। अतः खाना नंबर 9 से भी औलाद के बारे में पता किया जा सकेगा। खाना नंबर 5 में बैठे पापी ग्रहों (सनीचर, राहु, केतु) का प्रभाव औलाद पर नहीं होगा।

(11) खाना नंबर 9 में सूरज या चन्द्र बैठे हों तो उनकी दृष्टि उल्टे खाना नंबर 5 पर होगी। इस अवस्था में खाना नंबर 5 के पापी ग्रहों का प्रभाव उसी प्रकार लेंगे जैसा सूरज, चन्द्र आदि पापी होने के वक्त होता है।

(12) खाना नंबर 9 तथा खाना नंबर 5 के ग्रह पापी ही क्यों न हों परन्तु शुभ माने जाएंगे। खाना नंबर 9 ज्ञान का समुद्र है जिससे बाल्यावस्था (बचपन) के बारे में पता लगाया जा सकता है। खाना नंबर 2 का फल वृद्धावस्था (बुढ़ापे) में प्राप्त होगा। जैसे किसी पर्वत पर सफेद झण्डा (शान्ति तथा समृद्धि का प्रतीक) लहराता हो।

(13) खाना नंबर 9 में स्थित ग्रह की वस्तु, चेहरे पर तिलक वाली जगह पर लगाने से खाना नंबर 9 शुभ होगा।

(14) बृहस्पत टेवे में कहीं पर भी अकेला बैठा हो तो टेवे का फल खाना नंबर 9 के अनुसार होगा।

पक्का घर खाना नंबर 10

(किस्मत की बुनियाद का मैदान)

घर दसवां है सनीचर का अपना, खुद ही विरासत लाता है
सुख पिता को या टेवे को, बरस मकान तीन रहता है
ग्रह मण्डल नौ ही से टेवे, घर दसवें जब बैठा हो
छठवें, पांचवें चाहे दोस्त हो उसके, दोगुनी जहर का होता है
ग्रह दसवें का घर दस शक्की, दोगुनी ताकत का होता है
आंख गिना है घर दो उसकी, ख्वाब बारह में लेता है
घर दूजे के खाली होते, दसवां फौरन सोया है
दिन उसी ही ग्रह दस जागे, सनीचर दूजे जब होया है
ग्रह पापी उस टेवे में जैसे, कहीं भी इसके बैठे हों
फल वैसे ही घर दसवें के, उस टेवे में होते हैं

(1) खाना नंबर 10 का राशि का मालिक ग्रह, पक्का घर का मालिक, किस्मत को जगाने वाला ग्रह और ग्रह फल का ग्रह ''सनीचर'' है अर्थात् सनीचर खाना नंबर 10 के लिए एक महत्त्वपूर्ण ग्रह है। खाना नंबर 3 में सनीचर होगा तो टेवे वाले व्यक्ति को पैतृक संपत्ति प्रदान करने वाला होगा।

(2) यदि वर्षफल में खाना नंबर 10 में कोई ग्रह आया हो तो वह धोखे का ग्रह कहलाता है। यह धोखे का ग्रह उम्दा भी फल दे सकता है और मंदा फल भी। इसके अच्छे–बुरे असर का निर्णय खाना नंबर 2 और खाना नंबर 8 करेंगे। खाना नंबर 10 में वर्षफल में आए ग्रह का असर इस प्रकार होगा।

(i) अगर खाना नंबर 8 मंदा हो तो वर्षफल में खाना नंबर 10 में आया ग्रह दोगुना मंदा असर करेगा।

(ii) अगर खाना नंबर 2 उम्दा और नेक हो तो वर्षफल में खाना नंबर 10 में आया ग्रह दोगुना नेक असर देगा।

(iii) अगर खाना नंबर 8 और खाना नंबर 2 नेक व मंदे का मिश्रण हो तो खाना नंबर 10 में वर्षफल में आया ग्रह अच्छा असर पहले व बुरा असर बाद में देगा।

(iv) अगर खाना नंबर 8 व खाना नंबर 2 दोनों ही खाली हों तो खाना नंबर 3, खाना नंबर 5 तथा खाना नंबर 11 के ग्रह मददगार होंगे। अगर खाना नंबर 3, 5, 11 तीनों ही खाली हों तो अन्तिम फैसला सनीचर की स्थिति के मुताबिक होगा।

(3) खाना नंबर 10 में बैठा हुआ ग्रह खाना नंबर 5 और खाना नंबर 6 के लिए विष के समान होगा, चाहे खाना नंबर 5, 6 का ग्रह खाना नंबर 10 का दोस्त ग्रह ही क्यों न हो। देखें चित्र 51।

(4) खाना नंबर 10 में दो या दो से अधिक दुश्मन ग्रह बैठे हों तो वह टेवा अन्धे ग्रहों का टेवा होगा। ऐसे में टेवे के

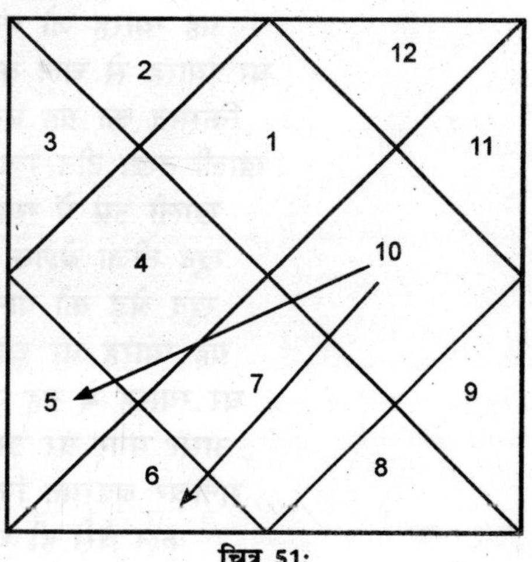

चित्र 51:

ग्रह वैसे ही फल देंगे जैसे कि कोई अन्धा इंसान इधर से उधर घूमता फिरता है। ऐसे में यदि चन्द्र उम्दा हो तो टेवा नेक फल देगा।

(5) खाना नंबर 10 में यदि दो से अधिक ग्रह हों तो टेवे में ये सभी ग्रह सनीचर के अनुसार चलेंगे अर्थात् सनीचर का इन ग्रहों के सापेक्ष परस्पर सम्बन्ध देखा जाएगा। राहु, केतु तथा बुध तीनों ही खाना नंबर 10 में शक्की कहलाएंगे तथा सनीचर के अनुसार असर करेंगे।

(6) अगर खाना नंबर 10 खाली हो तो खाना नंबर 4 के ग्रहों का कोई नेक असर नहीं होगा चाहे खाना नंबर 4 में कोई ग्रह कितना ही उम्दा क्यों न हो। अगर टेवे वाला इंसान अपने माता–पिता को सम्मान देगा तो खाना नंबर 4 का नेक असर होगा।

(7) खाना नंबर 10 के ज़हर को खत्म करने के लिए टेवे वाला इंसान दस अन्धे मर्दों को इकट्ठा पेट भर भोजन मुफ्त कराए (परन्तु नकद पैसे न दे)। ऐसा करने पर नेक असर मिलना शुरू होगा।

(8) पापी ग्रह (सनीचर, राहु, केतु) कम से कम दो, टेवे में कहीं पर भी बैठे हों उस टेवे का फल खाना नंबर 10 के अनुसार होगा।

(9) अगर खाना नंबर 2 खाली हो तो खाना नंबर 10 सोया हुआ होगा और जैसे ही वर्षफल में खाना नंबर 2 में कोई ग्रह आएगा खाना नंबर 10 पुनः जाग जाएगा। खाना नंबर 2 में जिस दिन सनीचर आएगा उसी दिन से खाना नंबर 10 जाग जाएगा और अपना उम्दा असर देना शुरू कर देगा।

पक्का घर खाना नंबर 11

(इंसाफ करने का मुकाम या स्थान)

घर ग्यारह का सनीचर है मालिक, पर दरबार बृहस्पत का है
घड़ा भरा पानी है बेशक, भरवाता तो बृहस्पत ही है
ऊर्ध्व, श्रेष्ठ हो धन रेखा तो, किस्मत का मैदान भी है
लालच दुनिया, मकान खरीदे, उम्र तादाद् औलाद भी है
पाप अकेला असर अकेला, तीन पांच नौ ग्यारह हो
सनीचर बली का साथ मिले तो, असर बढ़े गुना ग्यारह हो
ग्रह ग्यारह जो मंदा होवे, असर में सबसे उम्दा होवे
घर ग्यारह से चल कर अपने, तख्त पे बैठा जिस दिन होवे
किस्मत का ग्रह घर उस तीजे मदद न पांच से होती है
खाली तख्त तीन-ग्यारह सोवे लिखत सनीचर पर चलती है
खाली उम्र में ग्यारह शक्की, घर तीजा जब मंदा हो
खुद तीजा बेशक हो रद्दी मौत आठ की रोकता हो
खुद बेड़े को पानी चलाए, डूब डुबाते नहीं कहीं है
ग्रह ग्यारह घर चीज जो लावें, मौत खड़ी ही करते हैं
घर ग्यारह में ग्रह जो आए, तासीर सनीचर वह होता है
असर मगर घर उसमें जाते, बृहस्पत जहां टेवे बैठा हो
सनीचर बृहस्पत जिस टेवे जैसे, कहीं भी उसके बैठे हों
फल वैसे ही घर ग्यारह के उस टेवे में होते हों

(1) खाना नंबर 11 के पक्के घर का मालिक, किस्मत जगाने वाला ग्रह बृहस्पत है तथा ग्रह फल के ग्रह सनीचर और बृहस्पत हैं। इस प्रकार इस खाने का सबसे अधिक महत्त्वपूर्ण ग्रह बृहस्पत ही होगा।

(2) खाना नंबर 11 का राशि मालिक ग्रह और ग्रह फल का ग्रह सनीचर है। इसलिए इस खाना संख्या के लिए बृहस्पत के बाद दूसरे स्थान पर महत्त्वपूर्ण ग्रह सनीचर है। खाना नंबर 11 की यह विशेषता है कि इस खाने में दो विपरीत स्वभाव के ग्रह लगभग बराबर का महत्त्व रखते हुए महत्त्वपूर्ण भूमिका निभाते हैं। खाना नंबर 2 (माथे पर तिलक लगाने का स्थान) को छोड़कर पेशानी (मस्तक) का संपूर्ण भाग खाना नंबर 11 कहलाएगा।

(3) खाना नंबर 11 में घर का मालिक सनीचर होगा। सनीचर के घर में बृहस्पत का दरबार (न्यायालय) लगता है। खाना संख्या 11 मानो हर दृष्टि (सुख, समृद्धि, शक्ति) से भरा हुआ घड़ा है परन्तु इसका पूरा श्रेय बृहस्पत पर ही जाता है।

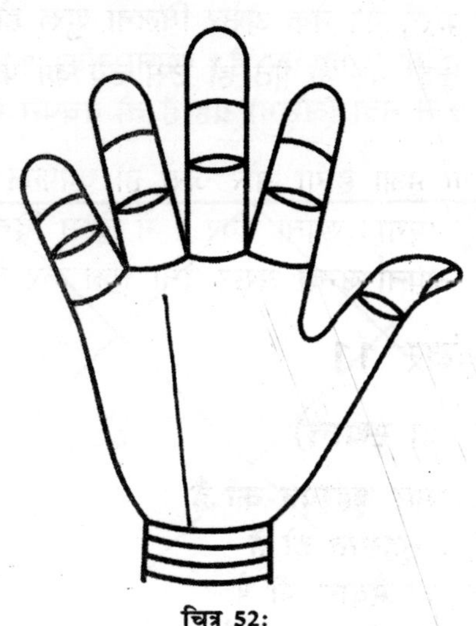

चित्र 52:

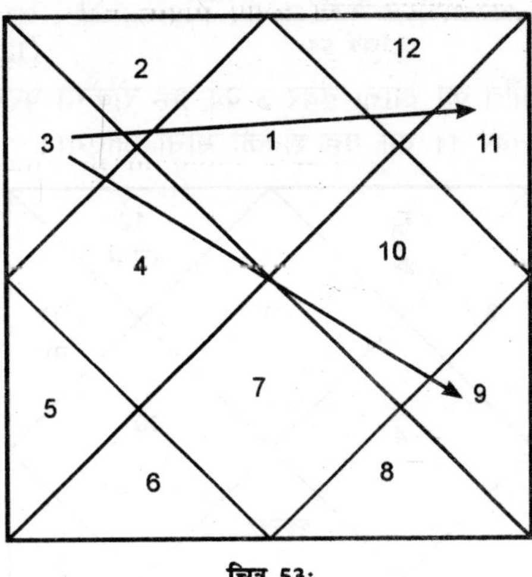

चित्र 53:

(4) सामुद्रिक के अनुसार यदि हाथ में धन रेखा (वह लकीर जो सनीचर के बुर्ज़ पर पहुंचती है या सनीचर के बुर्ज़ पर होती है) अच्छी स्थिति में तथा सीधी हो तो उस इंसान की किस्मत अच्छी होगी मतलब पैसा, मकान, औलाद तथा आयु सभी का सुख भोगेगा। खाना नंबर 11 से कमाई, जनम का वक्त, इंसान का दुनिया से सम्बन्ध आदि पर विचार करेंगे।

(5) पापी ग्रह (सनीचर, राहु, केतु) यदि खाना नंबर 11 में अकेला हो तो वह खाना नंबर 3, 5, 9 को प्रभावित करेगा। यदि राहु या केतु को उम्दा सनीचर का साथ मिले तो इन ग्रहों का असर 11 गुना तक बढ़ जाएगा।

(6) खाना नंबर 11 में बैठा ग्रह जितना मंदा होगा उतना ही शुभ असर देगा परन्तु जब खाना नंबर 11 में बैठा ग्रह (वर्षफल कुंडली में) चलकर खाना नंबर 1 (तख्त) पर आएगा तो यह मंदा ग्रह आयु के 11, 23, 36, 48, 57, 72, 84, 94, 105, 119 साल में शुभ फल देगा। देखें फेहरिस्त वर्षफल।

(7) खाना नंबर 3 में बृहस्पत के मित्र (सूरज, चन्द्र या मंगल) हों तो खाना नंबर 11 उम्दा होगा लेकिन खाना नंबर 5 का ग्रह इसकी मदद नहीं कर सकेगा चाहे वह पूर्ण दृष्टि से इसे क्यों न देखता हो।

(8) अमूमन (आमतौर पर) खाना नंबर 3, खाना नंबर 9 और खाना नंबर 11 को पूर्ण दृष्टि से देखता है। खाना नंबर 3 में ग्रह हो तो खाना नंबर 11 जागता हुआ खाना माना जाएगा। खाना नंबर 3 में ग्रह

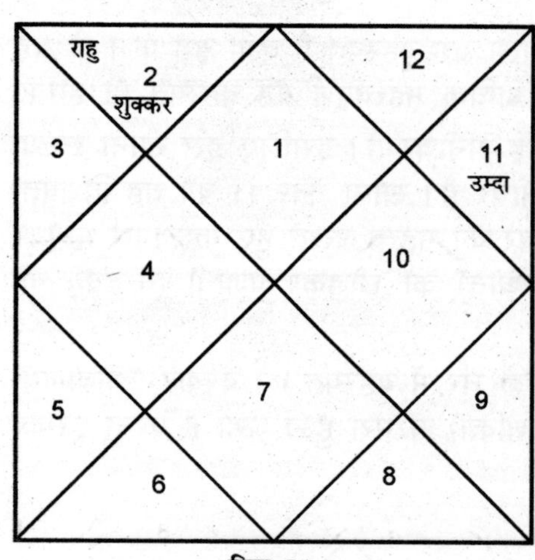

चित्र 54:

न हो तो खाना नंबर 11 सोया हुआ होगा, तब टेवे में सनीचर जैसा होगा वैसा ही फल इंसान को मिलेगा।

(9) खाना नंबर 3 में केतु के दोस्त ग्रह (राहु, शुक्कर) हों तो खाना नंबर 11 उम्दा फल करेगा। देखें चित्र 54।

(10) खाना नंबर 3, खाना नंबर 11 को देखेगा लेकिन खाना नंबर 11 तभी जागता हुआ होगा जब खाना नंबर 1 और खाना नंबर 3 में कोई ग्रह अवश्य हो।

(11) खाना नंबर 11 में केतु होने पर चन्द्र बरबाद और चन्द्र होने पर केतु बरबाद होता है। इसी प्रकार बृहस्पत होने पर राहु बरबाद और राहु होने पर बृहस्पत बरबाद होता है।

(12) खाना नंबर 8 मौत का घर है। खाना नंबर 8 से आई मौत को खाना नंबर 3 का ग्रह रोकेगा परन्तु खाना नंबर 3 में मंदा (अशुभ) ग्रह है तो बचपन में खाना नंबर 11 का ग्रह शक्की माना जाएगा।

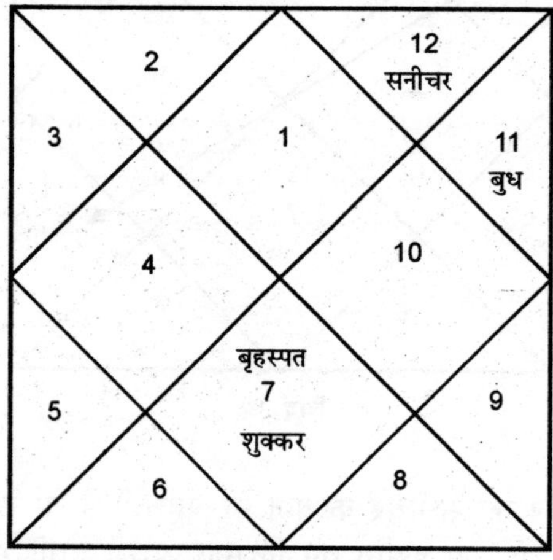

चित्र 55: (उम्दा फल)

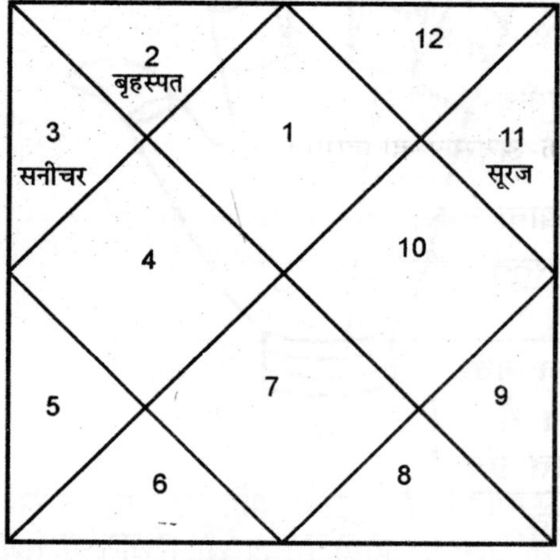

चित्र 56: (ऋण)

(13) खाना नंबर 11 में जो भी ग्रह होंगे वे सनीचर का असर करेंगे परन्तु वे उस खाने पर प्रभाव डालेंगे जहां पर बृहस्पत बैठा है। देखें चित्र 55 और 56।

(14) इंसान के टेवे (कुंडली) या वर्षफल में यदि खाना नंबर 8 और खाना नंबर 11 में बैठे ग्रह आपस में दुश्मन हैं तो खाना नंबर 11 वाले ग्रह की कोई भी चीज (वस्तु) घर में या प्रतिष्ठान (दुकान, ऑफिस इत्यादि) में लाने पर इंसान के कुछ काम न आएगी और सदमा या आघात की स्थिति पैदा करेगी जैसे पीठ टूट जाए या छत गिर जाए। इस स्थिति में उस ग्रह की चीज (वस्तु) लाएं जो खाना नंबर 11 में बैठे ग्रह का दोस्त ग्रह हो अथवा उस ग्रह की चीज साथ लाएं जो खाना नंबर 11 वाले ग्रह को शुभ बनाने वाला हो। मसलन सनीचर खाना नंबर 11 में हो तो सनीचर के साथ केतु की चीजें साथ जरूर लाओ। मकान बनाओ तो कुत्ता साथ ही ले आओ। मशीन खरीदो तो बच्चों के खेल–खिलौने साथ लाओ। ऐसा करने पर सनीचर उम्दा (शुभ) फल देगा। चाहे वह कितना ही मंदा (अशुभ) क्यों न हो।

(15) खाना नंबर 11 में पापी ग्रहों को छोड़कर सभी ग्रह धोखे के ग्रह होंगे। खाना नंबर 3 खाली हो तो अमूमन नेक फल खाना नंबर 1 में (वर्षफल में) आने के दिन से शुरू करेंगे परन्तु जब खाना नंबर 8 में आएंगे तो मंदा असर करेंगे। मंदी हालत के उपाय हेतु सम्बन्धित ग्रह की अपनी आयु के पश्चात् खाना नंबर 11 में स्थित ग्रह या उसके दोस्त ग्रह से सम्बन्धित चीजों का उपाय असरकारक होगा। लेकिन यह उपाय तभी असरकार होगा जब वर्षफल टेवे में खाना नंबर 1 में कोई पापी ग्रह (राहु, केतु, सनीचर) न हो। अगर खाना नंबर 1 में भी पापी ग्रह हो तो खाना नंबर 9 में आए हुए ग्रहों से सम्बन्धित चीज के उपाय से उम्दा (शुभ) फल मिलेगा। अगर खाना नंबर 9 भी खाली हो तो बृहस्पत की चीज का उपाय कारगर सिद्ध होगा।

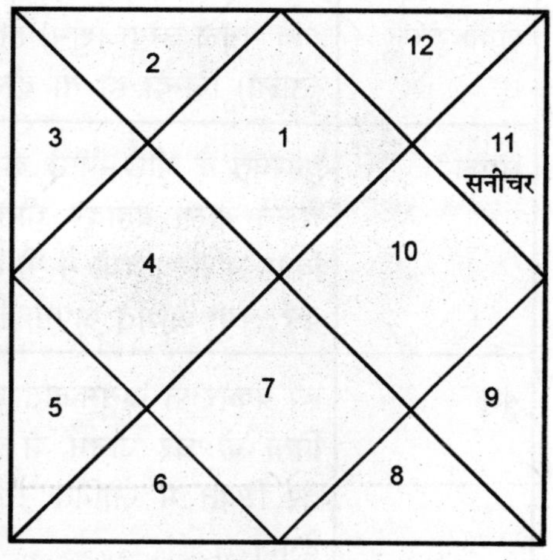

चित्र 57:

(16) खाना नंबर 11 के ग्रह इन सालों में खाना नंबर 8 में आएंगे। आयु का वर्ष– 7, 20, 34, 45, 53, 67, 79, 92, 97, 113। देखें फेहरिस्त वर्षफल, फरमान नंबर 13। देखें पृष्ठ 219।

(17) सनीचर तथा बृहस्पत मुश्तरका (इकट्ठे) टेवे में कहीं भी बैठे हों, उस टेवे का फल खाना नंबर 11 के अनुसार ही होगा।

(18) खाना नंबर 11 में धोखे के ग्रह (देखें फरमान नंबर 6) हों तो खाना नंबर 11 में बैठे ग्रह का फल प्रस्तुत सारिणी के अनुसार होगा।

खाना नंबर 11 में स्थित ग्रह	नेक (शुभ) हालत में	मंदी (अशुभ) हालत में
बृहस्पत	जब तक टेवे वाला इंसान संयुक्त परिवार में रहे और पिता जिन्दा हो तो सांप (बड़े से बड़ा शत्रु) भी सज़दा (सम्मान) करेगा।	जब पिता से अलग हो और चाल–चलन (चरित्र) ढीला हो, मंदे ग्रहों (अशुभ ग्रहों) का कारोबार तथा रिश्तेदार साथ हो तो मच्छर तक का सामना न कर पाएगा और कफन तक पराया हो जाएगा अर्थात् सभी साथ छोड़ देंगे।
सूरज	जितना धर्मात्मा तथा सूफी खुराक (भोजन) और पोशाक (कपड़ा) का मालिक रहे उसी तरह की उत्तम जिन्दगी और समृद्ध परिवार का मालिक होगा।	जब सनीचर की खुराक (गोश्त, शराब) खाएगा तो विधाता (ईश्वर) खुद अपनी कलम से उसे निःसंतान होने का हुक्म लिख देगा।
चन्द्र	अगर टेवे (कुंडली) में बृहस्पत और केतु उम्दा (शुभ) हों तथा माता जीवित हो तो माया (पैसा) और औलाद (संतान) की कमी न होगी।	टेवे वाले इंसान की माता के जिन्दा रहते, टेवे वाले इंसान को नर संतान (पुत्र) नसीब न होगी।

शुक्कर	यदि मंगल उम्दा (शुभ) हो अथवा औरत का भाई (साला) जिन्दा हो तो दौलत का भण्डार रहे।	ऐसा न हो तो बुद्धू, बुजदिल, नपुंसक तथा धन के अभाव में दुःखी होगा।
मंगल	बृहस्पत के पीछे–पीछे कदम से कदम मिलाकर चलने वाला बहादुर चीते (दबे पांव) की तरह विषम परिस्थितियों में भी अपनी दिली इच्छा पूरी कर लेगा अर्थात् अपना शिकार पा लेगा।	मानो किसी बंदर की पूंछ में आग लगी हो और वह पानी की तलाश (धन, दौलत) में इधर–उधर भाग रहा हो।
बुध	हर प्रकार से जनमजात दुःखी (इंसान जो माता पिता के घर जनम से ही दुःखी हो) को भी हर स्थित में जीवित रखेगा और अन्ततः तार देगा।	ऐसा बेवकूफ जो पेड़ को तो जड़ से उखाड़ फेंकेगा मगर खुद उसी के नीचे आकर दब जाएगा।
सनीचर	विधाता (ईश्वर) के द्वारा दिए आदेश को भी दूर करके संतान प्रदान करेगा। संसार के हर जीव और विरोधी से हर तरह से पूरी हिफाजद (रक्षा) करेगा और धर्म–ईमान में सच्चे होने का पूरा प्रमाण देगा।	ऐसा लापरवाह होगा जो भरी नाव को बीच मझधार में छोड़कर चप्पू को सिर के नीचे दबाकर सो जाएगा। अपनी औलाद को ऐसी अधूरी हालत में छोड़कर मरेगा कि उसे सहारा देने वाला कोई न होगा।
राहु	अपनी कमाई पर इतना घमण्डी कि मां–बाप से भी पाई (पैसा) तक न लेंगे ताकि उनका एहसान न हो जाए खुद कमाएंगे और सोना बनाएंगे मगर अपने जनम से पूर्व मिले सोने को खाक (बरबाद) कर देंगे। न तो बृहस्पत (पिता) का लिहाज न ही राहु के जेलखाने (ससुराल) की फ़िक्र, मगर खुद खयाली दुनिया में बैठ खुदा का दीदार कर रहे होंगे।	ऐसे इंसान जनम से पूर्व सबकी (खास कर पिता और दादा) सांस और खून को विषैला कर देंगे अथवा इंसान अपने पूर्वजों को जहर से, अफीम से, हीरा चाटने से लेकर किसी भी हद तक मरता देखने के लिए जिन्दा रहेंगे।
केतु	जब खाना नंबर 5 में चन्द्र या बृहस्पत न हो तो केतु का फल औलाद (संतान), कारोबार, रिश्तेदार या केतु से सम्बन्धित वस्तुओं के लिए 11 गुना नेक होगा।	केतु (औलाद), सनीचर तथा चन्द्र का असर हद से ज्यादा मंदा और निकम्मा होगा।

सामुद्रिकः पेशानी (मस्तक) खाना नंबर 11

(1) दिमाग का खाना नंबर 35, टेवे का खाना नंबर 11 होगा। अब्रू (भवों) से ऊपर और दिमाग की हद से नीचे कान के सुराख (छेद) से 90 अंश पर खींची गई रेखा दिमाग के हिस्से को सिर और भवों से अलग कर देती है, जो मस्तक होगा।

दिमाग का हिस्सा

(2) इंसान का व्यक्तिगत हाल, समाज से सम्बन्ध और सबकी साझा किस्मत हर इंसान अपने साथ लिए फिरता है जो हर इंसान की पेशानी (मस्तक) पर लिखा है, मानो मस्तक पर सभी की साझा किस्मत लिखी हो। यह पेशानी (मस्तक) का हिस्सा हमेशा जमाने की हवा से टकराता और इंसानी किस्मत पर बृहस्पत का असर डालता है

(3) दिमागी खानों में खाना नंबर 35 (मस्तक) के पीछे खाना नंबर 20 (सूरज) और खाना नंबर 21 (चन्द्र) चमकेंगे, इन दोनों के ऊपर खाना नंबर 13 (सनीचर) का घर होगा।

(4) पेशानी की चौड़ाई, कुल चेहरे की लम्बाई की ¼ (चार हिस्सों का एक टुकड़ा) नेक होगी अर्थात् मस्तक की चौड़ाई कुल चेहरे की लम्बाई की चौथाई होनी चाहिए तब वह शुभ चेहरा माना जाएगा। इसी के साथ मस्तक की चौड़ाई उत्तरोत्तर जितनी बढ़ती जाएगी, उतनी ही अधिक (नेक असर) शुभता बढ़ती जाएगी।

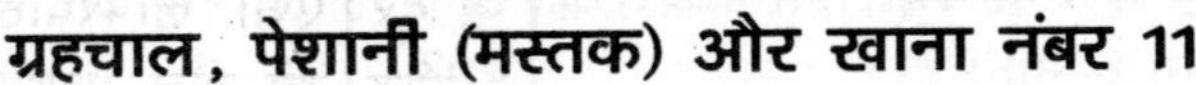

ग्रहचाल, पेशानी (मस्तक) और खाना नंबर 11

टेवे में जैसी ग्रहों की स्थिति होगी उसी के अनुसार पेशानी (मस्तक) का आकार तथा इंसान की किस्मत निर्धारित होगी।

क्रम संख्या	ग्रह–चाल	खाना नंबर 11 पर प्रभाव पेशानी (मस्तक) का आकार
1.	दृष्टि सिद्धांत के अनुसार खाना नंबर 2 के बृहस्पत से या खाना नंबर 2 से केतु का जितना अधिक सम्बन्ध होगा।	उसी के अनुसार मस्तक चौड़ा होगा और उसी के अनुसार नेक (शुभ) असर ज्यादा होगा।
2.	खाना नंबर 2 के द्वारा खाना नंबर 8 का प्रभाव खाना नंबर 6 में जाए अथवा केतु जब बृहस्पत के साथ हो अथवा बृहस्पत के खानों (1, 5, 9, 12) में हो।	मस्तक अत्यधिक चौड़ा होगा तथा अक्ल की बारीकी ज्यादा होगी अर्थात् संकुचित (छोटी) बुद्धि होगी।
3.	जितना कम केतु का सम्बन्ध खाना नंबर 2 के बृहस्पत या खाना नंबर 2 से होगा।	उसी कदर (अनुपात में) मस्तक लम्बा होगा तथा नेक (शुभ) असर कम होगा।
4.	खाना नंबर 6 के द्वारा खाना नंबर 2 का असर खाना नंबर 12 में जाए।	मस्तक के ऊपर का हिस्सा बाहर को उभरा होगा।
5.	खाना नंबर 11 के द्वारा खाना नंबर 8 का असर खाना नंबर 2 में जाए।	मस्तक का निचला हिस्सा (भाग) बाहर को उभरा होगा। इंसान अपनी शक्ति का प्रयोग नेक (शुभ) काम करने में करेगा।

6.	खाना नंबर 8 के मंदे ग्रहों का असर खाना नंबर 2 को मिल रहा हो।	तिलक लगाने की जगह छोड़कर (खाना नंबर 2) बाकी मस्तक पर चिह्नों का असर सिर्फ उम्र की कमीबेशी (गणना) पर होगा। रिश्तेदारों का सुख नसीब नहीं होगा।
7.	खाना नंबर 2 में यदि बृहस्पत के दुश्मन (बुध, शुक्कर) ग्रह या केतु के दुश्मन (चन्द्र, मंगल) ग्रह हों।	मस्तक पर टूटी–फूटी व लहराती लकीरें (रेखाएं) बहुत होंगी। कम उम्र होगी और 8×8 = 64 साल उम्र पर मारक प्रभाव होगा। मतलब आयु के 8, 16, 24, 32, 40, 48, 56, 64, 72, 80, 88, 96, 104 साल पर।
8.	खाना नंबर 2 में 7 मंदे ग्रह हों।	मस्तक पर सात या सात से ज्यादा लकीरें होंगी। डाकू, लुटेरा, आयु 50 साल होगी।
9.	खाना नंबर 2 में मंगल+बुध (सनीचर) या सूरज+बुध (मंगल–नेक) हों।	खूनी लाल रंग की नाड़ियां तथा उम्र कम होगी।
10.	राहु, बृहस्पत+बुध या अकेला बुध खाना नंबर 2 में हों।	हरे रंग की नाड़ियां/खुशकिस्मत तथा शुभ होगा।

पक्का घर खाना नंबर 12

(इंसान का सिर, आरामगाह, स्वप्नावस्था)

घर बारह है सुख ओ गृहस्थी, बृहस्पत राहु दो बैठे हों
मछली ढूंढ़े पानी अब्र का, वचन स्त्राप सब इकट्ठे हों
घर बारह न ग्रह जो बोले, घर दो में बोलता है
फल घर बारह-दो का इकट्ठा, समाधि साधु होता है
एक जनम से दूजा शुरू हो, बारह जहां दो होता है
सुख, दौलत और सांस आखरी, हुक्म विधाता होता है
खुद इंसान की पेश न जावें, हुक्म विधाता होता है
सुख, दौलत और सांस आखरी, उम्र पे फैसला होता है
सनीचर, बृहस्पत और राहु टेवे, कहीं भी उसके बैठे हों
फल वैसे ही घर बारह के, उस टेवे में होते हों

(1) खाना नंबर 12 के पक्के घर का मालिक तथा ग्रह फल का ग्रह राहु है। किस्मत को जगाने वाला ग्रह केतु है।

(i) टेवे के सभी ग्रहों की इंसाफ के लिए अपील खाना नंबर 12 पर होगी तथा खाना नंबर 12 का फैसला अन्तिम फैसला होगा परन्तु यदि खाना नंबर 12 को अपनी अपील की दरकार

(जरूरत) हो तो खाना नंबर 2 की मदद लेनी होगी तथा खाना नंबर 2 का फैसला अन्तिम फैसला होगा।

(ii) खाना नंबर 11 नौकरी (सेवा) का और खाना नंबर 1 टेवे (कुंडली) का राजा होता है। खाना नंबर 12 के लिए खाना नंबर 2 की अपील तभी काम करेगी जब खाना नंबर 1 में बैठे ग्रह की उम्र गुजर जाएगी (जैसे सूरज की उम्र 22 साल होती है)।

(iii) अगर खाना नंबर 1 खाली हो (खाना नंबर 1 में बैठे ग्रह की उम्र बीत जाने पर भी खाना नंबर 1 खाली माना जाएगा) तो आखरी न्यायकर्ता ग्रह चन्द्र होगा।

(iv) अगर खाना नंबर 1 में ग्रह है तो खाना नंबर 12 की अपील के लिए खाना नंबर 1 में बैठा ग्रह न्यायकर्ता होगा।

(v) खाना नंबर 12 के लिए अपीली (न्यायकर्ता) ग्रह का क्रम–

(a) खाना नंबर 1 में बैठा ग्रह।

(b) खाना नंबर 1 में बैठे ग्रह की उम्र बीत जाने पर खाना नंबर 2।

(c) खाना नंबर 1 में ग्रह न हो तो चन्द्र।

(3) खाना नंबर 12 तथा खाना नंबर 2 से सम्बन्धित रिश्तेदार टेवे वाले इंसान के लिए आराम पैदा करने के लिहाज से खुदाई–ताकत (सर्वशक्तिमान) का मालिक होगा। इस ग्रह से सम्बन्धित चीजों (वस्तुओं) को कायम (स्थापित) करने से सुख में इजाफा (वृद्धि) होगा। मसलन बृहस्पत खाना नंबर 12 में हो तो पिता, दादा जिन्दा होने तक टेवे वाले इंसान की रात हमेशा आराम में गुजरेगी। उनकी वफात (मृत्यु) के पश्चात् बृहस्पत की चीजों को कायम करना नेक असर देगा।

(4) खाना नंबर 8 मंदा (अशुभ) हो और खाना नंबर 2 खाली (ग्रहरहित) हो अथवा खाना नंबर 8 तथा खाना नंबर 12 दोनों में ऐसे ग्रह हों जो इकट्ठा बैठने पर मंदे हो जाएं तो तीर्थयात्रा तथा पूजा–पाठ इत्यादि से दूरी रखना ज्यादा बेहतर होगा वरना खाना नंबर 8 तथा खाना नंबर 12 की मंदी टक्कर (अशुभ प्रभाव प्रदान करने वाली) होगी। यदि बुध खाना नंबर 8, सनीचर खाना नंबर 12 में हों तथा इंसान मंदिर जाकर पूजा पाठ करता हो तो उसकी बेटी की आंख की रोशनी जाती रहेगी।

(5) खाना नंबर 2 इंसान का नया जनम तथा खाना नंबर 12 इंसान के जनम का अंत है। अतः दोनों के संयुक्त फल का असर साधु की समाधि के समान होगा।

(6) खाना नंबर 12 में बृहस्पत–राहु मुश्तरका (संयुक्त) हों तो यह मस्नूई बुध कहलाएगा, इस स्थिति को साधु की कुटिया कहा जाएगा। राहु के साथ बृहस्पत चुप हो जाएगा। न तो राहु बहुत मंदा असर दे पाएगा और न ही बृहस्पत उम्दा असर दे पाएगा। मानो पानी में रहकर मछली बारिश के पानी की तलाश में फिर रही हो।

(7) टेवे में सनीचर–बृहस्पत तथा राहु इकट्ठे बैठे हों तो टेवे का असर खाना नंबर 12 के अनुसार होगा।

ग्रहों की स्थिति तथा 12 पक्के घरों के फल

लाल किताब में ग्रहों की स्थिति के अनुसार टेवे का फलादेश पक्के घरों के अनुसार कर दिया गया है। जैसे पूर्व में दर्शाया गया है कि बृहस्पत सनीचर इकट्ठे किसी भी भाव में बैठे हों तो खाना नंबर 11 के अनुसार पूरे टेवे का फल होगा। इसी के मार्फत सारिणी दी जा रही है।

टेवे में कहीं भी इकट्ठे ये ग्रह बैठे हों	संपूर्ण टेवे का फल इस खाना संख्या के अनुसार होगा।
बृहस्पत–सनीचर–मंगल	खाना नंबर 1
बृहस्पत–शुक्कर	खाना नंबर 2
बुध–सनीचर–मंगल	खाना नंबर 3
बृहस्पत–सूरज–चन्द्र	खाना नंबर 4
बृहस्पत–सूरज–राहु/केतु	खाना नंबर 5
बुध–केतु–शुक्कर	खाना नंबर 6
बुध–शुक्कर	खाना नंबर 7
सनीचर–मंगल–चन्द्र	खाना नंबर 8
बृहस्पत	खाना नंबर 9
सनीचर– राहु/केतु	खाना नंबर 10
बृहस्पत–सनीचर	खाना नंबर 11
बृहस्पत–राहु	खाना नंबर 12

संयुक्त 12 पक्के घर

धन की थैली सातवें होवे, मर्द बोलते छठे हैं
घर आठवें से उम्र मिले तो, बने महल घर दूसरे हैं
घर पांचवां औलाद का गिनते, ग्यारह होता घर धर्मी है
अंग जिस्म घर पहले होते, साथ लगी नौ बुजुर्गी है
चश्मा दौलत घर चौथे गिनते, मैदान रिजक घर दस का है
अंत समय घर तीसरे चलते, ख्वाह पाया घर बारह है
खरबूजा देखा खरबूजा पके, नौ पहले और सात ग्यारह
चोरां टोली एको बोली, बुध सनीचर और शुक्कर यारां

(1) खाना नंबर 2, खाना नंबर 6, खाना नंबर 12 (2, 6, 12) तीनों में ही कोई न कोई ग्रह जरूर हो तो इंसान विलक्षण सोच का धनी तथा चाल–चलन (चरित्र) अच्छा होगा। खाना नंबर 10 इंसान की शारीरिक शक्ति बताएगा तथा उंगलियां जोड़ने पर दो उंगलियों के बीच वाला भाग भी खाना नंबर 10 के द्वारा देखा जाएगा। देखें चित्र 58।

(2) खाना नंबर 2 तथा खाना नंबर 8 दोनों में ही कोई न कोई ग्रह जरूर हो और खाना नंबर 2 में खाना नंबर 8 का असर पहुंच रहा हो अर्थात् खाना नंबर 11 में खाना नंबर 8 का दुश्मन ग्रह न हो तो संकुचित बुद्धि (छोटी सोच) तथा विचारशक्ति अच्छी होगी। उंगली में नाखून वाला पोर (सबसे ऊपर का) आध्यात्मिक शक्ति का द्योतक होगा।

(3) खाना नंबर 1 से 3 – उम्र की पहली अवस्था– आयु→ 0–25
खाना नंबर 4 से 6 – उम्र की दूसरी अवस्था– आयु→ 26–50

खाना नंबर 7 से 9 – उम्र की तीसरी अवस्था– आयु → 51–75

खाना नंबर 10 से 12 – उम्र की चौथी अवस्था– आयु → 76–100

(4) खाना नंबर 12 तथा उंगलियों का निचला हिस्सा (पोर), इंसान की काम–वासना से सम्बन्धित होगा।

खाली खाने– सामान्यतः खाली खाने की हालत में वह राशि लेते हैं जिसमें कि ग्रह न हो। ''खाली खाने'' से अभिप्राय इस राशि के मालिक ग्रह से लेना चाहिए। विचारणीय विषय यह भी है कि खाना नंबर 6 में बुध के साथ केतु तथा खाना नंबर 12 बृहस्पत के साथ–साथ राहु का भी निवास स्थान होता है परन्तु इन दोनों ग्रहों में से किसे प्राथमिकता प्रदान करनी चाहिए?

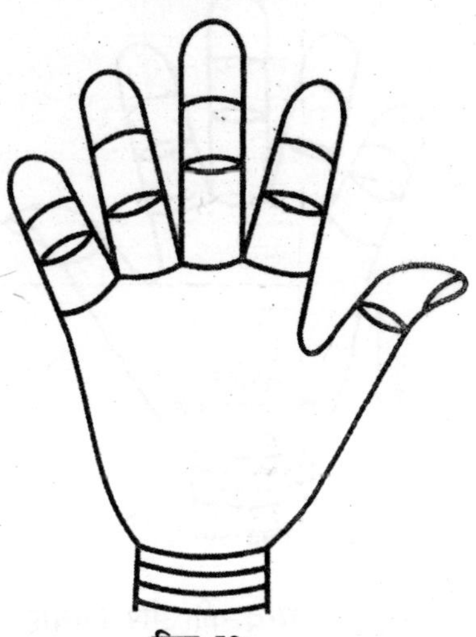

चित्र 58:

(1) वास्तव में बृहस्पत जब खाना नंबर 9 में हो तो खाली खाना नंबर 12 का मालिक राहु होगा।

(2) बुध जब खाना नंबर 3 में हो तो खाली खाना नंबर 6 का मालिक केतु होगा।

(3) बृहस्पत खाना नंबर 9 या खाना नंबर 12 में से किसी में भी न हो तो खाली खाना नंबर 12 बृहस्पत–राहु मुश्तरका (युति) मतलब मस्नूई (बनावटी) बुध होगा।

(4) जब बुध खाना नंबर 3 तथा खाना नंबर 6 में से किसी भी खाने में न हो तो खाली खाना नंबर 6 में बुध–केतु मुश्तरका (युति) हो सकते हैं। लेकिन यदि बुध ताकतवर होगा तो केतु कमजोर होगा। अतः ऐसी हालत में खाली खाना नंबर 6 का मालिक बुध या केतु में से कोई एक लेंगे, जो कि इन (बुध या केतु) दोनों में से ताकतवर तथा शुभ होगा क्योंकि 'खाली खाना नंबर 6' सदैव नेक असर के कारण जाना जाता है। परिणामस्वरूप खाली खाना नंबर 9 का मालिक बृहस्पत और खाली खाना नंबर 6 का मालिक बुध होगा। अन्य खाली खाना नंबर के लिए खानों के मालिक ग्रह को ही लेंगे।

हथेली की बेहरूनी–हदूद (बाहरी सीमा) का असर– सामुद्रिक शास्त्र के अनुसार अंगूठे तथा उंगलियों की जड़ में दो उंगलियों के मध्य कुछ फासला दृष्टिगत होता है। इस फासले का असर अलग–अलग होगा।

(1) अंगूठे और तर्जनी की जड़ के बीच (मंगल–नेक तथा बृहस्पत के बीच) फासला हौसला और मनोबल से सम्बन्धित हैं।

(2) तर्जनी और मध्यमा की जड़ों के बीच फासला (बृहस्पत और सनीचर के बीच) संकल्प एवं सोच–विचार से सम्बन्धित है।

(3) मध्यमा और अनामिका की जड़ के बीच फासला (सनीचर और सूरज के बीच) विचारों की आजादी (स्वतंत्रता) को बताएगा। ऐसा इंसान मौका पाते ही समय के अनुसार अपना पहलू बदल लेगा।

(4) अनामिका और कनिष्ठा की जड़ों के बीच फासला (सूरज और बुध के बीच) स्वयं पर विश्वास और स्वयं की कमाई पर संतुष्ट रहने वाला होगा।

(5) कनिष्ठा की जड़ में बुध का बुर्ज़ हथेली के बाहर की ओर निकला हुआ हो तो वाकपटुता में पारंगत अर्थात् बातों का धनी होगा।

(6) कलाई की चौड़ाई (शुक्कर की जड़ से चन्द्र की जड़ तक) का हिस्सा ज्यादा हो तो हृदय में प्रेम, विपरीत लिंगी के प्रति कामुकता, माता से मोहब्बत, बुजुर्गों के प्रति सेवा भाव से सम्बन्धित होगा। देखें चित्र 59।

हथेली की दिशाएं– इथेली पर चारों ओर की दिशाओं वाले हिस्से के अनुसार इंसान की खासियत (विशेषताएं) होगी। देखें चित्र 60।

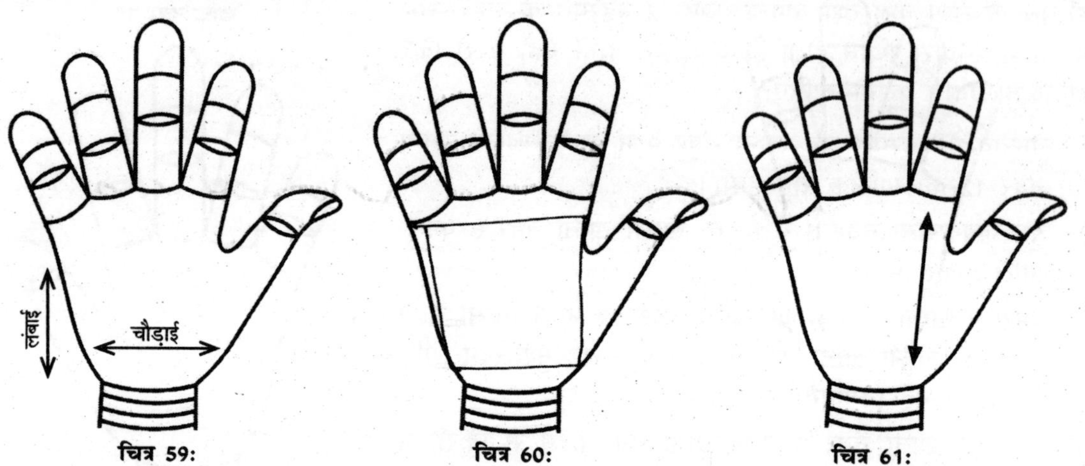

चित्र 59: चित्र 60: चित्र 61:

(1) बुध से चन्द्र की ओर लम्बाई वाला हिस्सा जिस कदर (अनुपात में) लम्बा होगा उसी कदर जुबान की ताकत ज्यादा होगी और जिस कदर कनिष्ठा की जड़ से बुर्ज़ (पर्वत) बाहर की ओर निकला होगा, उसी के अनुसार सामाजिक ख्याति पैदा करने वाला होगा। देखें चित्र 61 और 62।

(2) जिस कदर बृहस्पत से बुध की ओर चौड़ाई वाला हिस्सा लम्बा होगा उसी कदर दिली और दिमागी ताकत ज्यादा होगी। यह स्थिति बुध के बुर्ज़ की रुकावट होगी। देखें चित्र 63।

(3) शुक्कर से चन्द्र की ओर चौड़ाई वाला हिस्सा जितना लम्बा होगा उसी कदर विलासिता की इच्छा होगी और शुक्कर का असर अधिक होगा। देखें चित्र 64।

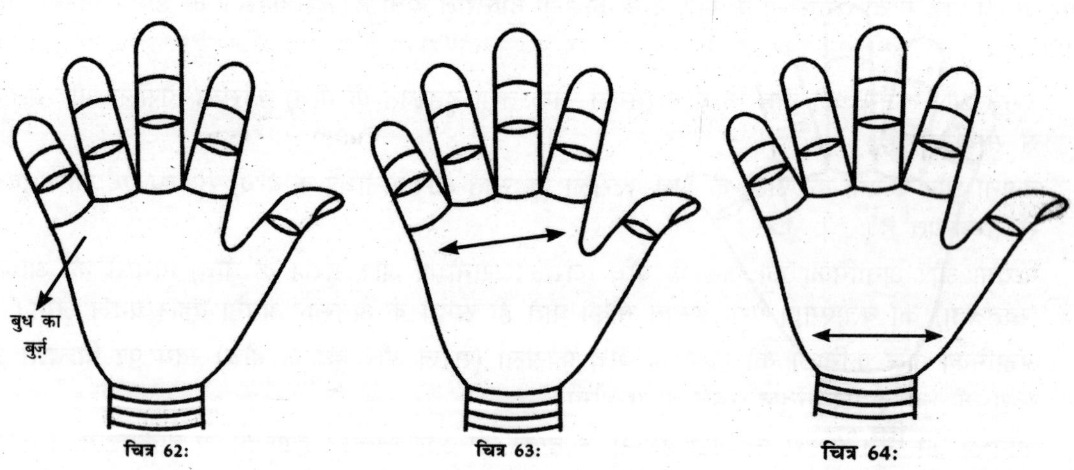

चित्र 62: चित्र 63: चित्र 64:

(4) शुक्कर की जड़ से बृहस्पत की जड़ तक (तर्जनी की जड़) लम्बाई वाला हिस्सा जिस कदर ज्यादा होगा उसी कदर निजी हौसला (मनोबल तथा साहस) और आत्मविश्वास अधिक होगा। देखें चित्र 65।

(5) (i) हथेली भारी तथा मोटी हो तो इंसान लालची होगा। देखें चित्र 66।

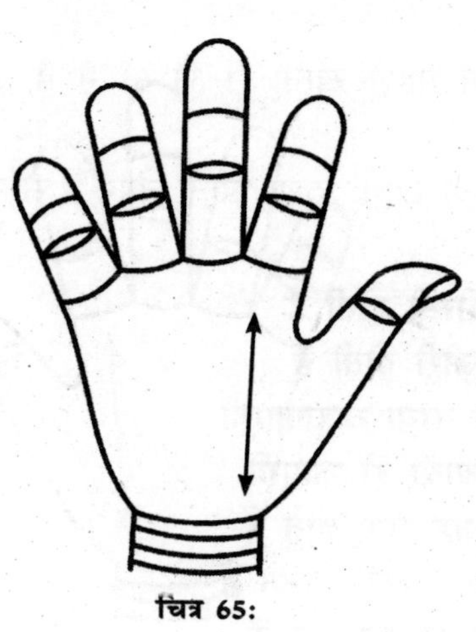

चित्र 65:

भारी और मोटी हथेली वाला हाथ

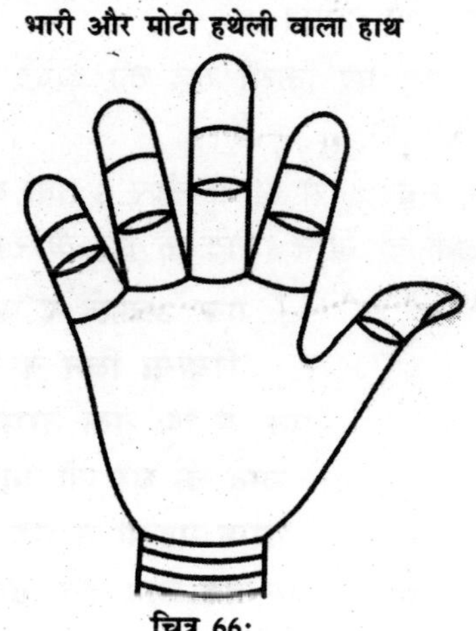

चित्र 66:

(ii) हथेली पतली तथा कमजोर हो तो इंसान गरीब जैसी हालत वाला तथा कमजोर रोजगार वाला होगा। देखें चित्र 67।

(iii) हथेली जिस कदर लम्बी होगी उसी कदर बातें बनाने में माहिर होगा।

(iv) लम्बी तथा गोल हथेली वाला इंसान वफादार नौकर, खड़ी भाषा बोलने वाला अर्थात् खुश्क जुबान तथा खुशहाल जीवन बिताने वाला होगा। देखें चित्र 68।

पतली और कमजोर हथेली वाला हाथ

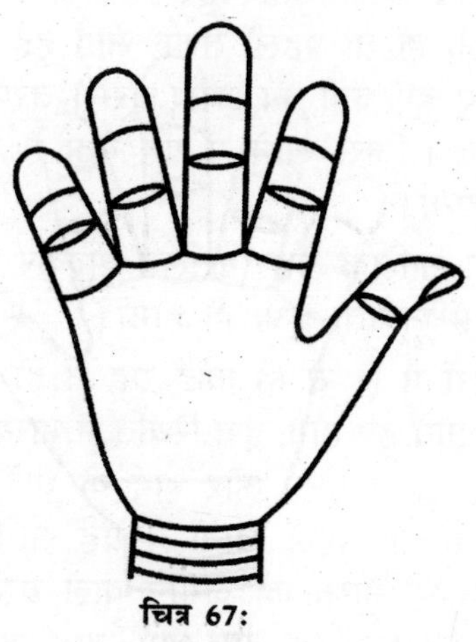

चित्र 67:

लंबी और गोल हथेली वाला हाथ

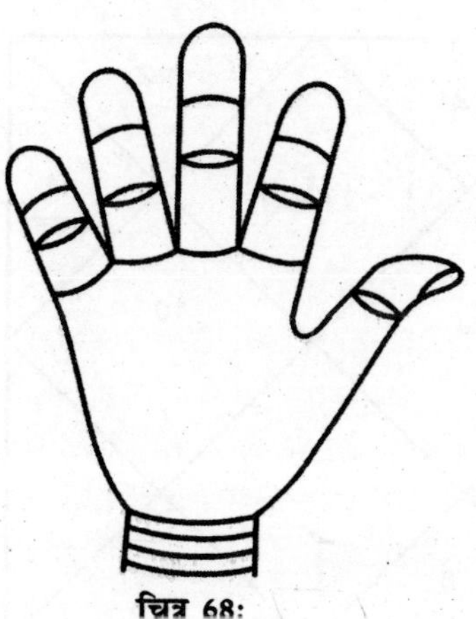

चित्र 68:

पक्के घरों में सोए ग्रह

टेवे में कुछ ग्रह तथा घर (खाने) ऐसे होते हैं जो अपना नेक (शुभ) असर नहीं देते हैं। ऐसे ग्रह/खाने सोए हुए कहलाएंगे।

(1) जिस खाने में कोई ग्रह न हो तथा जिस खाने पर किसी ग्रह की दृष्टि भी नहीं पड़ रही हो वह खाना सोया हुआ होगा।

(2) जिस ग्रह पर किसी ग्रह की दृष्टि न पड़ रही हो तथा पहले खानों (1 से 6) में है, सोया हुआ कहलाएगा।

(3) खाना नंबर 1 से खाना नंबर 6 तक के खाने "पहले घर के खाने" तथा खाना नंबर 7 से खाना नंबर 12 तक के खाने "बाद के घर के खाने" कहलाएंगे।

एक अकेले न कोई दुश्मन, न ही दोस्ती होती है
रियाया बिन न राजा कोई न तो वजीरी होती है
एक से छः तक तरफ जो पहली, हिस्सा दायां कहलाएगी
बाद के घर जो सात से बारह, तरफ बायीं हो जाएगी
तरफ पहली न ग्रह हो कोई, बाद के ग्रह सोए होते हैं
घर जब बाद का खाली होता, तरफ सोई पहली गिनते हैं
जिस घर में ग्रह हो कोई बैठा, जागता घर वो लेते हैं
जागे घर न ही असर ग्रह का, जब तक खाली होते हैं
ऊंच दृष्टि कितनी ही होवे, निर्बल प्रबल किसी भी घर में
घर दृष्टि का जब तक खाली असर न जाता दूसरे घर में
घर नौ-ग्यारह बृहस्पत से जागे, चन्द्र से आठ-चार-दो घर हैं
सूरज जगावे घर पांचवें को, शुक्कर सात जगाता है
सनीचर से दसवां, राहु छः को, बुध जगावे तीजा घर
मंगल से घर पहला जागे केतु जगावे बारहवां घर

(1) टेवे में अगर पहली तरफ (1 से 6) कोई ग्रह न हो तो बाद के ग्रह सोए हुए होंगे लेकिन जब बाद के खाने खाली हों तो पहली तरफ सोई हुई होगी। इस स्थिति में सोए हुए ग्रहों का असर दूसरी तरफ के खानों में नहीं जाएगा। जिस खाने में ग्रह बैठा है वह जागता हुआ खाना होगा।

खाना	ग्रह
1	
2	
3	खाली
4	
5	
6	
7	
8	
9	
10	
11	शुक्कर
12	

चित्र 69:

(2) पक्के घर का मालिक ग्रह (मसलन शुक्कर खाना नंबर 7) हर हाल में जागता हुआ ही होगा।

(3) जब पहले घरों में (1 से 6) कोई ग्रह न हो तो बाद के खानों में ग्रह सोये हुए होंगे, इस स्थिति में भाग्य को जगाने वाले ग्रह को ढूंढना होगा और बाद के घरों (7–12) में कोई ग्रह न हो तो पहले खानों में ग्रह सोये हुए होंगे। इस स्थिति में भी भाग्य को जगाने वाले ग्रह का उपाय करना होगा, जिससे सोये हुए खाने जाग जाएंगे।

(4) सोये हुए ग्रह को जगाने वाले घर (पक्का घर) से सम्बन्धित ग्रह (मालिक ग्रह) का रिश्ता बनते समय कोई अशुभ प्रभाव नहीं होगा। मसलन शुक्कर खाना नंबर 11 में हो और खाना नंबर 3 खाली हो, तो औरत (पत्नी) के भाई (साल) के साथ रिश्ता बनते समय कोई अशुभ प्रभाव नहीं होगा। देखें चित्र 69।

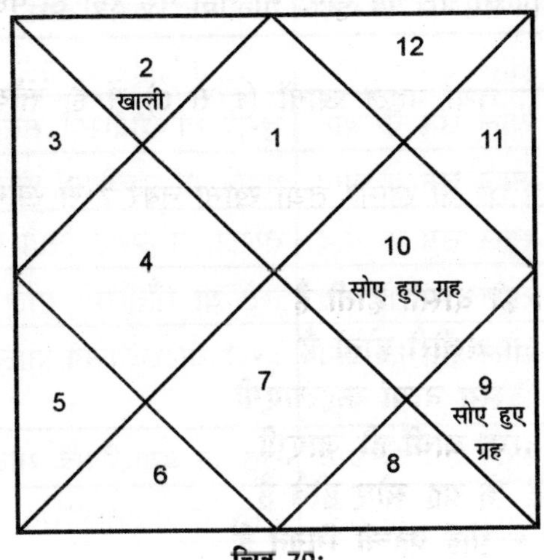

चित्र 70:

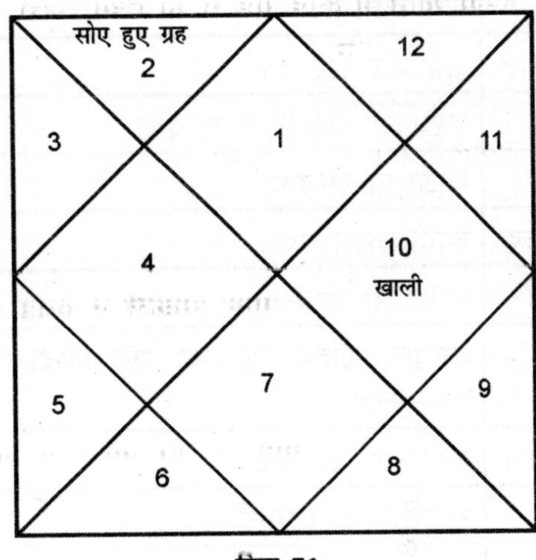

चित्र 71:

(5) बिना जगाए सोया हुआ ग्रह अगर स्वयं जाग जाए (अपना फल देना शुरू का कर दे) तो ऐसे जागे हुए ग्रह की आम उम्र (आमदौर 35 वर्ष चक्र) के आखरी साल (जैसे शुक्कर शादी के तीसरे साल) सब ग्रहों का मंदा असर कर देगा चाहे वह स्वयं जागे ग्रहों के दोस्त या दुश्मन ग्रह हों।

(6) यदि खाना नंबर 2 में कोई ग्रह न हो तो खाना नंबर 9 और खाना नंबर 10 दोनों के ग्रह सोये हुए होंगे और खाना नंबर 10 में कोई ग्रह न हो तो खाना नंबर 2 के ग्रह सोए हुए होंगे। देखें चित्र 70 और 71।

सोया घर खाना नंबर	ग्रह–जो जगा देगा
1	मंगल
2	चन्द्र
3	बुध
4	चन्द्र
5	सूरज
6	राहु
7	शुक्कर
8	चन्द्र
9	बृहस्पत
10	सनीचर
11	बृहस्पत
12	केतु

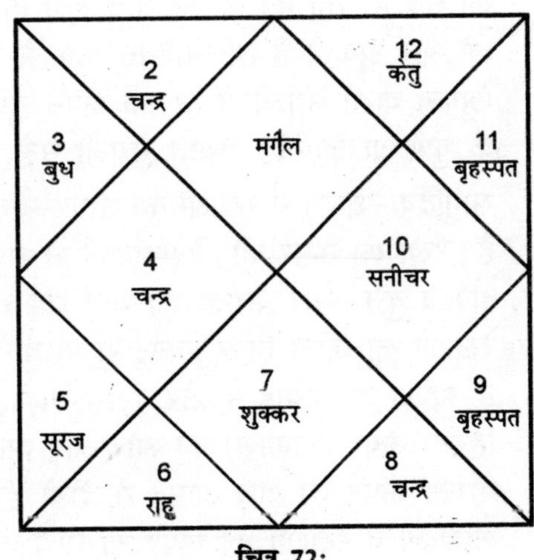

चित्र 72:

भाग्य को जगाने वाला ग्रह, किसी खाना संख्या का सोया हुआ खाना जगाने वाला ग्रह होगा। मसलन खाना नंबर 1 के लिए भाग्य को जगाने वाला ग्रह मंगल होगा। देखें चित्र 72।

सोया हुआ ग्रह कब स्वतः जागेगा

ग्रह	कब जागेगा	किस उम्र पर जागेगा	कब मंदा असर देगा
बृहस्पत	कारोबार शुरू होने पर	16 साल उम्र के बाद	छठें या बाईसवें साल
सूरज	सरकारी नौकरी से सम्बन्ध	22 साल उम्र के बाद	दूसरे या चौबीसवें साल
चन्द्र	शिक्षा से सम्बन्ध	24 साल उम्र के बाद	पहले या पच्चीसवें साल
शुक्कर	शादी करने पर	25 साल उम्र के बाद	तीसरे या अट्ठाईसवें साल
मंगल	औरत से सम्बन्ध	28 साल उम्र के बाद	छठे या चौंतीसवें साल
बुध	व्यापार, बहिन/लड़की की शादी होने पर	34 साल उम्र के बाद	दूसरे या छत्तीसवें साल
सनीचर	मकान से सम्बन्ध	36 साल उम्र के बाद	छठे या बयालीसवें साल
राहु	ससुराल से सम्बन्ध	42 साल उम्र के बाद	दूसरे या अड़तालीसवें साल
केतु	औलाद के जन्म पर	48 साल उम्र के बाद	तीसरे या बावनवें साल

ग्रह–दृष्टि

(1) टेवे में बारह भाव होते हैं, इन बारह भावों में नौ ग्रह होते हैं। किसी निश्चित खाने में बैठे हुए ग्रह की अन्य ग्रह या खाने से ''असर मिलाने की ताकत'' नजर ग्रह दृष्टि कहलाती है।

(2) सामुद्रिक के अनुसार– हथेली को उल्टा (करपृष्ठ) करके देखने पर जो उंगली टेढ़ी हो जाए उसकी ताकत (बल) कम हो जाएगी और जिस उंगली की तरफ़ झुक जाए, उस उंगली का असर सम्बन्धित उंगली में आ जाएगा। जैसे अगर तर्जनी मध्यमा की ओर झुक जाए तो मध्यमा के गुण तर्जनी में आ जाएंगे। किसी भी उंगली का झुकाव तथा टेढ़ापन होने का अर्थ है कि सम्बन्धित उंगली की शक्ति का क्षय हो रहा है। उंगली यदि टेढ़ी हो तो उसकी ताकत कम होगी परन्तु एक उंगली दूसरी उंगली की ओर झुकती है तो निश्चित रूप से यह उसके अस्तित्व के लिए खतरा है। ऐसी स्थिति में उसमें (झुकने वाली उंगली में) उसके अपने गुण गौण हो जाएंगे तथा दूसरी उंगली (जिस पर वह झुकी है) के गुण आ जाएंगे। अर्थात् उंगली भले ही टेढ़ी हो परन्तु दूसरी उंगली की ओर झुकी हुई न हो।

(3) सामुद्रिक–शास्त्र में रेखाओं का उतार–चढ़ाव तथा रेखाओं से शाखाओं का निकलना ग्रह–दृष्टि कहलाता है। रेखा का ऊपर की ओर झुकाव से अभिप्राय तरक्की या नेक (अच्छा) असर से है तथा नीचे की ओर झुकाव बुरा असर बताता है। यहां यह स्पष्ट कर देना जरूरी है कि पाठक ''ऊपर व नीचे'' की ओर रेखाओं का जाना किस प्रकार से पहचानें? वास्तव में हाथ को केवल दो प्रकार से सीधा पकड़ा जाता है, पहला तो लम्बाई में और दूसरा चौड़ाई में। लम्बाई में हाथ रखने का अभिप्राय है कि उंगलियों वाला हिस्सा ऊपर (आकाश) की ओर आए और चौड़ाई में हाथ रखने का अभिप्राय यह है कि अंगूठे वाला हिस्सा ऊपर की ओर आए। ये दोनों ही स्थितियां हाथ को सीधा पकड़ने वाली स्थितियां हैं। इसमें शाखाओं व रेखाओं का ऊपर या नीचे जाना आसानी से समझा जा सकता है। किसी रेखा द्वारा उस

पर्वत पर जाना या उस बुर्ज़ की तरफ उठाव या झुकाव इस बात को इंगित करता है कि सम्बन्धित पर्वत का असर आकर उस रेखा में मिल रहा है। रेखा के समाप्त होने से पहले ही दूसरी रेखा का शुरू हो जाना रेखा का टूटा हुआ नहीं कहलाता बल्कि परिवर्तन को दिखाता है। परन्तु यह निश्चित है कि परिवर्तन होगा। यदि यह परिवर्तन बुरा हो रहा हो तो दान से रिहाई (आजादी) और नेक असर पैदा होगा।

आम हालत

एक सात घर चौथे दसवें, पूरी दृष्टि होती हैं
पांच, नौवें, और तीजे, ग्यारह, आधी नजर ही रहती है
आठ, छठे, दो बैठे बारह नजर चौथाई करते हैं
केतु, राहु, और बुध की नाली, लेखा जुदा ही रखते हैं
घर उल्टा आठ, दूजे, न देखे पांच-ग्यारह घर
बुध बारह, छः, नौ, तीन मारे, सनीचर छटे से दूजा घर

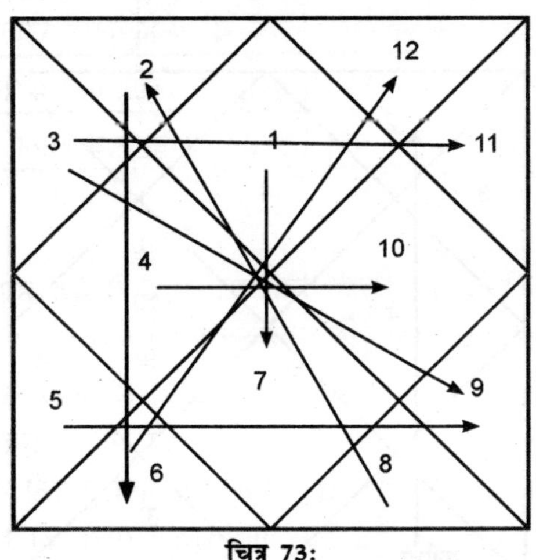

चित्र 73:

1	7
2	6
3	9—11
4	10
5	9
6	12
8	2

(1) प्रस्तुत चित्र में तीर का निशान किसी निश्चित खाने से शुरू होकर किसी अन्य खाने तक पहुंच रहा है। इसका मतलब है कि जिस घर से तीर शुरू होता है उस खाने में बैठे हुए ग्रह का असर दूसरे अन्य खाने (जहां उसके तीर का निशान पहुंच रहा है) में पहुंच कर मिल सकता है। मसलन खाना नंबर 3 से एक तीर चलकर खाना नंबर 9 तथा खाना नंबर 11 में पहुंचता है अर्थात् खाना नंबर 3 में बैठे ग्रह का असर खाना नंबर 9 तथा खाना नंबर 11 दोनों खानों में जाकर मिल सकता है।

(2) अब यदि किसी खाने में कोई ऐसा ग्रह बैठा है कि वह दूसरे खाने (जहां पर उस दूसरे ग्रह की दृष्टि है) में बैठे ग्रह का दोस्त है तो वहां (खाना जहां ग्रह की दृष्टि है) पर बैठे ग्रह का असर अधिक उम्दा होगा। परन्तु यदि दुश्मन ग्रह है तो असर अशुभ होगा। मसलन खाना नंबर 5 में सूरज व खाना नंबर 9 में चन्द्र है तो खाना नंबर 9 में चन्द्र का असर सूरज की दृष्टि के फलस्वरूप अधिक उम्दा होगा। परन्तु यदि खाना नंबर 9 में शुक्कर हो तो शुक्कर बुरा फल करेगा परन्तु शुक्कर तथा चन्द्र की वजह से सूरज के ऊपर कोई प्रभाव नहीं पड़ेगा। क्योंकि खाना नंबर 5 का ग्रह खाना नंबर 9 के ग्रह को देखता है परन्तु खाना नंबर 9 का ग्रह खाना नंबर 5 के ग्रह को नहीं देखेगा। देखें चित्र 74, 75।

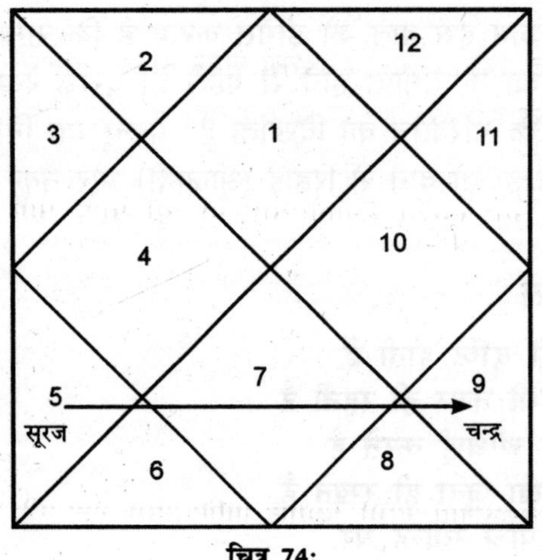

चित्र 74:

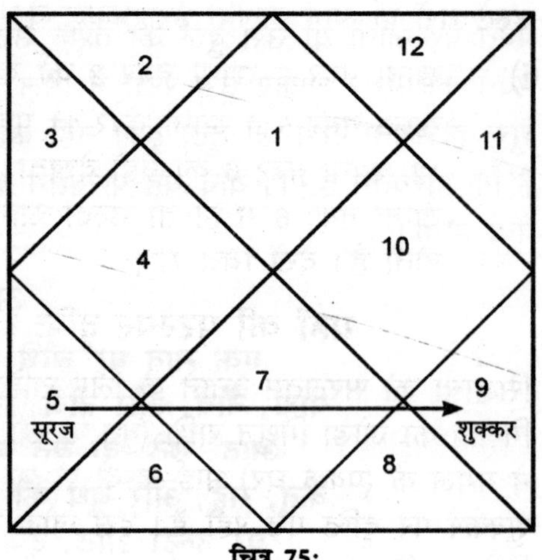

चित्र 75:

(3) टेवे में हर ग्रह तथा प्रत्येक खाना संख्या से सम्बन्धित चीजों का असर देखने के लिए दृष्टि पर विचार किया जाता है। देखें चित्र 76।

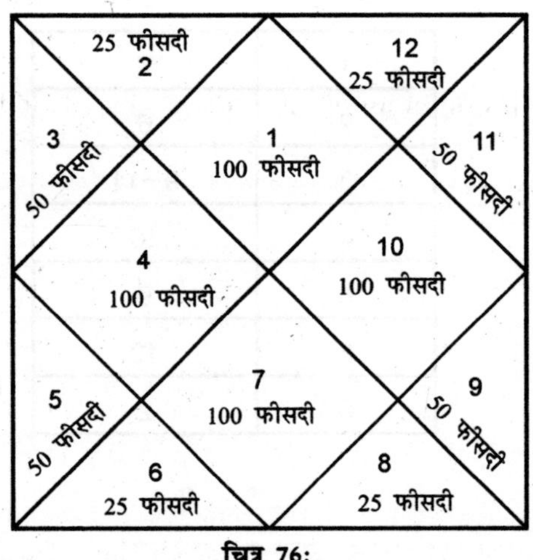

चित्र 76:

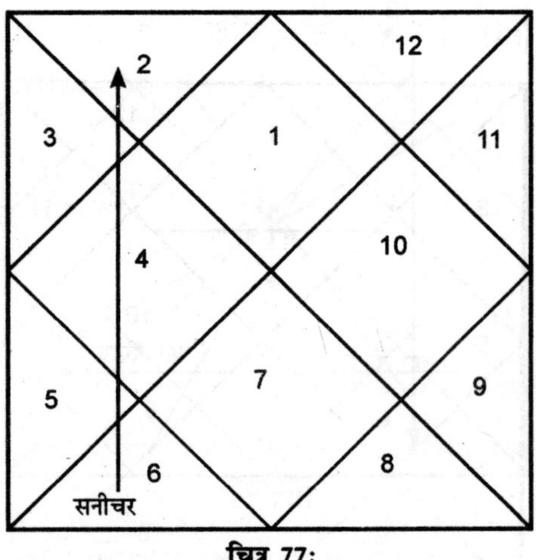

चित्र 77:

(i) प्रत्येक ग्रह दूसरे ग्रह को सातवीं दृष्टि से देखता है, जो सौ फीसदी दृष्टि कहलाती है। जैसे खाना नंबर 4 का ग्रह खाना नंबर 10 (सातवीं) में स्थित ग्रह को सातवीं दृष्टि से देखेगा।

(ii) खाना नंबर 1, 4, 7, 10 पूरी (सौ फीसदी) दृष्टि रखते हैं। खाना नंबर 3, 5, 9, 11 आधी (पचास फीसदी) दृष्टि रखते हैं। खाना नंबर 2, 6, 8, 12 चौथाई (पच्चीस फीसदी) दृष्टि से देखते हैं।

(iii) राशि का उच्च ग्रह अपनी राशि में उत्तम फल प्रदान करेगा। सौ फीसदी दृष्टि का अर्थ है कि दोनों ग्रह प्रभाव के लिए एक दूसरे से मिले हुए या एक हैं। पचास फीसदी दृष्टि में उनका आपस में अन्तर रहता है। वे एक दूसरे का आधा (पचास फीसदी) प्रभाव ग्रहण करते हैं। पच्चीस फीसदी दृष्टि में वे एक–दूसरे से तीन चौथाई दूरी पर रह जाते हैं।

(iv) बुध की खास नाली राहु–केतु केवल परस्पर दृष्टि तथा खाना नंबर 2, 9 में इन तीनों का आपसी सम्बन्ध जुदा होता है।

(4) उल्टे घरों के आम हालात इस प्रकार देखे जा सकते हैं।

(i) खाना नंबर 8 खाना नंबर 2 को देखेगा परन्तु खाना नंबर 2 खाना नंबर 8 को नहीं देखेगा। खाना नंबर 5 व खाना नंबर 11 पूर्ण दृष्टि होते हुए भी एक दूसरे को नहीं देखते। खाना नंबर 12, खाना नंबर 6 को नहीं देखता। खाना नंबर 9, खाना नंबर 3 को नहीं देखेगा और सनीचर खाना नंबर 6 में हो तो उल्टा खाना नंबर 2 को देखेगा क्योंकि सनीचर की दृष्टि वक्र दृष्टि होती है। देखें चित्र 77।

ग्रहों की परस्पर दृष्टि तथा पक्के घरों से उनके सम्बन्ध

(1) सिद्धान्त को सरलतम बनाने के लिए राशियों को स्त्री तथा ग्रहों को मर्द मान लेना चाहिए। दोनों के मिलाप का जोड़ा मिथुन राशि (बुध के खाली आकाश) में शुक्कर की गृहस्थी त्रिलोकी (खाना नंबर 3) में मंगल के (पक्के घर) भाई–बन्दी से चल रही है। मानो खाना नंबर 3 में शुक्कर है तथा मंगल की शुक्कर पर दृष्टि पड़ रही है। इस जोड़े की तीन विशेषताएं होंगी अर्थात् राशि तथा ग्रह की युगल विशेषता निम्न प्रकार से होगी।

(i) घर का मालिक (स्वामित्व) – साधारण नीयत

(ii) घर की उच्च राशि – नेक (शुभ) नीयत

(iii) घर की नीच राशि – मंदी (अशुभ) नीयत

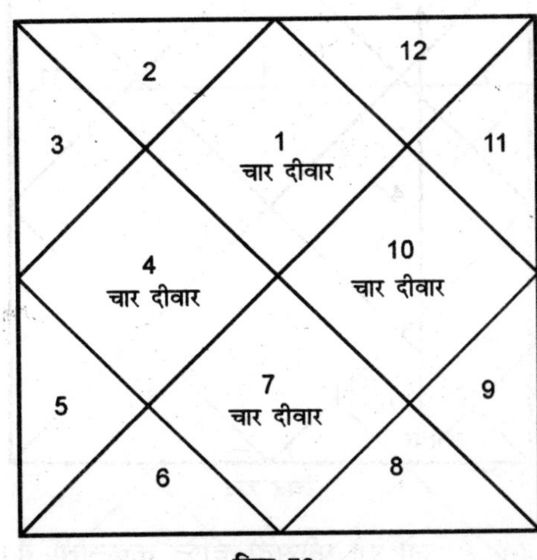

चित्र 78:

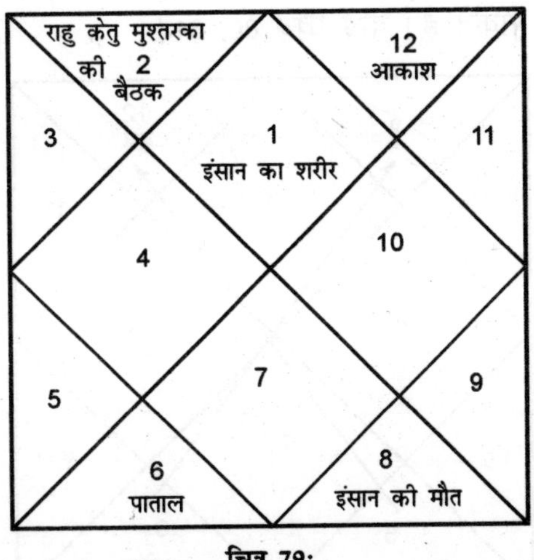

चित्र 79:

प्रत्येक राशि के लिए घर का मालिक (स्वामी) ग्रह साधारण तथा भला या बुरा होगा। उच्च राशि के कारण ग्रह व राशि को परस्पर एक दूसरे का शुभत्व प्राप्त होगा। शत्रु अथवा नीच स्थिति के लिए यही असर मंदी स्थिति प्रदान करने वाला होगा। प्रत्येक ग्रह तथा राशि का एक दूसरे से अलग–अलग सम्बन्ध होगा। इसी कारण यह महत्त्व ऊंच, नीच, शत्रु व मित्र के रूप में जाना जाता है। अतः राशि तथा ग्रह के विशेष जोड़े बनते हैं। जो कि इनके उच्च, मित्र, मालिक ग्रह वाले होते हैं परन्तु कभी–कभी ये अन्य राशियों में भी बैठ जाते हैं (सम राशि पर)। अब वह इंसान के भाग्य में वैसा ही प्रभाव देगा जैसा वह दूसरी राशि में जाकर हो गया है।

(2) टेवे के बारह खानों में एक बड़े मकान के बारह कमरे (कोठरी) की कल्पना करें। प्रत्येक कमरे की दीवार टेवे के खानों की लकीर को समझें तो विचार आएगा कि टेवे का खाना चार दीवारी वाले कमरे

के समान है तथा कुछ कमरे तीन दीवारों वाले हैं। इनमें चार दीवारों वाले– चार कमरे, तीन दीवारों वाले– आठ कमरे हैं। देखें चित्र 78।

बंद मुट्ठी के खाने (1, 4, 7, 10) बड़े तथा पूरे कमरे माने गए हैं। बाकी कमरे अधूरे कमरे कहलाएंगे क्योंकि इनमें तीन दीवारें हैं। इन आठ कमरों के द्वारा पूरे–पूरे चार कमरे बनेंगे। इस प्रकार मकान रूपी टेवे में कुल मिलाकर आठ बड़े कमरे गिने जाएंगे। खाना नंबर 1 इंसान का जिस्म (शरीर) तथा खाना नंबर 8 मौत है। इनमें बैठे हुए ग्रह मानो दीपक (रोशनी) है। इन कमरों के दरवाजे किसी न किसी तरफ खुले हुए माने गए हैं अर्थात् एक दरवाजे से रोशनी दूसरे कमरे में दाखिल होती मानी गई है। अतः इस प्रकार रोशनी का एक कमरे से दूसरे कमरे में प्रवेश "दृष्टि–सिद्धान्त" है। प्रत्येक ग्रह अपने से सातवें ग्रह तथा खाने को देखता है, से तात्पर्य यह है कि वह अपना रोशनी रूपी असर दूसरे घर में पहुंचाता है न कि यह मतलब है कि वह दूसरे घर का अंधेरा या रोशनी अपनी ओर खींचता है। खाना नंबर 8 मौत का खाना है जो उल्टा असर देता है, वह अपना असर खाना नंबर 2 को देता है, खाना नंबर 2 राहु–केतु की मुश्तरका बैठक है। जब खाना नंबर 8 खाना नंबर 2 को देखेगा तो उसमें राहु–केतु के साथ सनीचर का भी असर आएगा क्योंकि सनीचर खाना नंबर 8 के पक्के घर का मालिक है। बुध को आकाश माना गया है, खाना नंबर 12 आकाश तथा खाना नंबर 6 पाताल है। यदि खाना नंबर 12 में बुध है तो वह खाना नंबर 6 में अपना प्रभाव डाल सकता है जो दृष्टि–सिद्धान्त का अपवाद है अर्थात् बुध खाना नंबर 12 में बैठकर हर सातवें साल परिस्थितियों को बदलने में सक्षम है। इसी प्रकार खाना नंबर 8 के ग्रह भी हर आठवें साल में परिस्थितियों को बदल सकते हैं। देखें चित्र 80, 81।

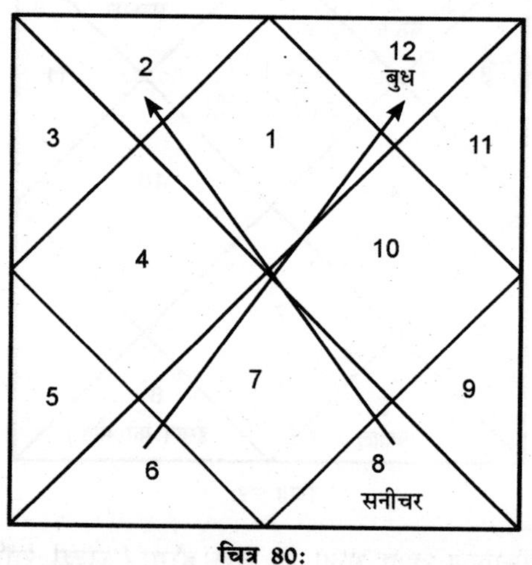

चित्र 80:

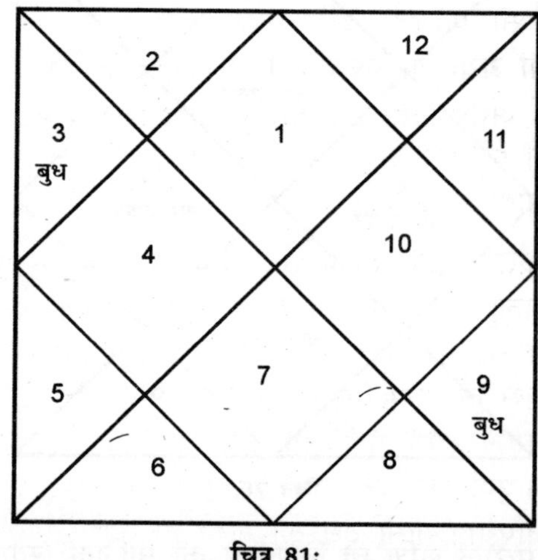

चित्र 81:

इसके अतिरिक्त खाना नंबर 3 से खाना नंबर 9 को देखता हुआ बुध, खाना नंबर 9 में बैठा हुआ बुध, खाना नंबर 12 से खाना नंबर 6 को देखता हुआ बुध, ये सभी ग्रह का फल बेकार (निरर्थक) कर देते हैं। चाहे वे बुध के दोस्त हो या दुश्मन, उच्च हो या नीच, साथ हो या अलग, चाहे वे सभी एक साथ हों या बुध अकेला हो सभी स्थितियों में बुध इनका फल निरर्थक कर देगा। इसी प्रकार खाना नंबर 8, खाना नंबर 2 को देखता है, 2 ने 6 को देखा, तो खाना नंबर 8 का असर खाना नंबर 6 में जाएगा। जो पच्चीस फीसदी होगा। खाना नंबर 6 ने 12 को देखा तो खाना नंबर 8 का असर खाना नंबर 12 में पच्चीस फीसदी जाएगा। परिणामस्वरूप खाना नंबर 2 में खाना नंबर 8 का असर सौ

फीसदी, खाना नंबर 12 में (2, 6 के द्वारा) पच्चीस फीसदी असर खाना नंबर 8 का होगा। देखें चित्र 82, 83 तथा 84।

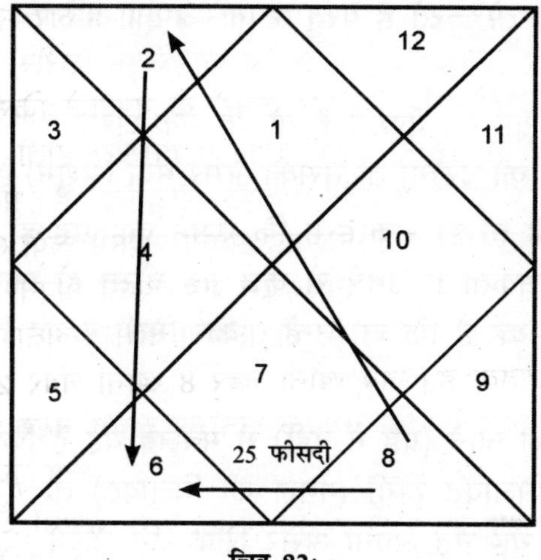

चित्र 82:

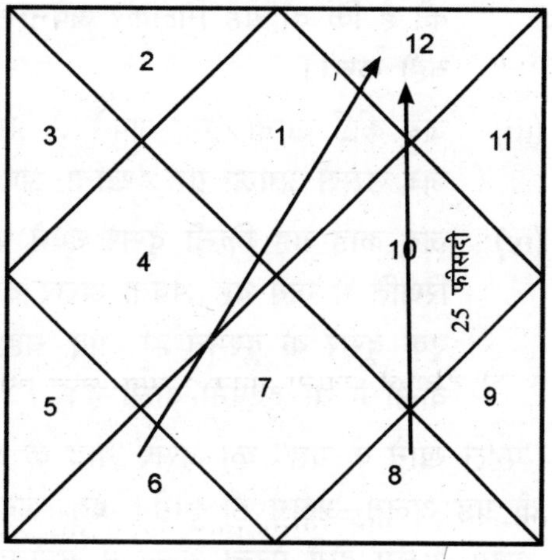

चित्र 83:

सातवीं दृष्टि और सौ फीसदी में फर्क

पूर्व में सौ फीसदी दृष्टि तथा सातवीं दृष्टि का अर्थ समझाया गया था परन्तु सातवीं दृष्टि तथा सौ फीसदी दृष्टि में अंतर होता है। सातवीं दृष्टि पूर्ण दृष्टि होती है परंतु सौ फीसदी नहीं होती। अतः इन दोनों के अंतर को सरल भाषा में इस प्रकार समझा जा सकता है।

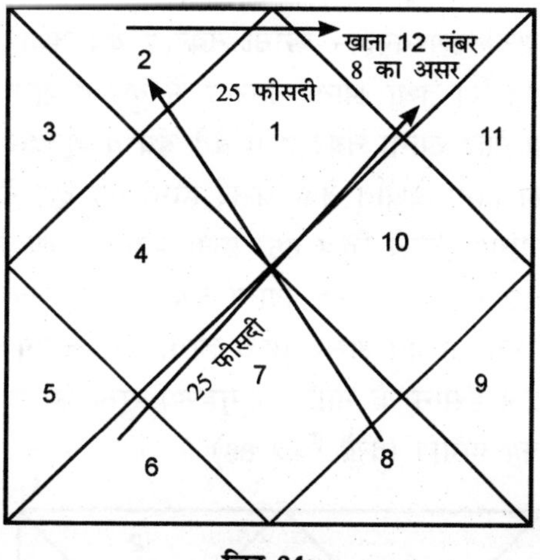

चित्र 84:

(1) सातवीं दृष्टि सौ फीसदी दृष्टि होती है। सौ फीसदी वाला खाना अपनी सातवीं दृष्टि वाले खाने पर अपना असर दूध में खांड (देसी शक्कर) की तरह जस का तस मिला देता है। परन्तु यही दृष्टि जब अगले खाने में किसी अन्य के मार्फत (माध्यम से) जाएगी तो यही नेक असर अशुभ असर में बदल जाएगा। मानो दूध का बर्तन ही जहरीला हो गया है। दोनों ही हालातों में असर सौ फीसदी होगा।

(2) (i) सौ फीसदी वाले खाने बंद मुट्ठी के खाने निश्चित हैं।

(ii) त्रिकोण वाले खाने अपने से बाद वाले (अगले वाले) खाने निश्चित हैं।

(iii) बंद मुट्ठी के अंदर अपने से सातवें का नियम लागू न होगा।

(iv) त्रिकोणों (बाहर वाले) पर सौ फीसदी का नियम लागू नहीं होगा।

(3) (i) जब कोई ग्रह अपने से बाद के खाने को सौ फीसदी दृष्टि से देखता है तो देखने वाला ग्रह अपने बाद वाले खाने के ग्रह में (खाने में नहीं) अपना असर ऐसा मिला देता है जैसे दूध में खांड (बुध की मिलावट)। ऐसी स्थिति में यह असर नेक (शुभ) होगा। इस मिलावट की खासियत यह है कि दोनों ग्रह अपना–अपना अस्तित्व खत्म करके एक हो जाते हैं तथा इस (एक) विशेष गुण के साथ अपना नेक असर दिखाते हैं।

(ii) इसी प्रकार एक ग्रह अपने से बाद के खाने में इस प्रकार की मिलावट करता है जैसे टांग कटे आदमी को दूसरी टांग (नकली) लगा दी हो। यह मिलावट (मंगल की मिलावट) इस प्रकार की है कि दो ग्रह मिलकर अपना–अपना कार्य तो करते हैं परंतु अपना–अपना अस्तित्व खत्म नहीं करते।

(iii) जब कोई खाना/ग्रह अपने से अगले खाने/ग्रह को देखता है तो वह नेक असर देगा परंतु जब उससे अगला ग्रह/खाना, अपने से अगले को देखेगा तो उसका असर मंदा (अशुभ) होगा।

(iv) जब कोई ग्रह किसी दूसरे खाने को देखता है तो हो सकता है कि उसमें कई ग्रह हों, उस स्थिति में जब वह अपना असर देगा तो हो सकता है उनमें से कुछ ग्रह दोस्त हो जाएं या एक दूसरे के दुश्मन हो जाएं, यहां महत्त्वपूर्ण यह है कि जो उन्हें ताकत मिली है वह दोस्ती वाली है या दुश्मनी वाली है।

(4) ''पहले खाने के ग्रह'' का असर 'बाद के खाने' में मिल जाने (ग्रह में नहीं) से मतलब यह है कि बाद के ग्रह अलग–अलग ही होंगे। अतः जब खाने में मिलावट होगी (मंगल की मिलावट) तो ग्रह तो अलग–अलग होंगे परन्तु असर में समानताएं होंगी। यह ग्रह अपना असर सिर्फ उन चीजों पर देंगे जो चीजें उस खाने से सम्बन्धित होंगी।

उदाहरणस्वरूप– खाना नंबर 7 बुध तथा शुक्कर दोनों का ही पक्का घर है। माना कि खाना नंबर 1 में सूरज है। तथा खाना नंबर 7 में बुध व शुक्कर है। अब खाना नंबर 7 में खाना नंबर 1 का असर मिल जाएगा और खाना नंबर 7 में बैठे बुध व शुक्कर, सूरज की तरह चमकने लगेंगे। सूरज का यह असर उच्च ग्रह का होगा अर्थात् नेक असर होगा जो दूध में खांड की तरह मिल जाएगा। अर्थात् सौ फीसदी का असर कहलाएगा। (देखें चित्र 85) इसी प्रकार अन्य उदाहरण में शुक्कर खाना नंबर 6 में हो और मंगल खाना नंबर 12 में हो तो जब खाना नंबर 6 से शुक्कर का असर खाना नंबर 12 में जाएगा तो मंगल के लिए खाना नंबर 6 का असर उच्च होगा उन तमाम चीजों के लिए जो खाना नंबर 12 से सम्बन्धित है। अर्थात् टेवे वाले इंसान के भाई का गृहस्थ सुख उम्दा होगा। परन्तु टेवे वाले की स्त्री (पत्नी) का सुख मंदा तथा नीच का होगा। (देखें चित्र 86)

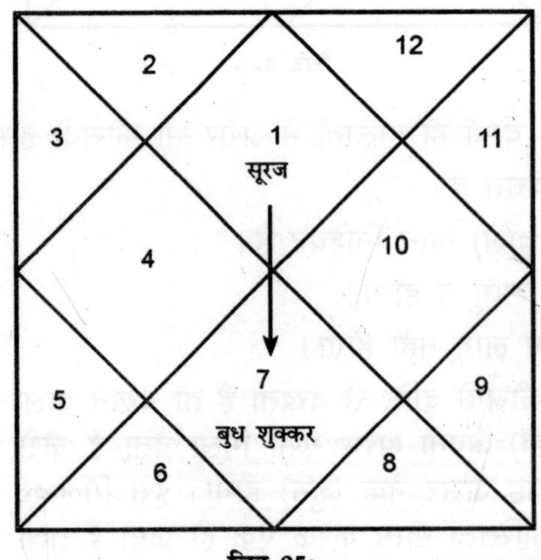

चित्र 85:

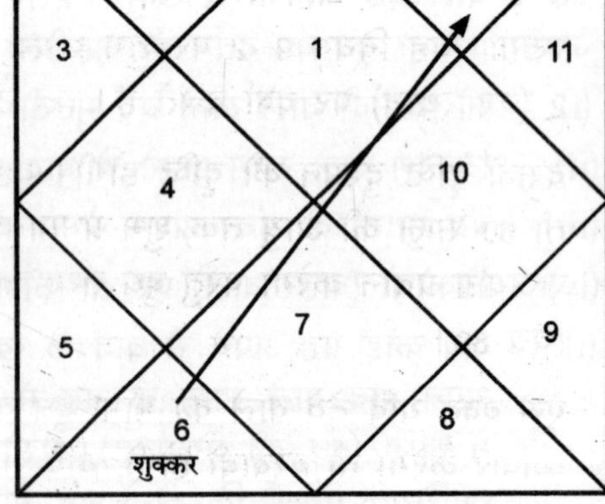

चित्र 86:

खास-खास चीजों के लिए दृष्टि

(सेहत–बीमारी, शादी–औलाद, मकान वगैरह)

घर अपने से पांचवें दोस्त, सातवें उल्टे होते हैं
आठवें घर पर टक्कर खाते, बुनियाद नौवें पर होते हैं
तीसरे घर के जुदा-जुदा तो, बुध से वे आ मिलते हैं
घर दस पर वो बाहम दुश्मन धोखा देते या चक्कर हैं
नर ग्रह बोलते जुफ्त के घर में स्त्री बोलते ताक में हैं
बुध है बोलता तीन-छः में तो, पापी नहीं बोलते दो में हैं

(1) दो घरों के मध्य (दृष्टि–सिद्धान्त में) तीन घर हों तो पांचवें खाने के ग्रह दोस्त होते हैं। चाहे वह दोस्त हों अथवा दुश्मन। देखें चित्र 87।

(2) दो घरों के मध्य (दृष्टि सिद्धान्त में) पांच घर हों तो सातवें खाने के ग्रह पर उल्टा प्रभाव देंगे परन्तु यह नियम बंद मुट्ठी के खानों (1, 4, 7, 10) पर लागू नहीं होगा। देखें चित्र 87।

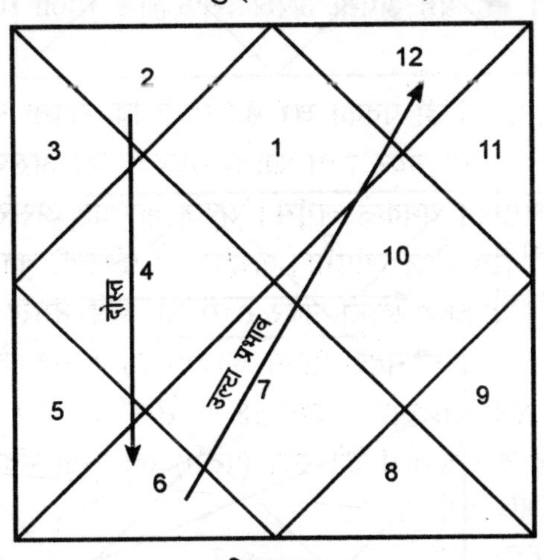

चित्र 87:

2
12
3
1
शुभ टकराव
11
4
10
5
7
9
6
मंदा टकराव
8

चित्र 88:

(3) 6, 8 वाले ग्रह आपसी टकराव पैदा करेंगे, इस स्थिति में टकराव के खानों पर मंदा (अशुभ) प्रभाव पड़ेगा। यह नियम 9–2 पर शुभ प्रभाव देगा। क्योंकि 9 (भाग्य स्थान) से बादल उठकर खाना नंबर 2 (धन स्थान) पर वर्षा करते हैं। यह टकराव वर्षा के हित में शुभ होगा। देखें चित्र 88।

(4) दसवीं दृष्टि दुश्मन की दृष्टि होगी। यह गुप्त दुश्मन कहलाता है। यदि खाना नंबर 9 में सनीचर हो तो 60 साल की आयु तक शुभ प्रभाव देगा। साथ ही खाना नंबर 6 में बुध हो तो यह उच्च का बुध राजयोग प्रदान करेगा परंतु बुध तथा सनीचर का 4, 10 का सम्बन्ध दुश्मन–सम्बन्ध कहलाएगा। देखें चित्र 89।

ऐसे वक्त यदि टेवे वाले का मामा बुध का व्यापार करे तो शुभ (राजयोग) होगा और यदि सनीचर का व्यापार करेगा तो बरबादी होगी, यदि घर के बड़े लोग सनीचर का व्यापार करें तो शुभ और यदि बुध का व्यापार करेंगे तो बरबाद होंगे।

(5) खाना नंबर 10 तथा खाना नंबर 5 में टकराव (6, 8) का सम्बन्ध है। अतः खाना 10 को खाना नंबर 5 के लिए विष समान माना गया है। खाना नंबर 10 खाना नंबर 5 को देखेगा परंतु खाना नंबर 5 खाना नंबर 10 को नहीं देखेगा। खाना नंबर 5 में चन्द्र हो तो यह चन्द्र खाना नंबर 10 के लिए विष के समान है। देखें चित्र 90।

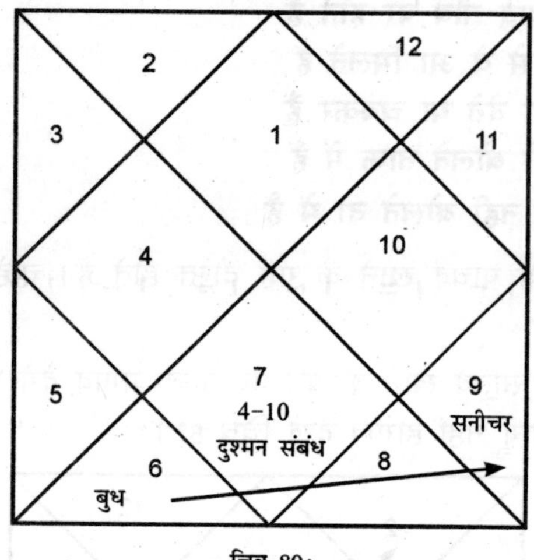

चित्र 89:

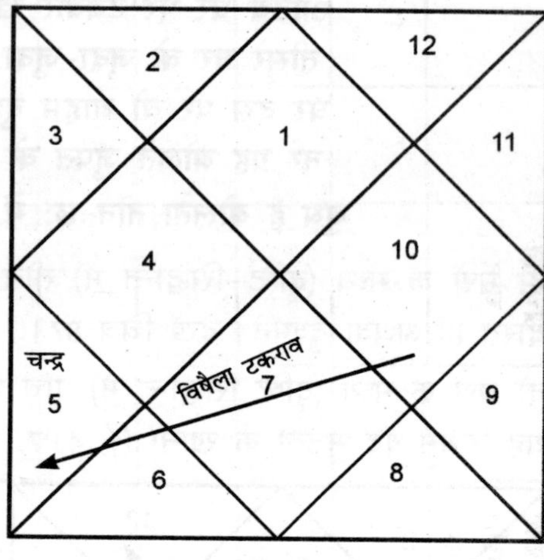

चित्र 90:

(6) जब घर अथवा ग्रह सोये हुए हों तो दृष्टि सिद्धांत आगे–पीछे दोनों ओर चलेगा। मसलन खाना नंबर 3 खाना नंबर 9 व 11 को देखता है। अब खाना नंबर 9 व 11 भी खाना नंबर 3 को देखेंगे। देखें चित्र 91।

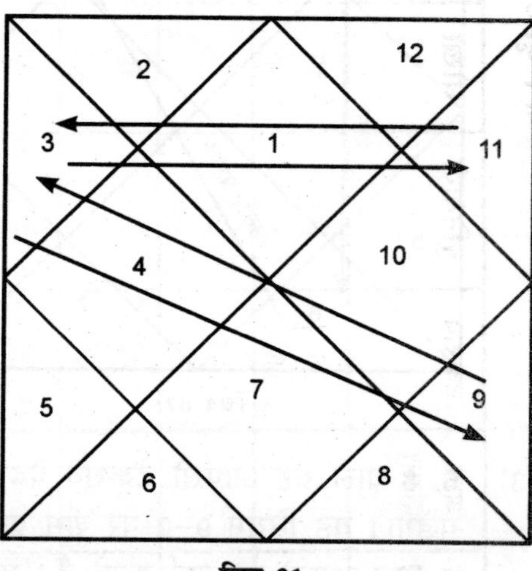

चित्र 91:

वे खाना नंबर जो सम हैं (2, 4, 6, 8, 10, 12) उनमें नर (पुरुष) ग्रह बोलते हैं। वे खाना नंबर जो विषम हैं (1, 3, 5, 7, 9, 11) उनमें स्त्री ग्रह बोलते हैं। बुध केवल खाना नंबर 3 और खाना नंबर 6 में बोलता है तथा पापी ग्रह (सनीचर, राहु, केतु) खाना नंबर 2 में नहीं बोलते हैं।

प्रस्तुत सारणी में प्रत्येक खाना नंबर के आधार पर दूसरे खाना नंबर को किस प्रकार परस्पर सहायता चोट, टकराव, धोखा इत्यादि देते हैं की व्याख्या की गयी है। देखें सारिणी पेज नंबर 121 पर और सारिणी पेज 122 पर ग्रहों के मुश्तरका (संयुक्त) असर की मात्रा।

(1) यहां A तथा B का अर्थ अलग–अलग है।
A देख सकता है खाना नंबर ....को।
B देख सकता है खाना नंबर ....से।

(2) मदद दृष्टि में 5, 9 का नियम सभी में लागू होगा। अर्थ यह है कि 5 खाना, 9 को और खाना नंबर 9, 5 के द्वारा दिखेगा।

योग-दृष्टि

खाना नंबर	दृष्टि	बाहम (परस्पर) मदद	आम हालात	टकराव	बुनियादी	धोखा	मुश्तरका (साझी) दीवार		अचानक चोट			निशान
1	A B	5 9	7 7	8 6	9 5	10 4	2 12	10	3	7	11	D
2	A B	6 10	8 8	9 7	10 6	11 5	3 1	—	4	—	—	E
3	A B	7 11	9 9	10 8	11 7	12 6	4 2	—	1	—	—	F
4	A B	8 12	10 10	11 9	12 8	1 7	5 3	1	10	6	—	H
5	A B	9 1	11 11	12 10	1 9	2 8	6 4	—	7	—	—	G
6	A B	10 2	12 12	1 11	2 10	3 9	7 5	—	4	—	—	K
7	A B	11 3	1 1	2 12	3 11	4 10	8 6	10 6	1	5	9	L
8	A B	12 4	2 2	3 1	4 12	5 11	9 7	2	10	—	—	M
9	A B	1 5	3 3	4 2	5 1	6 12	10 8	—	7	—	—	N
10	A B	2 6	4 4	5 3	6 2	7 1	11 9	11 9	4	8	12	P
11	A B	3 7	5 5	6 4	7 3	8 2	12 10	—	1	—	—	Q
12	A B	4 8	6 6	7 5	8 4	9 3	1 11	—	10	—	—	R

ग्रहों की आपसी दृष्टि के वक्त मुश्तरका असर की मात्रा

कायम हो या देखता हो।	साथ बैठे या देखे जाने वाले ग्रह की ताकत होगी।								
ग्रह	बृहस्पत	सूरज	चन्द्र	शुक्कर	मंगल	बुध	सनीचर	राहु	केतु
बृहस्पत	—	2	$\frac{1}{2}$	$3\frac{3}{4}$	$\frac{2}{1}$	$\frac{2}{1}$	$\frac{3}{1}$	$\frac{2}{1}$	$\frac{5}{6}$
सूरज	$\frac{2}{3}$	—	$\frac{3}{4}$	$\frac{3}{4}$	$\frac{2}{1}$	$\frac{1}{2}$	धन 2/3 पिता 1/2 सुख 1/3	ग्रहण	$\frac{1}{2}$
चन्द्र	$\frac{1}{2}$	—	—	$\frac{2}{1}$	$\frac{2}{2}$	$\frac{2}{1}$	$\frac{1}{3}$	$\frac{1}{2}$	ग्रहण
शुक्कर	$\frac{1}{2}$	$\frac{3}{4}$	$\frac{1}{2}$	—	$\frac{4}{3}$	$\frac{2}{2}$	$\frac{1}{3}$	$\frac{2}{1}$	$\frac{2}{1}$
मंगल	$\frac{2}{1}$	2	$\frac{2}{1}$	$\frac{1}{3}$	मंगल–बद $\frac{1}{3}$	$\frac{2}{1}$	$\frac{4}{3}$	0	$\frac{1}{2}$
बुध	$\frac{1}{2}$	$\frac{2}{1}$	$\frac{1}{2}$	$\frac{2}{2}$	$\frac{2}{2}$	—	$\frac{5}{4}$	$\frac{2}{1}$	$\frac{1}{4}$
सनीचर	$\frac{5}{4}$	धन 2/3 पिता 1/2 सुख 1/3	$\frac{1}{3}$	$\frac{4}{3}$	$\frac{1}{3}$	$\frac{4}{5}$	—	$\frac{2}{1}$	$\frac{1}{2}$
राहु	0	ग्रहण	$\frac{1}{2}$	$\frac{1}{2}$	$\frac{2}{3}$	$\frac{2}{1}$	$\frac{2}{1}$	—	$\frac{2}{2}$
केतु	$\frac{2}{1}$	$\frac{1}{2}$	ग्रहण	$\frac{2}{1}$	$\frac{1}{2}$	$\frac{3}{4}$	$\frac{2}{1}$	$\frac{2}{2}$	—

(3) आम हालात में सातवीं दृष्टि नियम सभी में लागू होगा अर्थात् खाना नंबर 1 के लिए खाना नंबर 7 को देखेगा और 7 खाना नंबर 1 से दिखेगा।

(4) टकराव में 8–6 का नियम लगेगा, मतलब खाना नंबर 1 के लिए खाना नंबर 8, खाना नंबर 6 को देखेगा।

(5) बुनियादी की स्थिति में खाना नंबर 1 के लिए खाना नंबर 9, खाना नंबर 5 को देखेगा।

(6) धोखा में खाना नंबर 1 के लिए खाना नंबर 10 खाना नंबर 4 को देखेगा। इसी प्रकार अन्य का असर लेंगे। विस्तृत व्याख्या आगे दी जाएगी।

- (i) दोस्त या दुश्मन भाव, शुभ–अशुभ प्रभाव की मात्रा होगी।
- (ii) अनुपात से ऊपर का अंक देखे जाने वाले ग्रह की मात्रा होगी।
- (iii) नीचे का अंक देखे जाने वाले ग्रह के प्रभाव की मात्रा होगी।
- (iv) एक ही अंश से पूरा का पूरा अंक देखे जाने वाले ग्रह की ताकत का सूचक होगा।

मदद दृष्टि

सारिणी के अनुसार 1, 5, 9 की दृष्टि मदद दृष्टि कहलाती है अर्थात् खाना नंबर 1 देखता है खाना नंबर 5 को तथा खाना नंबर 5 देखता है खाना नंबर 9 को। इस दृष्टि सिद्धान्त में ये ग्रह चाहे एक दूसरे के दोस्त हों अथवा दुश्मन, करेंगे एक दूसरे की मदद ही। इसलिए ही इसे मदद दृष्टि कहते हैं। यह नियम प्रत्येक खाने के लिए इसी प्रकार से होगा। (देखें चित्र 92) सूची में खाना नंबर 1 के आगे D निशान यह सूचना देगा कि खाना नंबर 1 खाना नंबर 9 के द्वारा देखा जा सकेगा मतलब अब इस दृष्टि सम्बन्ध में 1, 5, 9, 1 का दृष्टि सम्बन्ध स्थापित हो जाएगा अर्थात् खाना नंबर 9 भी खाना नंबर 1 को मदद दे सकेगा। इसी प्रकार प्रत्येक खाने के लिए यह नियम लागू होगा।

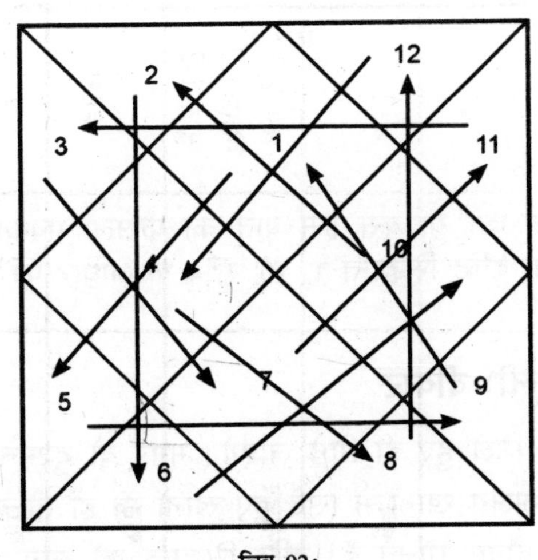

चित्र 92:

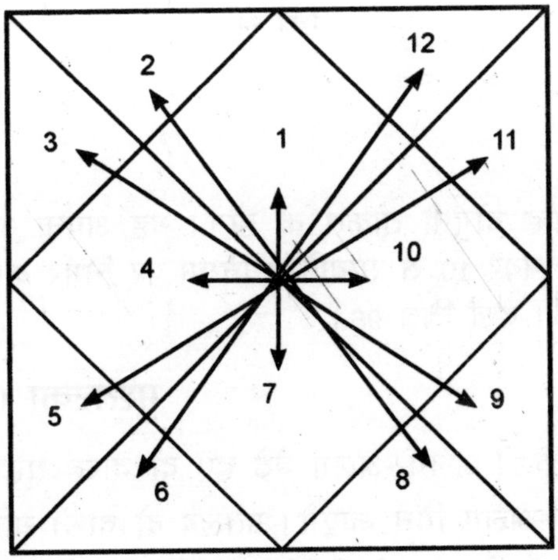

चित्र 93:

आम हालत

इस प्रकार की दृष्टि में प्रत्येक खाना अपने से सातवें वाले को देखेगा अर्थात् 180 अंश पर सीधी दृष्टि सिद्धान्त कार्य करता है। देखें चित्र 93।

टकराव

दो अलग–अलग घरों के ग्रह चाहे आपस में दोस्त हों अथवा दुश्मन मगर एक ही खाने में बैठने पर टक. राव पैदा करेंगे। मतलब एक दूसरे का बुरा ही करेंगे। टकराव दृष्टि सिद्धान्त के अन्तर्गत खाना नंबर 1 खाना नंबर 8 को देखेगा और खाना नंबर 6 खाना नंबर 1 को देखेगा। 1, 8 तथा 6, 1 का सिद्धान्त कार्य करेगा। देखें चित्र 94।

बुनियादी

चाहे आपस में दोस्त हों या दुश्मन मगर एक दूसरे को पक्की बुनियाद की तरह मदद देंगे। दोनों का बुनियादी उसूल एक ही होगा। मतलब दोनों के ग्रह एक दूसरे को हर संभव बुनियादी मदद प्रदान करने वाले होंगे। इनमें 1, 9, 5, 1 का दृष्टि सिद्धान्त कार्य करेगा। देखें चित्र 95।

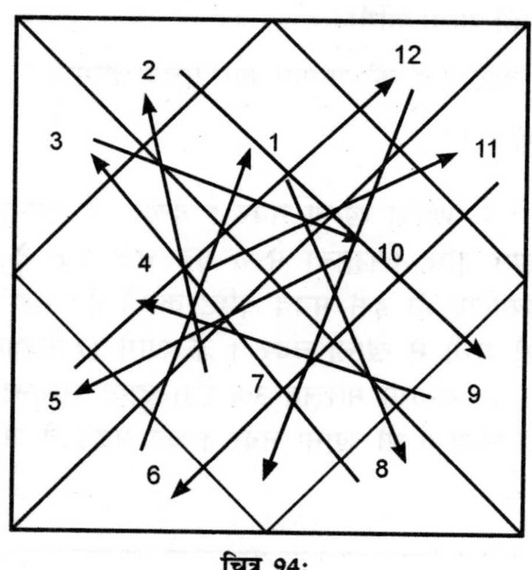

चित्र 94:

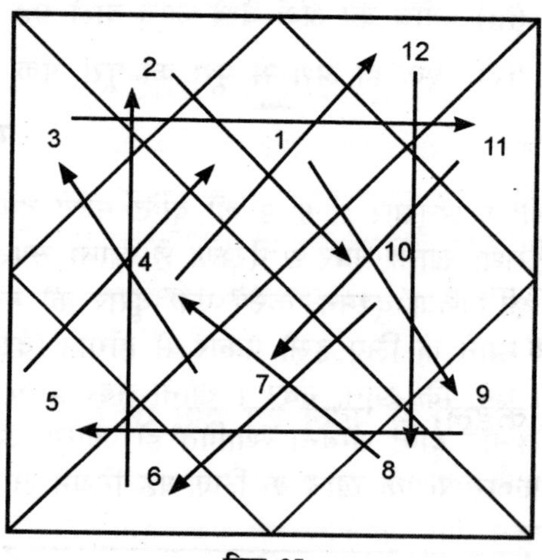

चित्र 95:

धोखा

यह ग्रह दोगुनी ताकत के होंगे। यह अपना असर अच्छा देंगे या बुरा इस बात का फैसला पक्का घर खाना नंबर 10 से सम्बन्धित नियम पर निर्भर करेगा। धोखा दृष्टि सिद्धान्त 1, 10, 7, 4 के आधार पर कार्य करेगा। देखें चित्र 96।

मुश्तरका (मिली जुली) दीवार

दो घरों में अलग–अलग बैठे हुए दो दोस्त ग्रह आपस में मिले हुए ही गिने जाएंगे। मगर दो दुश्मन ग्रह अलग–अलग गिने जाएंगे। मतलब दो दोस्त यदि अलग–अलग खानों में (सटे हुए खानों में) हों तो उनके बीच की दीवार नहीं गिनते परन्तु दो दुश्मन के बीच की दीवार गिनते हैं। दृष्टि सिद्धान्त को लागू करते समय दूर–दूर खानों में बैठे ग्रह भी ठीक वैसे ही देखे जाएंगे जैसे की आपस में साथ–साथ के घरों में बैठे हों। दृष्टि सिद्धान्त 1, 2, 3, 4, 5, 6, 7, 8, 9, 10, 11, 12 लागू होगा। देखें चित्र 97।

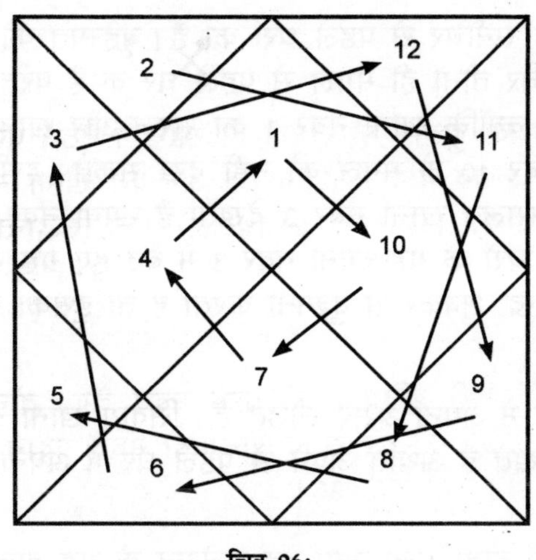

चित्र 96:

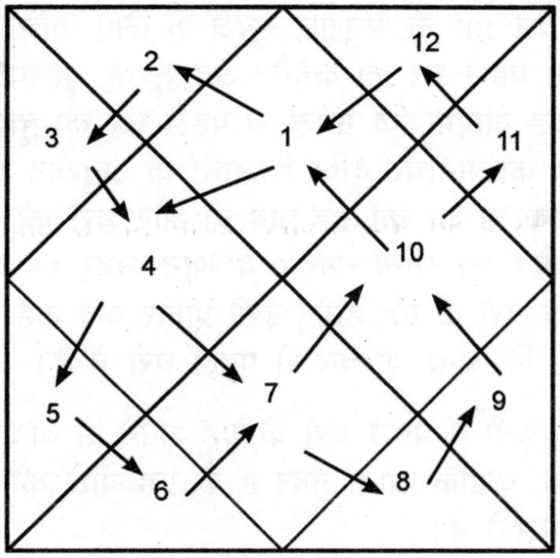

चित्र 97:

अचानक चोट

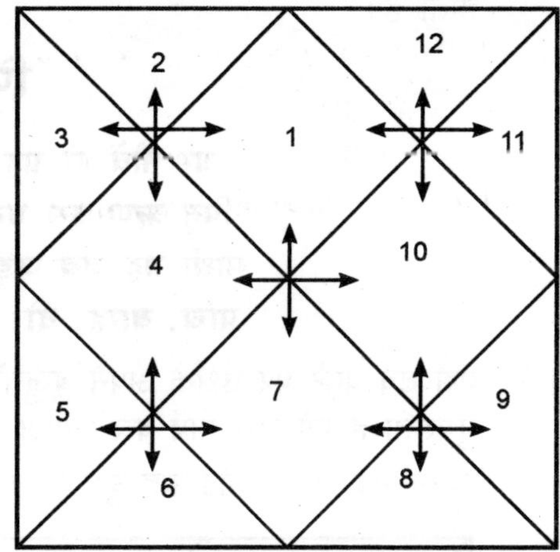

चित्र 98:

चाहे दोस्त हों या दुश्मन जब कभी भी मौका मिलेगा ऐसी चोट करेगा कि चोट खाने वाला सोच भी न सके कि किसने चोट की। यह चोट अचानक होगी जो जानमाल का नुकसान कर देगी। इसमें 3, 7, 11 का दृष्टि सिद्धान्त कार्य करेगा। देखें चित्र 98।

कुंडली में पहले या बाद के घरों के ग्रह

(1) पहले घरों के ग्रह वे होंगे जो खाना नंबर 1 से गिनने पर पहले आएं या फिर जो ग्रह गिनती में पहले आएं और दूसरे ग्रह को भी देखते हों। देखें चित्र 99।

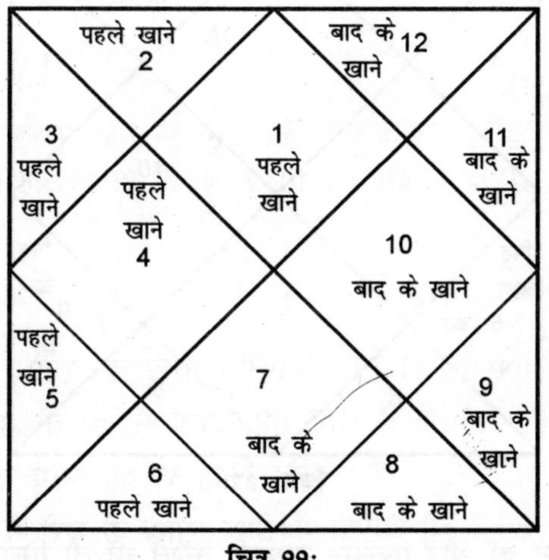

चित्र 99:

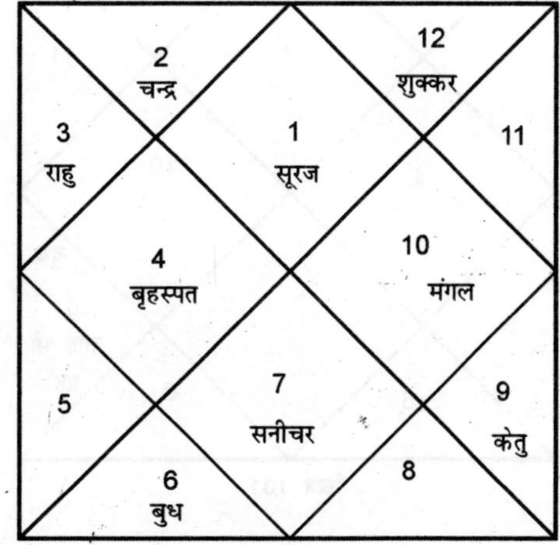

चित्र 100:

(2) चित्र 100 के अनुसार सूरज के लिए कहेंगे कि यह सनीचर से पहले घरों का है। बृहस्पत को मंगल से पहले घर का कहेंगे। अब सूरज, बृहस्पत, सनीचर तीनों ही मंगल से पहले घर के हैं परन्तु कहा यह जाएगा कि मंगल से पहले घर का बृहस्पत है क्योंकि खाना नंबर 1 का सूरज और खाना नंबर 7 का सनीचर दृष्टि सिद्धान्त के अनुसार खाना नंबर 10 के मंगल को नहीं देख सकते। इसी तरह एक ही घर का ग्रह जब दो और घरों को देखे। मसलन खाना नंबर 3 देखता है खाना नंबर 9, 11 को। अब खाना नंबर 9 व खाना नंबर 11 दोनों ही घरों के ग्रह खाना नंबर 3 में बैठे हुए ग्रह से बाद के घरों के ग्रह होंगे। इसी प्रकार जब कहेंगे कि चन्द्र, शुक्कर से दुश्मनी करता है तो इसका मतलब है कि चन्द्र, शुक्कर से पहले घरों में है।

(3) कुंडली में पहले घरों के ग्रह अपने से बाद के घरों में अपना असर छोड़ते हैं। सिवाय खाना नंबर 8 के, क्योंकि खाना नंबर 8 के ग्रह पीछे की ओर देखते हैं अर्थात् अपने से पहले घर में अपना असर मिलाते हैं।

(4) जिस टेवे वाला इंसान वंश–दर–वंश मंदी हालत में होता चला जाए वह उलझन के ग्रह वाला टेवा होता है।

पितृ ऋण का ग्रह

घर नौवें हो ग्रह कोई बैठा, बुध बैठा जड़ साथी जो
पितृ ऋण उस घर से होगा, ग्रह असर सब निष्फल हो
साथी ग्रह जब जड़ कोई काटे, दृष्टि मगर वह छुपता हो
पांच, बारह, दो, नौ कोई मंदे, ऋण पितृ बन जाता हो

(1) ऐसे टेवे वाले पर उसके अपने बुजुर्गों के पापों का असर होता है। इस प्रकार के पाप की सजा वही भुगतता है जो उस पाप करने वाले का सबसे करीबी रिश्तेदार होता है।

(2) खाना नंबर 9 में कोई ग्रह बुध के साथ बैठा हो तो पितृ ऋण बन जाता है। देखें चित्र 101।

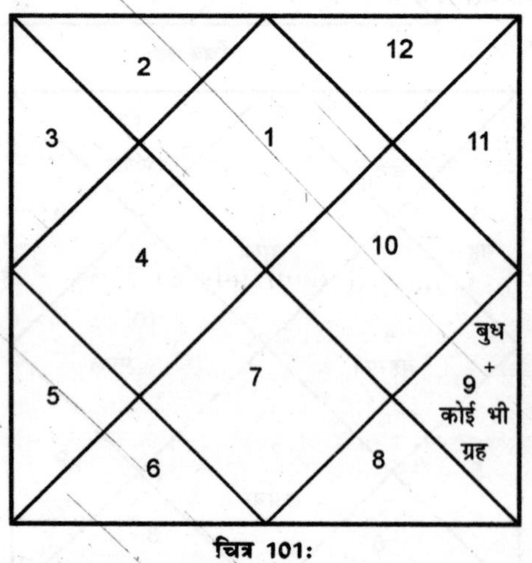

चित्र 101:

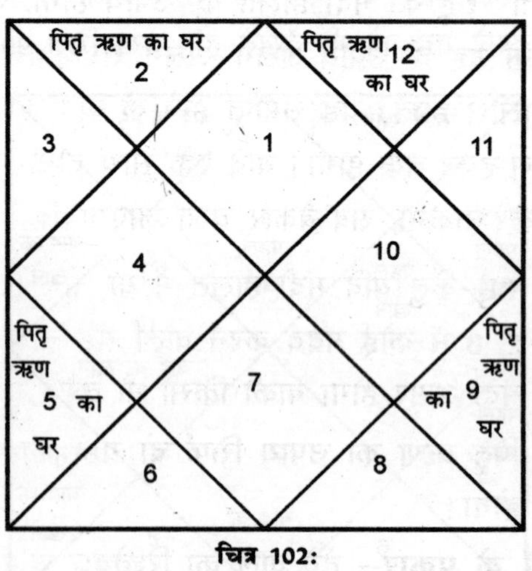

चित्र 102:

(3) खाना नंबर 2, 5, 9, 12 में ग्रह 1 या 1 से अधिक बैठे हों और परस्पर दुश्मनी करते हों तो पितृ ऋण बनेगा। देखें चित्र 102।

(4) टेवे में जिस ग्रह की जड़ (राशि) में उसका दुश्मन ग्रह बैठकर उसका फल दूषित कर रहा हो तथा साथ ही वह स्वयं भी मंदा हो रहा हो तो पितृ ऋण होगा। इसकी पहचान यह है कि इस प्रकार का ग्रह पिता–पुत्र, भाई–चचेरे भाई इत्यादि सभी की कुंडलियों (टेवे) में मंदा (अशुभ) होता चला आ रहा होगा तथा लगभग एक ही स्थिति में नजर आएगा।

(5) वास्तव में पितृ ऋण की स्थिति खाना नंबर 9 के ग्रहों के कारण बनती है। यानि जब खाना नंबर 9 या खाना नंबर 9 के मालिक ग्रह (बृहस्पत) किसी दूसरे घर में (1 से अधिक) बैठकर आपस में दुश्मनी कर रहे हों या वे सभी या उनमें जो कोई बृहस्पत की ताकत को खराब करते नजर आ रहे हों तो पितृ ऋण होगा।

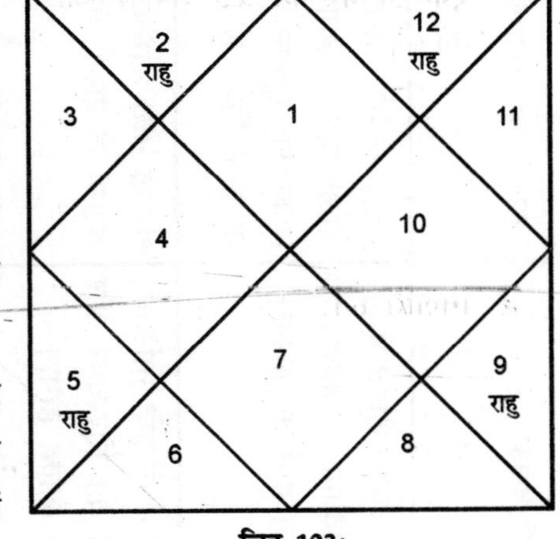

चित्र 103:

(6) राहु के द्वारा बृहस्पत चुप हो जाता है। यदि राहु बृहस्पत को चुप कराकर अपना मंदा असर बृहस्पत के माध्यम से (बृहस्पत के मालिकाना खाने में बैठकर या पक्के घर में बैठकर) दे तो भी पितृ ऋण होगा। देखें चित्र 103।

(7) चन्द्र की खराबी से भी माता तरफ से मातृ ऋण का कारण हो सकता है। ऐसे में टेवे वाले व्यक्ति के ग्रह कितने ही अच्छे क्यों न हों परन्तु बुरा असर दो ग्रहों का ही होगा जो पूरे टेवे पर भारी होगा।

उपाय– पितृ ऋण के कारण दो ग्रहों का मंदा असर होगा तथा उपाय भी दो ग्रहों का ही करना होगा। एक तो उस ग्रह का उपाय होगा जो खुद खराब असर दे रहा है और दूसरे उस ग्रह का उपाय करेंगे जिस राशि में वह बैठा है। मसलन बृहस्पत खाना नंबर 9 में बैठा हो और राहु खाना नंबर 11 में बैठ जाए तो एक तो "राहु की मंदी हालत का उपाय होगा, दूसरा "बृहस्पत खाना नंबर 9 में बरबाद" का उपाय होगा। ये दोनों ग्रह के उपाय अलग–अलग समय पर करने होंगे मतलब पहले एक ग्रह का उपाय चालीस दिन या चालीस हफ्ते। यह समाप्त होने के बाद कुछ हफ्ते रुककर फिर दूसरे ग्रह का उपाय चालीस दिन या चालीस हफ्ते तक होगा। यदि एक साथ दोनों ग्रहों का उपाय कर दिया गया तो किसी का भी उपाय काम नहीं कर सकेगा, सब बेकार चला जाएगा।

(8) राहु–केतु यदि मंदी हालत में या नीच (राहु खाना नंबर 12, केतु खाना नंबर 6) हालत में हों तथा 2, 8 में कोई मदद करने वाला ग्रह न हो तो पितृ ऋण होगा। ऐसे में सिर्फ सांसारिक सम्बन्धों पर मंदा असर होगा बाकी किसी भी तरफ़ मंदा असर न होगा।

(9) पितृ ऋण का उपाय सिर्फ दो ग्रहों का होगा। उपाय ग्रहों की मियाद के अन्दर करना लाभदायक होगा।

ऋणों के प्रकार– टेवे वाले का रिश्तेदार से सम्बन्ध तथा पाप के प्रकार से ऋण का नाम निश्चित किया जाता है। जो आगे सारिणी में स्पष्ट किया जा सकता है।

क्रम संख्या	ग्रह का नाम	किस खाना नंबर में	दुश्मन ग्रह जो बैठा हो	ऋण की किस्म	पाप की वजह	आम चिन्ह (निशानी या पहचान)
1	बृहस्पत	2, 5, 9, 12	बुध, शुक्कर राहु	पितृ ऋण	बुजुर्गों ने खानदानी कुल पुरोहित बदला होगा। पारिवारिक विवाद के कारण या पुरोहित का वंशज न होने के कारण।	पड़ोस के मंदिर अथवा बृहस्पत की चीजों (पीपल इत्यादि) को बरबाद (नुकसान पहुंचाना) कर रहे हों या कभी किया हो।
2	सूरज	5	शुक्कर या पापी ग्रह (राहु, केतु, सनीचर)	निजी ऋण	खराब अन्त वाला, धर्म के प्रति नास्तिक, पुराने रीति–रिवाजों का तिरस्कार और अपमान करने वाला व्यक्ति होगा।	घर के नीचे अग्निकुंड या छत से रोशनी के रास्ते होंगे।
3	चन्द्र	4	केतु	मातृ ऋण	अपनी संतान पैदा होने के बाद माता की दर–बदर की हालत तथा उसको दुखी करने या उसका स्वयं ही दुखी होने में कारण बनना।	पड़ोस के कुआं, दरिया, नदी–नाला पूजने की बजाय घर का गंदा मैला उसमें फेंकना या भेजना।
4	शुक्कर	2–7	सूरज, राहु, चन्द्र	स्त्री ऋण	कुटुम्बी द्वारा औरत से मारपीट अथवा संतान होने के वक्त औरत को जान से मारना।	घर में दांतों वाले जानवर अथवा गाय का पालना खानदानी नफरत का उसूल होगा।
5	मंगल	1–8	बुध, केतु	रिश्तेदारी (सम्बन्धी) ऋण	मित्र को जहर देना या किसी की पकी–पकाई फसल में आग लगा देना, किसी की गर्भवती भैंस मरवा देना, मकान बनाने पर आग लगा देना।	रिश्तेदारों के मेल–मिलाप से नफरत, बच्चो के जनमदिन व त्योहार को मनाने से गुरेज होगा।

6	बुध	3–6	चन्द्र	कन्या या बहन का ऋण	किसी की कन्या या बहन को धोखा देना या उसकी हत्या (या हद से ज्यादा जुल्म) करना।	कम उम्र बच्चों (लड़का या लड़की) को बेचना या गुप्त तरीके से लालच में उनका शादी–ब्याह करवा देना।
7	सनीचर	10–11	सूरज चन्द्र मंगल	ऋण जालिमाना (अत्याचारी)	जीव हत्या, धोखे या छल से किसी का मकान बिना कोई कीमत अदा किए हथिया लेना।	घर के मकान का बड़ा रास्ता दक्षिणा में होगा या संतानहीन से जगह लेकर मकान बनवाया हो अथवा रास्ता रोककर या कुआं, ढककर मकान बनवाया होगा।
8	राहु	12	सूरज, शुक्कर, मंगल	अजनमे का ऋण (जो पैदा न हुआ हो)	ससुराल या संबंधियों से धोखा इस प्रकार से किया जाए कि उसका कुल नष्ट हो जाए।	मुख्य दरवाजे की दहलीज के नीचे नाली चलती होगी या दक्षिण की दीवार के साथ उजाड़ कब्रिस्तान अथवा भड़भूजे की भट्टी होगी।
9	केतु	6	चन्द्र, मंगल	दरगाही (कुदरती) ऋण	कुत्ता, फकीर से दुर्व्यवहार या दुराचार इस हद तक कि उसकी दुर्दशा या तबाही हो जाए और ऐसी कार्यवाही बुरी नीयत से की जाए।	दूसरे की नर औलाद को गुप्त तरीके से मरवा देना या कुत्ते को बिना वजह गोली मरवा देना या केतु से सम्बन्धित चीजों को स्वार्थ के कारण नष्ट कर देना।

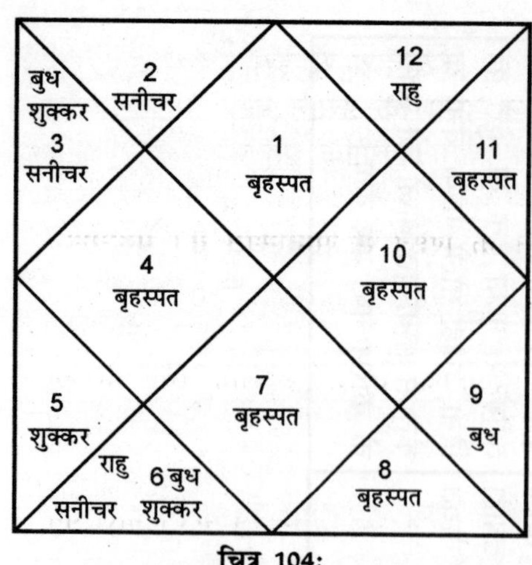

चित्र 104:

पितृ ऋण की पहली हालत

(जब बुध जड़ में बैठा हो)

बृहस्पत खाना नंबर 9 और बुध खाना नम्बर 12
सूरज खाना नंबर 9 और बुध खाना नम्बर 5
चन्द्र खाना नंबर 9 और बुध खाना नम्बर 4
शुक्कर खाना नंबर 9 और बुध खाना नम्बर 2, 7
मंगल खाना नंबर 9 और बुध खाना नम्बर 1, 8
सनीचर खाना नंबर 9 और बुध खाना नम्बर 10, 11
राहु खाना नंबर 9 और बुध खाना नम्बर 12
केतु खाना नंबर 9 और बुध खाना नम्बर 6

पितृ ऋण की दूसरी हालत

बृहस्पत खाना नंबर 1, 4, 7, 8, 10, 11 में हो और पापी सनीचर खाना नंबर 2 में हो अथवा शुक्कर खाना नम्बर 5 में हो अथवा बुध खाना नंबर 9 में हो अथवा राहु खाना नंबर 12 में हो अथवा बुध तथा शुक्कर खाना नंबर 3, 6 अथवा पापी सनीचर खाना नंबर 3, 6 में बैठा हो। देखें चित्र 104।

पितृ ऋण की तीसरी हालत

(1) सूरज खाना नंबर 1, 11 से बाहर तथा खाना नंबर 5 में शुक्कर या पापी ग्रह।

(2) चन्द्र खाना नंबर 4 से बाहर तथा खाना नंबर 4 में शुक्कर, बुध, सनीचर।

(3) शुक्कर खाना नंबर 1, 8 से बाहर तथा खाना नंबर 2, 7 में सूरज, चन्द्र, राहु में से कोई एक दो या तीनों ग्रह।

(4) मंगल खाना नंबर 7 से बाहर तथा खाना नम्बर 1, 8 में बुध–केतु।

(5) बुध खाना नंबर 2, 12 से बाहर तथा खाना नंबर 3, 6 में चन्द्र।

(6) सनीचर खाना नंबर 3, 4 से बाहर तथा खाना नंबर 10, 11 में सूरज, चन्द्र, मंगल।

(7) राहु खाना नंबर 6 से बाहर तथा खाना नंबर 12 में सूरज, शुक्कर, मंगल।

(8) केतु खाना नंबर 2 से बाहर तथा खाना नंबर 6 में चन्द्र, मंगल।

नोट– ***सदैव ध्यान रहे कि पितृ ऋण हमेशा जनम-कुंडली में देखा जाएगा। वर्षकुंडली का पितृ ऋण से कोई सम्बन्ध नहीं होगा।***

किसी भी स्थिति में खाना नंबर 2, 5, 9, 12 की मंदी (अशुभ) हालत भी पितृ ऋण के लिए आवश्यक है। यदि 2, 5, 9, 12 खाने मंदी हालत में नहीं हों तो किसी भी प्रकार का ऋण टेवे में बन रहा हो तो उसका कोई महत्त्व नहीं समझना चाहिए।

पितृ ऋण का उपाय

पितृ ऋण का मतलब है बुजुर्गों का कर्जा अर्थात् ऐसा पाप जो बुजुर्गों ने किया हो परन्तु इसका भुगतान मौजूदा पीढ़ी को करना पड़े। इस पाप से टेवे वाले व्यक्ति का कोई लेना–देना नहीं होता परन्तु इसका

हिसाब उसे स्वयं चुकाना पड़ता है। जिस ग्रह से सम्बन्धित चीजों या रिश्तेदारों से इस पाप (ऋण) का सम्बन्ध होता है। उन चीजों या रिश्तेदारों का इस हद तक नुकसान होगा कि इंसान बरबादी की कगार पर पहुंच जाए। ऐसे वक्त में पितृ ऋण का उपाय ही एकमात्र रास्ता होगा। क्योंकि यह उपाय पितृ ऋण से सम्बन्धित है इसलिए इस उपाय में खानदान के सभी मर्द (पुरुष) तथा औरत (स्त्री) भाग लें तभी इस उपाय का उचित फल प्राप्त हो सकेगा। खानदान से अभिप्राय खून के रिश्ते से सम्बन्धित है। मसलन– बाप, भाई, लड़की, पोता–पोती, बहु, बहिन, दोहता, पोता, बाबा, परदादा इत्यादि। परन्तु टेवे वाले व्यक्ति की औरत (पत्नी) के माता–पिता (ससुर) की तरफ के रिश्तेदारों के शामिल होने या न होने की कोई शर्त शामिल नहीं है। टेवे वाले व्यक्ति की लड़की (पुत्री), बहन, बुआ या उनकी औलाद (नर हो या मादा) का इस उपाय में शामिल होना जरूरी है परन्तु यदि ऐसा होना संभव न हो सके तो कोई परेशानी की बात नहीं है। सूचित करने के बावजूद भी अगर कोई रिश्तेदार शामिल न हो (नाराजगी या निजी कारणों से) तो पितृ ऋण का यह बोझ सम्बन्धित रिश्तेदार के खानदान में जारी रहेगा। उपाय करने वाले की यह जिम्मेदारी होगी कि वह इस उपाय में उसकी हिस्सेदारी को भी औपचारिक रूप से शामिल करे ताकि उसके सर से भी इसका (पितृ ऋण का) कुछ हिस्सा उतर सके। हिस्सा शामिल किए जाने की यह शर्त होगी कि यह हिस्सा, आम हिस्से का दस गुना होगा। यानि कि अगर आम हिस्सा दस पैसे है तो गुमराह प्राणी (जो शामिल नहीं हो सका) का हिस्सा सौ पैसे होगा। जिस तरह पूर्व में ग्रह–चालों के आधार पर (घटनाओं के आधार पर) बताया गया था कि किस ग्रह का पितृ ऋण परेशानी का सबब (कारण) बना हुआ है उसी प्रकार नीचे दी गई ग्रह–चालों (घटनाओं) के आधार पर सम्बन्धित ग्रह के पितृ ऋण का पता किया जा सकेगा।

पितृ ऋण की निशानियां (पहचान)

बृहस्पत

जिस खानदान (परिवार) में किसी स्त्री या पुरुष के बालों में सफेदी आने लगेगी तो उसकी किस्मत (भाग्य) का सोना पीली मिट्टी में बदलता हुआ मालूम (प्रतीत) होगा। मालूम होगा कि जैसे–जैसे बाल सफेद हुए, सफेदी से कमजोरी (बालों का टूटना) की ओर आ पहुंचे तो इस तरह की तब्दीलियों (परिवर्तनों) के साथ–साथ घर का सोना गहरा पीला पीतल हुआ और पीतल से स्याह काले लोहे में बदल गया। जाहिर (मालूम) होगा कि जब तक बालों में कालिक (जवानी) थी तब तक घर में सोना था और ज्यों–ज्यों कालिक पर सफेदी (बुढ़ापे की ओर अग्रसर) मलती गई, त्यों–त्यों घर का सोना पीतल और पीतल लोहा होता चला गया अर्थात् किस्मत मंदी होती चली गई। दुनियावी (सांसारिक) इज्जत बिना वजह बेइज्जती का सबब बनती चली गयी। जो काम खुद–ब–खुद (अपने–आप) हो जाया करते थे वे कार्य पूरी ताकत लगाने के बाद भी मुकाम (मंजिल) तक नहीं पहुंचे तथा नेक फल नहीं दे रहे। सुख की नींद की जगह दुःख की काली खांसी (अथाह दुख) की शिकायत होगी। सर में मुसीबतों तथा दुनिया की काली करतूतों का दर्द मालूम होगा।

सूरज

ज्यों–ज्यों जिस्म (शरीर) जवान हुआ और जवानी ने अपना सर उठाया त्यों–ज्यों उसका जिस्म और पांव राजदरबारी हवाओं (शानशौकत) से तंग आने लगे अर्थात् आर्थिक मंदी की स्थिति होने लगी। जैसे जवानी से स्वयं दुःख और गरीबी आकर मिलने लगे। बचपन की उम्मीदें धूप (विषम परिस्थितियों) के असर से खत्म होने लगीं। बिना वजह परेशानियां आने लगीं और इंसान को गले लगाने लगी। कसूर (गलती) किसी और का और सजा किसी और को मिलने लगी। मानो हाथ के दर्द को दुनियावालों ने दिल की बीमारी करार देकर

कहा कि इसके दिल, जिगर का आपरेशन होना चाहिए जबकि आंखें तकलीफ में है और राजदरबारी वैद्य (काबिल डॉक्टर) ने इलाज के नाम पर हर तरह की दलीलबाजी (बहस) को साबित करते हुए उसके दांत निकालकर उसको कर्जे में डाल दिया हो। इंसान का यही हाल होता रहा, जवानी की शुरुआत से बुढ़ापे में प्रवेश तक लगभग अड़तालीस साल तक। फिर उनचासवें साल से शान्ति की हवा के कुछ ठंडे–ठंडे झोंके (सुधार की ओर) जिस्म से टकराने लगे जब उसका पोता ग्यारह माह या ग्यारह साल का हो गया।

चन्द्र

जब भी बच्चा तालीम (शिक्षा) प्रारम्भ करे या दूध देने वाले जानवर घर में आ जावें, या श्रीमती (पत्नी) बच्चे को दूध पिलाने लगे तब से लेकर चांदी का पैसा, घड़े का पानी, दिल की शान्ति, रात का आराम, आमदनी का फव्वारा (आय के स्त्रोत), घर का दूध, यार–दोस्तों व रिश्तेदारों की मदद, सभी कुछ इस कदर तब्दील (परिवर्तित) होने लगे मानो रेशम के रंग की बजाय दीवारों पर मिट्टी की सफेदी ने जगह ले ली हो। किसी दूसरे ने मदद के लिए कोशिश भी की तो उसका जवाब सिफर (शून्य) ही रहा। यदि पैसा इकट्ठा भी किया तो वह मुर्दे के कफनों में (अचानक अथवा फालतू खर्चा), रिश्तेदारों की बीमारियों में अथवा बेवजह उत्साह एवं जुर्मानों में तथा अचानक आई आफत में ही खर्च हो गया। इसके बाद कोई ऐसा दिन न आया कि दिल ने खुद–ब–खुद खुश होकर दूध मांगा हो अर्थात् अपनी इच्छाएं जाहिर की हों अथवा खुश होकर किसी दोस्त को दूध पिलाया हो। यदि कुछ हुआ भी तो ऐसे कि दोस्त की पगड़ी (इज्जत) या जूता (छोटा स्वार्थ) उड़ाने को दिल चाहा।

शुक्कर

शादी होने के लिए बाजे बजे, शादी हुई, जिस्म को धोया तो जिस्म चमकने लगा। औरत (पत्नी) या खाविन्द (पति) बन बैठे मगर शादी की रात शादी का असल फल (नर–संतान) प्राप्त न हुआ और दुनिया वालों के दिखावे ने उन्हें नहीं बख्शा। खुशी के वक्त मातम का साथ हुआ मतलब इधर शादी और उधर इन्हीं का कोई मुर्दा जल रहा हो या जलाने के लिए तैयार हो। अगर कोई खुशी होगी तो साथ ही कोई गम जरूर होगा। मानो खुशी के फल के अन्दर गम का बीज हो। पता न चल सका कि मर्द (पुरुष) या औरत (स्त्री) में ऐसा कौन है जिसके शुभ काम होते ही घर के अन्दर ऐसा बन्दर–कीला (परेशानियों का आगाज या आरम्भ) गड़ गया है कि जमी हुई मिट्टी उड़कर सर पर पड़ने लगी है। जानवर और औरत दोनों रात को बिलकने (राने) लगे। एक चूड़ी टूटी तो दूसरे को तोड़ने की कोशिश होने लगी या रोकते–रोकते ही खुद–ब–खुद टूट गई। परन्तु जाहिर (पता) न हुआ कि यह किसकी खूबसूरती थी कि देखने वालों की ओर से जले हुए दिल की भाप के आंसू कतरे–कतरे होकर बहने लगे।

मंगल

जिस्म (शरीर) में खून पैदा (जवानी) हुआ। मुंह पर मूछें निकलने लगी और हैज (मासिक धर्म) शुरू हुआ। दोनों में नफसानी धुन (यौन इच्छा) पैदा हुई। हर वह काम जिसमें हाथ डाला खुद–ब–खुद नेक (शुभ) होता मालूम हुआ। जो इंसान नहीं जानता था खुशी से स्वयं मिलने की लालसा लेकर आने लगा। दुश्मन दूरी बनाते तथा दोस्त आशा रखते नजर आने लगे। जो भी दांतों में आया (रुकावट) खुद–ब–खुद चक्की में अनाज के घुन (कीड़ा) की तरह पिसता चला गया। मैदान–ए–जंग, (प्रतिस्पर्द्धा) राज–सभा, स्त्री दरबार (स्त्रियों की गोष्ठी में) अथवा माता के परिवार (ननिहाल) सभी जगह तथा हर क्षेत्र में उसका जिक्र होने लगा। परन्तु अचानक ही एक गुमनाम आग भड़क उठी। छत (मंजिल) पर पहुंचने ही वाला था कि कमर टूट गई (आफत आ गई)। किसी यार–दोस्त ने मदद न की और मिट्टी की डली के इल्जाम (छोटे से

कसूर) में उसका खून बहा दिया। रहम (माफी) ने साथ छोड़ा, मुन्सिफ (जज) ने नजर फेरी और जिन्दा ही कब्र में गाड़ दिया गया। वह धर्म और ईमान पर चला, सब पर भरोसा किया परन्तु दुनियादारों (समाज) ने शीशे के टुकड़ों के रेत का किरदार (भूमिका) निभाया। खानदान में जो भी इंसान हैसियत या तरक्की करता देखा गया वही अचानक मौत का शिकार या बरबाद और तबाह होता देखा गया। उम्र के अट्ठाईसवें और छत्तीसवें साल के बीच का अरसा (समय) उस जालिम चक्की के चलने का समय पाया गया। तबियत बिगड़ी तो किसी हकीम (डॉक्टर) ने यह तफ्तीस (पड़ताल) न की कि उसके खून में अच्छी ताकत तथा हालत होते हुए भी अचानक बीमारी आ जाने की वजह क्या थी? आफत पर आफत आती चली गई परन्तु किसी ने भी इसके कारण का सुराग न पाया। मुंह पर मूंछें क्या निकली मौत के आमद (आगाज) की किरणें साबित हुईं।

बुध

लड़के के बाद लड़की पैदा हुई। दोनों बड़े होने लगे, जब दांतों की चक्की चलने लगी तो समय परिवर्तित हुआ। आवाज आई कि कोई लटक गया, कपड़ा फंस गया, चक्की हल्की करो, किसी जानकार को बुलाओ जो कष्ट कम करे, चक्की बंद करे, बुद्धि भ्रष्ट हो गई, हाथ बाईं की जगह दाईं ओर लग गया, चक्की और तेज हो गई। जुबान का एक जरा सा लफ्ज (शब्द) तलवार से ज्यादा नुकसान कर बैठा। लड़का पैदा हुआ घर वालों ने शुक्र मनाया लेकिन बाप को क्या पता कि उसका धन–दौलत सब रेत हो जाएगा। नाड़ियां खिंचने लगी, दांत हिलने लगे, मानो चलती चक्की के बीच की कीली निकल गई हो। पिता की उम्र शक्की (अकाल मौत) हुई और माता अपनी जान से हाथ धो बैठी। उस खानदान में कोई बाप न हुआ और कोई माता न हुई। आमतौर पर खूब तन्दुरुस्त रहे पर जैसे ही बेटे ने जनम लिया वैसे ही बाप बना इंसान अपनी हालत देखकर रात के वक्त आंसू बहाकर रोने लगा। अगर कोई माता बनने पर जीवित रही तो अपनी हालत पर बुढ़ापे तक सिसकती और बिलखती ही देखी गई। बाप और माता यह न पहचान सके कि उनकी दौलत को बरबाद करने वाला कीड़ा कहां लगा है? अगर किसी तरह दो आने जोड़ भी लिए तो अगले साल सवा दो आने का खर्चा मुंह चिढ़ाता नजर आने लगा। गनीमत यह रही कि माल का नुकसान होता रहा लेकिन जानें सलामत रही। वरना कई खानदान तो इस कदर बरबाद हुए कि उनके नाम लेने वाले तो एक तरफ बल्कि खानदान के भाई, पैसे से मदद कर देने वाले और जिनकी मदद की, खानदान के रिश्तेदार के सामने मासूम बच्चे दोनों हाथों से सर पीटते तथा गुमनाम गड्ढों में गिरकर खत्म होते देखे गए। वही भला था जो बेजुबान था। कुछ भी न था, एक फंदा मौजूद था तथा उस फंदे को लगाने वाला शिकारी का साया मौजूद न था। दांत चले गए, ससुराल खत्म हो गई, मामा बरबाद हो गए परन्तु लड़के के भेद में इस जालिम कसाई के चक्कर का राज खुलने न पाया, जब उम्र चौंतीस से अड़तालीस हुई तो तमाम जिस्म की नाड़ियों ने कोशिश करके देखा कि राज क्या है तो यही मालूम हुआ कि "जिसने कुछ काम न किया उसका नाम बदनाम हुआ, लेकिन जिसने कुछ काम किया वह गुमनाम हुआ, मगर दोनों के दायरे की हदबन्दी (सीमा) का निशान कोई मुकर्रर न हुआ"

सनीचर

नींद से उठे, आंखें खोली तो मकान के दरवाजे पर दस्तक की आवाज आई कि वह किधर गए जो शाम को मशीनों का सौदा कर रहे थे, कुछ बयाना (पेशगी) भी दे गए थे। कारखानों की रखरखाव तक के खर्चे की पेशगी तक की बात चल रही थी परन्तु सौदा अभी चल ही रहा था कि उनकी आंखों में धूल का जर्श (कण) उछल के पड़ गया। बेहोशी की हालत हो गई और कहानी वैसी की वैसी ही रह गई। बारिश हो रही है। समान व मकान तबाह हो रहे हैं, पता करना है कि वे साहब कहां हैं?

इतने में भागती हुई लड़की आई और बोली कि मकान के उस कोने में जहां लकड़ी का सामान रखा था आग लग गई है, पानी के नल का चौकीदार बाहर गया है। उस आग में एक–दो रिश्तेदार की टांग भी जख्मी हो गई है और उनको अस्पताल पहुंचाने का इंतजाम नजर नहीं आता। यह बात हो ही रही थी कि कोने से एक सांप सरकता हुआ नजर आया, सब घबड़ा गए। बारिश के जोर (ताकत) से बिना छत की दीवारें गिरने लगी और नींद से जागते ही पहली बार दहलीज से कदम बाहर निकाला। ससुराल और बच्चों के विद्यालयों से पैगाम (संदेश) आए कि सिपाहियों और जनता में नाहक (अकारण) ही झगड़े फसाद शुरू हो गए हैं। लड़का निहायत (बहुत ही) लायक था तथा मकानों, पहाड़ों, खानों, इंजनों और डॉक्टरी के इल्म (हुनर) से वाकिफ (जानकार) था, मगर वजह पता न चल सकी कि मुमतहन (परीक्षक) ने क्यों सिफर (शून्य) देकर निकाल दिया? लड़का जिस कदर होशियार तथा समझदार था, समाज में उसी कदर उसकी बेकद्री हुई। मकान आलीशान बनाया गया लेकिन रहने के वक्त उसमें आराम न मिला। अगर बना–बनाया मकान लिया तो उसमें सीढ़िया बीच से टूटती गई और बनती गई। कई बार तो मालिक ने एक रात भी मकान में न बिताई। अगर कभी रात को सो भी गया तो दोबारा अगली सुबह जागता हुआ न पाया गया। कोशिश करने पर भी मालूमात (जानकारी) न हो सकी क्योंकि उस मकान में व्यक्तियों या चीजों को आराम नहीं मिल पाता? वहां क्यों सांपों, हथियारों या जहरनुमा (जहरीली) घटनाओं को अंजाम मिलता चला गया?

राहु

शाम हुई, नींद का आगोश जारी हुआ, कुछ ख्वाब की लहरें आने लगीं। हर तरह का आराम और दुश्मनों से बचाव का सामान इकट्ठा हो चुका कि अचानक बिजली की लहर फट गई। सजा–सजाया मकान जलने लगा। नींद उचट गई, ख्वाब भूल गया और जान के लाले पड़ गए। कुछ ही देर में करोड़ों अरबों के मालिक और नीलम के व्यापारी एक ही पल में खाक हो गए। जगह–जगह चोरी, राहजनी (लूट), गबन (हेरा–फेरी), धोखाधड़ी (धोखा–देना) और फरेब के वाकिआत (घटनाएं) से धन हानि होने लगी। जो भी ससुराल पक्ष का रिश्तेदार हुआ या सोलह से इक्कीस साल उम्र में पहुंचा, बुरे खयालातों (विचारों) का पुलिन्दा और जिस्म में विभिन्न बीमारियों का घर, जिससे बचपन से जवानी की बजाय बुढ़ापे से निपटता नजर आने लगा। जिस कदर ज्यादा समझदारी और अक्ल का इस्तेमाल करता गया उतना ही बेकार, निकम्मा, निर्धन और बेमददगार होता गया। शाम को सोया तो तन्हाई में सोचा कि क्यों सोना ख्वाम–ख्वाह (बेमतलब) गहरे पीले रंग (बृहस्पत) से नीले रंग (राहु) में बदलता चला गया। खानदानी सदस्य, बच्चे और नौजवान देखने में खूबसूरत तथा अच्छी कद काठी के होने के बावजूद दमा, मिरगी, काली–खांसी और सांस की तरह–तरह की बीमारियों के साथ–साथ बेगुनाह जेलखाने और अचानक (अकाल) मौत की तादाद बढ़ने लगी। खुद चाहे कितने ही शरीफ, गरीब तबीयत और डरकर चलने वाले हों मगर मुन्सिफ (जज) ने कुछ न कुछ जुर्माना उसके सर डाल ही दिया मसलन कारावास, जुर्माना या अर्थदण्ड। यह भी न बताया गया कि कसूर (जुर्म) क्या था? जो किया सब कुछ उलट–पलट होता गया। जमीन की तह से छत तक नजर दौड़ाई। समुद्र से आसमान दोनों तक की छान–बीन (खोज) कर ली। सुबह से पक्की शाम तक खोजने के बाद यही खयाल आया कि सभी कुछ गुमनामी का पैमाना है जो गुमनाम सजाएं और आफतें खड़ी कर रहा है।

केतु

बच्चे खेल में इधर–उधर भागने लगे और कुत्ते के बच्चे भी साथ में आ मिले। अचानक एक मुसाफिर का पांव फिसलकर कुत्ते के मुंह पर लगा वह अपनी जान बचाने को दूसरे मासूम बच्चे पर झपटा जो डर कर भागता हुआ सड़क पर आ गया और वाहन के नीचे आ गया। माता जो दो मंजिले मकान पर अपने बच्चे को नहला रही थी, इस दृश्य को देखकर बच्चे को छोड़ा और नीचे की ओर आई। वाहन के नीचे आया बच्चा

मर गया तथा उसी का दूसरा भाई जो तीसरी मंजिल पर छत पर बैठा धूप सेक रहा था, शोर–शराबे को सुनकर नीचे को देखने लगा और जमीन पर आ गिरा, माता का छोड़ा हुआ तीसरा बेटा पानी के बर्तन में डूबकर मर गया। जब माता अपने दोनों मरे हुए बच्चों को लेकर ऊपर आई तो तीसरा बच्चा मरा हुआ पाकर उसकी टांगें फूल गई। उस माता को किसी की आवाज कानों में सुनाई नहीं दे रही थी, किसी का मशविरा (सलाह) काम नहीं दे रहा था। उस बेचारी की रीढ़ की हड्डी बिना किसी के तोड़े, मानो खुद–ब–खुद टूट गई। अभी तीन थे और अभी एक भी नहीं रहा, किसने, क्यों और कैसे मार दिए पता नहीं? खानदान में किसी के नर औलाद नहीं हुई, हुई तो मर गई, मरी नहीं तो टांगों से लाचार हो गई। इसके बावजूद भी कोई जवान हो गया तो कानों से बहरा, पेशाब की बीमारियों से दुखिया, अधरंग फालिज (आधे जिस्म पर लकवा मार जाना) का मरीज हो गया। अगर अपना खानदान बचा तो मामा के खानदान में बरबादी हो गई। अगर घर में दो पैसे बचे तो मुसाफिरी (यात्रा) में हजारों का नुकसान होता देखा गया। अव्वल (प्रथम) तो कोई नेक सलाहकार (सही मार्गदर्शक) मिला नहीं मिला तो गुमराह ही किया। उस अचानक धोखे, जंजाल तथा दोरंगी दुनिया (दोगले समाज) की नीयत और गंदे परिणामों की नीयत का कोई पता न चल सका।

नोट– लाल किताब महाग्रन्थ की यह विशेषता है कि इसमें ज्ञान के समुद्र को सरल से सरल भाषा का प्रयोग करते हुए पाठकों तक पहुंचाने का प्रयास किया गया है। पूर्व में वर्णित नव ग्रहों की विवेचना एक सरल कहानी के रूप में करना लाल किताब की सरल भाषा शैली का अकाट्य उदाहरण है। उपर्युक्त ग्रहों की विवेचना में वर्णित शब्दों ''पितृ ऋण का उपाय'' का भावार्थ है कि ''लिखित ग्रह की विवेचना से पितृ ऋण का असर जाहिर होगा'' परन्तु पाठक स्मरण करें तो पाएंगे कि पूर्व में ''ऋणों के प्रकार'' शीर्षक में पाप की वजह तथा ''आम चिह्न (निशानी) या पहचान'' सारिणी में वे सभी स्थितियां स्पष्ट कर दी गई हैं जो कि पितृ ऋण को पहचानने तथा जानने के लिए आवश्यक मानी गई है।

यह मेरा व्यक्तिगत विचार है कि ''पितृ ऋण का उपाय'' शीर्षक में ग्रहों के बारे में जो विवेचना दी गई है वह ''पितृ ऋण'' शीर्षक से भिन्न है। वास्तव में यह विवेचना ग्रहों के अपने गुण तथा स्वभाव होने चाहिए। ज्योतिष में प्रत्येक ग्रह की निजी विशेषताएं होती हैं तथा वह ग्रह कुछ वस्तुओं से सम्बन्धित कुछ व्यक्तियों या सम्बन्धियों को सूचित करता है। ये सभी विशेषताएं तथा सम्बन्ध एक कहानी के रूप में बहुत ही खूबसूरत तथा सरलतम पद्धति के द्वारा ज्योतिष के छात्रों के समक्ष प्रस्तुत किए गए हैं। उपरोक्त घटनाओं रूपी कहानियों में प्रत्येक ग्रह की शुभ तथा अशुभ अवस्था में ग्रह का प्रभाव तथा ग्रह से सम्बन्धित वस्तुओं तथा व्यक्तियों के बारे में भी दर्शाया गया है। उदाहरण के रूप में केतु ग्रह को ही लिया जाए, केतु ग्रह की पूरी कहानी को पढ़ें तथा विचार करें कि इसमें केतु की ज्यादातर विशेषताओं को शामिल कर लिया गया है। जैसे कुत्ता, मुसाफिर, फिसलना, करे कोई भरे कोई, वाहन से टक्कर, छत से गिरना, पानी में डूबना, टांग में सूजन, किसी की सलाह न मानना, भ्रम पैदा होना, अचानक होने वाली घटनाएं, नर औलाद, टांगों से लाचार, बहरापन, पेशाब की बीमारी, अधरंग फालिज का मरीज, ननिहाल, यात्राएं, धोखे, षड्यन्त्र इत्यादि। इसी प्रकार कहानी को अपने विचारों की उड़ान देकर केतु से सम्बन्धित अन्य गुण पता किए जा सकते हैं। मेरा मानना है कि किसी भी विषय की बुनियादी जानकारी होना ही विषय की संपूर्णता का प्रतीक है बशर्ते छात्र को बुनियादी नियम व सूत्र स्पष्ट होने चाहिए। निश्चित रूप से यही सोच लाल किताब के रचयिता की भी रही होगी। शायद इसलिए ही लाल किताब के रचियता ने ग्रहों की समीक्षा सूक्ष्य तथा सरलतम रूप से की है।

उपाय

बृहरपत– पूरे खानदान में जितने सदस्य हों तथा जहां तक खून का रिश्ता हो सभी से एक–एक पैसा (बराबर मात्रा में निश्चित धनराशि) लेकर धर्म मन्दिर में एक ही दिन देना चाहिए। अथवा अपने खानदानी

घर से बाहर निकलने के लिए दहलीज (दरवाजे) पर अटक जाएं। अब मुंह मकान के बाहर और पीठ अन्दर को होगी। अब जिधर नजर जा रही हो उधर अथवा जिधर बायां हाथ है उधर इन दोनों तरफ में सोलह कदम की दूरी के अन्दर बृहस्पत की चीजें (धर्म मन्दिर या पीपल का वृक्ष) मौजूद होगा। उसकी पालना (पूजा) करें।

सूरज– पूरे खानदान के हर एक सदस्य जहां तक खून का रिश्ता हो उन सबसे बराबर–बराबर हिस्सा लेकर यज्ञ करें।

चन्द्र– कुल खानदान के प्रत्येक सदस्य से जहां तक खून का असर हो उन सभी से बराबर–बराबर हिस्से की चांदी लेकर एक ही दिन दरिया (नदी) में बहा दें।

शुक्कर– संपूर्ण खानदान के सभी सदस्य जहां तक खून का रिश्ता हो बराबर–बराबर मात्रा का हिस्सा लेकर सौ गायों को एक ही दिन (किसी निश्चित दिन) लजीज (स्वादिष्ट) भोजन कराया जाए।

मंगल– गांव की सीमा के बाहर से गांव में दाखिल (प्रवेश) होने पर दरमियानी (बीच में) जो दुकान पड़े, दुकान के मालिक जो सनीचर की चीजों के कारोबार (व्यवसाय) से जुड़ा हो मसलन कोई कारीगर, पेशेवर हकीम या वैद्य अथवा नालबंद (घोड़े के पैर में नाल ठोकने वाला) इत्यादि हो। पूरे खानदान से जहां तक खून का रिश्ता हो एक–एक पैसा (बराबर मात्रा में निश्चित धनराशि) इकट्ठा करके इस इंसान को कारोबार करने के लिए मुफ्त में दें।

ऐसे शख्स (इंसान) की निशानी (पहचान)– गांव में पूर्व दिशा से दाखिल होते हुए एक चौक (चौराहा) आएगा। ऐसे में ठीक सामने एक शख्स की दुकान होगी। दाएं हाथ की तरफ उस चौक से एक रास्ता जा रहा होगा, दुकान का एक दरवाजा भी इसी हाथ पर (उसी रास्ते पर) होगा। बाएं हाथ पर भी दुकानें हैं, इन दुकानों का मालिक इन्हें बेच गया। जिसने दुकानें खरीदी उसका लड़का मर गया तथा जिसने उन दुकानों में कारोबार (व्यवसाय) किया वह बरबाद हो गया। ऐसे इंसान का लड़का या तो हुआ भी न होगा अगर हुआ होगा तो जवान होने से पूर्व मर गया होगा और अगर किस्मत से जवान हो भी गए तो लड़कों ने उस इंसान की दुर्दशा कर दी होगी। क्योंकि इस इंसान के टेवे में खाना नंबर 4 में सनीचर बैठा होगा। यानी लोगों के साथ धोखाधड़ी करता रहा होगा तथा सनीचर की चीजों को बरबाद करता रहा होगा।

बुध– खानदान के हर एक सदस्य जहां तक खून का रिश्ता हो से एक–एक पीली कौड़ी (पूर्व समय में प्रचलित भारतीय मुद्रा) इकट्ठी करके किसी निश्चित स्थान पर जला दें तथा उसी दिन उसकी राख को दरिया (नदी) में बहा दें।

सनीचर– खानदान के प्रत्येक सदस्य से बराबर–बराबर खर्चा लेकर (जहां तक खून का रिश्ता हो) सौ अलग–अलग जगह की मछलियों को एक ही दिन में भोजन कराएं।

राहु– हर एक खानदान के सदस्य से जहां तक खून का असर हो एक–एक नारियल (पूजा वाला) लेकर एक ही दिन इकट्ठा दरिया में बहाएं।

केतु– कुल खानदान के हर एक सदस्य से जहां तक खून का रिश्ता हो बराबर–बराबर खर्चा (धनराशि) लेकर सौ कुत्तों को एक ही दिन लजीज (स्वादिष्ट) भोजन कराएं। अथवा खानदानी घर में अन्दर दाखिल (प्रवेश) होने के लिए दरवाजे की दहलीज पर पीठ बाहर और मुंह मकान के अन्दर करके खड़े हो जाएं। घर के साथ वाले मकान में बांए हाथ पर एक बेवा (विधवा) होगी। जो कम उम्र से ही दुखी होगी, जाकर उसका आशीर्वाद लें।

महादशा का ग्रह

लाल किताब के महादशा सिद्धान्तों तथा सामान्य ज्योतिष के महादशा सिद्धान्तों में विशेष अन्तर है। सामान्य ज्योतिष से लाल किताब के सिद्धान्त भिन्न हैं। लाल किताब में महादशा से सम्बन्धित कुछ प्रमुख सूत्र दिए गए हैं, जिससे पाठकों तथा छात्रों को महादशा से सम्बन्धित बुनियादी बातों का ज्ञान हो सके।

(1) किसी ग्रह का लगातार मंदी की हालत में रहना महादशा का अरसा (समय) होगा। ग्रहों के 35 साला चक्र में सिर्फ एक ही ग्रह महादशा में हो सकता है और किस्मत के सम्बन्ध में 'ग्रहण' या इंसान की पूरी उम्र में ऐसा समय उन्तालीस साल से अधिक नहीं हो सकता है। यदि एक महादशा के पश्चात् दूसरी महादशा का आगाज (आरम्भ) हो जाए तो दोनों महादशाओं के बीच का अरसा (समय) मंदे असर का नहीं होगा।

(2) कुछ विशेष ग्रह महादशा के अन्तर्गत नहीं आएंगे।

(i) किस्मत का ग्रह	(ii) राशि फल का ग्रह
(iii) उच्च या कायम ग्रह	(iv) नेक ग्रह

चूंकि पूर्व में बताया जा चुका है कि महादशा का ग्रह सदैव मंदा फल देने वाला होगा और उपर्युक्त ग्रह उम्दा असर देने वाले होते हैं।

(3) जब बन्द मुट्ठी के खानों (1, 4, 7, 10) में कोई ग्रह बैठा हो और साथ ही बाहर के घरों (5, 9) में कोई उच्च ग्रह न हो साथ ही खाना नंबर 4 अथवा चन्द्र अच्छे हों तो महादशा नहीं होगी।

(4) महादशा के दौरान "धोखे का ग्रह" तब्दीलियां (परिवर्तन) पैदा करेगा। हर सातवें साल में राहु तथा हर आठवें साल में खाना नंबर 8 का ग्रह धोखे का ग्रह होगा।

(5) महादशा से गुजर चुके ग्रह का दूसरे ग्रहों पर कोई मंदा असर नहीं होगा।

(6) महादशा के दौरान हर वह ग्रह जो महादशा से गुजर गया हो वर्षफल के अनुसार निम्नलिखित सालों में अपना जाती (निजी) असर देगा।

बृहस्पत– जब दसवें घर में हो अथवा दसवें साल में हो (बृहस्पत की पदवी और रियायत के आठ वर्षों के अतिरिक्त)।

सूरज– ताक वर्ष (विषम साल) 1, 3, 5, 7, 9----

चन्द्र– जफ्त वर्ष (सम साल) 2, 4, 6, 8, 10----

शुक्कर+मंगल– शुक्कर ग्यारहवें साल में और मंगल चौथे साल में अपना असर देगा। पैंतीस साला चक्कर में इस ग्रह के तीन सालों में से पहले साल में शुक्कर में मंगल का असर प्रबल होगा।

बुध – पांचवें साल	सनीचर – छठे साल
राहु – सातवें साल	केतु – तीसरे साल

विशेष– बृहस्पत की आम मियाद (अवधि) सोलह साल होती है परन्तु बृहस्पत की महादशा का आगाज (आरम्भ) होने के बावजूद भी बृहस्पत की महादशा का असर नौवें साल से शुरू होगा, बृहस्पत के प्रथम आठ साल, उम्दा (अच्छा) असर मिलेगा बृहस्पत के सपूंर्ण महादशा काल में पहला, दूसरा, आठवां, दसवां और चौदहवां साल बृहस्पत के जाती (निजी) असर का साल होगा। महादशा के समय का प्रभाव तथा औरत (पत्नी) से सम्बन्धित सवालात के जवाबों को चंद्र कुंडली से देखा जाएगा, जिसके लिए वर्षफल भी उसी टेवे (कुंडली) से बनाएंगे।

चन्द्र कुंडली

लाल किताब कुंडली में जब टेवे का निर्माण किया जाता है, तो खाना नंबर 1 में सदैव मेष राशि को रखा जाता है। इसी स्थान को खाना नंबर 1 अथवा लगन कहा जाता है। लाल किताब की चन्द्र कुंडली बनाने की विधि निम्नलिखित है। सर्वप्रथम टेवे का निर्माण किया जाए जब टेवे का निर्माण हो जाए तो जिस खाने में चन्द्र बैठा हो उसी खाना संख्या को लगन बनाकर सभी ग्रहों को टेवे में इस प्रकार रखा जाए कि जिस खाना नंबर में जो ग्रह पूर्व में (टेवे में) बैठा हो उसी के अनुसार सभी ग्रहों को बैठा दिया जाए। (देखें चित्र 105, 106) किसी इंसान के टेवे का निर्माण करने के लिए तीन सूचनाओं की जरूरत होगी।

(1) जनम समय (2) जनम तारीख (3) जनम स्थान

उदाहरण के लिए एक इंसान के जनम की टेवा बनाने के लिए उसकी पैदाइश की तारीख– 10 मई सन् 1845 (शनिवार), पैदाइश का समय– 5 बजे सुबह, बामुकाम (स्थान)–पाकिस्तान–लाहौर। अन्य सूचनाएं (अतिरिक्त लाल किताब) रेखांश– 74 पू. 18, अक्षांस– 31:3:35, समय क्षेत्र– 9:1:4, जी.एम.टी समय– 19:58:13 स्थानीय समय संस्कार (–) 4:4:35, तिथी– शुक्ल पक्ष चतुर्थी, स्थानीय समय– 00:55:25 सांपादिक काल– 16:05:21

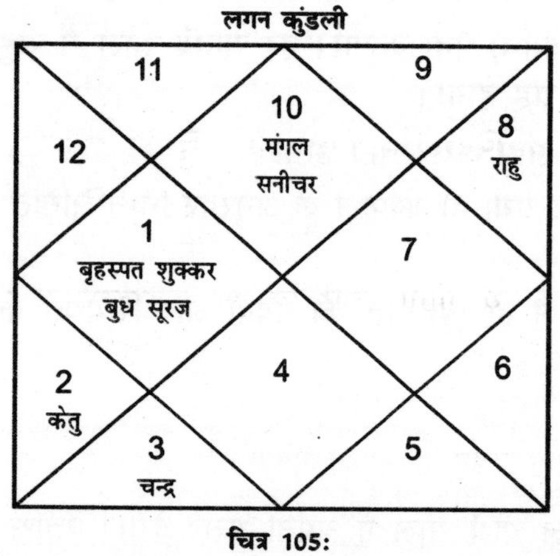

चित्र 105:

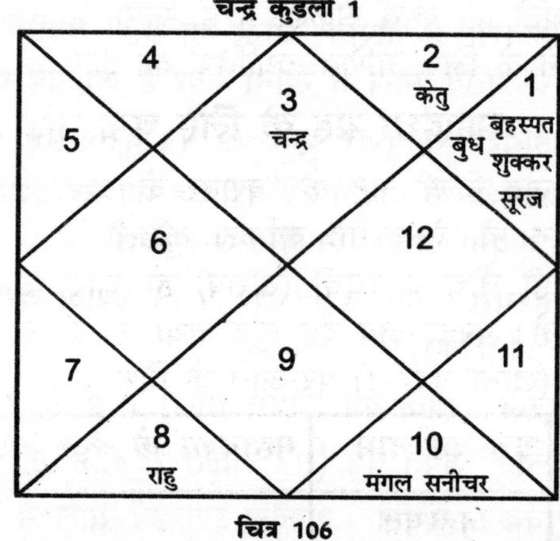

चित्र 106

चन्द्र कुंडली 2 बनाने के लिए सर्वप्रथम सभी ग्रहों को चन्द्र कुंडली 1 के अनुसार उसी खाने में रखे जिसमें कि वे बैठे हैं परन्तु खानों में राशियां लगन कुंडली के अनुसार रखें। मतलब–

चन्द्र कुंडली 2 = लगन कुंडली + चन्द्र कुंडली 1 (राशि)

अन्त में चन्द्र कुंडली 3 बनाने के लिए लाल किताब के पूर्व सिद्धान्त को अपनाना होगा। चूंकि अन्तिम मकसद लाल किताब चन्द्र कुंडली का निर्माण है। अतः लाल किताब टेवा बनाएं जिसमें खाना नंबर 1 में हिन्दसा (अंक) 1 को स्थापित करें और उत्तरोत्तर बारह राशियों के बारह अंक बैठाएं। उसके बाद चन्द्र कुंडली 2 में जिस राशि में जो ग्रह बैठे हैं उसी प्रकार ग्रह स्थापित करें अर्थात् जिस हिन्दसा (अंक) पर जो ग्रह है उसी हिन्दसा पर वही ग्रह रख दें। यही अन्तिम चन्द्र कुंडली तैयार होगी।

चन्द्र कुंडली 2

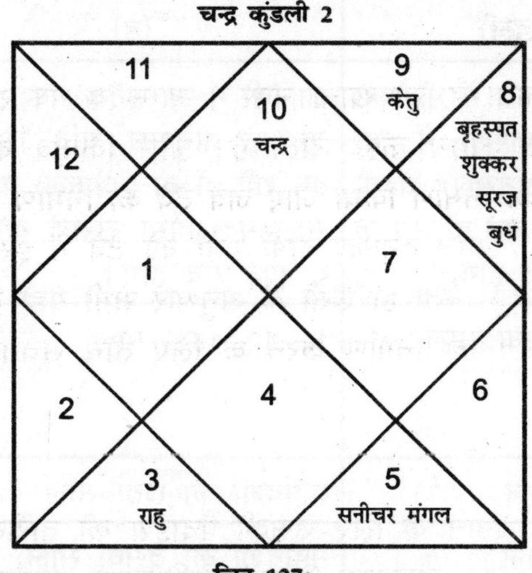

चित्र 107:

चन्द्र कुंडली 3

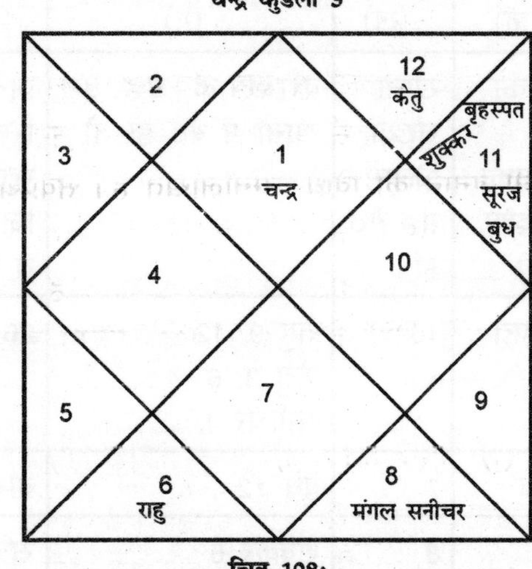

चित्र 108:

पाठक ध्यान दें कि जब सभी सूचनाएं प्राप्त हों तब औपचारिक कुंडली बनाने के लिए भी बहुत–सी सूचनाओं की आवश्यकता होती है जिसके आधार पर टेवा का निर्माण होगा। पूर्व में आवश्यक सूचनाओं का ब्योरा दिया गया है जिसके आधार पर उपर्युक्त टेवा (लगनकुंडली) का निर्माण हुआ। आधुनिकीकरण के युग में पूर्व समय की अपेक्षा आज अधिक सुविधाएं उपलब्ध हैं आज सिर्फ कम्प्यूटर पर बटन दबाते ही कई घंटो का कार्य सेकेंडों में हो जाता है तथा टेवा आपके हाथ में होता है। परन्तु विषय को भलीभांति समझने के लिए 'गणित–ज्योतिष' का ज्ञान भी अत्यन्त आवश्यक है।

महादशा ग्रह के लिए चन्द्र कुंडली तथा महादशा से सम्बन्धित मुख्य तथ्य

(1) जब किसी ग्रह के ''बराबर के ग्रह'' नीच तथा खराब स्थिति में हो परन्तु वे खुद नीच व खराब न हो, ऐसा ग्रह वर्षफल कुंडली में तख्त पर (खाना नम्बर 1) आने के बाद जिस महीने खुद ही नीच व रद्दी (खराब) हो जाए, उस महीने से ये माना जाए कि वह महादशा में आ गया है। परन्तु जब वह खुद तथा उसके बराबर के ग्रह दोनों ही नीच व रद्दी (खराब) हों तो तख्त (खाना नंबर 1) पर आने के दिन से ही महादशा में आया माना जाएगा।

ग्रह का नाम	महादशा के कुल साल	महादशा के कुल सालों में से मंदे साल
बृहस्पत	16	3
सूरज	6	1
चन्द्र	10	1
शुक्कर	20	8
मंगल	7	4
बुध	17	7
सनीचर	19	4
राहु	18	11
केतु	7	3

(क)	(ख)	(ग)	(घ)	(ङ)
ग्रह का नाम (जिसकी महादशा होगी)	खाना संख्या जिसमें ग्रह बैठे हों	बराबर के ग्रह इन खानों में बैठे हों तो	जनम–कुंडली में भी यही स्थिति (सारिणी में 'ग' स्तम्भ के अनुसार) हो तो जिसमें ग्रह बैठे हों उम्र के ये साल मंदे होंगे	सारिणी में स्तम्भ 'क', 'ख' और 'ग' के अनुसार यदि स्थिति बन रही हो तो (वर्षफल) पहला साल मंदा होगा, उसके बाद में ये साल मंदे होंगे।
बृहस्पत	10	राहु 9, 12 केतु 3, 6 सनीचर 1	20, 21, 22वां साल	11, 12, 13वां साल
सूरज	7	बुध 12	बारहवां साल	महादशा का छठा साल
चन्द्र	8	शुक्कर 6 सनीचर 1 मंगल 4 बृहस्पत 10	सत्रहवां साल	महादशा का दसवां साल
शुक्कर	6	मंगल 4 बृहस्पत 10	9, 11, 12, 13 17, 18, 20, 25, 27	1, 3, 4, 5, 9 10, 12, 17, 19
मंगल	4	शुक्कर 6 सनीचर 1 राहु 9, 12	4, 5, 6, 9	1, 2, 3, 6
बुध	12	सनीचर 1 केतु 3, 6 मंगल 4 बृहस्पत 10	11, 14, 15, 17 22, 24, 28	1, 3, 4, 6 11, 13, 17
सनीचर	1	केतु, 3, 6 बृहस्पत 10	1, 2, 11, 13	1, 2, 11, 13
राहु	9	बृहस्पत 10 चन्द्र 8	6, 8, 9, 10, 14, 15 16, 17, 18, 20, 22	1, 3, 4, 5, 9, 10 11, 12, 13, 15, 17
केतु	12 3 6	बृहस्पत 10, बुध 12 सनीचर 1, सूरज 7	12, 14 16, 17, 20, 22, 23, 24 9, 3, 4, 6, 26, 28 9, 12, 13,	1, 2, 3, 5, 6, 9, 11 5, 12, 13, 17, 18 1, 4, 5,

महादशा के वक्त दुश्मन ग्रह तो जख्म पर नमक की तरह काम करेंगे ही बल्कि दोस्त ग्रह भी कोई मदद न देंगे। जब ग्रह महादशा में हो जाएगा तो मंगल, सनीचर, बृहस्पत की दृष्टि की नजर अलग होगी।

उपर्युक्त सारिणी में पांच स्तम्भ दिए गए हैं। प्रत्येक स्तम्भ की विवेचना निम्नलिखित है।

(क) सारिणी में जिस ग्रह के बारे में ब्यौरा दिया गया है उसका नाम।

(ख) टेवे का वह खाना नंबर जिसमें स्तम्भ 'क' का ग्रह बैठा है।

(ग) स्तम्भ 'क' ग्रह के ''बराबर के ग्रह'' का नाम तथा वह जिस खाना सख्या में बैठा है उसका हिन्दसा (अंक)।

(घ) जनम–कुंडली में भी वही ग्रह–चाल हो जो कि सारिणी के अनुसार स्तम्भ 'ग' में है तो उम्र के ये (स्तम्भ घ में दिए गए) साल मंदे होंगे।

(ङ) वर्षफल कुंडली में यदि सारिणी 'क' और 'ख' के अनुसार प्रभाव हो रहा हो तो जब यह स्थिति बनेगी वह साल पहला साल माना जाएगा फिर उसके बाद महादशा के ये (सारिणी 'ङ' में दिए गए) साल मंदे होंगे।

(2) **महादशा से सम्बन्धित अन्य तथ्य**– पाठक ध्यान दें कि सारिणी में स्तम्भ 'ख' स्तम्भ 'क' की नीच राशि है। जैसे बृहस्पत की नीच राशि खाना नंबर 10 होगा। उपर्युक्त सारिणी, वर्षफल के अनुसार असर करेगी। यदि खाना नंबर 10 में बृहस्पत (वर्षकुंडली में) हो तो वह साल बृहस्पत की महादशा का पहला साल होगा। इसके बाद उपरोक्त सारिणी के अनुसार चौदहवां, पन्द्रवां इत्यादि वर्ष गिनकर हिसाब लगाया जाएगा।

(3) मूलतः जब कोई ग्रह वर्षफल में नीच का हो जाता है तथा उसके बराबर के ग्रह भी नीच के खाने में अथवा मंदे होकर बैठ जाएं तो वह ग्रह महादशा का ग्रह होगा। स्तम्भ 'ग' के खाना संख्या में ग्रहों की स्थिति वास्तव में इन ग्रहों की नीच खानों में स्थिति है। प्रस्तुत स्तम्भ में ध्यान रखें कि किसी एक बराबर के ग्रह का नीच हो जाना भी उस ग्रह की महादशा को बनाने में सक्षम है। स्तम्भ 'ग' में यदि कई ग्रह दिए गए हैं तो इसका मतलब यह नहीं है कि इन सभी ग्रहों का नीच स्थिति में असर आने पर महादशा आएगी।

(4) यदि स्तम्भ 'क' तथा 'ख' के अनुसार ग्रह बैठे हों साथ ही ''बराबर के ग्रह'' भी स्तम्भ 'ग' के अनुसार नीच स्थिति में हो अथवा अत्यधिक मंदी हालत में हो परन्तु निम्न स्थितियां बन रहीं हों तो महादशा नहीं होगी।

(i) खाना नंबर 2 में चन्द्र।
(ii) खाना नंबर 3 में राहु।
(iii) खाना नंबर 6 में बुध या राहु।
(iv) खाना नंबर 9 में बुध और राहु।
(v) खाना नंबर 12 में केतु या शुक्कर अथवा केतु और शुक्कर।
(vi) खाना नंबर 4 में उम्दा ग्रह हो।
(vii) किसी भी खाने में चन्द्र उम्दा असर लेकर बैठा हो।

(5) यदि किसी ग्रह की महादशा चल रही हो तो उस ग्रह का टेवे वाले इंसान पर वर्षफल कुंडली के अनुसार असर होगा। यह असर निम्न प्रकार से होगा।

(i) असर सिर्फ महादशा की मियाद (अवधि) के अन्दर ही होगा।
(ii) असर सिर्फ उसी खाने पर होगा जिसमें कि वह ग्रह खुद बैठा है।
(iii) वह ग्रह तथा खाना जिन चीजों (वस्तुओं) से सम्बन्धित हो, उन्हीं चीजों से सम्बन्धित मंदा असर मिलेगा।

(6) यदि किसी ग्रह की महादशा गुजर जाए तथा खत्म हो जाए उसके पश्चात् उस ग्रह का अन्य ग्रहों के प्रति (दोस्ती, दुश्मनी या दृष्टि) प्रभाव सामान्य ही होगा जैसा कि टेवे के अनुसार होना चाहिए। यदि वह उम्दा होगा तो शुभ और अगर मंदा होगा तो अशुभ प्रभाव देगा।

(7) महादशा के वक्त कुछ ग्रहों का दृष्टि सिद्धान्त इस प्रकार होगा।

(i) खाना नंबर 4 में बैठा मंगल, खाना नम्बर 7 और खाना नंबर 11 के ग्रह को देखेगा। देखें चित्र 109।

(ii) खाना नंबर 10 का बृहस्पत, खाना नम्बर 2 तथा खाना नंबर 6 के ग्रह को देखेगा। देखें चित्र 110।

(iii) सनीचर खाना नंबर 1 में हो तो वह खाना नंबर 3 और खाना नंबर 10 के ग्रह को देखेगा। देखें चित्र 111।

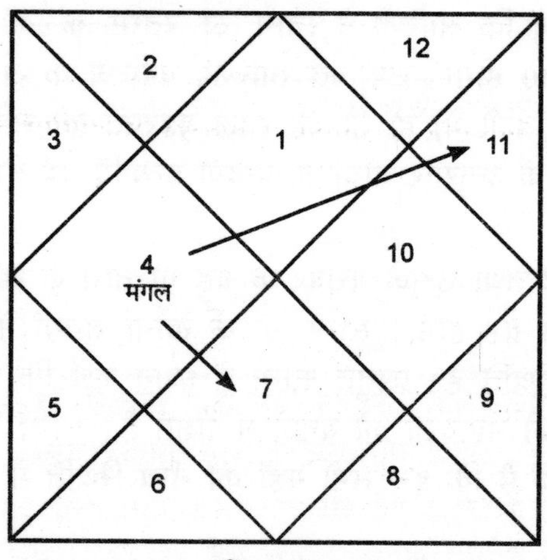

चित्र 109:

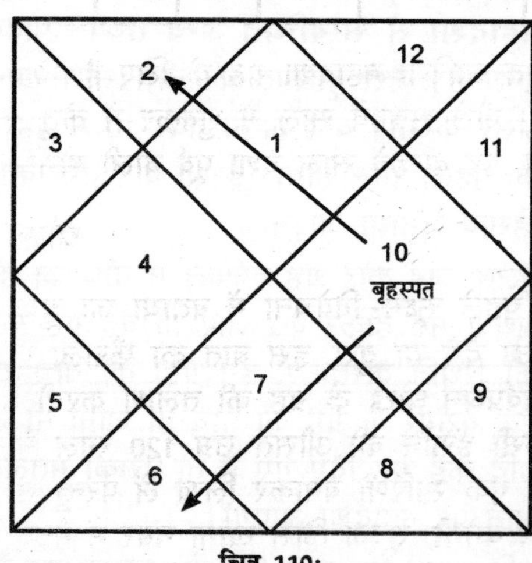

चित्र 110:

(8) महादशा चाहे किसी भी ग्रह की हो, 1 से 40 तक के हिन्दसे (अंक) दी गई सारिणी के अनुसार 12 खानों की सूची में लिख लें और पेशानी (मस्तक) सिरे पर के खाना नंबर 1 में इस ग्रह का नाम लिख लें (वह ग्रह जो महादशा में आ गया है)।

फर्जन (मान लें) वह ग्रह शुक्कर है तो शुक्कर को खाना नंबर 1 के ऊपर लिख दें और बाकी के ग्रहों को तरतीब से (क्रमानुसार) रख दें।

जिस हिन्दसा नंबर की पेशानी पर अर्थात् जिस अंक के सिरे पर जो ग्रह लिखा हुआ है वह साल उस ग्रह के द्वारा, उस महादशा के समय में परिवर्तन करने वाला होगा।

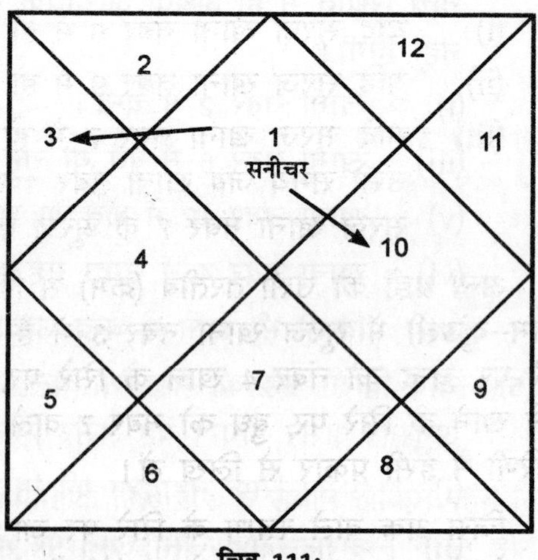

चित्र 111:

प्रस्तुत सारिणी में खाना नंबर 1 का अर्थ महादशा का पहला साल, खाना नंबर 2 का अर्थ, दूसरा साल तथा इसी प्रकार———————होगा।

1	2	3	4	5	6	7	8	9	10	11	12
शुक्कर	खाना नंबर 12 के ग्रह	सूरज	चन्द्र	केतु	मंगल	बुध	सनीचर	राहु	खाना नंबर 8 का ग्रह	खाना नंबर 9 का ग्रह	बृहस्पत
1	2	3	4	5	6	7	8	9	10	11	12
13	14	15	16	17	18	19	20	21	22	23	24
25	26	27	28	29	30	31	32	33	34	35	36
37	38	39	40								

प्रस्तुत सारिणी महादशा ग्रह के लिए है, जिसमें अन्तर्दशा ग्रह वह ग्रह होगा जो अंक वाले साल पर अंकित है। जैसे सत्रहवें साल में शुक्कर में केतु की दशा होगी, पच्चीसवें साल में शुक्कर में शुक्कर की दशा होगी, हर बारहवें साल दशा पूर्व वाली होगी।

धोखे का ग्रह

जैसा कि पहले सूक्ष्म–विवेचना में बताया जा चुका है कि ये ग्रह दोगुनी ताकत के होंगे। ये ग्रह अपना असर अच्छा देंगे या बुरा, इस बात का फैसला पक्का घर खाना नंबर 10 से सम्बन्धित नियम पर निर्भर करेगा। सर्वप्रथम धोखे के ग्रह की तलाश करनी होगी। इस तलाश के लिए एक विशेष क्रम की जरूरत होगी। किसी इंसान की औसत उम्र 120 साल मानी जाती है। उम्र 120 साल को 12×10 के नियम के आधार पर एक सारिणी बनाकर लिख लें परन्तु उसके ऊपर के खानों को खाली छोड़ दें। सारिणी सूरज के अनुसार बनेगी, सूरज जिस खाना नंबर में बैठा हो उसी नंबर वाले हिन्दसा (अंक) के खानों की पेशानी (सिरे) पर सूरज लिख दें। सूरज के लिए निम्न नियम लागू होंगे।

(i) यदि सूरज खाना नंबर 6 में हो तो सूरज नंबर 9 की लाइन के सिरे पर लिखें।

(ii) यदि सूरज खाना नंबर 9 में हो तो सूरज नंबर 6 की लाइन के सिरे पर लिखें।

(iii) यदि सूरज खाना नंबर 7 में हो तो सूरज नंबर 5 की लाइन के सिर पर लिखें परन्तु सिर्फ उसी समय जब खाना नंबर 1 खाली हो। यदि खाना नंबर 1 खाली न हो (ग्रह बैठा हो) तो सूरज खाना नंबर 7 के सूरज को नंबर 7 की लाइन के सिरे पर ही रखा जाए।

अन्य ग्रहों को उसी तरतीब (क्रम) से लिखें जिस तरतीब से वे दी गई सारिणी में लिखे हों। मसलन जनम–कुंडली में सूरज खाना नंबर 3 में है तो बारह स्तम्भों की सारिणी में सूरज को नंबर 3 खाने के सिरे पर, चन्द्र को नंबर 4 खाने के सिरे पर, केतु को नंबर 5 वाले खाने के सिरे पर, मंगल को नंबर 6 वाले खाने के सिरे पर, बुध को नंबर 7 वाले खाने के सिरे पर तथा क्रमानुसार सभी को बारह स्तम्भों की सारिणी में इसी प्रकार से लिख लें।

जिस अंक वाले स्तम्भ के सिरे पर जो ग्रह आएगा वह ग्रह उम्र के उस साल (सारिणी में 1 से 96 तक के अंक उम्र का साल माने जाएंगे) में धोखा का ग्रह होगा, जिसके उम्दा और मंदे असर के लिए खाना नंबर 10 का पक्का घर देखा जाएगा।

(सूरज–खाना नंबर 12 वाली सारिणी)

1	2	3	4	5	6	7	8	9	10	11	12
चन्द्र	केतु	मंगल	बुध	सनीचर	राहु	केतु	बृहस्पत चन्द्र	बृहस्पत	शुक्कर	सूरज	सूरज
1	2	3	4	5	6	7	8	9	10	11	12
13	14	15	16	17	18	19	20	21	22	23	24
25	26	27	28	29	30	31	32	33	34	35	36
37	38	39	40	41	42	43	44	45	46	47	48
49	50	51	52	53	54	55	56	57	58	59	60
61	62	63	64	65	66	67	68	69	70	71	72
73	74	75	76	77	78	79	80	81	82	83	84
85	86	87	88	89	90	91	92	93	94	95	96

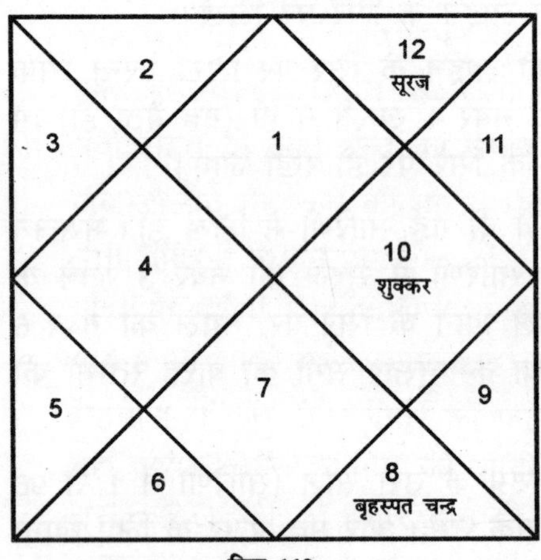

चित्र 112:

अर्थात् सारिणी बनाने का क्रम इस प्रकार होगा। सर्वप्रथम जिस खाने में सूरज है उसी नंबर के स्तम्भ में सूरज को बैठाएं। देखें चित्र 112।

प्रस्तुत कुंडली के आधार पर सारिणी में खाना नंबर 12 में सूरज बैठा है। अतः स्तम्भ 12 में सूरज रखें फिर स्तम्भ 1 में चन्द्र, 2 में केतु, 3 में मंगल, 4 में बुध, 5 में सनीचर, 6 में राहु, 7 में केतु, स्तम्भ 8 में खाना नंबर 8 के ग्रह, नंबर 9 में खाना नंबर 9 के ग्रह। चूंकि यहां ग्रह नहीं है अतः राशि का मालिक होंगे। इस राशि के मालिक का ग्रह बृहस्पत है अर्थात् स्तम्भ 9 में बृहस्पत, स्तम्भ 10 में खाना नंबर 10 में बैठा ग्रह मतलब शुक्कर रखें, खाना नंबर 11 में सूरज रखें, खाना नंबर 12 में सूरज है ही अर्थात् सारिणी बनाने का क्रम इस प्रकार होगा।

सूरज खाना नंबर 11 वाली कुंडली

1	2	3	4	5	6	7	8	9	10	11	12
केतु	मंगल	बुध	सनीचर	राहु	चन्द्र बृहस्पत	बृहस्पत	बृहस्पत	शुक्कर	बुध	सूरज	चन्द्र
1	2	3	4	5	6	7	8	9	10	11	12
13	14	15	16	17	18	19	20	21	22	23	24
25	26	27	28	29	30	31	32	33	34	35	36
37	38	39	40	41	42	43	44	45	46	47	48
49	50	51	52	53	54	55	56	57	58	59	60
61	62	63	64	65	66	67	68	69	70	71	72
73	74	75	76	77	78	79	80	81	82	83	84
85	86	87	88	89	90	91	92	93	94	95	96

ग्रहों को रखने का क्रम

टेवे (जनम–कुंडली) के खाना नंबर 10 का ग्रह जब वर्षफल कुंडली के अनुसार दोबारा खाना नंबर 10 में ही आ जाएं तो वह धोखे का ग्रह होगा। अगर नीचे दी गई सारिणी के अनुसार भी खाना नंबर 10 में आया हुआ ग्रह, धोखे का ग्रह सिद्ध हो तो निश्चित रूप से उस ग्रह की ताकत बढ़ जाएगी और वह धोखे का ग्रह ही होगा (यह धोखा अच्छा अथवा बुरा कुछ भी हो सकता है)।

सूरज	चन्द्र	केतु	मंगल	बुध	सनीचर	राहु	खाना नंबर 8 का ग्रह	खाना नंबर 9 का ग्रह	बृहस्पत	शुक्कर	खाना नंबर 12 का ग्रह
1	2	3	4	5	6	7	8	9	10	11	12

अगर टेवे के खाना नंबर 8, 9, 12 खाली हों तो खाना नंबर 8 में मंगल–सनीचर, खाना नंबर 9, 12 में बृहस्पत स्थापित करें। यदि एक ग्रह एक से अधिक बार सारिणी में आए तो चिन्ता न करें, सारिणी को उसी के अनुसार बनाएं।

फरमान नंबर 9

मददगार उपाय

(1) ग्रहों तथा राशियों के संयुक्त मिश्रित फल से इंसान के भाग्य का फैसला निर्धारित है। भाग्य निर्धारित होने के बावजूद, इंसानी ताकत इन ग्रहों का उपाय करके इनके असर को कम अथवा खत्म कर सकती है। 'ग्रह फल' का उपाय इंसानी ताकत के बस से बाहर है परन्तु "धोखे के ग्रह" के धक्के से बचकर चलना इंसान की ताकत में माना गया है। 'बुध' सबसे अधिक ताकतवर तथा असरकारक 'हीरे' के समान माना गया है जो सबको (हीरा) काटता और मारता है मगर वह खुद निहायत नरम चीज (कलई) के द्वारा छिद जाता है। इसी प्रकार पापी ग्रह (राहु, केतु, सनीचर) सब ग्रहों पर अपना धक्का (नकारात्मक प्रभाव) लगाते हैं मगर उन पापी ग्रहों को मारने के लिए खुद अपना ही पाप (राहु–केतु मगर सनीचर नहीं) असरकारक होता है तथा पाप की गठरी को डुबो देता है। यहां पापी तथा पाप शब्द के प्रयोग की महत्ता को समझ लेना अत्यन्त आवश्यक है क्योंकि लाल किताब में जगह–जगह इन शब्दों का प्रयोग हुआ है। 'पापी' शब्द से अभिप्राय राहु–केतु तथा सनीचर से है परन्तु 'पाप' शब्द केवल राहु–केतु को ही प्रदर्शित करता है, क्योंकि राहु के पापत्व को केतु तथा केतु के पापत्व को राहु नेक तथा दुरुस्त करेगा।

(2) पापी ग्रहों का उपाय इन ग्रहों से सम्बन्धित चीजों की पालना (सेवा), आशीर्वाद तथा मुआफी (अपराध क्षमा) करने से संभव हो जाएगा। मसलन शुक्कर ग्रह का उपाय करने के लिए गाय (शुक्कर से सम्बन्धित चीज) को इंसानी खुराक (भोजन) या सभी अनाजों को मिलाकर खिलाएं। मुख्तसरन (संक्षेप में) गाय को अपने भोजन का शुद्ध हिस्सा दें। इसी प्रकार सामुद्रिक में हाथ पर काग रेखा धन–दौलत की हानि की सूचना देती है। यह सनीचर की मंदी हालत होगी इसलिए इसके उपाय के लिए कौवे को रोटी का हिस्सा दें। यदि औलाद से सम्बन्धित मंदे असर मिल रहे हों तो आवारा कुत्ते को अपनी खुराक में से रोटी का टुकड़ा खिलाएं।

(3) जिस प्रकार पूर्व में बताया गया है कि हर ग्रह की मस्नूई (बनावटी) हालत में दो ग्रहों की भूमिका होती है। जैसे सनीचर की मस्नूई हालत "शुक्कर–बृहस्पत" हैं। जब कोई ग्रह मंदा (अशुभ) होकर मंदे असर देने लग जाए तो उसके असर को खत्म या नेक (शुभ) करने के लिए उसके मस्नूई ग्रहों में से किसी एक ग्रह को हटाकर उसकी जगह दूसरा ग्रह स्थापित किया जाए जो कि दूसरे ग्रह के साथ मस्नूई नियम बनाकर या तो मंदे असर को खत्म कर दे या तो असर नेक कर दे। मसलन सनीचर मंदा हो तो शुक्कर–बृहस्पत में से बृहस्पत को हटाकर उसकी जगह पर बुध कायम (स्थापित) करें तो शुक्कर के साथ बुध की मस्नूई बनावट तैयार होगी और शुक्कर–बुध मस्नूई का असर सूरज जैसा होगा तथा सूरज के असर से सनीचर नेक फल देगा या यूं कहें कि सनीचर के रूप में सूरज नेक फल देगा। मुख्तसरन तौर पर प्रत्येक ग्रह की मस्नूई हालत दो ग्रहों के जोड़े के कारण होती है मतलब कोई ग्रह मंद असर दे रहा है परन्तु वह मंदा असर उस ग्रह की मुतअल्लिक (सम्बन्धित) चीजों से सम्बन्धित नहीं है तो वह असर उस ग्रह के मस्नूई ग्रह में छिपे दो अतिरिक्त ग्रहों में से किसी एक ग्रह की मुतअ. ल्लिक चीजों से सम्बन्धित मंदा असर होगा। अब इन दो ग्रहों में से वह ग्रह हटाना होगा जिस ग्रह से सम्बन्धित चीजों का मंदा असर इंसान के जीवन पर पड़ रहा है। मसलन जेलखाने का भय हो तथा शुक्कर खराब हो रहा हो तो शुक्कर (मस्नूई) में राहु–केतु का जोड़ा होगा, इसमें से राहु को हटा दें जिससे शुक्कर का असर उम्दा हो जाएगा। शुक्कर के नेक फल के लिए राहु को नेक कर लेना मददगार होगा। बुध और बृहस्पत दोनों को ही शुभ चलाने के लिए बुध की हरी वस्तुएं साथ रखना ऐसा असर

करेगा जैसा सोने के जेवर को हरे कागज में लपेटकर रखना। अपनी थाली के भोजन में से गाय, कुत्ते और कौवे का ग्रास निकाले जिससे शुक्कर, बुध और सनीचर उम्दा होंगे और मुबारक (शुभ) फल देंगे। इज्जत, मान–सम्मान, धन–दौलत और औलाद (संतान) से सम्बन्धित शुभ फल मिलेंगे। सार–संक्षेप– मंदा करने वाले ग्रहों की चीजों के द्वारा सम्बन्धित ग्रहों का उपाय किया जाए।

(4) मंगल–बद के मंदे असर से बचाती है मृगक्षाला। मंगल–बद के मस्नूई ग्रह सूरज और सनीचर हैं। सनीचर का सम्बन्ध सांप से है। मृगक्षाला वास्तव में मरे हुए मृग की खाल होती है जिस पर बैठकर साधु पूजा–अर्चना अथवा तपस्या करते हैं। मृगक्षाला की यह विशेषता है कि इस पर जहरीले से जहरीला सांप भी नहीं चढ़ता। मंगल–बद (मस्नूई) में सूरज–सनीचर का असर शामिल है और सनीचर मंगल–बद का दोस्त है अतः अपने रहते वह अपने दोस्त को हानि नहीं पहुंचाएगा। अतः मंगल–बद का मंदा असर यह सूचना देता है कि सनीचर कमजोर तथा दूषित हो रहा है। अतः सनीचर को उम्दा करने के लिए सनीचर का उपाय किया जाए जिससे मंगल–बद भी उम्दा असर दे सके। इसी प्रकार शुतरबे मुहार अर्थात् बिना नकेल का ऊंट सदैव अपने मन में बदले की भावना रखता है जो उसके नाखूनों से प्रकट होती है। ऊंट का दिल (चन्द्र) नहीं होता। ऊंट को उसके नाखून (केतु) स्वयं सजा देते हैं। केतु का मस्नूई ग्रह सनीचर और चन्द्र है। केतु के मंदे असर को उम्दा करने के लिए चन्द्र की उपासना की जाए, मतलब टेवे में चन्द्र जिस खाने में हो उसी के अनुसार चन्द्र का उपाय किया जाए, चन्द्र उम्र का मालिक है और मंगल–बद सबके लिए मौत का फंदा मतलब जहां चन्द्र होगा वहां मंगल–बद न होगा, जहां मंगल–बद होगा वहां चन्द्र न होगा। इसी उसूल पर चन्द्र की पूजा या उपाय करना मददगार होगा। मंगल के एक अन्य उपाय में तंदूर में मीठी रोटी लगाकर खैरात (गरीबों में मुफ्त में बांटना) में देना असरकारक होगा। राहु के मंदे असर को दूर करने के लिए जौ (अनाज की एक किस्म) को किसी बन्द जगह में वजन के नीचे दबाया जाए अथवा जौ को कच्चे दूध (बिना आग के स्पर्श) से धोकर चलते पानी में बहा दिया जाए। तपेदिक अथवा लम्बा बुखार हो जाए तो जौ को गौमूत्र में धोकर सुर्खलाल कपड़े में बन्द कर दें और दांतों को गोमूत्र से साफ करें।

(5) जो ग्रह उच्च का हो उससे सम्बन्धित चीजों की मदद से भी मंदे ग्रहों का असर दूर हो जाता है। काग रेखा तथा मच्छ रेखा का स्थान हाथ में निश्चित होता है परन्तु यदि यह रेखा अपने मुकर्रर स्थान को छोड़कर किसी अन्य ग्रह के बुर्ज, पक्के घर अथवा राशि पर जा बैठी हो तो उस ग्रह की पूजा करने से उम्दा फल प्राप्त होंगे। मसलन यदि मच्छ रेखा बुध की सिर (मस्तिष्क) रेखा पर हो तो सनीचर तथा बुध की चीजों की पालना (सेवा या पूजा) करना मुबारक होगा। जैसे– शुक्कर के लिए गाय, सनीचर के लिए कौआ तथा बुध के लिए कुत्ते की सेवा करें।

(6) धोखे के ग्रह का भी इलाज देख लेना बेहद जरूरी है। यदि औलाद, बाप के लिए मंदे फल वाली हो तो लड़के के लिए सूरज और लड़की के लिए बुध का उपाय होगा, ऐसे में बुध के उपाय के लिए लड़की के गले में तांबे का टुकड़ा पहनाना उम्दा असर करेगा। जो बुध के मंदे असर को दबा देगा। यदि पापी ग्रहों के साथ जब दो ग्रह इकट्ठे हों तो मंगल को कायम (स्थापित) करना मुबारक होगा, बशर्ते टेवे वाले इंसान का मंगल राशि का मालिक या पक्के घर का मालिक (खाना नंबर 1, 3, 8) न हो अर्थात् मंगल खाना नंबर 1, 3, 8 में हो तो मंगल का उपाय न होगा वहां बुध का उपाय मददगार होगा। इसी प्रकार स्त्री ग्रहों का उपाय करने के लिए (चन्द्र–शुक्कर) बुध की ताकत मदद करेगी बशर्ते बुध खाना नंबर 3, 6, 7, 9 में न हो। यदि बुध इन खानों में होगा तो मंगल का उपाय करना मददगार होगा। खुलास्तन जिस ग्रह का उपाय किया जा रहा है वह ग्रह ग्रहफल का न हो। खाना नंबर 9 का उपाय मकान के फर्श तथा ग्रह के रंग के आधार पर होगा अर्थात् खाना नंबर 9 में कोई

ग्रह मंदा (अशुभ) हो तो उसके दोस्त ग्रहों की पालना (सेवा) करें अथवा कम से कम उस ग्रह के रंग की चीजों को फर्श पर पांव तले न रखें।

(7) जब आम उपाय काम न करें तो चन्द घंटों के अन्दर फल देने वाले मददगार उपाय मंदरजाजैल (निम्नलिखित) होंगे।

(i) मंगल–बद– रेवड़ियां (सफेद तिल से निर्मित कठोर मिठाई) चलते पानी में बहा दें।

(ii) बृहस्पत– केसर नाभि या जबान (जीभ) पर लगा दें या खाने को दें।

(iii) सूरज– चलते पानी में गुड़ बहा दें।

(iv) चन्द्र– दूध, पानी के बर्तन रात को सिरहाने रखकर सुबह कीकर के वृक्ष की जड़ में डालें।

(v) सनीचर– किसी पात्र में तेल लेकर उसमें अपनी छाया देखें, छाया–पात्र दान कर दें।

(vi) शुक्कर– गौदान (गाय का दान) अथवा गाय का चारा दान दें।

(vii) मंगल–नेक– मीठा भोजन या मिठाई दान करें अथवा बताशा दरिया में डालें।

(viii) बुध–तांबे के पैसे में छेद करके दरिया में बहाएं।

(ix) राहु– मूली दान दें अथवा लकड़ी के कोयले दरिया में डालें।

(x) केतु– कुत्ते को रोटियां डालें।

प्रत्येक उपाय की मियाद कम से कम 40 तथा ज्यादा से ज्यादा 43 दिन लगातार होगी।

इन उपायों को करते हुए ध्यान रखें कि लाल किताब के मियादी–उपाय (समय अवधि की अनिवार्यता) अगर दी गई समय अवधि के बीच में अथवा 1 या 2 दिन पहले भी छूट या भूल गए तो पूरा उपाय फिर से (पहले दिन से) शुरू होगा और पहले किया कराया सब कुछ सिफर (शून्य) हो जाएगा। मसलन यदि उपाय की मियाद कम से कम 40 हफ्ते (पितृ ऋण में) है तो यदि उपाय 39 हफ्ते करके छूट गया या छोड़ दिया या भूल गए तो पुनः उपाय करने की गिनती पहले हफ्ते से शुरू होगी और पहले के 39 हफ्ते के उपाय शून्य हो जाएंगे। अगर किसी कारणवश उपाय बीच में छूट गया, भूल गए या छोड़ देना पड़ा तो उपाय के (जितना उपाय हो पाया) असर को कायम रखने के लिए चावल दूध से धोकर अपने पास रखें।

जनमदिन और जनम वक्त के अनुसार मददगार उपाय– जैसा कि पूर्व में बताया जा चुका है कि सूर्योदय के अनुसार जिस दिन का जनम हो उस वार का ग्रह जनमदिन का ग्रह होगा। जैसे– किसी इंसान का 18 जुलाई सन् 1980 का जनम सुबह 11:11 मिनट को हो तो जनमदिन का ग्रह 'शुक्कर' होगा।

सूर्योदय से दिन का पहला पहर बृहस्पत का होगा।

मध्याहन से पहले का दूसरा पहर सूरज का होगा।

चांदनी रात– चन्द्रमा की होगी।

कृष्ण पक्ष तथा अमावस की रात– शुक्कर की होगी।

मध्याहन काल (अभिजीत नक्षत्र) का समय– मंगल का होगा।

शाम से पहले का तीसरा पहर– बुध का होगा।

काली रात तथा काले बादल का दिन– सनीचर का होगा।

रात्रि से पहले का संध्या काल (सायंकाल)– राहु का होगा।

सूर्योदय से पहले का प्रभाव बेला– केतु का होगा।

(1) जनमदिन के ग्रह को भाग्य जगाने वाले ग्रह का पक्का घर गिनते हैं इसका उपाय संभव है परन्तु जनम समय के ग्रह का कोई उपाय संभव नहीं है। यदि जनम वक्त का ग्रह राहु तथा जनमदिन का ग्रह चन्द्र हो तो राहु, चन्द्र के पक्के घर खाना नंबर 4 में होगा। जनमदिन का ग्रह (चन्द्र) राशि फल का तथा जनम वक्त का ग्रह (राहु) ग्रह फल का होगा। जिसमें ग्रह फल का कोई उपाय न होगा। इसलिए टेवे वाले इंसान के लिए जैसा भी तथा जब भी खाना नंबर 4 का असर होगा, राशि फल (चन्द्र) का होगा अर्थात् चन्द्र का उपाय करने से उसका नेक असर मिलेगा। राहु खाना नंबर 4 से सम्बन्धित चीजों के लिए बुरा असर प्रदर्शित करेगा। इस वक्त राहु 'राशि फल' का होगा। जनम वक्त का ग्रह 'ग्रह फल' होता है परन्तु यदि जनम वक्त का ग्रह उपर्युक्त मिसाल (उदाहरण) के मुताबिक किसी ग्रह के राशि फल वाले खाने में आ जाए तो दिया गया उपाय मददगार होगा। अर्थात् यदि 'ग्रह फल' का ग्रह, किसी ग्रह के पक्के खाने के घर में आ जाएं जैसे चन्द्र का पक्का घर का खाना, खाना नंबर 4 है। इसी प्रकार मंगल का खाना नंबर 8 पक्के घर का खाना है। इसमें मंगल का उपाय मददगार होगा। शुक्कर का पक्का घर खाना नंबर 7 होता है, इसी तरह खाना नंबर 9 के लिए बृहस्पत, 10 लिए सनीचर पक्का घर होगा। अन्य उदाहरण में किसी का मंगलवार सुबह के बाद (प्रथम पहर) का जनम है तो 'ग्रह फल' बृहस्पत तथा राशि फल मंगल होगा। बृहस्पत मंगल के पक्के घर खाना नंबर 3 में बैठा होगा। बृहस्पत खाना नंबर 3 में बैठा हुआ बीमारी ही बीमारी खड़ी करता जाएगा। मंगल का ग्रह राशि फल का होगा, जो जनमदिन का ग्रह था। मगर नियमानुसार मंगल खाना नंबर 4 और खाना नंबर 6 में राशिफल का होता है परन्तु इस स्थिति में मंगल का उपाय मददगार होगा तथा बृहस्पत का उपाय मददगार न होगा।

ग्रह राशि का निशान (चिह्न)– (i) सामुद्रिक के अनुसार अगर किसी राशि का निशान हाथ पर अपनी निश्चित जगह की बजाय दूसरी जगह पर पाया जाए तो उस निशान से सम्बन्धित राशि के नंबर को टेवे के उस पक्के घर में रख देंगे जहां पर कि वह निशान हथेली या उंगलियों पर पाया गया है। मसलन मिथुन राशि का चिन्ह (♊) किसी इंसान के हाथ के खाना नंबर 12 में है तो टेवे के पक्के घर के खाना नंबर 12 में मिथुन राशि नंबर 3 लिख दी जाए और क्रम से सभी नंबर उत्तरोत्तर भरते चले जाएं। टेवा भरने के पश्चात् पक्का घर खाना नंबर 1 में 4 हिन्दसा अंक आएगा। अर्थात् इंसान की जनम राशि 'कर्क' होगी अर्थात् लगन में जो राशि आए वही उस इंसान की जनम राशि होगी। जिसका मालिक ग्रह (चन्द्र) कुंडली वाले के लिए राशि फल का होगा।

(2) इसी प्रकार यदि राशि के निशान के बजाय यदि हाथ पर ग्रह का निशान मिले तो टेवे के पक्के घरों में उसी खाना संख्या पर वह ग्रह लिख दें जैसे– सूरज का निशान (✱) हाथ में खाना नम्बर 5 पर मिले तो सूरज को खाना नंबर 5 में लिख देंगे। अतः खाना नंबर 5 से सम्बन्धित चीजों के लिए सूरज हमेशा "ग्रह फल" का होगा। यदि इसी प्रकार से चन्द्र खाना नंबर 5 में हाथ पर पाया जाए तो "चन्द्र" टेवे वाले व्यक्ति के लिए खाना नंबर 5 से सम्बन्धित चीजों के लिए "ग्रह फल" का होगा। ज्ञातव्य है कि ग्रह फल का उपाय संभव नहीं होगा।

उपाय से सम्बन्धित अन्य नियम– "लाल किताब" में उपाय करने के लिए कुछ नियम तथा सूत्र प्रयुक्त होते हैं। लाल किताब के अनुसार कुछ नियम निम्नलिखित हैं।

(1) ग्रह फल का उपाय नहीं होता परन्तु राशि फल का उपाय सदैव होता है।

(2) उपाय करने को सूरज निकलने के पश्चात् तथा सूरज छिपने से पहले का अरसा (समय) मुकर्रर है।

(3) रात का समय सनीचर का है। रात में सनीचर का राज होगा। इस दौरान उपाय करना कभी खतरनाक भी साबित हो सकता है। इसलिए रात के समय उपाय नहीं किया जाना चाहिए।

(4) उपाय की मियाद कम से कम 40 दिन और ज्यादा से ज्यादा 43 दिन की मुकर्रर है। उपाय को शुरू करने के लिए सिर्फ दिन का समय देखा जाए। (सूर्योदय से सूर्यास्त तक का) कोई सोम, मंगल इत्यादि दिन की मजबूरी नहीं है, जब चाहे उपाय शुरू कर सकते हैं।

(5) उपाय के दौरान यदि नागा (बीच में रह जाए या छूट जाए) हो जाए तो चाहे उनतालीसवां दिन अथवा हफ्ता ही क्यों न हो सारा उपाय बरबाद हो जाएगा और फिर से नया उपाय 40 से 43 दिन अथवा हफ्ते के लिए करना होगा।

(6) अपने खून का कोई भी रिश्तेदार या जानकार इंसान, इसके लिए उपाय कर सकता है। उपाय फलदायक और असरकारक होगा।

(7) यदि कोई इंसान मरने से पहले कोई चीज किसी रिश्तेदार या जानकार आदि को बतौर आशीर्वाद दे जाता है तो वह वस्तु जिस ग्रह से सम्बन्धित होगी, उस ग्रह का उम्दा असर इंसान को मिलता रहेगा।

(8) यदि ग्रह नष्ट हो गया हो, पितृ ऋण का ग्रह हो, या औलाद के होने में ग्रह मंदा असर दे रहा हो तो मंदरजाजैल (निम्नलिखित) उपायों के द्वारा इंसान के लिए ग्रह उम्दा फल करने लगेंगे। इसमें एक बात का अवश्य ध्यान रखें कि यदि ग्रह नीच फल दे रहे हों तो उनके लिए दान करना चाहिए और जो ग्रह नेक तो हैं मगर अच्छा फल नहीं दे रहे हैं उनके लिए पालना, क्षमा इत्यादि के द्वारा पूजन करना चाहिए।

1	2	3	4	5	6
नाम ग्रह	अधिपति देवता	रंग ग्रह	लिंग	उपाय (पूजन)	उपाय (दान)
बृहस्पत	ब्रह्मा	पीला	नर	हरि पूजन	दाल, चना, सोना
सूरज	विष्णु	गंदुमी (गेहूं का रंग)	नर	कथा हरिबन्स	गेहूं, तांबा
चन्द्र	शिव	दूध जैसा	स्त्री	आराध्य देव पूजन	दूध, चांदी, चावल
शुक्कर	लक्ष्मी	दही जैसा	स्त्री	लोगों की सेवा	घी, दही, मोती, कपूर
मंगल	हनुमान	(सुर्ख) लाल	नर	गायत्री पाठ	दाल मसूर, लाल–वस्तुएं
बुध	दुर्गा	सब्जी (हरा)	मुखन्नस (नपुंसक)	दुर्गा पाठ	मूंग साबुत, जमुर्रद
सनीचर	भैरो	स्याह (काला)	मुखन्नस	राजा की उपासना	मांस, साबुत लोहा
राहु	सरस्वती	नीला	मुखन्नस	कन्या दान	सरसों, नीलम
केतु	गणेश	चितकबरा	मुखन्नस	कपिला गाय का दान	तिल

शादी के वक्त मंदे ग्रहों का उपाय– शादी के वक्त फेरों (हिन्दू धर्मानुसार) के दौरान मंदे ग्रहों का उपाय बहुत ही कारगर होगा, चाहे मंदा ग्रह औरत के टेवे में हो चाहे मर्द के टेवे में परन्तु जरूरी है कि मर्द के टेवे वाले मंदे ग्रहों का उपाय अनिवार्य रूप से कर लिया जाए। शादी के बाद मर्द के टेवे के मंदे ग्रह उसकी औरत (पत्नी) पर हावी हो जाते हैं। यदि मर्द के मंदे ग्रहों का उपाय न किया गया तो ये ग्रह उसकी औरत को भी नुकसान पहुंचा सकते हैं। विभिन्न ग्रहों के मंदे असर का शादी के वक्त होने वाले उपायों का विवरण मंदरजाजैल (निम्नलिखित) हैं।

(1) **बृहस्पत**– लड़की का कन्यादान करने के वक्त (या बाद में परन्तु उसी रस्म में) शुद्ध सोने के दो टुकड़े (किसी भी वजन के) बराबर–बराबर वजन वाले ठीक इसी प्रकार दान किए जाए जैसे कि लड़की का दान किया गया है, फिर उन टुकड़ों में से एक टुकड़ा बहते पानी में प्रवाहित कर दें और दूसरा टुकड़ा लड़की (जिसकी शादी है) को दे दें, परन्तु लड़की को हिदायत (सलाह) दे दें कि वह उसको बेचकर उसकी कीमत न ले ले। जब तक यह टुकड़ा लड़की के पास होगा तब तक बृहस्पत के मंदे असर से बचाव होता रहेगा। ऐसा टुकड़ा चोर भी नहीं चुराता अथवा गुम नहीं हो सकता। यदि किसी कारणवश ऐसा टुकड़ा अनजाने में चोर चुरा ले गया या गुम हो जाए तो उस टुकड़े की जगह कोई दूसरा टुकड़ा रखवा दें, मंदे ग्रह का असर फिर से ठीक हो जाएगा। दूसरा टुकड़ा कायम करते समय कोई भी टुकड़ा दोबारा नदी में बहाने की जरूरत नहीं होगी। यदि किसी भी कारणवश सोने के टुकड़े न हो सकें तो केसर की दो पुड़िया अथवा हल्दी की दो पूरी गांठों का उपयोग सोने के टुकड़ों के स्थान पर किया जा सकता है परन्तु यह उसी स्थिति में किया जाए जब किसी कारणवश सोना मुहैया न हो सका हो।

(2) **सूरज**– यदि टेवे में सूरज मंदी हालत में हो तो बृहस्पत के लिए ऊपर बताए गए उपाय में सोने के स्थान पर "शुद्ध तांबे" का प्रयोग किया जाए बाकी सब कुछ ऊपर बताए गए उपाय के आधार पर ही होगा।

(3) **चन्द्र**– चन्द्र टेवे में मंदा असर दे रहा हो तो दूध के रंग का सच्चा मोती प्रयोग करें तथा बाकी चरणों में बृहस्पत के उपाय में बताई गई विधि का ही प्रयोग किया जाए। सच्चा मोती न मिल पाने की स्थिति में चावल, चांदी (दोनों), इंसान (जिसके लिए उपाय हो रहा है औरत या मर्द) के बराबर वजन का तौलकर साथ ही दरिया या नदी का पानी शादी के वक्त घर में स्थापित करें मतलब चांदी, चावल और दरिया का पानी तीनों चीजें घर में कायम (स्थापित) करें।

(4) **शुक्कर**– यदि शुक्कर मंदी हालत में हो तो शादी के वक्त बृहस्पत में बताया गया उपाय ही प्रयोग में लाया जाए परन्तु वस्तुओं में सोने के टुकड़ों के स्थान पर सफेद मोती (दही के रंग जैसा) प्रयोग होगा।

(5) **मंगल**– मंगल मंदा हो तो बृहस्पत वाले उपाय में लाल कीमती पत्थर (जो रंग में लाल हो परन्तु चमकीला लाल न हो) का प्रयोग किगा जाए। लाल पत्थर मूंगा हो सकता है।

(6) बुध– बुध मंदा हो तो बृहस्पत के उपाय में सोने के स्थान पर हीरा लें यदि हीरा उपलब्ध न हो तो सीप का प्रयोग करें।

(7) सनीचर– सनीचर मंदा हो तो बृहस्पत के उपाय में सोने के स्थान पर फौलाद (शुद्ध लोहा) प्रयोग करें। न मिल पाने की स्थिति में स्याह (काला) नमक अथवा स्याह सुरमा प्रयोग करें।

(8) राहु– राहु मंदा हो तो वह उपाय करें जो चन्द्र के उपाय में प्रयुक्त होता है। सच्चा मोती अथवा चांदी, चावल और दरिया का पानी तीनों चीजें घर में कायम करें। राहु के उपाय में भूलकर भी नीलम का प्रयोग न किया जाए वरना मर्द औरत की ऐसी दुर्दशा होगी जैसे कि गहरे गड्ढ़े में गिरकर हाथी की होती है जिसे चींटियां भी मार देती हैं।

(9) केतु– केतु रद्दी हो तो बृहस्पत के उपाय में सोने के स्थान पर दोरंगा पत्थर (लहसुनिया) प्रयोग किया जाए।

उपाय से सम्बन्धित अन्य नियम

(1) यदि खाना नंबर 6 में शुक्कर हो तो वाल्दैन (माता–पिता) की तरफ से शादी के वक्त लड़की को सोने के जेवरात इत्यादि दान देना (जिसे लड़की कभी–कभी इस्तेमाल में लाती है) शुक्कर की मंदी हालत से बचाव करता है।

(2) लड़की की शादी के दहेज में कुछ सोना दे देना तब तक उत्तम फल देता है जब तक लड़की उस सोने को स्वयं न बेच दे। यह उत्तम फल तभी होगा जब टेवे में मंदरजाजैल (निम्नलिखित) ग्रह चालें हों।

(i) जब राहु–शुक्कर, शुक्कर–चन्द्र, सूरज–शुक्कर किसी भी खाने में इकट्ठे बैठे हों।

(ii) शुक्कर के खानों (2, 7) में राहु या चन्द्र या सूरज अथवा तीन ग्रह इकट्ठे बैठे हों।

(iii) शुक्कर अकेला अथवा किसी ग्रह के साथ खाना नंबर 4 में बैठा हो।

(iv) जब खाना नंबर 1, 7, 5 में से किसी में भी राहु बैठा हो।

(v) जब सनीचर खाना नंबर 9 में या केतु खाना नंबर 8 में अकेला हो।

(vi) केतु के साथ उसके दुश्मन ग्रह (मंगल–केतु, चन्द्र–केतु, सूरज–केतु या बुध–केतु) टेवे के किसी भी खाने में इकट्ठे बैठे हों तो लड़की को उसके वाल्दैन (माता–पिता) चांदी दान दें। केतु के उपाय के लिए धर्म स्थान (मंदिर इत्यदि) में दोरंगा कम्बल दान दें।

(vii) यदि केतु पितृ ऋण से मंदा हो तो सौ आवारा कुत्तों को बारात की तरह एक ही दिन में खाना दें अर्थात् खाना अपने साथ सवारी पर रखें तथा खाना कुत्तों को डालते चले जाएं। सूर्यास्त होने से पूर्व सौ कुत्तों की गिनती पूरी हो जाए।

(3) खाना नंबर 4 का शुक्कर दो जीवित पत्नियां देगा। इसके उपाय के लिए इंसान समय रहते अपनी ही पत्नी से दोबारा शादी कर ले तो शुक्कर का असर उम्दा हो जाएगा अर्थात् शुक्कर का असर पूरा हो जाएगा।

(4) खाना नंबर 12 में बुध हो तो शादी के वक्त लोहे के दो छल्ले बनवाएं, जिनमें जोड़ न लगा हुआ हो, इसमें टेवे वाले इंसान का हाथ लगवाकर दरिया में बहा दें। दूसरा छल्ला इंसान खुद पहन ले तो खाना नंबर 12 का बुध सदैव सहायक होगा। यहां टेवे वाले इंसान से मुराद वह लड़की या लड़का है जिसकी शादी है और उसी के टेवे में बुध खाना नंबर 12 में होना चाहिए। ये इंसान दो नहीं बल्कि एक ही व्यक्ति होगा, पाठक इसका वहम पैदा न करें।

ग्रहों का मंदा असर नेक करने के लिए किस ग्रह के उपाय की दरकार होगी?

राहु– राहु के मंदे असर के लिए केतु का उपाय करना फायदेमंद होगा, केतु की नब्ज आमतौर पर खाना नंबर 10 में होगी।

केतु– केतु के लिए राहु का उपाय मददगार होगा परन्तु केतु का इलाज खाना नंबर 10 और खाना नंबर 10 में बैठे ग्रहों के माध्यम से आसानी से हो सकता है।

सनीचर– सनीचर (पापी ग्रह) के लिए सनीचर से सम्बन्धित चीजों की पालना करनी होगी। धन–दौलत के लिए कौवे को रोटी डालें और औलाद (संतान) की मंदी हालत के लिए कुत्ते को रोटी डालें।

शुक्कर– गाय को अपनी खुराक का हिस्सा खिलाएं।

मंगल–बद– पूर्व में बताई गई मृगक्षाला मददगार होगी। इसके अलावा तन्दूर में मीठी रोटी पकाकर कुत्ते को दें या खैरात (गरीबों में या भिखारियों में मुफ्त में) बांटें अथवा जौ (एक प्रकार का अनाज) को कच्चे दूध से धोकर चलते पानी में बहा दें। इसी प्रकार पूर्व में बताए गए उपाय कारगर होंगे।

अन्य विशेष

(1) कोई भी ग्रह अपने खाने का अच्छा या बुरा फल तब तक नहीं देगा, जब तक उस ग्रह की निश्चित दिशा में (मकान के अन्दर) उस ग्रह से सम्बन्धित चीज न रखी (पड़ी) हो।

(2) अगर किसी भी प्रकार के पितृ ऋण, महादशा अथवा किसी दूसरे सबब (कारण) से कोई ग्रह सो जाए, नष्ट हो जाए, बरबाद हो जाए, रद्दी हो जाए या गुम ही हो तो ग्रहों के उपाय का क्रम निम्न प्रकार से होगा।

(i) सबसे पहले उन ग्रहों का उपाय होगा जो खाली खानों के घर के मालिक हैं। बशर्ते (शर्त यह है) कि जिस ग्रह का उपाय किया जा रहा है वह नष्ट या बरबाद हुए ग्रह के बराबर का ग्रह हो। अपना उसका दोस्त ग्रह हो।

(ii) इसके बाद महादशा के वक्त काम देने वाले ग्रहों का उपाय होना चाहिए।

(iii) बाद अजां (तत्पश्चात्) दुश्मन ग्रहों की दुश्मनी हटा दें (मस्नूई ग्रह पद्धति के द्वारा)।

(iv) इसके बाद ग्रहों की राशि फल की हालत (अवस्था) का फायदा उठाएं।

(v) सूरज को कायम करें। यहां सूरज कायम करने का अर्थ 'सूरज' की उपासना करने से लेना चाहिए।

(vi) पापी ग्रहों (सनीचर, राहु, केतु) का उपाय करें।

(vii) सबसे अंत में बुध का उपाय करें।

उपर्युक्त बताए गए 'ग्रहों का क्रम' वह है जो ग्रहों के उपाय करने के बाद यदि उम्दा असर न पाएं तो उससे अगले क्रम के ग्रह का उपाय किया जाए। यदि प्रथम अथवा द्वितीय चरण में उम्दा असर हासिल हो जाए तो इंसान को आगे वाले क्रम को प्रयोग नहीं करना चाहिए। इसके अतिरिक्त अगर कोई ग्रह उम्दा होकर भी पूरा असर न दे रहा हो तो मकान में उसकी दिशा के कोने या दीवार पर उस ग्रह की चीज कायम (स्थापित) करें।

मर्द और औरत के टेवे का परस्पर प्रभाव

मर्द (पति) का टेवा	औरत (पत्नी) का टेवा
मर्द का टेवा, मर्द के लिए ग्रह फल का होगा।	मर्द का टेवा, औरत पर राशि फल का प्रभाव देगा।
मर्द की चन्द्र कुंडली मर्द के लिए राशि फल का चमत्कार होगी, महादशा के स्थान पर अचानक किस्मत का नेक चमत्कार दिखलाएगी।	मर्द की चन्द्र कुंडली, औरत पर ग्रह फल का नेक असर देगी। महादशा के खाली अर्सों में अचानक किस्मत के लिए नेक होगी।
औरत की जनम–कुंडली, मर्द के लिए सामान्य राशि फल का प्रभाव देगी।	औरत की जनम–कुंडली, औरत के लिए ग्रह फल का प्रभाव देगी।
औरत की चन्द्र कुंडली, मर्द के लिए ग्रह फल में नेक होगी। महादशा के खाली अर्सों में अचानक किस्मत को चमकाएगी।	औरत की चन्द्र कुंडली औरत के लिए राशि फल की कुंडली होगी।
मर्द का दायां हाथ ग्रह फल का और बायां हाथ राशि फल का होगा।	मर्द का दायां हाथ औरत के लिए राशि फल का और बायां हाथ औरत के लिए ग्रह फल का उम्दा असर का होगा।
औरत का दायां हाथ मर्द के लिए ग्रह फल का शुभ होगा।	औरत का दायां हाथ, औरत के लिए राशि फल का होगा।
औरत का बायां हाथ मर्द के लिए उम्दा ग्रह फल का होगा।	औरत का बायां हाथ, औरत के लिए ग्रह फल का होगा।

फरमान नंबर 10

ग्रह का असर

सामुद्रिक–शास्त्र में राशियों को मकान और ग्रहों को दीपक मानते हुए, ग्रहों को राशियों के घरों में रोशनी के जलते हुए दीपक के रूप में माना गया है। इस तरह एक दीपक के साथ ही दूसरे दीपक की रोशनी का शुरू हो जाना उन दोनों दीपकों के नजारे में तब्दीली (परिवर्तन) कर देता है। साफ है कि दो रंगों अथवा दो स्रोतों की रोशनी मिलकर एक नई रोशनी का निर्माण कर देती है। मसलन सूरज का प्रकाश जिसका

रंग गन्दुमी (गेहुआं) है उसके प्रकाश के साथ ही दूसरा प्रकाश बृहस्पत का शुरू हो जाए जिसका रंग जर्द (पीला) है तो इन दोनों प्रकाशों के मिश्रण से एक नए रंग की पैदाइश (जनम) होती है, ये नया रंग जैसा होगा वैसा ही रंग इंसानी किस्मत के द्वारा उसकी जिन्दगी में फैला हुआ होगा अर्थात् उसी प्रकार की इंसान की किस्मत होगी। इसी लिहाज में यदि दीपक बुझ जाए (ग्रह का असर खत्म हो जाए) या दीपक जलने लग जाए (ग्रह का असर शुरू हो जाए) अथवा एक घर में दो दीपक जलने लगे (मुश्तरका ग्रह)। इन सभी परिवर्तनों से किस्मत में तो कई उतार–चढ़ाव शुमार (शामिल) होंगे लेकिन इस अदली–बदली परिस्थितियों से ग्रह की अपने घर के लिए मुकर्रर (निश्चित) मालिकाना हक में कोई परिवर्तन नहीं होगा अर्थात् जिस ग्रह के लिए जिस घर में जो हक मुकर्रर है (जैसे ऊंच, नीच, पक्का घर, घर का मालिक इत्यादि) उस पर कोई फर्क नहीं पड़ेगा। चाहे वह ग्रह किसी और ग्रह के घर बतौर मेहमान बनकर क्यों न चला जाए, परन्तु उसका अपने घर पर मालिकाना हक खत्म नहीं होगा। ''ग्रह की ताकत'' को इस प्रकार जानें कि जिस प्रकार दीपक की बत्ती तथा उस बत्ती की जिस प्रकार से रोशनी होती है।

ग्रह दृष्टि– एक ग्रह दूसरे ग्रह पर असर डालता है अथवा एक ग्रह जब किसी घर या खाने पर असर डालता है तो उस असर का माध्यम दृष्टि होती है। किसी ग्रह के असर की दृष्टि का दर्जा (स्तर) तीन भागों में विभाजित है।

(i) एक चौथाई दर्जा (पच्चीस फीसदी) (ii) आधा दर्जा (पचास फीसदी)

(iii) कुल दर्जा (सौ फीसदी)

बाहमी (परस्पर) दोस्ती–दुश्मनी– दीपक में जिस प्रकार के रंग–बिरंगे प्रकाश निकल रहे हों उसी के अनुसार आपस में ग्रहों की दोस्ती और दुश्मनी होगी। यदि नकारात्मक तरंगों वाले रंग के प्रकाश होंगे तो दुश्मनी सिर उठाएगी और अगर सकारात्मक रंगों के प्रकाश झिलमिलाएंगे तो दोस्ती हाथ बढ़ाएगी।

दीपक की जगह– हर ग्रह अपनी मुकर्रर राशि में नेक फल देगा चाहे, उसकी वह राशि किसी अन्य ग्रह का पक्का घर ही क्यों न हो।

(1) जैसे शुक्कर खाना नंबर 2 (वृष राशि) में नेक असर देगा।

(2) बुध खाना नंबर 3 (मिथुन राशि) में शुभ असर देगा बशर्ते मंगल (पक्के घर का मालिक) नेक हो।

(3) सूरज खाना नंबर 5 (सिंह राशि) में अपना नेक असर देगा।

(4) खाना नंबर 6 (कन्या राशि) में बुध का असर उम्दा तथा केतु का, केतु की चीजों पर मंदा परन्तु दूसरी चीजों पर उम्दा (अच्छा) असर होगा। अगर बुध–केतु मुश्तरका (इकट्ठे) हों तो बुध की चीजों पर अच्छा व केतु की चीजों पर मंदा प्रभाव होगा।

(5) खाना नम्बर 7 (तुला राशि) में शुक्कर का नेक असर होगा तथा बुध का अपने लिए तो नेक असर होगा ही साथ ही बुध दूसरों को भी मदद देगा।

(6) यदि मंगल, सनीचर और चंद्र तीनों इकट्ठे खाना नंबर 8 में हों तो मंदा फल मिलेगा परन्तु यदि अलग–अलग (अकेले) खाना नंबर 8 (वृश्चिक राशि) में आए तो उम्दा (अच्छा) फल मिलेगा।

(7) खाना नंबर 11 (कुंभ राशि) में सनीचर का उम्दा (शुभ) फल होगा। बाकी ग्रह सनीचर की जड़ काटने वाले होंगे। ऐसा बैर करेंगे कि बैर ऊपर से सामान्य परन्तु धोखे से गला घोटने वाला अर्थात् धोखे से मंदा असर (सनीचर को) देने वाला होगा।

ग्रहों के असर से सम्बन्धित अन्य नियम

(1) प्रत्येक खाना नंबर किसी न किसी ग्रह को जाहिर करता है जो कि उसका मालिक है। हर खाना नंबर की सम्बन्धित अश्या (चीजें) निश्चित होती हैं। मसलन खाना नंबर 1 का महत्त्व राजदरबारी, खाना नंबर 2 का असर इज्जत, दौलत, धर्म स्थान और खाना नंबर 3 भाई, जंगल की जगह इत्यादि होंगे।

(2) जिस खाने में ग्रह बैठा हो उस खाने की दिशा के अनुसार घर में ग्रह से मुतअल्लिका (सम्बन्धित) चीज कायम (स्थापित) करने से ग्रह का असर पाएदार (सरदार अर्थात् बहुत अधिक असरकारक) होगा। मसलन केतु खाना नंबर 9 में हो तो जद्दी (पैतृक) मकान में केतु से सम्बन्धित अश्या (चीजें) कुत्ता आदि कायम करें।

(3) जिस खाना नंबर में ग्रह बैठा हो उस खाने का अच्छा या बुरा असर वह ग्रह उस वर्ष प्रदान करेगा जिस वर्ष वह ग्रह वर्षफल कुंडली में उस खाने में आए जो खाना उस ग्रह के लिए पक्का घर या मालिक घर नैसर्गिक रूप से मुकर्रर (निश्चित) है। मसलन बृहस्पत टेवे में उच्च (खाना नंबर 4) का हो तो वह अपना उच्च का असर उस वर्ष में देगा जिस वर्ष वह खाना नंबर 2, 5, 9, 12 इत्यादि खानों में आएगा। इस प्रकार सभी ग्रहों का हाल यही होगा। किसी ग्रह का अच्छा या बुरे हाल का असर हमेशा नहीं मिलेगा बल्कि वर्षफल के अनुसार ही मिलेगा।

(4) "धोखे का ग्रह" जिस साल वर्षफल में खाना नंबर 10 (धोखे का खाना) में आ जाए तो धोखा पाएदार (बहुत अधिक असरकारक) होगा परन्तु जब धोखे का ग्रह खाना नंबर 2 में वर्षफल के अनुसार आएगा अथवा खाना नंबर 11 में आएगा तो मंदा धोखा देगा।

(5) मंदा ग्रह अपना असल मंदा असर उस समय देगा जब वह वर्षफल में खाना नंबर 8 में आएगा। परन्तु यह असर नेक मायनों (सम्बन्धों) में होगा, इसी प्रकार प्रत्येक ग्रह के वर्षफल में आने पर अलग–अलग स्थितियां होंगी। मसलन खाना नंबर 6 में राहु, 8 में मंदा बुध और खाना नंबर 12 में केतु का होना नेक (शुभ) फल प्रदान करेगा।

(6) नेक ग्रह अकसर नेक असर ही प्रदान करने वाला होता है परन्तु जब कभी सम्बन्धित ग्रह वर्षफल में किसी विशेष खाने में आकर अपनी मुतअल्लिक–अश्या (सम्बन्धित चीज) का मंदा प्रभाव देने लग जाए तो आगे जाकर (उसी वर्ष में) कोई नया फसाद जरूर खड़ा कर देगा। मसलन राहु खाना नंबर 4 में पाप न करने का हलफ (शपथ) लिए होता है, परन्तु खाना नंबर 4 में (वर्षफल में) राहु के आते ही राहु से सम्बन्धित चीजों का मंदा असर जाहिर (प्रकट) होने लग जाए तो निश्चित रूप से राहु कोई फसाद पैदा कर देगा। राहु से सम्बन्धित विशेष कार्य हैं, गंदे पानी का हौज बनवाना, कोयले से सम्बन्ध बनना, काने आदमियों से सम्बन्ध बनाना, शौचालय अथवा छत से सम्बन्धित कार्य कराना इत्यादि। बृहस्पत से सम्बन्धित चीजें हैं, पीपल की जड़, साधु–संन्यासी, पीली वस्तुएं इत्यादि। केतु से सम्बन्धित कुत्ता तथा औलाद इत्यादि। चन्द्र से सम्बन्धित दूध, माता, सफेद वस्तुएं इत्यादि। इसी के साथ "टकराव के ग्रहों" का भी यही उसूल (नियम) होगा।

(7) प्रत्येक ग्रह का असर, उस ग्रह के अपने स्वभाव पर आधारित होता है। कौन–सा ग्रह असर कर रहा है इसको जानने के लिए उस घटना में ग्रहों का स्वभाव तलाशना होगा। मसलन–

  (i) जिस ग्रह से मुतअल्लिक अश्या (सम्बन्धित चीज) का असर जाहिर (प्रकट) हो, उसी ग्रह का असर होगा।

(ii) नर ग्रहों (मंगल, बृहस्पत, सूरज) का वक्त दिन का होगा इसलिए ये दिन में असर करेंगे स्त्री ग्रहों (चन्द्र, शुक्कर) का वक्त रात का होगा। अतः ये रात में असर दिखाएंगे। मुखन्नस (नपुंसक) ग्रह तथा पापी बुध का वक्त दिन–रात के मिलन (सायंकाल) का होगा। इसीलिए ये सांझ के वक्त असर करेंगे। पापी ग्रहों (सनीचर, राहु, केतु) का वक्त काली रात या बादल वाली रात का होगा इसलिए ये तभी असर करेंगे।

(8) वर्षफल के हिसाब से जब सूरज वर्षफल वाले खाने में आएगा तो उस खाने में जिस ग्रह के वर्षफल का असर चल रहा होगा वह ग्रह अपना संपूर्ण असर उस माह में (अच्छा या बुरा) देगा। वास्तव में सूरज 365 दिनों अर्थात् (बारह माह) में बारह खानों का चक्कर लगाया करता है अर्थात् वर्षफल में एक माह के लिए सूरज का समय निर्धारित है अर्थात् उस समय में वह ग्रह अपना संपूर्ण असर प्रदान कर देगा।

(9) वर्षफल में जब ग्रह तख्त (खाना नंबर 1) पर आएगा तो वह अपना असर इंसान पर जाहिंर करेगा परन्तु यह असर वह कैसे–कैसे और किन–किन पर डालेगा? इसका एक निश्चित क्रम निर्धारित है।

(i) सबसे पहले तख्त (लगन) का ग्रह उस खाने का असर देगा जहां वह जनम–कुंडली (टेवे) में बैठा है।

(ii) इसके बाद उन दुश्मनों पर असर देगा जो दुश्मन उसके साथ टेवे में बैठे हैं।

(iii) तत्पश्चात् अपने सभी दोस्त ग्रहों पर असर देगा चाहे वे टेवे में कहीं भी बैठे हों।

(iv) इसके बाद अपने बराबर के ग्रहों पर असर देगा। इस क्रम के अनुसार प्रत्येक ग्रह खाना नंबर 1 (लगन) में वर्षफल के अनुसार आने पर अपना असर (फल) देगा। यदि किसी खाने में 1 से अधिक ग्रह हों तो तख्त पर बैठा ग्रह; ग्रहों के क्रमानुसार (बृहस्पत, सूरज, चन्द्र, शुक्कर, मंगल, बुध, सनीचर, राहु, केतु) अपना असर देगा। चाहे दोस्त का असर दे अथवा दुश्मन का परन्तु दोस्तों से दोस्ती का और दुश्मनों से दुश्मनी का बर्ताव (व्यवहार) करेगा। यदि तख्त पर बैठे ग्रह के दोस्त और दुश्मन अलैहदा–अलैहदा (अलग–अलग) खानों में बैठे हों तो खानों के बिलतरतीब (क्रमानुसार) अपना असर जाहिर करेगा। जैसे खाना नंबर 1, 2, 3, 4, 5, –––खाना नंबर 12।

(10) सामुद्रिक के अनुसार जब कोई रेखा जिस तरफ खूब जोर से मिलती हो (मोटाई लिए और गहरी हो) तथा ज्यादा सुर्ख (लाल) हो, वही उसके शुरू होने की तरफ होगी चाहे वह मुख्य रेखा हो अथवा शाखा रेखा। इसका मतलब यह भी माना जा सकता है कि लाल किताब के अनुसार यदि कोई रेखा पतली हो तथा कम गहरी हो तो वह सिरा उस रेखा का अन्तिम सिरा अथवा उत्तरोत्तर विकास का सिरा होगा।

(11) अमूमन (आमतौर से) जिस घर में कोई मंदा ग्रह बैठा हो, उस घर की चीजों पर कोई मंदा असर नहीं डालेगा बल्कि उस घर की चीजों को कायम करने में सहायक होगा। औलाद के जनम से सूरज खाना नंबर 6 का उम्दा असर शुरू होगा।

(12) खाना नंबर 11 के ग्रह जब तख्त (खाना नंबर 1) पर आएंगे तो उस दिन से वे उम्दा (अच्छा) असर दिखाएंगे, मगर अपनी उम्र के साल पूरे होने (बृहस्पत 16, सूरज 22, चन्द्र 24, शुक्कर 50, मंगल–नेक 13, मंगल–बद 15, बुध 34 सनीचर 36, राहु 42, केतु 48) के बाद अमूमन नाकारा हो जाते हैं। 'नाकारा' से तात्पर्य है कि ये ग्रह अपनी उम्र के साल पूरे होने के बाद स्थिर हो जाते हैं। न अच्छा

फल देते हैं न बुरा। यदि ये ग्रह टेवे में सोये हुए हों तो नाकारा होने का असर और अधिक बढ़ जाता है।

(13) खाना नंबर 8 यदि खाली हो तो खाना नंबर 2 में बैठे ग्रह सदैव शुभ असर प्रदान करेंगे।

(14) टेवे वाले इंसान का बुढ़ापा आने पर खाना नंबर 2 के ग्रह नेक असर दिखाते हैं।

(15) बमूजिब (अनुसार) सामुद्रिक, दाएं हाथ की हथेली के दाएं हिस्से (भाग) में जिस राशि का निशान हो उस राशि का मालिक ग्रह अपनी दशा में सदैव अच्छा फल प्रदान करने वाला ग्रह होगा।

(16) प्रत्येक ग्रह का किसी न किसी अश्या (चीज) से सम्बन्ध जरूर होगा। जब उन चीजों से इंसान का सम्बन्ध स्थापित होगा तो खुद–ब–खुद उस खाने का असर शुरू हो जाएगा जिस खाने के मालिक ग्रह से सम्बन्धित चीज से इंसान का सम्बन्ध स्थापित हुआ है। मसलन शुक्कर खाना नंबर 1 या खाना नंबर 9 में हो तो इंसान के घर में सफेद गाय का आना या पच्चीसवें साल शादी होने के दिन से ही मंदे शुक्कर का असर शुरू हो जाएगा। हर वह ग्रह जो जिस राशि (खाना संख्या) का मालिक है वह उस खाने और राशि से मुतअल्लिक असर उस खाने (घर) पर डालेगा जहां वह बैठा है।

(17) उच्च ग्रह हमेशा उम्दा (नेक) असर ही देगा चाहे वह किसी भी प्रकार से अपने दुश्मन अथवा अन्य ग्रह के कारण मंदा ही क्यों न हो जाए।

(18) प्रत्येक ग्रह की अपनी राशि मुकर्रर है, जिसका वह ग्रह मालिक है। ग्रह अपनी राशि में हमेशा नेक फल ही देगा। जैसे– शुक्कर की बहैसियत मालिक राशियां वृष (2) और तुला (7) हैं।

(19) जब कोई ग्रह अपनी उच्च राशि वाले खाने में बैठा हुआ हो तो वह ग्रह अपने साथ बैठे हुए दुश्मन ग्रह पर बुरा असर नहीं देगा। इसी के साथ यदि कोई ग्रह दृष्टि–सिद्धान्त के अनुसार भी अपनी उच्च दृष्टि वाले खाने को देख रहा हो और उस खाने में कोई दुश्मन ग्रह ही क्यों न बैठा हो वह बुरा फल नहीं देगा परन्तु, वह नेक फल देने के लिए बाध्य (मजबूर) नहीं है। उच्च घर के ग्रह अपना नेक फल देंगे तथा अपनी नेक हालत का असर न छोड़ेंगे चाहे वे ग्रह (उच्च घर के) अपना नेकी का असर किसी को न दें। इसी प्रकार ये ग्रह अपने दुश्मन ग्रहों के साथ नेकी भले ही छोड़ दें परन्तु उनके साथ बदी (बुरा व्यवहार) कभी नहीं करेंगे। इस सिद्धान्त में सूरज ग्रह, शुक्कर ग्रह के लिए अपवाद होगा। मसलन सूरज खाना नंबर 1 में बैठा हो और शुक्कर खाना नंबर 7 में हो तो सूरज अपने दुश्मन शुक्कर (टेवे वाले व्यक्ति की औरत पर) पर सिर्फ बीमारी देगा, इसके अतिरिक्त कोई अहित नहीं करेगा।

(20) जिन ग्रहों ने अपने 35 साला चक्कर में मंदा फल दिया है वे जब दूसरे चक्कर में आएंगे तो बुरा असर नहीं देंगे चाहे वे नेक असर दें या न दें। इसी प्रकार सौ साला चक्कर में खानदानी हालत में जरूर बदलाव होगा। अच्छी होगी तो बुरी और बुरी होगी तो अच्छी हो जाएगी।

(21) अगर टेवे में सारे ग्रह मंदी हालत में हो जाएं तो इंसान अकेला ही लाखों का मुकाबला करने की हिम्मत रखेगा। सभी मंदे ग्रहों का फल उत्तम से उत्तम होगा।

(22) मस्नूई (बनावटी) ग्रहों का असर पक्के घर के मालिकों के लिए निम्नलिखित होगा।

पक्का घर	मस्नूई (बनावटी) ग्रह	ग्रह का प्रभाव
बृहस्पत	सूरज+शुक्कर	औलाद (संतान) की पैदाइश का मालिक है।
सूरज	बुध+शुक्कर	सेहत (स्वास्थ्य) का मालिक है।
चन्द्र	सूरज+बृहस्पत	वाल्दैनी खून (माता–पिता) व नुत्फा (वीर्य) का मालिक है।
शुक्कर	राहु+केतु	सांसारिक सुख और औलाद के सुख का मालिक है।
मंगल	सूरज+बुध (मंगल–नेक) सूरज+सनीचर (मंगल–बद)	औलाद जिंदा रखने का मालिक है।
बुध	बृहस्पत+राहु	इज्जत (सम्मान) और शोहरत (यश) का मालिक।
सनीचर	शुक्कर+बृहस्पत (केतु स्वभाव) मंगल+बुध (राहु स्वभाव)	सेहत (स्वास्थ्य) और बीमारी (रोग) का मालिक।
राहु	मंगल+सनीचर (उच्च असर) सूरज+सनीचर (नीच असर)	झगड़े तथा फसाद का मालिक है।
केतु	शुक्कर+सनीचर (उच्च असर) चन्द्र+सनीचर (नीच असर)	भोग (सुख) का मालिक है।

मस्नूई (बनावटी) ग्रहों की स्थिति में दोनों मस्नूई ग्रहों का असर जुदा–जुदा (अलग–अलग) कर लेना मुमकिन (संभव) होगा। इसी प्रकार इन दोनों का मुश्तरका (संयुक्त) असर कर लेना भी मुमकिन होगा। मूलतः मस्नूई ग्रहों का असर राशि फल का होगा। मुश्तरका ग्रहों के असर से कुछ खास (विशेष) खाना नंबर जरूर प्रभावित होंगे चाहे ये मुश्तरका ग्रह टेवे के किसी भी खाने में क्यों न बैठे हों, परन्तु ये अपना मंदा असर इन (विशेष) खानों को अवश्य प्रदान करेंगे। यहां यह स्पष्ट कर देना जरूरी है कि मस्नूई ग्रह की स्थिति में दो ग्रह मिलकर तीसरे ग्रह का स्वभाव ग्रहण कर लेते हैं तथा मुश्तरका ग्रह की स्थिति में दो ग्रह जब मिलते हैं तो अपना–अपना असर पृथक–पृथक परन्तु संयुक्त रूप से प्रदान करेंगे। मस्नूई ग्रह निश्चित होते हैं उदाहरणार्थ बुध+शुक्कर जब भी साथ–साथ बैठेंगे तो सूरज का असर प्रदान करेंगे। यह निश्चित है परन्तु मुश्तरका का सीधा सा अर्थ दो ग्रहों का एक साथ संयुक्त रूप से बैठना है चाहे वे दोस्त हों अथवा दुश्मन। आगे एक सारिणी दी जा रही है जिसमें मुश्तरका ग्रहों से निश्चित खानों में पड़ने वाला प्रभाव प्रदर्शित किया गया है। यह प्रभाव मंदा होगा।

मुश्तरका ग्रह	मंदे असर से प्रभावित खाना नंबर	मुश्तरका ग्रह	मंदे असर से प्रभावित खाना नंबर
सूरज–मंगल	1	बुध–सनीचर (निजी स्वभाव)	9
शुक्कर–बृहस्पत	2	सनीचर	10
बुध–मंगल	3	बृहस्पत–सनीचर	11
मंगल–शुक्कर	4	बृहस्पत–राहु	12
सूरज–बृहस्पत	5		
बुध–केतु	6		
शुक्कर–बुध	7		
मंगल–सनीचर–चन्द्र	8		

उपर्युक्त सारिणी में मंगल–शुक्कर मुश्तरका का असर टेवे में मुतअल्लिक (सम्बन्धित) खाना नंबर 4 के लिए मंदा असर वाला होगा परन्तु यह असर खाना नंबर 4 के लिए मुकर्रर चीजों से मंदा असर होगा। इस मुश्तरका का असर खाना नंबर 4 के लिए खानदानी खून की तरह असर करेगा चाहे मुश्तरका ग्रह किसी भी खाने में क्यों न बैठे हों और कितने ही मंदे और नेक क्यों न हों।

(23) सामुद्रिक के अनुसार पक्के घर और बड़ी रेखाएं शायद ही कभी बदलती हों अर्थात् भाग्य की हेरा–फेरी शायद ही संभव हो। मस्नूई ग्रहों (रेखा की शाखाओं) का बदलना मुमकिन (संभव) है। वह भी उम्र के हर सातवें साल तथा बारह साल तक लगातार, परन्तु इक्कीस साल के बाद रेखा में कोई परिवर्तन नहीं माना जाता। इस उम्र पर इंसान पूर्ण बालिग माना जाता है। उम्र के हर सातवें साल यह माना जाता है कि यह (सातवां साल) तब्दीली (परिवर्तन) वाला साल होगा चाहे अच्छे से बुरी अथवा बुरी से अच्छी तब्दीली हो परन्तु तब्दीली सातवें वर्ष में मानी जाती है। अल्प आयु (कम या छोटी आयु) वाले इंसानों का हर आठवां साल खतरनाक साल होगा जैसे 8, 16, 24, 32, 40————120 साल खतरे की संभावना बनाएगा।

चीजों के रंग का ग्रह चाल पर असर– हर एक चीज किसी न किसी ग्रह से सम्बन्धित होती है परन्तु फिर भी रंगों के आधार पर कुछ अन्तर पाया जाता है या यूं कहें कि रंगों के आधार पर चीजों का ग्रहों से सम्बन्ध बदल जाता है। मसलन दो रंग का कुत्ता (चितकबरा) अगर स्याह (काला) और सफेद रंग का हो तो उसका ग्रह केतु होगा परन्तु दो रंगो में से एक रंग सुर्ख (लाल) हो तो यह बेशक केतु होगा परन्तु गणना में यह बुध गिना जाएगा। इसी प्रकार भैंस (4 पाया जानवर) सनीचर से सम्बन्धित है परन्तु यदि स्याह (काली) है तभी सनीचर मानी जाएगी लेकिन अगर भूरी (हल्की लाल) भैंस हो तो यह सूरज से सम्बन्धित होगी। इसके अतिरिक्त यदि स्याह (काली) भैंस हो लेकिन केवल माथा सफेद हो तो सनीचर के साथ–साथ चन्द्र का भी असर शामिल होगा। अन्य उदाहरण में यदि घोड़ा जो चन्द्र की चीज है जर्द (पीले) रंग का हो तो चन्द्र के साथ–साथ बृहस्पत का भी असर शामिल होगा और अगर स्याह रंग का घोड़ा होगा तो चन्द्र के साथ–साथ सनीचर का भी असर गिना जाएगा परन्तु स्याह रंग सफेद रंग को दबाने वाला होता

है इसलिए सनीचर, चन्द्र के असर को दबा देगा। तात्पर्य यह है कि किसी भी इंसान के टेवे में किसी भी ग्रह का असर तभी लेंगे जब उस ग्रह से मुतअल्लिक (सम्बन्धित) अश्या (चीजों) का सम्बन्ध तथा उस ग्रह और उस ग्रह के रंग का असर सटीक बैठता हो। यह असर अच्छा होगा या बुरा इस बात का फैसला टेवे में उस ग्रह की स्थिति से मुकर्रर होगा।

ताल्लुकदारों (रिश्तेदारों) का ग्रहों से सम्बन्ध– प्रत्येक ग्रह किसी न किसी ताल्लुकदार का संकेत देता है परन्तु ताल्लुकदार के अनुसार प्रत्येक ग्रह का सम्बन्ध भिन्न हो जाता है। मसलन–

(1) बृहस्पत– रूह के (आत्मज) रिश्तेदारों पर असर करेगा।

(2) सूरज– जिस्म (शरीर) के रिश्तेदारों पर असर करेगा।

(3) मंगल– खून के रिश्तेदारों पर असर करेगा।

(4) चन्द्र– माता पक्ष पर असर करेगा।

(5) शुक्कर– औरत (पत्नी) के दर्जे (स्तर) वाली स्त्रियों पर असर करेगा।

(1) इसके अतिरिक्त नर ग्रह पुरुषों पर और स्त्री ग्रह औरतों पर असर करेंगे अथवा ये भी कहा जा सकता है नर ग्रह, नर तत्व की चीजों पर और स्त्री ग्रह मादा तत्व की चीजों पर असर करेंगे।

(2) सामुद्रिक के अनुसार सीधे खत (रेखाएं) मर्द और द्विशाखी खत औरत को प्रदर्शित करेंगे। नपुंसक ग्रह, सनीचर की धातुओं पर और बुध वनस्पतियों पर असर करेंगे। राहु दिमाग (बुद्धि या विचारों) पर और केतु पांवों पर असर करेगा। मस्नूई (बनावटी) ग्रह बेजानों (निर्जीव) तथा जानों (सजीव) दोनों पर असर करेगा।

(3) सामुद्रिक में बारह साल की उम्र तक रेखा नाबालिग और इक्कीस साल की उम्र से रेखा बालिग गिनी जाती है मगर वहीं टेवे के अनुसार वर्षफल में सबसे पहली बार जिस दिन से सूरज का दौरा शुरू होता है उसी दिन से चाहे उम्र कितनी ही हो सभी ग्रह बालिग गिने जाते हैं। अर्थात् सूरज टेवे में कही पर भी हो लेकिन जब वह सबसे पहले वर्षफल में खाना नंबर 1 (लगन) में आएगा उसी दिन से सूरज का राज शुरू हो जाएगा और सभी ग्रह टेवे में बालिग हो जाएंगे। "दौरा" शब्द से मुराद यह माना जाए कि सम्बन्धित ग्रह वर्षफल के अनुसार खाना नंबर 1 में आ गया है। अतः कहेंगे कि सूरज का दौरा शुरू हो गया है अथवा सनीचर का दौरा शुरू हो गया है इत्यादि। जनम–कुंडली में जनम लगन को खाना नंबर 1 मानकर यदि खाना नंबर 1, 5, 11 में सूरज हो तो सभी ग्रह टेवे में बालिग गिने जाएंगे चाहे वह अकेला हो अथवा अन्य ग्रहों के साथ हो। देखें चित्र 113।

प्रस्तुत जनम–कुंडली में सूरज खाना नंबर 11 में राहु के साथ बैठा है। अतः नियम के अनुसार 1, 5, 11 में सूरज होना चाहिए। अतः खाना नंबर 11 में सूरज होने से सभी ग्रह जनम से बालिग गिने जाएंगे। सूरज का दौरा शुरू होने से पहले इंसान पर उसके पिछले कर्मों का हिसाब हर सातवें या आठवें साल असर करता है जो तब्दीली का जमाना कहलाता है। यह कर्मों का हिसाब मौजूदा जीवन का अथवा पूर्व जनम का हो सकता है।

ताकत के ग्रह की पहचान– टेवे वाला इंसान भी किसी न किसी 1 ग्रह का होता है। इंसान जिस ग्रह का होता है वह ग्रह उस इंसान के लिए खाना नंबर 9 का असर देगा चाहे वह ग्रह टेवे में कहीं भी क्यों न बैठा हो?

(1) जब किसी इंसान का बृहस्पत ताकतवर मालूम हो तो जिस खाने में बृहस्पत बैठा हो उस खाने से मुतअल्लिक (सम्बन्धित) रिश्तेदार, बृहस्पत ग्रह से सम्बन्धित व्यक्तित्व के होंगे। यदि बृहस्पत अपने ही

घर (9, 12) में बैठा हो तो बाप (पिता) तथा दादा का व्यक्तित्व बृहस्पत जैसा होगा। अर्थात् ताकतवर ग्रह इंसान के जीवन पर बहुत अधिक गहरा असर देगा। अन्य उदाहरण में यदि किसी इंसान का सूरज ताकतवर (प्रबल) हो तथा उसका सूरज टेवे में खाना नंबर 6 में (केतु के खाने में) बैठा हो तो टेवे वाले व्यक्ति का लड़का केतु ग्रह के गुणों का मालिक होगा। इसी प्रकार यदि केतु खाना नंबर 3 (मंगल का पक्का घर) में बैठा हो तथा टेवे वाले इंसान का केतु ताकतवर हो तो उसका भाई केतु की प्रधानता लिए हुए होगा। देखें चित्र 114।

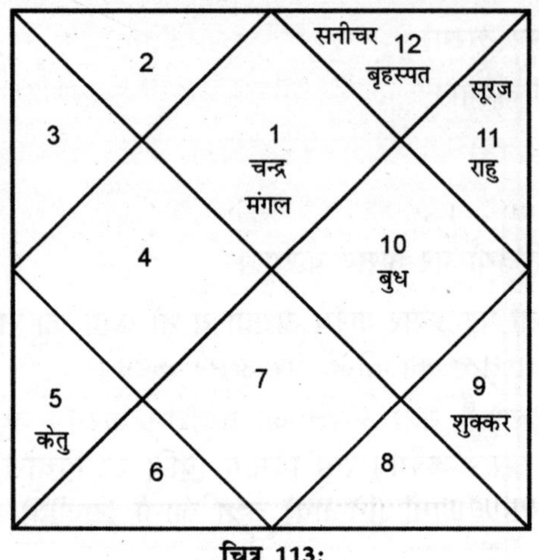

चित्र 113:

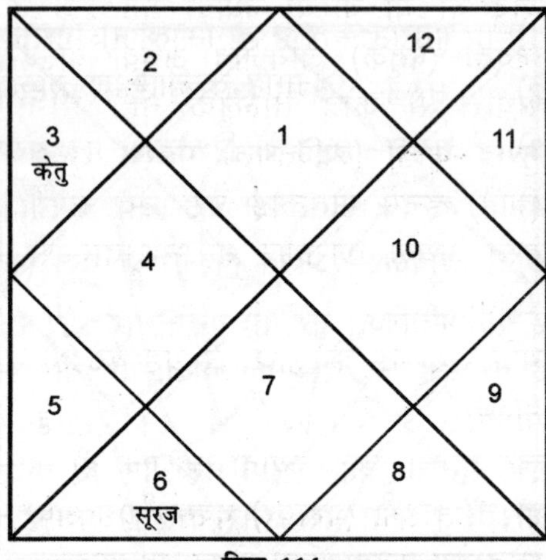

चित्र 114:

(2) सामुद्रिक के अनुसार यदि किसी इंसान के हाथ में खत (रेखा) न हो तो वह इंसान डाकू तथा निर्दयी प्रवृत्ति का होगा अथवा सभी बुर्ज़ (पर्वत) नीच राशि के हों तो भी इंसान हिंसक प्रवृत्ति का होगा। यदि हाथ में बहुत अधिक रेखाएं हो तो वह इंसान मंदी किस्मत तथा वहमी (शक्की अथवा भ्रमित) स्वभाव का होगा।

(3) एक ही घर में बहुत ज्यादा मंदे अथवा नीच ग्रह हों तो सामुद्रिक के निम्न गुणों के साथ असर होगा।

(i) ज्यादा चौड़ी रेखाएं– बहुत कम नेक असर देंगी।

(ii) चौड़ी रेखाएं– टकराव के दुश्मन ग्रह होंगे।

(iii) मध्यम चौड़ी रेखाएं– देर से नेक असर देंगी।

(iv) कम चौड़ी रेखाएं– दुश्मन ग्रह आमने–सामने होंगे।

(4) जिस इंसान का जो ग्रह ताकतवर होगा वह इंसान उस ग्रह से सम्बन्धित चीज का ज्यादा इस्तेमाल (प्रयोग) करने का आदी (आदत वाला) नहीं होगा। मसलन सूरज नमक तथा मंगल मीठा होता है। अब सूरज ताकतवर हो तो टेवे वाला इंसान नमक (सूरज) का प्रयोग बहुत कम करेगा। इसी प्रकार मंगल ताकतवर (प्रबल) हो तो टेवे वाला इंसान मीठा बहुत कम पसन्द करेगा परन्तु दूसरी ओर यदि सूरज कमजोर हो तो इंसान नमक अधिक प्रयोग करेगा। इसका कारण यह है कि कमजोर ग्रह अपनी ताकत को बढ़ाने के लिए अपने तत्व की चीजों का अधिक इस्तेमाल कराता है और ताकतवर ग्रह अधिक ताकतवर होने के कारण अपने तत्वों की चीजों से तृप्त होता है, अतः कम इस्तेमाल कराता है।

मुश्तरका ग्रहों का असर

ग्रह मुश्तरका बुरा नहीं करते, बंद मुट्ठी के खानों में
फल दो-ग्यारह अपना-अपना, धर्म मन्दिर गुरुद्वारा में

बंद मुट्ठी के खाने से मतलब खाना नंबर 1, 4, 7, 10 होगा। खाना नंबर 2 धर्म मन्दिर तथा खाना नंबर 11 गुरुद्वारा कहा जाता है। देखें चित्र 115।

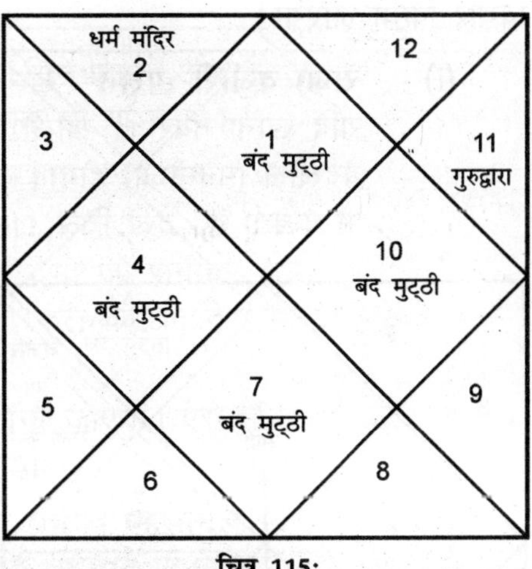

चित्र 115:

(1) यदि दो या दो से ज्यादा ग्रह इकट्ठे हों तो इसका जद्दी (पैतृक) जायजाद अथवा वाल्दैनी (माता–पिता) संपत्ति से कोई ताल्लुक नहीं होगा बल्कि इसकी मुराद जाती (व्यक्तिगत) गृहस्थ सुख से होगी। ख्वाह (चाहे) इनमें से कोई ग्रह टेवे में किसी भी व्यक्ति, वस्तु अथवा कारोबार या रिश्तेदार से सम्बन्ध क्यों न रखता हो?

(2) यदि स्त्री ग्रह के साथ नर ग्रह बैठे हों तो नेक फल देने वाले होंगे।

(3) जब दो या दो से ज्यादा ग्रह एक ही खाने में इकट्ठे बैठे हों तो बाहमी (परस्पर) दुश्मन ग्रह अपनी–अपनी दुश्मनी छोड़ देंगे परन्तु बाहम दोस्त ग्रह अपनी–अपनी दोस्ती नहीं छोड़ेंगे। इस नियम में ध्यान देने योग्य बात यह है कि लफ्ज ''बाहमी'' का अर्थ है आपस में अथवा परस्पर अर्थात् यदि एक ग्रह दूसरे का दुश्मन है, वहीं दूसरा भी पहले का दुश्मन होना चाहिए तभी वे आपसी दुश्मनी छोड़ेंगे। मसलन– बुध, बृहस्पत का दुश्मन है परन्तु बृहस्पत, बुध का सम है तो यह नियम लागू नहीं होगा। परन्तु यदि सूरज–सनीचर अथवा सूरज–शुक्कर मुश्तरका बैठे हों तो ये आपस में दुश्मनी छोड़ देंगे मतलब एक दूसरे का अहित (नुकसान) नहीं करेंगे परन्तु इसका मतलब यह नहीं कि एक दूसरे का हित (फायदा) करेंगे।

(4) नर ग्रह (सूरज, बृहस्पत, मंगल) या सनीचर में से कोई भी बन्द मुट्ठी के खानों (1, 4, 7, 10) में हो अथवा धर्म मन्दिर (खाना नंबर 2) या गुरुद्वारा (खाना नंबर 11) में बैठा हुआ हो साथ ही बुध खाना नंबर 7 (अपने पक्के घर) में बैठा हो तो टेवे वाले की सेहत (स्वास्थ्य) और उम्र पर कभी बुरा असर नहीं करते बशर्ते (शर्त यह है) कि इन घरों में बैठे होने के वक्त सनीचर के साथ स्त्री ग्रह (चन्द्र या शुक्कर) का ताल्लुक (सम्बन्ध) न बने क्योंकि यदि सनीचर के साथ चन्द्र या शुक्कर होगा तो वह मस्नूई केतु का असर करेगा।

असर देखने का ढंग या नियम– प्रत्येक ग्रह द्वारा दूसरे ग्रह को देखने के लिए ''दृष्टि–सिद्धान्त'' को अमल में लाना होता है। खास–खास दृष्टियों के मुताबिक (अनुसार) ग्रह एक दूसरे को देखते हैं। ये दर्जे सौ फीसदी, पचास फीसदी तथा पच्चीस फीसदी के होते हैं। ग्रहों की दृष्टि देखने के लिए मूलतः ''दर्जा–सिद्धान्त'' की आवश्यकता नहीं पड़ती, देखना सिर्फ इतना होता है कि किस खाने का ग्रह, किस खाने के ग्रह को देख सकता है। मसलन खाना नंबर 1 के ग्रह, खाना नंबर 7 के ग्रहों को देख सकते हैं परन्तु खाना नंबर 7 के ग्रह कभी खाना नंबर 1 के ग्रहों को नहीं देख सकते। इसका सीधा सा मतलब यह है कि अगर खाना नंबर 7 और खाना नंबर 1 में बाहमी (परस्पर) दुश्मन ग्रह बैठे हों तो खाना नंबर

1 वाला ग्रह अपनी दुश्मनी का असर खाना नंबर 7 में भेज सकता है लेकिन खाना नंबर 7 वाला ग्रह अपनी दुश्मनी का असर खाना नंबर 1 में नहीं भेज सकता।

खाना नंबर 1, 7, 11, 8 मुश्तरका का असर

खाना नंबर 1, 7, 11, 8 का परस्पर अवलोकन करना हो तो कुछ नतीजे सामने आएंगे जिनमें इन खाना नंबरों में ग्रहों का होना न होना, किसी में होना तथा किसी खाने का खाली होना इत्यादि बिन्दुओं पर विचार किया जाएगा।

(i) **राजा वजीरी हालत**– खाना नंबर 1 का ग्रह राजा और खाना नंबर 11 का ग्रह वजीर होगा। यदि खाना नंबर 11 खाली है तो राजा बेलगाम और यदि खाना नंबर 8 खाली हो तो वजीर बेदलील (मनमौजी) होगा। क्योंकि खाना नंबर 1 खाना नंबर 11 को खाना नंबर 8 की नजर से देखता है। देखें चित्र 116।

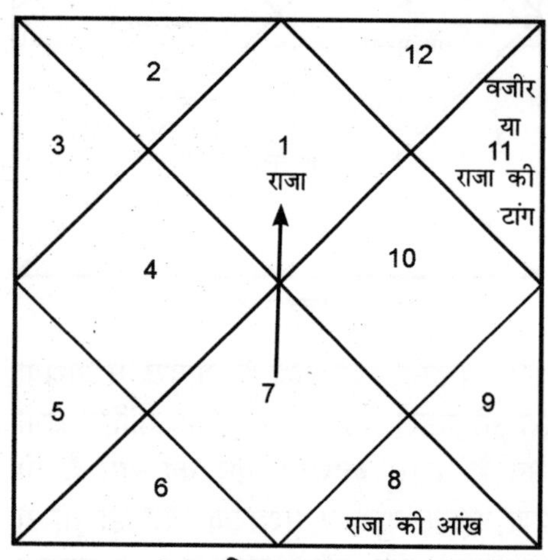

चित्र 116:

इसी लहजे में अगर खाना नंबर 8 में कोई ऐसा ग्रह बैठा है जो खाना नंबर 1 में बैठे ग्रह का दुश्मन है तो वह खाना नंबर 1 को इस तरह चलाएगा जैसे किसी शख्स ने दूसरे इंसान की आंखों में जहर डाल दिया हो ताकि वह देख नहीं पाए और अपना विवेक भी खो दे। इसी तरह अगर खाना नंबर 11 खाना नंबर 1 का दुश्मन हो तो वजीर, राजा को इस प्रकार चलाएगा जैसे किसी सिंहासन पर बैठे राजा के पैर में जहर भर दिया हो ताकि अगर वह किसी अन्य का सहारा लेकर चलने की कोशिश भी करे तो, अपनी टांगों के जहर के कारण चिल्लाता और कराहता रह जाए। खाना नंबर 11, खाना नंबर 1 की टांगें हैं। बरखिलाफ (विपरीत) इसके अगर खाना नंबर 1, 8, 11 आपस में दोस्त हों तो सिंहासन पर बैठा राजा सदैव अपनी आंखों (खाना नंबर 8) और अपनी टांगों (खाना नंबर 11) की मदद पाता रहेगा। इस लिहाज में खाना नंबर 7 के ग्रह भी सहायता करते रहेंगे परन्तु खाना नंबर 1 में, खाना नंबर 7 से कम ग्रह होने चाहिए तभी खाना नंबर 1, खाना नंबर 7 की मदद पाता रहेगा। यदि खाना नंबर 1 के ग्रह तादाद में खाना नंबर 7 से ज्यादा हुए तो खाना नंबर 7, खाना नंबर 1 को मदद मुहैया नहीं करा सकेगा। चाहे ये ग्रह आपस में दोस्त हों या दुश्मन, परन्तु हों तादाद में ज्यादा मसलन खाना नंबर 1 में राहु के साथ अन्य ग्रह है और खाना नंबर 7 में अकेला केतु ही है तो खाना नंबर 7 के लिए केतु अकेला वजीर होगा और उसको खाना नंबर 1 में बैठे सभी राजाओं का हुक्म मानना पड़ेगा। इसी के साथ हुक्म जब सभी राजाओं का एक साथ होगा तो वजीर को भी आदेश का पालन एक साथ और एक वक्त में करना होगा, फिर निश्चित ही खाना नंबर 7 का केतु अपनी जड़ इन राजाओं से कटवा बैठेगा। ऐसे केतु का हाल यह होगा कि केतु से सम्बन्धित सभी चीजों का फल मंदा ही होगा। नर औलाद या तो होगी नहीं यदि हुई तो बचेगी नहीं। ऐसे टेवे वाला इंसान नर औलाद को तरसता ही रहेगा। अगर नर औलाद (संतान) हुई तो बहुत देरी से होगी।

(ii) खाना नंबर 1 तख्त पर बैठा राजा होगा लेकिन खाना नंबर 7 में बैठे ग्रह को वजीर मानें तो यह ग्रह बहुत ही उम्दा (अच्छा) होगा मगर खाना नंबर 8 में भी कोई ग्रह बैठा हो तो खाना नंबर 8

का आदेश (खाना नंबर 1 की आंख होने के कारण) खाना नंबर 7 के लिए महज तर्क–वितर्क से भरी दलीलबाजी ही होगा। मसलन खाना नंबर 7 में मंगल बैठा हो तो धन, दौलत, परिवार और समाज सभी कुछ उम्दा गिना जाएगा मगर खाना नंबर 8 में बुध आ जाए तो सभी कुछ जहरीला हो जाएगा और इंसान सभी कुछ बरबाद कर लेगा। क्योंकि बाहमी सम्बन्ध में बुध, मंगल का दुश्मन है, इसलिए मंगल बुध के आदेश पर नहीं चलेगा। इसी प्रकार अगर खाना नंबर 7 में मंगल हो और बुध खाना नंबर 1 में आ जाएं तो मंगल, बुध को बतौर राजा स्वीकार नहीं कर सकेगा और मंगल का फल निकम्मा (नाकारा) ही सिद्ध होगा। इन दोनों उदाहरणों में अंतर इतना होगा कि बुध खाना नंबर 1 में बतौर राजा, मंगल के लिए निरंकुश, जालिम और शरारती हरकतों के साथ मंदा फल देगा और इंसान को बरबाद कर देगा। वहीं खाना नंबर 8 का बुध हो तो कुदरती भूचालों से इंसान बरबादी की ओर गिरता चला जाएगा। सेहत (स्वास्थ्य) और परिवार दोनों ही बरबाद होते चले जाएंगे।

खाना नंबर 2, 8, 12, 6, 11 का मुश्तरका (संयुक्त) प्रभाव– खाना नंबर 2 साधु होगा और खाना नंबर 12 रात का आराम अथवा समाधि अवस्था। इसलिए अगर खाना नंबर 12 उम्दा हो तो रात का आराम और अगर मंदा हो तो नागहानि (अकाल मौत) और मुसीबत नसीब होगी चाहे वह इंसान, हैवान, पशु अथवा पक्षी ही क्यों न हों? इस लिहाज से खाना नंबर 8 में अन्य दुनियावी (सांसारिक) लोगों की किस्मत पर असर होगा। देखें चित्र 117।

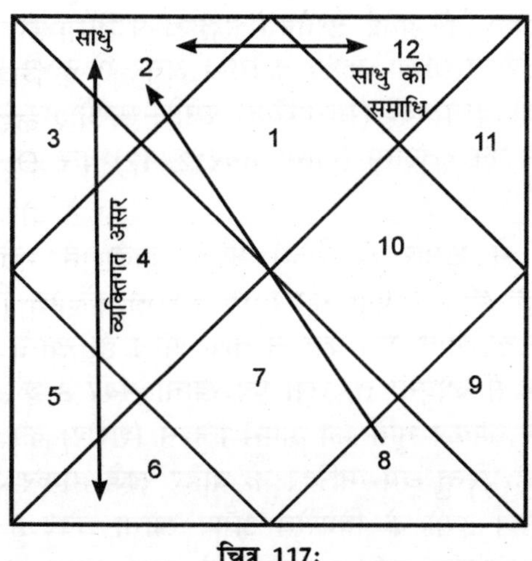

चित्र 117:

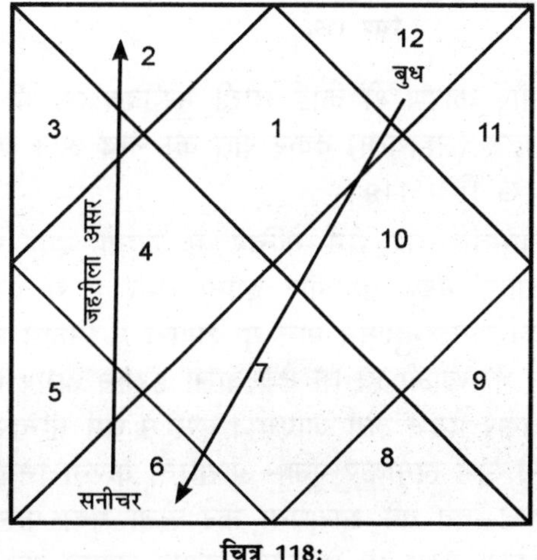

चित्र 118:

कुछ खाना नंबर का बाहमी (आपसी) असर इस प्रकार समझा जा सकता है।

(i) खाना नंबर 8 अपना असर देगा खाना नंबर 2 में।

(ii) खाना नम्बर 2 अपना असर नहीं देगा खाना नंबर 8 में।

(iii) खाना नंबर 2 अपना असर देगा खाना नंबर 12 में।

(iv) खाना नंबर 12 अपना असर देगा खाना नंबर 2 में क्योंकि साधु (खाना नंबर 2) और समाधि (खाना नंबर 12) का पुराना सम्बन्ध है।

(v) खाना नंबर 2 अपना असर देगा खाना नंबर 6 में।

(vi) खाना नंबर 6 अपना असर देगा खाना नंबर 2 में (सिर्फ वही असर जो खाना नंबर 6 के ग्रह का बतौर खाना नंबर 6 का निजी असर है)।

(vii) खाना नंबर 12 अपना असर नहीं देगा खाना नंबर 6 में। इस सिद्धान्त में नंबर 12 का बुध और खाना नंबर 6 का सनीचर (सांप) अपवाद माने जाएंगे मतलब खाना नंबर 12 का बुध अपना जहर खाना नंबर 6 को देगा और खाना नंबर 6 का सनीचर अपने जहर भरे फन से ये जहर खाना नंबर 2 में डस देगा। देखें चित्र 118।

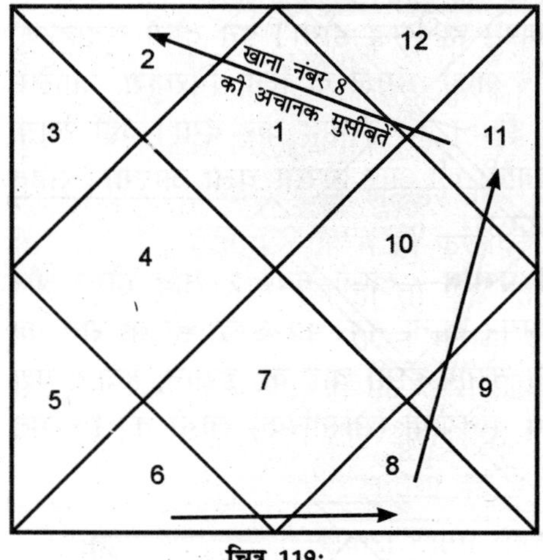

चित्र 119:

(1) जिस प्रकार खाना नंबर 2 व खाना नंबर 12 के ग्रह साधु–समाधि का असर रखते हुए चलते हैं उसी तरह खाना नंबर 6 और खाना नंबर 8 के ग्रह भी आपस में मिल–जुलकर रहते हैं।

खाना नंबर 8, खाना नंबर 6 की सलाह लेता हुआ खाना नंबर 11 के रास्ते खाना नंबर 2 में अपना असर अचानक मुसीबत के रूप में डालता है, वह मुसीबत खाना नंबर 8 से सम्बन्धित चीजों वाली होगी। इस प्रकार की मुसीबत आने पर किस्मत भी काम न आएगी। इसी लिहाज में अगर खाना नंबर 2 और खाना नंबर 12 नेक हों तथा खाना नंबर 8 और खाना नंबर 11 (रास्ता) दुश्मन हों तो इस प्रकार की कोई मुसीबत गले न पड़ेगी और न ही कोई इंसान धोखा–फरेब करेगा। अगर फिर भी किसी और कारण से कोई छोटी मुसीबत आ भी जाएगी तो दुनियावी (सांसारिक) संगी–साथी हर–संभव मदद (सहायता) देकर रात की नींद और चैन से सोने का इंतजाम (खाना नंबर 2, 12) कर ही देंगे। देखें चित्र 119।

(2) आमतौर पर धर्म–मन्दिर में जाना एक नेक काम में शुमार (शामिल) माना जाता है। लेकिन खाना नंबर 12 और खाना नंबर 8 में ऐसे ग्रह बैठे हों जो एक दूसरे के दुश्मन हों या किसी कारणवश दुश्मन मानें या आपस में मिलने पर दुश्मनी का भाव पैदा कर लें तथा साथ ही खाना नंबर 2 भी खाली हो तो टेवे वाला इंसान अगर धर्म–मन्दिर में जाएगा तो उस पर खाना नंबर 8 का मंदा असर पड़ने लग जाएगा। ऐसे में धर्म मन्दिर के अन्दर जाकर मूर्ति को अपने जिस्म (शरीर) का कोई भी अंग लगाकर पूजा–आराधना करना निषेध (मना) है परन्तु धर्म–मन्दिर के बाहर खड़े होकर अपने इष्ट–देव की आराधना कर लेना मंदा फल नहीं देगा। इसी के विपरीत अगर खाना नंबर 8 और खाना नंबर 12 में कोई परस्पर दुश्मन ग्रह बैठे हों या खाना नंबर 2 खाली हो तथा खाना नंबर 6 अच्छा हो तो ऐसे में धर्म–मन्दिर में जाकर मूर्ति को स्पर्श करके अपने इष्ट देव की आराधना करना उत्तम फल देगा।

खाना नंबर 3, 11, 5, 9, 10 का मुश्तरका (संयुक्त) प्रभाव– इन खाना नंबरों से बहुत सी चीजें देखी जाती हैं जिनमें किस्मत का असर, प्रकृति का असर, बुजुर्गों का हाल, अपना बचपन और जवानी अपना पिछला जमाना (भूतकाल), आने वाली नस्लों (पीढ़ियों) का हाल और उनका जमाना अपने बच्चों के जनम से आगे का जमाना, अपनी औलाद (संतान) का हाल वगैरह देखा जाएगा।

(1) खाना नंबर 9 इंसान के बुजुर्गों का हाल बयां करता है लेकिन यदि खाना नंबर 3 में कोई ग्रह हो तो भाई के जनम के बाद खाना नंबर 9 का (अच्छा या बुरा) असर इंसान पर पड़ेगा और जब खुद की

औलाद (संतान) होगी तो उसके बाद इस असर में तब्दीली (परिवर्तन) आएगी। अगर खाना नंबर 5 (औलाद का खाना) में या खाना नंबर 9 (बुजुर्गों का खाना) में कोई पापी ग्रह बैठा हो तो इस प्रकार के असर की उम्मीद नहीं की जानी चाहिए।

(2) अगर खाना नंबर 5 में पापी ग्रह (राहु, केतु, सनीचर) बैठे हों और खाना नंबर 8 में कोई दुश्मन या मंदा ग्रह बैठा हो तो खाना नंबर 11 का ग्रह बहुत बुरा असर देगा, यह असर खाना नंबर 8 अथवा खाना नंबर 5 के मुतअल्लिक (सम्बन्धित) रिश्तेदारों के मार्फत (द्वारा) इंसान पर पड़ेगा अथवा खाना नंबर 11 का बुरा असर खाना नंबर 5 और खाना नंबर 8 पर पड़ेगा।

(3) अगर खाना नंबर 11 खाली हो तो कमाई के लिहाज (संदर्भ) में सोया हुआ जमाना होगा और भाईयों (खाना नंबर 11–बड़ा भाई) से भी कोई फायदा नहीं होगा। अगर खाना नंबर 10 और खाना नंबर 5 दोनों में ही कोई न कोई ग्रह बैठे हों तो चाहे ये आपस में कैसा ही रिश्ता क्यों न रखते हों बाहमी (आपस में) दुश्मनी का बर्ताव (व्यवहार) करेंगे। मसलन खाना नंबर 10 में चन्द्र और खाना नंबर 5 में मंगल हो तो भले ही ये दोनों ग्रह आपस में दोस्त हों परन्तु इस टेवे वाले इंसान की 24 (चन्द्र) साल उम्र तक माता कष्ट पाएगी और उसके बाद 28 (मंगल) साल उम्र तक भाई को परेशानी उठानी होगी। इसी तरह खाना नंबर 9 में सूरज अथवा चन्द्र बैठे हों और खाना नंबर 5 में पापी ग्रह बैठे हों तो खाना नंबर 5 (औलाद का खाना) पर पापी ग्रहों का कुछ असर न होगा। देखें चित्र 120।

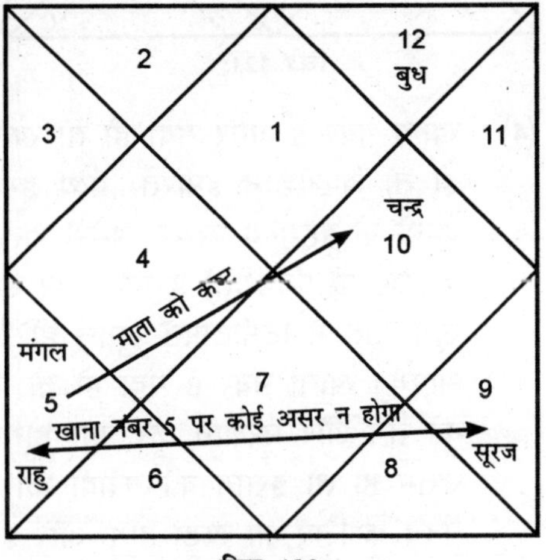

चित्र 120:

(4) अगर खाना नंबर 9 (समुद्र) से पानी से भरे बादल चल निकले और खाना नंबर 2 (पहाड़ों की श्रृंखला) के पहाड़ से टकराकर इस पर पानी की बौछार कर दे तो किस्मत के लिहाज से यह सोने की बारिश हो जाएगी। अगर खाना नंबर 9 में ग्रह हो और खाना नंबर 2 में कोई ग्रह न हो तो बादलों की हवा पहाड़ों से न टकरा पाने के कारण खाली ही चली जाएंगी। इस तरह के इंसान को अपने बुजुर्गों की दौलत का केवल गुमान ही होगा कुछ फायदा न होगा। इसी लिहाज (संदर्भ) में अगर खाना नंबर 2 में ग्रह हो और खाना नंबर 9 में ग्रह न हो तो पहाड़ बारिश के इंतजार में बूढ़े हो जाएंगे और इंसान को बुढ़ापे में अपने बुजुर्गों की दौलत का फायदा मिल सकेगा अथवा खाना नंबर 2 में बैठे ग्रह की उम्र में इंसान को उस दौलत का फायदा मिल सकेगा अथवा इंसान ताउम्र (पूरा जीवन) अपनी दौलत को सांप की तरह देखता ही रहेगा उसका उपयोग या उपभोग न कर सकेगा।

खाना नंबर 4, 10, 2 का मुश्तरका (संयुक्त) असर

(1) इंसान की किस्मत के मैदान की लम्बाई–चौड़ाई और आकार जो उसका निजी होगा। जिसमें भाई, माता–पिता, औरत (पत्नी), औलाद इत्यादि तथा किसी भी रिश्तेदार का सम्बन्ध शामिल नहीं होगा। किस्मत के मैदान की लम्बाई–चौड़ाई और सुख–साधन, संपत्ति (खाना नंबर 4) इंसान के कर्म (खाना नंबर 10) पर निर्भर करेगी।

(2) किस्मत के मैदान का क्षेत्रफल खाना नंबर 10 बताएगा और उस मैदान की मिट्टी की चमक, खाना नंबर 2 बताएगा। इसी के साथ उस मैदान की आबोहवा (वातावरण) और पानी के चश्मों (स्रोत) का हाल (स्थिति) खाना नंबर 4 बयां करेगा। देखें चित्र 121।

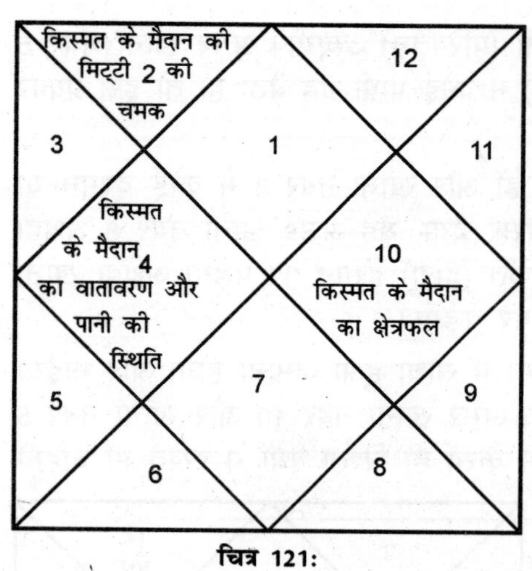

चित्र 121:

(3) अगर खाना नंबर 2 उम्दा हो और खाना नंबर 4 में पापी ग्रह बैठे हों तो किस्मत के मैदान में कितनी ही चमक और कितनी ही हरियाली क्यों न फैली हुई हो लेकिन जब इंसान इससे अपनी प्यास बुझाना चाहेगा तो वहां बैठे हाथी (राहु), कुत्ता (केतु) और सांप (सनीचर) को देखकर और वहां के पानी के चश्मों की हालत अर्थात् गन्दे पहरेदारों को देखकर प्यासा ही रह जाएगा और पानी पीना नहीं चाहेगा। सार यह है कि ऐसा इंसान अपनी मेहनत से कितना ही कुछ क्यों न बना ले लेकिन जरूरत के वक्त उसकी जेब खाली की खाली ही बनी रहेगी। जरूरत के वक्त बेहिसाब दौलत में से सिर्फ अपनी थैली में पत्थर के टुकड़े, सांप–बिच्छू तथा रंग–बिरंगी और फटी हुई कागज की कतरने उसको मुंह चिढ़ा रही होंगी।

(4) खाना नंबर 8 अगर मंदा हो तो खाना नंबर 10 और अधिक मंदा होगा। खाना नंबर 10 अगर उम्दा हो तो आलीशान इमारतें (भव्य इमारत), शाहजहां का रौब, रात के अंधेरे में टिमटिमाते (चमकते) कानों के बहुमूल्य पत्थर, अंधेरी रात में चांद–सी रोशनी देने वाली हीरों की चमक सभी कुछ होगा। बरखिलाफ (विपरीत) इसके अगर खाना नंबर 10 मंदा हो तो जला हुआ बिस्तर, गुलामी (नौकर) का खून, रात में टिमटिमाते जुगनू ही किस्मत के मैदान को जगमगाने की नाकाम कोशिश करते नजर आएंगे। खाना नंबर 8 मंदा हो तो परेशानी की मंदी–मंदी हवा, बिना मौत का मातमी माहौल इंसान को तंग और परेशान कर रहा होगा। बरखिलाफ (विपरीत) इसके अगर खाना नंबर 2 अच्छा और उत्तम हो तो इंसान की गरीबी की काली रातों के बीच उम्मीद का आफताब (सूरज) खुद–ब–खुद मदद के लिए आ खड़ा होगा और इंसान को दौलतमंद बना देगा, चाहे वह जनम से कितना ही नीचे दर्जे (स्तर) का गरीब क्यों न हो।

(5) अगर खाना नंबर 10 (किस्मत का मैदान) खूब अच्छा तथा उम्दा हो लेकिन खाना नंबर 2 खाली हो तो इंसान की जिन्दगी में चमक–दमक तथा शान–शौकत शायद ही कभी नसीब हो सके। इसी तरह खाना नंबर 2 उम्दा हो और उससे अच्छा ग्रह बैठा हो लेकिन खाना नंबर 10 खाली हो तो इंसान को अपने पास दिखाई तो बहुत कुछ देता है लेकिन उसको हासिल करने का कोई भी रास्ता उसको नजर नहीं आता। मानो उसके नाम से दौलत का फरमान आया हो मगर वह अपनी पहचान सिद्ध न करा पा रहा हो।

(6) अगर खाना नंबर 4 में कोई कारआमद (असरकारक) ग्रह बैठा हो साथ ही खाना नंबर 2 और खाना नंबर 4 खाली हों तो मानों दूर कहीं पानी (खाना नंबर 4) तो नजर आ रहा होगा मगर उस तक पहुंचने का रास्ता नजर नहीं आएगा, रास्ता दर रास्ता भागता जाएगा मगर पानी (उद्देश्य) हासिल नहीं हो सकेगा। इंसान के पास जिन्दगी, दौलत और माया तो जरूर होगी लेकिन कब होगी इसका जवाब, उसकी जरूरत के मुकम्मिल (पूर्ण) देने वाला कोई भी न होगा।

अन्य मुश्तरका खानों का हाल– जिस तरह से पहले विभिन्न खानों का मुश्तरका असर जाहिर (प्रकट) किया गया है, उसी के अनुसार मुफस्सिल (विचारपूर्वक) अन्य खानों को मिलाकर देखना चाहिए। मसलन खाना नंबर 1, 7, 9, 11 का मुश्तरका असर भी उसी प्रकार गौर करके देखना चाहिए जिस तरह

का असर पिछले पन्नों पर बताया गया है। 1, 7, 9, 11 में जैसा हाल एक खाने का होगा वैसा ही हाल सभी खानों का मुकर्रर है। क्योंकि जाती (निजी) या व्यक्तिगत रूप से खाना नंबर 1, 7, 9, 11 सभी उम्दा (शुभ) असर करने वाले हैं तथा आपस में एक दूसरे पर भी असर करते हैं इसलिए जैसा एक का हाल होगा वैसा ही सभी का होगा। इसी प्रकार 3, 11, 4, 7 का मुश्तरका असर देखने के लिए भी विशेष रूप से विचारपूर्वक असर देखने की जरूरत है। खाना नंबर 3, 11, 4, 7 में धन की आमदन (स्रोत), धन का खर्चा और फालतू (अतिरिक्त) धन की हालत का ब्यौरा (विवरण) इत्यादि मिल सकेगा। खाना नंबर 8, 2, 4, 3 मुश्तरका का असर भी पूर्व की तरह अपने विवेक विचार से व्याख्या करके पता किया जा सकता है। खाना नंबर 8, 2, 4, 3 से बीमारी का बहाना (कारण), जिन्दगी का आखिरी वक्त (मौत का वक्त), पैतृक मकान, चोरी, धोखा और दोस्ती का हाल देखा जा सकता है। सार यह है कि टेवा देखते वक्त हमेशा 2, 4 खानों का इकट्ठा अध्ययन किया जाना चाहिए ताकि दूसरे रास्ते की अड़चनें और आसानी से सामने दिखाई दे सकें। संभव है, कि टेवा देखते समय जब एक खाने को आधार मानकर किस्मत का ब्यौरा दिया जा रहा हो तो टेवे में अन्य खानों के कारण आ रही अड़चनों की ओर ध्यान ही न जा रहा हो इसलिए पूर्व में बताए गए मुश्तरका खानों को समझाने का मुख्य उद्देश्य "मुश्तरका" का महत्त्व बताना ही प्रमुख कारण है। इसके अलावा कई खानों को आधार बनाकर टेवे को देखने की आदत के संस्कार डालना भी इस पाठ का उद्देश्य रहा है। इसलिए आगे जब भी टेवा देखा जाए तो ध्यान रहे कि सम्बन्धित प्रश्न के सभी खानों को आधार बनाकर इन सबका मुश्तरका असर देख लेना चाहिए ताकि किसी भी दर्जे पर कोई गलती न हो। मसलन 'दौलत' से मुतअल्लिक (सम्बन्धित) प्रश्न का जवाब ढूंढ़ने के लिए खाना नंबर 1, 2, 4, 9, 11 सभी का मुश्तरका असर शामिल कर लेना बेहद जरूरी ही नहीं बल्कि समझदारी भी है।

खास ग्रहों का खास असर

ग्रह दोस्त नहीं आपस में लड़ते, झगड़ा कराते दूसरे हैं
सनीचर, रवि जब इकट्ठे बैठे, लड़ते ग्रह स्त्री से हैं
स्त्री ग्रह जब सनीचर से मिलकर, बैठे दो या कहीं भी हों
उन बैठे ग्रह जो कोई देखे, मरते आल औलाद से हो
इन जहर को घर नौवें से, राहु–केतु हटाते हैं
अगर मदद न उनकी लेवे, मंगल केतु मर जाते हैं
एक दीवार के घर दो साथी, ग्रह मुश्तरका होते हैं
दुश्मन ग्रह जो कभी न मिलते, दोस्त मिले ही लगते हैं
वजह किसी दीवार फटे गर, दोगुनी जहर हो जाती है
अकल बुरी किस्मत हो मंदी, मौत खड़ी हो जाती है
घर दुश्मन के बृहस्पत जो आवे, दुश्मनी खत्म हो जाती है
माता चन्द्र जब साथी होवें, दोस्त सभी बन जाते हैं

(1) दोस्त ग्रह आपस में नहीं लड़ते बल्कि दूसरे ग्रह झगड़ा कराते हैं। सनीचर और सूरज जब एक साथ मुश्तरका बैठ जाएं तो इसका बुरा असर स्त्री ग्रहों पर पड़ेगा औरत अथवा माता पर बुरा असर होगा। स्त्री ग्रह (चन्द्र, शुक्कर) जब सनीचर के साथ खाना नंबर 2 अथवा कहीं भी बैठे हों तथा इन ग्रहों को जो कोई ग्रह देखेगा उस ग्रह से मुतअल्लिक (सम्बन्धित) रिश्तेदार औलाद की मौत के दुख का सामना करेगा। अगर स्त्री ग्रहों के साथ सनीचर हो तो इसका असर राहु–केतु के कारण हट सकता

है बशर्ते यह स्थिति खाना नंबर 9 में बन रही हो। अगर खाना नंबर 9 में यह स्थिति बन रही हो और इसका उपाय नहीं किया जाए तो मंगल (भाई) तथा केतु (औलाद) की मौत हो जाएं। टेवे में दो खानों के बीच का खत (रेखा) यदि दीवार मानी जाए और एक दीवार के दोनों तरफ के खानों में यदि ग्रह बैठे हों और दोनों दोस्त हों तो मुश्तरका ग्रह ही कहलाएंगे परन्तु यदि दुश्मन ग्रह बैठे हों तो अलग–अलग ही गिने जाएंगे और अगर इन दोनों दुश्मन ग्रहों का सम्बन्ध किसी तरह बन जाए (दीवार फट जाए) तो इनकी दुश्मनी की तादाद दोगुनी हो जाएगी और इंसान पर बहुत मंदा असर पड़ेगा, ये इंसान की बुद्धि खराब कर देते हैं, किस्मत मंदी कर देते हैं और सामने मौत खड़ी कर देते हैं। बरखिलाफ (विपरीत) इसके अगर दीवार के दोनों ओर बैठे ग्रह आपस में दोस्त हों तो उम्दा असर देंगे। यदि बृहस्पत दुश्मन के खाने में बैठा हो तो यह आपसी दुश्मनी को खत्म कर देगा और चन्द्र (माता) के साथ कोई ग्रह बैठता है तो वह चन्द्र का दोस्त बन जाएगा।

(2) जब कोई ग्रह ऐसे घर में आए (वर्षफल में) या ऐसे खाने में बैठा हो जहां कि–

(i) वह नीच का हो, जैसे खाना नंबर 7 में सनीचर आए या बैठा हो। देखें चित्र 122।

(ii) जो उस ग्रह के दुश्मन ग्रह का खाना हो जैसे नंबर 4 में सनीचर बैठा हो जो चन्द्र का खाना है।

(iii) जो उसके दुश्मन का बहैसियत पक्का घर का खाना हो मसलन खाना नंबर 3 (मंगल का पक्का घर) में सनीचर बैठा हो तब ग्रह का असर अमूमन मंदा ही होगा परन्तु बरअक्स (उल्टा) इसके जब वह ऐसे खानों में बैठा हो जहां वह उच्च का कहलाए मसलन खाना नंबर 12 में शुक्कर आए (वर्षफल में) या बैठा हो अथवा जो उस ग्रह के दोस्त ग्रह का खाना हो और खाना नंबर 3 (बुध का मालिकाना घर) में शुक्कर बैठा हो अथवा जो उसके दोस्त ग्रह का बहैसियत पक्का घर का खाना मुकर्रर हो। मसलन खाना नंबर 10 (सनीचर का पक्का घर) में शुक्कर बैठा हो तो ग्रह का असर अमूमन उम्दा और नेक ही होगा। देखें चित्र 123।

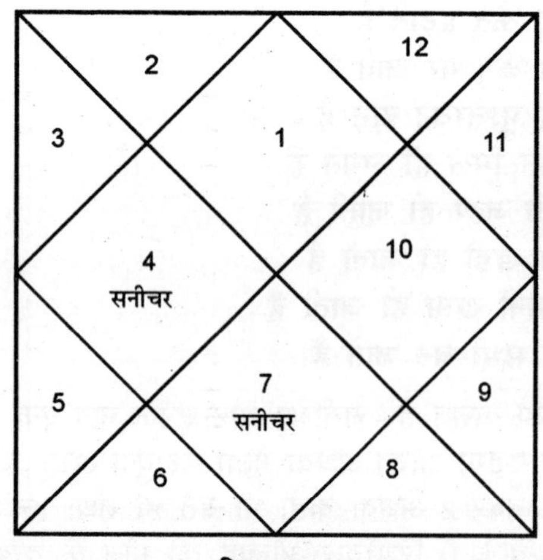

चित्र 122:

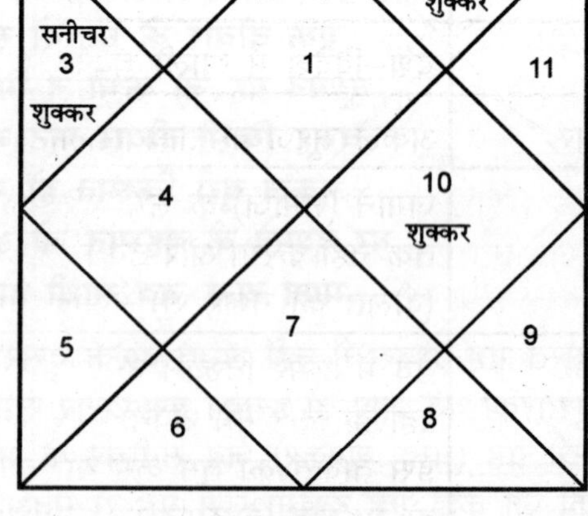

चित्र 123:

(3)	खाना नंबर	कौन सा ग्रह हो?	तो किस पर क्या असर होगा?
	1	केतु	सूरज हर तरह से उच्च फल देगा।
	1	राहु	सूरज जिस खाने में बैठा होगा वहां "सूर्यग्रहण" होगा।
	2	बुध	बृहस्पत हर तरह से बरबाद हो जाएगा।
	4	बुध	चन्द्र हर तरह से बरबाद हो जाएगा।
	6	मंगल	सूरज हर तरह से उच्च फल देगा। केतु हर तरह से बरबाद होगा।
	11	राहु	बृहस्पत हर तरह से बरबाद हो जाएगा।
	11	केतु	यदि बुध खाना नंबर 9 में हो तो चन्द्र हर तरह से बरबाद होगा।
	11	बृहस्पत	जब बुध मंदा हो तो राहु हर तरह से बरबाद होगा।
	12	चन्द्र	केतु हर तरह से बरबाद होगा।

(4) ग्रह अकेला बैठा होने पर क्या असर करेगा?

अकेला ग्रह	क्या असर देगा?
बृहस्पत	इंसान पर मंदा (अशुभ) असर नहीं देगा
सूरज	खुद अपने प्रयास और परिश्रम से अमीर होगा।
चन्द्र	टेवे वाले की फांसी की सजा भी अपनी दयालुता और नरमी से माफ करा देगा।
शुक्कर	टेवे वाले का कभी बुरा न होगा यदि होगा तो उसका (बुरा करने वाले का) कोई साथी भी इस काम में शरीक (भागीदार) होगा।
मंगल	चिड़ियाघर का कैदी अथवा बकरियों के बीच पला एक शेर जैसा होगा।
बुध	देश–विदेश में खाली चक्कर (भ्रमण) तथा मुखन्नस (नपुंसक) प्रभाव का होगा।
सनीचर	अकेले सूरज के साथ खाली बुध का ही काम करेगा।
राहु	जमाने (समाज) के सभी दुश्मनों पर बिजली की तरह कड़कते हुए तमाम ग्रहों की परवाह तक नहीं करेगा और टेवे वाले का तमाम (विभिन्न) मुसीबतों से बचाव करेगा। माली हालत (दौलत की नजर से) में मददगार न होगा अर्थात् कोई लेना देना न होगा।
केतु	टेवे में असर दिखाने के लिए हमेशा राहु के इशारे पर ही चलेगा और राहु से मानो कह रहा हो कि "मैंने अपनी सारी ताकत तुम्हारे (राहु के) हवाले कर दी अब अपनी इच्छा से इस ताकत को तुम कम या ज्यादा कर लो। चाहे टेवे में केतु राहु से पहले खाने में बैठा हो या बाद के खाने में, किसी भी हालत में यह राहु के इशारे पर काम करेगा।

(5) ग्रह की औसत (मध्यम) हालत का असर उन खानों में होगा जो खाने किसी ग्रह के लिए 'पक्के घर' मुकर्रर (निश्चित) नहीं है। कायम हालत (देखें फरमान नंबर 6) का असर अमूमन उस वक्त जाहिर होगा जब ग्रह को "उस ग्रह का साथ हो जाए" जो ग्रह उस ग्रह के लिए "बराबर का ग्रह" मुकर्रर है। मंदी हालत का असर अमूमन उस वक्त होगा जबकि ग्रह ऐसे खानों में हो जहां पर वह "नीच" मुकर्रर किए गए हों अथवा वे अपने दुश्मन के घर वाले खाने में बैठे हों। इसके अलावा ग्रह उस समय भी उम्दा (नेक) असर देगा जब वह अपने उच्च खाने में, बतौर मिलकियत अपने खुद के खाने में या अपने दोस्त के घर वाले खाने में बैठा हो। "दृष्टि की नजर से बाहर" जब कोई ग्रह होता है तो उससे मुराद (मतलब) यह होगी कि सम्बन्धित ग्रह किसी भी दूसरे ग्रह की दृष्टि से रहित हो अर्थात् उस पर किसी भी ग्रह की दृष्टि नहीं पड़ रही हो और उस ग्रह के साथ कोई दूसरा ग्रह नहीं बैठा हो अर्थात् सम्बन्धित ग्रह अकेला ही बैठा हो। देखें प्रस्तुत सारिणी।

जब दृष्टि की नजर से बाहर ग्रह अकेला बैठा हो	**अमूमन किन खानों में मंदा असर होगा**	**अमूमन किन खानों में नेक असर होगा**
बृहस्पत	6, 7, 10, 11 मंदे बृहस्पत को केतु मदद करेगा	1, 2, 3, 4, 5, 8, 9, 12
सूरज	6, 7, 10	1, 2, 3, 4, 5, 8, 9, 11, 12
चन्द्र	6, 8, 10, 11, 12	1, 2, 3, 4, 5, 7, 9
शुक्कर	1, 6, 9	2, 3, 4, 5, 7, 8, 10, 11, 12
मंगल	4, 8	1, 2, 3, 5, 6, 7, 9, 10, 11, 12
बुध	3, 8, 9, 10, 11, 12 खाना नंबर 9 और खाना नंबर 11 में बुध कभी भी मंदा नहीं होगा।	1, 2, 4, 5, 6, 7
सनीचर	1, 4, 5, 6	2, 3, 7, 8, 9, 10, 11, 12
राहु	1, 2, 5, 7, 8, 9, 10, 11, 12	3, 4, 6
केतु	3, 4, 5, 6, 8	1, 2, 7, 9, 10, 11, 12

(6)

ग्रह	मंदे होने की निशानियां या पहचान
बृहस्पत	सिर पर चोटी वाली जगह के बाल बिना किसी बीमारी या वजह के उड़ जाएं। गले में हरदम (हमेशा) तस्बीह (माला) धारण करने के आदी हो जाए, सोना गुम हो जाए, झूठी अफवाहों से बदनामी हो। तालीम बिना किसी कारण रुक जाए।
सूरज	लाल या भूरी भैंस का मर जाना या खो (गुम) जाना। जिस्म (शरीर) के अंगों की हरकत करने की ताकत जाती रहे। मुंह हमेशा थूक से भरा रहे।
चन्द्र	घर में दूध देने वाले जानवर मर जाएं। तालाब या कुआं सूख जाए, अनुभव करने की ताकत जाती रहे।
शुक्कर	बिना किसी बीमारी के अंगूठा बेकार हो जाए। इंसान की त्वचा खराब हो जाए।
मंगल	औलाद पैदा होकर मर जाए, आंख में घाव हो जाए, किसी कारण खून बह निकले। जिस्म में जोड़ परेशान करें। खून का रंग मुर्दे के समान हो जाए। वीर्य पुष्ट होने के बावजूद भी संतान उत्पन्न करने की क्षमता न हो।
बुध	दांत खराब या बरबाद हो जाएं। नाक से खुश्बू या बदबू का फर्क मालूम न पड़े। वीर्य धोखा दे जाए मतलब अचानक इंसान नामर्द (नपुंसक) हो जाए।
सनीचर	मकान अचानक गिर जाए, भैंस मर जाए, आग लग जाए, बिना किसी बीमारी के खासकर पलकों व भौं के बाल झड़ जाएं।
राहु	भूरे या स्याह (काले) कुत्ते की मौत हो जाए या गुम हो जाए, हाथ के नाखून झड़ जाएं या टूटने (खुद–ब–खुद) लग जाएं, बेवजह दुश्मन पैदा हो जाए। दिमागी (मानसिक) बीमारी पैदा हो जाए।
केतु	पांव के नाखून खुद–ब–खुद झड़ जाना या टूट जाना। मूत्र–सम्बन्धित बीमारियां लगना। जोड़ों के दर्द की बीमारियां लगना। औलाद से सम्बन्धित परेशानियां पैदा होना।

(7)

ग्रह	मंदी हालत को उम्दा करने में मददगार उपाय
बृहस्पत	माथे पर जर्द (पीला) तिलक लगाना। काम शुरू करने से पहले नाक का पानी साफ करना अर्थात् नाक खुश्क (साफ) करके काम शुरू करना। बचपन में जिस उम्र से नाक का पानी खुद–ब–खुद सूख जाए उस दिन से बृहस्पत मददगार होगा।
सूरज	कोई भी काम करने से पूर्व मुंह में मीठा अथवा गुड़ डालकर पानी पियें और काम शुरू करें तो मददगार होगा।
चन्द्र	बड़े व बुजुर्गों तथा माता पक्ष के चरण छूकर आशीर्वाद लेना मददगार होगा।

शुक्कर	पोशाक (पहनने वाले कपड़ों) का ख्याल रखना मददगार होगा।
मंगल	मंगल–बद के उपाय मददगार होंगे। सफेद सुरमे को आंख में लगाना मददगार होगा।
बुध	नाक छिदवाना और दांतों को साफ रखना मददगार होगा।
सनीचर	मिसवाक (डंडीनुमा दातुन) का दांतों के लिए इस्तेमाल करना मददगार साबित होगा।
राहु	मुश्तरका (संयुक्त) खानदान में रहना। ससुराल पक्ष से ताल्लुकात को संभाले रखना। स्वतंत्र रूप से आगे बढ़कर न चलना। सिर पर चोटी रखना मददगार सिद्ध होगा।
केतु	कान को छिदवाना। कुत्ता या औलाद इत्यादि को पालना अथवा केतु की पालना (पूजा) करना मदद देगा।

फरमान नंबर 11

रंग–बिरंगी ग्रह–चाल

सिद्ध ब्रह्म नव-निधि, मोह माई आकाश। राई घटे न तिल बढ़े, मच्छ भाई प्रकाश॥

यहां ब्रह्म (बृहस्पत), मोह (शुक्कर), माई (चन्द्र), आकाश (बुध), राई (राहु,) तिल (केतु) मच्छ, (सनीचर), भाई (मंगल) और प्रकाश (सूरज) ये नौ चीजें नौ ग्रहों की प्रतीक हैं। इन नौ ग्रहों के अलावा नौ निधि और बारह सिद्धि के अक्षर बचते हैं, इन्हीं अक्षरों से दुनियावालों ने अपने बच्चों का नाम रखा और नाम के अक्षर को ही भाग्य का आधार माना।

ब्रह्मांड में ग्रह चाल और बच्चे की बदलती हुई अवस्था– बच्चा पैदा हुआ। बन्द हवा (गर्भ) से इस जमाने की हवा (वातावरण) में आया। इस समय, इस बच्चे का जिस्म अत्यन्त कोमल और तबीयत अत्यन्त नरम है। अभी नौ ग्रहों का असर भी पूरा नहीं हो पाया और जमाने और पूर्व जनम के खयालात (संस्कार) उसमें आने लग गए। जब तालीम (शिक्षा) के लिए गया और गुरु से तालीम लेना शुरू किया तो इस जमाने की आबोहवा (संस्कृति और माहौल) का असर उस पर सोलह आने (सौ फीसदी) होने लगा। अपने "धर्म और कर्म' में अन्तर जाना और इज्जत–बेइज्जती का फर्क मालूम हुआ। बच्चा धीरे–धीरे बड़ा हुआ।

नोट– ***प्रत्येक व्यक्ति का कर्म सामाजिक रूप से निर्धारित है लेकिन हर इंसान का धर्म मौजूदा परिस्थितियों के अनुसार अलग-अलग होता है। कर्म का निर्धारण समाज के द्वारा और समाज के प्रति जवाबदेही के लिए पूर्व-निर्धारित किया जाता है। दूसरी ओर धर्म परिस्थितियों को देखकर व समझकर अपनी आत्मिक संतुष्टि को प्राथमिकता देते हुए निर्धारित होता है। अपना धर्म इंसान स्वयं निर्धारित करता हैं धर्म, कर्म का ही सूक्ष्म रूप है। उदाहारणार्थ- एक साहसी पुलिस अफसर जो एक पितृ भक्त पुत्र भी है, गंगा नदी से लगा जिसका घर है। मरणासन पिता के लिए, पिता के अनुरोध पर गंगाजल लेने निकला, अचानक उसने देखा कुछ डाकू गांव की एक लड़की को उठाकर ले जा रहे हैं। प्रश्न यह है कि बहादुर अफसर और पितृ-भक्ति इस युवक के कर्म हैं परन्तु इस वक्त उसका धर्म क्या है? निश्चित रूप से यह उसे स्वयं निर्धारित करना है।***

पढ़ने की उम्र 16 साल (बृहस्पत) सम्पन्न हो गई और उसने पढ़ाई के साथ हुनर की तालीम भी ले ली। अब सूरज का वक्त शुरू हुआ और उसने दौलत कमाना शुरू कर दिया, साथ ही बालिग (युवा) अवस्था में आ गया और उसकी 22 साल (सूरज) की आयु पूरी हो गई। अपनी माता की सेवा करने लगा और उम्र 24 साल (चन्द्र) हो गई। स्त्रियों से संपर्क बढ़ने लगा। परिवार बना (पत्नी आई) और बच्चे आंगन में खेलने लगे, 25 साल (शुक्कर) की उम्र हुई और बच्चों की तरक्की भी होनी शुरू हो गई। उम्र 28 की हुई (मंगल–नेक और मंगल–बद) तो भाई–बान्धव, शारीरिक परेशानी, दिमागी उलझन और परिवार की जिम्मेदारी का बोझ बढ़ता चला गया। दिमागी खयालातों और व्यापार–हुनर की बदौलत कमाने का उद्देश्य सर चढ़कर बोलने लगा। 34 साल (बुध) तक दौलत और जिम्मेदारी के चक्कर में घूमता रहा। सनीचर का राज फैला। झूठ, चालाकी और मकान–जायदाद की बदौलत दौलत कमाने का ढंग पकड़ा और उम्र 36 (सनीचर) हो गई। दुनिया के बारे में और समझा, जमाने की मक्कारी और छोटी सोच को समझा और उसी भाषा में जवाब देना शुरू कर दिया। उम्र हुई 42 साल (राहु)। जब जमाने की होड़ में जीत हासिल न हुई और अपने आप को मुअम्मा (प्रतियोगिता) में पीछे पाया तो दूसरों से सलाह मशविरा लेने के लिए दौड़ लगा दी और उम्र हो गई 48 साल (केतु)। इस प्रकार इस बच्चे ने बारह राशियों के चार चक्कर लगाए और दुनिया में रोशन हुआ।

प्रकृति पर ग्रहों का प्रभाव– शून्य आकाश (बुध) में हवा (बृहस्पत) का असर हुआ। जमाने में हरकत करने की ताकत पैदा हो गई और उस हरकत से आग पैदा हुई और आग का देवता (सूरज) निकल आया और निकलते ही उसका रंग सुर्ख (मंगल) देखा गया। दिन निकला, सूरज जितना ऊंचा हुआ गर्मी बढ़ती चली गई और ठंडक घटती चली गई। बृहस्पत ग्रहों का गुरु और पिता कहलाया। सूरज दुनिया का पिता और आत्मा का मालिक हुआ। बुध की अकल का गोल दायरा भी सूरज का अपना ही आकार है। सूरज आया तो बृहस्पत, चन्द्र मंगल, बुध सभी सूरज के साथ दायीं ओर हो लिए और सूरज का लड़का सनीचर, और राहु, केतु, शुक्कर बायीं ओर हो गए। बायां हाथ मतलब सभी के मुड़ने का हाथ लेकिन मुड़ेगा कौन? सूरज जो अपनी गोलाई के चक्कर में हमेशा आगे की ओर ही चलता जा रहा मालूम होता है। किसी ने उसे मुड़ते (वक्री) हुए नहीं देखा, न ही उसने अपना मार्ग बदला, न ही पीछे की ओर हटा। ज्यों–ज्यों सूरज ऊंचा उठा, मंगल की लाली घटती गई। सूरज की वही लाली, सफेद हुई और दुनिया को रोशन (प्रकाशित) करने लगी। मानो सूरज, मंगल, और पृथ्वी शुक्कर के बीच खूब तन गई हो। चन्द्रमा ने अब अपनी अलग संभावनाएं तलाशनी छोड़ दी और चन्द्र रूपी दूध–सा सफेद घोड़ा, सूरज रूपी रथ में जा लगा अर्थात् चन्द्र, सूरज के हृदय में जा बैठा अर्थात् इंसान का दिल दुनिया और दुनिया का दिल चन्द्र, सूरज के जिस्म में जा बैठा। बृहस्पत की हवा (राजा इन्द्र) ने धरती का रुख किया और उगते सूरज को प्रणाम करने के लिए पीले रंग के शेर को भेजा। सूरज ने पीले सिंह का प्रणाम स्वीकार किया और सिंह का मालिक (सिंह राशि) कहलाया 'अर्थात् सूरज सिंह राशि का मालिक हुआ। सूरज सिंह पर सवार होकर मेष राशि (1) पर उच्च हुआ, जो मंगल (मेष राशि का मालिक) की किरणें बनाकर शुक्कर की धरती को खूनी (लाल रंग) झंडे के मालिक से 'युद्ध भूमि' बना रहा है। अव्वल तो सूरज खुद शेर है उस पर सिंह का मालिक और जो कसर बची थी वह मंगल ने उच्च का दर्जा अपने घर में देकर पूरी कर दी। सूरज के सिंह को युद्ध भूमि के खून की लाली का रंग नहीं चढ़ता, वह तो लाल होने की बजाय चमकता चला जा रहा है। मंगल नर (पुरुष) ग्रह है। युद्ध–भूमि के नियमों का पालन करने वाला है। युद्ध भूमि की जमीन (शुक्कर) सभी को समान देखने वाली (कानी औरत) है। इसलिए मंगल शुक्कर पर हमला नहीं करता, शुक्कर पर उठी तलवार वापस ले आता है। मंगल न्यायप्रिय और उदल (तर्क–संगत) का मालिक है इसलिए वह सूरज और बृहस्पत के शेरों को उस कानी अबला (शुक्कर) का रहस्य बताता है। बृहस्पत का हवाई शेर दयालु है और दया की मूर्ति है। वह किसी का दुश्मन नहीं है। सूरज भी न्याय करने वाला है। न्याय और दया दोनों सूरज के गुण हैं क्योंकि उसके

प्रचण्ड क्रोध (तेज प्रकाश) में चन्द्र का शान्तिमय दिल है। वह सब नजारे देख रहा है। निर्णय हुआ कि पांव पर पड़ी, धरती पर लेटी एक आंख वाली अबला नारी पर मंगल जैसे बहादुर मर्दों का हाथ उठाना शोभा नहीं देता और सूरज तथा बृहस्पत जैसे शेरों का यह काम नहीं है। चुपचाप बैठा बुध अपनी अक्ल का दायरा बढ़ाता है। मिथुन राशि (3) पैदा होती है। मेष का मालिक (मंगल) और सूरज मिलकर शुक्कर के सहयोग से मिथुन (मैथुन, संभोग, मिलावट) होने पर मर्द–औरत की मिलावट (कामेच्छा) वाली अक्ल की ताकत को साथ रखते हैं। बुध, शुक्कर की अपने ही घर में पालना करने लग जाता है। दूसरी ओर सनीचर, शुक्कर को समझाता है कि यह तो तेरी केवल एक आंख का करिश्मा है। भोली–भाली शुक्कर, सनीचर की बातों में आ गई और सनीचर ने मानो अपने पिता (सूरज) के खिलाफ ही बगावत का बिगुल बजा दिया और शुक्कर को अपनी एक आंख उधार दे दी। शुक्कर, सनीचर के फरेब में आ चुकी थी और अब आंख सनीचर की और मिट्टी (शरीर) शुक्कर का हो गया। भोली–भाली और गाय सी नजर आने वाली शुक्कर अब अपनी शैतानी नजर से कहर बरपाने लगी। उसने अपनी शैतानी नजर से बृहस्पत और सूरज के शेरों को भी नीचा दिखा दिया। सब तरफ नीचता जाहिर होने लगी। दुनिया में ज़नाकारी (व्यभिचार) जारी हो गई। मंगल के पेट पर छुरियां फिरने लगीं। चौकोर मंगल मानो राहु (▦) बन गया हो।

अब मंगल के दिमाग में उथल–पुथल होने लग गई। मंगल से सहन नहीं हुआ। सूरज और बृहस्पत की खातिर मंगल ने एक आंख से बरबाद कर देने वाली शुक्कर को मार डालने को तैयार हो उठा। ऐसे में अगर वह अकेले शुक्कर को मारे तो क़ायर ही कहलाएगा इसलिए चुप है। मंगल के इस व्यवहार से राहु भी गुम है इसलिए रति–कामदेव को अपने अन्दर समेटे मर्द–औरत का जोड़ा इधर–उधर मटक रहा है (शुक्कर और मंगल का संयोग कामेच्छा है) परन्तु मंगल अपनी दुश्मनी नहीं छोड़ता मौका मिलते ही शुक्कर (स्त्री) को मार देने की फिराक में घूमने लगा। शुक्कर को केतु की मदद मिली और कामदेव की मेहरबानी हुई, मंगल की किरणें शुक्कर को मारने की बजाय जमीन पर उसे चमकाने को वापस हुई। अब जमीन तो क्या चमकेगी क्योंकि सभी ग्रहों को सनीचर की शैतानी हरकत का पता चल गया।

बृहस्पत का आदेश मानकर हवा चल रही है। मंगल का जंग–ए–मैदान अन्दरुनी गर्मी छोड़ रहा है। सूरज का हुक्म और मंगल की किरणें इधर–उधर भटक रही हैं। बृहस्पत की हवा और जोर पकड़ रही है। कोई शुक्कर का कुछ नहीं बिगाड़ पा रहा है। शुक्कर के साथ इनके झगड़ों मे मिट्टी के जर्रे (कण) उड़–उड़कर सभी की आंखों को मैला (गंदा) कर रहे हैं। मगर शुक्कर की अपनी आंख सही–सलामत सब कुछ देख रही है क्योंकि शुक्कर की शैतानी आंख सनीचर की दी हुई है। यही धूल के जर्रे (कण) दुनिया वालों के झगड़े हैं, इनसे वही बचा है जिसने सनीचर (शैतान) से आंख नहीं मिलाई है। इन ग्रहों की तपिश से मैदान गरम हुए और पहाड़ ठंडे रहे और मौसम के गरम और सर्द दो पहलू हो गए। औरत के तबस्सुम (मुस्कान) और आंख के इशारे से सैकड़ों विवाद और झगड़े पैदा होने लगे। दुनिया मैदान–ए–जंग बन गई और हाथ के खतों (लकीरों) में दुःख सुख की नदियां बहने लग गई।

चन्द्र और मंगल ने नजारा देखा। मगर रेखाओं के समुद्र (चन्द्र) ने शान्ति न छोड़ी। पानी धीरे–धीरे और गरम होने लगा। तमाम ब्रह्मांड सूरज और शुक्कर की आपसी दोस्ती से इस कदर तंग आ गए कि उन्होंने सूरज को ही दबाने का संकल्प कर लिया। बृहस्पत की हवा से भी तमाम जर्रे इधर–उधर फैल गए। सभी ने मिलकर सूरज का जोर मध्यम तो किया लेकिन उसके रथ को न रोक सके। सभी ने अपनी ताकत ही बेकार की परन्तु सूरज का कुछ भी न बिगाड़ सके। धीरे–धीरे शाम हुई सूरज का रथ मध्यम होते–होते थम गया। रात पर सनीचर का पहरा स्थापित हो गया, सूरज की किरणों के साथ ही मंगल भी चला गया। मंगल के जाते ही राहु भी आ गया। बृहस्पत की हवा भी ठंडी हुई, चन्द्र की ताकत भी दोबारा लौट आई। गर्मी कम हुई और ठंडक बढ़ने लग गई। जमीन को ठंडक और समुद्र को शान्ति मिली। जैसे

राहु ने (सूर्यास्त के बाद) अपना कदम रखा था वैसे ही हल्की रोशनी के आते ही (सूर्योदय से पूर्व) केतु ने अपना कदम रखा।

इंसान (बच्चा) और प्रकृति– राशियों और ग्रहों से प्रभावित बच्चा ज्यों–ज्यों हवा के प्रभाव में आने लगा त्यों–त्यों उसे बुद्धि (अक्ल) आने लगी। उसका जर्द (पीला) रंग सब्ज (हरा) होने लगा जो बुध का रंग और जमाना है। जमाने की हवा बच्चे को बुद्धि और अक्ल तो देगी मगर उसके रंग को पीले (बृहस्पत) से हरा (बुध) करती जाएगी अर्थात् बुध की अक्ल से ही वह दौलत कमाने के लिए रात–दिन एक करता फिरेगा। दोनों एक साथ (बुध–बृहस्पत) न रहेंगे क्योंकि बुध, बृहस्पत से दुश्मनी रखे हुए है। बच्चा जैसे–जैसे बड़ा होगा वैसे–वैसे बृहस्पत की उम्र (16 साल) घटती चली जाएगी। जमाने की हवा से पीला रंग हरा हुआ और फिर हरा रंग नीला (राहु) होता चला गया। मानो दिमाग शातिर होता चला जा रहा हो और बुद्धि में नेकी की बजाय बदी की दखलन्दाजी होती जा रही हो। सभी चीजें उलझती गईं। परेशानियां सामने खड़ी हो गईं। राहु और बृहस्पत बराबर (सम) हैं, आपस में कभी दुश्मन नहीं होते। इन्हीं दोनों (राहु–बृहस्पत) के मिलने से सब्ज (हरा) रंग पैदा हुआ और बुध आया, लेकिन अन्त में जर्द (पीला रंग) कहीं भी दिखाई न दिया यानि अक्ल पूरी (परिपक्व)हुई तो जमाने की हवा (बृहस्पत) का ऐतबार ही उठ गया और इंसान 'भाग्य–विधाता' के खेल और कर्म के सिद्धान्त को भूल गया। इतना ही नहीं जब बुध का गोल दायरा बृहस्पत के बुर्ज़ पर आया तो बृहस्पत की हवा के चक्कर (बुध) से बच निकलने के लिए सिर्फ़ खाली आकाश ही बाकी रह गया। भाग्य की हवा के बवंडर बने और आकाश की ओर उठने लगे। कुल मिलाकर अब किस्मत का कोई भरोसा न रह सका। अंततः सूरज का रथ आकाश से गायब हो गया। रात आई गर्मी कम और सर्दी बढ़ने लगी। बेचैनी खत्म हुई और सुकून मिलने लगा, चन्द्र चमकने लगा। दिन भर के थके इंसान सोने लगे। कई तरह की गड़बड़ियां होने लगीं। जिसके असर से हवा से आग, आग से पानी, पानी से मिट्टी (बच्चा) बनी अर्थात् पांच तत्वों से (पृथ्वी, जल, आग, आकाश, हवा) जिस्म का निर्माण हुआ। बच्चा मौसम से प्रभावित होने लगा माता–पिता के साए में आराम करने लगा। मौसम की हवा से वह सांस (जीवन) लेने लगा। हर सांस के लेने में किस्मत का ताल्लुक माना जाता है। इसलिए कोई बुद्धिजीवी यह नहीं मानता कि एक के बाद दूसरी सांस अन्दर आएगी भी या नहीं। लेकिन हर, इंसान उम्मीद यही करता है कि एक के बाद दूसरी सांस से पहले एक सांस उसके अन्दर आ जाए, मतलब यदि एक ओर से किस्मत ने साथ नहीं दिया तो दूसरी ओर किस्मत साथ दे ही दे। इसी उधेड़बुन में रात–दिन 24 घंटे में (12×7 = 84 लाख) सांसें पूरी कर लेता है। इस दुनिया की नरक चौरासी या बारह राशियों में सात ग्रहों (राहु–केतु छाया ग्रह है) की चोट को सहलाता चला जा रहा है। अगर यह हवा (बृहस्पत) न होती तो सांसों का यह खेल भी न होता। क्योंकि बुध–बृहस्पत के संयुक्त असर में से अगर बृहस्पत (हवा) को हटा लें तो सिफर (शून्य) ही रह जाएगा। जिसमें से जब जीव (बृहस्पत) निकल जाएगा तो यही खोल बच्चे की झिल्ली होगा, जिसकी जांच–पड़ताल इस इल्म–सामुद्रिक (सामुद्रिक–शास्त्र) से संभव है।

फरमान नंबर 12

कुंडली का निर्माण और दुरुस्ती (शोधन)

हाथ व पांव की उंगली, नाखूनों, नाखूनों के सिरों, कलाई और टखनों इत्यादि को नौ ग्रहों, बारह राशियों की कुंडली बनाकर इल्म सामुद्रिक (सामुद्रिक–शास्त्र) की मदद से पढ़ा जा सकता है। इनमें सभी कौमों जैसे इंसान, हैवान, जानवर, कीट, परिंदे, दोस्त, दुश्मन, वनस्पतियां, पेड़, घास, जंगली–प्राणी इत्यादि सभी की किस्मत को पढ़ा जा सकता है। ये किस्मत का लेख जनम के वक्त से पहले ही अमिट (जो मिटाया न जा सके) रूप से लिखा जा चुका है।

टेवे की दुरुस्ती या शोधन

ज्योतिष–शास्त्र के अनुसार बनाई हुई जनम–कुंडली की लगन को अंक–1 देकर सभी खानों में क्रमशः अंक आरोही (बढ़ते) क्रम में लिखते चले जाएं। जैसे 1, 2, 3, 4, 5, 6, 7, 8, 9, 10, 11, 12 अब सभी ग्रहों को यथावत रखें अर्थात् जो ग्रह जिस खाने में हो उसे उसी खाने में स्थापित कर दें। इसी प्रकार बैठे हुए ग्रहों के मुताबिक मकान कुंडली बनाई जाए और हर एक ग्रह से सम्बन्धित चीज से पड़ताल करें। माना 20 अगस्त सन् 2011, समय 2:30 दोपहर, आगरा का जनम समय निधारित है, तो इस इंसान की जनम कुंडली सामान्य ज्योतिष–शास्त्र के अनुसार बनी हुई है। जिसको पहले 'लाल किताब' के अनुसार बनाकर फिर मकान–कुंडली बनाई जाए। अब निम्नलिखित क्रमानुसार इंसान के टेवे को कुंडली 2 (चित्र 125) और कुंडली 3 (चित्र 126) पर फलादेश देकर मिलाएं।

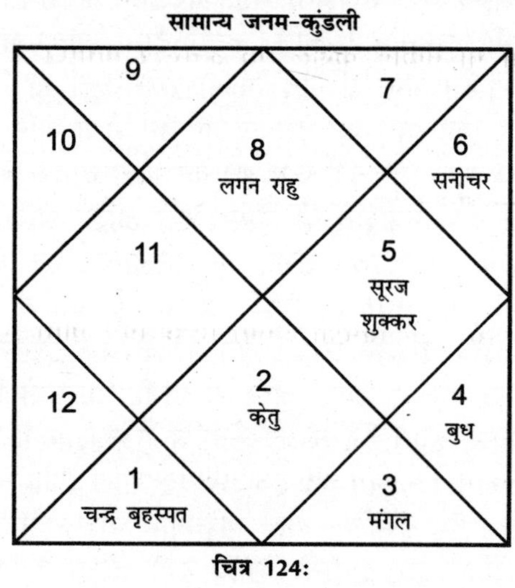

चित्र 124:

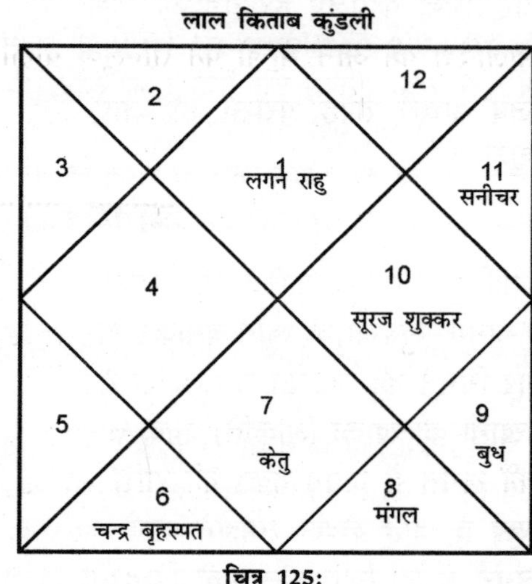

चित्र 125:

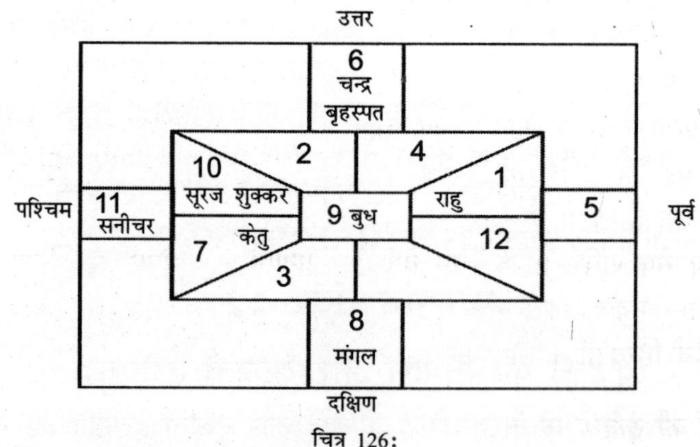

चित्र 126:

(1) मकान कुंडली में हर चीज की स्थिति देखकर उसे ग्रह से मिलाकर फिर मकान की दिशाओं से पड़ताल करें।

(2) टेवे से उसके खून के रिश्तेदारों का हाल मिलाएं।

(3) अब टेवे से सभी ग्रहों के बारे में फल कहें और सभी ग्रहों का हाल मिलाएं।

(4) अब आम उम्र तथा साल के हिसाब से सभी ग्रहों का फल कहें।

(5) हाथ में देखें कि नर ग्रह किस खाने में है यदि किसी खाने में कोई ग्रह तसल्ली का मालूम दे तो उसे उसी खाने में टेवे में रख दें और फिर सभी ग्रहों को पंचांग (उसी टेवे) के अनुसार रखें।

(6) लगन सारिणी के अनुसार देख लें कि इस नए टेवे की स्थिति पंचांग में किस समय के अनुसार बनती है।

(7) इस नए टेवे के कुछ फलादेश बोलकर देखें कि पिछला दौर (समय) और वर्तमान समय टेवे के अनुसार मिल रहा है।

(8) ग्रह स्पष्ट के लिए हर ग्रह और खाने के मुश्तरका (संयुक्त) फलादेश को बोलकर देख लें। संयुक्त फलादेश की आम चीजों का ताल्लुक वाला फलादेश भी मकान कुंडली के अनुसार बताएं।

(9) जब अच्छी तरह भरोसा हो जाए कि टेवा दुरुस्त हो गया है तो आगे का फलादेश करना शुरू करें।

जनम-कुंडली का निर्माण

इल्म ज्योतिष (ज्योतिष शास्त्र और सामुद्रिक (हस्त–रेखा) इत्यादि में राशियों के एक ही नंबर मुकर्रर हैं। मतलब जनम–कुंडली के खाने बनाकर सबसे पहले उनके खानों के हिंदसा (अंक) लिख दिए जाते हैं ताकि बार–बार गिनने की जरूरत न पड़े कि ग्रह जनम–लगन से कौन से नंबर के खाने में है। पंजाब में कुंडली के 12 खानों का खाका (आकृति) पक्के तौर पर निश्चित है। चाहे इल्म ज्योतिष (ज्योतिष शास्त्र) वाले चौकोर खाने की लगन में जनम वक्त की राशि का हिन्दसा (अंक) लिख दें अथवा सामुद्रिक वाले हिन्दसा (अंक) 1 ही रख दें, बात केवल समझने वाली यह है कि अगर जनम वक्त पर राशि कन्या है तो इल्म ज्योतिष वाले लगन में छः लिखकर बाकी हिन्दसों (अंकों) को उत्तरोत्तर (क्रमानुसार) लिखते जाएंगे और उच्चारण के वक्त कहेंगे कि लगन में कन्या राशि है, दूसरे घर में तुला (7) राशि है। इसी प्रकार दसवें घर में मिथुन (3) राशि और बारहवें घर में सिंह (5) राशि इत्यादि है। सामुद्रिक वाले लगन में हिन्दसा 1 लिखकर सभी खानों में उत्तरोतर 2, 3, 4, 5, 6,.......,8, 9, 10, 11, 12 हिन्दसा लिख देंगे और इन हिन्दसों के आधार पर कहेंगे खाना नंबर 1, खाना नंबर 2 और खाना नंबर 3 इत्यादि। परन्तु दोनों कुंडलियों में समानता यही होगी कि जिस हिन्दसे पर जो राशि मुकर्रर है। उस पर वही ग्रह बैठा होगा जो जनम वक्त पर पंचांग में बैठा हो और साथ ही जिस हिन्दसा के लिए जो राशि मुकर्रर है वह राशि दोनों पद्धतियों में एक सी होगी। जैसे हिन्दसा 1 के लिए मेष राशि, 2 के लिए वृष, 3– मिथुन, 4– कर्क, 5– सिंह, 6– कन्या, 7– तुला, 8– वृश्चिक, 9– धनु, 10– मकर, 11– कुंभ, 12 के लिए मीन राशि मुकर्रर है। 'लाल किताब पद्धति' कुंडली में खाना नंबर 1 में सदैव हिन्दसा 1 ही रखेंगे जिसे 'लगन' कहा जाएगा।

नोट– ***यहां पाठकों की सुविधा के लिए राशियों के वर्तमान उच्चारित नाम ही प्रयोग किए गए हैं। लाल किताब पद्धति में प्रयुक्त राशियों के नाम प्रचलन में नहीं हैं फिर भी जानकारी के लिए पूर्व के फरमान नंबर 5 में लाल किताब पद्धति में प्रयुक्त नाम देख सकते हैं। इस पद्धति में सिर्फ तीन ही राशियां ऐसी हैं जिनके नाम वर्तमान प्रचलित ज्योतिष से भिन्न हैं।***

सार यह है कि सामुद्रिक में हिन्दसा 4, कर्क राशि नहीं कही जाती बल्कि ''पक्का घर खाना नंबर 4'' और लाल किताब सिद्धान्त ज्योतिष में ''लगन से चौथा घर'' कहकर उच्चारण करेंगे अथवा कुंडली के लिए खाना नंबर 4 भी कहना गलत न होगा। अंततः हिन्दसा 1 से 12 लिखकर फिर जिस हिन्दसा पर जो ग्रह है उसको बैठाकर कुंडली तैयार कर लेंगे।

चन्द्र कुंडली– जिस हिन्दसा (अंक) पर लफ़्ज (शब्द) चन्द्र लिखा है उस हिन्दसा को चन्द्र के सहित लाकर लगन (खाना नंबर 1) में रख दें तथा अन्य ग्रहों को तथा हिन्दसों को भी यथावत (जैसे हैं वैसा ही) रख दें परन्तु हिन्दसा का क्रम न बिगड़ने दें। मसलन– पैदाइश 2 चैत्र संवत् 1992 सनीचर बमुकाम लाहौर छावनी खास 5 बजे सुबह मुताबिक $14\frac{3}{36}$ हो अर्थात् जनम प्रातः 5 बजे, शनिवार 2 चैत्र संवत् 1992 (14 मार्च सन् 1936), स्थान– लाहौर छावनी इस दिन की लाल किताब के अनुसार पैदाइश (जनम) के दिन वाली चन्द्र कुंडली बनाने की विधि मंदरजाजैल (निम्नलिखित) होगी।

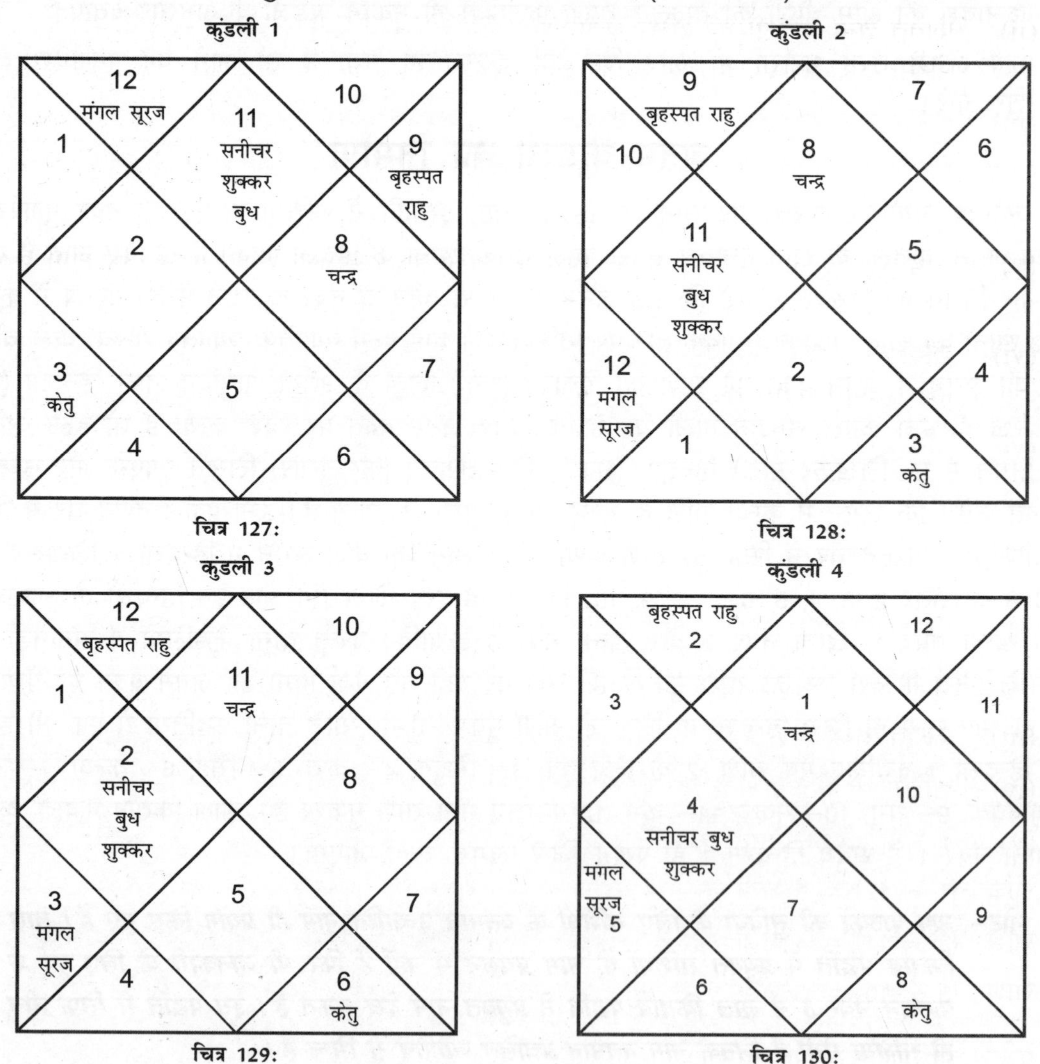

कुंडली 1

चित्र 127:

कुंडली 2

चित्र 128:

कुंडली 3

चित्र 129:

कुंडली 4

चित्र 130:

(1) चित्र संख्या 127 अर्थात् कुंडली 1 के अनुसार सामान्य ज्योतिष की तैयार कुंडली कुंभ लगन की है। अब इसकी चन्द्र कुंडली को बनाने के लिए वृश्चिक राशि के चन्द्रमा को लगन में स्थानांतरित कर लेंगे और सभी ग्रह यथावत् लिख देंगे। देखें चित्र 128 अर्थात् कुंडली 2।

(2) अब सभी ग्रहों को यथावत् रहने दें और सिर्फ सभी खानों के हिन्दसा मिटा दें और उनमें उदाहरण कुंडली 1 के समान हिन्दसा लिख दें। देखें चित्र 129 अर्थात् कुंडली 3।

(3) अन्तिम चरण की चन्द्र कुंडली के निर्माण के लिए लगन में हिन्दसा 1 (अंक) लिखकर उदाहरण कुंडली 3 के अनुसार जिस हिन्दसा पर जो ग्रह हैं यथावत् रखें। देखें चित्र 130 अर्थात् कुंडली 4।

(i) कुंडली 4 ही अंतिम लाल किताब चन्द्रकुंडली होगी।

(ii) प्रस्तुत चन्द्र कुंडली का असर अचानक जाहिर होगा और वो भी कभी–कभी भूले–भुलाए। वह भी महादशा के खाली रखे हुए सालों में जाहिर होगा।

(iii) इसे पक्का भेद कहेंगे जिसे राशि फल कहकर शक का फायदा उठा लेंगे।

(iv) चन्द्र कुंडली को ऐसा का ऐसा ही टेवे वाले की औरत (पत्नी) के लिए देखकर औरत का हाल बताया जा सकता है।

(v) चन्द्र कुंडली का वर्षफल देखने पर यह वैसे ही देखी जाएगी जैसे जनम–कुंडली देखी जाती है।

(vi) शादी से पहले चन्द्र कुंडली कभी–कभी और अचानक असर दिखाती है और शादी के बाद (औरत आने पर) पूरा–पूरा असर दिखाती हैं।

(vii) यदि चन्द्र, लगन कुंडली में, लगन में ही बैठा है तो चन्द्र कुंडली निर्माण करने में उदाहरण कुंडली 4 का नियम लागू करें और सीधे चन्द्र कुंडली तैयार कर लें।

ज्योतिष शास्त्र के अनुसार जनम–कुंडली बनाने का तरीका

(i) जिस राशि में सूरज है हमेशा वहीं गिना जाएगा।

(ii) राशि प्रवेश का समय 'पुण्य काल' गिना जाएगा।

(iii) प्रस्तुत सारिणी में राशियों का समय घंटों–मिनटों तथा घड़ी–पल में दिया गया है।

(iv) राशियों में विक्रम संवत के महीने ग्रहण किए गए हैं।

(v) 1 घड़ी = 24 मिनट, 24 घंटे = 60 घड़ी

राशि (1 – 12) = 3 घड़ी	राशि (4 – 9) = 6 घड़ी
राशि (2 – 11) = 4 घड़ी	राशि (5 – 8) = 6 घड़ी
राशि (3 – 10) = 5 घड़ी	राशि (6 – 7) = 6 घड़ी

प्रस्तुत सारिणी सूरज के अनुसार गिनी जाएगी। मेष राशि में सूर्योदय होगा। सूर्योदय समय, पंचांग के अनुसार देखें और सूर्योदय से 1 घंटा 12 मिनट अर्थात् 3 घड़ी 00 पल सूर्य मेष राशि में ही रहेगा परन्तु

राशि नंबर	नाम राशि	समयावधि (घंटा/मिनट)	समयावधि (घड़ी/पल)	नाम महीना (विक्रम संवत)
1	मेष	1 घंटा 12 मिनट	3 घड़ी	बैसाख
2	वृष	1 घंटा 36 मिनट	4 घड़ी	ज्येष्ठ
3	मिथुन	2 घंटा 00 मिनट	5 घड़ी	आषाढ़
4	कर्क	2 घंटा 24 मिनट	6 घड़ी	सावन
5	सिंह	2 घंटा 24 मिनट	6 घड़ी	भादो (भाद्रपद)
6	कन्या	2 घंटा 24 मिनट	6 घड़ी	क्वार (अश्विन)
7	तुला	2 घंटा 24 मिनट	6 घड़ी	कार्तिक
8	वृश्चिक	2 घंटा 24 मिनट	6 घड़ी	मार्गशीर्ष
9	धनु	2 घंटा 24 मिनट	6 घड़ी	पौष
10	मकर	2 घंटा 00 मिनट	5 घड़ी	माघ
11	कुंभ	1 घंटा 46 मिनट	4 घड़ी	फाल्गुन
12	मीन	1 घंटा 12 मिनट	3 घड़ी	चैत्र

यह नियम विक्रम संवत्, बैसाख माह के लिए ही है। तत्पश्चात् सूरज वृष राशि में प्रवेश करेगा जिसे पुण्य काल अथवा संक्रांति कहेंगे, यह परिवर्तन ज्येष्ठ मास में होगा अर्थात् ज्येष्ठ मास में सूर्योदय वृष राशि में होगा, तत्पश्चात् 4 घड़ी अथवा 1 घंटा 36 मिनट रहेगा फिर मिथुन राशि में परिवर्तित होगा और वहां 5 घड़ी अथवा 2 घंटा 00 मिनट रहेगा। इसी प्रकार सूरज का स्थानान्तरण देखेंगे।

उदाहरण कुंडली

वक्त जनम– 5:00 प्रातः दिन– शनिवार 14 मार्च सन् 1936 या 2 चैत्र संवत् 1992

जनम स्थान– लाहौर कैण्ट (पाकिस्तान)

(1) पंचांग में 14 मार्च 2 'चैत्र' की लगन सारिणी देखें। सुबह 5 बजे के ऊपर कुंभ लगन लिखा होगा। यह पंचांग सूर्योदय के वक्त से प्रारंभ हुआ है। इसी के नीचे लगन समाप्ति वक्त दिया गया होगा। इसके बाद अगली राशि का आगाज (आरम्भ) होगा।

(2) कुंभ का हिन्दसा (अंक) 11 लगन के खाने में भर दें और क्रमानुसार सभी हिन्दसे अगले खाने में भरते चले जाएं। खाना नंबर 12 में हिन्दसा 10 आएगा, ये उस वक्त की राशियों की स्थिति होगी। कुंभ को लगन में बिठाने का मतलब है कि जनम वक्त पर कुंभ राशि उदित हो रही है।

(3) पंचांग (जंत्री) में इस दिन तथा तारीख के ग्रह स्पष्ट देखें। यदि पंचांग में यह ग्रह–स्पष्ट प्रातः 5:30 के हैं तो यथावत ग्रह रख दें अन्यथा मध्य रात्रि के ग्रह स्पष्ट हैं तो ध्यानपूर्वक भरें कि कहीं कोई ग्रह दूसरी राशि में न चला गया हो।

(4) यदि पंचांग में चन्द्र का ग्रह–स्पष्ट दिया है तो यथावत भरें अन्यथा पंचांग में चन्द्र का राशि–प्रवेश का वक्त दिया जाता है। जनम समय में चन्द्र जिस राशि में हो उसी राशि

में लिख लें। इस दिन चन्द्र वृश्चिक राशि में है। अब सूर्योदय के वक्त में से चन्द्र का राशि–प्रवेश काल मुकर्रर करें। पंचांग में सूर्योदय के वक्त से 53 घड़ी 19 पल तक चन्द्र वृश्चिक राशि में ही रहेगा इसलिए चन्द्र को वृश्चिक राशि (8) में बैठाएं। देखें चित्र 131।

(5) यदि चन्द्र कुंडली बनानी हो तो पूर्व में बताई विधि का प्रयोग करते हुए चन्द्र कुंडली का निर्माण कर सकते हैं।

नोट– ***लगन सारिणी स्टैण्डर्ड टाइम जोन के अनुसार बनाई जाती है। लगन समाप्ति काल में रेखांश का संशोधन भी किया जाता है, यदि पंचांग उसी शहर का है तो समय तथा ग्रह यथावत रखें अन्यथा समय संशोधन अवश्य करें।***

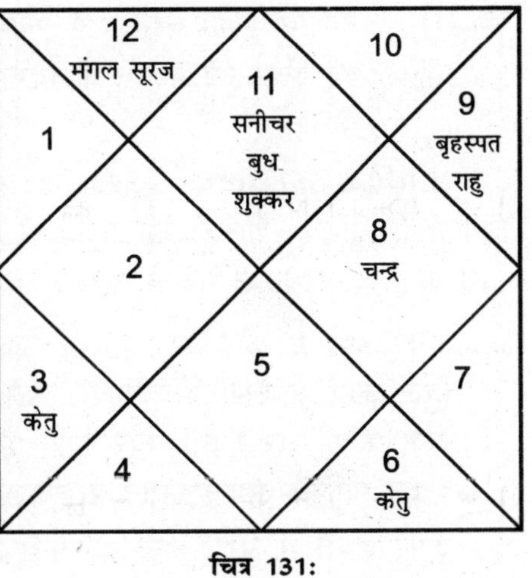

चित्र 131:

तैयार जनम–कुंडली

वहम (संशय)– इल्म ज्योतिष में कुंडली बनाने का बुनियादी सिद्धान्त जनम वक्त का लगन है जिसका न्यूनतम समय 1 घंटा 12 मिनट और लगन का अधिकतम समय 2 घंटा 24 मिनट है। अतः एक लगन का आनुपातिक समय लगभग 2 घंटा मानना चाहिए। इस तरह से इस दौरान पैदा हुए सभी बच्चों की किस्मत का जवाब तकरीबन (लगभग) एक ही होगा। बरखिलाफ (विपरीत) इसके सामुद्रिक में 12 साल के बच्चे की रेखा का कोई ऐतबार (विश्वास) नहीं करते इसलिए इस वहम को दूर करने के लिए इल्म ज्योतिष और सामुद्रिक हस्तरेखा इत्यादि से ज्योतिष का मिलान किया जाना चाहिए। अन्त में भी अगर किसी कारण ये दोनों कुंडली नहीं मिलती हैं तो वहम की बात नहीं है। इल्म ज्योतिष ने अगर पांच या छः लोगों का हाल बताया है तो सामुद्रिक कुंडली इस बच्चे की पुश्तों का हाल बता देगी। मुख्तसरन (संक्षेप में) अगर इल्म ज्योतिष वाली कुंडली से बच्चे का हाल पता न चले तो उसके पिता, दादा या परदादा से उसका हाल जरूर पता चल जाएगा, फर्क सिर्फ पड़ेगा तो इतना कि पितृ ऋण से सम्बन्धित जवाब के लिए मुसीबत होगी। इसलिए इस वक्त सबसे पहले इंसान के टेवे से उसके पितृ–मातृ ऋण का उपाय कर लिया जाए, मर्द का दायां हाथ तदबीर (कर्म) और बायां हाथ तकदीर (बुर्जुर्गों) या ईश्वरीय या किस्मत का हाथ है। दायां हाथ सूरज और बायां हाथ चन्द्र से मुतअल्लिक होगा। औरत के मामले में यही फर्क उल्टा हो जाएगा मतलब बायां हाथ तदबीर और दायां हाथ तकदीर का होगा। अगर किसी इंसान का दायां और बायां दोनों हाथों में बहुत अधिक फर्क हो तो दोनों हाथों का हाल अलग–अलग लेकर और इल्म ज्योतिष से मिलाकर (अगर टेवा हो तो) फिर छोटे–छोटे खुलासे (फलादेश) करें तब मुकम्मल (संपूर्ण) नतीजा दें। मर्द की जाती (निजी) जिन्दगी में दायां हाथ ज्यादा असरकारक होगा। बाएं हाथ का असर अचानक (चन्द्र) होगा। बायां हाथ (चन्द्र) शुक्कर के समय में सबसे ज्यादा असरकारक होगा। दाएं हाथ का असर मंगल, सूरज और बृहस्पत (नर ग्रह) के वक्त मुकम्मल (संपूर्ण) होगा। बुध (मुखन्नस या नपुंसक या खुसरा) ग्रह दोनों ही हाथों के समय में अपना असर देता रहेगा। इसी तरह पापी ग्रह (सनीचर, राहु, केतु) भी दोनों हाथों के वक्त में अपना असर देते रहेंगे। आमतौर पर कोई शख्स अपने बाएं दिमाग के खानों से काम लेता है जिसका असर दाएं हाथ पर पड़ता है। इंसान दाएं दिमाग के खानों से बहुत ही कम काम लेता है जिसका असर बाएं हाथ पर पड़ता है, इसलिए अगर कोई रेखा इंसान के बाएं हाथ पर हो तो इसके दो अर्थ हो सकते हैं।

(i) वह काम जो इंसान के जीवन में जारी है लेकिन इंसान के लिए महत्त्वहीन है।

(ii) वह काम जो इंसान के दिमाग में थोड़ा महत्त्व रखता है लेकिन उसके जीवन में जाहिर ही न होगा।

सामुद्रिक की मदद– जैसा कि पहले बताया जा चुका है कि इल्म ज्योतिष से तैयार कुंडली को कियाफा (सामुद्रिक–शास्त्र) की मदद से सही कर लेना मुनासिब होगा। हस्तरेखा के द्वारा जनम–कुंडली बनाने के लिए हस्बेजैल (निम्नलिखित) चीजों पर ध्यान देना होगा।

(1) अगर हाथ में कोई रेखा किसी एक बुर्ज़ (पर्वत) से दूसरे बुर्ज़ पर पहुंच रही हो तो कुंडली में यह (बुर्ज़ जहां से रेखा निकली है) उस खाने में होगा जहां कि रेखा पहुंच रही है मसलन हाथ में कोई रेखा पक्का घर खाना नंबर 1 से पक्का घर खाना नंबर 7 पर जा रही हो तो पक्का घर खाना नंबर 1 का मालिक मंगल लगन से 'कुंडली' में खाना नंबर 7 में बैठा होगा। देखें चित्र 132।

(2) दूसरे शब्दों में अगर चन्द्र से सनीचर को रेखा जाए तो सनीचर को टेवे में लगन से खाना नंबर 4 में बैठा दें। देखें चित्र 133।

(3) जिस ग्रह का निशान जिस बुर्ज़ पर पाया जाएगा उस ग्रह को कुंडली में सम्बन्धित ग्रह के मालिकाना खाने में रख देंगे। मसलन अगर मंगल, सनीचर के बुर्ज़ पर हो तो कुंडली के लगन से खाना नंबर 10 में मंगल रख दें। देखें चित्र 134।

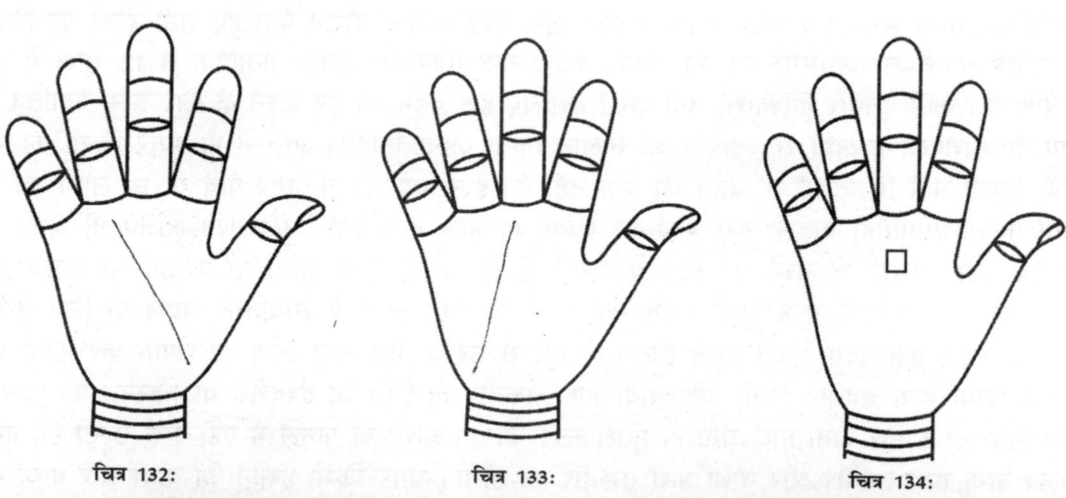

चित्र 132: **चित्र 133:** **चित्र 134:**

नोट- ***यहां वहम हो सकता है कि यदि चौकोर (□) सनीचर के पर्वत पर है तो इल्म ज्योतिष की कुंडली में लगन से खाना नंबर 10 ही क्यों चुना, खाना नंबर 11 क्यों नहीं। वास्तव में सामुद्रिक हस्तरेखा में इस तरह के चिह्न हाथों पर पाए जाना इन दो ग्रहों के आपसी सम्बन्ध की घनिष्टता का प्रतीक होता है अर्थात् जब इस तरह का सम्बन्ध हाथ पर पाया जाए तो उस राशि का मालिकाना हक ग्रहण करते हैं, जो राशि तुलनात्मक रूप से अधिक ताकतवर प्रतीत होती है। सूरज और चन्द्र के लिए सिंह और कर्क राशि ही ग्रहण करेंगे, क्योंकि इनकी दूसरी राशि नहीं है। अन्य के लिए निम्नलिखित राशियां ग्रहण करेंगे।***

मंगल के लिए वृश्चिक (8) राशि **शुक्कर के लिए तुला (7) राशि**
बुध के लिए कन्या (6) राशि **बृहस्पत के लिए धन (9) राशि**
सनीचर के लिए मकर (10) राशि

(4) हाथ में अगर कोई रेखा या निशान न हो तो बुर्जों (पर्वतों) की ऊंचाई और गहराई के आधार पर ही कुंडली मुकम्मल (पूर्ण) होगी।

(5) जिस बुर्ज़ का निशान जहां कहीं भी पाया जाए, उसी अनुसार ग्रहों को कुंडली में रखा जाएगा।

(6) नीचा बुर्ज़, नीच राशि और जिस बुर्ज़ का निशान न मिले वह निम्न फल का होगा अथवा दुश्मन के घर में होगा। अगर बुर्ज़ उठा हो परन्तु निशान न मिले तो अपने मालिकाना घर में बैठा होगा। बुर्ज़ उठा हो और बुर्ज़ पर ही उसका (ग्रह का) निशान कायम हो तो वह उच्च का होगा।

हस्तरेखा से सम्बन्धित महत्त्वपूर्ण सूत्र

लाल किताब में हस्तरेखा से सम्बन्धित महत्त्वपूर्ण सूत्र निम्नलिखित हैं।

(1) हर ग्रह की मुकर्रर (निश्चित) रेखा, कुंडली का खाना नंबर होगी।

(2) तर्जनी और मध्यमा के बीच नीचे की ओर (हाथ के बीच) खाना नंबर 11 सनीचर का मुख्यालय होगा।

बृहस्पत

कुंडली का खाना नंबर 1— किस्मत रेखा की जड़ में चार शाखाओं वाला निशान (५) हो या सूरज के बुर्ज़ पर (बुध की ओर) सिर्फ एक चक्कर (○) हो या सूरज के बुर्ज़ पर बृहस्पत का अपना निशान हो या दोनों हाथों की सभी (दसों) उंगलियों पर सिर्फ एक शंख या एक चक्कर हो या बृहस्पत के बुर्ज़ पर एक सीधी रेखा हो। इनमें से कोई एक नियम भी अगर कायम हो तो बृहस्पत को इल्म ज्योतिष की कुंडली में खाना नंबर 1 मिलेगा। देखें चित्र 135।

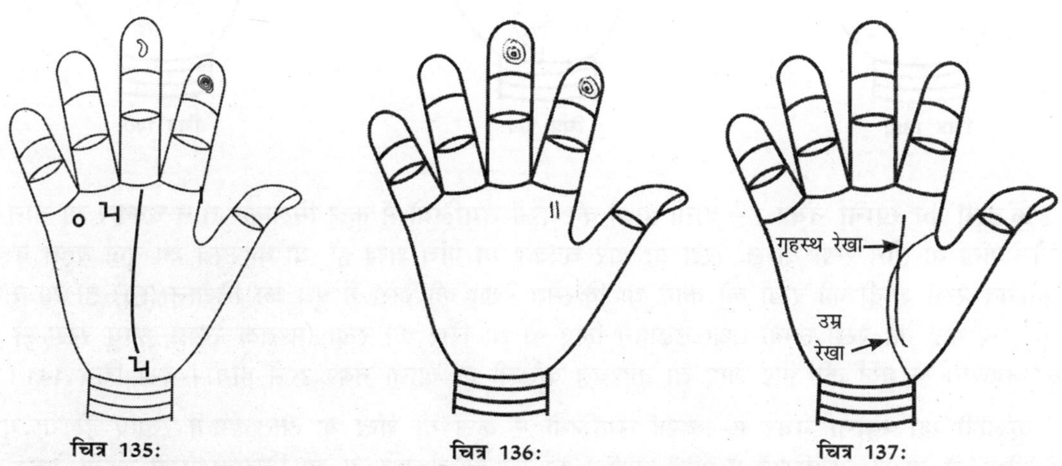

चित्र 135: चित्र 136: चित्र 137:

कुंडली का खाना नंबर 2— दोनों हाथों की सभी उंगलियों (दसों) पर केवल दो सीप के निशान हों या बृहस्पत के बुर्ज़ पर दो रेखाएं हों तो बृहस्पत को खाना नंबर 2 मिलेगा। देखें चित्र 136।

कुंडली का खाना नंबर 3– उंगलियों पर तीन सीप के निशान या सात चक्कर हों, बृहस्पत के बुर्ज़ पर सात सीधी रेखाएं हों या गृहस्थ रेखा बृहस्पत के बुर्ज़ पर हो तो इल्म ज्योतिष में बृहस्पत को खाना नंबर 3 मिलेगा। देखें चित्र 137।

कुंडली का खाना नंबर 4– दसों उंगलियों पर चार सीप या चार शंख हों। चार रेखाएं या दो चक्कर चन्द्र के बुर्ज़ पर हों या दो शंख चन्द्र के बुर्ज़ पर हों या चन्द्र रेखा बृहस्पत के बुर्ज़ पर जाकर खत्म हो तो बृहस्पत कुंडली में खाना नंबर 4 में जाएगा। देखें चित्र संख्या 138।

कुंडली का खाना नंबर 5– सभी उंगलियों पर (दसों) पांच सीप या पांच चक्कर या पांच रेखाएं हों या स्वास्थ्य रेखा नीचे जाकर किस्मत रेखा के शुरू में जाकर मिल जाए या किस्मत रेखा कलाई से निकलकर सेहत रेखा (स्वास्थ्य रेखा) में मिल जाए, तो बृहस्पत को कुंडली का खाना नंबर 5 मिलेगा। देखें चित्र 139।

कुंडली का खाना नंबर 6– दोनों हाथों की सभी उंगलियों को मिलाकर कुल दस में से छः उंगलियों पर छः चक्कर हों या किस्मत रेखा की जड़ में केतु का निशान हो या बृहस्पत के बुर्ज़ से कोई शाखा निकलकर हथेली के खाना नंबर 6 में खत्म हो तो बृहस्पत खाना नंबर 6 में जाएगा। देखें चित्र 140।

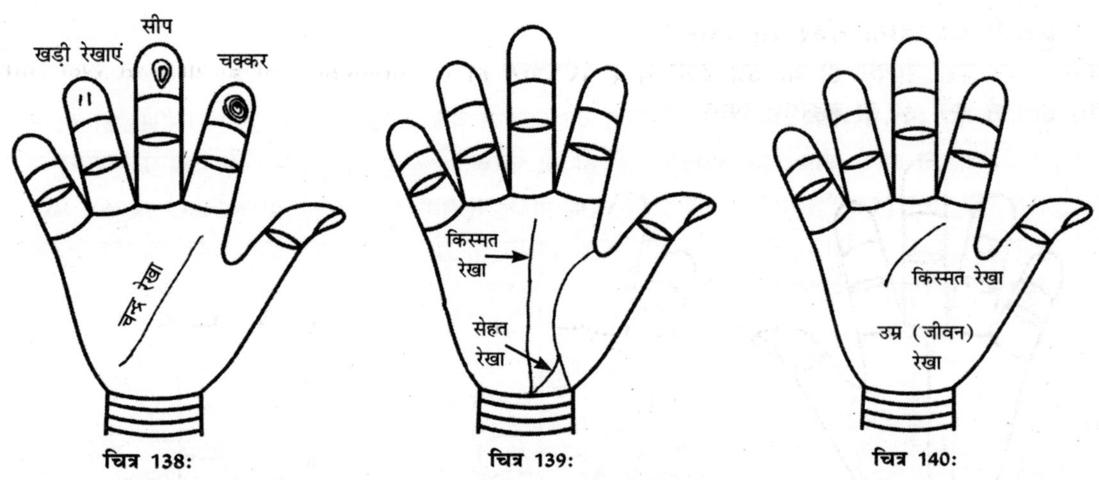

चित्र 138: चित्र 139: चित्र 140:

कुंडली का खाना नंबर 7– दोनों हाथों की दसों उंगलियों में कुल मिलाकर तीन चक्कर या तीन सीप या तीन शंख या तीन रेखा या छः रेखा या चार चक्कर या पांच शंख हों, या बृहस्पत का बुर्ज़ बहुत बड़ा हो या औलाद रेखा शादी की रेखा को काटे या किस्मत रेखा की जड़ में बुध का निशान (O) हो या शुक्कर के बुर्ज़ पर भाई की रेखा लम्बी तथा टेढ़ापन लिए हो या सिर की रेखा (मस्तक रेखा), आयु रेखा से जुदा होकर बृहस्पत के बुर्ज़ की ओर जाए तो बृहस्पत कुंडली के खाना नंबर 7 में होगा। देखें चित्र 141।

कुंडली का खाना नंबर 8– दसों उंगलियों में कुल दो शंख या आठ सीधी रेखाएं हों या गृहस्थ रेखा सीधी हो या छः उंगलियों में आठ चक्कर या ग्यारह चक्कर हों या किस्मत रेखा सूरज रेखा से न मिलें या बृहस्पत का बुर्ज़ न हो या किस्मत रेखा की जड़ में चक्कर (O) का निशान हो या किस्मत रेखा या दिल 'हृदय' रेखा दो शाखाओं वाली हो तो बृहस्पत खाना नंबर 8 में बैठाया जाएगा। देखें चित्र 142 तथा 143।

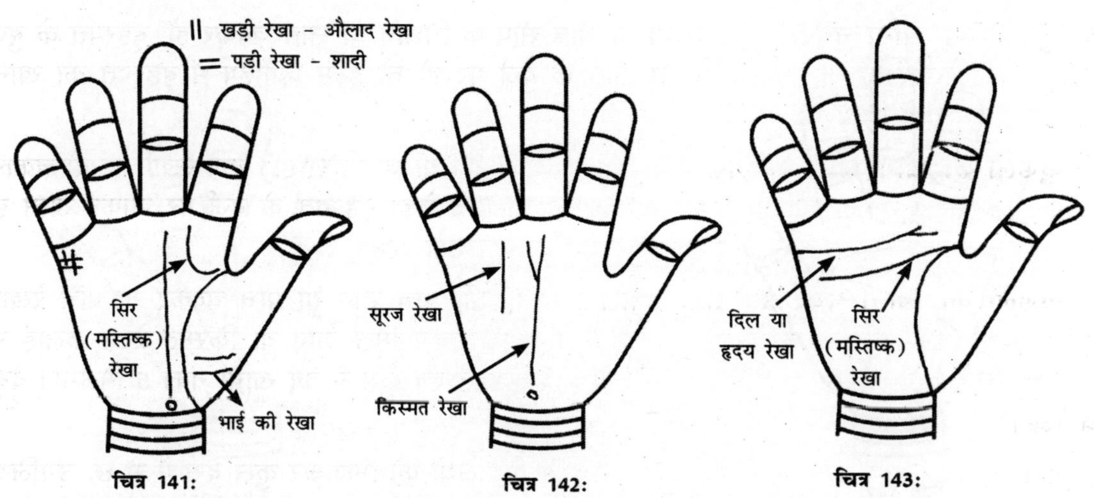

चित्र 141: चित्र 142: चित्र 143:

कुंडली का खाना नंबर 9— किस्मत रेखा की जड़ में त्रिभुज का निशान हो या किस्मत रेखा सीधी डण्डे की तरह खड़ी हो तो बृहस्पत खाना नंबर 9 में जाएगा। देखें चित्र 144

कुंडली का खाना नंबर 10— सूरज के बुर्ज़ पर बुध की तरफ एक सदफ (सीप) हो। हाथ की सभी उंगलियों पर दस चक्कर हों या उम्र रेखा चन्द्र पर खत्म हो या पितृ—रेखा बनी हो या ऊर्ध्व रेखा (भाग्य रेखा) हाथ में बनी हो तो बृहस्पत खाना नंबर 10 में होगा। देखें चित्र 145 और 146।

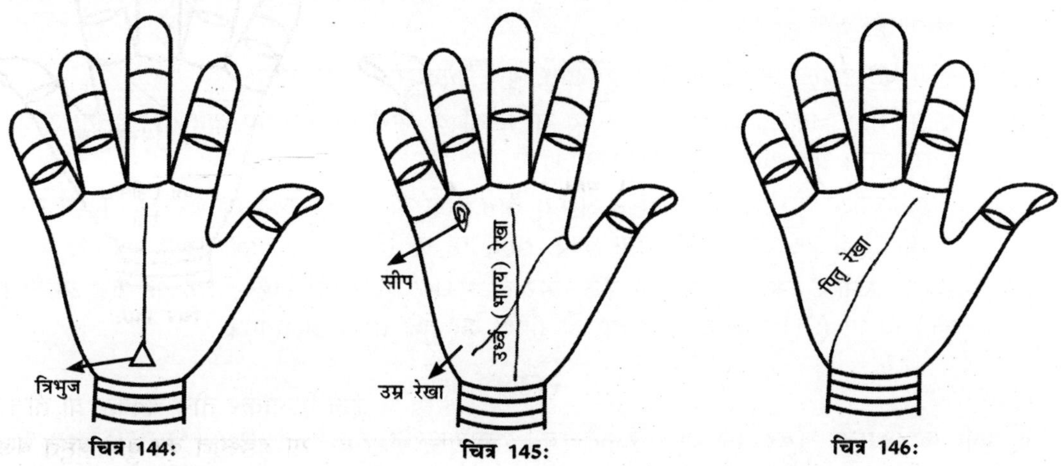

चित्र 144: चित्र 145: चित्र 146:

कुंडली का खाना नंबर 11— बृहस्पत और सनीचर के बुर्ज़ दो शाखाओं के द्वारा जुड़े हों या हाथ की उंगलियों में नौ चक्कर हों या सिर रेखा (मस्तक रेखा) श्रेष्ठ हो तो बृहस्पत खाना नंबर ग्यारह में जाएगा। चित्र 147।

कुंडली का खाना नंबर 12— छः उंगलियों पर कुल तीन रेखा या छः संख (शंख) या बारह चक्कर हों। किस्मत रेखा की जड़ में राहु का निशान (⋂) या मच्छ रेखा (◊) हो। शुक्कर के बुर्ज़ पर या शुक्कर और चन्द्र के बुर्ज़ के दरमियान (बीच) मुंह ऊपर की ओर किए मच्छ रेखा हो और उसके मुंह में ऊर्ध्व रेखा अथवा उम्र रेखा (जीवन रेखा) हो। चित्र 148।

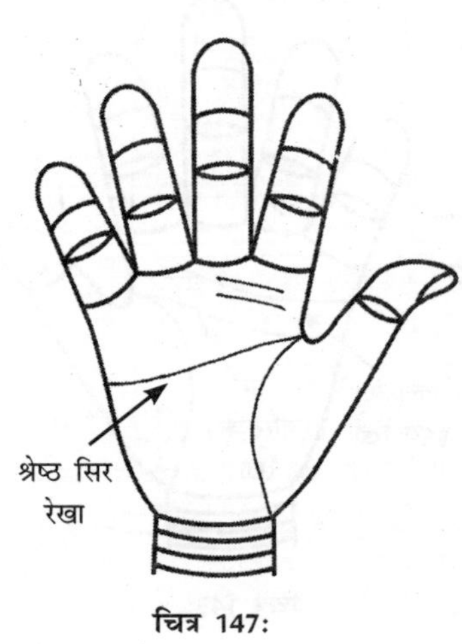

चित्र 147:

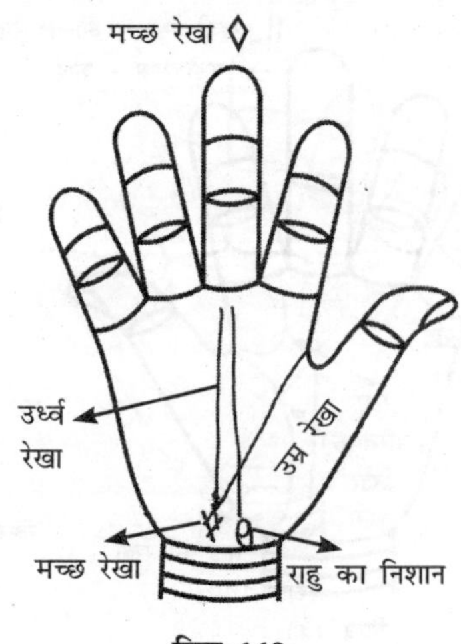

चित्र 148:

विशेष– उपर्युक्त विवेचन में बृहस्पत की विभिन्न खानों में स्थिति के लिए हस्तरेखा के निशानों से मिलान बताया गया है। विवेचना में ध्यान दें कि जितने भी प्रकार के नियम बताए गए हैं उनमें से कोई एक चिह्न हाथ में पाया जाता है तो ग्रह को इल्म ज्योतिष की कुंडली के "सम्बन्धित खाना संख्या" में रख देंगे।

(1) इसके अतिरिक्त इन बिंदुओं पर भी ध्यान दें।
- (i) उंगलियों के पोरों के चिन्ह के आधार पर लिया बृहस्पत केवल राशि नंबर का होगा मगर बुर्ज़ नंबर का नहीं होगा।
- (ii) हाथ की हथेली से लिया गया बृहस्पत, बुर्ज़ का खाना नंबर होगा।
- (iii) शंख, सीप, चक्र, इत्यादि चिन्ह सदैव उंगलियों के पोरों पर ही पाए जाते हैं। इनके आधार पर लिया गया ग्रह राशि नंबर का होगा।
- (iv) जहां रेखाओं के बारे में लिखा है अर्थात् तीन रेखा हो या दो रेखा हो उसका तात्पर्य उंगलियों के पोरों की रेखाओं से ही माना जाएं, यहां ग्रह के लिए राशि नंबर ग्रहण करेंगे।
- (v) केवल उसी अवस्था में ग्रह को बुर्ज़ नंबर के आधार पर ग्रहण करेंगे, जब वह ग्रह अपना (स्वयं का) विशेष (੫) निशान लिए हुए हो (हाथ की हथेली के अलावा)।

सूरज

कुंडली का खाना नंबर 1– शुक्कर और बुध दोनों सूरज की सेहत रेखा (स्वास्थ्य रेखा) से मिल जाएं और सूरज रेखा दुरुस्त (स्वस्थ) हालत में बुर्ज़ नंबर 1 पर हो। सूरज का बुर्ज़ कुंडली का खाना नंबर 1 है लेकिन सूरज को खाना नंबर एक का तभी गिनेंगे जब सूरज का निशान (✱) बुध की तरफ कायम हो। सूरज सिंह राशि खाना नंबर 5 का तभी होगा, जब सेहत रेखा या सूरज रेखा खाना नंबर 11 पर खत्म हो। देखें चित्र 149।

कुंडली का खाना नंबर 2– किस्मत रेखा या सूरज रेखा का झुकाव बृहस्पत के बुर्ज़ की तरफ हो तो सूरज खाना नंबर 2 में होगा। देखें चित्र 150।

कुंडली का खाना नंबर 3– सूरज रेखा की कोई शाखा, मंगल–नेक के बुर्ज़ की तरफ जाए तो सूरज खाना नंबर 3 में आएगा। देखें चित्र 151।

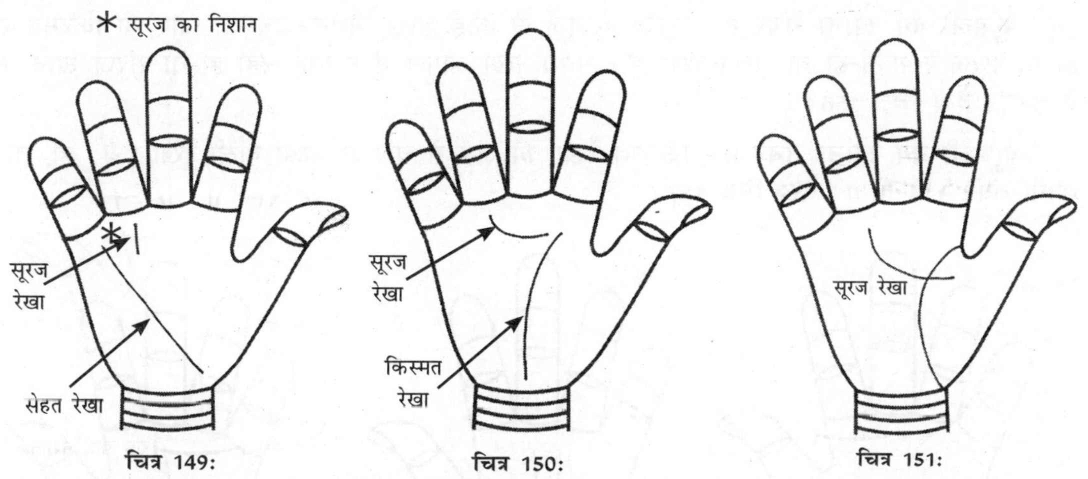

चित्र 149: चित्र 150: चित्र 151:

कुंडली का खाना नंबर 4– सूरज के बुर्ज़ से कोई शाखा चन्द्र के बुर्ज़ की तरफ जाए लेकिन इससे मंगल–बद का कोई ताल्लुक न बन रहा हो या चन्द्र–सूरज के दरमियान (मध्य) कोई रेखा दोनों बुर्ज़ों को मिलाती मालूम हो लेकिन मिला न रही हो या शराफत रेखा जब दरमियान में से ऊपर को उठी हुई सी मालूम हो या सूरज रेखा, दिल रेखा (हृदय रेखा) पर खत्म हो तो सूरज इल्म ज्योतिष कुंडली के खाना नंबर 4 में होगा। देखें चित्र 152।

कुंडली का खाना नंबर 5– सूरज रेखा बिल्कुल सीधी सूरज के बुर्ज़ पर हो (अपने बुर्ज़ पर ही हो) और सूरज का बुर्ज़ पुष्ठ हो या सूरज रेखा दिल रेखा तक हो या सेहत रेखा बुध के बुर्ज़ से चलकर (हथेली के) खाना नंबर 11 पर खत्म हो तो सूरज खाना नंबर 5 में होगा। देखें चित्र 153।

कुंडली का खाना नंबर 6– सूरज रेखा हाथ में बड़ी मुस्ततील (चौकोर) या आयत के आकार में खत्म हो तो सूरज खाना नंबर 6 में कायम होगा। देखें चित्र 154।

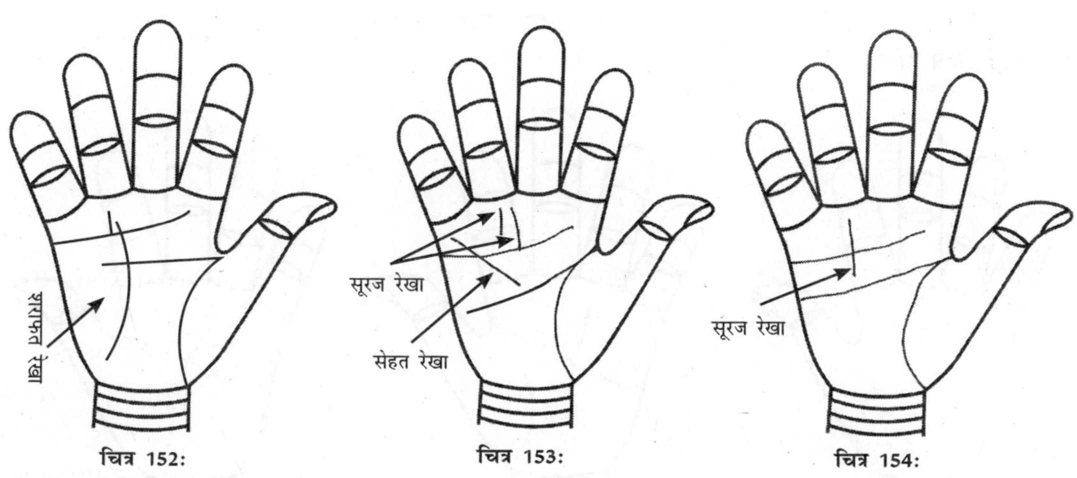

चित्र 152: चित्र 153: चित्र 154:

कुंडली का खाना नंबर 7– शुक्कर के बुर्ज़ से कोई शाखा सूरज के बुर्ज़ पर जाए या शुक्कर का पतंग (◈) 'हथेली पर कायम हो। खाना नंबर 7 में बुध का भी घर है। बुध जुदा (अलग) असर नहीं देगा। सूरज 7 में होगा। देखें चित्र 155।

कुंडली का खाना नंबर 8– सूरज के बुर्ज़ से कोई शाखा मंगल–बद को जाए या किस्मत रेखा न हो या सूरज रेखा न हो या सूरज रेखा और भाग्य रेखा आपस में न मिल रही हों तो सूरज खाना नंबर 8 में होगा। देखें चित्र 156।

कुंडली का खाना नंबर 9– किस्मत रेखा की जड़ में चार शाखाओं वाली रेखा (⇞) हो, तो सूरज खाना नंबर 9 में होगा। देखें चित्र 157।

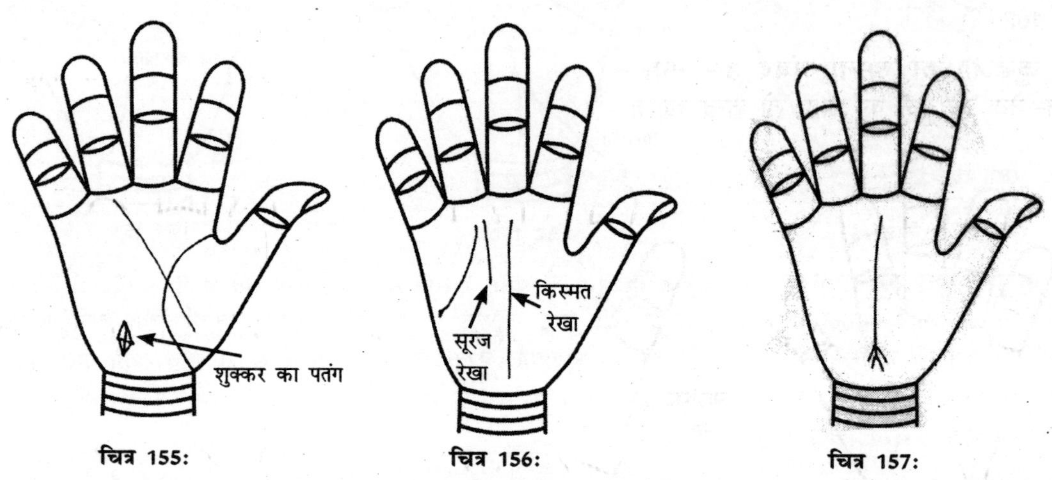

चित्र 155: चित्र 156: चित्र 157:

कुंडली का खाना नंबर 10– सूरज रेखा सनीचर के बुर्ज़ पर हो, तो सूरज खाना नंबर 10 में होगा। देखें चित्र 158।

कुंडली का खाना नंबर 11– सूरज रेखा हथेली पर खाना नंबर 11 पर खत्म होती हो तो सूरज खाना नंबर 11 में होगा। देखें चित्र 159।

कुंडली का खाना नंबर 12– सूरज रेखा खाना नंबर 12 पर खत्म हो तो सूरज खाना नंबर 12 में होगा। देखें चित्र 160।

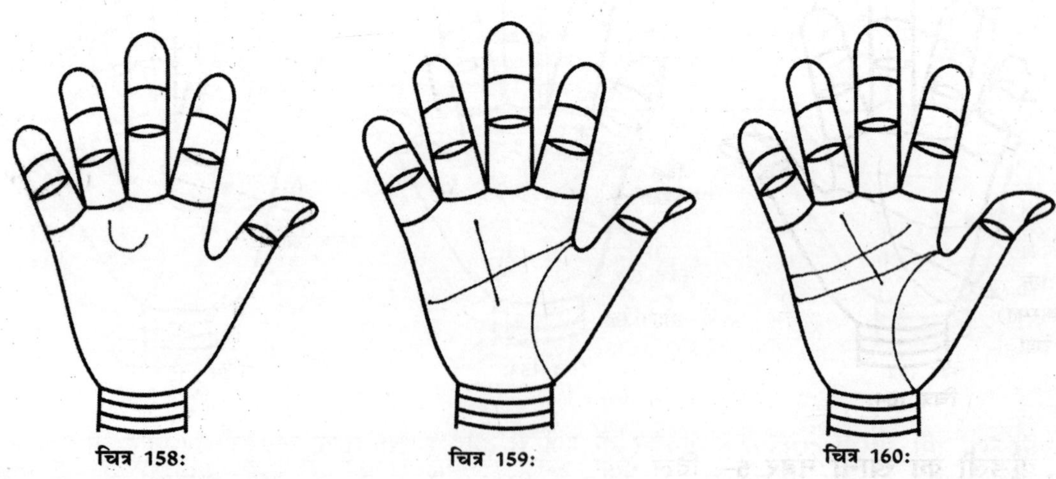
चित्र 158: चित्र 159: चित्र 160:

चन्द्र

कुंडली का खाना नंबर 1– चन्द्र से कोई रेखा सूरज के बुर्ज़ पर जाकर खत्म हो तो चन्द्र खाना नंबर 1 में होगा। देखें चित्र 161।

कुंडली का खाना नंबर 2– गृहस्थ रेखा या मोहब्बत रेखा बृहस्पत के बुर्ज पर खत्म हो या किस्मत रेखा चन्द्र के बुर्ज़ से शुरू होकर बृहस्पत के बुर्ज़ पर खत्म हो, तो चन्द्र खाना नंबर 2 में होगा। देखें चित्र 162।

कुंडली का खाना नंबर 3– मंगल–नेक से कोई शाखा चन्द्र को जाए या चन्द्र से कोई रेखा मंगल–नेक के बुर्ज़ पर जाए तो चन्द्र खाना नंबर 3 में होगा। देखें चित्र 163।

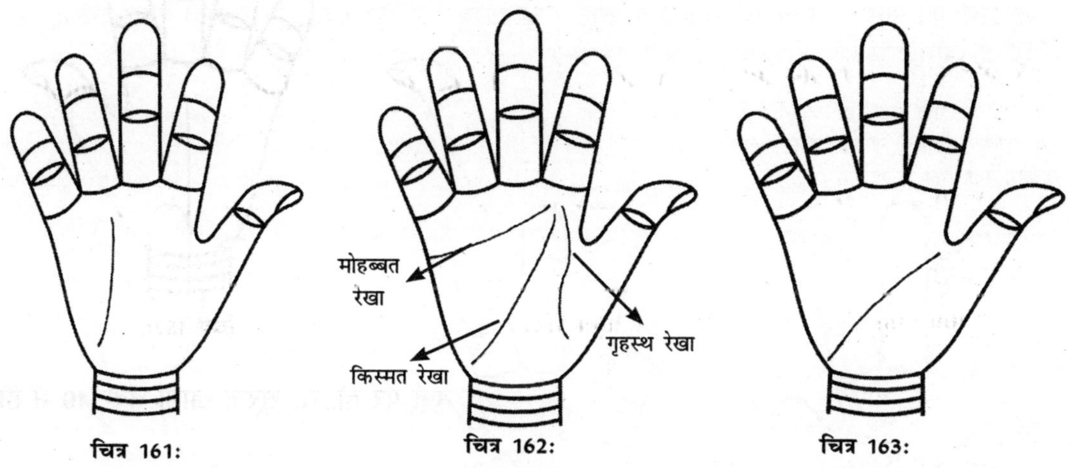

चित्र 161: चित्र 162: चित्र 163:

कुंडली का खाना नंबर 4– धन रेखा (किस्मत रेखा) जब चन्द्र से शुरू हो या सिर रेखा की जड़ में त्रिभुज का निशान हो तो चन्द्र खाना नंबर 4 में होगा। देखें चित्र 164।

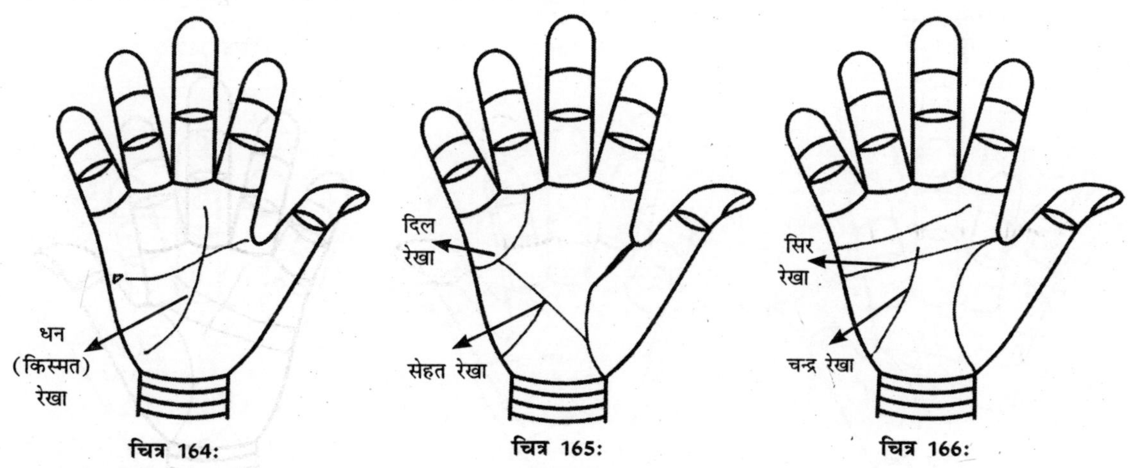

चित्र 164: चित्र 165: चित्र 166:

कुंडली का खाना नंबर 5– दिल रेखा, सूरज के बुर्ज़ की जड़ में पहुंचे, या चन्द्र के बुर्ज़ से कोई रेखा सेहत रेखा में जाकर मिल जाए तो चन्द्र खाना नंबर 5 में होगा। देखें चित्र 165।

कुंडली का खाना नंबर 6– चन्द्र रेखा (चन्द्र के बुर्ज़ से उठी कोई रेखा) जब सिर रेखा को काटती हुई हाथ में एक बड़े मुस्ततील (वर्ग या चतुर्भुज) में खत्म हो तो चन्द्र खाना नंबर 6 में आएगा। देखें चित्र 166।

कुंडली का खाना नंबर 7– दिल रेखा जब कनिष्ठा की जड़ या बुध के बुर्ज़ पर ही खत्म हो या चन्द्र रेखा, सिर रेखा से मिलकर खत्म हो जाए फकीरी रेखा, नशेबाजी रेखा, शराफत रेखा, सिर रेखा और दिल रेखा मिल जाएं, अथवा सेहत रेखा, दिल रेखा को काट दे तो चन्द्र खाना नंबर 7 में होगा। देखें चित्र 167।

कुंडली का खाना नंबर 8– सिर रेखा के ऊपर त्रिभुज △ का निशान हो या मंगल–बद से चन्द्र की ओर पितृ रेखा जाए या किस्मत रेखा चन्द्र के बुर्ज़ पर तिकोन △ बनाए या उम्र रेखा या किस्मत रेखा कलाई के निकट खाना नंबर 9 में मिलकर द्विशाखी हो जाए तो चन्द्र खाना नंबर 8 में होगा। देखें चित्र 168।

कुंडली का खाना नंबर 9– किस्मत रेखा चन्द्र के बुर्ज़ से शुरू हो या किस्मत रेखा कलाई से शुरू हो तो चन्द्र खाना नंबर 9 में होगा। देखें चित्र 169।

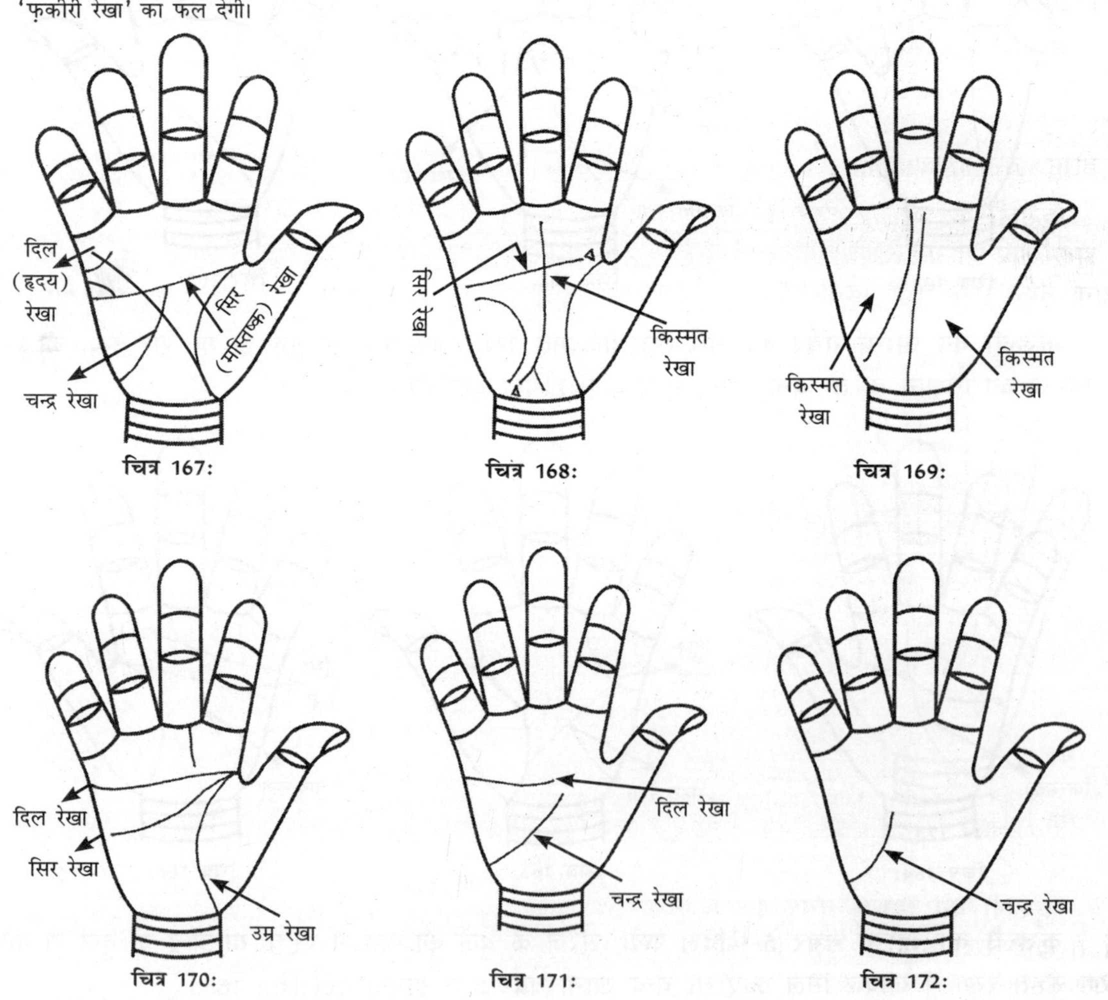

चित्र 167: चित्र 168: चित्र 169:

चित्र 170: चित्र 171: चित्र 172:

कुंडली का खाना नंबर 10— कोई रेखा, मध्यमा की जड़ से सनीचर के बुर्ज़ पर पहुंचे, या उम्र रेखा, दिल रेखा, से मिल जाए या दिल रेखा, सिर रेखा और उम्र रेखा आपस में मिल जाएं तो चन्द्र खाना नंबर 10 में होगा। देखें चित्र 170।

कुंडली का खाना नंबर 11— चन्द्र रेखा या दिल रेखा, बृहस्पत की ओर जाए लेकिन बृहस्पत पर न पहुंचे और हथेली में खाना नंबर 11 (बचत का खाना) में ही खत्म हो जाए, तो चन्द्र ''इल्म ज्योतिष'' की कुंडली में खाना नंबर 11 में होगा। देखें चित्र 171।

कुंडली का खाना नंबर 12— चन्द्र रेखा खाना नंबर 12 (व्यय या खर्चे का खाना) में खत्म हो जाए। देखें चित्र 172।

शुक्कर

कुंडली का खाना नंबर 1— शुक्कर के बुर्ज़ पर अंगूठे की जड़ में सूरज का निशान हो या शुक्कर के बुर्ज़ से कोई शाखा सूरज के बुर्ज़ की ओर जाए या शुक्कर का पतंग पूरा बना हुआ हाथ पर मौजूद हो। देखें चित्र 173।

कुंडली का खाना नंबर 2— शुक्कर रेखा (कोई रेखा शुक्कर के बुर्ज़ से उठ रही हो) बृहस्पत के बुर्ज़ पर हो या गृहस्थ रेखा औलाद (संतान) रेखा और शादी को काटे या भाइयों की रेखाएं लंबी–लंबी और टेढ़ी–मेढ़ी, बृहस्पत की ओर जा रही हों परन्तु बृहस्पत पर नहीं पहुंचती हों तो शुक्कर खाना नंबर 2 में होगा। देखें चित्र 174।

कुंडली का खाना नंबर 3— गृहस्थ रेखा मंगल–नेक के बुर्ज़ से शुक्कर के बुर्ज़ पर अंगूठे की जड़ में झुक जाए या धन रेखा शुक्कर के बुर्ज़ से शुरू होकर मंगल–नेक के बुर्ज़ पर खत्म हो जाए तो शुक्कर खाना नंबर 3 में होगा। देखें चित्र 175।

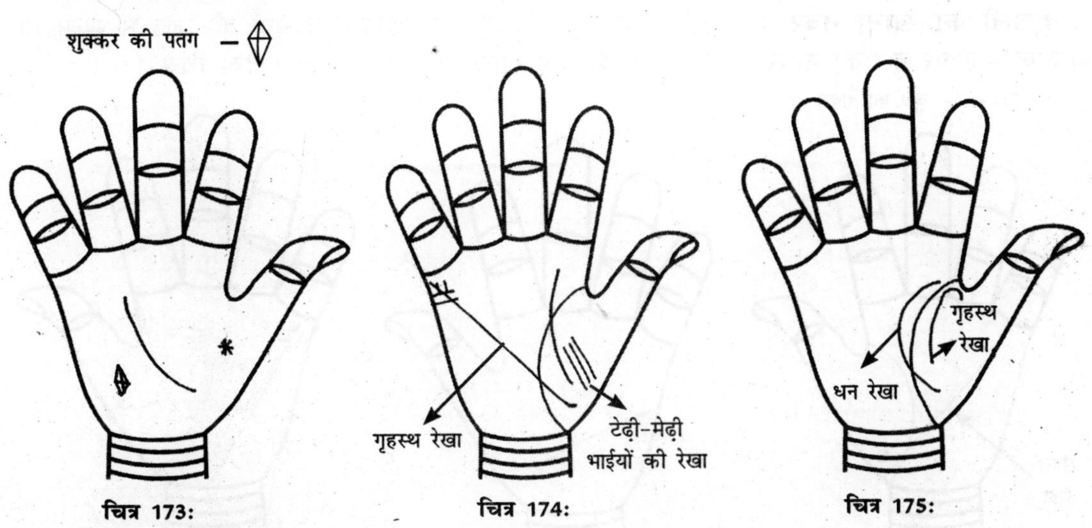

चित्र 173: चित्र 174: चित्र 175:

कुंडली का खाना नंबर 4— फकीरी रेखा, शराफत रेखा, नशा रेखा अथवा सीधी लेटी हुई लकीर में से कोई रेखा चन्द्र के बुर्ज़ को मिलाए तो शुक्कर इल्म ज्योतिष कुंडली में खाना नंबर 4 में होगा। देखें चित्र 176।

कुंडली का खाना नंबर 5– सेहत रेखा या सूरज रेखा की तरक्की (उन्नति) रेखा शुक्कर से शुरू होकर बुध के बुर्ज़ पर खत्म हो तो शुक्कर खाना नंबर 5 में होगा। देखें चित्र 177।

नोट– ***यहां उन्नति लफ़्ज का अर्थ यह होता है कि मुख्य रेखा से कोई शाखा ऊपर की ओर (उंगलियों की ओर) उठ रही हो।***

कुंडली का खाना नंबर 6– सेहत रेखा या सूरज रेखा की तरक्की (उन्नति) रेखा जब शुक्कर से चल कर हथेली के वर्ग (चतुर्भुज) में खाना नंबर 6 में खत्म हो या शुक्कर पर राहु का निशान हो तो शुक्कर खाना नंबर 6 में होगा। देखें चित्र 178।

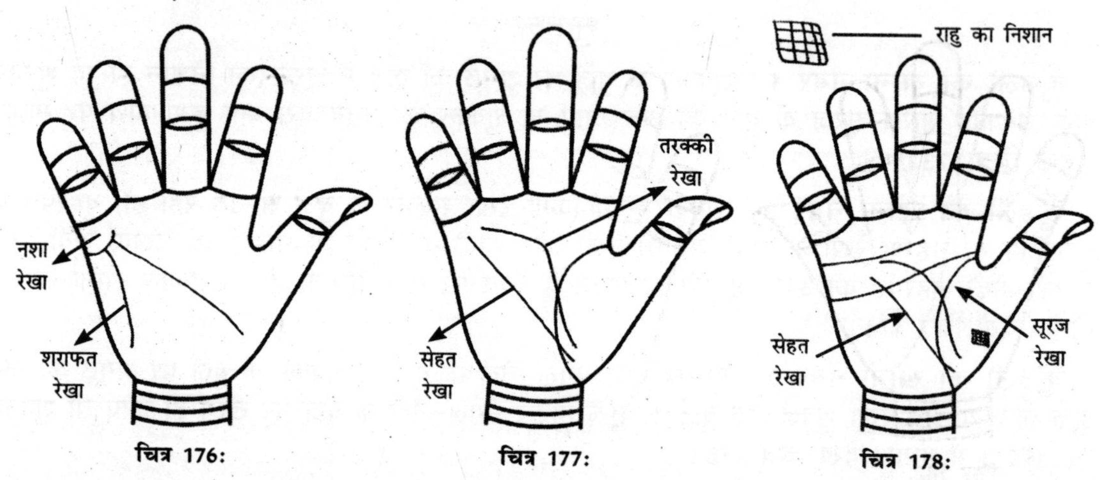

चित्र 176: **चित्र 177:** **चित्र 178:**

कुंडली का खाना नंबर 7– सेहत रेखा, बुध से चलकर, शुक्कर के बुर्ज़ की जड़ में खत्म हो या शुक्कर के बुर्ज़ पर बुध का दायरा (○) हो, तो शुक्कर खाना नंबर 7 में होगा। देखें चित्र 179।

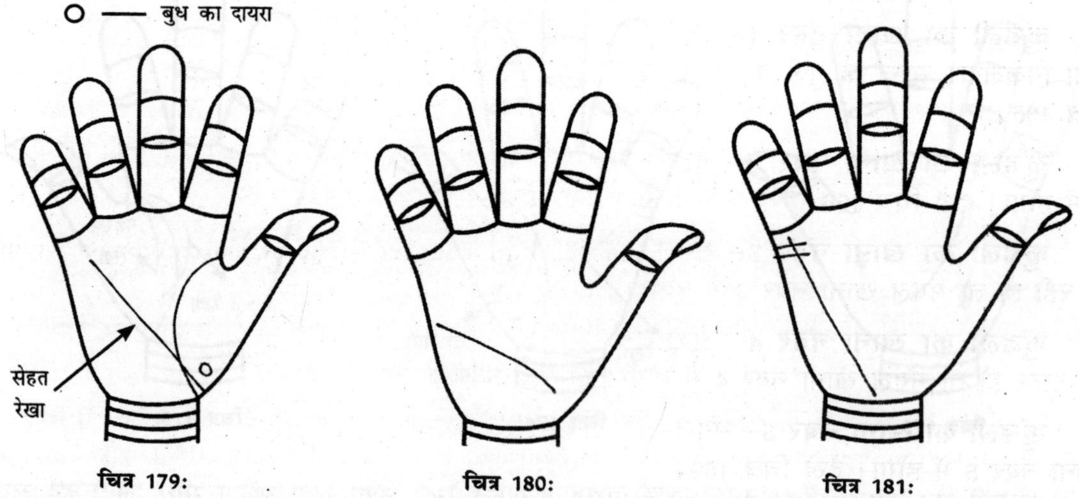

चित्र 179: **चित्र 180:** **चित्र 181:**

कुंडली का खाना नंबर 8– शुक्कर के बुर्ज़ से कोई रेखा मंगल–बद के बुर्ज़ की ओर जाए तो शुक्कर खाना नंबर 8 में होगा। देखें चित्र 180।

कुंडली का खाना नंबर 9– सामुद्रिक का पक्का घर खाना नंबर 9 (धनु राशि) से आकर कोई रेखा शादी (विवाह) रेखा को काटे तो शुक्कर खाना नंबर 9 में होगा। देखें चित्र 181।

कुंडली का खाना नंबर 10– शुक्कर का पतंग या शुक्कर रेखा सनीचर के बुर्ज़ पर तथा मध्यमा उंगली की जड़ में हो, तो शुक्कर खाना नंबर 10 में होगा। देखें चित्र 182।

कुंडली का खाना नंबर 11– शुक्कर के बुर्ज़ से उठ कर कोई रेखा हथेली के खाना नंबर 11 (बचत का खाना) पर पहुंचे तो शुक्कर खाना नंबर 11 में होगा। देखें चित्र 183।

कुंडली का खाना नंबर 12– कुंडली के बुर्ज़ से उठकर कोई रेखा हथेली के खाना नंबर 12 (खर्चे का खाना) पर पहुंचे या हाथ में कहीं पर भी मच्छ रेखा हो तो शुक्कर खाना नंबर 12 में होगा। देखें चित्र 184।

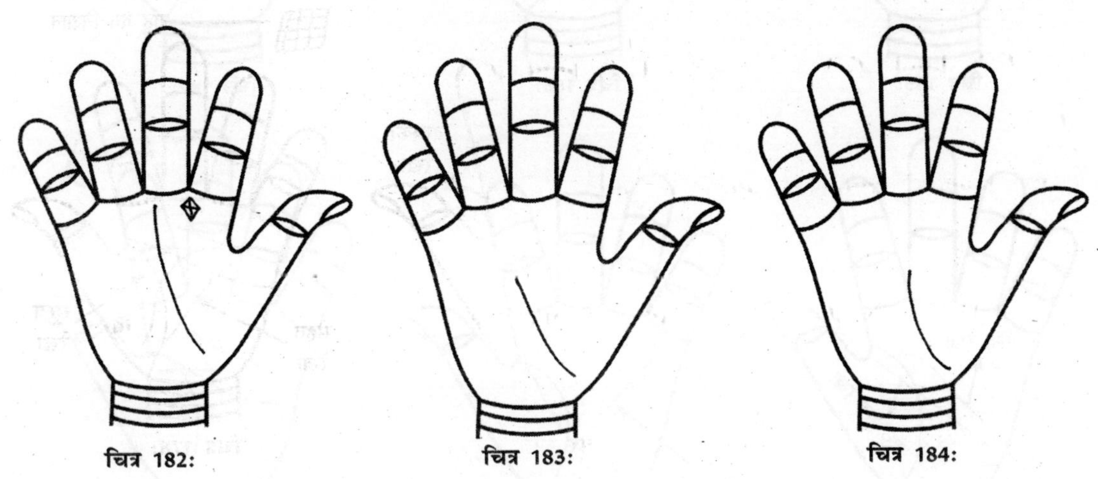

चित्र 182: चित्र 183: चित्र 184:

मंगल–नेक

कुंडली का खाना नंबर 1– सूरज के बुर्ज़ पर मंगल का निशान (□) हो या मंगल–नेक से कोई रेखा निकलकर सूरज के बुर्ज़ पर पहुंचे तो मंगल इल्म ज्योतिष कुंडली में खाना नंबर 1 में होगा। देखें चित्र 185।

कुंडली का खाना नंबर 2– गृहस्थ रेखा, बृहस्पत के बुर्ज़ पर पहुंच रही हो तो मंगल खाना नंबर 2 में होगा। देखें चित्र 186।

कुंडली का खाना नंबर 3– मंगल–नेक पर चतुर्भुज (□) हो या गृहस्थ रेखा मंगल–नेक पर खत्म हो रही हो तो मंगल खाना नंबर 3 में होगा। देखें चित्र 187।

कुंडली का खाना नंबर 4– श्रेष्ठ धन रेखा या पितृ रेखा, चन्द्र के बुर्ज़ से शुरू होकर मंगल–नेक पर खत्म हो तो मंगल खाना नंबर 4 में होगा। देखें चित्र 188।

कुंडली का खाना नंबर 5– मंगल–नेक से कोई रेखा चलकर जब सेहत रेखा को काटे तो मंगल–नेक खाना नंबर 5 में होगा। देखें चित्र 189।

कुंडली का खाना नंबर 6– मंगल–नेक के बुर्ज़ से कोई रेखा चलकर हाथ के खाना नंबर 6 के वर्ग में खत्म हो तो मंगल खाना नंबर 6 में होगा। देखें चित्र 190।

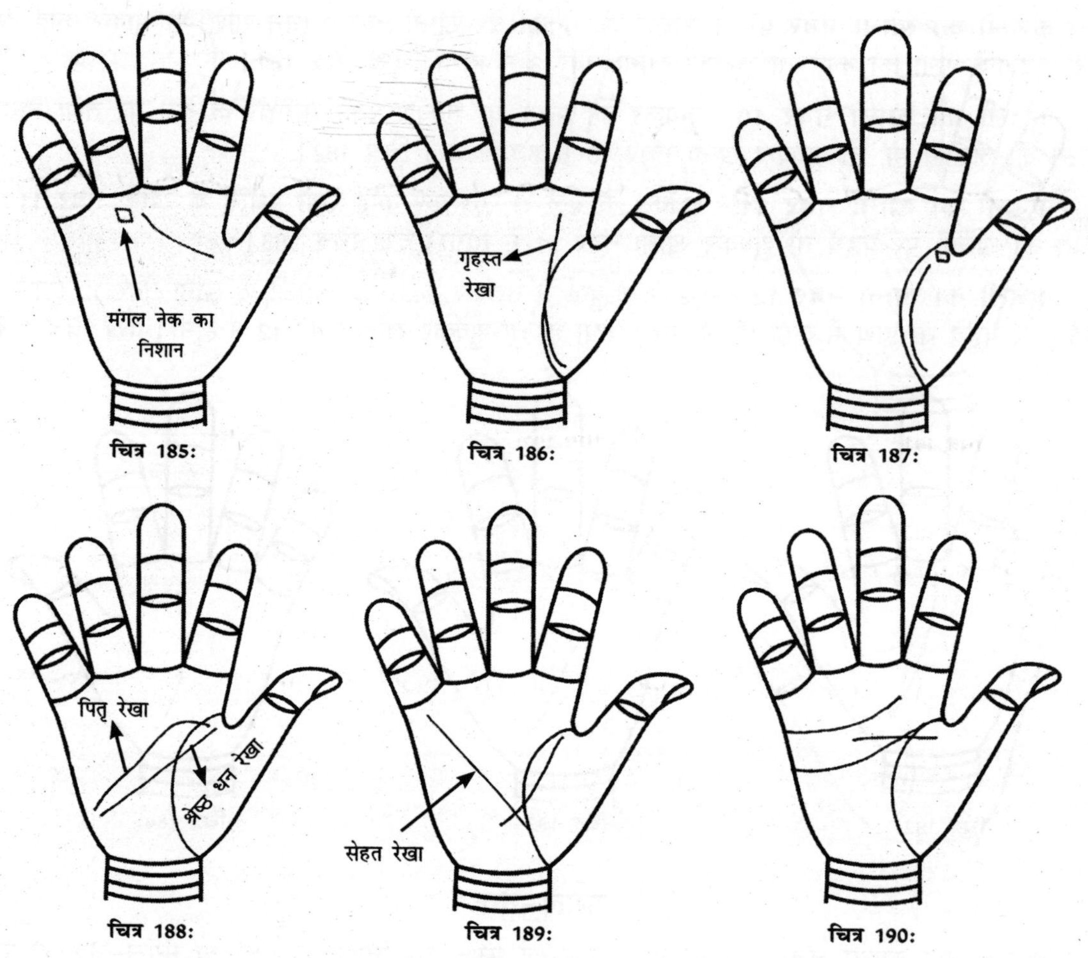

चित्र 185: चित्र 186: चित्र 187: चित्र 188: चित्र 189: चित्र 190:

कुंडली का खाना नंबर 7— मंगल–नेक के बुर्ज़ से गृहस्थ रेखा जब शुक्कर के बुर्ज़ पर खत्म हो या मंगल–नेक के बुर्ज़ से कोई रेखा बुध तक जा पहुंचे तो मंगल खाना नंबर 7 में होगा। देखें चित्र 191।

कुंडली का खाना नंबर 8— मंगल–नेक के बुर्ज़ से कोई रेखा, मंगल–बद के बुर्ज़ पर पहुंचे तो मंगल खाना नंबर 8 में होगा। देखें चित्र 192।

कुंडली का खाना नंबर 9— किस्मत रेखा की जड़ में चतुर्भुज (□) का निशान हो तो मंगल खाना नंबर 9 में होगा। देखें चित्र 193।

कुंडली का खाना नंबर 10— गृहस्थ रेखा सनीचर के बुर्ज़ पर जाकर खत्म हो तो मंगल खाना नंबर 10 में होगा। देखें चित्र 194।

कुंडली का खाना नंबर 11— मंगल–नेक के बुर्ज़ से कोई रेखा चलकर खाना नंबर 11 (बचत) में पहुंचे तो मंगल खाना नंबर 11 में होगा। देखें चित्र 195।

कुंडली का खाना नंबर 12— मंगल–नेक के बुर्ज़ से कोई रेखा चलकर खाना नंबर 12 (खर्चे) में पहुंचे तो मंगल–नेक खाना नंबर 12 में होगा। देखें चित्र 196।

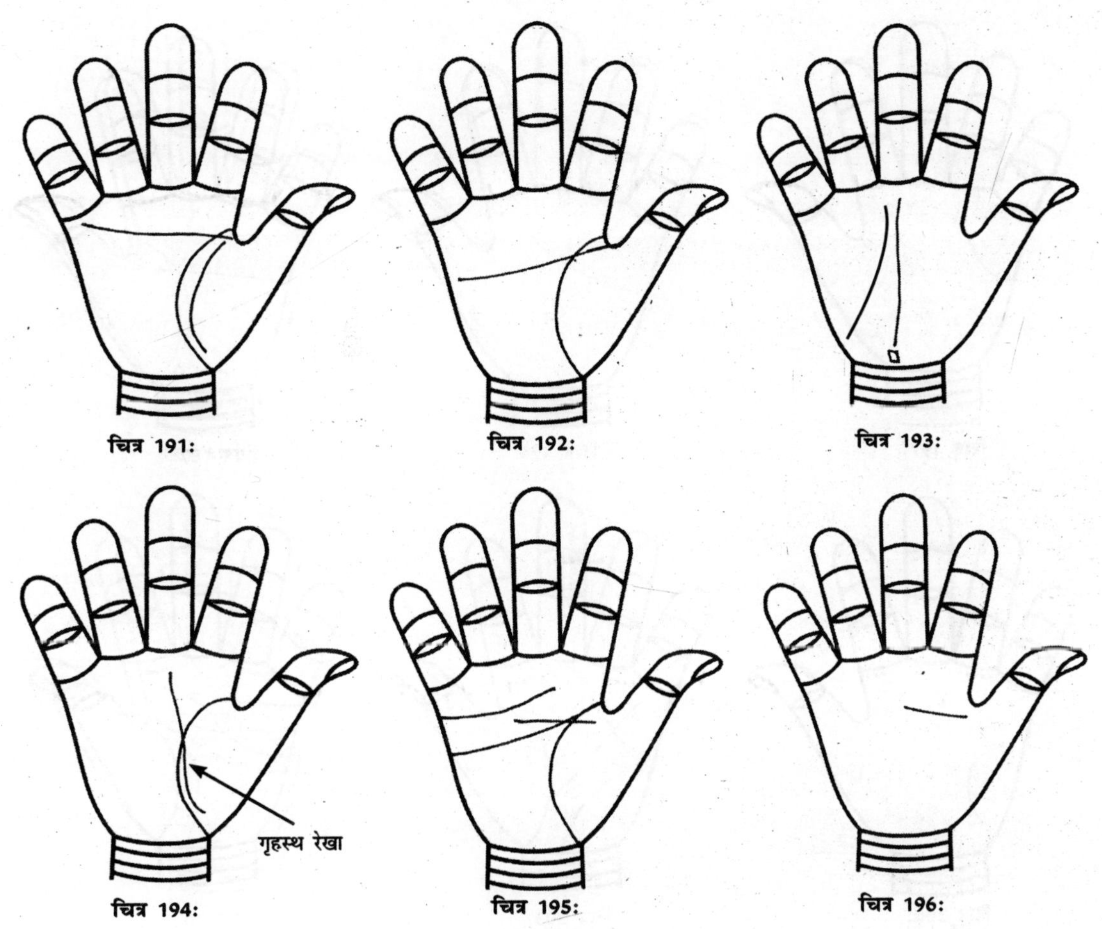

चित्र 191: चित्र 192: चित्र 193: चित्र 194: चित्र 195: चित्र 196:

मंगल–बद

कुंडली का खाना नंबर 1– मंगल–बद से रेखा सूरज के बुर्ज़ पर जाए तो खाना नंबर 1 में मंगल होगा। देखें चित्र 197।

कुंडली का खाना नंबर 2– मंगल–बद से रेखा निकलकर बृहस्पत के बुर्ज़ पर जाए तो खाना नंबर 2 में मंगल होगा। देखें चित्र 198।

कुंडली का खाना नंबर 3– मंगल–बद से रेखा मंगल–नेक को जाए तो मंगल खाना नंबर 3 में होगा। देखें चित्र 199।

कुंडली का खाना नंबर 4– मंगल–बद से कोई रेखा निकलकर चन्द्र के बुर्ज़ पर जाए तो खाना नंबर 4 में मंगल होगा। देखें चित्र 200।

कुंडली का खाना नंबर 5– मंगल–बद के बुर्ज़ से कोई रेखा सेहत रेखा को काटे या कलाई रेखा (मणिबन्ध रेखा) में घुस जाए तो मंगल खाना नंबर 5 में होगा। देखें चित्र 201।

कुंडली का खाना नंबर 6– मंगल–बद के बुर्ज़ से कोई रेखा खाना नंबर 6 के वर्ग में पहुंचे तो मंगल खाना नंबर 6 में होगा। देखें चित्र 202।

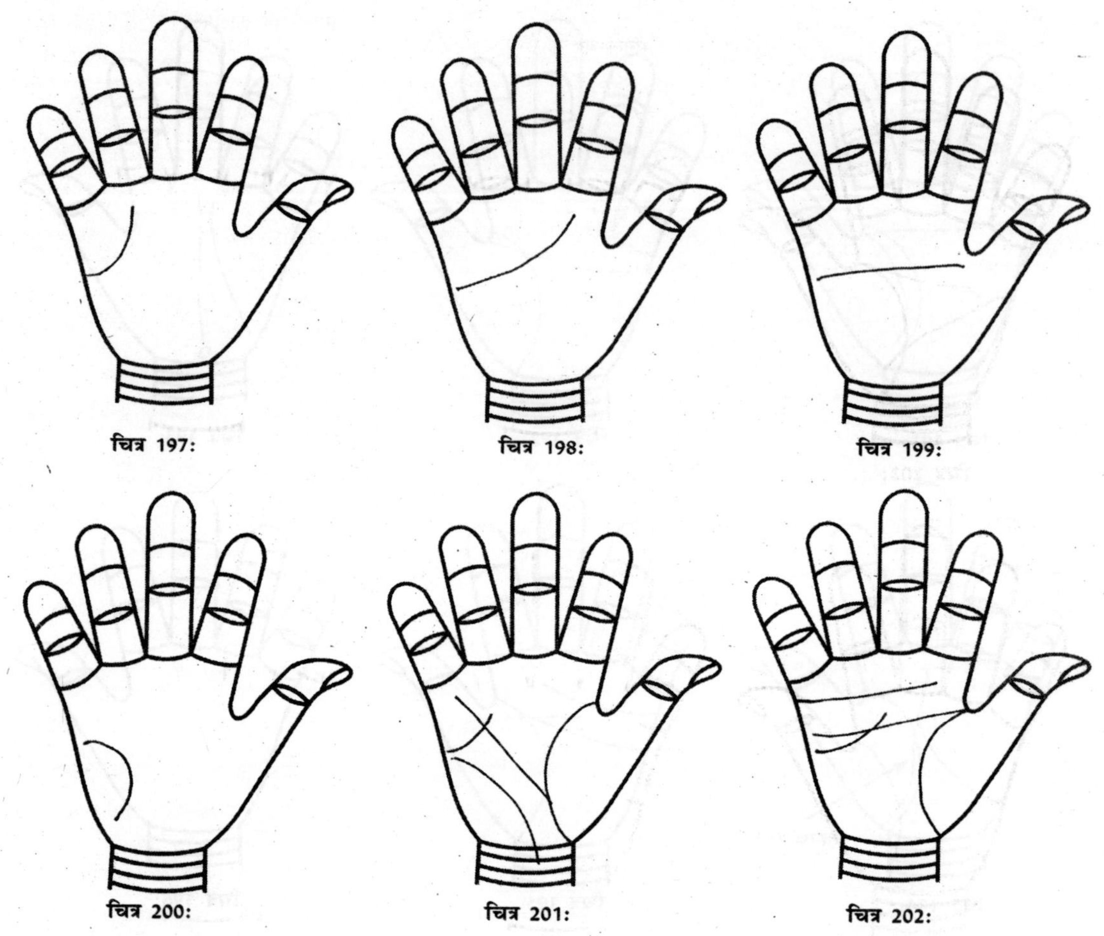

चित्र 197: चित्र 198: चित्र 199:

चित्र 200: चित्र 201: चित्र 202:

कुंडली का खाना नंबर 7– शुक्कर से कोई रेखा मंगल–बद की ओर जाए या सिर रेखा, मंगल–बद के बुर्ज़ को जाए या सिर रेखा के अन्त में सिर रेखा द्विशाखी हो जाए तो मंगल खाना नंबर 7 में होगा। देखें चित्र 203।

कुंडली का खाना नंबर 8– सिर रेखा के ऊपर शुरू में त्रिकोण (△) हो तो मंगल खाना नंबर 8 में होगा। देखें चित्र 204।

कुंडली का खाना नंबर 9– किस्मत रेखा की जड़ में त्रिकोण (△) हो या कोण (∠) का निशान हो तो मंगल खाना नंबर 9 में होगा। देखें चित्र 205।

कुंडली का खाना नंबर 10– उम्र रेखा यदि दो शाखाओं में बंटी हुई हो या मंगल–बद के बुर्ज़ से कोई रेखा सनीचर के बुर्ज़ की ओर जाती हो तो मंगल खाना नंबर 10 में होगा। देखें चित्र 206।

कुंडली का खाना नंबर 11– मंगल–बद के बुर्ज़ से निकलकर कोई रेखा निकलकर खाना नंबर 11 में जाए तो मंगल खाना 11 में होगा। देखें चित्र 207।

कुंडली का खाना नंबर 12– मंगल–बद के बुर्ज से निकलकर कोई रेखा खाना नंबर 12 में जाए अथवा हाथ में कहीं भी काग–रेखा हो तो मंगल खाना नंबर 12 में होगा। देखें चित्र 208।

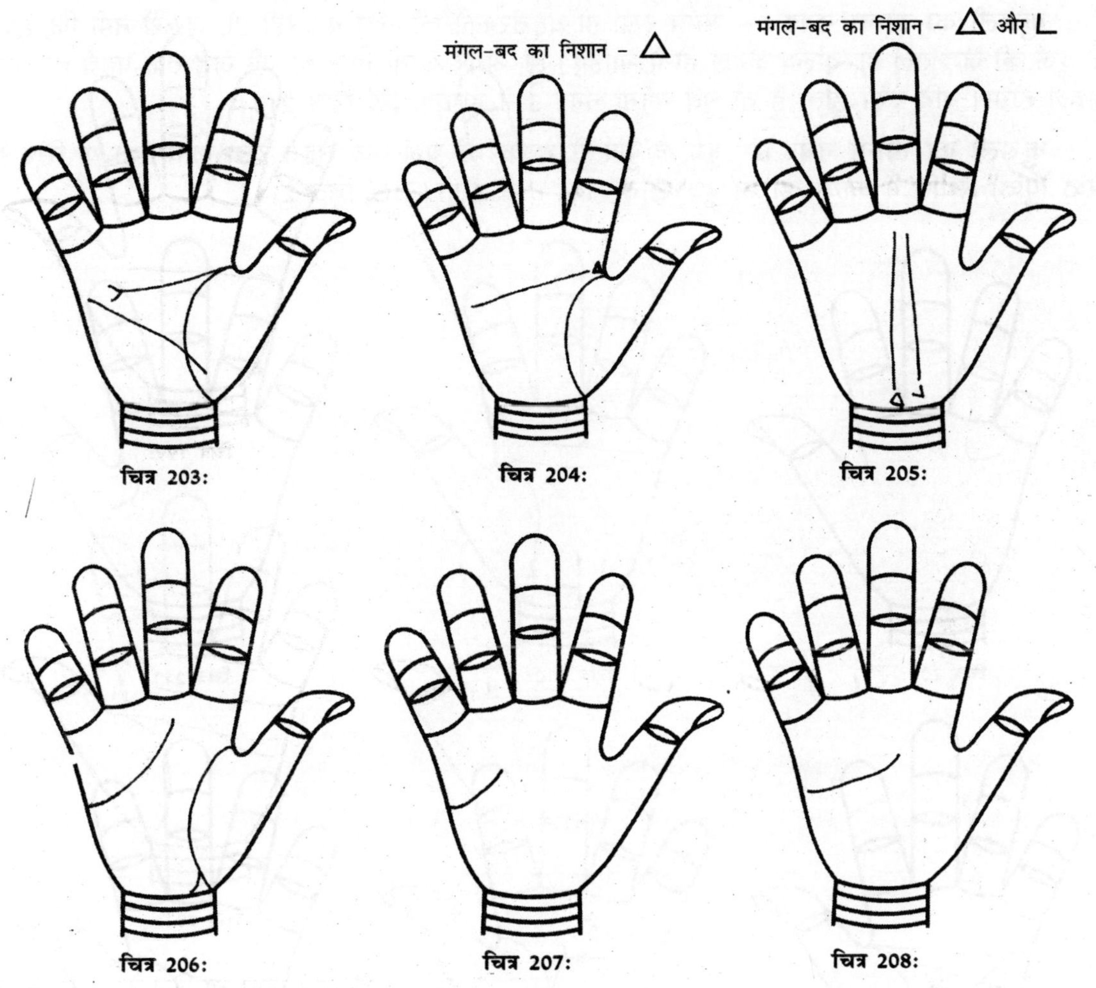

चित्र 203: चित्र 204: चित्र 205:

चित्र 206: चित्र 207: चित्र 208:

बुध

कुंडली का खाना नंबर 1– कोई रेखा सूरज के बुर्ज़ से बुध के बुर्ज़ की ओर जा रही हो तो बुध खाना नंबर 1 में होगा। देखें चित्र 209।

कुंडली का खाना नंबर 2– उम्र रेखा से अलैहदा (अलग) सिर रेखा, बुध के बुर्ज़ की ओर जा रही हो तो बुध खाना नंबर 2 में होगा। देखें चित्र 210।

कुंडली का खाना नंबर 3– सिर रेखा, मंगल–नेक के बुर्ज़ पर खत्म हो रही हो तो बुध खाना नंबर 3 में होगा। देखें चित्र 211।

कुंडली का खाना नंबर 4– दिल रेखा और सिर रेखा आपस में मिल जाएं या सेहत रेखा, दिल रेखा को काट दे या सिर रेखा झुक कर चन्द्र के बुर्ज़ में खत्म हो तो बुध खाना नंबर 4 में होगा। देखें चित्र 212।

कुंडली का खाना नंबर 5– सेहत रेखा हो या तरक्की की रेखा बन रही हो, जरूरी नहीं कि शुक्कर के बुर्ज़ की जड़ तक हो, बल्कि केवल होनी चाहिए। हां, अगर खाना नंबर 11 की जड़ तक पहुंचे तो अधिक अच्छा होगा। यदि ऐसा होता है तो बुध खाना नंबर 5 में होगा। देखें चित्र 213।

कुंडली का खाना नंबर 6– बुध के बुर्ज़ से शुक्कर के बुर्ज़ तक सेहत रेखा कायम हो या सिर रेखा श्रेष्ठ (पुष्ठ) स्थिति में कायम हो तो बुध खाना नंबर 6 में होगा। देखें चित्र 214।

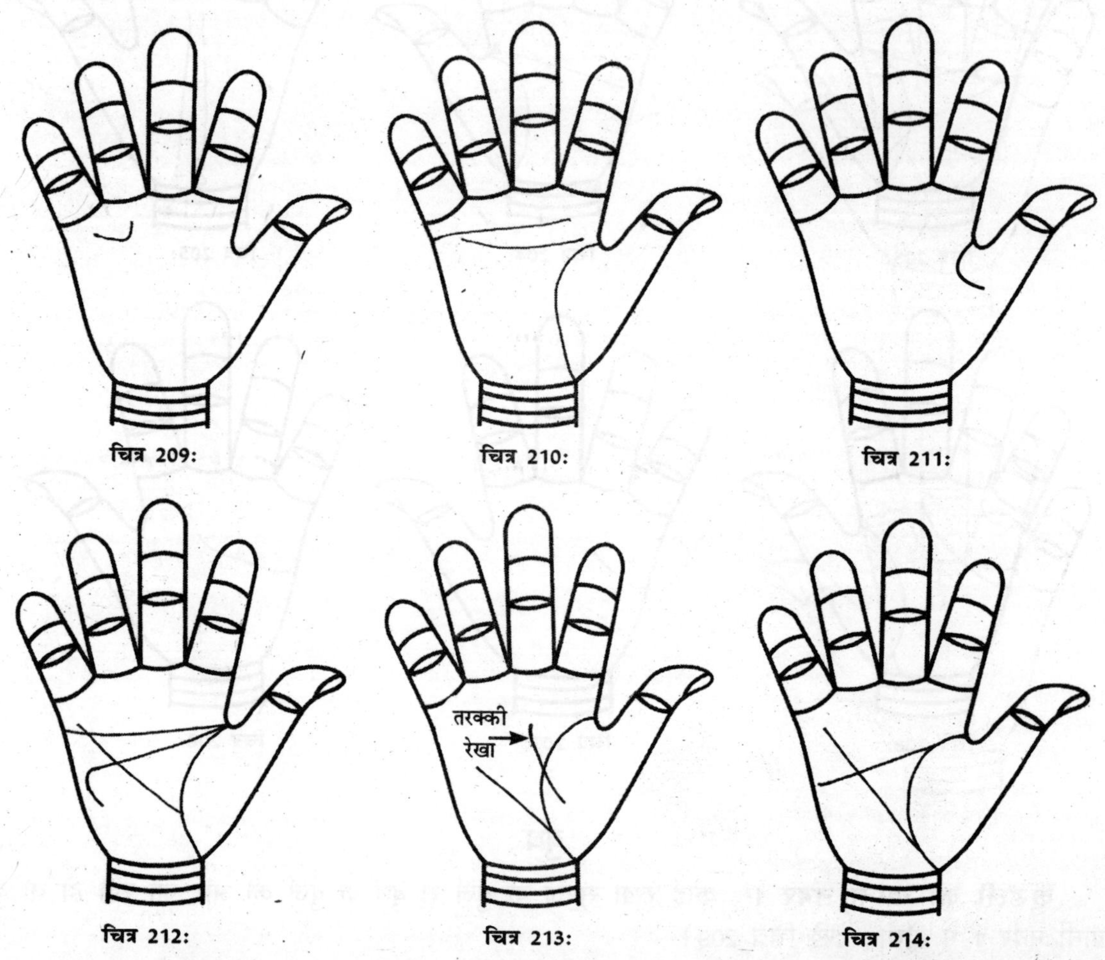

चित्र 209: चित्र 210: चित्र 211:

चित्र 212: चित्र 213: चित्र 214:

कुंडली का खाना नंबर 7– सिर रेखा की लम्बाई सेहत रेखा की हद तक हो अर्थात् सिर रेखा, सेहत रेखा के आस–पास तक पहुंचे या शादी रेखा (विवाह रेखा) कम से कम 2 हों तो बुध खाना नंबर 7 में होगा। देखें चित्र 215।

कुंडली का खाना नंबर 8– सिर रेखा, मंगल–बद पर खत्म होती हो या सिर रेखा अन्त में द्विशाखी हो रही हो तो बुध खाना नंबर 8 में होगा। देखें चित्र 216

कुंडली का खाना नंबर 9– सामुद्रिक में (हाथ में) कुंडली के पक्के घर खाना नंबर 9 (धनु राशि) से बुध पर अथवा किस्मत रेखा की जड़ में, बुध का दायरा (O) हो तो बुध खाना नंबर 9 में होगा। देखें चित्र 217।

कुंडली का खाना नंबर 10— बुध का दायरा (○) सनीचर के बुर्ज़ पर हो तो खाना नंबर 10 में बुध होगा। देखें चित्र 218।

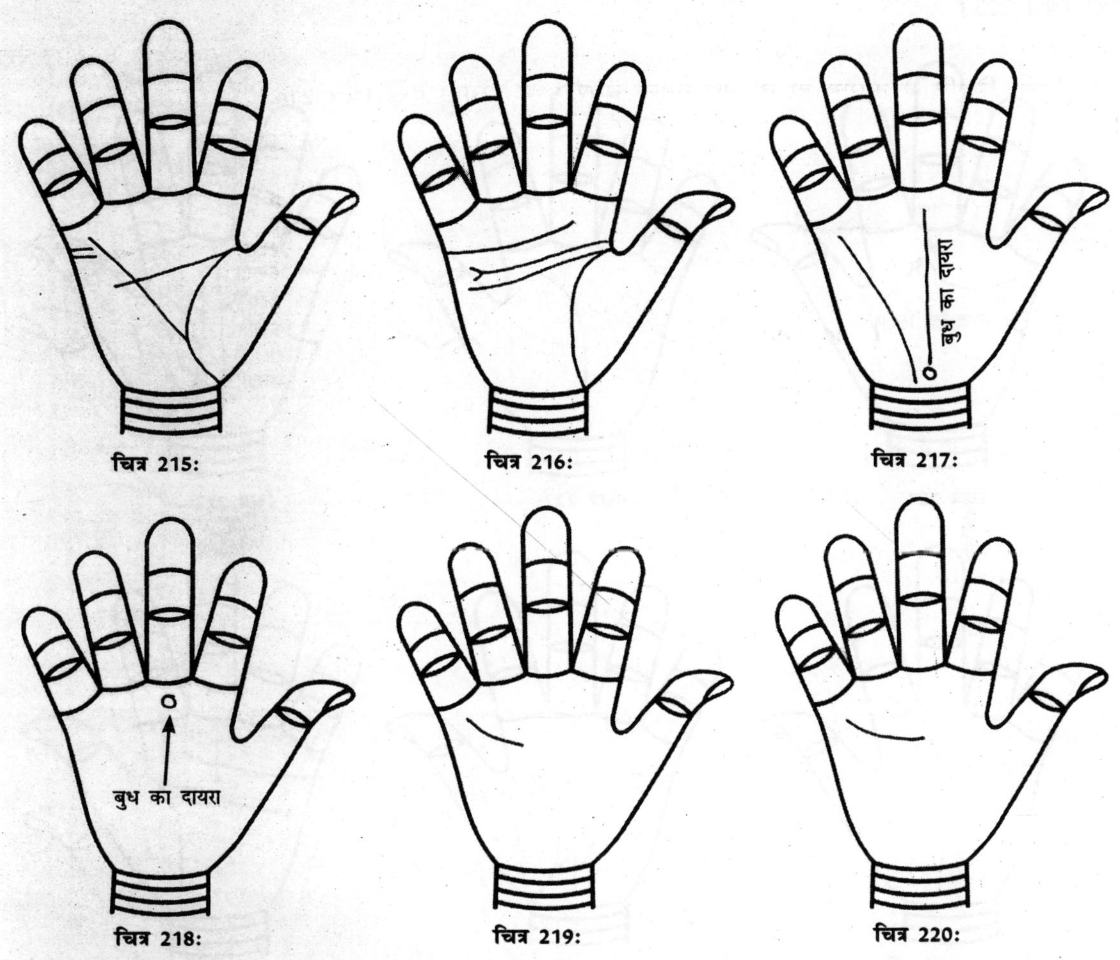

चित्र 215:

चित्र 216:

चित्र 217:

चित्र 218:

चित्र 219:

चित्र 220:

कुंडली का खाना नंबर 11— बुध के बुर्ज़ से कोई रेखा खाना नंबर 11 में जाए तो बुध खाना नंबर 11 में होगा। देखें चित्र 219।

कुंडली का खाना नंबर 12— बुध के बुर्ज़ से कोई रेखा खाना नंबर 12 में आए तो बुध खाना नंबर 12 में होगा। देखें चित्र 220।

सनीचर

कुंडली का खाना नंबर 1— सूरज का सितारा (✱), सनीचर के बुर्ज़ पर हो या सूरज के बुर्ज़ पर यह सितारा सनीचर की ओर हो या सनीचर के बुर्ज़ से कोई रेखा बुध के बुर्ज़ को जाए तो सनीचर खाना नंबर 1 में होगा। देखें चित्र 221।

कुंडली का खाना नंबर 2— सनीचर रेखा (किस्मत रेखा), बृहस्पत के बुर्ज से शुरू हो तो सनीचर खाना नंबर 2 में होगा। देखें चित्र 222।

कुंडली का खाना नंबर 3– सनीचर रेखा (किस्मत रेखा) से कोई रेखा उम्र रेखा को काट कर मंगल–नेक में जाए या गृहस्थ रेखा सनीचर के बुर्ज़ पर हो तो, सनीचर कुंडली में खाना नंबर 3 में होगा। देखें चित्र 223।

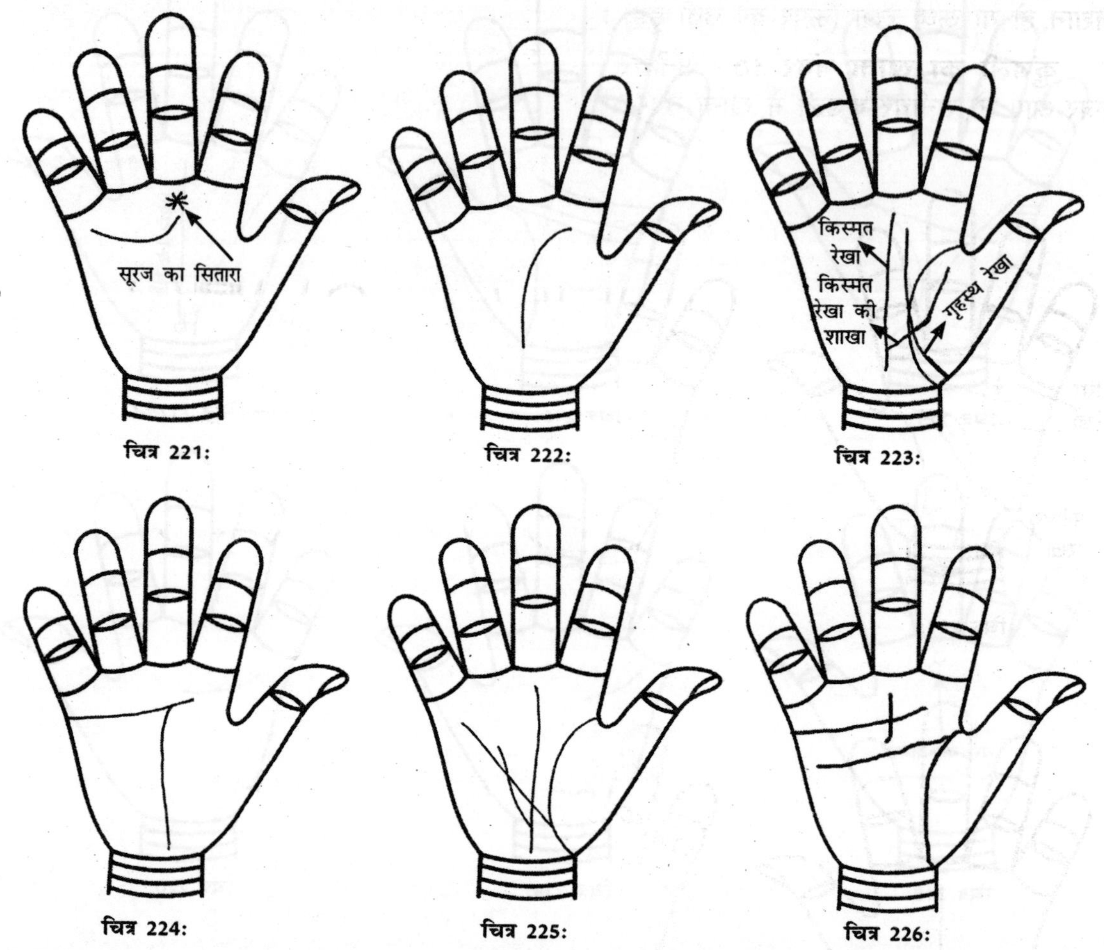

चित्र 221: चित्र 222: चित्र 223:

चित्र 224: चित्र 225: चित्र 226:

कुंडली का खाना नंबर 4– सनीचर रेखा और दिल रेखा आपस में मिल जाए तो सनीचर इल्म ज्योतिष की कुंडली में लगन से खाना नंबर 4 में होगा। देखें चित्र 224।

कुंडली का खाना नंबर 5– सनीचर रेखा से कोई शाखा चलकर सेहत रेखा को काटे तो सनीचर खाना नंबर 5 में होगा। देखें चित्र 225।

कुंडली का खाना नंबर 6– सनीचर से कोई रेखा चलकर खाना नंबर 6 में (वर्ग में) पहुंचे तो इल्म ज्योतिष की कुंडली में सनीचर लगन से खाना नंबर 6 में होगा। देखें चित्र 226।

कुंडली का खाना नंबर 7– सनीचर रेखा और सिर रेखा आपस में मिली हुई हों या सनीचर रेखा से कोई रेखा या शाखा चलकर सिर रेखा से मिले या यह शाखा शुक्कर के बुर्ज़ को जाए तो सनीचर कुंडली में खाना नंबर 7 में होगा। देखें चित्र 227।

कुंडली का खाना नंबर 8— मंगल—बद से कोई रेखा चलकर सनीचर के बुर्ज़ को जाए तो सनीचर खाना नंबर 8 में होगा। खाना नंबर 8 सनीचर का मुख्यालय कहलाता है। देखें चित्र 228।

कुंडली का खाना नंबर 9— किस्मत रेखा की जड़ में सनीचर का निशान (✝) या फिर त्रिशूल (ψ) का निशान हो या ऊर्ध्व रेखा (ऊपर को उठी हुई) हो तो सनीचर खाना नंबर 9 में होगा। देखें चित्र 229।

कुंडली का खाना नंबर 10— सनीचर के बुर्ज़ पर सनीचर रेखा (किस्मत रेखा) अच्छी स्थिति में नजर आए तो सनीचर कुंडली में खाना नंबर 10 में होगा। देखें चित्र 230।

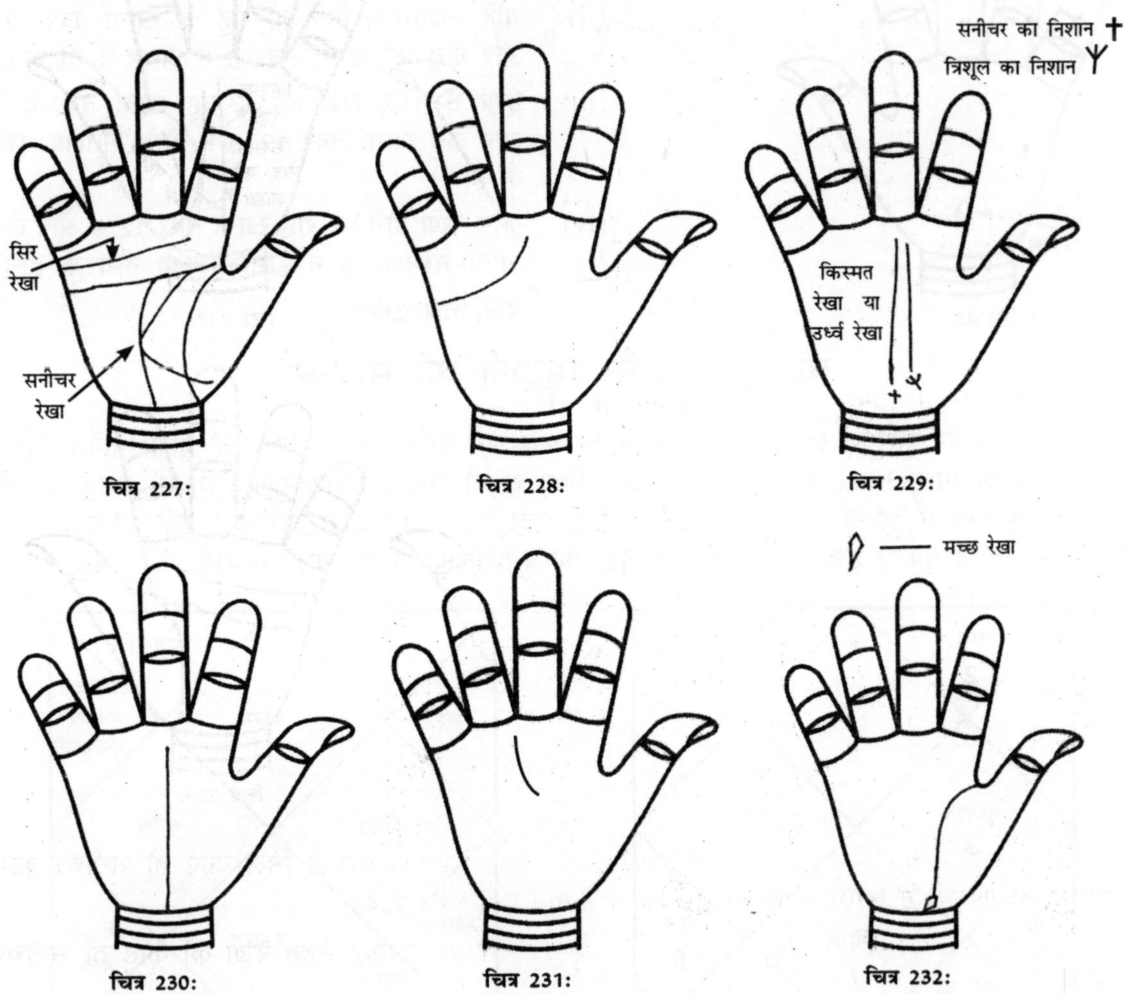

चित्र 227: चित्र 228: चित्र 229:

चित्र 230: चित्र 231: चित्र 232:

कुंडली का खाना नंबर 11— सनीचर रेखा बृहस्पत के बुर्ज़ और सनीचर के बुर्ज़ के दरमियान (मध्य) हो तो सनीचर खाना नंबर 11 में होगा। सनीचर रेखा, खाना नंबर 11 में पहुंचे तो सनीचर खाना नंबर 11 में होगा। देखें चित्र 231।

कुंडली का खाना नंबर 12— मच्छ रेखा (मत्स्य या मछली) उम्र रेखा के मुंह पर हो या ऊर्ध्व रेखा मछली के मुंह पर हो तो सनीचर खाना नंबर 12 में होगा। देखें चित्र 232।

राहु–केतु

राहु और केतु के लिए कोई रेखा मुकर्रर (निश्चित) नहीं है। राहु और केतु का सिर्फ निशान मुकर्रर है। इसके लिए कुछ चीजें देखी जाएंगी।

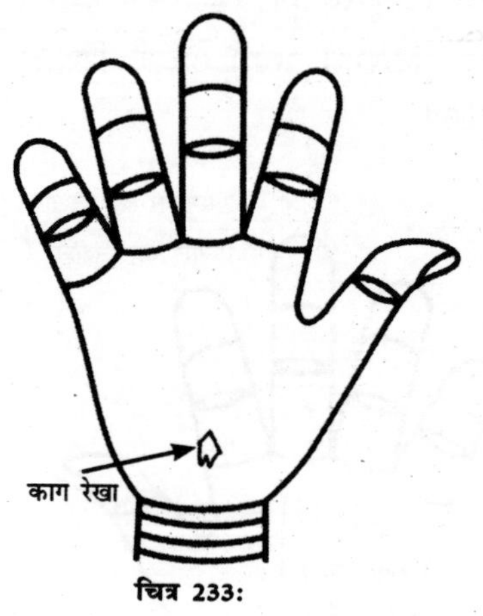

चित्र 233:

(i) राहु–केतु का निशान जिस खाने में मिले, उसी खाने में कुंडली में राहु–केतु को जगह दे दी जाए।

(ii) यदि निशान न मिले तो राहु को खाना नंबर 12 और केतु को खाना नंबर 6 में जगह दे दी जाए।

(iii) हाथ में मच्छ रेखा हो तो राहु खाना नंबर 6, 3 और केतु खाना नंबर 12, 9 में होंगे। मतलब उच्च के होंगे।

(iv) काग रेखा होने पर राहु खाना नंबर 12, 9 और केतु खाना नंबर 6, 3 में होगा मतलब नीच के होंगे।

देखें चित्र 233।

बंद मुट्ठी और कुंडली का सम्बन्ध

बुध (आकाश) और बृहस्पत (हवा) को गांठ लगाकर बांध लेने वाली चीज (पंचभूत के द्वारा निर्मित काया) का नाम बच्चा गिना गया। बच्चे की हर गांठ (ग्रन्थि) से नौ ग्रहों की मुश्तरका (संयुक्त) चमक इंसानी किस्मत का खजाना हुई और इन गाठों (ग्रन्थियों) से गठा (बंधा) हुआ इल्म सामुद्रिक सभी प्रकार के भेदों को खोलने वाला मुकर्रर हुआ। बंद मुटठी के ग्रहों को कुंडली का आधार माना गया है।

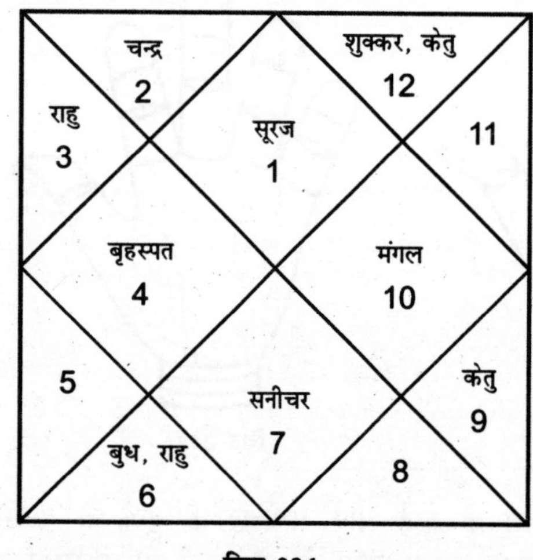

चित्र 234:

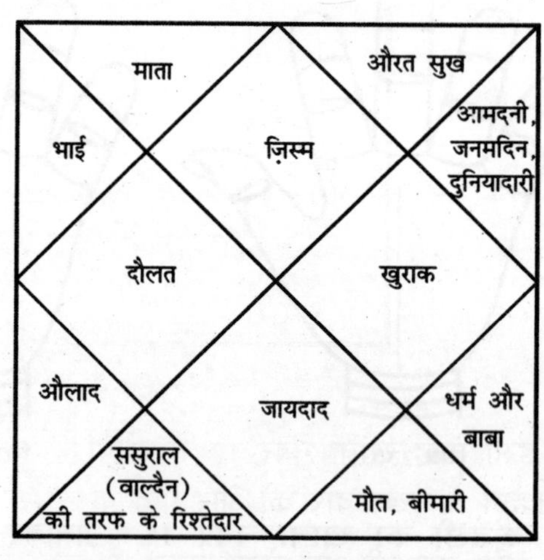

चित्र 235:

वास्तव में बंद मुट्ठी के खानों (1, 7, 4, 10) का आधार सूरज, बृहस्पत, सनीचर और मंगल इन चार ग्रहों की उच्च हैसियत (स्थिति) से है। बच्चे की किस्मत का खजाना (सभी नर ग्रह) और जवानी का हाल देखने के लिए खाना नंबर 1, 4, 7, 10 होंगे। बच्चे का बचपन और जनम से पहले वाल्दैन

(माता–पिता) की हालत का हाल खाना नंबर 9, 11, 12 से देखेंगे। औलाद के जनमदिन से अपने बुढ़ापे तक का और मरने के बाद शेष बचे परिवार का हाल खाना नंबर 2, 3, 5, 6 से देखा जाएगा। खाना नंबर 8 मौत, बीमारी, मंदा जमाना (बुरा समय) और मारक स्थान होगा। जो आगे की बजाय पीछे की ओर देखने वाला मौत का फंदा है।

(1) साथ लाए हुए और अपने प्रयास से पैदा किए गए खजाने के लिए 1, 7, 4, 10 की सौ फीसदी दृष्टि होगी।

(2) दूसरों की मदद अथवा अन्य साधनों से पैदा हुई दौलत के लिए 3, 11, 5, 9 की पचास फीसदी दृष्टि होगी।

(3) रिश्तेदारों से मिली चीजों या संपत्ति के लिए खाना नंबर 2, 12 की पच्चीस फीसदी दृष्टि मुकर्रर है।

इल्म ज्योतिष कुंडली की मकान कुंडली के हिसाब से दुरुस्ती– इल्म ज्योतिष कुंडली के खाना नंबर 1 से चलकर अगर खाना नंबर 8 की ओर जाए या मकान से बाहर की ओर जाए तो जिस तरफ दायां हाथ होगा उस तरफ मकान में वे सभी ग्रह अपना सबूत (उपस्थिति) देंगे जो कुंडली में खाना नंबर 1 से 8 तक है अर्थात् मुख्य द्वार की ओर मुंह करके खड़े होने पर (मकान के भीतर) दाएं ओर के हिस्से में कुंडली के खाना नंबर 1 से 8 वाले ग्रह होंगे।

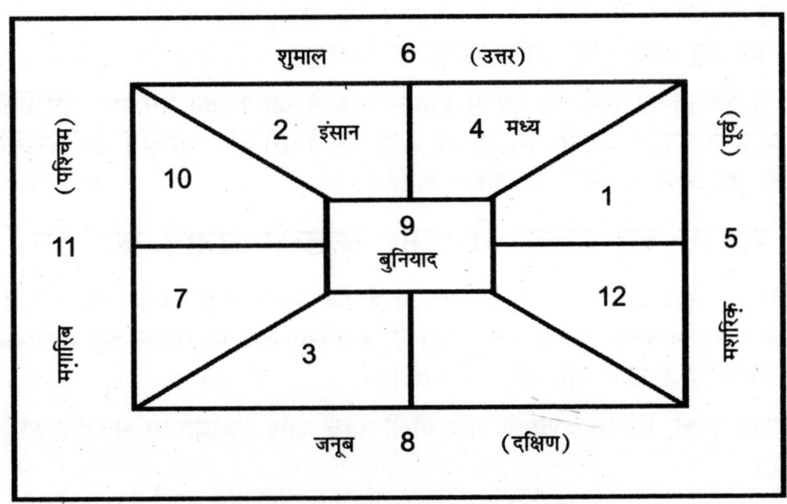

चित्र 236: (मकान–कुंडली के पक्के खाने)

इसी तरह खाना नंबर 12 से खाना नंबर 9 की ओर आने पर इन खानों में पड़ने वाले ग्रह वे होंगे जो मकान में मुख्य द्वार की ओर पीठ करने पर दायें हाथ की ओर पड़े।

(1) मुख्य द्वार की ओर चेहरा करने पर दायीं ओर मकान का हिस्सा–कुंडली का खाना 1 से 8 और बायीं ओर मकान का हिस्सा कुंडली का खाना 12 से 9 होगा। इस प्रकार इल्म ज्योतिष कुंडली से मकान कुंडली का निर्माण करके मकान से सम्बन्धित ग्रह की चीजों को देखकर टेवे को दुरुस्त किया जा सकता है।

(2) मकान कुंडली बनाने के लिए मकान का टेवा बनाएं, उसके बाद इल्म ज्योतिष कुंडली की तरह (लगन से) खाना नंबर 1 से लेकर खाना नंबर 12 तक नौ ग्रहों को मकान–कुंडली में उसी तरह रखें जैसे वे इंसान की कुंडली के खानों में बैठे हैं।

(3) अब मकान कुंडली में सभी दिशाएं शुमाल (उत्तर), जनूब (दक्षिण), मशरिक (पूर्व) और मगरिब (पश्चिम) वगैरह मुकर्रर होंगी। इन दिशाओं के मुताबिक ग्रहों का मिलान करके इंसान के मकान की हालत बयां की जा सकती है। फर्जन (उदाहरणार्थ) जनम–कुंडली में सूरज खाना नंबर 9 में हो तो मकान कुंडली में सूरज के मरकज (केन्द्र) में आएगा। अब इसका मिलान करेंगे कि इंसान के जद्दी मकान (पैतृक मकान) के आंगन में सूरज की रोशनी आती होगी अथवा कम से कम मरकज स्थान खुला होना ही चाहिए।

(4) इल्म ज्योतिष कुंडली में शुक्कर खाना नंबर 5 का हो तो मकान कुंडली में शुक्कर की पूर्व दिशा में दीवार होगी जहां या तो गाय बंधी होगी या कच्ची मिट्टी की दीवार, गोबर इत्यादि (गाय की चीजों) से लिपी या पोती गई होंगी।

(5) मकान में जिस दिशा में जो ग्रह बैठा है, मकान कुंडली में भी उसी दिशा के खाने में बैठा होगा। मकान में ग्रह बैठा होने से ताल्लुक, ग्रह की सम्बन्धित चीजों से है। ध्यान ये देना होगा कि इंसान के टेवे में जो ग्रह मंदा हो उस ग्रह से सम्बन्धित चीजें उसकी अपनी दिशा में मकान में न रखें वरना यह ग्रह और ज्यादा मंदा असर देगा। अगर कोई ग्रह उम्दा असर दे रहा है या टेवे के हिसाब से उम्दा असरकारक है तो टेवे से मिलाकर उसी दिशा में ग्रह से मुताल्लिक चीजें मकान में कायम करवा दें, जिससे उस ग्रह का असर और ज्यादा उम्दा हो जाएगा।

(6) एक बाप के 5 बेटे हों तो सभी के टेवे में मकान कुंडली का खाका बनाकर बातें बताना आसान नहीं होगा। ऐसे वक्त में मकान कुंडली को अधिक ध्यान से देखने और समझने की जरूरत होगी। इसलिए मकान कुंडली का अध्ययन ध्यान से करना चाहिए।

मकान की हालत देखकर कुंडली बनाने का ढंग

पहले मकान कुंडली का खाका तैयार कर लें, अब देखें कि इसमें कहां–कहां ग्रह बैठे हैं। हर एक चीज किसी न किसी ग्रह से मुतअल्लिक (सम्बन्धित) होती हैं, इसलिए जब भी मकान को देखें तो गौर यह करना चाहिए कि मुतअल्लिका चीज किस ग्रह की है। मसलन–

बृहस्पत– हवाई रास्ते, घर के दरवाजे और पीली चीजें और बृहस्पत से मुतअल्लिक सभी चीजें, पूजा का सामान इत्यादि।

सूरज– धूप, रोशनी, राज–हुकूमत और राज–दरबार से मुतअल्लिक सामान।

चन्द्र– दूध, दही, सफेद चीजें, जल (तरल) पदार्थ, और चन्द्र से मुतअल्लिक सभी चीजें जानदार हों या बेजान।

शुक्कर– कच्ची दीवार, गाय, और शुक्कर से मुतअल्लिक सभी चीजें जानदार या बेजान।

मंगल– खाने–पीने की जगह (रसोई–खाना), वीरता से मुतअल्लिक सामान, आग, जानदार मंगल के जीव।

बुध– सब्ज हरे रंग की चीजें, पेड़–पौधे, वनस्पतियां बुध से मुतअल्लिक सभी जानदार या बेजान चीजें।

सनीचर– घर की लड़कियों के रहने की जगह, स्याह (काली) चीजें, कबाड़ का सामान, सनीचर से मुतअल्लिक सामान।

राहु– मकान की गंदी नाली का पानी, पाखाना (शौचालय), धुएं की जगह।

केतु– रोशनदान अगर पूरे घर में हो तो सबसे कम रोशनदान जिस जगह होंगे वहीं केतु होगा। इसके अतिरिक्त इन बातों पर भी गौर करें।

(i) अगर जानदार और बेजान दोनों तरह की चीजें अलग–अलग ग्रह की हों तो जीवित या जानदार चीजों को ही बुनियाद मानें।

(ii) जिस ग्रह की कोई चीज घर में न हो तो वह ग्रह इल्म ज्योतिष की कुंडली में अपने पक्के घर का होगा।

(iii) मकान कुंडली के नक्शे में (सभी ग्रहों की मुतअल्लिक चीजों को आधार मानकर) सभी ग्रहों को भरने के बाद इल्म ज्योतिष कुंडली बनाकर उसके हर खाने में उसी तरह ग्रह भरें जैसे मकान कुंडली में भरे हैं।

मुश्तरका (संयुक्त) परिवार की कुंडली

मुश्तरका परिवार की भी कुंडली बनाई जा सकती है, जिसके द्वारा सात पुश्तों (पीढ़ियों) का हाल देखा जा सकता है। जिसमें तीन पुश्तें ऊपर और तीन पुश्तें नीचे की गिनी जाएंगी। बीच में खुद सूरज (टेवे वाला इंसान) होगा। मतलब परबाबा, बाबा, पिता, इंसान खुद, बेटा, पोता, परपोता इन सभी का हाल टेवे में देखा जा सकता है।

(1) सबसे पहले बारह खानों वाला इल्म ज्योतिष कुंडली का टेवा तैयार करें।

(2) अब सभी ग्रहों से सम्बन्धित रिश्तेदारों के टेवे के हिसाब से ग्रहों को भरें। मसलन जहां बाबा की कुंडली में बृहस्पत लिखा है वहां टेवे वाले इंसान की कुंडली में बृहस्पत लिख दें। इसी तरह सब रिश्तेदारों से मुतअल्लिक (सम्बन्धित) ग्रह उनके (रिश्तेदारों) के टेवे में जैसे जिस खाने में हो रख दें। सभी रिश्तेदारों जो जिन्दा हैं या मर गए हों, के टेवे के अनुसार ग्रह 'मुश्तरका–खानदान कुंडली में भर दें।

(3) ग्रह से मुतअल्लिक रिश्तेदार→बृहस्पत–बाबा, चन्द्र–माता, शुक्कर–पत्नी, मंगल–बड़ा भाई, बुध–बहन, सनीचर–हमउम्र मगर रिश्तेदार नहीं या दूर के रिश्तेदार, राहु–ससुराल पक्ष, केतु–औलाद।

कुंडली की जांच

एक इंसान के मुताबिक तीन भादो (भाद्रपद) संवत् 1868 (18 अगस्त 1911) को शायद सूरज निकलने से पहले 3 से 5 बजे के दरमियान (मध्य) अथवा सूर्यास्त के वक्त 3 से 5 बजे के दरमियान जनम होना चाहिए। उसने अपने बारे में और जानकारियां देते हुए बताया कि– "माता–पिता गुजर गए, 39 साल की उम्र हो चुकी है, इसका अंदाजा है कोई पक्की शहादत (प्रमाण) मौजूद नहीं है, सिर्फ हाथ का टेवा मौजूद (उपलब्ध) है या अपने जद्दी (पैतृक) घर का हाल बता सकता है, कभी अपनी माता से सुना था कि मेरा

जनम ''श्रीकृष्ण'' के जनम से कुछ मिलता–जुलता है। अब इस इंसान का पंचांग के हिसाब से टेवा तैयार किया गया। देखें चित्र 237 और 238।

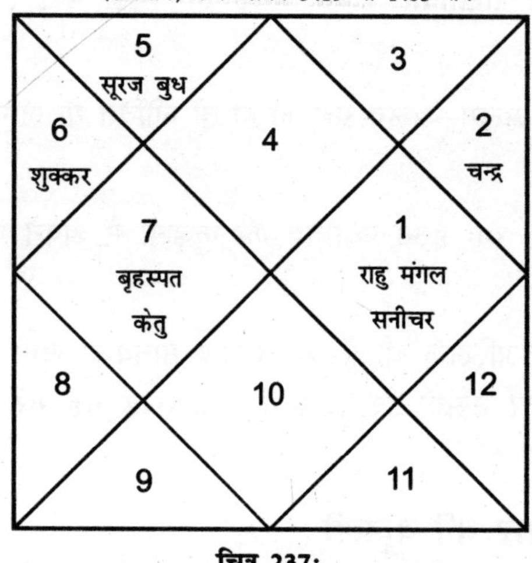

चित्र 237:

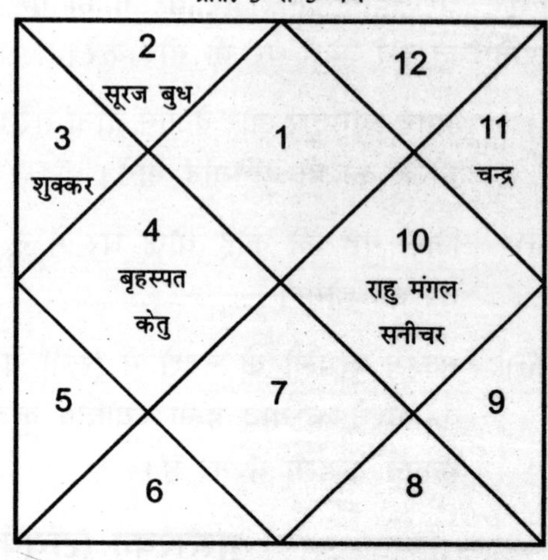

चित्र 238:

इस टेवे वाले की माता के अनुसार जनम का समय ''भगवान् श्रीकृष्ण'' के जनम से मिलता है (12 बजे रात्रि) अतः रात 11:30 बजे की कुंडली बनाई गई। देखें चित्र 240।

अब इस लाल किताब के अनुसार दोनों समयों की तुलनात्मक कुंडलियां बनकर तैयार हो गई हैं। अब कुंडली नंबर 2 और कुंडली नंबर 4 का मकान कुंडली नंबर 5 और 6 का अध्ययन किया गया। देखें चित्र 238, 240, 241 और 242।

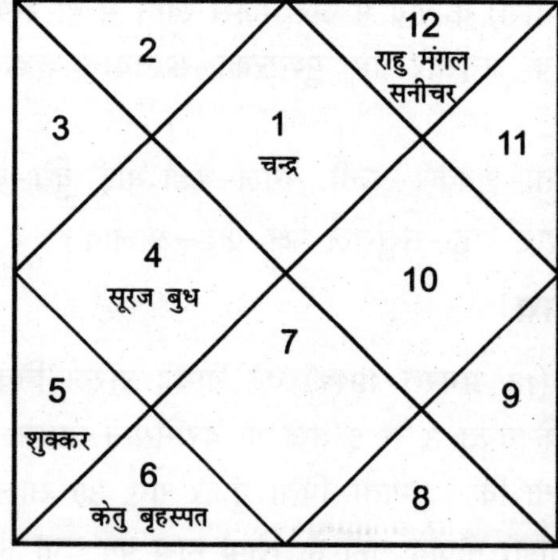

चित्र 239:

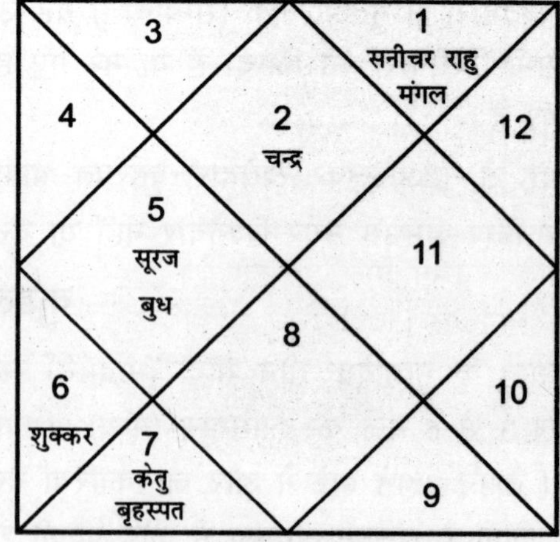

चित्र 240:

5. मकान कुंडली - कुंडली- 4 की नकल पर रात 11:30 बजे वाली

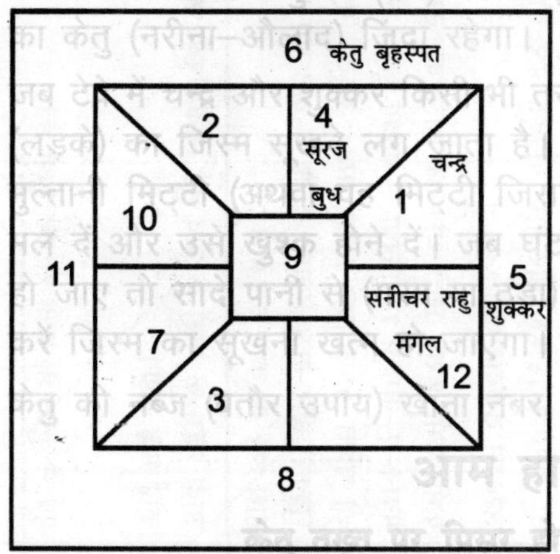

चित्र 241:

6. मकान कुंडली - कुंडली- 2 की नकल पर रात 3 से 5 बजे वाली

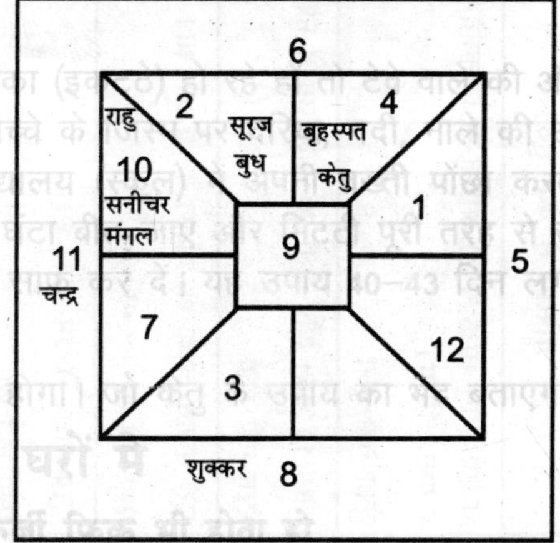

चित्र 242:

चित्र 238, 241 और 240, 242 से बनाई गई सारिणी देखें।

नाम ग्रह	खाना नंबर	मकान की दिशा	खाना नंबर	मकान की दिशा
सूरज, बुध	2	उत्तर–पश्चिम	4	उत्तर–पूर्व
शुक्कर	3	दक्षिण	5	पूर्वी दीवार
बृहस्पत, केतु	4	पूर्व–उत्तर	6	उत्तर की दीवार
मंगल, राहु, सनीचर	10	पश्चिम (मकान के अंदर)	12	पूर्व–दक्षिण
चन्द्र	11	पश्चिम की दीवार	1	पूर्व (मकान के अंदर)
समय – प्रातः 3 से 5			समय – रात 11:30 बजे	

अतः कर्क लगन वाली कुंडली ठीक है। इंसान का जनम रात 2 से 5 के बीच हुआ था। इंसान की उम्र प्रश्न करते समय 34 साल थी। हाथ में बृहस्पत की रेखा खाना नंबर 4 में थी, बाकी बातें लगभग मिल ही रही हैं। 34 साल उम्र की वर्षफल कुंडली बनाई गई। देखें चित्र 243।

वर्षफल में बृहस्पत–केतु खाना नंबर 9 का फल देंगे। घर में पूजा का स्थान/स्त्री आचरण (चाल–चलन) उत्तम मदद देंगे। दरअसल घर में एक खास जगह पूजा की मुकर्रर थी (दिया जलाने की जगह) जिसमें सभी की आस्था थी। अपनी औरत के अलावा किसी से ता।लुक (सम्बन्ध) नहीं रहा।

7. वर्षफल कुंडली

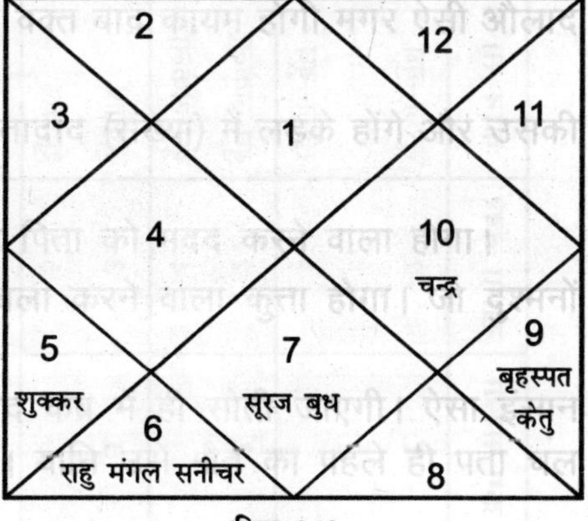

चित्र 243:

ग्रहों के अनुसार इंसान के साथ क्या होना चाहिए?

क्रम संख्या	खाना नंबर	कौन सा ग्रह है	क्या होना चाहिए	वास्तव में क्या हुआ
1.	2	सूरज–बुध	अपनी कमाई, 25 वर्ष की उम्र से शुरू होनी चाहिए।	वजीफा सन् 1935 में 20 अगस्त से (जनमदिन के लगभग) मिला।
	4	सूरज–बुध	अपनी कमाई, 24 वर्ष की उम्र से शुरू होनी चाहिए।	ऐसा नहीं हुआ
2.	2	बुध अकेला	पिता की उम्र 16 से 21 तक शक्की	पिता 10 साल और माता 20 साल उम्र में मरे।
	4	बुध अकेला	माता की उम्र 16 से 21 तक शक्की	ऐसा नहीं हुआ
3.	3	शुक्कर	मकान कच्चा और दक्षिण दिशा की ओर हिस्सा हो।	पूरा मकान कच्चा था दक्षिण का हिस्सा था।
	5	शुक्कर	मकान कच्चा होगा और पूर्व दिशा को हिस्सा हो।	ऐसा नहीं था
4.	4	बृहस्पत–केतु	धर्म स्थान पूरब–उत्तर में होगा।	पूरब–उत्तर में धर्म मंदिर था।
	6	बृहस्पत–केतु	धर्म स्थान उत्तर दिशा में होगा।	ऐसा नहीं था
5.	4	केतु अकेला	29 साल में औलाद होनी चाहिए।	29 साल में लड़की हुई।
	6	केतु अकेला	औलाद जिस दिन हो उसी दिन बहन के भी औलाद हो।	जब लड़की हुई तो उस दिन बहन के भी औलाद हुई।
6.	10	मंगल, सनीचर, राहु	बड़ा भाई, चाचा, ससुर तीनों ही सरकारी विभाग में अफसर हो जैसे रायबहादुर या राय साहब।	दो लोग रायसाहब और राय बहादुर और तीसरा सरकारी ठेकेदार था।
	12	मंगल, सनीचर, राहु	शराब पीने वाला, 24 साल उम्र में युद्ध में घायल या 24 की उम्र में बिजली या सांप से घटना।	कभी–कभी शराब लेता था। 34 साल की उम्र में मैदान–ए–जंग में 7 गोलियों से जख्मी हुआ। लाशों की पंक्ति में उठाकर लाया गया। अंगूठा (मस्नूई शुक्कर) और बाजू (मंगल) दोनों ही कट गए मगर हाथ अब भी काम करता है।
7.	11	चन्द्र	औलाद माता के मरने के बाद कायम (पैदा) होगी और माता शादी से पहले चल बसेगी। औरत (पत्नी) के 3 भाई जरूर होंगे।	शादी माता के मरने के बाद हुई लेकिन स्त्री का कोई भाई नहीं।
	1	चन्द्र	मकान के पूरब में 2 कुएं होंगे, कुआं नंबर 2 खाली हो अर्थात् खुश्क (सूखा) होगा।	पूर्व में कुआं है, पानी से भरा हुआ है।

फरमान नंबर 13

वर्षफल

वर्षफल के द्वारा किस्मत का हाल वर्षों के मुताबिक देखा जा सकता है। जब जनम वक्त, तारीख, साल और उम्र पक्के तौर पर मालूम न हों तो सामुद्रिक (हस्तरेखा) में घटनाओं के वजूद पर वर्षफल बनाया जाएगा, जो ज्यादा बुनियादी सिद्ध होगा अर्थात् घटनाओं के आधार पर 'हस्तरेखा में' वर्षफल का निर्माण किया जाना चाहिए। वाकयात (घटनाओं) से मतलब होगा बड़े–बड़े वाकये जो जीवन में घटित हुए। मसलन शादी का वक्त और तारीख, किसी नजदीकी खून के रिश्तेदार की पैदाइश (जनम) या मौत। दिनों के हिसाब से किसी वाकये (घटना) का दिन मतलब सोमवार, मंगलवार वगैरह का निश्चित दिन जिससे मालूम हो सके कि इंसान किस ग्रह का है, उसका जद्दी (पैतृक) मकान किस ग्रह का है। लगन वाले खाने में कौन–सा ग्रह है और अगर लगन खाली हो तो जनम राशि का मालिक ग्रह कौन–सा है आदि से मुतअल्लिक (सम्बन्धित) जो–जो सूचनाएं मिलें सब ले लें। माना कि किसी की शादी की सभी सूचनाएं पक्के तौर पर मालूम हो गई जो 18 साल उम्र में हुई यानि 18 साल उम्र में उसका शुक्कर शुरू हो गया। अगर इंसान की दो शादियां हुई हों तो पहली शादी वाली औरत (पत्नी) के मरने का साल, महीना, दिन, शुक्कर के खत्म होने का वक्त होगा। शुक्कर की आम मियाद तीन साल मुकर्रर है। 18 साल उम्र में शादी हुई तो उसका शुक्कर 18 साल में शुरू हो गया और इसके तीन साल मुकर्रर शुक्कर का अरसा (समय) जोड़ा गया तो यह समय 20 साल उम्र तक रहेगा।

अगर औरत शादी के तीन महीने के बाद ही मर गई हो तो शुक्कर भी तीन महीने बाद ही खत्म हो जाएगा, मतलब शुक्कर 18 साल उम्र पर शुरू होकर सिर्फ तीन महीने ही कुल रहेगा। वर्षफल बनाने के लिए ग्रहों की चाल तरतीबवार (क्रमवार या क्रमानुसार) होगी। ग्रहों का वर्षफल में आने का क्रम निश्चित है। सबसे पहले बृहस्पत, उसके बाद सूरज, फिर चन्द्र, इसी प्रकार अन्त में नौवें नंबर पर केतु आएगा। वर्षफल में तीन चीजों पर ध्यान देना होगा–

(i) ग्रह की मियाद या कुल साल जैसे शुक्कर के तीन साल।

(ii) ग्रहों की तरतीब या क्रम जैसे राहु, केतु, बृहस्पत वगैरह।

(iii) ग्रह की तादाद यानि कम या ज़्यादा असर। ग्रह की मियाद (समयसीमा) 35 साल का चक्कर होगी।

वर्षफल फेहरिस्त (सारिणी) बनाने के लिए अब शादी के साल (18 साल को) आधार मानकर सूची तैयार करनी होगी। जब यह जानकारी मिल गई कि इंसान की शादी 18 साल उम्र में हुई थी तो ये बताया जा सकता है कि वर्षफल में कौन–से ग्रह के दौरान इंसान का जनम हुआ था। आगे आने वाले जीवन में इंसान के वर्षफल में कौन–कौन से ग्रह का दौरा (दशा) आएगा और उनका क्रम क्या होगा?

दौरा (दशा) लिखते समय पहले और आखिरी दोनों हिन्दसे को गिनती में लेंगे। जैसे– शादी का साल 18 तो शुक्कर का दौरा (दशा) 18, 19, 20 मतलब 20 साल की उम्र तक तीन साल के लिए।

अब फेहरिस्त (सारिणी) तैयार करेंगे।

बृहस्पत (6 साल)	सूरज (2 साल)	चन्द्र (1 साल)	शुक्कर (3 साल)	मंगल (6 साल)	बुध (2 साल)	सनीचर (6 साल)	राहु (6 साल)	केतु (3 साल)
							1–5	6–8
9–14	15–16	17	18–20	21–26	27–28	29–34	35–40	41–43
44–49	50–51	52	53–55	56–61	62–63	64–69	70–75	76–78
79–84	85–86	87	88–90	91–96	97–98	99–104	105–110	111–113
114–119	120							
जब इंसान का जनम हुआ, राहु का दौरा एक साल निकल चुका था।								

वर्षफल ठीक है या नहीं इसकी पहचान करने के लिए हिन्दसा (अंक) नंबर 1 को आधार बनाएंगे। हिन्दसा 1 आयु का पहला साल दिखाएगा। हिन्दसा नंबर 1 वाला ग्रह इल्म ज्योतिष की कुंडली के खाना नंबर 1 या 9 में होगा या इंसान का जद्दी (पैतृक) मकान हिन्दसा नंबर 1 के ग्रहों (जैसे राहु) से मिलता होगा या उस इंसान का मालिकाना व्यक्तित्व या शरीर की बनावट उस ग्रह से सम्बन्धित जाहिर (प्रकट) होगी। या जनम के दिन का ग्रह भी हिन्दसा नंबर 1 वाले ग्रह का हो सकता है। जैसे– इतवार के लिए सूरज, सोमवार के लिए चन्द्र वगैरह। वर्षफल की जांच के दौरान मंगल और सनीचर, सूरज और बुध, सूरज और चन्द्र एक ही गिने जाएंगे। मतलब अगर 1 साल उम्र वर्षफल में सूरज हो और इल्म ज्योतिष कुंडली में खाना नंबर 9 या खाना नंबर 1 में बुध हो तो वर्षफल सही माना जाए। अगर ऐसा न करना चाहें तो दूसरा वर्षफल किसी और घटना के आधार पर बनाना होगा। अगर वर्षफल से संतुष्ट न हों तो भी नया वर्षफल बनाना होगा।

आम सालों में उम्र पर विभिन्न ग्रहों का असर

उम्र के साल (वर्ष में)	ग्रह जिसका असर होगा	उम्र के साल (वर्ष में)	ग्रह जिसका असर होगा
1 से 6 तक	सनीचर	71 से 76 तक	सनीचर
7 से 12 तक	राहु	77 से 82 तक	राहु
13 से 15 तक	केतु	83 से 85 तक	केतु
16 से 21 तक	बृहस्पत	86 से 91 तक	बृहस्पत
22 से 23 तक	सूरज	92 से 93 तक	सूरज
24 साल	चन्द्र	94 साल	चन्द्र
25 से 27 तक	शुक्कर	95 से 97 तक	शुक्कर
28 से 33 तक	मंगल	98 से 103 तक	मंगल
34 से 35 तक	बुध	104 से 105 तक	बुध
36 से 41 तक	सनीचर	106 से 111 तक	सनीचर

42 से 47 तक	राहु	112 से 117 तक	राहु
48 से 50 तक	केतु	118 से 120 तक	केतु
51 से 56 तक	बृहस्पत		
57 से 58 तक	सूरज		
59 साल	चन्द्र		
60 से 62 तक	शुक्कर		
63 से 68 तक	मंगल		
69 से 70 तक	बुध		

वर्षफल कुंडली किसी वाकये (घटना) के आधार पर बनाना ही सही होगा। दरअसल बारह साल के बच्चे और 70 के बाद इंसान की किस्मत का कोई ऐतबार नहीं होता। 70 साल के बाद इंसान की औलाद की किस्मत उसके लिए काम करेगी। सभी ग्रह 35 सालों में एक चक्कर पूरा करेंगे। दी गई फेहरिस्त (सूची में) ग्रहों का असर इंसान की उम्र के हिसाब से दिया गया है। इस सूची में दिया गया है कि किस ग्रह का असर इंसान पर किस साल में जाहिर हो सकता है। बच्चे की कुंडली बनाने के बाद देखें कि बच्चा किस ग्रह के (दौरे) 'दशा' में पैदा हुआ है, उसी ग्रह को साल का पहला ग्रह मुकर्रर करें। आगे आने वाले वाकयों के हिसाब से कुछ अंतर दिखाई दे तो थोड़ा–बहुत दुरुस्त कर लें।

ग्रहों के साधारण असर का वक्त– किसी भी ग्रह के असर का वक्त देखने के लिए टेवे वाले इंसान की उम्र के साल को उस अंक पर तकसीम करें (भाग दें) जिस खाना नंबर पर (जनम–कुंडली में) वह ग्रह बैठा हो बाकी बचने वाले शेष अंक के खाना नंबर में वह ग्रह (अपनी मुतअल्लिक चीजों का) अपना असर करेगा। इस सिद्धांत में एक बहुत महत्त्वपूर्ण और ध्यान देने वाला तथ्य यह है कि–

खाना नंबर 1 के लिए – हिन्दसा नंबर – 12

खाना नंबर 2 के लिए – हिन्दसा नंबर – 11

खाना नंबर 3 के लिए – हिन्दसा नंबर – 10

लेकर तब उम्र के सालों को तकसीम करें। बाकी सभी घरों के ग्रह अपने–अपने खाना नंबर में बैठे हुए हिन्दसों पर तकसीम करें। यदि शेष बचे अंकों में सिफर (शून्य या जीरो) बचता हो तो जनम–कुंडली वाला ग्रह अपने ही खाने में असर करेगा। इसी तरह अगर बाकी बचे अंक को जनम–कुंडली में देखने पर अगर वह खाना खाली हो (कोई ग्रह न बैठा हो) तो वह ग्रह अपने ही बैठे होने वाले खाने पर (जनम–कुंडली में) असर करेगा।

(1) **मसलन**– कोई इंसान अपनी उम्र के पच्चीसवें साल में चल रहा है और चन्द्र जनम–कुंडली के खाना नंबर 6 में बैठा है। 25 हिन्दसा नंबर को 6 पर तकसीम किया $25 \div 6 = 4$ शेष बचा 1।

इसका मतलब जनम–कुंडली में खाना नंबर 3 पर बैठा चन्द्र, इंसान की उम्र के पच्चीसवें साल वह असर देगा जो चन्द्र खाना नंबर 1 पर बैठकर देना चाहिए और ज्यादा स्पष्ट करें तो इस उम्र में चन्द्र खाना नंबर 1 में बैठे होने का असर देगा। इसी तरह सभी ग्रहों का असर देखा जाएगा।

(2) जनम–कुंडली के बारह खाने जो अलग–अलग असर देंगे वह पहले से ही मुकर्रर हैं अर्थात् हर काम के लिए जनम–कुंडली के खास–खास खाने मुकर्रर हैं। औलाद के बारे में पच्चीसवें साल में देखना

हो तो इसके लिए खाना नंबर 5 मुकर्रर है। 25 को 5 से तकसीम (भाग) करें, शेष बचा सिफर (शून्य), अब औलाद के लिए खाना नंबर 5 ही देखेंगे। जनम–कुंडली में खाना नंबर 5 खाली हो तो औलाद के लिए केतु की हालत जो भी वर्षफल के अनुसार हो लेंगे। मतलब औलाद का ग्रह (केतु) जिस खाने में होगा उसी खाने के अनुसार औलाद का फल होगा। अगर छब्बीसवें साल औलाद का असर देखना हो तो औलाद से मुतअल्लिक (सम्बन्धित) खाना नंबर 26 से 5 को भाग करें तो 26÷5 तो 5 शेष बचा 1। छब्बीसवें साल औलाद का वही हाल होगा जो जनम–कुंडली में खाना नंबर 1 का है। अगर खाना नंबर 1 खाली है तो वह हाल लेंगे जो खाना नंबर 5 का है।

(3) जब कभी दो या दो से अधिक ग्रहों का असर इकट्ठा हो रहा हो तो उनके असर के वक्त और तासीर (गुण) में फर्क जरूर हो जाएगा।

(4) बारह खानों को बारह महीने में बांटा गया है। जैसे– मेष (i) को वैशाख, वृष (ii) को ज्येष्ठ, मिथुन (iii) को आषाढ़, कर्क (iv) को श्रावण, सिंह (v) भाद्रपद, कन्या (vi) आश्विन, तुला, (vii) कार्तिक, वृश्चिक, (viii) मार्गशीर्ष, धनु (ix) पौष, मकर (x) माघ, कुंभ (xi) फाल्गुन, मीन (xii) चैत्र। वर्षफल में किसी भी खाना नंबर में जब कोई ग्रह आएगा तो उस खाने नंबर के लिए मुकर्रर महीने में वह अपना संपूर्ण असर देगा। परन्तु इस सिद्धान्त के लिए पूर्व में बताए गए सिद्धान्तों को अमल में पहले लाना जरूरी है। मसलन खाना नंबर 2 का ग्रह वर्षफल में आया तो पहले देखना होगा कि खाना नंबर 2 में कोई ग्रह है या नहीं, अगर है तभी वह ग्रह ज्येष्ठ मास में अपना पूरा फल प्रदान करेगा।
इसी तरह अगर खाना नंबर 2 में बुध आया जो पिता के लिए गैर मुबारक है, ऐसे वर्ष में पिता के लिए पूरा साल मंदा नहीं जाएगा बल्कि ज्येष्ठ मास पिता के लिए खराब होगा।

(5) जनम–कुंडली के मुताबिक जो घर खाली होंगे उन घरों में वर्षफल के मुताबिक जो ग्रह अपना फल उस महीने में देंगे जिस महीने वाले नंबर के खाने में सूरज बैठा है। मसलन जनम–कुंडली का खाना नंबर 4 खाली हो और वर्षफल में मंगल खाना नंबर 4 में आ जाए और उसी वर्ष सूरज (वर्षफल में) खाना नंबर 8 में हो तो मंगल खाना नंबर 4 का फल जनमदिन से आठवें महीने में देगा।

(6) उम्र के वर्ष का शुरू और आखरी देसी महीनों की तारीख के हिसाब से लेंगे क्योंकि सूरज की राशियों में तब्दीली देसी हिन्दी महीनों के अनुसार होती है। लेकिन अगर इसी गणना को अंग्रेजी तारीख के हिसाब से लिया जाए तो सूरज की राशियों में तब्दीली (परिवर्तन) का अन्तर 1 से 4 दिन तक का हो सकता है। इसलिए देसी महीनों को ही ग्रहण करेंगे।

(7) जितने खाने नंबर पर कोई ग्रह बैठा हो और उम्र के जिस भी साल का फल देखना हो तो उस उम्र के साल के नंबर को उस खाना नंबर पर तकसीम (भाग) करें जिसमें कि वह ग्रह बैठा है शेष जो अंक बचे, उस अंक के खाना नंबर में उस साल वह ग्रह असर करेगा। यदि सिर्फ शून्य बाकी बचे तो वह उसी घर में जिसमें कि वह जनम–कुंडली में है असर देगा।

मसलन– किसी इंसान की जनम–कुंडली में सूरज खाना नंबर 11 में है और उसकी उम्र का बावनवां साल चल रहा है तो 52 को हिन्दसा 11 से भाग किया 52 ÷ 11 = 4 शेष 8 अब 52 साल की उम्र में सूरज खाना नंबर 8 में गिना जाएगा या माना जाएगा और बाकी के ग्रह बदस्तूर (नियमानुसार) जनम–कुंडली में रखे जाएंगे। अब सूरज की मुतअल्लिका चीजों का असर खाना नंबर 8 में सूरज को गिनकर लिया जाएगा। मुख्तसरन (संक्षेप में) सिर्फ उसी ग्रह को घुमाएगा, जिस ग्रह की मुतअल्लिक (सम्बन्धित) अश्या (चीजों) का हाल देखना है, बाकी के ग्रह बदस्तूर ही रहेंगे। इसी उसूल (सिद्धान्त) पर तमाम ग्रहों को अकेला–अकेला घुमा कर जो किस्मत (भाग्य) का जवाब आएगा वही उस साल की औसत हालत होगी।

वर्षफल के लिए कुछ अन्य महत्त्वपूर्ण सूत्र– जनम–कुंडली चाहे इल्म ज्योतिष (कुंडली) के मुताबिक बने चाहे सामुद्रिक (हस्तरेखा) के अनुसार। कुंडली पूरी करने के बाद हस्बेजैल (निम्नलिखित) फेहरिस्त (सारिणी) के मुताबिक अमल करें– सिर्फ वर्षफल कुंडली के मुताबिक ही यह सूची (सारिणी) अमल में लाई जाएगी।

महीने की हालत के लिए घुमाएं	सूरज
रोजाना की हालत के लिए घुमाएं	मंगल
घंटों की हालत के लिए घुमाएं	बृहस्पत
मिनटों की हालत के लिए घुमाएं	सनीचर
सेकेंडों की हालत के लिए घुमाएं	बुध
डिग्री की हालत के लिए घुमाएं	चन्द्र
हफ्तों की हालत के लिए घुमाएं	शुक्कर
रातों की हालत के लिए घुमाएं	राहु
दिनों की हालत के लिए घुमाएं	केतु

नोट– ***वर्ष कुंडली को घुमाएं।***

वर्षफल का वास्तविक गहरा असर उसी माह में होगा, जिस खाना नंबर में उस साल सूरज बैठा हो। मसलन वर्षफल में सूरज खाना नंबर 7 में हो तो सूरज का मंदा असर (राजदरबारी खराबियां) उस साल के (जनमदिन से) सातवें महीने में पैदा होगा। लेकिन पूरे साल के लिए सूरज का असर मंदा नहीं गिनेंगे। इसी तरह सालाना (वर्ष), माहवारी (महीना) और रोजाना (प्रतिदिन) कुंडली में ग्रहों का असर गिनेंगे। इसी उदाहरण के लिए एक साल के अन्दर (वर्षफल में) के हालात (परिस्थितियां) जानने के लिए वर्षफल कुंडली के जिस खाने में सूरज बैठा हो, उस खाने को उम्र के महीने का अंक देकर सभी कुंडलियां बना सकते हैं। महीने का शुरू, जनम वक्त समय से लेंगे मसलन किसी महीने की 31 तारीख का जनम हो तो अगले महीने की 30 तारीख तक एक महीना पूरा होगा। जनमदिन हिन्दी महीनों के हिसाब से ही लिया जाएगा।

वर्षफल कुंडली में 12 खाने, विक्रम संवत् के 12 महीनों को दिखाएंगे।

खाना नंबर	1	2	3	4	5	6	7	8	9	10	11	12
महीना	बैसाख	ज्येष्ठ	आषाढ़	श्रावन	भाद्र	अश्विन	कार्तिक	मार्गशीर्ष	पौष	माघ	फाल्गुन	चैत्र
लगभग 10 तारीख से	अप्रैल	मई	जून	जुलाई	अगस्त	सितंबर	अक्टूबर	नवंबर	दिसंबर	जनवरी	फरवरी	मार्च
12 तारीख तक	मई	जून	जुलाई	अगस्त	सितंबर	अक्टूबर	नवंबर	दिसंबर	जनवरी	फरवरी	मार्च	अप्रैल

एक साल के बच्चे के लिए भी यही नियम लागू होगा।

उदाहरण कुंडली– एक इंसान का जनम 10–5–98। 10 भाद्र संवत् 1998 को मंगलवार शाम 5:43 बजे हुआ अर्थात् 11–भाद्र, संवत् 2041 को शाम 5:43 पर जिसका चौवालीसवां साल शुरू हुआ।

गणना का समय (तारीख) 28–5–2041, समय–5 बजकर 8 मिनट 28 सेकेंड 53 डिग्री।

वर्षकुंडली

नोट– ***यह कुंडली आगे के पन्नों में पृष्ठ 219 पर ''फेहरिस्त वर्षफल'' के नाम से दी गई सारिणी के अनुसार तैयार करें। देखें चित्र संख्या 244।***

(1) सारिणी के अनुसार वर्षफल बदलने पर कुंडली। देखें चित्र संख्या 245।

(2) माह कुंडली– दिनांक 11–5–41 शाम 5:43 बजे के बाद पांचवां महीना शुरू हुआ। पांचवें माह में ''भाद्र मास'' अर्थात् खाना नंबर 5 में सूरज होगा अर्थात् सभी ग्रहों को अपने से छठे स्थान पर बैठा देंगे। देखें चित्र 246।

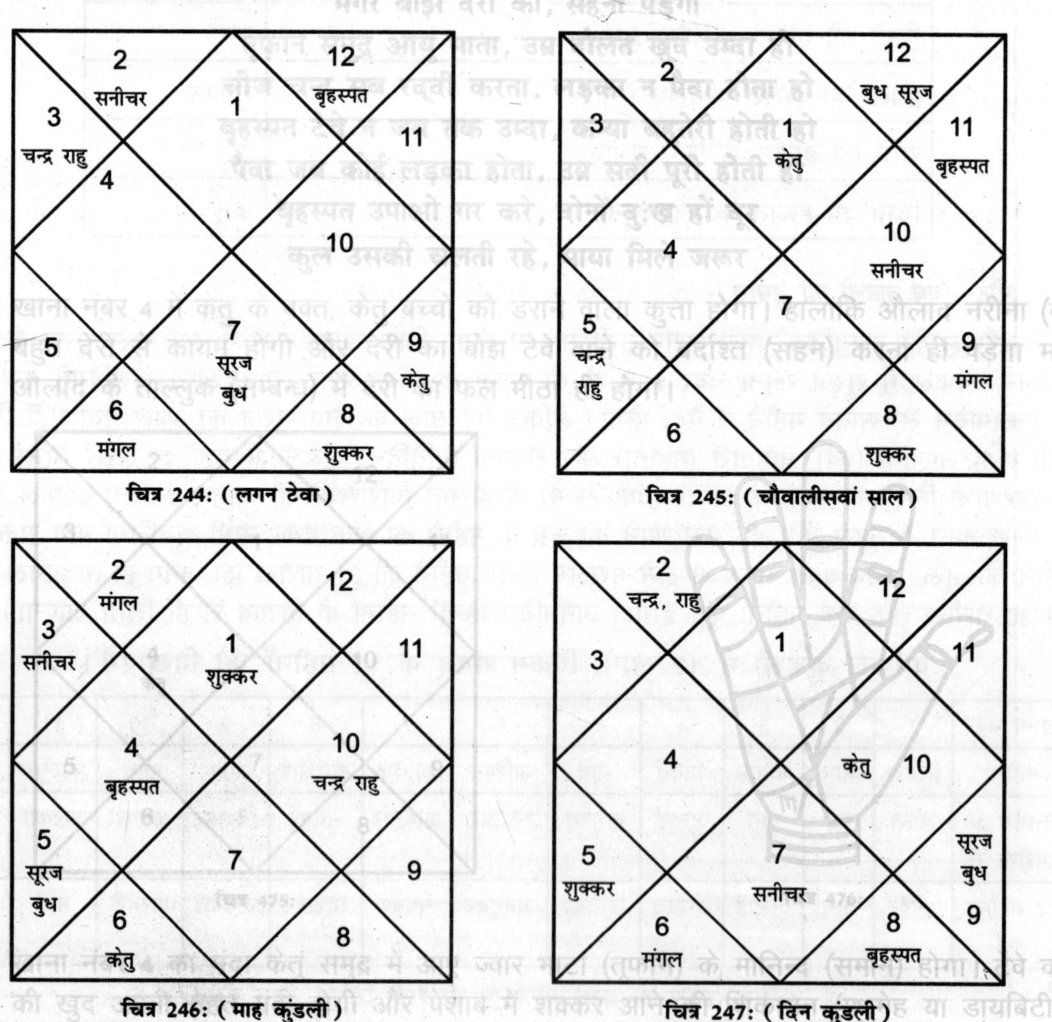

चित्र 244: (लगन टेवा)

चित्र 245: (चौवालीसवां साल)

चित्र 246: (माह कुंडली)

चित्र 247: (दिन कुंडली)

(3) दिन कुंडली– पांचवें महीने के सत्रहवें दिन के लिए मंगल को अपने बैठे हुए घर से सत्रहवें नंबर खाने में बैठाएंगे। सभी ग्रहों को अपने से सत्रहवें खाने पर बैठाया। देखें चित्र 247।

(4) घंटा कुंडली– घंटा कुंडली के लिए तेईसवें घंटा, दिन कुंडली में बृहस्पत को अपने घर से तेईसवें नंबर पर घुमाकर देखेंगे। सभी ग्रहों को अपने से तईसवें खाने पर बैठाया। देखें चित्र 249।

(5) मिनट कुंडली– मिनट कुंडली को पच्चीसवां मिनट देने के लिए सनीचर को 1 नंबर देकर पूरी कुंडली को घुमाया और फिर सनीचर को पच्चीसवें नंबर पर घुमाया। देखें चित्र 250।

(6) सेकेंड कुंडली– सेकेंड कुंडली के लिए बुध को घुमाना होगा। अट्ठाईसवें सेकेंड के लिए बुध को 28 नंबर पर घुमाया। देखें चित्र 251।

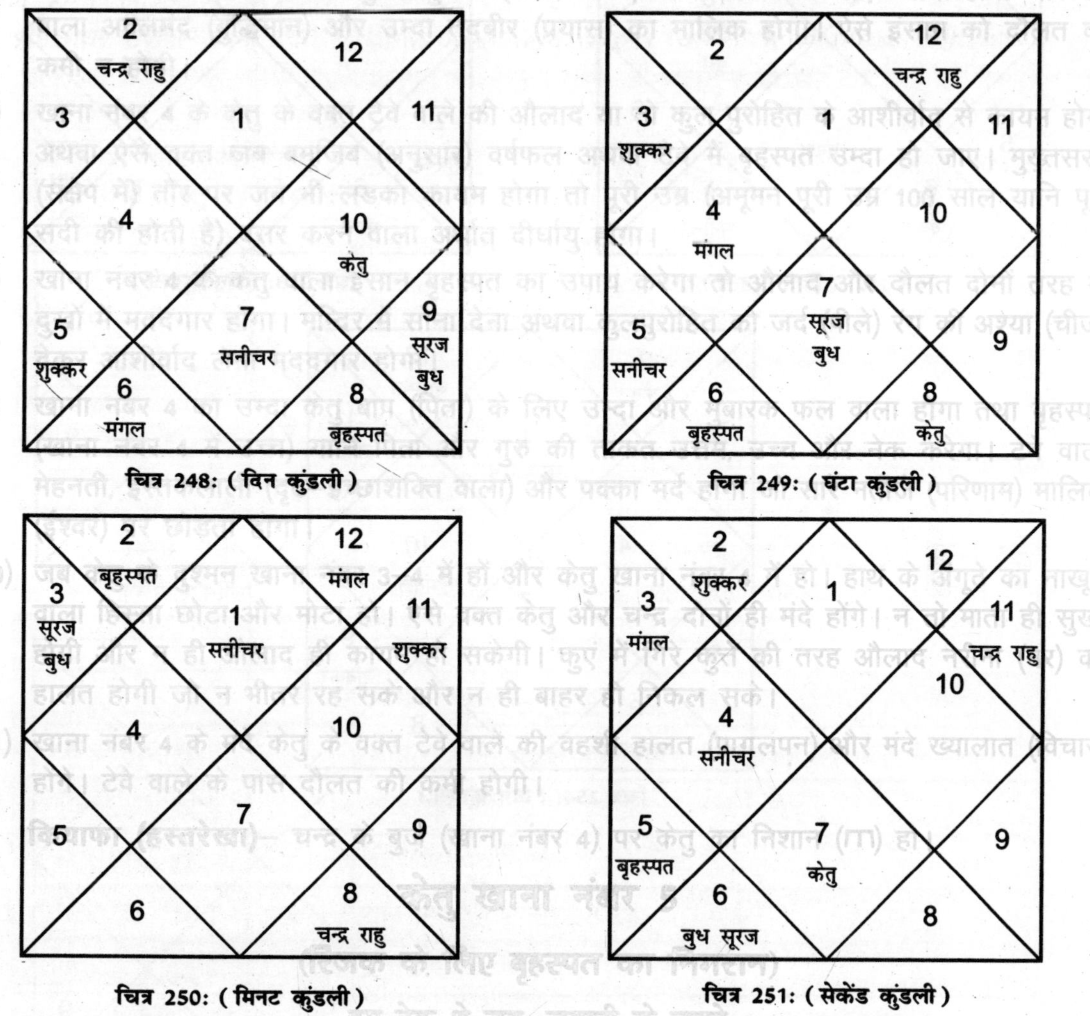

चित्र 248: (दिन कुंडली)

चित्र 249: (घंटा कुंडली)

चित्र 250: (मिनट कुंडली)

चित्र 251: (सेकेंड कुंडली)

(7) डिग्री कुंडली– डिग्री कुंडली का ग्रह चन्द्र है इसलिए चन्द्र को सेकेंड कुंडली में 53 डिग्री पर घुमाना होगा। 53 नंबर पर चन्द्र बैठाया। देखें चित्र 252।

(8) रात कुंडली– चौवालीसवें साल की कुंडली के लिए राहु को चलाया जाएगा। राहु को खाना नंबर 2 या राहु के हैडक्वार्टर में बैठाया गया। देखें चित्र 248।

(9) दिन कुंडली– राहु की तरह केतु को भी खाना नंबर 2 देकर दिन कुंडली तैयार की जाएगी। देखें चित्र 254।

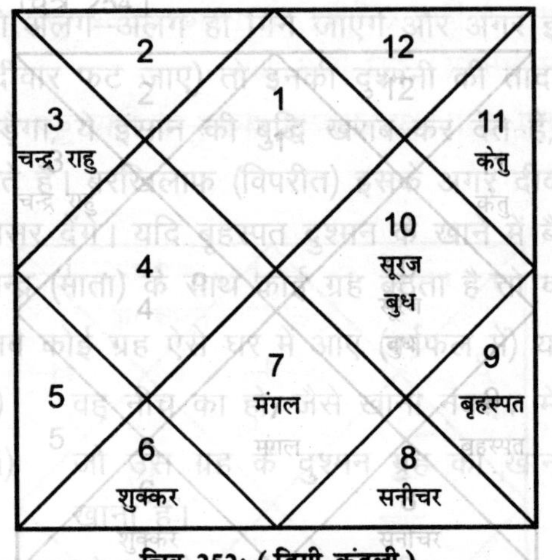

चित्र 252: (डिग्री कुंडली)

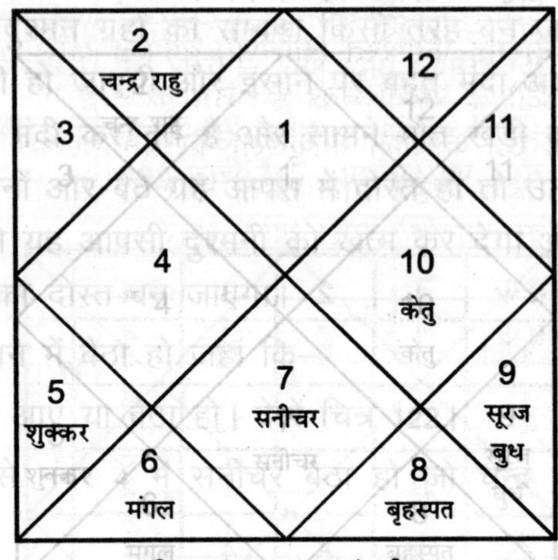

चित्र 253: (रात कुंडली)

चित्र 254: (दिन कुंडली)

फेहरिस्त वर्षफल

किसी भी इंसान का वर्षफल जानने के लिए 1 से 120 साल तक का वर्षफल आगे दी हुई सारिणी से ज्ञात किया जा सकता है। माह, दिन, घंटा, मिनट, सेकेंड इत्यादि कुंडलियों की जरूरत केवल किसी विशेष ग्रह के असर को जानने के लिए पड़ेगी।

दी गई फेहरिस्त (सारिणी) वर्षफल की पेशानी (सिरे) पर पंक्ति के रूप में जो हिन्दसे (अंक) लिखे हैं वे कुंडली के खाना नंबर हैं। उम्र के नीचे जो हिन्दसे (अंक) स्तम्भ के रूप में दिए गए हैं। ये वे अंक हैं जिसमें उम्र के साल में कुंडली का ग्रह चलकर आएगा। मसलन जनम–कुंडली के खाना नंबर 5 में मंगल है तो वह सोलहवें साल खाना नंबर 12 में आएगा।

उम्र↓	1	2	3	4	5	6	7	8	9	10	11	12
1	1	9	10	3	5	2	11	7	6	12	4	8
2	4	1	12	9	3	7	5	6	2	8	10	11
3	9	4	1	2	8	3	10	5	7	11	12	6
4	3	8	4	1	10	9	6	11	5	7	2	12
5	11	3	8	4	1	5	9	2	12	6	7	10
6	5	12	3	8	4	11	2	9	1	10	6	7
7	7	6	9	5	12	4	1	10	11	2	8	3
8	2	7	6	12	9	10	3	1	8	5	11	4
9	12	2	7	6	11	1	8	4	10	3	5	9
10	10	11	2	7	6	12	4	8	3	1	9	5
11	8	5	11	10	7	6	12	3	9	4	1	2
12	6	10	5	11	2	8	7	12	4	9	3	1
13	1	5	10	8	11	6	7	2	12	3	9	4
14	4	1	3	2	5	7	8	11	6	12	10	9
15	9	4	1	6	8	5	2	7	11	10	12	3
16	3	9	4	1	12	8	6	5	2	7	11	10
17	11	3	9	4	1	10	5	6	7	8	2	12
18	5	1	6	9	4	1	12	8	10	2	3	7
19	7	10	11	3	9	4	1	12	8	5	6	2
20	2	7	5	12	3	9	10	1	4	6	8	11

उम्र ↓	1	2	3	4	5	6	7	8	9	10	11	12
21	12	2	8	5	10	3	9	4	1	11	7	6
22	10	12	2	7	6	11	3	9	5	1	4	8
23	8	6	12	10	7	2	11	3	9	4	1	5
24	6	8	7	11	2	12	4	10	3	9	5	1
25	1	6	10	3	2	8	7	4	11	5	12	9
26	4	1	3	8	6	7	2	11	12	9	5	10
27	9	4	1	5	10	11	12	7	6	8	2	3
28	3	9	4	1	11	5	6	8	7	2	10	12
29	11	3	9	4	1	6	8	2	10	12	7	5
30	5	11	8	9	4	1	3	12	2	10	6	7
31	7	5	11	12	9	4	1	10	8	6	3	2
32	2	7	5	11	3	12	10	6	4	1	9	8
33	12	2	6	10	8	3	9	1	5	7	4	11
34	10	12	2	7	5	9	11	3	1	4	8	6
35	8	10	12	6	7	2	4	5	9	3	11	1
36	6	8	7	2	12	10	5	9	3	11	1	4
37	1	3	10	6	9	12	7	5	11	2	4	8
38	4	1	3	8	6	5	2	7	12	10	11	9
39	9	4	1	12	8	2	10	11	6	3	5	7
40	3	9	4	1	11	8	6	12	2	5	7	10
41	11	7	9	4	1	6	8	2	10	12	3	5
42	5	11	8	9	12	1	3	4	7	6	10	2
43	7	5	11	2	3	4	1	10	8	9	12	6
44	2	10	5	3	4	9	12	8	1	7	6	11
45	12	2	6	5	10	7	9	1	3	11	8	4
46	10	12	2	7	5	3	11	6	4	8	9	1
47	8	6	12	10	7	11	4	9	5	1	2	3

उम्र↓	1	2	3	4	5	6	7	8	9	10	11	12
48	6	8	7	11	2	10	5	3	9	4	1	12
49	1	7	10	6	12	2	8	4	11	9	3	5
50	4	1	8	3	6	12	5	11	2	7	10	9
51	9	4	1	2	8	3	12	6	7	10	5	11
52	3	9	4	1	11	7	2	12	5	8	6	10
53	11	10	7	4	1	6	3	9	12	5	8	2
54	5	11	3	9	4	1	6	2	10	12	7	8
55	7	5	11	8	3	9	1	10	6	4	2	12
56	2	3	5	11	9	4	10	1	8	6	12	7
57	12	2	6	5	10	8	9	7	4	11	1	3
58	10	12	2	7	5	11	4	8	3	1	9	6
59	8	6	12	10	7	5	11	3	9	2	4	1
60	6	8	9	12	2	10	7	5	1	3	11	4
61	1	11	10	6	12	2	4	7	8	9	5	3
62	4	1	6	8	3	12	2	10	9	5	7	11
63	9	4	1	2	8	6	12	11	7	3	10	5
64	3	9	4	1	6	8	7	12	5	2	11	10
65	11	2	9	4	1	5	8	3	10	12	6	7
66	5	10	3	9	2	1	6	8	11	7	12	4
67	7	5	11	3	10	4	1	9	12	6	8	2
68	2	3	5	11	9	7	10	1	6	8	4	12
69	12	8	7	5	11	3	9	4	1	10	2	6
70	10	12	2	7	5	11	3	6	4	1	9	8
71	8	6	12	10	7	9	11	5	2	4	3	1
72	6	7	8	12	4	10	5	2	3	11	1	9
73	1	4	10	6	12	11	7	8	2	5	9	3

उम्र↓	1	2	3	4	5	6	7	8	9	10	11	12
74	4	2	3	8	6	12	1	11	7	10	5	9
75	9	10	1	3	8	6	2	7	5	4	12	11
76	3	9	6	1	2	8	5	12	11	7	10	4
77	11	3	9	4	1	2	8	10	12	6	7	5
78	5	11	4	9	7	1	6	2	10	12	3	8
79	7	5	11	2	9	4	12	6	3	1	8	10
80	2	8	5	11	4	7	10	3	1	9	6	12
81	12	1	7	5	11	10	9	4	8	3	2	6
82	10	12	2	7	5	3	4	9	6	8	11	1
83	8	6	12	10	3	5	11	1	9	2	4	7
84	6	7	8	12	10	9	3	5	4	11	1	2
85	1	3	10	6	12	2	8	11	5	4	9	7
86	4	1	8	3	6	12	11	2	7	9	10	5
87	9	4	1	7	3	8	12	5	2	6	11	10
88	3	9	4	1	8	10	2	7	12	5	6	11
89	11	10	9	4	1	6	7	12	3	8	5	2
90	5	11	6	9	4	1	3	8	10	2	7	12
91	7	5	11	2	10	4	6	9	8	3	12	1
92	2	7	5	11	9	3	10	4	1	12	8	6
93	12	8	7	5	2	11	9	1	6	10	3	4
94	10	12	2	8	11	5	4	6	9	7	1	3
95	8	6	12	10	5	7	1	3	4	11	2	9
96	6	2	3	12	7	9	5	10	11	1	4	8
97	1	9	10	6	12	2	7	5	3	4	8	11
98	4	1	6	8	10	12	11	2	9	7	3	5
99	9	4	1	2	6	8	12	11	5	3	10	7
100	3	10	8	1	5	7	6	12	2	9	11	4

उम्र	1	2	3	4	5	6	7	8	9	10	11	12
101	11	3	9	4	1	6	8	10	7	5	12	2
102	5	11	3	9	4	1	2	6	8	12	7	10
103	7	5	11	3	9	4	1	8	12	10	2	6
104	2	7	5	11	3	9	10	1	6	8	4	12
105	12	2	4	5	11	3	9	7	10	6	1	8
106	10	12	2	7	8	5	3	9	4	11	6	1
107	8	6	12	10	7	11	4	3	1	2	5	9
108	6	8	7	12	2	10	5	4	11	1	9	3
109	1	9	10	6	12	2	7	11	5	3	4	8
110	4	1	6	8	10	12	3	5	7	2	11	9
111	9	4	1	2	5	8	12	10	6	7	3	11
112	3	10	8	9	11	7	4	1	2	12	6	5
113	11	3	9	4	1	6	2	7	10	5	8	12
114	5	11	3	1	4	10	6	8	12	9	7	2
115	7	5	11	3	9	4	1	12	8	10	2	6
116	2	7	5	11	3	9	10	6	4	8	12	1
117	12	2	4	5	6	1	8	9	3	11	10	7
118	10	12	2	7	8	11	9	3	1	6	5	4
119	8	6	12	10	7	5	11	2	9	4	1	3
120	6	8	7	12	2	3	5	4	11	1	9	10

फरमान नंबर 14

टेवे (कुंडली) के प्रकार

शत्रु बाहम घर दस में बैठे, टेवा होता ग्रह अन्धा हो
सनीचर सात हो सूरज चौथे, आधा अन्धा नहोराता हो
बुध छठे रवि एक, पांच, ग्यारह, टेवा बालिग ग्रह होता हो
खाली मुटठी या बुध पापीवां, असर नाबालिग देता हो
सनीचर ग्यारह या साथ बृहस्पत का, पाप चन्द्र दस चौथे हो
पिछले जनम का साधु होगा, धर्मी टेवा सुख देवे जो
बृहस्पत शुक्कर हो टेवे मिलते, चलता जनम खुद अपना हो
असर जनम न लेंगे पिछले, साल गुजरते बारह जो

(1) दसवें घर में बाहम (परस्पर) शत्रु ग्रह बैठे हों, मसलन बुध के साथ बृहस्पत या चन्द्र या मंगल वगैरह हों तो इस तरह का टेवा (कुंडली) अंधे ग्रहों का टेवा होगा। फरमान नंबर 6 के अनुसार खाना नंबर 10 नीच हैसियत वगैरह रद्दी ग्रहों से भी अगर खराब हो रहा है तो वह टेवा अन्धे ग्रहों का होगा। ख्वाह (चाहे) सनीचर वगैरह तमाम ग्रह खुद भी उच्च घरों में क्यों न हो, वो अन्धे ग्रहों की तरह अपना फल देंगे।

(2) सनीचर यदि खाना नंबर 7 में उच्च का हो और सूरज खाना नंबर 4 में हो तो टेवा नहोराता (आधा अन्धा) होता है। नहोराता का मतलब रतौंधी का रोगी होता है जो दिन (सूरज की रोशनी) में देख सकता है लेकिन रात को नहीं।

(3) यदि बुध खाना नंबर 6 में हो और सूरज खाना नंबर 1 (मेष में उच्च) या खाना नंबर 5 (घर का मालिक) या खाना नंबर 11 में हो तो वह टेवा बालिग ग्रहों का टेवा होगा। ग्रहों की बालिग और नाबालिग उम्र इंसान के बच्चे की तरह नहीं गिनी जाती है। जैसे– इंसान का बच्चा एक उम्र के बाद बालिग हो जाएगा। उस तरह कोई भी ग्रह नाबालिग से बालिग कभी नहीं गिना जाएगा।

(4) खाली मुटठी का मतलब होगा खाना नंबर 1, 7, 4, 10 में कोई भी ग्रह नहीं बैठा हो। खाली मुटठी या बुध पापी हो मतलब बुध पापी ग्रहों के साथ बैठा हो तो सभी ग्रह नाबालिग गिने जाएंगे।

नोट– ***लाल किताब में सभी जगह ''पापी'' लफ़्ज से मुराद सनीचर, राहु और केतु से होगी। इसके अलावा शुक्कर के साथ बृहस्पत बैठा हो अथवा मंगल के साथ बुध बैठा हो यानि मस्नुई सनीचर तो भी यह पापी ही गिने जाएंगे। जैसा कि फरमान नंबर 6 में दिया गया है।***

(5) अगर सनीचर खाना नंबर 11 में हो या सनीचर, बृहस्पत के साथ किसी भी खाने में हो या पाप ग्रहों के साथ चन्द्र खाना नंबर 4 या खाना नंबर 10 में हो तो टेवे वाला इंसान पिछले जनम में साधु या संन्यासी होगा। इस तरह के टेवे वाला इंसान सभी लोगों को सुख देने वाला होगा।

नोट– ***लाल किताब में सभी जगह ''पाप'' लफ़्ज से मुराद राहु और केतु से होगी 'पाप' लफ़्ज में सनीचर नहीं गिना जाएगा।***

(6) टेवे में बृहस्पत के साथ शुक्कर किसी भी खाने में हो तो इंसान के पिछले जनम का कोई भी ताल्लुक (सम्बन्ध) टेवे में 12 साल के बाद नहीं गिना जाएगा बल्कि केवल इसी जनम का हाल गिनेंगे अर्थात् इंसान पिछले जनमों में किए पाप–पुण्य कर्मों से 12 साल के बाद मुक्त गिना जाएगा। आगे

इस 'वर्तमान' जनम में जैसा कर्म करेगा, वैसे ही पाप–पुण्य इस जनम और आगे आने वाले जनमों के लिए संचित करेगा। अर्थात् इंसान की उम्र 12 साल से ज्यादा हो जाए तो उस पर पिछले जनमों का असर नहीं गिना जाएगा।

उपाय

(1) अन्धे ग्रहों के मंदे असर के लिए केतु की मुतअल्लिक–अश्या (सम्बन्धित चीजों) के जरिये केतु के वक्त यानि ''सूर्योदय'' से पहले दिन निकलने के बाद अर्थात् प्रातःकाल उपाय करें। एक ही वक्त पर दस अन्धों को बतौर खैरात, खुराक तकसीम (निःशुल्क भोजन करायें) करने से खाना नंबर 10 का विषैला असर दूर होगा।

(2) नहोराता वाले टेवे में नेक ग्रहों से सम्बन्धित कारोबार रात के वक्त और मंदे ग्रहों से सम्बन्धित कारोबार दिन के वक्त करने मददगार होंगे।

(3) बालिग टेवे का असर खुद (स्वयं) होता है किसी कोशिश की जरूरत नहीं होती।

(4) बृहस्पत, शुक्कर मुश्तरका (संयुक्त) टेवे वाले को पिछले जनम का 12 साल उम्र के बाद कोई डर नहीं होगा।

(5) नाबालिग टेवे वाले को दूसरों की मदद लेकर चलना मददगार होगा।

औरत और मर्द का टेवा

मर्द का टेवा शादी के बाद औरत के टेवे पर अपना असर देता है। जब तक औरत की शादी नहीं हुई, अपने टेवे का असर खुद ग्रहण करती है और जब शादी होती है तो दोनों पर एक दूसरे के टेवे का असर पड़ता है। अगर ऐसा वक्त आ जाए कि मर्द मर जाए, छोड़ जाए, भाग जाए, खो जाए या फिर दो मर्दों की अकेली औरत बन जाए तो ऐसी औरत का केवल अपना टेवा (किस्मत के मामले में) असर करेगा। इसी तरह इंसान जब तक बच्चा था तब तक वाल्दैनी (माता–पिता) की किस्मत से और अपने पिछले जनमों के असर से चलता रहा। जब शादी हुई तो औरत का टेवा मददगार हुआ। औरत से रिश्ता टूटा 'मर गई, गुम हो गई या छोड़ गई' तो फिर किस्मत में कई उतार–चढ़ाव आने लगे। किस्सा–कोताह (संक्षिप्त रूप में) मर्द और औरत के सम्बन्ध का मिलना या टूटना किस्मत से जरूर ताल्लुक देगा। बहुत ही कम तादाद में ऐसा होगा कि बिना रिश्ते बने या बिगड़े किस्मत के समुद्र में तूफान आए, अगर आएगा, तो भोजन में सनीचर की चीजों ''मांस, मदिरा वगैरह'' को शामिल करने या पितृ ऋण के बोझ के कारण ही आएगा।

फरमान नंबर 15

फलादेश

(1) सिर्फ एक ही ग्रह या रेखा को देखकर कोई फैसला नहीं किया जाना चाहिए बल्कि किसी भी फैसले पर पहुंचने से पहले सवाल (प्रश्न) से मुतअल्लिक रेखाओं और ग्रहों को अच्छी तरह पढ़कर कोई फैसला दें। वरना धोखा हो सकता है।

(2) जनम–कुंडली बनानें के लिए जनम तारीख, जनम वक्त, और जनम स्थान की सही जानकारी होनी चाहिए। प्रचलित ज्योतिष के मुताबिक जब कुंडली बन कर तैयार हो जाए तो कुंडली में से सभी हिन्दसे (अंक) मिटा दें और लगन के खाने को हिन्दसा नंबर 1 देकर क्रमानुसार घड़ी की विपरीत दिशा के अनुसार लिखते चले जाएं। 12 खानों में 1 से 12 तक के हिन्दसे लिख दें।

(3) किसी इंसान का जनम 15–2–93 सुबह 5 बजे, 6 फाल्गुन, संवत् 1949 बुधवार हो तो उसकी जनम–कुंडली इस प्रकार बनेगी (देखें चित्र 255)। अब इस जनम–कुंडली में से सभी हिन्दसे (अंक) मिटा दें और लगन वाले खाने में 1 लिखकर तरतीबवार (क्रमानुसार) 2, 3, 4, 5, ... 11, 12 हिन्दसे लिख दें। अब सभी ग्रहों को वही खाना दें जो प्रचलित जनम–कुंडली में दिए गए हैं। अब जनम–कुंडली इस प्रकार बनेगी। देखें चित्र 256।

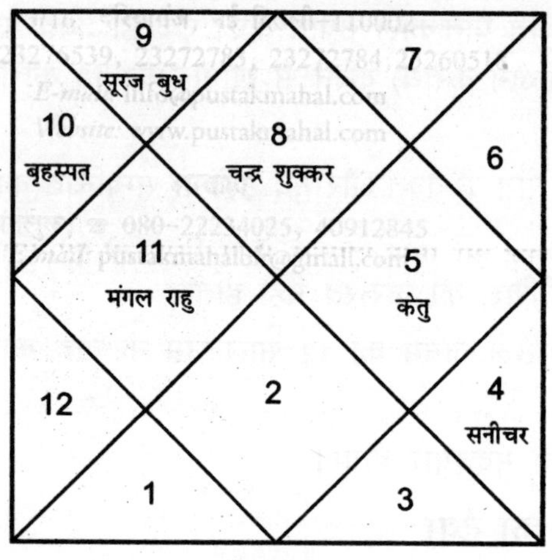

चित्र 255:

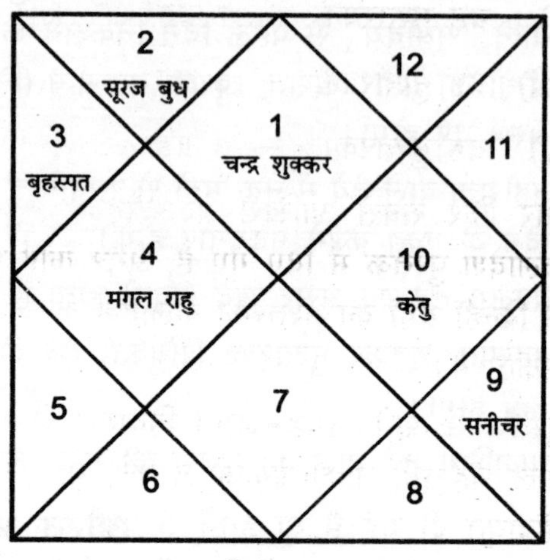

चित्र 256:

ध्यान दें तो ज्ञात होगा कि दोनों जनम–कुंडली एक जैसी है सिर्फ एक ही अन्तर यह है कि जहां पहली कुंडली में हिन्दसा नंबर 8 था, वहां दूसरी कुंडली में हिन्दसा नंबर 1 आएगा, इस तरतीब (क्रम) से 9, 10, 11 की जगह 2, 3, 4 वगैरह हिन्दसा नंबर लिखकर 12 खाने पूरे होंगे।

अब फलादेश देखने के लिए सूरज खाना नंबर 2 और बुध खाना नंबर 2 का फल देख लेंगे। इसी तरह बृहस्पत खाना नंबर 3, मंगल खाना नंबर 4 और राहु खाना नंबर 4, सनीचर खाना नंबर 9 और केतु खाना नंबर 10, चन्द्र खाना नंबर 1 और शुक्कर खाना नंबर 1 का फलादेश देख लेंगे। इस तरह सभी ग्रहों का खानावार फल ज्ञात हो जाएगा। मुश्तरका (संयुक्त) ग्रहों का फल अलग से भी देखा जाएगा क्योंकि दो ग्रहों का एक ही खाने में असर देखकर लगता होगा कि फलादेश निश्चित हो गया लेकिन जब ग्रहों का मुश्तरका असर देखा जाएगा तो हो सकता है फलादेश बिल्कुल उलटा ही आ जाए। मसलन मंगल खाना नंबर 8 में बुरा फल देगा और बुध भी खाना नंबर 8 में बुरे फल का ही गिना जाएगा। लेकिन जब दोनों एक साथ खाना नंबर 8 में मुश्तरका (संयुक्त या इकट्ठे) बैठेंगे तो फल उत्तम होगा। इसी तरह शुक्कर खाना नंबर 9 में मंदा फल देगा और केतु भी खाना नंबर 9 में मंदा ही गिना जाएगा। लेकिन जब ये दोनों खाना नंबर 9 में मुश्तरका बैठेंगे तो इनका फल उत्तम ही होगा। बुध खाना नंबर 3 या शुक्कर खाना नंबर 9 में मंदा और मंगल–बद का असर देते हैं लेकिन अगर टेवे में मंगल–बुध मुश्तरका शुक्कर से पहले घरों में हों तो बुध अपनी नाली की दृष्टि के उसूल (सिद्धान्त) पर मंगल और शुक्कर को बाहम (परस्पर) मिला देगा, जिससे टेवे वाला इंसान लावल्द (संतानहीन) नहीं होगा, चाहे वे सभी ग्रह मिलकर लावल्द का योग क्यों न बना रहे हों। शुक्कर–केतु मुश्तरका अगर खाना नंबर 1 में हों तो मर्द औलाद पैदा करने में नाकाबिल (असमर्थ) होगा।

नोट– बुध की नाली का उसूल आगे ''बुध'' के फलादेश में देखें। केतु खाना नंबर 1 में हो तो सूरज को उच्च कर देता है। चाहे सूरज कितना ही मंदा क्यों न हो? दूसरी ओर शुक्कर खाना नंबर 1 में सदाबहार फूल कहलाता है।

(4) प्रस्तुत पुस्तक में मुश्तरका ग्रहों के जो भी जायज उसूल हो सकते हैं वे ही दिए गए हैं। फलादेश देखने के लिए निम्नलिखित तरतीब (क्रम) अपनानी होगी।

(i) ग्रह मुश्तरका – 7 ग्रह, (ii) ग्रह मुश्तरका – 6 ग्रह

(iii) ग्रह मुश्तरका – 5 ग्रह, (iv) ग्रह मुश्तरका – 4 ग्रह

(v) ग्रह मुश्तरका – 3 ग्रह, (vi) ग्रह मुश्तरका – 2 ग्रह

और फिर सबसे आखिरी में अलैहदा–अलैहदा (अलग–अलग) या अकेले–अकेले ग्रह। यह सभी फलादेश पुस्तक में दिए गए हैं, अगर कोई मुश्तरका ग्रह का फल पुस्तक में न दिया हो तो मनमर्जी से किन्हीं ग्रहों का मुश्तरका फलादेश करना वाजिब (उचित) नहीं होगा। इससे फलादेश गलत भी हो सकता है।

(5) पुस्तक में आगे जगह–जगह हिदायत दी गई है कि इंसान गोश्त न खाये, शराब न पिये, झूठ न बोले, बेईमानी या धोखेबाजी न करे, या बदचलनी का आदी न हो, ऐसी अगर किसी इंसान के लिए हिदायत दी गई है या इनमें से कोई एक भी हिदायत दी गई है तो इसका मतलब यह समझें कि ऐसे इंसान में वह आदतें या कमियां होंगी तभी लाल किताब ने उनको ऐसी हिदायत दी हैं। जब कहा जाए कि माता का खानदान मातमी हालत में होगा तो इसका मतलब होगा कि मामा की तरफ का खानदान बरबाद और तबाह होगा और उसकी नस्लें (पीढ़ियां) घटती जाएंगी। इसी तरह जब कहा कि इंसान की उम्र बहुत लम्बी है तो मुराद होगी कि उसके घर में सब लोग मर जाएंगे और वह सबसे बाद में मरेगा। मतलब यह मानें कि किताब में दिए गए सभी लफ़्जों को शान्ति से पढ़ें उसके बाद फलादेश करें।

फलादेश के लिए बुनियादी उसूल

कुंडली में घर का मालिक ग्रह अलग होता है और बहैसियत पक्का घर कोई और ग्रह होता है। अगर कुंडली के हर खाने को एक मकान मान लें तो मामला कुछ इस तरह होगा।

(i) मालिक ग्रह– उस खाने का मालिक ग्रह इस मकान की जमीन होगा।

(ii) पक्का घर– उस खाने का पक्के घर का ग्रह उस मकान की इमारत होगा। इस तरह किसी खाने का 'मालिक ग्रह' जमीन और बहैसियत 'पक्का घर का ग्रह' इमारत, इन दोनों ग्रहों की बाहमी (आपसी) दोस्ती और दुश्मनी का असर उस खाने के फलादेश पर पड़ेगा। अगर ये दोनों ग्रह बाहमी दुश्मन हैं तो इस खाने को अपनी दुश्मनी में बरबाद कर देंगे और अगर बाहमी दोस्त हैं तो उत्तम दर्जे का नेक असर देंगे। इन दो ग्रहों के अलावा कोई एक तीसरा 'ग्रहचाली' जो गर्दिश के हिसाब से उस घर में आ जाता है, अपनी बाहमी दोस्ती और दुश्मनी का असर उन दो ग्रहों के सापेक्ष सम्बन्धित खाने पर डालेगा। मिसाल (उदाहरण) के तौर पर–

(1) खाना नंबर 11 के लिए मालिक ग्रह सनीचर और बहैसियत पक्का घर बृहस्पत होता है। अगर इस घर में राहु बैठे तो असर में तब्दीली हो जाएगी। खाना नंबर 11 में जमीन का मालिक सनीचर है, जिसकी जमीन पर बृहस्पत की इमारत खडी हुई है या यूं कहें कि लोहे, कंकड़, पत्थर (सनीचर) की जमीन पर 'ज़र्द रंग' सोने (बृहस्पत) का बड़ा–सा महल बना हुआ है। अब इस महल में बृहस्पत की धर्म अदालत की जगह राहु का दरबार लगना (ग्रहचाली) शुरू हो गया। राहु सनीचर का एजेंट और बदी (बुराई) का ताल्लुकदार (रिश्तेदार) है। अगर सनीचर मकान बनाने वाला काला मिस्त्री है तो बृहस्पत पीले रंग का भण्डारी (सुनार) या पूजा–पाठ करने वाला प्राणी है। इनकी (सनीचर–बृहस्पत) राजधानी पर राहु का राज आना मानो नीले रंग का हाथी भूचाल पैदा कर रहा हो। धीरे–धीरे राहु की वजह से इस इमारत का रंग जर्द (पीले) से स्याह (काला) और फिर नीला होने लगा फिर पता नहीं चला कि इमारत गई कहां? धर्म, पूजा का नाम ही नहीं, हर तरफ बदी का पहरा हो गया। जर्द रंग से स्याह रंग मिलने पर 'सब्ज रंग' (बुध) पर स्याह रंग (सनीचर) का जहर (सनीचर) चमकने लगा और जर्द रंग (बृहस्पत) नष्ट हो गया। आकाश (बुध) में धुआं (राहु) भर गया और राहु की बदी (बुराई) ज़ोर मारने लगी। इसलिए आगे फलादेश देखने पर मालूम होगा कि जहां राहु खाना नंबर 11 का फलादेश दिया है वहां पर इसके उपाय में जिस्म पर सोना कायम (पहनना) करना मददगार बताया गया है। इसी तरह राहु–बृहस्पत मुश्तरका अगर हों तो इसका फल मस्नूई (बनावटी) बुध (खाली आकाश) की तरह होगा। जिस तरह ऊपर फलादेश दिया गया है, उसी तरह मजमून (विषय) की असलियत को समझकर ध्यानपूर्वक गहराई से सोचकर ही फलादेश करना होगा। ग्रहों के व्यक्तित्व को समझने के लिए सभी ग्रहों के अपने स्वभाव और अलग–अलग खानों में ग्रह का असर आगे दिया गया है।

चित्र 257: ब्रह्मा जी महाराज–दोनों जहां और त्रैलोकी के मालिक

विधाता-जगद्गुरु- ब्रह्माजी महाराज

दो रंगी दुनिया के रंग दोनों देखो, मगर आंख दुख जाए अपनी न देखो।

बृहस्पत को हवा कहा गया है। हवा इंसान की बंद और खुली मुट्ठी में, जमीन और आकाश में आ जा सकने वाली, ब्रह्मांड और इंसान के अन्दर–बाहर घूमने वाली होती है। इस हवा को ग्रह मंडल में बृहस्पत कहा जाता है। बृहस्पत कुदरत के द्वारा दी गई किस्मत और पिछले जनमों का भेद और इंसान के पूरे जीवन–चक्र में किस्मत के भेदों (राज) का खजाना अपने अन्दर छिपाए रखने वाला ग्रह है। बृहस्पत ग्रह को गुरु और गैबी (दैवीय) ताकतों का मालिक माना जाता है। ख्वाह (चाहे) बृहस्पत का असर राजा अथवा फकीर के समान हो या लंका जैसे सोने के राज्य को दान दे देने वाले दानवीर अथवा सारे जमाने के चोर अथवा बेईमान साधु जैसा क्यों न हो मगर उसका बुरा असर शुरू होने की निशानी (पहचान) हमेशा सनीचर के मंदे असर के जरिये शुरू होगी, इसलिए वहम (संदेह) न हो कि सनीचर के असर को बृहस्पत

का असर समझ बैठें। मतलब आंख का दर्द, मकानों व मशीनों की खराबियां, दुश्मन का वार या सांप का जहर, धोखाधड़ी या जहमत (मुसीबत) और बीमारियां वगैरह सनीचर के मंदे असर के कुछ नमूने हैं। लेकिन संभव है कि ये असर बृहस्पत के वक्त में जाहिर हो। बृहस्पत दो–रंगी दुनिया का असर दिखाने वाला ग्रह है। मसलन बेईमान (जिसका धर्म ईमान न हो) साधु जो ऊपर कुछ और अन्दर कुछ और होगा। बृहस्पत का नेक असर खुद बृहस्पत की चीजों, रिश्तेदारों और कारोबार (व्यापार) के जरिए (माध्यम से) जाहिर होगा। बृहस्पत के असर की दोरंगी दुनिया मानो एक मूंछ काली तो दूसरी मूंछ सफेद है।

बृहस्पत के असर की दोरंगी दुनिया

बृहस्पत खाना नंबर	नेक हालत में असर	मंदी हालत में असर
1	नामी (प्रसिद्ध) राजा।	निर्धन, फकीर।
2	सबको तारने वाला जगद्गुरु।	अपना ही खानदान तबाह करने वाला, कुलघाती।
3	शेरों का शिकार करने वाला बहादुर शिकारी	कायर, मनहूस, मंदे भाग्य वाला।
4	राजा इन्द्र और विक्रमादित्य जैसा प्रसिद्ध और प्रतापी	खुद ही अपना नाश करने वाला।
5	औलाद के जनम से समृद्ध।	औलाद पेट से ही मुर्दा पैदा होगी।
6	बिना मांगे सब कुछ पाने वाला हो।	गरीबी और मंदी की मार से हरदम सांस रुकती हो।
7	धर्म पर राह करने वाला मुखिया और धर्मी।	जिसका भला करेगा वह भी दुखिया ही होगा।
8	सोने की लंका तक का दानी।	दौलत से भरा खजाना भी राख हो जाए।
9	बुजुर्गों का दिया हुआ दमकता सोना।	किस्मत रेत की चमक जैसी भी न हो।
10	किस्मत खोटी करने के काम भी करे तो भी मिट्टी सोना दे।	गरीब, दुखिया, होगा।
11	सांप भी सलाम करे।	कफन तक पराया हो।
12	दरिया की तरह घर में दौलत बढ़ती चली जाए।	राजधानी का मालिक होकर भी बरतने का मौका न मिले।

हवा (बृहस्पत) में मिलावट का असर

ऊंच राहु या पहले बैठा, आया तरफ बृहस्पत पहली का
बृहस्पत मालिक हो दो जहां का, ताकत गैबी और रुहानी का
दीगर हाल में बृहस्पत गृहस्थी, मालिक जहां इक होता है
माया, दौलत का बन्दा गुलामी, ताकत रुहानी छोड़ता है

(1) नर ग्रहों (सूरज, मंगल), के साथ बैठने या दृष्टि वगैरह के जरिये ताल्लुक (सम्बन्ध) बनाने से मामूली तांबा भी सोने का काम करेगा।

(2) स्त्री ग्रहों (शुक्कर, चन्द्र) के साथ बैठने या दृष्टि वगैरह के जरिये ताल्लुक बनाने से मिट्टी वाला 'गदैला' पानी भी उत्तम दूध की तरह काम करेगा।

(3) जब तक बृहस्पत का सहयोग न होगा, तब तक तमाम ग्रहों में मिलने–जुलने या दृष्टि पैदा करने की ताकत न होगी।

(4) पापी ग्रह (राहु, केतु, सनीचर) अगर टेवे में मंदे हों तो बृहस्पत सोने के असर की जगह पीतल और मिट्टी का असर देगा। इसी तरह हवा की जगह जहरीली गैस का (मंदा) असर देगा।

(5) खाना नंबर 12 का मालिक ग्रह बृहस्पत और राहु दोनों होते हैं। बृहस्पत दोनों जहां का मालिक अर्थात् दैवीय और बाहरी दुनिया दोनों का मालिक है। इन दोनों जहां में दाखिल (प्रवेश) होने के लिए राहु का नीले रंग का दरवाजा है। जैसा यह दरवाजा होगा वैसा ही 'हवा' (बृहस्पत) के आने का रास्ता होगा। अगर राहु टेढ़ी चाल चलने वाला हाथी, कड़वा धुआं जिससे सांस ही रुक जाए या पाताल में चलने वाले भूचाल की तरह जमीन को हिलाता रहे तो बृहस्पत अच्छा हो भी कैसे सकता है। लेकिन अगर राहु मददगार दरवाजे का काम करे तो बृहस्पत कभी बुरा न होगा।

(6) किसी भी खाने में अकेला बैठा बृहस्पत चाहे कितना ही मंदा क्यों न हो, लेकिन मंदा असर हरगिज न देगा।

(7) बृहस्पत अगर टेवे में बरबाद (दूसरे ग्रहों के प्रभाव से असरहीन) हो जाए तो वह आम हालात के असर के लिए बुध गिना जाएगा (पीला रंग+नीला रंग = हरा रंग) जिसका फलादेश बुध के स्वभाव की तरह किया जाएगा।

(8) बृहस्पत के दुश्मन ग्रह शुक्कर और बुध हैं। पापी ग्रह सनीचर अगर राहु या केतु से सम्बन्ध बनाता है तो बृहस्पत का दुश्मन माना जाएगा।

(9) दुश्मन ग्रहों के वक्त मंदा असर हो जाने की हालत में बृहस्पत लगभग बुध का असर देगा। और बृहस्पत के मंदा असर का उपाय हो सकेगा। जिसके लिए साथी ग्रह (फरमान नंबर 6 में विस्तृत वर्णन देखें) का उपाय मददगार होगा।

(10) ग्रह–मण्डल में तमाम ग्रहों में छेड़छाड़ कराने वाले पाप ग्रहों (राहु–केतु) को चलाने वाला ग्रह बृहस्पत है। मानो राहु–केतु की पाप करने की नीयत से पहले ही बृहस्पत इनकी शरारत को भांप जाएगा और अपनी चीजों के जरिए खबर दे देगा, जिसके लिए ख्याल रहे कि–

असर जलता दो जहान का, ग्रहण दुश्मन साथी जो
चोर बनता छः ता (से) ग्यारह मंगल टेवे जहरी जो

जब बृहस्पत के दोनों जहानों (दैवीय और बाहरी) की ताकतें जल रहीं हों अर्थात् राहु–सूरज मुश्तरका होकर ग्रहण बना रहे हों या चन्द्र–केतु मुश्तरका ग्रहण दिखा रहे हों और बृहस्पत खाना नंबर 6 से 11 के बीच किसी भी खाने में हो, तो बृहस्पत चोर गिना जाएगा और मंगल टेवे में मंगल–बद का जहरीला असर देने वाला होगा।

बृहस्पत की दूसरे ग्रहों को मदद

(1) अगर बृहस्पत खाना नंबर 1 से 5 में हो तो सूरज और सनीचर दोनों को बृहस्पत मदद देगा।

(2) अगर बृहस्पत खाना नंबर 6 से खाना नंबर 11 में बृहस्पत हो तो सनीचर को बृहस्पत मदद देगा।

(3) अगर बृहस्पत खाना नंबर 12 में हो तो सनीचर और सूरज दोनों को ही बृहस्पत मदद करेगा।

नोट– ***खाना नंबर 2, 9, 11, 5 में बुध-राहु मुश्तरका या अलग-अलग हों तो बृहस्पत का असर मंदा ही होगा।***

आम हालात बारह घरों में

इल्म आयु घर पहले सोना, बृहस्पत जगत घर दूसरा हो
शेर गरजता तीजे माना, भला बैठ बुध जब तक हो
चौथे विक्रमी तख्त बत्तीसी, पांच पूर्ण ब्रह्म होता हो
छठे मिले हर चीज जो मुफ़्ती, दुखिया बेटे घर सात का हो
भाग्य उदय आठ उम्र हो लम्बी, योगी नौवें खुद बनता हो
दसवें कभी धन, अक्ल हो कितनी, धर्म-करम घर ग्यारह हो
पाप हाल पर रात की निद्रा, गृहस्थ सुखी घर बारह जो
काम छोड़े जब राम भरोसे, दुश्मन वैरी सर कटता हो

(1) यदि लगन या खाना नंबर 1 में बृहस्पत जागता हो (कायम भी हो) तो उम्र, दौलत और तालीम (विद्या) देने वाला होगा।

(2) बृहस्पत खाना नंबर 2 में हो और खाना नंबर 8 खाली हो तो बृहस्पत का रुहानी (दैवीय) असर उत्तम होगा।

(3) अगर खाना नंबर 3 में बृहस्पत हो और टेवे में बुध अच्छी स्थिति में हो तो खाना नंबर 3 में बृहस्पत गरजता हुआ शेर की तरह होगा।

(4) खाना नंबर 4 में बृहस्पत (उच्च) हो तो उसका प्रभाव इन्द्र या सिंहासन पर बैठे राजा की तरह होगा।

(5) बृहस्पत खाना नंबर 5 में हो तो पूर्ण ब्रह्म को देने वाला होता है।

(6) खाना नंबर 6 में बृहस्पत हो तो हर चीज मुफ़्त (निःशुल्क) में मिल जाती है। संभवतः इसका यह भी तात्पर्य हो सकता है कि चीज का मूल्य न देना, अर्थात् कर्ज लेना या खैरात लेना।

(7) खाना नंबर 7 में बृहस्पत हो तो औलाद दुखिया होती है।

(8) खाना नंबर 8 का बृहस्पत इंसान का जल्दी भाग्योदय करता है और लम्बी उम्र देता है।

(9) खाना नंबर 9 में बृहस्पत हो तो इंसान योगी कहलाएगा या उसका व्यवहार और स्वभाव योगियों की तरह होगा।

(10) खाना नंबर 10 में बृहस्पत हो तो दौलत (धन) और अक्ल (बुद्धि) की कमी करेगा।

(11) खाना नंबर 11 का बृहस्पत टेवे वाले इंसान से धर्म–करम करवाता है।

(12) खाना नंबर 12 में बृहस्पत पाप ग्रहों के साथ हो तो रात की नींद का सुख और अगर अकेला खाना नंबर 12 में कायम हो तो गृहस्थ सुख देने वाला होगा।

बृहस्पत के खाने और ग्रहों का सम्बन्ध

खाना नंबर 2— यह खाना धर्म स्थान कहलाता है, जहां धर्म के कारोबार (पूजा—पाठ, प्रवचन, कीर्तन वगैरह) होते हों।

खाना नंबर 11— धर्म अदालत, वह स्थान जहां धर्म के द्वारा न्याय हो या खुद बहैसियत धर्म अदालत में बैठकर इंसाफ करना।

खाना नंबर 12— समाधि लगाने का घर, दैवीय कृपा के लिए परलोक की हवा।

खाना नंबर 5— औलाद का धर्म, औलाद के खून में धर्म और सोने का जुज (अंश) पैदा करने वाला गृहस्थ (परिवार) का मालिक।

खाना नंबर 9— बुजुर्गों का धर्म, धर्म मर्यादा की हवा या खानदानी खून में दोनों जहानों के धर्म की नाली। बुजुर्गों की हैसियत सोने की खान के समान करने की ताकत रखने वाला। बुजुर्गों की हालत सुनहरे (सोने जैसा) खून और सोने की जमीन जैसी करने की ताकत रखने वाला।

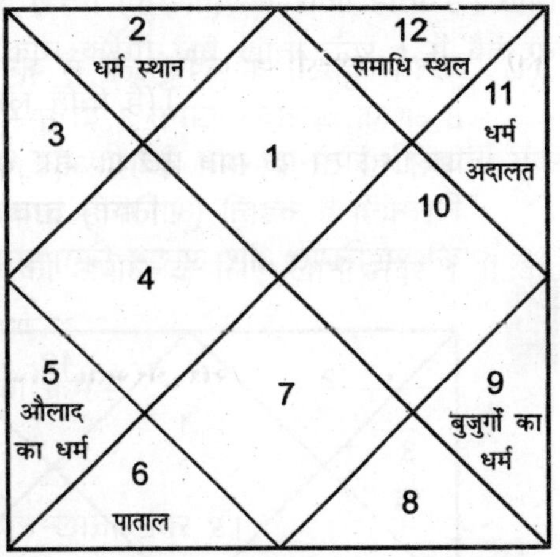

2 धर्म स्थान | 12 समाधि स्थल | 11 धर्म अदालत | 3 | 1 | 10 | 4 | 5 औलाद का धर्म | 7 | 9 बुजुर्गों का धर्म | 6 पाताल | 8

चित्र 258:

बंद मुट्ठी के खानों में बैठा बृहस्पत— टेवे वाले की जान और जिस्म जिसके लिए कुदरत से लाई हुई किस्मत का भेद (रहस्य), सच्ची और गैर—सच्ची मोहब्बत की ताकत, अपने जिस्म की ताकत और इस दुनिया से सम्बन्धित अन्दरूनी ताकत की बरकत देगा।

खाना नंबर 1 से 5 में और 12 में बैठा बृहस्पत— सोने के समान उत्तम, मददगार और आराम देने वाला बृहस्पत उम्दा फल देगा।

खाना नंबर 6 से 11 में बैठा बृहस्पत— लोहे के समान निर्धन, जहरीला और दुखी करने वाला मंदी हालत का फल देगा।

बृहस्पत त्रिकोण के घरों (3, 5, 9, 11) में— बैरूनी (विदेशी) चाल, दूसरों से व्यवहार, जनम से पहले के खजाने का भेद (रहस्य), दूसरे (अगले) जहान में साथ ले जाने की चीज को हासिल करने की ताकत के सम्बन्ध में कुदरत का करिश्मा।

दैवीय और बाहरी दरवाजे (2, 8, 12) का बृहस्पत— माली (आर्थिक) स्थिति से सम्बन्धित आमतौर पर हल्का ही असर देगा मगर रुहानी ताकत के सम्बन्ध में उत्तम और जागती किस्मत वाला होगा और संपूर्ण जीवन और दोनों जहानों में मध्यम अवस्था ही रहेगी।

बृहस्पत खाना नंबर 6 (पाताल) में— जमाने की उलझनों से जकड़ा हुआ, साधारण साधु अथवा किस्मत के चक्कर में घूमते हुए गृहणी की तरह सांस लेगा।

जब चन्द्र नेक हो तो बृहस्पत का असर— गुजरे जमाने (पुरातत्त्वविद), हवाई मदद (ईश्वरीय) और प्राकृतिक रूप से बनी चीजों का उत्तम असर होगा।

जब सूरज नेक हो तो बृहस्पत का असर— आने वाले वाकियातों (भविष्य की घटनाओं) की जानकारी और राजा वाला प्रभाव होगा। जनता की मदद, खुद अपना और औलाद का हाल उत्तम होगा।

जब मंगल–नेक हो तो बृहस्पत का असर– गुजरे हुए जमाने (भूतकाल), अपने और बेगाने, तमाम दुनिया के यार दोस्त और भाई–बन्धु की मदद (सहायता) का उत्तम असर होगा।

विशेष फलादेश

(1) जनम–कुंडली या वर्षकुंडली में जब राहु उत्तम हो उच्च हो या बृहस्पत से पहले घरों में (1 से 6 या 8 अथवा खासकर खाना 3 या 6 में) हो और बृहस्पत के दोस्त ग्रह (सूरज, चन्द्र, मंगल) उत्तम असर वाले हों तो बृहस्पत दैवीय और बाहरी दुनिया, बैरूनी (विदेशी) हालत, सच्ची और झूठी मोहब्बत, जिस्मानी व रुहानी (आत्मिक) ताकत, अपनी किस्मत और दूसरों की मदद में बरकत देगा। हर तरह की सहूलियत और आराम बिना प्रयास के मिलेगा। देखें चित्र 259।

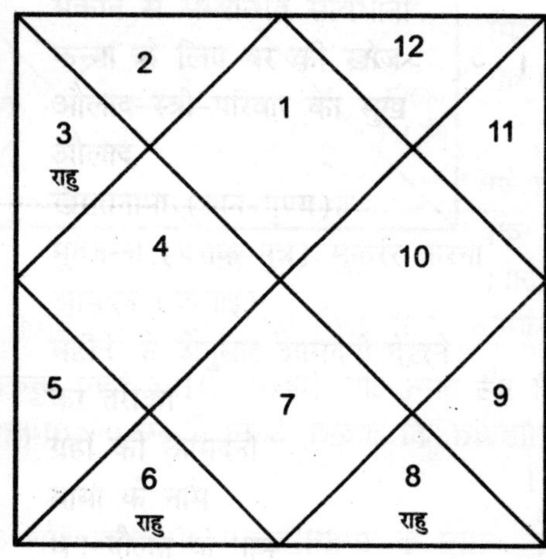

चित्र 259:

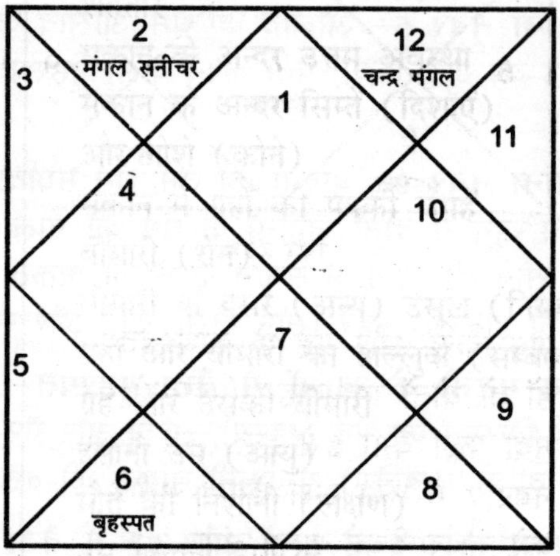

2
मंगल सनीचर
12
चन्द्र मंगल
3
1
11
4
10
7
5
9
6
बृहस्पत
8

चित्र 260:

(2) किसी इंसान के टेवे में सूरज–सनीचर मुश्तरका (मंगल–बद) और बृहस्पत खाना नंबर 6 से 11 में हो तो बृहस्पत सोने की चोरी (साधु बनकर) का काम करेगा। रास्तों में उलझनें और विपरीत हवा की तरह मंदा असर देगा। इस असर से पहले सनीचर की मुतअल्लिक (सम्बन्धित) चीजों का असर पहले जाहिर होगा।

(3) जब टेवे में सूर्यग्रहण (राहु–सूरज मुश्तरका) अथवा चन्द्रग्रहण (चन्द्र–केतु मुश्तरका) हो तो बृहस्पत का असर मंदा और मायूस (हताश) कर देने वाला होगा। जिस घर से दृष्टि का ताल्लुक (सम्बन्ध) हो वहां पर भी बेउम्मीदी और तनाव से भरी हुई जिन्दगी का असर जाहिर होगा। सूर्यग्रहण में रोशनी तो होती है लेकिन धूप की गर्मी नहीं होती। इंसान की किस्मत और कारोबार में ग्रहण के साथ बर्फानी हवा (बृहस्पत) का असर मंदा और दुर्भाग्यपूर्ण होगा।

(4) मंगल–सनीचर (राहु) या चन्द्र–मंगल अगर बृहस्पत को किसी भी दृष्टि सम्बन्ध के आधार पर देखते हों अथवा सामुद्रिक (हस्तरेखा) में उम्र (जीवन) रेखा के साथ कोई दूसरी रेखा भी चल रही हो तो दूसरों की मदद से उत्तम फल मिलेंगे। देखें चित्र 260।

बृहस्पत का सनीचर से ताल्लुक

(1) सनीचर खाना नंबर 1 और बृहस्पत खाना नंबर 6, 7 में हो अथवा बृहस्पत खाना नंबर 1 और सनीचर खाना नंबर 3, 6, 9 में हो तो हाथ में धन–रेखा (भाग्य रेखा) होगी जो शादी के दिन से आगे बढ़ना

शुरू करेगी और तब तक बढ़ेगी जब तक वर्षफल में सनीचर या बृहस्पत में से कोई भी एक या दोनों नीच न हो जाएं। देखें चित्र 261 और 262।

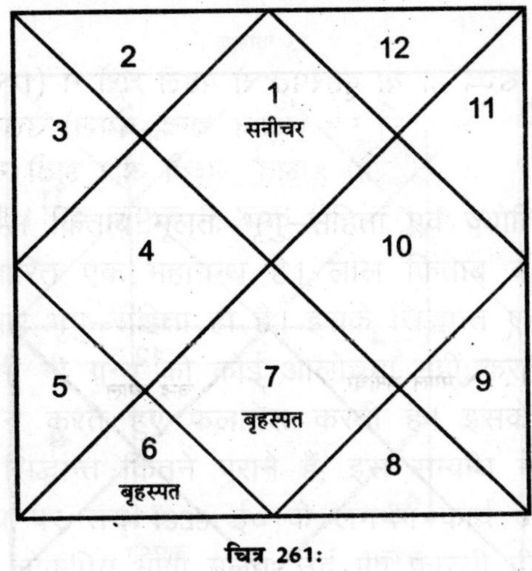

चित्र 261:

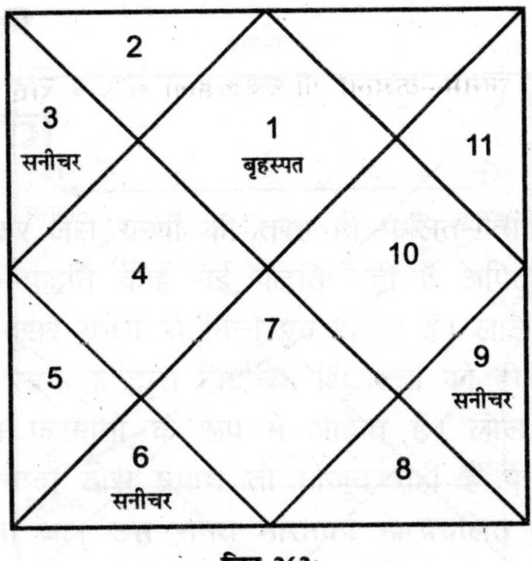

चित्र 262:

(2) जब किसी और ग्रह के साथ बैठकर सनीचर, बृहस्पत को देखे मगर टेवे में दोनों अलग–अलग बैठे हों तो दोनों ग्रह बाहम (परस्पर) बराबर होंगे। ऐसे में बृहस्पत मंदा फल देगा। बृहस्पत किन घरों में मंदा फल देगा इसे इस तरह देखा जा सकता है। सनीचर खाना नंबर 1 में हो तो बृहस्पत खाना नंबर 7 में मंदा फल देगा। सनीचर खाना नंबर 2 में हो तो बृहस्पत खाना नंबर 8, 12 में मंदा फल करेगा। सनीचर खाना नंबर 3 में हो तो बृहस्पत 2, 5, 9, 11 में, सनीचर खाना 4, 2, 8, 10, 11 में हो तो बृहस्पत 2, 3, 4, 5 में मंदा असर देगा। मंदे असर को कम करने के लिए सनीचर की अश्या (चीजें) धर्म स्थान में रखें।

(3) अगर सनीचर खाना नंबर 5 से 9 और खाना नंबर 11 से 12 में अकेला बैठा हो और बृहस्पत भी टेवे में अकेला बैठा हो तो बृहस्पत बुरा असर नहीं देगा।

(4) बृहस्पत हवा और सनीचर पहाड़ होगा जब मानसूनी हवा पहाड़ से टकराएगी तो मुफीद (उपयोगी या हितकारी) बारिश करेगी लेकिन अगर हवा अनुपयोगी होकर बारिश करेगी तो सनीचर के मकान बिकवा देगी और सनीचर के पहाड़ों को पीस कर रख देगी। जिसकी वजह शुक्कर (परस्त्री या परपुरुष), बुध (जुबान से पलटना) और राहु (षड्यन्त्र) के माध्यम से बृहस्पत की उल्टी हवा (अनुपयोगी) होगी।

(5) खाना नंबर 1 और खाना नंबर 6 में सनीचर होने के वक्त बृहस्पत का असर मंदा गिना जाएगा। खाना नंबर 6 में सनीचर शक्की गिना जाएगा, लेकिन ऐसे वक्त बृहस्पत का असर जरूर मंदा होगा। मंदे असर के वक्त सनीचर की अश्या (नारियल या बादाम) चलते पानी में बहाना मुबारक होगा।

(6) सनीचर पहले घरों में और बृहस्पत बाद के घरों में हों तो बृहस्पत की यह मानसूनी हवाएं खाली चली जाएंगी, लेकिन अगर बृहस्पत, सनीचर से पहले घरों में हो तो यह मानसूनी हवाएं सनीचर के पहाड़ों पर बरसात कर देंगी।

(7) अगर बृहस्पत, सनीचर को पचास फीसदी दृष्टि से देखता हो तो टेवे वाला इंसान जादूगर या तांत्रिक होगा। मसलन–

(i) खाना नंबर 5 में बृहस्पत और खाना नंबर 9 में सनीचर हो। देखें चित्र 263।

(ii) खाना नंबर 3 में बृहस्पत और खाना नंबर 9 या 11 में सनीचर हो। देखें चित्र 263।

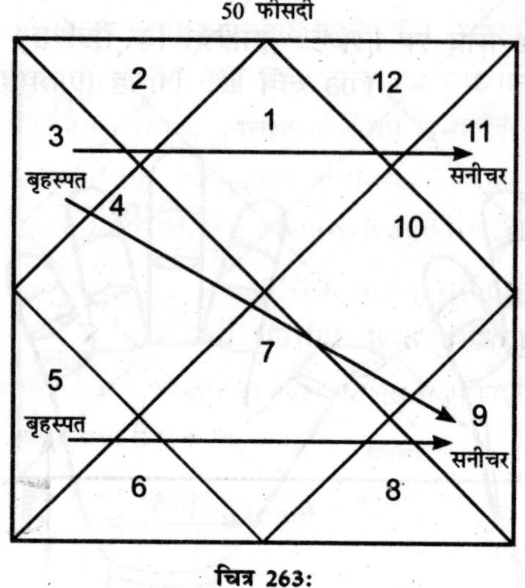

चित्र 263:

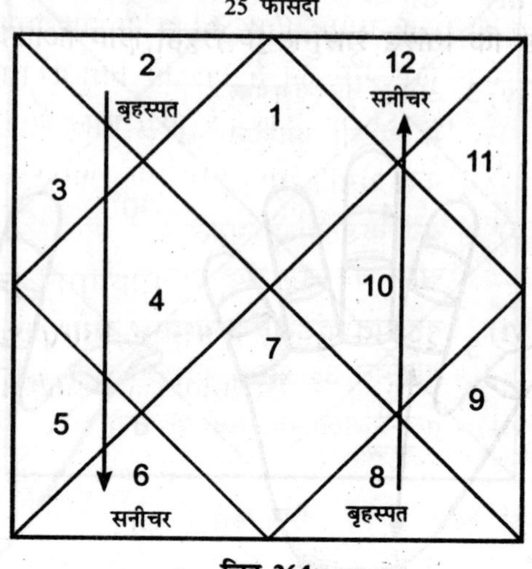

चित्र 264:

(8) अगर बृहस्पत, सनीचर को पच्चीस फीसदी नजर से देखता है तो टेवे वाला इंसान योग–अभ्यास का मालिक (योगाभ्यासी) होगा। मसलन–

(i) खाना नंबर 2 में बृहस्पत और खाना नंबर 6 में सनीचर हो। देखें चित्र 264।

(ii) खाना नंबर 8 में बृहस्पत और खाना नंबर 12 में सनीचर हो। देखें चित्र 264।

(9) अगर टेवे में सनीचर बृहस्पत को देखता हो तो–

उम्र सनीचर में पिता पे भारी, मकान सनीचर जब बनता हो।
चश्मा चन्द्र धन हर दम जारी, जमीन चन्द्र जर रखता हो।

अगर एक हो खाना नंबर 2 और दूसरा हो खाना नंबर 9 में। इसी तरह एक खाना नंबर 5 और दूसरा खाना नंबर 12 में हो तो ऐसा होने पर दृष्टि सम्बन्ध बनता है। (देखें फरमान नंबर 8, टकराव की दृष्टि)। जब मकान बनेगा (सनीचर के असर से) तो पिता पर भारी होगा। जिस्म में कमजोरी और धन दौलत की मंदी हालत होगी। सनीचर की उम्र 9, 18, 36 साल में बृहस्पत मंदा होगा। घर में लोहे का ताला (बंद मकान), मंदे भाग्य और सनीचर के मंदे असर की पहचान देगा।

बृहस्पत का केतु से ताल्लुक–

जब बृहस्पत और केतु दोनों अलैहदा–अलैहदा (अलग–अलग) हों और इसके साथ ही–

(i) केतु पहले घरों में और बृहस्पत बाद के घरों में बैठा हो तो बृहस्पत का असर मंदा होगा।

(ii) बृहस्पत पहले घरों में हो और केतु बाद के घरों में हो तो चन्द्र का असर खराब होगा।

बुध से बृहस्पत का ताल्लुक–

(i) बृहस्पत के साथ बुध हो अथवा बृहस्पत की दृष्टि में बुध हो तो बृहस्पत का नाश होगा।

(ii) अगर खाना नंबर 2, 4 में बुध अकेला हो अथवा बृहस्पत–बुध मुश्तरका हों तो ऐसे वक्त बुध, बृहस्पत से दुश्मनी करने के बजाय हमेशा नेक असर देगा। खासकर धन–दौलत के मामले में कभी मंदा असर नहीं देगा।

(iii) उम्र के हिसाब से बृहस्पत और बुध का मिला जुला असर इस तरह से होगा।

(iv) अगर बृहस्पत कुंडली के पहले घरों (1 से 6) में हो तो बृहस्पत 34 साल की उम्र तक अच्छा फल देगा।

(v) बुध कुंडली के पहले घरों में हो तो बुध का 34 साल की उम्र तक अच्छा असर होगा।

(vi) बृहस्पत कुंडली के बाद के घरों (7 से 12) में हो तो बृहस्पत 34 साल की उम्र तक मंदा फल देगा।

(vii) बुध कुंडली के बाद के घरों में हो तो बुध का 34 साल की उम्र तक मंदा फल होगा।

चित्र 265:

बुध और बृहस्पत एक दूसरे को आपस में किसी तरह भी देख रहे हों तो बृहस्पत का असर मंदा होगा। ऐसे वक्त में बुध फौरन बृहस्पत को अपने दायरे में बांध लेगा। बृहस्पत का नकारात्मक फल निम्नलिखित हालत होने पर नेक होगा।

(i) बृहस्पत वर्षफल के अनुसार अपनी ग्रहचाल में सनीचर या सूरज के घरों (5, 10, 11) में आ निकले।

(ii) वर्षफल में सूरज या सनीचर में से कोई भी बृहस्पत के घरों (2, 5, 9, 12) में आ निकले।

(iii) सनीचर जब खाना नंबर 5 में आए और साथ ही सूरज भी खाना नंबर 2, 5, 9, 12 में आ जाए।

नोट– ***उपर्युक्त बिन्दुओं में बताया गया है कि बृहस्पत का नेक असर केवल उसी स्थिति में जाहिर होगा जब टेवे में सूरज या चन्द्र या सनीचर में से कोई एक भी नेक स्थिति में हो।***

बृहस्पत खाना नंबर 1

(राजगुरु) (नामवर राजा)

इल्म राज तेरा खजाने की चाभी
फकीरी मुकम्मल या देगा नवाबी
एक ही वक्त पर पैदा हुए थे दो बिरादर
एक शाह ताजोर है दूजा गदा बना है
इल्म बड़ा या पदवी कोई, लम्बी उम्र धन कुदरती हो
श्राप देवें ऋण पितर टेवे, बड़ा पढ़ा न कुल कोई हो
केतु, चन्द्र, बुध उम्दा होते, पितर, राजा, संन्यासी हो
रवि, सनीचर आठ-ग्यारह मंदे, बृहस्पत हुआ तब मिट्टी हो

(1) खाना नंबर 1 (इल्म शिक्षा, शास्त्र, हुनर) और सिंहासन का तख़्त है। इसलिए खाना नंबर 1 इल्म के द्वारा सिंहासन पर बैठने की चाभी है अर्थात् बृहस्पत खाना नंबर 1 के लिए "शिक्षा सफलता की कुंजी है" के समान होगा।

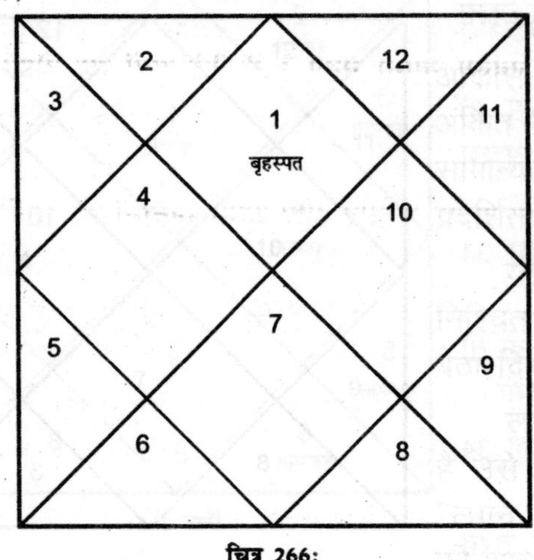

चित्र 266:

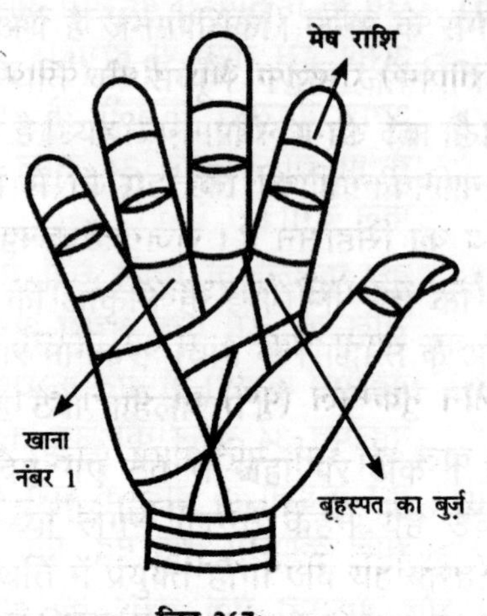

चित्र 267:

अगर बृहस्पत उम्दा असर देने वाला हो तो दौलतमंद और नवाबी ठाठ वाला बना देगा और अगर मंदा है तो पूरी तरह से फकीर बना देने वाला गिना जाएगा।

(2) बृहस्पत अपनी दोरंगी दुनिया के लिए जाना जाता है अर्थात् एक तरफ की मूंछ काली हो और दूसरी ओर की सफेद हो। इसी लिहाज से एक वक्त पर पैदा हुए दो बच्चों या भाईयों के टेवे में बृहस्पत लगन (खाना नंबर 1) में ही होगा लेकिन ताज्जुब (आश्चर्य) नहीं कि एक ऊंचे पद पर बैठा कोई वजीर (अधिकारी) और दूसरा गदा (फकीर) के समान जीवन बिताने वाला इंसान हो। लेकिन अगर बृहस्पत उम्दा होगा तो उच्च तालीम (शिक्षा) जरूर उपलब्ध करायेगा और अगर तालीम अच्छी हुई तो निश्चित ही वह धन–दौलत, हुनर और लम्बी उम्र मुकर्रर कर देगा। अन्यथा मंदा असर देने के हालात में सभी तरह से फकीर बना देने वाला होगा।

(3) टेवे में खाना नंबर 2, 5, 9, 12 में अगर बुध, शुक्कर या राहु में से कोई हो अथवा पाप ग्रहों (राहु–केतु) के साथ बहैसियत पापी ग्रह सनीचर हो तो पितृ ऋण बनता है। यदि टेवे में पितृ ऋण बन रहा हो तो मानो पितरों का श्राप टेवे वाले इंसान पर पड़ रहा होगा। ऐसे में उच्च तालीम हासिल करने का हुनर पूरे कुल में न होगा अर्थात् पूरे कुल में कोई भी इंसान ऊंची तालीम हासिल नहीं कर रहा होगा।

(4) अगर टेवे में केतु, चन्द्र और बुध उम्दा हालत में हो तो उत्तम केतु के द्वारा 16 से 75 साल की उम्र तक इंसान सुखी और औलाद व धन से सम्पन्न होगा। चन्द्र उत्तम होगा तो बुढ़ापे में सुखी होगा। अगर बुध उत्तम हो तो राजा की तरह ठाठ होंगे या फिर संन्यासी ही होगा या फिर दोनों होगा।

(5) जब सनीचर और सूरज मंदे हों अथवा ऐसे घरों में हो जहां इनका असर मंदा गिना जाता है तब इनमें से कोई खाना नंबर 8 में हो तो अन्य सम्बन्धित रिश्तेदारों के लिए मंदा गिना जाएगा और अगर सनीचर या सूरज में से कोई खाना नंबर 11 में गया हुआ हो तो अपनी किस्मत के ताल्लुक (सम्बन्ध) में मंदा गिना जाएगा ऐसे में बृहस्पत मिट्टी की तरह फल देगा अर्थात् सभी कुछ (सनीचर और सूरज के ताल्लुक में) मिट्टी हो जाएगा।

(6) अपने दिमाग (बुद्धि) के इस्तेमाल या राजदरबारी (प्रशासनिक) दोस्तों की मदद से अपनी खुद की किस्मत बनाने वाला होगा।

(7) बृहस्पत की अश्या चीजों, रिश्तेदारों या कारोबार में किस्मत की मदद और ऊंच–नीच (अच्छी या बुरी) हालत का ब्यौरा (विवरण) खाना नंबर 11 की मदद से देखा जाएगा और दूसरे जहां का दुनियावी (सांसारिक) ताल्लुक और गैबी (दैवीय) और धार्मिक रहस्य खाना नंबर 8 में बैठे ग्रहों पर होगा।

(8) कुंडली का खाना नंबर 1, जीव और माया के मिलाप की जगह है और यह खाना, वक्त की हुकूमत के मालिक ग्रह का तख्त (राजसिंहासन) माना गया है। यह सिंहासन केवल दुनियावी–जहां रूपी राज्य का सिंहासन है। राजगुरु बृहस्पत खुद सोने का दाता, फकीर और दोनों जहानों का मालिक है इसलिए वह ऐसी (बादशाहत के तख्त की) बंदिशों में कम आएगा। लेकिन जनम–कुंडली के मुताबिक जब वह खाना नंबर 1 में आ जाएगा तो टेवे वाला इंसान दौलतमंद (धनी) जरूर होगा चाहे उसकी तालीम मुकम्मल (पूर्ण) हो या न हो।

(9) टेवे वाले की धर्म–मूर्ति माता (चन्द्र) और भगवान् शिव की तरह कम से कम 51 साल की उम्र तक अपनी दयालुता से उसे तारती और दुनिया में बुलंदी दिलाती रहेगी। चन्द्र से सम्बन्धित चीजें, कारोबार और रिश्तेदार मदद करेंगे।

(10) केतु से सम्बन्धित चीजें, कारोबार और रिश्तेदार मदद देंगे। औलाद नरीना (नर) के लिहाज से फल उत्तम होगा।

(11) शुक्कर से मुतअल्लिक (सम्बन्धित) चीजें, कारोबार और ताल्लुकदार के लिहाज से फल उत्तम होगा। स्त्री सुख मिलेगा।

(12) सूरज से मुतअल्लिक राजदरबार, अदालती मुकदमें या लड़ाई–झगड़े के लिहाज से नेक फल मिलेंगे। उम्दा सेहत और तंदुरुस्त शरीर होगा।

(13) सनीचर से मुतअल्लिक मकान, जायदाद वगैरह का अच्छा फल मिलेगा। आंख की रोशनी निकम्मी (धुंधली) या शक्की हालत की न होगी।

(14) स्वभाव में शेर के समान गुस्सा होगा मगर टेवे वाला साफ दिल का और नेक इंसान होगा। जो चालाकी को फौरन समझने और रोकने की हिम्मत वाला होगा।

(15) खाना नंबर 1 में बैठे बृहस्पत वाले इंसान के दुश्मनों की तादाद (संख्या) अधिक होगी। दुश्मन अधिक ताकतवर होंगे, संभव है कि खुदाई (तांत्रिक) ताकत भी रखते होंगे। लेकिन ऐसा इंसान बब्बर शेर होगा। क्योंकि खाना नंबर 1 का मालिक (मंगल) शेर है इसलिए खाना नंबर 1 का बृहस्पत, बब्बर शेर होगा। दुश्मन इन दोनों शेरों से डरे हुए और उनके अधीन होंगे। आखिर में फतह टेवे वाले इंसान की होगी।

(16) औलादों की उम्र के बीच 8 साल से ज्यादा का अंतर न होगा और अगर 8 साल से ज्यादा अन्तर हो जाए तो फिर औलाद न होगी।

(17) उम्र का हर आठवां साल तरक्की का नहीं होगा। ऐसे टेवे वाले का (खाना नंबर 1 का बृहस्पत) आशीर्वाद और वचन हमेशा पूरा होगा। लेकिन दूसरों को दिया हुआ श्राप और बददुआ से अपने आप को ही तबाह और बरबाद कर लेगा।

(18) अगर खाना नंबर 7 में कोई न कोई ग्रह जरूर हो और खाना नंबर 1 में बृहस्पत के दुश्मन ग्रह न हों अथवा उंगलियों की पोरों पर (दस में से) दो सदफ (शंख) हों तो ऐसे टेवे वाले इंसान की तालीम

उच्च दर्जे की होगी मगर दौलतमंद होगा इस बात की कोई शर्त (आश्वासन) नहीं होगी। दौलतमंद होने का फैसला सनीचर करेगा। इसी के साथ अगर बुध भी उम्दा हो और उंगलियों के पोरों पर एक चक्कर हो तो ऐसा इंसान कई प्रकार के इल्मों (हुनर) का जानकार और राजा के समान या उच्च अधिकारी होगा।

(19) जब केतु उम्दा हो और उंगलियों की पोर पर सिर्फ एक शंख हो तो बृहस्पत की उम्र 4, 8, 16 साल से वाल्दैन (माता–पिता) को सुख, संतुष्टि और मदद देने वाला होगा। जिसमें उसका अपना 75 साल उम्र के वक्त का हिस्सा शामिल होगा।

नोट– हस्तरेखा से सम्बन्धित दिए जा रहे पहचान चिन्हों या टेवे में ग्रहों की स्थितियों में से अगर कोई एक भी इंसान पर सही लागू होगा तो फलादेश किया जा सकता है लेकिन हस्तरेखा और कुंडली दोनों ही मिलें यह आवश्यक नहीं।

(20) अगर टेवे में चन्द्र उम्दा हो तो ज्यों–ज्यों उम्र बढ़ेगी, सुख बढ़ता चला जाएगा और नेक और उत्तम हालात पैदा होंगे। पूरे जीवन भर ऊंचे पद पर शाही जीवन जीने के बाद बुढ़ापे में लोगों के फायदे के लिए संन्यासी जिन्दगी बसर करेगा या उसकी मजबूरी उससे ऐसा करवाएगी। लेकिन नतीजा (परिणाम) उत्तम होगा।

(21) खाना नंबर 1, 2, 5, 9, 11, 12 में बृहस्पत के दुश्मन न हों और खाना नंबर 7 उम्दा हो तो बुजुर्गों की तरफ से उसे जायदाद में सोना मिलेगा।

(22) खाना नंबर 1, 2, 5, 9, 11, 12 में बृहस्पत के दुश्मन ग्रह (शुक्कर या बुध) न हों और खाना नंबर 11 उत्तम हो तो अपनी खुद की कमाई से दौलत और सामान की बरकत (उन्नति) करेगा। स्त्री पूजन, स्त्री प्रेम या सुन्दर स्त्री की पालना (सेवा) या गाय सेवा से फालतू (अतिरिक्त) धन प्राप्त होगा।

(23) खाना नंबर 7 खाली हो तो शुक्कर की मुतअल्लिक (सम्बन्धित) चीजों, शादी वगैरह को कायम करने के दिन से किस्मत बुलन्द होगी। उम्र के चौबीसवें, सत्ताईसवें या अट्ठाईसवें साल अगर अपनी खुद की या अपने किसी खून के रिश्तेदार की शादी करेगा अथवा अपना खुद का मकान बनवाएगा अथवा नरीना (नर) औलाद पैदा हो जाए तो वालिद (पिता) की उम्र पर भारी होगा। ऐसे में उपाय के लिहाज से मिट्टी में मंगल की अश्या (चीज) को दबाना मददगार साबित होगा।

(24) जब खाना नंबर 1, 2, 4 में सूरज, चन्द्र या मंगल में से कोई एक या ज्यादा ग्रह बैठे हों तो इंसान के द्वारा कमाया गया राजदरबारी (सरकारी) धन तांबे का होकर भी सोने के बराबर बरकत देगा।

(25) अगर खाना नंबर 7 में मंगल हो तो इंसान का खानदान लम्बी जागीरों वाला (बहुत–सी संपत्तियों का मालिक) अथवा वजीर (उच्च पद वाला) या शाही खानदान से ताल्लुक रखने वाला होगा।

(26) खाना नंबर 2, 3, 4, 8 उत्तम हो साथ ही जो शर्त सभी नियमों पर लागू हो रही है यानि बृहस्पत खाना नंबर 1 में हो तो संभव है (जरूरी नहीं) मामा की उम्र छोटी होगी लेकिन टेवे वाले इंसान की उम्र लम्बी होगी।

(27) खाना नंबर 9 में सूरज हो अथवा सामुद्रिक के अनुसार किस्मत रेखा की जड़ (उदगम स्थल के पास) में चार शाखाओं वाली रेखा (⚵) हो तो ऐसे टेवे वाले के खानदान में उम्र लम्बी होगी और खुद टेवे वाले की उम्र भी इच्छा के अनुसार लम्बी ही होगी।

(28) जमाने की मंदी हवा, पीली गैस, पितृ ऋण (खाना नंबर 2, 5, 8, 12 में बुध, शुक्कर या सनीचर बहैसियत पापी ग्रह), दुश्मन ग्रहों का जहर और किस्मत की तपती आग का चक्र, ये सभी मंदे बृहस्पत का असर जाहिर करने वाली चीजें हैं अर्थात् इन चीजों से बृहस्पत मंदा असर देगा।

(i) जमाने की मंदी हवा, पीली गैस का मतलब बृहस्पत से सम्बन्धित चीजों का मंदा असर।

(ii) किस्मत की तपती आग का मतलब मंदे सूरज का असर।

(iii) बृहस्पत के दुश्मन ग्रहों का असर से मतलब बुध और शुक्कर।

(iv) किस्मत की तपती आग का चक्र का मतलब, मंदे बुध से लिया जाएगा। यानी अगर बृहस्पत से सम्बन्धित चीजों का मंदा असर शुरू हो जाए तो फिर भी वह अपने पहले दौरा (35 साल चक्कर) में न सही अपने दूसरे दौरा (49 साल की उम्र) पर फिर वापसी करके अपना उम्दा असर जाहिर करेगा और सभी मंदे असर की कमियों को पूरा कर देगा। लेकिन शर्त यह है कि ऐसा इंसान खैरात (भीख) या उधारी के लिए किसी दूसरे इंसान के आगे हाथ न फैलाए और खुद अपनी किस्मत पर ही भरोसा करके संतुष्ट रहे।

(29) जब बृहस्पत खाना नंबर 1 में हो (जैसा कि सभी नियमों पर लागू होगा) और बुध मंदा और चन्द्र बृहस्पत के घरों (2, 5, 9 ,12) में जहर फैला रहा हो अर्थात् बृहस्पत के दुश्मन ग्रहों के साथ चन्द्र बैठा हो तो टेवे वाला इंसान अनपढ़ मगर कमाल का (चमत्कारी) फकीर होगा।

(30) जब टेवे में पितृ ऋण (खाना नंबर 2, 5, 9, 12 में बुध या शुक्कर अर्थात् बृहस्पत के दुश्मन) हो तो उसने या उसके पूरे खानदान में किसी ने भी ऊंची तालीम (उच्च शिक्षा) हासिल न की होगी और न ही किसी हुनर की डिग्री ली हुई होगी।

(31) जब खाना नंबर 2, 5, 9, 12 में राहु बैठा हो या बृहस्पत के साथ खाना नंबर 1 में राहु बैठा हो तो टेवे वाले की उम्र 8 से 12 साल के बीच दूसरे की शरारत या राहु की चीजों से सम्बन्धित खालिस (शुद्ध) सोने की किस्मत वाले घर में नीले रंग की बदकिस्मती कायम होगी। किस्मत की मंदी हवा में लगातार कड़वा धुआं (राहु) भरता चला जाएगा।

(32) जब खाना नंबर 2, 5, 9, 12 में शुक्कर बैठा हो या बृहस्पत के साथ खाना नंबर 1 में शुक्कर (दुश्मन ग्रह) बैठा हो तो टेवे वाले की 13 से 15 साल की उम्र के दरमियान (मध्य) मामूली औरत (शुक्कर की चीज) की वजह से दमकते सोने से भरा हुआ घर भी खाक (बरबाद) हो जाएगा। मानो किस्मत के मैदान में मिट्टी (शुक्कर) भरी आंधी से अन्धेरी रात हो रही हो।

(33) जब खाना नंबर 2, 5, 9, 12 में बुध (बृहस्पत के खानों में बृहस्पत का दुश्मन ग्रह) बैठा हो या खाना नंबर 1 में बृहस्पत के साथ बुध बैठा हो तो टेवे वाला इंसान 16 से 19 साल की उम्र में या हद से हद (ज्यादा से ज्यादा) 21 साल की उम्र में बुध की चीजों की वजह से किस्मत (धन–दौलत) की हानि को झेलेगा। किस्मत, धन दौलत के मामले में जलती हुई रेत की तरह हर तरफ सन्नाटा फैला रही होगी।

(34) जब बृहस्पत के साथ सनीचर (बहैसियत पापी ग्रह) या खाना नंबर 2, 5, 9, 12 में सनीचर (बहैसियत पापी ग्रह) बैठा हो तो 36 साल की उम्र या 42 साल की उम्र में सनीचर की चीजों के द्वारा हर तरफ पाप भरी कारवाईयां होंगी। बुरे कामों की वजह से मंदी सेहत होगी। मूत्रालय और शौच की नालियों में परेशानी पैदा होगी। बेवजह वहशत–अंगेज (खौफ़नाक) वाकिआत होंगे।

(35) जब सनीचर खाना नंबर 5 में हो तो अपनी औलाद और सेहत (स्वास्थ्य) के मामले में अपना ही बनाया हुआ महल जैसा मकान, जेल की तरह दुख देने वाला होगा।

(36) सनीचर खाना नंबर 9 में हो तो अपनी सेहत मंदी होगी।

(37) जब सनीचर मंदा हो या मंदे घरों में हो या अपने दुश्मन ग्रहों के साथ हो या उनके घरों में हो तो टेवे वाले की औलाद टेवे वाले के लिए मंदी होगी।

(38) जब टेवे वाले के वर्षफल में 18 से 27 साल की उम्र के दरमियान खाना नंबर 7 में सनीचर मंदा (अशुभ) होकर आ जाए तो किसी भी कारण से बाप से अलग होकर कहीं और अलग करोबार करता होगा और अपने परिवार का बोझ उठाता होगा।

नोट- ***लाल किताब में लिखे मूल तथा महत्त्वपूर्ण शब्दों से मैंने किसी प्रकार की कोई छेडछाड़ नहीं की है। लेकिन भाषा को सरलतम बनाने का प्रयास जरूर किया है। इसी कारण कुछ उर्दू और फारसी के कठिन शब्दों का भावार्थ समझाते हुए उनके स्थान पर हिन्दी के शब्दों का प्रयोग इस प्रकार किया है जिससे उसका वास्तविक स्वरूप बना रहे। लाल किताब का हर शब्द महत्त्वपूर्ण है तथा अपने आप में गूढ़-रहस्यों को समाए हुए है, इसलिए पाठकों से अनुरोध है कि वे पुस्तक में दिए जा रहे प्रत्येक शब्द को महत्त्वपूर्ण मानते हुए उसके तत्त्व तथा एक-एक शब्द को गंभीरता से लेते हुए समझने का प्रयत्न करें।***

कुंडली में किस खाने का सनीचर किस उम्र में वर्षफल में खाना नंबर 7 में आएगा......?

टेवे में किस घर का सनीचर हो	1	2	3	4	5	6	7	8	9	10	11	12
तो वह किस साल खाना नंबर 7 में आएगा	19	20	24	22	23	26	25	27	0	0	21	18

सिफर (शून्य) का अर्थ है टेवे में खाना नंबर 9 और खाना नंबर 10 का सनीचर 18 से 27 साल उम्र के दरमियान कभी खाना नंबर 7 में नहीं आएगा लेकिन हमेशा अपना असर उत्तम ही देगा।

(39) जब सूरज खाना नंबर 11 में सोया हुआ हो या मंदे घरों में सूरज–बुध मुश्तरका (संयुक्त) हो तो बेवजह दुनिया के दूसरे साथियों से मुकद्मेबाजी या उलझन से धन की हानि होगी। मुकद्दमें वगैरह के फैसले टेवे वाले के हक में आएंगे। जाती (निजी) कमाई, किस्मत और कारोबार के लिहाज से बृहस्पत बख्शने के बजाय रही सही मिट्टी भी उड़ा देगा।

(40) बृहस्पत अगर सोया हुआ हो अर्थात् खाना नंबर 7 खाली हो या खाना नंबर 8, 11 में बृहस्पत के दुश्मन ग्रह हों तो दूसरों की बुराई करने वाला और बद्दुआ (श्राप) देने वाला होगा। किस्मत की मंदी हवा उसकी गृहस्थी को जहरीला बना देगी। अगर टेवे वाले की शादी 22 साल की उम्र से पहले होगी तो मुबारक (शुभ) असर पैदा करेगी वरना खुद–ब–खुद जागा बृहस्पत 24 साल तक मंदा असर देगा। बृहस्पत के मंदे असर के वक्त मंगल से सम्बन्धित अश्या, रिश्तेदार और कारोबार मददगार होंगे।

(41) खाना नंबर 8 या खाना नंबर 11 में राहु हो और जो नियम सभी बिन्दुओं के फलादेशों पर लागू हो रहा है कि खाना नंबर 1 में बृहस्पत हो तो राहु की उम्र (42 साल) में बाप (पिता) की मौत दमा या हृदयघात (हार्ट–अटैक) के द्वारा होगी अथवा आंखों में सदमा (रोग), दिमागी खराबियां या पैरों की बीमारियां खासकर पैरों का हिलते रहना या कांपते रहना अर्थात् पांवों में कंप–वायु, अधरंग, वात रोग या सूखने का रोग होगा।

कियाफा हस्तरेखा

(1) किस्मत रेखा की जड़ में (कलाई की ओर) चार शाखी रेखा (⫯) हो।

(2) बृहस्पत के बुर्ज़ पर सूरज के बुर्ज़ की तरफ बुध का एक चक्कर (○) हो।

(3) बृहस्पत का खास अपना निशान (५) हाथ पर कहीं पर भी हो।

(4) कुल उंगलियों पर सिर्फ एक शंख या एक चक्कर हो।

(5) बृहस्पत के खास अपने बुर्ज़ पर एक सीधा खत (रेखा) मिले। अगर हाथ में उपर्युक्त निशान या रेखाएं मिले तो माना जाएगा कि बृहस्पत उम्दा स्थिति में है। अब उम्दा (नेक) बृहस्पत की हालत के लिए मंदरजाजैल (निम्नलिखित) नियम देखे जाएंगे।

बृहस्पत खाना नंबर 2

इल्म (ज्ञान) और तालीम (शिक्षा) का मालिक

जर माया गो दान से तेरा बढ़ता
मगर सेवा उत्तम मुसाफिर जो करता
राजा जनक की साधु अवस्था, दानी बृहस्पत ज़र माया हो
मंदा ग्रह जब भी कोई बैठा, जेर हुक्म बृहस्पत साया हो
चार मंदा पांच-दस ता बारह, रद्दी रवि ख्वाह केतु हो
काम सोना खुद मिट्टी देगा, मिट्टी देती जर सोना हो
शुक्कर रद्दी या हो सनीचर दसवें, रात दुखीमंद औरत हो
कोई हो बैठे आठ-दस से बारह, सुखिया बच्चे जर दौलत हो

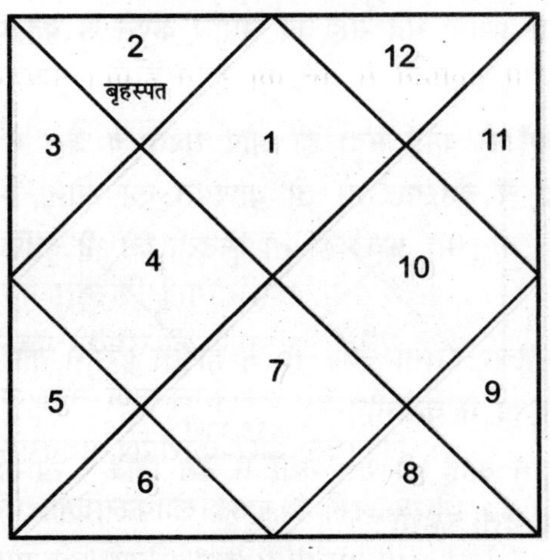

चित्र 268:

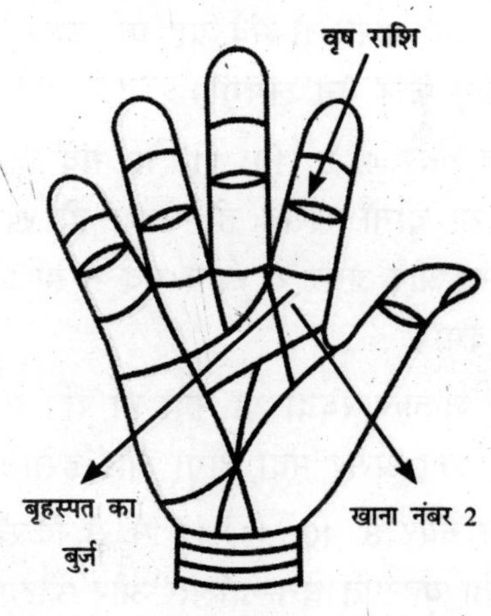

चित्र 269:

(1) खाना नंबर 2 बृहस्पत का असली मुकाम (लक्ष्य या मंजिल) होगा। चन्द्र बृहस्पत का दोस्त है इसलिए बृहस्पत को उच्च का सा बल देता है। वृष राशि को नीच करने वाला कोई ग्रह नहीं होता और खाना नंबर 2 में वृष राशि पड़ती है, इसलिए खाना नंबर 2 या वृष राशि का बृहस्पत सभी का गुरु

माना जाता है। बृहस्पत धर्म गुरु, देव गुरु और तमाम ग्रहों में सबसे ज्यादा असरकारक होता है। असर करने के मामले (विषय) में बृहस्पत का दर्जा सबसे ऊपर होता है। खाना नंबर 2 बृहस्पत को धन–दौलत और इज्जत बख्शता है। वृष राशि बैल मानी जाएगी और भगवान् शिव का वाहन बैल है, इसीलिए खाना नंबर 2 में स्वयं भगवान् शिव बैल पर बैठे होने के समान माने जाएंगे। इसलिए सभी मामलों में यह खाना इज्जत से देखा जाता है इसलिए बृहस्पत इस खाने में गुरुत्व की रक्षा करने वाला होगा।

(2) खाना नंबर 2 में अगर बृहस्पत हो तो 27 साल की उम्र में राजदरबार (सरकारी विभाग) से उत्तम फल मिलेगा।

(3) खाना नंबर 2 में अगर बृहस्पत हो तो टेवे वाला इंसान जितना दान करेगा उतना ही मान–सम्मान और दौलत बढ़ती जाएगी।

(4) अगर खाना नंबर 8 खाली हो (क्योंकि खाना नंबर 2 को देखता है) तो बृहस्पत के बुर्ज़ पर भी इज्जत रेखा (2 खड़ी रेखाएं) होंगी। अगर ऐसा हो तो इंसान जगद्गुरु की तरह पूज्यनीय और राजा की तरह ऐश्वर्यवान होगा साथ ही सुख का सरोवर (पानी का सुन्दर तालाब) होगा।

कियाफा हस्तरेखा– हथेली में खाना नंबर 2 (बृहस्पत के बुर्ज़) पर दो सदक (सीप), दो सीधे खत हों अथवा बृहस्पत का निशान (५) मिले।

(5) खाना नंबर 8 के खाली होने से इंसान रुहानी ताकतों (आध्यात्मिक शक्तियों) का मालिक होता है। धन–दौलत उसके घर में आंधी की तरह आती है और इंसान उसे पानी की तरह बहा देता है। ऐसा वक्त इंसान की जिन्दगी में 16 से 32 साल की उम्र में आता है।

(6) बृहस्पत के घर (2, 5, 9, 12) में कोई मंदा ग्रह बैठा हो तो बृहस्पत मंदी आंधी देगा। ऐसे में बृहस्पत का उपाय करने से मंदे ग्रह का उत्तम फल मिलेगा अथवा मंदे ग्रह का उपाय करने से बृहस्पत उम्दा (अच्छा) फल देने लगेगा।

(7) खाना नंबर 4, 5, 10, 11, 12 मंदे हों अथवा इनमें से कोई मंदा हो और सूरज व केतु में से कोई एक या दोनों खराब हों, साथ ही खाना नंबर 2 में बृहस्पत हो तो बृहस्पत का सोना मिट्टी हो जाएगा और अगर ये खाने मंदे न हों और सूरज व केतु भी अच्छे हों तो मिट्टी को भी बृहस्पत सोना कर देगा।

(8) अगर शुक्कर रद्दी या मंदा हो रहा हो अथवा सनीचर खाना नंबर 10 में हो तो इंसान को "स्त्री के सुख" का असर मंदा होगा और इंसान की रात दुःख में कटेगी।

(9) खाना नंबर 8, 10, 11, 12 में से किसी भी खाने में कोई भी ग्रह क्यों न बैठे लेकिन खाना नंबर 2 में बैठा बृहस्पत धन–दौलत और औलाद का सुख देता रहेगा।

(10) **ज्ञान (गुरु) को सब ग्रहों का प्रणाम**– हथेली पर बृहस्पत के बुर्ज़ (खाना नंबर 2) के सामने खाना नंबर 6 में सभी ग्रह प्रणाम करने के लिए बैठे हुए हैं। हस्बेजैल (निम्नलिखित) फेहरिस्त (सूची) के माध्यम से यह आसानी से जाना जा सकता है कि किस तरह से सभी ग्रह, खाना नंबर 2 में बैठे बृहस्पत को प्रणाम करते हैं।

ग्रह	बुर्ज़ या खाना नंबर	बहैसियत क्या असर देगा? (जब बृहस्पत खाना नंबर 2 में हो)
सूरज	1	सूरज खाना नंबर 1 में उच्च का होगा, बृहस्पत की हवा को सांस माना जाएगा। सूरज मंगल के घर में बंदर बने बैठा है और सांस लेने के लिए बृहस्पत का इंतजार कर रहा है।
चन्द्र	4	चन्द्र दिल (हृदय) का ग्रह है और दिल रेखा हमेशा बृहस्पत के बुर्ज़ की तरफ (खाना नंबर 2) जाती है।
मंगल	3	खाना नंबर 3 की तो दीवार ही खाना नंबर 2 से लगी हुई है।
शुक्कर और बुध	7	शादी (विवाह) रेखा खुद सिर (मस्तिष्क) रेखा बन कर खाना नंबर 2 की जड़ में पहुंचकर खाना नंबर 2 में बैठे बृहस्पत को प्रणाम करती है।
सनीचर	10	सनीचर को सांप कहा गया है। खाना नंबर 10 में सनीचर कान बन्द किए और टकटकी लगाकर चुपचाप बैठा हुआ है।
राहु	12	राहु को हाथी कहा गया है। राहु का हाथी केतु के खाना नंबर 6 के साथ मिलकर अपने कान लम्बे करके खाना नंबर 2 की जड़ में गुरु के उपदेश की खातिर चुपचाप बंधा हुआ बैठा है।
केतु	6	गुरु का आसन जो खाना नंबर 6 है, खाना नंबर 2 की जड़ से लगा हुआ है कि न जाने कब गुरु को जरूरत पड़ जाए और उसे आराम की जरूरत हो। इसके अलावा केतु (गाय या कुत्ते के रूप में) फ़कीर (बृहस्पत) के साथ में साए की तरह रहता है।

जब केतु के कुत्ते ने खाना नंबर 6 में बैठकर खाना नंबर 2 के बृहस्पत के पैर और इसकी नजर के नीचे बैठना पसन्द किया तो बुध की सिर रेखा कुत्ते की दुम की तरह, केतु के साथ खाना नंबर 6 में पक्की होकर बैठ गई। बुध और केतु दोनों शुक्कर के ही समूह में है और खाना नंबर 2 का मालिक ग्रह भी शुक्कर ही है। जिस पर भगवान् शिव बैल पर बैठकर दुनिया का नज़ारा देख रहे हैं।

(11) जगद्गुरु सबको तारता है–

(i) खाना नंबर 2 का बृहस्पत मन्दिर के पुजारी की तरह मांस मदिरा से परहेज करने वाला होगा। धन–दौलत, खैरात (दान) के माध्यम से बढ़ती जाएगी लेकिन अगर दूसरे लोगों के लिए सेवा का भाव रखेगा तो इस दौलत में और ज्यादा इजाफा (उन्नति) होगा। किस्मत का असर गृहस्थी, कारोबार और ससुराल (खाना नंबर 2) के माध्यम से बढ़ेगा।

(ii) खाना नंबर 2, 8 में कितने ही मंदे ग्रह क्यों न बैठे हों अथवा कितने ही दुश्मन ग्रह मंदे असर जाहिर क्यों न कर रहे हों लेकिन उनका मंदा असर बृहस्पत में शामिल न हो सकेगा। तमाम (सभी) ग्रह बृहस्पत के मातहत (अधीन) होंगे और बृहस्पत अपनी उम्दा हवा का असर इन ग्रहों में मिला देगा, सिवाय सूरज के, क्योंकि सूरज का अपना ज़ाती असर टेवे में सूरज की स्थिति के मुताबिक (अनुसार) कायम होगा।

(iii) खाना नंबर 2 के बृहस्पत वाला इंसान मर्दों के साथ–साथ औरतों का भी गुरु होगा।

(iv) जिस वक्त से पैदा होगा उसी वक्त से अपने बाप की दौलत और उम्र में अपनी किस्मत से बरकत (बढ़त) देगा। खुद ज्ञानी गुरु होगा और दुनिया को सच्चा रास्ता दिखाने वाला समृद्ध और सुखी गृहस्थ (परिवार) वाला होगा।

(v) खाना नंबर 2 के बृहस्पत वाले इंसान के पास धन–दौलत हवा की तरह अचानक आएगी और वह उसे 'पानी की तरह' (बिना विचार करे) बहा देगा।

(vi) सिर (मस्तिष्क) रेखा और इज्जत रेखा का नेक असर दिन प्रतिदिन बढ़ता ही चला जाएगा। अपनी बुद्धि और ज्ञान के मार्फत (माध्यम से) दुनियावी इंसानों में मान सम्मान कमाएगा।

(vii) ऐसा इंसान सोने से सम्बन्धित मसलन सर्राफ, सुनार, जौहरी वगैरह के कामों से सोने को मिट्टी कर देगा अर्थात् नुकसान उठाएगा। लेकिन अगर शुक्कर से मुतअल्लिक कारोबार (मिट्टी, औरत के श्रृंगार और जरूरत का सामान) करेगा तो मिट्टी से सोना करेगा।

(viii) खाना नंबर 2 में बृहस्पत हो तो 27 साल की उम्र में राजदरबार (सरकारी महकमे) से तरक्की हासिल करेगा। ख्वाह (चाहे) सूरज टेवे में कितना ही मंदा असर क्यों न कर रहा हो।

(ix) इंसान का जनम चाहे किसी भी गरीब या कसाई के घर में क्यों न हुआ हो 16 से 32 साल की उम्र के बीच लक्ष्मी पर ब्रह्मा का साया (दौलत जमा करने में खुदाई ताकत का साथ) जरूर होगा। परन्तु शाही घर–परिवार या बड़े घरबार की कोई शर्त न होगी।

(x) खाना नंबर 2 में बैठे बृहस्पत वाले इंसान का बाप खुद पैसा बनाकर टेवे वाले इंसान को बख्श देगा। अगर ऐसा न हो सका तो खुद ही टेवे वाला अपनी किस्मत की बदौलत पैदा कर लेगा, चाहे खाना नंबर 4 (माता), 5 (औलाद), 10 (बाप या बुजुर्ग), 11 (आमदनी) अथवा 12 (भक्ति भाव) सभी के सभी रद्दी (खराब) क्यों न हो रहे हों।

(xi) खाना नंबर 2 शुक्कर से जुड़कर या मुश्तरका शुक्कर होकर सभी तरह की ऐश व ऐबों का जायका ले लेगा और दुनिया की रंगबिरंगियां भी अच्छी तरह देख–समझ लेगा और आखिर में वह धर्म गुरु और धर्मात्मा बन जाएगा। लेकिन जैसा भी हो खाना नंबर 2 के बृहस्पत वाला इंसान दिल का नेक होगा।

(xii) खाना नंबर 2 के बृहस्पत वाला इंसान हुकूमत करने की ताकत रखेगा। इरादों की पुख्तगी (दृढ़ता) वाला होगा और साथ ही बुलन्द ख्यालों (सोच) का मालिक होगा।

(12) जब खाना नंबर 8 और खाना नंबर 2 किसी भी तरह से मंदे हो रहे हों। मसलन खाना नंबर 8 में चन्द्र और मंगल मुश्तरका (संयुक्त) बैठे हों तो वे दोनों बृहस्पत के दोस्त भी हैं और खाना नंबर 2 के बृहस्पत का कुछ बिगाड़ भी नहीं सकते लेकिन खाना नंबर 8 को मंदा कर देते हैं। इसी तरह खाना नंबर 2 में मंगल–बद (मंगल के फलादेश में देखें कि मंगल कब मंगल–बद होगा) हो तो बृहस्पत (खाना नंबर 2) की हवा पर तो कोई फ़र्क नहीं पड़ेगा। लेकिन खाना नंबर 2 मंदा हो जाएगा। इसलिए खाना नंबर 2, 8 मंदे हो रहे हों तो इंसान अपना ही खानदान तबाह करने वाला होगा अर्थात् जिस तरह दही और गोबर (दोनों शुक्कर की चीजें हैं) की मिलावट से खुद–ब–खुद बिच्छु पैदा हो जाते हैं उसी तरह अपने ही खानदान को तबाह और बरबाद करने वाला होगा।

(13) खाना नंबर 8 या खाना नंबर 2 के मंदे असर का फल केतु के असर से पहले ही जाहिर हो जाएगा। अर्थात् केतु से मुतअल्लिक चीजों के कारोबार या रिश्तेदारों के माध्यम से जाहिर हो जाएगा।

(14) जब सनीचर वर्षफल कुंडली में खाना नंबर 2 में आएगा तो टेवे वाले इंसान की सेहत हल्की होगी, ससुराल में दौलत का नुकसान होगा।

(15) **गुरु जहां दो मन्दिर कच्चा या बैठा खुद साथी हो**
मारक घर से गुरु भी डरता, आठ दृष्टि जो खाली हो

अगर खाना नंबर 8 खाली हो तो खाना नंबर 2 के बृहस्पत का असर राहु–केतु के ताल्लुक (सम्बन्ध) में मंदा ही गिना जाएगा। ऐसा तब होगा जब बृहस्पत के साथ पाप (राहु–केतु) बैठ जाएं। राहु–केतु मुश्तरका खाना नंबर 2 के ग्रह फल के ग्रह हैं।

(16) जब खाना नंबर 8 और खाना नंबर 2 में कोई न कोई मंदा ग्रह जरूर बैठा हो चाहे वह मंदा ग्रह दृष्टि–सम्बन्ध से बृहस्पत को बरबाद ही कर रहा हो तो खाना नंबर 8 के मंदे असर की खबर केतु (औलाद) या तीन दुनियावी–कुत्तों की मार्फत जाहिर होगी। बहन (शादीशुदा) के घर में भाई या ससुराल में दामाद या नाना के घर में दोहता (नाती) आकर बैठ जाएगा। लेकिन खाना नंबर 2 और खाना नंबर 8 का मंदा असर बृहस्पत पर हरगिज न होगा।

जहां ऐसे दुनियावी कुत्तों के कदम जाएंगे वहां साल की दोनों फ़सलें (रबी और खरीब) नहीं होंगी यानि ऐसे मनहूस कदम पड़ते ही (मेहमान बनने पर) वहां मंदी आंधी के गुबार का तूफान शुरू हो जाएगा। मगर टेवे वाले की किस्मत पर बुरा असर नहीं होगा।

(17) जब शुक्कर मंदा हो और सनीचर खाना नंबर 10 में हो तो रातें दुख में कटेंगी, अपनी सेहत और औरत की मंदी हालत होगी।

(18) जब बुध खाना नंबर 8 में हो और सनीचर खाना नंबर 10 में हो तो इंसान के धन दौलत की हानि होगी, परिवार के बुजुर्ग दुखी होंगे और राजा कैद (जेलयात्रा) में जाएगा।

(19) खाना नंबर 9 में बुध हो और हाथ की सभी उंगलियों की लम्बाई कम हो तो टेवे वाला इंसान हासिद (ईर्ष्यालु) होगा।

(20) जब खाना नंबर 8 और खाना नंबर 10 में बुध हो अथवा शुक्कर, राहु या सनीचर में से कोई एक या सभी बहैसियत पापी ग्रह हों तो ऐसा इंसान वक्त की मंदी हवाओं की मार झेलेगा, तरह–तरह की लानत व जिल्लत उठाएगा।

उपाय

खाना नंबर में	ग्रह जिसका मंदा असर जाहिर हो	किस ग्रह का उपाय मददगार होगा?
(10)	बुध, राहु का मंदा असर दे तो	सनीचर का उपाय करें।
(10)	बुध, शुक्कर का मंदा असर दे तो	चन्द्र का उपाय करें।
(10)	बुध, सनीचर बहैसियत पापी ग्रह होकर मंदा असर दें तो	बृहस्पत का उपाय करें।
(8)	बृहस्पत के दुश्मन ग्रहों (बुध, राहु, शुक्कर, सनीचर बहैसियत पापी ग्रह) का मंदा असर हो तो	खाना नंबर 8 में होकर इन ग्रहों का जो उपाय दिया है वही करें।

अन्य मंदे ग्रहों या मंदे बृहस्पत के वक्त (समय) और बाकी हालातों में खुद बृहस्पत का उपाय मददगार होगा।

इल्म–सामुद्रिक (सामुद्रिक शास्त्र)

जनम–कुंडली के खाना नंबर 2 में बृहस्पत होने पर और हस्तरेखा के आधार कुछ विशेष निशानात हाथ की हथेली पर होने से तमाम (विभिन्न) ग्रहों का असर इस प्रकार होगा।

(1) बृहस्पत खाना नंबर 2 में हर तरह से अकेला उत्तम और कायम हो खासकर खाना नंबर 9 मंदा न हो और न ही वहां बृहस्पत के दुश्मन मौजूद हों तो बृहस्पत की किस्मत रेखा कायम होगी। इसी के साथ तर्जनी उंगली सीधी होगी, फलस्वरूप राजदरबार से 27 साल की उम्र में नेक ताल्लुकात होंगे। टेवे वाला शेर की तरह जिन्दगी जीने वाला, सारे जमाने की मदद करने वाला, उम्र– 75 साल, धन–दौलत और इज़्जत होगी, ससुराल पक्ष उत्तम होगा। सिर (मस्तिष्क) रेखा श्रेष्ठ होगी साथ ही धन (भाग्य) रेखा और गृहस्थ रेखा भी श्रेष्ठ होगी और इनका फल उत्तम होगा। न आंख लगेगी और न ही हाथ चलेगा लेकिन धन–दौलत और सुख, खुद–ब–खुद बढ़ता ही चला जाएगा। इंसान को दफ़न (दबा हुआ) धन, लावारिस की जायदाद (संपत्ति) अथवा अचानक सट्टे का धन मिलेगा। लेकिन नाजायज धन नहीं मिलेगा। ख्वाह (चाहे) पैतृक संपत्ति मिले अथवा खुद दौलत कमाए, लेकिन दौलत बढ़ती ही जाएगी।

(2) जब बृहस्पत खाना नंबर 2 में हो और मंगल खाना नंबर 8 में हो तो तर्जनी उंगली का सिर मुरब्बा (चौकोर) शक्ल में होगा। ऐसा होने पर टेवे वाला इंसान सच्चाई पसन्द होगा।

(3) जब बृहस्पत खाना नंबर 2 में और मंगल खाना नंबर 9 में हो तो तर्जनी उंगली बहुत ज्यादा लम्बी होगी। ऐसा होने पर इंसान हुकूमत की ताक़त का मालिक होगा अर्थात् शासनात्मक प्रवृत्ति वाला होगा।

(4) बृहस्पत खाना नंबर 2 में हों और बुध खाना नंबर 8 में हो तो तर्जनी उंगली का सिरा गोल शक्ल में होगा। ऐसे में इंसान हमेशा विवेक और विचार से फैसला करने वाला होगा।

(5) बृहस्पत खाना नंबर 2 में और सनीचर खाना नंबर 8 में हो तो मध्यमा उंगली, तर्जनी की तरफ झुक जाएगी। ऐसे में इंसान दुनिया को छोड़ देने वाला (एकान्तवासी) मुर्दा खयाल (उदासीनता) और उदासी का मालिक होगा।

(6) बृहस्पत खाना नंबर 2 में हो और राहु खाना नंबर 8 में हो तो तर्जनी उंगली का सिर चौड़ा होगा। ऐसा होने पर इंसान बहादुर होगा।

(7) बृहस्पत खाना नंबर 2 और राहु खाना नंबर 9 में हो तो तर्जनी उंगली बहुत लम्बी होगी। ऐसा होने पर इंसान सोच–विचार की तांकत का मालिक होगा।

(8) बृहस्पत खाना नंबर 2 में हो और केतु खाना नंबर 8 में हो तो तर्जनी उंगली का सिरा नोक दार होगा। ऐसा इंसान नेक, ईमानदार और तेज फ़हम (विवेक या बुद्धि) का मालिक होगा।

(9) बृहस्पत खाना नंबर 2 और केतु खाना नंबर 9 में हो तो तर्जनी लम्बी होगी। ऐसे में हुकूमत की ताकत फतहयाब (विजयी) जिन्दगी का मालिक होगा साथ ही उस पर बुजुर्गाना (बुजुर्गों का) असर होगा।

(10) जब सूरज खाना नंबर 10 में हो और अनामिका उंगली, तर्जनी उंगली से बड़ी हो अर्थात् अनामिका बड़ी हो तर्जनी से अथवा जब सूरज खाना नंबर 12 में हो और अनामिका तर्जनी के बराबर हो तो इंसान मशहूर जिन्दगी का मालिक होगा। अर्थात् दुनिया की नजर में वह इंसान बहुत प्रसिद्ध होगा।

(11) जब केतु खाना नंबर 6 में हो और बृहस्पत खाना नंबर 2 (जैसे कि सभी फलादेशों के लिए है) में हो तो ऐसे टेवे वाले इंसान को अपनी मौत का पहले ही अनुमान हो जाएगा।

(12) जब खाना नंबर 2, 6, 8 नेक हों अथवा खाना नंबर 8 और खाना नंबर 10 मंदे हों लेकिन इनका असर खाना नंबर 2 में न पड़ रहा हो और खाना नंबर 12 मंदा न हो तो ऐसे टेवे वाले इंसान को लावल्द (निःसन्तान) दम्पत्ति की जायदाद मिले अथवा दफनिया (जमीन में दबी) धन–दौलत हासिल हो अथवा जूए–सट्टे (लॉटरी या शेयर) वगैरह का धन मिले।

(13) जब खाना नंबर 4, 8, 9, 10, 12 में हर एक घर में कोई न कोई (कम से कम एक) ग्रह जरूर हो चाहे वह बृहस्पत का दोस्त हो या दुश्मन अथवा हाथ की सभी उंगलियां तर्जनी उंगली की ओर झुक जाएं अथवा सूरज, बुध और सनीचर खाना नंबर 8 में हों तो ज़र (धन), दौलत और बच्चों के लिहाज से सुखी होगा। ऐसा इंसान पक्के इरादे, आजाद ख़यालात और आगे बढ़ने के हौसले वाला इंसान होगा। जहां इस इंसान को कोई मदद न दे रहा होगा वहां ज़माने की हवा (बृहस्पत) इस इंसान को मदद करेगी और इसकी मुसीबत का नाश होगा।

(14) जब सनीचर खाना नंबर 12 में हो या तर्जनी और मध्यमा बराबर हो तो इंसान बहादुर, सुखी और जमाने के लिए काम का आदमी होगा।

(15) खाना नंबर 2 में बृहस्पत हो और बृहस्पत के साथ सनीचर हो या साथी ग्रह (देखें फरमान नंबर 6) हो या सभी (दसों) उंगलियों की पोर पर दो सदफ (सीप) हों। ऐसा होने पर टेवे वाले इंसान को उच्च शिक्षा की कमी–बेशी रहेगी या वह उच्च शिक्षा हासिल करेगा। इस बात का फैसला सनीचर की हालत पर होगा। आमतौर पर ऐसे टेवे वाले इंसान की क़िस्मत का कोई भरोसा नहीं होता और उसके जीवन में क्या होगा? इसकी कोई शर्त नहीं होती।

(16) जब खाना नंबर 8 खाली हो और साथ ही सूरज, चन्द्र, सनीचर, राहु या बुध में से कोई भी खाना नंबर 6 में हो और बृहस्पत खाना नंबर 2 में ही हो तो ऐसा होने पर राजा जनक की तरह ज्ञानी, धुन का पक्का, बड़े परिवार का मालिक होगा और इज़्जत रेखा उत्तम होगी।

(17) राहु नेक हालत में हो मगर गुम न हो रहा हो। बृहस्पत के बुर्ज़ पर (हस्तरेखा में) एक सीधा खड़ा खत (रेखा) हो। ऐसा होने पर इंसान दान–पुण्य करने वाला धर्मात्मा होगा।

(18) राहु नेक होकर कहीं भी कायम हो तो बृहस्पत के बुर्ज़ पर दो सीधे खड़े खत होंगे। ऐसा इंसान नेक काम और दुनिया की भलाई करने वाला होगा। इंसान की हर जगह मान, सम्मान व इज्ज़त होगी। ऐसा इंसान सुखी रहेगा।

बृहस्पत खाना नंबर 3

(गरजता शेर या खानदानी गुरु)

(निकट सम्बन्धियों का मालिक)

बहुत आंख शिवजी, गो मुर्दों के लेखे
मगर आंख तू एक से ही क्यों देखे
शेर तबियत मुन्सिफ दुनिया, दुर्गा पूजन ज़र राज का हो
असर भला जब तक दो उम्दा नष्ट खुशामद होता हो
चार सनीचर बुध टेवे मंदा, मारे मित्र कुल दुखिया हो
दो पे मंगल या सनीचर नौ बैठा, तारे सभी, खुद सुखिया हो

(1) खाना नंबर 3 में बृहस्पत हो तो मौत टली ही समझनी चाहिए। खाना नंबर 3 का बृहस्पत दूर दृष्टि होते हुए भी सभी को एक आंख (समभाव) से देखता है।

(2) खाना नंबर 3 का मालिक ग्रह बुध है। बुध उम्दा हो तो खाना नंबर 3 का बृहस्पत शेर के समान होगा।

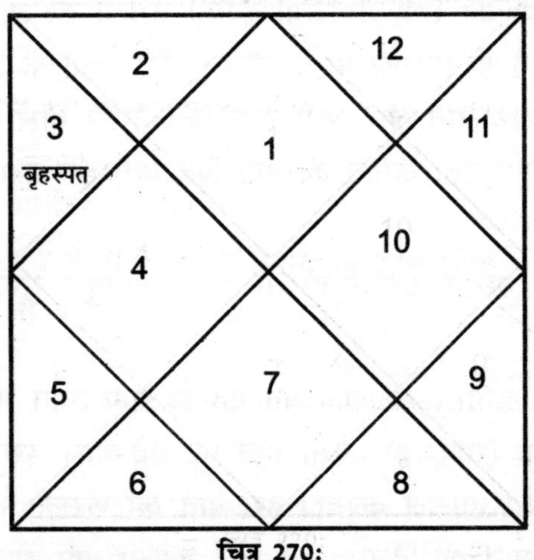

चित्र 270:

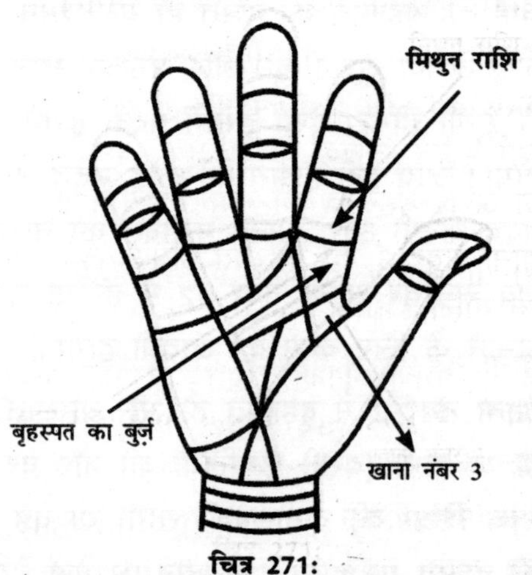

चित्र 271:

(3) बुध दुर्गा है और बृहस्पत शेर है अर्थात् इंसान जब तक दुर्गा पाठ और कन्याओं (लड़की जो ऋतुवान या माहवारी में न गई हो) की सेवा करेगा तो बुध का विष धुलता रहेगा और इंसान के पास धन–दौलत आती रहेगी।

(4) जब तक खाना नंबर 2 का फल उम्दा रहेगा तब तक खाना नंबर 3 के बृहस्पत को त्रैलोक का सुख (अपार–सुख) मिलता रहेगा वरना इंसान का जीवन जलते हुए जंगल के समान हो जाएगा।

(5) खाना नंबर 12 में बैठा चन्द्र नष्ट माना जाता है और बृहस्पत को ताकत नहीं दे पाता।

(6) अगर सनीचर खाना नंबर 4 में हो और बुध भी टेवे में मंदा हो तो इंसान दोस्त को मारने वाला और अपने कुल को दुख देने वाला होता है।

(7) अगर मंगल खाना नंबर 2 में हो और सनीचर खाना नंबर 9 में हो तो इंसान सभी को तारने वाला होगा और खुद भी सुखिया (सुखी) होता है। अगर इन दोनों में से ग्रहों के बैठने की कोई शर्त पूरी न हो रही हो तो इंसान पहले गरीब होगा और बाद में धन–दौलत का दरिया होगा।

नोट– *लाल किताब के सभी फरमान और फलादेश सिद्धान्तों पर आधारित हैं। लाल किताब के अपने स्वयं के सिद्धान्त हैं जो पूर्व के फरमानों में कुछ तो दिए जा चुके हैं और कुछ आगे के फरमानों में दिए जाएंगे। पाठकों से अनुरोध है कि वे फलादेश का अध्ययन करते समय ध्यान दें कि जो फलादेश हो रहे हैं। वे किन सिद्धान्तों के आधार पर हो रहे हैं, जैसे उपर्युक्त फलादेश में दो सिद्धान्तों को आधार बनाया गया है एक तो ''दृष्टि-सिद्धान्त'' और दूसरा ''साझी-दीवार'' यानि खाना नंबर दो और तीन की दीवार साझी है। अतः खाना नंबर 2 में बैठा बृहस्पत का मित्र ग्रह खाना नंबर 3 के बृहस्पत के लिए मददगार होगा। इसी प्रकार सनीचर खाना नंबर 9 में हो और बृहस्पत 3 में हो तो बृहस्पत तो सनीचर को देख लेगा परन्तु सनीचर बृहस्पत को नहीं देख पाएगा। अतः फल अच्छा होगा।*

(8) **फरिश्ता अजल भी गो तुझसे डरेगा**
मगर जुल्म तेरा न हरगिज़ फलेगा

खाना नंबर 3 पराक्रम और वीरता का द्योतक है परन्तु अगर यह घर बद (बुरा) हो जाए तो क्रूरता दे देगा लेकिन क्रूरता का काम कभी जिन्दगी में नहीं फलेगा।

(9) दिमागी खाना नंबर 17 अगर मंगल से मुश्तरका हो तो हित और न्याय करने वाला मिजाज़ (स्वभाव) होगा। शेर (बृहस्पत) पर सवार दुर्गा जी (बुध) का साथ होगा। बुद्धिगान, ज्ञानी और विवेकवान होगा। राजदरबार से लम्बे अर्से (समय) तक उत्तम गुजारा (पेंशन इत्यादि) होगा। जब तक दुर्गा पूजन (अथवा कन्या सेवा) करता रहेगा तब तक तरक्की कायम रहेगी, वरना 3, 9 के मंदे बुध का असर बृहस्पत की मार्फ़त इंसान को मिलता रहेगा।

(10) खाना नंबर 3 का बृहस्पत अगर नेक हो तो भाई–बन्धु, ससुराल, औलाद के लिहाज से उत्तम फल देने वाला होगा।

(11) खाना नंबर 3 में बृहस्पत हो तो इंसान तलवार का धनी अर्थात् हथियारों का शौकीन, अपनी मौत को रोकने के लिए खुद ही पहरेदारी करेगा। लम्बी उम्र होगी, अक्ल का धनी, उम्दा सेहत और आसूदा हाल (धन–धान्य से पूर्ण) होगा। इंसान कि किस्मत निकट सम्बन्धियों वाले भाई–बहिनों से चमकेगी। नेक दिल इंसान हो तो धनी जरूर होगा।

(12) जब खाना नंबर 2 उम्दा (शुभ) और मंगल–नेक हो अथवा खाना नंबर 2 में बृहस्पत के दोस्त ग्रह (सूरज, चन्द्र या मंगल) बैठे हों और बृहस्पत वर्षफल के मुताबिक दोबारा (पहली बार जनम पर होगा) खाना नंबर 3 में ही आ जाए साथ ही हथेली पर गृहस्थ रेखा बृहस्पत के बुर्ज़ (पर्वत) पर जाए तो अपने भाई–बहन कारआमद (असरकारक) और मददगार होंगे। 26 साल की उम्र से कम से कम 20 साल तक अर्थात् 26 से 46 साल उम्र तक टेवे वाले इंसान को त्रैलोकी का सुख मिलेगा। उम्दा परिवार और दौलत की बरकत होती ही चली जाएगी।

(13) जब बृहस्पत खाना नंबर 3 में कायम हो और खाना नंबर 9, 11 में कोई भी ग्रह नहीं हो साथ ही खाना नंबर 5 में बृहस्पत का कोई भी दोस्त ग्रह हो तो टेवे वाला इंसान किस्मत का धनी और खुश होगा। खुद कमाई करके धनी होगा। खानदान में मुश्तरका (सम्मलित) रहेगा तो असर उत्तम होगा। औलाद के जनम से फल उत्तम मिलेगा।

(14) सनीचर खाना नंबर 9 में हो और हाथ गें ऊर्ध्व रेखा कायम हो तो टेवे वाले इंसान की उम्र और धन दोनों की बरकत (तरक्की) होगी।

(15) सनीचर खाना नंबर 2 में हो अथवा हथेली पर खाना नंबर 2 (बृहस्पत के बुर्ज़) पर 7 खड़े खत हों तो टेवे वाला इंसान चालाक, तेज नजरों वाला, किसी की भी कही हुई बात को तुरन्त पकड़ लेने वाला और दूसरे की आवाज से ही उसको जांच लेने वाला होगा।

(16) मंगल खाना नंबर 2 या सनीचर खाना नंबर 9 में हो अथवा हथेली पर गृहस्त रेखा बृहस्पत के बुर्ज़ (खाना नंबर 2) पर खत्म हो और हथेली पर ऊर्ध्व रेखा भी कायम हो तो ऐसा इंसान सभी को तारने वाला और खुद सुखिया होगा।

(17) खाना नंबर 3 में बृहस्पत हो और सनीचर नेक हो साथ ही उंगलियों की पोरियों पर तीन सदफ़ (सीप) हों तो इंसान दौलतमंद होगा।

(18) खाना नंबर 3 में बृहस्पत और बुध खाना नंबर 7 में हो साथ ही उंगलियों की पोरियों पर 7 चक्कर हों तो इंसान बहादुर होगा।

(19) जब खाना नंबर 3 में बृहस्पत सोया हुआ हो अथवा दुश्मन ग्रह (बुध, शुक्कर, बहैसियत पापी सनीचर) से घिरा हुआ हो तो इकतरफा तबीयत (स्वभाव) का मालिक, यदि मेहरबान (खुश) हो जाए तो शिकार किया हुआ शेर भी मुफ्त में ही दे देवे लेकिन अगर बरखिलाफ (उल्टा) हो जाए तो फिर दूसरे इंसान का रात के सोने का बिस्तर तक जला देगा।

(20) जब बृहस्पत खाना नंबर 3 और चन्द्र खाना नंबर 12 में हों तो इंसान अपनी खुशामद (तारीफ) पर खुश होता रहेगा और यही आदत उसे नष्ट और बरबाद कर देगी।

(21) जब बृहस्पत खाना नंबर 3 में हो और मंगल–बद हो रहा हो तो ऐसे टेवे वाला इंसान बुज़दिल (डरपोक), गप्पी और बकवासी, बदनसीब (या कम नसीब), मंदी सेहत (स्वास्थ्य) लगभग हमेशा ही रहेगी, बेवजह फ़साद करने वाला, बरबाद और दुखी औलाद, इसके अलावा जिन्दगी के लगभग सभी क्षेत्र में केतु के मंदे नतीजे मिलेंगे।

(22) बृहस्पत खाना नंबर 2 में हो, सनीचर खाना नंबर 4 में हो और बुध मंदा हो और हथेली पर मंदी (हल्की या दूषित) ऊर्ध्व रेखा कायम हो रही हो तब ऐसा इंसान सबको लूटकर खुद अमीर बन जाएगा। दोस्त पर वार करने वाला, शक्की, नास्तिक और अहंकारी होगा। ऐसे इंसान के लगभग सभी ताल्लुकदार दुखी होंगे खासकर औलाद (संतान) और मामू (मामा) तो जरूर खस्ता हाल में होंगे। खुद झगड़ालू प्रवृत्ति का होगा। मगर बुजदिल होगा। ऐसे इंसान की सेहत 31 साल की उम्र तक निकम्मी होगी। दूसरों का माल छीनने के बाद भी भाग्य मंदा ही रहेगा।

नोट– ***जैसे कि पूर्व में बताया जा चुका है और पुनः स्मरण कराया जा रहा है कि जिस खाने में बृहस्पत का ज़िक्र चल रहा है उस खाने में बृहस्पत को अनिवार्य रूप से प्रत्येक फलादेश में मानते हुए चला जाए। प्रत्येक बिन्दु पर हर बार "बृहस्पत फलाने खाने में" नहीं लिखा गया है।***

कियाफा (हस्तरेखा)– हाथ की हथेली पर गृहस्थ रेखा सीधे बृहस्पत के बुर्ज़ पर जा रही हो अथवा तीन सदफ (सीप), सात चक्कर या सात सीधे खत हों तो यह इंसान शेरों का नामी शिकारी और धनी होगा।

बृहस्पत खाना नंबर 4

(चन्द्र की राजधानी का राजगुरु) (बाग–बगीचे)

पड़ी माया, बन्द पानी, दुनिया जो सड़ता
फले बीज दुनिया जो बन्द मुट्ठी करता
तख्त विक्रमी बत्तीस परियां, ब्रह्म पूर्ण कोई अपना हो
जमीन मुरब्बे और दूध की नदियां, शेर सीधा पानी तैरता हो
मंद सनीचर बुध इज्जत मंदी, दसवें बैरी ज़र डोलता हो
केतु बुरे शाह लेगा फ़कीरी, राहु भले सब उम्दा हो
शुक्कर, चन्द्र और मंगल मोती, दूध भरे त्रयलोकी जो
नाश बुजुर्गों कुल सब होती, इश्क गन्दे जब खुद सरी हो

(1) रुका हुआ पानी और पड़ी हुई माया (दौलत) दोनों ही सड़ते हैं। दूसरी ओर जमीन के अन्दर दफ़न किया गया एक छोटा सा बीज भी दुनिया के लिए आगे जाकर ढेरों फल देने वाला होता है अर्थात् सेवा की भावना से किया गया काम बरकत देगा लेकिन स्वार्थ से किया गया काम सब बरबाद कर देगा।

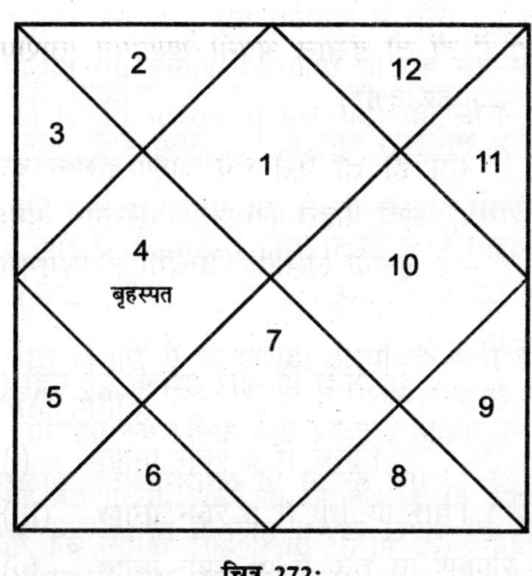

चित्र 272:

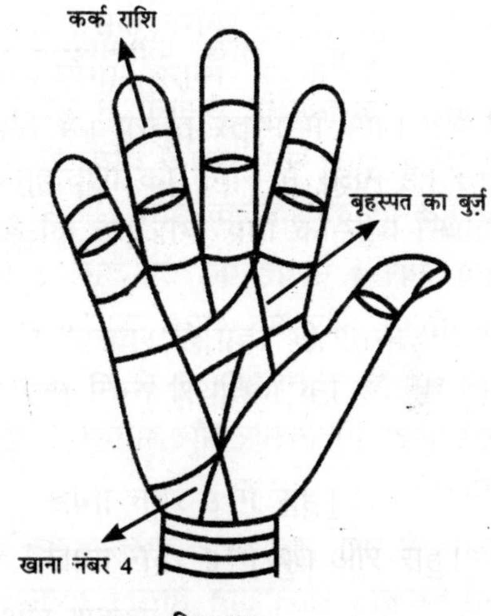

चित्र 273:

(2) खाना नंबर 4 परियों के कन्धों पर उड़ते रहने वाला तख्त है जिस पर बैठा राजा विक्रमादित्य खुद में प्रसिद्ध, प्रतापी और संपूर्ण होता है जिसके शासन काल में, मानो मुरब्बे की खेती होती हो, दूध की नदियां बहे और जिसके शासन में शेर (बृहस्पत) मानो गहरे पानी की सतह पर दौड़ लगाता हो।

(3) यदि टेवे में बुध और सनीचर मंदे हों तो इज्जत भी मंदी होगी। इसी के साथ अगर दसवें घर में दुश्मन ग्रह भी हों तो धन–दौलत की हानि कराने वाला होगा।

(4) अगर केतु मंदा हो तो इंसान राज्य का सिंहासन (पद, प्रतिष्ठा) छोड़कर फकीर हो जाएगा और यदि राहु अच्छा हो तो सभी कुछ उम्दा होगा।

(5) अगर शुक्कर, चन्द्र और मंगल टेवे में कहीं भी मोती के समान स्वच्छ और सुन्दर (दोष मुक्त) हों तो खाना नंबर 4 दूध से लबालब त्रिलोकी के समान सुख देने वाला होगा।

(6) खाना नंबर 4 में बृहस्पत वाला इंसान अगर गलत (नाजायज) कार्यों को करने वाला हो तो संपूर्ण बुजुर्गों और अपने कुल का नाश करने वाला होगा।

(7) **एक ही सदफ के अन्दर पैदा हुए थे दो मोती**

एक तो ताज शाह के सिर पर, दूजा खरल में पिसता है

यह बृहस्पत की दोरंगी दुनिया का ही असर है कि एक ही सीप (खाना नंबर 4) में पैदा हुए दो मोती (बृहस्पत नेक और बृहस्पत मंदा) का असर अलग–अलग होगा। एक तो (उम्दा) राजा के मुकुट में सुशोभित होता होगा और दूसरा (मंदा) बरबाद होता होगा।

(8) निजी क़िस्मत का असर माता के खानदान या फिर रुहानी (आध्यात्मिक) ताकतों के माध्यम से जाहिर होगा।

(9) खाना नंबर 4 में बृहस्पत हो तो शुक्कर, चन्द्र, सनीचर और मंगल चारों ही ग्रह मोती की तरह उत्तम फल जाहिर करेंगे और खाना नंबर 3 का ग्रह कैसा भी हो बुरा असर नहीं करेगा।

(10) खाना नंबर 4 का बृहस्पत टेवे वाले इंसान को मुल्क (राज्य), आध्यात्मिक दायरों में हुकूमत देने वाला होगा। चन्द्र की राजधानी (बाग, बगीचे और दैवीय शक्तियों) का मालिक मुकर्रर करेगा। अपने गांव, शहर या इलाके में लाखों की भीड़ में भी पहचाना जाएगा।

(11) जेरकाश्त (खेतीवाली) ज़मीनों में मुरब्बे की खेती अर्थात् बड़ी–बड़ी जागीरों का मालिक होगा। दूध की नदियां (पशु धन) उसके दायरे में होना उसके लिए साधारण बात होगी, उसके बाबा, बाप या वह खुद हुकूमत का मालिक होगा।

(12) खाना नंबर 4 में बृहस्पत टेवे वाले इंसान के लिए उत्तम फल दिलाएगा। रिश्तेदारों से नेक सम्बन्ध, धन–दौलत, और धन–धान्य का भंडार होगा। उसके जीवन में आमदनी के कई जरिए होंगे।

(13) अपने धर्म में दृढ़ता और दूसरे के धर्मों का सम्मान करने वाला होगा। दुनियावी लोगों से नेक व्यवहार करने वाला, मिलनसार और झगड़ों से दूर रहेगा। नेक आचरण करने वाला और शांतिनिष्ठा वाला इंसान होगा।

(14) लालच से बरी (दूर) और चाल–चलन (चरित्र) का शुद्ध होगा। जो भी कारोबार करेगा वह शान्तिपूर्ण होगा। मकान आलीशान होगा। राजा इन्द्र के मुताबिक सुख भोगने वाला और ज़माने की नेक हवा को भोगने वाला होगा।

(15) खाना नंबर 4 के बृहस्पत वाले इंसान को न तो चालाकी से धन कमाना पड़ेगा और न ही खुद हाथ लगाकर कमाई करनी पड़ेगी बल्कि खुद–ब–खुद दौलत आकर उसके पैरो पर पड़ेगी।

(16) खूबसूरत स्त्री (पत्नी), उत्तम औलाद और नेक वाल्दैन (माता–पिता) का सुख भोगेगा। अपने पूरे परिवार को खुश रखेगा और खुद भी खुश रहेगा। लालच से दूर रहेगा।

(17) दिमागी खाना नंबर 21– हमदर्द, रहम (दयालु) मिज़ाज, जमाने के लिए शेर के समान लेकिन रहम दिल होगा। हुकूमत (शासनात्मक प्रवृत्ति) की ताकत, दिल और दिमाग दोनों से फैसला लेने वाला होगा। सोने के बर्तन में रखे दूध की तरह दिल का नेक (निर्मल हृदय), उत्तम खानदानी खून का सबूत देगा। मुसीबत आने पर पानी की ऊपरी सतह पर तैरने वाला शेर होगा।

(18) खाना नंबर 4 में बृहस्पत हो और बृहस्पत के घर (2, 5, 9, 11, 12) में बृहस्पत के दुश्मन ग्रह (बुध, शुक्कर, राहु या बहैसियत पापी सनीचर) न हों और हथेली पर चन्द्र के बुर्ज़ से रेखा चलकर बृहस्पत के बुर्ज़ पर जा रही हो तो ऐसे टेवे वाला इंसान, सिंहासन बत्तीसी (32 परियों वाले) पर बैठे राजा विक्रमादित्य की तरह प्रसिद्ध और प्रतापी होगा। राजदरबार से ज़र (धन) और माल का फ़ायदा होगा और जीवन में तरक्की करेगा। उसका मामूली तांबे का पैसा उसे सोने के समान फायदा देता चला जाएगा। इंसान के जीवन में हर तरह की शान्ति होगी। इंसान का मकान आलीशान होगा। 24 साल की उम्र तक तालीम (शिक्षा) और इल्म (ज्ञान) की बरकत (उन्नति) होगी। जैसा बहादुर बाप हो, वैसा ही बहादुर बेटा। "मां पर धी (बेटी), पिता पर घोड़ा बहुत नहीं तो थोड़ा–थोड़ा"। तालीम और इल्म के साए में सोने और धन–दौलत का दरिया बहेगा। दफ़निया दौलत या अचानक धन पाएगा। लावारिस जायदाद या किसी का संचित धन मिलेगा। गैबी (दैवीय) या कुदरती शक्ति की बदौलत किस्मत का फल उत्तम कर लेगा। मानो राजा इन्द्र ने दूध की बारिश कर दी हो और दूध की नदियों से उफान मार रही हों, जिससे इंसान लोक–परलोक का सुख भोग रहा हो।

(19) चन्द्र खाना नंबर 1 और सनीचर खाना नंबर 10 में हो और साथ ही बृहस्पत खाना नंबर 4 में हो तो इंसान को हर तरह की सवारी का सुख मिलेगा।

(20) बृहस्पत खाना नंबर 4 और नर ग्रह (सूरज या मंगल) उम्दा हालत में हों तो इंसान का बाप खून के मुकदमे का फैसला करने की ताकत का मालिक या आला (उच्च) अधिकारी होगा, लेकिन इंसान की अपनी किस्मत का कोई भरोसा नहीं होगा।

(21) खाना नंबर 4 में बृहस्पत और खाना नंबर 2 में चन्द्र हो साथ ही चन्द्र के बुर्ज़ पर एक शंख और एक चक्कर या इनमें से कोई एक हो तो किस्मत का फैसला सनीचर और राहु की नेक हालत पर होगा। अगर राहु–सनीचर का असर नेक हुआ तो चाहे वह अपने बाप से कम ही हो मगर दुनिया में लाखों में एक गिना जाएगा। बुजुर्गी कारोबार से उत्तम फल मिलेंगे। यदि खुद राजा न सही लेकिन राजा का भाई, औलाद या ताल्लुकदार (रिश्तेदार) तो जरूर ही होगा। ऐसे इंसान की कमाई का लगभग एक चौथाई हिस्सा खुद की सेहत पर खर्च होता होगा। ऐसा इंसान दौलतमंद, ध्वजाधारी (विजयी), सुनहरे छत्र का मालिक और हर तरह की सवारी का भोग करने वाला होगा।

(22) खाना नंबर 4 में बृहस्पत हो और खाना नंबर 10 खाली हो तो बृहस्पत सोया हुआ गिना जाएगा लेकिन अगर ऐसा इंसान अपना बदन नंगा न रखे या अपने नंगे बदन पर किसी की नज़र न पड़ने दे तो बृहस्पत खाना नंबर 4 का उत्तम फल देगा या यूं कहें कि जब तक उसका जिस्म जमाने के सामने नंगा न हो तब तक वह इंसान धन दौलत से नंगा नहीं होगा।

(23) खाना नंबर 2 में चन्द्र नेक (अच्छा) हो और खाना नंबर 4 में बृहस्पत हो तो चन्द्र का फल हर लिहाज से उत्तम ही होगा। लेकिन सेहत पर धन के खर्च होने की कोई शर्त न होगी। वास्तव में खाना नंबर 2 का चन्द्र खाना नंबर 6 (रोग) को देखता है। अतः रोग नहीं देगा।

(24) जब खाना नंबर 4 में बृहस्पत हो और चन्द्र भी खाना नंबर 4 में ही हो अथवा खाना नंबर 4 में कायम किया जाए और टेवे वाले इंसान की वाल्दा (माता) जिन्दा है तो उसकी तालीम (शिक्षा) रुकती–रुकती किसी तरह मुकम्मल (पूर्ण) हो ही जाएगी। मगर वाल्दा बचपन में ही साथ छोड़ गई है तो तालीम बिना रुके शुरू से आखिर तक मुकम्मल होगी।

(25) खाना नंबर 4 में बृहस्पत हो और केतु उम्दा (उत्तम) हो और हथेली पर उंगलियों की तमाम पोरों (प्रथम पर्व) पर चार शंख हों या खाना नंबर 2 (बृहस्पत के बुर्ज़) पर चार शंख हों तो इंसान द्वारा

तालीम पर किया हुआ खर्चा (खुद अपनी या अपनी औलाद की) मयसूद (ब्याज सहित) वापस होगा अर्थात् जीवन में तालीम काम आएगी और दौलत कमाने का जरिया बनेगी। इंसान का चाल–चलन (चरित्र) उम्दा होगा। लम्बी उम्र जरूर पाएगा।

(26) खाना नंबर 10 में सूरज हो अथवा बुध नेक (भला) या उम्दा हो तो उंगलियों की पोरों पर दो चक्कर होंगे। ऐसा इंसान हुनर का मालिक और ब्रह्मज्ञानी होगा मगर किस्मत की कोई शर्त न होगी। सीप में मोती की तरह अपने पूरे खानदान में नाम कमाएगा। राजदरबार से खूब मुनाफा होगा।

(27) सनीचर खाना नंबर 2, 9, 10 में हो और बृहस्पत खाना नंबर 4 में हो तो उंगलियों के पोरों (दसों उंगलियों) पर चार सदफ़ (सीप), नेक ऊर्ध्व रेखा कायम हो तो ऐसा इंसान हर किसी को तारने (मददगार) वाला, नेक इंसान, आलीशान मकान वाला और हर तरह का आराम पाने वाला मशहूर इंसान होगा।

(28) खाना नंबर 4 में बृहस्पत और राहु उम्दा हों तो बृहस्पत के बुर्ज़ (खाना नंबर 2) पर चार खड़े खत (रेखा) कायम होंगे। ऐसे इंसान के लिए चन्द्र की जानदार चीजें (माता, घोड़ी) उत्तम फल प्रदान करने वाली होंगी।

(29) बृहस्पत खाना नंबर 4 में हो और बुध खाना नंबर 10 में हो तो वर्षफल के अनुसार जब बुध खाना नंबर 4 में आएगा (34 साल की उम्र के बाद) तो उल्टी हवा के बावजूद खुदसर (मनमाना) होता हुआ गंदे इश्क के अंदर हवाई घोड़े चलाएगा। अपने साथ–साथ अपने कुल को भी बदनाम और बरबाद कर देगा अर्थात् क़ुल–बरबादी का बहाना खड़ा कर देगा। लेकिन बुज़ुर्गों के मशवरे (राय) की ताबेदारी (आज्ञा पालन) करेगा तो खुद ब खुद तर जाएगा। लेकिन अपनी अक्ल की बेलगाम कारवाइयां बरबादी का सबब ही बनेंगी। अपनी जिन्दगी की नाव में खुद सुराख कर देगा। जिसका असर माता के पेट में आते ही शुरू हो जाएगा।

(30) अगर खाना नंबर 4 में बृहस्पत हो और सनीचर टेवे में मंदा हो या मंदा कर लिया जाए। मसलन सांपों को मरवाना, मकानों को गिराना, शराबखोरी, ज़िनाकारी (व्यभिचार) वग़ैरह कार्य करे तो ऐसा इंसान असामाजिक कृत्यों को करने से बदनाम होगा, वह इंसान इसी में खुश होगा। शराबखोरी और ज़िनाकारी का पुतला होगा। अपना ज़िक्र करना और करवाना इसे पसन्द होगा। आंख से मुतअल्लिक रोग होंगे। केतु मंदा असर ज़ाहिर करेगा।

(31) खाना नंबर 10 में बृहस्पत के दुश्मन ग्रह हों और खाना नंबर 4 में बृहस्पत हो तो ज़र (धन) व दौलत को खतरा होगा।

(32) बृहस्पत खाना नंबर 4 में और राहु किसी भी खाने में कायम होकर मंदा असर कर रहा हो तो चन्द्र की जानदार और बेजान मतलब चन्द्र की मुतअल्लिक अश्या (चीजें) का फल मंदा होगा अर्थात् पानी तक जलता होगा।

(33) खाना नंबर 4 में बृहस्पत और टेवे में कहीं पर भी केतु मंदा होता हो तो बादशाह होते हुए भी फकीरी जीवन बिताएगा या मुसीबत के वक्त डरकर जंगलों की तरफ भाग खड़ा होगा।

कियाफा (हस्तरेखा)– हथेली के दसों उंगलियों पर कुल चार सदफ (सीप) अथवा चार शंख अथवा चार खत (रेखा) अथवा दो चक्कर अथवा चन्द्र के बुर्ज़ से एक रेखा चलकर (चन्द्र रेखा) बृहस्पत के बुर्ज़ पर पहुंचे।

बृहस्पत खाना नंबर 5 (आग का बांस) (ब्रह्मज्ञानी)

धर्म नाम पर मांग दुनिया से जो खाता
असासा ही है, बेच अपना वह जाता
औलाद क़दर से बुढ़ापा उम्दा, सौदा ईमानी बढ़ता हो
हाल बुजुर्ग बेशक कैसा, नसल आइन्दा फलता हो
उसके बृहस्पत दिन लड़का जनमें, या सनीचर जनम या नौ सनीचर हो
लेख सोया भी आतब जागे, जोड़ी शेरों की बनती हो
केतु मंदा औलाद हो मंदी, मंदे बृहस्पत ऋण पित्तर हो
चन्द्र, सूरज बुध उम्दा पापी, लावल्द होता वह न कभी हो

(1) जो इंसान धर्म के नाम पर मांग कर खाता है वह कंगाल ही रहता है और अंत में अपना सब कुछ बेच जाता है।

(2) इंसान की किस्मत औलाद की कदर करने से बढ़ेगी और इसी किस्मत की बदौलत बुढ़ापे में औलाद का सुख मिलेगा।

(3) बृहस्पत के दिन (गुरुवार) औलाद हो तो बाप और औलाद दोनों ही क़िस्मत के मैदान में दो शेरों का जोड़ा होंगे। अगर सनीचर के दिन या खाना नंबर 9 (औलाद के टेवे में) की औलाद हो तो भी यही फल होगा।

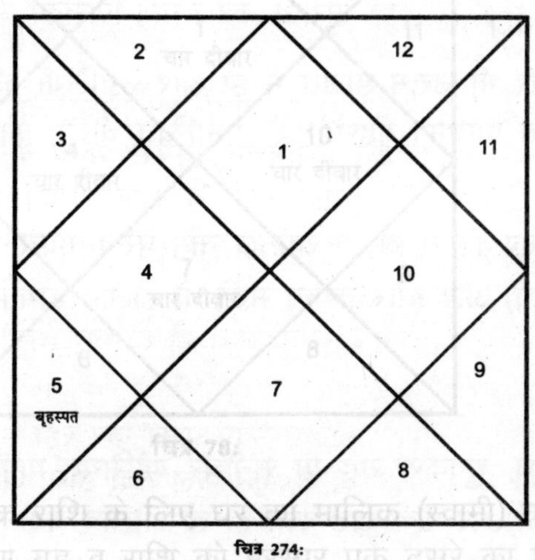

चित्र 274:

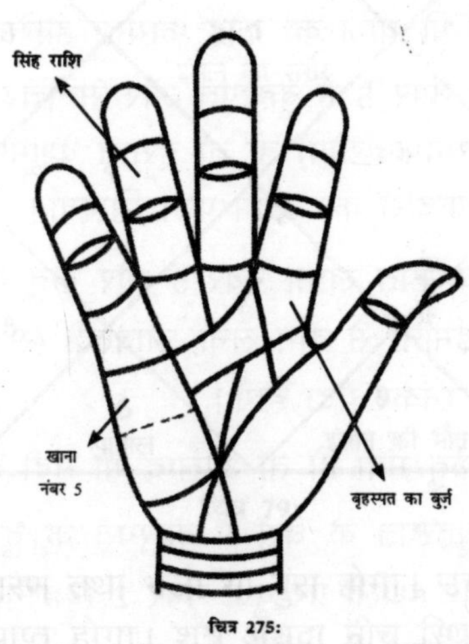

चित्र 275:

(4) अगर टेवे में केतु मंदा हो और खाना नंबर 5 में बृहस्पत हो तो बृहस्पत भी मंदा गिना जाएगा और यह असर पितृ ऋण की तरह असर देगा।

(5) खाना नंबर 5 में बृहस्पत और टेवे में सूरज, चन्द्र, बुध और पापी ग्रह उम्दा हों तो इंसान लावल्द (संतानहीन) कभी नहीं होगा।

(6) जब सूरज, चन्द्र और पापी ग्रह उम्दा हों, बुध भी उत्तम हो और हथेली पर उंगलियों की पोरों (दसों) पर पांच चक्कर हों और राहु नेक हो या बृहस्पत के बुर्ज़ पर पांच खड़े खत (रेखा) हों तो टेवे वाला

इंसान कभी लावल्द (निःसन्तान) नहीं होगा और राजा खुश तथा किस्मतवाला होगा। फौज का सरदार या आला (उच्च) अधिकारी होगा। ऐसे इंसान से ढेरो प्राणी लाभ पाते होंगे और उसकी औलाद को दुआएं बख्शते होंगे।

(7) खाना नंबर 9 में बृहस्पत के दोस्त ग्रह (सूरज, चन्द्र, मंगल) हों और हथेली की सेहत रेखा पर खड़े खत हों या जब किस्मत रेखा कलाई से शुरू होकर सेहत रेखा में जुड़ जाए तो सूरज खाना नंबर 9 में होगा अथवा सेहत रेखा (स्वास्थ्य रेखा) कलाई से शुरू होकर चन्द्र के बुर्ज़ (खाना नंबर 4) पर जा पहुंचे तो चन्द्र खाना नंबर 9 में होगा अगर ऐसा हो तो टेवे वाले इंसान की दौलत या औलाद कभी भी मंदी न होगी। आइंदा–नस्ल (लड़के, पोते वगैरह) तरक्की पर तरक्की करती चली जाएगी। अगर वह खुद घोड़े की लीद में माणिक हो तो औलाद चट्टानों में मोती की तरह होगी। बृहस्पत के दिन पैदा हुई औलाद के दिन से इंसान की मामूली नाव भी बड़े ज़हाज का काम देने लगेगी। इंसान खुद और उसकी औलादें व नस्ल गुजरी हुई नस्लों (बुजुर्गों या पूर्वजों) के पाप (कमजोरिया) धो देंगी।

(8) जब खाना नंबर 2, 5, 9, 11, 12 (बृहस्पत के घरों) में बुध, शुक्कर, राहु या बहैसियत पापी ग्रह सनीचर (बृहस्पत के दुश्मन) नहीं हो तो बाप से लेकर पोते तक सभी सुखी और सम्पन्न होंगे। खाना नंबर 9 के बृहस्पत जैसा उत्तम फल मिलेगा।

(9) जब खाना नंबर 9 में सनीचर हो या बमूजिब (अनुसार) वर्षफल, खाना नंबर 9 में आ जाए तो सनीचर के दिन पैदा हुए लड़के के जनमदिन से 60 साल की उम्र तक सनीचर खाना नंबर 9 या बृहस्पत खाना नंबर 7 या हथेली पर मच्छ–रेखा का उत्तम फल मिलेगा लेकिन बृहस्पत से मुतअल्लिक (सम्बन्धित) किसी भी चीज का कोई फायदा हासिल न होगा।

(10) खाना नंबर 5 में बृहस्पत और सनीचर कहीं पर भी उत्तम हालत में हों और उंगलियों की पोरी पर पांच सदफ़ (सीप) हो तो इंसान बेशुमार इज्जत पाएगा। बृहस्पत से सम्बन्धित चीजों, कारोबार और ताल्लुकदारों का उत्तम फल मिलेगा।

(11) जब बृहस्पत खाना नंबर 5 और केतु खाना नंबर 11 में हो तो धर्म के नाम पर मांगकर खाने वाला या बेईमानी से दान लेना, लावल्दी (संतानहीनता) और बगैर कफ़न मरने के हालात होंगे। बच्चे मुर्दा लाश बनकर पैदा होंगे।

(12) जब केतु मंदा हो तो औलाद भी मंदी होगी।

(13) जब बृहस्पत के घरों में बृहस्पत के दुश्मन (बुध, शुक्कर, राहु या सनीचर बहैसियत पापी ग्रह) बैठे हों और हथेली पर बुर्ज़ नंबर 2 (बृहस्पत के बुर्ज़) पर पांच खड़े खत हों तो औलाद मंदी नहीं होगी। लेकिन खुद ही अपनी नाव डुबा लेने वाला मल्लाह (नाव चलाने वाला) होगा। 25 (शुक्कर), 34 (बुध), 42 (राहु), 48 (केतु) और 36 से 39 (सनीचर) साल की उम्र के बाद उम्दा हालात होंगे। मंदी हालत हो और खाना नंबर 5, 9 में केतु न हो तो मामा पर मंदी का तूफान चलता रहेगा। सदैव ध्यान रहे खाना नंबर 5 का बृहस्पत अगर मंदा हो तो मामा या मामा की औलाद पर इसका बुरा असर होगा, लेकिन टेवे वाले पर इसका मंदा असर न होगा। केतु का उपाय करना मददगार होगा।

(14) जब राहु खाना नंबर 9 में हो तो बृहस्पत चुप होगा मगर गुम न होगा।

नोट– ***बृहस्पत चुप होने का अर्थ यह माना जाए कि राहु के सापेक्ष बृहस्पत अपना असर नहीं देगा। लेकिन गुम नहीं होगा का अर्थ यह है कि किसी और ग्रह जिससे बृहस्पत संपर्क रखता है, उसके माध्यम से अपना असर टेवे वाले व्यक्ति पर जाहिर कर सकता है।***

(15) जब राहु मंदा हो तो टेवे वाला इंसान मानो भिक्षा के लिए घूमता होगा लेकिन मंदी हवा से हर तरफ तंगी के हालात बने रहेंगे।

कियाफा (हस्तरेखा)– हाथ की दसों उंगलियों पर पांच सदफ, पांच चक्कर या पांच खत हों या सेहत (स्वास्थ्य) रेखा से किस्मत रेखा मिलती हो।

कियाफा (नाक)– नाक की बनावट से इंसान के बारे में हस्बेजैल (निम्नलिखित) तरीके से फलादेश हो सकते हैं।

(1) छोटी नाक वाला–धर्मात्मा होगा।

(2) लंबी और चौड़ी नाक वाला–मेहनती और चोरी–छिपे काम करने वाला होगा।

(3) तोते की चोंच जैसी ऊंची–नीची नाक हो तो सूफी और परहेज वाला होगा।

(4) नाक मोटी और छोटी, दबी हुई हो तो अक्ल का कम और कारोबार सम्बन्धी मंदा असर झेलेगा।

(5) नाक दरमियाना (मद्धम) आकार की और अंदर की ओर झुकी हो तो मंदी किस्मत वाला होगा।

(6) नाक बीच से चौड़ी और दबी हो तो भी मंदी क़िस्मत वाला होगा।

(7) बारीक नाक वाला इंसान नेक मगर कम अक्ल वाला होगा।

(8) लंबी और पतली नाक हो तो बहादुर और धैर्यवान होगा। लेकिन ज्यादा लम्बी नाक वाला अय्याश, बेशर्म और मुफ़लिस (कंगाल) होगा।

(9) नाक जड़ से नीचे की ओर झुकी हो और लम्बी हो तो इंसान ईमानदार और दौलतमंद होगा।

(10) गोल, बड़ी और मोटी नाक वाला नेक दिल का इंसान होगा।

(11) छोटी और चपटी नाक वाला शान–शौकत वाला इंसान होगा।

(12) नाक मुंह की ओर झुकी हो तो इंसान अय्याश और शौकीन मिजाज का होगा।

(13) नाक बीच (मध्य) से ऊंची और सिरे से तंग हो तो इंसान दौलतमंद होगा।

(14) यदि नाक चेहरे के मुकाबले छोटी हो तो इंसान धोखेबाज, जालसाज और फरेबी होगा।

दिमागी खाना नंबर 20– सूरज से मुश्तरका (संयुक्त) इज्जत, बुजुर्गी इज्जत, अपने फ़र्ज से पूरी अदायगी (अपना फर्ज पूरा करने वाला), दिल नेक, अंदर और बाहर से एक जैसा होगा, इंसानी खसलत (विशेषता) का मालिक होगा।

बृहस्पत खाना नंबर 6

(मुफ़्तखोर मगर साधु स्वभाव)

मुफ्त रोटी गो तुझको हर दम मिलेगी
मगर माया तो ढूंढ़नी ही पड़ेगी
मानसरोवर बाप का उम्दा शर्त कोई न अपनी हो
हालत सनीचर पर फ़ैसला होगा, राजगुरु या निर्धन हो
पांच, बारह, नौ उम्दा दूजा, बृहस्पत होता खुद चन्द्र हो
खैरात बुजुर्गा नाम पे बढ़ता, राजसभा या मन्दिर हो
अकेला बृहस्पत, बुध केतु फलता, खाक भरा सब मस्तक हो

(1) जब खाना नंबर 2, 5, 9, 11, 12 में बृहस्पत के दुश्मन ग्रह यानि बुध, शुक्कर, राहु, बहैसियत पापी सनीचर न हों तो इंसान को मुफ्त की रोटी मिलेगी लेकिन धन हाथ नहीं आएगा, धन खुद की मेहनत से कमाना पड़ेगा।

(2) बाप की किस्मत मानो मानसरोवर होगी लेकिन अपनी किस्मत का कोई भरोसा न होगा। बुजुर्गों के नाम पर खैरात (दान) देना अपनी किस्मत की बुनियाद होगी लेकिन खैरात में भी खानदान में खैरात वाले रिश्तेदार, बेटी, भांजी दोहती होंगे। इनकी पालना करने से भी नेक असर होगा।

(3) इंसान की किस्मत का आखरी फैसला सनीचर की हालत देखकर मुकर्रर होगा। अगर सनीचर उम्दा है तो इंसान राजा के समान और अगर सनीचर मंदा है तो इंसान निर्धन होगा। मामा परिवार के लोग खुशहाल होंगे मगर वे (मामा वगैरह) 40 साल की उम्र तक टेवे वाले के लिए बेईमान नीयत के होंगे।

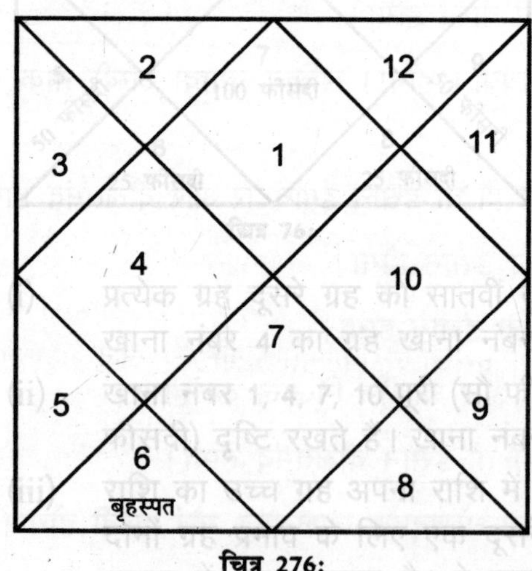

चित्र 276:

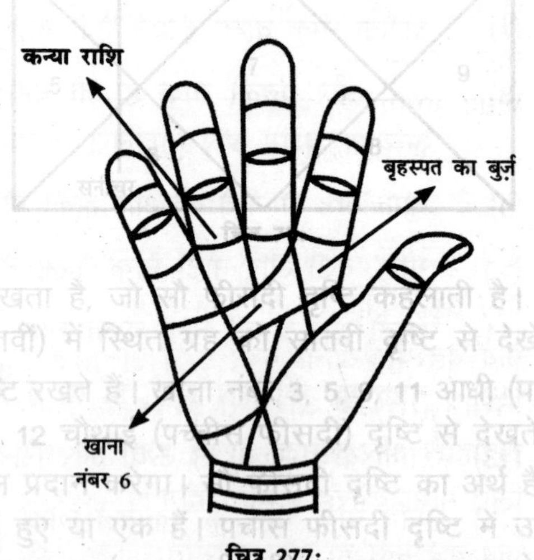

चित्र 277:

(4) इंसान का बाप जब तक जिन्दा है तब तक सखी (दानी) होगा, उदार दिल वाला, खूब इज्जतदार होगा। धन–दौलत की बरसात होगी, सोने की मानिंदो (खानों) में रहने वाला होगा। इंसान का बाप अपने आखरी वक्त में खूब धनी होगा लेकिन टेवे वाले इंसान के धनी होने की कोई शर्त नहीं है।

(5) जब खाना नंबर 2, 5, 9, 11, 12 उम्दा हों या इन खानों में बृहस्पत के दुश्मन ग्रह न हों तो बृहस्पत खाना नंबर 6 के चन्द्रमा का फल देगा लेकिन शर्त यह है कि खाना नंबर 2 (दृष्टि) खाली हो खाना नंबर 2 की मार्फत माता खानदान (बुध) की उन्नति होगी।

(6) खाना नंबर 6 में बृहस्पत अकेला हो तो बुध (बेटी) और केतु (बेटा) का नेक असर टेवे वाले इंसान को मिलेगा बशर्ते इंसान का चाल–चलन (चरित्र) मंदा न हो। अगर इंसान अय्याश (व्यभिचारी) हो तो किस्मत का उल्टा चक्कर चलेगा। पेशानी (मस्तक) पर किस्मत की मंदी धूल का असर जम जाएगा।

(7) अगर टेवे वाले इंसान का बाप कम उम्र में ही गुजर जाए (जरूरी नहीं है कि जल्दी मर जाए) तो इंसान हराम की खाने वाला ऐश–मौज करने वाला, साधारण जिन्दगी जीने वाला होगा।

(8) दिमागी खाना नंबर 18 केतु से मुश्तरका (संयुक्त) होगा अर्थात् जिस दिन से घर में औलाद पैदा हो (औलाद का साथ हो) या खाना नंबर 18 बुध से मुश्तरका हो अथवा जिस दिन से कारोबार का साथ शुरू हो। उस दिन से फोकी (खोखली) उम्मीदों पर ही जीता होगा।

(9) जब बृहस्पत खाना नंबर 6 में हो और बृहस्पत के घरों (2, 5, 9, 11, 12) में बृहस्पत के दुश्मन ग्रह हों और खाना नंबर 2 की दृष्टि भी खाली हो, हर तरफ से बृहस्पत अकेला हो और हथेली में खाना नंबर 2 से कोई रेखा खाना नंबर 6 में पहुंच रही हो तो इज्जत रेखा, बुध, चन्द्र खाना नंबर 6 और केतु का उत्तम फल मिलेगा। अगर टेवे वाला इंसान लड़का हो तो गणेश जी के चूहे से बढ़कर खुद गणेश जी की तरह पूज्य (पूज्यनीय) और अगर लड़की हो तो गरुड़ भगवान् की तरह (निहायत उत्तम अवस्था) बाइज्जत दुनिया में जीए।

(10) जब खाना नंबर 2, 5, 9, 11, 12 में बुध, शुक्कर, राहु या बहैसियत पापी सनीचर न हो, खाना नंबर 2 से दृष्टि खाली हो या न हो, हथेली में उंगलियों की पोरों पर खड़े खत (कितने भी) कायम हों तो टेवे वाला इंसान आराम और हराम की रोजी–रोटी खाने वाला होगा। अव्वल तो उसकी जिन्दगी में ऐसा मौका आएगा ही नहीं कि उसे मेहनत करके खाना नसीब हो और अगर ऐसा मौका आ भी जाता है तो वह मेहनत करेगा ही नहीं लेकिन ऐसा इंसान हजारों के लिए रोजी–रोटी के भंडारे खुलवा देगा जबकि खुद एक–एक सिक्के के लिए भी मोहताज रहेगा।

(11) जब बृहस्पत खाना नंबर 6 में हो और बुध उम्दा हो। हथेली में उंगलियों की पोरों पर (दसों उंगलियों की) छः चक्कर हों तो ऐसा इंसान मतलब–परस्त लेकिन नेक दिल का इंसान होगा।

(12) जब बृहस्पत खाना नंबर 6 में हो और केतु उम्दा हो। हथेली में किस्मत रेखा की जड़ में केतु का निशान (ππ) हो और ऐसे इंसान का चाल–चलन नेक हो तो मामा–खानदान के लोग खुश और खुद खुशहाल और रौनक–परस्त जिन्दगी का मालिक होगा, लेकिन चालीस साल की उम्र तक खुद के लिए मामा वगैरह बेईमान होंगे।

(13) जब बुध मंदा हो और बृहस्पत खाना नंबर 6 में हो तो 34 साल की उम्र तक तकदीर का उल्टा चक्र चलेगा। मंदे नसीब की मार को झेलना पड़ेगा।

(14) जब केतु मंदा हो और बृहस्पत खाना नंबर 6 में हो तो टेवे वाला इंसान सर्द आंहों से मर रहा होगा और हाथ में फकीरों का प्याला लिए रोटी की दरकार में होगा। ऐसे में केतु का उपाय करना मददगार साबित होगा।

कियाफा (हस्तरेखा)– उंगलियों की पोरों पर छः चक्कर या क़िस्मत रेखा की जड़ में केतु का निशान या बृहस्पत के बुर्ज़ से खाना नंबर 6 पर कोई शाखा मुस्तील (चौकोर या आयत) में खत्म हो। उंगलियों की पोरों पर 6 चक्कर हों तो बृहस्पत हमेशा राशिफल का होगा।

बृहस्पत खाना नंबर 7

(निर्धन साधु)

धर्म माला थैली न परिवार देगी
बड़ी शानशौकत बिला हिर्स होगी
औलाद बे क़दरी गैर न करता, मदद भाई न हुकूमत हो
वक्त बुढ़ापे हो सुख किसका, ज्ञानी तरसता दौलत को
नौवें सनीचर सात हो मच्छ रेखा, रिज़क़ चन्द्र खुद देता हो
घर से बाहर क्यों छोड़े फिरता, मरना लिखा है घर में हो
साथी तख्त या घर बृहस्पत बैठा, मंदा शुक्कर या दुश्मन हो
सनीचर ग्यारह बुध छः, दो, बारह, मुतबन्ना मरे औलाद न हो

(1) टेवे वाला इंसान धर्म का मुखिया और धर्म का झंडा हर वक्त हाथ में लेकर दौड़ने वाला होगा। उसकी जाती (निजी) किस्मत का असर औरत के माध्यम से होगा। धर्म की माला न धन की थैली देगी और न ही परिवार।

(2) इंसान नरीना (नर) औलाद से दुःखी होगा। न तो ताल्लुकदार (रिश्तेदार) मदद करेंगे और न ही राजा (राज्य) से मदद मिलेगी और न ही भाई मदद करेगा तो फिर बुढ़ापे में कैसे सुख मिलेगा। हुनरमंद (खाना नंबर 1 में सूरज हो तो ज्योतिषी होगा) तो बहुत होगा लेकिन धनी होने की शर्त न होगी।

(3) खाना नंबर 7, 9 में सनीचर हो तो मत्स्य (मच्छ) रेखा होती है। चन्द्र टेवे में कहीं भी हो उम्दा फल देगा और इंसान के रिज़क़ (खाद्य–भंडार) हमेशा भरे होंगे। इंसान की मौत घर पर ही होगी और यात्राएं करना लाभ देगा।

(4) बृहस्पत के दुश्मन ग्रह और खासकर शुक्कर मंदा होकर बृहस्पत के घरों (2, 5, 9, 11, 12) में बैठे हों तो इंसान की औलाद पर मंदा असर होगा। अगर सनीचर खाना नंबर 11 में हो और बुध 6, 2, 12 में हो तो इंसान की मुतबन्ना (गोद ली हुई) औलाद भी मर जाए। औलाद सुख किस्मत में न होगा।

(5) इंसान पिछले जनम का जन्मजात साधु होगा मगर तपस्या के लिए जंगल में न गया होगा अर्थात् जिसने संन्यास धारण न किया हो। गृहस्थ (खाना नंबर 7) में राजा जनक की तरह संन्यासी साधु होगा जो माया (शुक्कर) में होता हुआ भी लक्ष्मी को सांस की हवा की तरह जानने वाला, शान्तचित्त और परिवार का गुरु होगा। लड़के के टेवे की हालत में घर में कुत्ते से भी कम कीमत होगी। मानो निर्धन साधु जैसा जीवन होगा और अगर लड़की का टेवा हो तो औलाद और धन दोनों के ही लिहाज से उत्तम फल होगा।

(6) टेवे वाले इंसान की जाती (निजी) तरक्की या दौलत की हालत का फैसला चन्द्र की अच्छी या बुरी हालत से होगा। ईश्वरीय मोहब्बत (प्रेम) से किस्मत बुलन्द होगी।

(7) सफर से दुनियावी चीजों और धन दौलत की बरकत होगी और सफर से जिन्दा वापस लौटेगा। मौत जद्दी (पैतृक) मकान में ही होगी। कहीं बाहर भी मरा तो लाश उसके पैतृक मकान में लाई जाएगी।

(8) औरत (पत्नी) के दहेज के माल से बरकत होगी। धर्म से मुतअल्लिक (सम्बन्धित) कामों में सबसे पहले हाजिर होगा और मुसाफिर जीवन, मददगार इंसान होगा।

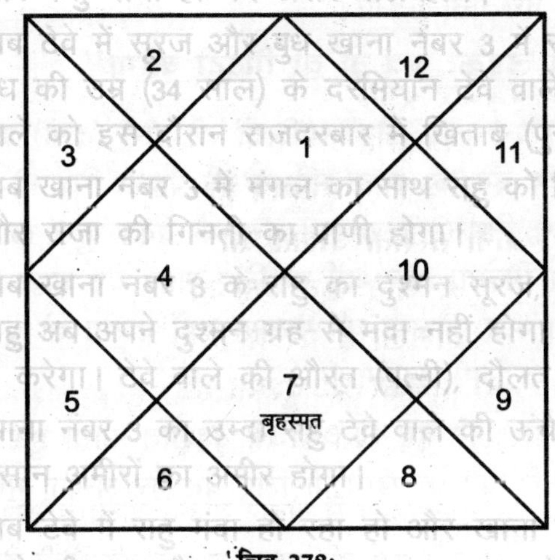

चित्र 278:

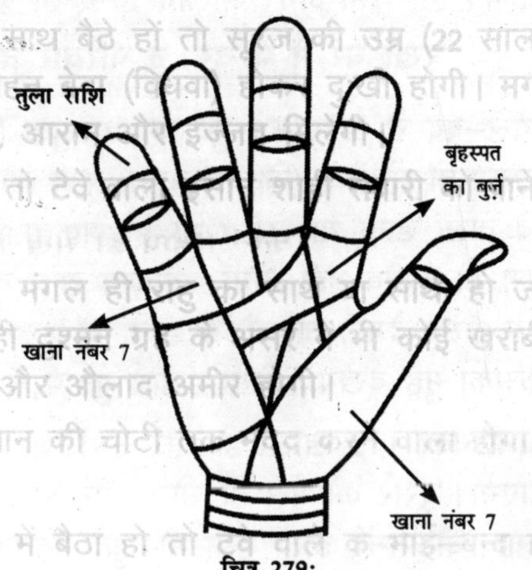

चित्र 279:

(9) अपनी खुद की गृहस्थ हालत के लिए 34 साल की उम्र तक आराम, माया–दौलत, नरीना (नर) औलाद के ताल्लुक (सम्बन्ध) में परेशानी में घूमता रहेगा मानो मन्दिर में आग लगी हुई हो। तब भी 45 साल की उम्र में लड़का होगा और वह अपने सारे दुःख–परेशानी से बरी होगा। आखरी समय में वह कर्जा दुनिया पर छोड़ कर नहीं जाएगा और न ही कभी लावल्द (निःसंतान) ही होगा।

(10) जब सनीचर खाना नंबर 7 में हो और हथेली पर मच्छ रेखा हो अथवा सनीचर खाना नंबर 9 में हो और हथेली पर ऊर्ध्व रेखा उत्तम स्थिति में हो तो बड़ा परिवार और दौलत के भंडार होंगे बशर्ते कि वह सनीचर की प्रवृत्ति मतलब चालाकी वगैरह का मालिक हो।

(11) जब केतु उम्दा हो और उंगलियों की पोरों पर पांच शंख हो अथवा बुध उम्दा हो और उंगलियों के पोरों पर छः खड़े खत (रेखा) हों तो इंसान तपस्वी, पूजा–पाठ करने वाला होगा। मगर माली हालत की कोई शर्त नहीं होगी दोनों ही हालातों में इंसान का उम्दा हाल होगा। मगर उत्तम हाल होने की कोई शर्त नहीं।

(12) जब राहु उम्दा हो और उंगलियों की (दसों) पोरों पर छः खड़े खत हों तो पूरी जिन्दगी आराम से गुजरेगी। खासकर जवानी उत्तम होगी।

(13) जब सूरज खाना नंबर 1 में हो और बुध के बुर्ज़ पर सूरज की तरफ बृहस्पत का निशान (♃), चक्कर, शंख, सीप वगैरह हो तो टेवे वाला इंसान इल्म–ज्योतिष (ज्योतिष–शास्त्र) का ज्ञाता, और दुनियावी मसलों का तजुर्बेकार होगा। आलसी व ऐश पसन्द होगा। ज्यादा दौलत की कोई शर्त न होगी।

नोट– ***जहां कहीं भी "शर्त" लफ्ज का प्रयोग हो रहा है वहां पर "सम्बन्धित फल" को पुख्ता करने के लिए उस चीज से सम्बन्धित अन्य ग्रहों और उनके असर के आधार पर संदेह को दूर करते हुए फलादेश की घोषणा करनी चाहिए।***

(14) जब खाना नंबर 1, 2, 5, 9, 12 में बृहस्पत के दोस्त ग्रह (सूरज, चन्द्र, मंगल) हों तो बुजुर्गों की उम्दा शान–शौकत और अमीराना ठाठ होंगे लेकिन खुद अपने लिए धन–दौलत होने की कोई शर्त न होगी। मगर मजहबी–इल्म (धार्मिक–ज्ञान) में वह मशहूर और धर्म के लिहाज से आस्थावान होगा।

(15) लड़की के टेवे में बृहस्पत मंदा नहीं होगा और लड़के के टेवे में बृहस्पत अगर मंदा हो तो औलाद तो क्या मुतबन्ना (दत्तक पुत्र) तक भी दुःखी रखेगा। ऐसे टेवे वाले के लिए अच्छा यह होगा कि उसके औलाद ही न हो अगर औलाद होगी तो बुढ़ापे में पछताना पड़ेगा।

''रखा घर में मन्दिर, न परिवार देगा बचे लड़का जब तो वो मिट्टी करेगा''

(16) मंगल–बद से अगर मंदे बुध का ताल्लुक (सम्बन्ध) बन जाए और उंगलियों की पोरों (दसों) पर चार चक्कर हों तो बेवा (विधवा) बहन, बूआ को मंदे राग रंग का शौक मंदेपन की पहली निशानी होगी। टेवे वाला डाकू या लुटेरा भी हो सकता है लेकिन निर्धन ही रहेगा। भूख के वक्त कुत्ते का गन्दा मांस भी नसीब नहीं होगा। आवारा साधु का साथ मिलेगा और धर्म के लिए शहर दर शहर भागना मंदा असर देगा। जवानी में ज्ञान की तरफ भागेगा और औलाद की परवाह नहीं करेगा तो बुढ़ापे में किसका मुंह देखेगा। ऐसा इंसान बुढ़ापे में दौलत के लिए तरसेगा।

(17) खाना नंबर 1, 2 खाली हो और उंगलियों के पोरों पर लेटे हुए खत हों तो बृहस्पत सोया हुआ गिना जाएगा। दूसरे को भले ही सोना तौल कर दे लेकिन खुद के खाने के लिए पेट भर अनाज मुहैया न होगा। दौलतमंद होता हुआ भी खुद मेहनत करके खाएगा।

(18) बृहस्पत खाना नंबर 7 में मंदा हो और शुक्कर के बुर्ज़ (खाना नंबर 7) पर लंबी–लंबी मगर टेढ़ी–मेढ़ी लकीरे हों तो न ही भाई मदद करेंगे और न ही राजदरबार में कोई ऊंचा ओहदा (स्थान) मिल सकेगा।

(19) खाना नंबर 1, 2, 5, 9, 12 में और खाना नंबर 7 में बृहस्पत के साथ बृहस्पत के दुश्मन ग्रह (बुध, शुक्कर, राहु और बहैसियत पापी सनीचर) हो, हथेली में बृहस्पत के बुर्ज़ से कोई रेखा आकर शादी (विवाह) रेखा को काटे या बुध के बुर्ज़ पर सीधे खड़े खत हों तो बाप या दादा को दमा होगा, सोने का मिट्टी हो जाए और वह मिट्टी भी उड़ने लग जाए। जब शुक्कर मंदा हो तो मुतबन्ना (गोद लिया हुआ बच्चा) भी मर जाएगा।

(20) जब सनीचर या बुध खाना नंबर 2, 6, 12 में हो अथवा सनीचर या बुध खाना नंबर 9, 11 में हो और मंदा हो साथ ही दोनों ही मौकों (स्थितियों) में किस्मत रेखा जड़ से थोड़ी–सी गोलाई लेकर मुड़ जाए तो टेवे वाला इंसान नरीना (नर) औलाद को तरसता ही रहेगा और 45 साल की उम्र में औलाद कायम होगी लेकिन तब तक खुद बरबाद हो जाएगा। मुतबन्ना भी दुःखी रहेगा। माली हालत, उम्र और किस्मत तीनों ही मंदे होंगे। मंदी हालत की निशानी घर में रत्तक (सोना तोलने का यन्त्र) या मंगल की अश्या (चीजें) होंगी। जिन्हें बृहस्पत की अश्या (पीला कपड़ा वग़ैरह) के साथ मिलाकर रखना मददगार होगा। मंदी हालत में चन्द्र का उपाय मददगार होगा।

कियाफा (हस्तरेखा)– तीन चक्कर, तीन शंख, तीन सदफ़ (सीप), तीन खत, चार चक्कर, पांच शंख हो, बृहस्पत का बुर्ज़ बड़ा हो, औलाद रेखा शादी रेखा को काटे, किस्मत रेखा की जड़ में बुध का दायरा (O) हो, शुक्कर के बुर्ज़ पर भाईयों की रेखा टेढ़ी व लम्बी हो, सिर (मस्तिष्क) रेखा उम्र (आयु) रेखा से अलग होकर बृहस्पत के बुर्ज़ का रुख करे।

बृहस्पत खाना नंबर 8

(खुदाई मददगार, कब्रिस्तान का फ़कीर, घर का बुजुर्ग)

बुजुर्गों का हो साथ, जब रात करता
खजाना ज़र ओ माया, आयु का बढ़ता
उड़े खोपड़ी फिर भी जिन्दा साथ फ़कीरी न देगा
आठ बाबा हो बेशक बैठा, भेद ग़ैबी बतला देगा
बैठे शुक्कर घर दो-छः साथी, लावल्द होता वह न होगा
दान सोने की लंका अपनी, शिवजी रावण को कर देगा
बुध, मंगल-बद पापी मंदा, कब्र वीराने कर देगा
सनीचर मंगल सात-चार जो बैठा, राख ख़जाने भर देगा
जिस्म पर सोना कायम रखते, दुःखी कभी वह न होगा
बुध, राहु पितृ-ऋण टेवे, उम्र शक्की तक पा लेगा

(1) जब तक बुजुर्गों का रात में साथ होगा (सम्मिलित परिवार) तब तक इंसान की धन–दौलत, दुनियावी माल (सामान) और उम्र बढ़ती ही जाएगी।

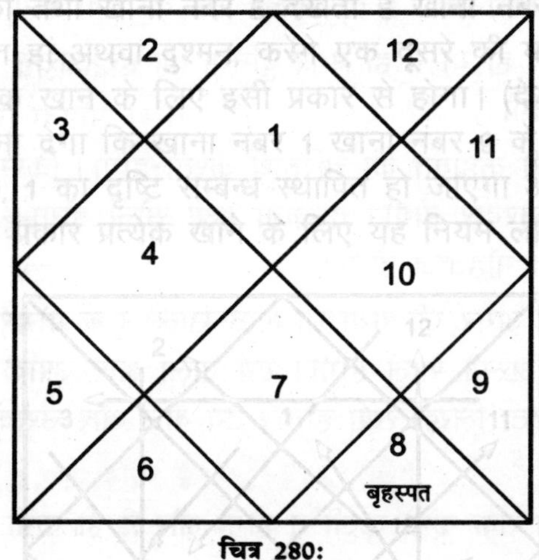

चित्र 280:

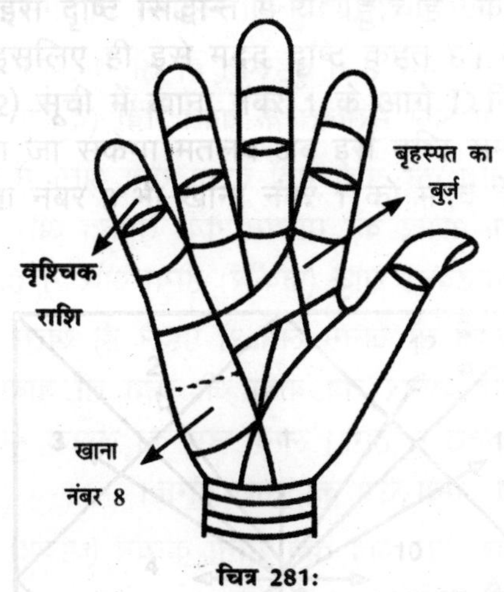

चित्र 281:

(2) जब खाना नंबर 2, 4 उत्तम हों तो उनमें बृहस्पत का असर मिल जाएगा, धन–दौलत वगैरह के लिहाज़ से मंदा फल नहीं होगा। खोपड़ी अलग हो जाने पर भी जिन्दा होगा अर्थात् लम्बी उम्र का मालिक होगा और दुश्मनों पर हावी रहेगा। जागती किस्मत का मालिक होगा। जले हुए जंगल में ज़िस्म नंगा करके वीराने में भी छोड़ दें तो वहां भी हरियाली और सोने की खानें खोज लेगा। सेहत, दौलत, परिवार से कभी दुःखी न होगा।

(3) यदि चन्द्र उम्दा हो और 2, 5, 9, 12 खाना नंबर उत्तम हों तो गैबी (दैवीय) ताकत से गुप्त भेदों को जान लेने की ताकत होगी। दौलतमंद होगा।

(4) अगर शुक्कर खाना नंबर 2, 6 में हो या बृहस्पत के साथ खाना नंबर 8 में हो तो इंसान लावल्द (निःसन्तान) कभी भी न होगा। नर औलाद छः तक होंगी। इंसान की खुद की उम्र लम्बी होगी और उसके परिवार में भी सभी की उम्र लम्बी होगी। इंसान सुखी होगा।

(5) काला इंसान, काना इंसान और निःसन्तान दम्पत्ति के लिए मंगल–बद गिना जाएगा। जब मंगल नेक हो अथवा मंगल का खाना नंबर 2 से नेक ताल्लुक हो तो इंसान अपनी दयालुता से बड़े से बड़ा दान कर देने में भी संकोच नहीं करेगा। मानो शिवजी (चन्द्र) ने अपनी दयालुता से रावण (बृहस्पत) को सोने की लंका दान कर दी हो। मटके के मुंह में पानी और दुःखी इंसान के आंसू पोंछने वाला धर्मी होगा। जब तक बुध खाना नंबर 9 में न हो बाप और खुद लम्बी उम्र का मालिक होगा। जब वह आएगा तो मौत के मैदान (शमशान) का दरवाजा ही बन्द हो जाएगा या तब तक उसके सामने किसी की मौत न होगी। बृहस्पत या शुक्कर की अश्या (चीजें) धर्म स्थान में देना मुबारक (शुभ) और मददगार होगा।

(6) जब सनीचर या मंगल खाना नंबर 4, 7 में हो तो इंसान दौलत के खजानों को राख में बदल देने वाला होगा। हवा में मौत के खून की गूंज पैदा कर देगा। ऐसे में जिस्म पर सोना कायम करना मददगार होगा और इंसान कभी दुःखी न होगा।

(7) अगर टेवे में बुध और राहु की बदौलत पितृ ऋण (खाना नंबर 2, 5, 9, 12 में बुध, शुक्कर, राहु या पापी ग्रह राहु, केतु या सनीचर हो तो पितृ ऋण होगा) होता है तो शक्की उम्र का टेवा होगा।

(8) खाना नंबर 8 में बृहस्पत हो तो चाहे खुद दौलतमन्द हो या न हो मगर दुनिया का हर आराम नसीब होगा और मुसीबत के वक्त गैबी (दैवीय) मदद मिलेगी।

(9) ''सांच को आंच नहीं वरना खुद आग में जले'' वाली कहावत को चरितार्थ करता होगा। किस्मत के नेक असर का माध्यम गैबी ताकत और खुदाई असरदार होगी। दमकता हुआ सोना होगा। न तो लंगोटबन्द साधु (फकीर) होगा और न ही किसी का मोहताज होगा।

(10) अव्वल तो जनम लेने से पहले ही खत्म हो जाएगा अगर जी गया तो आठ साल में बाबा पर भारी होगा, अगर तब बाबा जी गया तो बाबा की उम्र अस्सी साल होगी। टेवे वाला और उसके बाबा इकट्ठे न होंगे। लम्बी उम्र का उसके बुजुर्गों ने पट्टा लिखा रखा होगा। टेवे वाले और उसके बाप की लम्बी उम्र का साथ होगा।

(11) जिस्म पर जब तक सोना कायम (धारण) रखेगा तब तक कभी दुःखी न होगा और न ही कभी सेहत मंदी होगी।

(12) जब बृहस्पत मंदा हो या दुश्मनों से घिरा हुआ हो और हाथ पर बृहस्पत का बुर्ज़ (खाना नंबर 2) नदारद (गायब) या दबा हुआ हो तो टेवे वाला इंसान बदनाम और गंदा आशिक (प्रेमी) होगा।

(13) जब मंगल मंदा या मंगल–बद (इसे विस्तारपूर्वक देखने के लिए आगे मंगल का खानावार असर देखें) हो और हथेली पर गृहस्थ रेखा (शुक्कर के बुर्ज़ पर उम्र रेखा के समानान्तर रेखा) सीधी खड़ी हो और बृहस्पत के बुर्ज़ (खाना नंबर 2) पर या खाना नंबर 9 पर या खाना नंबर 4 या दिल (हृदय) रेखा पर मंगल–बद का निशान (∨∧><) हो तो टेवे वाले इंसान की आमदनी अच्छी होते हुए भी कर्जे की हालत बनी रहेगी। सेहत और दौलत दोनों मंदे होंगे। जहां पर भी जाएगा उल्लू की तरह मनहूस ही साबित होगा। कब्रिस्तान और श्मशान की जली हुई मिट्टी से खुद की खोपड़ी भरी होगी अर्थात्

नकारात्मक और मनहूस खयालों का पुतला होगा। किस्मत का मारा हुआ निर्धन साधु की तरह दुःखी और उदासीन होगा।

(14) जब खाना नंबर 2, 5, 9, 12 में बुध, शुक्कर, राहु या बहैसियत पापी सनीचर (बृहस्पत के दुश्मन) बैठे हों तो इंसान को बार–बार जनम लेने का दुःख झेलना पड़ेगा। उम्र भी शक्की होगी।

(15) जब बुध मंदा हो और उंगलियों की पोरों पर आठ चक्कर हों और ग्यारह चक्कर (जब छः उंगलियां) हो तो टेवे वाला इंसान बुजदिल, बेकार, बीमारी का भंडारी और बैठे–बिठाए बेवजह आफत मोल ले लेने वाला होगा।

(16) जब खाना नंबर 12 खाली हो और हाथ की उंगलियों के नाखून जर्द रंग (गहरे पीले) के हों तो टेवे वाले इंसान के जिस्म में खून की कमी, शारीरिक परेशानी होगी।

(17) जब सूरज बेहद मंदी (निकम्मी) हालत में हो और किस्मत रेखा, सूरज रेखा से न मिल रही हो तो मंदी किस्मत वाला इंसान होगा।

(18) जब राहु मंदा हो और बुर्ज़ नंबर 2 पर आठ खड़े खत हों तो आम जिन्दगी होगी अर्थात् जितना कमाएगा उतना खर्च कर लेगा। जब केतु मंदा हो और उंगलियों के पोर पर दो शंख्र हों तो टेवे वाला इंसान निर्धन और बुज़दिल होगा।

(19) सनीचर खाना नंबर 2 में हो और हाथ में तर्जनी उंगली, मद्धमा उंगली की तरफ झुक जाए तो इंसान के इरादे पक्के होंगे। आजाद ख्यालात, हौसला बुलन्द इंसान होगा।

(20) बृहस्पत खाना नंबर 8 के मंदे असर के वक्त बृहस्पत या शुक्कर या दोनों की अश्या (चीजें) धर्म स्थान में देना, मददगार होगा।

कियाफा (हस्तरेखा)– दो शंख, आठ सीधे खत, गृहस्थ रेखा जड़ से ऊपर की ओर (छड़ी के आकार में) घूम जाए, आठ चक्कर हों या छः उंगुलियां हों और उन पर ग्यारह चक्कर हों। किस्मत रेखा सूरज रेखा से न मिल रही हो। बृहस्पत का बुर्ज़ बिल्कुल दबा हुआ हो। हाथ पर मंगल–बद (∧) का निशान हो। किस्मत रेखा या दिल (ह्रदय) रेखा द्विशाखी हो। किस्मत रेखा की जड़ पर मंगल–बद (<) का निशान हो।

बृहस्पत खाना नंबर 9

(सुनहरा खानदान, माया का त्यागी, योगी)

माया छोड़ दुनिया की न धर्म बनता
धर्म खुद उल्लंघन सभी कुछ हो जलता
धन की थैली पांच तीजे, योग पालन बारह हो
माया दौलत मूत्र समझे, फोका पानी गंगा हो
पांच, चौथे बुध जो बैठा, राजा योगी होता हो
पांच में पापी शत्रु आया, बैठे दुनिया मरता हो

(1) टेवे वाले इंसान की किस्मत माया (घर–परिवार) छोड़कर नहीं बन सकेगी बल्कि बुजुर्गों और बड़ों की मदद से या बड़ों के धर्म का अनुसरण करने और बुजुर्गों की मार्फत ही बढ़ेगी। अगर धर्म पर नहीं चलेगा या बुजुर्गों का अनुसरण नहीं करेगा तो सभी कुछ खाक हो जाएगा।

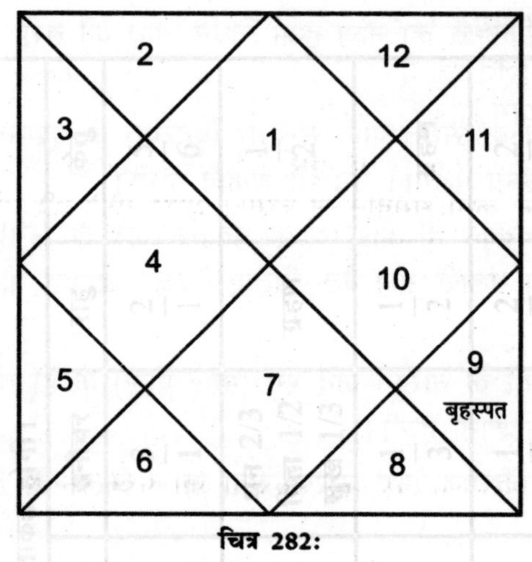

चित्र 282:

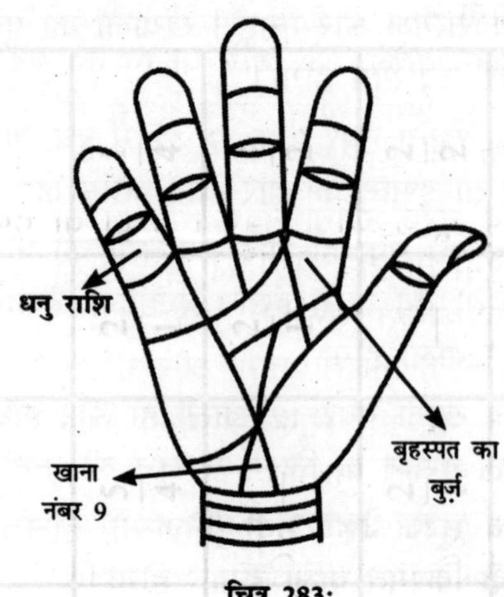

चित्र 283:

(2) धन की थैली (दौलत) की हालत खाना नंबर 3, 5 से जाहिर होगी। जब खाना नंबर 3, 5 खाली हों तो माया (धन वगैरह) उसके पीछे दौड़ती फिरेगी। जब सूरज उत्तम हो तो कभी धर्महीन नहीं होगा। वह खुद साख्ता (स्वनिर्मित) अमीर होगा मगर सख्त (कठिन) कोशिश से कामयाबी मिलेगी। योग पालन का मतलब यह होगा कि खाना नंबर 12 का ग्रह अपनी हैसियत के मुताबिक धन और किस्मत को चलाएगा।

(3) इंसान योगी और त्यागी होगा तथा माया को मूत्र के माफिक (समान) समझने वाला होगा अर्थात् धन–दौलत का उसकी नज़र में महत्त्व न होगा। उसकी बद्दुआ भी दूसरों के लिए दुआ का काम करेगी। उसका सादा पानी (थोड़ा धन) भी औलाद के लिए गंगा जल की तरह शुभ फल देने वाला होगा।

(4) जब खाना नंबर 4 और खाना नंबर 5 में बुध बैठा हो तो ऐसा इंसान योगी (सांसारिक उदासीनता) राजा के समान होगा।

(5) अगर पापी (सनीचर, राहु), दुश्मन ग्रह, खाना नंबर 5 में (वर्षफल के मुताबिक) आए और खाना नंबर 1 खाली हो तो सेहत मंदी और दिल की बीमारी होगी।

(6) अगर पापी दुश्मन ग्रह (सनीचर, राहु) खाना नंबर 5 में हों तो इंसान धर्महीन और अहंकारी होगा।

(7) इंसान वचन का पक्का होगा। वचन से धर्म की रक्षा करेगा और धर्म से धन की तादाद बढ़ती जाएगी। जैसे–जैसे उम्र बढ़ती जाएगी, वैसे–वैसे योगी और ब्रह्मज्ञानी होता चला जाएगा।

(8) जहां पैदा होगा या जब से पैदा होगा तब से बाप–बाबा तोलकर दौलत का हिसाब करने वाले होंगे। खानदानी जमीन–जायदाद का मालिक होगा। बुजुर्ग नेक और रहमदिल इंसान होंगे।

(9) बुजुर्ग सुखी होंगे, वाल्दैनी (माता–पिता) मार्गदर्शन इंसान को हमेशा मिलता रहेगा। हकीमी (आयुर्वेद का जानकार), परहेजगारी और चाल–चलन सभी उम्दा हालत के होंगे। टेवे वाले की उम्र कम से कम 75 साल तो जरूर ही होगी।

(10) ऐसा इंसान सर्राफ (जौहरी) का इल्म जानता होगा। बृहस्पत के जाती (निजी) असर से (दिमागी खाना नंबर 19) मज़हब–रुहानी (आध्यात्मिकता) में उम्दा और नेक होगा।

(11) खाना नंबर 2, 5, 9, 11 में बुध, शुक्कर, राहु या बहैसियत पापी सनीचर हों तो टेवे वाला इंसान योग पालन करेगा और योग पालन की अच्छी या बुरी हालत खाना नंबर 12 के ग्रह के हालातों पर निर्भर होगी। अगर खाना नंबर 12 में नेक ग्रह होंगे तो योग पालन में मददगार होंगे और अगर पापी ग्रह होंगे तो पथ भ्रष्ट कर देंगे।

(12) जब सूरज खाना नंबर 1 में हो तो टेवे वाला इंसान कभी धर्महीन न होगा। अगर होने की कोशिश करेगा तो होने से पहले ही इस दुनिया में न होगा। दुनियावी मामलों में कामयाबी (सफलता) मिलेगी और बरकत (उन्नति) होगी। अगर किसी कारण से बृहस्पत मंदा भी हो रहा हो तो इंसान को तरक्की (उन्नति) मिलती रहेगी और उसकी सेहत भी बनी रहेगी।

(13) जब नर ग्रह (सूरज, मंगल) खाना नंबर 3, 5 के माध्यम से खाना नंबर 9 के बृहस्पत को देख रहे हों तो बृहस्पत तीन गुना ज्यादा नेक असर देगा यानी उसके जनम पर उसके बाप–दादा तराजू से तौलकर रुपयों का लेन–देन करते होंगे और जो नर ग्रह बृहस्पत को देख रहे हों उससे मुतअल्लिक (सम्बन्धित) असर और अधिक उम्दा होगा।

(14) जब सनीचर खाना नंबर 5 में हो तो धन–दौलत के लिए इंसान की किस्मत सनीचर की उम्र दो तरह से गिनी जाएगी। सनीचर के निजी प्रभाव से 33 से 39 साल उम्र तक और 35 साल चक्कर में $16\frac{1}{2}$ (साढ़े सौलह) से 19 साल की उम्र तक होगी। धन, दौलत उम्दा होगी मगर औलाद के लिए सनीचर का फल मंदा होगा।

(15) जब दृष्टि वगैरह की वजह से बृहस्पत खाना नंबर 9 की हालत मंदी हो तो टेवे वाला इंसान गरीब और नास्तिक होगा। ऐसा इंसान धर्म तक छोड़ देगा लेकिन धर्म छोड़ने की वजह गरीबी नहीं होगी।

(16) बृहस्पत के दुश्मन बुध और शुक्कर या पापी ग्रह (राहु, केतु, सनीचर) खाना नंबर 5 में हों। तो इंसान खुदगर्ज और खुदपसन्दी वाला इंसान होगा। धर्महीनता इसकी पहली निशानी होगी। औलाद मंदी (तबाह) होगी और औलाद से दुःखी होकर ही मरेगा।

(17) जब खाना नंबर 1 खाली हो और उंगलियों के नाखून का रंग जर्द (पीला) हो तो इंसान को मंदी सेहत (दिल की बीमारी) की शिकायत होगी।

(18) जब खाना नंबर 3, 5 दोनों ही खाली हों और हथेली में किस्मत रेखा डंडे की तरह खड़ी हो तो दुनियावी लोगों के बरखिलाफ (विरुद्ध) अपनी किस्मत को उम्दा बनाने के लिए अपनी ही हिम्मत व कोशिश से मेहनत करनी होगी।

(19) बुध मंदा हो, खाना नंबर 9 में बृहस्पत हो और उंगलियों की पोरों पर ग्यारह चक्कर हों तो इंसान कम उम्र, मंदी किस्मत वाला होगा। यहां मंगल–बद के मार्फत असर गिना जाएगा।

कियाफा (हस्तरेखा)– किस्मत रेखा सीधी डंडे की तरह खड़ी हो।

नोट– ***वह रेखा जो कहीं से भी शुरू हो लेकिन उसका अंत सनीचर के बुर्ज़ पर हो, किस्मत (भाग्य) रेखा कहलाती है।***

जब शुक्कर और चन्द्र दोनों ही खाना नंबर 3, 5 से देखें और हथेली में बृहस्पत के खड़े खत (।।।) बुर्ज़ नंबर 4 (चन्द्र) और बुर्ज़ नंबर 7 (शुक्कर) की तरफ मिलकर खाना नंबर 9 की हद–बन्दी (सीमा) पर पाए जाएं। तो टेवे वाला इंसान कभी राजा तो कभी फकीर होगा। समुद्र की रेत जैसी चमक भी लगातार हासिल न होगी।

बृहस्पत खाना नंबर 10

(पहाड़ी इलाके का गृहस्थ)

लिखा माया दौलत न था जो विधाता
बनाएगा क्या तू जो आंसू बहाता
ख्वाबी महल न कीमत अपनी न ही पिता धन छोड़ता हो
लेख मंदा चाहे अक्ल सयानी, सिर्फ सनीचर ही तारता हो
रहम लालच सनीचर चन्द्र चौथे, राख सोने की होती हो
शुक्कर मंगल जब चौथे बैठे, मिट्टी सोना खुद होती हो
दसवें घर में नीच का बृहस्पत, रवि से सोना करता हो
सनीचर का गरदां पहरा होने, हर दो चूल्हे धरता हो
रवि मगर खुद जला जलाया, मदद चन्द्र की पाता हो
सनीचर ने जो पत्थर फूंके, लाल रद्दी कर देता हो

(1) जब तेरी किस्मत में विधाता ने धन–दौलत और माया लिखी ही न हो तो तू अपनी किस्मत क्या बनाएगा? किस्मत के लिखे पर तू क्यों आंसू बहाता है? किस्मत के लिखे को नियति मानकर हकीकत को स्वीकार कर ले। ऐसे टेवे वाले इंसान के लिए हमेशा नाक साफ रखना मददगार होगा।

(2) खाना नंबर 10 के बृहस्पत वाले इंसान के लिए ख्याली महल बनाना बेवजह होगा। न तो बाप ही धन–दौलत छोड़ेगा और न अपनी दुनियावी लोगों में कुछ कीमत होगी। अक्ल (बुद्धि) कितनी ही उम्दा क्यों न हो मगर किस्मत का लेख मंदा असर ही करेगा। सिर्फ सनीचर ही (मकर राशि का मालिक) खाना नंबर 10 के बृहस्पत के इंसान का भला कर सकता है।

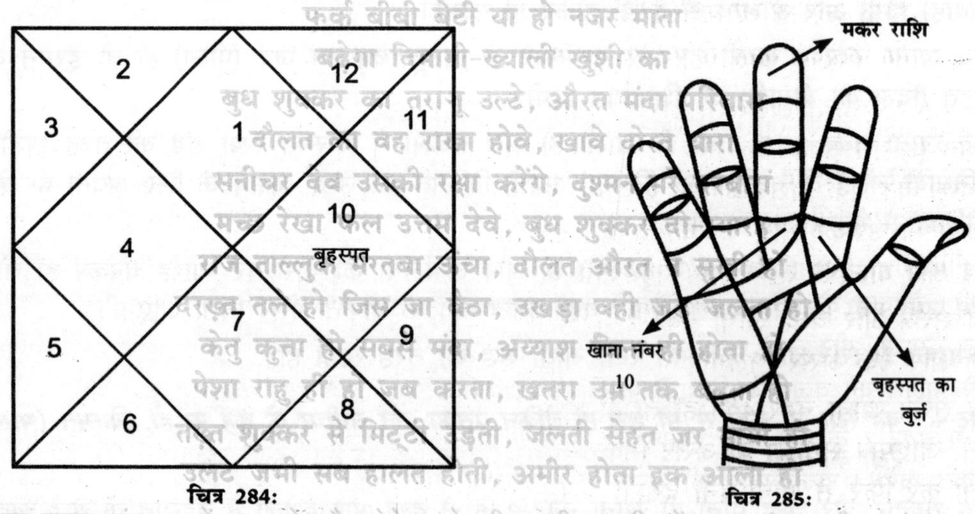

चित्र 284: चित्र 285:

(3) जब सनीचर खाना नंबर 10 में हो तो टेवे वाले इंसान का तांबा भी सोना हो जाता है। खासकर जब खाना नंबर 2, 4, 5, 6 में सूरज या चन्द्र बैठा हो तो इंसान का कारोबार सनीचर से सम्बन्धित

चीजों का होगा। जब खाना नंबर 2, 4, 5, 6 सभी खाली हों तो इंसान की मंदी किस्मत गिनी जाएगी। जब खाना नंबर 2 खाली हो तो इंसान के पास दौलत कम होगी मगर उसकी सेहत उम्दा गिनी जाएगी।

(4) अगर सनीचर रहम के खाने (खाना नंबर 4) या लालच के खाने (खाना नंबर 6) में बैठा हो तो इंसान के बाप की उम्र 18 साल (इंसान की उम्र) की उम्र तक शक्की होगी और अगर चन्द्र खाना नंबर 4 में हो तो इंसान की माता की 16 से 24 साल की उम्र तक शक्की (संदेहास्पद) मानी जाएगी। इस तरह के इंसान का सोना भी मिट्टी हो जाता है।

(5) जब खाना नंबर 4 में सनीचर, चन्द्र, बुध अथवा खाना नंबर 5 में सूरज हो तो शुक्कर का असर औलाद (संतान), धन और औरत (पत्नी) के माध्यम से बरबाद हो जाएगा।

(6) खाना नंबर 10 में बृहस्पत नीच का हो जाता है। मगर खाना नंबर 4 का सूरज हो तो बृहस्पत अपने नीच होने का असर नहीं देगा बल्कि सोने से भंडार भर देगा। लेकिन इसी के साथ सनीचर बृहस्पत के साथ खाना नंबर 10 में हो तो सूरज और बृहस्पत दोनों को ही चूल्हे पर धर देगा अर्थात् मंदा कर देगा।

नोट– ***"लाल किताब" की यह विशेषता है कि पुस्तक में जितने भी सिद्धांतों के वर्णन हैं वे सूत्रों के आधार पर बनाए गए हैं। ये गणित और रसायन-शास्त्र जैसे विषयों की भांति अटल और अकाट्य सिद्धांत हैं इसलिए जहां कहीं भी थोड़ा-सा भी फेरबदल होता है तो सिद्धांतों में भी बहुत अधिक अन्तर देखने को मिल जाता है जैसे खूब सारे मेवे डालकर दूध को कढ़ाई में (लाल होने तक) पकाने पर जब उम्दा चावल डाले जाते हैं तो खीर बन जाती है लेकिन चीनी के स्थान पर नमक डाल दिया जाए तो निश्चित ही देखने वाले को खीर बहुत पसन्द आएगी लेकिन खाने वाला उस खीर को बिल्कुल पसन्द नहीं करेगा। इसी तरह अगर चीनी के साथ-साथ नमक भी डाल दिया जाए तो भी वह खीर अपने अस्तित्व को नहीं बचा सकेगी। अतः पाठकों से अनुरोध है कि फलादेश करने से पूर्व टेवे का सूक्ष्मता से अध्ययन करें।***

(7) जब सनीचर उम्दा हालत में हो और खाना नंबर 2, 6 में सूरज या चन्द्र कायम हों तो बृहस्पत का मकान (आँगन मकान के मध्य में न हो) या धर्म स्थान का साथ (टेवे वाले इंसान को) मिलेगा और सनीचर का नेक असर जाहिर करेगा। सनीचर की चालाकी से कामयाबी हासिल होगी। लोहे का टुकड़ा भी उसको सोने की कीमत देगा। सनीचर की चीजों का कारोबार (व्यापार) होगा। दुनियावी सुख और वाल्दैनी साया लम्बे वक्त तक बना रहेगा।

(8) जब सूरज और चन्द्र खाना नंबर 2 में हों तो टेवे वाले इंसान की राजदरबारी यात्राओं से मोती पैदा होंगे और नेक असर मिलेगा।

(9) जब सूरज खाना नंबर 4 में हो तो बृहस्पत नीच का असर नहीं देगा बल्कि बृहस्पत का असर उत्तम गिना जाएगा। सनीचर के असर (मकर राशि) से जो बृहस्पत के पत्थर काले पड़ गए थे उन्हें सूरज जला कर फिर से सोना बना देगा।

(10) खाना नंबर 10 (नीच) के बृहस्पत को किस्मत का असर जिस्मानी (शारीरिक) मेहनत करके हासिल होगा। जितना ज्यादा धर्म–कर्म और नेकी करने वाला होगा उतना ही दुःखी होगा। बहुत ज्यादा गरीब और हर तरफ से मायूस होगा।

(11) खाना नंबर 10 में बैठा बृहस्पत टेवे वाले इंसान की "लालच की पहाड़ी हवा" (बेबुनियाद उम्मीदें) से "माया मिले न राम" वाली हालत कराएगा। जितना ज्यादा चालाक सनीचर होगा उतना ज्यादा आराम पाएगा लेकिन मोहब्बत के नाम पर नीचता और बेईमानी से आखिर में धोखा ही मिलेगा।

(12) खाना नंबर 10 का बृहस्पत धन की कमी तो देगा मगर अक्ल की कोई कमी न देगा। ऐसे टेवे वाला सनीचर के असर पर ही निर्भर रहेगा। सनीचर की मंदी और नेक हालत के आधार पर ही टेवे वाले इंसान के लिए वाल्दैनी सुख और किस्मत का असर होगा।

(13) जब शुक्कर या मंगल खाना नंबर 4 में हो तो मिट्टी भी सोना देती है लेकिन इंसान जब तक चोरी और "खुफिया इश्क फाहिशा" (चोरी–छिपे नीच इश्क करना) न करे यानी औरत कितनी भी रखे मगर अपनी स्त्री (पत्नी) बनाकर रखे तो कोई मंदा असर नहीं होगा।

(14) सनीचर टेवे में जैसा होगा वैसा ही वाल्दैन का सुख होगा। सनीचर उम्दा हो तो सनीचर की उम्र (33 से 39) में किस्मत उम्दा असर दिखाएगी लेकिन इसके अलावा बृहस्पत की उल्टी हवा के चक्कर में इंसान को घूमना पड़ेगा। अगर ऐसा हो तो टेवे वाले इंसान के हाथ में उम्र रेखा चन्द्र के बुर्ज़ पर खत्म होगी या हथेली पर पितृ रेखा बन रही होगी।

(15) जब मंगल खाना नंबर 4 में हो तो मंगल से सम्बन्धित चीजों, रिश्तेदार और कारोबार, भाई की मदद और भाई के साथ नेक ताल्लुक रखने से 28 साल की उम्र में उत्तम हालात होंगे और टेवे वाला इंसान दुनियावी लोगों द्वारा पूज्यनीय होगा।

(16) जब सनीचर खाना नंबर 2 में हो तो टेवे वाले इंसान की हालत हर लिहाज से बरकत वाली होगी।

(17) जब सूरज खाना नंबर 3, 5 में हो और सनीचर खाना नंबर 9 में हो तो सोने–चांदी से सम्बन्धित कार्यों से फायदा होगा लेकिन सनीचर से सम्बन्धित काम करने से मंदे असर मिलेंगे।

(18) जब सूरज खाना नंबर 1, 4, 5 में हो तो सारा बुरा असर टेवे वाले के बाबा पर पड़ेगा उसके बेटे या बाप पर कोई असर नहीं होगा।

(19) अगर बुध उम्दा हो और बृहस्पत को किसी भी तरह बरबाद न करता हो अथवा उंगलियों की पोरों पर दस चक्कर हो तो लड़कियां भी लड़कों की तरह होंगी और तांबा भी सोना हो जाएगा। टेवे वाला इंसान फ़ारिगुलबाल (धन की चिन्ता से मुक्त) होगा।

(20) जब सनीचर मंदा हो और बुध की तरफ सूरज के बुर्ज़ पर एक सदफ (सीप) हो तो टेवे वाला इंसान फालतू खर्च करने वाला। बदी (बुरा) करने वाला, जाहिल और मुतआसिब (कट्टरवादी प्रवृत्ति) होगा।

(21) जब सनीचर खाना नंबर 4, 10, 12 अथवा चन्द्र खाना नंबर 4 में हो तो जितना दूसरे पर रहम करेगा उतना ही दु:ख उठाएगा। नेकी करेगा तो अपने ऊपर दूसरे के इल्जामों या जुर्म को देखेगा। मानो किसी इंसान को तरस खाकर रोटी देगा तो ज़हर देने के इल्ज़ाम में कारावास की सजा पाएगा।

(22) जब बृहस्पत खाना नंबर 10 में हो और केतु बरबाद हो तो सोना भी राख हो जाएगा। ऐसे इंसान के लिए केतु कायम रखना या बृहस्पत कायम रखना मददगार साबित होगा।

(23) जब सनीचर खाना नंबर 1, 4 ,10 में हो और खाना नंबर 2 खाली हो अथवा केवल खाना नंबर 2 ही खाली हो तथा दोनों ही हालातों में हाथ की उंगलियों के नाखून पतले, झुके हुए और टेढ़े–मेढ़े हो तो पहले हालात में हर तरफ मंदी हालत होगी, न इज्जत मिलेगी न ही दौलत और न ही अश्या (सामान)। इस मंदे हालात में तो कुत्ते की खुराक (भोजन) तक खाने को नसीब न होगी। दूसरे हालात में दौलत कोसो दूर होगी लेकिन आकिबत–अन्देश (दूरदर्शी) होगा और सेहत उम्दा होगी।

(24) जब खाना नंबर 2, 4, 5, 6 खाली हों और हथेली में किस्मत रेखा, उम्र रेखा से अलग होकर अकेली डंडे की तरह शुरू हो रही हो तो टेवे वाले इंसान की किस्मत मंदी गिनी जाएगी, खानदान में अकेला सिर (छोटा खानदान) होगा। मुश्किल से गुजारा करने वाला और दुःखी होगा। दुनियावी (सांसारिक) लोगों का मुकाबला करते हुए खुद अपनी ही मेहनत से जिन्दगी में कामयाब होगा। कोई अपना ताल्लुकदार भी मददगार नहीं होगा।

(25) खाना नंबर 5 में सूरज हो तो टेवे वाले इंसान की औरत (पत्नी) जिन्दा न बचेगी। औरत पर औरत मरती चली जाएगी। कोई बच्चा पैदा करके मर जाएगी, कोई भाग जाएगी और कोई अपनी मरजी से अलग हो जाएगी।

(26) जब बुध खाना नंबर 4, 9, 10 में हो और (जैसा कि सभी में है) बृहस्पत खाना नंबर 10 में हो तो बाप के लिए सोना कोढ़ (कुष्ठ) साबित होगा या बाप की मंदी मौत टेवे वाले की कम आयु गें जहर या खून से होगी। ऐसा बुध, मंगल–बद की तरह असर करेगा। इंसान दिखावा–पसन्द होगा मानो ''थोथा चना बाजे घना''। 34 साल की उम्र तक हर तरह से मंदा हो चुका होगा। ऐसी हालत में हमेशा नाक साफ रखना या नाक छिदवाना मददगार होगा।

(27) जब सूरज खाना नंबर 3, 5 में हो और सनीचर खाना नंबर 9 में हो तो सनीचर से मुतअल्लिक अश्या, कारोबार, ताल्लुकदार से सम्बन्धित मंदे असर, वाकिआत (घटनाएं), झगड़ा–फसाद, आग वगैरह से बुरे नतीजे सामने आएंगे।

(28) जब खाना नंबर 4, 5, 9 में सूरज, सनीचर या बुध हों साथ ही खाना नंबर 10 में बृहस्पत हो तो टेवे वाले इंसान की औरत (शुक्कर), ससुराल (राहु), औलाद (केतु) सभी कुछ मंदा होगा। सफर (केतु) से नुकसान और चोरी के वाकिआत (राहु) सामने आएंगे। खुद का ही रिश्तेदार बेड़ा गर्क (बरबाद) करेगा। अपनी मंदी–शोहरत (बदनामी) पर खुश होने वाला होगा। दुष्ट किस्मत वाला होगा, उसके दरवाजे से कुत्ते को रोटी और चींटी को आटा तक नसीब नहीं होगा।

(29) जब सनीचर कहीं पर भी बैठकर खाना नंबर 10 के बृहस्पत को मदद दे तो टेवे वाले इंसान का दुश्मन जब कभी मुकाबले पर आएगा तो खुद ब खुद बरबाद हो जाएगा। उसे पछताने तक का मौका न मिलेगा।

कियाफा (हस्तरेखा)– बुध की तरफ सूरज के बुर्ज़ पर एक सदफ (सीप) हो और दस चक्कर हों। अथवा उम्र रेखा चंद्र के बुर्ज़ पर खत्म होकर पितृ रेखा बन जाए या फिर बृहस्पत और सनीचर के बुर्ज़ दो शाखाओं से मिलकर बन रहे हों।

बृहस्पत खाना नंबर 11

(सनीचर की हुकूमत, खजूर के वृक्ष की तरह अकेला)

कफन दूसरों पर जो देता रहेगा, बिना कफन घर से न बाहर मरेगा
इश्क हसद से हो बृहस्पत जलाता, मर्द माया घर डोलता हो
बुध दबा हो या सनीचर मंदा, सिफर बृहस्पत खुद होता हो
धर्म पालन से हुआ ग्यारह, उत्तम गृहस्थी बनता हो
पेशाब पड़ेगा उसको नहाना, चाल-चलन जब मंदा हो
ऊंचा हुआ चाहे शुक्कर टेवे, दुःखी औरत होती हो

(1) इंसान की जाती (निजी) किस्मत धर्म पालन, पर–उपकार (परोपकार), गरीब की सेवा से नेक असर जाहिर करेगी। जब तक दूसरों के लिए नेक कार्य करता रहेगा तब तक उसको भी नेक किस्मत का असर मिलता रहेगा।

(2) इंसान का परिवार चाहे कितना ही बड़ा क्यों न हो मगर कफन पराया ही नसीब होगा। मंदे ग्रहों से मुतअल्लिक रिश्तेदार की मौत खासकर कहीं बाहर ही होगी। समय–समय पर दूसरों की मौत पर (जरूरतमंद) लोगों को कफन देना मददगार साबित होगा।

(3) जब चन्द्र खाना नंबर 1 में हो या जब बृहस्पत सोया हुआ (दृष्टि की वजह से) हो या मंदा हो रहा हो तो इश्क की गंदगी और द्वेष–भाव व ईर्ष्या बृहस्पत की ताकत को जलाकर रख देंगे और उसका सारा सोना मैली (गंदी) मिट्टी के भाव बिकेगा। जब मंगल खाना नंबर 3 में हो तो खानदानी मौतों से इंसान दुःखी होगा। बुध खाना नंबर 3 में हो तो आमदनी ठीक होगी। फिर भी कर्जे में जकड़ा रहेगा।

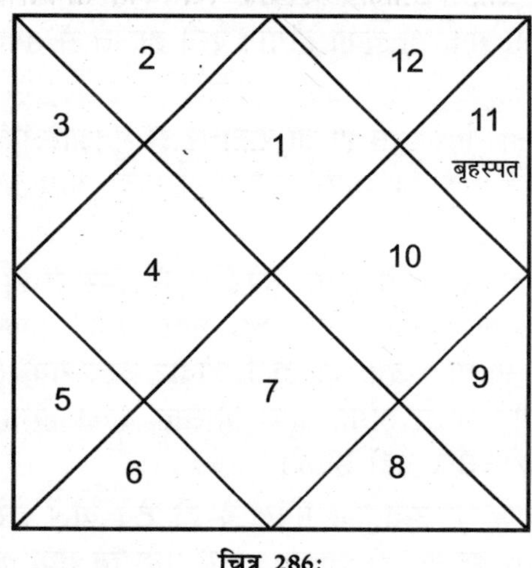

चित्र 286:

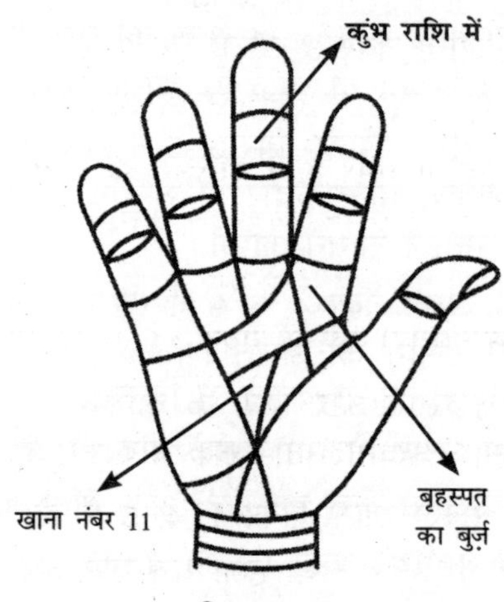

चित्र 287:

(4) बुध दबा (मंदा) हो, चन्द्र मंदा हो और खाना नंबर 3 खाली हो तो बृहस्पत सोया हुआ गिना जाएगा, सनीचर जिसका सारा असर (फैसला) करेगा। धर्म फरोश (विक्रेता), राजा के समान, किसी को फायदा न पहुँचाने वाला लेकिन खुद उम्दा हालत में होगा। अच्छी कद–काठी वाला, नरम दिल और धर्मात्मा होगा। खुद की उंगलियों से नापने पर अगर कद 68 अंगुल हो तो बदनसीब और अगर कद 52 अंगुल हो तो नेक नसीब होगा। ऐसे में मंगल–बृहस्पत और सनीचर तीनों का ही फल मंदा होगा।

(5) धर्म की पालना करेगा तो किस्मत का ग्यारह गुना अधिक फल मिलेगा, घर–परिवार और गृहस्थ उम्दा होगा। अपने प्राणों से ज्यादा अपने लफ्जों (शब्दों) का खयाल रखे तो हमेशा उत्तम हालात बने रहेंगे।

(6) अगर इंसान का चाल चलन गन्दा (निम्न कोटि का) हो तो ऐसे इंसान का बृहस्पत मंदा असर देने लगेगा। ऐसा इंसान इश्क के महकमे में जायके के लिए खूबसूरत मिट्टी नहीं पाएगा अर्थात् ऐसे इंसान के लिए यह कहना उचित होगा कि "ऐसा इंसान गन्दगी में ही नहाएगा"। उसका शुक्कर टेवे में चाहे उच्च का ही क्यों न हो जाए लेकिन उसकी औरत (स्त्री) हमेशा दुःखी ही रहेगी अथवा औरत अंत तक साथ नहीं देगी। खाना नंबर 3 में बृहस्पत के दोस्त ग्रह (सूरज, चन्द्र, मंगल) हों तो इंसान 22 साल की उम्र तक नेक असर की किस्मत के साथ ताल्लुकात रखेगा अर्थात् किस्मत नेक असर करेगी और लोग मददगार होंगे।

(7) जब तक खानदान में संयुक्त रहकर काम करता रहेगा तब तक तरक्की करता रहेगा मगर जैसे ही खजूर के वृक्ष की तरह अकेला हो जाएगा वैसे ही बृहस्पत का असर सिफ़र (शून्य) हो जाएगा।

(8) जब बाप का जमाना होगा तो सांप (दुश्मन) भी झुककर सलाम और सजदा करेगा और दुनियावी (सांसारिक) दायरा बढ़ता ही जाएगा। लेकिन जैसे ही बाप की सांसें या बाप का जमाना चला जाएगा वैसे ही माया, गुरु, साधु अथवा राजा सभी का साया सिर पर से हट जाएगा और फिर वही सताने वाला मच्छर आ जाएगा।

(9) टेवे वाले का बाप लखपति होते हुए भी मरते वक्त अपनी औलाद के लिए कुछ नहीं छोड़ेगा। अपनी बाप की दौलत से कभी आराम न पाएगा।

(10) दिमागी खाना नंबर 15 सनीचर से मुश्तरका (संयुक्त) हो तो हद से ज्यादा खुद्दारी होगी और अगर खाना नंबर 35 चन्द्र से मुश्तरका हो तो दिमाग में बीती घटनाओं को याद रखने की ताकत होगी।

(11) जब खाना नंबर 3 खाली हो तो बृहस्पत सोया हुआ होगा और फैसला सनीचर की हालत पर होगा। टेवे वाले का हर वक्त उत्तम होगा।

(12) जब खाना नंबर 3 में बृहस्पत के दोस्त ग्रह हों तो 23 साल की उम्र के बाद मंदी हवा के झोंके आने शुरू होंगे। ऐसे में बृहस्पत कायम रखना मददगार होगा।

(13) जब खाना नंबर 5 में सूरज, चन्द्र, मंगल (बृहस्पत के दोस्त) ग्रह हों और किस्मत रेखा के मुतवाजी (सामानान्तर) खाना नंबर 11 में दूसरा खत (रेखा) हो तो कारोबार में अपना ही कोई भाई–बन्धु कारोबारी–साथी बनाने से किस्मत का उम्दा असर मिलेगा। उसके बाद बारह साल की मियाद तक उत्तम असर मिलेगा उसके बाद भी जरूरी नहीं कि मंदा दौर शुरू हो ही।

(14) जब सूरज खाना नंबर 1, 4, 5 में हो तो राजदरबारी (सरकारी) महकमे (विभाग) से अथवा आग के कारोबार से कमाया हुआ धन उसे तांबे में सोने की कीमत देगा। मंदा असर बाबा पर जाहिर होगा।

(15) जब राहु खाना नंबर 9 में हो तो बृहस्पत चुप होगा लेकिन गुम नहीं होगा।

(16) टेवे में बुध उत्तम हो और उंगलियों की पोरों पर नौ चक्कर हों अथवा बुध खाना नंबर 6 में हो साथ ही हथेली में सिर रेखा दोहरी (2) हो तो टेवे वाला इंसा़न धन–दौलत वाला (अमीर) और ख़ुद–साख्ता (स्वनिर्मित) होगा।

(17) अगर सनीचर उम्दा होकर खाना नंबर 11 में हो और बृहस्पत भी खाना नंबर 11 में हो तो मंगल का उत्तम असर होगा। इंसान को उसके बाप की मदद नहीं मिलेगी।

(18) खाना नंबर 11 में बृहस्पत हो और सनीचर बृहस्पत का साथी ग्रह हो (देखें फरमान नंबर 6) और हथेली में सनीचर और बृहस्पत के बुर्ज़ दो शाखाओं के माध्यम से एक दूसरे से मिले हुए हों तो बृहस्पत और सनीचर दोनों का फल उत्तम होगा।

(19) बुध खाना नंबर 6 और चन्द्र खाना नंबर 2 में हो तो टेवे वाले इंसान का बुढ़ापा मंदा होगा और उम्र का नब्बेवां साल ज्यादा मंदा होगा। नजर कमजोर और सनीचर का असर मंदा होगा।

(20) खाना नंबर 3 मंदा हो तो बृहस्पत की पहली उम्र का असर शक्की होगा।

(21) खाना नंबर 3 में मंगल हो तो ऐसे इंसान के खानदान में अकाल मौतें होंगी। लेकिन ऐसा इंसान अपनी ससुराल के लिए मुबारक (शुभ) होगा।

(22) टेवे में अमूमन बुध का असर मंदा ही गिना जाएगा। बुध से मुतअल्लिक (सम्बन्धित) चीजें, ताल्लुकदार (बहिन, बुआ) और कारोबार कैसे भी क्यों न हों।

(23) खाना नंबर 11 के बृहस्पत वाले टेवे का इंसान खुद किसी को भी फायदा न देगा। ऐसे टेवे वाले इंसान की खुद की हालत उम्दा होगी। बाप की मौत के बाद ऐसे इंसान में मच्छर का भी सामना करने की ताकत न होगी।

(24) ग्रहों के ताल्लुकदार (रिश्तेदार)–

बृहस्पत	–	बाप, बाबा	बुध	–	बहन, बेटी
सूरज	–	खुद (स्वयं)	सनीचर	–	चाचा
चन्द्र	–	माता	राहु	–	ससुराल
शुक्कर	–	औरत (पत्नी)	केतु	–	औलाद (बेटा)

कियाफा (हस्तरेखा)– उंगलियों (दसों) पर नौ चक्कर हों या हथेली में सिर (मस्तक) रेखा कायम हो।

बृहस्पत खाना नंबर 12

(बुरे का भी भला करने वाला, ज्ञानी, वैरागी)

दुआएं सबकी भले तू गर करेगा
खज़ाना न ताकत का तेरी घटेगा
हालत राहु पर दौलत चलती, केतु धर्म खुद बोलता हो
चुप समाधि वर्षा सोने की, धर्म कुंडा दया तोलता हो
आठ, नौवें घर दो-दस खाली, माया दौलत सब छोड़ता हो
हुआ सनीचर जब दो-नौ साथी, पता दौलत मच्छ रेखा हो
बृहस्पत घर में जब पापी बैठा, बुध शुक्कर खुद मंदा हो
पाप मगर जब उच्च हो टेवे, घर दौलत ज़र सुखिया हो
बृहस्पत उत्तम दो राहु बिगड़े, साधु सेवा से बढ़ता हो
नेकी करे सर दुश्मन के कटते, जब सिरहाने पानी धरता हो
बैठा शुक्कर चाहे टेवे कैसा, असर मुबारक देता हो
बुध आयु से केतु मंदा, पाप राहु तक दुखिया हो

(1) बृहस्पत खाना नंबर 12 वाला इंसान बड़ों का आशीर्वाद और गरीबों की दुआएं लेता रहेगा तो दौलत का खजाना दिन ब दिन बढ़ता ही चला जाएगा।

(2) टेवे में जैसी राहु की हालत होगी वैसी ही दौलत होगी और जैसी केतु की हालत होगी वैसा ही धर्म होगा। राहु अगर मंदा हो तो चन्द्र की ज़मीन वीरान व बंजर उम्मीदों वाली होगी। 42 साल की उम्र तक बाप निर्धन, दुःखी और कलपता (छटपटाता) ही रहेगा।

(3) चुप समाधि की आदत से टेवे वाले पर सोने की बरसात होती होगी। अर्थात् शांतचित्त प्रवृत्ति का होगा और धर्म–कांटे पर अपनी दया की तादाद को तोलते रहने वाला इंसान होगा। दयालुता के उसूल

का धर्म कुंडा मुबारक (शुभ) होगा जो रात का आराम देगा। जमाने की हवा का पूरा और नेक असर होगा। हवाई या गैस के कामों से हमेशा फायदा होगा।

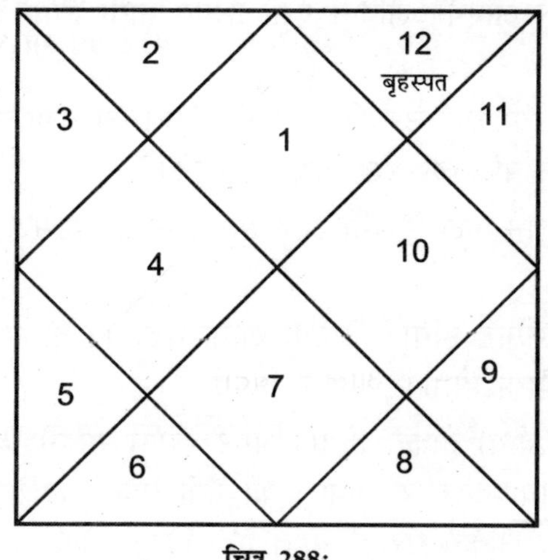

चित्र 288:

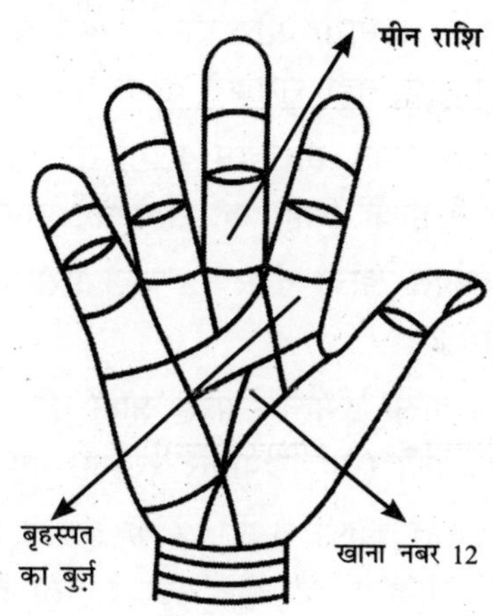

चित्र 289:

(4) अगर खाना नंबर 8, 9, 10, 2 खाली हों तो त्यागी इंसान होगा। दौलत को अछूत (हेय) मानने वाला गृहस्थ होगा। छोटे से लफ्ज पर भी दौलत के खजाने को तुरन्त छोड़ देने वाला होगा।

(5) जब सनीचर खाना नंबर 2, 9 में बृहस्पत का साथी हो तो धन के लिए हथेली पर मच्छ रेखा होगी। ऐसे इंसान के पास खूब दौलत होगी।

(6) बृहस्पत के घरों (2, 5, 9, 12) में जब पापी (राहु, केतु, सनीचर) बैठे हों तो बुध और शुक्कर दोनों मंदे गिने जाएंगे। शुक्कर टेवे में कैसा ही हो मुबारक (शुभ) असर ही देगा। इसी तरह बुध मंदा हो और केतु बुरा हो तब भी इंसान पर दौलत की कमी न होगी।

(7) पाप (राहु, केतु) अगर टेवे में उच्च होकर बैठे हों तो घर–परिवार, दौलत और धन के ताल्लुक में इंसान सुखी होगा।

(8) जब बृहस्पत उत्तम हो लेकिन राहु खाना नंबर 2 में बिगड़ जाए यानि इंसान दगा (धोखा), फरेब, बेईमानी, झूठी शहादत (गवाही), व्यभिचार वगैरह करे तो राहु बद का असर देने लगेगा। ऐसे में राहु उम्र के 11, 19, 31, 42, 53, 67, 84 सालों में बुरा असर देगा। साधुओं की सेवा करना पश्चात्ताप करने का बहाना होगा।

(9) नेकी करे तो दुश्मन का सिर कटे (दुश्मन परास्त हो), दुनियावी लोगों के लिए भंडारे खोले तो अपना घर सोने से भर जाए। रात को सिरहाने पर (सिर की तरफ) पानी रखकर सो जाए और सुबह किसी पाक (पवित्र) जगह पर उस पानी को डाल दें तो बृहस्पत के उपाय में मददगार साबित होगा।

(10) शुक्कर टेवे में किसी भी हालत में क्यों न बैठा हो वह मुबारक (शुभ) असर ही देगा।

(11) बुध अगर मंदा हो तो 34 साल की उम्र तक केतु का असर भी मंदा ही होगा लेकिन शुक्कर (स्त्री) कभी मंदा न होगा और न ही दुनियावी माया की कमी ही होगी। दुनियावी लोगों के लिए नेकी करना रात के आराम के लिए मददगार होगा।

(12) तपस्या, पूजा–पाठ और सुख की कमाई से मुतअल्लिक (सम्बन्धित) काम करने से किस्मत का नेक असर मिलेगा। साधु कभी भी गरीबी का मारा हुआ न होगा।

(13) इंसान के बचपन की उम्र में उसके वालिद (पिता) को खर्चा चलाने की फिक्र लगी रहेगी।

(14) बृहस्पत खाना नंबर 12 वाले इंसान के घर में गंगा बहती होगी। खाना नंबर 9 का उत्तम असर मिलेगा। माया और दौलत खुद पांव पकड़ती नजर आएगी, लेकिन ऐसा इंसान माया (धन–दौलत) को कुछ नहीं समझने वाला होगा।

(15) इंसान नेकी का काम करेगा तो रात का आराम मिलेगा और उसकी आंख से दौलत का नशा उतरेगा मानो हाथी (राहु) को सोने की जंजीरों (बृहस्पत) से बांध कर रख दिया गया हो।

(16) बृहस्पत खाना नंबर 12 वाले इंसान की सेवा से उत्तम फल मिलेगा और सताने से मंदे असर जाहिर होंगे।

(17) टेवे वाला इंसान ग्यारह साल की उम्र से मंत्री के समान होगा। दिमागी खाना नंबर 11 के असर से राजदारी (भेद छिपाकर रखना) का मालिक और त्यागी होगा।

(18) बृहस्पत खाना नंबर 12 के इंसान के पास गैबी (दैवीय) ताकत होगी। अगर इंसान साधना करे तो इन ताकतों को और बढ़ा सकता है। कम ही साधना करने से कमाल की गैबी ताकत हासिल कर सकेगा। ऐसे इंसान का खर्चा हाथी के समान होगा लेकिन उसका बहुत बड़ा हिस्सा नेकी के कामों में खर्च होगा।

(19) किसी के घर में बतौर मेहमान गया हुआ और धर्म स्थान में पूजा–पाठ करने से उम्र के 9, 11, 19, 31, 42, 43, 67, 84, 89 सालों में सुखसागर होगा बशर्ते राहु की शरारतों (बेमानी, झूठी गवाही वगैरह) से परहेज करे। ऐसा इंसान अपनी समाधि और परलोक के ख्यालातों की लहरों या अपने साथी और गृहस्थों के भले की धुन और मस्ती में मसरूफ (व्यस्त) होगा।

(21) शुक्कर अपना पूरा अरसा (पच्चीस साल) आराम देगा और टेवे वाला मंत्री के समान रहेगा।

(22) जब सनीचर खाना नंबर 9 में हो या बृहस्पत के साथ खाना नंबर 12 में हो या बृहस्पत का साथी ग्रह (देखें फरमान नंबर 6) हो साथ ही राहु से मुश्तरका (संयुक्त) भी हो चाहे दृष्टि से अथवा साथ बैठकर अर्थात् सनीचर, बृहस्पत और राहु दोनों से संयुक्त हो। मच्छ रेखा शुक्कर के बुर्ज़ पर या खाना नंबर 9 पर मछली का निशान हो जिसके मुंह में सिर रेखा जा रही हो या उम्र रेखा मछली के मुंह में जा रही हो तो टेवे वाले इंसान को मच्छ रेखा का उत्तम असर सनीचर के कारोबार (मोटर, मशीन वगैरह) के माध्यम से मिलेगा। अगर सनीचर पापी ग्रह न हो अर्थात् सनीचर से राहु–केतु का ताल्लुक न बन रहा हो तो इंसान आकिबत–अन्देश (भविष्य का जानकार) होगा और कूच (मौत) की तैयारी की फ़िक्र में होगा अर्थात् ''सत्य'' (मौत) को याद रखने वाला होगा। ऐसे इंसान का अगर दायां सांस (स्वर) चलता हो तो लम्बे अर्से तक रहने वाली चीजें ज्यादा मुबारक होंगी और अगर बायां सांस चलता हो तो कोई भी किया गया काम मुबारक असर न देगा। अगर दोनों सांस (स्वर) चलती हों तो कोई भी किया हुआ काम मुबारक असर देगा।

(23) सनीचर खाना नंबर 2, 11 में हो या बृहस्पत का साथी हो तो सनीचर के कारोबार से मच्छ रेखा का उत्तम असर मिलेगा मगर फिर भी त्यागी ही होगा।

(24) खाना नंबर 6 में राहु उच्च का हो तो किस्मत रेखा की जड़ में राहु का निशान होगा, ऐसे वक्त में बृहस्पत दो जहां का मालिक होगा। रात का आराम/औलाद के विघ्न, फिजूलखर्च और दुश्मन से

बचाव में मददगार होगा। कूच के वक्त नेक हालत होगी। अगर राहु उम्दा है तो सोना, दौलत आदि सब उत्तम होंगे और सुख देने वाले होंगे वरना सोना भी पीतल के मोल बिकेगा और दुःख का सबब (कारण) होगा।

(25) धर्म समाधि या धर्म की हालत का फैसला केतु की हालत पर होगा अगर केतु उत्तम व उच्च का है तो उंगलियों की पोरों पर छः शंख होंगे, ऐसे में इंसान अमीर होगा। समाधि और औलाद दोनों का मुबारक असर होगा और अगर केतु मंदा है तो असर कम होगा लेकिन केतु माया के मामले में मंदा असर नहीं देगा।

(26) बुध मंदा हो और उंगलियों की पोरों पर बारह चक्कर हों तो टेवे वाले इंसान की उम्र तो लम्बी होगी मगर वह दूसरों के लिए मंदा और मनहूस ही साबित होगा।

(27) बृहस्पत सोया हुआ हो या दुश्मन ग्रहों से मंदा हो रहा हो तो बदी (बुरा) का काम मौत का बहाना होगा। लेकिन अगर बृहस्पत दुश्मन ग्रहों के ज़हर से मंदा हो रहा हो तो दुनियावी लोगों के सामने हाथ फैलाने से खाक (राख) ही नसीब होगी।

(28) जब बृहस्पत के घरों (2, 5, 9, 12) में राहु या बहैसियत पापी सनीचर हो और केतु खाना नंबर 2, 5 में हो तो 42 साल की उम्र तक खोखली उम्मीदें ही पास होंगी। खासकर बुध और शुक्कर का मंदा असर जाहिर होगा।

(29) खाना नंबर 2, 8, 9, 10 खाली हो और किस्मत रेखा मद्धमा उंगली की जड़ में चढ़ जाए तो बृहस्पत सोया हुआ गिना जाएगा। ऐसे में इंसान राज्य का मालिक होते हुए भी धन का फायदा नहीं उठा सकेगा और राज्य छोड़कर फ़कीर हो जाएगा।

(30) बृहस्पत मंदा हो और राहु खाना नंबर 9, 12 में नीच का हो जाए तो बृहस्पत के बुर्ज़ पर तीन खड़े खत होंगे। ऐसा इंसान अक्लमंद तो होगा लेकिन इंसान को इल्म (विधा) और हुनर का कोई लाभ न मिलेगा। उसके ख्यालात (विचार) धर्म के खिलाफ होंगे। राहु हमेशा फिजूल (फालतू) खर्चा खड़ा रखेगा। वालिद (बाप) को राहु की उम्र तक माली (आर्थिक) तंगी और चिन्ता होगी।

(31) जब केवल बृहस्पत मंदा हो तो इंसान खुद किस्मत वाला होगा मगर औलाद के लिए विघ्न–बाधाएं होंगी। चन्द्र से मुतअल्लिक सभी चीजों में खोखली उम्मीदें ही नजर आएंगी।

(32) जब बुध मंदा हो तो केतु का असर 34 साल उम्र तक मंदा ही होगा।

उपाय

(1) हमेशा गले में माला कायम (धारण) रखना।

(2) माथे पर केसर या हल्दी का तिलक (पीले रंग का) लगाना।

(3) नाक का पानी खुश्क रखना अर्थात् हमेशा नाक साफ रखना।

(4) गुरु, साधु को न सताना और पीपल के दरख्त (वृक्ष) न कटवाना मददगार साबित होगा।

कियाफा (हस्तरेखा)– हाथ की उंगलियों पर तीन खत, छः शंख या बारह चक्कर हों। किस्मत रेखा की जड़ पर राहु का निशान हो या मच्छ रेखा शुक्कर के बुर्ज़ पर या शुक्कर और चन्द्र दोनों बुर्जों के मध्य मुंह ऊपर किए हुए हो साथ ही ऊर्ध्व रेखा या उम्र रेखा उसके मुंह में हो।

चित्र 290: भगवान विष्णु

तपस्वी राजा (सबका पालन करने वाला)

गरम शौक तेरा है बुनियाद उन्नति
मगर बढ़ न जाए कि हर शै हो जलती
पाप मंगल, बुध फ़ैसला करता, ग्रहण होता खुद पाप से हो
उत्तम रवि हो जिस दम बैठा, भला चंद्र, बुध, शुक्कर हो
तख़्त केतु छः मंगल बैठा, उच्च रवि खुद होता हो
आग जली चाहे छः-सात होता, दान मोती का देता हो
मदद मित्र पर बाप से बढ़ता, नमक छोड़ खुद फलता हो
शत्रु साथी से केतु मरता, दान दिए सब बचता हो
पांच पहले घर ग्यारह बैठा, शत्रु मदद पर होता हो
ग्रहण टेवे हो जिस दम आया, पाप वक्त तक मंदा हो
रवि देखे जब चन्द्र भाई, तख़्त बैठा न जबकि हो
निस्फ़ उम्र जब चन्द्र होती, लेख भला सब होता हो
बुध नजर जब रवि पर करता, दर्जा दृष्टि कोई हो

असर भला सब दाक का होगा, सेहत माया या दिमागी हो
सूरज दृष्टि सनीचर पर करता, बुरा शुक्कर का होता हो
सनीचर, सूरज से पहले बैठा, नर ग्रह स्त्री उम्दा हो
सनीचर, शुक्कर जब सूरज देखे, मौत भरे दु:ख होता हो
मकान बनाते ताल्लुकदारों के, माता खत्म हो जाती हो

आकाश में रोशनी, जमीन के अन्दर गर्मी, राजा और फकीर में सच्चाई, जमाने में परवरिश (पालन–पोषण), इन सभी ताकतों को सूरज के नाम से जाना जाता है। सूरज की मौजूदगी को दिन और गैर–हाजरी को रात का नाम दिया गया है। सूरज के ही करिश्मे से इंसान की रूह (आत्मा) में हरकत और दुनिया के लोगों में मदद की हिम्मत पैदा होती है। चन्द्र की सर्दी, खुद (सूरज) की गर्मी, मंगल की लाली और बुध के आकाश का खाली खेत इसके अलग–अलग पहलू हैं और जगद्गुरु बृहस्पत की ज्ञान रूपी हवा जिससे अक्ल और किस्मत की बुनियाद पड़ती है इसी (सूरज) की ही देन है। बृहस्पत की इस हवा को हर फर्दे–बशर (हर एक आदमी) तक पहुंचाना (सांस लेने के लिए) जगद्गुरु बृहस्पत का काम है। किस्सा कोताह (संक्षेप में) कहा जाए तो बिना पीछे हटे, बिना रास्ता बदले, चलते ही चले जाना और अपना आखिर न बताना मगर अगले दिन फिर उसी वक्त, उसी जगह आकर खड़े हो जाना सूरज की ही एक अजूबी खासियत है।

आम हालात 12 घरों में

सतजुगी राजा घर पहले का, दाता सखी जब दो का हो
भंडारी दौलत खुद तीसरे होगा, जोड़ मरे घर चार का हो
औलाद बढ़ेगी हरदम पांचवें, फ़िक्र दौलत न छः का हो
परिवार कमी जो होती सातवें, राजा तपस्वी आठ का हो
उम्र लम्बी नौ बढ़ता कबीला, दसवें सेहत ज़र उम्दा हो
धर्म पूरा घर ग्यारह उसका, रात सुखी घर बारह हो

(1) खाना नंबर 1 में सूरज हो तो इंसान राजा या राजमंत्री (अधिकारी) होगा। मजहब (जाति) का भेद नहीं रखेगा। इंसाफ़ और रहम (दया) का पुजारी होगा।

(2) खाना नंबर 2 में सूरज हो तो इंसान ऐसा होगा जैसे मंदिर की ज्योत (दीपक) जो किसी मजहब के मातहत (अधीन) नहीं होगा। धर्म का देवता, हैसियत में मद्धम वर्ग का, इंसान होगा। खुद की किस्मत भले ही कैसी हो (किस्मत की कोई शर्तें नहीं) लेकिन अपने ताल्लुकदारों, दोस्तों और औलाद को जरूर मालामाल (दौलत के लिहाज से) कर देगा। सेवा भाव और साधना इसकी तरक्की का आधार होगा।

(3) खाना नंबर 3 का सूरज वाला इंसान मौत को रोकने वाला शेर, बहादुर मुतजिम (प्रबन्धक) होगा। ऐसा बादशाह जिससे मौत भी डरती हो। खुद जैसा उत्तम भोजन करेगा वैसा ही उत्तम भोजन दूसरों को भी कराने की नीयत रखता होगा। जो भी काम (नेक) कहेगा वह करके दिखा देगा। झूठ बोलने वाले की तो जुबान तक काटने की कोशिश कर लेगा। खाना नंबर 3 का मालिक बुध है जो अपने जंगल (बुध की अश्या) को इतना घना कर लेगा कि सूरज की धूप जमीन को न छू सके, लेकिन सूरज अपनी गर्मी से जंगल को ही खाक कर देने की ताकत रखेगा। इससे या तो यह होगा कि जंगल में

हरियाली (बुध का असर) ही न रहे या फिर अपने हरे रंग की जगह सूरज के रंग (खाकी) का हो जाए। मतलब खाना नंबर 3 में सूरज वाले इंसान अगर दूसरे की पालना करेंगे तो फल खाएंगे वरना बरबाद हो जाएंगे।

(4) खाना नंबर 4 में सूरज हो तो इंसान की किस्मत में राजयोग तो होगा मगर शाही खानदान में पैदाईश या फिर उत्तम परिवार में होने की कोई शर्त नहीं होगी। वह खुद रेशम के कीड़े की तरह होगा जो खुद तो शहतूत की पत्तियां खाकर जीवन बिताएगा मगर दूसरों को रेशम मुहैया कराएगा। मुख्तसरन तौर पर खाना नंबर 4 का सूरज वाला गृहस्थ खुद तो चने पर गुजारा कर लेगा लेकिन दूसरों को उम्दा भोजन देगा। जनम के वक्त चाहे तांबे का पैसा भी न हो लेकिन मरते वक्त औलाद को सोने के सिक्के मुहैया करा जाएगा। माता जिन्दा हो या न हो लेकिन बाप के लिहाज से माता जरूर होगी अर्थात् बाप के चाल–चलन की शर्त नहीं, लेकिन इंसान खुद उम्दा चाल–चलन (चरित्र) का होगा। ऐसा इंसान चाहे खुद जल जाए मगर दूसरे को नहीं जला सकते। दान देने के मामले में मोती दान करने वाला होगा। अगर गैर औरत से ताल्लुक बनाएगा तो खुद की औलाद नहीं पाएगा।

(5) खाना नंबर 5 का सूरज वाला इंसान, इंसानी शराफत और दुनियावी मर्यादा की जगह अपने खानदानी खून (ताल्लुकदारों) को अपना मन्दिर बना लेगा। किस्मत के ताल्लुक में जनम से ही बुलन्द किस्मत वाला होगा। किसी ताल्लुकदार की किस्मत का मोहताज नहीं होगा। जैसे–जैसे उम्र बढ़ेगी वैसे–वैसे नहूसत (मनहूसियत) घटेगी। उसकी अपनी खर्चे की हालत से औलाद की तरक्की होगी मतलब खुद के खर्चे के जरिए से औलाद मालामाल हो जाएगी। इंसान रहमदिल का मालिक होगा। बंदर के साथ भी इंसानों जैसा सलूक करने वाला और बंधे हुए बंदर को भी आज़ाद कर देने वाला होगा।

(6) खाना नंबर 6 में सूरज वाला इंसान जिद पर आए तो मानो बिल्कुल ऐसा राजा बन जाए जैसा कि मुल्क (देश) से निकाला गया राजा अपने मुल्क और हुकूमत को आग से जलते हुए देखकर अफसोस के आंसू बहाने की बजाए, खुशी के कहकहे लगाता हो। आसमान तो गरम था ही अब जलते हुए सूरज से मानो जमीन भी जलने लगी हो, जिसकी आग की तपिश रात में भी ठंडी न हो सकी। ख्वामख्वाह (अकारण) के किस्सों में आगजनी होते देखी गई, खेत में गेहूं का बीज भी जलने लगा। ऐसे में सिर्फ वही बचा जिसने पानी की जगह दूध और बुरा करने वालों को आशीर्वाद दिया। ऐसा इंसान खुद लावल्द (निःसन्तान) नहीं होगा और न ही बेवकूफ होगा लेकिन अचानक की हुई उसकी हरकतें बेवकूफों वाली ही जाहिर होगी। ऐसा इंसान चाहे आसमान से गिरे चाहे नस्ल से लेकिन उसका जिस्म और जुबान गंदी न होगी। चाहे उसे किस्मत से लाख मुकाबला क्यों न करना पड़े।

(7) ऐसे इंसान के जनम पर खानदान समझता होगा कि खानदान का सूरज निकल आया। लेकिन चढ़ते–चढ़ते वह सूरज खानदान के लिए दुमदार सितारा बन गया। वह जो करता सोच–समझकर नेक नीयत से करता मगर नतीजा उसके उलट ही देखता। जब–जब उसने हिम्मत और हौसला दिखाया तो सारा (पूरा) जलने से आधा बाकी बचा लिया और अंत में जब उसने जिम्मेंवारी के बोझ को भी खुशी से मंजूर किया तो उसे सुख की रोटी नसीब होने लगी और पड़ोसी भी आबाद होते नज़र आने लगे। राजदरबार से हौसला और हिम्मत मिलती चली गई। साथ ही उसकी खेती भी पकने लगी। मगर उस खेती के अनाज में पाप की बू आती रही। मानो ऐसे राजा की तरह हो जिसका ताज (मुकुट) गुम हो गया हो मतलब कहने को सभी कुछ अपना ही हो मगर जरूरत के वक्त राजा का फैसला उसके हक में न हो। राजगद्दी पर जनम लेने के बावजूद भी उसकी किस्मत में गद्दी पर बैठना न लिखा हो। ''हाकिम गरम और दुकानदारी नरम'' का सिद्धांत

ऐसे इंसान के काम आएगा। अगर कोई हमें जलाए तो हम भी उसको जलकर मरना क्या होता है सिखला दें? मगर खुद जलकर न मरे।

नोट– ***प्रस्तुत विवेचन एक कहानी के रूप में दिया गया है। जैसा कि पूर्व में पितृ दोष वाले अध्याय में भी बताया जा चुका है कि पाठकगण उपर्युक्त विवेचन को पढ़ते समय इसका भावार्थ सम्बन्धित ग्रह के व्यक्तित्व के रूप में समझें। जैसे- सूरज खाना नंबर 7 में होने पर उपर्युक्त विवेचन के अनुसार अपना असर देगा अर्थात् तुला राशि का सूरज नीच का होने पर उपर्युक्त प्रकार का व्यक्तित्व ग्रहण कर लेता है।***

(8) वह जनम लेते ही बोलने लगा "मरने वाले पूछ कर मरें" जनम लेने वालों को कोई रुकावट नहीं है। जो आए अपना खर्चा खुद साथ लेकर आए और जाने वाला कोई चीज साथ लेकर न जाए। जनम चाहे कब्रिस्तान में ही क्यों न हुआ हो फिर भी गुरु–गद्दी हासिल करने की हैसियत रखता होगा। उसकी किस्मत को कोई न हरा सकेगा साथ ही खुद के कर्मों से हारी हुई किस्मत को वापिस न पा सकेगा। अगर भंडारी रहा तो भंडारे कम न होंगे लेकिन अगर भिक्षुक बना तो भिक्षा न पा सकेगा। जब तक अपने खानदान पर हमला न करेगा तब तक बरबाद न होगा। "मरने का अफसोस तो है मगर जिंदा करने की ज़िम्मेंदारी भी तो हमारी ही है" वाले सिद्धांतों और सोच का मालिक होगा।

(9) बगैर दवा के मरीज को सही कर देने वाली तरकीब, हकीमों को अदा (प्रदान) कर देने वाला बादशाह और खुद उनकी निगरानी करने वाला होगा। अपने खानदान के अलावा अपने हमसाया (पड़ोसी) की भी परवरिश (पालन–पोषण) करने वाला होगा। किसी की परवरिश उसके आपसी सम्बन्ध और जात (जाति) तक सीमित नहीं रहेंगे। ऐसा इंसान "पिछली को छोड़ और आइंदा (भविष्य) से मत घबड़ा क्योंकि दुनिया का सूरज तेरे साथ चल रहा है" के सिद्धांत वाला होगा।

(10) पैसा तो खरा है लेकिन बाजार में कोई इसका सौदा (सामान) देता ही नहीं। सूरज की सच्ची आग को भूत–प्रेतों की आग समझकर कोई इस पर रोटी तो क्या पकाएगा बल्कि इसके पास जाना भी गवारा (पसन्द) नहीं करेगा। ऐसा इंसान अहंकारी और अभिमानी होगा यानि ऐसे राजा की तरह होगा जो दूसरों की माफी तो दरकिनार (माफ) करे साथ ही अपने ही वाल्दैन (माता–पिता) के खिलाफ फांसी का हुक्म सुनाने से बाज न आएगा, नाक पर मक्खी न बैठने देगा। इतना मग़रूर (अहंकारी) होगा कि जब तक जिएगा सर उठाकर जिएगा और अगर सर झुकाना पड़ा तो खुद ही न जिएगा। उन्हीं लोगों का साथ करेगा जो हम–प्याला और हम–निवाला होंगे। जो देखने में सच्चे और नेक (ईमानदार) होंगे लेकिन मन से बेईमान और मक्कार (झूठे) होंगे। वह हर गंदी करतूतों की करामात जो नहीं देखी वे हम–प्याला और हम–निवाला साथी कर दिखाएंगे।

(11) खाना नंबर 11 के सूरज वाला इंसान लालची मगर धर्मी और तपस्वी राजा के समान होगा। "अगर कोई धर्म बेचकर खाएगा तो हमारा क्या खाएगा" वाले सिद्धांत पर चलेगा। जिस कदर नेकी कमाता चला जाएगा, वैसे–वैसे सत्यवान और किस्मतवान होता चला जाएगा। खुद गेहूं (सूरज) के साथ गोश्त (सनीचर) को मिलाकर खाएगा। सूरज और सनीचर के फसाद (झगड़े) में केतु (नर औलाद) बरबाद होगा। अपनी नस्ल (वंश) में ऐसा मुजस्सिम (साक्षात) देवता होगा जिसका यह मानना होगा कि "आप चाहे किसी भी खून से हो हम नेकी ही कर दिखाएंगे"।

(12) सुख की नींद में सोने वाला बेफिक्र (लापरवाह) इंसान होगा। लेकिन आइन्दा (भविष्य) की फिक्र करने वाला होगा। जिसकी शागिर्दगी में बंदर भी घोंसला बनाना सीखते होंगे। ऐसा राजा होगा जो

खुद धर्म हानि का आदी हो चुका होगा। ऐसे मन्दिर का जिम्मेवार होगा जिसमें ''अन्धी देवी, नकटे (नाक–कटे) पुजारी'' हों जिसमें आए दिन (ज्यादातर) चोरी, डकैती के वाकिआत (घटनाएं) होते रहते हों। ऐसे इंसान के लिए साधु की सेवा और शुक्कर से सम्बन्धित अश्या (चीज), कारोबार और ताल्लुकदारों की पालना करना मददगार साबित होगा। सुबह की मीठी हवा का जमाना न सही और किसी वजह से जल भी जाए तो भी कोई गम नहीं क्योंकि आसमान का सूरज हमेशा मंदा जमाना न रहने देगा। उसके चारों ओर चाहे कितने ही मौसम क्यों न हों लेकिन उन सबकी वजह से पतझड़ न होगा यानि इंसान निर्धन और लावल्द (संतानहीन) नहीं होगा।

सूरज की उत्तम हालत का असर

जिस इंसान के टेवे में सूरज उत्तम हालत में हो वह इंसान सभी दुनियावी (सांसारिक) लोगों को रोशन करेगा और हर एक को दौलत बख्शता होगा। लम्बी उम्र का मालिक होगा। अन्दर और बाहर दोनों ओर से सच्चे व्यक्तित्व का मालिक होगा। मंदे वक्त का असर मानो रात के ख्वाब (सपने) की तरह छिपे ढंग से जाहिर होगा। किसी से सवाल न करेगा बल्कि दूसरों के सवालों को पूरा करने वाला (जवाबदेह) होगा। खैरात (भीख) भले न दे मगर फकीर की झोली से चने (माल) हरगिज नहीं निकालेगा। खुद चोट खाकर आगे बढ़ता रहेगा मगर दूसरों को चोट हरगिज न पहुंचाएगा। भले ही मौत किसी के लिए 'भली' न गिनी गई हो मगर उत्तम सूरज वाले इंसान के लिए मौत भली गिनी जाएगी। ऐसे इंसान को जवानी का अहद (जमाना) जोश और हर तरफ नई रौशनी देगा। 22 साल की उम्र से राजदरबार के मार्फत खुद अपने हाथों से धन–दौलत कमाएगा।

(1) सूरज की रोशनी और धूप में गर्मी का ओहदा राहु, केतु की हालत से जाहिर होगा।

(2) सूरज अगर उत्तम हालत में हो तो चन्द्र, शुक्कर और बुध का फल आमतौर पर नेक (भला) ही होगा।

(3) अगर केतु खाना नंबर 1 या मंगल खाना नंबर 6 में हो तो सूरज का असर नेक और उच्च हालत वाला गिना जाएगा। चाहे सूरज टेवे में कैसा भी क्यों न हो।

(4) जब सूरज, चन्द्र को देख रहा हो और सूरज खाना नंबर 1 में न हो तो चन्द्र का फल, चन्द्र की निस्फ–मियाद (आधी उम्र तक) यानि 6, 12, 24 साल की उम्र तक और वर्षफल में 3, 6, 12 माह तक सूरज के अधीन होगा। इसके बाद दोनों ग्रह अपना–अपना उत्तम फल अलग–अलग देंगे। मानो सूखा कुआं (चन्द्र) पानी देने लग जाएगा।

(5) जब चन्द्र, सूरज को देख रहा हो तो चन्द्र अपना असर सूरज को हरगिज न देगा और अपना असर मंदा ही कर लेगा।

(6) जब खाना नंबर 5 में पापी ग्रह हों और शुक्कर की जड़ (खाना नंबर 2, 7) में चन्द्र–राहु हों तो टेवे वाले इंसान के वाल्दैन की उम्र शक्की (संदेहजनक) होगी। जिस घर में सूरज बैठा हो उस घर में शुक्कर का कोई बुरा असर जाहिर न होगा लेकिन जिस घर में शुक्कर बैठा है, उस घर से सम्बन्धित ''शुक्कर की चीजों'' की हालत खराब हो जाएगी।

(7) टेवे में बुध खाना नंबर 6 में हो और सूरज उत्तम हालत में कायम हो तो खुद अपनी कलम से राजदरबार (राजकीय विभाग) से कमाया धन बरकत (तरक्की) देगा और नेकी व ईमानदारी का धन साथ देगा। अगर वर्षफल के मुताबिक सूरज, बुध को सौ दर्जा दृष्टि से देखे तो इंसान

की ससुराल अमीर होगी। अगर सूरज, बुध को पचास दर्जा दृष्टि से देखे तो औरत (पत्नी) की किस्मत शीशे की तरह उज्जवल और स्त्री की ताकत उत्तम होगी। अगर सूरज, बुध को पच्चीस दर्जा दृष्टि से देखता हो तो गणित, ज्योतिष और योगाभ्यास उत्तम होगा।

(8) अगर वर्षफल में बुध, सूरज को देखे तो बुध उत्तम असर देगा और सेहत उम्दा होगी। दस्ती (हस्तकला) और दिमागी कारोबार से उत्तम फल मिलेगा। स्त्री पर नेक असर जाहिर होगा।

(9) जब सनीचर, सूरज को देखे तो सूरज का फल बरबाद होगा और शुक्कर आबाद होगा साथ ही सीनचर उत्तम फल देगा। अगर दृष्टि पच्चीस (फीसदी) हो तो गणित विद्या देगा। अगर दृष्टि पचास (प्रतिशत) हो तो मकान (सनीचर की चीजें) और अगर सौ प्रतिशत दृष्टि हो तो तंत्र–विद्या और जादू–टोने का मालिक बनाएगा।

(10) अगर सनीचर पहले घरों में और सूरज बाद के घरों में हो तो सूरज का असर खराब होगा। अब सनीचर, सूरज के असर में अपना मंदा असर जरूर मिलाएगा। जिस्मानी (शारीरिक) कमजोरी होगी। सूरज के जरूरी हिस्से जैसे– सर्दी (चन्द्र), लालिमा (मंगल), हवा (बृहस्पत) और आकाश (बुध) पर कोई मंदा (बुरा) असर न होगा यानी सूरज की किस्मत और जाती कमाई पर कोई बुरा असर न होगा। रिहाईशी मकान में दक्षिण की ओर (पूरब की ओर मुंह करके) कोरा (बिना प्रयोग किया हुआ) बर्तन पानी से भरा हुआ दबाएं और उसका पानी 40, 43 दिन तक सूखने न दें।

(11) जब सनीचर बाद के घरों में और सूरज पहले घरों में हो तथा सूरज, सनीचर को देखे तो शुक्कर बरबाद होगा और औरत (पत्नी) के बाद औरत मरती चली जाएगी, मगर सूरज का असर मंदा न होगा। जिस्मानी (शारीरिक) ताकत उम्दा होगी और बुद्धि में स्थिरता आएगी।

(12) जब सूरज को अपने दोस्त (चन्द्र, मंगल, बृहस्पत) की मदद हो या टेवे वाला इंसान नमक कम या बिल्कुल न खाता हो तो वह सूरज उत्तम हालत का होगा और ऐसा इंसान अपने बाप से ज्यादा तरक्की पाने वाला होगा।

(13) जब खाना नंबर 1, 5, 11 में सूरज हो तो ऐसा टेवा बालिग ग्रहों का टेवा कहलाएगा। ऐसा सूरज जो खाना नंबर 1 में हो वह साथी ग्रहों (देखें फरमान नंबर 6) की मदद करेगा। चाहे वे साथी ग्रह सूरज के दोस्त हों या दुश्मन। खाना नंबर 5, 11 में सूरज हो तो दूसरे साथी ग्रह सूरज को मदद करेंगे चाहे वह सूरज के दोस्त हों या दुश्मन। ये नियम जनम–कुंडली और वर्षकुंडली दोनों के लिए मान्य होंगे। बालिग ग्रहों के टेवे वाला इंसान माता के पेट में ही अपना असर जाहिर कर देगा।

(14) टेवे में ग्रहण के वक्त 45 साल की उम्र तक सूरज कोई भला असर नहीं दे सकेगा। सभी हालातों में सूरज का मंदा असर ही गिना जाएगा।

नोट– ***सूरज + राहु मुश्तरका = सूर्य ग्रहण। चन्द्र + केतु मुश्तरका = चन्द्र ग्रहण***

15) सूरज अगर अकेला नीच या मंदे घरों में हो तो सूरज के बजाए केतु बरबाद या मंदा गिना जाएगा। इंसान में बेहद गुस्सा करने की आदत बरबादी का कारण होगी।

16) जब कभी भी वर्षफल में सूरज खाना नंबर 1 में आएगा तो शुक्कर का नीच असर जाहिर होगा चाहे शुक्कर किसी भी घर में क्यों न बैठा हो लेकिन खुद सूरज अपने लिए बुलन्द किस्मत का होगा। ऐसी हालत में बुध की पालना करना मददगार होगा।

(17) खाना नंबर 2, 6, 7, 8, 10, 11, 12 में अगर सूरज अकेला बैठा हो तो सूरज इन घरों के मालिक ग्रहों की मुतअल्लिक (सम्बन्धित) अश्या (वस्तु) पर अपना नेक असर नहीं देगा। लेकिन यह जरूरी नहीं कि बुरा असर देगा।

(18) सूरज अगर दुश्मन ग्रहों (शुक्कर, राहु, केतु, बहैसियत पापी सनीचर) के साथ बैठा हो तो वर्षफल में दुबारा उसी घर में आने पर (जिसमें कि वह जनम–कुंडली में स्थायी रूप से बैठा है) उस घर की मुतअल्लिक अश्या, कारोबार और ताल्लुकदार से सम्बन्धित बुरा असर देगा। मसलन राहु–सूरज जब कभी वर्षफल में उसी खाने में आएंगे जिसमें कि वे बैठे हैं तो बुरा असर देंगे। इसी तरह से अन्य ग्रहों का असर गिना जाएगा। 22 से 45 साल की उम्र के बीच दुश्मन ग्रह अपनी–अपनी निजी मियाद (अवधि) पर भी बुरा असर देंगे मसलन सूरज–शुक्कर मुश्तरका खाना नंबर 5 में हों तो जब कभी बमूजिब (अनुसार) वर्षफल, खाना नंबर 5 में दोबारा सूरज–शुक्कर आएंगे (34 साल की उम्र में या शुक्कर की आम मियाद 25 साल की उम्र में) तो इस वक्त औरत, ईंट का भट्टा अथवा त्वचा पर बुरा असर देंगे। बुध की पालना से दुश्मन ग्रहों का असर नेक हो जाएगा। इस स्थिति में अगर दुश्मन ग्रहों के साथ–साथ सूरज के दोस्त ग्रह (चन्द्र, मंगल, बृहस्पत) भी उसी घर में बैठे हों तो बुरा असर दोस्त ग्रहों की चीजों पर होगा और दुश्मन ग्रह और उसकी चीजें बची रहेंगी।

(19) अगर सूरज के दुश्मन ग्रह, सूरज के पहले घरों में 1, 2, 3 की तरतीब (क्रम) से बैठे हों और दृष्टि योग से भी पहले घरों में बैठे हों तो सूरज का मंदा असर इंसान पर पड़ेगा। अगर दुश्मन ग्रह बाद के घरों में बैठे हों तो मंदा असर दुश्मन ग्रहों पर और दुश्मन घरों पर पड़ेगा।

मंदे असर का उपाय

(1) अगर सूरज दूसरे ग्रहों पर अपना मंदा असर डाल रहा हो तो सूरज के दोस्त ग्रहों (चन्द्र, मंगल, बृहस्पत) को नेक कर लेना मददगार साबित होगा।

(2) अगर सूरज खाना नंबर 6, 7 में बैठा हो तो इसकी मंदी हालत को दूर करने के लिए बुध का उपाय कर बुध को नेक कर लेना मददगार होगा। ऐसी हालत में चन्द्र को नष्ट कर लेना भी मददगार होगा यानि रात को रोटी बनाने के बाद चूल्हे की बची हुई आग पर दूध के छीटें देकर उसे बुझाने से चन्द्र नष्ट होगा।

(3) जब कोई ग्रह सूरज से नष्ट या बरबाद हो रहा हो तो सूरज का उपाय करना मददगार होगा।

(4) अगर कोई दुश्मन ग्रह (शुक्कर या पापी ग्रह) सूरज का असर बरबाद (नष्ट) कर रहा हो तो उस दुश्मन ग्रह का उपाय करना मददगार साबित होगा।

(5) सूरज के दुश्मन ग्रहों (शुक्कर, राहु, केतु और बहैसियत पापी ग्रह सनीचर) के घर (बहैसियत मिलकियत और पक्का घर) में सूरज अकेला बैठकर उन घरों के मालिक ग्रह से सम्बन्धित चीजों, रिश्तेदारों या कारोबारों (व्यापार) पर अपना मंदा असर जाहिर कर रहा होगा अथवा नेक असर देना बन्द कर देगा।

(6) सूरज के दुश्मन ग्रहों के खानों से मुतअल्लिक चीजें मंदरजाजैल (निम्नलिखित) हैं।

शरीर का हिस्सा	सूरज का दुश्मन ग्रह	दुश्मन ग्रह की मिलकियत का घर	सम्बन्धित चीजें, कारोबार, ताल्लुकदार
गुदा	शुक्कर	2	औरत (स्त्री), धन, स्वाद, बचत, बेवा (विधवा) या माशूका (प्रेमिका), माता, बुआ, मौसी, आलू, गाय का स्थान, घी, सफेद अब्रक, कपूर, बगैर सींग की गाय।
कमर	केतु	6	औलाद (लड़का), औलाद–सुख, वाल्दैन (माता–पिता) के रिश्तेदार (जनम से कायम ताल्लुकदार) मामा, नाना–नानी वगैरह, रफ्तार (गति), साहूकार, खरगोश, चिड़ा (चिड़िया का नर)।
त्वचा	शुक्कर	7	औरत (पत्नी), शादी, गृहस्थी, फल, चरी–ज्वार (अनाज), सफेद गाय, कांसे का बर्तन, व्यभिचार, ईश्वर प्रेम, मोहब्बत।
कनपटी	सनीचर	8	बिच्छू
पिंजर, घुटना	सनीचर	10	जद्दी विरासत (पैतृक सम्पत्ति), वाल्दैन सुख, काला नमक, तेल, लोहा, लकड़ी, पत्थर, आंख, उम्र, बाल, सांप का घर, मगरमच्छ, तीन साल पुराना रिहायशी मकान, भैंस।
नितंब	सनीचर	11	जनम वक्त, अपनी उम्र तक जाती (निजी) आमदनी, खुद का खरीदा मकान, औलाद की उम्र और तादाद (संख्या), पहला हाकिम, नफ्सानी (यौन) ताकत, राहु–केतु के कामों का फैसला।
सिर	राहु	12	गृहस्थ सुख, धन, श्राप, हड्डी, पैतृक खून, दिमाग, हरकत, औरत–मर्द की उम्र का ताल्लुक (सम्बन्ध), अचानक आए ख्यालात (विचार), बदनामी, शोहरत, कोयला, हाथी।

सूरज खाना नंबर 1

(सतयुगी राजा या हुक्मरान)

हुई राख दुनिया है, दिन रात जलती
धर्म सिर्फ बाकी है, इहसान धरती
धर्मी राजा खुद उम्र सदी का, पांच पहले घर ग्यारह जो
सनीचर कौवा चाहे नेक हो कितना, हड्डी गन्दी यज्ञ डालता हो
दूजे चन्द्र सनीचर ग्यारह बैठा, माया मरतबा बढ़ता हो
शुक्कर मगर जब सातवें आया, छोटी उम्र पिता मरता हो
सनीचर आठ जब टेवे बैठे, मुर्दा औरत पर मुर्दा हो
पांचवें मंगल हो जब कभी आया, बेटा बेटे पर मरता हो
मित्र मंदे खुद सूरज मंदा, बुध मंदे आकार न हो
मिला शुक्कर बुध टेवे बैठा, उम्र रिज़क दरबार का हो

(1) इस दुनिया में सब कुछ जलकर राख हो जाएगा सिर्फ धर्म ही इस धरती पर बाकी रहेगा।

(2) खाना नंबर 1, 5, 11 में सूरज हो तो इंसान धर्मी राजा होगा, धार्मिक ख्यालात, गरीबों का मददगार होता है। ऐसे इंसान की उम्र अमूमन सौ साल होगी।

(3) खाना नंबर 1, 5, 11 में सूरज होने के वक्त सनीचर का 1/4 हिस्सा धर्म के लिए शामिल होता है। चाहे सूरज कितना ही उच्च का क्यों न हो, योगी राजा के हवन कुण्ड में कौवा (सनीचर) गन्दी हड्डियां लाकर डालता ही रहेगा, चाहे आग का जोर कितना ही क्यों न हो?

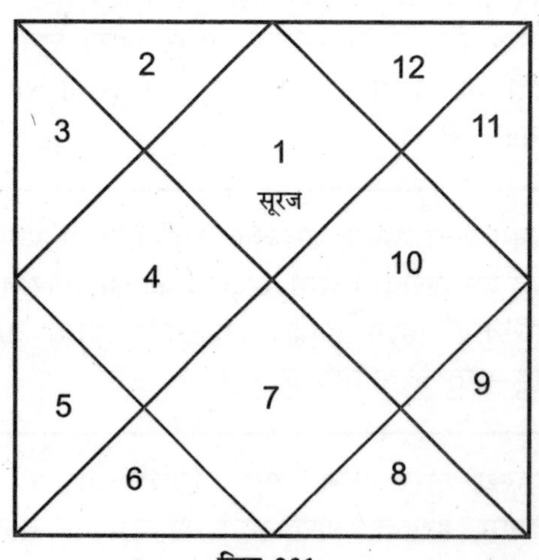

चित्र 291:

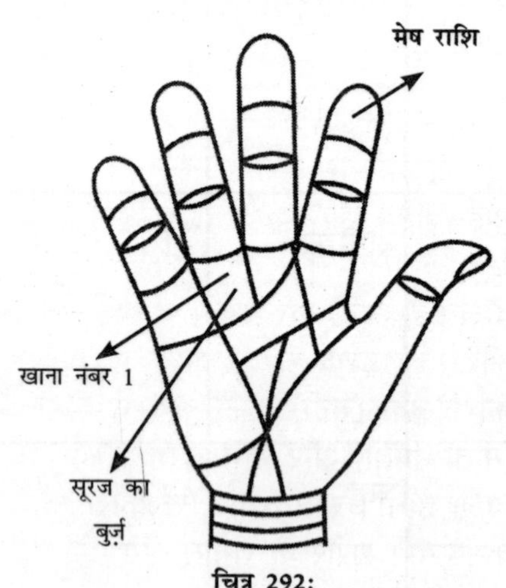

चित्र 292:

(4) जब चन्द्र खाना नंबर 2 और सनीचर खाना नंबर 11 में हो तो टेवे वाला इंसान उच्च स्तर का किस्मत वाला होगा। धन–दौलत का मालिक और अपने लिए हर तरह से मुबारक (शुभ) होगा। रिज़क (जीविका का साधन) कभी मंदा न होगा, चाहे टेवे में ग्रहण (सूरज+राहु) ही क्यों न लग रहा हो। ऐसे वक्त

हाथ में सेहत रेखा कायम होगी यानि सूरज के बुर्ज़ से कोई रेखा बुध के बुर्ज़ (खाना नंबर 7) पर जाती होगी।

(5) जब शुक्कर खाना नंबर 7 में हो या वर्षफल में खाना नंबर 7 में आए तो उस इंसान के वालिद उसके बचपन में ही मरते होंगे अर्थात् पिता की उम्र छोटी होगी। बुखार से जलता हुआ जिस्म और ''तपेदिक'' तक होने के लक्षण जाहिर होंगे। औरत पर बुरा असर तब और ज्यादा बढ़ जाएगा जब मर्द दिन के वक़्त स्त्री–भोग का आदी हो।

(6) जब सनीचर खाना नंबर 8 में बैठा हो तो औरत (पत्नी) पर भारी होगा, ऐसे में औरत के बाद औरत मरती चली जाएगी। कोई औरत लम्बे समय तक जिन्दा नहीं रह सकेगी।

(7) जब खाना नंबर 5 में मंगल हो तो औलाद (बेटे) के लिए भारी होगा। ऐसे वक्त एक के बाद एक औलाद मरती चली जाएंगी।

(8) जब टेवे में दोस्त ग्रह मंदे हों अर्थात् चन्द्र, मंगल, बृहस्पत मंदे हों तो सभी ग्रह धोखा देने वाले होंगे। अन्धेरी जिन्दगी, बाजारी कीमत खत्म और खुदकुशी तक की स्थितियां जाहिर होंगी। बहुत ज्यादा मंदी किस्मत का मालिक होगा।

(9) जब दोस्त ग्रहों की सूरज को मदद हो या दोस्त ग्रह साथ में हो तो टेवे वाला इंसान खुद माया और दौलत पैदा करने वाला होगा, लेकिन माया और दौलत का गुलाम न होगा।

(10) जब खाना नंबर 7 में बुध हो तो टेवे वाला इंसान नेक और धर्मात्मा होगा। शुक्कर और केतु भी अमूमन नेक फल देते होंगे। उत्तम दिमागी समझदारी होगी। सूरज का उत्तम असर जाहिर होगा।

(11) जब खाना नंबर 7 खाली हो तो सूरज सोया हुआ गिना जाएगा। शादी छोटी उम्र (24 के लगभग) में होगी तो उम्दा और मुबारक होगी ताकि सूरज 24 वर्ष की उम्र तक जाग जाए वरना 24 के बाद खुद ब खुद जागा हुआ सूरज (सरकारी महकमें का बतौर मुलाजिम या कारोबार या कमाई के लिहाज में) चौबीसवें साल मंदा असर जाहिर करेगा। जद्दी (पैतृक) मकान में कुदरती पानी का स्त्रोत (कुआं वगैरह) कायम होने के दस साल बाद किस्मत का सूरज बुलन्द हालत में चमकेगा।

(12) जिस इंसान के टेवे में सूरज खाना नंबर 1 में होगा वह धर्मी, दानी होगा। दुनियावी लोगों के लिए कुएं खुदवाएगा। पुराने जमाने के ख्यालातों वाला और धर्म की पालना करने वाला होगा। उसके ज्यादा भाई–बहिन होने की शर्त न होगी। बाप की आखरी उम्र तक खूब सेवा करेगा। मगर अपने बेटे से खुद के लिए सेवा की उम्मीद न करेगा। अपने बाप से चाहे कुछ न पाए मगर अपने बेटे के लिए दौलत इकट्ठी कर देगा। जो उसे तबाह करने की सोचेगा खुद ब खुद बरबाद हो जाएगा। शराबखोरी और गन्दे इश्क से दूर और नेक इंसान हमेशा गरीब का भला करने और चाहने वाला होगा। इंसान का रिजक (रोटी) कभी बन्द न होगा, खुद अपनी मेहनत से बना हुआ अमीर होगा। उसके वाल्दैन (माता–पिता) और खुद उसकी उम्र लम्बी होगी। दोधारी तलवार का व्यक्तित्व और सांप जैसे गुस्से वाला होगा। राजदरबार (सरकारी महकमें) से उत्तम कमाई होगी। सफर से दौलत मिलेगी या दौलत कमाएगा। शरीर के तमाम अंग आखरी वक्त तक चलते रहेंगे। ईमानदारी का धन फलता रहेगा और तरक्की देने वाला होगा। कम तादाद में औलाद होगी मगर औरत का आराम और औलाद का सुख बहुत लम्बे अर्से (वक्त) तक कायम रहेगा। वह आंखों पर ज्यादा एतबार (विश्वास) करेगा और कानों पर बिल्कुल नहीं करेगा। परोपकार और सेवा करने से धन–दौलत और माया की तरक्की होगी।

कियाफा (हस्तरेखा)– सेहत रेखा शुक्कर और बुध के बुर्ज़ को मिलाती हो। सूरज रेखा दुरुस्त हालत में सूरज के बुर्ज़ पर हो। सूरज के बुर्ज़ पर सूरज का सितारा (*) बुध की ओर हो। सेहत रेखा

या सूरज रेखा खाना नंबर 11 के अंत तक हो। सूरज का बुर्ज़, कुंडली का खाना नंबर 1 है, सूरज टेवे में खाना नंबर 1 में तभी होगा जब हाथ में सूरज के बुर्ज़ पर सितारा हो वरना सूरज टेवे के खाना नंबर 5 में गिना जाएगा।

सूरज खाना नंबर 2

(बाजुओं का मालिक)

है खाना मुबारक कमा खुद जो सीखे
हुए मंदे सूरज मुफ्त दूध पीते
दर्जा सखावत राज हो ऊंचा, दुश्मन वैरी सब मारता हो
वाल्दैन बुध पाप कबीला, सभी घरों को तारता हो
छठे चन्द्र खुद चन्द्र बढ़ता, आठ चन्द्र रवि मरता हो
मंगल पहले और चन्द्र हो बारह, दुःखी आंसू घर भरता हो
न ही औरत जात है बढ़ती, न ही बृहस्पत प्रधान हो
बात इतनी ही जरूरी, छोड़ देना दान को

(1) खाना नंबर 2 में सूरज वाला इंसान अपनी ताकत और बाजुओं पर भरोसा रखने वाला हिम्मती इंसान होगा। जितना दान करेगा उतना ही उत्तम और महान् होगा। खुद साख्ता (स्वनिर्मित) अमीर होगा। अगर सूरज मंदा हो तो मुफ्त का माल खाने वाला होगा।

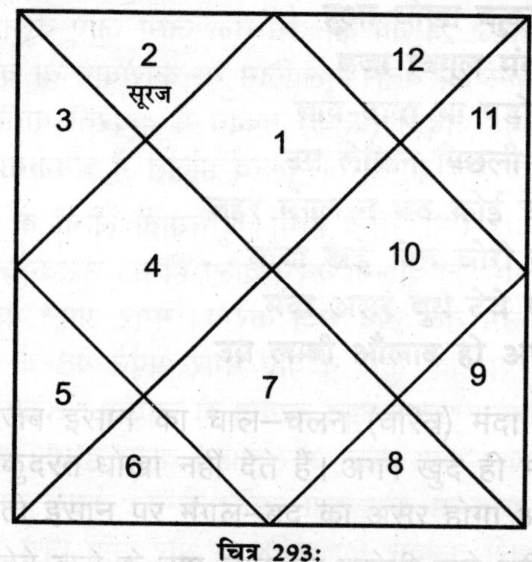

चित्र 293:

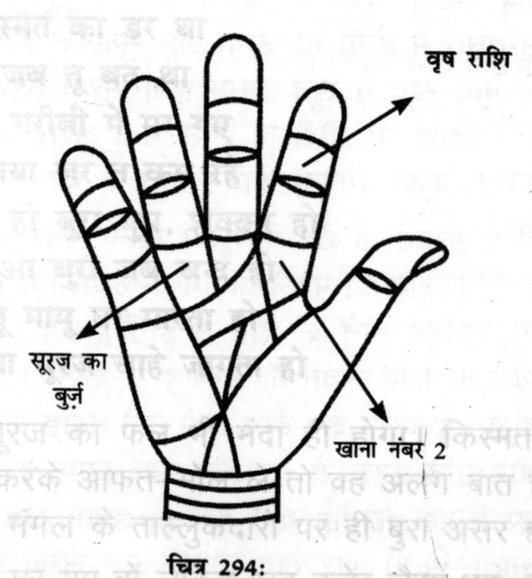

चित्र 294:

(2) सूरज खाना नंबर 2 में कायम हो और अनामिका उंगली बिल्कुल सीधी खड़ी हो तो जिस क़दर इंसान सखी (दानी) और दाता होगा उसी क़दर तरक्की करने वाला और दुश्मनों को पछाड़ने वाला होगा। वाल्दैन, मामा, बहन, लड़की का खानदान, ससुराल का खानदान, अपनी नर औलाद वगैरह को पालने और तारने वाला होगा। खुद की मेहनत और दस्ती और हुनरमंदी की ताकत का मालिक होगा।

(3) जब खाना नंबर 6 में चन्द्र हो तो चन्द्र का नेक असर जाहिर होगा और सूरज का असर और भी बुलन्द होगा। अगर चन्द्र खाना नंबर 8 में हो तो सूरज मंदा गिना जाएगा ऐसे वक्त दान लेना तबाही का

सबब बनेगा, मुफ्त के माल से परहेज करना बेहतर और मुबारक होगा। खुद कमाकर खाना मुबारक (शुभ) होगा।

(4) जब मंगल खाना नंबर 1 में हो और चन्द्र खाना नंबर 12 में हो तो हर तरह से दुःखी और तंग हालात वाला इंसान होगा। सूरज, चन्द्र मंगल तीनों ही ग्रहों का असर मंदा गिना जाएगा।

(5) खाना नंबर 2 में सूरज अकेला होकर मंदा हो तो वह अपने दुश्मन शुक्कर की अश्या, कारोबार और ताल्लुकदारों (स्त्री, बेवा, माशूका) पर अपना नेक असर जाहिर करना बन्द कर देगा। जर (धन), जोरू (औरत) और जमीन के झगड़े मिट्टी की आंधी के बादल साबित होंगे। जितने ज्यादा जर, जमीन और जोरू के झगड़े बढ़ते जाएंगे उतना ही अधिक सूरज का असर मंदा होता चला जाएगा। खानदान में औरतों की तादाद (गिनती) घटती ही चली जाएगी। ऐसे वक्त सनीचर का उपाय (नारियल, तेल, बादाम वगैरह धर्म स्थान में देना) करते रहना मददगार साबित होगा।

(6) खाना नंबर 2 में सूरज मंदा हो तो बृहस्पत का अलैहदा (अलग से) असर जाहिर न होगा और खुद बृहस्पत, सूरज की छत्र–छाया में होगा। मंदे सूरज के वक्त दान लेना गैर मुबारक ही नहीं बल्कि पूरी तबाही देने वाला होगा।

(7) सूरज खाना नंबर 2 में हो और खाना नंबर 8 खाली हो तो सूरज और शुक्कर की अश्या का उत्तम असर जाहिर होगा।

(8) अगर सनीचर खाना नंबर 11 में हो तो हर पल, स्वभाव बदलने वाला इंसान होगा। कभी खुश तो कभी उदास होगा।

कियाफा (हस्तरेखा)– जब किस्मत (भाग्य) रेखा या सूरज रेखा बृहस्पत के बुर्ज़ का रुख करे लेकिन सनीचर के बुर्ज़ को स्पर्श न करे।

(1) जब बृहस्पत और सूरज खाना नंबर 2 में साथ–साथ हो अथवा सूरज और बृहस्पत साथी हों अथवा दृष्टि सम्बन्ध से बृहस्पत खाना नंबर 6, 8, 12 में हो या 5, 9, 10 में हो लेकिन किसी भी स्थिति में सनीचर से ताल्लुक (सम्बन्ध) न रखता हो साथ ही किस्मत रेखा या सूरज रेखा बृहस्पत के बुर्ज़ का रुख करे मगर सनीचर के बुर्ज़ पर या बुर्ज़ के नीचे खत्म न हो तो टेवे वाले इंसान के मामा की हालत उम्दा होगी। लड़कियों के खानदान सम्पन्न होंगे। ग्यारह दिन या ग्यारह माह या ग्यारह साल की उम्र पर दुश्मन की मौत या बरबादी होगी। बृहस्पत का खुद का असर अलैहदा (अलग) न होगा बल्कि बृहस्पत खुद सूरज के जेरे–साया (अधीन या छत्रछाया) में होगा। टेवे वाला इंसान सेना नायक या मज़हबी–रहनुमाएं (पथ प्रदर्शक) होगा। टेवे वाले को सवारी या चौपाया (वाहन व पशु) सुख होगा।

नोट– ***पुस्तक में विभिन्न स्थानों पर दिए जा रहे हस्तरेखा के लक्षणों का अभिप्राय फलादेश को अधिक सुदृढ़ बनाए जाने से है। अगर टेवे व सामुद्रिक लक्षण आपस में मेल खाते हैं तो यह टेवे के दुरुस्त होने का प्रमाण है।***

(2) जब बुध खाना नंबर 8 में हो और अनामिका का सिरा गोल हो तो इंसान बहादुर होगा।

(3) जब बुध खाना नंबर 8 में हो और कनिष्ठा उंगली अनामिका की तरफ झुक जाए तो इंसान दस्ती (हस्तशिल्प) काम को कारोबार में श्रेष्ठ समझने वाला होगा।

(4) जब राहु खाना नंबर 8 में हो और अनामिका का सिरा चौड़ा हो तो टेवे वाला इंसान कारीगर होगा।

(5) जब राहु खाना नंबर 8 में हो और अनामिका का सिरा नोंकदार हो तो ऐसा इंसान खुद सच्चा होगा और सच्चाई पसन्द होगा।

(6) जब बुध खाना नंबर 9 में हो और अनामिका उंगली बहुत छोटी हो तो ऐसा इंसान बहुरुपिया (अलग–अलग तरह के रूप रखने वाला) और लोकप्रियता का इच्छुक होगा।

(7) जब राहु खाना नंबर 9 में हो और अनामिका बहुत लम्बी हो तो टेवे वाला इंसान चित्रकार होगा।

(8) जब केतु खाना नंबर 9 में अथवा खाना नंबर 10 में बुध हो और अनामिका उंगली लम्बी हो तो ऐसा इंसान दस्ती काम की ताकत वाला और तकनीकी (टैकनिकल) कार्यों में माहिर होगा।

(9) जब मंगल खाना नंबर 9 में हो और अनामिका उंगली बहुत ही लम्बी हो तो ऐसा इंसान शौकीन मिजाज होगा।

(10) जब सनीचर खाना नंबर 10 में हो और मद्धमा उंगली अनामिका उंगली से बड़ी हो तो इज्जतदार और अक्लमंद इंसान होगा।

(11) अगर मंगल खाना नंबर 8 में हो और अनामिका उंगली का सिरा चौकोर हो तो टेवे वाला इंसान लालची होगा।

सूरज खाना नंबर 3

(धन–कुबेर, खुद कमाकर खाने वाला)

हुआ धोखा कुदरत न किस्मत का डर था
बजा बिगुल मंदा-चलन जब तू बद था
बाप-दादा या पड़ोसी चाहे, गरीबी में मर गए
उम्र लेकिन पिछली अपनी माया जर न कम रहे
जहर मंगल न बद कोई चलती, न ही बुरा बुध, शुक्कर हो
माया खड़े दिन चोरी लुटती, हुआ बुरा जब चन्द्र हो
मंदा असर बुध टेवे पापी, केतू मामू घर मारता हो
उम्र लम्बी औलाद हो अपनी, सोया सूरज चाहे जागता हो

(1) जब इंसान का चाल–चलन (चरित्र) मंदा हो तो सूरज का फल भी मंदा ही होगा। किस्मत और कुदरत धोखा नहीं देते हैं। अगर खुद ही मंदे काम करके आफत–मोल ले तो वह अलग बात है। न तो इंसान पर मंगल–बद का असर होगा और न ही मंगल के ताल्लुकदारों पर ही बुरा असर होगा।

(2) टेवे वाले के बाप, दादा या पड़ोसी चाहे गरीबी में ही मर गए हों लेकिन खुद कुबेर जैसा धन–दौलत का मालिक होगा। देखने में सुन्दर और खुद कमाकर खाने वाला इंसान होगा। सूरज की तरह तेजवान होगा।

(3) खाना नंबर 3 के सूरज वाले टेवे में चन्द्र का फल रद्दी (बरबाद) नहीं होगा और न ही मंगल–बद होगा। यहां तक कि बुध और शुक्कर का असर भी उम्दा ही होगा। टेवे वाले इंसान की खुद की उम्र और उसकी औलाद की उम्र लम्बी होगी। अगर चन्द्र मंदा हो जाए तो दिन–दहाड़े दौलत और माल की चोरी होगी चाहे सूरज सोया हो या जागता हो।

(4) जब बुध या पापी (राहु, केतु, बहैसियत पापी सनीचर) ग्रह मंदे हों तो मामा व मामा के खानदान पर बुरा असर होगा। टेवे वाले व उनकी औलाद की उम्र लम्बी होगी चाहे सूरज सोता या जागता हो।

(5) जब खाना नंबर 9 मंदा हो तो टेवे वाले इंसान के बाप–दादा निर्धन होंगे और अगर खाना नंबर 11 मंदा हो तो पड़ोसी बरबाद होंगे।

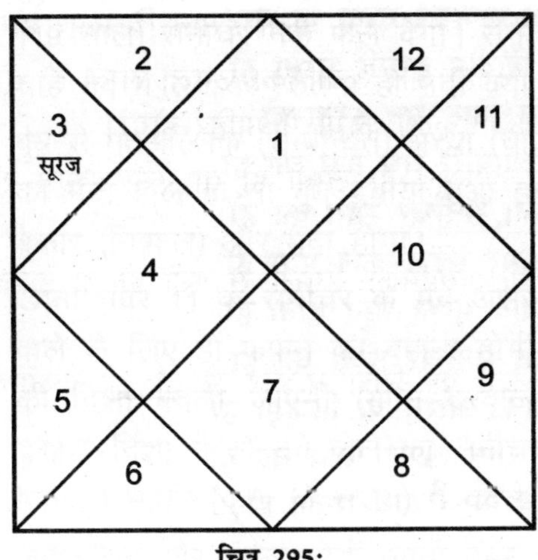

चित्र 295:

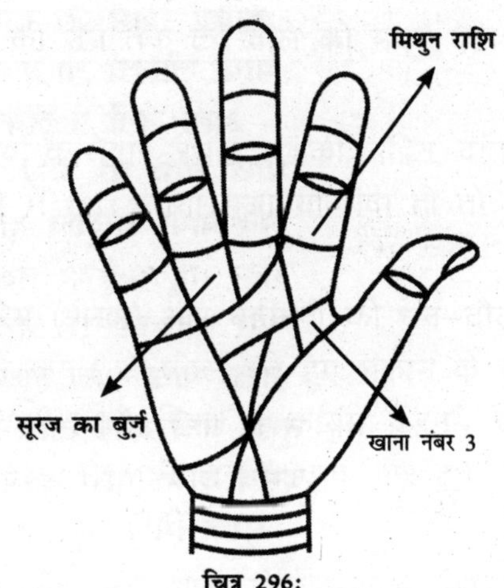

चित्र 296:

(6) जब टेवे में चन्द्र उम्दा हो तो इंसान आखरी वक्त में कभी भी निर्धन नहीं होगा बल्कि अपने खानदान की अगली नस्ल को तरक्की पर चढ़ते देखेगा। चन्द्र की अश्या (जानदार या जीवित) का फल नेक और लम्बा साथ हासिल होगा अर्थात् उनकी लम्बी उम्र का साथ मिलेगा।

(7) जब सूरज का बुध साथी ग्रह हो (देखें फरमान नंबर 6) अथवा सूरज के साथ खाना नंबर 3 में ही हो तो सूरज की मुतअल्लिक (सम्बन्धित) अश्या (चीजों) का कभी मंदा असर न होगा, साथ ही बुध की मुतअल्लिक अश्या का नेक असर होगा इसकी कोई शर्त (आश्वासन) नहीं होगी। अगर हाथ सपाट हो अर्थात् उंगलियों के मध्य गाठें मोटी हों तो बुध उम्दा असर ही देगा।

कियाफा (हस्तरेखा)– सूरज रेखा से कोई रेखा निकलकर मंगल नेक की ओर जाती हो।

(1) जब खाना नंबर 9–11 का असर मंदा हो और चन्द्र उम्दा हो तो यकीनी तौर (निश्चित रूप) से कूच के वक्त (अंत समय) टेवे वाले की हालत अत्यन्त उम्दा और उत्तम होगी।

(2) जब खाना नंबर 3 में सूरज उम्दा हालत में हो तो टेवे वाला इंसान बुरा वक्त, चालाक जमाने, अक्ल के धोखे, फरेब से कभी दुःखी नहीं होगा और न ही ठगा जाएगा।

(3) खाना नंबर 3 में सूरज हो और इंसान दिमागी काम करे तो बुध का असर नेक जाहिर होगा। इल्में रियाजी (गणित) अथवा इल्में ज्योतिष का सम्बन्ध कारआमद (उपयोगी) होगा। चोरी के सामान से दूर रहना मुबारक होगा। अगर चाल–चलन मंदा हुआ तो शारीरिक और किस्मती सौन्दर्य को फीका कर देगा।

सूरज खाना नंबर 4

(औलाद का गड़ा हुआ खजाना)

तमाम माया में क्यों तूने छोड़ा बसेरा, करोड़पति नाम लेवा जो तेरा
मंगल हालत परिवार कबीला, चश्मा रिजक बृहस्पत चन्द्र घर
कीड़ा रेशम जर दौलत देता, बुध सनीचर दोनों के घर
माया लालच या शर्म से अपनी, शिकम हरामी भरता हो
आग लगी न लंका बुझती, गांठ काटे धन हरता हो
पांच चौथे घर चन्द्र मोती, उत्तम व्यापारी बुध दस का हो
मंद पापी औलाद हो मंदी, नहोराता सनीचर सात का हो
मंदा राहु सनीचर तख्त पे बैठा, अगर सूरज कुल मंदा हो
चोर बृहस्पत दस मंगल काना, ईजाद मूजद खुद होता हो
तख्त माता पांच शुक्कर बैठा, सात सनीचर उच्च का हो
तुख्म बदी कोई काम न आता, नामर्द, औरत या हिजड़ा हो
दसवें दोस्त पांच दुश्मन बैठे, मोती चन्द्र ख्वाह पांच का हो
सूरज मिले कुल नष्टी होंगे, उपाय भला खुद मंगल हो

(1) खुद रेशम के कीड़े की तरह दरख्तों (वृक्षों) के पत्ते खाकर गुजारा करे मगर मरते–मरते दुनिया के लिए रेशम छोड़ जाए। यानि इंसान खुद पूरी जिन्दगी पाई–पाई जमा करे और जैसे–तैसे गुजारा करे लेकिन कूच के वक्त (मरते समय) अपनी औलाद को दौलतमंद बना जाए।

(2) परिवार की स्थिति का अंदाजा मंगल की हालत से जाहिर होगा। मंगल उम्दा हो तो परिवार उम्दा और अगर मंदा हो तो परिवार की मंदी हालत जाहिर करेगा।

(3) वाल्दैनी सेवा (जिसका मौका किस्मत वालों को नसीब होगा) फालतू धन जमा करने की बुनियाद होगी। धन–दौलत और रिज़क (जीविका) के चश्में (स्त्रोत) का हाल बृहस्पत और चन्द्र के बैठे हुए घरों से जाहिर होगा।

(4) जिस तरह रेशम का कीड़ा, मरने के बाद रेशम देता है उसी तरह से खाना नंबर 4 का सूरज वाला इंसान अपने मरने के बाद अपनी औलाद को धन–दौलत देकर जाएगा। बुध जंगल की बारिश (धीरे–धीरे और लम्बे समय तक) की तरह और सनीचर पहाड़ी बारिश (बहुत जोर से और थोड़े समय तक) की तरह इंसान को दौलत देने वाले होंगे।

(5) माया के लालच या दुनियावी शर्म से शिकम (पेट या उदर) हराम का बोझ गले पड़ेगा। ज़लती हुई लंका से तंग होगा। चोरी की आदत, मंदे शौक और लोगों की गांठ काटने से हर तरह से नुकसान और अपना धन बरबाद करेगा। मानो हनुमान जी की पूँछ की आग से पूरी लंका (साम्राज्य) में आग लग गई हो और उस आग को बुझाने के लिए सारी दुनिया का पानी पहले ही सूख गया हो। मतलब कूच से पहले ऐसी बरबादी अपनी आंखों से देखेगा कि आंसू भी न बहा सकेगा।

(6) अगर चन्द्र खाना नंबर 4 या 5 में हो साथ ही हथेली पर चन्द्र के बुर्ज़ पर सूरज का सितारा हो तो ऐसा इंसान ऐसा उम्दा काम करेगा जो काम उसके खानदान में किसी ने भी न किया हो। विदेशी यात्राओं से मोती पैदा करने वाला होगा।

(7) अगर बुध खाना नंबर 10 में हो तो ऐसा इंसान उत्तम दर्जे का व्यापारी होगा। सरकारी यात्राओं से मोती पैदा करने वाला होगा।

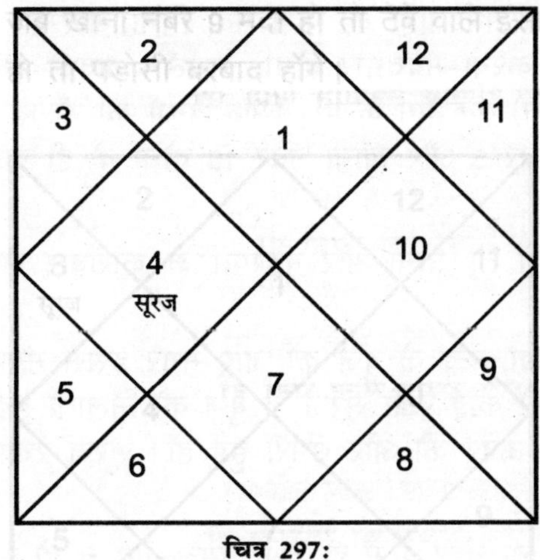

चित्र 297:

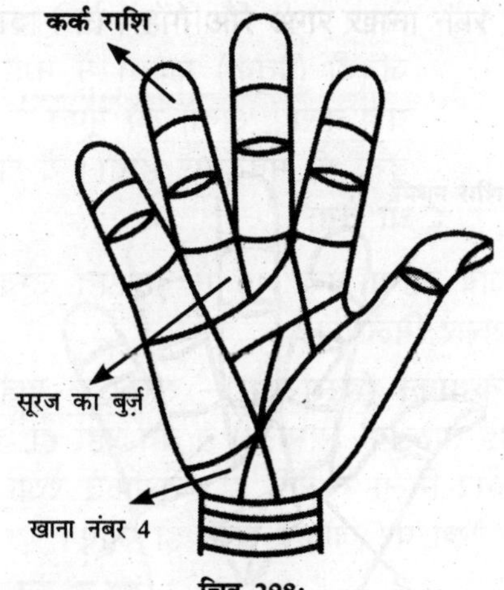

चित्र 298:

(8) सनीचर खाना नंबर 7 में उच्च का हो तो ऐसा इंसान नहोराता रोगी (रतौंधी रोग, जिसे दिन में नजर आए रात को नहीं) होगा। जब पापी ग्रह मंदे हो जाएं तो औलाद भी मंदी ही होगी।

(9) जब टेवे में राहु मंदा हो और सनीचर खाना नंबर 1 (तख्त) पर बैठा हो साथ ही बृहस्पत खाना नंबर 10 में हो, सनीचर और बृहस्पत दोनों नीच के होंगे तो ऐसे में टेवे वाले इंसान के सूरज का असर मंदा गिना जाएगा। चन्द्र की मदद (उपाय) से सनीचर के द्वारा नष्ट चीजों का असर बदला जा सकेगा और सूरज की मदद (उपाय) से मंगल का असर नेक किया जा सकेगा। राहु के मंदे असर के वक्त ससुराल से पापी ग्रहों (राहु, केतु, बैहसियत पापी सनीचर) की चीजें लेना जहर के समान असर देगा।

(10) खाना नंबर 10 में बृहस्पत मंदा हो तो सोने की चोरी होगी और सनीचर (लोहा, लकड़ी वगैरह) के कारोबार मंदा असर जाहिर करेंगे। आग के वाकिआत (घटनाएं) गुप्त और अकारण झगड़े–फसाद खड़े होंगे। माल का नुकसान होगा। मगर चन्द्र (चांदी, कपड़ा) और बृहस्पत (सोना, पिता से सम्बन्धित व्यापार) के फल उत्तम होंगे।

(11) खाना नंबर 10 में मंगल और इंसान एक आंख से काना भी हो तो बुलन्द किस्मत वाला होगा।

(12) जब खाना नंबर 1 में चन्द्र बैठा हो, खाना नंबर 5 में शुक्कर हो और सनीचर खाना नंबर 7 में हो तो इंसान नामर्द, हिजड़ा, कम अक्ल (मंदबुद्धि) और हर जगह बिन बुलाया मेहमान होगा।

(13) जब खाना नंबर 10 में सूरज के दोस्त ग्रह (चन्द्र, मंगल, बृहस्पत) बैठे हों और खाना नंबर 5 में सूरज के दुश्मन ग्रह (शुक्कर, सनीचर, राहु से ग्रहण, केतु से मद्धम) बैठे हों अर्थात् विस्तृत रूप में–

(i) खाना नंबर 10 में चन्द्र और राहु–केतु खाना नंबर 5 में हों।

(ii) खाना नंबर 10 में बृहस्पत और शुक्कर–बुध खाना नंबर 5 में हों।

(iii) जब बुध खाना नंबर 10 में और चन्द्र खाना नंबर 5 में हो।

(iv) जब राहु या केतु में से कोई एक सूरज के साथ खाना नंबर 4 में हो।

(v) जब खाना नंबर 2, 5, 9, 12 में बृहस्पत के दुश्मन ग्रह बैठे हों।

(vi) खाना नंबर 3, 6 में बुध, शुक्कर, चन्द्र या पाप (राहु, केतु) बैठे हों।

अगर ऐसी स्थिति हो तो मंगल को छोड़कर सभी ग्रहों का फल मंदा गिना जाएगा। ऐसे में जद्दी (पैतृक) मकान में मंगल का उपाय करना मददगार होगा। मसलन जद्दी मकान में यज्ञ कराएं, अन्धों को मुफ्त में खुराक (भोजन) तकसीम कराएं। सिर्फ अन्धों को खैरात (भीख) देना भी मददगार होगा। ये उपाय खाना नंबर 5 और खाना नंबर 10 दोनों के ही जहर को धो देगा।

(14) जब खाना नंबर 10 में बृहस्पत उम्दा हालत में हो तो सोना और बृहस्पत के कारोबार से उत्तम असर मिलेगा।

कियाफा (हस्तरेखा)– सूरज के बुर्ज़ से कोई शाखा चन्द्र के बुर्ज़ को जाए मगर इससे मंगल–बद का कोई ताल्लुक (सम्बन्ध) न बन रहा हो, चन्द्र के बुर्ज़ से कोई रेखा सूरज के बुर्ज़ को मिलाती हुई नजर आए मगर मिला न रही हो। शराफ़त रेखा जब बीच से ऊपर की ओर उभरी हुई हो। सूरज रेखा, दिल (हृदय) रेखा पर जाकर खत्म हो जाए।

(1) जब चन्द्र उम्दा हो और बृहस्पत सूरज के साथ खाना नंबर 4 में हो तथा मंगल–बद न हो साथ ही हथेली में चन्द्र के बुर्ज़ (पर्वत) पर सीधा खत (रेखा) हो या सूरज रेखा हो जिसका मुंह (रुख) सूरज के बुर्ज़ या बुध के बुर्ज़ की ओर हो और ऐसा कारोबार जो उसके बुजुर्गों ने न किया हो फ़ायदा देगा। समुद्र का सफर नफ़ा (फायदा) देगा। सोना, चांदी के कारोबार मुबारक असर देंगे।

(2) जब शुक्कर और चन्द्र एक–दूसरे के साथी ग्रह हों और हथेली में बृहस्पत के बुर्ज़ पर बुध साथ या साथी होगा। ऐसे में इंसान पैतृक खून से ही नेक, नेक इंसान की औलाद, नेक काम करने वाला और किस्मत वाला होगा। तिजारती (व्यापारिक) सफ़रों से नफ़ा (फायदा) होगा।

(3) जब चन्द्र उम्दा हो और बृहस्पत खाना नंबर 4 में हो, मंगल–बद हो साथ ही चन्द्र के बुर्ज़ से रेखा निकलकर बुध के बुर्ज़ पर जाएं तो शादी और औलाद से सम्बन्धित दिक्कतें जाहिर होंगी। हर तरफ से मंदी हालत के आसार बनेंगे।

सूरज खाना नंबर 5

(द्वेष और प्रतिशोध से भरा)

परिन्दा मुर्ग बाल बच्चे जो पाले
पड़ा सोया किस बजर लंगर तू डाले
आइना ये दिल न जब तक, बुगजों से चूर हो
लिपटी हुई न आरजू, कोई कफन में हो
ग्रह पांचों से अपने घर का या पापी नौ–ग्यारह हो
सूरज की वे होंगे प्रजा, हंस हुमा भी तारता हो
बेटे जनम से हरदम फलता, कदर बेशक न करता हो
पांच पहले घर दुश्मन तरता, राज सभा सूरज भरता हो
औरतें मरती बृहस्पत दस बैठे, लड़के सनीचर तीन मारता हो
बृहस्पत, सूरज जड़ दुश्मन कटते, औलाद भला न होता हो

(1) बच्चों की इस कदर पालना करेगा जैसे कि मुर्गी अपने बच्चों को पालती है, बिना इस बात को सोचे कि बड़े होकर वे उसकी बात मानेंगे या नहीं।

(2) जब चन्द्र के घर (खाना नंबर 4) में मंगल–बद या केतु न हो और बृहस्पत भी उत्तम हो तो इंसान की कोई भी आरजू (इच्छा) कफन में साथ न जाएगी। दिमागी खाना नंबर 20 जाती (निजी) अक्ल का और खाना नंबर 22 इज़्ज़त के साथ क़दर (सम्मान) का मालिक होगा। बादल में छिपे हुए सूरज की तरह बुध का असर सारी उम्र अलग से जाहिर नहीं होगा।

(3) जब बृहस्पत खाना नंबर 9, 12 में, चन्द्र खाना नंबर 4 में और सूरज खाना नंबर 5 में कायम हो साथ ही हाथ में सूरज रेखा कायम हो तो टेवे वाला इंसान हंस (मोती खाने वाला पक्षी) और हुमा (वह जानवर जो किसी इंसान के सिर के ऊपर से गुज़र जाए तो वह बादशाह बन जाए) को भी तारने वाला होता है। ऐसा इंसान बादशाह के मानिन्द (समान) आदेश देने वाला और आसूदा–हाल (धन–धान्य से परिपूर्ण) होगा। ऐसे इंसान का रिजक (जीविका का साधन) कभी भी धोखा नहीं देगा।

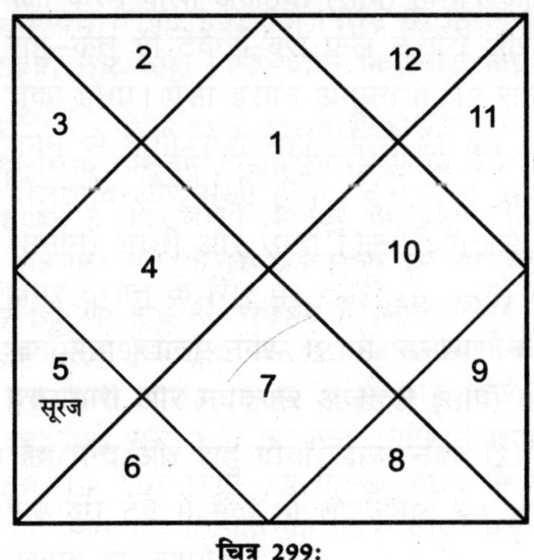

चित्र 299:

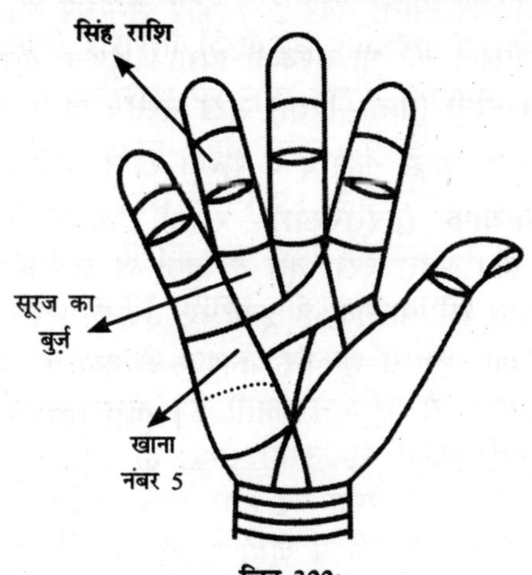

चित्र 300:

(4) बृहस्पत खाना नंबर 9, 12, चन्द्र खाना नंबर 4, शुक्कर खाना नंबर 2, मंगल खाना नंबर 1, 8, बुध खाना नंबर 3, 6 और पापी ग्रह खाना नंबर 9, 11, ये पांच ग्रह और पापी में से कोई भी योग टेवे में हो साथ ही सूरज भी खाना नंबर 5 में हो तो इंसान का बुढ़ापा सुख से गुजरेगा।

(5) औलाद (लड़का) पैदा हाने के दिन से ही रिज़क (रोटी) की बरकत (सम्पन्नता) होगी। पूर्वी दीवार पर रसोई–घर होना सूरज खाना नंबर 5 के मानिन्द (समान) असर देगा।

(6) दुश्मन ग्रह खाना नंबर 1, 5 में हो तो सूरज अपने दुश्मनों (शुक्कर, सनीचर, राहु से ग्रहण, केतु से मद्धम) को भी मदद देगा, जो खाना नंबर 1, 5 में हैं। ऐसे में हर तरफ इंसान की कद्र और इज्जत होगी। राजदरबार से उत्तम फल हासिल होंगे।

(7) बृहस्पत खाना नंबर 10 में हो तो इंसान की एक के बाद एक औरत मरती जाती है और एक से ज्यादा शादी होती है।

(8) सनीचर खाना नंबर 3 में हो तो एक के बाद एक लड़का मरता जाता है। एक के बाद एक दुःखों का पहाड़ सिर पर गिरता रहेगा। औलाद आमतौर पर मंदी और बरबाद होती रहेगी तथा औलाद की माली (वित्तीय या आर्थिक) हालत खराब ही होगी।

(9) सूरज की जड़ (खाना नंबर 1, 5) या बृहस्पत की जड़ (खाना नंबर 9, 12) में अगर दुश्मन ग्रह बैठे हों (सूरज के) तो उनका मंदा असर कट जाएगा। ऐसे में औलाद की हालत मंदी ही रहेगी औलाद का भला न हो पाएगा।

(10) खाना नंबर 5 का सूरज मानो दोधारी तलवार ही होगा। अगर खाना नंबर 4 में चन्द्र हो तो नेक दिल का इंसान होगा, लेकिन अगर खाना नंबर 4 में केतु या मंगल–बद का साथ हो तो द्वेष, ईर्ष्या और प्रतिशोध युक्त (भेड़ों में पल रहा भेड़िया) होगा। इंसान मानो मंदी हालत में ऐसा होगा जैसे भेड़िए ने कान पकड़कर भेड़ को ही भगा दिया हो। वह अपनी मंदी किस्मत से खुद ही जलता होगा। इतने पर भी राजदरबार और औलाद के लिहाज से मंदा असर न होगा।

(11) खाना नंबर 5 का सूरज वाला इंसान औलाद की तरक्की और परिवार की उन्नति का मालिक होगा। राजा होगा तो परोपकारी होगा और अगर साधु होगा तो लम्बी उम्र वाला होगा। उसकी निगरानी में शेर और बकरी दोनों एक ही घाट का पानी पीएंगे।

(12) शुक्कर खाना नंबर 2, 7 और सनीचर खाना नंबर 11 में हो तो इंसान की हर तरफ से तरक्की होगी। औलाद की भी तरक्की होगी। सूरज और सनीचर एक दूसरे को मदद देंगे। लम्बे अर्से (वक्त) तक वाल्दैनी (माता–पिता) सुख नसीब होगा।

(13) चन्द्र खाना नंबर 4 व सूरज खाना नंबर 5 में हो तो टेवे वाला इंसान बुलन्द किस्मत वाला होगा।

कियाफा (हस्तरेखा)– सूरज रेखा बिल्कुल सीधी और सूरज के बुर्ज़ पर ही हो और सूरज का बुर्ज़ कायम हो। सेहत रेखा बुध के बुर्ज़ से चलकर खाना नंबर 11 पर खत्म हो। सूरज रूह (आत्मा), जिस्म और सेहत का मालिक है इसलिए इसकी दूसरी रेखा को सेहत रेखा या तरक्की रेखा भी माना जाता है। सेहत रेखा लगभग शुक्कर के बुर्ज़ से शुरू होकर बुध के बुर्ज पर पहुंचती है यानि सूरज (आत्मा) का असर बुध (दिमाग) में पहुँचाने जाती है। अगर सेहत (तरक्की) रेखा हाथ में न हो तो इसका कोई बुरा असर नहीं पड़ता बल्कि यह उम्दा सेहत ही जाहिर करती है। हाथ में सेहत रेखा का होना सिर (मस्तिष्क) रेखा और दिल (हृदय) रेखा पर होने वाले दोषों (टूट–फूट) से भी बचाव करता है। सेहत रेखा बुध, चन्द्र और मंगल–बद को हथेली में जुदा रखती है। जिस जगह यह उम्र (आयु) रेखा को काटती (या स्पर्श करती) है, उम्र का वह वक्त इंसान की मौत का आगाज़ है।

सूरज खाना नंबर 6

(दौलत से बेफिक्र और किस्मत से संतुष्ट)

जो तरसे न रोजी को पत्थर का कीड़ा
तो माथे की रेखा को धो कौन देगा
न जरूरी राज दौलत, न हुआ लावल्द हो
चलन मंदा लाख औरत, गुजर आला शर्त हो
दीवार तोड़ी न पिछली अपनी, न ही भली हठधर्मी हो
रस्म पुरानी कायम चलती, सूरज उत्तम सब उन्नति हो
उम्र सूरज पर बाण न रुकता, चन्द्र बुरा पांच पापी हो
सनीचर बारह पर शुक्कर मरता, बाप मरे दो खाली हो
दसवें मंगल हो लड़के खाता, राज गोल बुध बारह हो
पापी दौर तख्त का करता, ग्रहण लगा हो किस्मत हो

कुत्ते तीन गर दुनिया पाले, केतु पालन चाहे तख्त का हो
पाताल अगन से लड़का निकले, लाख पापी चाहे मंदा हो

(1) जिस तरह पत्थर के नीचे पड़े कीड़े को भी रिज़क (खुराक) नसीब होती है इसी तरह खाना नंबर 6 के सूरज वाले इंसान के माथे की लकीरों को धोकर भी कोई प्राणी इसका रिज़क बन्द नहीं कर सकता।

(2) ऐसा इंसान अपनी किस्मत पर सब्र करने वाला होगा। ऐसे इंसान के टेवे में खाना नंबर 4 का मंगल भी मांगलिक या बद या मंदा असर जाहिर न कर सकेगा।

(3) राजदरबार की दौलत से उदासीन (बेफिक्र) होगा और लावल्द (निःसन्तान) न होगा। आग की तरह इकदम गरम हो जाने वाली तबीयत (स्वभाव) का बन्दा (इंसान) होगा।

(4) ऐसे इंसान का चाल–चलन (चरित्र) कितना ही मंदा क्यों न हो मगर उसका रिज़क कभी मंदा न होगा। राजदरबार का असर उम्दा फल देने वाला होगा।

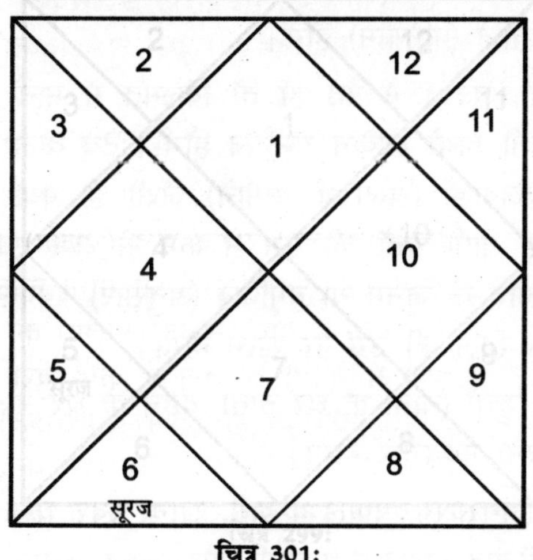

चित्र 301:

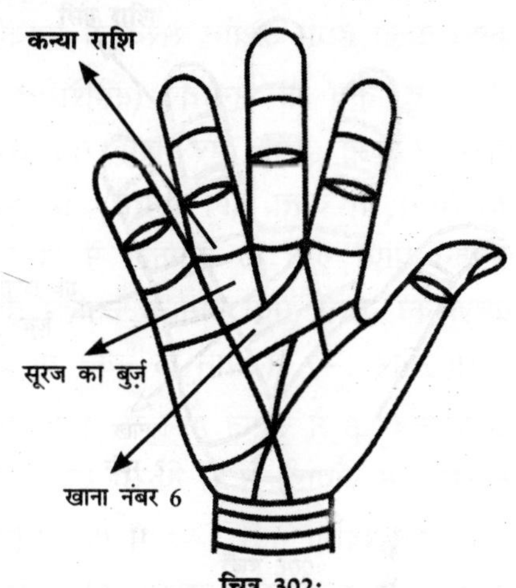

चित्र 302:

(5) जद्दी मकान की पिछली दीवार फोड़कर रोशनी कर लेने से किस्मत का उजाला न हो सकेगा। बल्कि मंदे शोलों की आग से दुनियावी (सांसारिक) दायरा धधक जाएगा अर्थात् जद्दी (पैतृक) रसूमात (रीति–रिवाजों) को बन्द कर देना कभी आबादी और तरक्की का सबब न बन सकेगा। पुराने रस्मों–रिवाज को चलाते रहने से सूरज कायम होगा, जीवन में उन्नति देने वाला होगा।

(6) जब चन्द्र मंदा हो और खाना नंबर 5 में पापी ग्रह बैठे हों तो सूरज की उम्र (22 साल) पर इंसान अपने बाप के लिए अग्निबाण सिद्ध होगा।

(7) सनीचर खाना नंबर 12 में हो तो टेवे वाले इंसान की औरत बरबाद होगी, अगर टेवा स्त्री का हो तो वह खुद बरबाद होगी।

(8) अगर खाना नंबर 2 खाली हो तो सूरज की उम्र (22 साल) पर टेवें वाला इंसान या उसका बाप दोनों में से कोई एक राजदरबार (सरकारी महकमे से आमदनी का जरिया हासिल करेगा। किसी वजह से अगर दोनों की ही आमदनी राजदबार से शुरू हो जाए तो वे दोनों एक ही मुकाम (शहर या विभाग) से आमदनी नहीं कर सकेंगे। टेवे वाले के लिए राजदरबार की आमदनी का जरिया वक्त–वक्त पर

खुलता और बन्द होता रहेगा। पूरी उम्र टेवे वाला इंसान अपने बाप पर भारी रहेगा। ऐसे में धर्म स्थान में कुत्ते की खुराक या चीजें देना मददगार होगा। टेवे वाले इंसान की 22 साल या साढ़े ग्यारह साल की उम्र के समय बाप की उम्र शक्की (संदेहास्पद) होगी। इसलिए बतौर उपाय धर्म स्थान में बाप के नाम पर कोई न कोई चीज देते रहना होगा ताकि बाप की उम्र और दौलत महफ़ूज़ (सुरक्षित) रह सके।

(9) खाना नंबर 10 में मंगल हो तो लड़के पर लड़का मरता होगा। ऐसे में घर के भीतर जमीन के अन्दर आग (जमीन खोदकर बनाई गई भट्टी) कायम न रखना बचाव का सबब बनेगा। इसके अलावा सोते वक्त चन्द्र की चीज अपने सिरहाने रखकर सुबह आम लोगों को मुफ्त बांटना मददगार साबित होगा।

(10) अगर बुध खाना नंबर 12 में हो तो राजदबार से गर्क (बुरे) और मंदे असर जाहिर होंगे। खून से सम्बन्धित बीमारी से सेहत मंदी होगी। तपते सूरज की आग (राजदरबार से सम्बन्धित) जलन पैदा करने वाली होगी अर्थात् सरकारी महकमे से मंदे नतीजे (परिणाम) होंगे।

(11) जब राहु, केतु या सनीचर (बहैसियत पापी) खाना नंबर 1 में बैठे हों तो किस्मत में मानो ग्रहण ही लगा हुआ होगा। हर तरफ मंदे सूरज की रोशनी होगी लेकिन गर्मी न होगी। टेवे वाले इंसान के जनम के वक्त बाप (पिता) की हालत चाहे रजवाड़ौं (राजा के समान) जैसी ही क्यों न हो लेकिन पापी ग्रहों के वर्षफल में आने के वक्त या पापी ग्रहों की उम्र में कम से कम एक बार ग्रहण का जरूर मंदा जमाना जाहिर होगा, जो औलाद के जनम या बमूजिब (अनुसार) वर्षफल केतु खाना नंबर 1–7 में आने के वक्त या 45 अथवा 48 साल की उम्र पर खत्म होगा।

(12) खाना नंबर 6 में सूरज होने के वक्त दुनियावी तीन कुत्तों (नाना के घर नाती, बहन के घर भाई और ससुराल में ज़वाई) में से किसी एक की पालना करना मददगार होगा।

(13) अगर केतु खाना नंबर 1–7 में हो या फिर बमूजिब (अनुसार) वर्षफल कुंडली, खाना नंबर 1–7 में आ जाए तो राजदरबार से उत्तम नतीजे मिलेंगे। नर औलाद जरूर पैदा होगी और जरूर कायम होगी। औलाद न होने का चाहे कितना ही योग बन रहा हो लेकिन अगर घर में तीन दुनियावी कुत्तों में से किसी एक की भी पालना कर ली जाए तो मुबारक असर देगी। अगर उपाय न हो सके तो 48 साल की उम्र के बाद सभी मंदे असर अपने आप खत्म हो जाएंगे।

(14) खाना नंबर 6 (पाताल) में सूरज हो और पापी ग्रह चाहे कितने ही मंदे क्यों न हो जाएं, इंसान को नरीना (नर) औलाद जरूर होगी।

(15) दिमागी खाना नंबर 23 रसूख़ (इज्जत) और पसन्दीदगी का खाना होगा। चाहे औरत और दुनियावी अश्या (वस्तु) कितनी ही खूबसूरत और आकर्षक क्यों न हों। ऐसे इंसान को उनके सिफत (विशेषता) से कोई लगाव नहीं होगा।

(16) खाना नंबर 6 के सूरज वाले इंसान की पैदाईश आमतौर पर (सामान्यतः) नानी के घर या जद्दी (पैतृक) मकान से बाहर ही होती है। जनम के वक़्त घर खानदान दौलतमंद होगा लेकिन पापी ग्रहों के वक्त एक बार जरूर पतन (बरबादी) का दौर आएगा जो टेवे वाले इंसान की औलाद की पैदाईश (जनम) के बाद फिर से बहाल (सुचारू) होगा।

(17) ऐसा इंसान राजदरबार का मुलाजिम (नौकर) या व्यापारिक लेन–देन से ताल्लुकदार होगा और कई बार अपना पद छोड़कर फिर से बहाल होगा। मगर औलाद के जनम के बाद से जहां कहीं भी (सरकारी या गैरसरकारी) काम कर रहा होगा वहीं पर हमेशा के लिए स्थायी हो जाएगा। वैसे तो औलाद के दिन (जनम) से कोई मुलाज़मत का जरिया बदलेगा ही नहीं लेकिन अगर किसी वज़ह से बदल जाता है तो फिर हमेशा के लिए ही मुस्तकिल (दृढ़) हो जाएगा। जो नेक और उम्दा असर देने वाला होगा।

(18) जब सूरज उत्तम और जागता हो यानि खाना नंबर 2 में सूरज के दोस्त ग्रह हों तो पुराने रसूमात (रीति–रिवाज) को चलाए रखने से सूरज का उत्तम असर मिलेगा। लड़की के खाविंद (टेवे वाले का दामाद) को लगातार फायदा दर फायदा होता रहेगा।

(19) खाना नंबर 6 में अकेला बैठा हुआ सूरज इस घर में अपने दुश्मन ग्रह केतु की चीजों (नर–औलाद, मामा का खानदान, साहूकार, रफ्तार, खरगोश, नर–चिड़िया) पर अपना नेक असर देना बन्द कर देगा।

(20) मकान की पश्चिमी दीवार तोड़कर रोशनी करना या हठधर्मी की आदत बनाने से सूरज इंसान के घर और जिस्म को जला देगा। रात का आराम (बिस्तर) और नजर का सहारा (बेटा) मंदा होगा।

(21) केतु की जानदार अश्या (मामा, बेटा वगैरह) और खुद टेवे वाले इंसान की सेहत पर मंदे असर के वक्त सूरज का उपाय मददगार होगा यानि बंदरों को गुड़ और भूरी चींटियों को बाजरा या गेहूं का आटा देना मददगार साबित होगा।

(22) केतु की बेजान अश्या (चीजों) के मंदे असर के वक्त बुध का उपाय करना मददगार होगा।

(23) सूरज के मंदे असर के वक्त चन्द्र की अश्या (घोड़ी, चांदी, दरिया का पानी) कायम कर लेना या चन्द्र नष्ट कर लेना (शाम को चूल्हे की आग दूध से बुझाना) मददगार होगा।

(24) जब राहु खाना नंबर 2 और सनीचर खाना नंबर 8 में हो तो सूर्यग्रहण के वक़्त अथवा राजदरबार पर मंदे असर के वक्त अथवा मंदी सेहत के वक्त अथवा मंदे वाकिआत (घटनाओं) के वक्त धर्म स्थान में दूसरे लोगों द्वारा खैरात में दी गई चीज को अपने पास कायम करना (रखना) सूरज के असर को उत्तम और उम्दा बना देगा।

(25) जब खाना नंबर 12 में चन्द्र हो और राहु खाना नंबर 1 में हो तथा केतु खाना नंबर 7 में हो तो ऐसे वक्त टेवे वाला इंसान या टेवे वाले की औरत (स्त्री) दोनों एक आंख से काने होते हैं। ऐसे में इंसान की पैदाईश (जनम) अपने जद्दी मकान से बाहर अथवा नानी के घर में होगी।

कियाफा (हस्तरेखा)– सूरज रेखा हाथ में बड़े चौकोर (आयत) में खत्म हो रही हो।

नोट– ***यहां आयत या चौकोर का अभिप्राय मस्तिष्क (सिर) रेखा और जीवन रेखा के द्वारा बनने वाला चौकोर या आयतनुमा हिस्सा होगा।***

सूरज खाना नंबर 7

(छोटा कबीला, डरता-डरता मरेगा)

जबान नरम हाकिम, व्यापारी हो जलता
जमाना उसे क्यों है, पामाल करता
घर पहले खाली होते, सातवां फौरन सोया हो
दिन उसी ही सूरज निकले, आठ जब दूजे आया हो
नीच सूरज हो न दुनिया, माया जर परिवार हो
बुध-बृहस्पत या शुक्कर उम्दा, दो या भला तीन-पांच हो
रिज़्क बाहर उम्र सारी, मौत आखिर घर ही में हो
गुजरते बद आयु अपनी, खेले माया ज़र में वह हो
बृहस्पत-चन्द्र या मंगल दूजे, वजीर बुलन्दी बनता हो
दुश्मन मगर जब घर दो बैठे, साथ पराई ममता हो
बृहस्पत, शुक्कर या पापी राजा, जुदा हुआ बुध नष्टी हो
मौत मारे घर इक दम इतना, मिले कफ़न न दफ़नी हो
हाल गृहस्थी सूरज माया, सोने से घर मिट्टी पाया
जनम वक़्त का लाख जो साया, बोलते-बोलते आग जलाया
बृहस्पत, मंगल उस घर से भागे, शुक्कर रहे न चन्द्र ही जागे
पापी ग्रह भी गिने अभागे, मिली मदद बुध सब ही जागे
न धन रहे न धनाढ्य हो, न गुल रहे न गुलजार हो
सब माल ओ जान बरबाद हो, गर बुध का न वहां साथ हो

(1) नरम जुबान हाकिम (शासक) और गरम स्वभाव व्यापारी होने की हालत में इंसान बरबाद ही होगा और जमाना उसे पावों तले रौंदता होगा। बहुत ज्यादा गुस्से वाला होगा और भोजन में हद से ज्यादा नमक खाने की आदत वाला इंसान होगा। बामिजाज, खुदगर्ज़ (स्वार्थी), खुशामद पसन्द, बद-मशहूरी (अपयश) की इच्छा वाला, मनमर्जी करने वाला मिजाज (स्वभाव) उसकी बरबादी और मंदी हालत की निशानियां होंगी।

(2) जब खाना नंबर 1 खाली हो तो खाना नंबर 7 के सूरज का असर सोया हुआ गिना जाएगा और मंदा असर होगा। सूरज तभी उम्दा होगा जब वर्षफल खाना नंबर 8 में बैठा ग्रह खाना नंबर 2 में आ जाए। ऐसा उम्र के 13, 29, 41, 54, 64, 72, 78, 86, 98, 119 साल में होगा। देखें फेहरिस्त वर्षफल।

(3) खाना नंबर 7 में बैठा हुआ अकेला सूरज नीच का होगा। ऐसे में सूरज अपने दुश्मन शुक्कर की अश्या (शादी, परिवार, गृहस्थी, पत्नी की शान-शौकत, त्वचा, कांसे के बर्तन, ज्वार, सफेद गाय, मोहब्बत वगैरह) पर अपना नेक असर जाहिर करना बन्द कर देगा।

(4) जब टेवे में बुध, बृहस्पत या शुक्कर उम्दा हालत में हों और खाना नंबर 2, 3, 5 भी उम्दा (अच्छी) हालत में हों तो ऐसा इंसान ताउम्र (जीवनपर्यन्त) बाहर परदेस (विदेश) में रहकर धन-दौलत कमाएगा मगर पलायन (मौत) अपने घर घाट या पैतृक मकान में ही होगा।

(5) जब सूरज खाना नंबर 7 में हो तो खुद अपनी जान और जिस्म पर सूरज का कोई बुरा असर न होगा। परिवार, औलाद उम्दा होंगे। औलाद की पैदाइश के वक़्त से माया और दौलत के ताल्लुकात

में और ज्यादा तरक्की होगी। लेकिन वाल्दैनी (माता–पिता) और ससुराल के लिहाज से बरबाद हाल ही होगा। मानो घास पर आग के अंगारे पड़े हों।

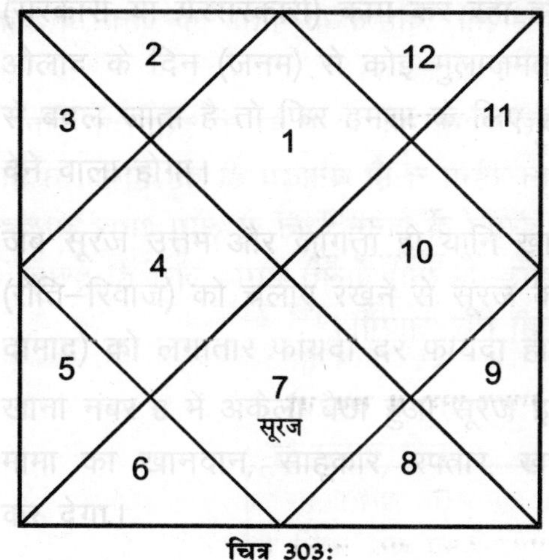

चित्र 303:

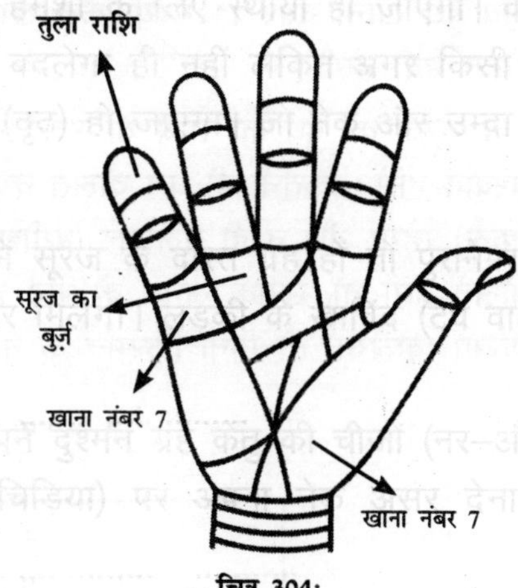

चित्र 304:

(6) जब बृहस्पत, चन्द्र और मंगल खाना नंबर 2 में हों तो इंसान बड़े दर्जे का सलाहकार होगा।

(7) जब सूरज के दुश्मन ग्रह खाना नंबर 2 में हों तो स्त्री–पक्ष कमजोर होगा लेकिन मंदा नहीं होगा। पराई ममता गले पड़ी रहेगी अर्थात् कोई न कोई स्त्री (या खुद की पत्नी) दुःखी ही बनी रहेगी। सभव है ससुराल की मंदी या बरबादी वाली हालत होगी और खुद की औरत अपने घर को सोचकर रोती ही रहे। ऐसे में अपनी औरत रहे तो लाजवन्ती ही बनकर रहे वरना वह और उसका घराना (ससुराल) सब बरबाद होंगे। परिवार का बोझ इसके (टेवे वाले इंसान के) कंधों पर होगा और खुद बुलन्द क़िस्मत वाला होगा।

(8) जब बृहस्पत, शुक्कर या पापी ग्रह खाना नंबर 1 में हों और बुध किसी और घर में नष्ट या बरबाद हो रहा हो तो घर में इतनी मौतें होंगी कि कफन तक नसीब नहीं होगा और न ही लाशों को जलाने वाला इंसान मुहैया हो सकेगा। राजदरबार से मुतअल्लिक बुरी खबरें मिलेगी। दमा और तपेदिक जैसी बीमारियां जाहिर होंगी, मर्द–औरत का ताल्लुक और मंदा जमाना 34 साल की उम्र तक हावी होता रहेगा। मंदी हवा और जहरीली गैसों के असर से परिवार वालों का दम घुटता होगा। न तो मरीज के मर्ज का ही पता लगेगा न ही हकीम के घर का ही। पितृ ऋण का बोझ धोखा देता रहेगा। गृहस्थ से तंग आकर भागे हुए फकीर की तरह किस्मत होगी। खुदकुशी, आग और गबन के वाकिआतों को झेलना होगा। अगर इंसान बदमिजाज, गुस्सैल या खुदगर्ज (स्वार्थी) हो तो कमाई बरबाद होगी। दिमागी खराबी (असंतुलन) दीवानगी (पागलपन) तक भी जा सकती है।

(9) अगर टेवे में सभी ग्रह मंदे हो जाएं तो परिवार में कमी होगी और घर सोने की ज़गह मिट्टी से भरा होगा। औरत का सुख पच्चीस साल तक हल्का होगा। दिमाग में खुदकुशी के ख्यालात उठेंगे। ऐसे में बृहस्पत का उपाय करना मददगार होगा।

(10) टेवे वाले इंसान के घर की हालत उसके बोलना सीखने के दिन से ही मंदी होनी शुरू होगी। जनम के वक्त से बुआ बरबाद होगी। टेवे वाले में आध्यात्मिक कमियाँ होंगी। टेवे वाले का लड़का गूंगा या पागल होगा।

(11) जब मंगल की मदद खाना नंबर 7 में हो या बुध खाना नंबर 7 में हो तो इंसान की आमदनी और दौलत उम्दा होगी। मगर अक्ल की शर्त न होगी।

(12) जब बुध खाना नंबर 11 में या केतु खाना नंबर 1 में हो तो ''दोहता या पोता'' के जनम के वक़्त से सेहत मंदी होगी।

(13) जब सूरज को बुध का साथ या मदद न हो अथवा बुध खाना नंबर 9 में हो तो इंसान के जान–माल बरबाद होंगे। कितनी ही धन दौलत क्यों न हो, न धन रहेगा न ही धनाढ्य ही वह होगा। न ही गुल (फूल) रहेगा और न ही गुलज़ार (बगीचा) ही रहेगा। इंसान के जनम वक़्त से लोग अगर लाखहजारी बोलते होंगे तो, उसके जनम के बाद हूंझ–बुहारी (झाड़ू–फिरना) बोलते होंगे। जैसे ही इंसान टूं–टूं करेगा (बोलेगा) तो मानो क़िस्मत के कागज पर स्याही गिर जाएगी।

वास्तु

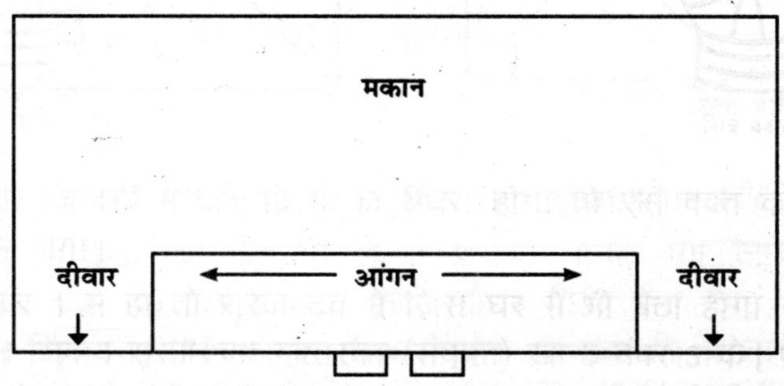

गली अन्दर की ओर देखने पर आंगन गली के साथ (लगा हुआ) होगा। मकान और आंगन के दरमियान (मध्य) छोटी दीवार होगी, जो छत के बिना होगी। बाहर गली से भीतर देखने पर सेहन (आंगन) के साथ ही मकान दिखाई देगा। यह मकान खाना नंबर 7 का असर देगा।

(15) खाना नंबर 7 का सूरज कभी मंदा नहीं होगा। मर्द और औरत दोनों की ही उम्र लम्बी होगी। सफर से ज़रूर जिन्दा वापस आएगा। अगर किसी सवाली को खैरात देगा तो हमेशा चांदी या मोती ही देगा, कभी मिट्टी न देगा। चाहे कितनी ही दुःख और तकलीफें क्यों न झेलनी पड़े बावजूद इसके वह अनुभवी और लासानी (अद्वितीय) इंसान होगा। उसकी औरत को (अथवा उसे औरत का) पच्चीस साल की उम्र तक सुख कम मिलेगा। औरत (टेवे वाले की) लाजवन्ती अगर हो यानि अपनी अस्मत (इज़्ज़त) को बचाकर रखने वाली हो तो जीवन भर किसी भी दुःख को न झेलेगी लेकिन अगर बद (बुरी) हो तो उसका घर (टेवे वाले का ससुराल) ही बरबाद हो जाए। अगर कुछ बाकी रहे तो माया की जगह मिट्टी और पराई ममता (दूसरे की मुसीबत) ही गले पड़ी रहे। इंसान के शुक्कर बैठा होने वाले खाने का ताल्लुकदार (रिश्तेदार) ही नहीं रहेगा। ऐसा इंसान बुध की उम्र 17 से 34 साल में बुलन्द क़िस्मत वाला होगा। इंसान की क़िस्मत ही मंदी लिखी गई हो तो इंसान फकीर भी हो सकता है। इंसान तीन तरह से फ़कीर होता है।

(i) मंदी क़िस्मत से परेशान होकर।

(ii) लखपति या राजा होते हुए भी आत्मिक शान्ति के लिए।

(iii) गृहस्थ जीवन से तंग आकर फकीर बने और मुड़–मुड़कर देखता हो कि कोई आवाज देकर वापस बुला ले। मुख्तसरन (संक्षेप में) चाहे जो भी हो खाना नंबर 7 में सूरज वाला इंसान कभी (iii) नंबर साधु (फकीर) न होगा।

उपाय

(1) दुनिया में दिखावा करना उत्तम फल देगा और मददगार होगा।

(2) कारोबार के अनुसार अपनी तबीयत (स्वभाव) में तब्दीली (परिवर्तन) लाना मददगार होगा। मतलब "हाकिमी गरम और दुकानदारी नरम" का उसूल अपनाए।

(3) जब सूरज और सनीचर का टकराव हो यानि सनीचर खाना नंबर 1 में हो या बमूजिब (अनुसार) वर्षफल खाना नंबर 1 में आ जाए तो चन्द्र को नष्ट (शाम की रोटी के बाद चूल्हे को दूध के छींटे दे–देकर बुझाना) करना मददगार होगा। लेकिन फिर सूरज निकलने से पहले उस आग (चूल्हे) को दोबारा न जलने या जलाने दें। जरूरत हो तो कहीं और ही आग (दूसरे चूल्हे में) जला लें, कोई हरज (नुकसान) न होगा।

(4) आम मंदी हालत का दौरा चल रहा हो तो बुध को नेक कर लेना मददगार होगा।

(5) माली (आर्थिक), गृहस्थी (पारिवारिक) या केतु (नर–औलाद) की मंदी हालत के वक्त जमीन में ताँबे के चौकोर टुकड़े दबा देना मुबारक होगा अथवा कुछ मीठा मुंह में रखकर पानी के घूंट पीकर काम शुरू करना मुबारक होगा।

(6) काले रंग या बिना सींग की गाय की पालना (सेवा) करना मुबारक असर देगा। गाय के रंग का खयाल रखना बेहद जरूरी होगा। सफ़ेद रंग (शुक्कर) कीं गाय गैर–मुबारक होगी। स्याह (काले) रंग की गाय मुबारक असर देगी। बगैर सींग की गाय (जरसी) उत्तम फल देगी। लाल रंग (मंगल) की गाय शक्की (मंगल नेक या मंगल–बद) होगी। इसके अलावा रोटी पकाते समय अन्न की पांच आहुतियां आग में देना गृहस्थी (परिवार) के लिए शुभ होगा।

कियाफा (हस्तरेखा)– शुक्कर के बुर्ज़ से कोई रेखा, सूरज के बुर्ज़ पर जा रही हो। शुक्कर का पतंग हथेली पर कायम हो।

सूरज खाना नंबर 8

(तपस्वी राजा, सांच को आंच नहीं)

सच्चाई में जब ब्रह्मांड तुझसे कांपे
तो फिर झूठ दुनिया का क्यों तू है ढापे
राज तपस्वी जिस घर बैठे मौत भागी खुद कोसो दूर
मर्द नामर्दी ब्रह्मांड जागे, जिंदा करेगा मुर्दों को
उम्र सूरज से राज तरक्की, भंडारी दौलत का बनता हो
हालत पापी खुद किस्मत अपनी, साथी लेख बुध होता हो
संगे दुनिया दादा दिल चोरी, लगन बहरूपी मंदा हो
इश्क तबाही करता ऐसी, नाम रहे न लेवा हो
सनीचर तीजे बृहस्पत हो मंदा, दरवाजा दक्खन बद मंगल हो
पांच पहले घर शुक्कर बैठे, उम्र छोटी जले जंगल हो

(1) इंसान अगर सच्चा हो तो उसकी सच्चाई की आग बदी (बुराई) की लहरों और उसके दुश्मनों को जलाकर रख देगी। ऐसे में इंसान दूसरों के झूठ, कपट और मक्कारी को छिपाने की कोशिश न करे वरना ऐसा करना बरबादी की बुनियाद होगी।

(2) खाना नंबर 8 का सूरज तपस्वी रांजा होगा। जिससे मौत कोसों दूर भागती होगी। यानि जब तक वह हाजिर (उपस्थित) होगा। तब तक किसी भी खून के ताल्लुकदार (रिश्तेदार) की मौत न होगी।

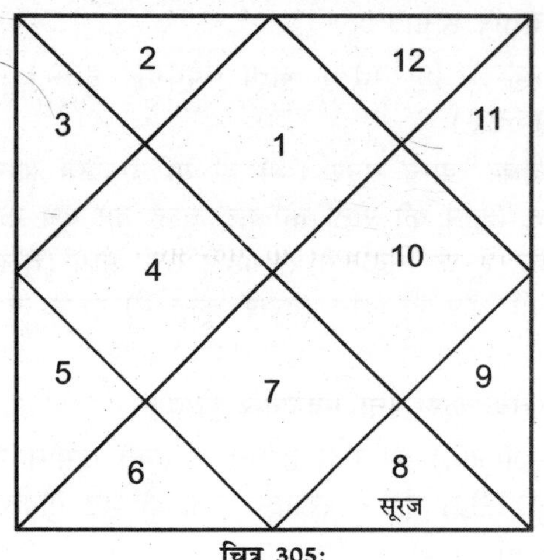

चित्र 305:

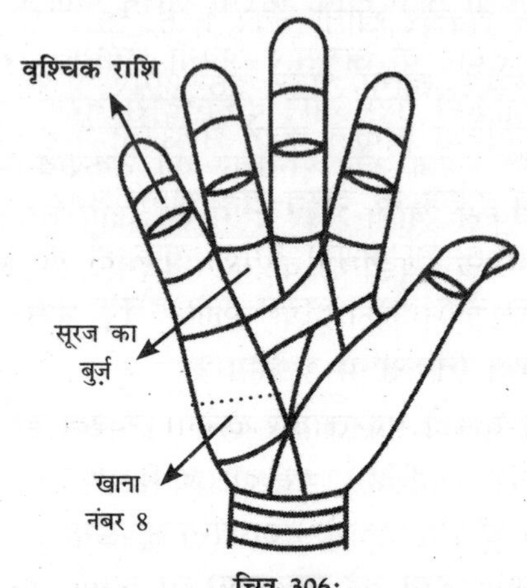

चित्र 306:

(3) खाना नंबर 8 के सूरज वाला इंसान उजड़े हुए मकानों को बसाने वाला, पानी भरे बादलों को बरसाने वाला, पत्थर से आग, आग से पानी, पानी से मिट्टी और सारा ब्रह्मांड पैदा करने वाला होगा अर्थात् खाना नंबर 8 का मालिक मंगल, सूरज की मदद से मांगलिक नहीं होगा। साथ ही खाना नंबर 8 ही खाना नंबर 7 को चलाता है जिसका मालिक शुक्कर (मिट्टी) है।

(4) खाना नंबर 8 (मारक स्थान) के बिच्छू (मंगल–बद) का ज़हर और जले हुए पत्थरों (सनीचर) से संखिया बनाकर नामर्दों को जवान मर्दों में बदल देने वाला होगा। ऐसे इंसान की हाजरी में मुर्दे भी जिन्दा होंगे मगर जब तक उसे चोरी की आदत न हो और वह इंसान तीन दुनियावी कुत्तों में से कोई भी एक न हो।

(5) सूरज की उम्र (22 से 24 साल) में राजदरबार में तरक्की होगी और दौलत व माया के भंडार होंगे। सूरज की आग बादलों से पानी बरसाने का काम करेगी।

(6) इंसान की खुद की क़िस्मत का हाल पापी ग्रहों की अच्छी या बुरी हालत पर निर्भर होगा।

(7) जब बुध खाना नंबर 3 में हो या बृहस्पत मंदा हो तो इंसान दूसरों को तो मौत से बचाता होगा मगर खुद की किस्मत और माली (आर्थिक) हालत मंदी ही होगी।

(8) अगर इंसान संगे–दुनिया (दुनियावी कुत्ता) हो, चोरी की आदत वाला हो, बहरुपिया हो, व्यभिचारी हो, अथवा मंदे (गंदे) इश्क का करने वाला हो तो वह ऐसा बरबाद होगा कि उसके खानदान में कोई उसका नाम लेने वाला भी नहीं बचा रहेगा। ऐसे वक़्त थोड़ा मीठा मुंह में डालकर या पानी पीकर काम शुरू करना मददगार होगा।

(9) सनीचर खाना नंबर 3 में हो और बृहस्पत मंदी हालत में हो अथवा सूरज की जड़ (खाना नंबर 1, 5) में शुक्कर हो अथवा घर का मुख्य दरवाजा दक्षिण में हो तो मंगल–बद गिना जाएगा। ऐसे में हथेली

पर शुक्कर का पतंग या काग रेखा मौजूद होगी। ऐसी हालत में टेवे वाले इंसान की उम्र छोटी होगी और जब मुख्य द्वार पर दक्षिण दिशा हो तो वह जंगल में जलता होगा।

(10) अगर टेवे वाले इंसान का बड़ा भाई न हो अथवा बड़े भाई से बरअक्स (प्रतिकूल) अथवा मुतनाफिर (घृणा करने वाला) हो तो मंगल–बद गिना जाएगा।

(11) जब खाना नंबर 2 में बुध हो तो टेवे वाले की माली हालत मंदी ही गिनी जाएगी।

(12) जब शुक्कर खाना नंबर 1, 5, 10 में हो तो काग रेखा का फल मंदा होगा।

(13) दिमाग़ी खाना नंबर 25 अगर पापी ग्रहों से मुश्तरका (संयुक्त) होगा तो टेवे वाला इंसान बहुरुपिया (नकल करने में उस्ताद) होगा।

(14) जब सूरज के दोस्त ग्रह खाना नंबर 1 में हो अथवा साथ (एक ही घर में) या साथी (देखें फरमान नंबर 6) हों अथवा मंगल, नेक हो तो ऐसे में मंगल–बद और सनीचर के मंदे असर न होकर सभी फल नेक होंगे। सूरज और दोस्त ग्रहों का उत्तम असर टेवे वाले इंसान को मिलेगा।

(15) खाना नंबर 8 में अकेला बैठा हुआ सूरज अपने दुश्मन सनीचर की अश्या (चीजों) के मार्फ़त (माध्यम से) बुरा असर जाहिर करेगा। इश्क इंसान की तबाही का सामान इकट्ठा कर रहा होगा। घर का मुख्य दरवाजा अगर दक्षिण में हो तो वह मौत की पहली निशानी होगा। सफेद गाय मंदी क़िस्मत की बुनियाद होगी। अगर ऐसा इंसान खुद बड़ा भाई हो या गाय की पालना (सेवा) करने वाला हो (सफेद गाय को छोड़कर) तो लम्बी उम्र का मालिक होगा।

कियाफा (हस्तरेखा)– सूरज के बुर्ज़ (पर्वत) से कोई रेखा मंगल–बद की ओर जाए। क़िस्मत रेखा न हो। सूरज रेखा न हो। किस्मत रेखा और सूरज रेखा आपस में न मिल रही हों।

सूरज खाना नंबर 9

(ग्रहण के बाद का सूरज, परिवार का पालक)

उम्र लम्बी में पाप तो खुद बढ़ेगा
मगर धर्म को कब तू ऊंचा करेगा।
ख्वैश कदर खुद किस्मत अपनी, सात पुश्त तक तारता हो
दान लेना न चन्द्र की चांदी, न मुफ्तखोरी पालता हो
पांच तीजा न शुक्कर मंदा, न बुरा ही चन्द्र अब हो
हाथ हकीमी बरकत दुनिया, राजगुरु चाहे मन्दिर हो
साथ दृष्टि बुध हो जो मंदा, जलता सूरज खुद अपना हो
पांच पहले तीन राहु बैठा, ऐसी धर्म में कच्चा हो

(1) खाना नंबर 9 के सूरज वाला इंसान लंबी उम्र का मालिक होगा। खानदानी खून के लिए सब कुछ बहा देगा। लेकिन बदले में कुछ नहीं मांगेगा। ऐसा इंसान परोपकारी होगा, परोपकार का उसूल (नियम) अपने घर से चलाकर दूर तक बढ़ाता चला जाएगा।

(2) खुद अपने बूते अपनी किस्मत को बनाने वाला होगा। खुद न तो कभी रोटी से भूखा मरेगा साथ ही अपनी सात पुश्तों को तारने वाला होगा, उनका निगहबान (सुरक्षा करने वाला) और मददगार होगा।

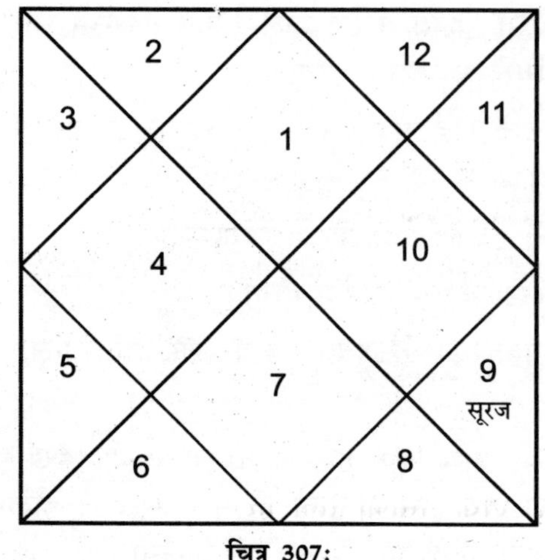

चित्र 307:

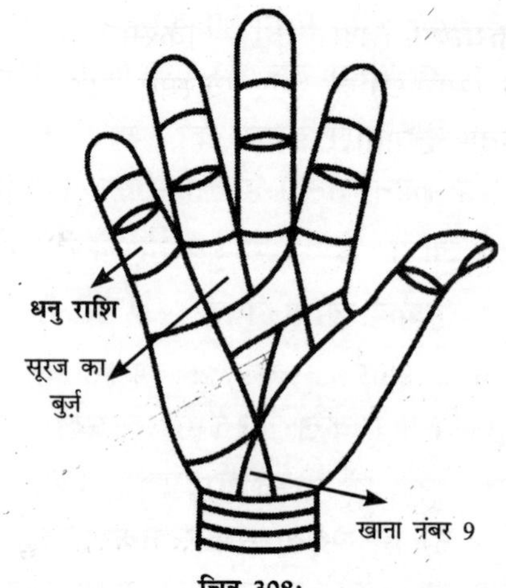

चित्र 308:

(3) चन्द्र की अश्या (खासकर चांदी) का दान लेना, चन्द्र के असर को मंदा करने का सबूत देगा और मुफ़्तखोरी सूरज छिपने (पतन) का वक्त साबित होगी।

(4) खाना नंबर 5 (संतान या औलाद) और खाना नंबर 3 (भाई, बहन, दोस्त) उत्तम असर देंगे। शुक्कर भी मंदा असर नहीं देगा लेकिन कुछ हल्का असर देगा। चन्द्र बिल्कुल बुरा असर नहीं देगा।

(5) हकीमी (चिकित्सा) की जानकारी चाहे हो या न हो लेकिन उसके हाथ में शफा (निरोगता) की बरकत जरूर होगी। राजदबार और बृहस्पत से मुतअल्लिक (सम्बन्धित) कारोबार मंदे असर देंगे।

(6) खाना नंबर 9 के सूरज के साथ बुध बैठा हो अथवा बुध खाना नंबर 3, 5 में हो तो सूरज मंदे असर से जलता होगा। ऐसे में घर में पीतल के बड़े—बड़े पुराने बर्तन बुध के ज़हर को धोने में मददगार होंगे।

(7) जब खाना नंबर 1, 3, 5 में राहु हो तो हद से ज्यादा नरम (शांत) या गरम (क्रोध) होना तबाही का सबब बनेगा। धर्म के मामले में कच्चा, मुफ़्तखोर और अय्याश किस्म का इंसान होगा।

(8) खाना नंबर 9 के सूरज वाले इंसान की उम्र लम्बी होगी। उसके वाल्दैन (पिता) सरकारी मुलाजिम होंगे। बढ़ता हुआ कबीला (खानदान), पोते और परपोते सभी को सुखी देखकर दुनिया से जाएगा। टेवे वाले इंसान और उसके वाल्दैन का कबीलदारी के कामों (शादी वगैरह) पर बहुत खर्चा होगा।

(9) खाना नंबर 5 में कितने ही पापी और मंदे ग्रह क्यों न बैठे हों लेकिन औलाद के लिहाज से यह खाना उत्तम फल देगा।

(10) अगर बुध खाना नंबर 5 में हो तो इंसान की क़िस्मत लगभग 34 साल उम्र के बाद जागेगी।

(11) दिमागी खाना नंबर 26 हद से ज़्यादा मसखरा और बेवकूफ बना देगा। भोलापन और सादगीपना का मद्धम पैमाना (स्तर) उत्तम असर देगा। रोशनी का रास्ता (नेक राह) हमेशा मददगार होगा।

(12) खाना नंबर 9 में सूरज वाले इंसान के खानदान में उसके जनम से पहले हर तरफ किस्मत की मंदी हालत होगी और उसके जनम के बाद खानदान से मंदे जमाने के बादल साफ हो जाएंगे और किस्मत का ग्रहण हटकर सब तरफ कारआमद (असरदार) रोशनी पैदा होगी।

कियाफा (हस्तरेखा)– किस्मत रेखा की जड़ पर चार शाखा खत (⍋) हो। सूरज से दोस्त ग्रहों का ताल्लुक (सम्बन्ध) हो और किस्मत रेखा की जड़ पर चार शाखा खत हो तो उसका खानदान लम्बी उम्र का ठेकेदार होगा।

सूरज खाना नंबर 10

(सेहत और दौलत का मालिक)

इताअत बुजुर्गान जो करता चलेगा
ज़माने में कुछ तेरा बन के रहेगा
बुजुर्ग आला चाहे लाखों उसके, अकेला सूरज न उम्दा हो
रंग सनीचर, राहु सर जब नंगे, लेख नसीबी रोता हो
बृहस्पत, मंगल न जिस दम साथी, पांच छठा मंदा चन्द्र हो
सात छठे चाहे हो कोई पापी, अल्प आयु दुःख मन्दिर हो
शुक्कर चार सनीचर टेवे मंदा, छोटी उम्र पिता मरता हो
उच्च कायम हो चन्द्र दो बैठा, सुख चौबीस न माता हो

(1) जब तक इंसान बुजुर्गों के आदेशों का पालन करता रहेगा तब तक वह दुनिया में सब कुछ पा लेगा।

(2) खाना नंबर 10 में अकेला बैठा हुआ सूरज, सनीचर की अश्या (पैतृक सम्पत्ति, माता–पिता सुख, आंख, तेल, लोहा, लकड़ी, भैंस, मगरमच्छ, बाल, पिंजर, घुटना और तीन साल पुराना रिहाईशी मकान) पर अपना नेक असर जाहिर करना बन्द कर देगा।

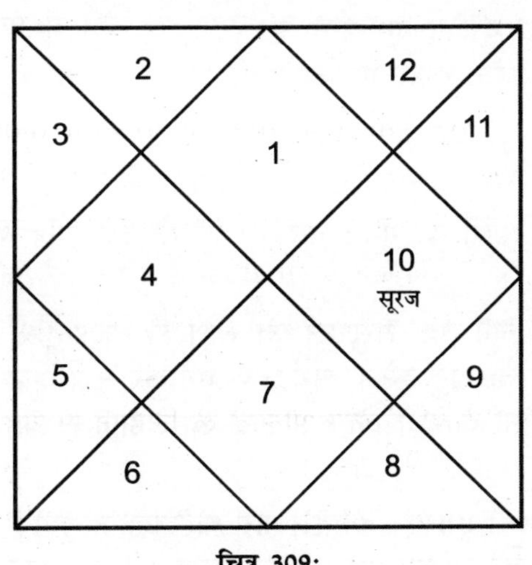

चित्र 309:

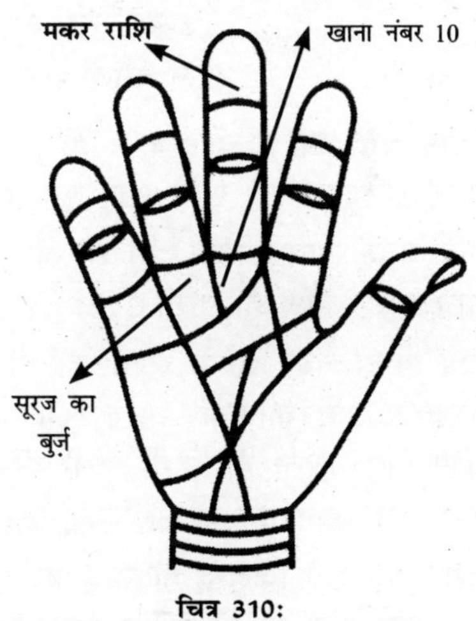

चित्र 310:

(3) सेहत, इज्जत और दौलत का मालिक होते हुए भी हमेशा किस्मत को रोता नज़र आएगा। ऐसा इंसान वहमी तबीयत (स्वभाव) का मालिक होगा और हर बात को शक़ की नज़र से देखने वाला होगा। ऐसे में सर पर सफेद या हल्के शर्बती रंग (काले व नीले रंग के अलावा) की पगड़ी (टोपी) पहनना नेक असर देगा।

(4) जब सूरज को बृहस्पत और मंगल का साथ न हो और खाना नंबर 5, 6 मंदे हों साथ ही चन्द्र भी मंदा हो तो ऐसा इंसान दुखों का बादशाह, अल्पआयु वाला और सेहत, धर्म व दौलत की हर तरफ से हानि झेलता होगा।

(5) अगर खाना नंबर 6, 7 में कोई पापी ग्रह बैठा हो तो ऐसा इंसान मंदी किस्मत और दुःखों का बादशाह होगा। लेकिन 34 साल उम्र के बाद वह शहनशाहों का शहनशाह होगा। किस्मत से मुतअल्लिक उत्तम फल मिलेंगे।

(6) शुक्कर खाना नंबर 4 में हो और सनीचर टेवे में मंदा हो रहा हो तो टेवे वाले इंसान का बाप उसके बचपन के दिनों में ही मर जाएगा।

(7) खाना नंबर 4 खाली हो और सूरज खाना नंबर 10 में हो तो राजदरबारी ताल्लुक का असर सूरज में सोया हुआ गिना जाएगा। हर तरह से लायक (योग्य) होते हुए भी राजदरबार में उसकी कोई कद्र न होगी। ऐसे में चलते पानी (नदी, दरिया, नाला) में 40 या 43 दिनों तक तांबे का सिक्का बहाना मददगार साबित होगा।

(8) खाना नंबर 10 में सूरज हो और खाना नंबर 10 का मालिक (सनीचर) मंदा हो रहा हो तो सूरज और सनीचर का लम्बा झगड़ा होगा। अगर राजदरबार (सूरज) उम्दा होगा तो सनीचर से मुतअल्लिक (सम्बन्धित) अश्या (वस्तु) का असर मंदा होगा। सनीचर की महादशा का 18, 19 साल का जमाना वालिद (पिता) की तकलीफ और जुदाई देगा। धन–दौलत मंदी होगी। ऐसे में दरिया या तह ज़मीन का पानी (कुआं, हैण्डपम्प वगैरह) घर में कायम करना हमेशा मदद देगा।

(9) अगर खाना नंबर 2 में चन्द्र, उच्च का बैठा हो तो धन दौलत के लिहाज से उत्तम फल देगा। 24 साल कीं उम्र में माता की उम्र शक्की होगी। लेकिन जरूरी नहीं कि माता वफ़ात (मौत) पा ही जाए मगर दुःखी तो जरूर होगी।

उच्च चंद्र जो टेवे बैठा, भला दौलत ज़र होता हो
साल चौबीस न माता सुखिया, राज असर पर उम्दा हो

(10) अगर चन्द्र खाना नंबर 4 में हो तो सूरज का असर उम्दा होगा मगर चन्द्र की अश्या (घोड़ा, माता, पगड़ी) नदारत ही रहेंगे और बृहस्पत का असर भी न के बराबर ही जाहिर होगा।

(11) जब चन्द्र खाना नंबर 5 में हो और नर ग्रह साथ, साथी या मदद कर रहे हों तो टेवे वाले की उम्र मात्र बारह दिन ही होगी।

(12) जब खाना नंबर 10 में सूरज हो तो ऐसे इंसान का जब तक ससुराल का साथ हो या राहु से मुतअ. ल्लिक अश्या, कारोबार या ताल्लुकदार का साथ हो तो राहु हमेशा सूर्यग्रहण बनाकर मंदा और कच्चा धुआं पैदा करता ही रहेगा। ऐसे इंसान के द्वारा अपनी कमियों को दूसरों के आगे जाहिर करना और रोना मंदे वक़्त की पहली निशानी होगी।

(13) इंसान ने चाहे कितनी ही ऊंचे दर्जे की तालीम (शिक्षा) हासिल की हो और चाहे उसके बुजुर्ग कितने ही उत्तम दर्जे के दौलतमंद या हैसियतमंद क्यों न हों लेकिन अगर खाना नंबर 10 का सूरज वाला इंसान सिर पर पगड़ी पहनने का आदी न हो अर्थात् नंगे सिर चलता हो तो उसे हर जगह नाकामयाबी ही हासिल होगी।

(14) अपने मकान की पश्चिमी दीवार पर रोशनदान (रोशनी का स्रोत) या मगरिबी (पश्चिमी) दीवार का हमसाया (पड़ौसी) लावल्द (संतानहीन) या राहु की मार को झेलता हो तो यह टेवे वाले के मंदे सूरज की निशानी होगी।

राज दरबार में स्याही से कागज़ स्याह करके कई बार देखा
आर देखा न उसे पार देखा, नरों की मदद के बिना उसे न दर जहां देखा
फिर भी देखा उसे तो आग और गुस्से से बहालत स्याह देखा
औलाद को तबाह देखा, किस्मत के लेख में भी न कभी शाह देखा
शाही फेहरिस्त में भी न उसे दरपनाह देखा
देखा तो बस सफेद पगड़ी में उसे गुरु के दरबार देखा
और आखीर में उसे सभी शाहों का शाह देखा
बुध की उम्र में ही यह हाल देखा,
फिर देखा न उसे कभी योग अलंकार देखा

मंदे सूरज के असर से राजदरबार में लाख सिफारिशों के बाद भी नतीजे नेक नहीं मिलेंगे। नर ग्रहों की मदद न होगी तो उसकी उम्र भी शक्की गिनी जाएगी। हर जगह तबाही और दुखों का दरिया नजर आएगा। औलाद और क़िस्मत दोनों ही साथ छोड़ते नज़र आते होंगे। किस्मत के इंतजार में दुनिया से कटता नज़र आता होगा।

उसे सफलता की चोटी (शिखर) पर सिर्फ तभी देखा जाएगा जब वह अपने नंगे सिर को सफेद पगड़ी (टोपी) से ढककर रखेगा। 34 साल उम्र के बाद वह शहंशाहों का शहंशाह होगा। यह बुध की उम्र होगी। इसके बाद वह कभी कमजोर साबित न होगा।

कियाफा (हस्तरेखा)– सूरज रेखा सनीचर के बुर्ज़ तक पहुंचती हो।

सूरज खाना नंबर 11

(पूर्ण धर्मी मगर ऐश पसन्द)

जुबान तेरी गोश्त का खाना जो मांगे
लिखे खुद लावल्दी विधाता कलम से
पूर्ण धर्मी नेक चलता, परिवार सुखिया आप हो
शराबखोरी गोश्त छोड़े, तीन बेटों का बाप हो
मंदा सनीचर बुध तीजे आया, चन्द्र आठ खुद बैठा हो
उम्र लम्बी गो हरदम होगा, हरामकारी का पुतला हो
पांच चन्द्र दे उम्र बारह, औलाद न पैदा होती हो
खुराक सनीचर लावल्दी होता, दान मुबारक मूली हो

(1) खाना नंबर 11 में सूरज वाला इंसान शराब पीने व गोश्त खाने वाला हो तो कम से कम 45 साल की उम्र तक नर–औलाद पैदा नहीं होगी। उसके बाद भी नर औलाद होने की कोई शर्त न होगी। ऐसा इंसान मानो अपनी ही औलाद का गोश्त उबाल–उबालकर खा रहा होगा और अन्त में लावल्द (संतानहीन) ही हो जाएगा। ऐसी गलती को सुधारने के लिए 45 साल की उम्र के बाद जिन्दा बकरे छोड़ना न केवल पश्चात्ताप देगा बल्कि मुबारक असर भी देगा। अगर सिर्फ शाकाहारी ही होगा तो नरीना (नर) औलाद जरूर और जल्दी कायम होगी।

(2) अगर ऐसा इंसान धर्म में पूरा (पूर्णधर्मी) हो तो वह खुद और उसका पूरा परिवार सुखी–सम्पन्न होगा। आमतौर पर खाना नंबर 11 का सूरज वाला इंसान पूर्णधर्मी ही होता है लेकिन अपना ही ऐश–पसन्द

होगा अर्थात् दूसरों से कम मतलब वास्ता रखेगा और खुद में ही मस्त रहेगा। अगर सनीचर के मंदे कामों से दूर रहे तो कम से कम तीन नेक और मुकम्मल (सर्वगुण सम्पन्न) लड़कों का बाप होगा।

(3) टेवे में सनीचर मंदा हो, बुध खाना नंबर 3 में हो और चन्द्र खाना नंबर 8 में नीच का होता हो तो इंसान की उम्र तो लम्बी होगी मगर वह झूठ और व्यभिचार (परस्त्रीगमन) के रास्ते पर चलने वाला होगा। सूरज और बुध दोनों की ही चमक गुम हो जाएगी अर्थात् ये दोनों अपना असर नहीं दिखा सकेंगे। लेकिन कुल मिलाकर इंसान की उम्र जरूर लंबी होगी।

(4) खाना नंबर 5 में चन्द्र हो और खाना नंबर 11 में सूरज हो तो इंसान की उम्र अमूमन 12 साल होगी। जब तक नर ग्रह मदद न करते हों तब तक बतौर औलाद मुर्दा लाश ही पैदा होती रहेगी, नरीना (नर) औलाद की गुंजाइश ही नहीं होगी। ऐसे में सनीचर की अश्या (मूली, गाजर, शलजम) जो स्याह (काला) रंग की न हो रात को सिरहाने रखकर सुबह धर्म स्थान में दे देना मुबारक असर देगा।

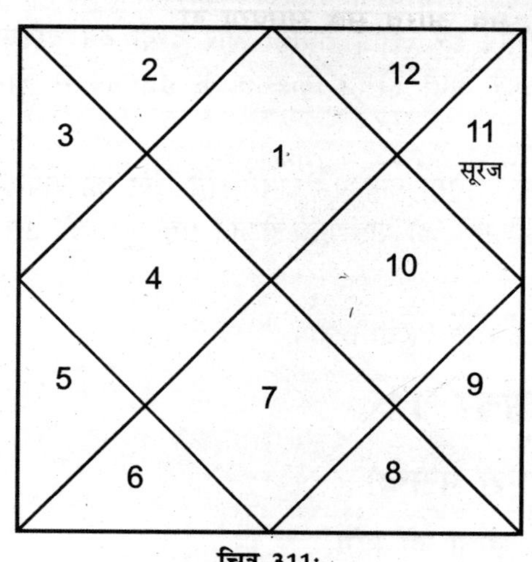

चित्र 311:

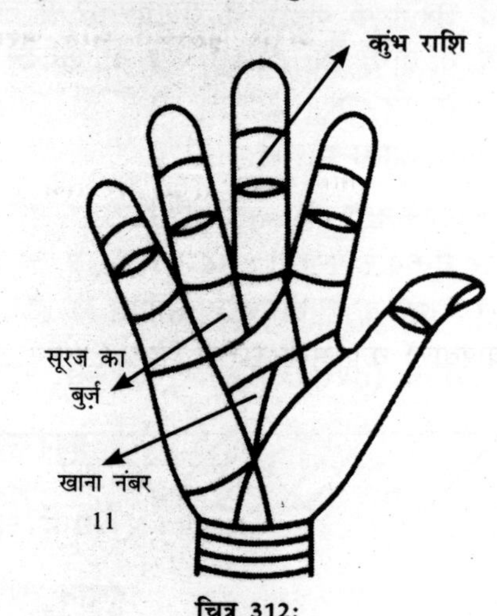

चित्र 312:

(5) खाना नंबर 11 के सूरज वाला इंसान लंबी उम्र का मालिक होगा। वह लालची मगर तपस्वी राजा की हैसियत का मालिक होगा।

(6) खाना नंबर 11 में अकेला बैठा हुआ सूरज अपने दुश्मन और खाना नंबर 11 के मालिक (सनीचर) की अश्या (उम्र, आमदनी, खुद का बनाया मकान) औलाद की उम्र, शान, तादाद और नफ्सानी (यौन इच्छा) ताकत पर अपना नेक असर देना बन्द कर देगा।

(7) खाना नंबर 11 में सूरज हो तो सनीचर और बुध की मंदी कार्यवाहियों से तबाही की शुरुआत होगी। ख्वाबों में सांप के तमाशे नजर आएंगे और खोटी–जुबान (गाली–गलौच और लड़ाई–झगड़े) का मालिक होगा। झूठी शहादत (गवाही), खोटी अमानत (दूसरे का धन), छल, कपट, धोखा, फरेब और वायदा फरामोशी (जुबान का कच्चा) वगैरह सनीचर और बुध की मंदी कार्यवाहियां होंगी। जो बरबादी का पेशखैमा (होने वाले काम की तैयारी) होंगी। शराब और पत्थर का ताल्लुक सूरज की चमक पर कालिख़ फेर देगा।

(8) खाना नंबर 11 बृहस्पत का दरबार है जहां सनीचर भी बृहस्पत का हल्फ (कसम) उठाकर किस्मत का फैसला करता है। सनीचर की चीजों (शराब, गोश्त) की खुराक या मंदी चीजों के इस्तेमाल (प्रयोग) से औलाद की मौत का जिम्मेदार ठहराकर लावल्द होने का हुक्म जारी कर देगा। जिसको राहु–केतु

की मियाद (42 साल) तक मनसूख (स्थगित) कर पाना इंसानी ताकत से बाहर की बात होगी। ऐसे में जिन्दा बकरों को मुक्त कर छोड़ देना मददगार साबित होगा।

कियाफा (हस्तरेखा)– हथेली में सूरज–रेखा पक्का घर खाना नंबर 11 (बचत) में खत्म हो।

सूरज खाना नंबर 12

(सुख की नींद, पराई आग में जल मरने वाला)

हसद जाती जलता या ममता पराई
शहादत ग़बन दें, जमानत तबाही
सूरज सनीचर न झगड़ा हो कोई, शुक्कर बुध न मंदा हो
असर बृहस्पत चाहे बेशक शक्की, मर्द औरत सब सुखिया हो
साधु हुआ न हो लावल्दी, नफ़ा पापी न देता हो
माया मिले या हो तंगदस्ती, धर्महीन न होता हो
पापी तख्त पर तब राज खराबी, नींद खुराक न मिलती हो
वक्त मंदे जब देता माफी, फ़तह कलम सिर करती हो

(1) सूरज की बुनियाद पर अब राहु का साया (सूर्यग्रहण) चल रहा होगा। रात का सुख, नींद और गृहस्थ (परिवार) का सुख उत्तम होगा। मगर इंसान पराई ममता की आग में जल रहा होगा।

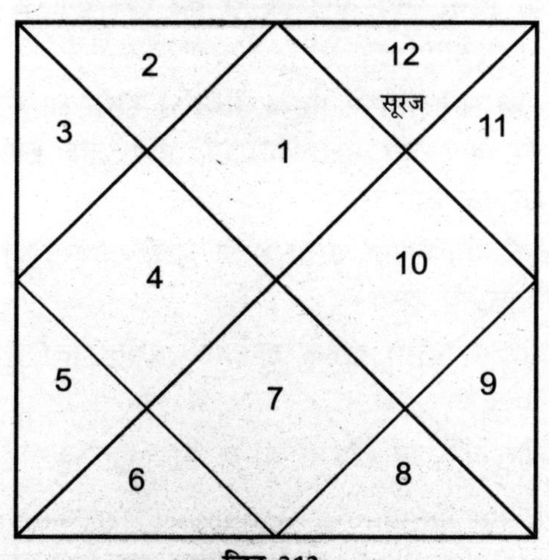

चित्र 313:

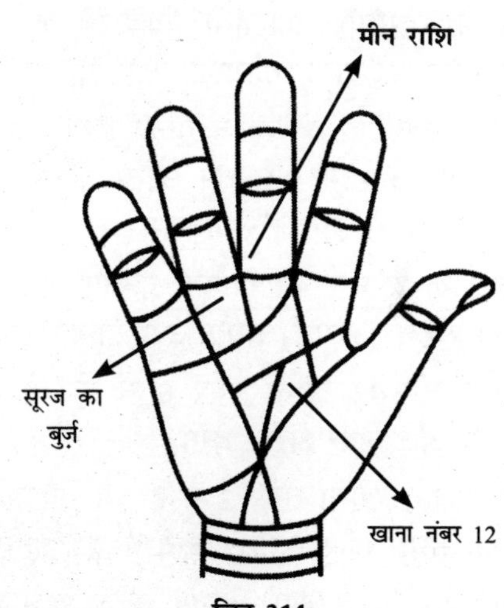

चित्र 314:

(2) दिल में खोट, हसद (ईर्ष्या), अंधेरे मकानों का साथ, झूठी शहादत (गवाही), झूठी जमानत, गब़न (किसी की सम्पत्ति या धन को हथिया लेना), ये सभी वाकिआत मानो सूरज की उत्तम आग को गंदे पानी से बुझाने जैसे होंगे।

(3) खाना नंबर 12 में सूरज हो तो किसी भी तरह अब सूरज और सनीचर का झगड़ा नहीं होगा और न ही शुक्कर और बुध मंदा असर दिखाएंगे। बृहस्पत का असर शक्की हालत का होगा क्योंकि खाना नंबर 12 का मालिक ग्रह बृहस्पत होगा। लेकिन मर्द और औरत का जोड़ा सुखी होगा।

(4) दौलतमंद या निर्धन हो, मालिक या नौकर रहे, चाहे तंग हालात में मकान ही क्यों न बिक जाए मगर खाना नंबर 12 के सूरज वाला इंसान धर्महीन, लावल्द (संतानहीन) या लंगोटबन्द साधु हरगिज न होगा। सूरज उत्तम हो तो लम्बी जागीरों का मालिक, आजाद ख्यालात और आजाद जिन्दगी जीने वाला, शुद्ध आत्मा, नेक दिल और ब्रह्मज्ञानी होगा। जिस क़दर धर्म के लिहाज से पक्का होगा उसी क़दर सुखी गृहस्थ होगा।

(5) जब पापी ग्रह (राहु, केतु, बहैसियत पापी सनीचर) खाना नंबर 1 में हों तो रात की नींद और दिन का रिज़क (रोटी) दोनों बरबाद होंगे। सूरज के असर में खराबियां और माली (आर्थिक) हालत तंग हो जाएगी। सूरज के मंदे असर को खत्म करने का एक मात्र हथियार अपने दुश्मनों को माफ कर देना होगा। ''माफी'' जिन्दगी में कामयाबी और फतह देगी।

(6) अगर चन्द्र खाना नंबर 6 में हो तो टेवे वाला इंसान या उसकी औरत अथवा दोनों ही एक आंख से काने होंगे।

(7) राहु से मुतअल्लिक अश्या, कारोबार और ताल्लुकदारों के सम्बन्ध हमेशा मंदा असर (ग्रहण) ही जाहिर करेंगे।

(8) अगर राजदरबार में खराबियां, दस्ती कमाई या हुनरमंदी के कामों में सूर्यग्रहण का असर शामिल होगा तो बुध निजी तौर पर तिजारत (कारोबार) का उत्तम असर देगा। जिस कदर मकान में सेहन (आंगन) खुला हुआ होगा उसी कदर सूरज का असर जाहिर होगा।

(9) खाना नंबर 12 का सूरज राहु की अश्या पर अपना नेक असर देना बन्द कर देगा। मसलन सिर की हड्डी, दिमागी ख्यालातों (विचारों) का अचानक पैदा होना, मर्द और औरत की उम्र का आपस में ताल्लुक, बदनामी, कोयला, खोपड़ी, हाथी, श्राप या बद्दुआएं।

(10) खाना नंबर 12 के सूरज वाला इंसान अगर किस्मत के मामलात में बहुत उम्दा न होगा तो निहायत मंदा भी न होगा। घर में आटा पीसने की चक्की (शुक्कर–बुध मुश्तरका) हो तो रिजक (जीविका) कभी बन्द न होगा। राजदरबार न सही मगर कारोबार फायदा देगा।

(11) जिस कदर धर्म की पालना करेगा, उसी कदर तरक्की का सूरज उम्दा होता चला जाएगा। जितना बड़ा सेहन (आंगन) होगा उसी कदर किस्मत का मैदान भी होगा।

(12) अगर सनीचर खाना नंबर 6 में हो तो शुक्कर बरबाद न होगा बल्कि शुक्कर रद्दी होता हुआ भी उत्तम और नेक असर देगा।

(13) अगर केतु खाना नंबर 2 में हो तो टेवे वाला इंसान केतु की उम्र (24 साल) के बाद खुद कमाई करने वाला होगा और उत्तम जिन्दगी का मालिक होगा।

कियाफा (हस्तरेखा)– जब सूरज रेखा हथेली में खाना नंबर 12 (खर्च) पर जाकर खत्म हो।

चित्र 315: श्री शिवजी महाराज, भोले भंडारी

चंद्र

(उम्र की कश्ती का समुद्र)

बढ़े दिल मोहब्बत जों पांव पकड़ती
उम्र नहर तेरी चले जर उछलती

चन्द्र दिल (मन) का मालिक ग्रह है जो सूरज से रोशनी लेकर पूरी दुनिया में उजाला करता है। सूरज चाहे कितना ही गरम क्यों न हो और गर्मी क्यों न दे मगर चन्द्र उसकी गर्मी को शान्त करके दुनिया को ठंडी रोशनी मुहैया (उपलब्ध) कराता है। चन्द्र, सूरज के पांव में ही रहना चाहता है। हथेली पर चन्द्र का घर (खाना नंबर 4) बेशक सूरज के घर (खाना नंबर 1) से दूर है लेकिन दिल का शान्ति–सरोवर (हृदय रेखा) सूरज के पांव में ही बहता है। स्त्री (शुक्कर), माता (चन्द्र,) साले–बहनोई (मंगल–नेक), भाई (मंगल–बद), गुरु और पिता (बृहस्पत), सभी ताल्लुकदार इस शान्ति–सरोवर (हृदय रेखा) की यात्रा को आते हैं, जो सूरज

की चमक से दबी हुई आंखों (सनीचर) और दिमाग (बुध) को ''शान्ति और ठंडक'' (चन्द्र का असर) देता है। मुख्तसरन तौर पर (संक्षेप में) तौर पर इस शान्ति–सरोवर (हृदय रेखा) के एक ओर दुनिया के सारे ताल्लुकदार और दूसरी तरफ इंसान का अपना जिस्म (शरीर), रूह (आत्मा या सूरज), नजर (सनीचर) और सिर (बुध) बैठे हैं और दिल रेखा उन दोनों के मध्य चलती हुई अपनी ठंडक से इंसानी उम्र बढ़ाती है। दूसरे लफ्जों में इंसानी जिस्म को बृहस्पत की हवा (सांस) से हरकत में रखने वाली चीज यही दिल रेखा होती है। इसीलिए कुछ विद्वानों ने दिल रेखा (हृदय रेखा) को उम्र (आयु) रेखा भी कहा है। दिल रेखा का मालिक ग्रह चन्द्र है और चन्द्र की चाल से ही इंसान की उम्र की मियाद मुकर्रर (निश्चित) है। चांदी की तरह चमकती हुई रात (पूर्णिमा) पर चन्द्र का शासन है। जिसके शुरुआत (शाम) में राहु, मध्य में सनीचर और अंत (सूर्योदय से पूर्व) में केतु सरपरस्ती (देख–रेख) में खुद मौजूद है। मानो पापी ग्रहों की टोली खुद ज़गत् माता (चन्द्र) के दूध में जहर मिलाने की तैयारी में हो। निश्चित रूप से दूध (चन्द्र) और जहर (पापी ग्रह) आपस में मिल रहे हैं मगर फिर भी जगत की दरिया–दिल माता (चन्द्र) के समुद्र के पानी (दुनिया) में सूरज का अक्स (प्रतिबिम्ब) जरूर रहता है अर्थात् सूरज की कभी शहादत नहीं होती। एक तरफ अस्त होगा तो दूसरी ओर उदित हो जाता है। दुनियावी समुद्र में सूरज का अक्स हमेशा बना ही रहता है। जमाने की हवा (इंसानी–सांस) का मालिक जगद्गुरु बृहस्पत हर जगत मौजूद है।

चन्द्र मालिक ग्रह उम्र जो दुनिया, बृहस्पत राजा ग्रह मंडल हो
जनम वक्त चाहे कहीं हो बैठा, असर आता वहां सूरज का हो
वक्त दुश्मनी एक पे मंदा, बीज नाश नहीं करता हो
बृहस्पत पहले केतु बाद में बैठा, मंदा चन्द्र खुद होता हो
बृहस्पत होवे जब पहले बैठा दृष्टि मगर न मिलती हो
माता-पिता हो दुःखी बेटा, जहर चन्द्र भर जाता हो
चावल चन्द्र का जितना पुराना, कीमत बुढ़ापे बढ़ती हो
नज़र चन्द्र में जो बृहस्पत बैठा, माया बालाई मिलती हो
बुध, चन्द्र से हो जब पहले, रेत ज़हर पानी भरता हो
तीन-चार-सात-नौ ग्रह बैठे, राख होवे कुल जलता हो
बुध भले तक दूध चन्द्र का मिले पापी फट जाता हो
मालिक उम्र जो कुल जमाना, बिगड़े शुक्कर न बनता हो
अक्स सूरज का हरदम मिलता, मंगल-बदी सब जलता हो
खाली चौथा चाहे कोई अकेला, असर उत्तम वह देता हो
सूरज देखे जब चन्द्रमाई, तख्त बैठा न जबकि हो
निस्फ उम्र जब चन्द्र की होगी, लेख भला सब होता हो

(1) चन्द्र उम्र का मालिक ग्रह है लेकिन चन्द्र के असर में हमेशा बृहस्पत का भी असर मिला होता है। ''दरमियानी ग्रहों की चाल'' (देखें फरमान नंबर 6, 35 साला चक्कर) की मियाद में सबसे पहले बृहस्पत का वक्त, उसके बाद सूरज का वक्त और आखिर में चन्द्र के असर का जमाना होगा। इसलिए कहा जा सकता है कि चन्द्र के असर में बृहस्पत, सूरज और चन्द्र तीनों का हिस्सा शामिल होगा। इसलिए जनम के वक्त चन्द्र कहीं भी क्यों न बैठा हो उसमें बृहस्पत और सूरज दोनों का असर शामिल होगा।

(2) चन्द्र जब कभी भी मंदा होगा या किसी से दुश्मनी करेगा तो किसी एक चीज या ताल्लुकदार (रिश्तेदार) पर ही असर करेगा। पूरे कुल का नाश नहीं करेगा।

(3) इंसान के टेवे में जब पहले घरों में (लगन से गिनकर खाना नंबर 6 तक) बृहस्पत और बाद के घरों (खाना नंबर 6 से आगे) में केतु बैठा हो तो चन्द्र का असर मंदा गिना जाएगा।

(4) जब बृहस्पत टेवे में पहले घरों में बैठा हो और केतु की दृष्टि में न हो तो माता–पिता और खुद बेटा (टेवे वाला) दुःखी होंगे। ऐसे में चन्द्रमा में जहर (विष) भर जाता है लेकिन अगर चन्द्र की बृहस्पत पर दृष्टि हो तो टेवे वाले इंसान की बालाई (ऊपरी) आमदनी होती है।

(5) जिस तरह से पुराना चावल सेहत के लिए फायदेमंद (गुणकारी) होता है उसी तरह बुढ़ापे में चन्द्र का असर उत्तम गिना जाता है। चन्द्र को जगत माता माना है। माता अपने बच्चे की परवरिश तभी ज्यादा करती है जब वह असहाय या कमजोर हो, यह अवस्था बचपन (बारह वर्ष) और बुढ़ापे में होती है।

(6) जब बुध, चन्द्र से पहले घरों में हो (लगन से चन्द्र तक के खानों में कहीं बुध हो) तो मानो चन्द्र के पानी में रेत और जहर मिल गया हो। अगर टेवे में बुध उत्तम है तो चन्द्र का असर दूध के माफिक (समान) होगा। सोया हुआ चन्द्र भी उत्तम असर देगा।

(7) अगर खाना नंबर 3, 4, 7, 9 में पापी या चन्द्र के दुश्मन ग्रह बैठे हों तो टेवे वाले इंसान का पूरा कुल (खानदान) जलकर राख हो जाएगा।

(8) अगर बुध उत्तम हो तो चन्द्रमा भी उत्तम फल देगा। मसलन बुध उत्तम हो तो–

(i) चन्द्र खाना नंबर 3 में जागता हुआ घोड़ा होगा और मैदान–ए–जंग में फतहयाव (कायमाबी दिलाने वाला) होगा।

(ii) चन्द्र खाना नंबर 7 में धन–दौलत और खुराक (भोजन) की देवी होगा। कभी भी धन दौलत और खुराक की कमी न होने देगा।

(iii) चन्द्र खाना नंबर 8 में हो तो जागता हुआ घोड़ा होगा। लम्बी उम्र देने वाला और मौत से बचाकर ले जाने वाला होगा।

(9) अगर चन्द्र से पापी ग्रहों (राहु, केतु और बहैसियत पापी सनीचर) का ताल्लुक (सम्बन्ध) हो जाए तो चन्द्र का दूध फट जाएगा और ऐसा फटा हुआ दूध दही का काम भी न देगा। अर्थात् मंदे चन्द्र वाले इंसान को शुक्कर से मुतअल्लिक (सम्बन्धित) कारोबार से भी फायदा न होगा। लेकिन चंद्र की चीजों पानी वगैरह से फायदा होगा लेकिन शर्त यह है कि चन्द्र की चीजों में दूध की सफेदी न हो मसलन पानी से ज़माई हुई बर्फ नेक असर करेगी। आकाश से हुई बर्फबारी मंदा असर जाहिर करेगी। चन्द्र की असलियत (अस्तित्व) रंग की सफेदी है।

(10) जब चन्द्र पर सूरज की दृष्टि हो और चन्द्र खाना नंबर एक 1 में न हो तो चन्द्र की आधी उम्र गुजरने के बाद किस्मत चमकेगी। अमूमन टेवे में सूरज कहीं भी बैठा हो मगर चन्द्र पर सूरज का अक्स मिलता ही रहेगा और मंगल–बद का असर इंसान से कोसों दूर भागता रहेगा।

(11) खाना नंबर 4 खाली हो अथवा कोई ग्रह इसमें अकेला बैठा हो तो चन्द्र कैसा ही क्यों न हो ताउम्र (पूरी ज़िन्दगी) नेक असर ही देगा।

नोट– *इस तरह के योगों में कुंडली के अन्य योग भी महत्त्वपूर्ण भूमिका निभाएंगे। जैसे अगर चन्द्र, सनीचर के साथ खाना नंबर 10 में हो तो चन्द्र से सनीचर उत्तरोत्तर अधिक बलवान माना जाएगा जो चन्द्र की अश्या, ताल्लुकदार और कारोबार पर मंदा असर दिखाएगा चाहे खाना नंबर 4 खाली ही क्यों न हो। अतः पाठकगण इस प्रकार के योगों में अपने विवेक का प्रयोग करते हुए ही फलादेश करें।*

आम हालात 12 घरों में

जिन्दा माता ज़र दौलत पहले, दूजे दौलत खुद अपनी हो
कमी रिज़क न चोरी तीजे, चौथे खर्च से चौगुनी हो
धर्म तबीयत पांच दौलत चलता, धर्म को आन छः मंदा हो
अवतार लक्ष्मी घर सात होता, मारा हुआ न पाप का जो
माता मंदी आठ पे चन्द्र, घड़ा मोती नौ माया हो
दुनिया पानी दस जहरी समुद्र, नाम मात्र घर ग्यारह हो
माया सुख कुल दुनिया चाहे, कोई चाहे न इक दुःख को
चन्द्र बारह की चमक हो ऐसी, जले जलावे हर सुख को

(1) खाना नंबर 1 में चन्द्र हो और माता जिन्दा हो तो इंसान को धन और दौलत मिलती ही रहेगी। अपने हाथों माता की सेवा करने का जमाना 24 साल की उम्र तक का होगा।

(2) खाना नंबर 2 में चन्द्र हो तो इंसान खुद अपने दम पर दौलत कमाएगा अर्थात् अपना कमाया हुआ धन ही बरतेगा।

(3) खाना नंबर 3 में चन्द्र हो तो इंसान के धन में कमी नहीं आएगी, न ही दौलत के चोरी होने का डर होगा।

(4) खाना नंबर 4 में चन्द्र हो तो इंसान जितना खर्च करेगा उससे चौगुना धन बढ़ता जाएगा अर्थात् खर्चे से धन बढ़ेगा।

(5) खाना नंबर 5 में चन्द्र हो और अगर इंसान धर्म से धन कमाए तो मुबारक असर देगा अर्थात् धर्म के मार्फत कमाई से बरकत होगी।

(6) खाना नंबर 6 में चन्द्र हो तो चन्द्र मंदा असर देगा। धन और धर्म की हानि होगी।

(7) खाना नंबर 7 में चन्द्र हो तो चन्द्र लक्ष्मी का अवतार होगा अर्थात् धन और दौलत से कभी भी घर खाली न रहेगा।

(8) खाना नंबर 8 में चन्द्र हो तो माता पर मंदा असर देगा अर्थात् माता की सेहत मंदी होगी।

(9) खाना नंबर 9 में चन्द्र हो तो चन्द्र मोतियों से भरे हुए घड़े के मार्फत असर देगा।

(10) खाना नंबर 10 में चन्द्र हो तो चन्द्र किस्मत के पानी में जहर के समान अपना असर देगा। जिन्दगी के हर दौर में मंदा फल ही नसीब होगा।

(11) खाना नंबर 11 में चन्द्र बैठा हो तो नाममात्र का ही चन्द्र का असर जाहिर होगा।

(12) खाना नंबर 12 में चन्द्र हो तो ऐसे में चन्द्र इंसान का हर सुख जलाकर राख कर देगा।

चन्द्र की दूसरी अवस्थाएं

(1) टेवे में जब पहले घरों में बृहस्पत और बाद के घरों (खाना नंबर 7 से 12) में केतु हो तो चन्द्र मंदा गिना जाएगा। लेकिन अगर बुध उम्दा हो तो चन्द्र का असर दूध की तरह उम्दा ही होगा। सोया हुआ चन्द्र भी उत्तम फल देगा, ऐसा चन्द्र जागता हुआ घोड़ा होगा। अगर शुक्कर चन्द्र को देखे तो औरतों से दुश्मनी होगी। अगर चन्द्र, शुक्कर को देखे तो इंसान फकीर तो होगा मगर हर तरह के नशे का आदी (नशेबाजों का सरदार) होगा। चन्द्र के मंदे असर के वक्त बड़ों के पैर छूकर आशीर्वाद लेना चन्द्र के उत्तम फल पैदा करने की सबसे बढ़िया बुनियाद है।

(2) चन्द्र अगर टेवे में बुध से पहले घरों में हो तो चन्द्र का असर बुध पर प्रबल होगा। गैबी (ईश्वरीय या आध्यात्मिक) असर अच्छा मगर दुनियावी (सांसारिक) असर दोनों ही ग्रहों का मंदा होगा।

(3) अगर बुध टेवे में चन्द्र से पहले घरों में हो तो बुध का असर चन्द्र पर प्रबल होगा। धन की कमी न होगी, लेकिन दिमागी चिन्ता और खुदकुशी (आत्महत्या) तक की नौबत भी आ सकती है।

(4) अगर बुध चन्द्र को सौ फीसदी दृष्टि से देखे तो निहायत ही खराब असर होगा। घर की सीढ़ियों के सामने कुआं होना इस खराबी का सबूत देगा। अगर बुध चन्द्र को पचास फीसदी दृष्टि से देखता है तो खराब असर होगा और अगर पच्चीस फीसदी दृष्टि से देखता है तो मामूली खराब असर जाहिर करेगा।

(5) जब बुध खाना नंबर 4 में हो और चन्द्र खाना नंबर 7 (बुध का पक्का घर) में न हो अथवा चन्द्र खाना नंबर 7 में हो और बुध खाना नंबर 4 (चन्द्र का पक्का घर और मालिक घर) में न हो तो दोनों ही नेक असर देंगे। लेकिन अगर मुश्तरका (एक ही साथ) ही खाना नंबर 4 या खाना नंबर 7 में बैठ जाएं तो कभी नेक फल न देंगे।

चन्द्र और सनीचर का बाहमी (परस्पर) ताल्लुक

(1) जब चन्द्र, सनीचर को देखे तो चन्द्र का असर उम्दा और सनीचर का असर मंदा होगा। लेकिन अगर सनीचर, चन्द्र को देखे तो सनीचर का असर बहाल (जैसे का तैसा) होगा मगर चन्द्र का असर बरबाद हो जाएगा।

(2) अगर चन्द्र और सनीचर जुदा–जुदा घरों में बैठे हों मगर उनके घरों की दीवार मुश्तरका (संयुक्त या एक ही) हो तो उन दोनों की आपसी दुश्मनी के मायने (मतलब या फल) अलग–अलग ही होंगे अर्थात् आपस में दुश्मन होने की वजह से दोनों अलग–अलग घरों में ही गिने जाएंगे और उनके असर भी अलग–अलग ही होंगे मतलब उनके आपसी ताल्लुक के आधार पर फल नहीं होगा। ऐसी हालत में कुएं (चन्द्र) की दीवार फोड़कर मकान बनवाया जाए तो मानो चन्द्र के दूध में सनीचर का जहर ही मिल जाएगा। दौलत और औलाद ही खत्म हो जाएगी। खुद और माता का जिस्म ही अधरंग होकर आधा खत्म हो जाएगा। माता की मौत जैसे बुरे–बुरे असर होंगे।

(3) अगर चन्द्र का ताल्लुक (सम्बन्ध) पापी ग्रहों (राहु, केतु, बहैसियत पापी सनीचर) से होता हो यानि साथ, साथी या बज़रिया (माध्यम से) दृष्टि सिद्धांत ताल्लुक बने तो केतु का असर मंदा गिना जाएगा और चन्द्र का दूध फटा हुआ होगा। मगर फटा हुआ दूध, दही (शुक्कर) का काम न देगा अर्थात् शुक्कर भी उम्दा असर नहीं देगा। लेकिन ध्यान रहे कि फटा हुआ दूध का पानी भी दूध की ताकत दे जाता है, मतलब मंदा चन्द्र भी दूसरों की भलाई के काम में मदद दे जाता है।

(4) मंदा चन्द्र दूसरों की भलाई के कामों में मदद जरूर देगा मगर मंदे चन्द्र वालों को शुक्कर से मुतअल्लिक अश्या, कारोबार और ताल्लुकदार से कोई फायदा न होगा। पानी (चन्द्र का सफेद रंग शामिल नहीं हो) वगैरह से फायदा होगा यानि चन्द्र की अश्या (बहने वाली) से फायदा होगा। पानी की बर्फ मुबारक असर देगी मगर आसमानी बर्फ गैर–मुबारक होगी। जो चीज दूध के रंग जैसी सफेद हो वह चन्द्र का सबूत देगी।

(5) पापी ग्रह हमेशा चन्द्र के दूध में ज़हर जैसे ही काम करेंगे। लेकिन ऐसे समय उपाय हमेशा चन्द्र का ही होगा। जब चन्द्र अपने दुश्मन ग्रहों (राहु, केतु) को देखता है तो अपना नेक असर देना बन्द कर देता है। जब चन्द्र के बिलमुकाबिल (आमने–सामने) पापी ग्रह बैठे हों और साथ ही चन्द्र भी मंदा हो तो यह मंदा असर टेवे वाले इंसान की जगह उसके करीबी रिश्तेदार पर होगा।

(6) जब चन्द्र, सूरज को देखता हो और सूरज के घर (खाना नंबर 5) में पापी ग्रह (राहु, केतु या बहैसियत पापी सनीचर) बैठा हो तो सूरज मंदा असर देगा और टेवे वाले के बाप पर मंदा असर पड़ेगा।

(7) जब टेवे में सूरज और मंगल इकट्ठे बैठे हों तो आमतौर पर चन्द्र मुबारक असर नहीं देता।

(8) चन्द्र, बृहस्पत को देखता हो और बृहस्पत के घरों खाना नंबर 2, 5, 9, 12 में बुध, शुक्कर, राहु और बहैसियत पापी सनीचर बैठे हों तो चन्द्र का फल रद्दी होगा।

चन्द्र के पानी और तालीम का असर

चन्द्र को अगर पानी माने तो कुंडली के बारह खानों में टेवे वाले के पानी (चन्द्र) की किस्मत (प्रजाति) और हैसियत अलग–अलग होगी। इस पानी को अगर तालीम (शिक्षा) मानें तो अलग–अलग खानों में चन्द्र की मौजूदगी अलग–अलग तालीम का असर देगी। जो इस फेहरिस्त (सारिणी) से देखा जाएगा।

खाना नंबर जिसमें चंद्र है	पानी की हैसियत	तालीम (शिक्षा)
(1)	घर में रखे हुए बर्तन या घड़े का साफ पानी	तालीम पर लगाया हुआ पैसा कभी बेकार नहीं जाएगा और जरूर फल देगा साथ ही इंसान की तालीम असरदार (प्रभावशाली) और मददगार होगी। जिसका मुख्य फायदा राजदरबार से होगा।
(2)	पहाड़ों से निकलता हुआ उम्दा पानी	माता और तालीम अथवा जद्दी जायदाद (पैतृक–सम्पत्ति) दोनों में एक स्थिति पूर्ण और उत्तम होगी। माता के बैठे तालीम पूरी होगी। तालीम का सैलाब (वेग) और हदबंदी (सीमा) बुध पर निर्भर होगी। बाप को बेटे की तालीम के मार्फत (माध्यम से) सुख मिलेगा या नहीं इसकी कोई शर्त न होगी। लेकिन टेवे वाले को उसकी तालीम से ज्ञान, समझ तो मिलेगी ही साथ ही किस्मत की बुनियाद होगी। खुद पढ़ेगा और दूसरों को भी तालीम देता होगा। परन्तु यह शर्त न होगी कि महकमा (विद्यालय) से ही तालीम मिले अथवा तालीम से ही किस्मत बने। चन्द्र की चीजें किस्मत बनाने में मददगार होंगी। जैसे घोड़ों का व्यापार, खेती की सिंचाई वगैरह चन्द्र से सम्बन्धित है। वह विद्यालय में अध्यापक हो ऐसी भी कोई शर्त नहीं होगी।

(3)	जंगल या रेगिस्तान का पानी	जैसे–जैसे इंसान की तालीम बढ़ती जाएगी। वैसे–वैसे माली (आर्थिक) हालत बिगड़ती जाएगी। मगर इंसान की तालीम नहीं रुकेगी, तालीम अपनी कीमत जरूर देगी। अगर दरिया पर उम्दा पुल (केतु) होगा अर्थात् केतु चन्द्र को बरबाद न कर रहा हो तो बाप का साया सिर पर रहेगा वरना माता ही बाप का फर्ज पूरा करेगी। जैसे–जैसे इंसान की उम्र बढ़ेगी उसकी तालीम की कीमत भी कम होगी। अगर वह तालीम महकमे (शिक्षा विभाग) में होगा तो जरूर ऊपर से नीचे आकर गिरेगा तालीम के जरिए कमाया धन कम ही तरक्की बख्शेगा। सारा धन घर–परिवार के कामों में खप (खर्च) जाएगा।
(4)	चश्में (जमीन के नीचे का प्राकृतिक स्त्रोत) का मीठा पानी	तालीम हमेशा नेक और मुबारक असर देगी। तालीम से मुतअल्लिक हर संभव मदद खुद मुहैया (उपलब्ध) होगी। चाहे किसी भी तरह की तालीम हासिल करे मगर तालीम खुद सुख, सुविधाएं और नेक रास्ता देने वाली होगी। उसकी तालीम माता के असली खून का असर होगा जो नेक और मुबारक होगा।
(5)	गृहस्थों के लिए आबादी में दरिया या नहर का पानी	तालीम पर लगाए गए धन की कीमत वसूल न हो सकेगी लेकिन ऐसा इंसान डिग्री वाला अध्यापक अथवा तकनीकी डिग्री जरूर रखता होगा। फिर भी इस डिग्री से तालीम की पूरी कीमत वसूल न हो पाएगी। इंसान की तालीम आबादी वाले दरिए की तरह होगी यानि लोगों के लिए पीने का पानी न होकर शौचालय में इस्तेमाल किया जाने वाला पानी होगा। अपनी तालीम से लोगों का भला करने के बावजूद कोई उसकी मदद न करेगा बल्कि टेवे वाले के ताल्लुकदार और जानकार अपने घरों की गंदगी भी मानो उस दरिया में फेंक रहे होंगे। टेवे वाले के लिए उसकी तालीम बेमतलब की नहीं होगी लेकिन तालीम अपनी कीमत अदा न कर सकेगी। चाहे वह कितना ही आलिम–फ़ाजिल (शुद्ध–पंडित) क्यों न हो।
(6)	पाताल का पानी (कुआं या हैंडपम्प वगैरह का पानी)	तालीम हासिल करते हुए तकलीफें और परेशानियां उठानी पड़ेंगी। लेकिन तालीम कारआमद (असरदार) होगी और तालीम पर खर्च हुआ धन वसूल होगा।
(7)	खेती में काम आने वाला दरिया या नहर का पानी	शादी होने से पहले ही तालीम पूरी कर लेगा और अगर तालीम जारी रखता होगा तो शादी रुक जाएगी। ऐसे इंसान की तालीम असरकारक होगी। ऐसे इंसान की तालीम मानो दूध के माफिक (समान) होगी। लेकिन गाय की ज़गह बकरी के दूध के माफिक। जैसे कि बकरी दूध तो देती है मगर मेंगने डालकर। लेकिन यह दूध बकरी का होते हुए भी चांदी के भाव बिकेगा या यूं कहें कि ऐसा इंसान खुद लक्ष्मी का अवतार होता।

(8)	आबेहयात (अमृतसुधा) वरना खालिस (शुद्ध) जहर	तालीम जारी रही तो अमूमन माता को तरसते रहे (माता दूर हुई) और माता का स्पर्श मिला तो तालीम से ही भागते रहे। दूध (तालीम) मानो खुश्क (सूखा पाउडर) हो गया हो। जिसका पानी तो सूख गया हो मगर उसमें दूध की सभी सिफ्तें (तत्व) मौजूद हों। मुख्तरसन (संक्षेप में) अगर ऐसा इंसान पढ़ेगा तो खूब पढ़ेगा वरना अपनी औलाद को भी पढ़ने से रोकता होगा।
(9)	समुद्र का पानी	खुद चाहे अनपढ़ ही हो मगर दूसरों को आराम (सीख) देने वाली तालीम का मालिक होगा। लेकिन जरूरी नहीं कि वह अनपढ़ ही हो, कम पढ़ा भी हो सकता है। ऐसा इंसान सुख का मालिक राजा–इन्द्र की तरह सबका मालिक होगा।
(10)	पहाड़ों की वजह से रुका हुआ पानी	दूसरों को तो क्या पढ़ाएगा बल्कि खुद भी तालीम मुतनाफिर (घृणा करने वाला) और जो पढ़ने–पढ़ाने वाला इंसान पीने को पानी भी मांगे तो उसको भी पत्थरों से मारेगा। उसकी तालीम में रुकावट के बड़े–बड़े पहाड़ खड़े होंगे। उसकी तालीम बेकार और नाकारा (किसी भी काम की नहीं) होगी। लेकिन खुश्क दवाइयों की हकीमी और उन दवाईयों के इस्तेमाल की हिक्मत (वैद्यक) के इल्म (ज्ञान) को जानता होगा। हर जगह बेइज़्ज़ती ही मुंह खोले खड़ी होगी। ऐसा सब कुछ तभी होगा। जबकि खाना नंबर 8 मंदा हो, खाना नंबर 2 अगर उम्दा हो तो सब कुछ दोगुना नेक होगा।
(11)	बरसाती नाला	अगर पढ़ेगा तो पूरा पढ़ेगा और तालीम भी प्रभावशाली और मुबारक होगी लेकिन अगर नहीं पढ़ेगा तो अनपढ़ ही रहेगा।
(12)	आसमानी पानी या ओला या बरफ अथवा बंद गंदी नाली या पाखाने (शौचालय) का पानी	अगर पापी ग्रह मंदे हों तो जैसे–जैसे तालीम हासिल करता जाएगा वैसे–वैसे घर और परिवार बरबादी की तरफ बढ़ता चला जाएगा वरना जब बृहस्पत और सूरज नेक और उम्दा हों तो ऐसे साफ पानी की तरह तालीम होगी कि जिसमें गिलाजत (गंदगी) का नामोनिशान तक न होगा मानो ऐसा साफ पानी होगा जो कि जमीन के अन्दर अथवा साफ नाली अथवा खाली (साफ) ज़गह से गुज़र रहा हो। मानो आसमान से गिरे तो बर्फ ही बन जाए। अगर दुनियावी लोगों द्वारा ऐसा पानी (तालीम) नष्ट भी कर दिया जाए तो भी पानी को छोड़कर दूध ही बन जाएगा। तालीम चाहे छोटी हो या बड़ी मगर पानी की शक्ल में उसमें दूध की सिफ़्तें (गुण) मौजूद होंगी। या यूँ कहा जाए कि साधु की समाधि के लिए मिट्टी की जगह चांदी का फर्श बिछा होगा। ऐसे इंसान की तालीम चांदी की भी परवाह न करेगी मगर खुद सोने की चमक से झलकती होगी। ऐसा इंसान चाहे अनपढ़ ही हो मगर पढ़े–लिखे का बाप ही सिद्ध होगा। उसकी तालीम की कुछ कीमत हो या न हो लेकिन मुफ़्त की दुकानदारी में पूरे दर्जे की तालीम (संपूर्ण शिक्षा) अर्थात् कीमत वसूल कर लेगा।

चन्द्र का जौ (यव) का निशान

अंगूठे को अलैहदा (अलग) छोड़कर बाकी दोनों हाथों की उंगलियों में जहां दो पोरों के मिलने का स्थान है पर जौ (एक प्रकार का अनाज) के दानों की शक्ल की तरह के निशान (⬭) हों तो इंसान की जिन्दगी में खुशी और गम से मुतअल्लिक (सम्बन्धित) होंगे। जौ के निशान सभी (आठों) उंगलियों में ज्यादा से ज्यादा 32 तक हो सकते हैं। अगर ऐसे निशान तादाद (गिनती) में 21 तक होते हैं तो चन्द्र का असर खुद अपने लिए नेक गिना जाएगा। और अगर 21 से ज्यादा होते हों तो ऐसा इंसान दुनिया से किनाराकश (अलग–थलग) होगा, जो 9 ग्रह और 12 राशियों (9+12 = 21) की चाल से अलग ही चलने वाला होगा। अगर निशान तादाद में 32 तक हों तो इंसान की जिन्दगी में सुख और दुःख बराबर ही गिने जाएंगे।

नोट– ***उपर्युक्त सिद्धांत में महत्त्वपूर्ण तथ्य यह है कि इंसानी हाथों में उंगलियों की संख्या आठ है और सामान्यतः एक उंगली में तीन पोर होते हैं और उनके जोड़ों को देखें तो तीन पोरों के सिर्फ दो ही जोड़ संधि-क्षेत्र होंगे क्योंकि सबसे नीचे वाले पोर पर जो जौ (यव) का निशान है वह एक पोर और एक पर्वत को जोड़ता है न कि दो पोरों को परन्तु उपर्युक्त सिद्धांत में दो पोरों को मिलाने वाले स्थान पर जौ चिंह्न की बात कही गई अर्थात् तीन पोरों के सिर्फ दो ही संधि-क्षेत्र गिने जाएंगे और उन पर जौ चिंह्न की गणना की जाएगी परन्तु एक और विचारणीय तथ्य यह भी है कि सिर्फ 8 X 2 = 16 संधि-क्षेत्र ही पाए जाएंगे। परन्तु सिद्धांत के अनुसार जौ चिंह्न की संख्या बत्तीस तक हो सकती हैं अर्थात् आठ उंगलिया पर बत्तीस जौ या एक उंगली पर चार जौ या एक संधि-क्षेत्र पर दो जौ चिंह्न। निश्चित रूप से सिद्धांत का उद्‌देश्य भी यही बताना है कि एक संधि-क्षेत्र पर दो जौ चिंह्न अधिकतम हो सकते हैं। यदि पाठकगण इन संधि-क्षेत्र को ध्यानपूर्वक देखें तो पाएंगे कि एक संधि पर दो जौ चिंह्न अमूमन मिल ही जाते हैं। अतः इस सिद्धांत का प्रयोग करते समय ध्यानपूर्वक अवलोकन करके ही किसी निष्कर्ष पर पहुँचें। किन्हीं विशेष परिस्थितियों में ये चिंह्न 32 से बढ़कर 39 तक हो भी सकते हैं जिनका विस्तृत विवेचन आगे दिया जा रहा है।***

किन्हीं विशेष परिस्थितियों में ये जौ बत्तीस से ज्यादा भी हो सकते हैं। जैसे–जैसे ये निशान उंगलियों पर ज्यादा होते चले जाएंगे वैसे–वैसे खुशी का जमाना और खुशी की तादाद बढ़ती ही चली जाएगी। अगर ये निशान तादाद में तैंतीस हों तो बत्तीस गम का जमाना और तैंतीस खुशी का जमाना (आनुपातिक रूप से) अर्थात् 33 / 32 खुशी का जमाना और 1.031 खुशी का जमाना। ऐसा इंसान ज्यादा–से ज्यादा खुश ही रहेगा। इसी तरह अगर निशानों की तादाद उन्तालीस हो तो बत्तीस गम का जमाना और उन्तालीस खुशी का जमाना अथवा 1.21 या खुशी 39 / 32 खुशी का जमाना यानि ऐसा इंसान हमेशा खुश ही रहेगा। खानावार जौ–निशानों की संख्या का फल निम्नलिखित सारणी के अनुसार होगा।

कुंडली का खाना नंबर	जौ निशान की तादाद (संख्या)	असर (फल)
(1)	12	सारी उम्र दौलतमंद और सुखी
(2)	22 से 32	किनाराकश (विरक्त)
(3)	17	दौलतमंद, अपमानित, बे–एतबार (विश्वासघाती)
(4)	14	औसत (मद्धम) दर्जे का जीवन
(5)	19	धर्मात्मा और राजदरबार में इज्जत (सम्मान) होगी।
(6)	20	साहिबे–तदबीर (युक्ति), अक्लमंद (विवेकपूर्ण) होगा।
(7)	13	दौलतमंद और गृहस्थ हालत में हमेशा चिन्ता और मुसीबत होगी।
(8)	16	मंदी किस्मत और जवाहरिया (जुआरी)।
(9)	18	भला इंसान और नेक तबीयत (स्वभाव)।
(10)	15	चोर, डाकू, लुटेरा फिर भी कंगला।
(11)	सिफर (शून्य) 0	चन्द्र मंदा और निरपेक्ष होगा।
(12)	21	मंदी किस्मत, बदनसीब लेकिन चन्द्र मंदा होगा या उम्दा इस बात की कोई शर्त नहीं।

चन्द्र खाना नंबर 1

(खालिस दूध)

हुक्म पूरा माता का गर तू करेगा
उम्र रिज़क माया न तेरा घटेगा
दूध खालिस ज़र पहले चन्द्र, नहर वीराने आती हो
काम गन्दे या मुफ्तखोरी से, शान पहली भी जाती हो
भाई-बहिन गुजरते पहले, आम निशानी होती हो
इल्म तपस्या हर दो मिलते, बेचे दूध कुल घटता हो
माता चन्द्र जब तख्त पे बैठे, असर गुना दो देती हो ।
उच्च शुक्कर चाहे कितने टेवे, दुःखी औरत रहती हो
सूरज सनीचर घर छठे बैठे, तवा मिट्टी घर चढ़ता हो
दोस्त चौथे चाहे दसवें आए, सफ़र मोती कुल दरिया हो
आठ, भला सात उम्दा होता, जली रेत भी दौलत हो
उपाय दिया हो जिस दम करते, शान भली सबशौकत हो

(1) खाना नंबर 1 के चन्द्र वाला इंसान अगर अपनी माता की सेवा और उनके हर आदेश का पालन करेगा तो ऐसे प्राणी की उम्र, दौलत और माया (दुनियावी चीजें) हमेशा बढ़ती ही रहेंगी कभी कम न होंगी। माता के बगैर ऐसे इंसान की किस्मत में माया, दौलत और दुनियावी सुख न होगा अथवा माता के बगैर वह दुःखी ही होगा। अपनी उम्र के चौबीस से सत्ताइसवें साल माता की उम्र शक्की होगी। इसलिए सफर में रहते हुए भी कोशिश करके वापस आकर माता के पैर छूकर आशीर्वाद लेना माता की उम्र बढ़ाएगा। वरना ऐसे वक्त (चौबीस से सत्ताइसवें साल के दौरान) में माता की मंदी–सेहत मौत की निशानी होगी। माता की मंदी सेहत के वक्त मंगल की चीज मिट्टी में दबाना मददगार होगा।

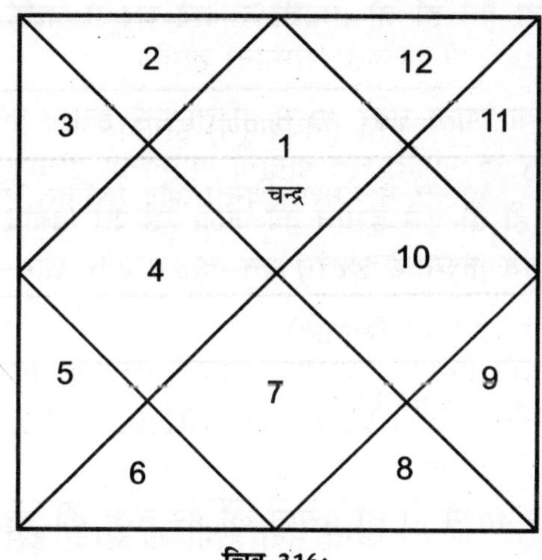

चित्र 316:

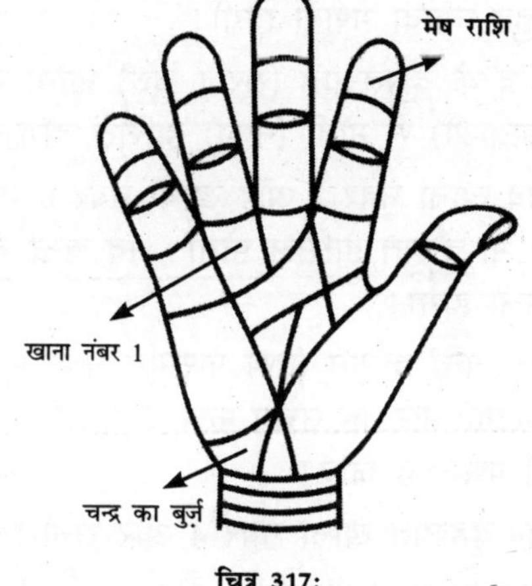

चित्र 317:

(2) जब चन्द्र खाना नंबर 1 में हो और बमूजिब (अनुसार) वर्षफल खाना नंबर 1 (उम्र के 1, 13, 25, 37, 49, 61, 73, 85, 97, 109 साल) में आए तो ऐसे में चन्द्र ज्यादा नेक असर देगा। लगन (खाना नंबर 1) का चन्द्र खालिस दूध के मानिन्द (समान) होता है। ऐसे में चन्द्र ऐसा असर जाहिर करेगा मानो वीरान जंगल में दूध (दौलत) की नहर निकल आई हो अर्थात् वीरान मैदानों में पानी की नहर आ जाने की तरह टेवे वाले के जनम से ही माता (अगर जिन्दा रह जाए) की किस्मत और दयालुता से धन–दौलत की बरकत होगी। चौबीस से अट्ठाइस साल की उम्र के बीच दूध की नदियां बहा देगा और बेशुमार माया का मालिक होगा।

(3) अगर खाना नंबर 1 के चन्द्र वाला प्राणी मंदे (असामाजिक कृत्य) काम करे या मुफ्त का माल खाए तो ऐसे प्राणी की शान–शौकत और इज्जत वगैरह सब नष्ट हो जाते हैं। अगर पापी ग्रहों या चन्द्र के दुश्मन ग्रहों की अश्या, कारोबार या ताल्लुकदारों (वस्तु, व्यापार, रिश्तेदार) का सम्बन्ध भी खाना नंबर 1 के चन्द्र वाले इंसान से होगा तब भी उसकी शान जाती रहेगी।

(4) इंसान के जनम से पहले कोई भाई या बहन मर चुके होंगे। उसका जनम भी अनेक साधनों और मन्नते मांगते हुए हुआ होगा। उसके जनम से पहले वाल्दैन की माली (आर्थिक) हालत अच्छी नहीं होगी। ऐसा इंसान अगर चन्द्र की अश्या (खासकर दूध) बेचने का कारोबार करेगा तो उसका खानदान घटता ही चला जाएगा।

(5) जब चन्द्र तख्त (खाना नंबर 1) पर वर्षफल के अनुसार आएगा तो वह अपने असर का (जैसा भी असर हो) दोगुना असर जाहिर करेगा। टेवे में शुक्कर चाहे कितना ही उम्दा या उच्च का क्यों न

हो उसकी माता के रहते उसकी औरत (पत्नी) दुःखी ही रहेगी। ऐसे में कुदरती पानी, चावल, चांदी (चन्द्र की अश्या) वगैरह कायम रखना मददगार होगा। बूढ़ी स्त्रियों के चरण छूकर आशीर्वाद लेना भी माता के आशीर्वाद जैसा ही फल देगा। जब खाना नंबर 7 खाली हो तो चन्द्र सोया हुआ गिना जाएगा। ऐसे में खाना नंबर 7 के मालिक शुक्कर की अश्या (गाय, नौकरानी वगैरह) घर में कायम कर लेना मददगार होगा वरना पच्चीसवें साल में खुद ब खुद जगा चन्द्र हर तरफ उम्दा असर देगा। अगर चौबीस साल से पहले शुक्कर की अश्या कायम न हो सके तो पच्चीसवें साल के बाद मंगल की अश्या जमीन में दबा देना मददगार होगा।

(6) अगर खाना नंबर 6 में सूरज और सनीचर दोनों ही बैठे हों तो मिट्टी के तवे घर में चढ़ेंगे अर्थात् बहुत ज़्यादा गरीबी होगी।

(7) चन्द्र के दोस्त ग्रह (सूरज, बुध) खाना नंबर 4 अथवा खाना नंबर 10 में हों तो ऐसे इंसान को सफ़र (यात्राओं) से मोती (नफा) हासिल होंगे अर्थात् सफर के मार्फत धन कमाना फायदेमंद होगा।

(8) जब खाना नंबर 7 और खाना नंबर 8 उम्दा (भला) हों तो ऐसे इंसान को जली हुई रेत (बर्बाद चीजों) से भी दौलत हासिल होगी। मंदे चन्द्र के वक्त उपाय करने से इंसान धन–दौलत और शान–शौकत वाला होगा।

(9) जब चन्द्र कायम (देखें फरमान नंबर 6) हो तो जद्दी (पैतृक) जायदाद (अचल सम्पति) का फायदा मिलेगा और वह उत्तम फल देगी और बरकत (तरक्की) करेगी। संभव है कि पराई (दूसरे की) अमानत भी पास रह जाए।

(10) जब बृहस्पत खाना नंबर 4 और सनीचर खाना नंबर 10 में हो तो इंसान को हर तरह की सवारी का सुख मिलेगा। जर (धन–दौलत) की बरकत होगी।

(11) जब खाना नंबर 7 में शुक्कर हो तो टेवे वाले की औरत और माता के बीच "मां–बेटी" जैसा ताल्लुक कायम होगा। मगर औलाद की मंदी हालत से बचाव के लिए शादी वाले दिन से ही घर में कुत्ता कायम (पालन) करना मददगार होगा।

(12) जब शुक्कर–बुध अथवा मंगल–बुध खाना नंबर 7 में हों तो सूखी रेत भी मीठी खांड (देसी शक्कर) बनेगी और उम्दां जिन्दगी होगी। मगर खाना नंबर 8 मंदा हो तो मीठी खांड भी रेत में तब्दील हो जाएगी।

(13) जब बुध खाना नंबर 7 में हो तो ऐसे टेवे वाले इंसान में अक्ल (बुद्धि) कम होगी मगर वह राजदरबार, समुद्र पार के सफरों (यात्राओं) अर्थात् लम्बे सफरों से धन–दौलत कमाएगा। राजदरबार और सफरों से नेक नतीजे मिलेंगे।

(14) खाना नंबर 1 में चन्द्र हो तो ऐसा इंसान ज्ञान (विद्या) और तपस्या का मालिक होगा। जब तक माता का आशीर्वाद लेता रहेगा और उनके आदेश का पालन करता रहेगा तब तक उसकी उम्र, रिज़क (जीविका) और धन–दौलत में कमी नहीं आएगी और उसकी माता और वह खुद बुढ़ापे तक उत्तम हालत में रहेंगे। माता के बाद हर तरफ रेत की आंधी और बारिश से खाली बादल होंगे। माता के मरने से पहले, माता के हाथों चन्द्र की अश्या (चावल, चांदी वगैरह) बतौर आशीर्वाद ले लेना ताउम्र (पूरी जिन्दगी) टेवे वाले इंसान के लिहाज से मददगार साबित होंगे बल्कि टेवे वाले की इस कदर हिफाजत (रक्षा) करेगा जैसे कि माता के गर्भ में बच्चा हो।

(15) चांदी के बर्तन में (बुध की) नाली का होना टेवे वाले के लिए मनहूस (अशुभ) फल पैदा करेगा। ऐसे बर्तन (गंगासागर, केतली वगैरह) का इस्तेमाल बुध की उम्र अथवा 34 साल उम्र से करने पर टेवे

वाले की माता की सेहत (टेवे वाले की 48 साल की उम्र तक) मंदी होगी। वरना माता सिर्फ दुःखी अथवा मंदी ही होगी।

(16) शीशे के या हरे रंग (बुध) के बर्तन अथवा जिस चांदी के बर्तन में नाली लगी हो, वे बर्तन बुध की निशानी होंगे। ऐसे बर्तन चन्द्र को बुध का साथ होने की निशानी होंगे।

(17) चांदी के बर्तन (बगैर बुध) में दूध का इस्तेमाल करने से परिवार की बढ़ोत्तरी और तरक्की होगी। जब औलाद को दरिया पार (विदेश या दूरस्त यात्रा पर) ले जाएं और अनुमान हो कि वहां 100 दिन से ज्यादा समय तक रहना या ठहरना है तो औलाद की उम्र की बरकत और सुख के लिए तांबे का पैसा दरिया में बहाकर जाएं वरना मल्लाह (नाव चलाने वाला नाविक) अपनी मजदूरी के बदले टेवे वाले की औलाद पर हमला कर देगा जिससे उसकी औलाद की उम्र, सुख और तरक्की सभी कुछ मंदी पड़ती जाएंगी।

(18) खाना नंबर 1 में चन्द्र हो तो इंसान चन्द्र की चीजों का दान न ले और न ही दूध का कारोबार करे बल्कि दूध की खैरात करे और दूसरों को पानी की जगह मुफ्त दूध पिलाएं तो चन्द्र की उम्दा और नेक हालत को और भी बढ़ा देगा।

(19) खाना नंबर 1 में चन्द्र हो तो सुर्ख लाल रंग (मंगल) की चीजों के साथ से और नजदीकी ताल्लुकदारों का प्यार पाने से धन–दौलत पाने की कल्पना पूरी होगी। चांदी की थाली का इस्तेमाल करना भी धन–दौलत पाने की लालसा को पूरा करेगा।

(20) रात को आराम की जिन्दगी गुजारने के लिए चारपाई के चारों पायों (पैरों) के नीचे ताबें की मेखें (कीलें) गाड़ना नेक असर देगा। अथवा बड़ के वृक्ष को कभी–कभी पानी देना भी मुबारक होगा जो उसे हर जगह मान–सम्मान और इज्ज़त बख्शेगा।

(21) खाना नंबर 1 में चन्द्र हो तो ऐसा इंसान अपनी माता के खालिस (शुद्ध) दूध के मानिन्द (समान) कामयाब जिन्दगी व लंबी उम्र और बुलन्द किस्मत का मालिक होगा। इंसान को 27 साल की उम्र तक आम सुख हासिल होता रहेगा और औलाद का सुख ताउम्र बना रहेगा।

(22) अमूमन 28 साल की उम्र से पहले या अट्ठाइसवें साल इंसान की शादी हो अथवा उसके करीबी या खून के ताल्लुकदार की शादी हो तो ऐसे में चन्द्र की उम्र बरबाद और औलाद का फल मंदा हो जाएगा। इसी तरह अगर इंसान 24 साल से पहले या चौबीसवें साल अपनी निजी कमाई या मेहनत से नया मकान (जद्दी मकान नहीं) बनाए या नरीना (नर) औलाद पैदा हो तो भी चन्द्र का फल बरबाद होगा।

(1) खाना नंबर 11 में बृहस्पत हो और मंगल–बद (बुध मंदा) अथवा खाना नंबर 8 मंदा हो साथ ही हथेली में चन्द्र के बुर्ज़ से कोई रेखा सूरज के बुर्ज़ पर जाती हो तो ऐसे इंसान की ज्यादा नफ्सानी (काम) इच्छा उसकी किस्मत के सोने को गन्दी मिट्टी के भाव बिकवा देगी। शुक्कर के कामदेव की देवी के मुकर्रर (शादी तय) होते ही चन्द्र (माता, सास, दादी, नानी) बरबाद और दुःखी होगी। साथ ही मंगल (पेट, भाई वगैरह) से सम्बन्धित मंदे नतीजे सामने आएंगे। खासकर जब टेवे वाले की शादी की उम्र अट्ठाइसवें साल या 28 साल की उम्र से कम में हो।

कियाफा (हस्तरेखा)– चन्द्र के बुर्ज़ से खाना नंबर 1 (सूरज के बुर्ज़) पर कोई रेखा जाती हो।

चन्द्र खाना नंबर 2

(खुद पैदा की हुई माया की देवी)

लगे बजने घड़ियाल मन्दिर जो घर में
बजा देंगे घण्टा लावल्दी का दम में
बन्द नस्ल न टेवे होगी, चाहे योग मंदा औलाद का हो
विरसा मिलेगा घर का जरूर, चीज चन्द्र जब रखता हो
मन्दिर कच्चे गो माता बैठी, पक्का असर घर बृहस्पत हो
लिखत भूली कोई जनम हो पिछली, कमी पूरी कर जाता हो
उम्र लम्बी हो खुद उस माता चक्कर दूजे अड़तालीस जो
चार छठे दस आठ नौ बारह, दुश्मन बैठे न पापी हो
बाद उम्र खुद माता अपनी, दस्ती मुबारक देती जो
चीज़ चन्द्र घर कायम रहती आशीर्वाद आखरी हो
मंदा बृहस्पत चाहे तख्त हो मंदा, मन्दिर बुरा न होता हो
जहर टेवे की चन्द्र है धोता, दौरा तख़्त का करता जो

(1) खाना नंबर 2 में चन्द्र हो और टेवे वाले इंसान के घर में ऐसा मन्दिर हो जिसमें घण्टे–घड़ियाल लगे हों तो ऐसे घण्टे–घडियालों की आवाज टेवे वाले के लिए लावल्दी (संतानहीनता) की निशानी होगी।

(2) इंसान के टेवे में औलाद पैदा होने का योग चाहे कितना ही मंदा क्यों न हो लेकिन इंसान की खानदानी नस्ल (पीढ़ी) कभी भी बन्द नहीं होगा।

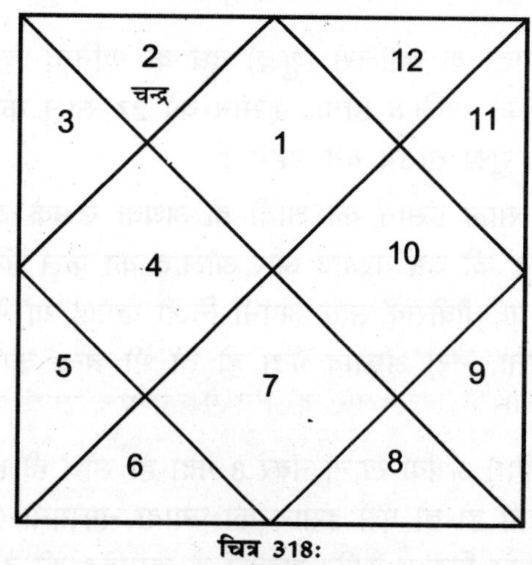

चित्र 318:

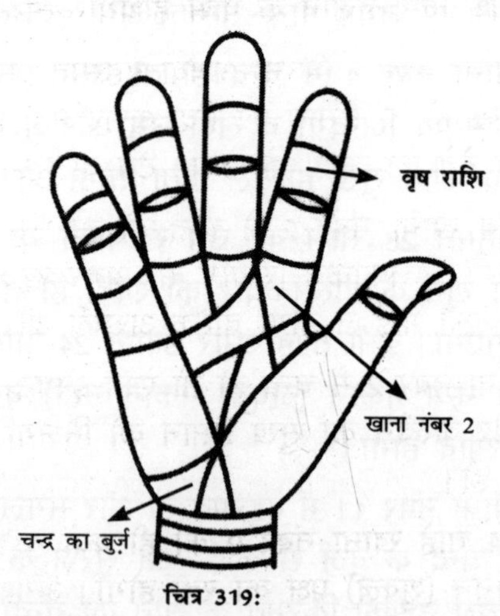

चित्र 319:

(3) चन्द्र की चीजें घर में कायम न करने से अथवा घर में न रखने से इंसान का बुढ़ापा मंदा होगा और चन्द्र बुढ़ापे में मंदा असर देगा। अमूमन बृहस्पत खाना नंबर 2 का नेक असर देगा। जब खाना नंबर 2 का चन्द्र वर्षफल कुंडली में (2, 14, 26, 38, 50, 62, 81, 86, 98, 110 साल) खाना नंबर 1 में आ जाए तो बृहस्पत और चन्द्र दोनों बराबर और उच्च का फल देंगे।

जब चन्द्र की अश्या कायम रखता होगा तो जद्दी जायदाद और विरासत में घर से जरूर हिस्सा मिलेगा।

(4) जब खाना नंबर 2 में चन्द्र हो तो चन्द्र उच्च का होगा। खाना नंबर 2 बृहस्पत का पक्का घर भी होता है इसलिए खाना नंबर 2 को बृहस्पत का कच्चा मन्दिर भी कहा गया है जिसमें कि माता (चन्द्र) का आसन है। इसलिए खाना नंबर 2 के बृहस्पत का फल और जिस घर में बृहस्पत बैठा है उस घर का फल चन्द्र देता है। इन दोनों में से जिसका असर उम्दा हो वही असर चन्द्र देगा।

(5) टेवे वाले की माता की ममता कभी बूढ़ी न होगी। माता कम से कम चन्द्र के 2 चक्कर (टेवे वाले की माता की 48 साल उम्र) तक जरूर साथ देगी लेकिन उसके बाद जरूरी नहीं कि माता वफात (मौत) पा ही जाए। यह भी हो सकता है कि माता चन्द्र के तीन चक्कर पूरे कर दे।

(6) जब भी मौका मिलेगा तब चन्द्र पिछले जनम का कोई भूला हुआ या छूटा हुआ कर्म पूरा करा देगा।

(7) जब खाना नंबर 4, 6, 10, 8, 9, 12 में चन्द्र का दुश्मन ग्रह अथवा पापी ग्रह (राहु, केतु या बहैसियत पापी सनीचर) न हो तो टेवे वाले की 48 साल उम्र तक माता अवश्य जीवित रहेगी। लेकिन अगर इन खानों में पापी ग्रह बैठे हों तो चन्द्र (माता) की हालत का फैसला बृहस्पत की हालत पर होगा (जैसे कि बृहस्पत टेवे में बैठा हो) बाकी सब हालातों में बृहस्पत का असर उम्दा और उत्तम होगा।

(9) माता के जीवित रहते माता के हाथों से चन्द्र की अश्या (चांदी, चावल वगैरह) बतौर आशीर्वाद लेने से, माता की वफात (मृत्यु) के बाद आखरी आशीर्वाद का काम करेगी और चन्द्र का उत्तम फल देने में मददगार साबित होगी। परिवार में बुजुर्ग बुढ़िया की सेवा या सफेद अथवा जर्द (पीले) घोड़े का साथ कभी इंसान के पास हथियार (मैदान–ए–जंग के सामान) की कमी न होने देगा।

(10) खाना नंबर 1 (लग्न) अथवा बृहस्पत अथवा दोनों ही टेवे में मंदे क्यों न हों लेकिन खाना नंबर 2 में चन्द्र हो तो इंसान पर मंदा असर नहीं होगा। जब वर्षफल के अनुसार चन्द्र खाना नंबर 1 में आएगा तो टेवे का जहर धो देगा। टेवे वाले इंसान को उस वर्ष उत्तम फल मिलेंगे।

(11) जब खाना नंबर 2 में चन्द्र हो तो ऐसे इंसान की अमूमन बहन नहीं हुआ करती मगर भाई जरूर होगा। इत्तफाकन (संयोग से) अगर खुद के न हुआ तो औरत (पत्नी) के तो जरूर होगा लेकिन वह अकेला भाई न होगा बल्कि असकी औरत के कम से कम दो भाई होंगे।

(12) खाना नंबर 2 में चन्द्र हो तो ऐसा इंसान दौलतमंद और घुड़सवारी का शौकीन होगा। साथ ही औलाद और वाल्दैन का सुख इंसान को मिलेगा परन्तु शर्त यह है कि इंसान के टेवे में बृहस्पत उम्दा हालत में हो।

(13) बुध चाहे खाना नंबर 9 का ही क्यों न हो कभी मंदा असर नहीं देगा। ऐसे इंसान का जनम अमूमन चानन (शुक्ल) पक्ष का रहा होगा। अगर ऐसा नहीं होता तो चन्द्र आखरी उम्र (बुढ़ापे) में नेक असर देगा। अगर चन्द्र की अश्या कायम हो तो चन्द्र और बुढ़ापा दोनों ही उम्दा होंगे और टेवे वाला कभी आजर्दा (पीड़ित) हाल नहीं होगा अर्थात् सुखी होगा।

(14) अपने खुद के साख़्ता (निजी या अपनी कमाई का) मकान की तह जमीन में चांदी की चीज दबाना अपनी खुद की उम्र के लिए मददगार साबित होगा अथवा चलते पानी का साथ उम्र के मामले में मददगार होगा।

(15) जब तक घर का फर्श कच्ची मिट्‌टी का होगा तब तक मुबारक असर देगा और बर्फीले पानी के दरिया जैसा असर देगा वरना पक्का फर्श शहर की ग़िलाजत (मैला या गंदगी) से भरा हुआ बरसाती नाला होगा, जो कब खतरनाक हो जाए कुछ पता नहीं होता।

(16) जब चन्द्र जागता हो तो खुद अपनी और ससुराल की माली (आर्थिक) हालत और गुजरान (गुजर–बसर) उम्दा होगी।

(17) खाना नंबर 2 का चन्द्र किस्मत का मालिक होता है मगर खाना नंबर 12 में केतु हो तो वह चन्द्र को ग्रहण (तालीम वगैरह के मार्फत) देगा अर्थात् केतु या चन्द्र में से किसी भी एक का फल उत्तम होगा अर्थात् अगर इंसान की तालीम अच्छी होगी तो औलाद से परेशान होगा और औलाद (नरीना या नर) उम्दा हुई तो तालीम से महरूम (खाली) होगा।

(18) अगर टेवे में खाना नंबर 1, 2, 7, 10, 11 में मंदे ग्रह बैठे हों तो चन्द्र खाना नंबर 12 के बमूजिब (अनुसार) फल देगा। साथ ही बृहस्पत और शुक्कर भी मंदा असर जाहिर करेंगे। ऐसा इंसान किसी के लिए भी काम का इंसान नहीं होगा।

(19) जब सूरज खाना नंबर 1 में हो तो इंसान की उम्र अमूमन पच्चीस साल ही होगी। वरना उम्र का पच्चीस साल से चौंतीस साल का अरसा (समय) हर तरह से मंदा गिना जाएगा। इसके बाद का पचास से पिचहत्तर साल का अरसा भी मंदा ही होगा।

(20) जब सनीचर खाना नंबर 10 में हो तो इंसान का बुढ़ापा मंदा होगा जो 75 साल की उम्र तक चलेगा।

(21) जब बुध खाना नंबर 9 में हो तो चन्द्र और बृहस्पत परस्पर एक दूसरे के मददगार होंगे। लेकिन बकरी मेंगने डालकर दूध देती होगी यानि कारोबार में बरकत तो होगी मगर झगड़े बेहिसाब होंगे। ऐसे में सब्ज (हरा) रंग का (बुध) कपड़ा (चन्द्र) लड़कियों (बुध) को लगातार 40 या 43 दिन तक देते जाना बुध के जहर को धो देगा।

(22) जब बृहस्पत खाना नंबर 11 में हो तो बुढ़ापा अमूमन 90 साल की उम्र तक मंदा असर देगा और जब बुध खाना नंबर 6 में हो तो टेवे वाले इंसान की नजर कमजोर होगी और सनीचर का जाती (निजी) असर मंदा होगा।

(23) जब खाना नंबर 9, 10, 12 में पापी ग्रह हों तो सनीचर की उम्र (9, 18, 36) में टेवे वाले की माता की उम्र शक्की होगी।

(24) जब खाना नंबर 1 में चन्द्र के दुश्मन ग्रह हों और बुध, शुक्कर और राहु, केतु खाना नंबर 1, 2, 7, 11 में बैठकर मंदे हो रहे हों तो सब ग्रहों का असर मंदा गिना जाएगा। ऐसे में राशिफल के ग्रहों का उपाय मददगार होगा।

कियाफा (हस्तरेखा)– दिल रेखा या किस्मत रेखा, चन्द्र से शुरू होकर बृहस्पत पर खत्म हो तो दिल रेखा का वह हिस्सा जो बृहस्पत के बुर्ज़ के ऊपर हो वह मोहब्बत रेखा कहलाता है, जिसके लिए शुक्कर खाना नंबर 2 का हाल देखना होगा। अंगूठे के पोर पर जौ का निशान इश्क या मोहब्बत की जानकारी देगा। ये जौ का निशान अंगूठे के किसी भी पोर के हिस्से पर हो सकता है। अंगूठे की तीन रेखाओं पर जो अंगूठे के पोर को अलैहदा (अलग) करती है जौ का निशान गिना जा सकता है।

(i) अगर जौ का निशान नाखून वाले पोर के जोड़ पर हो (सही स्थिति में पूरा हो) तो इंसान को दौलत और जायदादी सुख मुहैया होगा।

(ii) अगर चन्द्र कायम हो तो बचपन का वक्त शुभ और अच्छा होगा वरना बुढ़ापे में चन्द्र की चीजें शुभ फल देंगी।

(iii) अगर निचली पोर पर जौ का निशान टूटा–फूटा हो तो यह चन्द्र खाना नंबर 6 के मुताबिक फल देगा। ऐसे में चन्द्र दुश्मनों से घिरा हुआ होगा या मंदा होगा। बुढ़ापे में चन्द्र का फल मंदा होगा।

(iv) अंगूठे के तीन पोर होते हैं। नाखून वाला पोर– बचपन की मनमर्जी, बीच वाला पोर– जवानी, दलील, मस्तिष्क, जवानी का इश्क। नीचे वाला पोर– बुढ़ापे का इश्क।

(v) जब शुक्कर उम्दा हो और हाथ में दिल रेखा का टुकड़ा (हिस्सा) खाना नंबर 2 के बुर्ज़ तक पहुँचे तो ऐसे में चन्द्र का फल उत्तम होगा और कामयाब (सफल) आशिक (प्रेमी) होगा।

चन्द्र खाना नंबर 3

(चोरी और मौत का रक्षक, उम्र का मालिक)

भरा माया होगा, नावों का बेड़ा
पीए दूध खुद, बहन भाई जो तेरा
बुरा चन्द्र न फल कभी देवे, खाली पड़ा जो नौ-ग्यारह हो
होगा शुक्कर भी उत्तम टेवे, न ही मंगल-बद होता हो
माता चन्द्र फल पिता का शिवजी, नेक जभी बुध होता हो
उलट हाल जब तख्त पे आती, भला चन्द्र बुध उम्दा हो
सूरज पहले और सनीचर हो ग्यारह, बुध पापी घर पांच का हो
भला बृहस्पत हो नौ जब बैठा, राजयोग सब होता हो
खयाल अक्ल धन दौलत लम्बा, दिल से छोटा नेक ही हो
माकूल जवाब शरारत देगा, हुआ चन्द्र चाहे नष्टी हो
आठ मंदा या आठ पे दुःखी, वक्त निशानी मंदी हो
चोरी कोई न बेशक करता, माया दौलत धन हानि हो

(1) खाना नंबर 3 का चन्द्र चोरी और मौत का रक्षक होगा। ऐसे इंसान के पास माया–दौलत का भंडार होगा। अगर साधु होगा तो "निधि–सिद्धि" की साधना का मालिक होगा। ऐसा इंसान माया का पूर्ण–वियोगी (त्यागी) और शान्ति का दाता होगा। किसी भी हाल में वह दौलतमंद तो जरूर ही होगा। खाना नंबर 3 के चन्द्र वाला इंसान परिवार का जिम्मेदारी से पालन करने वाला होगा और अपने हिस्से का हक भी भाई–बहिन के लिए छोड़ने वाला होगा।

(2) जब खाना नंबर 9, 11 खाली हो तो टेवे वाले इंसान के हर तीसरे दिन, माह या साल चन्द्र बुरा असर नहीं देगा। शुक्कर और मंगल टेवे में चाहे कहीं भी और कैसे भी बैठे हों मगर मंदा असर नहीं देंगे। किसी वजह से अगर मर्दों (पुरुषों) के टेवे में कुछ मंदा असर हो भी जाए, लेकिन औरत (स्त्री) के टेवे में कोई मंदा असर न होगा और औरत दुःखी नहीं होगी।

(3) ज़ब बुध उम्दा हो और खाना नंबर 3 में चन्द्र कायम हो तो ऐसा इंसान गंदी–मोहब्बत (व्यभिचार) से नफरत करने वाला होगा या भगवान् शिव की तरह मौत पर काबू पा लेने वाला (बुलन्द किस्मत

वाला) होगा। ऐसे इंसान के पास न तो रिजक (जीविका) की कमी होगी और न ही उसके धन की चोरी ही होगी अर्थात् चन्द्र चोरी और मौत का रक्षक होगा। अगर पाप (राहु–केतु) मंदा हो जाए तो नमक हराम दलाल (घर की बेटी या नौकर) दूध की कीमत में दूध देने वाला मवेशी (पशु) भी साथ में बिकवा देंगे अर्थात् चन्द्र का फल बहुत ज्यादा मंदा होगा। जब बुध उम्दा हो तो माता या बाप में से कोई एक ही जीवित रहेगा और माता और पिता दोनों का काम देगा।

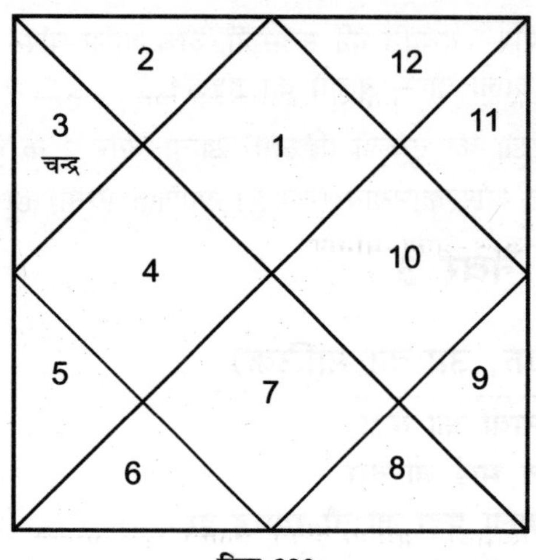

चित्र 320:

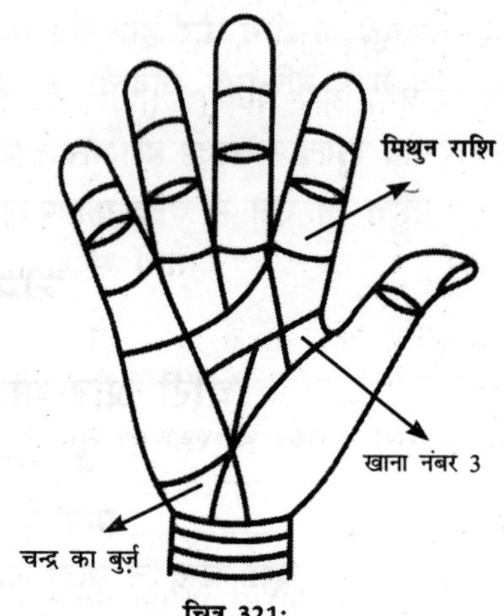

चित्र 321:

(4) जब बमूजिब (अनुसार) वर्षफल चन्द्र खाना नंबर 1 (तख़्त) पर आ जाए और बुध मंदा हो अथवा खाना नंबर 11 में हो तो चन्द्र और बुध दोनों ही (उम्र के 3, 15, 27, 39, 51, 63, 75, 87 साल में) उम्दा फल देंगे। उम्र के इन सालों में अगर घर में स्त्रियों की पालना या पूजा की जाए तो वह जीवन में बरकत (उन्नति) की वजह होगी और खाना नंबर 3 के चन्द्र का खानदान पर उम्दा असर होगा।

(5) जब सूरज खाना नंबर 1 और सनीचर खाना नंबर 11 में हो, बुध खाना नंबर 5 और बृहस्पत खाना नंबर 9 में हो, साथ ही खाना नंबर 4 भला हो और हथेली पर पितृ रेखा कायम हो तो ऐसे इंसान के टेवे में राजयोग होगा, वाल्दैनी (माता–पिता) सुख नेक और उम्दा होगा तथा लम्बे समय तक उत्तम फल देगा। घर, परिवार और खानदान में शान्ति और दौलत का चश्मा (स्त्रोत) चलता रहेगा।

(6) जब मंगल खाना नंबर 4 में हो तो दिमागी खाना नंबर 27, सोच–विचार (चिंतन के साथ) करके काम करने वाला, उच्च विचारों का मालिक और दौलतमंद (धनी) होगा। छोटा दिल, बड़ी अक्ल, नेक और अंदर बाहर से एक समान होगा। किसी की भी शरारत का माकूल (योग्य) जवाब देने वाला होगा, चाहे चन्द्र नष्ट ही क्यों न हो रहा हो।

(7) अगर खाना नंबर 8 में मंदा ग्रह बैठा हो तो उसकी उम्र में अथवा टेवे वाले इंसान की 8 साल की उम्र में मंदे ग्रह की चीजों से मुतअल्लिक (सम्बन्धित) मंदे वाकिआत (घटनाएं) या मंदी हानि होगी। चोरी तो नहीं होगी मगर धन हानि जरूर होगी।

(8) जब मंगल–बुध अथवा अकेला मंगल खाना नंबर 10 में हो तो माता (चन्द्र) और भाई (मंगल) पर चन्द्र और मंगल की मुतअल्लिक (सम्बन्धित) चीजों का बुरा असर जाहिर होगा। माता और भाई का चन्द्र और मंगल की चीजों से जुदाई (अलगाव) या रंजिश (झगड़ा) वगैरह हो सकती है। लेकिन टेवे वाले इंसान के लिए मुबारक (शुभ) असर होगा। ऐसे में मंगल का वही असर होगा जो खाना नंबर 11 में चन्द्र का असर (सिफ़र) होता है।

(9) अगर केतु खाना नंबर 11 में हो तो खाना नंबर 3 के चन्द्र का वही असर होगा जो चन्द्र खाना नंबर 11 (चन्द्र+केतु) का होता है।

(10) जब बुध खाना नंबर 11 में हो तो टेवे वाले की उम्र 80 साल से कम नहीं होगी।

(11) अगर खाना नंबर 3 में चन्द्र हो तो मर्दों की उन्नति, उम्र की वृद्धि, औरत की इज्जत, सेवा और पूजा होगी। हर तरफ उन्नति ही उन्नति होगी। अगर मर्द–औरत एक दूसरे की सेवा करें तो चन्द्र का उत्तम असर होगा।

(12) जनम से गरीब और यतीम को भी चन्द्र खाना नंबर 3 की हालत में कुदरत की तरफ से लम्बे दर्जे की मदद मिलेगी और मजलूम (जिस पर अत्याचार हुआ है) को फौरन आराम की चीजें मुहैया (उपलब्ध) हो जाएंगी। खाना नंबर 3 का चन्द्र निधि–सिद्धि और साधना का दाता होता है।

''इतना तो फल जरूर कर देगा तीजा चन्द्र
मौतों से बचा रहेगा सब जान-माल-मन्दिर''

(13) अगर खाना नंबर 3 में चन्द्र हो तो उसका दोस्त मंगल, वैसे तो बद होगा ही नहीं लेकिन अगर बहैसियत पापी सनीचर की मिलावट या खुद–ब–खुद अथवा सनीचर की चीजों या दूसरे हालातों की वजह से मंगल नष्ट हो रहा हो तो लड़की बेचने या बकरी का दूध बेचने (बुध) से हुआ नफा (फायदा) छाती में जहर का असर करेगा। ऐसे में चोर की चोरी से डरते हुए घर में ताला लगाने की बजाए घर आए मेहमान और राहगीर मुसाफिरों को दूध न सही पानी तो पिला ही देना चाहिए। वरना उम्र के दरिया का पानी वीरान जंगल की रेत के मानिन्द (समान) जलता होगा अर्थात् उम्र शक्की होगी।

उपाय

(1) लड़की (बुध) की पैदाईश पर चन्द्र की चीजों का दान मुबारक होगा। धन–दौलत की बरकत के लिहाज से बुध (लड़की, बहिन वगैरह) को पूजना उम्दा असर देगा।

(2) ससुराल (राहु) पक्ष में शादी के वक्त लड़की का कन्यादान (एक रस्म) करना अचानक होने वाली बुरी घटनाओं से बचाव कराती है।

(3) लड़के (केतु) के जनम पर सूरज की चीजों का दान करना खानदान के सदस्यों की तादाद (गिनती) में बरकत और बुरी हवाओं से बचाव के लिए फायदेमंद होगा।

(4) घर में शादी (शुक्कर) हो अथवा गाय (शुक्कर) आए तो मस्नूई सूरज (बुध+शुक्कर) की चीजों का दान करना धन की चोरी और मौत से बचाव में मददगार होंगे। लेकिन दान करते समय ध्यान रहे कि वह चीज सूरज की तो हो मगर चमकदार (शुक्कर) न हो, मसलन– गुड़, गेहूं वगैरह।

कियाफा (हस्तरेखा)– मंगल नेक से चलकर कोई रेखा या शाखा चन्द्र को जाए अथवा चन्द्र के बुर्ज़ से चलकर मंगल नेक के बुर्ज़ पर जाकर खत्म हो तो टेवे वाले इंसान की दस्ती–तहरीर (लिखने का ढंग) चन्द्र की हालत (खाना नंबर 8 नेक या बद) की तासीर बता देगी। अर्थात् चन्द्र की हालत इंसान के हस्तलेखन से जाहिर हो जाएगी। मसलन–

(i) बड़ा और मोटा लिखे तो–फराख़ (उदार) हृदय।
(ii) साफ, साधारण और पढ़ा जाने वाला लिखे तो– सख्त (कठोर) हृदय
(iii) लम्बी लकीरों के साथ अस्पष्ट लिखे तो– जल्दबाज
(iv) सीधा और साफ लिखे तो– पैदाईशी अक्लमंद

(v) बारीक (छोटा) और नाममात्र लिखे तो– लियाकत (योग्यता) वाला

(vi) गोल–गोल और बराबर अक्षर लिखे तो– उम्दा फैसले लेने वाला

(vii) बुझे–बुझे हरूफ (अक्षर) लिखे तो– डरपोक और शर्मीला

(viii) खूबसूरत और फूलदार सजाकर लिखे– लाफजन (बकवास करने वाला या गप्पी)

(1) अगर राहु–केतु उम्दा हों और हाथ में अंगूठा छोटा हो तथा उंगलियां तराशी हुई सी हो तो ऐसा इंसान दूध (चन्द्र) और मिट्टी (शुक्कर) से मुतअल्लिक (सम्बन्धित) कामों में फायदा कमाएगा और ये दोनों काम उम्दा असर देंगे। मवेशियों (पशुओं) के पालन से उत्तम फल मिलेंगे।

चन्द्र खाना नंबर 4

(खर्चने पर बढ़ने वाला दौलत का दरिया)

शुक्र सुख में क्यों तू न दौलत का करता
कदर दुःखी जाने वो आहें जो भरता
नजर मैली ही तू क्यों करता, रिजक मालिक जब देता हो
दूध बेचे जर चश्मा जलता, मुफ्त दिए जर बनता हो
मंदा पापी न शुक्कर होगा, न ही बुरा आठ दूजा हो
आयु मंदी न पिछली अवस्था, बन्द मुट्ठी ग्रह उम्दा हो
वाल्दैनी कुल घर के तारे, शगुन भला दूध होता हो
केतु गुरु जब मन्दिर देखे, जहर टेवा सब धोता हो
साथ चन्द्र के चार का टोला, बढ़ती माया कुल चौगुनी हो
तीन का टोला तीनों मंदा, पापी मंदा नौ स्त्री जो
पांच सूरज बृहस्पत दो घर बैठा, राज समुद्र मोती हो
बुध कभी दस मंगल आया, मिसले राजा खुद योगी हो

(1) जब चन्द्र खाना नंबर 4 में हो तो टेवे वाला इंसान जितना धन खर्च करेगा उतना ही उसके धन की बरकत (बढ़ोतरी) होगी और अगर अपने सुख–सुविधाओं में खर्च नहीं करेगा तो धन का दरिया यूं ही स्थिर पड़ा रह जाएगा। इंसान अपनी हालत पर दुःखी और आहें भरता ही रह जाएगा।

(2) ऐसा इंसान अगर दौलत को खर्च भी करता रहे तो भी उसके पास दौलत की कमी नहीं होगी। अगर ऐसा इंसान दूध बेचने का कारोबार करेगा अथवा दूध जलाने का कारोबार (हलवाई) करेगा तो उसकी धन–दौलत बरबाद हो जाएगी। मुफ्त में खैरात (भीख) में दूध देना मददगार होगा।

(3) खाना नंबर 4 में चन्द्र हो तो पापी ग्रह (राहु, केतु, बैहसियत पापी सनीचर) मंदे न होंगे और शुक्कर भी मंदा असर नहीं करेगा। ऐसे में खाना नंबर 2, 8 भी बुरा असर जाहिर नहीं करेंगे।

(4) खाना नंबर 4 में चन्द्र हो और बन्द मुट्ठी के खानों (1, 4, 7, 10) में भी ग्रह हों तो टेवे वाले इंसान को उत्तम फल मिलेगा। इंसान की उम्र भी पूरी होगी और बुढ़ापे में भी उम्दा असर मिलेगा।

(5) ऐसा इंसान माता–बाप और कुल (खानदान) को तारने वाला होगा। शुभ–शगुन के लिए जब भी कोई काम शुरू करें तो दूध का भरा हुआ बर्तन (कुंभ या कलश) रख लेना मुबारक असर देगा। चन्द्र अब दूध के मानिन्द (समान) फल देगा।

(6) जब बृहस्पत और केतु खाना नंबर 2 में हो तो टेवे का सब जहर धो देते हैं मानो बाबा और कुत्ता साथ मिलकर धर्म स्थान में जाते हों।

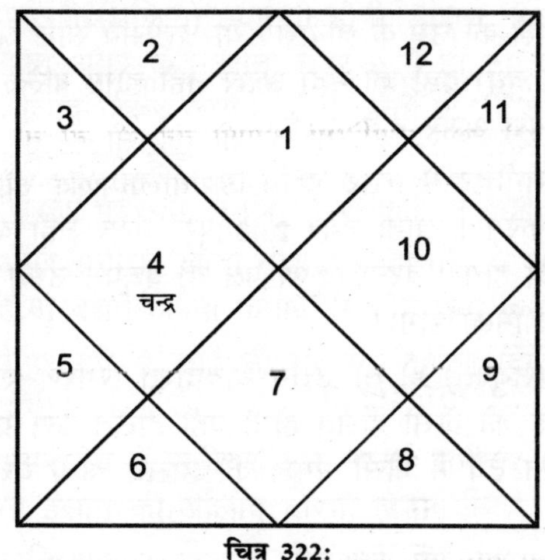

चित्र 322:

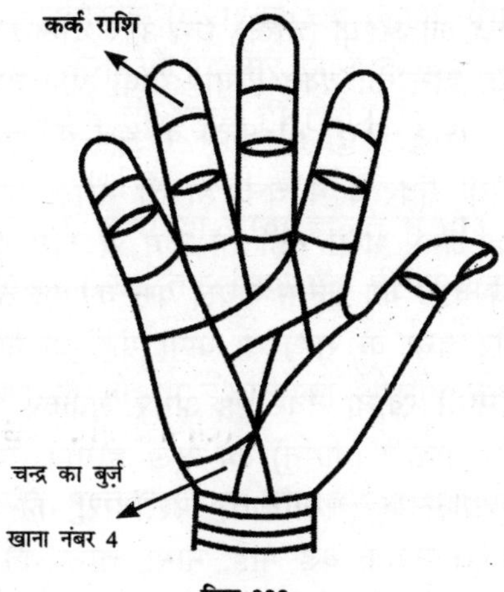

चित्र 323:

(7) जब खाना नंबर 4 में चन्द्र के साथ तीन ग्रह हों यानी कुल मिलाकर चार का टोला हो तो इंसान की माया और दौलत चार गुना उम्दा होगी। ऐसी हालत में मानो सूरज–बृहस्पत बतौर बेटे और बुध–शुक्कर बतौर बहुएं (बेटे की पत्नी) चन्द्र को मदद देते होंगे।

(8) जब चन्द्र के साथ कोई दो ग्रह हो यानि कुल मिलाकर तीन का टोला हो तो हर एक ग्रह का मंदा असर होगा। खाना नंबर 4, 9 के सभी ग्रहों और पापी ग्रहों के माध्यम से मंदा फल होगा और मंदे वाकिआत (घटनाएं) होंगे।

(9) जब खाना नंबर 9 में स्त्री (शुक्कर या चन्द्र) ग्रह या सनीचर हो साथ ही पापी ग्रह मंदे हों तो मुमकिन (संभव) है कि मंगल (नाभि, पेट) बुरा (बद) हो जाए अथवा सनीचर (आंख) जहरीला सांप हो जाए। ऐसे वक्त खाना नंबर 8, पापी झमेले (बुरी घटनाएं) और मौत खड़ी कर सकता है। मगर राहु–केतु मिलकर भी खाना नंबर 4 का कुछ बुरा नहीं कर सकते चाहे वे (राहु–केतु) खाना नंबर 2, 6, 8, 12 में कहीं भी बैठे हों। ऐसा इंसान सुख की ज्यादती (अधिकता) की वजह से इतना अहंकारी हो जाएगा कि वह हर दम दुःखी होकर आहें ही भरता होगा।

(10) जब सूरज खाना नंबर 5 और बृहस्पत खाना नंबर 9, 2 में बैठा हो और साथ ही शुक्कर, मंगल या बुध खाना नंबर 10 में हो तो टेवे वाला इंसान राजदरबारी (सरकारी) समुद्री यात्राओं से मोती पैदा करेगा। योगी राजा होगा और इतना सुखी होगा कि उसे दुःख की हालत मालूम भी न होगी। ऐसा इंसान कभी किसी का शुक्रिया तक अदा न करेगा।

(11) जब चन्द्र खाना नंबर 4 में हो और अकेला शुक्कर खाना नंबर 7 में हो तो शुक्कर और मंगल का फल उत्तम होगा। ऐसे इंसान को राजदरबार से धन–दौलत मिलेगी और समुद्री सफरों (यात्राओं) से बड़ा मुनाफा (लाभ) होगा। ऐसा इंसान कामदेव से दूर रहेगा।

(12) जब सूरज और बृहस्पत खाना नंबर 5 में हों तो ऐसा इंसान बुलन्द किस्मत वाला और नरीना (नर) औलाद के जनम के बाद और ज्यादा तरक्की करने वाला होगा।

(13) जब चन्द्र अकेला खाना नंबर 4 में हो तो चन्द्र की असलियत का फैसला खाना नंबर 8, 10, 11 और सनीचर की हालत पर होगा। इंसान की उम्र 85 या 96 साल तक होगी। माता (सगी या सौतेली)

और माता खानदान से नेक फल मिलेंगे। चन्द्र के मुतअल्लिक (सम्बन्धित) कारोबार में माता के साथ से नफा (लाभ) होगा और मदद मिलेगी।

(14) चन्द्र की अश्या (चीज), धन और दौलत होगी। टेवे वाले की उम्र के चौबीसवें या छत्तीसवें साल औलाद पैदा होने का वक्त होगा। पापी और दुश्मन (शुक्कर, बुध) ग्रहों का मंदा असर नहीं होगा बल्कि पापी ग्रह (राहु, केतु) भी माता के दूध की कसम खाकर बुरा असर नहीं करेंगे।

(15) खाना नंबर 4 में चन्द्र हो तो मंगल–बद और मंदे सनीचर में जहर नहीं होगा बल्कि कोई भी पापी ग्रह अगर भला नहीं तो कम से कम बुरा तो नहीं करेगा। खाना नंबर 2, 8 बुरा असर नहीं करेंगे। टेवे वाले का जनम शुक्ल पक्ष का हो तो बुढ़ापा उम्दा होगा। वरना (कृष्ण पक्ष में) बचपन उम्दा होगा और चन्द्र के साथ या पापी ग्रहों के जहर का असर मिला होगा।

(16) दिमागी खाना नंबर 28 अगर शुक्कर से मुश्तरका (संयुक्त) हो तो उत्तम याद्दाश्त (स्मरण–शक्ति) और सवारी (वाहन) का सुख होगा। टेवे में जिस ग्रह की जैसी हालत होगी वही हालत उस ग्रह से मुतअल्लिक (सम्बन्धित) रिश्तेदारों की होगी। मसलन टेवे में जैसी मंगल की हालत होगी वैसी ही हालत उसके बड़े भाई, मामा, ताऊ की होगी।

(17) जब बृहस्पत खाना नंबर 6 में हो तो जद्दी (पैतृक) कारोबार (व्यापार) उत्तम फल देंगे। अपनी अमानत रखने वाला वापिस लौटकर ही न आएगा।

(20) सनीचर खाना नंबर 9 या खाना नंबर 11 में हो तो भला इंसान होगा और उम्दा खानदानी खून का सबूत देगा।

(21) जब बृहस्पत खाना नंबर 10 में हो तो भूखे को रोटी देगा तो जहर देने के इल्जाम में सजा पाएगा।

(22) जब राहु खाना नंबर 10 में हो तो तो राहु का मंदा असर बुध से मुतअल्लिक (सम्बन्धित) अश्या (वस्तुएं), कारोबार और ताल्लुकदारों पर होगा।

कियाफा (हस्तरेखा)– धन रेखा (किस्मत रेखा) जब चन्द्र से शुरू हो अथवा सिर (मस्तिष्क) रेखा के नीचे त्रिभुज का निशान हो तो टेवे में चन्द्र खाना नंबर 4 में होगा।

चन्द्र खाना नंबर 5

(रुहानी नहर, दूध वाली माता)

सलाह नेक की जो, बुरा करते लेता
भला इससे बढ़कर, नहीं कोई होता
मर्द हीरा दुनिया काटे, झुकना खुद आता नहीं
लेख राजा उम्र लम्बी, बोल पर मीठा नहीं
दरिया को सीधे चलते, आसान राह नहीं होगा
पर कब रुकेगा वो दरिया, पानी भरा जो होगा
दुश्मन मंदे जो तीन-दो बैठे, दोस्त मंदे नौ-ग्यारह जो
बुध तीजे बृहस्पत नौ-दो मारे, जलता मगर दस-बारह हो
असर भले चाहे तीन-आठ मंदा, बुध मोती सात-ग्यारह हो
नष्ट लालच खुदगर्जी, चिड़ियों से बाज लड़ाता हो

(1) जब भी टेवे वाला इंसान किसी का बुरा करना चाहे तब किसी नेक इंसान की सलाह जरूर लेवे।

(2) दिमागी खाना नंबर 29, कद–काठी के तनासुब (सम्बन्ध में) लम्बा–चौड़ा और मर्दों में हीरे की तरह उत्तम इंसान होगा। ऐसा इंसान किसी के आगे नहीं झुकेगा। कट तो बेशक जाएगा मगर झुकेगा कतई नहीं। राजा की किस्मत और लम्बी उम्र का मालिक होगा।

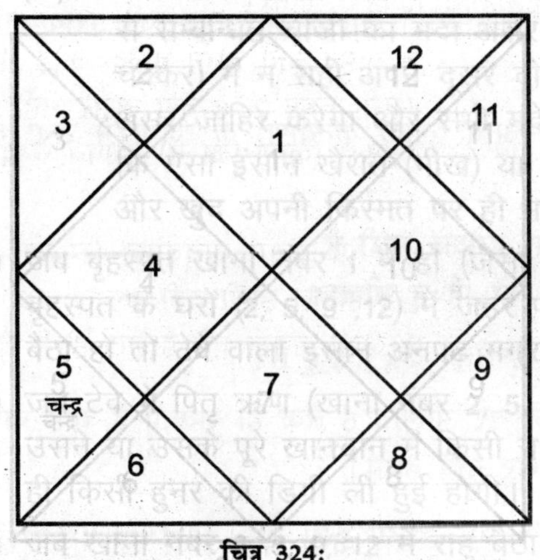

चित्र 324:

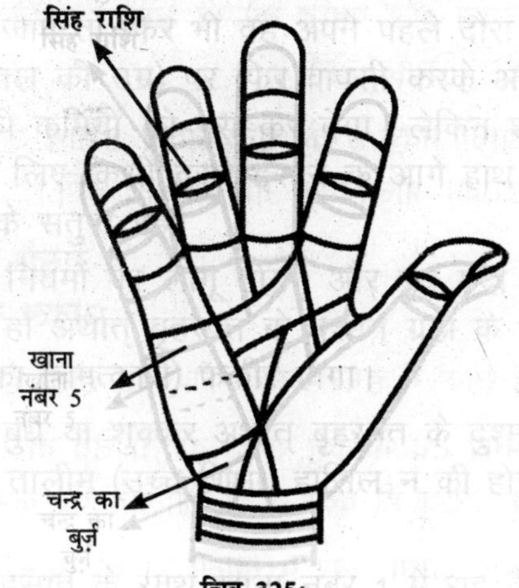

चित्र 325:

(3) ऐसे इंसान की किस्मत राजा के मानिन्द (समान) होगी। उम्र चाहे कितनी ही लम्बी क्यों न हो मगर उसकी मंदी बोली (खड़ी जुबान) ही आने वाली मुसीबत की निशानी (पहचान) होगी। बुध की अश्या (चीजें), कारोबार और ताल्लुकदार (बहन, बुआ, लड़की, साली) की बरबादी भी इसकी निशानी होंगे। ऐसा इंसान अक्ल (बुद्धि) में लाखों प्राणियों में भी ऊपर के दर्जे का होगा।

(4) खाना नंबर 5 का चन्द्र बच्चों के लिए दूध वाली माता और रुहानी नहर के मानिन्द (समान) होगा। जिस तरह बहता हुआ और प्राकृतिक स्त्रोत से निकला हुआ पानी का दरिया हमेशा उत्तम होता है लेकिन सीधे–सीधे चलते हुए दरिया की राह (पत्थरों और कंकड़ों वाली) आसान नहीं होती उसी तरह ऐसा इंसान धर्म के आधार पर दौलत की बरकत करता हुआ मुसीबतों का सामना करेगा। हमेशा याद रखें कि वो दरिया जो पानी से भरा होगा वह कभी भी मुसीबतों से डरकर नहीं रुकेगा। ऐसा इंसान धर्म पर चलकर बच्चों की परवरिश करेगा।

(5) जब खाना नंबर 2, 3 में दुश्मन ग्रह (पापी शुक्कर, बुध) और खाना नंबर 9, 11 में दोस्त ग्रह (सूरज, बुध) बैठे हों तो ऐसा इंसान बिजली और मौत की ताकत का मालिक होगा। जिन्दगी में मंदे वाकिआत (घटनाएं) होंगे।

(6) जब खाना नंबर 2, 3 में दोस्त ग्रह और 9, 11 में दुश्मन ग्रह हों तो टेवे वाले इंसान के साथ नेक नतीजे जाहिर होंगे।

(7) जब बुध खाना नंबर 3, बृहस्पत खाना नंबर 9, 2 में मंदा हो तो खाना नंबर 10, 12 में कितने ही शुभ ग्रह क्यों न बैठे हों चन्द्र का असर बरबाद ही होगा।

(8) जब बुध खाना नंबर 7 या 11 में हो तो चन्द्र मोती की कीमत और उत्तम फल देगा। खाना नंबर 3, 8 का असर मंदा होगा।

(9) जब खाना नंबर 5 में चन्द्र हो तो राहु टेवे में ठंडा (शान्त) गिना जाएगा। टेवे वाले की उम्र लम्बी (पूरी) होगी। चिड़ियों (खाना नंबर 6 का केतु या मामूली औलाद) से बाज (बुध या बहादुर दुश्मन) को मरवाने की ताकत रखता होगा। सच और इन्साफ का मालिक होगा। इंसान रहमदिल और फतहयाब (कामयाब) होगा, लड़ाई–झगड़ों में व्यापार मंदा होगा। राजदरबार में इज्जतदार (सम्माननीय) होगा। जंगल और पहाड़ को भी आबाद करने वाला धर्मात्मा होगा। लालच और खुदगर्जी इसके नष्ट होने की बुनियाद होगी।

(10) खाना नंबर 5 के चन्द्र वाला इंसान अगर रफाए–आम (लोक कल्याण) के कामों में सेवा देगा तो उसकी औलाद के गांव आबाद होंगे।

(11)

रास्ती तेरा पल्ला, हमेशा भारी है
अदल व इन्साफ की, है तू मीजान

इन्साफ में हमेशा सच की जीत होती है। सच ही इन्साफ का तराजू है।

(12) अगर टेवे में केतु उम्दा हो तो टेवे वाले इंसान की नर औलाद 5 तक हो सकती हैं चाहे पापी ग्रहों का साथ ही क्यों न हो, औलाद पर कभी मंदा असर नहीं होगा।

(13) अगर खाना नंबर 9 खाली हो तो खाना नंबर 5 का चन्द्र सोया हुआ गिना जाएगा। ऐसे में चन्द्र से मुतअल्लिक (सम्बन्धित) कारोबार के लिए जाने से पहले मंगल की मदद (खाने–पीने का सामान) साथ लेकर जाना और खुद कुछ मीठा खाकर जाना मददगार साबित होगा।

(14) खाना नंबर 5 में चन्द्र हो तो टेवे वाले इंसान का दिल तो होगा नहीं और जुबान भी हल्की होती होगी इसलिए वह कोई भेद (राज) अपने दिल में नहीं रख सकेगा। इसलिए अपना ही भेद दूसरे को बताकर बरबाद होगा।

(15) खाना नंबर 5 का चन्द्र (घोड़ा) जब मंदा हो तो शतरंज के घोड़े के मानिन्द (समान) टेढ़ी चाल चलेगा। इसकी चाल का बुरा असर खाना नंबर 3, 8, 10 और 12 पर भी होगा।

(16) जब सूरज खाना नंबर 10 में हो और कोई नर ग्रह सूरज या साथी ग्रह मदद पर न हो तो टेवे वाले इंसान की उम्र बारह दिन होगी।

(17) जब सूरज खाना नंबर 11 में हो और कोई भी नर ग्रह, सूरज या साथी मदद पर न हो तो टेवे वाले इंसान की उम्र बारह साल होगी।

(18) जब चन्द्र खाना नंबर 5 में हो तो बुध से मुतअल्लिक (सम्बन्धित) अश्या, कारोबार, ताल्लुकदार के साथ–साथ जुबान भी मंदा असर जाहिर करेगी और आने वाली मुसीबत की निशानी होगी। इसकी पहचान भी बुध की किसी चीज की आमद (आगमन) होगी। ऐसा इंसान जंगल (बुध) और पहाड़ (सनीचर) का कामयाब मुसाफिर नहीं होगा।

कियाफा (हस्तरेखा)– जब दिल रेखा, सूरज के बुर्ज़ की जड़ पर खत्म हो अथवा चन्द्र के बुर्ज़ से कोई रेखा या शाखा सेहत (स्वास्थ्य) रेखा में मिले।

चन्द्र खाना नंबर 6

(धोखे की माता, खारा पानी)

एवज तुझको दुनिया है, तेरा ही देती
नहीं पहले की गर तू, कर देख नेकी
आठ दूजे बुध मंगल बारह, मंदी हुई न दौलत हो
माता-बेटा न दो कोई बैठा, बाप रोवे खुद किस्मत हो
चार-आठ-बारह मंदे तो चौंतीसवां मंदा, शुक्कर केतु बुध मंदा हो
उलट मगर दिन छः कोई तड़पे, शफा घड़ी इक देता हो
कूप लगे छः-बारह-चौबीस, मुसाफिर पानी या खेती हो
श्मशान जाए कुल नहाए अपनी, मरे माया बिन बरती हो

(1) जैसी करनी वैसी भरनी, नहीं करी तो करके देख। इंसान अपने जीवन में जैसा भी काम दूसरे के साथ करेगा वैसा ही दूसरे दुनियावी (सांसारिक) लोग उसके साथ करेंगे। अगर इंसान अच्छा काम करेगा तो उसे अच्छे असर मिलेंगे और बुरा काम करेगा तो बुरे फल (परिणाम) सामने आएंगे।

(2) जब चन्द्र खाना नंबर 6 में हो साथ ही मंगल खाना नंबर 6, 12 और बुध खाना नंबर 8 में हो तो टेवे वाला छोटी उम्र में ही गुजर (मर) जाएगा अथवा अगर माता जिन्दा हो तो दोनों (टेवे वाला और उसकी माता) एक दूसरे के लिए मुर्दे के मानिन्द (समान) होंगे।

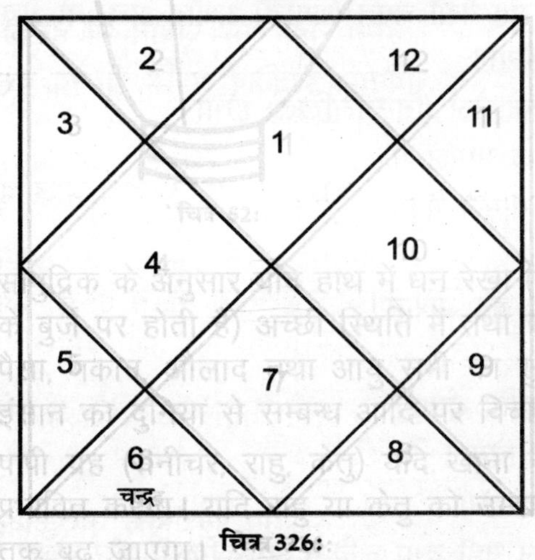

चित्र 326:

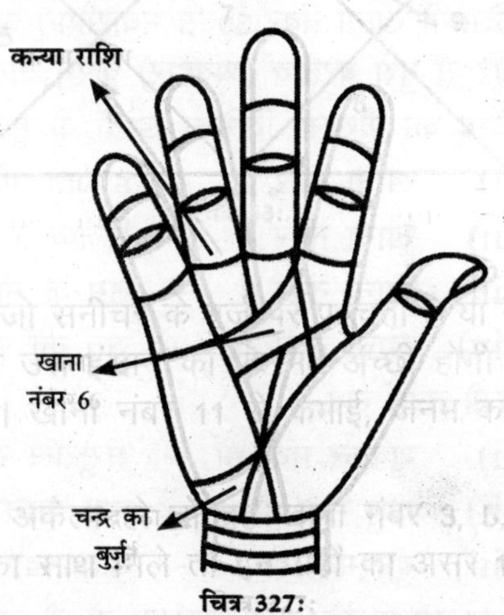

चित्र 327:

(3) अगर मंगल खाना नंबर 4, 8 में और बुध खाना नंबर 6 में हो तो टेवे वाले इंसान की माता बचपन में ही गुजर जाएगी अथवा अगर माता जीवित हो तो माता और बेटा एक दूसरे के लिए मुर्दे के मानिन्द (समान) और मंदे असर वाले होंगे।

(4) जब बुध बमूजिब वर्षफल (वर्षफल के अनुसार) खाना नंबर 2, 12 में हो तो चन्द्र रद्दी होगा। टेवे वाले का जीवन सफर (यात्रा) में गुजरेगा और ऐसा इंसान तनाव में रहेगा। टेवे वाला इंसान खुदकुशी तक की सोच सकता है लेकिन इसकी वजह गरीबी नहीं होगी।

(5) जब अकेला चन्द्र खाना नंबर 6 में बैठा हो तो इंसान की जवानी का जमाना उम्दा (अच्छा) होगा और अगर दुश्मन ग्रह साथी (देखें फरमान नंबर 6) हों तो इंसान के बुढ़ापे का जमाना उम्दा (अच्छा) होगा। चन्द्र अकेला बैठे होने की हालत में टेवे वाले की उम्र अस्सी साल होगी।

(6) जब खाना नंबर 4, 8, 12 मंदे हों तो चन्द्र का असर चौंतीस साल की उम्र तक मंदा ही होगा। चौंतीस साल की उम्र तक केतु (बाप खानदान), शुक्कर (औरत, पत्नी) और बुध (माता खानदान) भी मंदा असर करेंगे। बाप का खानदान बरबाद और खुद के परिवार पर भी बुरा असर जाहिर होगा। लेकिन जब खाना नंबर 4, 8, 12 सभी के सभी उम्दा हालत में हों तो टेवे वाला इंसान छः दिन से तड़पते हुए मुर्दे के मानिन्द (समान) प्राणी के मुंह में पानी डालकर उसको आराम देगा। टेवे वाले इंसान के हाथ में शफा (बीमारी के इलाज करने की क्षमता) होगा।

(7) जब खाना नंबर 6 के चन्द्र को केतु बरबाद करता हो तो चन्द्र की उम्र (6, 12, 24 साल) में धर्म–स्थान में कुआं लगवाना या कुएं पर पानी पिलाने वाले प्राणी की व्यवस्था करवाना मुबारक असर देगा। खेती (सिंचाई) के लिए कुआं लगवाना मंदा असर देगा। श्मशान या अस्पताल के अन्दर कुआं लगवाना या पानी पिलाने वाले प्राणी का बन्दोबस्त (व्यवस्था) करवाना मुबारक असर देगा। अपने खुद के इस्तेमाल (उपयोग) अथवा आराम के लिए भी कुआं लगवाना मंदा असर नहीं देगा। जब खाना नंबर 6 के चन्द्र को केतु बरबाद करता हो तो खानदान (माता, पिता, औलाद) की उम्र पर हमला होगा। टेवे वाले इंसान की चांदी, मिट्टी के भाव बिकेगी। धन–दौलत, धर्म–ईमान और सेहत सभी कुछ मंदा असर देंगे। ऐसे में दूध का इस्तेमाल (प्रयोग) करना मंदा असर करेगा और रात में दूध इस्तेमाल करना तो जहर का ही काम करेगा। बाप के खानदान पर भी मंदा असर होगा।

(8) दिमागी खाना नंबर 30 से मवासीपन अर्थात् जैसा मुंह वैसी चपत (थप्पड़) अर्थात् अच्छे से अच्छा और बुरे से बुरा बरताव (व्यवहार) करने वाला इंसान होगा।

(9) चन्द्र का फैसला, विभिन्न खानों के मुताबिक मंदरजाजैल (निम्नलिखित) होगा।

(i) खाना नंबर 2 – इज्जत और सम्मान के मामले में।
(ii) खाना नंबर 4 – रिजक (जीविका) के मामले में।
(iii) खाना नंबर 8 – उम्र के मामले में।
(iv) खाना नंबर 12 – रात का सुख या नींद का आराम।

इसी तरह जब–

(i) शुक्कर मंदा हो – ससुराल खानदान बरबाद होगा।
(ii) केतु मंदा हो – बाप खानदान बरबाद होगा।
(iii) बुध मंदा हो – माता खानदान बरबाद होगा।

(10) जब खाना नंबर 2 में बृहस्पत हो तो चन्द्र मंदा फल नहीं देगा लेकिन अगर किसी और वजह से चन्द्र की अश्या, कारोबार या ताल्लुकदारों से मुतअल्लिक (सम्बन्धित) परिणाम असरकारक न हो रहे हों तो बाप (बृहस्पत) को दूध पिलाना अथवा धर्म स्थान में चन्द्र की अश्या (दूध) देते रहना उत्तम असर पैदा करेगा।

(11) जब सूरज खाना नंबर 12 में हो तो टेवे वाला इंसान खुद या उसकी औरत अथवा दोनों एक आंख से काने होंगे।

(12) खाना नंबर 6 में चन्द्र मंदा असर करता हो तो कभी–कभी धर्म स्थान में चन्द्र के दोस्त ग्रहों (सूरज, मंगल, बृहस्पत) की मुतअल्लिक (सम्बन्धित) कोई न कोई चीज देते रहना अथवा धर्म स्थान में वैसे

ही सिर झुकाना मददगार होगा। अगर सेहत के मामले में दूध जरूरी हो तो दिन के वक्त दूध का इस्तेमाल करना बेहतर होगा। रात के वक्त फटे हुए दूध या दही के पानी का अथवा केवल पनीर (पानी निकाले हुए) का इस्तेमाल मुबारक असर देगा।

कियाफा (हस्तरेखा)– जब चन्द्र रेखा (चन्द्र के बुर्ज़ से शुरू हुआ कोई खत) सिर रेखा को अबूर (पार) करके हाथ के बड़े मुस्ततील (हृदय रेखा और मस्तिष्क रेखा के बीच का चौकोरनुमा स्थान) में खत्म हो। अंगूठे के दरमियानी (मध्य) पोर पर जौ (यव) का निशान पूरा और सही–सलामत हो तो चन्द्र कायम होगा और चन्द्र के वक्त में जायदाद का फल मंदा होगा लेकिन अन्य मामलों में चन्द्र का फल उम्दा होगा। लेकिन अगर यह जौ का निशान टूटा–फूटा हो तो चन्द्र अपने दुश्मन ग्रहों से घिरा होगा और मंदा हो रहा होगा, ऐसे में टेवे वाले इंसान का बुढ़ापा मंदा होगा।

चन्द्र खाना नंबर 7

(बच्चों की माता, लक्ष्मी अवतार)

नहीं दिन है परिवार बढ़ने को लगते
भरेंगे खजाना जो अपने ही धन से
धन न बेशक इतना पहले, न ही चाहे परिवार हो
खुद अकेला चन्द्र बैठा, लक्ष्मी का अवतार हो
मोल बेचे दूध पानी, पूत माया जलता हो
दूध औरत साथ लाती, माया बैठा बढ़ता हो
पापी-शुक्कर-बुध हर कोई जलता, शादी उम्र जब चन्द्र हो
साथ पापी-बृहस्पत-मंगल मंदा, बुध जलता आठ मन्दिर जो
मंदा शुक्कर घर चन्द्र मंदे, बुध भला न केतु हो
मौत जद्दी घर घाट हो अपने, लेख मंदा लाख बेशक हो
बुध राजा सरदार नशों का, खाक खजाने भरता हो
आठ खाली बुध उत्तम बैठा, पहुंच खुदाई करता हो
राजा तख्त या दुश्मन साथी, साथ पापी खुद चन्द्र हो
उम्र मंदी से मंगल उसकी, माया जले बुध मंगल हो

(1) खाना नंबर 7 का चंद्र, बुध का फल अमूमन खराब कर देता है। टेवे वाला इंसान उत्तम और लक्ष्मी (धन–दौलत) का अवतार होगा। ऐसा इंसान चाहे जनम से कितना ही गरीब क्यों न हो या ऐसे इंसान का कोई लम्बा चौड़ा परिवार न हो फिर भी अपने जनम के बाद से मिट्टी में चांदी की तरह चमकदार होगा बशर्ते जब तक चन्द्र में राहु–केतु का बुरा असर शामिल न हो। जायदाद (अचल सम्पत्ति) तो इंसान के पास इतनी न होगी। मगर धन–दौलत और जेवरात, नकदी वगैरह खूब जमा होगी।

सनीचर तीजे बृहस्पत सातवें कितना ही कंगाल हो
खुद अकेला चन्द्र सातवें, लक्ष्मी का अवतार हो

अर्थात् मात्र खाना नंबर 7 में अकेला बैठा हुआ चन्द्र टेवे वाले इंसान को लक्ष्मी का अवतार बनाने के लिए काफी (पर्याप्त) होगा।

(2) जब खाना नंबर 7 में चन्द्र हो तो टेवे वाला इंसान अगर दूध–पानी वगैरह बेचने लग जाए तो औलाद और धन दोनों ही घटने लग जाते हैं लेकिन अगर शादी के वक्त औरत (पत्नी) के घर से खाविंद (पति) के घर, औरत के साथ चन्द्र की अश्या (दूध, चांदी वगैरह) आ जाएं अथवा औरत के घर में दाखिल होने से पहले ही घर (खाविंद के घर) में चन्द्र की चीजें पहले से ही कायम कर देने से औलाद और खानदान बढ़ते ही रहेंगे वरना चन्द्र, शुक्कर का आपस में झगड़ा शुरू हो जाएगा अर्थात् टेवे वाले की माता (चन्द्र) या धन–दौलत (शुक्कर) बरबाद होने शुरू हो जाएंगे।

(3) जब टेवे वाले इंसान की शादी चन्द्र की उम्र (6, 12, 24) में हो तो पापी (राहु, केतु, बहैसियत पापी सनीचर) ग्रहों, शुक्कर और बुध सभी का फल मंदा होगा। शादी तय होने के वक्त से अथवा शादी होने के बाद से ही चन्द्र की जानदार चीजों (घोड़ी, माता वगैरह) की उम्र शक्की (संदेहजनक) गिनी जाएगी। ऐसे में टेवे वाले इंसान के वजन के बराबर चन्द्र की अश्या (चांदी, दरिया का पानी, दूध वगैरह) घर में कायम (स्थापित) कर लिया जाए तो चन्द्र की जानदार चीजें भले ही चल बसें (लेकिन जरूरी नहीं कि चल ही बसे) लेकिन लक्ष्मी की बरकत और भी बढ़ती ही चली जाएगी।

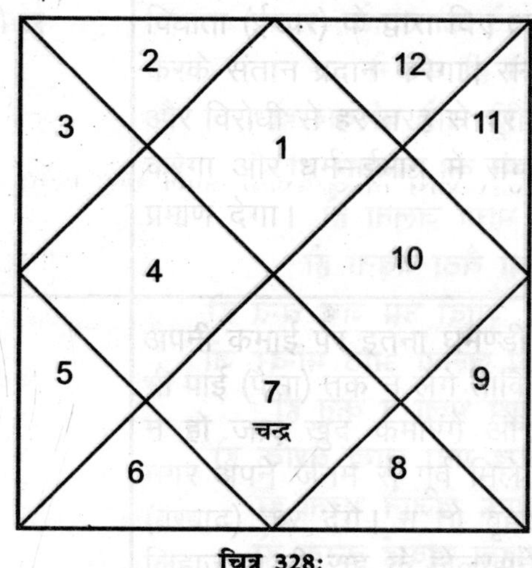

चित्र 328:

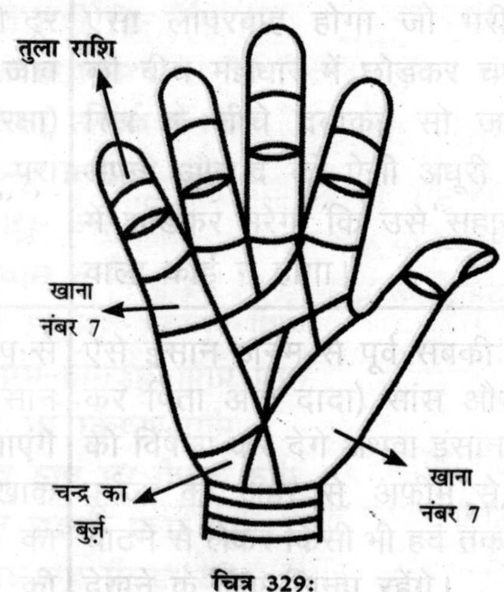

चित्र 329:

(4) जब चन्द्र खाना नंबर 7 में हो तो बूढी स्त्री से झगड़ा टेवे वाले की मिट्टी तक उड़ा देगा। अगर चन्द्र मंदा हो जाए तो जिस खाने में शुक्कर बैठा है वह भी मंदा हो जाएगा, लेकिन इंसान की दौलत और किस्मत मंदी न होगी। शुक्कर से मुतअल्लिक अन्य चीजे मंदा असर देंगी।

(5) जब बृहस्पत खाना नंबर 7 में चन्द्र के साथ हो अथवा चन्द्र खाना नंबर 7 में पापी ग्रहों के साथ हो तथा बुध खाना नंबर 2, 8 में मंदा हो रहा हो अथवा सिर (मस्तिष्क) रेखा और दिल (हृदय) रेखा आपस में इस तरह लिपटी हुई हों कि एक ही लग रही हों अथवा सिर रेखा, सेहत रेखा को काट रही हो अथवा दिल रेखा सिर्फ बुध्र के बुर्ज़ तक (दिल रेखा बुध के बुर्ज़ की ओर से शुरू और बृहस्पत के बुर्ज़ की तरफ खत्म होती है) ही हो अथवा ''पेशा–बरबाद रेखा'' चन्द्र के बुर्ज़ से बुध के बुर्ज़ (खाना नंबर 7) पर जाती हो और साथ ही मंगल–बद का बुर्ज़ उठा हुआ हो। ऐसे में बचपन का जमाना मंदा गुजरेगा, मंगल मंदा होगा, बुध से मुतअल्लिक (सम्बन्धित) कारोबार, माया और दौलत के मार्फत बुरा असर ही जाहिर करेंगे।

(6) जब खाना नंबर 4 अथवा चन्द्र मंदा हो तो शुक्कर मंदा असर करेगा और शुक्कर जिस खाने में बैठा है। उससे मुतअल्लिक बुरे असर मिलेंगे। मंदे चन्द्र की वजह से बुध और केतु के भी अच्छे असर नहीं मिलेंगे। खाना नंबर 7 का चन्द्र टेवे वाले को जद्दी (पैतृक) इलाके में मौत देता है अर्थात् जब इंसान का आखरी वक्त होगा वह अपने जद्दी घर–घाट पर होगा। चाहे उसके टेवे में कहीं भी दूर–देश में जाने के योग क्यों न हो? अंत जद्दी घाट पर ही होगा।

(7) जब खाना नंबर 7 में चन्द्र उम्दा हालत में हो तो ऐसा इंसान शायरी और इल्म–ज्योतिष का जानकार होगा वरना उसका चाल–चलन (चरित्र) ही शक्की और तिलिस्मी (मायावी या जादुई) होगा। अक्ल का तेज अथवा उसकी खुदाई (ईश्वरीय) पहुंच कमाल की होगी। अगर ऐसा इंसान फकीर भी हो तो भी उच्च दर्जे का और नेक असर वाला होगा। साथ ही अगर बुध भी उम्दा हो तो धन–दौलत और खुराक (रसद) की कभी कमी न होगी, चाहे सनीचर खाना नंबर 3 (धन की कमी देता है) और बृहस्पत खाना नंबर 7 (परिवार की कमी देता है) में ही क्यों न बैठें हों।

(8) जब बुध खाना नंबर 1 में हो साथ ही शुक्कर भी खाना नंबर 1 में हो और खाना नंबर 1 से सनीचर का ताल्लुक (सम्बन्ध) बनता हो तो चन्द्र और शुक्कर (सास–बहू) का झगड़ा होगा। इंसान नशेबाजों का सरदार होगा। बुरे कामों में अपनी जायदाद बरबाद करेगा। इंसान की उम्र लम्बी होगी मगर उसकी मौत हथियार से होगी।

(9) जब बुध नेक (अच्छा) हो, खाना नंबर 8 खाली हो और साथ ही अन्दरूनी अक्ल रेखा (चन्द्र के बुर्ज़ से बुध के बुर्ज़ पर रेखा) हाथ में कायम हो तो टेवे वाले इंसान की अन्दरूनी अक्ल और खुदाई पहुंच कमाल के दर्जे (स्तर) की होगी।

(10) जब शुक्कर (खाना नंबर 7 का मालिक) किसी भी पाप ग्रह (राहु–केतु) के साथ किसी भी खाने में बैठा हो तो ऐसे टेवे वाले इंसान की औलाद कम उम्र में ही गुजर (मर) जाएगी।

(11) जब मंगल–बद हो जाए तो इंसान के बचपन का जमाना मंदा होगा। इंसान की उम्र बचपन में शक्की होगी। अगर मंगल और बुध दोनों एक साथ मंदे होते हों तो इंसान की धन–दौलत सब जलकर खाक हो जाएंगे। कारोबार बरबाद होगा। अट्ठाइसवें साल की उम्र शक्की होगी।

(12) खाना नंबर 7 में चन्द्र वाला इंसान बहू–बेटी, माता–बहिन वगैरह की मोहब्बत से दूर और इश्कफाहिशा (व्यभिचार) वगैरह से दूर रहने वाला और दूध की तरह साफ दिल वाला इंसान होगा। राजदरबार में इज्जत और चन्द्र की चीजों (बेजान या जानदार) का सुख पाएगा।

(13) दिमागी खाना नंबर 31 वाला इंसान शुक्कर और चन्द्र के दूध और दही के रंग–रूप में भेद कर सकने वाला, दोनों की शक्ल और भेद को जान सकने वाले इल्म (ज्ञान) का जानकार होगा।

कियाफा (हस्तरेखा)– जब दिल रेखा कनिष्ठा उंगली की जड़ या बुध के बुर्ज़ (खाना नंबर 7) पर खत्म होती हो अथवा चन्द्र रेखा, सिर रेखा से मिलकर खत्म हो जाए तो ऐसे इंसान की उम्र खत्म महसूस होगी। ऐसी हालत में फकीरी रेखा, शराफत रेखा, सिर रेखा और दिल रेखा मिल जाएं अथवा सेहत रेखा, दिल रेखा को काटती हो तो टेवे में चन्द्र खाना नंबर 7 में होगा। जब शुक्कर नेक हो और हथेली पर चन्द्र के बुर्ज़ से शुक्कर के बुर्ज़ की ओर शान्ति रेखा जाती हो तो कारोबार और गृहस्थी सभी में इंसान को शान्ति मिलेगी।

चन्द्र खाना नंबर 8

(जला हुआ दूध)

बुजुर्गों के दिन चीज, चन्द्र जो देता
रुके न सांस कभी, जब तक हो लेता
सूरज मंदा पापी बुरे मंगल-बद भी हो
राहु-केतु-बुध मिले, बृहस्पत-शुक्कर नीच के हो
ख़्वैश अकारिब माल ओ दौलत, अपने और बेगाने का हो
चन्द्र आठवें चाहे सब हारे, पर हारे ना उम्र को हो
ससुराल तारे दामाद तारे, तारेगा वह मामा को भी
उलटी गंगा होकर तारे, उम्र के आखरी दम पर भी
चलन धर्म न जब कोई उम्दा, कूप पेशानी भरता हो
नजर कबीला हर दो जलता, सेहत दौलत खुद मंदा हो
नाम बुजुर्ग दूध जो देता, हुक्म बुरा न गैबी हो
महल कूप छत जिस दम बनता, दमा लावल्दी मिरगी हो
पापी शुक्कर बुध ग्यारह बैठे, खाली पड़ा खुद मन्दिर हो
माता चौथे आठ-चौबीसवें मारे, चीज भली न चन्द्र हो
बुध मगर जब दूजे बैठा, नौवां बृहस्पत चाहे बारह हो
मां-बाप दो उम्र हो लम्बी, असर चन्द्र का उम्दा हो
बुध, मंगल न पापी उम्दा, जान चन्द्र खुद मंदी हो
तीन चौथे कोई दूजे मंदा, चन्द्र शुक्कर फल रद्दी हो
चरण बुजुर्गा के पापी धोते, उम्र समुद्र लम्बा हो
असर बुरा न राहु टेवे, मन्दिर सनीचर, बृहस्पत बैठा हो

(1) टेवे वाला इंसान बुजुर्गों के दिन (श्राद्ध वगैरह) चन्द्र की चीजें (दूध वगैरह) खैरात में दे तो टेवे वाले की उम्र लम्बी होगी।

(2) जब टेवे में सूरज मंदा, पापी ग्रह (राहु, केतु, बहैसियत पापी सनीचर) बुरे हों और मंगल भी मंगल–बद होता हो अथवा राहु–बुध या केतु–बुध मिलते हों साथ ही बृहस्पत और शुक्कर नीच के हों तो ऐसे इंसान को बेगाने (जो जानकार न हो) और अकारिब (समीप के रिश्तेदार) के धन और दौलत को पाने की लालसा (इच्छा) बनी रहती है। खाना नंबर 8 का चन्द्र चाहे कुछ भी न दे मगर उम्र लम्बी जरूर देगा।

(3) अगर सूरज और शुक्कर उम्दा हों तो उल्टी गंगा के मानिन्द (समान) इंसान वृद्धावस्था में सुख पाएगा और अपने ससुराल और दामाद के साथ–साथ मामा को भी चन्द्र की उम्र (12, 24, 48) के बाद तारने (भला करने) वाला होगा।

(4) जब शुक्कर मंदा हो तो औरत से ताल्लुकात (सम्बन्ध) मंदे होंगे और इंसान का चाल–चलन भी मंदा ही होगा। सनीचर मंदा हो तो सेहत भी मंदी होगी और इंसान की मौत हथियार से होगी। राहु मंदा हो तो ससुराल मंदी होगी और केतु मंदा हो तो औलाद बरबाद होगी।

(5) जब शुक्कर मंदा हो और बुध–सनीचर भी मंदे हों साथ ही हथेली पर सिर (मस्तिष्क) रेखा के ऊपर मुसल्लस (त्रिकोण) हो अथवा मंगल–बद के बुर्ज़ से चन्द्र के बुर्ज़ पर कोई रेखा जाती हो तो ऐसे इंसान की दूध में कड़वी रेत या जहरीली खांड (देसी शक्कर) के मानिन्द (समान) किस्मत होगी मानो कुएं के अन्दर मूत्र भरा हो। औलाद और सेहत दोनों से मुतअल्लिक (सम्बन्धित) मंदे असर मिलेंगे।

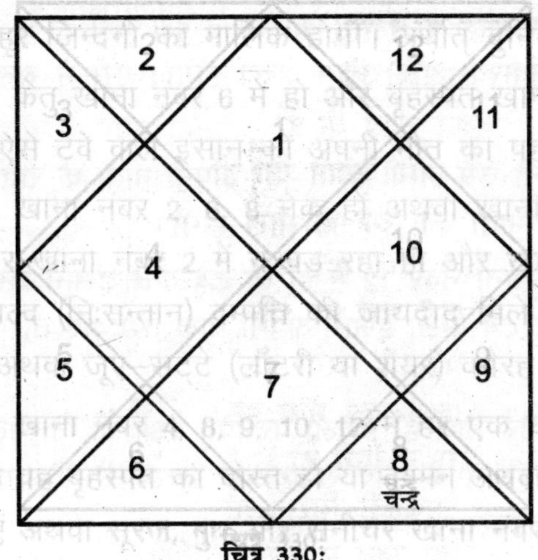

चित्र 330:

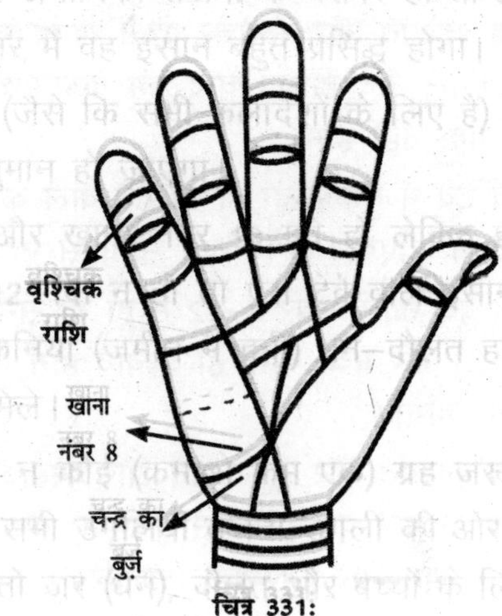

चित्र 331:

(6) जब बृहस्पत और शुक्कर खाना नंबर 4 में हों और चन्द्र खाना नंबर 8 में हो तो टेवे वाला इंसान अगर कुएं की छत पर मकान बनवा दे अथवा बुजुर्गों के श्राद्ध पर दूध की खैरात (मुफ्त में लोगों में बांटना) न करे तो ऐसे इंसान को दमा–मिरगी अथवा लावल्दी (निःसन्तान) की बीमारी होगी। ऐसे में बुजुर्गों के पांव (चरण) छूना या पानी से धोना लम्बी उम्र का बहाना होगा।

(7) औलाद के सम्बन्ध में अगर मंदे नतीजे आते हों तो श्मशान के अंदर के किसी कुएं से पानी लाकर अपने घर में कायम करना (स्थापित करना) मददगार साबित होगा।

(8) जब शुक्कर, बुध और पापी ग्रह (राहु, केतु, बहैसियत पापी सनीचर) खाना नंबर 11 में बैठे हों और खाना नंबर 2 खाली पड़ा हो तो चन्द्र की उम्र 4, 8, 12 साल या ज्यादा से ज्यादा चौबीस साल की उम्र तक माता की उम्र मंदी होगी और चन्द्र की चीजों का फल निकम्मा होगा। जब पापी ग्रह तख्त पर (खाना नंबर 1, वर्षफल के अनुसार) आएंगे तो भी माता की सेहत मंदी होगी।

(9) जब टेवे में बुध खाना नंबर 2 में बैठा हो और बृहस्पत खाना नंबर 9 या 12 में हो तो टेवे वाले इंसान के माता और पिता दोनों की उम्र लम्बी होगी और चन्द्र का असर उम्दा होगा।

(10) जब मंगल, बुध या पापी ग्रह मंदे हों तो टेवे वाले की जान (जिन्दगी) मंदी सिद्ध होगी। चन्द्र अपने दूसरे दौरे पर अथवा अपनी उम्र (6, 12, 24, 48) साल की उम्र पर बुरा असर देगा। अपनी औरत (पत्नी) से दुःखी होगा। चन्द्र से मुतअल्लिक ताल्लुकदार (मौसी, नानी, दादी, माता) सब दुःखी होंगे। ऐसे वक्त की पहली पहचान इंसान का मंदा चाल–चलन होगी। जिसकी वजह से राहु (ससुराल) और केतु (औलाद) भी बरबाद होंगे, लड़कियां पैदा होंगी और तादाद में लड़कों से ज्यादा होंगी।

(11) जब खाना नंबर 3, 4 में कम से कम तीन ग्रह मंदे होते हों और हथेली में उम्र रेखा और किस्मत रेखा दोनों मिलकर खाना नंबर 9 (कलाई की ओर) पर जाएं तो ऐसे टेवे वाले इंसान की जद्दी (पैतृक) जायदाद, औलाद और माता–पिता से ताल्लुक मंदे होंगे।

(12) जब खाना नंबर 2 मंदा हो अथवा खाना नंबर 2 में राहु–बृहस्पत, बुध–बृहस्पत अथवा बुध अकेला हो तो ऐसा इंसान अपनी खुद की बेवकूफी से चन्द्र और शुक्कर के मंदे असर को झेलेगा लेकिन कुदरत (प्रकृति) ऐसे इंसान पर मंदा असर नहीं करेगी।

(13) बुजुर्गों के पावों (चरणों) को धोते रहने से इंसान की उम्र लम्बी होगी।

(14) जब बृहस्पत और सनीचर दोनों खाना नंबर 2 में हों तो टेवे में राहु का असर बुरा नहीं होगा और न ही मंगल–बद होगा। चन्द्र की बेजान चीजों पर मुबारक और उत्तम असर होगा। ऐसे में चन्द्र नष्ट या मंदा नहीं होगा।

(15) जब टेवे में बुध उम्दा हो तो टेवे वाले की खुद अपनी उम्र लम्बी होगी और अपनी माता के रहते कभी मौत न आएगी। अगर खुद माता से पहले मरा तो माता की उम्र 80 साल होगी।

(16) जब बुध खाना नंबर 4–12 में हो या सनीचर–राहु खाना नंबर 12 में हों तो टेवे वाले इंसान की नजर (आंख) और बच्चे दोनों ही बरबाद होंगे ऐसे में अगर टेवे वाला इंसान अपनी नाक छिदवाएं तो मुबारक असर होगा।

(17) जब बृहस्पत और सूरज मंदे और बरबाद होते हों और साथ ही हथेली पर पितृ रेखा या किस्मत रेखा चन्द्र के बुर्ज़ पर मुसल्लस (त्रिभुज) बनाए तो ऐसे इंसान के लिए राजदरबार (सरकारी–विभाग) मंदा असर देगा और जिस्मानी (शारीरिक) कमियां और समस्याएं सामने आएंगी।

(18) खाना नंबर 1 में अथवा चन्द्र के साथ खाना नंबर 8 में दुश्मन या पापी ग्रह बैठे हों तो ऐसे में 6 से 34 साल की उम्र तक टेवे वाले इंसान के पास दौलत जमा न होगी और उसकी जिन्दगी मंदी चलती रहेगी।

(19) टेवे में चाहे चन्द्र जितना भी और जैसा भी मंदा क्यों न हो मगर टेवे वाले की खानदानी नस्ल कभी भी बन्द न होगी मतलब टेवे वाले के औलाद जरूर होगी।

(18) दिमागी खाना नंबर 32 सनीचर से मुश्तरका (संयुक्त) हो तो इंसान सफाई–पसन्द, बोलचाल में सलीकेदार, सभ्यता और गुणों का सरोवर होगा। लेकिन ऐसा इंसान कपटी (हृदय से) होगा और उसकी किस्मत गंदी नाली के मानिन्द (समान) होगी। जद्दी (पैतृक) जायदाद और शुक्कर के कारोबार (औरत, खेती वगैरह) उसके अपने काम न आएंगे और बदकिस्मती (दुर्भाग्य) की वजह बनेंगे। टेवे वाले इंसान के जद्दी (पैतृक) मकान के पास अगर कुआं हो तो जीवन में और भी मंदा असर जाहिर होगा।

कियाफा (हस्तरेखा)– सिर (मस्तिष्क) रेखा के ऊपर मुसल्लस (त्रिभुज) हो। मंगल–बद से चन्द्र के बुर्ज़ को पितृ रेखा जाती हो अथवा किस्मत रेखा, चन्द्र के बुर्ज़ पर मुसल्लस (त्रिभुज) जैसी आकृति बनाती हो। उम्र रेखा या किस्मत रेखा दो शाखाओं में बंटती (विभाजित हो) जाए और खाना नंबर 9 (कलाई की ओर) पर फिर से आपस में मिल जाए।

उपाय

(1) खाना नंबर 8 में चन्द्र हो तो दूध, घोड़ा और कुआं (चन्द्र की चीजें) का साथ इंसान के साथ न रहेगा लेकिन इन चीजों का बार–बार नुकसान होने अथवा साथ छूटने के बावजूद फिर से कायम करते रहने से इंसान लम्बी उम्र का मालिक होगा।

(2) अगर चन्द्र मंदा असर करता हो तो इंसान की महसूस करने की ताकत जाती रहेगी।

(3) बड़े–बुजुर्गों के पांव धोकर आशीर्वाद लेते रहना चन्द्र के मंदे असर के वक्त मददगार साबित होगा। हर तरफ से बचत और बचाव का जरिया होगा।

(4) इंसान की जायदाद और खेती की पैदावार (फसल) का फायदा इंसान की औरत के मार्फत उसकी ससुराल वालों को मिलेगा।

(5) टेवे वाला इंसान अगर जवाहरिया (जुआरी) हो तो बदबख्ती बढ़ती होगी।

(6) घर में चन्द्र की चीजों को कायम करना लम्बी उम्र में मददगार साबित होगा अर्थात् घर में चन्द्र की चीजों (घोड़ा, गाय, माता वगैरह) का होना लम्बी उम्र की निशानी होगा।

चन्द्र खाना नंबर 9

(घड़े बराबर मोती, दुखियों का रक्षक समुद्र)

असर तुख़्म सोहबत, वही कृतघ्न का
फर्क दूध गाय जो, होता थोहर का
मोती गुना नौ चन्द्र गिनते, औलाद जर सब बढ़ता हो
ग्रहण हुआ चाहे दुश्मन बैठा, धर्म पालन जग करता हो
दुश्मन पापी बुध पांच या तीजे, शरण चन्द्र की होता हो
ताकत चन्द्र में मुस्तस्ना तो, माहिर रियाजी होता हो
चौथे बैठा ग्रह नर कोई टेवे, दूध भरी खुद किस्मत हो
पितृ-ख़त सुख सागर लम्बे, कर्म धर्म दया दौलत हो
बृहस्पत जगत जब साथ या साथी, बहरी हवाई बढ़ता हो
छोटी-बड़ी से हरदम अपनी, बेड़ा जंगी कर लेता हो

(1) जब चन्द्र खाना नंबर 9 में हो और चन्द्र का राहु से सम्बन्ध बनता हो अथवा चन्द्र के साथ राहु बैठा हो अथवा चन्द्र का राहु साथी (देखें फरमान नंबर 6) अथवा सोहबत का ग्रह हो तो ऐसे वक्त राहु के असर और चन्द्र के असर में तुख़्म (बीज) ग्रह का असर जरूर शामिल रहता है अर्थात् खाना नंबर 4 में बैठे हुए ग्रह का असर जरूर शामिल होगा, जैसे गाय के दूध और थोहर (एक जहरीला पौधा) के दूध की सफेदी तो एक जैसी होती है मगर इन दोनों के दूध की तासीर (गुणों) में अक्ल धोखा खा जाती है।

(2) जब टेवे में चन्द्र कायम (देखें फरमान नंबर 6) हो और हथेली पर शराफत रेखा चन्द्र के बुर्ज़ से बृहस्पत के बुर्ज़ पर पहुंचती हो तो चन्द्र नौ गुना मोती के मानिन्द (समान) असर देगा अर्थात् चन्द्र नौ गुना उम्दा गिना जाएगा।

(3) जब खाना नंबर 3 में चन्द्र के मददगार ग्रह (दोस्त या उत्तम ग्रह) बैठे हों तो इंसान के पास उम्दा धन–दौलत होगी।

(4) जब खाना नंबर 5 में चन्द्र के दोस्त ग्रह बैठे हों तो टेवे वाले इंसान का धर्म और औलाद उम्दा हालत में होंगे। औलाद का खाना नंबर 5 अब खुद ब खुद बरकत देने वाला होगा चाहे खाना नंबर 3 अथवा खाना नंबर 9 में पापी ग्रह ही क्यों न बैठे हों। ऐसे में चन्द्र खाना नंबर 5, 9 में काल्पनिक रूप से मानकर असर देखा जाएगा। ऐसे टेवे वाले इंसान की औलाद की बरकत जरूर होगी। उम्र कम से कम 75 साल होगी।

(5) खाना नंबर 5 में चाहे दुश्मन ग्रहों (चन्द्र के) का अथवा पापी ग्रहों का साथ ही क्यों न हो लेकिन टेवे वाला इंसान धर्म पालन करने वाला जरूर होगा।

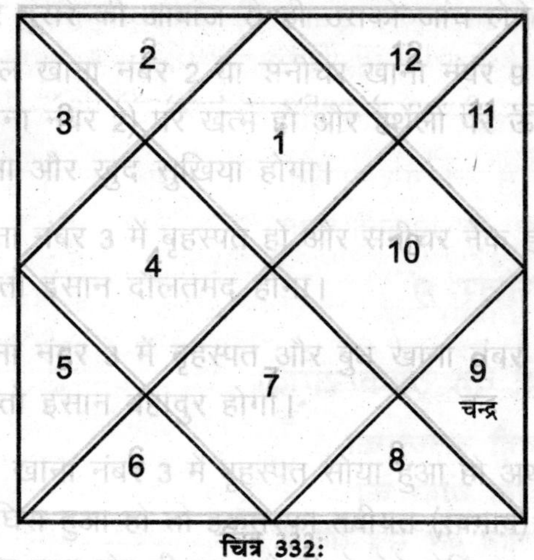

चित्र 332:

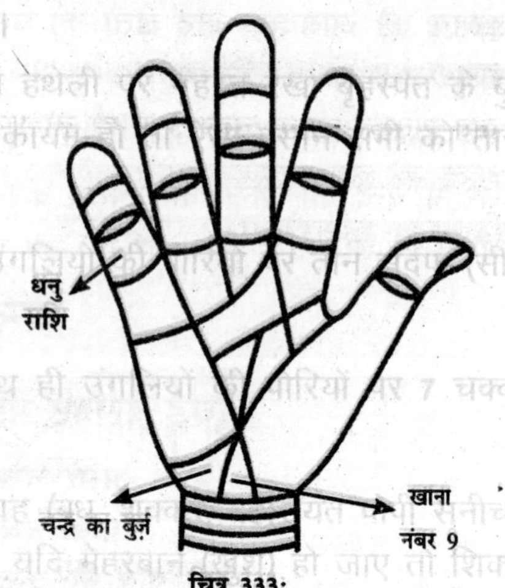

चित्र 333:

(6) दिमागी खाना नंबर 33 अगर बुध से मुश्तरका (संयुक्त) हो तो टेवे वाला इंसान रियाजी (गणितज्ञ, हिसाब वगैरह), उसूलों (नियमों) को ठीक–ठीक जानने और समझने वाला, नेक इंसान, नेक काम और नेक तबीयत (स्वभाव) का मालिक होगा। धर्म, अर्थ, तीर्थयात्राओं को करने वाला और दुखियों को आराम देने वाला इंसान होगा। ऐसे इंसान को 20 साल की उम्र में तीर्थयात्रा का मौका जरूर हासिल होगा।

(7) खाना नंबर 4 में कोई भी ग्रह क्यों न बैठा हो अथवा हथेली में किस्मत रेखा चन्द्र के बुर्ज़ से शुरू हो तो ऐसे इंसान की दूध भरी उम्दा किस्मत होगी। पितृ रेखा अर्थात् वाल्दैन (माता–पिता) का सुख लम्बे अरसे (वक्त) तक मिलता रहेगा। धर्म, दया और दौलत की बरकत होगी।

(8) जब बृहस्पत का चन्द्र से साथ हो अथवा साथी हो अथवा किसी भी तरह से कोई ताल्लुक (सम्बन्ध) बनता हो तो बहरी (समुद्री) और हवाई, दोनों ताकतों में टेवे वाले इंसान की बरकत होगी। इंसान की पैदाइश (जनम) चाहे गरीब घर में ही क्यों न हो लेकिन बड़े–बड़े जंगी (लड़ाई वाले) जहाजी बेड़ों का मालिक होगा अर्थात् उत्तम जिन्दगी और उत्तम परिवार का मालिक होगा। वे सभी ग्रह जो खाना नंबर 3, 5 में बैठे हों चन्द्र के मातहत (अधीन) होंगे। चन्द्र ऐसे में बड़े समुद्र के मानिन्द (समान) होगा।

(9) खाना नंबर 9 के चन्द्र वाला इंसान हजारों में एक होगा, बेशक कृतघ्न लोग सारे जमाने भर की गंदगी उसके दिल में क्यों न भर दें लेकिन दुनिया के लिए वह खुदाई रहनुमा (मार्गदर्शक) होगा।

(10) अगर खाना नंबर 3, 5 में चन्द्र के दुश्मन ग्रह भी बैठे हों तो वे भी चन्द्र के मातहत (अधीन) होंगे और चन्द्र से सम्बन्धित चीजें, कारोबार और ताल्लुकदारों के लिहाज में अच्छा न करें तो कम से कम बुरा तो नहीं करेंगे। मसलन समुद्र (चन्द्र) में रेत (बुध), मिट्टी (शुक्कर), चट्टानें (सनीचर) और तूफान (केतु) पैदा होते ही रहते हैं।

(11) जब खाना 3 में चन्द्र के दोस्त या मददगार ग्रह बैठे हों तो धन–दौलत की बरकत होती रहेगी।

(12) जब खाना नंबर 5 में दोस्त या मददगार ग्रह बैठे हों तो औलाद और धर्म दोनों से सम्बन्धित बरकत होगी। चाहे दुश्मन या पापी ग्रहों का साथ भी हो जाए तो भी धर्म की पालना करने वाला होगा।

(14) ज़ुब केतु खाना नंबर 2 और बुध खाना नंबर 5 में हो तो समुद्र (चन्द्र) का पानी सिर्फ इतना ही होगा जो एक कुत्ता (केतु) या भेड़–बकरी (बुध) पीकर खत्म कर दें। ऐसे इंसान की माली (आर्थिक) हालत 34 अथवा 48 साल उम्र बाद उत्तम होगी। इस उम्र तक चन्द्र कोई उम्दा असर न दिखा सकेगा। लेकिन इसके यह मायने नहीं होंगे कि चन्द्र नुकसान देगा।

(13) जब शुक्कर खाना नंबर 3 में हो तो शुक्कर और चन्द्र की उम्र के दरमियान (मध्य) टेवे वाले इंसान की माता की उम्र बरबाद होगी।

कियाफा (हस्तरेखा)– चन्द्र के बुर्ज़ और कलाई के अन्दर से किस्मत रेखा शुरू हो।

चन्द्र खाना नंबर 10

(आक का दूध, जहरीला पानी)

कब्र मुर्दों से कौन जल्दी भरेगा,
उसी ठेकेदारी को अब तू करेगा
किश्ती तेरी मन्दिर अपना, पानी दरिया पांच हो
पांचवां घर जब तीजे बैठा, लंगर डाला तब छः में हो
चांद चमकता रात हो आधी, घोड़ा सफर का साथी हो
बैठा धन्वन्तर साथ भी होवे, मौत पानी से होती हो
नजर शरारत हिक्मत मंदी, उर्ध्व रेखा माता आती हो
जहर कातिल तब इकदम होगी, नाली धर्म जब गंदी हो
खाली मन्दिर नर चौथे बैठे, काम जर्राही चौबीस जो
खुश्क कूप जर दौलत भरते, हुआ चन्द्र चाहे जहरी हो
जिसकी खबर को वे गए, बीमार मुर्दा हो गया
मीठा शरबत देते-देते, जहर कातिल हो गया
चार मुसाफिर पांच हो साधु, महल मन्दिर धुआं जलता हो
बान अगन छः चक्कर आठवें, तूफान कबीले चलता हो
साल रखा दस कुदरती पानी, असर चन्द्र खुद उम्दा हो
टेवे बैठा ग्रह छः-पांच कोई, चीज चन्द्र दिन दुःखी हो

(1) खाना नंबर 10 में चन्द्र वाला इंसान आंख के फरेब (सनीचर की शरारत) से बदनाम होगा। ऐसा इंसान अगर हिक्मत (डॉक्टरी) का पेशा अपनाएगा तो चाहे कितना ही इल्म (ज्ञान) का जानकार हो लेकिन बरबादी का कारण होगा और कब्रिस्तान को मुर्दों से भरने का बहाना बनेगा।

(2) अपनी जिन्दगी में जहरीले पहाड़ों से घिरे हुए दरिया को पार करने के लिए ऐसे इंसान के टेवे में–
खाना नंबर 2– किश्ती (नाव), खुद मुसाफिर (यात्री), मुसाफिर (खुद) के साथियों की हालत
खाना नंबर 5– दरिया का पानी, निकास (निकलने की हालत), बहाव (बहने की हालत)
खाना नंबर 3– मल्लाह (किश्ती चलाने वाला)
खाना नंबर 6– आखरी हालत (लंगर या बेड़ी के अटकने का स्थान)
इन खानों के हाल और इनमें बैठे हुए ग्रहों के मुताबिक इंसान की जिन्दगी में पार लगने की हालत होगी।

(3) खाना नंबर 10 में चन्द्र हो और टेवे वाले का जनम चमकती (पूर्णिमा) रात का हो तो ऐसे इंसान की जिन्दगी में चन्द्र मददगार ग्रह होगा और धन–दौलत इज्जत का देने वाला होगा। अगर खाना नंबर 1, 7, 10 में सूरज न हो तो असर और भी उम्दा होगा।

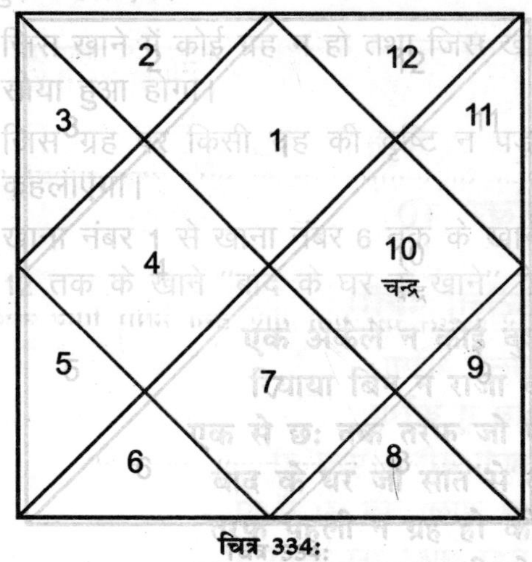

चित्र 334:

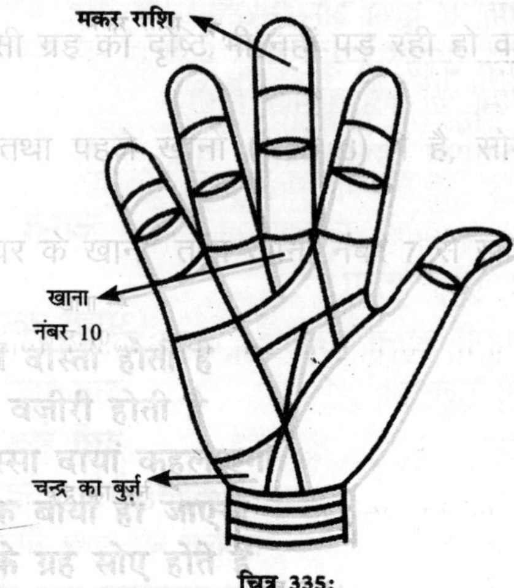

चित्र 335:

(4) चन्द्र खाना नंबर 10 और सूरज खाना नंबर 7 में हो तो टेवे वाले इंसान की मौत पानी से और दिन के समय होगी।

(5) जब सनीचर खाना नंबर 1, 4 में हो तो सनीचर से मुतअल्लिक (सम्बन्धित) अश्या (चीजें), कारोबार और ताल्लुकदारों का उत्तम फल मिलेगा। ऐसे इंसान की दौलत, ऊर्ध्व–रेखा (झूठ, फरेब, दगा, लानत की माया) के मानिन्द (समान) होगी।

(6) जब खाना नंबर 5, 8 में पापी ग्रह अथवा बुध या शुक्कर बैठे हों अथवा दिल (हृदय) रेखा मद्धमा उंगली की जड़ तक जाए तो टेवे वाले इंसान के धर्म की नाली गंदी होगी। जिससे चन्द्र की चीजें जहर और कातिल का काम करेंगी।

(7) जब खाना नंबर 2 खाली हो और खाना नंबर 4 में नर ग्रह (सूरज, मंगल, बृहस्पत) बैठे हों तो 6, 12, 24, 48 साल की उम्र (चन्द्र की उम्र) में शुरू किया हुआ काम खुश्क (सूखे) कुएं भी धन–दौलत से भर देगा। चाहे चन्द्र टेवे में कितना ही मंदा या जहरीला क्यों न हो गया हो। हिक्मत (डॉक्टरी), जर्राही (सर्जरी) का काम उत्तम असर देने वाला होगा।

(8) जब खाना नंबर 3 मंदा हो या खाना नंबर 3 में चन्द्र के दुश्मन ग्रह (पापी बुध या पापी शुक्कर) हों तो ऐसे इंसान के द्वारा मरीज को दी गई दवाईयां (पानी में घुली हुई) जहर का असर देंगी लेकिन खुश्क (सूखी) दवाईयों के मामले में ऐसा नहीं होगा। रात के वक्त मरीजों का इलाज मंदा असर देगा।

(9) जब खाना नंबर 4 में केतु हो, खाना नंबर 5 में बृहस्पत हो, खाना नंबर 2, 10 में राहु हो, खाना नंबर 6 में सूरज हो और खाना नंबर 8 में बुध हो तो तमाम (पूरे) कबीले (खानदान) पर मुसीबतों का तूफान चलता होगा।

(10) चन्द्र का पानी (कुदरती पानी, जमीन के नीचे का पानी, दरिया, नदी, नाले का पानी, आसमानी बर्फ–ओलों का पानी) लगातार 10 साल तक घर में कायम किया जाए तो दसवें साल से शुरू होकर

15 साल के बाद चन्द्र से मुतअल्लिक (सम्बन्धित) सभी जहर को धो देगा। रात को दूध पीना मंदा असर देगा। दूध देने वाले मवेशी (जानवर) घर में रखना मंदे असर का सबब बनेंगे।

(11) खाना नंबर 5, 6 में कोई भी ग्रह बैठा हो तो चन्द्र की कोई भी चीज आने पर टेवे वाले पर चारों तरफ से दुःख और मुसीबतों का पहाड़ खड़ा हो जाएगा।

(12) खाना नंबर 10 का चन्द्र ऐसे जहरीले दरियाओं के पानी के समुद्र के मानिन्द (समान) होगा जो पहाड़ से निकलने के बजाय उल्टा पहाड़ पर गिरकर पहाड़ को ही बरबाद कर रहा हो।

(13) जब भाई के मार्फत (द्वारा) सनीचर का सम्बन्ध बनता हो अर्थात् भाई के द्वारा कोई मकान वगैरह (अथवा कोई सनीचर का ठोस पदार्थ) खरीदें या लें तो खुद चन्द्र ही टेवे वाले इंसान के लिए मौत का कुआं बनेगा।

(14) दिमागी खाना नंबर 34 वाला इंसान जिस जगह और शख़्स को एक बार देख लेगा फिर कभी भी नहीं भूलेगा।

(15) खाना नंबर 10 के चन्द्र वाले इंसान की उम्र कौवे और सांप की तरह 90 साल से कम न होगी। खाना नंबर 5 पर पापी ग्रहों का कोई बुरा असर नहीं होगा और न ही किसी उपाय की जरूरत ही होगी। खाना नंबर 2 (किस्मत के लिहाज से) जागता हुआ होगा यानि धर्म स्थान में जाना किस्मत की बुलन्दी का सबब बनेगा। लेकिन औरत–जात (स्त्री वर्ग) से बचकर चलना ही मुनासिब होगा।

(16) खाना नंबर 1, 4 में सनीचर हो और हथेली पर पितृ रेखा हो तो टेवे वाले इंसान को वाल्दैनी (माता–पिता) सुख तो जरूर मिलेगा लेकिन उसे खुद औरतों से बचकर चलना होगा। जिससे वे (औरतें) टेवे वाले को बरबाद न कर दें अथवा उसका धन नाहक (व्यर्थ) ही खराब या बरबाद न करवा दें। ये औरत कोई भी हो सकती हैं। चाहे माशूका (प्रेमिका), बाजारू औरत अथवा वह बेवा (विधवा) औरत जिसके पालन की जिम्मेवारी टेवे वाले इंसान पर हो।

(17) जब सनीचर खाना नंबर 3 में और चन्द्र खाना नंबर 10 में हो तो टेवे वाला इंसान चोर या डाकू के मानिन्द (समान) होगा मगर फिर भी उसकी हालत मंदी ही होगी।

(18) जब चन्द्र खाना नंबर 10 में, पापी ग्रह खाना नंबर 4 में, शुक्कर खाना नंबर 7 में हो तो औलाद मरती जाएगी और टेवे वाले की माता की उम्र शक्की होगी।

(19) अगर टेवे वाले इंसान के टेवे में खाना नंबर 2, 3 में पापी ग्रह हों तो चन्द्र का हाल मंदा ही गिना जाएगा।

(20) जब सनीचर खाना नंबर 4 या शुक्कर खाना नंबर 1 में हो तो वाल्दैनी सुख उत्तम मिलेगा, लेकिन औरतें (माशूका, बेवा या बाजारू औरत) टेवे वाले इंसान को बरबाद करती होगी।

(21) सूरज और बृहस्पत खाना नंबर 4 अथवा अकेला मंगल खाना नंबर 4 में हो तो ऐसे इंसान के खुश्क (सूखे) कुएं भी खुद–ब–खुद पानी देने लग जाएंगे और उजड़े घर आबाद होंगे। चन्द्र के नेक असर से मुबारक जमाना आएगा।

(22) जब मंगल खाना नंबर 7 में हो और टेवे में जिस घर में सूरज बैठा हो उसके बाद के घर में सनीचर हो तो ऐसे इंसान के जिस्म का कोई अंग खराब या अधूरा (अंगहीन) होगा।

(23) जब खाना नंबर 10 में चन्द्र हो और मंगल–बद हो जाए तो ऐसा इंसान चोर, धोखेबाज, तैरने वाले को डुबाने वाली नीयत का मालिक होगा।

कियाफा (हस्तेरखा)– दिल रेखा मद्धमा की जड़ (खाना नंबर 10) तक हो। उम्र रेखा, दिल रेखा से मिल जाए। जब सिर रेखा, दिल रेखा और उम्र रेखा (मस्तिष्क–हृदय–आयु रेखा) तीनों मिल जाएं। जब चन्द्र, बुध और सनीचर का आपस में सम्बन्ध बन जाए साथ ही हथेली पर हृदय रेखा, मस्तिष्क रेखा और आयु रेखा तीनों आपस में मिलती हों तो तीनों ही ग्रहों का मंदा असर जाहिर होगा। हर तरफ टेवे वाले इंसान के सब्जकदमा (मनहूस) ही जाहिर होंगे। जब खाना नंबर 2 खाली हो और उंगलियों के नाखून लम्बे हों तो टेवे वाले इंसान को फेफड़े और छाती से मुतअल्लिक (सम्बन्धित) बीमारी होगी।

चन्द्र खाना नंबर 11

(न के बराबर, शून्य या मंदा)

दिए दूध है पूत दुनिया में मिलता
नहीं दिल तो क्या खाक दुनिया में जीता
तीन हुआ घर मंदा टेवे, पांच जहर खुद चन्द्र हो
नेक चन्द्र बुध पांचवें होते, तख्त आया या मन्दिर हो
साथ पापी या दुश्मन साथी, केतु मंदा खुद होता हो
पोता खेले न बैठे दादी, दूध पत्थर दुःख धोता हो
भला बृहस्पत जर दौलत बढ़ती, सूरज चार बुध बैठा हो
उम्र माता न बेशक लम्बी, उत्तम सनीचर सुख दुनिया हो

(1) जब खाना नंबर 11 में सनीचर उम्दा हो और दिल (हृदय) रेखा सनीचर और बृहस्पत के बुर्ज़ के दरमियान (मध्य) खाना नंबर 11 में खत्म हो तो ऐसे टेवे वाले इंसान के द्वारा दूध की खैरात (दान) देना औलाद (पुत्र या बेटा) और माया की बरकत का सबब बनेगा।

(2) खाना नंबर 11 में चन्द्र सिफर (शून्य) या मंदा ही असर करेगा। ऐसे इंसान का दिल समुद्र की लहरों (अस्थाई) के मानिन्द (समान) होगा। कभी जोर से लहरों का तूफान दिल में उठता होगा तो कभी ऐसी हालत होगी कि पानी का निशान तक न होगा। यहां तक कि खाली जमीन, पत्थर या रेत की चमक तक न होगी।

(3) जब टेवे में खाना नंबर 3 मंदा हो तो ऐसे इंसान का बचपन मंदा होगा और मंदरजाजैल (निम्नलिखित) पांच बातें जिन्दगी में जहर के मानिन्द (समान) असर देंगी।

(i) किसी बहन या बेटी (बुध) का जनम बुधवार को हो अथवा कोई कारोबार बुधवार को शुरू किया जाए अथवा बुध की कोई चीज बुधवार के दिन घर में लाई गई हो।

(ii) अपनी खुद की (टेवे वाले की) या किसी नजदीकी ताल्लुकदार की शादी शुक्रवार के दिन की जाए।

(iii) सनीचर के दिन नए मकान की बुनियाद (शुरुआत) रखी जाए, खरीदा जाए, गिराया जाए अथवा सनीचर से मुतअल्लिक (सम्बन्धित) कोई कारोबार सनीचर के दिन शुरू किया जाए।

(iv) केतु का कोई भी काम सुबह–सुबह (ऊषा काल में) किया जाए अथवा केतु का दान सुबह–सबेरे लिया या दिया जाए।

(v) गुरु का उपदेश पक्की शाम (राहु) के वक्त सुनना या सुनाना अथवा बृहस्पत की चीजों को पक्की शाम के वक्त बेचना या खरीदना अथवा उनका कारोबार करना भी मंदा फल देगा।

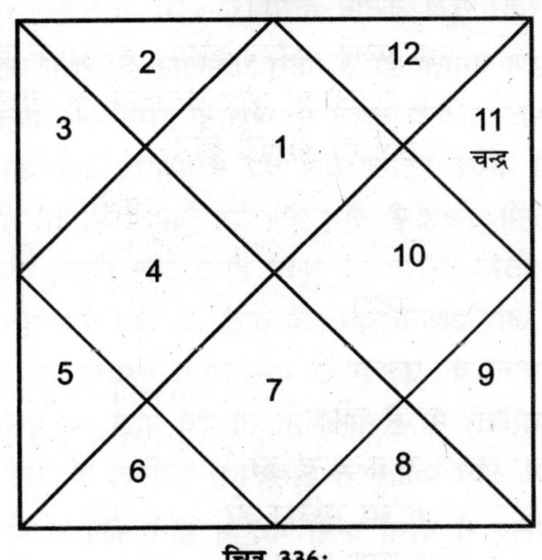

चित्र 336:

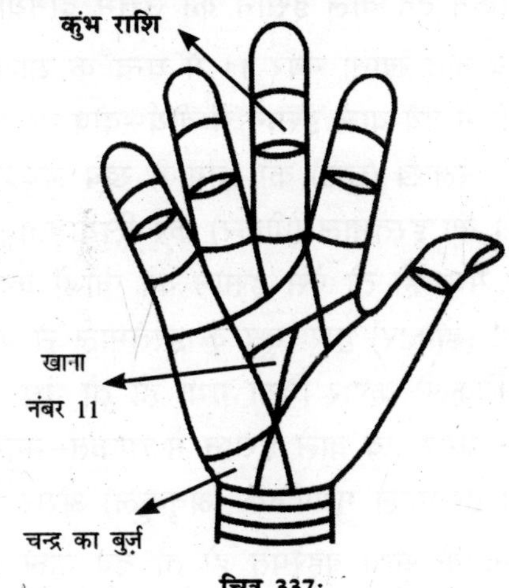

चित्र 337:

(4) जब बुध खाना नंबर 5 में हो और बमूजिब (अनुसार) वर्षफल चन्द्र खाना नंबर 1 में उम्र के 1, 23, 36, 48, 57, 72, 84, 94, 105, 119 साल में अथवा खाना नंबर 2 में उम्र के 4, 17, 27, 47, 55, 69, 81, 95, 103, 115 साल में आए (देखें फेहरिस्त वर्षफल, फरमान नंबर 13) तो रिश्तेदारों और उम्र के ताल्लुक (सम्बन्ध) में नेक असर होंगे। खाना नंबर 11 का चन्द्र अब उत्तम फल देगा और अब 12 साल तक बजरिया (माध्यम से) राजदरबार (प्रशासन) खूब धन–दौलत पैदा होगी।

(5) जब खाना नंबर 11 के चन्द्र के साथ पापी (राहु, केतु, बहैसियत पापी सनीचर) ग्रह हों अथवा दुश्मन ग्रह (पापी बुध) चन्द्र के साथी (देखें फरमान नंबर 6) हों तो केतु मंदा असर करेगा। ऐसे में दादी के बैठे होते पोता न खेलेगा (पोता पैदा न होगा) अथवा दादी और पोते का झगड़ा होगा अर्थात् माता के बैठे बेटा (टेवे वाले का) पैदा न होगा। अगर नरीना (नर) औलाद पैदा हो भी जाए तो माता (टेवे वाले की) उसे जब भी देखे तो या तो माता बेवा होगी अथवा औलाद बरबाद होगी। लेकिन अगर टेवे वाले की माता पहले से अन्धी या बेवा (विधवा) हो तो औलाद कायम हो जाएगी। लेकिन औलाद (नर) की बारह साल की उम्र में माता या औलाद में से एक या दोनों ही नहीं रहेंगे। घर में पानी (हैण्डपम्प के पानी) गिरने की जगह पर चक्की का पाट (पत्थर) होना इस बात की निशानी होगी। ऐसे में इस पत्थर को टेवे वाले की माता रोज धोती रहे अथवा अपनी आंख और बाल दूध से धोती रहा करे तो ऐसा करते रहने से चन्द्र का जहर धीरे–धीरे करके धुलने लग जाएगा अथवा भैरो–बाबा के मन्दिर में दूध देना मददगार होगा।

(6) जब बृहस्पत टेवे में उम्दा हो और खाना नंबर 11 में चन्द्र हो तो टेवे वाले इंसान की धन और दौलत उम्दा होगी।

(7) खाना नंबर 4 में सूरज और बुध बैठे हों साथ ही हथेली में चन्द्र के बुर्ज़ (खाना नंबर 4) से खाना नंबर 11 को कोई रेखा जाती हो तो टेवे वाला इंसान माकूल (उचित अथवा शुद्ध) कमाई का मालिक और कमाई के मामले में संतुष्ट रहने वाला होगा।

(8) जब सनीचर खाना नंबर 3 में हो तो टेवे वाले इंसान के बचपन के जमाने में ही (चन्द्र या सनीचर की मियाद में) टेवे वाले की माता मंदी सेहत की होगी और संभव है कि वफात (मौत) ही पा जाए लेकिन टेवे वाले इंसान को उत्तम दुनियावी (सांसारिक) सुख नसीब होगा।

(9) जब केतु खाना नंबर 11 में चन्द्र के साथ होकर ग्रहण बनाता हो तो केतु कमजोर ही गिना जाएगा। ऐसे में टेवे वाले इंसान में वीर्य–दोष के कारण नर औलाद पैदा करने में परेशानी होगी ऐसे वक्त सोने की सलाख (छड़) को आग में खूब अच्छी तरह सुर्ख करके ग्यारह बार दूध में बुझाया जाए और इस दूध का इस्तेमाल (पीकर) कर लिया जाए। अगर किसी वजह से केतु निहायत (बहुत ज्यादा) ही मंदा हो गया हो तो ऐसे इंसान को जोड़ों का दर्द या गठिया वगैरह हो चुका होगा और किसी वजह से वैद्य (डॉक्टर) द्वारा दूध के इस्तेमाल से परहेज रखा जाए अथवा दूध टेवे वाले के लिए गैर–मुआफिक (प्रतिकूल) करार दिया गया हो तो दूध की जगह पानी का इस्तेमाल कर सोना बुझाया जा सकता है। अगर टेवे वाले इंसान में ताकत–मर्दुमी (काम–शक्ति) में परेशानी हो तो टेवे वाले को ऐसी दवा का इस्तेमाल मुआफिक (अनुकूल) असर देगा, जिसमें सोने की भस्म (बृहस्पत) शामिल की गई हो।

(10) चन्द्र के साथ बृहस्पत हो तो टेवे वाले इंसान के लिए ये दोनों कभी मंदे न होंगे और न ही कभी अपने दुश्मन से परेशान होंगे।

(11) जब केतु खाना नंबर 3 में हो और टेवे वाले इंसान के द्वारा कुआं (हैण्डपंप वगैरह) खुदवाया जाए तो कुआं लगने के फौरन बाद उसकी माता की अथवा औलाद की मौत होगी। समुद्री सफरों (यात्राओं) में नुकसान और किसी दूसरे शख्स की गुमराही (पथभ्रष्टता) से धन और माल की हानि उठानी पड़ेगी।

कियाफा (हस्तरेखा)– चन्द्र रेखा (दिल रेखा या हृदय रेखा), बृहस्पत के बुर्ज़ की ओर जाती हो मगर बृहस्पत के बुर्ज़ पर न पहुंचती हो। चन्द्र के बुर्ज़ से कोई रेखा हथेली पर खाना नंबर 11 पर पहुंचकर खत्म हो जाए।

उपाय

(1) अगर टेवे वाले प्राणी के औलाद न होती हो तो इसके लिए बेहतर होगा कि जब टेवे वाले प्राणी की औरत (पत्नी) को प्रसव का दर्द शुरू हो तो उसी वक्त से टेवे वाले की माता वहां से किसी दूसरी जगह चली जाए और 43 दिनों तक बच्चे को न तो आंखों से देखें और न ही हाथों में ले। अगर टेवे वाले इंसान की औरत (पत्नी) के टेवे में भी चन्द्र खाना नंबर 11 में हो तो टेवे वाले की सास (पत्नी की माता) का भी 43 दिन तक बच्चे से दूर रहना मुबारक होगा।

(2) माता की सेहत और जीवन की मदद के लिए दूध के खोए (मावा) के पेड़े (एक प्रकार का मिष्ठान) अथवा इतना दूध लें जो एक इंसान की पूरी खुराक हो। अब इस चीज (पेड़े या दूध) को ग्यारह गुना करके 11×11 = 121 पेड़े अथवा 11 इंसान की पूरी खुराक का दूध) बच्चों में तक़सीम करें (बांटें) अथवा इस बात से कोई दूसरा प्राणी वहम (संदेह) करे तो ये चीज दरिया या नदी में प्रवाहित कर दें।

चन्द्र खाना नंबर 12

(तूफान से बस्तियां उजाड़ने वाला दरिया)

छोड़ी याद मंजिल बुढ़ापा उजाड़ा
गया जल बिका इसमें तेरा ही क्या था
सुल्तान बूद पिदरम, इकबाल था शाहाना
है याद करके रोता, घर उजड़े हो वीराना
मैदान पानी चलता, था तीर्थ जो हुआ
आबाद करके दुनिया, खुद गर्क जा हुआ
लेख जाती खुद चन्द्र अपना, पांच छठे नौ दूजे हो
बुध सूरज घर तीजे बैठा, तारे गंगा कुल घर सबको
साथ साथी असर पापी का, नाला गन्दा बरसाती हो
दूध माया जर दौलत जलता, चन्द्र नरक खुद पानी हो
माता तख्त जब टेवे आती, धर्म-कर्म जर घटता हो
दौरा मगर जब बारह करती, उजड़े खेती घर जलता हो
नीम बूढ़ी से पानी टपकता रहा, बूढ़ी माता का पोता भटकता रहा
पानी पे पानी बरसता रहा, बीकानेर बेचारा तरसता रहा

(1) जब चन्द्र खाना नंबर 12 में हो और खाना नंबर 2, 6, 12 में बुध या शुक्कर या पापी ग्रह बैठे हों तो जो चीज भी टेवे वाले का बाप उसके (टेवे वाले इंसान) नाम में कर देगा वो चीज कौड़ी–कौड़ी करके जलती या बिकती होगी, वजह चाहे कोई भी हो।

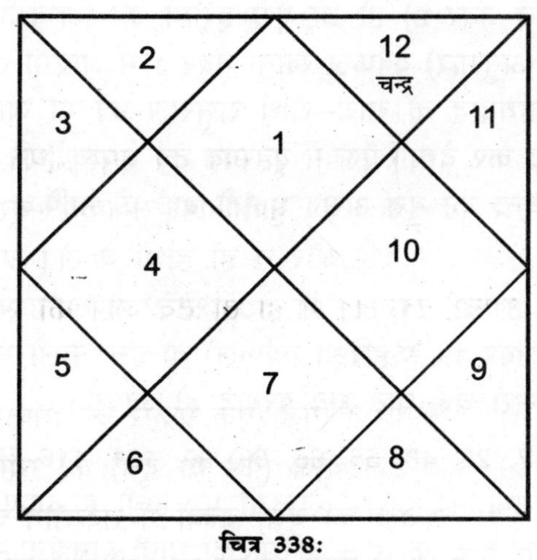

चित्र 338:

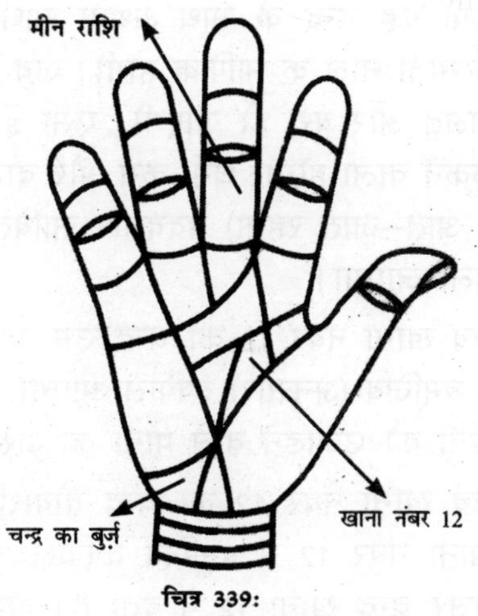

चित्र 339:

(2) जब बमूजिब वर्षफल खाना नम्बर 1 में चन्द्र आएगा उस वक्त खाना नंबर 12 के चन्द्र वाला इंसान अपने बुजुर्गों (बाप–दादा) की शान–शौकत और जद्दी (पैतृक) जायदाद (चल और अचल सम्पत्ति)

का अपने जनम से पहले और बाद का फर्क करके देखेगा कि अब मेरे पास क्या है? तो इसका जवाब सिर्फ आंसुओं से ही देगा और मुंह से कुछ अलफाज (शब्द) न निकाल सकेगा। अपने आबाद खानदान की बजाय वह उजड़ा हुआ जंगल और वीराना देखता रह जाएगा। चन्द्र बमूजिब वर्षफल खाना नंबर 1 में उम्र के 12, 24, 35, 46, 59, 71, 82 साल में आएगा, (देखें फरमान नंबर 13 फेहरिस्त (सारणी) वर्षफल)।

(3) टेवे वाला इंसान अपने बाप–दादाओं के जमाने की दौलत–जायदाद को पानी के माफिक बहा देगा मानो जो स्थान पानी के मामले में तीर्थों में गिना जाता रहा हो वह अब मात्र एक मैदान बनके रह गया हो। संसार में न कोई इंसान नुकसान की हसरत (इच्छा) रखता है और न ही कोई दुःख मांगता है लेकिन खाना नंबर 12 में चन्द्र वाला इंसान खुद भी पानी से जलेगा और दूसरे लोगों को भी जलाएगा।

(4) चन्द्र की खुद अपनी जाती (निजी) किस्मत का फैसला खाना नंबर 5, 6, 9, 2 से होगा। मसलन–

(i) खाना नंबर 2 के ग्रहों के मुताबिक मान और इज्जत का हाल देखा जाएगा।

(ii) खाना नंबर 5 के ग्रहों के मुताबिक औलाद और दहाना दरिया का हाल देखेंगे।

(iii) खाना नंबर 6 के ग्रहों के मुताबिक इंसान के दुनियावी सम्बन्ध, उम्र और गुजरगाह (रास्ते का) दरिया का हाल देखा जाएगा।

(iv) खाना नंबर 9 के ग्रहों के मुताबिक धर्म, कर्म और बुजुर्गी मुम्बा–दरिया (प्राकृतिक दरिया) का हाल देखा जाएगा।

(5) जब सूरज और बुध दोनों एक साथ खाना नंबर 3 में बैठे हों तो ऐसा इंसान अपने कुल और खानदान को गंगा नदी की तरह तारने वाला होगा।

(6) जब खाना नंबर 12 के चन्द्र पर पापी ग्रहों (राहु, केतु, बहैसियत पापी सनीचर) का असर हो अथवा पापी ग्रह चन्द्र के साथ अथवा साथी (देखें फरमान नंबर 6) हो तो ऐसे इंसान की जिन्दगी गन्दे बरसाती नाले के माफिक होगी। जब चन्द्र बमूजिब (अनुसार) वर्षफल खाना नंबर 1 में आएगा तो यह हालत और बुरी हो जाएगी। ऐसा इंसान अपनी जायदाद के साथ–साथ ससुराल की भी जायदाद फूंकने वाला होगा। धर्म–कर्म और दौलत को बरबाद कर देगा। ऐसे में बृहस्पत का उपाय (धर्म स्थान में आते–जाते रहना) मददगार साबित होगा और चन्द्र का बुरा असर घुलती बर्फ के माफिक बहता चला जाएगा।

(7) जब खाना नंबर 12 का चन्द्र उम्र के 12, 24, 35, 46, 59, 71, 82, 91, 106 सालों में खाना नंबर 1 में बमूजिब (अनुसार) वर्षफल आएगा (देखें फरमान नंबर 13, फेहरिस्त वर्षफल) तो इन सालों में चन्द्र खेती को उजाड़ने वाले पानी का असर रखेगा, जिससे घर–घाट सब बरबाद हो जाएंगे।

(8) जब खाना नंबर 12 का चन्द्र दोबारा उम्र के 4, 17, 28, 48, 55, 68, 80, 90, 101, 116 साल में खाना नंबर 12 में बमूजिब वर्षफल आएगा तो वे सभी मंदे असर जिन्दगी पर हावी हों जाएंगे जो असर चन्द्र खाना 12 में देता है। खाना नंबर 12 के चन्द्र को ऐसे दरिया का पानी समझना चाहिए जो आबाद घरों और खेती की जमीन को उजाड़ता हुआ बहाकर ले जाता है और अपने साथ गन्दी मिट्टी और जलती हुई रेत भरकर ले आता है। इसका अहसास टेवे वाले को तब होगा जब बमूजिब वर्षफल चन्द्र खाना नंबर 1 में आएगा।

पानी बादल में भरकर जलता, मैदान रेत से भरता हो
खेती उजाड़ जागीर नसीबा, अफीम खाए ले सुधरा वो
दूध धन दौलत पानी देता, नरक चन्द्र घर डोलता हो
धर्म-कर्म चांडाली साया, मान इज्जत कुल फूंकता हो

(9) जिस घर में भी मंगल बैठा होगा उस घर को दूध टपकाने वाला नीम कहा जाएगा। बूढ़ी माता का पोता (टेवे वाले की नर औलाद) केतु होगा और खाना नंबर 4 में बैठा ग्रह समुद्र में बरसात करने वाला होगा। चन्द्र का दुश्मन ग्रह (पापी बुध) बीकानेर का रेगिस्तान (मरुस्थल) होगा। यह बीकानेर पानी को तरसता रहता है। खाना नंबर 4 जो खुद पानी और समुद्र का खाना है, वहां पानी होने के बावजूद, और पानी बरसता होगा तो क्या हाल होगा? खाना नंबर 12 में चन्द्र होने के वक्त मंगल, केतु, बुध जिन खानों में भी बैठेंगे वहां क्या हाल करेंगे? मंगल खाना नंबर 4 में होता है तो मांगलिक योग बनाएगा लेकिन अब यह आग की बजाय ठंडा असर जाहिर करेगा। अगर केतु नंबर 4 हो तो कुएं में गिरे कुत्ते के मानिन्द (समान) तड़पता है। लेकिन अब वह केतु बारिश में भीगे कुत्ते के मानिन्द मंदा हो जाएगा। इसी तरह बुध खाना नंबर 4 में बैठकर माता खानदान पर मंदा असर पैदा करेगा। इसी तरह अलग–अलग खानों में मंगल, केतु और बुध के बैठे होने का असर बमूजिब (अनुसार) मंदरजाजैल फेहरिस्त देखेंगे।

खाना नंबर	ग्रह का नाम	टेवे वाले पर असर
(1)	मंगल	राजदरबार में जहर के बदले शहद मिलेगा।
(1)	केतु	जिस घर में भी पांव रखेगा उसी घर के नुमाइन्दों (सदस्यों) को राजदरबार से गिरफ्तारी के लिए सिपाही आने लगेंगे।
(1)	बुध	राजदरबार मंदा और उजड़ा हुआ असर देगा।
(2)	मंगल	ससुराल के धन का दरिया उसके घर की ओर आता होगा और रोकने पर भी नहीं रुकेगा।
(2)	केतु	ससुराल जाएगा तो खुद की जूती भी चोरी करवा आएगा और घर नंगे पांव लौटेगा।
(2)	बुध	ससुराल और खानदान उजड़ जाएगा। रेगिस्तानी बीकानेर के मानिन्द (समान) नजारे पैदा होंगे।
(3)	मंगल	भाई–बंद पानी की जगह दूध की दरिया में नहाते होंगे।
(3)	केतु	खुद तो अपनी औलाद से दुःखी होगा ही साथ ही भाई–बंद भी चिल्ला रहे होंगे।
(3)	बुध	भाई–बंदों के बाजू कटे हुए (निःसहारा) होंगे।

(4)	मंगल	बड़े भाईयों (चाहे माता का, बाप का या खुद का) की उम्र बेशक ज्यादा न हो मगर जब तक रहेंगे कभी दुःखी नहीं रहेंगे।
(4)	केतु	नालायकों की औलाद, खानदानी नालायकी का सबूत देगी।
(4)	बुध	माता का खानदान (मामा वगैरह) मातमी हालत में रहता होगा।
(5)	मंगल	इसकी औलाद के बहुत से गांव, नगर या शहर बसेंगे।
(5)	केतु	मंदे (बुरे) कामों में इसकी औलाद अपने बाप जैसा ही बनकर दिखलाएंगी
(5)	बुध	औलाद मंदे पानी में बहती होगी यानि औलाद को दिल और आंख की बीमारियां होंगी।
(6)	मंगल	जिस दुनियावी शख्स से उसकी लड़की या माता या लड़के के खानदान का नाता जुड़ेगा उसी शख्स के घर दौलत का दरिया बहने लग जाएगा।
(6)	केतु	उसके रिश्तेदार (समधी वगैरह) उसे चाहे सुख न दें मगर खुद सुखी जरूर होंगे।
(6)	बुध	उसके रिश्तेदार (समधी वगैरह) जहां लड़की की शादी हुई हो मंदे तूफान (बीमारी वगैरह) से चिल्ला रहे होंगे।
(7)	मंगल	परिवार की हालत ऐसी होगी कि अगर पानी मांगता होगा तो दूध हाथ में आएगा।
(7)	केतु	अपने ही घर में कुत्ते जैसी हालत होती होगी। औलाद, स्त्री वगैरह घर के लोग जमीन पर गंदगी फेंकने की बजाय उस पर (टेवे वाले पर) गंदगी फेंकते होंगे।
(7)	बुध	गृहस्थी हालत (पत्नी) मंदी रेत (बीमारी वगैरह) से जल रही होगी।
(8)	मंगल	इंसान मरेगा तो जरूर मगर गल–सड़कर, जलकर या हादसे (दुर्घटना) वगैरह से नहीं मरेगा।
(8)	केतु	लड़के अचानक ही गुम होते चले जाएंगे या मरते होंगे। (इसकी वजह प्रेत–पीड़ा होगी)।
(8)	बुध	लंबी–लंबी बीमारियों पर खर्चे का कोई हिसाब न होगा।
(9)	मंगल	बाप–दादाओं के घर में दूध की नदियां बह रही होंगी चाहे उसे खुद शहर या घर से बाहर निकल जाने का हुक्म हो गया हो।
(9)	केतु	मामा का खानदान बेवजह ही मंदी हवाओं की मार झेल रहा होगा।
(9)	बुध	बाप–दादाओं (बुजुर्गों) की उजड़ी हुई जायदाद को देख–देखकर इस कदर रोता होगा कि उसकी आंखों का पानी भी सूख चुका होगा।
(10)	मंगल	इसके सिर पर चाहे मुसीबतों का पूरा पहाड़ ही क्यों न गिर जाए मगर हौसला न छोड़ेगा और न ही दुःखी होगा।
(10)	केतु	रास्ते से गुजरती हुई आंधी बेवजह ही इसका घर उजाड़ जाएगी।
(10)	बुध	पहाड़ों से खड़े आलीशान मकान रातोरात (अचानक) उजड़े हुए रेगिस्तान हो जाएंगे।

(11)	मंगल	गुनहगार होते हुए भी दुनिया के मुनसिफ (न्यायाधीश) उसे बेगुनाह ही कहेंगे।
(11)	केतु	इन्साफ और चालचलन के मामले में कुत्ते के मानिन्द बिकने वाला होगा यानि मामूली लालच में इन्साफ की धूल उड़ा देगा और खूबसूरत फाहिशा (बाजारू औरत) तक को देखकर अपने चरित्र को दांव पर लगा देगा।
(11)	बुध	बेगुनाह होते हुए भी मुनसिफ उसे दोषी करार देते हुए और उस पर कत्ल का इल्जाम लगाते हुए फांसी की सजा दे देगा।
(12)	मंगल	दूध में शहद (के स्वाद) जैसी जिन्दगी और रात को हर तरह का आराम यानि दिल की शांति होगी।
(12)	केतु	धन–दौलत और कमाई की खनक तो बहुत होगी लेकिन गिनने (हिसाब लगाने) पर अपने हिस्से में सिफर (शून्य) ही हासिल होगा।
(12)	बुध	जिससे भी सहारे और मदद की उम्मीद करेगा वह पहले ही खुद से आगे भागता हुआ और रोता हुआ नजर आएगा।

10) खाना नंबर 12 में चन्द्र हो तो मींह (वर्षा) का पानी घर में रखना मददगार होगा। ऐसे इंसान के लिए खामोशी और पसमान्दगी (हीन–भावना) तबाही का कारण होंगे। चन्द्र की चीजें इंसान को उत्तम असर देंगी। ऐसा इंसान विद्वान, अक्लमंद होगा। तालीम (शिक्षा) की हालत उत्तम होगी।

(11) जब बृहस्पत उम्दा हो या सूरज नेक हो तो चन्द्र मामूली पानी के बजाए एक उम्दा व उत्तम दूध की तरह धन–दौलत मुहैया कराएगा।

(12) दिमागी खाना नंबर 36 राहु से मुश्तरका (संयुक्त) हो तो वक्त निकलने के बाद इंसान पछताता होगा या जैसे–जैसे वक्त बीतता जाएगा वैसे–वैसे हालात (परिस्थितियां) मंदे या हल्के ही होते चले जाएंगे। वक्त बहुत फुर्ती से गुजरता होगा।

(13) जब खाना नंबर 12 में चन्द्र मंदा हो तो चन्द्र रात के वक्त तूफान लाने और बस्तियां उजाड़ने वाला होगा। चन्द्र ऐसा गन्दा पानी होगा। जिसके इस्तेमाल से खेती भी जलती और उजड़ती होगी अर्थात् वाल्दैनी (माता–पिता) के मार्फत दिया हुआ घर–बार दौलत सब कुछ उजड़ या बिक जाएगा मगर उस इंसान (टेवे वाले) का खुद का कमाया हुआ एक जर्रा (कण) भी बरबाद न होगा।

(14) खाना नंबर 12 के चन्द्र वाले इंसान को रात की नींद और सिर की खोपड़ी कभी–कभी ही सुख और शान्ति देगी। चन्द्र की बेजान चीजें लगभग मंदा ही फल देंगी।

(15) अगर मंगल खाना नंबर 1 और सूरज खाना नंबर 2 में हो तो ऐसा इंसान आलसी, निर्धन और दुःखी होगा। आधी उम्र (12 साल से 48 साल की उम्र) तक पानी से मौत का संदेह बना रहेगा। अपने मंदे असर के लिए चन्द्र 48 साल की उम्र के बाद खाना नंबर 12 का असर न देकर खाना नंबर 3 के बमूजिब (अनुसार) असर देगा।

(16) जब सूरज खाना नंबर 6 में हो तो टेवे वाला इंसान, उसकी औरत अथवा दोनों ही एक आंख से काने होंगे।

(17) खाना नंबर 12 में चन्द्र वाला इंसान यह कहता होगा कि–

आता है मुझको याद वो गुजरा हुआ जमाना
या ख्वाब में ही देखा या हो गए दीवाना
सुल्तान बूंद पिदरम् इकबाल था शाहाना
तक्सीर उनकी आजम या हो गए बहाना
है याद करके रोता-घर उजड़े हो वीराना
जाहिल बना वही जो था माहिर-ए-जमाना

मुझे गुजरा हुआ जमाना याद आता है। शायद यह ख्वाब (सपना) ही हो या फिर मैं ही दीवाना (पागल) हो गया हूं। मेरा बाप बादशाह था और उसके राजसी ठाठ–बाट थे। या तो उनसे कुछ गलती हुई या फिर कोई और बात इसका बहाना (कारण) हो गई हो। वह इस जमाने को देखकर और उस जमाने को याद करके रोता है। देखता है कि घर–बार वीराना (जंगल) हो गया है जो तमाम जमाने का जानकार और होशियार था अब वही (इंसान) खुद बेवकूफ और नालायक के नाम से जाना जाता है।

(18) खाना नंबर 5, 7, 9 – मैदान का पानी
खाना नंबर 2 – पानी का निकास
खाना नंबर 10, 11 – रुकावट के पहाड़
खाना नंबर 4 – पानी का चश्मा (स्रोत)
खाना नंबर 9 – समुद्र
खाना नंबर 3 – रेगिस्तान का पानी
खाना नंबर 6 – पाताल का पानी
खाना नंबर 8 – आबादी का मैदान वाला पानी
खाना नंबर 7 – खेती की भूमि वाला पानी

इन 12 खानों के पानी से अभिप्राय इस बात से है कि इनमें बैठे हुए ग्रहों से चन्द्र (खाना नंबर 12) की स्थिति का ताल्लुक (सम्बन्ध) बनाकर धन की स्थिति ज्ञात की जा सके। आमदनी का रास्ता और धन की बचत होने की गुंजाइश पता की जा सके।

कियाफा (हस्तरेखा)– चन्द्र रेखा हथेली पर खाना नंबर 12 के बुर्ज़ पर जाकर खत्म होती हो।

शुक्कर

चित्र 340: लक्ष्मी जी

जगत लक्ष्मी

बदी खुफिया तू जिससे दिन रात करता
वक्त मंदा तेरे वही सिर पर चढ़ता
ऐश पसन्दी इश्क खुदाई, बुरा अकेला नहीं होता हो
पाप नस्ल का खून गृहस्थी, माया मिट्टी का पुतला हो
मर्द टेवे में औरत बनता, औरत टेवे में मर्द वह हो

उठती जवानी इश्क में अन्धा, बूढ़ा नसीहत देता हो
सूरज दृष्टि सनीचर पे करता, बुरा शुक्कर का होता हो
सनीचर सूरज से पहले बैठा, नर ग्रह स्त्री उम्दा हो
नजर शुक्कर में जब सनीचर आता, माया दीगर खा जाता हो
दृष्टि शुक्कर पे जब सनीचर करता, सभी मदद ग्रह करते हों
शुक्कर बैठा जब बुध से पहले, असर राहु का मंदा हो
बुध से पहले शुक्कर, केतु भला फिर होता हो
दुश्मन दोनों का साथ जो बैठे, असर न दोनों मिलता हो
शुक्कर मालिक है नजर सनीचर, चारों तरफ ही देखता हो
चोट सनीचर जब कहीं खाता, अन्धा शुक्कर होता हो।
घर पांच परिवार बच्चों का, नीच छठे वह होता हो
असर साथी ग्रह सात पे देगा, जलती मिट्टी घर आठ का हो
जहर मंगल-बद नौवें बनता धर्मी सनीचर घर दसवें हो
चश्मा दौलत जर ग्यारह उठता, तारे बारह भव-सागर हो

(1) जब टेवे में शुक्कर अपने दुश्मन ग्रहों को देख रहा हो तो जब भी वर्षफल में शुक्कर मंदा होकर किसी भी खाने में बैठेगा तो उसके वे दुश्मन ग्रह (सूरज या चन्द्र या राहु) जिन्हें शुक्कर टेवे में देख रहा है, मंदे शुक्कर का असर ज्यादा मंदा और जहरीला कर देंगे। चाहे वे वर्षफल कुंडली में शुक्कर को देख रहे हों या नहीं अर्थात् जिससे शुक्कर खुफिया–बदी (दुश्मनी) करता है वे ही उसकी बरबादी का सबब (कारण) बनेंगे।

(2) शुक्कर (ग्रह या बुर्ज़) का किस्मत से कोई ताल्लुक नहीं होता। शुक्कर किसी घर में अकेला बैठा हो तो टेवे वाले के लिए बुरा नहीं होता और न ही ऐसा इंसान किसी दूसरे का बुरा कर सकता है। शुक्कर केवल इश्क और मोहब्बत की फालतू दौलत का ग्रह या बुर्ज़ है। शुक्कर दुनियावी मायनों में (सांसारिक दृष्टि से) ऐशोआराम देने वाली ताकत है।

(3) स्त्रियों से सम्बन्ध, गृहस्थ जीवन, बच्चों की बरकत और बड़े परिवार का पच्चीसवें साल का जमाना शुक्कर का वक्त है। शुक्कर की नस्ल पाप (राहु+केतु = मस्नूई शुक्कर) का खून और गृहस्थी में माया (ऐशो–आराम) और मिट्टी (धन, औरत वगैरह) का पुतला है।

(4) अगर टेवा मर्द का है तो शुक्कर से मुराद औरत (टेवे वाले की पत्नी, माशूका वगैरह) होगी और अगर टेवा औरत का है तो शुक्कर से मुराद मर्द (औरत का पति, प्रेमी वगैरह) से होगी।

(5) शुक्कर का वजूद दोरंगी मिट्टी का बना हुआ है। अगर शुक्कर खाना नंबर 1 से 6 में हो तो अमूमन टेवे वाला इंसान भरी जवानी (उठती जवानी) में ऐश और इश्क की लहरों से मिट्टी (जिस्म) की पूजा करने वाला होगा। इसी तरह अगर शुक्कर खाना नंबर 7 से 12 में हो तो ऐसा इंसान बुढ़ापे (वृद्धावस्था) में वेदांगी (वेदों को जानने वाला) और दूसरों को नसीहत देने वाला होगा।

शुक्कर की दोरंगी मिट्टी

शुक्कर खाना नंबर में	टेवे वाले पर असर
(1)	हथेली पर काग रेखा या मच्छ रेखा हो तो इकतरफा खयाल का मालिक होगा अर्थात् हमेशा एक ही पक्ष में सोचने वाला होगा। किसी छोटी जाति के इंसान पर प्रेम में मर मिटेगा।
(2)	गृहस्थ जीवन उम्दा होगा। बच्चे पैदा करने के मामले में चोर तबीयत का और अपनी ही खूबसूरती में खोया हुआ होगा। खुद–परस्त (अपने से ही मतलब रखने वाला) इंसान, दूसरों का पसन्दीदा मगर दूसरे लोगों को पसन्द न करने वाला होगा।
(3)	मर्द की हिम्मत वाला और गाय की जगह बैल का काम देगा। ऐसे इंसान में इतनी कशिश (आकर्षण) होगी कि कोई न कोई स्त्री उस पर फरेफ्ता (मुग्ध या फिदा) हो ही जाएगी।
(4)	एक मर्द को दो औरत या एक औरत को दो मर्दों का सुख मिलेगा मगर बच्चा पैदा होने में दोनों ही से मुश्किलें होंगी या पैदा ही न होगा।
(5)	ऐसे बच्चों से भरा हुआ परिवार जो उसे (टेवे वाले को) बाप न कह सके या न कहना चाहें।
(6)	न औरत न मर्द होगा। लक्ष्मी भी ऐसी, जिसकी कोई कीमत न दे। मर्द हो तो नपुंसक और औरत हो तो तो बांझ होगी।
(7)	ऐसे इंसान पर सिर्फ अपने साथी का असर होगा। मानो "जैसे तुम वैसे हम" के सबक (पाठ) पर चलता होगा।
(8)	जली मिट्टी के जैसा और हर सुख में असंतुष्ट होगा। अगर शुक्कर उत्तम हो जाए तो भवसागर भी पार कर देगा।
(9)	घर में ऐशोआराम या धन की कमी न होगी। धन खुद की बीमारी में बरबाद होगा। इंसान को शुक्कर से मुतअल्लिक (सम्बन्धित) रोग लगेंगे।
(10)	सनीचर के मानिन्द (समान) होगा। अगर औरत हो तो किसी मर्द को ही भगाकर ले जाए और अगर मर्द हो तो किसी औरत से ताल्लुक (सम्बन्ध) हमेशा बना ही रहे।
(11)	इंसान की लट्टू की तरह घूमने वाली हालत होगी। बचपन में मोह (आकर्षक) और माया (सौन्दर्य) की भोली–भाली मूरत होगा। धन–निकासी का चश्मा (स्त्रोत) हमेशा ही बना रहेगा।
(12)	दुनियावी (सांसारिक) भवसागर से पार लगाने वाली गाय। लेकिन ऐसे इंसान की पूरी उम्र सेहत के मामले में रोते–रोते निकल गई हो।

(6) जब सूरज, सनीचर पर दृष्टि डालेगा तो शुक्कर मारा जाएगा मतलब सूरज और सनीचर के झगड़े (दृष्टि सिद्धांत के अन्तर्गत) में सनीचर की बरबादी होने के बजाए बेचारा शुक्कर बरबाद हो जाएगा।

(7) सनीचर सूरज को देखे तो शुक्कर आबाद होगा और उत्तम फल देगा।

(8) जब सूरज और सनीचर एक साथ बैठे हों तो टेवे वाले पर बुरा असर नहीं होगा।

(9) जब सनीचर के साथ शुक्कर बैठा हो और कोई (दुश्मन ग्रह या दोस्त ग्रह) उस शुक्कर को देखता हो तो सनीचर उस देखने वाले ग्रह को जड़ से मार देगा।

(10) अगर टेवे में सनीचर, सूरज से पहले घरों में बैठा हो अर्थात् खाना नंबर 1 से तरतीब (क्रमानुसार) से गिनने पर सनीचर पहले हो और सूरज बाद के घरों में हो तो नर ग्रह (बृहस्पत, मंगल) और स्त्री ग्रह (चन्द्र) उम्दा असर देंगे। लेकिन सूरज उम्दा असर नहीं देगा।

(11) जब सनीचर को बमूजिब (अनुसार) वर्षफल शुक्कर देखता हो तो टेवे वाले इंसान की माया (ऐशो–आराम) मंदा असर करेगी।

(12) जब सनीचर, शुक्कर को देखता हो तो टेवे में सभी ग्रह मददगार साबित होंगे।

(13) अगर शुक्कर, बुध से पहले घरों में बैठा हो तो राहु का असर मंदा गिना जाएगा, चाहे राहु टेवे में कैसी भी हालत में बैठा हो। लेकिन इस हालत में केतु का असर उम्दा होगा।

(14) जब भी कोई दो दुश्मन ग्रह साझा–दीवार (पास–पास के घरों में बैठे ग्रहों के बीच की दीवार, जो दोनों घरों को अलग–अलग करती है) वाले घरों में बैठे हों तो अलग–अलग ही गिने जाते हैं (मगर दोस्त ग्रह साझा दीवार वाले घरों में बैठे हों तो एक साथ बैठे होने का असर देंगे) लेकिन जब शुक्कर किसी दुश्मन ग्रह के घर में बैठा हो और राहु साथी दीवार वाले घर में बैठा हो तो शुक्कर का वही मंदा फल कहा जाएगा जो राहु+शुक्कर (मुश्तरका) के वक्त कहा जाता है।

(15) सनीचर की दो आंख का एक होने की वजह शुक्कर ही है (देखें फरमान नंबर 11) इसलिए सनीचर की दोनों ही आंखों का मालिक शुक्कर ही है। शुक्कर की आंखों से ही सनीचर देखता है, लेकिन जब कभी सनीचर को चोट लगेगी या मंदा होगा तो शुक्कर अंधा हो जाएगा।

(16) जब शुक्कर खाना नंबर 5 में हो तो बच्चों से भरा हुआ परिवार होगा और औरत के बैठे कभी रिज़क (जीविका) भी बन्द न होगा।

(17) खाना नंबर 6 का शुक्कर नीच का असर देगा। ऐसा इंसान गरीबों को मदद करने वाला और अक्ल (बुद्धि) के खिलाफ (विपरीत) काम करने वाला होगा।

(18) जब शुक्कर और बुध अकेले–अकेले बन्द मुट्ठी के खानों (1, 4, 7, 10) से बाहर एक–दूसरे से सातवें (आमने–सामने) बैठे हों यानि–

शुक्कर खाना नंबर 2 और बुध खाना नंबर 8

शुक्कर खाना नंबर 3 और बुध खाना नंबर 9

शुक्कर खाना नंबर 6 और बुध खाना नंबर 12

शुक्कर खाना नंबर 8 और बुध खाना नंबर 2

ऐसे वक्त दोनों ही घरों का फल निकम्मा होगा।

(19) जब शुक्कर खाना नंबर 7 में किसी दूसरे ग्रह के साथ हो तो वह उस घर में साथ बैठे हुए साथी का फल देगा।

(20) जब शुक्कर खाना नंबर 8 में हो तो शुक्कर जली हुई मिट्टी के माफिक (अनुसार) गिना जाएगा। ऐसा इंसान अपनी खुदी (अहंकार) के तनूर (तंदूर) में ही जलता रहता है।

(21) खाना नंबर 9 का शुक्कर किस्मत के ताल्लुक (सम्बन्ध) में काली मिट्टी की आंधी होगा। खाना नंबर 9 का शुक्कर मंगल–बद गिना जाएगा।

(22) खाना नंबर 10 का शुक्कर, सनीचर का असर देगा। अगर सनीचर टेवे में उम्दा हालत में हो तो धर्म–मूरत होगा।

(23) खाना नंबर 11 का शुक्कर धन–दौलत का चश्मा (स्रोत) होगा। दौलत का भंडारी, अमीर मालामाल होगा।

(24) खाना नंबर 12 का शुक्कर हो तो ऐसा इंसान भवसागर से पार करने वाली गऊ (गाय) की तरह और बुलन्द नसीब का होगा। रात का आराम और धन का सुख होगा।

(25) जब शुक्कर खाना नंबर 12 और बुध खाना नंबर 6 में हो तो दोनों उच्च का फल देंगे। लेकिन इन दोनों में केतु का उत्तम फल भी शामिल होगा। अगर शुक्कर और बुध एक दूसरे से सातवें (आमने–सामने) बैठे हों तो एक–दूसरे में इनका असर नहीं मिल सकेगा।

(26) अगर बुध टेवे में शुक्कर से पहले घरों में बैठा हो (खाना नंबर 1 से 12 क्रमानुसार गिनने पर) तो इन दोनों के बाहमी (आपसी) मिले–जुले असर में केतु का नेक (अच्छा) असर शामिल होगा लेकिन अगर शुक्कर टेवे में बुध से पहले खानों में बैठा हो तो इनके मिले–जुले असर में राहु की बुरी नीयत का असर शामिल होगा।

(27) बुध की दृष्टि वाले घरों में अगर शुक्कर बैठा हो तो शुक्कर का असर प्रबल होगा लेकिन अगर बुध, शुक्कर से पहले घरों में बैठा हो और मंदा हो तो शुक्कर में बुध का मंदा असर शामिल हो जाएगा। जिसे शुक्कर भी नहीं रोक पाएगा, ऐसे वक्त गृहस्थ में मंदे असर मिलेंगे।

(28) बन्द मुट्ठी के खानों (1, 7, 4, 10) में सौ फीसदी दृष्टि होती है जिसमें बुध की मिलावट होती है। दोनों घरों का फल अलग नहीं किया जा सकता। लेकिन बन्द मुट्ठी के खानों के अलावा (बाहर के घरों में) सातवी दृष्टि मंगल की मिलावट को कहेंगे अर्थात् दोनों ग्रह अपना–अपना फल तो देंगे लेकिन देखने वाला ग्रह (जो ग्रह दृष्टि देता है) दूसरे ग्रह में (जिसे देखता है) इस तरह से अपना असर शामिल करेगा जैसे कि किसी इंसान के लकड़ी की टांग लगा दी गई हो।

(29) जब बुध और शुक्कर अलग–अलग खानों में बैठें हों और दृष्टि की शर्त से बाहर भी हों तो जिस घर में शुक्कर बैठा हो उस घर में बुध अपना असर अपनी नाली (विस्तृत विवरण देखें–बुध–बुध की नाली) के द्वारा मिला देगा। कभी ऐसा भी हो सकता है कि शुक्कर का असर उम्दा से नेक हो जाए, अगर बुध के साथ शुक्कर के दुश्मन (सूरज, चन्द्र, राहु) ग्रह भी उसी खाने में बैठें हों तो शुक्कर कभी भी नाली के जरिए असर अपने खाने में नहीं मिलने देगा। ऐसे में बुध, शुक्कर को निकम्मा, बरबाद या मंदा नहीं कर सकेगा।

(30) अगर शुक्कर के साथ उसके दुश्मन (सूरज, चन्द्र, राहु) बैठे हों (चाहे साथ या साथी या दृष्टि के सिद्धांत के मुताबिक) तो शुक्कर और उसके दुश्मन से मुतअल्लिक (सम्बन्धित) चीजें, रिश्तेदार और कारोबार पर हर तरफ से उड़ती हुई मिट्टी पड़ती होगी।

(31) शुक्कर (गाय) और राहु (हाथी) जब कभी भी आपस में दृष्टि वगैरह के माध्यम से मिल रहे हों तो शुक्कर का फल बरबाद होगा। लक्ष्मी (धन) और स्त्री (पत्नी) दोनों ही बरबाद होंगे उम्र तक तबाह हो जाएगी।

काग रेखा घर पहले बैठा, भला गृहस्थी दूजे हो
भाई मर्द घर तेरे होगा, जोड़ा औरत दो चौथे हो

(1) खाना नंबर 1 का शुक्कर अगर मंदा हुआ तो काग रेखा के मानिन्द (समान) असर देगा। मतलब एक ही आंख से देखता होगा, न दौलत रहेगी और न ही औरत बल्कि खुद के साथ दूसरों के घरों को भी तबाह करता होगा।

(2) अगर खाना नंबर 1 का शुक्कर उम्दा हो तो मच्छ रेखा का बहाना होगा मतलब हर तरफ दौलत, शोहरत, आल–औलाद और परिवार की बरकत होगी।

(3) अगर खाना नंबर 2 में शुक्कर हो तो टेवे वाले इंसान का गृहस्थ जीवन उम्दा होगा। दुनियावी (सांसारिक) और खुदाई (ईश्वरीय कृपा) दोनों ही तरह के इश्क का मालिक होगा।

(4) खाना नंबर 3 में शुक्कर हो तो ऐसा इंसान इश्क का परवाना (कीड़ा) होगा। ऐसे इंसान की औरत (पत्नी) साधारण औरत न होकर उसके भाई की तरह मर्द का काम देगी (सहयोग करेगी)। ऐसे इंसान की औरत में मर्दाना खून होगा।

(5) जब खाना नंबर 4 में शुक्कर हो और खाना नंबर 2, 7 खाली हों साथ ही शुक्कर किसी दूसरे ग्रह का साथ, साथी (देखें फरमान नंबर 6) न हो तो ऐसे इंसान की एक ही वक्त दो औरतें जीवित होंगी।

कियाफा (हस्तरेखा)– शुक्कर के बुर्ज़ पर अंगूठे की जड़ में सूरज का सितारा (✱) हो। शुक्कर से कोई शाखा रेखा या कोई रेखा, सूरज के बुर्ज़ को जाए। शुक्कर का पतंग (◈) पूरा बना हो।

शुक्कर खाना नंबर 1

(काग व मच्छ रेखा की माया)

अगर धर्म दुनिया न औरत पे बिकता
कोई लेख मंदा विधाता न लिखता
आंख दोनों न शुक्कर देखे, सनीचर आंख का मालिक हो
असर दोनों का एक सा लेते, सनीचर एक पे उम्दा हो
औरत रिजक से पहले आए, सनीचर उत्तम अपने घर हो
शादी मगर जब पच्चीस होवे, दौलत रहे न औरत घर हो
शुक्कर मंदे से मरती माता, बुरा सूरज न होता हो
सात, छठे घर मंगल बारह पूरी सदी पूत पोता हो
बुध मंदा औलाद हो मंदी, गृहस्थ मंदा सूरज करता हो
सनीचर बुरे मन्द होंगे साथी, तीनों मंदे सब मरता हो
धर्म हालत आठ हो बृहस्पत जैसा, ऊंच सनीचर मच्छ रेखा हो
तीन छठे बुध हो जब बैठा श्रेष्ठ रेखा सिर होती हो
साथ पहले घर दुश्मन साथी सूरज आया या पापी हो
शमा इश्क दो औरत पकड़ी, दमा तपेदिक खांसी हो
ऐश तबीयत इश्क चाहे लूटे, लेख लिखे न मंदी हो
घर सातवां दस खाली होते, मच्छ रेखा बन जाती हो

(1) जब शुक्कर खाना नंबर 1 में हो और शुक्कर का पंतग (♦) सूरज के बुर्ज़ पर और अनामिका की जड़ में हो तो औरत (औलाद और आराम) का असर हल्का सा खराब कर देगा। ऐसा इंसान मोहब्बत के मामले में धर्म को महत्त्व नहीं देगा। शुक्कर बली (बलवान) हो तो इंसान धर्महीन, औरत का भक्त, सुन्दर औरत का दीवाना होगा। ऐसा इंसान ऊपर से देखने पर आशिकाना मिजाज का मगर दिल से नेक तबीयत (स्वभाव) का बन्दा (इंसान) होगा। लेकिन फिर भी उसकी तबीयत (स्वभाव) फटे खरबूजे (असभ्य और अश्लील) जैसी ही होगी। औरत की सेहत मंदी होगी। खुद की किस्मत बुलन्द होगी और साथ ही औलाद की सेहत भी उम्दा होगी। ऐसे इंसान को अपने निजी कामों के लिए दूसरों से सलाह ले लेना मददगार होगा।

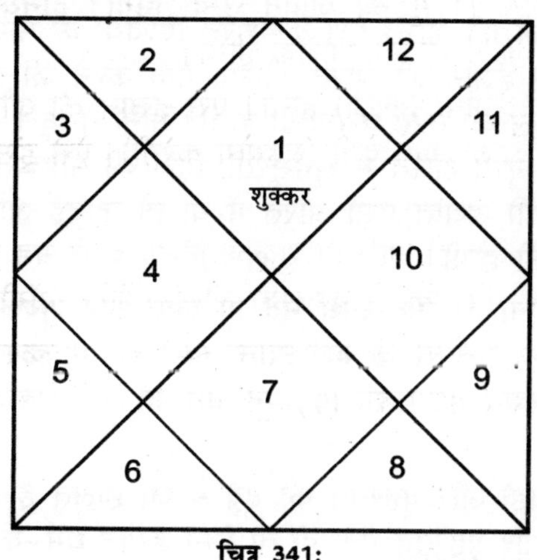

चित्र 341:

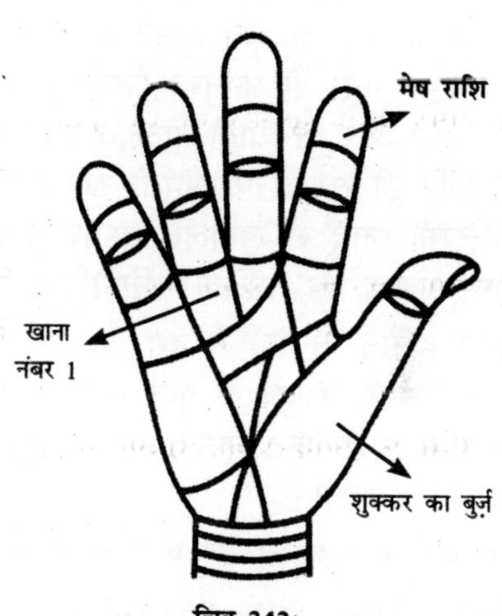

चित्र 342:

(2) खाना नंबर 1 के शुक्कर वाला इंसान चाहे इश्क में धर्म का फर्क न समझे लेकिन उसका राजदरबार (सरकार) से ताल्लुक मंदा न होगा। हमेशा इकतरफा (एक पक्ष) सोचने वाला होगा अगर किसी पर मेहरबान होगा तो उस पर सब कुछ न्यौछावर कर देगा, अगर किसी के खिलाफ होगा तो उसकी मिट्टी तक उड़ा देगा। अगर शुक्कर नेक होगा तो मच्छ रेखा की बरकत देगा यानि धन, परिवार और औलाद की बरकत देगा और अगर शुक्कर मंदा हुआ तो काग रेखा का फल देगा यानि शुक्कर एक ही आंख से (सनीचर के असर से) देखता होगा। सनीचर की हालत ही शुक्कर के देखने की ताकत होगी। ऐसे इंसान की किस्मत में सवारी (वाहन) का सुख और आराम होगा।

(3) जब सनीचर जनम–कुंडली में उत्तम घर में बैठा हो तो औरत (पत्नी) रिजक (खुद की कमाई) शुरू होने से पहले आएगी अर्थात् शादी होने के बाद रिजक का बन्दोबस्त (व्यवस्था) होगा। टेवे वाले की औरत घर की मालकिन और अच्छी प्रबन्धक होगी।

(4) अगर टेवे वाले इंसान की शादी पच्चीसवें साल में हो और टेवे में शुक्कर खाना नंबर 1 (तख्त) पर बैठा हो तो धन–दौलत के लिहाज से मंदा असर होगा और औरत की सेहत और उम्र भी मंदी होगी। काग रेखा का असर टेवे वाले इंसान पर पड़ेगा।

(5) जब टेवे में शुक्कर मंदा हो तो टेवे वाले की माता बचपन में ही गुजर जाएगी अथवा मुर्दे के मानिन्द (समान) दुःखी होगी। जब टेवे वाले इंसान की औरत (पत्नी) और टेवे वाले की माता एक साथ रहें तो उन दोनों में से एक अंधी ही होगी लेकिन अगर दोनों दूर–दूर रहेंगी तो दुःखी नहीं रहेंगी। सूरज अब टेवे में बुरा असर नहीं करेगा।

(6) अगर मंगल खाना नंबर 6, 7, 12 में हो तो टेवे वाले इंसान की उम्र पूरी होगी और वह लड़का (बेटा) और पोता देखकर ही मरेगा।

(7) जब टेवे में बुध मंदा हो और साथ ही हथेली में कनिष्ठा उंगली की जड़ में शुक्कर का पतंग हो तो टेवे वाले की औलाद मंदी (परेशान) होगी।

(8) जब टेवे में सूरज मंदा हो और शुक्कर का पतंग हथेली में अनामिका की जड़ में हो तो टेवे वाले का गृहस्थ जीवन मंदा होगा।

(9) जब टेवे में सनीचर मंदा हो और हथेली में शुक्कर का पतंग मद्धमा उंगली की जड़ में हो तो टेवे वाले इंसान के सभी साथी और ताल्लुकदार (रिश्तेदार) मंदा असर देंगे और मंदे होंगे। ऐसे में शुक्कर भी खाना नंबर 10 का असर जाहिर करेगा। टेवे वाले की औरत ऐश व इशरत (ऐश्वर्य) के मामले में सदाबहार फूल के मानिन्द (समान) होगी अर्थात् ऐसे इंसान की औरत औलाद पैदा करने की ताकत से भरपूर और दुनियावी ताल्लुकदारों के लिए एक फूल की तरह पसन्दीदा होगी। मानो ये फूल मौसम के बगैर ही सब तरफ अपनी खुशबू बिखेर रहा हो। ऐसी औरत में खूबसूरती, दिल की मोहब्बत और तिलिस्मी जादू से लबालब (ऊपर तक भरी हुई) होगी अर्थात् ऐसी औरत में या तो जादुई आकर्षण होगा अथवा वह तांत्रिक गतिविधियों को जानने वाली होगी।

(10) अगर इंसान के टेवे में बुध, सूरज और सनीचर तीनों ही एक साथ मंदे हो जाएं और शुक्कर का पतंग हथेली में बुध के बुर्ज़ खाना नंबर 7 से चलकर सनीचर के बुर्ज़ खाना नंबर 10 पर हो तो हर तरफ मौत ही मौत नजर आएगी, न केवल खुद बरबाद होगा बल्कि अपने साथियों की बरबादी की भी वजह बनेगा।

(11) धर्म की नेक हालत का फैसला खाना नंबर 8 के ग्रहों और बृहस्पत की टेवे में जो हालत है उसके अनुसार होगा। खाना नंबर 8 में बैठे ग्रह उम्दा हो और बृहस्पत नेक हो तो ऐसा इंसान धर्म–कर्म को मानने वाला होगा।

(12) जब टेवे में सनीचर उच्च का हो तो ऐसे इंसान पर मच्छ रेखा का असर होगा। जब सनीचर उच्च हो और साथ ही खाना नंबर 7, 10 खाली हो तथा मंगल खाना नंबर 6 से 12 के दरमियान (बीच) हो अथवा खाना नंबर 7, 10 में राहु, केतु, सनीचर या बुध बैठे हों अथवा मंगल खाना नंबर 6 से 12 के दरमियान (मध्य) हो तो टेवे वाले पर मच्छ रेखा का सर्वोत्तम फल जाहिर होगा। भगवान् विष्णु की तरह ऐसा इंसान दूसरों को पालने वाला, माया के पहाड़ खड़े करता होगा। लेकिन अगर घर में गाय या नौकरानी न हो तो दौलत सुबह को भरी थैली और शाम को खाली ही देखने को मिलेगी।

(13) जब टेवे में बुध खाना नंबर 3, 6 में हो तो हथेली पर सिर की श्रेष्ठ रेखा (मस्तिष्क रेखा) कायम होगी। ऐसे में टेवे वाले का दिमाग उत्तम (तीक्ष्ण बुद्धि) होगा। मुकदमों का फैसला हमेशा टेवे वाले के हक में होगा। चन्द्र का असर भी बुरा नहीं होगा।

(14) खाना नंबर 1, 7 में दुश्मन ग्रह (राहु, चन्द्र, सूरज) बैठे हों और बुध मंदा (सिवाय खाना नंबर 3 के) होता हो अथवा सूरज खाना नंबर 7 में हो और शुक्कर का साथी भी हो तो हथेली में शुक्कर के बुर्ज़ (खाना नंबर 7 अंगूठे की जड़ में) पर सूरज का सितारा हो अथवा सूरज के बुर्ज़ से शुक्कर के बुर्ज़ (खाना नंबर 7) में कोई रेखा जाती हो अथवा शुक्कर के बुर्ज़ से सूरज के बुर्ज़ (खाना नंबर 1) पर कोई रेखा जाती हो तो ऐसी हालत में टेवे वाला इंसान दमा, तपेदिक अथवा स्त्री–भोग (परस्त्रीगमन) की वजह से बिगड़े हुए बुखार से दुःखी होगा। ऐसे वक्त जौ को गोमूत्र में मिलाकर उसकी खुराक बना लें और उसको 40 से 43 दिन तक खाएं तो मददगार साबित होगा। साथ ही सात तरह के अनाज या चरी का दान करें और टेवे वाला अगर मर्द हो तो कन्या दान और अगर औरत हो तो गौ (गाय)

दान करे। ऐसे इंसान के साथ पराई ममता (पराई औरत) गले से लगी रहेगी अथवा ऐसा इंसान सात साल तक बीमार या अंधा अर्थात् मुर्दे के मानिन्द होगा। मानो "मर्ज बढ़ता ही गया, ज्यों–ज्यों उन्होंने दवा की" शुक्कर के साथी ग्रह (देखें फरमान नंबर 6) से मुतअल्लिक (सम्बन्धित) रिश्तेदार के साथ से औरत (टेवे वाले की पत्नी या कोई औरत जात) और वह रिश्तेदार दोनों ही परेशान होंगे अर्थात् टेवे वाले का जिस औरत से ताल्लुक हो वह औरत शुक्कर के साथी ग्रह से सम्बन्धित रिश्तेदार होगी।

(15) अगर टेवे वाला इंसान जवानी में इश्कबाजी करे अथवा घर–परिवार का अगुआ (मुखिया) बनकर रहे तो रिश्तेदारों की तबाही का बहाना बनेगा।

(16) जब खाना नंबर 7–10 खाली हो तो यह मच्छ रेखा के मानिन्द (समान) असर देने वाली स्थिति होगी। लेकिन जब खाना नंबर 7, 10 में ग्रह हों तो टेवे वाले पर काग रेखा का असर होगा। उम्र के पच्चीसवें साल शादी हो तो न दौलत रहेगी न औरत जिन्दा रहेगी।

(17) जब खाना नंबर 1 में शुक्कर हो तो टेवे वाले इंसान को नसीहत (सलाह) होगी कि वह अपने दिल पर काबू रखे, इश्क (काम) पर कब्जा (नियन्त्रण) रखे। इससे किस्मत की मंदी चाल बदल जाएगी। दूसरों से सलाह लेना मददगार और कारआमद (असरकारक) होगा।

(18) दिमागी खाना नंबर 1 सनीचर से मुश्तरका (संयुक्त) हो तो इश्कबाजी करेगा। जवानी की उम्र (16 से 36 साल) में इंसान गैर (पराई) औरत की खूबसूरती, उसके हुस्न, उसकी कशिश (आकर्षण) के मीठे–मीठे पुल बांधता होगा लेकिन वह खुद तकब्बुर (अभिमान), अहंकार और कामदेव की आग में ऐसा जलता रहेगा कि सैकड़ों मील तक वह बिना सोए चलता रहा हो। उसका उसके दिल और दिमाग पर काबू ही न रहेगा और अन्त में औरत की खातिर उसका ईमान भी बिक जाएगा।

(19) जब राहु खाना नंबर 7 में हो तो ऐसा इंसान औरत की दीवानगी में जलता होगा। सेहत मंदी और गृहस्थ जीवन मानो जली हुई मिट्टी हो। ऐसा इंसान अपनी गृहस्थी को ऐसा कर लेगा जैसे पकी हुई खेती में आग लग गई हो। अगर टेवा औरत का हो तो उसे मर्द की तरफ से तलाक हासिल होगा। अगर शादी के वक्त टेवे वाली औरत को शुद्ध चांदी (ससुराल की तरफ से) मिले तो उसका घर आबाद होगा।

कियाफा (हस्तरेखा)– शुक्कर का पतंग सूरज के बुर्ज पर अनामिका उंगली की जड़ में हो।

शुक्कर खाना नंबर 2

(मोहमाया का उम्दा गृहस्थ)

बने माया तेरी मवेशी जो मिट्टी
तो फिर मांगता है क्यों तू सोने की हट्टी
गऊ घाट जब कुटिया उसकी, बृहस्पत केतु बुध उम्दा हो
दौलत माया खुद मस्तक चलती, शान शाही घर आला हो
शेर दहाना हो घर उसका, काम करे वो सोने का
ग्रहण घेरे जब हो कभी टेवा, मिट्टी होवे फल किस्मत का
आठ खाली नौ-बारह मंदे, दौलत औरत सब मंदे हो
अपने भाई और लड़के उसके, हालत बृहस्पत पर चलता हो
बरबाद औरत बाजारी करती, पाप बृहस्पत घर बैठा जो
नेक चले सब किस्मत फलती, उड़ती मिट्टी जब उल्टा हो

आठ छठे ग्रह दो–दस जागे, असर सनीचर नौ देता हो
सनीचर बली घर नौ जब बैठे, शुक्कर दोगुना होता हो
टेवे सनीचर नौ जब हो बैठा, असर शुक्कर दो देता हो
पाया शुक्कर ही जब घर दूजा, असर सनीचर नौ होता हो

(1) जब टेवे में शुक्कर खाना नंबर 2 में हो और मोहब्बत रेखा बृहस्पत के बुर्ज़ (पर्वत) पर हो अथवा शुक्कर का लेटा हुआ खत (रेखा) बृहस्पत के बुर्ज़ पर हो तो ऐसे इंसान के पास धन–दौलत और रिजक (आजीविका) की कमी न होगी और उसकी ससुराल भी धर्म के मामले में नेक होगी। दुनियावी (सांसारिक) और खुदाई (ईश्वरीय) दोनों ही तरह की मोहब्बत का मालिक होगा।

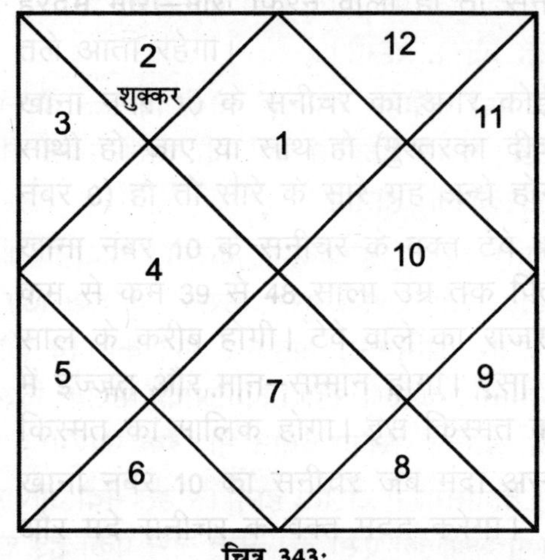

चित्र 343:

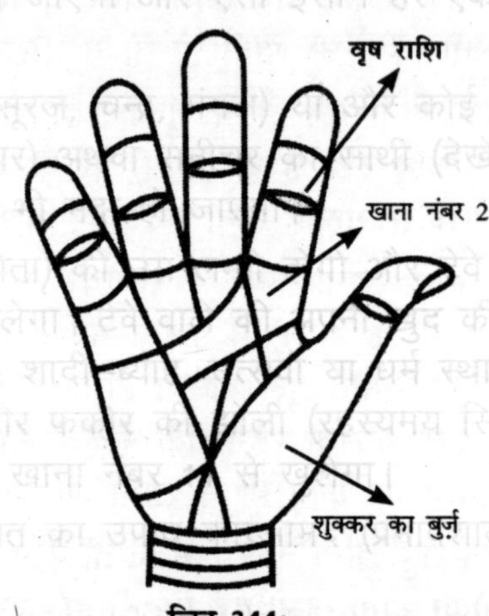

चित्र 344:

(2) खाना नंबर 2 का मालिक ग्रह शुक्कर (मिट्टी या औरत) है जो पहाड़ (खाना नंबर 2) पर सफेद झण्डा (शुक्कर) लटकाए हुए है। यह मैदान–ए–जंग में सुलह होने का संकेत देता है। खाना नंबर 2 का शुक्कर हर तुख्म (बीज) की रक्षा करने वाला है, इसलिए ही खाना नंबर 2 का शुक्कर लक्ष्मी अवतार माना जाता है। यही कारण है कि खाना नंबर 2 में शुक्कर गृहस्थी और औरत के मामले (सम्बन्ध) में उम्दा और नेक फल देता है।

(3) जब टेवे वाले इंसान की गऊ घाट (गौमुखी) वाली कुटिया (मकान) हो अर्थात् अगला हिस्सा तंग (पतला) और पिछला हिस्सा खुला (चौड़ा) हो तो बृहस्पत, केतु और बुध उम्दा फल देने वाले होंगे साथ ही सनीचर का फल भी नेक होगा। अपनी खुद की किस्मत से उम्दा धन–दौलत कमाएगा। उसका घर–बार राजा के मानिन्द (समान) और उच्च दर्जे का होगा।

(4) अगर टेवे वाले इंसान का घर शेर–दहाना (शेरमुखी) हो अर्थात् अगला हिस्सा चौड़ा और पिछला हिस्सा पतला हो तो ऐसा इंसान सोने (सराफा) का काम करने वाला होगा। लेकिन जब कभी ऐसे इंसान के टेवे में (बमूजिब वर्षफल) ग्रहण (सूरज+राहु मुशतरका अथवा केतु+चन्द्र मुशतरका) लगा हो तो ऐसे इंसान की किस्मत मिट्टी की हो जाएगी।

(5) जब खाना नंबर 8 खाली हो तो मर्द और औरत (पति–पत्नी) औलाद बनाने के काबिल ही न होंगे अथवा औलाद बनाने के पक्ष (समर्थन) में ही न होंगे। लेकिन दोनों ही खूबसूरत और ऐश–मौज पसन्द होंगे। अगर औरत (टेवे वाले की पत्नी) बांझ हो तो धन घटेगा और चारों ओर मंदा हाल होगा।

(6) जब खाना नंबर 9, 12 मंदे हों तो टेवे वाले की औरत (पत्नी) टेवे वाले को दुःखी करेगी चाहे उसकी किस्मत में कितनी ही कमाई क्यों न हो। टेवे वाले के भाई–बंदों और लड़के की किस्मत का हाल बृहस्पत के हाल पर निर्भर करेगा।

(7) जब बृहस्पत के घरों (2, 5, 9, 12) में पाप (राहु या केतु) बैठा हो तो बेवा (विधवा), माशूका, आवारा या बाजारू औरत से ताल्लुक रखना टेवे वाले के लिए बरबादी का सबब बनेगा। जब कभी भी इंसान के वीर्य का कतरा घर के बाहर जाएगा उसकी बरबादी का कारण होगा। अगर इंसान नेक राह पर चलेगा तो उसकी किस्मत फलती–फूलती होगी।

(8) जब खाना नंबर 6, 8 में ग्रह हो तो खाना नंबर 2, 10 जागते हुए गिने जाएंगे और सनीचर खाना नंबर 9 का असर देता होगा। चाहे सनीचर का खाना नंबर 9 से ताल्लुक हो या न हो।

(9) अगर सनीचर खाना नंबर 9 में बली होकर बैठा हो तो शुक्कर खाना नंबर 2 में बैठकर दोगुने असर की ताकत से अपना फल देगा।

(10) सनीचर टेवे में कहीं भी बैठा हो वह शुक्कर के लिए वही फल देगा जो सनीचर खाना नंबर 9 का असर होता है चाहे वह बमूजिब (अनुसार) टेवा कितना ही मंदा फल क्यों न दे रहा हो। गृहस्थ में हमेशा यह नेक असर ही देगा।

(11) बृहस्पत खाना नंबर 2 में शुक्कर के साथ हो तो मंगल नष्ट गिना जाएगा। ऐसे में टेवे वाला इंसान कामयाब आशिक होगा और उच्च दर्जे का इश्क करने वाला होगा।

मिन्नतकश गैर हर्गिज न होगा, खुदा का ही ममनून एहसान होगा
जूती चोर साधु वो हर्गिज न होगा, गृहस्थी न हो चाहे बृहस्पत जगत होगा
कभी खाली घर न उसका बच्चों से होगा, वक्त साठ साला जर दौलत का होगा

(12) ऐसा इंसान किसी गैर का एहसान लेना हर्गिज पंसद न करेगा। बल्कि वह खुदा से ही मांगकर अपनी इच्छाओं को जाहिर करेगा। ऐसा इंसान जूती चोर (धूर्त और कपटी) साधु न होगा। चाहे उसकी गृहस्थी पूरी (औलाद अथवा पत्नी के साथ) न हुई हो, लेकिन दुनियावी लोगों के लिए ऐसा इंसान सम्माननीय होगा। ऐसा इंसान अगर नेक रास्ते पर चले तो उसका घर औलाद से कभी खाली न होगा। इसके धन दौलत कमाने की उम्र साठ साल होगी।

(13) जब सनीचर खाना नंबर 2 में अकेला हो तो शुक्कर जागता हुआ होगा और सनीचर खाना नंबर 9 का असर देगा। अगर सनीचर खाना नंबर 9 में ही हो तो शुक्कर का असर दोगुना नेक होगा। दोनों तरह की मोहब्बत (ईश्वरीय और सांसारिक) में कामयाब होगा। कमाई शुरू करने के दिन से साठ साल की उम्र तक कमाई का अरसा होगा। अगर ऐसा इंसान मवेशी (पशु) या कच्ची मिट्टी का कारोबार करे तो टेवे वाले इंसान की औलाद और रिजक (जीविका) बढ़ता ही रहेगा।

(14) अमूमन जब शुक्कर खाना नंबर 2 में हो तो इंसान का जीवनसाथी (मर्द या औरत) औलाद पैदा करने में असमर्थ होगा। यानि उसमें कामदेव की ताकत (रति–क्रीड़ा) तो होगी मगर शुक्कर (वीर्य या रज) की वजह से औलाद पैदा करने की ताकत कम होगी। ऐसे इंसान के खून या नुत्फा (वीर्य) में औलाद पैदा करने का दोष होता है, लेकिन पेशाब की नाली में कोई दोष या बाधा नहीं होती। इसलिए ऐसे इंसान को वैद्य के मशवरे (सलाह) पर खून में औलाद (शुक्राणु या अंडाणु) पैदा करने की दवाइयां (जिनमें मंगल की चीज शामिल हो) जरूरत पड़े तो खिलाना मददगार होगा।

(15) दिमागी खाना नंबर 2 अगर बृहस्पत से मुश्तरका (संयुक्त) हो तो इंसान की शादी की हसरत (इच्छा) होगी। मगर 37 से 70, 72 साल की उम्र तक बूढ़ी औरत के मानिन्द (समान) इश्क करेगा। यानि

उसका इश्क तो मानो अधूरा हो मगर उसकी स्थिति भरे हुए पेट जैसी हो अर्थात् भूख तो बहुत जोर से लगी हो मगर पाचन–शक्ति क्षीण हो चुकी हो। उसके लिए औरत सिवाए औलाद बनाने के हर तरह से उत्तम होगी। इंसान और जानवरों का उम्दा हाल होगा बीमारी बढ़ती ही होगी मानो उलटी करते–करते घर ही भर दिया हो। ऐसे इंसान का रिजक (जीविका) कभी कम नहीं होगा बल्कि रात–दिन बढ़ता ही जाएगा। गाय (शुक्कर) अब बृहस्पत स्थान पर अपने असली सांसारिक गौ घाट पर होगी। अपने आराम–गाह की बैठक (राहु+केतु = मस्नूई शुक्कर) के स्थान पर होगी। जिससे औलाद की बरकत और शादी के नेक नतीजे होंगे। गृहस्थी के सुख में बरकत और शुक्कर का नेक फल मिलेगा। जिस दिन इंसान की निजी कमाई होगी उस दिन से कम से कम 60 साल तो दौलत (सनीचर) की आमदनी होती ही रहेगी। उसकी बाहरी हालत सूफियाना (बृहस्पत) और अन्दरूनी हालत आशिकाना (शुक्कर) होगी। ऐसा इंसान अगर किसी से कोई बुराई करता होगा तो वह अपना ही बुरा कर रहा होगा। ऐसा इंसान अगर अपने चाल–चलन (चरित्र) को सम्भालकर रखे तो नेक नतीजे (परिणाम) मिलेंगे। उसकी उम्र लम्बी होगी और उसके दुश्मन मगलूब (पराजित) होंगे।

कियाफा (हस्तरेखा)– अकेली शुक्कर रेखा (आड़े खत) बृहस्पत के बुर्ज़ (खाना नंबर 2) पर कायम हो। मोहब्बत रेखा या औलाद रेखा शादी रेखा को काटे। भाईयों की रेखा (शुक्कर के बुर्ज़ पर स्थित रेखाएं) लम्बी–लम्बी और टेढ़ी बृहस्पत के बुर्ज़ की ओर जाती हों। दिल रेखा का वह हिस्सा जो बृहस्पत के बुर्ज़ (पर्वत) पर हो मोहब्बत रेखा कहलाती है।

(1) जब बृहस्पत खाना नंबर 6, 12 में हो और हाथ में शुक्कर के बुर्ज़ (खाना नंबर 7) पर भाईयों की लम्बी–लम्बी और टेढ़ी रेखाएं हों तो टेवे वाले इंसान के भाईयों की बरकत और दुनियावी (सांसा. रिक) मदद भाईयों के मार्फत होगी।

(2) खाना नंबर 2 में राहु, केतु या बहैसियत पापी सनीचर हो, शुक्कर के बुर्ज़ पर भाईयों की रेखा के मानिन्द बुर्ज़ नंबर 2 (बृहस्पत) को देखते लम्बे–लम्बे खत हों और इंसान की अपनी औलाद (लड़का) पैदा न होती हो तो दूसरे का लड़का गोद लेकर अपने लड़के की पैदाईश होगी।

(3) जब बृहस्पत खाना नंबर 8, 9, 10 में हो। औलाद रेखा, शादी रेखा को काटती हो तो शादी या औलाद के होने में गड़बड़ होगी। टेवे वाले की औरत (पत्नी) खुद कमाई करने वाली होगी तो पैदाईश–औलाद और गृहस्थ सुख में उम्दा असर न दे सकेगी वरना जीवन आराम से बीतेगा।

शुक्कर खाना नंबर 3

(इश्क में नफरत कैसी)

बुरा क्यों जो इज्जत तू, औरत की करता
वक्त पर है जो तेरे, खुद मर्द बनता
केतु भले सतवन्ती औरत, चोरी कभी न होती हो
बृहस्पत जहर नौ मंदी सेहत, सनीचर रेखा नौ पित्र हो
बुध मंदा घर ग्यारह बैठा, शुक्कर मंदा जर घटता हो
महल–बाड़ी चाहे पर्वत ऊंचे, चौतीसवें नींद न सुखिया हो
दोस्त मंगल सात दूजे बैठा, मंदा आठ न चन्द्र हो
लेटे खत, खुद शुक्कर सीता, पार गऊ भवसागर हो

(1) चाहे टेवे वाला इंसान दुनियावी लोगों के लिए इश्क का परवाना ही क्यों न हो मगर अपनी खुद की औरत (पत्नी) की इज्जत करना शुक्कर के नेक असर के लिए निहायत ही जरूरी होगा।

(2) खाना नंबर 3 के शुक्कर वाले इंसान की औरत जरूरत पड़ने पर उसके भाई के मानिन्द (समान) सिर पर पगड़ी बांधकर मर्द का काम करेगी। अब शुक्कर गाय की बजाय बैल की तरह काम करेगा। ऐसी औरत मर्दाना खून की तरह खूंखार होगी मगर अपने मर्द (पति) के लिए वह खुशामद पसन्द ही होगी। ऐसी औरत के बैठे चोर, चालाक, मक्कार और यहां तक कि फरिश्ता–अजल (यमराज) से भी बचाव होता ही रहेगा।

(3) अगर टेवे में केतु उम्दा हो तो ऐसे इंसान के घर औरतों की कदर होती होगी और औरत सतवन्ती होगी। ऐसी औरत के रहते घर में चोरी न होगी। सतवन्ती यानि पतिव्रता होगी।

(4) जब बृहस्पत खाना नंबर 9 में हो तो खाना नंबर 3 में बैठे शुक्कर का असर जहरीला गिना जाएगा। टेवे वाले इंसान की सेहत मंदी होगी और साथ ही पूरे खानदान की भी सेहत शक्की (संदेहजनक) होगी।

(5) जब सनीचर खाना नंबर 9 में हो तो उत्तम पित्र रेखा (वाल्दैनी सुख) का लम्बा अरसा टेवे वाले इंसान को नसीब होगा।

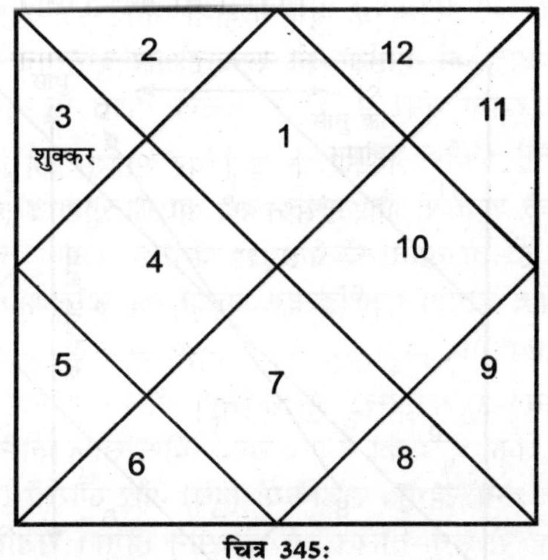

चित्र 345:

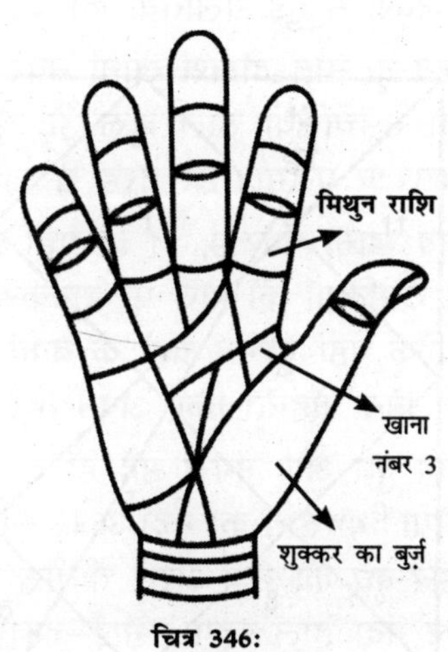

चित्र 346:

(6) जब बुध खाना नंबर 11 में मंदा होकर बैठा हो तो शुक्कर खाना नंबर 3 में बरबाद होगा। चाहे कितने ही ऊंचे महल क्यों न बना ले मगर 34 साल की उम्र तक चैन की नींद नसीब न होगी। ऐसे इंसान के पास धन–दौलत की दिन–प्रतिदिन कमी ही होती चली जाएगी।

(7) जब शुक्कर खाना नंबर 3 में हो और शुक्कर के दोस्त (बुध, सनीचर, केतु) अथवा मंगल खाना नंबर 2–7 में हो। हथेली पर गृहस्थ रेखा मंगल–नेक (खाना नंबर 3) के बुर्ज़ से शुरू होकर शुक्कर के बुर्ज़ (खाना नंबर 7) पर खत्म हो अथवा धन रेखा (किस्मत रेखा) शुक्कर के बुर्ज़ से शुरू होकर मंगल–बद के बुर्ज़ पर खत्म हो तो मिट्टी की लकीर के मानिन्द (तुल्य) बेजान चीजें भी बोलती हुई सतवन्ती (आज्ञाकारी पत्नी) की तरह उत्तम फल देगी। शुक्कर से चन्द्र का फल कम होगा, आसानी

से गुजर–बसर होगी। मुफ्त की रोटी मिलेगी। अगर साथ ही बुध भी नेक हो तो 20 साल की उम्र पर तीर्थयात्रा का उत्तम फल मिलेगा। पितृ रेखा का लम्बे समय तक उत्तम फल मिलता रहेगा।

(8) जब खाना नंबर 8 मंदा न हो और साथ ही चन्द्र भी उत्तम हो। हथेली में कलाई रेखा या उंगलियों के पोरों पर शुक्कर के (लेटे हुए) खत (रेखाएं) हों तो टेवे वाले इंसान की बुरी से बुरी हालत भी तालाब की मिट्टी के मानिन्द होगी। अगर यह मिट्टी मवेशियों (पशुओं) को इंसान अपने हाथ से लगाए तो उनकी (पशुओं की) पेट से मुतअल्लिक (सम्बन्धित) बीमारियां खत्म हो जाएंगी। ऐसे में शुक्कर, बृहस्पत और सूरज से भी उत्तम फल देगा। शुक्कर में चन्द्र का असर मिल जाने से बुध और केतु, शुक्कर से दुश्मनी नहीं करेंगे। खाना नंबर 8 के बुरे ग्रह का मंदा असर भी मौत का मुंह मोड़ सकने की ताकत रखेगा।

(9) खाना नंबर 3 के शुक्कर वाले इंसान पर अमूमन औरत जात फिदा हो ही जाती है। या यूं कहा जाए कि ख्वाहमख्वाह में ही फरनेफ्ता (फिदा या मोहित) हो जाती है। मसलन अगर ऐसा इंसान सड़क के किनारे जा रहा हो तो पीछे से आवाज आई कि ''ए मुसाफिर मैं भी तेरे साथ हूं कुछ ही वक्त हुए हमने शादी का जश्न मनाया था, तब से मैं तुझे ढूंढ़ रही हूं।'' मगर वह इंसान कांपती आवाज में जवाब दे रहा हो कि ''मेरी औरत तो घर में ही है'' और यूं ही बात बढ़ते–बढ़ते ही वह औरत उससे चिपट ही गई और वह इंसान भी उस औरत की हां में हां मिलाता हुआ आगे बढ़ गया। अनजाने और मजबूरी में हुई गलतियों की वजह से ही इंसान को अपनी औरत (पत्नी) से दबकर रहना पड़ेगा।

(10) जब बृहस्पत दोबारा खाना नंबर 2 में आए या बृहस्पत का दूसरा दौरा शुरू हो यानि इंसान की उम्र का उनचासवां साल शुरू हो तो शुक्कर का अब खाना नंबर 9, 11 में उसके दोस्त पर कोई बुरा असर न पड़ेगा। हर तरह से खुशमिजाज (खुशनुमा) माहौल होगा।

(11) जब खाना नंबर 9, 11 के ग्रहों से खाना नंबर 3 के शुक्कर और मंगल–बद का ताल्लुक हो। हथेली में उंगलियों की पोरों पर शुक्कर के लेटे हुए खत हों तो खाना नंबर 9, 11 के ग्रह बरबाद नहीं होंगे बल्कि वहां दुश्मन ग्रहों के वक्त खुद शुक्कर बरबाद होगा। ऐसा इंसान लाखों का मालिक होते हुए भी बिना मेहनत किए अपने हिस्से की रोटी नहीं खाएगा।

(12) जब बुध और मंगल मंदे हों तो शुक्कर (खाना नंबर 3) का मंदा असर सिर्फ दौलत के ताल्लुक में होगा। बृहस्पत का मंदा असर सोलह साल की उम्र तक, चन्द्र का मंदा असर चौबीस साल की उम्र तक और बुध का मंदा असर चौंतीस साल की उम्र तक बना रहेगा। लड़कियों (बुध) और औरतों (शुक्कर) का मंदा हाल रहेगा। भाई–बन्दों (मंगल) की वजह से धन–दौलत का नुकसान होगा। लड़कियों के कारण धन की बरबादी होगी। न तो बाप (बृहस्पत) की जायदाद न तो उसकी दौलत (सोना वगैरह) ही किसी काम आएगी। बाप की जागीर में बुध की अश्या (पुस्तक, ढोल–धमाके का सामान, राग–रंग के सामान) टेवे वाले इंसान को नसीब होगी। अपने बनाए मकान का सुख किस्मत में न होगा।

(13) दिमागी खाना नंबर 3 मंगल से मुश्तरका (संयुक्त) हो तो वाल्दैनी (माता–पिता) मोहब्बत या इश्क का मालिक होगा। 1 से 15 की उम्र का इश्क होगा। अगर पकड़े गए तो इश्क से क्यों नफरत और सामने आई थाली पर इन्कार न होगा। ऐसे इंसान को पराई और बुरी औरत या बुरे मर्द (औरत के टेवे में) फायदा और मदद देंगे।

कियाफा (हस्तरेखा)– गृहस्थ रेखा, मंगल नेक से चलकर शुक्कर के बुर्ज़ में अंगूठे की जड़ में झुक जाए। धन रेखा, शुक्कर के बुर्ज़ से शुरू होकर मंगल नेक के बुर्ज़ पर खत्म हो।

शुक्कर खाना नंबर 4

(जमाने की बेगम)

नुक्स यार अपना इश्क औरत का
चश्म पोशी करते भी लानत ही देगा
साथ टेवे न ग्रह कोई साथी, दूजा सात भी खाली हो
औलाद कमी की अजब कहानी, औरत जिन्दा दो बैठी हो
नशा उजाड़े साथ सनीचर, चन्द्र फकीरी रेखा हो
बैठा ग्रह कोई दो-सात टेवे, औरत एक ही जिन्दा हो
सनीचर मंदा बुध, राहु मंदा, शुक्कर भला न चन्द्र हो
केतु, बृहस्पत भी चलता उल्टा, लेख औरत ग्रह मंदा हो
बुध सभाओं साथ सनीचर, देख औरत बृहस्पत चलती हो
पापी बैठे बुध, मंगल राजा, औलाद कल्पना हटती हो

(1) खाना नंबर 4 के शुक्कर का असर अमूमन उम्दा ही होगा। शादी के चार साल बाद तक खूब ऐश और आराम की जिन्दगी होगी। टेवे वाले की औरत ऐश करेगी मगर उसकी किरगत का टेवे वाले इंसान को कोई फायदा न होगा।

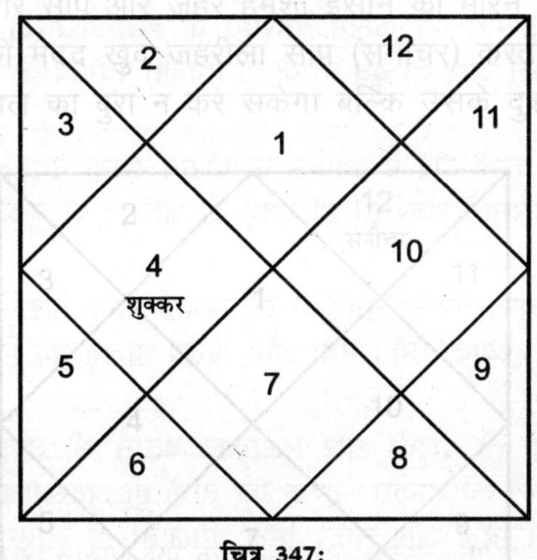

चित्र 347:

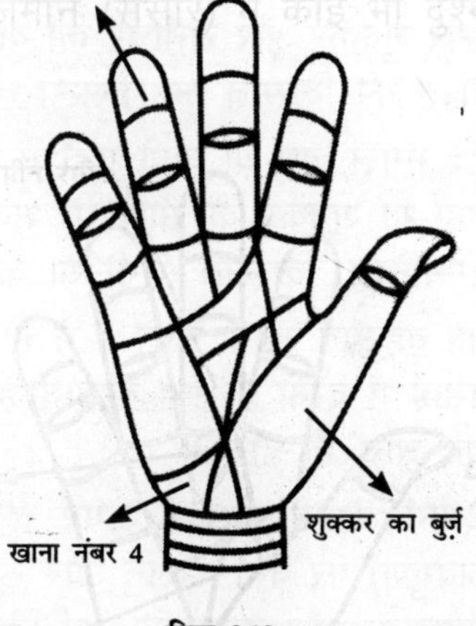

चित्र 348:

(2) जब खाना नंबर 2, 7 खाली हो और शुक्कर किसी दूसरे ग्रह के साथ न हो और न ही वह किसी दूसरे ग्रह का साथी बन रहा हो तो ऐसे इंसान की एक ही वक्त में दो औरतें जिन्दा होंगी। एक औरत (पत्नी) बूढ़ी मां की तरह बड़ी उम्र की और दूसरी आरामपसन्द, हरफनमौला (हर काम में दक्ष) और जमाने की बेगम होगी। लेकिन इतने पर भी औलाद की पैदाईश में परेशानी होगी लावल्दी (संतानहीनता) तक की नौबत होगी।

(3) जब खाना नंबर 4 के शुक्कर के साथ सनीचर बैठा हो। हथेली में शुक्कर और चन्द्र के बुर्जों को नशेबाजी रेखा मिला रही हो। तो ऐसा इंसान नशे की वजह से बरबाद होगा। बुध की चीजों या

कारोबार के जरिए भी इंसान बरबाद हो सकता है। टेवे में बृहस्पत और केतु निकम्मे होंगे। अगर शुक्कर को सनीचर के साथ–साथ चन्द्र का भी साथ मिल जाए तो फकीरी रेखा से गरीबी, निर्धनता और तंगहाली होगी। लेकिन इंसान को खुदाई (ईश्वरीय) मदद जरूर मिलती रहेगी।

(4) जब खाना नंबर 2, 7 में कोई ग्रह बैठा हो तो टेवे वाले इंसान की केवल एक ही औरत (पत्नी) जिन्दा होगी। अगर टेवे में दो औरत का योग हो तो इंसान अपनी पहली ही औरत से दोबारा रस्म पूरी करते हुए शादी कर ले तो दूसरी औरत नहीं होगी और औलाद भी जल्दी होगी। लेकिन ऐसे में औरत की सेहत (बच्चेदानी) बरबाद होगी। ऐसे में मंगल (चीज, कारोबार, रिश्तेदार) से शुक्कर (औरत) को मदद मिलेगी। घर की सबसे पुरानी दहलीज (चौखट) मंदे वक्त के समय मददगार होगी।

(5) जब टेवे में सनीचर, बुध, राहु मंदे हों और साथ ही शुक्कर और चन्द्र भी नेक न हों तो बृहस्पत (बाप–दादा) और केतु (औलाद) उलट चलेंगे और औरत की किस्मत भी मंदी होगी।

(6) जब केवल सनीचर मंदा हो तो टेवे वाला इंसान इश्कबाजी से तबाह होगा और औलाद की किल्लत (कमी) होगी।

(7) जब बुध मंदा हो तो शुक्कर मंदा असर करेगा। लड़कियां टेवे वाले की बरबादी की बुनियाद रखेंगी।

(8) जब चन्द्र मंदा हो तो टेवे वाले की औरत उसके खानदान में मर्दों के लिए मनहूस और गैर मुबारक होगी।

(9) अगर शुक्कर के साथ सनीचर हो लेकिन बृहस्पत साथ में न हो तो औरत की किस्मत का हाल बृहस्पत की हालत पर होगा अर्थात् औरत की किस्मत की कलम बृहस्पत के हाथ में होगी लेकिन अगर शुक्कर और सनीचर को बृहस्पत का साथ मिल जाए तो बुध के जाती (निजी) स्वभाव के अनुसार औरत की किस्मत का फैसला होगा।

(10) जब मंगल, बुध या पापी ग्रहों में से कोई भी अपने दूसरे दौरे में वर्षफल के दौरान खाना नंबर 1 में आ जाए या शुक्कर के साथ या शुक्कर का साथी (फरमान नंबर 6) हो जाए तो औलाद से मुतअल्लिक (सम्बन्धित) किल्लत (तंगी या कमी) दूर होगी।

(11) जब बृहस्पत खाना नंबर 1 में हो तो शुक्कर और चन्द्र (खाना नंबर 4) की लड़ाई मानो सास–बहु की लड़ाई में दोनों ही ग्रह बरबाद होंगे, जिससे मामा बरबाद होंगे। मंदी और खराब हालत का जिम्मेदार खुद चन्द्र ही होगा।

(12) दिमागी खाना नंबर 4 अगर चन्द्र से मुश्तरका हो तो दोस्ती और मुलाकात बढ़ाने की ताकत, ऐब (अवगुण) पर पर्दा डालने और खूबी पर नजर ड़ालने की ताकत। इश्क की तीनों ही अवस्थाओं इश्क, कामुकता और स्नेह का मालिक होगा। जहां तक दिल और नजर मिले, मिलाता ही जाएगा। एक चारपाई पर दो मेहमान या एक मेहमान के लिए दो चारपाई तो जरूर होगी मगर मेहमानखाने में चारपाई की बान बीच में से गीली ही होगी। इतना होने पर मामा बरबाद और औलाद के लिहाज से परेशानी होगी। जब औलाद का मामला हो तो कुएं में बृहस्पत की चीजें डालना मददगार होगा और अगर मामा का मामला हो तो चन्द्र का उपाय मददगार साबित होगा।

(13) **पत्थर भी रेत हो गर, तो रेत उड़ाता होगा**

औरत की हो आजारी, बुध, केतु भी मंदा होगा

खाना नंबर 4 में शुक्कर वाला इंसान बन्द कुएं या कुएं की छत पर मकान (सनीचर) बनाएगा तो लावल्दी (संतानहीनता) की मार को झेलेगा। गन्दी मोहब्बत (शुक्कर) करेगा तो बरबादी के मामले में

दीमक को न्यौता देकर घर–बार बरबाद करेगा। ऐसे में ऐब (अवगुणों) पर पर्दा डालना और खूबी (गुणों) पर नजर डालना मुबारक होगा यानि अगर ऐसा इंसान दूसरों के ऐबों का रेत (शुक्कर) उड़ाएगा तो उसका पत्थर (सनीचर) भी रेत हो जाएगा। अगर मकान की छत की हालत उम्दा होगी तो औरत की सेहत में मदद करेगी। खूबसूरत जवानी के ताल्लुक में यह आम होगा कि अगर किसी ने चोरी (यौवन का सौदा) कर ली है तो उसे चोर कहना उसके खून को जोश देगा और वह जान पर हमला करने के लिए तैयार हो जाएगा। अगर औरत (शुक्कर) को आजारी (बीमारी) हो तो बुध और केतु भी मंदा असर देंगे। जब शुक्कर और चन्द्र दोनों ही मंदे हो रहे हों तो आडू की गिटक (गुठली) में सुरमा भरकर घर के बाहर किसी स्थान पर तहजमीन में दबा देना मुबारक होगा। टेवे वाले की शादी 22, 24, 29, 32, 39, 47, 51, 60 साल उम्र में करना गैर मुबारक (अशुभ) होगा।

कियाफा (हस्तरेखा)– फकीरी रेखा या नशा रेखा या शराफत रेखा कायम हो अर्थात् सीधी लेटी लकीर जो चन्द्र के बुर्ज़ और शुक्कर के बुर्ज़ को मिलाती हो।

शुक्कर खाना नंबर 5

(बच्चों से भरा हुआ परिवार)

जमाने की माताएं, औरत जो तेरी
नसल तेरे बच्चों की, तुझे कौन देगी।
आग जले न मिट्टी उड़े, उड़ेगी जिस दम वह हो
जो ग्रह पहले घर नौवें में, अन्धा काना वह होता हो
दोस्त शुक्कर ग्रह कायम होते, पार माया भवसागर हो
दुश्मन अगर सात पहले बैठे, फटा पतंग घर शुक्कर हो
कायम ग्रह नर शुक्कर देखे, माया दौलत सब बढ़ता हो
बारह जले घर शुक्कर मंदे, बैठा भला चाहे तीन-आठ हो
दृष्टि शुक्कर न जब कोई करता, शुक्कर चोर खुद होता हो
एक अकेला न कोई मंदा, ऊत गया ही आवा हो
सेवा गऊ और चन्द्र होते, औलाद सोना घर भरता हो
चलन मंदे बच्चे बाहर बनते, आग जली जोड़ी मरता हो

(1) जब शुक्कर खाना नंबर 5 में हो तो ऐसा इंसान वाल्दैन (माता–पिता) की मर्जी के खिलाफ जाकर आशिकाना मोहब्बत के नजीते (परिणाम) पर शादी करेगा तो ऐसे इंसान की औलाद उसे बाप न कहेगी या फिर बाप न मानेगी अथवा औलाद अपने बाप के काम न आएगी। कारण चाहे कोई भी हो। अगर इंसान तू बाहर की औरतों से सम्बन्ध बनाएगा तो बच्चों में तेरी नस्ल न होकर वर्णसंकर पैदा होगा।

(2) जब टेवे में शुक्कर मंदा हो अथवा मंदा कर लिया जाए (चरित्र–हनन के द्वारा) तो टेवे वाले का शुक्कर तो उतना मंदा नहीं होगा लेकिन उसकी किस्मत मंदी जरूर हो जाएगी और धन–दौलत की हानि होगी।

(3) खाना नंबर 1, 9 में जो ग्रह होगा उससे मुतअल्लिक (सम्बन्धित) ताल्लुकदार (रिश्तेदार) अन्धा या काना अथवा अन्धा और काना दोनों होगा। लेकिन खाना नंबर 1 का सूरज और खाना नंबर 9 का बृहस्पत इस उसूल (नियम) से बरी (स्वतन्त्र) रहेंगे। औलाद जरूर होगी।

(4) जब शुक्कर खाना नंबर 5 के दोस्त ग्रह (बुध, सनीचर, केतु) टेवे में कायम (देखें फरमान नंबर 6) हों तो टेवे वाला सूफी (सन्त) और धर्मात्मा होगा और गौ (गाय) माता के मानिन्द (समान) उत्तम लक्ष्मी और अपने औरत कुल (ससुराल) को तारने वाला होगा।

(5) अगर शुक्कर के दुश्मन ग्रह (सूरज, चन्द्र राहु) खाना नंबर 1, 7 में बैठे हों तो खाना नंबर 12 जलता हुआ गिना जाएगा। चाहे खाना नंबर 3, 8 उम्दा ही क्यों न हो। ऐसे में शुक्कर पर मंदा असर न होगा लेकिन साथियों के लिए शुक्कर दरख्त (पेड़) में फंसे हुए पतंग की तरह होगा, जो धन हानि और किस्मत हानि कराता होगा। चन्द्र उस पतंग की डोर होगा। ऐसा इंसान आशिकी (प्रेम) में कामयाब और वतन का दिलदादा (इच्छुक) होगा।

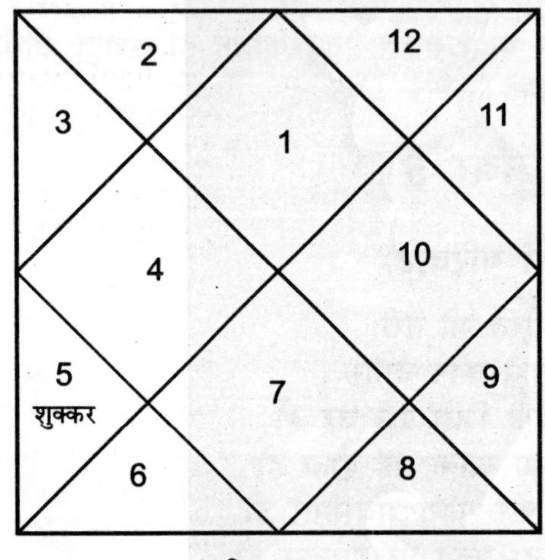

चित्र 349:

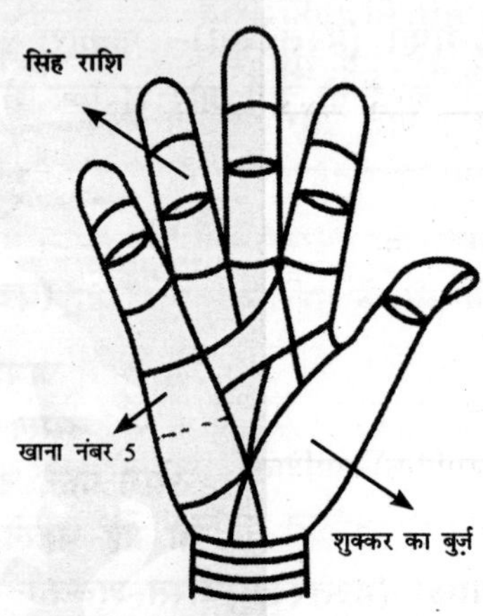

चित्र 350:

(6) जब टेवे में नर ग्रह कायम (देखें फरमान नंबर 6) हों या शुक्कर के साथ बैठे हों या शुक्कर के साथी (फरमान नंबर 6) हो तो टेवे वाले इंसान की माया, दौलत वगैरह बढ़ती ही चली जाएगी। ऐसा इंसान अपने वतन और कबीले का दिलदादा (इच्छुक) होगा।

(7) जब शुक्कर की दृष्टि में कोई भी ग्रह नहीं आता हो तो शुक्कर (रिश्तेदार) खुद चोर होगा और चोरी में गया हुआ माल शायद ही वापस आएगा। ऐसे घर में टेवे वाला इंसान और उसकी औरत ही प्रताड़ित न होंगे बल्कि "आवा ही ऊता गया" (ईट पकाने का भट्टा ही बरबाद हो गया होगा)। जो भी न हुआ हो वह सब होगा। दिन को ज्ञान और रात को इश्क का स्नान (व्यभिचार) होगा। मतलब गंदगी को ढकने के लिए धर्म का पाखंड होगा।

(8) जब टेवे में शुक्कर मंदा हो तो गाय (शुक्कर) और माता (चन्द्र) की सेवा करने से और साथ ही पाक–साफ (शुद्ध) दिल रखने से घर–परिवार में दौलत की बरकत होगी। अगर टेवे वाले इंसान का चाल–चलन मंदा हो अर्थात् मर्द और औरत बाहर बच्चे पैदा करने लगें तो मर्द और औरत की जोड़ी जलकर बरबाद हो जाएगी। ऐसे में मर्द या औरत को सेहत के मामले में जाए–खास (गुप्तांगों) को पानी की बजाए दूध या दही से धोना मुबारक होगा जिससे शुक्कर की उड़ती हुई मिट्टी (अपमान और बदनामी) से बचाव हो सके।

(9) जब चन्द्र मंदा हो तो मंदे चन्द्र का असर शुक्कर पर होगा। चन्द्र खाना नंबर 5 के शुक्कर के लिए पतंग की डोर का काम देगा। चन्द्र का उपाय करना शुक्कर के लिए भी मददगार साबित होगा।

(10) अगर शुक्कर के साथ खाना नंबर 5 में दुश्मन (शुक्कर के) बैठे हों तो शुक्कर पर इन दुश्मन ग्रहों का कोई मंदा असर न पड़ेगा।

(11) जब मंगल खाना नंबर 3 में, सूरज खाना नंबर 1 में हो तो टेवे वाले की हर तरह से बरकत होगी।

(12) खाना नंबर 5 के शुक्कर वाले इंसान की किस्मत का ताल्लुक उसके चाल–चलन (चरित्र) पर ही निर्भर करेगा। जैसा चाल–चलन होगा वैसी ही माली हालत होगी। लेकिन औरत (पत्नी) या औलाद (संतान) पर इस ताल्लुक का कोई असर नहीं पड़ेगा। परिवार बच्चों से भरा होगा और औरत के बैठे होते कभी रिजक (जीविका) बन्द न होगा अथवा शुक्कर की अश्या (वस्तुएं) घर में कायम करना मद. दगार होगा।

(13) जब बुध या पापी (राहु, केतु, बहैसियत पापी सनीचर) खाना नंबर 1, 7 में बैठे हों तो खाना नंबर 1, 9 में बैठे हुए ग्रह से मुतअल्लिक (सम्बन्धित) ताल्लुकदार (रिश्तेदार), शुक्कर के मार्फत दौलत की बरकत पाते रहेंगे अथवा खाना नंबर 1, 9 में बैठे ग्रहों से सम्बन्धित कारोबार (व्यापार) दौलत की बरकत में मददगार होंगे।

(14) दिमागी खाना नंबर 5 वाला इंसान परिवार से मोहब्बत करने वाला और हुबुलवतनी (देश–प्रेम) के मामले में बिल्ली के मानिन्द होगा। यानि एक आदमी ने मकान बदला और अपना कुत्ता और बिल्ली साथ ले आया। कुत्ता तो मालिक के साथ नए मकान में आ गया लेकिन उसकी बिल्ली मकान छोड़कर फिर पुराने मकान में ही भाग गई। ऐसा इंसान सूफी (संत) हुआ तो भवसागर से पार और अगर दुनियावी (सांसारिक) आशिक हुआ तो दरख़्त (पेड़) में फंसे हुए पतंग के मानिन्द होगा बल्कि इंसान का पूरा कुनबा ही मंदेपन की मार को झेलेगा।

कियाफा (हस्तरेखा)– सेहत रेखा या सूरज रेखा (तरक्की रेखा) शुक्कर के बुर्ज़ से चलकर बुध के बुर्ज़ पर खत्म हो।

शुक्कर खाना नंबर 6

(शान से रखी तो दौलत का महल वरना नीच दौलत)

जवानी में जो तू न बच्चे भुलाता,
बुढ़ापा न दुनिया में तुझको रुलाता
जाहिरदारी और इज्जत उम्दा, असर गिना घर दो का हो
आठ मंदा दो साथ जो मिलता, शुक्कर देता फल बारह हो
बृहस्पत सूरज कोई छः-दो बैठा, मच्छ रेखा शुक्कर होता हो
साथ सनीचर या मंगल होता, हीरा रिजक जर चश्मा हो
ताल्लुक राजा बेशक नीचे, साया दौलत जर होता हो
लड़का अगर कोई उस घर जनमे, साल बारह न दूजा हो
सात छठे घर दुश्मन बैठे, केतु साथी बृहस्पत बारह हो
सूरज बृहस्पत चाहे चन्द्र मिलता, असर सभी का मंदा हो
बुध मंदे से सेहत मंदी, सनीचर बुरा जर घटता हो
केतु हुआ मंदा दुश्मन बैरी, औरत बांझ या खुसरा हो
शुरू शरारत पाप जो करता, मंगल नतीजा देता हो

जनम मंदा ग्रह तख्त पे आता, जहर टेवा सब धोता हो
शुक्कर बुरा न खुद कभी होगा, असर बुरा हमसाया हो
भला जनम ग्रह जब कभी मंदा, दृष्टि मारा जर माया हो

(1) खाना नंबर 6 में शुक्कर वाला इंसान अगर बाहरी औरत से ताल्लुक रखे तो औलाद नरीना (नर) होने में किल्लत (कमी) का मुंह देखेगा। अगर किसी वजह से औलाद हो भी जाए तो बुढ़ापे में औलाद साथ न देगी। ऐसा इंसान बच्चे पैदा करने के मामले में लापरवाह भी होगा। बुढ़ापे में औलाद से दुःखी होगा।

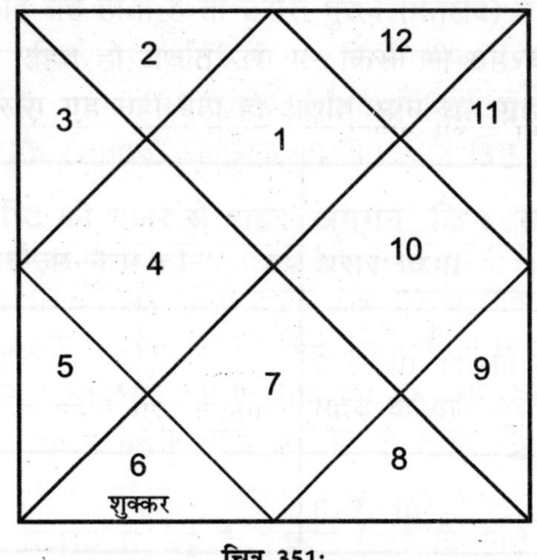

चित्र 351:

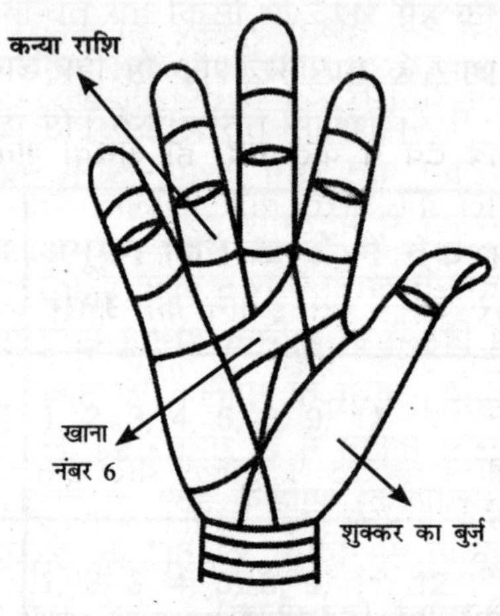

चित्र 352:

(2) जब तक जाहिरदारी (दिखावा) उत्तम होगा तब तक दुनियावी शान–शौकत और इज्जत उम्दा होगी। बुढ़ापे में आराम होगा लेकिन चन्द्र का उपाय करने से ही बुढ़ापे में उम्दा फल मिलेगा। खाना नंबर 6 में शुक्कर हो तो औलाद के मामले में नीच शुक्कर का फल होगा। वरना वही फल गिना जाएगा जो शुक्कर खाना नंबर 2 का होता है।

(3) जब खाना नंबर 2, 8 का मंदा असर शुक्कर खाना 6 के असर में शामिल हो अथवा खाना नंबर 2, 8 में शुक्कर के दुश्मन (सूरज, चन्द्र, राहु) ग्रह मौजूद हों तो टेवे वाले इंसान को शुक्कर खाना नंबर 12 का उत्तम फल मिलेगा लेकिन राजदरबार से ताल्लुक (सम्बन्ध) नीच फल देगा।

(4) जब सूरज या बृहस्पत खाना नंबर 2, 6 में बैठा हो और खाना नंबर 12 में कोई न कोई ग्रह जरूर हो तो खुद अपने लिए अथवा टेवे वाले के बाप के लिए मच्छ रेखा (हर तरफ दौलत, शोहरत, आल–औलाद और परिवार की बरकत) का उम्दा असर शामिल होगा।

(5) जब शुक्कर के साथ मंगल खाना नंबर 6 में बैठा हो या शुक्कर का मंगल साथी (फरमान नंबर 6) हो तो टेवे वाले की जिन्दगी उम्दा होगी मगर शुक्कर का जाती (निजी) असर राहु–केतु की हालत पर निर्भर करेगा।

(6) जब शुक्कर के साथ या साथी सनीचर हो तो शुक्कर हीरे के मानिन्द (समान) असर का होगा। रिजक (जीविका) की घर में कमी न होगी और धन का चश्मा (स्रोत) भी घर में बहता होगा।

(7) खाना नंबर 6 के शुक्कर के लिए सूरज की किरणें मिट्टी के रंग जैसा असर जाहिर करेंगी यानि ऐसा इंसान राजदरबार (प्रशासन) से धन–दौलत नहीं कमा पाएगा लेकिन राजदरबार से कमाई वाले

इंसान की कमाई से अपना कारोबार लगा सकता है। ऐसे इंसान के सिर पर धन–दौलत का साया जरूर होगा।

(8) शुक्कर खाना नंबर 6 में नीच का हो तो टेवे वाले इंसान की नर औलाद जब कभी भी होगी उसके बाद दूसरा बच्चा बारह साल के अन्तराल के बाद ही पैदा होगा।

(9) जब खाना नंबर 7, 6 में शुक्कर के दुश्मन ग्रह बैठे हों और साथ ही खाना नंबर 12 में केतु और बृहस्पत हो तो टेवे में सभी ग्रहों का असर मंदा होगा चाहे सूरज, चन्द्र या बृहस्पत ही मदद को क्यों न खड़े हो जाएं।

(10) अगर टेवे में बुध मंदा हो जाए तो टेवे वाले इंसान की सेहत मंदी होगी और अगर बुध खाना नंबर 8 में बैठा हो तो शुक्कर का फल मंदा होगा और नरीना औलाद की पैदाईश में किल्लत होगी।

(11) जब सनीचर टेवे में मंदा हो जाए तो धन–दौलत की दिन–ब–दिन कमी ही होती चली जाएगी।

(12) जब टेवे में केतु मंदा हो अथवा शुक्कर के साथ या साथी होकर केतु खाना नंबर 6 में हो तो टेवे वाले की औरत बांझ (औलाद पैदा करने में असमर्थ) अथवा खुद टेवे वाला खुसरा (नंपुसक) होगा अथवा नरीना (नर) औलाद से महरूम या दुःखी ही होगा। अगर औलाद होगी तो लड़कियों से घर भर देगा। ऐसे इंसान को अक्ल की भले ही कमी हो मगर रिजक (जीविका) की कमी न होगी। ऐसा इंसान त्याग के मामले में बादशाह होगा लेकिन मंदी (असामाजिक) औरतें बरबादी का बहाना (कारण) बनेंगी।

(13) खाना नंबर 6 में शुक्कर वाले इंसान (मर्द या औरत) के खून में नरीना औलाद पैदा करने के मार्फत कोई बीमारी नहीं होगी। अगर होगी तो उसकी त्वचा में नुक्स हो सकता है या फालतू जरासीम (कीटाणु या शुक्राणु) पैदा होंगे। लेकिन तब तक वे दोनों औलाद पैदा करने की बात को ही भूल चुके होंगे। औलाद की पैदाईश से मुतअल्लिक किसी भी तरह की मंदी हालत के वक्त शुक्कर खाना नंबर 6 वाला इंसान (मर्द या औरत) गुप्तांगों की सफाई के लिए पोटेशियम परमैगनेट या सौंफ का बुरादा (मंगल की चीज) वैद्य द्वारा दी गई दवाईयों में मिलाकर पानी बना लें और इस्तेमाल करें। इस उपाय को करने से इंसान के फालतू जरासीम (अंडाणु या शुक्राणु) जाया (बेकार) होते रहेंगे।

नोट– ***पाठकों से अनुरोध है कि इस उपाय को करने से पहले डॉक्टर की सलाह अवश्य लें और किए जा रहे उपाय से पूर्व डॉक्टर को सूचित जरूर कर दें।***

(14) जब बृहस्पत या सूरज खाना नंबर 7 से 12 में हो तो टेवे वाले इंसान की दौलत बरबाद होगी। शुक्कर का असर हर तरह से मंदा होगा। मंदे वक्त की शरारत का असर सबसे पहले पापी ग्रहों के मार्फत जाहिर होगा और उसका नतीजा मंगल की हालत पर होगा।

(15) जब जनम–कुंडली का मंदा ग्रह तख्त (खाना नंबर 1) पर बमूजिब (अनुसार) वर्षफल आए तो वह टेवे की सब जहर धो देगा। शुक्कर भी बुरा असर न करेगा। लेकिन हमसाया ग्रह का बुरा असर होगा। औरत का नंगे पांव फर्श पर चलना (पांव का तलवा जमीन से छूना) औलाद की किल्लत देगा। शुक्कर खाना नंबर 6 का फैसला बुध (बुध को सनीचर की मदद) की मदद पर होगा।

  (i) औरत घर के अन्दर या बाहर जुराब (मोजे) पहनकर घूमें तो औलाद की किल्लत (कमी) दूर करने में मददगार उपाय होगा।

  (ii) औरत अपने सिर के बालों में खालिस (शुद्ध) सोना कायम रखे तो औलाद और धन की बरकत में मददगार होगा।

(iii) गुप्तांगों को दही से साफ करते रहने से नरीना (नर) औलाद की पैदाईश में मुबारक और उत्तम असर देगा।

(iv) शादी के वक्त वाल्दैन (माता–पिता) टेवे वाले इंसान (वर या वधू) को शुद्ध सोने के दो टुकड़े संकल्प करके दे दें तो सारी उम्र वे सिक्के औलाद के मामले में नेक असर देंगे।

(16) जब शुक्कर दृष्टि से खाली हो या खाना नंबर 2, 8, 12 में कोई ग्रह न हो तो टेवे वाला इंसान घर का अगुवा (मुखिया) बनकर (अगर घर में बड़ा हो तो) सभी सदस्यों को सूखे तालाब में डुबोकर छोड़ देगा। खासतौर पर वह इंसान जो अपनी जवानी में औरतों के लिए तारीफों के झूठे पुल बनाता हो।

(17) जब खाना नंबर 2 खाली हो अथवा सूरज खाना नंबर 6 में हो और खाना नंबर 2 खाली हो तो शुक्कर मंदा असर नहीं देगा और औलाद हर तरह से मंदी होगी। ऐसे इंसान के वालिद (बाप) बचपन में ही गुज़र जाएंगे और औरत का फल अथवा औलाद का सुख 28 साल की उम्र के बाद हासिल होगा।

(18) जब खाना नंबर 6, 7 में कोई भी शुक्कर का साथी (फरमान नंबर 6 के अनुसार) हो (सिवाय मंगल और बृहस्पत) तो शुक्कर और दूसरा साथी दोनों ही मंदे और बरबाद होंगे। ऐसे वक्त घर में ठोस चांदी रखना मुबारक असर देगा अर्थात् जब तक घर में या इंसान के पास चन्द्र कायम रहेगा तब तक शुक्कर बुरा न होगा।

(19) खाना नंबर 6 में शुक्कर वाला इंसान जितनी शान से अपनी औरत को रखेगा उतने ही उत्तम और उसी कदर इंसान के घर दौलत के महल होंगे वरना घर में नीच (मंदी) दौलत ही आएगी।

(20) जब खाना नंबर 2 में राहु हो तो टेवे वाले इंसान की पहली औरत मर जाएगी और राहु की मियाद तक दुश्मनों से तकलीफ होगी।

(21) खाना नंबर 6 के शुक्कर वाला इंसान गरीबों को धन खिलाकर उनको मदद करने वाला होगा। ऐसा इंसान अक्ल के खिलाफ बहुत से काम करेगा। अपने घर और मकान का फायदा न उठा पाएगा। ऐसा इंसान औरत के सुख से महरूम ही रहेगा। आखरी उम्र (बुढ़ापे) में आराम मिलेगा। जिसके लिए चन्द्र का उपाय कर लेना मददगार होगा।

(22) **लल्लू करे कुवल्लियां रब सिधिया पावे**
लड़के उस घर से डरें लड़कियां पल्ले पावे

रोजी अगर अक्ल के मुताबिक मिलती तो खाना नंबर 6 के इंसान से ज्यादा नादान और बेवकूफ कोई न होता। यानि शुक्कर नीच होने के बाद भी टेवे वाले इंसान के लिए मंदा असर न करता। शुक्कर का दुनिया से ताल्लुक होना या न होना कोई खास फर्क (महत्त्व) नहीं देगा ऐसा इंसान दुनिया का आशिक (प्रेमी) न होगा बल्कि त्यागी होगा। इसलिए नहीं कि वह वैरागी होगा बल्कि इसलिए कि वह कम अक्लवाला होगा। उसके घर में लड़कियां ही लड़कियां पैदा होंगी।

(23) जब सूरज या बृहस्पत खाना नंबर 2, 6 में हो अथवा दोनों साथी ग्रह हों तो टेवे वाला इंसान खूब दौलत वाला होगा। शुक्कर खाना नंबर 6 में बैठकर कीमती हीरे के माफिक फल देगा मगर टेवे वाले की औलाद निकम्मी और नालायक होगी। टेवे वाले के भाई–बन्धु और परिवार वालों की बरकत होती रहेगी। मच्छ रेखा का उम्दा असर मिलेगा। अगर मच्छ रेखा बाप (बृहस्पत) के लिए उत्तम हो तो वे सात भाई और तीन बहिन तक होंगे और अगर खुद टेवे वाले (सूरज) के लिए हो तो सात लड़के और तीन लड़कियां तक हो सकते हैं। इस गिनती में जिन्दा और मुर्दा सभी तरह की औलादें शामिल होंगी।

(24) खाना नंबर 6 के शुक्कर वाले इंसान के लिए अच्छा होगा कि वह ऐसे प्राणी (मर्द या औरत) से शादी करे जो अकेली औलाद न हो अर्थात् उसके कोई भाई या बहिन होनी चाहिए। क्योंकि शुक्कर खाना नंबर 6 सिर्फ उसी वक्त मंदा होगा जब टेवे वाले का जीवनसाथी खुद अकेला (अकेले मंगल के मानिन्द) हो।

(25) मंदेपन के वक्त शुक्कर के दुश्मन ग्रह (सूरज, बृहस्पत, चन्द्र) पहले खुद मंदे नतीजे अपनी अश्या (चीजों), कारोबार और रिश्तेदारों के मार्फत देगा अथवा शुक्कर के दोस्त ग्रह (बुध, सनीचर, केतु) अपनी चीजों के मार्फत अपना बुरा या मंदा असर जाहिर करेंगे। मसलन सनीचर मकान और मशीन पर, बुध बहिन, बुआ, और लड़की पर, केतु औलाद, शरीर के जोड़ों पर, कान या रीढ़ की हड्डी पर हमला करके अपने मंदेपन का सबूत देंगे। इसके अलावा टेवे वाले के जद्दी (पैतृक) मकान की जमीन के नीचे बुध की चीजें मसलन गुमनाम बन्द गुफा या तहखाना, दीवार में चोर दरवाजे या खाने जो खाली पड़े होंगे या मिट्टी अथवा धातु के बड़े–बड़े गोल बर्तन होंगे (अगर ये सभी) खाली पड़े हों तो बुध मंदा होगा। इसी तरह सनीचर के लोहे के बड़े–बड़े बक्से, लोहे की तिजोरी वगैरह जमीन में दबी पड़ी होंगी। मुख्तसरन (संक्षेप में) फैसला बुध की हालत और बुध को सनीचर की मदद मिलने की ताकत पर होगा। राहु–केतु शरारत की सबसे पहले खबर देंगे और मंगल आखरी नतीजा (परिणाम) बता देगा। शुक्कर के असर का अन्तिम फैसला इसके हिमायती (सहायक) हमसाया (पड़ोसी) ग्रहों से होगा।

(26) जब शुक्कर खाना नंबर 6 में हो तो शुक्कर नीच का होगा। खाना नंबर 6 में कन्या राशि बुध की राशि है अर्थात् कन्या राशि का मालिक ग्रह बुध है अर्थात् बुध ही शुक्कर के नीच होने का बुनियादी कारण है। खाना नंबर 6 में शुक्कर के वक्त बुध भी मंदा ही होता है। बुध का अलग–अलग खानों में मंदे असर के वक्त फल मंदरजाजैल (निम्नलिखित) होंगे।

(i) जब बुध खाना नंबर 3 में मंदा हो तो टेवे वाले के भाई–बन्धु मंदे असर से मंदे होंगे।

(ii) जब बुध खाना नंबर 4 में मंदा हो तो माता और माता खानदान मंदे होंगे।

(iii) जब बुध खाना नंबर 6 में मंदा हो तो मामा पर मंदा असर जाहिर होगा।

(iv) जब बुध खाना नंबर 7 में मंदा हो तो औरत पर मंदा असर होगा।

(v) जब बुध खाना नंबर 9 में मंदा हो रहा हो तो बुजुर्गी खानदान पर मंदा असर देगा।

(vi) जब बुध खाना नंबर 10 में मंदा हो रहा हो तो पिता की उम्र पर मंदा असर देगा।

(vii) जब बुध खाना नंबर 11 में मंदा हो तो टेवे वाले की कमाई (आमदनी) पर मंदा असर जाहिर करेगा।

(viii) बुध खाना नंबर 12 में मंदा हो तो टेवे वाले का रात का सुख अथवा नींद पर मंदा असर पड़ेगा।

ऊपर दिए गए हालातों में खाना नंबर 1 (तख्त) में बैठा ग्रह मदद देगा अथवा जब बुध खाना नंबर 1 में बमूजिब (अनुसार) वर्षफल आएगा तो सब–कुछ बहाल (पहले जैसा) कर देगा।

(26) जब बुध खाना नंबर 5 में बैठकर मंदा होता हो तो खाना नंबर 3, 4, 7, 9 के ग्रहों का मंदा हाल हो जाएगा। लेकिन जब कभी बुध बमूजिब वर्षफल खाना नंबर 1 में आएगा तो सब कुछ बहाल कर देगा अथवा खाना नंबर 1 में बैठा ग्रह मददगार होगा।

कियाफा (हस्तरेखा)– सेहत रेखा या सूरज की तरक्की रेखा, जब शुक्कर के बुर्ज से चलकर हथेली के बड़े मुस्ततील (वर्ग) यानि खाना नंबर 6 में खत्म हो। शुक्कर के बुर्ज़ पर राहु का निशान हो।

शुक्कर का पतंग– यह रेखा दिल (हृदय) रेखा के ऊपर उंगलियों की ओर दिल रेखा की ही आकृति में होती है। यह रेखा कामदेव रेखा (शुक्र वलय) के नाम से भी जानी जाती है। यह रेखा घर की रहनुमाई (नेतृत्व) या भाई–बन्धुओं पर अंगुश्तनुमाई (मार्गदर्शन) और हमअसरों (हमउम्रों) की नंबरदारी (अगुवाई) जाहिर करती है। जिसकी हथेली पर यह रेखा बनती हो वह इंसान धर्महीन और औरत जात की झूठी या सच्ची तारीफों के पुल बांधने व जवानी में मोहब्बत करने में वक्त सर्फ (खर्च) करने वाला होता है। अपनी मोहब्बत की याद में तड़पता और उसको अकेले में याद करने वाला होता है। ऐसे इंसान की सेहत उम्दा और जुबान (वाकपटुता) और नजर की ताकत उत्तम होती है। औरत जात या अपनी औरत (पत्नी) के कुटुम्ब (ससुराल) से ताल्लुक उत्तम होता है। मगर सूरज की किरणें, शुक्कर के दरबार को मैला करती है अर्थात् राजदरबार से ताल्लुक अच्छे नहीं होते मगर राजदरबार से आमदनी करने वालों की मदद से कारोबार जरूर करता है। ऐसा इंसान अपने हमराहियों (मित्रों) को जलील और मंदे कामों को करने की सलाह देकर नीच के शुक्कर की ओर धकेलता है। जिससे उसके हमराही (दोस्त) जिल्लत और बेइज्जती उठाने को मजबूर हो जाते हैं।

सूरज और शुक्कर बाहम (आपस में) दोस्त नहीं होते इसलिए इस रेखा का अपनी जात (शुक्कर) पर कोई असर नहीं होता। लेकिन जब यह रेखा टूटी–फूटी हो तो दिमागी कमजोरी और दीवानगी का असर होगा। जब यह रेखा बुध के बुर्ज़ से सनीचर के बुर्ज़ तक ही पूरी लम्बाई के बगैर टूटी फूटी हो तो ऐसे इंसान के ख्यालात (विचारों) में दहशत (डर) और परेशानी होती है। ऐसे इंसान की औरत (पत्नी) सदाबहार फूल (देखें शुक्कर खाना नंबर 1) और खुद ऐसा इंसान ऐशीपट्ठा (मौजमस्ती करने में व्यस्त) होगा। अगर यही रेखा औरत के हाथ में हो तो असर उल्टा कहा जाएगा। जब खाना नंबर 6 में शुक्कर हो अथवा हथेली पर शुक्कर का पतंग हो तो ऐसे वक्त मंदे असर की पहचान गाय, बैल, धन–दौलत की चोरी या गुम (खो) जाना होगी। इसी तरह बृहस्पत नीच का हो तो सांस या दमा की बीमारी और अगर गुस्सा ज्यादा आता हो तो सूरज नीच का होगा वगैरह–वगैरह।

अगर हाथ में दिल रेखा (चन्द्र कायम हो) दुरुस्त (उत्तम) हो तो शुक्कर का असर कभी बुरा नहीं होगा। लेकिन ऐसी हालत में चन्द्र और दिल रेखा बुरा असर जाहिर करेंगी। जब शुक्कर खाना नंबर 6 में नीच हो रहा हो तो वह नीच का असर तो देगा मगर इतना बुरा न देगा, जैसे– 'मंगल–बद' का होता है, क्योंकि खाना नंबर 6 शुक्कर के दोस्तों (केतु और बुध) का खाना है। इसलिए जब शुक्कर मंदा हो तो अक्ल (बुध) गुम हो जाएगी और जब बुध साथ छोड़ेगा तो स्त्री जात (पत्नी) को भी तकलीफ होगी। मगर दौलत गुम न होगी। यानि शुक्कर से अक्ल तो गुम होगी लेकिन नसीब धोखा न देगा। अगर "शुक्कर का पतंग" खराब हो तो ऐसा इंसान कठोर दिल का होगा।

जब "शुक्कर का पतंग" या कामदेव रेखा सिर्फ बुध के बुर्ज़ (खाना नंबर 7) पर कनिष्ठा की जड़ पर ही हो तो शुक्कर खाना नंबर 7 में होगा। अगर यह रेखा सूरज के बुर्ज़ (खाना नंबर 1) पर अनामिका की जड़ में ही हो तो शुक्कर खाना नंबर 1 में होगा। अगर यह रेखा सिर्फ मद्धमा की जड़ अर्थात् सनीचर के बुर्ज़ (खाना नंबर 10) पर ही हो तो शुक्कर खाना नंबर 10 का फल देगा।

दिमागी खाना– जब दिमागी खाना नंबर 6 केतु से मुश्तरका (संयुक्त) हो तो पक्की मोहब्बत निभाने वाला इंसान होगा और हर काम को दिलचस्पी से करने वाला होगा। ऐसा इंसान काम पूरा किए बगैर नहीं छोड़ता। मगर उसकी किस्मत ऐसी होगी कि दिन–रात लगने के बाद भी नतीजा (परिणाम) निकम्मा और सिफर (शून्य) ही रहेगा।

शुक्कर खाना नंबर 7

(साथी का असर)

एवज गैर सतवन्ती, अपनी जो भूली
जली माया घर की, ये क्या नार ले ली
सफर गुजर हो उसकी लम्बी, रिजक तिलक परदेशी हो
लगन पराई औरत मंदी, चांडाल गुस्से जड़ कटती हो
नक्ल हो फौरन रानी करती, उम्दा होता जब ग्रह कोई हो
सात पहले नौ-ग्यारह बैरी, दौलत माया सब बढ़ती हो
सनीचर नौवें घर ग्यारह बैठा, सामान रफा ये कुल दुनिया हो
चन्द्र टेवे जब तख्त हो पाता, शुक्कर जले खुद रोता हो
सूरज चार और चन्द्र हो पहले, साथ सनीचर बैठा हो
नामर्द हुआ या सुथरा गिनते, सांड़ खस्सी जन खुसरा हो
औलाद केतु और सनीचर गृहस्थी, हालत राहु खुद माली हो
परिवार कबीला बुध की गिनती, चाल शुक्कर चार तरफी हो
चार दूजे बुध नेकी करता, आठ रद्दी बुध मंदा हो
साथ राहु या बृहस्पत हो मंदा, शुक्कर असर सब गन्दा हो

(1) पराई मिट्टी (औरत) को पूजना या इश्कबाजी में आमदनी (कमाई) करना जद्दी (पैतृक) जायदाद और दौलत बरबाद करेंगे। जिसकी वजह राहु की शरारत या निजी स्वार्थ होगा। कमाई का एक बड़ा हिस्सा औरत के काम (सुख, ऐश या बीमारी में) आएगा। सूरज गुस्से (क्रोध) की बुनियाद (कारण) बनेगा।

(2) खाना नंबर 7 के शुक्कर वाला इंसान और उसकी औरत (पत्नी) सुन्दर, सुशील और नेक स्वभाव वाले होंगे। उत्तम रंग और शक्ल के मालिक होंगे। अगर औरत रंग में बहुत ज्यादा सफेद न हो अथवा सफेद गाय का टेवे वाले से ताल्लुक (सम्बन्ध) न हो तो बहुत मुबारक (शुभ) असर होगा। टेवे वाले की औरत किसी के मामले में दखलन्दाजी नहीं करेगी।

(3) जब टेवे में शुक्कर कायम (देखें फरमान नंबर 6) हो अथवा शुक्कर उत्तम हो तो ताउम्र (उम्र भर) मर्द और औरत का जोड़ा सुखी रहेगा। टेवे वाले का परिवार और ससुराल (खासतौर पर औरत के वाल्दैन) की हालत उत्तम होगी। टेवे वाले इंसान की नम्र और शान्त तबीयत (स्वभाव) माया और दौलत की बरकत की सीढ़ी होगी। टेवे वाले की उम्र 80–90 साल के दरमियान (मध्य) होगी।

(4) अगर खाना नंबर 1 खाली हो तो शुक्कर सोया हुआ या मंदा न होगा बल्कि उम्दा असर देगा। पराई औरत से व्यभिचार या गुस्सा बरबादी का सबब (कारण) बनेंगे।

(5) बमूजिब (अनुसार) वर्षफल जब भी शुक्कर खाना नंबर 1 (एकत्तीसवें साल में, देखें फरमान नंबर 13) में आए या टेवे में कोई ग्रह उम्दा हो या खाना नंबर 1 में कोई भी ग्रह (टेवे या वर्षफल में) उम्दा होगा तो शुक्कर भी उम्दा असर करेगा। ऐसे में खाना नंबर 1 में बैठा ग्रह शुक्कर का असर और खुद शुक्कर (खाना नंबर 7 में बैठा) साथ बैठे हुए साथी का फल देगा। टेवे वाले की शादी, गृहस्थ और ससुराल की हालत उत्तम होगी। उम्र का पच्चीसवां साल भी उत्तम होगा।

(6) जब खाना नंबर 1, 7, 9, 11 में शुक्कर के दुश्मन (सूरज, चन्द्र, राहु) ग्रह बैठे हों तो माया, दौलत बरकत करेगी। शुक्कर का फल भी उम्दा गिना जाएगा।

(7) जब खाना नंबर 1, 7, 9, 11 में शुक्कर के दोस्त (सनीचर, बुध, केतु) ग्रह बैठे हों तो शुक्कर वही फल देगा जैसा कि इन चारों खानों में बैठे हुए ग्रह में से सबसे कारआमद (असरकारक) और ताकतवर ग्रह का असर होगा।

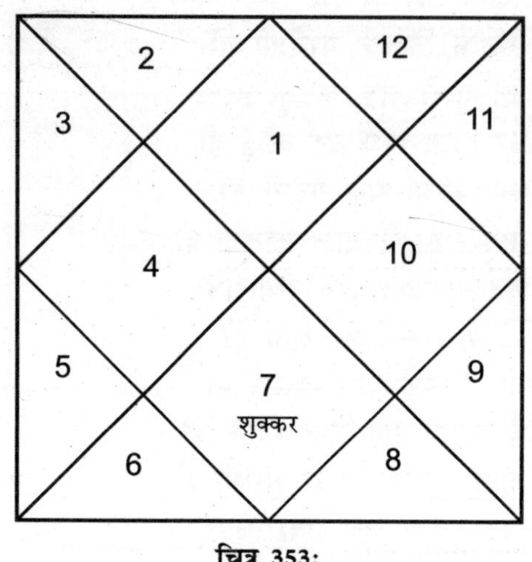

चित्र 353:

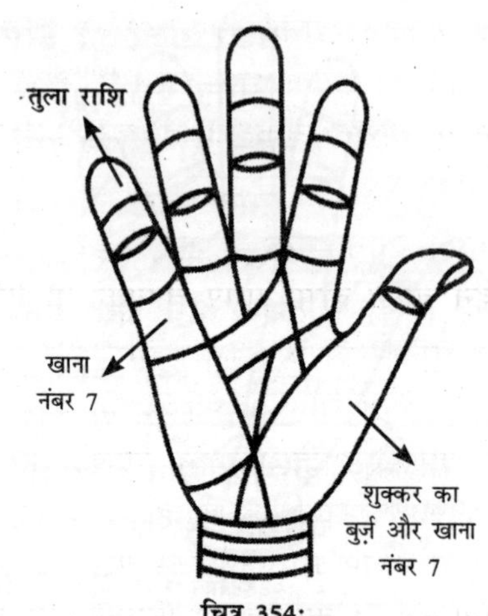

चित्र 354:

(8) जब सनीचर खाना नंबर 9, 11 में बैठा हो तो टेवे वाले इंसान को रफा–ए–आम (जनकल्याण) के कारोबार, सामान उम्दा और मुबारक असर देंगे।

(9) जब खाना नंबर 1 में चन्द्र हो तो शुक्कर का फल मंदा और किस्मत मंदी होगी।

(10) जब शुक्कर के दुश्मन (चन्द्र, राहु) सूरज को छोड़कर बमूजिब वर्षफल खाना नंबर 1 में आएं और खाना नंबर 3 मंदा हो तो टेवे वाले की 4, 16, 28, 40, 52, 64, 76, 88, 100, 114 (देखें फेहरिस्त वर्षफल) साल की उम्र में चोरी और धन हानि के वाकिआत (घटनाएं) होंगे।

(11) जब सूरज खाना नंबर 4, चन्द्र खाना नंबर 1 और सनीचर शुक्कर के साथ खाना नंबर 7 में हो तो औरत या मर्द में से कोई एक बांझ, नपुंसक होगा।

(12) जब खाना नंबर 7 में शुक्कर हो और हथेली में सेहत रेखा शुक्कर के बुर्ज़ (खाना नंबर 7) पर खत्म हो अथवा शुक्कर के बुर्ज़ पर बुध का दायरा (○) हो तो ऐसे में औलाद का हाल केतु की हालत पर होगा। गृहस्थ हालत का, सनीचर की हालत पर फैसला होगा। माली (धन की) हालत का फैसला राहु और परिवार की हालत का फैसला बुध की हालत पर होगा।

शुक्कर की चाल चौतरफी होगी– मसलन

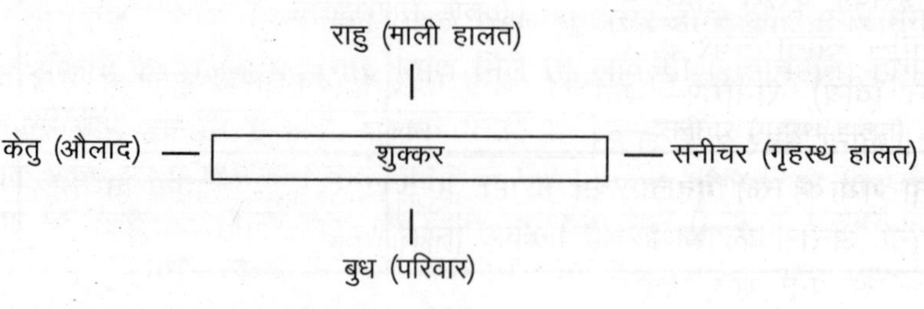

(13) खाना नंबर 4, 2 में बुध हो तो वह नेक फल देगा। खाना नंबर 8 में बुध हो तो वह मंदा और रद्दी हो जाएगा।

(14) जब बुध खाना नंबर 2, 4, 6 में हो और हथेली में कनिष्ठा की जड़ (खाना नंबर 7) में शुक्कर का पतंग हो तो शादी के दिन से मर्द के लिए शुक्कर और बुध दोनों का फल उम्दा होगा, जो 37 साल की उम्र तक मुबारक होगा।

(15) जब शुक्कर खाना नंबर 7 के साथ राहु हो या राहु, शुक्कर का साथी हो या राहु टेवे में मंदा हो रहा हो तो शुक्कर हर तरह से मंदा असर देगा। खासकर जब बिल्ली की जेर (झिल्ली– जो बच्चा होने के दौरान निकलती है) चमड़े के बटुए में रखी जाए। सनीचर के कारोबार मंदा असर देंगे। औरतों को खूब ऐश कराने वाला होगा। इंसान के लोभी दोस्त बरबादी की बुनियाद रखेंगे।

(16) दिमागी खाना नंबर 7 अगर बुध से मुश्तरका (संयुक्त) हो तो इंसान लम्बी उम्र की ख्वाहिश (इच्छा) रखने वाला होगा मगर तरक्की से इसका कोई सरोकार (मतलब) न होगा। जब तक इंसान जमाने और गृहस्थ के उसूल (सिद्धांत) पर चलते हुए अकेला हो लेकिन दिल की उकसाहट (काम–भाव) की ओर न भागे तो मर्द–औरत का आपसी प्यार का रिश्ता कभी कम न होगा।

(17) जब शुक्कर अकेला खाना नंबर 7 में हो तो उसका असर बहुत नेक होगा। लेकिन अगर शुक्कर के साथ कोई दूसरा ग्रह भी हो तो शुक्कर अपने साथ वाले ग्रह का फल टेवे में देगा। लेकिन शुक्कर की तबीयत (स्वभाव) ''जैसे को तैसा'' वाली होगी यानि जिसके घर में होगा उसी का धर्म चलेगा। अर्थात् खाना नंबर 1 का ग्रह या शुक्कर जब बमूजिब वर्षफल खाना नंबर 1 में आए तो शुक्कर की तासीर (गुण) साथी ग्रह की होगी। सनीचर की आंखों की रफ्तार होगी। टेवे में जहां सनीचर बैठा हो उसी के बमूजिब आंखों की तादाद (संख्या) ली जाएगी, यानि अगर एक आंख भी साबित हो जाए तो शुक्कर उत्तम फल देगा। विस्तृत विवरण के लिए देखें सनीचर खाना नंबर 10।

(18) जब टेवे में बृहस्पत सोया हुआ हो और हथेली में शुक्कर के बुर्ज़ (खाना नंबर 7) पर बृहस्पत के छोटे–छोटे सीधे खड़े हुए खत (रेखाएं) हों तो ऐसा इंसान सफर से जरूर जिन्दा वापस आएगा और ऐसे इंसान की मौत कभी परदेस में न होगी।

(19) जब खाना नंबर 7 में शुक्कर नेक हो तो शादी और शुक्कर के कारोबार हमेशा नेक फल देंगे।

(20) जब चन्द्र अकेला खाना नंबर 4 में हो और शुक्कर अकेला खाना नंबर 7 में बैठा हो तो ऐसा इंसान ''दिल की उकसाहट'' (काम–भाव) से दूर रहने वाला होगा। जब शुक्कर मंदा हो तो टेवे वाले की उम्र अमूमन 85 से 96 साल के दरमियान (मध्य) होगी। ससुराल में मर्दों के करोबार में साथी होकर या हिस्सा डालकर कारोबार करना माली हालत और गृहस्थी के मामले में मंदा असर देने वाला होगा। खुदगर्जी बरबादी की बुनियाद होगी। ऐसा इंसान जद्दी जायदाद का फायदा न उठा सकेगा।

(21) जब खाना नंबर 8 खाली हो और शुक्कर खाना नंबर 7 में हो तो शुक्कर के पक्के घर खाना नंबर 7 में इसका दूसरा साथी बुध मिट्टी में रेत के मानिन्द होगा। मर्द–औरत में कुव्वते–बाह (काम–भावना)– खाना नंबर 2 में बुध, सम्भोग–शक्ति– केतु, काम की नाली– खाना नंबर 8, मंगल– खून (वीर्य), सनीचर– शैतान (जायज या नाजायज तरीके से अपना मतलब निकालने वाला) होगा। खाना नंबर 7 में शुक्कर–बुध की चक्की को चलाने वाली कीली भी खाना नंबर 8 का ही ग्रह गिना गया है जो गृहस्थ की हालत में दुनियावी (सांसारिक) ''शर्म व हया'' (लोक–लाज) को आठ गुना अन्तर के साथ बढ़ाती है। इसलिए अगर खाना नंबर 8 खाली होगा तो इस शर्म–हया पर से पर्दा उठ जाएगा और इंसान के काम–भाव की गन्दी नाली में खून जोर पर

होगा। जिसके कारण इंसान में बेहयाई (बेशर्मी) का परवाना (कीड़ा) पैदा होगा। इंसान को तपेदिक या त्वचा जलने की बीमारी हो सकती है।

(22) जब शुक्कर खाना नंबर 7 में उम्दा हालत में हो तो टेवे वाले इंसान की जिन्दगी यात्राओं में ज्यादा गुजरेगी। सफरों से उम्दा फल मिलेगा। जब तक खुद कमाई करेगा तब तक टेवे वाला इंसान सफर और परदेस में होगा, उम्र शक्की न होगी और कभी धोखा न देगी। ऐसे इंसान को जद्दी घर–घाट का आराम कम नसीब होगा। नई बैठक (दीवानखाना, मर्दों के बैठने की जगह) भी नहीं बनेगी।

(23) खाना नंबर 8 में सूरज या बुध हो तो शुक्कर और खाना नंबर 8 दोनों का असर मंदा होगा। अगर छत में आसमान की तरफ से रोशनी घर में दाखिल हो तो औरत पे औरत मरती जाएगी।

(24) जब राहु खाना नंबर 8 में हो तो टेवे वाले की औरत पर मंदा असर होगा। ऐसे में औरत को नीले कपड़े पहनना गैर मुबारक होगा।

(25) जब खाना नंबर 4 मंदा हो या खाना नंबर 4 में शुक्कर के दुश्मन (सूरज, चन्द्र, राहु) ग्रह हों तो शुक्कर हर तरह से मंदा असर देगा।

(26) जब बृहस्पत खाना नंबर 2 में हो और टेवे में मंगल नष्ट हो रहा हो तो टेवे वाला इंसान औलाद से महरूम और दुःखी होगा।

(27) जब शुक्कर और बृहस्पत खाना नंबर 7 में बैठे हों या टेवे में बृहस्पत मंदा हो रहा हो तो दुनियावी, (सांसारिक) लेन–देन या कारोबार का मंदा असर होगा। औलाद की पैदाईश में बाधाएं आएंगी।

(28) जब सनीचर और चन्द्र खाना नंबर 6 में हो तो टेवे वाले की औरत (पत्नी) को (गुप्तागों) से मुतअल्लिक (सम्बन्धित) बीमारी होगी जिसकी वजह से दिल की बीमारी हो सकती है। ऐसे में सनीचर की अश्या (चीज) वाली तरल दवाईयां (जैसे ऐलकोहल वगैरह) जो त्वचा को बिना जलाए खुश्क (सूखा) रखने वाली हो, मददगार होंगी।

नोट– ***इस तरह के किसी भी उपाय का प्रयोग करते समय अथवा प्रयोग करने से पूर्व किसी योग्य डॉक्टर या हकीम से परामर्श अवश्य करें।***

कियाफा (हस्तेरखा)– सेहत (स्वास्थ्य) रेखा, बुध के बुर्ज़ (खाना नंबर 7) से चलकर शुक्कर के बुर्ज़ (खाना नंबर 7) की जड़ में खत्म हो। शुक्कर के बुर्ज़ पर बुध का दायरा (○) हो।

शुक्कर खाना नंबर 8

(जली मिट्टी की चांडाल औरत)

कब्र दूसरे की न जब कोई पड़ता
कसम पर जमानत क्यों फिर तू भरता
बने वही घर दो कोई बैठा, असर जाता आठ-दो का हो
खाली पड़ा हो घर जब दूजा, पाप शुक्कर सब मंदा हो
ससुराल नाव जर भरके डूबे, खाना बरबाद औलाद का हो
लकीर पत्थर जो औरत बोले, जनाही मंगल-बद होता हो
दान छोड़ सिर मन्दिर टेके, कलम सिर दुश्मन होता हो
चन्द्र मंगल बुध कायम होते, शुक्कर असर न मंदा हो

(1) जिस तरह किसी दूसरे की कब्र में कोई इंसान नहीं लेटा करता तो फिर तू क्यों ख्वाहमख्वाह (बे. मतलब) किसी दूसरे के लिए कसम खाकर जमानत देता फिरता है अर्थात् किसी के लिए कसम खाना या जमानत देना खाना नंबर 8 के शुक्कर वाले इंसान के लिए कभी उत्तम और नेकफलदायक नहीं होगा।

(2) जब खाना नंबर 2 में कोई ग्रह हो तो खाना नंबर 8 का शुक्कर भी वही असर देगा जो खाना नंबर 2 के ग्रह का होता है।

(3) जब शुक्कर खाना नंबर 8 में हो और खाना नंबर 2 खाली हो तो ऐसे इंसान के टेवे में शुक्कर लड़ाई–झगड़ों और विवादों में मददगार होगा लेकिन खुद की गृहस्थी सिर के नीचे रखी चाण्डाल मिट्टी (श्मशान की भस्म) के मानिन्द (समान) होगी। बुजुर्गों का साया शक्की होगा। कुएं में गिरने वाला मर्द, औरत (नपुंसक) होगा। औरत की मंदी सेहत के वक्त चरी (ज्वार, एक प्रकार का अनाज) का दान देना या चरी जमीन में दबाना मददगार साबित होगा।

(4) जब खाना नंबर 2 खाली हो तो ऐसा इंसान ससुरालवालों की धन–दौलत से भरी नाव को डुबाने वाला होगा। शादी के बाद पैदा होने वाली औलाद का भविष्य भी बरबाद होगा। दही में गोबर की मिलावट से जैसे बिच्छू पैदा होने वाली हालत होगी। यानि मुसीबत पर मुसीबत आती रहेंगी।

(5) खाना नंबर 8 के शुक्कर वाले इंसान की औरत सख्त (कठोर) तबीयत (स्वभाव) वाली होगी। औरत की जुबान का लफ्ज 'पत्थर पर लकीर'' के मानिन्द होगा। उसके मुंह से जो भी बुरा निकलेगा वही सच हो जाएगा। लेकिन अगर कोई नेक (शुभ) बात बोलेगी तो उसके पूरा होने या न होने की कोई शर्त न होगी। इसलिए औरत को तंग करने से दोनों (मर्द और औरत) के लिए मंदा असर होगा। ऐसी औरत का मर्द होगा भी ऐसा कि अगर मर्द ने कहा कि 'दाल पतली है' तो औरत ने हाथ पर चिमटा दे मारा लेकिन तभी चिमटा खाकर मर्द बोलेगा ''मगर जायकेदार है''।

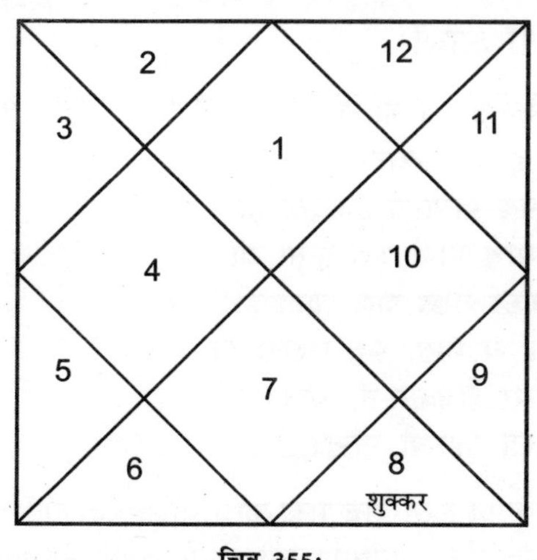

चित्र 355:

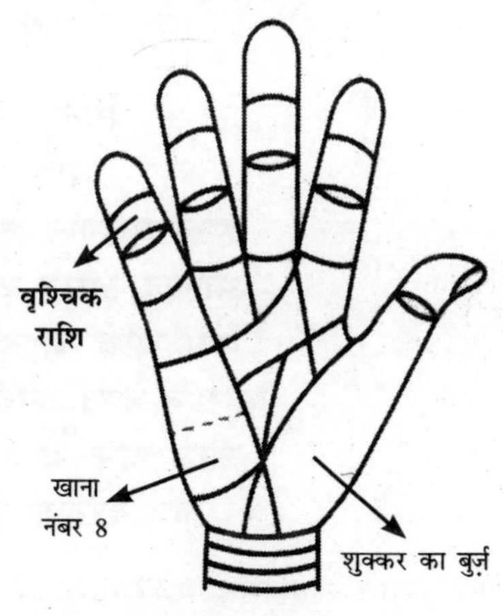

चित्र 356:

(6) जब टेवे वाले इंसान और उसकी औरत को मंदे (चरित्रहीन) मर्द या औरत का साथ मिल जाए तो टेवे वाले और उसकी औरत पर मंगल–बद का असर होगा। अगर टेवे वाले इंसान का चाल–चलन (चरित्र) ढीला हो तो आतशक (गर्मी से सम्बन्धित रोग, लू लगना वगैरह) सुजाक वगैरह मंदी बीमारियां होंगी। ऐसे में गौदान (गाय का दान) सबसे उम्दा और कारगर उपाय होगा।

(7) शुक्कर खाना नंबर 8 वाला इंसान अगर दान लेना छोड़ दे और मन्दिर में सिर झुकाता रहे तो उसके दुश्मनों का सिर खुद–ब–खुद (स्वतः) कलम हो जाएगा। अगर ऐसा न होता हो तो ऐसे इंसान का चाल–चलन मंदा होना इसकी वजह होगा।

(8) अगर टेवे में चन्द्र, मंगल और बुध कायम (देखें फरमान नंबर 6) हो तो खाना नंबर 8 के शुक्कर का असर कभी मंदा न होगा। वरना इन ग्रहों के मुतअल्लिक रिश्तेदारों (चन्द्र–माता, मंगल–भाई, बुध–बहिन) का आशीर्वाद लेते रहना मुबारक होगा।

(9) मेहनत की रोटी कोई जहर नहीं होती लेकिन मेहनती का आराम कर लेना भी तो कोई जुर्म नहीं। खाना नंबर 8 के शुक्कर वाला समझता है कि उसे आकिबत (भविष्य) का रास्ता मालूम है लेकिन उससे कोई पूछता ही नहीं इसलिए वह खुदी (अहंकार) के तनूर (तंदूर) में जलता ही रहेगा।

(10) खाना नंबर 8 का शुक्कर हमेशा मंदा नहीं होगा। इसके मंदेपन का अरसा (समय) ग्यारह साल की उम्र तक ज्यादा रहेगा। जब शुक्कर बारहवें साल खाना नंबर 12 में आएगा (देखें फेहरिस्त वर्षफल–फरमान नंबर 13) तो नेक फल देगा। ऐसे इंसान को पच्चीस साल की उम्र से पहले शादी कर लेना गैर–मुबारक (अशुभ) होगा। बदी (अशुभ समय) के दरिया की तुगयानी (बाढ़) का अरसा एक से ग्यारह साल उम्र, सताइसवां साल, चौंतीसवां साल, उनतालीस से पैंतालीस साल उम्र यानि कुल मिलाकर जिन्दगी के बीस साल रहेगा। ऐसे में गन्दे नाले में तांबे का सिक्का अथवा फूल डालते रहना मुबारक असर देगा।

कियाफा (हस्तेरखा)– शुक्कर के बुर्ज़ (खाना नंबर 7) से मंगल–बद की ओर कोई रेखा या शाखा जाती हो।

शुक्कर खाना नंबर 9

(मिट्टी की काली आंधी)

गिना सबसे बेहतर है मेहनत का खाना
मगर शेखी क्या खून हरदम बहाना
हाल बुजर्गान लाख हो उम्दा, मर्द माया न इकट्ठा हो
औलाद औरत जर होता मंदा, साथ पापी बुध होता जो
मंदा चौथे या दुश्मन बैठा, चक्कर तख्त जब लाता हो
बृहस्पत चन्द्र कोई मंदा होता, गृहस्थ माया सब जलता हो
चीज चन्द्र या मंगल साथी, असर शुक्कर-नौ चन्द्र हो
नीम दरख्ता टुकड़े चांदी, भला गृहस्थी मन्दिर हो

(1) ऐसा इंसान अक्लमंद (बुद्धिमान) और युक्तिसंगत होगा। ऐसा शख्स (इंसान) दौलतमंद होते हुए भी अपने पेट की रोटी की कीमत के बराबर मेहनत करके रोटी खाएगा। जरूरत से ज्यादा मेहनत करने वाला होगा। लेकिन मेहनत और पसीने में खून बहाते रहने के बाद भी कोई मुबारक फल न मिल सकेगा। ऐसे में नीम के दरख़्त (वृक्ष) में चौकोर चांदी के सिक्के दबाना मुबारक असर देगा। सिक्के दबाने के लिए पहले नीम के दरख़्त में किसी चीज से जगह बनाएं फिर उसमें सिक्का दबाकर उस जगह को नीम की ही छाल से ढक दें।

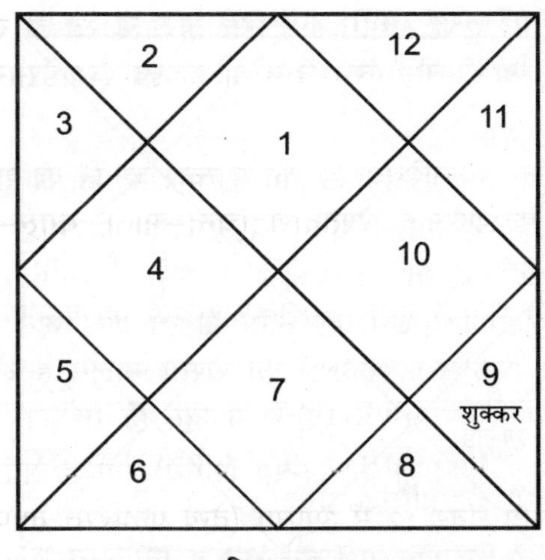

चित्र 357:

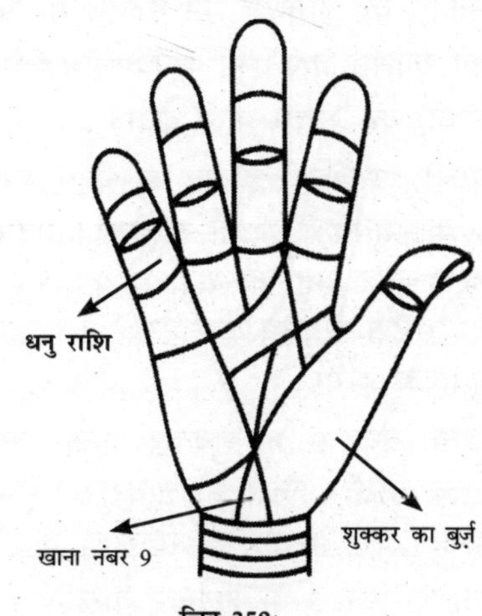

चित्र 358:

(2) खाना नंबर 9 के शुक्कर वाले इंसान के बाप–दादा चाहे कितने ही दौलतमंद क्यों न हों मगर टेवे वाले के लिए माया (दौलत) इकट्ठा न कर पाएंगे और ऐसे इंसान को विरासत में ज्यादा–कुछ न मिल सकेगा। ऐसे इंसान की औलाद का हाल भी भला (नेक) नहीं होगा। औरत–मर्द शायद ही कभी एकसाथ (इकट्ठे) हों। लेकिन ऐसे इंसान की तीर्थयात्रा जरूर उम्दा होगी।

(3) जब शुक्कर खाना नंबर 9 के साथ पापी बुध हो या पापी (राहु, केतु बहैसियत पापी सनीचर) हों तो 4 से 17 साल की उम्र के दरमियान (मध्य) नशे का आदी होगा या बीमारियां तंग करेंगी। ऐसे में शुक्कर और भी मंदा होगा। वैद्य के घर से उठाकर लाए गए मुर्दा रोगी के मानिन्द (समान) शादी के दिन से ही डोली में औरत (पत्नी) का खून बरबाद होगा। उसकी मंदी सेहत की वजह से धन बरबाद होगा। अगर सनीचर खाना नंबर 1 में आ जाए (बमूजिब वर्षफल) अथवा मकान बने तो उत्तम फल होगा।

(4) जब खाना नंबर 4 में कोई भी मंदा ग्रह अथवा शुक्कर का दुश्मन ग्रह बैठा हो साथ ही हथेली पर शुक्कर के बुर्ज़ (खाना नंबर 7) से चन्द्र के बुर्ज़ (खाना नंबर 4) की ओर कोई रेखा (शराफत रेखा को छोड़कर) जाती हो तो टेवे वाले इंसान का धन और माया (जेवर–वगैरह) बरबाद होंगे। धन दौलत–बरबाद होने का वक्त वही होगा जब खाना नंबर 4 वाला ग्रह बमूजिब (अनुसार) वर्षफल खाना नंबर 1 में उम्र के 4, 16, 28, 40, 52, 64, 76, 88, 100, 114 साल (देखें फेहरिस्त वर्षफल– फरमान नंबर 13) में आएगा।

(5) जब चन्द्र खाना नंबर 7 में अथवा टेवे में कहीं पर भी बैठकर मंदा होता हो साथ ही हाथ में कनिष्ठा उंगली की जड़ में चन्द्र का निशान (◡) हो तो औलाद और माली (आर्थिक) हालत मंदी होगी।

(6) जब बृहस्पत और शुक्कर एक साथ खाना नंबर 9 में बैठे हों या किसी भी तरह से मिल रहे हों अथवा टेवे में बृहस्पत मंदा हो, साथ ही उंगलियों के नाखून जर्द (पीले) रंग के हो। शुक्कर के बुर्ज़ (खाना नंबर 7) और बृहस्पत के बुर्ज़ (खाना नंबर 9) को कोई रेखा लेटी हुई मिलाती हो, तो दुनियावी (सांसारिक) लोगों से लेन–देन (व्यापार) मंदा होगा और औलाद से मुतअल्लिक (सम्बन्धित) मंदे फल मिलेंगे।

(7) मकान की बुनियाद या मकान में चंद्र की चीजों (घोड़ा, कुआं, चांदी) के साथ मंगल की अश्या (शहद) को कायम करने से शुक्कर उड़ती हुई मिट्टी की जगह नौ गुना उत्तम और चन्द्र (शान्ति, दौलत, माया) का उत्तम फल देगा।

(8) माली (आर्थिक) हालत के लिए मंगल–बद, का असर खाना नंबर 9 का शुक्कर देगा। खाना नंबर 9 का शुक्कर हो तो अमूमन औलाद और दौलत मंदे होंगे। बुध और केतु का फल भी अमूमन मंदा होगा और राहु की शरारत का बहाना होते होंगे अर्थात् बुध और केतु, राहु के मानिन्द (समान) असर देंगे। ऐसे में नीम के दरख़्त में सुराख करके चांदी के चौकोर टुकड़े डालकर सुराख को बंद कर देना मुबारक होगा।

(9) खाना नंबर 9 का शुक्कर वाला इंसान दूसरे की मुसीबत और मंदी सेहत को खुद बुलाकर मोल लेने वाला होगा। जिसे भी खूबसूरत (नेक) समझेगा वही अपनी बदसूरती (बुरे वाकिआत) से डराने वाला होगा। ऐसे इंसान की किस्मत काली मिट्टी की आंधी के मानिन्द होगी।

(10) खाना नंबर 9 के शुक्कर वाले इंसान की शादी अगर पच्चीस साल की उम्र में होगी तो शुक्कर के कारोबार, अश्या (चीजें) या ताल्लुकदार, शुक्कर (पत्नी) के साथ से चांदी की जली हुई दीवारों के मानिन्द मंदा असर करेंगे।

(11) जब खाना नंबर 1 खाली हो तो नाखून सफेद हो जाएंगे और खून से सम्बन्धित बीमारियां होगी।

कियाफा (हस्तरेखा)– धनु राशि (कनिष्ठा उंगली का तीसरा पोर) से कोई रेखा आकर शादी रेखा को काट दे।

शुक्कर खाना नंबर 10

(परियों के ख्वाब)

सदा फूल औरत, जवानी पे मरता
गया खाली औलाद, पीरी तरसता
खाना चार का खाली होता, शुक्कर सनीचर बन खेलता हो
उत्तम सनीचर से बुध हो उम्दा, कभी न हादसा देखता हो
दीवार मगरिबी जब तक कच्ची, परिवार दौलत जर उम्दा हो
नजर भली न जब सनीचर की, शुक्कर अन्धा लेख रोता हो
पांच पहले ग्रह चाहे कोई बैठा, उम्र सारी आराम होता हो
साथ मगर जब दुश्मन पाया, मंगल, चंद्र, केतु मंदा हो
चन्द्र बैठा सात-चार या दूजे, साथी कोई न उसका हो
पत्थर मिट्टी सब खांड हो बनते, चौपाया कुल उम्दा हो
सनीचर जनम घर शुक्कर आता, पाया तख्त या सातवां हो
काम सनीचर जब न करता, असर मुबारक हर वो हो
ग्यारह-नौवें सनीचर टेवे बैठा, साथी कोई न होता हो।
बुध असर सब उत्तम देगा, बाग बगीचे उम्दा हो
औरत मिट्टी की लक्ष्मी बनती, चाल न गंदी नाली हो
बदली औरत कुल मिट्टी होती, दुःखी नजर तक शक्की हो

(1) खाना नंबर 10 में शुक्कर वाला इंसान अपनी जवानी में सदाबहार फूल की तरह पराई औरत से ताल्लुक के बहुत मौके पाएगा। ऐसे इंसान की अगर जवानी इश्क में बीतेगी तो वह बुढ़ापे में संतान को रोता रहेगा।

(2) जब खाना नंबर 4 खाली हो तो शुक्कर अब सनीचर बनकर खेल खेलेगा अर्थात् शुक्कर खुद सनीचर का ही उम्दा फल देगा। ऐसे इंसान की औरत कामदेव (काम–भाव) से भरी हुई होगी जो दूसरे के मर्द को उड़ाकर ले जाने का माद्दा (हिम्मत) रखती होगी। यानि ''मर्जा (मर्द) हल्का सारंगी (औरत) भारी'' वाली कहावत पूरी करती होगी।

(3) जब सनीचर मंदा हो तो शुक्कर भी मंदा ही फल देगा। टेवे वाले की औरत अक्ल या आंख से अन्धी और हर तरह से दुःखी रहने वाली होगी।

(4) जब खाना नंबर 1, 5 में कोई न कोई ग्रह बैठा हो चाहे वह शुक्कर का दोस्त या दुश्मन हो तो टेवे वाले इंसान को सारी उम्र आराम होगा। उसकी जवानी खूब ऐश में बीतेगी। सनीचर के मंदे इश्क ही हर तरह से कामयाबी होगी। ऐसे इंसान को बुढ़ापे में आराम नसीब होगा।

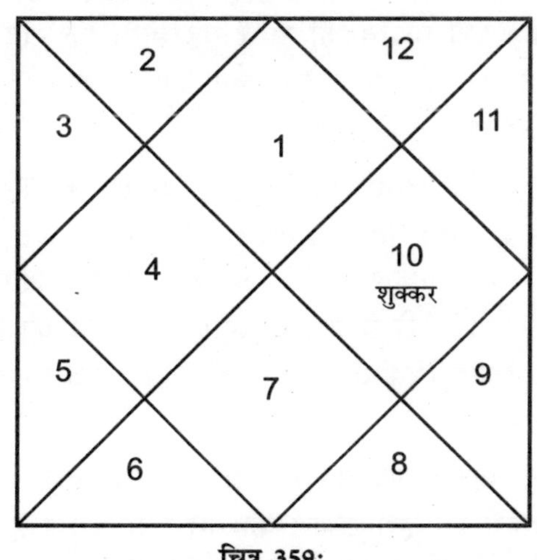

चित्र 359:

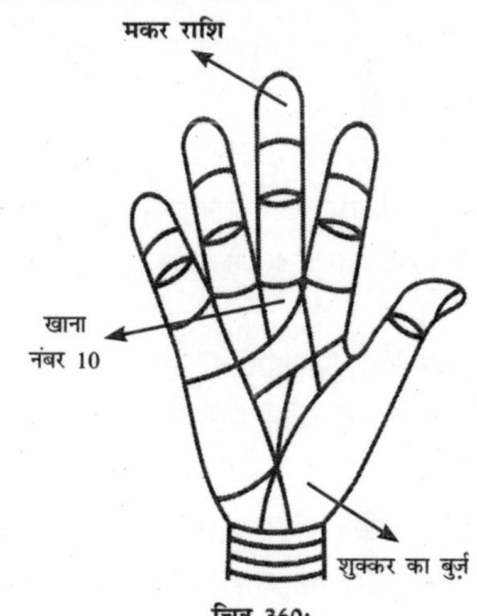

चित्र 360:

(5) जब शुक्कर के साथ उसके दुश्मन (सूरज, चन्द्र, राहु) का साथ हो तो ऐसे इंसान (मर्द) का बारह साल का अरसा मंदा ही होगा। साथ ही मंगल, चन्द्र, केतु का असर मंदा होगा।

(6) जब चन्द्र खाना नंबर 7, 4, 2 में अकेला बैठा हो और उसके साथ कोई दूसरा ग्रह न हो तो पत्थर और मिट्टी भी टेवे वाले को खांड (देसी शक्कर) का असर देंगे अर्थात् असर कई गुना उत्तम होगा। टेवे वाले के मवेशी (जानवर या वाहन) उत्तम और फलते–फूलते होंगे। अर्थात् उत्तरोत्तर तरक्की करते हुए होंगे।

(7) जब बमूजिब वर्षफल शुक्कर खाना नंबर 1 में उम्र के 10, 22, 32, 47, 58, 70, 79, 96, 108, 120 साल में आए (देखें फेहरिस्त वर्षफल– फरमान नंबर 13) या खाना नंबर 7 में उम्र के 4, 16, 33, 44, 50, 66, 76, 94, 98, 111 साल में आए अथवा टेवे में सनीचर जिस खाने में बैठा है उसी खाने में बमूजिब वर्षफल आए तो उसी दिन से शुक्कर हर तरह से मुबारक असर देगा। लेकिन शर्त यह है कि टेवे वाला सनीचर के मंदे काम न करे।

(8) जब सनीचर खाना नंबर 1 में बैठा हो या शुक्कर का साथी (देखे फरमान नंबर 6) हो या शुक्कर के साथ खाना नंबर 10 में बैठा हो तो सनीचर धर्मी होगा और अपना सनीचर की तबीयत (स्वभाव) वाला असर भी यानि शैतानी, चालाकी और होशियारी वाला असर भी उम्दा और नेक करके देगा बशर्ते टेवे वाला सनीचर के मंदे काम न करे।

(9) जब सनीचर उत्तम हो या सनीचर खाना नंबर 9 या 11 में हो मगर दुश्मन ग्रह का साथ न हो। हथेली में शुक्कर का पतंग सिर्फ सनीचर के बुर्ज़ और मद्धमा उंगली की जड़ में हो तो बुध उत्तम फल देगा और ऐसे इंसान के साथ कभी हादसा न होगा अर्थात् जब तक चौपाए (मोटर, कार वगैरह) पर अथवा मकान के नीचे रहेगा तब तक चौपाए या मकान के साथ अथवा उससे सम्बन्धित लोगों के साथ कोई बुरा वाकया (घटना) सामने नहीं आएगा। ऐसे इंसान के बाग–बगीचे उम्दा होंगे। औरत की सेहत उम्दा होगी। दोनों (मर्द और औरत) धर्म–मूरत होंगे। जब तक मगरिबी (पश्चिमी) दीवार कच्ची होगी, धन–दौलत और परिवार उम्दा और बुढ़ापे में आराम होगा।

(10) जब टेवे में शुक्कर मंदा हो तो ऐसा इंसान औरत को बुरी नजर से देखने वाला और उसके धन–दौलत वगैरह पर नजर रखने वाला होगा। औरत के ख्वाब (सपने) देखेगा और जिसकी वजह से चन्द्र और मंगल का असर टेवे में निकम्मा होगा। ऐसे इंसान की सोच यह होगी कि जब कपड़ा और चमड़ा (शरीर) धोने से साफ हो सकता है तो नर और मादा का क्या लिहाज करना? मैदानी गार (गुफा) और पहाड़ी चट्टानों की सैर (जिस्म) से क्यों नफरत की जाए?

(11) अगर औलाद के लिहाज से टेवे वाले पर मंदा (औलाद न होना या होकर मरना) असर जाहिर हो तो ऐसे में औरत की जाए–खास (गुप्तांग) अगर दही से साफ होती रहे तो वह शुक्कर जो खाना नंबर 10 में बैठकर सनीचर बन जाता है, शुक्कर (दही) का साथ पाकर औलाद से मुतअल्लिक (सम्बन्धित) उम्दा असर देना शुरू कर देगा। ऐसे इंसान के खून में औलाद की पैदाईश के सम्बन्ध में कोई बीमारी न होगी, अगर होगा तो पेशाब (मर्द या औरत) की जिल्द (त्वचा) में नुक्स (कमी) होगा।

(12) अगर शुक्कर मंदा होकर सेहत के ताल्लुक में मंदा असर जाहिर करता हो तो ऐसे वक्त गाय या कपिला गाय का दान सनीचर के मंदे असर से बचाता है। इस उपाय को करने से मरीज इकतरफा हो जाएगा यानि अगर उसको दुनिया में और कर्जा देना है तो जीता रहेगा। बीमारी खत्म हो जाएगी और इंसान शिफायत (रोग मुक्त) पा जाएगा और अगर उसे अब उम्र नहीं भोगनी है तो गलता–सड़ता न रहेगा बल्कि चलता बनेगा।

(13) पराई औरत से ताल्लुक का अरसा बारह साल तक रहेगा। जिससे केतु (औलाद) मंगल (भाई) और चन्द्र (माया–दौलत) बरबाद होंगे। ऐसे में काली कपिला गाय का दान मुबारक असर करेगा।

(14) जब खाना नंबर 5 में सनीचर हो तो गाय (शुक्कर) को सांप (सनीचर) का जहर घायल करेगा क्योंकि खाना नंबर 10 और खाना नंबर 5 के ग्रह आपस में दुश्मन हो जाते हैं। इसलिए टेवे वाले की औरत को आंख (सनीचर) की तकलीफ हो सकती है। बकरी की पालना करने से औरत और औलाद दोनों पर मंदा असर कम होगा।

कियाफा (हस्तरेखा)– शुक्कर का पतंग या शुक्कर के बुर्ज़ से चलकर आने वाली कोई रेखा, सनीचर के बुर्ज़ (खाना नंबर 10) की जड़ में हो।

शुक्कर खाना नंबर 11

(माया का घूमता लट्टू)

इश्क लहर औरत, हो न इतनी बढ़ती
चिपट बाद जिसके, हो जाती नामर्दी
तीन भाई खुद औरत होते, भंडारी जगत कुल बनता हो
बेशक साथ न माता देवे, कन्या औरत धन बढ़ता हो
साथ दृष्टि बुध जो मिलता, घटती मर्द कुल अपनी हो
रिजक दौलत न बेशक घटता, असर मंदा बुध पापी हो
तीन खाली बीस शुक्कर मंदा, औलाद नरीना मरती हो
शादी बाद तीन दौलत घटता, बुद्धू गिना नामर्दी हो

(1) बचपन की मोहमाया में लगा रहने वाला अनमोल तबीयत (स्वभाव) का मालिक होगा। टेवे वाला देखने में सुन्दर और दौलत का भंडारी होगा, वरना (शुक्कर मंदा हो तो) नामर्द (नपुंसक) या शुक्कर की बीमारियां होगी। औरत घर की खजांची मुबारक नहीं होगी।

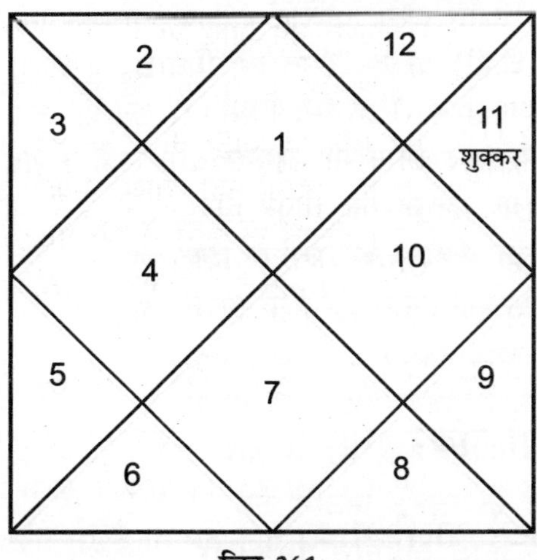

चित्र 361:

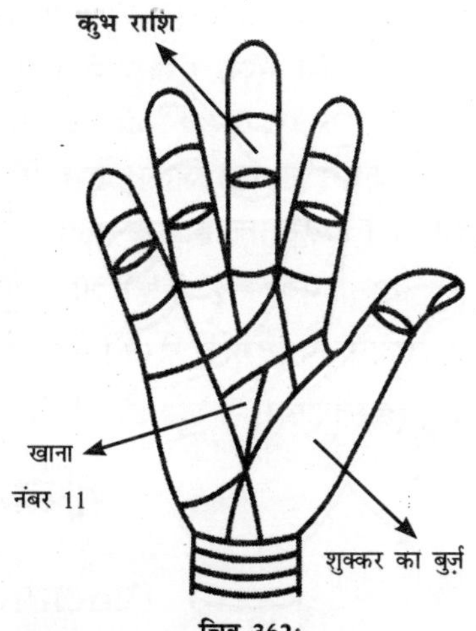

चित्र 362:

(2) दुनियावी काम–काज में व्यस्त रहने की वजह से अपनी कामदेव (कामभाव) की ताकत को ही भूल बैठेगा। औरत मिट्टी की अनमोल मूरत इसलिए नहीं कि उसका खून खानदानी है बल्कि उसका और कोई ग्राहक नहीं। अपनी नजाकत (कोमलता) में वह सबसे आगे रही है और हालात (परिस्थितियां) ऐसे हैं कि उसका कोई कुछ बिगाड़ ही नहीं सकता। या यूं कहा जाना मुनासिब (उचित) होगा कि वह कुएं में गिरी हुई बेशर्मी की तान हंस रही होगी। लेकिन उसका दिल (हृदय) या चंद्र का पानी, शादी (शुक्कर) के दिन से ही जल चुका होगा या जल रहा होगा।

(3) मंगल (भाई या औरत के भाईयों) की मदद शुक्कर को मंदे जहर से बचाएगी। जब टेवे में बुध या चन्द्र कायम (देखें फरमान नंबर 6) हो तो टेवे वाला कभी धन से खाली न होगा। खुफिया (चोरी–छिपे) काम करने वाला और हर वक्त तबीयत बदलने वाला होगा। ऐसे इंसान की मौत सिर कटने से

होगी। बारह साल खूब धन दौलत आएगी वरना शुक्कर मंदा गिना जाएगा। ऐसे इंसान के पास बारह लड़कियों के बराबर धन–दौलत कायम (इकट्ठा) होगी। चाहे शादी का स्तर जो भी हो। ऐसे इंसान की माता ज्यादा साथ न देगी अर्थात् जल्दी वफात (मौत) पाएगी।

(4) जब बुध खाना नंबर 3 मे हो या शुक्कर के साथ खाना नंबर 11 में हो या शुक्कर का साथी ग्रह हो। हथेली में दिल (हृदय) रेखा और सिर (मस्तिष्क) रेखा से बनने वाले मुस्ततील (खाना नंबर 6) में सूरज और सनीचर के बुर्ज़ (खाना नंबर 1, 10) के दरमियान (मध्य) गुणा (×) का निशान हो या सिर रेखा के नीचे एक छोटी–सी लकीर (सहायक रेखा) हो तो टेवे वाले इंसान के पास धन–दौलत की कमी न होगी लेकिन मर्द का अपना कुल (वंश) घटता ही जाएगा। लड़कियां घर की धन–दौलत बरबाद कर देंगी। बुध और पापी ग्रहों (राहु, केतु, बहैसियत पापी सनीचर) का असर मंदा होगा। शुक्कर का कोई ऐतबार (भरोसा) न होगा।

(5) जब खाना नंबर 3 खाली हो तो बीस साल (शुक्कर की महादशा का अरसा) के अर्से तक शुक्कर का असर मंदा होगा। टेवे वाले की नरीना (नर) औलाद मरती होगी या उसकी सेहत मंदी होगी। शादी के तीन साल बाद हर तरफ शुक्कर की मिट्टी उड़ेगी। दौलत घटने लग जाएगी और बरबादी होगी। टेवे वाला अपनी बुद्धिहीनता में खुद को नामर्द कर लेगा। मुश्तजनी–बीरजपात–एहतलाम (अप्राकृतिक यौन क्रीड़ाएं) की बहुत अधिकता इसकी वजह होगी। शीघ्रपात, वीर्य या पेशाब के रोग होंगे। ऐसे वक्त इन रोगों की दवाईयों को सनीचर के वक्त लौह भस्म (कुश्ता फौलाद), मछली का तेल अथवा चन्द्र के वक्त बंग भस्म, रजत भस्म (कुश्ता या चांदी) या दूध (सतावर, विधारा, असगंध) की खुराक के साथ दिया जाए। इसको 40, 43 दिन तक इस तरह से इस्तेमाल (सेवन) कराया जाए ताकि खून का दौरा एकदम न चढ़ सके। ऐसे में दवा में मिलाकर सोना भी फायदा देगा लेकिन शर्त यह है कि केतु टेवे में निकम्मा न हो वरना चन्द्र और सनीचर की अश्या (चीजें) ही दवा में असर करेंगी।

(6) जब राहु खाना नंबर 12 में हो तो लड़कियों से ही धन–दौलत की बरकत होगी।

(7) बुध की पालना मददगार होगी। मंदे के वक्त तेल का दान करना कल्याणकारी होगा।

कियाफा (हस्तरेखा)– शुक्कर के बुर्ज़ से कोई रेखा हथेली पर खाना नंबर 11 (बचत) में जाए।

शुक्कर खाना नंबर 12

(भवसागर से तारने वाली गाय)

लहर माया चलती, फिरा कुल जमाना
गया भूल क्यों तू, जिस घर को जाना
जनम वक्त चाहे हो मिट्टी उड़ती, शादी वक्त पग बारह हो
तीन गुना नर चन्द्र उन्नति, असर भला दो मिलता हो
राज ताल्लुक हर दम ऊंचा, सैंतीस साला औरत सुख हो
नाश बैरी कुल इकदम होता, रात भली जर दौलत हो
बृहस्पत सनीचर मच्छ रेखा सातवें, सुखिया औरत न होती हो
बुध बैठा जब कायम छठवें, परिवार सुखी औलाद का हो
खाली मंदा सात दूजा होता, शुक्कर होता सब मिट्टी हो
तीन छठे जब उत्तम टेवे, गाय कामधेनु होती हो

जुबान औरत बुध टेवे मंदा, रात धुएं से दुःखी हो
राहु मगर जब साथ हो बैठा, गृहस्थ पच्चीस तक मंदा हो
नाम औरत पर दान जो देता, सेहत औरत जर दौलत हो
मंदे मदद न जब कोई करता, लेख मदद खुद औरत हो

(1) ऐसा इंसान जवानी की रात और मिले हुए आराम में चारपाई से नफरत न करेगा, खूब भोग करेगा। इंसान की मंजे चारपाई के किस्से, औरत (पत्नी) की बीमारी, तबीयत की नासाजी (बेचैनी) कभी खत्म न होगी। औरत का टेवा हो तो वह सतवन्ती (आज्ञाकारी पत्नी) और सुखवन्ती होगी। ऐसा इंसान सोचेगा कि सुधरने के लिए बुढ़ापा पड़ा है। कूच के वक्त (मौत) को भूल जाने वाला होगा। भवसागर से पार करने वाली गाय की तरह इसकी औरत नसीबा (किस्मत) की मालकिन होगी।

(2) ऐसे इंसान के जनम के वक्त चाहे मिट्टी ही उड़ती (कंगाली) हो मगर शादी के दिन से पग–बारह (निहायत की उत्तम और उम्दा) उन्नति होगी। चन्द्र और नर ग्रहों का तीन गुना उम्दा असर होगा। खाना नंबर 2 का असर भी अच्छा होगा। अब शुक्कर खाना नंबर 2 के मानिन्द (समान) अपना असर जाहिर करेगा।

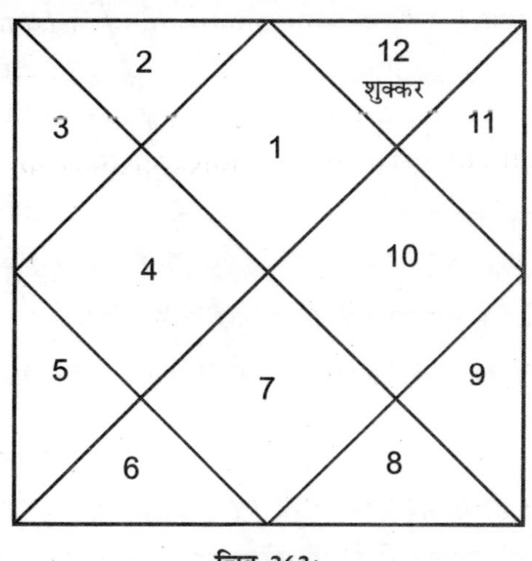

चित्र 363:

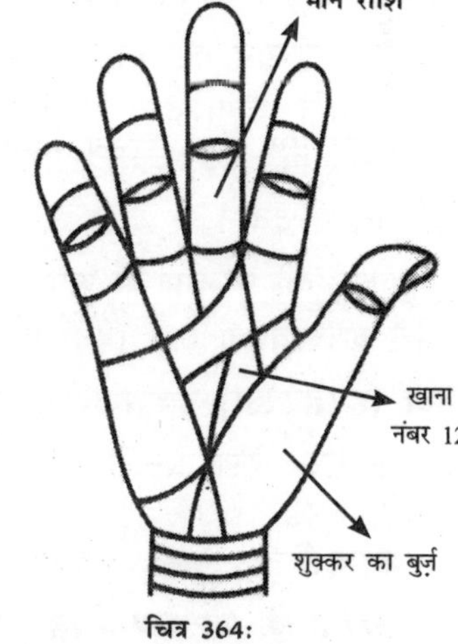

चित्र 364:

(3) ऐसे इंसान को राजदरबार (प्रशासन) से उत्तम अवसर और मुनाफा (फायदा) होगा। ऐसे इंसान को औरत का कम से कम 37 साल का सुख नसीब होगा। रात का भरपूर आराम (शय्यासुख) और धन की उम्दा हालत होगी। दुश्मनों की टोली ऐसे इंसान के आगे टिक न सकेगी और उसके दुश्मनों का खुद ब खुद नाश हो जाएगा।

(4) जब बृहस्पत और सनीचर खाना नंबर 7 में एक साथ बैठे हों और हाथ पर मच्छ रेखा का निशान अथवा हथेली के खाना नंबर 12 (खर्चे) में शुक्कर के लेटे (आड़े) खत (रेखाएं) हों तो ऐसे इंसान को मच्छ रेखा का उत्तम फल मिलेगा मगर टेवे वाले की औरत (पत्नी) दुःखी ही होगी, लेकिन औलाद सुखी होगी।

(5) जब बुध खाना नंबर 6 में कायम (देखें फरमान नंबर 6) हो तो औलाद का परिवार सुखी और सम्पन्न होगा। लेकिन जब बुध खाना नंबर 2 में कायम हो तो टेवे वाला रागी (भोगी), शायर और धन–दौलत के भंडारों का मालिक होगा। टेवे वाले की उम्र 96 साल तक की होगी।

(6) जब खाना नंबर 2, 7 खाली हों अथवा मंदे हों तो शुक्कर का सारा फल मिट्टी हो जाएगा और शुक्कर मंदा असर देगा।

(7) जब खाना नंबर 3, 6 टेवे में उत्तम हों तो शुक्कर कामधेनु–गाय (गैबी ताकत का मालिक) की तरह टेवे वाले इंसान की हर इच्छा पूरी करने वाला होगा।

(8) जब बुध टेवे में मंदा बैठा हो तो औरत की जुबान और औरत का आराम मंदे असर के होंगे अर्थात् टेवे वाले की औरत खुश्क (कठोर या सूखी) जुबान की मालिक होगी।

(9) जब राहु शुक्कर के साथ खाना नंबर 12 में अथवा 2, 7, 6 में बैठा हो तो टेवे वाले की गृहस्थ हालत पच्चीस साल की उम्र तक बरबाद गिनी जाएगी। नीली गाय की पालना करना मुबारक (शुभ) न होगा। इसी लिहाज में राहु की अश्या, कारोबार और ताल्लुकदार भी मंदा असर देंगे।

(10) किसी भी मुसीबत के वक्त पहले टेवे वाले की औरत मुसीबत झेलेगी। फिर उसके बाद टेवे वाले को कोई तकलीफ होगी, जिससे टेवे वाले की औरत की सेहत मंदी होगी। इसलिए औरत (पत्नी) के हाथ से गौ–दान कराना या औरत के नाम से गौ–दान (शुक्कर की अश्या) करना धन–दौलत और औरत की सेहत के लिए मददगार होगा। अगर ऐसा इंसान नास्तिक न हो और ईश्वर की पूजा करता रहे तो धन–दौलत की बरकत होती रहेगी।

(11) जब टेवे वाले इंसान की कोई मदद न करता होगा उस वक्त उसकी औरत का नसीब उसकी मदद करके कामयाबी दिला देगा चाहे वक्त कितना ही मंदा क्यों न हो। औरत को पूजना और मोहब्बत करना परिवार में सुख, समृद्धि (धन–दौलत) की बरकत करेगा। औरत के हाथों नीला (राहु) फूल बाहर वीराने में दबाने से दुःख और आड़े (मंदे) वक्त का दौर खत्म होगा।

(12) गाय (शुक्कर) की पालना या साथ हमेशा मुबारक असर देगा। क्योंकि शुक्कर एक ऐसी कामधेनु गाय होगी, जो बगैर बच्चा जने (पैदा किए) सारी उम्र अपने मालिक के लिए दूध देती रहेगी।

कियाफा (हस्तरेखा)– शुक्कर के बुर्ज़ (खाना नंबर 7) से कोई रेखा चलकर खाना नंबर 12 (खर्च) में पहुंचे। हाथ में मच्छ रेखा बनती हो।

नोट– ***लाल किताब मूलतः पुरुषों के संदर्भ को लेकर ही फलादेश करती है परन्तु इसका यह मतलब नहीं है कि यह ग्रन्थ केवल पुरुषों के लिए ही है। वास्तव में किसी भी फलादेश का इशारा स्त्री और पुरुष दोनों के लिए ही होता है। जब कभी संकेत ''टेवे वाले की औरत'' हो तो इसका अर्थ यह लगाना चाहिए कि अगर टेवा स्त्री का है तो मुराद उसके पति से होगी। कहीं-कहीं पर ध्यान देने वाली बात यह है कि जब स्त्री ग्रहों के स्वभाव के आधार पर फलादेश हो तो वहां पुरुष का संदर्भ ग्रहण नहीं किया जा सकता। अगर स्त्री का टेवा है तो टेवे वाले की औरत से मुराद उसके पति से होगी। लेकिन इस प्रकार के फलादेश के फल में कमी आ जाएगी। जैसे- इसी खण्ड के 11 नंबर बिन्दु पर ध्यान दें तो मालूम होगा कि अगर टेवा पुरुष का है तो उसकी पत्नी जो शुक्कर की कारक है उसकी हर मुसीबत से रक्षा करेगी परन्तु अगर यही टेवा स्त्री का होगा तो उसका पति शुक्कर का कारक तो होगा लेकिन उसका असर कम होगा बजाए एक स्त्री के। क्योंकि शुक्कर एक स्त्री ग्रह है, जब पुरुष के संदर्भ में शुक्कर को लेंगे तो वह ज्यादा असरकारक नहीं होगा।***

श्री हनुमान जी

चित्र 365: शस्त्रधारी (मंगल-नेक)

मंगल

दो रंगी अच्छी नहीं, इक रंग हो जा
सरासर मोम तू हो, या कि संग हो जा
दान भलाई दुनिया जितनी, नेक मंगल खुद होता हो
तुख्म बदी का बदला खूनी, हिस्सा मंगल-बद लेता हो
मौत निमाणी रास्ता तीजे, नेक मंगल जा रोकता हो
मारक घर आठ दुनिया लेते, जिसमें मंगल-बद बैठता हो
चन्द्र सूरज की मदद जो पाता, मंगल-बद न होता हो
माता चन्द्र से बेशक डरता, मांगलिक वही घर माता हो
पापी कोई दो दुश्मन साथी, मंदा मंगल न होता हो

नेक कुलों की दूर लावल्दी, बेड़ा गर्क बद करता हो
बुध मंदे से असर दे मंदा, शेर पले घर बकरी हो
घर चौथे ग्रह फैसला करते, बदी मंगल या नेकी हो

(1) जब कभी टेवे में सूरज+बुध मुश्तरका (संयुक्त) होकर बैठेंगे तो 'मंगल नेक' गिना जाएगा और जब कभी सूरज+सनीचर मुश्तरका टेवे में चाहे कहीं भी बैठे हों 'मंगल–बद' गिना जाएगा। मंगल के जरिए खाना–पीना, भाईयों की सेवा, लड़ाई–झगड़े, जंग और युद्ध, शारीरिक दुख–बीमारी वगैरह देखा जाएगा। मंगल की यह तबीयत है कि जब मंगल–नेक होगा तो मोम की तरह होगा और जब मंगल–बद होगा तो संग (पत्थर) की मानिन्द (समान) हो जाएगा।

(2) दान देने और भलाई करने से मंगल, नेक फल देता है लेकिन मंगल–बद हिंसक, खूनी और बदला लेने वाला होता है।

(3) मंगल–नेक खाना नंबर 3 की रखवाली करता है (कारक होकर) और मौत को रोकता है। खाना नंबर 8 मौत का खाना है जिसमें कि मंगल–बद बैठता है।

(4) मंगल खाना नंबर 4 में बैठकर मांगलिक हो जाता है मगर वह चन्द्र (खाना नंबर 4 का मालिक) से डरता है इसलिए अगर मंगल, चन्द्र या सूरज के साथ बैठ जाए या उनकी मदद पा ले तो कभी मंगल–बद नहीं होगा।

(5) जब घी (शुक्कर) और शहद (मंगल–नेक) बराबर के मिलाए जाएंगे तो जहर (मंगल–बद) ही पैदा होगा। टेवे में सबसे पहले शुक्कर का और बाद में सूरज का मंदा असर होगा।

(6) जब टेवे में कोई दो पापी ग्रह अर्थात् सनीचर, राहु या केतु अथवा कोई दो बाहम (आपसी) दुश्मन (बुध या सूरज, शुक्कर) मंगल के साथ–साथी हो जाएं तो मंगल–बद न होगा। लेकिन टेवे में जब मंगल–बद होकर अपनी पर आएगा तो केवल एक को नहीं मारेगा बल्कि पूरे खानदान का ही बेड़ा–गर्क (बरबाद और तबाह) कर देगा।

(7) जब बुध मंदा हो तो मंगल–बद और भी मंदा हो जाएगा और खूनी बहादुर शेर की जगह बकरियों में रहने वाले पालतू शेर की तरह अपनी असलियत से बेखबर होगा।

(8) खाना नंबर 4 के ग्रहों के अनुसार मंगल की तबीयत (स्वभाव) का फैसला इस बात से होगा कि मंगल–बद है या नेक। इंसानी जिस्म (शरीर) की दरमियानी (मध्य) जगह 'नाभि' मंगल की राजधानी और सूरज की सीधी किरणों की जगह होती है। इसलिए टेवे की नाभि, खाना नंबर 4 के ग्रह मंगल की नेक और बद हालत की जानकारी देंगे। यानि जैसा खाना नंबर 4 में बैठे ग्रह की हालत होगी वही खून मंगल की रगों में दौड़ता होगा। अगर मंगल–बद हो तो ऐसे में मंगल का दान, दुनियावी भलाई, भंडारे खोलने के काम इसके जहर को कम करेंगे और खानदान में लावल्दी को दूर करेंगे।

(9) टेवे में अकेला बैठा हुआ मंगल "जंगल के शेर" के समान होगा। मंगल–नेक अपने असर को "टेवे में उम्दा हालत वाले ग्रहों" की अश्या (चीजों) के जरिए और मंगल–बद अपना असर "टेवे में मंदी हालत वाले ग्रहों" की अश्या के जरिए बुरे वक्त की हवा से पहले जाहिर कर देगा अर्थात् मंगल जब अपना असर देगा उससे पहले दूसरे ग्रहों के जरिए उस आने वाले असर का आगाज कर देगा। परन्तु अपने समय में वह अपनी अश्या के जरिए ही अच्छा या बुरा फल देगा।

(10) किसी भी हालात में मंगल की रफ्तार दरमियानी (मद्धम) न होगी। अगर मंगल–नेक होगा तो जंगल के शेर की तरह दहाड़ता होगा और अगर मंगल–बद होगा तो डरपोक हिरन की तरह कोसों दूर भागता होगा।

कियाफा (हस्तरेखा)– दोशाखी रेखा, त्रिकोण या जंजीराकार रेखा (कलाई रेखा को छोड़कर) मंगल–बद की निशानी होगी। अगर सिर (मस्तिष्क) रेखा को कुदरती (स्वाभाविक) रूप से हथेली के बाहर तक खींच दे तो वह मंगल–बद के घर खाना नंबर 8 पर पहुंच जाएगी। मंगल–बद की हद खाना नंबर 6 से अलग हो जाएगी। शुक्कर के बुर्ज़ खाना नंबर 7 की उत्तरी सीमा (हदबंदी) को अगर बढ़ाया जाए तो खाना नंबर 8 की दक्षिणी दिशा मिलेगी। सेहत (स्वास्थ्य) रेखा खाना नंबर 8 का पूर्व होगा। इस तरह से मंगल–बद के खाना नंबर 8 की सीमा हथेली पर मुकर्रर (निश्चित) हो जाएगी।

मंगल से सनीचर का ताल्लुक

(1) नेकी का फरिश्ता (केतु) और बदी का फरिश्ता (राहु) दोनों ही सनीचर के अधीन हैं और सनीचर के अन्तर्गत काम करते हैं। इसलिए सनीचर में नेक और बद दोनों ही होने का स्वभाव शागिल है। सनीचर आंखों की रोशनी का मालिक है जिसे वह अच्छा या खराब जैसा भी हो कर सकता है। जैसे सामने आए हुए को पहचान लेना या लिखे हुए को देखकर पढ़ लेना सनीचर की ताकत है। सनीचर तो मंगल से दुश्मनी नहीं करता मगर मंगल, सनीचर से दुश्मनी करता है। मंगल के घर खाना नंबर 3 में, सनीचर कंगाल (निर्धन) गिना जाएगा।

(2) मंगल एक ऐसा सीधा चलने वाला ग्रह है जिसे अगर कोई ग्रह बदी (बुराई) के लिए उकसाएगा तो यह पीछे हटने की बजाय उस ग्रह को अपनी ताकत दे देगा जो ग्रह मंगल को बदी करने के लिए उकसाता है अर्थात् मंगल उकसाने वाले ग्रह के मार्फत (माध्यम से) अपना बुरा असर करेगा। मंगल नजर का मालिक ग्रह तो नहीं है मगर नजर के असर का जादू मंगल का मौजिजा (करिश्मा) है। ख्वाब की नजर से सैकड़ों मील की दूरी ऐसे देख लेना कि मानो हकीकत में देख आया हो, यह मंगल की ताकत है। यानि अगर किसी को नजर लग गई तो नजर सनीचर की मगर ताकत मंगल की होगी। इसलिए असर मंगल का होगा। सनीचर के घर खाना नंबर 10 में मंगल राजा होगा। लेकिन शर्त यह है कि जब अकेला मंगल खाना नंबर 10 में हो या सनीचर के साथ में हो।

मंगल और सनीचर की बाहमी (आपसी) दृष्टि

(1) जब मंगल और सनीचर आपस में एक दूसरे को देखते हों तो ऐसे इंसान के हाथ पर चूल्हे (Λ) का निशान होगा और इसकी किस्मत भी चूल्हे में जली हुई किस्मत के मानिन्द (समान) होगी। ऐसा इंसान चोर और फरेबी होगा। ऐसे में सनीचर खाना नंबर 1 और मंगल खाना नंबर 4 का मंदा फल गिना जाएगा।

(2) जब मंगल, सनीचर को देखे तो मंगल का अपना असर शून्य होगा। ऐसा इंसान औलाद से महरूम होगा लेकिन सनीचर दोगुना नेक और उम्दा असर देने वाला होगा।

(3) जब सनीचर मंगल को देखे तो मानो कि एक ही उसूल (सिद्धांत) के दो डाकू आपस में मिले हुए हों। ऐसे में दोनों ही ग्रहों का नेक और उम्दा असर होगा।

मंगल से राहु का ताल्लुक

(1) जब मंगल, राहु को देखे तो राहु का बुरा असर नहीं होगा।

(2) जब राहु, मंगल को देखे तो मंगल का असर मंदा होगा और इंसान के बाजुओं, पेट या खून की खराबी की वजह से जिस्म (शरीर) के दाएं हिस्से पर सख्त तकलीफ होगी। ऐसे में चन्द्र का उपाय करना मददगार होगा।

मंगल से केतु का ताल्लुक

जब दोनों परस्पर एक दूसरे को देखते हों तो किस्मत के मैदान में मानो शेर (मंगल) और कुत्ते (केतु) की लड़ाई हो रही होगी। ऐसे में दोनों ही ग्रह मंदे होंगे। ऐसे में वह उपाय कारआमद (असरकारक) होगा जो मंगल–केतु मुश्तरका में होता है।

मंगल के अपने भाई–बन्द

टेवे का खाना नंबर जिसमें मंगल बैठा है।	मंगल कैसा होगा?	टेवे वाले के भाईयों की तादाद (संख्या)
(1)	अदल (न्याय) की तलवार	छोटे–बड़ों की शर्त नहीं मगर अकेला भाई न होगा।
(2)	दूसरों के लिए पालन योग्य	जनम से वह खुद बड़ा भाई ही होगा।
(3)	पिंजरे का कैदी शेर जिसे अपने शेर होने का अहसास न हो	बहन–भाई तो जरूर होंगे। मंगल की उम्र अथवा जिस खाने में बुध बैठा है उसके हिन्दसा (अंक) के बराबर सात या चौदह साल की उम्र के बाद तीन भाई होंगे।
(4)	भाई की पत्नी और धन दोनों अपनी माता, नानी, सास पर मौत तक भारी होंगे।	खुद जनम से भले ही छोटा हो मगर अपनी 28 साल की उम्र तक खुद ही बड़ा भाई हो जाएगा यानि या तो बड़ा भाई मर जाएगा या न होने के बराबर होगा या लावल्द (संतानहीन) होगा या खराब सेहत का मालिक होगा।
(5)	जब मंगल नेक हो रईसों का बाप होगा और अगर बद हो तो नजर से ही तबाही करता होगा।	अगर खाना नंबर 3 में (i) मर्द ग्रह हों तो – चार भाई (ii) स्त्री ग्रह हों तो – तीन भाई (iii) पापी ग्रह हों तो – पांच भाई होंगे। (iv) अकेला बुध हो – दो भाई होंगे।
(6)	साधु–संन्यासी की तबीयत (स्वभाव) का मालिक जो खुद को ही मारे।	अकेला ही धर्मवीर होगा।
(7)	भगवान् विष्णु (भाई की औलाद की पालना मददगार होगी)।	मच्छ रेखा का असर होगा और अगर मंगल को बुध का साथ मिले तो लावल्दी (संतानहीन) होगा।
(8)	मौत का फंदा	4, 8, 13 या 15 साल की उम्र के बाद दूसरा भाई होगा वरना अकेला ही रह जाएगा।

(9)	तख्तशाही, खजाना या भाई की औरत की ताबेदारी (सेवा) मंगल की बुलंदी की बुनियाद होगी।	जितने बाबा होंगे उतने ही खुद भाई–बन्द होंगे।
(10)	सनीचर उत्तम हो तो राजा होगा जो भाई के लिए ताउम्र मददगार होगा।	जितने ताऊ–चाचा होंगे उतने ही खुद भाई होंगे वरना मच्छ रेखा होगी।
(11)	फकीरी भैंस जो बुध और सनीचर के मानिन्द (समान) असर देंगे। जैसे वे दोनों टेवे में हैं वैसा ही असर फकीरी भैंस का होगा।	फैसला बृहस्पत की हालत पर होगा। बृहस्पत जिस खाने में हो उसी खाने का मंगल मानकर भाईयों की तादाद देखेंगे, जब बृहस्पत खाना नम्बर 1 से 10 में हो तो नौ भाई तक 11 में हो तो– दो भाई तक 12 में हो तो– एक यानि अकेला होगा।
(12)	गुरु चरणों पर ध्यान रखने वाला यानि मर जाए मगर धर्म न जाए।	बड़ा भाई जिंदा न रहने देगा। टेवे वाले के जनम लेने से पहले बड़ा भाई जिन्दा होगा लेकिन औरत का टेवा हो तो बड़े भाई को बरबाद करने की कोई शर्त न होगी ।

आम हालात 12 घरों में

तेग अदल घर पहले जंगी, मालिक लंगर लोह दूजे हो
शेर होता गर तीसरे कैदी, आग समुद्र चौथे वह
पांच रईसां बाप हो दादा, केतु कमी घर छः की हो
विष्णु पालन घर सातवें करता, बेड़ा गर्क आठ भाई हो
तख्त बना घर नौवें शाही, राजा होता घर दस का हो
ग्यारह लेवे जो भैंस फकीरी, नष्ट राहु घर बारह हो

(1) खाना नंबर 1 का मंगल मैदान–ए–जंग और अदल (न्यायसंगत) की तलवार होगा। अगर मंगल–बद हो तो दुमदार (मनहूस) सितारा होगा और अगर बदी से दूर हो तो अपनी जड़ मजबूत करेगा वरना उसका खून भी फुजला (मल) से कम कीमत देगा।

(2) खाना नंबर 2 का मंगल धर्म की मूरत होगा। भाईयों की पालना (सेवा–छोटे या बड़े) करने वाला और लौह–लंगर (खुराक या भोजन) का मालिक होगा। अगर मंगल–बद हो तो ऐसा इंसान दूसरे के लिए आस्तीन का सांप होगा।

(3) खाना नंबर 3 का मंगल दुनियावी लोगों के लिए फलों का जंगल होगा मगर खुद के आराम और माया (माल) के मामले में सब्जकदमा (मनहूस) होगा। अगर मंगल–बद हो तो पिंजरे का शेर होगा।

(4) खाना नंबर 4 का मंगल जलती हुई आग, बदी (बुराई) का सरदार होगा। अगर जलाने पर आए तो मर्द और माया के समुद्र को भी जलाकर रख देगा।

(5) खाना नंबर 5 का मंगल रईसों का बाप–दादा (धनी) होगा। अगर मंगल–बद हो जाए तो जद्दी (पैतृक) घर के बाहर ही रिहाईश (निवास) देगा और यह रिहाईश मुस्तकिल (चिरस्थाई) ही होगी। मंगल–बद लावल्दी (संतानहीनता) देगा।

(6) खाना नंबर 6 में मंगल हो तो ऐसा इंसान तरसिए (मन्नते मांग–मांग कर की हुई) की औलाद होगा। ऐसा इंसान साधु–संन्यासी होगा। अगर मंगल–बद हो तो फसादी (झगड़ालू) होगा।

(7) अगर मंगल खाना नंबर 7 में हो तो ऐसा इंसान मीठे हलवे के मानिन्द (समान) होगा। जो भी इच्छा होगी, वह पूरी होगी। भगवान् विष्णु की तरह घर–परिवार की पालना करने वाला होगा। अगर मंगल–बद हो तो बदबख्त (भाग्यहीन) और मनहूस होगा।

(8) खाना नंबर 8 का मंगल अपने छोटे भाईयों का बेड़ा ही गर्क करने वाला होगा। मौत का फंदा होगा।

(9) खाना नंबर 9 का मंगल बुजुर्गों के जमाने से चला आ रहा शाही तख्त का मालिक होगा। मंगल–बद हो तो नास्तिक और बदनाम होगा।

(10) खाना नंबर 10 का मंगल हो तो ऐसा इंसान च्यूटी (चींटी) के घर भगवान् आए की तरह खानदान को तारने वाला, गरीब घर में जनम लेकर भी राजा के मानिन्द हो जाएगा। मंगल–बद हो तो बरबाद होगा।

(11) खाना नंबर 11 में मंगल हो तो सोने की जंजीर में बंधा हुआ चीता यानि जैसा बृहस्पत होगा वैसा ही असर करेगा और भैंस फकीरी होगा यानि सनीचर की नकल करेगा। भैंस (सनीचर) फकीरी (बृहस्पत) होगा।

(12) खाना नंबर 12 का मंगल राहु के घर में होगा और ऐसा मंगल राहु का मंदा असर टेवे से नष्ट कर देगा। मंगल का असर उत्तम होगा।

मंगल खाना नंबर 1

(मैदान–ए–जंग में अदल (न्याय) की तलवार)

थमें कटती तलवार शहजोर कितना
रुके दांत बत्तीस न खुद बोल अपना
राज ताल्लुक जिस्म हो उम्दा, काम सनीचर नफा देता हो
वक्त गुजरते पाप सनीचर का, वजीर जंगी राजा होता हो
ससुराल भाई घर अपने तारे, पानी पे पत्थर तैरता हो
खून कीमत न फुजला देवे, पुतला बदी का बनता जो
बुध तीजे दो मन्दिर खाली, बहन नसीबे बढ़ती हो
चन्द्र-सूरज दो-बारह साथी, उम्र बाप पर भारी हो
चन्द्र-सूरज बुध पापी साथी, सात चक्कर से बैठा हो
नेकी करे वह दुनिया इतनी, मौत पराई लेता हो
मंगल-बदी पे जिस दम आता, दुमदार सितारा चढ़ता हो
मर्द आयु न बेशक घटता, दौलत बुरा ही होता हो

(1) ऐसा इंसान अकेला भाई न होगा चाहे वह छोटा हो या बड़ा। दांत उसके बत्तीस होंगे (इकत्तीस दांत वाला भी मंगल–नेक में गिना जाएगा। टेवे वाला अट्ठाइस साल की उम्र से जरूर दौलतमंद होगा और किसी दूसरे के अहसान और अपनी ईमानदारी को कभी नहीं भूलता।

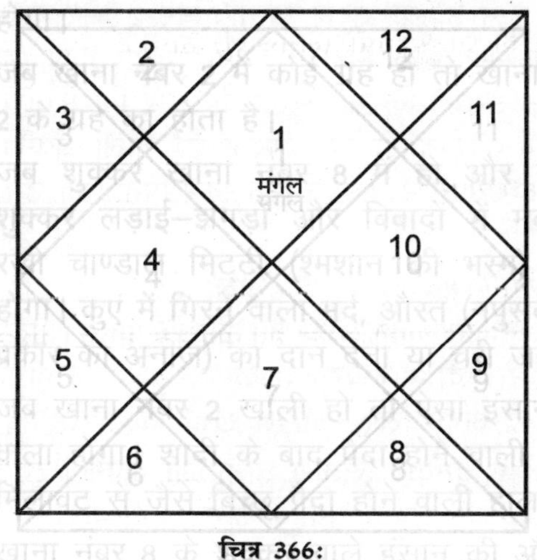

चित्र 366:

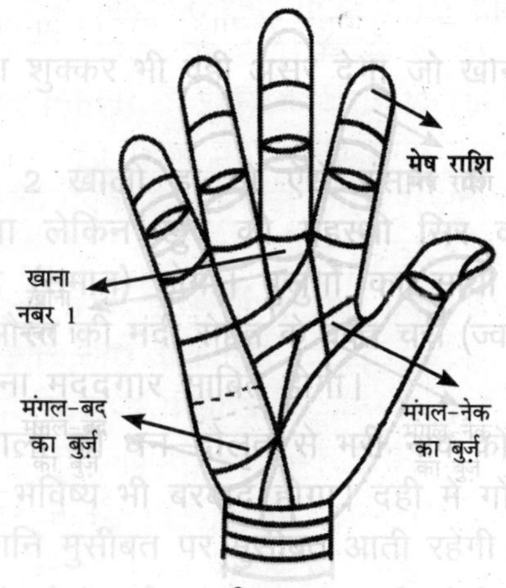

चित्र 367:

(2) ऐसा इंसान जंग (लड़ाई) और अदल (न्याय) की तलवार का मालिक होगा। राजदरबार (सरकारी महकमा) और उसका जिस्म (शरीर) हमेशा उम्दा असर देंगे। सनीचर के कारोबार (लोहा, लकड़ी, मशीन वगैरह) और ताल्लुकदार (वह रिश्तेदार जो उम्र में बराबर और रिश्ते में चाहे बड़ा हो या छोटा हो, मसलन चाचा, भतीजा, पोता, ताऊ, दोहता वगैरह) फायदा देंगे।

(3) खाना नंबर 1 में मंगल वाले का, दुश्मनों से कुदरती रूप से बचाव होता रहेगा। सनीचर या पाप (राहु–केतु) की मियाद का अरसा गुजरते ही ऐसा इंसान राजा का जंगी वजीर या उम्दा हालत का मालिक होगा। जिन्दगी का कोई भी अट्ठाइस साल का अरसा (वक्त) जाती (निजी) कमाई, कारोबार, मुलाजमत (नौकरी) या उम्दा आमदनी (कमाई) का होगा।

(4) अपने भाईयों और ससुराल को तारने वाला और पानी पर तैरने वाला पत्थर होगा। खासकर जब टेवे वाले के जिस्म (शरीर) का रंग स्याह (काला) हो। साधु का साथ भाई के लिए जहर होगा।

(5) अगर मंगल–बद हो जाए तो ऐसा इंसान बदी से जितना ज्यादा दूर होगा उसकी जड़ें उतनी ही ज्यादा मजबूत होंगी वरना इसके खून की कीमत फुजला (विष्ठा या मल) से भी कम होगी। ऐसा इंसान मुफ्त खाने वाला होगा और इस नीयत की वजह से दर–बदर, मारा–मारा फिरता होगा। ऐसा इंसान बदी (बुराई) का पुतला होगा। ''ऐसे जनमे चन्द्रभान चूल्हे आग न मंजे (चारपाई) पर बान (रस्सी)'' की भांति होगा।

(6) जब बुध खाना नंबर 3 में हो, खाना नंबर 2, 7, 9, 11 खाली हो तो ससुराल का कुत्ता (दामाद के रूप में) होगा। टेवे वाले के नसीब से उसका भाई बीमार होगा। ऐसे इंसान को साधु, फकीर वगैरह का साथ मुबारक न होगा यानि वह गृहस्थ का आराम नहीं पाएगा लेकिन 39 साल की उम्र के बाद यह नियम लागू न होगा। ऐसे में खाना नंबर 9, 11 के लिए बृहस्पत की अश्या (चीजों) को कायम करना मुबारक असर देगा। खाना नंबर 7 के लिए शुक्कर की पालना करना मुबारक होगा।

(7) जब बुध खाना नंबर 3 में हो और खाना नंबर 2 खाली हो तो ऐसे इंसान की बहन शायद ही होगी। अगर बहन होगी तो वह इंसान राजा के मानिन्द (समान) होगा और बुलन्द किस्मत वाला होगा। लेकिन टेवे वाले का भाई कभी राजा तो कभी फकीर होगा।

(8) जब सूरज खाना नंबर 12 और चन्द्र खाना नंबर 2 में हो या सूरज खाना नंबर 2 और चन्द्र खाना नंबर 12 में हो तो इंसान अगर मुफ्त के माल या खैरात के माल पर गुजर करने वाला होगा तो ऐसा करना दूध में जहर के मानिन्द (समान) होगा। उसकी किस्मत जली हुई और जिस्म में खून की जगह पानी होगा। टेवे वाला इंसान आलसी, गरीब और दुःखी होगा वरना टेवे वाला अपने वाल्दैन (माता–पिता) के लिए मनहूस होगा और टेवे वाले के बचपन में वाल्दैन (खासकर पिता) की उम्र शक्की (संदेहजनक) होगी।

(9) जब खाना नंबर 7 में सूरज, चन्द्र, बुध अथवा बृहस्पत–बुध हों तो टेवे वाला इंसान खुद पराई मौत खरीदकर बरबाद होगा। किस्मत और तलवार का मालिक होगा। मगर तेरह से पन्द्रह साल अथवा ज्यादा से ज्यादा अट्ठाइस साल की उम्र हर तरह से मंदी और बरबादी का अरसा वाली होगी। ऐसा इंसान इतनी नेकी करने वाला होगा कि वह खुद ही अपने लिए मुसीबत खड़ी करता रहेगा।

(10) जब मंगल–बद हो तो ऐसा इंसान खानदान के लिए दुमदार सितारा होगा जो अपने पैदा होने के 40, 42 दिन के अन्दर ही राजा और रियाया (प्रजा) पर अपना मनहूस असर देना शुरू कर देगा। जनम के वक्त से ही आग से भरी हुई आंधी चलने लगेगी। भाई–बन्द भी मदद नहीं करेंगे। सनीचर की उम्र (36 साल) तक वाल्दैन पर भारी होगा। ऐसा इंसान नेकी और अहसान का कभी कर्जा नहीं चुकाएगा। बदी करने का इतना आदी होगा कि अपने ससुराल, भाई और वाल्दैन (माता–पिता) तक को भी न बख्शेगा। टेवे वाले और उसके भाई दोनों की किस्मत सोई हुई किस्मत होगी, चाहे कितने ही मेहनतकश क्यों न हों। ऐसे इंसान की खुद की उम्र शक्की न होगी लेकिन धन–दौलत के लिहाज से असर मंदा ही होगा।

(11) अगर मंगल, नेक हो तो टेवे वाला इंसान खुद नेक, नेकी करने वाला और सच्चाई (ईमानदारी) पसन्द करने वाला होगा। ऐसे इंसान की जुबान से निकला हुआ मंदा (बुरा) लफ्ज कभी खाली नहीं जाएगा। टेवे वाले की उम्र कभी शक्की (कम या छोटी) न होगी।

कियाफा (हस्तरेखा)– सूरज के बुर्ज़ पर चौकोर (□) निशान हो। मंगल नेक के बुर्ज़ से कोई रेखा सूरज के बुर्ज़ को जाती हो।

मंगल खाना नंबर 2

(धर्म मूरत, मंगल–बद तो आस्तीन का सांप)

गिरे नजर से भाई अपने जो तेरे
पहाड़ा दो दूनी का दो तुझ को घेरे
भाई बड़ा खुद आप ही होगा, वरना बड़ा खुद बनता हो
रिजक दौलत हो साथी सबका, अपनी शर्त न रखता हो
जहेज औरत से हरदम फलता, दौलत राहु से पाता हो
दुश्मन जहर बद मंगल भरता, जंगो जदल जा मरता हो
साथ हुकूमत लाखों पाले, गांठ न अपनी बांधता हो
लावल्द कभी न दो घर होंगे, शर्त कबीला पालता हो

बृहस्पत, सूरज, बुध, सनीचर मिलते, आठ नौवें दस-बारह जो
उम्र सारी गुजरान हो उम्दा, दुश्मन असर न मिलता जो

(1) ऐसा इंसान जनम से खुद ही बड़ा भाई होगा या फिर बड़ा भाई बनकर रहेगा। अपने भाई से उसका भाईयों के जैसा नजदीकी रिश्ता नहीं रहेगा। अपने भाई–बन्दों की पालना करेगा। लौह–लंगर का मालिक होगा अर्थात् कभी तंग हालात, दुःखी या भूखों मरने वाला नहीं होगा और बल्कि उसका लंगर (भोजन–पानी की व्यवस्था) दिन प्रतिदिन और भी बढ़ता रहेगा।

(2) जब मंगल खाना नंबर 2 में कायम (देखें फरमान नंबर 6) हो और हथेली में गृहस्थ रेखा मंगल के बुर्ज़ (खाना नंबर 3) से चलकर बृहस्पत के बुर्ज़ (खाना नंबर 2) पर गुरु (बृहस्पत) के कदमों में खत्म हो तो टेवे की 2 दूनी ($2 \times 2 = 4$) 2 की ही बचत रहेगी यानि जितना कमाएगा लगभग उतना ही खर्च कर देगा 2 दूनी 4 न हो सकेंगे। खासकर जब टेवे वाला मंगल–बद की स्वभाव का हो।

(3) ऐसा इंसान या तो खुद बड़ा भाई होगा या तो वह खुद बड़ा भाई बनेगा यानि बड़े भाई होने की जिम्मेदारियों को पूरा करेगा और परिवार या कुनबे में बड़ा होने का सम्मान पाएगा।

(4) जब टेवे वाले के साथियों या ताल्लुकदारों (मंगल से मुतअल्लिक) को जरूरत होगी तब माया या दौलत काम आएगी। लेकिन अपनी जरूरत के वक्त नतीजा सिफर (शून्य) ही रहेगा। दूसरों की पालना में चाहे दौलत की नदी ही बहा देगा मगर अपनी जरूरत के वक्त अपनी अंटी (जेब) में कुछ भी न होगा।

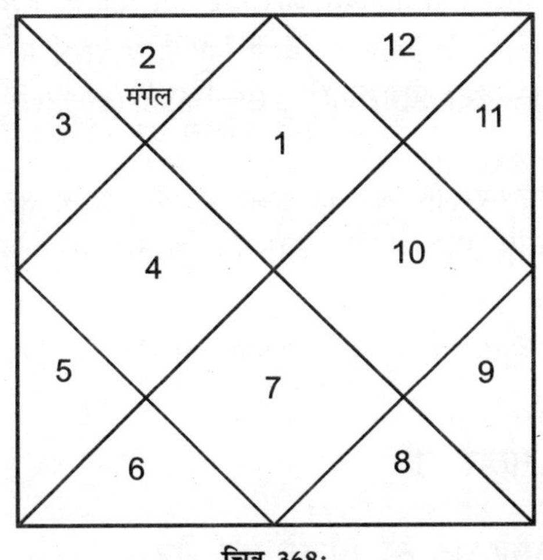

चित्र 368:

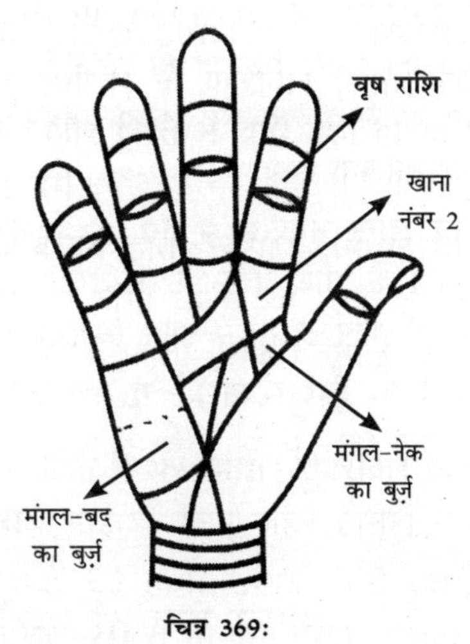

चित्र 369:

(5) जब मंगल में किसी भी तरह से बुध या केतु का असर न मिलता हो और हाथ की उंगलियों के सिरे चौड़े और मुरब्बे की सी शक्ल के हों तो ऐसा इंसान इरादे का पक्का व हुकूमत करने की ख्वाहिश (लालसा) वाला होगा। औरत का लाया हुआ दहेज ऐसे इंसान को फलेगा और बरकत देने वाला होगा। ऐसा इंसान ससुराल (राहु) से भी धन–दौलत पाने वाला होगा। ससुराल में भी लगातार बरकत होती रहेगी।

(6) जब मंगल–बद हो (देखें मंगल खाना नंबर 4) तो टेवे वाला "आस्तीन का सांप" (अविश्वसनीय दोस्त) होगा जो कभी भी डस सकता है। टेवे वाले की मौत लड़ाई झगड़े या मैदान–ए–जंग (युद्ध) वगैरह में अचानक होगी।

(7) ऐसा इंसान चाहे दूसरों की पालना में लाखों खर्च कर देगा लेकिन अपनी अंटी (जेब) में कुछ भी न होगा। लेकिन मर्द या औरत दोनों के ही घर (टेवे वाला और उसकी ससुराल) कभी लावल्द (संतानहीन) न होंगे। इसी तरह टेवे वाला भी लावल्द न होगा।

(8) जब खाना नंबर 8, 9, 10, 12 में बृहस्पत, सूरज, बुध, सनीचर के असर मिल रहे हों सिवाए बुध खाना नंबर 2 के असर को छोड़कर और हथेली में नाखून वाले सिरे की तरफ से उंगली गाजर की तरह दर्जा–बदर्जा (उत्तरोत्तर) मोटी होती जाए और आपस में मिलाने पर उनमें कोई सुराख वगैरह नजर न आता हो तो टेवे वाला इंसान साख्ता (खुद बना हुआ) अमीर होगा और उसके पास दौलत खुद–ब–खुद जमा होती जाएगी। ताउम्र (पूरी जिन्दगी) सुखी और सम्पन्न होगा। इसकी आमदनी का जरिया चाहे कुछ हो या न हो लेकिन इसके पास से तंगदस्ती (धन की कमी) कोसों दूर होगी और जरूरत के वक्त धन हमेशा हाजिर रहेगा। अच्छी पोशाक, अच्छी खुराक और मजबूत (गढ़ीला) जिस्म का मालिक होगा।

(9) मंगल खाना नंबर 2 का इंसान अगर दूसरों की पालना करेगा तो बढ़ता जाएगा वरना बरकत न होगी और घटता चला जाएगा। ऐसे इंसान को राहु की अश्या (चीजें) कारोबार और ताल्लुकदारों (रिश्तेदारों) से मुतअल्लिक (सम्बन्धित) सहयोग और धन–दौलत मिलेगी। चन्द्र की अश्या (कुआं वगैरह), रिश्तेदार (माता वगैरह) और कारोबार (दूध वगैरह) को कायम करने से राहु (ससुराल) से मुतअल्लिक नेक असर जाहिर होंगे।

(10) जब खाना नंबर 8, 9, 10, 12 में बृहस्पत–सूरज सनीचर का असर मिलता हो और खाना नंबर 2 में बुध का असर मिलता हो तो ऐसे वक्त बुध के कारोबार, रिश्तेदार या चीजें जो खाना नंबर 8, 9, 10, 12 से सम्बन्धित हों, उनके जहर से इंसान का खून मंदा होगा और इंसान कच्चे (कमजोर) इरादों का मालिक होगा।

(11) जब खाना नंबर 8, 9, 10, 12 में बृहस्पत, सूरज, सनीचर और बुध का असर हो और खाना नंबर 2 में मंगल के साथ केतु हो तो टेवे वाला इंसान खुशनसीब (भाग्यशाली), हुक्मरान (हुकूमत या राज करने वाला) और आसूदा–हाल (धन–धान्य से परिपूर्ण) होगा।

कियाफा (हस्तरेखा)– गृहस्थ रेखा मंगल के बुर्ज़ (खाना नंबर 3) से चलकर बृहस्पत के बुर्ज़ (खाना नंबर 2) तक पहुंचे।

मंगल खाना नंबर 3

(मंगल नेक तो फलों का जंगल और बद तो पिंजरे का शेर)

झुकी सर कलम करती तलवार तिरछी
पड़ा खम न जालिम पकड़ तेग जिस ली
ऐतबार मंगल न तीजे गिनते, नेक मिला बद मंगल हो
शेर दहाना बैठक होते, तदबीर जंगी सब कामिल हो
चन्द्र सूरज नौ–ग्यारह, सातवें, मंगल नेक खुद होता हो
उलट बृहस्पत बुध जिस दम होता, जहरी मंगल–बद बनता हो
असर मंदा न राहु टेवे, सुखिया गृहस्थी होता हो
अय्याश फोकी सब ठन–ठन होता, मांगलिक टेवे जब बनता हो

सनीचर टेवे हो नौ जब बैठा, मौत बीमारी बचत तब देता हो
महल मकान सब कुछ हो उम्दा, सनीचर असर शुभ देता हो
नरम तबीयत इकदम बढ़ता, मौत आई तब रोकता हो
उलट गरम हो जिस दम चलता, जेर बारी दुःख भोगता हो

(1) जब तिरछी तलवार झुकती है तो सर कलम करती ही है अर्थात् खाना नंबर 3 का मंगल नम्र तबीयत (स्वभाव) से अपना फल जाहिर करता है लेकिन जब कोई दूसरा (प्रतिद्वन्दी) तलवार उठा ही ले तो खाना नंबर 3 का मंगल वाला इंसान शेर के मानिन्द (समान) उसका सामना करने वाला होगा।

(2) जब मंगल खाना नंबर 3 में हो तो मंगल का ऐतबार (विश्वास) नहीं किया जा सकता अर्थात् मंगल का असर शक्की गिना जाएगा। दुनियावी लोगों के लिए तो ऐसा इंसान फलों का जंगल होगा लेकिन खुद के लिए पिंजरे में (चिड़ियाघर का) फंसा हुआ शेर होगा जिसे अपनी शेरनी तक का पता न हो।

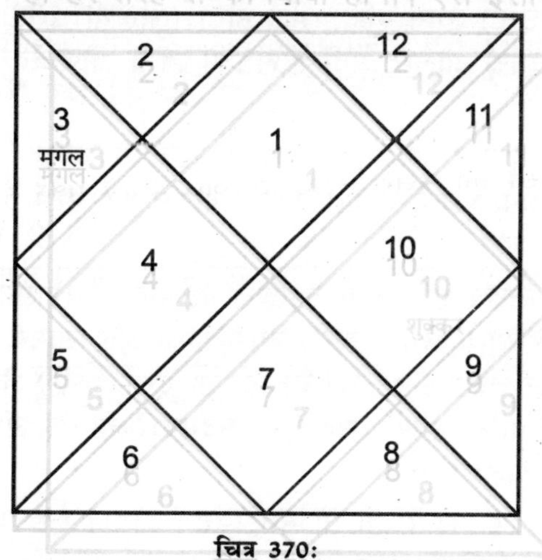

चित्र 370:

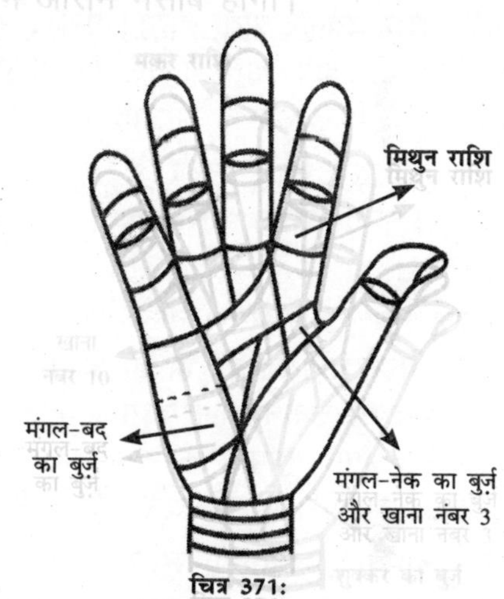

चित्र 371:

(3) जब मंगल खाना नंबर 3 में हो और नेक हो तो ऐसा इंसान शिवजी की तरह भोला–भंडारी और आरजुओं (इच्छाओं) को पूरी करने वाला होगा। लेकिन अगर यही मंगल–बद हो जाए और शेर (इंसान) के मुंह को खून लग जाए तो वह सिर पर खून चढ़ने से नहीं डरेगा। ऐसा इंसान भाईयों में बड़ा भाई होगा।

(4) जब खाना नंबर 3 के मंगल वाले इंसान के घर में बैठक (मेहमानखाना जो घर में बाहर की ओर होता है) शेरमुखी (आगे से चौड़ा और पीछे से अपेक्षाकृत पतला हिस्सा) हो तो ऐसा इंसान जंगी–तदबीर (जंगी चालों में दक्ष व युक्तिसंगत) का मालिक होगा। अगर नरम तबीयत वाला हो तो उसकी दिन–ब–दिन तरक्की होती रहेगी।

(5) खाना नंबर 3 में मंगल हो और चन्द्र, सूरज खाना नंबर 9, 7, 11 में से किसी खाने में हो तो ऐसे टेवे में मंगल, नेक गिना जाएगा।

(6) जब बृहस्पत हो बुध के घरों (3, 6) में और बुध हो बृहस्पत के घरों (9, 12) में तो मंगल–बद गिना जाएगा और जहर के मानिन्द (समान) फल देगा।

(7) खाना नंबर 3 में मंगल हो और बृहस्पत, सूरज, चन्द्र खाना नंबर 7, 9, 11 में हों तो ऐसे टेवे वाला इंसान सुखी और उम्दा गृहस्थ का मालिक होगा। जब मंगल, नेक हो और बृहस्पत खाना नंबर 9 में हो तो राहु (ससुराल) भी उम्दा असर करने वाला होगा। ससुराल अमीर हो या उसके ताल्लुक से अमीर हो जाए, जो भी हो मगर टेवे वाला ससुराल वालों से धन–दौलत में अपना (अपनी औरत के नाते) हिस्सा लेगा या तो ससुराल वाले उसे अपनी खुशी से हिस्सा देंगे।

(8) जब टेवे में मांगलिक योग बनता हो या मंगल बरबाद या नष्ट हो रहा हो अर्थात् मंगल–बद हो तथा मंगल का बुर्ज़ (खाना नंबर 3) चर्बी से भरकर इतना मोटा हो जाए कि मंगल (खाना नंबर 3) का बुर्ज़ बृहस्पत के बुर्ज़ (खाना नंबर 2) और शुक्कर के बुर्ज़ (खाना नंबर 7) से अलैहदा (अलग) मालूम न हो रहा हो तो ऐसा इंसान चालबाज और धोखेबाज होगा। ऐसा इंसान कर्जे (ऋण) के धन पर मौज उड़ाने वाला होगा। अय्याश, फोकी (खोखली) औरत, ठन–ठन (शून्य) किस्मत का मालिक होगा। ऐसा इंसान तंग–हालात (गरीब) होगा। ऐसे इंसान की उम्र तकरीबन (लगभग) 90 साल होगी मगर सब्जकदमा (मनहूस कदम) हालत होगी। ऐसा इंसान अगर सख्त (कठोर) तबीयत (स्वभाव) का मालिक हो और अकड़ वाला हो तो मौत, दुःख और बीमारी से तंग (परेशान) होगा। कर्जे (ऋण) के बोझ तले दबकर रोता होगा। ऐसे इंसान का सिर छोटा (कम बुद्धि), पेट मोटा (लालची) और खून खराब (मंदे बाप–दादाओं का वंशज) होगा। नरीना (नर) औलाद मंदी हालत में होगी और टेवे वाले इंसान के लिए उसकी औलाद नेक जाहिर नहीं होगी।

(9) जब सनीचर खाना नंबर 9 में हो तो टेवे वाले इंसान की मौत और बीमारी से बचाव होता रहेगा। उम्दा सेहत और मकान का सुख हासिल होगा। धन–दौलत और सनीचर का उत्तम असर मिलेगा।

(10) खाना नंबर 3 में मंगल वाले इंसान के भाई–बहिन जरूर होंगे चाहे वे छोटे या बड़े हों। अगर टेवे वाला नरम तबीयत का हो तो अचानक और तेजी के साथ बरकत करने वाला होगा और सामने आई मौत को भी रोकने वाला होगा। मगर टेवे वाला गरम तबीयत का मालिक हो तो ऐसा इंसान शेर के मानिन्द अपने दुश्मनों के टुकड़े–टुकड़े कर डालने वाला मगर दोस्तों का मददगार होगा। आखिर (अन्ततः) में ऐसा इंसान धन–दौलत से दुःख भोगने वाला होगा।

(11) जब टेवे में बृहस्पत या सूरज या चन्द्र खाना नंबर 7, 9, 11 में हो तो मंगल–बद होगा। ऐसे इंसान की नीयत "आ बैल मुझे मार" के मानिन्द (समान) मंदे नतीजों वाली होगी। ऐसे इंसान के सब्जकदमा (मनहूस कदम) होंगे। मगर उसे औरत (पत्नी) के घर (ससुराल) से मदद मिलती रहेगी। मंगल–बद का हर तरफ मंदा असर जोर पर होगा।

(12) जब बृहस्पत खाना नंबर 11 में हो तो ऐसा इंसान ताल्लुकदारों (रिश्तेदारों) की मौत से दुःखी होगा मगर खुद के लिए खाना नंबर 11 का बृहस्पत उम्दा फल ही करेगा।

(13) जब बुध या सनीचर खाना नंबर 9, 11, 3 में हो या बुध–सनीचर दोनों खाना नंबर 7, 3 में हो तो टेवे वाले इंसान पर हर तरफ से मंदा असर पड़ेगा मसलन माली (आर्थिक) हालत, घर में बेवजह की खराबियां वगैरह। मगर टेवे वाले इंसान के खानदान को मदद मिलती रहेगी या टेवे वाला उन्हें मदद करता रहेगा। इसी के साथ अगर सनीचर भी खाना नंबर 11 में हो तो कुदरत की तरफ से मौत हर्गिज न होगी।

(14) खाना नंबर 3 के मंगल के लिए हाथी दांत को कायम करना मुबारक फल देगा।

(15) खाना नंबर 3 के मंगल वाले इंसान की उम्र अमूमन 90 साल होगी। इंसान हौसलेमंद होगा और आंखों की ज्योति उत्तम होगी। ऐसा इंसान 3 बचने वाले मकान का मालिक होगा।

कियाफा (हस्तरेखा)– मंगल–नेक पर चौकोर (☐) निशान या गृहस्थ रेखा मंगल के बुर्ज़ (खाना नंबर 3) पर खत्म हो।

मंगल खाना नंबर 4

(माया के समुद्र को भी जला देने वाली आग)

पकड़ हौसला सब मुसीबत गो कटती
मगर लेख उलटे हो हिम्मत न बनती
बंद मुट्ठी चन्द्र बाहर नष्टी, सूरज छठे खुद बैठा हो
मदद ग्रह नर चन्द्र मिलती, मंगल-बद न होता हो
बुध-केतु आठ चौथे तीजे, मदद सूरज न चन्द्र हो
मंगल-बदी मांगलिक हो जलते, आग समुद्र मन्दिर हो
गुलजार भरा जो कबीला जाती, अट्ठाइस भस्म जा करता हो
माता नानी और सास जनानी, मौत चारों की मांगता हो
छठे चन्द्र, बुध माता मंदी, परिवार पापी नौ मंदा हो
अक्ल बारह बुध टेवे, पेट जले खुद दुःखी हो
किसी जगह आठ-चार या तीजे, मंगल टेवे खुद बैठा हो
बाकी घर बुध, केतु आए, जहरी मंगल-बद बनता हो
लकड़ी खुश्क से आग बनाना, काम सनीचर करता हो
मुर्दे सुखा कर चूल्हा जलाना, राख मंगल-बद करता हो
बैठा सनीचर के सामने जलता, कोसों मंगल-बद फूंकता हो
नजर गैबी दो मालिक होता, आकाश पाताल में देखता जो
पढ़ना लिखे को ताकत बीनाई, सनीचर मालिक नजर होता हो
पहाड़ फटे जब नजर से उसकी, असर नजर बद करता हो
राहु सवारी नेक मंगल की, मील लाखों से देखता हो
बैठे बिठाए अक्ल तो फिरती, मंगल बीनाई देता हो
राहु होगा बुनियाद दोनों की, बुरा भला जब कोई दो हो
नेक हालत में मदद दे शिवजी, विष्णु पालन खुद करता हो
बृहस्पत, सूरज आठ चन्द्र बैठा, चार नौवें तीन-ग्यारह जो
उत्तम असर दूध सागर देगा, दांत सुबह पानी धोता जो

(1) खाना नंबर 4 में अगर मंगल नेक हो जाए तो टेवे वाला इंसान सभी मुसीबतों को अपने हौसले के जरिए काटता चला जाएगा मगर बरखिलाफ (विपरीत) इसके अगर मंगल खाना नंबर 4 में बैठकर बद हो जाए तो टेवे वाले इंसान के पास मुसीबतों का सामना कर पाने की हिम्मत न बची रहेगी।

(2) जब चन्द्र, बंद मुट्ठी के खानों (1, 4, 7, 10) के बाहर नष्ट हो रहा हो या सूरज खाना नंबर 6 में हो या मंगल के दोस्त ग्रह (सूरज, चन्द्र, बृहस्पत) खाना नंबर 3, 4, 8, 9 में हो अर्थात् मंगल को मदद दे रहे हों तो मंगल–बद न होगा।

मंदरजाजैल (निम्नलिखित) हालातों में मंगल को सूरज की मदद न मिलेगी।

(i) जब खाना नंबर 1, 8 में मंगल के साथ सूरज नहीं हो।

(ii) जब खाना नंबर 7, 10, 12 में सूरज अकेला हो।

(iii) जब सूरज खाना नंबर 5, 9 के साथ केतु बैठा हो।

(iv) जब सूरज खाना नंबर 6, 12 के साथ राहु बैठा हो।

(v) जब सूरज खाना नंबर 7 (नीच) के साथ शुक्कर बैठा हो।

(vi) जब सूरज खाना नंबर 10 के साथ सनीचर बैठा हो।

(vii) जब सूरज खाना नंबर 12 के साथ बुध बैठा हो।

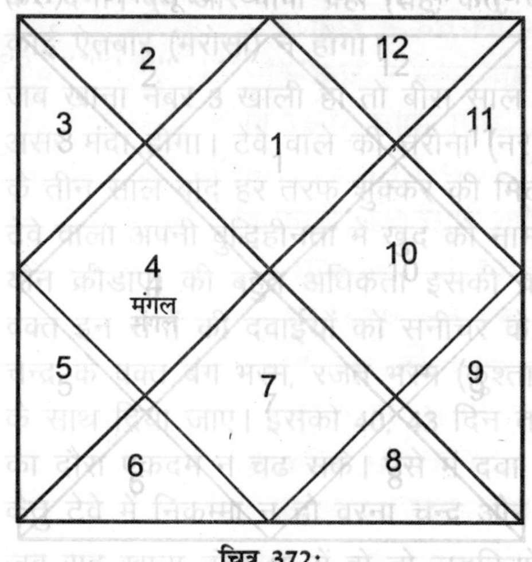

चित्र 372:

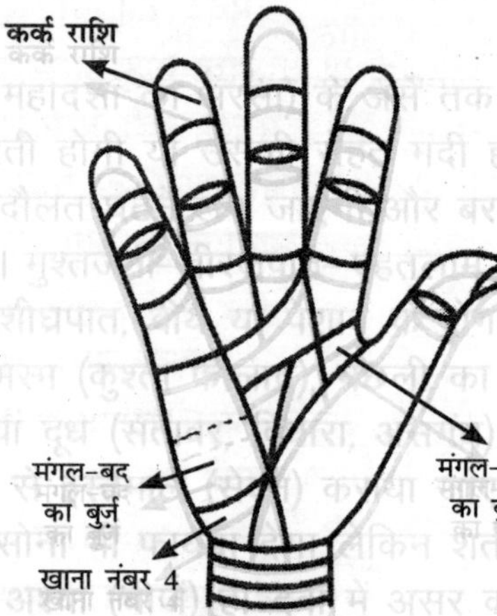

कर्क राशि
मंगल–बद का बुर्ज
खाना नंबर 4
मंगल–नेक का बुर्ज

चित्र 373:

इसके अलावा उपर्युक्त हालातों में भी मंगल, मंगल–बद का असर जाहिर न करेगा। बल्कि जहर के बदले दूध का उत्तम असर देगा। ऐसा मंगल (जो बद न हो) शरारत का माकूल जवाब देने की हिम्मत का मालिक होगा और टेवे वाले का कबीला (खानदान) उत्तम होगा। दिल का साफ और सच्चा इंसान होगा। मंगल के वे हालात जिनमें वह बद का असर नहीं देगा, मंदरजाजैल होंगे।

(i) जब कोई दो पापी ग्रह इकट्ठे हों अथवा कोई दो बाहम (परस्पर) दुश्मन ग्रह इकट्ठे बैठे हों मसलन सनीचर+राहु या सनीचर+केतु या बुध+केतु तो मंगल–बद न होगा।

(ii) जब चन्द्र या शुक्कर अकेले बैठा हो या मंगल के साथ खाना नंबर 3, 4, 8 में हो, खुद उनका असर चाहे कुछ भी और कैसा भी क्यों न हो मगर मंगल को मांगलिक या मंगल–बद नहीं होने देंगे।

(iii) जब खाना नंबर 8, 4, 3 में बुध या केतु हो और सूरज या चन्द्र उसको मदद न देते हों तो मंगल–बद होगा। मंगल–बद और मांगलिक की मंदी आग जोरों पर होगी। जिससे धर्म, घर, समुद्र (खाना नंबर 4) के साथ–साथ माया–दौलत के खजाने सब जलकर खाक हो जाएंगे। बुध या पापी ग्रहों से मुतअल्लिक अश्या, कारोबार या ताल्लुकदार बरबादी का सबब बनेंगे।

(iv) जब खाना नंबर 8, 4, 3 में बृहस्पत, सूरज, चन्द्र न हों अथवा सूरज, चन्द्र, बृहस्पत में से किसी की भी मदद न मिल रही हो अथवा खाना नंबर 8, 4, 3 को सूरज, चन्द्र या बृहस्पत की मदद तो मिल

रही हों मगर इन खानों को मंदी हालत में सनीचर या केतु का साथ हो जाए तो भी मंगल–बद ही होगा।

(v) मंगल–बद का इंसान ऐसे घर में जनम लेता है जहां पर 1, 2 पुश्त या कोई बुजुर्ग खालिस सोना (राजा के मानिन्द) हालत का रह चुका हो और हर तरफ लहराता बाग, बारौनक (रौनक वाला) सब्ज (हरा) माहौल, ब्रह्मज्ञानी रह चुका हो, जिस पर हर तरफ से मालिक (ईश्वर) की नजर–ए–इनायत (कृपा) हो। ऐसा इंसान (मंगल–बद वाला) बेलगाम ऊंट की तरह इधर–उधर भटकने वाला, नजरबंद (बुरी नजर) वाला, बदले की ख्वाहिश रखने वाला, काला या काना, लावल्द (निःसन्तान) और आंख के नुक्स (कमी) वाला होगा। सब्जकदमा (मनहूस) और हर वक्त बदी की आग में जलने वाला होगा। ऐसी आग जो खुद बुझने की बजाय सारे समुद्र को ही जला डालने वाली हो। ऐसा इंसान अपने भाई (खासकर बड़े) की औरत और उसकी दफीना (गुप्त) दौलत पर 28 साल की उम्र तक मंदा असर करेगा। अगर बड़ा भाई जिन्दा हुआ तो लावल्द या मुर्दों के मानिन्द होगा, तंग–हालात (गरीब) या मंदी सेहत का मालिक होगा। ऐसा इंसान अपनी माता, नानी, सास और जनानी (पत्नी) पर ताउम्र (जीवनपर्यन्त) भारी होगा और इनमें से किसी की मौत का बहाना (कारण) होगा।

(vi) मंगल–बद का मालिक इंसान ऐसा बदनसीब होगा कि वह अपने खानदान को बरबाद करके रख देगा। मंगल–बद वाला इंसान उजड़े खानदान और वीरान घरों में पैदा न होगा क्योंकि वहां बरबाद करने लायक कुछ न होगा। मंगल–बद वाला इंसान सख्त (कठोर), कड़ुवा (कटुभाषी) स्वभाव, अकड़वाला, अय्याश तबीयत (चरित्र) वाला, कम अक्ल (बेवकूफ), कोताह (निम्न) अन्देश (सोच) वाला होता है। ऐसा इंसान अपनी पूरी उम्र गुलामी (नौकरी) में ही गुजार देगा। ऐसा इंसान खुद तो मियां–फजीहत (अवगुणों का भंडार) होगा मगर दूसरों को नसीहत (शिक्षा) देने वाला होता है। तुरन्त ही मुंह फाड़कर दूसरों को उसके ऐब (कमी) की बातें बता देने वाला होता है।

(3) मंगल–बद की मंदरजाजैल (निम्नलिखित) हालतें इसको और भी मंदा करेंगी।

(i) जब मकान की जमीन, तहखाने में 3, 8, 13, 18 गोशे (कोने) हों, मकान के अन्दर का तहखाना बन्द किया हुआ हो या मकान का तहखाना फोड़कर कुएं के साथ मिलाया हुआ हो।

(ii) मकान का दरवाजा (प्रवेश द्वार) दक्खन (दक्षिण) में हो अथवा घर से बाहर निकलते वक्त दाएं हाथ पर आग (आग से सम्बन्धित तत्व, भट्टी, रसोई वगैरह) और बाएं हाथ पर पानी (पानी से सम्बन्धित तत्व, हौदी, गुसलखाना वगैरह) हो।

(iii) मकान के ऊपर दरख्त (वृक्ष) की छाया या मकान के सेहन (आंगन) में कीकर या बेर का दरख्त (वृक्ष) हो।

(iv) मकान में या मकान की पिछली दीवार के साथ लगा हुआ पीपल का कटा हुआ ठूंठ हो या मकान की किसी भी दीवार पर लगता हुआ पीपल का दरख्त हो।

(v) घर के बाहर निकलते ही दाएं या बाएं भड़भूजे (मूंगफली या मक्का वगैरह के भूनने की) की भट्टी हो या हलवाई की भट्टी हो या आग से मुतअल्लिक कारोबार की दुकान हो।

(vi) मकान के अन्दर कब्र हो अथवा मकान के पास ही या लगभग लगा हुआ कब्रिस्तान हो।

(vii) किसी लावल्द (निःसन्तान) की जगह खरीदकर बनाया हुआ मकान हो अथवा कुएं पर छत डालकर बनाया हुआ मकान हो।

(viii) गली या रास्ते की छत घेरकर बनाया गया मकान हो अथवा ऐसा मकान जिसमें आम रास्ते से आकर हवा सीधी मकान से टकराती हो अर्थात् मकान रास्ता बन्द करता हो। ऐसे मकान वाला इंसान मंगल–बद से दुःखी (पीड़ित) होगा और उस पर मंगल का बुरा असर जाहिर होगा।

(4) जब बुध या चन्द्र खाना नंबर 6 में हो और सनीचर से मुश्तरका (संयुक्त) होकर मंगल, मंगल–बद का असर देता हो साथ ही उम्र (आयु) रेखा चन्द्र के बुर्ज़ पर पहुंचकर अन्त में त्रिभुज (△) का निशान बना दे तो ऐसा इंसान छोटी उम्र में माता की उम्र के लिए मंदा (बुरा) असर देगा। टेवे वाले को जुबान के रोग (तुतलाना, हकलाना वगैरह) होंगे और ऐसा इंसान चोरों के लिए दुश्मन के मानिन्द (समान) होगा।

(5) जब टेवे में पापी (राहु, केतु, बहैसियत पापी सनीचर) खाना नंबर 9 में हो तो टेवे वाला इंसान अपने परिवार के लिए मंदा होगा।

(6) जब टेवे में बुध खाना नंबर 12 में हो तो ऐसा इंसान दुःखों से मारा हुआ बदनसीब, बेवकूफ और तंगहालात (गरीब) होगा। अपने अन्दर की आग से तड़पता और छटपटाता रहेगा।

(7) जब खाना नंबर 8, 4, 3 में से किसी एक खाने में मंगल अकेला बैठा हो और बाकी के दो घरों में बुध–केतु बैठे हों तो मंगल, बद होगा। ऐसे में बेवा (विधवा) औरत खुद अपना ही खानदान बरबाद कर लेगी।

(8) जब बुध–केतु खाना नंबर 8 में बैठे हों और हथेली पर मंगल के बुर्ज़ खाना नंबर 8 में लेटे हुए खत हो तो घर की औरत (ताई, चाची वगैरह) ही अपने घर में जहर घोलकर घर को बरबाद करेगी।

(9) जब शुक्कर या मंगल में से कोई ग्रह खाना नंबर 4, 8 में हो तो घर में जहर घोलने वाली कोई बेवा (विधवा) होगी जो अपने ही कबीले (खानदान) की होगी।

(10) सनीचर का काम खुश्क (सूखी) लकड़ियों को जलाना होता है मगर मंगल–बद मुर्दे को जलाकर चूल्हा जलाने का काम करता है अर्थात् मंगल–बद वाला इंसान किसी की मौत के बदले भी अपनी रिजक (रोटी) का इन्तजाम करने में भी कोई गुरेज नहीं करता।

(11) सनीचर नजर का मालिक ग्रह है जिससे दुनियावी इंसान लिखते–पढ़ते हैं। किसी को नजर लग जाना सनीचर का काम है मगर उस नजर का आकाश–पाताल और किसी भी दुनियावी कोने में पहुंच जाना मंगल की ताकत का चमत्कार है अर्थात् ''नजर का लगना'' मंगल–बद की ताकत का नतीजा है अर्थात् जब मंगल के सामने सनीचर बैठ जाए तो मंगल कोसों दूर तक जलाकर खाक कर देगा। क्योंकि मंगल खुद दोनों गैबीय (दैवीय) ताकतों का मालिक होता है और आकाश–पाताल कहीं भी देख सकता है। मंगल–बद वाले इंसान की नजर पर्वत को भी चूर–चूर कर देती है और ख्यालात नजर के मार्फत मंगल–बद सैकड़ों मील की चीज पर भी अपनी ताकत से नजर डाल सकता है और बरबाद कर सकता है।

(12) मंगल–नेक की सवारी खुद राहु होता है जो मंगल–नेक को लाखों मील की दूरी से देखने के लिए मदद देता है। चाहे मंगल–बद हो या मंगल–नेक दोनों की बुनियाद राहु ही होगा (सूरज +सनीचर = मंगल–बद = राहु) अगर मंगल दृष्टि दे दे तो अच्छे भले इंसान की अक्ल ही घूम जाती है। अगर मंगल–नेक (सूरज+बुध) हो तो ऐसे इंसान की मदद खुद श्रीशिवजी महाराज करते हैं और उसका पालन खुद विष्णु भगवान् करते हैं।

(13) जब सूरज या बृहस्पत या चन्द्र खाना नंबर 3, 4, 8, 9, 11 में बैठा हो तो मंगल जहर के बदले दूध देने वाला होगा। अगर टेवे वाला इंसान रोज सुबह उठकर पानी से दांतों को धोवे तो मंगल उत्तम फल देगा।

(14) मंगल–बद वाला इंसान जब भी अय्याश तबीयत (चरित्र) का होगा तो कम अक्ल (बेवकूफ) ही होगा। कोताह–अंदेश (बिना सोचे काम करने वाला) होने की वजह से सारी उम्र गुलामी में ही गुजारेगा। बत्तीस दांतों वाला इंसान तो दुर्वचन कह कर बुरा करेगा मगर मंगल–बद तो नजर से ही तबाह कर देगा।

(15) जब मंगल, नेक हो तो टेवे वाले इंसान के भाई की औरत (टेवे वाले की भाभी) और दौलत उत्तम और नेक होगी। टेवे वाले का अपने भाई या भाई की औलाद पर कोई बुरा असर नहीं पड़ेगा।

(16) **मोती भरे समुद्र, न लेख घर का जलता**
माता शिकम के अन्दर, जो पांव तू न धरता

मंगल–बद वाला इंसान ऐसे घर में जनम लेगा जो सुख–समृद्धि और धन–दौलत से भरा हुआ सम्पन्न परिवार हो। माता के शिकम (पेट) में आते ही मंगल–बद वाला इंसान खानदान का बेड़ा गर्क करना शुरू कर देता है।

(17) खाना नंबर 4 का मांगलिक इंसान धन और परिवार दोनों के लिए मंदी आग होगा। लेकिन यह मंदी आग केवल एक ही घर के लिए साबित होगी। गर्द या औरत का खानदान बरबाद होगा। मगर खानदान बरबाद जरूर होगा। मांगलिक (मंगल–बद) के वक्त मर्द–औरत की जोड़ी अमूमन (आमतौर पर) टूटी हुई जोड़ी होगी। मांगलिक के वक्त (मंगल खाना नंबर 8, 12 को छोड़कर) टेवे वाला अपनी 28 साल की उम्र तक अपने बड़े भाई के लिए भारी होगा। या तो वह (भाई) मर ही जाएगा, अगर जिन्दा होगा तो लावल्द (निःसन्तान) या मंदी सेहत या खून की बीमारी या बाजू (हाथ) बरबाद होंगे।

(18) जब मंगल खाना नंबर 4 और बृहस्पत खाना नंबर 8 में हो तो टेवे वाला इंसान कायर (बुजदिल) और दलिद्दरी (निर्धन) होगा।

(19) मंगल, बद हो और एक तरफ मंगल तथा दूसरी तरफ मंगल की दृष्टि में नर ग्रह हों तो खून के ताल्लुकदारों (रिश्तेदारों) और खुद टेवे वाले इंसान पर मंगल का मंदा असर होगा।

(20) टेवे में मंगल, बद हो साथ ही एक तरफ मंगल हो और दूसरी तरफ स्त्री ग्रह (चन्द्र, शुक्कर) हो तो औरत टेवे वाले की बरबादी का सबब (कारण) बनेगी या खुद बरबाद होगी।

(21) टेवे में मंगल, बद हो साथ ही एक तरफ मंगल हो और दूसरी ओर मुखन्नस (नपुंसक) या पापी बुध हो तो पापी ग्रहों (राहु–केतु बहैसियत पापी सनीचर) से मुतअल्लिक कारोबार या चीजें बरबाद होंगी या टेवे वाले को बरबाद करेंगी।

(22) जब मंगल खाना नंबर 8 में हो तो 28 साल की उम्र तक अपने छोटे भाईयों और अगर मंगल खाना नंबर 12 में हो तो 28 साल की उम्र तक अपने बड़े भाईयों पर टेवे वाला इंसान मंदा असर करेगा। मंगल–बद वाला इंसान 70 साल की उम्र तक अपने खुद के परिवार (जिसमें जनम लिया है) पर मंदा होगा और 70 साल के बाद अपने उस खानदान पर मंदा असर करेगा जो दूसरा खानदान अलैहदा (अलग) हो चुका है। मंगल–बद वाला इंसान आखरी उम्र में अंधा और मंदी सेहत से दुःखी होकर मौत पाएगा।

(23) जब मंगल खाना नंबर 4 और सनीचर खाना नंबर 1 में हो तो टेवे वाला इंसान चोर–फरेबी के समान होगा और रोजी–रोटी के ताल्लुक में मंदा असर जाहिर होगा।

(24) जब मंगल–बद को दुश्मन ग्रहों का साथ हो और हथेली पर मंगल–बद का निशान (< > ^ V) कायम हो तो टेवे वाला इंसान बदनसीब, तंग हाल (गरीब), भाईयों से अलग और दु:खी होगा। जिस दरख्त (वृक्ष) के नीचे जाकर बैठ जाएगा वह जड़ से उखड़ जाएगा या जहरीले सांप की तरह ऐसा इंसान दूसरे लोगों को भी बरबाद कर देगा। ऐसे इंसान की आवाज ढोल के मानिन्द (समान) भारी और बुलन्द होगी।

मंगल–बद की दूसरी तस्वीरें

(1) खाना नंबर 1, 8 में मंगल–बद हो तो अपनी जान और अपने हकीकी (सगे), खून के ताल्लुकदारों पर मंदा असर करेगा।

(2) खाना नंबर 1, 8 में मंगल–बद हो और केतु भी मंदा हो तो सिर्फ धन–दौलत के लिहाज से मंदा असर होगा।

(3) खाना नंबर 8 में मंगल–बद हो तो अपने दोस्तों और रिश्तेदारों पर मंदा असर दिखाएगा और साथ ही धन–दौलत के भी मंदे ख्वाब (सपने) दिखाएगा।

(4) खाना नंबर 2 में मंगल–बद हो और सनीचर भी मंदा हो तो अपनी जान और अपने खून के ताल्लुकदारों की औरतों की जान पर मंदा असर करेगा।

(5) खाना नंबर 5, 9, 12 में मंगल–बद हो तो अपनी जान और अपने खून के ताल्लुकदारों (रिश्तेदारों) की जान पर मंदा असर करेगा।

(6) खाना नंबर 5, 9, 12 में मंगल–बद हो और बुध भी मंदा हो तो दूसरों पर मंदा असर करेगा।

(7) खाना नंबर 2, 10, 11 में मंगल–बद हो तो धन–दौलत के लिहाज से दूसरे लोगों पर मंदा असर करेगा।

(8) खाना नंबर 7 में मंगल–बद (मांगलिक) हो और सनीचर मंदा हो तो दूसरों की स्त्रियों की जान पर मंदा असर करेगा।

(9) खाना नंबर 4 में मंगल–बद (मांगलिक) हो और सनीचर मंदा हो तो अपनी ही स्त्रियों (माता, नानी, सास, औरत) पर मंदा असर करेगा।

कियाफा (हस्तरेखा)– श्रेष्ठ धन रेखा या पितृ–रेखा, चन्द्र से शुरू होकर मंगल–नेक (खाना नंबर 3) के बुर्ज़ पर जाकर खत्म हो।

उपाय

(1) हर रोज सुबह पानी से दांत साफ करना मंगल की उत्तम बरकत देगा।

(2) पेट की खराबियों के लिए चन्द्र का उपाय मददगार होगा। दूध में मीठा डालकर बड़ के दरख्त (वृक्ष) पर चढ़ाएं अथवा गीली मिट्टी का तिलक धारण करें।

(3) अगर आग के वाकिआत (घटनाएं) हों तो छत पर खांड की बोरियां रखें। घाव के मुंह पर देसी खांड का इस्तेमाल करें।

(4) लावल्दी अथवा स्त्री, औलाद की बरबादी के वक्त मिट्टी का बर्तन शहद से भरकर श्मशान में दबाएं।

(5) मृगछाला का इस्तेमाल करने और नीम के दरख्त में चांदी के चौकोर टुकड़े गाड़ना लंबी बीमारी से निजात दिलाएगा अथवा जनूबी (दक्षिणी) दरवाजा लोहे से कील देना भी मददगार उपाय होगा।

(6) टेवे वाले को काले काने (एक आंख वाला), लावल्द (निःसन्तान) और ढेक के दरख्त से दूर रहना मुनासिब (उचित) होगा।

(7) मंगल के दोस्त ग्रहों सूरज, चन्द्र और बृहस्पत को कायम करना मददगार होगा।

सूरज की अश्या– तांबा, गुड़, गेहूं, बन्दर

चन्द्र की अश्या – कुआं, घोड़ा, चांदी

बृहस्पत की अश्या– सोना, बुजुर्ग, साधु

(8) चिड़िया–चिड़े को मीठी खुराक (भोजन) दें।

(9) हाथी दांत को कायम करना मुबारक असर देगा।

मंगल खाना नंबर 5

(रईसों का बाप, मंगल–बद हो तो शरारती)

भरा सुख से सागर, जहाजों का बेड़ा
खुश्क दम में कर दे, न महबूब तेरा
बाप-दादा वह रईसा होगा, नींद पूरी न सोता हो
योग दृष्टि में ऐसा बदला, नजर तबाही बद का हो
नेकी बदी पांच ताकत गिनते, चन्द्र भला नेक शुक्कर हो
तीन नौवें चाहे दुश्मन बैठे, बाहमी मदद ही करता हो
तकलीफ पीछे आराम हो मिलता, जनम औलाद से बढ़ता हो
रात सिरहाने पानी रखना, राहु मंदा नहीं होता हो

(1) खाना नंबर 5 में मंगल वाला इंसान पढ़ा लिखा होगा साथ ही औरत, औलाद से सम्पन्न और सुखी होगा। उसकी औलाद नेक और सुख देने वाली होगी। मगर ख्याल रहे कि सुख की नींद सिर्फ खू. बसूरती पर ही खर्च न हो जाए क्योंकि तेरी महबूबा (प्रेमिका) ही तेरे जहाजों के बेड़े की तबाही का बहाना (कारण) बनेगी।

(2) टेवे वाले के बुजुर्ग चाहे कैसे भी हों मगर वह (टेवे वाला) और उसकी औलाद गुजरी हुई तकलीफ के बाद आराम देने वाली जिन्दगी की बुनियाद साबित होगी।

(3) जब मंगल खाना नंबर 5 में जागता हुआ हो और मंदा न हो यानि खाना नंबर 9 में कोई न कोई ग्रह जरूर हो या बड़ा भाई कायम हो और खाना नंबर 10 खाली हो तो ऐसा इंसान रईसों का बाप और दादा होगा यानि उसके लड़के–पोते रईस होंगे। औलाद के जनम से धन–दौलत में बरकत होगी।

(4) सिर्फ उसी समय ग्रहों की दृष्टि बदलेगी जब कोई भी ग्रह मंदा हो या बुरा करने की फिराक में हो। मसलन जब चन्द्र खाना नंबर 8 (नीच) में हो और वह अपने पानी से तूफान लाए या कुआं गर्क होने लगे तो खाना नंबर 8 का चन्द्र खाना नंबर 5 के मंगल के डर से अपनी दृष्टि बदल लेगा और अपना बुरा असर टेवे वाले इंसान के खाना नंबर 9 या वाल्दैन (माता–पिता) को दे देगा, लेकिन यह भी तभी मुनासिब (संभव) हो सकेगा जब टेवे वाला अपने बुजुर्गों (पूर्वजों) के नाम पर दान या श्राद्ध वगैरह बन्द कर दे। चन्द्र के बुरे असर से टेवे वाले के वाल्दैन को मिर्गी या दमा या लावल्दी के रोग होंगे।

(5) जब खाना नंबर 5 में मंगल हो तो खाना नंबर 3 के ग्रह मंगल के मातहत (अधीन) होंगे और मंगल खाना नंबर 9 के ग्रहों पर मेहरबान होगा चाहे वे ग्रह मंगल के दुश्मन ही क्यों न हों यानि खाना नंबर 3, 5, 9 के ग्रह आपस में एक–दूसरे के मददगार होंगे। ऐसे में शुक्कर और चन्द्र भी टेवे में चाहे कैसे ही क्यों न हों मगर वे टेवे वाले इंसान को नेक (शुभ) असर देंगे।

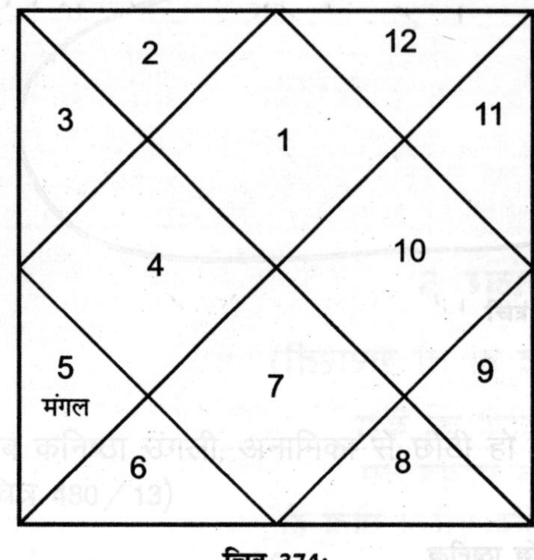

चित्र 374:

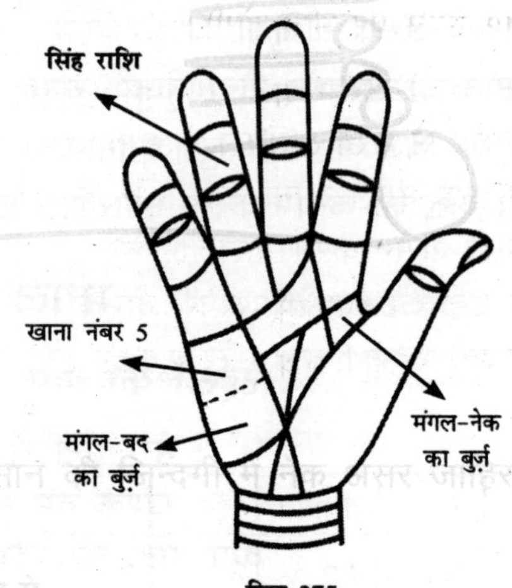

चित्र 375:

(6) खाना नंबर 5 का मंगल चाहे नेक फल दे चाहे मंदा मगर जैसा भी फल देगा पांच गुनी ताकत से असर देगा। नीम का दरख्त (वृक्ष) जिस कदर बूढ़ा होता चला जाता है, उसी कदर उसमें कीमती पानी टपकने लग जाता है, जो कीमती दवाईयों के बनाने में काम आता है। इसी तरह जिस कदर खाना नंबर 5 के मंगल वाला इंसान बूढ़ा होता चला जाएगा उसकी अमीरी दिन–ब–दिन बढ़ती ही चली जाएगी।

(7) जब खाना नंबर 9, 10 में मंगल के दुश्मन ग्रह (बुध–केतु) हो तो टेवे वाले इंसान को रात की पूरी नींद नसीब न होगी। ऐसे में रात को सोते समय सिरहाने (सिर की ओर) पानी रखकर सोने से मंगल–बद और राहु की मंदी शरारतों से बचाव होता रहेगा।

(8) खाना नंबर 5 के मंगल वाला इंसान दुनियावी (सांसारिक) ताल्लुक (सम्बन्ध) में मुन्सिफ (न्यायकर्ता) साबित होगा। जिसका फैसला खाना नंबर 3 के ग्रहों या खाना नंबर 3 की हालत से होगा। टेवे वाला या तो खुद या तो उसके खानदानी खून वाले हकीमी (डॉक्टरी–पेशा) से जरूर ताल्लुक रखते होंगे।

(9) मंगल खाना नंबर 5 में होकर अगर अपना बद (बुरा) असर देगा तो इसका असर रात में ही जाहिर होगा। जिसकी निशानी (पहचान) केतु की अश्या, कारोबार या ताल्लुकदार से मुतअल्लिक (सम्बन्धित) होगी।

(10) मंगल–बद का असर आग और नजर से ही जाहिर होगा। अगर मंगल–बद हो तो औलाद का सुख कम नसीब होगा। सफर (यात्रा) हमेशा टेवे वाले की जान को लगे रहेंगे। वाल्दैन (माता–पिता) के भाई–बन्दों की मौतें, भाई की औलाद की मौतें होती रहेंगी मगर मादा (स्त्री) औलाद की मौत न होगी। करीबी रिश्तेदारों पर बुरा असर पड़ेगा। अपने जद्दी (पैतृक) घर या घाट (गांव) से बाहर मुस्तकिल

(स्थाई) रूप से रहना लावल्दी (संतानहीनता) का बहाना बनेगा। टेवे वाले की औलाद को अठराह की बीमारी होगी यानि गर्भ में 8 दिन 18 दिन या 8 माह पर मौत होगी या पैदा होने के बाद 8 माह, 8 दिन या 8 साल या 18 साल पर मौत होगी।

(11) मंगल का असर शेर के मानिन्द (समान) होगा। जिस तरह शेर से डरकर जंगल में सभी जानवर भाग जाते हैं उसी तरह मंगल खाना नंबर 5 के वक्त सभी ग्रह (बुराई या मंदा असर करने वाले) अपनी दृष्टि बदल लेते हैं। मगर ग्रहों की बाहमी (परस्पर) दोस्ती और दुश्मनी बहाल (यथावत्) रहेगी। चन्द्र और शुक्कर हमेशा नेक फल ही देंगे।

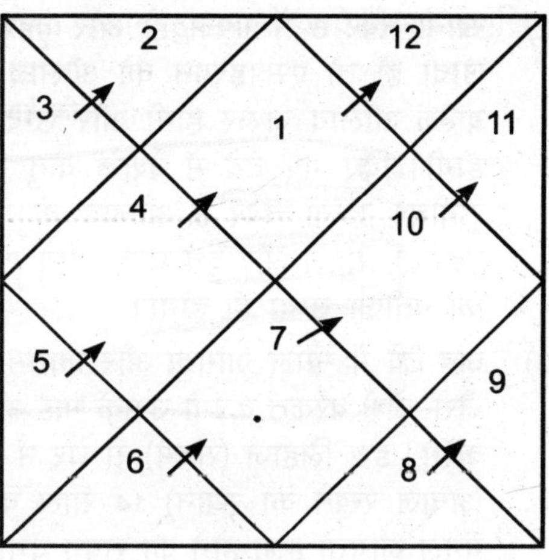

चित्र 376:

किस		यथावत	शुभ						शुभ		यथावत	यथावत
घर को देखेगा?	12	2	2	1	4	7	10	9	9	11	11	12
कौन देखेगा?	1	2	3	4	5	6	7	8	9	10	11	12

कियाफा (हस्तरेखा)– मंगल नेक (खाना नंबर 3) से चलकर कोई रेखा या शाखा मच्छ रेखा को काटे।

मंगल खाना नंबर 6

बजे नाम लड़के पे, बाजा जो शादी
गमी देर करती न, उस ओर जाती
न कमी औलाद माया, न ही दु:खी बाप हो
भाई-बन्द होंगे सुखिया, बढ़ता जिस दम आप हो
वही हो शिव-शम्भू, वरना गिरा कोठे लगा तम्बू
केतु, शुक्कर, बुध, चन्द्र जाति, मंदा जानों पर होता हो
सूरज बैठा चाहे टेवे रद्दी, असर भला वह देता हो
बृहस्पत, सूरज या हो बुध मंदा, औलाद होती नर एक ही हो
शुक्कर भला या हो सात उम्दा, फलती नसल तीन पुश्ती हो
खुशी औलाद न हरगिज फलता, न ही दिखावा उत्तम हो
जिस्म पे उनके सोना आता, दुखड़े खड़े और मातम हो

(1) खुशी के बाजे से मातम की आवाज आएगी। जिस जगह बैठकर औलाद के नाम पर खुशी मनाता और महफिलें सजाता होगा। वहीं पर कुछ दिनों के अन्दर मातम की हालत में आंसू बहाता होगा।

(2) खाना नंबर 6 में मंगल हो और बृहस्पत, सूरज या बुध उम्दा हों तो ऐसे इंसान को औलाद की कमी न होगी बल्कि औलाद जरूर होगी और उम्दा व मुबारक (नेक) होगी। दिए गए टेवे में बेशक केतु खाना नंबर 8 और सनीचर खाना नंबर 5 औलाद के लिए मंदे हैं। मगर बृहस्पत, सूरज और बुध उम्दा होने की वजह से औलाद का नतीजा उम्दा ही होगा।

19 नवम्बर सन् 1913 ई. संवत् 1970

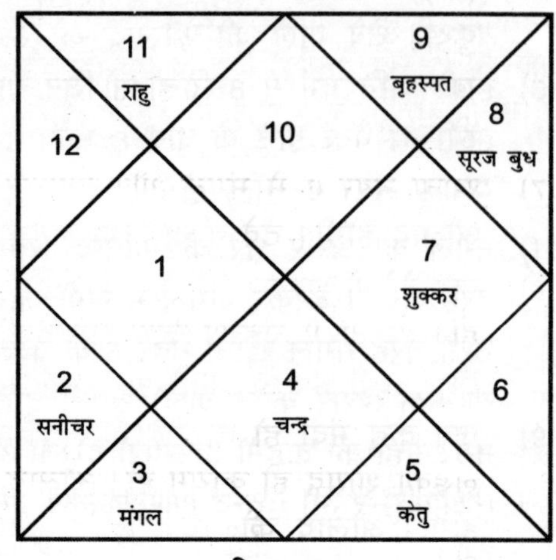

चित्र 377:

(3) जब टेवे में मंगल जागता और कायम हो तो ऐसा इंसान जैसे–जैसे बरकत करेगा उसके भाई और दोस्त भी बरकत करेंगे। इस लिहाज (संदर्भ) से घर में अनाज की कोठियां (अनाज रखने का स्थान) 14 साल की उम्र तक भरकर मंगल जागता हुआ होने का सबूत देगा। वरना मंगल, बद होगा जो महल गिराकर तम्बू लगाने की नीयत (स्वभाव) का होगा। ऐसे में गृहस्थ सुख के लिए (सनीचर के लिए) कन्याओं (बुध) को पूजना, भाईयों के लिए (मदद के वास्ते) माता के माध्यम से बुध (कन्याओं) को पूजना और केतु के उपाय से दुश्मनों से बचाव होता रहेगा।

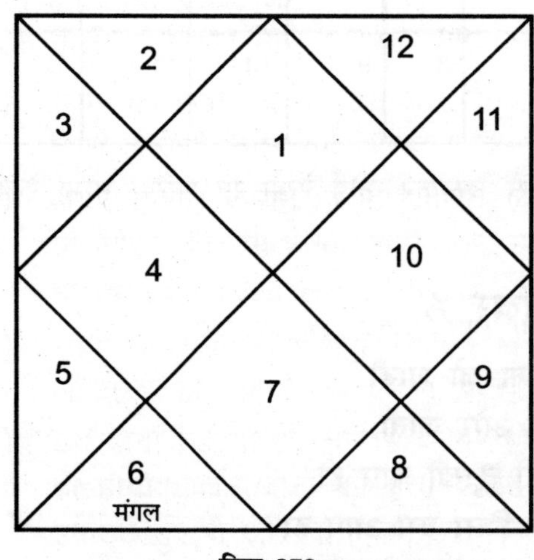

चित्र 378:

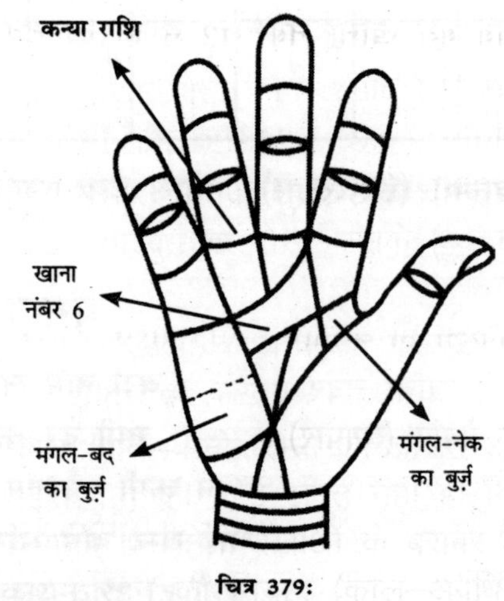

चित्र 379:

(4) खाना नंबर 6 में मंगल हो तो टेवे वाले के भाई माली (आर्थिक) हालत में टेवे वाले से कम ही होंगे। अगर किसी तरह ज्यादा हो भी जाएं तो भारी नुकसान उठाकर फिर पीछे आ जाएंगे। ऐसे में भाईयों को अपनी कमाई में से कुछ न कुछ जरूर अपने भाई (टेवे वाले) को देते रहना चाहिए जिससे उनका बचाव होता रहेगा। अगर टेवे वाला कुछ न लेना चाहे तो उसके नाम से जो कुछ भी संभव हो बहती हुई दरिया में बहा दें।

(5) जब मंगल, मंदा हो तो केतु (मामा–औलाद), शुक्कर (स्त्री पक्ष मगर पत्नी नहीं), बुध (लड़की, बहिन, बुआ) और चन्द्र (माता, दूध देने वाले जानवर) चारों ग्रहों से मुतअल्लिक (सम्बन्धित) रिश्तेदारों की जिन्दगी के लिए मंदा होगा। ऐसा इंसान खुद फसादी (झगड़ालू), नरीना

(नर) औलाद की कमी वाला, खुद भी तरसिए की औलाद (मनौती मांगकर पैदा हुई) होगा। मामा दुःखी और बरबाद होंगे।

(6) खाना नंबर 6 में मंगल हो तो सूरज टेवे में कितना भी रद्दी हो जाए मगर वह नेक असर देने वाला ही साबित होगा।

(7) खाना नंबर 6 में मंगल और बृहस्पत, सूरज या बुध टेवे में मंदे हों तो टेवे वाले के एक ही नरीना औलाद होगी। टेवे वाला कभी लावल्द (संतानहीन) न होगा।

(8) जब टेवे में शुक्कर नेक हो या खाना नंबर 7 उम्दा हो या फिर खाना नंबर 7 में सनीचर, बुध या केतु हों। हथेली में गृहस्थ रेखा अंगूठे की ओर झुक जाए तो ऐसा इंसान पोते–पड़पोते देखकर मरेगा। तीन पुश्तों तक औलादों की बरकत होती रहेगी। टेवे वाले का परिवार बड़ा होगा।

(9) जब केतु मंदा हो तो टेवे वाले इंसान के 34 साल की उम्र तक औलाद जरूर पैदा होगी। पहला लड़का शायद ही कायम हो। औलाद के जनम पर खुशी मनाना औलाद की मंदी हालत की बुनियाद होगी। औलाद की पैदाईश पर मिठाई की जगह नमकीन चीज बांटना मुबारक होगा। औलाद के जिस्म पर सोना डालना भी औलाद के लिए मुसीबत का सबब (कारण) बनेगा। जब तक औलाद के जिस्म पर सोना न आएगा वह सोना बनाएगा वरना दुनिया में खाक उड़ाएगा।

(10) जब बुध खाना नंबर 4 में हो तो टेवे वाला छोटी उम्र (बचपन) में ही गुजर जाएगा और उसके बाद उसकी माता भी जल्दी गुजर जाएगी।

(11) जब बुध खाना नंबर 12 में हो तो टेवे वाले के भाई–बहिन यम के मानिन्द दुखों की वजह होंगे।

(12) जब बुध खाना नंबर 8 में हो और बुध को सूरज या चन्द्र की मदद न हो तो टेवे वाले इंसान की माता टेवे वाले के बचपन के दिनों में ही गुजर जाएगी।

(13) खाना नंबर 6 के नेक मंगल वाला इंसान हिम्मत और ताकत से भरपूर, पानी और पाताल में भी आग लगा देने की हिम्मत वाला इंसान तथा अपने परिवार का निगंरा (पालन करने वाला) होगा। टेवे वाला हुक्मरान (शासक), मुन्सिफ (न्यायकर्ता), साधु–संन्यासी के मानिन्द अपने आपको मारने वाला और अकेला ही धर्मवीर होगा। सूरज टेवे में चाहे कहीं भी क्यों न बैठा हो उत्तम फल देगा।

(14) जब खाना नंबर 6 में मंगल–नेक हो और टेवे में बुध भी उम्दा हो तो टेवे वाला इंसान बुध के कारोबार (व्यापार), दोस्ती, तहरीरी (लेखन–शक्ति), हुनरमंदी, राग (संगीत) और विधा का शौकीन होगा। तलवार से ज्यादा कलम की ताकत को मानने और जताने वाला होगा। उसकी कलम से लिखा जरूर असरकारक होगा और मिटाए न मिटेगा। टेवे वाले का चाल–चलन (चरित्र) उम्दा होगा। राहु का खाना नंबर 12 पर मंदा असर नहीं होगा मगर केतु शक्की (संदेहजनक) होगा।

कियाफा (हस्तरेखा)– जब मंगल नेक से कोई रेखा चलकर मुस्ततील (खाना नंबर 6) में खत्म हो।

उपाय

(1) मंदी गृहस्थ हालत के वक्त सनीचर का उपाय मददगार होगा।

(2) भाईयों की मदद के लिए बुध (लड़कियों को पूजना) का उपाय मदद देगा।

(3) औलाद कायम न होती हो या औलाद पर मंदा असर हो तो चन्द्र (माता) अथवा बुध (लड़की, बहिन, बुआ, मौसी) का उपाय करना मदद देगा।

(4) उम्दा चाल–चलन (चरित्र) होने पर टेवे वाला गरीब, निर्धन परिवार में जनम लेने के बाद भी जमाने का बहादुर शेर और दुश्मनों पर जीत दर्ज करने वाला इंसान होगा।

मंगल खाना नंबर 7

(मीठा हलवा, विष्णु के मानिन्द पालनकर्ता)

मिलेगा सभी कुछ, जो दरकार घर में
शर्त सिर्फ इतनी, दोबारा न मांगे

शान मकाना सब कुछ उम्दा, धन दौलत परिवार की सब
सबका सबही रद्दी होगा, बुध मिले मंगल से जब
बुध, सनीचर घर छः-सात बैठे, मौत पराई लेता हो
बुनियाद भतीजा अपनी गिनते, तुख्म सोहबत न छिपता हो
शुक्कर बृहस्पत हो कोई पहले, राज हुकूमत बढ़ता हो
इल्म रियाजी माहिर गिनते, खून वजीरी होता हो

(1) जब मंगल खाना नंबर 7 में हो और बृहस्पत या शुक्कर खाना नंबर 1 में हो तो ऐसे टेवे वाला जो कुछ भी ख्वाहिश (इच्छा) करेगा वह एक बार तो जरूर मिलेगी लेकिन दूसरी बार या बार–बार मिलने की कोई शर्त न होगी।

(2) किस्मत का तराजू तोलने वाले देवता जब देंगे तो बेशुमार धन–दौलत से घर भर देंगे वरना खाक (जलने के बाद बची हुई राख) भी उड़ा देंगे। लेकिन खाना नंबर 7 के मंगल वाले इंसान की उम्र कभी कम न होगी। यानि वह पूरी उम्र जिएगा।

(3) खाना नंबर 7 के मंगल वाले इंसान के पास धन–दौलत और परिवार सभी कुछ उम्दा हालत में होंगे। लेकिन जब मंगल–बद हो जाए और मंगल से बुध आ मिले यानि बुध 1, 7, 8 किसी भी जगह मंदा हो। मंगल के बुर्ज़ (खाना नंबर 3) से कोई रेखा बुध के बुर्ज़ (खाना नंबर 7) पर जा पहुंचे या सिर (मस्तिष्क) रेखा अन्त में द्विशाखी हो जाए तो टेवे वाला मनहूस, बदबख्त (भाग्यहीन) और मंदी हालत का मालिक होगा, खासकर जब टेवे वाले का साथ खुश्क (सूखे) कुएं से हो जाए अथवा बुध की अश्या, कारोबार या ताल्लुकदारों से साथ हो जाए। टेवे वाले की बहिन (बुध) जल्द बेवा होगी और बेवा (विधवा) बहिन का साथ टेवे वाले को लावल्दी (संतानहीनता) देगा। बुध की मंदी चीजों का साथ मंदा फल देगा। मसलन–

- (i) विधवा बहिन, साली, भतीजी, धेवती, पोती का साथ।
- (ii) लेखनी या कलम (पैन) या उसकी निब मुफ्त में लेना।
- (iii) मकान में चमगादड़ होना या चौड़े पत्तों वाले दरख्त (वृक्ष) होना।
- (iv) घर में छतर थोहर, आम थोहर लगाना अथवा तोता या मैना पालना।
- (v) सूखे फूल या सूखी घास के ढेर या घर में खाली बांस रखना।
- (vi) बर्तन में कलई (चूना) रखना, ढलाई का काम या ठप्पे, सांचे बनाने का काम करना।
- (vii) घर में हर वक्त ढोलक या तबले का बजना।
- (viii) घर में भौड़ी (बिना सींगों वाली) गाय या बकरी पालना।
- (ix) मकान की सीढ़ियां बार–बार गिराकर बनाना।
- (x) भूत, पिशाचों की खुराक (मांस, मदिरा) का शौक करना।

ये सभी चीजें मंदे असर देने वाली होंगी। ऐसे में सनीचर का उपाय करने से बुध मुबारक असर देगा। मसलन सनीचर के उपाय के लिए मकान को (छोटी सी दीवार) बार–बार बनाते और गिराते रहना। अगर खून मंदा (पीलिया रोग) हो जाए तो हकीम (डॉक्टर) की राय (सलाह) से मुनव्वर (जली हुई ईट–सनीचर की अश्या) और दही की लस्सी (छाछ–शुक्कर की अश्या) को मिलाकर वाजिब (उचित) ढंग से इस्तेमाल (प्रयोग) करने से मदद मिलेगी। घर में जब कभी बहन आए तो उसे कभी मीठे (मिठाई) से खाली न जाने दे यानि विदा करते वक्त बहिन को मीठा जरूर दें। जब बहिन घर में ठहरी हुई हो (अथवा घर में साथ में रहती हुई हो) तो बहिन का हर सुबह मीठा देकर काम शुरू करना मददगार साबित होगा। घर में ठोस चांदी कायम करने से परिवार की बरकत होगी।

(4) जब बुध या सनीचर खाना नंबर 6, 7 में बैठे हो तो टेवे वाला इंसान पराई मौत (आफत) को अपने सिर लेने वाला होगा। ऐसा इंसान परिवार की पालना करने वाला होगा। ऐसा इंसान अगर भाई की औलाद (भतीजे) की पालना करे तो भतीजा टेवे वाले इंसान की किस्मत की बुनियाद होगा।

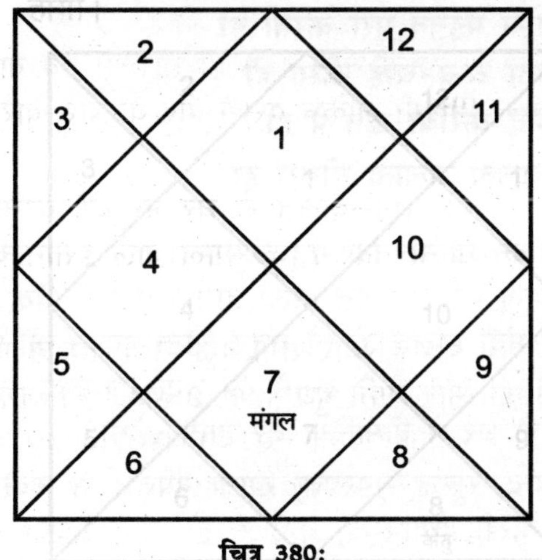

चित्र 380:

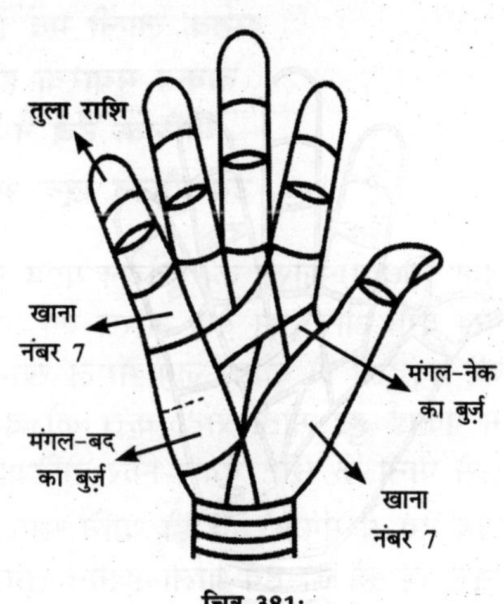

चित्र 381:

(5) जब बृहस्पत या शुक्कर खाना नंबर 1 में हो तो टेवे वाला विष्णु जी की तरह परिवार की पालना करने वाला होगा। दुनियावी मुन्सिफ (न्यायकर्ता) होगा मगर तुख्म (बीज) में सोहबत (संगत) का असर कभी खाली न होगा यानि टेवे वाले की हुकूमत करने की ख्वाहिश बढ़ती ही जाएगी और वह इल्म–रियाजी (संगीत और गणित) में माहिर (दक्ष) होगा। उसके बाप–दादा भी उम्दा दुनियावी इज्जत (सम्मान) के मालिक होंगे। टेवे वाले के घर–परिवार में धन–दौलत और संपत्ति की बरकत होती रहेगी।

(6) जब खाना नंबर 7 में मंगल नेक हो तो टेवे वाले का मीठा हलवा, मीठी रोटी और मीठे पकवान के मानिन्द (समान) उम्दा जीवन होगा। अगर सब कुछ उत्तम हुआ तो मच्छ रेखा का फल मिलेगा। वरना टेवे वाला लावल्द (निःसन्तान) ही होगा। ऐसे में भाई की पालना करना मुबारक असर देगा।

(7) खाना नंबर 7 में मंगल (नेक) वाला इंसान छोटा–वजीर (उच्च–अधिकारी), औरत (पत्नी) से सुख पाने वाला, धर्मात्मा, नेक नाम वाला (प्रशंसनीय), वक्त पर दुःखी प्राणी को ढांढ़स बंधाने वाला और रोते हुए को हंसाने वाला नेक दिल इंसान होगा।

कियाफा (हस्तेरखा)– गृहस्थ रेखा जब मंगल नेक (खाना नंबर 3) से चलकर शुक्कर के बुर्ज़ (खाना नंबर 7) पर खत्म हो। मंगल नेक से कोई रेखा जाकर बुध में खत्म हो।

मंगल खाना नंबर 8

(मौत का फंदा, मोक्ष का बहाना)

वचन बेवा देती जो, नेकी का तुझको
बुझे आग खुद ही जला देती घर को
खाली मन्दिर से मंगल उम्दा असर मुबारक देता हो
तीन चौथे नौ पहले चन्द्र, जहर मंगल न रहता हो
बुध मंगल न इस घर मंदा, कायम अंधेरी कोठरी हो
तनूर भट्टी हो जब घर जलता, बचता बाकी न कोई हो
चीज मंगल न मंदी कोई, मन्द मुसीबत बुध से हो
बुध बढ़ेगा जितनी जल्दी, उतना बुरा बद मंगल हो
इस्तक लाली मर्द हो पक्का, जिस्म मेहनत पूरी करता हो
ताकत मुबारक हमला रोके, बैठा चन्द्र चाहे कैसा हो
मालिक टेवे न मंगल मंदा, मंद करीबी खून पे हो
उम्र दौलत खुद अपनी लम्बी, जलता जलाता दीगरां हो

(1) बेवा (विधवा) औरत का दुर्वचन या बद्दुआ टेवे वाले के घर और किस्मत की उम्दा हालत को जलाकर रख देगी और उस बेवा औरत का आशीर्वाद टेवे वाले को तार देने वाला होगा। ऐसे में (बेवा औरत की बद्दुआ के वक्त) जब मंगल खाना नंबर 8 की मंदी हालत हो तो तंदूर (रोटी पकाने की भट्टी) में पकाई हुई मीठी रोटी कुत्ते को देना मुबारक होगा। जब रोटी बनाने का तवा गरम हो जाए तो उसे पानी के छींटें देकर फिर रोटियां सेकते रहने से घर में बीमारियां दूर होती रहेंगी।

(2) जब टेवे में मंगल, बद हो यानि मंगल के दोस्त (चन्द्र, सूरज, बृहस्पत) खाना नंबर 1, 3, 4, 8 में न मिल रहे हों तो टेवे वाला इंसान तंग हालात और दुःखी होगा।

(3) खाना नंबर 8 के मंगल की आग खुद टेवे वाले के लिए बुझी हुई और दूसरे लोगों के लिए जलती हुई आग के मानिन्द (समान) होगी, बशर्ते मंगल, बद न होता हो।

(4) जब खाना नंबर 2 खाली हो या खाना नंबर 2 में मंगल के दोस्त ग्रह (सूरज, चन्द्र, बृहस्पत) बैठे हों या मंगल सोया हुआ हो तो मंगल का फल नेक और उम्दा होगा।

(5) जब खाना नंबर 3, 4, 9, 1, 8 में चन्द्र हो तो भी मंगल, बद न होगा और मुबारक असर देने वाला होगा।

(6) जब बुध खाना नंबर 8 में मंगल के साथ हो तो बुध और मंगल दोनों ही नेक फल देंगे बशर्ते जद्दी (पैतृक) मकान के आखिर में सनीचर की अन्धेरी कोठरी कायम हो।

(7) जब खाना नंबर 2 में कोई ग्रह हो तो मंगल, बद होगा। हथेली में सिर (मस्तिष्क) रेखा के ऊपर त्रिकोण (Δ) का निशान अथवा मंगल का निशान (< > ∧ ∨) कायम हो अथवा मंगल के बुर्ज़ (खाना नंबर 3) में उल्टी गृहस्थ रेखा (अंगूठे की जड़ की तरफ रेखा की पीठ (C) कायम हो।

(8) जब मंगल, बद हो और घर में जमीनदोज (जमीन के अन्दर दबी हुई पक्की या कच्ची) भट्टी (खासकर दक्षिण के दरवाजे पर) कायम हो तो यह मंगल–बद और मनहूसियत की निशानी होगी। इसकी वजह

से इतने मातम होंगे कि कबीला तक भस्म हो जाए। इस भट्टी पर जिस किसी की शादी के लिए खुराक (भोजन) पकाई जाएगी वे सभी लावल्द (निःसन्तान) हो जाएंगे। मंदी हालत की निशानी और बहाना (कारण) बुध की अश्या (चीजें) होंगी। मंगल की कोई भी अश्या दुःख का सबब नहीं बनेगी। ऐसे में उपाय के तौर पर इस तंदूर में मीठी रोटी सेक कर 40, 43 दिन तक कुत्ते को खिलाते रहना मददगार साबित होगा।

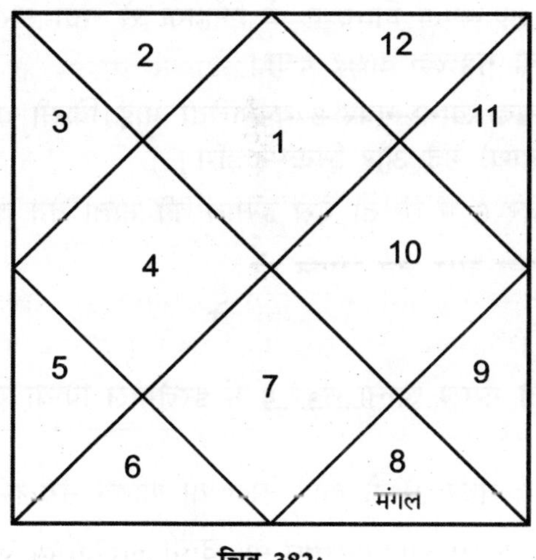

चित्र 382:

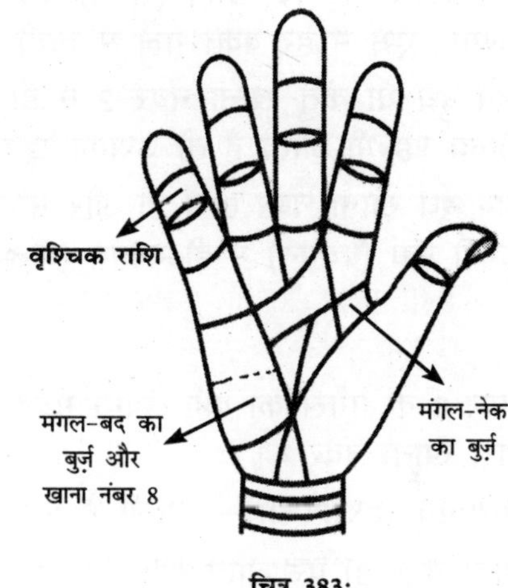

चित्र 383:

(9) जब बुध टेवे में खाना नंबर 8, 6 को छोड़कर कहीं भी बैठा हो तो जिस कदर बुध उम्दा होगा उसी कदर मंगल मंदा होता चला जाएगा।

(10) जब दिमागी खाना नंबर 8 सनीचर से मुश्तरका (संयुक्त) हो तो ऐसा इंसान इस्तकलाली पक्का–मर्द (धैर्यवान) और नतीजे (परिणाम) की चिन्ता न करने वाला होगा। चाहे नतीजा फतह (जीत) का हो या फिर शिकस्त (हार) का, ऐसा इंसान बहुत ज्यादा मेहनतकश (मेहनती) होगा। दुश्मन चाहे कितनी ही आग से क्यों न भरा हुआ हो मगर ऐसा इंसान दुश्मन का हमला रोकने की पूरी हिम्मत रखता होगा। ऐसा इंसान दुनियावी मुन्सिफ (न्यायकर्ता) होगा।

(11) मंगल खाना नंबर 8 का बुरा असर कभी भी टेवे वाले पर नहीं होगा। जब मंगल को अपने दोस्त ग्रहों (सूरज, चन्द्र, बृहस्पत) में से किसी की मदद न मिले अर्थात् जब मंगल, बद हो तो मंगल के ताल्लुकदारों (बड़ा भाई, ताऊ, बड़ा मामा जो माता से बड़ा हो) पर तभी से बुरा असर करना शुरू कर देगा जब वह टेवे वाला पेट में आएगा या हद से हद जनम लेने के वक्त से ही। टेवे वाला अपनी माता पर किसी भी तरह का मंदा असर नहीं होने देगा। बल्कि टेवे वाले की माता उम्दा हालत वाली, उत्तम सेहत और लम्बी उम्र की मालिक होगी। टेवे वाले की उम्र और दौलत भी उम्दा होगी चाहे उम्र का मालिक चन्द्र टेवे में कहीं भी बैठा हो। खाना नंबर 8 का मंगल दूसरे लोगों को जलाने वाला होगा।

(12) **"मंगल आठवें आठ बरस तक, फर्क छोटा भाई गिनते हैं लाख मुसीबत खड़ी ही करता, अन्त बुरा न गिनते हैं"**। टेवे वाले और उसके छोटे भाईयों की उम्रों में लगभग चार से आठ साल का फर्क (अन्तर) होगा। कभी–कभी यह फर्क तेरह से पन्द्रह साल का और कभी तो छोटा भाई नदारत (गुम) ही होता है। ऐसे टेवे वाले के रहते छोटा भाई कम ही होता है या खत्म हो जाया करता है। अमूमन टेवे वाला अकेला ही रह जाता है। लेकिन अगर टेवे वाले की आठ साल की उम्र से पहले

या छोटे भाई की आठ साल की उम्र के बाद कोई भाई जिन्दा रह गया तो वह पूरे खानदान के लिए मातम (मुसीबत) की ही निशानी साबित होगा।

(13) जब मंगल खाना नंबर 8 में अकेला बैठकर मंदा हो रहा हो यानि टेवे में मंगल, बद होकर खाना नंबर 8 में बैठा हो तो ऐसा मंगल टेवे वाले की अट्ठाइस साल की उम्र तक मौत का फन्दा और खाली कब्र साबित होगा। जिसमें जो भी बदनसीब हो आकर खुदकुशी (आत्महत्या) कर ले। ऐसा मंगल धन–दौलत के मंदे ख्वाब (सपने) देगा। लेकिन ऐसा मंगल जिन्दगी के लिहाज से मंदा असर नहीं करेगा। ऐसे में हर वक्त गले में चांदी कायम रखना मुबारक असर देगा।

(14) जब बुध या केतु खाना नंबर 2 में हो तो मंगल–बद खाना नंबर 8 का छोटा भाई किसी वजह से जिन्दा रह भी जाता है तो उसका खून या बाजू (हाथ) मंदे और निकम्मे होंगे।

(15) जब बुध खाना नंबर 6 में हो और मंगल खाना नंबर 8 में हो तो ऐसे इंसान की माता टेवे वाले की कच्ची उम्र (बचपन) में ही वफात (मौत) पा लेगी।

उपाय

खाना नंबर 8 के मंगल का वही उपाय मददगार होगा जो मंगल खाना नंबर 4 में इस्तेमाल किया गया है। देखे मंगल खाना नंबर 4।

कियाफा (हस्तरेखा)– हथेली में मंगल नेक (खाना नंबर 3) से कोई रेखा या शाखा मंगल–बद के बुर्ज़ (खाना नंबर 8) पर जाती हो।

मंगल खाना नंबर 9

(बुजुर्गों से चलता आ रहा शाही तख्त)

बड़े भाई की, ताबेदारी जो रहता
जमाना गुलामी न, तुझे कोई कहता
सामान हुकूमत पहले बनते, पीछे जगत में आता हो
उम्र हुकूमत पहले बनते, पीछे जगत में आता हो
उम्र तेरह घर दौलत गिनते, अट्ठाइस राजा खुद बनता हो
शुक्कर चन्द्र से नेक हो मंगल, उत्तम असर मच्छ रेखा हो
राज सूरज का हरदम उम्दा, बैठा टेवे चाहे कैसा हो
बुध मंदा खुद मंगल मंदा, भला पिता न माता हो
बड़ा भाई जब साथी उसका, गुजर बुरा न होता हो
शेर मैदानी किस्मत उसकी, दस्त दराज न होता हो
माता–पिता की हालत अपनी, चन्द्र बृहस्पत पर चलता हो
सेवा भाई न गुलामी गिनते, फतह जगत दो मिलता हो
शेर राजा दो जंगल मिलते, लंका जले भाई लड़ता हो

(1) खाना नंबर 9 में मंगल वाला इंसान जब बड़े भाई के साथ रहेगा तो ऐसे इंसान को कभी गुजर–बसर के लिए दुनियावी (सांसारिक) लोगों के आगे हाथ न फैलाना पड़ेगा। बड़े भाई के साथ काम करना कोई गुलामी नहीं होगी। बल्कि शाही तख्त के मानिन्द (समान) होगा।

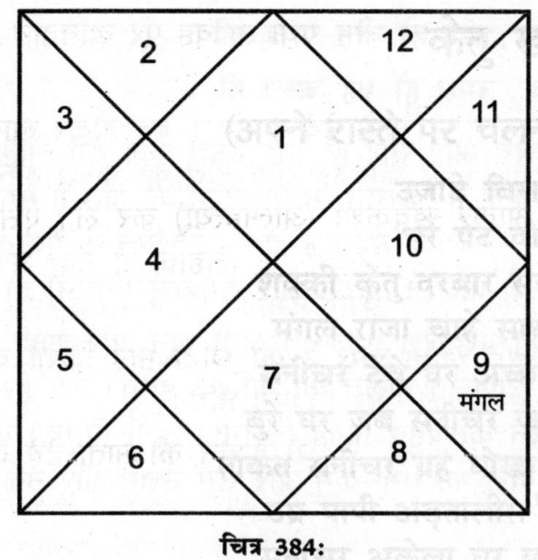

चित्र 384:

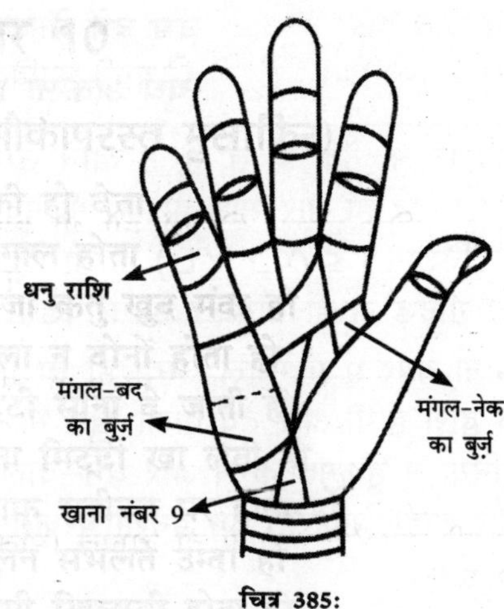

चित्र 385:

(2) खाना नंबर 9 के मंगल वाले इंसान के लिए जनम से पहले ही बुजुर्गों से चलता आ रहा शाही तख्त तैयार हो जाएगा। टेवे वाले की तेरह साल की उम्र तक वाल्दैन (माता–पिता) की हालत उत्तम होगी और अट्ठाइस साल की उम्र तक खुद राजा के मानिन्द हो जाएगा। लाखों में कोई एक की तरह वाला इंसान होगा। ऐसे इंसान की गुजरान (गुजर–बसर) उत्तम तरीके से होगी।

(3) जब टेवे में शुक्कर और चन्द्र की दृष्टि या साथ बैठकर बाहमी (आपस में) ताल्लुक (सम्बन्ध) बन जाए और टेवे में सूरज चाहे कैसा भी हो तो मंगल, उच्च के समान फल देगा। ऐसे में सूरज, खाना नंबर 2 के समान फल देगा। साथ ही खाना नंबर 3, 5 भी उम्दा असर जाहिर करेंगे। किस्सा कोताह (संक्षेप में) अकेला मंगल अब मच्छ रेखा के मानिन्द (समान) फल देगा।

(4) जब टेवे में बुध कहीं पर भी बैठकर मंदा हो रहा तो मंगल भी खाना नंबर 9 में मंदा असर देगा और ऐसा मंगल वाल्दैन (माता–पिता) के लिए भी मंदा ही साबित होगा।

(5) जब टेवे वाले को बड़े भाई का साथ हो तो माली (आर्थिक) हालत और गुजरान उम्दा होगी। उसकी किस्मत के मैदान में बहादुर शेर की तरह उजली किस्मत होगी। ऐसे इंसान को गरीबी या तंग हालातों से दुःखी होकर किसी के आगे दस्त–दराज (हाथ फैलाना) नहीं होना पड़ेगा।

(6) खाना नंबर 9 में मंगल वाले इंसान के माता–पिता की हालत का फैसला चन्द्र (माता) और बृहस्पत (पिता) की हालत पर होगा। ऐसा इंसान अगर भाई (बड़ा या छोटा) के साथ मिलकर रहेगा तो दोनों जहानों (गैबी और दुनियावी) की ताकतों पर फतह (जीत) हासिल कर लेगा।

(7) गो (यद्यपि) एक जंगल में दो शेर या एक जगह दो खानदानी बहादुर (समृद्ध और योग्य) राजा गुजरान (गुजर–बसर) नहीं कर सकते। अगर खाना नंबर 9 के मंगल वाला इंसान अपने भाई से अलैहदा (अलग) रहेगा तो ऐसे इंसान की हालत लंका जलने जैसी हो जाएगी। एक साथ रहने से दोनों भाई किस्मत के मैदान में दो बहादुर शेरों के जोड़े के मानिन्द (समान) दुनिया पर राज करेंगे।

(8) खाना नंबर 9 के मंगल वाला इंसान दुनियावी मुन्सिफ (न्यायकर्ता) होगा। भाई की औरत (भाभी) ऐसे इंसान की किस्मत की बुनियाद होगी। अर्थात् किस्मत के चमकने में भाभी की मदद शामिल होगी। टेवे वाले के बाबा जितने भाई होंगे उतने ही टेवे वाले खुद भाई होंगे।

(9) **दम दमें में दम न हो चाहे, खैर हो तीन-पांच की**

बुध अकेला छोड़ के सब, उम्दा हो ग्रह चाल ही

जब मंगल, नेक हो तो 3, 5 खाने उम्दा असर करेंगे और सारे ही ग्रह उम्दा फल देंगे लेकिन जब मंगल–बद हो और साथ ही बुध भी मंदा हो और हथेली में किस्मत (भाग्य) रेखा की जड़ में मंगल–बद का निशान (<Λ ⅃ VL) हो तो टेवे वाला इंसान नास्तिक, बदनाम होगा। किस्मत के मैदान में शेर को गीदड़ से ही मांगकर खाना पड़ेगा। टेवे वाले के वाल्दैन, दुःखी और तंगहाल (निर्धन) होंगे।

(10) खाना नंबर 9 में मंगल उम्दा हो तो ऐसे इंसान की परवरिश (पालना) जंगी खून और शाही परिवार के द्वारा होगी और टेवे वाला खुद भी उसी शाही (राजसी) हालत का मालिक होगा। ऐसे इंसान को दुनिया में हुकूमत करने और धन–दौलत जमा करने का बहुत मौका मिलेगा। खूनी (पैतृक) कारोबार और शाही (राजसी) धन हमेशा बरकत देगा। टेवे वाले का धर्म–कर्म और उम्र उत्तम और नेक हालत के होंगे।

कियाफा (हस्तरेखा)– किस्मत रेखा की जड़ में मुस्ततील (आयत) हो।

मंगल खाना नंबर 10

(चींटी के घर में भगवान)

बिके घर से सोना तो, हो दूध जलता
रहा जब न चन्द्र तो, परिवार घटता
खाली दृष्टि मंगल राजा, नजर सनीचर पे चलता हो
मदद सनीचर चीता बनता, हमला मर्द न करता हो
शुक्कर चन्द्र और पापी दूजे, औलाद देर से पाता हो
राज मुबारक चन्द्र हो चौथे, परिवार सनीचर तीन में देता हो
चन्द्र बृहस्पत-सूरज छः-तीन बैठे, जलता जंगल जर घटता हो
लड़के पोते हो अक्सर मरते, सुखिया पिता न माता हो
चार सूरज छः चन्द्र बैठा, मालिक टेवा तक काना हो
सनीचर मगर जब चौथे आया, कैद राजा की पाता हो

(1) खाना नंबर 10 के मंगल वाला इंसान चींटी के घर भगवान की तरह होगा। जिस घर में जनम लेगा वह घर पहले बेशक गरीब घराना ही क्यों न हो मगर उसके जनम के बाद से धन–दौलत की बरसात पाने वाला होगा। ऐसा इंसान अपने खानदान को ही तारने वाला होगा। ऐसा इंसान जनम से ही राजा के मानिन्द (तुल्य) शान–शौकत का मालिक होगा और खुद अपने बूते धन–दौलत और जायदाद पैदा कर लेगा। ऐसा इंसान लावल्द (संतानहीन) नहीं होगा। बशर्ते बड़ा भाई जिन्दा और कायम हो।

(2) जिस इंसान के खाना नंबर 10 में मंगल हो उस घर से सोना बिकते ही दूध जलेगा और दूध के जलते ही पूत (औलाद–नरीना) और कबीला (खानदान) भी बरबाद हो जाएगा।

(3) जब खाना नंबर 4 में चन्द्र हो तो टेवे वाले को राजदरबार (सरकारी विभाग) से उत्तम और मुबारक (शुभ) फल मिलेगा। ऐसे इंसान की जिन्दगी दूध में शहद की तरह उम्दा और मीठी होगी। दिन–रात परिवार बढ़ेगा और बरकत (उन्नति) करेगा।

(4) जब टेवे में मंगल अकेला हो और हर तरह से (दृष्टि वगैरह से) खाली हो तो टेवे वाला राजा के मानिन्द और हर तरह से उत्तम जीवन जीने वाला होगा।

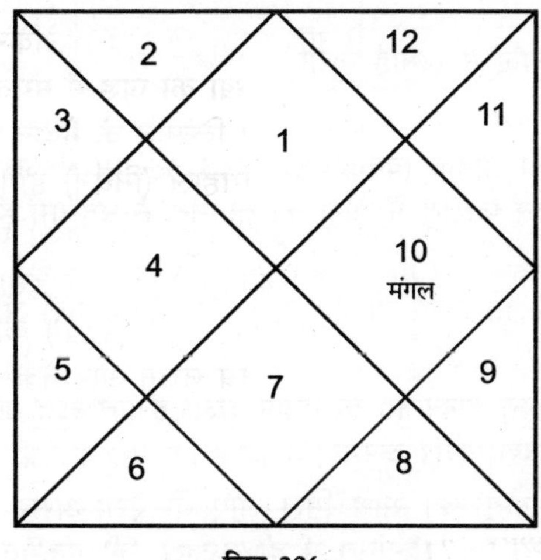

चित्र 386:

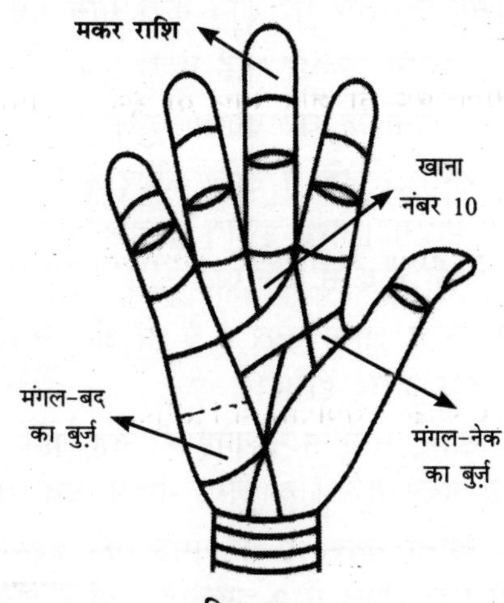

चित्र 387:

(5) खाना नंबर 10 का मंगल शेर होगा और इस शेर की नजर (आंख) सनीचर होगा यानि टेवे में सनीचर जैसा होगा मंगल भी वैसा ही (उम्दा या मंदा) होगा। किस्मत का फैसला अब सनीचर के हाथों में होगा।

(6) अकेला मंगल हिरन की तरह नेक और उत्तम होता है। अगर शेर टेवे में शेर की हैसियत का न हो तो खाना नंबर 10 का मंगल कम से कम चीते की हैसियत का तो जरूर ही होता है जो मर्दों पर हमला नहीं करता है लेकिन बाकी सभी मामलों और सिफ्तों (गुणों) में मंगल किस्मत के मैदान का बहादुर चीता होगा।

(7) जब शुक्कर, चन्द्र या पापी (राहु–केतु– बहैसियत पापी सनीचर) खाना नंबर 2 में हो तो टेवे वाले की औलाद बहुत देरी से कायम होगी। ऐसे में हिरन की पालना करना या हिरन का साथ अथवा मंगल–बद (काला, काना, लावल्द) की सेवा मददगार होगी।

(8) जब चन्द्र टेवे में उम्दा न हो और मंगल खाना नंबर 10 में हो तो टेवे वाले का परिवार घटता होगा या तो परिवार में स्त्री–औलाद होगी अथवा नरीना औलाद की मौत होगी।

(9) जब सनीचर खाना नंबर 3 में हो तो टेवे वाले का परिवार बड़ा और उत्तम होगा। ऐसे इंसान के जमीन, जायदाद, मकान और तबेले (जानवरों के रहने की जगह) चाहे कितने ही हों मगर नगद–माया तो कम या साधारण ही होगी।

(10) जब खाना नंबर 3, 6 में चन्द्र, बृहस्पत या सूरज बैठे हों और खाना नंबर 10 में मंगल–बद हो। हथेली में उम्र (आयु) रेखा शुरू (आरम्भ) या आखिर (अन्त) में द्विशाखी होती हो तो बुध मंदा होगा। ऐसा इंसान उजड़े हुए जंगल की हालत वाला होगा। बृहस्पत नष्ट होगा और सूरज बरबाद हो जाएगा। धन, दौलत, माया वगैरह सब कुछ बरबाद होगा। मंदी हवा की गरम हवाएं टेवे वाले को जलाती होंगी। खुद की कमाई बरबाद होगी। लड़के–पोते अक्सर मरते होंगे और टेवे वाले के वाल्दैन (माता–पिता) दुःखी होंगे।

(11) जब खाना नंबर 4 में सूरज हो अथवा खाना नंबर 6 में चन्द्र बैठा हो तो टेवे वाला एक आंख से काना होगा। ऐसा इंसान माता के घर में कुत्ता बनके रहेगा। यानि नानी का दोहता बनके रहेगा। दुनियावी (सांसारिक) तौर पर तीन कुत्ते माने गए हैं।

(i) बहन के घर भाई कुत्ता (ii) ससुराल में जमाई कुत्ता

(iii) नानी के घर दोहता कुत्ता

(12) जब सनीचर टेवे में खाना नंबर 4 में हो तो टेवे वाला नाहक (बेकार) ही गलत इल्जाम में जेल की सजा पाएगा। ऐसा इंसान न चोर होगा, न डाकू लेकिन फालतू में चोरी की तोहमत से बदनाम होकर, राजा की कैद में जाएगा।

(13) जब सूरज खाना नंबर 6 में हो और मंगल खाना नंबर 10 में हो तो टेवे वाले की नरीना (नर) औलाद पर मंदा असर होगा।

(14) जब खाना नंबर 5 में कोई भी ग्रह नहीं बैठा हो तो खाना नंबर 10 के मंगल वाला इंसान खुद आबाद होगा मगर दूसरों के लिए मंगल–बद ही होगा और बुरा असर करेगा।

(15) जब खाना नंबर 10 के मंगल को दुश्मन ग्रहों (बुध–केतु) का साथ मिल जाए तो ऐसा असर होगा जैसे एक म्यान में 2 तलवारें, एक जंगल में दो शेर या एक सल्तनत में दो राजाओं की हुकूमत हो। ऐसे में सब कुछ बरबाद हो जाएगा और हर तरफ मंदा असर जाहिर होगा।

(16) जब खाना नंबर 10 के मंगल को किसी भी तरह से सनीचर का साथ मिलता हो तो ऐसा मंगल शेर से भी ज्यादा शरारती चीता होगा।

(17) जब खाना नंबर 5 खाली हो तो हर तरफ से उत्तम असर होगा। अगर टेवे वाले का भाई भी कायम हो तो टेवे वाले की उम्र लम्बी (अमूमन 96 साल) होगी। इंसान दौलतमंद और उम्दा सेहत और गृहस्थी का मालिक होगा।

कियाफा (हस्तरेखा)– गृहस्थ रेखा, सनीचर के बुर्ज़ (खाना नंबर 10) पर कायम हो या पहुंचती हो।

मंगल खाना नंबर 11

(भैंस फकीरी, बृहस्पत की जंजीर में जकड़ा चीता)

मिले कुत्ते दुनिया के हर दम जो होते
असर शेर देंगे चाहे कितने हों सोते
चीता मंगल दरबार बृहस्पत के, पकड़ा बृहस्पत जंजीर में हो
हाल बृहस्पत जैसा टेवे, असर वही खुद मंगल हो
मंगल नौवें का असर दे तेरह, बृहस्पत हालत चाहे कैसी हो
बुध सनीचर जब उम्दा बैठा, सुखिया चौबीस जर अट्ठाइस हो
उलट हालत बद मंगल होता, केतु भला न लड़का हो
पाप उम्र तक दु:खी करता, न ही सुखी खुद होता हो

(1) खाना नंबर 11 में मंगल वाला इंसान दूध पीकर बड़ा हुआ पालतू शेर, रुहानी (आकाशीय और दैवीय) ताकत का मालिक, लेकिन राजा (उम्दा माली हालत) का भेष धारण किए हुए होगा। गुरु चरणों का

चरणामृत पीने वाला आखिर, खूनी खुराक (भोजन) ले भी कैसे सकता है। बहरहाल ऐसे इंसान को केतु की अश्या (चीजें), कारोबार (व्यापार) और ताल्लुकदार (रिश्तेदार) अथवा तीन दुनियावी कुत्ते (देखें मंगल खाना नंबर 10) मुबारक फल देंगे।

(2) जब टेवे वाले की उम्र तेरह साल होगी तो उसके वाल्दैन (माता–पिता) के पास दौलत का भंडार और हुकूमत (शासन) की ताकत होगी और हर तरफ खुशहाली होगी। जब टेवे वाला अट्ठाइस साल का होगा तो उसकी भी वही हालत होगी जो तेरह साल की उम्र पर उसके वाल्दैन की थी।

(3) खाना नंबर 11 का मंगल वाला इंसान सोने की जंजीर में गुरु के हाथों में जकड़ा हुआ चीता होगा यानि टेवे में जैसी बृहस्पत की हालत होगी वही हाल मंगल का होगा। मंगल अब बुध, सनीचर की नकल करेगा।

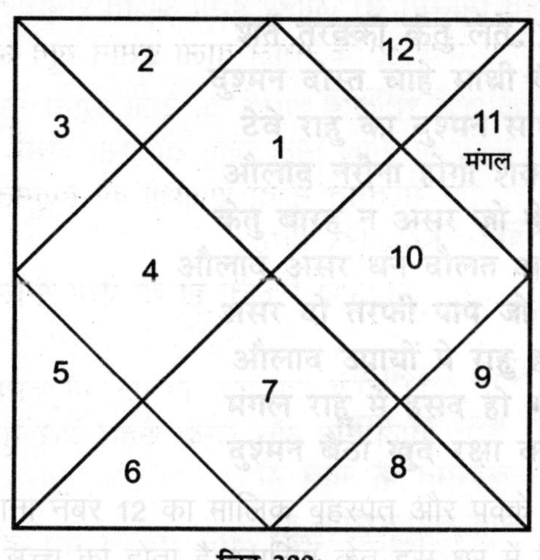

चित्र 388:

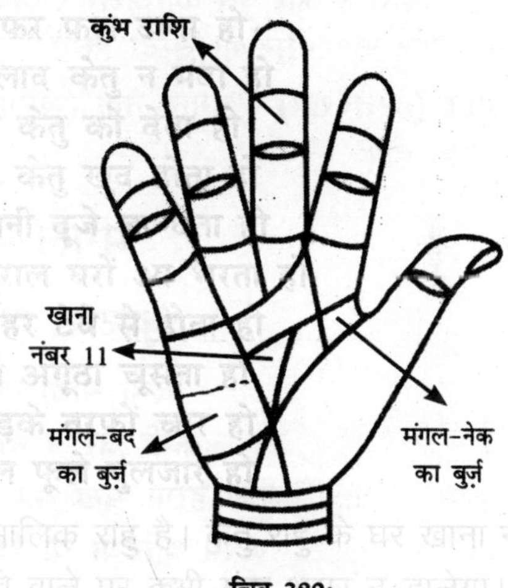

चित्र 389:

(4) जिस घर बृहस्पत बैठा हो, उस घर में लिखी हुई तादाद (संख्या) के अनुसार भाईयों की तादाद होती है।
बृहस्पत खाना नंबर 1 से 10 में हो तो नौ भाई तक होंगे।
बृहस्पत खाना नंबर 11 में हो तो दो भाई तक होंगे।
बृहस्पत खाना नंबर 12 में हो तो अमूमन अकेला भाई ही होगा।

(5) जब टेवे वाले की उम्र अमूमन तेरह साल होगी तो मंगल खाना नंबर 9 का उत्तम फल देगा, चाहे बृहस्पत टेवे में कैसा भी क्यों न हो।

(6) जब टेवे में बुध और सनीचर दोनों उम्दा हों तो टेवे वाले की चौबीस या अट्ठाइस साल की उम्र तक माया और दौलत खूब जमा होगी।

(7) जब खाना नंबर 11 में मंगल–बद हो तो केतु मंदा असर देगा और टेवे वाले की नरीना (नर) औलाद पर मंदा असर पड़ेगा। पाप ग्रहों (राहु–केतु) की उम्र तक टेवे वाला इंसान दुःखी रहेगा। यानि राहु–बयालीस साल, केतु– अड़तालीस साल और राहु–केतु मुश्तरका (संयुक्त) पैंतालीस साल की उम्र तक टेवे वाला सुखी न रह सकेगा।

(8) **घर में मंगल रखता अपने, शहद के बर्तन भरे**
शहद उम्दा उसका होगा, फूल हो जिसके खरे
फूल छोड़ मक्खी ही जब, नेक और उम्दा मिले
दम के दम ले आएगी, शहद के बर्तन भरे

अकेला मंगल कभी अपने घर पर मंदा असर नहीं करेगा बल्कि शहद (मंगल) के बर्तन भर कर रखेगा। शहद उसी का उम्दा होगा जिसके फूल (बुध) खरे (उत्तम) होंगे। इससे भी ज्यादा जरूरी बात यह है कि फूलों से रस चूसने के लिए मधुमक्खी (सनीचर) जितनी उम्दा होगी वह उतना ही ज्यादा और उत्तम शहद निकालने के काबिल होगी। मुख्तसरन (संक्षेप में) बर्तनों को शहद से भरने के लिए उम्दा मधुमक्खी ही बुनियादी वजह है। अर्थात् मंगल उम्दा होने के लिए बुध की उत्तम अवस्था जरूरी है और बुध का असर सनीचर के मार्फत (माध्यम से) जाहिर होगा अर्थात् सनीचर उम्दा हो तो मंगल का असर भी उम्दा होगा।

कियाफा (हस्तरेखा)– मंगल नेक (खाना नंबर 3) के बुर्ज़ से कोई शाखा या रेखा खाना नंबर 11 (बचत) में जाती हो।

मंगल खाना नंबर 12

(बृहस्पत के घर सुख का राजा)

दिया मीठा लोगों को, मीठा खिलाया
कमी जर न दौलत, सभी कुछ हो पाया
राजा होगा सुख का मंगल, घर बृहस्पत के जावे हो
जनम कुटिया या कि जंगल, चाहे वह दरवेश हो
साथ बृहस्पत या दूजे बैठे, पाया केतु घर तेरा हो
मच्छ मुआविन हर दो तारे, बुध पापी नहीं बोलता हो
आठ तीजा न मंदा होगा, नहीं बुरा खुद राजा हो
चौबीस-अट्ठाइस में उत्तम होगा, दूजा भाई पहला लड़का हो
बृहस्पत शुक्कर और केतु टेवे, आठ पहले तीन-ग्यारह जो
मदद मंगल की हरदम करते, बैठा चाहे कोई कैसा हो
आठ तीजे नौ-बारह बैठा, असर बुध खुद अपना हो
सूरज बैठा तीन-ग्यारह उम्दा मौत-बीमारी रोकता हो
सूरज मंदे में असर मंगल का, तीन पहले फिर ग्यारह हो
असर राहु न टेवे होगा चुप होकर वह बैठता हो
बुध टेवे आठ-चार जो आता, मंगल छठे चाहे बारह हो
उम्र छोटी खुद पहले मरता, बाद उड़ा दे माता हो

(1) खाना नंबर 12 में मंगल हो तो मीठा खाना और लोगों को मीठा खिलाना धन–दौलत के लिए उम्दा और उम्र के लिहाज से मददगार होगा। लोटे में मीठा डालकर सूरज को पानी देना मुबारक (शुभ) होगा। कुत्ते को मीठी रोटी खिलाना उम्दा फल देगा।

(2) जब मंगल–बृहस्पत के घर खाना नंबर 12 में जाकर बैठे तो उस घर का राजा बनकर रहेगा। यानि वह सुख का राजा होगा चाहे टेवे वाले का जनम किसी निर्धन प्राणी की कुटिया या उजड़े हुए जंगल में ही क्यों न हुआ हो। ऐसा इंसान हाथी के लिए महावत और साधु के लिए समाधि वाली तबीयत (स्वभाव) का होगा। शेर, बकरी, कुत्ता और गाय मानो एक साथ रहते हों। इसी तरह यह इंसान भी दुनियावी लोगों से मिलने–मिलाने वाली तबीयत का मालिक होगा।

(3) जब बृहस्पत खाना नंबर 12 में मंगल के साथ बैठा हो अथवा बृहस्पत खाना नंबर 2 में बैठा हो साथ ही केतु खाना नंबर 3 में बैठा हो तो टेवे वाले पर मच्छ रेखा का उत्तम असर जाहिर होगा। अगर टेवे वाला गरीब हो तो धन और अगर अमीर हो तो तख्त (सिंहासन या पद) मिलेगा। परिवार बरकत (उन्नति) करेगा और ऐसा इंसान कब्र से भी वापस (लंबी उम्र) आ जाने वाला होगा। ऐसे इंसान से दुश्मन भी डरते होंगे और उसकी नजर से छिपकर रहते होंगे। ऐसा इंसान मच्छ रेखा की मदद से अपने सभी ताल्लुकदारों को और बाहर के लोगों को तारने वाला होगा। इस तरह के टेवे वाले के असर से बुध (मंगल का दुश्मन) और पापी ग्रह भी कुछ नहीं बोलते बल्कि चुप रहते हैं यानि अगर उम्दा असर नहीं करेंगे तो मंदा हरगिज नहीं करेंगे।

(4) जब मंगल खाना नंबर 12 में हो तो खाना नंबर आठ–तीन (मंगल का घर) भी मंदा असर नहीं करेंगे और खाना नंबर 1 (मंगल का घर) भी खुद बुरा नहीं होगा। टेवे वाले इंसान की चौबीस या अट्ठाइस साल उम्र में अथवा पहला लड़का या दूसरा भाई पैदा होने के वक्त उत्तम असर होगा।

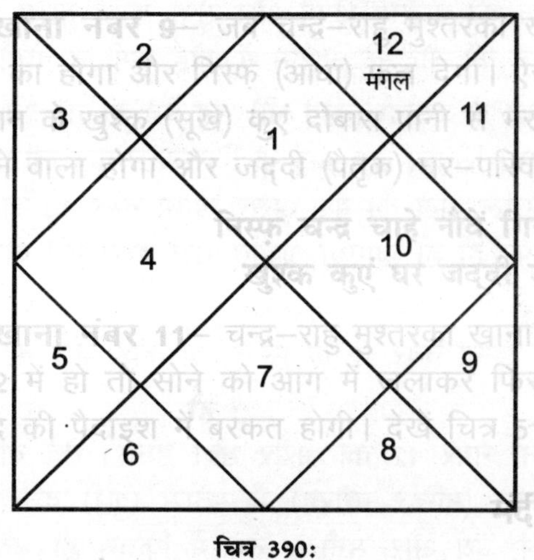

चित्र 390:

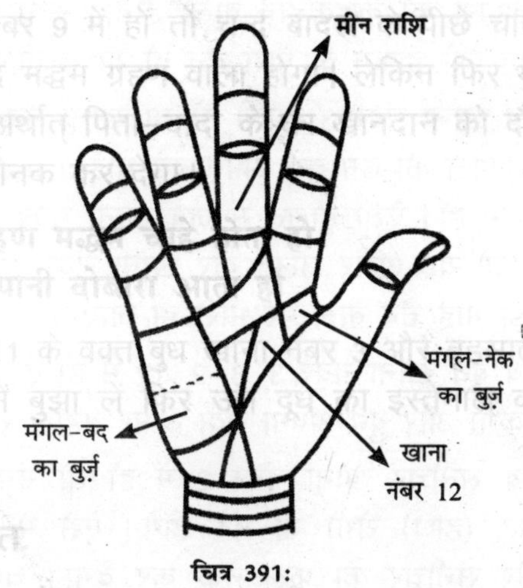

चित्र 391:

(5) जब खाना नंबर 8, 1, 3, 11 में बृहस्पत, शुक्कर और केतु बैठे हों और चाहे कैसी भी हालत में क्यों न हों मगर हर वक्त मंगल की मदद करते होंगे।

(6) जब बुध टेवे में खाना नंबर 8, 3, 9, 12 में से किसी में बैठा हो तो बुध का असर शक्की (अमूमन मंदा) ही गिना जाएगा। ऐसे में सारे (संपूर्ण) टेवे के ग्रह नेक होकर चलेंगे और खाना नंबर 1, 3, 8, 11 के ग्रह भी मंदा असर नहीं दिखाएंगे। चाहे जो हो जाए मगर कुत्ता (केतु) और बकरी (बुध) अपनी नस्ल को नहीं छोड़ते मगर खाना नंबर 1, 3, 8, 11 में अब कुत्ता और बकरी की भी कोई आवाज नहीं आएगी यानि बुध, केतु को भी चुप होना पडेगा। अगर अच्छा फल न भी दे तो बुरा तो हरगिज न देंगे।

(7) जब सूरज खाना नंबर 3, 11 में उम्दा होकर बैठा हो, साथ ही खाना नंबर 12 में मंगल हो तो ऐसे में मौत और बीमारी से हमेशा बचाव होता रहेगा लेकिन शर्त यह होगी कि खाना नंबर 11 का ग्रह खाना नंबर 8 का दुश्मन न हो।

(8) जब टेवे में सूरज मंदा और मंगल, बद होता हो तो मंगल–बद का बुरा असर और सूरज का मंदा असर सबसे पहले खाना नंबर 3 पर, फिर खाना नंबर 1 पर और फिर खाना नंबर 11 पर होगा।

(9) खाना नंबर 12 में मंगल हो तो बुध का खाना नंबर 1 पर बुरा असर नहीं होगा, चाहे खाना नंबर 1 का ग्रह कहीं भी और कैसा भी क्यों न बैठा हो। जब खाना नंबर 12 में मंगल होता हो तो केतु खाना नंबर 1 का मंदा असर टेवे वाले पर नहीं होगा।

(10) खाना नंबर 12 में मंगल वाला इंसान गरम तबीयत, खुद पसन्दी (आत्मप्रशंसक) आजादी और खुद मुख्तयारी (स्वाभिमानी) का मालिक होगा। राहु भी ऐसे टेवे में चुप ही रहेगा और कम से कम अपना मंदा असर नहीं देगा।

(11) जब टेवे में बुध खाना नंबर 4, 8 में हो मगर इससे सूरज या चन्द्र का ताल्लुक (सम्बन्ध) नहीं बन रहा हो तो टेवे वाला छोटी उम्र (बचपन) में ही मर जाएगा और उसके बाद उसकी माता भी जल्दी ही गुजर जाएगी चाहे मंगल टेवे में 6, 12 खानों में ही क्यों न हो।

(12) खाना नंबर 12 का मंगल गरजता हुआ शेर, दमकता हुआ परिवार, दुश्मनों को दहलाने वाला और तलवारों को कड़कड़ाने वाला होगा। साधु और गुरु की पालना करने और सेवा करने वाला होगा। चाहे ऐसे इंसान के पास धन हो या न हो मगर रात की नींद के आराम में कोई कमी न होगी।

(13) जब खाना नंबर 3 खाली हो या खाना नंबर 3 में दो से ज्यादा (कोई भी) ग्रह बैठे हों तो टेवे वाला 28 साल की उम्र तक अपने बड़े भाईयों पर भारी होगा सिवाय उस भाई के जिसका मंगल खाना नंबर 10 में हो। ऐसी हालत में जब खाना नंबर 12 में मंगल वाले का बुरा असर खाना नंबर 10 वाले पर हो तो यह असर उलट कर खाना नंबर 12 वाले पर ही हो जाएगा अर्थात् उस वक्त टेवे वाले का बड़ा भाई टेवे वाले पर भारी हो जाएगा।

(14) जब बुध खाना नंबर 3, 8, 9, 12 में हो तो बुध पर खाना नंबर 12 के मंगल का कोई जोर नहीं चल सकेगा और बुध अपना मंदा असर बहाल रखेगा।

(15) जब सनीचर खाना नंबर 2 में हो तो मंगल खाना नंबर 12 का असर मंदा होगा। टेवे वाले के बाजू (हाथ) रोगी या मंदे होंगे। ऐसे में धर्म स्थान (मन्दिर वगैरह) में बतासे (बुध) देना मंगल और सनीचर का फल नेक कर देगा। चाहे मंगल, बुध और सनीचर टेवे में कितने ही मंदे क्यों न हों।

(16) जब खाना नंबर 12 में मंगल होता है तो अमूमन टेवे वाले का बड़ा भाई नहीं होता। अगर हुआ तो दुःखी और लावल्द (संतानहीन) ही होता है। यह नियम मर्द के टेवे के लिए है। टेवे वाला (मर्द या औरत) अगर मंगल के रंग (खूनी सुर्ख या लाल) की पोशाक (पगड़ी या टोपी) या जंगी (सैनिकों वाली) पोशाक पहने तो भाई के लिए गैर मुबारक (अशुभ) होगी। लेकिन अगर बृहस्पत की अश्या (चोटी) धारण करे या सूरज की पोशाक (खाकी रंग की पगड़ी या टोपी) पहने तो मददगार होगी। ऐसे में टेवे वाले के बड़े भाईयों को चाहिए कि वे टेवे वाले (मंगल खाना नंबर 12) को पानी की जगह दूध पिलाएं और अपने पास चन्द्र की अश्या (चांदी, चावल वगैरह) कायम करें।

(17) जब टेवे में मंगल–बद हो तो मंदरजाजैल (निम्नलिखित) वाकिआत (घटनाएं) और हालात (परिस्थितियां) नजर आएंगे।

(i) सांस की मंदी हालत → (बृहस्पत)

(ii) स्त्री दुःख और माया की कल्पना → (शुक्कर)

(iii) औलाद की किल्लत (तनाव), दुःख और दलिद्दरी → (केतु)

(iv) दुश्मनों की गुपचुप शरारतें (षड्यंत्र), फिजूलखर्ची, जहमत (परेशानी), बीमारी → (राहु)

(v) अक्ल की बारीकी (तुच्छ–सोच), तिजारत (व्यापार), दुनियावी व्यवहार → (बुध)

(vi) मकान, जायदाद और अचल सम्पत्ति → (सनीचर)

(vii) बेवकूफी के कामों में धन बरबाद होगा।

(viii) औरत (स्त्री) सुख नष्ट होगा।

(ix) व्यापार मंदा होगा।

(x) नजर में दोष होगा। अगर अंधा न हुआ तो काना तो जरूर होगा। लेकिन मरते वक्त जरूर अंधा हो जाएगा।

(xi) केतु मंदा हुआ तो बड़ा भाई जरूर होगा और दो भाई से ज्यादा न होंगे।

(xii) अपनी अट्ठाइस साल की उम्र तक टेवे वाला बड़ा भाई होगा। मंगल (तलवार) को बुध (दलील) से कभी मोहब्बत नहीं होती।

उपाय

(1) जब मंगल मंदा हो तो धर्म स्थान में जाना मुबारक होगा।

(2) दूध (चन्द्र) और शहद (मंगल) मिलाकर दूसरे दुनियावी लोगों को पिलाना उत्तम फल देगा।

(3) टेवे वाला मीठी रोटी का इस्तेमाल (खुराक के रूप में) करे।

(4) मीठी रोटी फकीर को खिलाएं और कुत्ते को डालें।

(5) सूरज को मीठा (गुड़ वगैरह) डालकर जल देना मुबारक होगा।

कियाफा (हस्तरेखा)– मंगल नेक (खाना नंबर 3) से कोई रेखा या शाखा खाना नंबर 12 (खर्चे) में जाए।

श्री दुर्गा देवी

चित्र 392: श्री दुर्गा देवी

बुध

(शक्तिमान, नवातात का राजा)

खुला करते सूराख मैदान बढ़ता
बढ़ी अक्ल उसकी खर्च खुद जो करता
उलटे पांव चमगादड़ लटका, खुफिया शरारत करता हो
घर पक्का जिस ग्रह का होगा, वहां वहीं बन बैठता हो
साथ बुरे ग्रह सबसे मंदा, भला भले से होता हो
चन्द्र राहु का हो जब झगड़ा, बुध मारा खुद जाता हो
बुध नजर जब सूरज करता, दृष्टि दर्जा कोई हो
असर भला दोनों का होगा, सेहत माया या दिमागी हो
बुध चन्द्र से हो जब पहले, रेत जहर पानी भरता हो
तीन चौथे सात–नौ ग्रह बैठे, राख हुए कुल जलता हो

शुक्कर बैठा जब बुध से पहले, असर राहु का मंदा हो
बुध पहले से शुक्कर मिलता, केतु भला खुद होता हो
बुध शुक्कर न मुश्तरका मिलते, जाया उम्र दोनों करते हों
दुश्मन दोनों का साथ जो बैठे, असर न दोनों मिलता हो

(1) किसी भी चीज का न होना बुध की हालत या बुध की हस्ती कहलाती है। बुध से मुतअल्लिक (सम्बन्धित) बुद्धि के काम तिजारत (व्यापार), हुनर (कला), दस्तकारी वगैरह से धन–दौलत कमाने के अवसर उम्दा बुध वाले इंसान को मिलते हैं। कमाई के लिहाज से चौंतीस साल की उम्र का वक्त बुध की हुकूमत गिना जाएगा। उम्दा बुध वाला इंसान खुद की कमाई से खर्च करने वाला होगा।

(2) अगर टेवे में किसी भी वजह से बुध मंदा होता हो तो नाक छिदवाना या फिटकरी वगैरह से दांत साफ रखना या लड़कियों (कुंवारी कन्याओं) की पूजा (सेवा) करना मददगार साबित होगा। अगर परिवार के बहुत से लोगों का बुध मंदा हो या खुद अपना बुध टेवे में या वर्षफल में अमूमन मंदे ही घरों में आता रहे तो बकरी की सेवा या बकरा दान करना उत्तम फल देगा। अगर जुबान (वाणी) में लुकनत (थुथलापन) हो तो बुध मंदा होगा मगर इस लुकनत के अलावा टेवे वाले पर और कोई बुरा असर न देगा चाहे टेवे में बुध कितना ही मंदा क्यों न हो।

(3) बुध दरख्तों (वृक्षों) पर उलटे पांव लटके हुए चमगादड़ की तरह अंधेरे में जागकर खुफिया (गुप्त तरीके से या छिपकर) शरारत करेगा। मकान में मंदे बुध की निशानी यह होगी कि नए मकान में किसी न किसी वजह से सीढ़ियां तोड़कर फिर से बनवानी पड़ेंगी। दीवारें और छत नहीं बदली जाएगी।

(4) जब टेवे में बुध अकेला बैठा हो तो वह निकम्मा (बिना ताकत का) गिना जाएगा और वह जिस खाने में बैठा है उस खाने (पक्के घर के मालिक) के बमूजिब (अनुसार) अपना फल देगा।

(i) मसलन बुध अगर अकेला खाना नंबर 1 में बैठा हो, सूरज खाना नंबर 12 और मंगल खाना नंबर 3 में हो तो खाना नंबर 1 सूरज का पक्का घर है और मंगल खाना नंबर 1 (मेष राशि) का मालिक ग्रह है। अब बुध खाना नंबर 1 में बैठकर सूरज खाना नंबर 12 के बमूजिब (अनुसार) फल देगा, न कि मंगल नंबर 3 का क्योंकि सूरज खाना नंबर 1 का पक्का घर है। अब बुध खाना नंबर 1 का फल देखने के लिए सूरज खाना नंबर 12 का फल देखा जाएगा। इसी तरह सूरज खाना नंबर 4 में बैठा हो तो बुध खाना नंबर 1 में अकेला बैठकर खाना नंबर 1 के पक्के घर के ग्रह सूरज खाना नंबर 4 का असर देगा।

(ii) जब कभी भी बुध का बुरा असर हो या बुध अपना बुरा असर करेगा तो वह उस खाने के मालिक ग्रह पर करेगा जिसमें कि वह बैठा है। मसलन बुध खाना नंबर 1 में बैठा है और खाना नंबर 1 का मालिक ग्रह मंगल है तो बुरे असर के वक्त बुध अपना बुरा असर मंगल को देगा। उदाहरण के तौर पर यदि मंगल खाना नंबर 3 में बैठा है तो ''मंगल खाना नंबर 3'' पर बुध का बुरा असर पड़ेगा।

(iii) बुध जिस खाने में बैठा है (टेवे में या वर्षफल कुंडली के मुताबिक) उस खाने का मालिक ग्रह अगर खाना नंबर 9 में हो जाए (या बैठा हो) तो वह ग्रह (जो खाना नंबर 9 में बैठा है) बेबुनियाद या मंदा होगा। मंदरजाजैल (निम्नलिखित) फेहरिस्त (सारिणी) के मुताबिक इन ग्रहों का असर गिना जाएगा।

खाना नंबर जिसमें बुध बैठा है	किस ग्रह का असर देगा	किस ग्रह पर अपना मंदा असर देगा	ग्रह अगर खाना नंबर 9 में बैठा हो तो किस पर असर करेगा।
(1)	सूरज	मंगल	मंगल
(2)	बृहस्पत	शुक्कर	शुक्कर
(3)	मंगल	बुध	शुक्कर
(4)	चन्द्र	चन्द्र	चन्द्र
(5)	बृहस्पत	सूरज	सूरज
(6)	केतु	बुध	केतु–बुध
(7)	शुक्कर–बुध	शुक्कर	शुक्कर
(8)	सनीचर–मंगल	मंगल	मंगल
(9)	बृहस्पत	बृहस्पत	बृहस्पत
(10)	सनीचर	सनीचर	सनीचर
(11)	बृहस्पत	सनीचर	सनीचर
(12)	राहु	बृहस्पत	राहु–बृहस्पत

(5) बुध मुखन्नस (नपुंसक) ग्रह है। यह जिस ग्रह के साथ होता है वैसा ही हो जाता है। अगर भले ग्रहों के साथ हो तो भला और अगर बुरे ग्रहों के साथ हो तो बुरा असर देगा। भले ग्रह के साथ बैठकर उस ग्रह का असर और भी भला कर देगा और खुद भी भला हो जाएगा और अगर बुरे ग्रह के साथ बैठा हो तो उस ग्रह का असर और भी बुरा कर देगा। यानि बुध जिस ग्रह से मिलेगा उसी की ताकत का असर टेवे वाले को देगा।

(6) जब बुध और राहु दोनों मुश्तरका (इकट्ठे) किसी खाने में बैठे हों या फिर दोनों अलग–अलग खानों में हों और मंदे हों। यानि बुध खाना नंबर 3, 8, 9, 12 में मंदा होगा और राहु 1, 5, 7, 8, 11 नंबर खानों में मंदा होगा। ऐसे (इकट्ठे या मंदेपन) वक्त अस्पताल, पागलखाना, कब्रिस्तान या वीराना तो जरूर मिलेगा चाहे जेलखाना न भी मिले। चाहे इंसान की गलती हो या न हो बीमारी हो या न हो, नाहक (बेवजह) ही मंदे कामों में खर्चे होते रहेंगे। ऐसे में फौलाद (लोहे) का छल्ला जिस्म पर पहनना मददगार होगा। जब कभी भी बुध (बहिन, बुआ, मौसी, साली, व्यापार या बुध के काम) और राहु (ससुराल, नाना–नानी, बिजली, जेलखाना और राहु के काम) मुश्तरका हों तो टेवे में भी राहु–बुध मुश्तरका गिने जाएंगे। मसलन ससुराल के साथ साझे में व्यापार करना राहु–बुध मुश्तरका की निशानी होगा।

(7) जब बुध और केतु दोनों दृष्टि के द्वारा मिल रहे हों तो बुध तो वैसा ही होगा जैसा कि टेवे में है मगर केतु नीच के मानिन्द (समान) मंदा फल देगा।

(8) बुध में सभी ग्रहों से ज्यादा झुकने–झुकाने की ताकत कायम होती है। यानि दूसरे ग्रहों में बुध के बगैर झुकने या दूसरों को (बुध को छोड़कर) झुकाने की ताकत नहीं होगी।

(9) जब टेवे में चन्द्र और राहु का झगड़ा हो रहा हो तो इन दोनों में बुध बरबाद हो जाएगा।

(10) जब बुध, सूरज को देखता हो अथवा जब बुध सूरज को किसी भी दृष्टि से देख रहा हो तो सूरज और बुध (सूरज+बुध = मंगल नेक) दोनों का असर नेक होगा। टेवे वाले इंसान की सेहत और अक्ल (बुद्धि) भी उत्तम होगी।

(11) सूरज और मंगल के मुकाबले बुध का फल सिफर (नदारत) होगा। यानि मंगल नेक (सूरज+बुध) के वक्त निस्फ (आधा) अरसा (काल) चुप्पी (शान्ति) वाला होगा। जो बुध का असर होगा। मगर सूरज अपनी खुफिया (चुपचाप) शरारतों से बाज न आएगा और हरकतें करता रहेगा। बुध केवल सूरज के ही साथ चुप रहेगा। हथेली में सूरज रेखा और चन्द्र रेखा को मिलाने के स्थान पर बनने वाला मुसल्लस (त्रिकोण) मंगल–बद का असर देगा। जिसका असर दिल पर ही होगा। बहरहाल दिल की ताकत ज्यादा होगी।

(12) जब बुध, चन्द्र से पहले घरों में हो (खाना नंबर 1 से तरतीब या क्रम से गिनने पर) तो बुध चन्द्र के पानी में रेत और जहर (विष) भर देगा अर्थात् चन्द्र मंदा असर देने लगेगा। खाना नंबर 3, 4, 7, 9 में कोई भी ग्रह क्यों न बैठा हो उसका मंदा असर होगा। खासकर चन्द्र और बृहस्पत का सबसे ज्यादा मंदा असर जाहिर होगा।

(13) जब शुक्कर, बुध से पहले घरों में बैठा हो तो राहु का असर मंदा गिना जाएगा चाहे राहु टेवे में उच्च का ही क्यों न हो। इसी तरह जब बुध, शुक्कर से पहले के घरों में बैठा हो तो केतु का असर उम्दा गिना जाएगा। चाहे केतु टेवे में नीच का ही क्यों न हो। जब बुध और शुक्कर टेवे में इकट्ठे मिलते हों या एक साथ बैठे हों तो टेवे वाले की उम्र शक्की न होगी और ये ग्रह इंसान की उम्र को बढ़ाएंगे।

बुध की नाली

(1) हर तीसरे घर के ग्रह (1, 3 या 5, 7 या 9, 11 वगैरह) कभी आपस में नहीं मिल सकते लेकिन अगर किसी तरह बुध की नाली के माध्यम से मिल जाएं तो एक दूसरे पर आपस में कभी बुरा असर नहीं देंगे।

(2) जब भी शुक्कर और बुध मुश्तरका (इकट्ठे) बैठेंगे तो मुबारक (शुभ) असर ही देंगे। खाना नंबर 7, बुध और शुक्कर दोनों का पक्का घर है। जब कभी ये दोनों अलैहदा–अलैहदा (अलग–अलग) होकर एक दूसरे के सामने या सातवें घर में बैठ जाए तो दोनों का फल रद्दी हो जाएगा।

(3) जब कभी बुध–शुक्कर अलैहदा–अलैहदा बैठे हों मगर सातवें (आमने–सामने) की शर्त को पूरा न करते हों तो बुध जिस घर में बैठा है उस घर का और उस घर में बैठे हुए तमाम (सभी) ग्रहों का (उस घर में बैठे होने की हैसियत के साथ) सारा का सारा असर शुक्कर बैठा होने वाले घर में नाली लगाकर दे देगा। यानि अब इन दोनों घरों (जहां बुध बैठा है और जहां शुक्कर बैठा है) का फल इकट्ठा गिना जाएगा। शुक्कर अपने घर का असर इस नाली के सहारे बुध वाले घर में नहीं ले जा सकता।

(4) जब कभी शुक्कर का राज हो या शुक्कर वर्षफल में तख्त (खाना नंबर 1) पर आ जाए तो शुक्कर जिस घर में बैठा है उस घर का फल देखने के लिए उसमें बुध वाले घर का भी असर शामिल कर लिया जाएगा। बशर्ते ये दोनों (बुध–शुक्कर) सातवें घर की शर्त पूरी न करते हों। इसी तरह बुध जब तख्त पर आएगा तो उस वक्त बुध वाले घर के मुताबिक असर गिना जाएगा। फल कहते वक्त शुक्कर वाले घर को शामिल नहीं किया जाएगा।

(5) अगर बुध टेवे में शुक्कर के बाद के घरों में बैठा हो तो बुध का जाती (व्यक्तिगत) असर मंदा होगा और अगर बुध टेवे में शुक्कर से पहले के घरों में हो और ऐसे में बुध अपना असर नाली के द्वारा

शुक्कर बैठा होने वाले घर में ले जाए तो बुध का जाती असर चाहे कितना भी मंदा क्यों न हो मगर वह बुरा नहीं करेगा बल्कि अच्छा असर ही करेगा।

(6) जब बुध अपनी नाली के द्वारा मिलावट कर रहा हो और बुध वाले घर में शुक्कर के दुश्मन ग्रह भी बैठे हों तो शुक्कर इन दुश्मन ग्रहों (सूरज, चन्द्र, राहु) को अपने घर (जहां शुक्कर बैठा है) में शामिल होने की हरगिज इजाजत न देगा बल्कि ऐसे वक्त शुक्कर, बुध की नाली को ही बन्द कर देगा और बिल्कुल भी असर अपने घर में दाखिल न होने देगा। ऐसे वक्त बुध की मदद न मिलने की वजह से शुक्कर पागल हो जाएगा। अब शुक्कर का असर खाना नंबर 8 के असर वाला होगा।

(7) जब बुध–शुक्कर एक दूसरे से सातवें (आमने–सामने) बैठे हों और राहु या बुध के घर में हों। ऐसे वक्त जब बुध की नाली में मिलावट होगी तो राहु–केतु एक ही घर में होने का असर देंगे क्योंकि केतु, शुक्कर के घर में होगा (राहु और केतु हमेशा एक दूसरे के सामने या सातवें ही होते हैं) और हर तरफ मंदा जमाना होगा। खासकर उस वक्त जब बुध, शुक्कर के बाद के घरों में बैठा हो और इसी के साथ राहु–केतु का दौरा (देखें फरमान नंबर 6) भी आ जाए अथवा उनमें से कोई एक (राहु या केतु) तख्त की मिलकियत के दौरे पर आ जाए तो टेवे वाले के लिए मारक जमाना होगा, जो बहुत भयानक होगा। लेकिन जब बुध, शुक्कर से पहले घरों में हो तो यह मंदा जमाना सिर्फ राहु–केतु के दौरे के वक्त ही होगा। बुध या शुक्कर के दौरे के वक्त मंदा जमाना नहीं होगा।

(8) बुध की नाली का सबसे ज्यादा और खास फायदा मंगल के लिए होता है। जब कभी मंगल को सूरज की मदद नहीं मिल रही हो या चन्द्र का साथ मिलता हुआ मालूम न दे रहा हो तो बाजे वक्त (कभी–कभी) इस नाली के माध्यम से मंगल को मदद मिल जाती है और मंगल जो सूरज–चन्द्र के बगैर मंगल, मंगल–बद होता है, मंगल–नेक बन जाता है। मंगल और बुध आपस में दुश्मन ग्रह हैं और उधर मंगल (वीर्य) के बगैर शुक्कर की औलाद कायम नहीं होती। बुध जब मंगल के साथ होगा तो वह लाल कण्ठी (गले में पहनने की पवित्र माला जो साधु–सन्त धारण करते हैं) वाला तोता होगा, जो मंगल को शुक्कर से मिला देगा या शुक्कर की औलाद कायम करा देगा ताकि टेवे वाला इंसान लावल्द (संतानहीन) न हो।

(9) बुध और शुक्कर के बाहमी (परस्पर) पहले या बाद के घरों में होने के वक्त जो नियम दिए गए हैं। उनमें बुध के जाती (व्यक्तिगत) बुरे असर के होने या न होने की कोई शर्त न होगी लेकिन जहां बुध को भला करना है, वहां वह अपना भला असर जरूर देगा। 35 साला चक्कर (देखें फरमान नंबर 6) के दौरान शुक्कर के तीन सालों के दौरे में पहला साल मंगल का, दूसरा साल शुक्कर का और तीसरा साल बुध का होगा। यानि शुक्कर के शुरुआती दौरे में मंगल ने शुक्कर में अपना असर मिला रखा है।

(10) बुध की नाली सौ फीसदी, पचास फीसदी, पच्चीस फीसदी दर्जे वाली होगी। बुध के बिना शुक्कर पागल होगा और खाना नंबर 8 के असर वाला होगा। शुक्कर के बिना बुध केवल फूल होगा, फल नहीं होगा। अगर मंगल को शुक्कर का फायदा न मिला तो मंगल में बच्चा पैदा करने की ताकत न होगी। बुध की नाली से दो ग्रह मिल जाएं तो एक दूसरे का बुरा नहीं करेंगे, नेक भले ही कर दें।

(11) अगर बुध के दुश्मन (चन्द्र) और शुक्कर के दुश्मन (सूरज, चन्द्र, राहु) बाहम (परस्पर) एक साथ बैठ जाएं तो उनका फल अलग–अलग गिना जाएगा।

मसलन सूरज + राहु, शुक्कर + चन्द्र, चन्द्र + बुध वगैरह।

(12) खाना नंबर 4 में सिर्फ राहु–केतु का असर शामिल नहीं होता यानि राहु–केतु खाना नंबर 4 में पाप न करने की शपथ (सौगन्ध) लिए होते हैं। इसलिए खाना नंबर 4 के बुध को छोड़कर सभी जगह बुध

में राहु–केतु का असर मिला हुआ होगा अर्थात् खाना नंबर 4 को छोड़कर हर जगह पाप (राहु–केतु) बुध के दायरे में होगा।

(13) जहरीले बुध (राहु–केतु से युक्त) का अलग–अलग खानों में असर मन्दरज़ाजैल फेहरिस्त (निम्नलिखित सारणी) के मुताबिक होगा।

खाना नंबर	जहरीले बुध का क्या असर होगा?
1, 2, 4	ज़हर आलूदा (भरा हुआ) बुध खुद मारा जाएगा।
3	दूसरों के लिए थूकता हुआ कोढ़ी अर्थात् मंदा होगा। खानदान पर मंदा होगा, हजारों दुःख खड़े करेगा।
5, 6, 7, 10	दहशत देगा।
8	हजारों दुःख खड़े करेगा। जानदार–चीजों (जानों) पर मंदा असर डालेगा।
9	टेवे वाले की जान और माल पर मंदा होगा।
11	आमदनी की नाली में रोड़ा (अवरोध) अटकाएगा।
12	व्यापार और रात की नींद हराम करेगा। यानि बरबाद करेगा।
11, 12	हड़बड़ाए कुत्ते के मानिन्द, जिसे काटे वह घबरा कर भागने लगे।
1, 2	सनीचर की मदद करने वाला होगा।
9 से 12	जहरीला लोहा, मौत देने वाला और निर्धन कर देने वाला होगा।
3 से 8	सूरज की मदद करने वाला होगा। धन दौलत के लिए उम्दा होगा।

जहरीला बुध खाना नंबर 1, 2, 4 में साथ बैठे ग्रह पर कभी भी मंदा असर नहीं करेगा। खुद चाहे अपना बुरा असर देगा मगर कोई जहरीला वाकया (घटना) पैदा नहीं करेगा। खाना नंबर 11, 12 में जहरीला बुध जिस ग्रह को काटेगा तो वह हड़बड़ाए कुत्ते की तरह दूसरे को भी हड़बड़ाता चला जाएगा। खाना नंबर 4 का बुध पाप के दायरे से बाहर राजयोग वाला होगा क्योंकि वहां पाप (राहु–केतु), पाप न करने की कसम खाते हैं। खाना नंबर 3, 8, 9, 11, 12 का मंदा बुध बेवकूफ़ मल्लाह (नाविक) होगा, जो खतरे के वक्त अपनी ही नाव को डुबोने वाला और आमदनी की नाली में रोड़ा (अवरोध) अटकाने वाला होगा।

(14) बुध हमेशा मंदे शुक्कर को मदद करेगा लेकिन जब पाप (राहु–केतु) मंदे हों तो बुध भी मंदा हो जाएगा और ऐसे वक्त मौत गूंजती होगी। अगर इस वक्त शुक्कर भी ऐसे घरों में हो जहां पर बुध मंदा (3, 8, 9, 12) गिना गया है तो वह शुक्कर को भी बरबाद कर देगा।

(15) टेवे वाले के घर में एक के बाद दूसरी बीमारी खड़ी होती रहने के वक्त, बुध से बचाव के लिए सालम (संपूर्ण) हलवा अथवा पीला पका हुआ और अन्दर से खोखला कद्दू धर्म स्थान में दान दें।

(16) बुध और सनीचर टेवे में मुशतरका (संयुक्त) दीवार वाले घरों में होने पर अर्थात् साझी दीवार वाले घरों में बैठे होने के वक्त शहतीर (खम्भे या गार्डर) खड़े करके सेहन (आंगन) बनाया जाए तो बुध बरबाद होगा। पागलपन और सिर की बीमारियां होंगी। बहिन, बुआ वगैरह तबाह होंगी।

(17) बुध का दूसरे ग्रहों से ताल्लुक (सम्बन्ध) निम्नलिखित सारणी के मुताबिक होगा।

ग्रह का नाम	बृहस्पत	सूरज	चन्द्र	शुक्कर	मंगल	सनीचर	राहु	केतु
किस तरह का ताल्लुक होगा?	राख के मानिन्द (समान)	पारे के मानिन्द	पानी के मानिन्द	दही के मानिन्द	शेर के दांत	कलाई के मानिन्द	हाथी की सूंड़	केतु की दुम

बुध का अण्डा– बुध का अण्डा, अक्ल का बीज नहीं बल्कि अक्ल की नकल है जो (बुध का अण्डा) खाना नंबर 9 में पैदा होता है। खाना नंबर 2, 4, 6 में बैठा बुध खड़ा अण्डा (मैना, बकरी) होगा। खाना नंबर 8, 10 में बैठा बुध, लेटा हुआ अण्डा (भेड़) होगा। खाना नंबर 12 का बुध गन्दा अण्डा होगा। खाना नंबर 1, 7 का बुध, माता–बेटी के ताल्लुक वाला होगा। जो चमगादड़ के मानिन्द (तुल्य) छाया (बिम्ब) होगा लेकिन यह अक्स (छाया) किस चीज की है, इसका पता न चल सके कि वह कहां है? खाना नंबर 3, 9 का बुध दूध वाला बकरा या दाढ़ी वाली बकरी होगी। खाना नंबर 5 का बुध चौड़े पत्तों वाला दरख्त (वृक्ष) होगा। मैना को उपदेश देने वाला लाल–कण्ठी वाला तोता होगा। खाना नंबर 11 का बुध, बृहस्पत की नकल होगा।

बुध के दांत– जब टेवे वाले के दांत कायम हों तो आवाज अपने काबू में होगी (उच्चारण शुद्ध होगा)। बृहस्पत की हवाई ताकत (बच्चे पैदा करने की ताकत) पर काबू होगा। मंगल भी टेवे वाले का साथ देगा। जब तक दांत (बुध) न हो तब तक दूध (चन्द्र) साथ देगा। जब दांत होंगे तो अन्न (शुक्कर) होगा।

जब दांत न थे तब दूध दिया
जब दांत दिए तो क्या अन्न न देगा?

जब तक बुध न होगा, तब तक चन्द्र साथ देगा और जब बुध होगा तो शुक्कर साथ होगा। यानि जब बुध आ जाए तो शुक्कर के आने की उम्मीद भी पैदा हो जाएगी।

जब दांत आकर चले गए तो मंगल–बुध का साथ भी न होगा और न ही बृहस्पत पर काबू (नियंत्रण) होगा। यानि उस वक्त (वृद्धावस्था) औलाद का जमाना भी खत्म हो चुका होगा। दांत गए तो दंत–कथा भी गई और इंसान की औलाद पैदा होने की उम्मीद भी गई।

बुध का रहस्य (भेद)– जब टेवा हर तरह से मुकम्मल (पूर्ण) हो चुका हो और टेवे (कुंडली) के खाना नंबर 1 को हिन्दसा 1 देकर सब कुछ तैयारी हो चुकी हो तो बुध का हाल (स्थिति) जानने के लिए मंदरजाजैल उसूलों को अपनाना होगा।

(1) टेवा तैयार होने के बाद या तो अलग–अलग खानों में अलग–अलग ग्रह होंगे या फिर ज्यादा से ज्यादा आठ ग्रह एक खाने में होंगे (क्योंकि राहु–केतु हमेशा आमने–सामने होते हैं) तो हर एक ग्रह की अपनी ताकत (जो कि निश्चित है, देखें फरमान नंबर 6) की मिकदार (मात्रा) को (जो कि निश्चित है) उस खाना नंबर के हिन्दसा (अंक) से जरब (गुणा) कर देंगे जिसमें कि वह बैठा है। अब जो भी जवाब इन नौ ग्रहों का मजमूआ (योगफल) आएगा उसे नौ पर तकसीम (भाग) कर देंगे, अब अगर–

(i) बाकी कुछ न बचे तो बुध का स्वभाव उस टेवे में खाना नंबर 5 में बैठे हुए ग्रह का होगा। सिफर (शून्य) बचने की हालत में माना जाएगा कि बुध की ताकत भी सिफर (शून्य) होगी। जब बुध की ताकत सिफर हो तो टेवे में राहु–केतु का किसी भी दूसरे ग्रह पर कोई असर नहीं गिना जाएगा या यूं कहा जाए कि राहु–केतु की दृष्टि बुध के दायरे में सिमटकर बंद हो जाएगी और सिफर (केवल दृष्टि) हो जाएगी। लेकिन राहु–केतु का जाती (व्यक्तिगत) असर

जरूर टेवे वाले पर पड़ता रहेगा। बुध में हमेशा पाप (राहु–केतु) का असर शामिल होगा। सिवाय खाना नंबर 4 के, जिसमें पाप (राहु–केतु), पाप नहीं करने की कसम खाते हैं।

(ii) सिफर बचने की हालत में बुध खाना नंबर 5 में बैठे हुए ग्रह की तबीयत (स्वभाव) का होगा। खाना नंबर 5 में अगर कोई ग्रह न बैठा हो तो बुध ऐसा असर करेगा जैसा कि टेवे में सूरज, जिस घर में बैठा होकर व्यवहार करता है।

चित्र 393:

(iii) अगर कोई हिन्दसा (अंक) बच रहा हो तो बुध उसके अनुसार असर करेगा जो हिन्दसा बच रहा है और वह हिन्दरा किसी न किसी ग्रह की ताकत की मिकदार (मात्रा) होगी जो कि फरमान नंबर 6 के अनुसार पहले से ही मुकर्रर (निश्चित) होती है अर्थात् बुध उस ग्रह के अनुसार असर करेगा जिस ग्रह का वह बचा हुआ हिन्दसा है जो ग्रह की मिकदार की शक्ल में है। बुध का यह असर उसका जाती (व्यक्तिगत) असर न होकर उस ग्रह का असर होगा जो उस टेवे में जिस खाने में बैठकर व्यवहार कर रहा है।

उदाहरण कुंडली– बुध का भेद जानने के लिए एक कुंडली पर प्रयोग करेंगे। देखें चित्र 393।

ग्रह का नाम	बृहस्पत	सूरज	चन्द्र	शुक्कर	मंगल	बुध	सनीचर	राहु	केतु	जवाब
कुंडली के किस खाने का है?	4	3	6	5	5	3	12	2	8	–
ग्रह की ताकत	$\frac{6}{9}$	$\frac{9}{9}$	$\frac{8}{9}$	$\frac{7}{9}$	$\frac{5}{9}$	$\frac{4}{9}$	$\frac{3}{9}$	$\frac{2}{9}$	$\frac{1}{9}$	$\frac{45}{9} = 5$ मुकर्रर है
खाने के अंक को ग्रह की मात्रा से गुणा करें	$\frac{24}{9}$	$\frac{27}{9}$	$\frac{48}{9}$	$\frac{35}{9}$	$\frac{25}{9}$	$\frac{12}{9}$	$\frac{36}{9}$	$\frac{4}{9}$	$\frac{8}{9}$	कुल योग $\frac{219}{9} = 24\frac{3}{9}$

जो ग्रहों की ताकत का योग है, वह निश्चित है। यहां उससे कोई मतलब भी नहीं है। बुध का भेद जानने के लिए हर ग्रह की अलग–अलग ताकत को लेंगे। अब जो मुकर्रर ग्रहों की ताकत हैं उसको उन खाना नंबरों से जरब (गुणा) करेंगे, जिस खाना नंबर में दिए गए ग्रह बैठे हैं। मसलन बृहस्पत खाना नंबर 4 में बैठा है और बृहस्पत की मुकर्रर ताकत 6/9 है। अब 4 को 6/9 से जरब कर देंगे। इसी तरह दूसरे ग्रहों का भी जरब निकाला जाएगा।

बृहस्पत	–	$4 \times \frac{6}{9}$	=	$\frac{24}{9}$
सूरज	–	$3 \times \frac{9}{9}$	=	$\frac{27}{9}$
चन्द	–	$6 \times \frac{8}{9}$	=	$\frac{48}{9}$
शुक्कर	–	$5 \times \frac{7}{9}$	=	$\frac{35}{9}$
मंगल	–	$5 \times \frac{5}{9}$	=	$\frac{25}{9}$
बुध	–	$3 \times \frac{4}{9}$	=	$\frac{12}{9}$
सनीचर	–	$12 \times \frac{3}{9}$	=	$\frac{36}{9}$
राहु	–	$2 \times \frac{2}{9}$	=	$\frac{4}{9}$
केतु	–	$8 \times \frac{1}{9}$	=	$\frac{8}{9}$

कुल योग = $\frac{219}{9}$

= $24\frac{3}{9}$

अब इसमें पूर्ण भाज्य संख्या 24 को छोड़ देंगे, फरमान नंबर 6 के मुताबिक बाकी बचा 3/9 ताकत की मिकदार (मात्रा) सनीचर की है। सनीचर उदाहरण कुंडली में खाना नंबर 12 में बैठा है इसलिए अब बुध, दिए गए टेवे में खाना नंबर 12 के सनीचर वाला असर देगा। अगर कुंडली दोबारा देखें तो पता चलेगा कि कुंडली में पहले राहु, फिर केतु और सबसे आखरी खाने में सनीचर है इसलिए सनीचर का जाती (व्यक्तिगत) स्वभाव खराब फल वाला होगा। इसलिए अब बुध के वक्त सनीचर दोगुना ताकत के साथ अपना मंदा फल देगा। क्योंकि अब बुध और सनीचर दोनों ही खराब स्वभाव के हो गए हैं।

उपाय के वक्त भी बुध के साथ–साथ उस ग्रह का भी उपाय किया जाए जिससे कि बुध का स्वभाव मिलता हो। मसलन खाना नंबर 3, 9 में बुध हो तो लोहे की लाल गोली कायम करें (अपने पास रखें) लेकिन अगर बुध नेक न हो तो लोहे की जगह कांच की गोली कायम करें जिस पर लाल रंग ऊपर और अन्दर शामिल हो। इसी तरह ग्रहों के रंग की बुनियाद (आधार) पर गोली कायम करना मददगार होगा। इसी तरह

अगर बुध खाना नंबर 12 में हो तो नष्ट ग्रह की मदद का उपाय या केतु का उपाय (काला+सफेद कुत्ता कायम करें मगर वह लाल न हो) करना मददगार होगा।

असली बुध– बुध आकाश है। सफेद कागज, सीसा (शीशा) और सफेद फिटकरी वगैरह बुध की असल चीजें हैं। बुध पर जरा सा भी दाग या दूसरे ग्रह का ताल्लुक (सम्बन्ध) हो जाने पर इसकी (बुध) गोलाई का मरकज (केन्द्र) ढूंढ़ पाना वैसे ही मुश्किल हो जाएगा जैसे कि पृथ्वी का केन्द्र ढूंढ़ना। इसलिए बुध का निर्धारण कर लेना बेहद जरूरी है। खाना नंबर 3, 8, 9, 12 के बुध का मंदा असर उस वक्त या उस साल में नेक होगा जिस साल बुध वर्षफल (देखें फरमान नंबर 13, फेहरिस्त वर्षफल) में नेक (शुभ) हो जाए लेकिन जनम के बाद पहले माह या पहले साल यह जहरीला असर जरूर दिखाएगा लेकिन अगर जहरीला न हुआ तो जनम मरण का झगड़ा दूर हो जाएगा अर्थात् मोक्षदायक होगा।

आम हालात 12 घरों में

घर दो-चार या छठवें बैठा, राजा योगी बुध होता हो
सातवें घर में पारस होता, साथी ग्रह को तारता हो
नौ-बारह-आठ तीसरे-ग्यारह, थूके कोढ़ी बुध होता हो
घर पहले दस घूमता राजा, परिवार दौलत पांच देता हो

खाना नंबर 2, 4, 6 का बुध राजा और योगी होगा। खाना नंबर 7 में पारस (एक पत्थर जो लोहे को भी सोने में तब्दील कर देता है) होगा, जो अपने साथ बैठे ग्रह को तारने वाला होगा। खाना नंबर 9, 12, 8, 3, 11 का बुध दूसरों के लिए थूकता हुआ कोढ़ी (मंदा) होगा। खाना नंबर 1, 10 का बुध घूमता हुआ राजा या दहशतगर्द होगा। खाना नंबर 5 का बुध परिवार को धन–दौलत देने वाला होगा।

बुध खाना नंबर 1

(राजा या हाकिम मगर खुदगर्ज–शरारती–बदनाम)

मिले तख्त औरत को कितना ही ऊंचा
जवानी में तोहमत का खतरा ही होगा

फिक्र दुनिया छोड़ो बाबा, वक्त सुलझाने को है
लड़के जैसी लड़की राजा, लेख जग जाने को है
तबला गो न अपना उम्दा, राग सबका दिल हरे
रंग काला गर हो उसका, पानी में पत्थर तरे
बुध घर पहले पांचवें, सूरज का परिवार हो
बारिश जर की हो रही, दिन न गुजरे चार हो
सनीचर चले इशारे पे बुध, पाप खड़ा खुद रोता हो
धर्म पक्का न बेशक कदरे, राज सेहत जर उम्दा हो
बुध चीजों पर बुध गो मंदा, तोता चश्म चाहे होता हो
शराबी कबाबी हो बेशक कितना, रिजक न मंदा अपना हो

(1) अगर टेवे वाली औरत (स्त्री) हो जिसके बुध खाना नंबर 1 में हो तो चाहे उसे कितना ही ऊंचा और उम्दा तख्त (पद) मिल जाए या औरत के टेवे में चाहे राजयोग ही क्यों न हो जाए मगर जवानी के दिनों में उसे बदनामी और तोहमत का डर ही बना रहेगा।

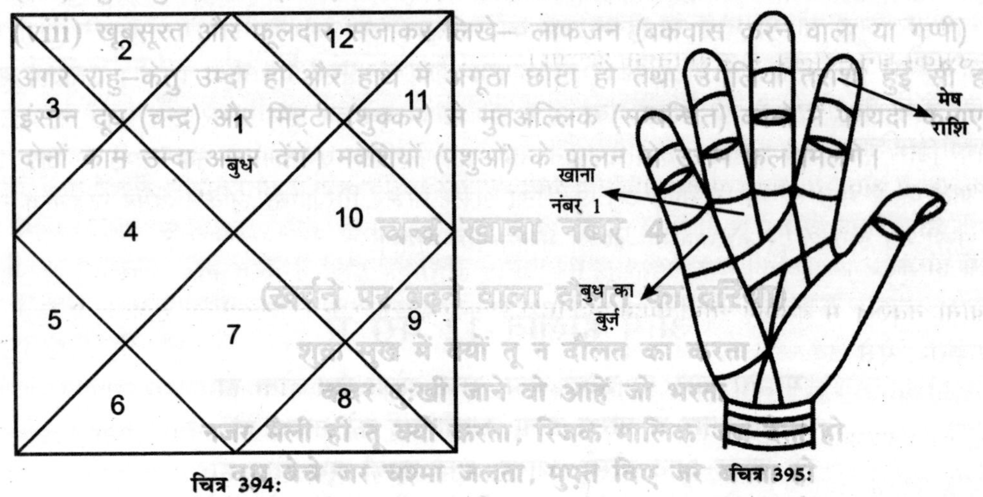

चित्र 394:

चित्र 395:

(2) जनम के वक्त चाहे परिवार की हालत कुछ भी हो मगर जब भी उम्दा वक्त आएगा तो टेवे वाली लड़की भी हो तो भी राज करेगी। टेवे वाले की संतान (लड़का या लड़की) भी राज (शासन) करने वाली होगी। अब टेवे वाला भी सुख की सांस लेगा।

(3) चाहे अपने पास कुछ भी न हो मगर दुनियावी (सांसारिक) लोगों की नजर में टेवे वाला हैसियतमंद जरूर होगा।

(4) जब खाना नंबर 7 में कोई भी ग्रह (खासकर सनीचर या शुक्कर) हो तो टेवे वाला पानी में भी पत्थर छोड़ेगा तो वह भी तैरने लग जाएगा अर्थात् जो भी काम करेगा उसमें कामयाबी जरूर मिलेगी चाहे वह काम बेवकूफी (मूर्खतापूर्ण) वाला ही क्यों न हो। अगर टेवे वाले के जिस्म का रंग काला हो तो और भी मुबारक असर होगा।

(5) जब बुध खाना नंबर 1, 5 में हो और सूरज के बुर्ज़ (खाना नंबर 1) से बुध के बुर्ज़ (खाना नंबर 7) को कोई रेखा जाती हो तो टेवे वाले की औरत (पत्नी) अमीर घराने से ताल्लुक रखती होगी और साथ ही नेक और उत्तम तबीयत (स्वभाव) की मालकिन होगी।

(6) जब बुध खाना नंबर 1, 5 में हो तो टेवे के जिस घर में सूरज होगा उस घर से मुतअल्लिक (सम्बन्धित) रिश्तेदारों की मदद से टेवे वाले के घर में धन की बारिश होगी और उस घर के रिश्तेदार भी चन्द (कुछ) दिनों में दौलतमंद हो जाएंगे।

(7) जब बुध खाना नंबर 1 में हो तो सनीचर और पाप (राहु–केतु) बुध के इशारे पर चलेंगे। ऐसा इंसान धर्म से दूर रहने वाला होगा मगर रिजक (धन) और आमदनी के मामले में कभी भी मंदा न होगा। उसे राजदरबार से हमेशा फायदा होगा। राहु (ससुराल), केतु (औलाद) उसकी जान को रोते होंगे।

(8) जब बुध खाना नंबर 1 में बैठकर मंदा हो रहा हो तो इसका असर बुध की अश्या (चीजों) पर पड़ेगा लेकिन निस्फ (आधी) उम्र के बाद धन के लिहाज से बुध का असर उम्दा हो जाएगा। ऐसे में अण्डे इस्तेमाल (भोजन के रूप में) करना मंदी सेहत का बहाना (कारण) होगा।

(9) मंदे बुध के वक्त, बुध का मंदा असर सब्ज़ (हरा) रंग की अश्या (चीजों), कारोबार और हिकमत (हकीमी या डॉक्टरी पेशा) पर पड़ेगा।

(10) जब बुध खाना नंबर 1 में मंदा हो रहा हो तो राहु (ससुराल) और केतु (औलाद) का हाल मंदा होगा। इसका सबूत (पहचान) यह होगा कि टेवे वाला शराब और कबाब (गोश्त) इस्तेमाल करने वाला होगा। मगर उसकी धन–दौलत में मंदापन न आएगा।

(11) आकाश में किसी भी चीज का न होना बुध कहलाता है। सूरज का फर्जी (काल्पनिक) दायरा ही बुध की हस्ती (अस्तित्व) है। इसलिए यह सूरज से ज्यादा दूर नहीं रह सकता यानि टेवे में भी बुध सूरज के एक खाना आगे या एक खाना पीछे ही होगा। इससे ज्यादा दूर न होगा यानि सूरज के दायरे से बाहर न होगा। बुध अपनी मर्जी से घूमता हुआ राजा के मानिन्द (तुल्य) होगा। लेकिन शरारती और बदनाम होगा।

(12) बुध खाना नंबर 1 में बैठकर चाहे मंगल का फल निकम्मा कर दे मगर सूरज का फल कभी मंदा नहीं कर सकता। ऐसे टेवे वाले का खून हरारत (हल्का बुखार) से भी ऊपर–नीचे चलने वाला होगा।

(13) जब मंगल खाना नंबर 12 में हो तो खाना नंबर 1 पर बुध का असर मंदा नहीं होगा, चाहे वह टेवे में कितना ही मंदा क्यों न बैठा हो।

(14) जब चन्द्र खाना नंबर 7 में हो तो टेवे वाला नशेबाजों का सरदार होगा। जबान (जीभ) का चस्का (स्वाद) सेहत को खराब करने का बहाना (कारण) होगा।

(15) जब खाना नंबर 7 खाली हो और अकेला बुध खाना नंबर 1 में बैठा हो तो बुध का खुद का असर मंदा होगा मगर वह दूसरों का दिल अपने काबू (अधिकार) में कर लेगा यानि वह दूसरों के लिए फायदेमंद जरूर होगा।

(16) जब बुध खाना नंबर 1 में मंदा हो रहा हो तो टेवे वाला जद्दी (पैतृक) जगह से दूर परदेश में रहने वाला रागी और लालची होगा। जवानी के अर्से (दौर) में बुध का असर उम्दा होगा। मंदे बुध वाले को एक जगह टिककर बैठना आवारा चक्कर लगाने से बेहतर साबित होगा।

(17) जब दांत 30 से कम और 32 से ज्यादा हों तो टेवे वाला मंदेभाग (दुर्भाग्य) वाला होगा। ऐसे में बुध खाना नंबर 12 से मुतअल्लिक (सम्बन्धित) असर देगा। जब 32 दांत हों तो जुबान से निकला मंदा (बुरा) लफ्ज (शब्द) जरूर सच साबित होगा। यानि 32 दांत वाले इंसान के साथ खाना नंबर 2 (जुबान) का असर होगा।

कियाफा (हस्तरेखा)– जब सूरज के बुर्ज (खाना नंबर 1) से बुध के बुर्ज (खाना नंबर 7) पर कोई रेखा जाती हो।

बुध खाना नंबर 2

(राजा, मतलबी, ब्रह्मज्ञानी)

पता उसके वालिद अगर मौत चलता
दुआएं पैदाइश न लड़के की करता
अकेला बैठा सबको तारे, राजा योगी बनता हो
आठ–छ: घर खाली होते, श्रेष्ठ रेखा सिर पाता हो
राज नसीबा दुश्मन मारे, शुक्कर मंगल न मंदा हो

कलम जुबान से मोती गिरते, ससुराल घराना तारता हो
आठ छठे घर बैठा कोई, भरता तबेला कन्या हो
उम्र सोलहवां उन्नीस उसकी, पिता न उसका बैठा हो
साथ चन्द्र का जब भी मिलता, उम्र पिता न शक्की हो
इज्जत बृहस्पत नौ–बारह देता, आयु माता की लम्बी हो
सनीचर मिले तो सांप हो उड़ता, साथ भला न साली हो
भेड़ तोता होता हो जब रखता, मंदी कहानी होती हो

(1) जब टेवे में बुध मंदा हो तो पिता पर भारी होगा। बाप लखपति होते हुए भी टेवे वाले के लिए सब कुछ सिफर (शून्य) ही होगा। जब से टेवे वाले की पैदाईश होगी तभी से टेवे वाले का बाप या तो मरे हुए के मानिन्द (समान) होगा या तो मर जाएगा।

(2) जब बुध टेवे में अकेला खाना नंबर 2 में बैठा हो तो टेवे वाला इंसान सबको तारने वाला और बहैसियत राजा, योगी होगा।

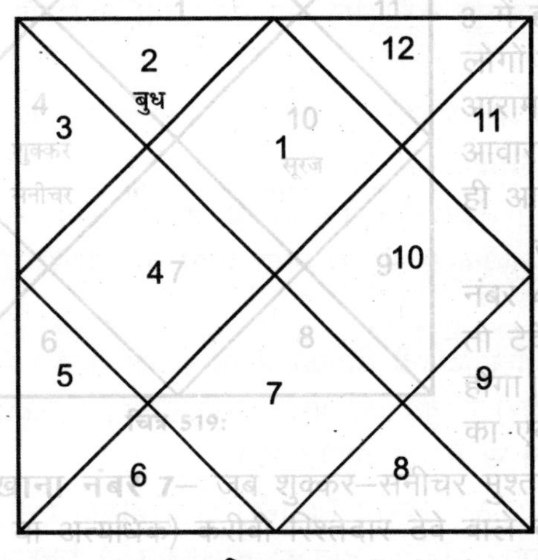

चित्र 396:

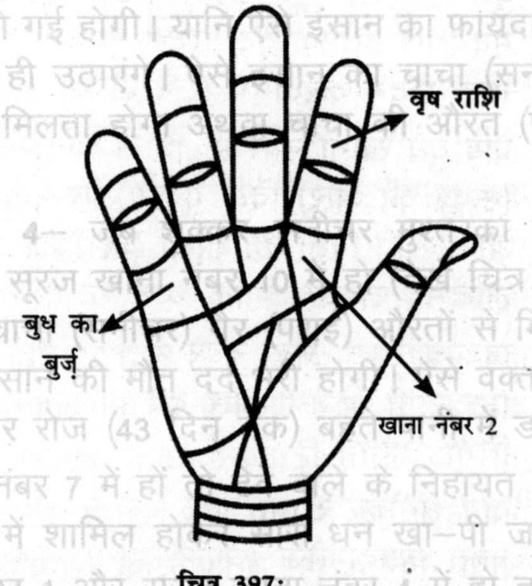

चित्र 397:

(3) जब खाना नंबर 6, 8 खाली हो तो सिर (मस्तिष्क) रेखा का श्रेष्ठ फल टेवे वाले को मिलेगा। दिमागी (मस्तिष्क सम्बन्धी) बीमारी कभी गले न पड़ेगी। गो (यद्यपि) पिता का सुख नहीं मिलेगा लेकिन वह खुद औलाद से दुःखी या लावल्द (निःसन्तान) नहीं होगा। टेवे वाला किस्मत वाला होगा। यह हालत राजयोग वाली होगी।

(4) जब बुध खाना नंबर 2 में उम्दा हो तो ऐसा इंसान दुश्मनों को मारने और बरबाद करने वाला होगा मगर राजघरानों या बादशाह–तुल्य लोगों के परिवार को बरकत देने वाला होगा। अब शुक्कर और मंगल मंदा असर नहीं करेंगे यानि शुक्कर और मंगल के मुतअल्लिक (सम्बन्धित) अश्या (वस्तुओं) से नेक (शुभ) फल मिलेगा।

(5) जब मंगल खाना नंबर 8 में हो और हथेली में कनिष्ठा उंगली का सिरा मुरब्बा (चौकोर) हो अथवा मंगल खाना नंबर 9 में हो और हथेली में कनिष्ठा उंगली बहुत लम्बी हो तो ऐसी हालत में ऐसा इंसान जुबान (वाणी) और कलम (लेखन) दोनों से ही बरकत करेगा। दुनियावी लोगों को पुख्ता

राय देने वाला होगा। जुबान (वाणी) में इतनी ताकत होगी कि अपने नुक्स (कमियों) तक को छिपा लेगा।

(6) खाना नंबर 2 में उम्दा बुध वाला इंसान अपनी ससुराल को तारने वाले राजा के मानिन्द होगा।

(7) जब खाना नंबर 8, 6 में कोई ग्रह बैठा हो तो ऐसे इंसान के घर स्त्री–औलाद की बरकत होगी मानो पूरा तबेला (खानदान) लड़कियों से भरा पड़ा हो।

(8) बुध खाना नंबर 2 में बैठा हो और सिर (मस्तिष्क) रेखा शुरू में उम्र रेखा से न मिल रही हो तो टेवे वाले इंसान को बाप (पिता) का सुख न होगा। 16 से 21 साल उम्र के दरमियान (मध्य) अथवा ज्यादा से ज्यादा 34 से 36 साल की उम्र के करीब पिता फौत (मरण) होगा। अगर किस्मत से बच गया तो उसकी हालत मुर्दों से भी ज्यादा बदतर होगी। बाप का तोशा (बल) भी बरबाद हो जाएगा। जब तक बाप जिन्दा रहेगा तक तक टेवे वाले का धन ठिकाने लगता रहेगा। बाप की सेहत पर अगर ज्यादा मुनाफा हो जाएगा तो बाप की एक साल की कमाई का नुकसान एक ही दिन में देख लेगा। ऐसी हालत में बाप जरूर जिन्दा रहता चला जाएगा।

(9) मंदे बुध के वक्त बुध की चीजें बहन, लड़की (बेटी), बुआ वगैरह सब जहरी असर की होंगी। मंदे बुध के वक्त नाक छेदन करवाकर कम से कम 4, 5 दिन अथवा 96 घंटे तक सुराख कायम रखना मददगार होगा। नाक छेदन करवाना हमेशा मददगार होगा मगर 16 से 21 साल की उम्र के दरमियान नाक छेदन करवाना उत्तम होगा।

(10) जब बुध खाना नंबर 8, 12 से चन्द्र को मदद देता हो और हथेली में सिर रेखा से कोई शाखा उठकर (ऊपर की ओर) दिल (ह्रदय) रेखा में जा मिले तो पिता की उम्र कभी शक्की (संदेहजनक) न होगी और न ही पिता का तोशा (बल) बरबाद हो रहा होगा। टेवे वाले के दिल की ताकत गजब की होगी लेकिन शर्त यह है कि चन्द्र रद्दी न हो रहा हो।

(11) जब बृहस्पत खाना नंबर 9, 12 में बैठा हो तो टेवे वाले को इज्जत और आबरू (ख्याति) भरपूर तादाद (मात्रा) में मिलेगी और टेवे वाले की माता की उम्र भी लम्बी होगी। अमूमन माता की उम्र 80 साल गिनी जाएगी।

(12) जब सनीचर खाना नंबर 6 में हो तो टेवे वाला नेक (शुभ) मायनों में उड़ता हुआ सांप होगा यानि वह बहुत ज्यादा तेज (चपल) होगा। हर तरफ उत्तम असर होगा। मगर टेवा वाले का ससुराल दिन ब दिन (दिन–प्रतिदिन) मंदा ही होता चला जाएगा।

(13) जब शुक्कर खाना नंबर 12 और बुध खाना नंबर 2 में हो और ऐसी हालत में साली आकर टेवे वाले के पास रहने लगे तो टेवे वाले का शुक्कर (पत्नी) बरबाद हो जाएगा और इसके बाद बुध (नाली के द्वारा) खाना नंबर 12 में जाकर, बुध खाना नंबर 12 के मंदे नतीजे (परिणाम) देगा। यानि बुध और शुक्कर दोनों ग्रह खाना नंबर 12 के मंदे असर देंगे। इसी तरह अगर शुक्कर खाना नंबर 3, 8, 9 में हो तो मंदा फल होगा। टेवे वाला भेड़, तोता वगैरह पालेगा तो यह मंदे वक्त की पहली निशानी होगी।

(14) जब खाना नंबर 6 में मंगल अकेला हो या मंगल–बृहस्पत दोनों खाना नंबर 6 में हो तो बुध खाना नंबर 2 में बैठकर बृहस्पत (बाप) पर कोई बुरा असर नहीं देगा। हद से हद बुध मंगल पर कोई शरारत कर सकता है लेकिन जरूरी नहीं कि वह मंगल का बुरा कर ही देगा।

(15) जब बृहस्पत खाना नंबर 8 में हो तो अब खाना नंबर 2 का बुध बृहस्पत पर बुरा असर करेगा मगर यह असर बाप की बजाए बाबा पर और बृहस्पत की दूसरी अश्या (वस्तुओं) और रिश्तेदारों पर होगा।

(16) जब बुध खाना नंबर 2 में उम्दा हो तो टेवे वाले की सोने जैसी किस्मत होगी मगर बृहस्पत (पिता) के लिए सोने में कलई का टांका (कोढ़ के समान) होगा। खुद साख्ता (स्वनिर्मित) अमीर होगा। टेवे वाले की उम्र लम्बी लेकिन बाप की उम्र कम होगी। माता की उम्र लम्बी होगी। टेवे वाले को अपनी जात (नेक मायनों में हुनर) पर पूरा भरोसा होगा अर्थात् आत्मविश्वासी होगा। अपने परिवार का भारी बोझ टेवे वाले के कंधों पर होगा अर्थात् परिवार के प्रति जिम्मेदारियां होंगी। मेहनत से बनाई हुई उत्तम जिन्दगी का मालिक होगा।

(17) अगर बुध खाना नंबर 2 में मंदा हो तो बुध एक ऐसी राख होगा जो हर एक का मुंह मिट्टी से खराब कर दे या मुंह पर मिट्टी मल दे। जिस तरह हीरा कलई (बंग) से कटता है उसी तरह मंदा बुध भी मजबूत दौलत को राख कर देगा। सट्टा, फर्जी या खयाली (काल्पनिक या मनगढ़ंत) व्यापार, जुआ वगैरह सब कुछ बरबाद कर देंगे।

(18) बुध खाना नंबर 2 में मंदा हो तो केतु का भी असर मंदा होगा। औलाद–नरीना (नर) की किल्लत (देरी से होगी या औलाद से दुःखी होगा) होगी। ऐसा इंसान औलाद का सुख नहीं पाएगा मगर लावल्द (संतानहीन) नहीं होगा।

(19) जब सूरज खाना नंबर 8 में हो और बुध मंदा हो तो टेवे वाला इंसान गौरोखांज (बहुत ज्यादा सोच–विचारकर काम करने वाला) का मालिक होगा। उसे अपने दिमाग (बुद्धि) पर इतना ज्यादा भरोसा होगा कि वह मगरूर (अहंकारी) हो जाएगा। गो (यद्यपि) ऐसा इंसान दिमाग और जिस्म से उम्दा होगा मगर उसकी माली (आर्थिक) हालत मंदी ही होगी।

(20) जब सूरज खाना नंबर 8 में हो और बुध उम्दा हो। हथेली में अनामिका उंगली कनिष्ठा की ओर झुकी हुई हो। ऐसे में टेवे वाला दस्ती काम के व्यापार में होगा मगर पैसे का लालची होगा।

(21) जब केतु खाना नंबर 8 में हो और हथेली में कनिष्ठा उंगली का सिरा नुकीला हो तो टेवे वाला इंसान नसीहत देने वाला होगा। अगर कनिष्ठा उंगली लंबी हो तो टेवे वाला अच्छा वक्ता होगा।

(22) जब राहु खाना नंबर 8 में हो और हथेली में कनिष्ठा उंगली का सिरा चौड़ा हो तो टेवे वाला इंसान हाजिरजवाब होगा। लेकिन कनिष्ठा उंगली बहुत लंबी हो तो उम्दा तकरीक (खोज) का मालिक होगा।

(23) जब खाना नंबर 2 में बुध उम्दा हो तो टेवे वाला लम्बी, कुशादा (फैलापन) और बाहर को उभरी हुई पेशानी (मस्तक या ललाट या माथा) का मालिक होगा। ऐसा इंसान अपनी ही तान पर मस्त (आत्मप्रशंसक), खुदगर्ज (स्वार्थी), मतलबपरस्त (मतलबी), योगी राजा और जाती (व्यक्तिगत) किस्मत का मालिक होगा। अपने खुद के लिए बृहस्पत के समान सोने का मालिक होगा मगर बुध, शुक्कर का असर खराब करेगा।

(24) जब बुध खाना नंबर 2 में हो और सनीचर और सूरज प्रबल हों तो बुध के असर का कोई ऐतबार (विश्वास) नहीं होगा।

(25) जब चन्द्र और सनीचर खाना नंबर 12 में हों तो बुध की मियाद (समयावधि) 17 साल से शुरू होकर सनीचर का वक्त आने तक (यानि 33 से 36 साल उम्र से पहले मतलब 32 से 35 साल की उम्र तक) पिता की सारी की सारी कमाई (धन–दौलत) जद्दी (पैतृक) घर से जनूबी–मशरिकी (दक्षिण–पश्चिम) वाली दिशा वाले कुएं (स्रोत का संकेत) में जाती होगी। ऐसे में चन्द्र की अश्या (चीजें) धर्म स्थान में देना मददगार होगा।

कियाफा (हस्तरेखा)– सिर रेखा जब उम्र रेखा से जुदा (अलग) होकर बृहस्पत के बुर्ज़ (खाना नंबर 2) का रुख करे।

बुध खाना नंबर 3

(थूकने वाला कोढ़ी)

चरण घर में रखते लगी कुछ न देरी
चले सब गए, उम्र बाकी है तेरी
पहले मंगल बुध हर दम उम्दा, दौलत कबीला बढ़ता हो
असर चीज बुध उत्तम देगा, मंदा केतु जा मरता हो
शुक्कर चार औलाद में देरी, सूरज ग्यारह उम्र लम्बी हो
मामू मुबारक दौलत होगी, वैध दमें का आला हो
आठ चन्द्र से शुक्कर मंदा, राहु सनीचर भी जलता हो
सात-छठे जब पापी बैठा, खालू पिता मामू मरता हो
अन्धेरे जंगल में मुसाफिर लुटते, आग चक्कर बुध जलता हो
नौ मरते हो ग्यारह उजड़े, चार-पांच-तीन गरकता हो

(1) खाना नंबर 3 में बुध वाला इंसान दूसरों के लिए कोढ़ी (मंदा) मगर अपने लिए तेज दांतों वाला शेर होगा। ऐसा इंसान खुद के लिए धन–दौलत के लिहाज से (सन्दर्भ में) मंदा नहीं होगा। उसके भाई–बन्द और ताल्लुकदार (रिश्तेदार) उसको जरूर मदद देंगे।

(2) ऐसा इंसान अपने करीबी ताल्लुकदारों (रिश्तेदारों) से ज्यादा उम्र जिएगा। उम्र अमूमन 80 साल होगी। ऐसे इंसान के जनम पर कोई न कोई करीबी रिश्तेदार वफात (मौत) पाएगा।

(3) जब खाना नंबर 3 में बुध और मंगल खाना नंबर 1 में हो तो बुध उम्दा असर देगा। टेवे वाले की दौलत और कबीला बढ़ता ही जाएगा। बुध की अश्या (वस्तुओं) का उम्दा फल मिलेगा। अगर केतु किसी वजह से मंदा हो भी जाए तो उसका बुरा असर केतु पर जा पड़ेगा और केतु बरबाद होगा। टेवे वाले इंसान और उसके भाई की मदद के लिए बृहस्पत खाना नंबर 9, 11 और शुक्कर खाना नंबर 7 की मुतअल्लिक (सम्बन्धित) अश्या (चीजें), कारोबार (व्यापार) और ताल्लुकदार मददगार साबित होंगे।

(4) जब शुक्कर खाना नंबर 4 में हो तो इंसान की औलाद देरी से कायम होगी और अगर सूरज खाना नंबर 11 में हो तो टेवे वाले की उम्र लम्बी होगी। केतु का फल उत्तम होगा यानि औलाद– मामा का उत्तम फल होगा। ऐसा इंसान दमा के मरीजों का काबिल हकीम होगा। सूरज और बुध दोनों का फल मंदा होगा यानि न सूरज की चमक होगी और न ही बुध की शान होगी मगर टेवे वाले की उम्र जरूर लम्बी होगी।

नोट– ***यहां पर एक तथ्य ध्यान देने योग्य है कि जब बुध खाना नंबर 3 में हो तो गणितीय सिद्धांत के अनुसार (ज्योतिष-शास्त्र में) सूरज खाना नंबर 11 में होना संभव नहीं है क्योंकि बुध और सूरज में ज्यादा से ज्यादा एक खाने का अंतर संभव है। इसी तरह सूरज और शुक्कर में अधिकतम 2 खानों का अंतर होता है। सूरज और बुध या शुक्कर के मध्य अन्तर को ज्योतिष भाषा में परम इनान्तर का नाम दिया गया है। लाल किताब में इस तरह का अंतर देना संभवतः वर्षकुंडली की तरफ इशारा करता है। राहु-केतु भी जो हमेशा टेवे में आमने-सामने (सातवें घर पर) बैठते हैं, वर्षकुंडली में कभी-कभी एक ही खाने में देखे जा सकते हैं। इसलिए उक्त नियमों को जिनमें कि इस तरह का अंतर दिखाई दे, वर्षकुंडली से ही सम्बद्ध करके देखा जाना चाहिए।***

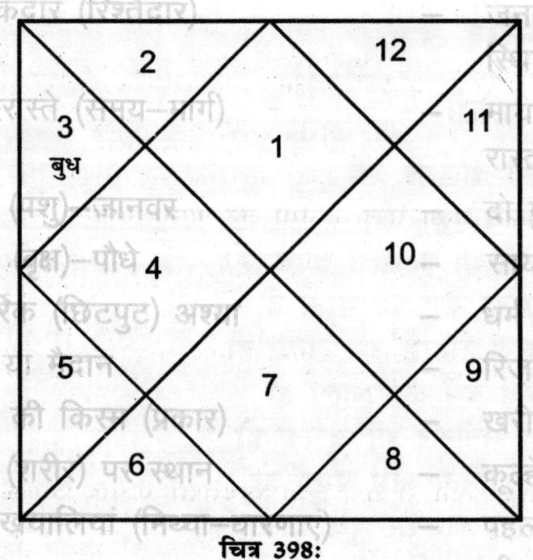

चित्र 398:

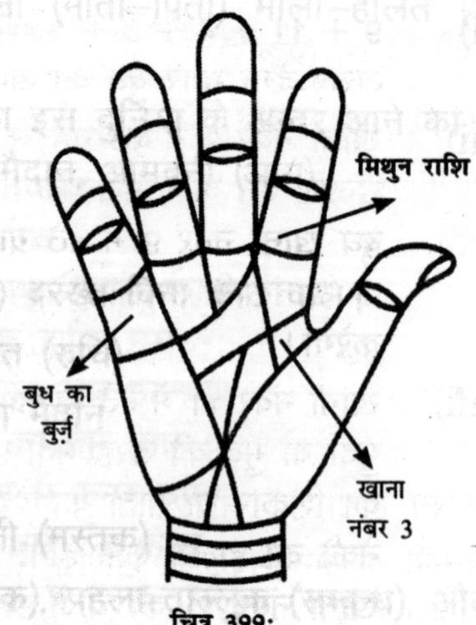

चित्र 399:

(5) जब चन्द्र खाना नंबर 8 में हो तो शुक्कर टेवे में मंदा गिना जाएगा साथ ही अगर खाना नंबर 6 में बुध के दोस्त ग्रह (सूरज, शुक्कर, राहु) भी न हों तो सनीचर और राहु भी बरबाद होंगे।

(6) जब पापी (राहु, केतु, बहैसियत पापी सनीचर) खाना नंबर 6, 7 में बैठे हों तो पिता की माया (धन–दौलत), मामा और फूफा सभी का घर बरबाद होगा।

(7) अंधेरे जंगल (मंदा बुध) में मुसाफिर (केतु) लुटता होगा और आग (मंगल–बद) का चक्कर (बुध) जलता होगा। अर्थात्

(i) अंधेरे जंगल में मुसाफिर लुटने के जैसे वाकियात (घटनाएं) होंगे। बेवजह फर्जी (मनगढ़ंत) चक्करों में आकर इंसान तकलीफ पाएगा। मंगल–बद (आग) से बुध (चक्कर) जलता होगा। गिलाजत (गन्दगी) भरे 32 दांत वाले कई घरों को तबाह और बरबाद करेंगे।

(ii) खाना नंबर 3 बुध की अपनी राशि है और यह दुनियावी मायनों में एक भारी जंगल माना गया है।

(iii) बुध खाली और खुला हुआ (शून्य) आकाश का चक्कर या फर्जी दिमागी ढांचा है।

(iv) दुनिया के जंगल में मंदी आंधी चलने के वक्त दरख्त (वृक्ष) जड़ों से टूटकर इस कदर ऊंचे उड़ेंगे कि सारा आकाश (बुध) दहल जाएगा। कोई दरख्त इधर गिरेगा तो कोई उधर और कोई किसी शख्स (इंसान) के सिर पर गिरकर उसका नाश कर देगा।

(v) मुख्तसरन (संक्षेप में) बुध खाना नंबर 3 की मंदी हालत के वक्त जितना कम नुकसान हो उतना अच्छा होगा वरना यह जालिम लड़कियां (बुध) अपने खानदान के भाई–बन्द (और खाना नंबर 3 के मुतअल्लिक ताल्लुकदारों) को बरबाद करके अपनी जुबान के राग (वाणी), दांतों की चमक और उम्र के भोलेपन पर मोहित हो रही होगी।

(vi) अगर जुबान (वाणी) में लुकनत (हकलापन) हो तो बुध का असर ज्यादा मंदा न होगा वरना खाना नंबर 3 का बुध अपने ही खून (बाबा, ताऊ, चाचा, भाई वगैरह) और कबीले पर मंदा होगा। अगर मंगल नेक (सूरज़+बुध) हो तो बुध के जहर से बचत होती रहेगी वरना मंदी किस्मत का मारा इंसान दरबदर (जगह–जगह) का खानाबदोश (भटका हुआ मुसाफिर) होगा।

(8) नौ मरते हों, ग्यारह उजड़े, चार–पांच तीन गरकता हो।

(i) 9 + 11 + 4 + 5 + 3 = कुल 32 दांत कायम हों तो खाना नंबर 9, 11, 4, 5, 3 पर बुध मंदा असर देगा मगर बुध का अपना असर नेक ही होगा।

(ii) खाना नंबर 9 में बैठे ग्रह से मुतअल्लिक (सम्बन्धित) अश्या, कारोबार और रिश्तेदार उजड़े हुए या उजाड़ देने वाले असर के होंगे। अमूमन बुध की उम्र 34, 17, 8½, 4¼ साल होगी। इन उम्रों पर बुध खाना नंबर 9 में बैठे ग्रहों की चीजों मसलन पूजा पाठ, बुजुर्गों की शान–शौकत, धर्म–ईमान के खानदानी उसूलों (सिद्धांतों) पर मौत का शिकार या मौत का बहाना या मौत का मातम खड़ा करेगा।

(iii) खाना नंबर 11 में बैठे हुए ग्रह से मुतअल्लिक अश्या (वस्तुएं), कारोबार और ताल्लुकदार (रिश्तेदार) मुर्दों या मुर्दे की तरह मंदी हालत पैदा करने वाले होंगे। लेकिन ये खाना नंबर नौ की तरह मौतों का शिकार या मौतों का बहाना (कारण) तो नहीं बनेंगे लेकिन उजड़ जरूर जाएंगे यानि उनकी नेकी की हालत ऐसी होगी कि जैसे फूलों और फलों से भरा हुआ खूबसूरत जंगल उजड़ जाए। खाना नंबर 11 की चीजें होंगी अधिकारी की मेहरबानी, धन की आमदनी के दूसरे जरिए वगैरह।

(iv) खाना नंबर 4, 5, 3 से मुतअल्लिक रिश्तेदार बरबाद होते और बरबाद करते रहेंगे। खाना नंबर 4 की चीजें जद्दी (पैतृक) जायदाद, आमदनी (कमाई) का फव्वारा (स्त्रोत), दिल की शान्ति, गैबी (ईश्वरीय) मदद और ऊपरी आमदनी वगैरह और रिश्तेदार बरबाद होंगे। यानि वे अपनी जद्दी जगह छोड़कर ऐसी जगह चले जाएंगे जहां पर उनके बुजुर्गों ने जनम नहीं लिया था। न मौत होगी, न उजाड़ होगा मगर मुकाम जरूर बदल जाएगा। इसी तरह खाना नंबर 5 और खाना नंबर 3 का हिसाब देखेंगे। बुध की अश्या (मूंग की दाल वगैरह) का इस्तेमाल अमूमन बीमारी का बहाना होगा।

(v) मुंह के दांत (32 दांत) कायम होने तक बुध का मंदा असर खाना नंबर 9, 11, 4, 5, 3 पर होता रहेगा। बुध का मंदा असर 34 साल की उम्र तक पूरे जोर पर होगा। 42 साल की उम्र तक बुध की शरारतें जारी रहेंगी। 45 साल तक मद्धम मगर नरम (मंदी) हालत होगी। 48 साल की उम्र पर बुध की मंदे असर से मुकम्मल (पूर्ण) रिहाई (मुक्ति) होगी। इस पूरे (घटनाक्रम) में बुध का खुद अपना असर टेवे वाले पर नेक ही होगा।

(9) जनूब (दक्षिण–दिशा) के दरवाजे का साथ हो और बुध खाना नंबर 3 में बैठा हो तो अब बुध खाना नंबर 8 का फल देगा। हर तरफ मंदा फल देगा, खासकर औरत, दौलत और ससुराल की तबाही करने वाला होगा।

(10) जब टेवे में शुक्कर कायम (देखे फरमान नंबर 6) हो तो कलम (लेखन–दक्षता) का असर मंदा न होगा। चन्द्र का असर भी उम्दा ही गिना जाएगा चाहे चन्द्र टेवे में बरबाद ही क्यों न हो रहा हो।

(11) जब बुध मंदा हो तो इसकी सबसे पहले मंदी हालत की किरणें केतु की अश्या (चीजों), कारोबार और ताल्लुकदारों (मामा, औलाद वगैरह) पर पड़ेंगी इसलिए घर में केतु कायम करना मददगार होगा। यानि कुत्ता पालना या दोहता, दामाद, साला की पालना या सेवा करना मददगार होगा।

(12) अगर खाना नंबर 9, 11 खाली (सोया हुआ बुध) हो तो बुध हर तरह से उत्तम फल देगा।

उपाय

(1) हर रोज फिटकरी से दांत साफ करना मुबारक होगा।

(2) रात को साबुत मूंग को पानी में भिगो दें और सुबह को वह मूंग जानवरों को डाल दें। लगातार 43 दिन तक ऐसा करने से व्यापार में मदद मिलेगी।

(3) पलाश या ढांक के चौड़े पत्तों को दूध (चन्द्र) से धो लें फिर उन पत्तों को बाहर वीराने (अकेले या एकान्त) में जाकर (जहां पर किसी को शक पैदा न हो) दिन के वक्त एक गड्ढा खोदकर उसमें डाल दें फिर उसके ऊपर एक पत्थर (सनीचर) रखकर, ऊपर मिट्टी डाल दें। जिस बर्तन में दूध ले जाएं (पत्ते धोने के लिए) और जिस औजार से गड्ढा खोदा जाए उसे किसी भी हालत में घर न ले आएं, उसे वहीं वीराने में ही छोड़ आएं। वह पत्थर जो गड्ढे के ऊपर रखा है उसका रंग भी खाना नंबर 9, 11 के खिलाफ (विरुद्ध) हरगिज नहीं होना चाहिए।

(4) पलाश या ढांक के पत्ते मकान के बीचोबीच या मगरिबी (पश्चिमी) दीवार की तह (भूमिगत) में भी दबाए जा सकते हैं, मगर बाहर वीराने में दबाना ज्यादा असरकारक होगा।

(5) घर में दबा हुआ पत्थर दूध से धोते रहना मददगार होगा।

(6) जर्द (पीले) रंग की कौड़ियों को जला कर उनकी राख को दरिया में डालना बुध खाना नंबर 3 के बुरे असर को दूर करने में मददगार होगा।

(7) हर रोज की कयाहत (बुरे असर) को दूर करने के लिए अच्छा होगा कि बकरी (बुध) का दान कर दिया जाए, उसी तरह से जैसे कि गाय का दान किया जाता है।

(8) मंदे बुध के लिए परिंदों (पक्षियों) की सेवा करना मुबारक फल देगा।

कियाफा (हस्तरेखा)– सिर (मस्तिष्क) रेखा मंगल–नेक (खाना नंबर 3) में जाकर खत्म होती हो।

बुध खाना नंबर 4

(हुनरमंद, राजयोग)

जनम पर तेरे हँस माता क्यों रोई
जब पता उसे लगा उम्र बाकी न कोई
धन का तो दरिया है चलता, जो खत्म होता ही नहीं
बहन बेटी राज मिलता, दिल मगर होता नहीं
बुध दूजे था बाप पे भारी, चौथा माता पर मंदा हो
तीन-चौथे-छः चन्द्र साथी, हीरा अमोलक दुनिया हो
चन्द्र-सूरज घर तीन-पांच-ग्यारह, साथी बृहस्पत नौ बैठा हो
पाप पापी हो सबने छोड़ा, परिवार उम्र धन लम्बा हो
पाप मंदा तो मर्द हो मंदे, सफर सलाही डूबता हो
माता मगर जब मन्दिर बैठे, खुश्क घड़े जर भरता हो
उम्दा स्त्री ग्रह नर होते, पारस बना बुध होता हो
पितृ ऋण जब टेवे बैठे, माया दौलत घर जलता हो

(1) टेवे वाले के जनम पर माता हँसी कि बच्चा पैदा हुआ है मुबारक होगा मगर दूसरे ही पल वह रोने लगी जब उसे यह पता चला कि उसकी (माता की) तो अब उम्र ही बाकी नहीं बची है।

(2) जब बुध खाना नंबर 4 में हो तो माता की उम्र शक्की होगी। अगर जिन्दा रह भी गई तो उसकी धन–दौलत की हालत मंदी होगी और वह खुद मुर्दे से बदतर होगी।

(3) बुध की जानदार अश्या (बकरी, तोता वगैरह) घर में आएंगी तो चन्द्र की जानदार अश्या (माता, घोड़ा वगैरह) चलती बनेंगी। मंदे बुध के वक्त सूरज की अश्या का उपाय और धन–दौलत के लिए बृहस्पत का उपाय मददगार साबित होगा।

(4) जब बुध खाना नंबर 4 में हो तो दुनियावी (सांसारिक) असर यानि माया वगैरह उम्दा होगी मगर गैबी (ईश्वरीय या गुप्त) असर यानि दिल की शान्ति और दूसरे की मदद के सम्बन्ध में सारा फल निकम्मा ही गिना जाएगा। टेवे वाले की बहिन और बेटी की हालत उम्दा होगी और वे राज करने वाली होंगी।

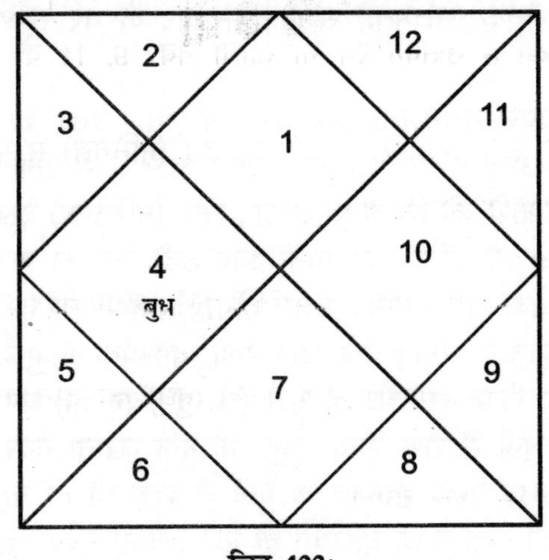

चित्र 400:

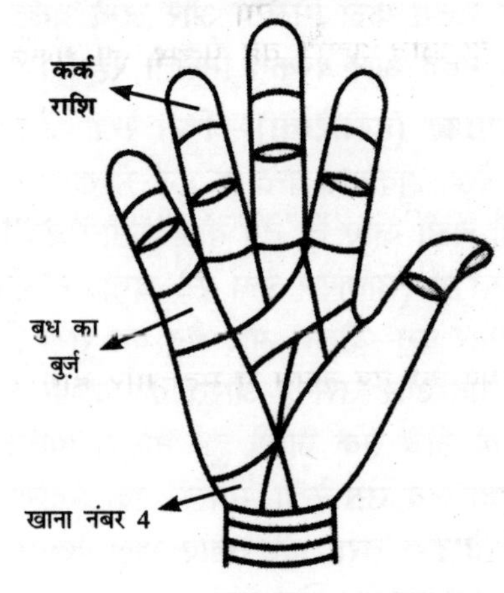

चित्र 401:

(5) जिस तरह से खाना नंबर 2 का बुध पिता पर भारी और खाना नंबर 4 का बुध माता पर मंदा होता है। माता की उम्र शक्की होगी या तो जल्दी मर जाएगी अगर बच गई तो उसकी हालत मुर्दे जैसी होगी।

(6) जब चन्द्र खाना नंबर 3, 4, 6 में हो या चन्द्र बुध का साथी ग्रह (देखें फरमान नंबर 6) हो तो ऐसा इंसान दुनियावी (सांसारिक) लोगों के लिए मददगार और अनमोल हीरे के मानिन्द (समान) होगा।

(7) जब चन्द्र और सूरज खाना नंबर 3, 5, 11 में हो और साथ ही बृहस्पत खाना नंबर 9 में बैठा हो अथवा चन्द्र खाना नंबर 3, 6 में हो अथवा खाना नंबर 2 खाली हो तो टेवे वाले इंसान के परिवार, दौलत और उम्र तीनों की बरकत होगी साथ ही पापी ग्रह भी कोई बुरा असर टेवे वाले पर नहीं करेंगे।

''ज्ञातव्य है कि राहु-केतु खाना नंबर 4 में पाप न करने की शपथ लिए होते हैं''

(8) जब टेवे में किसी भी खाने में राहु मंदे घरों में हो तो मर्दों की हालत मंदी होगी यानि परिवार में जितने भी मर्द होंगे उन पर मंदा असर होता होगा।

(9) जब केतु मंदा हो अथवा मंदे घरों में हो तो दूसरे दुनियावी साथी और सलाहकार (राय देने वाले) मंदे नतीजे देंगे साथ ही सफर (यात्राओं) से मंदा फल मिलेगा।

(10) जब चन्द्र खाना नंबर 2 में हो अथवा बृहस्पत उम्दा हो और खाना नंबर 2 खाली हो तो यह राजयोग होगा अर्थात् सरकार के घर का हिस्सेदार होगा। बुध और चन्द्र दोनों का फल उत्तम होगा। खुश्क (खाली) घड़े (मटके) धन और दौलत के दरिया से भर जाएंगे। अगर टेवे वाले के 32 दांत हों तब भी मंगल, बद या मांगलिक न होगा। अपने पूरे कुनबे (खानदान) को तारने वाला होगा। ऐसे वक्त शुक्कर का भी असर उम्दा होगा।

(11) जब स्त्री ग्रह (चन्द्र, शुक्कर) अथवा नर ग्रह (सूरज, मंगल, बृहस्पत) टेवे में उत्तम बैठे हों तो टेवे वाला हर तरह से उत्तम और दूसरे दुनियावी (सांसारिक) लोगों के लिए पारस के मानिन्द (समान) होगा। ऐसा इंसान हर किसी की मां-बेटी (औरत जात) से डरने (सम्मान करने) वाला होगा और दूसरों की मुसीबत को भी अपने ऊपर लेने वाला होगा। ऐसा इंसान सब्र करने वाला होगा।

(12) जब पितृ ऋण वाले खानों (2, 5, 9, 12) में शुक्कर या राहु या बहैसियत पापी सनीचर बैठा हो तो टेवे वाले की औरत (पत्नी), दौलत और गृहस्थ–सुख सब कुछ जलकर बरबाद हो जाएगा।

(13) जब टेवे में बृहस्पत उत्तम हो तो टेवे में राजयोग होगा। उजड़े मैदान भी आबाद होंगे, सिर (मस्तिष्क) रेखा का उत्तम फल मिलेगा और लम्बे वक्त तक उसमें रौनक (उत्तमता) रहेगी। सरकार के घर से हर तरह की मदद और बरकत मिलती रहेगी।

कियाफा (हस्तरेखा)– दिल रेखा और सिर रेखा आपस में मिलती हों। सिर रेखा, दिल रेखा को काटती हो। सिर रेखा झुककर चन्द्र के बुर्ज़ में खत्म हो। सिर रेखा अन्त में चन्द्र के बुर्ज़ (खाना नंबर 4) में ढलवा होकर झुकती ही चली जाए तो टेवे वाले इंसान को दिल की कमजोरी की शिकायत होगी। सिर (मस्तिष्क) रेखा अगर आम हालत में (साधारण रूप से) चन्द्र के बुर्ज़ में जा मिले तो दरिया का पानी और ठंडी रेत का फल होगा यानि बेशुमार धन–दौलत और चैन का सुख मिलेगा। दुनियावी सुख–सागर उत्तम होगा। तोता–मैना के मानिन्द टेवे वाले मर्द और उसकी औरत की जोड़ी उत्तम और बारौनक होगी। जब सिर रेखा, बृहस्पत के बुर्ज़ (खाना नंबर 2) के नीचे तक जाती हुई मालूम (प्रतीत) न हो और सिर्फ सनीचर के बुर्ज़ (खाना नंबर 10) पर ही रह जाए अथवा जब उम्र रेखा, मंगल–नेक (खाना नंबर 3) के बुर्ज़ से शुरू होकर चन्द्र के बुर्ज़ (खाना नंबर 4) पर खत्म हो तो इस तरह की रेखाएं मातृ रेखाएं कहलाएंगी। उम्र रेखा बृहस्पत के बुर्ज़ से शुरू हो तो वह उत्तम उम्र रेखा कहलाएगी। पितृ रेखा– जब उम्र रेखा, बृहस्पत की जड़ में या बृहस्पत के बुर्ज़ (खाना नंबर 2) पर जा पहुंचे या चन्द्र के बुर्ज़ में या चन्द्र के बुर्ज़ पर जाकर खत्म हो जाए तो पितृ रेखा कहलाएगी। सिर रेखा– जब कोई रेखा बृहस्पत के बुर्ज़ (खाना नंबर 2) पर जाकर खत्म हो तो सिर रेखा कहलाएगी।

खुदकुशी (आत्महत्या) रेखा

(i) जब सिर रेखा अन्त में चन्द्र के बुर्ज़ (खाना नंबर 4) में अचानक ढलवा (बहुत ज्यादा झुककर) होकर पहुंच जाए या घुस जाए।

(ii) सिर रेखा और दिल रेखा शुरुआत में मिल जाएं और सेहत रेखा दिल रेखा को काटती हो।

बुध खाना नंबर 5

(मुंह से निकला लफ्ज ब्रह्म वाक्य होगा, मासूम की आवाज)

जबान से पता नस्ल, तेरी जो चलता
उसे काबू फिर क्यों न, तू अपने करता
चन्द्र हो या नर ग्रह, बैठे नौ-तीन-ग्यारह हों
बुध आ निकले पांचवें, बाबा पोते सब तारे हों
शुक्कर चन्द्र हो जैसे टेवे, असर वही बुध देता हो
पैसा गले का खजाना गिनते, खून नस्ल सब उम्दा हो
असर सनीचर उम्दा होगा, औलाद कभी न मंदी हो
मदद जरूरी शुक्कर देगा, चीज चन्द्र से तरता हो
बृहस्पत, चन्द्र जब टेवे मंदा, बुध जहरी होता हो
तीन-चार-सात नौ ग्रह बैठा, राख हुआ सब जलता हो

(1) जब टेवे में चन्द्र या बृहस्पत नीच या रद्दी हो और खासतौर पर बुध टेवे में चन्द्र से पहले घरों में बैठा हो यानि चन्द्र खाना नंबर 6 से 12 के दरमियान (मध्य) हो तो बुध का असर जहरीला होगा। इंसान और हैवान में सिर्फ जुबान (वाणी या बुध) का ही फर्क है और इस वक्त टेवे वाले की जुबान ही मंदे वक्त का बहाना (कारण) होगी।

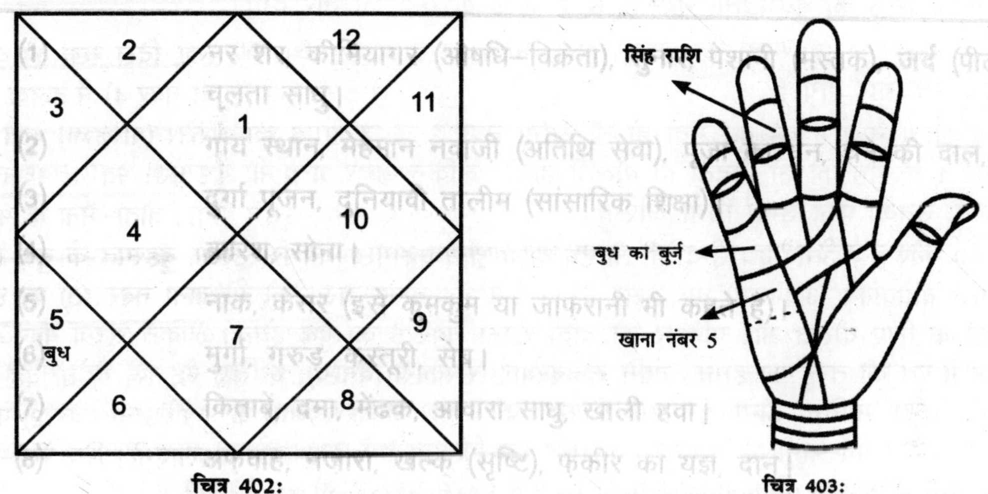

चित्र 402:

चित्र 403:

(2) जब चन्द्र और बृहस्पत खाना नंबर 3, 9 में हो और बुध खाना नंबर 5 में हो तो चन्द्र–बुध और बृहस्पत तीनों का ही फल उम्दा होगा। अगर इसी के साथ खाना नंबर 3, 9 में सूरज और मंगल भी हो तो 34 साल की उम्र के बाद टेवे वाले की किस्मत का सितारा बुलंद हो जाएगा और ऐसा इंसान अपने बाबा और पोते तक को तारने वाला होगा।

(3) टेवे में शुक्कर और चन्द्र जैसे होंगे वैसा ही असर बुध देगा। अगर टेवे वाला अपने गले में तांबे का पैसा कायम कर ले तो खजाने की बरकत में मददगार होगा और टेवे वाले की नस्ल उम्दा होगी।

(4) जब बुध खाना नंबर 5 में हो तो सनीचर का फल उत्तम होगा, चाहे वह किसी भी खाने में बैठा हो। बच्चों की बरकत देगा और पांच बचने वाले मकान का मालिक होगा।

(5) जब बुध टेवे में खाना नंबर 5 में उम्दा हालत में हो तो सूरज और बृहस्पत का फल उत्तम होगा। चन्द्र की चीजें मददगार और तारने वाली होंगी तथा शुक्कर (पत्नी) भी हर तरह से मददगार होगा। ऐसे में सूरज पिता के लिए मंदा होगा मगर औलाद पर कभी मंदा असर नहीं देगा।

(6) जब बृहस्पत और चन्द्र टेवे में मंदे हो जाएं तो बुध भी जहरीला असर देने वाला हो जाएगा मगर औलाद पर मंदा असर न देकर पिता पर मंदा असर देगा।

(7) जब खाना नंबर 5 में बुध हो और खाना नंबर 3, 4, 7, 9 में कोई न कोई ग्रह जरूर बैठा हो तो सब कुछ जलकर राख हो जाएगा। खासकर जब बुध टेवे में चन्द्र से पहले घरों में हो।

(8) जब बुध खाना नंबर 5 में हो तो अमूमन चन्द्र या बृहस्पत खाना नंबर 3 या 9 में उम्दा फल देते हैं। सूरज खाना नंबर 3, 9 में होने के वक्त 34 साल के बाद उम्दा किस्मत (भाग्योदय) का मालिक होता है। हमेशा खाना नंबर 5 का सोया (देखें फरमान नंबर 8) हुआ बुध उत्तम फल देने वाला होगा।

(9) जब बुध खाना नंबर 5 में सोया हुआ हो (देखें फरमान नंबर 8) अर्थात् बुध की दृष्टि का घर खाली हो तो इंसानी गुणों और सद्‌गुणों का मालिक होगा। जद्‌दी (पैतृक) मकान का असर हर तरह से उत्तम होगा। गृहस्थी (स्त्री और औलाद) हालत उम्दा होगी।

(10) जब चन्द्र खाना नंबर 1, 2, 4 में बैठा हो या खाना नंबर 6, 12 में मंदा हो रहा हो तो ऐसे टेवे में खाना नंबर 5 का बुध खाना नंबर 4, 6, 7, 8, 9 के ग्रहों को मार देगा।

(11) जिस तरह गुरु (बृहस्पत) का ज्ञान (सूरज) मददगार होता है उसी तरह लड़के (सूरज) को तड़ागी (बुध) मददगार होगी।

(12) जब खाना नंबर 5 का बुध मंदा हो तो खाना नंबर 3, 4, 7, 9, 5 का असर मंदा होगा और खाना नंबर 1 के ग्रह की तो मिट्‌टी ही बोलती होगी। लेकिन अगर चन्द्र या बृहस्पत खाना नंबर 3, 9 में हो तो उनका फल उम्दा गिना जाएगा।

(13) खाना नंबर 5 में अगर बुध उम्दा हो तो टेवे वाला ज्ञान का भंडार होगा। उसके मुंह से अचानक निकला लफ्ज ब्रह्मवाक्य (अकाट्य) का असर देगा। ऐसे टेवे वाला राजा को भी तार देने वाला होगा। टेवे वाले के लिए दौलत और परिवार का दाता खाना नंबर 5 का बुध होगा। लेकिन सूरज के लिए बुध गुड़ में रेत की तरह का होगा। यानि राजदरबार (सरकारी विभाग) के लिए गेहूं की रोटी में मिली हुई गंदी रेत के मानिन्द होगा। निकम्मी किस्मत का उभार आखिर (अंत) में फर्जी (व्यर्थ) चक्कर लगवा देगा अर्थात् गंदे पानी के बुलबुलों की तरह का किस्मत का उभार होगा। मानो ऐसा होगा जैसे रेत के पानी में नहाकर निकला हुआ प्राणी जिसके जिस्म पर रेत ही रेत चिपकी हुई हो।

कियाफा (हस्तरेखा)– हथेली पर सेहत रेखा या तरक्की रेखा कायम होगी लेकिन जरूरी नहीं कि वह शुक्कर के बुर्ज़ की जड़ तक हो। लेकिन अगर हथेली में खाना नंबर 11 (बचत) की जड़ तक हो तो अच्छी होगी।

जब सेहत रेखा हथेली में कायम हो और सिर रेखा की लम्बाई सिर्फ खाना नंबर 11 तक ही हो तो औरत, औलाद और टेवे वाले इंसान, सबकी उम्दा हालत होगी। अपनी खुद की किस्मत भी उम्दा होगी। जब घर गऊ–घाट (गौमुखी) हो तो सूरज (राजदरबार) भी मदद पर होगा। बुध का नेक फल साथ होगा।

बुध खाना नंबर 6

(गुमनाम योगी और दिल का राजा)

निकलते सखुन मुंह से, पूरा जो होगा
जबान मीठी तेरी, भला दूसरे का
श्रेष्ठ रेखा जब शुक्कर उम्दा, बुरा मंगल न चन्द्र हो
भला सूरज-सनीचर-बृहस्पत बैठा, योग राजा जर मन्दिर हो
हाल शुक्कर घर दूजा जैसे, चाल वही बुध चलता हो
कायम बैठा ग्रह जो कोई टेवे, उत्तम असर सब देता हो
बुध चीजें न होगी मंदी, उम्र छोटी चाहे कितनी हो
लड़की होवे जो शुमाल ब्याही, सुखिया कभी न होती हो
हकीम लालच जड़ अपनी कटता, सुखिया साबिर खुद फलता हो
सूरज सनीचर बृहस्पत दूजे, जागीर राजा जर बढ़ता हो

(1) जब बुध खाना नंबर 6 में उम्दा हो तो शुभ कामों में बुध की अश्या (फूल, लड़की वगैरह) का शगुन मुबारक होगा। खेती की जमीन से फायदा होगा। तहरीर (लेखन) और तकदीर (भाग्य) का फल बेहतर होगा। इंसान अपनी माता के पेट में आने से ही अपना असर शुरू कर देगा।

(2) बुध टेवे वाले इंसान के लिए नेक होने के वक्त कुत्ते की तरह हर वक्त मालिक (टेवे वाले) के पीछे–पीछे दुम हिलाते हुए घूमता होगा अथवा वफादार लड़की की तरह उत्तम फल देगा। जुबान का बोला हुआ अच्छा या बुरा लफ्ज (शब्द) जरूर पूरा होगा। आखरी (अन्तिम) वक्त में भी जुबान बन्द न होगी और अपनी जुबान (वाणी) से दूसरों का भला करता रहेगा। हर प्राणी के मन में यह सवाल होगा कि उसकी एक आवाज से पूरा जमाना (समाज) क्यों गूंज उठता है।

(3) बुध खाना नंबर 6 में हो और टेवे में शुक्कर उम्दा हो तो टेवे वाले को श्रेष्ठ सिर रेखा का उत्तम फल मिलेगा। ऐसे में मंगल और चन्द्र भी उम्दा फल करेंगे। मगर शर्त यह है कि चन्द्र की जानदार अश्या (माता, घोड़ा वगैरह) का बेशक कोई फायदा और आराम न मिले मगर चन्द्र की बाकी चीजों की पूरी मदद मिलेगी। अगर टेवे में बुध अकेला खाना नंबर 6 में हो और उसकी दृष्टि भी खाली हो (देखें फरमान नंबर 8) या बुध सोया हुआ हो तो टेवे वाले को छापाखाना या कागज (चन्द्र) वगैरह के कामों में मुनाफा होगा।

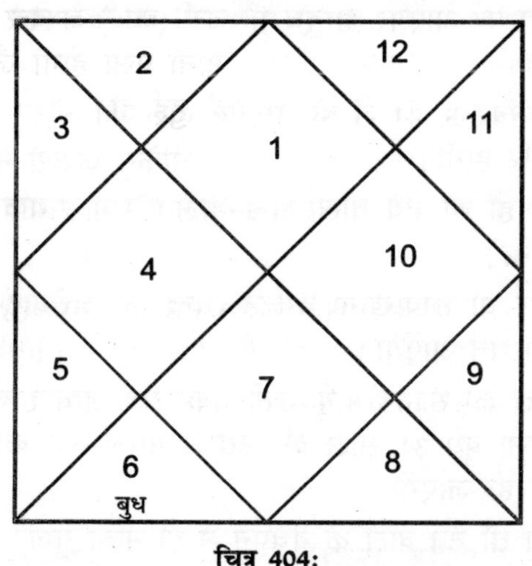

चित्र 404:

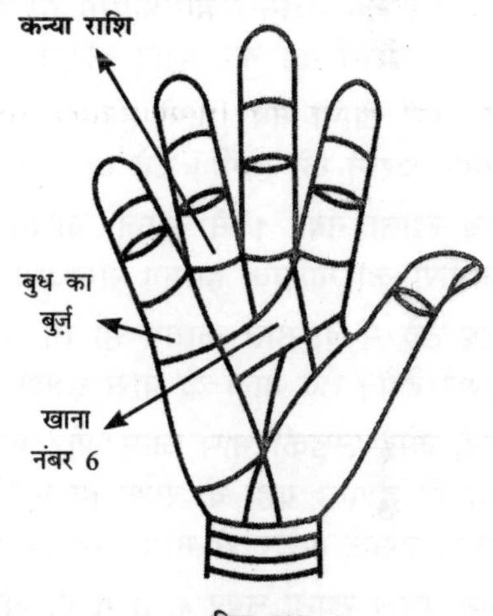

चित्र 405:

(4) जब टेवे में बृहस्पत–सनीचर और सूरज उम्दा हालत में हों तो टेवे वाला गुमनाम योगी–राजा और धन–दौलत के मामले में खुद साख्ता (स्वनिर्मित) अमीर होगा, दौलतमंद और फूल की तरह उम्दा जिन्दगी का मालिक होगा। ऐसा इंसान दिल का राजा होगा। फकीरी से साख्ता अमीर बनेगा।

(5) खाना नंबर 2 या शुक्कर की हालत पर बुध की हालत निर्भर होगी यानि जैसा खाना नंबर 2 होगा वैसी ही नकल बुध करेगा। जो ग्रह टेवे में कायम (देखें फरमान नंबर 6) होगा, बुध भी उसी का असर देगा। टेवे में जो ग्रह उत्तम (सबसे अच्छा) हो बुध उसी के मानिन्द (समान) अपना असर जाहिर करेगा। जैसा शुक्कर हो वैसा ही बुध (नाली के असर के कारण) भी असर करेगा।

(6) अगर टेवे में खाना नंबर 6 का बुध उम्दा हो तो बुध की जानदार चीजें कारोबार और ताल्लुकदार (रिश्तेदार) कभी मंदा फल न देंगे चाहे टेवे वाले की उम्र छोटी ही क्यों न हो (जरूरी नहीं कि उम्र छोटी ही हो)। समुद्री सफर (यात्राओं) का नतीजा (परिणाम) उम्दा ही होगा।

(7) शुमाल (उत्तर) दिशा का रास्ता या दरवाजा जो नया बनवाया जाएगा वह मातम कुंड की तरह बुरा असर देगा। जो लड़की या बहिन (बुध) शुमाल (उत्तर) की तरफ ब्याही (शादी के बाद ससुराल) जाएगी वह कभी भी सुखी नहीं रह पाएगी। यह दिशा हमेशा जद्दी (पैतृक) मकान के मुताबिक निर्धारित की जाएंगी।

(8) अगर खाना नंबर 6 के बुध वाला इंसान लालची हकीम हो तो वह खुद ही अपनी जड़ काटता होगा और आखिर (अंत) में बरबाद हो जाएगा। लेकिन अगर टेवे वाला साबिर (सब्र करने वाला) हो तो हर हाल में ऐसा इंसान सुखी और बरकत करने वाला होगा।

(9) जब सनीचर, सूरज और बृहस्पत खाना नंबर 2 में बैठे हों तो ऐसा इंसान जागीरों (अचल सम्पत्ति) का राजा होगा और ऐसे इंसान की धन–दौलत दिन–ब–दिन (दिन–प्रतिदिन) बढ़ती ही चली जाएगी।

(10) खाना नंबर 6 में बुध उम्दा हो तो टेवे वाले को दिमागी (बौद्धिक) कारोबार और तिजारत (धंधे) का पूरा फायदा मिलेगा मगर दस्ती काम, हुनरमंदी वगैरह से हल्का ही फल मिलेगा। किसी भी तरह के झगड़ों (कानूनी या पंचायती) का फैसला इंसान के अपने हक में होगा।

(11) बुध का जाती (व्यक्तिगत) फल, बुध की जाती चीजों पर कभी मंदा न होगा। टेवे में जब भी कोई ग्रह उम्दा फल वाला होगा तो बुध भी उसी ग्रह के बमूजिब (अनुसार) फल देने लगेगा। यानि जब नेक ग्रह की उत्तम दशा आएगी या वर्षफल में तख्त पर आएगा तो बुध भी उसी का फल देने लगेगा अर्थात् उत्तम ग्रह का असर दोगुना नेक हो जाएगा।

(12) जब बुध खाना नंबर 6 में हो और सनीचर खाना नंबर 9, 11 में हो तो टेवे वाले की औरत (पत्नी) अमीर घराने की होगी। टेवे वाले की ससुराल अमीर होगी।

(13) जब खाना नंबर 1 में सूरज, बृहस्पत या सनीचर हो तो टेवे वाला धन–दौलत, धर्म, मर्यादा, और जागीरों का मालिक होगा। राजयोग वाला टेवा होगा।

(14) जब टेवे में बृहस्पत कायम हो तो कागजी कारोबार या छापाखाना वगैरह (चन्द्र के कारोबार) उत्तम असर देंगे। टेवे वाले के पास हमेशा ईमानदारी का धन आएगा।

(15) जैसे कोई लड़की भाग जाए और मालिक के लड़के को भी ले भागे उसी तरह मंदी हालत के वक्त बुध भी दुश्मन ग्रहों के साथ हरामखोरी करेगा। ऐसा बुध 34 साल की उम्र में मंगल–बद का असर देगा। इसके असर से माता मर जाएगी या बरबाद हो जाएगी।

(16) जब मंगल खाना नंबर 4, 8 में हो और बुध मंदा हो तो टेवे वाले के बचपन में ही माता गुजर जाएगी और घर परिवार तबाह होगा।

(17) जब केतु और बुध मंदे हों और शुक्कर खाना नंबर 4 में हो तो टेवे वाले की औलाद 34 साल की उम्र में कायम होगी। औरत (पत्नी) के बाएं हाथ में चांदी का छल्ला कायम करना मददगार होगा।

(18) जब चन्द्र–बृहस्पत खाना नंबर 2 में हो या बृहस्पत खाना नंबर 11 में और चन्द्र खाना नंबर 2 में हो तो टेवे वाले की नजर कमजोर होगी और सनीचर का असर मंदा होगा। टेवे वाले का बुढ़ापे में मंदा हाल होगा और टेवे वाले की उम्र अमूमन 90 साल गिनी जाएगी।

(19) जब बुध खाना नंबर 6 में मंदा हो और टेवे में शुक्कर रद्दी हो तो दूध का बर्तन घर के बाहर वीराने में दबाना और जब चन्द्र मददगार हो तो गंगाजल की बोतल खेती की जमीन में दबाना मददगार होगा।

अमूमन टेवे में जब शुक्कर मंदा हो तो बुध भी मंदा होता है। दूध का बर्तन दबाने से शुक्कर नेक होगा। मगर चन्द्र मददगार हो तो दूध वाला उपाय न करें बल्कि शुक्कर के लिए गंगाजल वाला

उपाय करें क्योंकि दूध वाले उपाय से चन्द्र और शुक्कर दोनों का उपाय हो जाएगा और चन्द्र की मदद कम हो जाएगी।

कियाफा (हस्तरेखा)– बुध के बुर्ज़ (खाना नंबर 7) से शुक्कर के बुर्ज़ (खाना नंबर 7) तक सेहत रेखा कायम हो। सिर की श्रेष्ठ रेखा मौजूद हो।

बुध खाना नंबर 7

(दुनिया के लिए पारस)

मरे कफन पहने, खुदा घर को चलते
भला फिर भी जाएं, लाखों का करते
जागता बुध हीरा होगा, सोया मिट्टी जलती हो
जान चीजे बुध को मंदी, साल चौंतीसवां जहरी हो
खाली थैली लेख अपना, न ही शाही उम्दा हो
साथ-साथी ग्रह जो बैठा, डूबा पत्थर तेरा हो
चीजें शुक्कर या चन्द्र जाती, उत्तम नेकी ब्रह्मांड की हो
चन्द्र सनीचर या मंगल पापी, नेक भला न कोई हो
चन्द्र आया घर पहले टेवे, सफर समुद्र मोती हो
बैठा सनीचर घर जब तीजे, ससुर अमीरी होती हो
दसवें-पहले चाहे दुश्मन जहरी, नेक असर सब उनका हो
बृहस्पत नौवें घर मिट्टी उड़ती, भला शुक्कर चाहे बैठा हो

(1) जब खाना नंबर 7 में बुध हो तो ऐसा इंसान दुनियावी (सांसारिक) लोगों के लिए पारस होगा मगर शर्त यह है कि अगर टेवे वाला लड़का हुआ तो दूसरों का भला करने वाला और अगर लड़की हुई तो अपना भला करने वाली होगी। ऐसा इंसान अगर कफन पहने हुए मरा भी पड़ा होगा तो भी दूसरों का भला कर ही जाएगा। ऐसा इंसान दूसरों के लिए पारस जरूर होगा चाहे अपने लिए मिट्टी ही हो। रास्तों में, साथ चलते–चलते ही किसी का कुछ न कुछ तो भला कर ही देगा यानि थोड़ी–सी ही मुलाकात के बाद दूसरे की बहुत–सी मदद कर देने वाला होगा।

(2) अगर टेवे में बुध जागता हुआ हो यानि खाना नंबर 1 में कोई ग्रह जरूर हो तो टेवे वाला अपने पूरे कुल–खानदान को तारने वाला हीरा होगा।

(3) जब बुध टेवे में सोया हुआ हो यानि खाना नंबर 1 में दृष्टि का घर खाली (विस्तारपूर्वक देखें फरमान नंबर 8) हो तो ऐसे इंसान की मिट्टी भी जलती होगी। ऐसे इंसान की अक्ल कभी साथ न देगी लेकिन दुनियावी शान और सुख नेक ही होगा। साहूकारी (ब्याज का काम), जिसमें उधार लेना उम्दा फल देगा मगर उधार देना मंदा फल करेगा। बचपन का जमाना मंदी रेत (मंदा) होगा मगर बुढ़ापा उम्दा होगा। बुध की अपनी किस्मत का असर मंदा होगा मगर वह साथी (देखे फरमान नंबर 6) ग्रह को तारने वाला होगा। ऐसे में शुक्कर का फल भी 34 साल की उम्र तक मंदा ही' होगा।

(4) मंदे बुध के वक्त बुध की जानदार चीजें मंदा असर करेंगी और टेवे वाले की उम्र का चौंतीसवां साल जहर के मानिन्द (समान) होगा। मगर 34 साल के बाद से बुध के जहर का असर मंदा होता चला

जाएगा। टेवे वाले की जाती (व्यक्तिगत) किस्मत खाली थैली के मानिन्द (तुल्य) होगी और दुनियावी शान–शौकत भी मंदी ही होगी। खाना नंबर 7 में बुध हो तो टेवे वाले का जनम रेगिस्तान, दरिया, नदी, नाला के नजदीक या रेतीले इलाके में हो सकता है।

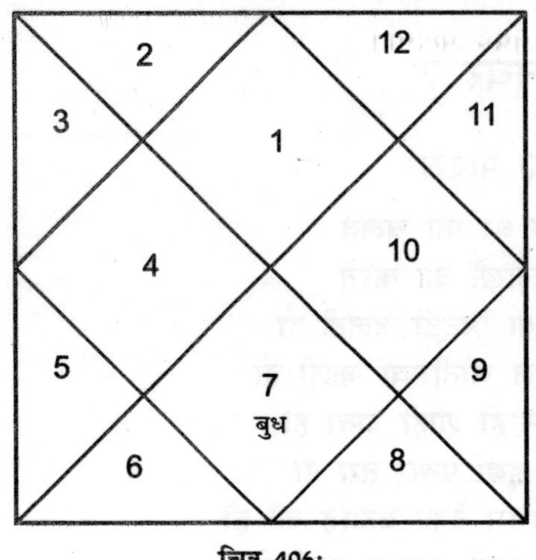

चित्र 406:

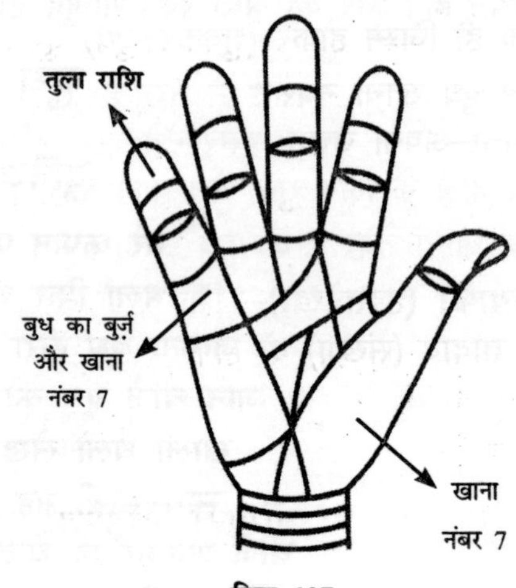

चित्र 407:

(5) जब खाना नंबर 7 के बुध के साथ मंगल के सिवाय कोई दूसरा ग्रह भी बैठा हो तो वह ग्रह डूबा हुआ होगा। मगर मंगल के ताल्लुक (मंगल खाना नंबर 1, 7, 8 में हो) से बुध और मंगल दोनों ही मंदे हो जाएंगे। अगर इसी के साथ चन्द्र भी खाना नंबर 7 में आ जाए तो बकरी मेंगनें डालकर दूध देगी यानि 34 साल की उम्र तक खानदानी हाल मंदा होगा। मगर हाजिर माल का व्यापार उत्तम फल देगा। हुनरमंदी (कला) और दस्ती काम भी बरकत देगा। फौजदारी, मुकद्मे या लड़ाई–झगड़ों में कभी उलझन न होगी। ऐसे इंसान की किस्मत में तलवार से ज्यादा कलम (लेखन) में ताकत होगी। हालांकि (यद्यपि) अक्ल की बारीकी (सूक्ष्मता) साथ न देगी मगर दौलत का खजाना हमेशा साथ होगा।

(6) जब टेवे में बुध खाना नंबर 7, उम्दा हो तो शुक्कर और चन्द्र की चीजों का जाती असर भी उत्तम होगा। लेकिन अगर टेवे में चन्द्र, सनीचर या मंगल पाप ग्रहों (राहु, केतु) के साथ होकर मंदे हो जाएं या किसी भी तरह से गैरमुबारक हो जाएं तो 34 साल की उम्र तक सभी ग्रहों का असर मंदा ही गिना जाएगा।

(7) जब चन्द्र खाना नंबर 1 में हो या बमूजिब (अनुसार) वर्षफल खाना नंबर 1 में आ जाए तो टेवे वाले को समुद्री सफर (विदेशी यात्राएं) मोती पैदा करके देगा यानि बहुत ज्यादा मुनाफा (फायदा) कराएगा।

(8) जब सनीचर टेवे में खाना नंबर 3 में बैठा हो तो औरत का घराना अर्थात् ससुराल अमीर होगी।

(9) खाना नंबर 10 या खाना नंबर 1 में कोई भी दुश्मन ग्रह ही क्यों न हो लेकिन इन ग्रहों का असर कभी भी मंदा नहीं होगा चाहे ये ग्रह, खाना नंबर 7 के बुध से लड़ते–झगड़ते ही रहें मगर खुद मंदा फल नहीं देंगे।

(10) जब बृहस्पत खाना नंबर 9 में बैठा हो तो टेवे वाले की गृहस्थ हालत रुखी और उड़ती हुई मिट्टी के मानिन्द (तुल्य) होगी। बुध भी मंदे रेत की तरह बुरा फल देगा चाहे गृहस्थ और कारोबार के लिए शुक्कर का फल नेक ही क्यों न हो।

(11) जब केतु खाना नंबर 1, 8 में बैठा हो तो शुक्कर और मंगल का फल भी मंदा कर देने वाला होगा। यानि केतु 1, 8 के साथ अगर बुध भी मंदा हो तो औरत (पत्नी) की बिगड़ी हुई बहिन (बुध) टेवे वाले के भाई–बन्दों (मंगल) से मिलकर टेवे वाले की औरत (शुक्कर) की ही मिट्टी खराब करती होगी। जब केतु खाना नंबर 1, 8 में और बुध नेक हो तो औरत की वफादार बहिन मिट्टी में रेत की तरह एक ही जिस्म होकर (शुक्कर+बुध) दूसरे ग्रहों की मदद करेगी।

(12) जब बुध खाना नंबर 7 में नेक हो तो शुक्कर की चीजों में बुध और शुक्कर का अलग–अलग और अपना–अपना उत्तम असर टेवे वाले को मिलेगा। इंसान औरत के इश्क में गर्क (तबाह) होगा। जो टेवे वाले के लिए सुख देने वाला होगा।

(13) जब खाना नंबर 7 का बुध उम्दा हो तो टेवे वाले का बुढ़ापा हमेशा उम्दा ही होगा।

कियाफा (हस्तरेखा)– सिर रेखा की लम्बाई सेहत रेखा की हद (सीगा) तक हो। हथेली में शादी रेखा की तादाद (संख्या) दो हो।

बुध खाना नंबर 8

(बीमारी, जहमत, लानत, खुफिया तबाही, घाटा)

कब्र तक की लानत, फरिश्ता भी भागे
जले आग ऐसी, नजर जो न आवे
साथ ग्रह नर बुध न मंदा, न ही बुध मंगल हो
मंदा जमाना साल चौंतीसवां, हाल वही जो नर ग्रह हों
मंदी मौत का बाजा बजता, खाली मन्दिर जब होता हो
नाग जहर ग्रह नीच में भरता, तीर मंदे ग्रह चलता हो
बैठा ग्रह कोई हो जब दूजे, जहर भरे बुध लानत हो
उम्र बृहस्पत पर बुध जो फड़के, न ही पिता न दौलत हो
सूरज चार या चन्द्र हो उम्दा, जहर धोता बुध अपना हो
छठा मंदा ग्रह मंडल मंदा, माफी बृहस्पत को मिलती हो

(1) बुध खाना नंबर 8 में मंदा हो तो बुध और मंगल की जानदार चीजों पर बुध का असर मंदा होगा। जानदार चीजें दुःखी और बरबाद होंगी। मकान की सीढ़ियां नई बनवाना या गिरवाना या गिरवाकर बनवाना मंदे बुध की निशानी होगी। जब भी पूजा का स्थान बदला जाएगा, बुध का जहरीला चक्कर शुरू हो जाएगा। जानदार चीजों और कारोबार में खुफिया रहस्यमय तबाही का फंदा जाहिर होगा। ऐसी आग होगी जो जलती तो नजर नहीं आएगी मगर हर तरफ खाक ही खाक करती चली जाएगी।

(2) जब खाना नंबर 8 के बुध को नर ग्रह का साथ मिल जाए तो मंदा असर न होगा। अब बुध का उन नर ग्रहों के बमूजिब (अनुसार) फल होगा जो कि बुध के साथ खाना नंबर 8 में बैठे हुए हैं। यह असर उम्दा ही होगा, कभी मंदा नहीं होगा। चौंतीसवां साल मंदे जमाने वाला होगा।

(3) जब मंगल खाना नंबर 8 में बुध के साथ बैठा हो तो बुध और मंगल दोनों का ही खाना नंबर 8 का उत्तम फल होगा। हालांकि बुध और मंगल जब खाना नंबर 8 में अलैहदा–अलैहदा (अलग–अलग) बैठेंगे तो मंदा असर ही देंगे।

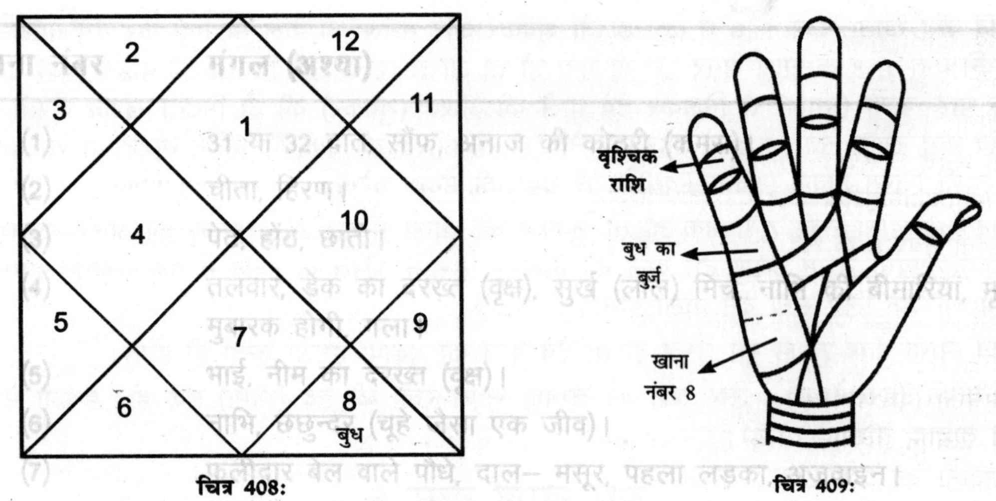

चित्र 408: चित्र 409:

(4) जब मंगल खाना नंबर 12 में हो तो बुध का खाना नंबर 8 पर मंदा असर नहीं होगा।

(5) जब खाना नंबर 2 खाली हो चाहे टेवे में या चाहे वर्षकुंडली में तो उम्र का चौंतीसवां साल मंदे जमाने का होगा। हर तरफ मंदी मौत का बाजा बजता होगा और भट्टी का रेत जलता होगा। टेवे में जो भी नीच ग्रह का होगा उसी के असर में बुध, सांप का जहर भरेगा और उसके जहर को शुरू करने के लिए मंदा बुध खुद कमान का तीर बनेगा। बुध खाना नंबर 8 के वक्त मंदरजाजैल (निम्नलिखित) तरीके से ग्रहों का नीचत्व देखेंगे। सनीचर खाना नंबर 1, 2 में नीच, केतु खाना नंबर 3 में नीच, मंगल खाना नंबर 4, 5 में नीच, केतु खाना नंबर 6 में नीच, सूरज खाना नंबर 7 में नीच, चन्द्र खाना नंबर 8 में नीच, राहु खाना नंबर 9 में नीच, बृहस्पत खाना नंबर 10, 11 में नीच, बुध–राहु खाना नंबर 12 में नीच का होगा।

(6) जब खाना नंबर 2 में कोई न कोई ग्रह जरूर हो खासकर बृहस्पत खाना नंबर 2 में हो या चन्द्र खाना नंबर 2 में हो तो बृहस्पत की उम्र 16 से 21 साल में बुध के जहर से पिता की उम्र व उसकी दौलत खतरे में होगी।

(7) जब बुध खाना नंबर 8 में उम्दा हो, सूरज खाना नंबर 4 और चन्द्र भी टेवे में उम्दा हो तो बुध अपना जहर 34 साल की उम्र में धो देगा। अब केतु बरबाद नहीं होगा, ऐसे में माता की उम्र और चन्द्र की चीजें सब नेक फल देंगी।

(8) जब खाना नंबर 6 मंदा हो तो बृहस्पत के सिवाय सभी ग्रहों की मंदी हालत होगी यानि ऐसे में सिर्फ बृहस्पत को माफी मिलेगी बाकी सभी ग्रह मंदा फल करेंगे।

(9) जब नर ग्रह खाना नंबर 6 में और बुध खाना नंबर 8, 12 में हो (यह नियम बुध खाना नंबर 12 के लिए भी लागू होगा) तो टेवे वाले की माता की उम्र छोटी होगी यानि वह टेवे वाले के बचपन में ही गुजर जाएगी। अगर ऐसा न हुआ तो माता–बेटा दोनों का बुरा और मंदा हाल होगा। टेवे वाले की औलाद और मामा भी दुःखी रहेंगे।

(10) जब खाना नंबर 8 में बुध अकेला हो तो कभी भी भला असर नहीं देगा मगर कनिष्ठा उंगली का सिरा (हाथ में) गोल हो तो टेवे वाला इंसान ज्ञानी जरूर होगा।

(11) जब खाना नंबर 8 में बुध हो और खाना नंबर 12 खाली हो तो टेवे वाले को पट्ठों की बीमारी हो सकती है।

(12) खाना नंबर 8 का मंदा बुध सेहत के मामले में टेवे वाले के जिस्म (खून–मंगल, नजर–सनीचर) की तो मदद जरूर करेगा लेकिन टेवे वाले पर जहर उगलता होगा। अब बुध, ताजा कोढ़ी, फांसी की रस्सी या जहरीले दांत की हैसियत से चलता रहेगा।

(13) खाना नंबर 8 के मंदे बुध से टेवे वाले को ऐसी खुफिया (रहस्यमय) सजा मिलेगी कि न्याय का देवता भी चिल्ला जाए मगर इंसान के कसूर का पता भी न चले। लेकिन जब भी बुध नुकसान करेगा तो अमूमन (साधारणतया) केवल माली नुकसान ही करेगा वो भी सौ की आमदनी में पचास कर देगा मगर सिफर (शून्य) न करेगा। राजदरबार में भी अचानक धोखे के वाकिआत (घटनाएं) होंगे जिनका नतीजा (परिणाम) भी माली (आर्थिक) नुकसान ही होगा। मिसाल के तौर पर– एक लड़की के दिल में खयाल (विचार) आया कि जब जनम से ही कब्रिस्तान (मौत) का बाजा बजने लगा तो फिर इस जवानी का क्या होगा? मगर जवानी की मौज के लिए अंटी (जेब) में धन होना जरूरी है। चलो अपनी न सही दूसरे की ही अंटी (जेब) खोल लेंगे। होनहार, मुलाजिमत (नौकरी) में मसरूफ (व्यस्त) और खुदा (ईश्वर) को भूले हुए नौजवान पर नजर जा रुकी। उसके मालिक से उसकी बदचलनी (चरित्रहीनता) और लापरवाही की बेवजह तोहमतें (कलंक) खड़ी कर दी। मालिक के शक को भरोसे में बदलने के लिए खुद उस इंसान के पास जाकर उससे नजरें दो–चार करने लगी और मालिक ने भी उन्हें देख लिया। बस फिर क्या था लड़की ने अपना जूता उतारा और अपने असली मतलब को कर दिखाया यानि इंसान की आमदनी की आठ सौ पगार से चार सौ ले लिए और बेचारे इंसान को भी अपनी इज्जत की खातिर उसे पगार का हिस्सा देना पड़ा और चलता बना। लेकिन समझ न सका कि यह कोई ख्वाब था या हकीकत या कोई जागती हुई कहानी। ठीक इसी तरह राजदरबारी वाकिआत में कमाई का एक बड़ा हिस्सा या निस्फ (आधा) हिस्सा यूं ही चले जाना या माल वगैरह का नुकसान हो जाना, आम बात होगी। लेकिन वो बेहया लड़की (बुध) बिन बताए सिर कलम करने के लिए जवान से कभी बूढ़ी न होगी।

उपाय

(1) बुध के मंदे असर के वक्त चन्द्र की अश्या (चीजें) उस ग्रह के रिश्तेदार को या जानवर को दें जो बमूजिब (अनुसार) वर्षफल खाना नंबर 2 में आए और बुध भी उस वक्त खाना नंबर 8 में हो। मसलन टेवे में चन्द्र खाना नंबर 2 में हो और बमूजिब वर्षफल केतु भी खाना नंबर 2 में और उम्र के चौवालीसवें साल बुध भी खाना नंबर 8 में आ जाएगा (अथवा चौंतीसवें साल यह उपाय होगा)। अब चन्द्र की अश्या केतु के जानवर (कुत्ते) या रिश्तेदार (मामा) को देंगे। यानि खोया (मावा) के चौबीस पेड़े बनाकर जिसमें कि खांड (शक्कर) न हो कुत्ते को खिला देंगे या फिर दरिया (नदी) में डाल देंगे अथवा कहीं ऐसी जगह रास्ते में रख देंगे जहां से कुत्ता खा सके। इसी तरह दूसरे ग्रहों का उपाय होगा। मसलन टेवे में खाना नम्बर 2 में सूरज बैठा हो और बमूजिब वर्षफल खाना नंबर 2 में सनीचर आ जाए और बुध खाना नंबर 8 में आ जाए अब सूरज की अश्या (गेहूं, गुड़, तांबा वगैरह) सनीचर के जानवर (भैंस, मछली वगैरह) को देवें। अगर खाना नंबर 2 टेवे में खाली हो और बुध खाना नंबर 8 में आए तो बमूजिब वर्षफल खाना नंबर 2 के ग्रह की बरबादी के वक्त वही उपाय कारआमद (मददगार) होगा जो कि उस ग्रह का खाना नंबर 2 में उपाय दिया गया है। मसलन बमूजिब वर्षफल खाना नंबर 8 में बुध आए और साथ ही सनीचर खाना नंबर 2 में बमूजिब वर्षफल आए मगर टेवे में

खाना नंबर 2 खाली हो तो अब सनीचर का वह उपाय करें जो सनीचर खाना नंबर 2 की हालत में दिया गया है।

(2) जब भी बमूजिब वर्षफल बुध खाना नंबर 8 में आए तो जनमदिन शुरू होने से चौंतीस दिन पहले या जनमदिन शुरू होने के चौंतीस दिन बाद तक जब कभी सहूलियत हो या जब कभी भी मौका मिले दो बार (एक बार जनमदिन से पहले दूसरी बार जनमदिन शुरू होने के बाद) यह उपाय करें कि मिट्टी का कूजा (पात्र) शहद या खांड से भरकर बाहर वीराने (एकान्त) में दबा दें, मुबारक असर होगा। अगर बुध ज्यादा खराब होता हो यानि हर जगह आग ही आग लगी हुई हो तो चौंतीस दिन तक हर दूसरे दिन यह उपाय किया जाए अगर ऐसा मुनासिब (संभव) न हो सके तो ऊपर बताई गई तरतीब (युक्ति) से दो बार खांड वाला उपाय कर दें और साथ ही तांबे के बर्तन में साबुत मूंग भरकर जनमदिन से ठीक पहले या बाद में दरिया में बहा दें।

अगर ये दोनों उपाय जनमदिन से चौंतीस से बयालीस दिन पहले और जनमदिन के बाद चौंतीस से बयालीस दिन के अन्दर–अन्दर, एक–एक बार यानि कुल दो बार हो सकें तो निहायत ही मददगार साबित होंगे।

नोट– ***ऊपर दिए गए दोनों उपाय उस स्थिति में भी किए जा सकते हैं जब बुध वर्षफल में खाना नंबर 8 में बैठकर बुरा फल दे रहा हो चाहे वह टेवे (जनम–कुंडली) में किसी भी खाने में क्यों न बैठा हो और अगर टेवे में खाना नंबर 8 में बुध ही हो तो यह उपाय तभी करें जबकि बुध वर्षकुंडली में खाना नंबर 8 में आए यानि उम्र के 10, 18, 28, 44, 58, 66, 73, 90, 103, 114 साल में यह उपाय होगा।***

(3) जब टेवे में बुध खाना नंबर 8 में हो तो कूल्हे पर स्याह (काला) रंग का सुरमें से तिल गुदवाना।

(4) छत पर मींह (बरसात) का पानी या दूध रखना।

(5) लड़की की नाक में चांदी का छल्ला डालना। घर में आतशी शीशा रखना या लड़की को सुर्ख (लाल) रंग के कपड़े पहनाना हर तरफ आग लगाने के समान होंगे।

कियाफा (हस्तरेखा)– सिर रेखा, मंगल–बद के बुर्ज़ (खाना नंबर 5) में खत्म हो या आखिर (अंत) में द्विशाखी हो जाए।

बुध खाना नंबर 9

(कोढ़ी और राजा एक साथ)

अजब भूल-भुलैया, जवानी तमाशा
दिखाते बहरूपी ले बिस्तर ही भागा
तीन पहले छः-सात-नौ-ग्यारह, चन्द्र केतु बृहस्पत बैठा हो
धर्म आयु धन कुल परिवारां, बुध कभी न मंदा हो
पितृ ऋण बृहस्पत एक अकेला, आठ, छठे, दस-ग्यारह हो
अल्पायु का प्राणी होगा, उत्तम चंद्र चाहे बैठा हो
छिपे मंगल न सूरज से भागे, न ही बृहस्पत से डरता हो
चन्द्र, केतु न ग्यारह बैठे, खाक ग्रह सब करता हो

वजह कोई हो उम्र हो लम्बी, औलाद, औरत सुख जलता हो
साया चौंतीस बुध उल्टा होगा, असर मंगल-बद देता हो
वर्ष चक्कर में ग्यारह बैठा, बुध तावीजी आता हो
जहर भरी ग्रह मंडल टेवा, पौधा मय जड़ काटता हो

(1) खाना नंबर 9 के बुध वाला इंसान अपने पेट को रोटी दे पाए या नहीं दे पाए मगर अपने कबीले का पालन–पोषण जरूर करता होगा। अक्ल की नकल का तुख्म (बीज या अण्डा) खाना नंबर 9 में पैदा होता है। जिसके अन्दर की हालत का ज्ञान खाना नंबर 11 से लगेगा। यानि टेवे वाले की पैदाईश को लेकर कोई रहस्य होगा। जिसको जाहिर करने वाली उसकी जुबान होगी, जिसमें थुथलापन (हकलाना) होगा। इस भेद का ज्ञान खाना नंबर 11 से होगा। ऐसे में अगर खाना नंबर 11 खाली हो तो बुध बेहया (बेशर्म) और बदचलन लड़की होगी जो अपने वाल्दैन (माता–पिता) के ताल्लुक को भी बदफेली (नाजायज) का नाम देगी और खुद बाप के बराबर के इंसान से ताल्लुक रखती होगी।

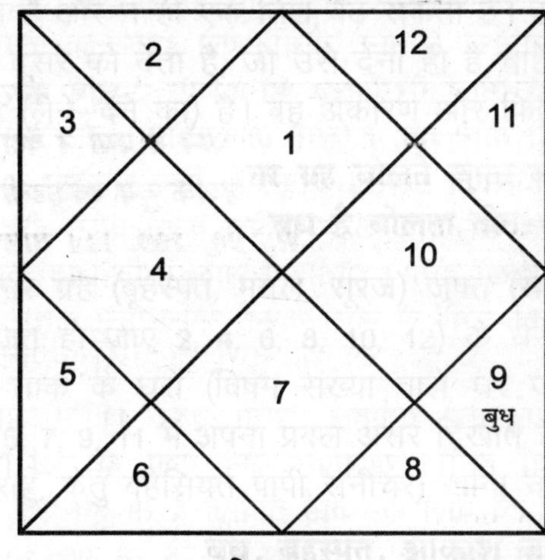

चित्र 410:

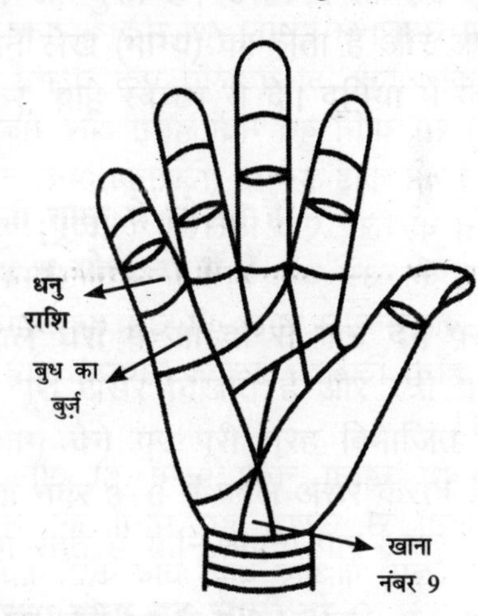

चित्र 411:

(2) जब खाना नंबर 11 में चन्द्र–केतु न हो तो टेवे वाला तमाशा दिखाते–दिखाते बिस्तर ले भागने वाली तबीयत (स्वभाव) का मालिक होगा। धोखेबाज, जुबान का खरा न होगा यानि बात का पक्का न होगा, वादा फरामोश होगा।

(3) जब खाना नंबर 3, 1, 6, 7, 9, 11 में चन्द्र, केतु और बृहस्पत बैठे हों तो बुध कभी भी मंदा न होगा बल्कि हर तरफ रौनक व बहार होगी। खुश्क (सूखे) बादल भी पानी की जगह मोती बरसाते होंगे। टेवे वाले की उम्र, धर्म, दौलत और परिवार की बरकत होती रहेगी।

(4) जब बृहस्पत खाना नंबर 8, 6, 10, 11 में अकेला हो तो टेवे वाला अल्पायु होगा। टेवे वाले की ज्यादा से ज्यादा उम्र 8 X 8 = 64 साल होगी। टेवे में चाहे चन्द्र कितना ही उच्च का क्यों न हो। अगर ऐसा न हुआ तो औरत और औलाद दोनों का फल मंदा होगा।

(5) जब चन्द्र–केतु खाना नंबर 11 में न बैठे हों तो टेवे वाले की 7, 15, 25, 37, 49, 66, 76, 96, 108, 120 साल की उम्र में सब कुछ खाक (नष्ट) हो जाएगा। ऐसे में मंगल, सूरज या बृहस्पत किसी का उपाय काम न आएगा अर्थात् जब टेवे में चन्द्र–केतु मुश्तरका तो हों लेकिन खाना नंबर 11 में न हों यानि खाना नंबर 11 के अलावा किसी दूसरे खाने में बैठे हों और साथ ही बुध भी खाना नंबर 9 में बैठा हो,

ऐसे वक्त नाक छेदने के अलावा दूसरा कोई उपाय काम नहीं करेगा। नाक छिदवाकर चार, पांच दिन तक बंद न होने दें अथवा कम से कम 96 घंटे छेद खुला ही रहना चाहिए।

(6) जब खाना नंबर 3, 6, 7 में चन्द्र, बृहस्पत या दोनों ही बैठे हों तो टेवे वाले की उम्र लम्बी होगी मगर औलाद और औरत में जरूर खराबियां होंगी यानि टेवे वाले के सुख में कमी पैदा होगी।

(7) जब टेवे में खाना नंबर 9 का बुध मंदा हो तो बुध बेबुनियाद (निराधार) और बेइन्तहा गहराई वाले कुएं के महल जैसा होगा। यानि टेवे वाला रहस्यमय होगा। मंगल या सूरज या दोनों के साथ से लसूड़े की लसलसी गुठली की तरह वाली किस्मत होगी। टेवे वाले की उम्र का (बुध के जमाने का) 1, 4, 13, 15, 17, 28, 34 साल या महीना या दिन मंदा और बदहाली वाला होगा। यह बुध का जमाना मंगल–बद का असर दे रहा होगा। ऐसे में टेवे वाले की उम्र का हाल यूं होगा कि–

चमगादड़ के मेहमान आए यहां हम लटके वहां तुम लटको

यानि टेवे वाले के साथियों का हाल भी उलटा लटकने जैसा होगा। ऐसे में नाक छेदने के अलावा दूसरा उपाय न होगा। बुध मंदे के वक्त इंसान चन्द्र की जानदार चीजों और बृहस्पत की जर्द (पीले) रंग की चीजों की बदौलत एक चलता दरिया के मानिन्द (समान) होगा। ऐसे इंसान के लिए सब्ज (हरा) रंग यानि बुध मंदा होगा और सब्ज रंग का इस्तेमाल गैरमुबारक होगा। ऐसे इंसान की तूफानी हालत की कोई इन्तहा (जिसका अन्त न हो) न होगी यानि वह जालिमों (अपराधियों) को फांसी देकर गिराने के लिए एक तिलस्मी (जादूई) कुआं होगा। जिसकी गहराई देखने के लिए सीढ़ियां न होंगी। इंसान की उम्र कम होगी। अगर ज्यादा हुई तो वह खानदान की परवरिश करने वाला होगा। टेवे वाले की उन्नीस साल की उम्र तक वालिद (पिता) दुःखी होगा। चौंतीसवें साल मंगल–बद का असर शुरू होगा जिसका इलाज (उपाय) लोहे की गोली को ऊपर से लाल करके अपने पास कायम करना होगा।

(8) जब बुध खाना नंबर 9 में हो और बमूजिब (अनुसार) वर्षफल खाना नंबर 11 में आ जाए तो जड़ों से उखड़े हुए पौधों की तरह खराबियां होंगी। खासकर जब ऐसा बुध तावीज की शक्ल (रूप) में आए यानि जब कोई फकीर या साधु टेवे वाले को कोई तावीज दे तो बुध ऐसे तावीज के आने के दिन से (17 से 34 दिन के अन्दर) अपना जहर दे देगा। बुध उम्र के 76, 96, 108, 120 साल में भी वर्षफल में आएगा या 7, 15, 25, 37 और 49, 66 साल भी खाना नंबर 9 का बुध वर्षफल कुंडली (देखें फेहरिस्त फरमान नंबर 13) में खाना नंबर 11 में आएगा।

(9) जब बुध ज्यादा मंदा हो तो दरिया के पानी से धोया हुआ जर्द (पीला) कपड़ा दिन के वक्त (रात न हो) धोकर अपने पास कायम करना मुबारक होगा। अगर चन्द्र 3, 8, 5, 9 में हो तो बुध का उपाय करने की जरूरत न होगी। बुध से खुद ब खुद बचाव होता रहेगा।

(10) जब खाना नंबर 1 खाली हो और हथेली में उंगलियों के नाखून सब्ज (हरे) रंग के हों तो टेवे वाला फसादी (लड़ाई–झगड़ा करने वाला) होगा।

(11) जब बुध अकेला खाना नंबर 9 में हो और हाथ में कनिष्ठा उंगली बहुत छोटी हो तो टेवे वाला इंसान बेवफा होगा।

(12) खाना नंबर 9 के मंदे बुध का सबसे ज्यादा मंदा असर उसकी उम्र पर होगा। टेवे वाले की औरत (पत्नी) पागलों की तरह आग में सिर जलाएगी और औलाद मंदी, तबाह या नदारद होगी। ऐसे में लोहे की गोली जिस पर मंगल का रंग (लाल) हो, बुध के जहर से बचाने वाली होगी। नाक छेदन उत्तम, दरिया के पानी से धोया पीला कपड़ा मुबारक, जर्द (पीले) कपड़े पर केसर का निशान शुभ, घर की तह जमीन में चांदी दबाना नेक, जिस्म पर चांदी कायम करना मुबारक, गऊ ग्रास (गाय को

भोजन का हिस्सा) भी बेहतर होगा। खुम्भ (मशरूम) मिट्टी के बर्तन में डालकर धर्म–स्थान में देना राजदरबार के मंदे असर से बचाएगा।

(13) जब बुध खाना नंबर 9 में बैठा हो या खाना नंबर 9 के ग्रहों का साथी ग्रह (देखें फरमान नंबर 6) हो तो बुध उन ग्रहों का असर बेबुनियाद मुर्दा और निष्फल (बेअसर) कर देगा। मसलन– जब खाना नंबर 9 में बैठा कोई ग्रह बुध का साथी ग्रह हो तो बुध उस हालत में किस ग्रह का असर

बुध किस घर में बैठा हो?	6	1, 8	2, 7	3, 6	11, 10	9	12	4	5
खाना नंबर 9 में बैठा कौन सा ग्रह बरबाद होगा?	केतु	मंगल	शुक्कर	बुध	सनीचर	बृहस्पत	बृहस्पत राहु	चन्द्र	सूरज

बरबाद करेगा? इसे इस फेहरिस्त (सूची) के मुताबिक समझेंगे। मिसाल (उदाहरण) के तौर पर घर से 9 मील दूर कुएं से पानी का मटका (घड़ा) भरकर वापिस लौटें तो बर्तन के पेंदे (तले) में सुराख हो गया। जब तक घर पहुंचे सारे कपड़े गीले और घड़ा खाली हो गया। हर तरफ मायूसी ही होगी। ऐसे में बुध किस्मत का कोढ़ी और राजा दोनों ही होगा। जिसे ऐसा हवाई (संक्रमित) कोढ़ होगा जो खुद–ब–खुद आ चिपटे। ऐसे में–

(i) नर ग्रह (सूरज, बृहस्पत, मंगल) का उपाय करें जो खाना नंबर 9 के ग्रह को या बुध के "साथी ग्रह" को या खुद को ही बरबाद कर रहा हो।

(ii) यदि नर ग्रहों से काम न बनें तो स्त्री ग्रहों से उपाय करें।

(iii) जब नर–स्त्री दोनों ग्रह काम न आए तो मुखन्नस (नपुंसक) ग्रहों से उपाय करें। लेकिन उपाय करते समय उस ग्रह का ध्यान न भूल जाएं जो बरबादी की वजह बना हुआ है।

कियाफा (हस्तरेखा)– जब सिर रेखा से या धनु राशि (खाना नंबर 9 कलाई के पास) से कोई रेखा बुध के बुर्ज़ (खाना नंबर 7) पर जाती हो। किस्मत रेखा की जड़ में बुध का दायरा (◯) हो। शुक्कर या बुध हमेशा खाना नंबर 9 में बुरा ही असर देंगे। बुध के दायरे (◯) का वही असर होगा जो बुध मुखन्नस का होता है।

बुध खाना नंबर 10

(खुश गुजरान, जी हुजूरिया)

भला यार दोस्त, न मक्कार होता
बचेगा कहां तक, तू खामोश सोता
तीन-चार-पांच पहले चंद्र, असर मकान तीन बाकी जो
खाली मन्दिर जर सफर समुद्र, सदफ भरा खुद मोती हो
कान कटे पर राग जो मीठा, सांप आंखों से सुनता हो
सनीचर भला तो सब कुछ उम्दा, वरना धोखा खुद मंदा हो
सनीचर इशारे बुध पे चलता, मंदी उम्र पापी हो
साया वालिद भी शक्की होगा, भरोसा नजर न जाती हो

(1) ऐसा इंसान शरारती, स्वार्थी और चालबाज होगा। इतना जी हुजूरिया होगा कि शाम को भी रात कहने वाला होगा। उसका राग इतना मीठा होगा कि कान कटने पर भी छोड़ा न जा सके।

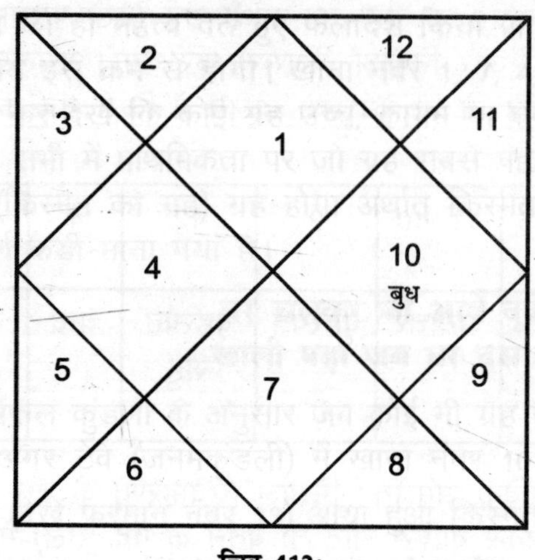

चित्र 412:

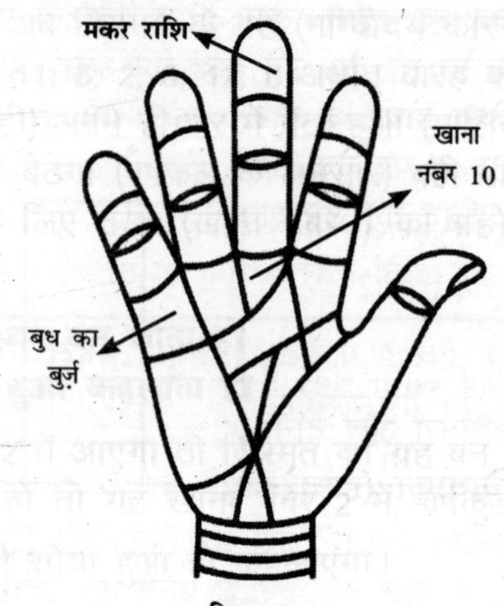

चित्र 413:

(2) अगर बुध खराब हो तो जुबान का चस्का (खाने का शौक) मंदे बुध की पहली निशानी होगी। तीनों ही पापी (राहु, केतु, बहैसियत पापी सनीचर) अपनी–अपनी उम्र तक मंदे होंगे। अमूमन बयालीस साल की उम्र तक मंदे फल मिलेंगे। बुध अब सांप के सिर (जिसमें जहर की थैली है) की हैसियत का होगा यानि लोहे की कील पर कलई की पुताई (पॉलिश) जैसा होगा। इसलिए इसकी चालाकी का बचाव खामोशी से न हो सकेगा।

(3) जब खाना नंबर 3, 4, 5, 1 में चन्द्र हो तो ऐसा इंसान तीन बाकी बचने वाले मकान (शेरमुखी) का मालिक होगा अथवा वह जिस मकान में रहता होगा उसका असर शेर दहाना (शेरमुखी) वाला होगा। जंगी कारोबार में बरकत होगी। ऐसा टेवा मर्दों के लिए मुबारक (बरकत देने वाला) और औरतों और बच्चों के लिए गैर मुबारक होगा।

(4) जब खाना नंबर 2 खाली हो। हाथ में उंगलियों के नाखून गोल हों तो समुद्री सफरों (विदेश यात्रा) से मोती पैदा होंगे। ऐसा इंसान खुद शर्मीला और हुनरमन्द (कारीगर) होगा।

(5) खाना नंबर 10 में बुध वाला इंसान इतना जी हुजूरिया और इतना मीठा होगा कि कान कटने पर भी छोड़ा न जा सके। ऐसे में बुध सनीचर के इशारों पर चलेगा और बुध सांप के दांतों के लिए जहर की थैली, लाख का महल और बारूद के पटाखे की तरह सनीचर की मक्कारी की बुनियाद (आधार) होगा।

(6) जब सनीचर की हालत नेक हो तो बुध और सनीचर का असर उम्दा होगा यानि छः फनों वाले शेषनाग की तरह हर वक्त सिर पर दूसरों का साया और मदद मौजूद होगी चाहे केतु बरबाद ही क्यों न हो।

(7) जब सनीचर मंदा हो या टेवे वाला शराबी–कबाबी (मांसाहारी) हो तो सनीचर खुद–ब–खुद मंदा हो जाएगा। ऐसे में बुध सांप के टेढ़े दांतों के मानिन्द होगा यानि जिस्म में घुसते ही जिस्म की जान निकाल देने वाला होगा। ऐसे इंसान के वालिद (पिता) की मर्जी होगी कि वह टेवे वाले का साथ दे या न दे, सुख दे या न दे, नजर रखे या न रखे।

(8) खाना नंबर 10 का बुध, सनीचर के इशारे पर चलता होगा यानि बुध का फैसला सनीचर की हालत पर होगा। बुध, सनीचर के अच्छे या बुरे हुक्म को फौरन (तुरन्त) किसी भी हालत में मुकम्मल (संपूर्ण) कर दिखाएगा। इस टेवे के लिए सनीचर दोगुना मंदा या दोगुना उम्दा असर देने वाला होगा क्योंकि सनीचर में बुध की ताकत भी शामिल होगी। ऐसे में अगर सनीचर मंदा हो या कर लिया जाए तो बुध ऐसा होगा कि जैसे सांप के जिस्म से उसका सिर काटकर अलग कर दिया जाए, जो सनीचर की हालत पर नेक और मंदा फैसला होगा। टेवे वाले के वालिद (पिता) का कोई भरोसा न होगा यानि वालिद की उम्र शक्की होगी, टेवे वाले की नजर (आंखों) का भी कोई ऐतबार (विश्वास) न होगा।

(9) जब खाना नंबर 2 नेक हो तो बुध अब दोगुना नेक होगा। खुश्क (खाली) घड़े कीमती मोतियों से भर देगा।

(10) जब खाना नंबर 8 मंदा हो तो बुध दोगुना मंदा होगा जो इंसान को दोनों हाथों से मार मारकर उसे अधमरा और दोनों आंखों से दुःखी कर देगा।

कियाफा (हस्तरेखा)– बुध का दायरा सनीचर के बुर्ज़ खाना नंबर 10 पर हो।

बुध खाना नंबर 11

(जनम से उल्लू का बच्चा और कोढ़ी, मगर दौलतमंद)

निर्ख सोना बढ़ता, लगे जब कसौटी
वक्त नाश अपने, अक्ल पहले सोती
बुध घड़ा कुंभ दुनिया उलटा, उम्र चौंतीस तक मरता हो
सनीचर चन्द्र बृहस्पत मारा, बुध आखरी तारता हो
साथ बृहस्पत या चन्द्र हो बैठा, दूजा खाली तीन उम्दा हो
सीप हीरा बन मोती देगा, तख्त चक्कर जब लाता हो
बुध चक्कर में सनीचर चलता, लेख बृहस्पत पर होता हो
बुध दबाया हो या मंदा, बृहस्पत सनीचर न उम्दा हो
लगन नवें का ग्यारह आएं, तावीज फकीरी बनता हो
काम अक्ल न कोई देवे, अपनी जड़ खुद काटता हो
बाद मुसीबत मदद हो पाता, कभी अक्ल जर दौलत हो
रोज ऐ रौशन गो लेख न खुलता, खुशी मगर खुद रात को हो

(1) खाना नंबर 11 में बुध हो तो टेवे में सनीचर, बुध के चक्कर में होगा यानि सनीचर बुध के मुताबिक चलेगा और बुध का नेक या मंदा होना बृहस्पत की हालत पर निर्भर करेगा। अगर बृहस्पत का सोना बढ़ता हो तो बुध भी उम्दा असर करेगा और अगर सोना घटे तो बुध की अक्ल भी सो जाएगी और टेवे वाला खुद अपना विनाश कर लेगा।

(2) खाना नंबर 11 का बुध 34 साल की उम्र तक ऐसा मंदा असर देगा कि टेवे वाला पानी में डूबे हुए मुर्दे के मानिन्द (तुल्य) किस्मत से बरबाद होगा। ऐसे वक्त चन्द्र, सनीचर और बृहस्पत तीनों का फल मंदा गिना जाएगा। मगर 34 साल के बाद मुर्दे के पेट से पानी निकालने वाले उल्टे घड़े की तरह डूबा हुआ मुर्दा फिर से जिन्दा और खुशहाल हो जाएगा अर्थात् जिस तरह से पानी में डूबे इंसान के पेट से पानी निकालने के लिए उसे उल्टे कुंभ (घड़े) पर उलटा लिटा कर उसके पेट से पानी

निकाला जाता है उसी तरह कुंभ राशि में बैठे बुध का गंदा पानी 34 साल की उम्र के बाद निकल जाएगा।

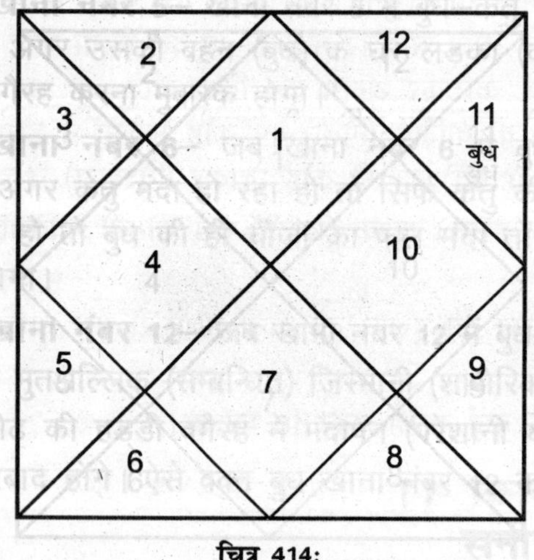

चित्र 414:

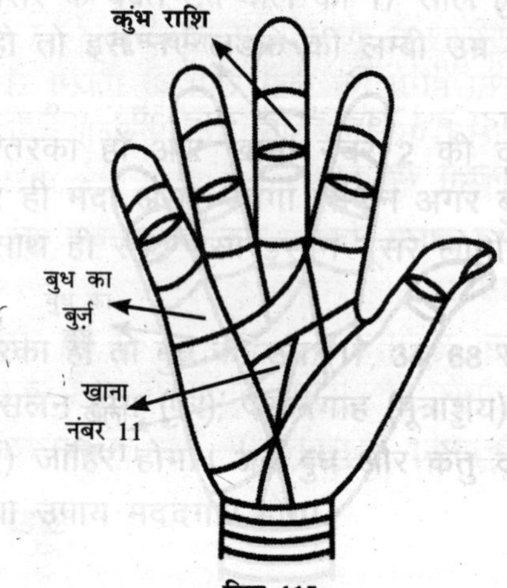

चित्र 415:

(3) जब खाना नंबर 11 के बुध के साथ बृहस्पत या चन्द्र बैठा हो और खाना नंबर 2 खाली और खाना नंबर 3 उम्दा हो तथा बुध खाना नंबर 1 (तख्त) पर बमूजिब (अनुसार) वर्षफल आए तो सीप में हीरे और मोती पैदा होंगे अथवा जब खाना नंबर 3 मंदा हो और बमूजिब वर्षफल बुध खाना नंबर 1 (तख्त) पर आए तो भी टेवे वाले के लिए मुबारक होगा और सीप में हीरे–मोती पैदा होते होंगे। बमूजिब वर्षफल खाना नंबर 11 का बुध तख्त पर उम्र के 11, 23, 36, 48, 57, 72, 84, 94, 105, 119 साल में आएगा। देखें फेहरिस्त (सारिणी) वर्षफल फरमान नंबर 13।

(4) खाना नंबर 11 के बुध के वक्त सनीचर बुध के दायरे में होगा और बुध के हुक्म (आदेश) पर चलेगा। लेकिन बुध का असर बृहस्पत के अधीन होगा। बृहस्पत अच्छा हो तो बुध का असर नेक होगा और अगर बृहस्पत बुरा हो तो बुध का असर बद होगा।

(5) अगर खाना नंबर 11 का बुध दबाया हुआ हो या खुद टेवे में मंदा हो तो बृहस्पत और सनीचर का असर भी नेक न होगा लेकिन यह शर्त नहीं है कि सनीचर और बृहस्पत का असर मंदा ही होगा।

(6) जब बमूजिब वर्षफल खाना नंबर 9 का बुध उम्र के 7, 15, 25, 37, 49, 66, 76, 96, 108, 120 साल में खाना नंबर 11 में आए और टेवे वाला किसी फकीर या साधु से कोई तावीज ले तो ऐसे वक्त बुध टेवे वाले को जड़ से उखाड़ देगा यानि हद से ज्यादा मंदा असर देगा। मंदी हालत के वक्त सूरज की मदद मुबारक होगी। सूरज की मदद के लिए गले में तांबे का पैसा या तांबे का छोटा टुकड़ा कायम करें जो कि इस नालायक ग्रह (बुध) की बेवकूफी के कामों यानि धन–दौलत के नुकसान करवाने से बचाव कराएगा। वरना बुरे वक्त का बुध अक्ल को काम नहीं करने देगा और अपनी जड़ें खुद काटता होगा। यानि खुद अपनी बेवकूफी से अपना माली (आर्थिक) नुकसान करेगा।

(7) जब हथेली में बुध का दायरा (◯) तर्जनी उंगली और मद्धमा उंगली के दरमियान (मध्य) खाना नंबर 11 (बचत) में हो तो टेवे वाले का 34 साल की उम्र का पहला अरसा मंदा रहेगा। मगर 34 साल की

(3) उम्र के बाद आराम मिलेगा और बुध मददगार होगा तथा टेवे वाले को तार देने वाला हीरा होगा। टेवे वाले इंसान की धन–दौलत की कमी दूर होगी।

(8) खाना नंबर 11 में बुध के वक्त टेवे वाले इंसान का दिन का वक्त भले ही खुशी का न हो मगर रात का वक्त जरूर (34 साल के बाद) आराम और खुशी का होगा।

(9) मंदा बुध खुद ही बृहस्पत और सनीचर (जमाने की हवा और दुनियावी जहर) को अपने दायरे में ही घुमाता रहेगा।

(10) जब खाना नंबर 2 खाली हो और हाथ की उंगलियों के नाखून गोल हों तो टेवे वाला शर्मीला और हुनरमन्द (कारीगर) होगा।

(11) मंदे बुध के वक्त टेवे वाला उल्लू का पट्ठा होगा और ऐसे वक्त गले में तांबे का सिक्का या तांबे का टुकड़ा कायम करना मुबारक होगा।

कियाफा (हस्तरेखा)– बुध से कोई रेखा खाना नंबर 11 (बचत) में जाए।

बुध खाना नंबर 12

(किस्मत के फेर में रात की नींद उजाड़ने वाला)

गई शब न आधी, वो क्यों रो रहा है
लिखा सब फरिश्ता, उलट हो रहा है
बुध भला न मर्द के बारह, बुरा न औरत टेवे हो
साथ सनीचर बृहस्पत हो मिलता, कुण्ड भरा बुध अमृत हो
चार छठे नौ–बारह मारे वरना, तीन दूजा नहीं बचता हो
बृहस्पत राहु खुद जड़ से कटते, सुखिया रानी न राजा हो
सनीचर, सूरज कोई बारह बैठे, असर जहर न उन पर हो
साथ साथी ग्रह दुश्मन होते, जहर सनीचर में भरता हो
उम्र पच्चीस गर शादी होती, बृहस्पत पिता खुद रोता हो
बुध होगा तब नमकहरामी, माया मर्द सब डोलता हो
बृहस्पत सनीचर मच्छ रेखा, टेवा असर उत्तम बुध देता हो
टेवा मालिक न जहर गो चढ़ता, चीजें जिन्दा बुध दुःखी हो
ग्रह घर छठवां हर दो जलते, बुध जहर न घटता हो
मदद केतु से जिस दम पाता, औलाद दौलत सब फलता हो

(1) जब खाना नंबर 12 में बुध मंदा हो तो चाहे राजा हो या निर्धन सभी की रातों की नींद उजाड़ने वाला होगा। लुटने के वाकिआत (घटनाएं) होंगे और कारोबार पर मंदा होगा। मर्द के टेवे में खाना नंबर 12 का बुध शायद ही भला हो लेकिन औरत (स्त्री) के टेवे में कभी भी बुरा नहीं गिना जाएगा। अगर टेवा मर्द (पुरुष) का हो और खाना नंबर 12 में बुध हो तो उसकी औरत (पत्नी) चाहे रानी हो या दरिद्र लेकिन वह दुःखी ही होगी (अपने मर्द की तरह)। अगर खाना नंबर 12 में दोनों ही (पति और पत्नी) के टेवे में बुध हो तो राजा (धनाढ्य) होते हुए भी दोनों ही रात को कफन में ही सोते होंगे क्योंकि

उनकी गृहस्थी हालत मंदी ही होगी। अब अगर केतु टेवे में अथवा वर्षकुंडली में उच्च का, नेक घरों में या घर का मालिक हो जाए तो वह बुध के जहर को धो देने वाला होगा।

(2) बुध खाना नंबर 12 के साथ बृहस्पत या सनीचर खाना नंबर 12 में हो अथवा बृहस्पत या सनीचर खाना नंबर 3 में हो तो बुध परिवार, गृहस्थी, धन–दौलत और माया (माल) के ताल्लुक में अमृत का भरा हुआ तालाब होगा।

(3) जब सिर्फ बृहस्पत खाना नंबर 2, 12 में हो तो इज्जत (सम्मान), ताकत (रुतबा) और दुनियावी शोहरत (ख्याति) सब कुछ उम्दा होगा मगर टेवे वाले को वक्त–बेवक्त चोरी, धन–हानि या फालतू खर्चों से नुकसान होते होंगे।

(4) जब खाना नंबर 2, 12 में बृहस्पत हो तो टेवे वाले को इज्जत, ताकत मिलेगी और अगर सनीचर हो तो माया (माल), दौलत और परिवार मिलेगा। अगर दोनों का साथ मिल जाए तो सभी कुछ मिलेगा।

(5) खाना नंबर 12 का बुध अगर बरबाद हो जाए यानि दुश्मन ग्रहों से बद हो जाए तो खाना नंबर 2, 3, 4, 6, 9, 12 सभी बरबाद हो जाएंगे। खाना नंबर 12 का बुध पागल कुत्ते के मानिन्द (समान) सभी को काटकर बरबाद कर देगा। यह पागल कुत्ता (बुध) जिस ग्रह को काटेगा वह ग्रह आगे वाले ग्रह को काटेगा और यह क्रम ऐसे ही चलता रहेगा और सब कुछ बरबाद होता चला जाएगा। बुध की जाती (व्यक्तिगत) ताकत की भी गणना कर लेना उत्तम होगा।

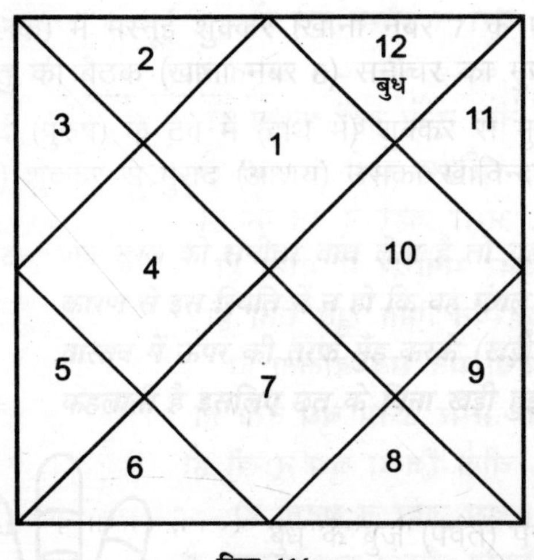

चित्र 416:

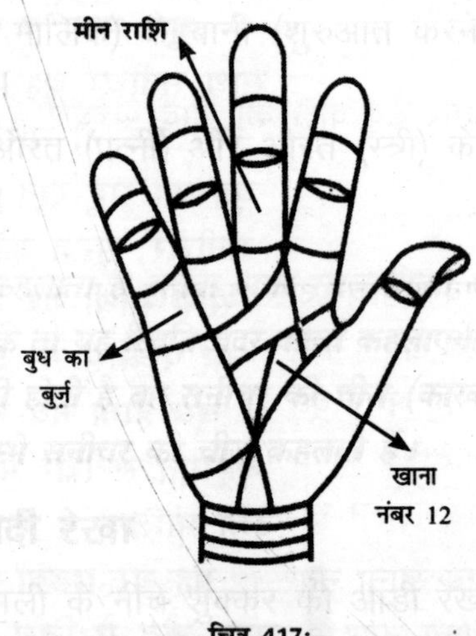

चित्र 417:

(6) जब बुध खाना नंबर 12 में मंदा हो रहा हो तो वह राहु (जो इस घर का कारक है) और बृहस्पत (जो इस घर का मालिक है) को जड़ से खत्म कर देगा यानि उन पर सबसे ज्यादा मंदा असर देगा। ऐसे में टेवे वाला चाहे राजा (या रानी) क्यों न हो मगर वह गृहस्थी हालत के मामले में दुःखी ही होगा।

(7) खाना नंबर 12 में बैठे सूरज और सनीचर ही बुध के जहर से बचेंगे। बुध खाना नंबर 12, टेढ़ा दांत कहलाता है यानि वह दांत जिसमें अन्दर–बाहर जाने के लिए सुराख होता है। दूसरी ओर सूरज को

बन्दर बताया गया है। बन्दर की खासियत यह है कि वह हर चीज को मुंह में डालने से पहले सूंघ लेता है, अगर वह चीज जहरीली हो तो जमीन पर फेंक देगा और अगर जहरीली (नुकसानदायक) न हो तो खा लेगा। अगर बन्दर गलती से वह जहरीली चीज खा भी ले तो उसकी यह खासियत है (बन्दर की) कि वह पहले हर चीज को जबड़े के नीचे दबाकर रखता है, एकदम नहीं निगलता जिससे उसे उस चीज की तासीर पता चल जाती है। इसी तरह सांप में उसकी जहर की थैली सिर से अलैहदा (अलग) होती है और किसी को मारने के लिए सांप अपने दांत (बुध) के इस्तेमाल से जहर उगलता है लेकिन वह जहरीली थैली खुद ब खुद जहर नहीं फेंकती। यही वजह है कि सूरज और सनीचर खाना नंबर 12 में बैठकर बुध के जहर से बच जाते हैं और कई दफा (कभी–कभी) तो बुध खाना नंबर 12 के जहर को भी अपने लिए असरकारक बना लिया करते हैं।

(8) जब खाना नंबर 12 में बुध के साथ सनीचर हो तो अक्ल (बुध) के साथ होशियारी (सनीचर) का साथ खाना नंबर 12 और खाना नंबर 2 में (2, 6, 12 दृष्टि सिद्धांत–विस्तृत वर्णन देखें फरमान नंबर 8 आम हालत) मिल जाए तो जहर से मरे हुए इंसान के लिए आबेहयात (अमृत कुंड) होगा, जो मुर्दो को भी जिन्दा कर देने वाला होगा।

(9) जब खाना नंबर 12 में बुध के साथ बुध का दुश्मन चन्द्र हो या बुध चन्द्र का साथी ग्रह (देखें फरमान नंबर 6) हो और सनीचर भी खाना नंबर 12 में बुध के साथ हो तो बुध का जहर, पानी (चन्द्र) के माध्यम से सनीचर में भर जाएगा। अब सनीचर की होशियारी काम न कर सकेगी। ऐसे वक्त सनीचर से मुतअल्लिक (सम्बन्धित) अश्या (वस्तुएं), कारोबार (व्यापार) और ताल्लुकदार (रिश्तेदार) सभी बरबाद हो जाएंगे।

(10) अगर टेवे वाले की शादी पच्चीस साल की उम्र या पच्चीसवें साल में हो तो टेवे वाले का पिता और औरत (पत्नी) दोनों ही रोते होंगे। मर्द और माया सब बरबाद होंगे। टेवे वाले की उम्र का हर तीसरा साल मंदा असर देगा। बुध अब हद से ज्यादा मंदा असर दिखाएगा।

(11) जब सनीचर और बृहस्पत खाना नंबर 7 में हों तो उच्च सनीचर की मच्छ रेखा का उत्तम फल मिलेगा। अब खाना नंबर 12 का बुध भी उत्तम फल देगा। जब टेवे में सनीचर–बृहस्पत एक साथ किसी भी खाने में हों मगर बुध से अलैहदा (अलग) हों तो टेवे वाले पर बुध का मंदा असर नहीं होता। मगर बुध की जानदार अश्या (बहिन, बेटी, बुआ, मौसी वगैरह) टेवे वाले के घर में दुःखी होगी मगर अपनी–अपनी ससुराल में खुश होंगी।

(12) जब खाना नंबर 12 में बुध हो और खाना नंबर 6 में कोई भी (दोस्त या दुश्मन) हो तो बुध का जहर, खाना नंबर 6 पर पड़ेगा और उस ग्रह को बरबाद कर देगा। खाना नंबर 6 में बैठकर सूरज और सनीचर भी बुध के जहर से नहीं बच पाते।

बुध खाना नंबर 12 के वक्त खाना नंबर 6 में बैठे ग्रहों की हालत

जब बुध खाना नंबर 12 में हो तो खाना नंबर 6 में बैठे ग्रह की हालत मंदरजाजैल (निम्नलिखित) फेहरिस्त (सारिणी) के मुताबिक होगी।

खाना नंबर 6 में बैठा ग्रह	टेवे वाले पर क्या असर होगा?
बृहस्पत	पिता की उम्र बरबाद यानि शक्की होगी और पिता की माया, माल, दौलत तबाह होगी।
सूरज	राजदरबार से आमदनी का जरिया (स्त्रोत) बरबाद और राजदरबारी (प्रशासनिक) ताल्लुक भी खराब और मंदे होंगे।
चन्द्र	माता भाग (पक्ष) रद्दी और खुदकुशी (आत्महत्या) तक की नौबत होगी।
शुक्कर	रात की नींद और चैन बरबाद होगा।
मंगल	अपना भाई टेवे वाले के लिए यमराज होगा और खुद (टेवे वाला) भी बरबाद होगा।
सनीचर	सनीचर से मुतअल्लिक (सम्बन्धित) चीजें, कारोबार और रिश्तेदार सब मंदे असर देंगे।
राहु	ससुराल पर जलती हुई रेत की बारिश होगी। मौतें होती रहेंगी।
केतु	औलाद की मंदी हालत होगी। दुःखी जिन्दगी की मालिक (औलाद) होगी।
सूरज या मंगल	माता और मामा दोनों दुःखी होंगे। माता मासूमी में (टेवे वाले का बचपन) गुजर जाएगी।

(13) जब खाना नंबर 12 में बैठकर केतु मंदा असर दे रहा हो तो ऐसे में केतु की मदद मुबारक होगी यानि तीन दुनियावी कुत्तों की मदद–

(i) बहन के घर भाई कुत्ता

(ii) ससुराल में जंवाई कुत्ता

(iii) नाना के घर दोहता कुत्ता

इसके अलावा बुध के मंदरजाजैल उपाय भी मददगार होंगे।

(i) दुनियावी लोगों से सलाह–मशवरा लेना नेक नतीजे (परिणाम) देगा।

(ii) नाक छेदन करवाना।

(iii) जर्द (पीली) चीजें या सोना साथ रखना।

(iv) फौलाद (लोहे) का छल्ला (जिस पर जोड़ या टांका न लगा हो और जिस पर जंग न लगे) अपने जिस्म पर कायम करना।

(v) माथे पर केसर (बृहस्पत) या काला (सनीचर) तिलक कायम करना। मगर राख का तिलक पिता पर भारी होगा (बुध खाना नंबर 2 का असर देगा।)

(vi) खाली बर्तन (बुध) या कोरा (खाली जो इस्तेमाल न हुआ हो) घड़ा चलते पानी में बहाना। ये सभी उपाय बुध खाना नंबर 12 के मंदे वक्त में मददगार होंगे। लेकिन जब धातु के छल्ले (लोहे को छोड़कर) का उपाय करें तो ध्यान रहे कि छल्ला जितना ज्यादा चमकदार और साफ होगा उतना ही ज्यादा सूरज की तरह चमकदार असर करेगा। यानि किस्मत की सोई हुई लहर को 'उदय' कर देगा। लेकिन ध्यान रहे कि यह छल्ला किसी से मुफ्त न लिया जाए वरना बेईमानी गिनी जाएगी।

(14) बुध खाना नंबर 12 के मंदेपन के वक्त हवाई (फर्जी) काम, व्यापार, सट्टा वगैरह सब मंदे असर वाले होंगे। बुध की अश्या (कलम या तहरीर–लेखन या जुबान–वाणी) बदनामी का बहाना बनेंगे। 30 से कम या 32 से ज्यादा दांत होना भी बुध के मंदे वक्त की निशानी होंगे।

(15) बुध खाना नंबर 12 के मंदे वक्त में बकरी भी पेट फाड़ देगी जिसका कि दिल (हौसला) ही नहीं होता यानि बुजदिल लोग भी टेवे वाले पर भारी और बुराई करने वाले हो जाएंगे। जिस्म पर बुध की अश्या (चीजें) और सिर, जुबान (वाणी), दांत, नाड़ी (नसें), नाक का अगला हिस्सा टेवे वाले के लिए हानिकारक होंगे।

(16) खाना नंबर 12 का मंदा बुध राहु का मंदा असर देगा क्योंकि राहु खाना नंबर 12 में पक्का घर का मालिक है। राहु का मंदा असर अमूमन जेलखाना, पागलखाना, चोरी और आग के वाकिआत (घटनाएं), गबन (धन का हेर–फेर), बेईमानी, धोखा–फरेब, खोटे सिक्के (जालसाजी) के रूप में मिलता है। जिससे धन–हानि, बेइज्जती और फिजूल (बेवजह) जहमत (परेशानी) पैदा होगी।

(17) जब खाना नंबर 2 खाली हो तो टेवे वाला कम–अक्ल (बेवकूफ) और जल्दबाज होगा। ऐसे में मन्दिर (खाना नंबर 2) जाते रहना मुबारक असर देगा।

(18) जब राहु खाना नंबर 8, 12 में हो और हाथ में उंगलियों के नाखून बहुत छोटे हों तो टेवे वाला अगर जेलखाना नहीं गया तो पागलखाना तो जरूर ही जाएगा चाहे उसका कोई भी कसूर न हो। ऐसे में मन्दिर के अन्दर जाकर सिर टेकना मंदे वक्त की आग में घी–डालने जैसा होगा। मन्दिर के बाहर ही खड़े होकर सर झुकाया जा सकता है। मन्दिर के अन्दर जाना गैर मुबारक और बुतों (मुर्तियों) को स्पर्श करना बरबादी का सबब होगा।

(19) जब चन्द्र खाना नंबर 2 में हो तो घर में बर्तन के बगैर पानी कायम करना (स्पंज में), रिजक (जीविका), रोजगार और आमदनी के मामले में मुबारक असर देगा।

(20) जब राहु खाना नंबर 2 में हो तो ससुराल वगैरह में मंदी मौत या हादसा वगैरह आम बातें होंगी।

(21) जब चन्द्र खाना नंबर 5 और सनीचर खाना नंबर 9 में हो तो चन्द्र और सनीचर दुनियावी मोहब्बत के मामले में चलती हुई गाड़ी (मोटरगाड़ी, वाहन वगैरह) गिने जाते हैं। ऐसे में जब खाना नंबर 12 में बुध (राहु–बुध खाना नंबर 12) वाला इंसान नई गाड़ी ले तो उसका रंग बुध का (हरा) होगा तो मोहब्बत में लदी हुई लड़की (प्रेमिका) की सवारी के वक्त अगर राहु के ताल्लुकदार (ससुराली) भी साथ में हों या गाड़ी से राहु (ससुराल) का ताल्लुक हो (यानि बुध+राहु) तो गाड़ी हादसे का शिकार होगी। जिसमें किसी शख्स की मौत की कोई शर्त तो न होगी मगर गाड़ी के अगले हिस्से को पिसकर

(टूटकर) जमीन को सजदा (प्रणाम) जरूर करना होगा अर्थात् गाड़ी का अगला हिस्सा क्षतिग्रस्त होगा। ऐसे वक्त टेवे वाले को अपनी जान की हिफाजद के लिए बुध खाना नंबर 12 के मंदे वक्त का उपाय पहले ही कर लेना मुबारक होगा वरना अंगहीन हो जाने के हाल में उसे मेंढक की तरह फुदक–फुदक (कूद–कूद) कर चलना पड़ेगा। जुबान (वाणी) पर काबू रखना, वादे को पूरा करना, गुस्से से दूर रहना भी बुध खाना नंबर 12 के जहर से इंसान को बचाता होगा।

(22) शुक्कर के दो जुज (खण्ड) बुध और केतु होते हैं। खाना नंबर 12 में बैठकर बुध न केवल खुद ही मंदा होगा बल्कि खाना नंबर 6 को भी बरबाद कर देगा (बुध–केतु का पक्का घर खाना नंबर 6) जिससे शुक्कर के दोनों जुज (बुध–केतु) नरीना (नर) औलाद बरबाद करेंगे। बुध के बगैर शुक्कर पागल होगा। शुक्कर फूल तो देगा मगर उसका फल कच्चा ही होगा। मुख्तसरन (संक्षेप में) टेवे वाले की औरत दुःखी, औलाद (लड़का या लड़की) नामुकम्मल (अपूर्ण या अधूरी) हालत में होने की वजह से अपने वालिद (बाप) को याद करते होंगे।

(23) खाना नंबर 12 के मंदे बुध वाला इंसान ऐसा बेवकूफ और नालायक दोस्त होगा जो किसी का बुरा करते वक्त उसका भला तो क्या अपना खुद का भी भला नहीं सोचता होगा। ऐसा इंसान हर मौके पर कोढ़ी सिद्ध होगा।

(24) बुध खाना नंबर 12 वाला इंसान एक तरफ तो अपने साथियों से कहता होगा कि "बढ़ते जाओ जवानों–हमारे रहते किसका डर है" और अपने साथियों को अपनी शान के ख्याली सपने दिखाकर भड़काता होगा तथा दूसरे ही पल चक्की के टूटे पत्थरों की तरह अपनी खरखरी जुबान (कर्कश–वाणी) के द्वारा खुद को और अपने साथियों को बेआराम (परेशान) करता होगा। उसकी जुबान के तेजाब से हमसाया (पड़ोसी) भी चिल्लाते होंगे। अपने मतलब (स्वार्थ) के लिए बदल जाना और अपने झूठ के हथियार से संगीन तलवारों को भी काट देना उसके बाएं हाथ का खेल होगा। उसका दिमागी ढांचा (बुद्धिमत्ता) उसके लफ्जों (शब्दों) और तहरीर (लेखन) को मिट्टी में दबे हुए जुगनू की तरह कर देगा जो उसके साथियों के लिए मंदे और धोखा देने वाले होंगे। ऐसा इंसान दिमाग में आई हुई बात (भली या बुरी) को पूरा करने के लिए अपनी पूरी ताकत और सिर से पांव तक का जोर खर्च कर देगा। बगैर सोचे–विचारे काम करने वाला होगा। मिट्टी का घड़ा पानी में डालते वक्त यह भी न सोचेगा कि वह घड़ा कच्चा है या पक्का। लेकिन इतनी होशियारी के बाद भी उसे कोई काम नेक नतीजा (परिणाम) और नफा (फायदा) न देगा, मुंह के दांत तक निकाल लेगा। मंदे हालत की पहली निशानी शराबखोरी होगी। इंसान झूठ से शुरू होकर दगा (धोखा), फरेब तक बढ़ता चला जाएगा। "जुबान का सच्चा और दिल का झूठा" होना उसके लुच्चेपन की निशानी होगी। खाना नंबर 12 के बुध का कोढ़ एक खानदान से दूसरे खानदान तक बढ़ता चला जाएगा। मगर खाना नंबर 12 का बुध एक ऐसा कोढ़ होगा जो दम के दम में तमाम जिस्म को फाड़कर टुकड़े–टुकड़े कर देगा।

दम दमें में दम नहीं, अब खैर मांगो जान की
बस खत्म अब हो चुकी, रफ्तार कुल ग्रह चाल की

कियाफा (हस्तरेखा)– बुध के बुर्ज़ (खाना नंबर 7) से कोई रेखा, खाना नंबर 12 (खर्च) में जाती हो।

एक से जाहिर पीर

चित्र 418: भैरो वली

सनीचर

(खुद हमेशा बुरा नहीं, जुजों के साथ तबाही)

जमाने में बदकार, अक्सर जो रहते
भले लोगों को बुद्धू, अहमक है कहते
पाप नैया न हर दम चलती, न ही माला ग्रह कुल की हो
सनीचर होता न मुन्सिफ दुनिया, बेड़ा गर्क था सबका हो
साथ-साथी या पाप दृष्टि, पापी सनीचर खुद होता हो

लिखत केतु बुध राहु जैसी, फैसला धर्म से करता हो
पहले घरों में दुम केतू होता, सनीचर इच्छाधारी होता हो
उलट मगर जब बैठा टेवे, अजदहा खूनी बनता हो
सांप सनीचर दुम केतू गिनते, मुखड़ा राहु खुद होता हो
जुल्म सूरज गर खुफिया होते, कत्ल सनीचर दिन करता हो
पहाड़ ठंड बृहस्पत कायम धरती, वैद धनंतर घर बृहस्पत हो
जहर फूंके घर दुश्मन अपनी, भला न जाती स्वभाव हो
औरत हामला पहले लड़के, सनीचर देखे खुद अन्धा हो
बच्चे शुक्कर न खुद कभी मारे, सांप बच्चे दो खाता हो
सूरज दृष्टि सनीचर पे करता, बुरा शुक्कर का होता हो
सनीचर सूरज से पहले बैठा, नर ग्रह स्त्री उम्दा हो
नजर शुक्कर में जब सनीचर आता, मामा दीगर खा जाता हो
दृष्टि शुक्कर पे जब भी करता, मदद सभी ग्रह करता हो

(1) सनीचर एक ओर तो उदास संन्यासी, वैरागी (विरक्त) और दुनियावी जंजालों से मुक्त होता है, दूसरी ओर किसी को अपने बराबर नहीं बैठने देता। यानि एक ओर तो कहेगा कि "ए दुनिया छोड़ दो, इसके जंजाल में कुछ नहीं है" और दूसरी ओर कहेगा कि "पकड़ लो सबको ये सब मेरे बराबर में बैठकर क्यों उलटे चल रहे हैं"। यानि सनीचर के दो पहलू होंगे। मकान, जायदाद और चालाकी से धन–दौलत कमाने का जमाना 36 साल की उम्र या छत्तीसवां साल होगा।

(2) जमाने में कुछ ऐसे भी लीचड़ लोग रहते हैं जो भले और नेक लोगों को बुद्धू और मूर्ख कहते हैं लेकिन सनीचर हमेशा बुरा नहीं होता। सनीचर सभी तरह के मकानों, इंसान की बीनाई (नजर) और इंसान की नेकी और बदी (शुभ–अशुभ कर्मों) को लिखने वाले जुजों (राहु–केतु) का मालिक होता है। सनीचर हाकिम (शासक), जाहिरा (प्रत्यक्ष) पीर और मुन्सिफ (न्याय) का देवता होगा।

(3) सनीचर के दो जुज (एजेन्ट) राहु और केतु होंगे। जब सनीचर राहु या केतु के साथ–साथी (देखें फरमान नंबर 6) हो जाए तो "बहैसियत पापी सनीचर" हो जाएगा और अपना बद असर देगा। सनीचर हमेशा बद नहीं होगा।

(4) सनीचर अपने जुजों (एजेन्टों) के माध्यम से दुनियावी लोगों के साथ इंसाफ करता है। राहु अपने मुल्जिम (दोषी) को दंड दिलाने के पक्ष में और केतु उस मुल्जिम को बचाने के लिहाज से मददगार पक्ष में होता है। दोनों जुज अपने–अपने पक्ष में मुल्जिम के लिए दलील पेश करते हैं और सनीचर उन दलीलों को सुनने के लिए और न्यायपूर्ण फैसला देने के लिए हलफ (सौगंध) उठाए होता है।

(5) पापी ग्रहों (राहु, केतु, सनीचर) ने पापियों और हजारों गुनहगारों को सीधे रास्ते पर लाने के लिए और अपने गृहस्थ निजाम (तंत्र) को कायम (नियन्त्रित) रखने के लिए अपनी ही पंचायत ठहरा रखी है। इसीलिए जमाने के गुरु और तमाम ग्रहों के पेशवा बृहस्पत ने सनीचर के घर खाना नंबर 11 में अपनी धर्म अदालत मुकर्रर (निश्चित) की, जहां पर सनीचर अपनी माता के दूध का हलफ (शपथ) उठाकर बृहस्पत के धर्म और धार्मिक आस्था की बुनियाद पर फैसला करता है। सनीचर का फैसला राहु–केतु की दलीलों की बुनियाद पर ही होता है।

(6) अगर सनीचर पाप (राहु–केतु) ग्रहों के साथ हो या साथी (देखें फरमान नंबर 6) हो अथवा दृष्टि सिद्धांत (देखें फरमान नंबर 8, आम हालत) के द्वारा पाप से सनीचर का ताल्लुक बन रहा हो तो सनीचर खुद पापी हो जाएगा और टेवे में मंदा असर देने वाला होगा। बहैसियत पापी होगा।

(7) बुध के दायरे (कागज) में राहु–केतु की तरफ से मुल्जिम इंसान के लिए जिस कार्यवाही की लिखा–पढ़ी होगी उसी के अनुसार सनीचर (धर्म के अनुसार) फैसला करेगा। नेक असर के वक्त सनीचर 10, 19, 37 साल में उत्तम फल देगा।

(8) सनीचर जब भी मंदा होगा तो स्याह (काली) चीजों पर हमेशा बुरा असर करेगा। जिसका फल सनीचर के स्वभाव के आधार पर जाहिर होगा। मंदी हालत का सनीचर जब बमूजिब (अनुसार) वर्षफल दोबारा उसी खाने में आएगा, उस साल जहरीले वाकिआत (घटनाएं) खड़ा करेगा।

(9) जब टेवे में सनीचर के साथ दो या दो से ज्यादा नर ग्रह (सूरज, मंगल, बृहस्पत) हों तो सनीचर काबू हो जाता है और अपना जहर टेवे वाले इंसान पर नहीं उगल सकता। ऐसे में जिस कदर सनीचर के दुश्मन (सूरज, चन्द्र, मंगल) का साथ बढ़ता चला जाएगा तो सनीचर मंदा होता चला जाएगा। ऐसे में सनीचर की अश्या (चीजों) का दान बतौर (रूप में) खैरात (भीख) दुनियावी लोगों को देते जाना सनीचर के मंदे जहर से निजात (मुक्ति) दिलाएगा। मसलन बादाम, लोहे का सामान, अंगीठी, चिमटा, तवा, गरीबों या साधुओं को देना मददगार होगा।

(10) मंदे असर के वक्त बमूजिब वर्षफल सनीचर बैठा होने वाले घर के एक तरफ (बाईं या दाईं) राहु और दूसरी तरफ केतु हो तो राहु–केतु का भी असर मंदा होगा। मसलन सनीचर खाना नंबर 12 में, राहु 11 और केतु 1 में हो अथवा इसी तरह से और दूसरे खानों में भी देखेंगे।

(11) जब सनीचर मंदा हो और ठीक उसी वक्त टेवे में सनीचर के ठीक पहले या बाद के घर मे राहु या केतु हो तो उनका भी असर मंदा गिना जाएगा।

(12) टेवे में एक, दो, तीन की तरतीब से गिनने पर और दृष्टि के उसूल पर (फरमान नंबर 8) पहले घरों में दुम (केतु) हो और बाद के घरों में सनीचर हो तो सनीचर इच्छाधारी नाग की तरह इंसान को तारने वाला और इंसान की हर इच्छा को पूरा करने में मददगार साबित होगा।

(13) जब टेवे में पहले घरों में राहु हो और सनीचर बाद के घरों में हो तो सनीचर एक खूनी अजहदा (यानि मंदा) होगा।

(14) सनीचर को अगर सांप गिना जाए तो उसकी दुम, केतु बैठा होने वाले खाने में होगी और उसका सिर, राहु बैठा होने वाले खाने में गिना जाएगा। यानि सनीचर का सिर राहु और दुम केतु होगा।

(15) अगर सूरज खुफिया जुल्म करे तो सनीचर दिन–दहाड़े और सरे बाजार और सबके सामने कत्ल करवा देगा।

(16) जब सनीचर किसी दूसरे ग्रह की मिलकियत वाले घर में बैठेगा तो जरूरी नहीं कि वह ग्रह जब सनीचर की मिलकियत वाले घर में बैठे तो सनीचर भी वही व्यवहार करे जो वह ग्रह सनीचर के साथ करता है। दोनों हालातों में फल अलग–अलग हो जाएगा। मसलन–

(i) बृहस्पत के घरों (9, 12) में बैठा सनीचर कभी बुरा फल नहीं देगा मगर बृहस्पत जब सनीचर (10) के घर में बैठेगा तो नीच का हो जाएगा।

(ii) मंगल अकेला सनीचर के घर (10) में बैठा हुआ राजा (उच्च) होगा मगर जब सनीचर मंगल के घर (तीन पक्का घर) में बैठा होगा तो नकद माया से दूर और कंगाल ही रखेगा।

(iii) सनीचर के घर (11) में बैठा हुआ सूरज सबसे ज्यादा धर्मी और उत्तम होगा मगर जब सनीचर सूरज के घर (5) में बैठगा तो बच्चे खाने वाला सांप होगा।

(iv) चन्द्र कें घर (4) में सनीचर पानी में डूबा हुआ सांप होगा यानि सनीचर ऐसे वैद्य के मानिन्द (तुल्य) होगा जो मरे हुए मरीज को भी जिन्दा कर दे लेकिन सनीचर के मुख्यालय खाना नंबर 8 (मंगल का मौत का घर) में चन्द्र नीच का होता है।

(v) शुक्कर के घर (7) में सनीचर उच्च का होता है क्योंकि सनीचर ने शुक्कर से आंखें उधार ली थी (देखें फरमान नंबर 11)।

(vi) राहु, सनीचर का जुज (एजेन्ट) है इसलिए राहु के घर (12) में सनीचर हर एक का भला करने वाला होगा।

(vii) केतु भी सनीचर का जुज है मगर नेकी का पैरवीकार है। केतु के घर (6) में मंदी औलाद या खोटे सिक्के की तरह कभी–कभी सनीचर काम आएगा लेकिन ज्यादातर खतरनाक और जहरीला सांप ही होगा।

(17) सनीचर पहाड़ कहा गया है। केतु के साथ से सनीचर हरा–भरा और ठंडा पर्वत होगा। लेकिन राहु के साथ से जलता हुआ और उजाड़ (बिना हरियाली वाला) पर्वत होगा। अगर टेवे में बृहस्पत कायम हो (मित्र–शत्रु ग्रहों की दृष्टियों से दूर हो) और बृहस्पत के घर में सनीचर बैठा हो तो पानी से लदे हुए बृहस्पत के बादल सनीचर के घर में बारिश करते होंगे। अगर सनीचर, राहु के स्वभाव का होगा तो बादल बरसात नहीं करेंगे और ऊपर से निकल जाएंगे।

सनीचर का जाती स्वभाव देखने का उसूल (तरीका)

खाना नंबर 1, 2, 3, 4 – – – तरतीब से गिनने पर क्रमानुसार राहु–केतु सनीचर की स्थिति मंदरजाजैल फेहरिस्त में देखें।

पहले घरों में	दरमियानी (मध्य) घरों में	बाद के घरों में	किसके स्वभाव का होगा?
राहु	सनीचर	केतु	राहु–स्वभाव
राहु	केतु	सनीचर	राहु–स्वभाव
सनीचर	राहु	केतु	राहु–स्वभाव
राहु–केतु	–	सनीचर	राहु–स्वभाव
राहु	–	केतु–सनीचर	राहु–स्वभाव
राहु–सनीचर	–	केतु	राहु–स्वभाव
केतु	सनीचर	राहु	केतु–स्वभाव
सनीचर	केतु	राहु	केतु–स्वभाव
केतु	राहु	सनीचर	केतु–स्वभाव
सनीचर	–	केतु–राहु	केतु–स्वभाव
केतु–सनीचर	–	राहु	केतु–स्वभाव
केतु	–	राहु–सनीचर	केतु–स्वभाव

नोट– ***राहु–केतु मुश्तरका (इकट्ठे) केवल वर्षफल में ही हो सकते हैं। जब सनीचर, केतु के स्वभाव का (नेक) होगा तो सनीचर का मुख्य जुज (एजेंट) केतु ही होगा। ऐसे में सनीचर, बृहस्पत के घरों (2, 5, 9, 12) में बैठकर कभी बुरा असर नहीं देगा। ऐसे वक्त सनीचर धनवन्तरी के मानिन्द (तुल्य) वैद्य होगा। जो मुर्दे को भी जिला (जीवन) देने वाला होगा। अगर टेवे में बृहस्पत और चन्द्र भी उत्तम हों तो सनीचर सबसे उत्तम असर देने वाला होगा।***

(18) मंदी हालत में सनीचर का जुज (एजेन्ट) राहु होगा अथवा राहु स्वभाव के वक्त सनीचर जहर का भंडारी होगा। ऐसे वक्त सनीचर अन्दर और बाहर दोनों तरफ से स्याह (काला) हो चुका होगा। हर तरफ मौत का फन्दा फैलाने वाला होगा। दिन–दहाड़े और सरे बाजार कत्ल करने जैसा मंदा जमाना खड़ा कर देगा। फकीर को खैरात देने की बजाय, उलटे उसकी झोली से माल निकाल लेगा। सभी के धन–दौलत की चोरी करता और कराता होगा मगर फिर भी निर्धन ही होगा। सबके सामने सवाली (फरियादी) मगर उन्हीं पर चोट मारने वाला होगा। गन्दा इश्क और जनमुरीदी (पत्नी भक्त) के उसूल वाला इंसान होगा। आग के मंदे वाकिआत (घटनाएं) और रुखसत (मौत) के वक्त मंदी मौत होगी।

(19) सनीचर का बुरा–भला असर हमेशा उन्हीं खानों में होगा जिसमें सनीचर बैठा हुआ है।

(20) सनीचर का सांप कभी भी हामला (गर्भवती) औरत अथवा इकलौते (खानदान में अकेला) लड़के पर हमला नहीं करता बल्कि उनको देखकर खुद ही अन्धा हो जाएगा और डंक न मार सकेगा।

(21) स्याह (काली) चीजों पर सनीचर हमेशा बुरा असर नहीं करता बल्कि तभी बुरा असर करता है जब टेवे में मंदा हो, खासकर जब खाना नंबर 5 में हो, जहां सनीचर बच्चे खाता है। अगर ऐसे में टेवे में मंगल–बद भी हो तो निहायत ही मंदा सनीचर होगा। मासूम और नन्हें बच्चों को अकेला सांप कभी जहर न देगा जब तक कि टेवे में दो सांप न हों (यानि बृहस्पत+शुक्कर = मस्नूई सनीचर = केतु स्वभाव = उम्दा सांप अथवा मंगल+बुध = मस्नूई सनीचर = राहु स्वभाव = मंदा सांप) अगर टेवे में दो सांप होंगे यानि मस्नूई (बनावटी) सनीचर होंगे तो बच्चों को भी डंक मार देंगे।

(22) जब टेवे में सूरज, सनीचर को देखता हो या सनीचर पर दृष्टि करता हो तो ऐसे में शुक्कर से मुतअल्लिक (सम्बन्धित) चीजों, ताल्लुकदारों (रिश्तेदारों) और कारोबार का नुकसान होगा।

(23) जब टेवे में सनीचर, सूरज से पहले घरों में बैठा हो तो नर ग्रह (बृहस्पत, मंगल) और स्त्री ग्रह (शुक्कर, चन्द्र) उम्दा फल देंगे। ऐसे में सूरज (जो नर ग्रह है) उम्दा फल नहीं देगा मगर यह शर्त भी नहीं है कि मंदा फल जरूर देगा।

(24) जब टेवे में शुक्कर पहले घरों (खाना नंबर 1 से 7) में हो और सनीचर को देखता हो तो सनीचर के कीड़ों की तरह उसके साथी, रिश्तेदार वगैरह मकान, सनीचर के सामान और उसका धन–दौलत खा जाएंगे। लेकिन जब सनीचर टेवे में शुक्कर पर दृष्टि करता हो तो ऐसे में टेवे के तमाम (सारे) ग्रह टेवे वाले के लिए मददगार होंगे।

(25) जब टेवे में चन्द्र–राहु मुश्तरका (संयुक्त) हों अथवा चन्द्र खाना नंबर 12 (राहु का घर) में हो तो सनीचर हमेशा जहरीला (मंदा) होगा। चाहे वह टेवे में कैसा ही क्यों न हो?

(26) सनीचर के मंदे वक्त की निशानी (पहचान) शराबखोरी, बुरी–नीयत और बेवजह बुरे ख्यालात होंगे। जो इंसान की तबाही का सबब (कारण) बनेंगे। इश्कबाजी (प्रेम–सम्बन्ध), काग रेखा (देखें शुक्कर खाना नंबर 1 विस्तृत वर्णन) का बीज बो देगी। अहसान–फरामोश और झूठ का पुतला, अपनी ही

जड़ कटवा लेने वाला होगा। मंदी हालत के वक्त इंसान को सनीचर की अश्या (चीजों) से मोहब्बत (लगाव) होगी।

(27) सनीचर का नेक जुज (केतु) उम्र की कश्ती (नाव) का मल्लाह (नाविक) होगा।

(28) (i) जब सनीचर का ताल्लुक (सम्बन्ध) स्त्री ग्रहों से हो जाए तो सनीचर खाना नंबर 1, 4, 7, 10 में बैठकर अपने दोनों जुजों (एजेन्टों) राहु और केतु का मंदा असर देगा क्योंकि राहु और केतु, सनीचर के स्तम्भ हैं। ये उसूल खाना नंबर 1, 4, 7, 10 में सनीचर के (स्त्री ग्रहों के सम्बन्ध के दौरान) बैठे होने की स्थिति में सबसे ज्यादा लागू होंगे वरना सभी घरों में सनीचर के साथ से कुछ न कुछ तो जरूर असर होगा।

(ii) इसी उसूलों में अगर स्त्री ग्रहों (चन्द्र, शुक्कर) के साथ सनीचर का दुश्मन (सूरज, चन्द्र, मंगल) ग्रह भी बैठा हो तो ऐसे में सनीचर स्त्री ग्रहों को तो कुछ नहीं कहेगा। मगर दुश्मन ग्रहों को जड़ से मार देगा। लेकिन सनीचर हामला (गर्भवती) औरत के सामने अंधा सांप हो जाएगा और कभी हमला न करेगा।

(iii) ''जाती स्वभाव के उसूल'' (राहु, केतु, सनीचर का परस्पर पहले और बाद के घरों में होने के सिद्धांत के आधार पर) पर सनीचर अगर मंदा (राहु के स्वभाव का) हो तो वह अपने दुश्मन ग्रहों के घरों में बैठा हुआ उनको (दुश्मन ग्रहों को) अपने जहर से जला देगा। मसलन–

खाना नंबर 1 में बैठकर– सूरज और मंगल को
खाना नंबर 3 में बैठकर– सूरज और मंगल को
खाना नंबर 4 में बैठकर– सूरज और चन्द्र को
खाना नंबर 5 में बैठकर– सूरज को
खाना नंबर 8 में बैठकर– सूरज और मंगल को

(29) पापी ग्रहों के टोले (राहु, केतु, सनीचर) का सरदार होने की वजह से सनीचर बदनाम तो जरूर है मगर अपने आप कभी पाप न करेगा बल्कि पाप करने के लिए हमेशा राहु–केतु (अपने–जुजों) को आगे कर देगा।

(30) (i) राहु, सनीचर का सिर अथवा सनीचर का ऐतबार (भरोसा) अथवा सांप की मणि है।

(ii) केतु, सनीचर की दुम अथवा सनीचर का एतिकाद (श्रद्धा), विश्वास अथवा कान–पांव है।

(iii) केतु का विष (जहर), सनीचर की रूह (आत्मा) है अर्थात् विषय (कामेच्छा) के दौरान भैंसा (सनीचर) तो अपनी माता को पहचान लेगा मगर ऐसे वक्त सूअर (केतु) वगैरह अपनी बहिन या माता में भेद (अन्तर) नहीं रखता।

(31) अगर सनीचर, राहु को देखे तो राहु बरखिलाफ (विपरीत) चलेगा और टेवे वाला ईर्ष्या में बरबाद हो जाएगा। लेकिन अगर राहु, सनीचर को देखे तो राहु का नीला थोथा, सनीचर के लोहे पर लगकर, लोहे को तांबा (सूरज) बना देगा।

(32) सनीचर तमाम (सभी) घरों में बैठकर दूसरे घरों को और उनमें बैठे ग्रहों को अलग–अलग नजर से देखता है। ग्रहों के मार्फत उन ग्रहों के रिश्तेदारों पर अपनी बद या नेक नजर से असर डालेगा। जिसका ब्यौरा मंदरजाजैल फेहरिस्त के मुताबिक होगा।

खाना नंबर जिसमें सनीचर है	कितनी आंखों से देखेगा?	क्या असर होगा?
(1)	1	खाना नंबर 7 के ग्रह और उससे मुतअल्लिक (सम्बन्धित) रिश्तेदार को देखेगा।
(2)	2	खाना नंबर 8, 12 के ग्रह और उससे मुतअल्लिक रिश्तेदार को देखेगा।
(3)	3	खाना नंबर 5, 9, 11 के ग्रह और उससे मुतअल्लिक रिश्तेदार को देखेगा।
(4)	1	खाना नंबर 2, 8, 10, 11 के ग्रह और उससे मुतअल्लिक रिश्तेदार को देखेगा।
(5)	अंधा	केवल उसी हालत में अंधा होगा जब खाना नंबर 10 खाली हो, अगर खाना नंबर 10 में ग्रह (बृहस्पत या केतु) हो तो टेवे वाले की सारी नरीना औलादें जिन्दा होंगी।
(6)	अंधा	जब खाना नंबर 2 खाली हो तभी सनीचर रात को अंधा सांप होगा।
(7)		अगर सनीचर जागता हो या कायम हो तो हवा की आंखों में भी धूल झोंकने वाला होगा।
(8)	मौत की आंख	जब खाना नंबर 3 में पाप (राहु–केतु) या खाना नंबर 3 खाली हो तभी सनीचर मौत भरी जालिमाना आंख का मालिक होगा।
(9)	जले हुए को हरा–भरा करने की ताकत वाली आंखों का मालिक	ऐसा तभी होगा जब खाना नंबर 2 में सनीचर के दोस्त ग्रह हों।
(10)	चारों तरफ देखने वाली आंख का मालिक	खाना नंबर 2, 3, 4, 5 के ग्रह और उनसे मुतअल्लिक रिश्तेदारों को देखेगा।
(11)	बेगुनाह और मासूम बच्चों की आंख का मालिक	जब खाना नंबर 3 में पाप (राहु–केतु) या खाना नंबर 1 में सनीचर के दोस्त ग्रह हों।
(12)	नेक नजर का मालिक	जब खाना नंबर 2 में सनीचर के दोस्त हों या टेवे में शुक्कर मंगल कायम हो तो सनीचर बीमार को तंदुरुस्त, दुःखी को सुखिया और उजड़े हुए को आबाद करने वाली आंख का मालिक होगा।

कियाफा (हस्तरेखा)– उंगलियों की पोरियों पर जौ (गेहूं) का निशान (⬭) हो तो जितने भी निशान हों (दोनों हाथों की उंगलियों के पोरों में) उनके कुल योग से 12 के हिन्दसा (अंक) को तफरीक (घटाना)

कर देंगे, जो हिन्दसा बचेगा उसी हिन्दसा के खाना नंबर में सनीचर का फल देखेंगे यानि कुल निशान मिलें– 17 तो अब 17–12 = 5 यानि खाना नंबर 5 में सनीचर होगा और सनीचर खाना नंबर 5 का फल देगा। सूरज का सितारा (*) सनीचर के बुर्ज़ (खाना नम्बर 10) पर हो या हथेली में सूरज के बुर्ज़ की ओर सरका हुआ सनीचर का बुर्ज़ (पर्वत) हो। सनीचर के बुर्ज़ (खाना नंबर 10) से कोई रेखा या शाखा सूरज के बुर्ज़ (खाना नंबर 1) पर जाती हो।

आम हालात 12 घरों में

तीन गुना घर पहले मंदा, दोगुना सदा घर तीसरे हो
एक गुना घर छठा मंदा, पर मंदा नहीं सदा ही हो
घर चौथे में सांप पानी का, पांचवें बच्चे खाता हो
दूसरे घर में गुरु शरण तो, आठवें मुख्यालय में हो
नौ सातवें घर बारह बैठा, कलम विधाता होता हो
खाली कागज घर दसवें का, छठे स्याही होता हो
घर ग्यारह लिखे विधाता, जनम बच्चे का होता हो
किस्मत का हो हर दम राखा, पाप स्याही धोता हो

(1) खाना नंबर 1 का सनीचर अगर मंदा हुआ तो तीन गुना मंदा होगा वरना तीनों जमाने (त्रैकाल) में उम्दा होगा। खाना नंबर 2 का सनीचर अगर मंदा हुआ तो दोगुना मंदा होगा। खाना नंबर 6 का सनीचर केवल एक गुना ही मंदा होगा। वह भी सदा ही मंदा नहीं रहेगा।

(2) खाना नंबर 4 का सनीचर पानी का सांप होगा। खाना नंबर 5 का सनीचर बच्चों को खाने वाला सांप होगा।

(3) खाना नंबर 2 का सनीचर गुरु शरण में और खाना नंबर 8 का सनीचर अपने मुख्यालय (हैडक्वार्टर) में होगा।

(4) खाना नंबर 9, 7, 12 में बैठा हुआ सनीचर विधाता की कलम होगा। यानि उत्तम और उम्दा होगा।

खाना नंबर 7 का सनीचर– रिजक (जीविका) के मामले में कलम विधाता होगा।

खाना नंबर 9 का सनीचर– मकान और मर्दों के मामले में कलम विधाता होगा।

खाना नंबर 12 का सनीचर– आराम के मामले में कलम विधाता होगा।

(5) खाना नंबर 10 का सनीचर लेख का खाली कागज होगा (नेक मायनों में), तमाम ग्रहों के लिए बहैसियत पिता होगा।

(6) खाना नंबर 6 का सनीचर लेख की स्याही का मालिक होगा।

(7) खाना नंबर 11 का सनीचर खुद विधाता होगा यानि बच्चे के जनम का हुक्म देने वाला होगा। ऐसा इंसान लावल्द (संतानहीन) न होगा। सनीचर खुद किस्मत का हरदम राखा और पाप (राहु–केतु) की स्याही धोने वाला होगा।

सनीचर खाना नंबर 1

(मंदा हो तो तीन गुना मंदा वरना त्रैकाल उत्तम)

भरे जनम पर जो खजाने दवामी
फरिश्ता-ए-अजल बोल देगा नीलामी
सनीचर शुक्कर घर पहले बैठे, काग रेखा कहलाती हो
मालिक चाहे हो तख्त हजारी, मिट्टी कर दिखलाती हो
घर सातवां दस खाली होता, मच्छ रेखा बन जाती हो
माल माया सब दुनिया बढ़ते, उम्र सुखी कट जाती हो
काग रेखा फल काम जद्दी का, भाग चन्द्र भी उड़ता हो
सामान सनीचर उत्तम होगा, मदद सूरज जब पाता हो
पाप मंदे तो सनीचर मंदा, मंदा असर घर तीजा हो
मर्द माया फल काग रेखा का, उम्र मगर खुद लम्बा हो
शराबखोरी या इश्क जबानी, मकान सनीचर जब बनता हो
पापी उम्र तक राज फकीरी, वैद बीमारी मिलता हो
असर सनीचर हो तेल मिट्टी का, आग चौथे घर वैरी जो
जद्दी दौलत जर इकदम उड़ता, जलती मिट्टी सब पापी हो
सात सूरज दस-ग्यारह बैठा, शुक्कर भला न होता हो
सनीचर, मंगल दो हरदम मंदा, दरवेश अकारिब रोता हो
बुध टेवे घर सातवें आया, असर केतु सात देता हो
मात पिता घर लाखों माया, भला चन्द्र जब होता हो

(1) जब टेवे के खाना नंबर 1 में सनीचर मंदा हो तो माता–पिता टेवे वाले के जनम पर बाजे बजवाने में लगे होंगे मगर नीलामी का फरिश्ता उन सब चीजों की फेहरिस्त (सूची) बनाने में लगा होगा। जो टेवे वाले के जनम के वक्त घर में मौजूद होंगी। यानि जनम के वक्त का सारा साजो–सामान उसकी 18 साल की उम्र तक बिकवा देगा। जिस्म (शरीर) पर हद से ज्यादा बाल होना भी मुफलिस (निर्धन) होने की निशानी होगा।

(2) जब टेवे में सनीचर और शुक्कर खाना नंबर 1 में बैठे हों तो ऐसे में टेवे वाले की खुराक (भोजन), रिजक (जीविका), माया (माल) और दौलत पर असर पड़ेगा। चाहे यह असर उम्दा (शुभ) हो या मंदा (अशुभ) यानि या तो मच्छ रेखा का उत्तम (शुभ) असर मिलेगा या फिर काग रेखा में कव्वे की बदनसीबी गले पड़ जाएगी। ऐसे में अगर बुध भी मंदा हो तो इंसान की तालीम भी अधूरी होगी।

(3) शुक्कर–सनीचर खाना नंबर 1 के वक्त मंगल भी तख्त (खाना नंबर 1) पर आ जाए तो मंगल–बद गिना जाएगा। क्योंकि ऐसे में टेवे वाले को राहु (मंगल+सनीचर मुश्तरका) का मंदा असर मिलेगा और टेवे वाले के जीवन में चोरी–फरेबी, बद्दयानत (बेईमानी), झगड़ा जैसे वाकिआत आम होंगे। औलाद का सुख, आमदनी में कमी, नजर में खराबी वगैरह मंदे असर जाहिर होंगे।

(4) जब खाना नंबर 7, 10 खाली हों तो टेवे वाले के टेवे में मच्छ रेखा का उत्तम फल मिलेगा। टेवे वाले इंसान की धन–दौलत, माया, रिजक वगैरह सब कुछ बरकत पर होगा और पूरी उम्र सुखी होगी। साथ

ही अगर मंगल भी 6, 12 में हो, तो मच्छ रेखा का और भी ज्यादा उत्तम फल मिलेगा मगर धन–दौलत उम्दा होने की कोई शर्त न होगी। यानि धन–दौलत और माया तो बेशुमार होगी मगर खानदान की बरकत या टेवे वाले की जाती (निजी) कमाई की कोई शर्त न होगी, लेकिन खुराक (भोजन) और रिजक के मामले में टेवे वाला सभी को भगवान् की तरह पालने की हिम्मत रखता होगा। टेवे वाले के पास जनम के वक्त से साथ लाया खजाना (रिजक व खुराक) होगा। या यूं कहें कि मंगल खाना नंबर 6, 12 के वक्त मच्छ रेखा के होते हुए भी काग रेखा होगी।

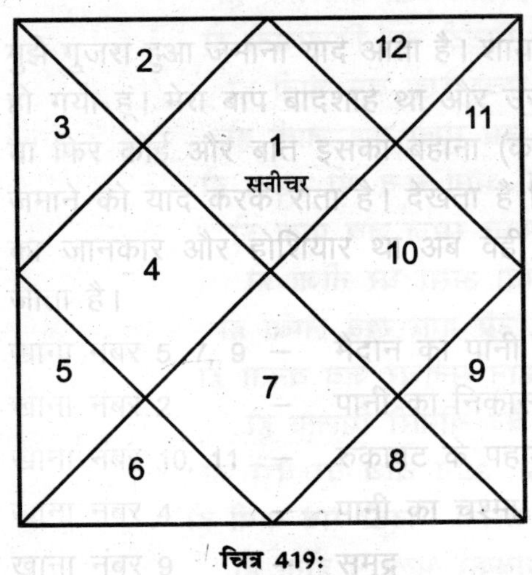

चित्र 419:

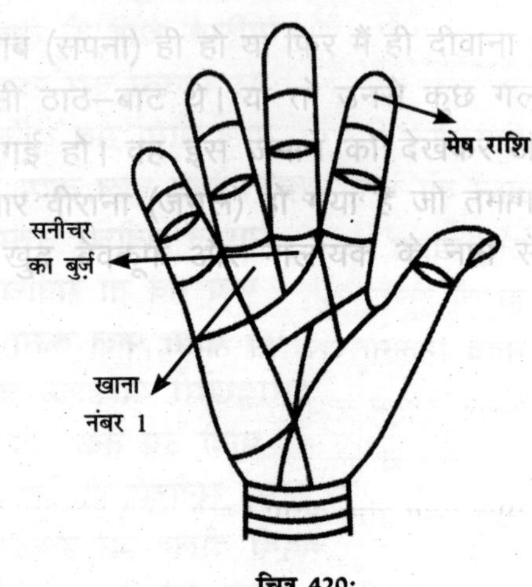

चित्र 420:

उपाय

(i) धन की कमी हो तो सूरज का उपाय या बन्दर की पालना (सेवा) करें।

(ii) सेहत मंदी हो तो मीठे दूध से बड़ के दरख्त (वृक्ष) की जड़ को सींचकर उसकी मिट्टी से माथे पर तिलक लगाएं।

(iii) कारोबार की बरकत के लिए काला सुरमा (आंखों में लगाने का काजल जैसा पदार्थ) जमीन में दबाएं।

(5) खाना नंबर 7, 10 खाली गिने जाने के कुछ उसूल (नियम) मंदरजाजैल होंगे।

(i) जब राहु या केतु खाना नंबर 4, 10 में हो।

(ii) जब बुध खाना नंबर 4, 10 में हो।

(iii) जब शुक्कर और सनीचर खाना नंबर 7 में हो।

(iv) जब शुक्कर और सनीचर खाना नंबर 1 में हो।

(6) जब खाना नंबर 7, 10 खाली हो अर्थात् राहु या केतु खाना नंबर 4, 10 में हों तो

(i) मंगल अगर खाना नंबर 6 से खाना नंबर 12 में हो तो मच्छ रेखा का माली (आर्थिक) असर टेवे वाले को मिलेगा।

(ii) अगर मंगल–बद हो और खाना नंबर 6 से 12 के दरमियान (मध्य) भी न हो तो भी जरूरी नहीं कि सनीचर काग रेखा का असर दे।

(iii) सनीचर मच्छ रेखा का असर केवल उसी हालत में देगा। जब उसके दोनों जुज (एजेन्ट) राहु–केतु उससे आ मिलें, चाहे मुश्तरका (इकट्ठे) बैठकर या फिर दृष्टि के उसूल (सिद्धांत) पर अथवा राहु–केतु की अपनी मुश्तरका मिलने की मियाद यानि पैंतालीसवें साल पर।

(iv) जब राहु–केतु सनीचर से मिल जाएंगे तो सनीचर बहैसियत पापी हो जाएगा मगर माली हालत को दुरुस्त (सुदृढ़) कर देगा चाहे ईमानदारी से या बेईमानी से। अगर सनीचर बहैसियत पापी हुआ तो भी पाप के रास्ते चलकर टेवे वाले को धनी तो बना ही देगा क्योंकि पापी का भी मकसद दौलत और माया (माल) को इकट्ठा करना ही है।

(7) जब बुध टेवे में मंदा हो तो जद्दी (पैतृक) कारोबार (व्यापार) करने से टेवे वाले को काग रेखा का मंदा फल मिलेगा। ऐसे में टेवे वाले की उम्र भी कम होगी यानि जद्दी कारोबार को करने से टेवे वाले का चन्द्र (उम्र) भी मंदा असर देगा।

(8) जब खाना नंबर 1 के सनीचर को सूरज की मदद मिल जाए अथवा टेवे में मदद न मिल पा रही हो तो सूरज का उपाय किया जाए यानि बन्दरों की पालना (सेवा) करने से टेवे वाले को सूरज की मदद मिलनी शुरू हो जाएगी।

(9) अगर टेवे में पाप (राहु–केतु) मंदे हों तो सनीचर भी मंदा असर देगा।

(10) जब टेवे में राहु–केतु मंदे हों अथवा खाना नंबर 7 में कोई न कोई ग्रह जरूर हो तो सनीचर अब तीन गुना मंदा होगा। टेवे वाले की तालीम (शिक्षा), औरत (पत्नी) और दौलत की हालत मंदी होगी। ऐसे वक्त चन्द्र भी मंदा ही गिना जाएगा।

(11) जब बुध टेवे में मंदा हो तो जद्दी (पैतृक) कारोबार से मर्द और माया (माल) पर काग रेखा का मंदा फल होगा। टेवे वाले के जनम लेते ही नीलामी के ढोल बजने लगेंगे। ऐसे वक्त चाहे सभी ग्रहों (सभी नौ ग्रहों) का असर जहरीला हो रहा हो मगर टेवे वाले की उम्र जरूर लम्बी होगी और तालीम अधूरी होगी।

(12) जब टेवे वाले का मकान बन रहा हो अथवा वह ऐसे मकान में रह रहा हो जिसमें मुख्य दरवाजा मगरिब (पश्चिम–दिशा) में हो तो सनीचर मंदा असर करेगा। ऐसे वक्त शराबखोरी या इश्कबाजी सनीचर के मंदे वक्त के बहाने (कारण या पहचान) होंगे। टेवे वाले की 36, 42, 45, 48 साल की उम्र पर फकीरी (गरीबी) और बीमारी दोनों इकट्ठे ही चलते होंगे।

(13) जब खाना नंबर 4 में सनीचर के दुश्मन (सूरज, चन्द्र, मंगल) अथवा शुक्कर के दुश्मन (सूरज, चन्द्र, राहु) बैठे हों सिवाय सूरज और बृहस्पत के यानि खाना नंबर 4 में जब मंगल, राहु या चन्द्र बैठे हो और सनीचर अगर मिट्टी के तेल का असर देगा तो खाना नंबर 4 में बैठे दुश्मन ग्रह की चीजों (अश्या, कारोबार, ताल्लुकदारों) पर बुरा असर पड़ेगा और वे बुरा असर देंगी। ऐसे में टेवे वाले के पिता की हालत मंदी होगी। जद्दी धन, दौलत उड़ती होगी यानि बरबाद होती होगी। सनीचर, राहु, केतु तीनों का ही फल मंदा होगा। ऐसे में टेवे वाला इंसान चोर और फरेबी भी हो सकता है।

(14) जब टेवे में सूरज 7, 10, 11 में बैठा हो तो शुक्कर का फल नेक न होगा और मंगल का असर भी मंदा होगा। टेवे वाले की किस्मत की बदनसीबी और निकट सम्बन्धी भी दुःखी होंगे।

(15) जब बुध टेवे में खाना नंबर 7 में हो तो बुध खुद अपने असर के बजाए केतु खाना नंबर 7 का असर देगा। ऐसे इंसान के घर बहिन या लड़की की जगह लड़का या भाई ही पैदा होगा। अगर चन्द्र भी

उम्दा हो जाए तो वाल्दैन (माता–पिता) के घर अब दौलत और माया लाखों की तादाद में होती होगी अर्थात् आज के दौर के अनुसार दौलत करोड़ों–अरबों में गिनी जानी चाहिए।

(16) खाना नंबर 1 का सनीचर एक ही आंख का मालिक होगा। अगर टेवे वाले पर मेहरबान हुआ तो दौलतमंद और अमीर बना देगा और अगर विपरीत हुआ तो खुराक (भोजन) भी छीन लेगा। नेक हालत में सनीचर से मुतअल्लिक (सम्बन्धित) अश्या (वस्तुओं), कारोबार (व्यापार) और ताल्लुकेदारों (रिश्तेदारों) का उत्तम फल मिलेगा और पापी हालत में पापी ग्रहों की उम्र तक मंदा असर मिलेगा।

(17) आमतौर पर मच्छ रेखा इंसान को बना देने वाली और काग रेखा बरबाद कर देने वाली होती है। इन दोनों का ही फल टेवे वाले को सनीचर की मियाद (समय–सीमा) 36 से 39 साल की उम्र और राहु–केतु की आखरी मियाद (राहु 42 साल, केतु 48 साल, राहु–केतु मुश्तरका 45 साल) तक मकान, जायदाद, माली (आर्थिक) हालत, राजदरबार के द्वारा अच्छी या बुरी हालत के रूप में मिल ही जाएगी।

(18) जब सनीचर खाना नंबर 1 में और सूरज खाना नंबर 8 में हो तो राजदरबार का फल शक्की (अमूमन मंदा) ही होगा।

कियाफा (हस्तरेखा)– सनीचर के बुर्ज़ (खाना नंबर 10) पर सूरज का सितारा (*) हो।

सनीचर खाना नंबर 2

(गुरु–शरण)

पांव नंगे जो मन्दिर, तू भूल कहता
जहर बाकी कोई, बलाएं न रहता
सास ससुर घर आग हो जलती, शादी लगन जब होता हो
भली जगह जब माता बैठी, पिता गुरु चल जाता हो
नेक बुरा चाहे कोई बैठे, आठ–नौवें दस–बारह हो
हस्ब हैसियत जिन्दगी गुजरे, जिन्दा जब तक रहता हो
बृहस्पत मालिक दस लहर जो मुल्की, अमीर हासिद सूरज दस का हो
बुरी शोहरत और ख्वैश पसन्दी, ग्यारह बृहस्पत जब बैठा हो
वैर सनीचर खुद पाप से करता, राहु टेवे आठ बैठा हो
जुआ जवाहरी बारह सूरज का, वहम दिमागी भरता हो
साथ रखी हो धन की थैली, मर्द छठे जा बोलता हो
घर बारह से सुखी गृहस्थी, चीजें सनीचर घर दूसरा हो

(1) नंगे पांव मंदिर में जाकर अपने किए हुए काम की भूल मान लेना (पश्चात्ताप कर लेना) टेवे वाले को नागहानि (आकस्मिक) बलाओं (विपत्तियों) से बचा लेगा।

(2) खाना नंबर 2 में सनीचर वाला इंसान धर्म–स्थान में कम ही जाने वाला मगर उम्दा सेहत का मालिक होगा। देखने से ऐसे इंसान को बेवकूफ ही कहा जाएगा मगर अक्ल के मामले में वजीर (मंत्री) से कम न होगा। ऐसा इंसान सुखी, रहम–दिल (दयालु) और न्यायप्रिय होगा। ऐसा इंसान निर्धन (गरीब) कभी

भी न होगा और किसी भी इंसान को दु:ख नहीं देगा। गुरु की शरण में रहने वाला यानि हमेशा गुरु के चरणों में ध्यान लगाने वाला होगा। जद्दी (पैतृक) जमीनों का मालिक होगा।

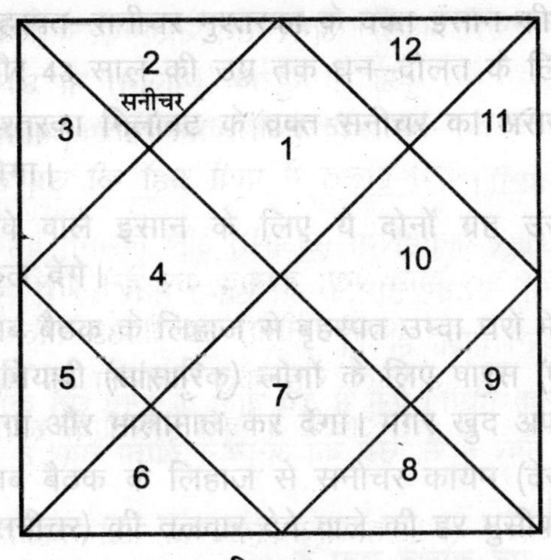

चित्र 421:

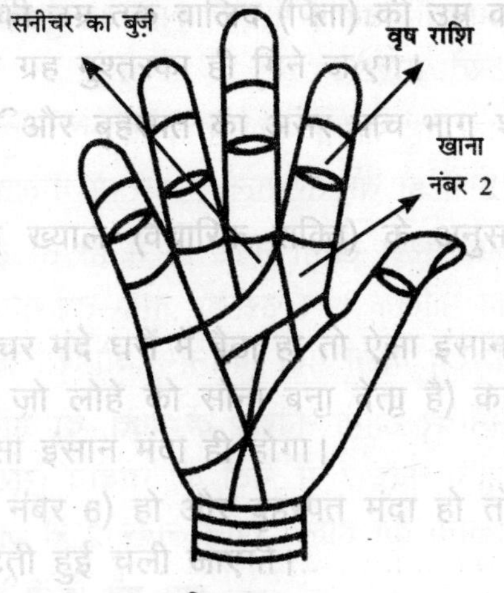

चित्र 422:

(3) अगर टेवे में सनीचर मंदा हो अथवा जाती स्वभाव (देखें सनीचर–जाहिर पीर–जाती स्वभाव देखने का उसूल) के आधार पर मंदा साबित होता हो तो टेवे वाले की शादी अथवा सगाई के ही दिन से राहु (ससुराल) के घर राख उड़ने लगेगी। ससुराल में हर तरफ वीरान करने वाली आग लगनी शुरू हो जाएगी और ससुराल की गरीबी दिन–ब–दिन बढ़ती ही चली जाएगी।

(4) जब टेवे में चन्द्र उम्दा हो और उम्दा घर में बैठा हो तो टेवे वाले की माता का सुख और उम्र लम्बी होगी मगर पिता (बृहस्पत) अमूमन बरबाद ही होगा।

(5) खाना नंबर 8, 9, 10, 12 में चाहे अच्छा या चाहे बुरा ग्रह बैठा हो लेकिन कोई न कोई ग्रह जरूर बैठा हो तो टेवे वाला हद दर्जे की उदासी का मालिक होगा। टेवे वाला जब तक जिन्दा रहेगा तब तक अपनी मुख्तारी (कमाई के दिन से) और कारोबार करते रहने के दिन तक उम्दा हालत का मालिक होगा। ऐसा इंसान खुशमिजाज मगर हस्ब–हैसियत या बराबर की कमाई–खर्चे (जितना कमाया उतना खर्च किया) का मालिक होगा।

(6) जब बृहस्पत खाना नंबर 10 में हो और हथेली में तर्जनी, मद्धमा उंगली से बड़ी हो अथवा खाना नंबर 10 में सूरज हो और अनामिका उंगली मद्धमा उंगली से बड़ी हो, तो टेवे वाला मुल्की–लहर (नेता या उच्चाधिकारी) का मालिक, धर्म–कर्म वाला पादरी और किफायतशिआर (कम खर्च करने वाला) होगा। ऐसा इंसान दौलतमंद तो जरूर होगा मगर ईर्ष्यायुक्त और कंजूस होगा।

(7) जब बृहस्पत खाना नम्बर 11 में हो तो टेवे वाला बुरी शोहरत और खुदपसन्दी वाला होगा।

(8) जब राहु खाना नंबर 8, 12 में हो तो सनीचर पाप (राहु–केतु) से वैर (दुश्मनी) करने वाला होगा। खाना नंबर 2 में सनीचर अगर मंदा भी हो जाए तो राहु (ससुराल) की जड़ काट देगा। जिससे टेवे वाले के लिए सिरदर्दी और बुध की शरारतें पैदा हो जाएंगी। लेकिन अब बृहस्पत भला असर देने वाला हो जाएगा।

सनीचर की वजह से ससुराल (राहु) की जड़ में आक का दूध (एक पेड़ का जहरीला–दूध) डाल देगा जिससे ससुराल का घर चील–कौओं के बैठने की जगह होगा। पापी ग्रह (सनीचर, राहु, केतु) बाहम (आपसी) लड़ाई में एक दूसरे का बुरा करने के चक्कर में खराबी दर खराबी (टेवे वाले के लिए) खड़ी करते जाएंगे।

जब राहु खाना नंबर 8 में हो तो ससुराल के घर में मर्दों की कमी होगी और जब राहु खाना नंबर 12 में हो तो ससुराल के घर में दौलत की कमी होगी।

(9) जब सूरज खाना नंबर 12 में हो तो टेवे वाला मशहूर जवाहरिया (जुआरी) और दिमागी वहम (भ्रम) का मालिक और उसका जमा–तफरीक (जमा–खर्चा) बराबर होगा। जब खाना नंबर 12 में सूरज हो तो टेवे वाला मंदी (बदनाम) शोहरत को पसन्द करने वाला होगा।

(10) सनीचर खाना नंबर 2 के वक्त, दो आंख का मालिक होगा। ऐसे में टेवे वाले के लिए धन की हालत खाना नंबर 7 से, मर्दों की तादाद (संख्या) खाना नंबर 6 से, उम्र का अनुमान खाना नंबर 8 से और मकानों की हालत खाना नंबर 2 से जाहिर होगी।

धन की थैली सातवें होवे, मर्द बोलते छठा है,
घर आठवें से उम्र मिले तो, बने महल घर दूजा है,

(11) जब सनीचर खाना नंबर 2 में कायम (देखें फरमान नंबर 6) हो और हाथ में मद्धमा उंगली सीधी हो तो टेवे वाला संन्यासी (गंभीर), उदास, अलाहद (विरक्त) और गोशापसन्दी (एकान्तवासी) का मालिक होगा।

(12) जब बृहस्पत खाना नंबर 4 में हो और हथेली में सभी उंगलियों का झुकाव मद्धमा उंगली की तरफ हो जाएं तो टेवे वाले में अक्ल की बारीकी (तीक्ष्ण–बुद्धिमत्ता) और खुदाई पहुंच (आध्यात्मिक–शक्ति) कमाल की होगी।

(13) जब बृहस्पत खाना नंबर 11 में हो तो टेवे वाला मनमौजी (मन का गुलाम), इरादों (संकल्पों) का कच्चा, मुर्दादिल, टूटे हौसलों वाला लेकिन साधुओं जैसे ख्यालात (विचारों) वाला होगा।

(14) जब सूरज खाना नंबर 8 में हो और हाथ में अनामिका उंगली, मद्धमा की तरफ झुकती हो तो टेवे वाला मंदी शोहरत पसन्द करने वाला (बदनामी पसन्द) होगा।

(15) जब सूरज, बुध, बृहस्पत तीनों खाना नंबर 8 में हों और हाथ में सभी उंगलियां मद्धमा की तरफ झुकती हों तो टेवे वाला हद से ज्यादा उदास रहने वाला और अलहादगी (विरक्त) पसन्द होगा।

(16) जब बुध खाना नंबर 12 में हो तो खाना नंबर 12 के बुध का कभी भी भला नहीं होगा सिवाय सनीचर और बृहस्पत की मदद के, लेकिन अगर बुध की मियाद के अन्दर (34 साल की उम्र तक) टेवे वाले के कोई लड़की पैदा हो जाए और टेवे वाला उस लड़की को अपनी ससुराल में दे दे तो वह लड़की अपने ननिहाल (नानी के घर) में अमृतकुण्ड जैसा असर करेगी। लेकिन शर्त यह होगी कि वह लड़की जब तक अपने माता–पिता (टेवे वाला और उसकी औरत) की कमाई से गुजरान (गुजर–बसर) शुरू न कर दे। यानि ससुराल की गुजरान पर लड़की हो तो ससुराल बरकत करेगा। वरना टेवे वाले और ससुराल दोनों के लिए ही मंदा बाजा बजता रहेगा।

(17) जब बुध खाना नंबर 9 में हो और हाथ की उंगलियां बहुत छोटी हों तो टेवा वाला बेबुनियाद ख्यालातों (विचारों) का मालिक होगा।

(18) जब मंगल खाना नंबर 9 में हो और हथेली में उंगलियां बहुत लम्बी–लम्बी हों तो टेवे वाला मुर्दा ख्यालात का मालिक होगा।

(19) जब टेवे में मंगल मंदा हो तो 28 से 39 साल की उम्र तक हमेशा बीमारी गले लगी रहेगी।

(20) जब राहु खाना नंबर 9 में हो और हाथ की उंगलियां बहुत लम्बी हों तो टेवे वाला अलाहदगी (अलग–थलग रहने वाला) पसन्द होगा।

(21) जब केतु खाना नम्बर 8 में हो और मद्धमा उंगली का सिरा नोंकदार हो तो बच्चों के ख्यालात (विचारों) वाली तबीयत (स्वभाव) का मालिक होगा।

(22) केतु खाना नम्बर 9 में और हाथ में मद्धमा उंगली बहुत लम्बी हो तो टेवे वाला समझदार यानि जल्दी समझने वाला होगा।

(23) जब मंगल खाना नंबर 8 में हो और हाथ में मद्धमा उंगली का सिरा मुरब्बे वाला हो तो टेवे वाला दौलतमंद होगा।

(24) जब बुध खाना नंबर 8 में हो और हाथ में मद्धमा उंगली का सिरा गोल हो तो टेवे वाला इंसान अक्लमंद होगा।

(25) सनीचर का सनीचर की अश्या (चीजों) पर असर का फैसला खाना नंबर 8 के ग्रहों का खाना नंबर 2 के सनीचर से ताल्लुक (सम्बन्ध) के आधार पर होगा। अगर ये ताल्लुक अच्छा (नेक) है तो असर भी नेक होगा और अगर यह ताल्लुक मंदा है तो सनीचर का अपनी चीजों पर पड़ने वाला असर भी मंदा ही होगा।

(26) अगर सनीचर मंदा हो तो टेवे वाला जिस कदर सनीचर की अश्या (चीजें) कायम करता चला जाएगा, उसी कदर ससुराल की ओर सनीचर की अश्या (मकान, मशीन, मोटर) बरबाद होती चली जाएगी। सनीचर और चन्द्र मुश्तरका (इकट्ठा) उपाय करने से ससुराल की हालत उत्तम होगी। यानि सांप को दूध पिलाएं मगर काली या दोरंगी भैंस का दूध न पिलाएं। काली भैंस का दूध उत्तम फल देगा। खाना नंबर 2 का सनीचर सिर्फ सनीचर की अश्या (चीजों) पर असर देगा।

(27) खाना नंबर 2 में सनीचर हो तो मकान जैसा और जब बने बनने दें, मुबारक फल देगा।

(28) दिमागी खाना नंबर 7 शुक्कर से मुश्तरका हो तो जीवन में आगे बढ़ने की ख्वाहिश (इच्छा) और तरक्की (उन्नति) से मुराद होगी। इसका लम्बी उम्र से कोई मतलब न होगा। टेवे वाला बात को होठ चलाने से ही ताड़ लेगा। अगर जिस्म में हर रोम से तीन–तीन बाल पैदा हों तो ऐसा इंसान खुदापरस्त (ईश्वर में आस्था रखने वाला) और पूजा–पाठी होगा। माथे पर तिलक की जगह तेल का टीका लगाना गैरमुबारक होगा। दूध या दही का तिलक लगाने से सनीचर या बृहस्पत दोनों का उत्तम और मुबारक फल मिलेगा। ऐसे वक्त भूरी भैंस का दूध या दही उत्तम होगा।

कियाफा (हस्तरेखा)– जब उम्र रेखा बृहस्पत के बुर्ज़ (खाना नंबर 2) से शुरू हो।

सनीचर खाना नंबर 3

(अगर हुआ तो दोगुना मंदा होगा)

मिले राजा दो शेर बकरी कहेंगे
मगर मर्द माया जुदा ही रहेंगे
मदद केतु से खुद सनीचर बढ़ता, वरना केतु खुद कटता हो
वैद धनन्तर नजर का होता, काम सनीचर सब उम्दा हो
दरवाजा दक्खन या पूरब मंदा, लकड़ी शगुन न उम्दा हो
साथ मकान जब पत्थर गड़ता, मौत जहर सनीचर देता हो
केतु बैठा दस कायम साथी, माया दौलत सब बढ़ता हो
बिगड़ा मंगल-बद हो जब जहरी, गैर मदद तब करता हो
पांच सूरज से केतु मंदा, उम्दा सनीचर न होता हो
नजर दवाई मुफ्त जो देता, आंख कायम खुद रहता हो
चन्द्र टेवे घर दसवें बैठा, सांप सनीचर जड़ कटती हो
मौत कुआं खुद अपना होगा, ऊर्ध्व रेखा माया मंदी हो

(1) खाना नंबर 3 का मालिक बुध (बकरी) और पक्का घर का मालिक मंगल (शेर) है और ये दोनों ही इस घर के राजा हैं। खाना नंबर 3 में बैठा सनीचर तीन आंख का मालिक और फरिश्ता–ए–अजल (मौत का देवता) होगा। इसलिए इस घर में माया और मर्द (परिवार) दोनों कम ही इकट्ठे होंगे। मगर टेवे वाले की उम्र की जरूर रक्षा होती रहेगी लेकिन शर्त यह है कि टेवे वाला जुबान के चस्के के लिए शराबी और कबाबी (मांसाहारी) न हो।

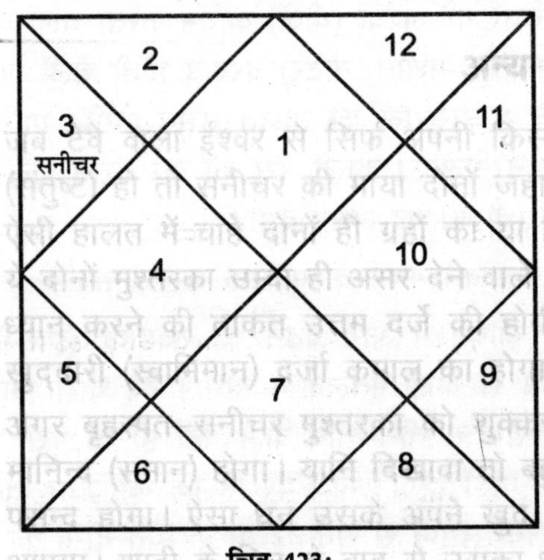

चित्र 423:

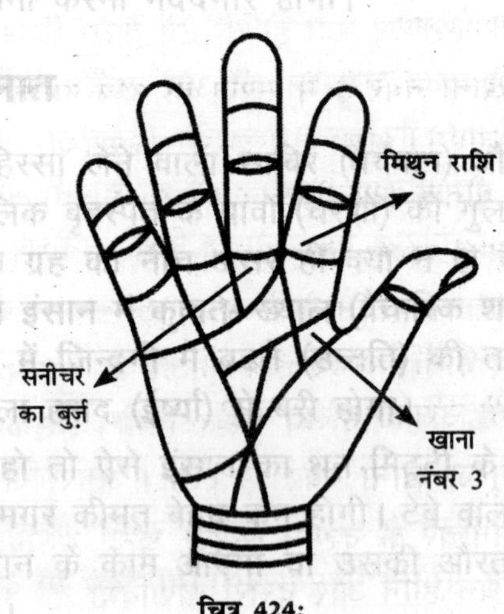

चित्र 424:

(2) जब खाना नंबर 3 के सनीचर को केतु की मदद हो यानि केतु खाना नंबर 3 में सनीचर के साथ हो या खाना नंबर 10 में सनीचर के घर में हो तो सनीचर के मकानों का असर उत्तम होगा, खासकर जब टेवे वाला दुनियावी कुत्तों (दामाद, दोहता, साला) को अपने घर में रखकर सेवा करता रहे।

टेवे वाले का धन दिन–ब–दिन बढ़ता ही रहेगा। ऐसा इंसान बीनाई (आंखों की ज्योति) का हातिम (हकीम) होगा। सनीचर के कारोबार और रिश्तेदार उत्तम फल देंगे। टेवे वाले के पास धन की बजाय ईंट–पत्थर (मकान) मौजूद होंगे।

(3) अगर खाना नंबर 3 का सनीचर मंदा हो और टेवे वाला कुत्ता न पाले (दुनियावी कुत्तों को न रखे) तो कुत्ता (मंदा केतु) काटता ही रहेगा और सनीचर घर में बरबादी ही करेगा। टेवे वाले के हर मुसाम (रोम–छिद्र) से चार–चार बाल पैदा होते हों तो टेवे वाला मुफलिस (गरीब), बेहुनरी (गुणहीन) और अय्याश (व्यभिचारी) होगा। भाई–बन्द मंदी की हालत वाले होंगे। टेवे वाला भी माली (आर्थिक) हालत के मामले में मंदे असर वाला ही होगा।

(4) अगर सनीचर मंदा हो तो तीन आंख का मालिक सनीचर फरिश्ता–ए–अजल (मौत का देवता) की तरह माली (आर्थिक) हालत के मामले में दोगुना मंदे असर का होगा। अगर केतु का उपाय किया जाए तो मददगार साबित होगा। लेकिन अगर केतु खाना नंबर 3 (बुध की राशि– राशिफल का ग्रह) अथवा खाना नंबर 10 (केतु राशिफल का ग्रह) में हो तो किसी उपाय की जरूरत न होगी।

(5) टेवे वाले के लिए मशरिक (खाना नंबर 1, 5) का दरवाजा या फिर जनूब (खाना नंबर 3, 8) यानि पूरब और दक्षिण के दरवाजे का साथ गैर मुबारक होगा। अगर जनूब (दक्षिण) के दरवाजे के साथ ही घर में पत्थर गड़ा हो या फिर गाड़ा जाए तो चालीस दिन के अन्दर–अन्दर तीन मौतें होंगी। मकान के आखीर (अंत) में अन्धेरी कोठरी हो तो धन–दौलत के मामले में मुबारक साबित होगी।

(6) जब खाना नंबर 10 में केतु कायम (देखें फरमान नंबर 6) हो अथवा सनीचर का साथी (देखें फरमान नंबर 6) ग्रह हो तो टेवे वाले की माया (माल) और दौलत को बढ़ाने का बहाना होगा।

(7) जब टेवे में मंगल–बद हो या जहरीला और मंदा मंगल बैठा हो तो ऐसे में टेवे वाले की मदद के लिए गैर (पराए) लोग भी हाथ बढ़ाएंगे। ऐसा इंसान दूसरे दुनियावी लोगों का काम बिगाड़ेगा, मगर खुद आराम पाएगा।

(8) जब खाना नंबर 5 में सूरज हो और सनीचर खाना नंबर 3 में हो तो केतु और सनीचर दोनों ही मंदे गिने जाएंगे। अगर टेवे वाला नजर (आंख) की दवाई मुफ्त में तकसीम (बांटना) करता रहे तो अपनी नजर बीनाई (आंखों की ज्योति) में बरकत होती रहेगी।

(9) जब चन्द्र खाना नंबर 10 में बैठा हो तो टेवे में खाना नंबर 3 का सनीचर भी मंदा होगा और जड़ से कटता होगा। ऐसे में अपने ही घर का कुआं मौत का बहाना होगा और टेवे वाले की धन–दौलत बरबाद होगी। अगर हाथ में भी ऊर्ध्व रेखा कायम (स्थित) हो तो टेवे वाला चोर–डाकू होगा मगर फिर भी उसकी हालत मंदी ही होगी।

(10) जब सूरज खाना नंबर 1, 3, 5 में हो तो केतु और सनीचर दोनों का ही असर मंदा होगा।

(11) जब सनीचर के दुश्मन (सूरज, चन्द्र, मंगल) ही सनीचर के साथी (देखें फरमान नंबर 6) हो जाए तो चोरी, धन हानि और दूसरी खराबियां टेवे वाले के लिए आम होंगी।

कियाफा (हस्तरेखा)– सनीचर के बुर्ज़ (खाना नंबर 10) से कोई रेखा या शाखा, उम्र रेखा को काटते हुए, मंगल नेक (खाना नंबर 3) के बुर्ज़ पर पहुंचती हो अथवा गृहस्थ रेखा सनीचर के बुर्ज़ पर जाती हो।

सनीचर खाना नंबर 4

(पानी का सांप)

खुश्क जहर से, मरने वाला मरेगा
घुली जब वह पानी, न कोई बचेगा
तीन चन्द्र दो पितृ रेखा, ऊर्ध्व रेखा बृहस्पत तीसरा हो
साथ–साथी जब चन्द्र बैठा, जहर शुक्कर दूध मंदा हो
दसवें चन्द्र से दु:खी माता, उलट जहर खड़ी करती हो
सेहत जिस्म हो जब भी मंदा, सांप शिफा खुद देता हो
मकान नया खुद अपना बनता, सांप माता सिर चढ़ता हो
जहर मगर जा मामू पकड़े, पेशा हकीमी उम्दा हो
रात पिया दूध जहरी होगा, जहर दवा खुद बनती हो
तेल बेचे जब सांप का दुनिया, औलाद मरे लावल्दी हो

(1) टेवे वाले पर सनीचर कभी भी मंदा असर नहीं करेगा मगर औरत की कबूतरबाजी (इश्कबाजी) से सनीचर का असर मंदा होगा और शुक्कर का फल भी जहरीला हो जाएगा। आजर्दा (बहुत ही ज्यादा मंदी) हालत और गरीबी के वक्त सनीचर के कारोबार और ताल्लुकदार (रिश्तेदार) वगैरह मददगार होंगे।

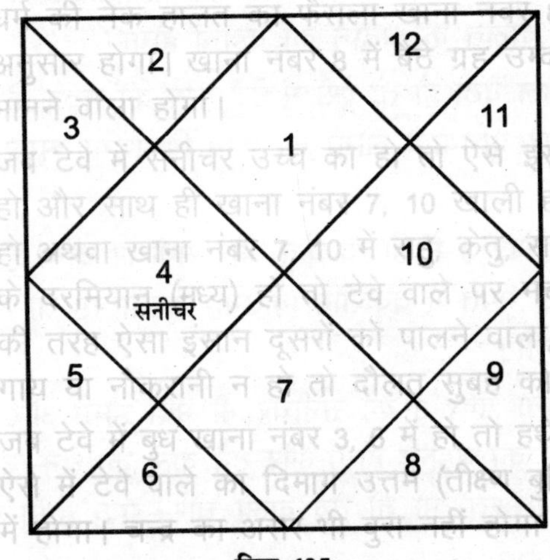

चित्र 425:

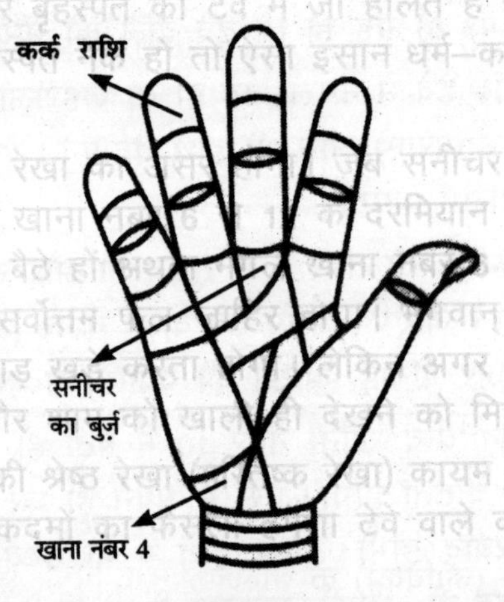

चित्र 426:

(2) खाना नंबर 4 का सनीचर पानी में सांप के असर का होगा। जब सनीचर टेवे में मंदा हो तो केवल टेवे वाले के लिए मंदा साबित होगा। अगर चन्द्र भी सनीचर के साथ मंदा हो जाए तो टेवे वाले के परिवार पर भी मंदा असर करेगा और घर–परिवार की जानों (जिन्दगियों) के लिए घातक होगा।

(3) जब चन्द्र खाना नंबर 2, 3 में हो और हथेली में पितृ रेखा, बृहस्पत के बुर्ज़ (खाना नंबर 2) की जड़ की बजाय, बृहस्पत के बुर्ज़ और तर्जनी उंगली की जड़ के नजदीक से शुरू हो तो वाल्दैन (माता–पिता) का सुख और घर–परिवार का सुख, लम्बे अर्से (समय) तक और उत्तम रहेगा।

(4) जब बृहस्पत खाना नंबर 3 में हो तो टेवे वाला ऊर्ध्व रेखा का मालिक होगा जो दूसरे दुनियावी लोगों को लूट–लूटकर धन–दौलत इकट्ठा करता होगा और खूब जायदाद बना लेगा।

(5) जब टेवे में चन्द्र खाना नंबर 4 में हो और हथेली में उम्र रेखा और दिल रेखा आपस में मिल जाएं तो टेवे वाले के लिहाज (संदर्भ) से दूध में जहर के मानिन्द (तुल्य) होगा। टेवे वाले को पानी से खतरा होगा और पानी मौत का बहाना होगा। धन–दौलत बरबाद होगी और जद्दी (पैतृक) जायदाद कोयला हो जाएगी। ऐसा इंसान सफर का सैलानी (घूमने का शौकीन) होगा। किसी बेवा (विधवा) या माशूका (प्रेमिका) पर खर्च करना परेशानी का सबब (कारण) बनेगा।

(6) जब खाना नंबर 10 में चन्द्र हो तो टेवे वाले की माता दुःखी होगी। चन्द्र की चीजें उल्टा जहर ही खड़ा करेंगी। चन्द्र खुद भी बरबाद होगा और उसका असर जानों (जिन्दगी) के मामले में टेवे वाले की माता और माता के खानदान (मामा वगैरह) के खून पर होगा। माली (आर्थिक) हालत के मामले में खुद (टेवे वाले) पर मंदा असर जाहिर होगा।

(7) जब टेवे में सनीचर खाना नंबर 4 में हो तो चार आंख का मालिक सनीचर टेवे वाले पर मंदा असर नहीं करेगा। अगर टेवे वाला अधरंग वगैरह की बीमारी से नाकारा (बेकार) होकर मुर्दे की तरह जमीन पर गिर जाए तो भी सांप (सनीचर) खुद उसको डंक मारकर (मुर्दे से भी) जिंदा खड़ा कर देगा। सनीचर की मुतअल्लिक (सम्बन्धित) अश्या मंदी सेहत से स्वस्थ होने में मददगार होंगी। ऐसा इंसान हकीम (डॉक्टर) होगा।

(8) जब सनीचर खाना नंबर 4 में हो और टेवे वाला अपना नया मकान बनवाए तो मकान की बुनियाद (नींव) रखते ही माता से सांप लड़ेगा मगर मामा को जहर चढ़ेगा यानि माता और माता के खानदान के लिहाज से जहरीला असर होगा। माली (आर्थिक) हालत के ताल्लुक (सम्बन्ध) में टेवे वाले पर और टेवे वाले के खानदान पर सनीचर की मियाद (समय–सीमा) तक मंदा असर होगा। अगर टेवे वाला हकीम (डॉक्टर) हो तो उम्दा और उत्तम होगा।

(9) खाना नंबर 4 में सनीचर के वक्त रात में पिया हुआ दूध जहर का असर करेगा और अगर टेवे वाले की छाती पर बाल न हो तो ऐसा इंसान अविश्वसनीय होगा। मंदी सेहत के वक्त सनीचर की जहरीली अश्या (चीजें) दवाई का काम करेंगी यानि शराब, तेल वगैरह अथवा इनसे बनी या जहरीले पदार्थों से बनी औषधियां दवाई के काम आएंगी। मगर चन्द्र की अश्या से कोई फायदा न होगा।

(10) सनीचर खाना नंबर 4 के वक्त टेवे वाला इंसान खुद हकीम (डॉक्टर) होगा वरना उसके घर खानदान में हकीमी पेशे के ताल्लुकदार (रिश्तेदार) जरूर होंगे। अगर टेवे वाले के खाना नंबर 5 में मंगल हो तो खानदान में बाप, चाचा, ताऊ, बाबा में से कोई जरूर हकीम होंगे और टेवे वाला भी रिजक (जीविका) के ताल्लुक में हकीमी–पेशे से दूर नहीं रहेगा। टेवे वाला जहरीले जीवों के काटे के इलाज में उस्ताद होगा और टेवे वाले का दिया जहर भी इस ताल्लुक में औषधि (दवाई) का काम करेगा।

(11) खाना नंबर 4 के सनीचर वाला इंसान अगर सांप का तेल बेचेगा तो लावल्द (संतानहीन) होगा। चाहे औलाद के योग कितने ही उत्तम क्यों न हों। अगर टेवे वाला शराबी हो अथवा सांप को मरवाएं अथवा रात के वक्त नए मकान की बुनियाद रखे तो टेवे वाले का सनीचर भी नाकारा (बेकार) हो जाएगा। ऐसे में अपनी ही छत से गिरा पत्थर सिर नहीं तो आंख तो जरूर ही फोड़ देगा। यानि टेवे वाला रोजी–रोटी से महरूम नहीं होगा मगर बरबाद हो जाएगा।

(12) सनीचर के मंदे वक्त के दौरान सांप को दूध पिलाना मछली, भैंस, कौआ, मजदूर वगैरह की सेवा करना सनीचर की जहर को धो देगा। इससे माता और माता के खानदान (मामा वगैरह) का भी बचाव

होता रहेगा। अगर खुद टेवे वाले की माली (आर्थिक) हालत सही न हो तो कुएं में दूध (चंद्र) गिराना नेक असर पैदा करेगा।

(13) दिमागी खाना नंबर 4 में मोहब्बत के तमाम (सभी) हिस्से (अंश) यानि वाल्दैनी (माता–पिता) उल्फत (स्नेह), जवानी (स्त्री) का इश्क और इश्क के बाद का ब्रह्मज्ञान (ईश्वरीय मोहब्बत) शामिल होंगे। **कियाफा (हस्तरेखा)**– उम्र (जीवन) रेखा और दिल (हृदय) रेखा आपस में मिलती हों।

सनीचर खाना नंबर 5

(बच्चे खाने वाला सांप)

जले माया धन, जान बचता रहेगा
मरे बेटे पोते, तो फिर क्या करेगा
सांप सनीचर लड़के खाता, या दुश्मन वह मकानों का
बाकी सब फल उत्तम होगा, सनीचर बृहस्पत दोनों का
केतु भला औलाद हो बढ़ती, मकान राहु से बनता हो
स्वभाव सनीचर हो जब कभी मंदा, पाप उम्र तक जलता हो
सात-बारह घर शुक्कर आया, सूरज, चंद्र पांच-दस-नौ हो
मंगल टेवे चाहे दसवें बैठा, औलाद बुरा न होता हो
मकान नया जब अपना बनता, समान लावल्दी होता हो
महल लाखों औलाद बनाया, बुरा कोई न होता हो
सूरज टेवे जब तख्त पे बैठा, सनीचर पाया घर पहला हो
अक्ल अन्धा चाहे गांठ का पूरा, फिर भी माया जर कलपता हो

(1) जब खाना नंबर 5 में सनीचर मंदा हो तो ऐसे वक्त किसी का धन जले, किसी की औलाद बरबाद हो और कोई अपने जिस्म (शरीर) और नजर (आंख) के मंदेपन की मार झेलता होगा।

(2) खाना नंबर 5 में सनीचर का सांप लड़के खाने वाला होगा। टेवे वाला इंसान अहंकारी मगर खुद्दार (स्वाभिमानी) होगा। छानबीन की आदत (सूक्ष्म–विवेचन) से अपनी जिन्दगी उम्दा बनाने वाला होगा। टेवे वाला मकान खरीदे या बनवाए तो मकान (सनीचर) औलाद की कुर्बानी लेगा। मगर औलाद के बनाए या खरीदे मकान कभी भी बुरा फल नहीं देंगे। ऐसे वक्त मकान के अन्दर मंगल या बृहस्पत की अश्या (चीजें) कायम (स्थापित) करना मुबारक होगा।

(3) औलाद की हालत केतु से और मकान की हालत राहु से पता चलेगी। केतु चाहे जैसा भी हो मगर सनीचर खाना नंबर 5 का इंसान लावल्द (संतानहीन) कभी भी नहीं होगा। जब टेवे में केतु उम्दा हो तो टेवे वाले की औलाद बरकत ही करती रहेगी। ऐसा इंसान अपनी छानबीन की आदत से उम्दा जिन्दगी बना लेगा। जब टेवे में राहु उम्दा हो तो ऐसे इंसान के मकान बनेंगे।

(4) जब टेवे में जाती उसूल (देखें सनीचर–जाहिर पीर–सनीचर का जाती स्वभाव देखने का उसूल) पर सनीचर मंदा हो तो पाप (राहु–केतु) की उम्र तक (उम्र के लिए देखें–फरमान नंबर 6 ग्रहों की मियादें–आम साल) सनीचर का असर मंदा होगा। ऐसा इंसान अमूमन पूरी उम्र गुलामी (नौकरी) में ही गुजार देगा।

(5) जब टेवे में शुक्कर खाना नंबर 7, 12 में हो, सूरज या चन्द्र खाना नंबर 5, 10, 9 में हो, मंगल या बृहस्पत खाना नंबर 10 में हो और सनीचर खाना नंबर 5 में हो तो सनीचर की औलाद पर कोई बुरा असर नहीं होगा और टेवे वाले को किसी उपाय की भी जरूरत न होगी। औलाद की उम्र और औलाद की तादाद (संख्या) पर भी कोई बुरा असर नहीं होगा। ऐसी औलाद अपने वाल्दैन (माता–पिता) के लिए भी कोई कारआमद (असरकारक) साबित न होगी। ऐसे टेवे वाले इंसान की औलाद खुद ही अपने घर का सोना (बृहस्पत) और खुराक (मंगल) वगैरह चोरी से निकालकर या चोरों को लोहे से भी कम कीमत पर बेचती होगी।

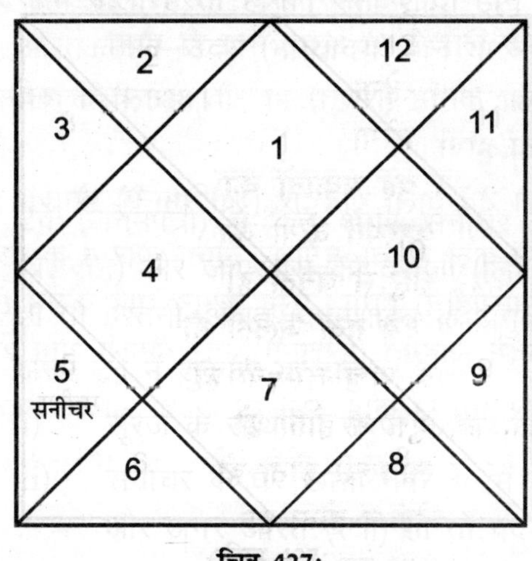

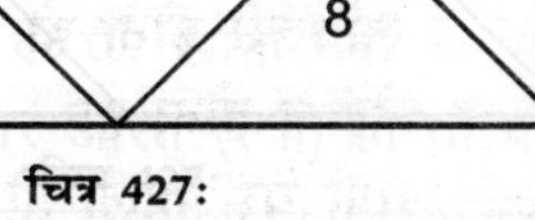

चित्र 427:

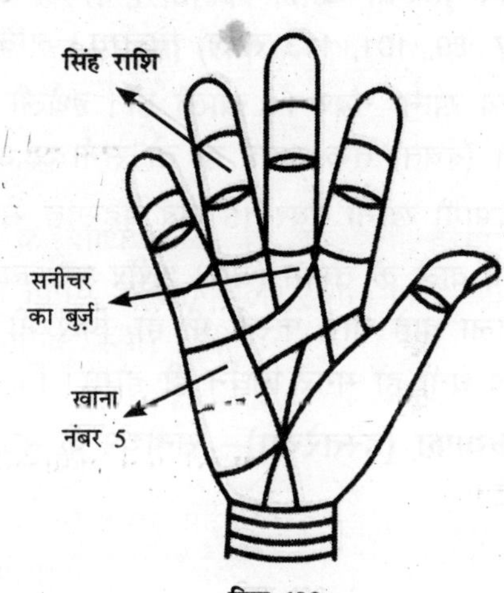

चित्र 428:

(6) जब खाना नंबर 10 खाली हो तो ऐसा खाना नंबर 5 का अंधा सांप (सनीचर) बच्चे खाने वाला होगा। औलाद नरीना (नर) का दुश्मन होगा। चाहे टेवे वाले की सात शादियां क्यों न हो जाएं और उनसे तमाम (बहुत सी) औलादें भी हो जाएं मगर अंधा सांप उन सबको ही खा जाएगा। टेवे वाला चाहे बहुत–सारे मकान ही बनवा ले मगर 48 साल की उम्र तक टेवे वाले का सिर्फ एक मकान, और एक ही लड़का होगा। खासकर जब 7, 12 में शुक्कर और 5, 9 में सूरज या चन्द्र हो तो टेवे वाले की औलाद को लोहे में जंग की तरह बरबाद कर देगा।

(7) खाना नंबर 5 के मंदे सनीचर के वक्त जब टेवे वाला अपना मकान बनवाए या फिर नया मकान खरीदकर उसमें रहे तो लावल्दी (संतानहीनता) का मंदा असर झेलता होगा। सनीचर की अश्या (चीजें) बरबाद होती होंगी। टेवे वाले की औलाद चाहे लाखों मकान ही क्यों न बना ले मगर उसका कोई बुरा असर न होगा।

(8) जब बमूजिब (अनुसार) वर्षफल सूरज खाना नंबर 1 या सनीचर खाना नंबर 1 (तख्त) पर आए तो टेवे वाला इंसान चाहे अक्ल का अंधा (बेवकूफ) हो मगर गांठ का पूरा (धनवान) होगा फिर भी माया (माल), जर (धन) और दौलत को कलपता होगा।

(9) जब टेवे में मंगल और बुध मुश्तरका (इकट्ठे) बैठे हों या फिर दृष्टि से आपस में मिलते हों तो सनीचर की उम्र (9, 18, 36 साल) में खाना नंबर 2 के रिश्तेदार या उस ग्रह की मुतअल्लिक (सम्बन्धित) जानदार चीज को सांप (जहर) काटे या नुकसान दे तो सनीचर अब राहु स्वभाव (मस्नूई–सांप) का होगा यानि सनीचर, राहु स्वभाव होकर मंदा असर करेगा।

(10) बमूजिब वर्षफल सनीचर खाना नंबर 5 या 7 में आए तो बमूजिब वर्षफल सनीचर के दुश्मन (सूरज या चंद्र या मंगल) खाना नंबर 7 में आने पर सेहत के ताल्लुक में बुरा असर करेंगे।

(11) जब केतु खाना नंबर 4 में हो तो चाहे पहली औलाद (लड़का) कायम न रहे मगर औलाद पर सनीचर खाना नंबर 5 का बुरा असर नहीं होगा बल्कि उसके बदले टेवे वाले का खानदानी पुरोहित बरबाद होगा। दुनियावी तीन कुत्तों (दामाद, साला, दोहता) में से किसी कुत्ते की पालना (सेवा) करना मुबारक (शुभ) होगा।

(12) जब बृहस्पत खाना नंबर 9 में हो तो टेवे वाले को किस्मत का नेक असर (5, 17, 29, 41, 53, 65, 77, 89, 101, 113 साल) मिलेगा। लेकिन औलाद के लिहाज से असर मंदा ही होगा।

(13) जब खाना नंबर 11 खाली हो। हथेली में सेहत रेखा कायम (स्थित) हो और हथेली के खाना नंबर 11 (बचत) तक जाती हो तो सनीचर अब धर्म देवता होगा।

(14) दिमागी खाना नंबर 15 जब बृहस्पत से मुश्तरका हो टेवे वाला खुद्दार (स्वाभिमानी) होगा।

(15) टेवे वाले के तमाम (सारे) शरीर पर ज्यादा तादाद में बाल हों तो सनीचर खाना नंबर 5 के वक्त टेवे वाला चाहे चोर, फरेबी भी हो, फिर भी बदनसीब (भाग्यहीन) होगा। ऐसा इंसान चाहे कलम (लेखन) का धनी हो मगर निर्धन ही होगा। जिन्दगी में मुकदमे, जहमत (परेशानी) और बीमारी आम होंगी।

कियाफा (हस्तरेखा)– सनीचर के बुर्ज़ (खाना नंबर 10) से कोई रेखा या शाखा आकर सेहत रेखा को काटे।

उपाय

(1) जद्दी मकान में सूरज, चन्द्र, मंगल की अश्या (चीजें) कायम करें।

(2) जब खाना नंबर 10 में राहु या केतु हो तो जद्दी (पैतृक) मकान में सनीचर के दुश्मनों (सूरज, चन्द्र) की अश्या (चीजें) कायम करें और मंगल की अश्या जलाएं।

(3) जब मंगल–बद हो तो सनीचर बच्चे मारेगा। मंगल की अश्या (चीजें) जद्दी मकान में जलाएं। औलाद की तादाद (संख्या) और उम्र में बरकत होगी।

(4) जब बमूजिब वर्षफल सनीचर खाना नंबर 5 में हो (देखें फरमान नंबर 13 फेहरिस्त वर्षफल) तो धर्म स्थान (मन्दिर वगैरह) में बादाम ले जाएं और आधे बादाम वहां देकर आधे बादाम अपने साथ ले आएं और घर में कायम कर दें। ध्यान रहे कि ये बादाम (वापस लाए हुए) खाया नहीं करते हैं। इसलिए इन्हें खाने की भूल कभी भी न करें। इस उपाय को करने से माना जाएगा कि सनीचर ने अब बुराई न करने की कसम खा ली है।

(5) औलाद की पैदाईश पर मीठा बांटने की बजाए नमकीन या नमक की चीजें आम लोगों में बतौर शगुन या खैरात तकसीम (बांटना) करना मुबारक होगा।

(6) चीजें कायम करने के लिए जद्दी (पैतृक) मकान के खाना नंबर 10 में (देखें फरमान नंबर 3) यानि मगरिब (पश्चिम दिशा) में सनीचर के दुश्मनों की चीजें कायम करें– मसलन सूरज की अश्या (चीजें)– गुड़, तांबा, भूरी भैंस, बन्दर। चन्द्र की अश्या– चावल, चांदी, दूध, मोती, कुआं, कुदरती पानी, घोड़ा, चकोर। मंगल की अश्या– सौंफ, शहद, हथियार, लाल मूंगा, खांड (देसी शक्कर)।

सनीचर खाना नंबर 6

(लेख की स्याही, एक गुना मंदा)

बुरा लड़का गो सिक्का खोटा न अच्छे
मगर काम फिर भी वह अक्सर है आते
उल्टी दृष्टि दूजा देखे, असर बुरा न दस पर हो
असर सनीचर खुद वैसा होगा, जैसा केतु टेवे बैठा हो
बुध केतु न दो कोई मंदा, न ही लावल्दी टेवा हो
शादी पहले जब अट्ठाइस करता, चन्द्र शुक्कर केतु मंदा हो
केतु टेवे घर दस की गिनती, हाल मुसाफिर उम्दा हो
बाप से ऊपर नाम खिलाड़ी, आयु-मर्द-माया बढ़ता हो
दोस्त सनीचर दस-चार बैठा, बुध पाया घर दूजा हो
मौत फरिश्ता सिर जब कटता, मदद सनीचर न करता हो
हालत कोई चाहे कैसी टेवे, हलफ सनीचर जब लेता हो
बाद बयालीस ऐसा उम्दा, फलक स्याही धोता हो

(1) दुनियावी मायनों में बुरा (अय्याश) लड़का और खोटा सिक्का अमूमन अच्छे नहीं होते मगर वक्त–बेवक्त ये भी काम आ ही जाते हैं। खाना नंबर 6 का सनीचर जब टेवे वाले को तारेगा तो पूरी उम्र के मंदे असर की स्याही धो देगा।

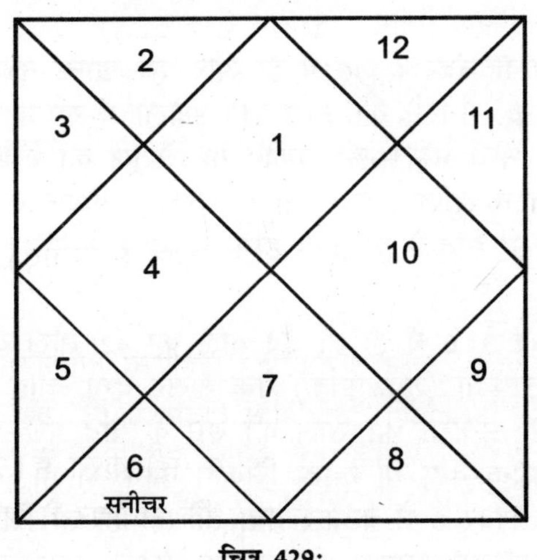

चित्र 429:

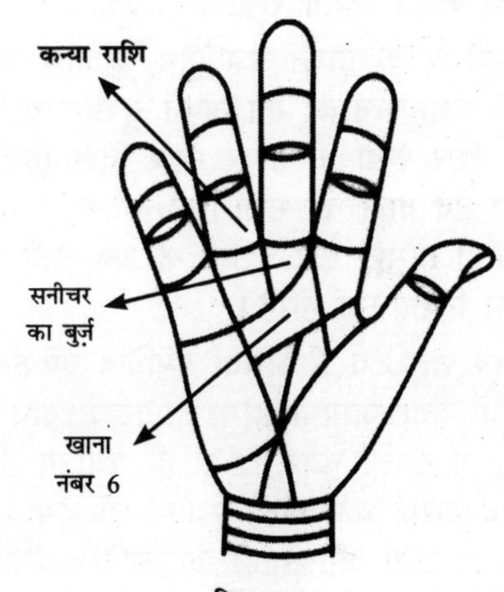

चित्र 430:

(2) अमूमन खाना नंबर 2, खाना नंबर 6 को देखता है (देखें फरमान नंबर 8, ग्रह दृष्टि– आम हालत) मगर जब सनीचर खाना नंबर 6 में हो तो वह अब खाना नंबर 2 के ग्रह को देखेगा। अब अगर खाना नंबर 6 में सनीचर का दोस्त (बुध, शुक्कर, राहु) भी हो तो सनीचर का सांप उसको भी डस लेगा।

(3) अपने बिल से बाहर निकलकर फन उठाकर खाना नंबर 6 का सनीचर, खाना नंबर 2 के ग्रह को देखेगा। खासकर जब राहु खाना नंबर 8 में हो। सनीचर ऐसे वक्त खाना नंबर 10 के ग्रह पर कोई बुरा असर नहीं करेगा।

(4) टेवे में जैसा केतु का हाल होगा, वैसा ही हाल सनीचर के हुक्म पर दूसरे ग्रहों का होगा। जहां कहीं भी केतु होगा वहीं पर सनीचर के सांप का जहर पहुंचेगा होगा।

(5) खाना नंबर 6 का सनीचर जब बमूजिब (अनुसार) वर्षफल नेक घरों में पहुंच जाए तो टेवे वाले के लिए सिर पर साया करने वाला शेषनाग होगा। ऐसे वक्त न तो बुध ही मंदा होगा और न ही टेवे वाला लावल्द (संतानहीन) होगा।

(6) जब खाना नंबर 6 के सनीचर वाले इंसान की शादी 28 साल की उम्र से पहले हो तो बुध, चन्द्र, शुक्कर तीनों ही ग्रह मंदे होंगे और अगर टेवे वाले की शादी 28 साल की उम्र के बाद हो तो शादी के बाद 24 साल तक लड़के ही लड़के पैदा होते होंगे। ऐसे वक्त वाल्दैन (माता–पिता), जर (धन) और दौलत की बरकत होती रहेगी। टेवे वाले में अक्ल (बुद्धि) और हुनर भी उम्दा होंगे। टेवे वाले की शादी अगर 28 साल से पहले हो तो सनीचर छाती पर सांप के मानिन्द (समान) जहरीला असर देगा और बुध भी मंदा होगा। जिससे 34 से 36 साल की उम्र में टेवे वाले की माता और औलाद बरबाद होंगे। लेकिन टेवे वाले पर मंदा असर न होगा। अब सनीचर के साथ–साथ केतु की अश्या (वस्तुएं) और सनीचर की अश्या भी मंदा असर देंगी।

(7) जब टेवे में केतु खाना नंबर 10 में हो या केतु उम्दा हो और सनीचर भी बमूजिब (अनुसार) वर्षफल नेक घरों में आ जाए तो टेवे वाले इंसान पर बृहस्पत और बुध का उम्दा असर होगा। ऐसे वक्त घर में लड़की की जगह लड़का पैदा होगा। सफर (यात्रा) का नतीजा (परिणाम) उम्दा होगा। ऐसे इंसान का लड़का बाप से ज्यादा उम्दा नामवर खिलाड़ी (संभवतः टेवे वाला भी खिलाड़ी) होगा और हर तरह के खेल, करतब (कलाबाजी) और चाल–चलन (चरित्र) की रंग–बिरंगी हालत वाला होगा। लेकिन हर काम में ऊपरी दर्जे (स्तर) का मालिक होगा। मर्द, आयु और माया (माल) की बरकत होती रहेगी।

(8) सनीचर के दोस्त ग्रह (बुध, शुक्कर, राहु) जब खाना नंबर 4, 10 में हो और बुध खाना नंबर 2 में हो तथा सनीचर को अपने दुश्मन ग्रहों (सूरज, चन्द्र, मंगल) का साथ हो। हथेली में खाना नंबर 6 में सिर रेखा के ऊपर मगर दिल (हृदय) रेखा के नीचे छोटी–सी लकीर या त्रिशूल का निशान हो तो टेवे वाले की मौत सिर कटने से होगी। टेवे वाला खुफिया (जासूसी या गुप्त) कारोबार करने का आदी होगा। ऐसे इंसान के घर रोटी पकाने के लिए मिट्टी का तवा होगा यानि बदबख्ती (दुर्भाग्य) की निशानियां होंगी।

(9) जब राहु टेवे में अथवा बमूजिब वर्षफल खाना नंबर 3, 6 में हो तो टेवे वाले का 42 साल की उम्र तक मंदा जमाना होगा। जिसके बाद सनीचर हलफिया (शपथपूर्वक) नेक असर देगा, चाहे टेवे में सूरज खाना नंबर 12 में ही क्यों न बैठा हो। ऐसा सनीचर 42 साल की उम्र के बाद पूरी–उम्र के मंदे असर की काली स्याही धो देगा। यानि नालायक बेटा या खोटा सिक्का काम आ ही जाएगा। अगर लेख की स्याही का मालिक (सनीचर) खाना नंबर 6 में बैठकर मंदा हो रहा हो तो सिर्फ एक गुना ही मंदा होगा और वह भी हमेशा के लिए मंदा नहीं होगा। मंदे वक्त के दौरान अगर यह सांप (सनीचर) अपने जहर से न मार सका तो अपने जिस्म (शरीर) से लपेट–लपेटकर (अजगर की तरह) बरबाद कर देगा।

(10) खाना नंबर 6 में सनीचर के वक्त अगर सूरज भी खाना नंबर 12 में हो तो शुक्कर आबाद होगा यानि टेवे वाले की औरत (पत्नी) सुखी होगी।

(11) खाना नंबर 6 के वक्त सनीचर का असर भले ही शक्की (संदेहजनक, अच्छा या बुरा) होगा मगर बृहस्पत का असर हमेशा मंदा ही होगा चाहे ऐसे वक्त बृहस्पत कितना ही उम्दा और नेक घर में क्यों

न बैठा हो। टेवे वाला मंदे भाग्य वाला होगा। ऐसे वक्त बादाम या नारियल दरिया में बहाना मददगार होगा।

(12) सनीचर खाना नंबर 6 के मंदे असर के वक्त अगर औलाद से मुतअल्लिक (सम्बन्धित) दिक्कतें (व्यवधान या परेशानियां) आती हों तो सांप की सेवा मददगार होगी। केतु की बरबादी को रोकने के लिए पूरा काला कुत्ता कायम करना मददगार होगा। मंदे राहु के लिए सरसों और दीगर (दूसरा) उपाय मददगार होगा। सनीचर खाना नंबर 6 के जहरीले असर को रोकने के लिए सरसों के तेल से भरा मिट्टी का बर्तन किसी तालाब या दरिया के पानी के अन्दर जमीन की तह (अन्दर) में वहां दबाएं जहां पर वह बर्तन पानी के अन्दर छिप जाए क्योंकि जब खाना नंबर 2 खाली हो तो खाना नंबर 6 का सनीचर रात में अंधा होगा। सनीचर के कारोबार या साजो–सामान (सजावटी सामान) का कारोबार शुरू करना हो या बरकत करनी हो तो सनीचर से मुतअल्लिक (सम्बन्धित) सामान, रात को खरीदें। काम की शुरुआत भी रात के वक्त करें। शर्त यह भी है कि रात काली (अन्धेरी) हो यानि चन्द्रमा न निकल रहा हो। मगर सनीचर के सारे उपाय हमेशा दिन के वक्त ही किए जाएं ताकि उपाय कारआमद (प्रभावशाली) हो सकें।

(13) खाना नंबर 6 का सनीचर नहोराता वाला सांप होगा जिसे दिन में तो सब कुछ नजर आएगा मगर वह रात को अंधा हो जाएगा। इसलिए रात को किए गए किसी भी काम में सनीचर का मंदा असर शामिल न हो सकेगा।

(14) टेवे वाले के जिस्म के मुसाम (रोम–छिद्र) में अगर एक मुसाम से दो बाल पैदा होते हों तो टेवे वाला अक्लमंद (बुद्धिमान) और हुनरमंद (कलाकार) होगा।

(15) जब मंगल खाना नंबर 2 में हो तो सनीचर खाना नंबर 6 का मंदा असर बीनाई (आंखों की ज्योति) पर होगा मगर मंगल के मुतअल्लिक (सम्बन्धित) रिश्तेदारों (बड़ा भाई, ताऊ, माता का बड़ा भाई यानि मामा) पर पड़ेगा। अगर ऐसे में राहु भी खाना नंबर 1 में हो तो टेवे वाले का मामा 21 साल की उम्र में अंधा हो जाएगा।

(16) जब स्त्री ग्रह (शुक्कर, चन्द्र) खाना नंबर 2 में हो तो सनीचर खाना नंबर 6 में एक जहरीला लेकिन मंदा सांप होगा जो शुक्कर की जानदार चीजों (गाय, बैल, पत्नी) अथवा चन्द्र की जानदार चीजों (माता वगैरह) पर हमला करेगा। खासकर जब राहु खाना नंबर 8 में हो या राहु टेवे में मंदा हो रहा हो।

(17) जब टेवे में सनीचर खाना नंबर 6 में मंदा हो रहा हो तो सनीचर की मियाद (36 से 39 साल की उम्र) के बाद ही मकान बनवाना चाहिए, बल्कि 48 साल की उम्र तक न ही बनवाएं तो बेहतर होगा क्योंकि 48 साल की उम्र से पहले मकान बनवाना मुबारक न होगा।

(18) जब सनीचर खाना नंबर 6 में मंदा हो रहा हो तो ऐसे वक्त सनीचर अपनी मंदी हालत की निशानी अपनी खुद की अश्या (चीजों) के जरिए जाहिर (प्रकट) करेगा। चमड़े के बूट (जूते), बच्चों के इस्तेमाल वाली लोहे की चीजें, सनीचर के मंदे असर के आने से पहले की निशानियां होंगी। जब सनीचर बमूजिब (अनुसार) वर्षफल दोबारा खाना नंबर 6 में आ जाए और ऐसे वक्त टेवे वाला शराब पीता हो या मकान बनवाए तो सनीचर जरूर अदालत, राजदरबार और सैनिक महकमा (पुलिस) के ताल्लुक में मंदे और तकलीफ (परेशानी) वाले नतीजे (परिणाम) पैदा करेगा।

(19) जब सनीचर का मंदा वक्त आएगा तो अमूमन टेवे वाले के जूते (संभवतः चमड़े के) गुम होंगे। अथवा बमूजिब वर्षफल खाना नंबर 6 में सनीचर आए तो टेवे वाले को नए जूते खरीदने की निहायत ही जरूरत आ पड़ेगी, जिसे खरीदने के साथ ही राजदरबारी ताल्लुक में अमूमन खराबियां (मंदे नतीजे)

पैदा होंगी। इसी तरह अगर सनीचर की नई मशीनें (या वस्तुएं) खरीदी जाएंगी। तो मंदे सनीचर के वक्त मंदा ही असर करेंगी।

(20) चमड़ा सनीचर की अश्या (वस्तु) है और केतु पांवों का मालिक ग्रह है साथ ही केतु सनीचर का जुज (मददगार ग्रह) भी है। चमड़ा मुर्दा है यानि जानवर के मरने के बाद उतारी गई खाल है। इसलिए सनीचर भी चमड़े की चीजें आने के वक्त मुर्दों की तरह मंदे असर देगा। सबसे बेहतर तो यही है कि कभी भी (मंदे या उम्दे वक्त के दौरान) पांवों के लिए चमड़े की चीजें खरीदी ही न जाएं।

कियाफा (हस्तरेखा)– सनीचर के बुर्ज़ (खाना नंबर 10) से कोई रेखा या शाखा मुस्ततील (आयत) को जाएं। अर्थात् दिल रेखा और सिर रेखा की वजह से बनने वाला मुस्ततील तक जाए।

सनीचर खाना नंबर 7

(कलम विधाता–रिजक के लिए)

उलट रंगी बोतल की, जो ना जनी थी
कफन खींचने को वह तेरा खड़ी थी
न बुजुर्गी शान माया, न ही इल्म दरकार हो
हकीम सादिक दुनिया बनता, पल समुद्र पार हो
बुनियाद सनीचर की शुक्कर होता, ताकत सात गुना होती हो
दौलत हुकूमत साथ दो लाता, शर्त जागीर न कोई हो
बृहस्पत शुक्कर बद मंगल मिलता, नसीब मारा वह होता हो
पर उपकारी दौलत उम्दा, वरना न्यासरी माया हो
बुध दुश्मन दस-तीन या सात, आयु पिता जर मंदा हो
चन्द्र करे जब मंदा टेवा, सनीचर मंदा खुद रोता हो

(1) सनीचर खाना नंबर 7 के वक्त पराई नाजनीन (सुन्दर स्त्री या सुकुमारी) से अगर मोहब्बत करेगा तो टेवे वाले की औलाद मंदी बल्कि नदारद (शून्य) ही होगी। ऐसी नाजनीन के इश्क में सब कुछ बिक जाएगा। लेकिन पुराने जद्दी (पैतृक) मकान की दहलीज अगर कायम रहेगी सब कुछ वापस पहले जैसा हो जाएगा।

(2) ऐसा इंसान रिजक (जीविका) के मामले में भाग्यशाली होगा। उसकी गृहस्थ हालत उम्दा दर्जे की होगी चाहे जनम के वक्त उसके पास राई के बराबर की मामूली दौलत भी न हो मगर सनीचर की मियाद (समयावधि) पर वह पहाड़ से भी ऊंची हस्ती का मालिक हो जाएगा। काग रेखा (सनीचर खाना नंबर 1) के वक्त जिस कदर मंदी हालत हुआ करती है उसी तरह मच्छ रेखा (खाना नंबर 7 में सनीचर) के वक्त उसी तरह उलट हाल में उम्दा से उम्दा हालत हर तरफ होगी। चाहे टेवे वाला पढ़ा–लिखा हो या न हो।

(3) खाना नंबर 7 के सनीचर वाला इंसान दुनियावी लोगों के लिए सादिक (सच्चा) हकीम होगा। अगर हकीम न भी हुआ तो कम से कम उसे उम्दा औषधियों की जानकारी तो जरूर ही होगी। ऐसे इंसान के द्वारा मरीज को बताई गई औषधि कारआमद (असरकारक) होगी। ऐसा इंसान हजारों सफर (यात्राएं) करेगा। टेवे वाले इंसान के बुजुर्गों की तो शर्त नहीं मगर वह खुद बगैर पुल बांधे ही समुद्र को पार करने की हिम्मत और मुआविन (मददगार) उम्र का मालिक होगा।

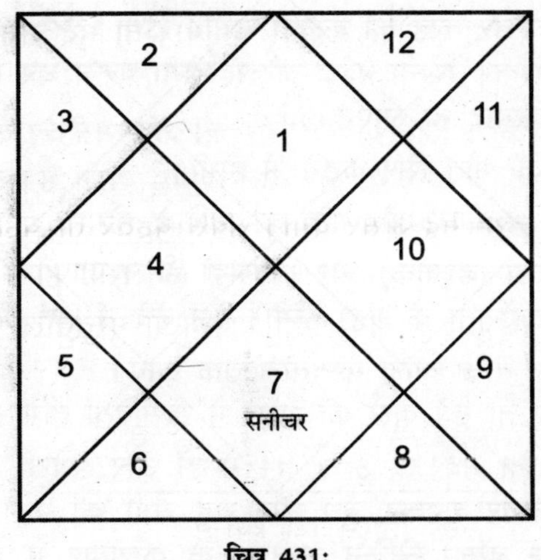

चित्र 431:

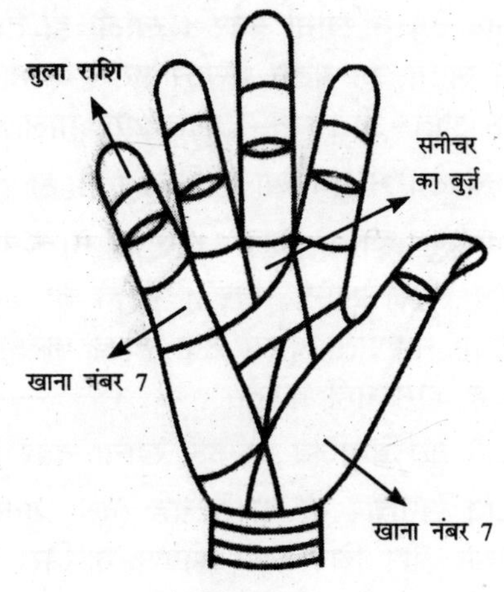

चित्र 432:

(4) खाना नंबर 7 (मालिक ग्रह शुक्कर) के सनीचर की ताकत की बुनियाद शुक्कर ही होगा और सनीचर के असर की ताकत को (अच्छी या बुरी) सात गुना कर देगा। टेवे वाला दौलत और हुकूमत (शासन) का मालिक होगा मगर शर्त यह है कि टेवे वाला सनीचर के स्वभाव (चालाकी) का मालिक और औरतों से मोहब्बत रखने वाला हो। अगर टेवे वाले की शादी 22 साल उम्र तक न हो तो उसकी बीनाई (आंखों की ज्योति) ताकत बेबुनियाद (अन्धापन) होगी। ऐसे इंसान को बने बनाए मकानात बहुत मिलेंगे। ऐसा इंसान किसी को हराम का कफन (नेक मायनों में) मुफ्त में भी न देगा। चाहे टेवे वाले का आय–व्यय हजारों–लाखों का ही क्यों न हो मगर जागीर (अचल सम्पत्ति–ज्यादा मात्रा में) की कोई शर्त न होगी।

(5) जब टेवे में बृहस्पत, शुक्कर और मंगल–बद (सूरज+सनीचर मुश्तरका) आपस में मिलते हों (चाहे एक साथ बैठकर या फिर दृष्टियों के माध्यम से) तो टेवे वाला खाना नंबर 7 (उच्च) का सनीचर होने के बावजूद मंदी किस्मत वाला होगा और सब्जकदमा (भाग्यहीन) गिना जाएगा।

(6) जब टेवे में बृहस्पत मंदा हो तो टेवे वाला जाहिरा (देखने में सुन्दर), उम्दा मगर हासिद (ईर्ष्यालु) और कमीना इंसान होगा।

(7) जब टेवे में शुक्कर का साथ सनीचर खाना नंबर 7 को मिल जाए तो टेवे वाला बेगर्ज (निःस्वार्थी) मगर गंदा आशिक (व्यभिचारी) होगा। ऐसे इंसान की औरत (पत्नी) बहुत लम्बे अर्से तक बीमार रहेगी।

(8) जब टेवे में मंगल–बद हो तो ऐसा मंगल, सनीचर खाना नंबर 1 का मंदा फल देगा और उसे 27 साल की उम्र तक हथियार से नुकसान का डर होगा।

(9) अगर खाना नंबर 7 के सनीचर वाला इंसान परोपकारी होगा तो धनवान होगा और उसका धन भी कारआमद (असरकारक) होगा वरना न्यासरी माया होगी यानि जिस घर जाएगी उस घर को तबाह करके आगे चलती बनेगी।

(10) जब बुध या सनीचर के दुश्मन (सूरज, चन्द्र, मंगल) खाना नंबर 3, 7, 10 में हों तो टेवे वाले की उम्र जर (धन), दौलत और वालिद (पिता) सब के सब मंदे होंगे। जद्दी (पैतृक) जायदाद और मकानात भी मंदे असर के होंगे।

(11) जब चंद्र टेवे में मंदा हो या फिर मंदा असर करता हो तो सनीचर धन दौलत के मामले में भी मंदा होगा। टेवे वाला सिर की बीमारियों से परेशान होगा।

(12) जब टेवे में खाना नंबर 1 खाली हो तो टेवे वाले को हर तरह की बरकत नसीब होगी। ऐसे वक्त घर में शहद का बर्तन भरकर रखें। शहद का बर्तन भरकर रखना बेहद जरूरी होगा वरना घर में पोते के आते–आते धन–दौलत और माल सब के सब बरबाद हो जाएंगे।

(13) जब टेवे में बुध खाना नंबर 1 में हो तो टेवे वाले की मौत सिर कटने से होगी।

(14) जब बुध खाना नंबर 11 में हो तो टेवे वाला रईस (धनवान) और गांव का मालिक होगा।

(15) जब सूरज खाना नंबर 4 में हो तो टेवे वाला हिजड़ा (डरपोक) और निकम्मा (आलसी) होगा। ऐसा टेवा, नहोराता वाला टेवा (देखें फरमान नंबर 6, नहोराता के ग्रह) होगा। ऐसे टेवे में रात के वक्त ग्रह काम नहीं करते।

(16) जब बुध बमूजिब वर्षफल खाना नंबर 7 में आ जाए तो टेवे वाले की आंख में खराबियां होंगी।

(17) जब सनीचर के दोस्त ग्रह (बुध, शुक्कर, राहु) खाना नंबर 3, 5, 7, 11 में हों और हथेली में उम्र रेखा और सिर रेखा आपस में मिल जाएं तो सनीचर शुक्कर, बुध और राहु सभी का फल उम्दा होगा। सभी ख्वैशो–अकारिब (भाई–बन्धु) मददगार होंगे। लेकिन सनीचर के कारोबार में शामिल ताल्लुकदार (रिश्तेदार) या दुनियावी लोग सारी दौलत और माल हजम कर जाएंगे, यानि कारोबार को बरबाद करने का सबब (कारण) बनेंगे।

(18) जब टेवे में मंगल, शुक्कर और सनीचर इकट्ठे खाना नंबर 7 में बैठे हों। हथेली में उम्र रेखा के साथ–साथ एक और मुआविन (सहायक) उम्र रेखा भी चलती हो तो टेवे में मंगल दोगुना नेक गिना जाएगा और केतु भी दोगुना नेक फल करेगा। टेवे वाले की उम्र लम्बी, उम्दा सेहत, औलाद का उम्दा सुख और दुश्मन से बचाव के वक्त जाहिरा (प्रत्यक्ष) और गैबी (अप्रत्यक्ष) मदद मिलती रहेगी।

(19) जब सनीचर टेवे में खाना नंबर 7 (अथवा खाना नंबर 5) में हो तो बमूजिब वर्षफल जब भी सनीचर के दुश्मन (सूरज, चन्द्र, मंगल) खाना नंबर 7 में आएंगे तो सेहत के ताल्लुक में बुरा असर करेंगे।

(20) जब टेवे में मंगल, चन्द्र, शुक्कर सब के सब रद्दी हों तो टेवे वाला दुःखों का पुतला होगा।

(21) जब टेवे में मंगल बुध मुश्तरका (मंगल+बुध = सनीचर = राहु स्वभाव) हो अथवा बृहस्पत शुक्कर मुश्तरका (बृहस्पत+शुक्कर = सनीचर = केतु स्वभाव) हो तो मस्नूई (बनावटी) सनीचर गिने जाएंगे (देखें फरमान नंबर 6 मस्नूई ग्रह)। ऐसे वक्त टेवे वाले इंसान को 27 साल की उम्र तक हथियार से खतरा होगा। 29 साल की उम्र तक मंदी सेहत होगी। टेवे वाला झगड़ालू और नसीब का मारा तथा भाग्यहीन होगा।

(22) जब सनीचर जाती स्वभाव (देखें सनीचर–जाहिर पीर–सनीचर के जाती स्वभाव का उसूल) के उसूल पर मंदा होता हो तो शराबखोरी (काग रेखा) सनीचर के मंदे असर की पहली निशानी होगी साथ ही अगर सनीचर टेवे में भी मंदा हो रहा हो तो सनीचर सात गुना मंदा असर देगा। ऐसे वक्त टेवे वाले के कैद (जेलखाना) गले लगी रहेगी चाहे वह कितना ही उम्दा चोर या डकैत क्यों न हो।

(23) जब मंगल+बृहस्पत मुश्तरका अथवा मंगल+शुक्कर मुश्तरका (इकट्ठे), सनीचर खाना नंबर 7 को देखते हों तो हाथ में मुआविन (मददगार) धन रेखा होगी। ऐसे में टेवे वाले के पास बेशुमार धन–दौलत होगी।

(24) मंगल+चन्द्र मुश्तरका अथवा मंगल+सनीचर मुश्तरका (संयुक्त) बृहस्पत को देखते हों तो हाथ में मुआविन (मददगार) उम्र रेखा और गैबी (दैवीय) मदद रेखा कायम होगी (यानि इन रेखाओं का असर मिलेगा)। ऐसे में टेवे वाले की उम्र लम्बी होगी और वक्त–बेवक्त दुनियावी लोगों के माध्यम से गैबी (दैवीय) मदद मिलती रहेगी।

(25) जब टेवे में मंगल, नेक हो तो इंसान के पास जद्दी (पैतृक) जायदाद तो बेशक उतनी न होगी मगर महीने की कमाई हजारों–लाखों की होगी।

(26) जब टेवे वाले के जिस्म पर हर मुसाम (रोम–छिद्र) से अगर एक–एक बाल पैदा होता हो तो सनीचर नेक और उम्दा होगा। ऐसा इंसान "किसके हुक्म से इधर देख रहे हो" की धमकी देने वाला हठधर्मी होगा। बोलने से ज्यादा सुनना पसन्द करेगा। अलाहदगी–पसन्द (एकान्त प्रिय) होगा।

(27) चालाकी और होशियारी को अगर उड़ता हुआ जानवर मान लिया जाए तो ऐसा इंसान इस जानवर की आंख में धूल झोंकने की हिम्मत वाला इंसान होगा।

(28) खाना नंबर 7 में सनीचर उम्दा हो तो टेवे वाले को राजदरबार (सरकारी महकमे) से पांच लड़कियों से शादी करने के बराबर धन दौलत प्राप्त होगा। खाना नंबर 7 में उच्च का सनीचर अपना वक्त आने पर नेक बृहस्पत का काम करेगा अथवा शुक्कर और बृहस्पत दोनों का फल उम्दा होगा। ऐसा इंसान अमीरों से भी रईस होगा।

(29) घर में लेटा हुआ पत्थर अथवा खड़ा हुआ सुतून (खंभा) उत्तम सनीचर की निशानी होगी।

(30) मंदी हालत के वक्त खाना नंबर 7 के सनीचर के उपाय में बांसुरी को खांड (देसी शक्कर) से भरकर बाहर वीराने में दबाना मुबारक (शुभ) होगा। बशर्ते सनीचर टेवे में सोया हुआ न हो (देखें फरमान नंबर 8 पक्के घरों में सोए हुए ग्रह) और अगर सनीचर सोया हुआ हो तो मिट्टी के बर्तन में शहद भरकर दरिया के किनारे पानी के अन्दर दबा दें।

कियाफा (हस्तरेखा)– उम्र रेखा और सिर रेखा आपस में मिली हों। सनीचर के बुर्ज़ (खाना नंबर 10) से कोई रेखा या शाखा, सिर (मस्तिष्क) रेखा अथवा शुक्कर के बुर्ज़ (खाना नंबर 7) पर जाएं।

सनीचर खाना नंबर 8

(सनीचर का मुख्यालय)

खुशी जनम की उसकी, क्या वह करेगा
जन्मते ही जिसके, हो मातम पड़ेगा
सनीचर की चीजें न मंदी, न ही बुरा खुद आप हो
चाल उसकी होगी वैसी, जैसा बुध या पाप हो
दुश्मन ग्रह जब साथ या साथी, मंदा सनीचर खुद होता हो
जहर भरेगा नाग में इतना मौतें खड़ी ही रखता हो
असर सनीचर दे मंगल जैसा, बैठा टेवे में जैसा हो
खाली पड़ा घर बारह टेवा, उम्र कब्र तक दु:खी हो

(1) सांप और चोर अगर मुर्दा भी हों तो भी उनसे डर ही लगेगा। अपने मुख्यालय (हैडक्वार्टर) में बैठा सनीचर शक्की स्वभाव का होगा जिसका कुछ पता न होगा कि वह नेक असर करेगा या बरबादी लाएगा। जरूरी नहीं कि वह बुरा ही असर करे लेकिन टेवे वाला जरूर सबके भले में अपना भला चाहने वाला होगा।

(2) अगर सनीचर खाना नंबर 8 में मंदा हो जाए तो टेवे वाले के जनम लेते ही उस घर में मातम (मौत) का जहर फैल जाएगा। बिल में घुसे हुए सांप की तरह सनीचर अपने मुख्यालय में मौत बांटने वाला

बअख्तियार (अपने अधिकार वाला) हाकिम (शासक) होगा। खाना नंबर 8 में सनीचर के जितने साथी हों अथवा सनीचर के साथ जितने ग्रह हों उतनी मौतें होने के बाद टेवे वाले का जनम होगा।

(3) खाना नंबर 8 में मंदे सनीचर के वक्त न तो सनीचर ही बदी (बुरा) करेगा और न ही सनीचर की चीजें मंदा असर करेंगी बल्कि टेवे में जैसी बुध, राहु, केतु की चाल होगी वैसा ही सनीचर चाल चलेगा। अमूमन सनीचर अपने जुजों (एजेन्टों) के ऐतबार (विश्वास) पर काम करेगा।

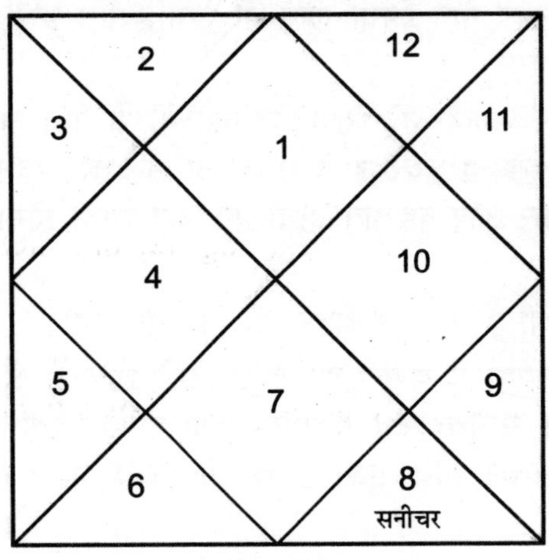

चित्र 433:

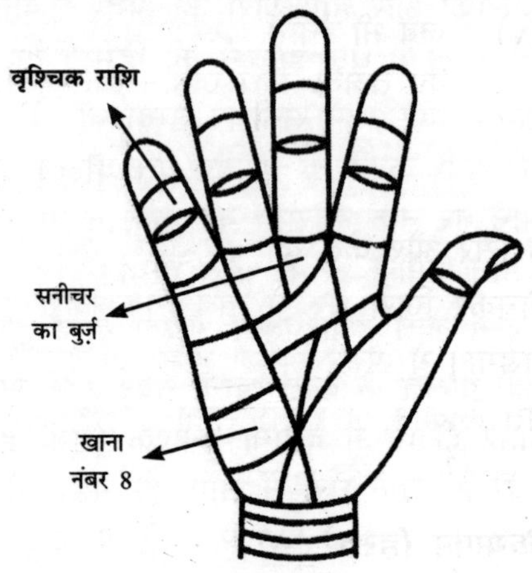

चित्र 434:

(4) जब सनीचर के दुश्मन ग्रह (सूरज, चन्द्र, मंगल) ही सनीचर के साथ बैठे हों या साथी (देखें फरमान नंबर 6) हों तो सनीचर इतना ज्यादा मंदा हो जाएगा कि मौतें ही मौतें खड़ी करता रहेगा। टेवे वाले इंसान के बुढ़ापे में नजर बीनाई (आंख की रोशनी) धोखा देगी।

(5) खाना नंबर 8 का सनीचर अपना जाती (निजी) असर ऐसा देगा, जैसा कि टेवे में मंगल बैठा हो। खाना नंबर 8 मारक (मौत) स्थान होने की बजाय अब सनीचर का मुख्यालय ही कहलाएगा।

(6) जब टेवे में खाना नंबर 12 खाली हो। हथेली में उंगलियों के नाखून स्याह (काले) रंग के हों तो टेवे वाला पूरी उम्र और आखिर (अंत) वक्त तक कम दौलत वाला और दुःखी होगा। टेवे वाले के जनम लेते ही साथी ग्रहों (अगर टेवे में योग बनता हो तो) से मुतअल्लिक (सम्बन्धित) रिश्तेदारों को कब्र में जाना पड़ेगा। टेवे वाले को बुढ़ापे में नजर बीनाई का धोखा होगा।

(7) जब टेवे में खाना नंबर 8 का सनीचर अकेला हो तो न तो सनीचर और न ही सनीचर की चीजें मंदी होंगी मगर यह शर्त न होगी कि उम्दा (भली) होंगी।

(8) टेवे वाले की छाती पर सनीचर खाना नंबर 8 के वक्त ज्यादा बाल हों, तो ऐसा इंसान ताउम्र (उम्र–भर) गुलामी में ही गुजार देगा। खुदपसन्दी का मालिक होगा।

उपाय

(1) शराबखोरी से परहेज करना सनीचर का मंदा असर नहीं होने देगा।

(2) सनीचर के मंदे वक्त के दौरान चन्द्र का उपाय करने से सनीचर की असलियत का पता चलेगा और सनीचर के मंदे असर में भी मददगार साबित होगा। मसलन–

(i) खालिस (शुद्ध) चांदी का चौकोर टुकड़ा अपने पास रखें।

(ii) पत्थर पर बैठकर कच्चे दूध से स्नान करें, मुबारक होगा।

(iii) जब भी स्नान करें पत्थर पर बैठकर करें, कभी भी कच्ची जमीन या मिट्टी पर बैठकर स्नान न करें।

(iv) जब भी स्नान करें अपने पांव तले पत्थर का टुकड़ा अथवा कंकर–पत्थर ही रख लें ताकि पांव का तलवा सीधे जमीन (कच्ची सतह) की तह से न लगे।

सनीचर के मंदे असर का रुख

राहु को सिर और केतु को दुम (पूंछ) समझकर अगर सांप मान लिया जाए तो राहु बैठा होने वाले घर से आगे गिनकर जिस घर से खत निकलकर सीधा केतु वाले घर में जा सके, वहीं उस घर में सनीचर का असर पड़ेगा। ये असर अच्छा होगा या बुरा यह टेवे और वर्षफल पर निर्भर करेगा। शर्त यह है कि खींचा गया खत (लकीर या रेखा) सीधा हो। अगर सांप (सनीचर) की दुम (केतु) टेवे में पहले घरों में हो (खाना नंबर 1 से खाना नंबर 6) तो सनीचर का असर उत्तम और मददगार होगा।

कियाफा (हस्तरेखा)– मंगल–बद (खाना नंबर 8) के बुर्ज़ से कोई रेखा या शाखा सनीचर के बुर्ज़ खाना नंबर 10 में जाए। हथेली का खाना नंबर 8, सनीचर का मुख्यालय (हैडक्वार्टर) होगा।

सनीचर खाना नंबर 9

(कलम विधाता–मकान/मर्द के लिए)

सोया रात निर्धन, चले जब सवेरे
उठाया नहीं कोई, घर बार तेरे
जागीर मालिक और भारी कबीला, तीनों पुश्ते चलता हो
बुरा यहां न वह कभी करता, बुध कोढ़ी से डरता हो
साठ साल तो उम्दा ही होगा, बल्कि उम्र हो सारी ही
शर्त बृहस्पत इतनी करता, होवे पर उपकारी भी
सनीचर मालिक है आंख शुक्कर का, चारों तरफ ही देखता हो
चोट सनीचर जब कहीं खाता, अन्धा शुक्कर खुद होता हो
सनीचर बैठा जब उत्तम टेवे, शुक्कर असर दो देता हो
शुक्कर मगर जब आया दूजे, सनीचर गुना नौ होता हो
मंगल टेवे जब चौथे बैठा, सनीचर जलावे नवें को
फूंक तमाशा सारी दुनिया, खुद ही मुर्दा चूहा हो
सात-छठे बुध, शुक्कर उम्दा, दुश्मन बुरा न तीजा हो
बेच कफन खुद दौलत पाता, खाली पड़ा जब दूजा हो
पापी ग्रह जब सनीचर बनता, घूमता पत्थर होता हो
कीनावरी शाह होगा माड़ा, मन की दलीलें सोचता हो

(1) खाना नंबर 9 का सनीचर मर्दों और मकानों के मामले में कलम विधाता (नेक मायनों में) होगा। सनीचर की मियाद तक (36 साल उम्र तक) अथवा सनीचर की मियाद पर अथवा दुनिया से कूच (मौत) के पहले टेवे वाले के पास कम से कम तीन रिहाईशी (निवास करने योग्य) मकान जरूर होंगे अर्थात् तीन रिहाईशी मकान कायम होना टेवे वाले की मौत की निशानी होंगे।

(2) खाना नंबर 9 में सनीचर वाला इंसान किसी जरूरतमंद या निर्धन को भी अपने मकान में आराम नहीं करने देगा कि कहीं वह उसका घर ही न उठा ले जाए।

(3) खाना नंबर 9 के सनीचर वाला इंसान भारी कबीला (सामाजिक दायरा) और जागीरों का मालिक होगा। हमेशा सुखी, लम्बी उम्र का मालिक और माता–पिता का सुख उम्दा होगा। ऐसा इंसान कभी कर्जा छोड़कर नहीं मरेगा। ऐसे इंसान की तीन पुश्तें (बाप, खुद, बेटा) कायम होंगी। सनीचर भी कभी खुद मंदा असर न देगा।

(4) खाना नंबर 9 बुजुर्गों का घर है जब तक बुजुर्ग (माता–पिता) जिन्दा हैं तब तक सनीचर इस घर में मंदा असर नहीं दे सकेगा, अगर माता–पिता के वफात (मौत) के बाद तकलीफ हो तो बृहस्पत का उपाय मददगार होगा वरना दुनियावी मुखालिफ (दुश्मन) टेवे वाले को काटने वाला जहरीला सांप समझकर मारने को दौड़ेंगे। घर में जनम के वक्त से ही गड़ा हुआ पत्थर मुबारक फल देगा।

(5) अगर खाना नंबर 3 में बुध हो तो यह कोढ़ी कहलाएगा। ऐसे बुध से सनीचर भी डरकर रहेगा क्योंकि खाना नंबर 3 का बुध, खाना नंबर 9 में बैठे ग्रहों से मुतअल्लिक (सम्बन्धित) रिश्तेदार के लिए मौत का बहाना खड़ा कर देगा (देखें बुध खाना नंबर 3)।

(6) खाना नंबर 9 में सनीचर टेवे वाले के लिए कम से कम 60 साल की उम्र तक तो उम्दा ही रहेगा बल्कि ज्यादा से ज्यादा पूरी उम्र ही उत्तम असर देगा। लेकिन शर्त यह होगी कि टेवे वाला परोपकारी हो वरना टेवे वाले की दौलत, घर–खानदान बरबाद करके दूसरे घर को चली जाएगी।

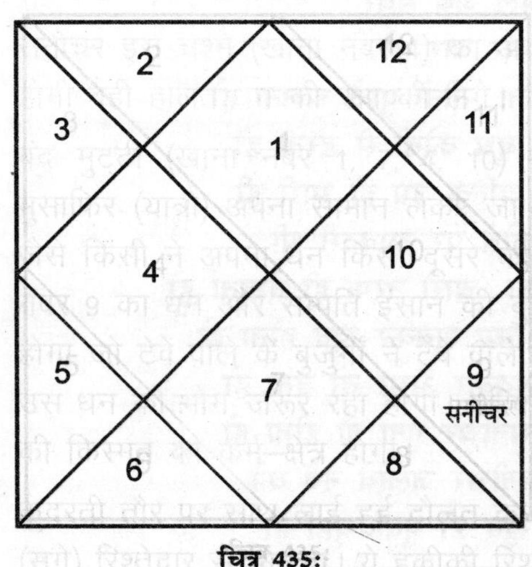

चित्र 435:

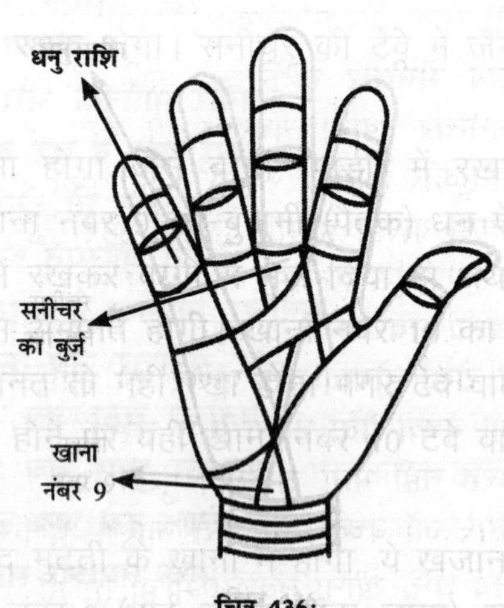

चित्र 436:

(7) जिस घर में सनीचर हो उस घर पर शुक्कर की दृष्टि और असर सनीचर की तरह का होगा।

(i) जब टेवे में शुक्कर आगे की ओर सनीचर को देख सकता हो तो शुक्कर पीछे और सनीचर आगे के घरों में होगा यानि पीछे बैठा हुआ शुक्कर, आगे बैठे हुए सनीचर को देखेगा।

(ii) जब शुक्कर आगे के घरों में हो और सनीचर पीछे के घरों में हो तो भी शुक्कर, सनीचर को देख तो लेगा मगर यह देखना "टेढ़ी आंख की दृष्टि" का दर्जा कहलाएगा।

(iii) सनीचर के पास शुक्कर की ही आंखें हैं (देखें फरमान नंबर 11) जिससे सनीचर चारों ओर देख सकता है। इसलिए जब कभी टेवे में सनीचर चोट खाकर घायल होगा (दूसरे ग्रह से मंदा हो जाए) तो शुक्कर पहले अंधा हो जाएगा।

(8) जब सनीचर टेवे में उत्तम हालत में बैठा हो तो शुक्कर कहीं भी हो वह सनीचर के लिए या सनीचर के ताल्लुक में खाना नंबर 2 का फल देगा (शुक्कर खाना नंबर 2) लेकिन अगर शुक्कर ही खाना नंबर 2 में (बमूजिब टेवा) बैठ जाए तो सनीचर ऐसे वक्त नौ गुना उम्दा फल देगा। मगर चन्द्र किसी भी हालत में (दी गई दोनों हालतों में) मंदा ही फल देगा।

(9) जब टेवे में मंगल खाना नंबर 4 में (नीच) बैठ जाए तो सनीचर खाना नंबर 9 में बैठा होकर भी खाना नंबर 9 को ही जलाएगा। घर–परिवार और सारी दुनिया को फूंक देगा। सड़े हुए मुर्दा चूहे की तरह हर तरफ बीमारी और लानत की गन्दगी फैलाने वाले होंगे।

(10) जब बुध खाना नंबर 6 और शुक्कर खाना नंबर 7 में हो तो सनीचर, बुध और शुक्कर तीनों का ही असर उम्दा होगा। रफा–ए–आम (समाज–कल्याण) के कामों से फायदा होगा। बुध खाना नंबर 6 में होने से औरत अमीर खानदान से होगी।

(11) जब खाना नंबर 3 में सनीचर के दुश्मन (सूरज, चन्द्र, मंगल) हों तो कुदरत की तरफ से कोई भी बुरी घटना जो दुःख पहुंचाए, नहीं होगी।

(12) जब खाना नंबर 2 खाली हो। हथेली में ऊर्ध्व रेखा हथेली के खाना नंबर 9 से चलकर हाथ को दो भागों में तकसीम करने (बांटने) वाली रेखा कायम हो तो ऐसा शख्स अमीर तो होगा, मगर दुष्ट, मनहूस भी होगा। जो दूसरों के कफन बेचकर भी दौलत इकट्‌ठी कर लेगा। ऐसा इंसान भाग्यवान होगा। ऐसे इंसान के धन से सड़े हुए मुर्दे की जैसी बदबू आती होगी अर्थात् धन–दौलत के होते हुए भी गंदी (असामाजिक) जिन्दगी का मालिक होगा।

(13) जब सनीचर बहैसियत पापी हो जाए (यानि राहु–केतु का सनीचर से ताल्लुक हो जाए) और सनीचर खाना नंबर 9 में बैठा हो तो सनीचर बेबुनियाद (बेवजह) घूमता हुआ पत्थर होगा। साहूकार (अमीर) से गरीब हो चुका शख्स अपने ही दिल का मालिक होकर अपनी ही दलीलें (मर्जी के काम) करता होगा। दुश्मनों और ईर्ष्या के ख्यालों में डूबा हुआ इंसान होगा। उसकी खुद की औलाद की पैदाईश (जनम) के मामले में एक भारी, मनहूस और मंदा पत्थर (सनीचर) फंस रहा होगा। सनीचर खाना नंबर 9 में औलाद के मामले में एक बड़ा पत्थर होगा जो औलाद के दुनिया में आने के रास्ते में रोड़ा होगा। इस पत्थर को लांघकर बच्चे का अपनी माता के पेट से बाहर आना मुश्किल होगा। जो बच्चा पैदा हो गया है उसके पीछे सनीचर नंबर 9 का पहाड़, सनीचर खाना नंबर 5 के सांप की तरह नहीं भाग सकता। मुख्तसरन (संक्षेप में) सनीचर खाना नंबर 9 के वक्त बच्चे देर से पैदा होंगे मगर जो बच्चे पैदा होते जाएंगे, वे जिन्दा रहेंगे।

(14) जब चन्द्र खाना नंबर 4 में हो तो मां–बाप दोनों की तरफ से उम्दा किस्मत होगी। टेवे वाले की औरत (पत्नी) अमीर खानदान से होगी। खुशकिस्मत और भला इंसान होगा।

(15) जब सूरज खाना नंबर 5 में हो तो सूरज और सनीचर का कोई झगड़ा न होगा। टेवे वाला दूसरे दुनियावी (सांसारिक) लोगों से सहानुभूति रखने वाला और वाल्दैन (माता–पिता) के अनुकूल चलने वाला (आज्ञाकारी) होगा।

(16) जब बृहस्पत खाना नंबर 12 में हो तो टेवे वाले के पास माया (माल), दौलत तो बहुत होगी मगर ऐसा इंसान दौलत को बिल्कुल भी महत्त्व नहीं देगा।

(17) जब सनीचर के दुश्मन ग्रह (सूरज, चन्द्र, मंगल) खाना नंबर 3 में हो तो कोई भी मंदा असर नहीं देंगे लेकिन अगर घर में पीछे की ओर बनी अन्धेरी कोठरी रोशन कर दी जाए तो तीन साल के अन्दर–अन्दर सब कुछ बरबाद हो जाएगा।

(18) खाना नंबर 9 के सनीचर वाला इंसान बदला लेने वाला होगा अथवा अपनी औलाद को बदला लेने की नसीहत देने वाला होगा। ऐसे इंसान के जीवन में आग के मंदे वाकिआत (घटनाएं) होंगे। सनीचर की चीजें और कारोबार मंदे असर करेंगे मगर बृहस्पत की चीजों, कारोबार और चन्द्र की चीजों से फायदा होगा।

(19) खाना नंबर 9 में अगर सनीचर मंदा भी हो रहा हो तो घर की छत पर ईंधन जलाने की लकड़ी मंदे असर की निशानी होगी। मंदी हालत में बृहस्पत का उपाय मददगार साबित होगा। अगर पेशानी (माथे) पर अथवा पांव की पीठ पर बाल हों तो टेवे वाला मंदे भाग (बदकिस्मत) वाला होगा।

(20) जिस तरह पहाड़ी हवा, कोहसार (पर्वतमाला) को सरसब्ज (हरा–भरा) रखने वाली होती है, उसी तरह सनीचर खाना नंबर 9 की आंखें टेवे वाले को हमदर्द (हितैषी) और सखी (उदार) तबीयत (स्वभाव) का मालिक बनाएंगी। ऐसा इंसान सफर (यात्रा) और मकान–निर्माण की तालीम (शिक्षा) में कामयाब (दक्ष) होगा।

(21) खाना नंबर 9 का सनीचर औलाद के मामले में मंदा ही साबित होगा लेकिन औलाद के जनम से पहले ही मंदा होगा। टेवे वाला जब माता के पेट में होगा उस वक्त का बनाया हुआ मकान अथवा खरीदा हुआ मकान (मुराद नए मकान से) टेवे वाले के बाप के लिए, सनीचर की मियाद (समयावधि) पर मौत का पैगाम होगा।

(22) खाना नंबर 9 के सनीचर वाला इंसान राजदरबार (सरकारी महकमे) में आहिस्ता–आहिस्ता कछुए की चाल की तरह तरक्की करेगा।

कियाफा (हस्तरेखा)– किस्मत (भाग्य) रेखा की जड़ में त्रिशूल (Ψ) का निशान हो या ऊर्ध्व रेखा कायम हो।

सनीचर खाना नंबर 10

(लेख का कोरा कागज)

अक्स दिल का आंखों पे इज्जत करेगा
कदम दर कदम आगे बढ़ता चलेगा
मालिक नजर ग्रह मण्डल होगा, दौलत शाहाना पाता हो
नेक असर खुद अपना देता, दूजा बृहस्पत आ मिलता हो
केतु बेशक हो टेवे मंदा, पापी बुरा न होता हो
नेक सनीचर सबसे उम्दा, मंदे जहर खूनी होता हो
दुश्मन ग्रह या मंदा साथी, अंधा सनीचर होता हो
नजर उड़ेगी ग्रह सबही की, न ही भला सनीचर रहता हो
उनचालीस साला अड़तालीस होते, उम्र पिता का साथी हो

सनीचर असर दे जब खुद मंदे, भली मदद बृहस्पत की होती हो
तख्त चन्द्र बृहस्पत चौथे बैठा, ऐश सवारी देता हो
मंदा चार या दुश्मन घेरा, सताईस साला जर मंदा हो
साल तीजा-सातवां हर कोई उम्दा, चारों ओर सनीचर देखता हो
घूम के चक्कर बुध सातवें आता, ससुराल अमीरी देता हो

(1) खाना नंबर 10 के सनीचर वाला इंसान जिस कदर दूसरों की इज्जत करेगा, उसी कदर टेवे वाले की इज्जत कदम दर कदम (उत्तरोत्तर) बढ़ती ही चली जाएगी।

(2) खाना नंबर 10 का सनीचर दरख्तों (वृक्षों), जंगलों और पहाड़ों यानि तरह–तरह की जायदादों का मालिक होगा। ध्वजाधारी (सफल या उच्च प्रतिष्ठावान), शाहाना (राजसी) दौलत और ठाठ–बाट वाला होगा। आसमान तक की बुलंदी और इज्जत–आबरू (मान–सम्मान) पाकर आखरी वक्त (अन्त समय) में ऐसा गिरेगा कि उसका नामोनिशान ढूंढ़ना भी मुश्किल हो जाएगा। खासकर जब टेवे वाला धर्मात्मा इंसान हो।

(3) जब सनीचर खाना नंबर 10 और बृहस्पत खाना नंबर 2 में हो तो सनीचर खाना नंबर 10 का उम्दा व नेक असर देगा। सनीचर अपना खुद का असर टेवे वाले के लिए जाहिर करेगा।

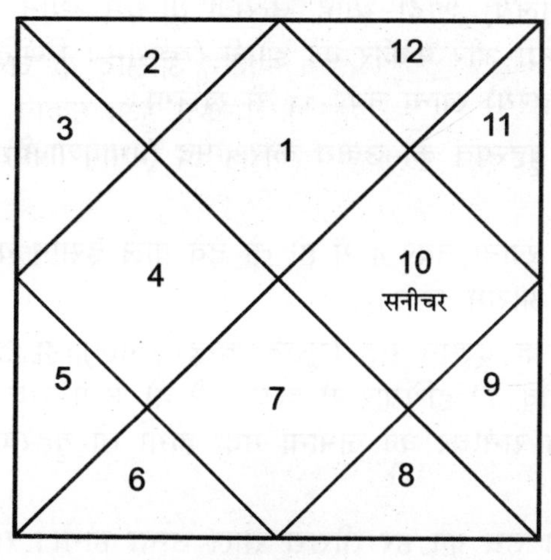

चित्र 437:

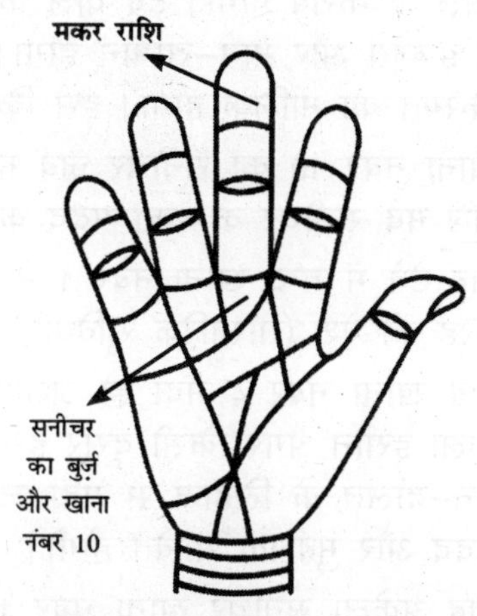

चित्र 438:

(4) अगर खाना नंबर 2 खाली हो। हाथ की उंगलियों के नाखून दरमियाना हो तो खाना नंबर 10 का सनीचर सोया हुआ होगा (देखें फरमान नंबर 8), सनीचर भी सोए हुए ग्रह के मानिन्द (समान) होगा लेकिन टेवे वाले इंसान पर मुबारक असर देगा।

(5) हथेली में खाना नंबर 10 सनीचर के बुर्ज़ पर मद्धमा उंगली की जड़ में अगर खड़ी रेखा हो तो सनीचर जागता हुआ गिना जाएगा और सनीचर नेक (शुभ) फल देगा।

(6) जब टेवे में केतु मंदा हो तो बेशक बुरा ही रहे मगर सनीचर और राहु ऐसे वक्त (खाना नंबर 10 के सनीचर के वक़्त) मंदा असर नहीं देंगे।

(7) खाना नंबर 10 का सनीचर अव्वल तो मंदा ही न होगा। लेकिन किसी वजह से मंदा हो भी जाता है तो खूनी और जहरीला सांप होगा। सनीचर खाना नंबर 10 में मंदा तभी होगा जब खुद टेवे वाला

धर्मात्मा किस्म का इंसान हो वरना अगर टेवे वाला सनीचर की तबीयत का इंसान होगा तो सनीचर कभी मंदा न होगा।

(8) खाना नंबर 10 में अगर सनीचर उम्दा हो (जो अमूमन होता ही है) तो टेवे वाला सनीचर की तबीयत का मालिक होगा यानि सांप की तरह चौकन्ना और संगदिल (कठोर हृदय वाला) इंसान होगा। ऐसे वक्त टेवे वाला इंसान हर तरह से उम्दा और उत्तम शान का मालिक होगा। सनीचर भी शेषनाग की तरह मददगार होगा। अगर ऐसा इंसान पहाड़ की तरह स्थिर होकर बैठा रहे या फिर ऐसा काम करे जिसमें ज्यादा हिलना–डुलना न पड़े यानि कुर्सी पर बैठने से मुतअल्लिक काम करे तो ऐसा काम मुनाफे (फायदे) वाला होगा। लेकिन इसके विपरीत अगर ऐसा काम करे जिसमें भाग–दौड़ हो या हरदम मारा–मारा फिरने वाला हो तो सनीचर मंदा गिना जाएगा और ऐसा इंसान हर एक के पांव तले आता रहेगा।

(9) खाना नंबर 10 के सनीचर का अगर कोई दुश्मन ग्रह (सूरज, चन्द्र, मंगल) या और कोई मंदा ग्रह साथी हो जाए या साथ हो (मुश्तरका दीवार के उसूल पर) अथवा सनीचर का साथी (देखें फरमान नंबर 6) हो तो सारे के सारे ग्रह अन्धे होंगे और सनीचर भी मंदा हो जाएगा।

(10) खाना नंबर 10 के सनीचर के वक्त टेवे वाले के बाप (पिता) की उम्र लम्बी होगी और टेवे वाले को कम से कम 39 से 48 साला उम्र तक पिता का साथ मिलेगा। टेवे वाले की अपनी खुद की उम्र 90 साल के करीब होगी। टेवे वाले का राजसभा (मन्त्रालय), शादी–ब्याह, उत्सवों या धर्म स्थान वगैरह में इज्जत और मान–सम्मान होगा। ऐसा इंसान उम्दा और फकीर की झोली (रहस्यमय स्थिति) की क़िस्मत का मालिक होगा। इस किस्मत का भेद (रहस्य) खाना नंबर 11 से खुलेगा।

(11) खाना नंबर 10 का सनीचर जब मंदा असर दे तो बृहस्पत का उपाय कारआमद (प्रभावशाली) होगा और मंदे सनीचर के वक्त मदद करेगा।

(12) जब टेवे में चन्द्र खाना नंबर 1 में हो और बृहस्पत खाना नंबर 4 में हो तो टेवे वाले इंसान को हर तरह की ऐश (सांसारिक सुविधाएं) और सवारी का आराम होगा।

(13) ज़ब खाना नंबर 4 मंदा हो अथवा इसमें सनीचर के दुश्मन ग्रह (सूरज, चन्द्र, मंगल) हों तो टेवे वाला इंसान अगर किसी दूसरे इंसान की अथवा जीव की हथियार से हत्या करे तो सत्ताइसवां साल धन–दौलत के लिहाज से मंदा जमाना होगा। जब सनीचर का जमाना मंदा होगा तो बृहस्पत की मदद और मुबारक साबित होगी।

(14) जब अकेला सनीचर खाना नंबर 10 में बैठा हो तो उम्र का हर तीसरा साल उम्दा होगा। सनीचर खाना नंबर 10 में न सिर्फ़ चारों तरफ देखने वाली आंख का मालिक होगा बल्कि किस्मत का सफेद, कोरा और खाली कागज होगा, मगर नेक मायनों में होगा। तमाम (सभी) ग्रहों की नजर का मालिक और उनके लिए बहैसियत पिता होगा।

(15) सनीचर हर सातवें साल (3, 9, 15, 21, 27, 33, 39, 45, 51, 57, 63, 69, 75, 81, 87, 93, 99, 105, 111, 117 साल) हर तरह से मान, सम्मान, इज्जत, दौलत और बरकत देने वाला होगा। सनीचर के साथ–साथ बृहस्पत का भी असर उम्दा होगा। टेवे वाले को 48 साल की उम्र तक उसके पिता का साथ होगा अर्थात् जब तक टेवे वाले की उम्र 48 साल न हो जाए तब तक टेवे वाले का बाप वफात (मौत) न पाएगा।

(16) जब बुध बमूजिब (अनुसार) वर्षफल चक्कर लगाकर खाना नंबर 7 में आ जाए (देखें फरमान नंबर 13 फेहरिस्त वर्षफल) तो टेवे वाले का ससुराल खानदान तरक्की करेगा और अमीर होगा। ऐसे वक्त टेवे वाले को भी ससुराल से फायदा (धन–सम्बन्धी) होगा।

(17) खाना नंबर 10 का सनीचर अगर खाना नंबर 1 के ग्रह का मददगार हो तो सनीचर का असर दोगुना तक उम्दा (अच्छा) होगा। वरना खाना नंबर 10 का सनीचर, खाना नंबर 1 के ग्रह का दोगुना दुश्मन होगा।

(18) खाना नंबर 10 में सनीचर हो और टेवे वाले के दाढ़ी और मूंछ के बाल (केवल मर्द के मामले में) कम हों या बिल्कुल ही न हों तो टेवे वाले में हौसले (साहस) की कमी होगी और टेवे वाले की खुद की जाती (व्यक्तिगत) जायदाद न होगी।

(19) जब तक टेवे वाला शराब न पिए तब तक सनीचर की बरकत बढ़ती रहेगी और उसका भेद किसी को जाहिर न होगा अर्थात् टेवे वाला सम्माननीय होगा। टेवे वाले का 48 साल की उम्र तक खुद का मकान होगा वरना सनीचर उसे मकान की कीमत के बराबर का माल या दौलत देगा। लेकिन जिस दिन सनीचर इंसान का मकान बनवा (या खरीदवा) देगा उस दिन से सनीचर की मदद टेवे वाले के लिए खत्म ही हो जाएगी यानि उस दिन के बाद से ज्यादा फायदा न हो सकेगा लेकिन इसका मतलब यह नहीं कि सनीचर बुरा असर देने लग जाएगा। मतलब सिर्फ इतना है कि सनीचर मकान बनवाने लायक धन देगा, फालतू धन इकट्ठा न होने देगा।

(20) बुध का गोल दायरा (O) और बृहस्पत का सीधा डंडा (खड़ी रेखा) मिलकर खाना नंबर 10 बनता है (1 और 0 = 10) यानि अगर बुध और बृहस्पत मिले तो खाली आकाश का बृह्मांड बनता है जो खाना नंबर 10 है। हथेली में सनीचर के बुर्ज़, खाना नंबर 10 पर अगर त्रिशूल (ψ), बृहस्पत के सीधे खड़े खत (III) अथवा श्री गणेशाय नमः (卐) की निशानी हो तो सनीचर बृहस्पत के इन निशानों को पूरी इज्जत देगा। ऐसे में टेवे वाला तंत्र अथवा जादूगरी के इल्म (ज्ञान) को जानने वाला होगा और आंख से सुनने वाला (तीक्ष्ण बुद्धि और सचेत रहने वाला) होगा।

कियाफा (हस्तरेखा)— सनीचर के बुर्ज़ खाना नंबर 10 पर श्री गणेश जी की शक्ल (卐) हो। मद्धमा उंगली की जड़ से कोई रेखा, सनीचर के बुर्ज़ पर हो तो सनीचर नेक गिना जाएगा।

सनीचर खाना नंबर 11

(खुद विधाता, लिखे विधाता)

कथा दांत दुनिया से धर्मी जो डरता
पकड़ पापी बेड़ी है खुद पार करता
दरबार बृहस्पत की हलफ ले पहले, धर्म अदालत बैठता हो
केतु-राहु हो जैसे टेवे, फैसला उन पर करता हो
ग्रह उत्तम जो उसे बढ़ाकर, जल्दी-जल्दी खुद बढ़ता हो
सिर्फ बुध से ही वह डरता, पर घर ना वो तीसरे हो
साथ-साथी जब बृहस्पत बैठा, धर्मी सनीचर खुद होता हो
मंदे बृहस्पत घर तीसरा मंदा, खाली तीजे सनीचर सोता हो
लेख नसीबा तख्त पे खुलता, उम्र चौरासी रक्षा हो
बुध दबाया हो या मंदा, बेकार सनीचर होता हो
सूरज मंगल घर दसवें बैठे, चन्द्र आया घर छठे हो
राज दौलत सब उत्तम होते, स्याही पाप की धोता हो
दरवाजा दक्खन का साथी, असर दौलत धन मंदा हो
अय्याश जिना ही घर खुद होते, जिस्म आयु सनीचर जलता हो

(1) अमूमन दन्त–कथाओं से धर्मी इंसान डरने वाला और उस डर की वजह से ही धर्म का अनुसरण करने वाला होता है लेकिन बरखिलाफ (विपरीत) इसके इन्हीं दन्त कथाओं का सहारा लेकर अधर्मी और पापी इंसान दुनियावी दौड़ में आगे निकल जाता है।

(2) खाना नंबर 11 के सनीचर वाला इंसान दौलतमंद तो होगा मगर आंखों की होशियारी (चालाकी) और फरेब (धोखे) से ही धन–दौलत कमाने वाला होगा। किस्मत का फैसला 48 साल की उम्र पर होगा। इस उम्र पर अगर सनीचर नेक हुआ तो मिट्टी को सोना कर देगा। अगर खराब हुआ तो सोने की भी मिट्टी हो जाएगी। हर हालत में मौत के वक्त टेवे वाले की हालत मंदी ही होगी। सनीचर की नेक या मंदी हालत का फैसला राहु और केतु की जाती (व्यक्तिगत) हालत से होगा।

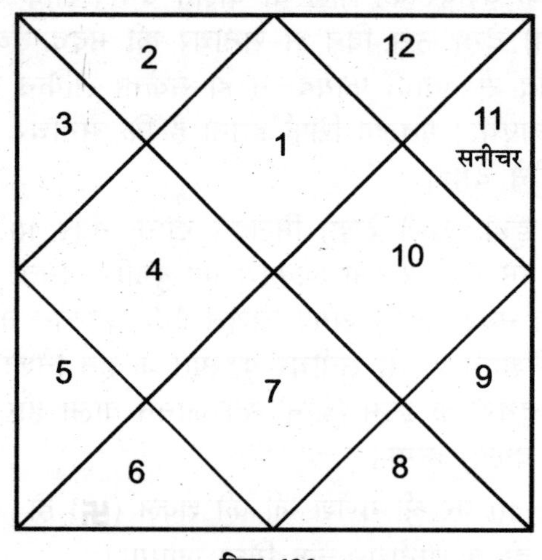

चित्र 439:

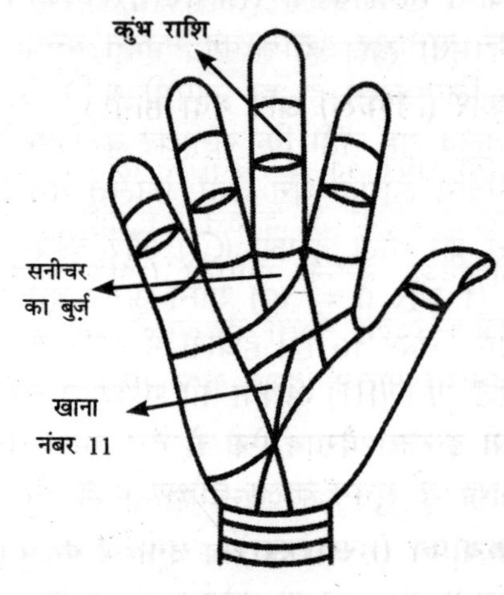

चित्र 440:

(3) खाना नंबर 11 में बैठकर सबसे पहले सनीचर कुल जमाने (संपूर्ण संसार) के और तमाम ग्रहों (सभी ग्रहों) के गुरु, बृहस्पत का हलफ (शपथ) उठाता है और फिर उसके बाद धर्म अदालत करता है। इस धर्म अदालत में सनीचर का फैसला, टेवे में राहु–केतु की हालत के अनुसार होगा। यानि अगर राहु–केतु मंदे हैं तो सनीचर का फैसला (असर) भी मंदा होगा और अगर राहु–केतु उम्दा हैं तो सनीचर का फैंसला भी उम्दा होगा।

(4) खाना नंबर 3 का बुध थूकने वाला कोढ़ी (मंदे मायनों में) होगा जो खाना नंबर 9, 11 को देखता है और खाना नंबर 11 को देखने की वजह से खाना नंबर 11 को उजाड़ने वाला होगा (विस्तृत वर्णन देखें बुध खाना नंबर 3)। इसलिए सनीचर खाना नंबर 11, बुध खाना नंबर 3 से डरने वाला होगा। अगर बुध खाना नंबर 3 में न हो, तो सनीचर उत्तम ग्रहों को (टेवे में स्थिति के अनुसार) बहैसियत न्यायाधीश आगे बढ़ाकर खुद भी आगे बढ़ता है। सनीचर खाना नंबर 11 में बैठने के वक्त उत्तम ग्रहों के साथ इंसाफ करता है और उन्हें जल्दी–जल्दी आगे बढ़ाता है।

(5) जब बृहस्पत सनीचर का साथ–साथी (देखें फरमान नंबर 6) हो। हथेली पर सनीचर के बुर्ज़ (खाना नंबर 10) से अथवा मद्धमा उंगली की जड़ से सनीचर और बृहस्पत के बुर्जों के दरमियान (मध्य) खाना नम्बर 11 में रेखा जाए तो सनीचर मंदा असर देगा। ऐसे वक्त सनीचर खुद धर्मी होगा। खासकर तब

जब टेवा भी धर्मी (देखें फरमान नंबर 6, धर्मी ग्रह) ही हो। खाना नंबर 3 खाली हो तो सनीचर सोया हुआ होगा (देखें फरमान नंबर 8, पक्के घरों में सोए हुए ग्रह) लेकिन अगर बृहस्पत टेवे में मंदा हो तो खाना नंबर 3 ही टेवे की बुनियाद होगा।

(6) खाना नंबर 11 में सनीचर सोए हुए के वक्त (फरमान नंबर 8) टेवे पर सनीचर का ही फैसला बहाल (मुकर्रर) होगा, साथ ही सनीचर के तख्त पर आने के दिन से (11, 23, 36, 48, 57, 72, 84, 94, 105, 119 साल) सनीचर नेक फल देगा। सनीचर 84 साल की उम्र तक टेवे वाले को मदद देता रहेगा। चाहे टेवे में सनीचर कितना ही मंदा क्यों न हो।

(7) बुध से मुतअल्लिक (सम्बन्धित) अश्या (चीजें) रिश्तेदार या कारोबार अर्थात् लड़की, बहिन, दांत वगैरह का मंदा हाल हो तो बुध दबाया हुआ होगा। जब टेवे में बुध दबाया हुआ या मंदा हो तो सनीचर बेकार (निष्फल) और मंदा होगा।

(8) खाना नंबर 11 के सनीचर के मंदे असर के वक्त फरेब (धोखा) और बेईमानी की धन–दौलत टेवे वाले के लिए ही कफन का बहाना होगी। अगर अपने जनम से पहले बने हुए मकान के दरवाजों की दिशा बदली जाएगी (यानि दरवाजे को उखाड़कर दूसरी दिशा में कायम करना) खासकर दक्षिण–दिशा में तो टेवे वाले का सनीचर उम्दा से मंदा असर देने लग जाएगा और टेवे वाले की जिन्दगी मातम (दुःख के सराय) में बदल जाएगी।

(9) जब सूरज और मंगल दोनों खाना नंबर 10 में बैठे हों और चन्द्र खाना नंबर 6 में हो अथवा सूरज खाना नंबर 1 और चन्द्र खाना नंबर 2 में हो तो टेवे वाले की जिन्दगी में राजदरबार (सरकारी लाभ), माया (माल), दौलत सब कुछ उत्तम होगा। राहु–केतु खुद भी पाप की स्याही को धोने वाले होंगे।

(10) टेवे वाले के घर में दक्षिण दिशा का दरवाजा हो अथवा दक्षिण दिशा में मुख्य दरवाजा कायम हो तो इंसान के पास धन–दौलत का असर मंदा ही होगा। ऐसे वक्त अगर टेवे वाला अय्याश (भोगी और विलासी) हो और शराबखोरी करता हो तो अपना जिस्म (शरीर), उम्र और सनीचर का असर सब कुछ जलते ही होंगे। ऐसे वक्त टेवे वाले के लिए बेहतर होगा कि जब कभी मौका मिले शराब को जमीन पर फैला दिया करे तो सनीचर का नेक असर बढ़ता ही होगा। लेकिन सबसे उत्तम तो यही होगा कि हमेशा के लिए शराब को हलफ (कसम) उठाकर छोड़ ही दे।

(11) जब टेवे में बुध खाना नंबर 3, बृहस्पत खाना नंबर 9 में हो और सनीचर खाना नंबर 11 में हो तो तीनों ही ग्रह बेकार और मंदे असर के होंगे।

(12) जब शुक्कर खाना नंबर 7 में और सनीचर खाना नंबर 11 में हो तो टेवे वाला रफा ए आम (लोक कल्याण) के कामों से फायदा और आराम पाएगा।

(13) जब खाना नंबर 11 का सनीचर उम्दा (नेक) हो तो सनीचर बच्चे के जनम का हुक्म देने वाला खुद ही विधाता के मानिन्द (तुल्य) होगा। यानि औलाद का असर चाहे कितना ही मंदा हो मगर टेवे वाला इंसान कभी भी लावल्द (संतानहीन) नहीं होगा।

(14) खाना नंबर 11 में सनीचर अगर मंदा हो तो अण्डे तक खा जाने वाला सांप अब बच्चे कहां छोड़ेगा। रानीचर की खुराक (शराब) रो रानीचर का नेक अरार खत्म (रामाप्त) हो जाएगा और गंदे जमाने की लहर बहने लगेगी।

(15) खाना नंबर 11 में सनीचर नेक हो तो टेवे वाला वाल्दैन (माता–पिता) की जायदाद (सम्पत्ति) पाएगा। ऐसा इंसान पक्का मर्द होगा (टेवा स्त्री का हो तो मर्दाना स्वभाव की होगी) मगर उसकी खुद की पैदा की हुई जायदाद शायद ही कोई होगी। ऐसा इंसान धर्मी तबीयत (स्वभाव) और धर्मी आंखों (नीयत) का मालिक होगा।

(16) जब खाना नंबर 11 में सनीचर मंदा हो तो टेवे वाले का अपना खुद का (व्यक्तिगत) मकान 54, 55 साल की उम्र में कायम होगा लेकिन अगर ऐसा इंसान 36 से 39 साल के बीच अथवा इससे पहले अपना खुद का मकान बनवाएगा तो कूच (मौत) के वक्त लंबी बीमारी के बाद उसी मकान में टेवे वाले की मौत होगी। अपनी गृहस्थ जिम्मेदारियों और औलाद को मझधार रूपी संसार में छोड़कर मर जाएगा और उसकी जिम्मेदारियों को पूरा करने या उनकी मदद करने के लिए शायद ही कोई मददगार होगा।

(17) खाना नंबर 11 में मंदे सनीचर के वक्त न्यासरी माया (जो एक घर तबाह कर दूसरे घर चली जाती है) का मालिक होगा। तालीम (शिक्षा) अधूरी होगी मगर धन–दौलत भला ही होगा। जमाने के उतार–चढ़ाव बहुत देखेगा मगर टेवे वाले की गुजरान (गुजर–बसर) मंदी न होगी।

उपाय

(1) राहु–केतु के मंदे असर के वक्त मंगल का उपाय करें। मगर मंगल का उपाय करते वक्त ध्यान रहे कि 1 वर्ष तक संयम से रहें अर्थात् सहवास वगैरह न करें।

(2) अगर सनीचर जाती–स्वभाव के आधार पर (देखे जाहिर–पीर, सनीचर के जाती स्वभाव का उसूल) मंदा हो तो सनीचर का उपाय मददगार होगा।

(3) सनीचर की आम हालत के मंदे वक्त बृहस्पत का उपाय मददगार होगा।

(4) जब बृहस्पत निकम्मा हो अर्थात् बाप, बुजुर्ग, गुरु या बूढ़ा प्राणी वगैरह कोई साथ न हो तो बृहस्पत का उपाय करें।

(5) पानी का भरा कुंभ (घड़ा) घर में कायम करना सब तरह की मंदी हालतों में और हमेशा ही नेक असर देगा।

(6) सनीचर की पानी की तरह बहने वाली अश्या (शराब, स्प्रिट, सरसों का तेल वगैरह) सुबह सूरज निकलने के वक्त जमीन पर गिराना, राजदरबार, गृहस्थी हालत और आमदनी के ताल्लुक (सम्बन्ध) में साथ ही हर तरह की खराबियों से बचाव देगा। ध्यान रहे कि ये अश्या जमीन पर गिराएं, छत पर नहीं।

(7) अगर सेहत मंदी हो तो गृहस्थी ताल्लुक में (भोग–विलास या सहवास वगैरह) औरत से कम से कम एक साल तक परहेज करें अथवा बीमारी कम से कम 3 साल की हो जाएगी।

(8) जब भी नेक काम के लिए जाए तो पानी का घड़ा भरकर रख लेना मुबारक होगा।

कियाफा (हस्तरेखा)– सनीचर के बुर्ज़ (खाना नंबर 10) और बृहस्पत के बुर्ज़ (खाना नंबर 2) के दरमियान नीचे की तरफ खाना नंबर 11 (बचत) पर त्रिशूल (ψ) हो।

सनीचर खाना नंबर 12

(कलम विधाता–आराम)

मदद सांप ज़हरी जो तेरी करेगा
जमाने में बाकी न दुश्मन रहेगा
नाग बैठे न जले जंगल में, मछली नहावे पानी में
साधु खुशी हो अपनी समाधि, गृहस्थी खुशी हो दौलत में
लेखा क्या देखे दरपन में, जब शुक्कर मंगल नहीं घर में
असर सनीचर का प्रबल हो ऐसा, सांप हाथों में खेलता हो
बुध बारह न पापी मंदा, शेषनाग तब साया करता हो
व्यापार क़बीला बेहद लम्बा, अरब करोड़ी होता हो
उत्तम सनीचर चाहे तख्त ही देता, दौलत को तुच्छ समझता हो
पिछली कोठरी घोर अन्धेरा, रौशन जभी न होती हो
पाप बैठा जब ऊंच हो घर का, उत्तम रेखा मच्छ होती हो
सूरज छठे दीवार जो फटती, औरत-औरत पे मरती हो
पदम असर न झूठ शराबी, मच्छ मुआविन उड़ती हो

(1) सारे सांप और ज़हर हमेशा इंसान को मारने वाले नहीं होते। खाना नंबर 12 के सनीचर वाले इंसान की मदद खुद जहरीला सांप (सनीचर) करता होगा, जिससे जमाने (संसार) में कोई भी दुश्मन टेवे वाले का बुरा न कर सकेगा बल्कि उसके दुश्मन ही न होंगे।

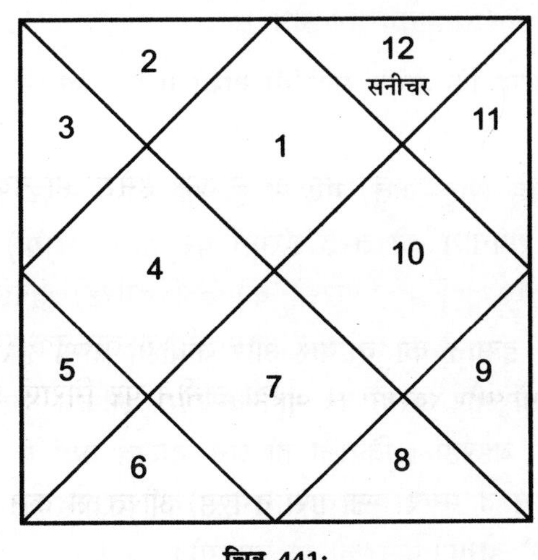

चित्र 441:

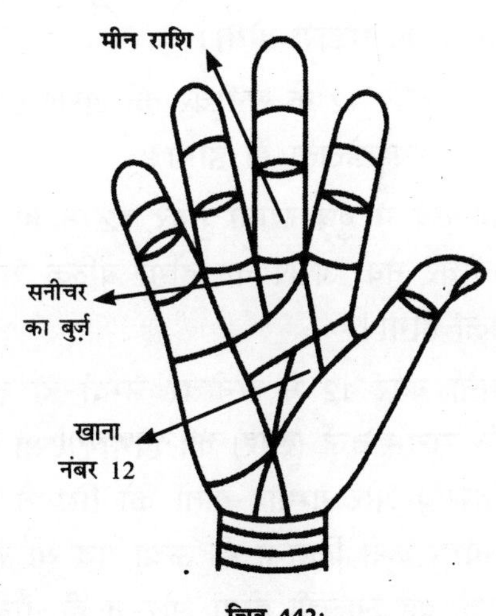

चित्र 442:

(2) **नाग बैठे न जले जंगल में**

नाग मतलब सनीचर, जले मतलब मंगल, जंगल मतलब बुध अर्थात् अगर टेवे में मंगल–बुध का आपस में ताल्लुक होता हो यानि खाना नंबर 3 में मंगल हो या खाना नंबर 8 में बुध हो अथवा दोनों

मुश्तरका हों (मंगल+बुध = मस्नूई सनीचर = राहु स्वभाव– देखें फरमान नंबर 6, मस्नूई ग्रह) तो भी खाना नंबर 12 का सनीचर बुरा असर नहीं करेगा।

(3) **मछली नहावे पानी में**

मछली मतलब मच्छ रेखा, पानी मतलब खाना नंबर 4 अथवा चन्द्र अर्थात् जब टेवे में खाना नंबर 4 उम्दा हो या चन्द्र उत्तम हो तो खाना नंबर 12 का सनीचर मच्छ रेखा का उत्तम फल देगा।

(4) **साधु खुशी हो अपनी समाधि**

साधु मतलब बृहस्पत, समाधि मतलब खाना नंबर 12 अर्थात् जब बृहस्पत खाना नंबर 12 में बैठकर (सनीचर के साथ) सुख भोगता हो तो टेवे वाला भी उसी तरह का सुख अपने जीवन में भोगेगा और उसे धन रेखा का उत्तम फल मिलेगा। ऐसे वक्त टेवे वाले को गृहस्थ (खाना नंबर 7) और क़िस्मत (खाना नंबर 9) का भी उत्तम फल मिलेगा।

(5) **गृहस्थी खुशी हो दौलत में**

गृहस्थी मतलब बुध अर्थात् जब टेवे में बुध उत्तम या कायम (देखें फरमान नंबर 6) हो तो खाना नंबर 12 का सनीचर मच्छ रेखा का उत्तम फल देगा। गृहस्थ और धन का उत्तम फल देगा।

(6) **लेखा क्या देखे दरपन में, जब शुक्कर मंगल नहीं घर में**

लेखा मतलब सनीचर के दुश्मन (सूरज, चंद्र, मंगल), दरपन मतलब खाना नंबर 2 अर्थात् जब खाना नंबर 2 में सनीचर के दुश्मन न हों तो टेवे वाले को रात का आराम, उम्दा किस्मत का असर मिलेगा बल्कि सुख के लिए क़लम विधाता की ताकत का मालिक होगा। जब शुक्कर–मंगल मुश्तरका (संयुक्त) खाना नंबर 2–7 में हों तो ससुराल उम्दा और ससुराल से फायदा लेने वाला, बड़ा खानदान और दौलत का भंडारी होगा।

(7) खाना नंबर 12 के सनीचर का असर इतना प्रबल होगा कि अगर सांप भी हाथों में आ जाए तो डसने की बजाए खेलता ही होगा।

(8) जब टेवे में बुध खाना नंबर 12 में हो और पाप ग्रह (राहु–केतु) मंदे न हों तो खाना नंबर 12 का सनीचर नेक असर का होगा बल्कि सनीचर खुद शेषनाग की तरह इंसान पर साया (छाया) करने वाला होगा।

(9) खाना नंबर 12 में सनीचर उम्दा हो तो टेवे वाले इंसान का व्यापार और क़बीला दोनों ही उम्दा और उत्तम दर्जे (स्तर) का होगा। ऐसा इंसान करोड़ों और अरबों का मालिक होगा लेकिन गुप्त भेदों (रहस्यों) और गम्भीर बातों को छिपाने वाला होगा। बहरहाल कितनी ही धन–दौलत क्यों न हो या सनीचर उसे कितना ही ऊंचा पद या सम्मान क्यों न दे मगर ऐसा इंसान इस की परवाह न करेगा, न तो वह लालची होगा और न ही दौलत का लोभी होगा।

(10) जब राहु खाना नंबर 3, 6 में हो अथवा केतु खाना नंबर 9, 12 में हो। हथेली में ऊर्ध्व रेखा मछली के मुंह में गिर रही हो तो जब तक घर में अथवा जद्दी (पैतृक) मकान में अन्धेरी कोठरी (छोटा कमरा) क़ायम हो तब तक उत्तम मच्छ रेखा का फल होगा। ऐसे वक्त मंगल भी खाना नंबर 7 से 12 में होगा।

(11) जब सूरज खाना नंबर 6 में हो तो औरत पे औरत मरती चली जाएंगी। खासकर तब जब मकान की पिछली (पीछे की) दीवार फोड़कर मकान को रोशन कर लिया जाए। ऐसे वक्त अन्धेरी कोठरी के दक्षिण–पूर्व कोने में बादाम कायम करना मुबारक होगा। सनीचर मंदा होने से पहले की निशानी, आंख में दर्द होगा जो वर्तमान में बुध–मंदे होने की निशानी होगा।

(12) आंखों की बीमारी के बाद मंदी सेहत और फिर बाद में सनीचर का मंदा असर शुरू होगा।

(13) जब टेवे में खाना नंबर 12 में सनीचर मंदा हो और साथ ही टेवे वाला झूठ बोलने वाला ज़िनाकार (व्यभिचारी) और शराबी हो तो न तो पांव का पद्म (सामुद्रिक शास्त्र में एक शुभ चिंह्न) ही असर करेगा और न ही हथेली में मच्छ रेखा ही टेवे वाले को उत्तम फल दे पाएगी। ऐसे में उम्र रेखा भी मंदा असर देगी। जुबान का चस्का (चटोरापन) टेवे वाले की बरबादी का बहाना बनेगा।

(14) जब सनीचर खाना नंबर 12 में उम्दा हो तो सनीचर अब रात के वक्त सिरहाने बैठकर टेवे वाले की रक्षा करने वाला अज़हदा (सांप) होगा। जो जले हुए को आबाद करने वाली आंख का मालिक होगा। राहु–केतु भी टेवे में बुरा फल न देंगे और बुध भी अपनी शरारतों (देखें बुध शक्तिमान) से बाज आ चुका होगा। ऐसा इंसान अमूमन 6, 12 साल की उम्र के अन्तराल पर नया मकान बनवाएगा। मकान बनने से कभी रोके नहीं, जैसा भी बने बनने दें क्योंकि मकान बहुत बनेंगे। ऐसा इंसान धनवान, दौलतमंद और सुखी होगा। दुश्मनों के ताल्लुक (सम्बन्ध) में हाथ में त्रिशूल लिए बहादुर के मानिन्द (समान) अच्छी और उम्दा जिन्दगी गुज़ारेगा और सामान व खुराक की कभी भी कमी न होने देगा। अगर इंसान के सिर पर टटरी (गंजापन) हो तो टेवे वाला बहुत ज्यादा दौलतमंद होगा।

(15) जब राहु खाना नंबर 12 में सनीचर के साथ हो तो सनीचर अब टेवे वाले को तारने वाला इच्छाधारी और मददगार अज़हदा (सांप) के मानिन्द (तुल्य) होगा।

(16) जब चन्द्र और राहु दोनों खाना नंबर 12 में सनीचर के साथ हों तो चन्द्र अब चुप होगा।

(17) जब बुध टेवे में मंदा हो तो ज़ुबान का चस्का (चटोरापन), बुध के कारोबार चीजें और रिश्तेदार भी बरबाद हो जाएंगे।

(18) जब सनीचर खाना नंबर 12 से सूरज का ताल्लुक हो। हथेली में सूरज की तरक्की रेखा या बुध की सेहत रेखा मछली के मुंह में गिर रही हो तो टेवे वाला गुस्सेवाला, ज़नमुरीद (पत्नी भक्त) होगा। राजदरबारी ताल्लुक़ (सम्बन्ध) में सूरज और सनीचर (बन्दर–सांप) का झगड़ा पैदा करेगा।

कियाफा (हस्तरेखा)– जब मच्छ रेखा के मुंह में उम्र रेखा या ऊर्ध्व रेखा हो तो सनीचर उत्तम फल देगा। जब मच्छ रेखा के मुंह में सूरज की तरक्की रेखा हो या बुध की सेहत रेखा गिर रही हो तो ज़ुबान के चस्के से बरबादी होगी।

चित्र 448: श्री सरस्वती जी

राहु

मुबारक यही तू जो आंसू बहाता
हुई मौत बीवी या दुश्मन की माता
फ़लक ढांचा बहरे दुनिया, दोनों नीला हो गया
मदद पर जब राहु आया, दुनिया सिर सब झुक गया
मालिक बदी का पाप की आढ़त, मौत बहाने गढ़ता हो
लिखत सनीचर के ख्वाब में पढ़ता, लिखा हुआ बद मंगल जो
साथ सनीचर सांप का मनका, असर मगर खुद अपना हो
बाद बैठा ले हुक्म सनीचर का, पहले बैठा खुद हाकिम हो
सनीचर दृष्टि राहु पर करता, लोहा-तांबा सूरज बनता हो
राहु मगर हो उलट जो चलता, हसद तबाही करता हो
सनीचर बैठे को राहु देखे, राहु मंदा खुद होता हो
मदद मगर न सनीचर को देवे, जंग लोहे को खाता हो

मंगल, राहु जब जुदा जुदाई, बागी हाथी राहु बनता हो
घर बैठक पर असर न कोई, मस्त खोई चाहे कैसा हो
मंगल बैठे जब साथ दृष्टि पे, असर केतु को देता हो
असर मगर उस घर का गिनते, मिले असर जिस घर में दो
मंगल दृष्टि राहु पे करता, चुप राहु खुद होता हो
उलट मगर हो जब वह बैठा, बाजू मंगल के पकड़ता हो
सनीचर सूरज दो इकट्ठे टेवे, असर भला न दो का जो
झगड़ा दोनों का लम्बा बढ़ते, नीच राहु बद मंगल हो

(1) जब टेवे में राहु मंदा हो तो इंसान की किस्मत में सिर्फ, आंसू ही बहाना लिखा होगा। मंदा राहु मौत पर मौत खड़ी करता होगा वो मौत चाहे इंसान के नजदीकी ताल्लुकदार (रिश्तेदार) की हो या फिर किसी दुश्मन की, मगर मंदा राहु, मौत का बहाना होगा।

(2) फलक (आकाश) के गुम्बद (चोटी) और दुनिया के समुद्र दोनों ही का रंग नीला होता है जिसका मालिक राहु है। राहु जिस इंसान की मदद पर आ जाएगा, दुनिया का सिर उसके आगे झुक जाएगा।

(3) मंदे राहु के वक्त दक्षिण दिशा के दरवाजे का साथ न सिर्फ टेवे वाले को माली (आर्थिक) नुकसान देगा बल्कि उस इंसान का ताकतवर हाथी भी चींटी से मर जाएगा अर्थात् किसी भी प्रतियोगिता या विवाद में टेवे वाले की काबिलियत या पक्ष कितना भी मजबूत हो, उसे हार का मुंह देखना पड़ेगा।

(4) राहु बदी (बुराई) का मालिक और पाप की आढ़त (एजेन्सी) है। कड़कती हुई बिजली, भूकम्प, ज्वालामुखी का मालिक भी राहु ही है। हर मंदे काम में मौत का बहाना गढ़ने की ताकत का मालिक यही ग्रह है। राहु ठगी, चोरी और चालाकी का सरगना (सरदार) है। अचानक होने वाले वाकिआत (घटनाएं) यानि अचानक चोट मारकर जिस्म का रंग नीला कर देने वाली गैबी (गुप्त) लहर का मालिक राहु बदनाम फरिश्ता है। जो अपनी हरकतें दिखाने के बाद छिपकर नहीं रह सकता।

(5) सनीचर की अदालत (देखें सनीचर–जाहिर पीर) के दो जुज (एजेन्ट) राहु (बदी का मालिक) और केतु (नेकी का मालिक) है। सनीचर इस अदालत का पंच (न्यायाधीश) है।

(6) जिस तहरीर (लेख) को सनीचर की अदालत में मंगल–बद लगाएगा और सनीचर लिखेगा उस तहरीर को राहु (ख्याली ताकत का मालिक) ख़्वाब में ही पढ़ लेगा अर्थात् मंगल और सनीचर के मंदे असर के आने का सुराग उसे पहले ही पता लग जाएगा और वह उस मंदे असर से पहले ही अपने खुद के मंदे असर की निशानियां देकर टेवे वाले को आगाह (सूचित) कर देगा।

(7) जब मंगल खाना नंबर 3–12 में हो और सूरज–बुध (मंगल–नेक) खाना नंबर 3 में हो अथवा राहु खुद खाना नंबर 4 में हो तो राहु मंदा असर नहीं देगा। जब सनीचर के साथ राहु बैठा हो तो वह सांप (सनीचर) का मनका (सांप की मणि) होगा। जो सांप के लिए अपनी जान से भी ज्यादा अजीज (प्यारी) होती है अर्थात् राहु, सनीचर का अजीज (प्यारा) होगा। अब सनीचर का असर राहु के साथ चलेगा मगर राहु का अपना जाती (व्यक्तिगत) असर अलग होगा।

(8) जब टेवे में राहु, सनीचर के बाद के घरों में बैठा हो (देखें– सनीचर जाहिर पीर–सनीचर का जाती स्वभाव का उसूल) तो सनीचर से हुक्म लेकर काम करेगा। लेकिन अगर राहु सनीचर से पहले घरों में बैठा हो तो खुद ही हाकिम (शासक) होगा और सनीचर को हुक्म देकर काम कराएगा।

(9) जब टेवे में सनीचर किसी भी तरह से राहु को देख रहा हो तो सनीचर का लोहा भी तांबा (सूरज) बन जाएगा और अगर राहु सनीचर को देख रहा हो तो राहु खुद मंदा हो जाएगा और हसद (जलन या ईर्ष्या) से तबाही का बहाना खड़ा कर देगा।

(10) जब सनीचर को राहु देखता है तो ईर्ष्या से राहु मंदा हो जाएगा और सनीचर को मदद न देगा तथा सनीचर का लोहा जंग खा जाएगा।

(11) जब टेवे में मंगल और राहु अलग–अलग बैठे हों और उनमें दृष्टि का ताल्लुक (सम्बन्ध) भी न हो तो राहु बागी हाथी के मानिन्द (समान) होगा। लेकिन इस हाथी का असर उस घर में हरगिज़ न होगा जिसमें राहु बैठा है।

(12) जब टेवे में मंगल, राहु के साथ बैठा हो तो ऐसे वक्त राहु, केतु का असर देगा। केतु नेकी का मालिक है। लेकिन यह राहु जो केतु स्वभाव का होगा वह उस घर में सबसे उत्तम असर देगा जिसमें कि ये दोनों ग्रह बैठे होंगे अर्थात् अब मंगल इस हाथी (राहु) का महावत (हाथी का मालिक) होकर उस पर अंकुश लगाएगा।

(13) जब मंगल राहु पर दृष्टि करता हो यानि दृष्टि सिद्धान्त (देखें फरमान नंबर 8, ग्रह दृष्टि) के अनुसार देखता हो तो राहु चुप गिना जाएगा। यानि कि राहु अपना बदी का असर टेवे वाले इंसान पर नहीं करेगा। ऐसा तभी होगा जब मंगल राहु से पहले घरों (खाना नंबर 1 से 12 तक टेवे में गिनने पर) में बैठा हो। बरखिलाफ (विपरीत) इसके जब राहु पहले घरों में और मंगल बाद के घरों में बैठा हो तो अब राहु, मंगल का बाजू (हाथ) पकड़कर चलेगा अर्थात् मंगल जैसा टेवे में असर करेगा वैसा ही असर राहु का होगा।

(14) जब टेवे में सनीचर और सूरज दोनों इकट्ठे बैठे हों तो उन दोनों का ही असर नेक नहीं होगा। अगर ये दोनों ही टेवे में मंदे हो जाएं तो राहु भी नीच का हो जाएगा और साथ ही मंगल भी मंगल–बद का असर देगा।

(15) जिस टेवे में सूरज, शुक्कर मुश्तरका (इकट्ठे) हों, उस टेवे में राहु भी मंदा असर देगा।

(16) जब सूरज+राहु मुश्तरका हों तो सूर्यग्रहण होता है। सूर्यग्रहण हमेशा अमावस्या को ही होता है। राहु, सूरज के साथ हिलता हुआ हाथी होता है। सूरज की गर्मी से ज्यादा नुकसान करता है।

(17) राहु, चन्द्र के साथ होता है तो चन्द्र को मद्धम कर देता है मगर वह खुद चन्द्र का साथ पाकर ठंडा और कीले (खूंटे) से बंधा हुआ चुपचाप रहने वाला हाथी होता है।

(18) राहु, बृहस्पत के साधु को कोढ़ और दमा की बीमारियों का शिकार बना देने वाला होगा। क्योंकि बृहस्पत का साधु, राहु के हाथी को अपने घर (9–12) में नीच का कर देता है।

(19) बुध के परिन्दे (पक्षी), राहु के दोस्त होते हैं। बुध के परिन्दों के घर (3–6) राहु उच्च का हो जाता है इसलिए न सिर्फ राहु बुध के परिन्दों को आकाश में उड़ने की हिम्मत देगा बल्कि वह (बुध+राहु मुश्तरका) अपना उम्दा असर भी देगा।

(20) सनीचर का कौआ भी राहु के हाथी का दोस्त है इसलिए राहु इस कौए (सनीचर) को भी ऊंची उड़ान भरने में मदद भी देगा और खुद भी सनीचर+राहु मुश्तरका (इकट्ठे) के वक्त अपना उम्दा असर भी देगा।

(21) राहु, शुक्कर का जानी दुश्मन है और केतु का रहनुमा (राह दिखाने वाला) है। सनीचर के सांप की मणि भी राहु है तो दूसरी ओर मंगल के महावत के साथ (राहु+मंगल) शेरों का शिकार करने वाला मतवाला हाथी भी है।

(22) सूरज का साथ या दृष्टि सम्बन्ध राहु से हो जाए तो राहु न सिर्फ बैठा होने वाले घर पर मंदा असर डालेगा बल्कि उसके साथ लगे हुए घर को भी बरबाद कर देगा।

(23) टेवे में जब राहु बाद के घरों में और केतु पहले घरों में हो (खाना नंबर 1 से 12 तक गिनने पर) तो राहु का असर मंदा होगा और केतु का असर सिफर (शून्य) गिना जाएगा।

(24) जब टेवे में राहु मंदा हो तो वह अपना बुरा असर टेवे वाले पर 42 साल की उम्र तक देगा और उसके बाद कम से कम बुरा असर तो देना बन्द कर ही देगा लेकिन अच्छा असर देगा इसकी कोई शर्त न होगी। 42 साल की उम्र के फौरन बाद फालतू धन–दौलत (बचत), आराम और बरकत बहाल हो जाएंगे।

(25) जब राहु अपने दुश्मन ग्रहों (सूरज, शुक्कर, मंगल) को साथ लेकर केतु को देखे तो औलाद नरीना (नर–औलाद) और केतु से मुतअल्लिक अश्या (चीजें), रिश्तेदार और कारोबार बरबाद हो जाएंगे।

(26) अगर टेवे में राहु उम्दा हो तो वह सफेद हाथी होगा। चोट लगने से नीला हो चुके जिस्म (शरीर) को फूंक मारकर ही तंदुरुस्त कर सकने वाले हाथी के मानिन्द (तुल्य) होगा अर्थात् परेशानियों को सुलझाकर टेवे वाले के पक्ष में कर देने वाला होगा।

(27) जब टेवे में मंगल–सनीचर मुश्तरका (इकट्‌ठे) हों अर्थात् राहु (उच्च) हो (देखें फरमान नंबर 6, मस्नूई ग्रह) तो राहु हमेशा उत्तम असर का होगा। खासकर जब खाना नंबर 4 या चन्द्र उम्दा हो अथवा मंगल खाना नंबर 12 अथवा सूरज–बुध मुश्तरका (मस्नूई या बनावटी मंगल–नेक) खाना नंबर 3 में हो अथवा राहु अकेला खाना नंबर 4 में बुध के साथ हो अथवा राहु, बुध की दृष्टि में हो। यानि बुध, राहु को देखता हो तो अब राहु मंदा न होगा और न ही मंदा असर ही देगा बल्कि टेवे वाले का सबसे ज्यादा मददगार होगा और जब भी मंगल, नेक होकर तख़्त पर बमूजिब (अनुसार) वर्षफल आएगा तो राहु चुप रहेगा।

(28) दुनिया के काल्पनिक दुःखों के बारे में सोच–विचार। जागते हुए ख्वाब (सपने) देखने की लहर और फर्जी (काल्पनिक) ख्यालों (विचारों) के आने–जाने का 42 साल तक का वक्त राहु का होगा। सब कुछ होते हुए भी कुछ न होना राहु का असली रूप है अर्थात् राहु की असलियत है। राहु दिमागी लहर का मालिक और सब दुश्मनों से बचाव और उनका नाश करने वाला है।

कियाफा (हस्तरेखा)– राहु और केतु की हथेली पर कोई रेखा मुकर्रर नहीं है। जहां भी राहु का निशान (卌) मिले वही खाना राहु के बैठने का स्थान होगा। अगर हाथ में इन दोनों का कोई निशान न हो तो ये दोनों अपने–अपने घरों में होंगे। यानि राहु खाना नंबर 12 और केतु खाना नंबर 6 में होगा। हाथ में अगर मच्छ रेखा हो तो राहु–केतु उच्च घरों में होंगे, यानि राहु 6–3 और केतु 9–12 में होंगे। काग रेखा के वक्त राहु–केतु दोनों नीच घरों में होंगे यानि राहु (9–12) और केतु (3–6) घरों में होंगे।

उपाय

(1) जब तक खाना नंबर 4 उम्दा हो या टेवे में चन्द्र उत्तम हो तब तक राहु कभी मंदा न होगा।

(2) मंदे राहु के वक्त चन्द्र का उपाय मददगार होगा। खासकर जब मन की शान्ति बरबाद हो रही हो।

(3) मसूर की लाल दाल (दली हुई) मेहतर को सुबह सवेरे दें या वैसे ही मेहतर को धन वगैरह खैरात (भीख) में देते रहें।

(4) अगर टेवे वाला बीमार हो तो उसके हमवजन (वजन के बराबर) जौ बहते पानी में बहा दें।

(5) रात को सोते समय जौ सिरहाने रखकर सुबह जानवर, गरीब प्राणी वगैरह को दे दें।

(6) राजदरबारी (सरकारी) या कारोबारी झगड़े और नुकसानों के वक्त अपने शरीर के बराबर के कच्चे कोयले (लकड़ी के कोयले) दरिया में बहा देना मददगार होगा।

(7) मंदे राहु के वक्त दक्षिण के दरवाजे का साथ (मुख्यद्वार) माली (आर्थिक) नुकसान तो देगा ही साथ ही विवादों में हार का मुंह भी दिखाएगा। राहु का हाथी चींटी से हार जाएगा।

आम हालात 12 घरों में

हाथी तख़्त पर ग्रहण सूरज का, दसवें शक्की खुद होता हो
लेख पंघूड़ा बृहस्पत मन्दिर का, रोता बृहस्पत घर ग्यारह हो
उम्र दौलत का राखा तीजे, तीरों का तीरन्दाज वो हो
पाप कसम वह करता चौथे, औलाद बची न पांच की हो
धुआं शुक्कर बुध सातवें उड़ता, कटती फ़ांसी घर छह से हो
मौत नक्कारा घर आठ बजता, जहरी चन्द्र जब सांप से हो
जले धर्म नौ राहु भट्टी, शिफ़ा पागल को देता हो
लाख उम्मीदें बारह फ़र्जी, हाथी खर्च न रुकता हो

(1) जब राहु खाना नंबर 1 में हो तो यह घर सूरज का पक्का घर होने की वजह से ग्रहण गिना जाएगा (सूरज+राहु = सूर्यग्रहण) चाहे सूरज किसी भी घर में बैठा हो।

(2) खाना नंबर 10 का राहु शक्की तबीयत (स्वभाव) का होगा। राहु टेवे में मंदा हो जाए तो खतरनाक होगा और उम्दा हो तो मददगार साबित होगा।

(3) खाना नंबर 2 में राहु हो तो टेवे वाले की दोरंगी किस्मत होगी, या तो राजा होगा या फकीर होगा। लेकिन दोनों ही हालातों में टेवे वाले का लेख (किस्मत) पंघूड़ा (झूले) के मानिन्द (समान) होगा। सोना मिट्टी हो जाएगा और मिट्टी, सोने में बदल जाएगी या यूं कहा जाए कि इंसान का लेख बरसाती बादल की तरह का होगा।

(4) खाना नंबर 11 का राहु, बृहस्पत (पिता) के लिए भारी होगा। माता के पेट में आने के वक्त से ही बृहस्पत (अश्या, कारोबार, ताल्लुकदार, चीजें वगैरह) बरबाद होगा।

(5) खाना नंबर 3 का राहु उम्र (आयु) और दौलत का मालिक होगा। ऐसा इंसान हाथ में हथियार लिए चौकन्ना, निडर और दूसरों के लिए मददगार होगा। टेवे वाले को पूर्वाभास (ख़्वाब के द्वारा ही पहले अंदेशा लग जाना) होगा।

(6) जब खाना नंबर 4 में राहु हो तो ऐसा राहु अपनी माता का हलफ (सौगन्ध) उठाकर इस घर में पाप न करने का वचन देता है यानि खाना नंबर 4 का राहु पापी नहीं होगा। टेवे वाला धर्मी होगा मगर धन–दौलत का असर मंदा गिना जाएगा।

(7) खाना नंबर 5 का राहु औलाद मारने वाला होगा बल्कि औलाद देखना कम ही नसीब होगा। कम से कम औलाद नरीरा (नर) का चिराग़ तो बुझा हुआ ही होगा। इस घर का राहु जलता हुआ बवन्डर होगा जो माता के पेट में औलाद आते ही अथवा नुत्फ़ा (वीर्य) मुकर्रर होते ही अपने जहरीले असर से उसे खत्म कर देगा।

(8) खाना नंबर 6 का राहु बिजली की ताकत का मालिक होगा। शहजोर (शक्तिशाली) हाथी के गले में पड़ी फांसी की रस्सी को भी तोड़ने वाला और हवा की तरह मददगार होगा।

(9) खाना नंबर 7 में राहु हो तो टेवे वाला दौलतमंद तो होगा मगर राहु, चांडाल के मानिन्द (तुल्य) होगा जो हर तरफ मंदा धुआं कर देगा। खाना नंबर 7 (शुक्कर का बुर्ज़ और बुध का बुर्ज़) का राहु, बुध और शुक्कर का मंदा फल देगा।

(10) खाना नंबर 8 में राहु हो तो वह मौत का नगाड़ा बजाने वाला होगा। मौत के पैग़ाम (संदेश) का मालिक और कड़वा धुआं होगा। झगड़े–फ़साद (अदालती मामलों) में बेवजह खर्चे होंगे। जिस तरह मौत के आगे सब मजबूर हैं उसी तरह मंदे धुएं के वक्त टेवे वाला भी लाचार होगा। खासकर तब जब राहु के सिर और केतु को दुम (पूंछ) मान कर सनीचर को सांप गिना जाए और सनीचर चन्द्र में जहर भर रहा हो।

(11) जब राहु खाना नंबर 9 में हो तो ऐसा इंसान पागलों का सरताज और बेईमान हकीम (डॉक्टर) होगा। ऐसा इंसान पागलपन के मरीज को सिर्फ फूंक से ही शिफ़ा (रोग–मुक्ति) दे देगा लेकिन ऐसे इंसान का धर्म–ईमान, बेईमानी की वजह से भट्टी में जलता रहेगा।

(12) जब खाना नंबर 12 में राहु हो तो ऐसा इंसान जो सोचे उसका उल्टा ही होता होगा। यानि सारी की सारी उम्मीदें, फ़र्जी (ख्याली) होती होंगी। खर्चा हाथी की हैसियत का होगा जो रोकने से न रुक सकेगा। लेकिन धन, नेक कामों में ही लगेगा।

राहु खाना नंबर 1

(सीढ़ी पर चढ़ने वाला हाथी)

हुआ लेख अंधेरे, बादल जो घेरा
कोई पोंछे आंसू, पसीना न तेरा
हाथी बैठा तख़्त पर तो, तख़्त ही थर्राने लगा
सूरज बैठा जिस घर में, ग्रहण वहीं पर आने लगा
सूंड़ राहु का बुध है बनता, केतु जिस्म बन चलता हो
टोला तीनों का जिस दम मिलता, मौत फ़रिश्ता गूंजता हो
चलती गाड़ी में रोड़ा अटका, माला भली जो टूटी हो
होते सभी कुछ न कुछ होना, राम कहानी होती हो
धन-दौलत और लड़के पोते, कायम सभी चाहे होता हो
राहु चमक जब अपनी देवे, काम कोई न आता हो
बुध शुक्कर हो जब तक उम्दा, ग्रहण असर न मंदा हो
मंगल बैठा जब घर में बारह, राहु सिफ़र खुद होता हो

(1) जब खाना नंबर 1 में राहु हो तो टेवे में सूरज बैठा होने वाले घर में अंधेरा ही होगा। क्योंकि खाना नंबर 1, सूरज का पक्का घर है। टेवे में सूर्यग्रहण या चन्द्रग्रहण के दौरान सूरज या चन्द्र पर राहु के जहर का कोई मंदा असर नहीं होगा।

(2) ग्रहण के दौरान अगर अंधेरा होगा तो सिर्फ एक तरफ ही होगा, पूरी दुनिया पर अंधेरा न होगा यानी अगर किस्मत एक तरफ हार देगी तो सूरज की रोशनी (रिजक) दूसरी तरफ से जाहिर हो जाएगी। जब कभी भी ग्रहण हटेगा तब सूरज अपनी ताकत, रोशनी, गर्मी दोबारा से बहाल कर देगा अर्थात्

टेवे वाले को ग्रहण की मियाद पूरी होने के बाद धन, दौलत, रिजक (जीविका) और शान–शौकत बहाल हो जाएगी।

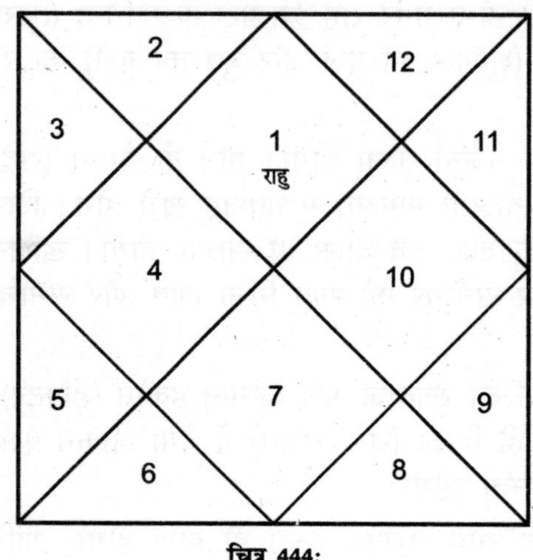

चित्र 444:

खाना नंबर 1 पर राहु का निशान

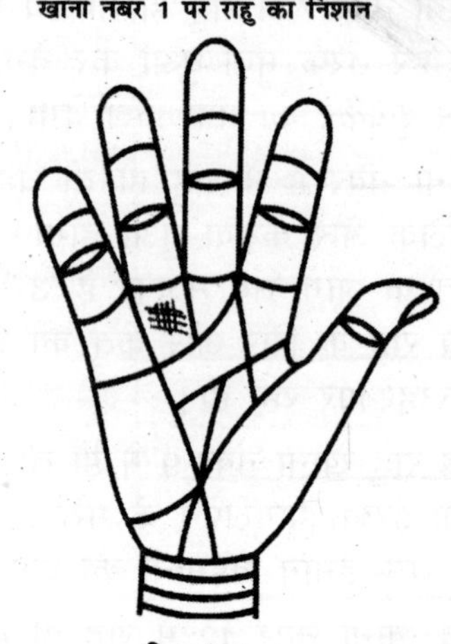
चित्र 445:

(3) टेवे वाले इंसान की जिन्दगी में जब ग्रहण का अंधेरा होगा तो ऐसे वक्त कोई भी दुनियावी इंसान उसका मददगार न होगा।

(4) जब राहु खाना नंबर 1 में हो तो सूरज टेवे में जिस घर में भी बैठा होगा उस घर में ग्रहण लगा हुआ गिना जाएगा। सिवाय सूरज+बुध मुश्तरका (संयुक्त) खाना नंबर 3 के। ऐसे वक्त खाना नंबर 3 में ग्रहण न होगा। टेवे वाले इंसान की किस्मत कुछ इस तरह की होगी कि मानो अदालत की कुर्सी पर राजा की बजाय चिंघाड़ने वाला हाथी ही बैठ गया हो।

(5) राहु खाना नंबर 1 (तख़्त) पर बैठने के वक्त, सूरज का अलग–अलग खानों में बैठा होने का असर मंदरजाजैल (निम्नलिखित) फेहरिस्त (सारणी) में देखें।

सूरज बैठा होने वाले घर का खाना नंबर	टेवे वाले पर क्या असर होगा?
1.	टेवे वाले के दिमाग में बेवजह वहम (शक) और मंदी शरारतों के ख्याल (विचार) पैदा होंगे (राजदरबार से सम्बन्धित)।
2.	टेवे वाला धर्म का विरोधी और पूजा–पाठ से नफ़रत करने वाला होगा। ससुराल और धर्म–स्थान के निरादर के वाकिआत (घटनाएं) होंगे।
3.	टेवे वाले के भाई–बन्दों पर दुःख और मुसीबत का पहाड़ खड़ा होगा।
4.	माता खानदान (मामा वगैरह) और खुद की जाती (व्यक्तिगत) आमदनी में रोड़ा अटकता होगा।
5.	राहु अब सूरज की मदद करेगा। औलाद जरूर होगी चाहे वह हाथी की लीद से घर की दीवारें ही पोत दे।

6.	औलाद के रिश्तेदारों की तरफ से मंदी हवा और बेवजह तोहमत टेवे वाले पर लगती रहेगी।
7.	अदालती कारोबार और गृहस्थी हालत में मंदे वाकिआत (घटनाएं) होंगे।
8.	बेवजह टेवे वाले के खर्चे होंगे। मसलन "आदमी की रोटी कुत्ता खा गया" के वाकिआत होंगे।
9.	टेवे वाला इंसान धर्म से लापरवाह होगा। बुजुर्गों के बनाए धरम–मन्दिर में मनोरंजन की चीजें सजाने का शौकीन होगा अर्थात् धर्म स्थान का निरादर और दुरुपयोग करने वाला होगा।
10.	ऐसे इंसान की जिन्दगी बेएतबारी (अनिश्चितता) की होगी। दूसरे लोगों पर और खुद पर कम विश्वास होगा।
11.	अगर इंसान मुन्सिफ (न्यायकर्ता) या इंसाफ़ पसंद हो तो ऐसा इंसान तकब्बुर (अहंकार) की वजह से बरबाद होता होगा।
12.	रात को सोने के वक़्त कोई न कोई मुसीबत खड़ी हो ही जाएगी। जिसका कोई नतीजा (परिणाम) निकले या न निकले।

(6) अगर पूरे टेवे को हाथी मान लिया जाए तो खाना नंबर 1 से 6 पर सूंड़ (बुध) का असर होगा और खाना नंबर 7 से 12 तक हाथी के बाकी जिस्म का असर होगा। यह असर जैसा भी टेवे या वर्षकुंडली के अनुसार हो वैसा ही गिना जाएगा अर्थात् खाना नंबर 1 से 6 पर बुध का असर जैसा कि बुध टेवे या वर्षफल कुंडली में हो। खाना नंबर 7 से 12 पर केतु का असर जैसा कि वह टेवे या वर्षफल कुंडली में हो। बशर्ते राहु खाना नंबर 1 के अनुसार कुंडली में बैठा हो।

(7) जब टेवे में राहु, सनीचर, केतु का पापी–टोला मिलता हो अथवा टेवे में राहु के साथ सनीचर हो और राहु, सनीचर, केतु को देखते हों या केतु, राहु, सनीचर को देखते हों यानि इन तीनों का ताल्लुक आपस में बन रहा हो अथवा बमूजिब (अनुसार) वर्षफल राहु, केतु, सनीचर एक साथ एक ही घर में बैठे हों तो अब ये पापी टोला मौत का फ़रिश्ता (देवता) बन जाएगा और मौत पे मौतें होती जाएंगी। ऐसा वर्षफल कुंडली में ही संभव है।

(8) जब खाना नंबर 1 में राहु हों तो चलती गाड़ी में रोड़ा (अवरोध) अटकाना इंसान का काम होगा। नाम जपते–जपते जैसे माला टूट जाती है उसी तरह सारी तरह की कहानियां बेमौका खत्म होगी, चाहे धन–दौलत, लड़के–पोते सब ही कायम हों। लेकिन जब राहु अपनी मंदी चमक देगा तो सब कुछ होते हुए भी कुछ न हो सकेगा और उस वक्त कोई काम न आएगा। कोई आंसू पोंछने में मदद तक न करेगा। 42 साल की उम्र तक का अरसा (समय) मंदेपन का ही माहौल (वातावरण) होगा।

(9) अगर टेवे में बुध और शुक्कर दोनों उम्दा हालत में हों तो टेवे वाले पर राहु खाना नंबर 1 (ग्रहण) का मंदा असर नहीं होगा।

(10) जब मंगल खाना नंबर 12 में हो तो राहु खाना नंबर 1 का असर नदारद (शून्य) होगा। यानि राहु टेवे में चुप होगा मगर गुम न होगा। अब राहु का असर न अच्छा होगा और न बुरा होगा।

(11) खाना नंबर 1 का राहु नेक हो तो सीढ़ी पर चढ़ने वाला हाथी होगा मगर ऐसे इंसान का खर्चा अपने जिस्म (शरीर) और खानदान के कामों (शादी, ब्याह वगैरह) पर ज्यादा होगा। हमेशा खर्चा चाहे जितना हो मगर नेक कामों पर ही होगा।

(12) जब शुक्कर खाना नंबर 7 में हो तो राहु खाना नंबर 1, शुक्कर को देखता होगा (देखें फरमान नंबर 8 ग्रह दृष्टि), ऐसे वक्त टेवे वाला दौलतमंद होगा। मगर औरत (पत्नी) की सेहत शक्की और निकम्मी (कमजोर) होगी। औरत की सेहत राहु की उम्र के बाद फिर से बहाल (पहले जैसी) हो जाएगी। राहु की उम्र की मियाद 42 साल होगी (देखें फरमान नंबर 6 ग्रहों की मियादें– आम साल)।

(13) जब खाना नंबर 1 में राहु मंदा हो तो टेवे वाले की पैदाइश (जनम) के वक्त घनघोर बारिश और आंधी का आलम होगा। उन दिनों नाना–नानी भी मौजूद (जिन्दा) होंगे। टेवे वाले के जद्दी (पैतृक) मकान से बाहर निकलते ही सामने वाले घर का हाल मंदा होगा अथवा वहां वीरानी (सुनसान) हालत और लावल्दी (संतानहीनता) का आलम होता होगा। 40 साल की उम्र तक टेवे वाले के लिए राहु की अश्या (वस्तुएं), कारोबार और रिश्तेदार भी मंदे असर के होंगे। खासकर राहु, खाना नंबर 1 के लिए ही मंदा होगा।

(14) खाना नंबर 1 के मंदे राहु के वक्त टेवे वाला जिस्म फैलाए खूब मोटा ताजा होकर हुकूमत की कुर्सी को तोड़ रहा होगा। राहु की उम्र 11, 21, 42 साल। पिता के लिए मंदी किस्मत का जमाना होगा।

(15) जब खाना नंबर 1 में राहु मंदा हो तो टेवे वाला राहु के कड़वे धुएं और हाथी की मदमस्त सूड़ की तरह का होगा। "चोरी करनी है तो कोतवाल से क्या डरना" वाले ख्यालातों (विचारों) का इंसान होगा। चोरों के साथ मिलकर खुद चोरी और ठगी कराने वाला कोतवाल होगा।

(16) खाना नंबर 1 के राहु के वक्त टेवे वाले की तब्दीली (स्थानान्तरण) चाहे कितनी ही बार क्यों न हो जाए। मगर उसकी तरक्की (उन्नति) कभी कभार ही हो सकेगी।

(17) शादी के वक्त तक राहु और सनीचर का सामान कोई मंदा असर नहीं डालेगा मगर जब टेवे वाले की शादी होगी उस वक्त जो सामान ससुराल (राहु) से टेवे वाले के घर बतौर दहेज आएगा, उस वक्त से राजदरबार से मुतअल्लिक (सम्बन्धित) तथा सूरज बैठा होने वाले घर पर राहु का मंदा असर पैदा हो जाएगा।

(18) राहु का मंदा जमाना मंदरजाजैल (निम्नलिखित) होगा।

आम अरसा – 2 साल वर्षफल में – 2 माह

ताउम्र में– 42 साल के अर्से में 18 साल महादशा सूर्यग्रहण और चन्द्रग्रहण (चन्द्र+केतु) के दौरान जो परेशानियां होंगी वह टेवे वाले के अपने जाती (व्यक्तिगत) दिमाग की वजह से ही पैदा हुई होंगी। लेकिन अगर सूरज पहले से ही मंदे घर में बैठा हो तो टेवे वाले को मालीखूलिया (मस्तिष्क सम्बन्धी विकृतियां या रोग) की परेशानियां होंगी और बेवजह बोलते रहने (बड़बड़ाने) की बीमारी होगी।

(19) जब राहु खाना नंबर 1 और सूरज खाना नंबर 9 में हो तो टेवे वाले का धर्म–ईमान मंदा होगा। **कियाफा (हस्तरेखा)**– सूरज के बुर्ज़ खाना नंबर 1 पर राहु का जाल (#) हो।

उपाय

(1) बिल्ली की जेर (प्रसव के दौरान बिल्ली के पेट से निकलने वाला एक मांस का लोथड़ा) सूरज के रंग (तांबाई) के कपड़े में रख दी जाए तो उत्तम असर देगी।

(2) सूरज की अश्या (वस्तुओं) का दान राहु–नेक या राहु–बद दोनों ही हालतों में मददगार होगा।

(3) मंदे राहु के वक्त चन्द्र का उपाय मददगार होगा।

राहु खाना नंबर 2

(गुरु के अधीन, राजा, लेख–पंघूड़ा)

उम्र गुजरी मन्दिर, मुफ़्तमाल खाते
मिले दिल कहां फिर जो खैरात बांटे
लेख पंघूड़ा दो-आठ घूमे, मिट्टी सोना दो मिलता हो
भूचाल माया जर चन्द्र रोके, राजा सखी वह होता हो
उम्र लम्बी गुजरान हो उम्दा, जंगलवासी चाहे राजा हो
बचत सिफर हो या गुना ग्यारह, लेख झलक दो रंगा हो
लेख धुआं जब सनीचर हो मंदा, मदद चन्द्र बृहस्पत करता हो
सनीचर केतु बुध फ़ौरन उम्दा, मंगल शुक्कर घर भरता हो
धर्म मन्दिर का पापी दुनिया, कब्र बैठा खुद तरसता हो
जालिम जमाना बेशक कितना, कैद न राजा होता हो
बृहस्पत हालत पर माया चलती, धुआं निशानी देता हो
बारिश मगर जर उस दिन होगी, सनीचर तख्त बृहस्पत उम्दा हो

(1) खाना नंबर 2 में राहु हो तो अब राहु की चाल आखरी दर्जे (स्तर) की होगी। चाहे नेक चाल हो या मंदी चाल हो।

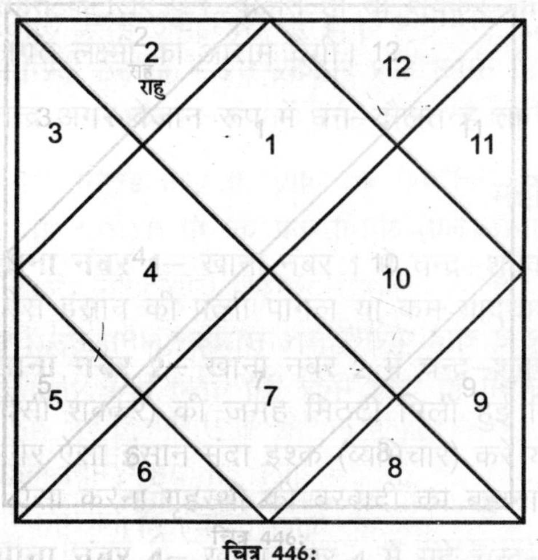

चित्र 446:

खाना नंबर 2 पर राहु का निशान

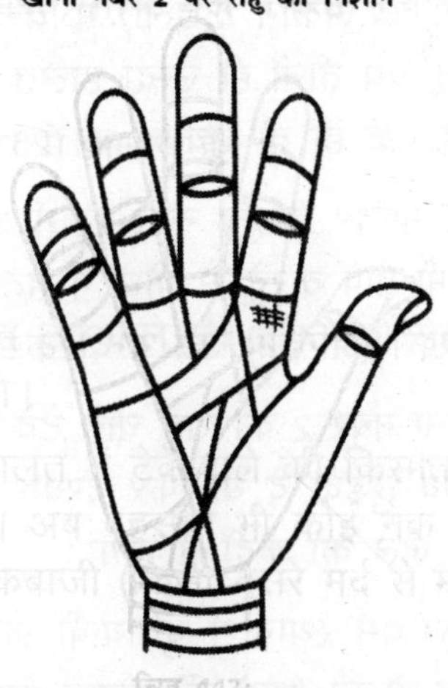

चित्र 447:

(2) खाना नंबर 2 के मंदे राहु वाला इंसान चाहे मुफ्त में माल खाते–खाते सारी उम्र गुजार दे, मगर खुद दूसरे लोगों को खैरात (दान) करने में गुरेज (परहेज) करेगा।

(3) जब टेवे में राहु खाना नंबर 2 में हो तो केतु खाना नंबर 8 में होगा। 25 साल की उम्र तक टेवे वाले पर केतु का फल उम्दा होगा। मगर छब्बीसवें साल से राहु और केतु दोनों का ही फल उस वक्त मंदा हो जाएगा जब राहु खाना नंबर 2 में मंदा हो रहा हो। 25 साल की उम्र से पहले मिट्टी भी सोना हो जाएगी मगर 26 से 42 साल की उम्र तक टेवे वाले का सोना भी मिट्टी की कीमत में बिकेगा।

(4) राहु की वजह से दौलत पर मंदे भूचाल को चन्द्र रोकेगा अर्थात् माता से अगर टेवे वाले के ताल्लुक उम्दा (नेक) हैं तो राहु का दौलत पर मंदा असर कायम न हो सकेगा। टेवे वाले की हालत चाहे जो भी हो मगर वह सखी (दानी) और राजा के मानिन्द (समान) तबियत (स्वभाव) का इंसान होगा बशर्ते राहु टेवे में मंदा न हो।

(5) खाना नंबर 2 में उम्दा राहु वाला इंसान हुक्मरान (आदेशात्मक रवैया) या राजा होगा (चाहे जंगल का ही हो) अगर ऐसा इंसान कभी मन्दिर का साधु भी हो जाए तो भी हाथियों को खुराक देने की औकात रखता होगा। ऐसा इंसान चाहे जंगल का वासी या रिहाईश (आबादी) का राजा हो मगर किसी भी हाल (स्थिति) में टेवे वाले की उम्र लम्बी, गुजरान (गुजर–बसर) भली और उम्दा सेहत होगी।

(6) खाना नंबर 2 के उम्दा राहु वाला इंसान किस्मत के मामले में दोरंगा और पंघूड़ा (झूला) के मानिन्द (समान) होगा उसकी किस्मत कभी बहुत ऊपर तो कभी बहुत नीचे चलती होगी। चाहे इंसान की कमाई से बचत सिफर (शून्य) हो अथवा ग्यारह गुना हो। किस्मत कभी सोने को मिट्टी कर देगी तो कभी मिट्टी को सोना कर देगी।

(7) जब खाना नंबर 2 के राहु के साथ सनीचर भी टेवे में मंदा हो रहा हो तो इंसान की किस्मत का हाल मंदे जहरीले धुएं के जैसा होगा। ऐसे वक्त (बतौर उपाय) चन्द्र और बृहस्पत की अश्या (वस्तुएं) अपने जिस्म (शरीर) पर अथवा अपने जिस्म के पास रखना मददगार होगा। मसलन चन्द्र के लिए चांदी की ठोस गोली और बृहस्पत के लिए सोना, केसर या पीली चीजें कायम करें अथवा अपने घर के शुमाल–मगरिबी गोशा (उत्तर–पश्चिम दिशा के कोने) में अर्थात् अपने मकान के खाना नंबर 2 (बमूजिब मकान कुंड़ली) में चन्द्र की अश्या (वस्तुएं) कायम करें। इस उपाय को करने से सनीचर, केतु, बुध तीनों ही उम्दा हालत में हो जाएंगे साथ ही मंगल और शुक्कर घर में बरकत करेंगे। अगर राहु नेक हो तो शुक्कर का 25 साल का अरसा दौलत के आने और आराम का होगा।

(8) धर्म मन्दिर (खाना नंबर 2) में अगर पापी (राहु, केतु, सनीचर) बैठ जाएं तो ऐसा इंसान धर्म मन्दिर में भी पाप करने से पीछे न हटेगा, बहरहाल (परिणामस्वरूप) अपनी कब्र को भी तरसेगा और अपनी आखरी (अन्तिम) उम्र गन्दी कर लेगा।

(9) खाना नंबर 2 का राहु चाहे टेवे वाले को कंगाल कर दे चाहे फ़रारी (घर छोड़कर भागा हुआ) कर दे, राज्य छुड़वा दे या फिर दरबार छुड़वा दे, चाहे कुछ भी हो जाए मगर टेवे वाला कभी राजा (राज्य) की जेल का कैदी न होगा।

(10) जिस धर्म स्थान में दुनियावी लोग अपनी बलाएं और मुसीबतों को दूर करने के लिए माल (सामान) और दौलत (धन) की खैरात (दान) दे रहे हों वहां इस इंसान के हाथों चोरी हो ही जाएगी और इस चोरी के इल्जाम को टेवे वाला कैसे भी न धो सकेगा।

(11) (i) खाना नंबर 2 बृहस्पत का घर है और राहु के लिए उसकी असल बैठक है जिसमें राहु, राजा के मानिन्द (तुल्य) होगा। लेकिन राहु इस घर में बृहस्पत के मातहत (आधीन) चलता होगा। मगर धर्म मन्दिर होने की वजह से ऐसा न होगा कि यह खाना राहु की चोरी से बरी (बाहर) हो जाए यानि वह घर जिससे चोर भी कोसों दूर भागते हों वह भी चोर (राहु) की नजर से न बचा रहेगा।

(ii) ऐसे इंसान को अगर धर्म मन्दिर (खाना नंबर 2) में चुराने के लिए कुछ भी न मिले तो वह मन्दिर से मूर्तियां ही चुराकर भाग जाएगा चाहे पुजारियों की आंखों के सामने या फिर उनकी आंखों से बचकर ही भाग जाए।

(iii) हालांकि (यद्यपि) राहु दौलत का चोर होगा और चोरी की घटनाएं अपने वक्त में खड़ी करता रहेगा मगर दिन के वक्त आखों के सामने से जाती (व्यक्तिगत) माल (सामान) और माया (दौलत) ही जाएगी। धर्म स्थान के राहु का धर्म सिर्फ इतना होगा कि वह रात के वक्त कभी कोई शरारत या नुकसान नहीं कराएगा।

(iv) टेवे वाला खुद अपने आप चोर होगा, इस बात की कोई शर्त नहीं मगर इसके पीछे चोर और चोरी के वाकिआत (घटनाएं) जरूर लगे होंगे।

(v) चोरी की वारदातों (घटनाओं) और राहु की शरारतों से बचाव के लिए साथ ही ससुराल की मंदी हालत से बचाव के लिए चांदी की ठोस गोली अपने पास कायम रखना मददगार होगा।

(12) जब जाती स्वभाव के उसूल पर सनीचर (देखें सनीचर जाहिर पीर–सनीचर का जाती स्वभाव देखने का उसूल) टेवे में उम्दा हो तो राहु का धुआं उम्दा बरसाती बादल या आइन्दा (भविष्य में) नेक जमाना आने की निशानी (सूचना) देग। मगर दौलत की बारिश सिर्फ उस दिन होगी जब सनीचर बमूजिब (अनुसार) वर्षकुंडली खाना नंबर 1 (तख़्त) पर आ जाए और साथ ही उस वक्त बृहस्पत भी उम्दा हो।

(13) जब खाना नंबर 2 में राहु उम्दा हो तो टेवे वाले का गृहस्थी दर्जा (स्तर) बेहद उम्दा होगा मगर परिवार में माल और दौलत की अच्छी या बुरी हालत का फैसला बृहस्पत की हालत पर होगा। जिसकी निशानी (पहचान) राहु अपनी अश्या (वस्तुएं), कारोबार (व्यापार) या मुतअल्लिक रिश्तेदारों के मार्फ़त दे देगा। राहु के साथ अगर सनीचर भी टेवे में मंदा हो जाए तो टेवे वाले के जीवन पर जहरीला, मंदा और कड़वा धुआं पैदा कर देगा।

(14) जब टेवे में राहु मंदा हो और राहु की मियाद ($10\frac{1}{2}$, 21, 42 साल की उम्र) में अगर जद्दी (पैतृक) मकान के शुमाल–मगरिब गोशा (उत्तर–पश्चिम कोना) में अर्थात् मकान कुंडली के खाना नंबर 2 में नई रसोई कायम करवाएं तो राहु टेवे वाले इंसान, उसके खानदान और ससुराल सबका धुआं निकाल देगा। यह असर 36 से 42 साल की उम्र के दरमियान (मध्य) सबसे ज्यादा होगा।

(15) जब टेवे वाले इंसान पर बृहस्पत, शुक्कर, चन्द्र, मंगल, सनीचर, केतु, तरतीब से (क्रमशः) एक के बाद एक (उत्तरोत्तर) मंदे होते भी चले जाएं तो ऐसे वक्त भी राहु खाना नंबर 2 की मदद टेवे वाले पर सबसे पहले होगी।

कियाफा (हस्तरेखा)– जब बृहस्पत के बुर्ज़ खाना नंबर 2 पर राहु का जाल (#) हो।

राहु खाना नंबर 3

(उम्र और दौलत का मालिक, हथियार बन्द पहरेदार)

अक्लमंद कभी तेरा दुश्मन बनेगा
बुरा यार अहमक से कमतर करेगा
साल खबर दो पहले देता, ख्वाब सच उसको आता हो
जाल नरक त्रैलोकी कटता, लावल्द कभी न होता हो
उम्र सूरज और शर्त तरक्की, मालिक जागीरां होता हो
मंदा बारह कोई दूजा साथी, चौंतीस केतु बुध मंदा हो
बुध सूरज घर तीसरे साथी बहन दु:खी बेवा बैठी हो
साथ मंगल से शाही सवारी, राजा महावत हाथी हो
साथ वैरी न राहु मंदा, न ही ग्रहण सूरज होता हो
औरत दौलत जर हरदम सुखी, औलाद अमीरी भोगता हो

(1) खाना नंबर 3 के राहु वाला इंसान शेर का शिकार करने वाले पालतू हाथी की तरह वीराने में भी कभी किसी से नहीं डरेगा और बेधड़क मदद करने वाला होगा। अगर ऐसा इंसान किसी का दुश्मन भी हो जाए तो भी बेवकूफ दोस्त से कम बुरा करने वाला होगा। आखिर में किसी का भी बेहतर ही करेगा।

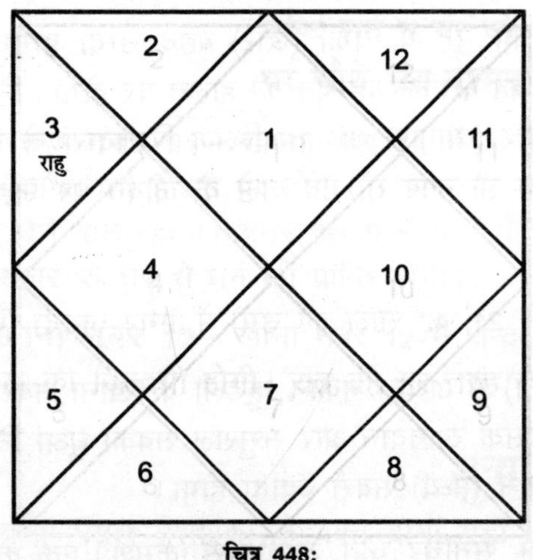

चित्र 448:

खाना नंबर 3 पर राहु का निशान

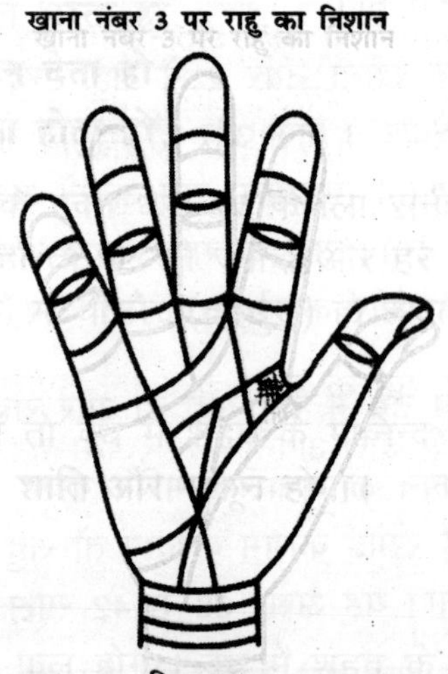

चित्र 449:

(2) खाना नंबर 3 में राहु के वक्त टेवे वाला इंसान कोई भी घटना होने से दो साल पहले ही उसके बारे में जान जाएगा। ऐसे इंसान को कभी–कभार सच्चे ख्वाब आया करते होंगे। राहु ऐसे इंसान का, त्रैलोकी के नरक के जाल को काटने वाला होगा। टेवे वाला लावल्द (संतानहीन) कभी न होगा।

(3) टेवे में खाना नंबर 3 का राहु अगर उम्दा हो तो ऐसे इंसान की उम्र लम्बी, तरक्की करने वाला (प्रगतिशील) और जागीरों (भूमि और अचल सम्पत्ति) का मालिक जरूर होगा। ऐसा इंसान सुखी होगा और उसकी कलम में तलवार से ज्यादा दुश्मन का सिर कलम करने की ताकत होगी।

(4) राहु उम्दा होने के वक्त सूरज का भी असर दोगुना नेक गिना जाएगा। टेवे वाले के पास कूच के वक्त (अन्तिम समय) जायदाद (सम्पत्ति) जरूर बाकी होगी। ऐसा इंसान कभी कर्जा छोड़कर कूच न करेगा। अकेला ही दुश्मन पर फ़तह (जीत) हासिल करने वाला होगा।

(5) जब टेवे में कोई भी ग्रह खाना नंबर 12 में हो अथवा मंगल के सिवाय (छोड़कर) खाना नंबर 3 में कोई ग्रह राहु के साथ हो या राहु का साथी (देखें फरमान नंबर 6) हो तो 34 साल की उम्र तक बुध और केतु दोनों ही मंदे असर वाले होंगे।

(6) जब टेवे में सूरज और बुध खाना नंबर 3 में राहु के साथ बैठे हों तो सूरज की उम्र (22 साल) और बुध की उम्र (34 साल) के दरमियान टेवे वाले की बहन बेवा (विधवा) होकर दुःखी होगी। मगर टेवे वाले को इस दौरान राजदरबार में खिताब (पुरस्कार), आराम और इज्जत मिलेगी।

(7) जब खाना नंबर 3 में मंगल का साथ राहु को मिलेगा तो टेवे वाला इंसान शाही सवारी को पाने वाला और राजा की गिनती का प्राणी होगा।

(8) जब खाना नंबर 3 के राहु का दुश्मन सूरज, शुक्कर, मंगल ही राहु का साथ या साथी हो जाए तो राहु अब अपने दुश्मन ग्रह से मंदा नहीं होगा साथ ही दुश्मन ग्रह के असर में भी कोई खराबी पैदा न करेगा। टेवे वाले की औरत (पत्नी), दौलत उम्दा और औलाद अमीर होगी।

(9) खाना नंबर 3 का उम्दा राहु टेवे वाले की ऊंचे आसमान की चोटी तक मदद करने वाला होगा। ऐसा इंसान अमीरों का अमीर होगा।

(10) जब टेवे में राहु मंदा हो रहा हो और खाना नंबर 3 में बैठा हो तो टेवे वाले के भाई–बन्द ही टेवे वाले की धन–दौलत और माल बरबाद कर देंगे। ऐसे वक्त भाई–बन्द या तो धन उधार लेकर नहीं चुकाएंगे या फिर झूठ–फरेब करके धन तबाह कर देंगे।

(11) जब राहु अकेला खाना नंबर 3 में उम्दा हालत में बैठा हो तो टेवे वाला दौलतमंद और लम्बी उम्र का मालिक होगा। हाथ में हथियार रखने वाला पक्का निशानेबाज और चौकन्ना पहरेदार होगा।

कियाफा (हस्तरेखा)– मंगल के बुर्ज़ (खाना नंबर 3) पर राहु का जाल (#) हो।

उपाय

(1) मंदे राहु के वक्त चन्द्र का उपाय मददगार होगा।

(2) हाथी दांत अपने पास रखना गैर मुबारक साबित होगा।

राहु खाना नंबर 4

(धर्मी, धन व दौलत का गम)

भला कहते स्नान, गंगा जो करता
वही तेरा खुद, अपने घर ही का बनता
राहु खड़ा न जब तक करता, धर्मी टेवा वह होता हो
चन्द्र उत्तम या तख़्त पे बैठे, हाथी माया में नहाता हो
माया चन्द्र के घर से लेता, बुध घरों में भरता हो
ससुराल दौलत जर शादी बढ़ता, केतु वक्त बृहस्पत फलता हो
लेख भला जो मामू घर का, मिटता उम्र सब चन्द्र हो
साथ मिलेगा सूरज मंगल का, बैठा कोई जब मन्दिर हो

दसवें ग्रह नर चन्द्र हो साथी, मदद सनीचर चाहे हल्की हो
साल गुजरते उम्र चन्द्र की, बारिश दौलत जर होती हो

(1) जब राहु खाना नंबर 4 में हो तो राहु खुद माता के कदमों में सिर झुकाकर माता–पिता के ताल्लुक में पाप न करने की कसम उठाए नेक और धर्मात्मा होगा लेकिन शर्त यह है कि खाना नंबर 4 में या तो चन्द्र के साथ हो वरना अकेला ही हो वरना राहु किसी दूसरे ग्रह के साथ होने पर अपनी शरारती नस्ल (देखें फरमान नंबर 11) का सबूत देगा।

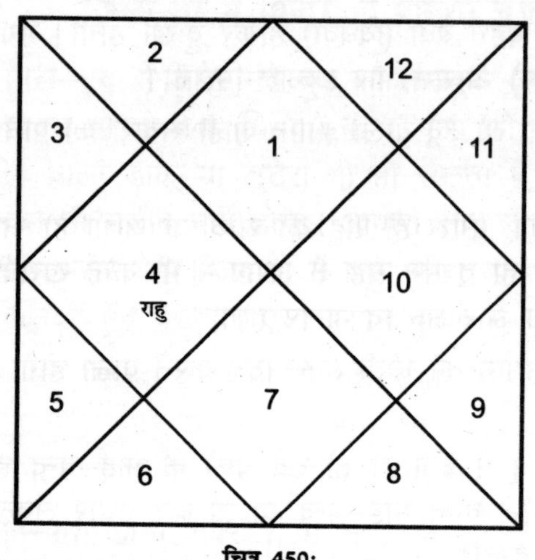

चित्र 450:

खाना नंबर 4 पर राहु का निशान

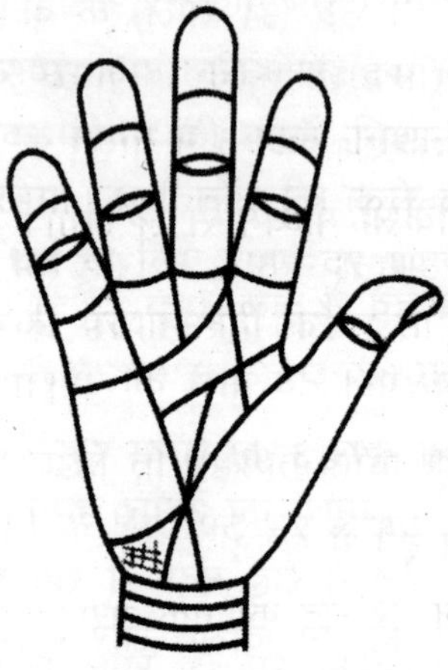

चित्र 451:

(2) राहु खाना नंबर 4 के वक्त केतु और सनीचर (पापी ग्रह) अब बुरे कामों में राहु का साथ न देंगे और राहु की हां में हां नहीं मिलाएंगे। सभी पापी ग्रहों (तीनों राहु, केतु, सनीचर) का अपना–अपना जाती (व्यक्तिगत) असर होगा। ऐसा इंसान दौलत के मामले में मंदा होगा।

(i) जब राहु खाना नंबर 4 में हो तो ऐसा इंसान अगर अपने घर ही में स्नान करेगा तो वह स्नान गंगा–स्नान से ज्यादा बेहतर और उत्तम होगा।

(ii) जब तक टेवे वाला अपने घर में राहु खड़ा न करे (राहु के मंदे काम ने करें), तब तक ऐसे इंसान का टेवा धर्मी टेवा (देखें फरमान नंबर 6, धर्मी ग्रह) कहलाएगा।

(iii) चन्द्र की बेजान चीजों का फल चन्द्र की उम्र 24 या 28 साल तक मद्धम बल्कि मंदा ही होगा। चन्द्र के गुण मसलन अक्ल (बुद्धि) इल्म (शिक्षा) वगैरह का साथ होगा। टेवे वाला अपनी मर्जी से धन खर्च करेगा। खर्चा लम्बा मगर नेक कामों में होगा। चन्द्र की जानदार चीजों का फल उम्दा होगा।

(3) कभी–कभी इंसान की नासमझी से राहु घर में खड़ा हो जाता है। मसलन–

(i) घर में शौचालय बार–बार बनवाना और गिरवाना अर्थात् वर्तमान में सैप्टिक टैंक से छेड़छाड़ करना।

(ii) भट्टी बनवाते और बदलते रहना।

(iii) घर में कोयले की बोरियां की बोरियां इकट्ठी करके उनका अंबार लगा देना।

(iv) मकान की केवल छत बदलना वगैरह।

(4) जब टेवे में चन्द्र उत्तम हो अथवा खाना नंबर 1 (तख़्त) पर बैठा हो तो माया पर हाथी का साया होगा अथवा हाथी माया में नहाता होगा अर्थात् टेवे वाला बहुत ज्यादा दौलतमंद होगा जैसा चन्द्र होगा वैसी ही हालत हाथी की सूड़ में पानी की होगी यानि टेवे वाले के पास दौलत की हालत टेवे में चन्द्र की स्थिति से पता चलेगी। ऐसी हालत में राहु का हाथी चन्द्र बैठे वाले घर से दौलत लेगा और बुध बैठा होने वाले घर में भर देगा। यानि चन्द्र बैठा होने वाले घर की चीजें, कारोबार और रिश्तेदार दौलत इकट्ठा करने के बहाने होंगे और जिस घर में बुध बैठा हो उस घर की चीजें और रिश्तेदार टेवे वाले से फायदा उठाएंगे।

(5) जब टेवे में शुक्कर उम्दा हो तो ससुराल की माया और दौलत उसी दिन से बढ़नी शुरू हो जाएगी, जिस दिन से टेवे वाले की शादी होगी। इस बढ़ी हुई दौलत में से टेवे वाला भी अपना हिस्सा किसी न किसी माध्यम से ले लेगा।

(6) जब टेवे में केतु उम्दा हो तो केतु की उम्र 12, 24, 48 साल में अथवा औलाद के जनम दिन से टेवे वाला अपने वाल्दैन (माता–पिता) के लिए नेक और मुबारक असर का होगा।

(7) मामा के घर का उत्तम लेख, टेवे वाले की चन्द्र की उम्र (6, 12, 24) तक बरबाद हो चुका होगा।

(8) जब टेवे में सूरज या मंगल या दोनों खाना नंबर 2 (मन्दिर) में हो और राहु खाना नंबर 4 में हो तो टेवे वाले पर राहु का नेक असर होगा और टेवे वाले के लिए सूरज व मंगल भी मददगार होंगे।

(9) जब टेवे में चन्द्र या नर ग्रह (सूरज, मंगल, बृहस्पत) खाना नंबर 10 में और चन्द्र खाना नंबर 4 में राहु के साथ हो तो सब ग्रहों पर राहु का धुआं पड़ेगा लेकिन टेवे वाले का मंदा जमाना ख्वाब की तरह गुजरता चला जाएगा और चन्द्र की उम्र (24 साल) गुजरते ही धन–दौलत की बारिश होगी और सब नरक दूर हो जाएगा।

(10) जब टेवे में चन्द्र उम्दा न हो तो धन–दौलत का असर भी सामान्य ही होगा।

(11) जब टेवे में राहु खाना नंबर 4 में मंदा हो तो चन्द्र की बेजान चीजों का असर 24 या 48 साल तक मंदा होगा। राहु–केतु का फल 45 साल की उम्र तक उत्तम होगा। मामा के घर का लेख 24 साल (चन्द्र) की उम्र तक बरबाद होगा। टेवे वाला धर्मी होगा मगर मंदे वक्त के दौरान धन–दौलत के मामले में चिन्ता में होगा और दुःखी होगा।

(12) राहु खाना नंबर 4 वाला जब कभी भी मकान को छेड़े तो सिर्फ छत ही न हटवाए बल्कि चारदीवारी और छत दोनों ही गिरवा दे। अगर मकान की छत की मरम्मत करवानी हो तो कोई दिक्कत नहीं होगी, इसमें राहु खड़ा नहीं माना जाएगा। अगर छत बदलनी ही हो तो नई छत के सामान में पुरानी छत का सामान मिला दें तो छत नई बदली हुई नहीं मानी जाएगी बल्कि मरम्मत ही गिनी जाएगी। अगर इसमें कोई कमी रही या मकान की छत बदली गई तो "राहु खड़ा किया गया" माना जाएगा और वह धन के नुकसान का कोई न कोई बहाना खड़ा कर ही देगा।

कियाफा (हस्तरेखा) चन्द्र के बुर्ज़ (खाना नंबर 4) पर राहु का (#) जाल हो।

राहु खाना नंबर 5

(शरारती, औलाद-गर्क मगर सूरज को तारे)

खुशी दिन में त्योहार, काफिर जो बनता
निशानी लावल्दी की, पैदा वो करता
पहली औरत औलाद न देखे, सनीचर मंदा जब बैठा हो
लावल्द जरूरी जोड़ी गिनते, दिया-बाती गुल करता हो
साल इक्कीस घर पहला लड़का, उम्र बयालीस दूजा हो
नंबर दूसरा जिस दम आता, ससुर बाबा चल बसता हो
साथ चन्द्र सूरज तख़्त पे बैठा, मदद राहु खुद करता हो
बैठी माता न साथी होवे, जिन्दा होवे मच्छ रेखा हो
सूरज, चन्द्र या मंगल चौथे, या घर छठवें बारह हो
तादाद औलाद न लेख हो मंदे, योग नस्ल चाहे मंदा हो

(1) जब टेवे में राहु खाना नंबर 5 में मंदा हो तो औलाद के जनम का त्योहार या खुशी का दिन (जनमदिन) न मनाने वाले काफ़िर (जो इंसान सच को छिपाता हो) को औलाद देखनी ही नसीब न होगी बल्कि उसकी औलाद नरीना का चिराग बुझा हुआ ही होगा। राहु इस खाने में औलाद के ताल्लुक में कड़कती हुई बिजली या जमीन के अन्दर भूचाल पैदा करने वाले लावे के मानिन्द (तुल्य) होगा। ऐसा राहु औलाद को माता के पेट में आते ही या फिर नुत्फ़ा (वीर्य) मुकर्रर (निश्चित) होते ही अपने जहरीले असर खत्म कर देने वाला होगा।

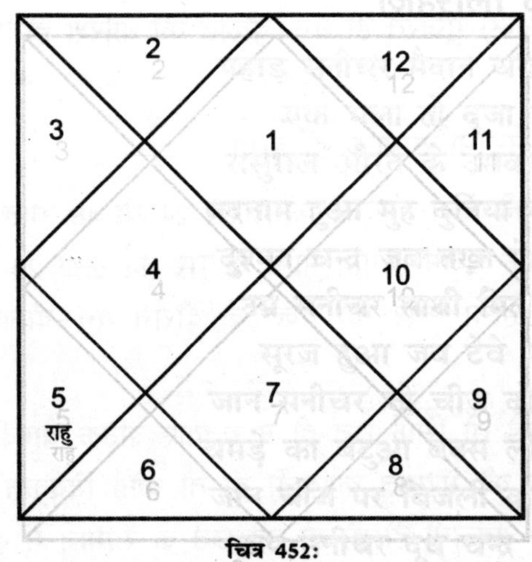

चित्र 452:

खाना नंबर 5 पर राहु का निशान

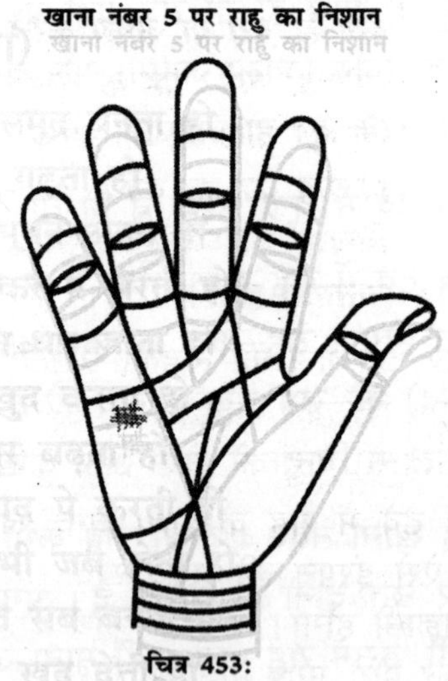
चित्र 453:

(2) राहु खाना नंबर 5 के मंदे असर के वक्त नरीना (नर) औलाद देरी से पैदा होगी या पैदा ही न होगी या औरत के पेट में ही गर्क (गर्भपात) होगा। अगर पैदा हो भी जाए तो बारह साल की उम्र तक औलाद की सेहत मंदी रहेगी। अमूमन बाबा पोते का झगड़ा होता ही रहेगा अर्थात बाबा (टेवे वाले का बाप) के बैठे हुए पोता (टेवे वाले की नर औलाद) कायम (पैदा) न होगा।

नोट- ***'गर्क' शब्द का अर्थ वास्तव में 'डूबा हुआ' होता है परन्तु यहां 'गर्भपात' लिखना मात्र शब्द का भावार्थ समझाना है। इसी तरह पुस्तक में जगह-जगह शब्दों के मायने कोष्ठक में दिए गए हैं उन कोष्ठक वाले शब्दों को केवल शब्द के भावार्थ के रूप में ही समझना चाहिए न कि पर्यायवाची शब्द के रूप में।***

(3) खाना नंबर 5 के मंदे राहु के वक्त टेवे वाले (मर्द या औरत) की पहली शादी से औलाद का चिराग (नर औलाद) बुझा हुआ ही होगा। हालांकि बृहस्पत (अक्ल, आमदनी) और सूरज (सेहत, राजदरबार) का फल उत्तम ही होगा। टेवे में मंदे राहु के वक्त सनीचर का फल मंदा ही गिना जाएगा। फिर भी अगर टेवे में भी सनीचर मंदा हो तो नरीना (नर) औलाद नदारद ही होगी।

(4) मंदा राहु खाना नंबर 5 में कड़कती बिजली और शरारती हाथी वाला राहु, खुद तो अपना फल मंदा करेगा ही बल्कि सनीचर का जहर भी दिन–ब–दिन (दिन–प्रतिदिन) बढ़ता ही चला जाएगा। इसीलिए राहु खाना नंबर 5 में मंदा होकर टेवे वाले को अमूमन लावल्द (संतानहीन) ही बनाएगा। पहली शादी वाला जोड़ा (मर्द–औरत) नरीरा (नर) औलाद न देख सकेगा और जब टेवे वाले की दूसरी औरत या मर्द से शादी हो भी जाए तो औलाद नरीना भले ही देख ले मगर अपने लड़के के सुख को तरसता ही होगा।

नोट- ***लाल किताब में दिए गए योगों को अपने जीवन में जोड़ने से पूर्व इस बात को भलीभांति समझ लें कि क्या वास्तव में बताए जा रहे ग्रह के योग में ग्रह की स्थिति मंदा या उम्दा है। इसके अलावा टेवे की स्थिति तथा अन्य ग्रहों की स्थिति का भी सही प्रकार से अवलोकन करें। फरमान नंबर 6, 7, 8 के अनुसार सम्बन्धित टेवे या ग्रह की स्थिति को अवश्य देखें। जैसे टेवा धर्मी तो नहीं, मुश्तरका दीवार में हमसाया ग्रह कौन-सा है, दोस्ती-दुश्मनी के अनुसार ग्रह की स्थिति क्या है, बुरा या अच्छा करने वाले ग्रह की आम मियाद क्या है? कहीं ग्रह अन्धा, नहोरता या धर्मी तो नहीं? ग्रह के साथ-साथी कौन-से ग्रह हैं? सम्बन्धित ग्रह कहां पर दृष्टि डाल रहा है? किसकी दृष्टि में आ रहा है? जिस घर में ग्रह बैठा है उस खाने का पक्का घर, मालिक ग्रह, किस्मत का ग्रह वगैरह कौन-सा ग्रह है? ग्रह सोया है या जागता हुआ है? इत्यादि, इन सभी बिन्दुओं को ध्यानपूर्वक समझे बिना किसी भी अच्छे या बुरे फल का निर्णय कर लेना बहुत बड़ी नासमझी होगी।***

(5) अगर टेवे वाले का लड़का उसकी 21 साल की उम्र में पैदा हो तो दूसरा 42 साल की उम्र में पैदा होगा। जिसकी पैदाइश पर उसका बाप (टेवे वाले का बाप) चलता बनेगा यानि कूच कर जाएगा। यह हालत राहु की उम्र में भी औलाद पैदा होने पर हो सकती है।

(6) जब टेवे में राहु के साथ चन्द्र खाना नंबर 5 में बैठा हो और सूरज खाना नंबर 1, 5, 11 में हो तो ऐसे इंसान की मदद खुद राहु करेगा। टेवे वाला संत–सूफी (सभी धर्मों को मानने वाला) और ब्रह्मज्ञानी होगा। चन्द्र के साथ दौलत के हाथी (राहु) का साया होगा हालांकि औलाद के लिए विघ्न जरूर होंगे मगर पैदाइशी विघ्न ही होंगे। औलाद और सब बातों के मामलात में कोई विघ्न न होंगे। राहु अब खुद चन्द्र और सूरज की मदद करेगा। माया (धन–दौलत) बहुत लम्बे अर्से (समय–सीमा) तक टेवे वाले का साथ न देगी। अगर टेवे वाले की माता जिन्दा होगी या टेवे वाले के साथ होगी (अलग न रह रही हो) तो मच्छ रेखा भी कायम होगी अर्थात् मच्छ रेखा का फल मिलेगा।

(7) जब सूरज, चन्द्र या मंगल खाना नंबर 4 में हो या 6 या 12 में हो अथवा सनीचर, मंगल खाना नंबर 5 में राहु के साथ हो तो औलाद के योग चाहे लाख मंदे ही क्यों न हों लेकिन औलाद

जरूर होगी। टेवे वाले की उम्र और किस्मत उम्दा होगी। टेवे वाला 5 बेटों तक का बाप हो सकता है लेकिन अगर पांच से ज्यादा जितने बेटे होंगे उतने ही भाई तादाद (गिनती) में घटते चले जाएंगे। टेवे वाले के भाई योगी, राजा के मानिन्द (समान) होंगे।

(8) खाना नंबर 5 के मंदे राहु के वक्त टेवे वाले का धन, सेहत पर ज्यादा खर्च होगा।

(9) खाना नंबर 5 के पक्के घर का मालिक बृहस्पत है। खाना नंबर 5 में उम्दा राहु होने के वक्त बृहस्पत टेवे वाले को धर्म, मर्यादा, इज्जत, अक्ल, सेहत और आमदनी के साथ–साथ माया दौलत का भी उत्तम फल देगा। बृहस्पत अब सूरज को भी मदद करेगा। जिससे टेवे वाले का राजदरबारी ताल्लुक उम्दा होगा और बरकत (तरक्की) करेगा। परिवार और माया की तरफ से टेवे वाला सुखी ही होगा।

(10) जब राहु खाना नंबर 5 में हो और बृहस्पत राहु के साथ ही खाना नंबर 5 में हो या फिर बृहस्पत और राहु साथी (देखें फरमान नंबर 6) हो तो 12 साल की उम्र तक औलाद की सेहत और टेवे वाले के पिता, बाबा की किस्मत मंदी होगी।

(11) खाना नंबर 5 में राहु हो और टेवे वाले इंसान की माता जिन्दा हो तो माता की आखरी सांस तक टेवे वाले को मच्छ रेखा का उत्तम फल मिलेगा। धन–दौलत की बरकत होती रहेगी। लेकिन यह मच्छ रेखा उतना फल न दे सकेगी जो फल बृहस्पत–सनीचर मुश्तरका (इकट्ठे) खाना नंबर 7 में बैठकर देते हैं टेवे वाले की औलाद (नर) भी जल्दी कायम होगी मगर यह शर्त न होगी कि औलाद की तादाद ज्यादा हो। टेवे वाले के शाही ठाठ तो नहीं होंगे। मगर वह परिवार और माया की तरफ से संतुष्ट जरूर होगा। शर्त यह है कि माता जिन्दा हो।

(12) औलाद के ताल्लुक (सम्बन्ध) में सनीचर खाना नंबर 5 (औलाद को खाने वाला सांप) और सनीचर है। खाना नंबर 9, औलाद की पैदाइश में पत्थर गिना गया है। लेकिन एक बार औलाद हो जाने के बाद खाना नंबर 9 का सनीचर, खाना नंबर 5 के सनीचर की तरह उसके पीछे–पीछे खाने के लिए नहीं भागता। बरखिलाफ इसके खाना नंबर 5 का राहु, खाना नंबर 9 के राहु के मानिन्द (समान) औलाद के पीछे–पीछे उसे मारने को नहीं भागता बल्कि औलाद (नर औलाद) की पैदाइश के वक्त रोड़े (अवरोध) अटकाता है। खाना नंबर 9 के राहु के वक्त खेलते–खेलते भी टेवे वाले का लड़का दुनिया से कूच कर जाता है। अमूमन जब तक औलाद 12 साल की नहीं हो जाती तब तक राहु खाना नंबर 9 और सनीचर खाना नंबर 5 की नीयत शक्की ही गिनी जाएगी।

उपाय

(1) एक ही औरत से दो बार शादी कर लेने से राहु का जहर (औलाद से मुतअल्लिक) धुल जाएगा।

(2) जद्दी (पैतृक) मकान में घुसते वक्त सबसे पहली दहलीज (मुख्यद्वार वाली) के नीचे चांदी का पतरा बिछा दिया जाए।

(3) घर में शुक्कर की अश्या (गाय वगैरह) कायम करें।

(4) चांदी का छोटा ठोस हाथी बनवाकर घर में कायम करें।

(5) सनीचर के मंदे (नीच) कामों से परहेज करने से राहु का मंदा असर टेवे वाले की औलाद पर न होगा।

कियाफ़ा (हस्तरेखा)– सूरज की तरक्की रेखा (खाना नंबर 5) पर राहु का निशान (#) हो।

राहु खाना नंबर 6

(फांसी का फंदा काटने वाला मददगार हाथी)

गिरे तुझसे जब खून, भाई का कतरा
नस्ल बंद तेरी का, बढ़ता हो खतरा
असर वही जो सनीचर बारह का, फांसी लगा खुद छूटता हो
पहाड़ ऊंचे जा दुश्मन मारे, ताकत दिमागी ऊंचा हो
बुध मंगल कोई बारह हो मंदा, आग जली खुद होता हो
बीमारी जहमत का पता न चलता, माया घटी घर लुटता हो
शगुन मुबारक कुत्ता काला, छींक उलट न उम्दा हो
गोली सिक्का या काला शीशा, असर मुबारक देता हो

(1) जब खाना नंबर 6 में राहु हो तो टेवे वाले के हाथों अपने भाई का गिरा हुआ खून का एक कतरा टेवे वाले की नस्ल को ही खत्म कर देगा।

(2) जब खाना नंबर 6 में राहु अकेला बैठा हो तो वही असर देगा जो सनीचर खाना नंबर 12 का होता है। ऐसा इंसान बिजली की ताकत का मालिक और शहजोर (ताकतवर) हाथी के गले में पड़ी हुई फांसी की रस्सी को भी तोड़ने वाला होगा।

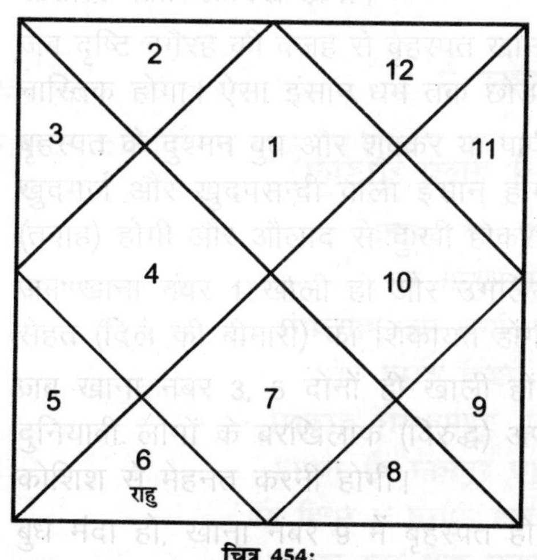

चित्र 454:

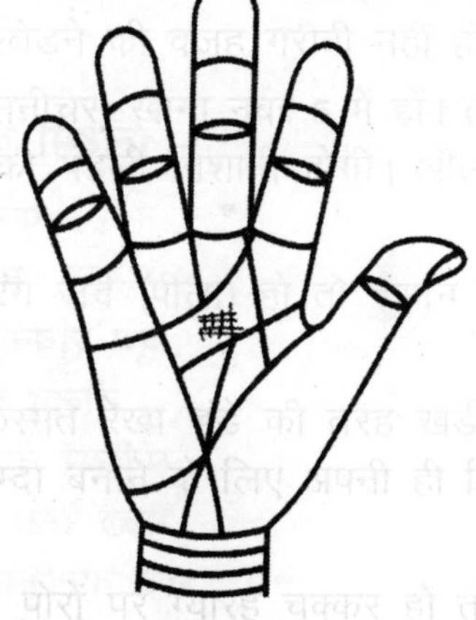
खाना नंबर 6 पर राहु का निशान

चित्र 455:

(3) खाना नंबर 6 के उम्दा राहु वाला इंसान, ऊंची पहाड़ की चोटी पर बैठे हुए दुश्मन को भी मार गिराने वाला होगा। ऐसे इंसान की दिमागी ताकत (बुद्धि) उम्दा दर्जे की होगी। ऐसा इंसान हवा की तरह का मददगार प्राणी होगा। ''नामी चोर सजा से क्या डरे'' वाली तबीयत (स्वभाव) का मालिक होगा। नामी चोर को सजा देने वाला ही खुद ऐसे इंसान का निगहबान (ध्यान रखने वाला) होगा।

(4) जब बुध खाना नंबर 12 में और सूरज खाना नंबर 2 में मंदा हो तो धर्म, ईमान, नेकी और इज्जत के लिए राहु खुद मंदा होगा। ससुराल की किस्मत, इन्द्रधनुष के मानिन्द रंग बदलती हुई होगी मगर ससुराल की हालत अमूमन मंदी ही होगी। सूरज की गर्मी खाना नंबर 2 और खाना नंबर 7 के साथ–साथ खाना नंबर 6 का भी असर मंदा होगा जहां कि राहु उच्च होता है।

(5) खाना नंबर 12 में जब मंगल बैठा हो और टेवे वाला अपने बड़े भाई या बहिन से लड़े तो टेवे के चूल्हे की आग ही बुझ जाएगी अर्थात् टेवे वाले का रिजक (जीविका) बरबाद होगा।

(6) जब किसी भी घर में बुध मंदा हो रहा हो अथवा टेवे में केतु खाना नंबर 12 में मंदा हो तो टेवे वाले का घर बीमार–खाना (अस्पताल) बन जाएगा। मगर टेवे वाले को इसकी वज़ह मालूम न हो सकेगी। धन–दौलत लुटती और घटती चली जाएगी।

(7) पूरा काला–कुत्ता हमेशा उम्दा शगुन देगा अर्थात् मुबारक होगा। आगे से अगर छींक पड़े तो मंदे असर की पहली निशानी होगी। शीशे की गोली या सिक्के की गोली या काला शीशा मददगार होगा और टेवे वाले के लिए मंदे असर के वक्त मुबारक होगा।

(8) टेवे वाले का जाती (व्यक्तिगत) सुख–आराम और कपड़े पहनावे पर उम्दा और नेक खर्चा होगा। राहु नेक हो तो ऐसे में मंदी शरारतों (देखें फरमान नंबर 11) से हमेशा दूर रहेगा। टेवे वाला बार–बार तरक्की पाएगा, तब्दीली (स्थानान्तरण) नहीं होगा।

(9) दिमागी खाना नंबर 14 सनीचर से मुश्तरका हो तो इंसान तकब्बुर (अहंकार) और खुदपसंदी (आत्मप्रशंसक) का मालिक होगा।

(10) खाना नंबर 6 का मंदा राहु अपनी ही फौज को मारने वाला गंदा हाथी होगा और हर तरफ मंदा ही कीचड़ देगा।

कियाफा (हस्तरेखा)– हथेली की बड़ी मुस्ततील (खाना नंबर 6) पर राहु का जाल (#) कायम हो।

राहु खाना नंबर 7

(लक्ष्मी का धुआं निकालने वाला चांडाल)

फ़र्क बीबी बेटी या हो नजर माता
बढ़ेगा दिमागी-ख्याली खुशी का
बुध शुक्कर का तराजू उल्टे, औरत मंदा परिवारा
दौलत का वह राखा होवे, खावे दोस्त यारां
सनीचर देव उसकी रक्षा करेंगे, दुश्मन मरें दरबारां
मच्छ रेखा फल उत्तम देवे, बुध शुक्कर दो-ग्यारह
राज ताल्लुक मरतबा ऊंचा, दौलत औरत न सुखी हो
दरख़्त तले हो जिस जा बैठा, उखड़ा वही जड़ जलता हो
केतु कुत्ता हो सबसे मंदा, अय्याश जिना ही होता हो
पेशा राहु ही हो जब करता, खतरा उम्र तक बढ़ता हो
तख़्त शुक्कर से मिट्टी उड़ती, जलती सेहत जर माया हो
उलट जभी सब हालत होती, अमीर होता इक आला हो

(1) जब खाना नंबर 7 में राहु हो और टेवे वाले की शादी इक्कीसवें साल (राहु की उम्र) या इक्कीसवें साल से पहले हो जाए तो गृहस्थी हालत मंदी होगी। टेवे वाला (चाहे मर्द हो या औरत) अय्याश और जिनाही (व्यभिचारी) होगा। गंदे इश्क का आदी होगा यानि अगर टेवे वाला मर्द हो तो उसे अपनी औरत, बेटी या माता में कोई फ़र्क नजर न आता होगा और अगर टेवे वाली औरत हो तो उसे खाविंद

(पति), बेटे या बाप से सम्बन्ध (यौन सम्बन्ध) बनाने में कोई गुरेज न होता होगा। घर की लक्ष्मी को चांडाल (राहु) जला रहा होगा।

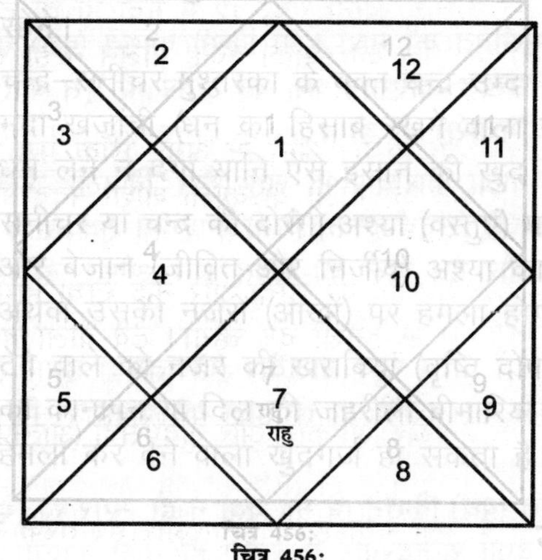

चित्र 456:

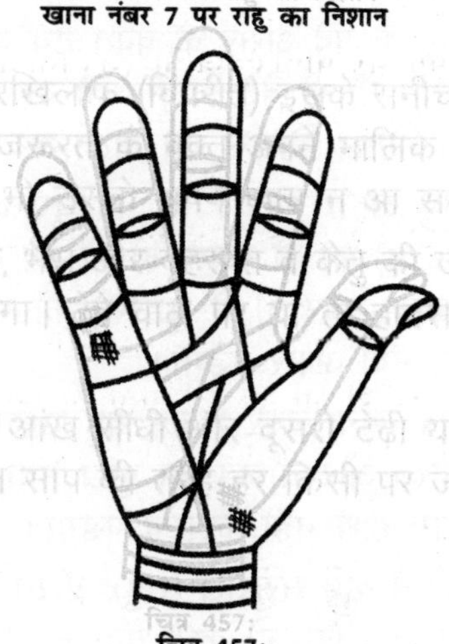

चित्र 457:

(2) खाना नंबर 7 के पक्का घर का मालिक बुध और शुक्कर दोनों ही होंगे। बुध व शुक्कर मुश्तरका (इकट्ठे) मिलकर मस्नूई (बनावटी) सूरज होंगे। सूरज गृहस्थी हालत को बताता है।

(3) अगर टेवे वाले की (चाहे मर्द या औरत) इक्कीसवें साल या 21 साल से पहले (राहु की उम्र $10\frac{1}{2}$, 21, 42, 84 साल भी है) शादी होगी तो गृहस्थी हालत का तराजू सूरज उल्टा करके रख देगा। बुध और शुक्कर से मुतअल्लिक (सम्बन्धित) रिश्तेदार, कारोबार और अश्या (वस्तुओं) का तो खाना नंबर 7 का राहु धुआं ही निकाल देगा और हरगिज माफ न करेगा। टेवे वाले को सुख मिलने के बजाय औरत और दौलत भी मंदे ही असर करेंगे बल्कि दोनों का ही धुआं निकल रहा होगा। बुध, सनीचर, केतु में से जो कोई खाना नंबर 11 में होगा उसी ग्रह की चीजें टेवे वाले को खा जाएंगी।

(4) खाना नंबर 7 के मंदे राहु के वक्त व्यापार सट्टे वगैरह का फल मंदा ही होगा। टेवे वाले की दौलत का राखा, राहु ही होगा और ऐसे वक्त टेवे वाले के यार दोस्त ही उस दौलत को खाने वाले और अय्याशियों में (राहु के मंदे कामों में) उड़ाने वाले होंगे। टेवे वाले की गृहस्थी (पारिवारिक माहौल) दुःखी होगी। बेवजह के झगड़ों और बेबुनियादी तोहमतों (आरोपों) से तलाक तक की नौबत आ जाएगी। मौत, बेमानी, और लम्बे खर्चों की वजह से गृहस्थी हालत मंदी ही होती चली जाएगी। हर तरफ फैली मंदी हालत की वजह बेबुनियादी फ़र्जी (काल्पनिक) दिमागी ख्यालात (विचार) ही होंगे।

(5) खाना नंबर 7 के राहु वाले इंसान की मुसीबत के वक्त बुध और सनीचर हर तरह से मदद देंगे और बरकत करेंगे। राजदरबार की तरफ से पूरी मदद करेंगे और पूरी ताकत के साथ सब दुश्मनों को मार देंगे।

(6) जब टेवे में बुध और शुक्कर खाना नंबर 2 या 11 में हों तो राहु खाना नंबर 7 में होने के बावजूद मच्छ रेखा का माली (आर्थिक) हालत के मामले (संदर्भ) में उत्तम फल टेवे वाले को मिलेगा।

(7) खाना नंबर 7 के राहु के वक्त राजदरबारी (मस्नूई सूरज) ताल्लुक तो उम्दा और उत्तम होगा मगर दौलत (बुध) और औरत (शुक्कर) जलते ही होंगे और दुःखी रहेंगे। चांडाल राहु हर तरफ मंदा धुआं करने वाला होगा।

(8) राहु के मंदे असर के वक्त टेवे वाला अगर किसी मुसीबत का मारा हुआ किसी दरख़्त (वृक्ष) के तले (छांव में) भी बैठ जाएगा तो वह दरख़्त भी जड़ से उखड़ जाएगा। केतु का असर भी ऐसे वक्त मंदा ही होगा। जिससे टेवे वाला अय्याश और जिना (व्यभिचारी) ही होगा।

(9) राहु खाना नंबर 7 के मंदे धुएं के वक्त अगर टेवे वाला कारोबार भी राहु (गैस, बिजली, जेलखाना वगैरह) का ही करता हो तो टेवे वाले की उम्र भी शक्की (संदेहजनक) गिनी जाएगी। शुक्कर के तख़्त (खाना नंबर 7) से गृहस्थी की मंदी मिट्टी उड़ेगी और टेवे वाले की सेहत, धन, औरत, दौलत सब पर मंदा असर पड़ेगा।

(10) जब खाना नंबर 7 का राहु उम्दा हालत में हो तो टेवे वाला खुद मालदार (दौलतमंद) होगा लेकिन औरत और दौलत का सुख मंदा ही होगा। टेवे वाले को गरीबी या तंगहाल की वजह से किसी के आगे हाथ नहीं फैलाना पड़ेगा।

(11) टेवे में चाहे ससुराल (राहु), औरत (शुक्कर) और दौलत (बुध) कितने ही मंदे क्यों न हो, मगर राजदरबारी ताल्लुक (सूरज) कभी मंदा न होगा। टेवे वाले का दर्जा राजदरबार में बढ़ता ही चला जाएगा।

(12) औरत के टेवे में मंदे राहु के वक्त तलाक, जुदाई वगैरह के वाकिआत (घटनाएं) होंगे और मर्द के टेवे में औरत की उम्र बरबाद होगी या कई शादियां होंगी। साथ ही औरत का खानदान बरबाद होगा। औरत के मंदे राहु के वक्त भी औरत की कई शादियां हो सकती हैं और साथ ही औरत के माता–पिता भी बरबाद होंगे लेकिन सभी हालातों में शर्त यह होगी कि टेवे वाले की शादी इक्कीसवें साल या 21 साल की उम्र से पहले हुई हो।

(13) खासकर औरत के टेवे में इक्कीसवें साल या 21 साल की उम्र से पहले शादी करना सरासर बेईमानी ही होगी। अगर शादी हुई तो मंदरजाजैल हालात पैदा हो सकते हैं।

- **(i)** टेवे वाली औरत ही गुजर जाए।
- **(ii)** तलाक या जुदाई हो जाए।
- **(iii)** खाविंद (पति) ही चल बसे।
- **(iv)** दोनों में से कोई एक या फिर दोनों ही घर छोड़कर फ़रार हो जाएं।
- **(v)** अपनी बदचलनी या मंदी जिन्दगी की वजह से बदनाम हो जाए।

(14) जब खाना नंबर 5 में मंगल और सनीचर मुश्तरका (इकट्ठे) हों या फिर सनीचर या मंगल अलैहदा–अलैहदा अर्थात् अकेले–अकेले खाना नंबर 5 में हो तो दूसरी नरीना (नर) औलाद टेवे वाले को 42 साल की उम्र के बाद ही नसीब होगी।

कियाफा (हस्तरेखा)– शुक्कर या बुध के बुर्ज़ (खाना नंबर 7) पर राहु का जाल (#) कायम हो।

उपाय

(1) मंदे राहु के वक्त पूजा वाला नारियल बहते हुए पानी (नदी, नाला वगैरह) में बहाना मददगार होगा। यह उपाय सनीचर का है जो मंदे राहु के वक्त मददगार साबित होगा।

(2) मंदे राहु के वक्त कुत्ते से ताल्लुक (सम्बन्ध) रखना तबाही की वजह बनेगा।

(3) जब राहु बमूजिब (अनुसार) वर्षफल खाना नंबर 7 में आए तो घर में खालिस (शुद्ध) चांदी की ईंट कायम करें और साथ ही एक बर्तन में दरिया का पानी डालकर बर्तन का मुंह बन्द करके रख दें। वक्त–बेवक्त देखते जाएं कि बर्तन का पानी खुश्क (सूख) न हो जाए। जब बर्तन का पानी खुश्क होता नजर आए तो उसमें और पानी डालकर बर्तन का मुंह फिर से बंद कर दें। यदि बर्तन पर टांका लगवा दें तो उत्तम होगा। जब तक यह बर्तन घर में कायम रहेगा राहु के मंदे असर से बचाव होता रहेगा।

(4) यदि शादी 21 साल की उम्र से पहले ही हो चुकी हो या इक्कीसवें साल में हुई हो तो चांदी के बर्तन (गिलास या कटोरी या कोई गोल बर्तन) में गंगा जल या किसी भी नदी का पानी डालकर उसमें खालिस (शुद्ध) चांदी का एक टुकड़ा डाल दें (चाहे कितने भी वजन का हो) और इस बर्तन को धर्मस्थान में रख आएं या फिर दे आएं।

अब ऐसा ही एक और बर्तन लेकर उसमें भी कुदरती पानी (गंगा जल, दरिया, ओले, बारिश वगैरह का पानी मगर कुदरती बर्फ का पानी नहीं) भरकर उसमें भी खालिस चांदी का टुकड़ा डालकर अपने पास रखें तो मददगार होगा।

(5) शादी के वक्त लड़की की तरफ से खालिस चांदी की डली कन्यादान करते वक्त (संकल्प के दौरान), कन्यादान करने वाले शख़्स के हाथ से, लड़की दान किए जाने के बाद (यह डली) दान करा दें मगर ख्याल रहे ये डली भी उसी तरह दान कराएं जिस तरह से संकल्प लेकर लड़की दान की गई है। यह डली गृहस्थ के मामले में मददगार होगी।

यह डली न तो कभी जमाने के उतार–चढ़ाव से गुम होगी और न ही चोरी होगी। सिर्फ इतना ख्याल रखा जाए कि इस डली को बेचकर लड़की या दामाद इसकी कीमत ही न खा जाएं। बदनामी की मंदी मिट्टी औरत की मंदी सेहत और दौलत की बरबादी के वक्त यह चांदी की डली "रात का चौकीदार" होगी।

राहु खाना नंबर 8

(कूच नक्कारा और मौत के पैगाम का मालिक)

हुक्म मौत मालिक, न फ़रियाद जोई
सिर्फ दाद अपनी, न दिलदार कोई
चाल चन्द्र और हुक्म सनीचर का, असर राहु दो मिलता हो
नेक मंगल जब बारह बैठा, राहु न मंदा होता हो
बाकी घर बद-मंगल जहरी, मौत नक्कारा बजता हो
चर्बी कच्ची छत अपनी उड़ती, लेख नसीबा मंदा हो
अट्ठाईस साला जब मंगल आवे, सनीचर फेरा खुद पाता हो
सोया नसीबा पकड़ जगावे, उजड़ा खजाना भरता हो

(1) जिस तरह मौत के आगे किसी का कोई बस नहीं चलता, उसी तरह मंदे वक्त में न तो कोई मददगार ही होगा और न ही कोई फ़रियाद ही सुनने वाला होगा। ऐसा इंसान अपने आपको खुद ही दाद (हौसला) देने वाला दिलदार होगा।

(2) खाना नंबर 8 राहु चन्द्र की चाल, सनीचर का हुक्म (आदेश) और राहु खाना नंबर 2 का फल टेवे वाले इंसान को देगा। चांदी का चौकोर टुकड़ा अपने पास 40–43 दिन तक रखने से राहु का भेद (रहस्य) खुल जाएगा कि राहु नेक है या बद अथवा राहु उम्दा है या मंदा।

(3) जब खाना नंबर 12 में मंगल–नेक (सूरज+बुध) हो तो राहु अब मंदा असर नहीं करेगा, लेकिन अगर टेवे में खाना नंबर 12 को छोड़कर किसी भी खाने में मंगल, बद हो तो मौत का नक्कारा (नगाड़ा) बजेगा, खासकर जब इक्कीस साल की उम्र में राहु के दुश्मन ग्रहों से मुतअल्लिक कारोबार किए जाएं। मसलन शुक्कर से मुतअल्लिक (सम्बन्धित) 21 साल की उम्र में शादी, सूरज से मुतअल्लिक राजदरबार में नौकरी, मंगल–बद से मुतअल्लिक सैनिक मुलाजमत (नौकरी), धोखा, फरेब अथवा गबन (हेरा–फेरी) के वाकिआत किए जाएं।

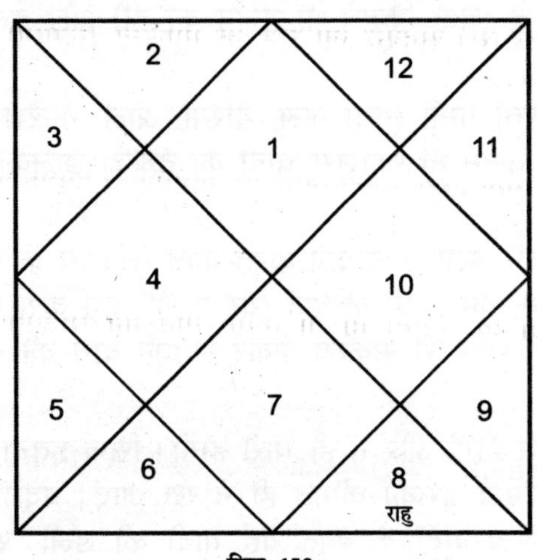

चित्र 458:

खाना नंबर 8 पर राहु का निशान

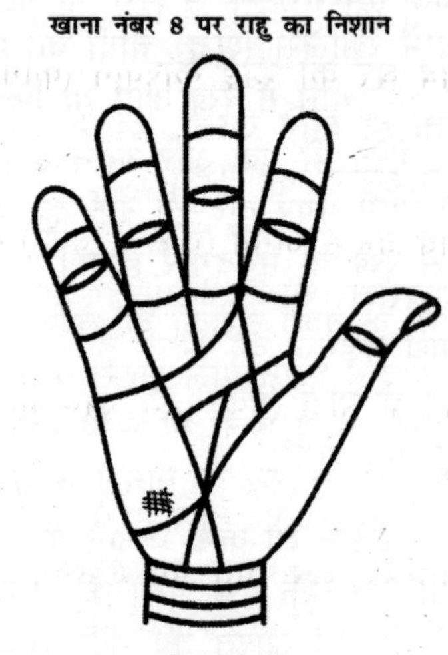
चित्र 459:

(4) रंग–बिरंगी किस्मत का फैसला सनीचर करेगा। जब सिर्फ़ छत बदली जाएगी तो चन्द्र फौरन राहु के खिलाफ़ (विपरीत) चलने लगेगा और राहु अब सनीचर के खिलाफ़ चलेगा। सनीचर टेवे में चाहे कितना ही उम्दा क्यों न हो मगर छत से छेड़छाड़ राहु का फल खराब ही करेगा। झगड़े, फ़साद और अदालती कार्यवाही में परेशानियां और फ़िज़ूल खर्चों से टेवे वाला मुसीबत में आ जाएगा।

(5) बमूजिब (अनुसार) वर्षफल जब 28 साल की उम्र में मंगल–नेक (सूरज+बुध) हो अथवा मंगल खाना नंबर 1–8 में आ जाए अथवा सनीचर, नेक हो या खाना नंबर 8 में आ जाए तो वह सोया हुआ नसीब भी पकड़कर जगाने वाला और उजड़ा हुआ खजाना भर देने वाला होगा।

(6) जब टेवे वाला नीच या मंदे कामों से धन पैदा करेगा तो खाना नंबर 8 का राहु उसकी आमदनी का आठवां हिस्सा भी नहीं बचने देगा। टेवे वाला हकीकत (प्रत्यक्ष) में भला हो मगर करतूतों (कर्मों) में काफिरों (दुश्मनों) की वजह से बदनाम होगा। इंसान के मंदे (नीच) कामों के मंदे ही नतीजे (परिणाम) होंगे।

(7) मंदे राहु के वक्त राहु खुद ही खूनी हाथी के मानिन्द (समान) होगा और अपनी मौत का हुक्मनामा (आदेश) हाथ में लिए, अपनी ही गिरफ्तारी का नक्कारा (नगाड़ा) बजा रहा होगा।

(8) राहु टेवे में चाहे उम्दा हो या मंदा मगर एक न एक दिन राजा और फकीर को औकात में बराबर कर देगा।

(9) जब टेवे में सनीचर खाना नंबर 2 या खाना नंबर 3 में हो तो सनीचर और राहु की उम्र (सनीचर की उम्र 9, 18, 36, 72 वगैरह और राहु की उम्र 10.5, 21, 42, 84 वगैरह) पर चाचा की माली (आर्थिक) हालत खराब होगी और औलाद की तो जड़ ही कटती हुई होगी। खासकर जब चाचा सनीचर से मुतअल्लिक (सम्बन्धित) अश्या खरीदे।

(10) जब खाना नंबर 8 का राहु बमूजिब (अनुसार) वर्षफल खाना नंबर 8 में ही आ जाए तो उस इंसान का हाथी मानो कब्र में ही जा गिरा हो। टेवे वाले को नुकसान होते रहेंगे खासकर माली (आर्थिक) नुकसान होंगे। ऐसे वक्त जब बमूजिब वर्षफल खाना नंबर 8 में राहु आए तो जनमदिन से आठवां महीना शुरू होते ही हर रोज बादाम, धर्म स्थान (मन्दिर वगैरह) में ले जाएं और उनमें से निस्फ (आधे) बादाम अपने साथ ही ले आएं, यह उपाय अपने आने वाले जनमदिन तक जारी रखें, इससे राहु के हाथी को गुजरने के लिए पुल तैयार हो जाएगा।

(11) जब घर का कोई कारकुन (काम करने वाला, रोजगारी) सदस्य जो राहु के मानिन्द (समान) दिखाई देता हो यानि काला, काना, लावल्द (संतानहीन) और हाथी के कद का हो तो राहु का सारे घर पर बुरा असर नहीं पड़ेगा।

(12) जब घर में जनूब (दक्षिण दिशा) का दरवाजा, छत और फर्श अन्दर दाखिल होते वक्त नीचा दर नीचा (उत्तरोत्तर नीचे की ओर) होता चला जाए अथवा मकान में केवल छत बदली जाए अथवा मकान के साथ भड़भूजे की भट्टी हो तो सबका नतीजा (परिणाम) टेवे वाले पर मंदा ही होगा। ऐसे वक्त अगर घर के पास (मकान के साथ ही लगी हुई) भड़भूजे की भट्टी हो तो उसमें तांबे का सिक्का डालना मुबारक होगा।

(13) जब राहु खाना नंबर 8 में हो और सनीचर खाना नंबर 6 में हो तो राहु, सनीचर के अधीन होगा। सनीचर जब मौत का हुक्मनामा (आदेश) जारी करेगा तो राहु उस हुक्म की मुनादी करेगा और हुक्मनामा की पालना करने के लिए टेवे वाले को मौत के घाट तक पहुंचाएगा। इस कार्यवाही में अगर कोई कमी रह जाएगी तो उस कमी को सनीचर पूरा करेगा। जब राहु उसे मौत देगा तो सनीचर वहां "मौका ए स्थल" पर खड़ा हुआ गिना जाएगा।

(14) अचानक होने वाले हादसे, जहमत (मुसीबत), बीमारी और माली (आर्थिक) नुकसान कराना मंदे राहु का काम होगा, खासकर उस वक्त जब टेवे में या बमूजिब (अनुसार) वर्षफल राहु को सिर और केतु को दुम गिनकर सनीचर का सांप टेवे में सीधा बैठा हो (राहु–सनीचर–केतु के क्रम में) और सनीचर का सांप चन्द्र के दूध में जहर मिला रहा हो (या तो साथ बैठकर या फिर दृष्टि के द्वारा)। ऐसे वक्त इस घूमती हुई ग्रह चाल से इंसान का सोना और जिस्म दोनों की किस्मत मिट्टी में मिली हुई होगी।

(15) जब खाना नंबर 8 में राहु हो तो टेवे वाले की किस्मत इंद्रधनुष की तरह रंग–बिरंगी होगी। जिसका असर झूले की तरह ऊपर–नीचे होगा यानि शक्की (संदेहजनक) ही होगा।

कियाफा (हस्तरेखा)– मंगल–बद के बुर्ज़ (खाना नंबर 8) पर राहु का जाल (#) हो।

उपाय

खोटे सिक्के जिनकी बाजार में कोई कीमत न हो और जिनके टकराने पर कोई आवाज न होती हो, दरिया में तकरीबन 8 सिक्के या फिर हर रोज 43 दिन तक एक सिक्का डालते रहना मुबारक होगा। पूर्व में प्रचलित 5, 10, 20 पैसे के सिक्के प्रयोग में लाए जा सकते हैं।

राहु खाना नंबर 9

(पागलों का सरताज, हकीम–मगर बेईमान)

धर्म तेरी ढोलक या बच्चों की जाती
बचेगी कहां तक, जो हाथी से बजती
धर्म जला जब राहु भट्टी, बृहस्पत चुप पांच–ग्यारह हो
सरसाम हटाता फूंक से अपनी, शिफ़ा पागल को देता हो
ग्रह चौथे के तख़्त पे आते, राहु मंदा खुद होता हो
तख़्त मगर जब खाली होवे, सेहत बुजर्गी मंदा हो
झगड़े अदालती खून से करता, पक्की लावल्दी होती हो
औलाद हालत खुद ऐसी करता, पैदा होती और मरती हो
सनीचर टेवे जब पांचवें बैठा, हुक्म सनीचर से पाता हो
योग औलाद का ऐसा मंदा, न ही मरे न ही पैदा हो
उपाओ केतु या पालन कुत्ता, भाव सेवा चाहे कितना हो
बार कटी हो कुत्ता मरता, उम्र औलाद की बख़्शता हो

(1) जब खाना नंबर 9 में राहु हो तो ऐसा इंसान धर्म के उसूल (सिद्वान्त) और कारोबार को भट्टी में डालकर उनका धुआं बना देगा क्योंकि धर्म की ढोलक (खाना नंबर 9) को जब हाथी (राहु) अपनी सूंड़ से बजाएगा तो वह कितने दिन बजेगी और कैसे बचेगी? ऐसा इंसान किसी भी तरह की कैद या बंदिश (रोक–टोक) पसंद नहीं करेगा।

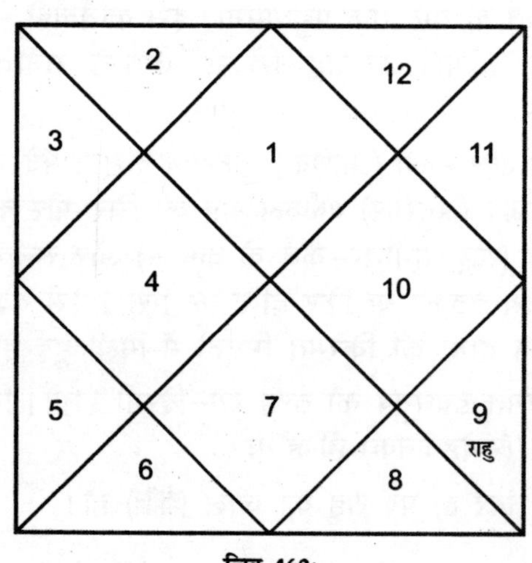

चित्र 460:

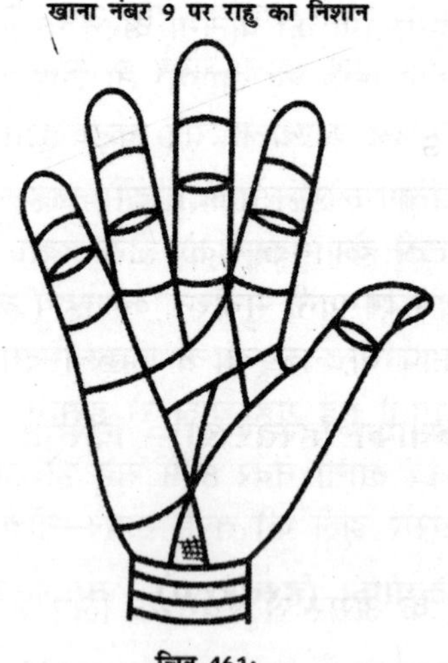

चित्र 461:

(2) जब बृहस्पत खाना नंबर 5, 11 में हो तो टेवे वाले का धर्म–ईमान भट्टी में जल जाएगा। बृहस्पत अब चुप होगा मगर गुम न होगा। ऐसा इंसान पागलों के इलाज के लिए सरताज हकीम होगा, जो सरसाम (एक प्रकार का मस्तिष्क रोग–सन्निपात) के मरीज को फूंक से ही शिफ़ा (रोग से मुक्ति) देने की ताकत का मालिक होगा।

(3) जब टेवे के खाना नंबर 4 का ग्रह बमूजिब (अनुसार) वर्षफल खाना नंबर 1 (तख़्त) पर आएगा (किस उम्र में आएगा देखें फरमान नंबर 13 फेहरिस्त वर्षफल) तो खाना नंबर 1 वाले ग्रह की (जो वर्षफल में तख़्त पर आया है) अश्या (वस्तुओं) कारोबार और ताल्लुकदारों (रिश्तेदारों) का मंदा असर खाना नंबर 9 के रिश्तेदारों, चीजों या कारोबार पर होगा।

(4) जब टेवे में तख़्त (खाना नंबर 1) खाली हो तो टेवे वाले की सेहत मंदी और बुजुर्गी इज्जत भी मंदी होगी। इंसान को दिमागी (मानसिक) और बुजुर्गों की ओर से परेशानियां मिलेगी।

(5) जब खाना नंबर 9 में राहु हो और टेवे वाला अपने खून के ताल्लुकदारों (रिश्तेदारों) से अदालती झगड़े करता हो तो टेवे वाला पक्का लावल्द (निःसन्तान) होगा। नरीना (नर) औलाद बार-बार माता के पेट में पैदा होती और मरती रहेगी। इंसान के बाप-दादा और ससुराल तबाह होंगे और भाई-बन्द तंग करेंगे।

(6) टेवे में राहु खाना नंबर 9 के वक्त, सनीचर खाना नंबर 5 में बैठा हो तो अब राहु सनीचर से हुक्म पाएगा यानि टेवे में औलाद की पैदाइश से मुतअल्लिक (सम्बन्धित) सनीचर खाना नंबर 5 का हुक्म चलेगा। नरीना (नर) औलाद न पैदा होगी और न ही मरेगी। औलाद का योग हर तरह से मंदा ही होगा।

(7) खाना नंबर 9 के राहु के वक्त केतु के कुत्ते (कुत्ता या दुनियावी तीन कुत्तों में से कोई एक दामाद, दोहता या साला) की पालना पूरी नेक नीयत के साथ करना मददगार होगा। अगर कुत्ता (जानवर) पाला जाएगा तो वह कई बार मरता जाएगा। अमूमन 11 कुत्ते टेवे वाले के पाले हुए मरेंगे, लेकिन हर कुत्ता औलाद की उम्र बख़्शता ही रहेगा।

(8) मंदे राहु के वक्त टेवे वाला फ़कीर, साधु और तांत्रिकों के चक्कर में पड़ा हुआ होगा। जो टेवे वाले का धन खा जाएंगे। राहु अब नौ गुना मंदी हालत का होगा जो चन्द्र को भी मंदा कर देगा। राहु का मंदा असर खाना नंबर 5 (औलाद) और खाना नंबर 11 (आमदनी) पर होगा।

(9) राहु की खाना नंबर 9 के वक्त मंदी निशानियां मंदरजाजैल (निम्नलिखित) होंगी।

बालिग लोगों से अदालती फ़साद (झगड़े), औलाद की बीमारी और बलाएं (प्रेत-पीड़ा), छत का बदलना, भट्ठी का मकान के ठीक बराबर होना, शौचालय को तोड़कर बार-बार बनवाना, दहलीज के नीचे से गंदा पानी गुजरना, स्याह (काला) कुत्ता गुम हो जाना, बिल्ली का रोना, स्याह रिश्तेदार की मौत हो जाना, नाखूनों का झड़ना वगैरह।

कियाफा (हस्तरेखा)– किस्मत रेखा की जड़ (खाना नंबर 9) पर राहु का जाल (#) हो।

उपाय

मंदे राहु के असर से बचने के लिए मंदरजाजैल उपाय कारआमद (प्रभावशाली) होंगे।

(1) खानदान में मुश्तरका (संयुक्त) होकर रहना।

(2) परिवार में कभी खुदमुख़्तार (मनमानी करने वाला) न होना।

(3) सुसराल से ताल्लुक (सम्बन्ध) न तोड़ना।

(4) मंगल बद वाले इंसान की सलाह से बचकर चलना।

(5) सिर पर चोटी अथवा जिस्म पर सोना (बृहस्पत की अश्या) कायम रखना।

(6) घर में स्याह (काला) कुत्ता पालना अथवा दुनियावी तीन कुत्तों में से किसी एक की पालना करना मददगार होगा। अगर ये तीनों प्राणी (दुनियावी कुत्ते) इन घरों में स्थाई रूप से रह रहे हों तो कुत्तों की जमात (श्रेणी) में आते हैं।

राहु खाना नंबर 10

(सांप की मणि (मददगार) या सांप की सिरी (खतरनाक)

करे दोस्ती जब तू, हाथी या राजा
बड़ा रखना दरवाजा, बेहतर ही होगा
दोगुना राहु हो नेक सनीचर से, मंदे नजर आयु घटता हो
टेवे मंगल-बद आ जब बैठे, लीद हाथी घर भरता हो
गर टेवा कोई अंधा होवे, हाथी अंधा खुद होता हो
गैर डरे घर अपना मारे, मंदा नंगा सिर काला हो
चन्द्र अकेला चौथे बैठा, खाली धुआं आ होता हो
दिमाग फटे या हो सिर कटता, बिजली राहु जर कड़कता हो
खाली मन्दिर से राहु सोता, तेज तबीयत मंदा हो
दोस्त ग्रह पर कीचड़ देता, उपाओ मंगल का उम्दा हो

(1) जब राजा या हाथी से दोस्ती की जाती है तो अपने घर का दरवाजा बड़ा ही रखना पड़ता है अर्थात् टेवे वाले की तंगदिली (ओछापन) और कंजूसी दुनियावी लोगों या दोस्तों से अदावत (दुश्मनी) पैदा करने का बहाना बनेगी।

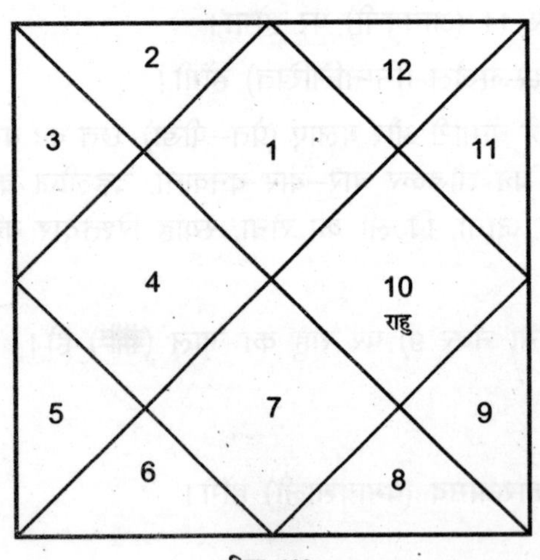

चित्र 462:

खाना नंबर 10 पर राहु का निशान

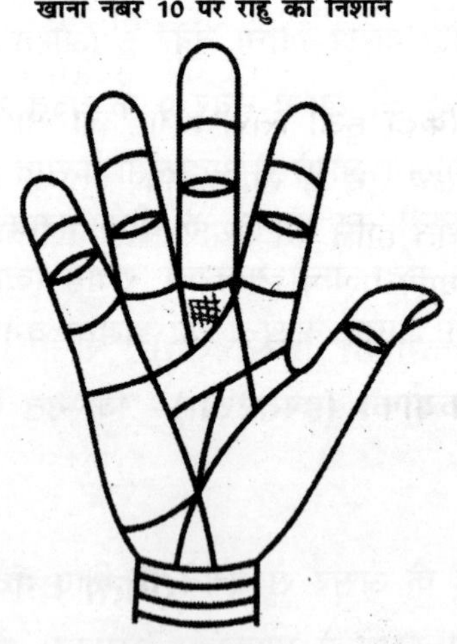
चित्र 463:

(2) जब टेवे में सनीचर उम्दा और नेक हो तो राहु भी धन–दौलत के मामले में दोगुना नेक होगा और शेरों का शिकार करने वाला बहादुर हाथी होगा। इस हाथी की रफ़्तार (चाल) भी दोगुना नेक होगी। ऐसा इंसान कमाल का (काबिल) व्यापारी होगा और लम्बी उम्र का मालिक होगा। लेकिन बरखिलाफ (विपरीत) इसके जब टेवे में सनीचर मंदा हो तो टेवे वाले की नजर और उम्र को खतरा ही होगा।

(3) जब टेवे में मंगल–बद {सूरज+सनीचर = मंगल–बद (देखें फरमान नंबर 6 मस्नूई ग्रह)} हो तो हाथी की मंदी लीद से घर भर जाएगा अर्थात् घर में मंदे वाकिआत (घटनाए) होंगे। निर्धनी और मुसीबत पे मुसीबत सामने आकर खड़ी होगी।

(4) जब टेवा अंधा हो (देखें फरमान नंबर 6, अन्धे ग्रह) तो राहु का हाथी भी अन्धा ही होगा और अपनी ही फौज को कुचलने वाला होगा अर्थात् गैरों (बाहरी लोगों) से डरकर अपने ही घर को बरबाद करने वाला होगा।

(5) जब चन्द्र अकेला खाना नंबर 4 में बैठा हो तो ख्याली दिमागी धुआं अर्थात् बेवजह के विचारों से मानसिक परेशानियां पैदा होंगी। राहु का धुआं ज्यादा बढ़ने से दिमाग फट जाए (पागलपन) या सर फटे (दर्द का रोग–मस्तिष्क में) अथवा आंखों की बीनाई (ज्योति) ही चली जाए। खाना नंबर 4 के चन्द्र की वजह से टेवे वाले की धन–दौलत पर बिजली की तरह का मंदा असर होगा। ऐसे वक्त मंगल का उपाय मददगार होगा।

(6) जब खाना नंबर 2 खाली हो तो खाना नंबर 10 का राहु सोया हुआ होगा (देखें फरमान नंबर 8, सोया हुआ ग्रह) ऐसे वक्त राहु ज्यादा मंदा असर टेवे वाले पर करेगा। जब हाथी स्नान करेगा तो अपने दोस्तों पर तो कीचड़ उछालेगा ही, इसलिए राहु अपने दोस्तों बुध, सनीचर और केतु का असर भी मंदा कर देगा। ऐसे वक्त मंगल का उपाय मददगार होगा।

(7) खाना नंबर 10 का मंदा राहु बाप के लिए उम्दा मगर माता के लिए मंदा ही होगा। साथ ही टेवे वाले की सेहत भी शक्की ही होगी। राहु भी शक्की असर का होगा। राहु की हालत का फैसला (शक्की होने के कारण) सनीचर की हालत पर होगा। अगर सनीचर नेक होगा तो खर्चा भले ही लम्बा हो मगर नेक कामों में होगा। बरखिलाफ़ (विपरीत) इसके अगर सनीचर मंदा हो तो टेवे वाला सोने को लोहा और लोहे की अफ़मून (अफीम) बनाकर खा जाएगा अर्थात् जद्दी (पैतृक) जायदाद का कोयला कर देगा। जब भी राहु का मंदा असर होगा, हमेशा धन–दौलत पर ही होगा।

(8) जब टेवे में राहु उम्दा हो और मददगार हो जाए तो सांप की मणि का काम देगा, जो सांप के जहरीले से जहरीलें जहर को भी चूस लेगा और अगर राहु मंदा हो और खतरनाक हो जाए तो सांप की सिरी (कटा हुआ सिर) होगा, जो सांप से भी ज्यादा खतरनाक होगा।

(9) जब टेवे में खाना नंबर 10 के राहु को मंगल का साथ न मिल रहा हो तो काला नंगा सिर रखना धन हानि की तैयारी की निशानी होगी। अगर मंगल, नेक (सूरज+बुध) हो तो राहु का मंदा असर टेवे वाले पर न होगा।

कियाफा (हस्तरेखा)– सनीचर के बुर्ज़ (खाना नंबर 10) पर मध्यमा अंगुली की जड़ में राहु का निशान हो।

राहु खाना नंबर 11

(पिता को ग्रहचाल मारे, पिता का मुंह न देखे)

बढ़े नाम बदनाम, जब सीना जोरी
कसम खा के बेचेंगे, सब माल चोरी
जनम दुनिया बेटा होते, बाप वहां न रहता हो
राहु टेवे चमक देते, बृहस्पत वहां न होता हो
बृहस्पत भागा पापी भागे, भागता संसार हो

सनीचर बैठा पांच-तीजे, योगी अलंकार हो
एक तीजे पापी बैठे, राहु बढ़ता आप हो
धन न मांगे मां से अपनी, न ही लेगा बाप से हो
उम्र पिता सुख सागर उसका, न ही दौलत धन मिलता हो
औलाद केतु दरवेश हो मंदा, वक्त बृहस्पत तक उम्दा हो
धर्म मन्दिर और दान हमेशा, चलती हवा या पानी हो
बन्द पड़ा धन-दौलत सड़ता, जज़िया-मरीज प्राणी हो

(1) जिस तरह से बेवजह कसमें खाने वाला प्राणी बेईमान होता है उसी तरह धर्म दरबार (खाना नंबर 11) में बैठा हुआ राहु ऐतबार (विश्वास) के लायक नहीं होता। खासकर जब ऐसा राहु बृहस्पत को ही नष्ट कर रहा हो।

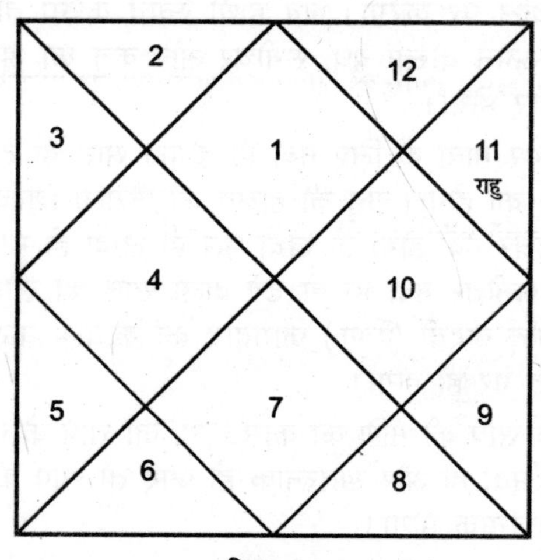

चित्र 464:

खाना नंबर 11 पर राहु का निशान

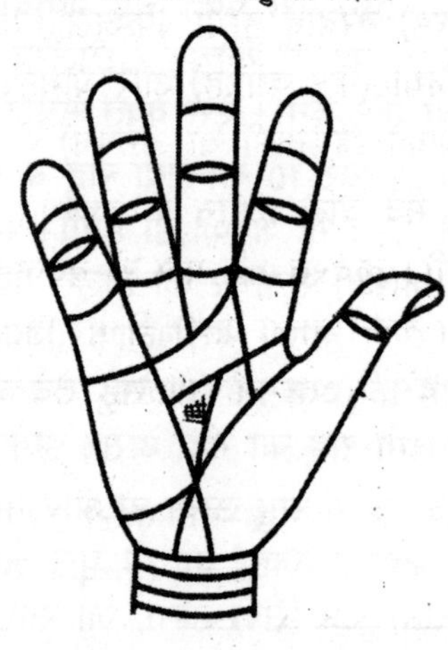
चित्र 465:

(2) जब खाना नंबर 11 में राहु मंदा हो रहा हो तो ऐसा इंसान पैदा होते ही पिता का मुंह न देख सकेगा अथवा माता के पेट में आते ही ऐसा इंसान अपने बाप को हथियार से अथवा ग्रह–चाल से हादसे का शिकार बना देगा। टेवे वाले की 11 माह, 11 साल या ज्यादा से ज्यादा 21 साल की उम्र पूरी होते–होते बृहस्पत की अश्या, कारोबार और रिश्तेदार (पिता) को राहु नष्ट ही कर देगा। अगर कुछ बाकी रहा तो सोने से मिट्टी हो रहा होगा।

(3) राहु खाना नंबर 11 में मंदे वक्त के दौरान बृहस्पत, केतु या सनीचर कोई भी साथ न देगा। बेवजह के झगड़े और फ़साद (परेशानियां) खड़े होंगे। किसी बेईमान की कसम के ऐतबार (विश्वास) से भी धोखा हो सकता है। ऐसे वक्त बृहस्पत, पापी (केतु) और संसार (सनीचर) सभी टेवे वाले के लिए भाग खड़े होंगे अर्थात् साथ न देंगे।

(4) जब सनीचर खाना नंबर 3–5 में हो तो टेवे वाला योगी और अलंकार सरीखा (जैसा) होगा। अब राहु खाना नंबर 11, पिता (बृहस्पत) पर भारी न होगा।

(5) जब खाना नंबर 1–3 में पापी (केतु, सनीचर) बैठे हों तो खाना नंबर 11 का राहु खुद ब खुद (स्वतः) आगे बढ़ने वाला होगा। टेवे वाला इंसान अपनी हिम्मत और नसीब से आगे को बढ़ता चला जाएगा। ऐसा इंसान न तो अपनी माता (चन्द्र) से धन लेगा और न ही अपने बाप (बृहस्पत) से लेगा। न तो पाप करेगा और न ही धोखा ही देगा। खुद साख्ता (स्वनिर्मित) अमीर होगा।

(6) राहु मंदे के वक्त पिता, ससुर या नाना की उम्र, दौलत, सुख–सागर और तोशा (बचा हुआ माल व धन) न के बराबर होगा। ऐसे वक्त केतु दरवेश (भिखारी) और मंदी हालत में होगा लेकिन केतु की हालत टेवे वाले की 16 साल उम्र (बृहस्पत) तक उम्दा होगी। ऐसे वक्त सनीचर का असर भी (आंख की ज्योति वगैरह) सनीचर की अश्या, कारोबार और रिश्तेदारों के मार्फ़त (द्वारा) मंदा हो सकता है।

(7) जिस तरह जिन्दगी के लिए हवा और पानी जरूरी होता है उसी तरह ऐसे इंसान के लिए धर्म स्थान जाना और दान करना हमेशा जरूरी और मददगार होगा।

(8) खाना नंबर 11 के मंदे राहु के वक्त टेवे वाले के जनम पर बंद पड़ा हुआ धन–दौलत (बचत वगैरह) बरबाद होगा, फ़िज़ूल (बेकार) के नुकसान, आग और जहर के वाकिआत (घटनाएं), जुर्मानों, जजिया (कर वगैरह) और बीमारियों में खर्चा होगा। अपने मालिक (या फिर अफसर) से झगड़े और नाचाकी (बदनामी या अनबन) से नुकसान होंगे।

(9) राहु मंदे वाले इंसान के बृहस्पत (इज्जत, पदवी, शोहरत वगैरह) की जड़ कटती और बरबाद होती रहेगी। कुदरत की मार से बेवजह परेशानियां और खर्चे होंगे। आग, चोरी के वाकिआत होंगे। कर्जा अदा करने वाला प्राणी ही मर जाएगा। सभी तरफ राहु के मंदे और कड़वे धुएं से टेवे वाले की किस्मत का दम घुटता रहेगा। राहु टेवे वाले की किस्मत से मुखालफ़त (दुश्मनी) का सलूक (व्यवहार) कर रहा होगा।

(10) जिस तरह मंगल–बद वाला इंसान ऐसे घर में जनम लेता है जहां उसके बरबाद करने को बेशुमार धन–दौलत हो। उसके जनम से पहले हर तरफ सब्ज–गुलजार (हरा–भरा), बरकत ही बरकत (उन्नति) हो रही होती है। जिसे मंगल–बद वाला बरबाद कर सके, ठीक उसी तरह राहु खाना नंबर 11 वाला इंसान भी ऐसे वक्त जनम लेगा जबकि उसके वाल्दैन (माता–पिता) खूब धन–दौलत और शान–शौकत वाली जिंदगी बसर कर रहे हों।

(11) खाना नंबर 2 दुनियावी इज्जत (सम्मान) और ससुराल का खाना है। अगर खाना नंबर 2 में कोई ग्रह हो तो वह भी राहु के मंदे धुएं की स्याही से भरपूर होगा। जनम वक्त का दौलतमंद हाथी घटते–घटते 36 साल की उम्र तक सिफर (शून्य) हो जाएगा। लम्बे वक्त से चला आ रहा खानदानी 'नाम' और काम दोनों गहरे गड्ढों में गिरकर बरबाद होंगे अर्थात् बने बनाए काम अचानक बिगड़ते ही चले जाएंगे।

(12) राहु खाना नंबर 11 के वक्त टेवे वाले की जाती (व्यक्तिगत) कमाई के फालतू धन (बचत) का फैसला खाना नंबर 3 के ग्रह की हालत पर होगा। राहु की बिजली के वक्त, बृहस्पत बरबाद होगा। (राहु की बिजली देखें फरमान नंबर 8, पक्का घर खाना नंबर 5)।

"बृहस्पत टेवे में जब तक उम्दा, औलाद दुःखी न होती हो
पांच पापी बृहस्पत मंदा टेवे, बिजली चमका देती हो"

(13) राहु खाना नंबर 11 के मंदे असर के वक्त अगर बृहस्पत (पिता, बाबा, नाना वगैरह) किसी दूसरे ग्रह की मदद पर जबरदस्त उम्दा हालत में हों और लम्बी उम्र के मालिक हों तो राहु की सारी मंदी हालतों का असर टेवे वाले पर हो सकता है यानि छोटी उम्र, सोने का राख होना, अंधा या लंगड़ा वगैरह मंदे असर खुद टेवे वाले पर हो सकते हैं।

(14) खाना नंबर 11 के पक्का घर का मालिक ग्रह बृहस्पत है इसलिए राहु का मंदा असर सबसे पहले बृहस्पत पर ही होगा। बृहस्पत का सीधा मतलब पिता से होता है मगर कभी–कभी यह असर पिता के बजाय टेवे वाले के ससुर या नाना पर भी हो सकता है, जो राहु के भूचाल से चल बसे (वफ़ात पा जाएं) अथवा टेवे वाले के कुछ काम न आ सके। अगर टेवा लड़की का हो तो बृहस्पत उसके ससुर को ही दिखाएगा। अगर टेवा लड़के का है तो बृहस्पत उसका पिता होगा।

(15) खाना नंबर 11 के मंदे राहु के वक्त बाप–बेटा या बाबा–पोता बहुत ज्यादा वक्त तक एक साथ नहीं रह सकते। कई बार तो यह जुदाई टेवे वाले के जनम लेते भी हो सकती है। अगर राहु ज्यादा मंदा न हो तो बाप–बेटे अलग–अलग भी रह सकते हैं। यह भी जुदाई की ही एक तस्वीर होगी।

(16) जब मंगल खाना नंबर 3 में हो तो टेवे वाले के भाई की गरदन बरबाद होगी। टेवे वाले का ताऊ लावल्द (संतानहीन) या लंगड़ा होगा।

(17) राहु खाना नंबर 11 के वक्त केतु खाना नंबर 5 में होगा। ऐसे वक्त केतु का असर भी मंदा ही होगा यानि औलाद नरीना (नर) कान, टांग, रीढ़ की हड्डी, पेशाबगाह (मूत्राशय), घुटने या पांव में दर्द या बीमारी या चोट लग सकती है। सफर (यात्रा) में नुकसान, केतु से मुतअल्लिक (सम्बन्धित) रिश्तेदार, अश्या (वस्तुएं) और कारोबार से भी नुकसान हो सकता है मगर शर्त यह है कि खाना नंबर 5 में बैठकर केतु मंदा हो रहा हो।

अकेला राहु खाना नंबर 11 में उम्दा भी हो तो भी अमूमन टेवे वाले का पिता नहीं होता मगर पिता की उम्र तक (जब तक पिता जिन्दा हो) राहु का असर धन–दौलत के लिए उम्दा ही होगा। पिता के कूच करने के बाद (मरने के बाद) सोना या जर्द (पीली) चीज जिस्म पर कायम करना या अपने पास रखना जरूरी और मददगार होगा।

कियाफा (हस्तरेखा)– हथेली के खाना नंबर 11 (बचत) में राहु का जाल (卌) हो।

उपाय

(1) धर्म स्थान (मन्दिर वगैरह) में हमेशा दान करते रहना मददगार होगा।

(2) जिस्म पर सोना या पीली चीज कायम (धारण) करना मददगार और जरूरी होगा।

(3) जिस्म पर राहु की अश्या (खाकी रंग के कपड़े) कायम करना कोई वहम (संदेह) की बात नहीं होगी। लेकिन राहु का कारोबार (नीले रंग, हथियार, बिजली का सामान वगैरह) करना बृहस्पत के नुकसान (माया–दौलत–इज्जत) की वजह बनेगी।

(4) मेहतर (स्वीपर) को बतौर खैरात पैसा या धेला (माल वगैरह) देते रहना मददगार होगा।

(5) जब बृहस्पत 3–11 में हो तो सोने की जगह लोहा जिस्म पर कायम करें।

(6) चांदी के गिलास में पीने की चीजों का इस्तेमाल करें।

(7) चांदी की नाली (पाइप) में हुक्के (सिगरेट वगैरह) का इस्तेमाल करें।

राहु खाना नंबर 12

(मंदरचा ख्यालम, फलक दरचा ख्याल)

रहा झुका दिन भर, कमाई जो ढोता
खजाना भरे क्या, न जब रात सोता
रात का आराम उम्दा, या गुजर ससुराल की हो
ब्रह्म शनासी दुनिया होगा, नेक सनीचर जब चलता हो
लकड़ी मीठी पौन मीठी, धुआं तो कड़वा ही हो
ख़र्चा घर का होता हाथी, लगता कामों शुभ ही हो
मंदा सनीचर खुद योग हो मंदा, अंग मंदा जो योगी हो
दुश्मन ग्रह जब साथ हो बैठा, हसद तबाही होती हो
चोर अय्यारी ग़बन न उम्दा, छींक उलट मंद होती हो
बारिश धुआं न माया करता, फलक हवा चाहे भरती हो
मंगल टेवे हो जिस दम साथी, राजशाही सुख होता हो
ग्यारह शुक्कर से कन्या बढ़ती, बुध बृहस्पत धन देता हो

(1) खाना नंबर 12 के मंदे राहु वाला इंसान "मन दरचा ख्यालम और फ़लक दरचा ख्याल" की किस्मत वाला इंसान होगा यानि सोचे तो कुछ मगर किस्मत को कुछ और ही मंजूर होगा। ऐसा इंसान काम के बोझ से दिन भर झुका रहेगा और भाग दौड़ और दिमागी ख्यालातों (विचारों) की दिनभर दौड़ लगाएगा मगर जो कुछ भी कमाई के रूप में हासिल होगा उससे उसके खजाने नहीं भरेंगे साथ ही वह ठीक से रात को सो भी न सकेगा।

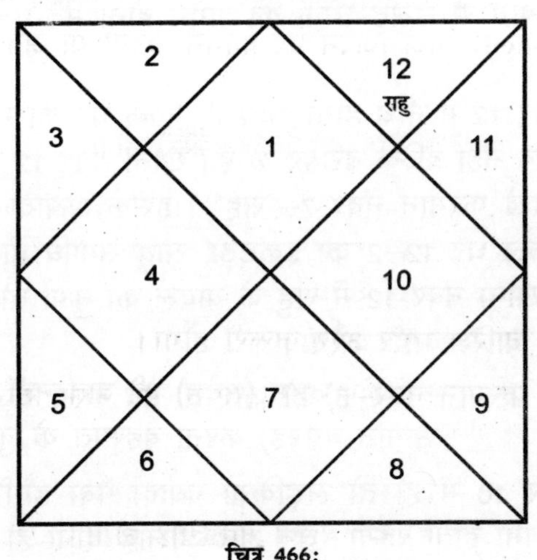

चित्र 466:

खाना नंबर 12 पर राहु का निशान

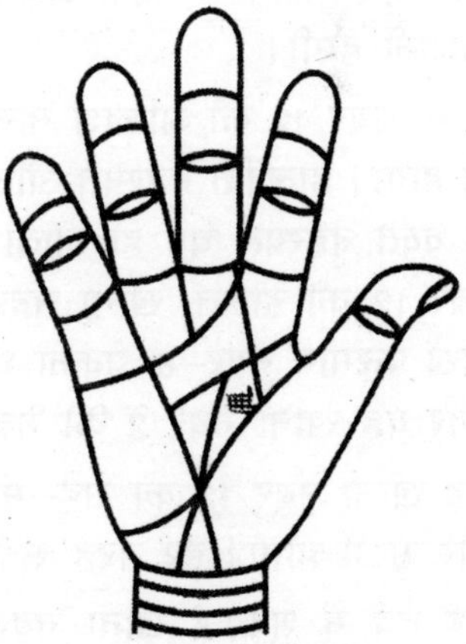

चित्र 467:

(2) ऐसे इंसान को रात का आराम (यौन–सुख) उम्दा हालत में मिलेगा और उसकी ससुराल भी अच्छी गुजरान (गुजर–बसर) वाली होगी। टेवे वाले के ससुराली अमीर होंगे। दुश्मनों से बचाव हमेशा बना रहेगा।

(3) जब टेवे में सनीचर उम्दा हो तो टेवे वाला दुनियावी ब्रह्मशनासी (ब्रह्मवेत्ता), योगाभ्यास करने वाला होगा, दुनियावी भोगों से अलैहदा (विरक्त) होगा।

(4) खाना नंबर 12 में मंदा राहु हो तो टेवे वाला खुद मेहनती होगा, दिनभर कमाई के लिए हर तरह का बोझ ढोता रहेगा लेकिन मंदे राहु की वजह से नतीजा कड़वा धुआं ही होगा। टेवे वाला रात को चिन्ता की वजह से सो भी न सकेगा। राहु का कड़वा धुआं टेवे वाले का दम घोंट देगा और टेवे वाला खुदकुशी तक के ख्यालों (विचारों) को अपने दिमाग में ले आएगा।

(5) टेवे वाले का खर्चा हाथी की हैसियत (स्तर) का होगा जो रोकने से भी न रुक सकेगा और घर का खर्चा खुफ़िया (गुप्त, जो दिखाई न दे रहा हो या समझ में न आ रहा हो) होता चला जाएगा। लेकिन टेवे वाले का धन बरबाद न होगा बल्कि घर के नेक कामों में ही लगेगा। टेवे वाले का खर्चा संभवतः उसकी खुद की खुशी से बुध के रिश्तेदारों (बहिन, बेटी, साली वगैरह) की पालना में लगेगा।

(6) जब सनीचर मंदा हो तो ऐसे इंसान का योग भी मंदा ही हो जाएगा यानि अगर जिद में आकर योग (गृहस्थ–संन्यास) धारण करने की कोशिश करेगा तो जिस अंग से कोशिश करे वही अंग खराब हो जाएगा। यानि आंख से करे तो अंधा हो जाएगा और दिमाग से करे तो पागल हो जाएगा, चाहे पूरा जिस्म (शरीर) मोटा ताजा ही क्यों न हो। मंदे सनीचर के वक्त चाहे सनीचर और बृहस्पत का असर उम्दा ही हो जाए मगर राहु का जाती (व्यक्तिगत) असर मंदा और कड़वा धुआं ही होगा चाहे आसमान धुएं से भर जाए मगर धन की बारिश कहां होगी।

(7) जब राहु के दुश्मन ग्रह (सूरज, शुक्कर, मंगल) राहु के साथ या साथी (देखें फरमान नंबर 6) हों तो टेवे वाला हसद (ईर्ष्या) से भरपूर (प्रेरित) होकर मंदी (नीच) शरारतें करेगा, जिससे टेवे वाले का हाल और भी खराब होगा।

(8) जब टेवे वाला फ़ौजदारी (लड़ाई–झगड़ा), चोरी और गबन (धन की हेराफेरी बुरी नीयत से करना) से ताल्लुक (सम्बन्ध) रखेगा तो नाहक ही परेशान होगा और मंदे नतीजे (परिणाम) सामने आएंगे। नेक काम शुरू करने से पहले अथवा शुरू करते वक्त आगे से उलट छींक का शगुन होना मंदे वक्त की निशानी होगी।

(9) खाना नंबर 12 को आकाश माना है। राहु खाना नंबर 12 में नीच होगा साथ ही पक्के घर का मालिक भी होगा। हालांकि बृहस्पत और राहु आपस में दुश्मन नहीं बल्कि बराबर के हैं। खाना नंबर 12 में राहु के वक्त बृहस्पत चुप हो जाता है (विस्तृत वर्णन देखें फरमान नंबर 7–"राहु")। इसके अलावा खाना नंबर 12 की हालत, खाना नंबर 2 पर भी होगी "फल घर 12–2 का इकट्ठा, साधु समाधि होता है" (देखें फरमान नंबर–8, पक्का घर खाना नंबर 12) खाना नंबर 12 में राहु के बादल का धुआं तो होगा मगर वह खाना नंबर 2 की मदद के बिना धन की बारिश नहीं करेगा।

(10) जब खाना नंबर 12 का राहु–मंगल का साथी (देखें फरमान नंबर–6) हो जाए तो टेवे वाला राजशाही और सुखी होगा। हर तरह से उत्तम होगा।

(11) जब टेवे में शुक्कर खाना नंबर 11 या खाना नंबर 10 में हो तो लड़कियां ज्यादा पैदा होंगी और कायम रहेंगी। लड़कियों के खर्च के लिए धन भी जमा होता रहेगा। धन और औलाद दोनों ही उम्दा होंगे। टेवे में बुध की स्थिति के अनुसार लड़कियों की तादाद और हालत होगी। जैसा बृहस्पत होगा वैसी ही टेवे वाले की आमदनी और बचत करने की ताकत होगी। बुध और बृहस्पत की चीजें, रिश्तेदार और कारोबार अपनी हैसियत के मार्फत ही धन–दौलत देंगे। टेवे वाला कभी तंगहाल नहीं होगा।

(12) जब खाना नंबर 12 में राहु मंदा हो तो टेवे वाला नाहक (बेवजह) ही अपने ऊपर तोहमत (इल्जाम) ले लेने वाला बदनाम प्राणी होगा। कबीले (खानदान) के फ़िज़ूल खर्चों के भारी बोझ टेवे वाले के सिर पर होंगे। लेकिन फ़िज़ूलखर्ची के ज्यादातर फ़र्ज़ी (काल्पनिक) बादल ही दिखाई देते रहेंगे यानि टेवे वाला बिना खर्चा किए ही बेवजह ख्याली चिंताओं में खोया रहेगा और परेशान होता रहेगा।

(13) फ़र्ज़ी ख्यालों (विचारों) और उम्मीदों के खुश्क (सूखे) दरिया में तैरने की वजह से टेवे वाले की जान और उसके मकान में राहु की छत, राहु के भूचाल से हरदम कांप रही होगी।

(14) जैसा टेवे में बुध होगा वैसा ही राहु का हाल होगा। राहु का नेक असर मकान और चारदीवारों से मुतअल्लिक (सम्बन्धित) होगा।

कियाफा (हस्तरेखा)– हथेली के खाना नंबर 12 (खर्च) में राहु का जाल (#) हो।

उपाय

(1) रात को आराम करने की जगह पर मंगल की अश्या अर्थात् खांड की बोरी या सौंफ की बोरी कायम करने से राहु का उत्तम असर मिलेगा।

(2) जहां रोटी पके वहीं पर बैठकर रोटी खाना राहु के मंदे असर से बचाएगा।

चित्र 468: श्री गणेशजी

केतु (दरवेज)

(सफर की आंधी में दुनिया की आइंदा की नस्ल)

नजर पांव तेरे जो उखड़े पड़ेंगे, सभी जेर रहते ही, सिर पर चढ़ेंगे
बृहस्पत मंगल बुध तीनों ग्रह का, केतु कुत्ता त्रैलोकी हो
आठवें कान मुंह दूजे खुलता, छठे टेढ़ी दुम जिसकी हो
मिले केतु बुध कुत्ता दुनिया, पापी बुरा ही होता हो
बृहस्पत मंगल बुध न हो घर बारह, केतु भला ही होता हो
सफेद काला दो रंग बिरंगा, लाल मिला बुध होता हो
सनीचर मंगल कोई साथ हो बैठा, असर सभी का मंदा हो
केतु तख़्त से सूरज हो ऊंचा, छठे मंगल केतु मरता हो
कुतिया बच्चा जब एक ही होता, नस्ल क़ायम कर जाता हो

(1) जब इंसान का वक्त बुरा होता है तो जेर (दुर्बल) दुश्मन भी सिर पर चढ़ता है। केतु को कुत्ता कहा गया है और कुत्ते को दरवेश (साधु) इसलिए कहा जाता है क्योंकि वह संतोषी होता है। इंसानी

फितरत की तरह संचय नहीं करता, कुत्ते के आगे उसकी लजीज खुराक दूध भी डाला जाए तो पेट भरने के बाद वह उससे भी मुंह फेर लेता है। केतु साधु की तरह का ग्रह है।

(2) दुनियावी तीन कुत्ते माने गए हैं।

(i) खाना नंबर 2, ससुराल का घर है जहां पर दामाद जाकर टिके (स्थाई रूप से निवास करे) तो वह ससुराल का कुत्ता कहलाएगा।

(ii) खाना नंबर 6, नाना का घर होगा जहां पर दोहता जाकर टिके तो वह भी कुत्ता कहलाएगा।

(iii) इसी तरह जब साला अपने जीजा के घर जाकर टिके तो वह भी कुत्ता होगा।

(3) कुत्ते की नस्ल भी कई तरीके की होगी।

(i) अगर स्याह (काला) कुत्ता हो तो सनीचर का कुत्ता होगा।

(ii) सफेद रंग का कुत्ता चन्द्र का होगा।

(iii) सुर्ख (लाल) रंग का कुत्ता मंगल का होगा।

(iv) जर्द (पीला) रंग का कुत्ता बृहस्पत का होगा।

(v) स्याह–सफेद (काला–सफेद) केतु का कुत्ता होगा।

(vi) सुर्ख–सफेद (लाल–सफेद) बुध का कुत्ता कहलाएगा। अण्डे जैसे रंग का कुत्ता भी बुध का कहलाएगा।

(4) बृहस्पत, मंगल और बुध के तीन कुत्ते तीनों ही जमाने के मालिक होंगे। केतु छलावा और पापी ग्रह है, यह जान से मारने की बजाय कब्र तक इंसान को मदद देता रहता है।

(5) केतु के तीन जुज (खण्ड या भाग) माने गए हैं।

(i) **कान**–खाना नंबर 8 के ग्रह कुत्ते के कान होंगे। अगर खाना नंबर 8 में बुध हो तो बकरी जैसे कान होंगे। इससे औलाद की उम्र का फैसला होगा मगर अक्ल की कोई शर्त न होगी।

(ii) **मुंह**–खाना नंबर 2 के ग्रह कुत्ते का मुंह होगा। अगर खाना नंबर 2 में मंगल हो तो शेर के मानिन्द (समान) मुंह होगा। दुनियावी (सांसारिक) गुजरान (गुजर–बसर) का हाल और माली (आर्थिक) हालत को दिखाएगा।

(iii) **दुम**–खाना नंबर 6 का ग्रह कुत्ते की दुम होगी। अगर खाना नंबर 6 में सनीचर हो तो सांप जैसी दुम होगी। इससे घर के सदस्यों की तादाद (संख्या), अंदरूनी (आंतरिक) तबीयत मसलन (जैसे) नब्ज, नाड़ी वगैरह का पता चलेगा।

नोट- ***खाना नंबर 10 से सम्बन्धित जानवर जहरीली दुम वाले होते हैं।***

(6) जब केतु और बुध दोनों इकट्ठे मिल जाएं तो कुत्ते का सिर (जिसमें कुत्ते की जान होती है) होगा। यानि जब तक बुध उम्दा होगा या खाना नंबर 2, 6, 8 उम्दा होगा या खाना नंबर 12 में उसके तीनों जुज बृहस्पत, मंगल, बुध न हों तब तक टेवे वाले की माली हालत (खाना नंबर 2), औलाद की उम्र (खाना नंबर 8) और परिवार के सदस्यों की तादाद (खाना नंबर 6) भली ही होगी। चाहे टेवे में कोई ग्रह कैसा ही बैठा हो।

(7) जब बहैसियत पापी (सनीचर, राहु) दृष्टि से या फिर कैसे भी केतु से आकर मिलते हों तो टेवे वाले के लिए बुरा ही होगा। लेकिन जब केतु बुरा असर करता है तो कभी भी किसी को जान से नहीं

मारता बल्कि छलावा करता है। हो सकता है कि जहां टेवे वाले ने जनम लिया वहां कुछ भी बाकी न रहने दे।

(8) जब तक बृहस्पत, मंगल, बुध (केतु के जुज) खाना नंबर 12 में न हो तब तक केतु अच्छा ही फल करता है। लेकिन अगर बुध टेवे में अच्छा है तो केतु बुरा फल करेगा।

(9) केतु का असली कुत्ता सफेद (दिन) और काला (रात) दोरंगा कुत्ता होगा। लेकिन लाल रंग के साथ से यह बुध होगा, जिसमें चाल व असर तो बुध की ही होगी मगर समय सीमा केतु की होगी साथ ही नस्ल भी मादा (बुध) होगी। यह कुतिया बुध की अश्या (कलम वगैरह) पर सबसे पहले असर देगी।

(10) जब केतु के साथ सनीचर या मंगल बैठा हो तो तीनों ग्रहों का असर (केतु, सनीचर, मंगल) मंदा ही होगा। मसलन केतु के साथ सनीचर हो तो केतु और सनीचर का असर मंदा हो जाएगा और अगर तीनों ही साथ हों तो तीनों का फल मंदा होगा।

(11) जब केतु खाना नंबर 1 में हो या बमूजिब (अनुसार) वर्षफल खाना नंबर 1 में आ जाए तो खाना नंबर 1 के पक्के घर का मालिक (सूरज का असर) उम्दा हो जाएगा। राजदरबार से फायदा होगा।

(12) जब टेवे में मंगल खाना नंबर 6 में हो तो केतु का फल बरबाद होगा। केतु औलाद और मामा पर मंदा असर देगा। ऐसे वक्त टेवे वाले को दुवाओं और मन्नतों की औलाद होगी। मामा बरबाद होगा।

(13) अगर कुतिया का एक ही पैदा हुआ नर बच्चा पाला जाए तो नर औलाद कायम कर जाएगा।

(14) केतु का मकान औलाद और औरत की हालत मंदी ही रखेगा तथा परिवार में रह रही सभी औरतों पर मंदा असर डालेगा।

(15) जब बृहस्पत और सूरज दुश्मन ग्रहों से खुद ही मर रहे हों तो ऐसे वक्त केतु भी बरबाद होगा।

(16) केतु नेकी का फरिश्ता, सफर का मालिक और आखरी वक्त तक मदद करने वाला ग्रह है।

(17) कारोबार, सलाह–मशवरा, पावों की हरकत (दौड़–धूप) और पांवों की नक्ल केतु का दौरा होगा जिसकी उम्र 48 साल होगी।

उपाय

(1) मंदे केतु के वक्त अपनी कमज़ोरी किसी दूसरे प्राणी को बताना, दूसरों के आगे रोना, अपने केतु को और मंदा करने के मानिन्द (तुल्य) होगा और अपनी मुसीबतों को और ज्यादा बढ़ा लेना होगा। ऐसे वक्त बृहस्पत का उपाय कर लेना मददगार होगा।

(2) मंदी सेहत के वक्त चन्द्र का उपाय मददगार होगा।

(3) जब औलाद (लड़का) की हालत मंदी हो तो धर्म स्थान में कम्बल बतौर खैरात तकसीम (बांटना) कर देना मुबारक होगा।

(4) पांवों या पेशाब की तकलीफ़ के वक्त पांवों के दोनों अंगूठों में खालिस (शुद्ध) रेशम के सफेद धागे बांधना या चांदी का छल्ला (चन्द्र) डालना मददगार होगा।

(5) ग्रहचाल में केतु को शुक्कर का फल माना गया है और साथ ही केतु चारपाई भी है। चारपाई (केतु) वह चारपाई होनी चाहिए जो शादी के वक्त दहेज में मामा की तरफ या वाल्दैन (माता–पिता) की तरफ से लड़की को बतौर दान दी गई हो। ऐसी चारपाई को औलाद की पैदाइश के वक्त इस्तेमाल करना उत्तम फल देगा, केतु टेवे में कितना ही नीच मंदा या बरबाद हो रहा हो। जब तक यह चारपाई घर में इस्तेमाल होती रहेगी तब तक केतु का फल कभी मंदा न होगा।

(6) धर्म स्थान में पांव (केतु) पवित्र माना जाता है। धर्म स्थान में आना–जाना मुबारक होगा और अगर औरत धर्म स्थान में नुत्फ़ा (गर्भ) कायम (धारण) करे अर्थात् बच्चा पैदा करे तो धर्म स्थान के अन्दर का केतु (नरीना–औलाद) जिंदा रहेगा।

(7) जब टेवे में चन्द्र और शुक्कर किसी भी तरह से मुश्तरका (इकट्ठे) हो रहे हों तो टेवे वाले की औलाद (लड़के) का जिस्म सूखने लग जाता है। ऐसे वक्त बच्चे के जिस्म पर दरिया, नदी, नाले की अथवा मुल्तानी मिट्टी (अथवा वह मिट्टी जिससे बच्चे विद्यालय (स्कूल) में अपनी तख्ती पोंछा करते हैं) मल दें और उसे खुश्क होने दें। जब घंटा या आधा घंटा बीत जाए और मिट्टी पूरी तरह से खुश्क हो जाए तो सादे पानी से (गरम या ठंडा) नहला कर साफ़ कर दें। यह उपाय 40–43 दिन लगातार करें जिस्म का सूखना खत्म हो जाएगा।

(8) केतु की नब्ज (बतौर उपाय) खाना नंबर 10 का ग्रह होगा। जो केतु के उपाय का भेद बताएगा।

आम हालात 12 घरों में

केतु तख़्त पर पिसर हो मिलता, फ़र्ज़ी फ़िक्र भी होता हो
सफ़र हुकूमत घर दो उम्दा, उत्तम छठे अकेला हो
रंग बिरंगा हाल हो तीजे, ससुर भाई खुद अपने हो
बृहस्पत हालत पांच लड़के उसके, बेटा जल्द न चौथे हो
शेर बहादुर घर सात बैठे, औलाद कब्र आठ भरता हो
पिता नवें घर अपना तारे, दसवें सनीचर पर चलता हो
उम्र नजर न माता साथी, केतु पाया घर ग्यारह हो
ऐश करे घर बारह इतनी, माया फैली घर भरता हो

(1) जब केतु खाना नंबर 1 में हो तो टेवे वाले का केतु जब कभी बमूजिब (अनुसार) वर्षफल खाना नंबर 1 में आएगा तो टेवे वाले को लड़का/दोहता/भांजा वगैरह होगा। ऐसे वक्त टेवे वाले को फ़र्ज़ी (काल्पनिक) फ़िक्र (चिन्ता) भी होती है।

(2) खाना नंबर 2 के केतु के वक्त टेवे वाले के सफर (यात्राएं) और हुकूमत ज्यादा होगी और दोनों के उम्दा फल मिलेंगे।

(3) जब केतु खाना नंबर 3 में हो तो टेवे वाले के ससुराल और भाई बंदों का रंग–बिरंगा (नेक और बद) हाल होगा मगर औलाद जरूर नेक हाल होगी।

(4) जब केतु खाना नंबर 4 में हो तो टेवे वाले की औलाद काफ़ी वक्त बाद कायम होगी मगर ऐसी औलाद लम्बी उम्र की मालिक होगी।

(5) जब केतु खाना नंबर 5 में हो तो टेवे वाले के पांच तक की तादाद (संख्या) में लड़क़े होंगे और उसकी रिजक (जीविका) बृहस्पत की हालत पर निर्भर होगी।

(6) खाना नंबर 6 में अकेला केतु हो तो उत्तम फल देगा अपने पिता को मदद करने वाला होगा।

(7) जब केतु खाना नंबर 7 में हो तो टेवे वाला शेर का मुकाबला करने वाला कुत्ता होगा। जो दुश्मनों को कुत्ते के मानिन्द (समान) मार भगाएगा।

(8) जब केतु खाना नंबर 8 में हो तो टेवे वाले की नर औलाद कब्र में ही सोती जाएगी। ऐसा इंसान मौत के यमों की आहट फ़ौरन सुन लेने वाला कुत्ता होगा। यानि उसे मौत का पहले ही पता चल जाएगा।

(9) जब केतु खाना नंबर 9 में हो तो टेवे वाला जनम से ही अपने पिता को तारने वाला इंसान होगा।

(10) जब केतु खाना नंबर 10 में हो तो टेवे वाला चुपचाप अपने रास्ते चलने वाला इंसान होगा। ऐसे वक्त केतु शक्की होगा। केतु का फैसला अब सनीचर की हालत पर होगा।

(11) जब केतु खाना नंबर 11 में हो तो केतु की उम्र तक चन्द्र का फल उसकी माता की नजर व उम्र पर मंदा ही होगा।

(12) जब खाना नंबर 12 में केतु हो तो टेवे वाले की माया, दौलत, इज्जत, ऐश, आराम की बरकत होगी। टेवे वाला 24 साल उम्र के बाद दौलत, माया से घर भरेगा।

केतु का दूसरे ग्रहों से ताल्लुक

(1) बृहस्पत– उम्दा आसन से नेक भविष्य होगा।

(2) सूरज– तूफान के मानिन्द (समान) होगा, खुद केतु बरबाद हुआ तो मामा खानदान मंदा होगा।

(3) चन्द्र– केतु का पसीना होगा। यानि चन्द्र–केतु दोनों मंदे होंगे।

(4) शुक्कर– कामदेव की नाली होगा। केतु अब शुक्कर की जान (गाय का बछड़ा) होगा।

(5) मंगल– शेर के बराबर का कुत्ता होगा।

(6) बुध– कुत्ते की जान सिर में होने के मानिन्द (समान) एक अच्छा तो दूसरा मंदा होगा।

(7) सनीचर– सांप के कान गायब होंगे, अब केतु पर ही सनीचर का भी फैसला होगा।

(8) राहु– केतु का असर राहु के हाथ और राहु की मर्जी पर होगा।

केतु खाना नंबर 1

(हर वक्त बच्चे पैदा करने की धुन वाला)

रिजक तेरा जब तुझको, है आज मिलता
लंगोटा फ़िक्र का, तू क्यों ढीला करता
सोच रहे थे सफ़र की अपनी, बच्चा नया आ पहुंचा हो
वक्त मंदा चाहे कितना होवे, पिता गुरु को तारता हो
जान कसम वह हर दम खाता, हड़काया कुत्ता चाहे लेख का हो
छः-सात हो बेशक मंदा, ऊंचा असर सूरज देता हो
खाली पड़ा जब छह-सात टेवा, तूफ़ान जनम घर आता हो
बुध, शुक्कर न राहु उम्दा, उत्तम सूरज बृहस्पत होता हो
दरवेश सेवा हो मदद खुदाई, चरण पिता के धोता हो
मंगल गद्दी जब बारह पाई, केतु बुरा नहीं होता हो
केतु मंदा बाद शादी, जब मद्द सनीचर से पाता हो
वरना कुत्ता हड़काया ऐसा, पिता सूरज भी काटता हो

(1) खाना नंबर 1 के केतु वाला इंसान हर वक्त फ़र्जी फ़िक्र करने वाला इंसान होगा। मसलन सफर करने के लिए हुक्मनामा (आदेश) आ जाए, सफर की फ़िक्र (चिन्ता) में हर तरह की तैयारी पूरी कर ली जाए मगर आखिर वक्त पर सफर न होगा।

(2) टेवे वाले का रिजक (जीविका) कोई भी बन्द न कर सकेगा लेकिन उसे कल की फ़िक्र होगी जिसके डर से उसका हमेशा दम सूखा रहता होगा।

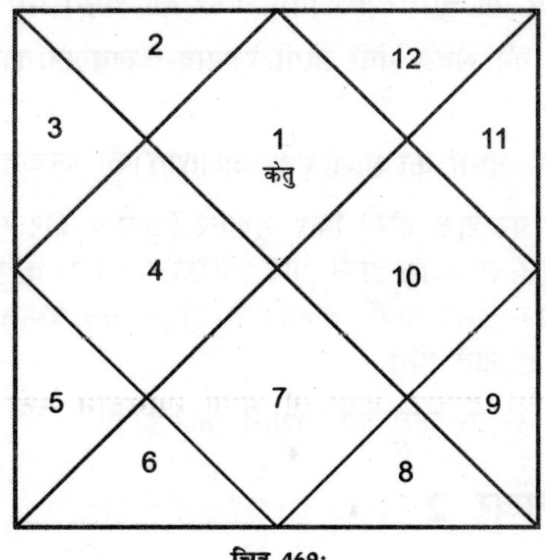

चित्र 469:

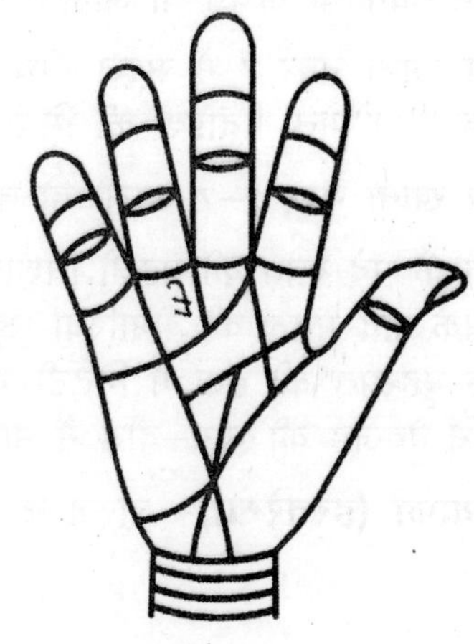
चित्र 470:

(3) दौलत और कामदेव की बेहयाई दोनों इकट्ठे ही बढ़ते रहेंगे। जिससे "राजा का चलन कौन रोके" के सिद्धान्त पर नए बच्चे बनाने की फ़िक्र में और तमाम शहर के बच्चों की फ़िक्र में ही गलता रहेगा।

(4) टेवे में चाहे खाना नंबर 1 के केतु का असर कितना ही मंदा हो मगर बृहस्पत का असर उम्दा ही होगा यानि टेवे वाला अपने पिता को तारने वाला होगा।

(5) अगर खाना नंबर 6–7 टेवे में मंदा भी पड़ा हो तो सूरज, खाना नंबर 1 के केतु की वजह से उच्च असर ही देगा।

(6) जब खाना नंबर 6–7 टेवे में खाली हो तो टेवे वाले के जनम लेते ही घर में तूफान खड़ा हो जाएगा।

(7) खाना नंबर 1 के उम्दा केतु के वक्त, बुध और शुक्कर तथा राहु कितना ही टेवे में उम्दा हो जाएं लेकिन सूरज और बृहस्पत उत्तम होंगे। दरवेश (साधु) सेवा से खुदाई (दैवीय) मदद मिलेगी। ऐसा इंसान पिता, गुरु के चरण धोने वाला और पिता की मंदी किस्मत में हमेशा मदद देगा।

(8) जब मंगल खाना नंबर 12 में हो तो खाना नंबर 1 में केतु का मंदा असर न होगा। ऐसे वक्त केतु केवल फ़र्जी (काल्पनिक) फ़िक्र ही पैदा करेगा। ऐसे वक्त केतु का फल भला ही होगा।

(9) शादी के बाद जब केतु मंदा हो तो सनीचर जरूर नेक असर देगा और टेवे वाले की मदद करेगा अथवा सनीचर का उपाय करना कारआमद (असरकारक) होगा वरना केतु ऐसा मंदा होगा कि वह गुरु और पिता को भी काट खाएगा।

(10) टेवे वाले की पैदाइश जद्दी (पैतृक) घर से बाहर होगी और वह जगह जहां पैदाइश हुई हो वहां मंदा तूफान चलना जारी हो जाएगा। हमसाया (पड़ोसी) के घर पर भी मिट्टी उड़ेगी।

(11) जब केतु खाना नंबर 1 में उम्दा हो तो सूरज का असर उच्च होगा चाहे वह खाना नंबर 6–7 में नीच या मंदा हो रहा हो। जब केतु कभी बमूजिब वर्षफल खाना नंबर 1 में आएगा उस वक्त टेवे वाले के लड़का/भान्जा या दोहता पैदा होगा।

(12) जब खाना नंबर 6–7 में सूरज हो तो भी सूरज का असर मंदा न होगा। औलाद नरीना (लड़का) को कच्ची शाम (बुध) के वक्त अथवा सुबह सवेरे (केतु) सूरज की अश्या (गुड़) देना या बाजार में खाने–पीने या खर्चने या आवारा घूमने के लिए तांबे की मुद्रा (धन) देना जहर का सबूत देगा।

(13) जब खाना नंबर 7 में सूरज नीच हो तो टेवे वाले की सेहत मंदी होगी खासकर जब टेवे वाले का दोहता या पोता पैदाइश की मियाद पर हो।

(14) जब खाना नंबर 2–7 खाली हो तो बुध और शुक्कर दोनों का हाल मंदा ही होगा।

(15) केतु के मंदे वक्त की पहली निशानी बुध की चीजों पर शुरू होगी फिर शुक्कर (खुराक और गृहस्थी) उसके बाद मंगल की बीमारियां (खून–विकार या खून सम्बन्धी) होगी और आखिर पर मंदा केतु जगत् गुरु बृहस्पत की हवा में मिट्टी भर देगा। जो इधर–उधर फ़र्जी चक्कर में दौड़ने का बहाना होगी यानि बेवजह की भाग–दौड़ में मानसिक तनाव के हालात होंगे।

कियाफा (हस्तरेखा)– सूरज के बुर्ज़ (खाना नंबर 1) पर केतु का निशान (m) हो।

केतु खाना नंबर 2

(आसूदा हुक्मरान मुसाफिर)

हुई पैदा औलाद हर घर जो तेरी
बुढ़ापे तुझे कौन देगा दिलेरी
खाली आठ मन्दिर अकेला, नेक और बेहूदा हो
सफ़र उसको बहुत लिखा, हुक्मदान आसूदा हो
तिलक कुदरती मदद पे उसकी, आठ दृष्टि खाली हो
बैठा ग्रह जब हो आठ कोई, अल्प आयु खुद जहमती हो
भाग शुक्कर हो हरदम उम्दा, बैठा शुक्कर चाहे मंदा हो
चन्द्र असर न उत्तम देगा, ऊंच हुआ या बरसता हो
राज खिताबां लेख गो ऊंचा, माया जमा न होती हो
आई चलाई लाखों करता, नतीजा दलाल दलाली हो

(1) हर घर में औलाद बनाए जाने के वक्त इंसान का बुढ़ापे में कोई मददगार बच्चा न होगा।

(2) जब खाना नंबर 8 खाली हो और केतु खाना नंबर 2 (मन्दिर) में हर तरह से अकेला हो। पेशानी (मस्तक) पर तिलक की जगह केतु का निशान (ш) हो तो ऐसे इंसान की किस्मत में सफ़र (यात्राएं) बहुत ज्यादा होंगी और ऐसा इंसान हुकूमत (शासन) करने वाला भी होगा। दोनों ही हालतों (सफर, हुकूमत) का असर उत्तम और बरकत वाला होगा। टेवे वाला हुक्मरान (अधिकारी) और आसूदा–हाल (धनी या समृद्ध) होगा। माथे पर तिलक कायम (धारण) करना कुदरती मदद देगा और अगर पेशानी पर तिलक की जगह केतु का निशान (△ या ш) हो तो मुबारक होगा।

(3) जब खाना नंबर 8 दृष्टि से भी खाली हो तो कुदरती (दैवीय) केतु का निशान (△ या ш) तिलक पेशानी (मस्तक) पर कायम (धारण) करना मददगार और मुबारक होगा।

(4) जब खाना नंबर 8 में (राहु के अलावा) कोई भी ग्रह बैठा हो, खासकर केतु के दुश्मन (चन्द्र, मंगल) ग्रह बैठे हों तो खाना नंबर 8 वाले ग्रह के असर के वक्त (देखें फरमान नंबर 6, ग्रहों की मियादें) टेवे वाला अल्पायु और जहमती (मुसीबत) हालातों में होगा।

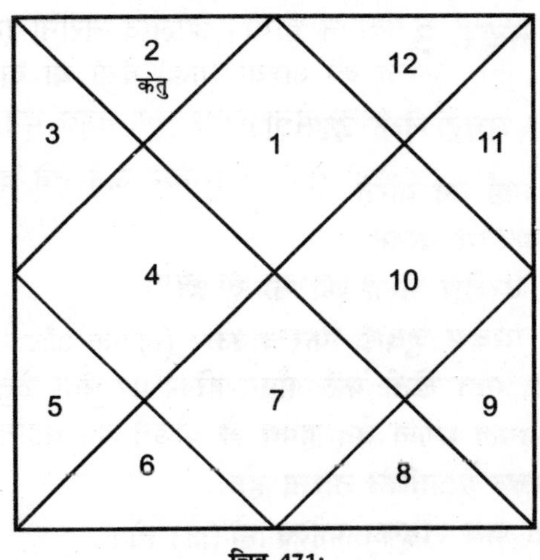

चित्र 471:

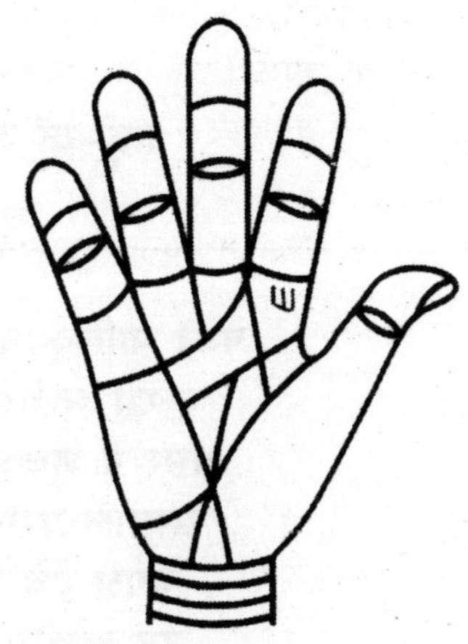
चित्र 472:

(5) जब खाना नंबर 2 में केतु उम्दा हो तो शुक्कर का असर हमेशा उत्तम होगा चाहे शुक्कर टेवे में कैसा ही क्यों न बैठा हो लेकिन चन्द्र का असर उत्तम होने की कोई शर्त न होगी चाहे चन्द्र टेवे में उच्च अथवा बरसते हुए बादल का ही मालिक क्यों न हो?

(6) खाना नंबर 2 के उम्दा केतु के वक्त गो (हालांकि) टेवे वाले को राजदरबार से फायदा होगा और उसको खिताब भी मिलेंगे साथ ही लाखों की आई–चलाई (आय–व्यय) की कलम चलती रहेगी। माया (धन–दौलत) जमा न होगी। सिर्फ दलाल की दलाली के मानिन्द (समान) अपना हिस्सा मिलेगा।

(7) जब सूरज खाना नंबर 12 में हो तो केतु की मियाद (12, 24, 48 साल उम्र) के बाद खुद कमाई करने वाला और बारौनक (खुशहाल) जिन्दगी का मालिक होगा।

(8) खाना नंबर 2 का केतु, जैसा बृहस्पत टेवे में हो वैसी ही माया और दौलत देगा और जैसा शुक्कर टेवे में हो वैसी ही गृहस्थी (पारिवारिक) गुजरान (गुजर–बसर) देगा। क्योंकि खाना नंबर 2 का मालिक शुक्कर और पक्के घर का मालिक बृहस्पत है। खाना नंबर 2 कुत्ते का मुंह माना गया है इसलिए यह कुत्ता (खाना नंबर 2 का केतु) अपने मालिक की रोटी पर सब्र करने वाला होगा।

(9) खाना नंबर 2 के केतु के वक्त टेवे वाला सफर के दौरान तरक्की करता रहेगा मगर ख्याल रहे नया सफर तब्दीली (परिवर्तन) पर निर्भर होगा यानि अगर पहले दक्षिण दिशा को चले तो वापसी में पश्चिम दिशा में ठहरे और फिर पूर्व दिशा में जाएं। दिशाओं की गणना अपने मकान से होगी।

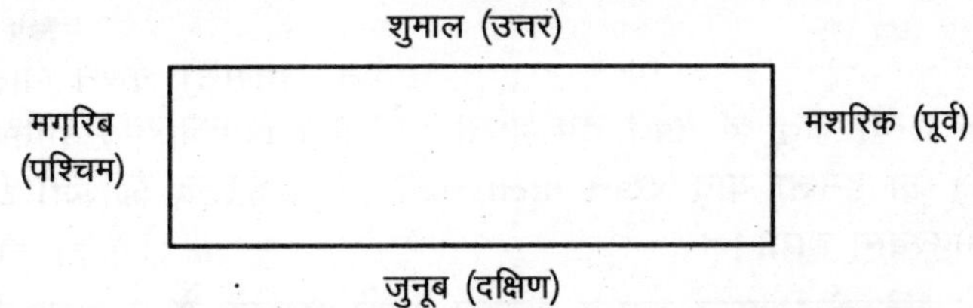

(10) टेवे वाले की किस्मत घूमती हुई होगी। मगर टेवे वाला हुक्मरान–मुसाफिर (सफर में रहने वाला अधिकारी) होगा। खुश्की (सूखाग्रस्त) सफर बहुत करेगा जो कि तरक्की देने वाला होगा।

(11) जैसा टेवे वाले का बृहस्पत और शुक्कर होगा, वैसा ही नकल पर केतु होगा।

कियाफ़ा (हस्तरेखा)– बृहस्पत के बुर्ज़ (खाना नंबर 2) पर केतु का निशान (m) हो।

केतु खाना नंबर 3

(कूं–कूं करने वाला कुत्ता मगर नेक दरवेश)

बुझे प्यास न खून, भाई का करते
गले बाजू बांधेंगे, तलवार कटते
नेकी मालिक का याद हो रखता, दरवेश भला की करता हो
दु:खी भाईयों से अक्सर होता, परदेस जुदाई फिरता हो
असर न शुक्कर न ही बुध उम्दा, मंदा खेती फल होता हो
ससुराल घराना हरदम दु:खी, जंगल मंगल बद होता हो
मंगल टेवे जब बारह बैठा, मच्छ मुआविन तारता हो
उम्र चौबीस में उत्तम होगा, या जब लड़का पहला हो
केतु मंदे हो मदद बृहस्पत की, तिलक केसर भला होता हो
रीढ़ की हड्डी दर्द जो करती, सोना जिस्म पर उम्दा हो

(1) भाई के खून से प्यास बुझाना अपने ही बाजू काटने के मानिन्द (समान) होगा। लेकिन 'टूटा बाजू गले से चिपटे' के मानिन्द भाईयों से फ़ौजदारी (लड़ाई–झगड़ों) के वक्त भी भाई मददगार ही होंगे।

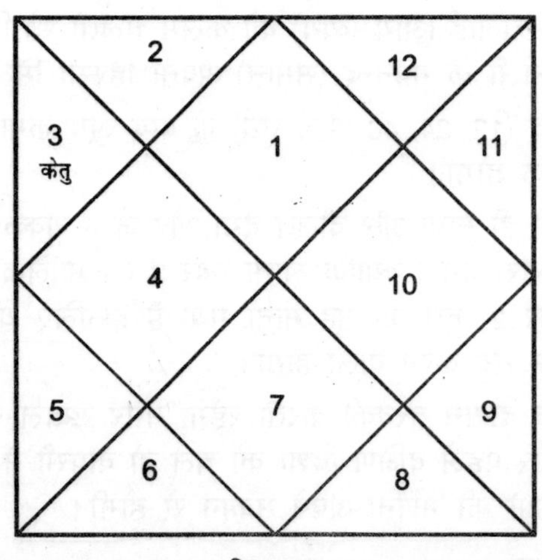

चित्र 473:

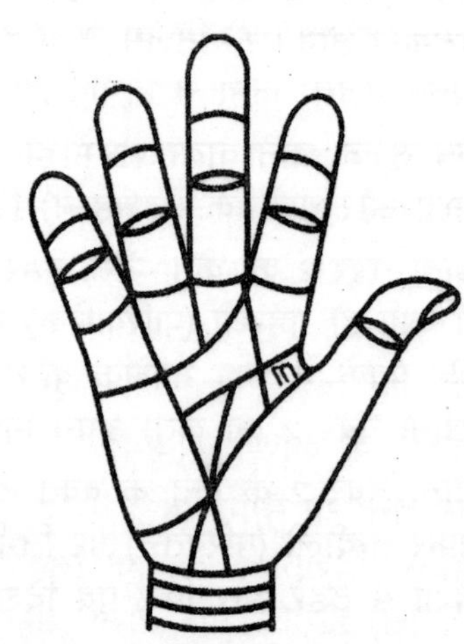
चित्र 474:

(2) खाना नंबर 3 के उम्दा केतु के वक्त टेवे वाला दुनियावी (सांसारिक) साथियों और मालिक (ईश्वर) की नेकी (भलाई) को हमेशा याद रखने वाला भला (नेक) इंसान ही होगा। हर वक्त मदद के लिए आ जाने वाला मेहरबान होगा।

(3) खाना नंबर 3 के मंदे केतु वाला इंसान अक्सर अपने भाईयों से परेशान ही होता है फिर भी भाई मददगार ही होंगे। केतु टेवे वाले की उम्र और दौलत को खुद–ब–खुद बरबाद करेगा और टेवे वाले पर मंदा ग्रहण करेगा।

(4) खाना नंबर 3 में उम्दा केतु के वक्त टेवे वाले ससुराल और भाई–बन्दों का रंग–बिरंगा (नेक और बद दोनों एक साथ) हाल होगा, लेकिन औलाद जरूर नेक होगी। अगर केतु मंदा हो रहा हो तो औलाद

निक्कमी और नालायक होगी। टेवा वाला परदेश (कम से कम जद्दी जगह से बाहर) में ही रहने वाला होगा।

(5) मंदे केतु की हालत में बुध, शुक्कर और खेती का फल उम्दा न होगा। टेवे वाले की ससुराल, भाई–बंद और घराना हरदम दुःखी होगा। ऐसा इंसान जंगल में भी सुखी न होगा। मंगल–बद का मंदा असर जाहिर होगा। टेवे वाला चालें चलकर अपना धन–दौलत बरबाद करेगा। औरत (शुक्कर) और सालियों (बुध) से बेवजह जुदाई (अलगाव) का बहाना खड़ा होगा।

(6) जब टेवे में मंगल खाना नंबर 12 में बैठा हो उस वक़्त केतु की मियाद (12, 24, 48 साल की उम्र) में या पहले लड़के के जनम से मच्छ रेखा और लम्बी उम्र दोनों का नेक फल टेवे वाले को मिलेगा खासकर उस वक्त जब सफेद बाल वाला (बुजुर्ग इंसान), टेवे वाले की मदद पर हो।

(7) मंदे केतु के वक्त, केतु को बृहस्पत की मदद मिलेगी। ऐसे में पेशानी (मस्तक) पर केसर का तिलक कायम (धारण) करना कारआमद (मददगार या असरकारक) होगा। अगर रीढ़ की हड्डी में दर्द हो रहा हो तो जिस्म (शरीर) पर सोना कायम करना मददगार होगा अथवा कान, रीढ़ की हड्डी, पांवों, घुटने, कमर वगैरह यानि केतु के अंगों में दर्द होता हो तो सोना जिस्म पर कायम करें।

(8) जब टेवे में चन्द्र या मंगल खाना नंबर 3–4 में हो। हथेली में हाथ के अंगूठे का नाखून वाला हिस्सा मोटा और छोटा हो तो टेवे वाला मुफ़लिस (धनहीन, गरीब) होगा।

(9) जब खाना नंबर 3 में केतु मंदा हो तो टेवे वाला हमेशा कूं–कूं करने वाला कुत्ता होगा मगर अंदरूनी तौर पर नेक करने और दरवेश (साधु) तबीयत (स्वभाव) का इंसान होगा। अमूमन भाईयों से परेशान और परदेस में मारा–मारा फिरने वाला होगा। केतु अब टेवे वाले की ही दौलत और उम्र को बरबाद कर देने वाला होगा।

(10) मंदे केतु के वक्त टेवे वाला अपना दिमाग खर्च किए बगैर ही दूसरे की बात में हां में हां मिलाने (स्वीकारोक्ति) की वजह से दुःखी और परेशान रहता होगा। जब छोटा भाई ससुराल के कुत्ते (दामाद, जो सुसराल में रहता हो) के साथ की वजह से दुःखी और परेशान होगा।

(11) मंदे केतु वाले इंसान के हमसाया (पड़ोसी) का मकान गिरा हुआ और कुत्ते के शौच करने के स्थान (गंदगी के कारण बरबाद) के मानिन्द (समान) होगा।

(12) जब चन्द्र या मंगल (केतु के दुश्मन) या दोनों खाना नंबर 8 में हो अथवा टेवे वाले के मकान में जुनूब (दक्षिण दिशा) के दरवाजे (मुख्यद्वार) का साथ हो तो जब से इस मकान में टेवे वाले की रिहाइश (निवास) होगी उसके तीसरे साल से औलाद (लड़का या लड़की) का हाल मंदा होगा। बल्कि उनकी मौतों तक का तमाशा शुरू हो जाएगा और यह मंदा असर चन्द्र या मंगल की मियाद (देखें फरमान नंबर 6, ग्रहों की मियादें– आम साल) तक चलता रहेगा। इसके अलावा जुनूब के दरवाजे के साथ के वक्त औलाद से मुतअल्लिक (सम्बन्धित) हर साल विघ्न–बाधाएं जरूर होती रहेंगी।

(13) खाना नंबर 3 के केतु के वक्त टेवे वाले के मकान में अमूमन मंदरजाजैल (निम्नलिखित) हालत होंगे।

(i) तीन लड़के और एक पोता अथवा।

(ii) तीन पोते और एक लड़का अथवा।

(iii) तीन खिड़कियां और तीन दरवाजे।

कियाफा (हस्तरेखा)– खाना नंबर 3 (मंगल नेक के बुर्ज़) पर केतु का निशान (ᗱ) हो।

उपाय

(1) फेफड़े की बीमारी या मंदी सेहत के वक्त बृहस्पत की अश्या (चीजें) बहते पानी में बहाएं। केसर का तिलक पेशानी (मस्तक) पर कायम करें।

(2) माली (आर्थिक) हालत की दुरुस्ती के लिए जिस्म पर सोना कायम करें।

(3) केतु के जिस्मानी अंगों में (रीढ़ की हड्डी, कान, पांव, घुटने, कमर वगैरह) दर्द की शिकायत के वक्त जिस्म पर सोना कायम करना मुबारक और कारआमद (असरकारक) होगा।

केतु खाना नंबर 4

(बच्चे को डराने वाला कुत्ता, ज्वार भाटा)

सब अपने का फल, गो मीठा मिलेगा
मगर बोझ देरी का, सहना पड़ेगा
तूफ़ान समुद्र आयु माता, उम्र दौलत खुद उम्दा हो
चीज चन्द्र सब रद्दी करता, लड़का न पैदा होता हो
बृहस्पत टेवे न जब तक उम्दा, कन्या बहुतेरी होती हो
पैदा जब कोई लड़का होता, उम्र सदी पूरी होती हो
बृहस्पत उपाओ गर करे, दोनों दुःख हों दूर
कुल उसकी चलती रहे, माया मिले जरूर

(1) खाना नंबर 4 में केतु के वक्त, केतु बच्चों को डराने वाला कुत्ता होगा। हालांकि औलाद नरीना (नर) बहुत देरी से कायम होगी और देरी का बोझ टेवे वाले को बर्दाश्त (सहन) करना ही पड़ेगा मगर औलाद के ताल्लुक (सम्बन्ध) में देरी का फल मीठा ही होगा।

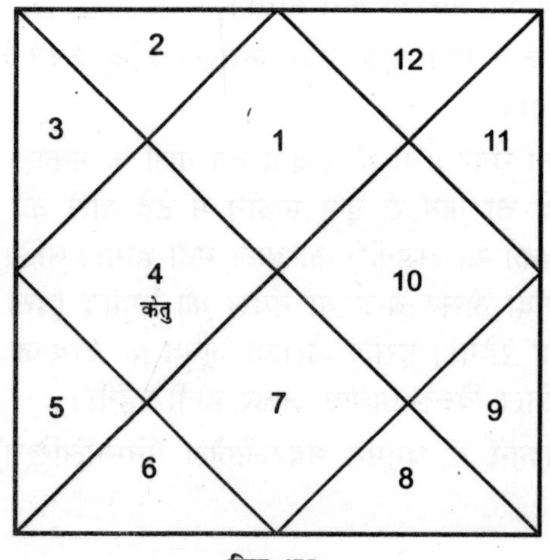

चित्र 475:

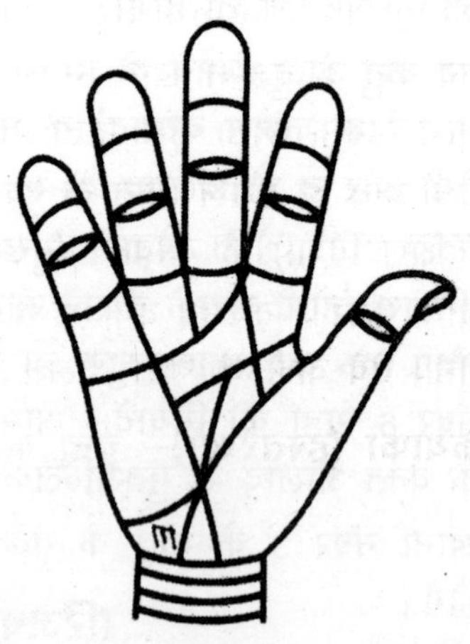

चित्र 476:

(2) खाना नंबर 4 का मंदा केतु समुद्र में आए ज्वार भाटा (तूफ़ान) के मानिन्द (समान) होगा। टेवे वाले की खुद अपनी सेहत मंदी होगी और पेशाब में शक्कर आने की शिकायत (मधुमेह या डायबिटीज) होगी। माता की उम्र, खुद की उम्र और धन–दौलत पर मंदी आंधियां आएंगी।

(3) खाना नंबर 4 का मंदा केतु चन्द्र का फल भी रद्दी कर देने वाला होगा। औलाद बहुत देरी से पैदा होगी (अमूमन 36 से 48 साल के दरमियान) वह भी कुलपुरोहित के आशीर्वाद से (जो पहले ही कुलपुरोहित के पद से हटाया जा चुका होगा) जिन्दा या कायम रहेगी।

(4) जब टेवे में केतु उम्दा हो तो माता की उम्र और दौलत पर तो तूफान जरूर होगा साथ ही चन्द्र की सब चीजों का फल भी मंदा ही होगा। मगर खुद (टेवे वाले) की उम्र और दौलत हर तरह से उम्दा होगी।

(5) जब टेवे में खाना नंबर 4 का केतु हो और बृहस्पत मंदा हो तो टेवे वाले इंसान की बहुत–सी कन्याएं (लड़कियां) होंगी यानि कन्याओं की ज्यादती होगी।

(6) जब खाना नंबर 3 या 4 में केतु के दुश्मन (चन्द्र, मंगल) न बैठे हों तो कन्याएं ज्यादा होंगी और टेवे वाला अक्लमंद (बुद्धिमान) और उम्दा तदबीर (प्रयास) का मालिक होगा। ऐसे इंसान को दौलत की कमी न होगी।

(7) खाना नंबर 4 के केतु के वक्त टेवे वाले की औलाद या तो कुल पुरोहित के आशीर्वाद से कायम होगी अथवा ऐसे वक्त जब बमूजिब (अनुसार) वर्षफल अथवा टेवे में बृहस्पत उम्दा हो जाए। मुख़्तसरन (संक्षेप में) तौर पर जब भी लड़का कायम होगा तो पूरी उम्र (अमूमन पूरी उम्र 100 साल यानि पूरी सदी की होती है) बसर करने वाला अर्थात् दीर्घायु होगा।

(8) खाना नंबर 4 के केतु वाला इंसान बृहस्पत का उपाय करेगा तो औलाद और दौलत दोनों तरह के दुखों में मददगार होगा। मन्दिर में सोना देना अथवा कुलपुरोहित को जर्द (पीले) रंग की अश्या (चीज) देकर आशीर्वाद लेना मददगार होगा।

(9) खाना नंबर 4 का उम्दा केतु बाप (पिता) के लिए उम्दा और मुबारक फल वाला होगा तथा बृहस्पत (खाना नंबर 4 में उच्च) यानि पिता और गुरु की ताकत उत्तम, उच्च और नेक करेगा। टेवे वाला मेहनती, इस्तकलाली (दृढ़–इच्छाशक्ति वाला) और पक्का मर्द होगा जो सारे नतीजे (परिणाम) मालिक (ईश्वर) पर छोड़ता होगा।

(10) जब केतु के दुश्मन खाना नंबर 3–4 में हों और केतु खाना नंबर 4 में हो। हाथ के अंगूठे का नाखून वाला हिस्सा छोटा और मोटा हो। ऐसे वक्त केतु और चन्द्र दोनों ही मंदे होंगे। न तो माता ही सुखी होगी और न ही औलाद ही कायम हो सकेगी। कुएं में गिरे कुत्ते की तरह औलाद नरीना (नर) की हालत होगी जो न भीतर रह सके और न ही बाहर ही निकल सके।

(11) खाना नंबर 4 के मंदे केतु के वक्त टेवे वाले की वहशी हालत (पागलपन) और मंदे ख्यालात (विचार) होंगे। टेवे वाले के पास दौलत की कमी होगी।

कियाफा (हस्तरेखा)– चन्द्र के बुर्ज़ (खाना नंबर 4) पर केतु का निशान (ПП) हो।

केतु खाना नंबर 5

(रिजक के लिए बृहस्पत का निगरान)

हुए नेक थे जब, जवानी के चढ़ते
मिले पोते इतने, न थे जितने लड़के
हाल टेवे जो बृहस्पत होता, केतु वैसा ही होता हो
बाद चौबीस खुद केतु उम्दा, शर्त न बृहस्पत करता हो

चन्द्र मंगल तीन-चौथे बैठा, पांच सनीचर या नौवें हो
लड़का खत्म तीन अक्सर होता, बाद छत्तीस-तीन मिलता हो
बृहस्पत मंदा पैंतालीस मंदे, दमा औलाद को लगता हो
गिनती गिनी हो बेशक कितने, पूरा कोई ही होता हो
पितृ-ऋण जब टेवे बैठा, केतु गृहस्थी मंदा हो
लड़का जिन्दा दो अक्सर बचता, सुखी मुकम्मिल जो होता हो

(1) खाना नंबर 5 का केतु उठती जवानी के वक्त अगर नेक हो जावे तो अपने लड़कों से ज्यादा, पोतों की तादाद (संख्या) होगी। केतु का असर टेवे वाले के लिए उत्तम होगा।

(2) खाना नंबर 5 में केतु के वक्त जैसा टेवे में बृहस्पत का हाल होगा वैसा ही हाल केतु का भी होगा (क्योंकि खाना नंबर 5 के पक्के घर का मालिक बृहस्पत होगा)। लड़कों की हालत, तादाद (संख्या) और उम्र बृहस्पत की हालत पर होगी।

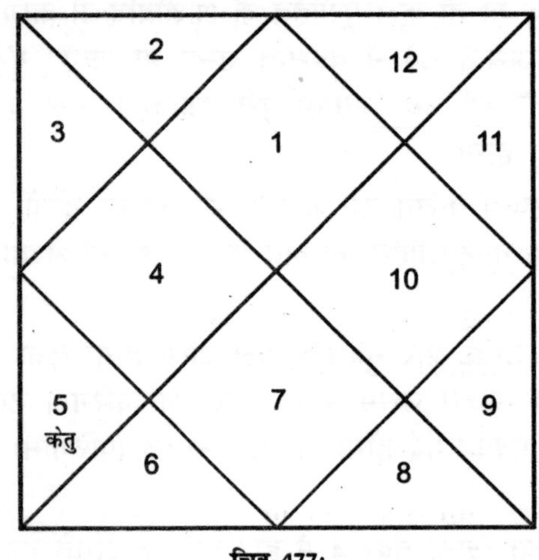

चित्र 477:

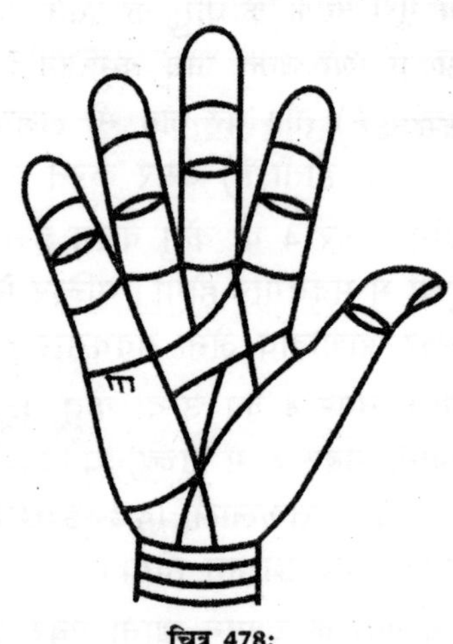

चित्र 478:

(3) केतु 24 साल की उम्र तक अपनी रिजक (जीविका) के लिए बृहस्पत पर निगरान (आश्रित) होगा। लेकिन 24 साल की मियाद के बाद केतु खुद अपना फल (अच्छा या बुरा) टेवे वाले पर देगा। 24 साल की उम्र के बाद बृहस्पत की कोई शर्त न होगी।

(4) जब चन्द्र या मंगल खाना नंबर 3 या 4 में हो तो केतु का असर खाना नंबर 5 में मंदा होगा। टेवे वाला मुफ़लिस (गरीब, धनहीन) और वहशी (जंगली, अमानवीय) ख्यालातों (विचारों) का मालिक होगा। ऐसे वक्त चन्द्र या मंगल की अश्या (वस्तुओं) का दान करना मुबारक होगा। जैसा टेवे वाले का धर्म–ईमान होगा, वैसी ही औलाद की भी हालत होगी।

(5) जब सनीचर खाना नंबर 5–9 में हो तो तीन लड़के नष्ट होने के बाद 36 या 48 साल की उम्र तक फिर तीन लड़के कायम होंगे, खासकर जब चन्द्र, मंगल भी खाना नंबर 3–4 में ही हो।

(6) जब बृहस्पत टेवे में मंदा हो रहा हो तो 45 साल की उम्र तक केतु का हाल मंदा होगा, चाहे पैदाइश में लड़के कितने ही हों मगर कायम और मुकम्मिल (पूर्ण) शायद ही कोई होगा। घर में नरीना (नर) औलाद की जगह कुत्ते रोने की आवाज आएगी।

(7) मंदे बृहस्पत के वक्त टेवे वाला खुद तो आला (कमाल का) खूबसूरत होगा मगर भरी जवानी में उसकी खूबसूरती गायब ही हो चुकी होगी। ऐसा इंसान अपनी औलाद के लिए भी मंदा ही होगा। टेवे वाले के लड़कों को सांस और दमा की बीमारी होगी।

(8) जब टेवे में पितृ–ऋण हो अर्थात् बुध, शुक्कर, राहु या सनीचर बहैसियत पापी खाना नंबर 2, 5, 9, 12 में हो तो केतु का गृहस्थी (पारिवारिक–सुख) हालत का असर मंदा ही होगा। हालांकि टेवे वाले के दो लड़के होंगे मगर वे दोनों ही मुकम्मिल (सम्पूर्ण), खुद सुखी और टेवे वाले को भी सुख देने वाले होंगे।

(9) जब बृहस्पत, सूरज या चन्द्र खाना नंबर 4, 6, 12 में हो तो औलाद नरीना (नर) पांच से कम न होगी। माली (आर्थिक) हालत के मामले में केतु का असर मंदा नहीं होगा।

(10) जब सनीचर खाना नंबर 6 और शुक्कर खाना नंबर 4 में हो तो सनीचर औलाद के ताल्लुक में मंदा असर न देगा और न ही मर्द–औरत का आपस में झगड़ा ही होगा। ऐसे वक्त टेवे वाले को मच्छ रेखा का पूरा फल मिलेगा। अगर टेवे वाले की दो औरतें (पत्नियां) हों तो दोनों के बीच झगड़ा न होगा। एक ही औरत से नौ लड़के और तीन लड़कियां तक भी पैदा हो सकती हैं।

कियाफा (हस्तरेखा)– सूरज की तरक्की रेखा पर केतु का निशान (ᒥᒣ) होगा।

केतु खाना नंबर 6

(शेर का कद, खूंखार कुत्ता)

हजम घी अगर कुत्ता, दुनिया में करता
छुपे फिरता हर घर में, बुजदिल न डरता
रंग दोरंगा केतु होता, असर होता दोरंगा हो
मामू माता न बेशक उम्दा, सनीचर भला ही होता हो
केतु अश्या पर केतु मंदा, मंदा नहीं दूसरों पर हो
ग्रह टेवे कोई साथी बैठा, खुद मंदा बुरा दूसरों पर हो
बृहस्पत भले औलाद हो बढ़ाता, शुक्कर मुसीबत करता हो
टेवे कोई नर जब दो उम्दा, तूफ़ान केतु का मंदा हो
बृहस्पत मंगल न हो जब साथी, न ही मिला बुध बारह हो
बढ़ता केतु खुद नेकी अपनी, तकब्बुर खुदी न जब तक हो

(1) जिस तरह कुत्ते को घी हजम नहीं होता और कुत्ता हलवे का स्वाद नहीं जानता उसी तरह खाना नंबर 6 के केतु वाला इंसान बुजदिल (डरपोक) बल्कि पांवों की ठोकर खाकर लड़खड़ाया हुआ पत्थर का नाचीज (तुच्छ) टुकड़ा होगा, उम्दा धन–दौलत का स्वाद न जानता होगा। ऐसा इंसान मामा और मामा के खानदान पर भी मंदा हो सकता है।

(2) जब हाथ का अंगूठा सीधा हो और खाना नंबर 6 में केतु हो तो सनीचर का असर भी नेक ही होगा। टेवे वाले की औलाद और दीगर (दूसरे) सलाहकार नेक सलाह देने वाले ही होंगे मगर अब केतु अपनी अश्या (वस्तुओं) पर मंदा असर देगा। यानि इस घर में दोरंगे कुत्ते का असर भी दोरंगा ही होगा।

(3) खाना नंबर 2 में चन्द्र के वक्त मामा और माता का हाल उम्दा न होगा। टेवे वाले का बुढ़ापा भी हल्का (मंदा) ही होगा, लेकिन अब केतु की अश्या (वस्तुओं) और औलाद पर केतु बुरा असर न करेगा।

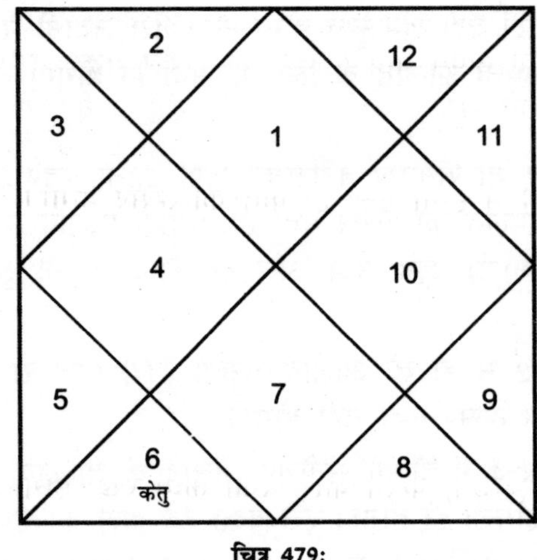

चित्र 479:

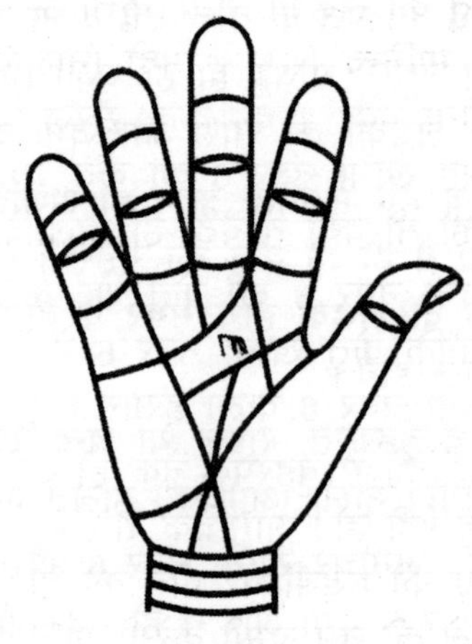
चित्र 480:

(4) खाना नंबर 6 के केतु के वक्त सनीचर बुरा असर नहीं करेगा। इस घर में ग्रहचाली कुत्ते (केतु) की दुम टेढ़ी होगी। टेवे वाले के दुश्मन हमेशा जेर (निर्बल) होंगे। दौलत की बरकत (उन्नति) होगी।

(5) जब टेवे के खाना नंबर 6 में केतु हो तो अब केतु की चाल उलटी होगी यानि अमूमन केतु, बुध का दुश्मन और शुक्कर का दोस्त होता है मगर खाना नंबर 6 में केतु के वक्त बुध, केतु का दोस्त और शुक्कर दुश्मन होगा क्योंकि खाना नंबर 6 में बुध उच्च होता है और कन्या राशि (6) का मालिक ग्रह मुकर्रर है।

(6) जब खाना नंबर 6 में बुध के अलावा कोई और दीगर (दूसरा) ग्रह, केतु के साथ ही बैठा हुआ हो तो खुद केतु और दूसरे ग्रह (जो खाना नंबर 6 में हैं) दोनों का ही फल मंदा होगा।

(7) जब शुक्कर खाना नंबर 6 में हो तो केतु और शुक्कर दोनों का फल मंदा होगा। मगर जब बुध खाना नंबर 6 में हो तो बुध और केतु दोनों ही का फल नेक होगा।

(8) जब टेवे में बृहस्पत उम्दा हो तो टेवे वाले की औलाद तरक्की करने वाली होगी। ऐसे वक्त टेवे वाले को मामूली चूहा भी जाल काटकर मदद देता होगा।

(9) जब टेवे में शुक्कर उम्दा हो या कायम (देखें फरमान नंबर 6) हो तो शुक्कर अब हर तरह की मुसीबतों को दूर करने वाला होगा।

(10) जब टेवे में कोई भी दो नर ग्रह (सूरज, मंगल, बृहस्पत) उम्दा हालत में हो अथवा बृहस्पत या शुक्कर में से कोई एक मंदी हालत में हो तो केतु अब हर तरफ मंदे तूफान पैदा करेगा। यानि अब अपना ही कुत्ता काट खाएगा। पांवों की तकलीफ मंदे केतु की पहली निशानी होगी और ख्यालातों (विचारों) पर बुरा असर बृहस्पत के मंदे असर का पेशखैमा (किसी होने वाले काम की तैयारी) होगा। बाएं हाथ की उंगली में सोने की अंगूठी मुबारक असर देगी।

(11) जब बृहस्पत और मंगल खाना नंबर 6 में केतु के साथ न हों और न ही खाना नंबर 12 में बृहस्पत मंगल या बुध हो तो केतु अपनी नेकी से उत्तम फल देगा। लेकिन शर्त यह होगी कि ऐसा इंसान अपनी खुदी (स्वाभिमान) और तकब्बुर (अहंकार) से खुद–ब–खुद ही न मर रहा हो।

(12) खाना नंबर 6 में अकेला बैठा हुआ केतु हर तरह से उत्तम फल देगा और मामूली कुत्ता भी शेर की खाल पहनकर अपने गुरु बृहस्पत (पिता) को मदद देगा। हालांकि टेवे वाला इंसान खुद भला होगा मगर दूसरों पर बुरा ही असर देगा।

(13) केतु को लड़का, गधा, कुत्ता और सुअर माना गया है। टेवे वाले इंसान की औलाद अगर इन जानवरों के मानिन्द (समान) मंदी (नालायक) हो भी जाए तो अपने बाप (पिता) को जरूर मदद देगी। जैसे खाना नंबर 1 का केतु, सूरज को मदद देता है चाहे सूरज टेवे में कैसा ही क्यों न बैठा हो। उसी तरह खाना नंबर 6 का केतु, बृहस्पत को कभी मंदा न होने देगा चाहे बृहस्पत टेवे में कैसा भी और कहीं भी क्यों न बैठा हो हालांकि जैसा बृहस्पत टेवे में होगा वैसा ही केतु का असर होगा।

(14) खाना नंबर 6 का केतु शेर के कद का खूंखार कुत्ता होगा और दोरंगी किस्मत का मालिक होगा क्योंकि केतु खाना नंबर 6 में उच्च "पक्के घर का मालिक" भी होता है और "नीच" का भी। केतु खाना नंबर 6 वाला इंसान अमूमन खुद सुखी होगा।

(15) जब टेवे में बृहस्पत नेक हो और खाना नंबर 6 पर, खाना नंबर 2 के मार्फत (माध्यम से) नेक दृष्टि पड़ रही हो। सामुद्रिक शास्त्र के अनुसार पीठ पर ऊर्ध्व रेखा कायम हो (गर्दन की तरफ से नीचे को रीढ़ की हड्डी पर पीठ को दो हिस्सों में तकसीम (बांटने) करने वाली रेखा ऊर्ध्व रेखा होगी तो टेवे वाले की उम्र लम्बी करेगी यानि अमूमन 70 साल। मामा खानदान सुखी और टेवे वाले को देश–परदेश की जिन्दगी में आराम होगा।

(16) जब खाना नंबर 2 की दृष्टि से केतु बरबाद हो रहा हो तो बाएं हाथ में सोने की अंगूठी मुबारक असर देगी।

(17) जब टेवे में बृहस्पत कहीं पर भी बैठकर मंदा हो रहा हो तो टेवे वाले के सफर बेमतलब (व्यर्थ) में होंगे। बेवजह (अकारण) ही बिन बुलाए दुश्मन सिर उठाते होंगे।

(18) दिमागी खानों का असर मंदरजाजैल (निम्नलिखित) होगा। खाना नंबर 6 में केतु के वक्त टेवे वाला दिमागी खाना नंबर 7 से दिमागी खाना नंबर 15 की खूबियों (विशेषताओं) का मालिक होगा। जो मंदरजाजैल फेहरिस्त के मुताबिक (अनुसार) होगी।

दिमागी खाना नंबर	क्या खूबी (विशेषता) होगी?
7	जिन्दगी में बढ़ने की ख़्वाहिश (प्रगतिशील)
8	हमला रोकने की हिम्मत (रक्षात्मक स्वभाव)
9	बदला लेने की हिम्मत (आक्रामक स्वभाव)
10	जायका (स्वाद) समझने की अक्ल
11	जखीरा जमा करने की आदत (भंडारक)
12	राजदारी की आदत (रहस्य जानने वाला)
13	होशियार (चालाक)
14	खुदपसन्द (आत्मप्रशंसक)
15	खुद्दार (स्वाभिमानी)

कियाफा (हस्तरेखा)– हथेली के मुस्ततील (वह आयत जो हृदय रेखा और मस्तिष्क रेखा द्वारा बनता है) खाना नंबर 6 में केतु का निशान (ΠΠ) हो।

पांव में रेखा

केतु की दरुस्ती और मंदापन इंसान के पांवों से जाहिर होगा। पांव का हाल भी उसी तरह से देखा जाएगा जिस तरह से हाथ का देखा जाता है। पांवों की उगलियों के भी वही नाम हैं जो हाथ की उंगलियों के होते हैं। बुर्ज़ (पर्वत) और राशियां भी हाथ की तरह ही गिनी जाएंगी। पांव जमीन पर लगता है और जमीन शुक्कर है। शुक्कर का बुर्ज़ हाथ में अंगूठे के नीचे होता है इसलिए पांव की केवल एक ही रेखा, हाथ की रेखा से अलैहदा (अलग) है बाकी सभी मायनों में पांव की रेखाएं, हाथ के ही मानिन्द (समान) देखी जाती हैं।

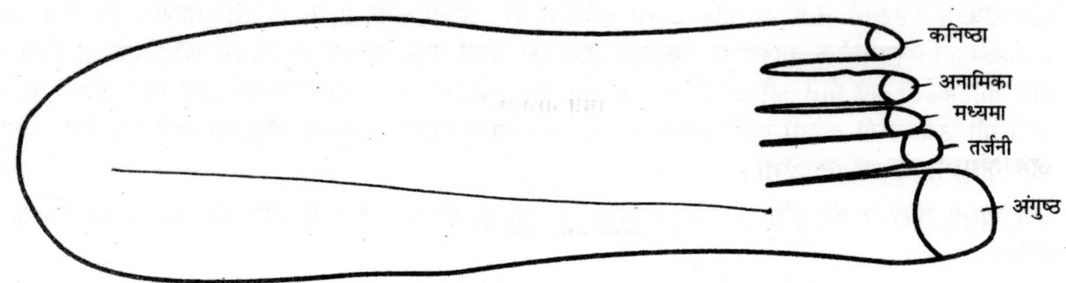

चित्र 480/1:

पांव के तलवे में अगर कोई रेखा एड़ी से निकलकर अंगूठे तक चली जाए तो टेवे वाले को सवारी का सुख होगा। देखें चित्र संख्या 480/1। पांव में उंगलियों को छोड़कर अगर चक्कर (चक्र), शंख, सदफ़ (सीप) का निशान दाएं पांव पर (पांव का वह हिस्सा जो जमीन को छूता है) हो तो पांव के बुर्ज़ों का असर भी हाथ के बुर्ज़ों की तरह ही बढ़ जाएगा बरखिलाफ़ (विपरीत) इसके अगर ये निशान (चक्र, शंख, सीप वगैरह) बाएं पांव पर कायम (स्थित) हों तो यह बुर्ज़ (पर्वत) के नीच होने को दिखाएंगे। अगर इंसान का दायां पांव, बाएं पांव से छोटा हो तो इंसान कम हौसला (आत्मविश्वास की कमी) और डरपोक होगा। अगर पांव का अंगूठा छोटा (पांव की तर्जनी उंगली की अपेक्षा) हो तो टेवे में केतु नीच या मंदा होगा। ऐसा इंसान एक जगह पर नहीं रह सकेगा।

पांवों की उंगलियां

(1) पांव का अंगूठा और तर्जनी आपस में मिले हुए हों तो इंसान मंदी किस्मत (भाग्य) का मालिक होगा। (देखें चित्र 480/2)

अंगूठा और तर्जनी मिले हुए

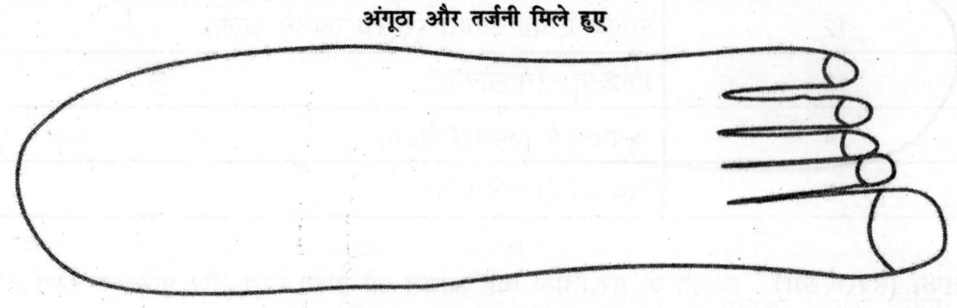

चित्र 480/2:

(2) जब अंगूठा पांव की तर्जनी उंगली की अपेक्षा छोटा हो तो इंसान एक जगह न रह सकेगा। (चित्र 480 / 3)

अंगूठा छोटा और तर्जनी बड़ी

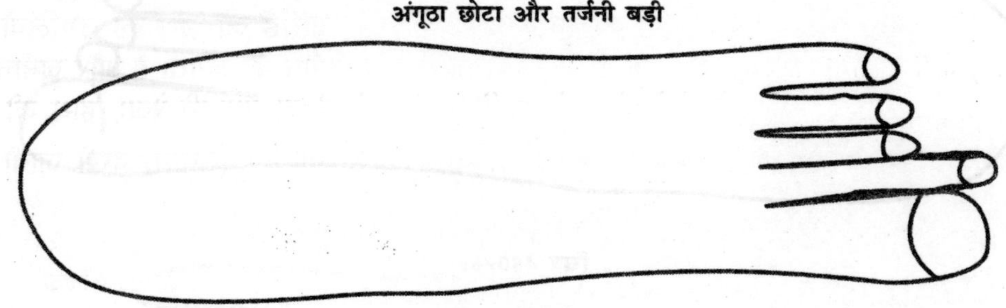

चित्र 480/3:

(3) जब अंगूठा और तर्जनी बराबर हों तो इंसान की जिन्दगी खुशहाल होगी। (चित्र 480 / 4)

अंगूठा और तर्जनी बराबर

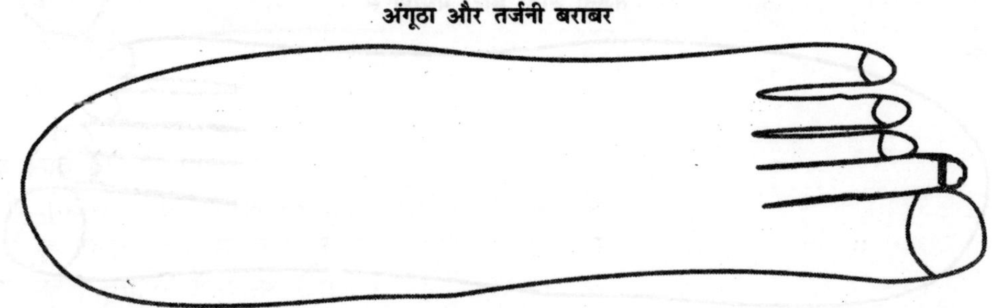

चित्र 480/4:

(4) जब अंगूठा बड़ा और तर्जनी छोटी हो ऐसा इंसान दूसरे इंसान का गुलाम बनकर रहेगा। (चित्र 480 / 5)

अंगूठा बड़ा और तर्जनी छोटी

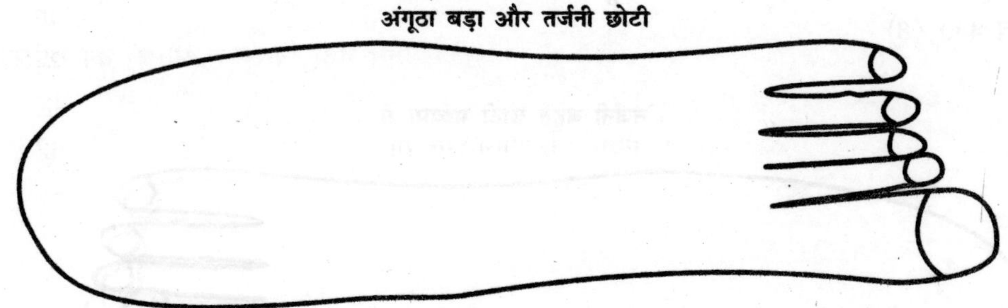

चित्र 480/5:

(5) जब तर्जनी उंगली मध्यमा से बड़ी हो तो इंसान की ससुराल गरीब और औरत (पत्नी) से मनमुटाव रहेगा। (चित्र 480 / 6)

मध्यमा से बड़ी तर्जनी

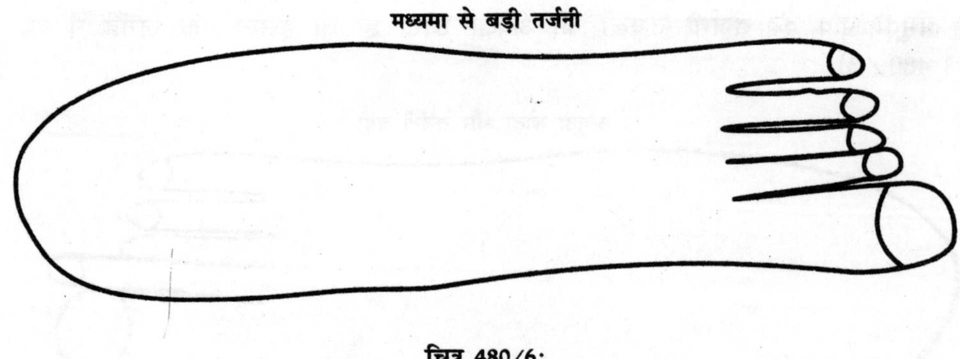

चित्र 480/6:

(6) जब तर्जनी उंगली मध्यमा से थोड़ी छोटी हो तो ऐसे इंसान को औरत (पत्नी) का पूरा सुख मिलेगा। (चित्र 480 / 7)

तर्जनी थोड़ी छोटी मध्यमा से

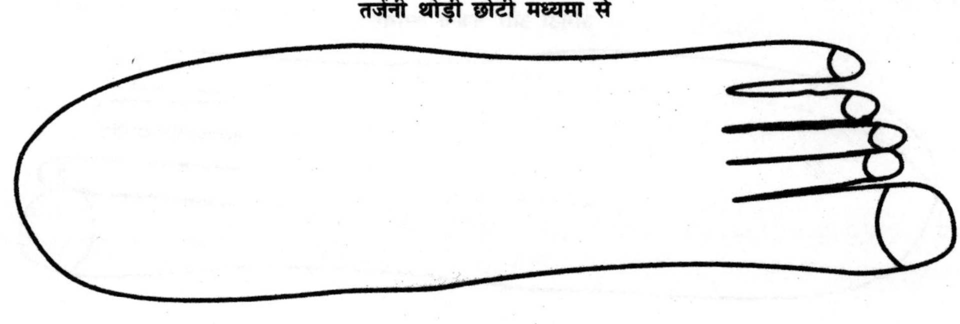

चित्र 480/7:

(7) जब तर्जनी उंगली मध्यमा से बहुत छोटी हो तो औरत (पत्नी) का सुख कम होगा। (चित्र 480 / 8)

तर्जनी बहुत छोटी मध्यमा से

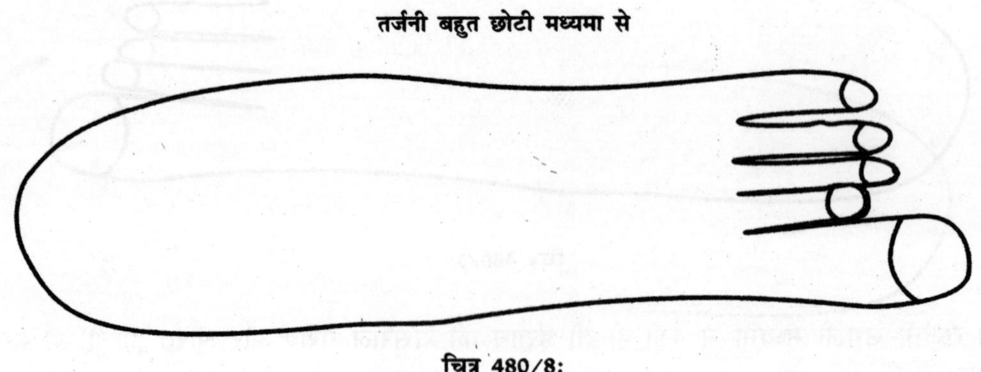

चित्र 480/8:

(8) जब अनामिका मध्यमा से छोटी हो तो औरत का सुख कम होगा। (चित्र 480/9)

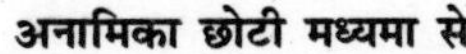

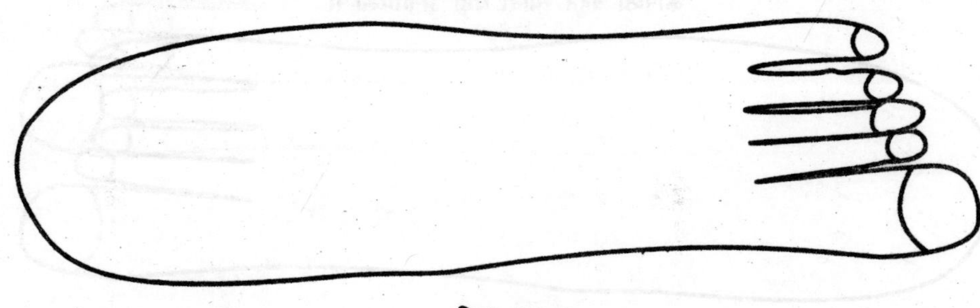

चित्र 480/9:

(9) जब कनिष्ठा उंगली, अनामिका उंगली के मानिन्द (समान) बड़ी हो तो इंसान नेक किस्मत वाला होगा। (चित्र 480/10)

कनिष्ठा अनामिका के बराबर

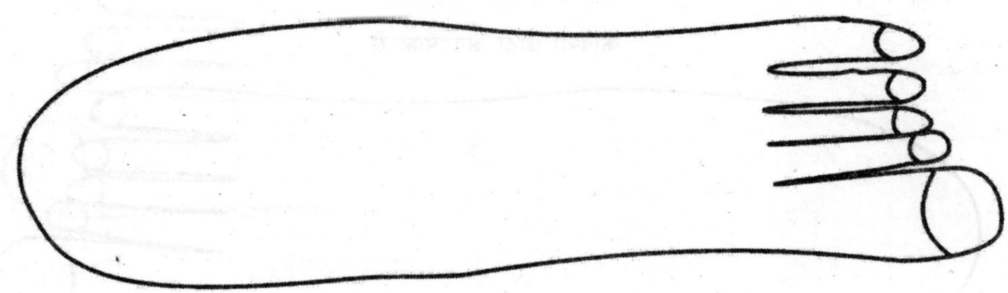

चित्र 480/10:

(10) जब कनिष्ठा उंगली, अनामिका से भी बड़ी हो तो इंसान मंदी किस्मत वाला होगा। (चित्र 480/11)

कनिष्ठा बड़ी अनामिका से

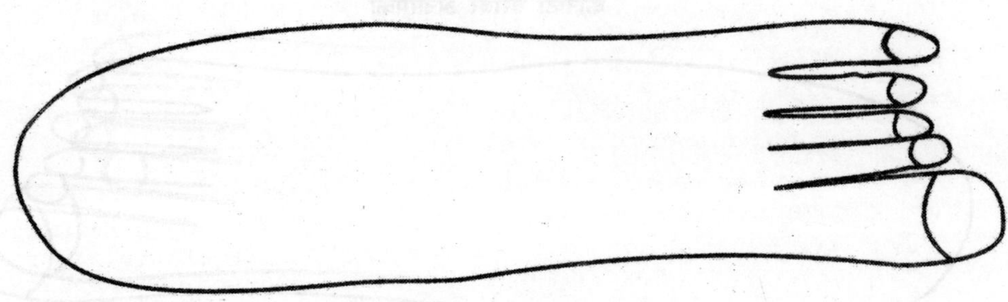

चित्र 480/11:

(11) जब कनिष्ठा उंगली, अनामिका से बहुत ज्यादा बड़ी हो तो ऐसा इंसान नीच प्रवृत्ति का होगा। (चित्र 480/12)

कनिष्ठा बहुत ज्यादा बड़ी अनामिका से

चित्र 480/12:

(12) जब कनिष्ठा उंगली, अनामिका से छोटी हो तो ऐसे इंसान की जिन्दगी में नेक असर जाहिर होगा। (चित्र 480/13)

कनिष्ठा छोटी अनामिका से

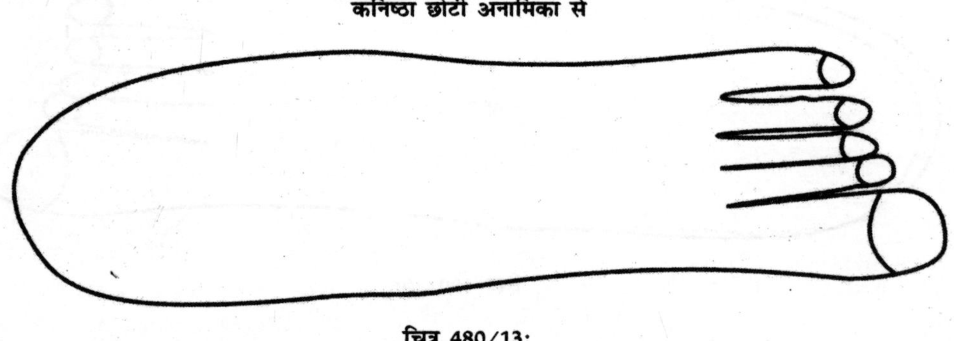

चित्र 480/13:

(13) जब कनिष्ठा उंगली, अनामिका के बराबर हो तो ऐसे इंसान को औलाद का सुख जो उत्तम होगा मगर उसकी खुद की उम्र कम होगी। (चित्र 480/14)

कनिष्ठा बराबर अनामिका

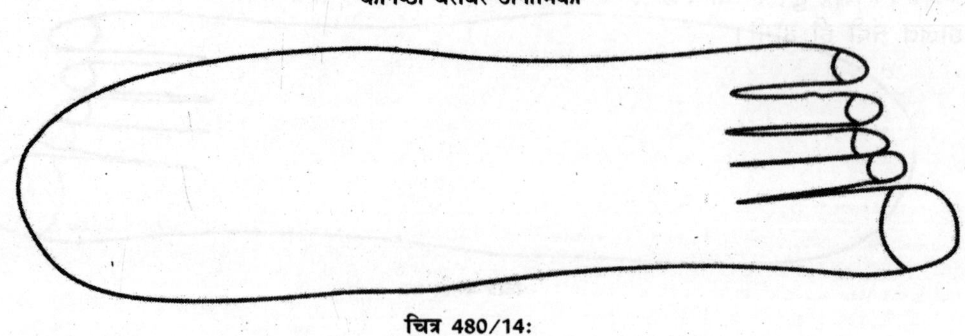

चित्र 480/14:

(14) जब अंगूठे सहित सारी उंगलियां बराबर लम्बाई की हो तो ऐसा इंसान हुक्मरान (आदेशात्मक प्रवृत्ति वाला) होगा। (चित्र 480/15)

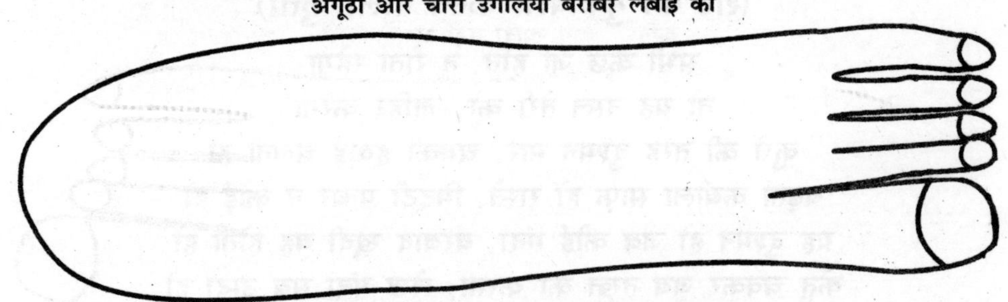

चित्र 480/15:

(15) जब पांचों (अंगूठे समेत) उंगलियां बेतरतीब (अक्रमानुसार) हों यानि उत्तरोत्तर बड़ी अथवा छोटी होती चली जाए तो इंसान को औलाद होगी। (चित्र 480/16)

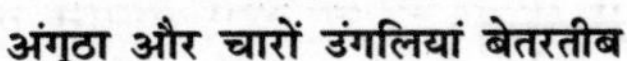

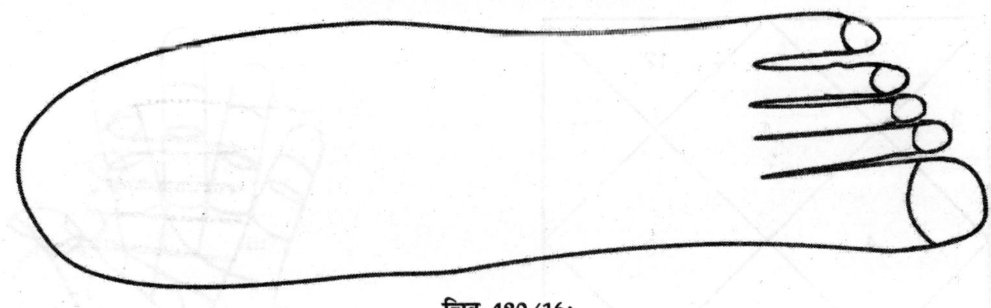

चित्र 480/16:

पांवों की उंगलियों के नाखून

(1) तांबे के रंग के हों तो ऐसा इंसान राजा या हुक्मरान (आदेशात्मक प्रवृत्ति वाला) होगा।

(2) नीलापन लिए हुए हों तो ऐसा इंसान इज्जतदार (महामहिम) प्राणी होगा।

(3) पीलापन लिए हुए हो तो ऐसा इंसान दीवान (धनी और दौलतमंद) होगा।

(4) कालापन लिए हुए हो तो ऐसा इंसान चोर, डाकू के मानिन्द (समान) होगा मगर फिर भी माली (आर्थिक) हालत मंदी ही होगी।

केतु खाना नंबर 7

(शेर का मुकाबला करने वाला कुत्ता)

सभी कुछ जो होते, तू रोता रहेगा
तो यह नस्ल तेरी को, जाहिर करेगा
कुत्ते की तरह दुश्मन मारे, चक्की हवाई चलती हो
बढ़ता कबीला साफ़ हो रास्ते, मिट्‌टी पत्थर न कोई हो
ग्रह दुश्मन हो जब कोई मंदा, बरबाद खुदी वह होता हो
केतु चक्कर जब तख़्त का करता, लेख मंदा सब उम्दा हो
जुबान मंदी बुध झूठा वादा, जहमत बीमारी पाता हो
शुक्कर गृहस्थी आग में जलता, पत्थर तूफ़ानी चलता हो

(1) खाना नंबर 7 का केतु, मानो अपनी गली का कुत्ता भी बहादुर शेर और बच्चों का साथी होगा। बच्चों से मोहब्बत करने वाला और शेर का मुकाबला करने वाला होगा अथवा गड़रिये का पालतू कुत्ता जो दुश्मनों को कुत्ते की तरह मार भगाएगा।

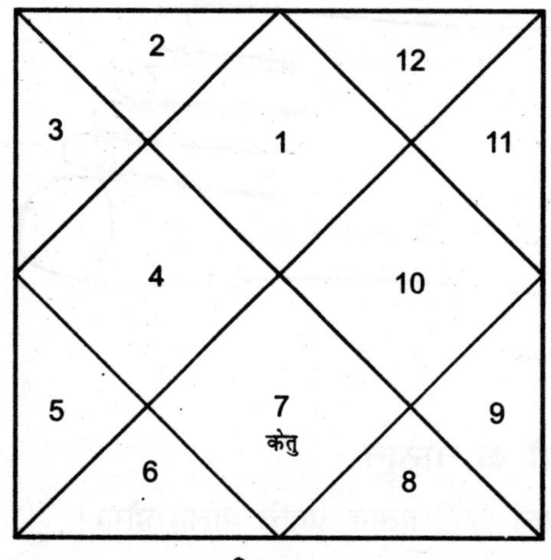

चित्र 481:

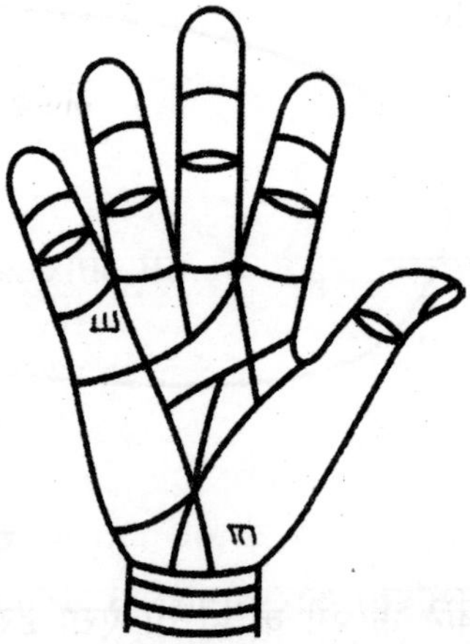

चित्र 482:

(2) अपनी जद्‌दी नस्ल और खून को जाहिर करने वाला इंसान होगा यानि सभी कुछ होते हुए भी रोता होगा।

(3) खाना नंबर 7 का केतु ऐसा कुत्ता होगा जो अपने दुश्मनों को कुत्तों की तरह मार भगाएगा।

(4) जब बुध, शुक्कर और बृहस्पत की मदद भी टेवे वाले को हो तो रिजक (जीविका) देने वाली हवाई चक्की (बुध–शुक्कर) कभी बन्द न होगी।

(5) शुक्कर और सनीचर का असर मंदा न होगा। दुश्मन (चन्द्र, मंगल) अगर मंदा हो तो खुद बरबाद हो जाएगा।

(6) खाना नंबर 7 के केतु के वक्त टेवे वाले की आल–औलाद और कबीला बरकत (उन्नति) करेगा। ऐसे में मिट्‌टी (शुक्कर) या पत्थर (सनीचर) बाधक न बनेंगे।

(7) जब बमूजिब (अनुसार) वर्षफल खाना नंबर 1 (तख़्त) में केतु आएगा तो टेवे वाले की मंदी किस्मत भी उम्दा असर देने वाली होगी। अमूमन जितने औरत (पत्नी) के भाई–बहिन होंगे उसी कदर टेवे वाले के भी बाल–बच्चे होंगे। 24 साल की उम्र में ही 40 साल की गुजर–बसर तक का धन जमा हो जाएगा।

$$\frac{\text{लड़के की उम्र के साल}}{48} \times 8 = \text{धन की बरकत}$$

$$\frac{24}{48} \times 8 = 4 \text{ गुना धन की बरकत होगी।}$$

यानि लड़के के जनम के वक्त के मुकाबले, जब लड़का 24 साल का होगा तब तक टेवे वाले पर चार गुना धन की बरकत हो चुकी होगी। जैसे–जैसे दूसरा लड़का बड़ा होगा वैसे–वैसे धन–दौलत और ज्यादा होती चली जाएगी।

जब खाना नंबर 1 का केतु तख़्त पर 7, 19, 31, 43, 55, 67, 74, 95, 103, 115 साल में आएगा उस साल

$$\frac{\text{लड़के की उम्र}}{48} \times 40 = \text{धन की बरकत}$$

मसलन लड़के की उम्र अगर 24 साल हो तो इन सालों में धन की बरकत –

$$\frac{24}{48} \times 40 = 20 \text{ गुना धन की बरकत होगी।}$$

(8) खाना नंबर 7 के मंदे केतु के वक्त अगर टेवे वाला मंदी जुबान (झूठा वायदा) वाला होगा तो जहमत (मुसीबत) और बीमारी से परेशान होगा। शुक्कर (पत्नी) भी गृहस्थ की आग में जलेगा और सनीचर भी मंदे तूफान खड़े करेगा।

(9) अगर टेवे वाला "जुबान कटे मगर वायदा न हटे" के उसूल (सिद्धान्त) पर न टिका रहेगा और बुध भी मंदा हो तो अब टेवे वाला रोता, मायूस होता और कब्र को जाता होगा और उसका कफन बदबू से भरपूर होगा।

(10) जब बुध खाना नंबर 7 में हो अथवा टेवे वाला अक्लमंद (बुद्धिजीवी) हो अथवा बुध का कारोबार करता हो अथवा टेवे वाले को कलम का साथ हो तो केतु टेवे वाले को बुध की उम्र (34 साल) के बाद ही तारेगा। लेकिन जो टेवे वाले से दुश्मनी करेगा वह खुद ही बरबाद होता चला जाएगा। 34 साल की उम्र तक दुश्मन जरूर गले लगे रहेंगे मगर 34 साल की उम्र के बाद टेवे वाला अपने दुश्मनों को कुत्ते की तरह मार भगाएगा।

(11) जब खाना नंबर 7 में केतु मंदा हो तो खाना नंबर 1 के ग्रह केतु की चीजों पर मंदा असर जाहिर करेंगे। टेवे वाला अगर बरबाद होगा तो अपनी खुदी (अहंकार) की वजह से ही होगा।

(12) अगर टेवे में केतु मंदा भी हो तो भी जब कभी खाना नंबर 1 में केतु बमूजिब (अनुसार) वर्षफल आएगा अथवा जब लड़का (टेवे वाले का बेटा) बालिग होगा तो उम्दा ही फल करेगा।

कियाफा (हस्तरेखा)– शुक्कर के बुर्ज़ (खाना नंबर 7) पर केतु का निशान (m) हो।

केतु खाना नंबर 8

(बच्चों के गम में छत पर रोने वाला कुत्ता)

मरे बच्चे इतने कब्र भर रही है
गिला मर चुकों का, तू क्या कर रही है
मारक घर जब केतु बैठा, पिस्तान पत्थर आ होता हो
मर्द औरत न सुखी जोड़ा, लड़का कब्र जा सोता हो
पहले छठे तक बुध जो बैठा, औलाद कायम ता चौंतीस हो
बैठा मगर जब सात ता बारह, बाद चौंतीस जा बचती हो
गुरु मन्दिर जब खाली टेवे, उपाओ बृहस्पत का उत्तम हो
आया बृहस्पत ही हो जब दूजे, केतु गिना तब कायम हो
ग्रह साथी या साथ हो कोई, केतु मंदा खुद होता हो
किस्मत भी दोरंगी होगी, केतु देता फल दो का हो
बृहस्पत बुरा तो केतु मंदा, भला न मंगल रहता हो
बुध, शुक्कर न होगा उम्दा, औलाद देर से पाता हो
मंगल बृहस्पत छः-बारह बैठे, मालिक मंगल बद चौथे हो
औलाद दौलत न उम्दा गिनते, मंगल केतु दो मंदे हो
मीह बरसे औलाद का, जब चन्द्र दूजे हो
चन्द्र भी जब हो बुरा, चन्द्र पालन हो

(1) जब खाना नंबर 8 में केतु मंदा हो तो टेवे वाले की नरीना (नर) औलाद कब्र में ही सो जाएगी। बल्कि मंदा केतु औलाद से कब्र ही भर देगा। मंदे वक्त की पहली निशानी कुत्ते का छत पर बैठ कर रोना होगा। 34 साल की उम्र में अमूमन औलाद नरीना कायम (निर्धारित) होगी, लेकिन 48 साल की उम्र तक औलाद का सुख हल्का ही रहेगा।

(2) खाना नंबर 8 के मंदे केतु वाला इंसान बच्चों के गम में उदास, छत पर लेट कर रोने वाले कुत्ते के मानिन्द (समान) होगा। पेशाब (मूत्राशय) से मुतअल्लिक (सम्बन्धित) बीमारियां होंगी। 24 साल तक केतु का असर मंदा होगा। छब्बीसवें साल से राहु, केतु, बुध और सनीचर सभी मंदे असर के हो जाएंगे। छब्बीसवें साल पिस्तान (बुध) और पत्थर (सनीचर) जीवन में बाधक बनेंगे। मर्द और औरत दोनों ही गृहस्थ जिन्दगी में खास सुखी न रह सकेंगे।

(3) जब मंगल खाना नंबर 12 में हो और सनीचर खाना नंबर 1 में हो तो टेवे वाले के जनम से अमूमन (लगभग) 12 महीने पहले टेवे वाले का भाई कब्र में सो गया होगा अर्थात् भाई की मृत्यु होगी।

(4) जब टेवे (जनम–कुंडली) में बुध खाना नंबर 1 से 6 में बैठा हो तो इंसान की 34 साल की उम्र से पहले वाली औलाद आखिर (अन्त) तक कायम (जीवित) रहेगी। खाना नंबर 6 में बुध उच्च का और

केतु नीच का होता है लेकिन खाना नंबर 6, केतु का अपना घर (मालिक घर) भी है इसलिए जब केतु खाना नंबर 8 के वक्त बुध खाना नंबर 6 में हो तो 34 से पहले और 34 साल के बाद दोनों ही वक्त में पैदाशुदा औलाद कायम (जीवित) रह सकती है।

खाना नंबर जिसमें केतु हो	1	2	3	4	5	6	7	8	9	10	11	12
औलाद कायम (पैदा) होने का साल	29	30	31	32	33	34	35	36	37	38	39	40

अथवा जब टेवे वाले की बहिन या लड़की (बुध) की शादी होगी उसके बाद नर औलाद कायम होगी।

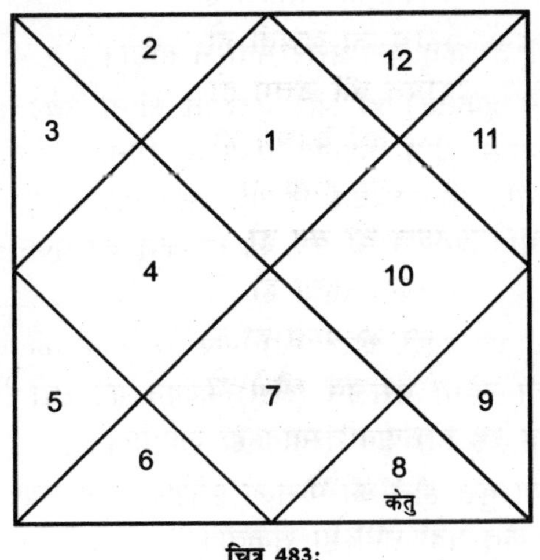

चित्र 483:

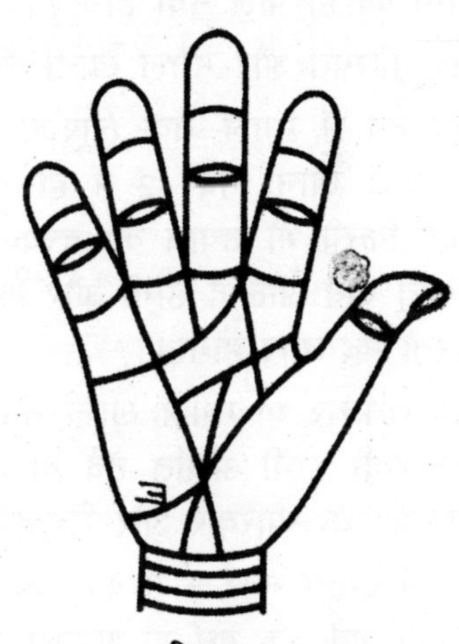
चित्र 484:

(5) जब टेवे में बुध खाना नंबर 7 से 12 में बैठा हो तो अमूमन टेवे वाले की नरीना (नर) औलाद 34 साल उम्र के बाद कायम होगी और आखिर (अन्त) तक जीवित रहेगी। ऐसा भी सम्भव है कि 45 से 48 साल की उम्र तक लड़का न हो और या फिर एक लड़का हो और उसके बाद (48 साल की उम्र) दूसरा लड़का कायम हो। किस्सा कोताह (संक्षेप में) 34 साल की उम्र नर औलाद पैदा होने के ताल्लुक (सम्बन्ध) में अन्तिम फैसला होगा यानि या तो औलाद 34 साल से पहले या 34 साल के बाद पैदा होगी मगर खाना नंबर 8 के मंदे केतु के वक्त औलाद जिंदा रहे इसकी कोई शर्त न होगी।

(6) खाना नंबर 8 के मंदे केतु के वक्त केतु की अश्या (वस्तु) अर्थात् दोरंगा काला–सफेद रंग का कम्बल (अथवा केले) धर्म स्थान (मन्दिर वगैरह) में देना मुबारक होगा। लेकिन जब खाना नंबर 8 में केतु के साथ कोई दूसरा ग्रह भी बैठा हो तो दोरंगे कम्बल के टुकड़े में साथी ग्रह की चीजें बांधकर बाहर किसी वीराने में दबाना मददगार होगा।

(7) जब खाना नंबर 2 खाली हो या अकेला राहु बैठा हो (खाना नंबर 2 के राहु के वक्त खाना नंबर 2 खाली ही गिना जाएगा) तो टेवे वाले की औलाद की हालत मंदी होगी। ऐसे वक्त बृहस्पत का उपाय

मददगार होगा यानि कान छिदवाना मददगार होगा (96 घंटे तक सुराख कायम रखना निहायत जरूरी होगा) टेवे वाले की औलाद को केतु की बीमारियां (फोड़े, जख़्म, जोड़ों का दर्द, जुलाब, सर्दी वगैरह) होगी। लेकिन टेवे वाले की उम्र लम्बी होगी।

(8) जब बृहस्पत खाना नंबर 2 में हो तो केतु कायम (देखें फरमान नंबर 6) गिना जाएगा ऐसे वक्त केतु से मुतअल्लिक (सम्बन्धित) मुबारक असर होंगे।

(9) जब खाना नंबर 8 के केतु के साथ कोई दूसरा ग्रह बैठा हो तो केतु मंदा गिना जाएगा लेकिन ऐसे वक्त केतु का असर दोरंगा होगा और वह खाना नंबर 2 का ही असर टेवे वाले को देगा।

(10) जब टेवे में बृहस्पत मंदा हो तो केतु भी मंदा असर देगा और साथ ही मंगल भी बुरा ही होगा। बुध, शुक्कर भी मायूस (दुखी) करने वाले होंगे। औलाद नरीना देर से कायम होगी।

(11) जब टेवे में बृहस्पत या मंगल या दोनों ही खाना नंबर 6 या 12 में हो या मांगलिक मंगल हो या खाना नंबर 4 में मंगल, बद हो तो टेवे वाले की दौलत और औलाद दोनों ही मंदे होंगे और मंगल–केतु दोनों का ही फल मंदा होगा।

(12) जब बृहस्पत और मंगल खाना नंबर 6–12 में न हो तो केतु का असर मंदा न होगा।

(13) जब टेवे में मंगल–नेक (सूरज, बुध मुश्तरका यानि इकट्ठे) हो और बृहस्पत खाना नंबर 1–2 में या चन्द्र खाना नंबर 2 में हो तो टेवे में केतु कायम (देखें फरमान नंबर 6) गिना जाएगा। ऐसे वक्त किसी भी उपाय की दरकार (जरूरत) न होगी। औलाद का मींह (बरसात का पानी) बरसेगा अर्थात् खूब औलादें होंगी और कायम (जीवित) रहेंगी। अगर चन्द्र मंदा हो तो केतु का पूजन (पूजा) करना मददगार होगा।

(14) जब सनीचर या मंगल खाना नंबर 7 में हो तो केतु की सारी चीजें मंदी और टेवे वाले की चारपाई तक गंदी होगी अर्थात् टेवे वाले पर मुसीबतें आती रहेंगी मसलन (जैसे) मकान की छत गिरेगी। गृहस्थी, घर–परिवार और रिहाइशी मकान (जहां रह रहे हों) सब बरबाद हो जाएगा।

(15) टेवे में खाना नंबर 8 में केतु का उम्दा या अच्छा या बुरा होने का फैसला हमेशा खाना नंबर 12 से होगा। जब तक बुध या शुक्कर उम्दा हो तब तक केतु मंदा नहीं हो सकता।

(16) खाना नंबर 8 ग्रहचाली कुत्ते (केतु) के कानों की जगह है। यह कुत्ता (खाना नंबर 8 का केतु) मौत के यमों के आने की आहट फ़ौरन सुन लेगा अर्थात् ऐसे इंसान को मौत का पहले ही पता चल जाएगा।

(17) खाना नंबर 8 के केतु के वक्त औलाद चाहे देर से कायम हो अथवा जल्दी मगर दोनों ही हालतों में टेवे वाले की उम्र लम्बी ही होगी। यानि 70 साल से कम तो हरगिज न होगी, चाहे ज्यादा कितनी ही हो।

(18) जब बुध खाना नंबर 8 में हो तो बुध और शुक्कर (खाना नंबर 7 के पक्के घर के मालिक ग्रह) अमूमन (सामान्यतः) मंदे ही होंगे क्योंकि खाना नंबर 8, खाना नंबर 7 को चलाता है (देखें फरमान नंबर 10, खाना नंबर 1, 7, 11, 8 का मुश्तरका असर)। ऐसे वक्त टेवे वाले का चाल–चलन उसकी औरत (पत्नी) की सेहत पर असर देगा। औरत की सेहत मंदी होने से बचाने के लिए केतु को पूजना और चाल–चलन (चरित्र) पर काबू रखना निहायत जरूरी होगा।

कियाफा (हस्तरेखा)– मंगल–बद (खाना नंबर 8) के बुर्ज़ (पर्वत) पर केतु का निशान (ᴨ) हो।

केतु खाना नंबर 9

(इंसान की जुबान समझने वाला कुत्ता)

वाल्दैन अहसान, हम पर जो करते
उम्र गुजरे सारी, एवज उनका भरते
केतु कायम खुद पिता को तारे, तारे नहीं वो मामा को हो
औलाद नरीना तीन ही गिनते, सुखी होवे और उम्दा हो
चन्द्र भले घर माता तारे, बृहस्पत भले पिता तारता हो
दुश्मन ग्रह घर तीसरे बैठे, औलाद नरीना मारता हो
साल गुजरते ग्रह सातवें के, उम्दा असर केतु देता हो
सुख न लावल्दी बेटा देते, हुक्म विधाता होता हो
ईंट सोने की घर जब रखता, केतु जिस्म कुल उम्दा हो
सोना बढ़े घर हरदम उतना, जितना वजन जर बढ़ता हो
औलाद केतु में लड़का अपना नेक सलाही होता हो
हाल हो न हो साल जो अगला, पहले बता ही देता हो
शुक्कर सनीचर फल हर वो उम्दा, बृहस्पत भला ग्रह मन्दिर जो हो
भाग भला न बेशक माता, साथ नौवें चाहे चन्द्र हो
गुजरान लिखी परदेस हो उम्दा, केतु पालन से बढ़ता हो
मालिक सिफ़त दो शेरी कुत्ता, अमीर बना खुद साख़ा हो

(1) जब खाना नंबर 9 में केतु उम्दा हो तो टेवे वाला अपने वाल्दैन (माता–पिता) और खानदान को तारने वाला होगा। ऐसा इंसान अपने माता–पिता की पालना (सेवा) करने वाला और उन्हें हमेशा खुश रखने वाला होगा। वाल्दैन का अहसान सारी उम्र न भूलेगा। बाप का फ़रमाबदार (आज्ञाकारी) और आदमी की जुबान (भाषा) समझने वाला कुत्ता होगा।

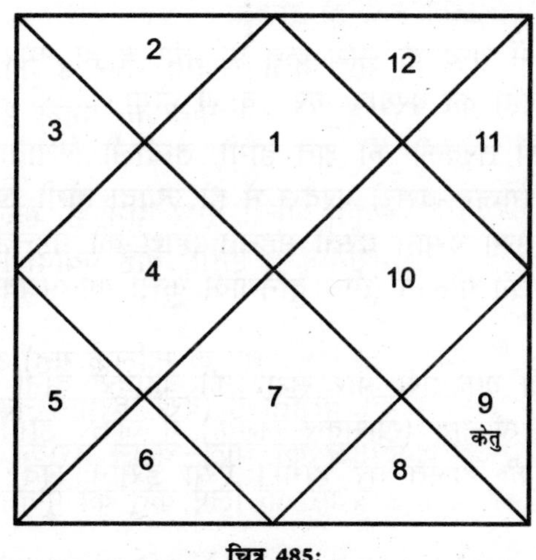

चित्र 485:

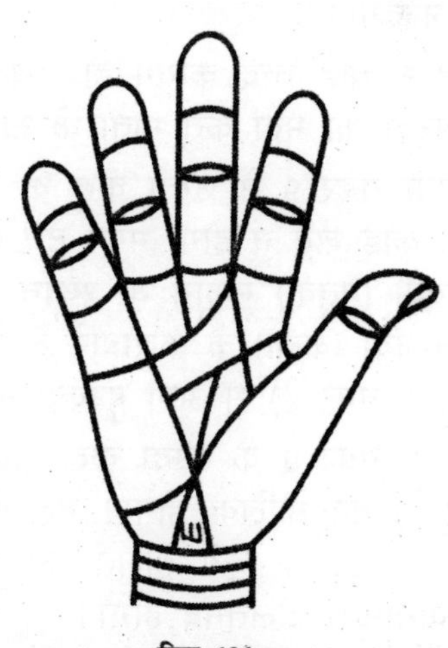

चित्र 486:

(2) जब टेवे में केतु कायम (देखें फरमान नंबर 6) हो तो टेवे वाला पिता को जनम से ही तारता होगा, केतु की उम्र (12, 24, 48) में पिता को आसूदा हाल (खुशहाल और धनवान) कर देने वाला होगा।

(3) जब केतु खाना नंबर 9 में मंदा हो तो अमूमन (सामान्यतः) मामा की ही जड़ काटने वाला होगा और उसका खानदान ही बरबाद कर देगा। औलाद नरीना (नर) अमूमन तीन तक होगी जो सुखी और आसूदा हाल होगी।

(4) जब चन्द्र टेवे में उम्दा हो अथवा भले घर में बैठा हो तो टेवे वाला माता के खानदान (मामा वगैरह) को तारने वाला होगा और जब बृहस्पत टेवे में उम्दा या भले घर में हो तो पिता और पिता के खानदान दोनों को तारने वाला होगा।

(5) जब केतु के दुश्मन ग्रह (चन्द्र, मंगल) खाना नंबर 3 में बैठे हों तो टेवे वाले की नरीना (नर) औलाद मरती जाएगी। क्योंकि खाना नंबर 3, खाना नंबर 9 को देखता है (देखें फरमान नंबर 8 ग्रह दृष्टि, आम हालत)

(6) खाना नंबर 9 में केतु के वक्त खाना नंबर 7 के ग्रह की उम्र (देखें फरमान नंबर 6, ग्रहों की मियादें–आम साल) गुजरने पर केतु का असर उम्दा होगा। नामर्दों को मर्द बनाने और लावल्दों (संतानहीनों) को औलाद देने के मामले में ऐसे आदमी का आशीर्वाद विधाता (दैवीय) हुक्म के मानिन्द (तुल्य) होगा। घर में सोने की ईंट कायम करना अथवा जिस्म (खासकर कान) पर सोना कायम करना केतु के मुतअल्लिक (सम्बन्धित) अश्या (चीजों) जिस्म के हिस्सों मसलन कान, रीढ़ की हड्डी, पांव, पेशाबगाह (मूत्राशय), जोड़ों का दर्द, टांगों, घुटने के साथ–साथ औलाद और दौलत पर भी (केतु का असर) हमेशा उम्दा रहेगा। घर में रखे सोने के बराबर का सोना और बढ़ जाएगा। मसलन घर में 5 तोला सोना फ़ालतू जमा हो तो 5 तोला और होकर 10 तोला हो जाएगा।

(7) खाना नंबर 9 के उम्दा केतु के वक्त टेवे वाले इंसान की तमाम (सभी) औलादों में उसका लड़का सबसे ज्यादा सलाह देने वाला होगा। जो हादसा या घटना एक साल बाद होने वाली हो उसे यह लड़का पहले ही बता देगा।

(8) जब टेवे में बृहस्पत या राहु उत्तम हो या खाना नंबर 2 उम्दा हो तो टेवे वाले के लिए शुक्कर, सनीचर और बृहस्पत का फल उम्दा होगा। टेवे वाला पिता खानदान को तारने वाला दीवान साहब (धनवान) या आला वजीर (उच्च मंत्री) होगा। खाना नंबर 2 में बैठा हर ग्रह चाहे वह चन्द्र ही क्यों न हो उम्दा फल देगा।

(9) टेवे में चाहे चन्द्र कायम हो अथवा खाना नंबर 9 में चन्द्र के साथ केतु ही क्यों न हो मगर खाना नंबर 9 का मंदा केतु माता के खानदान (मामा वगैरह) को बरबाद करने वाला होगा।

(10) खाना नंबर 9 में उम्दा केतु के वक्त टेवे वाले की तरक्की की शर्त होगी, तब्दीली (स्थानान्तरण) की कोई शर्त न होगी मगर टेवे वाले की गुजरान (गुजर–बसर) परदेस में ही ज्यादा होगी खासकर जद्दी (पैतृक) मकान या स्थान से बाहर रहेगा। ऐसा इंसान दस्ती मेहनत (हाथ की मेहनत) और हुनरमंदी (कला) के कारोबार से अमीर होगा। केतु की पालना (तीन दुनियावी कुत्तों की अथवा कुत्ता जो जानवर है) से आगे बरकत करेगा।

(11) खाना नंबर 9 के उम्दा केतु वाला इंसान कुत्ते की वफ़ादारी और सूअर की बहादुरी दोनों सिफ़त (गुणों) का मालिक होगा। यह भी सिफ़त उसकी औलाद (खासकर लड़के) में जरूर होगी। केतु की अच्छी या बुरी हालत का फैसला बृहस्पत की हालत पर होगा। ऐसा इंसान खुद साख़्ता (स्वनिर्मित) दौलतमंद होगा।

(12) जब टेवे में केतु के साथ–साथ सनीचर भी मंदा हो तो टेवे वाला चोर–डाकू के मानिन्द (समान) होगा, फिर भी मंदा हाल ही होगा।

कियाफा (हस्तरेखा)– खाना नंबर 9 पर केतु का निशान (πι) कायम हो।

केतु खाना नंबर 10

(अपने रास्ते पर चलने वाला मौकापरस्त मुसाफिर)

उजाड़े बिरादर, मुआफ़ी हो देता
भरे पेट दौलत, न कंगाल होता
शक्की केतु दरबार सनीचर के, जा केतु खुद मंदा हो
मंगल राजा चाहे साथी बैठे, भला न दोनों होता हो
सनीचर टेवे घर अच्छे होते, मिट्टी सोना दे जाती हो
बुरे घर जब सनीचर जा बैठे, सोना मिट्टी खा लेती हो
ताकत सनीचर ग्रह धोखा होता, इंसाफ़ सनीचर पर होता हो
उम्र पापी अड़तालीस करता, चलन संभलते उम्दा हो
सनीचर अकेला घर छह बैठे, नामी खिलाड़ी होता हो
लड़का पैदा तीन होकर मरता, सनीचर पाया घर चौथा हो
उपाय वही अब उत्तम होगा, गिना केतु घर आठ का हो
माया दौलत न केतु मंदा, नीच सिर्फ़ औलाद का हो

(1) खाना नंबर 10 के उम्दा केतु के वक्त जिस कदर जितना भाई उसका बुरा करे उसी कदर वह भाई को माफ़ी देता जाएगा, उसी कदर वह (टेवे वाला) बरकत करेगा और बढ़ता चला जाएगा, कभी कंगाल न होगा।

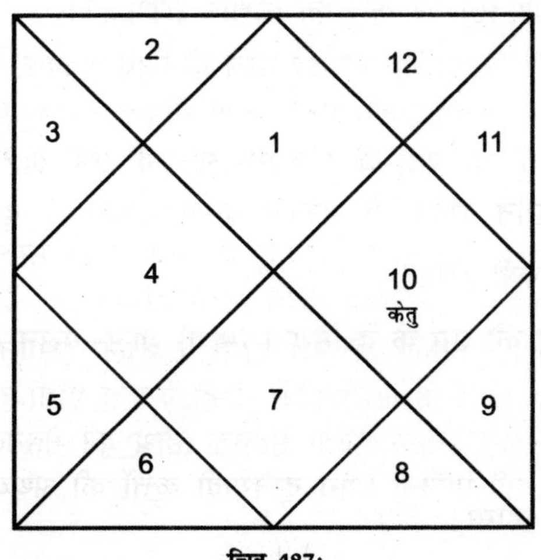

चित्र 487:

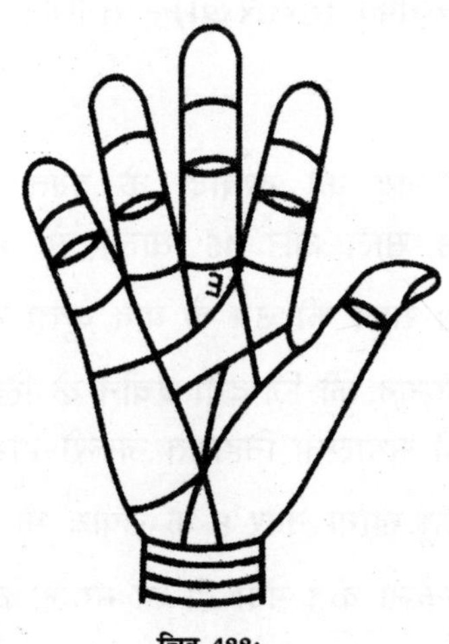

चित्र 488:

(2) खाना नंबर 10 का केतु शक्की हालत का गिना जाएगा। फैसला सनीचर की हालत पर होगा। माल और दौलत पर कभी मंदा असर न होगा अगर होगा तो सिर्फ औलाद पर मंदा असर होगा।

(3) अगर अकेला केतु खाना नंबर 10 में हो और मंदा हो तो ऐसे वक्त मंगल से मदद मिलेगी लेकिन अगर मंगल भी खाना नंबर 10 में ही केतु के साथ हो तो दोनों का ही फल मंदा हो जाएगा।

(4) जब टेवे में सनीचर उम्दा घरों में बैठा हो तो टेवे वाले को मिट्टी से भी सोना हासिल होगा।

(5) जब टेवे में सनीचर मंदे घरों में बैठा हो तो ऐसा इंसान बुरे कामों से दौलतमंद होगा। खूबसूरत मिट्टी (पराई औरत) कफन का सबूत देगी। 24 साल उम्र तक लड़के पैदा होंगे। बृहस्पत का फल उत्तम होगा।

(6) जब खाना नंबर 10 नें केतु मंदा हो तो केतु से मुतअल्लिक (सम्बन्धित) जानदार अश्या (इंसान या जानवर) पर 24 से 48 साल की उम्र तक मंदा असर होगा, खासकर जब सनीचर भी टेवे में मंदा हो रहा हो। ऐसे वक्त टेवे वाले को अपने चाल–चलन (चरित्र) को उम्दा रखना मददगार होगा।

(7) जब सनीचर खाना नंबर 6 में अकेला बैठा हो तो टेवे वाला नामी खिलाड़ी होगा। नेक (भला) या बद (बुरा) खेल की कोई भी शर्त न होगी अर्थात् टेवे वाला जुआरी भी हो सकता है।

(8) जब सनीचर खाना नंबर 4 में हो तो टेवे वाले की तीन नरीना (नर) औलाद नष्ट होंगी। मगर दौलत के लिए कोई मंदा असर न होगा। ऐसे वक्त वही उपाय कारआमद (असरकारक) होगा जो केतु खाना नंबर 8 के वक्त दिया गया है।

(9) खाना नंबर 10 में केतु हो तो सिर्फ औलाद के मामले में ही मंदा गिना जाएगा। टेवे वाले के धन–दौलत उम्दा ही होंगे। ऐसा केतु चुपचाप अपने रास्ते चलने वाले कुत्ते के मानिन्द (समान) होगा।

(10) टेवे वाला अय्याश (व्यभिचारी) होगा। हर जगह (गृहस्थ या कारोबार) अन्तिम नतीजा (परिणाम) मंदा ही होगा। सोने को मिट्टी खाती होगी यानि हर तरफ बरबादी का आलम ही होगा। ऐसे वक्त मकान की तह (जमीन के अन्दर बुनियाद) में दूध–शहद (चन्द्र+मंगल) दबा देना मददगार होगा।

कियाफा (हस्तरेखा)– सनीचर के बुर्ज़ (खाना नंबर 10) पर केतु का निशान (ΓΤ) हो।

उपाय

(1) औलाद की बरबादी के वक्त खासकर राहु–केतु या राहु–केतु मुश्तरका की उम्र (42 साल, 48 साल और 45 साल) से पहले चांदी का बर्तन शहद से भरकर बाहर वीराने में दबा दें।

(2) 48 साल की उम्र के बाद कुत्ता रखना निहायत जरूरी होगा।

(3) औलाद की जिन्दगी बचाने के लिए 45 से 48 साल की उम्र के दरमियान (मध्य) चाल–चलन (चरित्र) को संभालना निहायत जरूरी होगा।

(4) केतु खाना नंबर 8 के उपाय भी मददगार होंगे।

(5) अकेला केतु मंदा हो तो मंगल का उपाय मददगार होगा।

(6) जब मंगल भी केतु के साथ बैठकर मंदा होता हो तो चन्द्र का उपाय (मकान की तह में दूध–शहद दबाना) मददगार होगा।

केतु खाना नंबर 11

(गीदड़ स्वभाव का कुत्ता)

फ़िक्र छोड़ गुजरी की, जो चल गई है
नजर रख तू आगे की, जो आ रही है
ताकत केतु की हो गुना ग्यारह, उम्दा दौलत जर देता हो
साथी सनीचर बुध तीजे बैठा, असर केतु का मंदा हो
भला सनीचर या तीन घर आया, केतु बुरा न होता हो
औरत टेवे चाहे कैसा बैठा, शर्त सनीचर न करता हो
केतु बृहस्पत पांच-ग्यारह होता, जनम लेता जो लड़का हो
जिस्म उम्र से मुर्दा गिनते, लाश अमूमन पैदा हो
वक्त केतु तक माता मरती, दौलत मगर खुद बढ़ती हो
सनीचर मंदे न होगी उतनी, औलाद मकान जड़ कटती हो

(1) खाना नंबर 11 के केतु के वक्त टेवे वाला गुजरे जमाने की फ़िक्र (चिन्ता) न करते हुए आगे की जिन्दगी पर नजर रखने वाला होगा और ऐसा करना ही टेवे वाले के लिए जरूरी और निहायत ही मददगार होगा।

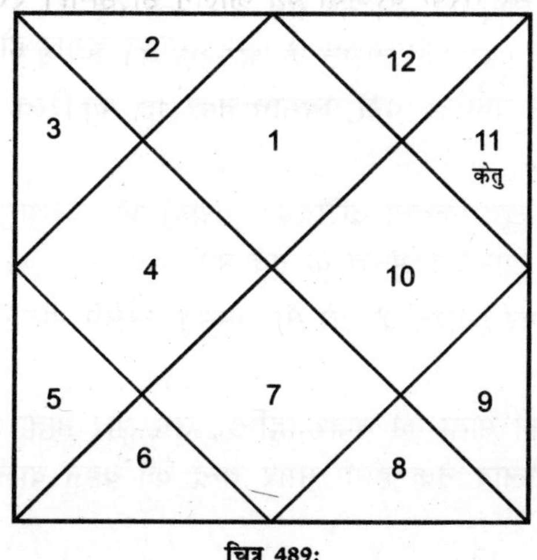

चित्र 489:

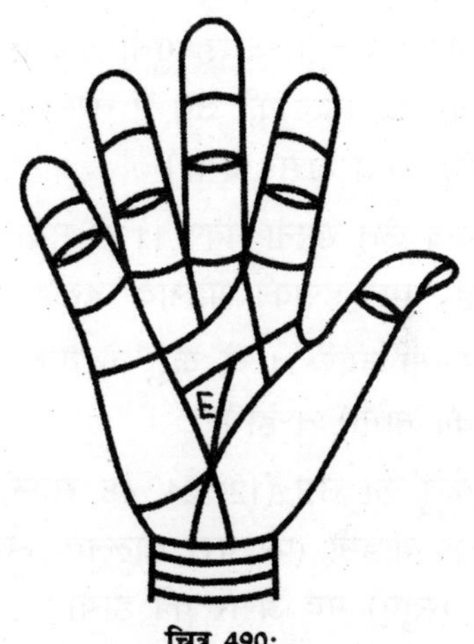

चित्र 490:

(2) खाना नंबर 11 के उम्दा केतु के वक्त केतु की ताकत ग्यारह गुना तक ज्यादा होगी। अगर टेवे में सनीचर खाना नंबर 3 में हो तो टेवे वाले की दौलत भी ग्यारह गुना तक उम्दा होगी।

(3) जब खाना नंबर 11 के केतु का सनीचर साथी (देखें फरमान नंबर 6) हो और बुध खाना नंबर 3 में बैठा हो तो केतु का असर मंदा ही गिना जाएगा। लेकिन जब सनीचर खाना नंबर 3 में हो या टेवे में उम्दा हो तो केतु का असर भी भला ही होगा।

(4) खाना नंबर 11 का केतु औरत के टेवे में चाहे कैसा भी (उम्दा या मंदा) क्यों न हो लेकिन किसी दूसरी वजहों (कारणों) से राहु खाना नंबर 5 उम्दा हो रहा हो तो केतु का असर भी मुबारक और उम्दा ही

गिना जाएगा। औरत के टेवे में सनीचर और केतु के ताल्लुक (सम्बन्ध) की कोई शर्त न होगी। यानि सनीचर के बुरा होने पर केतु मंदा न होगा।

(5) जब टेवे में बृहस्पत खाना नंबर 5–11 में बैठकर मंदा होता हो और केतु भी खाना नंबर 11 में मंदा हो और टेवे वाले का लड़का पैदा हो तो, या तो वह मुर्दा ही पैदा होगा या फिर जिस्म से (जनम वक्त से ही) मुर्दा के मानिन्द (समान) होगा।

(6) जब खाना नंबर 11 में मंदा केतु हो तो केतु के वक्त (12, 24, 48 साल की उम्र) तक माता मरेगी। लेकिन टेवे वाले की धन–दौलत में बरकत (उत्तरोत्तर उन्नति) ही होती होगी। जब सनीचर टेवे में मंदा हो रहा हो तो मकान, औलाद दोनों की ही उन्नति न होगी। औरत के टेवे में मंदे सनीचर का कोई असर न होगा।

(7) जब खाना नंबर 3 में बुध हो तो चन्द्र का फल टेवे वाले की बमूजिब वर्षफल 11, 23, 36, 48 साल की उम्र में मंदा और सिफर (शून्य) ही होगा।

(8) जब खाना नंबर 3 में बुध न हो तो टेवे वाले इंसान के लिए राजदरबार से सम्बन्धित राजयोग होगा। जद्दी (पैतृक) जायदाद तो इतनी न होगी जितनी खुद पैदा करेगा। एक अकेला इंसान 11 इंसानों की तरह आगे बढ़ता जाएगा।

(9) खाना नंबर 11 का पक्का घर का मालिक बृहस्पत है और खाना नंबर 11 गुरु का आसन है इसलिए यहां पर केतु गीदड़ के स्वभाव वाला कुत्ता गिना जाएगा। जब नर ग्रह और स्त्री ग्रह टेवे में मंदे हो जाएं तो केतु ग्यारह गुना नेक होगा खासकर माली (आर्थिक) हालत के ताल्लुक में। जब केतु 11, 23, 36, 48 साल की उम्र में तख़्त पर आएगा (बमूजिम वर्षफल, देखें फरमान नंबर 13, फेहरिस्त वर्षफल) तो उम्दा असर देगा।

(10) जब केतु खाना नंबर 11 में मंदा हो तो टेवे वाला खुद कितना दलिद्दर (गरीब) और परेशान क्यों न हो मगर इसकी औलाद जरूर नेक (भली) होगी, खासकर औरत के टेवे में।

(11) खाना नंबर 11 के केतु के वक्त लड़के के जनम पर (औरत के टेवे में) अमूमन उसकी माता (औलाद की नानी) न होगी।

(12) केतु की उम्र (12, 24, 48 साल) तक टेवे वाले की माता की नजर (दृष्टि), उम्र और माता और बेटे का बाहमी (परस्पर) ताल्लुक अच्छा न होगा। औलाद नेक होगी मगर चन्द्र की बहने वाली अश्या (वस्तुएं) मंदे असर की होगी।

कियाफा (हस्तरेखा)– हथेली के खाना नंबर 11 (बचत) पर केतु का निशान (ПП) हो।

उपाय

(1) नेक काम को जाते वक्त कोई इंसान पीछे से आवाज दे तो आवाज मंदे असर की निशानी होगी।

(2) औलाद के ताल्लुक (सम्बन्ध) में सनीचर की अश्या (खासकर सफेद मूली) रात को औरत के सिरहाने रखकर सुबह धर्म स्थान में देना मुबारक होगा। ऐसा करने से औरत की जिन्दगी तो बच जाएगी, साथ ही दूसरे ही साल वह दोबारा नरीना (नर) औलाद को जनम देगी। लेकिन पहली औलाद शायद ही जिन्दा होगी।

केतु खाना नंबर 12

(ऐशोआराम, जद्दी विरासत)

भरे जर कबीला, चाहे बच्चों से तेरा
एवज घर गुरु का, तू किस जनम देगा
आप बढ़ता साथी बढ़ते, बढ़ता कुल परिवार हो
मर्द माया होंगे फलते, फलता सब गुलजार हो
ऊंच केतु जड़ खाली बैठा, सुख और गृहस्थी बढ़ता हो
सनीचर शुक्कर, बृहस्पत तीनों का असर मुबारक देता हो
मदद भाई न मंगल गिनते, लड़का जाती खुद तारता हो
शर्त तरक्की केतु लेते, मकान सफर फल उम्दा हो
दुश्मन दोस्त चाहे साथी बैठा, औलाद केतु न मंदा हो
टेवे राहु का दुश्मन साथी, जहर केतु को देता हो
औलाद नरीना होगी शक्की, मंदा केतु खुद होता हो
केतु बारह न असर जो देवे, निशानी दूजे जा देता हो
औलाद असर धन दौलत अपने, ससुराल घरों आ भरता हो
असर दो तरफी पाप जो मंदा, बाहर टेवे से होता हो
औलाद उपायों पे राहु होगा, दूध अंगूठा चूसता हो
मंगल राहु में हसद हो भरता, लड़के तरफों चार हो
दुश्मन बैठा खुद रक्षा करता, फल फूले गुलजार हो

(1) खाना नंबर 12 का मालिक बृहस्पत और पक्के घर का मालिक राहु है। केतु राहु के घर खाना नंबर 12 में उच्च का होता है इसलिए केतु इस घर में बैठकर टेवे वाले पर कभी मंदा असर न डालेगा।

(2) जब तक टेवे वाले का चाल–चलन (चरित्र) उम्दा रहेगा तब तक टेवे वाला ऐश–पसन्द और भोगी रहेगा। टेवे वाले को धन–दौलत और औलाद की कमी न रहेगी। अगर केतु बरबाद कर लिया जाए तो भी औलाद नरीना (नर) की हालत शक्की होगी मगर टेवे वाले पर मंदे केतु का बुरा असर न होगा।

(3) खाना नंबर 12 के उम्दा केतु के वक्त अगर टेवे वाला भरने पर आए तो औलाद से घर भर देगा और छह से बारह तक नर औलादें होंगी। टेवे वाले की तमाम (सारी) औलादें सेहत (स्वास्थ्य) और दौलत के मामले में उम्दा होंगी। अगर घर में केतु कायम रखें (कुत्ता या तीन दुनियावी कुत्ते) और केतु के साथ खाना नंबर 12 में दुश्मन ग्रह भी हो तो भी औलाद पर बुरा असर न होगा।

(4) जब खाना नंबर 6 में राहु अकेला हो तो टेवे वाला दौलतमंद परिवार का मालिक होगा। जद्दी (पैतृक) जायदाद पर कुदरती (दैवीय) हक होगा। ऐसे वक्त केतु का फल उच्च का होगा। गृहस्थ सुख वगैरह में हर तरफ बरकत होगी। जब तक ऐश पसन्दी कायम रखेगा तब तक परिवार में मान और शान दोनों बने रहेंगे। आल–औलाद और रिश्तेदार सभी गुलजार (रौनक वाला स्थान) होंगे।

(5) खाना नंबर 12 के केतु के वक्त सनीचर, शुक्कर और बृहस्पत तीनों का फल उम्दा होगा मगर ऐसे में मंगल की मदद न होगी यानि बड़ा भाई, ताऊ, मामा वगैरह कोई मदद न देंगे। सिर्फ अपना ही

लड़का टेवे वाले को तारने वाला होगा। मकान और सफर (यात्रा) से उम्दा फल मिलेगा और जीवन में तरक्की होगी।

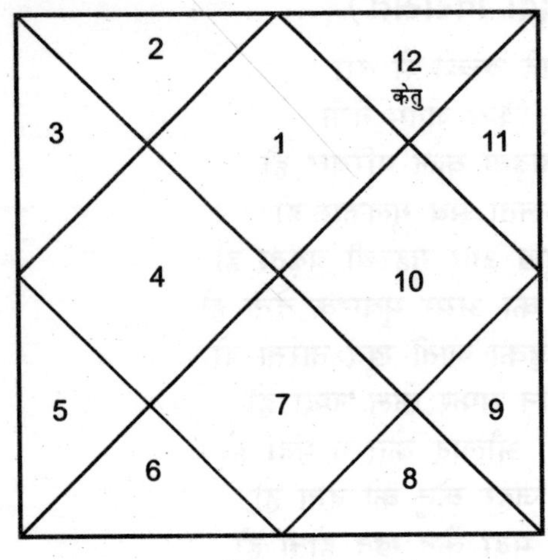

चित्र 491:

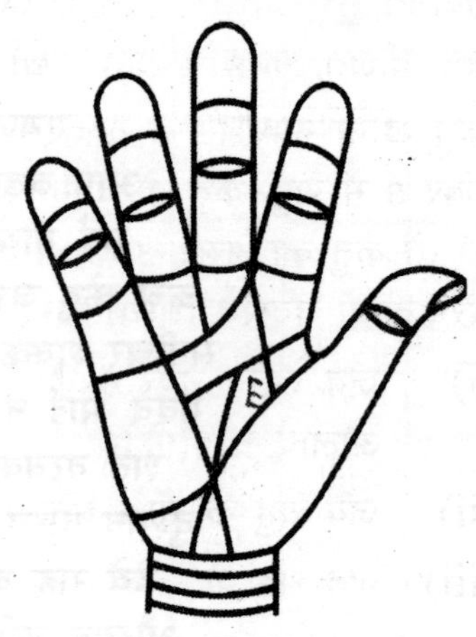

चित्र 492:

(6) जब खाना नंबर 12 के केतु के साथ उसके दोस्त या दुश्मन ग्रह बैठे हों तो भी केतु का असर मंदा न होगा। लेकिन जब खाना नंबर 6 के राहु के साथ राहु के दुश्मन (सूरज, शुक्कर, मंगल) हों अथवा केतु के दुश्मन (चन्द्र, मंगल) हों तो केतु का असर मंदा होगा। ऐसे वक्त टेवे वाले की नरीना औलाद शक्की (संदेहजनक) होगी।

(7) जब केतु खाना नंबर 12 में बैठकर, खाना नंबर 12 का फल जाहिर न करे तो खाना नंबर 2 का फल देगा। ऐसे वक्त औलाद का असर और टेवे वाले की धन–दौलत का असर ससुराल के घर (खाना नंबर 2) आता होगा।

(8) जब टेवे में राहु और केतु दोनों मंदे हो रहे हों तो जीवन पर दोरंगी असर जाहिर होगा यानि अगर औलाद नरीना (नर) कायम हो तो माया–दौलत का असर मंदा होगा। और अगर माया दौलत उम्दा हो तो औलाद का असर मंदा होगा। ऐसे वक्त औलाद की मंदी हालत पर राहु का उपाय मददगार होगा लेकिन जब औलाद कायम हो मगर माली (आर्थिक) तकलीफ हो तो दूध में डालकर अंगूठा चूसना मुबारक होगा।

(9) जब खाना नंबर 12 में केतु हो तो मंगल और राहु हसद (ईर्ष्या) करेंगे अर्थात् राहु और मंगल की मुतअल्लिक (सम्बन्धित) अश्या (चीजें) और रिश्तेदार मदद न करेंगे। मगर केतु की अश्या, ताल्लुकदार और कारोबार हर तरफ से बरकत करने वाले होंगे।

(10) जब खाना नंबर 6 में राहु के साथ केतु अथवा राहु के दुश्मन ग्रह बैठे हों या खाना नंबर 2 में राहु–केतु के दुश्मन ग्रह बैठे हों या चन्द्र खाना नंबर 2 में बैठा हो तो केतु का असर बेमायने (निष्फल) होगा लेकिन अगर केतु खाना नंबर 12 को कोई दूसरा ग्रह मदद कर दे तो भी औलाद नरीना में केवल दो लड़के ही कायम होंगे। अगर ऐसे वक्त टेवे वाला किसी लावल्द (संतानहीन) से कोई जमीन या बना बनाया मकान ही खरीद ले. तो टेवे वाला भी लावल्दी हालत में आ जाएगा।

(11) जब केतु खाना नंबर 12 और चन्द्र खाना नंबर 2 में हो तो चन्द्र या केतु में से किसी एक का फल उत्तम होगा। केतु का असर खाना नंबर 2 से मुतअल्लिक (सम्बन्धित) अश्या (वस्तु) और बृहस्पत की तबीयत (स्वभाव) का होगा। टेवे वाले की औलाद के जनम से अथवा उसकी 24 साल की उम्र से धन, दौलत, माया, इज्जत, ऐशोआराम वगैरह की बरकत होगी।

(12) केतु खाना नंबर 12 के वक्त तरक्की की शर्त होगी मगर तब्दीली की कोई शर्त न होगी। जब खाना नंबर 6 में राहु–केतु के दुश्मन हों तो केतु बरबाद होगा मगर खाना नंबर 2 में राहु–केतु के दुश्मन हों तो केतु का असर उम्दा होगा। जब तक केतु का ताल्लुक (सम्बन्ध) नेक और उम्दा होगा, औलाद बरबाद या नदारद (शून्य) होगी।

(i) जब खाना नंबर 6 के राहु के साथ मंगल बैठा हो तो टेवे वाले की 28 साल की उम्र तक औलाद न होगी।

(ii) जब राहु के साथ चन्द्र हो तो 32 साल की उम्र तक औलाद न होगी।

(iii) जब राहु के साथ सूरज हो तो 42 साल की उम्र तक औलाद न होगी।

(iv) जब राहु के साथ शुक्कर हो तो 25 साल की उम्र तक औलाद न होगी।

जब टेवे वाला अय्याश तबीयत (स्वभाव) का हो तो "केतु खाना नंबर 12" मंदा न होगा। ऐसा इंसान मंगल–बद के इंसान की तबीयत से मिलता जुलता होगा।

(13) जब केतु खाना नंबर 12 का ताल्लुक नेक ग्रहों से हो जाए तो केतु की जड़ कटेगी। केतु भले ही खाना नंबर 12 में उच्च का मुकर्रर है। जब खाना नंबर 6 में राहु के साथ बुध भी बैठा हो तो केतु पर कोई बुरा असर न पड़ेगा, यद्यपि केतु और बुध आपस में दुश्मन हैं।

(14) जब टेवे वाला केतु (कुत्ता) मरवाए या नष्ट करे तो केतु खाना नंबर 12 में उच्च होता हुआ भी मंदा ही फल देगा। औलाद की मंदी हालत पर राहु का उपाय करें। माली (आर्थिक) तकलीफ के वक्त दूध में डालकर अंगूठा चूसें। औरत के टेवे में केतु का ताल्लुक पैदा करना मुबारक होगा। घर में कुत्ता (जानवर) कायम करें, औलाद के विघ्न को कुत्ता बरदाश्त करेगा यानि कुत्ते पर कुत्ता मरता जाएगा। लगभग 11 साल तक कुत्ते मरेंगे मगर औलाद जिन्दा रहेगी। कुत्ता मरने के बाद 40–43 दिन के अन्दर दूसरा कुत्ता कायम करें।

कियाफा (हस्तरेखा)– हथेली के खाना नंबर 12 (खर्चे) में केतु का निशान कायम (ΠΠ) हो।

फलादेश (ग्रह मुश्तरका)

कोई दो ग्रह

मुश्तरका का शाब्दिक अर्थ इकट्ठे या संयुक्त होने से है अर्थात् जब दो या दो से अधिक ग्रह एक साथ किसी एक खाने में बैठे हों तो यह ग्रहों की मुश्तरका हालत कहलाती है। पुस्तक के इस खण्ड में दो ग्रहों की मुश्तरका स्थिति के "मिश्रित–फलादेश" को आधार बनाकर फलादेश किया गया है। पूर्व में भी इस तथ्य को स्पष्ट किया जा चुका है कि जब दो ग्रह परस्पर एक ही घर में बैठे हों अथवा दृष्टि सिद्धांत के द्वारा एक–दूसरे पर परस्पर अपना–अपना प्रभाव डाल रहे हों तो वे दोनों अपने मूल स्वभाव को त्यागकर किसी तीसरे ही ग्रह का गुण ग्रहण कर लेते हैं, जिसे "मस्नूई–ग्रह" कहा जाता है।

पाठकगण इस बात को भी अच्छी तरह से जान लें कि जरूरी नहीं कि जब दो या दो से अधिक ग्रह एक घर में बैठें तभी वे मुश्तरका कहलाएं अपितु विषय की सूक्ष्मता को समझने के लिए उस स्थिति में भी ग्रह मुश्तरका गिने जाएंगे। जब वे परस्पर दृष्टि सम्बन्ध के द्वारा अथवा किसी अन्य नियम के द्वारा एक दूसरे को पूर्ण रूप से प्रभावित कर रहे हों, ठीक उसी तरह जैसे कि वे परस्पर एक ही घर में बैठकर एक दूसरे को प्रभावित करते हैं। मुश्तरका–ग्रहों के फलादेश लाल किताब के किसी न किसी नियम पर आधारित हैं। अतः पाठकों से अनुरोध है कि वे फलादेश पढ़ते समय उसमें प्रयुक्त हो रहे नियम पर भी अवश्य ध्यान दें जिससे फलादेश का आधार स्पष्ट हो सके।

बृहस्पत-सूरज (शाही-धन)

तख़्त मिले से साल अड़तीस, आला दौलत धन शाही हो
विष्णु-ब्रह्मा पालन दृष्टि, भाग उदय त्रैलौकी हो
बाप बेटे का दोनों दुनिया, लेख नसीबा मिलता हो
जुदा-जुदा चाहे लाखों मंदा, मिलते सुखी दो होता बुध हो
दोनों देखें जब चन्द्र माता, खुश्क कुएं जर भरता हो
नजर दृष्टि सनीचर जो करता, सोया जला फल दो का हो
साथ साथी माता हो अंधी, पिस्तान भरे दूध होती हो
बुध मगर जब हो कभी साथी, सूरज बृहस्पत दो कैदी हो

(आम हालात)

सूरज जगतकर्ता और बृहस्पत पालनकर्ता है यानि अगर सूरज (विष्णु) और बृहस्पत (ब्रह्मा) मिल जाएं तो दुनियावी लोगों का भाग्योदय होगा। इन दोनों के मिलने के वक्त किस्मत का ताल्लुक (सम्बन्ध) नेक मगर रुहानी होगा। दुनियावी (सांसारिक) कामों में कामयाबी जरूर मिलेगी लेकिन ज्यादा मेहनत के बाद। बृहस्पत और सूरज की मुश्तरका (संयुक्त) मिलावट चन्द्र की होगी। अब टेवे में कुल मिलाकर दो चन्द्र होंगे। इस

मिलावट में सूरज का असर तीन प्रतिशत और बृहस्पत का असर दो प्रतिशत होगा। जिसमें टेवे वाले पर पहले बृहस्पत और फिर सूरज का असर शुरू होगा। बृहस्पत और सूरज भले ही मुश्तरका मिलकर चन्द्र बन रहे हों मगर टेवे वाले की किस्मत का असर शेर की ताकत और शेर की रफ्तार (गति) के मानिन्द (समान) होगा। टेवे वाले की किस्मत खालिस (शुद्ध) दमकता सोना होगी। टेवे में अगर बृहस्पत अकेला हो तो वह इंसान का दादा या जगद्गुरु होता है। लेकिन अब (सूरज के साथ होने से) बृहस्पत को टेवे वाले का बाप और सूरज को टेवे वाले का लड़का (बेटा) गिना जाएगा। यानि टेवे वाले की किस्मत में उसके बाप (पिता) और लड़के दोनों की किस्मत का असर (अच्छा या बुरा) शामिल होगा। इसी के साथ–साथ टेवे वाले की किस्मत भी उसके बाप और लड़के दोनों को मदद देगी। बृहस्पत और सूरज अलग–अलग खानों में होने पर, भले ही मंदे होने पर मंदा ही असर दें मगर जब ये दोनों मुश्तरका (इकट्ठे) बैठे होते हैं तो अमूमन जाती (व्यक्तिगत) रूप से भला ही असर देंगे। मंदरजाजैल (निम्नलिखित) फेहरिस्त (सारिणी) के मुताबिक किस खाने में बैठकर, बृहस्पत और सूरज (मुश्तरका) टेवे वाले के बाप, बेटे और उसके खुद के लिए उम्दा असर के होंगे, दिया जा रहा है। इन सालों में दोनों ग्रहों का मुश्तरका (इकट्ठा) असर उत्तम और उम्दा होगा।

खाना नंबर में हो	1	2	3	4	5	6	7	8	9	10	11	12
तो कितने सालों तक उम्दा असर मिलेगा?	38	39	40	41	42	43	44	45	46	47	48	49

बृहस्पत–सूरज मुश्तरका (इकट्ठे) वाला इंसान खुद बाप बनने से पहले, अपने बाप के साथ और बाप बनने के बाद अपने लड़के (पुत्र) के साथ 70 साल की उम्र तक खुशहाल (सुखमय) जीवन बिताएगा। अगर बाप, इंसान और बेटे तीनों में से किसी एक की किस्मत का असर उम्र के किसी साल कम होगा तो किसी दूसरे की किस्मत का असर उस साल ज्यादा होगा। मुख़्तसरन तौर पर (संक्षेप में) टेवे वाले और उसके बाप–बेटे की किस्मत की ताकत मिलकर 70 साल की उम्र तक उरूज (बुलन्दी) का मालिक बनाएगी।

टेवे वाले की किस्मत और उसकी उम्र का अनुपात मंदरजाजैल फेहरिस्त के मुताबिक होगा।

टेवे वाले की उम्र	70	63	56	49	42	35	28	21	14	7	1	120
किस्मत का असर का प्रतिशत	1	7	14	21	28	35	42	49	56	63	70	120

दिमागी खाना नंबर– ऐसा इंसान दिमागी खाना नंबर 20, मान और इज्जत का मालिक, अन्दर–बाहर से नेक, ज्ञानदाता, अक्ल का भंडारी और किस्मत के मैदान में राजयोगी के मानिन्द (तुल्य) होगा। ऐसे इंसान में ब्रह्मा और विष्णु की मुश्तरका (संयुक्त) ताकत होगी, जिसकी बदौलत ऐसा इंसान विधाता की लेख को भी उलट कर देने वाली ताकत का मालिक होगा। ऐसा इंसान, इंसाफ पसन्द और लम्बी उम्र का मालिक होगा। टेवे वाला जागती हुई किस्मत का मालिक होगा। मस्नूई (बनावटी) चन्द्र के असर से टेवे वाला नेक खून (माता–पिता) की पैदाइश होगा।

नेक हालत

खाना नंबर 1– जब बृहस्पत और सूरज मुश्तरका खाना नंबर 1 में हो तो टेवे वाला राजा के मानिन्द (समान) दूसरों से खिराज (कर) लेगा। मौत अचानक होगी। आला–हाकिम (उच्चाधिकारी) और लम्बी उम्र का मालिक होगा। टेवे वाले को दुनिया का हर आराम मिलेगा और गृहस्थ सुख भी उम्दा होगा। ऐसा इंसान चाहे पढ़ा–लिखा न हो लेकिन दस्ती हुनर कमाल का होगा।

खाना नंबर 2– जब खाना नंबर 2 में बृहस्पत+सूरज हों तो टेवे वाले का मकान उत्तम होगा और वह शानदार जिन्दगी का मालिक होगा। ऐसा इंसान बहादुर शेर के मानिन्द (समान) मगर बेरहम होगा।

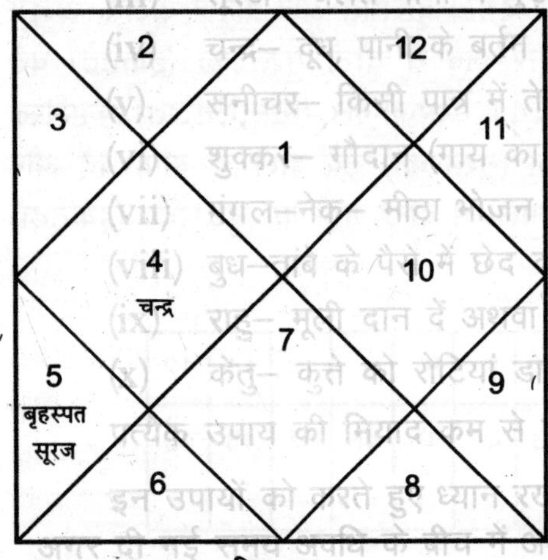

चित्र 493:

खाना नंबर 3– जब खाना नंबर 3 में बृहस्पत+सूरज हों तो टेवे वाले की माया और दौलत की हरदम तरक्की होगी बशर्ते ऐसा इंसान लालची न हो।

खाना नंबर 4– जब खाना नंबर 4 में बृहस्पत+सूरज हों तो पहाड़ों से दूध बहेगा और पत्थर सोना हो रहा होगा अर्थात् सनीचर से सम्बन्धित कारोबार, रिश्तेदार और चीजों से फायदा होगा। टेवे वाले के शाही ठाठ होंगे और उत्तम जिन्दग़ी का मालिक होगा।

खाना नंबर 5– जब खाना नंबर 5 में बृहस्पत+सूरज हों तो टेवे वाले की औलाद दौलतमंद होगी, परामर्श से टेवे वाले को माया और दौलत मिलेगी। ऐसे इंसान के दुश्मनों का हमेशा नाश होता रहेगा। औलाद की पैदाइश के बाद से ही टेवे वाले की किस्मत बुलन्दी के आसमान पर होगी। खाना नंबर 5 के बृहस्पत–सूरज के वक्त अगर पापी (राहु, केतु–सनीचर) भी खाना नंबर 5 में ही बैठ जाएं तो भी बृहस्पत और सूरज का जाती (व्यक्तिगत) असर मंदा न होगा। जब बृहस्पत सूरज खाना नंबर 5 में हों और इसी वक्त चन्द्र खाना नंबर 4 में आ जाए (देखें चित्र संख्या 493) तो टेवे वाला इकबालमंद (तेजस्वी या प्रतापी) होगा। जिस दिन नरीना (नर) औलाद की पैदाइश (जनम) होगी उसी दिन से और ज्यादा इकबालमंद हो जाएगा।

खाना नंबर 8– जब बृहस्पत+सूरज खाना नंबर 8 में हो तो टेवे वाला जागती हुई किस्मत का मालिक होगा और मौत से बचता रहेगा।

खाना नंबर 6, 7, 10, 11– जब दोनों खाना नंबर 6, 7, 10, 11 में हो तो इन दोनों का मुश्तरका असर अमूमन (सामान्यतः) बुढ़ापे में मिलेगा। इन खानों में बृहस्पत–सूरज का असर जुदा–जुदा (अलग–अलग) खानावार गिना जाएगा। अलग–अलग ख़ानों के अनुसार ग्रहों का असर फरमान नंबर 15 के बमूजिब (अनुसार) गिना जाएगा।

खाना नंबर 9, 12– जब बृहस्पत–सूरज खाना नंबर 9, 12 में हों तो दोनों ग्रहों का फल टेवे वाले के धन और परिवार की बरकत करेगा। खानदान में बरकत और हर तरह की उन्नति होगी।

अन्य नेक हालात

(1) जब बैठक के अनुसार सूरज का असर उत्तम हो रहा हो अर्थात् सूरज खाना नंबर 1–5 में बृहस्पत के साथ बैठा हो तो टेवे वाले की सेहत उम्दा और मान–सम्मान की तरक्की होगी। दिन–ब–दिन

टेवे वाले का मुस्तकबिल (भविष्य) रोशन होता जाएगा। सूरज और बृहस्पत दोनों ग्रहों की चीजों का असर उत्तम होगा। दोनों ही ग्रह खुशहाली और दौलत देंगे। देखें चित्र 494।

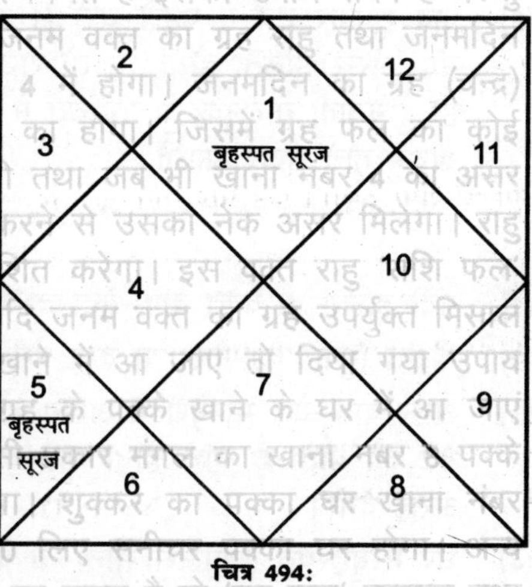

चित्र 494:

(2) जब दोनों ही ग्रह (बृहस्पत–सूरज) चंद्र को देख रहे हों तो चन्द्र खुद अपना नेक असर टेवे वाले को देगा। खुश्क (सूखे) कुएं पानी से भर जाएंगे। बच्चे की आवाज सुनते ही माता के पिस्तान या स्तन (वक्ष स्थल) दूध से भर जाएंगे चाहे वह माता (चन्द्र) अंधी (दुश्मन ग्रहों से पीड़ित) ही क्यों न हो। राजदरबार का ताल्लुक (सम्बन्ध) टेवे वाले की तरक्की की बुनियाद होगा मगर किस्मत किसी दूसरे दुनियावी इंसान की वजह से चमकेगी।

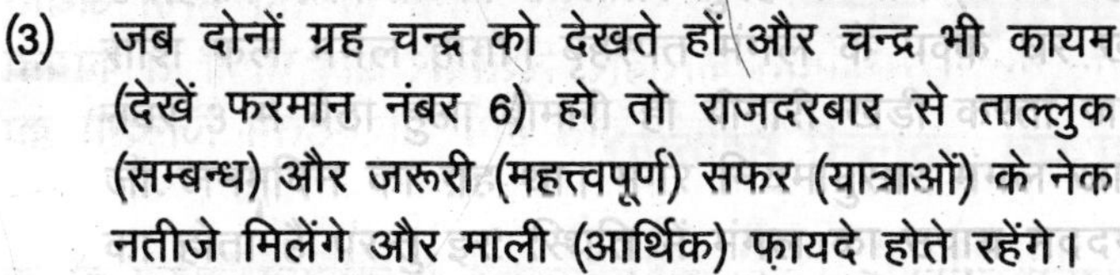

(3) जब दोनों ग्रह चन्द्र को देखते हों और चन्द्र भी कायम (देखें फरमान नंबर 6) हो तो राजदरबार से ताल्लुक (सम्बन्ध) और जरूरी (महत्त्वपूर्ण) सफर (यात्राओं) के नेक नतीजे मिलेंगे और माली (आर्थिक) फ़ायदे होते रहेंगे।

(4) जब टेवे में शुक्कर बाद के घरों (7 से 12) में हो और बृहस्पत–सूरज टेवे में कहीं भी मुश्तरका (इकट्ठे) बैठे हों तो टेवे वाले के बाल–बच्चों की बरकत और हर तरह से वृद्धि होगी। राजदरबार हो चाहे धर्म मन्दिर हर जगह टेवे वाले की इज्जत और मान बढ़ता रहेगा।

चित्र 495:

मंदी हालत

खाना नंबर 3– जब बृहस्पत और सूरज मुश्तरका (इकट्ठे) खाना नंबर 3 में हों और टेवे वाला लालची हो तो दौलतमंद होने पर भी उसका कुल (खानदान) बरबाद कर देने वाला होगा। देखें चित्र 495।

अन्य मंदे हालात

(1) जब बृहस्पत–सूरज मुश्तरका (संयुक्त) ऐसे घरों में बैठे हो जहां सूरज का असर हल्का या मंदा हो रहा हो तो किस्मत की चमक जाहिर न होगी। हर काम में तकलीफ, परेशानी और नाकामयाबी का आलम होगा। जिन्दगी में कुछ मजा न होगा और जिन्दगी जीना टेवे वाले की मजबूरी ही होगी।

(2) जब बृहस्पत–सूरज मुश्तरका जिस घर में बैठे हो वहां उन्हें सनीचर देख रहा हो तो बृहस्पत–सूरज दोनों का ही फल सोया और जला हुआ होगा। अब केतु सात साल की महादशा में होगा, जिससे केतु की अश्या (वस्तुओं), कारोबार और ताल्लुकदारों (रिश्तेदारों) सभी का फल मंदा होगा और धन हानि की बुनियाद बनेगा मगर राजदरबार से ताल्लुक में कुछ अच्छे नतीजे (परिणाम) मिलने की उम्मीद बनी रहेगी। सनीचर का जाती (व्यक्तिगत) असर अगर नेक होगा तो जीवन में उम्दा नतीजे मिलेंगे वरना जिन्दगी में कष्ट होंगे।

(3) जब शुक्कर टेवे में पहले घरों (1 से 6) में हो तो सूरज–बृहस्पत दोनों पर ही मिट्टी (शुक्कर का मंदा असर) पड़ती होगी। न तो राजदरबार में ही सुर्खरूई (सम्मान, सफलता वगैरह) मिलेगी और न ही दुनियावी ताल्लुक या पंचायत में इज्जत बुलन्द होगी। हर तरफ फ़र्जी (काल्पनिक) आंधी से कपड़े खराब होते नजर आएंगे।

उपाय

(1) मंदी हालत के वक्त बाप–बेटा दोनों इकट्ठे हो जाएं तो मंदी हालत तुरन्त दुरुस्त होगी।

(2) खैरात (मुफ्त का माल या दान वगैरह) लेना बाप–बेटे दोनों के लिए गैरमुबारक होगा।

(3) अगर बाप–बेटे मजबूरी में अलग हो गए हों तो बाप के द्वारा इस्तेमाल की हुई चारपाई या बिस्तर, बेटे की पीठ के नीचे होना मुबारक असर देगा। घर की सबसे पुरानी चारपाई भी इसी तरह का असर देगी।

(4) घर में बृहस्पत (खालिस सोना या केसर वगैरह) कायम करना मुबारक होगा।

बृहस्पत-चन्द्र

(दिया हुआ धन, कानूनी महकमा)

अक्ल घटे पर धन बढ़े, सफर भी उम्दा हो
विरासत काश्त सब फले, ग़ैबी मदद भी हो
इंसाफ़ महकमा दौलत अपनी, काम मर्द खुद आती हो
उत्तम असर ग्रह दोनों जाती, तीनों काल त्रैलोकी हो
जब दोनों को दुश्मन देखे, नष्ट वही खुद होता हो
उलट हालत हो दोनों मरते, दुश्मन जहर न चढ़ता हो
पितृ-ऋण या मातृ होवे, वाल्दैन सुख उड़ता हो
आराम औलाद न उसका देखे, शुक्कर गृहस्थी मंदा हो
कन्या कीमत न जब तक लेते, वाल्दैन सुख लम्बा हो
धर्म दया का पुतला होते, सोने चांदी की कुटिया हो
जैसी करनी वैसी भरनी, मंदी तपस्या होती हो
राज फकीरी मिट्टी उड़ती, राजशाही या धोबी हो
थाली चन्द्र घर कायम होते, हवा बारिश की चलती हो
गंदी हवा घर मंदा बैठे, नेक बुढ़ापे होती हो
खालिस चांदी का बर्तन खाली, जो मकान कोने दबाता हो
बृहस्पत, चन्द्र से जहर हटेगी, बादल बरसात होता हो

आम हालात

बृहस्पत चन्द्र के मुश्तरका (संयुक्त) असर के वक्त इन दोनों का मुश्तरका असर 16 साल की उम्र से शुरू होगा, जो 28 साल की उम्र तक रहेगा, इसके बाद ये दोनों ही अकेले–अकेले गिने जाएंगे ऐसे वक्त उन पर दुश्मन ग्रहों का असर हो सकता है। जब यह दोनों खाना नंबर 2 में बैठे हों तो चन्द्र का असर उच्च

का होगा और बृहस्पत का असर जोर का (अत्यन्त प्रभावशाली) होगा। इसी तरह जब ये दोनों खाना नंबर 4 में बैठे हों तो बृहस्पत उच्च का होगा और ऐसे वक्त चन्द्र का असर जोर पर होगा। देखें चित्र 496। बृहस्पत–चन्द्र की मुश्तरका हालत में बृहस्पत का असर चन्द्र के असर से दोगुना नेक होगा। जब बृहस्पत (सोना) और चन्द्र (चांदी) मुश्तरका होकर खाना नंबर 1 में सिंहासन पर बैठे हों तो ऐसे टेवे वाला इंसान गरीब घर में पैदा नहीं होता यानि ग़रीबी से हर तरफ आंसुओं की बरसात नहीं हो रही होगी।

चित्र 496:

दिमागी खाना– जब बृहस्पत और चन्द्र टेवे में मुश्तरका (इकट्ठे) बैठे हों तो ऐसे टेवे वाला इंसान दिमागी खाना नंबर 21, 37, 38, 39, 40, 41, 42 का मालिक होगा यानि–

- दिमागी खाना नंबर 21 – हमदर्दी (हितैषी) और रहमदिली (दयालुता)
- दिमागी खाना नंबर 37 – राग
- दिमागी खाना नंबर 38 – जुबानदानी (भाषाविद्)
- दिमागी खाना नंबर 39 – वजह–सबब की ताकत (तर्कशक्ति)
- दिमागी खाना नंबर 40 – एक चीज का दूसरी चीज से मुकाबला करने की ताकत (वस्तुओं में भेद का ज्ञान)
- दिमागी खाना नंबर 41 – इंसानी खसलत (मानवता के गुणों से परिपूर्ण)
- दिमागी खाना नंबर 42 – रजामंदी (स्वीकृति)

नेक हालत

खाना नंबर 1– टेवे वाले के जनम के वक्त उसका बाप सोने–चांदी के सिंहासन वाला होगा। टेवे वाला दौलतमंद घर में जनम लेगा।

खाना नंबर 2– जब दोनों (बृहस्पत–चन्द्र) खाना नंबर 2 में हों तो उच्च के चन्द्र और बृहस्पत का उत्तम मगर आम असर टेवे वाले के साथ होगा। हजारों–लाखों लोगों का सहारा और साया टेवे वाले के ऊपर होगा। टेवे वाले की फ़ालतू (अतिरिक्त) आमदनी होगी, माता का सुख होगा। जद्दी (पैतृक) जायदाद और खेती की जमीन में तरक्की होगी। ग़ैबी (दैवीय) मदद मिलेगी और जिन्दगी में नेक असर हासिल होगा।

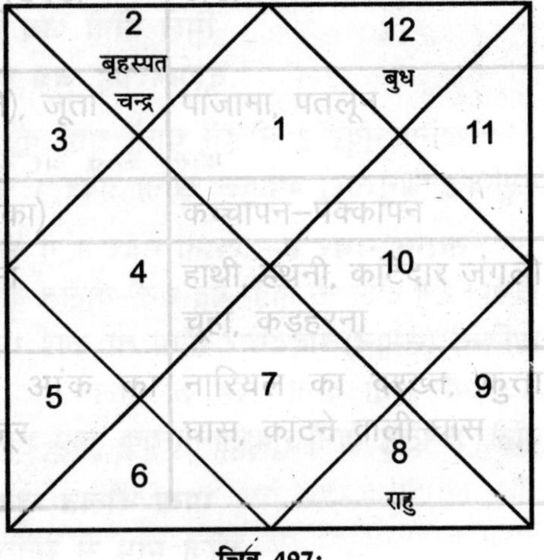

चित्र 497:

बुध राहु का साथ जो मिलता, दूध जहर दो मंदा हो
बड़ के दरख़्त को तिलयर काटे, साथ न साली उम्दा हो

अगर खाना नंबर 2 के बृहस्पत–चन्द्र को बुध या राहु का साथ मिल जाए तो उच्च के चन्द्र में जहर का काम करेगा और बृहस्पत–चन्द्र दोनों का असर मंदा गिना जाएगा। अगर टेवे

वाले को साली का साथ हो जाए तो उच्च के चन्द्र और उत्तम बृहस्पत के होते हुए भी टेवे वाले के लिए साधारण असर वाला होगा। देखें चित्र 497।

खाना नंबर 3– जब खाना नंबर 3 में बृहस्पत और चन्द्र मुश्तरका (इकट्ठे) बैठे हों तो टेवे वाला सुखी, भाग्यवान, इकबालमंद (प्रतापी) और दौलतमंद होगा। ऐसा इंसान भाईयों को धन दौलत से मदद देगा और अपने भाईयों को इकबालमंद बनाएगा जिससे उसके भाईयों का घर धन–दौलत से भर जाएगा। टेवे वाला भी धन–दौलत से दोबारा भरपूर हो जाएगा।

खाना नंबर 4– जब बृहस्पत और चन्द्र खाना नंबर 4 में मुश्तरका बैठे हों तो टेवे वाला जनम से ही धनवान और दौलतमंद होना शुरू हो जाएगा। टेवे वाले की नेकी उसके परिवार को छत्रधारी वट के दरख़्त के मानिन्द (समान) अपना मददगार बना लेगी। यानि टेवे वाले का परिवार, टेवे वाले के लिए मददगार होगा। मामूली सी नाव भी ऐसे इंसान के लिए बड़े जहाज का काम निकाल देगी। ऐसे वक्त चन्द्र का फल, बृहस्पत के फल से उत्तम होगा। इंसान को दिल की शान्ति (चन्द्र) भरपूर मिलेगी। बृहस्पत और चन्द्र की अश्या (वस्तुएं) कारोबार और रिश्तेदार टेवे वाले के लिए मददगार होंगे और हर तरह से मुबारक फल देंगे।

खाना नंबर 5– जब बृहस्पत और चन्द्र दोनों मुश्तरका (इकट्ठे) होकर खाना नंबर 5 में हो तो बृहस्पत और चन्द्र के साथ–साथ सूरज का भी नेक असर शामिल हो जाएगा। अगर ऐसा इंसान ताजिर (व्यापारी) या अहले–कलम (योग्य–लेखक) हो तो दूसरों को भी फायदा देगा।

ऐवज दोनों के असर सूरज का, नेक बुलन्दी देता जो
अमीर ताजिर हो माल हाजिर का, अहले कलम बृहस्पत होता हो

खाना नंबर 6– जब खाना नंबर 6 में बृहस्पत–चन्द्र मुश्तरका (संयुक्त) हों तो ऐसे वक्त जैसा भी टेवे में बुध–केतु का असर होगा, वैसा ही असर ये दोनों अब बृहस्पत–चन्द्र में मिलाएंगे। अगर टेवे वाला अस्पताल या कब्रिस्तान में कुआं लगवायेगा तो इसका कोई भी मंदा असर उसके ऊपर न होगा।

खाना नंबर 6, 7– खाना नंबर 6 में मुश्तरका (संयुक्त) बृहस्पत–चन्द्र के वक्त टेवे वाले के लिए दलाली मददगार होगी। अमूमन टेवे वाले का ताल्लुक तिजारत (व्यापार) से होगा। तिजारत से टेवे वाले को ज्यादा फायदा होगा।

मिले दोनों जब इस घर बैठे, ताकत निकम्मी होती हो
दुश्मन ग्रह जब तख़्त पे आये, बाप–माता सोई होती हो

खाना नंबर 7 में इन दोनों ग्रहों की मुश्तरका ताकत निकम्मी गिनी जाएगी। जब कोई दुश्मन ग्रह बमूजिब (अनुसार) वर्षफल खाना नंबर 1 में आएगा तो बृहस्पत–चन्द्र दोनों ही सोए हुए गिने जाएंगे।

खाना नंबर 8– खाना नंबर 8 में बृहस्पत–चन्द्र मुश्तरका (संयुक्त) के वक्त टेवे वाले की उम्र लम्बी होगी। टेवे वाले के भाई–बंद धन–दौलत की उम्मीद रखने वाले होंगे। कोई भाई सिपहसलार (सेनानायक) के मानिन्द (समान) मददगार होगा तो कोई भाई जंगोजदल (लड़ाई–झगड़े) की वजह बनेगा। यानि भाई–बन्दे नेक और मंदी दोनों तरह की हालत पैदा करने का बहाना (वजह) बनेंगे। टेवे वाले की धन–दौलत टेवे वाले के लिए कभी नुकसानदायक नहीं होगी।

माया दौलत खुद लाख हजारी, भाई-बंद मरवाता हो
चीज मामू से सनीचर मंगल की, मौत जहर भर लाता हो

बृहस्पत–चन्द्र मुश्तरका खाना नंबर 8 में टेवे वाले को धन–दौलत तो खूब देंगे मगर भाईयों के लिए मंदे असर के होंगे और उनकी जानों (जिन्दगी) पर भारी होंगे। अगर टेवे वाला मामा से सनीचर मंगल की अश्या (वस्तुएं) घर लाए तो मानो जहरीली मौत ही घर में ले आएगा।

खाना नंबर 9– खाना नंबर 9 में बृहस्पत–चन्द्र का मुश्तरका (संयुक्त) असर टेवे वाले के लिए ऐसा होगा मानो कोई दरख़्त (वृक्ष) पानी की बजाए, दूध से पल रहा हो अर्थात् टेवे वाला नेक किस्मत का मालिक होगा। जिसे बड़े दरख़्त के मानिन्द (समान) वाल्दैन (माता–पिता) सुख लम्बे और पूरे अर्से (वक्त) तक नसीब होगा। कभी बृहस्पत–चन्द्र बमूजिब (अनुसार) वर्षफल– खाना नंबर 9 में आएंगे (देखें फेहरिस्त वर्षफल, फरमान नंबर 13) तो जमीन में दबे धन की तरह माया दौलत की हवा दोबारा अपनी बुलन्दी पर होगी। टेवे वाला बारौनक (खुशनुमा) जिंदगी का मालिक हो जाएगा। चन्द्र से मुतअल्लिक (सम्बन्धित) अश्या (चीजें) रिश्तेदार और कारोबार नेक फल देंगे यानि टेवे वाले को दिल की शान्ति होगी, माता का सुख पूरा होगा और अमूमन (लगभग) 20 सालों तक तीर्थयात्रा का फल मिलेगा। टेवे वाले का 20 साल का अरसा उत्तम फल देगा।

खाना नंबर 10– खाना नंबर 10 में बृहस्पत–चन्द्र के मुश्तरका बैठे होने के वक्त, टेवे वाला साख़्ता (स्वनिर्मित) मर्द होगा मगर खुद साख़्ता अमीर न होगा। ऐसा इंसान मतलबी तबीयत (स्वभाव) का होगा और किसी की बात न सुनेगा। ऐसा इंसान अपनी पैदाइश (जनम) में, अपने बाप का भी अहसान न मानेगा। ऐसा इंसान मुतकब्बिर (अहंकारी), कदरे–कोताह (कम सोचने वाला) और साथ ही कुछ उखड़े हुए दिमाग का मालिक होगा। ऐसा इंसान किस्मत के मामले में कदम–कदम पर धोखा खाने वाला होगा। बीमारी से उसका खून सूख चुका होगा। ऐसे वक्त दरिया में तांबे का पैसा डालते रहना मददगार होगा।

खाना नंबर 11– खाना नंबर 11 में बृहस्पत–चन्द्र मुश्तरका हों तो टेवे वाला रफ़ा–ए–आम (जनहित) के कामों के जरिए दूसरों को तारने वाला होगा। टेवे वाले की किस्मत और पेट का मालिक खाना नंबर 3 का ग्रह होगा। अगर खाना नंबर 3 खाली हो तो खाना नंबर 11 के ग्रह (चन्द्र–बृहस्पत) सोए हुए गिने जाएंगे। अब खाना नंबर 5 का, खाना नंबर 11 पर कोई असर न होगा। अगर बृहस्पत–चन्द्र सोए हुए हों तो कम उम्र की लड़कियों (बुध) का आशीर्वाद लेते रहना मददगार होगा।

खाना नंबर 12– जब खाना नंबर 12 में बृहस्पत–चन्द्र मुश्तरका हों तो टेवे वाला राजा के मानिन्द (समान) धन–दौलत, इज्जत वाला और राजा जनक के मानिन्द त्यागी होगा।

लड़की जनम या वक्त हो शादी, माया दौलत घर मंदी हो
जाले लगे घर अक्सर मकड़ी, थाली भोजन से खाली हो
नेक हालत की आम निशानी, लड़का होने से होती हो
बाप-बेटे ग्रह हालत कोई, उम्दा कायम जब अच्छी हो

अगर घर में लड़की का जनम हो अथवा जब बहिन, लड़की (बुध) की शादी होगी तो टेवे वाले के लिए माया दौलत की मंदी हालत का सबूत लेकर आएगी। इसी तरह अगर घर में मकड़ी जाले बुनती रहती हो तो यह भोजन की खाली थाली होने की पहली निशानी होगी। अगर टेवे वाले के घर लड़का पैदा हो या लड़के (केतु) की शादी हो तो यह नेक हालत की निशानी होगी। मंदे असर के वक्त चांदी का खाली बर्तन जमीन की तह में (भूमिगत) दबाना मुबारक होगा।

अन्य नेक हालत

(1) बृहस्पत–चन्द्र मुश्तरका चाहे किसी भी खाने में हों मगर नेक हालत में हों तो ऐसा इंसान छत्रधारी बड़ के दरख़्त (वृक्ष) की तरह हर दुनियावी (सांसारिक) प्राणी को फायदा पहुंचाने वाला होगा और चन्द्र का असर उत्तम होगा। बुढ़ापे में याददाश्त (स्मरण शक्ति) बेशक कम हो जाए मगर जिस कदर टेवे वाले की उम्र बढ़ती जाएगी, दिल (चन्द्र) की शान्ति के साधन और घर–गृहस्थी का सुख उसके मददगार होते चले जाएंगे। जद्दी (पैतृक) जायदाद (सम्पत्ति), खेती की जागीर और ग़ैबी (दैवीय) मदद सभी में बरकत होगी। बालाई आमदनी (अतिरिक्त कमाई का स्त्रोत) और ससुराल से धन–दौलत पैदा होगी। ऐसे इंसान के इल्म (ज्ञान) की भी लगातार बरकत होगी। तालीम (शिक्षा) 24 साल तक बिना रुके चलती रहेगी और 20 साल तक टेवे वाले की किस्मत में तीर्थयात्राएं होती रहेंगी। इंसान का बुढ़ापा खुशहाल बीतेगा।

(2) जब बैठक के लिहाज से बृहस्पत–चन्द्र मुश्तरका होकर, चन्द्र उत्तम और उम्दा हालत में हो (खाना नंबर 2–4 वगैरह) तो टेवे वाले के लिए धन–दौलत और बीता हुआ जमाना सभी उम्दा और उत्तम असर वाले होंगे।

(3) जब बृहस्पत–चन्द्र मुश्तरका टेवे में बुध से पहले घरों में हों तो दूध (चन्द्र) और साया (बृहस्पत) दोनों उम्दा असर वाले होंगे।

(4) जब बृहस्पत–चन्द्र मुश्तरका अपने अच्छे घरों (खाना नंबर 2 वगैरह) में बैठे हों तो धन–दौलत टेवे वाले पर मानसून हवा के मानिन्द (बारिश से लदी हुई की तरह) नसीब होगी। वाल्दैन (माता–पिता) का साथ बड़ के दरख़्त के साये (छांव) की तरह मददगार होगा।

(5) जब बृहस्पत–चन्द्र मुश्तरका (इकट्ठे) टेवे के खाना नंबर 7 से 12 (बाद के खानों में) में बैठे हों और उनके दोस्त ग्रह टेवे में खाना नंबर 1 से 6 (पहले खानों में) के बीच हों तो चाहे बृहस्पत–चन्द्र की दृष्टि अपने दोस्त ग्रहों पर न भी पड़ रही हो लेकिन ऐसे वक्त अपने से पहले बैठे हुए ग्रहों को भरपूर (पूर्ण) मदद देंगे। यानि पहले खानों में सूरज, मंगल, बुध वगैरह में से जो कोई भी बैठा हो उनकी मुतअल्लिक (सम्बन्धित) अश्या (वस्तुएं) कारोबार और ताल्लुकदारों (रिश्तेदारों) को बृहस्पत–चन्द्र की पूरी मदद मिलेगी।

(6) जब बृहस्पत–चन्द्र दोनों पहले खानों में बैठे हों और उनके दोस्त ग्रह बाद के खानों में बैठे हों तो बृहस्पत–चन्द्र का जाती (व्यक्तिगत) असर नेक और मुबारक असर का होगा लेकिन ये दोनों अपने दोस्त ग्रहों को मदद देंगे या न देंगे इस बात की कोई शर्त न होगी।

(7) जब टेवे में सनीचर उम्दा हालत में हो तो बृहस्पत–चन्द्र दोनों का टेवे वाले के लिए नेक, उम्दा और मुबारक फल होगा। उम्मीदों के नतीजे (परिणाम) अमूमन उम्दा ही होंगे। ऐसे टेवे वाला इंसान दिमागी खाना नंबर 18 का मालिक होगा यानि नेक मायनों में होशियार तबियत (स्वभाव) का होगा।

मंदी हालत

खाना नंबर 2– जब बृहस्पत–चन्द्र दोनों खाना नंबर 2 में हों और इनका ताल्लुक (सम्बन्ध) राहु और बुध से हो रहा हो तो बृहस्पत–चन्द्र दोनों की मंदी हालत होगी। ऐसे वक्त बड़ के दरख़्त (वृक्ष) को तिलयर (काले रंग के छोटे–छोटे पक्षी) ही काट रहे होंगे। चन्द्र का दूध डिब्बे में बन्द होगा, जिसका जायका (स्वाद) ही न होगा। अगर फिर भी जायका हुआ तो बिच्छु या बर्र का जहर ही होगा। ऐसे वक्त साली (औरत की बहिन) के साथ रहना नेक असर न देगा बल्कि हर तरफ परेशानी का सबब बनेगा।

जब बृहस्पत–चन्द्र दोनों खाना नंबर 2 में हों और बुध खाना नंबर 6 में हो तो टेवे वाले की नजर (सनीचर) कमजोर होगी और सनीचर का असर मंदा होगा। अमूमन (लगभग) 90 साल तक का अरसा (समय) मंदा ही होगा यानि बुढ़ापे में भी मंदा ही हाल होगा।

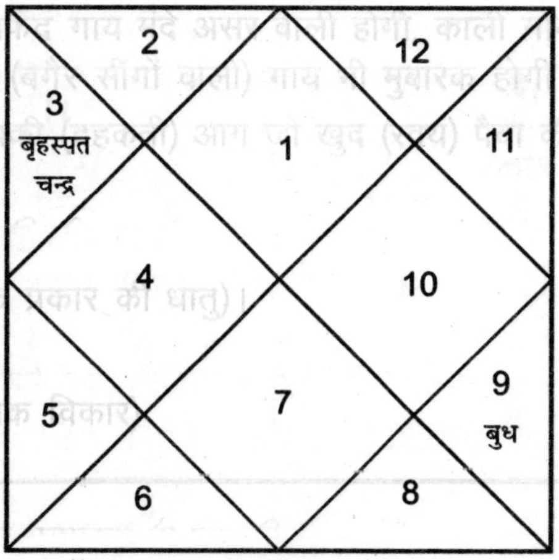

खाना नंबर 3– जब बृहस्पत–चन्द्र दोनों खाना नंबर 3 में हों और इनसे बुध का ताल्लुक हो रहा हो तो बृहस्पत और चन्द्र दोनों का ही फल निकम्मा (निष्क्रिय) होगा। ऐसे वक्त बुध खाना नंबर 3 के मंदे असर के मानिन्द (समान) फल देगा। बुध की अश्या (वस्तुएं), कारोबार और रिश्तेदार हमेशा खराब ही असर देंगे। देखें चित्र 498।

चित्र 498:

खाना नंबर 6– जब बृहस्पत–चन्द्र मुश्तरका खाना नंबर 6 में हों और टेवे वाले इंसान का कुएं से ताल्लुक होता हो तो रफ़ा–ए–आम (लोककल्याण कारक) के काम करना या खेती की जमीन में कुआं लगवाना बृहस्पत–चन्द्र के उम्दा असर को बरबाद करने का बहाना बनेगा। टेवे वाला तो तबाह होगा ही साथ ही उस कुएं को इस्तेमाल करने वाले लोग भी बरबाद होते जाएंगे।

खाना नंबर 7– खाना नंबर 7 में बृहस्पत–चन्द्र मुश्तरका के वक्त टेवे वाले को बचपन में तकलीफ़ होगी। चन्द्र की उम्र (6, 12, 24 साल) में वाल्दैन (माता–पिता) दुःखी होंगे। टेवे वाले की धन–दौलत उसकी शादी (शुक्कर) के दिन से ही घटनी शुरू हो जाएगी। लड़की (बुध) की पैदाइश से ही माली (आर्थिक) हालत मंदी होगी।

खाना नंबर 8– जब बृहस्पत–चन्द्र मुश्तरका होकर खाना नंबर 8 में बैठे हों तो टेवे वाले के भाईयों के मरने की वजह धन–दौलत होगी। माता (चन्द्र) के घर से अगर सनीचर या मंगल की अश्या (वस्तुएं) लाई जाएंगी तो घातक सिद्ध होंगी और तबाही का सबब बनेंगी।

खाना नंबर 9– जब बृहस्पत–चन्द्र खाना नंबर 9 में बैठे हों और ऐसे टेवे वाला इंसान लड़की की कीमत या उसका धन लेकर खाए अथवा खैरात या दान वगैरह मुफ्त के माल पर गुजारा करे अथवा बृहस्पत–चन्द्र दोनों के माल पर गुजारा करे तो बृहस्पत चन्द्र दोनों ही का असर मंदा, जहरीला और बरबाद होगा।

खाना नंबर 10– जब बृहस्पत–चन्द्र खाना नंबर 10 में बैठे हों और ऐसे टेवे वाले के वाल्दैन (माता–पिता) के पास चाहे सोने–चांदी की ईंटें ही क्यों न हों मगर आखिर वक्त में (बमूजिब टेवा या अमूमन बमूजिब वर्षफल कुंडली) इंसान के हाथ में पानी के बुलबुले (झाग) ही होंगे और यह बुलबुले समुद्र के बुलबुले भी न होंगे जो दवा में काम आ सकें यानि वाल्दैन की दौलत और जायदाद टेवे वाले के काम न आ सकेगी। घोड़ी की दुम लम्बी तो सफर के जल्दी कटने से क्या मतलब अथवा बाप की दाढ़ी लम्बी तो बेटे की खूबसूरती से क्या मतलब अर्थात् दिखावे की शान से टेवे वाले को कुछ हासिल न होगा। मुख्तसरन तौर पर (संक्षेप में) टेवे वाला अपने वाल्दैन के बजाए दूसरे दुनियावी लोगों के सामने ही हाथ फैलाता नजर आएगा अथवा दूसरों के हाथ की ओर ही देखता होगा और मंदी किस्मत का मालिक होगा।

खाना नंबर 11– जब बृहस्पत–चन्द्र खाना नंबर 11 में बैठे हों और बुध, शुक्कर या राहु खाना नंबर 3 में हो तो ऐसे वक्त बृहस्पत–चन्द्र दोनों ही बेबुनियाद और बरबाद गिने जाएंगे। बृहस्पत की उम्र 16

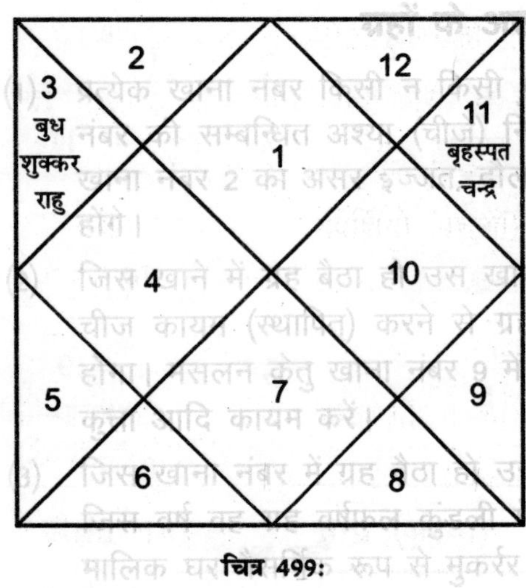

चित्र 499:

साल और चन्द्र की उम्र 12 साल में खाना नंबर 3 के रिश्तेदारों की बजाय बृहस्पत (बाप), चन्द्र (माता) के रिश्तेदार ही बरबाद होंगे। दुश्मन ग्रहों से मुतअल्लिक अश्या (चीजें) मसलन बुध (लड़की, बहिन, बुआ), शुक्कर (गाय, लक्ष्मी, स्त्री) और राहु (नाना, नानी, खाकसार–महतर) की पालना करना या बतौर खैरात उनको कुछ न कुछ देते रहना मददगार होगा। देखें चित्र 499।

खाना नंबर 12– जब खाना नंबर 12 में बृहस्पत–चन्द्र मुश्तरका हों तो टेवे वाले की शादी (शुक्कर) के दिन से और लड़की (बुध) पैदाइश के दिन से धन–दौलत बरबाद और जायदाद का फल मद्धम होना शुरू हो जाएगा। टेवे वाले के आलीशान मकान में मकड़ी के जाले और काला अंधेरा छाया रहेगा। सोने–चांदी के बर्तन लजीज (स्वादिष्ट) पकवानों से भरे रहने की बजाय कलई के सफेद और टूटे बर्तन गंदे और सड़े हुए फलों से भरे होंगे। टेवे वाले के घर में चांदी के बजाए कलई (चूना) के जले हुए जर्रे (कण) बिखरे पड़े होंगे।

अन्य मंदे हालात

(1) जब बृहस्पत–चन्द्र टेवे में बुध के बाद वाले घरों में बैठे हों तो ऐसे वक्त बुध का जाती (व्यक्तिगत) असर मंदा होगा। चाहे बुध अपनी बैठक के लिहाज से दूसरे ग्रहों के लिए कैसा ही असर (अच्छा या बुरा) का क्यों न हो।

(2) जब बृहस्पत–चन्द्र (इकट्ठे) मंदे घरों में बैठे हों अथवा किसी भी वजह से मंदे हो रहे हों तो कसीफ़ (अपवित्र) गंदी हवा की सांस (बृहस्पत) और किस्मत की बदनसीबी से चेहरे पर आंसुओं का पानी (चन्द्र) जम रहा होगा। ऐसा इंसान खुद चाहे कितने भी हौसले वाला और मेहनत से मुकद्दर का मुकाबला करने वाला क्यों न हो।

(3) जब टेवे में सनीचर मंदा या निकम्मा हो रहा हो और बृहस्पत–चंद्र मुश्तरका हों तो टेवे वाला तबाहकुन (घातक) और फोकी (निरर्थक) उम्मीदों वाला और नास्तिक तबीयत (स्वभाव) का मालिक होगा। ऐसा इंसान मालिक (ईश्वर) के खिलाफ भी मंदे ख्यालात (विचार) रखता होगा।

(4) जब बृहस्पत और चन्द्र दोनों अलग–अलग और एक दूसरे के सामने (एक दूसरे से सातवें घर पर) बैठे हों तो मुश्तरका ही गिने जाएंगे। ऐसे वक्त जब कभी भी बृहस्पत–चन्द्र के दुश्मन ग्रहों की चीजों का वक्त आयेगा यानि सनीचर (मकान), शुक्कर (साजो–सामान) या बुध (राग–रंग) की चीजों का वक्त आयेगा या चीजें खरीदी जाएं या घर लाई जाएं या पैदा की जाएं (बनाई जाएं) यानि ऐसी चीजें जो अपनी खुद की गिनी जाएं तो ऐसी चीजों का मंदा असर वाल्दैन (माता–पिता) की मौत तक जारी रहेगा।

(5) दृष्टि के आधार पर जो ग्रह पहले खानों में (खाना नंबर 1 से 6) हो उसका रिश्तेदार बाद में और बाद के घरों में (खाना नंबर 7 से 12) बैठा ग्रह का रिश्तेदार पहले मुसीबत का शिकार होगा और मौत से शिकस्त (हार) पाएगा।

उपाय

(1) बृहस्पत–चन्द्र दोनों का असर नेक करने के लिए केतु की अश्या (वस्तुएं) जमीन की तह (भूमिगत) में दबा दें। यानि इमली, तिल, केला वगैरह।

(2) केतु का आसन स्थापित करें।

(3) केतु का दोरंगा पत्थर (लहसुनिया) जिस्म (कनिष्ठा उंगली) पर धारण करें।

(5) जब खाना नंबर 2, 5, 9, 12 (पितृ ऋण वाले खानों) में बुध, शुक्कर, राहु हो तो जैसा टेवे वाले के बाप का हाल होगा वही हाल टेवे वाले का भी होगा।

(6) जब खाना नंबर 4 (मातृ ऋण वाला खाना) में पापी ग्रह (राहु, केतु, सनीचर) हों तो जो टेवे वाले की माता पर गुजरेगी वही हालत बुध, शुक्कर की जानदार (जीवित) चीजों (रिश्तेदार वगैरह) की होगी।

बृहस्पत-शुक्कर

(बूरे के लड्डू, दिखावे का धन)

असर बृहस्पत का पहले गिनते, पीछे शुक्कर का होता हो
सुभाओं जाती बुध किस्मत लेते, खत्म जनम जब पिछला हो
भला शुक्कर हो इश्क में उम्दा, रिजक न मंदा करता हो
कामदेव जब कीड़ा बनता, असर दोनों का मंदा हो
तरफ बारह त्रिलोकी होते, बृहस्पत जगत् में जनम हुआ
माया हवा जब मिलने लगे तो, जनम पिछला अब खत्म हुआ

आम हालात

(1) बृहस्पत–शुक्कर मुश्तरका (इकट्ठे) की हालत में पहले बृहस्पत का और फिर शुक्कर का असर (भला या बुरा) शुरू हुआ गिना जाएगा। टेवे वाले की 33 साल की उम्र तक इन दोनों का मुश्तरका असर गिना जाएगा।

(2) मुश्तरका मिलावट के वक्त बृहस्पत का एक हिस्सा और शुक्कर का $3\frac{1}{4}$ (पौने चार) हिस्सा शामिल होगा। यानि बृहस्पत के मुकाबले, शुक्कर पौने चार गुना ज्यादा असर का होगा।

(3) रफ़्तार के मामले में बृहस्पत की निस्फ़ (आधी) रफ़्तार तो शुक्कर की दोगुना लेंगे यानि शुक्कर की रफ़्तार, बृहस्पत की तुलना (सापेक्ष) में चार गुना ज्यादा होगी।

(4) बुध के जाती (व्यक्तिगत) स्वभाव के आधार पर टेवे वाले की किस्मत होगी, जब तक कि टेवे वाले के पिछले जनम का हिसाब खत्म न हो जाएं। टेवे वाले के पिछले जनम का हिसाब मंदरजाजैल (निम्नलिखित) फेहरिस्त (सूची) में दी गई खानावार उम्र में खत्म होगा।

खाना नंबर जिसमें बृहस्पत शुक्कर हों	1	2	3	4	5	6	7	8	9	10	11	12
उम्र जिसमें पिछले जनम का हिसाब खत्म होगा।	4	5	6	1	2	3	8	11	10	9	12	7

नेक–हालात

खाना नंबर 1– खाना नंबर 1 में बृहस्पत–शुक्कर मुश्तरका हों तो टेवे वाले की जंगल में इज्जत होगी। गृहस्थ हालत में अगर औरत (पत्नी) या बाप में से कोई एक ही जिन्दा रहे तो टेवे वाले को नेक असर मिलेगा। ऐसे वक़्त टेवे वाले को काग रेखा का मंदा फल मिलेगा।

काग रेखा फल तख़्त पे होता, इज्जत जंगल में पाता हो
बाप औरत से जब कोई मरता, लेख रोशन खुद होता हो

खाना नंबर 2– खाना नंबर 2 में बृहस्पत–शुक्कर मुश्तरका हों तो टेवे वाले की किस्मत में मिट्टी तो होगी मगर वह मिट्टी आम मिट्टी से ज्यादा कीमत पर बिकेगी। टेवे वाले को मिट्टी के काम से सोना नसीब होगा।

खाना नंबर 3– जब बृहस्पत–शुक्कर मुश्तरका खाना नंबर 3 में हों तो टेवे वाला खुशहाल और किस्मतवाला होगा। ऐसा इंसान अपने धन से अपने भाईयों को तारेगा। टेवे वाले की औरत (पत्नी), एक मर्द की तरह उसका साथ देगी।

खाना नंबर 4– जब बृहस्पत–शुक्कर मुश्तरका खाना नंबर 4 में हों तो बृहस्पत का नेक फल टेवे वाले को मिलेगा बशर्ते टेवे वाला औरतों की मंडी (जहां बहुत–सी औरतें होती हों) का मालिक न हो।

औरत उम्र औलाद की गिनती, टुकड़े मांगे रोटी होती हो
बच्चा औरत भी हो एक देती, बदल जमाने जाती हो

खाना नंबर 4 में शुक्कर का जाती (व्यक्तिगत) असर मंदा होगा। औरत के रहते, लड़के की उम्र शक्की होगी और रिजक (रोटी) भी मिट्टी हो जाएगा। टेवे वाले की औरत, बच्चे को पैदा करके मर जाएगी या दूसरा खाविंद (पति) बदल लेगी।

खाना नंबर 5– खाना नंबर 5 में बृहस्पत–शुक्कर वाला इंसान अपने इल्म (ज्ञान) से खूब धन–दौलत कमाएगा बल्कि इल्म और औलाद की बदौलत हर दम बढ़ता चला जाएगा और बरकत करेगा।

खाना नंबर 6– खाना नंबर 6 में बृहस्पत–शुक्कर मुश्तरका के वक्त औरत (पत्नी) के सिर के बालों में खालिस (शुद्ध) सोने की चीज (वस्तु) कायम रखना औलाद की बरकत और किस्मत के मामलात (सम्बन्ध) में मददगार होगा।

खाना नंबर 7– खाना नंबर 7 में बृहस्पत–शुक्कर मुश्तरका के वक्त अगर बुध से इन दोनों का ताल्लुक हो जाए अथवा बुध की अश्या (चीजों), कारोबार या रिश्तेदारों से बृहस्पत–शुक्कर का ताल्लुक (सम्बन्ध) बन जाए तो टेवे वाले का धन कम या गुम हो जाने पर भी इंसान तंगहाल न होगा। टेवे वाले का मुतबन्ना (दत्तकपुत्र) सुखी होगा और सुख पाएगा। अगर किसी वजह से टेवे वाले की किस्मत मंदी हो भी जाए तो दोबारा बहाल और खुशहाल हो जाएगी।

खाना नंबर 8– जब खाना नंबर 8 में बृहस्पत–शुक्कर हों तो शुक्कर का वही असर धन–दौलत के मामले में गिना जाएगा जो असर शुक्कर खाना नंबर 8 का होता है और बृहस्पत का धन–दौलत के मामले में असर वही होगा जो बृहस्पत खाना नंबर 2 का होता है।

धन–दौलत का असर न उम्दा, बाकी असर सब उम्दा हो
असर बृहस्पत घर दो का देगा, शुक्कर भी घर आठ का हो

खाना नंबर 9– जब बृहस्पत–शुक्कर मुश्तरका खाना नंबर 9 में हों तो दोनों ग्रहों का खाना नंबर 9 में दिया हुआ उम्दा (नेक) फल होगा। टेवे वाले को दुनिया का तमाम (संपूर्ण) आराम मिलेगा और 20 साल तक तीर्थयात्राओं का उत्तम फल मिलेगा।

मिलता असर हर दम उम्दा, शुक्कर सनीचर से ऊपर हो

काम हजारों देगी दुनिया, गैस जहरीली बेशक हो

बृहस्पत–शुक्कर मुश्तरका बैठकर मस्नूई (बनावटी) सनीचर होते हैं और केतु स्वभाव कहलाते हैं। यानि– बृहस्पत+शुक्कर मुश्तरका = मस्नूई सनीचर = केतु स्वभाव

जब खाना नंबर 9 में बृहस्पत–शुक्कर बैठते हों तो दोनों का मुश्तरका असर उम्दा होगा लेकिन अब शुक्कर का असर मस्नूई सनीचर (देखें फरमान नंबर 6, मस्नूई ग्रह) से ऊपर होगा। यानि अब जहरीली गैस भी दुनिया के काम की होगी।

खाना नंबर 10– जब खाना नंबर 10 में बृहस्पत–शुक्कर मुश्तरका हों तो टेवे वाले का खुद कमाया हुआ धन–दौलत बरबाद न होगा लेकिन वाल्दैनी (पैतृक) दौलत और जायदाद सोने से मिट्टी ही हो रहा होगा। खासकर जब टेवे वाला धर्म से मुखालफत (दुश्मनी या विरोध) करने वाला हो तो धन–दौलत हवा के मानिन्द (समान) आएगी और चली जाएगी।

चाल-चलन चाहे सेहत मंदी, मंदी दौलत न होती हो

इश्क वाले शुक्कर माशूक खुदाई, उड़ती मिट्टी कुल घर की हो

ऐसे टेवे वाले इंसान का चाल–चलन (चरित्र) और सेहत (स्वास्थ्य) चाहे कितना ही मंदा क्यों न हो जाए मगर उसकी दौलत पर मंदापन न आएगा। अगर ऐसा इंसान गंदा इश्क (व्यभिचारी वगैरह) करेगा तो सारे कुल खानदान पर शुक्कर की गंदी मिट्टी उड़ेगी। खानदानी दौलत की बरबादी खुद अपनी आंखों से देख कर रोता होगा।

खाना नंबर 11– खाना नंबर 11 में बृहस्पत–शुक्कर मुश्तरका के वक्त बृहस्पत और शुक्कर अपना–अपना, खाना नंबर 11 के बमूजिब (अनुसार) फल देंगे। जवानी के दौर में इश्क में अंधा इंसान अब दुनियावी लोगों को नसीहत (ज्ञान) देता होगा। खाना नंबर 2 का बृहस्पत जो सोने का असर दे रहा था। अब वह बृहस्पत का धन, मिट्टी (शुक्कर के साथ से) हो रहा होगा।

बृहस्पत-शुक्कर फल अपना-अपना, इश्क नसीहत मिलता हो

सोना बृहस्पत जो दूजा बनता, मिट्टी अब जर होता हो

खाना नंबर 12– खाना नंबर 12 में बृहस्पत–शुक्कर हो तो टेवे वाले को सारे गृहस्थ सुख मिलेंगे। टेवे वाले को रुहानी (आध्यात्मिक) सहूलियत (सुविधाएं) मुहैया (उपलब्ध) होंगी।

अन्य नेक हालात

(1) जब टेवे में बृहस्पत–शुक्कर मुश्तरका हों तो बृहस्पत का असर मध्यम और शुक्कर का असर उम्दा होगा।

(2) बृहस्पत–शुक्कर मुश्तरका केतु स्वभाव का होगा और मस्नूई (बनावटी) सनीचर गिना जाएगा यानि सनीचर के असर वाला और केतु की तरह उम्दा और मददगार होगा। केतु टेवे वाले को दुःख और बीमारी से हमेशा बचाता रहेगा।

(3) बृहस्पत–शुक्कर के मुश्तरका असर की वजह से टेवे वाले को औरतों से हमेशा मदद मिलती रहेगी अथवा टेवे वाले को औरतें खुद–ब–खुद मदद करती रहेंगी।

मंदी हालत

खाना नंबर 1– खाना नंबर 1 में बृहस्पत–शुक्कर मुश्तरका हों तो टेवे वाला काग रेखा के मंदे हाल वाला होगा। यानि कौवे की खुराक (भोजन या आहार) का भागी होगा। टेवे वाले की किस्मत साधु की तरह निर्धन होगी और गृहस्थ जीवन बरबाद होगा।

चित्र 500:

खाना नंबर 2– जब खाना नंबर 2 में मुश्तरका बृहस्पत–शुक्कर हों तो मर्द की तरफ से नरीना (नर) औलाद की पैदाइश में विघ्न या रुकावटें आएंगी। टेवे वाला अगर सोने का काम करेगा तो मिट्टी ही नसीब होगी यानि बृहस्पत के काम से मिट्टी (शुक्कर) ही उड़ती होगी।

खाना नंबर 3– खाना नंबर 3 में बृहस्पत–शुक्कर मुश्तरका हों और जब टेवे वाले की किस्मत बुलन्दी (शिखर) पर होगी तो ऐसे वक्त दुनियावी (सांसारिक) लोगों की खुशामद (चापलूसी) टेवे वाले के लिए हार–हानि (पतन) की वजह बनेगी। हर तरफ किस्मत की हार होगी।

खाना नंबर 4– खाना नंबर 4 में बृहस्पत–शुक्कर मुश्तरका होने के हाल में टेवे वाले की औरत एक बच्चा देकर चल बसेगी। यही हाल हर औरत (पत्नी) के साथ होगा, जितने बच्चे पैदा होंगे, उतनी ही मांओं (माता) के पेट से पैदा होंगे। हर घर से रोटी के टुकड़े इकट्ठे किए हुए के मानिन्द (समान) टेवे वाले की औलाद का हाल होगा।

खाना नंबर 5– खाना नंबर 5 में बृहस्पत–शुक्कर मुश्तरका हों और टेवे वाला शादी–शुदा मगर गैर औरत के साथ ताल्लुक रखेगा तो धन हानि के वाकिआत (घटनाएं) सामने आएंगे।

खाना नंबर 6– खाना नंबर 6 में बृहस्पत–शुक्कर मुश्तरका के वक्त केतु से मुतअल्लिक (सम्बन्धित) अश्या (वस्तुएं) रिश्तेदार और करोबार मंदी किस्मत के होंगे। मसलन टेवे वाले के नरीना (नर) औलाद या तो होगी नहीं, होगी तो जिन्दा न रहेगी, अगर जिन्दा रही तो टेवे वाले की भी किस्मत मंदी कर देने वाली होगी। ऐसा इंसान खुद भी अपने परिवार के लिए मंदी किस्मत वाला होगा। खासकर जब टेवे वाला इंसान अपनी औरत (पत्नी) से नफ़रत करने वाला या उसकी बेकदरी करने वाला हो। खाना नंबर 6 में बृहस्पत–शुक्कर मुश्तरका के वक्त पांव का अंगूठा और तर्जनी उंगली आपस में मिले हुए से होंगे।

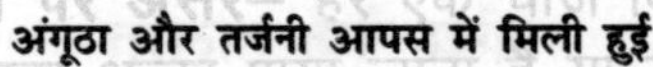

अंगूठा और तर्जनी आपस में मिली हुई

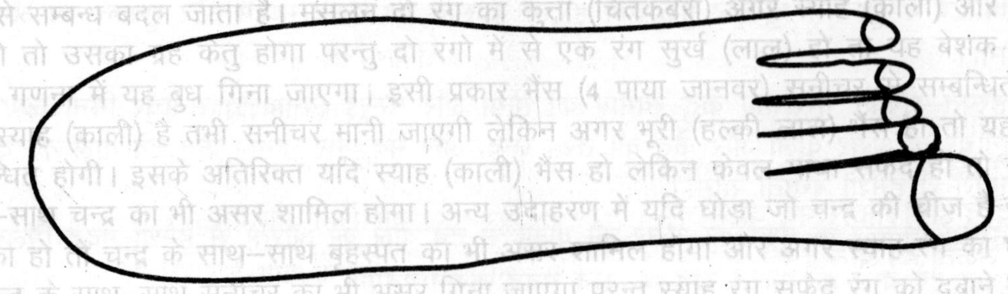

चित्र 501/1:

खाना नंबर 7– खाना नंबर 7 में बृहस्पत–शुक्कर मुश्तरका हों तो टेवे वाले के परिवार के सारे साथी (सदस्य) ऐश करेंगे और आराम पाएंगे मगर टेवे वाला खुद बेआराम और परेशान ही होगा। बृहस्पत खाना नंबर 7 के बमूजिब (अनुसार) अपना असर जाहिर करेगा। अगर टेवे वाला इश्क में परवाना (दीवाना) या जनमुरीदी (लोकप्रिय) हो तो दुःखी ही रहेगा। नरीना (नर) औलाद की पैदाइश के मामले में शुक्कर (औरत) भी जहरीला असर देगा। ऐसा इंसान वक्त आने पर यज्ञ में अपनी औलाद की ही कुर्बानी दे देने वाला होगा। हर काम में सोने की बजाए मिट्टी ही हासिल होगी।

खाना नंबर 8– जब बृहस्पत–शुक्कर खाना नंबर 7 में मुश्तरका बैठे हों और खाना नंबर 4 में मंगल हो तो बृहस्पत मंदा होगा। टेवे वाला मुखन्नस (नपुंसक) या औलाद से महरूम (वंचित) ही रहेगा। मुतबन्ना (गोद लिया बच्चा) वगैरह से भी सुख न पाएगा। टेवे वाला दौलत जोड़–जोड़ कर रखता होगा मगर उस दौलत को खाने वाला कोई और ही होगा।

खाना नंबर 9– खाना नंबर 9 में बृहस्पत–शुक्कर होने के वक्त औरत की ओर से काग रेखा का मंदा फल होगा। यानि गरीबी की मार को टेवे वाला, औरत (शुक्कर) के भाग्य की वजह से झेलता रहेगा।

खाना नंबर 10– जब खाना नंबर 10 में बृहस्पत–शुक्कर हों तो टेवे वाले की 13 से 15 साल उम्र में गंदी या मामूली (साधारण) औरत भी टेवे वाले के सोने (बृहस्पत) को मिट्टी कर देगी। अगर टेवे वाले का चाल–चलन (चरित्र) गंदा हो तो पराई औरत के संग से बरबाद होगा और जिस्मानी नुक्स (विकार) होंगे। पराई औरत या गाशूका (प्रेमिका) इंसान को बरबाद करेगी। टेवे वाला औलाद और वाल्दैन (माता–पिता) के दुःख से दुःखी रहेगा, मगर टेवे वाले की वजह से माता को कोई दुःख न होगा। अक्सर इंसान की अपने भाईयों से रंजीदगी (लड़ाई–झगड़ा) होगी। अगर ऐसा इंसान फ़कीर भी हो जाए तो भी कोई कमाल न कर सकेगा बल्कि हर वक्त यही कह रहा होगा कि–

आता है याद मुझको वो गुजरा हुआ जमाना
क्या शान थी हमारी, घर घाट था शाहाना

खाना नंबर 11– जब खाना नंबर 11 में बृहस्पत–शुक्कर मुश्तरका हों तो टेवे वाले की किस्मत में सोने की बजाय, पीले रंग की मिट्टी उड़ती रहेगी यानि टेवे वाले की किस्मत मंदी होगी। ऐसे वक्त शुक्कर का वही असर होगा जो शुक्कर खाना नंबर 11 का होता है। अगर खाना नंबर 3 खाली हो तो वीर्यपात, एहतिलाम (स्वप्न दोष) या मुश्तजनी (हस्तमैथुन) जैसी खराबियां हो सकती हैं। मगर इसका यह मतलब नहीं होगा कि टेवे वाला बदकार (दुराचारी) ही हो और अमसाक बिल्कुल भी न हो लेकिन अगर टेवे वाला ज्यादा मंदे–ख्यालातों (बुरे–विचारों) में खोया रहता होगा तो मुखन्नस (नुपंसक) भी हो सकता है। नौबत नामर्दी तक भी आ सकती है उपाय के लिए देखें शुक्कर खाना नंबर 11।

खाना नंबर 12– अगर खाना नंबर 12 में बृहस्पत–शुक्कर हों और टेवे वाला सट्टे का व्यापार करे तो हर तरफ मंदी हवाएं चलने लगेंगी।

अन्य मंदे हालात

कामदेव (कामभाव) की ज्यादती (अधिकता) अथवा इश्क की बेहद रग़बत (इच्छा) किस्मत के सोने (बृहस्पत) को मिट्टी की कीमत पर बिकवा देगी। सोना तो मिट्टी में गिरने पर खराब नहीं होता इसलिए धन–दौलत तो बरबाद न होगी। मगर मंदे चाल–चलन (चरित्र) की वजह से टेवे वाले को जिस्मानी (शारीरिक) बीमारियां जरूर हो सकती हैं। औलाद की पैदाइश के मामले मे परेशानियां या लावल्दी (संतानहीनता) तक की शिकायत हो सकती हैं। औलाद के जनम लेने के वक्त दुःख और मंदे वाकिआत (घटनाएं) होंगे।

बृहस्पत–मंगल

(उत्तम गृहस्थ, धन)

मंगल नेक किरणें सोने की, जगत् भंडारी होता हो
आग मंगल बद जले पराई, केतु रद्दी बुध मंदा हो
घर दूजे से पाचवें बैठे, लेख राजा का होता हो
फ़कीर कामिल घर बाकी गिनते, सुखी गृहस्थी फलता हो
मुआविन उम्र का मालिक गिनते, सनीचर दोनों को देखता हो
असर बृहस्पत गो मंदा लेते, कब्र से वापस आता हो

आम हालात

(1) जब घर बैठक के लिहाज से मंगल उम्दा हालत में हो तो टेवे वाले के खानदानी सदस्यों की हालत उत्तम होगी।

(2) बृहस्पत और मंगल दोनों ग्रह टेवे वाले की 72 साल की उम्र तक इकट्ठे होंगे यानि मुश्तरका असर देंगे।

(3) बृहस्पत और मंगल मुश्तरका में अगर बृहस्पत का नेक हिस्सा 1 हो तो मंगल का नेक हिस्सा दोगुना होगा।

(4) बृहस्पत–मंगल मुश्तरका के वक्त टेवे वाले की किस्मत मिलावटी सोने के मानिन्द (समान) होगी।

(5) टेवे वाले के हौसले (साहस) और मनोबल के ताल्लुक में दोनों ग्रहों का मुश्तरका (संयुक्त) असर ही गिना जाएगा।

नेक हालत

खाना नंबर 1– इस खाने में बृहस्पत–मंगल हों तो टेवे वाला अमीर ही नहीं बल्कि महाधनी होगा। कान की आकृति और कुण्डल की आकृति वाले निशान अगर हथेली पर हों तो राहु–केतु भी उम्दा असर वाले होंगे।

राज हुकूमत माया बढ़ता, अमीर-अमीरां होता हो।
बुध वजीर हो जब कभी बनता, नष्ट दोनों को करता हो।

(1) टेवे वाले का राज़दरबार से ताल्लुक, हुकूमत (शासनात्मक रवैया) और धन बढ़ेगा। ऐसा इंसान अमीरों का भी अमीर होगा। जब टेवे में बुध खाना नंबर 7 में हो अथवा खाना नंबर 7 में आ जाए (बमूजिब वर्षफल–देखें फ़ेहरिस्त वर्षफल, फरमान नंबर 13) तो बृहस्पत–मंगल दोनों का ही फल नष्ट करेगा।

खाना नंबर 2– जब खाना नंबर 2 में बृहस्पत–मंगल मुश्तरका हों तो टेवे वाले का ससुराल खानदान से नेक (अच्छा) ताल्लुक होगा। टेवे वाले के परिवार वाले, रिश्तेदार और साथी टेवे वाले की एक आवाज पर सिर कटाने तक को तैयार और पसीने की जगह खून बहा देने वाले होंगे। जब बुध खाना नंबर 6 में, बृहस्पत–मंगल खाना नंबर 2 में, हथेली पर बुध का दायरा मंगल नेक के बुर्ज़ (खाना नंबर 3) पर और उम्र रेखा के ऊपर हो तो ऐसे इंसान को दिमागी लियाकत (बुद्धिमत्ता) की बदौलत धन–दौलत की आमदनी (प्राप्ति) होगी। देखें चित्र 501।

खाना नंबर 3– खाना नंबर 3 में बृहस्पत मंगल मुश्तरका वाला इंसान बुजुर्गों के धन की हिफ़ाजत (रक्षा) करने वाला और उसको कायम रखने वाला होगा। लेकिन उस दौलत को और ज्यादा बढ़ाएगा इस बात की कोई शर्त नहीं होगी।

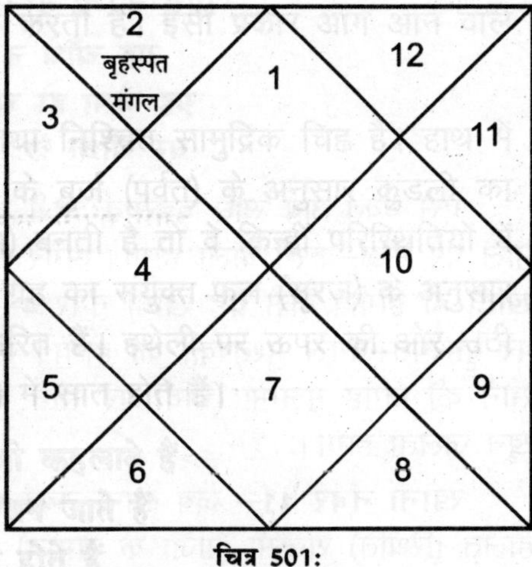

चित्र 501:

पूजा पाठ लासानी होता, हिफ़ाज़त विरासत करता हो
बरबाद न धन-धेला करता, शर्त न माया जाती हो

टेवे वाले का पूजा–पाठ लासानी (अद्वितीय) होगा और बुजुर्गों की विरासत की हिफाजत करेगा। ऐसा इंसान बेवजह फालतू धन कभी खर्च नहीं करेगा और उसके अपने जाती (व्यक्तिगत) धन होने की भी कोई शर्त न होगी।

खाना नंबर 4– इस खाने में बृहस्पत मंगल होने के वक्त टेवे वाले के परिवार में मर्दाना सदस्यों की तादाद (संख्या) की कमी न होगी मगर उन सदस्यों की गुजर–बसर के लिए धन होगा या न होगा इस बात की कोई शर्त न होगी।

खाना नंबर 5– जब इस खाने में बृहस्पत–मंगल मुश्तरका हों तो औलाद के जनम के साथ ही धन का चश्मा (स्त्रोत) 'गरम इलाके (क्षेत्र) में ठण्डी हवा' की तरह बह निकलेगा, जो टेवे वाले की 28 साल की उम्र तक बढ़ेगा और दान करते रहने से और भी ज्यादा बढ़ता जाएगा। टेवे वाले की जिन्दगी में खूब रौनक होगी।

खैरात लेने का हो जब आदी, कोढ़ सोने को होता हो
मानसरोवर माया उसकी, उल्लू सभी पर बोलता हो

जब टेवे वाला दूसरे दुनियावी लोगों या रिश्तेदारों से खैरात लेने का आदी हो तो ऐसे इंसान के सोने (बृहस्पत) को कोढ़ होगा। अगर ऐसे इंसान की माया–दौलत मानसरोवर के मानिन्द (समान) बेहिसाब भी हो तो भी उस पर उल्लू बोलेंगे (अमूमन वीराने में उल्लू बोलते हैं) अर्थात् दान लेने या मुफ्त का माल खाने से धन–दौलत बरबाद होगी।

खाना नंबर 6– जब इस खाने में बृहस्पत–मंगल मुश्तरका बैठे हों तो टेवे वाला अपने परिवार में अमूमन खुद ही बड़ा भाई होगा और टेवे वाला अपने बाप पर कोई बुरा असर नहीं डालेगा।

असर दोनों का अपना-अपना, ख़्वैश कबीले भरता हो
बुध बैठे जब टेवे मंदा, मंगल-बृहस्पत दो मरता हो

इस घर में दोनों का अपना–अपना खाना नंबर 6 के बमूजिब (अनुसार) असर होगा। जब बुध खाना नंबर 6 में मंदा हो रहा हो तो मंगल–बृहस्पत दोनों ही का असर बरबाद करेगा लेकिन इस वक्त बुध का असर नेक गिना जाएगा।

खाना नंबर 9– जब इस खाने में बृहस्पत–मंगल हों तो टेवे वाले के घर–परिवार, गृहस्थ और धन–दौलत में हर तरह से उत्तम और आलीशान असर होगा।

खाना नंबर 10– जब इस खाने में बृहस्पत–मंगल मुश्तरका बैठे हों तो–

साधु करेगा दुनिया की चोरी, माल मुफ्त का खाता हो
ग्रह चौथे न छठे कोई, लेख नसीबा खोटा हो
ग्रह जैसा हो चार-छठे का, असर वैसा ही होता हो
घर चौथा छः खाली होता, खून बीमारी जलता हो

ऐसे वक्त अब साधु बृहस्पत चोरी के माल से टेवे वाले को मालामाल करेगा। टेवे वाला मुफ्त के माल पर मौज–करने वाला होगा। अगर खाना नंबर 4 या 6 में कोई ग्रह न हो तो टेवे वाले की किस्मत खोटी ही होगी। जैसे ग्रह खाना नंबर 4–6 के होंगे (अच्छे या बुरे), वैसा ही असर टेवे वाले की जिन्दगी पर बृहस्पत–मंगल मुश्तरका का होगा। जब ग्रह खाना नंबर 4–6 खाली हों तो टेवे वाले की किस्मत में सोने की जगह मुलम्मा (चांदी पर सोने की कलई) ही होगा। बीमारी से टेवे वाले के जिस्म (शरीर) का खून जलता होगा।

खाना नंबर 11– जब खाना नंबर 11 में बृहस्पत–मंगल हों तो बाप और भाई के रहते टेवे वाले की हालत (स्थिति) राजसी (राजा के समान) होगी। मंगल–बृहस्पत की चीजें जिस्म या घर में कायम रखना हर तरह से मददगार होगा।

खाना नंबर 12– खाना नंबर 12 में बृहस्पत–मंगल के वक्त टेवे वाले का हर तरह से उत्तम और बढ़ा हुआ परिवार होगा। टेवे वाला खुद मीठी नींद का मालिक होगा और जिस किसी इंसान को आशीर्वाद देगा, वह तर जाएगा।

अन्य नेक हालात

(1) अगर टेवे में मंगल नेक (सूरज+बुध मुश्तरका) हों तो टेवे वाला दूसरे प्राणियों का मुनसिफ (न्यायकर्ता) होगा और एक इंसान की दूसरे पर नाजायज ज्यादती होते हुए नहीं देख सकेगा।

(2) टेवे वाला सरदार (नेता), हुक्मरान (अधिकारी) होगा वरना खुदा–परस्त (ईश्वर भक्त), सूफी, संत और ब्रह्मज्ञानी होगा।

(3) ऐसा इंसान 'हिम्मते मर्दा मदद ए खुदा' की चाल वाला प्राणी होगा। टेवे वाले को अंदरूनी (आंतरिक) ताकत और गैबी (दैवीय) ताकत की मदद वक्त–वक्त पर मिलती रहेगी।

(4) अमूमन हर आठवें साल टेवे वाले की औलाद होती जाएगी।

(5) जब बृहस्पत–मंगल मुश्तरका दोनों सनीचर को देख रहे हों तो टेवे वाला हाथियों पर अंकुश रखने वाले के समान अपने दुश्मनों पर हमेशा नजर रखने वाला होगा। ऐसे इंसान की मुखालफत (विरोध) उसके दुश्मन न करेंगे। टेवे वाले की हथेली में धन और उम्र की मुआविन (सहायक या मददगार) रेखा होगी अर्थात् टेवे वाले के कब्र में जाने के बाद भी वापस लौटने की उम्मीद होगी।

मंदी हालत

खाना नंबर 2– जब खाना नंबर 2 में बृहस्पत–मंगल मुश्तरका हों और टेवे में मंगल–बद (सूरज+सनीचर मुश्तरका) भी हो रहा हो तो टेवे वाले को बृहस्पत–मंगल मुश्तरका का मंदा फल मिलेगा।

खाना नंबर 5– जब खाना नंबर 5 में बृहस्पत–मंगल मुश्तरका हों और टेवे वाला खैरात (दान वगैरह) लेता हो तो सोने (बृहस्पत) में कोढ़ होगा। जैसे भूखे शेर की सांस रुकती हो वैसे ही किस्मत की मंदी हवा, टेवे वाले के जिस्म (शरीर) का खून जला रही होगी।

खाना नंबर 6– जब खाना नंबर 6 में बृहस्पत–मंगल मुश्तरका हों तो बुध और केतु दोनों ग्रहों से मुतअल्लिक (सम्बन्धित) अश्या (वस्तुएं), कारोबार और रिश्तेदार पर मंदा असर होगा। खासकर औलाद के मामले में ज्यादा मंदा असर जाहिर होगा।

खाना नंबर 7– जब खाना नंबर 7 में बृहस्पत–मंगल मुश्तरका हों। हथेली में किस्मत रेखा खाना नंबर 3 (मंगल नेक के बुर्ज़) पर सीधी तर्जनी उंगली के नीचे हो तो टेवे वाले की अच्छी आमदनी होते हुए भी वह कर्जे में ही रहता है।

खाना नंबर 8– जब बृहस्पत–मंगल मुश्तरका (इकट्ठे) खाना नंबर 8 में हों तो दोनों ग्रहों का जब मंदा असर होगा तो वह असर टेवे वाले के अपने ही परिवार पर जाहिर होगा।

खाना नंबर 11– जब खाना नंबर 11 में बृहस्पत–मंगल मुश्तरका बैठे हों तो बृहस्पत और मंगल का उम्दा असर केवल बृहस्पत और मंगल से मुतअल्लिक अश्या (वस्तुओं), रिश्तेदार और ताल्लुकदारों पर ही होगा और दूसरी चीजों पर इन दोनों ग्रहों का मंदा असर होगा।

अन्य मंदे हालात

(1) जब बृहस्पत के बुर्ज़ (खाना नंबर 2) या किस्मत रेखा का मंगल–बद के बुर्ज़ (खाना नंबर 8) से ताल्लुक हो अथवा टेवे में मंगल–बद (सूरज+सनीचर मुश्तरका) हों तो टेवे वाला ढाल के मानिन्द (समान) बदबख़्त (बदनसीब) होगा अर्थात् उस पर तलवारों से हर वक्त मंदी मार पड़ती रहेगी।

(2) टेवे वाला अपने ही भाई–बन्दों की बीमारी से परेशान और माली (आर्थिक) नुकसान झेलता होगा।

(3) टेवे वाले की पांच साल की उम्र तक रिश्तेदारों और विरोधियों की मौतें होंगी। घर में मातम होना आम होगा।

(4) जब टेवे में सनीचर मंदा असर दे रहा हो तो ऐसे वक्त बृहस्पत किस्मत का फैसला करेगा और जब बृहस्पत बुरे वक्त की हवा चला रहा होगा तब सनीचर किस्मत का फैसला करेगा।

बृहस्पत-बुध

(कातिल जहर, कैदी की रिहाई)

बुध कायम हो चाहे बृहस्पत उत्तम, भला सनीचर होता हो
नेक चन्द्र सूरज होता जिस दम, लेख असर सब उम्दा हो
बृहस्पत घर या साथी बैठा, धर्मी बेटा बुध होता हो
बुध बृहस्पत को जिस दम देखा, बृहस्पत कैदी हो जाता हो
तीन-पांच-नौ-बारह बैठा, चन्द्र पहले से अकेला हो
जहर कातिल बुध हरदम होगा, निस्फ़ सदी तक मंदा हो
सनीचर सूरज से कोई टेवे, पांच दूजे नौ बारह हो
बृहस्पत आया घर सनीचर सूरज के, कैद रिहाई पाता हो
कैद खत्म बृहस्पत की दुनिया, असर भला हर दो का हो
सोना कलई से कोढ़ी होता, उपदेश भला बृहस्पत देता हो

आम हालात

(1) जब टेवे में बृहस्पत–बुध मुश्तरका हों और बृहस्पत का असर एक भाग हो तो बुध का असर दो भाग होगा यानि बृहस्पत से बुध का असर दोगुना होगा।

(2) बृहस्पत–बुध मुश्तरका के वक्त ये दोनों मिलकर टेवे वाले की धन–दौलत के लिहाज से मंदे असर के होंगे।

(3) टेवे वाले की 8 से 25 साल उम्र के दरमियान (मध्य) टेवे वाले के वाल्दैन (माता–पिता) दुःखी होंगे।

(4) टेवे वाले की 17 से 25 साल उम्र के दरमियान जब बृहस्पत के असर में बुध का असर आकर मिल रहा हो (बमूजिब दृष्टि वगैरह) तो ऐसे वक्त बृहस्पत का ही नाश हो जाएगा।

(5) जब बृहस्पत टेवे में पहले घरों में (1 से 6) हो और बुध बाद के घरों में (7 से 12) हो और साथ ही बृहस्पत–बुध आपस में मुश्तरका योग भी बना रहे हों तो बुध का पैंतीसवें साल से बुरा असर शुरू होगा और बृहस्पत का 34 साल की उम्र तक नेक (अच्छा) असर रहेगा।

(6) जब बुध टेवे में पहले घरों में हो और बृहस्पत बाद के घरों में हो तो बुध का 34 साल की उम्र तक नेक फल होगा और पैंतीसवें साल से निकम्मा (निष्क्रिय) फल शुरू हो जाएगा। बरखिलाफ (विपरीत) इसके बृहस्पत का 34 साल तक मंदा फल और पैंतीसवें साल से नेक फल शुरू हो जाएगा।

(7) बृहस्पत–बुध मुश्तरका के वक्त बृहस्पत का असर मंदा ही होगा यानि बृहस्पत को बुध अपने दायरे में बांध लेगा। ऐसे वक्त बृहस्पत का बिगड़ा हुआ असर मंदरजाजैल (निम्नलिखित) हालात पैदा होने पर दुरुस्त (ठीक) होगा।

(i) बमूजिब (अनुसार) वर्षफल बृहस्पत, सनीचर के घरों (खाना नंबर 10–11) या सूरज के घरों (खाना नंबर 5) में आ जाए। देखें चित्र 502।

(ii) सनीचर या सूरज में से कोई भी बमूजिब (अनुसार) वर्षफल (देखें फरमान नंबर 13 फेहरिस्त वर्षफल) बृहस्पत के घरों (2, 5, 9, 12) में आ जाए।

(iii) सनीचर खाना नंबर 2, 5, 9, 12 में बमूजिब वर्षफल आ जाए अथवा सनीचर खाना नंबर 5 (सूरज के घर) में आ जाए। देखें चित्र 503।

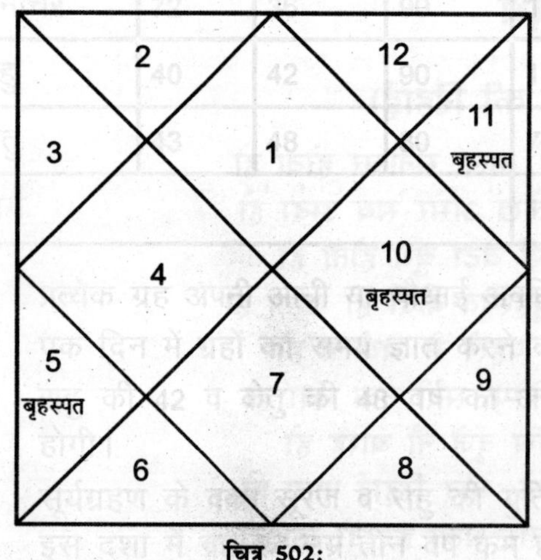

चित्र 502:

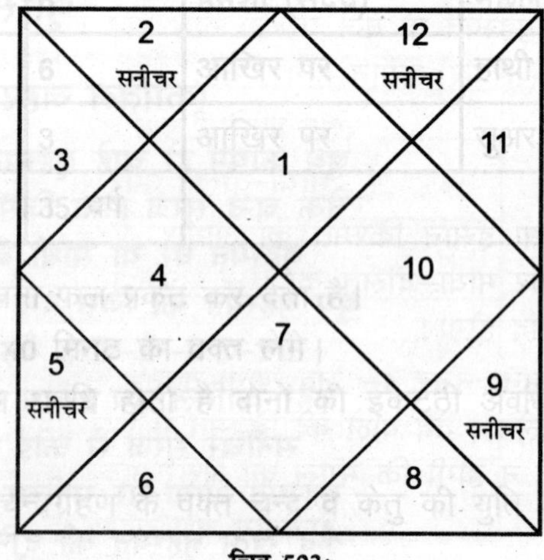

चित्र 503:

इसके अलावा उपर्युक्त तीनों हालातों (स्थितियों) में अगर सूरज या चन्द्र या सनीचर में से कोई एक भी नेक हो तभी बृहस्पत का असर नेक होगा और धन–दौलत के लिहाज से कुछ भरोसा या उम्मीद होगी वरना फोकी (काल्पनिक) और तबाह करने वाले वाकिआत (घटनाएं) होंगे।

(8) खाना नंबर 2–4 में बुध अकेला हो या बृहस्पत–बुध मुश्तरका हों तो ऐसे वक्त बुध दुश्मनी करने की बजाए हमेशा नेक ही असर देगा। खासकर माली (आर्थिक) हालत के मामले में बुध कभी मंदा असर न होने देगा।

(9) टेव में बृहस्पत–बुध मुश्तरका मंदी हालत के वक्त पिता के लिए बुध का असर मंदा होगा यानि अगर ये योग खाना नंबर 2 में बने तो सोने की राख होगी। खाना नंबर 3 में बने तो ज्ञान और अक्ल तो खूब होगी मगर माली (आर्थिक) हालत में निर्धन ही होगा। खाना नंबर 9 में योग हो तो सोने को कोढ़ होगा यानि धन–दौलत बरबाद होगी। खाना नंबर 11 में इन दोनों का मुश्तरका योग बने तो आमदनी के मामले में ये दोनों अब बरबाद ही कर देने वाले होंगे। देखें चित्र 504।

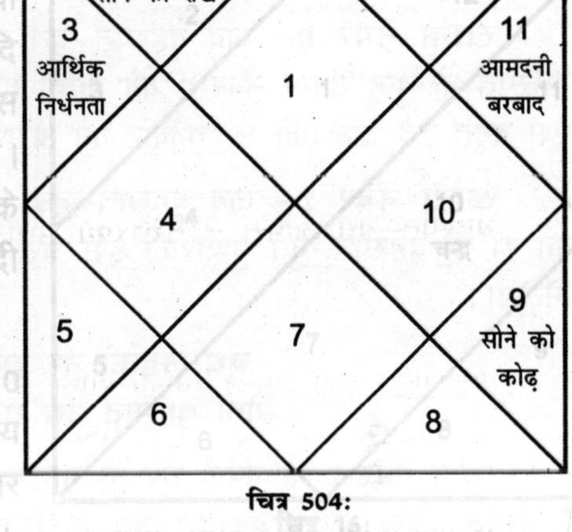

चित्र 504:

(10) अगर टेवे में बुध अकेला हो तो ऐसे वक्त बुध का ही उपाय करना कारआमद (असरकारक) होगा।

नेक हालत

खाना नंबर 1– जब बृहस्पत–बुध मुश्तरका खाना नंबर 1 में हों तो टेवे वाला राजा, अमीर या हाकिम (अधिकारी) होगा मगर यह एक चक्कर का असर होगा।

खाना नंबर 2– जब बृहस्पत–बुध मुश्तरका खाना नंबर 2 में हों तो टेवे वाला ब्रह्मज्ञानी, धनी और उपदेशक होगा मगर यह असर तीन चक्कर का होगा।

खाना नंबर 3– जब बृहस्पत–बुध मुश्तरका खाना नंबर 3 में हों और हथेली में तर्जनी उंगली की जड़ में बृहस्पत के बुर्ज़ पर दो खड़े खत हों तो टेवे वाला किस्मत पर संतोष करने वाला और दिलावर बहादुर (शूरवीर) इंसान होगा। यह असर सात चक्कर वाला होगा।

लेख शाकिर इक तरफा तबीयत, शुक्कर मंदा खुद होता हो
माया-दौलत और साथ हुकूमत, दलेर बहादुर दुनिया हो

ऐसा इंसान किस्मत का आभार मानने वाला, धैर्य रखने वाला होता है। औरत (शुक्कर) का हाल मंदा मगर माया–दौलत का फल उत्तम होगा। ऐसा इंसान हुकूमत करने वाला (शासनात्मक प्रवृत्ति) और हौसलामंद होगा।

खाना नंबर 4– जब खाना नंबर 4 में बृहस्पत–बुध मुश्तरका हों तो टेवे वाले को पितृ रेखा का उत्तम फल मिलेगा। टेवे वाले की किस्मत में राजयोग होगा और मंगल का असर भी टेवे में बुरा न होगा। मगर यह शर्त न होगी कि मंगल का असर अच्छा होगा। यह असर दो चक्कर वाला होगा।

राजयोग बुध बृहस्पत हो ऊंचा, हर दम मुबारक होता हो
काम कायर जब पापी करता, खुदकुशी कर मरता हो।

टेवे वाले को राजयोग का उत्तम फल मिलेगा। क्योंकि खाना नंबर 4 में बृहस्पत उच्च का होगा। बृहस्पत–बुध मुश्तरका का फल उत्तम होगा और मुबारक असर देगा। जब टेवे में पापी ग्रह (राहु, केतु, सनीचर) कायरता का काम करेंगे तो टेवे वाला खुदकुशी (आत्महत्या) करके मरेगा।

खाना नंबर 5– जब बृहस्पत–बुध मुश्तरका खाना नंबर 5 में हों और टेवे वाले का कोई लड़का वीरवार (बृहस्पत) को पैदा हुआ हो तो ऐसा इंसान खुशहाल जीवन जीने वाला और किस्मतवाला होगा। ऐसे वक्त टेवे वाले को पांच चक्कर का असर मिलेगा।

खाना नंबर 6– जब बृहस्पत–बुध मुश्तरका खाना नंबर 6 में हों अथवा सिर रेखा से कोई रेखा बृहस्पत के बुर्ज़ खाना नंबर 2 को जाती हो तो टेवे वाला पूजा–पाठ करने वाला सदाचारी इंसान होगा। ऐसे वक्त टेवे वाले को छः चक्कर का असर मिलेगा।

खाना नंबर 7– जब बृहस्पत–बुध मुश्तरका हों तो टेवे वाला ब्रह्मज्ञानी होगा। अगर टेवा लड़की का हो तो बृहस्पत–बुध मुश्तरका इस घर में मुबारक असर के होंगे। टेवे वाले को चार चक्कर का असर मिलेगा।

बुध लड़की नर इस घर मंदा, लड़का भला न होता हो
सोना बृहस्पत उस घर से उड़ता, मुतबन्ना सुखी न रहता हो

खाना नंबर 7 के पक्के घर के मालिक शुक्कर और बुध मुकर्रर (निश्चित) हैं। ये दोनों ही स्त्री ग्रह हैं इसलिए इस घर में बृहस्पत–बुध मुश्तरका के वक्त लड़का मुबारक न होगा बल्कि अगर टेवे वाले की कोई लड़की हो तो वह हमेशा टेवे वाले के लिए और खुद अपने लिए उम्दा होगी। अगर लड़का होगा तो मंदा होगा यानि या तो लड़का कायम न होगा, अगर कायम हुआ तो उम्दा असर वाला न होगा। इंसान का सोना (धन–दौलत) चोरी होता या गुम जाता होगा। बृहस्पत–बुध मुश्तरका के वक्त मुतबन्ना (दत्तक पुत्र) भी सुखी न रह सकेगा।

खाना नंबर 8– जब बृहस्पत–बुध मुश्तरका खाना नंबर 8 में हों और खाना नंबर 2 खाली हो तो बुध कभी मंदे असर का न होगा। ऐसे वक्त टेवे वाले पर आठ चक्कर का असर होगा।

खाना नंबर 10– जब बृहस्पत–बुध मुश्तरका खाना नंबर 10 में हों तो टेवे वाला खुशहाल और किस्मत वाला होगा। इस घर में बृहस्पत मंदे असर का न होगा। टेवे वाले पर दस चक्कर का असर होगा।

नीच करम जा बृहस्पत का हरदम, बुध सनीचर खुद बनता हो
मिले मिलाए हर दम उत्तम, माया कबीला सुखी हो

खाना नंबर 10 में बृहस्पत नीच का होगा। ऐसे वक्त टेवे वाला हालांकि नीच करम करेगा मगर फिर भी बृहस्पत का असर मंदा न होगा और अब बुध, सनीचर का असर देगा। बृहस्पत–बुध मिले–मिलाए (मिश्रित) असर का फल देंगे मगर आखिर नतीजा (परिणाम) उत्तम ही होगा। टेवे वाले पर उम्दा माया (माल वगैरह) होगी और उसका परिवार भी सुखी होगा।

खाना नंबर 11– जब बृहस्पत–बुध मुश्तरका खाना नंबर 11 में हों और खाना नंबर 3 मंदा हो रहा हो साथ ही बमूजिब (अनुसार) वर्षफल बृहस्पत–बुध खाना नंबर 1 में आएं (देखें फरमान नंबर 13 फेहरिस्त वर्षफल) तो टेवे वाले इंसान को मालामाल कर देंगे। ऐसा इंसान धन, इल्म (ज्ञान) और हुनर का मालिक होगा। टेवे वाला शर्मसार (शर्मीला), नेक नाम और सुखी गृहस्थ होगा। टेवे वाले पर नौ चक्कर का असर जाहिर होगा।

खाना नंबर 12– जब बृहस्पत–बुध मुश्तरका खाना नंबर 12 में हों तो टेवे वाला अपनी किस्मत के मामले में नेक नसीब, लम्बी उम्र का मालिक, खुश रहने वाला मगर मामूली (साधारण) व्यापारी ही होगा। टेवे वाले पर बारह चक्कर का असर होगा।

अन्य नेक हालात

(1) बृहस्पत–बुध मुश्तरका नेक असर के वक्त टेवे वाला (दस्ती, हाथ की कारीगरी वाले काम) और दिमागी (बौद्धिक) कामों में उम्दा होगा। इन कामों में टेवे वाले को उम्दा नतीजे (परिणाम) मिलेंगे।

(2) माली (आर्थिक) हालत के और धन–दौलत के मामले में टेवे वाला कभी शाह तो कभी तबाह होगा यानि अचानक अमीर और अचानक फ़कीर होता होगा।

कियाफा (हस्तरेखा)– बुध के दायरे (चक्कर) में एक और दूसरा दायरा हो। यह दायरा उंगलियों की पोरियों पर देखा जाएगा। यह दायरा (चक्कर) उंगलियों की नाखून वाले पोर (नाखून वाले हिस्से पर) पर पूरा असर देगा। यह दायरा दाएं हाथ पर मध्यम (औसत) फल और बाएं हाथ पर खराब फल देगा।

मंदी हालत

खाना नंबर 1– खाना नंबर 1 में बृहस्पत–बुध मुश्तरका के वक्त टेवे वाला ग़रीबी से मारा हुआ बेवकूफ साधु के मानिन्द (समान) होगा।

खाना नंबर 3– खाना नंबर 3 में बृहस्पत–बुध मुश्तरका के वक्त टेवे में शुक्कर मंदा गिना जाएगा।

खाना नंबर 4– खाना नंबर 4 में बृहस्पत–बुध मुश्तरका के वक्त टेवे वाला नीच इंसानों जैसे कायराना (कायरतापूर्ण) काम करेगा। जो काम टेवे वाले के लिए बाइसे–तबाही (तबाही का कारण) और खुदकुशी (आत्महत्या) की वजह होगा।

खाना नंबर 6– खाना नंबर 6 में बृहस्पत–बुध मुश्तरका के वक्त टेवे वाला अय्याश (व्यभिचार वगैरह) होगा।

खाना नंबर 7– खाना नंबर 7 में बृहस्पत–बुध मुश्तरका हों तो लड़के के टेवे में बुध का असर मंदा होगा। टेवे वाला धन–दौलत से महरूम (वंचित) और दुःखी होगा। औलाद से महरूम होगा, अगर मुतबन्ना (गोद लिया हुआ पुत्र) भी रखेगा तो वह भी दुःखी ही होगा। टेवे वाला दौलतमंद होते हुए भी मुसीबत पर मुसीबत देखेगा मगर अक्ल (बुद्धिमत्ता) का कोई काम न करेगा। ऐसा इंसान कभी शाह (राजा) तो कभी मगंल (चिन्तामुक्त या लापरवाह) होगा। कभी तो खुशहाल होगा और कभी रिजक (जीविका) से भी तंगहाल होगा। अगर टेवा लड़की का हो तो हर तरफ से मुबारक और उत्तम असर जाहिर होगा।

कियाफा (हस्तरेखा)– बुध के बुर्ज़ पर बृहस्पत के सीधे खत (औलाद के खत) शादी रेखा को काटते हो।

खाना नंबर 8– खाना नंबर 8 में बृहस्पत–बुध मुश्तरका (इकट्ठे) हों तो टेवे वाला हमेशा बीमार ही रहेगा। ऐसे वक्त खांड (देसी शक्कर) का बर्तन मिट्टी में दबाएं। अगर सम्भव न हो तो (तब तक) चांदी की तार 96 घंटे तक नाक में डालने से (नाक छिदवाकर पहनना) मौतों से बचाव होता होगा। टेवे वाले की 16 से 19 साल या 22 साल की उम्र तक किस्मत की हवा में बवन्डर उठेंगे। ऐसे इंसान के हर काम में उल्टा चक्कर चलेगा। ऐसे इंसान को हर काम में मुकद्दर (भाग्य) से मुकाबला (संघर्ष) करना पड़ेगा।

खाना नंबर 9– खाना नंबर 9 में बृहस्पत–बुध मुश्तरका हों और बुध खाना नंबर 9 में मंदा हो रहा हो तो टेवे वाले की औलाद, शादी और गृहस्थ सभी बरबाद होंगे। टेवे वाला मनहूस (मंदी किस्मत वाला) और कम उम्र का मालिक (अल्पायु) होगा। खाना नंबर 9 में बृहस्पत और बुध अलग–अलग फल देंगे। यानि बृहस्पत खाना नंबर 9 और बुध खाना नंबर 9 के बमूजिब (अनुसार) फल देंगे।

कियाफा (हस्तरेखा)– बृहस्पत के सीधे खत (।।) धनु राशि (9) से आकर शादी रेखा को बुध के बुर्ज़ पर काटते हों।

अन्य मंदे हालात

(1) बृहस्पत–बुध मुश्तरका की मंदी हालत के वक्त बृहस्पत (बाप, दादा, ससुर) का सांस रुकता होगा या दमा की बीमारी होगी।

(2) टेवे वाला कम बोलता होगा या बोलते वक्त शर्माएगा या बोलने में शर्म करेगा अथवा टेवे वाले की अपनी गोयाई (बोलने की शक्ति) कम होने लगेगी।

(3) टेवे वाले को वाल्दैन (माता–पिता) का सुख न होगा। टेवे वाला अमूमन (संभवतः) यतीम ही होगा।

(4) टेवे वाला अपनी किस्मत की बजाए दूसरों की किस्मत को देखने वाला होगा। खुद ही अपनी नाव डुबोने वाला मल्लाह (नाविक) होगा।

(5) अपने बाप (पिता) की धन–दौलत बरबाद करने वाला होगा। अपने कबीले (परिवार) का भारी बोझ उसके सिर पर होगा।

(6) टेवे वाले का सोना (दौलत) खत्म होगा। बेइज्जती (अपमान), तकलीफ़ और फ़र्जी (काल्पनिक) उम्मीदों के भी मंदे नतीजे (परिणाम) मिलेंगे।

(7) टेवे वाला खुद अपनी बेवकूफी से अपना जमाना (जवानी) बरबाद करेगा।

बृहस्पत–सनीचर

(संन्यासी, फ़कीर की माया)

बृहस्पत बारिश की हवा जो बनता, पहाड़ सनीचर बन बैठा हो
दोनों मुश्तरका मींह बरसता, समुद्र सहरा नहीं देखता हो
फ़कीर झोली धन रेखा गिनते, तीन छठे सात नौवें हो
माया व दौलत दिन शादी बढ़ते, बैठे तख़्त पर जिस दिन हो
शुक्कर देखे जब दोनों बैठा, पहाड़ माया धन मिट्टी हो
नजर केतु जब दो पर करता, औलाद मासूमी मरती हो

आम हालात

(1) बृहस्पत सनीचर मुश्तरका (इकट्ठे) हों तो यह योग 'श्री गणेशाय नमः' के मानिन्द (समान) सबके पूजने की जगह होगी।

(2) किस्मत के मामले में फ़कीर की झोली होगी यानि इस झोली के अन्दर का अच्छा या बुरा अथवा शुरू (आरम्भ) औरं आखरी (अंत) जानना हर किसी के बस की बात न होगी।

(3) किस्मत का फैसला खाना नंबर 11 के ग्रह से होगा। अगर खाना नंबर 11 खाली हो तो सनीचर की जाती (व्यक्तिगत) हालत ही किस्मत के मामले में बहाल और प्रबल होगी।

(4) बृहस्पत–सनीचर मुश्तरका के वक्त इंसान की 34 साल की उम्र तक वालिद (पिता) की उम्र के लिए और 43 साल की उम्र तक धन–दौलत के लिए ये दोनों ग्रह मुश्तरका ही गिने जाएंगे।

(5) मुश्तरका मिलावट के वक्त सनीचर का असर चार भाग और बृहस्पत का असर पांच भाग शामिल होगा।

(6) टेवे वाले इंसान के लिए ये दोनों ग्रह उसके कुव्वते ख्याल (वैचारिक–शक्ति) के अनुसार ही फल देंगे।

(7) जब बैठक के लिहाज से बृहस्पत उम्दा घरों में और सनीचर मंदे घरों में बैठा हो तो ऐसा इंसान दूसरे दुनियावी (सांसारिक) लोगों के लिए पारस (ऐसा पत्थर जो लोहे को सोना बना देता है) का काम देगा और मालामाल कर देगा। मगर खुद अपने लिए ऐसा इंसान मंदा ही होगा।

(8) जब बैठक के लिहाज से सनीचर कायम (देखें फरमान नंबर 6) हो और बृहस्पत मंदा हो तो लोहे (सनीचर) की तलवार टेवे वाले की हर मुसीबत को काटती हुई चली जाएगी।

(9) बृहस्पत–सनीचर मुश्तरका के वक्त सूरज खाना नंबर 1 में आ जाए (बमूजिब वर्षफल या बमूजिब टेवा) तो–

(i) अगर दोनों (बृहस्पत–सनीचर) उम्दा हों तो टेवे वाले को उत्तम और नेक नतीजे मिलेंगे।

(ii) अगर दोनों नीच या मंदे घरों में हों तो राजदरबार (सरकारी विभाग) से कमाया हुआ धन और जिस्म (शरीर) का कोई न कोई हिस्सा (ये दोनों ही) बरबाद होंगे।

(iii) जब सनीचर उम्दा मगर बृहस्पत मंदा हो तो राजदरबार से कमाया धन बरबाद हाने की कोई शर्त शामिल न होगी।

(iv) जब बृहस्पत उम्दा और सनीचर मंदा हो तो जिस्म का कोई हिस्सा (अंग) भले ही बरबाद हो जाए मगर राजदरबार का धन बरबाद हो जाने की कोई शर्त न होगी।

(10) जो ग्रह टेवे में बृहस्पत–सनीचर मुश्तरका को देखता हो वह ग्रह अपनी उम्र में (मसलन सूरज– 22, चन्द्र– 24, बृहस्पत– 16 आदि) बृहस्पत–सनीचर मुश्तरका को जगा देगा। किस्मत के जागने का वक्त उन ग्रहों की उम्र का साल होगा जो ग्रह इस मुश्तरका जोड़ी को देखता हो।

नेक हालात

खाना नंबर 1– खाना नंबर 1 में बृहस्पत–सनीचर मुश्तरका के वक्त टेवे वाला गुरु या साधु मगर मुफ़लिस (निर्धन) होगा।

खाना नंबर 2– खाना नंबर 2 में बृहस्पत–सनीचर मुश्तरका हों तो टेवे वाला आलिम (विद्वान) और इल्मज्ञानी (शिक्षित) होगा। मगर इसका आलिम और इल्मज्ञान का स्तर सनीचर की हालत पर होगा। टेवे वाले के इल्म (शिक्षा) से उसकी किस्मत की चमक का कोई मतलब न होगा यानि इल्म की कमी या अधिकता से किस्मत के कम–ज्यादा होने या इंसान के नेक–बद होने का कोई सम्बन्ध न होगा। सेहत अफ़ज़ा (स्वास्थ्यवर्धक) पहाड़ की तरह दोनों मुश्तरका के वक्त, चन्द्र का असर उत्तम और शुभ होगा। टेवे वाला बदनाम आशिक (प्रेमी) न होगा और न ही उसमें दुनियावी इश्क (प्रेम) की ज्यादती (प्रबलता) होगी लेकिन हकीकी (ईश्वरीय) प्रेम जरूर होगा।

खाना नंबर 3– खाना नंबर 3 में बृहस्पत–सनीचर मुश्तरका होने के वक्त टेवे वाला दौलतमंद तो जरूर होगा मगर औसत (मध्यम) दर्जे का ही होगा। टेवे वाला बुढ़ापे में आराम पाएगा। बृहस्पत और सनीचर की उम्र (16 साल और 36 साल) में धन का नुकसान होगा और वाल्दैन (माता–पिता) के लिए भी ये साल मंदे असर के होंगे।

दर्जा औसत की दौलत मंदी, आराम बुढ़ापे पाता हो
उम्र सनीचर-बृहस्पत वाल्दैन की, दौलत और जर उड़ता हो

खाना नंबर 4– खाना नंबर 4 में बृहस्पत–सनीचर मुश्तरका हों तो टेवे वाला मशहूर (लोकप्रिय) इंसान होगा। सांप (सनीचर) मारने की बजाए तारने वाला होगा। अब सांप के काटने से अधरंग (वात का रोग) भी ठीक हो जाएगा और नाकारा जिस्म भी मजबूत बन जाएगा।

खाना नंबर 5– खाना नंबर 5 में बृहस्पत–सनीचर मुश्तरका के वक्त टेवे वाले की किस्मत तो साधारण होगी लेकिन इज्जत–आबरू (मान–सम्मान) बहुत होगी, लेकिन सूरज के नेक असर में विघ्न होंगे। सूरज के कारोबार फ़साद (झगड़े) की बुनियाद (कारण) बनेंगे। धर्म–कर्म के कामों में भी फ़साद (विवाद) खड़े होंगे। अदालती (मुकदमे वगैरह) मामलों में हाकिम (अधिकारी) से भले ही दुश्मनी, अदावत (अप्रसन्नता) और नुकसान होता हो मगर आखरी (अन्तिम) फैसला टेवे वाले के हक में ही होगा। लेकिन शर्त यह है कि टेवे वाला सनीचर की तबीयत (चालाकी, मक्कारी) और सनीचर की खुराक (शराब, कबाब, व्यभिचार) का आदी न हो।

खाना नंबर 6– खाना नंबर 6 में बृहस्पत–सनीचर मुश्तरका हों और टेवे में सनीचर कायम (देखें फरमान नंबर 6) हो मगर बृहस्पत चुप हो यानि खाना नंबर 2 में राहु या केतु बैठे हों तो बृहस्पत चुप होगा। पांव में तर्जनी उंगली मध्यमा उंगली से थोड़ी छोटी हो तो टेवे वाले को औरत (पत्नी) का पूरा सुख होगा।

खाना नंबर 7– खाना नंबर 7 में बृहस्पत–सनीचर मुश्तरका (इकट्ठे) के वक्त मुतअल्लिक (सम्बन्धित) अश्या (वस्तुएं), कारोबार या ताल्लुकदार (रिश्तेदार) सभी नेक असर देंगे। धन–दौलत जितना खर्चेगा उतना ही बढ़ता जाएगा। ऐसा इंसान नेक खसलत (आदत) और नेक खून (संस्कार) का मालिक होगा।

चन्द्र शुक्कर या मंगल उम्दा, उत्तम रेखा मच्छ होती हो
गरीब पाए धन-दौलत दुनिया, अमीर तख्त जर पाता हो
नष्ट मंदा सनीचर तीन द्रोही, उल्टी रेखा मच्छ होती हो
बुध राजा चाहे तीन से कोई, नष्टी शुरू आ होती हो

खाना नंबर 7 में बृहस्पत–सनीचर वाले इंसान के टेवे में अगर चन्द्र, शुक्कर या मंगल उम्दा हालत में हो तो उसे मच्छ रेखा का उत्तम असर मिलेगा। अगर टेवे वाला गरीब हो तो उसे धन–दौलत हासिल होगी और वह दौलतमंद होगा और अगर अमीर हो तो दौलत के साथ–साथ तख्त का मालिक (शासक) भी हो जाएगा। सनीचर की मच्छ रेखा जल्दी–जल्दी और ज्यादा तादाद (संख्या) में औलाद देगी। जैसे मछली जल्दी–जल्दी और ज्यादा तादाद में अंडे देती है। इसी तरह बृहस्पत का मेढक टेवे वाले को सूखी मिट्टी (मंगल) और पानी (चन्द्र) में भी सांस लेने वाला बनाएगा।

अगर टेवे में सनीचर नष्ट हो रहा हो या सनीचर के तीनों दुश्मन (सूरज, चन्द्र, मंगल) उसे नष्ट कर रहे हों तो मच्छ रेखा का उल्टा असर टेवे वाले पर होगा। अगर बृहस्पत–सनीचर मुश्तरका का ताल्लुक (सम्बन्ध) सूरज, चन्द्र, मंगल तीनों से हो रहा हो तो टेवे वाले का परिवार बड़ा होगा। नौ भाई तीन बहनें

अथवा सात भाई दो बहनें होंगे। टेवे वाले की शादी अमूमन सोलह से पच्चीस साल की उम्र के दरमियान होगी और जल्दी–जल्दी औलाद कायम (पैदा) होगी। परिवार की इतनी बरकत होगी कि अगर अपने घर में रोटी खाने वाले इंसान मौजूद न हों तो रोटी खाने वाले मेहमान ही हाजिर (उपलब्ध) हो जाएंगे। सनीचर का उत्तम असर टेवे वाले को मिलेगा।

अगर टेवे में शुक्कर कायम (देखें फरमान नंबर 6) हो तो टेवे वाले इंसान का औरतों से ताल्लुक (सम्पर्क) बढ़ने से तरक्की होगी। अगर टेवे में चन्द्र कायम हो तो माता के परिवार (ननिहाल) की मदद से बरकत करेगा। टेवे वाले के भाई–बन्द वगैरह सभी मददगार होंगे और चन्द्र का पूरा उत्तम फल टेवे वाले को नसीब होगा। लेकिन पच्चीस साल की उम्र के बाद औलाद की पैदाइश धीरे–धीरे होगी। टेवे वाले की माता की उम्र लम्बी होगी।

अगर टेवे में मंगल कायम हो (खासकर खाना नंबर 6 से 12 में कायम या उच्च का हो) तो चन्द्र या शुक्कर का बुरा असर टेवे वाले इंसान पर न होगा। टेवे वाला दौलतमंद तो होगा मगर जबरदस्ती दूसरे लोगों का माल इकट्ठा करते–करते दौलतमंद होगा। ऐसे वक्त बृहस्पत–सनीचर मुश्तरका खाना नंबर 9 का असर टेवे वाले पर जाहिर होगा।

खाना नंबर 8– खाना नंबर 8 में बृहस्पत–सनीचर मुश्तरका के वक्त टेवे वाले के पास दरमियाना (औसत) धन होगा लेकिन उम्र लम्बी होगी। अब खाना नंबर 8, मारक–स्थान न होगा यानि ऐसे इंसान के घर में रहते वक्त कोई भी मंदा वाकिआत (घटनाएं) न होगा और न ही तबाह करने वाली मौतें होगी। बल्कि घर के सदस्यों की तादाद (संख्या) बढ़ती ही जाएगी।

खाना नंबर 9– खाना नंबर 9 में बृहस्पत–सनीचर मुश्तरका के वक्त टेवे वाले का परिवार मुबारक और बड़ा होगा। लम्बी जायदाद और धन होगा। यद्यपि टेवे वाले की कमाई कम होगी मगर दुनियावी (सांसारिक) लोगों में टेवे वाला अमीरों में अमीर होगा। जो धन टेवे वाला अपने हाथों से बरतेगा (खर्च करेगा या उपयोग या उपभोग करेगा) वह धन न तो किसी का नफ़ा (फायदा) करायेगा और न ही किसी को नुकसान देगा। ऐसे इंसान में सनीचर की आंख की पूरी होशियारी होगी (देखें फरमान नंबर 11, रंग–बिरंगी ग्रह चालें)। ख़्वाह (चाहे) लोग बाग उसे कितना ही मक्कार कहें मगर वह निहायत (बहुत ज्यादा) ही किस्मतवाला और दौलतमंद होगा। ऐसा इंसान न तो अपने बाप के अधीन होगा और न ही दूसरों से हमदर्दी या मोहब्बत करने वाला होगा। न धर्म का पाबन्द होगा और न ही दीन का लिहाज ही करेगा। ऐसे इंसान को सिर्फ धन से ही मोहब्बत होगी। यह धन चाहे ठगी से हासिल हो अथवा फरेब से, केवल धन आना चाहिए कैसे भी आए। अब ऐसा इंसान मच्छ रेखा की बजाए मगरमच्छ रेखा का मालिक होगा जो छोटी–छोटी मछलियों को खाकर पेट भरेगा। यानि छल–कपट से धन इकट्ठा होगा।

खाना नंबर 10– खाना नंबर 10 में बृहस्पत–सनीचर मुश्तरका के वक्त टेवे वाला अपने लिए निहायत ही मुबारक और 'श्री गणेश जी' की इज्जत का मालिक होगा।

मान सरोवर दुनिया बनता, गणेश दाता सिद्ध होता हो
माया न्यासरी जो बृहस्पत देता, सनीचर सफ़ाचट करता हो

ऐसा इंसान दुनिया के लिए मानसरोवर होगा। खाना नंबर 10 में नीच का बृहस्पत टेवे वाले को न्यासरी (जो किसी के काम न आ सके) माया देगा जो सनीचर के मंदे कामों में खर्च होगी।

खाना नंबर. **11**– खाना नंबर 11 में बृहस्पत–सनीचर मुश्तरका के वक्त टेवे वाले की किस्मत का फैसला खाना नंबर 3 के ग्रहों से होगा मगर खाना नंबर 5 का कोई असर न होगा। अगर खाना नंबर 3 टेवे

में खाली हो तो टेवे वाले के लिए सनीचर खाना नंबर 11 का फल होगा (देखें सनीचर खाना नंबर 11)। ऐसे इंसान की दोस्ती से दूसरे दुनियावी लोगों को फायदा होगा चाहे टेवे वाला खुद धन के लिए मोहताज क्यों न हो। ऐसा इंसान पक्की मोहब्बत करने वाला और हकीकी इश्क (ईश्वरीय–प्रेम) करने वाला होगा। लोहे को पारस कर देने वाला इंसान होगा।

सनीचर बृहस्पत ग्यारह राशि, दोनों ही बुध से चलते हों
बुध दबाया हो या मंदा, दोनों ही निष्फल होते हों

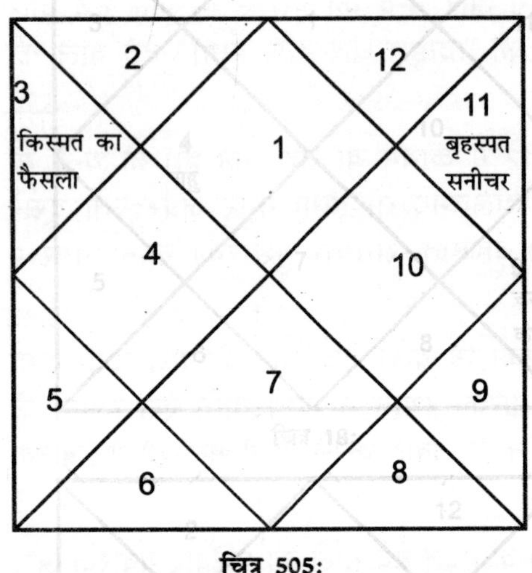

चित्र 505:

सनीचर–बृहस्पत मुश्तरका का फैसला खाना नंबर 3 या बुध से होगा। अगर बुध टेवे में दबा हुआ हो या मंदा हो रहा हो तो दोनों ही ग्रह (बृहस्पत–सनीचर) निष्फल (अकर्मण्य) हो जाएंगे लेकिन अगर बुध उम्दा हो तो दोनों ही उत्तम फल देंगे।

खाना नंबर 12– खाना नंबर 12 में बृहस्पत–सनीचर मुश्तरका के वक्त टेवे वाला नेक किस्मत वाला होगा। अब न तो राहु का असर मंदा होगा न ही केतु का फल मंदा होगा। सनीचर और बृहस्पत का खाना नंबर 12 के बमूजिब (अनुसार) असर होगा (देखें बृहस्पत खाना नंबर 12 और सनीचर खाना नंबर 12)। टेवे वाले का शादी के दिन से धन बढ़ेगा।

अगर टेवे में सूरज, चन्द्र या मंगल मंदे हों तो टेवे वाले की किस्मत का वही (अच्छा या बुरा) फल होगा जो बृहस्पत–सनीचर खाना नंबर 7 (मच्छ रेखा) का फल दिया गया है। ऐसे वक्त मच्छ रेखा तो होगी मगर आरजी (अस्थाई) होगी। यानि कभी तो सोने का भी दान कर देगा और कभी च्यूटियों भरी चारपाई पर सोता होगा। ऐसे में चन्द्र की पूजना करना मददगार होगा।

अन्य नेक हालात

(1) जब टेवे वाला ईश्वर से सिर्फ अपनी किस्मत का हिस्सा लेने वाला साबिर (धैर्यवान) और शाकिर (संतुष्ट) हो तो सनीचर की माया दोनों जहान के मालिक बृहस्पत के पांवों (चरणों) की गुलाम होगी। ऐसी हालत में चाहे दोनों ही ग्रहों का या किसी एक ग्रह का नीच असर ही क्यों न हो जाए मगर ये दोनों मुश्तरका उम्दा ही असर देने वाले होंगे। ऐसे इंसान में कुव्वते–ख्याल (वैचारिक शक्ति) और ध्यान करने की ताकत उत्तम दर्जे की होगी। इंसान में जिन्दगी में बढ़ने (उन्नति) की ताकत और खुद्दारी (स्वाभिमान) दर्जा कमाल का होगा। टेवे वाला हसद (ईर्ष्या) से बरी होगा।

(2) अगर बृहस्पत–सनीचर मुश्तरका को शुक्कर देखता हो तो ऐसे इंसान का धन मिट्टी के पहाड़ के मानिन्द (समान) होगा। यानि दिखावा तो बहुत होगा मगर कीमत बेहद कम होगी। टेवे वाला दिखावा पसन्द होगा। ऐसा धन उसके अपने खुद के खानदान के काम आएगा या उसकी औरत के काम आएगा। शादी के दिन के बाद से उसका धन बढ़ेगा।

कियाफा (हस्तरेखा)– सीप या कान की आकृति वाले निशान दोनों हाथों की नाखून वाली उंगलियों और हथेली पर गिनेंगे। उंगलियों के पोरों पर उत्तम, दायीं हथेली पर मध्यम और बाईं हथेली पर इन निशानों का खराब फल गिना जाएगा।

मंदी हालत

खाना नंबर 1– खाना नंबर 1 में बृहस्पत–सनीचर मुश्तरका हों और टेवे में सनीचर भी मंदा हो रहा हो तो काग रेखा का मंदा असर टेवे वाले पर होगा।

खाना नंबर 2– खाना नंबर 2 में बृहस्पत–सनीचर मुश्तरका हों तो टेवे वाले को बीमारी होगी। खासकर जब बमूजिब (अनुसार) वर्षफल बृहस्पत–सनीचर मुश्तरका खाना नंबर 2 में आ जाएं (देखें फेहरिस्त वर्षफल, फरमान नंबर 13) तो टेवे वाले की अपनी सेहत और वालिद (पिता) की उम्र के लिए मंदे साबित होंगे। ऐसे वक्त पहली निशानी सनीचर की अश्या (चीजें या रिश्तेदार) के रूप में मिलेंगी और उपाय भी ऐसे वक्त सनीचर का ही किया जाएगा।

खाना नंबर 3– खाना नंबर 3 में बृहस्पत–सनीचर मुश्तरका के वक्त सनीचर खुद निर्धन होगा। सनीचर की उम्र (9, 18, 36, 72) में धन–दौलत (बृहस्पत) के ताल्लुक में मंदा असर होगा।

खाना नंबर 6– खाना नंबर 6 में बृहस्पत–सनीचर मुश्तरका हों और सनीचर कायम (देखें फरमान नंबर 6) हो मगर बृहस्पत नष्ट (खाना नंबर 2 में बैठे ग्रह की दृष्टि की वजह से) हो रहा हो तो टेवे वाले को औरत का सुख हल्का होगा। जब टेवे में बृहस्पत कायम हो मगर सनीचर नष्ट हो रहा हो तो औरत (पत्नी) से रंजीदाहाल (मनमुटाव) होगा और औरत खानदान (ससुराल) गरीब होगा।

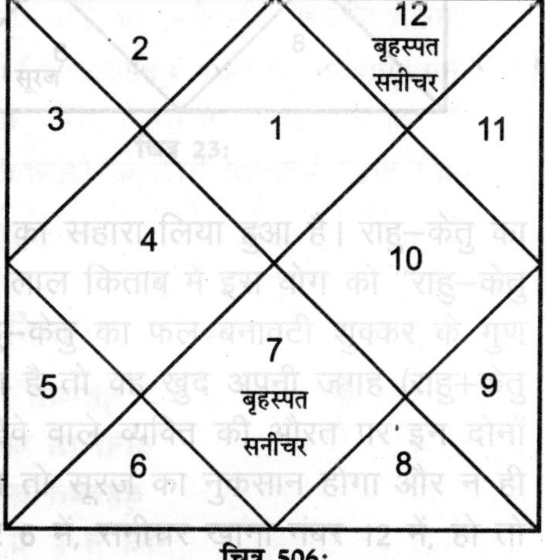

चित्र 506:

खाना नंबर 7– खाना नंबर 7 में बृहस्पत–सनीचर मुश्तरका हों तो लड़की की पैदाइश (बुध) के दिन से टेवे वाले को धन–दौलत (बृहस्पत) का मंदा असर मिलेगा बल्कि धन–दौलत बरबाद ही होगा। मगर सनीचर पर बुध का कोई मंदा असर न पड़ेगा लेकिन बचपन में सनीचर से मुतअल्लिक (सम्बन्धित) तकलीफ होगी। जब बृहस्पत–सनीचर मुश्तरका खाना नंबर 7 या खाना नंबर 12 में हों और टेवे में चन्द्र, शुक्कर, मंगल नष्ट या नीच हो रहा हो तो जब कभी भी बमूजिब (अनुसार) वर्षफल नीच या मंदे ग्रहों में से कोई भी (चन्द्र, शुक्कर या मंगल) खाना नंबर 1 (तख़्त) पर आएगा तो टेवे वाले के लिए बरकत घटाने वाली मगरमच्छ रेखा का मंदा फल जाहिर करेगा अथवा चन्द्र (माता) शुक्कर (पत्नी) या मंगल (भाई, ताऊ, चाचा वगैरह) की मौत या लड़ाई–झगड़े की वजह से अलग होना पड़ेगा या उनकी आपसी रंजीदगी (झगड़ों) से बरबादी खड़ी होगी। ऐसा भी संभव है कि ऐसा इंसान अय्याश (व्यभिचारी) हो और मौज–मस्ती ही उसे बरबाद कर डाले या उसकी शादी होते ही उसकी माता वफ़ात (मौत) पा जाए और बुध की उम्र (17, 34) साल में बाप (पिता) अपना साया टेवे वाले के सिर से उठा ले। जब सूरज खाना नंबर 1 में हो तो सनीचर की उम्र (9, 18, 36 साल) में टेवे वाले के घर की माली (आर्थिक) या दूसरी हालत निहायत ही मंदी होगी और मिट्टी के तवे पर रोटी पकती होगी।

खाना नंबर 10– खाना नंबर 10 में बृहस्पत–सनीचर मुश्तरका हों और सूरज खाना नंबर 4 में हो तो सनीचर अब बृहस्पत और सूरज दोनों को ही जला देगा। ऐसे वक्त सूरज तो खुद जल जाएगा मगर सूरज खाना नंबर 4 के वक्त उन सब पत्थरों को जिन्हें सनीचर ने चन्द्र की मदद से जलाकर स्याह (काला) कर दिया है उन्हें चमकाते हुए लाल बना देगा मगर सनीचर के जहर से बृहस्पत न बच सकेगा। अब बृहस्पत का धन न्यासरी (जो किसी के काम न आ सके) माया होगा। जो दूसरों को तबाह कर देगा। टेवे वाले की

शहवत–परस्ती (व्यभिचार) या बृहस्पत–सनीचर मुश्तरका पर बुध के ताल्लुक (सम्बन्ध) से सनीचर का फल मंदा होगा और तंगहाली (निर्धनता) देगा। टेवे वाले का ठगी और बदनीयती (बेईमानी या धोखेबाजी) का धन (सनीचर का धन), अमूमन बारह साल तक साथ देगा और मंदी हालत के वक्त बृहस्पत के ताल्लुक (अश्या, कारोबार या रिश्तेदार के मार्फ़त) दौलत बढ़ाता जाएगा, ख्वाह (चाहे) सनीचर टेवे वाले को बरबाद ही क्यों न कर रहा हो।

खाना नंबर 11– अगर टेवे के खाना नंबर 11 में बृहस्पत–सनीचर मुश्तरका (इकट्ठे) हों और बुध निकम्मा (अकर्मण्य) हो तो टेवे वाले की किस्मत का कोई भी भरोसा न होगा। टेवे वाले को धन–दौलत के लिए तरसना ही पड़ेगा। लेकिन अगर बुध टेवे में नेक हो तो लोहे को भी हवा में उड़ाने वाली ताकत का मालिक होगा।

अन्य मंदे हालात

(1) बृहस्पत–सनीचर मुश्तरका की मंदी हालत के वक्त टेवे वाले की शराबखोरी (शराब पीने) की आदत की वजह से सनीचर का नेक असर बरबाद होगा। खैरात (दान) का माल खाने वाला या मुफ़्त के माल पर नजर रखने वाला होगा तो बृहस्पत का उत्तम असर भी बरबाद होगा।

(2) बृहस्पत–सनीचर मुश्तरका मंदी हालत में हों तो टेवे वाले को बुढ़ापे में तकलीफ़ होगी। बुढ़ापे में शारीरिक कमजोरी और तकलीफ़ परेशान करेगी। बीमारियां और मंदी इच्छाएं होंगी।

(3) जब बृहस्पत–सनीचर मुश्तरका को केतु देख रहा हो तो टेवे वाले की औलाद पर बड़ी हवा (भूत, प्रेत या जादूटोना) के हमले होंगे। खासकर जब उसके मकान में शार–ए–आम (आम–राह) से सीधी आने वाली हवा का ताल्लुक (सम्बन्ध) बन रहा हो।

बृहस्पत-राहु

(फ़कीर की कुटिया का हाथी)

बृहस्पत गिना पवन तो, राहु धुआं हुआ
दोनों के चलने फिरने से, आकाश बन गया
बृहस्पत का प्रण ये है, टेढ़ा कभी न होगा
गज ने है ये कसम खाई, सीधा वह न चलेगा
घर से चले थे एक से, अब बारह हो गए
तकिया फ़कीर साधु का, धुआं धार हो गए
चलते सुबह से दोनों थे, अब शाम हो गए
गुरु लगा समाधि में, अब सुनसान हो गए
धुआं हटे न साधु जागे, दोनों अपनी लय में हैं
दुनिया के सब साथी बन्दे, इन दोनों की शरण में है
झगड़ा बढ़ा तवील तो, सूरज भी आ गया
चन्द्र बना है घोड़ा तो, बुध पहिए हो गया
शुक्कर बना जो मिट्टी था, अब लक्ष्मी वो हो गया
लेटा पड़ा जो सांप था, अब भैरो वो हो गया
मंगल ने शीरी छोड़ी थी अब चीता वो हो गया

केतु के आते-आते ही, सारा ख़्वाब हो गया
हाथी ने सिर टटोला तो, टुकड़े है पाए दो
केतु जो गुर के नीचे था, उसके भी रंग दो
बृहस्पत ने आंख खोली तो, देखे जहान दो
राज फ़कीर होते भी, किस्मत के भी रंग दो
बृहस्पत-राहु जब हो मुश्तरका, शेर सोया बृहस्पत होता हो
झगड़े फ़साद बेइज्जत करते, पीतल सोने का बनता हो

आम हालात

(1) **शेर और हाथी की लड़ाई**– जब टेवे वाले ने जनम लिया तो जगद्गुरु बृहस्पत के शेर ने सांस लेना शुरू किया। आसमान के मालिक राहु के हाथी की चिंघाड़ से किस्मत के इन्द्रधनुष का नजारा, अक्ल (बुद्धि) को चक्कर (भ्रम) में डालता हुआ, खाली आकाश के घेरे में इधर–उधर दौड़ने लगा। इस राहु के हाथी ने दुनियावी उलझनों और दौड़–धूप के धुएं से बृहस्पत के शेर को भी गुमराह करना चाहा लेकिन बृहस्पत का शेर ''कट सकता है लेकिन झुक नहीं सकता'' के उसूल (नियम) वाला है इसलिए वह सीधा चलता रहा। ब़रखिलाफ (विपरीत) इसके कड़कती हुई बिजली की ताकत वाला गदहोश (नशे में चूर) हाथी चोटे खाता हुआ भी सीधे रास्ते पर न चला अर्थात् जर्द (पीला) हवाई शेर कभी भी सीधा चलने से न रुकेगा और दूसरी ओर ऐसा शहजोर (शक्तिशाली) हाथी जो सीधे रास्ते को भी टेढ़े कदमों से नापेगा तो भला इन दोनों साथी मुसाफ़िरों का मुश्तरका (संयुक्त) रास्ता कब बराबर होगा। किस्मत की जाफ़रानी (केसरी) झलक निर्धनता के नीले धुएं से टकराती हुई सोने को पीतल बना रही होगी। कोढ़ से गले, दम से उखड़े और नीले जंग लगे हुए पीतल के मंदे भाव बिकने वाले इंसानों को दमकती हुई सोने की चमक दे रही होगी अर्थात् किस्मत की दोरंगी ऊंच–नीच हालत किसी पैमाने से नहीं बांधी जा सकती। इंसान ने जनम से लेकर बारह साल पूरे कर लिए और बृहस्पत ने भी बारह घरों का चक्कर लगा लिया। इंसान का घर–घाट, किस्मत से हारे हुए साधु का तकिया (वीरान, खंडहर) बन गया जो मंदे धुएं से भरा हुआ है। अब जगद्गुरु साधु (बृहस्पत) ने समाधि लगा ली अथवा किस्मत का शेर निर्धनता के मंदे धुएं से तंग आकर गहरी नींद में सो गया। न धुआं हटा और न ही साधु या शेर ही जगे। इंसान के दुनियावी साथी, सोए हुए शेर (ग्रहचाल) और हाथी के पांव तले कुचले जा रहे हैं।

जब दूसरा झगड़ा बहुत बढ़ गया और किस्मत की काली रात का अंधेरा अपने शबाब (चरम सीमा) पर पहुंच गया तो किस्मत के आसमान में सूरज चमकने लगा। यानि इंसान का बाईसवां साल शुरू हुआ और किस्मत के सूरज के निकलने का भी वक्त आ गया। हाथ–पांव कुछ कमाने लगे। गुरु का इल्म (ज्ञान) भी काम आने लगा। सूरज (राजदरबार) से मदद मिलने लगी। अब बुध, सूरज के रथ का पहिया और चन्द्र, सूरज के रथ का घोड़ा है। यानि बुध अपनी सत्रह साल की उम्र और चन्द्र अपनी चौबीस साल की उम्र तक सूरज के रथ (दुनिया) को चलाते हैं। सूरज, चन्द्र, बुध इंसान की मदद करते हैं। सत्रह साल की उम्र में इंसान में अक्ल (बुद्ध) आने लग जाती है। अक्ल की मदद से काम करने से उत्तम नतीजे (परिणाम) मिलते हैं। राजदरबारी रथ में धन और माया के घोड़ों का साथ हो जाता है। जो शुक्कर मिट्टी में बदल गया था अब वह लक्ष्मी की लहरों में तब्दील (परिवर्तित) होने लगा। इंसान की शादी हुई और शुक्कर गृहलक्ष्मी बन गया। धन और गृहस्थी सुख के बहाने (साधन) पैदा हो गए। जिन भाई–बन्दों का खून सो गया था और जो शेर जैसी अपनी ताकत भूल चुके थे, 28 साल (मंगल) की उम्र में उनके मंगल का शेर गरजने लगा। तमाम (सारे) भाई–बन्द, इंसान की मदद को

आकर खड़े हुए। धन और माया की हिफ़ाजत (रक्षा) करने वाले इच्छाधारी सांप (सनीचर) की टोकरी धन से खाली थी। सनीचर उसके साथ मुर्दा सांप की तरह लिपटा हुआ था। सनीचर ने भी भैरों का रूप रख लिया। छत्तीस साल (सनीचर) की उम्र में इंसान का मकान बना आंखों की बीनाई (ज्योति) बढ़ी और सब में डर पैदा हो गया। गृहस्थी और माया, धन और सुख की नींद से तरह–तरह के सपने आने लगे। औलाद और परिवार बढने लगा। ऐसे वक्त केतु के अड़तालीस साल का दौरा अपने शबाब (चरम) पर था। जगद्गुरु बृहस्पत ने सुख का सांस लिया। गृहस्थ शेर की नींद खुली तो दरिद्रता का धुआं हटा। चांडाल हाथी ने देखा कि उसके टुकड़े–टुकड़े हो चुके हैं। केतु जो गुरु गद्दी के नीचे (खाना नंबर 12) बैठा हुआ था वह भी दोरंग (सफेद और काला) हो गया। बृहस्पत भी अपनी हस्ती (अस्तित्व) और खुदी (अहं) की नींद से जागकर दो जहानों का दौरा करने लगा। बृहस्पत का दूसरा दौरा यानि उम्र का उन्नचासवां साल शुरू (देखें फरमान नंबर 6, 35 साला चक्कर) हो गया।

(2) बृहस्पत–राहु मुश्तरका (इकट्ठे) वाला इंसान राजा के घर जनम लेकर फ़कीर और फ़कीर के घर पैदा होकर राजा बनता है यानि ऐसे इंसान की किस्मत दोरंगी जरूर होगी। ऐसे इंसान का मंदा वक्त सिर्फ एक ख्वाब के मानिन्द (समान) ही होगा। जो उसके लड़के की पैदाइश के होते ही दूर होना शुरू हो जाएगा।

(3) बृहस्पत–राहु मुश्तरका होकर मस्नूई (बनावटी) बुध कहलाएंगे। मस्नूई बुध इंसान को खाली और फोकी (निरर्थक) शोहरत देगा। बुध का सब्ज (हरा) तोता भी अब टुनिया (टैं–टैं करने वाला) तोता ही होगा, यानि खोखला और बेमतलब का ही होगा।

(4) बृहस्पत–राहु मुश्तरका के वक्त राहु नीच फल का होगा। बृहस्पत चुप होगा मगर गुम न होगा।

(5) जब बृहस्पत–राहु मुश्तरका खाना नंबर 7 से 12 में हों तो ऐसा इंसान सिर्फ दुनियावी इंसान (भौतिकतावादी) ही होगा यानि गैबी (ईश्वरीय) ताकत या इबादत (भक्ति) का मालिक न होगा। खासकर उस वक्त जब दोनों मुश्तरका खाना नंबर 7 से 12 में बैठे हों।

(6) जब बृहस्पत–राहु मुश्तरका खाना नंबर 1 से 6 में हों तो ऐसे वक्त बृहस्पत दोनों जहान का मालिक होगा यानि टेवे वाले को दुनियावी (सांसारिक) और ग़ैबी (ईश्वरीय) दोनों तरह की मदद मिलती होगी।

नेक हालत

खाना नंबर 1– बृहस्पत–राहु मुश्तरका खाना नंबर 1 के वक्त टेवे वाला चाहे दौलतमंद हो चाहे निर्धन मगर फय्याज (दाता) और सखी (उदार) तो जरूर ही होगा। उसकी अपनी फ़सल चाहे बोई हुई हो या कट चुकी हो मगर रिजक (जीविका) की कमी न होगी। अगर इंसान का जनम चांडाल के घर भी हुआ हो तो भी उसे रिजक (अनाज) देने के लिए राजा खुद उसके दरवाजे पर खड़ा होगा।

फ़य्याज सखी हो तख़्त पे बैठा, फ़कीर राजा चाहे कोई हो
रिजक रोटी न हरर्गिज मंदी, फ़सल कटी या बोई हो

खाना नंबर 2– जब बृहस्पत–राहु मुश्तरका खाना नंबर 2 में हों तो टेवे वाला नेकी के काम करने वाला होगा और गरीबों का मददगार होगा। राहु टेवे वाले के बृहस्पत (वस्तुओं, कारोबार या रिश्तेदार से सम्बन्धित) पर कोई भी बुरा असर न देगा। खाना नंबर 2 में राहु का हाथी बृहस्पत के साधु की छत्रछाया में होगा और साधु के हुक्म पर ही चलने वाला होगा। अगर टेवे वाला किसी वजह से गरीब हो भी जाए तो हाथियों वाला गद्दीनशीन साधु होगा।

चुप बृहस्पत जो टेवे गिनते, खामोश राहु अब होता हो
उपदेश पाएगा गुरु का अपने, हाथी सवारी गुरु माया हो

खाना नंबर 3– जब बृहस्पत–राहु मुश्तरका खाना नंबर 3 में हों तो टेवे वाले में आंख की होशियारी ज्यादा होगी जो उसे अपने दुश्मन से बचाती रहेगी। टेवे वाला खुद भी बहादुर होगा। राहु की उम्र ($10\frac{1}{2}$, 21, 42) के बाद बृहस्पत खाना नंबर 3 और राहु खाना नंबर 3 का अलग–अलग फल जाहिर होगा। मंदी हालत के वक्त केतु का उपाय मददगार होगा।

खाना नंबर 4– जब बृहस्पत–राहु मुश्तरका खाना नंबर 4 में हों और टेवे वाले का चन्द्र भी उत्तम हो तो इंसान को उत्तम चन्द्र का भरपूर फायदा मिलेगा मगर बृहस्पत उच्च का होने के बावजूद चुप ही होगा। यानि बृहस्पत के उम्दा असर का कोई फायदा न होगा लेकिन बृहस्पत का अपना मंदा असर न होगा।

खाना नंबर 5 और 7– जब बृहस्पत–राहु मुश्तरका खाना नंबर 5 में हों तो टेवे वाला हाकिम (अधिकारी) या सरदार (नेता) होगा। जब खाना नंबर 7 में बृहस्पत–राहु मुश्तरका हों तो टेवे वाले इंसान को जवानी में खूब आराम होगा।

ससुराल पिता से एक ही जिन्दा, वह भी दमा से दुःखी हो
बुध मंदे से लेख हो जलता, तराजू शुक्कर बुध उलटा हो

टेवे वाले के बाप (पिता) या ससुर में से कोई एक ही जिन्दा होगा, वह भी दमा (श्वास सम्बन्धी बीमारी) से दुःखी होगा। अगर टेवे में बुध मंदा हो तो शुक्कर भी उल्टा फल देगा और किस्मत का लेख भी मंदा हो रहा होगा।

खाना नंबर 12– बृहस्पत–राहु मुश्तरका खाना नंबर 12 में होने पर खाली बुध (खुले आकाश) की तरह किस्मत का हाल होगा। अब राहु और बृहस्पत का कोई झगड़ा न होगा।

लेख दौलत न कोई मंदा, न ही आकिबत गंदी हो
धर्म-कर्म पर असर राहु से, गंदी नाली बह निकली हो
दस्तकार या पेशा हुनर से, नफ़ा न हर्गिज मिलता हो
सुख मर्दों का हल्का गिनते, सनीचर असर भी मंदा हो

टेवे वाले की किस्मत दौलत के लिहाज से मंदी न होगी और न ही टेवे वाले का भविष्य मंदा होगा। इस घर में राहु, नीच का होगा इसलिए इंसान के धर्म–कर्म पर राहु का नीच असर पड़ेगा। मानो साधु की कुटिया में से होकर कोई गंदी नाली गुजर रही हो। टेवे वाला अक्लमंद और हुनरमंद होगा मगर उसे तकनीकी (मशीनरी) या दस्तकारी से कोई ऐसा फ़यदा न होगा। मगर इसका यह मतलब नहीं कि नुकसान होगा। इंसान के परिवार में मर्दों का सुख हल्का ही होगा और टेवे वाले पर सनीचर का भी मंदा असर होगा।

अन्य नेक हालात

(1) बृहस्पत–राहु मुश्तरका वाला इंसान आराम या हराम की रोटी का आदी (आदत वाला) न होगा। अव्वल (सर्वप्रथम) तो ऐसे इंसान को अपने जीवन में मशक्कत (संघर्ष) करनी ही न पड़ेगी मगर जीवन के किसी मोड़ पर अगर उसे मेहनत का काम करना भी पड़ जाए तो बिना कुछ किए ही रोटी नसीब हो जाएगी मगर मेहनत न करनी पड़ेगी। चाहे इसे आराम की रोटी कहो या हराम की गिनो।

मंदी हालत

खाना नंबर 2– बृहस्पत–राहु मुश्तरका खाना नंबर 2 में होने के वक्त अगर खाना नंबर 8 में भी बृहस्पत–राहु के दुश्मन ग्रह हों अथवा वैसे ही मंदे ग्रह हों तो टेवे वाले की किस्मत में औलाद से सम्बन्धित मंदे असर होंगे। जाहिरा तौर (आमतौर) पर औलाद की पैदाइश में विघ्न होंगे।

खाना नंबर 3– बृहस्पत–राहु मुश्तरका खाना नंबर 3 में होने के वक्त बुध और केतु दोनों ही का फल 34 साल की उम्र तक मंदा ही होगा।

खाना नंबर 5– जब बृहस्पत–राहु मुश्तरका खाना नंबर 5 में हों तो औलाद के ताल्लुक (सम्बन्ध) में राहु खाना नंबर 5 का ही असर होगा।

खाना नंबर 7– जब बृहस्पत–राहु मुश्तरका खाना नंबर 7 में हों तो टेवे वाले के ससुर (पत्नी का पिता) या बाप (पिता) में से कोई एक ही जिन्दा होगा। अगर दोनों ही जिन्दा होंगे तो किसी एक को या दोनों को दमा (सांस की तकलीफ) की बीमारी होगी।

खाना नंबर 8– जब बृहस्पत–राहु मुश्तरका खाना नंबर 8 में हों तो टेवे वाले की जिन्दगी सिर्फ खाना पूर्ति की ही होगी। हर तरफ बेउम्मीदी का धुआं सांस को बन्द करने की कोशिश कर रहा होगा। ऐसे वक्त बृहस्पत खाना नंबर 8 का उपाय मददगार होगा।

अन्य मंदे हालात

(1) जब बृहस्पत–राहु मुश्तरका का योग खाना नंबर 2–12 के अलावा किसी दूसरे खाने में बन रहा हो तो टेवे वाले की 8 से 12 साल उम्र में सोने का पीतल होगा बल्कि पीतल भी नीले रंग का हो रहा होगा। किस्मत के मैदान में साधु भी चोर का बर्ताव (व्यवहार) करेगा।

(2) अगर बृहस्पत–राहु मुश्तरका मंदे घरों में हों तो 12 से 16 साल की उम्र में हर तरफ कड़वा धुआं और मंदे वाकिआत (घटनाएं) हो रहे होंगे। पिता की सांस बन्द होगी या आधा जिस्म (शरीर) नाकारा होगा।

(3) टेवे वाले की 42 साल की उम्र पर सोने की चोरी होगी अथवा राहु–बृहस्पत से मुतअल्लिक (सम्बन्धित) अश्या (वस्तुएं), कारोबार (व्यापार) या ताल्लुकदार (रिश्तेदार) का मंदा असर होगा।

(4) राहु–बृहस्पत मुश्तरका, मस्नूई (बनावटी) बुध कहलाता है। ऐसा बुध मंदे असर का होगा। पिता की उम्र या धन–दौलत (बृहस्पत) के ताल्लुक (सम्बन्ध) में वही असर बृहस्पत का होगा जो असर राहु का खाना नंबर 11 में दिया गया है।

(5) टेवे वाले की किस्मत का हाल ऐसा होगा जैसे कि किसी साधु (बृहस्पत) की कुटिया में कोई हाथी (राहु) घुस आया हो और वो भी ऐसे गद्दीनशीन साधु की कुटिया में जिसके लिए सवारी देने को हर वक्त हाथी मौजूद रहते थे।

(6) बृहस्पत–राहु मुश्तरका वाले इंसान की जिन्दगी जरूर दोरंगी होगी यानि अगर जनम पर राजा हुआ तो फ़कीर होगा और अगर फ़कीर हुआ तो आगे चलकर राजा के मानिन्द (समान) जरूर होगा।

अमीरी के वक्त हाथियों की सवारी करेगा लेकिन फ़कीरी (निर्धनता) के वक्त हाथी की लीद उठाकर गुजारा करेगा। सुख की सांस और रात की नींद ख़्वाब में भी न ले सकेगा।

उपाय

(1) मंदी हालत के वक्त राहु का मंदा असर दूर करने के लिए केतु का उपाय करना मददगार होगा।

(2) जिस्म (शरीर) पर सोना कायम करना मददगार होगा।

(3) अगर टेवे में केतु भी मंदा हो तो टेवे वाले इंसान का लड़का नालायक होगा। ऐसे वक्त चन्द्र की उपासना करना या माता की तरफ से (माता द्वारा) चन्द्र का उपाय करना मददगार साबित होगा।

(4) केतु की स्याह (काली) और सफेद रंग की अंगूठी को हर रोज गाय के जूठे पानी से धोने के बाद मंगल की चीजों का दान करना मददगार होगा अथवा जौ (अनाज की एक किस्म) के दानों को दूध से धोकर चंद (कुछ) दाने अपने पास रखें और बाकी दानों को हर रोज (43 दिनों तक) दरिया में बहाते जाएं।

बृहस्पत-केतु

(जर्द नींबू, गुरु गद्दी)

साथ केतु से सेवा उम्दा, चंद्र बना गुरु होता हो
पहले केतु पीछे बृहस्पत बैठा, मंदा असर बृहस्पत देता हो
बुध मदद जब उनको देता, लेख विधाता खुलता हो
धन आयु औलाद इकट्ठा, सनीचर औरत सुख पूरा हो
बाप बृहस्पत तो केतु लड़का, पूजा पाठ शुभ होता हो
वक्त मंदे जब दोनों इकट्ठा, दु:खी कोई न रहता हो

आम हालात

(1) बृहस्पत–केतु मुश्तरका के वक्त दोनों का ही उम्दा असर होगा। केतु अब गुरु गद्दी का मालिक होगा यानि ऐसे पांव जहां भी पड़ेंगे वहीं धन–दौलत आने लगेगी।

(2) बृहस्पत (कुदरती) और केतु (दुनियावी) दोनों ही दरवेश (मांगने वाले) माने गए हैं। अगर बृहस्पत गुरु होगा तो केतु उसका चेला होगा। अगर बृहस्पत पूजा–पाठ होगा तो केतु बैठने का आसन (गद्दी) होगा।

(3) बृहस्पत की हवा स्वतन्त्र और खुली होती है मगर केतु की हवा सांप (सनीचर) के फ़र्राटे (सांस) की हवा होती है। जब केतु मंदा हो तो केतु की हवा दुनियावी (सांसारिक) धंधों (कामों) से बंधी होकर जहर (मतलब) को साथ लेकर चलती है। बृहस्पत किसी बुराई या भलाई का मोहताज न होगा। लेकिन केतु बुराई या भलाई के लिए अपना छलावापन (कपट) दिखला देगा।

नेक हालत

खाना नंबर 1– बृहस्पत–केतु मुश्तरका खाना नंबर 1 में हों अथवा हथेली पर 1 शंख का निशान हो तो टेवे वाला हमेशा आराम ही पाएगा।

सिंह सिंहासन योगी कुटिया, धरमी राजा वह होता हो
क़दम मुबारक जिस घर रखता, सुखी सभी कुछ होता हो

खाना नंबर 1 में बृहस्पत–केतु, योगी की कुटिया के मानिन्द (समान) होगा। यानि ऐसा इंसान धर्मी राजा के मानिन्द होगा। ऐसा इंसान जिस घर में कदम रखेगा वही घर सुख से भर जाएगा।

खाना नंबर 2– बृहस्पत–केतु मुश्तरका (इकट्ठे) खाना नंबर 2 में होने के वक्त केतु उम्दा आसन वाला होगा। नेक आकिबत (भविष्य), लंबा चेहरा और चौड़ी पेशानी (माथा) का मालिक होगा। अगर खाना नंबर 8 में दोस्त ग्रह हो तो टेवे वाला हुक्मरान (आदेशात्मक रवैये वाला) और आसूदाहाल (धनवान) होगा।

गुरु मन्दिर दरवेश फ़कीरी, आठ दृष्टि खाली हो
लेख नसीबा खुलती पेशानी, बुंलद मरतबा खाली हो
आठ बैरी या दुश्मन साथी, कुत्ता फांसी आ मरता हो
लेख लिखत सब कुछ हो मंदी, आयु अल्प तक होती हो

खाना नंबर 2 में बृहस्पत–केतु मुश्तरका हों और खाना नंबर 8 खाली हो तो टेवे वाला बुलन्द किस्मत, चौड़े मस्तक और लम्बे चेहरे वाला होगा। अगर खाना नंबर 8 में दुश्मन ग्रह हों तो केतु का असर निकम्मा (निष्क्रिय) होगा। टेवे वाले की किस्मत मंदी होगी और उसकी उम्र कम होगी।

खाना नंबर 4– बृहस्पत–केतु मुश्तरका खाना नंबर 4 में हों तो तालीम वाला (शिक्षित) होगा।

उच्च बृहस्पत ख़्वाह केतु मंदा, औलाद न मंदी होती हो
जर दौलत घरबार हो उम्दा, भगत पिता और माता हो
स्त्री रेखा का असर हो बढ़ता, इल्म अक्ल सुख मिलता हो
बहर हवाई बारिश उम्दा, पांवों लक्ष्मी देता हो

खाना नंबर 4 में बृहस्पत उच्च होगा। केतु मंदा (शत्रु घर में होने की वजह से) होगा मगर टेवे वाले की औलाद मंदी न होगी। टेवे वाले की धन–दौलत और परिवार उम्दा होगा। ऐसा इंसान इल्म (शिक्षा), अक्ल (बुद्धि) का मालिक होगा और सुखी होगा। ऐसे वक्त बहर (समुद्र) यानि चन्द्र और हवाई (हवा) यानि बृहस्पत मिलकर धन–दौलत की उम्दा बारिश करेंगे और टेवे वाले को धनवान बनाएंगे।

खाना नंबर 6– बृहस्पत–केतु मुश्तरका खाना नंबर 6 में हों और खाना नंबर 2 से उम्दा दृष्टि (किसी भी ग्रह की) खाना नंबर 6 पर पड़ रही हो अथवा खाना नंबर 2 खाली हो तो टेवे वाले की किस्मत उम्दा और जिन्दगी खुश–गुजरान (खुशनुमा) होगी। ऐसे इंसान को मरने से पहले अपनी मौत का पता चल जाएगा। टेवे वाले का चेहरा लम्बा होगा और नेक स्वभाव होगा।

खाना नंबर 7– बृहस्पत–केतु मुश्तरका खाना नंबर 7 में होने के वक्त टेवे वाला तपस्वी मगर पेट से भूखा (असंतुष्ट) होगा। "गरीब तपस्वी पेट से भूखा"।

खाना नंबर 8– बृहस्पत–केतु मुश्तरका खाना नंबर 8 में होने के वक्त टेवे वाला दलिद्दरी (कंगाली या निर्धनता) से भरपूर होगा। "साथ दलिद्दर भरता हो"।

खाना नंबर 12– बृहस्पत–केतु मुश्तरका खाना नंबर 12 में होने के वक्त टेवे वाला अमीर और आसूदाहाल (धनवान और समृद्ध) होगा। "रात आराम अमीरी आला, बाकी असर सब उम्दा हो"।

अन्य नेक हालात

(1) बृहस्पत–केतु मुश्तरका के वक्त केतु उच्च फल देने वाला होगा। औलाद का हाल उम्दा होगा।

(2) टेवे वाले का मामा मरे या हमसाया (पड़ोसी) मगर बृहस्पत का खुद का जाती (व्यक्तिगत) फल बुरा न होगा।

(3) ऐसे इंसान की नाक की तरफ से दोनों कानों के बीच का दरमियानी (मध्य) फासला ज्यादा होगा। यानि चेहरा चौड़ा होगा। अब ऐसा इंसान खुदगर्ज (स्वार्थी) होगा।

मंदी हालत

खाना नंबर 2– जब बृहस्पत–केतु मुश्तरका खाना नंबर 2 में हों और खाना नंबर 8 में दुश्मन ग्रह बैठे हों तो टेवे वाले की पेशानी (माथा) तंग (पतला) और चेहरा चौड़ा होगा। ऐसा इंसान खुदगर्ज (स्वार्थी) और मंदी किस्मत का मालिक होगा।

खाना नंबर 4– जब बृहस्पत–केतु मुश्तरका खाना नंबर 4 में हों और हाथ में चार शंख के निशान (चिह्न) हों तो टेवे वाले की नरीना (नर) औलाद की पैदाइश में देरी और दिक्कत (परेशानी) होगी।

खाना नंबर 6– जब बृहस्पत–केतु मुश्तरका खाना नंबर 6 में हों और खाना नंबर 2 की दृष्टि की वजह से केतु नीच या मंदा हो रहा हो मगर टेवे में बृहस्पत कायम (देखें फरमान नंबर 6) हो तो पहली औलाद (लड़की या लड़का) टेवे वाले को नसीब न होगी। दूसरी औलाद भले ही कायम हो जाए। अगर टेवे में केतु कायम हो मगर बृहस्पत मंदा हो तो टेवे वाला दूसरों का गुलाम होगा।

खाना नंबर 7– जब बृहस्पत–केतु मुश्तरका खाना नंबर 7 में हों तो टेवे वाला तपस्वी मगर मुफलिस (गरीब) होगा। मगर बृहस्पत खाना नंबर 7 का उत्तम फल टेवे वाले को मिलेगा।

खाना नंबर 8– खाना नंबर 8 में जब बृहस्पत केतु मुश्तरका हों तो टेवे वाला दलिद्दर (कंगाल) और मुर्दा–रूह (अत्यन्त नीच) का मालिक होगा।

अन्य मंदे–हालात

(1) जब बृहस्पत–केतु मुश्तरका हों और बृहस्पत की जड़ (खाना नंबर 9–12) में उसके दुश्मन (शुक्कर, बुध) बैठे हों अथवा केतु की जड़ (खाना नंबर 6) में केतु के दुश्मन ग्रह (चन्द्र, मंगल) बैठे हों तो ये दुश्मन 40 साल की उम्र तक तंग करेंगे। देखें चित्र 507। ऐसे वक्त जर्द (पीला) नीबू धर्म स्थान में देना मददगार होगा।

(2) जब बृहस्पत या केतु में से किसी एक का फल मंदा हो जाए तो टेवे वाले के लिए दोनों का फल उत्तम और मुबारक होगा। मगर केतु और बृहस्पत की जानदार (जीवित) अश्या (वस्तुओं) का फल मंदा ही होगा।

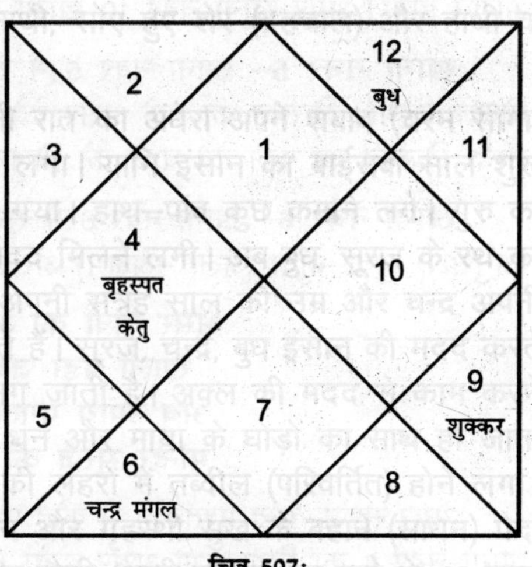

चित्र 507:

सूरज-चन्द्र

(बड़ के दरख्त का दूध, घोड़ा-तांगा)

सूरज मालिक जो उम्र बढ़ाता, माया चन्द्र खुद देता हो
मोती दमकते असर दोनों का, लेख घर बैठा चमकता हो
घर एक से छः चन्द्र बढ़ता, बाद न जाहिर होता हो
साथ कुल ग्रह ही गो मंदा, बुध बृहस्पत पर उम्दा हो
असर सूरज से चन्द्र बढ़ता, राज कभी न मंदा हो
मर्द बढ़ेंगे जिस घर बैठे, ख़्वाह ही औरत न उम्दा हो

नेक हालत

खाना नंबर 1– खाना नंबर 1 में सूरज–चन्द्र मुश्तरका के वक्त टेवे वाला राजा के मानिन्द या राजदरबार से धन लेने वाला होगा। यानि राजदरबार से कमाई का ताल्लुक (सम्बन्ध) होगा।

खाना नंबर 2– खाना नंबर 2 में सूरज–चन्द्र मुश्तरका के वक्त सूरज, चन्द्र दोनों का उम्दा फल होगा। राज दरबार से तब तक तरक्की, इज्जत और बरकत होती रहेगी जब तक कि मुकाबले पर कोई औरत न हो।

गुरु मन्दिर फल उम्दा गिनते, राज तरक्की होती हो
औरत बहाना झगड़े होते, हार-हानि जो देती हो

मुकाबले (विपक्ष) में अगर औरत होगी तो हार–हानि टेवे वाले को नसीब होती रहेगी।

खाना नंबर 3– खाना नंबर 3 में सूरज–चन्द्र मुश्तरका के वक्त टेवे वाला जाती (व्यक्तिगत) मामले में उम्दा किस्मत का मालिक होगा मगर दूसरों के मामले में मतलबपरस्त (स्वार्थी) होगा।

खाना नंबर 4– खाना नंबर 4 में सूरज–चन्द्र मुश्तरका के वक्त टेवे वाला राजा–महाराजा होगा। खैरात (दान) में मोती तकसीम (बांटने) करने की हैसियत वाला होगा। ऐसे इंसान को दुनिया का पूरा आराम होगा। अगर खाना नंबर 10 खाली हो तो रथगाड़ी या उम्दा सवारियों का सुख नसीब होगा।

खाना नंबर 5– खाना नंबर 5 में सूरज–चन्द्र मुश्तरका के वक्त टेवे वाले को जिन्दगी भर आराम मिलता रहेगा। किस्मत का नेक असर टेवे वाले पर होगा। टेवे वाले की औलाद के गर्भ में आते ही उसकी उम्दा किस्मत का फल टेवे वाले को मिलना शुरू हो जाएगा।

खाना नंबर 6– खाना नंबर 6 में सूरज–चन्द्र मुश्तरका हों तो दोनों ही का खाना नंबर 6 के बमूजिब (अनुसार) जुदा–जुदा (अलग–अलग) असर टेवे वाले को मिलेगा।

असर दोनों का अपना-अपना, साथ न पापी मिलता हो
खाली पड़ा जब दूजा टेवे, माता पिता दो मंदा हो
अब उपाय मंगल का होगा, ऊंच सूरज को करता हो
मन्दिर सूरज की जहर हटाता, उम्र बढ़ा कुल देता हो

अगर सूरज–चन्द्र मुश्तरका से कोई पापी (राहु, केतु, सनीचर) न मिल रहा हो तो दोनों का अपना–अपना खाना नंबर 6 का दिया हुआ असर होगा (देखें सूरज खाना नंबर 6 और चन्द्र खाना नंबर 6)। जब खाना नंबर 2 खाली हो तो माता–पिता दोनों के लिए मंदे असर का होगा। सूरज–चन्द्र मुश्तरका के मंदे असर के

वक्त मंगल का उपाय करना मददगार होगा क्योंकि मंगल ही सूरज को उच्च बनाता है। जब खाना नंबर 2 (मन्दिर) में कोई नेक ग्रह हो या सूरज–चन्द्र का दोस्त हो तो सूरज–चन्द्र के मंदे असर को भी उम्दा कर देने वाला होगा और टेवे वाले के खानदान (परिवार) की उम्र बढ़ा देगा।

खाना नंबर 9– खाना नंबर 9 में सूरज–चन्द्र मुश्तरका के वक्त माता पक्ष (माता की मदद, ननिहाल या माता का ताल्लुक) टेवे वाले के लिए निहायत (बहुत ही) मुबारक होगा। बीस साल तक तीर्थयात्रा का उत्तम फल टेवे वाले को मिलेगा।

खाना नंबर 12– खाना नंबर 12 में सूरज–चन्द्र मुश्तरका हों तो दोनों का ही अलग–अलग खाना नंबर 12 के बमूजिब (अनुसार) फल होगा। मगर सूरज का असर ज्यादा प्रबल (असरकारक) होगा।

गर्म पानी से जख्म न जलता, राज-समाधि बढ़ता हो
दुश्मन मगर जब घर दो बैठे, आग पानी से जलता हो

सूरज (आग) और चन्द्र (पानी) मुश्तरका "गरम पानी" कहे गए हैं जो ग़हरे से गहरे जख़्म के लिए भी फायदेमंद होता है। मगर खाना नंबर 12 में सूरज–चन्द्र मुश्तरका के वक्त अगर खाना नंबर 2 में दुश्मन ग्रह बैठे हों तो यह आग–पानी का योग टेवे वाले इंसान को जला देने वाला होगा वरना समाधि के घर (खाना नंबर 12) में ये दोनों मिलकर टेवे वाले को राजदरबार से बरकत कराने वाले होंगे।

अन्य नेक हालात

(1) सूरज–चन्द्र मुश्तरका के वक्त टेवे वाले का बुढ़ापा उम्दा होगा। जद्दी (पैतृक) जायदाद का उम्दा फल टेवे वाले को मिलेगा। टेवे वाले को गृहस्थ आराम भरपूर मिलेगा और जिन्दगी में सुख–शान्ति नसीब होती होगी।

(2) टेवे वाला अमूमन मुलाजिम (नौकरी करने वाला) होगा। लेकिन आला मुलाजमत (उच्च नौकरी) का मालिक होगा। राजदरबार (सरकारी) धन से फायदा पाने वाला होगा वरना उम्दा हकीम (डॉक्टर) होगा अर्थात् ऐसा इंसान उच्च पदाधिकारी (सिविल सर्विसेज) या डॉक्टर होगा।

(3) अगर मुश्तरका असर के वक्त सूरज, चन्द्र को देख रहा हो तो टेवे वाला दौलतमंद होगा। ऐसे इंसान के खुश्क (सूखे) कुएं खुद–ब–खुद (स्वतः ही) पानी देने वाले होंगे।

आम हालात

(1) सूरज–चन्द्र मुश्तरका के वक्त दोनों ग्रह 40 साल की उम्र तक मुश्तरका असर देने वाले होंगे।

(2) सूरज–चन्द्र मुश्तरका मिलावट के वक्त सूरज का असर 4 हिस्सा तो चन्द्र का असर तीन हिस्सा होगा।

(3) चन्द्र से सूरज का असर ज्यादा प्रबल और जाहिरा (दिखाई देने वाला) होगा।

मंदी हालत

खाना नंबर 1– खाना नंबर 1 में सूरज–चन्द्र मुश्तरका के वक्त टेवे वाले की मौत अचानक होगी।

खाना नंबर 2– खाना नंबर 2 में सूरज चन्द्र–मुश्तरका हों तो टेवे वाले का औरतों से अमूमन फ़साद (झगड़ा), हार य़ा नुकसान होगा।

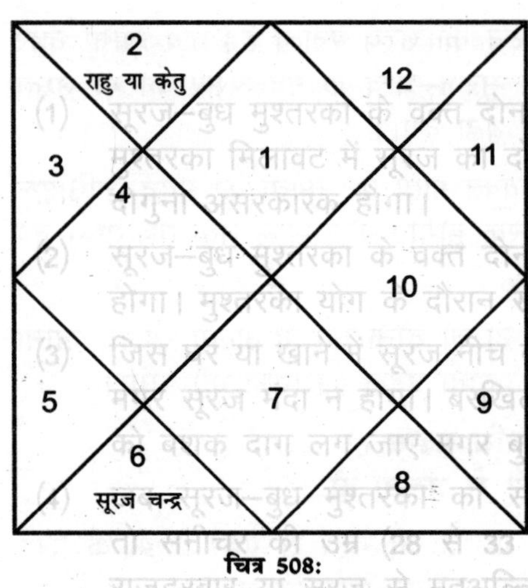

चित्र 508:

खाना नंबर 4– खाना नंबर 4 में सूरज चन्द्र मुश्तरका के वक्त टेवे वाले की मौत अचानक होगी। अगर खाना नंबर 10 में सनीचर हो तो मौत दिन के वक्त और पानी की वजह से होगी।

खाना नंबर 6– खाना नंबर 6 में सूरज–चन्द्र मुश्तरका और खाना नंबर 2 में पाप (राहु, केतु) हो तो टेवे वाले की लम्बी उम्र की कोई शर्त न होगी। मगर इसका यह मतलब न होगा कि उम्र छोटी ही होगी। देखें चित्र 508।

खाना नंबर 11– खाना नंबर 11 में सूरज–चन्द्र मुश्तरका हों तो टेवे वाले की उम्र अमूमन नौ साल ही होगी। अगर टेवे वाला गोश्त (मांस) खाना छोड़ देगा तो उम्र अमूमन सौ साल होगी।

असर ग्रह हर दो का मंदा, उम्र साल नौ होती हो
खुराक सनीचर का गोश्त जो छोड़े, उम्र सदी तक लम्बी हो

अन्य मंदे हालात

(1) सूरज–चन्द्र मुश्तरका के वक्त अमूमन टेवे वाले की, औरत से मुखालफ़त (दुश्मनी) होगी।

(2) जब सूरज की जड़ (खाना नंबर 5) और चन्द्र की जड़ (खाना नंबर 4) में इनके दुश्मन ग्रह बैठे हों तो टेवे वाला हमेशा दुःखी, रात–दिन मुसीबत उठाने वाला होगा। दौलतमंद होते हुए भी न रात को आराम और न ही दिन में चैन पाएगा। कामयाबी (सफलता) मिलने की कोई शर्त न होगी। फ़िजूल खर्च करने वाला होगा। ऐसे इंसान के सफर परेशान करने या परेशानी लाने वाले होंगे।

सूरज-शुक्कर

(शेर चले या गाय)

औलाद पैदाइश देरी करता, लाभ न सोना होता हो
एक वक्त ग्रह एक ही चलता, दीगर या नष्टी होता हो
सूरज, शुक्कर की उम्र के साल, योग न शादी उम्दा हो
सेहत माया न उम्दा जानों, मंदा औरत का होता हो
गर्मी सूरज से शुक्कर जलता, सिफ़्त न औरत मंदी हो
लफ़्ज़ जुबानी औरत निकला, लकीर पत्थर पर होती हो
उम्र पिता या राज हो शक्की, दुर्गा पूजन खुद करता हो
औलाद पैदा में हो जब देरी, केतु पालन शुभ होता हो

आम हालात

(1) सूरज–शुक्कर मुश्तरका 41 साल की उम्र तक मुश्तरका असर के होंगे।

(2) मुश्तरका (संयुक्त) मिलावट के वक्त अगर सूरज का असर चार भाग हो तो शुक्कर का असर तीन भाग होगा।

(3) शुक्कर के फल में मंदी जमीन का असर (बेहद गर्मी) मिला होगा यानि शुक्कर अब नीच का ही फल देगा। सूरज–शुक्कर मुश्तरका के असर से बुध पैदा होगा यानि फूल (कन्या) तो होंगे मगर फल (नर संतान) न होंगे।

(4) सूरज–शुक्कर मुश्तरका मिलकर मस्नूई (बनावटी) बृहस्पत होगा। जो केवल हवाई योग ही होगा जिसे बृहस्पत का नकारात्मक भाग भी कहा जा सकता है।

(5) सूरज–शुक्कर मुश्तरका के वक्त इन दोनों में से एक बार केवल एक ही ग्रह का उत्तम असर टेवे वाले को मिलेगा। अगर राजदरबार के लिहाज से बरकत हो रही हो तो औरत (स्त्री) भाग मंदा होगा यानि औरत (पत्नी) और औलाद की हालत मंदी होगी बरखिलाफ़ (विपरीत) इसके अगर औरत भाग उम्दा हो तो राजदरबार मंदा होगा यानि शेर (सूरज) और गाय (शुक्कर) में से कोई एक ही चलता होगा।

(6) सूरज–शुक्कर मुश्तरका हालत के वक्त मस्नूई बृहस्पत का कोई खास मतलब न होगा यानि बृहस्पत की अश्या (सोना, पिता, बाबा वगैरह) से कोई ताल्लुक (सम्बन्ध) न गिना जाएगा। इसके लिए बृहस्पत का अलैहदा (अलग) असर देखना होगा।

(7) दुश्मन ग्रहों के साथ बैठा हुआ सूरज चाहे किसी भी घर में क्यों न हो, दुश्मन ग्रह का असर उस खाने पर जरूर होगा जिसमें सूरज और दुश्मन ग्रह बैठे हों। ऐसे वक्त टेवे वाले की 22 से 25 साल की उम्र के दरमियान (मध्य) दुश्मन ग्रह (अपनी मियाद पर) बुरा असर देंगे। दुश्मन ग्रह को (बुध की पालना करके) नेक कर लेना मुबारक होगा। इस योग में अगर दुश्मन ग्रहों के साथ सूरज का कोई दोस्त (चन्द्र, मंगल, बृहस्पत) भी बैठा हो तो सूरज का दुश्मन (शुक्कर, सनीचर, राहु, केतु) सूरज के दोस्त ग्रह की अश्या (वस्तु), रिश्तेदार और कारोबार पर मंदा असर देंगे। अब वह खाना बचा रहेगा जिसमें सूरज बैठा हो।

(8) सूरज–शुक्कर मुश्तरका वाले टेवे में अमूमन राहु, नीच फल देगा।

नेक–हालात

खाना नंबर 1– खाना नंबर 1 में सूरज–शुक्कर मुश्तरका हों तो टेवे वाले के जिस्म (शरीर) के लिए उम्दा असर वाले होंगे और राजदरबार का भी उत्तम फल टेवे वाले को नसीब होगा।

ग्रह मंडल चाहे तख़्त हजारी, असर सूरज का मंदा हो
शुक्कर औरत हो किस्मत मारी, आग गृहस्थी जलता हो
लगन पराई औरत मंदी, पतंग शुक्कर का बनता हो
चलन नाली जब हो गंदी, जेल खाना तक पाता हो

तख़्त पर बैठने के बाद भी सूरज का असर मंदा (जब औरत भाग उम्दा हो) ही होगा। अगर सूरज (राजदरबार) उम्दा हो तो औरत (पत्नी) की किस्मत मंदी होगी और वह गृहस्थी की आग में जल रही होगी। अगर टेवे वाले के हाथ में शुक्कर का पतंग (या शुक्रवलय) हो तो टेवे वाला मंदे इश्क (व्यभिचार) का शौकीन होगा। ऐसे वक्त (जब चरित्र खराब हो) टेवे वाला जेलखाना भी जा सकता है।

खाना नंबर 7– खाना नंबर 7 में सूरज–शुक्कर मुश्तरका हों तो टेवे वाले का खुद अपने लिए खाना नंबर 9 का दिया हुआ असर होगा (देखें सूरज खाना नंबर 9)। टेवे वाले को बीस साल तक तीर्थयात्रा का उत्तम फल मिलेगा।

खाना नंबर 9– खाना नंबर 9 में सूरज–शुक्कर मुश्तरका हों तो टेवे वाला उम्र के किसी दौर में अच्छा अमीर और दौलतमंद होगा। उम्र का बीस साल का वक्त उत्तम असर का होगा।

खाना नंबर 10– खाना नंबर 10 में सूरज–शुक्कर मुश्तरका हों तो टेवे में खाना नंबर 4 का ग्रह टेवे वाले की मदद पर होगा और राजदरबार का ताल्लुक (सम्बन्ध) टेवे वाले को देगा। वरना टेवे वाला भिखारियों के मानिन्द (समान) जिन्दगी जीता होगा। अगर खाना नंबर 4 खाली हो तो चन्द्र टेवे वाले की मदद पर होगा। टेवे में नर ग्रह (मंगल, बृहस्पत) सूरज के लिए मददगार होंगे जिनकी मदद पाकर सूरज उत्तम असर देगा। जब शुक्कर अथवा सूरज से राहु का कोई ताल्लुक (सम्बन्ध) न बन रहा हो तो शुक्कर उम्दा असर देगा।

अन्य नेक हालात

सूरज–शुक्कर मुश्तरका के वक्त टेवे वाले को कोई जिस्मानी (शारीरिक) खराबी की शिकायत न होगी। सूरज और शुक्कर में से हमेशा किसी एक का फल उम्दा होगा। टेवे वाले की रूह (आत्मा) तो उत्तम (दृढ़) होगी मगर बुत (शरीर) हल्का (कमजोर) ही होगा।

मंदी हालत

खाना नंबर 1– जब खाना नंबर 1 में सूरज–शुक्कर मुश्तरका मंदी हालत में हों तो टेवे वाले की औरत को मालीखूलिया (मस्तिष्क विकार या पागलपन वगैरह) की बीमारियां होंगी। टेवे वाले की किस्मत काग रेखा (रोटी की चिंता) के मानिन्द (समान) होगी। टेवे वाले की राजदरबार में भी मिट्टी खराब होगी। पराई आग (परस्त्रीगमन) की वजह से जेलखाने का सफर भी करना पड़ेगा। टेवे वाला अपने साथियों की नाव खुश्क (सूखे) तालाब में डुबोने (बेवजह की मुसीबत) वाला होगा।

खाना नंबर 7– खाना नंबर 7 में सूरज–शुक्कर मुश्तरका के वक्त दोनों ग्रहों की बजाए अब केवल "खाली बुध" का फल टेवे वाले को मिलेगा। "खाली–बुध" का फल रेत के मानिन्द (समान) होगा। ऐसा इंसान औरत से फ़साद (झगड़े) करने वाला होगा। औरत की सेहत मंदी और उम्र शक्की होगी। टेवे वाले इंसान के बुजुर्गों को काग रेखा (रोटी को मोहताज) का मंदा फल मिलेगा। अगर जद्दी (पैतृक) मकान की दीवारों पर सुर्ख (लाल) रंग हो तो दोनों ग्रहों की दुश्मनी (सूरज–शुक्कर) का टेवे वाले को बुरा फल मिलेगा।

शुक्कर चीजों का बढ़ता झगड़ा, रेत खाली बुध होता हो
देता सूरज चाहे फल नौवें का, हाल बुजुर्गी मंदा हो

जब सूरज–शुक्कर मुश्तरका खाना नंबर 5, 7, 9 में मंदे हो रहे हों तो टेवे वाला तपेदिक का मरीज होगा अथवा अंगहीन होगा।

खाना नंबर 9– खाना नंबर 9 में सूरज–शुक्कर मुश्तरका के वक्त औरत के मामले में काग रेखा का मंदा असर होगा। जब टेवे वाले को गरीबी आयेगी तो उसकी जिन्दगी में रेत के जर्रे (कण) तक की चमक न होगी।

खाना नंबर 10– जब खाना नंबर 10 में सूरज–शुक्कर मुश्तरका के मंदे असर हो रहे हों तब मस्नूई (बनावटी) बृहस्पत भी टेवे वाले को बेहद मंदा फल देगा। राजदरबार में नाकामयाबी मिलेगी। ऐसे वक्त सनीचर भी मंदा असर देगा। टेवे वाला राजा होते हुए भी राजगद्दी से दूर होगा और दूसरे के दरबार में कास–ए–गदाई (भिक्षापात्र) लिए फिरता होगा। चाहे गदाई (फ़कीरी) प्याला, सोने या मिट्टी या पत्थर का ही क्यों न हो मगर ऐसा इंसान अपनी राजगद्दी के बजाय दूसरे राज्य का निगरान (देख–रेख करने वाला)

होगा। ऐसे वक्त सांप को दूध पिलाना मुबारक होगा। औलाद की पैदाइश और उसकी लम्बी उम्र के लिए खाना नंबर 4 के ग्रह मददगार होंगे। खाना नंबर 4 खाली हो तो चन्द्र और चन्द्र का उपाय भी मददगार होगा। ऐसा इंसान पराई मिट्टी (औरत) की बेवजह और बेमौका तारीफ़ कर ही देगा अर्थात् चाल–चलन (चरित्र) का कमजोर इंसान होगा। जरूरी नहीं कि इंसान का शौक चरित्र को कमजोर करता ही हो। ऐसे इंसान को जिल्द (त्वचा) और खून की बीमारियां होंगी और गृहस्थी के दूध में मिट्टी पड़ती होगी। ऐसा इंसान चाहे राजा ही क्यों न हो जाए मगर आखरी अवस्था (अन्त समय) में दुःखी ही होगा। गऊ (गाय) दान करना निहायत ही मददगार साबित होगा। अगर औलाद नरीना (नर) से मुतअल्लिक (सम्बन्धित) कोई दिक्कत हो तो गाय (1 या 1 से अधिक) का दान करना मददगार होगा मगर गौदान की जगह नकद धन देना, गाय–दान करने की गिनती में न गिना जाएगा।

अन्य मंदे हालात

(1) सूरज–शुक्कर मुश्तरका की मंदी हालत के वक्त टेवे वाले का बाप (पिता) अमूमन लम्बी उम्र का मालिक न होगा। संभवतः टेवे वाले के बचपन में ही बेवजह दुनिया से उठ गया होगा।

(2) टेवे वाले की औलाद नरीना अमूमन 36 से 39 साल की उम्र के दरमियान (मध्य) अथवा 48 साल की उम्र के बाद ही कायम होगी।

(3) अगर औलाद नरीना जल्दी कायम हुई तो शुक्कर की अश्या (वस्तुएं), कारोबार और रिश्तेदार मंदी हालत में होंगे बल्कि बरबाद ही होंगे।

(4) टेवे वाले की औरत की सेहत (स्वास्थ्य) शायद ही उम्दा होगी। औरत (पत्नी) को लम्बी बीमारी (तपेदिक वगैरह) भी रह सकती है। टेवे वाले की गृहस्थ जिन्दगी का हाल मंदा ही होगा।

(5) इंसान की औरत के रूखसार (गाल) पर भद्दे निशान मंदी हालत का पहला सबूत देंगे।

(6) अगर टेवे वाला कानों का कच्चा हुआ यानि किसी की सुनी–सुनाई बात पर यकीन करके किसी दूसरे का नुकसान कर देगा तो तमाम तरह की मंदी हालतों की वजह बनेगा।

(7) टेवे वाला जनमुरीदी (पत्नी भक्त), बदअखलाकी (दुराचारी या दुर्व्यवहारी), गुस्सेबाज (क्रोधी) मिजाज का इंसान होगा।

(8) इश्कफ़ाहिशा (व्यभिचार) के मंदे और बरबाद करने वाले नतीजे (परिणाम) होंगे। जिसकी वजह से तपेदिक और बुखार जैसी बीमारियां परिवार में डेरा डालेंगी।

(9) अगर टेवे वाले की शादी बाईसवें या पच्चीसवें साल होगी तो इंसान का जिस्म, राजदरबार तो बरबाद होंगे ही साथ ही औरत (पत्नी) और गृहस्थी भी बरबाद होंगे।

उपाय

(1) औरत के बाज़ू पर सोने का कड़ा (चूड़ी या अनन्त वगैरह) कायम करने से औलाद से मुतअल्लिक (सम्बन्धित) दिक्कतें दूर होंगी।

(2) औरत की सेहत मंदी होने या मंदी रहने की हालत में औरत के वजन के बराबर चरी (अनाज) का दान करना या धर्म स्थान में देना मददगार होगा।

(3) शादी या सगाई के दिन से ही मर्द या औरत में से कोई एक गुड़ खाना छोड़ दे।

सूरज–मंगल

(जागीरदारी का धन)

असर बुरा न हर दो कोई, चन्द्र भला न होता हो
खोट धर्म न धेला पाई, खून कबीला तारता हो
बुध राहु जब केतु मंदे, सब्ज कदम ही होता हो
मौत बीमारी चूहा गिनते, मंदा न सूरज होता हो

आम हालात

(1) सूरज–मंगल मुश्तरका के वक्त दोनों ग्रह अड़तालीस साल की उम्र तक मुश्तरका रहेंगे। अगर सूरज का हिस्सा एक हो तो मंगल का मुश्तरका असर में दो हिस्सा होगा यानि मंगल का भाग सूरज से दोगुना होगा।

(2) मुश्तरका असर के वक्त सूरज का उत्तम और प्रबल असर होगा। जब मंगल टेवे में नेक हो, चाहे दोनों मुश्तरका किसी भी घर में क्यों न हों, सूरज हमेशा उच्च फल का होगा क्योंकि मंगल की राशि (मेष) पर ही सूरज उच्च का होता है।

(3) सूरज मंगल मुश्तरका वाले टेवे में अमूमन (सामान्यतः) चन्द्र मंदे फल का ही होगा मगर नीच (निम्न स्तर के) असर का होगा। यानि चन्द्र की अश्या (माता, खजाना, माता–पक्ष वगैरह) मंदे फल देंगे परन्तु नीच फल न देंगे।

नेक हालात

खाना नंबर 1, 2– खाना नंबर 1 या खाना नंबर 2 में सूरज–मंगल मुश्तरका असर के वक्त टेवे वाले की पहली उम्र (बचपन) में सूरज और मंगल दोनों ही ग्रहों का चढ़ते सूरज की लाली की तरह का उत्तम फल होगा। ऐसा इंसान साफ़ दिल का होगा। टेवे वाले की उम्र पूरी होगी। ऐसा इंसान तलवार के मानिन्द (समान) अपने दुश्मनों पर ग़ालिब (बलशाली या शक्तिशाली) होगा।

खाना नंबर 9, 10– खाना नंबर 9 या खाना नंबर 10 में सूरज–मंगल मुश्तरका असर के वक्त टेवे वाले को उत्तम फल मिलेगा।

आली मरतबा नौवें होता, उड़ती दौलत दस मन्दिर जो
दोनों बैठे दस दौलत बढ़ता, ग्यारह सनीचर छः चन्द्र जो

खाना नंबर 9 में दोनों मुश्तरका हों तो टेवे वाला उच्च अधिकारी होगा और अगर दोनों खाना नंबर 10 में हो तो धन–दौलत बढ़ेगी और टेवे वाला दौलतमंद होगा, बशर्ते सनीचर खाना नंबर 11 और चन्द्र खाना नंबर 6 में हो वरना टेवे वाला फोकी (मंदी) किस्मत वाला ही होगा।

अन्य नेक हालात

(1) मंगल से मुतअल्लिक (सम्बन्धित) अश्या (वस्तुओं), कारोबार और रिश्तेदारों का उत्तम असर टेवे वाले को मिलेगा। हकीकी (वास्तविक या खून का) रिश्तेदारों का उत्तम असर केवल टेवे वाले को बचपन में ही मिलेगा।

(2) ऐसी मुलाजमत (नौकरी) या कारोबार जिसमें कि दुनियावी लोगों (आम आदमी) से बराहेरास्त (सीधे तौर पर) ताल्लुक (संपर्क) पड़ता हो, उत्तम फल टेवे वाले इंसान को देने वाले होंगे।

(3) चहारगोशा (चार कोनों वाला) मकान उत्तम फल देने वाला होगा।

(4) टेवे वाला और उसका बड़ा भाई दोनों ही दौलतमंद होंगे। ऐसा इंसान दुश्मन पर हमेशा ग़ालिब (भारी) होगा और पूरी उम्र का मालिक होगा।

(5) ऐसा इंसान दिल का साफ़ होगा और धर्म के मामले में जरा–सी भी खोट (कमी) न होगी। जैसे–जैसे टेवे वाले की उम्र बढ़ती जाएगी उसका राजदरबार में ओहदा (स्तर) बढ़ता ही जाएगा।

मंदी हालत

खाना नंबर 1, 2– जब खाना नंबर 1 या 2 में सूरज–मंगल मुश्तरका हों और टेवे में मंगल–बद (सूरज+सनीचर मुश्तरका) भी हो तो टेवे वाला मैदान–ए–जंग या फसाद (लड़ाई–झगड़े) में ही मारा जाएगा।

खाना नंबर 9, 10– जब खाना नंबर 9 या 10 में सूरज–मंगल मुश्तरका हों और टेवे में मंगल–बद (सूरज+सनीचर मुश्तरका) हो तो टेवे वाले का अपने अजीजों (प्रियजनों) से धन–दौलत और माल को लेकर फ़साद (झगड़ा) होगा। खासकर जब सूरज–मंगल मुश्तरका खाना नंबर 10 में हों।

अन्य मंदे हालात

(1) सूरज–मंगल मुश्तरका के वक्त अगर टेवे में मंगल–बद भी हो, तो तीन या तेरह कोनों वाला मकान टेवे वाले इंसान की निहायत मंदी हालत कर देगा।

(2) टेवे वाले की दुनिया में सख्त (कठोर) मुखालफत (दुश्मनी) और हर काम में (नौकरी या कारोबार) दुनियावी धोखेबाजी टेवे वाले इंसान की मुसीबत की वजह होगी।

(3) टेवे वाले की अपनी मौत तो न होगी मगर वह अपने करीबियों और खून के रिश्तेदारों की मौत जरूर देखेगा।

(4) अमूमन (सामान्यतः) टेवे वाले की नजर बीनाई (दृष्टि) पर मंदा असर होगा और उसकी आंखों से देखने की क्षमता कम होगी।

सूरज-बुध

(कलम वाली नौकरी, सरकार का धन)

वक्त मासूमी हल्का होता, अमीर बना खुद साख़्ता हो
सेहत दौलत और केतु उम्दा, शुक्कर महादशा करता हो
राज ताल्लुक नौकरशाही, शर्त जरूरी होता हो
उलट मगर जब हो कोई जिद्दी, मुफ़्त रोटी जेल में मिलती हो
व्यापार चालीस हद अक्सर मंदा, ईमानदारी धन मिलता हो
असर मंदे बुध-केतु मरता, बढ़ता सूरज, बुध उम्दा हो
सात पहले दो-दस घर बैठे, असर दोनों का उम्दा हो
कीमत तेरह जो दो की गिनते, पूरा सूरज दिन करता हो

आम हालात

(1) सूरज–बुध मुश्तरका के वक्त दोनों ग्रह उनतालीस साल की उम्र तक मुश्तरका रहेंगे। इन दोनों की मुश्तरका मिलावट में सूरज का दो हिस्सा हो तो बुध का असर एक हिस्सा होगा यानि बुध से सूरज दोगुना असरकारक होगा।

(2) सूरज–बुध मुश्तरका के वक्त दोनों ग्रहों का असर उत्तम होगा मगर सूरज का असर बुध से ज्यादा होगा। मुश्तरका योग के दौरान सूरज कभी भी नीच असर का न होगा।

(3) जिस घर या खाने में सूरज नीच का या मंदा होगा उस घर या खाने में बुध मंदे असर का हो जाएगा मगर सूरज मंदा न होगा। बरखिलाफ (विपरीत) इसके, जिस घर में बुध मंदा हो रहा हो वहां सूरज को बेशक दाग लग जाए मगर बुध की अश्या (चीजें) सूरज को मदद जरूर पहुंचाएंगी।

(4) जब सूरज–बुध मुश्तरका को सनीचर देख रहा हो और टेवे वाला सनीचर का कारोबार करे तो सनीचर की उम्र (28 से 33 या 36 से 39 साल उम्र) में इंसान को फायदा होगा मगर अब राजदरबार या सूरज से मुतअल्लिक (सम्बन्धित) कारोबार या मुलाजमत (नौकरी) वगैरह के माली (आर्थिक) नतीजे मंदे ही होंगे।

(5) सूरज–बुध मुश्तरका मिलकर मस्नूई (बनावटी) मंगल–नेक का असर करेंगे। टेवे वाला खुद अपने हाथों से काम करने की आदत वाला होगा। दूसरे की कमाई को देखने की बजाए अपनी कमाई पर सब्र करने वाला होगा।

(6) सूरज अगर रूह–ए–इंसान (इंसानी आत्मा) हो तो बुध विधाता (ईश्वर) की कलम होगी। अगर सूरज दुनियावी (सांसारिक) बन्दर हो तो बुध लंगूर की दुम की तरह मददगार होगा। बुध की निस्फ (आधी) उम्र (17 साल) तक बुध का फल अलग से जाहिर न होगा बल्कि मुश्तरका असर का ही होगा।

कियाफा (हस्तरेखा)– अगर सिर रेखा, सेहत रेखा और उम्र रेखा से मिलकर त्रिभुज बन रहा हो तो टेवे वाले की सेहत उम्दा होगी।

नेक हालत

खाना नंबर 1– खाना नंबर 1 में सूरज–बुध मुश्तरका (संयुक्त) हों तो टेवे वाला वज़ीर के मानिन्द (समान) तदबीर (प्रयत्न करना) वाला होगा। सरसब्ज (हरे–भरे) पहाड़ की किस्मत वाला, ऊंची शान, गणित, ज्ञान और योग में माहिर होगा। ऐसा इंसान दौलतमंद (धनाढ्य) और राजदरबार (सरकार) से नेक ताल्लुक (सम्बन्ध) रखने वाला होगा। राजदरबारी झगड़ों का फैसला टेवे वाले के हक में होगा बशर्ते सूरज–बुध मुश्तरका में सनीचर का मंदा फल शामिल न हो।

चलती-घूमती-फिरती चक्की, अक्ल वजीरी पाता हो
शेर जंगल या सब्ज पहाड़ी, माहिर रियाजी होता हो
सात-छठे जब दोस्त हो बैठा, ऊंच बुलंदी होता हो
दुश्मन मगर जब छः-सात होता, दुःखी मुसीबत पाता हो

जब टेवे में खाना नंबर 6 से 7 में दोस्त ग्रह बैठे हों तो टेवे वाला उच्च पद, प्रतिष्ठा और उन्नति पाता होगा मगर जब खाना नंबर 6 से 7 में दुश्मन ग्रह बैठा हो तो टेवे वाला इंसान दुःखी और मुसीबत का मारा होगा। इस खाने में सूरज–बुध मुश्तरका, घूमती हुई चक्की के मानिन्द (समान) होंगे। टेवे वाले की अक्ल

(बुद्धि), वजीर के मानिन्द (तुल्य) होगी। अब मंगल का असर कम होगा मगर सनीचर का 1/4 हिस्सा मंदे असर का होगा। मुश्तरका हालत में ये दोनों जंगल के शेर या सब्ज (हरी–भरी) पहाड़ी के मानिन्द (समान) होंगे। टेवे वाला गणित में माहिर (तीक्ष्ण) होगा।

खाना नंबर 2– खाना नंबर 2 में सूरज–बुध मुश्तरका हों तो टेवे वाले का जिस्मानी (शारीरिक) और दिमागी (बौद्धिक) ओहदा (स्तर) उम्दा होगा।

खाना नंबर 3– खाना नंबर 3 में सूरज–बुध मुश्तरका हों तो इन दोनों का टेवे वाले पर निहायत (बहुत) ही उत्तम असर होगा और टेवे वाला पक्का आशिक होगा।

टेवे असर न राहु मंदा, न ही बुरा दो होता हो
भला न शुक्कर जिस दम होता, बुरा राहु बुध होता हो

टेवे वाले पर अब राहु का मंदा असर न होगा और न ही सूरज–बुध का मंदा असर होगा। अगर टेवे में शुक्कर नेक न हो तो बुध और राहु दोनों ही मंदे असर के होंगे।

खाना नंबर 4– खाना नंबर 4 में सूरज–बुध मुश्तरका हों तो टेवे वाले की किस्मत में राजयोग का उत्तम फल होगा। सूरज और बुध दोनों का अलैहदा–अलैहदा (अलग–अलग) खाना नंबर 4 के बमूजिब (अनुसार) फल होगा।

राज व्यापारी रेशम होते, चीजें बिसाती बजाजी हो
मायादौलत जर इतने बढ़ते, खाली नाली भर जाती हो

टेवे वाला अगर रेशम मनियारी या कपड़े का काम करेगा तो टेवे वाले के पास धन–दौलत और माया (माल) इतना बढ़ेगा कि घर की नालियां भर जाएंगी।

खाना नंबर 5– खाना नंबर 5 में सूरज–बुध मुश्तरका हों और सनीचर खाना नंबर 9 में हो तो बुध का ताउम्र (सारी जिन्दगी) असर जुदा न होगा। बल्कि सूरज के साथ मुश्तरका ही मिलेगा। अब बुध का जुदा (अलग) असर केवल 17 साल से 34 साल की उम्र में ही होगा। औलाद और बुजुर्गों पर भी बुध का मंदा असर न होगा। टेवे वाले की उम्र कम से कम 90 साल होगी।

खाना नंबर 6– खाना नंबर 6 में सूरज–बुध मुश्तरका (संयुक्त) के वक्त अगर–

(i) पांव में कनिष्ठा उंगली, अनामिका उंगली से बहुत छोटी हो तो टेवे में सूरज कायम होगा और खाना नंबर 2 की दृष्टि से बुध मंदा हो रहा होगा।

(ii) पांव में कनिष्ठा उंगली, अनामिका उंगली से बड़ी हो रही हो तो टेवे वाले पर सूरज–बुध मुश्तरका का नेक असर होगा और टेवे वाला नेक नसीब वाला होगा।

(iii) जब पांव में कनिष्ठा उंगली और अनामिका उंगली बराबर हों तो सूरज और बुध दोनों कायम होंगे ऐसे वक्त टेवे वाले को औलाद का उत्तम सुख मिलेगा।

राजसभा खुद कलम से अपनी, ऊंच मुबारक होता हो
कायम दोनों जब घर दो खाली, सुखी औलाद से होता हो

टेवे वाले को राज सभा या राजदरबार से सम्मान मिलता रहेगा। टेवे वाला अपनी कलम (लेखनी) के जरिए उच्च और मुबारक असर पाने वाला होगा।

खाना नंबर 7– खाना नंबर 7 में सूरज–बुध मुश्तरका (संयुक्त) हों तो–

(i) टेवे वाले की औरत (पत्नी) की किस्मत का टेवे वाले पर असर अच्छा होगा या बुरा इस बात का फैसला शुक्कर की हालत पर होगा। अगर टेवे में शुक्कर उम्दा हो तो टेवे वाले की औरत (पत्नी) की उम्दा किस्मत का असर टेवे वाले की किस्मत को चमका देगा। औरत अमीर खानदान से होगी। सूरज की तरह मुकम्मिल (संपूर्ण) होगी। इंसान की औरत का रंग साफ़ और स्वभाव भी नेक होगा।

घर ससुराल शुक्कर गो मंदा, बरबाद केतु ख़्वाह होता हो
फ़व्वारा दौलत का इतना उठता, सैराब जंगल कोह करता हो
रहट माया का योग से चलता, भला लाखों का करता हो
स्नान जगत गो सारा करता, प्यासा मगर खुद रहता हो

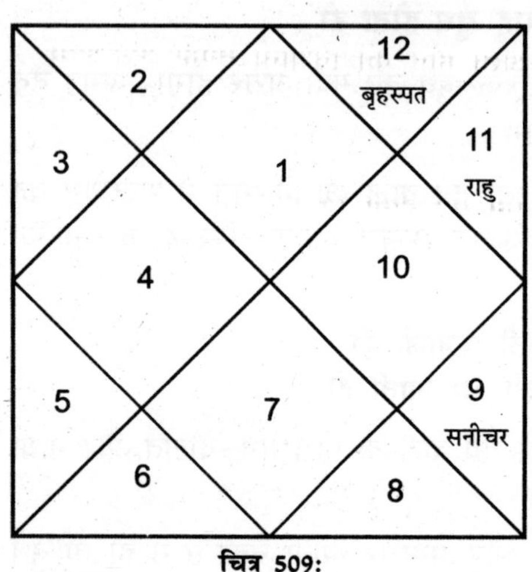

चित्र 509:

जब टेवे में शुक्कर कायम (देखें फरमान नंबर 6) हो और नेक हो तो टेवे वाले की किस्मत के मैदान में चलते हुए रहट की तरह हर वक्त आमदनी का फ़व्वारा जारी रहेगा और उछलते हुए और ताजे पानी की तरह हर वक्त उत्तम असर होगा। चाहे टेवे में केतु कितना ही बरबाद क्यों न हो रहा हो। ऐसे वक्त टेवे वाले की ससुराल का हाल मंदा होगा। ऐसे इंसान की आमदनी हजारों जंगलों और पहाड़ों के मैदानों को सींचती होगी मगर खुद जाती (व्यक्तिगत) रूप से वह इतना फायदा न पाएगा। राजदरबार से उसे ज्यादा फायदा न होगा मगर वह सूरज की तरह उत्तम और मुकम्मिल (संपूर्ण) होगा। मुसीबत के वक्त बंदर की तरह छलांग लगाकर बहुत ही आसानी से कामयाब (सफल) होगा। ऐसे इंसान की जवानी का हिस्सा भले ही उम्दा न हो मगर उसका बचपन और बुढ़ापा जरूर उत्तम होगा। टेवे वाले को इल्म ज्योतिष की जानकारी होगी। केतु और बुध का फल 34 साल की उम्र के बाद नेक होगा। बुध की मियाद तक बेशक दौलत तो टेवे वाले पर ज्यादा होगी मगर बुध का फल वही होगा जो ऊपर दिया गया है।

खाना नंबर 8– खाना नंबर 8 में सूरज–बुध मुश्तरका हों तो सूरज खाना नंबर 8 और बुध खाना नंबर 8 का जुदा–जुदा (अलग–अलग) असर टेवे वाले को मिलेगा।

बुध असर दे हर दम उम्दा, खाली पड़ा जब दूजा हो
असर ग्रह घर दो चाहे मंदा, आयु मगर खुद लम्बा हो

जब टेवे में खाना नंबर 2 खाली हो तो बुध उम्दा असर देगा। खाना नंबर 2 के ग्रह चाहे कितने ही मंदे क्यों न हो जाएं मगर टेवे वाले की उम्र मंदी न होने देंगे। यानि उम्र लम्बी ही होगी। ऐसे वक्त शीशे के बर्तन को गुड़ से भरकर श्मशान में दबाना मददगार होगा।

खाना नंबर 9– खाना नंबर 9 में सूरज–बुध मुश्तरका के वक्त सूरज और बुध दोनों ग्रहों का राजदरबार और तालीम (शिक्षा) से मुतअल्लिक (सम्बन्धित) 24 साल की उम्र से नेक फल मिलना शुरू होगा, जो 34 साल की उम्र से निहायत (बहुत) ही नेक और मुबारक होता जाएगा। ऐसे इंसान की लड़की (बेटी) 6 साल की उम्र तक (पहले और तीसरे साल को छोड़कर) मुबारक साबित होगी। अगर ज्यादा लड़कियां हों तो वे उसी तरह फल देंगी जैसे कि उनका पैदाइश का क्रम होगा। यानि पहले नंबर की लड़की (बुध)

खाना नंबर 1 का फल देगी, दूसरे नंबर की लड़की खाना नंबर 2 का फल देगी। इसी तरह आगे के क्रम वाली लड़कियों के बमूजिब (अनुसार) टेवे वाले की किस्मत का हाल देखेंगे।

खाना नंबर 10– जब खाना नंबर 10 में सूरज–बुध मुश्तरका (संयुक्त) हों तो टेवे वाला दौलतमंद होगा। सनीचर, सूरज और बुध का अपना–अपना जाती (व्यक्तिगत), जुदा–जुदा (अलग–अलग) और उत्तम फल होगा। ऐसे वक्त खाना नंबर 1 और खाना नंबर 2 में बैठे ग्रहों की दोस्ती और दुश्मनी का मंदा या उम्दा असर टेवे वाले की किस्मत में शामिल होगा। अगर टेवे में खाना नंबर 1–2 खाली हों तो सूरज–बुध मुश्तरका का जरूर उत्तम फल होगा। मगर इस वक्त भी सनीचर का उम्दा या मंदा फल टेवे वाले के सूरज बुध मुश्तरका में शामिल गिना जाएगा।

खाना नंबर 11– खाना नंबर 11 में सूरज–बुध मुश्तरका के वक्त अगर टेवे वाले के जद्दी (पैतृक) मकान में धर्म–पूजन होता हो अथवा वहां नेक सदस्य रहते हों तो टेवे वाले का नसीब (भाग्य) हर वक्त बढ़ता ही जाएगा। सूरज–बुध का (मंदा या उम्दा) असर शुरू या खत्म होने की निशानी तुरन्त टेवे वाले इंसान के घर के सदस्यों पर जाहिर हो जाएगी।

पाप जद्दी घर कोई करता, जहर टेवे आ भरता हो
बुध सूरज कोई चाल न चलता, बुनियाद पहले घर होती हो

जब इंसान के जद्दी मकान में कोई भी इंसान पाप करता हो तो उसका असर (जहर) टेवे वाले की किस्मत में आ जाता होगा। ऐसे वक्त सूरज–बुध भी कुछ न कर सकेंगे। खाना नंबर 1 के ग्रह या सूरज का उपाय करना मददगार होगा।

खाना नंबर 12– जब खाना नंबर 12 में सूरज–बुध मुश्तरका हों तो दोनों ग्रहों का अलग–अलग खाना नंबर 12 के अनुसार फल होगा। बुध का अब सूरज पर कोई बुरा असर न होगा बशर्ते टेवे वाले के जिस्म पर सोना कायम रहे। मंदे असर के वक्त बुध खाना नंबर 11 का दिया हुआ उपाय मददगार होगा।

अन्य नेक हालात

(1) सूरज–बुध मुश्तरका के वक्त इंसान का राजदरबार से ताल्लुक (सम्बन्ध) अथवा सरकारी मुजालमत (नौकरी) का ताल्लुक जरूर होगा और फायदेमंद (लाभदायक) होगा।

(2) टेवे वाले की उम्र लम्बी होगी मगर मौत अचानक होगी।

(3) इंसान की तालीम (शिक्षा) और कलम (लेखनी) हमेशा मददगार होगी।

(4) रात की रोशनी से मुतअल्लिक (सम्बन्धित) कारोबार और तहरीर (लेखन–कार्य) वगैरह उत्तम फल देने वाले होंगे।

(5) सूरज–बुध मुश्तरका नेक घरों में हों अथवा हथेली में सूरज के बुर्ज़ (खाना नंबर 1) से कोई रेखा बुध के बुर्ज़ (खाना नंबर 7) पर जाती हो तो टेवे वाले की किस्मत जवानी में जागेगी। टेवे वाले की औरत (स्त्री) की दिमागी (बौद्धिक) ताकत कमाल की होगी। उसके (स्त्री के) रूखसार (गाल) पर जख्म (चोट) का निशान होगा।

(6) सूरज–बुध मुश्तरका नेक घरों में हों अथवा हथेली पर अनामिका और मध्यमा उंगली के दरमियान (मध्य) छोटी–सी लकीर हो तो टेवे वाला दूसरों की बजाए खुद अपने हाथों से पैदा की गई धन–दौलत पर भरोसा करने वाला होगा। ऐसा इंसान खुद साख्ता (स्वनिर्मित) अमीर होगा। टेवे वाले की सेहत उम्दा होगी और उसकी धन–दौलत और मेहनत का नेक नतीजा (परिणाम) होगा।

(7) जब सूरज–बुध मुश्तरका नेक घरों में हों और खाना नंबर 3, 4, 5 में से किसी खाने में सनीचर बैठा हो अथवा हथेली में अनामिका और कनिष्ठा उंगली के दरमियान (मध्य) छोटी–सी रेखा हो तो टेवे वाले को दुनियावी (सांसारिक) ताल्लुक में नेक नतीजे (परिणाम) मिलेंगे। ऐसे वक्त सूरज और सनीचर का कोई झगड़ा न होगा।

मंदी हालत

खाना नंबर 1– जब सूरज–बुध मुश्तरका खाना नंबर 1 में हों तो टेवे वाले का ताल्लुक राजदरबार में अपने से बड़े ओहदे (स्तर) वाले इंसान से होगा। झगड़े के वक्त वाले साल (बमूजिब वर्षफल) में अगर सनीचर का टकराव (देखें फरमान नंबर 6 टकराव या बरताव पर पैमाना ताकत) आ जाए तो फैसला टेवे वाले के हक में होने की तसल्ली (सुनिश्चितता) होगी।

खाना नंबर 2– जब सूरज–बुध मुश्तरका खाना नंबर 2 में हों तो किस्मत (भाग्य) के ताल्लुक में माली (आर्थिक) हालत मंदी ही होगी।

खाना नंबर 3– सूरज–बुध मुश्तरका खाना नंबर 3 के वक्त अगर टेवे वाला मंदा (नीच) आशिक (प्रेमी) हो तो राहु और शुक्कर दोनों का ही असर बुरा होगा। बुध के मंदे असर की वजह से टेवे वाले की उम्र का 17 से 34 साल का अरसा (समय सीमा) लगातार बदनामी और नुकसान का अरसा होगा। ऐसा इंसान मतलबपरस्त (मतलबी) होगा।

खाना नंबर 5– सूरज–बुध मुश्तरका खाना नंबर 5 में हों तो टेवे वाले इंसान की मौत अचानक होगी।

खाना नंबर 6– जब सूरज–बुध मुश्तरका खाना नंबर 6 में हों अथवा पांव में कनिष्ठा उंगली, अनामिका उंगली से बहुत लम्बी हो तो बुध कायम होने और सूरज को खाना नंबर 2 में बैठे ग्रह की नेक दृष्टि, दोनों ही मुबारक निशानियों का फल कम हो जाएगा। टेवे वाला इंसान मनहूस (नेष्ट), जलील (नीच) और मंदी किस्मत वाला होगा। टेवे वाले की लम्बी उम्र की कोई तसल्ली न होगी।

खाना नंबर 7– जब सूरज–बुध मुश्तरका खाना नंबर 7 में हों और टेवे में शुक्कर मंदा, खराब या बरबाद **हो तो** टेवे वाले इंसान की औरत (पत्नी) का फल मंदा होगा और औरत सुख न पाएगी। **इंसान** की ससुराल **बरबाद** अथवा ससुरालियों की औलाद की उम्र शक्की (संदेहजनक) होगी। टेवे वाले की खुद की औलाद का भी फल मंदा होगा। खाना नंबर 9 में ऐसे ग्रह बैठे हों जो बुध के दुश्मन हों या बुध जिनका दुश्मन हो अर्थात् चन्द्र, बृहस्पत या मंगल बैठे हों तो खाना नंबर 9 में बैठे ग्रह की उम्र अथवा बुध की उम्र (34 साल) तक बुध, सूरज को कोई ऐसी मदद न देगा जिससे कि सूरज का असर चमकता हो बल्कि टेवे वाले की दुनिया (सांसारिक दायरा) में बेएतबारी (अविश्वास) और हकीरता (निम्नता) ही पैदा करता जाएगा। सूरज पर स्याही (कालिख) तो फेंकेगा मगर ग्रहण नहीं लगाएगा। फिर भी फर्जी (काल्पनिक) रेत तो जरूर पैदा कर देगा। राजदरबार में नीच सूरज का नजारा पेश हो जाएगा।

खाना नंबर 8– जब सूरज–बुध मुश्तरका खाना नंबर 8 में हो और टेवे में मंगल–बद (सूरज+सनीचर मुश्तरका) भी हों तो खाना नंबर 2 के ग्रह (चाहे जो हों) बरबाद ही होंगे। बुध से मुतअल्लिक (सम्बन्धित) अश्या (वस्तुएं), कारोबार और ताल्लुकदार बरबाद होंगे और उनकी हालत मंदी होगी। टेवे वाला जंगजू (युद्ध प्रेमी), बेरहम (निर्दयी), बेचलन (दुराचारी) होगा। मुमकिन है कि (सम्भवतः) टेवे वाला जंगो–जदल (लड़ाई–झगड़े) में ही मारा जाए।

खाना नंबर 9– जब सूरज–बुध मुश्तरका खाना नंबर 9 में हों और बुध मंदा हो तो टेवे वाले की 17 से 27 साल के दरमियानी (मध्य) उम्र मंदे असर वाली होगी। यानि अगर इंसान पर से एक लानत हटी तो दूसरी लगती होगी। शायद ही 34 साल की उम्र से पहले औलाद नरीना (नर) कायम होगी। औरत का टेवा हो तो नर औलाद 22 साल की उम्र से पहले कायम न होगी। मंदी हालत के वक्त सूरज या मंगल को नेक कर लेना मददगार होगा। अगर इतवार (रविवार) या मंगलवार के दिन टेवे वाले की लड़की की पैदाइश हो जाए तो किसी भी उपाय की जरूरत न होगी। लड़की (बेटी) की पैदाइश के बाद सब कुछ उम्दा होता चला जाएगा।

खाना नंबर 10– जब सूरज–बुध मुश्तरका खाना नंबर 10 में हों तो टेवे वाले की किस्मत में सनीचर का मंदा फल शामिल हो जाएगा। ऐसा शख्स (इंसान) बदनामी में मशहूर (प्रसिद्ध) होगा और खुद–ब–खुद अपने कामों को बिगाड़ेगा।

खाना नंबर 11– जब सूरज–बुध मुश्तरका खाना नंबर 11 में हों और टेवे वाले इंसान के जद्दी (पैतृक) मकान में मंदे (नीच) काम करने वाले लोगों की रिहाइश (निवास) हो तो उन मंदे कामों का जहर तुरन्त इंसान के टेवे पर कायम होगा।

खाना नंबर 12– जब सूरज–बुध मुश्तरका खाना नंबर 12 में बैठे हों तो गृहस्थी हालत में बुध के रिश्तेदार या कारोबार बेवजह खर्च और जहमत (मुसीबत) का बहाना (कारण) बनेंगे। टेवे वाले इंसान में जिस्मानी (शारीरिक) नुक्स (कमी), नाड़ियों (नसों) की परेशानियां, मूर्छा या मिर्गी जैसी बीमारियां भी हो सकती हैं। खाना नंबर 12 में बैठकर अब बुध खाना नंबर 6 के ग्रहों को बरबाद कर देगा।

अन्य मंदे हालात

(1) सूरज–बुध मुश्तरका के मंदे असर के वक्त शुक्कर का असर 25 साल की उम्र तक टेवे वाले के लिए मंदा और रद्दी (अनुपयुक्त) ही होगा।

(2) जब सूरज नीच या दुश्मन घरों में जाकर मंदा हो रहा हो तो बुध का जाती (व्यक्तिगत) असर मंदा ही होगा यानि व्यापार करना टेवे वाले के लिए नुकसानदायक और बेवजह ही होगा।

(3) टेवे वाले का बचपन तकलीफ़ और परेशानी में बीतेगा। राजदरबार में टेवे वाले का झगड़ा तो होगा मगर फैसला उसके पक्ष में ही होगा।

(4) जब टेवे में चन्द्र नष्ट हो रहा हो और हथेली में दिल रेखा और सिर रेखा मिलकर एक ही नजर आ रही हो और उस पर सूरज और बुध के बुर्ज़ से कोई रेखा आकर मिले तो टेवे वाले को दिमागी (मानसिक) सदमात (सदमे वगैरह या परेशानियां) होंगे।

(5) जब सूरज–बुध मुश्तरका दोनों सनीचर को देख रहे हों तो टेवे वाले इंसान के झगड़ों का फैसला (निर्णय) टेवे वाले के हक (पक्ष) में ही होगा।

(6) जब इंसान के टेवे में बुध की जड़ (3–6) या सूरज की जड़ (5) में बृहस्पत या चन्द्र बैठे हों और साथ ही सूरज–बुध मुश्तरका हों तो टेवे वाले को मंदे नतीजे मिलेंगे।

सूरज-सनीचर

(मंगल-बद या राहु-नीच)

सूरज सनीचर दो मुश्तरका बैठे, झगड़ा न कोई करते हों
वजह कोई जब कभी लड़ते, बुध जहर आ भरता हो
नतीजा वही जो सूरज टेवे, सनीचर शक्की होता हो
झगड़ा दोनों का लम्बा बढ़ता, नीच राहु बद मंगल हो
आग व कुएं कीमत कौड़ी, अश्या सनीचर सब मंदी हो
सनीचर जलावे ताक़त बदनी, सूरज सेहत जिस्मानी हो
काम उत्तम जर चांदी होगा, हालत तालीमी फलता हो
बुध साथी से दोनों उम्दा, असर उत्तम सब करता हो

आम हालात

(1) दुश्मन ग्रहों (शुक्कर, सनीचर, राहु, केतु) के साथ किसी भी घर में बैठा सूरज उस दुश्मन ग्रह का बुरा असर सम्बन्धित खाने (जिसमें सूरज बैठा है) की अश्या (वस्तुओं) पर देगा। ऐसे वक्त टेवे वाले की 22 से 45 साल की उम्र के दरमियान (मध्य) दुश्मन ग्रह अपनी-अपनी उम्र पर (देखें फरमान नंबर 6 ग्रहों की मियादें- आम साल) टेवे वाले इंसान पर बुरा असर देंगे। ऐसे वक्त दुश्मन ग्रह की अश्या (वस्तु) के माध्यम से बुध की पालना (सेवा वगैरह) कर लेना मुबारक होगा। अगर इस योग में सूरज के दोस्त ग्रह (चन्द्र, मंगल, बृहस्पत) भी उसी खाने में सूरज के साथ बैठे हों तो दोस्तों की अश्या (वस्तुओं, रिश्तेदार या कारोबार वगैरह) पर बुरा असर होगा, अब दुश्मन ग्रह बच जाएगा।

(2) **बन्दर और बये की कहानी**- जोर की बारिश हो रही थी और बया (पक्षी की एक प्रजाति) अपने घोंसले में बैठा हुआ था। बन्दर उसी दरख़्त (वृक्ष) पर जोर-जोर से परेशान होकर चिल्ला रहा था। बये ने बंदर को नसीहत दी कि वक्त से पहले ही घोंसला बना लिया जाना चाहिए लेकिन उस बेवकूफ बन्दर ने इतना सुनते ही उस बये का घोंसला ही बरबाद कर दिया। ठीक इसी तरह ऐसे इंसान (सूरज-सनीचर मुश्तरका) की किस्मत भी होती है कि जब वह किसी की तरफ मदद के लिए हाथ बढ़ाएगा तो सांप (सनीचर) अपने जहरीले दांत से सब कुछ बरबाद कर देगा। खाली बुध का असर व्यर्थ होगा, बुध की ताकत तालीम (शिक्षा) और इल्म (ज्ञान) होगी, जिसमें सनीचर का मंदा असर भी शामिल होगा।

(3) सूरज-सनीचर मुश्तरका मिलकर मंगल-बद का असर करेंगे। टेवे वाला आजाद विचारों का मालिक होगा। मौका देखकर फ़ौरन लट्टू की तरह बदल जाने वाला होगा। बुढ़ापे में सूरज-सनीचर मुश्तरका (संयुक्त) का असर ज्यादा होगा। सूरज, चन्द्र और बृहस्पत उत्तम फल देंगे।

(4) सूरज-सनीचर मुश्तरका धन-दौलत के मामले में 46 साल की उम्र तक मुश्तरका (संयुक्त) होंगे। मुश्तरका मिलावट के वक्त सनीचर का 2/3 हिस्सा और सूरज का 1/3 हिस्सा शामिल होगा। सूरज-सनीचर मुश्तरका वालिद (पिता) की उम्र के मामले में 40 साल की उम्र तक मुश्तरका होंगे, जिसमें सनीचर और सूरज का आधा-आधा हिस्सा शामिल होगा। सूरज-सनीचर मुश्तरका दुनियावी (सांसारिक) सुख के मामले में 34 साल की उम्र तक मुश्तरका होंगे और सनीचर का इस मिलावट में 1/3 हिस्सा और सूरज का 2/3 हिस्सा शामिल होगा।

(5) सूरज–सनीचर मुश्तरका हालत में बन्दर (सूरज) और सांप (सनीचर) की आपसी लड़ाई की तरह वाली टेवे वाले की किस्मत होगी। जिसमें लाभ (सूरज) और हानि (सनीचर) बराबर–बराबर की होगी।

(6) दोनों की बाहमी (आपसी) लड़ाई में शुक्कर मंदा बल्कि बरबाद ही होगा मगर औलाद पर कोई बुरा असर न होगा। सनीचर का सांप हामिला (गर्भवती) औरत के सामने आते ही अंधा हो जाएगा और उस पर हमला न कर सकेगा। न ही यह सांप (सनीचर) अकेले (इकलौते) लड़के को ही डस पाएगा। इसी तरह सनीचर की अश्या (वस्तुएं) कारोबार या ताल्लुकदार भी हामिला (गर्भवती) औरत या इकलौते लड़के का बुरा न कर सकेंगे। सूरज–सनीचर मुश्तरका हालत में किस्मत का फैसला हथेली की सूरज–रेखा से होगा।

(7) सूरज–सनीचर मुश्तरका के वक्त अगर टेवे में सूरज और सनीचर किसी एक का भी फल खराब हालत में हो तो टेवे वाले की 22 से 26 साल की उम्र के दरमियान (मध्य) राहु का फल भी मंदा होगा और राहु, मंगल–बद का असर देगा। मंदे वक्त की वजह इश्क (प्रेम) या मिट्टी (औरत) की पूजा करनी होगी। अगर टेवे वाला बददियानती (बेईमानी) करता हो तो शुक्कर भी बरबाद गिना जाएगा।

(8) मंदरजाजैल (निम्नलिखित) फेहरिस्त (सूची) में खानावार (अलग–अलग खानों के अनुसार) सूरज–सनीचर मुश्तरका की अश्या (वस्तुओं वगैरह) का ब्यौरा (विवरण) दिया जा रहा है।

खाना नंबर	सूरज–सनीचर मुश्तरका की अश्या
1	हलक (गला) का कौआ, आग से जलना
2	माशसालिम (उड़द की साबुत दाल)
3	पुरानी किस्म की लकड़ी (बेर या कीकर)
4	मकानों में काले कीड़े–मकोड़े
5	स्याह (काला) सुरमा, बुद्धू (बेवकूफ) लड़का
6	कौवा, स्याह (काला) कुत्ता
7	दरिन्दे (हिंसक पशु), सफ़ेद सुरमा, स्याह अनाज, नजर बीनाई (आंखों की ज्योति)
8	पुड़पुड़ी (कनपटी), बिच्छू
9	आक (मदार या अकौवा का पेड़), टाहली (शीशम), फलाई
10	मगरमच्छ, ज़ाती (व्यक्तिगत) मकान
11	लोहा
12	गृहस्थी (पारिवारिक), मच्छी, तख़्तपोश, सिर पर टटरी

उपर्युक्त सारिणी फरमान नंबर 16 का अंश मानी जानी चाहिए।

कियाफा (हस्तरेखा)– जब सूरज रेखा से सनीचर की ऊर्ध्व रेखा (किस्मत रेखा) का ताल्लुक (सम्बन्ध) हो जाए तो इंसान के जीवन में आग के वाकिआत (घटनाएं) होंगे। अगर ऐसी रेखा किसी मामूली हाथ में भी हो तब भी सूरज–सनीचर मुश्तरका का बुरा असर टेवे वाले पर होगा। टेवे वाला अगर सोने–चांदी का

कारोबार (सर्राफ) या आग से मुतअल्लिक (सम्बन्धित) कारोबार करता हो तो टेवे वाले पर मुबारक असर होगा। ऐसे वक्त सूरज जबरदस्त आग पैदा कर देगा, जिसमें सनीचर का सामान तो स्याही (कालिख) का असर देगा मगर सूरज, चन्द्र और बृहस्पत उत्तम फल देंगे। सूरज रेखा के बिना इंसान की जिन्दगी की बिल्कुल भी कीमत (औकात) न होगी और न ही ऐसा इंसान जनमुरीद (पत्नीभक्त) होगा। सूरज–सनीचर मुश्तरका के साथ–साथ अगर हथेली में सूरज का बुर्ज़ (पर्वत) भी कायम (स्थित) हो तो टेवे वाले को इश्क और मोहब्बत के सिवाए दुनिया में कुछ नजर न आएगा। बन्दर (सूरज) और सांप (सनीचर) की लड़ाई की तरह ही टेवे वाले की किस्मत का हाल होगा और गृहस्थ (पारिवारिक) माहौल होगा।

नेक हालत

खाना नंबर 1– खाना नंबर 1 में सूरज–सनीचर मुश्तरका हों तो टेवे वाला ब्रह्मज्ञानी होगा।

खाना नंबर 5– खाना नंबर 5 में सूरज–सनीचर मुश्तरका हों तो टेवे वाला मजबूत ख्यालातों (इरादों) का मालिक होगा।

खाना नंबर 6– खाना नंबर 6 में सूरज–सनीचर मुश्तरका (संयुक्त) हों तो टेवे वाला जगह–जगह सफर (यात्रा) करने वाला होगा। अगर टेवे में बुध और चन्द्र दोनों कायम (देखें फरमान नंबर 6) हो तो सूरज का फल कुछ अच्छा होगा। जब टेवे में सूरज कायम हो और सनीचर मंदा हो अथवा पांव में मध्यमा उंगली, अनामिका उंगली से छोटी हो तो टेवे वाले को औरत का उत्तम सुख मिलेगा।

खाना नंबर 9– खाना नंबर 9 में सूरज–सनीचर मुश्तरका हों तो टेवे वाला दौलतमंद मगर मतलब–परस्त (मतलबी) होगा।

खाना नंबर 12– खाना नंबर 12 में सूरज–सनीचर मुश्तरका हों तो अब सूरज और सनीचर का झगड़ा न होगा और न ही अब शुक्कर मंदा असर देगा। टेवे वाला और उसकी औरत दोनों सुखी (सुखी–सम्पन्न) होंगे और ये दोनों ही ग्रह वक्त पर अपना उम्दा असर देंगे।

सनीचर-सूरज न झगड़ा करते, न ही शुक्कर खुद मंदा हो
असर वक्त पर उम्दा देते, मर्द औरत सब सुखी हो

अन्य नेक हालात

जब सूरज–सनीचर मुश्तरका दोनों मंगल के घर खाना नंबर 1 में हों अथवा मंगल इन दोनों को देख रहा हो तो दोनों ही ग्रहों का नेक और उत्तम फल होगा। टेवे वाले के लिए सोने, चांदी या आग के कारोबार मुबारक होंगे।

मंदी हालत

खाना नंबर 1– खाना नंबर 1 में सूरज–सनीचर मुश्तरका के वक्त मच्छ रेखा और काग रेखा का मुश्तरका असर मस्नूई (बनावटी) मंदे बुध का असर करेगा। टेवे वाला कौवे (फ़रेबी) के स्वभाव वाला होगा। ऐसे वक्त राहु–केतु दोनों ही मंदे असर के होंगे। "बाप (सूरज) कमाए, बेटा (सनीचर) उड़ाए" वाला जुमला टेवे वाले पर लागू होगा। अगर सूरज की अश्या (वस्तुएं, व्यापार या रिश्तेदार) का असर उत्तम हो तो सनीचर की अश्या का फल मंदा, बरबाद और बरबादी का सबब (कारण) होगा। टेवे वाले के घर में मनहूसियत (नेष्टता), अव्वल (प्रथम) दर्जे की होगी।

सूरज–सनीचर के झगड़े में शुक्कर (स्त्री पक्ष वगैरह) बरबाद और मंदा होगा। खाना नंबर 1 में सूरज–सनीचर मुश्तरका के वक्त अगर बृहस्पत–चन्द्र खाना नंबर 12 में हों और शुक्कर–बुध खाना नंबर 2 में हों तो टेवे वाला खोटे काम करने में माहिर होगा। यानि उसके हर काम में खोटापन जरूर होगा। सरकारी मुलाजमत (नौकरी) में हर तरह से परेशानियां होंगी। जब सूरज–सनीचर मुश्तरका बमूजिब (अनुसार) वर्षफल ऐसे घर में आ जाएं जहां पर सूरज मंदा हो रहा हो तो टेवे वाला पागलखाने या जेलखाने में दाखिल होगा। मसलन जब टेवे में सूरज–सनीचर खाना नंबर 1 में हों, बृहस्पत–चन्द्र खाना नंबर 12 में और बुध–शुक्कर खाना नंबर 2 में हों तो बमूजिब वर्षफल इकत्तीसवें साल के टेवे में सूरज–सनीचर खाना नंबर 7 में, बृहस्पत–चन्द्र खाना नंबर 2 में और बुध–शुक्कर खाना नंबर 5 में आ जाएंगे। अब टेवे वाले के लिए इकत्तीसवें साल पागलखाना या जेलखाना नसीब होगा। (देखें फेहरिस्त वर्षफल फरमान नंबर 13)।

खाना नंबर 5– खाना नंबर 5 में सूरज–सनीचर मुश्तरका के वक्त अगर सनीचर अपने जाती (व्यक्तिगत) स्वभाव के हिसाब से मंदा हो रहा हो तो बमूजिब (अनुसार) वर्षफल जिस दिन सनीचर खाना नंबर 5 में आएगा उस दिन से 9 साल टेवे वाले के लिए मंदे होंगे। ऐसे वक्त टेवे वाले को हर तरह का खौफ़ (भय) और खदशा (शंका या संदेह) होगा।

खाना नंबर 6– खाना नंबर 6 में सूरज–सनीचर मुश्तरका हों अथवा पांव में अनामिका उंगली मध्यमा से छोटी हो तो सनीचर का असर केतु की अश्या (वस्तुओं, रिश्तेदार, कारोबार) के लिए मंदा होगा। इंसान के घर सोने की जगह मिट्टी के तवे होंगे। निहायत (बहुत ही ज्यादा) मंदा और गरीबी का जमाना टेवे वाले को नसीब होगा। ऐसे वक्त स्याह (काले) कुत्ते की पालना करना टेवे वाले के लिए मददगार होगा। अगर इंसान के घर कोई लड़का सेहत और आंखों से बेकार हो जाए तो उस लड़के की 18 साल की उम्र के बाद घर से गया हुआ सोना बहाल (पुनर्जीवित) होगा।

हालत मंदी बुध हरदम मंदा, भला चन्द्र न रहता हो
चलता सीधा सनीचर रास्ता भूला, असर शक्की सब देता हो
बुध चन्द्र जब होंगे उम्दा, केतु मंदा आ होता हो
कुत्ता मुबारक काला पूरा, वरना सोना उड़ जाता हो

सूरज–सनीचर मुश्तरका के वक्त बुध भी मंदा ही होगा और चन्द्र भी उम्दा न होगा यानि चन्द्र उम्दा फल न देगा मगर यह मतलब नहीं है कि चन्द्र मंदा फल देगा। अब सनीचर रास्ता भूले हुए मुसाफिर के मानिन्द (समान) अपना असर शक्की हालत का देगा। अगर टेवे में बुध–चन्द्र दोनों उम्दा हों तो केतु मंदा असर देगा अथवा केतु का असर मंदा होगा। स्याह (काले) कुत्ते की पालना करना मुबारक असर देगा वरना घर से सोना गुम (चोरी या खो जाना) होगा। जब सूरज–सनीचर मुश्तरका खाना नंबर 6 में हों और खाना नंबर 2 में बैठे ग्रह की दृष्टि की वजह से सूरज मंदा हो रहा हो और सनीचर कायम हो रहा हो (दोस्त दृष्टि से भी ग्रह कायम होता है और दुश्मन ग्रह की दृष्टि से ग्रह मंदा होता है) तो अमूमन छः बचने वाले मकान का टेवे वाला मालिक होगा, (विस्तृत वर्णन देखें, फरमान नंबर 17, मकान की हैसियत (स्तर) जिसमें यह इंसान कभी–कभी या बहुत कम जाता होता। यानि मकान मंदा हाल वाला होगा और औरत (पत्नी) का सुख हल्का होगा। ऐसे वक्त मकान में बुध की अश्या कायम करें यानि लहलहाते हुए पौधे, खिलखिलाते हुए फूलों के गमले, चहचहाते हुए सुरीली आवाज वाले परिन्दे और राग रंग (गायन–बाजन) वगैरह का सामान ही बुध की अश्या होंगे। बुध की अश्या कायम करते रहना मुबारक असर देगा। इसी तरह आबादी से बाहर जाकर जहां पर कोई वहम (रोक–टोक या शक) न करे, पक्की शाम के वक्त, रास्ते पर बुध की अश्या (फूल या नीले रंग की कांच की गोलियां या कंचे) तहजमीन (भूमिगत) दबाना मददगार होगा।

खाना नंबर 7– जब खाना नंबर 7 में सूरज–सनीचर मुश्तरका हों और टेवे में चन्द्र पहले घरों (खाना नंबर 1 से खाना नंबर 6) में हो और बुध खाना नंबर 5 में हो तो टेवे वाला इंसान राजा की कैद में जाएगा। देखें चित्र 510।

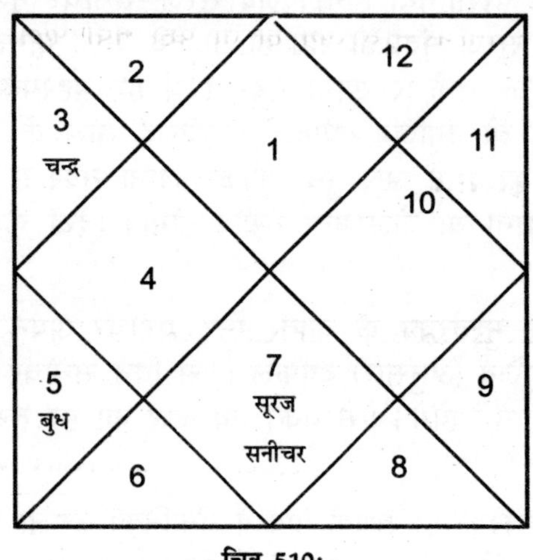

चित्र 510:

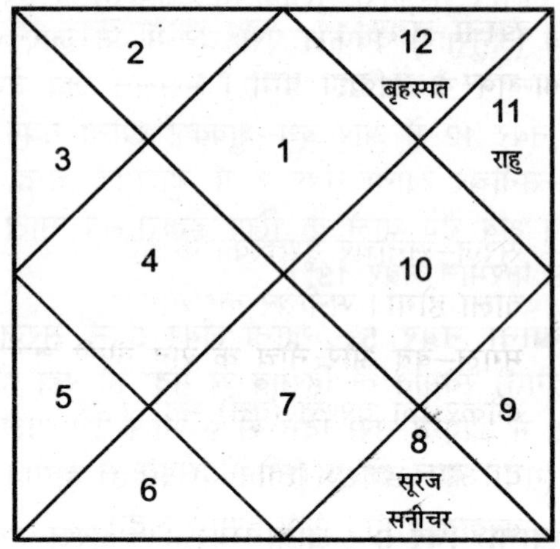

चित्र 511:

खाना नंबर 8– जब खाना नंबर 8 में सूरज–सनीचर मुश्तरका हों और राहु खाना नंबर 11 और बृहस्पत खाना नंबर 12 में हो (देखें चित्र संख्या 511) तो सनीचर की मियाद (36 साल की उम्र) पर खुद सनीचर जहरीले सांप के मानिन्द (तुल्य) असर करने वाला होगा। खासकर जब सनीचर बमूजिब (अनुसार) वर्षफल मंदे खाने में आ जाए अथवा किसी भी खाने में आकर मंदा हो जाए। ऐसे वक्त सनीचर की मूर्ति घर की दीवारों में कायम हो या इंसान के वजन के बराबर का सनीचर का बुत (मूर्ति) कहीं पर कायम की जाए या सनीचर का कारोबार किया जाए तो टेवे वाले की जिन्दगी में खालिस (शुद्ध) जहर के वाकिआत (घटनाएं) होंगे। अगर टेवे वाले की 37 साल की उम्र में जब सूरज–सनीचर मुश्तरका खाना नंबर 5 में आए और टेवे वाला मकान खरीदे या बनवाए अथवा सनीचर की अश्या (सरसों, खल वगैरह) का कारोबार करे तो टेवे वाले इंसान की औलाद ग़र्क (बर्बाद) और कारोबार तबाह होगा। ऐसे वक्त सनीचर की मूर्ति जो घर की दीवारों में बन्द हो, उसको सांस लेने के लिए दीवार में सुराख कर दें जिससे औलाद की सांस बन्द न होगी और वह तबाह होने से बच जाएगी।

खाना नंबर 9– जब खाना नंबर 9 में सूरज–सनीचर मुश्तरका हों और उनसे बुध खाना नंबर 3 का ताल्लुक (सम्बन्ध) बन रहा हो तो खाना नंबर 3 और खाना नंबर 9 दोनों ही खानों और उनमें बैठे ग्रह बरबाद होंगे और टेवे वाले इंसान पर मंदा असर देंगे।

खाना नंबर 10– जब खाना नंबर 10 में सूरज–सनीचर मुश्तरका हों अथवा इन दोनों के मस्नूई जुज (खण्ड) यानि शुक्कर–बुध (मस्नूई सूरज) या बृहस्पत–शुक्कर (मस्नूई सनीचर) हों तो दूसरे लोगों की तोहमत (इल्जाम या बदनामी) से बेवजह मारा जाएगा।

दुनिया तोहमत से नाहक मरता, दोगुनी ताक़त से चलता हो
बुध जभी घर आठवें बैठा, कैदी राजा का होता हो

मंदे असर के वक्त सूरज–सनीचर मुश्तरका खाना नंबर 10 में दोगुनी ताकत के साथ बुरा करते हैं और ऐसा इंसान बेवजह की तोहमत से परेशानी उठाता है। जब बुध भी टेवे में खाना नंबर 8 में बैठा हो तो ऐसा इंसान राजा का कैदी होगा।

खाना नंबर 11– जब खाना नंबर 11 में सूरज–सनीचर मुश्तरका हों तो वही मंदा फल होगा जो खाना नंबर 9 में कहा गया है।

अन्य मंदे हालात

(1) सूरज–सनीचर मुश्तरका के मंदे असर के वक्त टेवे वाला इंसान अपना घर खुद फूंककर तमाशा देखने वाला होगा। सनीचर का सामान, स्याही (कालिख) का काम देगा। सनीचर अब दोमुंहा सांप होगा जो मंगल–बद और नीच के राहु जैसी शरारतें करेगा। हथेली पर ऊर्ध्व रेखा, मंदी कायम होगी। घर में कीकर का दरख़्त (वृक्ष) मंदे असर की पहली निशानी होगा।

(2) टेवे वाले को जवानी में सेहत से मुतअल्लिक (सम्बन्धित) तकलीफ़ें होंगी और राजदरबार की कमाई बरबाद होगी। ऐसा इंसान लट्टू (बच्चों के खेलने का एक प्रचलित खिलौना) की कील की तरह घूम जाने वाला (गैर तसल्ली बख़्श) दोस्त होगा।

(3) जब सनीचर–सूरज मुश्तरका ऐसे घरों में हों जहां कि दोनों में से किसी एक का असर मंदा हो रहा हो तो सूरज की उम्र (22 साल) या सनीचर की उम्र (36 से 39 साल) तक टेवे वाले की किस्मत मंगल–बद या नीच राहु के मानिन्द (समान) होगी। चाहे टेवे में राहु कितने ही अच्छे घर में क्यों न बैठा हो और मंगल भी चाहे कितना ही उच्च का क्यों न हो?

(4) घर बैठक के लिहाज से अगर सूरज प्रबल हो और सनीचर कमजोर हो रहा हो तो टेवे वाले की जिस्मानी ताकत उम्दा होगी मगर जिस्मानी (शारीरिक) ढ़ाचा कमजोर होगा। जाहिर है कि ढांचा या जिस्म अदृश्य ताकत हैं और इंसानी ताकत अदृश्य ताकत है। इसे और ज्यादा सरल करें तो इंसानी ताकत आत्मिक बल होगा और इंसानी ढांचा–शारीरिक बल होगा।

उपाय

(1) ''दुनियावी सूर्यग्रहण'' के वक्त सनीचर की चीजें (बादाम, नारियल वगैरह) चलते पानी में बहाना मुबारक होगा। इस उपाय में टेवे के सूर्यग्रहण (राहु+सूरज मुश्तरका) से मुराद न होगी।

(2) अमूमन सूरज–सनीचर मुश्तरका के वक्त औरत की जिन्दगी बरबाद होती है खासकर उस वक्त जब बच्चों की पैदाइश का दौर हो और बच्चे पैदा करने की कोशिश (सहवास) दिन में की जा रही हो। ऐसे वक्त मंदेपन से बचने के लिए शादी के वक्त ख्याल (ध्यान) रखा जाए कि ऐसा मर्द या औरत जिससे शादी हो रही हो वह सनीचर के ग्रह का इंसान न हो (देखें फरमान नंबर 17), लेकिन अगर इंसान की शादी हो ही चुकी हो तो औरत के सिर के बालों पर तीनों नर ग्रह (सूरज, मंगल, बृहस्पत) से मुतअल्लिक (सम्बन्धित) चीजें (त्रिकोण को छोड़कर) किसी भी शक्ल (रूप) में कायम करें। मसलन तांबे की कील में सोना और लाल पत्थर (माणिक) कायम करके बालों में औरत लगाए।

सूरज-राहु

(आग और भूकम्प)

ग्रहण सूरज की क़िस्मत होती, या उम्र छोटी मरता हो
उम्र राहु औलाद हो शक्की, राज कमाई जलता हो

आम हालात

(1) सूरज–राहु मुश्तरका के वक्त टेवे वाले की किस्मत की चमक और बृहस्पत का असर राजा के बजाय चोर का होगा। सूरज–राहु मुश्तरका के वक्त टेवे वाले इंसान पर सूर्यग्रहण होगा जिसकी वजह से ऐसा इंसान बेईमान और नीच होगा। मुश्तरका हालत में सूरज–राहु, हिलते हुए हाथी (मदमस्त) के मानिन्द (समान) होंगे और ऐसे वक्त बृहस्पत की हवा भी बर्फ़ीली और मायूस (निराश) करने वाली होगी।

(2) टेवे वाला 45 साल तक शक्की उम्र का होगा अथवा उसकी किस्मत ग्रहण के मानिन्द मंदी होगी। राहु की उम्र (42 साल) तक टेवे वाले की उम्र शक्की होगी और राजदरबार से कमाया हुआ धन बरबाद होगा।

(3) दुश्मन ग्रहों (शुक्कर, पापी) के साथ बैठा हुआ सूरज चाहे किसी भी घर में क्यों न हो वह हमेशा दुश्मन ग्रह और वह घर जहां सूरज बैठा है (दुश्मन ग्रह के साथ) दोनों से मुतअल्लिक (सम्बन्धित) अश्या (वस्तुओं, रिश्तेदार, कारोबार) पर बुरा असर देगा। 22 से 45 साल की उम्र के दरमियान दुश्मन ग्रह अपनी–अपनी मियाद (देखें फरमान नंबर 6, ग्रहों की मियाद– आम साल) पर बुरा असर देंगे। दुश्मन ग्रहों को बुध की पालना द्वारा नेक कर लेना मुबारक साबित होगा।

(4) अगर टेवे में सूरज के दोस्त ग्रह (चन्द्र, मंगल, बृहस्पत) भी सूरज–राहु मुश्तरका के साथ ही बैठे हों तो सूरज के दोस्तों से मुतअल्लिक (सम्बन्धित) अश्या (वस्तुओं) पर बुरा असर होगा और दुश्मन ग्रह अब बच जाएंगे।

(5) सूर्यग्रहण के वक्त मानो टेवे वाले की कामयाबी (सूरज) के आगे–आगे एक दीवार (राहु) चल रही हो यानि सूरज की रोशनी तो होगी मगर उस रोशनी में गर्मी (ऊर्जा) न होगी। दिन के वक्त भी सूरज की धूप चन्द्र की चांदनी की तरह की होगी।

(6) सूरज–राहु मुश्तरका के वक्त राजदरबार में हर बात उलझी हुई–सी नजर आएगी मगर ग्रहण के दूर होते ही जिस तरह सूरज की रोशनी में धूप बहाल हो जाती है हू–ब–हू उसी तरह किस्मत के मैदान में भी वही हाल होगा। राहु का बुरा असर खत्म होते ही सब कुछ उसी तरह बहाल हो जाएगा जैसा कि ग्रहण शुरू होने से पहले था।

(7) सूरज–राहु मुश्तरका (ग्रहण) वाले टेवे में मंगल, राहु को दबा रहा होगा।

(8) सूर्यग्रहण वाले टेवे में अगर मंदे वक्त (ग्रहण के अर्से) के दौरान शुक्कर–बुध मुश्तरका हो रहे हों या दृष्टि के सिद्धान्त पर (बुध की नाली की दृष्टि को भी मिलाते हुए) दोनों आपस में मिल रहे हों तो सूर्यग्रहण का बुरा असर टेवे वाले पर न होगा। यानि राजदरबार से मदद मिलती ही रहेगी और धन–दौलत की आमदनी होती रहेगी।

(9) सूर्यग्रहण के दौरान अमूमन ग्रहण का आम अरसा 2 साल और कुल अरसा 22 साल हो सकता है। टेवे में सूरज उनतालीसवें साल और 39 साल तक चमक देता रहेगा यानि 39 साल से लेकर 78 साल की उम्र तक सूरज का असर उत्तम होगा।

(10) मंदरजाजैल (निम्नलिखित) फेहरिस्त (सूची) में खानावार (अलग–अलग खानों के अनुसार) सूरज–राहु मुश्तरका की अश्या (वस्तु वगैरह) का ब्यौरा (विवरण) दिया जा रहा है। यह सारणी फरमान नंबर 16 का हिस्सा समझी जा सकती है।

खाना नंबर	राहु–सूरज मुश्तरका की अश्या
1	ठोढ़ी, नाना, नानी।
2	हाथी के पांवों की मिट्टी, ससुराल, सरसों, कच्चा धुआं, घर का भेदी, चोर
3	हाथी दांत, गैरमुबारक (अशुभ) जुबान का तेंदुआ, जौ (अनाज की एक किस्म)
4	ख़्वाब, ख़्वाब का जमाना (स्वप्नावस्था), धनिया (मसाले की एक किस्म), सोया हुआ दिमाग
5	छत, औलाद का सुख, उम्र
6	स्याह (काला) कुत्ता
7	सट्टे का कारोबार
8	झूला (एक बीमारी), माली खूलिया (मस्तिष्क से सम्बन्धित रोग)
9	दहलीज, नीले रंग की चीजें, घुण्डी (कण्ठ) या हलक से ऊपर की बीमारियां
10	ग़र्क (बर्बाद) और गंदी नाली
11	नीलम
12	कोयला, हाथी, खोपड़ी (सिर का हिस्सा)

नेक हालत

खाना नंबर 5– जब राहु–सूरज मुश्तरका खाना नंबर 5 में हों तो टेवे वाला राहु की उम्र (42 साल) तक सदारत (अध्यक्षता) का मालिक होगा। ऐसा इंसान मामूली मुंशी (क्लर्क) न होगा।

मंदी हालत

खाना नंबर 1– जब राहु–सूरज मुश्तरका खाना नंबर 1 में हों और सनीचर या मंगल या दोनों खाना नंबर 5 या खाना नंबर 9 में हों तो टेवे वाला अमूमन जनम से ही अंधा होता है।

खाना नंबर 3– जब राहु–सूरज मुश्तरका खाना नंबर 3 में हों तो 34 साल की उम्र तक बुध और केतु दोनों ही ग्रहों का फल मंदा होगा।

खाना नंबर 5– जब राहु–सूरज मुश्तरका खाना नंबर 5 में हों तो सूरज की उम्र (22 साल) तक औलाद किसी काम की न होगी मगर राजदरबार में कोई खराबी न होगी। सूरज–राहु मुश्तरका खाना नंबर

पांच के दौरान चन्द्र भी खाना नंबर 4 में बैठा हो तो टेवे वाले की ससुराल और मामा (या मामा खानदान) राहु की उम्र (21 साल या 42 साल) तक मंदे हाल और निर्धन ही होंगे, मामूली गुजर–बसर चलती रहेगी। ऐसे वक्त चन्द्र भी बरबाद ही होगा।

खाना नंबर 9, 10, 11, 12–

(1) जब खाना नंबर 9–12 में राहु–सूरज मुश्तरका मिलकर सूर्यग्रहण बना रहे हों तो टेवे वाले पर इस ग्रहण का असर नहीं होगा, न ही यह योग उम्र के लिहाज से वहम (संशय) पैदा करने वाला होगा।

(2) जब यह ग्रहण खाना नंबर 10–11 में बन रहा हो तो टेवे वाला शक्की (संदेहजनक) उम्र का मालिक होगा। खासकर जब खाना नंबर 10 में ग्रहण के दौरान सनीचर टेवे में मंदा हो और स्त्री ग्रह टेवे में खाना नंबर 2 में बैठे हों। इसी तरह ग्रहण खाना नंबर 11 के वक्त सनीचर नष्ट या मंदा हो रहा हो। दोनों ही हालतों में टेवे वाले की उम्र सिर्फ 22 साल ही होगी बशर्ते नर ग्रह साथ, साथी (देखें फरमान नंबर 6) या मददगार न हो। यानि अगर नर ग्रहों का साथ मिलेगा तो टेवे वाले की उम्र लम्बी होगी।

(3) खाना नंबर 10–11 में ग्रहण के दौरान अगर राहु–सूरज का साथ खाना नंबर 8 के ग्रह से हो जाए तो यह ग्रह टेवे वाले की उम्र कम करेगा। यानि ऐसे वक्त टेवे वाले की उम्र मंदी होगी। बशर्ते सनीचर भी टेवे में मंदा, नष्ट या बरबाद हो रहा हो।

(4) जब दोनों ग्रह (सूरज–राहु) खाना नंबर 10 में बैठकर ग्रहण योग बना रहे हों और सनीचर खाना नंबर 2 में बैठा हो तो ऐसे वक्त न तो मंगल और न ही बृहस्पत टेवे वाले की मदद को आएंगे। अब टेवे वाले इंसान की उम्र सिर्फ 22 साल ही होगी।

घर नौ-बारह ग्रहण सूरज का, वहम उम्र नहीं होता हो
दोनों बैठे घर दस या ग्यारह, शक्की उम्र का होता हो
उम्र मंदी खुद करने वाला, आठवें साथी होता हो
सनीचर बैठा जब मंदे टेवा, नष्टी हुआ या मंदा हो
दोनों तभी घर दसवें बैठे, सनीचर दूजे ग्रह मंदा हो
मदद मंगल न बृहस्पत खुद पाते, उम्र बाईस का होता हो

अन्य मंदे हालात

(1) जब सूर्यग्रहण (सूरज–राहु मुश्तरका) टेवे में खाना नंबर 9 या खाना नंबर 12 में बन रहा हो तो ग्रहण का मंदा जमाना उस वक्त अमूमन अपने पूरे शबाब (शीर्ष) पर होगा।

(2) राहु भूचाल और सूरज आग होगा। यह ग्रहण जिस खाने में हो रहा हो वहां तो मंदा असर होगा ही बल्कि उस खाने में भी होगा जो खाना इस खाने का हमसाया (पड़ोसी) हो यानि पड़ोस का खाना भी जलेगा। मसलन अगर खाना नंबर 6 में ग्रहण बन रहा हो तो दृष्टि की वजह से खाना नंबर 12 तो जलेगा ही बल्कि खाना नंबर 7 भी मंदा होगा।

(3) ग्रहण के वक्त राहु की पूरी उम्र (42 साल) वरना कम से कम निस्फ़ (आधी) उम्र (21 साल) तक औलाद की हालत मंदी होगी। अगर मंगल किसी भी तरह से राहु को न दबा पा रहा हो अथवा टेवे में खुद मंगल ही मंदा हो रहा हो अथवा राहु–सूरज ऐसे खाने में बैठे हों जहां से खुद हाथी (राहु) ही अपने महावत (मंगल) पर कीचड़ फेंक रहा हो तो टेवे वाले की सेहत और उम्र दोनों ही शक्की हालत के होंगे। किस्मत के मैदान में भी ग्रहण का नजारा साफ़ दिखाई दे रहा होगा।

(4) जब सूर्यग्रहण खाना नंबर 5 में न हो रहा हो तो राजदरबार से मंदा फल मिलेगा। इस मंदेपन की वजह खुद टेवे वाले के दिमाग (बुद्धि) से पैदा की हुई परेशानियां होंगी। टेवे वाला नुकसान और फ़िज़ूलखर्ची की वजह से मुसीबत उठाएगा। टेवे वाले के जिस्म की जिल्द (त्वचा) पर काले–सफेद धब्बे होंगे मगर यह फुलबहरी न होगी।

उपाय

(1) चोरी या गुमनाम नुकसान से बचाव के लिए जौ (अनाज की एक किस्म) को बोझ–तले (भारी वजन के नीचे) दबाकर अंधेरी जगह पर रखना मददगार होगा।

(2) लम्बे वक्त से बुखार आ रहा हो तो जौ और गुड़ का दान करना मददगार होगा अथवा जौ को दूध या गौमूत्र में धोकर दरिया में बहा दें।

(3) सूरज की चमक को बहाल करने के लिए शुक्कर–बुध मुश्तरका अथवा बुध–शुक्कर की चीजों का दान करना मददगार होगा।

(4) सूर्यग्रहण के वक्त (दुनियावी ग्रहण के दौरान) राहु की चीजों को अथवा सूरज के दुश्मन ग्रहों की चीजों को बहते हुए पानी (दरिया वगैरह) में बहाना मुबारक होगा।

(5) राहु और सूरज के बाहमी (आपसी) झगड़े के वक्त यानि जब राहु और सूरज दोनों ही का असर मंदा हो रहा हो तो तांबे का सिक्का रात भर आग में जलाकर (कम से कम बारह घंटे) सुबह–सादिक (प्रातःकाल या सुबह जल्दी) चलते पानी, दरिया, नदी, नाले वगैरह में कहीं पर बहाना मुबारक होगा। इस उपाय को करते वक्त ध्यान रहे कि जिस समय जला हुआ सिक्का बहाने के लिए जा रहे हों उस वक्त अपना कोई बच्चा सामने न आ जाए वरना उस बच्चे पर मंदा असर गिना जाएगा।

सूरज-केतु

(कानों का कच्चापन, बादल का साया)

गर्मी सूरज जब साथ हो मिलती, केतु होता खुद रद्दी हो
औरत पिसर बरबाद गृहस्थी, बेटा बाप पे भारी हो
राज कमाई मालिक टेवे, बरबाद बेटे से होती हो
कुत्ता रोवे मुंह सूरज करके, निशानी भली न कोई हो
पोता उम्र से केतु तरसे, उम्र मगर खुद लम्बी हो
नुक़सान सफ़र में अक्सर होते, सूरज चमकता गर्मी हो
राज खराबी या जर मंदा, शुक्कर केतु न उम्दा हो
पेशाब गऊ का धरती छिड़के, केतु शुक्कर बुध उम्दा हो

आम हालात

(1) दुश्मन ग्रहों के साथ बैठा हुआ सूरज चाहे किसी भी घर में क्यों न बैठा हो उस दुश्मन ग्रह (शुक्कर, पापी) से मुतअल्लिक (सम्बन्धित) अश्या (चीजों) और उस खाने से मुतअल्लिक अश्या दोनों पर अपना बुरा असर देगा।

(2) ऐसे वक्त दुश्मन ग्रह अपनी मियाद पर टेवे वाले की 22 से 45 साल उम्र के दरमियान (मध्य) बुरा असर देंगे।

(3) दुश्मन ग्रहों को बुध की पालना (सेवा) करके नेक कर लेना मुबारक होगा।

(4) अगर सूरज के दोस्त ग्रह (चन्द्र, मंगल, बृहस्पत) भी साथ में हों तो अब मंदा असर सूरज के दोस्त ग्रहों पर होगा और अब दुश्मन बच जाएंगे। ऐसे वक्त दोस्त ग्रहों पर असर होने का मतलब उनकी अश्या रिश्तेदारों और कारोबार से ताल्लुक होगा।

(5) जब सूरज–केतु मुश्तरका साथ हों तो केतु की अश्या, रिश्तेदार और कारोबार का हाल रद्दी होगा। पांवों का चक्कर (घुमाना) मंदे वक्त की पहली निशानी होगी। मुश्तरका असर के वक्त सूरज का असर मद्धम (धीमा) होगा। कानों का कच्चापन (सुनी–सुनाई बातों पर तुरन्त विश्वास कर लेना) टेवे वाले की बरबादी का सबब (कारण) बनेगा।

(6) मंदरजाजैल (निम्नलिखित) फेहरिस्त (सूची) में सूरज–केतु मुश्तरका की अश्या का खानावार (खानों के अनुसार) ब्यौरा (वर्णन) दिया गया है। यह फेहरिस्त, फरमान नंबर 16 का हिस्सा मानी जा सकती है।

खाना नंबर	सूरज–केतु मुश्तरका की अश्या
1	नानी का घर
2	इमली, तिल
3	रीढ़ की हड्डी, फोड़े–फुन्सी
4	सुनना
5	पेशाबगाह (मूत्राशय)
6	पूजा–स्थान
7	दूसरा लड़का, सुअर, गधा
8	कान, छलावा
9	दोरंगा कुत्ता
10	चूहा
11	दोरंगा कीमती पत्थर (लहसुनिया वगैरह)
12	छिपकली, मुतबन्ना (गोद लिया हुआ पुत्र)

नेक हालात

किस्मत के मैदान में यद्यपि सूरज उतना अधिक उत्तम असर तो न देगा मगर फिर भी बादल का साया तो जरूर ही होगा। सूर्यग्रहण जैसा मंदा असर तो न होगा मगर उत्तम भी न होगा यानि सूरज का मध्यम असर जाहिर होगा।

मंदे हालात

खाना नंबर 2– खाना नंबर 2 में सूरज–केतु मुश्तरका के वक्त टेवे वाले पर सूरज–केतु का मंदा तूफ़ान होगा। केतु बरबाद होगा यानि मामा मंदे, औलाद बरबाद होगी और पेशाब की नाली (यूरिन इन्फेक्शन) से टेवे वाला हर वक्त दुःखी रहता होगा।

अन्य मंदे हालात

(1) सूरज का फल मद्धम होगा। सफर (यात्राओं) में नुकसान होगा। दूसरों को सलाह मशवरा देना परेशानी का कारण होगा। अपने पांव से चलकर खुद पैदा की हुई परेशानियां बरबादी की वजह बनेंगी।

(2) टेवे वाले के लड़के की औरत (टेवे वाले की पुत्रवधू) मोटी–ताजी मगर बदज़ुबान (मंदी ज़ुबान वाली) होगी। टेवे वाले का लड़का टेवे वाले की राजदरबार की कमाई को बरबाद कर देने वाला होगा।

(3) जब कुत्ता ऊपर की ओर मुंह करके रोता हो तो यह टेवे वाले के लिए मंदे वक्त की पहली निशानी साबित होगा।

(4) औलाद का सुख मंदा होगा। टेवे वाले को शायद ही अपने पोते वगैरह देखने नसीब हों मगर टेवे वाले की अपनी उम्र पर कोई मंदा असर न होगा।

उपाय

सूर्यग्रहण के वक्त सूरज के दुश्मन ग्रहों (शुक्कर, राहु, केतु) की चीजें चलते पानी (नदी, नाला, दरिया) में बहा देना मददगार साबित होगा।

चन्द्र–शुक्कर

(गले में चांदी मददगार)

हाल घरों का हर दो मंदा, ससुर मामा का होता हो
माता औरत जब साथ इकट्ठा, एक आंख से दुःखी हो

आम हालात

(1) चन्द्र–शुक्कर मुश्तरका के वक्त दोनों ग्रह 37 साल की उम्र तक मुश्तरका (इकट्ठे) गिने जाएंगे। मुश्तरका मिलावट के वक्त शुक्कर एक भाग तो चन्द्र निस्फ़ (आधा) भाग होगा।

(2) चन्द्र–शुक्कर मुश्तरका होने के वक्त टेवे वाले की किस्मत दूध में मिली हुई मिट्टी के मानिन्द (समान) होगी अथवा ऐसा पानी जिसमें मिट्टी घुली हो।

(3) चन्द्र–शुक्कर मुश्तरका के वक्त चन्द्र (माता खानदान) और शुक्कर (ससुराल खानदान) दोनों के घरों का मंदा हाल होगा।

(4) बारीक और जर्रा–जर्रा कण उड़ती हुई मिट्टी (धूल) को शुक्कर की मिट्टी और जमकर तह बनी हुई मिट्टी को चन्द्र की धरती कहा गया है अथवा जेरकाश्त (खेती योग्य) जमीन को शुक्कर और मकान (बंजर) की जमीन को चन्द्र की जमीन माना गया है। शुक्कर, दही और चन्द्र, दूध माना गया है। दोनों में दूध और दही की सफ़ेदी के मानिन्द (समान) अन्तर होगा। सूती सफ़ेद कपड़े शुक्कर से

मुतअल्लिक (सम्बन्धित) और दूध जैसे सफ़ेद रेशमी कपड़े चन्द्र के कपड़े होंगे। जुताई की हुई जमीन शुक्कर और खाली पड़ा खेत चन्द्र माना जाएगा।

नेक हालात

खाना नंबर 2– दिल रेखा का वह हिस्सा जो बृहस्पत के बुर्ज़ (खाना नंबर 2) पर स्थित हो मोहब्बत रेखा के नाम से जाना जाता है।

काम दवाइयां दौलत देते, हकीम न बेशक होता हो
यकीनी शिफ़ा हो बच्चे पाते, पहचान मर्ज न करता हो
बृहस्पत निकम्मा होगा उसका, इश्क बुढ़ापे बढ़ता हो
असर मंदा दो शादी होगा, कुआं नया जब लगता हो

टेवे वाला अगर दवाइयों का काम करेगा तो उसे बहुत फायदा होगा और दौलत पैदा करेगा। भले ही ऐसा इंसान हकीम (डॉक्टर) न हो। ऐसे इंसान के इलाज से बच्चे जरूर तन्दुरुस्ती पाएंगे चाहे ऐसे इंसान को मर्ज की ही पहचान न हो। टेवे वाले का बृहस्पत निकम्मा होगा और उसका इश्क बुढ़ापे में बढ़ता जाएगा या ऐसा शख़्स बुढ़ापे में इश्क करेगा। अगर घर में नया कुआं खुदवाया जाए और इंसान दूसरी शादी करे तो इंसान गर्क (बरबाद) हो जाएगा।

खाना नंबर 4– खाना नंबर 4 में चन्द्र–शुक्कर मुश्तरका हों तो टेवे वाला कामदेव से दूर रहने वाला दुनियावी मोहब्बत (प्रेम) और इश्कफ़ाहिशा (व्यभिचार) से दूर रहने वाला और कमाल का फ़कीर होगा। हथेली में वह रेखा जो चन्द्र के बुर्ज़ (खाना नंबर 4) से शुक्कर के बुर्ज़ (खाना नंबर 7) पर सीधी जाती है वह फ़कीरी रेखा होगी। लेकिन अगर यही रेखा बीच में से हथेली के अन्दर मुड़ जाए तो शराफ़त रेखा कहलाएगी।

दसवें सनीचर जब टेवे बैठा, उत्तम माता शुभ होती हो
पिता अमोलक गिनते उसका, दसवें सूरज जब साथी हो
सूरज बैठा घर पांचवें उसका, माता-पिता सुख लम्बा हो
शुक्कर असर न होगा मंदा, दूध, दही घर भरता हो

जब टेवे में सनीचर खाना नंबर 10 में बैठा हो तो माता (चन्द्र) का नेक असर टेवे वाले पर होगा और जब इस सनीचर के साथ सूरज भी खाना नंबर 10 में बैठा हो या सनीचर का सूरज साथी (देखें फरमान नंबर 6) हो तो टेवे वाले का पिता सुखी और सम्पन्न होगा। जब खाना नंबर 5 में सूरज बैठा हो तो ऐसे इंसान को अपने वाल्दैन (माता, पिता) का लम्बा सुख–सागर नसीब होगा और वाल्दैन खुद भी सुखी होंगे। खाना नंबर 4 में शुक्कर–चन्द्र मुश्तरका के वक्त शुक्कर मंदा न होगा और दूध–दही (धन, दौलत, रिजक) से टेवे वाले का घर भर जाएगा। जब सूरज खाना नंबर 3 में हो तो टेवे वाले इंसान की किस्मत में उसके पिता का नेक असर शर्मीला होगा और अगर खाना नंबर 5 में हो तो ऐसा इंसान लड़कियों के मानिन्द (समान) शर्मिला होगा मगर बेवकूफ न होगा। जब खाना नंबर 4 दृष्टि से खाली हो (देखें फरमान नंबर 8, योग दृष्टि) तो ऐसा इंसान अपने वाल्दैन की तरह सज्जन स्वभाव होगा।

खाना नंबर 7– खाना नंबर 7 में चन्द्र–शुक्कर मुश्तरका हों तो टेवे वाला आबिद (भक्त), सखी (दानी) और परहेजगार (काम–भाव से दूर रहने वाला) होगा। अगर ऐसा इंसान धन का नेक (शुभ) इस्तेमाल करे तो टेवे वाले को बहुत फायदा होगा वरना टेवे वाले का धन पांचों इन्द्रियों के भोग में ही जाया (बरबाद)

होगा। इंसान फ़लिखाना (हाथीखाना), मवेशी (पशु) खाना का मालिक और उम्दा हाल होगा। ऐसा इंसान सात बचने वाले मकान की किस्मत का मालिक होगा। विस्तृत वर्णन देखें, फरमान नंबर 17, मकान की हैसियत (स्तर)।

काम दौलत से पूरा लेता, माया दौलत सब बढ़ता हो
वरना हो खुसरा कहते, घोड़ा ऐबी पांच होता हो

जब सूरज खाना नंबर 1 में हो तो टेवे वाले की किस्मत में अपने पिता का नेक असर शामिल होगा।

खाना नंबर 8– खाना नंबर 8 में चन्द्र–शुक्कर मुश्तरका के वक्त सेहत और धन–दौलत के लिए बूढ़ी माताओं की सेवा करना, गाय की पालना (सेवा) करना अथवा दान वगैरह करना मुबारक फल देंगे।

अन्य नेक हालात

(1) चन्द्र–शुक्कर मुश्तरका हालत में दोनों ही ग्रहों का अंदरूनी (आंतरिक) फल उत्तम और प्रबल होगा। ऐसा इंसान मामूली जिन्दगी बसर करने वाला इंसान होगा और खुसरा गाय (न बैल, न गाय) के मानिन्द (समान) मामूली नामर्द भी हो सकता है। ऐसा इंसान, न अमीर होगा न गरीब यानि दरमियानी (मध्यम) औकात (स्तर) का इंसान होगा।

(2) अगर चन्द्र को दुनियावी धन–दौलत, माया–जर (धन) माने तो शुक्कर जगत् लक्ष्मी होगा और मिट्टी की मोहनी तस्वीर होगा। इन दोनों में फ़र्क सिर्फ इतना होगा कि चन्द्र (ठोस–चांदी) अगर दिल की शांति के लिए धन–दौलत हो तो शुक्कर की जानदार अश्या (औरत, गाय, बैल वगैरह) टेवे वाले को जगत् लक्ष्मी का आराम देंगी।

(3) चन्द्र अगर बेजान रूप में धन–दौलत है तो शुक्कर जानदार रूप में आराम है।

मंदी हालत

खाना नंबर 1– खाना नंबर 1 में चन्द्र–शुक्कर मुश्तरका के वक्त टेवे वाले की औरत की सेहत मंदी होगी। ऐसे इंसान की पत्नी पागल या कम याददाश्त (भुलक्कड़) होगी।

खाना नंबर 2– खाना नंबर 2 में चन्द्र–शुक्कर मुश्तरका की हालत में टेवे वाले की किस्मत दूध में खांड (देसी शक्कर) की जगह मिट्टी मिली हुई किस्मत वाली होगी। अब बृहस्पत भी कोई नेक फल न देगा, अगर ऐसा इंसान मंदा इश्क (व्यभिचार) करे या उसकी पत्नी इश्कबाजी (किसी दूसरे मर्द से मोहब्बत) करे तो ऐसा करना गृहस्थी की बरबादी का बहाना होगा।

खाना नंबर 4– खाना नंबर 4 में मंदे चन्द्र–शुक्कर मुश्तरका के वक्त टेवे वाला दुनिया से मदहोश (अन्जान) होगा और तमाम (सभी) तरह के नशे में ग़र्क (बरबाद) होगा।

खाना नंबर 7– खाना नंबर 7 में चन्द्र–शुक्कर मुश्तरका के वक्त टेवे वाले की माता की आंखें मंदी (नजर कम या खत्म) होगी। इंसान की शादी के दिन से उसका धन बढ़ना बंद हो जाएगा।

खाना नंबर 8– खाना नंबर 8 में चन्द्र–शुक्कर मुश्तरका हों तो टेवे वाले इंसान का बदचलनी से ताल्लुक हो सकता है जिसकी वजह से उसकी साख़्ता (स्वनिर्मित) बेवकूफियां ही उसकी तबाही की वजह होंगी।

हिंजड़ा बुद्धू बद चलनी बढ़ती, उजाड़ उल्लू कर देता हो
सेवा गऊ और माता बूढ़ी, सेहत औलाद सब पाता हो
मकान दौलत सुख दुनिया पूरे असर शराफ़त रेखा हो
सेहत औरत जर जब कभी मंदे, उपाय मंगल शुभ होता हो

टेवे वाला नामर्द (बुजदिल) बुद्धू (बेवकूफ) और बदचलन होगा। अपने मंदे कामों की वजह से चन्द्र का धन और शुक्कर का गृहस्थ सुख बरबाद होगा। ऐसे वक्त बूढ़ी माता या गाय की सेवा करना सेहत और दौलत सभी के लिए मुबारक होगा और टेवे वाला मकान, दौलत और तमाम (सभी) दुनियावी सुखों को पा लेगा। टेवे वाले पर शराफ़त रेखा का भी पूर्ण असर होगा। जब औरत (पत्नी) की सेहत पर मंदा असर हो रहा हो तो मंगल का उपाय मददगार होगा।

अन्य मंदे हालात

(1) टेवे वाले की शादी के दिन से चन्द्र, शुक्कर दोनों ही ग्रहों का दुनियावी फल खराब होगा।

(2) टेवे वाले की अमूमन (सामान्यतः) माता न होती होगी, अगर होगी तो अंधी होगी अथवा औरत (पत्नी) या माता में से कोई एक अंधी या जिस्मानी (शारीरिक) कमी वाली होगी। सास–बहू का बाहमी (परस्पर) झगड़ा होगा।

(3) जब किसी वजह से शुक्कर को चन्द्र बरबाद कर रहा हो तो बुध की मदद शुक्कर को देना मददगार होगा। यानि अगर दही (शुक्कर) से पानी (चन्द्र) निकालना हो तो दही पर कपड़ा (शुक्कर) डालकर उस पर राख (बुध) डाल दें, अब राख पानी पी लेगा और दही भी खराब न होगा।

(4) जब शुक्कर ही चन्द्र को बरबाद कर रहा हो तो चन्द्र को मंगल की मदद देना मददगार होगा।

चन्द्र–मंगल

(उत्तम धन)

मीठी गुजर हो दूध, शहद की, लाल चांदी धन माया हो
उम्र उत्तम और शांति पूरी, दान दिए धन बढ़ता हो
असर उत्तम ग्रह मंडल साथी, शर्त न माया होती हो
ऊंच नजर बुध अक्ल व्यापारी, शुक्कर भला कुल पापी हो
पितृ ऋण जब टेवे बैठा, आकाश पाताल भी कांपता हो
विपदा कबीले खुद सिर लेता, जान जोखिम कर जाता हो

आम हालात

(1) जब चन्द्र–मंगल मुश्तरका ऐसे घरों में बैठे हों जहां चन्द्र उम्दा हो और नेक हालत में हो तो दोनों ग्रह 52 साल की उम्र तक मुश्तरका होंगे।

(2) जब चन्द्र–मंगल मुश्तरका ऐसे घरों में बैठे हों जहां मंगल उम्दा और नेक हालत में हो तो ऐसे वक्त दोनों ग्रह 38 साल की उम्र तक मुश्तरका (संयुक्त) हालत में गिने जाएंगे।

(3) जब दोनों ग्रह ऐसे घरों में हों, जहां मंगल–बद (सूरज+सनीचर) हालत में हो तो अब दोनों ग्रह 33 साल की उम्र तक मुश्तरका गिने जाएंगे।

(4) मुश्तरका मिलावट में दोनों ग्रहों का हिस्सा बराबर और नेक होगा। जब चन्द्र उम्दा हो तो मंगल का निस्फ़ (आधा) हिस्सा होगा मगर जब मंगल उम्दा हो तो चन्द्र का दोगुना हिस्सा (मंगल के सापेक्ष) शामिल होगा।

(5) जब टेवे में मंगल, बद हो तो मंगल का 1/3 हिस्सा बुरा गिना जाएगा। लेकिन जब चन्द्र–मंगल मुश्तरका खाना नंबर 3, 4, 8 में हो तो ऐसे वक्त मंगल को मंगल–बद कभी न गिना जाएगा यानि मंगल–बद का दोष खत्म (समाप्त) हो जाएगा।

चन्द्र–मंगल मुश्तरका का दूसरे ग्रहों से ताल्लुक

बृहस्पत– जब चन्द्र–मंगल मुश्तरका बृहस्पत को देख रहे हों या बृहस्पत इन दोनों को देख रहा हो तो टेवे वाले के पास श्रेष्ठ और उत्तम लक्ष्मी (माया–दौलत) होगी। दोस्तों (मित्रगणों) की पूरी मदद टेवे वाले को नसीब होगी। देखें चित्र संख्या 512।

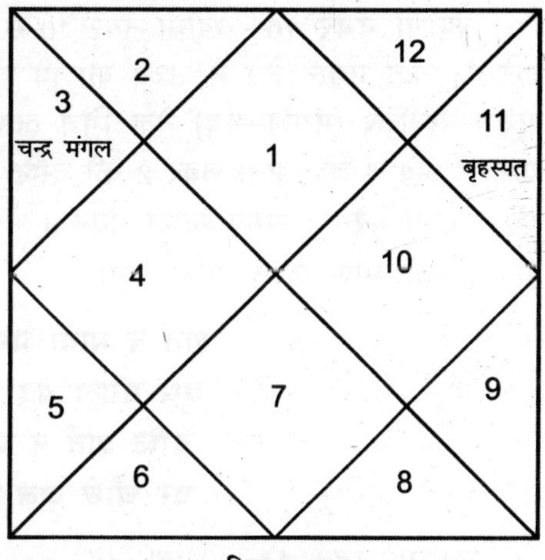

चित्र 512:

सूरज– जब चन्द्र–मंगल मुश्तरका सूरज को देखते हों या सूरज इन दोनों ग्रहों को देख रहा हो तो टेवे वाले को राजयोग का उत्तम फल मिलेगा। टेवे वाला इंसान हुकूमत (शासन) करने वाला होगा।

शुक्कर– जब चन्द्र–मंगल मुश्तरका (संयुक्त) शुक्कर को देखते हों या सूरज इन दोनों मुश्तरका ग्रहों को देख रहा हो तो इंसान की औलाद पर विघ्न–बाधाएं बनी रहेंगी। टेवे वाले का धन ऐसे वक्त बिना इस्तेमाल किए ही चला जाएगा यानि धन का सुख नहीं मिल पाएगा।

बुध– जब ये दोनों ग्रह बुध को देखते हों या बुध इन दोनों ग्रहों को देख रहा हो तो टेवे वाला व्यापारी, आलिम (विद्वान), अक्लमंद (बुद्धिमान) होगा बल्कि कमाल की अक्ल का मालिक होगा। मगर टेवे वाले के पास धन होगा इस बात की कोई शर्त न होगी, ऐसा इंसान दुनियावी (सांसारिक) लोगों की मदद लेने वाला होगा।

सनीचर– जब सनीचर खाना नंबर 10 या खाना नंबर 11 में न बैठकर किसी दूसरे घर में बैठा हो (चाहे किसी भी घर में) और सनीचर, चन्द्र–मंगल मुश्तरका को देखें या ये दोनों सनीचर को देखें तो टेवे वाले को सनीचर का नीच फल मिलेगा। टेवे वाले को जहरीले और दरिंदे (हिंसक) जानवरों से खतरा, दुःख या मौत नसीब होगी। ऐसा इंसान जिद्दी और अहमक (बहुत ज्यादा बेवकूफ) होगा। दुनियावी असर मंदा होगा। ऐसे इंसान की मौत जहर, दरिंदे जानवर या हथियार से होगी।

केतु– जब चन्द्र–मंगल मुश्तरका, केतु को देखते हों या केतु, चन्द्र–मंगल मुश्तरका को देख रहा हो तो टेवे वाले का कोई नजदीकी रिश्तेदार (लड़का, भतीजा, भाई, चाचा) सरकारी मुलाजमत (नौकरी) करता होगा मगर वह रिश्तेदार पैसा बचाकर न दे पाएगा।

नेक हालत

खाना नंबर 3– खाना नंबर 3 में चन्द्र–मंगल मुश्तरका के वक्त टेवे वाला अक्लमंद (बुद्धिमान), साहिबे तदबीर (नीतिकुशल), मरातिब (प्रतिष्ठित) और इज्जत, तरक्की का मालिक होगा। टेवे वाला साहिबे–इकबाल

(प्रतापी) और आराम पाने वाला होगा। ऐसा इंसान बेहद दौलतमंद होगा मगर ऊर्ध्व रेखा के धन की तरह दुष्ट इंसान कहलाएगा, जिसे किसी की परवाह न होगी।

खाना नंबर 4– खाना नंबर 4 में चन्द्र–मंगल मुश्तरका के वक्त जब तक बुध या सनीचर का खाना नंबर 4 या खाना नंबर 10 में साथ न हो जाए तब तक टेवे वाला धन–दौलत के निकास (खर्चे) का मालिक होगा। टेवे वाला खूब धन कमाएगा।

खाना नंबर 7– खाना नंबर 7 में चन्द्र–मंगल होने के वक्त टेवे वाला धन–दौलत और परिवार के मामले में धनाढ्य होगा यानि बहुत बड़ा अमीर और उम्दा कबीले (खानदान) का मालिक होगा।

खाना नंबर 9– खाना नंबर 9 में चन्द्र–मंगल मुश्तरका होने के वक्त टेवे वाला खुद दुष्ट और भाग्यवान (किस्मत वाला) मगर उसकी औलाद उत्तम और धनवान (धनाढ्य) होगी।

खाना नंबर 10– खाना नंबर 10 में चन्द्र–मंगल मुश्तरका के वक्त धन के मामले में सनीचर फैसला करेगा। चाहे मंगल टेवे में उच्च का ही हो मगर मंगल धन के मामले में न गिना जाएगा। अब बुध और सूरज+सनीचर (मंगल–बद) नेक गिने जाएंगे और टेवे वाले के धन के खजाने को भरने वाले होंगे। इस योग में अब न तो खाना नंबर 2 की दृष्टि की शर्त गिनी जाएगी और न ही खाना नंबर 5 का जहर, खाना नंबर 10 में भरेगा। अगर खाना नंबर 4 में कोई दुश्मन ग्रह (राहु, केतु, बुध) बैठा हो तो चन्द्र–मंगल दोनों ही ग्रहों का नाश करने वाला होगा।

शर्त न माया मंगल गिनते, सनीचर फ़ैसला करता हो
बुध-मंगल बद नेक आ होते, राज खजाने भरता हो
दृष्टि शर्त न घर दो गिनते, पांच जहर न देता हो
घर चौथे जब दुश्मन बैठे, नाश मुश्तरका होता हो

खाना नंबर 11– खाना नंबर 11 में चन्द्र–मंगल मुश्तरका के वक्त धन का फैसला सनीचर की जाती (व्यक्तिगत) हालत पर होगा। अगर सनीचर उत्तम और उम्दा हो तो धन भी ज्यादा और हर तरह से उन्नति देने वाला होगा। अगर हथेली में दिल रेखा के आखिर (अन्त) में चौकोर (चतुर्भुज) हो तो टेवे वाले को सरकार के घर से धन की प्राप्ति होगी।

खाना नंबर 12– खाना नंबर 12 में चन्द्र–मंगल मुश्तरका हों तो दूध में शहद के मानिन्द (समान) टेवे वाले की जिन्दगी होगी। रात को हर तरह का आराम, दिल की शांति और सुकून होगा।

अन्य नेक हालात

(1) चन्द्र–मंगल मुश्तरका के वक्त दोनों ग्रहों का नेक और उम्दा फल होगा। दूध में शहद के मानिन्द (समान) धन रेखा का उत्तम और श्रेष्ठ असर टेवे वाले पर होगा। दूध (चन्द्र) में खांड (मंगल) मिली हुई के मानिन्द जिन्दगी होगी। दुनियावी व्यवहार, गृहस्थी हालत और जंगो–जदल (लड़ाई–झगड़ों) का नेक असर टेवे वाले पर होगा।

(2) टेवे में चन्द्र (दूध) और मंगल (शहद) का नेक असर होगा। हथेली में चन्द्र के बुर्ज़ (खाना नंबर 4) से कोई रेखा निकलकर शुक्कर के बुर्ज़ (खाना नंबर 7) के रास्ते उम्र रेखा के बराबर–बराबर चलती हुई मंगल नेक (खाना नंबर 3) के बुर्ज़ पर जाती हो तो इंसान की किस्मत चन्द्र–मंगल मुश्तरका के मानिन्द (नेक मायनों में) गिनी जाएगी।

(3) जब हथेली में कोई रेखा चन्द्र के बुर्ज़ से निकलकर, शुक्कर के बुर्ज़ के रास्ते की बजाए सिर्फ उम्र रेखा के बराबर–बराबर होती हुई मंगल–नेक (खाना नंबर 3) के बुर्ज़ पर खत्म हो तो यह धन की श्रेष्ठ रेखा होगी। जिसमें सनीचर की चालाकी, बेईमानी या धोखेबाजी का असर शामिल न होगा।

मंदी हालत

खाना नंबर 7– इस खाने में चन्द्र–मंगल मुश्तरका हों तो टेवे वाला लालची और दौलत का पुत्तर (धन–लोलुप) होगा। ऐसे इंसान की मौत सदमे या हादसे (दुर्घटना वगैरह) से होगी। अगर ऐसे वक्त सनीचर खाना नंबर 1 में बैठकर नीच का हो रहा हो तो मानो लाल रंग का सांप घर में खजाने के ऊपर बैठा हुआ हो यानि टेवे वाले की जद्दी (पैतृक या बुजुर्गी) धन–दौलत का टेवे वाले के लिए कोई फायदा न होगा।

खाना नंबर 9– जब खाना नंबर 9 में चन्द्र–मंगल मुश्तरका बैठे हों तो टेवे वाले की मौत सदमे से होगी।

खाना नंबर 10– जब खाना नंबर 10 में चन्द्र–मंगल मुश्तरका हों तो टेवे वाले की मौत हादसे से होगी मगर ज्यादा धन होने की कोई शर्त न होगी।

खाना नंबर 11– जब खाना नंबर 11 में चन्द्र–मंगल मुश्तरका हों तो टेवे वाला वहमी (संदेह करने वाला) और लालची होगा। अगर ऐसे वक्त टेवे में मंगल, बद (सूरज+सनीचर) भी हो तो इंसान नाकामयाब (असफल) आशिक होगा। औरतों के ताल्लुक में बेईमान किस्म का शख़्स होगा।

चन्द्र–बुध

(दरिया के पानी में रेत, सीढ़ी वाला कुआं)

अपने घरों खुद हर दो मंदा, साथ दृष्टि खाली हो
नेक असर दे बारह घरों से, पाई जगह चाहे मंदी हो
नष्ट चन्द्र खुद हो सनीचर मंदा, औलाद केतु न उम्दा हो
दुश्मन पापी से हर दो मंदा, माता बेटी न फलता हो

आम हालत

(1) चन्द्र–बुध मुश्तरका (इकट्ठे) होने की हालत में दोनों ही ग्रह 29 या 58 साल की उम्र तक मुश्तरका होंगे।

(2) जब टेवे में चन्द्र, नेक हो तो बुध का 1/2 हिस्सा मंदा होगा। बुध अब चन्द्र की बेटी होगी, चन्द्र माता होगी।

(3) टेवे में चन्द्र–बुध मुश्तरका हालत में बुध (व्यापार) का फल नेक होगा और चन्द्र का फायदा (समुद्री सफर) टेवे वाले को 34 साल की उम्र के बाद होगा।

(4) जब चन्द्र और बुध दोनों ग्रह अपने–अपने घरों में बैठकर मुश्तरका हो रहे हों यानि बुध खाना नंबर 3, 6, 7 या चन्द्र खाना नंबर 4 में हो तो बकरी (बुध) के दूध (चन्द्र) में मेंगने जैसा फल होगा। यानि कोई भी काम बिना परेशानी के पूरा (सम्पन्न) न होगा।

(5) चन्द्र–बुध मुश्तरका की हालत में मंदे असर के वक्त टेवे वाला खुदकुशी (आत्महत्या) **भी कर** सकता है क्योंकि चन्द्र दिल का मालिक ग्रह है और बुध, चन्द्र का दुश्मन है यानि घर के **दरिया** (चन्द्र) में जुबानी (बुध) लड़ाई–झगड़ा खुदकुशी की वजह बन सकता है।

नेक हालत

खाना नंबर 2– खाना नंबर 2 में चन्द्र–बुध मुश्तरका के वक्त पिता की उम्र कभी भी शक्की न होगी और न ही टेवे वाले की धन–दौलत और न ही पिता का बचाया धन ही बरबाद होगा। बुध अब टेवे वाले के लिए मददगार साबित होगा।

खाना नंबर 4– जब खाना नंबर 4 में चन्द्र–बुध मुश्तरका हों तो टेवे वाला अमूल्य हीरे के मानिन्द (समान) होगा। टेवे वाले के पास धन का गहरा दरिया होगा जो टेवे वाले को हर तरह की शांति देगा। टेवे वाले का ग़ैबी हाल अच्छा और नेक होगा।

खाना नंबर 6– जब खाना नंबर 6 में चन्द्र–बुध मुश्तरका हों तो टेवे वाले को वाल्दैनी (माता–पिता का) सुख लम्बे समय तक मिलेगा और नेक होगा। अगर ऐसा इंसान बजाजी (कपड़े का कारोबार) का काम करे तो राजा के समान होगा। टेवे वाला अक्लमंद (बुद्धिमान), हमदर्द (हितैषी) मगर इकतरफा तबीयत (स्वभाव) का मालिक होगा। माता खानदान या मातृ हिस्सा नेक असर का होगा।

नजर शक्की खुद खूनी होता, माया-दौलत चाहे बेशक हो
मंगल चौथे घर आठवें बैठा, माता मासूमी मरती हो

ऐसा इंसान खूनी तबीयत (हिंसक प्रवृत्ति) का मालिक होगा और उसकी नजर बीनाई (आंखों की ज्योति) शक्की होगी, चाहे इंसान पर कितनी ही माया–दौलत क्यों न हो। अगर मंगल खाना नंबर 4 या खाना नंबर 8 में बैठा हो तो टेवे वाले की माता उसकी (टेवे वाले इंसान की) छोटी उम्र (बचपन) में ही मर जाएगी।

खाना नंबर 10– खाना नंबर 10 में चन्द्र–बुध मुश्तरका के वक्त टेवे वाले को सफर और समुद्र दोनों ही मोती (लाभ) देंगे। टेवे वाले के लिए ऐसे वक्त (बृहस्पत खाना नंबर 3 हो तो) बृहस्पत का उत्तम फल साथ होगा। शेर दहाना (शेर मुखी) मकान का मालिक और जंगी (लड़ाई–झगड़े से सम्बन्धित) या तिजारती (व्यापारिक) कामों में बरकत होगी। टेवे वाले के खानदान में मर्दों (पुरुषों) की बरकत होगी।

खाना नंबर 11– जब खाना नंबर 11 में चन्द्र–बुध मुश्तरका बैठे हों तो लड़की की शादी के दिन से मुबारक फल पैदा होंगे।

मोती समुद्र पैदा करती, रोज न बारिश होती हो
वक्त शादी या अपनी लड़की, बारिश मोती की होती हो

समुद्र में पड़ी सीप में मोती बनाने वाली बारिश रोज–रोज नहीं होती मगर जब होती है तो मोती ही बनाकर जाती है।

अन्य नेक हालात

(1) जब चन्द्र–बुध मुश्तरका ऐसे घरों में हों जहां पर बुध नेक हो रहा हो तो चन्द्र नेक और धर्मात्मा फल देगा।

(2) जब चन्द्र–बुध मुश्तरका ऐसे घरों में हों जहां दोनों ग्रहों में से किसी एक ग्रह का फल खराब हो रहा हो तो ऐसे वक्त दोनों ही ग्रहों का फल उम्दा होगा।

(3) जब दोनों ग्रह अपने–अपने घरों (यानि चन्द्र खाना नंबर 4 और बुध खाना नंबर 7) से बाहर हो और हर तरफ से दृष्टि से खाली हो तो टेवे वाला इकबालमंद (प्रतापी या तेजस्वी) होगा। धन–दौलत उम्दा होगा मगर फिर भी डरपोक स्वभाव का मालिक होगा।

(4) जब दोनों ही ग्रहों को बृहस्पत या सूरज या सनीचर देख रहे हों तो अब दोनों ग्रहों (चन्द्र और बुध) का असर नेक गिना जाएगा।

मंदी हालत

खाना नंबर 3– खाना नंबर 3 में चन्द्र–बुध मुश्तरका की मंदी हालत के वक्त राहु और सनीचर बरबाद होंगे और शुक्कर का फल मंदा होगा। खासकर जब खाना नंबर 6 में बुध के दोस्त (सूरज, शुक्कर या राहु) बैठे हुए हों।

खाना नंबर 4– खाना नंबर 4 में चन्द्र–बुध मुश्तरका के वक्त दुनियावी (सांसारिक) हाल मंदा ही होगा। ऐसे वक्त चन्द्र–बुध मुश्तरका, सनीचर का फल देंगे। जिन्दगी पर चांदी की जगह, कलई (चूने) का असर होगा। चन्द्र का जहर अब बुध की रेत को जला रहा होगा। टेवे वाला दूसरे की मुसीबत को अपने गले बांधकर बेवजह बरबाद और परेशान होगा। फ़र्जी (काल्पनिक) वहम (संदेह) के चक्कर में अपने सिर की कमजोरी को दिखाएगा और खुदकुशी तक को तैयार हो जाएगा। जिराकी वजह ग़रीबी (निर्धनता) या मुसाफ़िरी (यात्राएं) हरगिज न होगी। बल्कि खुदकुशी करने की वजह इश्क की नाकामी (असफलता) होगी।

खाना नंबर 6– खाना नंबर 6 में चन्द्र–बुध मुश्तरका की मंदी हालत के वक्त टेवे वाला इंसान खूनी (हिंसक) होगा। ऐसा इंसान धनाढ्य होते हुए भी जिन्दगी में मुसीबत ही मुसीबत झेलेगा। ऐसे वक्त अकल (बुद्धि) की कोई तदबीर (युक्ति) भी काम न आएगी। ऐसा इंसान छः बचने वाले मकान का मालिक होगा। विस्तृत वर्णन देखें, फरमान नंबर 17, मकान की हैसियत (स्तर)।

खाना नंबर 7– जब खाना नंबर 7 में चन्द्र–बुध मंदी हालत में हों तो दूध में रेत के मानिन्द (समान) किस्मत का मालिक होगा। ऐसे वक्त बकरी दूध तो देगी मगर मेंगने डालकर देगी यानि दोनों ही ग्रहों का फल खराब और बद–मजा (बेमजा) होगा। टेवे वाला धनी (धनाढ्य) होते हुए भी दुःखी ही होगा। टेवे वाले की या तो माता न होगी अगर होगी तो अंधी होगी। टेवे वाले को दिमागी (मानसिक) सदमें (आघात) भी लग सकते हैं। अगर टेवे वाला दस्ती (कारीगरी) काम करेगा तो बरबाद जरूर होगा।

खाना नंबर 8– चन्द्र–बुध मुश्तरका खाना नंबर 8 में होने के वक्त वही फल होगा जो चन्द्र–बुध मुश्तरका खाना नंबर 4 की मंदी हालत के वक्त होता है।

खाना नंबर 10– जब खाना नंबर 10 में चन्द्र–बुध मुश्तरका हों तो औरतों और बच्चों के ताल्लुक में कोई खास मुबारक फल न देगा। अगर खाना नंबर 8 मंदा हो तो टेवे वाले को निहायत (बेहद) बुरी मौत का खतरा होगा। ऐसा इंसान जाती रूप से मनहूस (नेष्ट) जिन्दगी का मालिक होगा।

खाना नंबर 12– जब खाना नंबर 12 में चन्द्र–बुध मुश्तरका मंदी हालत में हों तो सनीचर का फल जहरीला होगा चाहे सनीचर टेवे में कितना ही उम्दा बैठा हो। अब टेवे वाले की किस्मत ऐसी होगी कि जिस किसी शख़्श से वह सहारे की उम्मीद लगाएगा वही शख़्स रोता हुआ और आगे की ओर भागता हुआ नजर आएगा।

अन्य मंदे हालात

(1) जब चन्द्र–बुध मुश्तरका दोनों ही ऐसे घरों में हो जहां पर बुध का जाती (व्यक्तिगत) असर किसी तरह से निकम्मा हो रहा हो तो चन्द्र का फल भी निकम्मा (बेअसर) और खराब ही होगा।

(2) ऐसा इंसान मंदे इश्क (व्यभिचार वगैरह) या इश्क में नाकामयाबी से बरबाद होगा और ऐसे वक्त सनीचर भी भला न होगा।

(3) चन्द्र–बुध मुश्तरका की मंदी हालत के वक्त सनीचर भी मंदा फल देगा लेकिन चन्द्र का रुहानी असर (टेवे वाले इंसान का मनोबल) उत्तम और प्रबल होगा।

(4) अगर चन्द्र–बुध मुश्तरका से पापी (सनीचर, राहु, केतु) का ताल्लुक हो जाए तो दोनों ही ग्रहों (चन्द्र, बुध) का दुनियावी (सांसारिक) और ग़ैबी (दैवीय या आध्यात्मिक) फल मंदा ही होगा।

(5) चन्द्र–बुध मुश्तरका को मंगल–बद (सूरज+सनीचर मुश्तरका) देखता हो तो केतु का फल निकम्मा (खराब) होगा और केतु से मुतअल्लिक (सम्बन्धित) रिश्तेदारों (मामा वगैरह) के लिए परेशानियां पैदा होंगी। ऐसे वक्त टेवे वाले की उम्र लम्बी होगी मगर ग़शी (बेहोशी, मूर्छा वगैरह) और दिल (हृदय) से मुतअल्लिक बीमारियां होंगी। टेवे वाले को पानी या गोता (डूबना) से खतरा बना रहेगा।

उपाय

बुध के मंदे असर के वक्त राहु या मंगल–बद की मदद ले लेना मुबारक (शुभ) असर देगा।

चन्द्र-सनीचर

(जहरीला दूध, खूनी कुआं)

पहाड़ सनीचर मैदान चन्द्र का, कोहसार समुद्र बनता हो
एक भला तो दूजा मंदा, मौत बहाने गढ़ता हो
ससुराल औरत के उसकी माया, काम अमूमन आती हो
बदनाम हुआ मुंह दुनिया काला, जहर शुक्कर में भरती हो
दुश्मन चन्द्र जब तख़्त पे बैठा, चोरी हानि धन जाता हो
उम्र सनीचर साथी मिलते, पैदा दौलत खुद करता हो
सूरज हुआ जब टेवे मंदा, जहर सनीचर बढ़ता हो
जान सनीचर जो चीज दोरंगी, हमले औलाद पे करती हो
चमड़े का बटुआ बक्स लोहे का, माया कभी जब होती हो
जान चीज पर बिजली कड़के, जहर दौलत सब बनती हो
सांप सनीचर दूध चन्द्र पीता, जहर माता खुद देती हो
दृष्टि मगर ग्रह जब कोई बैठा, जान शिफ़ा जहर बनती हो

आम हालात

(1) चन्द्र–सनीचर मुश्तरका स्याह (काली) स्याही, पानी की बावली (ऐसा कुआं जिसके अन्दर उतरने के लिए सीढ़ियां मौजूद हों), उल्टा हथियार (जो अपने ही माथे लगता हो), कछुआ, बिगड़ा हुआ दूध,

लोहे की सवारी (मोटरसाइकिल, मोटरगाड़ी वगैरह), खूनी कुआं और दूध में जहर के मानिन्द (समान) होगा।

(2) माली (आर्थिक) हालत के मामले में खाना नंबर 10 के मुताबिक (अनुसार) दिया हुआ असर लिया जाएगा

(3) चन्द्र–सनीचर मुश्तरका चाहे किसी भी घर में क्यों न बैठे हों मगर सांप को दूध पिलाना मुबारक फल ही देगा।

(4) चन्द्र–सनीचर मुश्तरका अंधा घोड़ा या दरिया में बहता हुआ मकान (मंदे मायनों में) होगा।

(5) अगर इन दोनों ग्रहों में एक ग्रह उम्दा हुआ तो दूसरा जरूर मंदा होगा। बहरहाल (परिणामस्वरूप) दोनों ही का फल खराब हो जाएगा।

(6) चन्द्र–सनीचर मुश्तरका 44 साल की उम्र तक (टेवे वाले की) मुश्तरका होंगे और मस्नूई (बनावटी) केतु–नीच का असर देंगे।

(7) जब सनीचर का असर उम्दा होगा उस वक्त सनीचर में चन्द्र का 1/3 हिस्सा मंदा शामिल होगा। जहां चन्द्र उम्दा होगा वहां सनीचर का 1/3 हिस्सा मंदा शामिल होगा।

(8) टेवे वाले पर दोनों ग्रहों में से कौन प्रबल है इस बात का फैसला टेवे वाले इंसान की आंखों से होगा यानि उसकी आंख चन्द्र (घोड़े) की है या सनीचर (सांप) की है। इससे उस इंसान के ऊपर मुतअल्लिक ग्रह का असर पता चल सकेगा।

नेक हालत

खाना नंबर 1– जब चन्द्र–सनीचर मुश्तरका खाना नंबर 1 में हों तो टेवे वाले पर वही नेक और उम्दा असर जाहिर होगा जो सूरज–सनीचर मुश्तरका खाना नंबर 10 में दिया गया है।

खाना नंबर 2– जब चन्द्र–सनीचर मुश्तरका खाना नंबर 2 में हों तो घर में काला घोड़ा रखना या रफ़ा–ए–आम (जन कल्याण) के कामों के लिए कुआं लगवाना मुबारक (शुभ) असर देगा।

घोड़ा काला या कुआं लगाते, काम-ए-रफ़ाए सब उम्दा हो

खाना नंबर 3– जब चन्द्र–सनीचर मुश्तरका खाना नंबर 3 में हों तो टेवे वाले की बेशुमार जायदाद (अचल सम्पत्ति) होगी लेकिन बक्से धन से खाली होंगे अर्थात् टेवे वाले इंसान के पास नकद माया (धन) न होगी।

खाली बक्स धन-दौलत होती, दोनों पाया घर तीजा हो

खाना नंबर 4– जब चन्द्र–सनीचर मुश्तरका खाना नंबर 4 में हों तो उच्च चन्द्र टेवे वाले इंसान के लिए मानसरोवर होगा। अगर चन्द्र–सनीचर मुश्तरका को सूरज की मदद (दृष्टि वगैरह के माध्यम से) मिल रही हो तो पितृ रेखा (माता–पिता का साया) का मुबारक फल टेवे वाले को मिलेगा।

खाना नंबर 4 में सनीचर मददगार सांप और इंसान के सिर पर साया करने वाला होगा। मगर दूसरों के लिए जहरीला और खूनी सांप होगा। अगर किसी वक्त टेवे वाले का जिस्म नाकारा हो जाए तो यह सांप टेवे वाले को मारने की बजाए उसे मजबूत और आसूदा (धनी) बना देगा।

उतरे मोतिया आंखों उसकी, बुध चौथे जब बैठा हो
दुश्मन बैठक दस चन्द्र होती, मौत या हर्जा पाता हो

जब बुध खाना नंबर 4 में बैठा हो तो टेवे वाले इंसान की आंख में मोतिया (आंखों का एक रोग) होगा। जब चन्द्र के दुश्मन (राहु, केतु), खाना नंबर 10 में (बमूजिब वर्षफल) बैठे हों तो टेवे वाले की मौत होगी अथवा वह नुकसान उठाएगा (आर्थिक या शारीरिक)।

खाना नंबर 6– जब चन्द्र–सनीचर मुश्तरका खाना नंबर 6 में हों तो टेवे वाले की खुद अपनी आमदनी और अपने बनाए हुए मकान (व्यापार या व्यक्तिगत बचत के रूप में) मुबारक असर देंगे।

सनीचर चन्द्र की मिट्टी बोले, चीजें चन्द्र सब उम्दा हो
तीनों कुत्ते घर उसके मंदे, मकान कमाई उम्दा हो

सनीचर–चन्द्र मुश्तरका में सनीचर का हाल उम्दा मगर चन्द्र का असर मंदा होगा। मकान का उम्दा असर मिलेगा और मकान से कमाई करना (किराया, बनाकर बेचना वगैरह) भी उत्तम असर देगा। अगर ऐसा इंसान दुनियावी कुत्तों में से किसी को अपने घर रखेगा तो इंसान के ऊपर सनीचर–चन्द्र मुश्तरका (मस्नूई या बनावटी केतु मगर नीच) का मंदा असर पड़ेगा।

दुनियावी कुत्ते तीन होंगे– सुसराल घर जंवाई, बहिन के घर भाई, नाना के घर दोहता।

खाना नंबर 9– जब चन्द्र–सनीचर मुश्तरका (इकट्ठे) खाना नंबर 9 में हों तो टेवे वाले को उत्तम धन–दौलत नसीब होगी।

माया दौलत गो हर दम बढ़ती, असर चन्द्र खुद मंदा हो
आबे-हयात जो उसको मिलता, जिस्म पर छाले करता हो

यद्यपि टेवे वाले की माया–दौलत हर वक्त बढ़ती रहेगी मगर चन्द्र का सेहत के मामलों में असर मंदा होगा। ऐसे वक्त अगर मरीज को (टेवे वाला अगर मरीज हो तो) दवा के रूप में आबेहयात (अमृतजल या सुधा) भी दिया जाए तो वो भी जिस्म पर छाले पैदा कर देगा यानि वह भी संक्रमण फैला देगा।

खाना नंबर 12– जब चन्द्र–सनीचर मुश्तरका खाना नंबर 12 में हों तो माया और दौलत की परवाह न करने वाला निःस्वार्थ इंसान होगा।

अन्य नेक हालात

किसी अन्य इंसान के साथ से जो हम–उम्र (एक ही उम्र वाला या एक समान या बराबर उम्र वाला) हो या दूसरी उम्र (रिश्तेदारी में दर्जा उम्र) का साथी हो (उसके) साथ धन पैदा होगा और ऐसे वक्त टेवे वाले को सनीचर भी मदद देगा।

मंदी हालत

खाना नंबर 1– जब चन्द्र–सनीचर मुश्तरका खाना नंबर 1 में हों तो टेवे वाले के लिए वह मंदा और बुरा असर शामिल होगा जो सूरज–सनीचर मुश्तरका के वक्त खाना नंबर 10 में दिया गया है।

खाना नंबर 2– जब चन्द्र–सनीचर मुश्तरका खाना नंबर 2 में हों तो टेवे वाले की मौत अमूमन हथियार से होगी अथवा लोहे से कोई हादसा भी हो सकता है।

खाना नंबर 3– जब चन्द्र–सनीचर मुश्तरका खाना नंबर 3 में हों तो टेवे वाले के घर संदूकची (छोटा संदूक) होगा मगर धन से खाली होगा। टेवे वाले के पास नकद माया (नकद धन) बहुत कम या नदारद

(गायब, खाली) होगा। धन के लिए सनीचर का उपाय करना मुबारक होगा। सनीचर–चन्द्र मुश्तरका मंदी हालत के वक्त केतु का उपाय मददगार होगा। अगर टेवे में केतु भी मंदा हो तो लाल फ़िटकरी जमीन में दबाना मददगार होगा।

खाना नंबर 4– जब चन्द्र–सनीचर मुश्तरका खाना नंबर 4 में हों तो चन्द्र अब खूनी कुआं होगा मगर दूसरों के लिए होगा, टेवे वाले के लिए न होगा। अमूमन जब खाना नंबर 1, 7, 10 में सूरज न हो तो टेवे वाले की मौत रात में पानी की वजह से होगी। लेकिन अगर खाना नंबर 1, 7, 10 में सूरज बैठा हो तो टेवे वाले की मौत दिन में और पानी की वजह से ही होगी। ऐसे इंसान का धन पानी से दबा हुआ धन होगा जो उसके लावल्द (संतानहीन) होने या मरने के बाद दूसरों के काम आएगा। टेवे वाले का धन औरत पर (विधवा या माशूका या कबूतरबाजी में) खर्च होगा और तबाही की वजह बनेगा। सांप को दूध पिलाना मुबारक साबित होगा। अगर टेवे वाले का चाल–चलन (चरित्र) मंदा हो तो वह अपनी बेवकूफ़ी या मोतियाबिन्द वगैरह की वजह से नजर (आंख) बरबाद कर बैठेगा। खासकर जब टेवे में बुध खाना नंबर 4 में बैठा हो। चोट से टेवे वाले इंसान की नजर बरबाद न होगी। अमूमन (सामान्यतः) ऐसे इंसान की मौत परदेश में (जद्दी घर–घाट से बाहर) होगी।

जब खाना नंबर 10 में चन्द्र का दुश्मन (राहु, केतु) ग्रह हो तो टेवे वाला चार बचने वाले मकान का मालिक होगा। ऐसा इंसान निर्धन, मनहूस और गधे के मानिन्द (समान) काम करने वाला होगा और खाने (भोजन) के लिए उसको मौका तक नसीब न होगा। ऐसे वक्त चन्द्र खाना नंबर 4 और सनीचर खाना नंबर 4 में दी गई मंदी हालत वाला उपाय कारआमद (असरकारक) होगा। ऐसे इंसान के बाप (पिता) की मौत हथियार वगैरह से अचानक चन्द्र या सनीचर की मियाद में हो सकती है।

खाना नंबर 5– जब चन्द्र–सनीचर मुश्तरका खाना नंबर 5 में हों तो वही असर गिना जाएगा जो सूरज–सनीचर मुश्तरका खाना नंबर 1 में दिया गया है। धन–दौलत के मामले में औलाद पर मुसीबत आएगी। मुसीबत का मारा हुआ दुःखी इंसान होगा। सनीचर के आतिशखेजी–पहाड़ (ज्वालामुखी) का धुआं, चन्द्र के समुद्र में गोते लगाता (डूबता) हुआ मालूम देगा।

धन-दौलत औलाद हो मंदी, दुःखी मुसीबत भरता हो
आतिशखेजी धुआं जमाना, ग़र्क समुद्र करता हो

ऐसे इंसान की माता या खुद टेवे वाले इंसान की नजर मंदी होगी। अगर ऐसा इंसान सांपों को मारता या मरवाता हो तो सनीचर का बक्सा (तिजोरी) धन हानि या मकान बनवाते वक्त बिक जाने की वजह बनेगा। ऐसे सनीचर के बक्से (तिजोरी) में चन्द्र की चीजें मुबारक असर न देंगी। बल्कि मंगल की चीजें (छुआरा–एक प्रकार का मेवा) रखना मुबारक होगा।

खाना नंबर 6– जब चन्द्र–सनीचर मुश्तरका खाना नंबर 6 में हों तो तीनों दुनियावी कुत्तों में से कोई एक या तीनों बाइसे (कारण) खराबी बनेंगे। चन्द्र और सनीचर दोनों ही ग्रहों की अश्या (चीजें) रिश्तेदार और कारोबार टेवे वाले के लिए मंदे असर के होंगे। या तो ये खुद बरबाद होंगे या तो टेवे वाले के लिए बरबादी की वजह बनेंगे।

खाना नंबर 7– जब चन्द्र–सनीचर मुश्तरका खाना नंबर 7 में हों तो टेवे वाले को आंखों की बीमारियां होगी अथवा टेवे वाले को अंधापन होगा। औरतों के झगड़ों से अथवा शुक्कर की अश्या (वस्तुएं, कारोबार, रिश्तेदार) से टेवे वाले की जिन्दगी तबाह होगी। ऐसा इंसान खासतौर पर अगर रात में दूध (चन्द्र) में काली मिर्च (सनीचर) का इस्तेमाल (प्रयोग) करेगा तो फ़ेफड़ों में पानी या दिल की कोई बीमारी की वजह होगा जो धन हानि या नजर की कमजोरी का बहाना (कारण) होगी। सनीचर की उम्र (9, 18, 36) में माता या

पिता में से कोई मरेगा। अगर हथेली में अंगूठे की तरफ की रेखा लम्बी और बड़ी हो तो ऐसे इंसान की मौत अपने ही देश में होगी (पैतृक मकान के आस–पास)। टेवे वाले की धन–दौलत स्याह (काले) बंदर की तरह उसकी बरबादी की वजह बनेगी और सनीचर ऐसे इंसान की मौत का सबब (कारण) होगा।

खाना नंबर 8– जब चन्द्र–सनीचर मुश्तरका खाना नंबर 8 में हों तो सनीचर की उम्र (9, 18, 36 साल) में सनीचर की चीजों (हथियार, जानवर, सांप वगैरह) से मंदे वाकिआत (घटनाएं) खड़े होंगे। ऐसे इंसान के बुढ़ापे में उसकी नजर कम या गुम (खत्म) होगी मगर वह अंधा हरगिज न होगा। हथेली में जब उम्र रेखा, किस्मत रेखा शुरू होने वाले हिस्से (भाग) पर द्विशाखी (दो शाखाओं में विभक्त) हो और उस द्विशाखी रेखा में अंगूठे की तरफ वाली रेखा बड़ी और लम्बी हो तो ऐसे वक्त टेवे में सनीचर–चन्द्र मुश्तरका खाना नंबर 7 में गिने जाएंगे।

खाना नंबर 9– जब चन्द्र–सनीचर मुश्तरका खाना नंबर 9 में हों तो टेवे वाले के हर सुख और आराम में दूध में जहर के मानिन्द (समान) मंदा असर मिला हुआ होगा। अगर ऐसे इंसान को आबेहयाद (अमृतजल) भी मिले तो वह भी जिस्म (शरीर) पर छाले कर देगा।

खाना नंबर 10– जब चन्द्र–सनीचर मुश्तरका खाना नंबर 10 में हों तो पानी की जगह अगर इंसान को माया (धन–दौलत) के कुएं भी मिल जाएं तो वह उन्हें भी खर्च करके खुश्क (सूखापन) कर देगा। ऐसा इंसान तारे वाला टट्टू (मनहूस घोड़ा) होगा। मरते वक्त कर्जा छोड़ कर मरेगा और मरते वक्त भी दुःखी ही रहेगा।

खत्म कुएं ख़्वाह पानी माया, टट्टू तारे का होता हो

उम्र खत्म तक बाकी कर्जा, दुःखी जगत् से जाता हो

ऐसा इंसान अपने घर–परिवार की बुजुर्गी (पैतृक) शान–शौकत में जहर भर देगा यानि बरबाद कर देगा। ऐसे इंसान का इश्क (प्रेम या मोहब्बत) तबाही की वजह बनेगा।

खाना नंबर 12– जब चन्द्र–सनीचर मुश्तरका खाना नंबर 12 में हों तो टेवे वाले की किस्मत (भाग्य) में औरत (पत्नी) का सुख हल्का ही होगा।

अन्य मंदे हालात

(1) चन्द्र, सनीचर मुश्तरका वाला इंसान, इंसानी दिल (चन्द्र) और औरत की शरारती आंखों के इशारों, गेसुओं (बालों), लहर (सनीचर के कामों) में ही अपनी मौत को ढूंढता होगा, ऐसे इंसान का इश्क तबाही का सबब बनेगा।

(2) चन्द्र–सनीचर मुश्तरका वाले इंसान का धन उसकी औरत (पत्नी), यार–दोस्त, गैर हकीकी (जो सगे न हो) भाई–बन्दों और औरत खानदान के बहुत काम आयेगा।

(3) जब बमूजिब (अनुसार) वर्षफल चन्द्र के दुश्मन ग्रह तख्त (खाना नंबर 1) पर आयेंगे तब चोरी और धनहानि के वाकिआत (घटनाएं) होंगे।

(4) सनीचर की अश्या (वस्तुएं), रिश्तेदार और कारोबार (व्यापार) टेवे वाले के लिए दुःख की वजह (कारण) बनेंगे।

(5) टेवे वाले का धन मुंह काला (बदनाम) करने वाला होगा। ऐसे इंसान का खालिस (शुद्ध) चांदी का सिक्का हर तरह से खोटा साबित होगा (विश्वास में धोखा) और बदनामी का सबब (कारण) बनेगा।

(6) टेवे वाले के ठंडे और मीठे पानी के कुएं में जहर मिली हुई स्याही (कालिख) पड़ी होगी और सनीचर के मकान आराम देने की बजाय दुःख का बहाना खड़ा कर देंगे।

(7) चन्द्र–सनीचर मुश्तरका, सनीचर के उदासी और वैराग्य को शान्त करने की बजाए उल्टा जलाते रहेंगे।

(8) चन्द्र–सनीचर मुश्तरका के वक्त चन्द्र उम्दा धन होगा मगर बरखिलाफ (विपरीत) इसके सनीचर ऐसा मंदा खजांची (धन का हिसाब रखने वाला मुनीम) होगा जो जरूरत के वक्त अपने मालिक को भी धन लेने न देगा यानि ऐसे इंसान की खुद (स्वयं) की कमाई भी उसके अपने काम न आ सकेगी।

(9) सनीचर या चन्द्र की दोरंगी अश्या (वस्तुएं) मसलन (जैसे) घोड़ा, भैंस और बृहस्पत व केतु की जानदार और बेजान (जीवित और निर्जीव) अश्या का फल मंदा ही होगा। टेवे वाले पर या तो हादसा होगा अथवा उसकी नजरों (आंखों) पर हमला होगा।

(10) टेवे वाले को नजर की खराबियां (दृष्टि दोष) होंगी यानि एक आंख सीधी और दूसरी टेढ़ी या आंख का कानापन या दिल की जहरीली बीमारियां होंगी। ऐसा इंसान सांप की तरह हर किसी पर जहरीला हमला कर देने वाला खुदगर्ज हो सकता है।

उपाय

(1) मंदे वक्त के दौरान दोरंगे जानवरों का माथा स्याह (काला) कर दें।

(2) नजर मंदी होने के वक्त 43 दिन लगातार खालिस (शुद्ध) पानी न पिएं बल्कि उसमें कोई न कोई चीज जरूर मिला लें मसलन खांड (देसी शक्कर), दूध, नींबू या फिर कुछ भी जो दिल इस्तेमाल करना चाहे। ऐसे वक्त नशे वाली चीजों (सनीचर की अश्या) का पानी में इस्तेमाल भी मददगार ही साबित होगा।

(3) सांप को दूध पिलाने से चन्द्र मुबारक होगा और उसका फल नेक होगा।

(4) चन्द्रग्रहण के वक्त सनीचर की चीजें (नारियल, बादाम आदि) बहते पानी में बहाना मददगार होगा।

(5) टेवे वाले को अगर आगे से हथियार मिलता हो तो टेवे वाले के लिए मंदी निशानी (शकुन) होगी। ऐसे वक्त नेक (शुभ) कामों को करना गैर मुबारक होगा।

(6) घर में लोहे का बक्सा हो तो उसमें चांदी की थाली में पानी भरकर रखना मुबारक होगा बशर्ते ये दोनों (चन्द्र–सनीचर मुश्तरका) खाना नंबर 5 में न हों।

(7) अगर चन्द्र–सनीचर मुश्तरका खाना नंबर 5 में हों तो मंगल–सनीचर मुश्तरका की चीजें (नारियल, छुहारे) लोहे के बक्से (बड़ा बक्सा) में रखना मुबारक होगा।

चन्द्र-राहु

(बंधा हुआ भूचाली हाथी)

निस्फ़ उम्र तक हर दो मंदा, बुध भला न मन्दिर हो
ससुराल घराना लाख हो ऊंचा, पाप उम्र तक खण्डहर हो
मुश्तरका दोनों से धर्मी टेवा, उम्र लम्बी खुद पाता हो
असर राहु जब होता मंदा, केतु भला न रहता हो
उम्र केतु पैंतालीस मंदे, कैदी चन्द्र न रहता हो
नेक रोशन तब दोनों होते, हाथी माया में नहाता हो

आम हालात

(1) जब चन्द्र–राहु मुश्तरका हों तो राहु का भूचाल चन्द्र से रुक जाएगा और चन्द्र बैठे हुए घर से आगे नहीं जा सकेगा।

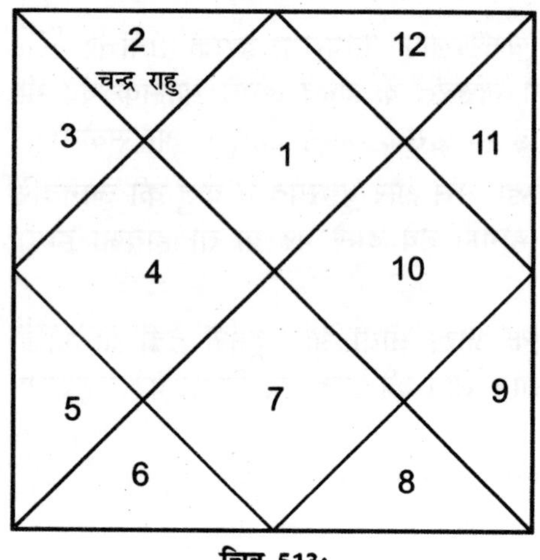

चित्र 513:

(2) चन्द्र–राहु मुश्तरका किसी भी घर में बैठे हों (खासकर खाना नंबर 2 में) तो ऐसा टेवा धर्मी टेवा (देखें फरमान नंबर 6) कहलाता है। जिसमें पापी ग्रहों का तो मंदा असर नहीं होगा बल्कि बाकी तमाम (सभी) ग्रह भी धर्मी ही होंगे। देखें चित्र 513।

(3) चन्द्र–राहु मुश्तरका जिस घर में बैठे हों उस घर की चीजों पर इन दोनों का ही मंदा असर होगा।

(4) जब ये दोनों टेवे में खाना नंबर 1 से 6 में (पहले घरों में) बैठे हों तो जिस खाने में भी बैठे हैं उस खाने के हिन्दसा (अंक) की उम्र तक माता और माता की उम्र तक भारी होगा मगर टेवे वाले की खुद की उम्र शक्की न होगी। चन्द्र की जानदार चीजों (माता वगैरह) पर हथियार (शस्त्र) वगैरह से मौत होना जैसे मंदे वाकिआत होंगे।

(5) जब ये दोनों टेवे में खाना नंबर 7 से 12 (बाद के घरों) में बैठे हों तो माता पर कोई बुरा असर न होगा लेकिन जब कभी भी होगा तो माता और टेवे वाले इंसान दोनों ही पर इकट्ठा होगा और वह भी चन्द्र की मियाद (24 दिन, 24 माह, 24 घंटे) तक होगा वरना फिर ऐसा बुरा असर कभी भी न होगा।

(6) राहु का भूचाल 45 साल की उम्र में रुकेगा या 45 की जुज (खण्ड) में (यानि 45 दिन, 45 माह, 45 साल वगैरह) रुकेगा। राहु के भूचाल के वक्त राहु–चन्द्र दोनों का ही फल बरबाद होगा।

(7) चन्द्र–राहु मुश्तरका मानिन्द (समान) बंधा हुआ खतरनाक और भूचाली (भूमि को हिला देने वाला) हाथी होगा जो दरिया के रास्ते को भी रोक ले और खुद भी बरबाद हो जाए।

(8) मुश्तरका हालत में दोनों ग्रह अपना–अपना फल देंगे मगर चन्द्र, राहु से कुछ मंदा ही होगा। टेवे वाला गरीब, जलील, दरबदर और फ़रार होगा मगर किसी भी हालत में कैद न होगा। खासकर जब चन्द्र–सनीचर मुश्तरका खाना नंबर 2 में हों। अव्वल (सर्वोतम) गाय या दोरंगा लाल बछड़ा (गाय का बच्चा) टेवे वाले की मौत का बहाना होगा।

(9) टेवे में जब सनीचर उम्दा हो तो राहु का भी तमाम असर उम्दा ही होगा।

नेक हालत

खाना नंबर 7– जब चन्द्र–राहु मुश्तरका खाना नंबर 7 में हों तो टेवे वाले की स्त्री (पत्नी) और राजदरबार (सरकारी विभागों से सम्बन्धित) का फल मंदा नहीं होगा।

चन्द्र राहु घर सातवें बैठे, ऊंच शुक्कर सूरज ग्यारह हो
मौत मारे घर ससुर का उजड़े, लाख पुत्तर चाहे पोता हो

जब चन्द्र–राहु मुश्तरका खाना नंबर 7 में हों, सूरज खाना नंबर 11 में हो और शुक्कर उच्च का होकर खाना नंबर 12 में बैठा हो तो ससुराल घर तबाह होगा चाहे उस घर कितने ही बेटे या पोते क्यों न हों। देखें चित्र 514।

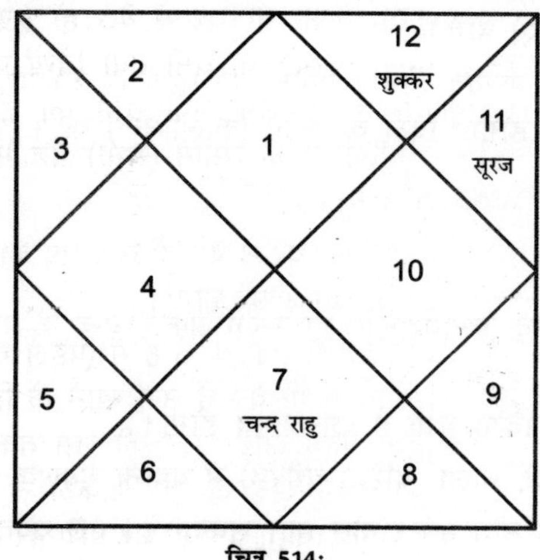

चित्र 514:

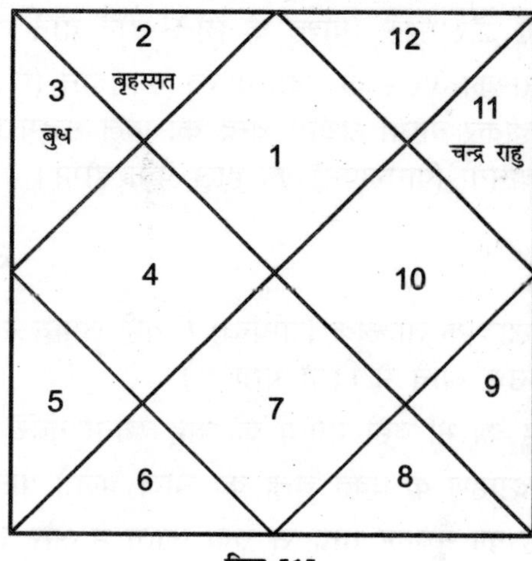

चित्र 515:

खाना नंबर 9– जब चन्द्र–राहु मुश्तरका खाना नंबर 9 में हों तो चन्द्र बादल के पीछे चांद वाली हालत का होगा और निस्फ़ (आधा) फल देगा। ऐसा चन्द्र मद्धम ग्रहण वाला होगा। लेकिन फिर भी पिता खानदान के खुश्क (सूखे) कुएं दोबारा पानी से भर देगा अर्थात् पिता–दादा के घर खानदान को दौलत से भर देने वाला होगा और जद्दी (पैतृक) घर–परिवार में रौनक कर देगा।

निस्फ़ चन्द्र चाहे नौवें गिनते, ग्रहण मद्धम चाहे होता हो
खुश्क कुएं घर जद्दी उनके, पानी दोबारा आता हो

खाना नंबर 11– चन्द्र–राहु मुश्तरका खाना नंबर 11 के वक्त बुध खाना नंबर 3 और बृहस्पत खाना नंबर 2 में हो तो सोने को आग में जलाकर फिर दूध में बुझा लें फिर उस दूध का इस्तेमाल करने से औलाद की पैदाइश में बरकत होगी। देखें चित्र 515।

मंदी हालत

खाना नंबर 3– चन्द्र–राहु मुश्तरका खाना नंबर 3 के वक्त 34 साल की उम्र तक बुध और केतु का फल मंदा ही होगा।

खाना नंबर 7– चन्द्र–राहु मुश्तरका खाना नंबर 7 में हों तो ससुराल खानदान वीरान होगा।

खाना नंबर 9– चन्द्र–राहु मुश्तरका खाना नंबर 9 में होने की हालत में टेवे में चन्द्र का जाती (व्यक्तिगत) फल मद्धम (धीमा) होगा बल्कि ग्रहण के चन्द्र के मानिन्द (समान) ही होगा।

खाना नंबर 12– चन्द्र–राहु मुश्तरका खाना नंबर 12 में हों तो न केवल चन्द्र की चीजों (जानदार और बेजान) का फल मंदा होगा बल्कि शुक्कर का फल भी भला न होगा। मगर इसका मतलब यह न होगा कि शुक्कर का असर बुरा होगा।

अन्य मंदे हालात

(1) चन्द्र–राहु मुश्तरका के वक्त टेवे वाले को पानी से नुकसान का खौफ़ (डर) बना रहेगा।

(2) टेवे वाले की (21 या 42 साल उम्र में) जिल्द (त्वचा) खराब होगी या जिस्म पर स्याह (काले) सफेद दाग और मस्से (गोश्त के छोटे–छोटे दाने उभरे हुए) होंगे।

(3) मुश्तरका असर के वक्त औरत खानदान (ससुराल) बरबाद होगा। दरिया का पानी (चन्द्र) दो टुकड़ों में होकर बहेगा अर्थात् चन्द्र का फल मद्धम (धीमा) होगा। दिल के फ़र्जी (काल्पनिक) वहम (राहु) से दीवानगी (पागलपन) का हाल पैदा होगा।

उपाय

(1) औलाद के ताल्लुक (सम्बन्ध) में वही उपाय कारआमद (प्रभावशाली) होगा जो अकेले चन्द्र के फलादेश में उस खाने में दिया गया है।

(2) राहु का भी वही उपाय जो राहु खाना नंबर 11 में दिया गया है कारआमद होगा।

(3) चन्द्रग्रहण के वक्त चन्द्र की चीजें चलते पानी (नदी, नाला, दरिया वगैरह) में बहाना मुबारक होगा।

(4) राहु का भूचाल चन्द्र से रुक जाता है और राहु का मंदा असर केतु हटा सकता है। ऐसे वक्त मंगल या बृहस्पत या चन्द्र का उपाय करना मददगार होगा। अगर टेवे में सभी ग्रह मंदे हों तो बुध का उपाय करें यानि बुध कायम करें।

चन्द्र-केतु

(चन्द्रग्रहण)

कायम ग्रह नर टेवे बैठे, उम्दा असर दो देता हो
वर्ना गृहस्थी दुःखी ऐसे, टांग जली दिल फटकता हो
चन्द्र दादी और केतु पोते, मेल न दोनों होता हो
लेख विधाता हो दो इकट्ठे, एक दोनों से दुःखी हो
असर कभी जब दोनों मंदा, माल-जान पर पड़ता हो
चन्द्र राहु फल बाकी अपना, हर दो हालत हर घर का जो
मंगल साथी चाहे साथ हो दृष्टि, बैठे घरों या मंगल हो
ग्रहण हटे जब माता बैठी, वक्त अट्ठाईस मंगल हो

आम हालात

(1) चन्द्र–केतु मुश्तरका के वक्त किस्मत की मदद और बृहस्पत की हवा अब मायूसकुन (निराशाजनक) होगी। माता भाग (पक्ष) रद्दी और बर्फानी (ठंडा) असर देगा। सफर चाहे समुद्र का हो या फिर जमीन का मंदा ही असर देगा।

(2) चन्द्र–केतु मुश्तरका कुत्ते का पसीना होगा। मुश्तरका असर के वक्त दोनों ही मंदे फल वाले होंगे। सूरज का असर 45 साल की उम्र तक मंदा होगा।

(3) चन्द्र–केतु की मिलावट के वक्त केतु मंदा होगा मगर चन्द्र भी उम्दा न होगा बल्कि खराब ही फल देगा।

(4) चन्द्र–केतु मुश्तरका वाला इंसान अगर किसी इंसान की पेशाब (मूत्र) पर पेशाब करे तो जहमत (मुसीबत या परेशानी) ही मोल लेता होगा।

(5) दृष्टि वगैरह की वजह से जब चन्द्र खुद (स्वयं) नीच हो रहा हो या बुध की मार से मर रहा हो या दोनों ही खाना नंबर 6 में (चन्द्र और बुध) मुश्तरका बैठे हों तो चन्द्र के लिए केतु का साथ उसके रास्ते पर आगे चलती हुई दीवार के मानिन्द (समान) असर का होगा। चन्द्रग्रहण का जमाना होगा यानि माता (चन्द्र) धर्मात्मा होते हुए भी बदनाम औरत नजर आती होगी।

(6) चन्द्र–केतु मुश्तरका के वक्त जायदादी ताल्लुक (सम्बन्ध) हर तरफ उलझता हुआ–सा नजर आएगा।

(7) चन्द्र–केतु मुश्तरका के वक्त चन्द्रग्रहण होगा मगर सिर्फ उन बातों के लिए ही कारआमद (प्रभावशाली) होगा जो बातें चन्द्र–राहु मुश्तरका के वक्त दी गई हैं।

(8) चन्द्र–केतु मुश्तरका का मंदा असर अमूमन जानदार चीजों और माल (सामान वगैरह) पर ही होगा बाकी सब बातों में चन्द्र–राहु मुश्तरका वाला असर ही होगा। फ़र्क सिर्फ इतना ही होगा कि जहां लफ़्ज (शब्द) केतु लिखा है वहां राहु लिखा जाएगा। चन्द्र–राहु वाला ही असर हर खाने में चन्द्र–केतु के लिए भी गिना जाएगा।

(9) चन्द्रग्रहण के वक्त अगर बुध उत्तम हो तो चन्द्रग्रहण का मंदा जमाना नहीं होगा। बुध की उम्र 34 साल से चन्द्र की उम्र 24 साल तक यानि टेवे वाले की 34 साल से 58 साल उम्र तक टेवे वाले के लिए नेक असर होगा। ग्रहण का मंदा जमाना कम से कम एक साल और ज्यादा से ज्यादा 24 साल तक रह सकता है।

नेक हालात

चन्द्र–केतु मुश्तरका के वक्त टेवे में नर ग्रह (बृहस्पत, सूरज, मंगल) उम्दा हों तो चन्द्र और केतु दोनों ही का फल उम्दा और उत्तम होगा। अगर टेवे में चन्द्र–केतु मुश्तरका पर मंगल की दृष्टि हो या मंगल की भी मदद हो तो टेवे वाले की 28 साल की उम्र पर हर तरफ जंगल में मंगल (खुशनुमा माहौल) का–सा असर होगा।

मंदी हालत

खाना नंबर 1, 8– जब ग्रहण (चन्द्र–केतु मुश्तरका) खाना नंबर 1 या खाना नंबर 8 में हो तो दोनों ही ग्रह हर तरह से मंदे और नाश करने वाले होंगे।

खाना नंबर 2– जब खाना नंबर 2 में चन्द्र–केतु मुश्तरका हों तो टेवे वाले को निमोनिया, गठिया और मौत के मानिन्द (तुल्य) कष्ट होंगे। मंदे असर के वक्त औलाद नरीना (नर) और बछड़े (गाय की नरीना औलाद) के पांवों में चांदी का छल्ला मददगार होगा।

खाना नंबर 4– जब खाना नंबर 4 में चन्द्र–केतु मुश्तरका हों तो अब पापी ग्रहों (राहु, सनीचर, केतु) का मंदा असर न होगा बल्कि अब पूरा टेवा ही धर्मी (देखें फरमान नंबर 6) होगा।

खाना नंबर 6– जब खाना नंबर 6 में चन्द्र–केतु मुश्तरका हों तो चन्द्र ग्रहण का मंदा जमाना होगा चन्द्र की जानदार अथवा बेजान चीजों पर नेक असर का साया (परछाई) तक न पड़ेगा। टेवे वाले पर और उसकी माता पर ग्रहण का असर मौत तक भी पीछा न छोड़ेगा।

खाना नंबर 9– खाना नंबर 9 में दोनों (चन्द्र–केतु) अलैहदा–अलैहदा (अलग–अलग) उत्तम असर देते हैं मगर अब ये दोनों ही मंदा फल देने वाले होंगे।

खाना नंबर 12– खाना नंबर 12 में चन्द्र–केतु मुश्तरका के वक्त टेवे वाला धन तो बहुत कमाएगा और धन आता हुआ भी नजर आएगा मगर ज़ब हिसाब लगाएगा तो नतीजा सिफर (शून्य) ही पाएगा।

अन्य मंदे हालात

(1) चन्द्र–केतु मुश्तरका मंदी हालत के वक्त लंगड़ी माता की तरह, टेवे वाले की किस्मत का हाल होगा।

(2) टेवे वाले की माता की सेहत या औलाद नरीना (नर) की उम्र का मंदा हाल होगा। माता और औलाद (दादी–पोता) के ख्यालात (विचार) न मिल सकेंगे और दोनों ही में झगड़ा होगा।

(3) टेवे वाले इंसान की नई औलाद की पैदाइश के वक्त टेवे वाले की माता का टेवे वाले के बच्चे से 40–43 दिन पहले या 40–43 दिन के बाद तक इकट्ठे रहना गैरमुबारक (अशुभ) होगा और मंदा ही असर देगा। दोनों की ही जानों (जिन्दगियों) पर भारी होगा।

(4) ऐसा इंसान अगर रात में दूध का इस्तेमाल करे तो गैरमुबारक होगा।

(5) अगर टेवे वाला इंसान, पेशाब के ऊपर पेशाब करे तो परेशानियों में फ़ंसता जाएगा अर्थात् साफ जगह पेशाब करना मुनासिब होगा।

(6) ऐसे इंसान की तालीम (शिक्षा) बरबाद और निकम्मी होगी। जिस्म में चोट लगेगी या पेशाब (मूत्र) के रोग होंगे।

उपाय

(1) केतु की दोरंगी और लाल रंग की चीजों का साथ मददगार होगा।

(2) बुध की अश्या (चीजों) का दान करना मुबारक होगा।

(3) टेवे वाले की तालीम (शिक्षा) अधूरी, निकम्मी या बरबाद होने से बचाने के लिए धर्म स्थान में केतु की चीजें (तीन केले) हर रोज 48 दिन तक देते जाना मददगार होगा।

शुक्कर-मंगल

(मिट्टी का तंदूर, मीठा अनार, स्त्री धन)

मिलते दोनों से चन्द्र बनता, बुध केतु न दुश्मन हो
शुक्कर मिट्टी से मंगल दुनिया, जगत् बना कुल ब्रह्मांड हो
ससुराल औरत की किस्मत चलता, दहेज औरत से बढ़ता हो
मंगलिक मंगल-बद साथ जो मिलता, आग भट्टी सब जलता हो
धन बढ़े से परिवार हो बढ़ता, तीरथ और दुनिया उम्दा हो
उत्तम दौलत साथ बृहस्पत का, पापी हर दम मंदा हो
दोनों देखें जब सनीचर को, धन मुआविन रेखा हो
उलट हाल जब होता टेवा, असर तीनों का मंदा हो

आम हालात

(1) शुक्कर–मंगल मुश्तरका के वक्त टेवे वाले को अमूमन धन–दौलत और मर्द–औरत दोनों चीजें इकट्ठे ही नसीब होंगी। यानि अगर धन–दौलत होगी तो मर्द या औरत को सुख भी होगा।

(2) मुश्तरका (संयुक्त) असर के वक्त दोनों ग्रह 36 साल की उम्र तक मुश्तरका होंगे। मुश्तरका मिलावट के वक्त मंगल का एक भाग तो शुक्कर का 1/3 भाग शामिल होगा।

(3) अगर टेवे में मंगल–बद (सूरज+सनीचर मुश्तरका) हों तो ऐसे वक्त अगर शुक्कर का तीन हिस्सा नेक हो तो मंगल–बद का चार हिस्सा मंदा शामिल होगा।

(4) अगर बुध, केतु (दुश्मन ग्रहों) का साथ न हो तो शुक्कर–मंगल मुश्तरका मिलकर मस्नूई (बनावटी) चन्द्र का फल देंगे। बेशक जाहिरा (दृष्ट या दिखाई देने वाले) दोनों ही ग्रह मंदे क्यों न हों।

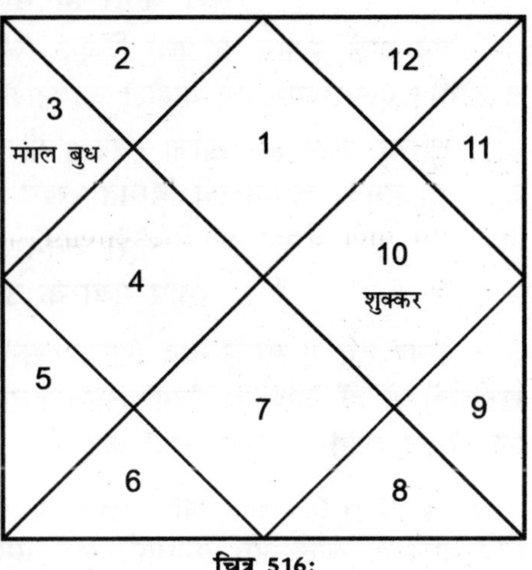

चित्र 516:

(5) मुश्तरका असर के वक्त अगर शुक्कर और बुध अलैहदा–अलैहदा (अलग–अलग) घरों में बैठे हों और टेवे में बुध, शुक्कर से पहले घरों में बैठा हो और साथ में मंगल भी बैठा हो यानि मंगल–बुध मुश्तरका टेवे में पहले घरों में बैठे हों और शुक्कर बाद के घरों में हो (देखें चित्र संख्या 516) तो बुध अपनी नाली की दृष्टि (देखें विस्तृत वर्णन "बुध" फरमान नंबर 15, अकेले–अकेले ग्रह) के उसूल (नियम) पर मंगल को शुक्कर मदद देगा, जिससे टेवे वाला लावल्द (संतानहीन) न होगा चाहे उसके टेवे में औलाद होने का योग लाख मंदा क्यों न हो। चाहे मंगल–बुध खाना नंबर 3 में हों (बुध तीन में पक्का जहर होगा) अथवा शुक्कर खाना नंबर 9 में हो (शुक्कर नौ में मंगल–बद बन जाता है।)

नेक हालत

खाना नंबर 2– खाना नंबर 2 में अगर शुक्कर–मंगल मुश्तरका हों तो टेवे वाले को औरत खानदान (ससुराल) से दौलत–जायदाद मिलेगी। ऐसा इंसान ससुराल का उम्दा कुत्ता (ससुराल में रहने वाला) होगा लेकिन अगर किसी योग की वजह से वह ससुराल में नहीं भी रहता होगा तब भी ससुराल खानदान जरूर अमीर होगा। ऐसा इंसान लावल्द (निःसन्तान) कभी न होगा। ऐसे इंसान का ससुराल से मीठी खांड (देसी शक्कर) की तरह उम्दा दौलत और उम्दा असर का फायदा होता रहेगा।

ससुराल कुत्ता वह उम्दा होगा, मंगल नेक जब होता हो
सब कुछ उसका आग में जलता, पापी मंगल बद मिलता हो

जब टेवे में मंगल नेक (सूरज–बुध मुश्तरका) हो तभी उसे ससुराल से फायदा मिलेगा वरना मंगल–बद (सूरज+सनीचर मुश्तरका) की हालत में ऐसे इंसान को ससुराल से फायदा न होगा और मंगल बद से पापी (राहु, केतु, सनीचर बहैसियत पापी) का ताल्लुक हो जाए तो टेवे वाले का सब कुछ मंदी आग में जलकर तबाह और बरबाद हो जाएगा।

खाना नंबर 3– खाना नंबर 3 में अगर शुक्कर–मंगल मुश्तरका हों तो टेवे वाले का धन उसके भाई–बहिनों को तारने वाला होगा।

खाना नंबर 7– खाना नंबर 7 में अगर शुक्कर–मंगल मुश्तरका हों तो टेवे वाले के लड़के (पुत्र), पोते, और पड़पोते सभी जिन्दा रहेंगे यानि उसके परिवार में सदस्यों की बरकत होती रहेगी। टेवे वाले का धन उसके खून के रिश्तेदारों (सगे भाई–बहिन वगैरह मगर बहिन–बुआ के रिश्तेदार नहीं) को तारने वाला होगा। टेवे वाले के पास दौलत का भंडार होगा मगर दौलत से सुख न होगा।

अनाज दौलत न हो कभी घटता, बुध चीजें न मंदी हो
सुख सागर हो भारी कबीला, औलाद पोता सब फलता हो

टेवे वाले इंसान के पास रिजक (जीविका) और दौलत कभी न घटेगी और बुध की चीजें कभी मंदी न होंगी। ऐसे इंसान को कबीले का भारी सुख मिलेगा और उसकी नस्ल तरक्की करेगी।

खाना नंबर 8– खाना नंबर 8 में अगर शुक्कर–मंगल मुश्तरका (संयुक्त) हों तो टेवे वाला इंसान हर तरह का हमला रोकने की हिम्मत रखने वाला और हर तरह से आसूदा हाल (सम्पन्न) होगा।

ऐसे जनमे चन्द्र भान, चूल्हे आग न मंजे बान
आप मुबारक उत्तम मान, निन्दा जगत् बुध करता जान

अगर टेवे में मंगल–बद (सूरज+सनीचर मुश्तरका) का ताल्लुक पापी ग्रहों (राहु–केतु, बहैसियत पापी सनीचर) से हो जाए तो ऐसा इंसान इतना बदकिस्मत होगा कि उसके घर में चूल्हा तक न जल सकेगा और सारा संसार उसकी निंदा करेगा।

खाना नंबर 10– खाना नंबर 10 में अगर शुक्कर–मंगल मुश्तरका हों तो औरत (पत्नी) के भाई–बंद (टेवे वाले के साले और बहनोई) खूब अमीर और राजा के मानिन्द होंगे। खाना नंबर 2 (ससुराल) के ग्रहों का टेवे वाले से खास (महत्त्वपूर्ण) ताल्लुक होगा।

मिट्टी डली पर निर्धन झगड़े, भाई-औरत जर पाता हो
रंग सफ़ा जब औरत चमके, ठाठ रानी दो राजा हो

अगर मंगल–बद का योग टेवे में होता हो तो टेवे वाले के मामूली बातों पर झगड़े होंगे। ऐसा इंसान अपनी औरत के भाई से धन पाने वाला होगा। अगर ससुराल खानदान के मर्द स्याह (काले) रंग के हों और उसकी औरत (पत्नी) साफ़ रंग की हो तो ऐसे टेवे वाला खूब दौलतमंद और राजा के मानिन्द (समान) ठाठ वाला होगा। ऐसा इंसान शान–शौकत का मालिक होगा। ऐसे वक्त ससुराल खानदान अमीर होगा या न होगा इस बात की कोई शर्त न होगी।

अन्य नेक हालात

(1) अगर शुक्कर–मंगल मुश्तरका को बृहस्पत देख रहा हो तो टेवे वाले पर धन और परिवार दोनों ही होंगे। टेवे वाले को सांसारिक सुख के साथ–साथ तीर्थयात्राओं का भी उत्तम फल मिलेगा।

(2) जब शुक्कर–मंगल मुश्तरका को बृहस्पत और चन्द्र दोनों देख रहे हों तो ऐसे टेवे वाले इंसान की किस्मत में निहायत उत्तम लक्ष्मी योग होगा। ऐसा धन जो हर तरफ से उम्दा फल देता होगा। ऐसे इंसान का धन और परिवार दोनों ही उम्दा और नेक होंगे।

मंदी हालत

खाना नंबर 3– खाना नंबर 3 में मंदे शुक्कर–मंगल मुश्तरका वाला इंसान जिनाकार और अय्याश (चरित्रहीन) होगा।

खाना नंबर 4– खाना नंबर 4 में मंदे शुक्कर–मंगल मुश्तरका हों तो माता के भाई–बंद (मामा वगैरह) खुद भी तबाह होंगे और टेवे वाले को भी तबाह और बरबाद करेंगे। संभव है कि उनकी (मामा वगैरह की) पानी से मौत हो अथवा वे दुनियावी समुद्र में डूबते ही जाते हों। हर तरफ से उन पर मंगल–बद का मंदा असर हो रहा होगा।

अगर टेवे में शुक्कर के साथ मंगल–बद (सूरज+सनीचर मुश्तरका) हो तो टेवे वाला बहुत ज्यादा बदफ़ेल होगा। ऐसे वक्त शुक्कर और मंगल–बद के झगड़े में बुध (साली या बहिन) बरबाद और तबाह होंगी।

औरत भाईयों को जड़ से मारे, लेख भला न होता हो
दौलत माया सब ही हो उड़ती, परिवार कबीला दुःखी हो

ऐसे इंसान के टेवे में अगर मंगल, बद हो तो टेवे वाले की औरत का भाई (टेवे वाले का साला) बरबाद और तबाह होगा। टेवे वाले इंसान की किस्मत बेहद मंदी होगी। इंसान की दौलत–माया नहीं रहेगी साथ ही उसका परिवार भी दुःखी रहेगा।

खाना नंबर 8– खाना नंबर 8 में शुक्कर–मंगल मुश्तरका के मंदे असर के वक्त, टेवे वाला हर एक इंसान का निंदक (बुराई करने वाला) और बदखोई (बदनामी) करने वाला होगा। ऐसा इंसान जिस दरख़्त के साये (छाया) तले जा बैठा वही दरख़्त जड़ से उखड़ गया होगा मगर ऐसा इंसान खुद बचकर दूसरे दरख़्त (वृक्ष) के नीचे जा पहुंचता होगा।

खाना नंबर 9– खाना नंबर 9 में शुक्कर–मंगल मुश्तरका के वक्त औरत (पत्नी) की सेहत मंदी होगी। ऐसे वक्त औरत के बड़े भाई की मदद टेवे वाले की औरत के लिए मुबारक होगी। यानि औरत का भाई अगर अपनी बहिन (टेवे वाले की स्त्री) के लिए खाने पीने की चीजें या दवाई वगैरह भिजवा देता हो तो टेवे वाले की औरत के लिए मुबारक साबित होगा।

सेहत औरत की मंदी होती, भाई बड़ा खुद होता जो हो
रंग मंगल का चूड़ी चांदी, बाजू औरत पर उम्दा हो

जब टेवे वाला अपने घर में बड़ा भाई हो तो उसकी औरत की सेहत मंदी ही होगी ऐसे वक्त चांदी की चूड़ी पर मंगल का रंग (सुर्ख या लाल) चढ़ाकर औरत के बाजू (हाथ) में पहनाना उम्दा असर देगा वाला होगा।

खाना नंबर 10– खाना नंबर 10 में अगर शुक्कर–मंगल मुश्तरका हों तो टेवे वाला निर्धन (गरीब), झगड़ालू किस्म की तबीयत (स्वभाव) वाला होगा और ऐसे इंसान की औरत भी सनीचर के रंग (काली) और सनीचर के स्वभाव वाली (कर्कशा) होगी। ऐसा इंसान छोटी–सी कंकर की डली के लिए बेवजह का फ़साद खड़ा कर देगा और अपनी औरत (पत्नी) के लिए अपने भाईयों तक को मरवा देगा।

अन्य मंदे हालात

(1) जब शुक्कर–मंगल मुश्तरका को पापी ग्रह (राहु, केतु, बहैसियत पापी सनीचर) देख रहे हों तो टेवे वाले पर रात–दिन मुसीबत पर मुसीबत आएंगी और टेवे वाले का मंदा ही हाल होता जाएगा।

(2) जब शुक्कर–मंगल मुश्तरका हों और इनको मंगल–बद (सूरज+सनीचर मुश्तरका) का साथ मिलता हो तो टेवे वाले को आग का डर होगा, बीमारी और जहमत (मुसीबत) का दुःख होगा। यहां तक कि टेवे वाले को मंदी मौत भी हो सकती है।

उपाय

शुक्कर–मंगल मुश्तरका का वही उपाय असरकारक होगा जो मंगल–बद (सूरज+सनीचर मुश्तरका) के वक्त दिया गया है।

शुक्कर-बुध

(तराजू, सरकारी मुलाजमत, चक्की)

राज ताल्लुक शर्त न करता, रिजक दौलत घर बढ़ता हो
खाली दृष्टि हो सनीचर उम्दा, तराजू माया जर चलता हो
आठ, छठे दो-नौ-तीन-बारह, मस्नूई सूरज दो होता हो
उत्तम बराबर असर दोनों का, दृष्टि सूरज न करता जो
बुध शुक्कर जब हो दो इकट्ठे, सनीचर भी उम्दा होता हो
अन्न और धन की कमी न कोई, घी मिट्टी से निकलता हो

आम हालात

(1) शुक्कर–बुध मुश्तरका के वक्त दोनों ही ग्रह बराबर की ताकत वाले और बराबर ही मियाद के होंगे और सूरज की तरह का ही असर देंगे क्योंकि शुक्कर–बुध मुश्तरका मिलकर मस्नूई (बनावटी) सूरज बनाते हैं।

(2) शुक्कर–बुध मुश्तरका टेवे वाले की 22 साल की उम्र तक मुश्तरका गिने जाएंगे और सेहत और रिजक (जीविका) से मुतअल्लिक (सम्बन्धित) होंगे। मगर ऐसे में राजदरबार (प्रशासन) और हुकूमत (शासन) की कोई शर्त न होगी।

(3) शुक्कर–बुध के मुकाबले पर अगर मंगल हो अथवा मंगल–बुध मुश्तरका या मंगल–शुक्कर मुश्तरका (संयुक्त) हों तो मंगल का जहर टेवे वाले की मदद पर असर करेगा।

नेक हालत

खाना नंबर 1– जब शुक्कर–बुध मुश्तरका खाना नंबर 1 में हों तो टेवे वाले पर मस्नूई सूरज की वजह से राजदरबार का निस्फ (आधा) असर होगा। किस्मत के मामले में नेक असर होगा।

खाना नंबर 2– जब शुक्कर–बुध मुश्तरका खाना नंबर 2 में हों और टेवे वाले का चाल–चलन (चरित्र) उम्दा हो तो दोनों ही ग्रहों का अपना–अपना और अलैहदा–अलैहदा (अलग–अलग) नेक असर शामिल होगा। अगर टेवे वाला व्यापारी या आढ़ती हो तो उत्तम असर मिलेगा।

खाना नंबर 3– शुक्कर–बुध मुश्तरका खाना नंबर 3 के वक्त सिर की श्रेष्ठ रेखा का उत्तम फल टेवे वाले को मिलेगा जो चन्द्र के बुरे असर से टेवे वाले को बचाएगा यानि जब चन्द्र टेवे में मंदा हो रहा हो तो चन्द्र की सभी चीजों का फल उत्तम होगा सिवाए सौतेली माता के। चाहे टेवे में चन्द्र–ग्रहण (चन्द्र–केतु मुश्तरका) ही क्यों न हो।

खाना नंबर 4– शुक्कर–बुध मुश्तरका खाना नंबर 4 के वक्त खुद बुध टेवे के लिए राजयोग वाला होता है। शुक्कर और बुध के अलावा किसी भी चीज का व्यापार करना टेवे वाले के लिए राजयोग वाला

होगा। टेवे वाले के लिए वह मामा मुबारक साबित होगा जिस मामा के लड़की (पुत्री) होगी।

खाना नंबर 5– जब शुक्कर–बुध मुश्तरका खाना नंबर 5 में हों तो टेवे वाले की औलाद पर इसका कोई बुरा असर न होगा।

खाना नंबर 6– जब शुक्कर–बुध मुश्तरका खाना नंबर 6 में हों तो टेवे वाले के लिए राजयोग का उम्दा असर होगा। बुध की रेत से शुक्कर की मिट्टी अब आपस में मिलकर खाना नंबर 6 के लिए पत्थर का सा काम देगी यानि अगर टेवे वाले इंसान के लड़के न भी हो सकें फिर भी लड़कियां ही मस्नूई (बनावटी) सूरज का उत्तम असर देंगी।

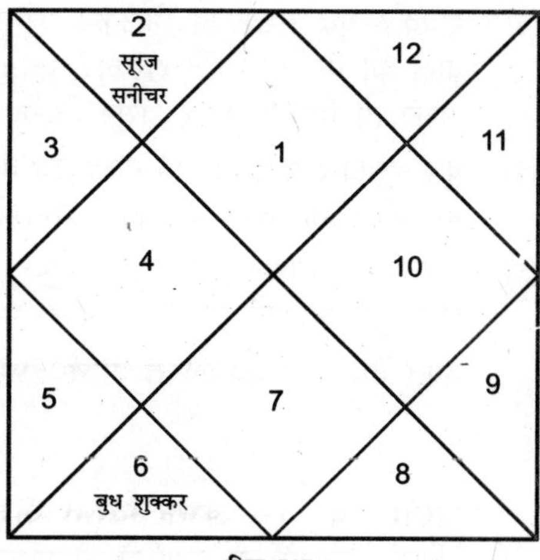

चित्र 517:

(i) ऐसे वक्त बुध (लड़कियों) का उम्दा फल होगा। टेवे वाले को शुक्कर (स्त्रियों) की मदद मिलेगी और गृहस्थ का पूरा आराम मिलेगा।

(ii) अगर सूरज ऐसे वक्त खाना नंबर 2 में हो तो किताबों का काम, छपाई खाना, तिजारती (व्यापारिक) तौर पर दिमागी (बौद्धिक), तहरीर (लेखन), मुनीम (क्लर्क), राजदरबार (प्रशासन) और कलम (लेखनी) से टेवे वाले को खूब फायदा होगा।

(iii) जब ऐसे वक्त सनीचर खाना नंबर 2 में हो तो टेवे वाले की जायदाद बढ़ती ही जाएगी। चाहे सनीचर खाना नंबर 2 में हो या फिर सूरज खाना नंबर 2 में, मगर किसी भी हालत में टेवे वाले के साथ ईमानदारी का ही धन रहेगा। देखें चित्र 517।

खाना नंबर 7– खाना नंबर 7 में अगर शुक्कर–बुध मुश्तरका हों तो टेवे वाले को उत्तम फल मिलेगा। ऐसे इंसान को घर–गृहस्थी का उत्तम सुख मिलेगा। ऐसा इंसान उम्दा व्यापारी और उत्तम आढ़ती होगा। इंसान को तराजू (नाप–तोल) के काम से हमेशा फायदा होगा।

खाना नंबर 9– खाना नंबर 9 में अगर शुक्कर–बुध मुश्तरका हों और साथ ही खाना नंबर 1, 3, 6, 9, 11 में चन्द्र, केतु या बृहस्पत में से कोई एक या तीनों ही बैठे हों तो बुध अब ऐसे वक्त मंदा फल न देगा और शुक्कर का फल भी अच्छा ही होगा।

खाना नंबर 10– खाना नंबर 10 में अगर शुक्कर–बुध मुश्तरका हों तो टेवे वाला उम्दा सेहत का मालिक और साहिबे अक्ल (बुद्धिजीवी) होगा। बशर्ते खाना नंबर 2 नेक हो वरना कम से कम निकम्मा तो न हो, खाली भले ही हो।

खाना नंबर 12– खाना नंबर 12 में शुक्कर–बुध मुश्तरका के वक्त टेवे वाले की उम्र लम्बी लगभग पूरी सदी (100 साल) के बराबर होती होगी। टेवे वाले की सेहत भी ऐसे वक्त उम्दा ही होगी।

अन्य नेक हालात

(1) जब तक शुक्कर–बुध मुश्तरका से सूरज का ताल्लुक न हो तब तक इन दोनों (शुक्कर–बुध) के मुश्तरका असर का नतीजा (परिणाम) उम्दा ही होगा।

(2) टेवे वाले को औरत का सुख होगा और 37 साल की उम्र तक धन–दौलत कभी कम न होगी।

(3) शुक्कर–बुध मुश्तरका मिलकर मस्नूई सूरज बनते हैं ऐसे वक्त सूरज का निस्फ़ (आधा) असर टेवे वाले को मिलेगा यानि सरकारी काम, रियासत से ताल्लुक (सम्बन्ध), सरकारी मुलाजमत (नौकरी) का असर तो मिलेगा मगर असर निस्फ़ (आधा) ही होगा।

(4) बुध–शुक्कर मुश्तरका के वक्त टेवे वाला अय्याश (चरित्रहीन) किस्म का इंसान होगा। अब बुध, शुक्कर को बहिन की तरह का काम (व्यवहार) देगा।

(5) हथेली में अगर सूरज का ताल्लुक बुध के बुर्ज़ से हो अर्थात् सूरज के बुर्ज़ (खाना नंबर 1) से कोई रेखा बुध के बुर्ज़ (खाना नंबर 7) पर जाती हो तो सूरज से बुध का ताल्लुक (सम्बन्ध) बनेगा। ऐसे वक्त टेवे वाले की औरत (पत्नी) अमीर खानदान से होगी।

मंदी हालत

खाना नंबर 1– खाना नंबर 1 में शुक्कर–बुध मुश्तरका के वक्त टेवे वाले की उम्र कम होगी और वह मवेशियों (पशुओं) के सुख से भी महरूम (वंचित) होगा।

खाना नंबर 2– खाना नंबर 2 में शुक्कर–बुध मुश्तरका के वक्त टेवे वाला अय्याश (चरित्रहीन) होगा।

खाना नंबर 3– खाना नंबर 3 में शुक्कर–बुध मुश्तरका मंदी हालत में हों अथवा मंगल नेक (खाना नंबर 3) के बुर्ज़ से कोई रेखा सिर रेखा के नीच–नीचे होकर आखिर (समाप्ति) पर सिर रेखा पर ही खत्म होकर सिर रेखा में ही मिल रही हो और साथ ही टेवे या हथेली पर चन्द्र भी मंदा हो तो सौतेली माता से टेवे वाले को कोई फायदा या मदद नहीं मिलेगी। खाना नंबर 3 में शुक्कर–बुध मुश्तरका का साथ अगर मंगल से हो रहा हो तो औरत (पत्नी) खानदान (ससुराल) के मर्द टेवे वाले के कारोबार में साथी होंगे इन मर्दों का टेवे वाले को कोई फायदा न होगा वे सिर्फ खा–पीकर ही चलते बनेंगे। खाना नंबर 3 का बुध अमूमन खाना नंबर 3, 9, 11, 4, 5 सभी को बरबाद किया करता है ऐसे वक्त टेवे वाले की पहली शादी बरबाद होने के बाद अगर उसी खानदान (ससुराल) में टेवे वाला दोबारा शादी करे तो बुध पहली बार के ही मानिन्द (समान) दोबारा भी दूसरी शादी को ग़र्क (बरबाद या तबाह) कर देगा। अमूमन ऐसी शादियों के बाद अगर औरत या मर्द से तीन लड़कियां पैदा हो जाएं तो बुध अब चुप हो जाएगा। ऐसे इंसान को बकरी का दान करना मुबारक होगा। बुध की उम्र (8.5 17, 34 साल) या शुक्कर की उम्र (12.5, 25 साल) में अगर टेवे वाले की पहली शादी हो तो टेवे वाले के जिस्म (शरीर) और राजदरबार (प्रशासनिक क्षेत्र) पर बुरा असर होगा। अगर दूसरी शादी हो तो वाल्दैन (माता–पिता) या ससुराल पर बुरा असर होगा। अगर तीसरी शादी हो तो मर्द और औरत दोनों ही की सेहत पर लगातार मंदा असर पड़ेगा।

खाना नंबर 4– खाना नंबर 4 में शुक्कर–बुध मुश्तरका के वक्त बुध (बर्तन, गाना–बजाना वगैरह) और शुक्कर (गाय–बैल, खेती वगैरह) दोनों से ही मुतअल्लिक कारोबार (व्यापार) निकम्मे होंगे। टेवे वाले की ससुराल और मामा खानदान का हाल मंदा होगा। ऐसा इंसान खुद भी चाल–चलन (चरित्र) का मंदा होगा। लेकिन अगर टेवे में चन्द्र कायम (देंखे फरमान नंबर 6) हो या फिर इंसान खुद चन्द्र कायम कर ले (देखें उपाय चन्द्र–फरमान खाना नंबर 15, अलैहदा–अलैहदा ग्रह) तो उस पर कोई मंदा असर न होगा। माता खानदान वाले अथवा माता की बहन वगैरह कारोबार में मंदेपन की वजह बनेंगे।

ससुराल मामा घर अक्सर मंदा, भला चन्द्र न होता हो
उल्टी चक्की बुध शुक्कर चलता, मंदा असर दो देता हो

खाना नंबर 5– खाना नंबर 5 में शुक्कर–बुध मुश्तरका के वक्त टेवे वाले का इश्क (प्रेम) उसके हमराहियों (साथियों) को बरबाद करवाएगा। हथेली में शुक्कर का पतंग (देखें शुक्कर खाना नंबर 6, फरमान नंबर 15, अलैहदा–अलैहदा ग्रह) कायम होगा। ऐसे वक्त घर के भीतर (अन्दर) आग कायम करने के लिए अगर गहरा गड्ढा बनाया जाए (भट्टी, चूल्हा वगैरह) तो यह मंदे असर की निशानी (पहचान) होगा।

खाना नंबर 6– जब खाना नंबर 6 में शुक्कर–बुध मुश्तरका हों और इनसे सूरज का ताल्लुक (सम्बन्ध) हो जाए तो टेवे वाले इंसान की उसकी औरत (पत्नी) से मुखालफ़त (शत्रुता) होगी। औलाद पर विघ्न और विवाद खड़े होंगे।

खाना नंबर 7– जब खाना नंबर 7 में शुक्कर–बुध मुश्तरका हों और राहु या केतु से चन्द्र मंदा हो रहा हो तो शुक्कर–बुध की चक्की का असर भी मंदा ही होगा। शादी और औलाद के मंदे फल टेवे वाले इंसान को मिलेंगे। घर में कांसे (एक प्रकार की धातु) का बर्तन (कटोरा) कायम करना मददगार होगा।

खाना नंबर 8– खाना नंबर 8 में शुक्कर–बुध मुश्तरका हालत में हों तो टेवे वाले की शादी और औलाद से मुतअल्लिक (सम्बन्धित) परेशानियां पैदा होंगी। शुक्कर अब अक्ल (बुद्धि) के खिलाफ कार्यवाही करने वाला होगा। ऐसे वक्त बुध निकम्मा होने से मामा–बहिन वगैरह बरबाद होंगे। पूरी तरह से निकम्मी और लानत वाली हालत पैदा होगी।

रब ने बनाई ऐसी जोड़ी, एक अंधा तो दूजा कोढ़ी
राख भरी दो मिलकर बोरी, जितनी उड़े उतनी थोड़ी

ऐसे इंसान और उसकी औरत की जोड़ी ऐसी होगी, जैसे कि एक तो दुनियावी (सांसारिक) अंधा हो और दूसरा दुनियावी कोढ़ी (बीमार रहने वाला), मानो दो बोरी राख रखी हो जो जितनी उड़े उतनी ही कम दिखलाई पड़ती हो। ऐसे वक्त शुक्कर अंधा तो बुध थूकने वाला कोढ़ी ही होगा। दोनों की चीजें मंदे असर की होंगी।

खाना नंबर 9– जब खाना नंबर 9 में शुक्कर–बुध मुश्तरका हों और टेवे में बुध मंदा हो रहा हो तो पहली लड़की की पैदाईश (जनम) पर अथवा 17 या 34 साल की उम्र पर ऐसा इंसान अपने बुजुर्गों की तमाम (सभी) उम्मीदों पर पानी फेरेगा और मंगल–बद की जलती हुई आग का हर तरफ तूफान खड़ा होगा। खाना नंबर 2 और 9 का मंदा असर टेवे वाले पर होगा।

लड़की जनम या उम्र सत्रह पर, दोनों मंगल बद होते हों
उम्मीद बुजुर्गी पानी फेरे, मंदा असर दो–नौ का हो

खाना नंबर 10– जब खाना नंबर 10 में शुक्कर–बुध मुश्तरका हों और खाना नंबर 8 भी टेवे में निकम्मा हो रहा हो तो शुक्कर–बुध दोनों के ही असर में जहरीलापन शामिल होगा।

खाना नंबर 11– खाना नंबर 11 में शुक्कर–बुध मुश्तरका के वक्त टेवे वाले की अपने अजीजों (प्रियजनों) से जुदाई (अलगाव) होगी। मुलाजमत (नौकरी) के ताल्लुक में यह ग्रह बेलिहाज साबित होगा। मंदी हालत के वक्त बुध की पालना (लड़की या बकरी) करना या शुक्कर (स्त्री, गाय, बैल) से ताल्लुक (सम्बन्ध) रखना उत्तम होगा। शुक्कर–बुध खाना नंबर 11 के वक्त बृहस्पत–सूरज खाना नंबर 10 में हों तो टेवे वाले के सोने के पोले (खोखले) मनकों (दानों) की माला अमूमन टेवे वाले के परिवार में मौजूद होगी। इस माला को दूध या दरिया के पानी से धोने पर बृहस्पत और बुध का जहर टेवे से दूर होगा अथवा ऐसे वक्त चन्द्र का उपाय मददगार होगा। खासकर राजदरबार और गृहस्थी परेशानियों के वक्त चन्द्र का उपाय करना मददगार होगा। जब शुक्कर–बुध खाना नंबर 11 में हों और मंगल–सनीचर खाना नंबर 8 में हों तो मंगल और सनीचर की मियादों (मंगल–नेक 13, मंगल–बद 15, सनीचर– 36 साल) पर टेवे वाले

के मकानों में आग के वाकिआत (घटनाएं) होंगे जिनमें गाय (शुक्कर या पत्नी) भी जलती होगी और भाई (मंगल) भी चिल्लाते होंगे।

खाना नंबर 12– जब खाना नंबर 12 में शुक्कर–बुध मुश्तरका हों तो अब दोनों ही ग्रह सेहत के मालिक होंगे। अगर अब बुध खाना नंबर 12 में बैठकर उलट हो रहा हो यानि अगर खाना नंबर 1, 2, 3 में बृहस्पत या सनीचर न हों तो शुक्कर–बुध दोनों ही का फल अब निकम्मा होगा।

हड़काया कुत्ता या पागल बकरी, पेट गाय आ फाड़ती हो
खांड गृहस्थी रेत हो भरती, शीशा मिट्टी धोखा देती हो
दुश्मन शुक्कर बुध दूजे बैठा, दांत जहर सनीचर भरता हो
दूजे मगर जब दोस्त हो आया, आकाशवाणी बुध वर्षा हो

मामूली–सी बकरी (बुध) या गाय (शुक्कर) हड़काए कुत्ते की तरह पेट फाड़ देने वाला असर देगी। लड़की की पैदाईश वाले दिन से टेवे वाले की गृहस्थ हालत मंदी, रद्दी और बरबाद होगी बल्कि किस्मत का हाल खांड (देसी शक्कर) में मिली हुई रेत की तरह मंदा होगा अथवा पिसा हुआ शीशा (बुध) खांड होने का धोखा देगा। जब इसे उठाकर मुंह में डाला जाएगा तो पूरा मुंह ही फटकर जल जाएगा।

अगर खाना नंबर 2 में शुक्कर–बुध के दुश्मन बैठे हों तो अब सांप (सनीचर) के दांतों में जहर भरा होगा और खाना नंबर 2 जहरीला होगा। बरखिलाफ़ (विपरीत) इसके जब खाना नंबर 2 में शुक्कर–बुध के दोस्त (मित्र) ग्रह बैठे हो तो बुध अब टेवे वाले के लिए धन–दौलत की बरसात करेगा।

अन्य मंदे हालात

जब शुक्कर–बुध मुश्तरका मंदी हालत में टेवे में बैठे हों तो टेवे वाला अय्याश (चरित्रहीन) किस्म का इंसान होगा।

शुक्कर-सनीचर

(फ़र्जी, अय्याश, मिट्टी का खुश्क पहाड़)

बुध मुबारक टेवे होगा, पाप बुरा न करता हो
केतु मंगल हो मिलते उम्दा, नेक बुढ़ापा बनता हो
दृष्टि सूरज पर हो जब करते, मौत भरे दुःख होती हो
मकान बनाए ताल्लुकदारों के, माया खत्म हो जाती हो
सलाख लोहे की छत पर गड़ते, बिजली असर न करती हो
मनूर काले बुनियाद में भरते, माया दौलत घर बढ़ती हो
शुक्कर मालिक है आंख सनीचर का, चारों तरफ ही देखता हो
चोट सनीचर जब हो कहीं खाता, अंधा शुक्कर खुद होता हो
टेवे सनीचर हो जब नौ बैठा, असर शुक्कर दो देता हो
पाया शुक्कर घर जब दूजा, असर सनीचर नौ होता हो
नजर शुक्कर में जब सनीचर आता, माया दीगर खा जाता हो
दृष्टि शुक्कर पे जब सनीचर करता, मदद सभी ग्रह करता हो

आम हालात

(1) शुक्कर सनीचर मुश्तरका (इकट्ठे) के वक्त शुक्कर औरत तो सनीचर उस औरत की आंख की बीनाई (दृष्टि या ज्योति) होगा।

(2) शुक्कर–सनीचर मुश्तरका मिलकर मस्नूई (बनावटी) केतु का असर करेंगे। मस्नूई केतु ऐश का मालिक होगा और अपना उच्च हालत का फल देगा।

(3) शुक्कर–सनीचर मुश्तरका 52 साल की उम्र तक मुश्तरका असर देंगे। मुश्तरका मिलावट में नेकी के वक्त सनीचर चार हिस्से तो शुक्कर तीन हिस्से का फल देगा। बरखिलाफ़ (विपरीत) इसके मंदे असर के वक्त सनीचर का भाग कुल हिस्से का 1/3 हिस्सा होगा। यानि सनीचर अपने साथी का बुरा नहीं करेगा बल्कि 52 साल की उम्र तक मददगार ही होगा।

(4) शुक्कर–सनीचर मुश्तरका में सनीचर से मुराद (भाव या अर्थ) टेवे वाले का बाप (पिता) होगा।

(5) जब शुक्कर–सनीचर दृष्टि के उसूल (सिद्धान्त) पर मुश्तरका हों तो जिस घर में सनीचर हो उसी घर की तरफ और उसी घर का असर शुक्कर का भी होगा। अगर दृष्टि की चाल पिछली तरफ (वक्री) हो तो शुक्कर का असर खुद उसका जाती (व्यक्तिगत) असर होगा।

(6) अगर टेवे में शुक्कर–सनीचर मुश्तरका के साथ–साथ मंगल–केतु भी मुश्तरका हों तो टेवे वाले इंसान के घर में इष्ट पूजा और ठाकुर जी का पाठ चलता होगा और ठाकुर जी मौजूद होंगे।

(7) शुक्कर–सनीचर मुश्तरका के वक्त न तो बुध बोलेगा, न मंदा होगा और न ही बुरा फल देगा बल्कि इन दोनों में बुध का नेक असर खुद–ब–खुद शामिल हो जाएगा।

(8) शुक्कर–सनीचर मुश्तरका के वक्त राहु–केतु भी अब टेवे वाले की मदद पर होंगे।

नेक हालत

खाना नंबर 1– जब शुक्कर–सनीचर मुश्तरका खाना नंबर 1 में हों तो माली (आर्थिक) हालत में मच्छ रेखा का उत्तम असर होगा। यह असर उतना ही उत्तम होगा जितना सनीचर खाना नंबर 1 में दिया गया है।

साथ राहु या केतु बैठा, सातवें सूरज आ बैठा हो
दुःख जहमत का पुतला होगा, आग जला दुःख भोगता हो

खाना नंबर 1 में शुक्कर–सनीचर मुश्तरका के वक्त राहु या केतु शुक्कर–सनीचर के साथ बैठे हों और सूरज खाना नंबर 7 में बैठकर नीच का हो रहा हो तो टेवे वाले पर दुःख और जहमत (मुसीबत) का पहाड़ ही पड़ा होगा। ऐसा इंसान हर वक्त दुःख की आग में जलता होगा।

खाना नंबर 3– शुक्कर–सनीचर मुश्तरका खाना नंबर 3 के वक्त टेवे वाला और उसकी औरत दोनों खूब आराम पसंद होंगे और इन दोनों ही को वक्त पर काम करने के लिए दुनियावी (सांसारिक) लोग बिना तकलीफ़ मुहैया (उपलब्ध) हो जाएंगे।

कमाई उम्र तक दूसरे खाते, भला न शुक्कर होता हो
काम सनीचर लम्बे बढ़ते, नफ़ा न बेशक इतना हो

ऐसे इंसान का शुक्कर नेक न होगा और इसकी कमाई शुक्कर की उम्र (25 साल या 50 साल) तक दूसरे ही लोग खाएंगे। सनीचर का कारोबार खूब बढ़ता और फैलता हुआ, भले ही उसमें फायदा (लाभ) उतना ज्यादा न होगा।

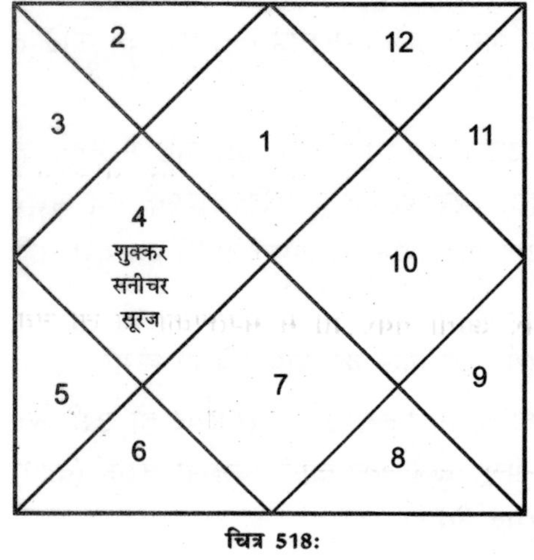

चित्र 518:

खाना नंबर 4– जब शुक्कर–सनीचर मुश्तरका खाना नंबर 4 में हों तो दोनों का अपना अलैहदा–अलैहदा (अलग–अलग) खाना नंबर 4 के बमूजिब (अनुसार) नेक या उम्दा (बैठक के हिसाब से) फल होगा। कपड़े की थैली में अगर धन रखेगा तो यह थैली टेवे वाले के धन के लिए गुमनाम चोर साबित होगी लेकिन यह थैली (बहैसियत बटुआ वगैरह) अगर दोरंगी होगी (दो–अलग–अलग रंग) तो इस नुक्स (दोष) से बरी (स्वतंत्र) होगी। आमदनी के लिहाज से खाना नंबर 10 में बैठे हुए ग्रह का उपाय करते रहना मददगार होगा मसलन सूरज खाना नंबर 10 में हो तो हर रोज (43 दिन तक) तांबे का सिक्का चलते पानी में डालते रहने से आमदनी का चश्मा (स्रोत) बढ़ता ही चला जाएगा।

सनीचर-शुक्कर मुश्तरका बैठे, सूरज भी साथी बनता हो
मौत सख्त पुरदर्दी पाता, कत्ल सूरज दिन होता हो

जब शुक्कर–सनीचर मुश्तरका होकर खाना नंबर 4 में बैठे हों और साथ ही सूरज भी खाना नंबर 4 में ही हो तो ऐसा इंसान सूरज की रोशनी (दिन) में ही किसी हथियार से मरेगा अर्थात् दिन में उसका कत्ल (हत्या) होगा। ऐसे वक्त हर रोज बहते हुए पानी (नदी, नाला, दरिया वगैरह) में तांबे का सिक्का डालते रहना मददगार होगा। देखें चित्र संख्या 518।

खाना नंबर 9– जब शुक्कर–सनीचर मुश्तरका खाना नंबर 9 में हो तो टेवे वाला इंसान (अगर स्त्री हो तो) एक कंजरी (वेश्या) की लड़की भी अगर हो तो उम्दा गृहस्थी ही पाएगी। वह एक उत्तम गृहस्थ साबित होगी। शुक्कर अब हर तरह से उत्तम फल देगा। टेवे वाले को (अगर मर्द हो तो) औरत और लक्ष्मी (धन–दौलत) का सुख मिलेगा।

पांच छठे बृहस्पत दसवें बैठा, असर भला कुल होता हो
जायदाद जागीरों बढ़ता, आराम औरत सब फलता हो

जब शुक्कर–सनीचर मुश्तरका खाना नंबर 9–12 में हों और बृहस्पत खाना नंबर 5, 6, 10 में बैठा हो तो टेवे वाला उत्तम सम्पत्ति और जायदादों का मालिक होगा और औरत का पूरा आराम मिलेगा।

खाना नंबर 10– शुक्कर–सनीचर मुश्तरका खाना नंबर 10 के वक्त टेवे वाले के लिए जवानी के जमाने में ऐश और इश्क की खूब लहर चलती होगी जो टेवे वाले के लिए खूब मददगार साबित होगी। बुढ़ापे में ये दोनों ही ग्रह (शुक्कर–सनीचर) और भी ज्यादा आराम देंगे और टेवे वाले के लिए मददगार साबित होंगे। क्योंकि शुक्कर खाना नंबर 10 के वक्त, सनीचर की ही हालत और ताकत का मालिक होता है। सनीचर शराब और शुक्कर औरत का मालिक भी होता है।

हादसा हमलों से हर दम बचता, कबीला मच्छ रेखा होता हो
सनीचर मकान खुद बनता उसका, जंवाई दौलत जर खाता हो
सूरज बेशक हो साथी बैठा, असर बुरा न देता हो
जायदाद में हरदम बढ़ता, नकद शर्त न करता हो

(1) ऐसा इंसान दुनियावी हादसों, सदमों, हमलों और अचानक होने वाली बुरी बलाओं से हर दम बचता रहेगा। सनीचर के काले कीड़ों के गिरोह की तरह टेवे वाले के परिवार वाले, साथी (दोस्त), लड़के, लड़कियां, औरत (पत्नी) और बच्चों के बच्चे भी टेवे वाले की कमाई से आराम पाएंगे। धन–दौलत तमाम (समस्त) रिश्तेदारों के लिए खूब (भरपूर) होगा और दिन–ब–दिन बढ़ता ही होगा। ऐसा इंसान बहुत मकान बनवाएगा।

(2) जब सूरज खाना नंबर 4 में हो और शुक्कर–सनीचर खाना नंबर 10 में मुश्तरका हों तो टेवे वाले की उम्र लम्बी होगी। जायदाद (सम्पत्ति) भी बनेगी। टेवे वाले की मौत दुःखी हालत में न होगी। मगर धन उतना ज्यादा न होगा।

खाना नंबर 12– शुक्कर–सनीचर मुश्तरका खाना नंबर 12 के वक्त टेवे वाले इंसान के खानदान में सदस्यों की तादाद (संख्या) बहुत ज्यादा होगी। शुक्कर के कारोबार (खेती, गाय पालन वगैरह), रिश्तेदार (पत्नी वगैरह) और अश्या (गाय, बैल वगैरह) से टेवे वाले को खूब फायदा होगा। ऐसे इंसान को उत्तम गृहस्थी का (औरत, औलाद, धन, सुख) पूरा फल नसीब (प्राप्त) होगा।

(1) जब बुध खाना नंबर 6 में हो और शुक्कर–सनीचर खाना नंबर 12 में हों तो टेवे वाला जानी (बदचलन) होगा मगर कामयाब (सफल) गृहस्थ और बाइज्जत (इज्जतदार) जिन्दगी का मालिक होगा।

(2) जब बृहस्पत खाना नंबर 5, 6, 10 और शुक्कर–सनीचर खाना नंबर 9–12 में हों तो जायदाद पर जायदाद रखता होगा, औरत (स्त्री) का भरपूर सुख पाएगा। ऐसा इंसान दूसरे इंसानों को भी खा–पी जाएगा।

असर वही घर नौ जो होता, मिलता बारह में होता हो
बाकी असर दो-बारह उम्दा, वही गिना हर दो का जो

खाना नंबर 9 के वक्त जो असर शुक्कर–सनीचर मुश्तरका का होगा वही असर खाना नंबर 12 में इन दोनों के होने के वक्त गिना जाएगा। इसके अलावा खाना नंबर 12 में होने के वक्त खाना नंबर 2 में होने वाले उम्दा असर को भी शामिल किया जाएगा।

अन्य नेक हालात

जब शुक्कर–सनीचर मुश्तरका दोनों बृहस्पत को देख रहे हों तो शुक्कर और सनीचर दोनों ही का उत्तम फल होगा। टेवे वाले का बाप (पिता), टेवे वाले के लिए हमेशा नेक और उत्तम साबित होगा। जिस तरह मिट्टी अमूमन खुद फटकर सांप को मुसीबत के वक्त बचा लेती है उसी तरह सनीचर अब खुफ़िया (छिपकर) तरीके से शुक्कर को मदद देता जाएगा। टेवे वाले इंसान का कोई न कोई ऐसा साथी (दोस्त) होगा जिसके साथ मिलने से टेवे वाले की किस्मत जागेगी।

मंदी हालत

खाना नंबर 1– जब शुक्कर–सनीचर मुश्तरका खाना नंबर 1 में मंदे हो रहे हों तो टेवे वाले इंसान पर काग रेखा का मंदा असर होगा। (देखें सनीचर खाना नंबर 1, फरमान नंबर 15, अकेले–अकेले ग्रह) टेवे वाला जानी (बदचलन) और अय्याश (चरित्रहीन) होगा।

खाना नंबर 2– जब शुक्कर–सनीचर मुश्तरका खाना नंबर 1 में, मंगल खाना नंबर 4 में, सूरज खाना नंबर 2 में और चन्द्र खाना नंबर 12 में हो तो टेवे वाला दरिद्र, आलसी, निर्धन और दुःखी होगा। जब शुक्कर–सनीचर मुश्तरका खाना नंबर 1 में हों और सूरज–राहु मुश्तरका अथवा सूरज–केतु मुश्तरका खाना नंबर 8 में हों तो टेवे वाले के जिस्म में (दिल में) हमेशा जलती हुई आग की तरह दुःख कायम रहता होगा। टेवे वाले इंसान की सेहत खराब होगी और तपेदिक (क्षय) जैसे रोग तक की नौबत (संभावना) आ जाएगी। इंसान की किस्मत भी मंदी होगी और किस्मत की मिट्टी खराब होती चली जाएगी।

खाना	ग्रह
1	
2	
3	
4	शुक्कर सनीचर
5	
6	
7	
8	
9	
10	सूरज
11	
12	

चित्र 519:

खाना नंबर 3– जब शुक्कर–सनीचर मुश्तरका खाना नंबर 3 में हों तो टेवे वाले की जिन्दगी और कमाई दूसरे दुनियावी लोगों के नाम ही हो गई होगी। यानि ऐसे इंसान का फायदा और आराम दूसरे लोग ही उठाएंगे। ऐसे इंसान का चाचा (सनीचर) आवारा औरतों से मिलता होगा अथवा चाचा की औरत (पत्नी) ही आवारा होगी।

खाना नंबर 4– जब शुक्कर–सनीचर मुश्तरका खाना नंबर 4 में हों और सूरज खाना नंबर 10 में हो (देखें चित्र 519) तो टेवे वाले का चाचा (सनीचर) गैर (पराई) औरतों से मिलता होगा। टेवे वाले इंसान की मौत दर्द भरी होगी। ऐसे वक्त तांबे का एक सिक्का हर रोज (43 दिन तक) बहते पानी में डालें।

खाना नंबर 7– जब शुक्कर–सनीचर मुश्तरका खाना नंबर 7 में हों तो टेवे वाले के निहायत (बहुत ज्यादा या अत्यधिक) करीबी रिश्तेदार टेवे वाले के कारोबार में शामिल होकर सारा धन खा–पी जाएंगे। जब शुक्कर–सनीचर खाना नंबर 7 में हों और चन्द्र खाना नंबर 1 और सूरज खाना नंबर 4 में हो तो टेवे वाला नामर्द होगा वरना बुजदिल तो जरूर ही होगा। ऐसा इंसान हर तरह से बिगड़ा हुआ और किसी काम का न होगा।

अन्य मंदे हालात

(1) जब शुक्कर–सनीचर मुश्तरका को बुध देख रहा हो तो टेवे वाले की कमाई नजदीकी रिश्तेदार खा जाएंगे। वरना ऐसे इंसान का मकान ही उसकी धन–दौलत निगल जाएगा। ऐसे इंसान को जुबान का चस्का बरबाद कर जाएगा।

(2) जब शुक्कर–सनीचर मुश्तरका को सूरज देखता हो तो सनीचर का निहायत (अत्यधिक) बुरा असर टेवे वाले पर होगा। ऐसे इंसान की मौत बहुत दर्दनाक होगी।

उपाय

(1) मकान के ऊपर बिजली वगैरह के बुरे असर से बचने के लिए लोहे की सलाख मददगार होगी।

शुक्कर-राहु

(मिट्‌टी भरी काली आंधी)

केतु गिना फल शुक्कर मंदा, औलाद भली न लक्ष्मी हो
फूल लगा बुध बेशक डंडी, फ़ोकी इज्जत माया होती हो
सोहबत औरत में चोर गृहस्थी, औलाद उम्र तक शक्की हो
चन्द्र सूरज की मदद हो मिलती, जलती मिट्‌टी घी देती हो

आम हालात

(1) शुक्कर–राहु मुश्तरका की हालत में शुक्कर (औरत) के दो जुजों (खण्डों) में से केवल बुध (लड़की) ही बाकी होगा, केतु (लड़का) बाकी न रहेगा। यानि फूल (कन्या) तो होगा मगर फल (पुत्र) न होगा।

(2) शुक्कर–राहु का मंदा असर इंसान की गुदा द्वार के आस–पास जाहिर होगा (बवासीर वगैरह के रूप में)।

(3) शुक्कर–राहु जिस घर में मुश्तरका बैठे होंगे उस घर में शुक्कर का फल मंदा ही होगा।

(4) दोनों मुश्तरका चाहे किसी भी घर में क्यों न हों शुक्कर की अश्या (स्त्री, पत्नी वगैरह) हमेशा जलती ही रहेगी, चाहे ये दोनों खाना नंबर 2 (धर्म स्थान) में ही क्यों न हों।

(5) जब टेवे में केतु इन दोनों से पहले धरों (खाना नंबर 1 से 12 तक गिनने पर) में हो तो हमसाया (पड़ोस) के मकान में लड़की की शादी न हो सकेगी।

नेक हालत

खाना नंबर 12– जब खाना नंबर 12 में शुक्कर–राहु मुश्तरका (इकट्‌ठे) हों तो शुक्कर का फल उम्दा होगा और टेवे वाले की औरत (पत्नी) की किस्मत भी उत्तम होगी।

असर मंदा जो घर पहले का, रिजक औरत का होता हो
शाम दबाती फूल जो नीला, लेख चमकता होता हो

राहु के मंदे असर के वक्त शाम के वक्त नीले फूल जमीन के अन्दर दबाना मददगार होगा, जिससे टेवे वाले की किस्मत चमकेगी।

अन्य नेक हालात

शुक्कर–राहु मुश्तरका के वक्त बुध की फोकी (खोखली) इज्जत और शोहरत जरूर बरकरार (बाकी) रहेगी।

मंदी हालत

खाना नंबर 1– इस खाने में शुक्कर–राहु मुश्तरका हों तो टेवे वाले को दिमागी (मानसिक) खराबियां (समस्याएं) होंगी या खुद (स्वयं) टेवे वाले की सेहत (मानसिक समस्याओं से सम्बन्धित) मंदी होगी।

खाना नंबर 3– इस खाने में शुक्कर–राहु मुश्तरका हों तो टेवे वाले की 34 साल की उम्र तक बुध और केतु दोनों ही का फल मंदा होगा।

खाना नंबर 7– इस खाने में शुक्कर–राहु मुश्तरका के वक्त टेवे वाला गंदा आशिक (बदचलन) और खुदगर्ज (स्वार्थी) होगा। शुक्कर और बुध दोनों ही का फल बरबाद होगा। केतु भी माता और माता घर (मामा खानदान) को बरबाद करेगा।

धुआं मिट्टी घर औरत भरती, असर बुरा ही होता हो
उम्र औरत न होगी लम्बी, केतु चन्द्र न उम्दा हो

टेवे वाले की औरत (पत्नी) की उम्र लम्बी न होगी, राहु (धुआं) और शुक्कर (मिट्टी) की वजह से औरत पर बुरा असर ही होगा। न ही चन्द्र (माता) और न केतु (औलाद) ही उम्दा असर के होंगे। चन्द्र नष्ट होगा और टेवे वाला 24 साल की उम्र में बरबाद होगा।

खाना नंबर 12– इस खाने में शुक्कर–राहु मुश्तरका हों तो टेवे वाले की औरत (पत्नी) और खुद (स्वयं) उसकी लक्ष्मी (धन–दौलत) राहु के धुएं से काली (खराब) होगी। ऐसे वक्त किस्मत के ताल्लुक (सम्बन्ध) में औरत (पत्नी) के हाथों अथवा खुद अपने हाथ से नीला फूल (राहु) शाम के वक्त मिट्टी (शुक्कर) में दबाते जाना (43 दिन तक) मददगार होगा।

अन्य मंदे हालात

(1) राहु–शुक्कर मुश्तरका वाले इंसान का जुनूबी दरवाजे (दक्षिण दिशा का मुख्य द्वार) वाले मकान से ताल्लुक (सम्बन्ध) हो तो शुक्कर का फल हर तरह से मंदा ही होगा। औरत पर औरत बरबाद होती जाएंगी।

(2) राहु–शुक्कर मुश्तरका के वक्त औरत की सेहत तो गंदी होगी ही साथ ही उसकी उम्र भी मंदी और बरबाद होगी।

(3) ऐसे इंसान की किस्मत में धन–दौलत का भी मंदा ही असर होगा।

(4) मंदे असर के वक्त राहु की पहली मंदी निशानी नाखून से शुरू होगी। यानि ऐसा इंसान अपने नाखूनों को कटवाने की बजाए उन्हें बढ़ाकर, रंग करके रखता होगा।

(5) मंदे असर के वक्त राहु, सनीचर की नकल करने की कोशिश करेगा। यानि आंखों में सुरमा (आंखों की सजावट करने का एक प्रसाधन) का इस्तेमाल करता होगा। ऐसा इंसान आंखों से बात करता होगा। राहु की इन मंदी निशानियों की वजह से टेवे वाले की 42 साल की उम्र तक राहु का मंदा और कड़वा–धुआं हर तरफ धुंधले बादल कायम करेगा। जिसकी वजह से टेवे वाले की रात की नींद हराम होगी।

उपाय

(1) राहु–शुक्कर मुश्तरका की मंदी हालत के वक्त चन्द्र–शुक्कर मुश्तरका का उपाय करना मददगार होगा। यानि दूध (चन्द्र) में मक्खन (शुक्कर) डालकर दान कर दें अथवा नारियल दान करना मददगार होगा।

(2) औरत (शुक्कर) के जिस्म के दाएं हिस्से पर (सीधे हाथ की उंगली में) चांदी (चन्द्र) का छल्ला मुबारक असर देगा।

शुक्कर–केतु

(कामदेव की नाली)

माता बेटा दो हकीकी जोड़ा, रक्षा बाहम जो करता हो
औलाद औरत सुख होता पूरा, इज्जत गृहस्थी पाता हो
मंदा कोई दो जिस दम होता, जिस्म औरत केतु मंदा हो
औलाद राहु हद पाप जो होता, उपाय बृहस्पत का उम्दा हो

आम हालात

(1) जब शुक्कर–केतु मुश्तरका टेवे में हों तो दोनों में से अगर कोई एक नेक फल दे रहा हो तो इन दोनों ही ग्रहों का फल नेक हो जाएगा। इसी तरह अगर किसी एक ग्रह का टेवे में मंदा फल हो जाए तो दोनों ही ग्रहों का अब मंदा ही फल होगा।

(2) टेवे वाले की अमूमन 40 साल की उम्र तक बहुत से दुश्मन होंगे। यानि टेवे वाले को दुश्मन मानने वाले लोगों की तादाद बहुत होगी।

(3) शुक्कर–केतु मुश्तरका कामदेव की नाली का असर देने वाले होंगे।

(4) अगर राहु टेवे में शुक्कर–केतु मुश्तरका से पहले घरों में हो (क्रमानुसार खाना नंबर 1 से 12 तक गिनने पर) तो हमसाया (पड़ोस) के मकान में लड़के की शादी न हो सकेगी।

नेक हालात

खाना नंबर 9– इस खाने में जब शुक्कर–केतु मुश्तरका हों तो हालांकि शुक्कर इस घर में बहुत ज्यादा मंदा ग्रह है लेकिन अब दोनों ही ग्रहों (शुक्कर–केतु) का इस घर में निहायत (बहुत ज्यादा) उत्तम फल होगा।

खाना नंबर 12– जब खाना नंबर 12 में शुक्कर–केतु मुश्तरका हों तो टेवे वाले की औरत (पत्नी) सुअर के मानिन्द (समान) बहादुरी में उत्तम होगी। अगर टेवे वाला चाहे तो उसकी 12 तक नर औलाद होती जाएंगी और वो सभी बहादुरी में सुअर के मानिन्द (समान) ही होंगे। टेवे वाले की औलाद उम्दा सेहत वाली, दौलतमंद और सुखी होगी।

औरत बहादुर सिफ्त सुअर की, औलाद बारह नर करती हो
सिफ्त दौलत में हरदम बढ़ती, उम्र लम्बी सुख सागर हो

मंदी हालात

खाना नंबर 1– जब खाना नंबर 1 में शुक्कर–केतु मुश्तरका हों तो टेवे वाले को औलाद से सम्बन्धित परेशानियां होगी या हो सकता है कि टेवे वाले को औलाद ही न हो। ऐसा इंसान मंदे इश्क (बदचलनी) का मालिक होगा। शुक्कर–केतु मुश्तरका खाना नंबर 1 के वक्त अगर मंगल, खाना नंबर 4 भी हो तो ऐसा मंगल भी टेवे वाले को लावल्दी (संतानहीनता) ही देगा बशर्ते, ऐसा मंगल टेवे में मंगल–बद होगा।

विघ्न औलाद लावल्दी गिनते, इश्क मंदा ही होता हो
चौथे बैठा जब मंगल टेवे, लावल्द मंगल बद बनता हो

खाना नंबर 6— जब खाना नंबर 6 में शुक्कर—केतु मुश्तरका हों तो दोनों ही ग्रहों का अब मंदा ही फल होगा।

बुध मदद न शुक्कर की करता, केतु धोखा ही देता हो
अकेले असर दो बेशक उम्दा, मुश्तरका जहर दो होता हो
सूरज बृहस्पत जब टेवे मंदा, बांझ औरत फल होता हो
गाय होता घी बेशक उम्दा, कुत्ता हजम नहीं करता हो

ऐसे वक्त बुध अब शुक्कर की मदद न करेगा और केतु भी धोखा ही देगा। शुक्कर और केतु दोनों ग्रह अपना—अपना असर खाना नंबर 6 में उम्दा ही देते हैं मगर अब मुश्तरका हालत में इनका असर जहर के समान होगा। जब टेवे में सूरज और बृहस्पत दोनों के असर मंदे हों तो ऐसे वक्त शुक्कर—केतु मुश्तरका का असर बांझ औरत की तरह का होगा। अमूमन ऐसे वक्त टेवे वाले के संतान न होगी। किस्सा कोताह (संक्षेप में) गाय का घी (शुक्कर) चाहे कितना ही उम्दा क्यों न हो मगर इस घी को कुत्ता (केतु) हजम नहीं कर पाता। यही हाल खाना नंबर 6 में शुक्कर—केतु मुश्तरका का होगा।

मंगल—बुध (राहु स्वभाव) मस्नूई सनीचर

नेक मंगल बुध इकसा होता, बदी मंदा बुध दोगुना हो
नेक हालत चुप हो बुध रहता, बद में बदी भर जाता हो
खांड जहर बुध मंगल मिलता, मंदे घर दो उम्दा हो
नेक मंगल फल नेक गो देता, बुध जहर कर देता हो

(1) मंगल—बुध मुश्तरका के वक्त दोनों ही ग्रह 45 साल की उम्र तक मुश्तरका गिने जाएंगे।

(2) अगर टेवे में मंगल, नेक (सूरज+बुध) हो तो दोनों ही ग्रहों का (मंगल और बुध) बराबर—बराबर और मुश्तरका फल होगा। लेकिन मंगल—बद (सूरज—सनीचर) के वक्त मुश्तरका (संयुक्त) मिलावट में बुध का दोगुना मंदा असर शामिल होगा।

(3) मंगल और बुध मुश्तरका (संयुक्त) मिलकर मस्नूई (बनावटी) सनीचर होंगे, जो राहु स्वभाव होगा यानि मंगल—बुध मुश्तरका का अमूमन (सामान्यतः) मंदा असर होगा। यानि मीठी खांड (मंगल) में रेत (बुध) के मानिन्द असर होगा।

(4) आतिशी शीशा, लड़की के लाल, चमकीले कपड़े, अनार का फूल वगैरह सनीचर की निशानी होंगे।

(5) टेवे में जैसा बृहस्पत होगा वैसे ही बुध—मंगल मुश्तरका होंगे। यानी बृहस्पत जैसा ही मंगल—बुध मुश्तरका का असर होगा।

(6) जब टेवे में मंगल, बद हो तो बुध अपनी निस्फ (आधी) उम्र (17 साल) तक अपना अलैहदा (अलग) असर जाहिर न कर सकेगा।

(7) जब टेवे में मंगल, नेक हो तो मंगल के साथ (एक ही घर में) मुश्तरका बैठा हुआ बुध चुप होगा और अगर किसी से दुश्मनी भी करेगा तो खुफिया (छिपकर) करेगा।

(8) जब मंगल—बुध मुश्तरका टेवे में शुक्कर से पहले घरों में (खाना नंबर 1 से 12 तक क्रमानुसार गिनने पर) बैठे हों तो शुक्कर का असर मंदे घरों में भी भला (नेक) हो जाएगा क्योंकि बुध अपनी नाली के उसूल पर (देखें 'बुध' फरमान नंबर 15, अकेले—अकेले ग्रह) मंगल को शुक्कर के साथ मिला देगा। अब शुक्कर—मंगल मुश्तरका मिलकर चन्द्र के समान फल देंगे जिसमें बुध और केतु के मंदे असर के साथ—साथ, बुध और केतु की चन्द्र से दुश्मनी का जहर भी उड़ जाएगा।

(9) मंगल–बुध मुश्तरका मानो मौत का बहाना होगा। बुध अब शेर का दांत होगा। ऐसे वक्त मंगल लाल खूनी रंग का ऐसा सुत्थर (नई दुल्हन का सुहाग का लाल जोड़ा) होगा, जिसमें चमक (खुशी और उत्साह) न होगी और बुध अब कंठी वाला तोता होगा जो केवल ''राधे–राधे'' ही रटता होगा।

नेक हालत

खाना नंबर 1– जब खाना नंबर 1 में मंगल–बुध मुश्तरका हों तो टेवे वाले का जिस्म मजबूत होगा। ऐसा इंसान औरत (पत्नी) खानदान को तारेगा और माल–दौलत वगैरह सब कुछ औरत खानदान (ससुराल) को ही अर्पण कर देगा।

खाना नंबर 2– जब खाना नंबर 2 में मंगल–बुध मुश्तरका हों तो टेवे वाला खुद दौलतमंद होगा, ससुराल खानदान अमीर होगा और टेवे वाले को दौलत देगा। यानि ससुराल से टेवे वाले को फायदा मिलेगा।

घर आठवां जब खाली होता, नेक असर दो देते हो
आप धनी ससुराल अमीरी, लावल्द कभी न होता हो

जब खाना नंबर आठ खाली हो तो मंगल–बुध मुश्तरका खाना नंबर–2 के वक्त दोनों ही ग्रह नेक ही असर देंगे। टेवे वाला खुद (स्वयं) धनी होगा और उसकी ससुराल अमीर होगी। ऐसा इंसान कभी भी लावल्द (संतानहीन) न होगा।

खाना नंबर 3– जब खाना नंबर 3 में मंगल–बुध मुश्तरका हों और ऐसे वक्त अगर टेवे वाले इंसान का बड़ा भाई टेवे वाले के साथ ही हो और टेवे वाले को मदद देता हो तो टेवे वाले की जिन्दगी खुशनुमा गुजरेगी। वाल्दैन (माता–पिता) का भरपूर और लम्बा सुख मिलेगा तथा टेवे वाले को गैबी (कुदरती) मदद भी मिलती रहेगी। अगर मंगल–बुध मुश्तरका के वक्त शुक्कर भी खाना नंबर 9 में हो तो टेवे वाला लावल्द (संतानहीन) न होगा। बुध अपनी नाली के उसूल पर शुक्कर और मंगल दोनों को मिला देगा। अब न तो बुध खाना नंबर 3 और न ही शुक्कर खाना नंबर 9 का मंदा असर टेवे वाले पर होगा।

खाना नंबर 4– खाना नंबर 4 में मंगल–बुध मुश्तरका के वक्त अब ये दोनों टेवे वाले के वजूद (व्यक्तिगत रूप से) पर कोई बुरा असर न देंगे।

जान जाती पर बुरा न होता, कहर गैरों पर ढाता हो
बुध अकेला बेशक उम्दा, राख जमाना मिलता दो

अब मंगल–बुध मुश्तरका दुनिया भर के लिए कितने ही बुरे हों और गैरों पर कहर ढा रहे हों मगर टेवे वाले के जान–माल पर बुरा असर न करेंगे। बुध चाहे अकेला खाना नंबर 4 में कितना ही उम्दा क्यों न हो जाए मगर मंगल–बुध मुश्तरका की हालत में सब कुछ राख में मिल जाएगा मगर जाती (व्यक्तिगत) रूप से टेवे वाले का बुरा न होगा।

खाना नंबर 6– मंगल–बुध मुश्तरका खाना नंबर 6 के वक्त वही उम्दा और उत्तम फल गिना जाएगा जो मंगल खाना नंबर 3 और बुध खाना नंबर 6 में दिया गया है।

खाना नंबर 8– जब मंगल–बुध मुश्तरका खाना नंबर 8 में हों तो बाहमी (आपसी) साथ की वजह से जहां कहीं भी इन दोनों में से किसी भी एक ग्रह का फल खराब हो रहा हो और दूसरे का उम्दा हो तो मुश्तरका असर की वजह से अब दोनों ही ग्रहों का उम्दा और उत्तम फल हो जाएगा। अब अगर टेवे में

भी मंगल, बद (सूरज+सनीचर) हो जाए तो खुद मंगल के लिए अब मंगल, मंगल–बद का असर न करेगा और निहायत (अत्यधिक) उम्दा और उत्तम होगा।

अन्य नेक हालात

(1) मंगल–बुध मुश्तरका में नेक असर के वक्त 24 या 36 साल की उम्र पर एक लड़का होगा और वह उम्दा उत्तम फल देगा।

(2) शुक्कर की वजह से टेवे वाले की औरत (पत्नी) की दिमागी–ताकत (बौद्धिक स्तर) उत्तम होगी। जिसमें सब्ज (हरे) पहाड़ (सनीचर) का उत्तम असर शामिल होगा।

(3) टेवे वाले की जुबान का एक–एक लफ़्ज (शब्द) पत्थर पर लकीर (अकाट्य और अटल) होगा अथवा ऐसे इंसान का लफ़्ज बृहस्पत को सुनता हुआ (ब्रह्मवाक्य) मालूम होगा।

(4) मंगल–बुध मुश्तरका नेक हालत के वक्त टेवे वाला कभी भी लावल्द (संतानहीन) न होगा। चाहे उसकी किस्मत में लावल्दी के योग कितने ही मंदे क्यों न हों। बशर्ते मंगल–बुध मुश्तरका टेवे में शुक्कर से पहले घरों में बैठे हों।

मंदी हालत

खाना नंबर 1– जब खाना नंबर 1 में मंगल–बुध मुश्तरका मंदी हालत में हों तो टेवे वाले के भाई पर औलाद और बेमजा जिन्दगी से मुतअल्लिक (सम्बन्धित) मंदे असर होंगे। ऐसे वक्त मिट्टी की सुराही (पीने के पानी को ठंडा करने के लिए इस्तेमाल किया जाने वाला मिट्टी का एक बर्तन) को मंगल की अश्या (शहद, सौंफ या खांड) से भरकर घर के बाहर वीराने (सुनसान) में दबाना मददगार साबित होगा। सुराही के इर्द–गिर्द (आसपास) ढाक (पलाह या पलाश) के पत्ते रख देना और भी ज्यादा उत्तम फल देगा।

खाना नंबर 3– जब खाना नंबर 3 में मंगल–बुध मुश्तरका मंदी हालत में हों तो इंसान धन–दौलत के गुम होने या किसी भी तरह से नुकसान होने वगैरह के बहुत से गम (दुःख) देखेगा। ऐसे इंसान को माया (धन–दौलत) हर काम में मंदा असर दिखलाएंगी। इंसान का दिल हमेशा मंदे (बुरे और गलत) कामों की ओर ले जाएगा। ऐसे इंसान के ख्यालात (विचार) भी मंदे होंगे।

खाना नंबर 4– जब खाना नंबर 4 में मंगल–बुध मुश्तरका हालत में हों तो टेवे वाला खुद (स्वयं) बुरा न होगा और न ही दूसरों का बुरा करने की नीयत रखेगा मगर फिर भी ऐसा इंसान दूसरों के लिए मंदा ही साबित होगा।

खाना नंबर 7– जब खाना नंबर 7 में मंगल–बुध मुश्तरका मंदी हालत में हों तो शहद में रेत के मानिन्द (समान) टेवे वाले इंसान के खून की नाड़ी में खराबी (विकार वगैरह) होगी। अब दोनों ही ग्रहों का फल मंदा अैर बरबाद होगा। मंगल का शेर, बुध के जहरीले दांत होने की वजह से शुक्कर (खाना नंबर 7 का मालिक) की गाय पर भी हमला कर देगा।

गृहस्थ मंदे में जहर वक़ूए, जुबान मंदी जब होता हो
बृहस्पत सनीचर से कोई मिलता, जहर मंगल बद भरता हो
मंगल सातवें सब कुछ उम्दा, धन दौलत परिवार ही सब
सबका सब ही मंदा होगा, बुध मिले मंगल से जब

टेवे वाले की गृहस्थ हालत बरबाद होगी और जहर के मंदे वाकिआत (घटनाएं) होंगे। बशर्ते खाना नंबर 7 का बुध मंदा हो। ऐसे वक्त टेवे वाले की दी जुबान बुध के मंदेपन की निशानी (पहचान) होगी। अगर मंगल या बुध का ताल्लुक बृहस्पत या सनीचर से भी हो जाए तो अब मंगल बद पूरे टेवे में जहर फैला देगा। जब मंगल खाना नंबर 7 में हो तो टेवे वाले के लिए तमाम (सभी) असर अमूमन (लगभग) उम्दा ही गिने जाते हैं यानि धन–दौलत, परिवार वगैरह सब कुछ उम्दा ही होगा। बरखिलाफ (विपरीत) इसके अगर मंगल–बुध मुश्तरका हो जाएं तो तमाम (सभी) फल मंदे हो जाएंगे। मंदी जुबान (वाणी) की मेहरबानी और टेवे वाले के खुद के बद–ख्यालातों (अशुभ–विचार) की वजह से टेवे वाले को कहीं भी, कहीं से भी, नेक असर की उम्मीद न रहेगी और फिज़ूल के झगड़े फसाद होते होंगे।

खाना नंबर 8– खाना नंबर 8 में मंगल–बुध मुश्तरका के वक्त टेवे वाले का मामा–खानदान बरबाद ही हो रहा होगा। बल्कि टेवे वाले की अगली (आने वाली) नस्ल को कायम रखना भी शक्की (संदेहजनक) ही दिखाई देगा। ऐसा इंसान जिस दिन से होश संभालेगा उसी दिन से उसका मामा दर–बदर और घर से दुःखी होकर भागता होगा। साधुओं की तरह घूमता होगा। ऐसे वक्त अगर टेवे वाले का मामा अपने जद्दी घर–घाट को छोड़कर कहीं बाहर चला जाए तो जरूर बच जाएगा वरना अगर अपने ही घर रहे तो मुर्दों से भी गिरा हुआ हाल होगा। कारोबार में नुकसान होगा और मुलाजमत (नौकरी) हो तो धक्के मारकर निकाला जाएगा। टेवे वाला इंसान जो कुछ भी मुंह से निकालेगा वह सच साबित होगा।

खाना नंबर 11– खाना नंबर 11 में मंगल–बुध मुश्तरका के वक्त टेवे वाला अगर शराब का इस्तेमाल करेगा तो टेवे वाले की आंख में टेढ़ापन पैदा हो जाएगा। सनीचर (मकान) और बृहस्पत (पिता, सोना) सभी मंदा हाल पैदा करेंगे। ऐसे वक्त सुबह सवेरे नहाते वक्त अथवा आचमन (पीने के लिए हथेली में पानी लेना) मददगार साबित होगा। चन्द्र या बृहस्पत का उपाय अथवा चन्द्र या बृहस्पत की चीजों को साथ रखना भी मुबारक असर देगा।

शराबखोरी खुद आंखे टेढ़ी, सनीचर बृहस्पत फल मंदा हो
मकान तवेले दौलत जलती, हार हानि सब देता हो
बृहस्पत चन्द्र की चीजें उम्दा, पानी उत्तम जल गंगा हो
सुबह सबेरे दांत जो धोता, जहर मंगल बद उड़ता हो

मंगल बद के मंदे असर के वक्त, सुबह–सवेरे सादे पानी से दांत साफ करना मंगल–बद के जहर को भी धोने वाला होगा।

अन्य मंदे हालात

(1) जब मंगल–बुध मुश्तरका मंदी हालत में टेवे में बैठे हों और ऐसे वक्त मंगल भी बद (सूरज + सनीचर) हो रहा हो तो आग से नुकसान का डर और टेवे वाले की इज्जत भी फोकी (खोखली) इज्जत ही होगी। टेवे वाले का अपने वालिद (पिता) से ताल्लुक (सम्बन्ध) मंदा होगा।

(2) ऐसे वक्त बुध का असर खराब होगा जो मौत, बीमारी और हर तरह से दुःखी हालत वाला होगा।

(3) टेवे वाला नाहक (बेवजह) बदनामी, फ़िक्र (चिन्ता) और तकलीफ (परेशानी) से अमूमन दुःखी (दुःखी, निर्धन) होगा।

उपाय

मंगल–बुध मुश्तरका के वक्त वही उपाय करना कारआमद (असरकारक) होगा जो मंगल–बद के वक्त दिया गया है।

मंगल-सनीचर (उच्च राहु)

छिपते सूरज की लाली पाता, शान बुढ़ापे बढ़ती हो
मंदी हालत में राहु मंदा, काग रेखा फल देती हो
साथ बृहस्पत से तीनों मंदे, चोर साधु मरवाता हो
बाप दादा का सब कुछ छोड़े, मुआविन उम्र धन रेखा हो
बृहस्पत फल घर दो उम्दा, सुखी गृहस्थी होता हो
धन-दौलत इतना बढ़ता, डाका वहां आ पड़ता हो
लेन-देन एतबारी मंदा, नुकसान लम्बे वह पाता हो
लाल हीरा न पहनते उम्दा, क़र्जा बीमारी देता हो

आम हालात

(1) मंगल–सनीचर मुश्तरका के वक्त दोनों ही ग्रह 40 साल की उम्र तक मुश्तरका असर का फल अवश्य देंगे।

(2) मंगल–सनीचर मुश्तरका मिलावट के वक्त मंगल का तीन भाग तो सनीचर का चार भाग होगा। लेकिन अगर मुश्तरका मिलावट के वक्त मंगल, बद (सूरज+सनीचर) हो तो अब मंगल का 1/3 भाग मुश्तरका मिलावट के वक्त शामिल गिना जाएगा। जब मंगल नेक (सूरज+बुध) हो तो मुश्तरका मिलावट के वक्त सनीचर का 1/3 हिस्सा मंदे असर का शामिल होगा।

(3) मंगल और सनीचर की अच्छी या बुरी हालत का फैसला राहु की हालत पर होगा। यानि अगर टेवे में राहु उम्दा हो तो इन दोनों (मंगल+सनीचर मुश्तरका) का फल भी उम्दा होगा और अगर राहु मंदा हो तो इन दोनों का हाल भी मंदा ही होगा तथा इन दोनों की जड़ में कड़वा धुआं भर रहा होगा।

(4) मंगल–नेक और सनीचर मुश्तरका मिलकर दयालु शिवजी और विष्णुजी होंगे। ऐसे वक्त उच्च राहु के मानिन्द (समान) असर होगा। जो झगड़े–फसाद के वक्त फतह (जीत) का मालिक होगा (खासकर अदालती झगड़े)।

(5) मंगल–बद और सनीचर मुश्तरका के वक्त काग रेखा का मंदा फल मिलेगा। ऐसे वक्त काग रेखा राहु की बुरी नीयत का फल देगी।

(6) मंगल–सनीचर मुश्तरका के वक्त मंगल खुद (स्वयं) तो बुध के मानिन्द (समान) सिफर (शून्य) होगा मगर अपनी तमाम (समस्त) ताक़त सनीचर को देकर, सनीचर की ताकत को दोगुना कर देगा।

(7) मंगल–सनीचर मुश्तरका मस्नूई (बनावटी) राहु–उच्च का असर देंगे। अब मंगल–सनीचर मुश्तरका की अश्या नारियल, बादाम, छुआरा, डाकू, सैनिक (फ़ौजी), हकीम (डाक्टर) वगैरह होंगी।

(8) मंगल–सनीचर मुश्तरका के वक्त राहु अमूमन उच्च असर का होगा चाहे वह टेवे में कहीं पर भी और कैसा ही क्यों न बैठा हो।

(9) बृहस्पत के घरों (2, 5, 9, 12) में मंगल–सनीचर मुश्तरका हमेशा ही उम्दा असर देंगे। ये दोनों अब इतना ज्यादा धन–दौलत देंगे कि उसके घर पर ही डाका पड़ेगा। लेकिन अगर बृहस्पत के साथ ही मंगल–सनीचर दोनों बैठ जाएं तो अब तीनों ग्रह ही मंदे असर के हो जाएंगे मानों कोई दो चोर या डाकू किसी साधु को मार रहे हों और खुद भी बरबाद हो रहे हों।

(10) मंगल–सनीचर मुश्तरका (संयुक्त) के वक्त कौन से खाने में बैठकर, ये दोनों क्या असर देंगे? इसकी निशानी क्या होगी? इसका ब्यौरा आगे दी जा रही फेहरिस्त (सूची) में दर्ज है। साथ ही देखें चित्र संख्या 520।

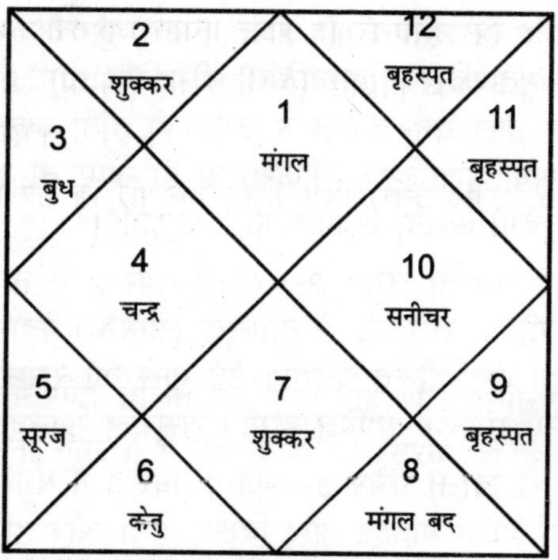

चित्र 520:

खाना नंबर जिसमें मंगल–सनीचर मुश्तरका हैं	किस ग्रह का असर देंगे?	निशानी (पहचान) क्या होगी?
1	मंगल	राजदरबार (प्रशासन) से ताल्लुक
2	शुक्कर	ससुराल से ताल्लुक या अपनी शादी
3	बुध	लड़की की शादी या ऋतुदान
4	चन्द्र	जमीन, खेती, घोड़ी बच्चा दे
5	सूरज	पैदाइश औलाद
6	केतु	कुतिया बच्चा दे, छिपकली जिस्म पर चढ़े
7	शुक्कर	स्त्री भोग या औरत का सुख
8	मंगल बद	मौत की फांस या फंदा
9	बृहस्पत	पितृ–यज्ञ
10	सनीचर	मकान में दिन में सांप आए
11	बृहस्पत	बाप–दादा की जायदाद छोड़े (त्यागे)
12	बृहस्पत	खानदान में यज्ञ या हवन हो।

नेक हालत

खाना नंबर 1– खाना नंबर 1 में मंगल–सनीचर मुश्तरका के वक्त जिस दिन से टेवे वाला राजदरबार का (सरकारी या प्रशासनिक) काम शुरू करे उसी दिन से मंगल–सनीचर मुश्तरका का नेक फल जारी (शुरू) होगा।

औरत कबूतरबाजी मंदी, खून मंदा खुद होता हो

माया दौलत ससुराल की बढ़ती, सफ़र ताल्लुक उम्दा हो

ऐसे इंसान की औरत (पत्नी) अगर कबूतरबाजी (मंदा चाल–चलन) करे तो टेवे वाले को खून (रक्त) से मुतअल्लिक (सम्बन्धित) बीमारियां होंगी। ऐसे इंसान की शादी के बाद से ही उसके ससुराल खानदान का हाल धन–दौलत में उम्दा ही होता जाएगा। अगर टेवे वाले का साथ सफर (यात्राओं) के कारोबार से अथवा मुलाजमत (नौकरी) से हो जाए तो हर तरह से उम्दा ही फल होगा। टेवे वाले की उम्र कभी हार न देगी अर्थात् अकाल मौत न होगी।

खाना नंबर 2– खाना नंबर 2 में मंगल–सनीचर मुश्तरका के वक्त टेवे वाले की जिस दिन शादी होगी या ससुराल से ताल्लुक (सम्बन्ध) पैदा होगा उसी दिन से बृहस्पत भी उत्तम फल देगा। टेवे वाले की खूब धन–दौलत बढ़ेगी। टेवे वाले को ससुराल की अमीरी से फायदा मिलेगा और ससुराल ऐसे इंसान के लिए मुबारक साबित होगी। ससुराल खानदान कभी लावल्द (संतानहीन) न होगा।

खाना नंबर 3– खाना नंबर 3 में मंगल–सनीचर मुश्तरका के वक्त टेवे वाले पर खूब जायदाद होगी। टेवे वाला बहादुर और दिलेर होगा और हथियार (शस्त्र) का मालिक होगा। लड़की की शादी या लड़की के ऋतुदान (माहवारी) के दिन से दोनों ही ग्रहों का फल उत्तम होगा।

खाना नंबर 4– खाना नंबर 4 में मंगल–सनीचर मुश्तरका के वक्त जिस दिन से टेवे वाले के पास खेती की जमीन आएगी या घोड़ी बच्चा देगी उसी दिन से मंगल–सनीचर मुश्तरका का नेक फल शुरू होगा। वरना दोनों ही ग्रहों का वही फल गिना जाएगा जो फल चन्द्र–मंगल मुश्तरका खाना नंबर 10 के लिए दिया गया है।

खाना नंबर 5, 6, 8, 9– जब ऐसे इंसान के घर औलाद नरीना (नर) पैदा होगी तो टेवे वाले की किस्मत सूरज के माध्यम से जागेगी।

पांच जहर सनीचर मद्धम होती, यदि नेकी न छः की हो
मंगल बदी घर क़ब्रिस्तानी, काग रेखा बुध नौ की हो

खाना नंबर 5 में सनीचर का जहर घटेगा और खाना नंबर 6 से (उत्तरोत्तर) उम्दा होगा। खाना नंबर 8 में मंगल, बद होगा और खाना नंबर 9 में मंगल–सनीचर मुश्तरका हों तो ऐसे वक्त बुध काग रेखा का फल देगा।

खाना नंबर 6– जब खाना नंबर 6 में मंगल–सनीचर मुश्तरका हों तो बजरिया (माध्यम से) शुक्कर, टेवे वाले की किस्मत जागेगी। यानि जब कुतिया घर के अंदर या मकान के आसपास बच्चे दे अथवा छिपकली पांव की तरफ से जिस्म के ऊपर चढ़ जाए उसी दिन से इंसान की किस्मत जाग जाएगी।

खाना नंबर 7– जब खाना नंबर 7 में मंगल–सनीचर मुश्तरका हों तो बजरिया (माध्यम से) शुक्कर, टेवे वाले की किस्मत जागेगी यानि अगर ऐसे इंसान का औरत (स्त्री) से ताल्लुक हो जाए तो उसी दिन से किस्मत जाग जाएगी।

खाना नंबर 9– खाना नंबर 9 में मंगल–सनीचर मुश्तरका के वक्त बजरिया (माध्यम से) बृहस्पत, टेवे वाले की किस्मत जागेगी। यानि जब बुजुर्गों के द्वारा कोई लम्बा–चौड़ा (मेले के समान) यज्ञ वगैरह हो तो उस दिन से टेवे वाले की किस्मत जागेगी। शाही जंगी धन और शाही ठाठ से टेवे वाले की परवरिश होगी और ऐसा वक्त टेवे वाले की 60 साल की उम्र तक बढ़ता चला जाएगा। अथवा तब तक बढ़ेगा जब तक कि टेवे वाले से बुध का ताल्लुक (सम्बन्ध) न हो जाए।

खाना नंबर 10– खाना नंबर 10 में मंगल–सनीचर मुश्तरका हों तो बजरिया (माध्यम से) सनीचर, टेवे वाले की किस्मत जागेगी। यानि अगर दिन के वक्त (रात को नहीं), घर में सांप आ जाए तो उसी दिन

से टेवे वाले की किस्मत जागेगी। ऐसा सांप सिर्फ किस्मत के जागने की खबर (सूचना) देने आता है, डंक नहीं मारता, इसलिए ऐसे सांप को मारा नहीं जाना चाहिए।

पोते पड़पोते हरदम बढ़ते, पाप टेवे जब उम्दा हो
चार चन्द्र चाहे दुश्मन बैठे, दूध बगीचे भरता हो

टेवे वाला इंसान मालदार (दौलतमंद) और अमालदार (बाल–बच्चेदार) होगा बल्कि यह कहना ठीक होगा पोते–पड़पोते वाला होगा। बशर्ते टेवे में पाप (राहु–केतु) उम्दा हालत में यानि उम्दा घरों में हों और निकम्मे या बरबाद न हों। अगर राहु–केतु निकम्मे या बरबाद हो रहे हों तो मंगल और बुध का नेक असर राहु की उम्र (42 साल) के बाद पैदा होगा। मंगल–सनीचर की नेक हालत के वक्त टेवे वाला हुक्मरान (राजा के मानिन्द (समान)), जायदादों का मालिक होगा। जब तक कोई ग्रह खाना नंबर 3–4 में न हो और न ही खाना नंबर 1–8 में मंगल का दुश्मन ग्रह (बुध–केतु) हो तो मंगल–सनीचर मुश्तरका का उम्दा फल टेवे वाले को मिलेगा। लेकिन अगर खाना नंबर 3–4 या खाना नंबर 1–8 में मंगल–सनीचर का दुश्मन ग्रह बैठा हो तो वह दुश्मन ग्रह खुद ही मारा जाएगा मगर मंगल–सनीचर की ताकत पर कोई फ़र्क न पड़ेगा और उनकी ताकत कम न होगी बल्कि अब मंगल–सनीचर मुश्तरका और भी ज्यादा बलवान हो जाएंगे।

टेवे वाले की औरत (पत्नी) नेक किस्मत वाली होगी, जो शादी होते ही टेवे वाले इंसान की किस्मत को जगा देगी अथवा टेवे वाले का कोई ऐसा रिश्तेदार होगा जिसका साथ मिलते ही टेवे वाले की किस्मत जाग पड़ेगी। किस्सा कोताह (संक्षेप में) मंगल–सनीचर मुश्तरका के वक्त सनीचर का कभी भी बुरा असर न होगा बल्कि नेक असर ही होगा। अब सनीचर से मुतअल्लिक (सम्बन्धित) बीमारियां, मौतें, तबाही या उदासी कभी भी टेवे वाले के परिवार में न होगी। अगर कबीले वाले (खानदानी) खुद ही आपस में झगड़ा–फसाद करें तो जायज है मगर कुदरत की तरफ से कोई खास मुसीबत या फ़जीता मुंह फाड़े न खड़ा होगा। ऐसा इंसान खुद दूसरे लोगों पर मौत की तरह छाया रहेगा और चीते की तरह पीछे–पीछे चलता रहेगा। अब जब कभी भी दुश्मन से ऐसे इंसान का मुकाबला होगा या सताया जाएगा, वह तुरन्त ही हमला बोल देगा। ऐसे इंसान के लिए चार गोशा (चार कोने वाला) मकान निहायत (अत्यधिक) ही उत्तम फल देगा।

खाना नंबर 10 में मंगल–सनीचर मुश्तरका के वक्त चन्द्र भी खाना नंबर 4 में हो तो पानी की बजाए दूध से पले हुए दरख़्त (वृक्ष) की तरह टेवे वाला उत्तम किस्मत का मालिक होगा। दुनियावी लोग उसके गुस्से (क्रोध) और व्यक्तित्व से डरेंगे। ऐसा इंसान सरकारी मुलाजमत (नौकरी) या राजदरबार से नफ़ा (फायदा) पाएगा और मंगल का नेक धन भी अब बढ़ता जाएगा।

खाना नंबर 12– इस खाने में मंगल–सनीचर मुश्तरका के वक्त दोनों ही ग्रहों का उम्दा और उत्तम असर होगा। ऐसे वक्त अब बुध, राहु, केतु भी भला असर ही देने वाले होंगे।

अन्य नेक हालात

(1) मंगल–सनीचर मुश्तरका हालत में एक ही उसूल के दो डाकुओं के समान असर के होंगे।

(2) बुढ़ापे के वक्त टेवे वाले की किस्मत की शान छिपते (डूबते) हुए सूरज की लालिमा की तरह उम्दा होगी।

(3) अगर टेवे वाले के हाथ पर कमान का निशान हो तो ऐसा इंसान दिलावर (दिलेर), बहादुर, उम्दा सेहत का मालिक और उम्दा जिस्मानी (शारीरिक) ताकत वाला होगा। ऐसा इंसान दूसरे लोगों पर मौत की तरह छाया रहने वाला होगा।

(4) ऐसे इंसान को मंगल के रिश्तेदारों (बड़े भाई, ताऊ, माता के बड़े भाई) का हिस्सा भी मिल जाएगा अथवा वे सभी टेवे वाले की मंगल की दशा के दूसरे दौर में आते–आते कंगाल हो जाएंगे।

(5) ऐसा इंसान सांप (सनीचर) और शेर (मंगल) की मुश्तरका तबीयत (स्वभाव) का मालिक होगा। यानि आजिज (विनम्र) शख्स को माफ करता होगा मगर जालिम (क्रूर) को कत्ल करके ही छोड़ेगा।

(6) धन दौलत की अधिकता की वजह से ऐसे इंसान का घर डाका डालने के काबिल (योग्य) होगा अथवा इसके घर में डकैती के वाकिआत (घटनाएं) होंगे।

नोट– ***मौजूदा परिप्रेक्ष्य में विक्रय कर अथवा आय कर की छापेमारी को भी डकैती की श्रेणी में मानकर फलादेश किया जा सकता है।***

मंदी हालत

खाना नंबर 1– खाना नंबर 1 में मंगल–सनीचर मुश्तरका की मंदी हालत के वक्त अगर टेवे में बुध मंदा हो तो टेवे वाले को काग रेखा का मंदा फल मिलेगा जो सनीचर की मियाद (36 साल से 39 साल) तक टेवे वाले इंसान और उसके सनीचर से मुतअल्लिक (सम्बन्धित) रिश्तेदारों का सब कुछ उजाड़ देगा बल्कि धन, दौलत, मर्द, औरत सभी कुछ बर्बाद कर देगा। टेवे वाले को खून से मुतअल्लिक (सम्बन्धित) बीमारियां तंग (परेशान) करेंगी। टेवे वाले की औरत (पत्नी) की इश्कबाजी खराबी व परेशानी की वजह होगी। स्याह (काली), गहरी और सांप (सनीचर) जैसी आंखों वाली औरत की वजह से टेवे वाले की दौलत बर्बाद होगी अथवा ऐसी औरत खुफिया (अप्रत्यक्ष) तरीके से या जाहिरा (प्रत्यक्ष) तौर पर टेवे वाले की दौलत बर्बाद करेगी। भूरी आंखों वाली औरत टेवे वाले के लिए मददगार होगी। औरत जाति अक्सर या तो अपने अबलापन और निर्धनता की वजह से अथवा अपने बेवापन या खूबसूरती की वजह से ऐसे इंसान की साथी हो जाया करती है। जिसकी वजह से टेवे वाले के लिए नतीजा (परिणाम) मंदा ही निकलेगा। ऐसे वक्त चन्द्र का उपाय, माता के हुक्म (आदेश) का पालन और दुनियावी लोगों से सलाह–मशवरा लेना मददगार होगा।

खाना नम्बर 2– जब खाना नंबर 2 में मंगल–सनीचर मुश्तरका हों तो रात या पक्की शाम के वक्त धर्म स्थान में माता या ससुर के साथ जाना, अचानक हादसे या बेहद नुकसान की वजह बन जाएगा मगर दिन के वक्त कुछ न होगा।

खाना नंबर 3– खाना नंबर 3 में मंगल–सनीचर मुश्तरका के वक्त टेवे वाले के खुद के भाई–बहिन ही उसकी मुखालफत (दुश्मनी) करेंगे। औरत (पत्नी) के भाई–बहिन जहर के वाकियात (घटनाएं) होने की वजह बनेंगे। टेवे वाले का गृहस्थ बरबाद व धन गुम होगा। टेवे वाले का चाचा (सनीचर) या छोटा भाई (मंगल–सनीचर मुश्तरका) औलाद से दुःखी अथवा लावल्द (संतानहीन) होगा।

खाना नंबर 4– जब खाना नंबर 4 में मंगल–सनीचर मुश्तरका मंदी हालत में हों तो दोनों ही ग्रहों का अब अलैहदा–अलैहदा (अलग–अलग) खाना नंबर 4 के बमूजिब (अनुसार) फल होगा। टेवे वाले की मौत दुर्घटना या मंदी हालत की वजह से होगी।

खाना नंबर 5– जब खाना नंबर 5 में मंगल–सनीचर मुश्तरका हों और केतु खाना नंबर 1 में हों तो टेवे वाले को दूसरी नरीना औलाद (केतु) का उम्दा फल 42 साल उम्र के बाद ही नसीब हो सकेगा।

खाना नंबर 6– जब खाना नंबर 6 में मंगल सनीचर मुश्तरका हों और केतु खाना नंबर 2 में हो तो टेवे वाला इंसान एहसान–फरामोश (स्वार्थी) होगा। ऐसे इंसान को पेट को तकलीफ होगी। ऐसे वक्त मंगल की अश्या (खाने की मीठी चीज) धर्म स्थान में देना मददगार होगा।

खाना नंबर 7– जब खाना नंबर 7 में मंगल–सनीचर मुश्तरका हों तो टेवे वाले की नजर बीनाई (आंखों की ज्योति) हल्की सी मंदी होगी मगर टेवे वाला अंधा न होगा। दिमागी खराबियों के वक्त चिरायते (एक प्रकार का वृक्ष) का इस्तेमाल करना मददगार होगा।

खाना नंबर 8– जब मंगल–सनीचर मुश्तरका मारक–स्थान (खाना नंबर 8) में हों तो टेवे वाला मंदी जगह (मुर्दा घाट, मंदी आग, मंदा चूल्हा) का मालिक होगा। ऐसा इंसान तीन गोशे (तिकोने) मकान की किस्मत अथवा सिफर (शून्य) बचने वाले मकान का मालिक होगा। ऐसे इंसान के घर मौतें, मातम, बदियां या तकलीफ कष्ट आती रहती होंगी। ऐसे वक्त शमशान के अन्दर का पानी लाकर अपने घर में कायम करना मददगार साबित होगा। विस्तृत वर्णन देखें, फरमान नंबर 17, मकान की हैसियत और गोशे।

खाना नंबर 9– जब खाना नंबर–9 में मंगल–सनीचर मुश्तरका हों और इनसे बुध का ताल्लुक (सम्बन्ध) बन जाए तो सबसे मंदी काग रेखा का जमाना होगा। अब टेवे वाले की जिन्दगी में जहरीला असर होगा।

खाना नंबर 11– जब खाना नंबर 11 में मंगल–सनीचर मुश्तरका हों तो टेवे वाले की माकूल (उचित) कमाई होते हुए भी वह कर्जे में ही होगा। बाप की चीजों के बजाए अगर तमाम (समस्त) चीजें टेवे वाले की खुद की पैदा की हुई होंगी तो शर्तियां कायम रहेंगी और टेवे वाले की किस्मत बृहस्पत के माध्यम से चमकेगी। चोरों को फंसाने वाले धर्मात्मा (साधु) की तरह बृहस्पत अब दोनों ही ग्रहों का फल बर्बाद करता जाएगा। यानि बृहस्पत की वजह से मंगल–सनीचर का फल बर्बाद होगा।

चोरी ठगी हो बृहस्पत का पेशा, असर मंदे सब देता हो
माकूल कमाई कर्जा होगा, वरना पिता खुद जलता हो

दरअसल खाना नंबर 11 बृहस्पत का घर है, जिसमें सनीचर भी हिस्सेदार है। यहां मंगल का शेर भी बृहस्पत (गुरु) की जंजीरों में जकड़ा हुआ है। ऐसे वक्त टेवे वाले की किस्मत बजरिया (माध्यम से) बृहस्पत जागेगी मगर बृहस्पत, मंगल–सनीचर मुश्तरका की बरबादी की वजह होगा।

अन्य मंदे हालात

(1) मंगल–सनीचर मुश्तरका मंदी हालत के वक्त टेवे वाले की धन–दौलत और परिवार उजड़े हुए होंगे और ऐसे इंसान की किस्मत में जहमत (मुसीबत) और बीमारी आम बात होगी।

(2) ऐसे इंसान को जब कभी बीमारी होगी, सख्त गंभीर ही होगी और ऐसा मालूम होगा कि इंसान बस मर ही रहा है मगर वह फिर जी उठेगा। टेवे वाले की उम्र कम से कम 90 साल की होगी।

(3) मंगल–सनीचर मुश्तरका के वक्त हो सकता है कि टेवे वाले के घर डाका (डकैती) पड़े अथवा ऐतबारी (विश्वसनीयता) के ढंग (आधार) पर, ऐसा इंसान किसी से धन का लेन–देन करे और मोटा नुकसान उठाए।

उपाय

(1) लेन–देन के मामले में ऐसा इंसान जिस किसी को भी रकम (धन) दे, उससे तहरीर (पर्चा वगैरह) जरूर ले ले।

(2) मंदी सेहत के वक्त "मंगल–बद" और "मंदे–सनीचर" के वक्त दिया गया उपाय मददगार होगा।

(3) घोड़ी जब बच्चा दे तो उस घोड़ी का पहला दूध जो घोड़ी के बच्चे ने भी पीना शुरू न किया हो, निकालकर शीशे के बर्तन में कायम करें और अपने घर में रखें। इससे धन–दौलत की बरकत

होगी और डकैती के वाकिआत (घटनाओं) या गुप्त धोखेबाजी या नुकसान से बचाव भी होता रहेगा। लेकिन फिर भी बचकर चलना ही अक्लमंदी (बुद्धिमत्ता) होगी।

मंगल–राहु

(महावत का हाथी)

हाथी पापी न शरारत करता, लेख जाती को उभारता हो
बैठे घर कोई जिस दम मंदा, ख्वैशों अकारिब मारता हो
ऊंच उत्तम कोई जब दो बैठा, राजा सवारी होता हो
सनीचर राजा और दौलत उम्दा, साथ हुकूमत पाता हो

आम हालात

(1) मंगल–राहु मुश्तरका के वक्त अगर मंगल, रोटी–पानी तो राहु, चूल्हा होगा अथवा मंगल महावत तो राहु, हाथी होगा।

(2) जब मंगल के साथ राहु हो तो राहु का फल जुदा (अलग) होगा ही नहीं अर्थात् राहु नदारद (शून्य) होगा। यानि महावत (मंगल) के द्वारा हाथी (राहु) की मुकम्मल (सम्पूर्ण) सवारी होगी। अब हाथी (राहु) अगर चाहे भी तो भी शरारत नहीं कर सकता।

नेक हालात

जब राहु और मंगल मुश्तरका हालत में अपने घरों में हों साथ ही या तो राहु उच्च (खाना नंबर 3 या 6 में) हो अथवा राहु की बैठक इस तरह की हो कि वह दूसरे ग्रहों की मदद (दृष्टि वगैरह के नियम के आधार पर) कर रहा हो तो ऐसा राहु, केतु का असर देगा और नेक होगा। अब ऐसा इंसान राजा के मानिन्द (समान) होगा अथवा उसे राजा की सवारी वाला सुख नसीब होगा।

मंदी हालत

खाना नंबर 10– जब टेवे में मंगल–राहु मुश्तरका खाना नंबर 10 में हों और केतु खाना नंबर 4 और सूरज खाना नंबर 6 में हो तो ऐसे वक्त टेवे वाले को मूत्र से मुतअल्लिक (सम्बन्धित) शिकायतें होंगी। औलाद (केतु) की मंदी हालत होगी। ऐसे वक्त मिट्टी के बर्तन में राहु की अश्या (जौ या सरसों जैसे अनाज) भरकर चलते पानी में बहा दें, ऐसा करना मददगार होगा।

अन्य मंदे हालात

मंगल–राहु मुश्तरका के वक्त अगर दोनों ग्रह अपने–अपने घरों में बैठे हों जहां कि दोनों में से किसी एक ग्रह का फल मंदा, बुरा या बरबाद हो रहा हो अथवा इंसान के जिस्म पर लहसन (बड़ा तिल) का निशान हो तो ऐसा इंसान "राजा का बिना महावत वाला निरंकुश हाथी" होगा जो अपनी ही फौज को मारेगा।

उपाय

(1) जिस जगह खाना पकाएं (रसोई वगैरह में) वहीं पर खाएं ऐसा करने से राहु का हाथी शरारत न करेगा।

(2) घर में जिस जगह रोटी पकाई जाती है वहीं पर खाई भी जाती हो। यानि दोनों जगह (पकाने और खाने की) एक ही हो तो ऐसे वक्त राहु का मंदा असर गुम ही हो जाया करता है।

मंगल-केतु

(शेर की नस्ल का कुत्ता)

मंगल नेकी में दोगुना उम्दा, सनीचर शुक्कर जब मिलता हो
वरना मंगल बद-किस्मत बनता, शेर कुत्ता दो लड़ता हो

आम हालत

(1) जब टेवे में सनीचर और शुक्कर बाहम (आपस में) मिल रहे हों और मंगल–केतु मुश्तरका (संयुक्त) भी हों तो टेवे में मंगल–नेक का दोगुना असर होगा। क्योंकि सनीचर–शुक्कर मिलकर मस्नूई केतु (उच्च) बनाते हैं। अब मंगल–केतु मुश्तरका मिलकर मंगल–नेक हो जाएगा।

(2) मंगल–केतु मुश्तरका के वक्त जब मंगल, बद हो या मांगलिक हो या मंगल, नीच या मंदा हो रहा हो और साथ ही टेवे में पितृ ऋण भी हो (खाना नंबर 2, 5, 9, 12 में बृहस्पत के दुश्मन ग्रह–बुध, शुक्कर या राहु या बहैसियत पापी सनीचर हो) तो केतु (कुत्ता, मुसाफिर, लड़का) हथियार से मारेगा या जहर से मरेगा अथवा कोई उसे भगाकर अथवा अगवा (अपहरण) करके ले गया होगा। ऐसे वक्त केतु–मंगल मुश्तरका का उपाय बजरिया (माध्यम से) चन्द्र होगा।

(3) सात अकसाम (प्रकार) के फल, सात अकसाम के मवेशियों (पशुओं) के दूध से धोकर जद्दी (पैतृक) मरघट (श्मशान) या क्रबिस्तान या वीराने में दबाएं। वरना 28 साल से 48 साल की उम्र तक लरजा (शरीर का स्वतः ही कांपना) या तपेदिक या कोढ़ की बीमारियों से मर्दों की मौत होगी।

(4) उपाय के वक्त दूध मंदरजाजैल (निम्नलिखित) अकसाम के होंगे।

(i) चन्द्र– घोड़ी का दूध

(ii) बृहस्पत– धर्म स्थान का पानी या शेरनी का दूध

(iii) सूरज– बंदरिया या पहाडी गाय या कपिला गाय यानि ऐसी गाय जिसका पूरा जिस्म स्याह (काला) हो अथवा ऐसी औरत का दूध जिसकी कम से कम 7 लड़कियां पैदा हुई हों।

(iv) मंगल बद– ऊंटनी का दूध

(v) सनीचर– भैंस का दूध

(vi) बुध– बकरी या भेड़ का दूध

(vii) शुक्कर– आम गाय या आम औरत का दूध

(viii) राहु– बिल्ली, हथिनी, जमादारनी–औरत का दूध

(ix) केतु– कुतिया, सुअरनी या गधी का दूध

(5) जब टेवे में मंगल–बद (सूरज+सनीचर) हो तो अब टेवे वाला बदकिस्मत होगा और इंसान की जिंदगी ऐसी होगी कि जैसे हर वक्त शेर और कुत्ता आपस में लड़ते ही रहते होंगे। खासकर जब चन्द्र–सनीचर मुश्तरका से मिलकर मस्नूई (बनावटी) नीच केतु बनता हो।

(6) औरत के टेवे में मंगल–केतु मुश्तरका के वक्त औरत का बालिगपन (माहवारी) अमूमन 14 साल की उम्र से शुरू होगा और 48 साल की उम्र तक जारी रहेगा।

(7) शुक्कर–सनीचर मुश्तरका मिलकर मस्नूई केतु (उच्च) होगा और चन्द्र–सनीचर मुश्तरका मिलकर मस्नूई केतु (नीच) होगा। अब अगर दो केतु टेवे में मुश्तरका (इकट्ठे) बैठे हों तो मंगल दोगुना नेक होगा। ऐसे वक्त अगर टेवे में मंगल–बद (सूरज+सनीचर) भी हो तो भी दोनों केतु मिलकर मंगल बद को मंगल–नेक कर देंगे।

(8) जब टेवे में मंगल–केतु मुश्तरका हों और शक्तिशाली भी हो रहे हो तो अब मंगल जरूर ही दोगुना नेक असर का होगा।

अन्य नेक हालात

मंगल–केतु मुश्तरका नेक हालत के वक्त टेवे वाले के लड़के 24 साल तक (शादी के दिन से) पैदा होते रहेंगे।

नेक हालत

खाना नंबर 2– जब मंगल–केतु मुश्तरका खाना नंबर 2 में हों तो टेवे वाला हुक्मरान (शासक) और आसूदाहाल (धन से परिपूर्ण) होगा। अब दोनों ग्रहों का अलैहदा–अलैहदा (अलग–अलग) खाना नंबर 2 के बमूजिब (अनुसार) और उत्तम फल होगा।

खाना नंबर 9– जब खाना नंबर 9 में मंगल–केतु मुश्तरका हों तो अब केतु का फल उत्तम होगा। बशर्ते जद्दी (पैतृक) मकान की बुनियाद के नीचे बारिश का पानी या शहद (मंगल), चांदी के बर्तन (चन्द्र) में डालकर दबा दिया जाए। अगर केतु का भी उपाय कर दिया जाए तो वह भी मददगार ही होगा।

साल अट्ठाईस हालत बदले, नेक हो चाहे मंदा हो
पांच-तीन हो मुन्सिफ़ जिसके, उपाय उत्तम ग्रह दस का हो

टेवे वाले की 28 साल की उम्र में हालत बदल जाएगी चाहे हालत नेक हो तो मंदी और अगर मंदी हुई तो नेक हो जाएगी। खाना नंबर 3–5 के ग्रहों के मुताबिक टेवे वाले की किस्मत होगी। अगर फल मंदा मिले तो चन्द्र की अश्या (गंगाजल या बरसात का पानी) जद्दी (पैतृक) मकान की नींव में दबाएं। ऐसे वक्त खाना नंबर 10 में बैठे ग्रह का उपाय करना भी मददगार साबित होगा।

खाना नंबर 10– खाना नंबर 10 में मंगल–केतु मुश्तरका (संयुक्त) के वक्त खाना नंबर 9 वाला ही उपाय खाना नंबर 10 के लिए करना कारआमद (प्रभावशाली) होगा।

मंदी हालत

खाना नंबर 4, 6– खाना नंबर 4 या खाना नंबर 6 में मंगल–केतु मुश्तरका के वक्त दोनों ही ग्रहों का अब बुरा असर होगा। यानि अब दोनों ही ग्रह हर तरह से मंदे और नाश करने वाले होंगे।

मकान पे अपने शेर हो कुत्ता, शेर गुफा में छिपता हो
मिलता मिलाया असर दोनों का, मंदा बुरा ही होता हो

खाना नंबर 8– खाना नंबर 8 में मंगल–केतु मुश्तरका के वक्त वही असर होगा। जो मंगल–बद खाना नंबर–4, केतु खाना नंबर 8, मंगल–केतु मुश्तरका खाना नंबर 4 के वक्त दिया गया है।

खाना नंबर 10– खाना नंबर 10 में मंगल–केतु मुश्तरका के वक्त टेवे वाले का हाल उसकी 28 साल की उम्र के बाद बुरा हो जाएगा। अब मंगल–बद का बुरा असर होगा जो टेवे वाले को 45 साल की उम्र तक बरबाद करेगा। ऐसे वक्त टेवे वाले की औलाद नदारद होगी अथवा तबाह होगी।

अट्ठाईस दोनों पैंतालीस मंदे, केतु भला न रहता हो
बृहस्पत बैठा हो जैसा टेवा, फैसला ग्यारह होता हो
केतु घर दसवें का शक्की, कुत्ता लड़का मंदे हो
मंगल भी चाहे दसवें बैठा, फिर भी दोनों मंदे हो
अब उपाय केतु का होगा, या फिर चन्द्र का पानी हो
महल मकाना नीचे देवे, दूध शहद और पानी हो

जैसा टेवे में बृहस्पत होगा वैसा ही मंगल–केतु मुश्तरका का असर होगा, जिसका अन्तिम फैसला (निर्णय) खाना नंबर 11 के ग्रह के अनुसार होगा। खाना नंबर 10 में केतु का असर शक्की (संदेहजनक) तबीयत (स्वभाव) का होगा और अमूमन मंदा ही असर होगा। खाना नंबर 10 का मंगल उच्च का होता है मगर अब मंगल भी केतु के साथ मंदा ही होगा। ऐसे वक्त केतु का उपाय अथवा खाना नंबर 9 के वक्त दिया गया उपाय मददगार और कारआमद (असरकारक) होगा।

खाना नंबर 11– खाना नंबर 11 में मंगल–केतु मुश्तरका के वक्त दोनों ही ग्रहों का वही फल होगा जो मंगल खाना नंबर 10 के वक्त दिया गया है बशर्ते टेवे में मंगल–बद (सूरज+सनीचर) न हो।

उपाय

मंगल–राहु मुश्तरका हालत के वक्त मंगल–शेर और केतु–कुत्ता होगा। जब टेवे में ये दोनों मंदे हों तो शेर और कुत्ते की लड़ाई या मंगल–केतु के झगड़े में जब केतु, मंगल के असर को बुरा (खराब) कर रहा हो या जब मंगल–बद का असर हो रहा हो तो ऐसे वक्त दो कुत्तों की पालना करना (एक कुत्ता काला और दूसरा सफेद जिसमें एक कुत्ता नर, दूसरा मादा) मुबारक फल पैदा करेगा।

बुध–सनीचर

(उड़ता हुआ सांप, आम का दरख्त)

उड़ता सांप या बाज परिंदा, नजर चील की होती हो
जहर खूनी गो दीगरा होता, अमीरी हिस्सा, खुद जाती हो
बुध हकीमी शीशा बोले, साथी सनीचर जब उत्तम हो
शुक्कर सूरज का तपेदिक तोड़े, अनाज व्यापारी उम्दा हो

आम हालात

(1) बुध–सनीचर मुश्तरका के वक्त दोनों ही ग्रह 40 से 79 साल की उम्र तक मुश्तरका होंगे। मुश्तरका मिलावट के वक्त बुध चार हिस्से तो सनीचर पांच हिस्सा होगा।

नेक हालत

खाना नंबर 2, 12– खाना नंबर 2 या खाना नंबर 12 में बुध सनीचर मुश्तरका के वक्त टेवे वाले का लोहा और पत्थर (सनीचर) या सनीचर की चीजें कीमती हीरे का असर देंगी। अगर ऐसा इंसान जहर

में भी हाथ और दिमाग लगाएगा तो वह जहर भी मारने की बजाए तारने वाला हो जाएगा। ऐसा इंसान उम्दा सेहत का मालिक, हमदर्द और नेक किस्मत का मालिक होगा। ऐसे इंसान के वाल्दैन (माता–पिता) नेक होंगे और उनका मेलजोल (मिलना–जुलना) भी नेक लोगों से होगा। टेवे वाले के लिए वाल्दैन का साथ और सुख लम्बे अर्से तक रहेगा।

खाना नंबर 4– खाना नंबर 4 में बुध–सनीचर मुश्तरका के वक्त बुध का फल कभी भी बुरा न होगा चाहे चन्द्र किसी तरह से इन दोनों के साथ ही क्यों न हो जाए।

खाना नंबर 7– इस खाने में बुध–सनीचर मुश्तरका के वक्त टेवे वाला धनाढ्य और सुखी होगा।

खाना नंबर 11– खाना नंबर 11 में बुध–सनीचर मुश्तरका के वक्त राहु–केतु के दाएं–बाएं होने के उसूल पर (देखें फरमान नंबर 15, सनीचर–जाहिर पीर) सनीचर का स्वभाव नेक हो और खाना नंबर 3 से दृष्टि के द्वारा खाना नंबर 11 पर कोई भी बुरा असर न आ रहा हो तो ऐसा इंसान नगर सेठ या गांव का रईस होगा। अब इंसान जिन्दगी में सुख पाने वाला होगा। 45 साल की उम्र तक खूब दौलत नसीब होगी।

अन्य नेक हालात

(1) बुध–सनीचर मुश्तरका नेक हालत के वक्त औलाद पर कभी बुरा असर न होगा बल्कि 24 साल तक लड़कों की पैदाइश होती रहेगी।

(2) टेवे वाले की 42 साल की उम्र तक दुश्मनों से बचाव होता रहेगा। वाल्दैन (माता–पिता) का लम्बे अरसे तक सुख मिलेगा और नेक फल होगा।

(3) टेवे वाला नेक किस्मत का मालिक और हमदर्द (दयालु) किस्म का इंसान होगा। दुनियावी लोगों के लिए उड़ने वाला (बुध) सांप (सनीचर) होगा, जिसकी चील के मानिन्द (समान) नजर (सनीचर) होगी। ऐसे इंसान के हाथ में गांव का निशान हो तो मुबारक होगा।

(4) ऐसा इंसान नेक मायनों में उड़ता हुआ सांप होगा मगर वह ससुराल के लिए मंदा ही होगा। सनीचर–बुध मुश्तरका का असर कलई के मानिन्द (समान) होगा।

(5) बुध–सनीचर मुश्तरका वाला इंसान शराबी और कबाबी (मांसाहारी) होगा। जुबान में ही सांप की ताकत का मालिक, जो औरत को उड़ाकर ले जाए और उसमें सनीचर का जादू भर दे।

मंदी हालत

खाना नंबर 2, 12– बुध–सनीचर मुश्तरका खाना नंबर 2 या 12 में मंदी हालत में हों खासकर बुध मंदी हालत में हो तो टेवे वाले के पिता की मौत की वजह सनीचर की अश्या (लाहे की मशीन, मोटरगाड़ी, जहर, शराब वगैरह) से होगी। सनीचर के कारोबार भी पिता के लिए मौत तक मंदे साबित होंगे।

खाना नंबर 4– खाना नंबर 4 में बुध–सनीचर मुश्तरका खूनी असर का होगा। ऐसे वक्त चन्द्र का फल भी बुरा ही होगा। दुनियावी लोगों के लिए ऐसा इंसान खूनी सांप की तरह मंदा असर देगा।

खाना नंबर 9— खाना नंबर 9 में बुध–सनीचर मुश्तरका के वक्त टेवे वाले के लिए बुध की उम्र (34 साल) तक काग रेखा का मंदा जमाना होगा। इसके बाद सनीचर खाना नंबर 9 के बमूजिब (अनुसार) टेवे वाले को फल मिलेगा।

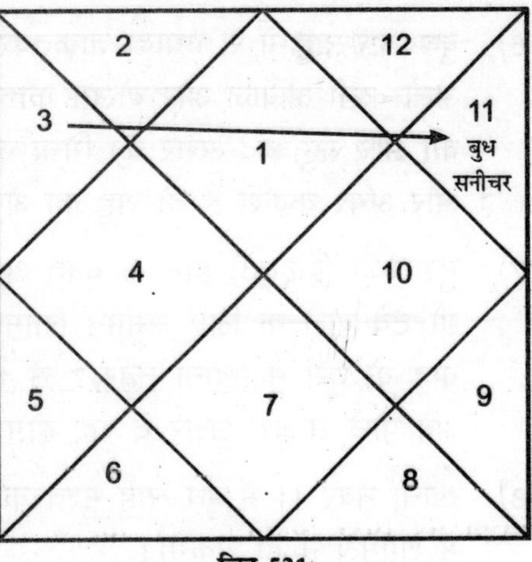

चित्र 521:

बुध उम्र तक काग रेखा, बाद सनीचर फल देता हो
असर मंदा औलाद न होगा, सनीचर भला ही रहता हो

औलाद के मामलात (सम्बन्ध) में बुध–सनीचर मुश्तरका का असर मंदा न होगा। अब सनीचर टेवे वाले के लिए नेक (भला) फल ही करेगा।

खाना नंबर 11— जब खाना नंबर 11 में बुध–सनीचर मुश्तरका हों और खाना नंबर 3, सनीचर को मंदा कर रहा हो तो सनीचर का जाती (व्यक्तिगत) फैसला किस्मत का आखरी फैसला होगा। देखें चित्र संख्या 521।

बुध-राहु

(तिलयर के दरख़्त को बरबाद करने वाला परिंदा)

हाथी जिस्म जब राहु होता, सूंड़ हिस्सा बुध बनता हो
दोनों जब कोई बैठा मंदा, असर मुबारक दो का हो
घर पहले से छठवें उम्दा, बाक़ी घर दो मंदा हो
दोनों दूजे नौ, ग्यारह, बारह, असर बृहस्पत न उम्दा हो
दो, तीन या पांच, छठवें बैठे, उम्दा असर बुध देता हो
घर सातवें दस, ग्यारह आते, जहर राहु का बढ़ता हो

आम हालात

(1) जब बुध–राहु मुश्तरका टेवे में खाना नंबर 2, 3, 5, 6 में हों तो ये दोनों अपने लिए मददगार जुबान (वाणी) की तरह मुबारक और उत्तम होंगे मगर दूसरों के लिए फायदे (लाभ) के असर वाले तो होंगे मगर मंदे होंगे।

(2) जब बुध–राहु मुश्तरका खाना नंबर 7, 10, 11 में हों तो खुद के लिए मददगार बाज (एक परिंदा) की तरह नेक और मुबारक होंगे मगर दूसरों के लिए अहमक़ (मूर्ख) और बेवकूफ दोस्त की तरह निहायत (अत्यधिक) ही मंदे साबित होंगे।

(3) खाना नंबर 1, 4, 8, 9 में बुध–राहु मुश्तरका होने के वक्त अपने लिए भले ही मंदे हों मगर दूसरों पर कोई मंदा असर न देंगे।

(4) जब बुध–राहु मुश्तरका खाना नंबर 12 में हों तो खुद अपने लिए और साथ–साथ दूसरों के लिए भी मंदे असर के होंगे।

(5) जब बृहस्पत से बुध–राहु मुश्तरका का ताल्लुक (राम्बन्ध) हो जाए तो न सिर्फ बुध–राहु का बल्कि तीनों ही (बुध, राहु, बृहस्पत) का फल मंदा हो जाएगा।

(6) बुध और राहु में से ज्यादा ताकतवर कौन है? इस बात का फैसला टेवे वाले की गुफ़्तार (बोलने पर आने वाली आवाज और बोलने का ढंग) पर होगा। टेवे वाले की गुफ़्तार के मामले में बुध नेक असर का और राहु, बद असर का गिना जाएगा यानि अगर इंसान की वाणी मनमोहक है तो बुध का असर और अगर कर्कश है तो राहु का असर ज्यादा ताकतवर होगा।

(7) मुश्तरका (इकट्ठे) होने के वक्त अगर बुध–राहु दोनों टेवे में पहले घरों में (खाना नंबर 1 से 6) हों तो टेवे वाले के लिए अमूमन (सामान्यतः) उत्तम फल के होंगे। लेकिन अगर बुध–राहु दोनों टेवे में बाद के घरों में (खाना नंबर 7 से 12) हों तो अब इन दोनों ही ग्रहों का मंदा असर होगा और केतु अब पीछे से बुरा असर दे रहा होगा।

(8) खाना नंबर 11 में बुध–राहु मुश्तरका हों तो अब खाना नंबर 5 से केतु का कोई बुरा असर इन दोनों में शामिल न हो सकेगा।

(9) खाना नंबर 12 में बुध–राहु मुश्तरका होने के वक्त अब बुध और राहु दोनों ही नीच के होंगे। अब बुध का जहर इतना ज्यादा होगा कि एक ही घर में होने की वजह से अब हाथी (राहु), बकरी (बुध) से जान बचाने के लिए चीख–चीखकर भागता होगा। ऐसे वक्त राहु की अश्या (वस्तुएं), रिश्तेदार और कारोबार सब के सब बरबाद होंगे। दुःख भरी आहों के मंदे राग जेलखानों में बन्द कैदियों के मानिन्द (समान) ऊंची आवाज में चिल्लाते होंगे।

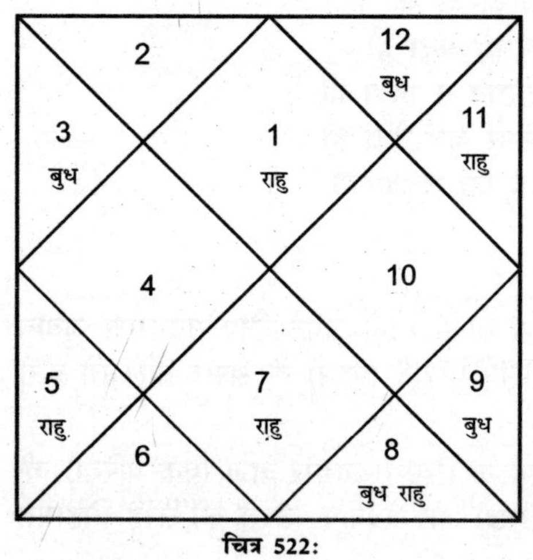

चित्र 522:

(10) राहु के साथ बुध, हाथी की सूंड़ के मानिन्द (समान) होगा। बुध परिन्दों (पक्षियों) की तरह उड़ने वाले सांप की तरह होगा अथवा सफेद हाथी होगा।

(11) जब टेवे में बुध–राहु मुश्तरका हों अथवा अलैहदा–अलैहदा (अलग–अलग) मंदे घरों में हों यानि बुध (3, 8, 9, 12) और राहु 5, 1, 7, 8, 11) घरों में हो (देखें चित्र संख्या 522) तो अब इन ग्रहों की हालत जेलखाना, पागलखाना, अस्पताल, वीराना या कब्रिस्तान में होने जैसी होगी।

(12) बुध–राहु मुश्तरका के मंदे असर के वक्त चन्द्र की अश्या (चीजें) श्मशान या कब्रिस्तान में देना मुबारक होगा अथवा श्मशान के कुएं का पानी घर में लाकर रखना मददगार होगा बशर्ते खाना नंबर 4 में बुध–राहु न हो यानि खाना नंबर 4 के बुध–राहु मुश्तरका के वक्त यह उपाय नहीं किया जाएगा क्योंकि खाना नंबर 4 में बुध खुदकुशी तक की नौबत ले आएगा मगर दौलत के लिए बुध राजयोग देगा।

नेक हालात

बुध–राहु मुश्तरका (संयुक्त) की मंदी हालत के वक्त राहु (हाथी का जिस्म) और बुध (हाथी की सूंड़ की तरह) टेवे वाले को उत्तम असर देंगे।

मंदी हालत

खाना नंबर 1– खाना नंबर 1 में बुध–राहु मुश्तरका मंदी हालत के वक्त औलाद से मुतअल्लिक (सम्बन्धित) विघ्न (बाधाएं) टेवे वाले के लिए होंगे।

खाना नंबर 3– खाना नंबर 3 में बुध–राहु मुश्तरका के वक्त टेवे वाले की 34 साल की उम्र तक बुध और केतु दोनों के फल अमूमन मंदे होंगे। टेवे वाले की बहिन, अमीर खानदान में होगी मगर जल्दी बेवा (विधवा) होने की निशानी होगी, लेकिन जरूरी नहीं कि बेवा हो ही जाए।

खाना नंबर 1, 8, 9, 11, 12– खाना नंबर 1 या 8 या 9 या 11 या 12 में बुध–राहु मुश्तरका (इकट्ठे) हों तो दोनों ग्रहों का मंदा असर टेवे वाले पर पड़ेगा।

आठ पहले नौ चौथे, मौत धुआं आ निकलता हो
लेख मंदा जब बारह बैठे, पकड़ हाथी पांव रौंदता हो
औलाद लानत घर पहले होती, आकाश शरारत भरती हो
घर तीन-ग्यारह बहन अमीरी, जल्दी बेवा होती हो

जब खाना नंबर 8, 1, 9 या 4 में बुध–राहु मुश्तरका हों तो टेवे वाले के घर मौत का धुआं भर रहा होगा। अगर खाना नंबर 12 में बुध–राहु मुश्तरका हों तो टेवे वाले की मंदी किस्मत होगी और जिन्दगी के मैदान में ऐसा हाल होगा, मानो हाथी इंसान की टांग पकड़कर रौंदता जा रहा हो। खाना नंबर 1 में बुध–राहु मुश्तरका हों तो टेवे वाले को औलाद से सम्बन्धित विघ्न होंगे और बुध ऐसे वक्त अपनी शरारतों के जरिए टेवे वाले के लिए मुसीबत पर मुसीबत खड़ी कर रहा होगा। खाना नंबर 3–11 में बुध–राहु मुश्तरका के वक्त टेवे वाले की बहिन अमीर खानदान से होगी यानि बहिन की ससुराल अमीर होगी मगर उसे जल्दी बेवा (विधवा) होने का दुःख झेलना पड़ेगा।

खाना नंबर 11– जब खाना नंबर 11 में बुध–राहु मुश्तरका हों तो टेवे वाले की बहन की ससुराल अमीर होगी मगर शादी के सात दिन या सात माह या सात साल के अन्दर–अन्दर बहन बेवा, तलाकशुदा या खाविंद (पति) से नाराज होकर या फजीता करके घर छोड़कर चली जाएगी। ऐसे वक्त टेवे वाला अपने घर की मग़रिबी (पश्चिम दिशा वाली) दीवार से लगा हुआ चूल्हा (या आग का स्थान) बहिन की शादी से पहले बन्द कर दे। इसके अलावा अगर जद्दी (पैतृक) मकान में मग़रिबी (पश्चिम) दीवार के हिस्से में रसोईखाना हो (छत पर खड़े होकर पश्चिम की ओर देखने पर) तो वह रसोईखाना लड़की की शादी से पहले–पहले बजरिया वाल्दैन (माता–पिता के द्वारा) हमेशा–हमेशा के लिए बन्द कर दें। किस्सा कोताह (बहन की शादी के वक्त) मकान मग़रिबी (पश्चिम) हिस्से में किसी भी तरह की आग हो अथवा आग से मुतअल्लिक (सम्बन्धित) स्थान हो तो उसे हमेशा–हमेशा के लिए बन्द कर दें और वह आग की निशानी वहां से हटाकर किसी दूसरे स्थान पर ले जाएं।

खाना नंबर 12– जब खाना नंबर 12 में बुध–राहु मुश्तरका हों तो टेवे वाला खुद (स्वयं) और उसकी ससुराल दोनों ही घर बरबाद होंगे। टेवे वाले को आखिर (अन्त) में लावल्द (संतानहीन) ही रहना पड़ेगा। ऐसा इंसान जो भी बुरी या मनहूस बात मुंह से कहेगा वही सच साबित होगी। अच्छी बात और नेक चाहे सच हो या न हो मनहूस बात जरूर सच होगी।

अन्य मंदे हालात

(1) टेवे में बुध–राहु मुश्तरका होने के वक्त जब दोनों खाना नंबर 7, 8, 9, 10, 12 में हों यानि ख़ाना नंबर 7 से 12 (सिवाय खाना नंबर 11) में हों तो टेवे वाले की जिन्दगी में मौत गूंजती रहेगी। अब दोनों ग्रहों का फल मंदा होगा, जिसकी पहली निशानी होगी कि ऐसा इंसान छोटे–छोटे परिन्दों (चमगादड़) का शिकार करेगा।

(2) जब बुध–राहु मुश्तरका ऐसे घरों में बैठे हों जहां पर दोनों में से किसी भी एक ग्रह का फल मंदा हो रहा हो तो अब दोनों ही ग्रहों का मुश्तरका फल टेवे वाले के लिए नेक और उत्तम होगा। मगर बुध और राहु के रिश्तेदारों पर मंदा असर पड़ेगा।

(3) जब बुध–राहु मुश्तरका के वक्त ये दोनों ही ग्रह बृहस्पत के घरों (9, 11, 12) में हों या बृहस्पत टकराव पर (देखें फरमान नंबर 6) आ जाए तो इंसान की जुबान के टेंटूए में और आंखों में टेढ़ापन (असामान्यता) होगा अथवा टेवे वाले इंसान की एक आंख दूसरी आंख से छोटी या बड़ी होगी अथवा कोई एक या दोनों ही आंखें बरबाद भी हो सकती हैं।

उपाय

अगर टेवे वाले का ससुराल बरबाद होता हो तो ससुराल के दुःख निवारण के लिए कच्ची मिट्टी की 100 गोलियां बना लें और एक गोली हर रोज दिन के वक्त लगातार 100 दिन तक अपने धर्म स्थान में पहुंचाते रहें। इस उपाय में यह जरूरी नहीं कि हमेशा 100 दिन तक एक ही धर्म स्थान में जाएं बल्कि जब भी सहूलियत हो धर्म स्थान बदल लें लेकिन ध्यान रहे कि बीच में नाग़ा (छुट्टी) न होने पाए।

बुध-केतु

बिर्री (एक जानवर) से हाथी भी डर कर भागता है

मौत नहीं तो गर्दिश होगी, भला कोई न होता हो
हड़काए-कुत्ते की दुम हो मंदी, एक दूजे से बढ़ता हो

आम हालात

(1) जब बुध–केतु मुश्तरका (इकट्ठे) हों या दृष्टि के द्वारा मिले हुए हों तो बुध वही फल देगा जो बुध अपने घर (खाना नंबर) 6 में होने के वक्त दिया करता है मगर केतु का वह फल होगा जो केतु नीच होने के वक्त दिया करता है।

(2) बुध–केतु मुश्तरका के वक्त हड़काए (डराये) कुत्ते की दुम की तरह बुध (दुम) अब केतु को बरबाद कर देगा। अब अगर बुध किसी अच्छी हालत के वक्त नेक फल दे भी दे तो भी केतु अपना मंदा फल हर हालत में दे ही देगा। टेवे वाले की मौत नहीं तो कम से कम किस्मत की बरबादी तो दिखला ही देगा। ऐसे वक्त मंगल का उपाय करना मददगार साबित होगा।

(3) जब बुध–केतु मुश्तरका बजरिया (माध्यम से) दृष्टि वगैरह हों तो अब अकेला केतु खाना नंबर 4 में धर्मात्मा होगा। मगर यही केतु अगर खाना नंबर 4 में बुध के साथ मुश्तरका हो तो न केवल बुध बरबाद होगा बल्कि केतु (औलाद) और चन्द्र (माता) के रिश्तेदारों की उम्र बरबाद करेगा। अगर माता, औलाद जिन्दा रह गईं तो इन्हीं के द्वारा धन–दौलत बरबाद होती रहेगी। टेवे वाले

के लिए धन के मामले में राजयोग ही होगा। समुद्र या मैदानी इलाकों का सफर मंदे नतीजे (परिणाम) देगा।

(4) जब मंगल खाना नंबर 12 में हो तो बुध और केतु का खाना नंबर 1 और खाना नंबर 8 पर कभी भी बुरा असर न होगा। चाहे टेवे में बुध–केतु मुश्तरका अगल–अलग घरों में बैठे हों अथवा एक ही घर में मगर मंगल के घरों (1–8) में नेक फल ही देंगे।

(5) बुध–केतु मुश्तरका के वक्त टेवे वाले की 17 साल (बुध) की उम्र में बहन के लड़के बरबाद होने लगें तो ऐसे वक्त मंगल का उपाय करना मददगार होगा।

(6) जब खाना नंबर 3, 4, 8 में से किसी एक में शुक्कर और बाकी खानों में से किसी में बुध–केतु मुश्तरका हों तो अब बेवा मर्द (जिसकी पत्नी मर गई हो) अपना ही खानदान बरबाद करेगा। बुध–केतु की मंदी हालत के वक्त चन्द्र का उपाय करना मददगार होगा। बुध अब केतु की दुम होगा।

नेक हालत

खाना नंबर 6– खाना नंबर 6 में बुध–केतु मुश्तरका के वक्त दोनों बाहम (आपस में) दुश्मन होंगे। क्योंकि बुध खाना नंबर 6 में उच्च का होता है और केतु नीच का होता है लेकिन अब यहां दोनों का झगड़ा न होगा और दोनों ही नेक फल देंगे। मगर जब तक खाना नंबर 2 की दृष्टि के जरिए दोनों में से कोई भी ग्रह गंदा या बरबाद न हो रहा हो।

साथ दृष्टि खाली होते, बाहम दोनों नहीं लड़ते हों
असर दृष्टि दो मंदा लेते, झगड़ा दोनों का होता हो
केतु की चीजों पर केतु मंदा, पर मंदा नहीं दूसरों पर
बुध मगर जब मंदा होगा, खुद मंदा मगर दूसरों पर

अगर खाना नंबर 2 की दृष्टि से बुध बरबाद हो रहा हो तो वह खुद अपनी चीजों पर तो मंदा असर करेगा साथ ही दूसरे ग्रहों पर भी मंदा असर होगा। लेकिन अगर केतु मंदा हो तो वह अपनी ही चीजों पर मंदा असर करेगा मगर दूसरे ग्रहों पर मंदा असर न करेगा।

मंदी हालत

खाना नंबर 2– जब खाना नंबर 2 में बुध–केतु मुश्तरका मंदी हालत में हों तो इनमें से अगर कोई एक भी मंदा होगा तो दूसरा अच्छा और दूसरा अच्छा होगा तो पहला मंदा होगा। कुत्ते (केतु) की जान सिर (बुध) में होगी। अब अगर खाना नंबर 8 में चन्द्र–राहु मुश्तरका बैठे हों तो टेवे वाले की बहन (बुध) और मामा (केतु) दोनों बरबाद होंगे। केतु से मुतअल्लिक (सम्बन्धित) बीमारियों (लंगड़ापन वगैरह) से दुःखी होंगे। नाना की टांग (पैर) हमेशा के लिए निकम्मी होगी।

साथ दृष्टि ग़र खाली होते, असर दोनों का उम्दा हो
घर बारह न दुश्मन बैठे, लेख शाही खुद राजा हो

अगर खाना नंबर 8 में कोई ग्रह न हो तो बुध–केतु दोनों का ही फल उम्दा होगा और अगर खाना नंबर 12 में दुश्मन ग्रह न बैठे हों तो टेवे वाला राजा के मानिन्द (समान) होगा और इसकी किस्मत में शाही ठाठ होंगे।

खाना नंबर 3, 11— खाना नंबर 3 या खाना नंबर 11 में बुध–केतु मुश्तरका के वक्त दोनों ही ग्रह अब मंदे और बरबाद असर वाले होंगे।

खाना नंबर 5— खाना नंबर 5 में बुध–केतु मुश्तरका असर के वक्त टेवे वाले की 17 साल (बुध) की उम्र में अगर उसकी बहन (बुध) के घर लड़का (केतु) पैदा हो तो इस नए लड़के की लम्बी उम्र के लिए दान वगैरह करना मुबारक होगा।

खाना नंबर 6— जब खाना नंबर 6 में बुध–केतु मुश्तरका हों और खाना नंबर 2 की दृष्टि के जरिए अगर केतु मंदा हो रहा हो तो सिर्फ केतु की चीजों पर ही मंदा असर पड़ेगा लेकिन अगर बुध मंदा हो रहा हो तो बुध की ही चीजों का फल मंदा तो होगा ही साथ ही साथ ऐसा इंसान दूसरे लोगों पर भी मंदा होगा।

खाना नंबर 12— जब खाना नंबर 12 में बुध–केतु मुश्तरका हों तो बुध की उम्र (17, 34, 68 साल) में केतु से मुतअल्लिक (सम्बन्धित) जिस्मानी (शारीरिक) हिस्से मसलन टांग (पैर), पेशाबगाह (मूत्राशय), कमर, पांव, रीढ़ की हड्डी वगैरह में मंदापन (परेशानी या समस्याएं) जाहिर होगा। अब बुध और केतु दोनों ही ग्रह बरबाद होंगे। ऐसे वक्त बुध खाना नंबर 12 का दिया गया उपाय मददगार होगा।

सनीचर-राहु

(सांप की मणि)

पापी सनीचर जब उम्र फ़रिश्ता, राहु हाथी उस बनता हो
नाग उम्र तक अपनी मंदा, इच्छाधारी फिर होता हो
तरफ पहली जो दृष्टि खाली, पदम पोशीदा राजा हो
निशान लसहन हो हालत उल्टी, साथ फ़कीरी देता जो
सेहत दौलत का मालिक राजा, पद्म चारों पहले होता हो
घर पांच से जब आठवें बैठा, राजा शाहों का बनता हो
योगी गिना घर बैठे बाकी, गृहस्थी मगर जब बनता हो
लेख हालत हो रंग बिरंगी, साधु राजा दो मिलता हो
लहसन गिना जो ग्रहण निशानी, असर मंदा ही देता हो
अल्प आयु या शान बुज़ुर्गी, नष्ट जमाने करता हो
नाभि ऊपर हो आदमी मारे, दौलत नीचे से जलता हो
लेख फ़कीरी अक्सर पावे, सेहत मंदी ही रखता हो

आम हालात

(1) सनीचर–राहु मुश्तरका के वक्त सनीचर सांप तो राहु उस सांप के सिर में रहने वाली मणि (सांप के जहर को चूसने वाला एक मनका) होगा। अगर सनीचर लोहा होगा तो राहु चमकीला पत्थर (आग जलाने वाला) होगा। अगर सनीचर मौत (यमराज) होगा तो राहु उसकी सवारी (हाथी) होगा।

(2) सनीचर–राहु मुश्तरका इच्छाधारी सांप होगा यानि ऐसा सांप जो खजाने का मालिक होगा मगर जहरीला न होगा। ऐसा सांप हर शख़्स (इंसान) की मदद करने वाला होगा। ऐसा सांप केवल अपनी ही मर्जी से मरेगा, दूसरे के मारने से कतई न मरेगा।

(3) अमूमन (सम्भवतः) ऐसे टेवे वाले इंसान के हाथ या जिस्म (शरीर) पर पद्म का निशान होगा।

(4) अगर इंसान के जिस्म पर मामूली–सा स्याह (काले) रंग का निशान मगर तिल से कुछ ज्यादा बड़ा हो (लहसन) तो ऐसे वक्त इंसान के टेवे में राहु मामूली हैसियत (कम असरकारक) का होगा। अगर दरमियाना (मध्यम) निशान जो अंगूठे के नीचे दब सके वह पद्म होगा और अगर ऐसा निशान जो अंगूठे के नीचे दबने के बाद भी दिखाई दे रहा हो तो वह ग्रहण का निशान (लहसन) होगा। जो मंदा असर देगा।

नेक हालत

खाना नंबर 2– जब खाना नंबर 2 में सनीचर–राहु मुश्तरका हों अथवा टेवे वाले के बाएं हाथ पर शेषनाग (सांप) का निशान हो तो इच्छाधारी या तारने वाले सांप की तरह टेवे वाले की मदद करने वाला होगा। अब सनीचर और राहु दोनों का (खासकर सनीचर का) ससुराल पर कोई बुरा असर न होगा।

खाना नंबर 3– जब खाना नंबर 3 में सनीचर–राहु मुश्तरका हों और चन्द्र खाना नंबर 11 में हो तो टेवे वाले की माता की उम्र लम्बी और सेहत उम्दा होगी। दिल की शान्ति के लिए दरिया में चावल बहाना (टेवे वाले इंसान के लिए) मददगार होगा।

खाना नंबर 9– खाना नंबर 9 में सनीचर–राहु मुश्तरका के वक्त टेपे वाले का निहायत (अत्यधिक) मुबारक (शुभ) परिवार होगा। धन–दौलत के लिहाज से शाही ठाठ होंगे।

खाना नंबर 12– खाना नंबर 12 में सनीचर–राहु मुश्तरका हों अथवा इंसान के दाएं हाथ पर शेषनाग (सांप) का निशान हो तो दिमागी खाना नंबर 12 का असर टेवे वाले पर होगा यानि राजदारी (रहस्य छिपाने का गुण) की आदत फरेब (छल–कपट) और चालाकी से काम लेने वाला और अपना भेद (रहस्य) छिपाने वाला होगा।

अन्य नेक हालात

(1) जब सनीचर–राहु मुश्तरका हों अथवा इंसान के दाएं जिस्म पर पद्म (या मस्सा) हो मगर हर वक्त यह निशान छिपा रहता हो तो मुबारक असर देगा। इसी तरह टेवे में भी जब सनीचर–राहु मुश्तरका को कोई भी ग्रह न देखता हो और न ही ये दोनों किसी ग्रह को साथ (दोस्त या दुश्मन) रखते हों और खाना नंबर 1 से खाना नंबर 6 के दरमियान (मध्य) हो तो दाईं तरफ गिने जाएंगे। अब सनीचर–राहु मुश्तरका मुबारक असर देंगे।

(2) अगर टेवे वाले के जिस्म पर नाभि से ऊपर की ओर पद्म हो अथवा खाना नंबर 1 से 4 के दरमियान (मध्य) सनीचर–राहु मुश्तरका हों तो ऐसा इंसान राजा के मानिन्द (समान) होगा।

(3) अगर टेवे वाले के जिस्म पर नाभि से नीचे की ओर पद्म का निशान हो अथवा सनीचर–राहु मुश्तरका खाना नंबर 5 से खाना नंबर 8 के दरमियान (मध्य) हो तो टेवे वाला महाराजा होगा।

(4) जब सनीचर–राहु मुश्तरका खाना नंबर 7 से खाना नंबर 12 के दरमियान (मध्य) हों तो जिस्म पर पद्म का निशान बाईं ओर होगा, अब पद्म कोई मुबारक असर न दे सकेगा।

(5) जब सनीचर–राहु मुश्तरका खाना नंबर 9 से 12 में हों तो टेवे वाला योगी होगा।

मंदी हालत

खाना नंबर 7– जब खाना नंबर 7 में सनीचर–राहु मुश्तरका हों तो ऐसे इंसान का गृहस्थ हर तरह से बरबाद होगा चाहे सनीचर (उच्च) की वजह से वह कितना ही होशियार क्यों न हो। अब अगर शुक्कर भी टेवे में मंदा या मंदे घरों में (4, 8, 9) हो तो इंसान की शादी के दिन से शुरू करके 27 साल तक औरत (पत्नी) और औलाद (लड़के) का सुख मंदा ही होगा।

खाना नंबर 9– जब खाना नंबर 9 में सनीचर–राहु मुश्तरका हों और टेवे वाले के घर में कंजरियों (नीच औरतों) का तवेला (अड्डा) बन जाए तो बृहस्पत (सोना, पिता, दमा की बीमारी) बरबाद होगा। ऐसे वक्त शराबखोरी से दूर रहना मुबारक असर देगा।

अन्य मंदे हालात

(1) सनीचर–राहु मुश्तरका हों अथवा जिस्म (शरीर) पर लहसन का निशान हो तो ऐसे इंसान के तमाम (सभी) ग्रहों को ग्रहण लगेगा। ग्रहण वाले इंसान की या तो उम्र छोटी होगी वरना अगर उम्र पूरी हुई तो वह बुजुर्गों की सारी धन–दौलत और शान को ऐसे बरबाद कर देगा जैसे सूर्यग्रहण वाला इंसान बरबाद करता है।

(2) सनीचर–राहु मुश्तरका अथवा जिस्म पर लहसन के निशान का असर टेवे वाले की 39 साल की उम्र तक मंदा रहेगा।

(3) अगर लहसन का निशान टेवे वाले की धुन्नी (नाभि) से ऊपर की ओर हो तो टेवे वाले के परिवार में मर्दों को बरबाद करेगा और अगर धुन्नी से नीचे हो तो धन–दौलत बरबाद करेगा। लहसन चाहे कहीं भी हो मगर वह टेवे वाले को ग़रीबी और मंदी सेहत तो जरूर ही देगा।

उपाय

(1) खास वक्त पर बादाम (सनीचर) या नारियल (राहु) को आग में तलना, भूनना या जलाना निहायत ही मंदे फल देगा। मसलन रात के वक्त, पक्की सुबह के वक्त, सनीचर के दिन, वीरवार (गुरुवार) के दिन और पक्की शाम के वक्त।

(2) मंदा राहु और मंदे सनीचर के वक्त दिए गए उपाय कारआमद (असरकारक) होंगे।

खानावार असर

भारी कबीला पहले गिनते, शाही दौलत जर पाता हो
इच्छाधारी दो-बारह लेते, नाग जमाना तारता हो
मौत फंदा घर आठवें होते, नाग जमाना मारता हो
सनीचर राहु घर बारह बैठे, सूरज औलाद का मंदा हो
ग़रीब घराना औरत गिनते, मर्द सुखी न होता हो

(1) खाना नंबर 1 में सनीचर–राहु मुश्तरका हों तो टेवे वाले का खानदान बेहद (अत्यधिक) बड़ा होगा। ऐसा इंसान राजदरबार से धन–दौलत पाएगा।

(2) खाना नंबर 2–12 में सनीचर–राहु मुश्तरका के वक्त टेवे वाला इच्छाधारी नाग होगा, जो कुल (सारे) जमाने को भी तार देगा और खुद भी तर जाएगा।

(3) खाना नंबर 8 में सनीचर–राहु मौत का फंदा होगा। अब यह नाग (सांप) दूसरे लोगों को मारने वाला होगा।

(4) खाना नंबर 12 में सनीचर–राहु मुश्तरका के वक्त टेवे वाले की औलाद की किस्मत मंदी होगी। ऐसे इंसान की औरत (पत्नी) भी ग़रीब खानदान (परिवार) से ताल्लुक रखने वाली होगी। अब इंसान सुखी न होगा। देखें चित्र संख्या 523।

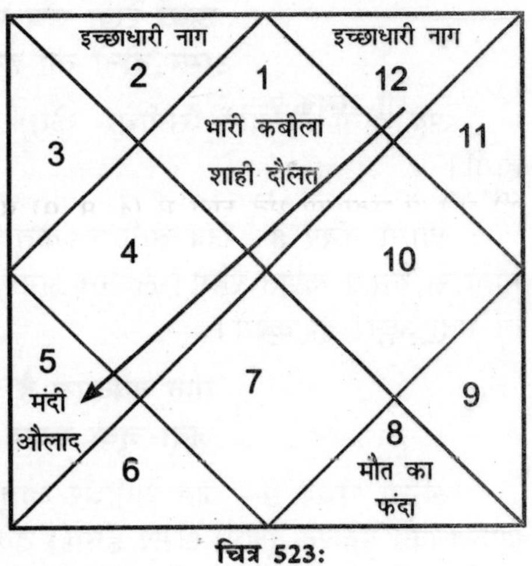

चित्र 523:

सनीचर-केतु (नेकी का फरिश्ता)

उत्तम मुबारक दोनों मुश्तरका, लेख सनीचर पर चलता हो
निस्फ़ उम्र जब उसकी गुजरे, फैसला किस्मत करता हो
ग्रह तीजे जब हो कोई साथी, असर तीनों न उम्दा हो
मंदा हुआ हर दो से कोई, केतु जिस्म दो मंदा हो

आम हालात

(1) सनीचर–केतु मुश्तरका वाले इंसान के घर में नरीना (नर) औलाद संख्या में ज्यादा होंगी।

(2) सनीचर–केतु मुश्तरका के वक्त दोनों ग्रह मुबारक (शुभ) असर के होंगे। मगर टेवे वाले की किस्मत का फैसला निस्फ (आधी) उम्र गुजरने के बाद होगा। सनीचर के साथ केतु नेकी का फरिश्ता होगा।

(3) जब कभी भी सनीचर–केतु मुश्तरका से कोई तीसरा ग्रह (चाहे मित्र या शत्रु) मिलेगा तो तीनों ही ग्रहों का फल मंदा होगा।

(4) सनीचर–केतु मुश्तरका के वक्त टेवे वाला इस्तकलाल (दृढ़ संकल्प या स्थिर बुद्धि) होगा, जिसकी निशानी किसी ऐसे मवेशी (जानवर) का टेवे वाले से आ मिलना होगा जिसका माथा सफेद मगर पूरा जिस्म किसी दूसरे रंग का हो। टेवे वाले इंसान के लिए वही मवेशी मुबारक होगा जो एक ही रंग का हो। अमूमन दोरंगे जानवर में शरारत छिपी रहती है खासकर सफेद माथे वाले मवेशी (जानवर) में। मगर घोड़ा इस उसूल से जुदा (पृथक) होगा।

नेक हालत

खाना नंबर 6– जब खाना नंबर 6 में सनीचर–केतु मुश्तरका (इकट्ठे) हों तो टेवे वाले की पीठ पर ऊर्ध्व रेखा होगी यानि वह रेखा जो पीठ पर गर्दन से शुरू होकर गुदा स्थान तक जाती हो, कायम होगी। टेवे वाले की उम्र अमूमन 70 साल होगी।

ऊर्ध्व रेखा जब पीठ पे पाता, उम्र सत्तर तक चलता हो
असर दोनों का हर दम उम्दा, गुजरान भली सब होती हो

अब दोनों ही ग्रहों (सनीचर, केतु) का फल उम्दा ही होगा। टेवे वाले की जिन्दगी खुश गुजरान होगी।

खाना नंबर 8– जब सनीचर–केतु मुश्तरका खाना नंबर 8 में हों तो दोनों ग्रह उत्तम असर देंगे और मौतों से बचाव कराते रहेंगे। लेकिन अगर मुश्तरका हालत में अलैहदा–अलैहदा (अलग–अलग) घरों में हों तो मंदा असर ही करेंगे।

मौत नक्कारा है बन्द गिनते, नजर रहम खुद करता जो
जुदा-जुदा ख्वाह लाखों मंदे, मिलते असर दो उम्दा हो

खाना नंबर 9– जब सनीचर–केतु मुश्तरका खाना नंबर 9 में हों तो दोनों ही ग्रहों का निहायत (अत्यधिक) मुबारक (शुभ) असर होगा। टेवे वाले का खानदान लम्बा होगा और खूब शाही–ठाठ होते होंगे। इंसान सुख के सागर में लम्बे वक्त तक रहेगा। सुख का अरसा लम्बे वक्त और कई पुश्तों (पीढ़ियों) तक उम्दा असर देने वाला होगा।

असर मुबारक उत्तम होता, भारी कबीला पाता हो
धन-दौलत शाहाना उसका, माया सुख सागर लम्बा हो
पूरी सदी तक उत्तम गिनते, पोते-पड़पोते देखता हो
बाप-बुजुर्गा हो सब फलते, मामा बुरा न करता हो

ऐसा इंसान पोते–पड़पोते देखने वाला होगा। अब बाप, बुजुर्गा (दादा वगैरह) सभी फलते–फूलते होंगे और मामा भी टेवे वाले के लिए मददगार और नेक फल करने वाले होंगे।

मंदी हालत

खाना नंबर 8– जब खाना नंबर 8 में सनीचर–केतु मुश्तरका हों तो टेवे वाला दिमागी खाना नंबर 14 का मालिक होगा यानि तकब्बुर (अहंकारी) और खुद पसन्दी (आत्मप्रशंसक) का मालिक होगा। ऐसा इंसान अपने से अच्छा किसी को भी न समझेगा। दिमागी खाना नंबर 14, मंगल–बद से मुश्तरका होता है।

राहु–केतु

(केतु पहले, राहु बाद में न्यासरी (अस्थिर) माया)

केतु कुत्ता हो पापी घड़ी का, चाबी राहु जा बनता हो
चन्द्र सूरज से भेद हो खुलता, जेर सनीचर दो होता हो
राहु सूरज नौ-बारह मिलते, ग्रहण सूरज का होता हो
ग्रहण चन्द्र का उस दिन गिनते, केतु छठे नौ मिलता हो
पहले घरों जो टेवे बैठा, चाल दो तरफा करता हो
लेख असर सब बाद को देगा, ऊंच-नीच चाहे कैसा हो
राहु केतु जो पाप गिने हैं, ग्रह सबही को घुमाते हों
बृहस्पत अकेला दो को चलाते, घूमते पर वो बुध में हो

सात हो या नौ माला चौरासी, पाप फर्क दो ही का हो
ऊपर नीचे जगत् के अन्दर, झगड़ा इन दो ही का हो
पाप अगर सब दुनिया छोड़े, सात ग्रह बच जाता हो
राशि बारह में सात ग्रह से, नरक चौरासी कटता हो
सुपुर्दम बतो मायये ख्वैशरा, तू दानी हिसाबे कमो बेशरा
पहले सात दसवें बैठा, असर मंदा कभी दो का हो
उपाय उत्तम उस ग्रह का होगा, ऊंच कायम जो बैठा हो
शुक्कर बैठा हो बुध से पहले, असर राहु का मंदा हो
बुध पहले से शुक्कर मिलते, केतु भला खुद होता हो
सूरज संग सनीचर मुश्तरका, नीच फल राहु देता हो
मंगल सनीचर हो जब इकट्ठे, उच्च असर राहु का हो
चन्द्र सनीचर जब मिलकर बैठे, नीच केतु तब होता हो
शुक्कर संग सनीचर मुश्तरका, उच्च केतु हुआ करता हो
बुध-सूरज मिल उत्तम बैठे, केतु भला और उम्दा हो
सेहत रेखा बुध शुक्कर मिलते, ग्रहण असर न मंदा हो
राहु मालिक हो सांप के सिर का, केतु तरफ दुम होता हो
स्वभाव केतु बृहस्पत जाहिर करता, असर राहु खुद बुध का हो

पुराने (प्राचीन) ज्योतिष के मुताबिक राहु और केतु कभी भी एक ही घर में इकट्ठे नहीं हो सकते मगर दृष्टि के उसूल पर दोनों हमेशा इकट्ठे ही होंगे क्योंकि ये दोनों एक दूसरे से हमेशा आमने–सामने ही होते हैं। अगर राहु–केतु बाद के घरों में (7 से 12) हों तो वहां इन दोनों को मुश्तरका (संयुक्त) मानना ही पड़ेगा। मसलन अगर ये दोनों खाना नंबर 1 और 7 में बैठे हों तो वहां पर अब इन्हें खाना नंबर 7 में मुश्तरका मानना पड़ेगा और दोनों को मुश्तरका (इकट्ठा) गिना जाएगा। हस्तरेखा की बुनियाद पर अथवा लाल किताब के उसूल पर बनाई हुई जनम कुंडली (टेवा) में अथवा वर्षफल फेहरिस्त (सारिणी) के मुताबिक बनाई गई वर्षकुंडली में ऊपर दी गई शर्त लागू न होगी। इन तीनों तरह की कुंडली में राहु–केतु दोनों एक ही में इकट्ठे भी हो सकते हैं और यह भी जरूरी नहीं कि हमेशा एक–दूसरे से सातवें ही हों। अलग–अलग घर में बैठे होने के वक्त और अपने से सातवें होने के वक्त दृष्टि के उसूल पर जिस घर में उनका असर जा रहा हो उस घर में दोनों ही ग्रह इकट्ठे बैठे हुए समझे जाएंगे। इसी उसूल पर राहु–केतु मुश्तरका का असर आगे दिया गया है।

आम हालात

(1) राहु से मुतअल्लिक (सम्बन्धित) बुरी शोहरत (अपयश), मंदे काम या बुरे वक्त का आगाज (आरम्भ) बुध से मालूम होगा यानि राहु के मंदे वक्त की निशानी बुध देगा। इसी तरह नेकी का अंजाम (परिणाम), केतु का वक्त या अच्छे वक्त की पहली निशानी बृहस्पत से जाहिर होगी। यानि केतु की ख़सलत (विशेषता) बृहस्पत पहले ही जाहिर (प्रकट) कर देगा।

(2) अगर टेवे में सूरज–सनीचर मुश्तरका हों तो ये मस्नूई (बनावटी) राहु–नीच होगा और टेवे में असली राहु भी मंदा ही फल देगा। इसी तरह मंगल–सनीचर मुश्तरका के वक्त राहु–उच्च होगा और असली राहु भी उम्दा फल देगा।

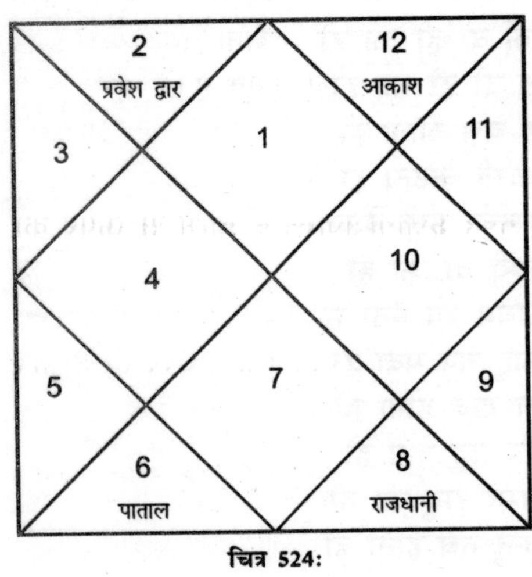

चित्र 524:

(3) अगर टेवे में शुक्कर–सनीचर मुश्तरका हों तो उच्च केतु होगा और अब असली केतु टेवे में उम्दा फल देगा लेकिन अगर टेवे में सनीचर–चन्द्र मुश्तरका हों तो मस्नूई (बनावटी) केतु–नीच होगा और असली केतु भी मंदा ही फल देगा।

(4) राहु–केतु की मुश्तरका हालत के वक्त राहु खुफिया (गुप्त रूप से) पाप करेगा मगर केतु जाहिरा (स्पष्ट या दिखाई देने वाला) पाप करेगा।

(5) जब केतु पहले घरों में और राहु बाद के घरों (खाना नंबर 7 से खाना नंबर 12 के मध्य) में हो तो केतु सिफर (शून्य) और राहु अमूमन मंदा फल करेगा मगर जरूरी नहीं कि मंदा ही हो।

(6) जब राहु खाना नंबर 12 (बृहस्पत के आकाश) में मुकर्रर (निश्चित) हुआ तो केतु को खाना नंबर 6 (पाताल) में बुध के घर में जगह मिली। दोनों ही सनीचर के जुज (खण्ड) मुकर्रर हुए। जिनकी राजधानी सनीचर के मुख्यालय खाना नंबर 8 में निश्चित हुई। अब राहु–केतु मुश्तरका दुनिया के दरवाजे (प्रवेश द्वार) खाना नंबर 2 में मस्नूई (बनावटी) शुक्कर माने गए। देखें चित्र 524।

(7) राहु और केतु न केवल सूरज–चन्द्र को ग्रहण लगाते हैं बल्कि जिस ग्रह के साथ बैठते हैं, दीवार बनकर उसी का रास्ता रोक लेते हैं मगर ऐसी दीवार, चलने वाली दीवार मानी गई है। यानि जब ग्रहण या दीवार का वक्त पूरा हो जाएगा और ये ग्रहण या दीवार हटेगी तभी उस ग्रह का असर दोबारा से दुरुस्त होकर बहाल हो जाएगा और वह ग्रह फिर से अपनी पूरी ताकत के साथ असर देने लग जाएगा।

(8) राहु और केतु में से जो भी ग्रह टेवे में पहले घरों (खाना नंबर 1 से 6) में होगा वह अपना फल दूसरे ग्रह में मिला देगा जो कि टेवे में बाद के घरों (खाना नंबर 7 से 12) में बैठा हो। दृष्टि के उसूल (सिद्धांत) पर जो भी बाद के घरों में बैठा हो उसका फल नेक होगा। पहले घरों में बैठने वाले ग्रह के नेक होने की कोई शर्त न होगी लेकिन अगर वह ग्रह (राहु या केतु) घर बैठक के उसूल (नियम) पर नेक हो रहा हो तो जरूर नेक असर ही देगा।

(9) खाना नंबर 5 या खाना नंबर 11 में होने के वक्त चूंकि दोनों में बाहमी (आपस में) दृष्टि ताल्लुक (दृष्टि सम्बन्ध) नहीं है इसलिए दोनों का ही फल अपने–अपने घरों में मंदा होगा। इस वक्त पहले या बाद के घरों वाला उसूल (सिद्धांत) काम न करेगा।

(10) राहु–केतु दोनों मुश्तरका मिलकर मस्नूई (बनावटी) शुक्कर होते हैं। सनीचर की हुकूमत के वक्त इन दोनों का नाम ''पाप'' होता है। मस्नूई शुक्कर के वक्त ये दोनों गृहस्थी के काम, हवाई ताकत (बेजान चीजों) के साथ मिलकर या औरत (स्त्री) से मौजमस्ती करना अथवा धर्म मन्दिर में बैठकर पाप करना इनका स्वभाव होता है।

(11) खाना नंबर 2 दुनिया में दाखिल होने का दरवाजा है और सबका धर्मस्थान है। खाना नंबर 2 राहु–केतु की मुश्तरका बैठक भी है। ये दोनों ही ग्रह खाना नंबर 2 में इंसान के पाप–पुण्य का आमालनामा (लेखा–जोखा) तैयार करते हैं। इस आमालनामा (कर्मबही) पर सनीचर के हुजूर (आमना–सामना या साक्षात्) में इंसानी हैवानियत (पाप) पर फैसला सुनाने के लिए कचहरी

(अदालत) लगाने के लिए मुकर्रर स्थान खाना नंबर 8 (मौत का दरवाजा) है। खाना नंबर 8 सनीचर का मुख्यालय है जो राहु, केतु और सनीचर तीनों के इकट्ठे काम करने की जगह है।

राहु–केतु और इंसानी जिस्म

राहु सिर का साया और केतु बिना सिर के धड़ का साया होगा। मगर इंसानी जिस्म में नाभि से ऊपर का हिस्सा राहु की राजधानी और नाभि से नीचे पांव वाला हिस्सा केतु की हुकूमत का भाग होगा। राहु का मुख्यालय ठोड़ी और केतु की हुकूमत का मुकाम (स्थान) पांव होगा। राहु–केतु की मुश्तरका बैठक हाथ का अंगूठा होगा अथवा पेशानी (माथे) पर तिलक लगाने की जगह (जो टेवे में खाना नंबर दो मुकर्रर है) होगा। इसके अलावा गुदा स्थान भी दोनों के मिलने की जगह होगा, जो टेवे में खाना नंबर 8 मुकर्रर है।

राहु–केतु और वास्तु

दुनियावी जगहों में राहु–केतु के बाहम (आपसी) मिलने की जगह आमतौर पर शार–ए–आम (आम रास्ता) होगा। जिस जगह दो तरफ से रास्ता आकर मिलता हो और रास्ता बन्द हो जाता हो वहां पर राहु–केतु का जरूर मंदा असर होगा और अब इस जगह ये दोनों ही ग्रह नाहक (बेवजह) ही तोहमत (बदनामी) के वाकिआत (घटनाओं) को अंजाम देंगे। ये दोनों ही उस रास्ते में पड़ने वाले घर (जो घर इस मोड़ पर पड़ता हो) की गृहस्थी पर बेवजह (अकारण) धक्के लगा रहे होंगे।

नेक हालात

(1) राहु और केतु दोनों हमेशा ही बुध के दायरे में घूमते हैं यानि जैसा और जहां बुध होगा वैसे ही ये दोनों ग्रह (राहु–केतु) भी होंगे। टेवे में राहु–केतु भी वहीं घूम रहे होंगे जहां पर बुध बैठा हो।

(2) राहु–केतु मुश्तरका (इकट्ठे) या अकेले–अकेले चन्द्र के घर (खाना नंबर 4) अथवा चन्द्र के साथ कहीं पर भी बैठे हों तो ऐसा टेवा धर्मी टेवा कहलाता है। इस टेवे में पापी ग्रहों (राहु–केतु बहैसियत पापी सनीचर) का बुरा असर न होगा और साथ ही तमाम (सभी) ग्रह धर्मी होंगे।

(3) अगर यह जांचना हो कि टेवे में राहु कैसा है? तो चन्द्र का उपाय करें यानि खालिस (शुद्ध) चांदी का टुकड़ा (चौकोर) अपने पास रखें। इसी तरह केतु की नीयत का पता लगाने के लिए सूरज का उपाय करें यानि सूरज की अश्या (चीजें) मसलन सुर्ख (लाल) तांबा अपने पास रखें अथवा बन्दरों को गुड़ खिलाएं अथवा गुड़, तांबा या गन्दुम (गेहूं) में से कोई एक चीज बहते पानी में बहाएं। इस तरह दोनों ही ग्रहों का दिली पाप खुद ब खुद पकड़ा जाएगा यानि उस ग्रह (राहु या केतु) से मुतअल्लिक (सम्बन्धित) नेक या मंदे वाकिआत होने लगेंगे।

(4) राहु या केतु में से कोई भी अगर खाना नंबर 8 में हो तो सनीचर भी उस वक्त खाना नंबर 8 में ही गिना (समझा) जाएगा। चाहे टेवे में सनीचर कहीं भी और कैसी ही हाल में क्यों न हो। अब टेवे में सनीचर खाना नंबर 8 में गिनकर जो भी फैसला हो, समझा जाएगा।

(5) राहु–केतु मुश्तरका का जुदा–जुदा (अलग–अलग) घरों में फल देखने के लिए राहु और केतु का अलग–अलग घरों में जैसा फल कहा गया है उसी का मुलाहिजा (गौर करें या देखें) करें।

मंदे हालात

(1) जिस इंसान के टेवे में राहु–केतु मुश्तरका होकर मंदे हो रहे हों यानि केतु पहले घरों (1 से 6) में बैठकर सिफर (शून्य) हो रहा हो और राहु बाद के घरों (7 से 12) में बैठकर मंदा हो रहा हो साथ

ही अपना असर केतु को दे रहा हो तो अब दोनों ग्रह मुश्तरका होकर मंदे हो रहे होंगे। ऐसे वक्त टेवे वाला इंसान कोई भी बदी या बदनामी बाकी न छोड़ेगा अर्थात् उसे हर तरह की बदनामी खुद ब खुद मिलती चली जाएगी। यानि ऐसा इंसान अगर कोशिश भी करेगा तो नेकी और आराम की बजाए वह दुःख, बदी और बदनामी ही इकट्ठी करेगा।

(2) मौजूदा ज्योतिष के मुताबिक (अनुसार) बनी हुई जनम कुंडली के जिस घर में इन दोनों का असर इकट्ठा हो रहा हो उस घर से मुतअल्लिक (सम्बन्धित) अश्या (चीजों), रिश्तेदारों और कारोबार को अमूमन राहु और केतु बरबाद और मंदा ही करेंगे। लेकिन खाना नंबर 6 और खाना नंबर 12 की हालत में ये दोनों ही इस उसूल (नियम) से बरी होंगे क्योंकि राहु खाना नंबर 6 और केतु खाना नंबर 12 में हो तो उच्च के होंगे। अगर राहु खाना नंबर 12 में हो और केतु खाना नंबर 6 में हो तो दोनों ग्रह नीच के होंगे। अगर राहु या केतु उच्च के होंगे तो पूरी ताकत से उम्दा असर देंगे और अगर नीच के हुए तो मंदा असर देंगे और बरबाद कर देंगे।

(3) दोनों ग्रहों का मंदा जमाना अमूमन राहु का एक साल और केतु का दो साल होगा यानि कुल तीन साल होगा।

(4) अगर टेवे में राहु और केतु दोनों ही खराब असर करना शुरू कर दें, जिसमें सूरज या चन्द्र का ताल्लुक (सम्बन्ध) न हो यानि टेवे में सूर्यग्रहण या चन्द्रग्रहण न हो तो राहु 42 साल, केतु 48 साल, और राहु–केतु मुश्तरका 45 साल तक मंदा असर कर सकते हैं। यानि अधिक से अधिक 48 साल के बाद राहु और केतु की बरबादी से शान्ति हो जाएगी। अर्थात् 48 साल की मंदी हालत देखने के बाद जरूर नेक हालात बनेगे।

(5) टेवे में 48 साल की मियाद (राहु–केतु की हदबन्दी) उस दिन से शुरू हुई गिनी जाएगी जिस दिन (जनम से लेकर) राहु या केतु बमूजिब (अनुसार) वर्षफल तख़्त पर आते हों। यानि अगर जनम के वक्त टेवे में राहु या केतु खाना नंबर 6 में हो तो जब टेवे वाला नौ साल का होगा तब यह मियाद शुरू होगी और 9+48 = 57 साल की उम्र तक यह मियाद चलेगी। इसी तरह दूसरे खानों में बैठे हुए राहु या केतु की हालत देखेंगे। विस्तृत वर्णन देखें– फेहरिस्त वर्षफल फरमान नंबर 13।

राहु या केतु किस खाने में हो (जनम पर)	1	2	3	4	5	6	7	8	9	10	11	12
किस साल में खाना नंबर 1 (तख्त) पर आएगा	1	2	3	4	5	9	7	8	6	10	11	12

यानि टेवे में जिस खाना नंबर में राहु या केतु में से कोई एक पहले बैठा हो, उम्र के उसी साल से शुरू करके राहु– 42 साल, केतु– 48 साल और राहु–केतु मुश्तरका अड़तालीस साल की मियाद लेंगे, सिवाय खाना नंबर 6 और खाना नंबर 9 के। खाना नंबर 6 के वक्त नौ साल और खाना नंबर 9 के लिए छः साल की उम्र से मियाद शुरू करेंगे।

(6) राहु हाथ के नाखूनों से और केतु पैर के नाखूनों से मंदे वक्त (समय) की निशानी 9 माह पहले ही जाहिर कर देंगे।

(i) अगर दाएं हाथ के नाखून खराब हों जाएं तो राहु की मियाद का आम अरसा छः साल होगा। अगर बाएं हाथ के नाखून खराब हो जाएं तो राहु की महादशा का कुल अरसा अट्ठारह साल का होगा अथवा टेवे वाले की बयालीस साल की उम्र तक राहु का अरसा खराब होगा।

(ii) अगर दाएं पांव (पैर) के नाखून खराब हो जाएं तो केतु की मियाद (अवधि) का आम अरसा तीन साल होगा। अगर बाएं पैर के नाखून खराब हो जाएं तो केतु की महादशा की मियाद का सात साल अरसा होगा अथवा टेवे वाले की अड़तालीस साल की उम्र तक केतु का अरसा खराब होगा।

उपाय

(1) राहु की मंदी हालत या बुरे वक्त से बचाव के लिए चन्द्र का उपाय मददगार होगा।

(2) केतु की मंदी हालत या बुरे वक्त से बचाव के लिए सूरज का उपाय मददगार होगा

(3) खाना नंबर 1, 4, 7, 10 (बन्द मुट्ठी के खानों) में राहु–केतु के बैठे होने के वक्त उनके बुरे असर से बचाव के लिए उन ग्रहों का उपाय करना कारआमद (असरकारक) होगा जो ग्रह इन खानों में उच्च के मुकर्रर किए गए हैं। यानि राहु–केतु खाना नंबर 1, 4, 7, 10 में मंदा असर दे रहे हों और इनका बुरा असर हो रहा हो तो इनकी उच्च राशि का उपाय करें।

(i) खाना नंबर 1 पर तो सूरज का उपाय करें।

(ii) खाना नंबर 4 पर तो बृहस्पत का उपाय करें।

(iii) खाना नंबर 7 पर तो सनीचर का उपाय करें।

(iv) खाना नंबर 10 पर तो मंगल का उपाय करें।

इस तरह से खानावार (खानों के अनुसार) उपाय करना मददगार होगा।

खानावार असर

सूरज बैठे घर ग्रहण राहु का, भला चन्द्र फल देता हो
केतु तख़्त हो जिस दम पाता, ऊंच असर सूरज होता हो
दोनों बैठे आठ दूजे, घूमती ग्रह चाल हो
हो जो बैठा आठ टेवे, जहरी उसका हाल हो
बाप ताल्लुक केतु उम्दा, माता चन्द्र पर मंदा हो
पाप उम्र पैंतालीस करता, असर दोनों का उम्दा हो
हुक्म दोनों ले सनीचर का चलते, लेख पंघूड़ा घूमता हो
असर सनीचर का मिलता गिनते, बैठा टेवे वह जैसा हो
दोस्त दोनों बन सनीचर के चलते, चोट आखरी करता हो
चन्द्र सूरज दो मद्धम आधे, मंगल बृहस्पत से डरता हो
दोनों बराबर एक ग्यारह, मदद सनीचर तीन करता हो
राहु उड़ा दे बृहस्पत टेवे से, केतु चन्द्र ले मरता हो
नीच राहु तो ऊंच हो केतु, चन्द्र निस्फ़ और हलका हो
ग्रहण सूरज हो करता राहु, नेक सूरज केतु करता हो

(1) यह जरूरी नहीं कि सूरज–राहु मुश्तरका बैठकर ही सूर्यग्रहण बनाएं बल्कि अगर राहु खाना नंबर 1 में सूरज के घर में भी बैठ जाए तब भी सूर्यग्रहण का असर करेगा मगर यह ग्रहण सूरज बैठा होने वाले खाने में लगेगा। जब कभी बमूजिब (अनुसार) वर्षफल केतु खाना नंबर 1 (तख्त) पर आ जाएगा उसी दिन से सूरज उच्च असर का हो जाएगा।

(2) जब राहु या केतु खाना नंबर 2 या खाना नंबर 8 में हों तो खाना नंबर 2–8 में बैठे ग्रहों और इस ग्रह के कारक ग्रहों (राशि के मालिक और पक्के घर के मालिक ग्रहों) को ग्रहण लग रहा होगा अथवा इन ग्रहों के लिए राहु–केतु दीवार के मानिन्द (समान) असर करेंगे।

खाना नंबर 8 में राहु या केतु होने के वक्त ये अपना जहर खाना नंबर 8 से मुतअल्लिक (सम्बन्धित) अश्या (चीजों), रिश्तेदार या कारोबार पर डालेंगे।

(3) खाना नंबर 4 में केतु होने के वक्त केतु खाना नंबर 4 से खाना नंबर 10 के राहु को अपना असर देगा। केतु अब माता पर मंदा असर करेगा और पिता पर उम्दा असर का होगा। 45 साल की उम्र के बाद दोनों ही ग्रहों (राहु–केतु) का उम्दा असर होगा।

(4) खाना नंबर 8 में राहु या केतु होने के वक्त टेवे में सनीचर चाहे कहीं भी बैठा हो मगर अब राहु–केतु के साथ मुश्तरका माना जाएगा और ऐसे वक्त ये दोनों ग्रह सनीचर के हुक्म (आदेश) का पालन करेंगे। खाना नंबर 2 में उल्टी (विपरीत) दृष्टि की वजह से टेवे वाले की किस्मत का पंघूड़ा (झूला) खाना नंबर 2 और 8 के इर्द–गिर्द (आसपास) ही झूलेगा यानि कभी बहुत ज्यादा धन होगा तो कभी टेवे वाला कंगाल ही हो जाएगा।

(5) जब खाना नंबर 10 में राहु या केतु हों तो अब राहु–केतु दोनों ही ग्रह सनीचर के दोस्त बनकर चलेंगे मगर सनीचर आखरी (अंत) वक्त पर राहु–केतु से मुतअल्लिक (सम्बन्धित) रिश्तेदारों, कारोबार और चीजों (वस्तुओं) पर चोट करने से बाज न आएगा (चोट करेगा)। सूरज और चन्द्र टेवे में कहीं भी बैठे हों, मद्धम (धीमा) फल ही करेंगे। क्योंकि राहु या केतु आम हालत दृष्टि के उसूल (सिद्धांत) पर खाना नंबर 4 को देखेंगे और चन्द्र कहीं भी बैठा हो उसका फल मद्धम करेंगे। इसी तरह टकराव की दृष्टि के उसूल पर खाना नंबर 5 को देखेंगे और सूरज का फल मद्धम करेंगे (देखें फरमान नंबर 8, ग्रह दृष्टि) लेकिन अब मंगल (खाना नंबर 10 में उच्च की हैसियत), बृहस्पत (खाना नंबर 4 में उच्च की हैसियत) से डरेगा और पाप करने से बचेगा।

(6) खाना नंबर 11 में राहु या केतु होने के वक्त अगर सनीचर खाना नंबर 3 में हो तो अब सनीचर (आम हालत दृष्टि के उसूल पर, देखें फरमान नंबर 8), राहु और केतु की मदद पर होगा। खाना नंबर 11 बृहस्पत का पक्का घर है और खाना नंबर 4 में बृहस्पत बहैसियत उच्च ग्रह है इसलिए अब राहु, बृहस्पत का और केतु, चन्द्र का फल मंदा करेंगे। टेवे में बृहस्पत–चन्द्र कहीं भी क्यों न बैठे हों मगर अब इन दोनों का फल मंदा ही होगा।

(7) खाना नंबर 12 में राहु–नीच और केतु–उच्च का मुकर्रर है मगर अब अगर कोई एक भी ग्रह खाना नंबर 12 में है तो दूसरा खाना नंबर 6 में होगा यानि या तो दोनों उच्च होंगे और या तो दोनों नीच ही होंगे। अब ऐसे वक्त राहु के साथ सूरज हो जाए तो टेवे वाले को ग्रहण का फल मिलेगा लेकिन अगर केतु के साथ सूरज हो जाए तो केतु सूरज को नेक कर देगा। किसी भी हालत में चन्द्र का निस्फ (आधा) फल टेवे वाले को मिलेगा यानि चन्द्र अब हलका ही रहेगा।

फलादेश (ग्रह मुश्तरका)

दो से ज्यादा

बृहस्पत, सूरज, चन्द्र

टेवे वाले को उत्तम फल मिलेगा। टेवे वाला इकबालमंद (तेजस्वी और प्रतापी), ताजिर (व्यापारी), अहलकलम (लेखक), दुनियावी (सांसारिक) लोगों को हाजिर (उपलब्ध) माल (सामान) के जरिए फायदा पहुंचाने वाला, अपने साथियों (मित्रों) को भी तारने वाला होगा।

बृहस्पत, सूरज, शुक्कर

शुक्कर की अश्या (चीजें), कारोबार या रिश्तेदारों का टेवे वाले को नेक फल मिलेगा। शादी के दिन से इंसान की किरगत जागेगी। ऐसे इंसान की औरत (पत्नी) रंग, रूप, स्वभाव और किस्मत के मामले में हर तरह से उत्तम, नेक और उम्दा होगी।

बृहस्पत, सूरज, मंगल

(1) ये तीन शेरों का टोला होगा, जिसमें बृहस्पत– शेर बब्बर, सूरज– नर शेर और मंगल– चीते के मानिन्द दिखाई देने वाला शेर होगा। यानि टेवे वाला तीन शेरों का मालिक होगा। ऐसा इंसान तीन शेरों को अपने साये में रखकर गुजारा करने वाला होगा। तीन शेरों को इकट्ठा जोतकर तब उनकी सवारी करने की ताकत रखता होगा। ऐसा इंसान उत्तम और नेक किस्मत का मालिक होगा।

(2) ऐसे इंसान के बाप (बृहस्पत), दादा (बृहस्पत), बड़े भाई–ताऊ–बड़े मामा (मंगल) में हिम्मत न होगी कि ऐसे इंसान को मार सकें या नीचा दिखा सकें जो एक वक्त पर तीन शेरों की सवारी करता हो। ऐसे बहादुर इंसान को कोई हाथ भी न लगा सकेगा और टेवे वाले को दुनियावी (सांसारिक) ताल्लुक में कम से कम खून की सजा (फांसी या कैद–कत्ल के इल्जाम में) देने का ही अधिकार होगा।

(3) ऐसे शख्स का तांबा भी सोना बनेगा, तीनों ही ग्रहों का उम्दा और उत्तम फल होगा।

(4) जब ये तीनों ग्रह मुश्तरका हालत में खाना नंबर 8 में हों तो टेवे वाला योगाभ्यास का मालिक होगा।

(5) तीनों ग्रहों का अकेले–अकेले बैठे होने के वक्त उत्तम असर साथ होगा।

बृहस्पत, सूरज, बुध

(1) जब तीनों ग्रह खाना नंबर 2 में हों और शुक्कर खाना नंबर 3 में हो तो जिस लड़की पर वह नजर रखेगा वह उसकी औरत न बन सकेगी मगर जो लड़की इस इंसान पर नजर रखेगी वह जरूर उसकी गृहस्थी में शामिल होगी। गृहस्थी में शामिल होने का यह मतलब नहीं कि वह टेवे वाले की औरत (पत्नी) ही बनेगी बल्कि ऐसी लड़की उसके परिवार की उन्नति में मददगार साबित होगी।

(2) जब तीनों ग्रह खाना नंबर 2 में हों और मंगल–सनीचर खाना नंबर 1 तथा खाना नंबर 10 में चन्द्र हो साथ ही खाना नंबर 7 भी खाली न हो तो ऐसे वक्त खाना नंबर 2 में बैठे हुए तीनों ग्रहों का अपना–अपना फल होगा। जब सनीचर खाना नंबर 1 में हो और खाना नंबर 7, 10 भी खाली न हो

तो टेवे वाले को काग रेखा का मंदा फल मिलेगा। ऐसे वक्त जब मकान (सनीचर) की नींव खोदी जाएगी तभी बुध (खाना नंबर 2), बृहस्पत (पिता) की जान (जिन्दगी) पर हमला कर देगा। ऐसे वक्त बुध खाना नंबर 2 का दिया गया उपाय मददगार साबित होगा।

(3) जब तीनों ग्रह खाना नंबर 5 में हों तो टेवे में अमूमन राजयोग होगा। सूरज और बुध का अकेले–अकेले बैठा होने की हालत वाला उत्तम फल साथ होगा। मगर बृहस्पत और सूरज दोनों का कैदी (बन्धक) हो जाने के मानिन्द (समान) सोया हुआ फल होगा। अब सूरज (टेवे वाला) और बृहस्पत (पिता और दादा) दोनों ही की किस्मत सोई हुई और मंदी होगी। ऐसे इंसान के घर में कभी भी और किसी भी वक्त धर्म की कमी न होगी।

ऐसे इंसान का घर गऊ घाट यानि आगे से तंग (पतला) और पीछे से चौड़ा (गौमुखी) होगा। ऐसे घर में बाल–बच्चों की बरकत और रिजक (दाना–पानी) की कमी न होगी।

टेवे वाले के घर माया की ऊंची लहरों का नजारा न होगा, ऐसा इंसान शाही कैदी होगा यानि कैद (बंधन) में रहते हुए भी बादशाह ही होगा।

(4) जब तीनों ग्रह खाना नंबर 8 में हों और सनीचर खाना नंबर 2 में हो तो सनीचर का खाना नंबर 2 में दिया हुआ फल लागू होगा।

बृहस्पत, सूरज, सनीचर

(1) जब तीनों ही ग्रह खाना नंबर 6 में हो तो इज्जत रेखा का दिया हुआ उत्तम फल मिलेगा। अब टेवे वाले की हर जगह इज्जत ही इज्जत होगी।

(2) जब टेवे वाले के रिहाइश (जद्दी मकान जिसमें कि बसावट हो) में दाखिल (प्रवेश) होते हुए दाएं हाथ की दीवार के अंत में अंधेरी कोठरी हो और उस कोठरी में परछती (टांड) पर खेती–बाड़ी (व्यापारिक औजार वगैरह) का सामान मौजूद हो तो तीनों ग्रहों का टेवे वाले पर कोई खराब असर न पड़ेगा। खासकर खाना नंबर 5 में तीनों ग्रहों के बैठे होने के वक्त औलाद पर भी बुरा असर न होगा।

बृहस्पत, सूरज, राहु

अनाज के भंडार और राजदरबार (प्रशासन) से आग का धुआं बढ़ता नजर आ रहा होगा। मुतअल्लकीन (परिवार वाले) समझते होंगे कि टेवे वाला राजा (शासक) है फिर भी उससे चोरों जैसा ही बर्ताव (व्यवहार) करते होंगे। तीनों ही ग्रहों का जला हुआ फल होगा। लेकिन अगर तीनों ही खाना नंबर 5 में मुश्तरका हों तो टेवे वाले पर कभी मंदा फल न होगा।

बृहस्पत, सूरज, केतु

सूरज का फल अब निहायत (अत्यधिक) मंदा होगा। खाना नंबर 5 में ही ग्रहों का फल उम्दा होगा।

बृहस्पत, चन्द्र, शुक्कर

(1) टेवे वाले की किस्मत का अजीब–सा असर होगा यानि कभी तो टेवे वाला इंसान शहंशाह होगा तो कभी मलंग (फकीर) होगा। कभी खुशहाल तो कभी तंग हाल होगा।

(2) उम्दा असर के वक्त खाना नंबर 7 को छोड़कर किसी भी खाने में इन तीनों के बैठे होने के वक्त किस्मत के मैदान में मिट्टी में से भी दूध की धार निकल रही होगी। यानि तीनों ही ग्रहों का उत्तम और नेक फल होगा।

(3) टेवे वाले की माता, रानी के मानिन्द (समान) होगी यानि धर्मात्मा, सुखी, शरीफ खानदान और उम्दा स्वभाव की औरत होगी।

(4) टेवे वाले की शादी के दिन से उसकी धन–दौलत की बरकत (उन्नति) होनी बन्द हो जाएगी और सोने–चांदी (बृहस्पत–चन्द्र) में मिट्टी (शुक्कर) मिली हुई नजर आने लगेगी। अब इंसान की दौलत कम होनी शुरू हो जाएगी।

(5) जब बृहस्पत, चन्द्र, शुक्कर तीनों ग्रह मुश्तरका हालत में खाना नंबर 7 में हों तो टेवे वाला शमा के परवाने (आग के इर्द–गिर्द मंडराते कीड़े–मकौड़े) की तरह इश्क की लहर में डूब मरने वाला होगा। ऐसे टेवे में अगर सूरज भी मंदा हो रहा हो तो इंसान नाकामयाब (असफल) आशिक होगा, जो बदनाम और तबाह ही होगा।

(6) जब बृहस्पत, चन्द, शुक्कर तीनों टेवे के खाना नंबर 2 में हों और मंगल नष्ट हो रहा हो तो टेवे में बृहस्पत निहायत (अत्यधिक) बुरा होगा। जो औलाद से टेवे वाले को महरूम (वंचित) करेगा।

बृहस्पत, चन्द्र, मंगल

टेवे वाला अब पीपल, नीम और बड़ का मुश्तरका (इकट्ठा) दरख्त (वृक्ष) होगा। जो तीनों ग्रहों का हर तरह से उत्तम फल देगा।

बृहस्पत, चन्द्र, बुध

(1) टेवे वाले को तिजारत (व्यापार में दलाली) के काम में बहुत फायदा होगा। खाना नंबर 2, 3, 4 के सिवाय तीनों ही ग्रहों का सभी खानों में उत्तम फल होगा। बुध अब बृहस्पत और चन्द्र को मदद देगा। टेवे वाला दौलतंमद होते हुए भी मुसीबत पर मुसीबत झेलेगा और उसकी अक्ल भी मदद न देगी।

(2) जब तीनों खाना नंबर 2 में हों तो बुध टेवे वाले के पिता पर भारी होगा और पिता पर मंदा असर देगा मगर धन–दौलत के लिए उम्दा असर का होगा।

(3) जब तीनों खाना नंबर 3 में हों तो अब तीनों ही ग्रहों का मंदा और निकम्मा असर होगा।

(4) जब तीनों ग्रह खाना नंबर 4 में हों तो बुध माता पर मंदा असर करेगा मगर टेवे वाले के लिए धन–दौलत के ताल्लुक (सम्बन्ध) में उम्दा असर होगा।

(5) खाना नंबर 2, 3, 4 के अलावा बाकी सभी खानों में बृहस्पत का उपाय कारआमद (प्रभावशाली) और मददगार होगा।

बृहस्पत, चन्द्र, सनीचर

(1) खाना नंबर 2 और खाना नंबर 9 को छोड़कर बाकी सभी घरों में तीनों ग्रहों का उम्दा और दोस्ताना फल होगा। खासकर ऐसे वक्त बृहस्पत और सनीचर का उम्दा फल होगा। टेवे वाला दुनियावी (सांसारिक) लोगों के लिए पारस (ऐसा पत्थर जो लोहे को सोने में बदल देता है) का काम देगा। ऐसा इंसान अपने साथियों के लिए मददगार दोस्त होगा। टेवे वाले को वाल्दैन (माता–पिता) का उम्दा और लम्बा सुख मिलेगा।

(2) जब तीनों ग्रह खाना नंबर 2 में हों तो खाना नंबर 8 चाहे कितना ही मंदा क्यों न हो और खाना नंबर 8 से चाहे कितना ही मंदा असर खाना नंबर 2 में जा रहा हो मगर किसी भी हालत में चन्द्र कभी मंदा न होगा।

(3) जब तीनों ग्रह खाना नंबर 9 में हों तो टेवे वाले पर चन्द्र का मंदा असर पड़ेगा। (किस्मत के ताल्लुक में) दरिया में भंवर (पानी का चक्कर) का खतरनाक नजारा पैदा होगा।

(4) जब तीनों खाना नंबर 11 में हों तो टेवे वाले की माता, दादी, ताई, चाची, मौसी में से कोई खुदकुशी करके मरेगी या मारी जाएगी।

बृहस्पत, चन्द्र, राहु

राहु के साथ बृहस्पत का साथ होने पर बृहस्पत चुप होगा मगर गुम न होगा। बृहस्पत या चन्द्र किसी का भी फल खराब न होगा, सिवाय खाना नंबर 12 के, क्योंकि खाना नंबर 12 में बृहस्पत और चन्द्र दोनों ही ग्रहों का असर मंदा और मद्धम (धीमा) होगा। खाना नंबर 12 के अलावा बाकी सभी घरों में मर्दों और औरतों (शुक्कर और चन्द्र दोनों के रिश्तेदार) का सुख टेवे वाले के लिए हलका रहेगा मगर इन रिश्तेदारों की जानों (जिंदगियों) पर कोई हलका असर न होगा। साथ ही चन्द्र और शुक्कर की दूसरी चीजों पर भी खराब असर जाहिर (दृष्टिगोचर) न होगा।

बृहस्पत, चन्द्र, केतु

बृहस्पत की सांस की हवा बर्फानी होने की वजह से मायूसकुन (निराशाजनक) होगी। अब प्यास बुझाने के लिए पानी (चन्द्र) की जगह मूत्र (केतु) की बदबू और गंध ही आ रही होगी, जो सफर (केतु) का मजा खोटा कर देगी। तीनों ही ग्रहों का फल मंदा होगा।

बृहस्पत, शुक्कर, मंगल

शुक्कर निहायत बुरा होगा। जो टेवे वाले को औलाद के सुख से महरूम (वंचित) रखेगा। इंसान को ऐशोआराम और इश्क खूब दुःख देंगे।

बृहस्पत, शुक्कर, बुध

(1) टेवे वाले को शादी और गृहस्थ (शुक्कर) से मुतअल्लिक (सम्बन्धित) दिक्कतें (समस्याएं) होंगी।

(2) जब तीनों ग्रह खाना नंबर 7 में हों तो मिट्टी (शुक्कर) से भरी हवा (बृहस्पत) धन–दौलत से जरूर इंसान को महरूम रखे मगर रिजक (जीविका) पर कोई फर्क न पड़ने देगी। मस्नूई सूरज (शुक्कर+बुध) टेवे वाले के लिए हर वक्त मददगार होगा। बृहस्पत जर्द (पीली) गैस के मानिन्द (समान) जहरीला असर करेगा।

बृहस्पत, शुक्कर, सनीचर

जब तीनों ग्रह खाना नंबर 9 में हों तो उत्तम असर वाले होंगे और बाकी घरों में दो ग्रह नेक असर वाले और मददगार सांप होंगे। ऐसे इंसान की औरत (शुक्कर) मिसकीन (असहाय) बिल्ली की तरह अपने तबस्सुम (मुस्कान) और आंख के इशारों से सैकड़ों बखेड़े (जंजाल) खड़े करके तकाजे (झगड़े) और जंगो–जदल (मारपीट, लड़ाई, दंगा) पैदा कर देगी।

बृहस्पत, मंगल, बुध

(1) ये तीनों चाहे किसी भी खाने में क्यों न हों मगर तीनों ही का फल निकम्मा होगा। खासकर जब इनसे किसी भी तरह से राहु का ताल्लुक हो जाए।

(2) जब ये तीनों खाना नंबर 8 में हों और राहु खाना नंबर 11 और केतु खाना नंबर 5 में हो तो टेवे वाले की कम से कम तीन औलादों को दमा की बीमारी होगी और टांगों (पैरों) की तकलीफ होगी। ऐसे वक्त अगर टेवे वाला अपने जिस्म पर सोना कायम करे तो मददगार होगा।

(3) बृहस्पत, मंगल, बुध के मंदे असर के वक्त बुध के द्वारा सनीचर को नेक कर लेना मददगार होगा मसलन बकरियों (बुध) को साबुत चने (काले या सफेद मगर कच्चे हों) दिन के वक्त बतौर खुराक (भोजन) देना अथवा लड़कियों (जो ऋतुदान से मुक्त हों) को बादाम तकसीम (बांटना) करके उनका आशीर्वाद लेना मुबारक होगा।

बृहस्पत, मंगल, सनीचर

(1) जब ये तीनों ही ग्रह सिवाय खाना नंबर 2 के किसी भी खाने में हों तो टेवे वाले के खानदान (परिवार) में मर्दों की कमी होगी। इंसान के टेवे में बृहस्पत मंदा होगा जिसकी वजह से जब तक इंसान अपनी तमाम पैतृक जायदाद (बाप–दादा की कमाई हुई) बेचकर अपनी साख्ता (निजी) कमाई की चीजें कायम नहीं कर लेता तब तक माकूल (उचित) आमदनी होते हुए भी टेवे वाला ऋणी रहेगा।

(2) बृहस्पत अब शाप देने वाला साधु होगा और जो भी बृहस्पत के सामने आएगा वही बरबाद होता जाएगा। जो डाकुओं को डाका डालने की नसीहत (राय) देगा और गृहस्थों (घर वालों से) से कह देगा कि डाकू डाका डालने आ रहे हैं, होशियार रहें। बृहस्पत की अश्या (चीजों), कारोबार और रिश्तेदारों से अब कोई फायदा न होगा। बीमारियां, मंदे खयालात (विचार) और बुरी ख्वाहिशें (इच्छाएं) टेवे वाले की बरबादी का बहाना (कारण) होंगी।

(3) जब तीनों खाना नंबर 2 में हों तो बृहस्पत अब चोरों का सरगना (सरदार) होगा और टेवे वाले के लिए धन–दौलत का उम्दा नतीजा (परिणाम) ही होगा।

बृहस्पत, मंगल, केतु

केतु और टेवे वाले की किस्मत का हाल 45 साल की उम्र तक मंदा होगा। मगर 45 साल की उम्र तक टेवे वाले का लंगड़ा भाई जो चाहे कंगाल (निर्धन) ही हो मदद करेगा। इसके बाद भाई भी बेमानी (व्यर्थ) ही हो जाएगा। ऐसे वक्त सनीचर के पत्थर को बृहस्पत के जर्द (पीले) रंग के फूलों से मुअन्तर (सुगन्धित) करें तो हर तरह से मदद मिलेगी।

बृहस्पत, बुध, सनीचर

(1) खाना नंबर 12 के सिवाय किसी भी खाने में ये तीनों मुश्तरका हों और टेवे में बुध मंदा हो रहा हो तो टेवे वाले को काग रेखा का मंदा फल मिलेगा। टेवे वाले पर अब दुःख, गरीबी और तंगी का बोझ लदा होगा। जुबान का चस्का बरबादी का बहाना (वजह) होगा। यह योग खासकर खाना नंबर 7 में निहायत मंदा होगा। बरखिलाफ (विपरीत) इसके अगर टेवे में बुध उम्दा हो तो मच्छ रेखा का उम्दा फल मिलेगा, हर तरफ खुशहाली धन–दौलत की बरकत और बढ़ता परिवार होगा।

(2) जब ये तीनों खाना नंबर 12 में हों तो उत्तम फल होगा। बुध खाना नंबर 12 के वक्त नीच का होता है मगर अब यही बुध अमृत–कुंड होगा। रात के वक्त भी ऐसा बुध टेवे वाले की धन–दौलत, माल और परिवार की हिफाजत (रक्षा) करेगा।

बृहस्पत, बुध, राहु

टेवे वाला इंसान माया का राखा (रक्षक) और कंजूस होगा चाहे वह कितना ही दौलतमंद क्यों न हो। अगर ये तीनों ग्रह खाना नंबर 12 में हों तो टेवे वाला कंगाल (निर्धन) न होगा।

बृहस्पत, बुध, केतु

(1) मर्द की माया, राजा और दरख्त (वृक्ष) का साया टेवे वाले के साथ–साथ ही चलता रहेगा। टेवे वाले के माथे की किस्मत हर वक्त उसका साथ देती रहेगी।

(2) खाना नंबर 2 के वक्त बृहस्पत, बुध, केतु मुश्तरका का फल उम्दा होगा। अब टेवे वाले की किस्मत हर जगह उसको मदद देगी। ऐसा इंसान दौलत और परिवार का भरपूर सुख लेने वाला होगा।

बृहस्पत, सनीचर, राहु

(1) खाना नंबर 2 के सिवाय (अतिरिक्त) किसी भी घर में, खासकर खाना नंबर 12 में जब ये तीनों ग्रह मुश्तरका हों तो मर्दों का सुख हलका होगा। अब बृहस्पत– चोर, राहु– धोखेबाज और सनीचर– जहरीला सांप होगा। तीनों ग्रह अपने–अपने स्वभाव का मंदा फल और मंदे वाकिआत (घटनाएं) टेवे वाले को देंगे।

(2) जिस घर में ये तीनों बैठे हों उस घर से मुतअल्लिक (सम्बन्धित) अश्या (वस्तुएं), कारोबार और ताल्लुकदार (रिश्तेदार) का हाल बुरा ही होगा। अगर ऐसा इंसान अपने परिवार से अलैहदा (अलग) होकर जिन्दगी गुजारना चाहे तो बरबाद ही होगा।

(3) जब ये तीनों ग्रह खाना नंबर 2 में मुश्तरका बैठे हों तो इनसे मुतअल्लिक (सम्बन्धित) रिश्तेदार मसलन बाप, ससुराल और चाचा वगैरह में से कोई खुदकुशी (आत्महत्या) कर लेगा। खासकर जब उसके (आत्महत्या करने वाले व्यक्ति) जद्दी (पैतृक) मकान के साथ लगता हुआ दक्षिण की तरफ में कब्रिस्तान, कब्र या वीराना (जंगल वगैरह) हो।

बृहस्पत, सनीचर, केतु

बुरी और मंदी हवा के हमलों से केतु (औलाद) से मुतअल्लिक विघ्न (मौतें) होंगे। केतु की चीजों, कारोबार और रिश्तेदारों का हाल मंदा होगा।

बृहस्पत, राहु, केतु

जब ये तीनों ग्रह टेवे में मुश्तरका हों तो राहु जमाने की घड़ी की चाभी, केतु चाभी का किनारा और बृहस्पत इस घड़ी को चलाने वाला मालिक होगा। टेवे वाले को अब हर शरारत का मुकाबला करना पड़ेगा और हर तरफ अब किस्मत का उल्टा चक्कर ही चलता रहेगा। ऐसा इंसान चाहे कितना ही बचकर और संभलकर चलने वाला शख्स हो मगर बदकिस्मती उसे बेवजह (अकारण) दुःख, बदनामी और खराबी (असंतुलन) की हालत में लाकर खड़ा कर देगी।

सूरज, चन्द्र, शुक्कर

(1) टेवे वाला खुद शराफत और इन्सानियत (मानवता) का मालिक होगा मगर कभी तो अमीरी के समुद्रों के खजाने होंगे और कभी गरीबी में रेत के जर्रे की चमक तक न होगी। यानि टेवे वाले की जिन्दगी में अमीरी और गरीबी की अधिकता ही होगी, खासकर जब ये तीनों ग्रह खाना नंबर 9 में हों।

सूरज, चन्द्र, बुध

(1) अगर तीनों ग्रह खाना नंबर 3 में मुश्तरका हों अथवा जब तीन ग्रहों में से एक या दो खाना नंबर 3 में होकर तीनों मुश्तरका हों तो बुध की उम्र (17–34 साल) में टेवे वाले के पिता का धन तो बरबाद होगा ही साथ ही चन्द्र के जानदार रिश्तेदार (माता, नानी, दादी) की मौत भी सांप के जहर से होगी।

(2) जब ये तीनों ग्रह खाना नंबर 1, 7, 10 या खाना नंबर 2 में हों तो सूरज–बुध का नेक असर टेवे वाले पर होगा।

(3) जब शुक्कर खाना नंबर 3, राहु खाना नंबर 2, केतु खाना नंबर 8 और सनीचर खाना नंबर 6 में हो साथ–साथ रात का वक्त हो, चांद की रोशनी हो, बहन से लड़ाई हो, औरत (पत्नी) का बच्चा पैदा होने वाला हो और टेवे वाला इंसान घोड़े (वाहन–खासकर दुपहिया वाहन) पर सवार होकर ससुराल को जा रहा हो तो घोड़े से गिरकर ऐसे शख्स की मौत होगी।

सूरज, चन्द्र, राहु

(1) अब चन्द्र बरबाद होगा। टेवे वाले को धन–दौलत और माता का सुख नसीब न होगा। दौलत और माता दोनों ही खराबी (अस्थिरता) की वजह बनेंगे। ऐसा इंसान रात–दिन दुःखी रहेगा। लम्बी उम्र का भी कोई भरोसा न होगा, लेकिन इसका यह भी मतलब नहीं होगा कि उम्र छोटी होगी।

(2) जब तीनों ग्रह खाना नंबर 5 में मुश्तरका हों तो सूरज का फल उत्तम होगा। ऐसे वक्त सूरज को ग्रहण न होगा। खाना नंबर 5 से मुतअल्लिक (सम्बन्धित) अश्या (औलाद, तालीम वगैरह) बरबाद होंगी मगर बीज नष्ट न होगा। ऐसे वक्त बुध का उपाय या दुर्गा पूजन मददगार होगा।

सूरज, चन्द्र, केतु

(1) अब केतु का फल मंदा होगा। टेवे वाले को न तो दिन में आराम मिलेगा और न ही रात में चैन होगा। टेवे वाला दौलतमंद होते हुए भी दुःखी ही होगा। किसी भी हाल में अक्ल (बुद्धि) काम न कर रही होगी। उम्र भी शक्की होगी मगर जरूरी नहीं कि उम्र छोटी ही हो। ऐसे वक्त बुध का उपाय या दुर्गा पूजन मददगार होगा।

(2) जब तीनों ग्रह खाना नंबर 5 में हों तो सूरज का फल टेवे वाले के लिए निहायत (अत्यधिक) उत्तम होगा। मगर अब चन्द्र–केतु दोनों ही बरबाद होंगे जिससे औलाद तबाह होगी लेकिन टेवे वाले की नस्ल (वंश) बन्द न होगी। औलाद के ताल्लुक (सम्बन्ध) में बुध का उपाय मददगार होगा।

सूरज, शुक्कर, बुध

(1) सूरज–शुक्कर–बुध मुश्तरका असर के वक्त अब बुध का खाली चक्कर, सूरज की मदद से शुक्कर को बरबाद करेगा। गृहस्थी हालात का फैसला केतु की हालत से होगा। अगर टेवे में केतु उत्तम हो और बुध को मदद देता हो तो किसी तरह की कोई मंदी हालत जाहिर (स्पष्ट) न होगी। मसलन केतु खाना नंबर 12 में बैठकर खाना नंबर 3 के बुध को मदद दे रहा हो।

(2) अगर टेवे में केतु नीच, मंदा या बरबाद हो रहा हो तो अव्वल (सर्वप्रथम) तो औलाद नरीना (नर) होगी ही नहीं लेकिन अगर हो भी गई तो टेवे वाले इंसान की बुजुर्गी (बुढ़ापे) में होगी। अथवा हद से हद 40 साल की उम्र से पहले तो कभी भी न होगी।

(3) औरत (स्त्री) के टेवे में ये तीनों ही ग्रह चाहे कहीं भी बैठे हों लेकिन जब लड़का पैदा होगा (मर्द के टेवे में लड़की पैदा होगी) तब किसी न किसी वजह (कारण) से औरत बरबाद होगी या बेघर होगी या फरार या अगवा (अपहरण) कर ली जाएगी। माली (आर्थिक) या जिस्मानी (शारीरिक) तौर पर दुःखी ही होगी या सदमें (आहत) में रहती होगी। जिसकी वजह औरत की बदजुबानी (कर्कश वाणी या कुतर्क करने की आदत) या बदकारिया या मंदा चाल–चलन (बदचलनी) ही होगी अथवा औरत का हमसाथी (जिसे औरत भाई कहती हो) जबरदस्ती या मोहब्बत के धोखे–फरेब से औलाद पैदा कर दे या करने की कोशिश करे तो ऐसे वक्त टेवे वाले इंसान (औरत या मर्द) पर मंदे चाल–चलन की बदनामी या तोहमत (कलंक) तो जरूर ही लगेगी, तलाक (सम्बन्ध–विच्छेद) चाहे हो या न हो। ऐसे इंसान को जुबान (वाणी) से मुतअल्लिक (सम्बन्धित) बीमारियां भी हो सकती हैं। मंदे असर के वक्त खासकर जुबान की बीमारियों के वक्त सनीचर की अश्या (नशे की चीजें) वीराने में मिट्टी (शुक्कर) के नीचे दबाना मददगार होगा।

(4) जब ये तीनों ग्रह खाना नंबर 8 में हों और टेवे वाले की शादी बुध की उम्र (17 या 34 साल) पर हो तो शादी के तीन साल के अन्दर–अन्दर टेवे वाले की औरत (पत्नी) की मौत बाजार के अन्दर, दोपहर के वक्त और किसी हादसे (दुर्घटना) वगैरह से होगी।

(5) जब तीनों ग्रह खाना नंबर 3 में हों और सनीचर खाना नंबर 12 में हो तो मकान की तह जमीन (जमीन के अन्दर) में, मकान के आखरी (अन्तिम) हिस्से में, अंधेरी कोठरी में, बादाम (सनीचर) दबा देना औलाद की पैदाइश में बरकत देगा।

(6) जब तीनों ग्रह खाना नंबर 9 में मंदा असर कर रहे हों तो ऐसे वक्त फकीर को सात रोटी इकट्ठी देना मुबारक और मददगार होगा।

(7) उल्टे ढंग की औलाद (उल्टी पैदा होने वाली यानि प्रसव के दौरान जिसके पांव पहले और सिर बाद में दिखलाई पड़े) होने पर ऐसी औलाद ग्रह चाल को बदल देने वाली होगी और टेवे वाले के लिए निहायत ही मुबारक होगी। हर तरफ नेक (शुभ) असर होगा।

(8) जब तीनों ग्रह खाना नंबर 10 में हों तो साली का रिश्ता अपने ही घर में (भाई से) हो जाना गैर मुबारक होगा।

(9) अमूमन हाथ में खालिस चांदी का छल्ला पहिनना निहायत (अत्यधिक) मददगार साबित होगा।

(10) मंदी हालत की निशानी यह होगी कि टेवे वाले के घर में निवार (चारपाई बुनने की रस्सी) के गोल किए हुए या लपेटे हुए (बीसियों साल पुराने दादी–नानी वगैरह के जमाने के) बंडल मुद्दतों (लम्बे समय से) से बन्द पड़े होंगे। जिसकी मौजूदगी (उपस्थिति) की वजह से इन तीनों ग्रहों का फल मंदा हो रहा होगा। बेहतर होगा कि ऐसी निवार (रस्सी) की चारपाई बनवा ली जाए अथवा यह गोल बन्डल के आकार (रूप) में न रखी रहे।

(11) जब चन्द्र खाना नंबर 9 में हो और टेवे में सूरज, शुक्कर, बुध मुश्तरका हों तो शादी के दिन से ही चन्द्र से मुतअल्लिक (सम्बन्धित) रिश्तेदार (माता, सास, दादी, नानी वगैरह) बुध खाना नंबर 3 के राग के मानिन्द (समान) मंदी आवाज सुनने लगेंगे। हर तरफ मंदे ढोल–नगाड़ों (बुध) की आवाजें आनी शुरू हो जाएंगी।

उपाय

(1) शादी के वक्त लड़की का दान–संकल्प (कन्यादान) कराने के तुरन्त बाद तांबे की बड़ी–सी गागर (कलश) में साबुत मूंग भरकर लड़की का पिता, जैसे कन्यादान किया है उसी तरह ही यह भी दान कर दे। बाद में उस मूंग के बरतन से भरी गागर बहते पानी में (दिन के वक्त) बरतन सहित बहा दें। चाहे सूरज, शुक्कर, बुध टेवे में कहीं भी, किसी भी खाने में क्यों न बैठे हों, यह उपाय करना न केवल मददगार होगा बल्कि कारआमद (प्रभावशाली) भी होगा। शादी के वक्त किया हुआ यह उपाय सबसे ज्यादा उत्तम फल देगा।

सूरज, शुक्कर, सनीचर

इन तीनों के मुश्तरका असर के वक्त मर्द और औरत की टूटी (सम्बन्ध–विच्छेद) हुई जोड़ी होगी। जो गल. तफहमी का ही शिकार होंगे और बरबाद होंगे। ऐसे वक्त मिट्टी के कुल्हड़ में लाल पत्थर के टुकड़े भरें। जिस घर में ये तीनों ग्रह बैठे हों उस घर की दिशा जान लें। जो दिशा मुकर्रर हो उस दिशा में वीराने में जाकर वह कुल्हड़ जमीन के अन्दर दबा दें अथवा मकान कुंडली के जिस हिस्से में ये तीनों ग्रह पड़ते हों उसी स्थान पर मकान के अन्दर दिशा और स्थान मुकर्रर करके दबा दें। मुबारक और मददगार होगा।

सूरज, शुक्कर, राहु

जब ये तीनों ग्रह मुश्तरका (इकट्ठे) बैठे हों तो शुक्कर की अश्या (वस्तुएं), कारोबार और रिश्तेदार मंदे असर के होंगे। टेवे वाले की औरत (पत्नी) दुःखी और बीमार होगी। खाना नंबर 1 में सूरज, शुक्कर, राहु मुश्तरका होने के वक्त सबसे ज्यादा मंदा असर होगा।

सूरज, शुक्कर, केतु

अब शुक्कर और केतु दोनों ही मंदे असर के होंगे। जब ये तीनों खाना नंबर 7 में मुश्तरका होकर बैठे हों तो मंदा असर सबसे ज्यादा होगा। ऐसे वक्त अगर टेवे वाले की औरत (पत्नी) टेवे वाले के साथ उसके जद्दी मकान (पैतृक–मकान) में रहे तो बीमार दुःखी और दिमागी परेशानियां (मानसिक तनाव वगैरह) होंगी।

सूरज, मंगल, बुध

ऐसे वक्त दो मंगल एक ही खाने में होंगे क्योंकि सूरज–बुध मुश्तरका भी मस्नूई (बनावटी) मंगल–नेक होते हैं। अब इंसान में एक बार में दो काम करने की ताकत उत्तम होगी। टेवे वाला लाज–शर्म वाला होगा। किसी भी शरारत का माकूल (उचित) जवाब देने की हिम्मत का मालिक होगा।

सूरज, मंगल, सनीचर

तीनों ग्रह मुश्तरका के वक्त टेवे वाले इंसान पर धन–दौलत उम्दा होगा। जब इन तीनों ग्रहों से सनीचर का ताल्लुक (सम्बन्ध) हो जाए या फिर ये तीनों ही ग्रह खाना नंबर 11 में बैठ जाएं तो टेवे वाला झूठा, जिद्दी, हठधर्मी (नाजायज बात का समर्थक) और मंदी किस्मत का मालिक होगा।

सूरज, बुध, सनीचर

(1) जब ये तीनों ही ग्रह मुश्तरका हों तो अब सूरज और सनीचर की बाहमी (आपसी) कोई लड़ाई न होगी बल्कि जिस घर में भी अब ये तीनों बैठेंगे उस खाना नंबर के बमूजिब (अनुसार) अपना–अपना उम्दा ही फल देंगे। लेकिन अब टेवे में बृहस्पत का फल मंदा होगा। खासकर जब तीनों ही ग्रह बृहस्पत के घरों (2, 5, 9, 12) में बैठे हों।

(2) जब ये तीनों ग्रह सूरज उम्दा वाले घरों (खाना नंबर 10, खाना नंबर 5) में बैठे हों तो बुध से मुतअल्लिक (सम्बन्धित) कारोबारों (व्यापार, बौद्धिक काम वगैरह) में टेवे वाले इंसान को मुनाफा (फायदा) होगा।

(3) जब ये तीनों सनीचर के उम्दा घरों (7, 10, 11) में बैठे हों तो टेवे वाले को जायदाद (सम्पत्ति) से मुतअल्लिक (सम्बन्धित) फायदा होगा। जायदाद बढ़ेगी, मिलेगी या पैदा होगी।

(4) जब ये तीनों ही ग्रह (सूरज, बुध, सनीचर) खाना नंबर 8 में हों। ऐसे वक्त बृहस्पत खाना नंबर 2 में हों तो बृहस्पत खाना नंबर 2 की नेक हालत का फल टेवे वाले को नसीब होगा।

सूरज, बुध, राहु

जब ये तीनों मुश्तरका हों तो टेवे वाले की कई शादियां होंगी, औलाद की हालत मंदी होगी। सूरज (राजदरबार) पर कोई मंदा असर न होगा मगर बुध से मुतअल्लिक (सम्बन्धित) अश्या (वस्तुएं) कारोबार और रिश्तेदारों (बहन, साली वगैरह) का सूरज जरूर मंदा होगा। मसलन बहिन के खाविन्द (पति) का राजदरबार (प्रशासनिक कार्य) जरूर मंदा होगा। ऐसे वक्त चन्द्र का उपाय (टेवे वाले के द्वारा) करना मददगार होगा।

सूरज, बुध, केतु

जब ये तीनों टेवे में मुश्तरका बैठे हों तो केतु से मुतअल्लिक (सम्बन्धित) अश्या (चीजें), रिश्तेदार और कारोबार मंदे असर के होंगे, मसलन टेवे वाले के भतीजे, भांजे वगैरह मंदे असर वाले होंगे और टेवे वाले की दौलत खा–पीकर बरबाद कर देंगे। बुध के रिश्तेदारों की ये खासियत होगी कि वे नेकी–फरामोश (नेकी को भूलने वाले) और गुनाह, लाजिम (आवश्यक) रखते होंगे। किस्सा कोताह (संक्षेप में) अगर टेवे वाला नेकी करे तो ये रिश्तेदार उस नेकी को जल्द ही भूल जाएंगे मगर यदि कोई गलती कर बैठे तो ये हमेशा टेवे वाले की उस गलती को याद रखेंगे और उसे याद भी कराते रहेंगे।

चन्द्र, शुक्कर, बुध

(1) जब टेवे में चन्द्र, शुक्कर, बुध मुश्तरका बैठे हों तो अब शुक्कर और सूरज का फल मंदा होगा। अगर सूरज की सेहत रेखा या रिजक रेखा हथेली में कायम हो तो टेवे वाले को उत्तम फल देगी। टेवे वाले की उम्र 75 साल से ज्यादा न होगी।

(2) जब ये तीनों ग्रह खाना नंबर 4 में मुश्तरका हों तो टेवे वाले की खुद की और उसके खानदान सभी की उम्र लम्बी होगी।

(3) जब ये तीनों खाना नंबर 5 में हों तो अमूमन टेवे वाले की उम्र दो साल मानी जाती है।

(4) जब ये तीनों ग्रह खाना नंबर 7 में हों तो शादी और औलाद से मुतअल्लिक (सम्बन्धित) गड़बड़ियां होंगी। शादी देर से और अमूमन 34 साल के बाद ही होगी। औलाद नरीना (नर) देरी से होगी और औलाद का फल भी निकम्मा होगा।

(5) टेवे में चन्द्र और मंगल दोनों ही नुकसान से शुरुआत कराएंगे। खेती की जमीन टेवे वाले को मंदा फल देगी। अब चन्द्र (माता) खुद दुःखी होगा और टेवे वाले को भी दुःखी करेगा।

(6) औरत (स्त्री) 34 साल की उम्र तक और मर्द (पुरुष) 48 साल की उम्र तक (टेवे वाला पुरुष या स्त्री हो तो) गृहस्थ और औलाद सुख न भोग सकेंगे।

(7) राजदरबारी मुलाजमत (नौकरी) या कारोबार मंदे साबित होंगे।

उपाय

जब टेवे में चन्द्र, शुक्कर, बुध तीनों मुश्तरका बैठे हों तो ऐसे वक्त–

(1) चन्द्र के लिए आराध्य देव का पूजन और मंगल के लिए गायत्री पाठ कराएं।

(2) राहु के उपाय के लिए कन्यादान और केतु के उपाय के लिए कपिला गाय (दोरंगी) या केले का दान करना मददगार होगा।

(3) लड़की (बेटी) की शादी के वक्त अपने बुध से मुतअल्लिक (सम्बन्धित) कारोबार के लिए अगर टेवे वाला दुर्गा पाठ कराएगा तो ऐसा करना उसके कारोबार के लिए मुबारक फल करेगा।

(4) हर तरह की मदद पाने के लिए और मंदे वक्त से निजात (मुक्ति) पाने के लिए तोते की सेवा करें। शुक्कर की रात और सनीचर की सुबह के दरमियान (मध्य), हफ्ते में एक बार 40 हफ्तों तक स्याह (काले) रंग की मछलियों को अपनी खुराक (भोजन) का हिस्सा दिया करें। ऐसा करना हर तरह से मददगार होगा।

चन्द्र, शुक्कर, सनीचर

जब चन्द्र, शुक्कर, सनीचर मुश्तरका, टेवे में हों तो अब ऐसे इंसान के लिए जाती (निजी या व्यक्तिगत) असर मनहूस (नेष्ट) होगा। अगर टेवे वाला हिम्मत न हारे तो उसकी किस्मत खुद ब खुद बुलन्द हो जाएगी यानि "हिम्मते मर्दा मददे खुदा"। उसकी धन–दौलत मिट्टी के मानिन्द दिखावे की ही होगी जो उसकी औलाद के ही काम आएगी अथवा खाली ढोल होगी जो उसके ससुराल वाले के बजाने के काम आएगी। ऐसा इंसान अपनी ससुराल के लिए बदनामी की वजह बनेगा। टेवे वाले की मौत परदेस (जद्दी–स्थान से बाहर) में होगी।

चन्द्र, मंगल, बुध

जब ये तीनों ग्रह खाना नंबर 1, 4, 5 में हो तो टेवे वाले की दौलत और सेहत दोनों उम्दा होंगी, लेकिन अगर इन तीनों का खाना नंबर 10, 11 या सनीचर से ताल्लुक (सम्बन्ध) हो जाए तो अब दौलत और सेहत

की मंदी हालत होगी। ऐसे वक्त मृगछाला (हिरण की खाल) का इस्तेमाल (प्रयोग) करना मददगार और कारआमद (प्रभावशाली) होगा।

चन्द्र, मंगल, सनीचर

(1) चन्द्र, मंगल, सनीचर मुश्तरका के वक्त रंग–बिरंगा और चितकबरा सांप होगा जो बीमारी का बहाना (कारण) होगा।

(2) खाना नंबर 11 के सिवाय (अतिरिक्त) सभी खानों में इन तीनों ग्रहों का फल मंदा होगा। दुनियावी लोग ऐसे इंसान को दौलतमंद समझेंगे यानि इंसान के पास दिखावे का धन होगा। मगर इसका धन खुद (स्वयं) के काम न आएगा बल्कि उसके ताऊ, चाचा या भाई के ही काम आएगा।

(3) ऐसे इंसान की बुढ़ापे में नजर धोखा देगी यानि आंखें कमजोर होंगी मगर अंधा न होगा। जिस्म पर काले–सफेद दाग, सफेद कोढ़ यानि फुलबहरी जैसी बीमारियां होंगी।

(4) टेवे वाला गुस्सैल (क्रोधी), बारौब (रौब वाला) और राजदरबार से फायदा उठाने वाला होगा।

(5) जब ये तीनों खाना नंबर 11 में हों तो राजदरबार का फल उत्तम और मुबारक होगा।

(6) जब ये तीनों ग्रह खाना नंबर 3, 4, 8 में हों तो हर तरह से नुकसान और धन–दौलत को बरबाद कर देने वाला असर होगा। हर वक्त मौत खड़ी होने के मानिन्द (समान) मंदा असर होगा।

चन्द्र, मंगल, राहु

जब टेवे वाला उल्टी पैदाइश वाला (प्रसव के दौरान सिर की बजाए पैर पहले बाहर आएं) हो तो अपने पिता पर भारी होगा या उसकी पैदाइश से पहले ही पिता मर चुका होगा। ऐसे वक्त मीठा हलवा बनाकर खुद खाना और दूसरों को खिलाना उत्तम और मददगार उपाय होगा। बशर्ते हलवा बनाते वक्त पानी की जगह दूध का इस्तेमाल (प्रयोग) किया जाए।

चन्द्र, मंगल, केतु

जब ये तीनों ग्रह मुश्तरका हों तो चन्द्र और बृहस्पत दोनों ही ग्रहों का मंदा फल होगा। अब केतु (नर–औलाद) भी चिल्लाता ही होगा। ऐसा शख्स 48 साल की उम्र तक औलाद से दु:खी अथवा महरूम (वंचित) ही होगा। खासकर जब खाना नंबर 7 में ये तीनों ग्रह हों या टेवे में शुक्कर मंदा हो।

चन्द्र, बुध, सनीचर

(1) जब खाना नंबर 4 को छोड़कर किसी भी खाने में ये तीनों ग्रह मुश्तरका हों तो अब इनका असर खूनी होगा। लेकिन टेवे वाला इंसान दौलतमंद और बाहौसला (धैर्यवान) होगा।

(2) जब तीनों खाना नंबर 4 में हों तो मामा खानदान बरबाद होगा मगर मामा की मौत बेवजह या गरीबी से नहीं होगी।

(3) अगर टेवे वाले को गशीगोता (गश या मूर्छा) की बीमारी हो तो आम के दरख्त (वृक्ष) की जड़ में दूध डालना शिफा (रोग–मुक्ति) देगा। बुध–सनीचर मुश्तरका मिलकर आम का दरख्त (वृक्ष) होंगे और चन्द्र–बुध मुश्तरका मिलकर गशीगोता और दिल की बीमारियां देते हैं।

चन्द्र, बुध, राहु

जब चन्द्र, बुध, राहु मुश्तरका टेवे में हों तो चन्द्र (माता) पर बुध–राहु का मंदा असर न होगा मगर टेवे वाले के पिता (बृहस्पत) की मौत पानी में डूबकर होगी।

चन्द्र, सनीचर, राहु

(1) जब ये तीनों ग्रह मुश्तरका हों तो 33 से 36 बल्कि 39 साल की उम्र तक सनीचर मंदे वाकिआत जाहिर (प्रकट) करेगा। टेवे वाले के लिए औरत (पत्नी) और स्त्रियों (माता, चाची वगैरह) का सुख हलका होगा। खासकर जब ये तीनों ही ग्रह खाना नंबर 12 में हों।

(2) जब ये तीनों ग्रह खाना नंबर 12 में हों तो अब यहां चन्द्र चुप होगा। ऐसा इंसान जिनाकारी (व्यभिचार) की लहर में गोते लगा रहा होगा। ऐसा इंसान रात की चांदनी में अपनी माता के सामने बेहयाई (बेशर्मी) में अंधा होगा मगर कुदरत का अजीब तमाशा होगा कि उसका बच्चा शायद ही घर के आंगन में खेलता हो।

शुक्कर, मंगल, बुध

शादी, औलाद और उम्र के ताल्लुक (सम्बन्ध) में तीनों ही ग्रहों का फल अशुभ होगा। खासकर जब ये तीनों ग्रह खाना नंबर 3 में मुश्तरका (इकट्ठे) बैठे हों।

शुक्कर, मंगल, सनीचर

(1) गृहस्थ (परिवार), औलाद और उम्र तीनों ही दुनियावी सुख टेवे वाले को मिलते रहेंगे। उम्र रेखा की मुआविन (सहायक) रेखा का उत्तम फल टेवे वाले को नसीब होगा। ऐसी ग्रह–चाल (योग) से न सिर्फ उम्र लम्बी होने में मदद मिलेगी बल्कि टेवे वाले को हर ताल्लुक (सम्बन्ध) में उम्दा मदद मिलती रहेगी और ताउम्र (सारी–उम्र) मिलती रहेगी।

(2) टेवे वाला उम्दा किस्मत का मालिक होगा यानि अगर ऐसे इंसान को फांसी की सजा भी हो जाए तो भी गैबी (ईश्वरीय) मदद उसके पांव तले (नीचे) तख्ता दे देगी ताकि उसका गला न घुट जाए। अगर कोई उसका दुश्मन उसे मारने के लिए आयेगा तो बचाने वाला दोस्त भी पहुंच जाएगा यानि जैसे दुश्मन बिन बुलाए आएगा वैसे ही बचाने वाला भी खुद ब खुद पहुंच जाएगा।

(3) ऐसा इंसान दूसरे दुनियावी लोगों से मदद और आराम पाएगा। ऐसे इंसान के दोस्त खुद ब खुद पैदा होंगे और मुसीबत को दूर करके मदद देते होंगे। बीमारियों, दुर्घटनाओं और मंदे वाकिआतों (घटनाओं) से बचता रहेगा और पूरी उम्र गुजारेगा। कभी–कभी तो ऐसा शख्स कब्र से भी वापस आ जाता है। टेवे वाले के बाप की उम्र लम्बी और बाप का पूरा सुख ऐसे इंसान को नसीब होगा। इसे अपने बाप और औलाद दोनों की ही मदद मिलेगी।

शुक्कर, बुध, सनीचर

(1) इन तीनों के मुश्तरका (इकट्ठे) असर के वक्त गृहस्थ, औलाद और उम्र तीनों दुनियावी (सांसारिक) सुखों को भोगने वाला इंसान होगा। अगर गाय, कुत्ता और कौआ तीनों को अपनी खुराक (भोजन) में से ग्रास देता रहे तो मुबारक असर होगा।

(2) ऐसे इंसान के मकान में अगर आसमान की ओर से या रोशनदान से रोशनी अन्दर आ रही हो तो धन–दौलत की चोरी या तबाही होने का सबूत (संकेत) देगी।

(3) मंदे असर के वक्त काली गाय या काले कुत्ते को रोटी देते जाना मुबारक असर करेगा। अगर मवेशियों (पशुओं) में गाय या कुत्ता घर में पाले हुए हों तो बाहर वाले शख्स की रोटियां (खुराक) अपने मवेशी को हरगिज खाने न दें। वरना फायदे की बजाय नुकसान ही होगा। यानि बाहर वाले के दुःख–दर्द या परेशानियां गाय या कुत्ते की मार्फत (माध्यम से) अपने ही घर में पैदा हो जाएंगी।

शुक्कर, बुध, राहु

ऐसे वक्त अमूमन (सामान्यतः) टेवे वाले की कई शादियां होंगी या कई औरतों (स्त्रियों) से ताल्लुक (सम्बन्ध) होगा। लेकिन औरत और औलाद का सुख फिर भी मंदा ही होगा। खासतौर पर जब ये तीनों ग्रह खाना नंबर 7 में मुश्तरका बैठे हों।

शुक्कर, बुध, केतु

तीनों ही ग्रहों का फल मंदा होगा, खासकर जब तीनों ही ग्रह खाना नंबर 7 में हों। टेवे वाले इंसान पर शादी और औलाद से मुतअल्लिक (सम्बन्धित) कई विघ्न और खराबियां होंगी।

शुक्कर, सनीचर, केतु

एक ही मैदान में और एक ही वक्त में कामदेव (इश्क वगैरह) का खेल खेलने वाला अकेला इंसान होगा मगर दो खिलाड़ियों (प्रेमी या प्रेमिका) के साथ खेलता होगा। अथवा ऐसे खिलाड़ियों से मिलकर चाल–चलन (चरित्र) की रंग–बिरंगियों (अय्याशी वगैरह) से दुनिया का मुंह धोता होगा। अपनी आकिबत (अंतिम समय) या दुनियावी (सांसारिक) गृहस्थ को पाप के धब्बे लगाकर खुश होगा।

शुक्कर, राहु, केतु

(1) तीनों ही ग्रह टेवे वाले के लिए, उसकी गृहस्थी के लिए और उसकी औलाद (संतान) के लिए मंदे होंगे बल्कि इस ग्रहचाल (योग) से टेवे वाले के हमसाया (पड़ोसी) भी परेशान और दुःखी होंगे। खासकर जब ये तीनों ग्रह टेवे में पहले घरों (खाना नंबर 1 से 6) में मुश्तरका हो रहे हों। हमसाया (पड़ोसी) घरों में लड़कियों की शादी न हो सकेगी। लेकिन जब ये तीनों ग्रह टेवे में बाद के घरों (खाना नंबर 7 से 12) में हों तो हमसाया घरों में लड़कों की शादी न हो सकेगी।

मंगल, बुध, सनीचर

(1) जब टेवे में मंगल, बुध, सनीचर तीनों मुश्तरका हों तो ये ग्रहचाली (योग) दो मंदे सांपों को जाहिर करेगी यानि अब सनीचर दोगुना मंदा होगा। सेहत (स्वास्थ्य) और दौलत से मुतअल्लिक (सम्बन्धित) खराबियां होंगी। सेहत के ताल्लुक में आंखों की खराबियां, नाड़ियों या नसों या खून के नुक्स (विकार) होंगे। टेवे वाले की किस्मत (भाग्य) मंदी होगी।

(2) जब ये तीनों ग्रह खाना नंबर 6 में हों तो सांप की खुराक (दूध या बृहस्पत की वस्तुएं) धर्म स्थान में देना तीनों ही ग्रहों की खराबियों को दूर करेगा।

(3) जब ये तीनों ग्रह खाना नंबर 2 या खाना नंबर 12 में मुश्तरका हों तो धर्मस्थान में बताशे देना मुबारक असर देगा।

(4) जब ये तीनों ग्रह टेवे में मुश्तरका हों तो टेवे वाले के मामा बरबाद होंगे और जो मामा बरबाद होने से बचेंगे वह भी घर से बाहर जाकर ही रहते होंगे और साधु बनकर जिन्दगी गुजारते होंगे। ऐसे वक्त टेवे वाला अगर मृगछाला (हिरण की खाल) का इस्तेमाल करेगा तो मददगार असर होगा।

मंगल, सनीचर, केतु

अब मंगल–बद का बुरा असर जोर पर होगा। ऐसे इंसान का मकान अमूमन कच्चा और पक्का हिस्सा मिलाकर बनाया हुआ होगा। जिसमें नीम का दरख्त (वृक्ष) और कुत्ता मौजूद होगा। यानि टेवे वाले के मकान (सनीचर) में नीम के दरख्त (मंगल) और केतु (कुत्ते) का ताल्लुक (सम्बन्ध) होगा।

मंगल, सनीचर के साथ कोई भी तीसरा ग्रह

अब तीनों ही ग्रह मंदे होंगे और उनका फल भी बरबाद ही होगा। ये तीनों ही ग्रह जहरीले असर के होंगे।

बुध, सनीचर, राहु

इन तीनों के मुश्तरका असर के वक्त वही फल होगा जो शुक्कर, बुध, राहु मुश्तरका के वक्त दिया गया है। यानि गृहस्थी, औरत और औलाद तीनों के ही सुख मंदे होंगे।

बुध, राहु, केतु

(1) इन तीनों के मुश्तरका असर के वक्त हर तरफ मौत गूंजती होगी। खासकर जब ये तीनों ग्रह बमूजिब (अनुसार) वर्षफल खाना नंबर 1 में आएंगे।

(2) अगर टेवे वाले की जुबान (जीभ), हलक का कौवा और तालू भी स्याह (काला) हो तो अपने तमाम (सभी) खून के रिश्तेदारों को बरबाद करने के बाद खुद भी लावल्द (निःसन्तान) होकर मंदी मौत से तबाह होगा।

(3) अगर ऐसी ग्रहचाल (योग) के वक्त सनीचर भी खाना नंबर 8 में हो तो अब बुध, राहु, केतु तीनों का अपने–अपने खानों के बमूजिब (अनुसार) जुदा–जुदा (अलग–अलग) नेक या बुरा जैसा भी फल हो, बहाल (जारी) रहेगा। क्योंकि ऐसे वक्त सनीचर अपने जुजों (एजेन्टों) के अनुसार कार्यवाही करेगा।

सनीचर, राहु, केतु

(पापी ग्रहों का टोला)

तीन काल त्रैलोकी टोला, पापी ग्रह तीन होता हो
पाप की मिस्लें पाप बनाता, दरबार सनीचर ले जाता हो
हलक का कौवा हो घर आठवें, सनीचर जहां पर रहता हो
राहु दाएं और केतु बाएं, सनीचर मियाने होता हो
तीन पापी में कोई अकेला, पापी दीगर से मिलता जो
तासीर असर सब उत्तम होगा, मंदा लेख न करता हो
पाप मंदा खुद पापी मंदे, बेड़ी भरी जा डुबोता हो
गऊ ग्रास फल उत्तम देता, नष्ट जहर पापी करता जो
पापी मंदे बृहस्पत हो खुद मंदा, फैसला सनीचर करता हो
मकान सनीचर नेक हालत बनता, उलट बने बिगड़ाता हो
दोस्त बराबर पापी इकट्ठा, पाप न आदत छोड़ता हो
असर मंदा खुद दोस्त अपना, बैठे इकट्ठा देता हो

(1) राहु–केतु मुश्तरका हों तो लफ्ज (शब्द) 'पाप' और अगर राहु, केतु, सनीचर तीनों मुश्तरका हों तो लफ्ज "पापी" का इस्तेमाल किया जाता है यानि कहीं पर पापी कहा जाए तो यह समझा जाए कि राहु–केतु और सनीचर तीनों की बात चल रही है।

(2) राहु–केतु में सनीचर का स्वभाव मानते हैं मगर सनीचर की ताकत नहीं मानते यानि राहु–केतु इल्लत (शरारत) तो होंगे मगर मालूल (शरारत का नतीजा) न होंगे।

(3) राहु–केतु–सनीचर (पापी) की मुश्तरका बैठक की जगह खाना नंबर 8 है और इंसानी जिस्म में हलक का कौवा इन पापी ग्रहों के आराम करने का आरामगाह (शयनकक्ष) है जहां पर टेवे वाले इंसान के दाईं तरफ़ राहु, दरमियान (मध्य) में सनीचर और बाईं तरफ केतु होगा।

आम हालात

(1) जब पापी ग्रहों का कोई दुश्मन ग्रह उनके मुकाबले (सामने या सातवीं दृष्टि के उसूल पर) पर अकेला हो तो राहु–केतु से मुश्तरका माना जाएगा। अब ये पापी उस दुश्मन ग्रह के फल को ही जाया (बरबाद) कर देंगे।

(2) जब दो या दो से ज्यादा दुश्मन ग्रह राहु, केतु, सनीचर मुश्तरका के मुकाबले पर हो जाएं तो ऐसे वक्त पापी ग्रहों में भी उनसे मुकाबला करने की ताकत दोगुनी या उसी हिसाब (अनुपात) से ज्यादा होती चली जाएगी। अब पापी ग्रहों में पाप करने की हिम्मत और ताकत भी बढ़ती चली जाएगी।

(3) जब किसी पापी ग्रह के मुकाबले पर बैठे हुए दुश्मन ग्रह के साथ कोई ऐसा ग्रह भी बैठा हो जो पापी ग्रहों का दोस्त हो तो अब पापी ग्रह अपनी बदी (बुराई) की ताकत को दोगुना करके अपने दोस्त ग्रह को (जो दुश्मन ग्रह के साथ मुकाबले पर बैठा है) इस कदर बुरी तरह मारेंगे कि उसका निशान भी बाकी न रहे साथ ही टेवे वाले का भी सर्वनाश कर देंगे, यानी निहायत (अत्यधिक) बुरा फल देंगे।

(4) जब कभी दो पापी ग्रहों के साथ तीसरा ग्रह बृहस्पत, चन्द्र या बुध हो तो तीनों का ही फल मंदा हो जाएगा मसलन टेवे में केतु–सनीचर बुरी हवा के हमलों से अचानक औलाद को मौत दे देते हैं।

(5) जब कोई दो पापी मुश्तरका (इकट्ठे) होकर एक ही घर में बैठे हों तो दोनों ग्रहों का अपनी–अपनी चीजों (वस्तुओं), कारोबार और रिश्तेदारों पर बुरा असर हो या नेक असर हो मगर टेवे वाले पर हमेशा दोनों ही ग्रहों का नेक असर ही होगा।

(6) जब पापी ग्रहों (राहु, केतु, सनीचर) का असर या फल मंदा हो तो बृहस्पत का फल भी मंदा ही होगा। अंतिम फैसला सनीचर की हालत पर होगा।

(7) जब टेवे में पाप और पापी सभी मंदे हो रहे हों तो टेवे वाले के भरे हुए बेड़े (अथाह माल) भी गर्त (बरबाद) कर देंगे। ऐसे वक्त अपनी खुराक (भोजन) से गाय को ग्रास (भोजन का हिस्सा) देना पापी ग्रहों के जहर को धो देने वाला होगा।

(8) जब टेवे में सनीचर नेक हो तो सनीचर की उम्र (18 या 36 साल) में मकान बनवाएगा बरखिलाफ (विपरीत) इसके अगर सनीचर मंदा हो जाए तो बने बनाए मकान भी या तो बिकवा देगा वरना गिरवा ही देगा।

ग्रह मुश्तरका तीन से ज्यादा

बृहस्पत, सूरज, चन्द्र, मंगल– ऐसे गुरु की हैसियत (क्षमता) का इंसान होगा जिसकी सारी दुनिया इज्जत करती होगी। ऐसे टेवे वाले इंसान को बृहस्पत खाना नंबर 2 का उत्तम और नेक फल मिलेगा।

बृहस्पत, सूरज, शुक्कर, मंगल– तीन नर ग्रहों या तीन शेरों के बीच में एक गाय (शुक्कर) की तरह का ज्ञानी, त्यागी और किस्मत का बुलंद इंसान होगा। जिसके साये में तीन शेर होते हुए भी एक गाय पर हमला न करेंगे। अर्थात् तीन शेरों के बीच आ जाने वाली गाय भी दुःखी न रहेगी बल्कि खुश ही रहेगी। ऐसा इंसान ऊंचे कुल का किस्मतवाला योगी जो लड़ाई के वक्त "शाही–जंगी तलवार" पर भी फतह (जीत) हासिल कर लेगा।

बृहस्पत, सूरज, शुक्कर, बुध– जब ये चारों ग्रह खाना नंबर 3 में हों और खाना नंबर 11 खाली हो तो सुबह–सवेरे सूरज की तरफ मुंह करके सूरज–नमस्कार या पूजा वगैरह करने से टेवे वाले का राजदरबार (सरकारी महकमे या प्रशासन) में नसीबा बुलन्द होगा।

बृहस्पत, चन्द्र, बुध, सनीचर– जब ये चारों खाना नंबर 2 में हों तो टेवे वाला मंदी सोहबत (संगति) और खोटे (निम्नस्तरीय) कामों का मालिक होगा। जब ये चारों खाना नंबर 6 में हों तो टेवे वाला अच्छी सोहबत (संगति), उम्दा दौलत और नेक नाम का मालिक होगा।

बृहस्पत, चन्द्र, बुध, राहु– राहु का अब 42 साल उम्र तक का अरसा मंदा फल करेगा। जिस घर में इन ग्रहों की बैठक हो उस घर की वस्तुएं, 42 साल की उम्र तक बेमानी (व्यर्थ) ही होंगी। 42 साल की उम्र के बाद ये चारों बाहमी (आपसी) दुश्मन होते हुए भी एक दूसरे की मदद करेंगे। सबका मुश्तरका फल 42 साल की उम्र के बाद नेक होगा।

बृहस्पत, बुध, सनीचर, राहु– जब ये चारों ग्रह खाना नंबर 12 में हों तो जिस काम में टेवे वाला धन लेकर शुरुआत करेगा उसी में अपने धन की राख कर लेगा। अगर ससुराल (राहु) या चाचा (सनीचर) की मदद से (धन लेकर) व्यापार शुरू करेगा तो जरूर ही नफा (फायदा) होगा और उत्तम फल मिलेगा।

सूरज, चन्द्र, शुक्कर, बुध– ऐसे इंसान के वाल्दैन (माता–पिता) उत्तम हैसियत के मालिक होंगे। टेवे वाला और उसके वाल्दैन भले प्राणी और भला काम करने वाले होंगे।

सूरज, चन्द्र, मंगल, सनीचर– अगर कोई भी ग्रह खाना नंबर 8, 2, 6, 12 में हो और ये चारों ही ग्रह इन चारों घरों में दृष्टि वगैरह डालते हों या असर देते हों तो टेवे वाले को अब इन चारों मुश्तरका ग्रहों का मंदा असर मिलेगा।

सूरज, चन्द्र, बुध, केतु– ऐसी ग्रह–चाल (योग) के वक्त टेवे वाले के वालिद (पिता) पानी में डूब कर मरेंगे अथवा दुनियावी (सांसारिक) फसादों (परेशानियों) की वजह से निहायत (अत्यधिक) दुःखी हो खुद ब खुद (स्वतः) उम्र खत्म (आत्महत्या) करेगा।

सूरज, शुक्कर, बुध, सनीचर– जब ये चारों ग्रह खाना नंबर 4 में हों तो ऐसे इंसान की जोड़ी हुई रकम (धन) दूसरे ही लोग खाएंगे। ऐसे इंसान की दो औरतें (पत्नी या प्रेमिका) जिन्दा होंगी मगर दोनों ही बे–औलाद (निःसन्तान), मंदे चलन, बदी के कामों में खुश, लानत और जहमत (मुसीबत) की ठेकेदार होंगी। ऐसे टेवे वाला खुद भी बेमानी (व्यर्थ) जिन्दगी का मालिक होगा और आखरी वक्त (मौत के समय) पानी के लिए तरस कर मरेगा।

सूरज, मंगल, बुध, सनीचर– जब ये चारों ग्रह टेवे में मुश्तरका हों तो टेवे वाले की जिन्दगी उड़ती हुई मगर फटी हुई पतंग के मानिन्द (समान) होगी। जिस खाने में ये चारों मुश्तरका हो रहे हों उस घर में चारों ग्रहों का मंदा और परेशानियों वाला असर पड़ेगा। अगर ये चारों ही ग्रह नष्ट हो रहे हों तो एक अकेला टेवे वाला इंसान ही लाखों लोगों का मुकाबला करने की हिम्मत रखता होगा। अगर ये चारों ही ग्रह टेवे में कायम (देखें फरमान नंबर 6) हों तो टेवे वाला इंसान लूट के माल (सामान–धन वगैरह) से मालामाल होगा।

चन्द्र, शुक्कर, मंगल, बुध– जब चारों ग्रह मुश्तरका हों तो चारों ही ग्रहों का टेवे वाले पर मंदा असर होगा जो लड़की की शादी के दिन से उत्तम और उम्दा असर देना शुरू कर देंगे।

चन्द्र, शुक्कर, मंगल, सनीचर– इन चारों ग्रहों के मुश्तरका असर से टेवे वाले को राजदरबार (प्रशासन) के ताल्लुक (सम्बन्ध) से उम्दा असर मिलेगा और उसकी जिन्दगी खुशी के माहौल वाली होगी। खासकर जब ये चारों ग्रह खाना नंबर 2 में हों।

चन्द्र, शुक्कर, बुध, सनीचर– ऐसी ग्रह–चाल (योग) के वक्त अमूमन टेवे वाले के घर या खानदान में मौत और जनम के वाकिआत (घटनाएं) इकट्ठे ही हुआ करेंगे।

शुक्कर, मंगल, बुध, राहु या शुक्कर, मंगल, बुध, केतु– शादी के वक्त दुनियावी (सांसारिक) लोगों की मुखालफत और धन हानि होगी। खासकर जब चारों ग्रह मुश्तरका होकर खाना नंबर 7 में बैठे हों।

मंगल, बुध, सनीचर, राहु

(1) जब ये चारों मुश्तरका ग्रह जिस घर में बैठे होंगे उस घर पर कोई मंदा असर न होगा।

(2) जिस घर में ये चारों ग्रह हों उस घर के हमसाया (पड़ोसी) घर में अगर सूरज हो तो ऐसे इंसान का कोई भाई तो मच्छ रेखा का मालिक होगा और कोई लावल्द (निःसन्तान) ही होगा। चोरी और नुकसान (धन हानि) अक्सर ही ऐसे इंसान के साथ होती होंगी।

(3) अगर टेवे में बुध मंदा हो तो घर की लड़कियां दुःखी और मरीज (बीमार) होंगी। घर में जनूबी (दक्षिण दिशा) दरवाजे का साथ हो तो यह मंदे वक्त की निशानी (पहचान) होगा। ऐसे वक्त दरवाजे (मुख्य द्वार) की दहलीज के नीचे चांदी के चपटे तार (जो दहलीज की लम्बाई के बराबर हों) को कायम (स्थापित) करना मददगार होगा। यह जरूरी नहीं कि यह तार दरवाजे की चौड़ाई के बराबर हो मगर लम्बाई के बराबर जरूर होना चाहिए।

पंचायत – पांच ग्रह

(1) सबसे उत्तम पंचायत वह है जिसमें बुध शामिल न हो मगर राहु या केतु में से एक ग्रह जरूर शामिल हो।

(2) अगर टेवे में नर ग्रह, स्त्री ग्रह और पापी ग्रह (पापी बुध को छोड़कर) तीनों ही तरह के ग्रह इस मुश्तरका पंचायत (पांच ग्रहों की रांयुक्त बैठक) में शामिल हों तो ऐसा इंसान किस्मत का धनी, हुक्मरान (शासक), औलाद दर औलाद, दौलत और गृहस्थ सुख का मालिक होगा। ऐसे इंसान की उम्र लम्बी होगी। ऐसा इंसान चाहे अक्ल का अंधा और "मिट्टी का माधो" ही क्यों न हो मगर मुश्तरका पंचायत का असर टेवे में उम्दा ही होगा।

(3) अगर मुश्तरका पंचायत के वक्त बृहस्पत, सूरज, शुक्कर, बुध, सनीचर की पंचायत हो और अगर यह पंचायत खाना नंबर 1 से खाना नंबर 6 (पहले घरों) में हो तो उत्तम और नेक असर की होगी। अगर खाना नंबर 7 से 12 (बाद के घरों) में हो तो टेवे वाला खुद साख्ता (स्वनिर्मित) अमीर होगा। डरते–डरते दरिया पार करने वाले तैराक की तरह दुनिया के हर सुख का मालिक होगा।

(4) अमूमन पंचायत का असर हर हाल में उत्तम और नेक होगा। अगर ऐसा इंसान तमाम (सारे) तरह के ऐब का मालिक भी हो जाए तब भी दूसरे दुनियावी लोगों से अलग ही नजर आएगा। ऐसे इंसान का हाल उत्तम और उम्दा होगा।

(5) अगर पंचायत के वक्त कोई भी पापी ग्रह (राहु, केतु, सनीचर) शामिल न हों और ऐसा इंसान खुद भी पाप न करने वाला हो तो ऐसी पंचायत का कोई फायदा टेवे वाले को न मिलेगा। यानि या तो पापी ग्रहों में कोई ग्रह पापी हो वरना वह इंसान खुद पापी या शरारती (बुरे काम करने वाला) किस्म का इंसान हो तभी पंचायत का उत्तम फल मिलेगा वरना उसी की आंखों के आगे उसका घरबार कई बार लुटता रहेगा। ऐसे वक्त अगर टेवे वाला धर्मी हो तो पापी ग्रहों की अश्या वगैरह लोगों को मुफ्त तकसीम (बांटना) करना मुबारक फल देगा। मसलन (उदाहरणार्थ) राहु की अश्या–जौ या अनाज की बनी हुई चीजें, नारियल वगैरह। केतु की अश्या–केले, खटाई की अश्या वगैरह। सनीचर की अश्या–बादाम, शराब, हुक्का (सिगरेट, बीड़ी) या नशे की चीजें।

तमाम ग्रह

अगर एक ही घर में सभी ग्रह मुश्तरका (इकट्ठे) हों तो राहु या केतु बाहर रह जाएगा लेकिन दृष्टि के उसूल पर अब वह (बाहर निकला हुआ राहु या केतु) भी इन्हीं मुश्तरका ग्रहों के साथ मुश्तरका (संयुक्त)

ही माना जाएगा। अगर राहु या केतु अकेला पहले घरों में हो और बाकी के ग्रह बाद के घरों में हों तो अब टेवे में राजयोग होगा। खासकर जब तमाम (सभी) ग्रह मुश्तरका (इकट्ठे) एक ही घर में बैठे हों।

(1) अगर यह योग खाना नंबर 2 में हो तो टेवे वाला हुक्मरान (शासक) होगा।

(2) अगर यह योग खाना नंबर 3 में हो तो टेवे वाला राजा के मानिन्द किस्मत वाला होगा।

(3) अगर यह योग खाना नंबर 8 में हो तो टेवे वाला राजा के मानिन्द और हुक्मरान (शासक) तो होगा मगर वह खुद (स्वयं) की ही बरकत करता रहेगा।

(4) जब यह योग खाना नंबर 9 में हो तो टेवे वाला हुक्मरान (शासक) होगा और अपने साथ–साथ अपने साथियों को भी आगे बढ़ाता जाएगा। ऐसे वक्त अगर टेवे वाले इंसान की पांव की उंगलियां बाहम (आपस में) बराबर हों या दराज (लम्बी) हों तो टेवे वाला आसूदाहाल (समृद्ध) हुक्मरान होगा। लेकिन अगर जब पांव की उंगलियां एक–दूसरे से उत्तरोत्तर बड़ी होती जाएं तो टेवे वाला साहिबे औलाद–दर–औलाद बेटे और पोतों वाला होगा।

कुछ मददगार मिसालें

यह तो पहले ही बताया जा चुका है कि मर्द (पुरुष) का टेवा, औरत (स्त्री जो उसकी पत्नी हो) के टेवे को दबा (कमजोर कर) देता है। यानि ज्यादातर किस्सों में औरत के टेवे को महत्त्व नहीं दिया जाता बल्कि मर्द के टेवे पर ही जोर (महत्त्व) देते हुए ग्रह–चाल (फलादेश) बताई जाती है। मगर कई दफा यह उसूल बदल जाता है यानि जब तक लड़की की शादी न हो (चाहे वह ऋतुवान हो चुकी हो) तब तक लड़की का टेवा उसके वाल्दैन (माता–पिता), भाई–बन्दों और दूसरे रिश्तेदारों की जिन्दगी में हस्तक्षेप कर सकता है अथवा मददगार हो सकता है, मगर शादी के दिन से उस औरत के खाविन्द (पति) के मुताबिक मर्द और औरत दोनों ही के इकट्ठे हाल शुरू हो जाएंगे यानि उसके खाविन्द के टेवे के अनुसार ही उस औरत की किस्मत का हाल चलेगा। अब औरत का टेवा किसी काबिल न होगा। लेकिन हो सकता है कि शादी के फरीकैन (दोनों पक्ष) यानि मर्द और औरत किसी ऐसे अलग–अलग खून के ताल्लुकदार हों, जिनके खून की नाली खानदानी नस्लों (पीढ़ियों) के बजाए पैबंदी के पौधों की तरह चल रही हो। यानि एक हिन्दू तो दूसरा मुसलमान या सिख या ईसाई या किसी दूसरे मुल्क (देश) से ताल्लुक रखता हो तो ऐसी हालत में संभव होगा कि अब औरत का टेवा, मर्द के टेवे से मुवाफकत (अनुकूलता) न करेगा। ऐसी हालत में मर्द और औरत के टेवे अलग–अलग ही देखे जाएंगे। मानो दो जुदा–जुदा मर्द ही अपनी जिन्दगी गुजार रहे हों।

नोट– ***वर्तमान परिप्रेक्ष्य में जबकि स्त्रियां भी पुरुषों के समान हर क्षेत्र में अहम भूमिका निभा रही हैं ऐसे में स्त्रियों के टेवे (जनमपत्रिका) को महत्त्व न देना न्यायसंगत न होगा। मेरे विचार से ऊपर लिखे हुए उसूल (नियम) को थोड़ा-सा परिवर्तित करते हुए यह कहा जाए कि पूर्ण रूपेण गृहस्थ-महिला का जीवन तब तक उसके पति पर आश्रित रहता है जब तक कि उसका पति जीवित है तो तर्कसंगत और मौजूदा परिप्रेक्ष्य के अनुकूल माना जा सकता है।***

मेरा व्यक्तिगत अनुभव है कि किसी भी स्थिति में पत्नी के टेवे को नजरअंदाज करना उचित न होगा क्योंकि मैंने अनुभव में यह पाया है कि स्त्रियों के बलवान ग्रहों का फल उसे अपने पति के माध्यम से प्राप्त होता हैं, जबकि पति के टेवे में वह बलवान योग उतने उत्तम नहीं होते जितने कि पत्नी के टेवे में होते हैं। विशेष रूप से उस वक्त जबकि सम्बन्धित स्त्री पूर्ण रूप से गृहस्थ महिला हो। उदाहरणार्थ धनी पुरुषों के टेवे में धन तो जरूर होगा मगर जरूरी नहीं कि ''भोग'' भी हो परन्तु यदि पुरुष धनी होगा तो उसकी पत्नी के टेवे में उस धन के द्वारा भोग जरूर होगा यानि पुरुष के टेवे में शुक्कर भले ही उत्तम न हो मगर उसकी पत्नी के टेवे में शुक्कर जरूर उत्तम होगा।

मिसाल (उदाहरण) – 1

चक्कर	: 1
शंख	: 1
सीप	: 1
हथेली की शुमाल (उत्तर दिशा में चौड़ाई)	: 3.3″
हथेली की जनूब (दक्षिण दिशा में चौड़ाई)	: 2″
मध्यमा उंगली की लम्बाई	: 9.2″
हथेली की मध्यमा उंगली तक लम्बाई	: 4.1″
उंगलियों पर लकीरें–दाएं हाथ पर	: 19
बाएं हाथ पर	: 24
कुल योग	: 43
टेवे वाले की पैदाइश	: 18 जनवरी सन् 1902 यानि 24 पौष, संवत् 1959। दिन वीरवार हाथ देखने का दिन 23 माघ, संवत 1995 (सैंतीसवें साल के शुरू में)
राशि	: कर्क (जिस राशि में चन्द्र हो वही टेवे वाले इंसान की राशि कहलाती है)

जनम के अनुसार इंसान का टेवा

चन्द्र– खाना नंबर 4
मंगल, राहु– खाना नंबर 6
शुक्कर, सूरज, बुध– खाना नंबर 9
सनीचर, बृहस्पत– खाना नंबर 10
केतु– खाना नंबर 12

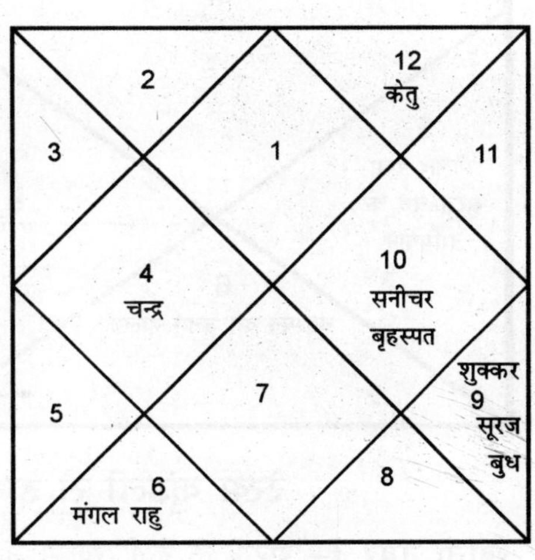

बमूजिब (अनुसार) हाथ, इंसान का टेवा

मंगल– खाना नंबर 1
चन्द्र– खाना नंबर 2
केतु– खाना नंबर 3
राहु– खाना नंबर 7
बृहस्पत–सनीचर– खाना नंबर 10
सूरज–बुध–शुक्कर– खाना नंबर 12

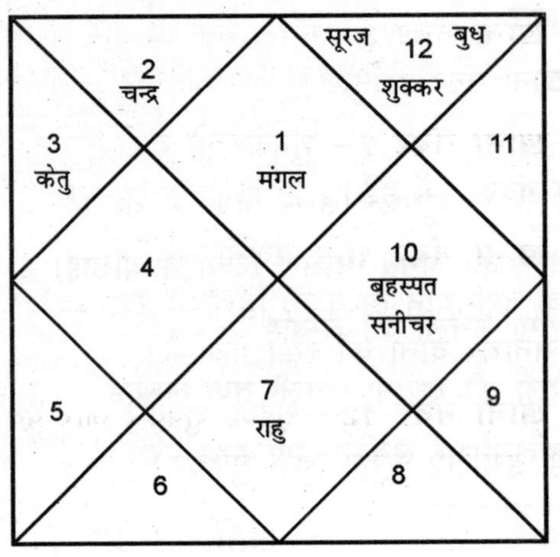

रेखा–कुंडली (टेवा)

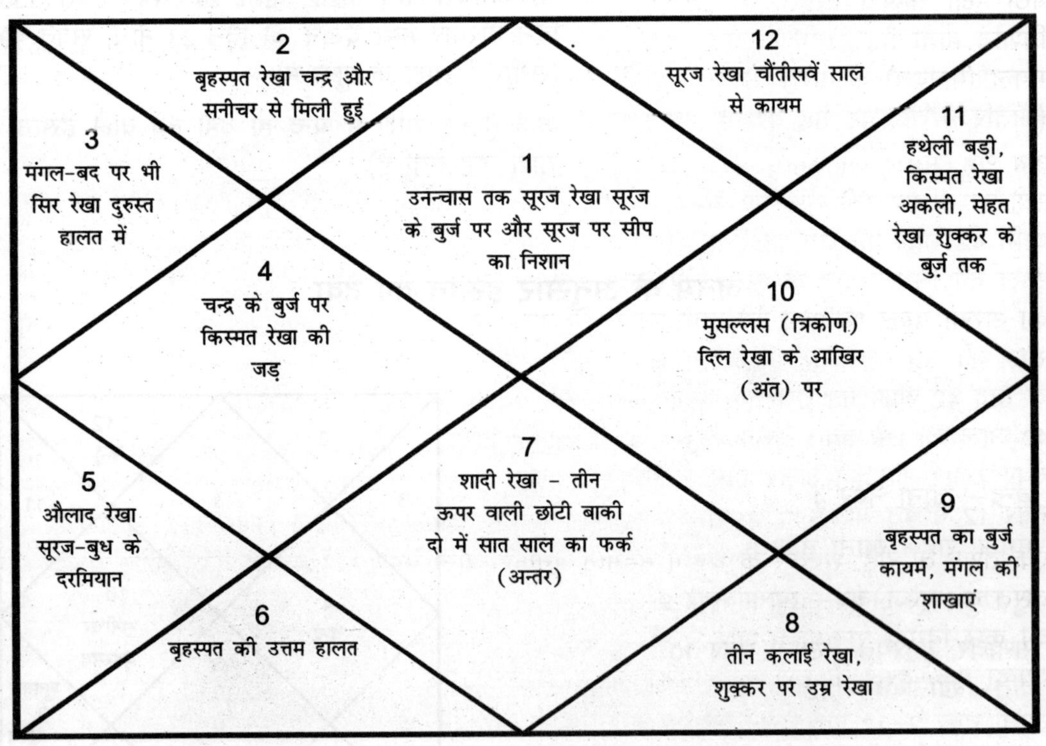

रेखा कुंडली से हाथ का टेवा कैसे बनाया गया?

खाना नंबर 1– सूरज के बुर्ज़ (खाना नंबर 1) पर चौकोर है, जो मंगल का निशान है, इसलिए खाना नंबर 1 में मंगल रखा गया।

खाना नंबर 2– चन्द्र के बुर्ज़ (खाना नंबर 4) से रेखा सीधी बृहस्पत के बुर्ज़ (खाना नंबर 2) पर चली गई है, इसलिए चन्द्र को खाना नंबर 2 दिया गया है।

खाना नंबर 3– मंगल नेक के बुर्ज़ (खाना नंबर 3) पर केतु का निशान (ш) कायम है, इसलिए केतु को खाना नंबर 3 मिला।

खाना नंबर 7– शुक्कर के बुर्ज़ (खाना नंबर 7) पर राहु का निशान (▦) है इसलिए राहु की बैठक खाना नंबर 7 में हुई।

खाना नंबर 10– तर्जनी और मध्यमा उंगली को मिलाने वाली जगह पर सनीचर और बृहस्पत के बुर्ज़ के दरमियान (मध्य में) द्विशाखी रेखा कायम है, इसलिए सनीचर के बुर्ज़, खाना नंबर 10 में ही बृहस्पत और सनीचर दोनों को रखा गया है।

खाना नंबर 12– सूरज, शुक्कर और बुध के बुर्ज़ से रेखाएं खाना नंबर 12 (खर्च के खाने) में चली गई हैं, इसलिए सूरज, बुध, शुक्कर तीनों को ही खाना नंबर 12 दिया गया है।

ग्रहों का असर देखने के लिए मददगार बातें

(1) खाना नंबर 1–7 के ग्रह एक दूसरे को सौ फीसदी दृष्टि की नजर से देखते हैं। मंगल के साथ बैठा हुआ राहु चुप रहता है। मंगल–बद के बुर्ज़ (खाना नंबर 8) पर चौकोर भी है जो मंगल का निशान होता है। इसलिए खाना नंबर 1, 7 के असर के लिए मंगल का असर नेक गिना जाएगा। मंगल (महावत) के असर से राहु (हाथी) चुप रहेगा मगर मंगल से दूर होने की वजह से अंदरूनी (आंतरिक) तौर पर राहु बुरा ही असर रहेगा।

अब राहु, मंगल का तमाम अरसा (28 साल की उम्र) तक खाना नंबर 7 से मुतअल्लिक (सम्बन्धित) स्त्री नजर और स्त्री सुख पर जरूर ही बुरा असर करेगा। 28 साल की उम्र के बाद से 14 साल तक यानि 42 साल की उम्र तक राहु और मंगल दोनों मुश्तरका (इकट्ठे) असर करने लगेंगे। बयालीसवें साल की मियाद राहु के असर की होती है। इसलिए जिस तरह अट्ठाईसवें साल से पहले मंगल का अरसा प्रबल था और टेवे वाले पर मंगल का असर ज्यादा असरकारक था उसी तरह बयालीसवें साल की उम्र तक राहु का अरसा होगा यानि 28 साल मंगल के निकाले जाएं तो 28 साल की उम्र के बाद 42 साल की उम्र तक अकेले राहु का अरसा प्रबल होगा। मतलब अब 14 साल तक (28 से 42 साल की उम्र तक) सूरज के घर खाना नंबर 1 और बुध–शुक्कर के मुश्तरका (संयुक्त) घर खाना नंबर 7 पर राहु का असर होगा। लेकिन ये तीनों ही ग्रह यानि बुध, शुक्कर, सूरज मिलकर खाना नंबर 12 में बैठ गए हैं।

एक तरफ तो राहु, शुक्कर के घर में मेहमान बनकर खाना नंबर 7 में बैठा है दूसरी ओर शुक्कर अपने दोस्त बुध को लेकर खाना नंबर 12 में राहु के घर जाकर बैठ गया है। ऐसे वक्त न तो राहु, शुक्कर का कुछ बिगाड़ सकता है और न ही शुक्कर ही राहु का कुछ बुरा कर सकता है। बल्कि ज्यादा से ज्यादा एक–दूसरे के घरों की इमारत खराब कर सकते हैं।

(2) खाना नंबर 2–12 एक दूसरे को 25 फीसदी की नजर से देखते हैं। चन्द्र खाना नंबर 2 में उच्च का होता है और सूरज–बुध आपस में दोस्त ग्रह हैं बरखिलाफ (विपरीत) इसके सूरज और शुक्कर आपस में दुश्मन ग्रह हैं। चन्द्र जो इन दोनों से ही दूर बैठा हुआ है, शुक्कर–बुध दोनों ही से दुश्मनी करने वाला ग्रह है। यानि कुल मिलाकर अब सूरज–चन्द्र दोनों शुक्कर का फल खराब करेंगे और चन्द्र अकेला बुध का असर खराब करेगा। टेवे में चन्द्र और सूरज का फ़ल उत्तम होगा। सूरज के साथ

अगर बुध बैठा हो तो बुध अपनी उम्र का निस्फ (आधा) अरसा यानि 17 साल (देखें फरमान नंबर 6, ग्रहों की मियादें–आम अरसा) चुप रहेगा और बाद के 17 साल यानि 34 साल की उम्र तक अकेला ही नेक फल देता रहेगा।

(3) खाना नंबर 10 में सनीचर और बृहस्पत मुश्तरका (इकट्ठे) हैं, ऐसी हालत में दोनों ही ग्रहों का अपना–अपना असर होगा मगर सनीचर का फल खराब होगा। बृहस्पत अपने दुश्मन और पापी ग्रह सनीचर के साथ अपना निस्फ (आधा) अरसा यानि 8 साल तक जरूर ही नेक फल देगा। बृहस्पत का ताल्लुक (सम्बन्ध) पिता से है।

(4) खाना नंबर 3 में केतु, मंगल के घर बैठा हुआ है, जो मंगल का दुश्मन है। दूसरी ओर मंगल, सूरज के घर खाना नंबर 1 में चला गया है। मंगल और सूरज का ताल्लुक हो तो मंगल हमेशा मंगल–नेक का ही असर देता है। सूरज भी ऐसे वक्त (मंगल से ताल्लुक बनाकर) उच्च का हो जाता है।

हर एक ग्रह का अलग–अलग असर

बृहस्पत– बृहस्पत की कुल मियाद सोलह साल होती है, जिसमें से पहला अरसा यानि आठ साल तक का वक्त हमेशा नेक असर का होता है। लेकिन आठ साल की उम्र के बाद सोलह साल तक का अरसा सनीचर खराब कर देगा क्योंकि बृहस्पत भले ही किसी से दुश्मनी न करे मगर सनीचर वगैरह (पापी ग्रह) बृहस्पत से ताल्लुक (सम्बन्ध) बनाकर उसका असर खराब कर दिया करते हैं, खासकर उस वक्त जबकि ये ग्रह (राहु, केतु या बहैसियत पापी सनीचर) बृहस्पत के घर या खाना नंबर 2 में आ जाएं। जब बृहस्पत पापी ग्रहों के घर में आ जाए तो बृहस्पत हमेशा नेक फल ही रखेगा, दुश्मनी न करेगा चाहे ये पापी ग्रह (जिसके कि घर बृहस्पत बैठा है) बृहस्पत के घर जाकर अपना फल कैसा भी देते हों अथवा टेवे में कहीं पर भी बैठकर चाहे जैसा भी बर्ताव (व्यवहार) बृहस्पत के साथ करते हों।

सनीचर चूंकि अपने खुद के घर खाना नंबर 10 में बैठा है और बृहस्पत, सनीचर के घर आया है इसलिए बृहस्पत तो अपना तमाम (संपूर्ण) अरसा (सोलह साल तक) नेक फल देगा मगर सनीचर बुरा असर देगा। सनीचर के बुरे असर का अरसा, बृहस्पत के अरसे (सोलह साल) के बाद से शुरू होगा और 36 साल में से 16 साल बृहस्पत के निकालने पर शेष बीस साल सनीचर का अकेले का अरसा टेवे वाले पर जाहिर होगा।

एक उसूल के मुताबिक हर ग्रह अपने कुल अरसे के निस्फ (आधा) और चौथाई हिस्से में अपना असर पूरी तरह से जाहिर कर दिया करता है यानि सनीचर का असर कुल अरसा छत्तीस साल में से निस्फ 18 साल और चौथाई नौ साल होगा, अब सनीचर अपना बुरा असर 9, 18, 36 साल की उम्र में सबसे ज्यादा देगा जबकि बृहस्पत के नेक असर का निस्फ (आधा) अरसा आठ साल की उम्र में ही खत्म हो चुका होगा।

सनीचर का बृहस्पत के साथ बुरा असर तभी मुमकिन (सम्भव) है जब बृहस्पत, सनीचर के साथ चल रहा हो, लेकिन बृहस्पत का कुल अरसा सोलह साल की उम्र तक ही था इसलिए सनीचर का बुरा असर बृहस्पत के पहले आठ साल के बाद और सोलह साल तक ही हो सकता है यानि सत्रहवां साल शुरू होने से पहले–पहले ही यह बुरा असर हो सकता है। मतलब टेवे वाले का मंदा वक्त नौवें साल से सोलहवें साल तक रहेगा।

सूरज– टेवे के मुताबिक सूरज का अपना तमाम अरसा (बाईस साल) अपने लिए उत्तम ही होगा लेकिन सूरज अपने दुश्मन शुक्कर के फल का तमाम अरसा (पच्चीस साल) खराब और नीच ही करेगा और दूसरी ओर चन्द्र भी अपनी पच्चीस फीसदी नजर से शुक्कर पर बुरी नजर करता रहेगा। मगर सूरज को चन्द्र पच्चीस फीसदी मदद देगा।

चन्द्र– चन्द्र से कोई भी ग्रह दुश्मनी नहीं करता भले ही खुद चन्द्र दूसरे ग्रहों से दुश्मनी करे तो बेशक करे। इस ग्रह का अपना फल बृहस्पत के घर (खाना नंबर 2) में बैठे होने के वक्त उच्च का होगा। खाना नंबर 2 में बैठकर यह बुध–शुक्कर दोनों ही से पच्चीस फीसदी दुश्मनी करता चला जाएगा।

शुक्कर– सूरज का कुल अरसा बाईस साल होता है (देखें फरमान नंबर 6, ग्रहों की मियादें, आम अरसा) और चन्द्र का कुल अरसा चौबीस साल का होता है, ये दोनों ही ग्रह शुक्कर के दुश्मन हैं। शुक्कर का कुल अरसा पच्चीस साल है। चूंकि टेवे में सूरज और शुक्कर मुश्तरका (इकट्ठे) बैठे हुए हैं इसलिए इन दोनों का मुश्तरका असर होगा। शुक्कर से सूरज की दुश्मनी बाईस साल की उम्र में खत्म होगी और चन्द्र की बुरी नजर का पच्चीस फीसदी असर भी चौबीस साल की उम्र में जाकर खत्म होगा। ऐसे वक्त अब शुक्कर की कुल मियाद (पच्चीस साल) में से सिर्फ एक साल ही बाकी रहा यानि पच्चीसवां साल। शुक्कर के घर (खाना नंबर 7) को राहु खराब कर रहा है जबकि खुद शुक्कर राहु के घर खाना नंबर 12 में बैठा हुआ है। खाना नंबर 12 में बेशक शुक्कर के साथ, बुध भी है मगर अब बुध (कुल अरसा चौंतीस साल) सूरज के साथ बैठकर अपने अरसे (सत्रह साल) तक चुप ही रहेगा।

बुध न तो शुक्कर से बिगाड़ता है और न ही सूरज से बिगाड़ता है। बुध अट्ठारह साल के बाद शुक्कर की मदद कर सकता है मगर बुध का खुद (स्वयं) का अरसा चौंतीसवां साल होता है। इसलिए अब शुक्कर का कुल अरसा पच्चीस साल पूरे का पूरा ही बरबाद हो जाएगा। बुध की मदद या उच्च हालत के वक्त शुक्कर सिर्फ लड़कियां ही पैदा करने की ताकत रखता है इसलिए शुक्कर अपने पहले दौरे (35 साला चक्कर, देखें फरमान नंबर 6) में टेवे वाले को कोई मदद न दे सकेगा। टेवे में भले ही शुक्कर–चन्द्र की दुश्मनी हुई हो मगर शुक्कर अपने दूसरे चक्कर के दौरे में टेवे वाले को उच्च फल देगा।

मंगल–नेक– अट्ठाईस साल की उम्र तक राहु की वजह से औलाद, भाई–बन्दों और नजर (दृष्टि) पर भले ही बुरा असर हो जाए मगर दूसरी बातों में मंगल का असर नेक ही होगा।

मंगल–बद– मंगल–बद के बुर्ज़ (खाना नंबर 8) पर हथेली में चौकोर का निशान है जिसकी वजह से अब यह पापी ग्रह टेवे में बुरा असर न देगा। सामुद्रिक शास्त्र में मंगल–बद को सिर्फ सूरज की खराब हालत देखने के लिहाज से रखा गया है। मसलन सूरज नीच हो या टेवे में (या हाथ में) मंगल–सूरज का ताल्लुक (सम्बन्ध) न बनता हो तो मंगल, मंगल–बद होगा। टेवे में या तो मंगल–नेक होगा या तो मंगल–बद होगा, दोनों एक साथ न होंगे। अगर हाथ में मुसल्लस, (त्रिकोण) का निशान (△) अलग से हो तो यह ग्रह अलग से मंगल–बद के नाम से गिना जाएगा।

बुध– बुध का कुल अरसा चौंतीस साल, बुध केवल अपने साथी शुक्कर (कुल अरसा पच्चीस साल) और सूरज (कुल अरसा बाईस साल) की मदद करेगा। चन्द्र की पच्चीस फीसदी नजर, चन्द्र की मियाद (चौबीस साल) तक बुध पर मंदा असर ही करेगी। बुध, चन्द्र से दुश्मनी न करेगा।

सनीचर– सनीचर इस टेवे में बृहस्पत के असर को खराब करेगा क्योंकि सनीचर के असर को खराब करने के लिए खाना नंबर 4 में भी कोई ग्रह नहीं है।

राहु– राहु का मस्त हाथी, जंगी ग्रह (मंगल) की तलवार से खौफ खाता है। अगर मंगल के साथ राहु हो तो चुप रहता है मगर जब मंगल से दूर हो जाता है तो बैर (दुश्मनी) करता है। अगर ये दोनों ग्रह आपस में सौ फीसदी दृष्टि पर अथवा आमने–सामने हों तो मस्त हाथी (राहु) तलवार (मंगल) को खराब करने की लगातार कोशिश करता रहता है। टेवे में राहु, शुक्कर के घर (खाना नंबर 7) में पड़ा हुआ है अब

शुक्कर के घर की इमारत को राहु खराब करेगा। मगर राहु, शुक्कर का कुछ न बिगाड़ेगा क्योंकि शुक्कर, राहु के घर खाना नंबर 12 में ही बैठा हुआ है।

केतु— केतु का कुल अरसा अड़तालीस साल है। केतु से बचते हुए मंगल पहले ही खाना नंबर 1 में जाकर बैठ चुका है इसलिए केतु अब केवल मंगल के मकान को ही खराब कर सकता है मगर भाई—बन्दों को बरबाद नहीं कर सकता। खाना नंबर 3 में बैठकर केतु खाना नंबर 11 को पचास फीसदी नजर (दृष्टि) से देखता है। मगर खाना नंबर 11 खाली है इसलिए अब यह पापी ग्रह (केतु) बृहस्पत की किस्मत और उम्र पर धब्बा मारता चला जाएगा।

खाली खाने

खाना नंबर 4— खाना नंबर 4 चन्द्र का घर है। इस घर को खाना नंबर 10 का ग्रह 100 फीसदी नजर (दृष्टि) से देखता है। खाना नंबर 4 बृहस्पत का उच्च स्थान है इसलिए इस घर पर बृहस्पत की नेक नजर (दृष्टि) होगी। लेकिन सनीचर, खाना नंबर 4 के घरों को खाना नंबर 10 में बैठकर देखेगा और चन्द्र के घर (खाना नंबर 4) पर स्याही (काला रंग) पोत देगा।

खाना नंबर 11— खाना नंबर 9—11 खाली हैं और इन दोनों खानों को केतु देखता है इसलिए खाना नंबर 9—11 में केतु ही टांग अड़ा सकता है।

खाना नंबर 6— खाना नंबर 6 को खाना नंबर 2 में बैठा हुआ चन्द्र 25 फीसदी नजर (दृष्टि) से देखता है (देखें फरमान नंबर 8, आम हालत) खाना नंबर 6 का घर केतु का घर है, उसे जब चन्द्र देखेगा तो चन्द्रग्रहण होगा (देखें फरमान नंबर 8 ग्रहों की बाहम दृष्टि के वक्त उनके मुश्तरका असर की मिकदार या मात्रा)। अब चन्द्र, केतु पर 25 फीसदी नजर करने के उसूल से केतु के कुल अरसे (48 साल) के चौथाई हिस्से (12 साल) के बाद चन्द्रग्रहण लगाएगा यानि टेवे वाले की 12 साल की उम्र के बाद चन्द्रग्रहण लगेगा जो 48 साल की उम्र तक रहेगा। चन्द्र का ताल्लुक (सम्बन्ध) जमीन और माता से होता है।

खाना नंबर 5, 9— खाना नंबर 5—9 दोनों खाली हैं। इसलिए अब इनका असर औलाद, धर्म—कर्म वगैरह दूसरे ग्रहों से लेंगे।

खाना नंबर 8— खाना नंबर 8 मौत का घर है। इस घर को खाना नंबर 12 के ग्रह 25 फीसदी नजर से देखते हैं। यह घर सनीचर और मंगल—बद का है। इस टेवे में मंगल—बद नहीं है। अब बाकी खाना नंबर 12 और सनीचर के लिहाज (संदर्भ) से खाना नंबर 8 का असर देखा जाएगा। सनीचर, शुक्कर और बुध का दोस्त है। सनीचर, सूरज का दुश्मन है और इन दोनों (सूरज—सनीचर) के मुकाबले में सूरज जोरावर (प्रबल) रहेगा। इसलिए टेवे वाले की मौत का साल चन्द्र की राशि होगा और मौत का दिन सूरज का दिन यानि रविवार (इतवार) होगा, मगर मौत के वक्त केतु का वक्त खत्म हो चुका होगा।

जिन्दगी के हालात का ब्यौरा

ग्रह—चाल टेवा (जनम कुंडली) और जनम रेखा टेवा (हस्तरेखा) दोनों को बाहमी (आपस में) मिलाकर देखने से मालूम (प्रतीत) होता है कि ऐसे इंसान की परवरिश (पालन—पोषण) जंगी खून और शाही जंगी धन से शाहाना (राजसी ठाठ—बाट) अंदाज में हुई है। ऐसा इंसान खुद भी उसी कारोबार या मुलाजमत (नौकरी) से धन कमाने वाला होगा। ऐसे इंसान को हुकूमत करने और धन जमा करने के बहुत सारे मौके मिलेंगे। ऐसा शख्स दुनिया के मैदान में चमकीले चांद की तरह हर जगह जंगल में मंगल करेगा और स्वयं अकेला ही अपनी किस्मत को खुद ही रोशन करने वाला होगा। इसके दुश्मन इसकी पीठ पीछे ही दुश्मनी करने

वाले होंगे मगर उच्च चन्द्रमा के सामने आते ही फौरन चुप हो जाएंगे। पोशीदा (छिपकर) दुश्मनी करने वाले लोग ऐसे इंसान की तलवार (मंगल) के सामने आते ही मस्त हाथी की तरह आंक्स (अंकुश) के डर से जमीन पर गिरे हुए सिक्के उठाने का काम देंगे। दुश्मन अपनी दुश्मनी करते रहेंगे मगर ऐसा इंसान गैबी (कुदरती) मदद की वजह से बचता चला जाएगा, गैबी ताकत इसका पूरा बचाव करेगी। ऐसे इंसान की जिल्द (त्वचा) का रंग सफेद होगा, जिस पर मंगल का सुर्ख (लाल) रंग चमकता होगा यानि ऐसा रंग होगा कि सुर्ख कागज पर चांदी का सिक्का रखा हुआ हो। ऐसा इंसान आलिदाना (निरपेक्ष) तबीयत (स्वभाव) का मालिक होगा अर्थात् न्यायप्रिय होगा। दिल की शान्ति वाला (शान्त), अहले–कलम (लेखक), तलवार का धनी (हथियार का मालिक), जंगी तदबीरों (उपाय या इलाज) में माहिर और अक्लमंद (बुद्धिमान) होगा। ऐसे इंसान को ज़ुबान (वाणी) और जिस्म (शरीर) की कभी बीमारी न होगी। 13–14 साल की उम्र में नजर (नेत्र) की बीमारियां होंगी और 28 साल की उम्र में नजर (आंखें) कमजोर हो जाएंगी मगर खराब न होंगी। यानि ऐनक वगैरह का इस्तेमाल राहु की पोशीदा (गुपचुप) दुश्मनी की निशानी (पहचान) होगी। पापी ग्रह सनीचर के असर से इंसान शराब का इस्तेमाल (प्रयोग) करेगा जो बृहस्पत के असर में खराबी डालने का सबब (कारण) बनेगा और मंगल के सुर्ख रंग में, स्याह (काले) रंग की झलक देता होगा। कुत्ते पालने का शौकीन होगा, ऐसे कुत्ते जिनका रंग तो रंगबिरंगा (केतु) हो मगर जिस्म पर सुर्ख रंग नदारत (गायब) हो। केतु की वजह से भाई–बन्दों से तकलीफ उठाएगा, वजह चाहे जो कोई भी हो चाहे माली (आर्थिक) हालत चाहे बीमारी या फिर कोई अचानक तकलीफ हो।

भाई–बंद (भाई वगैरह), रिश्तेदार–ताऊ–चाचा, औरत–जात (स्त्री–वर्ग), औरत खानदान (ससुराल), यार–दोस्तों की मदद, औलाद वगैरह यानि खाना नंबर 3 के सभी असरों से मुतअल्लिक (सम्बन्धित) वे सभी असर जिनका 50 फीसदी असर खाना नंबर 11 पर पड़ रहा हो, खराबी का सबब बनेंगे। मगर केतु का खुद टेवे वाले इंसान पर कोई खराब असर न होगा बल्कि दुनियावी (सांसारिक) ताल्लुक (सम्बन्ध) में दूसरे लोगों का दुःख ऐसे इंसान के लाभ, किस्मत और उम्र पर धब्बे की वजह बनेगा और ऐसी ग्रह–चाल (योग) में केतु 48 साल की उम्र तक असर करता चला जाएगा। केतु का पाप, केतु से मुतअल्लिक (सम्बन्धित) साथियों पर मार करेगा। राहु से मुतअल्लिक यानि स्याह (काली) या नीले रंग की चीजों या हाथी के रंग से मिलती चीजों पर (आन्तरिक रूप से) मंगल के असर का जहर देंगी। सनीचर जो बृहस्पत के साथ बैठा है अपनी स्याह (काले) रंग की चीजों से पानी में स्याही फैलाएगा यानि काली चीजों या काले रंग के शख्स (व्यक्ति) का जब साथ होगा या घर आएगा तभी नुकसान का सबब बनेगा और सोने (बृहस्पत) का मुंह काला करने वाला होगा।

किस्सा–कोताह (संक्षेप में) सफेद रंग (शुक्कर), केतु से बचने के लिए भाई–बन्दों के दुःख हटाएगा। दूध या पानी की सफेद रंग (चन्द्र) की चीजें टेवे वाले इंसान की कमाई में बरकत के लिए मददगार साबित होंगी। चन्द्र और बृहस्पत के घर का असर दौलत और इज्जत (खाना नंबर 2) के साथ–साथ किस्मत, उम्र और दूसरे दुनियावी लोगों (खाना नंबर 11) के लिए मुबारक होगा। अंगूठी में नीलम जड़वाकर दाएं हाथ की उंगली में धारण करना इंसान को 42 साल की उम्र तक राहु के बुरे असर से बचाएगा यानि राहु की पोशीदा (गुप्त) दुश्मनी से बचाएगा। शराब और आंख की होशियारी (चालाकी) से दूर रहने पर बृहस्पत का उत्तम फल इंसान को मिलेगा। गंदुमी (गेहुएं रंग की) जो सूरज का रंग है, चीजें, मंगल–नेक का उत्तम असर जाहिर करेंगी और सूरज की पूजा या दोस्ती से राजदरबार में उत्तम फल देंगी। सूरज जो शुक्कर को नीच कर रहा है अब औरत (स्त्री), गृहस्थ, धन और आराम के साथ–साथ खाना नंबर 12 का उत्तम फल देगा। घर में दूध की मौजूदगी (उपलब्धता) के वक्त चन्द्र भी शुक्कर को माफ करता रहेगा। उच्च के चन्द्र की निशानी (पहचान) मकान के लिए तह जमीन खरीदने के दिन से होगी। जिससे यह मालूम हो

जाएगा कि अब चन्द्र, शुक्कर से दुश्मनी नहीं करेगा। बुध से चन्द्र की दुश्मनी छूटने का जमाना (वक्त) 34 साल की उम्र से पूरी तसल्ली वाला होगा, लेकिन बुध 24 साल की उम्र से ही अपने आप को चन्द्र से बचा लेगा मगर बुध अपना पूरा नेक असर 34 साल की उम्र में ही देगा। सनीचर 36 साल की उम्र के बाद से ही यानि 37 साल की उम्र शुरू होने पर ही अपना नेक असर देगा हालांकि वह 16 साल की उम्र के बाद से ही बृहस्पत को माफ कर चुका है। इस टेवे में चन्द्र, सूरज, मंगल और शुक्कर का दूसरा अरसा उत्तम है जो इंसान को दौलत का सुख और मुआफिक (पर्याप्त) खर्चा देंगे लेकिन बुध, तिजारत (व्यापार) का नाश करेगा। क्योंकि यह (बुध) खाना नंबर 12 में नीच का है। घर में दुर्गा का पाठ कराने, तोते को चूरी खिलाने, सफेद कबूतर को मूंगी–दाना खिलाना (बुधवार के दिन), बुध के मंदे असर से बचाव करने में मददगार उपाय साबित होंगे। जिससे जाया (व्यर्थ) हो जाने वाली दौलत, शुक्कर (पत्नी) के काम आ जाएगी। 34 साल की उम्र के बाद बुध–सूरज दोनों का उत्तम फल शुरू हो जाएगा। 36 साल की उम्र के बाद राहु और 48 साल की उम्र के बाद केतु मददगार और शुभ असर वाला होगा।

जब शुक्कर उच्च होगा (वर्षफल में खाना नंबर 12 में आएगा, यानि अट्ठाईसवें साल में) तभी उसी दिन से शुक्कर का नेक असर मिलना शुरू हो जाएगा जो 25 साल की बजाय 34 साल तक लगातार उत्तम फल देता रहेगा। लड़का (बेटा) पैदा होने के दिन से सूरज, दुनिया में रोशन होगा यानि सूरज को उस दिन से ही शुरू गिन सकते हैं जिस दिन बच्चा (बेटा) माता (टेवे वाले की पत्नी) के पेट में आया और अब सूरज 22 साल तक लगातार रोशन रहेगा। जमीन की खरीद के दिन से ही उच्च के चन्द्र का असर शुरू हो जाएगा जो टेवे वाले इंसान की 24 साल की उम्र तक लगातार रहेगा। मकान बनने के दिन से 36 साल की उम्र तक सनीचर का उत्तम असर टेवे वाले को मिलेगा। घर में स्याह रंग के कुत्ते की मौत अथवा कोई काली या नीली चीज गुम हो जाने के दिन से शुरू होकर बयालीसवें या तेतालीसवें दिन से राहु का उत्तम असर शुरू हो जाएगा। इसी तरह से कोई दोरंगी चीज या रंग–बिंरगे कुत्ते (जो लाल रंग का न हो) वगैरह के चले जाने या गुम हो जाने के दिन से केतु का असर 48–49 सालों के लिए उत्तम हो जाएगा। ऐसे इंसान की कमाई में हराम का धन कतई न होगा। सादालोह (भोलापन), साधुपन, साधु–सेवा, मुन्सिफाना (न्याय–संगत) तबीयत, सफेद पोशी, बुजुर्गों की सेवा, इतवार या सोमवार से शुरू किए गए काम वगैरह–वगैरह सभी खुद अपने (इंसान) लिए और अपनी नस्ल (पीढ़ी) के लिए मुबारक असर वाले होंगे। सूरज और गंदुमी (गेहुंए) रंग से ऐसे इंसान को हर तरह की शान्ति नसीब होगी।

मोटी–मोटी बातें

टेवे वाले का बचपन का जमाना निहायत ही उम्दा रहा। जवानी 34 साल की उम्र में आराम देगी और बुढ़ापा भी तसल्लीबख्श (संतोषप्रद) होगा। 13–14 साल की उम्र के दरमियान (मध्य) माता का सुख–नाश होगा। 15–16 साल की उम्र के दरमियान (मध्य) पिता के सुख का साथ छूटेगा। इंसान के वाल्दैन (माता–पिता) अपनी बहू (टेवे वाले की पत्नी) का सुख न देख सकेंगे। 18 साल की उम्र में मुलाजमत (नौकरी) शुरू होगी। 21 साल की उम्र में शादी होगी, मगर 28 साल की उम्र तक औरत, औलाद के सुख से लगभग महरूम ही रहता होगा यानि शादी के कोई मायने (मतलब) न होंगे। 24–26 साल की उम्र के दरमियान पैदा लड़की, बुध के वक्त को जाहिर करेगी। 34–35 साल की उम्र के बीच पैदा हुआ लड़का सूरज–बुध का उत्तम फल देगा यानि जिन्दगी में तरक्की का बहाना बनेगा। 30 से 31 की उम्र के करीब की औरत (दूसरी शादी), उच्च के शुक्कर का फल देगी। 37–39 के दरमियान मकान बनेगा जो उच्च के सनीचर का फल देगा और दुनियावी लिहाज से तरक्की करवाने वाला होगा। 33 साल की उम्र में माता के पेट में बच्चा आते ही (टेवे वाले का बेटा) सूरज का 22 साल का अरसा शुरू हो जाएगा। अब सूरज 49 साल की उम्र तक राजदरबार

से ताल्लुक (सम्बन्ध) बनवाएगा। 51 साल की उम्र में लड़का मुलाजिम (नौकर) होगा। 55 साल की उम्र के बाद संन्यासी होगा या परोपकार से ताल्लुक रखेगा। कुल उम्र 93 साल होगी।

मुतफर्रिक (महीन) बातें

माली (आर्थिक) हालत– जिस साल की मासिक आय देखनी हो, उस साल की उम्र में से मुलाजमत (नौकरी) शुरू करने का अरसा (18 साल) तफरीक करें (घटाएं), जो भी बचे उसे $7\frac{1}{2}$ से जरब (गुणा) कर दें, जो भी उत्तर आएगा वह औसत मासिक आय होगी।

मसलन 37 साल की उम्र– 18 साल $= 19$ साल $\times 7\frac{1}{2}$

$= 142\frac{1}{2} = 143$

यानि 140 से 143 के करीब मासिक आय होगी। यह उसूल मंगल के तमाम अरसे (28 साल की उम्र) तक लागू होगा यानि 28 साल तक का अरसा 210 तक की मासिक आय का होगा।

ऐसा इंसान 34 साल की उम्र तक सिर्फ माया का राखा (रखवाला) ही होगा यानि जो कमाएगा, दूसरों पर लगाएगा या किसी दूसरे इंसान नहीं तो, स्थान पर ही लगा देगा। 34 से 42 साल की उम्र तक माकूल (उचित) आमदनी होगी मगर इस उम्र के दरमियान (मध्य) का सारा धन ब्याह, शादी, मकान वगैरह के कामों में लग जाएगा मगर लगेगा नेक कामों में ही। वह सारा धन जो खर्च हुआ 43 से 51 साल की उम्र में फिर से जमा हो जाएगा। इंसान पर कर्जा कभी न होगा।

औलाद– टेवे वाले के चार लड़के और दो लड़कियां होंगी जो आखरी वक्त तक कायम (जीवित) रहेंगे। औलाद (संतान) नेक और सुख देने वाली होगी। पहली औरत (पत्नी) से पैदा हुई लड़की और दूसरी औरत का पहला लड़का किस्मत के मामले में खास मददगार होंगे।

सफर– टेवे वाले की किस्मत में चन्द्र–सूरज के बाहमी (आपसी) ताल्लुक से सफर (यात्राएं) तो जरूर होंगे मगर दूसरे मुल्क (विदेश) के न होंगे। सफर का नतीजा हमेशा नेक ही होगा।

भाई–बंद– टेवे वाले के भाई अमूमन 42 साल की उम्र से (टेवे वाले की उम्र) उम्दा हालत में होंगे। टेवे वाले को अपने भाईयों से कोई फायदा न होगा लेकिन टेवे वाला भाईयों के लिए जरूर मददगार होगा। टेवे वाले के भाई मदद के लिए तो हमेशा तैयार ही रहेंगे मगर टेवे वाला खुद (स्वयं) पर ही भरोसा रखने वाला होगा। ताऊ, चाचा, मामा या साला किसी से भी मदद न लेगा, खुद ही अपनी मदद पाएगा।

खर्च–बचत– इंसान की कुल कमाई में से 75 फीसदी खर्चा और लगभग 25 फीसदी तक बचत होगी यानि खर्चा इतना होगा कि गिना ही न जाएगा। खर्चा बहुत होगा और उसे घटा भी न सकेगा, अगर खर्चे को घटाने की कोशिश करेगा तो आमदनी भी खुद–ब–खुद घट जाएगी। लेकिन अगर लड़कियों पर खर्च बढ़ेगा तो आमदनी भी बढ़ जाएगी। अपने पेट के लिए भले ही सरफा (संकोच) करे मगर दूसरों की सेवा के मामलों में कुछ ज्यादा ही खर्चा हो जाएगा। किसी को दिया हुआ धन जरूर वापस आएगा।

साहुकारी– साहुकारी का लेन–देन उम्दा असर वाला होगा मगर दान या बिना सूद (ब्याज) दिया हुआ धन कभी भी वापस न आएगा।

खुशी–गम– हाथ में दिखाई दे रहे 19 खतों (रेखाओं) से टेवे वाला धर्मात्मा होगा और राजदरबार (प्रशासन) में इज्जत पाएगा। दोनों हाथों पर कुल 43 निशान होने की वजह से जीवन में 32 गमों के क्षण होने के मुकाबले 43 खुशी के पल होंगे।

औरत का साथ– 28 साल की उम्र के बाद वाली औरत (पत्नी) अमूमन 59–60 साल तक टेवे वाले का साथ निभाएगी।

धर्म–कर्म– टेवे वाला धर्म के खिलाफ कतई न होगा क्योंकि टेवे में मंगल, लगन (खाना नंबर 1) में बैठा है। ऐसा इंसान दूसरों का मान–सम्मान करने वाला होगा। ऐसे इंसान की भी दुनिया में इज्जत और कद्र होगी और वह सूरज की तरह लाल होकर चमकेगा। वरना मंगल, बद होगा। यह इंसान धर्म–कर्म का देवता होगा यानि जो भी कह देगा खाली न जाएगा बल्कि जरूर सच होगा।

नेकी–बदी– टेवे वाला काम–देवता से दूर रहने वाला होगा और जहनी–लियाकत (मानसिक–योग्यता) का मालिक होगा। नेक काम के लिए उसकी ताकत तीन तो बदी (बुराई) के लिए दो होगी यानि बदी की निस्बत (तुलना में) नेकी की तरफ ज्यादा होगा। ऐसे इंसान से फायदा उठाने वाला या ऐसे इंसान का दोस्त वही शख्स हो सकता है जो अन्दर और बाहर से साफ–दिल वाला इंसान हो। टेवे वाला चालाक की चालाकी फौरन ताड़ (पहचान) लेने वाला होगा। मुख्तसरन (संक्षेप में) चालाक उससे जरूर नुकसान पाएगा और साफ दिल वाला फायदा पाएगा।

जद्दी–जायदाद– ऐसे इंसान की हथेली गहरी है, जिसकी वजह से आमदनी या खर्चे के लिए कभी भी कर्जा न उठाएगा। खुद कमाएगा और खुद खर्च करेगा। इस टेवे में खाना नंबर 2–9 खर्च कराने वाले (बुरे वक्त की वजह) और खाना नंबर 1–4 बचत करने वाले (अच्छे वक्त की वजह) होंगे।

इन दोनों का फर्क (अंतर) 2–1 का होगा जो जद्दी (पैतृक) जायदाद में इजाफा कराने वाला होगा यानि खर्च निकालने (सभी तरह के खर्चे) के बाद जो बचत होगी उससे जद्दी (पैतृक) जायदाद (सम्पत्ति) में इजाफा (बढ़ोतरी) करेगा।

जिन्दगी का खुलासा

इस शख्स के हाथ में एक चक्कर होने की वजह से यह राजा या हाकिम, एक शंख होने से हमेशा आराम पाने वाला, आठ सदफ (सीप) होने की वजह से इज्जत की जिन्दगी पाने वाला, तर्जनी–मध्यमा बराबर होने की वजह से मशहूर जिन्दगी का मालिक होगा। किस्मत के दरिया में यह हाथ पूरा सूरज नहीं तो न सही मगर पूरा चन्द्रमा तो जरूर ही है। अंगूठा बाहर की ओर झुकने की वजह से नरम–तबीयत (स्वभाव) वाला होगा। जब कभी भी नुकसान उठाएगा खुद की नरम–तबीयत की वजह से ही उठाएगा। मामूली–सी उकसाहट से धन को ठोकर मार देगा और मामूली–सी मिन्नत या समाजत (विनती या गिड़गिड़ाना) से मान जाने वाला होगा। कूच (मौत) के वक्त अपने गृहस्थ जीवन में ही होगा। सनीचर की रात खत्म हो चुकी होगी मगर इतवार का सूरज न चढ़ा होगा, सबसे राम–राम कर जाएगा। आखरी (अन्तिम) वक्त पर जुबान बन्द न होगी और खयालात (विचार) भी शुद्ध ही होंगे। सूरज का उत्तम दिन, दूसरा दरबार बख्शेगा। छिपता हुआ सूरज दुनिया के लिए जंगल में मंगल की लाली छोड़ जाएगा यानि टेवे वाले का गृहस्थ और कुटुम्ब सभी खुशहाल होंगे।

मिसाल (उदाहरण) – 2

ग्रहों की मियादें– बृहस्पत 16 साल, सूरज 22 साल, चन्द्र 24 साल, शुक्कर 25 साल, मंगल 28 साल और 31 साल दूसरों की मदद के लिए, बुध 34 साल, सनीचर 18 साल पिता की माली हालत के लिए, सनीचर 19 साल शादी के लिए, सनीचर 27 साल पिता और खुद (स्वयं) की इकट्ठी माली (आर्थिक) हालत के लिए, सनीचर 33 साल रोजगार (सभी तरह के) या दूसरे जायदाद से मुतअल्लिक (सम्बन्धित) सवालों के जवाब के लिए सनीचर 36 साल खुद के असर से मुतअल्लिक बातों के फैसले के लिए, सनीचर 39 साल अपने जुजों (खण्ड या टुकड़े) राहु और केतु की मदद या बरखिलाफी (विरोध) के लिए, राहु 42–45 साल

राहु–केतु की मुश्तरका हालत के लिए, केतु 48–49 साल इसके बाद (49 साल के बाद) बृहस्पत फिर से खड़ा हो जाएगा।

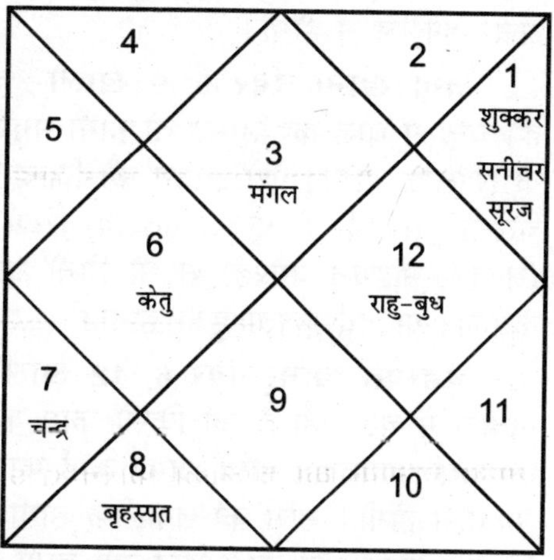

मंगल खाना नंबर 1– मंगल का अपने ही खून (रिश्तेदारी के लिहाज में) से ताल्लुक होता है यानि अपने भाई के खून से ताल्लुक होता है। मंगल की मियाद 28 साल होती है। खाना नंबर 1 की टांगें होती हैं खाना नंबर 11 में और खाना नंबर 1 की आंखें होती है खाना नंबर 8 में (देखें फरमान नंबर 8, कुंडली का पक्का घर खाना नंबर 1) लेकिन खाना नंबर 8 खाली है इसलिए इस मंगल की आंखें तो होंगी नहीं इसलिए इस शख्स (इंसान) की रहनुमाई (रास्ता बताने वाला) किसी दूसरे के हाथ में नहीं होगी यानि यह इंसान किसी दूसरे की आंख से न देखकर अपनी ही आंखों से देखकर चलने वाला होगा। इसे खुद ही अपने लिए सब कुछ करना पड़ेगा। अब सवाल उठता है टांगों का, तो ऐसा इंसान तीन टांगों का मालिक होगा, क्योंकि खाना नंबर 11 में, तीन ग्रह हैं। टांगों के घर में (खाना नंबर 11), सूरज–सनीचर मुश्तरका (इकट्ठे) होने से उनके बाहमी (आपसी) झगड़े में शुक्कर मारा जाएगा। टेवे वाले की औरत (पत्नी) बरबाद होगी। इस वाकिआत (घटना) की मियाद सूरज या सनीचर की उम्रों में अथवा शुक्कर की मियाद में होगी। खाना नंबर 11 में सनीचर (मंगल का दुश्मन) होने से इंसान की टांगें भी लड़खड़ा रही होंगी। टेवा देखने वाले दिन टेवे वाले इंसान की उम्र 36 साल हो चुकी है और इसकी औरत (पत्नी) को गुजरे 10–12 साल बीत चुके हैं। मंगल अपने हकीकी (खून के) रिश्तेदारों को मदद करता है, जिसकी उम्र 28 साल की होती है अर्थात् टेवे वाला 28 साल की उम्र में अपने हकीकी रिश्तेदारों को मदद देगा और 31 साल की उम्र में दीगर (दूसरे) लोगों को मदद पहुंचाएगा। सूरज और सनीचर के झगड़े से दोनों ही सिफर (शून्य) हो रहे हैं इसलिए 28 से 31 साल की उम्र तक दूसरे लोगों से कोई मदद न मिल सकी लेकिन जो शुक्कर इन दोनों (सूरज, सनीचर) के झगड़े से 25 साल की उम्र में नष्ट हुआ था वह 31 साल की उम्र में बहाल होगा। हकीकत (वास्तव) में इस इंसान की शादी हुए 5 साल बीत चुके हैं मंगल मैदान–ए–जंग का मालिक है और इस टेवे के मंगल की न तो आखें हैं और न ही टांगें। इसलिए जंगी (रक्षा विभाग या फौजदारी वगैरह) हालातों का तो सवाल ही नहीं उठता।

केतु खाना नंबर 4 और राहु–बुध खाना नंबर 10– खाना नंबर 4 का केतु, कुएं में गिरा हुआ कुत्ता होगा। अब न तो चन्द्र अच्छा होगा और न ही केतु नेक होगा यानि औलाद देरी से पैदा होगी। औलाद राहु की मियाद से पहले (42 साल) और बुध की मियाद (34 साल) के बाद कायम (पैदा) होगी। अव्वल (सर्वप्रथम) तो नरीना (नर) औलाद के बारे में ज्यादा कुछ नहीं कहा जा सकता (क्योंकि केतु की हालत खराब है) लेकिन फिर भी इस मियाद में (34 साल के बाद 42 साल से पहले) औलाद कायम हो तो बच्चा दो–तीन साल का रहा होगा यानि बच्चे की उम्र दो या तीन साल हो चुकी होगी। शाम (राहु) का सफर और माता (चन्द्र) की तरफ रवानगी (झुकाव) अमूमन मंदी हवा (अशुभ प्रभाव) से भरपूर होगी। खाना नंबर 10 के राहु–बुध अमूमन सनीचर की टेवे में हैसियत के मुताबिक चलते हैं। सनीचर खाना नंबर 11 में धर्मात्मा है मगर सूरज के टकराव से मारा जा रहा है अर्थात् 34 साल से 36 साल की उम्र तक का राहु–बुध का जमाना सनीचर की स्याही और सूरज की आग को जलाकर राख करता चला जाएगा मानो लकड़ी (सनीचर) जल रही है और धुआं (राहु) उठ रहा है। सूरज की आग भड़क रही होगी और 34 साल (बुध) से 36 साल (सनीचर) की उम्र तक का जमाना मंदे धुएं का असार देगा। किसी की अमानत मंदी (परेशानी की वजह) होगी और किसी की जमानत धोखा दे रही होगी। ससुराल (राहु) से हमदर्दी (सहायता)

की तवक्का (उम्मीद) पानी में बुलबुले के मानिन्द (समान) होगा। सनीचर के कारोबार से कोई खास अच्छा असर हासिल न होगा।

चन्द्र खाना नंबर 5, 9 खाली– चन्द्र चार घर ही चलेगा क्योंकि बुध–चन्द्र जहरी (विषैले) दुश्मन हैं। चन्द्र में घोड़े की हिम्मत तो होगी मगर बुध (दिमाग) और राहु (ससुराल) की खयाली ताकत चन्द्र (दिल) के खिलाफ होगी। ऐसे इंसान की जिन्दगी में सरदर्दी और दिमागी तकलीफें 42 साल (राहु) की उम्र तक चलेंगी। सरदर्दी से मुराद (मतलब) सिर्फ बेकारी, मायूसी या उदासी से ही न होगी बल्कि सिर में बीमारी (सरदर्द, माइग्रेन वगैरह) से भी गिनी जाएगी। इंसान के सिर के अन्दर का कोई हिस्सा फटा हुआ या कमजोर या दर्द करता हुआ होगा।

बृहस्पत खाना नंबर 6, 12 खाली– बृहस्पत की खुली और केतु की बंधी हवा होती है। खुली हवा पाताल में चल रही है जो किसी काम की न होगी यानि टेवे वाले को सोने, गुरु या पिता से किसी तरह का कोई फायदा न होगा, अगर कोई फायदा मिला भी तो सिर्फ दुःख का सबब बनेगा। सोने की चीजें गुम या चोरी होंगी। सांस की तकलीफ होगी मगर दमा न होगा। ऐसा इंसान डर (जिम्मेदारी) से आगे भागता जा रहा होगा और सांस फूल रही होगी यानि ऐसे इंसान को चैन की सांस न मिलेगी।

खाना नंबर 11, 3 खाली– टेवे वाले की औरत (पत्नी) सूरज के वक्त (दिन में) आग में जलती हुई मिट्टी होगी मगर रात के वक्त मिट्टी की स्याह (काली) मूरत होते हुए भी लक्ष्मी अवतार और दुनिया के आगाज (जगत्–जननी) की मालिक होगी यानि बच्चे पैदा करेगी। औरत (टेवे वाले की पत्नी) अगर ऐश में लग जाए तो जिस वक्त उसको मीठा गुड़ (सूरज) मिलेगा, दुःखी हो जाएगी और जब यह नमक खायेगी तो ठीक रहेगी, नमक से उसको रुहानी (आत्मिक) और जिस्मानी (शारीरिक) आराम मिलेगा।

खाना नंबर 11 आमदनी (कमाई) का घर है जिसमें सूरज–सनीचर और शुक्कर मुश्तरका (इकट्ठे) बैठे हैं। सूरज और सनीचर को चलाने के लिए बुध की दरकार (जरूरत) होगी। अब टेवे वाले की उम्र 36 साल हो चुकी है, टेवे वाले का कारोबार चमड़े (सनीचर) के सामान से मुतअल्लिक (सम्बन्धित) है। सूरज–सनीचर के झगड़े में औरत (शुक्कर) मर चुकी है। आमदनी और जमा (बचत) सब बराबर (शून्य) हो चुकी है। 37 से 39 साल की उम्र का जमाना सनीचर की धर्म अवस्था और सनीचर के जाती (व्यक्तिगत) फल देने का जमाना (समय) है। इसलिए इस वक्त सनीचर से मुतअल्लिक (सम्बन्धित) कारोबार (लोहा, ईंट, पत्थर, लकड़ी, चमड़ा, सीमेंट वगैरह) कारआमद (प्रभावशाली) होगा। 36 साल की उम्र तक तो सनीचर सूरज से चोट खाता रहा है लेकिन अब अगर बुध कायम रखता है यानि लड़कियों से आशीर्वाद लेता रहेगा तो नेक असर होगा वरना 39 साल की उम्र तक सब कुछ सिफर (शून्य) हो जाएगा। 39 साल की उम्र में किसी दूसरे शख्स (इंसान) के साथ साझा–कारोबार करेगा तो कोई नुकसान न होगा। लड़कियों को कुछ न कुछ देते रहना और उनका आशीर्वाद लेते रहना मुबारक असर देगा। औरत (पत्नी) के जेवरात (आभूषण–जो सोने के बने हों) 39 साल की उम्र तक गुम (खो) जाएंगे यानि अपने पास न रहेंगे। वजह चाहे जो भी हो। टेवे वाले की सिरदर्दी (परेशानी) तो चलती ही रहेगी जो 42 साल की उम्र तक रहेगी। औरत (पत्नी) की तकलीफ और खुद (स्वयं) के दिल की परेशानी दूर करने के लिए बतौर उपाय (उपाय के रूप में) मीठा (खासकर गुड़) इस्तेमाल करना छोड़ दें, मौजूदा (वर्तमान) काम–धंधा (कारोबार) ठीक रहेगा, जगह की कोई बन्दिश न होगी। जहां मर्जी ऐश करे, नतीजा उम्दा होगा।

मिसाल (उदाहरण) – 3

खाना नंबर 5 में सनीचर की वजह से टेवे वाला मकान तो बनाएगा मगर औलाद से महरूम (वंचित) होगा। क्योंकि खाना नंबर 5 का सनीचर बच्चे खाने वाला सांप होता है चन्द्र का केतु से ताल्लुक हो रहा है। (चन्द्रग्रहण) और सूरज का केतु से झगड़ा हो रहा है जिसकी वजह से माता वफात (मौत) पाएगी। सूरज और

केतु के बाहमी (आपसी) झगड़े की वजह से औलाद का सुख न मिल सकेगा। खाना नंबर 2 में 3 ग्रहों की बैठक में चन्द्र–केतु बाहम (आपसी) कट गए, इसलिए सिर्फ सूरज (राजदरबार) ही रह जाएगा। केतु धर्म स्थान में है और सूरज से दबा हुआ है इसलिए टेवे वाले को कुत्तों से नफरत है लेकिन अगर यह इंसान कुत्तों को मारेगा तो जरूर अपनी टांग (केतु) तुड़वा लेगा। इस साल टेवे वाले ने लाल रंग का कुत्ता रखा है।

जनम टेवा – जनमदिन 19-05-1998

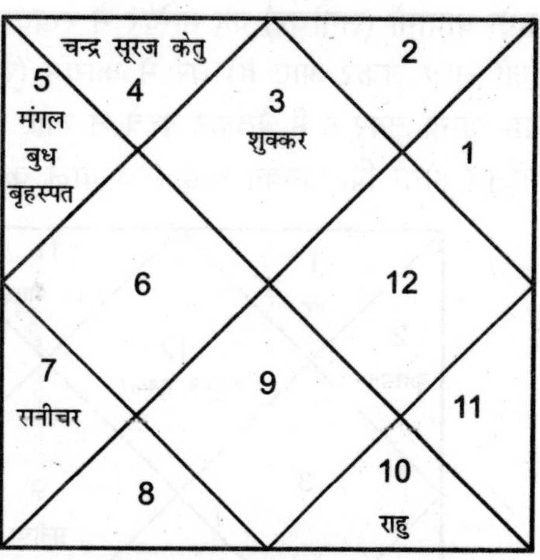

पूजा–पाठ करता नहीं है क्योंकि राहु खाना नंबर 8 में है इसलिए खुद टेवे वाला भी धर्म स्थान में नहीं जाता या यूं कहें कि नहीं जा पाता। इसलिए राहु खाना नंबर 9 में जाएगा (पैतृक स्थान) और वहां का फल धर्महीन करेगा। टेवे वाला 48 साल की उम्र में मुल्की–कैदी (राष्ट्रीय–बन्धक) हुआ क्योंकि सनीचर खाना नंबर 5 में है। टेवे वाले के घर में हर वक्त शराब की बोतलें बेशुमार रहती हैं इसलिए सनीचर औलाद के लिए मंदा नहीं होगा क्योंकि सांप बिना दांत के शराब नहीं पीता, खाना नंबर 5 का सनीचर बगैर दांत वाला सांप है। मगर केतु (औलाद) और चन्द्र (माता) खुद–ब–खुद (स्वतः) ही मंदे हो रहे हैं इसलिए टेवे वाले की औलाद 52 साल की उम्र में कायम होगी। टेवे में मंगल–बृहस्पत के साथ बुध बैठा है इसलिए टेवे वाले की औरत (पत्नी) को 15 साल कोई बच्चा न हुआ। टेवे वाले के बावनवें साल में मंगल, बुध, बृहस्पत खाना नंबर 4 में आ गए हैं इसलिए बुध राजयोग बनाएगा और टेवे वाले को औलाद देगा।

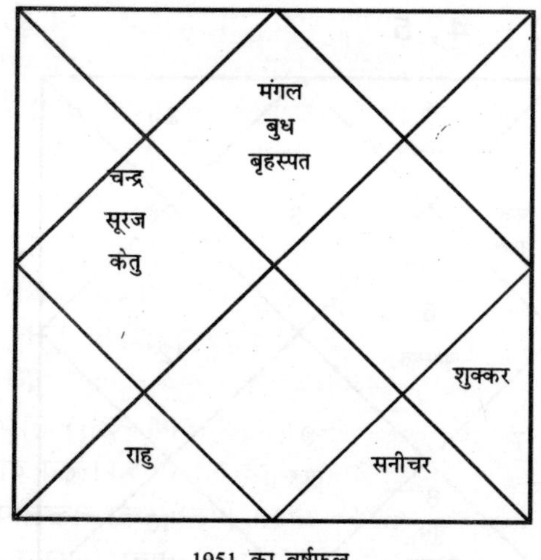

1951 का वर्षफल

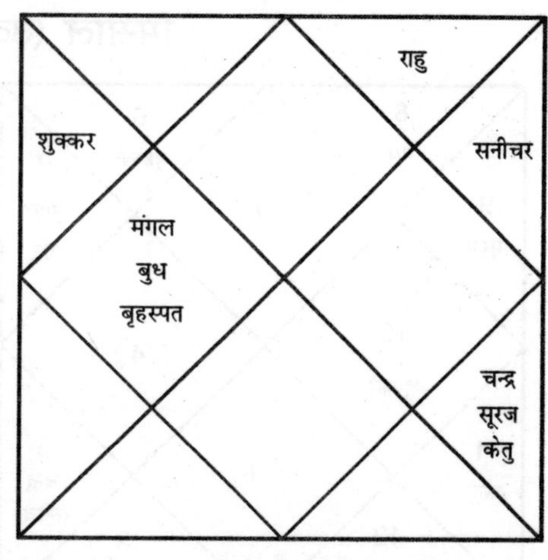

1952 का वर्षफल

अगर ऐसे टेवे वाले इंसान की लड़की का रिश्ता किसी फौजी अफसर के साथ हो जाए तो टेवे वाले की भी तरक्की फौजी महकमे में हो जाएगी। बावनवें साल के वर्षफल में सूरज, चन्द्र, केतु खाना नंबर 9 में है। टेवे वाला सूरज (स्वयं) होता है जो खाना नंबर 9 में है, जो समुद्री खाना है। खाना नंबर 9 में केतु उच्च होता है इसलिए इस ग्रह–चाल (योग) की वजह से टेवे वाला बन्दरगाह तक जा सकता है अथवा जहाज (हवाई यात्रा) की सीढ़ियों तक भी जा सकता है मगर उसे वहां से वापस आना पड़ेगा। बावनवें साल में शुक्कर खाना नंबर 3 में होगा मानो कोई औरत समुद्र पार (विदेश यात्रा) जाने की कह रही हो।

उपाय इंसान को चाहिए कि औलाद को जिन्दा रखने के लिए मन्दिर में कुछ बादाम ले जाए और उन सभी बादामों (सनीचर) को मन्दिर में रखकर उसमें से आधे बादाम घर वापस लेकर आ जाएं और बादामों को (जो साथ लेकर आए हैं) घर में कायम (स्थापित) करें, जिससे सनीचर के सांप को कसम चढ़ जाएगी कि वह खाना नंबर 5 में बैठकर बच्चे न खाए। टेवे वाले इंसान की दो लड़कियों के टेवे दिये जा रहे हैं, जिनसें मालूम होगा कि उनका भाई (टेवे वाले का बेटा) कब पैदा होगा। इसका अभ्यास खुद ब खुद करें।

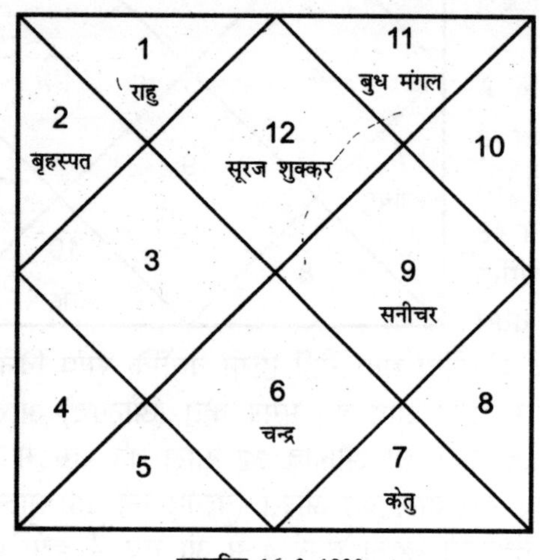

जनमदिन 16-3-1930

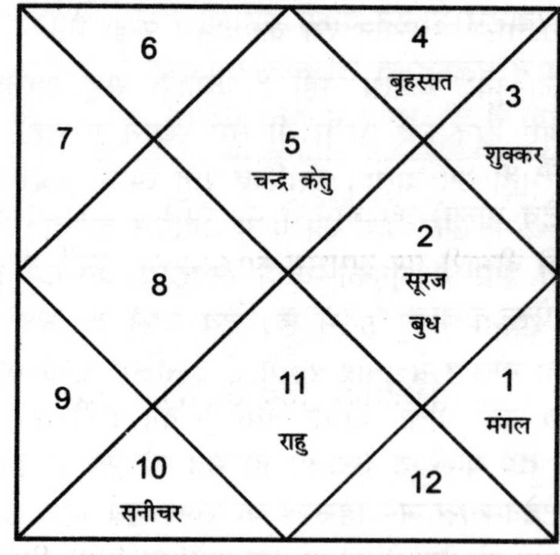

जनमदिन 16-6-1934

मिसाल (उदाहरण) – 4, 5

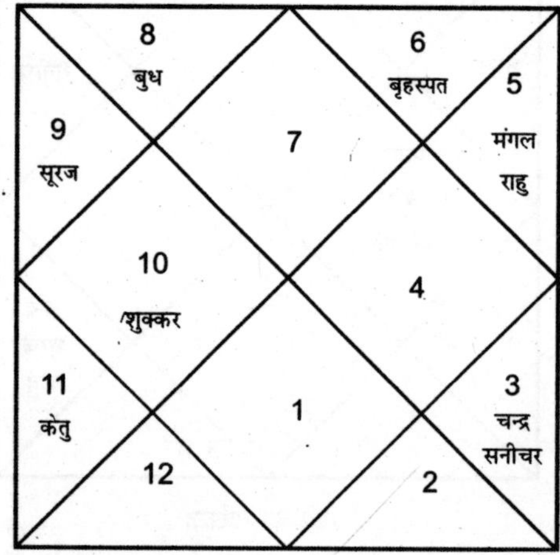

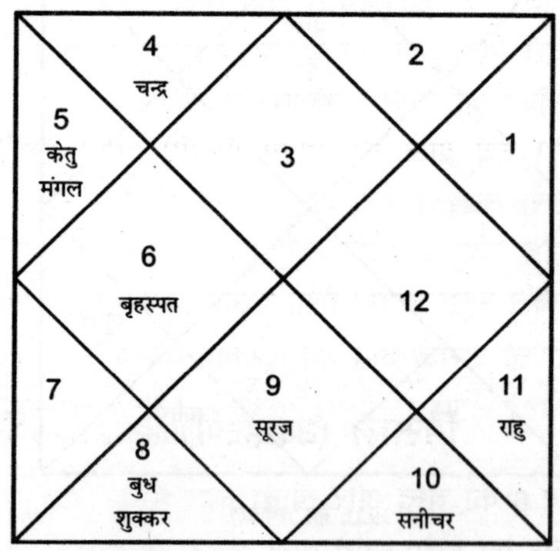

मोटर वाला लड़का - जनमदिन 16-12-1938

मिसाल (4) इस टेवे वाले के बाप की उम्र 19 साल होगी। चन्द्र–सनीचर खाना नंबर 9 में होने से जद्दी (पैतृक) जायदाद के नाम पर टेवे वाले इंसान के दो उजड़े हुए मकान होंगे। केतु खाना नंबर 5 की वजह से नरीना (नर) औलाद जिन्दा होगी। सूरज खाना नंबर 3 में प्रबल होता है यानि टेवे वाले की मुलाजमत (नौकरी) ठीक चलेगी और मुलाजमत आखरी वक्त तक कायम रहेगी। टेवे वाला चम्बल का रोगी

(एक प्रकार का चर्म रोग, जिसमें शरीर में खुजली होती है और त्वचा पर चिकत्ते निकल आते हैं) होगा जिसमें नाक छेदन से आराम मिलेगा।

मिसाल (5) यह टेवा ऐसे लड़के का है, जिसके माता के पेट में आने के वक्त से ही उसके पिता के पास मोटरों की कीमत के बराबर का धन आ गया और इसके कुछ अर्से (वक्त) बाद धन–दौलत की दरिया की लहरें उफान मारने लगीं। टेवे वाले का बाप हमल की रात (गर्भाधारण) से पूर्व एक मामूली पैंसिल तकसीम (बांटने) करने वाला मामूली हस्ती (क्षमता) वाला सरकारी मुलाजिम (नौकर) था। हमल के दिन के बाद, बाप ने मुलाजमत छोड़कर ठेकेदारी शुरू की और 3–4 मोटरें खरीद ली। बाप कह रहा था कि ''मोटरों का मालिक मैं हूं'' मगर मजमून (विषय) कह रहा था कि मोटरों का मालिक लड़का है। क्योंकि मोटर पिता को लड़के के जनम के बाद मिली। केतु, मंगल, सनीचर की वजह से मोटर की कीमत के बराबर का धन लड़के (टेवे वाला) की बीमारी पर खर्च हो जाएगा। जिस दिन ग्रह–चाल देखी जा रही थी उस दिन तक लड़के की बीमारी पर लगभग 50,000/– खर्च हो चुके थे जबकि मोटर गाड़ी की कुल कीमत 65,000/– ही थी। ऐसा इंसान केसर का तिलक पेशानी (मस्तक) पर लगाए तो मुबारक असर होगा।

मिसाल (उदाहरण) – 6

जनमदिन - संवत् 1977

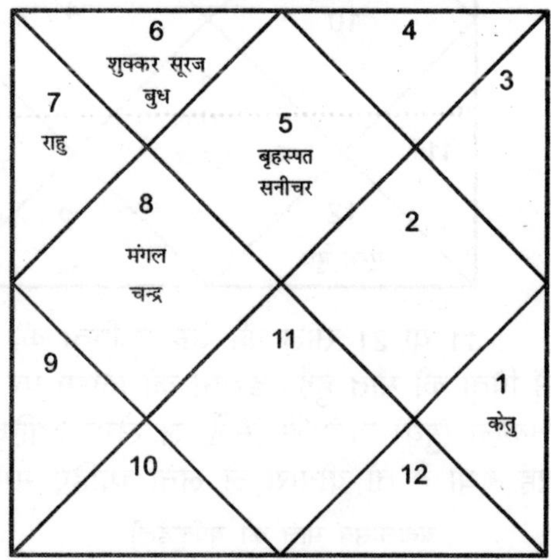

जब तक टेवे वाले के घर में चक्की (शुक्कर–बुध) कायम रहेगी तब तक टेवे वाले का किला बरकरार रहेगा। जब लड़का (टेवे वाला) माता के पेट में आया तब तावीज (यंत्र) लिया गया और फिर लड़का पैदा होने के बाद भी तावीज लिया गया। इससे बृहस्पत खुद, बुध खाना नंबर 2 (तावीज) की हालत में बदल जाएगा। पतंग की डोर (बुध) 600 मील लम्बी (600 गज नहीं) बहुत मुद्दत (वक्त) से घर में मौजूद होगी यानि कोई ऐसी डोर (निवार वगैरह या रस्सी) जो बंडल के रूप में न होकर खुली पड़ी होगी। टेवे वाले की औरत (पत्नी) अपने खाविन्द (पति) को इस तरह सहारा देगी जैसे पतंग को डोर सहारा देती है। बतौर उपाय डोर को डोर की शक्ल में न रखा जाए बल्कि बंडल बनाकर रखा जाए। ऐसा इंसान जब अपने इलाके (स्थान) पर जाएगा तो उसके बाप की तरक्की का बहाना बनेगा।

मिसाल (उदाहरण) – 7

जनमदिन - 26-4-1949

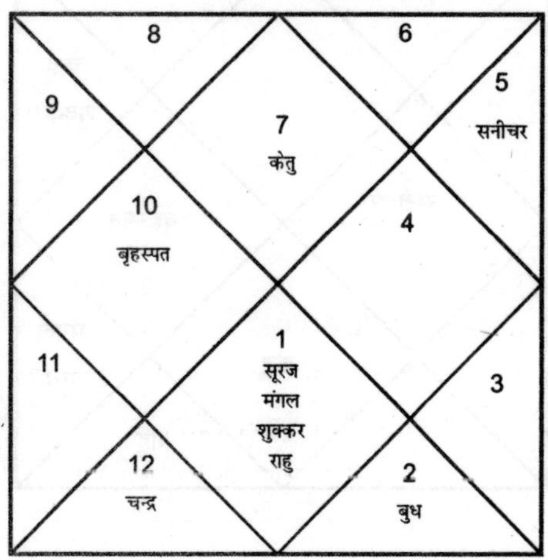

खाना नंबर 6 का चन्द्र और खाना नंबर 8 का बुध माता के लिए खराब असर का होगा। टेवे वाले की 8 साल की उम्र तक माता बीमार रहेगी। टेवे वाला अगर घर में नर खरगोश का बच्चा (केतु) रखेगा तो खरगोश पर खरगोश मरते जाएंगे लेकिन टेवे वाले को 48 साल की उम्र तक आराम मिलेगा और माता की सेहत के मामले में भी मददगार साबित होगा। माता के लिए बुध खाना नंबर 8 का भी उपाय किया जाना चाहिए। सनीचर खाना नंबर 11 के असर से टेवे वाले की उम्र लम्बी होगी।

मिसाल (उदाहरण) – 8

इस इंसान के माता–पिता का कुछ पता नहीं। यह अपने वाल्दैन के पास नहीं रह सकता। किसी का मुतबन्ना (दत्तक पुत्र) हो सकता है। मंगल खाना नंबर 4 में होने की वजह से टेवे वाले का बड़ा भाई तो होगा मगर टेवे वाले की दूसरी शादी के वक्त बड़ा भाई ज्यादा बीमार होगा। केतु खाना नंबर 9 की वजह से मामा खानदान बरबाद होगा। मंगल–बुध खाना नंबर 4 होने से बहिन को दमा की शिकायत होगी। माता के पास चांदी (या संगमरमर) का चकला होगा। क्योंकि बुध गोल चक्कर होता है जो चकले की शक्ल दिखाता है।

जनम कुंडली – 29-3-1924

8 चन्द्र केतु
6
9 सनीचर
7
5
10
4
1 बृहस्पत शुक्कर
11
3 मंगल
12 सूरज बुध
2 राहु

हस्तरेखा कुंडली – 1-1-1950

चन्द्र शुक्कर
सूरज
राहु
बृहस्पत
मंगल बुध
केतु
सनीचर

11 या 21 साल की उम्र में पिता की मौत होनी चाहिए। मालूम करने पर पता चला 11 साल की उम्र में पिता की मौत हुई। इंसान को जिस्म पर सोना कायम करना मुबारक असर देगा। संगमरमर (सनीचर) का चकला (बुध) जहां से मिले, ले लेना चाहिए। अगर चकला किसी को दे रखा है, गुम हो गया है या कहीं रह गया है तो दोबारा ले लेना चाहिए मगर घर में चकला जरूर (गोल–चकला) होना चाहिए। जब तक संगमरमर के चकले पर रोटी बनवाकर खाई जाएगी तब तक दमे की तकलीफ न होगी। अगर पहले से हो तो दूर होगी। मंगल खाना नंबर 4 में होने की वजह से टेवे वाले के पास दोनाली बन्दूक होगी और बड़े भाई के ऊपर अचानक चल जाएगी। चन्द्र–शुक्कर मुश्तरका (इकट्ठे) खाना नंबर 2 में होने से टेवे वाले के लिए सराय (होटल) का काम मुबारक होगा बशर्ते टेवे वाले के साथ माता न रहती हो। बुध खाना नंबर 4 रेत है जो नीचे–नीचे होकर अपने घर खाना नंबर 3 में चला जाता है इसी तरह बीमारी (खाना नंबर 8) भी खाना नंबर 2 से होती हुई खाना नंबर 4 (चन्द्र के मारफत) में चली जाती है। सनीचर–पत्थर या संगमरमर, चन्द्र–चांदी, बुध–गोल दायरा (चक्कर), शुक्कर–रोटी (रिजक) यानि संगमरमर या चांदी का गोल चकला माता की बीमारी (दमा) के लिए मददगार होगा।

बयालीसवें साल की वर्षकुंडली

सूरज
चन्द्र शुक्कर
सनीचर
बृहस्पत
मंगल बुध
केतु
राहु

मिसाल (उदाहरण) – 9

जनमदिन - 23-07-1922

6 बृहस्पत सनीचर राहु
4 सूरज
7
5 शुक्कर
3 चन्द्र बुध
8 मंगल
2
9
11
1
10
12 केतु

टेवे वाले की औरत अगर शराब पीएगी तो सूरज–सनीचर आपस में टकराएंगे और बृहस्पत (बाप) बरबाद होगा। साधु (बृहस्पत या सोना), चोर (सनीचर), सांप (सनीचर–लोहा), ससुराल (राहु) जा रहे हों तो मुश्किल से ही मंजिल तक पहुंचेंगे अर्थात् जब टेवे वाला रात के वक्त (सनीचर) लोहे के वाहन (सनीचर) पर सोना पहनकर (बृहस्पत) ससुराल जा रहा होगा तो रास्ते में कोई मंदा वाकिआत होगा। मंदे वक्त के दौरान 43 दिन तक धर्मस्थान में बादाम दें और दिये हुए बादामों में से निस्फ (आधे) बादाम साथ ले आएं और घर में कायम करें। ससुराल में पूजा–पाठ न करें और ससुराल में चालाकी से रहे तो मुनासिब (ठीक) होगा। वरना हर रोज नया जूता खाने को मिलेगा। 34 साल (बुध) की उम्र तक जमा–खर्च (आय–व्यय) बराबर रहेगा यानि बचत सिफर (शून्य) होगी।

मिसाल (उदाहरण) – 10

जनमदिन - 11-01-1924

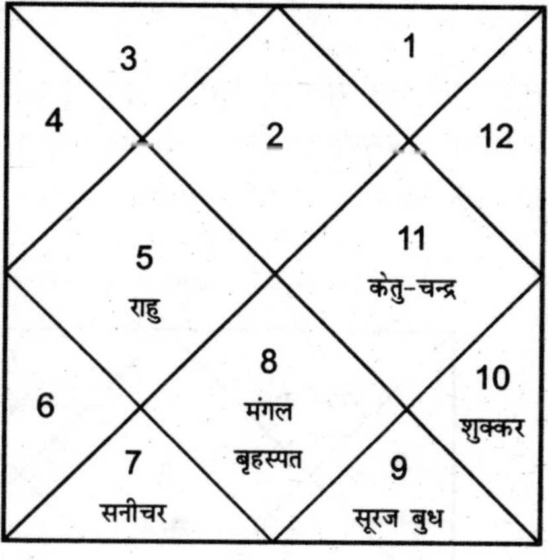

खाना नंबर 7 में बृहस्पत होने से टेवे वाले का बाप और टेवे वाले का बाबा दोनों ही मुतबन्ना (गोद लिया हुआ) होंगे। अगर टेवे वाला मूंगा रखेगा तो बाप के साथ झगड़ा न होगा और खाना नंबर 1, मंगल से जाग जाएगा (देखें फरमान नंबर 8)। जितनी औलाद दो पुश्तों (पीढ़ी) में न हुई होगी उतनी अकेले टेवे वाले को ही मिल सकती है।

मिसाल (उदाहरण) – 11

टेवे वाले का सवाल, बीमारी को लेकर था। दो–तीन सालों से छपाकी की बीमारी (एक प्रकार का चर्म रोग) चल रही है। बतौर उपाय बताया गया कि तीन दिन बाहर के कुत्ते को गोश्त (मांस) खिलाएं।

जनमकुंडली

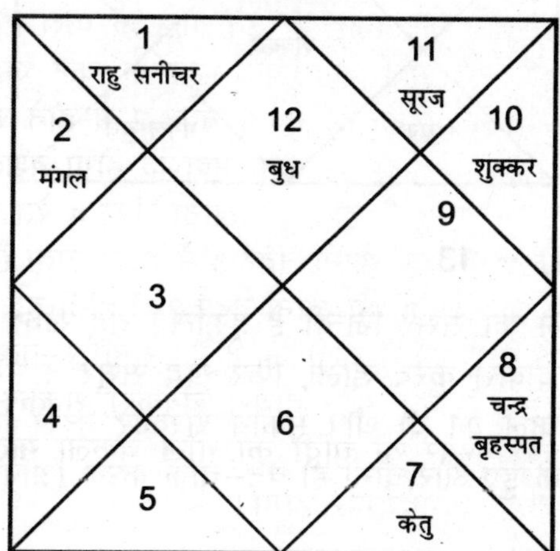

इकत्तीसवें साल की कुंडली

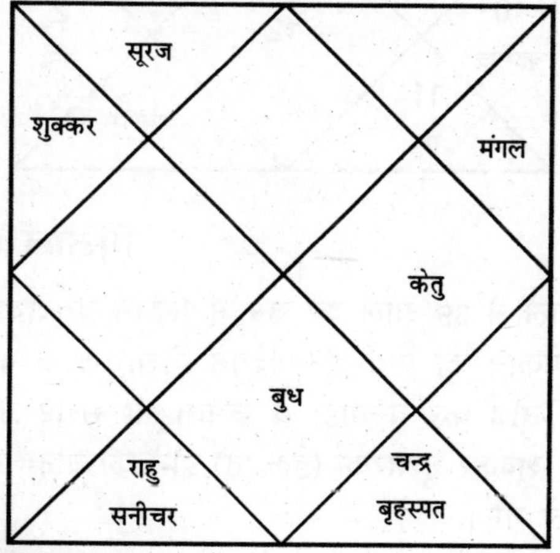

अड़तीसवें साल की कुंडली

बृहस्पत चन्द्र
राहु सनीचर
मंगल
शुक्कर
बुध
सूरज
केतु

उनतालीसवें साल की कुंडली

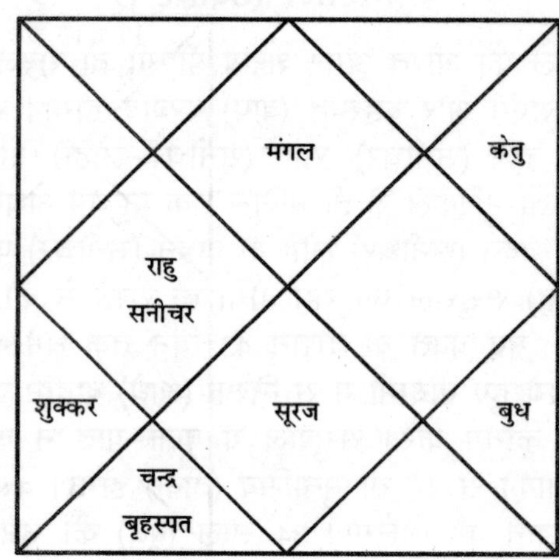

मिसाल (उदाहरण) – 12

टेवे वाले का सवाल बीमारी को लेकर था। सवाल के वक्त टेवे वाले का पैंतीसवां साल चल रहा था और उसका लड़का दो साल का था। इस इंसान ने अपनी बीमारी अपनी बदचलनी (व्यभिचार वगैरह) से खुद हासिल की।

जनमकुंडली (टेवा) – सितम्बर 1915

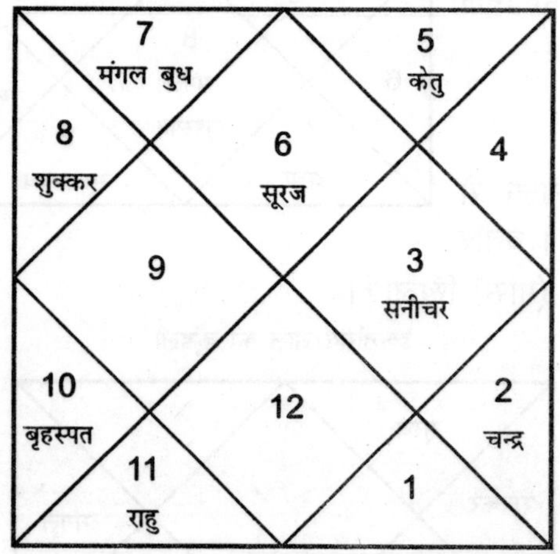

पैंतीसवें साल का वर्षफल

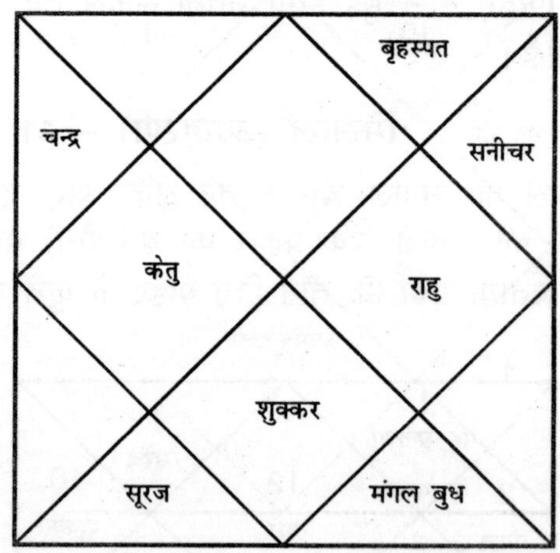

मिसाल (उदाहरण) – 13

टेवे वाले ने 39 साल की उम्र में मकान बनवाया। टेवे वाले का ससुर जिन्दा है इसलिए राहु खाना नंबर 8 ने मकान का मगरिबी (पश्चिम दिशा) तरफ का हिस्सा दोबारा कुरेद डाला, फिर खुद ससुर ने मगरिबी दीवार तोड़ कर बनवाई, ये जमीन भी ससुर ने ही टेवे वाले को दी थी। मकान सरकार ने ले लिया। सूरज–शुक्कर मुश्तरका (इकट्ठे) होने की वजह से दो लड़के हुए और दोनों ही पेट–चाक करके (ऑपरेशन) निकाले गए।

जनमदिन - 30-12-1928

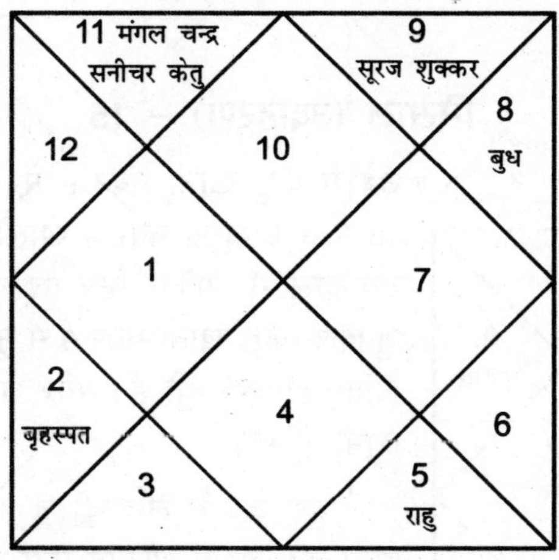

मिसाल (उदाहरण) – 14

पहले टेवे वाले का लड़का कुछ दिन अन्धा रहा, फिर टेवे वाला खुद अन्धा (राहु की शैतानी) हो गया। बतौर उपाय बताया गया कि कोयला या खोटा सिक्का नदी में डाला जाए जिससे आंखों में फायदा होगा। टेवे वाले के अंधे होने की वजह यह थी कि अचानक दिमाग में खयाल आया और आंखों की रोशनी जाती रही।

जनमकुंडली (टेवा)

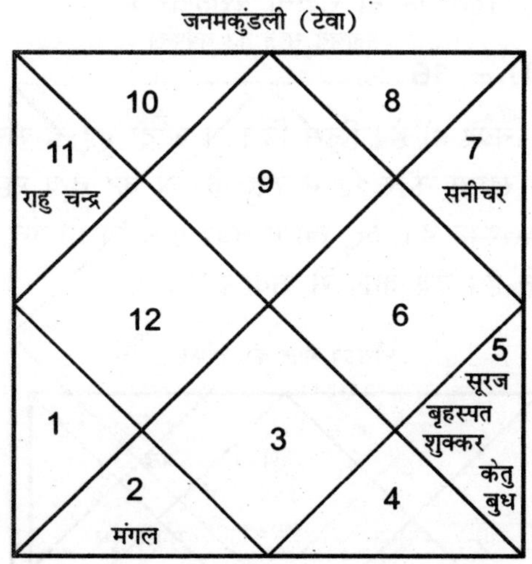

चौवनवां साल

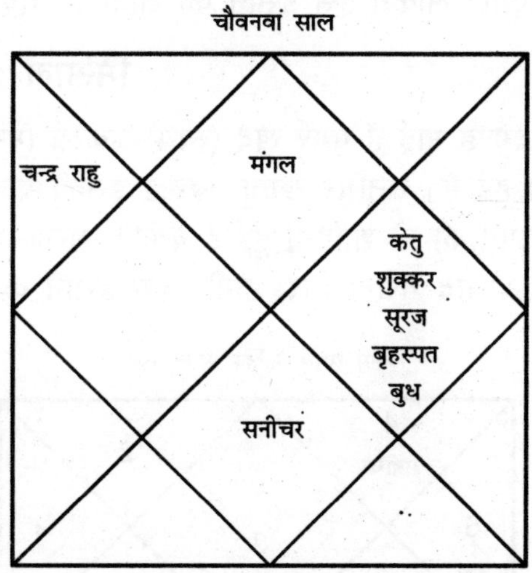

दिमाग का मालिक राहु, खयाल (विचार) का मालिक चन्द्र और नजर (आंखों) का मालिक सनीचर होता है। टेवे में राहु, सनीचर को देख रहा है इसलिए राहु, सनीचर के मातहत (आधीन) नहीं होगा। अगर सनीचर, राहु को देखता हो तो राहु, सनीचर के मातहत (आधीन) हो जाएगा। जब कभी पानी आ जाए यानि चन्द्र का ताल्लुक (सम्बन्ध) बन जाए तो राहु खुद–ब–खुद (स्वतः ही) ठंडा हो जाता है और रुक जाता है, अगर चन्द्र को खाना नंबर 3 से हटाया जाए यानि अगर बयालीस दिन तक टेवे वाला पानी न पिये और हुक्का (धुआं या राहु) पीना शुरू कर दे तो नजर ठीक होगी। उपाय करने से 18 दिसम्बर 1949 को टेवे वाले की आंख ठीक हो गई। टेवे वाले की टांग (पैर) पर 18 साल से फुलबहरी (त्वचा रोग)

है। यह बीमारी उम्र भर कायम रहेगी। नानी के घर में कोई भी शख्स बाकी नहीं है क्योंकि इस टेवे में केतु खाना नंबर 9 में बैठा है।

मिसाल (उदाहरण) – 15

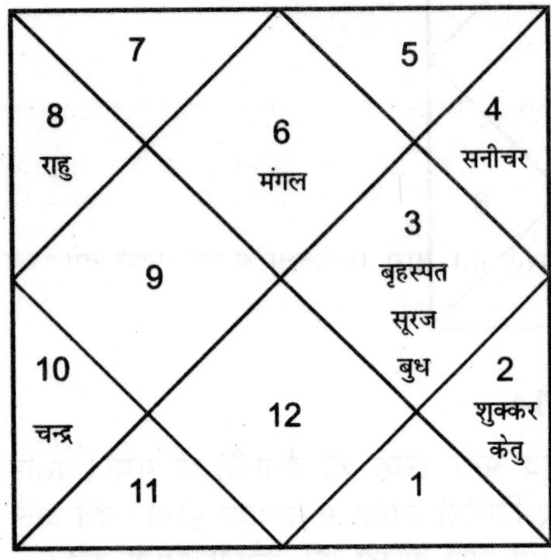

टेवे में केतु खाना नंबर 9 में, सूरज, बुध, बृहस्पत खाना नंबर 10 में और खाना नंबर 4 खाली है। टेवे में अब राजयोग होगा। टेवे वाले ने लेकिन सिर पर पगड़ी बचपन से ही नहीं बांधी। शुक्कर–केतु खाना नंबर 9 में मुश्तरका (इकट्ठे) होकर लावल्दी (संतानहीनता) देते हैं। मगर शर्त यह है कि खाना नंबर 5 नेक (शुभ) न हो।

इस टेवे में लावल्दी न होगी। टेवे वाले इंसान के तैंतीस साल की उम्र में औलाद पैदा हो चुकी है। टेवे वाले की औरत (शुक्कर) दुःखी रहेगी। शुक्कर खाना नंबर 9 में केतु के साथ है और शुक्कर खाना नंबर 3 के राहु और खाना नंबर 5 के चन्द्र (माता) से दुःखी हो रहा है। अगर इस तरह के टेवे वाला इंसान (शुक्कर–केतु खाना नंबर 9) शादी न करेगा तो आंखों से अंधा हो जाएगा। लेकिन इस इंसान की शादी हो चुकी है और आंखों की भी रोशनी बरकरार है।

मिसाल (उदाहरण) – 16

चाचा वगैरह भाई हैं मगर खुद (स्वयं) अकेला (मंगल खाना नंबर 6) है। जिस दिन से शादी हुई है ससुराल बरबाद हुई है। सनीचर खाना नंबर 2 इसकी वजह है, जो खाना नंबर 12 में राहु के घर को देख रहा है। इस इंसान की दो शादियां हुई हैं क्योंकि सूरज–शुक्कर मुश्तरका हैं। केतु खाना नंबर 9 यानि जितने चाचा उतनी औलाद नरीना (नर) होंगी। इस इंसान के दो लड़के हैं। टेवे वाले से सवाल पूछे गए–

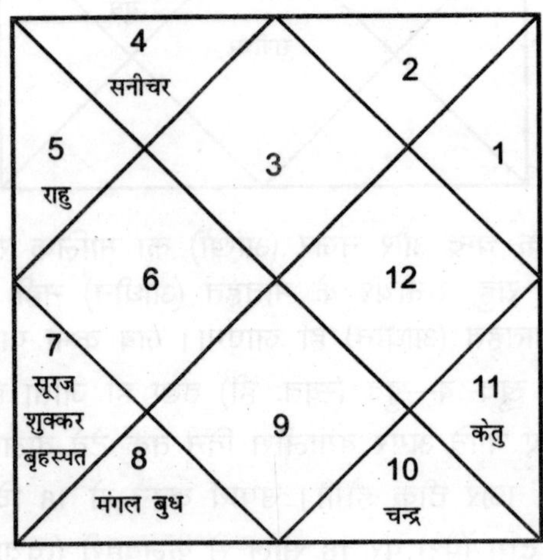

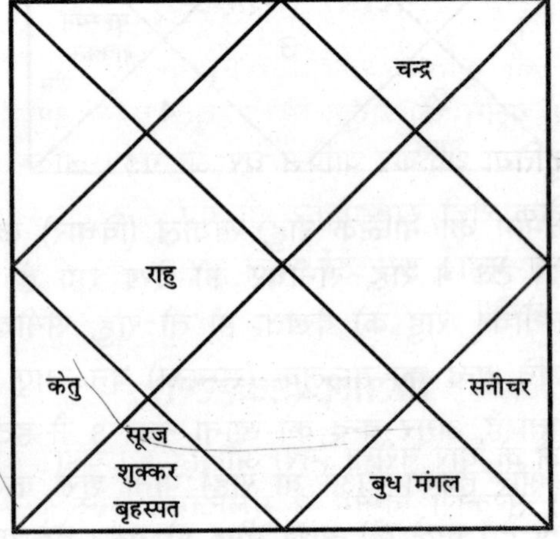

सवाल– क्या औरत को खून की बीमारी तो नहीं हुई, खून लगातार तो नहीं आ रहा था। तीन सोने की चूड़ियां बेची तो नहीं। पांच साल पहले चूड़ियां (राहु) बनवाई तो नहीं गई, क्योंकि 48–49 साल की उम्र में (चन्द्र) चूड़ियों को बोलना था।

जवाब– मकान के अन्दर फिसल कर गिर गई थी। चूड़ी लग गई, तब डॉक्टर ने चूड़ियों को काट कर निकाला था। सोने (बृहस्पत) की चूड़ियां थीं लेकिन उनमें तांबा (सूरज+शुक्कर) ज्यादा लग गया था। जब लड़का पैदा हुआ था तब तीन चूड़ियां ली थीं लेकिन फिर औरत (पत्नी) बीमार हो गई।

वजह– दो नर ग्रहों में शुक्कर कैद हो गया है। मंगल–बुध मुश्तरका हैं। जेवर (गहने) रखने का बक्सा लोहे, तांबे या पीतल का नहीं बल्कि पत्थर या लकड़ी (सनीचर) का है। गणना सही है क्योंकि बताया गया कि इस लकड़ी के बक्से में ही चूड़ियां रखी जाती हैं। बक्सा भी तभी खरीदा गया जब लड़का पैदा हुआ था। ऐसी चूड़ियों का असर बुरा माना गया है क्योंकि ये कभी औरत की टांग पकड़ती हैं तो कभी हाथ तो कभी कान और कभी–कभी तो आंख भी पकड़ लेती है।

उपाय– इन चूड़ियों को हाथों में से उतरवा दिया जाए और हाथों में चूड़ियों की जगह धागा बांध दिया जाए।

सवाल– क्या आंखों का ऑपरेशन करवाना है।

जवाब– हां, करवाना है।

समाधान– बुध, चौंसठवें साल में वर्षफल में आया हुआ है अगर छः बच्चे कायम हैं तो आपरेशन करवाना ठीक न होगा। वर्षफल में शुक्कर खाना नंबर 6 में है, यह बच्चे की तादाद (संख्या) 6 तक करेगा बशर्ते खाना नंबर 2 से बृहस्पत का ताल्लुक हो। बच्चों की तादाद पांच है। अगर बमूजिब (अनुसार) वर्षफल खाना नंबर 2 से बृहस्पत का ताल्लुक हो तो ऑपरेशन करवाना ठीक होगा। जो कि वर्षफल में बन रहा है। यानि ऑपरेशन करवाना ठीक होगा। ऑपरेशन से पहले बतौर उपाय, औरत के हाथ से (या हाथ लगवाकर) सोना, तांबा, दाल, चना, गुड़ वगैरह में से कोई चीज मन्दिर में रख दें तब ऑपरेशन करवाएं, ऑपरेशन ठीक होगा।

मिसाल (उदाहरण) – 17

फकीर की कुतिया शहतूत खाने के लिए बाहर गई लेकिन हवा न चलने की वजह से शहतूत दरख्त (वृक्ष) से नीचे न गिरे, कुतिया थककर वापिस घर आ गई। लेकिन तब तक घर में मालिक रोटी खा–पीकर सो गए और कुतिया को भी भूखे ही रहना पड़ा। इस टेवे वाले इंसान की भी इसी तरह की हालत होगी।

जनमदिन- 2-12-1936

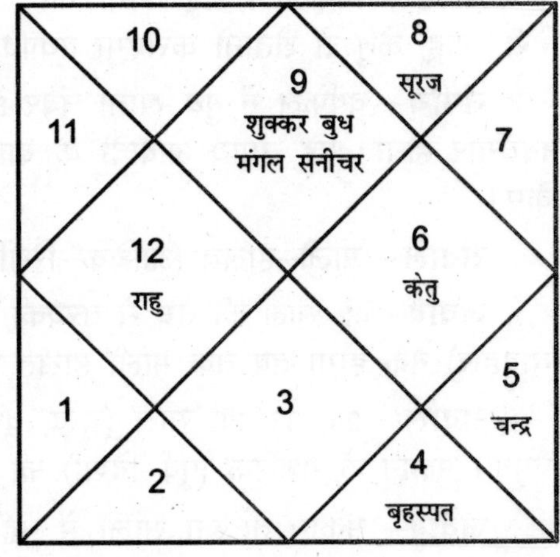

मिसाल (उदाहरण) – 18

टेवे वाले के चार नरीना (नर) औलाद हैं। बड़ा लड़का 11 साल का है। सरकारी विभाग में मुलाजमत (नौकरी) की है। माता जिन्दा है। बड़ा भाई मर चुका है। मकान बनने पर शुक्कर का झगड़ा, सनीचर–बृहस्पत से होगा। सनीचर

को साथ लेकर शुक्कर (साझा–दीवार, देखें फरमान नंबर 6, साथी ग्रह) मदद भी दे रहा है। इसलिए टेवे वाले की धर्म अवस्था अच्छी है। बृहस्पत खाना नंबर 2 और सनीचर खाना नंबर 8 की वजह से टेवे वाला बगुला भगत होगा यानि जब भी ईश्वर का ध्यान लगाने आसन पर बैठेगा (बृहस्पत खाना नंबर 2 धर्म मन्दिर) तभी सांप (खाना नंबर 8 का सनीचर) आएगा और टेवे वाला आसन (गद्दी) उठाकर भाग जाएगा।

जनम माघ संवत् 1966 (27-1-1910)

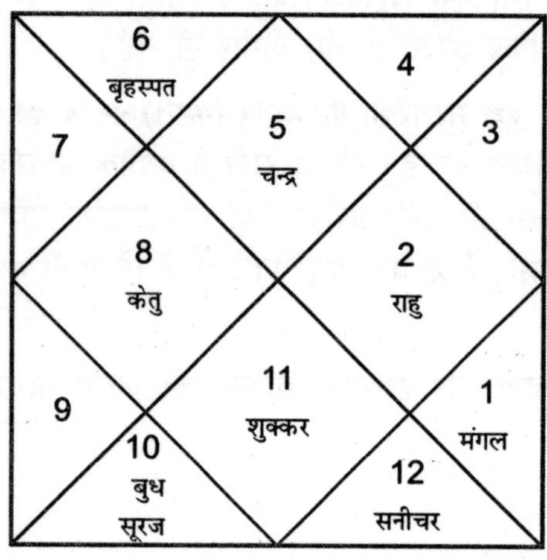

चालीसवें साल का वर्षफल

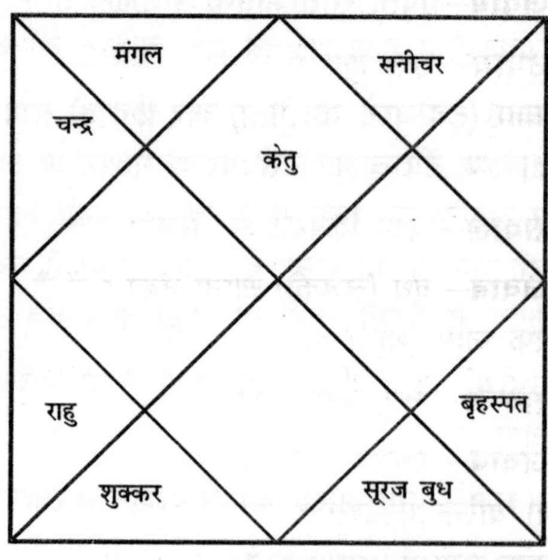

जब तक टेवे वाले का लड़का (केतु) मुलाजिम नहीं होता, नौकरी ठीक चलेगी मगर तरक्की (प्रोन्नति) में गड़बड़ होगी। बतौर उपाय गऊ–ग्रास (गाय का भोजन में से हिस्सा निकालें) रोजाना निकाले। टेवे वाले से सवाल किये गए–

सवाल– नीले (राहु) नग वाली अंगूठी कब ली?

जवाव– सन् 1949 में।

सवाल– तब से कोई बच्चा ऊपर से नीचे (केतु) तो नहीं गिरा?

जवाब– लड़की दरख्त (वृक्ष) से नीचे गिर गई थी।

वजह– वर्षफल में राहु खाना नंबर 5 में बिजली होगी। बुध खाना नंबर 8 की बिजली लड़की पर गिरी। राहु, केतु से शैतानी कराएगा क्योंकि केतु इस साल प्रबल है। इसलिए ऊपर से नीचे गिराया।

उपाय– वर्षफल में बुध खाना नंबर 8 है, ऐसे वक्त बर्तन में चीनी भरकर जमीन के नीचे दबा देना मददगार होगा। यह उपाय आबादी के बाहर वीराने में और दिन के वक्त करें। टेवे वाले ने अब सवाल किए।

सवाल– माली–हालत (आर्थिक–स्थिति) कब ठीक होगी?

जवाब– 42 साल की उम्र से तरक्की के मामले में रास्ता साफ हो जाएगा। जब तक माता से ताल्लुक (व्यवहार) नेक होगा तब तक माली हालत उम्दा रहेगी। अब टेवे वाले से सवाल पूछे गए–

सवाल– 24, 33, 36 साल (चन्द्र, बुध, सनीचर की उम्र) में मकान तो नहीं बनवाया अथवा जद्दी (पैतृक) मकान के मशरिक (पूर्व–दिशा) की तरफ कुआं (चन्द्र) तो नहीं अगर है तो सूखा तो नहीं?

जवाब– मकान तो इन सालों में नहीं बनवाया मगर मशारिक की तरफ कुआं जरूर है मगर सूखा नहीं है उसमें पानी है।

सवाल– कहीं उसमें छत तो नहीं?

जवाब– हां छत तो है।

वजह– जब टेवे वाले की तैंतीस साल की उम्र थी तब कुआं दोबारा बनना था। अगर कुएं के ऊपर छत है तो बाप–दादा या नाना–नानी में से किसी को दमा जरूर होगा।

जवाब– पिता सात महीने से काफी बीमार हैं, वजह दमा की शिकायत है।

उपाय– इस कुएं में केसर डालने से माली हालत सुधरेगी और पिता की बीमारी में आराम मिलेगा। अगर बाप (टेवे वाले के पिता) जद्दी मकान में इस साल रह रहे होंगे तो भी उनकी सेहत में सुधार हो जाएगा। अब टेवे वाले ने सवाल किया।

सवाल– क्या किस्मत में औलाद अथवा औरत (पत्नी) का सुख है?

जवाब– बुध (लड़की) खाना नंबर 6 में है। अगर लड़की जद्दी (पैतृक) मकान से शुमाल (उत्तर–दिशा) की तरफ जाए (शादी हो) तो दुःखी रहेगी।

सवाल– क्या नया मकान बनेगा?

जवाब– सनीचर टेवे में खाना नंबर 8 में है। 42 साल की उम्र तक मकान नहीं बनेगा। मकान, घर न होगा बल्कि कब्रिस्तान होगा। यानि दरिया (चन्द्र) के रास्ते में पत्थर (सनीचर) पड़ा है जिससे उसका पानी रुक गया है। पानी निकलने का रास्ता नहीं है मगर एक रास्ता (केसर) जरूर है। यानि कुएं में केसर डालने से पत्थर भले ही न हटे मगर दरिया अपना रास्ता बना लेगा।

मिसाल (उदाहरण) – 19

जनम (29-4-1920) रानी

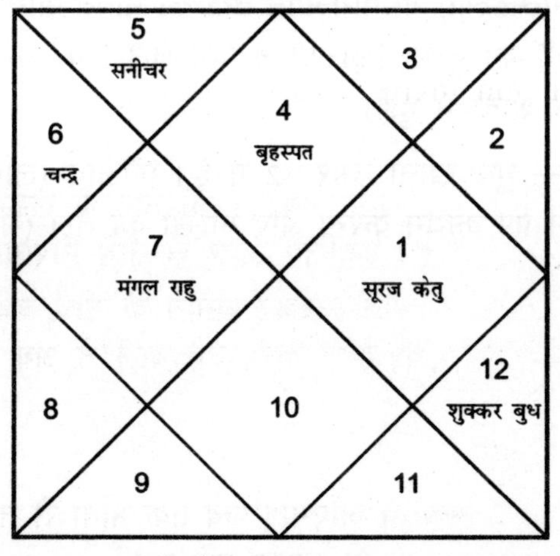

पैदाइश 6-7-1940 बड़ा लड़का

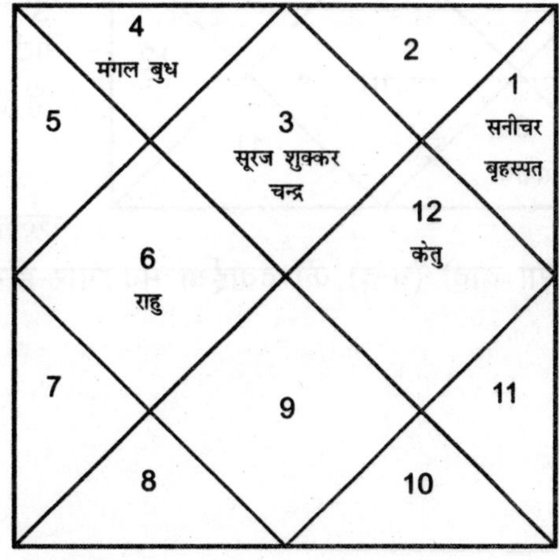

एक राजा की ऐसी रानी, जिसे राजा ने छोड़ दिया था की कुंडली दी जा रही है। इस रानी को राजा ने 2 सितम्बर 1944 से पहले महल से निकाल दिया और उसके दोनों लड़कों को भी उसके ही साथ जाने दिया और खुद राजा ने अपने ही खानदानी खून की किसी लड़की से शादी कर ली, जो हिन्दू धर्म के मुताबिक उसकी बहिन (बुध) के मानिन्द (समान) थी। इस वाकये (घटना) के तीन साल के बाद पहली

पैदाइश 6-6-1941 छोटा लड़का

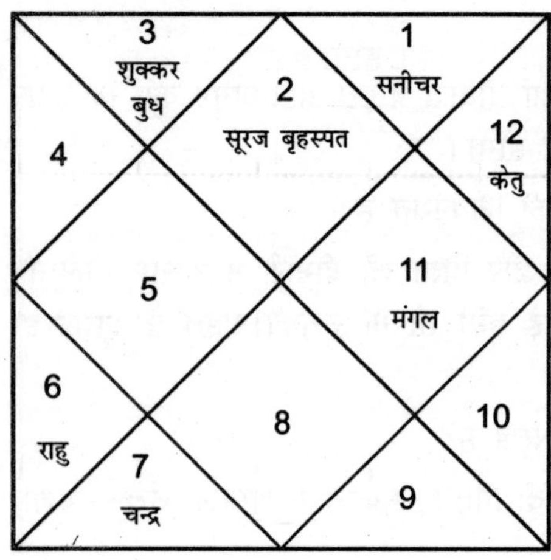

जनमदिन - 17-7-1929

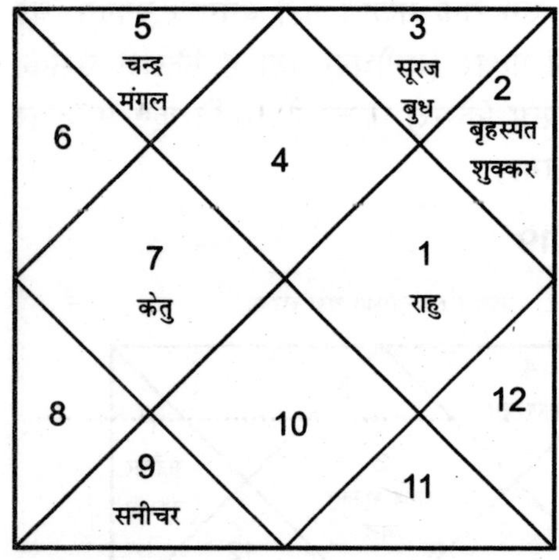

वाली रानी (जिसका टेवा दिया गया है) उपाय करने से फिर से राजा के घर में बहाल हो गई। उपाय करने से पहले रानी को भटकते–भटकते दो साल हो चुके थे। रानी ने बतौर उपाय खांड (देसी शक्कर) से भरा बर्तन (मंगल+बुध) धर्मस्थान (खाना नंबर 2) में, नौ दिन तक लगातार दिया क्योंकि बड़े लड़के के टेवे में मंगल–बुध मुश्तरका इकट्ठे खाना नंबर 2 में हैं। 9 दिन तक इसलिए क्योंकि रानी के शुक्कर–बुध खाना नंबर 9 में हैं। रानी का नाक छेदन भी (बुध खाना नंबर 9) जो पहले न हुआ था, उपाय के दौरान करा दिया गया।

मिसाल (उदाहरण) – 20

टेवे वाले का 17 से 19 साल की उम्र में नया मकान बनेगा। टेवे वाले की पैदाइश के तीन साल बाद बहिन (बुध) पैदा हुई जो जीवित है। 17 साल की उम्र से बुध का मंदा जमाना शुरू हुआ। शुक्कर खाना नंबर 11 की वजह से स्त्री से ताल्लुक (संपर्क) हुआ। बृहस्पत खाना नंबर 11 से हवाई खयाल (कोरी काल्पनिकता) शुरू हुए जिसकी वजह से खाना नंबर 4 के केतु ने मुश्तजनी से वीर्यपात कराया, जो टेवे वाले की 21 साल की उम्र पर जोर (चरम) पर पहुंचा। 21 साल (राहु) उम्र की लहरें, दिमाग (बुध) के दायरे में हिलौरें खाने लगी यानि खुदकुशी (आत्महत्या) या पागलपन तक की नौबत आने लगी। वीर्य की कमी का नुक्स (कारण) न पता चला और पागलपन की वजह से शादी न हुई।

उपाय– बुध खाना नंबर 12 में है। फौलाद (लोहे) का छल्ला जिस्म पर कायम करना और मछली का तेल (सनीचर) या दूध या चांदी (चन्द्र) की दवाईयां मददगार होंगी।

राजयोग टेवा

जब टेवे में नीचे दी गई तरतीब से खानों में ग्रह बैठे हों तो टेवे में राजयोग होगा।

1	2	3	4	5	6	7	8	9	10	11	12
बुध शुक्कर	सूरज	–	चन्द्र बृहस्पत	मंगल सनीचर	–	–	–	–	चन्द्र बृहस्पत	मंगल	–
बुध शुक्कर	–	–	चन्द्र बृहस्पत	मंगल	–	–	–	–	–	–	सूरज
बुध	–	–	चन्द्र बृहस्पत	मंगल सनीचर	–	–	–	–	–	–	–
सूरज	–	–	बृहस्पत	–	–	सनीचर	–	–	मंगल	–	–
बृहस्पत	–	–	सनीचर	–	–	मंगल	–	–	सूरज	–	–
सनीचर	–	–	मंगल	–	–	सूरज	–	–	बृहस्पत	–	–
मंगल	–	–	सूरज	–	–	बृहस्पत	–	–	सनीचर	–	–
सूरज	चन्द्र	बुध	–	बृहस्पत	–	शुक्कर	मंगल	–	–	सनीचर	–
चन्द्र	बृहस्पत	–	–	–	–	–	–	–	–	बुध मंगल सूरज शुक्कर	–
मंगल सनीचर	–	–	–	–	–	–	–	–	–	–	सूरज चन्द्र
चन्द्र मंगल सनीचर	–	–	–	–	–	–	–	–	–	–	सूरज
सूरज	–	–	–	–	–	चन्द्र सनीचर	–	बृहस्पत	–	–	–
चन्द्र	–	–	सूरज	–	–	बृहस्पत	–	–	सनीचर	–	–
सनीचर	–	चन्द्र	–	–	मंगल	–	–	बुध	–	–	बृहस्पत
चन्द्र	–	–	–	–	सूरज	–	–	–	–	मंगल	सनीचर
मंगल	–	–	बृहस्पत	सूरज	बुध	–	–	–	–	सनीचर	चन्द्र

मंदरजाज़ैल (निम्नलिखित) फेहरिस्त (सूची) में "A" का मतलब यह होगा कि इन खानों में बचे हुए ग्रह में से कोई भी हो मगर होना जरूर चाहिए, खाना खाली न हो।

1	2	3	4	5	6	7	8	9	10	11	12
बृहस्पत	–	–	–	–	–	–	–	–	सूरज	बुध शुक्कर चन्द्र	–
सनीचर	–	–	मंगल	–	बुध	चन्द्र	सूरज	–	शुक्कर	–	–
बुध				मंगल सनीचर	–	चन्द्र बृहस्पत	–	–	शुक्कर	–	सूरज
चन्द्र सूरज	–	–	–	–	–	–	–	बृहस्पत	मंगल	सनीचर	–
सनीचर	–	सूरज	शुक्कर	–	–	–	–	चन्द्र	–	बृहस्पत	–
बुध	A	A	–	–	A	–	–	शुक्कर बृहस्पत	A	A	–
सनीचर	–	–	बृहस्पत	–	–	–	–	–	चन्द्र सूरज	बुध शुक्कर मंगल	–
मंगल सनीचर	–	–	चन्द्र	–	–	बृहस्पत	–	शुक्कर	सूरज	बुध	–
बृहस्पत	बुध मंगल	–	शुक्कर सूरज	–	–	–	–	–	चन्द्र	सनीचर	–
शुक्कर बृहस्पत बुध	–	–	–	–	–	सनीचर	–	–	सूरज	–	–

फरमान नंबर 16

ग्रह और पक्के घरों से मुतअल्लिक (सम्बन्धित) अश्या (वस्तुएं), रिश्तेदार और कारोबार (व्यापार) का ब्यौरा (वर्णन) और दिमागी खाने।

किताब के इस भाग में बारह खानों के बमूजिब (अनुसार) मुख्तलिफ (विभिन्न प्रकार की) ताकतें और मुतअल्लिक (सम्बन्धित) चीजें दी गई हैं। साथ ही नौ ग्रहों से मुतअल्लिक अश्या (चीजें), ताल्लुकदार (रिश्तेदार) और कारोबार (व्यापार) दर्ज किये गए हैं। इसका फायदा यह है कि जब भी टेवे में कोई ग्रह नेक (अच्छा) हो तो उस ग्रह से मुतअल्लिक अश्या, रिश्तेदार और कारोबार फायदेमंद होंगे और मंदे (बुरे) असर के वक्त जो ग्रह मंदा हो रहा हो उस ग्रह से मुतअल्लिक अश्या, ताल्लुकदार और कारोबार से परहेज करना बेहतर होगा। इंसान के टेवे का हर ग्रह और हर खाना, इंसान की जिन्दगी में दखलन्दाजी (हस्तक्षेप) करता है। मसलन खाना नंबर 4 में सूरज राजयोग देता है तो खाना नंबर 4 की चीजें, रिश्तेदार और कारोबार भी हर तरह से उत्तम ही फल देने वाले होंगे।

जब टेवे में कोई खाना खाली हो तो उसको जगाने के लिए जिस ग्रह से मुतअल्लिक (सम्बन्धित) चीजों की जरूरत हो, उन चीजों की मदद भी किताब के इस भाग से ली जा सकती है अथवा यह देखा जा सकता है कि जब किसी ग्रह का फल किसी खास खाने में बुरा लिखा हो तो उस ग्रह की अश्या (चीजों) का परहेज रखें या दूरी बनाकर रखें। मसलन शुक्कर खाना नंबर 9 का फल अमूमन धन हानि होता है इसलिए जब किसी टेवे में शुक्कर, बमूजिब (अनुसार) वर्षफल खाना नंबर 9 में आ जाए तो ऐसे वक्त टेवे वाले को शुक्कर की चीजें घर लाने से बचना चाहिए। ऐसे इंसान को शुक्कर की चीजें (गाय वगैरह) अमूमन ताउम्र (संपूर्ण–जीवन) नेक फल न देगी मगर बमूजिब वर्षफल खाना नंबर 9 के शुक्कर के वक्त ज्यादा मंदा असर जाहिर होगा। मसलन अगर ऐसे वक्त सफेद गाय (शुक्कर) खरीद कर लाई जाएगी तो जरूर मुसीबत दर मुसीबत आती जाएंगी और माली (आर्थिक) नुकसान होता रहेगा। अगर पहले से ही सफेद गाय घर में मौजूद हो तो कोई वहम (संदेह) की बात नहीं होगी। यानि पहले से मौजूद गाय से कोई नुकसान या मुसीबत न आएगी। एक और बहुत जरूरी बात यह है कि जो भी चीजें नौ ग्रह की किताब के इस भाग में लिखी गई हैं, वे सारी की सारी जरूरी नहीं कि फायदेमंद और मुबारक ही हों या मंदे असर के वक्त नुकसान पर नुकसान करती जाएं। बल्कि जो ग्रह जिस घर में बैठा है उन दोनों ही चीजों के मिलान से चीजों का असर देखा जाएगा और जब कभी वह ग्रह बमूजिब (अनुसार) वर्षफल उस घर में आएगा अथवा उस ग्रह की जो उम्र है वही उम्र टेवे वाले की हो, तब ये चीजें मंदा या उम्दा असर टेवे वाले को देंगी।

मसलन गाय, शुक्कर की चीज है और खाना नंबर 9 गाय का स्थान है। शुक्कर खाना नंबर 9 में मंदा होता है इसलिए जब बमूजिब वर्षफल शुक्कर खाना नंबर 9 में आएगा तो सफेद गाय मंदा असर देगी।

दिमाग के बयालीस खाने

इस भाग में दिमाग के बयालीस खानों का ब्यौरा (वर्णन) दिया जा रहा है। ग्रह और पक्के घरों से दिमाग के बयालीस खानों का ताल्लुक (सम्बन्ध) इंसान के खयालात (विचार) जानने के लिए किया जाता है। दिमाग के बयालीस खाने, नौ ग्रहों से मुतअल्लिक (सम्बन्धित) हैं।

(1) इंसान का दिमाग टेवे में खाना नंबर 12 है। दिमागी ताकतें (वैचारिक शक्ति) राहु की होती है और सिर का ढांचा या गोल हिस्सा या खोपड़ी बुध है।

(2) अगर कान के सुराख (छिद्रों) से 90 दर्जा (डिग्री) की काल्पनिक रेखा सिर और अब्रू (भवों या भृकुटी) की तरफ खींची जाए तो यह रेखा दिमाग के हिस्से को पेशानी (माथा या मस्तक) से अलैहदा (अलग) करेगी।

(3) दिमागी खाने बच्चे की सात साल की उम्र तक पूरी तरह से मुकम्मल (संपूर्ण) हो जाते हैं और सात साल की उम्र में ही सात बुर्जों (या ग्रहों) का असर कुंडली के बारह खानों में हो चुका होता है। टेवे वाले इंसान की 35 साल की उम्र तक तमाम (सभी) ग्रह अपना–अपना दौरा पूरा कर लेते हैं यानि खाना नंबर 1 (तख्त) पर आकर हुकूमत करने का चक्कर अथवा उम्र के मुताबिक हुकूमत करने का चक्कर सभी ग्रह पूरा कर लेते हैं। माना गया है कि 12 साल की उम्र तक बच्चे की रेखा का ऐतबार (विश्वास) नहीं होता और 12 साल की उम्र (के बाद), किस्मत बदलने की होती है और 35 साल की उम्र के बाद दूसरा चक्कर होता है।

(4) यह दिमागी खाने सिर के ढांचे (बुध) के अन्दर दाईं और बाईं तरफ एक जैसे ही माने गए हैं यानि बयालीस खाने दाईं तरफ और हु–ब–हू वैसे ही खाने बाईं तरफ होते हैं। यानि हर इंसान के दुनियावी मायनों (सांसारिक अर्थ) में दो पहलू मुकर्रर किए गए हैं। मसलन नेकी–बदी, तख्त–बख्त, शाही–गदाई (भिखारी), तकदीर–तदबीर (फैसला), नर–मादा, मर्द–औरत, राहु–केतु यानि हर तरफ दो पहलू मुकर्रर हैं।

(5) दिमाग के बयालीस खाने, राहु की बयालीस साल की मियाद (अवधि) की राजधानी हैं। राहु दिमाग (मस्तिष्क) की लहर (विचारों) का मालिक है।

(6) नंबर सत्ताईस से बयालीस तक के खानों को इल्म ज्योतिष में ज्यादा महत्त्व नहीं दिया गया है क्योंकि सत्ताईस से बयालीस तक के दिमागी खाने सिर्फ खाना नंबर 1 से 26 तक के दिमागी खानों के ही नतीजे (परिणाम) हैं।

(7) आम इस्तेमाल (प्रयोग) में दिमाग का बायां हिस्सा आता है और जब कभी अचानक ही दूसरा (दाहिना) हिस्सा बाएं हिस्से पर असर डालता है, इस प्रक्रिया को "रेख में मेख" लगाना कहते हैं अर्थात् सूरज मेष राशि में उच्च का माना गया है यानि दुनिया (संसार) की सभी ताकतों के बरखिलाफ (विपरीत) कोई विशेष (विशिष्ट) काम कर दिखाने वाला इंसान होता है।

(8) इन सभी बयालीस खानों का असर इंसान के दाएं और बाएं हाथ से मुतअल्लिक (सम्बन्धित) है। दिमाग के दाएं हिस्से का असर बाएं हाथ पर और बाएं हिस्से का असर दाएं हाथ पर होता है।

(9) कुदरत के सितारों (ग्रहों) का असर दिमाग के खानों पर होता है। दिमाग का अक्स (परछाई या प्रतिबिम्ब) हथेली पर हाथ की रेखाओं के रूप में होता है। दिमाग का बाया हिस्सा, दाएं हाथ पर और दिमाग का दायां हिस्सा, बाएं हाथ पर हथेली में दरियाओं (रेखाओं) के रूप में अपना अक्स (परछाई या साया) डालता है। जिस तरह दिमाग में इंसान की हैसियत (व्यक्तित्व) मुख्तलिफ (विभिन्न प्रकार के) टुकड़ों के रूप में अलग–अलग हिस्सों में मुकर्रर (निर्धारित) की गई है उसी तरह हथेली में भी दिमाग के मुख्तलिफ हिस्सों (भागों) का असर बुर्जों (पर्वतों) के रूप में खास–खास (विशेष) जगहों पर मुकर्रर किया गया है।

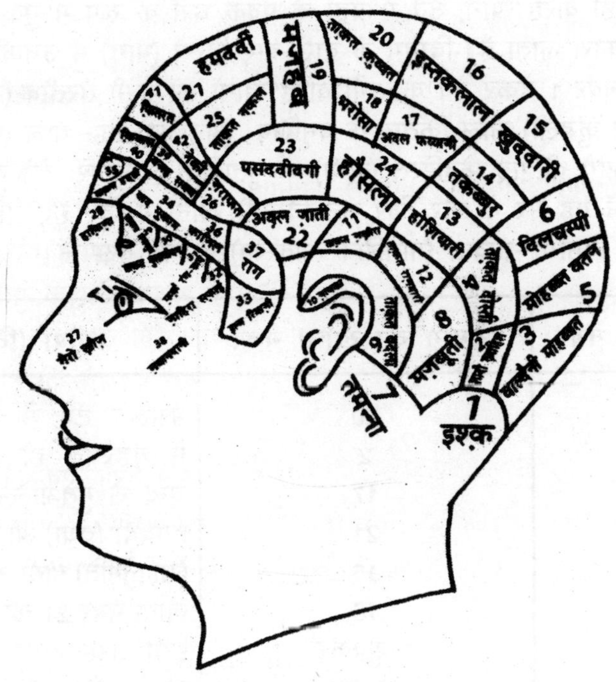

चित्र: दिमाग के बयालीस खाने

टेवे और दिमाग का ताल्लुक

ग्रह अकेले हो या मुश्तरका (इकट्ठे), जो हाल वे इंसानी दिमाग का कर सकते हैं, ठीक वही हाल किस्मत के ग्रह टेवे में करेंगे अर्थात् जो हाल टेवे के हिसाब से इंसान की किस्मत का होगा वही हालत उस इंसान के दिमाग की होगी। हिन्दू ग्रन्थ भी इसी ओर इशारा करते हैं। "प्रभु जाको दारुण दुःख देही, ताकी मति पहले हर लेही" यानि, "विनाश काले, विपरीत बुद्धि"। भाव स्पष्ट है, कि इंसान पर जैसा भी (अच्छा या बुरा) वक्त आता है, उसी के अनुसार ही उसके दिमाग के विचार भी हो जाते हैं और वह इंसान वैसे ही कर्म करने लग जाता है।

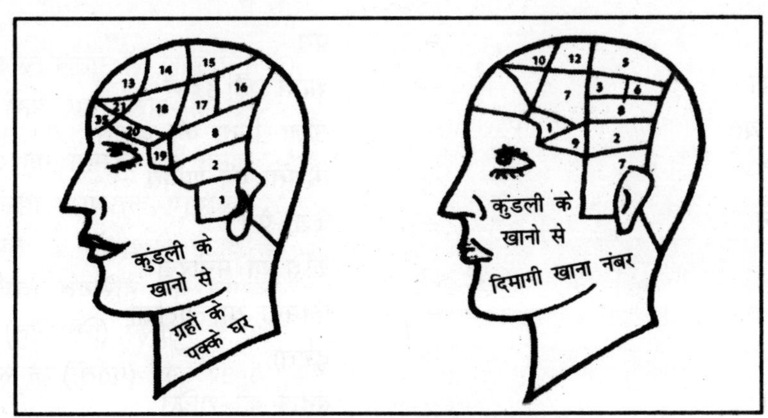

ग्रहों के पक्के घर, दिमाग के 12 खाने

इंसानी दिमाग के यही बारह खाने, टेवे में ग्रहों के पक्के घरों के रूप में मुकर्रर (निर्धारित) किये गये हैं। जिन्हें राशि कहकर पुकारा जाता है। दिमाग के दाएं–बाएं हिस्से (भाग) में उनकी गिनती बराबर (समान) है। जब लगन को खाना नंबर 1 देकर टेवे के सभी बारह खानों को उसी तरतीब (क्रम) से भर लिया जाता है। उसके बाद टेवा (जनम कुंडली) लाल किताब के बमूजिब (अनुसार) ग्रह–चाल (फलादेश) देखने के लिए तैयार हो जाता है। अब आगे दी गई फेहरिस्त (सूची) के मुताबिक (अनुसार) टेवे के खानों के सामने दिये गए दिमागी खाना नंबरों में ग्रह भर दें और फिर उन दिमागी खानों में दिए हुए ग्रहों के ताल्लुक (सम्बन्ध) से जो भी उस इंसान की दिमागी–ताकत (मानसिक–अवस्था) हो वह देख लें।

टेवे का खाना नंबर	दिमाग का खाना नंबर	ब्यौरा (विवरण)
1	20	मसलन टेवे में खाना नंबर 4 में बृहस्पत हो तो इंसान में चन्द्र से मुतअल्लिक (सम्बन्धित) हमदर्दी (दया) और रहम मिज़ाजी (सहानुभूति) होगी अब यह दिमागी खाना नंबर 21 का मालिक होगा। इसी तरह अगर टेवे के खाना नंबर 8 में सनीचर हो तो इंसान में दिमागी खाना नंबर 14 की ताकत होगी यानि मंगल–बद से मुश्तरका (संयुक्त) होगा और ख़ुदपसंदी (आत्मप्रशंसक) का मालिक होगा।
2	2	
3	17	
4	21	
5	15	
6	16	
7	1 शुक्कर	
7	18 बुध	
8	8	
9	19	
10	13	
11	35	
12	14	

दिमागी खानों का अर्थ

दिमागी खानों की खानावार (अलग–अलग खानों) के अनुसार तफ़तील (व्याख्या) करने से पहले इन दिमागी खान्नों का अर्थ जान लेना बेहद जरूरी होगा।

(1) इश्क–बाजी – प्रेम
(2) शादी ख्वाहिश – शादी की इच्छा
(3) वाल्दैनी मोहब्बत – माता–पिता की चाहत
(4) ताकत दोस्ती – मित्रता की शक्ति
(5) मोहब्बत वतन – देश–प्रेम
(6) दिलचस्पी – रुचि या मनोरंजन
(7) तमन्ना – कामना या लालसा
(8) मजबूती – दृढ़ता
(9) ताकत बदला – बदले की शक्ति

(10) जायका	–	स्वाद या रस
(11) ताकत जखीरा	–	भंडारण की शक्ति
(12) ताकत राजदारी	–	भेद छिपाने की शक्ति
(13) होशियारी	–	बुद्धिमत्ता
(14) तकब्बुर	–	अभिमान या अहंकार
(15) खुद्दारी	–	स्वाभिमान
(16) इस्तकलाल	–	स्वाबलम्बन, मजबूती या धैर्य
(17) अदल फय्याजी	–	संगतियुक्त, दानशील या उदारवादी
(18) भरोसा	–	विश्वास
(19) मजहब	–	धर्म
(20) ताकत कुव्वत	–	शक्ति या बल
(21) हमदर्दी	–	सहानुभूति
(22) जाती अक्ल	–	व्यक्तिगत सूझ–बूझ
(23) पसंदीदगी	–	रुचि
(24) हौसला	–	उत्साह या हिम्मत
(25) ताकत नकल	–	प्रतिलिपि की शक्ति
(26) जराफत	–	हंसी–ठिठोली
(27) गौरो खौज	–	सोच–विचार (मंथन)
(28) हाफिजा	–	याद रखने की क्षमता (स्मरण शक्ति)
(29) ताकत तनासुब	–	सम्बन्ध रखने की शक्ति
(30) ताकत मुसावीपन	–	समानता की शक्ति
(31) फर्क रंगरूप	–	रंगरूप में भेद करना
(32) जाहिरा सफाई	–	बाहरी (बाहय) स्वच्छता
(33) इल्में रियाजी	–	गणित–शास्त्र
(34) याद मुकाम	–	स्मृति
(35) ताकत याद्दाश्त	–	स्मरण शक्ति
(36) ताकत खयाल	–	वैचारिक शक्ति
(37) राग	–	तान या सुर
(38) जवानदारी	–	जंचना या जानना
(39) वजह सबब	–	कारण
(40) कियास	–	खयाल (विचार)
(41) फितरत	–	आदत (स्वभाव)
(42) नेकी	–	शरीफ (सज्जन)

दिमाग के बयालीस खानों की व्याख्या

दिमागी खाना नंबर	टेवे का खाना नंबर	मुतअल्लिक (सम्बन्धित) ग्रह	ग्रह की ताकत (शक्ति)	कैफियत (व्याख्या)
1	1	शुक्कर से मुतअल्लिक	इश्कबाजी	वह मोहब्बत जो औरत (पत्नी) से होती हो। इश्क से पहली मोहब्बत का नाम उल्फत (प्यार) है। जिसके बाद इश्क की लहर की ताकत मर्द–औरत में 16 से 36 साल की उम्र तक जोर (तीव्रता) पर होती है।
1	1	सनीचर से मुतअल्लिक	इश्क जुबानी	जब हथेली में सनीचर की काग रेखा हो या टेवे में सनीचर मंदा हो तो जुबान (कल्पना) से ही इश्क की पुल–बाजी चारों तरफ बांधता होगा, शुक्कर के पतंग का फल मिलेगा यानि खुदगर्जी (स्वार्थी) होगा लेकिन अगर सनीचर उम्दा हो तो हमदर्द होगा।
2	2 पेशानी का दरवाजा	बृहस्पत से मुश्तरका	शादी की ख्वाहिश	एक के बाद एक शादी के खयाल (विचार) आएंगे। इश्क के बाद इश्क का गलबा (भावुकता) होगा, जो इंसान में 37 साल से 70–72 साल की उम्र तक चलता है। बूढ़ी औरत भी पार्साई (संयम) की खोज में रहती है।
3	3	शुक्कर से मुश्तरका	प्यार या वाल्दैनी मोहब्बत	वह मोहब्बत जो औलाद के प्रति हो। यह दिमागी खाना नंबर 1–2 का नतीजा (परिणाम) ही है मगर इस खाने को उससे अलैहदा (अलग) माना गया है।
3	3	मंगल से मुश्तरका	उल्फत	इश्क से पहले हुई मोहब्बत का नाम उल्फत है जो इंसान की 1 से 15 साल उम्र तक चलती है।
4	4	चन्द्र से मुश्तरका	दोस्ती या मुलाकात की ताकत	उल्फत, इश्क और गलबा–इश्क (कामुकता) तीनों ही ताकतों का मजमुआ (मिश्रित) असर होगा। दूसरे के ऐब (कमी) पर पर्दा और खूबी पर नजर डालने की ताकत वाला होगा।
4	4	मंगल–बद से मुश्तरका	तबाही की आदत	मोहब्बत के तीनों हिस्सों (जो ऊपर बताए हैं) को तबाह करने वाला होगा। हर तरह की तबाही की खसलत (स्वभाव) वाला इंसान जो अपने गृहस्थ को भी बरबाद कर लेगा।

5	5	बृहस्पत से मुश्तरका	वतन की मोहब्बत	ऐसी उल्फत जिसका ताल्लुक घर या वतन (देश) से हो। मसलन कुत्ते को मालिक से और बिल्ली को मकान से मोहब्बत होती है।
6	6	केतु से मुश्तरका	दिलचस्पी या पक्की मोहब्बत	किसी खास (विशेष) चीज से मोहब्बत करता है। हर काम के लिए तैयार और लगा रहने वाला (लगनशील)। बिना काम किये नहीं छोड़ता।
6	6	शुक्कर से मुश्तरका	दिलचस्पी या पक्की मोहब्बत	औलाद–नरीना की पैदाइश नाममात्र की होगी अथवा ताकत (वीर्य) कमजोर होगी।
7	7	शुक्कर अथवा बुध से मुश्तरका	तमन्ना	जिन्दगी में उरूज (तरक्की) की ख्वाहिश (इच्छा) होगी। यह ख्वाहिश चपटे सिर वाले इंसान में ज्यादा और तंग सिर वाले इंसान में कम होती है।
8	[illegible]	मंगल नेक से मुश्तरका	मजबूती	कामयाबी (सफलता) मिले या न मिले मगर अपना काम नहीं छोड़ता, चाहे लाख मुसीबत ही क्यों न हो।
8	8	सूरज से मुश्तरका	मजबूती	हर तरह के हमले को रोकने की ताकत वाला इंसान होगा।
9	9	सनीचर का निजी असर हो	बदला लेने की ताकत	खुद बदला लेगा वरना औलाद को बदला लेने की नसीहत देकर मरेगा।
10	3	बुध से मुश्तरका	जायका	पक्का हाज़मा, मजबूत ज़िस्म।
11	11	सनीचर का निजी असर हो	जखीरा जमा करने की ताकत, मकान बनवाने की ख्वाहिश	जमा करते जाना, चाहे काम आए या न आए अथवा गल–सड़कर ही जाए, दूसरा– लियाकत (योग्यता) को जवानी में इकट्ठा करता जाएगा ताकि बुढ़ापे में काम आए और तीसरा– नालायक यानि दूसरे का माल चोरी करके उड़ा लेगा और उसी वक्त खा जाएगा।

12	12	राहु से मुश्तरका	ताकत राजदारी	खयालातों (विचारों) को उस वक्त तक पोशीदा (गुप्त) रखना, जब तक कि इंसान खुद (स्वयं) उसको मंजूर (स्वीकार) न करे। हर काम चालाकी और पोशीदा–फरेब (धोखे) से करे। हर हाल में अपना भेद छिपाएगा।
13	10	सनीचर का निजी असर	होशियारी की ताकत	सिर्फ उम्मीद पर बैठा रहने की बजाए लम्बी सोच का इस्तेमाल करके वक्त से पहले ही काम कर लेगा।
14	8	मंगल–बद से मुश्तरका	तकब्बुर अथवा खुदपसन्दी	किसी भी इंसान को अपने से अच्छा न समझेगा यानि आत्मप्रशंसक होगा।
15	5	बृहस्पत से मुश्तरका	खुददारी	खुद की इज्जत से मोहब्बत करेगा मगर हसद (ईर्ष्या) से बरी होगा। यानि स्वाभिमानी होगा अपनी इज्जत के लिए दूसरे की भी बेइज्जती (अपमान) कर देगा।
16	6	केतु से मुश्तरका	इस्तकलाल	गर्दिशे–अय्याम (विपत्तियों) के वक्त मुस्तकिल (चिरस्थाई) मिजाज (स्वभाव) का इंसान होगा। काम में लगा रहेगा चाहे, परिणाम भला हो या बुरा।
17	3	मंगल से मुश्तरका	अदल या मुन्सिफ मिजाज	फय्याजी (उदारवादी), दूसरों की बेहतरी चाहने वाला, किसी दूसरे पर ज्यादती (अत्याचार) होते नहीं देख सकता।
18	6	बुध से मुश्तरका	उम्मीद या भरोसा	आइन्दा–वक्त (भविष्य) के लिए उम्मीद करना। खाना नंबर 13 (होशियारी की ताकत) ठीक हो तो उम्दा असर होगा वरना फोकी (खोखली) किस्मत तबाही की वजह होगी।
18	6	केतु से मुश्तरका	उम्मीद या भरोसा	आइन्दा–वक्त (भविष्य) के लिए उम्मीद या आस होगी लेकिन फोकी (खोखली) उम्मीदों पर न रहेगा।
19	9	बृहस्पत का निजी असर	मजहब (धर्म) या रुहानी (आत्मिक) ताकत	आखिर (अन्त) में मुआमला (विषय) फहमी (समझने की ताकत), चाल–चलन (चरित्र) को पक्का रखने के फैसले वाला होगा। भोजन मंदा करेगा तो नास्तिक होगा। रुहानियत (आत्मतत्त्व) के बाकी रहने के उसूल (सिद्धांत) में एतिकाद (आस्था) रखता होगा।

20	5	सूरज से मुश्तरका	इज्जत या बुजुर्गी	दूसरे लोगों की इज्जत और परस्तिश (पूजना) करने वाला, अपने फर्ज (जिम्मेवारी) की पूरी अदायगी (पालन) करने वाला होगा। अन्दर और बाहर से नेक होगा। उसके पत्थर में माणिक की ताकत होगी।
21	4	चन्द्र से मुश्तरका	हमदर्दी या रहम मिजाजी	हमदर्दी पेशानी (मस्तक) के हिसाब से होगी। यानि तंग पेशानी हो तो कम, चौड़ी हो तो ज्यादा और उभरी हो तो बहुत ज्यादा होगी।
22	5	बृहस्पत से मुश्तरका	निजी अक्ल	चौड़ी पेशानी (मस्तक) के सामने का हिस्सा उभरा हुआ होता है।
23	6	केतु से मुश्तरका	पसन्दीदगी	रूप–श्रृंगार, स्त्री और दिखाई देने वाली हर खूबसूरत चीज को पसन्द करेगा, खूबी या सिफत (गुण–अवगुण) की परवाह (फिक्र) न करेगा।
24	7	बुध से मुश्तरका	हौसला	सब बातों में इंसान बुलन्द हौसले वाला होगा और कोशिश करेगा कि उससे ज्यादा कोई भी अपनी शान न बनाने पाए।
25	8	पापी ग्रहों से मुश्तरका	नकल करने की ताकत	हर चीज के नकल करने की ताकत (बहरुपिया), झगड़ा–फसाद करने वाला खासकर जब पापी ग्रह मंदे हों या पापी ग्रहों की मंदी ताकत की तरफ ज्यादा रगबत (रुचि) हो।
26	9	बृहस्पत से मुश्तरका	जराफत (मसखर्गी)	मखौल (मजाकबाजी), दिल्लगी, खुश तबीयत (स्वभाव) वाला इंसान होगा।
26	9	बुध से मुश्तरका	हद से ज्यादा जराफ़त	बेवकूफ, भोला और बेहद बुद्धू।
27	3	मंगल से मुश्तरका	गौरो खौज की ताकत	बात की तह (गहराई) में पहुंचने की हिम्मत, हर चीज की असली वजह पर गौरो–खौज (मंथन) की ताकत वाला इंसान होगा।
28	4	चन्द्र का निजी असर हो	पुरानी याद्दाश्त	हाफिजा (स्मरण) बहुत देर तक रहेगा। गुजरे हुए वाकिआत (घटनाओं) की हर–दम ताजा याद रखने की ताकत होगी। इंसान और चीजों को भी याद रखेगा।

29	5	सूरज से मुश्तरका	तनासुब की ताकत	चिड़ियों से बाज मरवाने की हिम्मत वाला इंसान होगा। हर इंसान के वजूद (व्यक्तित्व) और हर तरह के कारोबार से वाकफियत (सरोकार करने) की ताकत वाला।
30	6	केतु से मुश्तरका	मुसावीपन की ताकत	जैसा मुंह, वैसी चपत (थप्पड़) यानि अच्छे से अच्छे और बुरे से बुरा करने वाला हर किसी की नकल करने वाला और हरकतों को जांच लेने वाला होगा।
31	7	शुक्कर से मुश्तरका	रंग रूप में फर्क करने की ताकत	हर तरह का फर्क कर सकने की ताकत का मालिक इंसान होगा।
32	8	सनीचर से मुश्तरका	सफाई, शाइस्तगी (सभ्यता) की ताकत	हर चीज की तरतीब (क्रम), दुरुस्ती और इन्तजाम (प्रबंधन) के मामले में मानसरोवर मगर अन्दर से छल–कपट की खान होगा।
33	9	बुध से मुश्तरका	इल्में रियाजी की ताकत	दिल और दिमाग में अपनी मर्जी के मुताबिक दायरा–बन्दी (नियन्त्रण) की ताकत वाला इंसान।
34	10	मंगल–बद से मुश्तरका	मुकाम (जगह) की याद	जुगराफिये इल्म (भूगोल–शास्त्र) से मुतअल्लिका और मुकामात (पड़ाव या मंजिल) के फर्क (पहचान) करने की ताकत का मालिक। पूरा धोखेबाज, तैरते हुए इंसान को डुबा देने की खसलत (नीयत) का मालिक खासकर जब सनीचर टेवे में मंदा हो या मंगल टेवे में मंगल–बद हो रहा हो।
35	11	बृहस्पत से मुश्तरका	गुजरे हुए वाकियात की याद	चाहे कितने ही वाकिआत (घटनाएं) गुजरते जाएं, सभी को पेशानी (मस्तक) पर लिखा होने के मानिन्द (तुल्य) याद रख सकने की ताकत का मालिक होगा। मौजूदा परिस्थिति, इतिहास, प्रकृति सभी पर गौर (ध्यान देने) करने की ताकत।
36	12	राहु से मुश्तरका	खयाल वक्त की याद	फासल–ए–वक्त (समय का अन्तर), गुजरे हुए वक्त की याद न भूलेगा, बुजुर्गों की शान की याद करने वाला वक्त की लम्बाई–चौड़ाई नापने की ताकत का मालिक होगा।

37	1	सनीचर से मुश्तरका	राग	कुदरती ताकत राग–रंग (गाना–बजाना वगैरह) में माहिरपन (दक्षता)।
38	2	बृहस्पत से मुश्तरका	जुबान–दारी	बयानबाजी, हर तरह और हर मुल्क की जुबान (भाषा) को जानने, समझने और सीखने की ताकत (क्षमता) वाला इंसान।
39	3	मंगल से मुश्तरका	सबब की वजह की ताकत	दो चीजों में मुशाबहत (समानता) की खासियत जानने की ताकत। हर पहलू (पक्ष) की कमी–बेसी की वजह और सबब (कारण), दरयाफ्त (जांच) करने की ताकत का मालिक होगा।
40	4	चन्द्र से मुश्तरका	एक चीज का दूसरी चीज से मुकाबला	हर चीज की असलियत (वास्तविकता) और बुनियादी तौर पर दूसरी चीज से मुकाबला करने अथवा क़यास (अनुमान) लगाने की ताकत का मालिक।
41	5	सूरज़ से मुश्तरका	फ़ितरत	इंसान की हकीकत पर गौ़र करने की ताकत। चाहे जो भी हो जाए मगर शराफ़त (सज्जनता) और ख़सलत (विशेषता) को हाथ से न जाने देगा।
42	6	बुध का निजी असर हो	नेकी	रजामंदी (स्वीकारोक्ति), दूसरों को खुश करने की ताकत का मालिक जैसे कोई खरबूजा, खरबूजे को देखकर अपना रंग बदलता है वैसे ही यह इंसान जैसे के साथ तैसा हो जाने की ताकत रखता होगा।

नीचे की फेहरिस्त (सारिणी) में, बारह खानों में ग्रहों की स्थिति के हिसाब से कौन–कौन से दिमागी खाने सम्बन्धित होंगे जो उस इंसान की दिमागी ताकतों को जाहिर करेंगे, दिया जा रहा है।

टेवे का खाना नंबर जिसमें ग्रह बैठा हो	**बृहस्पत**	**सूरज**	**चन्द्र**	**शुक्कर**	**मंगल**
1				सनीचर दिमागी खाना नंबर (1)	
2	शुक्कर (2), बुध (38)			बृहस्पत (2)	
3	मंगल (17)			मंगल (3)	शुक्कर (3) बृहस्पत (17) चन्द्र (27) बुध (39)
4	चन्द्र (21)		शुक्कर– (4) सनीचर (4) बृहस्पत (28) बुध (40)	चन्द्र (4)	मंगल–बद (4)
5	शुक्कर (5) सनीचर (15) सूरज (20, 22)	बृहस्पत (20, 22) चन्द्र (29) बुध (41)	सूरज (29)	बृहस्पत (5)	
6	बुध (18) केतु (8)	केतु (23)	केतु (30)	केतु (6)	
7		बुध (24)	शुक्कर (31) बुध (32)	बुध (7) सनीचर (7) चन्द्र (31)	
8		पापी (25) मंगल–नेक (8)	सनीचर (32)		सनीचर (14) सूरज (8)
9	बृहस्पत (19) सूरज (26)	बृहस्पत (26)	बुध (33)		सनीचर (9)
10	चन्द्र (35)		मंगल–बद (34)		चन्द्र (34)
11	चन्द्र (35)		बृहस्पत (35)		
12	राहु (12)		राहु (36)		
	बृहस्पत इज़्जत से मुतअल्लिक होगा	सूरज निजी हिम्मत और दिमागी ताकत	चन्द्र महसूस करने की ताकत से मुतअल्लिक	शुक्कर गृहस्थ ताकत से मुतअल्लिक	मंगल बुजुर्गी ताकत से मुतअल्लिक

टेवे का खाना नंबर जिसमें ग्रह बैठा हो	बुध	सनीचर	राहु	केतु	घर खाली हो तो दिमागी खाना
1	सनीचर (37)	शुक्कर (1) बुध (37)			2
2	बृहस्पत (38)	बृहस्पत (10)			2
3	सनीचर (10) मंगल (39)	बुध (10)			17
4	चन्द्र (40)	चन्द्र (4)			21
5	सूरज (41)	बृहस्पत (15)			15
6	बृहस्पत (18) बुध (42) जाती (व्यक्तिगत)	केतु (16)		शुक्कर (6) सनीचर (16) बृहस्पत (18) सूरज (23) चन्द्र (30)	16
7	सूरज (24) शुक्कर (7) चन्द्र (31)	शुक्कर (7)			शुक्कर (1) बुध (8)
8		मंगल (12) सूरज (25) चन्द्र (32)	सूरज (25)	सूरज (25)	8
9	चन्द्र (33)	मंगल (9)			19
10		सनीचर (13)			13
11		सनीचर (11)			35
12		राहु (12)	सनीचर (12) बृहस्पत (12) चन्द्र (36)		14
	बुध अंदरूनी अक्ल से मुतअल्लिक	सनीचर भावुकता से मुतअल्लिक	राहु दिमागी लहरों से मुतअल्लिक	केतु सलाह मशविरा से मुतअल्लिक	

खानावार (खानों के अनुसार) अश्या (चीजें)

जैसा कि पहले बताया जा चुका है कि ज्योतिष में हर खाने के हिसाब से उसकी मुतअल्लिक (सम्बन्धित) अश्या (वस्तुएं), कारोबार (व्यापार) और ताल्लुकदार (रिश्तेदार) मुकर्रर (निर्धारित) हैं। लाल किताब के इस भाग में उन सभी चीजों को दर्शाया गया है। इनका इस्तेमाल नेक या मंदे असर के वक्त किया जाएगा। यानि जब इंसान का किसी ग्रह से मुतअल्लिक मंदा वक्त चल रहा हो, तो जिस खाने में वह ग्रह है उस खाने से मुतअल्लिक चीजों से बचकर चलना होगा और अगर कोई ग्रह नेक है तो उस खाने से मुतअल्लिक जिस खाने में वह ग्रह असर डाल रहा है उन चीजों का इस्तेमाल करके मदद लेना फ़ायदेमंद होगा। ग्रह अपना मंदा या नेक असर सबसे ज्यादा उस वक्त देगा जब वह बमूजिब (अनुसार) वर्षफल नेक या मंदे घरों में आ जाए अथवा उस वक्त देगा जो कि उसकी उम्र मुकर्रर है। ग्रहों की उम्र इसी किताब के शुरू के भाग में विस्तृत रूप से दी गई है। इसी तरह हर खाने के ताल्लुकदार और कारोबार भी टेवे वाले पर पूरी तरह से अपना असर उस वक्त डालते हैं जबकि वो वर्षफल कुंडली में प्रभावी हो अथवा उस वक्त जबकि उनकी उम्र के साल का दौरा शुरू हो।

खाना नंबर 1

हवाई ताकत – नाम हैसियत (प्रतिष्ठा)

मकान के अन्दर – चारदीवारी, ज़मीन के अन्दर के गोशे (कोने)

जिस्म (शरीर) की ताकत – भूख, गर्मी

अंदरूनी सफ़ात (गुण) – परोपकार 1/4, पुराने रसूमात (रीति–रिवाज) की पसंदगी।

उम्र का हिस्सा (भाग) – बचपन (1 से 25) तक की उम्र

किस्मत का भाग (अंश) – किस्मत का अपना इख्तियार (निजी अधिकार)

धन–दौलत की किस्म (प्रकार) – कमाई का धन

सामान (वस्तु) – सवारी, रथ, मोटर गाड़ी

तरफ़ैन सिम्तें (दिशाएं) – मशरिफ़ (पूर्व दिशा)

ताल्लुकदार (रिश्तेदार) – राजताल्लुक, पेशे या धन–दौलत से मुतअल्लिक ताल्लुकदार (कर्मचारी, व्यापारिक मित्र)

वक्त–रास्ते (समय–मार्ग) – मौजूदा (वर्तमान) वक्त, जवानी, मौजूदा (वर्तमान) जनम

मवेशी (पशु) – जानवर – खड़े सींगों वाले जानवर या झिल्ली (ज़ेर) में पैदा होने वाले जानवर

दरख़्त (वृक्ष)–पौधे – जड़ी–बूटी और औषधि वाले।

मुतफ़र्रिक (छिटपुट) अश्या (वस्तुएं) – जिस्म (शरीर) के अंग

स्थान या मैदान – तख़्त (सिंहासन) पर बैठक का स्थान

मकान की किस्म (प्रकार) – पुराना या खुद का साख़्ता (स्वनिर्मित) मकान

जिस्म (शरीर) पर स्थान – पेशानी (मस्तक) या चेहरे के अन्दर

ख़ाम–ख़यालियां (मिथ्या–धारणाएं) – नास्तिक, खुदा के घर भी बिना बुलाए न जाएगा।

बंद मुट्ठी – साथ लाया हुआ माल, जिस्म (शरीर), जमाना–ए–हाल (धन)

खाना नंबर 2

हवाई ताकत	–	इज्ज़त, दौलत, शराफ़त
मकान के अन्दर	–	घर में बैठक (मेहमानखाना या दुकान)
जिस्म (शरीर) की ताकत	–	नींद ऐश (मौजमस्ती)
अंदरूनी सफ़ात (गुण)	–	ज्ञान, नेकी–बदी, दुनिया का मोह, इश्क–हवाई (काम)
उम्र का हिस्सा (भाग)	–	जमाने का हवाई (स्वप्न के समान) ज्ञान, बृहस्पत का वक्त (1 से 16 साल)
किस्मत का भाग (अंश)	–	जाती (निजी) किस्मत दुनिया से मुतअल्लिक अर्थात् लौकिक भाग्य।
धन–दौलत की किस्म (प्रकार)	–	ज़ाति (निजी) कमाई की बचत, स्त्रीधन, संन्यास का धन।
सामान (वस्तु)	–	गैस, मिट्टी।
तरफैन सिम्तें (दिशाएं)	–	शुमाल–मग़रिब (उत्तर–पश्चिम) दिशा
ताल्लुकदार (रिश्तेदार)	–	बेवा (विधवा), माशूका (प्रेमिका), ससुराल, मर्द का टेवा हो तो ससुर राहु होगा, ससुर का घर।
वक्त–रास्ते (समय–मार्ग)	–	जनम–मरण का दरवाजा
मवेशी (पशु)–जानवर	–	पालतू गाय, बैल
दरख्त (वृक्ष)–पौधे	–	शाखा (कलम) ज़मीन में दबाकर पैदा किये गये दरख़्त और पौधे।
मुतफर्रिक़ (छिटपुट) अश्या (वस्तुएं)	–	मकान वगैरह
स्थान या मैदान	–	ब्रह्म गुरु, गाय–स्थान
मकान की किस्म (प्रकार)	–	ससुराल का मकान।
जिस्म (शरीर) पर स्थान	–	गर्दन, गुदा, तिलक की जगह (मस्तक पर)
खाम–खयालियां (मिथ्या–धारणाएं)	–	मन मंदिर, दरवेश (साधु) या कलंदर, तादाद (संख्या) मकान
बंद मुट्ठी	–	जवानी और गृहस्थी में रिश्तेदारों से क्या लेगा? गैबी (ईश्वरीय) ताल्लुक, रुहानी (आत्मिक) ताकत।

खाना नंबर 3

हवाई ताकत	–	फ़र्ज की अदायगी (कर्तव्य पालन), बहादुरी (वीरता) इंसानी ताल्लुक (सम्बन्ध)।
मकान के अन्दर	–	सजावटी सामान
जिस्म (शरीर) की ताकत	–	जाग्रत और जिस्मानी अवस्था
अंदरूनी सफात (गुण)	–	नज़र में असर (आकर्षण), चोरी, धोखा, बीमारी।

उम्र का हिस्सा (भाग)	–	तर्जनी उंगली की तीनों राशियों का (मेष, वृष, मिथुन) इकट्ठा समय।
किस्मत का भाग (अंश)	–	किस्मत का चढ़ाव (तंगी) अर्थात् संघर्षपूर्ण किस्मत।
धन–दौलत की किस्म (प्रकार)	–	दूसरे ताल्लुकदारों (रिश्तेदारों) का धन।
सामान (वस्तु)	–	जंगो–जदल (युद्ध) की चीजें।
तरफैन सिम्तें (दिशाएं)	–	जनूब (दक्षिण–दिशा)।
ताल्लुकदार (रिश्तेदार)	–	भाई–बहिन, साले–बहनोई, चाचा–ताऊ।
वक्त–रास्ते (समय–मार्ग)	–	इंसान और माया का दुनिया से बाहर जाने का रास्ता।
मवेशी (पशु)–जानवर	–	मांस खाने वाले दरिन्दे जानवर, शेर।
दरख़्त (वृक्ष)–पौधे	–	फलदार दरख़्त का तना, फलदार पौधे।
मुतफर्रिक (छिटपुट) अश्या (वस्तुएं)	–	आखरी वक्त (अंत–समय)।
स्थान या मैदान	–	लेन–देन का स्थान, युद्ध का मैदान या दुकान।
मकान की किस्म (प्रकार)	–	भाई–बन्दों और चाचा–ताऊ का मकान।
जिस्म (शरीर) पर स्थान	–	आंखों की पलकें, बाजू, जिगर, खून (रक्त)।
खाम–ख़यालियां (मिथ्या–धारणाएं)	–	हमारे सामने दूसरा कौन है? यानि अक्ल बड़ी या भैंस।
बंद–मुट्ठी	–	जवानी के वक्त अपने बिरादरी के ताल्लुकदारों। (भाई–बन्दे वगैरह) से मदद पाएगा।

खाना नंबर 4

हवाई ताकत	–	हक़ पिदरी (पैतृक अधिकार)
मकान के अन्दर	–	जमीन के अन्दर खाली हिस्सा (पानी का स्थान)
जिस्म (शरीर) की ताकत	–	जिस्मानी (शारीरिक) सर्दी
अंदरूनी सिफ़ात (गुण)	–	दिल की शान्ति, हौसला (साहस)
उम्र का हिस्सा (भाग)	–	उम्र का दूसरा भाग (जवानी), गृहस्थ (25 से 50 साल)
किस्मत का भाग (अंश)	–	किस्मत पहले खुद हाजिर (उपस्थित) होगी।
धन–दौलत की किस्म (प्रकार)	–	धन दौलत के निकास (जाने) का चश्मा (स्त्रोत)
सामान (वस्तु)	–	बजाजी पानी, दूध
तरफैन सिम्तें (दिशाएं)	–	शुमाल–मशरिक़ (उत्तर–पूर्वी) दिशा
ताल्लुकदार (रिश्तेदार)	–	माता या नाना ख़ानदान
वक्त–रास्ते (समय–मार्ग)	–	माता के पेट का जमाना (गर्भावस्था)
मवेशी (पशु)–जानवर	–	पानी के जानवर, दूध देने वाले मवेशी, घोड़ा
दरख़्त (वृक्ष)–पौधे	–	रसीले फलों के दरख़्त और पौधे
मुतफर्रिक (छिटपुट) अश्या (वस्तुएं)	–	रिज़क (जीविका) का चश्मा (स्त्रोत)
स्थान या मैदान	–	लक्ष्मी–स्थान

मकान की किस्म (प्रकार)	–	माता, खानदान या मौसी या फूफी (बुआ) का मकान
जिस्म (शरीर) पर स्थान	–	सीना, छाती, स्त्री के टेवे में पेट, नाभि।
खाम–ख़यालियां (मिथ्या धारणाएं)	–	"बाबर बा ऐश कोश कि आलम दोबारा नेस्त" यानि धन, दौलत और जिन्दगी का मतलब।
बंद–मुट्ठी	–	साथ लाया माल और धन मुट्ठी के अन्दर होगा।

खाना नंबर 5

हवाई ताकत	–	हक़ पिसरी (पुत्र का अधिकार)
मकान के अन्दर	–	हवा और रोशनी का ताल्लुक (सम्बन्ध)
जिस्म (शरीर) की ताकत	–	बेदारी मगज (तीव्र–बुद्धि)
अंदरूनी सफ़ात (गुण)	–	ईमानदारी, नेकी, शोहरत (ख्याति)
उम्र का हिस्सा (भाग)	–	गृहस्थी, परिवार, साख़्ता (स्वनिर्मित) कमाई, सूरज का जमाना (22 साल)
किस्मत का भाग (अंश)	–	किस्मत की चमक
धन–दौलत की किस्म (प्रकार)	–	तालीम (शैक्षिक या शिक्षा के माध्यम से), धन, औलाद का धन
सामान (वस्तु)	–	राजदरबार, इल्म (ज्ञान), अक्ल (बुद्धि), तालीम (शिक्षा)
तरफैन सिम्तें (दिशाएं)	–	मशरिक़ (पूर्व) की दीवार
ताल्लुकदार (रिश्तेदार)	–	औलाद, मामा का दुश्मन, आग की मदद
वक्त–रास्ते (समय–मार्ग)	–	मुस्तकबिल (भविष्य), औलाद होने के दिन से बुढ़ापे तक का जमाना।
मवेशी (पशु)–जानवर	–	आग के जानवर (कीड़े वगैरह)
दरख़्त (वृक्ष) – पौधे	–	पैबन्दी पौधे
मुतफ़रिक़ (छिटपुट) अश्या	–	औलाद (संतान)
स्थान या मैदान	–	ज्ञान–स्थान
मकान की किस्म (प्रकार)	–	औलाद का मकान
जिस्म (शरीर) पर स्थान	–	मर्द के टेवे में पेट,
खाम–ख़यालियां (मिथ्या–धारणाएं)	–	सच्चा सुख, रूह (आत्मा) का रास्ता, दुनिया का धर्म–कांटा।
बंद मुट्ठी	–	दुनिया से जो माल–दौलत पाएगा वह औलाद के मुस्क़बिल (भविष्य) के लिए होगा।

खाना नंबर 6

हवाई ताकत	–	"सफ़ात खूसरा की सूथवा बरताव साहूकारा" यानि रोग, व्यवहार और कर्ज़े की हालत।
मकान के अन्दर	–	तहखाने (ज़मीन के अन्दर का कमरा) का हिस्सा

जिस्म (शरीर) की ताकत	–	कुव्वते हाजमा (पाचन शक्ति), जायका (स्वाद), खुश्की (शरीर का रुखापन)
अंदरूनी सफ़ात (गुण)	–	फोकी (खोखली) हमदर्दी, अन्दरूनी अक्ल, दूरन्देशी (दूरदर्शिता)
उम्र का हिस्सा (भाग)	–	तीन लोक, तीन काल और तीनों ज़माने (बचपन–जवानी–बुढ़ापा)
किस्मत का भाग (अंश)	–	किस्मत की पस्ती (भाग्यहीनता)
धन–दौलत की किस्म (प्रकार)	–	रिश्तेदारों का धन।
सामान (वस्तु)	–	परिन्दे (पक्षी), व्यापार, गोबर
तरफ़ैन सिम्तें (दिशाएं)	–	शुमाल (उत्तर दिशा)
ताल्लुकदार (रिश्तेदार)	–	रिश्तेदारों (सभी तरह के) का बर्ताव (व्यवहार)
वक्त–रास्ते (समय–मार्ग)	–	पाताल, ख्वाब हस्ती (हैसियत के स्वप्न)
मवेशी (पशु)–जानवर	–	परिन्दे, कुत्ता, बकरी
दरख़्त (वृक्ष)–पौधे	–	फूल, साग–सब्जी
मुतफर्रिक़ (छिटपुट) अश्या	–	लड़के–लड़कियों के रिश्तेदार
स्थान या मैदान	–	गृहस्थ, साधु–स्थान, बर्ताव (व्यवहार)
मकान की किस्म (प्रकार)	–	मामा या भांजे का घर
जिस्म (शरीर) पर स्थान	–	पुश्त (कमर), पुट्ठे, चेहरा, औरत के पिस्तान (स्तन) का सिरा (निप्पल)।
खाम–ख़यालियां (मिथ्या–धारणाएं)	–	पीछे (शेष) बचे मर्दों की तादाद (संख्या), बीमारी के अरसे (समयावधि) का फैसला (निर्णय)
बंद मुट्ठी	–	बुढ़ापा (ढलती हुई जवानी) में ग़ैबी (ईश्वरीय) मदद

खाना नंबर 7

हवाई ताकत	–	दुनियावी ज़ाहिरदारी (प्रत्यक्ष सांसारिक व्यवहार)
मकान के अन्दर	–	दीवारों पर पलस्तर, सफेदी, मुंडेर (छत के ऊपर की चारदीवारी) के बिना मकान।
जिस्म (शरीर) की ताकत	–	बदन की ताकत (शारीरिक पुष्टता)
अन्दरूनी सफ़ात (गुण)	–	अंदरूनी–अक्ल (आन्तरिक बुद्धि) से दुनियावी ताल्लुक (सम्बन्ध), दूसरे के फायदे के लिए (परोपकार की भावना हेतु)
उम्र का हिस्सा (भाग)	–	उम्र का तीसरा हिस्सा (50 से 75 साल की उम्र)
किस्मत का भाग (अंश)	–	किस्मत का फैलाव (विस्तार)
धन–दौलत की किस्म (प्रकार)	–	फालतू (अतिरिक्त), अपने लिए पराई दौलत।
सामान (वस्तु)	–	खेती का सामान, व्यापार के लिए गोदाम।

तरफ़ैन सिम्तें (दिशाएं) – जनूब–मग़रिब (दक्षिण–पश्चिम)
ताल्लुकदार (रिश्तेदार) – औरत (पत्नी), सगी बहिन, पोती, लड़की (बेटी)
वक्त–रास्ते (समय–मार्ग) – जायदाद (सम्पत्ति) के लिए दुनिया का मैदान
मवेशी (पशु)–जानवर – चरने वाले, अण्डे देने वाले, नीचे को गिरे हुए सींगों वाले जानवर
दरख़्त (वृक्ष) पौधे – फलीदार और गूदेदार फल वाले दरख़्त
मुत़फर्रिक़ (छिटपुट) अश्या – फालतू (अतिरिक्त) धन की थैली।
स्थान या मैदान – जनम स्थान
मकान की किस्म (प्रकार) – स्त्री या लड़की (बेटी) के परिवार का मकान।
जिस्म (शरीर) पर स्थान – रान–पांव (जांघ), जिल्द–मुसान (त्वचा के रोमछिद्र), पिस्तान (स्तन)
खाम–ख़यालियां (मिथ्या–धारणाएं) – धन की फालतू थैली (अतिरिक्त–धन) शादी की तादाद (संख्या) और ताकत (मजबूती)
बंद मुट्ठी – साथ लाया हुआ माल (सामान) और जायदाद (सम्पत्ति)

खाना नंबर 8

ताकत हवाई – मंदा नाम, बदनाम
मकान के अन्दर – छत और आग की जगह
जिस्म (शरीर) की ताकत – रेत के मानिन्द (समान), बदहज़मी (अपच–हाजमा)
अंदरूनी सफ़ात (गुण) – जनमुरीदी (पत्नी भक्त), मंदी करतूत (निम्न क्रियाकलाप)
उम्र का हिस्सा (भाग) – साधुपन, उपदेश, संन्यास
किस्मत का भाग (अंश) – किस्मत के धोखे या धक्के
धन–दौलत की किस्म (प्रकार) – नुक़सान, बेआसरी–माया (कर्जे का धन)
सामान (वस्तु) – बीमारी और ज़र्राही (ऑपरेशन) से मुतअल्लिक (सम्बन्धित)
तरफ़ैन सिम्तें – जुनूबी (दक्षिणी) दीवार
ताल्लुकदार (रिश्तेदार) – दुश्मन, जहमत (मुसीबत), बीमारी
वक्त–रास्ते (समय–मार्ग) – मौत की नींद, दुनिया के बाहर का रास्ता (मौत)
मवेशी (पशु)–जानवर – जहरीले कीड़े, बिच्छू, ऊंट, दरख्तों को तबाह करने वाले पशु–जानवर
दरख्त (वृक्ष) पौधे – आकाश बेल, जिनमें न फूल आएं न फल आएं, ऐसे दरख़्त और पौधे
मुतफर्रिक (छिटपुट) अश्या – उम्र (आयु)
स्थान या मैदान – मारक (मृत्यु का) स्थान, बूचड़खाना (जहां मांस कटता है), गम और रंज

मकान की किस्म (प्रकार) – कब्रिस्तान (जहां मुर्दे दफ़न होते हैं), वीराना (एकान्त)

जिस्म (शरीर) पर स्थान – अन्दाम–नहानी (नग्न–शरीर), पीठ, कच्ची–चर्बी, पुड़पड़ी (कनपटी)

खाम–ख़यालियां (मिथ्या–धारणाएं) – बीमारी का सबब (कारण), इंसान की उम्र

बंद–मुट्ठी – दुनिया के बाहर (प्रेत पीड़ा, अदृश्य) का दुःख और बीमारी।

खाना नंबर 9

ताकत हवाई – मसरूफ़ी (व्यस्तता), नेक हालत

मकान के अन्दर – हर हिस्से की अंदरूनी (आंतरिक) पैमाइश (नाप)

जिस्म (शरीर) की ताकत – जाग्रत अवस्था, रुहानी (आत्मिक) ताकत अर्थात् आध्यात्मिक शक्ति, सांस (प्राण)

अंदरूनी सफ़ात (गुण) – धर्म–कर्म, परोपकार, ज्ञानी

उम्र का हिस्सा (भाग) – बुढ़ापे में ग्रहस्थ का जमाना

किस्मत का भाग (अंश) – किस्मत की हवाई–बुनियाद (काल्पनिक आधार)।

धन–दौलत की किस्म (प्रकार) – बुजुर्गों की बचत।

सामान (वस्तु) – धर्म और हकीमी (दवा या डॉक्टरी) सामान से मुतअल्लिक (सम्बन्धित)

तरफैन सिम्तें (दिशाएं) – सेहन का मरकज (आंगन का केन्द्र)

ताल्लुकदार (रिश्तेदार) – बुजुर्ग

वक्त–रास्ते (समय–मार्ग) – जमाना माज़ी, पिछला जमाना, पिछला जनम, रुहानी और ग़ैबी (परालौकिक) जमाना

मवेशी (पशु)–जानवर – मेंढक, हंस, नील–गाय, पानी और खुश्की (सूखे) में चलने वाले जानवर।

दरख़्त (वृक्ष)–पौधे – जो जड़ों की तरह जमीन के अन्दर ही अन्दर रहें।

मुतफर्रिक (छिटपुट) अश्या – बुजुर्गों की हालत

स्थान या मैदान – धर्म स्थान

मकान की किस्म (प्रकार) – जद्दी (पैतृक) अथवा बुजुर्गी मकान

जिस्म (शरीर) पर स्थान – वक्षस्थल, नथुने, बीरज (वीर्य)

खाम–खयालियां (मिथ्या–धारणाएं) – पिछले जनम का हिसाब (लेन–देन), बुजुर्गों की उम्र।

बंद मुट्ठी – वाल्दैनी (माता–पिता की) माली (आर्थिक) हालत, बचपन का वक्त, पिछले जनम का ताल्लुक (सम्बन्ध)।

खाना नंबर 10

ताकत हवाई – ज़ाहिरा सुलूक (प्रत्यक्ष व्यवहार)

मकान के अन्दर – लोहा–लंगड़, ईंट–पत्थर, मलवा वगैरह

जिस्म (शरीर) की ताकत	आम–सेहत (सामान्य स्वास्थ्य), काली खांसी।
अन्दरूनी सफ़ात (गुण)	चालाकी, मक्कारी, होशियारी, मंदी–शोहरत (बदनामी)
उम्र का हिस्सा (भाग)	चौथा हिस्सा (आखरी अवस्था)
किस्मत का भाग (अंश)	किस्मत का बोझ (दुर्भाग्य), बुनियादी किस्मत (संघर्ष)
धन–दौलत की क़िस्म (प्रकार)	पिता का धन, पिता की जायदाद (सम्पत्ति)
सामान (वस्तु)	खुराक (भोजन), मशीन
तरफ़ैन –सिम्तें (दिशाएं)	मग़रिब (पश्चिम)
ताल्लुकदार (रिश्तेदार)	पिता का सुख–दुःख
वक्त–रास्ते (समय–मार्ग)	खयाली–दुनिया (काल्पनिक संसार) या दसवां द्वार, शादी का वक्त
मवेशी (पशु)–जानवर	मगरमच्छ, सांप, मवेशी की दुम (पूंछ) अर्थात् दुम वाले जानवर।
दरख़्त (वृक्ष)–पौधे	कांटों वाले दरख्त–पौधे
मुतफ़र्रिक़ (छिटपुट) अश्या	किस्मत के लेख की हदबन्दी (सीमित–भाग्य)
स्थान या मैदान	रिज़क (रोटी) के लिए ठगी का द्वार
मकान की किस्म (प्रकार)	पिता का या खुद का बनाया हुआ मकान, मगर तीन साल से ज्यादा वक्त का बना हुआ अथवा बीस साल का रिहाइशी (बसा हुआ) हो।
जिस्म (शरीर) पर स्थान	घुटने, जानू (जांघ), पिंजर (ढांचा या कंकाल)
ख़ाम–ख़यालियां (मिथ्या–धारणाएं)	साया–आतिफ़त (प्रतिबिम्ब या परछाई), जादू–मंत्र, शादी का वक्त, इल्म–रियाजी (गणित–विद्या)
बन्द–मुट्ठी	साथ लाया हुआ माल या खुराक (भोजन इत्यादि)

खाना नंबर 11

ताकत हवाई	लालच (लोभ)
मकान के अन्दर	जाहिरदारी मकान (देखने लायक मकान), साफ–सुथरा और खुला हुआ।
जिस्म (शरीर) की ताकत	लापरवाही (अनुत्तरदायित्व)
अंदरूनी सिफ़ात (गुण)	होशियारी (सतर्कता) नेक–होश (शुभ–विचार)
उम्र का हिस्सा (भाग)	75 साल से आखरी उम्र तक का वक्त।
किस्मत का भाग (अंश)	बुलन्द (उन्नत) किस्मत
धन–दौलत की किस्म (प्रकार)	आमदन (अर्थप्राप्ति) या लाभ
सामान (वस्तु)	आमदन से मुतअल्लिक (सम्बन्धित), रफ़ा–ए–आम
तरफैन–सिम्तें (दिशाएं)	मग़रिबी (पश्चिमी) दीवार

ताल्लुकदार (रिश्तेदार) – जनम वक्त, वाल्दैनी (माता–पिता) माली–हालत (आर्थिक स्थिति)।

वक्त–रास्ते (समय–मार्ग) – माया और इंसान का इस दुनिया के अन्दर आने का रास्ता, किस्मत का मैदान, आमदनी (आय)

मवेशी (पशु)–जानवर – दो मुंह वाला सांप

दरख़्त (वृक्ष)–पौधे – सायादार (छांवयुक्त) दरख़्त बिना कांटे वाले।

मुतफ़र्रिक (छिटपुट) अश्या – धर्म की तरफ तबीयत (रुचि)

स्थान या मैदान – रिज़क (जीविका) का मैदान

मकान की किस्म (प्रकार) – खरीदा हुआ मकान

जिस्म (शरीर) पर स्थान – कूल्हे (नितंब), पेशानी (मस्तक)

खाम–ख़यालियां (मिथ्या–धारणाएं) – पहला हाकिम (शासक), पहला ताल्लुक (सम्बन्ध), औलाद की तादाद (संख्या) और शान–शौकत।

बंद–मुट्ठी – वाल्दैनी (माता–पिता) माली (आर्थिक) हालत, जनम के वक्त दूसरों से मिलेगा।

खाना नंबर 12

ताकत हवाई – आशीर्वाद, श्राप, दिमाग में अचानक और ख़याली (काल्पनिक) तौर पर पैदा होना।

मकान के अन्दर – आबाद और वीराना दोनों ही तरह का।

जिस्म (शरीर) की ताकत – सर्फ़ा–किफ़ायत (बचत की आदत या कंजूसी)

अंदरूनी सफ़ात (गुण) – खुशामद (चापलूसी), खुद की नेकी (प्रशंसा) और बदनामी।

उम्र के हिस्से (भाग) – गुरु (उपदेशक)

किस्मत का भाग (अंश) – किस्मत का सुख–दुःख

धन–दौलत की किस्म (प्रकार) – माया और स्त्री दोनों का सुख, मर्द–औरत का बाहमी (आपसी) सुख

सामान (वस्तु) – इशरत (मद्यपान से सम्बन्धित) और ऐश

तरफैन सिम्तें (दिशाएं) – जनूब–मशरिक़ (दक्षिण–पूर्व)

ताल्लुकदार (रिश्तेदार) – हमसाया (पड़ोसी) का ताल्लुकदार और उसका सुख–दुःख

वक्त–रास्ते (समय–मार्ग) – आखरी वक्त और कूच का रास्ता, सोने और आराम करने का वक्त

मवेशी (पशु)–जानवर – बिल्ली, चमगादड़, मछली

दरख़्त (वृक्ष)–पौधे – छिलकेदार (छाल वाले) दरख़्त, खुदरू

मुतफर्रिक (छिटपुट) अश्या – रात का आराम

स्थान या मैदान – साधु की समाधि

मकान की किस्म (प्रकार) – हमसाया (पडोसी) का मकान

जिस्म (शरीर) पर स्थान – पांव, हड्डी, सिर, पांव के तलवे

खाम ख़यालियां (मिथ्या–धारणाएं) – योग अभ्यास, आखरी नतीजा (परिणाम)

बंद मुट्ठी – वाल्दैनी (माता–पिता की) माली (आर्थिक) हालत, ग़ैबी (ईश्वरीय) ताल्लुक, रिश्तेदारों से लेगा।

कियाफा (हस्तरेखा)

(1) जब बच्चा दुनिया में आता है तब ज़माने की पहली हवा या जिन्दगी का पहला हिस्सा बृहस्पत का अरसा होता है। जो 25 साल की उम्र तक गिना जाता है जो तर्जनी उंगली का हिस्सा है। दूसरी उंगली या अनामिका की राशियों से (देखें फरमान नंबर 5) सूरज का जमाना यानि गृहस्थ का ताल्लुक बनता है जो 25 से 50 साल का जमाना होता है। यह जमाना खुद कमाई वाला होगा। इंसान की 50 से 75 साल की उम्र का अरसा कनिष्ठा उंगली की तीन राशियों के असर का अरसा (समय) होगा यानि साधुपन का वक्त और दुनियावी गृहस्थ इंसानों को उपदेश देने का अरसा होगा। चौथी उंगली मध्यमा की होगी। मध्यमा उंगली की तीनों राशियों (मकर, कुंभ, मीन) का असर 75 से 100 साल तक की उम्र का होगा।

(2) उंगली के पहले पोरों (नाखून वाले पोर) पर चक्कर (चक्र), शंख (संख), सदफ़ (सीप) वगैरह जाहिर (प्रत्यक्ष) ज़िन्दगी के काम या दिन के काम (कारोबार) बताते हैं।

ग्रहों से मुतअल्लिक (सम्बन्धित) अश्या

अश्या (वस्तुएं)	बृहस्पत	सूरज	चन्द्र
देवी–देवता	ब्रह्मा जी	विष्णु भगवान्	शिवजी महाराज
पेशा (व्यवसाय)	ब्राह्मण, पूजा–पाठ, सुनार से मुतअल्लिक (सम्बन्धित)	क्षत्री (क्षत्रिय), राजपूत	कुम्हार (कहार), झीवर, पूज्य जैन धर्म वाले।
सिफ़्त (गुण)	रुहानी पण्डित	बहादुर जिस्म (शूरवीर), पालनकर्ता	रहीम, दयालु हमदर्द
ख़ासियत	हवा (प्राण, रूह), पिता, गुरु, सुख	आग, गुस्सा, जिस्म (शरीर) अक्ल (बुद्धि)	पानी, शान्ति, दिल (हृदय), माता, जद्दी (पैतृक) जायदाद
ताकत (बल)	हाकिम (अधिकारी) और महकूम (कर्मचारी), सांस लेने और दिलाने की ताकत का मालिक	गर्मी का भण्डारी	सुख–शान्ति और दयालुता, माता की मोहब्बत (स्नेह), पितरों और बुजुर्गों की सेवा

अश्या (वस्तुएं)	बृहस्पत	सूरज	चन्द्र
धातु	सोना, पुखराज	माणिक, तांबा, शिलाजीत	चांदी, दूधिया मोती (दूध के रंग का)
जिस्म के अंग	गर्दन	तमाम (संपूर्ण) जिस्म	दिल (हृदय)
चेहरा	नाक व नाक का सिरा	दायां हिस्सा	बायां हिस्सा
पोशाक (पहनावा)	पगड़ी, दस्तार	सेहरा, कलगी	धोती, परवा
तरबूज में ग्रह	डंडी	वज़न	पानी
जानवर	बब्बर शेर या बब्बर शेरनी	बंदर–बंदरिया, पहाड़ी गाय, पूरी कपिला गाय	घोड़ा–घोड़ी
दरख़्त (वृक्ष)	पीपल का दरख़्त	तेजफल का दरख़्त	पोस्त (इस पौधे से अफ़ीम निकलती है) का वह हरा पौधा जिसमें दूध हो।
अश्या (वस्तुएं)	**शुक्कर**	**मंगल–नेक**	**मंगल–बद**
देवी–देवता	लक्ष्मी जी	हनुमान जी	जिन्न या भूत
पेशा (व्यवसाय)	काश्तकार (किसान) ज़मीनदार, कुम्हार, वैश्य	सिपाही (फौजी)	कसाई
सिफ़्त (गुण)	आशिक मिजाज	मुदब्बिर (विद्वान)	मुतकब्बिर (अहंकारी)
खासियत (स्वभाव)	मिट्टी, कामदेवता, स्त्री, गृहस्थ, आजिज़ी (दीनता)	हौसला (साहस), भाई, लड़ाई, खाना–पीना	कीनावरी (शत्रुता का भाव)
ताकत (बल)	दिल की मोहब्बत, लगन, नफसानी (कामुकता), औरत की लगन, इश्क, ऐश पसन्द करने वाला	जंगो–जदल (लड़ाई–झगड़ा), खून करना और करवाना।	खाने–पीने की ताकत
धातु	मिट्टी, दही के रंग का मोती	कीमती लाल पत्थर जो चमकीला न हो	चमकीला लाल पत्थर
जिस्म के अंग	रूख़सारा (कपोल या गाल)	जिगर (लीवर या यकृत)	जिगर (लीवर या यकृत)
चेहरा	रूख़सारा के ख़त (रेखा) और खाल	ऊपर का होंठ	नीचे का होंठ

अश्या (वस्तुएं)	शुक्कर	मंगल–नेक	मंगल–बद
पोशाक (पहनावा)	कमीज़	बास्केट	नंगा सिर
तरबूज में ग्रह	बीज	गुदा	गुदा
जानवर	बैल–गाय	आम शेर या शेरनी	ऊंट–ऊंटनी, हिरन
दरख़्त (वृक्ष)	कपास (रूई) का पौधा	नीम का दरख़्त	डेक का दरख़्त
अश्या (वस्तुएं)	**बुध**	**सनीचर**	**राहु**
देवी–देवता	दुर्गा जी	भैंरो जी	सरस्वती जी
पेशा (व्यवसाय)	लुहार, दलाल, व्यापारी	लुहार, मोची, तरखान (खाती)	शूद्र
सिफ़्त (गुण)	जी–हजुरिया	मूर्ख, अक्खड़, कारीगर	चालबाज, मक्कार, नीच, ज़ालिम
खासियत (स्वभाव)	बोलना (वाणी), दिमाग, हुनर, नसीहत, दोस्ती पेशा (व्यापार)	देखना–भालना, चालाकी, मौत, बीमारी	सोचना, बिजली, ख़यालात, खौफ, दुश्मनी, भूचाल
ताकत (बल)	अक्ल (बुद्धि), हुनर, दस्तकारी, बोलने बुलवाने की क्षमता, लोगों में रसूख़ (प्रभाव) पैदा करना	जादू, मंत्र देखने दिखाने की ताकत् का मालिक	रहनुमाई (मार्गदर्शन) कल्पना की ताकत
धातु	हीरा , पन्ना	लोहा, फौलाद	नीलम, सिक्का, गोमेद
जिस्म के अंग	दिमाग, जीभ, जबड़ा, दांत	बीनाई (आंखों की ज्योति)	दिमागी लहरें, धड़ के बिना सिर का हिस्सा
चेहरा	नाक का अगला सिरा	बाल, भंवे, पुड़पड़ी (कनपटी)	ठोड़ी
पोशाक (पहनावा)	टोपी, नाड़ा (कमरबन्द या बैल्ट), तड़ागी	जुराब (मोजे), जूता	पाजामा, पतलून
तरबूज में ग्रह	जायका (स्वाद)	छाल (छिलका)	कच्चापन–पक्कापन
जानवर	बकरा–बकरी, भेड़, चमगादड़	भैंस या भैसा	हाथी, हथनी, कांटेदार जंगली चूहा, कड़हरना
दरख़्त (वृक्ष)	केला (पौधा), चौड़े पत्तों के दरख़्त, सिवाय बड़ का दरख़्त	कीकर या आंक का दरख़्त, खजूर	नारियल का दरख़्त, कुत्ता घास, काटने वाली घास

अश्या (वस्तुएं)	केतु
देवी–देवता	श्री गणेश जी
पेशा (व्यवसाय)	मजहब (धर्म) और दुनियावालों की हदबन्दी (बंधनों) से आज़ाद
सिफ़्त (गुण)	बरबाद, बोझा उठाने वाला (कुली), मजदूर
खासियत (स्वभाव)	सुनना, पांवों की नक्ल व हरकत
ताकत (बल)	चलना–फिरना, गैरों (अजनबी) से मिलने मिलाने की ताकत (क्षमता)
धातु	दोरंगा पत्थर, दरिया
जिस्म के अंग	सिर के बिना पूरा जिस्म (धड़)
चेहरा	कान, पांव (पैरों), रीढ़ की हड्डी, पेशाबगाह (मूत्राशय), जोड़, घुटने का दर्द
पोशाक (पहनावा)	दुपट्टा, ओढ़ना, कम्बल
तरबूज में ग्रह	रंगीन–धारियां
जानवर	कुत्ता–कुतिया, गधा–गधी, सूअर, छिपकली
दरख़्त (वृक्ष)	इमली का दरख़्त, तिलों के पौधे, केला (फल)

ग्रहों की खानावार (खानों के अनुसार) अश्या (वस्तुएं), ताल्लुकदार (रिश्तेदार), कारोबार (व्यापार)

खाना नंबर	बृहस्पत (अश्या)
(1)	नर शेर, कीमियागर (औषधि–विक्रेता), सुनार, पेशानी (मस्तक), जर्द (पीला रंग), चलता साधु।
(2)	गाय स्थान, मेहमान नवाज़ी (अतिथि सेवा), पूजा का धन, चने की दाल, हल्दी।
(3)	दुर्गा पूजन, दुनियावी तालीम (सांसारिक शिक्षा)।
(4)	बारिश, सोना।
(5)	नाक, केसर (इसे कुमकुम या जाफ़रानी भी कहते हैं)।
(6)	मुर्गा, गरुड़, कस्तूरी, सेब।
(7)	किताबें, दमा, मेंढक, आवारा साधु, खाली हवा।
(8)	अफ़वाह, नज़ारा, खल्क़ (सृष्टि), फ़कीर का यज्ञ, दान।
(9)	जद्दी (पैतृक) मकान, धर्मस्थान (मंदिर, मस्जिद, गुरुद्वारा, चर्च), चलता और उड़ता हुआ वज़ूद (गैस वगैरह)।
(10)	सूखा और मंदा पीपल का दरख़्त, धन का नुकसान, ख़त्म तालीम, गंधक (सल्फ़र)।
(11)	गिल्ट (गिलट), मुलम्मा (सोने का पानी चढ़ाना)।
(12)	पीपल का हरा दरख़्त (वृक्ष), आम (सामान्य) हवा, आम दुनिया, सांस, पीतल।

खाना नंबर	बृहस्पत (ताल्लुकदार)
(1)	गद्दीनशी साधु, बाप, बाबा (दादा)। अगर टेवे में बृहस्त–सूरज मुश्तरका (इकट्ठे) हों तो बृहस्पत पिता और सूरज लड़का (पुत्र) गिना जाएगा।
(2)	जगद्गुरु, पुजारी, औरत के टेवे में उसका ससुराल होगा।
(3)	खानदान का मुखिया।
(4)	राजा–महाराजा, पूर्ण ब्रह्म।
(5)	अध्यापक।
(6)	बुजुर्ग, मेहमान (अतिथि)।
(7)	निर्धन मगर ज्ञानी जो दिल से बुजुर्ग और जिस्म से जवान हो।
(8)	हम उम्र (उम्र में बराबर) मगर तजुर्बे (अनुभव) में बाबा की उम्र का।

(9)	खानदान में उम्र के लिहाज से सबसे बड़ा मगर रिश्तेदारी में बड़े होने की कोई शर्त न होगी।
(10)	उधार का बाप यानि जो केवल जनम देने वाला हो मगर पालन करने वाला नहीं।
(11)	खुद (स्वयं) मदद के लिए बिन बुलाए पहुंचने वाला, बाप के बराबर का मददगार इंसान।
(12)	बेफ़िक्र (निश्चिन्त) बाप, जिसे कल की चिन्ता न हो मगर सृमद्ध हो।

खाना नंबर	बृहस्पत (कारोबार)
(1)	कीमियागर (रस–विद्या या रसायन तैयार करने वाला) मगर फ़र्जी दिलासे वाला, पीले रंग की चीजों से मुतअल्लिक (सम्बन्धित) कारोबार।
(2)	मिट्टी के कारोबार से सोना मिलेगा मगर सोने का कारोबार मिट्टी हो जाएगा।
(3)	तालीमी (शैक्षिक) कारोबार।
(4)	सोना और आबपाशी (सिंचाई) से मुतअल्लिक कारोबार।
(5)	खूश्बूदार चीजों से मुतअल्लिक कारोबार।
(6)	कीमती परिन्दों (पक्षियों) से मुतअल्लिक कारोबार।
(7)	किताबों की दुकान, दमा की बीमारी का इलाज करने के काम नुकसान की वजह होंगे। दूध, दही के कारोबार मुबारक (शुभ) फल देंगे।
(8)	पहाड़ी इलाकों के कारोबार।
(9)	धर्मस्थान के कारोबार, पूजा का सामान, गैस से मुतअल्लिक कारोबार।
(10)	लोहे का कारोबार।
(11)	गिलट या मुलम्मा (सोने का पानी चढ़ाना) के कारोबार।
(12)	पीतल की चीजों का कारोबार।

खाना नंबर	सूरज (अश्या)
(1)	दिन का वक्त, दाईं आंख, सफेद नमक, दायां हिस्सा।
(2)	गन्दुम (गेहूं), बाज़रा।
(3)	दिन के वक्त हुई औलाद, भतीजे।
(4)	दाईं आंख का डेला (पुतली), बुआ का लड़का।
(5)	इकलौता (जो अकेला हो) लड़का, लाल मुंह का बन्दर।
(6)	गन्दुमी (गेहुआं) रंग, पांवों की ख़राबियां।

(7) रुहानी–नुक़्स (दैवीय–कमी), लाल–सफेद गाय मंदे असर वाली होगी, काली गाय मददगार और नेक असर देगी, भोंड़ी (बगैर सींगों वाली) गाय भी मुबारक होगी।

(8) रथ, गाड़ी, सच्ची (वास्तविक) और पक्की (दहकती) आग जो खुद (स्वयं) पैदा की गई हो।

(9) भूरा रीछ, ग्रहण के बाद का सूरज।

(10) भूरा नेवला, भूरी भैंस, शिलाजीत (एक प्रकार की धातु)।

(11) सुर्ख (लाल) तांबा।

(12) भूरी चींटी, दिमागी–खराबियां (मानसिक विकार)

खाना नंबर	सूरज (ताल्लुकदार)
(1)	स्वयं, हम और हमारा हुक्म।
(2)	कानूनी ढंग पर धार्मिक पेशा (तर्क)।
(3)	मिन्नत के बजाए, डंडे के जोर पर अपना दोस्त बनाने वाला।
(4)	अपने मुंह की रोटी निकालकर बच्चों को देने वाला बाप।
(5)	अक्ल का बानी (संरक्षक) बुजुर्ग मगर उसके धन और नसीब (भाग्य) की शर्त न होगी।
(6)	बहुत ज्यादा गुस्से वाला, बिना लड़े रोटी हज़म न होगी।
(7)	खुशहाल और आबाद इंसान को देखकर हसद (ईर्ष्या) से मरने वाला गृहस्थ।
(8)	सारे ब्रह्मांड की चीजें लेकर भी जिसकी हसरतें पूरी न हों।
(9)	हर बिगड़ी को बनाने वाला मेहरबान (दयालु) दोस्त।
(10)	हमारे बराबर कोई दूसरा नहीं के एतिकाद (यकीन करने वाला) वाला इंसान।
(11)	बच्चे निकलने से पहले ही अण्डे खा जाने वाला ज़ालिम लेकिन अगर धर्मात्मा हो तो इन्साफ के आखरी दर्जे का हाकिम (शासक)।
(12)	मर तो जाएंगे मगर निशानी (बच्चे) बग़ैर छोड़े नहीं जाएंगे।

खाना नंबर	सूरज (कारोबार)
(1)	राजदरबार से मुतअल्लिक (सम्बन्धित) कारोबार।
(2)	गन्दुम (गेहूँ), बाजरा, खाने के अनाज के कारोबार।
(3)	भतीजे के साथ कारोबार।
(4)	पानी और रेशम के कारोबार। बुआ के बेटे के साथ कारोबार।
(5)	बन्दरों और बच्चों से मुतअल्लिक कारोबार।

(6)	दोहते (लड़की का लड़का) के साथ से कारोबार।
(7)	चांदी और दूध के कारोबार मुबारक मगर गाय का कारोबार मंदा असर देगा।
(8)	रथ और गाड़ी से मुतअल्लिक कारोबार।
(9)	मवेशियों (पशुओं) से मुतअल्लिक कारोबार मुबारक होगा।
(10)	मकान और भैंस से मुतअल्लिक कारोबार मुबारक होंगे।
(11)	तांबे का कारोबार।
(12)	आटा पीसने की चक्की से मुतअल्लिक कारोबार।

खाना नंबर	चन्द्र (अश्या)
(1)	दिल, दिमाग, बायां हिस्सा, बाईं आंख का डेला (पुतली)।
(2)	माता, दूध, चावल, रुहानी (धार्मिक) हिस्सा, सफेद घोड़ा।
(3)	आम घोड़ा, शिवजी, चिरायता (ऊंचाई पर पाया जाने वाला एक पौधा जो औषधि के रूप में ज्वरनाशक होता है)।
(4)	तालाब, कुआं, शान्ति, चश्मा (जमीन में बनी दरार या छेद से जमीन के अंदर के जलाशय का पानी स्वतः बाहर आता है)
(5)	चकोर (चन्द्रमा को ताकते रहने वाला कीटभक्षी परिन्दा), आक का दूध (विषैले दूध वाला पौधा)
(6)	मादा खरगोश, सफर (यात्रा)
(7)	खेती की ऐसी ज़मीन जो स्वयं की हो या पैतृक हो मगर आबादी वाली न हो, बर्फ़।
(8)	समुद्र, ऊपरी कमाई, मिर्गी (तंत्रिकातंत्र से सम्बन्धित एक विकार), मुर्दादिली (उदासीनता)।
(9)	जद्दी जायदाद (पैतृक सम्पत्ति), ग़ैबी (गुप्त) समुद्र।
(10)	रात का वक्त, ज़मीन के अंदर का आम पानी मगर खारा या कड़वा, अफ़ीम।
(11)	बिना छिदा मोती (सफेद दूधिया रंग का), चांदी, ख़ूनी कुआं, उड़ते बादल।
(12)	खुशामद, सफेद तिल, मींह (बरसात) का पानी, ओले, कपूर, मुश्क (एक खास तेल लुभावनी सुगंध वाला जो दुर्लभ प्रजाति के हिरण की ग्रंथि में होता है, संस्कृत में इसे कस्तूरी कहते हैं।)

खाना नंबर	चन्द्र (ताल्लुकदार)
(1)	राजा की रानी।
(2)	धर्म—माता (जो भी बुजुर्ग औरत इस पद पर मुकर्रर हो)।
(3)	हमसाया (पड़ोसी) बुजुर्ग औरतें।
(4)	मौसी या माता।
(5)	अगर गुस्सा आ जाए तो लड़े बिना रोटी हज़म न होगी, इस उसूल (स्वभाव) की माता।
(6)	नानी।
(7)	गृहस्थ या व्यवहार में कोई भी मेहरबान और जगत् लक्ष्मी माता।
(8)	ताई।
(9)	खानदान में सबसे ज्यादा लम्बी उम्र की माता या जद्दी (पैतृक) जायदाद के कारोबार (कपड़ा बेचने का व्यवसाय), दादी मगर रिश्तेदार की कोई शर्त न होगी।
(10)	चाची।
(11)	नाली के पानी से परिवार को तोलने वाली बुढ़िया।
(12)	सास।

खाना नंबर	चन्द्र (कारोबार)
(1)	बाग—बगीचों से मुतअल्लिक (सम्बन्धित) कारोबार।
(2)	पांव (पैर) और घोड़े से मुतअल्लिक कारोबार।
(3)	चिरायता (पौधा), मुसफ़्फा (छूत) और खून की दवाओं के काम।
(4)	बजाज़ी (कपड़ा बेचने का व्यवसाय) और तालाब, कुआं, चश्मा वगैरह से मुअल्लिक कारोबार।
(5)	तालीम (शिक्षा) से मुतअल्लिक कारोबार।
(6)	सफर के सामान का कारोबार।
(7)	खेती, बर्फ़ और मकान की ज़मीन के अन्दर से मुतअल्लिक कारोबार।
(8)	समुद्र से मुतअल्लिक कारोबार।
(9)	जद्दी (पैतृक) जायदाद के कारोबार।
(10)	नशे को चीजें, पानी में घुली हुई दवाइयां मंदे असर की होंगी। खुश्क दवाइयां और दिल को तर (तृप्त) करने वाली चीज़ें मुबारक असर देंगी।

(11)	दूधिया रंग के मोतियों के कारोबार।
(12)	पालतू जानवरों के कारोबार, आम–पानी से मुतअल्लिक कारोबार मंदा फल देंगे।

खाना नंबर	शुक्कर (अश्या)
(1)	रूख़सार (कपोल, गाल), पराई औरत की मोहब्बत।
(2)	आलू, गाय–स्थान, ज़र्द (पीला) घी, अबरक, मुश्क (कस्तूरी), सफेद कपूर, भौंड़ी (बिना सींगों की) गाय।
(3)	शादी, सती या सतवन्ती औरत।
(4)	दही, चरने वाले चौपाये मवेशी (पशु)।
(5)	कुम्हार का आवा, भट्टा, कांसे का बरतन।
(6)	चिड़िया, लड़की, सफेद–गाय मंदी होगी खुसरा (न मर्द न औरत), सुथरा।
(7)	सफेद ज़्वार (चरी), सफेद गाय, मोहब्बत का नतीजा (परिणाम)।
(8)	ज़मीन, कंद (गाजर वगैरह), कब्र, भौंड़ी–सफेद गाय मंदा फल देगी।
(9)	दही जैसी सफेद रंग की गाय गैर मुबारक (अशुभ)।
(10)	मिट्टी, कपास।
(11)	रूई, दही जैसा सफेद मोती।
(12)	कामधेनु गाय, लक्ष्मी (चौपाये, गाड़ी, गृहस्थ औरत वगैरह) का सुख–सागर होगा।

खाना नंबर	शुक्कर (ताल्लुकदार), जीवनसाथी
(1)	औरत के टेवे में खाविन्द (पति) और मर्द के टेवे में उसकी बीवी (पत्नी) होगी। दौलत पर कायम जोड़ी।
(2)	शादीशुदा (विवाहित) साली।
(3)	भाभी, भाई की औरत (पत्नी)।
(4)	हमख़्वाब यार–दोस्त अर्थात् यौन सम्बन्ध बनाने वाले विपरीत लिंगी दोस्त (मगर बच्चे पैदा होने या न होने की कोई शर्त न होगी)।
(5)	ऐसा मर्द (या औरत) जिसके बच्चे उसको बाप न कहेंगे या बाप न मानेंगे।

(6)	ऐसी औरत जो रोटी खाते वक्त होशियार मगर औलाद के मामले में नाकामयाब यानि जो ख़्वाहिशमंद (इच्छुक) होकर भी बच्चों को जनम न दे सके और न पाल सके।
(7)	जीवनसाथी जो गृहस्थ के अन्तिम वक्त तक साथ देता रहे।
(8)	बद जुबान औरत जो कोई रिश्ता न माने।
(9)	हद से ज्यादा शर्मीला, जिसकी वजह से बीमारी से मारी हुई अबला औरत।
(10)	मेले–नुमाइश वगैरह की शौकीन औरत, हर वक्त धुली–धुलाई (नई–नवेली) दुल्हन के मानिन्द (तुल्य) लगती होगी।
(11)	या तो पूरा मर्द या फिर नामर्द होगा मगर दरमियाना (बीच का) न होगा।
(12)	लक्ष्मी जिसके सुख की वजह होगी।

खाना नंबर	**शुक्कर (कारोबार)**
(1)	बादशाही औरतों के इस्तेमाल (प्रयोग) करने की अश्या का कारोबार
(2)	आलू, घी (सफेद), अबरक़ (पत्तरों के रूप में पाई जाने वाली चमकीली, भुरभुरी, सफेद रंग की धातु), मुश्क, कपूर वगैरह के कारोबार।
(3)	गृहस्थ औरतों के काम (प्रयोग) से मुतअल्लिक कारोबार।
(4)	चरने वाले चौपाया मवेशी (पशु) और दही के कारोबार।
(5)	ईंटों का आवा या भट्टे का कारोबार।
(6)	परिन्दों (पक्षियों) के कारोबार ग़ैर मुबारक मगर गैस और गुड़ वगैरह का कारोबार मददगार होगा।
(7)	फल और खेती के कारोबार, चरी, कांस्य के बरतन और गाय से मुतअल्लिक (सम्बन्धित) कारोबार।
(8)	ज़मीन के अंदर पैदा होने वाली तरकारियों (सब्जियों) का कारोबार।
(9)	शकरकन्दी और मिठाई के कारोबार उम्दा असर देंगे मगर हलवाई होने की शर्त न होगी। फलीदार सब्जियों के कारोबार नेक होंगे।
(10)	मिट्टी और कपास के कारोबार।
(11)	रूई, दही के रंग जैसे मोती के कारोबार।
(12)	मवेशियों (पशु) और स्त्रियों के रात को आराम करने से मुतअल्लिक (सम्बन्धित) कारोबार मददगार होंगे।

खाना नंबर	मंगल (अश्या)
(1)	31 या 32 दांत, सौंफ, अनाज की कोठरी (कमरा)।
(2)	चीता, हिरण।
(3)	पेट, होंठ, छाती।
(4)	तलवार, डेक का दरख़्त (वृक्ष), सुर्ख (लाल) मिर्च, नाभि की बीमारियां, मृगछाला मुबारक होगी, गला।
(5)	भाई, नीम का दरख़्त (वृक्ष)।
(6)	नाभि, छछुन्दर (चूहे जैसा एक जीव)।
(7)	फलीदार बेल वाले पौधे, दाल– मसूर, पहला लड़का, अजवाइन।
(8)	बाजुओं (हाथों) के बगैर बाकी जिस्म (शरीर)।
(9)	सुर्ख़ (लाल) रंग।
(10)	शहद, खांड़ (देसी शक्कर, तगार)।
(11)	सिंदूर, लाल धातु के कारोबार।
(12)	बुलन्द आवाज, हाथी का महावत, गिलू या गिलोया (आयुर्वेद में इसे अमृता भी कहा है)।

खाना नंबर	मंगल (ताल्लुकदार)
(1)	तलवार (हथियार) का धनी, नसीब का मालिक आम भाई।
(2)	बड़ा भाई।
(3)	ताऊ।
(4)	माता का बड़ा भाई (बड़ा मामा)।
(5)	औलाद के दोस्त।
(6)	बहनोई।
(7)	हकीकी (सगे) भाई या हकीकी साले।
(8)	अपने से छोटों के लिए कसाई भाई।
(9)	बाबा का भाई।
(10)	बाप का धर्म भाई।
(11)	बाप का फ़र्जी भाई।
(12)	बड़े भाई के खून का प्यासा भाई।

खाना नंबर	मंगल (कारोबार)
(1)	सौंफ के कारोबार मुबारक मगर दांतों से मुतअल्लिक कारोबार गैर मुबारक साबित होंगे।
(2)	दरिन्दों (जंगली पशुओं) से मुतअल्लिक कारोबार।
(3)	हाथी दांत के कारोबार।
(4)	कड़वे दरख्तों और तलवार (हथियार) से मुतअल्लिक कारोबार ग़ैर मुबारक होंगे मगर मृगशाला के कारोबार उत्तम असर वाले होंगे।
(5)	हिकमत (हकीमी या डॉक्टरी) से मुतअल्लिक कारोबार।
(6)	पेट से मुतअल्लिक सामान या बीमारियों से मुतअल्लिक कारोबार।
(7)	मसूर की दाल, फलीदार पौधे, अजवाइन के कारोबार।
(8)	मकान का कारोबार, जिन चीजों में मशीन का ताल्लुक न हो उस तरह के कारोबार।
(9)	तमाम (सभी) फ़लीदार चीजें, खुश्क फल, मेवे, सुर्ख (लाल) रंग, खून से मुतअल्लिक अश्या के कारोबार।
(10)	शहद, मीठा भोजन के कारोबार।
(11)	सिंदूर, लाल धातु के कारोबार।
(12)	गिलू (गिलोय) और कड़वी दवाइयों के कारोबार।

खाना नंबर	बुध (अश्या)
(1)	ज़ुबान (जीभ या वाणी), सिर का ढांचा
(2)	खड़ा अंडा, लड़कों जैसी लड़की, साबुत मूंग, लेखनी का सिरा (कलम की निब), साली, राग का सामान (बाजा वगैरह), मटर
(3)	भतीजे, चमगादड़, चौड़े पत्तों का दरख़्त, बान (दीमक की एक जाति), भूत, मुर्दा रूहें (आत्माएं), मंदे वजूद (हवा वगैरह), छत्तर, थोहर।

नोटः थोहर- ***थोहर का प्रचलित नाम थूहर है। यह कांटेदार पौधा होता है। इसकी डंडी तोड़ने पर सफेद दूध निकलता है अगर यह दूध आंख में पड़ जाए तो अंधापन आ जाता है लेकिन इसके दूध में रूई भिगोकर सुखा लें और उसकी बत्ती बनाकर सरसों के तेल में जलाए तो इससे जो काजल बनेगा वह काज़ल आंखों के सारे विकार खत्म कर देगा और नेत्रज्योति बढ़ाएगा। आयुर्वेद में इस पौधे को विभिन्न बीमारियों के उपचार के रूप में प्रयोग किया जाता है।***

(4)	तोता, कलमी (एक बेल जिसकी सब्जी बनाकर खाई जाती है), खडा अंडा, बुआ, मौसी, कच्चा घडा।
(5)	बांस, फ़कीर की आवाज, आशीर्वाद, पोती, दूध देने वाली बकरी।
(6)	फूल, लड़की, खड़ा अंडा, दोहती, आम, थोहर, मुतबन्ना (दत्तक पुत्र, गोद लिया हुआ लड़का)।
(7)	हरी घास, भौंड़ी (बिना सींगों वाली) गाय, मैना, दूसरी चीजों के लिए तैयार ढांचा।
(8)	लेटा अंडा, मुर्दा, फूल, बहिन।
(9)	भूत–प्रेत, चमगादड़, सब्ज़ (हरा) रंग, तुतलाना, सब्ज़ (हरा) जंगल।
(10)	दांत, खुश्क (सूखी) घास, शराब–कबाब यानि भूत की खुराक (भोजन), सीढ़ियां, मकान, हींग, ढोल (राग का सामान)
(11)	उल्टा घड़ा, कंठी वाला तोता (जिसके गले में प्राकृतिक लाल धारी हो), सीप, हीरा, फिटकरी।
(12)	अंडे, खिलौने, गंदा और ज़हरीला अंडा।

खाना नंबर	बुध (ताल्लुकदार)
(1)	बड़ी लड़की।
(2)	कुंआरी साली (जिसकी शादी न हुई हो)।
(3)	बड़ी बहिन।
(4)	मौसी की लड़की।
(5)	मिली हुई मगर कुंआरी औरत, अगर तारने पर आए तो बहुत ज्यादा भाग्यवान वरना कुल को ही ग़र्क (बरबाद) कर देने वाली और दुःखी होगी।
(6)	अपनी खुद (स्वयं) की लड़की।
(7)	गृहस्थ ताल्लुक के लिहाज से उत्तम आम लड़की जो सबको तारती हो।
(8)	बिना बताए सिर को काटने वाली, कब्रिस्तान में वास (निवास) करने वाली लड़की।
(9)	अपने बाबा की लड़की मगर हकीकी (सगी) होने की कोई शर्त न होगी।
(10)	कभी ज़ाहिरा (प्रत्यक्ष) तौर पर बहिन तो कभी औरत (पत्नी) बन बैठे, फिर जब दिल चाहे बहिन बन जाए यानि पूरी धोखेबाज।
(11)	बाप की लड़की, जो हकीकी (सगी) न सही मगर असली बहिन होगी मगर होगी बेवकूफ।

(12)	एक वक्त में दो औरत या मर्द के साथ ताल्लुक रखने वाली बेहया औरत या मर्द।

खाना नंबर	बुध (कारोबार)
(1)	जुबान और सिर के ढांचे से मुतअल्लिक (सम्बन्धित) कारोबार।
(2)	मूंग, अंडे, ऐश–इशरत (आमोद–प्रमोद), राग (बाजे वगैरह) के सामान, लेखनी की नुक (कलम की निब) के कारोबार।
(3)	दमा का डॉक्टर, भतीजे को मदद देने से कारोबार मुबारक असर देगा।
(4)	तोता (कलमी), कच्चे घड़े के काम।
(5)	बांस का कारोबार, पोती को मदद करने से कारोबार मुबारक असर देगा।
(6)	फूल, किताब–कलम (स्टेशनरी) या तालिमी (शैक्षिक) कारोबार या दुकान।
(7)	हरी घास, फट्टे (तख़्ते) और ढांचे से मुतअल्लिक कारोबार।
(8)	हर तरह का व्यापार नाक़िस (त्रुटिपूर्ण या दोषपूर्ण) मगर खांड़ (देसी शक्कर) या खान–पान (भोजन) से मुतअल्लिक (सम्बन्धित) कारोबार बेहतर असर करेंगे।
(9)	जंगली दरख्तों (वृक्षों) के कारोबार गैर मुबारक होंगे, लेखन और अध्ययन के कारोबार मुबारक होंगे।
(10)	दांत, शराब की दुकानें, राग के सामान का कारोबार मुबारक होगा।
(11)	सीप, हीरे, फिटकरी और अदालतों के कारोबार मुबारक होंगे।
(12)	खिलौनों का कारोबार मगर सट्टा वगैरह ग़ैर मुबारक होगा।

खाना नंबर	सनीचर (अश्या)
(1)	हलक का कव्वा, गंदा कीड़ा, गंदी आग, काला नमक, कीकर का दरख़्त (कीकर दिल के लिए बेहतरीन दवा के रूप में प्रयोग किया जाता है)
(2)	साबुत माश (उड़द की दाल), काली मिर्च, काले या सफेद चने, चन्दन की लकड़ी।
(3)	खजूर का दरख़्त, कीमती लकड़ी जैसे शाहबलूत (इस पेड़ के फल अखरोट जैसे सख्त होते हैं), आबनूस (इमारती लकड़ी और औषधीय प्रयोग का वृक्ष), सागवान (सागौन का वृक्ष जिसकी लकड़ी पूर्ण रूप से इमारती प्रयोग में लाई जाती है)।
(4)	काले कीड़े, मकान, तेल, सरसीम, सफेद संगमरमर, दयार का दरख़्त (यह पेड़ ठंडे प्रदेशों में पाया जाता है), चीड़ और कैल के दरख़्तों की लकड़ी।
(5)	काला सुरमा, बुद्धू लड़का।

(6)	कौवा, चील, परिन्दा, बिनौले का दरख़्त (इसकी मींगी औषधि के रूप में प्रयोग की जाती है), बेरी का दरख्त, पत्थर का कोयला।
(7)	दरिन्दे (हिंसक पशु), काली गाय, सफेद सुरमा, बीनाई (आंखों की ज्योति), हर किस्म (प्रकार) का मसाला।
(8)	बिच्छू, कनपटी, बिना छत के खड़ी हुई दीवारें।
(9)	पुरानी लकड़ी, शीशम, फलाही, आक का दरख़्त।
(10)	मगरमच्छ, सांप, तेल, साबुन, कपड़े धोने का धुलाईघर (लॉन्ड्री)।
(11)	लोहा, फौलाद, टीन।
(12)	मिलावटी तांबा, मछली, तख़्तपोश, बादाम, सिर की टटरी (गंजापन)।

खाना नंबर	सनीचर (ताल्लुकदार)
(1)	एकतरफा विचार का बेलिहाज हाकिम (शासक), अगर यह मेहरबान हुआ तो तारेगा वरना सब कुछ नीलाम करवाकर ही छोड़ेगा।
(2)	ससुर का भाई।
(3)	खानदानी मज़दूर मगर पुश्तों से जो ताल्लुकदार (रिश्तेदार) हो।
(4)	शिक्षक, मौसी का ख़ाविंद (पति) यानि मौसा।
(5)	बेवफा गुलाम।
(6)	नाशुकरा (कृतघ्न) रिश्तेदार, लड़के–लड़कियों का रिश्तेदार।
(7)	अंधे को आंख देने वाला मददगार, अपना खानदान, ससुर का खानदान।
(8)	कब्रिस्तान के ताल्लुक से रिश्तेदार जो न किसी के बुरे में हो और न ही किसी के भले में हो।
(9)	उजड़ों को बसाने वाला बुजुर्गी स्तर का ताल्लुकदार।
(10)	चाचा जो इज्ज़त और मान (आदर) का मालिक हो।
(11)	पूरा धर्मात्मा और गैरतमंद चौकीदार।
(12)	कुदरत का भेजा हुआ रक्षक और तारते ही जाने वाला मेहरबान दोस्त।

खाना नंबर	सनीचर (कारोबार)
(1)	हलक और कीकर के दरख़्त से मुतअल्लिक कारोबार मुबारक होंगे।
(2)	माश (साबुत उड़द की दाल) से मुतअल्लिक कारोबार।
(3)	बीनाई (आंखों की रोशनी) का हकीम (डॉक्टर), ख़जूर के दरख़्त (वृक्ष) से मुतअ. ल्लिक (सम्बन्धित) कारोबार।

(4)	हर किस्म का तेल, सफेद संगमरमर, मकान से मुतअल्लिक कारोबार मगर मकान का कारोबार नहीं।
(5)	काले सुरमे से मुतअल्लिक कारोबार।
(6)	बिनौले (बिनौले तेल के रूप में प्रयोग किए जाते हैं और बिनौले पशुओं का पौष्टिक चारा भी है) और पत्थर के कोयले से मुतअल्लिक (सम्बन्धित) कारोबार। तकनीकी (टैक्निकल या इंजीनियर) कारोबार।
(7)	बीनाई से मुतअल्लिक सामान (चश्मे, सुरमा वगैरह), सफेद सुरमा का कारोबार।
(8)	ज़हरीली चीज़ों (संखिया, अफ़ीम, चरस) से मुतअल्लिक कारोबार।
(9)	पुरानी लकड़ी, शीशम, फुलाही की लकड़ियों के सामान का कारोबार।
(10)	दरियाई जानवरों से मुतअल्लिक कारोबार।
(11)	लोहे के कारोबार, मकान (या रेलवे) से मुतअल्लिक सामान के कारोबार।
(12)	तख़्तपोश (लकड़ी के पट्ठे या फट्टे) या बादाम वगैरह के कारोबार।

खाना नंबर	**राहु (अश्या)**
(1)	ठोढ़ी, नाना, नानी।
(2)	हाथी के पांव की मिट्टी, सरसों, कच्चा धुआं।
(3)	तेंदुआ, जुबान (वाणी या जीभ), जौ (एक अनाज), स्याह (काले) रंग का रिश्तेदार, हाथी दांत।
(4)	ख्वाब (सपना), ख़्वाब का जमाना, सोया हुआ दिमाग, धनिया (एक मसाला)।
(5)	छत।
(6)	पूरा काला कुत्ता।
(7)	नारियल।
(8)	वात रोग, दीवार की अंगीठी का धुआं, माली–खूलिया (उन्माद)।
(9)	दहलीज, नीला रंग, हलक (गले) से ऊपर की बीमारियां (रोग)।
(10)	गंदी नाली, गर्की (गटर), भड़भूजे की भट्टी।
(11)	नीलम, नीला–थोथा (तूतिया या कॉपर सल्फेट एक प्रकार का यौगिक होता है), सीसा (एक यौगिक है जिसे बंदूक की गोलियां, इमारत, विद्युत कोष में इस्तेमाल किया जाता है) और नरम धातु (मसलन एल्युमीनियम जस्ता वगैरह)।
(12)	हाथी, समुद्र का तेंदुआ, कच्चा कोयला, पदम्।

खाना नंबर	राहु (ताल्लुकदार)
(1)	चालाक तबीयत (स्वभाव) का हाकिम (शासक)।
(2)	ससुर (मर्द के टेवे में), औरत के टेवे में ससुर से मुराद बृहस्पत से होगी।
(3)	दौलत की दोस्ती को अंत तक निभाने वाला मुहाफ़िज (रक्षक या प्रतिपालक)।
(4)	धर्मात्मा, माता का छोटा भाई।
(5)	बच्चों को बेचने वाला व्यापारी।
(6)	लड़कियों के ससुर।
(7)	ससुराल और खानदान के घर का माली–खूलिया (उन्मादी) या पागलों के मानिन्द (समान) सदस्य। बेहद ज्यादा बोलते जाने वाला इंसान।
(8)	तलवार को पत्थर की बजाय जिस्म पर तेज करने वाला कसाई।
(9)	नास्तिक दोस्त जो शौच के लिए भी मंदिर ही पसंद करे।
(10)	लोकलाज, मौके के मुताबिक (अनुसार) चलने वाला बुजुर्ग।
(11)	ज़ालिम जल्लाद जो अपनी ही पुश्तों का खून करता आ रहा हो।
(12)	रात के वक्त खुद तो दुःखी होगा ही साथ ही दूसरों के लिए भी दुःख पैदा कर देने वाला होगा। खुद तो शरीफ होगा मगर उसके दुःखों की ज्यादती दूसरों को रात का आराम न लेने देगी। इसकी वजह अमूमन फालतू खर्च ही होगा।

खाना नंबर	राहु (कारोबार)
(1)	धुएं के काम अथवा नाना–नानी के साथ मिलकर काम करना ग़ैर मुबारक साबित होगा।
(2)	सरसों के कारोबार।
(3)	कोयले के कारोबार। हाथी दांत के काम ग़ैर मुबारक होंगे।
(4)	कथा–बांचने (कथावाचक) या उपदेश या तालीम देने (शिक्षण) का कारोबार मुबारक होगा।
(5)	मकान की छतों के काम ग़ैर–मुबारक, बिजली के बड़े–बड़े काम जो राजदबार से मुतअल्लिक (सम्बन्धित) हों मुबारक होंगे। बड़ी अपीलों के काम मुबारक होंगे।
(6)	पालतू कुत्तों के सामान का कारोबार।
(7)	चांदी के कारोबार (जंजीर वगैरह बनाने का) मुबारक होंगे।
(8)	झोला (एक बीमारी), माली–खूलिया और दिमागी बीमारियों से मुतअल्लिक (सम्बन्धित) कारोबार मुबारक होंगे।

(9) हलक (गले) से ऊपर की बीमारियों से मुतअल्लिक कारोबार।

(10) हिफ़ज़ान–ए–सेहत (स्वास्थ्य–रक्षा) के कारोबार।

(11) नीलम, नीला थोथा, सिक्का (प्लैटिनम या पैलेडियम), एल्युमीनियम (ऊष्मा की चालक तथा हलकी धातु) से मुतअल्लिक (सम्बन्धित) कारोबार ग़ैरमुबारक मगर सोने के कारोबार मुबारक होंगे।

(12) हाथी के सामान के कारोबार मुबारक मगर कच्चे कोयले से मुतअल्लिक कारोबार ग़ैर मुबारक साबित होंगे।

खाना नंबर	केतु (अश्या)
(1)	टांग (पैर), नाना का घर, नाभि से नीचे की बीमारियां।
(2)	इमली, तिल।
(3)	रीढ़ की हड्डी, फोड़े–फुन्सी।
(4)	सुनना (कान)।
(5)	पेशाबगाह (मूत्राशय)।
(6)	नर चिड़िया (चिड़ा), नर खरगोश, पूजा–स्थान, कच्चा (मिट्टी का) चबूतरा, चारपाई, प्याज, लहसन।
(7)	दूसरा लड़का, सुअर, गधा।
(8)	कान, सुनने की ताकत (श्रवणशक्ति), छलावा (धोखा)।
(9)	दोरंगा कुत्ता या कुतिया (लाल रंग का न हो)।
(10)	चूहा।
(11)	दोरंगा कीमती पत्थर (काला–सफेद), लहसुनिया।
(12)	छिपकली, मुतबन्ना (दत्तकपुत्र), पलंग (चरपाई), केला (एक फल)।

खाना नंबर	केतु (ताल्लुकदार)
(1)	इकलौता लड़का (बेटा)
(2)	साला
(3)	भतीजा
(4)	मौसी का बेटा
(5)	पोता, मामा (माता से बड़ा हो या छोटा मगर हकीकी या सगा भाई हो)

(6)	दोहता या भांजा
(7)	दूसरा लड़का (पुत्र)
(8)	मौत की वजह से मातम (दुःख) का ही ठेकेदार
(9)	खानदान का वफादार और गुलाम लड़का (बेटा)
(10)	चाचा का लड़का
(11)	यतीमखाने (अनाथालय) का बच्चा मगर हर तरह से होनहार और मददगार
(12)	हर दुःख को सुख में बदल देने वाला लड़का (बेटा)

खाना नंबर	केतु (कारोबार)
(1)	नाभि से नीचे की बीमारियों से मुतअल्लिक (सम्बन्धित) सामान का कारोबार।
(2)	तिल और इमली के कारोबार।
(3)	फोड़े–फुन्सी की बीमारियों के इलाज से मुतअल्लिक सामान के कारोबार, केले का कारोबार।
(4)	बहरेपन (कान का न सुनना) के इलाज से मुतअल्लिक सामान का कारोबार।
(5)	पेशाबगाह की बीमारियों के इलाज का सामान।
(6)	खरगोश, पूजा–स्थान के सामान, चारपाई, प्याज, लहसुन के कारोबार।
(7)	सुअर, गधे के कारोबार।
(8)	केतु से मुतअल्लिक कारोबार गैर मुबारक।
(9)	कुत्तों को बतौर व्यापार बेचने का कारोबार।
(10)	मकान की बुनियाद (नींव) के सामान का कारोबार
(11)	दोरंगे कीमती पत्थर के कारोबार
(12)	ऐशोआराम, खिलौनों, खुशी पैदा करने से मुतअल्लिक सामान का कारोबार।

मुश्तरका (संयुक्त) ग्रहों की अश्या (वस्तुएं)

ग्रहों का नाम	अश्या (वस्तु का नाम)
बृहस्पत–केतु	ज़र्द (पीला) नींबू।
बृहस्पत–चन्द्र	बड़ का दरख़्त (वृक्ष)।
सूरज–चन्द्र	बड़ के दरख़्त का खालिस (शुद्ध) दूध।

सूरज–शुक्कर	लाल मनूर (प्रचलित नाम मंडूर है, एक आयुर्वेदिक औषधि है जो कोलेस्ट्रॉल बढ़ाती है), गोचनी (लाल गेरू अथवा गेहूं–चने के आटे का मिश्रण), कांसे का लाल कटोरा।
सूरज–बुध	सरसब्ज़ (हरे–भरे) पहाड़, लाल–फिटकरी, सफेद शीशा।
चन्द्र–बुध	मां–बेटी, दरिया का रेतीला पानी, तोता, शालू (मैना), हंस, सीढ़ी वाला कुआं।
चन्द्र–सनीचर	स्याही (काला–तरल), पानी की बावली (सीढ़ीदार कुआं), ऐसा हथियार जो खुद के माथे पर ही लगे, कछुआ, बिगड़ा हुआ दूध, मोटरलॉरी, लोहे के सफर (यात्रा) की चीज़ें, खूनी कुआं, दूध में ज़हर।
शुक्कर–मंगल	मिट्टी का तनूर, मीठा अनार, गेरू (लाल–मिट्टी)।
शुक्कर–बुध	मस्नूई (बनावटी) सूरज, तराजू, रेतीली जगह, गेरू, आटा पीसने की चक्की जिसके 2 पत्थर हों।
शुक्कर–सनीचर	काली मिर्च (सनीचर), घी (शुक्कर), काला मनूर, मिट्टी का खुश्क (सूखा) पहाड़।
मंगल बद–बुध	आतशी (चमकीला) शीशा, लड़की के लाल चमकीले कपड़े, अनार का फूल।
मंगल नेक–बुध	सुथ्थर (लाल कपड़ा जो लड़की को शादी के वक्त पहनाते हैं), सुर्ख (लाल) खूनी रंग मगर चमकीला न हो, कंठी वाला तोता (जिसके गले में लाल रंग के फीते का निशान हो)।
मंगल–सनीचर	नारियल, छुहारा।
बुध–सनीचर	आम का दरख़्त (वृक्ष)।
बुध–राहु	तिलीयर पक्षी जो बड़ के दरख्त (वृक्ष) को बरबाद करता है। वट का दरख़्त = (चन्द्र+बृहस्पत)।
बुध–केतु	बर्री (एक जानवर जिससे हाथी भी डरकर भागता है)
सनीचर–राहु	सांप की मणि या सांप का ज़हर चूस लेने वाला मनका (एक पत्थर जो ज़हर मोहरा कहलाता है)।

हर ग्रह का मकान

प्रत्येक मकान किसी न किसी ग्रह से सम्बन्धित होता है। एक मकान में एक या एक से अधिक ग्रहों का सामंजस्य देखने को मिलता है। किताब के इस खण्ड में प्रत्येक ग्रह की (मकान सम्बन्धित) विशेषताओं का वर्णन किया गया है। जिससे यह पता लगाया जा सके कि सम्बन्धित व्यक्ति का मकान किस ग्रह का है।

बृहस्पत का मकान

बृहस्पत का ताल्लुक (सम्बन्ध) हवा से होता है। बृहस्पत का मकान हवा के रास्तों से मुतअल्लिक (सम्बन्धित) होगा। सेहन (आंगन) मकान के किसी एक सिरे पर होगा चाहे मकान के शुरू में हो अथवा मकान के अंत में हो मगर बीच में न होगा। मकान का दरवाजा (प्रवेश–द्वार) शुमालन–जुनूबन (उत्तर–दक्षिण) हो सकता है। कोई धर्म–स्थान (मंदिर, मस्जिद, गुरुद्वारा या चर्च) मकान के अंदर या मकान के पास में ही हो सकता है अथवा मकान के अन्दर या लगा हुआ पीपल का दरख़्त (वृक्ष) हो सकता है।

सूरज का मकान

सूरज में रोशनी होती है इसलिए सूरज रोशनी के रास्ते बताएगा। सूर्योदय के वक्त सूरज मकान के मशरिक़ (पूर्व दिशा) में होगा। सेहन (आंगन) मकान के दरमियान (मध्य) में होगा। सेहन में आग का ताल्लुक (सम्बन्ध) होगा, हो सकता है कि मकान से निकलते वक्त दाएं हाथ पर सेहन (आंगन) में ही हो बल्कि किसी दूसरी जगह न होगा।

चन्द्र का मकान

चन्द्र ज़मीन और धन–दौलत का मालिक है और सूरज से मिलता है या तो मकान के अन्दर ही अथवा मकान के बाहर चारदीवारी (बाउंड्री) के पास कुआं (हैंडपंप), तालाब या चलता हुआ पानी जरूर होगा, अगर दूर ही हो तो टेवे (कुंडली) वाले के दरवाजे (मुख्य द्वार) के सामने 24 कदम (टेवे वाले के कदम) चलकर जरूर ही होगा। जमीन के अन्दर (तह ज़मीन) के कुदरती पानी को चन्द्र गिना जाएगा, मस्नूई (बनावटी) नल वगैरह का पानी चन्द्र न होगा। आबशार (समुद्र) या चश्मा (पानी क़ा स्वतः स्त्रोत) भी चन्द्र ही गिने जाते हैं।

शुक्कर का मकान

मकानों के मामले में शुक्कर ग्रह, सूरज के बरखिलाफ (विपरीत) होगा। ड्योढ़ी (मुख्यद्वार की चौखट) का शहतीर (छत की बीम) शुमालन–जुनूबन (उत्तर–दक्षिण दिशा) में होगा। मकान में कच्चा (मिट्टी) हिस्सा जरूर होगा। मकान का दरवाजा भी शुमालन–जुनूबन होगा। शुक्कर के मकान में कलई (चूना), सफेदी और पलस्तर जरूर होगा।

मंगल–नेक का मकान

यह ग्रह बृहस्पत, सूरज और चन्द्र के साथ चलता है इसलिए ये ग्रह मंगल–नेक के मकान में दाएं या बाएं मानिन्द (समान) चौकीदार होंगे। मकान का दरवाजा (मुख्य द्वार) शुमालन–जुनूबन (उत्तर–दक्षिण दिशा) में होगा। मकान के कच्चे या पक्के होने की कोई शर्त न होगी। मंगल–नेक का मकान मर्द–औरत और जानदारों (जीवित) की आमदोरफ़्त (आवाजाही या आना–जाना) में बरकत का सबब होगा।

मंगल–बद का मकान

मंगल–बद के मकान का दरवाजा सिर्फ जुनूब (दक्षिण दिशा) में होगा। मकान के अन्दर या साथ लगा हुआ दरख़्त (वृक्ष) होगा जिसका साया (परछाई) मकान के ऊपर (छत पर या मकान में) पड़ता होगा। आग, हलवाई की दुकान की भट्टी का साथ होगा। मकान के पास ही कब्रिस्तान या श्मशान होगा। लावल्दों (संतानहीनों) का साथ होगा अथवा वह खुद ही लावल्द या काना (जिसकी एक आंख खराब हो) होगा। इंसान की किस्मत अच्छी हो तो उसे मंगल–बद के मकान में रहने का इत्तिफाक (संयोग) ही न हो।

बुध का मकान

मकान चारों तरफ से दायरे (वृत्त या गोलाकार) में होगा। खुला हुआ और खाली होगा अथवा अकेला ही मकान होगा यानि आसपास साथ लगे हुए मकान न होंगे। मकान का साथ चौड़े–पत्तों वाले दरख़्त (वृक्ष) से होगा। पीपल का दरख़्त (वृक्ष) बृहस्पत का, बड़ का दरख़्त बृहस्पत–चन्द्र मुश्तरका (संयुक्त) का, और लसूड़ा का और शहतूत का दरख़्त बुध का होता है। मकान में बृहस्पत और चन्द्र के दरख्तों का साथ न होगा लेकिन अगर इत्तफाकन (संयोग से) हो जाए तो यह घर बुध की दुश्मनी का सबूत (प्रमाण) देगा।

सनीचर का मकान

मकान में यह ग्रह चारदीवारी से मुतअल्लिक (सम्बन्धित) होता है। सनीचर ग्रह, सूरज से बरखिलाफ़ (विपरीत) चलता है। मकान में शार–ए–आम का बड़ा दरवाजा मग़रिब (पश्चिम दिशा) में होगा। मकान की कोठरी (स्टोर रूम), मकान में दाखिल होते वक्त सबसे आखरी (अंत) में दाएं हाथ पर होगी और ये कोठरी पूरी अंधेरी होगी। जब तक इस कोठरी में रोशनी का बन्दोबस्त (व्यवस्था) न होगा तब तक सनीचर का फल उत्तम होगा। जिस दिन इस कोठरी में रोशनी का बन्दोबस्त हुआ उसी दिन सूरज–सनीचर दोनों में झगड़ा शुरू हो जाएगा और वह घर बरबाद हो जाएगा। मकान के अन्दर पत्थर गड़ा हुआ होगा। मकान के दरवाजे (मुख्य द्वार) की दहलीज (चौखट) पुरानी लकड़ी (बेर, कीकर, शीशम, फुलाही वगैरह) की बनी होगी मगर किसी हालत में भी नये ज़माने की लकड़ी (चीड़, देवदार वगैरह) की न होगी। छत पर भी पुरानी लकड़ी का इस्तेमाल हो रहा होगा। हो सकता है कि इस तरह के मकान में सुतून (स्तम्भों) या मीनार का साथ भी हो।

राहु का मकान

मकान में बाहर से अन्दर दाख़िल (प्रवेश) होते वक्त, दाएं हाथ की ओर गुमनाम (अज्ञात) गड्ढा बना होगा। बड़े दरवाजे (मुख्य द्वार) की दहलीज (चौखट) के ठीक नीचे की तरफ से मकान का पानी बाहर निकलता होगा। मकान के सामने वाला हमसाया (पड़ोसी) लावल्द होगा या ग़ैर आबाद (संतानहीन या बरबाद) ही होगा। हो सकता है कि मकान की छत कई बार बदलनी पड़ जाए। मकान के साथ लगती हुई भड़भूजे की भट्टी, कच्चा धुआं या गन्दे पानी को जमा रखने का गड्ढा वगैरह होगा। इस मकान में बड़ों के झगड़े, बीमारियां वगैरह होंगी यानि राहु की छत (बड़ों का साया) बुरी बला होगी।

केतु का मकान

बुरी हवा के अचानक धोखे के लिए कोने का मकान होगा। केतु का मकान तीन तरफ से मकानों से घिरा और एक तरफ खुला होगा अथवा तीन तरफ से खुला और एक तरफ कोई हमसाया (पड़ोसी) मकान होगा अथवा ऐसे मकान की तीन तरफें खुली हुई होंगी। केतु के मकान में नरीना (नर) औलादें तीन से ज्यादा (पुत्र या पोते) न होंगी। यानि अगर एक लड़का हो तो तीन पोते और अगर तीन पोते हों तो एक ही लड़का

जीवित होगा। इस मकान को दो तरफ काटते हुए रास्ता निकलता होगा। हमसाया (पड़ोसी) कोई न कोई मकान जरूर गिरा हुआ, बरबाद या कुत्तों के आने–जाने का खाली मैदान के मानिन्द (समान) होगा। केतु खिड़कियां और दरवाजे बताता है।

हर ग्रह का इंसान

जिस तरह प्रत्येक ग्रह का मकान होता है उसी तरह हर ग्रह का इंसान भी निर्धारित है यानि किस इंसान पर किस ग्रह का असर है अथवा कौन–सा ग्रह इंसान को सबसे अधिक प्रभावित कर रहा है, यह उस इंसान के व्यक्तित्व और शारीरिक संरचना के आधार पर ज्ञात किया जा सकता है।

बृहस्पत का इंसान

जिस इंसान के टेवे (कुंडली) में बृहस्पत ग्रह प्रबल (बलवान) होगा उस इंसान का माथा चूहे के माथे की तरह तंग (पतला) न होगा और न ही यह इंसान दमा की बीमारी वाला या नाक कटा हुआ होगा। ऐसे इंसान के बोल–चाल का तरीका गुरु की तरह शाहाना (राजसी या शाही), गंभीर और नेक होगा। हथेली में तर्जनी उंगली लंबी होगी मगर कटी हुई या रद्दी न होगी। ऐसे इंसान की तबीयत (स्वभाव) में किसी तरह का रुखापन न होगा और न ही जानवरों की हत्या या वध करने वाला होगा।

रुहानी हाथ– ऐसा इंसान रुहानी हाथ का मालिक होगा। उंगलियों के जोड़ मालूम ही न हों (नज़र न आएंगे) और नाखून वाली पोर नुकीली–सी हो तो ऐसा इंसान अपने मज़हब (धर्म) पर मर–मिटने वाला होगा। ''जो क़िस्मत में लिखा है वही होगा'' के उसूल पर रहने वाला इंसान होगा। ऐसे इंसान से किसी भी शख़्स (व्यक्ति) को फायदा न होगा। लापरवाही की आदत वाला और दरमियानी (मध्यम) माली (आर्थिक) हालत का मालिक होगा।

सूरज का इंसान

जिस इंसान के टेवे में सूरज प्रबल (बलवान) हो उस इंसान के जिस्म (शरीर) का कोई न कोई हिस्सा कटा हुआ (अंगहीन) होगा। इंसान का रंग गन्दुमी (गेहुँआ), आंखें नर शेर की तरह रोशन होंगी मगर डरावनी न होंगी। लम्बा कद, पतला जिस्म (इकहरी काया वाला, मगर ढीला–ढाला नहीं)। हर तरह की मुसीबत झेल लेने वाला और मज़बूत होगा। लम्बे चेहरे और कुशादा (फैली हुई) पेशानी (मस्तक) वाला होगा। चलते वक्त जिस्म का दायां हिस्सा पहले चलाने वाला होगा। शक्ल–सूरत से भोला–सा ज़ाहिर (दिखाई) होगा मगर अंदर से दबी हुई आग के मानिन्द (समान) गरम होगा। चाल–चलन (चरित्र) का नेक बन्दा (इंसान) होगा। शराब से दूर रहने वाला और हर तरह की शरारत का माकूल (योग्य) जवाब देने वाला होगा। हर चीज (प्रतियोगिता या सामान्य कार्यों में) में पहला हिस्सा लेने वाला होगा।

सपाट (समतल) हाथ– उंगलियों के दरमियानी (मध्य में) जोड़ मोटे (उंगलियों के बीच छिद्र न दिखाई दें) और सिरे (प्रथम पर्व पर) गोल हों तो ऐसा इंसान मेहनती और इरादों का पक्का होगा। जिस बात पर अड़ जाएगा, पीछे न हटेगा अर्थात् मजबूत इच्छाशक्ति वाला होगा।

चन्द्र का इंसान

जिस इंसान का चन्द्र प्रबल हो वह इंसान सफेद रंग वाला (दूध जैसी सफेदी) होगा। शान्त स्वभाव, चौड़ा चेहरा, चौकोर आंखों (घोड़े जैसी) वाला होगा। पहले दूसरे की हां में हां मिलाकर फिर नर्म बातों से उसे

अपनी बात समझाकर, उसके दिल को मना लेने वाला होगा। लिबास (पहनावे) में सफेद रंग को पसंद करने वाला, नाभि से नीचे के जिस्म (शरीर) का हिस्सा हाथी के मानिन्द (समान) बेडौल या भद्दा सा न होगा।

मुतफर्का (पृथक) हाथ– हाथ का अंगूठा छोटा, उंगलियां तराशी हुई–सी हों तो मवेशी (पशु) पालने का शौकीन होगा और मवेशियों से फायदा उठाने वाला होगा।

शुक्कर का इंसान

जिस इंसान के टेवे (जनम–कुंडली) में शुक्कर प्रबल (बलवान) हो, वह इंसान सफेद रंग (दही के सफेद रंग जैसा) वाला होगा। चेहरा गोल–मटोल, खूबसूरत और आंखें बैल की आंखों जैसी मगर मस्तानी और अशिकाने ढंग की होंगी। बुलन्द और पुरगोश्त (मांस से भरे हुए) रूखसार (गाल या कपोल) होंगे, जो गोल–मटोल से लगते होंगे। ऐसे इंसान की तबीयत (स्वभाव) में ऐश पसन्दी होगी। चाहे कोई रोए चाहे हंसे मगर वह खुद खुश ही रहता होगा, हरदम अपने आप को औरतों के मानिन्द (समान) संवारता रहता होगा।

मुसल्लसी (तिकोना) हाथ– उंगलियां नोकदार और उंगलियों के जोड़ मोटे हों तो हुस्नपरस्ती (सुन्दर चीजों पर) पर मर–मिटने वाला होगा।

मंगल–नेक का इंसान

जब टेवे (जनम कुंडली) में मंगल–नेक प्रबल (बलवान) हो तो ऐसा इंसान एकतरफा तबीयत (स्वभाव) का मालिक होगा। मुंह खुला हुआ और फैला हुआ होगा। दोनों होठ एक से और सुर्ख (लाल) रंग के होंगे। ऐसे इंसान की आंखें भी सुर्ख (लाल) होंगी यानि आंखें शेर की तरह डरावनी और खूंखार होंगी। बृहस्पत और सूरज दोनों ही की निशानियां साथ मिलती हुई–सी मालूम देती होंगी। जिस्म (शरीर) का ऊपर का हिस्सा उभरा हुआ (भारी) होगा मगर पांव (पैर) की तरफ का हिस्सा हलका ही होगा।

मुरब्बा (चौरस) हाथ – उंगलियों के सिरे चौड़े हों तो ऐसा इंसान हुकूमत (शासन) का ख्वाहिशमंद (इच्छुक) होगा और अपने इरादों का पक्का होगा।

मंगल–बद का इंसान

जिस इंसान का मंगल–बद टेवे (कुंडली) में प्रबल (शक्तिशाली या बलवान) हो रहा हो वह इंसान जल्लाद, कसाई और हाथ में हमेशा आग (क्रोध) और छुरी (हथियार) लिए चलता होगा। मैदान–ए–जंग का मुतशाली (तलाश करने वाला या खोजी) और खुद ब खुद जबरदस्ती (बेवजह) लड़ने–झगड़ने वाला होगा। ऐसे इंसान की आंखें खूंखार शेर की तरह सुर्ख (लाल) रंग की मगर हिरण के मानिन्द (समान) होंगी यानि आंखें देखकर पता ही न चल सकेगा कि ये आंखें किससे मिलती हैं। कद–काठी (लम्बाई और शारीरिक पुष्ठता) का उम्दा होगा। लंबी उम्र का मालिक होगा। खुद न जलेगा मगर जहां भी अपने कदम रख देगा वहां साल की दोनों फसलें ही बरबाद हो जाती होंगी।

हर जाकि रोज़ शरीफा, न फसलें रबी शुद्ध न ख़रीफा

ऐसे इंसान की आवाज में दहाड़ने की गूंज और भारीपन होगा। ऐसा इंसान खुद (स्वयं) मौत का यम होकर चलने वाला होगा।

मुरब्बा (चौरस) हाथ– अंगूठा लम्बा, उंगलियों के सिरे चौरस मुरब्बानुमा हों तो ऐसा इंसान झगड़ालू किस्म (प्रकार) का होगा।

बुध का इंसान

जिस इंसान का बुध टेवे (जनम कुंडली) में प्रबल (बलवान) हो वह इंसान डरपोक, चाल में मिस्कीन–बिल्ली (असहाय–बिल्ली) की तरह होगा। इसकी आंखें कबूतर की आंखों से मिलती हुई होंगी। जुबान (वाणी) मासूम लड़कियों के मानिन्द (समान) होगी मगर लफ़्ज (शब्द) जादुई ताकत वाले होंगे। दांत शानदार होंगे। ऐसा इंसान नकल उतारने के मामले में दर्ज़ा कमाल (कमाल का हुनर वाला) होगा और पूरा बहुरुपिया (अनेक रूप धारण करने वाला) होगा। जुबान (जीभ) को होठों पर फेरने की आदत वाला होगा।

गुफ़्तगू (बातचीत) में तेज खानी (धारा–प्रवाह) होगा। बातचीत में फर्जी (काल्पनिक) महल बना देगा मगर बकवासी या गप्पी न होगा। ऐसा इंसान हर शख़्स (इंसान) को अपना कायल (साथी या अपनापन) बना लेगा। ऐसा इंसान खुद रहनुमा (नेता, अगुआ या प्रबन्धक) बनने वाला न होगा। ऐसा इंसान ज़ुबान (जीभ) के चस्के (स्वाद) से कमजोर होगा मगर कम–खुराक (अल्पहारी) वाला होगा। ख़ूबसूरती भले ही पसन्द करता होगा मगर चीजों की ज्यादा परवाह न करेगा।

मनतकी (तार्किक) हाथ– अंगूठा लम्बा, उंगलियों के जोड़ बाहर को और मोटे होंगे। हथेली पर कनिष्ठा उंगली के नीचे (खाना नंबर 7) का हिस्सा कुछ बाहर को निकला हुआ होगा। ऐसे वक्त इस तरह का इंसान मुआमलात (मामले का विषय) की जड़ तक पहुंचने की ताकत रखने वाला होगा।

सनीचर का इंसान

जिस इंसान के टेवे (कुंडली) में सनीचर प्रबल (प्रभावशाली) हो, वह इंसान सांप के मानिन्द (तुल्य) स्वभाव वाला होगा। ऐसे इंसान की आंखें सांप की आंखों से मिलती हुई, गहरी और गोल होंगी। जिस्म (शरीर) की रंगत सफेद या सुर्ख (लाल) रंग की न होगी बल्कि स्याह (काले) रंग की होगी। आंखों के ऊपर भौंह पर कम बाल होंगे और भौहें लटी लकीर की तरह सीधी होंगी। आवाज में सांप की तरह टकटक करने वाला होगा। आंखों को काफी–काफी वक्त के बाद झपकाने वाला होगा। बातों–बातों में दूसरे शख़्स (व्यक्ति) को यह भी पता न लगने देगा कि उसका खुद का (टेवे वाले का) क्या मतलब (स्वार्थ) छिपा हुआ है? अगर ऐसा इंसान मदद पर आ जाए तो दूसरे की मदद के लिए अपना सब कुछ कुर्बान कर देगा। पक्का हठधर्मी (जिद्दी) होगा। ऐसा इंसान अगर बरख़िलाफ़त (शत्रुता) पर आ जाए तो मुकाबिल (शत्रु या प्रतिद्वन्दी) का सब कुछ बरबाद और ज़हरीला (विषैला) कर देगा। सबको तमाशा दिखला देगा चाहे खुद (स्वयं) का अथवा दुश्मन का कुछ भी न बचे। सुनने पर भरोसा करने की बजाय देखने पर ही ज्यादा भरोसा करके चलता होगा। दुनियावी लोगों में ऐसा खौफ़ (डर) पैदा कर देगा मानो कहीं से सांप ही निकल आया हो। ऐसे इंसान के कान छोटे–छोटे होंगे और अलैहदा (अलग) ही बैठने का आदी (आदत वाला) होगा।

राहु का इंसान

जिस इंसान का राहु प्रबल (शक्तिशाली) हो वह इंसान बुलन्द (ऊंची) ठोढ़ी वाला, आंख से काना और लावल्द (संतानहीन) होगा। ऐसे इंसान के जिस्म (शरीर) का रंग पूरा स्याह (काला) होगा। टेवे में अगर राहु उच्च हो जाए तो जिस्म का रंग स्याह (काला) न होगा मगर बाकी की बातें जरूर वही होंगी जो यहां लिखी जा रही हैं। ऐसा इंसान टेढ़ा चलने वाला होगा। जिस्म, रंग और आंखें तीनों ही चीजें हाथी के मानिन्द (समान) ही होंगी। ऐसे इंसान की तबीयत (स्वभाव) में कच्चे धुएं की तरह की बेआरामी (बेचैनी)–सी होगी। जिस तरफ मिल गया उसी तरफ, दूसरी तरफ को बरबाद करने वाली हो जाएगी। ऐसे इंसान की दिमागी ताकत हमेशा शरारत और बरबादी का ढंग (साधन) खड़ा कर देगी। खुराक (आहार) ज्यादा मगर चस्का (स्वाद) का शौकीन न होगा यानि खुराक (आहार) में ज़्यादती (अधिकता) का शौक़ीन होगा मगर उन

चीजों की खूबसूरती की परवाह न करेगा। ऐसा इंसान मिस्कीन (असहाय) बिल्ली की तरह होगा। अगर ऐसे इंसान को उड़ने के लिए पर (पंख) मिल जाएं तो वह चिड़ियों के बीज (अण्डे) बरबाद करने शुरू कर देगा। बिल्ली के मानिन्द (समान) उसे मकान से मोहब्बत होगी मगर मालिक की जान (ज़िन्दगी) की परवाह न करता होगा।

केतु का इंसान

केतु जिस इंसान के टेवे (जनम कुंडली) में प्रबल (बलवान) हो उसके कान बड़े–बड़े और भौंहों का दरमियाना (मध्य) का हिस्सा (भाग) बुलन्द (बड़ा) और अन्दर से बाहर की ओर उभरा हुआ होगा। जिस्म (शरीर) मज़बूत और टांगों का हिस्सा गाजर की तरह भारी होगा। यानि जिस्म पांवों (पैरों) की तरफ से भारी और ऊपर की ओर (उत्तरोत्तर) पतला होता जाएगा। ऐसे इंसान का स्वभाव दरवेश (कुत्ता, सुअर या साधु) के मानिन्द होगा।

हर ग्रह की रेखा

इल्म–क़ियाफा (हस्तरेखा–शास्त्र) में हर ग्रह से मुतअल्लिक (सम्बन्धित) रेखा मुकर्रर है। ये रेखाएं ग्रहों की ताकत को हथेली में पढ़ने में मददगार होती हैं। हर रेखा का स्वभाव किसी न किसी ग्रह के स्वभाव से मिलता है। अमूमन जो रेखा जिस बुर्ज़ (पर्वत) पर होती है उसी बुर्ज़ का असर खुद (स्वयं) के अन्दर रखती है और अपने उस खास (विशेष) स्वभाव की वजह से ही उस रेखा का नाम मुकर्रर कर दिया गया है।

बृहस्पत की रेखा

बृहस्पत का असली निशान इन्द्रियां हैं जो सबसे उत्तम हैं और अकेले बृहस्पत के ही असर की हैं। बृहस्पत के इंसान अमूमन लम्बे कद (लम्बाई) के होते हैं। अगर उत्तम बृहस्पत वाला मर्द लंबा हो तो वह नरम दिल और धर्मात्मा होगा और अगर उत्तम बृहस्पत वाली औरत लम्बी हो तो वह सादालोह (मासूम या अबोध) और भोली होगी। इंसान अपनी लम्बाई से ज़िन्दगी के साल (उम्र) जान सकता है यानि इंसान की लम्बाई उसकी उम्र की बुनियाद (पैमाना) है। कद को उंगली से नापा जाता है और वह भी खुद (स्वयं) की उंगली से यानि जो इंसान उम्र जानने की ख्वाहिश (इच्छा) रखता है वही अपना कद (लम्बाई) अपनी उंगली से नापे। उंगली का पैमाना मंदरज़ाजैल (निम्नलिखित) है।

3 उंगल की एक गिरह	4 गिरह की एक बालिश्त
2 बालिश्त का एक हाथ	2 हाथ का एक गज़
1 गज़ का 36 इंच या 48 उंगल	1 उंगल का 3/4 इंच

नापने के बाद जो भी नतीजा (परिणाम) आए यानि जितने उंगल का नतीजा आए उसमें 5 का गुणा कर दें वही इंसान की उम्र होगी। अथवा दीवार के सहारे खड़े हो जाएं, सिर के ऊपर लम्बाई पर किसी चीज से निशान लगा दें। अब इस लम्बाई को नाप लें जो भी नाप आए उसे इंचों में बदल लें अब इस लम्बाई में (जो इंचों में प्राप्त हुई है) ¾ से गुणा कर दें क्योंकि 1 उंगल = ¾ इंच (लगभग) अब जो भी परिणाम आए उसे दी गई फेहरिस्त (सारिणी) से मिला लें वही उम्र होगी। अमूमन 68 उंगल वाला बदनसीब और 52 उंगल वाला नेक नसीब का मालिक होता है। फेहरिस्त (सूची) की तफ़सील (विवरण) मंदरज़ाज़ैल (निम्नलिखित) होगी।

खुद (स्वयं) का कद (पैमाना–उंगल)	उम्र के साल
30	90
35	91
40	92
45	93
50	94
55	95
60	96
65	97
70	98
75	99
80	100
85	101
90	102
95	103
100	104
105	105
110	106
115	107
120	108

सूरज की रेखा

हथेली में सूरज का सितारा (✱) चमकता हुआ सूरज या उच्च के सूरज के मानिन्द (समान) होता है। सूरज–रेखा अगर कायम (अच्छी स्थिति में) हो तो सूरज घर का (खाना नंबर 5 बमूजिब कुंडली) होगा मगर बादलों के पीछे छिपा हुआ सूरज होगा। हथेली की उंगलियों पर चक्कर (चक्र जो सूर्य का चिंह्न है) हो तो टेवे में सूरज–बुध मुश्तरका (इकट्ठे) होंगे (अथवा सूरज खाना नंबर 5 होगा) और अब बुध तमाम (संपूर्ण) उम्र सूरज से जुदा (अलग) फल न देगा बल्कि सूरज–बुध मुश्तरका (संयुक्त) का इकट्ठा फल गिना जाएगा। ऐसे इंसान का बुढ़ापा निहायत (अत्यन्त) उम्दा होगा मगर ऐसे इंसान की मौत अचानक होगी। सूरज के चक्कर (चक्र) और सूरज के सितारे (सितारा हमेशा दो से ज्यादा रेखाओं से मिलकर बनता है जो एक दूसरे को परस्पर केन्द्र से काटती हैं) में खास (महत्त्वपूर्ण) फ़र्क (अन्तर) यह है कि चक्कर के असर का दर्जा (स्तर), सितारे से कम होगा। सितारा हमेशा मुबारक होगा। सूरज रेखा जितनी ज्यादा शाखादार (⋕) होगी उतना ही ज्यादा असर सूरज की किरणों का होगा।

अगर सूरज रेखा, सूरज के बुर्ज़ (पर्वत) से शुरू होकर, सूरज के ही बुर्ज़ पर खत्म हो तो सूरज का असर खाना नंबर 5 का ही होगा और अगर सूरज रेखा दिल रेखा पर जाकर खत्म (समाप्त) हो तो सूरज का असर खाना नंबर 6 का यानि चन्द्र के ताल्लुक (सम्बन्ध) का फल होगा। अगर सूरज रेखा हथेली के मुस्ततील (वह आयत जो हृदय रेखा और मस्तिष्क रेखा से मिलकर बनता है) में खत्म हो तो सूरज खाना नंबर 7 (बुध के ताल्लुक) का होगा। अगर सूरज रेखा बचत के खाना नंबर 11 में खत्म हो तो सूरज का बृहस्पत से ताल्लुक होगा। अगर सूरज रेखा चन्द्र के बुर्ज़ खाना नंबर 4 पर खत्म हो तो अब सूरज का ताल्लुक चन्द्र से हो जाएगा। किसी भी हालत में सूरज रेखा का सनीचर की ऊर्ध्व रेखा (भाग्य रेखा) से ताल्लुक जरूर होगा।

नोट– ***सूर्य रेखा मूलतः भाग्य रेखा की सहायक रेखा होती है। भाग्य रेखा का पूर्णफल इंसान को केवल उसी दशा में प्राप्त होगा जबकि हथेली में सूर्य रेखा भी स्थित हो। भाग्य रेखा केवल भाग्य की स्थिति इंगित करती है मगर भाग्य की सफलता, सूर्य रेखा पर आश्रित है। उत्तम भाग्य के लिए इन दोनों ही रेखाओं का हथेली में अनिवार्य रूप से होना आवश्यक है।***

चन्द्र की रेखाएं

चन्द्र हमेशा ही राशिफल का होता है खासकर तीन घरों में या यूँ कहें कि घोड़ा (चन्द्र) केवल तीन बार जागता है।

(1) खाना नंबर 8 में मौत से बचाता है।

(2) खाना नंबर 7 में खुराक (भोजन) और धन–दौलत देने वाला होगा।

(3) खाना नंबर 3 का चन्द्र मैदान–ए–जंग में हर तरह की मदद देने वाला होगा।

तहरीर (लिखावट)– अगर इंसान बड़ा और मोटा हरफ़ (अक्षर) लिखे तो वह फ़राख़ (विशाल) दिल का इंसान होगा। साफ, सामान्य और पढ़ा जाने वाला लिखे तो मजबूत (कठोर) दिल वाला होगा। लम्बी–लम्बी लकीरें बनाते हुए लिखे और हरफ़ (अक्षर) आपस में मिलते हुए से हों तो बिना सोचे–समझे और जल्दबाजी में काम करने वाला होगा।

अगर सीधा–सीधा और साफ लिखे तो ऐसा इंसान कुदरती अक्ल (जनमजात बुद्धिमान) वाला होगा। बारीक़ (छोटा) लिखे तो अमली–लियाक़त (क्रियात्मक–योग्यता) वाला होगा। अगर तहरीर (लिखाकर) के हरफ़ (अक्षर) गोल और बराबर–बराबर आकार के हों तो उम्दा फैसला करने वाला होगा। अगर हरफ़ (अक्षर) छोटे–छोटे और बुझे हुए से हों तो ऐसा इंसान शर्मीला और डरपोक होगा। अगर तहरीर (लिखावट) खूबसूरत, फूल के मानिन्द (तुल्य) सजावटी हो तो इंसान लाफ़जन (डींगें मारने वाला) और गप्पी होगा।

अंग फड़कना– दायां अंग फड़कना मुबारक और बायां अंग फड़कना गैर–मुबारक (अशुभ) होगा। अगर जिस्म (शरीर) का कोई भी अंग 40–43 दिन से ज्यादा दिनों तक फड़कता रहे तो कोई वहम (शकुन या अपशकुन) की बात न होगी बल्कि ऐसे वक्त इंसान को बादी (वायु) का असर हो सकता है।

आंख– चन्द्र का घर खाना नंबर 4 (आंख) है और सनीचर नज़र–बीनाई (आंखों की ज्योति) है। आंखों के अन्दर का डेला (पुतली) भी चन्द्र ही है।

(1) जिस कदर आंखें बड़ी–बड़ी, उभरी हुई (बाहर को निकली हुई), और हलका रंग लिए हुए होती हैं उसी कदर (अपेक्षाकृत) टेवे वाले का स्वभाव नेक होगा और जल्द समझने वाला होगा। ऐसा इंसान रुहानी ताकत का मालिक होगा।

(2) आंखें जिस कदर छोटी, गोल, अंदर को घुसी हुई, गहरी और हलके रंग की होती चली जाएंगी, उसी कदर इंसान मतलबपरस्त (स्वार्थी) और तुनक मिजाजी (चिड़चिड़ी मनोदशा का इंसान) होगा।

(3) जब टेवे वाले इंसान की आंखें छोटी–छोटी हों तो तंगदिल (संकुचित हृदय) और कम हौसला (इरादों) वाला इंसान होगा।

(4) इंसान की आंखें जिस कदर, जिस जानवर से मिलती होंगी। वैसा ही उस जानवर के मानिन्द (समान) इंसान का स्वभाव होगा वैसी ही (जानवर के समान) उनके अन्दर अंदरूनी ताकतें होंगी।

(5) अगर इंसान की आंखें लम्बी हों तो ये इंसान के दिल की लम्बी नकल और हरकत को बताती हैं अर्थात् दूरदर्शिता और दूरस्त गतिविधियों की प्रतीक होंगी।

(6) जब इंसान की आंखें गोल हों तो इंसान के कई सफर होंगे और हर सफर में कई साल लगेंगे।

(7) इंसान की आंखें अगर गहरी हों तो ऐसा इंसान खुदगर्ज (स्वार्थी) और बेवफ़ा (द्रोही) होगा।

(8) गोल, गहरी और काली सांप जैसी आंखें हो तो इंसान का स्वभाव भी सांप जैसा ही होगा।

(9) गोल, गहरी और भूरी आंखों का मालिक इंसान बहुत शादियां (विवाह) करेगा। मगर फिर भी औरत का सुख न पा सकेगा। अगर ज़ुबान और तालु भी काले हों तो ऐसे इंसान से तो खुदा ही बचाए यानि एक तो सांप वो भी उड़ने वाला, हर तरह से मनहूस (अभागा) होगा। खानदान को बरबाद कर देने वाला, बदनाम, लावल्द (संतानहीन) और सब्जक़दमा (मनहूस) होगा।

(10) बड़ी और रोशन आंखें अक्लमंद (बुद्धिमान) इंसान की निशानी होंगी।

(11) आतिशी सुर्ख रंग (चमकीला लाल रंग) की आंखों वाला इंसान जल्दी भड़क जाता होगा अर्थात् उसको जल्दी क्रोध का उद्वैग होगा।

(12) धीमी और झलक मारने वाली आंखों का मालिक इंसान समझने की ताकत रखने वाला होगा।

(13) जिस इंसान की आंखें नरम (कोमल) होंगी वह इंसान कोमल स्वभाव का मालिक होगा।

(14) सब्ज़ (हरे रंग) आंखों वाला इंसान हर बात को जल्द से जल्द समझ लेने वाला होगा।

(15) जो इंसान अंधा (नेत्रहीन) होगा, वह खुदगर्ज (स्वार्थी) जरूर ही होगा। और जो इंसान काना (एक आंख का मालिक) होगा वह खुदगर्जी की वजह से बुरे स्वभाव का मालिक होगा। जो भैंगा (टेढ़ी नज़र से देखने वाला) होगा वह सबसे ज्यादा फ़रेबी (चालाक) होगा।

(16) बिल्ली की आंखों वाला इंसान खोटे (दोषपूर्ण) काम करने वाला और बदफ़ैल (व्यभिचारी) होगा।

चन्द्र और दुश्मन ग्रह

(1) जब टेवे (कुंडली) में चन्द्र के दुश्मन ग्रह पहले घरों में (खाना नंबर 1 से 6) हों और चन्द्र बाद के घरों (खाना नंबर 7 से खाना नंबर 12) में हो तो चन्द्र का असर टेवे में बुरा होगा लेकिन दुश्मन ग्रह वैसा ही बना रहेगा जैसी कि उसकी टेवे में हालत है।

(2) चन्द्र के असर के वक्त शुक्कर और बुध, चन्द्र की ताकत (शक्ति) और समयावधि दोनों ही को आधा कर दिया करते हैं। मगर ये दोनों ही (शुक्कर और बुध) अपनी ताकत पूरी रखते हैं।

(3) जब चन्द्र, सूरज से मिल जाए तो चन्द्र का फल सूरज में खो (विलय हो) जाता है और ऐसे वक्त दोनों ही का मुश्तरका (इकट्ठा) असर नेक हो जाता है।

(4) सूरज के असर के वक्त चन्द्र अपनी रोशनी अलैहदा (अलग) नहीं रखता यानि जाहिर (प्रकट) नहीं करता और सूरज से ही रोशनी लेता है।

(5) जब पापी ग्रह (राहु, केतु, बहैसियत पापी सनीचर) चन्द्र के साथी (देखें फरमान नंबर 6) हो जाएं या चन्द्र के बिलमुक़ाबिल (मुकाबले पर) हो जाएं तो चन्द्र का जाती (व्यक्तिगत) फल तो टेवे वाले के लिए उत्तम होगा मगर वह दूसरों की मुसीबत देखकर दुःखी (बेचैन) होगा।

(6) जब चन्द्र के बिलमुक़ाबिल (मुकाबले पर) बृहस्पत–बुध अथवा सूरज–बुध हो जाएं तो टेवे वाले के लिए समुद्र पार के सफरों (यात्राओं) के लिए बुरा नतीजा ही होगा।

(7) जब कोई रेखा चन्द्र के बुर्ज़ से बुध के बुर्ज़ (पर्वत) की तरफ जाती हो लेकिन मंगल–बद के बुर्ज़ पर खत्म होती हो तो ऐसा इंसान हौसलेमंद (इरादों का मजबूत) और समुद्र पार के सफरों (विदेश–यात्रा) पर जाने वाला होता है, इन सफरों (यात्राओं) के नतीजे भी नेक ही होंगे।

(8) जब कोई रेखा चन्द्र के बुर्ज़ (पर्वत) से चलकर बुध के बुर्ज़ का रूख़ (रास्ता) करती हुई प्रतीत हो तो इंसान को तिजारत (व्यापार) के सफरों से फायदा (लाभ) मिलेगा।

(9) अगर कोई रेखा चन्द्र के बुर्ज़ से सूरज के बुर्ज़ की ओर रूख करती है तो राजदरबारी (सरकारी) ताल्लुक के कामों से सफरों में बहुत मुनाफे होंगे।

(10) अगर कोई चन्द्र के बुर्ज़ से आती रेखा किस्मत (भाग्य) रेखा में न मिले और सीधी सूरज या सनीचर के बुर्ज़ (पर्वत) पर पहुंच जाए तो इंसान की निहायत (अत्यन्त) ही बड़ी ज़िन्दगी (भाग्यहीनता) होगी चाहे वह इंसान कितना ही दौलत मंद क्यों न हो मगर मुसीबतों पर मुसीबत झेलेगा।

अंगूठा

अंगूठे की पोरों पर जौ (कनक या यव) के निशान को चन्द्र का निशान माना गया है। यह निशान आधे आकार के दो चन्द्र से मिलकर बनता है। यानि इस तरह का आकार होता है।

⌒ ◡ = ⬭

जिस तरफ का हिस्सा बड़ा होता है वह तरफ चन्द्र के खत्म (समाप्त) होने की होगी। यानि उसकी हद (सीमा) के बाद चन्द्र का असर न होगा अर्थात् न गिना जाएगा। इस बड़े निशान की हद (सीमा) से पहले वाले पोर में ही चन्द्र समझा जाएगा। इस अंगूठे में पहला हिस्सा क–च दूसरा हिस्सा ख–छ और तीसरा हिस्सा ग–ज है। रेखा या जौ का निशान ख–छ नाखून वाले हिस्से (पोर) में ही रह गया है इसलिए निशान ख–छ नाखून वाली पोर में ही गिना जाएगा मगर नाख़ून वाली पोर की जड़ में न होगा। पोरी की जड़ पर निशान से मुराद (अभिप्राय) यह है कि चन्द्र उस घर को देखता है जो कि उस पोर के लिए टेवे में मुकर्रर (निश्चित) किया हुआ है। मसलन (उदाहरण) नाखून वाली पोरी को केतु का घर खाना नंबर 6 माना गया है। अब चन्द्र इस घर को देखता है से मुराद (अभिप्राय) यह होगी कि चन्द्र खाना नंबर 2 में है (खाना नंबर 2 का ग्रह, खाना नंबर 6 को देखता है) और पोरी पर जौ के निशान से मुराद यह होगी कि चन्द्र खाना नंबर 6 में है। अंगूठे के अन्दर (हथेली के अन्दर की तरफ) यह निशान तीनों पोरों की जड़ में होता है। अगर यह जौ का निशान सही–सलामत और साबुत हो तो उम्र के उस हिस्से (बचपन, जवानी, बुढ़ापा) में इंसान के लिए सुख, आराम और दौलतमंदी का जमाना होगा। लेकिन अगर यह निशान टूटा हुआ हो तो उम्र के उस हिस्से में खराब हालत होगी।

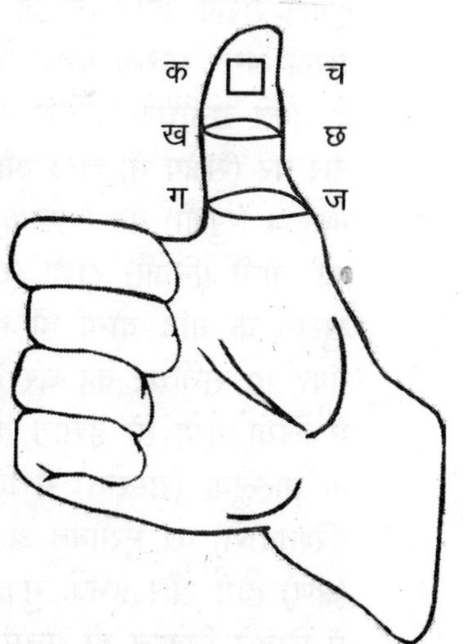

खुशी खाना नंबर 4 और गम खाना नंबर 10

अंगूठे (चन्द्र) को छोड़कर बाकी दोनों हाथों की 8 उंगलियों पर कुल 32 निशान होते हैं। अगर इनकी तादाद (संख्या) हाथ की आठों उंगलियों में 32 ही हो तो इंसान की ज़िन्दगी में सुख–दुःख बराबर होंगे। एक महीने में (देसी हिसाब से) ज्यादा से ज्यादा 32 दिन माने गए हैं इसलिए इन सुख–दुःखों की तादाद भी ज्यादा से ज्यादा 32 ही हो सकती हैं। 32 दांतों वाला इंसान भी नेक असर का होता है। ध्यान दें कि यहां उंगलियों पर पाए जाने वाले खतों (निशान–रेखा) की बात हो रही है यानि उंगली पर पाया जाने वाला जौ का निशान 2 खतों (रेखाओं) से युक्त होगा। अगर उंगलियों पर 32 की जगह 33 ख़त (रेखा) हों तो 32 गमी के हिन्दसों (संख्या) के मुकाबले 33 दिन खुशी के होंगे। अगर ये निशान (ख़त) 32 से कम यानि 31 ही हों तो 32 गमों के मुकाबले केवल 31 ही दिन खुशी के होंगे। यानि जितने हिन्दसे (अंक या संख्या) ख़त उंगलियों पर कायम हों उतने ही दिन 32 के मुकाबले खुशी के होंगे यानि ज्यादा खत ज्यादा खुशी देंगे और कम ख़त कम खुशी देंगे। ये खत दाएं हाथ में ज्यादा से ज्यादा 9 ग्रह और 12 राशियों को मिलाकर कुल 21 से ज्यादा नहीं होने चाहिए क्योंकि अगर 21 से ज्यादा हो गए तो ऐसा इंसान चन्द्र की ज़्यादती (अधिकता) का शिकार होगा और दुनिया से किनाराकश (विरक्त) हो जाएगा।

(1) खाना नंबर 1, 4, 7, 10 में जो ग्रह होंगे वे ग्रह अपनी मुतअल्लिक (सम्बन्धित) चीजों में हमेशा खुशी दिखलाते रहेंगे।

(2) बन्द मुट्ठी के खानों के अलावा दूसरे सभी खानों (2, 3, 5, 6, 8, 9, 11, 12) के ग्रह अपनी मुतअ. ल्लिक (सम्बन्धित) चीजों के ताल्लुक में गमी दिखलाने वाले होंगे।

(3) सूरज दिन का मालिक है और सनीचर रात का मालिक है लेकिन चन्द्र भी रात का मालिक है (चन्द्र–चांदनी रात, सनीचर–काली या अंधेरी रात) यानि रात के सुख और आराम के लिए चन्द्र और सनीचर का झगड़ा हुआ। सूरज अगर ज़ाहिर (प्रत्यक्ष) ताकतवर है तो चन्द्र पोशीदा (गुप्त रूप से) ताकतवर होगा अर्थात् सूरज अगर प्रत्यक्ष मदद करता है तो सनीचर गुप्त रूप से मदद (सहायता) करेगा। लेकिन बुरा करने के वक्त सनीचर ज़ाहिरा (प्रत्यक्ष) तौर पर बुरा करता है और सूरज पोशीदा (गुप्त) तौर पर। मुख्तसरन तौर पर (संक्षेप में) चन्द्र और सनीचर दोनों ही पोशीदा (गुप्त) चाल चलते हुए मदद देते हैं। चन्द्र खाना नंबर 4 (खुशी) का मालिक है और सनीचर खाना नंबर 10 (गम) का मालिक है। यानि टेवे वाले इंसान की जाती (निजी) खुशी (खाना नंबर 4) और जाती गम खाना नंबर 10 है। मुट्ठी के बन्द रहते और खुलने के बाद दोनों ही हालातों में इंसान का ताल्लुक (सम्बन्ध) दुनियावी लोगों से होता है। खाना नंबर 10 सनीचर का घर है जो चारों ओर चलता है। जब यह घर (खाना नंबर 10) खुशी के ताल्लुक में लिया गया तो इंसान को बाप (पिता) के ताल्लुक से खुशी मिली लेकिन जब इसका ताल्लुक गम के ताल्लुक (सम्बन्ध) में लिया गया तो खाना नंबर 10 से मुतअल्लिक (सम्बन्धित) दूसरे ताल्लुकदारों (रिश्तेदारों) पर मुसीबत आती चली गई। इसी वजह से उंगलियों की पोरों की लकीरें 32 खुशी के नग्में (क्षण) होंगे और इनके मुकाबले में सनीचर भी 32 दुःख की ताकतों का मालिक होगा अर्थात् दाएं हाथ में जितने निशान हों उनमें से 12 चन्द्र की खुशी के निशान हटा दें (यानि बारह राशियों की खुशी) तो बाकी का हिन्दसा (अंक) टेवे में सनीचर का हिन्दसा होगा। अगर सिफर (शून्य) बाकी बचे तो सनीचर अपने पक्के घर खाना नंबर 10 में होगा। अब इन दोनों ही बातों को सरलता से समझाने के लिए सारिणी दी जा रही है।

उंगलियों पर निशानों की तादाद (संख्या)	इंसान पर क्या असर होगा?	चन्द्र किस खाना नंबर में होगा?
12	सारी उम्र दौलतमंद और खुश	1
13	हमेशा रंज (उदासी) और मुसीबत	7
14	हमेशा औसत जिन्दगी	4
15	हमेशा चोर लुटेरा डाकू होगा	10
16	हमेशा बदबख़्त (भाग्यहीन) और जवाहरिया (जुआरी) होगा	8
17	हमेशा बेइज्ज़त (अपमानित) और बेएतबार (अविश्वसनीय) होगा	3
18	भला इंसान, भले काम और भली तबीयत (स्वभाव)	9
19	धर्मात्मा और राजदरबार में इज़्ज़त होगी	5
20	साहबेतदबीर (चतुर इंसान), अक्लमंद होगा	6
21	कमबख़्त (घृणित) और बदनसीब (दुर्भाग्य)	12
21 से ज्यादा	वैरागी और त्यागी। खाना नंबर 11 का चन्द्र भी सिफर (शून्य) ही होगा।	2

उंगलियों पर निशानों की तादाद (संख्या)	किस खाने का असर सनीचर देगा?
12	10
13	1
14	2
15	3
16	4
17	5
18	6
19	7
20	8
21	9
21 की तादाद (संख्या) से आगे कोई साधु या फकीर ही होगा।	
22	10
23	11
24	12

शुक्कर की रेखाएं

शुक्कर सभी इंसानों के सभी तरह के सुखों का ग्रह है, जो राहु–केतु के मुश्तरका (संयुक्त) असर का नतीजा (परिणाम) है। शुक्कर में हमेशा ही बुध का असर मिला हुआ गिना जाता है। शुक्कर का नतीजा केतु है। इस ग्रह की आम मियाद (तीन साल) में पहले साल के दौरान मंगल प्रबल होगा, दूसरे साल में खुद शुक्कर (राहु–केतु मुश्तरका) का फल और तीसरे साल में खाली बुध का असर शामिल होगा। बुध–लड़की, शुक्कर–जिस्म की मिट्टी (शरीर) और मंगल–खून (वीर्य) गिने गए हैं। यानि जिस दिन से लड़की के जिस्म (शरीर) में कुव्वतेबाह (माहवारी या गर्भधारण करने की शक्ति) पैदा होगी उस दिन से यह ग्रह (शुक्कर) राहु–केतु के मुश्तरका (संयुक्त) असर का मैदान–ए–जंग "शुक्कर" के नाम से जाना जाएगा। अब शुक्कर के नतीजे (परिणाम) केतु (संतान) की, छलावे की नीति का रंग–ढंग पैदा करता है।

नोट– ***बुध को लड़की, शुक्कर को रज़, मंगल को वीर्य, चन्द्र को मासिक धर्म और केतु को संतान माना गया है। यानि शुक्कर (रज़) और मंगल (वीर्य) के मैदान-ए-जंग (संभोग) का परिणाम केतु (संतान) के रूप में परिणत होता है।***

जब बुध टेवे में किसी भी खाने में बैठा हो मगर शुक्कर से अलैहदा (अलग) हो तो बुध अपने घर का फल वहां से उठाकर (जहां वह बैठा है), शुक्कर में मिला देगा। जब कभी ऐसी हालत में सनीचर, शुक्कर के दोस्त या दुश्मनों की दृष्टि के अन्तर्गत हो (देखें दृष्टि सिद्धांत) अथवा उनके साथ हो तो ऐसे मिलाप में सनीचर का अच्छा या बुरा असर टेवे वाले की औरत (शुक्कर) पर होगा।

शुक्कर कब चन्द्र होगा– कलाई रेखा (मणिबन्ध रेखाएं) या मंगल–शुक्कर मुश्तरका (इकट्ठे) और उंगली के जोड़ों पर शुक्कर की रेखा, चन्द्र का असर देगी अर्थात् मंगल, चन्द्र के घर या राशि में या पक्के घर में या मुश्तरका हालत में या साथी ग्रह होने की हालत में या दृष्टि होने की हालत में शुक्कर, चन्द्र का असर देगा। जब शुक्कर, चन्द्र का असर देता है तो ऐसे शुक्कर में चन्द्र के दुश्मनों का नामोनिशान भी न होगा। शुक्कर अब ऐसे चन्द्र का असर देगा जो कि शुक्कर के जरूरी जुजों (खण्डों) बुध और केतु के बरखिलाफ (विपरीत) चलेगा। मगर माता के लिए नेक असर देने वाला होगा। अथवा शुक्कर अब ऐसा बीज होगा, जिसकी छाल (खोल) पानी से भी न गलेगी अथवा ऐसा शुक्कर पूर्णिमा का चन्द्र होगा जो सूरज की रोशनी की भी परवाह न करता होगा। ऐसा शुक्कर तालाब की चिकनी मिट्टी की तरह होगा जो मवेशियों (पशुओं) के पेट की सारी बीमारियों को आराम देने वाली होती है। और अगर छत पर भी लगाई जाए तो बारिश में भी न घुलेगी यानि खाना नंबर 8 के मंदे ग्रहों का भी असर नेक करने वाली होगी। ये शुक्कर, चन्द्र और चन्द्र से मुतअल्लिक बीमारियों में तो जरूर आराम देगा मगर बुध, केतु या खुद शुक्कर से मुतअल्लिक चीजों की मदद करने की कोई शर्त न होगी। शुक्कर तुख़्म (बीज) कहलाता है और शुक्कर के बुर्ज़ का दुनिया से ज्यादा ताल्लुक (सम्बन्ध) न होकर इश्क़ और मोहब्बत से है। दुनियावी (सांसारिक) इश्क के अलावा हकीकी (ईश्वरीय) इश्क से भी इसका ताल्लुक (सम्बन्ध) होता है। शुक्कर की मिसाल (उदाहरण) दही से दी जाती है, जिससे घी भी बन जाता है। शुक्कर से ही कुनबा–कबीला चलता है यानि शुक्कर से मुराद (आशय) औलाद की पैदाइश और परवरिश से है। शुक्कर के असर का वक्त (समय) ऐशो–इशरत (भोग–विलास) और गृहस्थ का जमाना (दौर) होगा।

शुक्कर–रेखा– अगर इंसान की हथेली पर शुक्कर रेखा या शुक्कर का पतंग हो तो ऐसे इंसान का गुस्सा सूरज को तबाह कर देता है और तराजू (बुध) की तरह निष्पक्षता की तबीयत (स्वभाव) आबाद कर

देती है। शुक्कर के पतंग वाला इंसान जब तक सनीचर के मंदे कामों से दूर रहे तब तक नेक (शुभ) असर होगा वरना बृहस्पत और चन्द्र दोनों बुरा असर करेंगे।

एक आंख का शुक्कर– अगर तमाम ग्रहों को (राहु–केतु को छोड़कर) दो कतारों (पंक्तियों) में बैठा दिया जाए और बृहस्पत (गुरु) उनके सामने पढ़ाने के लिए बैठ जाएं तो शुक्कर और सनीचर हमेशा सूरज को धक्का मारने वाले होंगे। मगर चूँकि सूरज, बृहस्पत के पास बैठा होगा इसलिए उसका कुछ बिगाड़ न सकेंगे।

बृहस्पत	
सूरज	चन्द्र
सनीचर	मंगल
शुक्कर	बुध

सनीचर के एक तरफ चन्द्र, मंगल, बुध और आगे सूरज तथा पीछे शुक्कर बैठा है जो एक आंख से काना है और हमेशा सनीचर को छेड़ता रहता है। कभी कहता है मुझे नज़र नहीं आता, देखकर बता दो, कभी कहता है मुझे पूछकर बता दो। शुक्कर (औरत) हमेशा सनीचर के साथ रहती है और आंख से शरारत करती है। सनीचर कभी गुरु की तरफ देखता है कि बृहस्पत न देख ले, कभी देखता है कि दूसरे साथी न देख लें। सनीचर ज़ाहिरदारी (दिखावे) का इतना पाबन्द (सख़्त) है कि वह शुक्कर की बदसूरती को भी ज़ाहिर (प्रकट) नहीं कर पाता मगर सनीचर, शुक्कर के साथ होने की वजह से हमेशा शुक्कर से धक्का खाता रहता है। सनीचर आंखों से विरोध (प्रतिवाद) करता है। मगर किसी को पता नहीं लगने देता। सनीचर की आंख कभी आगे, कभी पीछे तो कभी भली हो जाती है और फिर वही जादू की आंख से औरत (शुक्कर) को मोहब्बत करने लगती है। सनीचर की आंख कभी गर्म कभी सर्द (क्रोध और मोहब्बत) होती रहती है और क़भी चोरी की नज़र से शुक्कर को देखने वाली होती है। कभी दाईं, कभी बाईं और कभी हर रंग में रंग बदलने वाली हो जाती है। यही आंख उसने तंग आकर शुक्कर को दे दी है कि यह औरत (शुक्कर) देखती रहे। ठीक यही हाल उन औरतों का होता है जिन पर सनीचर हावी (प्रबल) होता है। शुक्कर (औरत) की भोली मिट्टी (शरीर) दुनिया से कतई शरारत न करती अगर वह सनीचर से आंख उधार न लेती और न ही शुक्कर और सूरज की बाहमी (आपसी) दुश्मनी (शत्रुता) ही होती। सूरज का लड़का (सनीचर) कभी सूरज के खिलाफ (विरोधी) न होता, अगर कानी औरत तुला राशि में (खाना नंबर 7 जहां सूरज नीच होता है) न जाती।

गृहस्थ रेखा– वह रेखा जो शुक्कर के बुर्ज़ पर उम्र रेखा के सहारे (समानांतर) चलती है मंगल रेखा या गृहस्थ रेखा कहलाती है। अगर हथेली में गृहस्थ रेखा कायम हो तो इंसान मज़बूत जिस्म का मालिक होगा। मंगल से मुतअल्लिक (सम्बन्धित) गृहस्थ रेखा अगर अंगूठे की जड़ में चली जाए तो इंसान पोते–पड़पोते देखेगा। अगर सीधी डंडे की तरह हो तो कर्ज़ाई (ऋण के बोझ तले) होगा। अगर अंगूठे की तरफ पीठ करके मुड़कर चली जाए तो टेवे में मंगल–बद होगा। अगर चन्द्र के बुर्ज़ की ओर मुँह कर लेगी तो इंसान का गृहस्थ बरबाद होगा। यह रेखा औरतों (औरत–जात) के माता–पिता, भाई–बंद, बाल–बच्चे और दूसरे रिश्तेदारों का ताल्लुक (सम्बन्ध) बताती है। क़बीले (खानदान) का पूरा हाल देखने के लिए मच्छ रेखा का ताल्लुक जरूरी है (देखें बृहस्पत–सनीचर मुश्तरका)। आधे दायरे की शक्ल (अर्द्धगोलाकार रूप) और मंगल नेक के बुर्ज़ पर ही लम्बाई (स्थिति) गृहस्थ रेखा की दुरुस्त (आदर्श) पैमाइश (माप या नाप) होती है।

मंगल–बद की रेखा

मंगल–बद का बुर्ज़ (ग्रह), बदी का मालिक है। शुतुर–बेमुहार (नकेल के बिना ऊंट) हर काम टेढ़ा करवाने वाला, बद–तुख़्म (बदी की पैदाइश), तुख्म की नाली (पेशाबगाह) तक सीधी न होगी। मंगल–बद, चन्द्र के

समुद्र को भी जला देने वाला होगा खासकर जब मंगल खाना नंबर 4 (चन्द्र के घर) में हो। लेकिन शर्त यह है कि खाना नंबर 3 (मंगल के घर) में चन्द्र न हो अथवा मंगल को चन्द्र या सूरज की मदद न मिलती हो। मंगल–बद वाला इंसान बुराई के लिए हसद (ईर्ष्या) और कीना (रंजिश) से इस तरह पेट भरता होगा जैसे ऊंट, पानी से अपना पेट भरता है।

हथेली में द्विशाखी (दो रेखाओं के द्वारा बनने वाली रेखा) या तिकोन की शक्ल में या जंजीर (द्वीप) के मानिन्द (समान) का यह बुर्ज़ (पर्वत) मंगल नेक का दूसरा भाई और बुराई का मालिक है। इस ग्रह के असर से इंसान फ़सादी (कलहप्रिय), डरपोक और घर फूंककर तमाशा देखने वाला होगा। ज़हमत–मुकद्दर (दुःख, संकट, परेशानी, मुसीबत वगैरह) का भंडारी होगा। हथेली में मंगल–बद का बुर्ज़ खाना नंबर 8 है। मंगल–बद की ठीक–ठीक जगह (स्थिति) मालूम करने के लिए एक प्रयोग करें।

अगर खाना नंबर 8 और खाना नंबर 4 एक ही मालूम देता हो तो बुध की सिर रेखा (मस्तिष्क रेखा) को नीचे की ओर (स्वाभाविक) आगे बढ़ाएं अर्थात् इस तरह से रेखा खींचें कि यूं लगे कि रेखा कुदरती (प्राकृतिक) रूप से स्वतः आगे बढ़ रही है। अब देखें कि इस रेखा के दूसरी ओर (कनिष्ठा उंगली की ओर वाला हिस्सा) का भाग खाना नंबर 8 होगा और रेखा के नीचे का भाग (चन्द्र का बुर्ज़) खाना नंबर 4 होगा अर्थात् दिल रेखा शुमाल (उत्तर–दिशा) में, सूरज की तरक्की रेखा या सेहत रेखा मशरिक़ (पूर्व–दिशा) में और तह पर (नीचे की ओर) चन्द्र का बुर्ज़ होगा।

मंगल–बद (खाना नंबर 8) के बुर्ज़ से ताऊ–चाचा का खानदान, कबीले के भाई–बन्दों का ताल्लुक (सम्बन्ध) होगा। अगर शुक्कर के ख़त (रेखाएं) इस बुर्ज़ पर हों तो इन खतों से मुराद (अभिप्राय) ताऊ, चाचा, भाई या दूसरे भाई मर्द होंगे जो हर तरह से मददगार होंगे। अगर यही शुक्कर के ख़त सिरे पर द्विशाखी हो जाएं तो इन ख़तों से मुराद औरत होगी। लेकिन ऐसे वक्त औरत–जात नुकसान की वजह बन सकती है। अगर मंगल के बुर्ज़ पर कोण (⎿ ⏌ ⎾) की शक्ल में खत् (रेखाएं) हों तो मंगल–बद का पूरा बरबादी का असर होगा। यह औरत ताई, चाची, भाभी वगैरह होगी जो खुद बरबाद होगी और हथेली वाले इंसान (जिसके हाथ पर ये चिह्न हों) को भी बरबाद कर देगी। मंगल–बद के बुर्ज़ (पर्वत) से औलाद का भी ताल्लुक (सम्बन्ध) होगा। औलाद (संतान) और खानदान की रेखाओं में फर्क (अन्तर) करने के लिए अपनी हथेली खड़ी करके (अंगूठा ऊपर आसमान की ओर) ज़मीन पर टिका दें। अब जो रेखाएं हथेली में अन्दर की ओर दिखाई दें वे ताऊ–चाचा वगैरह की रेखाएं होंगी और जो हथेली के बाहर की ओर निकलती–सी लगें, वे औलाद रेखाएं होंगी।

मुंह का दहाना (सुराख या मुंहाना)– मुंह का दहाना टेवे में खाना नंबर 3 (मंगल का घर) होगा।

(1) अगर दहाना, खुला और कुशादा (फैला हुआ) हो तो इंसान हौसलेमंद (साहसी) होगा।

(2) अगर दहाना तंग (संकुचित) हो तो इंसान डरपोक होगा।

(3) अगर मुंह का दहाना चौड़ा हो तो इंसान दरमियाना (मध्यम) जिन्दगी का मालिक होगा। अमूमन परेशानियां ज्यादा होंगी।

(4) अगर दहाना बड़ा और लंबा हो तो इंसान शहवतपस्त (कामी) होगा।

बाजू– इंसान के बाजू (भुजाएं) मंगल–नेक होते हैं।

बाजू जिस कदर लम्बे होंगे, उसी कदर इंसान बख़्तावर (भाग्यशाली) होगा। यानि अगर इंसान के बाजू उसके घुटने से भी नीचे पहुँच रहे हों तो इंसान की किस्मत में राजयोग गिना जाएगा।

लब (होंठ)– इंसान के लब मंगल के दोनों जुजों को दिखाते हैं। यानि लब मंगल के दो हिस्से मंगल–नेक और मंगल–बद हैं।

(1) अगर लब मोटे और लम्बे हों तो इंसान कम–अक्ल (मंदबुद्धि) होगा।

(2) अगर लब बहुत लम्बे हों तो इंसान चोर या बदमाश होगा।

(3) अगर लब बारीक (पतले) और सुर्ख (लाल रंग) के हों तो इंसान मोतदिल–मिजाज (उदारवादी व्यक्तित्व) का शख़्स होगा।

(4) लबों का रंग अगर गहरा सुर्ख़ (लाल–रंग) हो तो अक्लमंद (बुद्धिमान), भला मानस और खुश गुज़रान (खुश रहने वाला) होगा।

(5) लबों का रंग स्याह (काला) या सफेद या नीला हो तो इंसान बदबख़्त (भाग्यहीन) और मुफ़लिस (दरिद्र) होगा।

(6) अगर एक लब बड़ा और दूसरा लब (होंठ) छोटा हो तो ऐसा शख़्स (इंसान), बदबख़्त (भाग्यहीन) होगा।

(7) नीचे का लब बड़ा हो तो ऐसा इंसान ज़ल्द नाराज हो जाने वाला होगा।

मंगल के बुर्ज़ (पर्वत) का असर– मंगल के बुर्ज़ को दो हिस्सों में बांटा गया है।

(1) मंगल नेक (2) मंगल–बद। इन दोनों के चिह्न भी अलग–अलग हैं। मंगल नेक का चिह्न (□) और मंगल–बद का चिह्न (△) है। ज़ाहिर है कि बद बुरा और नेक अच्छे असर का होगा। मंगल का आम अरसा छः साल है। जिसमें पहले दो साल मंगल का, दरमियानी (मध्य में) दो साल सनीचर का और आखरी दो साल का अरसा (समयावधि) शुक्कर का होगा।

मंगल–नेक और पेट– इंसान का पेट मंगल–नेक से मुतअल्लिक (सम्बन्धित) होता है। जब इंसान के पेट पर बल पड़ते हों अर्थात् पेट पर पड़ने वाली रेखाओं के आधार पर मंगल–नेक की हालत पता चलती है। मंदरजाजैल (निम्नलिखित) फ़ेहरिस्त (सूची) से इस विषय को समझा जा सकता है।

बल की तादाद (संख्या)	इंसान का क्या हाल होगा?	टेवे में किस खाने में होगा?
1	जंग के मैदान या लड़ाई में मारा जाएगा।	2
2	अय्याश (व्यभिचारी या चरित्रहीन) होगा।	3
3	उपदेशक या नसीहत देने वाला होगा।	4
4	साहिबे इल्म (ज्ञान का मालिक) और साहिबे औलाद (संतानयुक्त) होगा।	5
5	हुक्मरान (शासन करने वाला) होगा।	6
कोई बल न पड़े	अगर कोई बल न पड़े तो ऐसा इंसान दौलतमंद होगा।	10

मंगल–बद और छाती– जिस तरह मंगल–नेक से पेट का ताल्लुक है उसी तरह छाती से मंगल–बद का ताल्लुक है।

अगर छाती फ़राख और बुलन्द (चौड़ी और उभरी हुई) हो	दौलतमंद होगा
अगर छाती हमवार (चिकनी और बराबर) हो	अचानक मौत होगी।
छाती पर बाल न हों	धोखेबाज़ और चालबाज तबीयत (स्वभाव) का होगा।
छाती पर बाल ज्यादा हों	अय्याश (चरित्रहीन), कम अक्ल (मंदबुद्धि), कम उम्र और गुलामी में ज़िन्दगी गुजरे।

बुध की रेखाएं

बुध अक्ल (बुद्धि) का ग्रह है इसलिए सिर (मस्तिष्क) रेखा को भी बुध रेखा माना गया है। बुध खाली जगह, खुलाव या आकाश है। इंसान के बात करने का तरीका बुध से मुतअल्लिक (सम्बन्धित) ही होता है।

(1) अगर इंसान गला फुलाकर (फाड़कर) बात करे तो अपने मतलब (स्वार्थ) में दूसरे के खून की भी परवाह न करेगा।

(2) बात करते वक्त जिस्म (शरीर) का कोई अंग हाथ–पैर वगैरह हिलाता हो ऐसा इंसान बेहूदा (अनर्थक), बदफेल (चरित्रहीन) और शोहरत पसंद होगा।

(3) बात करते वक्त दांतों के मांस (मसूड़े) नज़र आते हों तो इंसान कम–उम्र (अल्पायु) होगा।

(4) जल्दी–जल्दी बोलने वाला इंसान मतलबपरस्त (अपना मतलब निकालने में माहिर) होगा।

गर्दन– गर्दन के अनुसार भी इंसान के बुध को जांचा जा सकता है।

(1) अगर मर्द की गर्दन लम्बी हो तो वह बेवकूफ किस्म का होगा।

(2) अगर औरत की गर्दन लम्बी हो तो वह नेक तबीयत (स्वभाव) की होगी।

(3) मोटी गर्दन वाला इंसान (मर्द या औरत) दौलतमंद होगा।

(4) टेढ़ी गर्दन वाला इंसान मुफ़लिस (निर्धन) होगा।

(5) ऊंची गर्दन वाला इंसान फ़रेबी (चालाक) और चोर–बदमाश के मानिन्द (तुल्य) होगा।

(6) पतली गर्दन वाला इंसान अक्लमंद (बुद्धिजीवी) होगा।

(7) छोटी गर्दन वाला इंसान हाज़िर–जवाब (तर्कशील और तीव्रबुद्धि) होगा।

(8) चौड़ी गर्दन वाला इंसान बेवकूफ (जड़बुद्धि या मूर्ख) और लालची (लोभी या बहुभक्षक) होगा।

दांत– बुध दांत है जैसी दांतों की हालत होगी वैसी ही इंसान की तबीयत (प्रवृत्ति) होगी।

(1) दांत अगर बाहर को निकले हुऐ हों तो अक्लमंद (बुद्धिमान) होगा मगर किस्मत के साथ की कोई शर्त न होगी। बुध टेवे में खाना नंबर 6 में होगा।

(2) जिस इंसान (मर्द या औरत) के दांत तादाद (संख्या) में 30 से कम या 32 से ज्यादा हों तो ऐसा शख़्स मनहूस और मंदे भाग्य वाला (बदकिस्मत) होगा। बुध टेवे में खाना नंबर 12 (नीच) में होगा।

(3) अगर 32 दांत का मालिक हो तो जो भी अचानक और सहवन (अन्जाने में) बोलेगा वही सच साबित होगा। ऐसे शख़्स का कहा हुआ वचन या दुर्वचन खाली न जाएगा। ऐसे इंसान को सताना नेक फल न देगा। ऐसे इंसान को गुस्से से परहेज़ रखना चाहिए क्योंकि इंसान के मुंह से बुरी बाते अक़्सर निकल जाती हैं जो सच साबित हो जाती हैं। ऐसे वक्त बुध टेवे में खाना नंबर 2 में होगा।

(4) अगर दांतों की तादाद (संख्या) 31 हो तो इंसान सआदतमंद (सद्‌गुणों वाला) होगा और 31 दांतों का ऐसे इंसान की जिन्दगी में नेक असर होगा। बुध टेवे में खाना नंबर 4 में होगा।

नसें और नाड़ियां– इंसान के जिस्म (शरीर) में नसें और नाड़ियां बुध को जाहिर (प्रकट) करती हैं। अगर इंसान (स्त्री या पुरुष) की नसें सब्ज़ (हरे रंग की) हों तो ऐसे शख़्स (इंसान) का नेक स्वभाव होगा और वह खुशनसीब (भाग्यवान) होगा।

सिर– इंसान का सिर बुध होगा। अगर सिर गोल हो और आंखें भी गोल हों तो ऐसा इंसान खुशनसीब (मंगलप्रद) होगा। टेवे वाले की औरत (पत्नी) अमीर खानदान से होगी। अगर इंसान का सिर छोटा और पेट मोटा हो तो वह बेवकूफ (मूर्ख) होगा।

नाक का अग्रभाग– नाक का अगला हिस्सा (नुकीला सिरा) बुध होगा। नाक का अग्रभाग अगर–

(1) मोटा और गांठदार हो तो इंसान ख़ुदपसन्द (आत्मप्रशंसक) और ख़ुदगर्ज (स्वार्थी) होगा।

(2) बड़ा और गांठदार हो तो सुलहपसंद (शांतिप्रिय) होगा।

(3) चौड़ा और नथुने भी चौड़े हों तो इंसान मंदबुद्धि होगा।

(4) केवल नथुने चौड़े हों तो इंसान वहमी (शक्की या असत्य धर्मी) और शहवत परस्त (कामुक) होगा।

(5) जब नथुने तंग (संकुचित) हों तो इंसान शर्मसार (शर्मीला), फय्य़ाज़ (बुद्धिमान) मगर मुतकब्बिर (अहंकारी) होगा।

(6) जब नाक बदन से ज्यादा सुर्ख (लाल रंग की) हो तो इंसान लालच, बदफेल (व्यभिचारी) और नेकी का दुश्मन होगा।

तोते (बुध) की पैंतीस (35) की कुंडली

लफ़्ज़ (अक्षर)	ग्रह का नाम	टेवे का खाना नंबर	कैफ़ियत (विवरण)
लट	सनीचर	10	लटपटा, उम्र–लूटना या उम्र–लुटाना, मक्क़ारी (दुष्टता)
पट	बृहस्पत	2	पत–इज्ज़त (मान–सम्मान), दौलत
सुजान	मंगल	3	आदिल (सच्चा या नेक) हो तो मंगल नेक
35	बृहस्पत	11	पेशानी (मस्तक), किस्मत (भाग्य)
चतुर	बुध	7	चतुराई, अक्ल (विवेक)

मां	चन्द्र	4	माता, दिल, शांति
कहो	केतु	6	कहना, सुनना
गंगा	बृहस्पत	5	गंग (दरिया), समुद्र, औलाद, आ–आवे।
रा	राहु	12	तकब्बुर (घमंड), को, मुझे, मैं, मेरा
श्री	सूरज	1	सबसे उत्तम, सबका बुज़ुर्ग
भाग	शुक्कर	7	लक्ष्मी, औरत, ज़मीन।
दान	मंगल–बद	8	मालिक, आंख (नेत्र), सबका आख़ीर (अंत) मालिक– मौत, वाला।

बुध का भेद – बुध का भेद जानने के लिए तोते की 35 की कुंडली के खानों का ध्यानपूर्वक अध्ययन और निरीक्षण करें। इस फ़ेहरिस्त (सारिणी) में खाना नंबर 9 कहीं भी नहीं मिलेगा। यह खाना नंबर 9 बुध का होगा जो एक अजीब–सी हालत का है। जिसका विस्तृत वर्णन बुध खाना नंबर 9 में दिया गया है। यही वह खाना नंबर 9 है जो इंसान और हैवान में फ़र्क (अन्तर) पैदा कर देता है और जो तमाम (सभी) ग्रहों की बुनियाद है। दोनों जहां (संसार) की हवा यही खाना नंबर 9 है जिसका मालिक बृहस्पत है। इस तोते की 35 कुंडली के ग्यारह खाने दरअसल (वास्तव में) बुध के बारह खानों की हालत बताते हैं। यानि खाना नंबर 10 के बुध को सनीचर, खाना नंबर 2 के बुध को बृहस्पत गिनेंगे, जैसा कि तोते की 35 की कुंडली में दिया गया है। भाव स्पष्ट है कि बुध के असर के लिए दिये गए ग्रह का असर लेते हुए फलादेश करेंगे। मुख़्तसरन (संक्षेप में) बुध जिस घर में बैठा है उस घर के पक्के घर का मालिक ग्रह का फल (बुध) देगा अथवा बुध जिस ग्रह के साथ बैठा है उस ग्रह का फल देगा।

सनीचर की रेखा

सनीचर पापी ग्रह है, जिसके दो ज़ुज राहु और केतु हैं। सनीचर पाप के वक्त सिर्फ़ राहु–केतु का पैदा किया हुआ बहाना ढूंढ़ता है और उस बहाने को ही वजह (कारण) बनाकर जड़ से बुरा कर देता है। सनीचर की मच्छ (मगरमच्छ) रेखा गरीब को दौलतमंद और दौलतमंद को वालिए–तख़्त (राजा) बनाने का माद्दा (क्षमता) रखती है। अगर सूरज रोशनी (जोड़ या जमा) का मालिक है तो सनीचर अंधेरे (घटाना या कमी करना) का ग्रह है यानि सनीचर, सूरज के खिलाफ़ चलता है। अगर सनीचर नेक हो जाए तो सूरज और बृहस्पत से भी प्रबल हो जाएगा। दूसरों के घरों से उठकर माल (सामान) अपने ही घर में जमा (इकट्ठा) कर लेगा और इंसान को तार देगा। ऐसे वक्त इंसान बड़ा और हद से बड़ा होगा और इंसान के लिए सनीचर बुलन्द किस्मत का सबब (कारण) बनेगा। 35 साल चक्कर में सनीचर का आम अरसे का वक्त कुल छः साल है जिसके शुरुआत में राहु, दरमियान में बुध और आखिर (अन्त) में सनीचर का असर होगा।

सनीचर की आंखें– सनीचर बीनाई (आंखों की ज्योति) का मालिक है। अगर बीनाई को एक इंसान मान लिया जाए तो हर खाना नंबर में सनीचर की हालत मंदरजाजैल (निम्नलिखित) होगी।

(1) खाना नंबर 1 → एक आंख

(2) खाना नंबर 2 → दो आंखें

(3) खाना नंबर 3 → तीन आंखें

(4) खाना नंबर 4 → चार आंखें

(5) खाना नंबर 5 → अंधा (नेत्रहीन)

(6) खाना नंबर 6 → नहोराता वाली आंखें जो दिन में देख सकें मगर रात को अंधी हो जाएं।

(7) खाना नंबर 7 → आंखों की चमक से चलती आंखों में मिट्टी डालने की ताकत वाली आंखें।

(8) खाना नंबर 8 → मौत या जालिमाना आंख

(9) खाना नंबर 9 → जले हुए को सरसब्ज़ (हरा–भरा) और आबाद कर देने वाली आंखें।

(10) खाना नंबर 10 → चारों तरफ देखने वाली आंखें

(11) खाना नंबर 11 → बच्चे की तरह मासूम आंखें

(12) खाना नंबर 12 → दुःखी को सुखी और वीराने और उजाड़ को आबाद और ख़ुशहाल कर देने वाली आंखें होंगी।

सनीचर– सनीचर परशु वाला राम (परशुराम) होगा यानि परसा–कुल्हाड़ा दोनों का साथ हो जाए तो सनीचर को पापी और राहु–केतु को पाप कहा जाएगा। सनीचर का चौरास्ता (चौराहा) खाना नंबर 10 होगा जहां से सनीचर चारों तरफ देखता है (मार करता है)। यह धोखे का ग्रह दोगुनी चाल से चलता है (देखें फरमान नंबर 8, धोके का ग्रह)। सनीचर चाहे नेक (अच्छा) हो चाहे मंदा मगर चलेगा चारों तरफ ही। ख़ासकर (विशेष तौर पर) जब खाना 10 का सनीचर बमूजिब (अनुसार) वर्षफल भी खाना नंबर 10 में ही आ जाए। अगर सनीचर अपने जुजों (राहु–केतु) के साथ हो तो सनीचर अपना जाती (व्यक्तिगत) स्वभाव, टेवे वाले के लिए और खाना नंबर 10 की चीजों पर मन्दरज़ाज़ैल (निम्नलिखित) तरीके से देगा।

पहले घरों में	**दरमियानी (मध्य) घरों में**	**आखरी (अन्तिम) घरों में**	**सनीचर की चीजों का असर**
राहु	सनीचर	केतु	खराब
केतु	सनीचर	राहु	नेक
राहु	केतु	सनीचर	खराब
केतु	राहु	सनीचर	नेक
सनीचर	राहु	केतु	खराब
सनीचर	केतु	राहु	नेक
राहु–केतु	केतु	सनीचर	सनीचर का फल खराब
सनीचर	केतु	राहु–केतु	नेक
राहु	केतु	सनीचर–केतु	खराब
सनीचर–केतु	केतु	राहु	नेक
सनीचर–राहु	केतु	केतु	खराब
केतु	केतु	सनीचर–राहु	नेक

(1) खाना नंबर 1 से 12 तक तरतीब (क्रमानुसार) से गिनने पर जो ग्रह पहले आए वह पहला गिनने पर जो ग्रह पहले आए वह पहला उसके बाद का दरमियानी (मध्य) ग्रह और जो सबसे आखरी में आए वह आखरी घरों का ग्रह होगा।

(2) दी गई फेहरिस्त (सारिणी) टेवे या वर्षफल कुंडली के बारह घरों की है।

अब्रू (भौंहें)

राहु–केतु के ताल्लुक (सम्बन्ध) से सनीचर का स्वभाव देखने के लिए अब्रू (भौंह) का विचार किया जाता है। जिस कदर (अनुपात में) अब्रू आंख से दूर और सीधे हों उसी कदर इंसान संगदिल (कठोर) और बुरे काम करने वाला होगा। अगर अब्रू का झुकाव कमान (तीर को चलाने वाला यन्त्र) की तरह का हो जाए तो ऐसा इंसान रहम दिल (उदार ह्रदय) होगा।

छींक का विचार

सनीचर–राहु मुश्तरका (इकट्ठे) मानकर छींक का विचार किया जाता है।

(1) एक या तीन छींक सामने या दायीं तरफ से कभी नेक नतीजा न देगी।

(2) दो छींक बायीं तरफ से अथवा पीछे से आए तो हमेशा नेक नतीजा (परिणाम) होगा।

(3) पीछे से आई छींक की आवाज हमेशा मनहूस असर देगी।

जिस्म (शरीर) पर बाल

जिस्म के बाल सनीचर से मुतअल्लिक (सम्बन्धित) हैं। हर बाल की जड़ के सुराख़ को मुसाम (रोमछिद्र) कहते हैं।

(1) अगर हर एक (प्रत्येक) मुसाम से एक बाल उगे तो इंसान हुक्मरान (अधिकारी), दौलतमंद (धनी), अक्लमंद (बुद्धिमान) होगा। टेवे में सनीचर खाना नंबर 7 में होगा।

(2) अगर हर एक मुसाम से दो बाल उगें तो ऐसा इंसान हुनरमंद (कारीगर) और अक्लमंद (बुद्धिमान) होगा। टेवे में सनीचर खाना नंबर 6 में होगा।

(3) अगर हर एक मुसाम से तीन बाल उगें तो इंसान खुद परस्त (ईश्वर को मानने वाला) होगा। सनीचर टेवे में खाना नंबर 2 में होगा।

(4) अगर हर एक मुसाम से चार बाल उगें तो इंसान मुफ़लिस (गरीब और कंगाल) और बेहुनर होगा। सनीचर टेवे में खाना नंबर 3 में होगा।

(5) अगर इंसान के सिर पर टटरी (बिना बाल की जगह खाली) हो तो ऐसा शख़्स दौलतमंद होगा। सनीचर टेवे में खाना नंबर 12 में होगा।

(6) अगर दाढ़ी–मूंछ के बाल कम हों या बिल्कुल भी न हों तो कम–हौसला (साहस की कमी) होगा, उम्मीदों से मायूस और खुद पैदा की हुई ज़ायदाद (सम्पत्ति) का मालिक न होगा। सनीचर टेवे में खाना नंबर 11 में होगा।

(7) सारे जिस्म पर बाल हों तो बदनसीब होगा। सनीचर खाना 5 बमूजिब (अनुसार) टेवा होगा।

(8) पुश्त–पाये (पांव की पीठ) यानि पांव के ऊपरी भाग पर बाल हों अथवा पेशानी (मस्तक) पर बाल हों तो इंसान मंदभाग (बदकिस्मत) होगा। सनीचर टेवे में खाना नंबर 9 में होगा।

(9) जब इंसान की छाती पर बाल ज्यादा हों तो ऐसे इंसान की तमाम (पूरी) उम्र गुलामी (नौकरी या सेवा) में ही गुजर जाएगी। सनीचर टेवे में खाना नंबर 8 का होगा।

(10) जब छाती पर बाल बिल्कुल भी न हों तो ऐसा इंसान नाक़ाबिले–ऐतबार (अविश्वसनीय) होगा और ऐसे शख़्स के दिल का भी कोई भरोसा न होगा। सनीचर टेवे में खाना नंबर 4 का होगा।

(11) तमाम (पूरे) जिस्म पर हद से ज्यादा बाल हों तो ऐसा इंसान तंगहाल (मुश्किलों से जीवन चलाने वाला) होगा। सनीचर टेवे में खाना नंबर 1 में होगा।

हाथों की रूनुमाई (प्रदर्शन)

(1) सख़्त (कठोर) हाथ वाला इंसान हुकूमत (शासन) करने वाला होगा।

(2) नरम (कोमल) हाथ वाला इंसान आराम–तलब होगा।

(3) नरम और फैले हुए हाथ वाला इंसान सुस्त तबीयत (स्वभाव) वाला और भाग्यहीन होगा।

(4) सख़्त और मजबूत (दृढ़) हाथ वाला इंसान सब्र और फर (छोटे छोटे बाल या रोएं) वाला होगा।

(5) छोटे हाथ वाला इंसान अपनी ज़िन्दगी गुलामी में गुजार देने की पहचान या लक्षण वाला होगा।

(6) लम्बे हाथ वाला इंसान छानबीन (खोजी) की तबीयत (स्वभाव) की वजह से अपनी ज़िन्दगी उम्दा बना लेने की ताकत वाला इंसान होगा।

(7) लंबा, बदनुमा (भद्दा) और सख़्त (कठोर) हाथ वाला इंसान जल्लाद (बेरहम या निर्दयी) और मंदभाग वाला होगा।

(8) जिस इंसान के हाथ और पैर दोनों ही छोटे–छोटे हों ऐसा इंसान मतलब परस्त (मतलबी या स्वार्थी) होगा। ऐसा शख़्स खुद अपने लिए मंदभाग वाला और दूसरों के लिए मनहूस (अशुभ) होगा।

(9) साफ और उम्दा हाथ वाला इंसान अक्लमंद (बुद्धिमान) और भलामानस (भला और नेक इंसान) जाहिर (प्रकट) करता होगा।

सीना (छाती) या पुश्त (पीठ) की हड्डियां

सीना या पुश्त की हड्डियां राहु को ज़ाहिर (प्रकट) करती हैं। इन हड्डियों की कुल तादाद (संख्या), राहु की टेवे में हालत और इंसान की लियाक़त (योग्यता) बताने में मददगार होती हैं। इसे मंदरज़ाजैल (निम्नलिखित) तरीके से जाना जा सकता है।

तादाद (संख्या) हड्डी	क्या असर होगा?	टेवे में किस खाने में राहु होगा?
8	राजा या हुक्मरान (अधिकारी) होगा	2
9	दौलतमंद (अमीर) या जायदाद (सम्पत्ति) का मालिक होगा।	3
10	गम (दुःख) और फ़िक्र (चिन्ता) में ग़र्क (बरबाद) होगा।	4
11	ब्रह्मशनास (ब्रह्मज्ञानी) अर्थात् परमात्मा की छिपी हुई ताकत को जानने वाला होगा और परमात्मा को हाज़िर–नाजिर (साक्षी) मानने और जानने वाला होगा।	5

12	हमेशा ही बीमार बना रहेगा।	6
13	मालदार (धनाढ्य) होगा।	7
14	बड़ी करतूत और खोटे (निम्न श्रेणी के नाजायज) काम करने वाला होगा।	8

ख़्वाब (स्वप्न) का नतीजा

ख़्वाब का कारक ग्रह राहु है अर्थात् राहु ही ख़्वाब है। ख्वाब का इंसान के जीवन में क्या असर होता है इसका ब्यौरा (वर्णन) मंदरजा़जैल (निम्नलिखित) होगा।

(1) नींद के पहले वक्त (प्रथम–प्रहर) का ख़्वाब 6 माह में असर देगा।

(2) नींद के दूसरे वक्त (द्वितीय–प्रहर) का ख़्वाब 3 माह में असर देगा।

(3) नींद के तीसरे वक्त (तृतीय–प्रहर) या आखरी वक्त का ख्वाब (स्वप्न) फौरन ज़ाहिर कर देगा।

(4) ख्वाब में किसी को मार देना, सांप या दुश्मन को हलाक (मार देना) करना, बुलन्दी (चढ़ाई या ऊंचाई) पर चढ़ना, पहाड़ पर जाना वगैरह–वगैरह (इत्यादि), तरक्की (उन्नति) होने की स्थितियां हैं।

(5) पानी के किनारे या पानी पर देखी हुई कोई भी बात जल्द पूरी होगी और सच साबित होगी।

(6) ख़्वाब में मौत देखना, उम्र का बढ़ना होगा और किसी खुशी का आगाज (आगमन) होगा।

(7) ख़्वाब में ब्याह या शादी देखना, किसी आगे आने वाले गम या मातम की बुनियाद होगा यानि कोई गम या मातम देखने या सुनने में आएगा।

गर्दन पर शिकन

शिकन (बल) की तादाद (संख्या)	क्या असर होगा?	टेवे में किस खाने में केतु होगा?
1	उम्रदराज (लम्बी उम्र वाला) होगा	8
2	दस्ती (हस्तशिल्प) काम से दौलतमंद होगा	9
3	दौलत मगर बदफे़ल (व्यभिचारी) होगा	10
4	दलिद्दर (दरिद्र) और परेशान (चिंतित) होगा	11
सिफर शून्य	दौलतमंद (धनी) होगा।	12

केतु

केतु कान और पीठ से मुतअल्लिक (सम्बन्धित) चीजों के बारे में बताता है।

कान

(1) मर्द के कान लम्बे हों तो उम्र लम्बी (दीर्घायु) होगी मगर उसमें अक्ल (बुद्धि) की कमी होगी।

(2) औरत के कान लम्बे हों तो औरत अक्लमंद (बुद्धिमान) होगी और कौमी–हाज़मा (उत्तम पाचन शक्ति) वाली होगी।

(3) मर्द के कान छोटे हों तो ऐसा मर्द अक्लमंद (बुद्धिजीवी) होगा।

(4) औरत के कान छोटे हों तो ऐसी औरत बेवकूफ होगी।

पीठ

(1) इंसान की पीठ अगर उभरी हुई हो तो ऐसा इंसान दौलतमंद (धनी) और हुक्मरान (शासक) होगा।

(2) इंसान की पीठ अगर चौड़ी हो तो ऐसा शख़्स मुफलिस (गरीब) होगा।

(3) इंसान की पीठ अगर छोटी हो तो ऐसा शख़्स तमाम ज़माने (सभी) का गुलाम (सेवक) होगा।

पांव (पैर) पर निशान

इंसान का पांव (पैर) केतु होता है। वह खाना नंबर 6 और इंसान के पांव का हाल बताता है। दाएं पांव के तलवे में कनिष्ठा उंगली के नीचे बुध या शुक्कर के बुर्ज़ या अंगूठे की जड़ पर अगर शंख, सदफ़ (सीप) या चक्कर हों तो इसका भी वही फल होगा जो हाथ पर होता है। अगर चक्कर (चक्र) हो तो आसूदा–हाल (धन–धान्य से युक्त) और साहिबे–इक़बाल (प्रतापी) होगा। अगर त्रिशुल या आंक्स (अंकुश) का निशान हो तो ऐसा इंसान आला (उच्च) अधिकारी और मुन्सिफ़–मिज़ाज (न्यायकर्ता स्वभाव वाला) होगा। अगर चश्मे फ़ील (हाथी की आंख) का निशान हो तो साहिबे–तख़्त (शासक) जरूर होगा। लेकिन अगर यह निशान बाएं पांव (पैर) में हो तो राहज़न (लुटेरा), चोर या डाकू होगा लेकिन फिर भी तंगहाल होगा।

पांव (पैर) की उंगलियों के नाख़ून के रंग

(1) सुर्ख़ (लाल) तांबाई रंग के हों तो राजा या अधिकारी होगा। ये नाखून सूरज के होंगे।

(2) नीले रंग के नाखून हों तो इंसान आली–मरतबा (उच्च–अधिकारी) होगा। ये राहु के नाखून होंगे।

(3) ज़र्द (पीले) रंग के नाखून हों तो ऐसा इंसान दीवान–साहब के मानिन्द (समान) होगा। ये नाखून बृहस्पत के होंगे।

(4) स्याह (काले) रंग के नाखून हों तो ऐसा इंसान चोर, डाकू वगैरह होगा मगर फिर भी ऐसे शख़्स का हाल मंदा ही होगा। ये नाखून सनीचर के होंगे।

रफ्तार

केतु रफ़्तार (गति या चाल) को बताता है। इंसान की रफ़्तार उसकी तबीयत (स्वभाव) बताएगी।

(1) इंसान की रफ़्तार मंद हो तो इंसान सुस्त, हर काम में देरी करने वाला और मंदबुद्धि होगा।

(2) तेज रफ़्तार मगर छोटा कदम हो तो बुलन्द (उच्च) ख़यालात (विचार), ठंडा (शीतल) स्वभाव और हर काम में साबत–कदम (दृढ़ता दिखाने वाला) होगा।

(3) आदत से झुककर चले तो ऐसा इंसान नेक अक्ल (बुद्धि) वाला, मेहनती और बगैर दलील (बिना तर्क की कसौटी पर उतारे) बात न मानेगा।

(4) रफ़्तार तेज हो तो अक्ल कम (बुद्धि की कमी), हासिद (ईर्ष्यालु), खुदराय (मनमौजी या जिद्दी) और खुदपसन्द (आत्मप्रशंसक) होगा।

(5) जो इंसान बड़ा–बड़ा कदम रखता हो मगर चलते वक्त लंगड़ापन हो तो ऐसा इंसान लालची और बुरा करने में आगे होगा। ऐसा शख़्स बदला लेने वाला, हासिद (ईर्ष्यालु), झूठा और चुगलखोर होगा।

(6) एक जगह चैन से न बैठ पाने वाला इंसान हासिद (ईर्ष्यालु) और कंजूस होगा।

(7) जो इंसान सीना और पेट निकालकर चले वह मिलनसार, ज़िंदादिल, मगरूर (अहंकारी) मगर कहने–सुनने पर मान जाने वाला होगा।

(8) सिर और कमर को हिलाकर चलने वाला इंसान अथवा तिरछी चाल चलने वाला इंसान नापाक (अपवित्र) आदतों वाला होगा। बुजुर्गों की बुराई और बदख़ोई (रूखापन) करने वाला होगा।

(9) जो इंसान मंदरजाबाला से बरी (स्वतंत्र) हो वह नेक तबीयत (शुभ–स्वभाव) और नेक किस्मत (भाग्य) का मालिक होगा।

(10) जिस जानवर से इंसान की चाल मिलती होगी उस इंसान में उसी जानवर की आदत होती है, उसी जानवर का हाल, नसीब और वैसी ही तबीयत (स्वभाव) का मालिक होगा।

हाथ

(1) हाथ के अंगूठे का नाखून वाला हिस्सा (भाग) अगर मोटा हो तो केतु होगा। दुश्मन की राशियों में केतु मुफ़लिसी (निर्धनता) देगा।

(2) हाथ के अंगूठे का नाख़ून वाला हिस्सा अगर छोटा हो तो केतु होगा। ऐसे वक्त में केतु दुश्मन ग्रहों के साथ या दुश्मन ग्रहों के पक्के घरों में होगा। अब ऐसा इंसान वहशी, हैवान और मुफलिस (कम दौलत वाला) होगा।

खास (विशिष्ट) निशान

खास–खास किस्म (प्रकार) के निशान मर्द के दाएं हाथ और दाएं हिस्से पर शुभ और नेक असर देंगे। इसी तरह औरत के बाएं हाथ और बाएं हिस्से पर नेक असर के होंगे।

शकुन

(1) पानी या दूध का कुंभ (घड़ा), कन्या, फूल, शादी या ब्याह के लिए जाता हुआ कोई शख़्स अगर दाईं तरफ से आते हुए मिल जाएं तो नेक (शुभ) असर होगा।

(2) लकड़ी, औजार, हथियार और आगे से छींक वगैरह हों तो बुरे असर की निशानियां होंगी।

(3) कुत्ता या बिल्ली बुलन्द आवाज में रोए या परिन्दे (पक्षी) मंडराने लगें तो मौत की निशानी होगी।

(4) नेक (शुभ) जानवर, काला–कुत्ता, गाय, हिरण रास्ते में जाते या आते मिले जाएं तो नेक फल की निशानी होंगे।

फरमान नंबर 17

(योगबंधन)

ज्योतिष के मुताबिक (अनुसार) चौथ, नौमी और चौदस (4, 9, 14 या रिक्ता तिथि) की तिथियां चन्द्रमा की तारीखें हैं, जिनमें शुरू किया गया कोई भी नया काम शायद ही कभी नेक (शुभ) फल देगा बल्कि काफी वक्त गुज़रने के बाद दुःख, तकलीफ और फिजूल खर्ची से पूरा हो भी जाए तो उसका होना न होना शायद ही काम आए। इसलिए इन तिथियों में शुभ काम की शुरुआत करने से परहेज़ ही बेहतर उपाय होगा यानि रिक्ता तिथियों में किसी शुभ काम की शुरुआत न करें।

किस्मत (भाग्य)

लेख दुनिया पहले लिखा, जनम था सब इसलिए
कौन दुनिया देता-लेता, झगड़ा फिर यह किसलिए

ईश्वर ने पहले इंसान का लेख (भाग्य) लिखा फिर उसके बाद शरीर बना अर्थात् आत्मा के जनम–जनमान्तर के अच्छे–बुरे कर्मों के आधार पर भाग्य (लेख) का निर्माण हुआ और उसी भाग्य की बुनियाद (आधार) पर आत्मा को एक नया शरीर प्राप्त हुआ, जो शरीर भी उस आत्मा के अच्छे या बुरे कर्मों (के आधार) का परिणाम था। मतलब विधि के विधान को भोगने के लिए ही निश्चित समय सीमा के लिए 'जीव' का जनम हुआ है। अर्थात–

"हानि-लाभ जीवन-मरण, यश-अपयश विधि हाथ"

जितना, जैसा और जब जीव को प्राप्त होना है, (आत्मा को नहीं शरीर को) वह पूर्व निर्धारित है क्योंकि वह तो विधि के लेख में शरीर के निर्माण से पूर्व ही लिखा जा चुका है। उसमें न तो एक बूंद कम हो सकता है और न ही एक तिल बढ़ सकता है। हर जीव अपने लेख (भाग्य) का लेता है और अपने लेख में से ही दूसरे को देता है, जो उसे देना ही है चाहे दुःखी होकर, चाहे स्वेच्छा से दे। दुनिया में जो सब कुछ झगड़ा (लेने–देने का) है। वह अकारण और फिजूल का है।

नर ग्रह बोलते जुफ़्त के घर में, स्त्री ताक़ में बोलते हैं
बुध है बोलता तीन-छठे में, पापी न बोलें दो में हैं

नर ग्रह (बृहस्पत, मंगल, सूरज) जुफ़्त (सम संख्या वाले घरों में जो दो से भाग देने पर पूरी तरह विभाजित हो जाएं 2, 4, 6, 8, 10, 12) के घरों में अपना पूरा असर दिखाते हैं और स्त्री ग्रह (शुक्कर, चन्द्र) ताक के घरों (विषम संख्या वाले घर जो दो से भाग देने पर पूरी तरह विभाजित न हो पाएं 1, 3, 5, 7, 9, 11 में अपना प्रबल असर दिखाते हैं। बुध खाना नंबर 3–6 में प्रबल असर करता है और पापी ग्रह (राहु, केतु बहैसियत पापी सनीचर) खाना नंबर 2 में चुप रहते हैं यानि अपना पाप असर नहीं करते।

बुध, बृहस्पत, आकाश जो गिनते, बच्चा होता ग्रह चाली हो
नौ ग्रह राशि बारह चलते, पूरा चक्कर लेख प्राणी हो

बच्चा पैदा होते वक्त अपनी मुट्ठी बन्द रखता है जिसमें हवा और आकाश (बुध–बृहस्पत) होता है लेकिन जब वह अपनी मुट्ठी खोलता है तो ग्रह–चाल उसे प्रभावित करना शुरू कर देती है (देखें फरमान नंबर 1) और नौ ग्रहों और बारह राशियों का प्रभाव उस पर पड़ना शुरू हो जाता है। इसी वक्त से उस बच्चे के विधि के लेख भोगने की शुरुआत हो जाती है। अब यह बच्चा "ग्रहचाली–बच्चा" हो जाता है, बस यहीं से जनम–मरण का चक्र शुरू हो जाता है।

न गिला तदबीर अपनी, न ही खुद तहरीर हो
सबसे उत्तम लेख ग़ैबी, माथे की तक़दीर हो
न जरूरी नफ़्से ताक़त, न ही अंग दरकार हो
लेख चमके जब फ़कीरी, राजा आ दरबार हो
मैदान किस्मत दसवें होगा, चमक घर दो-चार हो
आग़ाज नौवें जनम पिछला, पांच चलता हाल हो

लेख विधाता ग्यारह लिखता, राजा तख़्त भी होता हो
मुट्ठी भरी ग्रह साथ जो लाता, जहां मन्दिर वह पाता हो
बाकी अमानत दुनिया से लेगा, पाप कर्म बुध चक्कर हो
सात औरत नौ बुज़ुर्गी बारह, पांच नसल आइन्दा हो

मूलमंत्र यही है कि जो किस्मत में लिखा है वही होगा यानि माथे की रेखाएं ही इंसान की तकदीर (किस्मत) का दर्पण हैं। ऐसे वक्त किस्मत के लिए अपने प्रयास अथवा अपने निर्णय को दोष देना न्यायसंगत (उपयुक्त) न होगा। सफलता के लिए न तो आत्मिक बल (खाना नंबर 5 का ग्रह) की आवश्यकता है और न ही शारीरिक बल (सूरज की हालत) की ही जरूरत है बल्कि फ़कीर (केतु खाना नंबर 11 या बृहस्पत खाना नंबर 1) से राजा (खाना नंबर 1 में कायम–ग्रह) बनाने का श्रेय विधि के विधान (लेख) को ही जाता है। यानि जब तकदीर (भाग्य) चमकेगी तो इंसान स्वयं फ़कीर से राजा हो जाएगा।

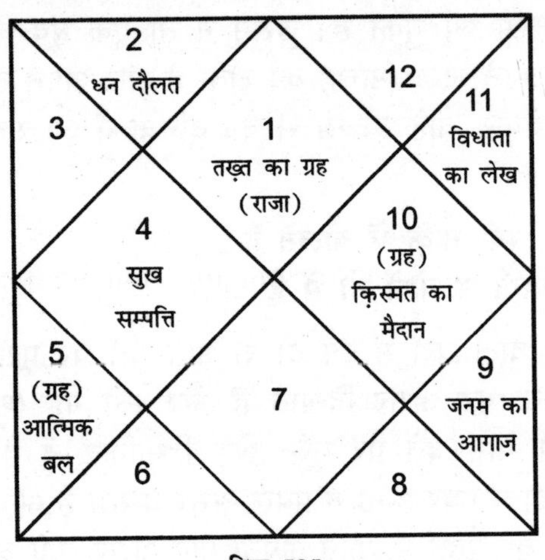

चित्र 525:

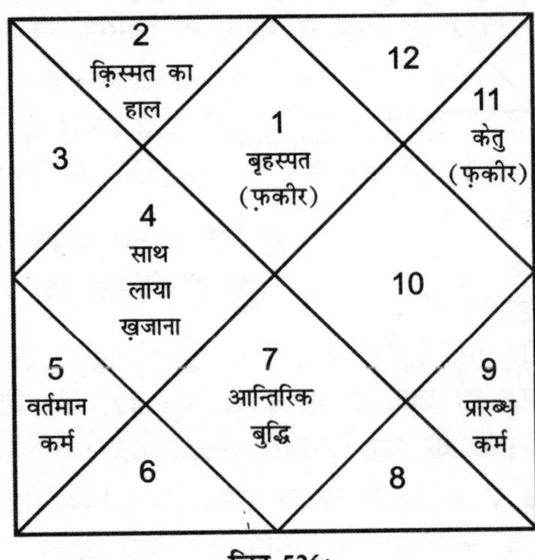

चित्र 526:

खाना नंबर 10 का ग्रह किस्मत का मैदान होगा, जिसकी चमक का प्रभाव खाना नंबर 2 (धन–दौलत) और खाना नंबर 4 (सुख–सम्पत्ति) पर होगा। इंसान के जनम का आगाज (आरम्भ) खाना नंबर 9 है, जिसमें पिछले जनम के कर्म प्रारब्ध के रूप में साथ आते हैं।

खाना नंबर 5 इंसान का वर्तमान है। खाना नंबर 11 विधाता का लेख है। खाना नंबर 1 (तख्त) पर बैठा ग्रह राजा होता है जो खाना नंबर 11 में बैठे ग्रह की टांगों से चलता है यानि खाना नंबर 11 का ग्रह, खाना नंबर 1 में बैठे राजा (ग्रह) की टांगें हैं। खाना नंबर 1, 4, 7, 10 बंद मुट्ठी के खाने कहे गए हैं जो ग्रह–चाली बच्चा अपने साथ लाता है अर्थात् शरीर (खाना नंबर 1), साथ लाया ख़जाना (खाना नंबर 4), आंतरिक बुद्धि (खाना नंबर 7) और प्रारब्ध (खाना नंबर 10) ग्रह–चाली बच्चा अपने साथ लाता है।

खाना नंबर 2 (मंदिर), वह दौलत (नाम, कर्म, पाप–पुण्य इत्यादि) है जो इंसान मरने के बाद साथ लेकर जाएगा।

खाना नंबर 2 (मन्दिर) से अथवा खाना नंबर 2 के ग्रह से इंसान की किस्मत का हाल पता चलेगा। सांसारिक दृष्टिकोण से किससे क्या लेना है और किसी को क्या देना है? इसका हाल पाप (राहु–केतु) की बुध के चक्कर (दायरे) में क्या स्थिति है? इससे स्पष्ट होगा। खाना नंबर 7 से स्त्री धन, खाना नंबर 9 से

पैतृक धन, खाना नंबर 12 से निजी पराक्रम से अर्जित धन होगा। खाना नंबर 5 से इंसान की संतान के द्वारा प्राप्त धन देखा जाएगा।

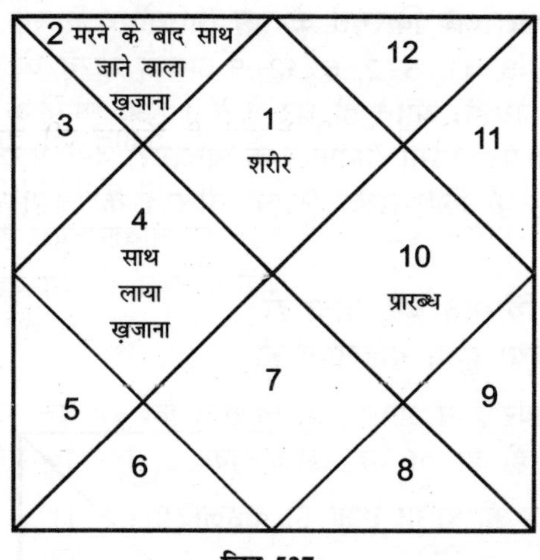

चित्र 527:

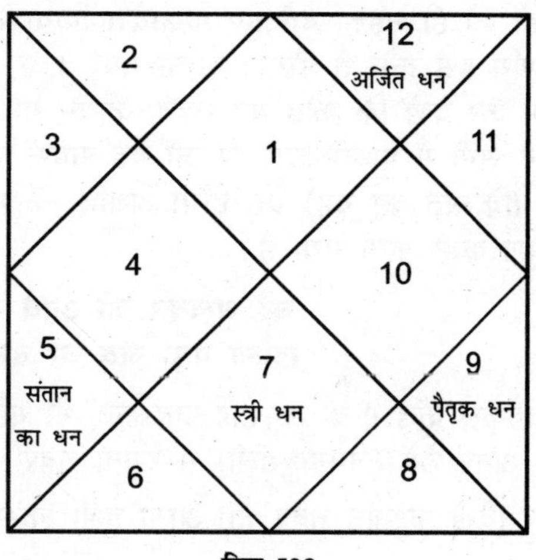

चित्र 528:

खाना नंबर 9 इंसान के पिछले जनम का तोहफ़ा है और खाना नंबर 2 मरने के बाद साथ जाने वाला तोहफा है यानि अगर खाना नंबर 9 या खाना नंबर 2 में पापी ग्रह (राहु, केतु, बहैसियत पापी सनीचर) बैठे हों तो इंसान की 45 साल तक की उम्र उद्देश्यहीन होगी।

खाना नंबर 5 इंसान का वर्तमान है लेकिन एक दूसरा तथ्य यह भी है कि वर्तमान भी हर क्षण भूतकाल में परिवर्तित होता जा रहा है। क्या इसका मतलब यह होगा कि यही खाना नंबर 5 इंसान का पिछला क्षण का गुज़रा हुआ जमाना (भूतकाल) भी है। भाव स्पष्ट है कि खाना नंबर 5 गुजरता हुआ जमाना होगा मगर गुजरा हुआ जमाना न होगा।

लगन अगर खुद खाली होवे, किस्मत साथ न आई हो
किस्मत उसकी सातवें बैठी, या घर चौथे-दसवें हो
मुट्ठी के घर चारों खाली, नौ-तीन-ग्यारह पांचवें हो
यह घर भी गर खाली होवे, दो-छः-बारह आठवें हो
घर बारह ही घूमके देखे, ऊंच कायम या घर का जो
किस्मत का वह मालिक होगा, बैठे तख़्त पे जिस दिन हो

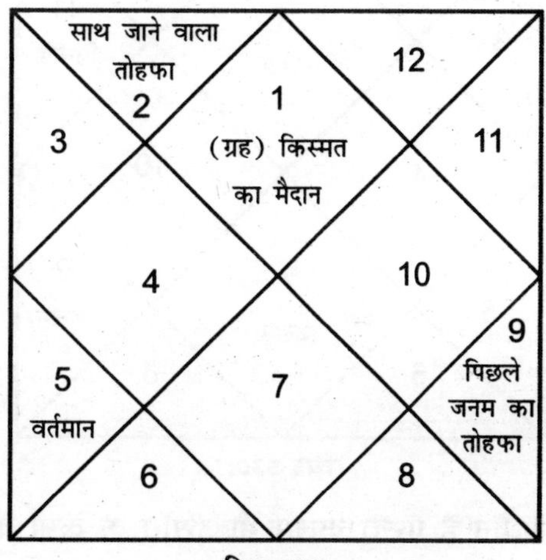

चित्र 529:

जैसा कि पिछले फरमानों में स्पष्ट किया जा चुका है कि खाना नंबर 1 का ग्रह किस्मत का ग्रह होता है और अगर यह ग्रह खाना नंबर 1 में बैठकर कायम (देखें फरमान नंबर 6) भी हो तो निश्चित रूप से यह प्रबलतम किस्मत का ग्रह होगा। लेकिन अगर खाना नंबर 1 (लग्न) खाली हो तो माना जाएगा कि ऐसे इंसान की किस्मत (भाग्य) साथ नहीं आई है। ऐसी स्थिति में क्रमानुसार 1, 7, 4, 10 के ग्रह किस्मत के ग्रह होंगे। अर्थात् खाना नंबर 1 में ग्रह न हो तो खाना नंबर 7 का ग्रह और अगर खाना नंबर 7 में ग्रह न हो तो खाना नंबर 4 का ग्रह और अगर खाना नंबर 4 में भी ग्रह न हो तो खाना नंबर 10 का ग्रह भाग्योदय कारक होगा। अगर बन्द मुट्ठी के चारों खाने 1, 7, 4, 10 खाली हों तो अब क्रमानुसार

9, 3, 11, 5वें घर में बैठे ग्रहों का विचार करते हुए भाग्योदय कारक ग्रह ढूंढ़ने का प्रयत्न किया जाएगा। अंतिम रूप से अगर खाना नंबर 9, 3, 11, 5 भी खाली ही हों तो क्रमानुसार खाना नंबर 2, 6, 12, 8 में बैठे ग्रहों को ही महत्त्व देते हुए फलादेश किया जाएगा अर्थात् अब किस्मत के ग्रह (भाग्योदय कारक ग्रह) का निर्णय इस क्रम से होगा। खाना नंबर 1, 7, 4, 10, 9, 3, 11, 5, 2, 6, 12, 8 अर्थात् बारह के बारह घर घूम कर देखें कि कोई ग्रह उच्च, कायम या घर का (स्वग्रही) अपने ही घर में बैठा हुआ (मालिक ग्रह) हो। इन सभी में प्राथमिकता पर जो ग्रह सबसे पहले तख़्त पर बैठेगा (वर्षफल के अनुसार) वही भाग्योदय कारक (किस्मत का ग्रह) ग्रह होगा अर्थात् किस्मत के ग्रह के लिए तख़्त (खाना नंबर 1 का ग्रह) सबसे महत्त्वपूर्ण कड़ी माना गया है।

घर चलकर जो आवे दूजे, ग्रह किस्मत बन जाता हो
खाली पड़ा जब घर दस टेवे, सोया हुआ कहलाता हो

वर्षफल कुंडली के अनुसार जब कोई भी ग्रह खाना नंबर 2 में आएगा तो किस्मत का ग्रह बन जाएगा लेकिन अगर टेवे (जनमकुंडली) में खाना नंबर 10 खाली ही हो तो यह खाना नंबर 2 में, वर्षकुंडली के अनुसार (देखें फरमान नंबर 13) आया हुआ किस्मत का ग्रह भी सोया हुआ ही कहलाएगा।

इंसान बंधा ख़ुद लेख से अपने, लेख विधाता कलम से हो
कलम चले ख़ुद कर्म पे अपने, झगड़ा अक्ल न किस्मत हो

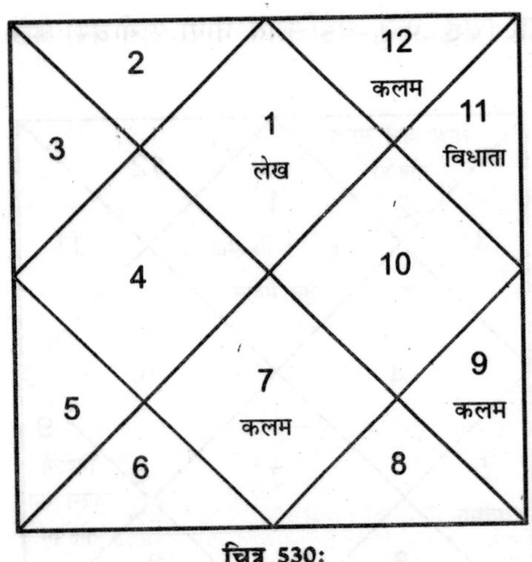

चित्र 530:

लेख, बृहस्पत या खाना नंबर 1 का ग्रह है और विधाता, खाना नंबर 11 या सनीचर या खाना नंबर 1 का ग्रह है। परन्तु अगर खाना नंबर 1 में दो ग्रह हों तो लेख, प्रबल ग्रह होगा यानि जो कायम, उच्च या मालिक ग्रह हो और खाना नंबर 1 में बैठा दूसरा ग्रह अब विधाता होगा। कलम (लेखनी) खाना नंबर 7, 9, 12 या बुध या सनीचर होगा। इंसान का कर्म राहु–केतु की व्यक्तिगत (निजी) हालत पर निर्भर होगा।

उपर्युक्त फरमान में आए शब्द "अक्ल" का अर्थ बुध से होगा और किस्मत का तात्पर्य बृहस्पत से होगा। दिये गये फरमान का शाब्दिक अर्थ यह होगा कि इंसान की किस्मत लेख के अधीन है और लेख विधाता के आधीन है, विधाता कलम के अधीन है परन्तु कलम भी इंसान के कर्मों के अनुसार तहरीर (लिखावट) देती है तो, फिर बुद्धि और किस्मत का झगड़ा ही कहां है अर्थात्–

"कर्म प्रधान विश्व रचि राखा"

स्पष्ट है कि कर्मों के ही आधीन, किस्मत का ग्रह भी है। अब उपर्युक्त फरमान का ज्योतिषीय गूढ़ तत्त्व जानते हैं–

प्रत्येक इंसान की किस्मत खाना नंबर 1 के ग्रह (अथवा बृहस्पत) पर आश्रित है और खाना नंबर 1 का ग्रह (अथवा बृहस्पत), खाना नंबर 11 (टांगों या सनीचर ग्रह) के अधीन है। खाना नंबर 11 भी खाना नंबर 7, 9, 12 (स्त्री धन, पैतृक धन, निजी पराक्रम अथवा बुध) पर आश्रित होगा। परन्तु अन्तिम रूप से बुध

(कलम) भी राहु के बुरे और केतु के अच्छे कर्मों का लेखा–जोखा रखने का दायरा है जिसके आधार पर सनीचर के द्वारा किस्मत का फैसला होता है। इसमें बुध और बृहस्पत का क्या झगड़ा होगा अर्थात् आकाश (बुध) और हवा (बृहस्पत) का कोई बैर न होगा।

किस्मत का असर

किस्मत को धन–दौलत से जोड़ा जाता है और धन–दौलत लक्ष्मी के नाम से मशहूर (लोकप्रिय) है। लक्ष्मी ही बृहस्पत का दूसरा नाम है। बारह साल तक बच्चे की रेखा का कोई ऐतबार (भरोसा) नहीं होता और सत्तर साल की उम्र के बाद खुद इंसान की ही किस्मत का कोई ऐतबार (विश्वास) नहीं किया जाता। किस्मत एक ऐसी चीज है जिसके बूते (बल) पर दुनियावी (सांसारिक) तरक्की (उन्नति) में न तो हाथ की मदद की जरूरत हो और न ही उसमें आंख का ही कोई काम हो। हर (प्रत्येक) काम का नतीजा खुद–ब–खुद (स्वतः) नेक (सुखद या संतोषप्रद) होता चला जाएगा।

धन्ने भगत (बृहस्पत खाना नंबर 2) की गऊंआ राम चरावे

हथेली में उम्र रेखा और किस्मत रेखा एक ऐसे मुकाम पर आकर मिलती हैं जो सनीचर का मुख्यालय गिना गया है। उस मुकाम (पड़ाव या ठिकाना) पर उम्र रेखा तो बंद हो जाती है मगर किस्मत रेखा चलती रहती है। यह खंदक़ (तहखाना), सनीचर की खंदक़ (खाई), ऊर्ध्व रेखा कहलाती है। मुख्यालय (हेडक्वार्टर) का मालिक सनीचर इस फ़िक्र (चिन्ता) में रहता है कि इस बड़ी नहर (खंदक) में ही सब दरिया आकर मिले और फिर किसी दरिया का पानी आगे न जा सके। अगर किस्मत की हवा इस भंवर में न पड़े तो इस बात में भी कोई शक़ नहीं कि ये हवा सनीचर से तो बच निकलेगी मगर सुदामा भगत (बृहस्पत खाना नंबर 9) की किस्मत अपने गुरू के लिए तोहफा (खुराक→ सनीचर–बृहस्पत मुश्तरका खाना नंबर 9) और दूसरों को देने के लिए उम्दा चीजें (सनीचर–बृहस्पत मुश्तरका खाना नंबर 1) लेते हुए चली जाएगी। बरखिलाफ (विपरीत) इसके अगर किस्मत रेखा अकेली ही चलेगी तो उसे अपना तोशा (सफर के दौरान साथ ले जाने वाला खाद्य पदार्थ अथवा स्त्रियों के हाथ में पहनने का एक गहना) इकट्ठा करने के लिए अकेले ही तमाम (सभी) दरियाओं से पानी चुराने के लिए सख़्त–कोशिश (कठिन परिश्रम) करनी पड़ेगी। इंसान की पेशानी (मस्तक) और चेहरे का किस्मत पर बहुत ज्यादा असर पड़ता है। मर्द (पुरुष) के लिए पेशानी (मस्तक) और चेहरे का फल जिन–जिन हालातों (स्थितियों) में नेक (शुभ) माना गया है, वही हालात औरत के लिए बद (हानिकारक) होंगे।

(1) खाना नंबर 2 और खाना नंबर 6 का फैसला (निर्णय), खाना नंबर 8 को साथ लेकर होगा। मगर किस्मत का आग़ाज (प्रारम्भ), खाना नंबर 9 होगा।

(2) जिस दिन से टेवे (कुंडली) के बाद के घर (खाना नंबर 7 से खाना नंबर 12) के ग्रह जागेंगे, उस दिन से किस्मत जागेगी।

(3) बंद मुट्ठी के अंदर के खानों (1, 7, 4, 10) के ग्रह चाहे भले हों चाहे बुरे मगर टेवे वाले इंसान की तबीयत (स्वभाव) के बुनियादी (आधारभूत) पत्थर होंगे।

(4) उत्तम किस्मत रेखा वह होगी जो कलाई (मणिबन्ध रेखाओं) से चलकर, बृहस्पत के बुर्ज़ (खाना नंबर 2) पर जाकर खत्म हो और शाखाओं के रूप में (ऊपर की ओर उठती हुई शाखा रेखाएं) हों। रास्ते में किसी पहाड़ की मिट्टी का असर उसमें न पड़े। इस पूरी किस्मत रेखा में सोना ही सोना नज़र आएगा और एक तरफ लोक–परलोक के मालिक (बृहस्पत) की हवा होगा।

(5) हथेली की जितनी ज्यादा गहराई होगी उतनी ही ज्यादा दरिया की रवानी (बहाव) होगी।

(6) बृहस्पत की लहर (भाग्य–रेखा) सिर्फ़ रुहानी (आध्यात्मिक) और नूरानी (आभा युक्त) हवा का एक वसीह–कुर्रा (कीमती–चमन) है, जिसमें बसन्ती रंग रमा हुआ है।

(7) जब किस्मत रेखा कलाई से शुरू हो और दिल (हृदय) रेखा को अबूर (पार) करके, दिल रेखा से ऊपर निकल जाए तो अब यह (किस्मत रेखा) जिस बुर्ज़ (पर्वत) की तरफ झुकेगी, उसी बुर्ज़ के असर (प्रभाव) को टेवे वाले इंसान पर ज़ाहिर करेगी।

(8) हस्तरेखा और ज्योतिष की बुनियादी चीजों (मौलिक–सिद्धांतों) के मैदान से प्रत्येक इंसान की किस्मत का मैदान मुकर्रर (सुनिश्चित) करके अक्स (बिम्ब) से असल चीज (वास्तविकता) की हालत पता की जा सकेगी अर्थात् नकल और असल का भेद जानकर किस्मत का पता (निर्णय) किया जा सकेगा।

किस्मत

टेवे (कुंडली) में किस्मत के ग्रह को किस्मत रेखा कहते हैं, जिसके जागने का वक्त किस्मत के असर (प्रभाव) का वक्त होगा। अगर किस्मत के ग्रह एक से लेकर तमाम (सभी) तक भी हों तो भी इंसान की किस्मत के लिए वे सभी मददगार होंगे। अगर बृहस्पत किस्मत का ग्रह हो जाए तो ऐसे इंसान की किस्मत सबसे उत्तम होगी। मसलन (उदाहरणार्थ)– बृहस्पत खाना नंबर 2 में कायम (देखें फरमान नंबर 6) हो और खाना नंबर 9 में बृहस्पत के दुश्मन ग्रह (बुध, शुक्कर, राहु) न हों और साथ ही खाना नंबर 9 भी मंदा न हो रहा हो।

किस्मत का ग्रह

सबसे उत्तम किस्मत का ग्रह वह ग्रह होगा जो राशि में उच्च फल देने के लिए मुकर्रर है अर्थात् टेवे में उच्च का है और हर तरह से कायम है। किस्मत के मालिक ग्रह की खासियत (विशेषता) यह होगी कि वह–

(1) साफ और दुरुस्त (आदर्श स्थिति में) हो।

(2) किसी दूसरे ग्रह का साथी–ग्रह न हो और न ही कोई दूसरा ग्रह इस ग्रह का साथी (देखें फरमान नंबर 6) हो।

(3) बिलमुक़ाबिल (देखें फरमान नंबर 6) का ग्रह न हो।

(4) इसमें किसी दुश्मन ग्रह का असर न मिला हो।

(5) दोस्त ग्रहों का बना हुआ ग्रह हो।

(6) पक्के घर का मालिक या घर का मालिक ग्रह हो।

किस्मत के ग्रह की तलाश

किस्मत के ग्रह को तलाश करने के लिए, टेवे (जनमकुंडली) को अच्छी तरह से समझना होगा। इसे खोजने के लिए तरतीब (क्रम) का इस्तेमाल जरूरी है। किस्मत का ग्रह खोजने के लिए मंदरजाज़ैल (निम्नलिखित) तरतीब को अपनाना होगा।

(1) सबसे पहले बारह राशियों में उच्च–ग्रह की तलाश करें फिर इन नौ ग्रहों में से जो सबसे उम्दा हो उसे किस्मत का ग्रह मानें।

(2) इसके बाद बन्द मुट्ठी के खानों (1, 4, 7, 10) में से जो भी ग्रह उम्दा हो लें। यह ग्रह खाना नंबर 1, 4, 7, 10 में से किसी खाने में बैठा होना चाहिए। इसका क्रम 1, 7, 4, 10 होगा।

(3) उच्च फल देने वाले ग्रहों में से (अगर 1 से ज्यादा हों तो) जो सबसे ज्यादा तसल्ली–बख़्श (श्रेष्ठ या संतोषप्रद) हो वह लें।

(4) अगर कोई ग्रह उच्च का न हो तो जो ग्रह अपने घर का मालिक ग्रह (स्वग्रही अथवा पक्का घर का मालिक) हो वह लें।

(5) अगर एक से ज्यादा मालिक ग्रह हों तो उनमें से जो सबसे ज्यादा ताकतवर हो वह लें।

(6) अगर बन्द मुट्ठी के खानों में किस्मत का मुकम्मल (संपूर्ण या योग्य) ग्रह न हो तो खाना नंबर 9 के ग्रह को लिया जाएगा।

(7) अगर खाना नंबर 9 में भी किस्मत का मुकम्मल (योग्य) ग्रह न हो तो अब खाना नंबर 3 के ग्रह को लिया जाएगा।

(8) अगर खाना नंबर 3 में भी मुकम्मल ग्रह न हो तो खाना नंबर 11 और अगर इसमें भी न हो तो खाना नंबर 6, फिर 12 फिर 8 वगैरह तरतीब (क्रम) से लेते चले जाएंगे। (खाना नंबर 1, 7, 4, 10, 9, 3, 11, 6, 12, 8) वगैरह इसका क्रम होगा।

(9) इन सब में से भी अगर किस्मत का कोई ग्रह न हो तो देखेंगे कि कहीं ऐसा तो नहीं कि किस्मत का ग्रह नष्ट ही हो गया हो। यह तलाश जनम कुंडली और चन्द्र कुंडली दोनों ही से होगी और अगर यह ग्रह हाथ से तलाश कर रहे हैं तो दायां हाथ और बायां हाथ दोनों ही से, हाथ के तमाम (सभी) हिस्सों (नियमों) को शामिल करते हुए की जाएगी।

(10) जिस तरह खानों के अनुसार किस्मत के ग्रह की (ऊपर बताई विधि से) तलाश होती है उसी तरह किस्मत को जगाने वाले बुर्ज़ या ग्रह भी इसी चक्र में माने गये हैं। इन ग्रहों या बुर्ज़ों (पर्वतों) की तरतीब (क्रम) इस तरह से होगी।

बृहस्पत → सूरज → चन्द्र → शुक्कर → मंगल → बुध → सनीचर → राहु → केतु

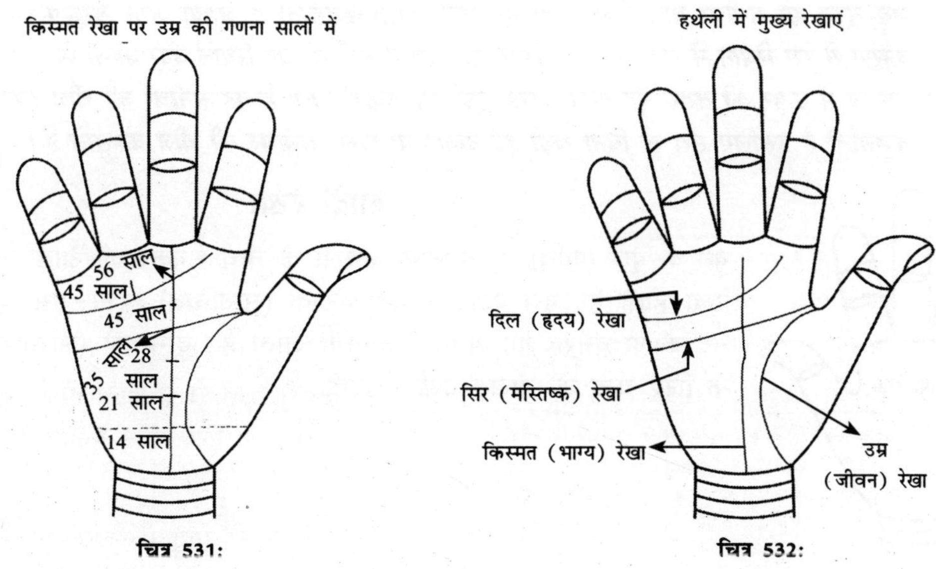

चित्र 531: चित्र 532:

चित्र 531 में किस्मत रेखा की हदबन्दी (समय सीमा) सालों में दी जा रही हैं। ध्यान रहे कि किस्मत रेखा हमेशा नीचे (मणिबन्ध) से ऊपर की ओर चलती है।

दिए गए चित्र 531 में किस्मत रेखा कलाई से शुरू हो रही है। सालों की हदबन्दी (समय–सीमा) सात साल (सप्तवर्षीय सिद्धांत) पर आधारित है। यानि 14, 21, 28———56 वगैरह। जहां सिर (मस्तिष्क) रेखा किस्मत रेखा को काटती है उसे 35 साल माना गया है। दिल रेखा और सिर रेखा के बीच का मध्य–बिन्दु 45 साल की उम्र है। जहां पर दिल रेखा (हृदय–रेखा) किस्मत रेखा को काटती है वह 56 साल की उम्र होती है। सूरज रेखा 45 साल की उम्र पर दिल (हृदय) रेखा को काटती है।

शादी–ब्याह

दो परिवारों को अलैहदा–अलैहदा (अलग–अलग) रखते हुए एक कड़ी से जोड़ने वाली चीज आम दुनिया की नज़र में शादी के नाम से जानी जाती है, जो ज्योतिष में मंगल की ताकत है। यही मंगल के खून की कड़ी लड़की और औरत में फ़र्क (अन्तर) की कड़ी है, इसी वजह से शादी–ब्याह में मंगल–गीत गाए जाते हैं। अगर टेवे (जनम कुंडली) में मंगल–नेक (सूरज+बुध मुश्तरका) हों अथवा मंगल को सूरज या चन्द्र की मदद मिली हुई हो तो शादी का खाना (खाना नंबर 7) आबाद करने वाला होगा। बरखिलाफ (विपरीत) इसके अगर टेवे में मंगल–बद (सूरज+सनीचर मुश्तरका) हो तो बंदर कीला होगा।

बंदर कीला की वजह से इंसान की शादी एक खुशी के मंजर की बजाए शुक्कर (स्त्री) का सुख, एक गंदा दुःख का भंवर होगा और मंगल–बद का वीरान होगा, जिसमें सूरज की रोशनी की चमक तक न होगी। दिन के बजाए रात (सनीचर) का साथ होगा। बुध के खाली आकाश (खाना नंबर 7 के पक्के घर का मालिक) में मस्नूई शुक्कर (खाना नंबर 7 के पक्के घर का मालिक) के बानी (शुरुआत करने वाला) राहु–केतु की बैठक (खाना नंबर 8) सनीचर का मुख्यालय होगा।

मर्द (पुरुष) के टेवे में (हाथ में) शुक्कर से मुराद उसकी औरत (पत्नी) और औरत (स्त्री) के टेवे में (हाथ में) शुक्कर से मुराद (आशय) उसका खाविन्द (पति) होगा।

नोट– ***जब सूरज को सनीचर बांध लेता है तो यह बंदर कीला कहलाता है अथवा अगर सूरज किसी भी कारण से इस स्थिति में न हो कि वह मंगल को मदद दे सके तो यह स्थिति बंदर कीला कहलाएगी। वास्तव में ऊपर की तरफ मुँह करके (खड़ी हुई) जो लकड़ी होती है वह सनीचर की चीज (कारक) कहलाती है इसलिए छत के बिना खड़ी हुई दीवारें या खम्भे सनीचर की चीज कहलाते हैं।***

शादी रेखा

बुध के बुर्ज़ (पर्वत) पर कनिष्ठा उंगली के नीचे शुक्कर की आड़ी रेखा शादी रेखा होती है। इस रेखा से मुतअल्लिक (सम्बन्धित) खुशी, गम, गृहस्थ या बंदरकीला वगैरह का अनुमान लगाया जाता है। दुनियावी (सांसारिक) खुशी के लिए चन्द्र की हालत देखी जाएगी।

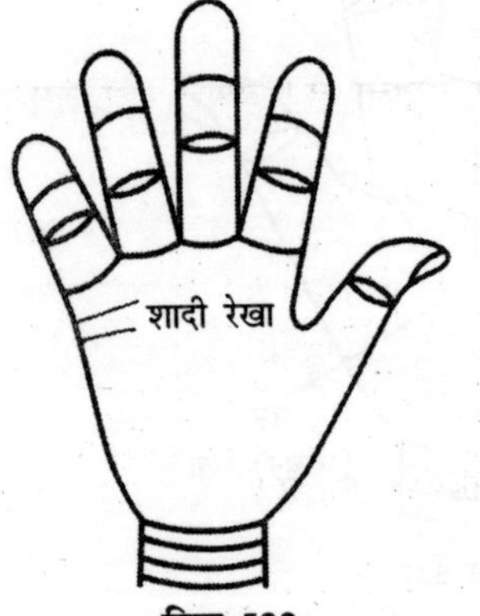

चित्र 533:

शादी का योग

पहले, दूजे दस या बारह, बुध, शुक्कर जब बैठा हो
सनीचर मदद दे एक या दस से, साल शादी का होता हो
बुध, शुक्कर घर सातवें बैठे, दुश्मन तीन न ग्यारह हो
टेवे जनम घर वापिस आते, वक्त शादी आ होता हो
बुध नाली से जब दो मिलते, सनीचर मदद भी देता है
रद्दी कोई न दो जो इकट्ठे, योग शादी का होता हो
बुध, शुक्कर जब नष्ट या मंदे, साथ ग्रह नर, स्त्री हो
सनीचर राजा या मदद दे उसको, योग पूरा आ शादी हो
शुक्कर अकेला या मिल बैठे, टेवे-जनम में चौथा हो
सात दूजे न दुश्मन होवे, लेख शादी का उदय हो
घर सातवां दो बृहस्पत शुक्कर का, खाली टेवे जब होता हो
बृहस्पत, शुक्कर भी दो-सात आया, साल शादी का बनता हो
घर पक्का जिस ग्रह का होवे, बुध शुक्कर जहां बैठा हो
अपनी जगह दे बुध शुक्कर को, सात पावे या दूजा हो
बुध-शुक्कर भी दो-सात आवे, मदद न सनीचर बेशक हो
नष्ट निकम्मा न वह होवे, वक्त शादी का आता हो
औरत टेवे में बृहस्पत जो चौथे, योग जल्द हो जाता हो
सूरज, मंगल का साथ बृहस्पत से, ससुर औरत न रहता हो

(1) वर्षफल कुंडली में दृष्टि सम्बन्ध के हिसाब से ग्रहों की आपसी दोस्ती–दुश्मनी का विचार करके देखें कि किस खाने में बैठकर कोई ग्रह शादी का योग बना रहा है। शादी होने के वक्त (समय) का विचार वर्षफल कुंडली से और शादी के शुभ या अशुभ योगों का विचार जनम कुंडली से किया जाएगा।

(2) जिस साल वर्षफल में बुध और शुक्कर से सनीचर की दोस्ती का योग हो अथवा सनीचर के आम दौरा का वक्त हो अथवा सनीचर बमूजिब (अनुसार) वर्षफल खाना नंबर 1 में हो तब शादी हो जाने का वक्त (योग) होगा।

(3) जब वर्षफल कुंडली में शुक्कर और बुध अकेले–अकेले हों तो "बुध की नाली" के उसूल (सिद्धांत) पर देखें कि बुध, शुक्कर को अपना फल दे सकता है अथवा नहीं। आमतौर पर शुक्कर से ही शादी का योग बनता है मगर ऐसे वक्त बुध भी शादी का योग बनाने की ताकत रखता है। बशर्ते बुध खाना नंबर 12 न हो।

(4) जनम कुंडली के अनुसार अगर किसी टेवे में शुक्कर या बुध बरबाद, मंदे या नष्ट हो रहे हों और स्त्री ग्रहों के साथ नर ग्रह मददगार साथी या मुश्तरका (इकट्ठे) हों तो जिस साल भी वर्षकुंडली में ऐसे टोले (समूह या मंडली) को सनीचर की मदद मिलेगी अथवा सनीचर के आमदौर का ताल्लुक हो जाए अर्थात् सनीचर खाना नंबर 1 (तख़्त) पर आ जाए तो शादी का वक्त (योग) होगा।

(5) (i) वर्षकुंडली के अनुसार जिस साल सूरज, बुध या शुक्कर खाना नंबर 1 में हों।

(ii) जनम कुंडली के खाना नंबर 2, 10, 11, 12 में सूरज, बुध या शुक्कर हों सिवाए खाना नंबर 12 के बुध को छोड़कर।

(iii) शुक्कर और बुध अपने–अपने घरों खाना नंबर 7 में हो जाएं लेकिन उसी वक्त खाना नंबर 3–11 में इनके (बुध–शुक्कर के) दुश्मन ग्रह न हों, वर्षफल कुंडली में शुक्कर–बुध उसी घर में आ जाएं जिनमें वे जनम कुंडली में बैठे हुए हैं तो ये सभी योग टेवे वाले इंसान की (इस साल) शादी का योग बना रहे होंगे।

(6) जब खाना नंबर 4 में शुक्कर (किसी भी हालत में) हो तो इसी वक्त खाना नंबर 2–7 में वर्षफल के अनुसार शुक्कर का दुश्मन ग्रह (सूरज, चन्द्र, राहु) न आया हुआ हो वरना शादी का योग न होगा।

(7) वर्षफल कुंडली में सूरज, चन्द्र या राहु खाना नंबर 2–7 में न हों और उम्र का 22, 24, 29, 32, 39, 47, 51 या साठवां साल चल रहा हो तो इंसान की शादी जरूर होगी। अगर शादी के वक्त बृहस्पत भी खाना नंबर 7 में आ जाए तो टेवे वाले इंसान की औरत (पत्नी) औलाद पैदा करने के काबिल न होगी। दिये गए सालों में शादी भले ही हो जाए मगर शादी मुबारक न होगी। शुक्कर खाना नंबर 4 होने के वक्त राशिफल का होता है इसलिए शादी मुलतवी (स्थगित) हो सकती है।

मंदे योग

(1) जो ग्रह शुक्कर को बरबाद करे या खुद ऐसा मंदा हो कि इंसान की शादी का फल ही गैर–मुबारक (अशुभ) साबित कर दे तो इंसान की शादी मुबारक न होगी। मसलन चन्द्र खाना नंबर 1 में हो तो चौबीसवें या सत्ताईसवें साल की शादी मुबारक न होगी अथवा राहु खाना नंबर 7 में हो तो इक्कीसवें साल की शादी मुबारक न होगी।

(2) सूरज जब शुक्कर के लिए ज़हरीला हो तो सूरज की उम्र बाईसवें साल में अथवा दिन के वक्त में यानि पूरी दोपहर (12 बजे) से पहले के अरसे में अथवा इतवार (रविवार) का दिन शादी के लिए मुबारक (शुभ) असर का न होगा यहां तक कि सूरज निकलने से सूरज छिपने के बीच का वक्त भी मुबारक (शुभ) असर का न होगा। इसी तरह दूसरे ग्रहों का भी असर गिना जाएगा।

(3) अगर वर्षफल में शुक्कर खाना नंबर 2–12 में हो और सनीचर खाना नंबर 6 में आया हुआ हो तो उम्र के अठारहवें या उन्नीसवें साल में हुई शादी ग़ैरमुबारक होगी। अमूमन शुक्कर रद्दी हो तो शादी के लिए गैरमुबारक ही गिना जाएगा।

शादी का शुभ वक्त बमूजिब (अनुसार) वर्षफल

(1) अगर बुध खाना नंबर 9, 10, 12 में हो तो शादी और शादी के फल (औलाद, आराम) के मामले (सम्बन्ध) में योग मंदा ही होगा। खासतौर पर (विशेष रूप से) जब इसी वक्त राहु या केतु में से कोई एक खाना नंबर 1 या खाना नंबर 7 में बैठा हो।

	खाना नंबर				
शुक्कर–बुध मुश्तरका (इकट्ठे) या अलग–अलग	1	2	10	11	12
सनीचर हो खाना नंबर 1, 2, 7, 10, 12 अथवा	5–9	6–10	2–6	3–7	4–8
बुध ऐसे वक्त न हो खाना नंबर	7	8	4	5	6

(2) मसलन (उदाहरणार्थ) बुध खाना नंबर 3 में और शुक्कर खाना नंबर 8 में वर्षफल के मुताबिक (अनुसार) हों। ऐसे वक्त खाना नंबर 6 में केतु आ जाए तो इंसान की शादी के लिए यह निहायत (अत्यधिक)

ही शुभ वक्त होगा। इसी तरह खाना नंबर 9 में बुध और खाना नंबर 5 में शुक्कर हो तो अब ऐसे वक्त खाना नंबर 2 में बृहस्पत हो तो यह इंसान की शादी के लिए शुभ वक्त होगा।

बुध–शुक्कर मुश्तरका (इकट्ठे) हों अथवा अलग–अलग हों खाना नंबर	3	4	5	6	8	9
ऐसे वक्त खाना नंबर 2, 10, 11, 12 में अथवा अपने पक्के घरों में बैठे हों	मंगल	चन्द्र (मंदी शादी)	बृहस्पत	केतु	मंगलबद	बृहस्पत

(3) जब बुध–शुक्कर अपने उन्हीं खानों में आ जाएं जैसे कि वे जनम कुंडली में बैठे हैं अथवा ये दोनों खाना नंबर 1 या खाना नंबर 7 में आ जाएं मगर शुक्कर जनम कुंडली में खाना नंबर 1 से 6 (पहले घरों में) में न हो और उस वक्त खाना नंबर 3, 11 में सूरज–चन्द्र या राहु न हों।

(4) अगर शुक्कर और बुध नष्ट हो रहे हों तो शादी का योग देखने के लिए किसी भी सिद्धांत में (प्रयोग के दौरान) शुक्कर की जगह चन्द्र और बुध की जगह वह नर ग्रह लेंगे जो जनम कुंडली में उम्दा हो।

(5) जब खाना नंबर 2 और खाना नंबर 7 खाली हों तो टेवे में बुध और शुक्कर के घरों में (मालिक या पक्का घर) बैठे हुए ग्रह खाना नंबर 2–7 में आ जाएं और बुध–शुक्कर उन ग्रहों के घरों में चले जाएं तो शादी का योग बनेगा। मसलन शुक्कर–बुध खाना नंबर 3 में (मंगल का पक्का घर) हो और मंगल खाना नंबर 9 में हो तो इंसान की सत्रहवें साल की उम्र में शुक्कर–बुध खाना नंबर 9 में आ जाएंगे और मंगल खाना नंबर 9 में चला जाएगा। ये टेवे वाले के लिए शादी का योग होगा।

(6) जब औरत के टेवे में बृहस्पत खाना नंबर 4 में हो तो यह कम उम्र में (जल्दी) शादी का योग बनाएगा। औरत के टेवे में अगर सूरज–मंगल दोनों का साथ (किसी भी तरह से) बृहस्पत से हो जाए तो टेवे वाली औरत का ससुर नहीं होगा (या तो ज़िन्दा न होगा अथवा दूरस्त होगा)।

(7) जब राहु (टेवे में) खाना नंबर 1 या 7 में हो अथवा शुक्कर के साथ या साथी (देखें फरमान नंबर 6) हो तो 21 साल की उम्र की शादी बेमानी (निरर्थक या बेकार) होगी। यही हाल सूरज–शुक्कर के मिलने पर (बमूजिब जनम कुंडली) 22 से 25 साल की उम्र की शादी पर होगा। खासकर जब इंसान की उम्र 22 या 25 साल हो यानि बाईसवां या पच्चीसवां साल चल रहा हो। उपाय के लिए सूरज–शुक्कर मुश्तरका देखें।

(8) जो लड़की अपने जद्दी (पैतृक) घर–घाट से शुमाल (उत्तर दिशा) के शहर या गांव में ब्याह होकर जाएगी वह दुःखी रहेगी बशर्ते लड़की के बाप के टेवे में बुध खाना नंबर 6 में हो।

(9) जिस बाप के टेवे में चन्द्र खाना नंबर 11 की शादी पर कन्यादान सुबह सवेरे यानि तड़के (केतु के मुकर्रर वक्त पर) करे तो बाप और बेटी में से शायद ही कोई सुखी होगा। यही हाल उस दूल्हे का भी होगा जिसके टेवे में चन्द्र खाना नंबर 11 हो और वह कन्यादान केतु के मुकर्रर वक्त में ले।

(10) जिस इंसान के टेवे (जनम कुंडली) में सनीचर खाना नंबर 7 में हो और उसकी शादी 22 साल की उम्र में भी न हो तो टेवे वाले इंसान की बीनाई (आंखों की ज्योति) बेबुनियाद होगी यानि उसकी आंखों में अंधापन होगा।

(11) जब टेवे में बृहस्पत खाना नंबर 1 में हो और खाना नंबर 7 खाली हो तो टेवे वाले के बचपन की शादी मुबारक साबित होगी।

शादी की तादाद (संख्या या गिनती)

हथेली पर बुध के बुर्ज़ (पर्वत) पर कनिष्ठा उंगली के नीचे स्थित आड़ी रेखा की तादाद (संख्या) अमूमन दो तक हो जाया करती हैं लेकिन दो लकीरों से ज्यादा तादाद (संख्या) की हालत में एक से ज्यादा शादियां होंगी यानि जितनी भी शादी रेखा हों उनमें से एक कम कर दें जो भी नतीजा (परिणाम) आएगा, टेवे वाले की उतनी ही शादियां होंगी। यानि अगर चार खत (रेखाएं) हों तो तीन दफा (बार) शादी होने से मुराद होगी। टेवे (जनम कुंडली) में मंगल–बद और शुक्कर के दरमियान (मध्य) जितने खाने खाली हों उतनी ही टेवे वाले की औरत (पत्नियां) हो सकती हैं। बुध और शुक्कर दोनों टेवे में अलैहदा–अलैहदा हों तो बुध की नाली का उसूल (सिद्धांत) और बुध, शुक्कर के पहले और बाद के घरों में बैठे होने का उसूल भी साथ ही में देखा जाएगा। ऐसी हालत में अगर अकेला शुक्कर स्त्री घरों (2, 4, 7) में हो तो शादी वाला मर्द तो एक ही होगा मगर औरतें अनेक हो सकती हैं और वे सभी ज़िन्दा भी होंगी चाहे वे शादी का नतीजा (औलाद वगैरह) दें या न दें। अगर अकेला बुध नर घरों (1, 5, 9, 12) में हो तो ऐसी औरत के मर्द अनेक होंगे चाहे वे शादी का असली मतलब (औलाद वगैरह) दें या न दें। अगर इन उसूलों (सिद्धांतों) में बुध या शुक्कर उल्टे खानों में बैठे हों तो नतीजा (परिणाम) उल्टा भी हो सकता है। इन दोनों उसूलों (सिद्धांतों) में अगर बुध–शुक्कर दोनों मुश्तरका हों या मुश्तरका (संयुक्त) घरों में बैठे हों तो यह उसूल लागू न होगा। यानि दी गई शर्त (एक से ज्यादा शादी वगैरह) सिर्फ़ उस वक्त लागू होगी जब स्त्री ग्रह और नर ग्रह अपनी–अपनी राशियों से बाहर हों अथवा अपनी–अपनी राशियों को देखते भी न हों अथवा वे शुक्कर या बुध से किसी तरह भी साथी ग्रह न बन रहे हों। अगर वे उल्टे घरों में बैठे हों तो नतीजा (परिणाम) उल्टा भी हो सकता है।

इस उसूल में स्त्री या नर ग्रहों से मुराद यह है कि स्त्री या नर ग्रहों के घरों में शुक्कर या बुध हो। यानि नर ग्रह सूरज (1, 5), बृहस्पत (9, 12), मंगल (1, 8) और स्त्री ग्रह चन्द्र (2, 4), शुक्कर (7) वगैरह।

एक औरत (पत्नी)

सनीचर शुक्कर हों मदद पे बैठे, नर ग्रह दुश्मन साथ न हो
बुध शुक्कर दो ऊंच या अच्छे, सनीचर, सूरज को देखता हो
बुध पहले या छठवें बैठा, असर न शुक्कर मंदा हो
सुख गृहस्थी का पूरा होगा, एक ही शादी करता हो
बुध दबा हो या हो मंदा, शुक्कर टेवे चाहे उम्दा हो
बाद अट्ठाईस फल शादी होगा, औलाद नरीना मंदा हो

खसम (पति) खाने वाली

दुश्मन शुक्कर बुध हर दो देखे, मिलती बैठक ख़्वाह अलैहदा हो
सूरज केतु आ बुध पे चमके, ख़सम खानी वह औरत हो।

एक से ज्यादा औरत (पत्नी)

मंदा शुक्कर या दुश्मन साथी, सूरज सनीचर को देखता हो
बुध बैठा पांच आठवें पापी, सात शुक्कर दो चौथा हो
नीच बृहस्पत हो दसवें मिट्टी, सूरज पांचवें बैठा हो
औरत पर हो औरत मरती, साथ सनीचर ख्वाह मिलता हो

(1) जब टेवे में शुक्कर या बुध नष्ट हो रहे हों तो शादी का योग देखने के लिए शुक्कर की जगह चन्द्र और बुध की जगह वह ग्रह लेंगे जो टेवे (जनमपत्री) में उम्दा हो।

(2) जब शुक्कर के दाएं या बाएं पापी ग्रह हों या शुक्कर बैठा होने वाले घर से चौथे और आठवें मंगल या सूरज या सनीचर में से कोई एक हो या ये सभी या कोई दो मुश्तरका (इकट्ठे) हों तो टेवे वाले की औरत (पत्नी) जलकर मरेगी। बतौर उपाय जब कभी शुक्कर का दौरा (वर्षफल कुंडली या आमदौरा) आए तो या तो औरत (शुक्कर) का तबादला (स्थान परिवर्तन) करा दें अथवा गाय (शुक्कर) का दान कर दें।

(3) अगर टेवे में शुक्कर कायम (देखें फरमान नंबर 6) हो या अपने दोस्तों (बुध, सनीचर, केतु) के साथ या साथी (देखें फरमान नंबर 6) या दृष्टि (देखें फरमान नंबर 8) हो अथवा अपने दोस्तों से मदद पा रहा हो तो इंसान की एक ही औरत कायम होगी।

(4) अगर शुक्कर अपने दुश्मन ग्रहों (सूरज, चन्द्र, राहु) से रद्दी या बरबाद हो रहा हो तो टेवे वाले इंसान की औरत एक से ज्यादा होगी।

(5) अगर टेवे में शुक्कर मंदा हो और सूरज, बुध, राहु मुश्तरका (इकट्ठे) हों तो इंसान की शादियों की तादाद (संख्या) ज्यादा होगी। लेकिन फिर भी गृहस्थ का सुख हासिल न होगा।

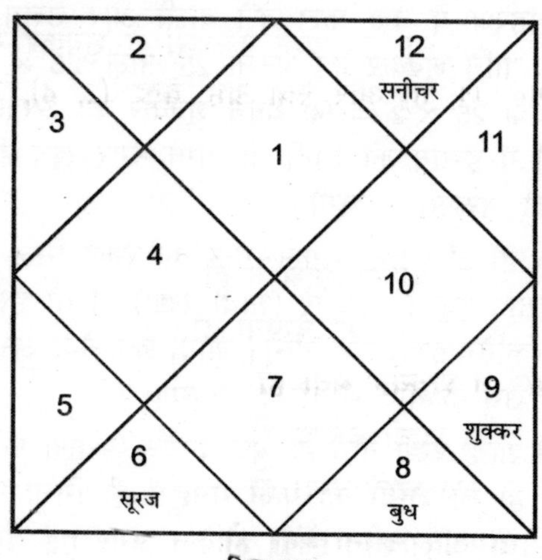

चित्र 534:

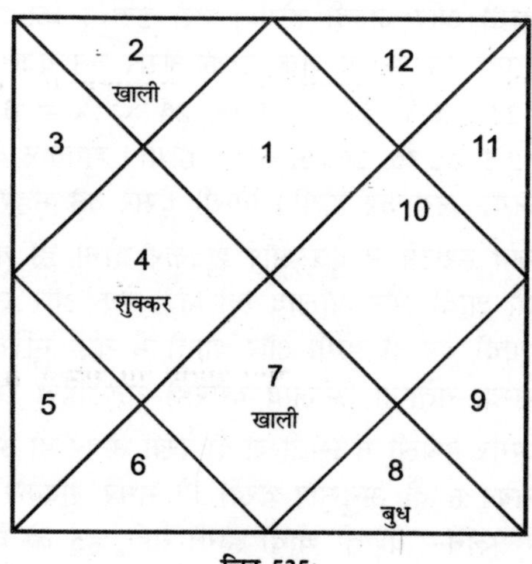

चित्र 535:

(6) जब बुध खाना नंबर 8 में हो तो इंसान की औरतों की तादाद (संख्या) ज्यादा होगी और सभी औरतें जिन्दा होंगी। जितनी बार वर्षफल में सूरज और सनीचर का आपस में टकराव (देखें फरमान नंबर 6) होगा उतनी तादाद (संख्या) तक शादी होंगी। खासकर जब टेवे में शुक्कर मंदा हो और सूरज खाना 6 में और सनीचर खाना नंबर 12 में हो तो औरत पर औरत मरती जाएगी या माता अपने बच्चों का

सुख न पा सकेगी (देखें चित्र 534)। इसी तरह अगर बुध खाना नंबर 8 या शुक्कर खाना नंबर 4 में हो साथ ही खाना नंबर 2, 7 खाली हों तो इंसान की एक से ज्यादा औरत होंगी और वे सभी जिन्दा भी होंगी। देखें चित्र 535।

शादी की लकीरें (रेखाएं)

(1) हथेली पर अमूमन शादी की दो लकीरें होती हैं जो शुक्कर और बुध मानी गई हैं। बुध के बुर्ज़ की ओर वाली रेखा मर्द की सूचक है और शुक्कर के बुर्ज़ (पर्वत) की ओर वाली रेखा औरत की सूचक है। अगर शुक्कर या बुध में से कोई एक ही बुर्ज़ हथेली में कायम हो तो इन दोनों में से सिर्फ एक ही रेखा को महत्त्व दिया जाएगा यानि एक ही रेखा का असर लिया जाएगा। शादी की दो लकीरें होती हैं।

(i) ऊपर की लकीर (ii) नीचे की लकीर

(i) **ऊपर की लकीर**– अगर हथेली में बुध कायम हो तो ऊपर की लकीर (बुध की ओर वाली) बुध की लकीर होगी जो मर्द (पुरुष) से मुतअल्लिक (सम्बन्धित) है।

(ii) **नीचे की लकीर**– अगर हथेली में शुक्कर कायम हो तो नीचे की लकीर (शुक्कर के बुर्ज़ की ओर वाली) शुक्कर की लकीर होगी, जो औरत (स्त्री) से मुतअल्लिक (सम्बन्धित) है। यानि अगर दोनों ही बुर्ज़ (पर्वत) कायम (देखें फरमान नंबर 6) हों तो दोनों लकीरें उम्दा होंगी और अगर दोनों ही बुर्ज़ रद्दी हों तो दोनों ही लकीरों का असर मंदा गिना जाएगा। मंदी रेखा मतलब मंदी शादी और उम्दा रेखा मतलब उम्दा शादी।

(2) हथेली में अगर दो साफ, स्पष्ट, सही (स्वस्थ) और बड़ी रेखा ऊपर (कनिष्ठा) की ओर और छोटी लकीर नीचे (शुक्कर) की ओर होने की हालत (स्थिति) में इंसान की औरत एक तो जरूर होगी और जल्दी होगी। ऐसे इंसान की औरत गृहस्थ में नेक फल देने वाली और उत्तम होगी। शादी का अरसा शुक्कर के असर का वक्त होगा। यानि शुक्कर का अरसा 25 साल, $25 \times \frac{1}{2} = 12.5$, $25 \times \frac{3}{4} = 18.75$, $25 \times \frac{1}{4} = 6.25$ अथवा $25 \times 2 = 50$ यानि शुक्कर का अरसा 6.25, 12.5, 18.75, 25, 50 साल होगा। शुक्कर के अरसे में इंसान की शादी तो होगी मगर खुद ही धक्के लगा–लगाकर होगी। किसी दूसरे की मेहरबानी की जरूरत न होगी।

(3) जब हथेली में बुध और शुक्कर दोनों ही बुर्ज़ नेक हों और इन्हें मंगल–नेक का साथ मिल रहा हो तो शादी और औलाद का फल नेक और उम्दा होगा। एक ही लकीर (शादी रेखा) हो तो इंसान की शादी देर से होगी और शादी में कई मुश्किलात (कठिनाइयां) पेश होंगे। शादी का नेक असर और उम्दा नतीजा (औलाद वगैरह) अट्ठाईस साल की उम्र के बाद ही गिना जाएगा।

(4) अगर हथेली में छोटी शादी रेखा ऊपर हो और बड़ी शादी रेखा नीचे हो, बुध कायम (हथेली में फरमान नंबर 6 के अनुसार देखें) हो मगर शुक्कर खराब हो तो शादी का फल मनहूस ही गिना जाएगा। मसलन– या तो शादी होगी नहीं, हुई तो देर से होगी, औलाद न होगी, लेकिन अगर हुई तो देर से होगी, औलाद नरीना (नर) न होगी, हुई तो ज़िन्दा न रहेगी, अगर ज़िन्दा रही तो लायक़ न होगी, लायक़ हुई तो सुख न दे सकेगी, औलाद निर्धन या दूसरी वजहों से नुकसान उठाने और देने वाली होगी। मुख़्तसरन (संक्षिप्त) तौर पर ऐसी हालत में शादी का नेक फल हासिल न होगा। लेकिन अगर ऐसे वक्त सूरज खाना नंबर 1 में हो और खाना नंबर 7 खाली हो (टेवे या हथेली के अनुसार) तो ऐसे इंसान को छोटी उम्र में ही शादी कर लेना मुबारक साबित होगा।

(5) राजदरबार (प्रशासनिक या सरकारी) और सेहत (स्वास्थ्य) के मामले में अगर सूरज खाना नंबर 1 में हो या बुध–शुक्कर दोनों में से किसी एक के साथ मंगल–बद का साथ हो तो द्विशाखी रेखा ही केवल शादी रेखा होगी। द्विशाखी रेखा होने पर आपसी रंजिश, तलाक, जुदाई या नमुवाफ़कत (असहयोग) वगैरह जाहिर होंगे। द्विशाखी रेखा (٢٢٢) वाले मर्द से ब्याही (विवाहित) औरत अगर दूसरे के घर में भी जाकर बैठ जाए तो उसका (औरत के पति का) मनहूस (अशुभ) असर जल्द दफ़ा (बाहर) न होगा। ऐसी औरत (नर) औलाद नरीना का जल्द फल न पा सकेगी। द्विशाखी रेखा वाला मर्द भी दूसरी शादी से आराम न पा सकेगा। इंसान के नाकिस (खराब) ग्रहों का असर उनके वक्त के खत्म होने पर ही खुद–ब–खुद (स्वतः) हट जाएगा।

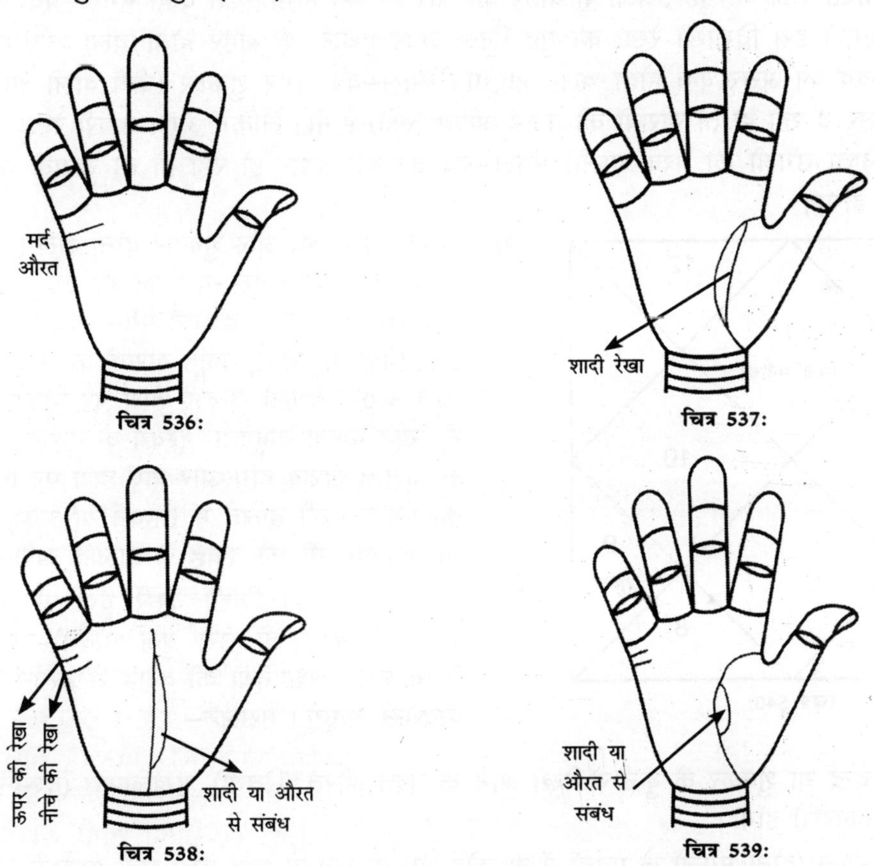

चित्र 536:

चित्र 537:

चित्र 538:

चित्र 539:

(6) अगर टेवे में बुध–शुक्कर बाद के घरों में हों और मंगल–बद पहले घरों (खाना नंबर 1 से 6) में हो तो द्विशाखी रेखा का मुंह हथेली में अन्दर की तरफ (हृदय रेखा की ओर) होगा। यही द्विशाखी रेखा शादी की रेखा होगी। ऐसी रेखा का मुंह जितना ज्यादा हथेली के अन्दर घुसता चला जाएगा अथवा बड़ा होता चला जाएगा, कनिष्ठा उंगली की तरफ बढ़ता चला जाएगा उतना ही ज्यादा शादी का असर अशुभ होता चला जाएगा, क्योंकि दिल (हृदय रेखा) चन्द्र होती है और चन्द्र, बुध (विवाह रेखा) का दुश्मन है इसी तरह कनिष्ठा उंगली का निचला पोर धनु राशि है जिसका मालिक बृहस्पत है और बृहस्पत, बुध आपस में दुश्मन हैं। बतौर उपाय बृहस्पत या चन्द्र की पूजना करना नेक असर देने वाला होगा।

(7) हथेली में द्विशाखी (ऐसी रेखा जिसमें से कोई शाखा रेखा निकल रही हो) रेखा की हालत में अमूमन औरत और मर्द अलग–अलग ही हो जाएंगे, लेकिन अगर किसी वजह से एक साथ (इकट्ठे) रहते भी हों तो मर्द के लिए औरत, औरत का सुख न दे सकेगी। ऐसे इंसान की औरत की खूबसूरती, बदचलनी की वजह बनेगी और औलाद, बीमारी वगैरह पर खर्च और नुकसान होता रहेगा। ऐसे वक्त औरत बारह साल तक औलाद न देगी अथवा नरीना (नर) औलाद का नेक (शुभ) असर न मिल सकेगा।

(8) अगर टेवे में बुध–शुक्कर, पहले घरों में (खाना नंबर 1 से 6) हों और मंगल–बद बाद के घरों में हो तो द्विशाखी रेखा का मुंह हथेली से बाहर की ओर हो रहा होगा। ऐसे वक्त मंगल–बद का असर कम हो जाएगा। इस द्विशाखी रेखा का मुंह जिस कदर हथेली के बाहर होता चला जाएगा उसी कदर मंगल–बद का असर कम होता चला जाएगा। मंगल–बद अगर शुक्कर (नीचे वाली शादी रेखा) पर बुरा असर दे रहा हो तो खराबी की वजह औरत (स्त्री) होगी। लेकिन अगर ऊपरी रेखा पर (बुध रेखा या कनिष्ठा उंगली की तरफ वाली) मंगल–बद का बुरा असर हो रहा हो तो खराबी की वजह मर्द (पुरुष) होगा।

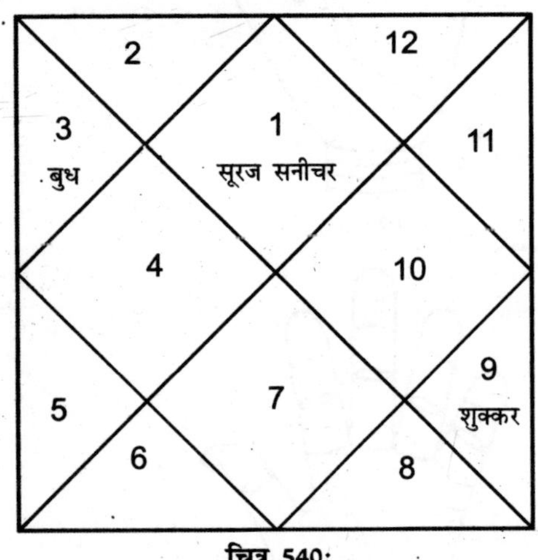

चित्र 540:

(9) अगर टेवे में बुध और शुक्कर दोनों अलग–अलग खानों में बैठे हों और मंगल–बद का भी टेवे में ताल्लुक बन जाए (सूरज–सनीचर इकट्ठे मंगल–बद होंगे) तो कुदरती (प्राकृतिक या दैवीय) वजह खराबी का सबब बनेगी (देखें चित्र 540)। हथेली में दाएं हाथ पर निशानों की हालत में ''खुद करदा वजूहात'' (स्वयं के दुर्व्यवहार) की वजह से हालात खराब होंगे और बाएं हाथ पर निशान (मंगल का निशान) की हालत में सहवन या अनभूल (भूल, भ्रम या अनजाने में) की वजह से हालात खराब होंगे।

(10) अगर कोई रेखा किसी दूसरे बुर्ज़ से आकार शादी रेखा को काटे तो उस बुर्ज़ (पर्वत) से मुतअल्लिक (सम्बन्धित) परेशानियों की वजह से इंसान के गृहस्थ में व्यवधान आएंगे। मसलन–

(i) चन्द्र या शुक्कर के बुर्ज़ से रेखा आने के वक्त औरतें (स्त्रियां), मुख़ालफत (दुश्मनी) का सबब (कारण) होंगी।

(ii) मंगल (दोनों मंगलों के पर्वतों में से कोई भी) के बुर्ज़ से आई रेखा मर्दों (पुरुषों) से मुखालफ़त (दुश्मनी) जाहिर करेगी।

(iii) बुध से आई रेखा की वजह से फालतू खर्च या कारोबारी सबब (कारण) होंगे।

(11) जब स्त्री ग्रह (शुक्कर, चन्द्र), नर ग्रहों (सूरज, बृहस्पत, मंगल) के साथ मुश्तरका (संयुक्त) हो जाएं या साथी ग्रह हो तो इसका आशय शादी रेखा से ही होगा। बशर्ते ऐसी हालत में सनीचर का भी ताल्लुक (सम्बन्ध) इन ग्रहों से हो जाए अर्थात् सनीचर इन ग्रहों में से किसी ग्रह की जड़ में (राशि में) पक्के घर में, दृष्टि वगैरह से साथी ग्रह हो जाए। ऐसी हालत में तमाम (सभी) शर्तों के लिए स्त्री ग्रहों या नर ग्रहों को बुध की शादी–रेखा गिनकर फैसला (निर्णय) किया जाएगा।

(12) स्त्री ग्रहों और नर ग्रहों का आपसी ताल्लुक (सम्बन्ध) का उसूल सिर्फ उसी वक्त लागू होगा जब फलादेश शादी रेखा के लिए हो और यह शर्त भी केवल उसी वक्त काम करेगी जब शुक्कर और बुध दोनों ही नष्ट हो गए हों। बुध–शुक्कर के नष्ट होने की निशानी यह होगी कि ऐसे इंसान के जनम से ही उसकी बहिन, बुआ, स्त्री वगैरह मरती जा रही होंगी।

(13) किस्मत (भाग्य) रेखा के साथ दौड़ती हुई लकीर जो बाद में उम्र या किस्मत रेखा से ही मिल जाएगी, वह शादी का ही ताल्लुक (सम्बन्ध) दिखा रही होगी। यानि यह रेखा शादी के बाद औरत (पत्नी) बन जाने वाली हस्ती होगी। ऐसी शादी होने के बाद से ही ऐसे इंसान की किस्मत जाग उठेगी। ऐसी औरत लक्ष्मी–उदय (भाग्योदय) होने या लक्ष्मी के चरणों का जमाना (समय) साथ ही लाया करती है। देखें चित्र 538।

रंग और स्वभाव

(1) टेवे (जनमपत्री) में केतु अगर सनीचर या शुक्कर के साथ उम्दा हो तो ऐसा इंसान शहज़ोर (बलवान) और जाएख़ास की दराजी (लिंग–दीर्घता या विषय शक्ति) वाला होगा। अगर औरत (स्त्री) हो तो हस्तनी–औरत (कामशास्त्र के अनुसार सबसे निकृष्ट स्त्री) होगी।

(2) अगर टेवे में शुक्कर या राहु–

(i) सूरज के साथ या सूरज के घर खाना नंबर 5 में हो

(ii) सनीचर के घर खाना नंबर 10 में हो तो ऐसा इंसान अगर मर्द (पुरुष) हो तो वीर्य दोष वाला और अगर औरत (स्त्री) हो तो पद्मनी औरत होगी।

(3) सूरज–बुध का ताल्लुक औरत (स्त्री) का रंग और स्वभाव जाहिर करेगा।

(i) अगर टेवे में सूरज पहले घर में और बुध बाद के घर में हो तो औरत का रंग और स्वभाव उम्दा होगा। बशर्ते सनीचर का सूरज और बुध में कोई दखल न हो।

(ii) अगर बुध पहले घर में और सूरज बाद के घर में हो तो औरत के रंग और स्वभाव में मंदा असर होगा।

(iii) अगर सूरज–बुध टेवे में मुश्तरका (इकट्ठे) हों और सनीचर या दुश्मन ग्रहों का असर इनमें शामिल न हो तो औरत का स्वभाव उम्दा होगा। लेकिन अगर इनमें सनीचर या दुश्मन ग्रहों का असर मिल जाए या ताल्लुक हो जाए तो औरत के स्वभाव में कल्पना और सूरज की तरह शैतानी और चंचलता ज्यादा हो जाएगी।

(iv) जब सूरज–बुध खाना नंबर 7 में हों अथवा हथेली में सूरज के बुर्ज़ से कोई रेखा खाना नंबर 7 (बुध के पर्वत) पर जा रही हो तो टेवे वाले इंसान की औरत (पत्नी) अमीर खानदान से ताल्लुक रखती होगी। और हर तरह से ऐसी औरत सूरज के बराबर होगी बशर्ते शुक्कर उम्दा हो वरना उल्टा नतीजा होगा यानि औरत गरीब खानदान से होगी और करख़्त (कठोर या कर्कश) स्वभाव वाली होगी। मगर इंसान का गृहस्थ जरूर उम्दा होगा।

(4) जब शुक्कर के बुर्ज़ (खाना नंबर 7) से कोई रेखा सूरज के बुर्ज़ की तरफ चले और रास्ते में किस्मत रेखा पर ही रह जाए तो ऐसी औरत (शुक्कर रो आने वाली रेखा) किस्मत की ताल्लुकदार होगी। ऐसी औरत शादी होते ही इंसान ही किस्मत रोशन और नेक बना देगी।

शादी रेखा से दूसरी रेखाओं का ताल्लुक

(1) मंदरजाजैल (निम्नलिखित) रेखाएं अगर शादी रेखा पर पहुंचे या बुध के बुर्ज़ (खाना नंबर 7) पर जाएं तो शादी में रुकावट या मुखालफ़त (दुश्मनी या शत्रुता) या दूसरे फ़ितूर (जंजाल/क्लेश) तबाही की वजह पैदा करेंगे।

(i) चन्द्र के बुर्ज़ से आने वाली रेखा।

(ii) शुक्कर के बुर्ज़ से आने वाली रेखा।

(iii) खाना नंबर 11 (बचत) से आने वाली रेखा।

(iv) खाना नंबर 12 (व्यय) से आने वाली रेखा।

(v) मंगल नेक के बुर्ज़ से आने वाली रेखाएं।

(2) जब शुक्कर, बुध और मंगल तीनों ही खाना नंबर 3 में हों और इनकी दृष्टि का घर खाना नंबर 11 खाली हो तो शादी और औलाद से मुतअल्लिक (सम्बन्धित) गड़बड़ी वगैरह होंगी।

मर्द–औरत के जोड़े की उम्र

हथेली में कनिष्ठा उंगली के पर्व (धनु राशि) के नीचे बुध के बुर्ज़ (खाना नंबर 7) पर आड़ी रेखाएं शादी रेखा होती हैं। शादी रेखाएं अमूमन दो तक होती हैं। इन दोनों रेखाओं में ऊपर की रेखा (कनिष्ठा उंगली की तरफ वाली) मर्द और नीचे की रेखा (दिल रेखा की तरफ वाली) औरत मानी गई हैं। देखें चित्र 536।

(1) ऊपर की रेखा मर्द की उम्र और नीचे की रेखा औरत की उम्र होती है। रेखाओं में जिस कदर अंतर होता है उसी कदर मर्द–औरत (पति–पत्नी) की उम्र में भी अंतर होगा।

(2) अगर शुक्कर कायम हो (हथेली या जनम कुंडली के अनुसार) अथवा शुक्कर के दोस्त मददगार हों तो औरत की उम्र लम्बी होगी और अगर बुध कायम हो या बुध के दोस्त उसके (बुध के) मददगार हों तो मर्द की उम्र लम्बी होगी।

(3) शादी की नेक और उम्दा रेखा वह स्थिति है जब दोनों रेखाओं के बीच का फासला भी मर्द और औरत के बीच के ताल्लुकातों (सम्बन्धों) में दूरी जाहिर (प्रदर्शित) करता है।

(4) इन दोनों रेखाओं की लम्बाई बराबर होगी तो मर्द–औरत (पति–पत्नी) दोनों की औसत उम्र भी बराबर ही होगी। यानि दोनों की मृत्यु के हिसाब के लिए इस बात का कोई सबूत नहीं हो कि दोनों कब इकट्ठे हुए थे और दोनों की इस वक्त उम्र क्या है मगर इन दोनों रेखाओं के बराबर होने का यह सबूत जरूर है कि मर्द और औरत के जोड़े के कायम रहने की मियाद (काल–अवधि) का अरसा (समय) लगभग बराबर होगा। लेकिन अगर ऊपर की रेखा (मर्द) लम्बी हो तो औरत पहले चल बसेगी और अगर नीचे की रेखा (औरत) लम्बी हो तो मर्द पहले दुनिया से चला जाएगा।

(5) अगर शुक्कर (नीचे वाली रेखा) को उसका दोस्त देखता हो तो औरत की उम्र लम्बी होगी और अगर दुश्मन देखता हो तो औरत की उम्र छोटी होगी। इसी तरह अगर बुध (ऊपर वाली रेखा) को उसका दोस्त देखता हो तो मर्द की उम्र लम्बी होगी और अगर बुध को उसका दुश्मन देखता हो तो मर्द की उम्र कम होगी। अगर शुक्कर–बुध मुश्तरका (संयुक्त) को उनके मुश्तरका दोस्त देखें तो दोनों की उम्र लम्बी होगी और अगर शुक्कर–बुध मुश्तरका को इनके मुश्तरका दुश्मन ग्रह देखें तो दोनों की ही उम्र छोटी होगी। अगर शुक्कर को उसका दोस्त ग्रह देखता हो और बुध को उसका दुश्मन ग्रह देखता हो तो औरत की उम्र लम्बी और मर्द की उम्र कम होगी। अगर बुध को उसका दुश्मन ग्रह देखता हो तो मर्द की उम्र लम्बी और औरत की उम्र कम होगी।

(6) शुक्कर कायम हो तो सिर्फ एक औरत ही होगी और वह अन्तिम वक्त तक साथ देगी। इसी तरह औरत के टेवे में भी अगर शुक्कर कायम हो तो उसका एक ही मर्द होगा जो अन्तिम वक्त तक औरत का साथ देगा।

(7) जब सूरज खाना नंबर 6 और सनीचर खाना नंबर 12 में हों तो उसकी औरत पर औरत मरती जाएंगी।

दीगर बाहमी ताल्लुक (अन्य आपसी सम्बन्ध)

शादी के दिन से शुक्कर–बुध के ताल्लुक (सम्बन्ध) का असर मर्द–औरत (पति–पत्नी) की किस्मत पर भी होता है। शुक्कर–बुध के साथ–साथ दूसरे ग्रहों के ताल्लुक का असर मंदरजाजैल (निम्नलिखित) तरीके से पड़ेगा। शुक्कर–बुध का ताल्लुक (सम्बन्ध) हो –

(1) बृहस्पत से – इज़्ज़त और किस्मत की चमक होगी।
(2) सूरज से – अच्छी गुज़र–बसर होगी।
(3) चन्द्र से – धन, उम्र और शान्ति की उम्दा हालत (स्थिति) होगी।
(4) मंगल से – औलाद कायम रहेगी।
(5) सनीचर से – जायदाद, मकान वगैरह।
(6) राहु से – दुःख, दलिद्दर, दुश्मन, मौतें, गमी।
(7) केतु से – ऐश, फलना–फूलना, खुशी।

शादी के बाद गुज़र–बसर

(1) जब टेवे में शुक्कर कायम (देखें फरमान नंबर 6) हो या दोस्त ग्रहों की मदद हो तो औरत (पत्नी) की उम्र लम्बी होगी मसलन (उदाहरणार्थ)– अगर शुक्कर खाना नंबर 1, 2, 7, 8, 10, 11 में हो तो अमूमन औरत की उम्र लम्बी होती है। इसी तरह अगर टेवे में बुध कायम हो या बुध को दोस्त ग्रहों की मदद मिल रही हो तो मर्द (पति) की उम्र लम्बी होगी मसलन 1, 3, 4, 5, 6, 9, 2 में बुध हो तो अमूमन मर्द की उम्र लम्बी होती है। इस उसूल (नियम) में जाती (व्यक्तिगत) उम्र की कोई शर्त न होगी बल्कि उम्र उसके जीवन साथी से तुलनात्मक रूप से मानी जाएगी।

(2) जब बुध और सनीचर टेवे में साथ हों अथवा बृहस्पत अकेला खाना नंबर 10 में हो अथवा इंसान की जुबान और तालु काले हों अथवा आंख या नाक छोटी हो तो मर्द दुःखी होगा। इसी तरह जब शुक्कर के दुश्मन ग्रह खाना नंबर 7 में हो अथवा चन्द्र–सनीचर मुश्तरका (इकट्ठे) हों अथवा बुध–चन्द्र मुश्तरका हों अथवा बुध कायम हो मगर शुक्कर मंदा हो अथवा बुध–शुक्कर का चन्द्र–मंगल से साथ हो जाए तो अपने पति या पत्नी से जुदाई (या तलाक) होगी, ऐसी ग्रहचाल (योग) के वक्त औरत दुःखी होगी।

(3) जब इंसान की नाक छोटी हो, बृहस्पत खाना नंबर 10 अथवा जुबान (जीभ) और तालु दोनों (बुध–सनीचर मुश्तरका) काले हों और आंखे भूरी हो (सूरज–चन्द्र मुश्तरका) तो इंसान की दो से ज्यादा शादियां होंगी, फिर भी सुख नसीब न होगा। लेकिन अगर स्याह (काली) आंख (चन्द्र–सनीचर मुश्तरका) का साथ हो तो औरत का सुख हलका होगा। शुक्कर पर अंगूठे की जड़ में सूरज का सितारा हो यानि सूरज खाना नंबर 7 में हो तो औरत का सुख हलका होगा। पराई ममता गले पड़ेगी मगर ऐसा इंसान अपने लिए इकबालमंद (भाग्यशाली) होगा। उम्र रेखा (पित्र रेखा) पर राहु का निशान होगा।

(4) जब सनीचर–राहु खाना नंबर 12 में हों तो औरत का सुख हलका होगा खासकर खाना नंबर 12 से मुतअल्लिक (सम्बन्धित) चीजों के लिए ज्यादा मंदा असर होगा।

(5) जब दाएं पांव की अनामिका, मध्यमा उंगली से बहुत ज्यादा छोटी हो तो मर्द (पुरुष) का सूरज नीच का होगा अथवा पांव कि तर्जनी उंगली, मध्यमा उंगली से बहुत छोटी हो तो औरत (स्त्री) का खानदान गरीब (निर्धन) हैसियत का होगा और औरत खानदान के सदस्यों का सुख भी हलका ही होगा, चाहे वे अमीर ही क्यों न हो?

(6) जब पांव की तर्जनी उंगली, मध्यमा उंगली से बड़ी हो तो औरत (स्त्री) खानदान गरीब होगा ऐसे वक्त टेवे में बृहस्पत–केतु, सनीचर को देखते होंगे।

(7) जब पांव की तर्जनी उंगली, मध्यमा उंगली से थोड़ी छोटी हो तो टेवे वाले को औरत का पूरा सुख मिलेगा। ऐसे वक्त टेवे में सनीचर, बृहस्पत को देखता होगा।

(8) हाथ में कनिष्ठा उंगली के नाखून वाले पोर की जड़, मध्यमा उंगली की कर्क राशि वाली पोर की जड़ से नीचे रहे (जबकि हाथ को खूब सीधा करके देखा जाए) तो जितनी कनिष्ठा उंगली छोटी होगी या जिस कदर नीचे रहेगी उसी कदर औरत (स्त्री) साफ रंग (गोरापन) वाली, नेक सीरत (स्वभाव) वाली और खुश–ख़लक रहने वाली होगी। बरखिलाफ (विपरीत) इसके कनिष्ठा का यह पोर जिस कदर दूसरे हिस्से (कर्क राशी वाला पोर) के ऊपर चढ़े उसी कदर औरत का रंग, स्वभाव, खूबी वगैरह मंदी होती चली जाएगी।

(9) अगर पित्र रेखा (जीवन या उम्र रेखा) टेढ़ी होकर मातृ रेखा (मस्तिष्क या सिर रेखा) को काटती हुई चन्द्र के बुर्ज़ (खाना नंबर 4) पर हथेली के किनारे त्रिकोन (△) जैसी आकृति बनाएं तो ऐसा इंसान पराई औरत का मिलाप (व्यभिचारी) या खोटे काम करने वाला होगा अथवा बदफेल (दुष्कर्मी) होगा, क्योंकि चन्द्र, बुध और सनीचर से दुश्मनी रखता है।

(10) अगर औरत की पेशानी (मस्तक) बुलन्द (चौड़ा) हो तो बृहस्पत टेवे में खाना नंबर 4 में होगा और अगर पेशानी (मस्तक या माथा) ऊंची हो तो उसकी जल्दी शादी हो जाएगी। ऐसी औरत का खाविन्द (पति) अमीर, कबीर और मरतबा (उच्च–पदस्त) वाला होगा। अगर पेशानी लम्बी और कुशादा (फैली हुई) हो तो ऐसी औरत अपने खाविन्द के लिए मुबारक होगी मगर उसका ससुर (पति का पिता) जरूर जल्दी मर जाएगा। ऐसे वक्त मंगल, बृहस्पत या सूरज में से कोई या सभी खाना नंबर 4 में होंगे, ऐसी औरत की खुश गुजरान (खुशनुमा गुजर–बसर) अच्छी होगी। जिस औरत की पेशानी फराख (विशाल) हो तो बृहस्पत अकेला खाना नंबर 4 में होगा लेकिन अगर इस औरत के पांव में अनामिका उंगली कनिष्ठा उंगली से छोटी हो तो सूरज–केतु दोनों बुध को (टेवे के अनुसार) देखते होंगे, अगर उसका नाखून वाला हिस्सा (अनामिका उंगली का) जमीन पर न लगे तो वह औरत खाविन्द–खानी (पति–हन्ता) होगी और पहला खाविन्द मरने के बाद ऐसी औरत दूसरा खाविन्द करती होगी। औरत की अगर कनिष्ठा उंगली (पांव की) भी जमीन पर न लगे तो तीसरा खाविन्द (पति) करे या चौथा सारे के सारे मरते ही जाएंगे मगर वह खुद न मरेगी और ऐसी औरत को सुकून भी न मिलेगा।

मकान से सम्बन्धित सावधानी

किताब के इस खण्ड में निवास–योग्य मकान में बनावट की वजह से पड़ने वाले सौम्य और क्रूर ग्रहों के अच्छे या बुरे प्रभावों का वर्णन किया गया है। इसी के साथ मकान की बनावट के कारण मानव जीवन में होने वाली अच्छी या बुरी घटनाओं का भी विस्तृत वर्णन किया गया है। वर्तमान परिप्रेक्ष्य में इस विधा को वास्तु–शास्त्र के नाम से जाना जाता है।

(1) मकान के अन्दर दाखिल (प्रवेश) होते ही सबसे पहले कच्चे हिस्से में जमीन के अन्दर अगर ऐसी भट्टी हो जो ब्याह–शादी के वक्त ही खोली जाती हो और बाद में मिट्टी डालकर बंद कर दी जाती हो, ऐसी भट्टी हमेशा के लिए घर में कायम (स्थापित) कर ली जाए तो जब कभी इस घर में मंगल खाना नंबर 8 वाला बच्चा पैदा होगा तो उस खानदान में ऐसी तबाही शुरू होगी कि दुनिया वाले कहेंगे कि सब के सब भट्टी के अन्दर ही पड़ गए हैं। बतौर उपाय, अगर ऐसी भट्टी कायम हो चुकी हो तो जहां तक उस मिट्टी का जला हुआ हिस्सा (जली हुई मिट्टी) है वहां तक तमाम (सारी) मिट्टी निकलवा कर दरिया या नदी में डलवा दें।

(2) रिहाइशी (निवास–योग्य) मकान में मूर्ति वगैरह रखकर पूरी तरह से धर्म–मंदिर स्थापित कर देना पूजा की घंटियों के बजाय, लावल्दी (संतानहीनता) का घण्टा बजा देगा। खासकर जब बृहस्पत खाना नंबर 7 वाला इंसान उस घर में जनम लेगा। ऐसी मूर्तियां धर्म–मन्दिरों में ही मुबारक मानी जाती है, लेकिन अगर कागज पर देवी–देवता की फोटो या तस्वीर हो तो कोई वहम (भ्रम) की बात न होगी।

(3) मकान के अन्दर दाखिल (प्रवेश) करते ही दाएं हाथ के आखीर (अन्त) पर जहां पहुंचकर मकान खत्म हो रहा हो, अगर वहां पर अंधेरी कोठरी हो जिस में दाखिले (प्रवेश–द्वार) के अलावा दूसरा कोई रोशनी का अथवा हवा जाने का रास्ता न हो। अगर ऐसी कोठरी को रोशनी करके या रोशनदान वगैरह लगवा कर रोशन कर दिया जाए तो ऐसे मकान में रह रहा परिवार बरबाद हो जाएगा और उनके उरूज (उदित होना) का चिराग बुझ ही रहा होगा या बुझ गया होगा। माया का हाथी और दौलत का सांप उस घर से चला गया होगा। वक्त गुजरने के बाद ऐसे मकान में नेस्ती (आलस्य), बरबादी और नहूसत (बदनसीबी) की मंदी हालत में हाथी की लीद ही बाकी बचेगी, जिसे बाहर फेंक कर मकान साफ कर लेने के लिए, इस मकान के सदस्यों में माली (आर्थिक) हालत की वजह से हिम्मत बाकी न रहेगी। अगर किसी वजह से इस कोठरी की छत बदलने की जरूरत पड़े तो पहले उस कोठरी की छत के ऊपर एक और छत कायम कर लें। फिर पहले वाली (पुरानी) छत को गिरवा दें। ऐसी कोठरी की छत अमूमन (सामान्यतः) खुद ब खुद नहीं गिरा करती बल्कि जब कभी भी जरूरत हो खुद ही गिरवानी पड़ेगी।

(4) अममून रिहाइशी मकानों में हैसियत के अनुसार कीमती चीजें, जेवर, धन–दौलत वगैरह रखने के लिए पोशीदा (गोपनीय) गुमनाम गड्ढा अथवा तिजोरी कायम कर लेते हैं। अगर इस तरह के गुमनाम गड्ढे या तिजोरी यूँ ही खाली पड़ी रहे तो भी घर की धन–दौलत के ताल्लुक (सम्बन्ध) में खाली बुध बोलता होगा यानि ऐसे मकान में रह रहे मालिकों की सिर्फ खोखली बातें ही बातें होंगी और इनकी बातों में कोई पाएदारी (मजबूत या ठोस), इज्जत (सम्मान) या आबरू (प्रतिष्ठा) का नतीजा (परिणाम) पैदा न होगा। बतौर उपाय ऐसे गड्ढों में कोई मीठी चीज या बादाम, छुहारे रखना मुबारक होगा।

(5) रिहाइशी मकान के फर्श पर अगर कच्चा हिस्सा बिल्कुल भी न हो तो उस घर में शुक्कर का निवास नहीं माना जाता यानि दौलत, गृहस्थ और औरतों की इज़्ज़त (सम्मान) के मामले में सनीचर के मनहूस (अमांगलिक या अशुभ) पत्थर ही पड़े होंगे। बतौर उपाय ऐसे मकान में सनीचर की अश्या (चीजें) कायम कर देना मुबारक (शुभ) होगा।

(6) जनूब (दक्षिण दिशा) के दरवाजे वाला मकान स्त्रियों के लिए मनहूस होगा और मर्द भी ऐसे मकान में कोई खास सुख न पाते होंगे। ऐसे मकान जिसकी पत्नी न हो, के रहने की जगह होती होगी। बतौर उपाय जनूब से हटा कर दरवाजा किसी दूसरी तरफ कर लेना मुबारक होगा। हिन्दुस्तान में मद्रास का इलाका (ये शहर दक्षिण दिशा में है) इस उसूल से बरी (मुक्त) होगा।

कन्या के लिए वर की खोज

(1) जिस इंसान के टेवे में सनीचर खाना नंबर 11 में हो वह बेशक साहिबे–इकबाल (तेजस्वी) दौलतमंद और उम्दा परिवार वाला हो। मगर वह दुनियावी (सांसारिक) आराम की उम्र में ऐसे मल्लाह (नाव चलाने वाला) के मानिन्द (समान) होगा जो अपनी औलाद, औरत और गृहस्थ साथियों को समुद्र के दरमियान (मध्य) ले जाकर अपने सिरहाने (सिर के नीचे) चप्पू (पतवार) रखकर सो जाता है। यानि जरूरत के वक्त साथ छोड़ देने वाला इंसान होगा और उसके साथियों, औलाद या औरत का दुःख सुनने वाला शायद ही कोई दूसरा दुनियावी इंसान होगा।

(2) अगर किसी इंसान के टेवे में अल्पायु योग हो तो वह अपनी आठ साल की उम्र में शक्की उम्र का होगा। अगर वह जिन्दा रह गया तो सिर्फ $8 \times 8 = 64$ साल तक ही जिन्दा रह पाएगा। और इस बीच माली (आर्थिक) हालत और दुनियावी सुख सागर में उसका चन्द्र (दौलत) का दरिया सूखा हुआ ही होगा।

(3) जब टेवे में राहु मंदा हो या मंदे घर में हो अथवा बुध–राहु मुश्तरका (इकट्ठे) मंदे घरों (खाना नंबर 3, 8, 9, 12) में हों अथवा सनीचर खाना नंबर 2 के टेवे वाला इंसान लड़की के बाप (ससुर) और ससुराल को तबाह कर देगा।

(4) जब टेवे में शुक्कर–केतु मुश्तरका खाना नंबर 10 में हों अथवा मंगल, बुध, चन्द्र तीनों नष्ट हो रहे हों अथवा सूरज खाना नंबर 4, सनीचर खाना नंबर 7, चन्द्र खाना नंबर 1 या खाना नंबर 2 अथवा शुक्कर खाना नंबर 5 में हो तो टेवे वाला इंसान नाकाबिले (अयोग्य) नरीना (नर) औलाद होगा।

(5) जब सूरज खाना नंबर 6, मंगल खाना नंबर 10 या खाना नंबर 12 में निकम्मा या बरबाद हो रहा हो तो ऐसे टेवे वाले इंसान का लड़के पे लड़का मरता चला जाएगा।

(6) जब सूरज खाना नंबर 6 और मंगल खाना नंबर 10 में हो तो टेवे वाला एक आंख से काना और लामजहब (अधर्मी) होगा।

(7) जब टेवे में बृहस्पत–शुक्कर मुश्तरका (इकट्ठे) हों या चन्द्र खाना नंबर 1 और बृहस्पत खाना नंबर 11 में हो तो ऐसे इंसान पर कामदेव की ज़्यादती (अधिकता) होगी यानि ऐसे इंसान को ऐश की रगबत (चाहत) होगी। यह ऐश इंसान के सोने को मिट्टी के भाव बिकवा देगी चन्द्र से मुतअल्लिक रिश्तेदार (माता, दादी, सास, नानी वगैरह) और मंगल से मुतअल्लिक रिश्तेदार (भाई, ताऊ, बड़े मामा) पेट दर्द और दूसरी बीमारियों में बरबाद हो जाएंगे।

(8) जब टेवे में सूरज–सनीचर मुश्तरका हों या सूरज और सनीचर में दृष्टि वगैरह की वजह से झगड़ा हो या सूरज, सनीचर, बुध मुश्तरका हों और साथ ही खाना नंबर 12 में केतु या कोई नर ग्रह न हो अथवा औलाद का खाना (खाना नंबर 5) या औलाद के योग भी उम्दा न हो तो ऐसे इंसान की जिन्दगी में तलाक या जुदाई के वाकिआत (घटनाएं) होंगे। ऐसे इंसान के चाल–चलन (चरित्र) पर सच्ची या झूठी तोहमत (आरोप) लगना अमूमन आम (साधारण) बात होंगी।

औलाद–स्त्री–परिवार का सुख

(1) अपनी खुराक (भोजन) में से गाय, कौवे और कुत्ते तीनों के लिए कुछ हिस्सा पहले ही अलैहदा (अलग) रख लेना, दुनियावी ताल्लुक (सांसारिक–सम्बन्ध) के सभी सुख–सागरों में मदद देगा।

(2) रोटी पकने की जगह (रसोई, घर, बावर्ची खाना या कमरा) ही रोटी खाना (भोजन–करना) राहु की मंदी शरारतों से बचने का बहाना होगा और मंगल–राहु मुश्तरका का नेक फल पैदा करेगा।

(3) हर महीने घर के सदस्यों की तादात (संख्या) और घर आए मेहमानो की औसत तादात के बराबर मीठी रोटियां (संख्या सही हो आकार चाहे छोटा बड़ा ही क्यों न हो) पकाकर घर के बाहर जानवरों की खुराक (भोजन) के लिए डाल देना घर में बीमारियों और बेवजह झगड़ों से निजात (मुक्ति) दिलाने और नाहक (बेवजह) खर्चों से बचाव के लिए मददगार होगा।

(4) रात के आराम के वक्त (सोते समय) अपनी चारपाई के नीचे थोड़ा–सा पानी किसी बर्तन में रख लें और सुबह यह पानी किसी ऐसी जगह पर डाल दें जहां पर इस पानी की बेइज्जती (निरादर) न हो। इस पानी को रोजमर्रा के कामों में कतई इस्तेमाल न करें। ऐसा करने से राहु की शरारतों मसलन बेवजह झगड़े, फसाद, बेईज्जती, बीमारी या कोई लानत (आरोप, कलंक, दोष) वगैरह से हमेशा बचाव होता रहेगा।

(5) आमतौर पर इंसान की तबीयत (स्वभाव) ग्रह–चाल के मुताबिक (अनुसार) हो जाया करती है। लेकिन अगर कोई इंसान जिद पर उल्टा ही चलता हो तो वह नफा की बजाय नुकसान ही उठाएगा। मसलन (उदाहरणार्थ) सनीचर खाना नंबर 7 में उच्च का हो तो इंसान की तबीयत (स्वभाव) में चालाकी होगी। आंख के इशारे से ही सर से पांव तक परख लेने वाला होगा। कभी–कभी तो ऐसा इंसान मक्कार और चालबाज भी होता है। अगर ऐसा इंसान धर्मात्मा, दयालुता से भरपूर और ईमानदार हो तो हमेशा दुःखी, बेचैन नुकसान उठाने वाला होगा।

औलाद

(1) जिस दिन औरत के हामिला (गर्भवती) होने की जानकारी हो उसी दिन से उसके बाजू (बांह) पर सुर्ख (लाल) धागा बांध दें। बच्चे के जनम के बाद बच्चे के बाजू पर तब्दील (हस्तांतरित) कर दें और माता के बाजू पर नया सुर्ख (लाल रंग का) धागा बांध दें। यह धागा रक्षा–बंधन के नाम से जाना जाता है जो बच्चे की 18 माह की उम्र तक रक्षा करता है। इसलिए इस धागे को 18 माह की उम्र तक जारी रखना जरूरी होता है। यह धागा औलाद की उम्र में बाद में भी बरकत देगा। यह उपाय उस वक्त ज्यादा कारआमद (प्रभावशाली) होगा, जब औरत के बच्चे मर रहे हों।

(2) औलाद की बरकत (उन्नति) के लिए केतु (गणेशजी) की पूजा करना मददगार होगा। चन्द्र–माया (दौलत), केतु–परिवार और सनीचर–खजांची (धन की हिफाजत करने वाला) होता है। चन्द्र के लिए केतु और सनीचर दोनों ही दुश्मन हैं। इसलिए माया और परिवार दोनों कम ही इकट्ठे होंगे सिवाय खाना नंबर 4 के केतु के और मंगल–शुक्कर मुश्तरका (इकट्ठे) किसी भी खाने में हों। ये सभी हालात ऐसे चन्द्र के मानिन्द (समान) होंगे जिसमें बुध–केतु की दुश्मनी न होगी और इंसान के पास धन और औलाद इकट्ठे होंगे।

(3) औलाद की बरकत (उन्नति) के लिए गौ–ग्रास (गाय, कुत्ते और कौवे को खुराक का हिस्सा देना) देना मुबारक होगा।

(4) बच्चे की पैदाइश होने के वक्त से ठीक पहले एक बरतन में दूध और दूसरी किसी चीज (कागज या किसी दूसरे बर्तन) में खांड (देशी शक्कर) औरत का हाथ लगवाकर कायम रख लें। इससे बच्चा बेखतर (बिना खतरे) और आराम से पैदा हो जाएगा। इसके बाद वह बर्तनमय दूध (दूध के साथ बर्तन) धर्म–स्थान में पहुंचा दें और बर्तन भी साथ दे आएं, वापस न लाएं। यह बरतन जितना उम्दा (प्रयोग के काबिल) होगा उतना ही मुबारक असर होगा।

(5) जब जनम कुंडली या वर्षकुंडली में राहु मंदा हो तो बेहतर होगा कि बच्चे की पैदाइश से पहले जौ (राहु) को पानी की बोतल में बन्द कर के रख लें ताकि बच्चे की पैदाइश सही–सलामत हो सके।

(6) दरिया पार जाते वक्त दरिया में तांबे का सिक्का डालते जाएं जिससे औलाद की बुरी–बलाओं से हिफाजत (रक्षा) होगी। खासकर उस वक्त जब मालूम हो कि 100 दिन से ज्यादा अरसे तक अपने घर से बाहर रहना है, यह उपाय करना जरूरी होगा।

(7) दिन के वक्त कच्ची जगह पर तह–जमीन (जमीन के अन्दर) आग जला लें, जब वह जगह खूब गरम हो जाए तो आग वहां से हटा कर उस सुर्ख (लाल) हो चुकी जगह पर कच्चे आटे की मीठी रोटी पका लें अथवा मीठी रोटी तंदूर में पका लें और कुत्ते या दरवेश (साधु) वगैरह को खिलाएं। रोटी तंदूर या आग पर पकाने से मतलब केवल इतना है कि मीठी रोटी तवे या लोहे कि चीज पर न पकाई जाए।

(8) जब किसी इंसान के बच्चे न बचते हों तो उस बच्चे की पैदाइश (जनम) पर मीठा या मिठाई तकसीम (बांटना) करने के बजाय, नमकीन या नमक की चीज तकसीम करें।

(9) बच्चे की पैदाइश पर औरत धर्म–स्थान के अहाते (चारदीवारी) में जाकर बच्चे को जनम दे। इस तरह से धर्म–स्थान में जना (जनमशुदा) बच्चा लम्बी उम्र का मालिक होगा।

(10) कुतिया का नर बच्चा जो पैदाइश के वक्त अकेला ही पैदा हुआ हो। इंसान की खानदानी नस्ल (वंश) कायम रखने और परिवार की उन्नति के लिए निहायत मुबारक और मददगार साबित होगा।

(11) किसी इंसान का अगर केतु उच्च का हो और टेवे वाला बच्चों की पैदाइश और परवरिश करे तो बरकत (उन्नति) पाएगा। इसी तरह अगर शुक्कर उच्च वाला इंसान औरत की पूजना (सेवा) करे तो उसकी मोहब्बत के दम और मदद से फायदा ही फायदा पायेगा।

खैरातनामा (दान–पुण्य)

किताब के इस भाग में समस्त योग जनम कुंडली के अनुसार लिए जाएंगे, वर्षफल के अनुसार नहीं लिए जाएंगे। लेकिन अगर वर्षफल में वही योग बन रहे हों (जो आगे दिये जा रहे हैं) तो ऐसे वक्त अगर वही दान–पुण्य किये जाएं जो मना किये जा रहे हैं तो नुकसान का कारण बनेंगे। लेकिन ऐसा नुकसान केवल उस साल के वर्षफल के खत्म होने तक ही रहेगा।

(1) उच्च ग्रह वाले इंसान को अपने उच्च ग्रह से मुतअल्लिक (सम्बन्धित) चीजों का दान देना और नीच ग्रह वाले इंसान को अपने नीच ग्रह से मुतअल्लिक चीजों का दान लेना (ग्रहण करना) केवल नुकसान ही नहीं बल्कि मंदे जहर का बहाना होगा।

(2) जब चन्द्र खाना नंबर 6 वाला इंसान आम लोगों के फायदे के लिए मुफ्त में (दान स्वरूप) तालाब, कुआं, बावड़ी (सीढ़ियों वाला कुआं) बनवाए अथवा पानी का दान करे या लोगों को पानी पिलाने के लिए मुफ्त नौकर रखे या रफा–ए–आम (लोक–कल्याण) के कामों के लिए कुओं की मरम्मत के लिए अपनी कमाई का हिस्सा दे तो यह काम उस इंसान के लिए लावल्दी (संतानहीनता) का बहाना (कारण) बनेगा। ऐसे इंसान का खानदान बेमौका मौतों का शिकार होगा और उसकी खानदानी नस्ल दिन–ब–दिन (दिन–प्रतिदिन) घटती चली जाएगी।

(3) जब सनीचर खाना नंबर 8 में हो तो सराय या ऐसे मकान वगैरह बनवाना जहां मुसाफिर (यात्री) मुफ्त में आराम कर सके। टेवे वाले इंसान को बेघर (मकान से वंचित) करके तंग हाल (आर्थिक समस्या) बना देने का बहाना होगा।

(4) जब सनीचर खाना नंबर 1 में और बृहस्पत खाना नंबर 5 में हो तो ऐसा इंसान अगर मांगने वालों (फकीर, भिखारी वगैरह) को तांबे का सिक्का बतौर दान दे (रोटी, कपड़े की शर्त नहीं) तो ऐसे इंसान को बच्चों की अचानक मौत की खबरें आनी शुरू हो जाएंगी।

(5) जब टेवे में बृहस्पत खाना नंबर 10 में हो और चन्द्र खाना नंबर 4 में हो तो धर्म–स्थान से मुतअल्लिक (धर्म–स्थान बनवाना या लोगों के इस्तेमाल के लिए धर्म के काम वगैरह) दान या खैरात करना टेवे वाले इंसान के लिए फर्जी (झूठी या काल्पनिक) और छोटी तोहमत (कलंक या आरोप) से लेकर फांसी तक की सजाओं का बहाना (कारण) बनेगा।

(6) जब शुक्कर खाना नंबर 9 में हो तो ऐसे टेवे वाला इंसान अगर यतीम बच्चों, बेवगान (विधवाओं) या बेवसीला (बेसहारा) के लिए अथवा किसी भी दुनियावी लोगों के लिए मुफ्त वजीफा (छात्रवृत्ति या पेंशन वगैरह) मुकर्रर (निर्धारित) करे तो ऐसा असर करेगी जैसे मानो गरीबी की जलती हुई रेत से मिट्टी खराब हो रही हो यानि इंसान कि मंदी माली (आर्थिक) हालत का बहाना होगी।

(7) जब चन्द्र खाना नंबर 12 में हो तो अगर ऐसा इंसान मजहबी–पेशवा (धार्मिक–नेता) को हर रोज (प्रतिदिन) मुफ्त भोजन कराये या दान दे अथवा किसी भी विद्यालय या मदरसे में मुफ्त तालीम (शिक्षा) दे या दिलाये (धन लेकर तालीम देना गलत न होगा) तो ऐसे इंसान पर ऐसे दुःख और बीमारी के पहाड़ खड़े होंगे कि उसे पानी तक न नसीब होगा। इस खैरात (दान) का असर इंसान के तड़पते हुऐ जिस्म, जान और दिल को आखरी वक्त (मौत) पर ही शान्ति दे सकेगा।

(8) बृहस्पत खाना नंबर 7 वाले इंसान के लिए धर्म स्थान के पुजारी को मुफ्त में नए कपड़े देना लावल्दी (संतानहीनता) और निर्धनता का घंटा बजने का बहाना (कारण) होगा।

मुतबन्ना (दत्तक पुत्र) मुकर्रर करना

जब सनीचर खाना नंबर 6 में हो अथवा सनीचर टेवे में मंदा हो रहा हो तो ऐसे टेवे वाला इंसान (बतौर चाचा) अपने भतीजे या भतीजी को मुतबन्ना मुकर्रर (निर्धारित) कर दे अथवा वैसे ही अपनी कमाई से उसकी शादी वगैरह करवा दे तो जिस दिन से ऐसे भतीजे–भतीजी की शादी होगी तभी से ऐसे भतीजा–भतीजी निर्धन, दुःखी होंगे, यहां तक कि लावल्दी (संतानहीनता) की मायूसी तक से तड़पते रहेंगे। लेकिन अगर टेवे वाला बतौर ताऊ ऐसी शादी करे तो कोई वहम (संशय) की बात न होगी। बतौर उपाय मंदे असर के वक्त मुतबन्ने (गोद लिया हुआ इंसान) के हाथ से सनीचर की चीजों का दान करवाना मददगार होगा। मगर मुतबन्ने के हाथों सनीचर के मंदे काम (बुरे काम) होंगे तो बाइसे (कारण) तबाही होगा।

आमदन (कमाई)

किताब के इस भाग में प्रतिव्यक्ति, महीने के अनुसार मासिक–आय निकालने का सिद्धांत दिया जा रहा है। परन्तु आय से सम्बन्धित यहां जो भी आंकड़े दिये जा रहे हैं वे काफी समय पहले के हैं जो वर्तमान परिप्रेक्ष्य में सत्यता की कसौटी पर खरे नहीं उतरते। आय से सम्बन्धित सिद्धांतों में अभी शोध की आवश्यकता है। मैं अपनी तुच्छ बुद्धि एवं विवेक के आधार पर इस सिद्धांत को जितना समझ और परख सका हूँ पाठकों के समक्ष प्रस्तुत कर रहा हूँ। अगर पाठकगण सम्पूर्ण पुस्तक के किसी भी खण्ड में से अथवा प्रस्तुत खण्ड में किसी भी तरह के सुधार हेतु सुझाव देना चाहें तो मैं उनके सुझाव का स्वागत करूंगा और वे सुझाव यदि लाल किताब के गूढ़ रहस्यों को सुलझाने में कारगर होंगे तो अवश्य ही स्वयं मैं और सम्पूर्ण ज्योतिष समाज ऐसे विद्वानों का सदैव आभारी एवं ऋणी रहेगा। आमदन (कमाई) का विषय आरम्भ करने रो पूर्व में कुछ वर्तमान परिप्रेक्ष्य आपके संज्ञान में लाना चाहता हूँ।

(1) वर्तमान समय की तुलना अगर पुराने समय से करें तो बहुत ज्यादा अन्तर आ चुका है इसलिए किसी भी फलादेश को करने से पूर्व ज्योतिष का एक सिद्धांत सदैव काम आता है। वह सिद्धांत है– देश, काल और पात्र। स्पष्ट भाव है कि जब भी फलादेश करें तो जातक (जनम कुंडली वाला इंसान) के देश, काल और पात्र का निर्णय जरूर कर लें।

(i) **देश**– फलादेश करने से पूर्व यह विचार करें कि जातक किस देश का है और उस देश की मुद्रा क्या है, मुद्रा के अनुसार ही कमाई निर्धारित करें।

(ii) **काल**– काल का शाब्दिक अर्थ यहां पर युग या दौर से लेंगे। वर्तमान दौर (कालचक्र) में कमाई से सम्बन्धित बहुत ज्यादा असमानताएं देखने को मिलती हैं। छोटा व्यापार करने वाला इंसान भी उम्दा दौलत कमा रहा है और उम्दा व्यापार करने वाला थोड़े से धन से संतुष्ट होने को मजबूर है। तात्पर्य यह है कि दी गई कमाई के मात्रक (यूनिट) में वर्तमान काल के अनुसान जो मुद्रा प्रचलन में है। उसमें प्रचलित काल के अनुसार शून्य बढ़ा लें।

(iii) **पात्र**– जब भी फलादेश करें तो सम्बन्धित व्यक्ति का व्यक्तित्व या श्रेष्ठता देखें। उदाहरणार्थ पुस्तक के अनुसार अगर महीने की आमदनी 200 मात्रक (यूनिट) हो तो उसमें व्यक्ति की पात्रता के अनुसार अतिरिक्त मात्रक (शून्य) जोड़ लें यानि 200 के स्थान पर 2000 या 20,000 तक मासिक आय निर्धारित की जाए। यह नियम मेरी व्यक्तिगत राय पर आधारित है। अब आगे लाल किताब के सिद्धांत प्रस्तुत किये जा रहे हैं।

महीने के अनुसार आमदनी देखने का तरीका

जिस दिन से कोई इंसान अपनी जाती (व्यक्तिगत) कमाई शुरू करे उस दिन से लेकर जिस दिन उसकी औसत आमदनी देखनी हो उनके बीच के कुल दरमियानी (मध्य के) साल निकाल लें। अब जो ग्रह टेवे में उत्तम हो उस ग्रह के दिये गये हिन्दसों (अंकों) का जरब (गुणा) दरमियानी सालों में कर दें। जो जवाब (परिणाम) आएगा वह हिन्दसा (अंक) इंसान की औसत माहवार आमदनी (एक महीने की आय) होगी। मसलन किसी इंसान के उत्तम ग्रह मंगल–सनीचर मुश्तरका (इकट्ठे) हैं और उसने कुल 19 साल तक कमाई कर चुकी है तो 19 गुणा 18 = 342 इंसान की माहवार आमदनी होगी।

उत्तम ग्रह– माहवार आमदनी देखने के लिए जिस ग्रह का चयन किया जाएगा वह टेवे के मुताबिक (अनुसार) उत्तम ग्रह होना चाहिए। इन ग्रहों की तरतीब (क्रम) इस तरह से होगी।

(i) उच्च घर के ग्रह।

(ii) कायम ग्रह (देखें फरमान नंबर 6)।

(iii) किस्मत के ग्रह (इसी फरमान में योग–बंधन) जो सबसे ज्यादा प्रबल हो उन सबका मजमुआ (एकत्रित) असर लेंगे।

(iv) राहु–केतु मुश्तरका और शुक्कर–सनीचर मुश्तरका आमदनी में नहीं गिने जाते क्योंकि सनीचर–शुक्कर अय्याशी (व्यभिचार), राहु–केतु मस्नूई शुक्कर होता है यानि हवाई बृहस्पत जो ऐसा बृहस्पत (कागजी–हिसाब) होगा जिसकी कमाई न हो सकेगी।

(v) बुध–मंगल को मंगल–बद गिनेंगे (आमदनी के उसूल में) और बुध–सनीचर जायदाद (सम्पत्ति) गिने जाएंगे।

ग्रहों की आमदनी

अब आगे प्रत्येक ग्रह के हिसाब से (कायम या उम्दा ग्रह) माहवार आमदनी दी जा रही है।

बृहस्पत	11	बुध	3
सूरज	10	सनीचर	10.5
चन्द्र	9	राहु	8
शुक्कर	6	केतु	5
मंगल	7.5	कुल	70

जब उपरोक्त सभी ग्रह कायम या उम्दा या किस्मत के ग्रह हों तो कुल आमदनी 70 मात्रक होगी।

माया के नाम

आगे प्रत्येक ग्रह की मुश्तरका (संयुक्त) हालत के वक्त होने वाली माहवार–आमदनी का मात्रक (यूनिट) दिया जा रहा है। साथ ही आमदनी के निकास (निकलने) का रास्ता (स्त्रोत) भी दिया गया है।

मुश्तरका (संयुक्त) ग्रहों के नाम	निकासी का रास्ता स्त्रोत	हिन्दसा मात्रक (यूनिट)
बृहस्पत–सूरज	शाही धन (उत्तम धन)	21
बृहस्पत–चन्द्र	दबाया हुआ धन	20
बृहस्पत–शुक्कर	दिखावे का धन	17
बृहस्पत–मंगल	श्रेष्ठ गृहस्थी धन	18
बृहस्पत–सनीचर	संन्यासी या फकीर की माया दौलत	21
सूरज–चन्द्र	आला (उत्तम) मुलाजमत नौकरी	19
सूरज–मंगल	जागीरदारी	17
सूरज–बुध	मुलाज़मत (कलम से सम्बन्धित)	13
चन्द्र–मंगल	श्रेष्ठ धन	16
चन्द्र–सनीचर	स्याह (काला धन), बदनाम करने वाली दौलत	19
शुक्कर–मंगल	स्त्री धन	13
शुक्कर–बुध	मुलाजमत (नौकरी) गैर सरकारी	9
शुक्कर–सनीचर	फर्जी (काल्पनिक) अय्याशी	16
मंगल–बुध	मौत–बहाना का धन	10
मंगल–सनीचर	डॉक्टर, डाकू का धन	18
बुध–सनीचर	जायदाद (मनकूला), चल–सम्पति	13
क़ेतु पहले और राहु बाद में हो	न्यासरी माया, लावल्दी का धन	13

धन दौलत के नाम

फालतू धन सातवें होगा, चश्मा धन चौथे में हो
ग्यारह भरता धन से चौथा, तीसरे बह जाता हो
खाली घर चन्द्र का अपना, माया जर चन्द्र से हो
सनीचर होगा धन का राखा, बैठा जैसे टेवे वह हो
बन्द मुट्ठी साथ हो लाया, नौवें बुजुर्गा पाता हो
तीसरे घर परसू बनता, ग्यारह परसा होता हो
पांच पहले नौवें अपना, परस रामा बनता हो
तीजे दूजे झगड़े देना, बे आरामी करता हो

(1) फालतू धन (अतिरिक्त धन) खाना नंबर 7 का ग्रह देगा यानि खाना नंबर 7 में कोई उम्दा ग्रह हो तो इंसान के पास नियमित आमदनी (आय) के अलावा फालतू धन भी आता रहेगा।

(2) खाना नंबर 4 धन का चश्मा (स्त्रोत) होगा। खाना नंबर 11 का ग्रह धन के चश्मे (खाना नंबर 4) को भरने वाला होगा। टेवे में चन्द्र जैसा होगा वैसा ही धन का चश्मा भरेगा। चन्द्र की पाएदारी (स्थिरता) धन की पाएदारी होगी। सूरज और बृहस्पत इस चश्मे (खाना नंबर 4) की मरम्मत का काम देंगे। खाना नंबर 11 के ग्रह से इस चश्मे की सफाई और भराई (आय या आमदनी) होगी। खाना नंबर 3 का ग्रह इस चश्मे की गंदगी (व्यय या खर्चा) होगा।

(3) अगर खाना नंबर 4 गें कोई ग्रह न हो तो चन्द्र की हालत के मुताबिक (अनुसार) इंसान को धन मिलेगा यानि खुद चन्द्र ही इस चश्मे, (खाना नंबर 4) को भरेगा। खाना नंबर 3 का पक्के घर का मालिक मंगल है यानि खाना नंबर 3 के ग्रह और मंगल की हालत पर चश्मे के बह जाने का हाल (व्यर्थ खर्चा) देखेंगे।

(4) सनीचर इस चश्मे (खाना नंबर 4) का अर्थात् धन का रक्षक होगा। सनीचर की टेवे में जैसी हालत होगी वही हालत धन की रक्षा की लेंगे।

(5) बंद मुट्ठी (खाना नंबर 1, 7, 4, 10) का धन ऐसा होगा जैसे बग्गी (गाड़ी) में रखकर कोई मुसाफिर (यात्री) अपना सामान लेकर जा रहा हो। खाना नंबर 9 का बुजुर्गी (पैतृक) धन ऐसा होगा जैसे किसी ने अपना धन किसी दूसरे की हिफाजत में रखकर बग्गी में भेज दिया हो अर्थात् खाना नंबर 9 का धन और सम्पति इंसान की बुजुर्गों के पास अमानत होगी। खाना नंबर 10 का धन ऐसा होगा जो टेवे वाले के बुजुर्गों ने टेवे वाले के नाम अमानत तो नहीं रखा होगा मगर टेवे वाला इंसान उस धन को भोग जरूर रहा होगा। परिवार से अलग होने पर यही खाना नंबर 10 टेवे वाले इंसान की किस्मत का कर्म–क्षेत्र होगा।

(6) कुदरती तौर पर साथ लाई हुई दौलत का खजाना बन्द मुट्ठी के खानों में होगा, ये खजाना हकीकी (सगे) रिश्तेदार से मिलेगा। ये हकीकी रिश्तेदार खाना नंबर 3 (भाई, बहिन, ताऊ, चाचा), खाना नंबर 5 (औलाद), खाना नंबर 9 (बुजुर्गी खाना), और खाना नंबर 11 (व्यक्तिगत आय) के माध्यम से यह धन टेवे वाले को देंगे। इसके अलावा जो धन का खजाना टेवे वाला बाकी रिश्तेदारों से लेगा। वह खजाना खाना नंबर 2 (ससुराल), खाना नंबर 6 (दोस्तों की प्रत्यक्ष या गुप्त सहायता) और लड़के–लड़कियों

के रिश्तेदारों या मामा–नाना का धन और खाना नंबर 3 (ईश्वरीय मदद या बेजान सांसारिक मदद) से मिलेगा।

बचत– बृहस्पत–सूरज मुश्तरका (इकट्ठे) हों तो इंसान रईस होगा। बृहस्पत–सनीचर मुश्तरका हों तो इंसान आम दुनियावी (सामान्य रूप से सांसारिक) बचत करेगा। अगर बृहस्पत, सूरज, बुध तीनों मुश्तरका हों तो राजदरबार (सरकारी या प्रशासनिक) के धन से बचत करेगा। खाना नंबर 2 खुद–ब–खुद (स्वतः) बचत का धन होगा। खान नंबर 11 में नर ग्रह या उत्तम ग्रह हों तो इंसान के खर्चे के मुकाबले आमदनी बढ़ती होगी।

खर्च– जब टेवे में बृहस्पत–शुक्कर या बृहस्पत–बुध मुश्तरका हों या खाना नंबर 12 में मंदे ग्रह हों या खाना नंबर 11, 12 दोनों ही खाली हों तो टेवे वाले की फिजूलखर्ची और बरबादियां ज्यादा होंगी।

नोट– ***वर्तमान में सूरज-सनीचर मुश्तरका (इकट्ठे) बैंक हैं। अगर जनमपत्री में सूरज-सनीचर मुश्तरका हों या बृहस्पत से अथवा बृहस्पत के घरों 2, 5, 9, 12 से सूरज-सनीचर का ताल्लुक (सम्बन्ध) न हो या दोनों उत्तम हों तो टेवे वाले इंसान की अच्छी बचत होगी, वरना खर्चे बढ़ते ही रहेंगे आमदनी घटती रहेगी।***

औसत जिन्दगी– जब टेवे में कोई भी ग्रह उच्च का हो अथवा खाना नंबर 1, 5, 6 खाली हों या इन खानों में अकेला ग्रह हो अथवा खाना नंबर 1, 7, 8, 10 और 11 सभी में 1–1 ग्रह जरूर हों तो टेवे वाले की माली हालत जनम के मुकाबले आखरी वक्त पर बेहतर होगी।

(1) तर्जनी उंगली– टेवे का खाना नंबर 2 (तर्जनी उंगली) का असर जिन्दगी की पहली अवस्था में जमाने की हवा का वाकफियत (अनुकूलता) होगा। बृहस्पत का असर (इंसान की) 25 साल की उम्र तक का अरसा (समय) होगा।

(2) अनामिका उंगली– टेवे का खाना नंबर 6 (अनामिका उंगली) का असर इंसान की गृहस्थ हालत पर होगा, जिसका जमाना 25 साल से 50 साल तक की उम्र का जमाना होगा।

(3) कनिष्ठा उंगली– टेवे का खाना नंबर 8 (कनिष्ठा उंगली) का असर साधुपन (साधुत्व) का जमाना होगा। जिसका अरसा 50 से 75 साल की उम्र की दरमियानी (मध्य) उम्र का जमाना होगा।

(4) मध्यमा उंगली– टेवे का खाना नंबर 11 (मध्यमा उंगली) का असर वन–परस्ती (जंगल घूमने वाला) का जमाना होगा। जिसका अरसा 75 से 100 साल की उम्र का वक्त होगा।

दौलत की हैसियत

टेवे (कुंडली) का खाना नंबर 4 या चन्द्र का बुर्ज़ (पर्वत) धन–रेखा या दुनियावी धन दौलत के निकलने की जगह माना गया है यानि दौलत का निकास उन ग्रहों से होगा जो खाना नंबर 4 में बैठे हों या खाना नंबर 4 के ग्रहों के दोस्त, ताल्लुकदार (रिश्तेदार), साथी या मददगार हों। अगर खाना नंबर 4 खाली हो तो चन्द्र को खाना नंबर 4 में माना जाएगा।

दौलत के नाम

दौलत को तीन नामों से पुकारा जाता है परसु, परसा और परसराम। यानि खाना नंबर 3 का धन गरीब का धन होता है जिसे परसु कहकर पुकारा जाता है। खाना नंबर 11 इंसान की जाती (व्यक्तिगत) आमदनी

का खाना है जिसे परसा कहा जाता है। खाना नंबर 1, 5, 9 का धन परसराम कहलाता है। खाना नंबर 3 और खाना नंबर 2 के ग्रह अमूमन झगड़े–फ़साद खड़े करते हैं और इंसान के आराम में खलल डालने का काम करते हैं। इसलिए इन घरों का धन भी बेआराम ही होता है।

(1) **चन्द्र–मंगल**– चन्द्र–मंगल मुश्तरका (इकट्ठे), श्रेष्ठ धन होगा। खासतौर पर जब ये दोनों मुश्तरका खाना नंबर 3 में बैठे हों। चन्द्र–मंगल मुश्तरका का धन कल्याण (दान) से बढ़ने वाला धन होगा। लेकिन अगर ये दोनों ग्रह खाना नंबर 10, 11 में बैठे हों अथवा सनीचर के ताल्लुक (संपर्क) में हो जाएं तो इंसान लालची होगा।

(2) **चन्द्र–बृहस्पत**– चन्द्र–बृहस्पत मुश्तरका (इकट्ठे) ऐसा धन होगा जो दबा हुआ हो और वक्त आने पर फिर चल पड़े यानि टेवे वाले के काम आए। चन्द्र–बृहस्पत (चांदी–सोना) मुश्तरका छत्र–धारी ऐसे बड़ के दरख्त (वृक्ष) के समान होगा। जिसके साये (छाया) से दूसरे लोगों को भी फायदा होगा।

(3) **चन्द्र–सनीचर**– चन्द्र–सनीचर मुश्तरका अगर बृहस्पत के घरों (2, 5, 9, 12) में हों या बृहस्पत के साथ हों तो उम्दा (उत्तम) धन होगा वरना मुंह स्याह (काला) करवा देने वाली माया (धन–दौलत) का सबूत देगा। ऐसी माया खुद तो स्याह काले मुंह वाले लंगूर की तरह छलांग लगाकर चली जाएगी मगर टेवे वाले का स्याह मुंह सुनने–सुनाने का बहाना बना जाएगी यानि ऐसी दौलत बदनामी का सबूत देगी।

(4) **मंगल–शुक्कर**– मंगल–शुक्कर मुश्तरका वाला धन, स्त्री–धन (ससुराल का दहेज) होगा। स्त्री की किस्मत से आने वाला धन होगा और स्त्री की किस्मत से चलेगा।

(5) **सनीचर–बृहस्पत**– फकीरी (साधुत्व) और तालीमी (शैक्षिक) धन होगा। ऐसा धन शादी के बाद से बढ़ेगा।

(6) **मंगल–बृहस्पत**– श्रेष्ठ गृहस्थी धन जो मर्द (पति) के परिवार का हो।

(7) **मंगल–सनीचर**– डाकू का धन।

(8) **मंगल–सूरज**– जागीरदारी का धन, हुकूमत (शासन) का धन या रुहानी–तालीम (आध्यात्मिक–शिक्षा) से मुतअल्लिक (सम्बन्धित) धन।

(9) **शुक्कर–बृहस्पत**– बूरे के लड्डू, झाग के बताशे।

(10) **सूरज–बृहस्पत**– सबसे उत्तम शाही धन।

खाना नंबर 2 के ग्रह और दुश्मन ग्रहों की मिलकियत (मालिकाना, स्वामित्व) बतौर तख़्त (खाना नंबर 1 में वर्षफल के अनुसार आने का वक्त) का जमाना (समय) धन हानि, चोरी, बेवजह फालतू खर्च और नुकसान का सबब (कारण) होता है। खाना नंबर 11 धन रेखा की आमदनी का समय होगा। धन रेखा खाना नंबर 11 के रास्ते आती है और खाना नंबर 3 के रास्ते से चली जाती है यानि तीसरी पुश्त (पीढ़ी) पर धन रेखा (भाग्य रेखा) का रास्ता बदला हुआ होता है। मुट्ठी के अन्दर (खाना नंबर 1, 7, 4, 10) के घरों में अगर कोई ग्रह न हो तो इंसान अपने साथ कुछ नहीं लाया। अगर तमाम (सभी) ग्रह मुट्ठी के अंदर ही हों तो माया के दरख़्त (वृक्ष) का साया ऐसे इंसान के सिर से उठ चुका होगा।

खर्च-बचत

चन्द्र को धन और सनीचर को खजांची माना गया है यानि चन्द्र और सनीचर की हालत ही इंसान की जेब की हालत बताएगी। सनीचर और मंगल जायदाद (सम्पत्ति) के मालिक होते हैं। चन्द्र–बृहस्पत सोने–चांदी की दौलत के मालिक हैं। आमदनी (आय) का हाल खाना नंबर 11 से देखा जाएगा और खर्च (व्यय) का हाल खाना नंबर 12 से देखा जाएगा। खाना नंबर 9 से बुजुर्गों की दौलत और जाती (व्यक्तिगत) कमाई की बचत देखी जाएगी।

खाना नंबर 5 से सिर रेखा (मस्तिष्क रेखा), उम्र–रेखा (जीवन रेखा) और सेहत–रेखा (स्वास्थ्य रेखा) से बनने वाले त्रिकोण को देखा जाएगा। इन तीनों रेखाओं से बनने वाले मुसल्लस (त्रिकोण) की जगह हथेली पर खाली मैदान का स्थान है। इस मैदान के तीनों किनारों में हवाई चीजें छिपी हुई हैं।

(1) उम्र रेखा में हवाई लहर (प्राण वायु)।

(2) सेहत रेखा या तरक्की रेखा में हवा में उड़ती हुई भाप (क्षीण होती प्राण वायु)।

(3) सिर रेखा में बोलने की आवाज।

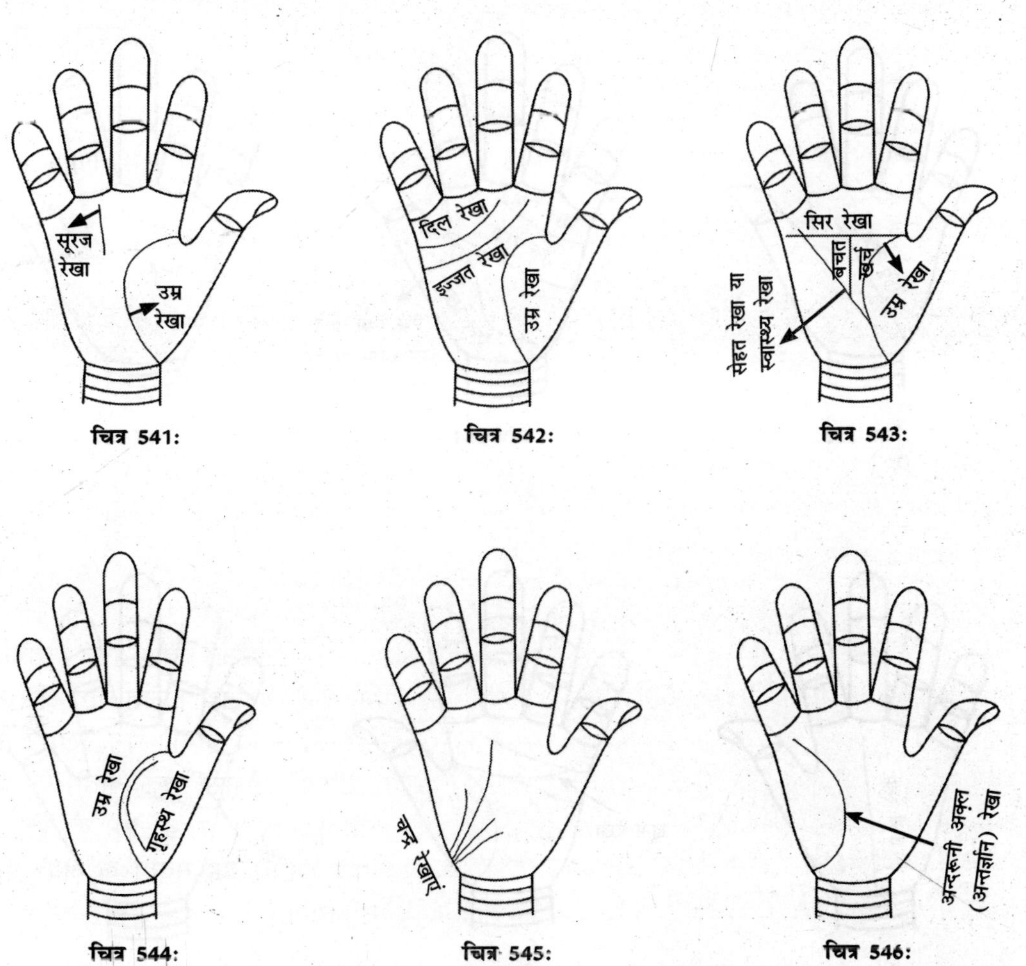

चित्र 541: चित्र 542: चित्र 543:

चित्र 544: चित्र 545: चित्र 546:

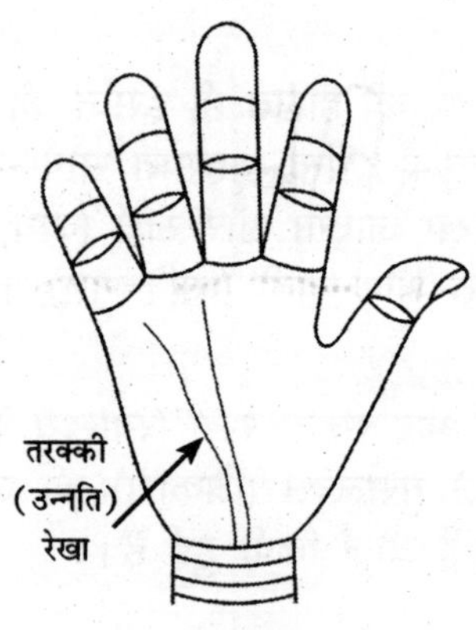

चित्र 547:

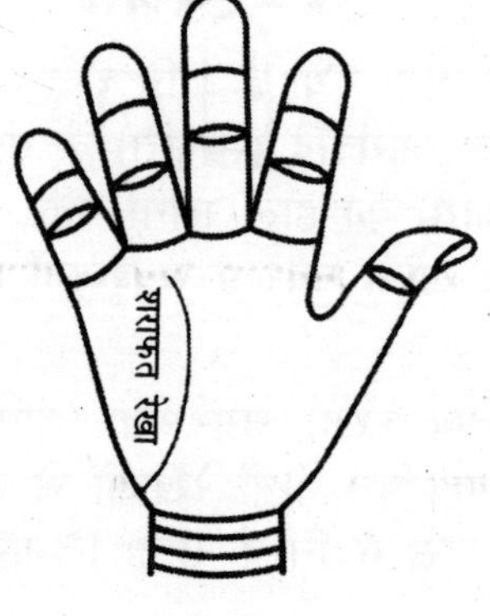

चित्र 548:

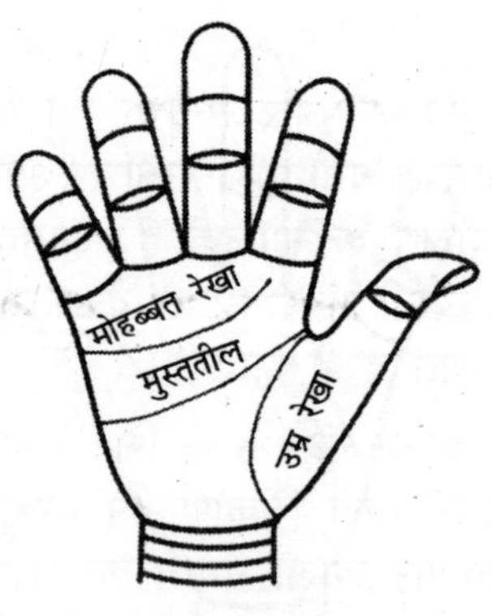

चित्र 549:

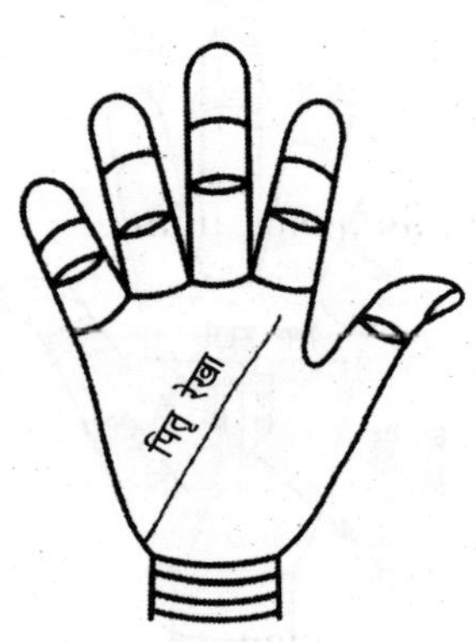

चित्र 550:

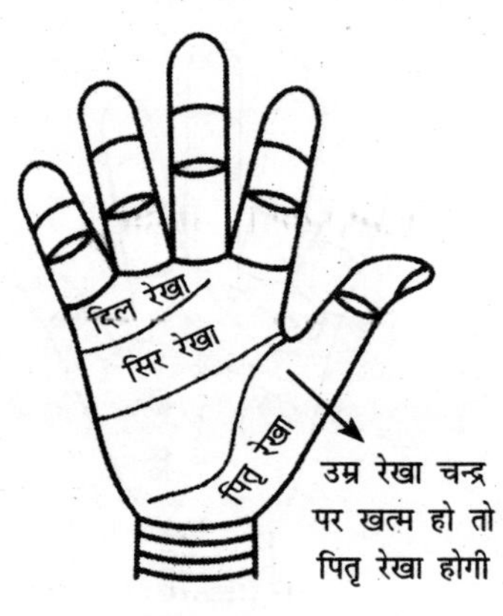

चित्र 551:

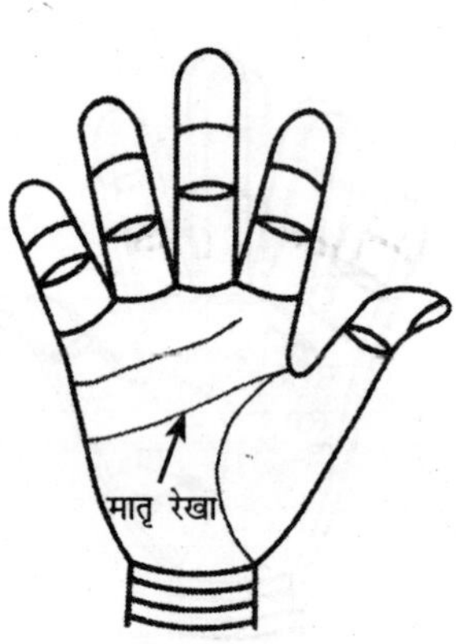

चित्र 552:

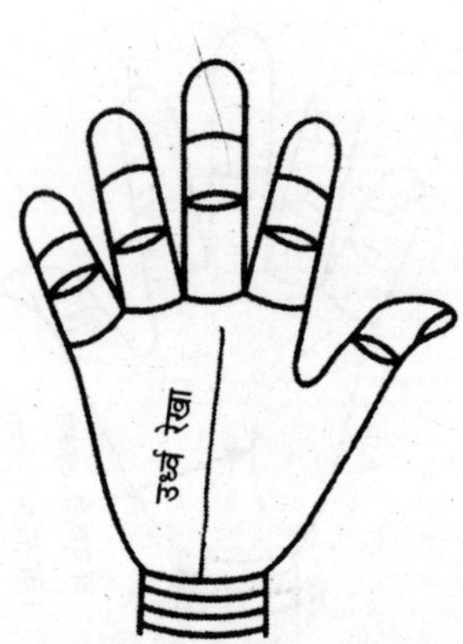

चित्र 553:

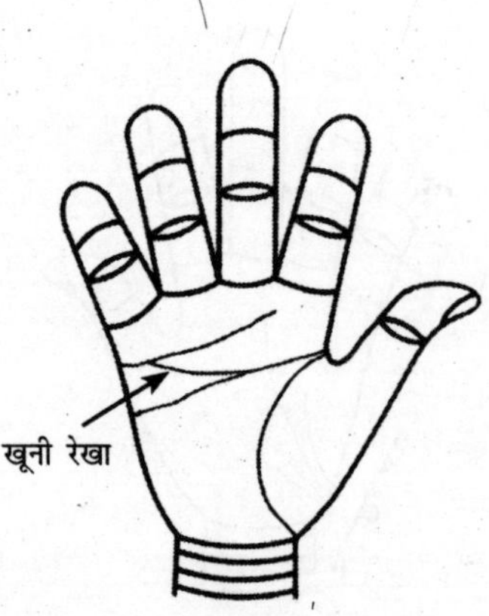

चित्र 554:

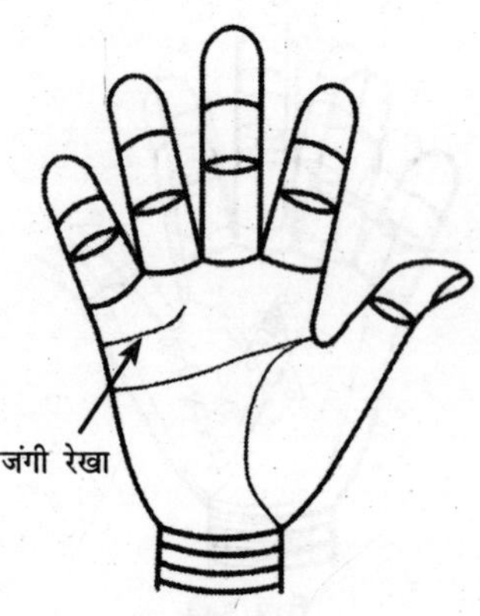

चित्र 555:

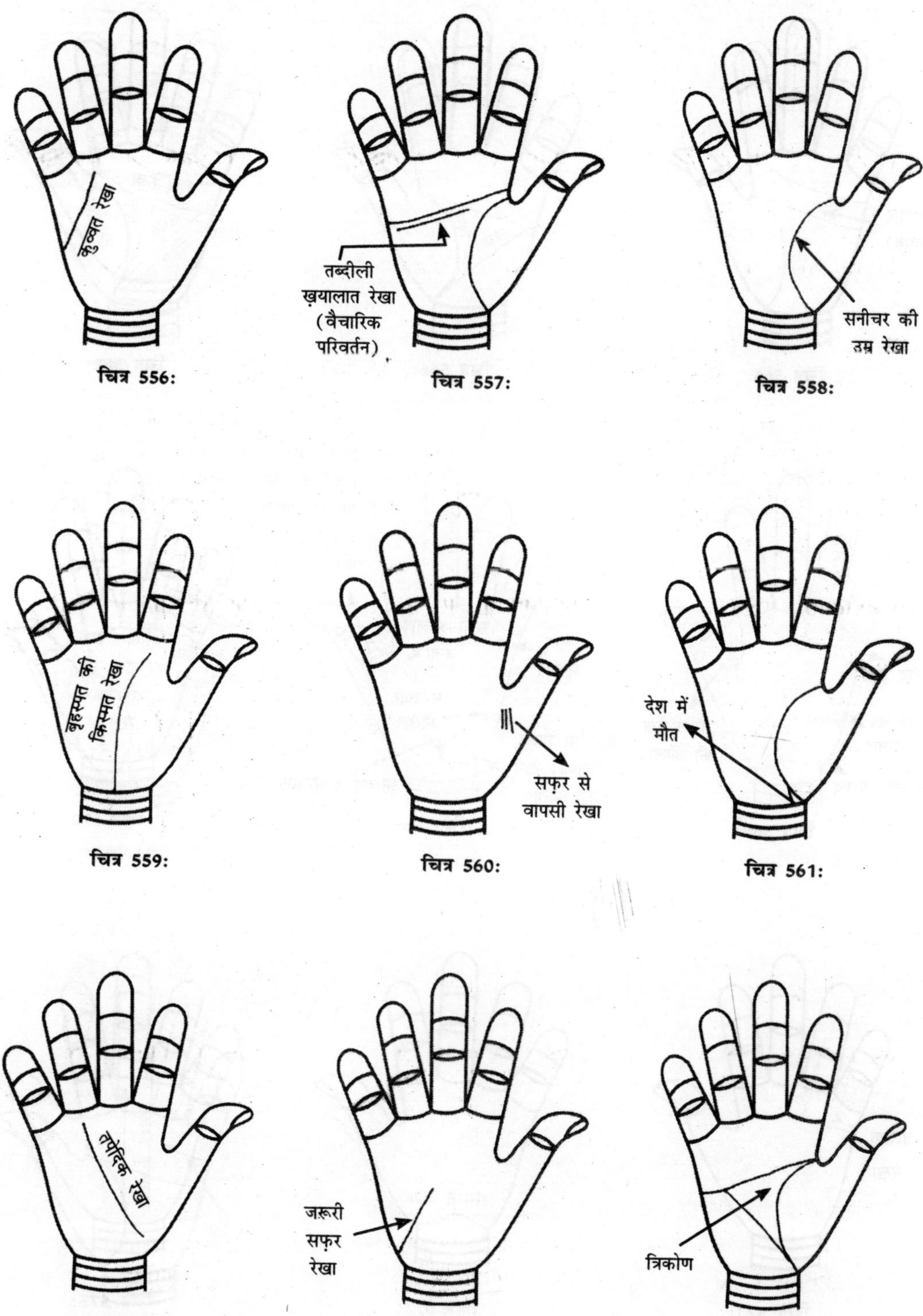

चित्र 556:

चित्र 557:

चित्र 558:

चित्र 559:

चित्र 560:

चित्र 561:

चित्र 562:

चित्र 563:

चित्र 564:

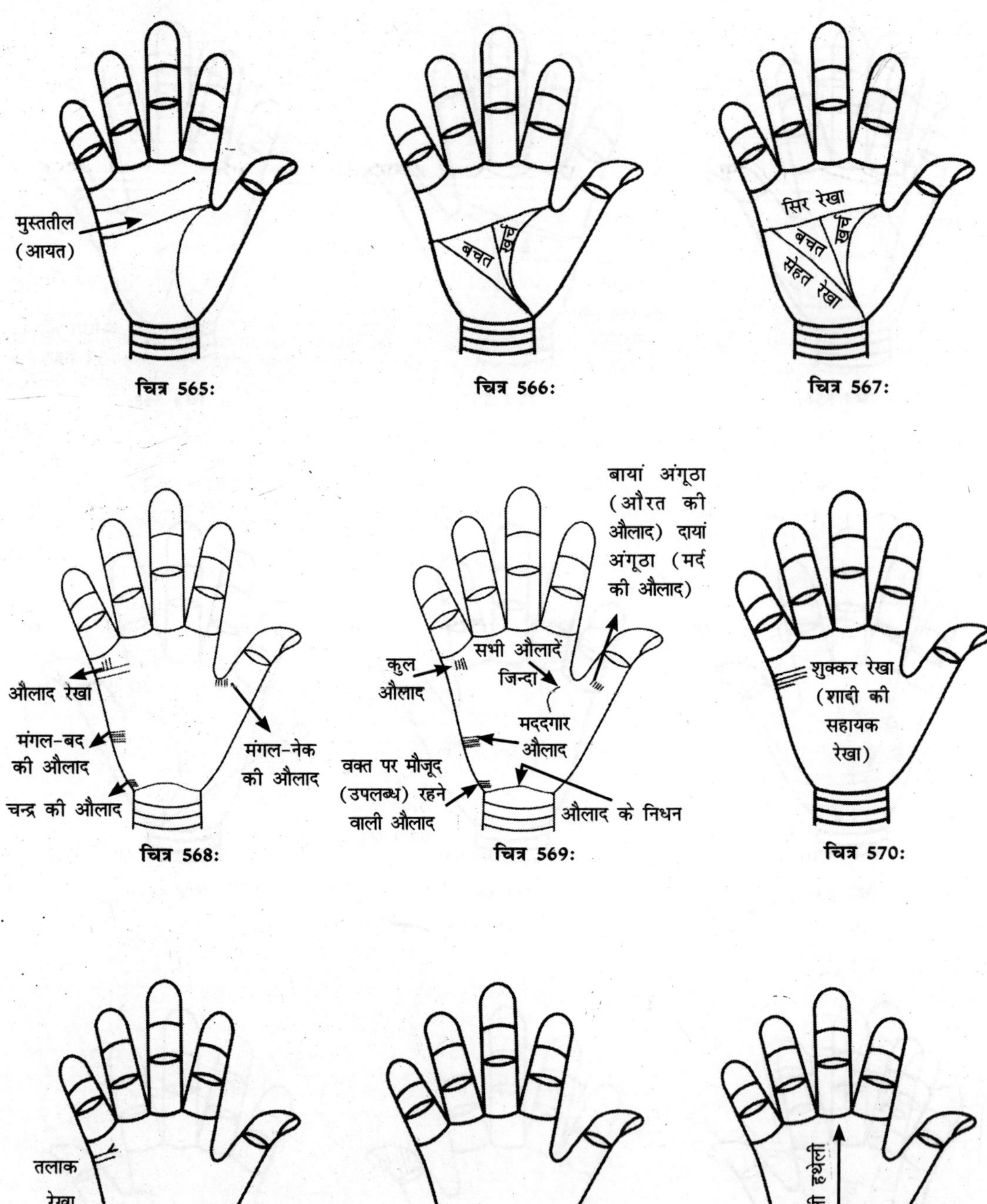

चित्र 565:

चित्र 566:

चित्र 567:

चित्र 568:

चित्र 569:

चित्र 570:

चित्र 571:

चित्र 572:

चित्र 573:

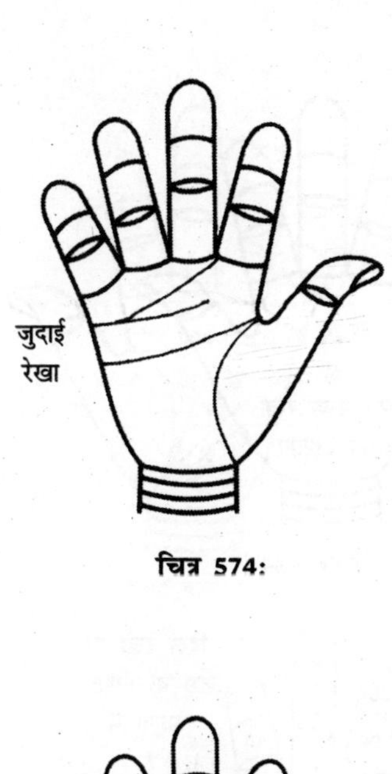

चित्र 574:

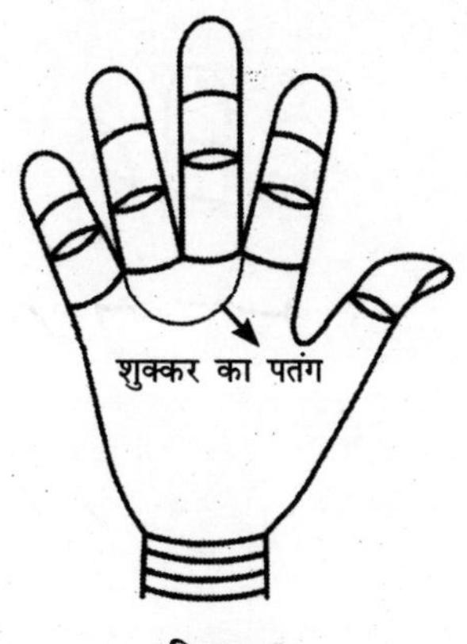

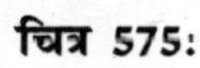

चित्र 575:

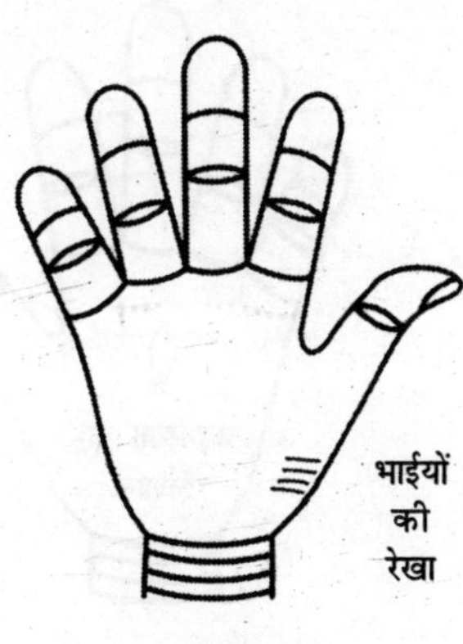

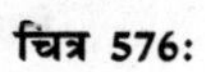

चित्र 576:

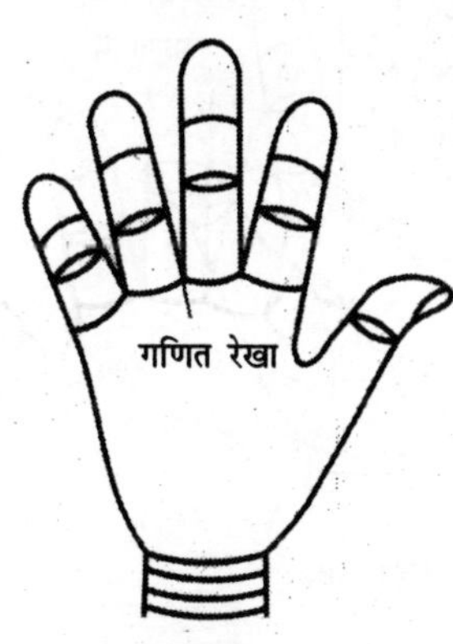

चित्र 577:

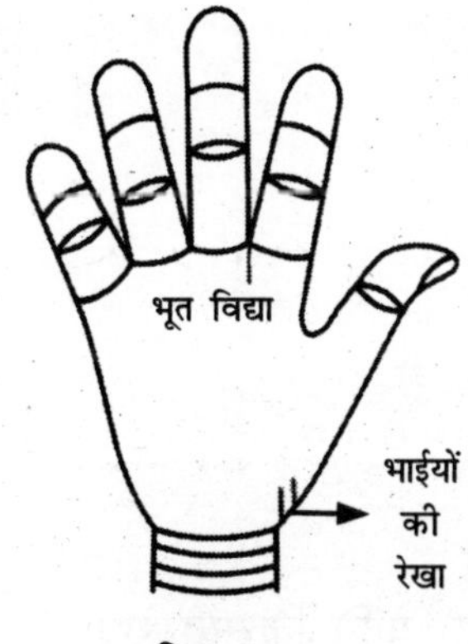

चित्र 578:

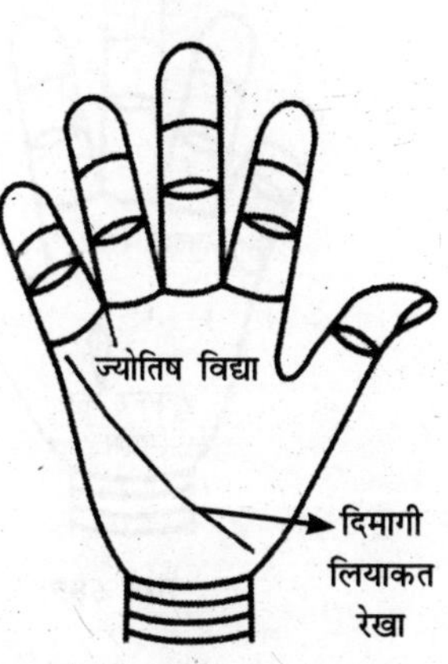

चित्र 579:

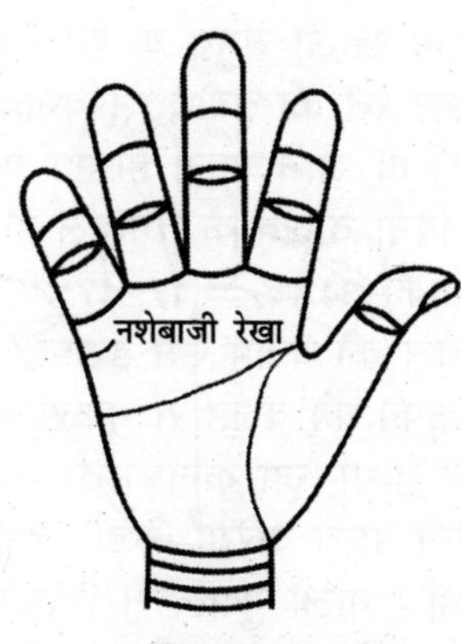

चित्र 580:

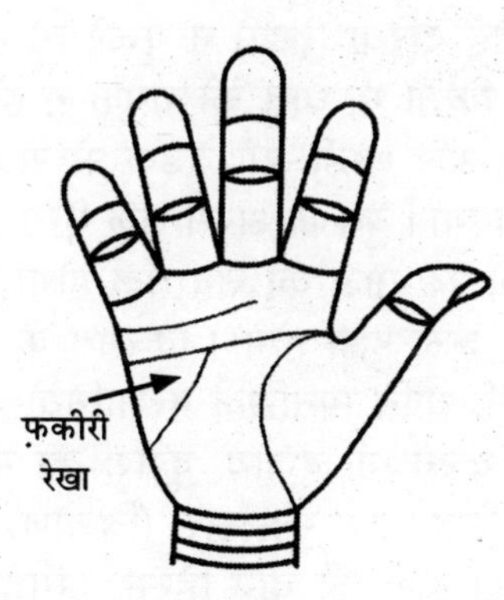

चित्र 581:

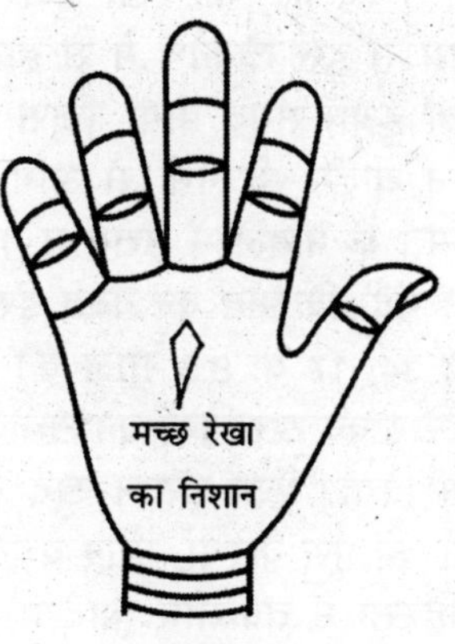

चित्र 582:

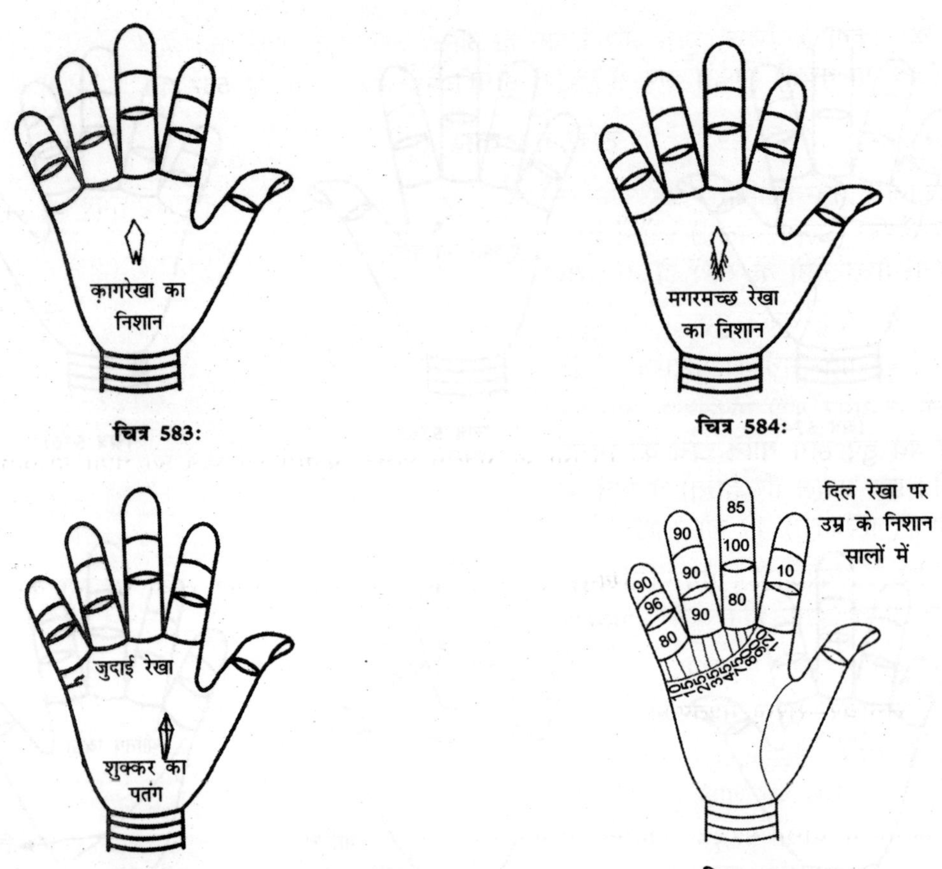

चित्र 583: चित्र 584:

चित्र 585: चित्र 586:

किस्मत (भाग्य) का दरिया (रेखा) यानि किस्मत रेखा (ऊर्ध्व रेखा) मच्छ रेखा, धन रेखा, श्रेष्ठ रेखा वगैरह सभी के दरिया अपना रास्ता खुद बना लेते हैं यानि इन दरियाओं में से जिस दरिया का पानी उस (हथेली के) मैदान में होगा तो मैदान में भी उसी रेखा का असर जाहिर होगा। यानि हथेली के इस त्रिकोण में से होकर जो–जो रेखा गुजरेगी, उस रेखा के गुणों का असर इस त्रिकोण के अन्दर आ जाएगा और अगर संयोग से इस त्रिकोण में से होकर कोई दरिया (रेखा) न गुजरे तो यह मैदान खाली समुद्र या रेत का खुश्क (सूखा हुआ) समुद्र होगा, जिस रेत में किसी भी धातु की चमक न होगी। इस रेत की तबीयत (स्वभाव) वाला इंसान थोड़ी–सी गर्मी से आग बबूला और थोड़ी–सी ठंडक से सर्द (ठंडा) हो जाने वाला होगा। यह हाल किस्मत के मामले में उत्तम न कहा जाएगा। बुध के अरसे तक ऐसा इंसान बिना दौलत के तंगहाल ही होगा। यानि मंदी किस्मत का वक्त इंसान की 34 साल की उम्र तक होगा जो उसकी $34 \times \frac{1}{2} = 17$, $17 \times \frac{1}{2} = 8.5$, यानि 34, 17 या 8.5 साल की उम्र में शुरू हुआ होगा। किस्मत के मंदे–हाल की वजह ऐसे इंसान की खुद की सिर की खराबियों का नतीजा होगी यानि मानसिक परेशानियों या बेवकूफ़ी की वजह से नुकसान उठाने वाला होगा। ऐसा इंसान खुद कमाई करने की बजाय, दूसरों का मोहताज होगा, जो कर्जा उठा कर अपने खर्चों को पूरा करेगा, मगर बचत न करेगा। इस मुसल्लस (त्रिकोण) में चलने वाला दरिया (रेखा), हथेली को दो हिस्सों में तकसीम (बांटेगा) करेगा। हाथ की दाएं हिस्से (अंगूठे) की ओर वाली मुसल्लस (त्रिकोण) का हिस्सा खर्च का होगा और नेक दुनियावी–मदद (सांसारिक सहायता) से मुतअल्लिक (सम्बन्धित) होगा। बाईं ओर वाला हिस्सा (मंगल बद की ओर) चन्द्र का नेक असर या बचत को जाहिर करेगा। इस पूरे मुसल्लस

(त्रिकोण) का रकबा (क्षेत्रफल) खर्च और बचत का औसत (अनुपात) बताएगा। यानि जो हिस्सा बड़ा होगा वह गुण (खर्च या बचत) औसत रूप से ज्यादा होगा। देखें चित्र 566 एवं 567।

खर्च पर काबू (नियंत्रण)

जब मंदरजाजैल (निम्नलिखित) ग्रह नेक घरों में हों या साथी–ग्रह (देखें फरमान नंबर 6) हों या दोनों अलैहदा–अलैहदा (अलग–अलग) घरों में कायम (देखें फरमान नंबर 6) हों या दोनों जुदा–जुदा (अलग–अलग) अपने–अपने दोस्त ग्रहों के साथ हों तो इंसान की बचत खुद–ब–खुद (स्वतः) होती चली जाएगी।

(1) बृहस्पत–सूरज मुश्तरका (संयुक्त) (2) सूरज–बुध मुश्तरका

(3) बृहस्पत–सनीचर मुश्तरका (4) बुध–सनीचर मुश्तरका

हथेली में अगर बड़ी मुसल्लस (खाना नंबर 11, 12, बचत–खर्च) के तीनों कोने बंद हों तो बचत और खर्च दोनों बंधे हुए होंगे यानि खर्च की गिनती हो सकेगी अथवा इंसान की खुद की मर्जी के अनुसार खर्चे चलते होंगे। इस उसूल (सिद्धान्त) में खर्च और बचत को बदला नहीं जा सकता है और खर्च की हुई रकम की मालूमात (जानकारी) की जा सकती है।

जब टेवे में मंदरजाजैल (निम्नलिखित) ग्रह मुश्तरका (इकट्ठे) हों मगर साथी ग्रह या कायम वगैरह (इत्यादि) न हों तो इंसान का खर्च ख्वाहमख्वाह (बेवजह) होता चला जाएगा। आमदनी चाहे न हो।

(1) बुध–बृहस्पत मुश्तरका (2) शुक्कर–बृहस्पत मुश्तरका

(3) सनीचर–सूरज मुश्तरका

अगर बृहस्पत का साथ सूरज या सनीचर में से किसी को भी न मिले यानि सूरज या सनीचर दोनों में से कोई भी बृहस्पत की राशि (9, 12) या दोस्ती वगैरह के ताल्लुक (सम्बन्ध) में न आए तो इंसान के खर्चे और आमदनी दोनों महदूद (सीमित) होंगे। अगर इंसान अपना खर्चा घटा दे तो उसकी आमदनी खुद–ब–खुद घट जाएगी। अगर खर्चा ज्यादा करेगा तो आमदनी भी बढ़ती चली जाएगी लेकिन इंसान की बचत वही होगी जो कि किस्मत में मुकर्रर (निश्चित) है। हथेली में अगर उम्र (जीवन) रेखा और सेहत (स्वास्थ्य) रेखा के मिलने का कोना खुला हुआ हो तो इंसान खर्च और बचत का हिसाब–किताब नहीं रख सकेगा यानि अगर खर्च कम कर दिया जाए तो आमदनी भी खुद–ब–खुद कम हो जाएगी। ध्यान रखें कि ये उसूल (सिद्धान्त) मुसल्लस (त्रिकोण) में मुकर्रर कोनों के हिसाब से होगा। यानि–

(i) उम्र रेखा और सेहत रेखा वाला कोना → खर्च का हिसाब–किताब

(ii) सिर (मस्तिष्क) रेखा और सेहत रेखा वाला कोना → बचत का हिसाब–किताब यानि जिस तरफ का कोना खुला हुआ होगा वही गुण (खर्च या बचत) ज्यादा होगा यानि दोनों ही हालातों में अगर कोई भी सिरा (कोना) खुला हो तो इंसान के धन के दरिया को बहाने वाला होगा।

अगर खर्च और बचत का यह मुसल्लस (त्रिकोण) गहरा और गड्ढा नुमा (धंसा हुआ) हो तो किस्मत की रवानी (बहाव) का उम्दा पानी बहकर बाहर न जा सकेगा यानि बेवजह न बिखरता होगा। ऐसा इंसान खर्चे को बचाकर चलता होगा, अपनी आमदनी में से ही बचत कर लेगा वरना कर्जे से ही गुजारा करेगा अर्थात् आमदनी (कमाई) से ही बचत या खर्चा करेगा लेकिन अगर कर्जा लाएगा तो खर्च करके कुछ न बचा पाएगा। बंद मुट्ठी (1, 7, 4, 10) के अन्दर के खानों के ग्रहों वाला इंसान या खाना नंबर 11 में नर ग्रह वाला इंसान ही केवल अपनी आमदनी से खर्च और बचत दोनों करेगा लेकिन दूसरे लोगों के लिए यह उसूल (सिद्धान्त) जरूरी न होगा। आरजी (अस्थाई) उधार का कर्जा नहीं गिना जाएगा। कर्जा वह होगा

जो लम्बे वक्त के लिए हो मसलन बाबा का लिया हुआ कर्जा पोते तक मार करता चला जाए और बेबाक (शून्य) न हो।

कर्ज और जद्दी–जायदाद (पैतृक सम्पत्ति) में इजाफा

खाना नंबर 11 नर ग्रहों से भरपूर हो या हथेली की लम्बाई जिस कदर (आनुपातिक रूप से ज्यादा) लंबी होगी उसी कदर धन–दौलत इंसान के हाथों में आती चली जाएगी और जिस कदर मध्यमा उंगली की लम्बाई ज्यादा होगी या टेवे में खाना नंबर 2 रद्दी ग्रहों से भरपूर हो उसी कदर इंसान धन–दौलत छोड़ने वाला और फिजूल–खर्च करने वाला होगा।

औसत–जिंदगी (मध्य वर्गीय जीवन)

खाना नंबर 11 आमदनी में से खाना नंबर 12 (व्यय) घटाएं तो जो नतीजा (परिणाम) आएगा वह खाना नंबर 9 (बचत) होगा। कुंडली के नौ ग्रहों में से जितने ग्रह उम्दा (कायम या अच्छे) हों उतना हिस्सा बुरा होगा मसलन 9 ग्रहों में से 5 ग्रह अच्छे हों और 4 ग्रह मंदे हों तो आमदनी खर्च की तुलना में कुछ ज्यादा होगी।

9 ग्रहों में से 5 ग्रह नेक और 4 ग्रह बुरे या मंदे हों तो 5–4 = 1 शेष की बचत

अब 9+5 = 14 नेक ग्रह हुए और 9–4 = 5 मंदे ग्रह हुए

अब नेक और मंदे ग्रहों को जोड़कर अनुपात निकालेंगे। 14+5 = 19 अब इसमें 2 से भाग देंगे

$\frac{19}{2}$ आखरी (अन्तिम) बचत हुई इस अनुपात को 12 राशियों से देखेंगे तो 12 से भाग देंगे यानि

$$\frac{19}{2} \times \frac{1}{12} \text{ यानि अब अनुपात हुआ } \frac{19}{24}$$

यानि जनम के वक्त इंसान की खाना नंबर 9 में जद्दी (पैतृक) जायदाद 24 थी। अब अपने कूच के वक्त (मौत पर) इंसान ये जायदाद 19 छोड़कर जाएगा या इसको इस तरह भी कह सकते हैं कि ग्रहों के 35 साला चक्कर में। टेवे वाला इंसान जायदाद (सम्पत्ति) में 24 के मुकाबले 19 देकर यानि 5 की कमी देकर जाएगा। इस उसूल में हुई कमी–बढ़त, पितृ ऋण के ग्रह से आंकी जाएगी। अगर पितृ ऋण पूरा न किया जाए तो जायदाद घटेगी। पितृ–ऋण खुद राहु–केतु की मंदी हालत है। खाना नंबर 6 केतु का घर है, खाना नंबर 12 राहु का घर है, दोनों की मुश्तरका (संयुक्त) बैठक खाना नंबर 2 है। खाना नंबर 8 पापी ग्रहों की बैठक (सनीचर, राहु, केतु) का खाना है। अगर खाना नंबर 6, 12, 2, 8 में कोई मददगार ग्रह न हो तो इंसान पर पितृ–ऋण का बोझ होगा। अगर कोई भी पितृ–ऋण इंसान के जिम्मे न हो तो ही इंसान कम से कम पांच की बचत तो हर 35 साला चक्कर में कर ही जाएगा। यह औसत–जिन्दगी (मध्यवर्गीय जीवन) कहलाएगी। लेकिन यह इंसान की मासिक–आय न होगी।

नोट– ***पितृ-ऋण का अर्थ महादशा का ग्रह भी होता है।***

अगर कोई ग्रह महादशा का हो (चल रहा हो) तो धन की कमी होगी वरना बचत होगी। बन्द मुट्ठी के अन्दर या बाहर बारह घरों में कोई भी ग्रह उच्च का हो या टेवे में खाना नंबर चार उत्तम हो या खुद चन्द्र ही टेवे में उच्च का हो या नेक हो रहा हो तो महादशा की शर्त न होगी। कमी से कर्जा बढ़ेगा और बचत से जद्दी–जायदाद (पैतृक–सम्पत्ति) बढ़ेगी।

नेकी–बदी का औसत

खाना नंबर 9 के ग्रह वह 'तोहफे' होंगे जो टेवे वाला इंसान साथ लेकर (जनम पर) आया है और खाना नंबर 2 के ग्रह वह तोशा (शक्ति) होंगे जो इंसान आखरी वक़्त में साथ लेकर जाएगा। हथेली में अगर उंगलियां लम्बी हों तो टेवे वाले इंसान का हाथ भी लम्बा ही होगा और अगर सिर बड़ा हो तो कद भी लंबा ही होगा। इन सभी हालातों में इंसान खुश–गुजरान (अच्छी गुजर–बसर वाला) होगा, बशर्ते हथेली की लम्बाई मध्यमा उंगली से ज्यादा हो। अगर हथेली में गहराई हो तो इंसान खुद की जाती (व्यक्तिगत) कमाई से खुश–गुजरान होगा और अपने बाप की निस्बत (तुलना) में आगे बढ़ जाएगा। और जद्दी (पैतृक) जायदाद में इजाफा (लाभ या बढ़ोतरी) करेगा। बरखिलाफ (विपरीत) इसके अगर हथेली की लंबाई मध्यमा उंगली से कम हो और हथेली में गहराई के बजाय ऊंचाई हो यानि हथेली बाहर को उभरी हुई हो (पानी रखने पर पानी टिक न सके) तो बुजुर्गों की जायदाद तो बरबाद कर ही देगा साथ ही दूसरों से भी कर्जा उठाकर और खा–पीकर बरबाद कर देगा। मुख्तसरन (संक्षेप में) ऐसा इंसान पानी से भरे तालाब को खुश्क (सूखा) तो कर ही देगा साथ ही उस तालाब की मिट्टी भी उड़ाकर रख देगा। इंसान की हथेली जिस कदर गड्ढेदार होगी उसी कदर इंसान अपनी कमाई से दौलत और जायदाद जोड़ने वाला होगा। हथेली जिस कदर दरमियान (मध्यम) से ऊंची या ऊपर को उभरी हुई होगी उसी कदर कर्जा या दूसरों का धन लेकर ऐसा इंसान गर्क (बरबाद) कर देगा अथवा बद्दियानती (बेईमानी या धोखेबाजी) का धन उड़ाकर ले जाएगा यानि अगर हथेली की लम्बाई पांच इंच हो तो मध्यमा, लगभग तीन इंच तो जरूर ही होगी जो कमाई केवल दो छोड़ जाएगी। उभरी हथेली वाला इंसान जद्दी जायदाद को बरबाद कर देगा। यही पांच–तीन की औसत दोस्ती–दुश्मनी अच्छे और बुरे पहलू की होगी। अगर गृहस्थ रेखा सीधे डण्डे के मानिन्द (समान) खड़ी हुई हो तो इंसान की कमाई माकूल (उचित) होते हुए भी वह कर्जाई (ऋणी) ही होगा।

माली (आर्थिक) लेन–देन (साहूकारी)

दोस्त केतु बुध छठवें बैठे, मर्द मदद खुद पाता हो
शुक्कर पापी की हालत टेवे, वसूल दौलत जर होता हो
खाली छठे से हर दो हालत, मंगल चन्द्र पर होती हो
बृहस्पत सूरज की रोशन हालत, सनीचर स्याही होती हो

टेवे में बन्द मुट्ठी के खाने खाना नंबर 1, 7, 4, 10 होते हैं। टेवे का मरकज (केन्द्र) खाना नंबर 9, आकाश खाना नंबर 12, पाताल खाना नंबर 6 और तीनों जमाने (त्रैलोकी) खाना नंबर 3 होता है। नया पैदाशुदा बच्चा कुदरती तौर पर साथ लाई हुई किस्मत का खजाना अपनी मुट्ठी के अन्दर बन्द रखता है।

बन्द मुट्ठी के खाने

खाना नंबर 1– इंसान का खुद का जिस्म (शरीर), सूरज से मुतअल्लिक (सम्बन्धित) अश्या (चीजें), रिश्तेदार, कारोबार।

खाना नंबर 7– जायदाद (सम्पत्ति), सनीचर से मुतअल्लिक (सम्बन्धित) अश्या, रिश्तेदार और कारोबार।

खाना नंबर 4– धन, बृहस्पत से मुतअल्लिक अश्या, रिश्तेदार और कारोबार।

खाना नंबर 10– खुराक (भोजन), मंगल से मुतअल्लिक अश्या, रिश्तेदार और कारोबार।

बंद मुट्ठी के बाहर के खाने

खाना नंबर 3— भाई—बंद, ताऊ, चाचा।

खाना नंबर 5— औलाद।

खाना नंबर 9— वाल्दैन (माता—पिता), बुजुर्गी (पैतृक) खानदान।

खाना नंबर 11— जाती (व्यक्तिगत) कमाई।

बच्चा बंद मुट्ठी का खजाना जो किस्मत से अपने साथ लाता है वह हकीकी (सगे) रिश्तेदारों के मार्फत (माध्यम से) उसे मिलता है। ये हकीकी रिश्तेदार खाना नंबर 3, 5, 9, 11 होते हैं। यानि बंद मुट्ठी के खानों की किस्मत का खजाना हकीकी रिश्तेदारों से मिलेगा जो कुछ इसके अलावा बाकी (बचे हुए) रिश्तेदारों से ले सकेगा, वह खाना नंबर 2 (ससुराल), खाना नंबर 6 (साथी, लड़के—लड़कियों के रिश्तेदार, पैदाइश से पहले वाल्दैन के अपने रिश्तेदार यानि मामा, नाना वगैरह) और खाना नंबर 12 (बेजान दुनियावी साथी और गैबी या दैवीय और आसमानी मदद) से मिलेगा। औलाद के जनमदिन के बाद से खुद की मौत तक का जमाना (मरने तक) बाकी रहे हुए (इंसान व चीजों) का हाल, खाना नंबर 2, 3, 5, 6 से मालूम होगा।

खाना नंबर 6→ (1) आम बर्ताव (सामान्य व्यवहार) और साहूकारी, टेवे (कुंडली) के खाना नंबर 6 से देखा जाता है। खाना नंबर 6 के मालिक ग्रहों का इस उसूल (सिद्धान्त) से कोई मतलब नहीं होता है। खाना नंबर 6 के मालिक (बुध) और पक्के घर के मालिक (केतु) के दोस्त ग्रह टेवे वाले इंसान के दोस्त और इन दोनों के दुश्मन ग्रह टेवे वाले इंसान के दुश्मन होंगे। यानि बुध का दुश्मन, चन्द्र और केतु का दुश्मन, मंगल खाना नंबर 6 में टेवे वाले इंसान के लिए नुकसानदायक होंगे। सिर रेखा और दिल रेखा का दरमियानी (बीच का) मुस्ततील (आयत) खाना नंबर 6 होता है।

(2) हथेली में सिर रेखा और दिल रेखा आपस में दुश्मन हैं। जिस कदर ये दोनों रेखाएं एक दूसरे के नजदीक होती चली जाएंगी उतनी ही सिर और दिल की ताकतें आपस में दुश्मन होती चली जाएंगी। यानि जिस कदर इनके बीच का दरमियानी मैदान (खाना नंबर 6) तंग (संकरा) होगा उसी कदर ऐसा इंसान तंग दिल होता चला जाएगा यानि बुध की तासीर (असर का गुण) तेज खराब और आमेजिश (मिलावट) वाली होती चली जाएगी। बुध, मंगल और बृहस्पत दोनों का दुश्मन है इसलिए ऐसा इंसान आम दुनियावी (सांसारिक) लेन—देन (साहूकारी) में तुर्श (खट्टा)—सा व्यवहार करने लग जाएगा। मंगल—नेक की तबीयत (स्वभाव) इन्साफ (न्याय) वाली होती है लेकिन अब यह (मंगल—नेक) इंसाफ के बदले, बे—इंसाफ (अन्याय) और इकतरफा रियायत (छूट) करने वाला होगा। बृहस्पत का मजहबी (धार्मिक) असर मुतास्सिब (धार्मिक पक्षपात) और जाहिलाना (अज्ञानपूर्ण) हालत का होगा। मंगल—बद या भाई—बन्दों (भाईयों), रिश्तेदारों से भी ऐसा इंसान नफरत करने वाला हो जाएगा। मुख्तसरन (संक्षिप्त) तौर पर ऐसे इंसान का व्यवहार नेक न होगा।

(3) अगर ये मुस्ततील (खाना नंबर 6) सूरज के बुर्ज़ के नीचे ज्यादा चौड़ा हो तो इंसान की इज्जत और बेइज्जती में ज्यादा कोई फर्क न रह जाएगा। यानि ऐसे इंसान के दिल पर गैरत (लज्जा या शर्म) और बेगैरती कोई असर न करेगी।

(4) अगर ये मुस्ततील (खाना नंबर 6) सूरज के बुर्ज़ के नीचे ज्यादा तंग हो तो ऐसा इंसान तंगदिली की वजह से शर्म करके अपना ही नुकसान कर देने वाला होगा।

(6) अगर यह मुस्ततीत (आयत) बुध के नीचे और मंगल—बद के बुर्ज़ (पर्वत) पर ज्यादा चौड़ा हो तो ऐसा इंसान ज्यादा फ़राख—दिल (उदारवादी) या सखी (दानी) तबीयत (स्वभाव) का होने की वजह से तबाह होगा और खुद का ही नुकसान करवा लेने वाला होगा।

(7) अगर दिल रेखा और सिर रेखा का यह मुस्ततील (आयत) बृहस्पत की तरफ से चलकर मंगल–बुध की तरफ को दर्जा–बदर्जा (उत्तरोत्तर) चौड़ी होती चली जाए तो दूसरों को दिया हुआ धन इंसान के पास वापस न आयेगा। यानि पहले तो धन उधार लेने वाला देने का नाम ही न लेगा लेकिन अगर उधारी लेने वाला शख्स ईमानदार तबीयत (स्वभाव) का और धन देने की नीयत वाला भी हो तो भी वह शख्स धन वापिस कर सकने की हैसियत का न रहेगा।

(8) अगर यह मुस्ततील (खाना नंबर 6) मंगल बद के बुर्ज़ (पर्वत) की तरफ से बृहस्पत के बुर्ज़ (खाना नंबर 2) की ओर चौड़ा होता चला जाए तो दिया हुआ धन जरूर वापिस आ जाएगा यानि इंसान की साहूकारी (धन का लेन–देन करने वाला व्यापारी) उम्दा होगी।

अन्य हालात

(1) खाना नंबर 6 साहूकारी का खाना है। अगर कोई इंसान किसी दूसरे शख्स को उधारी (कर्जा) देता है तो धन की वसूली शुक्कर और पापी ग्रहों के माध्यम से होगी। अगर टेवे में शुक्कर और पापी (सनीचर, राहु, केतु) उम्दा हों तो कर्जा वापिस आएगा वरना डूब जाएगा।

(2) अगर टेवे में खाना नंबर 6 खाली हो तो टेवे में मंगल और चन्द्र की हालत (उम्दा हालत) पर फैसला होगा। अगर इनकी दृष्टि खाना नंबर 6 पर हो तो कर्ज़ा वापस आ जाएगा।

(3) अगर बृहस्पत और सूरज का ताल्लुक (सम्बन्ध) खाना नंबर 6 से हो रहा हो तो इंसान को कर्जा मिल भी सकता है और लौटाया भी जा सकता है लेकिन अगर खाना नंबर 6 से सनीचर का ताल्लुक (सम्बन्ध) हो जाए तो साहूकारी के मामले में सिर्फ स्याही (निराशा) ही फैलाएगा।

औलाद

लाल किताब के किसी भी प्रसंग में लड़की (बेटी) को औलाद (संतान) में शामिल नहीं किया गया है अर्थात् कोई भी फलादेश जो औलाद से सम्बन्धित हो हमेशा लड़का (बेटा) मानकर ही विचार किया जाए। इसी प्रकार चन्द्र कुंडली भी औलाद के सम्बन्ध में विचारणीय नहीं है। अब इसी क्रम में आगे औलाद (संतान) का विचार करने के लिए मस्नूई (बनावटी) ग्रहों को प्राथमिकता देते हुए फलादेश करने के नियम दिए जा रहे हैं अर्थात् ये नियम मुश्तरका (इकट्ठे) ग्रहों पर आधारित हैं।

मस्नूई बृहस्पत
(सूरज–शुक्कर मुश्तरका)

इंसान के जिस्म में रूह (आत्मा) के आने–जाने का ताल्लुक (सम्बन्ध), पैदाइश औलाद मगर औलाद की जिन्दगी या मौत हो जाने का कोई बन्धन न होगा।

मस्नूई सूरज
(शुक्कर–बुध मुश्तरका)

माता के पेट (अंधेरे) में रोशनी (औलाद) पैदा होने के बाद किस्मत की रोशनी (औलाद और माता–पिता दोनों की किस्मत), अंधेरे घरों में चिराग रोशन करने की ताकत, सेहत का मालिक।

मस्नूई चन्द्र
(बृहस्पत–सूरज मुश्तरका)

औलाद की उम्र, धन–दौलत, वाल्दैनी (माता–पिता) ताल्लुक, खून या नुत्फ़ा (नर या मादा औलाद) का ताल्लुक।

मस्नूई शुक्कर
(राहु–केतु मुश्तरका)

जिस्म या बुध की मिट्टी, गृहस्थ सुख, औलाद की पैदाइश में मदद या खराबी (परेशानी), दुनियावी (सांसारिक) सुख।

मस्नूई मंगल
(सूरज–बुध मुश्तरका → मंगल–नेक)
(सूरज–सनीचर मुश्तरका → मंगल–बद)

इंसान के जिस्म में खून कायम (उपस्थित) रहने तक जिन्दगी का नाम, दुनिया में औलाद, उसके आगे औलाद (पोता) और आगे औलाद–दर–औलाद (पड़पोता) कायम (सुरक्षित) रखकर बेल और पौधों की तरह बढ़ाना और उनके नाम से सभी का नाम आगे बढ़ना या दुनिया में नाम बाकी कर देना। टेवे वाले में कुव्वतेबाह (पौरुष या वीर्यबल) की ताकत, जिस्मानी–ताकत (शारीरिक बल), रूह और बुत (आत्मा और शरीर) को आपस में जकड़कर रखने की ताकत, औलाद को जिन्दा रखने की ताकत।

मस्नूई बुध
(बृहस्पत–राहु मुश्तरका)

औलाद के रिश्तेदारों से ताल्लुक (सम्बन्ध), लड़के–लड़कियों की नस्ल (वंश) की बरकत (उन्नति), टेवे वाले में कुव्वतेबाह में खाली विषय की ताकत, टेवे वाले और उसकी औलाद के मिलने–मिलाने के लिए खुला हुआ मैदान या खाली आकाश की तरह इनके लिए (इंसान और औलाद) हर तरफ जगह खाली करके रखना, इज्जत और शोहरत देने वाला।

मस्नूई सनीचर
(शुक्कर–बृहस्पत मुश्तरका → केतु स्वभाव), (मंगल–बुध मुश्तरका → राहु स्वभाव)

औलाद की पैदाइश (जनम) के शुरू होने का वक्त, जायदादी (सम्पत्ति) ताल्लुक, मौत का बहाना, जहमत (मुसीबत), बीमारी।

मस्नूई राहु
मंगल–सनीचर मुश्तरका = उच्च राहु,
सूरज–सनीचर मुश्तरका = नीच राहु

बृहस्पत के असर के बरखिलाफ (विपरीत) या बृहस्पत को चुप कराना, रूह (आत्मा) का आना–जाना या बंद कराना (मोक्ष), बहुत देर तक औलाद की पैदाइश को रोक देना, अदृश्य और गैबी (ईश्वरीय) खराबियां, पांवों तले भूचाल पैदा करना, झगड़े–फ़साद लड़कियों की मदद करना।

मस्नूई केतु

शुक्कर–सनीचर मुश्तरका = केतु (उच्च)
सूरज–सनीचर मुश्तरका = केतु नीच

औलाद की खुशहाली और फलना–फूलना (परवरिश), औलाद की तादाद (संख्या) में कमी (मृत्यु से अभिप्राय नहीं है) यानि औलाद कम ही होगी या काफी वक्त के बाद होगी, लेकिन जब होगी उम्दा और मुकम्मल (संपूर्ण) होगी। बशर्ते केतु के दुश्मन ग्रह की दृष्टि न हो। टेवे वाले में बुध की कुव्वतेबाह (पौरुष), मंगल के खून से बच्चा पैदा करने की ताकत और बृहस्पत की औलाद की पैदाइश (जनम) इन तीनों को ही इकट्ठा करके रखने वाली ताकत नुत्फा (वीर्य) या नुत्फा की बुनियाद को नर या मादा में मिलाने वाली तूफानी हवा या खाली नाली ये तीन ग्रह (बुध, मंगल, बृहस्पत) केतु की तीन टांगे हैं। इसीलिए केतु को शुक्कर का बीज कहते हैं। केतु ऐश का मालिक और लड़का कहलाता है। अगर बृहस्पत या मंगल खाना नंबर 6 में हो तो चाहे केतु उच्च, उम्दा या नेक घरों में ही क्यों न बैठा हो, मगर मंदा ही फल देगा।

पैदाइश औलाद

शुक्कर मंगल बुध केतु राजा, सनीचर भी शामिल होता हो
पहले पांचवें नर ग्रह चन्द्र, मंगल दूजे केतु ग्यारह हो
जनम वक्त औलाद का होता, जिन्दा पैदा जो होती हो
बुध लड़की नर केतु लड़का, गिनकी भले पर होती हो
केतु बैठा घर ग्यारह टेवे, बृहस्पत-चन्द्र घर पांचवें हो
केतु बैठा घर ग्यारह टेवे, बृहस्पत-चन्द्र आया घर पांचवें हो
औलाद मंदी या देरी होवे, लाश पैदा या मुर्दा हो
केतु, सनीचर, बुध उम्दा टेवे, बैठे पांच-तीन-ग्यारह हो
सूरज, शुक्कर, राहु उम्दा टेवे, बैठे पांच-तीन-ग्यारह हो
वक्त पैदाइश लड़का या लड़की होवे, लेख उम्र उस लम्बा हो
केतु कायम तो लड़के कायम, लड़की कायम राहु करता हो
छठे चन्द्र दे कन्या ज्यादा, चौथे केतु नर देता हो

(1) बमूजिब (अनुसार) वर्षफल जब मंगल, शुक्कर, केतु या बुध में से कोई तख्त (खाना नंबर 1) पर आ जाए और इनसे (वह ग्रह जो तख्त पर आया है) सनीचर भी ताल्लुक (सम्बन्ध) बना ले अथवा चन्द्र या नर ग्रह खाना नंबर 1, 5 में आ जाएं या अकेला केतु खाना नंबर 11 में आ जाए और मंगल खाना नंबर 2 में बैठ जाए तो ऐसी ग्रह–चालें औलाद के जनम के वक्त की निशानी होती हैं, खासतौर पर ऐसी औलाद जो जिंदा पैदा हो।

(2) बुध, लड़की होगी और केतु, लड़का होगा। टेवे में अगर बुध, शुक्कर का दोस्त या मददगार हो तो लड़का पैदा होगा, वरना लड़की होगी।

(3) टेवे में शुक्कर या बुध अथवा शुक्कर–बुध मुश्तरका (संयुक्त या एक साथ या इकट्ठे) से जितनी दूरी पर बृहस्पत होगा उसके बराबर औलाद की तादाद (संख्या होगी) अर्थात् शुक्कर या बुध या शुक्कर–बुध मुश्तरका और बृहस्पत के मध्य जितने घरों का फासला होगा (या जितने घर खाली होंगे) उतनी ही तादाद (संख्या) औलाद की होगी।

(4) जब बमूजिब (अनुसार) टेवे केतु खाना नंबर 11 में हों और

(i) बृहस्पत–चन्द्र दोनों खाना नंबर 5 में हों।

(ii) वर्षफल में सनीचर खाना नंबर 5 में आ जाए तो ऐसे वक्त टेवे वाले की औलाद मंदी होगी या देरी से होगी या मुर्दा या लाश के रूप में पैदा होगी।

(5) जब मंगल का वक्त, दरमियानी ग्रह (देखें फरमान नंबर 6) के रूप में हो और खाना नंबर 2 में मंगल, शुक्कर, केतु, बुध के मददगार ग्रहों की हालत हो तो नर औलाद पैदा होगी। दरअसल उच्च फल देने वाले ग्रहों के असर का वक्त औलाद की पैदाइश (जनम) का वक्त होगा। नीच ग्रहों का असर, औलाद के खिलाफ (प्रतिकूल) होगा। इसलिए औलाद की पैदाइश के वक्त नीच ग्रह का असर जरूर देखना होगा। यह भी देखें कि केतु वर्षफल में कैसी हालत में है। बुध की हालत लड़की देगी और केतु की हालत लड़का होने के लिए मददगार होगी। या यूं कहा जाए कि बुध या केतु में से जो भी ग्रह उम्दा होगा, वह नर–मादा का फैसला करेगा यानि जब बमूजिब (अनुसार) वर्षफल औलाद का वक्त हो तो–

(i) शुक्कर के दोस्त ग्रह (सनीचर, केतु, बुध) जब उम्दा हों या खाना नंबर 3, 5, 11 में हो तो लड़का होगा। लेकिन खुद शुक्कर के लिए ये शर्त न होगी।

(ii) जब बुध या बुध के दोस्त (सूरज, शुक्कर, राहु) उम्दा हों या खाना नंबर 3, 5, 11 में हो तो लड़की होगी।

(iii) जब टेवे में बृहस्पत कायम हो तो सारी औलादें लड़के ही होंगे। बुध कायम हो तो सारी लड़कियां कायम होंगी।

(iv) जब टेवे में राहु कायम (देखें फरमान नंबर 6) हो तो सारी औलादें लड़कियां ही होंगी। बशर्ते कि इन ग्रहों पर उनके दुश्मन ग्रहों की दृष्टि न पड़ रही हो।

(v) जब चन्द्र खाना नंबर 6 में हो तो सब लड़कियां होंगी लेकिन अगर केतु खाना नंबर 4 में हो तो सारे लड़के ही होंगे। मगर आपस में ये दोनों साथी ग्रह (देखें फरमान नंबर 6) न बन रहे हों।

(vi) जब चन्द्र–केतु मुश्तरका (चन्द्रग्रहण) हों तो लड़के और लड़कियां दोनों ही बराबर होंगे।

(vii) जब सूरज, चन्द्र, बृहस्पत, सनीचर खाना नंबर 5 में हों तो लड़का होगा।

(viii) जब टेवे में केतु उम्दा हो तो औलाद उम्दा पैदा होगी और अगर राहु मंदा हो तो औलाद मंदी ही पैदा होगी।

औलाद का वक्त

(1) जब खाना नंबर 5 मंदे ग्रहों से रद्दी न हो रहा हो तो औलाद की उम्दा पैदाइश (जनम) होगी। वरना औलाद को विघ्न वगैरह होंगे।

(2) जब केतु खाना नंबर 2, 5, 7, 1 में हों और सनीचर खाना नंबर 1, 11 (बहैसियत पापी ग्रह न बैठा हो) में हो, औलाद का जल्दी योग बनेगा।

कायम (प्रतिधारित) रहने वाली औलाद

(1) अगर टेवे में शुक्कर, बुध या बृहस्पत में से कोई दो ग्रह मुश्तरका (इकट्ठे) हों तो देखें कि वे दोनों ग्रह टेवे (कुंडली) के किस खाने में मुश्तरका हैं। ये दोनों मुश्तरका ग्रह टेवे के जिस खाने में हों उस खाने से आगे देखें कि उस ग्रह का पक्का घर कौन–सा है। उस ग्रह की राशि किस खाने में है।

(2) जिस ग्रह की राशि सबसे आखरी में होगी वह राशि वाला खाना औलाद की हदबन्दी (सीमा) होगा। मसलन शुक्कर, बुध और बृहस्पत तीनों खाना नंबर 5 में हों तो खाना नंबर 12 बृहस्पत की राशि आखरी (अन्तिम) हदबन्दी होगी। खाना नंबर 5 से 12 के दरमियान (मध्य) छः घर खाली होंगे। इसी वक्त अगर केतु खाना नंबर 9 में हो तो ज्यादा से ज्यादा तीन औलाद मर जाने के बाद भी तीन औलाद जरूर कायम रहेंगी, इनमें से भी कम से कम दो लड़के तो जरूर ही होंगे।

(3) केतु खाना नंबर 12 में होने के वक्त नरीना (नर) औलाद जरूर ही होती है बशर्ते टेवे में नर ग्रह (सूरज, बृहस्पत, मंगल) में से कोई न कोई एक जरूर कायम, उच्च या उम्दा हालत में हो।

(4) अगर सनीचर खाना नंबर 5 में हो तो टेवे वाले की 48 साल की उम्र तक सिर्फ एक ही लड़का कायम होगा बशर्ते अपनी कमाई से कोई नया मकान न बनवाए।

(5) अगर टेवे में कोई भी नर ग्रह कायम (देखें फरमान नंबर 6) हो तो इंसान की औलाद बरबाद न होगी।

(6) अगर टेवे में सनीचर और मस्नूई सनीचर (शुक्कर–बृहस्पत मुश्तरका) या (मंगल–बुध मुश्तरका) हो तो इंसान की औलाद दोरंगी होगी।

यानि शुक्कर–बृहस्पत मुश्तरका केतु स्वभाव (देखें फरमान नंबर 6 मस्नूई ग्रह) होगी। औलाद तादाद (संख्या) में ज्यादा होगी और कायम रहेगी। लेकिन जब टेवे में मंगल–बुध मुश्तका हों तो राहु स्वभाव के मंदे स्वभाव वाली औलाद होगी, अब औलाद माता के पेट में ही बरबाद होती चली जाएगी। ऐसी हालत में अगर टेवे में बृहस्पत या चन्द्र या सूरज नेक (या उम्दा) हों तो सनीचर की उम्र (36 साल) से औलाद कायम होनी शुरू हो जाएगी। लेकिन किसी वजह से ये मदद टेवे वाले को न मिल सके तो केतु का जाती (बैठा होने की स्थिति के आधार पर) फैसला आखरी फैसला होगा। लेकिन अगर टेवे में केतु मंदा हो रहा हो तो शुक्कर का फैसला आखरी फैसला होगा।

(7) जब टेवे में चन्द्र–केतु मुश्तरका (इकट्ठे) खाना नंबर 5 में हों तो टेवे वाले की नर औलाद कम से कम 5 होंगी।

(8) जब टेवे में राहु खाना नंबर 11 में हो तो लड़कियां अमूमन (लगभग) 5 तक कायम होंगी बशर्ते टेवे में सनीचर नीच या मंदा या खाना नंबर 6 में न हो।

(9) राहु खाना नंबर 9 में हो तो 21 से 42 साल की उम्र तक सिर्फ एक ही लड़का कायम होगा। 42 साल की उम्र के बाद कम से कम दो और ज्यादा से ज्यादा तीन लड़के कायम होंगे।

(10) राहु खाना नंबर 5 में औलाद के मामले में निहायत ही मंदा ग्रह होगा बशर्ते चन्द्र या सूरज आपस में साथ या साथी (देखें फरमान नंबर 6) या मुश्तरका दीवार के खानों 4 या 6 में न हो।

(11) जब सनीचर खाना नंबर 7 में हो तो इंसान के पास लड़कों की तादाद कम होगी। बशर्ते राहु खाना नंबर 11 में न हो और नर ग्रह भी मंदे न हो रहे हों।

(12) टेवे में अगर सूरज के साथ उसके दोस्त ग्रह (चन्द्र, मंगल, बृहस्पत) बैठे हों तो ऐसे टेवे वाला इंसान अपने बाप से भी ज्यादा उम्दा हालत का होगा, लेकिन अगर सूरज के साथ उसके दुश्मन ग्रह (शुक्कर, सनीचर, राहु) बैठे हों तो ऐसे इंसान की औलाद उससे मंदी हालत की होगी।

कियाफा (हस्तरेखा)

(1) बुध के बुर्ज़ (खाना नंबर 7) पर शादी रेखा के ऊपर बृहस्पत के खड़े खत (रेखाएं) औलाद की कुल तादाद (संख्या) जाहिर करते हैं। अंगूठे की जड़ में खड़े हुए सीधे खत औलाद के खत होते हैं। ये

खत दाएं हाथ के अंगूठे की जड़ में मर्द के ताल्लुक से औलाद और बाएं हाथ के अंगूठे की जड़ में औरत के ताल्लुक से औलाद होने की हालत को दिखाते हैं। देखें चित्र 587।

(2) मंगल–बद के बुर्ज़ (खाना नंबर 8) पर हथेली के किनारे की ओर खड़े खत (रेखाएं) बताएंगे कि औलाद कितनी मददगार होगी। इसी तरह चन्द्र के बुर्ज़ (खाना नंबर 4) पर हथेली के किनारे पर खड़े खत बताते हैं कि औलाद की उम्र क्या होगी?

(3) शादी रेखा के ऊपर निहायत (अत्यधिक) बारीक–बारीक (छोटी–छोटी) सीधे खड़े खत लड़के और द्विशाखी लकीरें लड़कियां होंगी। यह उसूल (सिद्धान्त) नर या मादा औलाद देखने के लिए लागू होगा। साफ और दुरुस्त (उम्दा) और बिना कटा–फटा खत, कायम (जिन्दा) औलाद और मंदे और कटे–फटे खत मरी हुई औलाद को जाहिर (प्रदर्शित) करेंगे।

(4) अगर कलाई (मणिबन्ध) रेखा हथेली के अन्दर की ओर झुक जाए और अन्दरूनी शरारत की रेखा बन जाए अथवा औरत (पत्नी) की पिंडलियां मोटी हों तो ऐसी हालत में औलाद कम होने, न होने, रुकावट होने, मर जाने वगैरह अन्देशे (शक) होंगे। देखें चित्र 572।

(5) शरारत रेखा के वक्त टेवे वाले को एहतलाम (स्वप्न–दोष) होता है। अगर शरारत रेखा के साथ शुक्कर का बुर्ज़ भी बड़ा हो तो लावल्दी (संतानहीनता) की निशानी होगी।

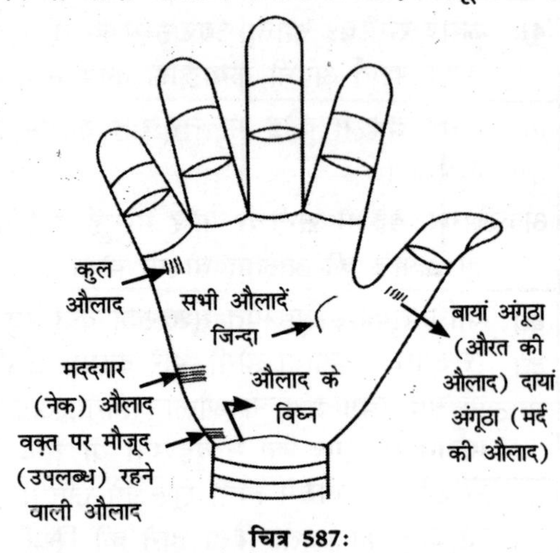

चित्र 587:

(6) अगर इंसान के सामने और ऊपर के दांत टूटे हों तो औलाद 34 साल की उम्र के बाद कायम होगी।

(7) अंगूठे की जड़ में सीधे खड़े हुए खत बृहस्पत के असर वाली औलाद जाहिर करते हैं। दाएं अंगूठे की जड़ में मर्द की तरफ से हुई औलाद और बाएं अंगूठे की जड़ में कायम रेखाएं औरत की तरफ से हुई औलादें होंगी। जरूरी नहीं है कि ऐसी औलादें मर्द की अपनी औरत (पत्नी) से हो अथवा औरत के अपने मर्द (पति) से ही हो।

(8) लड़की पैदा होने का भेद (रहस्य) जाहिर कर देना बाज–औकात (कई बार) बाइसे (कारण) गुनहगारी (पाप–कर्म) हो सकता है क्योंकि हो सकता है कि किसी को लड़की की ख्वाहिश न हो और वह हमल (गर्भ) का इस्कात (गिरना अर्थात् गर्भपात) करा दे। इसलिए ये भेद किसी को जाहिर न करें।

(9) औरत के पांव के तलवे (दोनों पांवों में मिलाकर) में जिस कदर चक्कर या पदम (साफ और गहरे) होंगे उसी कदर लड़के होंगे। जिस कदर चक्कर या पदम बारीक (छोटे, धुंधले) हों तो उसी कदर लड़कियां होंगी।

औलाद और वाल्दैन (माता–पिता) का आपस में ताल्लुक

पहले घर– खाना नंबर 1 से 6 तक के खाने पहले खाने और खाना नंबर 7 से 12 तक के खाने बाद के खाने होंगे। दो ग्रहों की बीच (मध्य) के खाने दरमियानी खाने होंगे। औलाद का वाल्दैन (माता–पिता) से ताल्लुक मंदरजाजैल (निम्नलिखित) फेहरिस्त (सरिणी) से देखा जाएगा। तरतीब से (क्रमानुसार) देखने पर–

पहले घरों में	दरमियान (मध्य) में	आखरी (अन्त) में	क्या असर होगा?
दृष्टि — बृहस्पत / बुध	–	बुध / बृहस्पत	औलाद की पैदाइश जरूर होगी मगर बुध के वक्त से वालिद (पिता) दुःखी, बरबाद या खत्म ही होगा।
बुध–बृहस्पत	बिलमुकाबिल के ग्रह		लड़कियां जरूर कायम होंगी लेकिन लड़कों की शर्त नहीं।
बुध अकेले — मंगल	बृहस्पत	बुध	नर औलाद कायम
बुध अकेले — मंगल	बुध	बृहस्पत	नर औलाद कायम
बुध अकेले — बृहस्पत	मंगल	बुध	नर औलाद कायम
बुध अकेले — बृहस्पत	बुध	मंगल	मादा औलाद कायम
बुध	बृहस्पत	मंगल	मादा औलाद कायम
बुध	मंगल	बृहस्पत	मादा औलाद कायम
मंगल–बृहस्पत मुश्तरका	मंगल	बुध	मुश्तरका (मिश्रित) औलादें कायम और सभी सुखी होंगी।
मंगल–बुध	मंगल	बृहस्पत	लड़की कायम, पिता दुःखी
बृहस्पत	मंगल	मंगल–बुध	लड़की कायम, पिता दुःखी
बुध	मंगल	मंगल–बृहस्पत	औलाद–बाप दोनों दुःखी
मंगल	मंगल	बुध–बृहस्पत	औलाद कायम मगर बाप की हालत रददी।

सनीचर खाना नंबर 3 में हो और सूरज खाना नंबर 5 में हो तो ऐसा इंसान अपनी औलाद से दुःखी होगा।

औलाद का वाल्दैन (माता–पिता) को सुख

माता-पिता की मौत इकट्ठी, दुश्मन मिला कोई साथी हो
पहले बैठे को बाद में लेती, बाद बैठा मौत पहली हो

(1) जब टेवे में बृहस्पत (पिता) और चन्द्र (माता) अकेले–अकेले, अलग–अलग घरों में हों और चन्द्र (क्रमानुसार खाना नंबर 1 से 12 तक गिनने पर) पहले हो तो माता की उम्र लम्बी होगी वरना पिता की उम्र लम्बी होगी।

(2) चन्द्र और बृहस्पत में से जिसके साथ दुश्मन ग्रह होगा, उससे मुतअल्लिक (सम्बन्धित) रिश्तेदार पहले मरेंगे।

(3) टेवे में खाना नंबर 1, 3, 5 के ग्रहों की नेक या मंदी हालत से औलाद का सुख जाहिर (प्रकट) हो जाएगा।

(4) उम्र रेखा की मुआविन (सहायक) रेखा अगर सही और दुरुस्त (उत्तम) हो तो औलाद का सुख जरूर होगा।

(5) औरत के शिकम (पेट) और सीने (छाती) पर बाल हों तो ऐसी औरत अपने पहले लड़के का सुख जरूर भोगेगी और साथ ही इन बालों में भौरी (बालों की बनावट से खोपड़ी पर बनने वाला गोल चक्करनुमा दायरा) हो तो उसकी पहली औलाद लड़का ही होगा।

(6) मर्द (पुरुष) के दाएं पांव का अंगूठा अगर छोटा हो और उसी पांव की तर्जनी उंगली बड़ी हो तो ऐसा मर्द अपने पहले लड़के का सुख न भोग सकेगा लेकिन इस बात का यह मतलब कतई न होगा, लड़का मर जाएगा बल्कि मुराद (तात्पर्य) केवल सुख से मुतअल्लिक (सम्बन्धित) है।

(7) अगर पांव में अंगूठा और तर्जनी उंगली या कनिष्ठा और अनामिका उंगली बराबर–बराबर लम्बाई की हों तो भी औलाद (संतान) का सुख शक्की (संदेहास्पद) होगा।

(8) जब टेवे में सूरज खाना नंबर 6 में हो और सनीचर खाना नंबर 12 में हो तो टेवे वाले इंसान की औरत पर औरत मरती चली जाएगी अथवा टेवे वाले की औरत (पत्नी) अपने बच्चों को ही न देख पाए, अपने बच्चों का सुख न भोग पाएगी।

(9) अगर टेवे में बुध, बृहस्पत को मारता हो या बुध, बृहस्पत के घरों (2, 5, 9, 12) में हो या बुध, बृहस्पत के साथ ही हो तो टेवे वाले के बच्चे अपने बाप (पिता) पर भारी होंगे और दुःख या मौत का सबब (कारण) बनेंगे।

औलाद–दर–औलाद (पौत्र) होगा

बृहस्पत, शुक्कर, बुध, सनीचर, सूरज से, ऊंच कायम कोई उम्दा हो
पोते-पड़पोते पुश्तों बढ़ते, उम्र लम्बी सब सुखिया हो
पांच पहले तीन ग्रह जब उम्दा, औलाद सुखी, सुख पाता हो
सेहत दौलत धन उम्र हो सबकी, नेक भला और उम्दा हो
बृहस्पत, केतु जब सनीचर को देखें, असर दोनों का उम्दा हो
धन उम्र और औलाद इकट्ठे, सुख औरत को पूरा हो

(1) जब टेवे में बृहस्पत, शुक्कर, बुध, सनीचर और सूरज में से कोई एक ग्रह भी कायम (देखें फरमान नंबर 6) हो या उच्च का हो या दृष्टि–योग (देखें फरमान नंबर 8, ग्रह दृष्टि) से उत्तम हालत में हो रहा हो, तो टेवे वाले के पोते–पड़पोते होंगे, जो लम्बी उम्र के मालिक और सुखी होंगे।

(2) जब टेवे में खाना नंबर 5, 1, 3 में उम्दा ग्रह हों तो टेवे वाले की उम्र लम्बी होगी और खुश गुजरान जिन्दगी की मालिक होगी। औलाद की सेहत (स्वास्थ्य), धन, उम्र और सुख सभी कुछ नेक (भला) और उम्दा होगा।

(3) जब टेवे में बृहस्पत और केतु दोनों सनीचर को देख रहे हों तो दोनों का ही असर उम्दा होगा। ऐसे वक्त टेवे वाले की औरत (पत्नी) को धन, उम्र और औलाद सभी का पूरा सुख मिलेगा।

लावल्द (संतानहीन) न होगा

दूजे छठे जब शुक्कर जागे, मदद बृहस्पत सूरज पाता हो
मच्छ रेखा परिवार कबीले, औलाद दौलत सब उम्दा हो
छठे सूरज घर बारह होते, साथी मंगल बुध बनता हो
तीन राहु घर दोस्त बदले, लावल्द कभी न होता हो

(1) जब खाना नंबर 2 या खाना नंबर 6 में शुक्कर जागती हुई हालत (देखें फरमान नंबर 8, सोया हुआ ग्रह) में हो और साथ ही बृहस्पत और सूरज की मदद पाता हो अथवा हथेली में मच्छ रेखा कायम हो तो टेवे वाले इंसान या हथेली के मालिक का परिवार, कबीला (खानदान), औलाद और दौलत सभी कुछ उम्दा हालत में होगा।

(2) जब सूरज खाना नंबर 6 में हो और खाना नंबर 12 में बुध, मंगल या उनके साथी ग्रह (देखें फरमान नंबर 6) हों अथवा राहु खाना नंबर 3 में हो और बुध राहु के घर (खाना नंबर 12) में हो तो टेवे वाला कभी लावल्द (निःसन्तान) न होगा। यानि औलाद जरूर कायम होगी।

औलाद जरूर होगी

ग्रह का नाम	किस खाने में हो?	दोस्त ग्रह का नाम	किस खाने में हो?
बृहस्पत	3, 8	मंगल	2, 5, 9, 12
बृहस्पत	1, 5	सूरज	2, 5, 9, 12
बृहस्पत	4	चन्द्र	2, 5, 9, 12
सूरज	3, 8	मंगल	1, 5
सूरज	6, 7	बुध	1, 5
सूरज	4	चन्द्र	1, 5
चन्द्र	3, 8	मंगल	4
चन्द्र	4	मंगल	3, 8
शुक्कर	6, 7	बुध	2, 7
शुक्कर	8, 10	सनीचर	2, 7
शुक्कर	6	केतु	2, 7
बुध	12	राहु	6, 7
बुध	8, 10	सनीचर	6, 7
सनीचर	12	राहु	8, 10
राहु (बिना दुश्मन के)	6	केतु	12

लावल्द (संतानहीन) ही होगा

बुध-मंगल जब राजा टेवे, शुक्कर, मंगल, बुध नष्टी हो
शुक्कर-केतु जब राजा टेवे, चन्द्र, मंगल, बुध नष्टी हो
बृहस्पत-शुक्कर घर सातवें बैठे, माता चन्द्र आठ बैठी हो
चन्द्र-शुक्कर हो मुकाबिल बैठे, दुश्मन साथ या पापी हो
छठे कुआं घर कायम होते, टेवे शक्की लावल्दी हो
शुक्कर-राहु घर पांचवां पाते, लड़की कायम इक होती हो
चन्द्र-केतु हों ग्यारह बैठे, निशानी लावल्दी होती हो

(1) जब टेवे में बुध–मंगल मुश्तरका (इकट्ठे) खाना नंबर 1 में हों और साथ ही शुक्कर, मंगल, बुध नष्ट हो रहे हों अथवा टेवे में शुक्कर–केतु मुश्तरका खाना नंबर 1 में हों तथा चन्द्र, मंगल, बुध नष्ट हो रहे हों तो लावल्दी योग होगा। अगर ऊपर के जबड़े के तीन दांत खराब हो गए हों तो बुध नष्ट गिना जाएगा।

(2) जब टेवे में बृहस्पत, शुक्कर, खाना नंबर 7 में हो और चन्द्र खाना नंबर 8 में हो तो टेवे में लावल्दी योग होगा।

(3) जब टेवे में चन्द्र और शुक्कर बाहम (परस्पर) मुकाबले (देखें फरमान नंबर 6) पर हों यानि टकराव पर हों और इनके साथ इनके दुश्मन ग्रह भी बैठे हुए हों या पापी ग्रह इनके साथ ही बैठे हों तो लावल्दी योग होगा।

(4) अगर किसी कुएं को बन्द करके उस पर मकान बनवाया जाए (चाहे पानी वाला या सूखा) तो लावल्दी योग बन जाएगा।

(5) जब शुक्कर और राहु खाना नंबर 5 में (सूर्यग्रहण) हों या वर्षफल के अनुसार खाना नंबर 5 में हों तो टेवे वाले इंसान को एक लड़की पैदा होगी और कायम रहेगी।

(6) जब टेवे में चन्द्र–केतु (चन्द्रग्रहण) मुश्तरका खाना नंबर 11 में हों तो यह लावल्दी की निशानी होगी।

हिजड़ा मर्द

सात सनीचर, चन्द्र हो पहले, पांच शुक्कर, सूरज चौथे हो
चार ग्रह औलाद न फलते, हिंजड़े मर्द न होते जो

जब टेवे में सनीचर खाना नंबर 7 में हो, चन्द्र खाना नंबर 1 में हो, शुक्कर खाना नंबर 5 में हो और सूरज खाना नंबर 4 में हो तो इन चार ग्रहों से मर्द हिजड़ा (नपुंसक) होगा।

बांझ औरत

शुक्कर दूसरे छठवें बैठा, बुध-मंगल न साथी हो
सनीचर मिले न साथ बृहस्पत का, आठ दृष्टि खाली दो
बांझ औरत वह खुसरा होगी, औलाद नरीना कम ही हो
बाकी सिफत कुल उम्दा होगी, उत्तम लक्ष्मी होती हो

(1) जब टेवे में शुक्कर खाना नंबर 2, 6 में बैठा हो और बुध–मंगल उसके साथी (देखें फरमान नंबर 6) ग्रह न हो तो टेवे वाली औरत बांझ होगी।

(2) अगर टेवे में सनीचर को बृहस्पत का साथ न मिल रहा हो और खाना नंबर 2 भी खाली हो तो ऐसी औरत बांझ (संतान पैदा करने में असमर्थ) अथवा खुसरा (नपुंसक) होगी। अगर औलाद हो भी गई तो औलाद नरीना (नर) कम ही होगी। औलाद के ताल्लुक के अलावा बाकी के सिफत (गुण) के मामले में औरत उम्दा होगी और लक्ष्मी की उत्तम मिसाल (उदाहरण) होगी।

औलाद रेखाएं

(1) औलाद रेखा– बुध पर्वत पर आड़ी रेखाएं।

(2) दायां अंगूठा– मर्द की औलाद, बायां अंगूठा– औरत की औलाद।

(3) मददगार औलाद (नेक औलाद)– मंगल बद पर आड़ी रेखाएं।

(4) आखरी वक्त (मौत) पर बाप के साथ रहने वाली औलाद– चन्द्र पर्वत पर आड़ी रेखाएं।

(5) औलाद के विघ्न– मणिबंध रेखा का करतल में झुकाव।

(6) औलाद दर औलाद (पुत्र, पौत्र) सब जिन्दा– उम्र रेखा के बाहर सहायक रेखा।

बाल–बच्चे, कबीले और परिवार वाला इंसान

(1) जब टेवे में बृहस्पत, सूरज, शुक्कर, बुध और सनीचर कायम (देखें फरमान नंबर 6) हों।

(2) जब टेवे में बृहस्पत या सूरज या दोनों ही कायम हों।

(3) जब मंगल, शुक्कर, बुध के पक्के घरों में या उनकी राशियों में हों और दृष्टि के सब खाने खाली हों।

(4) जब मंगल हर तरह से कायम हो या नेक हो।

(5) जब मंगल, बुध या शुक्कर या राहु में से किसी के साथ हो या उनके पक्के घरों, राशियों में हो अथवा सनीचर, सूरज या चन्द्र या बृहस्पत में से किसी के साथ हो या उनके पक्के घरों में या उनकी राशियों में हो तो टेवे वाला इंसान साहिबे–औलाद (संतानवान) होगा।

(6) जब टेवे में मंगल–सनीचर मुश्तरका (इकट्ठे) हों तो टेवे वाले की खुद की औलाद तो उम्दा, माकूल (उचित) तादाद वाली और नेक होगी। मगर इंसान के पोते देर से होंगे और तादाद वाले होंगे। पोतियों (बेटे की बेटी) की कोई शर्त न होगी।

(7) हथेली में अगर गृहस्थ रेखा गहरी, साबुत, खमदार (लचीली या घुमावदार) और शुक्कर के बुर्ज़ (पर्वत) पर अंगूठे की तरफ झुकी हुई हो तो ऐसी हथेली वाला इंसान अयालदार (बाल–बच्चों वाला), हल्की जायदाद वाला मगर दौलतमंद होगा। ऐसा इंसान साहिबे–इज्जत (सम्माननीय) और आसूदाहाल (खुशहाल) होगा। ऐसा इंसान दुनिया, औरत (स्त्री) और औलाद का सुख भोगेगा और अगर गृहस्थ रेखा, दिल रेखा को काटकर ऊपर की तरफ मध्यमा उंगली तक चली जाए तो ऐसा इंसान अपनी औलाद के अलावा पोते और पड़पोते वाला होगा। ऐसा इंसान बड़े कबीले (खानदान) वाला होगा। टेवे वाले का वंश सुखी होगा, लेकिन जायदाद (सम्पत्ति) के मामले में हल्का ही होगा।

(8) पांव की उंगलियां अगर तरतीब (क्रम) से एक दूसरे से बड़ी होती चली जाएं तो ऐसा इंसान साहिबे–औलाद (संतानवान) या ज्यादा औलाद वाला होगा।

(9) नर ग्रह और चन्द्र, औलाद की उम्र लम्बी करते हैं या औलाद को आबाद व जिन्दा रखते हैं।

(10) खाना नंबर 5 में पापी ग्रहों या केतु के बैठे होने से औलाद बर्बाद होगी, लेकिन खाना नंबर 9 का ग्रह अपने दिन (वार) पैदा हुई औलाद को जरूर कायम रखेगा। चाहे वह ग्रह खाना नंबर 5 वाले ग्रह का दोस्त हो या दुश्मन। मसलन खाना नंबर 5 में सनीचर हो और खाना नंबर 9 में मंगल हो तो मंगलवार के दिन पैदाशुदा औलाद (नर) जरूर कायम रहेगी। इसी तरह राहु खाना नंबर 9 और केतु खाना नंबर 5 में (वर्षफल के अनुसार) हो तो वीरवार (गुरुवार) के दिन पक्की शाम वाली औलाद कायम (जिन्दा) रहेगी। केतु खाना नंबर 9 और राहु खाना नंबर 5 हो तो रविवार की सुबह–सादिक (ऊषा काल) वाली औलाद कायम रहेगी। जब शुक्कर या बुध या दोनों मुश्तरका (इकट्ठे) खाना नंबर 5 में हो तो नरीना (नर) औलाद पर कोई बुरा असर न होगा। लेकिन इन दोनों में से कोई एक खाना नंबर 9 में हो तो नरीना औलाद पर जरूर मंदा असर पड़ेगा। इसी तरह बाहम (परस्पर) दुश्मन ग्रह, जब खाना नंबर 5, 9 में हों तो टेवे वाले की औलाद बरबाद और नष्ट होगी।

(11) जब शुक्कर, बुध, मंगल तीनों खाना नंबर 3 में हों और उनकी दृष्टि का घर खाली हो यानि खाना नंबर 9, 11 खाली हो। अथवा शुक्कर, बुध, राहु या शुक्कर, बुध, केतु खाना नंबर 7 में हों तो शादी और औलाद में गड़बड़ होगी।

(12) खाना नंबर 5 या खाना नंबर 9 अथवा खाना नंबर 3 या खाना नंबर 9 में बृहस्पत या सूरज के दुश्मन ग्रह हों अथवा मंगल खाना नंबर 4, पापी ग्रह खाना नंबर 9 या राहु–बुध खाना नंबर 1 या केतु–शुक्कर खाना नंबर 1 या राहु अकेला खाना नंबर 9 में हो तो टेवे वाले इंसान की औलाद के लिए विघ्न पैदा होंगे। इसी तरह शुक्कर–केतु खाना नंबर 1 में हो, मंगल खाना नंबर 4 में हो अथवा पापी ग्रह (राहु, केतु या पापी सनीचर) में से तीनों या कोई एक खाना नंबर 5 या खाना नंबर 9 में हो अथवा मंगल खाना नंबर 4 में हो तो औलाद के मामले (सम्बन्ध) में विघ्न पैदा होंगे।

(13) जब सूरज खाना नंबर 6 में हो और मंगल खाना नंबर 10 या खाना नंबर 11 में हो तो लड़के पर लड़का मरता चला जाएगा।

(14) अगर टेवे में चन्द्र नष्ट या बरबाद हो रहा हो तो टेवे वाले इंसान की औलाद भी नष्ट या बरबाद होगी। लड़कियां नष्ट होंगी या लड़के इसकी कोई शर्त नहीं। मगर टेवे वाले इंसान को लावल्दी (संतानहीनता) कतई न होगी।

(15) जिस टेवे में सनीचर और मस्नूई सनीचर (शुक्कर–बृहस्पत मुश्तरका या मंगल–बुध मुश्तरका) एक साथ हों उस टेवे वाले इंसान की औलाद जरूर बरबाद होगी।

(16) जब टेवे में सूरज खाना नंबर 12 में हो अथवा मंगल और बुध बाहम (आपस में) साथी ग्रह (देखें फरमान नंबर 6) हों मगर बिलमुकाबिल (देखें फरमान नंबर 6) न हों तो टेवे वाला कभी लावल्द (संतानहीन) न होगा।

(17) जब टेवे में बृहस्पत–शुक्कर मुश्तरका (मस्नूई सनीचर) खाना नंबर 7 में हों और चन्द्र, मंगल नष्ट हो रहे हों (हथेली में बहुत बड़ा बृहस्पत पर्वत और नरम हाथ का बृहस्पत, शुक्कर के पर्वत का असर देता है मगर बहुत बड़ा शुक्कर पर्वत औलाद से वंचित रखता है) तो टेवे वाला इंसान लावल्द होगा।

(18) जब शुक्कर–केतु मुश्तरका (इकट्ठे) खाना नंबर 1 में हों और बुध नष्ट हो रहा हो या चन्द्र–शुक्कर आपस में बिलमुकाबिल (देखें फरमान नंबर 6) हों और इनसे पापी ग्रहों या दुश्मन ग्रहों का ताल्लुक (सम्बन्ध) बन रहा हो अथवा टेवे वाले का साथ चन्द्र खाना नंबर 8 या छत वाले कुएं से हो जाए तो टेवे वाला सन्तानहीन होगा।

(19) औरत के पांव की पीठ अगर बहुत ही बड़ी हो तो औरत लावल्द या बांझ होगी।

(20) जब शुक्कर खाना नंबर 2, 6 में सब तरह से अकेला हो तो टेवे वाले की औरत बांझ या नाकाबिले–औलाद (संतान को जनम देने में असमर्थ) होगी।

(21) जब चन्द्र खाना नंबर 1 में हो, सनीचर खाना नंबर 7 में हो, सूरज खाना नंबर 4 में हो, शुक्कर खाना नंबर 5 में हो तो टेवे वाला नामर्द होगा।

महकमे (विभाग)

पुस्तक के इस खण्ड में प्रत्येक व्यक्ति की आय के स्त्रोत से सम्बन्धित महकमा (विभाग) निर्धारित किया जा रहा है। व्यवसाय या महकमे का निर्धारण प्रबल ग्रह के आधार पर किया जाएगा। लगभग सभी प्रकार के सूक्ष्म व्यापार या विभाग इस सिद्धान्त के अन्तर्गत आ जाएंगे। प्रत्येक ग्रह के सामने दी जा रही रकम की गणना पूर्व में बताई गई मासिक–आय के नियमों का पालन करते हुए की जाएगी। दी गई रकम इंसान (जातक) की कमाई शुरू होने के दिन से है। इसका सिद्धान्त इस प्रकार है।

मासिक आय अथवा प्रथम पगार (सैलरी) = कुल उम्र (जब चन्द्र उम्दा हो) × ग्रह की कीमत

दी गई रकम कोई ऐसी नहीं है जो किसी खास कानून या किसी सीमा के अन्तर्गत रहें अर्थात् आवश्यक नहीं है कि प्रत्येक व्यक्ति की आय ग्रहों के सामने दी गई रकमों के अन्तर्गत ही हो बल्कि यह रकम औसत आय होगी। निश्चित आय ज्ञात करने के लिए किस्मत के ग्रह और दूसरे मददगार ग्रहों की स्थिति और हैसियत का आकलन करना अति आवश्यक होगा।

ग्रह	महकमा (विभाग)	माहवार आय (मासिक आय)
बृहस्पत	हवाई (वायुयान, वायुसेवा, वायुसेना), उपदेश, कानून (चन्द्र)	11.00
सूरज	सरकारी हिसाब–किताब, कलम (बुध)	10.00
चन्द्र	तालीम (शैक्षिक), खजाना (कोष), बहरी (बैंक), समुद्र (जलीय)	9.00
शुक्कर	खेती (कृषि), हैवानात (पशु), गृहस्थ–कारोबार	6.00
मंगल	जंगी (रक्षा सम्बन्धित), इंतजामिया (प्रबन्धक), जनसंपर्क	7.5
बुध	व्यापार, दलाली, सट्टा, निस्वां (स्त्रियों से सम्बन्धित)	3.00
सनीचर	इमारती सामान, मशीन, हकीमी (डॉक्टरों से सम्बन्धित), लौह–लक्कड़ (रेलवे)	7.5
राहु	बिजली (इलैक्ट्रॉनिक), पुलिस (गुप्तचर), जेल, कारागार	8.00
केतु	बचगान (बच्चों से सम्बन्धित), मुसाफिरी (यात्राओं से सम्बन्धित), सलाहकारी (परामर्श)	5.00

कलम की स्याही

(1) अगर कलम लाल रंग का हो और उसका ढक्कन सुनहरे रंग का हो और उसमें लाल रंग की स्याही भरी जाए तो इस कलम को इस्तेमाल करने वाले इंसान में स्वाभिमान होगा। शरारतों का सामना करने और मुंहतोड़ जवाब देने की ताकत होगी। अगर नीली स्याही का इस्तेमाल (इसी कलम में) करेगा तो लाखों लोगों का सामना करने वाला होगा। अगर इस तरह के कलम का इस्तेमाल करने वाले इंसान के सूरज, बुध और सनीचर मंदे घरों में हों तो उनका भी फल उत्तम हो जाएगा।

(2) अगर पीले रंग का कलम इस्तेमाल किया जाए, जिसका ढक्कन सुनहरे रंग का हो और उसमें लाल स्याही इस्तेमाल की गई तो ऐसे वक्त मंगल और शुक्कर के शाहाना नतीजे (परिणाम) होंगे। अगर इसी कलम में नीली स्याही इस्तेमाल की जाए तो इस कलम का नतीजा फकीराना होगा।

(3) जब नया कलम खरीदा जाए और न उसमें नए हिस्से शामिल किए गए हों और न ही उसकी मरम्मत की गई हो तो इसमें लाल–स्याही भरने से उत्तम फल मिलेगा वरना बृहस्पत, बुध, सनीचर और मंगल मंदा फल देंगे। अगर इस नये कलम में नीली स्याही भर दी जाए तो बृहस्पत मंदा असर नहीं देगा। अब बुध, सनीचर और बृहस्पत उत्तम फल देंगे।

(4) अगर हरे रंग के कलम में हरे रंग की स्याही भरी जाए तो उत्तम बुध, विधाता की तालीम (शिक्षा) कही जाएगी। अगर हरे रंग के कलम में लाल रंग की स्याही भरी जाए तो मंगल–बुध मिलकर शेर

के दांत होंगे अथवा शहद (मंगल) में रेत (बुध) के मानिन्द (समान) होंगे यानि मुसीबत में मदद तो करेंगे मगर खांड (शक्कर) और जहर मुश्तरका (इकट्ठे) होंगे।

अगर इसी कलम में नीली–स्याही भरी जाए और बुध, राहु भी टेवे में उत्तम हों तो सफेद–हाथी का फल होगा यानि उत्तम फल होगा। वरना ऐसा न हुआ तो उल्टा फल होगा और इंसान जेलखाने या पागलखाने की हवा खाएगा।

(5) लाल कलम में लाल स्याही उत्तम, नीली स्याही साधारण और हरी स्याही मनहूस (अशुभ) होगी।

(6) काले कलम में लाल स्याही मनहूस (अशुभ), नीली स्याही उत्तम और हरी स्याही नेक (शुभ) असर देगी।

(7) दोरंगा कलम हो और इसमें भी एक रंग लाल हो तो लाल–स्याही भरने से सूरज और बुध का असर उत्तम होगा। नीली स्याही भरने से बुध और राहु का फल शक्की (संदेहास्पद) होगा। हरी स्याही भरने से बुध का फल उत्तम होगा।

(8) दोरंगा कलम हो लेकिन इसमें लाल रंग का हिस्सा (भाग) न हो तो इसमें मंगल–केतु का सर होगा। इस कलम में लाल–स्याही मनहूस (अशुभ) होगी। इसमें नीली स्याही भरने से राहु–केतु दोनों मंदा (अशुभ) फल देंगे। इस कलम में हरी स्याही भी अशुभ ही मानी जाएगी।

नोट– ***लाल रंग- मंगल, नीला रंग- राहु, काला रंग- सनीचर, हरा रंग- बुध, सुनहरा रंग- सूरज, पीला रंग- बृहस्पत, दोरंगा रंग- केतु होगा।***

सफर का हुक्मनामा

(यात्रा–विचार)

दरियाई (जलीय) सफर का मालिक चन्द्र है। हवाई (वायु) सफर का मालिक बृहस्पत है। खुश्की (मैदानी या रेगिस्तानी) सफरों का मालिक शुक्कर है मगर हर तरह के सफर (यात्रा) का हुक्मनामा (आदेश) जारी करने वाला ग्रह केतु होगा। लेकिन हर तरह के अलग–अलग सफर के लिए मुतअल्लिक (सम्बन्धित) ग्रह का भी खयाल रखें।

चन्द्र की सफर रेखा

(1) चन्द्रमा का तसव्वुर (कल्पना) सफेद रंग के घोड़े के रूप में किया गया है। जो दरियाई या समुद्री घोड़ा कहलाता है। यह घोड़ा समुद्र पर "चंदा की चांदनी" की तरह दम–के–दम (कुछ ही पलों) में घूम आता है मगर यह सफेद घोड़ा खुश्की (शुक्कर) के घर से दुश्मनी करता है और ठोकरें मारता है।

(2) हथेली में जब चन्द्र के बुर्ज़ (पर्वत) पर शुक्कर रेखा कायम हो तो खुश्की या शुक्कर के ताल्लुक के सफर अमूमन होते रहेंगे यानि चन्द्र के पांवों की खुश्की (मैदानी या सड़क की यात्राएं) का चक्कर लगा ही रहेगा।

(3) चन्द्र खुद हमेशा सफर में ही रहता है। चन्द्र से शुक्कर दुश्मनी नहीं करता मगर चन्द्र जरूर दुश्मनी करता है। इसलिए चन्द्र का सफर खुद अपने लिए नुकसानदायक न होगा। सफर जरूर दरपेश (उपस्थित) रहेगा और सफर भी खुश्की का ही होगा।

(4) जब चन्द्र के बुर्ज़ (पर्वत) पर सूरज रेखा हो या बृहस्पत का सीधा खत (रेखा) स्थित हो और इस खत का रूख भी सूरज की तरफ हो तो ऐसा सफर समुद्र पार का सफर या निहायत जरूरी सफर होगा। ऐसे सफर में राजदरबार के जरूरी काम भी शामिल हो सकते हैं।

अगर इसी खत (रेखा) का रूख, बुध के बुर्ज़ (पर्वत) की तरफ हो जाए तो इंसान को तिजारत (कारोबार या व्यापार) में बे–शुबहा (भारी कीमत पर) मुनाफा (फायदा) होगा। इसी तरह के खत से सफर का नेक असर उसी हालत में गिना गया है जब यह खत सिर्फ चन्द्र के बुर्ज़ खाना नंबर 4 की हद (सीमा) में ही हो और इससे सूरज या बुध न मिल रहे हों वरना शादी और औलाद (संतान) दोनों ही का असर उल्टा होगा। क्योंकि इस तरह का खत सिर्फ बुध और सूरज का ही रूख करता (अग्रसर होता हुआ) नेक गिना गया है। इसलिए ऐसे वक्त किसी दूसरे काम के सफर के नतीजे (परिणाम) का ताल्लुक (सम्बन्ध) नहीं गिना जाता। दूसरी तरफ के रुख से मुतअल्लिक (सम्बन्धित) ग्रह का ताल्लुक गिना जाएगा।

(5) 100 दिन तक की मियाद (अवधि) तक का सफर कोई सफर नहीं गिना जाता।

(6) मंदरजाजैल (निम्नलिखित) फेहरिस्त (सारिणी) के बमूजिब (अनुसार) किया गया सफर हमेशा ही मंदे नतीजे देने वाला होगा।

वर्जित वार (दिन)	वर्जित तरफ (दिशा)	वर्षफल में ग्रह की हालत
मंगलवार या बुधवार	शुमाल (उत्तर–दिशा) की ओर	खाना नंबर 6 में अकेला केतु या केतु–मंगल मुश्तरका (इकट्ठे) या बुध–केतु मुश्तरका हों।
शुक्रवार या रविवार	मगरिब (पश्चिम दिशा) की ओर	खाना नंबर 10 या 11 में अकेला केतु या सूरज–केतु मुश्तरका या शुक्कर केतु मुश्तरका हों।
सोमवार–शनिवार	मशरिक (पूर्व–दिशा) की ओर	खाना नंबर 1 या 5 में अकेला केतु या चन्द्र–केतु मुश्तरका या सनीचर–केतु मुश्तरका हों।
गुरुवार	जुनूब (दक्षिण दिशा) की ओर	खाना नंबर 3 में अकेला केतु या बृहस्पत–केतु मुश्तरका (इकट्ठे) हों।

(7) बमूजिब (अनुसार) वर्षफल जब चन्द्र या केतु नेक घरों में हो या केतु पहले घरों में हो और चन्द्र, केतु के बाद वाले घरों में हो मगर साथी दीवार (देखें फरमान नंबर 8, मुश्तरका दीवार) वाले घरों में हो तो इंसान का सफर कभी उसकी मर्जी के खिलाफ (विपरीत) न होगा और न ही कोई मंदा नतीजा ही देगा। बशर्ते टेवे में या वर्षफल में खुद चन्द्र ही रद्दी न हो रहा हो।

(8) सफर का फैसला अमूमन (सामान्यतः) केतु बैठा होने वाले घर से वर्षफल कुंडली के मुताबिक (अनुसार) किया जाएगा। यानि जब टेवे में केतु मंदरजाजैल (निम्नलिखित) तरीके से बैठा हो तो फल क्या होगा? दिया जा रहा है। वर्षकुंडली के अनुसार सफर का विचार किया जाएगा।

केतु खाना नंबर 1– इंसान सफर (यात्रा) के लिए तैयार है, बिस्तर बंध चुका है, ऊपर से हुक्म (आदेश) हो चुका है मगर आखरी (अन्तिम) वक्त पर सफर न हो सकेगा। अगर सफर के लिए निकल भी गए तो रास्ते से वापस लौटना पड़ेगा। यानि बिना उद्देश्य पूरा हुए 100 दिन के अन्दर वापिस होना पड़ेगा। आरजी (अस्थाई) तौर पर बाहर रहने का सफर हो सकता है। खासतौर पर तब, जब खाना नंबर 7 खाली हो।

केतु खाना नंबर 2– सफर से तरक्की और फायदे दोनों होंगे। अगर होगी तो सफर में दोनों चीजें होंगी यानि तरक्की भी होगी और फायदे भी होंगे वरना कुछ भी न होगा। बशर्ते खाना नंबर 8 का मंदा असर शामिल न हो यानि खाना नंबर 8 खाली हो तो सफर नेक होगा।

केतु खाना नंबर 3– जब खाना नंबर 3 सोया हुआ हो तो भाई–बन्दों से दूर परदेश की जिन्दगी जीने वाला इंसान होगा।

केतु खाना नंबर 4– टेवे वाले इंसान का अव्वल (सर्वप्रथम) तो सफर ही न होगा अगर हुआ तो माता बैठी होने वाले शहर तक या माता के चरणों तक ही होगा। जब भी सफर होगा, न तो मुकाम की तब्दीली (स्थानान्तरण) वाला होगा और न ही मंदा सफर ही होगा। बशर्ते खाना नंबर 10 मंदा न हो।

केतु खाना नंबर 5– मुकाम (रहने योग्य जगह या षड्यंत्र) या शहर की तब्दीली (परिवर्तन) न होगी मगर अन्दरूनी (आन्तरिक) महकमा, शहर, घर वगैरह में भले ही तब्दीली हो जाए। बहरहाल सफर का नतीजा मंदा न होगा बशर्ते टेवे में बृहस्पत नेक हो।

केतु खाना नंबर 6– जब केतु जागता हुआ हो (देखें फरमान नंबर 8) तो तबादले (स्थानान्तरण) का आदेश हो चुकने के बाद भी तबादला भले ही हो जाए मगर शहर तब्दीली (परिर्वतन) का हुक्म (आदेश) जरूर मंसूख (निरस्त) होगा।

केतु खाना नंबर 7– जद्दी (पैतृक) घर–परिवार का सफर होगा। तब्दीली (बदलाव) जरूर होगी मगर तरक्की (उन्नति) की शर्त न होगी। जब तक खाना नंबर 1 मंदा न हो और केतु जागता हुआ हो तो सफर जरूर होगा और सफर भी नेक ही होगा। अगर टेवे वाला इंसान मनमर्जी (स्वेच्छा) या खुशी से सफर पर न जाए तो बतौर लाश के रूप में सफर पर जाएगा मगर जाएगा जरूर।

केतु खाना नंबर 8– सफर इंसान की खुशी से न होगा बल्कि अपनी मर्जी (इच्छा) के खिलाफ होगा और सफर का नतीजा (परिणाम) भी मंदा ही होगा। बशर्ते खाना नंबर 11 में केतु के दोस्त हों। केतु की इस मंदी हवा का असर केतु से मुतअल्लिक (सम्बन्धित) अश्या (वस्तुओं) यानि कान, रीढ़ की हड्डी, टांग, जोड़ों का दर्द, गठिया वगैरह पर हो सकता है अथवा कुत्ते पर असर हो सकता है। ऐसे वक्त चन्द्र का उपाय मददगार होगा यानि एक ही दिन से शुरू करके लगातार पंद्रह दिनों तक धर्म–मंदिर (खाना नंबर 2) में पानी दें और कुत्ते को दूध दें। यानि खाना नंबर 2 को नेक कर लें अथवा खाना नंबर 2 किसी दूसरे ही ग्रह से खुद ही नेक हो जाए तो मददगार होगा।

केतु खाना नंबर 9– जब तक खाना नंबर 3 का मंदा असर शामिल न हो तब तक सफर के नतीजे मुबारक होंगे। खुशी–खुशी अपने जद्दी (पैतृक) इलाके की तरफ का और अपनी दिल की मर्जी पर सफर होगा। सफर का नतीजा हमेशा नेक और उत्तम होगा।

केतु खाना नंबर 10– सफर शक्की हालत का होगा। अगर सनीचर उम्दा हालत में हो तो सफर का नतीजा (परिणाम) दोगुना उम्दा होगा और अगर सनीचर मंदा हो तो सफर भी दोगुना मंदा और नुकसान कराने वाला होगा। सनीचर के मंदेपन के वक्त इंसान का सफर बेमौका होगा जो नुकसान का सबब होगा। अगर खाना नंबर 8 मंदा हो तो सफर के दौरान मंदी हवा के मायूस झोके जरूर साथ होंगे। सफर के दौरान खाना नंबर 2 मददगार (सहायक) होगा। मंदे असर के वक्त चन्द्र का उपाय बजरिया (माध्यम से) खाना नंबर 5 होगा यानि औलाद या सूरज को चन्द्र की अश्या देना (सूरज को अर्ध्य देना यानि सूरज की तरफ मुंह करके पानी या दूध गिरा देना) मुबारक असर देगा।

केतु खाना नंबर 11– सफर का हुक्मनामा (आदेश) ऊपर से चलकर नीचे तक पहुंच भी न सकेगा। सफर का मालिक (केतु) रास्ते में ही लेट जाएगा मगर हुक्मनामा न होने देगा। सफर का यह मालिक कुत्ता (केतु) अपने असली मुकाम (लक्ष्य) से पहले ही तब्दील (परिवर्तित) होकर दूसरी जगह सफर के रास्ते में ही बैठा हुआ होगा। जहां से आगे का सफर तय करना फर्जी–हिलजुल (काल्पनिक सरगर्मियां) होंगी। अगर

फिर भी सफर हो ही जाए तो ग्यारह गुना नेक असर वाला होगा। बशर्ते खाना नंबर 3 का मंदा असर शामिल न हो।

केतु खाना नंबर 12– अपने बच्चों के पास रहने और ऐशोआराम करने का जमाना होगा। तरक्की तो जरूर होगी मगर तब्दीली (परिवर्तन) की कोई शर्त न होगी। लेकिन अगर सफर हुआ तो फायदा ही होगा। खाना नंबर 12 में केतु अपना उच्च फल देगा, जिसका नतीजा (परिणाम) मुबारक ही होगा। बशर्ते खाना नंबर 12 में जहर न पहुंच पाए।

मकान

टेवे बैठे ग्रह एक से नौवें, दाएं दाखिला बोलते हैं
चलते बारह से घर नौ आएं, असर बाएं पर देते हैं

(1) जनमकुंडली में जो ग्रह खाना नंबर 1 से 9 में बैठे हों वे ग्रह अपना–अपना असर मकान में दाखिल (प्रवेश) होते वक्त दाएं हाथ की तरफ जाहिर (प्रकट) करते हैं। खाना नंबर 12 से 10 तक बैठे हुए ग्रह मकान में दाखिल होते वक्त बाईं ओर अपना असर देते हैं। उदाहरणार्थ सनीचर टेवे में खाना नंबर 4 और सूरज खाना नंबर 2 में बैठा हो तो इस इंसान के मकान में दाखिल (प्रवेश) होते वक्त दाईं ओर की छतों के मुताबिक दूसरे नंबर की कोठरी में सूरज की चीजें अनाज, गुड़ वगैरह होंगी और खुली जगह पर धूप होगी और दाएं हाथ की चौथे नंबर की कोठरी में सनीचर की चीजें संदूक, तिजोरी, लोहे की अलमारी, लोहे या लकड़ी का सामान वगैरह पड़ा हुआ होगा। अगर टेवे वाले इंसान का कोई चाचा हो तो उस चाचा की मौत भी इसी कोठरी (कमरे) में होगी। खांसी के बीमार (रोगी) इस कोठरी में रात गुजारते हुए पानी मांगते होंगे। इस कोठरी की छत और दरवाजे पुरानी लकड़ी (शीशम, कीकर या फुलाही) के होंगे। ऐसे मकान में खाना नंबर 2 का सूरज राजदरबार, कारोबार और खुद टेवे वाले इंसान के लिए उत्तम दर्जे का होगा। खाना नंबर 2 के सूरज को जगाने के लिए इस कोठरी (दूसरे नंबर का कमरा या कोठरी) में सूरज की चीजें रखें, ऐसा करने से सूरज अपना फल देने लग जाएगा।

(2) बमूजिब (अनुसार) वर्षफल जब सनीचर, राहु–केतु के ताल्लुक (सम्बन्ध) से नेक स्वभाव का साबित हो जाए अथवा सनीचर, राहु या केतु के साथ दृष्टि बनाता हो या साथ ही बैठा हो तो टेवे वाले इंसान के मकान वगैरह बनेंगे। लेकिन अगर सनीचर, राहु–केतु में से किसी के साथ या दोनों के साथ बैठा हो मगर बमूजिब टेवा मंदे असर का हो तो बने–बनाए, मकान भी बरबाद हो जाएंगे। यानि ऐसा सनीचर मकान बिकवा या गिरवा देगा। यानि मकान का होना या बर्बाद होना सनीचर के राहु–केतु से सम्बन्ध पर और सनीचर की जाती (व्यक्तिगत) हालत पर निर्भर करेगा।

(3) खाना नंबर 2 मकान की हालत बताएगा और खाना नंबर 7 मकान से सुख या दुःख बताएगा।

(4) शुरू से आखिर (अन्त) तक परव (पुरातन ज्योतिष के अनुसार एक नक्षत्र) में बनवाया हुआ मकान निहायत (अत्यधिक) उत्तम और मुबारक असर देने वाला होगा।

(5) मकान मुकम्मल (पूर्ण) हो जाने के बाद मकान की प्रतिष्ठा की वजह से लोगों में खैरात (दान वगैरह) करना जरूरी और मुबारक होगा।

(6) शुभ लग्न और नेक मुहूर्त में शुरू किए गए मकान के लिए मंदरजाजैल (निम्नलिखित) बातें निहायत जरूरी होंगी।

(7) मकान की बुनियाद रखने से पहले जमीन के अन्दर और चारों तरफ पानी डाल दें अब जमीन के बीचोबीच चन्द्र की चीजों (चावल, दूध वगैरह) से भरा हुआ बर्तन 40 से 43 दिन तक लगातार जमीन

के अन्दर दबाकर खानदानी नेक और बुरे नतीजे (परिणामों) की जांच कर लेना जरूरी होगा। इस उपाय को करने से टेवे में जिस खाने में चन्द्र बैठा है उससे शुरू करके, जहां पर सनीचर बैठा है, उस खाने तक अपना नेक या बुरा फल जाहिर करेगा। अगर यह उपाय करने के बाद अचानक बीमारी, मुकदमें, झगड़े या कोई दूसरी लानत (समस्या) खड़ी हो जाए तो फौरन वह दबाया हुआ बर्तन जमीन के अन्दर से निकालकर चलते हुए पानी (नदी, दरिया, नाले वगैरह) में गिरा देना चाहिए, मंदा असर होना बन्द हो जाएगा।

कियाफा (हस्तरेखा)– सिफर (शून्य) बुध का दायरा (गोला) है जो शुक्कर की जमीन को गोल किए हुए है और एक का हिन्दसा (अंक) सनीचर की आंख को सीधे खत से मिलाये हुए है जो ऊर्ध्व रेखा कहलाती है। इस ऊर्ध्व रेखा (भाग्य रेखा) की दाईं ओर वाली शाखाएं मुबारक असर और बाईं ओर की शाखाएं (चन्द्र पर्वत की ओर वाला हिस्सा) नफी (नकारात्मक) जवाब देंगी। यानि ऊर्ध्व रेखा से दाईं ओर, अंगूठे की ओर शाखाएं हों तो मकान वगैरह बनेगा, दुनियादारी बढ़ेगी लेकिन अगर यही शाखाएं (रेखाएं) बाईं तरफ हो जाए तो यह असर सूरज के बुर्ज़ (पर्वत) के नीचे हो जाएगा और चूंकि सूरज और सनीचर आपस में दुश्मन हैं इसलिए सूरज की रोशनी पर स्याही पुत रही होगी और यह स्याही किस्मत के लिखे लेख मिटाती चली जाएगी। अब यह स्याही बने–बनाए मकान को भी गिरवाती और बिकवाती चली जाएगी और बनते हुए मकानों को बंद करवाती चली जाएगी। इस ऊर्ध्व रेखा के दाईं तरफ के हिस्से पर सनीचर का बुरा असर कम ही होगा यानि ऊर्ध्व रेखा की दाईं ओर जो रेखाएं ऊर्ध्व रेखा (भाग्य रेखा) से निकलकर ऊर्ध्व रेखा की सहायक रेखाएं बनकर ऊर्ध्व रेखा के साथ–साथ (बिना ऊर्ध्व रेखा से मिले) ऊपर (उंगलियों) की तरफ रूख (मुंह) करके चल रही होंगी, नेक असर देने वाली होंगी और मकान वगैरह बनवाएंगी। बरखिलाफ (विपरीत) इसके बाईं तरफ की ओर वाली रेखाएं जो हाथ के निचले (कलाई की तरफ) हिस्से की ओर रुख करके चल रही होंगी वे रेखाएं मकान बनना बंद करवाएंगी, बने हुए मकान गिरवाएंगी या कुल मिलाकर बुरा असर देंगी। इसलिए ही मंगल–बद (खाना नंबर 8) ने भी हाथ के बाएं हिस्से में अपना घर बनाया है जो मौत का घर है।

सनीचर का मकान पर असर

मकान की बुनियाद डालने के दिन से 3 साल या 18 साल की मियाद (अवधि) के बाद हर मकान अपना असर जरूर देगा। यह असर मकान के मालिक के टेवे में सनीचर की बैठक (बैठा होने वाला स्थान) के अनुसार होगा। जिस खाने में सनीचर बैठा होता है उसी खाने का अच्छा या बुरा असर टेवे वाले पर जाहिर होता है।

सनीचर खाना नंबर 1– अगर टेवे वाला इंसान मकान बनवाएगा तो काग रेखा का मंदा असर होगा। ऐसे वक्त अगर सनीचर भी मंदा हो जाए तो इंसान कौवे की खुराक (भोजन) तक को भी तरस जाएगा। टेवे वाला इंसान निर्धन होगा। लेकिन अगर खाना नंबर 7, 10 खाली हो तो सनीचर उम्दा फल देगा।

सनीचर खाना नंबर 2– मकान जब और जैसा बने बनने दें, मुबारक फल ही होगा।

सनीचर खाना नंबर 3– अगर घर में दो कुत्ते पालेंगे तो मकान जरूर बनेगा वरना गरीबी का कुत्ता (मंदे मायनों में) भौंकता ही रहेगा।

सनीचर खाना नंबर 4– नए मकान की वजह से खाना नंबर 4 के रिश्तेदार (माता, दादी, नानी, सास वगैरह) मामा खानदान को जहर दे देंगे अथवा मकान की बुनियाद (नींव) खोदते ही खाना नंबर 4 के रिश्तेदार बरबाद होने लग जाएंगे।

सनीचर खाना नंबर 5– टेवे वाले इंसान के खुद के बनाए हुए मकान औलाद की कुर्बानी लेंगे मगर औलाद के बनवाए हुए मकान टेवे वाले के लिए मुबारक होंगे अगर खुद ही मकान बनवाना जरूरी हो तो

बुनियाद डालने से पहले सनीचर के जानवर (भैंस, भैंसा वगैरह) दान दे दें अथवा वैसे ही खुला छोड़ दें (मुक्त कर दें)। इस उपाय को करने से सनीचर का औलाद पर मंदा असर न होगा। बेहतर होगा कि 48 साल की उम्र के बाद मकान बनवाएं।

सनीचर खाना नंबर 6– सनीचर की मियाद (36 साल) के बाद बल्कि 39 साल की उम्र के बाद ही मकान बनवाएं, मुबारक होगा वरना यह मकान लड़की के रिश्तेदारों को तबाह और बरबाद कर देगा।

सनीचर खाना नंबर 7– टेवे वाले इंसान को बने–बनाए मकान ही बहुत मिलेंगे जो मुबारक होंगे मगर उल्टा होने लगे और किसी वक्त मकान बेचने की नौबत आ जाए तो सबसे पहले खरीदे या बनवाए हुए मकान की दहलीज को हमेशा कायम रखें यानि उस मकान को न बेचें और अगर संभव हो तो उसी मकान में रहें, ऐसा करना सब कुछ बहाल (वापिस) कर देगा।

सनीचर खाना नंबर 8– जब मकान बनना शुरू होगा तो मौतें गूंजने लगेंगी। सनीचर, राहु–केतु की हालत पर अच्छा या बुरा असर देगा।

सनीचर खाना नंबर 9– टेवे वाले की औरत (पत्नी) या टेवे वाले की माता के पेट में बच्चे (गर्भ) के वक्त टेवे वाले की अपनी कमाई से बनाया हुआ मकान पिता को जिंदा या आसूदा–हाल (सम्पन्न) न छोड़ेगा। जब टेवे वाले के पास तीन अलग–अलग मकान (रिहाइशी) कायम हो जाएंगे तो टेवे वाले का भी आखरी वक्त पूरा हो चुका गिना जाएगा।

सनीचर खाना नंबर 10– जब तक मकान न बनवाएगा तब तक सनीचर मकान बनवाने के लिए धन देता चला जाएगा लेकिन जिस दिन मकान बन जाएगा, सनीचर बिस्तर तक भी उठा कर भाग जाएगा, और ढूंढ़ने पर भी निशान न मिलेगा। टेवे वाले की आमदनी बरबाद और खत्म हो जाएगी।

सनीचर खाना नंबर 11– मकान देरी से बनेगा। अमूमन 55 साल की उम्र के बाद ही मकान बन सकेगा। जनूब (दक्षिण दिशा) के दरवाजे वाले मकान के साथ से (लगातार निवास करने से) बहुत लम्बे अरसे तक लेटना (बीमार रहना) पड़ेगा।

सनीचर खाना नंबर 12– सांप (सनीचर) और बंदर (सूरज) जो कभी अपना बिल या घर नहीं बनाते, अब मकान बनाना सीख लेंगे यानि अब मकान बेवजह और खुद–ब–खुद (स्वतः) बनने लगेंगे। अब सनीचर के साथ सूरज भी खाना नंबर 12 में ही क्यों न हो जाए। टेवे वाले को चाहिए कि मकान जैसा और जितना बने बनने दे, रोके नहीं।

मकान के गोशे (कोने)

मकान बनवाने से पहले सारी जमीन को एक मानकर उसके गोशे (कोने) देख लें। चार गोशे वाला मकान सबसे उत्तम होगा (जिसका प्रत्येक कोना 90 अंश का हो)।

आठ, अठारह, तेरह, तीन, बिच्चों चूक भुजा बलहीन
पांच कोण का मंदिर रचे, कह बिश्वकर्मा कैसे बसे
अग्नि आयु हो आठ से मंदी, आठ चन्द्र बृहस्पत मरता हो
तेरह लगे घर आ उस फांसी, तीन भाई बद मंदा हो
बिच्चों चूक से नस्ल हो घटती, काग रेखा फल होता हो
भुजा बिना श्मशान हो अर्थी, मुर्दा शादी में जलता हो
पांच कोने औलाद हो मरती, वीरान इलाका होता हो
मौत बीमारी अन्त न देगी, सांप छाती पर चलता हो
चार कोने दे कुल की उन्नति, सिंहासन बत्तीसी बनता हो
असर अन्दर हर कमरा अपना, पैमाइश जुदा पर चलता हो

(1) विश्वकर्मा जी के कथन के अनुसार 8, 18, 13, 3 बिच्चों–चूक (मछली की तरह) वाला मकान बलहीन माना जाएगा और मुर्दे के मानिन्द (समान) होगा।

(2) पांच कोने वाले मकान में अगर मंदिर बनवा दें तो विश्वकर्मा जी (मकान बनाने के देवता) कहते है कि ऐसा मकान रिहाइश (निवास) के लिए कैसे बसेगा अर्थात् ऐसा मकान नहीं बसेगा।

(3) आठ कोने वाला मकान, सनीचर खाना नंबर 8 का असर देगा। ऐसे मकान में मातम (मौत) के वाकिआत (घटनाएं) व बीमारियां आम (सामान्य) होंगी।

(4) अठारह कोने वाले मकान में बृहस्पत का फल खराब होगा।

(5) तीन और तेरह कोने वाले मकान में मौत और आग के वाकिआत होते रहते हैं। मंगल और बुध का मंदा असर देने वाला मकान होगा यानि फांसी से सम्बन्धित वाकिआत भी हो सकते हैं।

(6) जो मकान दरमियान (मध्य) से मछली के पेट की तरह बाहर को उठा हुआ हो बिच्चों–चूक वाला मकान कहलाता है। ऐसा मकान काग–रेखा का मंदा असर देगा। खानदानी नस्ल (वंश) को घटाने वाला और खुद इंसान को भी लावल्द (संतानहीन) बना देने वाला मकान होगा यानि अगर ऐसे मकान में रह रहे इंसान के बाबा कुल तीन भाई हों तो बाप दो भाई होंगे और आखीर (अंत) में खुद अकेली ही औलाद होगा और खुद भी लावल्द होगा। मुख्तसरन (संक्षेप में) मुर्दे की शक्ल (बनावट) का मकान तो मौतें ही मौतें दिखलाएगा।

(7) जिस मकान के कोने कटे हुए हों वह भुजाबलहीन मकान होगा यानि ऐसा मुर्दा जिसकी दोनों भुजाएं कटी हुई हों। ऐसा मकान मौत पर मौत और मुर्दे पर मुर्दे दिखलाएगा। अगर ऐसे मकान में किसी की शादी भी हो तो शादी करने वाला इंसान (मर्द या औरत) विधुर (जिसकी पत्नी मर गई हो) या बेवा (जिसका पति मर गया हो) होगा।

(8) पांच कोने वाले मकान का मालिक औलाद का दुःख और उसकी बरबादी ही देखेगा।

मकान का रक़बा (क्षेत्रफल)

(1) मकान के अन्दर के गोशे (कोने) और मकान का रकबा (क्षेत्रफल) मकान के अन्दर की दीवार बनाने से पहले ही गौर (ध्यान) कर लेना निहायत ही (अत्यधिक) जरूरी होगा।

(2) सबसे पहले खाली जमीन के कोने देखें, इसके बाद दीवारों का क्षेत्रफल और बुनियाद (नींव) छोड़कर हर एक कमरे के अन्दरूनी (आन्तरिक) हिस्से का क्षेत्रफल अलग–अलग देखा जाए।

(3) मकान के हर एक हिस्से का क्षेत्रफल उस इंसान के हाथ की पैमाइश (नाप) के अनुसार होगा जिस इंसान ने या तो मकान की बुनियाद रखी है या जिस इंसान को इस मकान में रिहाइश (निवास) करनी है। यानि पैमाइश (नापने) के लिए खुद उस इंसान के ही हाथ का इस्तेमाल होगा। चाहे उसका हाथ 17, 18, 19 या 20 इंच का ही क्यों न हो।

(4) हाथ की लम्बाई दो तरह से ले सकते हैं –

(i) कोहनी के सिरे की हड्डी से अनामिका उंगली तक का सिरा।

(ii) कोहनी के पास दूसरी हड्डी जो सिरे से थोड़ा पीछे होती है, उस हड्डी से लेकर मध्यमा उंगली के सिरे तक की पैमाइश (नाप) को उत्तम माना गया है।

कायदा (सूत्र)– लम्बाई+चौड़ाई करके जो भी फल आये उसे 3 से जरब (गुणा) कर दें। जो भी आए उस संख्या में से 1 घटा दें। फिर जो भी आए उसे 8 से तकसीम (भाग) कर दें जो भी बाकी बचे वह मकान का असर होगा।

$$\frac{(\text{लम्बाई} + \text{चौड़ाई}) \times 3 - 1}{8} = \text{असर}$$

मसलन तूल (लम्बाई) = 15 हाथ, अर्ज़ (चौड़ाई) = 7 हाथ

$$\frac{(15 + 7) \times 3-1}{8} = \frac{65}{8} = 8 \text{ शेष } 1$$

अब जवाब शेष होगा 1 यानि ये जवाब 1, 2, 3, 4, 5, 6, 7, 8 या सिफर (शून्य) भी हो सकता है। जवाब में अगर ताक (विषम संख्या 1, 3, 5, 7) हो तो नेक असर होगा और अगर जुफ़्त (सम संख्या) हो तो मनहूस (खराब) असर होगा। मनहूस हिन्दसों (अंकों) का ग्रहों के अनुसार उपाय मंदरजाजैल (निम्नलिखित) होगा।

2 बाकी बचे – तो बृहस्पत–शुक्कर खाना नंबर 6 या केतु खाना नंबर 6 का उपाय करें।
4 बाकी बचे – तो चन्द्र–सनीचर खाना नंबर 4 या केतु खाना नंबर 6 का उपाय करें।
6 बाकी बचे – तो सूरज–सनीचर खाना नंबर 6 या केतु खाना नंबर 6 का उपाय करें।
8 बाकी बचे – तो मंगल–सनीचर खाना नंबर 8 या केतु खाना नंबर 6 का उपाय करें।

मकान की हैसियत (स्तर)

मकान का रकबा (क्षेत्रफल) लेकर, कायदा (सूत्र) लगाने के बाद जो (जवाब) आएगा उसमें जो भी हिन्दसा (अंक) बाकी (शेष) होगा उसी हैसियत का मकान होगा।

1 बाकी बचे– जब बाकी 1 बचता हो तो बृहस्पत–सूरज मुश्तरका (संयुक्त), खाना नंबर 1 में होंगे। यानि ऐसा मकान मकानों में राजा के मानिन्द (समान) होगा। ऐसा मकान उत्तम और बुलन्द हैसियत वाला होगा। इस मकान में हर तरह का उत्तम फल होगा।

2 बाकी बचे– जब बाकी 2 बचता हो तो बृहस्पत–शुक्कर मुश्तरका (इकट्ठे) खाना नंबर 6 में या केतु खाना नंबर 6 में कुत्ता, गरीब या निर्धन के मानिन्द (समान) होगा।

3 बाकी बचे– जब तीन बाकी बचता हो तो ऐसा मकान शेर–दहाना (शेरमुखी) होगा यानि मकान का अगला हिस्सा चौड़ा होगा और पिछला हिस्सा तंग (संकरा अथवा उत्तरोत्तर पतला) होगा। बृहस्पत–मंगल, खाना नंबर 3 में शेर के मानिन्द (समान) होंगे। ऐसे मकान में मर्दों (पुरुषों) के लिए उम्दा और मुबारक दीवानखाना होगा।

मंगल या बुध से मुतअल्लिक (सम्बन्धित) काम (व्यापार) निहायत ही मुबारक असर के होंगे। मगर औरतों और बच्चों के लिए गैर–मुबारक (अशुभ) होंगे। ऐसे मकान में मुर्दों की हमेशा बरकत होगी। ऐसे मकान में जंगो–जदल (लड़ाई–झगड़ों) के सारे काम नेक असर देंगे। अगर कोई ऐसी औरत जिसके बच्चे अभी पैदा न हुए हों अथवा ऐसी औरत जो इस मकान में अपने बच्चों से अलग ही रह या सो रही हो तो उस औरत पर कोई बुरा असर न होगा। बहरहाल ऐसा मकान बच्चों के लिए फायदेमंद न होगा। क्योंकि मंगल खाना नंबर 3 और केतु खाना नंबर 3 आपस में शेर और कुत्ते का सलूक (व्यवहार) रखते हैं। अकेली औरत शुक्कर खाना नंबर 3 गिनी जाती है। मंगल और शुक्कर की बाहमी (आपस में) दोस्ती है इसलिए बच्चों से राहत

या बच्चों के बगैर सिर्फ एक अकेली जान (यह औरत) इस पूरे मकान में होगी। यद्यपि अगर इस मकान का खाविंद (पति) इस मकान में अपनी औरत के साथ में इकट्ठे रहेगा तो कोई बुरा असर न होगा।

अगर किसी वजह से इस मकान में बच्चों वाली औरत को अकेला सोना पड़ जाए तो इस मकान में बृहस्पत के जर्द (पीले) रंग के फूल कायम करें तो किसी भी तरह का कोई मंदा असर पैदा न होगा। बेहतर होगा कि इस मकान से बच्चों को दूर ही रखा जाए और औरत की भी सिर्फ इस मकान में ऐशोइशरत के लिए ही रिहाइश (निवास) की जाए। अमूमन (सामान्यतः) औरत का भी ऐसे मकान में रहना कोई खास फायदेमंद न होगा। इसमें रहना कभी औरत के लिए भी नुकसानदायक हो सकता है।

4 बाकी बचे– जब 4 बाकी बचे तो सनीचर–चन्द्र मुश्तरका (संयुक्त), खाना नंबर 4 में गधे के मानिन्द (समान) होंगे यानि रात–दिन मजदूरी करने के बाद भी रात को खुराक (भोजन) के वक्त वही गंदी रोटियां ही मिलती होंगी, कोई गधे का खयाल रखने वाला न होगा कभी–कभी तो ऐसी मनहूस रात होगी कि खुराक ही नसीब न होगी।

5 बाकी बचे– जब 5 बाकी बचे तो गऊ–घाट वाला मकान होगा। सूरज–बृहस्पत खाना नंबर 5 में गाय के मानिन्द (तुल्य) होंगे। इस मकान में औरत जात, बाल–बच्चे वगैरह सब के सब सुख और आराम पाएंगे। शुक्कर का पूरा और उत्तम फल होगा। ऐसे मकान में मच्छ रेखा का उत्तम असर साथ होगा। अगर मकान का पिछला हिस्सा चौड़ा और अगला हिस्सा (उत्तरोत्तर) पतला हो तो गऊ–घाट कहलाता है।

6 बाकी बचे– अगर 6 बाकी बचते हों तो सूरज–सनीचर मुश्तरका (इकट्ठे) खाना नंबर 6 में मुसाफिर (यात्री) के तकिए के मानिन्द (समान) होंगे यानि अब केतु अपना बुरा असर देगा। न तो माता ही सुखी होगी और न ही पिता ही खुश होगा। न तो औलाद ही चैन (आराम) से रहेगी और न ही यार दोस्तों का ही साथ मिलेगा। हर वक्त मुसीबत का मारा हुआ मुसाफिर होगा। ऐसे मकान वाले इंसान का न तो बृहस्पत ही नेक होगा, न ही चन्द्र भला होगा। केतु भी बेमायनी (व्यर्थ) असर का होगा।

7 बचे बाकी– अगर 7 बाकी बचता हो तो चन्द्र–शुक्कर मुश्तरका, खाना नंबर 7 में हाथी के मानिन्द (समान) होंगे। फ़लिखाना (तबेला, जहां पशु बांधे जाते हैं) मुबारक और उम्दा असर देगा। ऐसे मकान में राहु मददगार होगा।

8 बाकी बचे– अगर 8 बाकी बचता हो तो मंगल–सनीचर मुश्तरका (इकट्ठे) खाना नंबर 8 में चील, गिद्ध और मुर्दाघाट (मुर्दो का घर) के मानिन्द (समान) होंगे। खाना नंबर 8 सनीचर का मुख्यालय है यानि दुनियावी–ताल्लुक (सांसारिक–सम्बन्ध) खत्म होंगे।

मकान का मुख्य दरवाजा (प्रवेशद्वार) अर्थात् मकान में आने (प्रवेश) का सबसे बड़ा दरवाजा या शार–ए–आम (आम रास्ता) अगर मशरिक (पूर्व–दिशा) की ओर हो तो सबसे उत्तम गिना जाएगा। हर वक्त इंसानों की नेक आमदोरफ्त (आवाजाही या आवागमन) और हर तरफ खुशनसीबी ही खुशनसीबी होगी। अगर ये (प्रवेश द्वार या आमरास्ता) मगरिब (पश्चिम–दिशा) की तरफ हो तो दर्जा–दोम (प्रथम मंजिल या इससे ज्यादा मंजिल का मकान) उत्तम असर का होगा। अगर शुमाल (उत्तर) की तरफ मुख्य दरवाजा हो तो नेक असर का होगा। नेकी के काम, लम्बे सफर, पूजा–पाठ, शुभ काम और लम्बे–मामलात (दीर्घकालीन) के नेकी के कामों पर आने जाने के लिए इस रास्ते का इस्तेमाल करना नेक असर देने वाला होगा। रुहानी (आध्यात्मिक) और परलोक (धर्म) के कामों में जुनूब (दक्षिण) के दरवाजे का साथ मनहूस होगा। खासकर उस इंसान के लिए जिसका सनीचर टेवे में खाना नंबर 3 में हो। अगर ऐसी इंसान औरत हो तो उसके लिए यह दरवाजा मौत का बहाना (कारण) होगा। मर्द भी सुखी न रह सकेगा। ऐसा मकान अग्निकुण्ड का जेलखाना होगा, जिसमें बुझकर मरने के सिवाय इंसान की किस्मत में कुछ बाकी न रहेगा। ऐसा मकान

कुंवारों का तबेला और विधुरों के लिए अफसोस की जगह होगा यानि ऐसा मकान मौतें गिनने का मुकाम (लक्ष्य) होगा। जनूब (दक्षिण दिशा) के दरवाजे (मुख्य प्रवेशद्वार) वाले मकान में रहने वाला इंसान हर साल बतौर उपाय बकरी का दान करे वरना कभी–कभी तो जरूर ही करे अथवा बुध से मुतअल्लिक (सम्बन्धित) अश्या (चीजों) की खैरात (दान) पक्की–शाम के वक्त करता रहे जिससे इस मकान में बीमारी, मंदी छेड़खानी, माली (आर्थिक) नुकसान और धन हानि से बचाव होता रहे।

शहतीर

शहतीर को आम–चलन की भाषा में कड़ी कहा जाता है। वास्तव में कड़ी लकड़ी के पतरों (बन्तों) से बनाई गई छत होती है यानि लकड़ी की बीम शहतीर कहलाती है। वर्तमान परिप्रेक्ष्य में शहतीर लकड़ी की न बनाकर लोहे या सीमेंट की बनाई जाती है जो मकान की छत को सहारा देने या धारण करने का काम करती है।

(1) शहतीरों का रूख (मुंह) मकान में मुख्य दरवाजे (प्रवेश द्वार) की सीध में और एक ही सिम्त (दिशा) में मुसावी (बराबर–बराबर) दूरी पर दौड़ती (लगी) हुई मुबारक होगी। यह शुक्कर की छत है जो उत्तम गिनी गई है।

(2) अगर यही शहतीर मकान में मुख्य दरवाजे को काटती हुई (आड़ी) लगी हो अर्थात् रात को सोते वक्त ये शहतीर अगर छाती को उबूर (काटती) करती हो तो ऐसी छत मौत और बीमारी देगी। यह सनीचर की छत है जो मंदी गिनी गई है।

(3) शहतीर वाले मकान में हर कमरे की छत की शहतीरों की कुल तादाद (संख्या) को गिन लें और उन्हें 4 पर तकसीम (भाग) कर दें और फिर जितना बाकी (शेष) बचे वह जवाब (परिणाम) होगा। अगर 1 बाकी बचे तो वह छत राजा इन्द्र के मानिन्द (समान) होगी और इसका फल उत्तम होगा। अगर 2 बाकी बचे तो वह छत यम (मौत के यमदूत) के मानिन्द (समान) होगी। अगर 3 बाकी बचे तो वह छत राजयोग कारक होगी।

मकान के अन्दर उत्तम अवस्था

मकान के अन्दर मंदरजाजैल (निम्नलिखित) चीजें मुबारक असर देंगी।

(1) सिंहासन या बैठक मशरिक (पूर्व–दिशा) की दीवार के दरमियानी (मध्य) हिस्से में होनी चाहिए।

(2) आग (रसोई) की जगह जुनूब (दक्षिण–दिशा) या जुनूब–मशरिक (दक्षिण–पूर्व) के गोशे (कोने) में उत्तम असर की होगी।

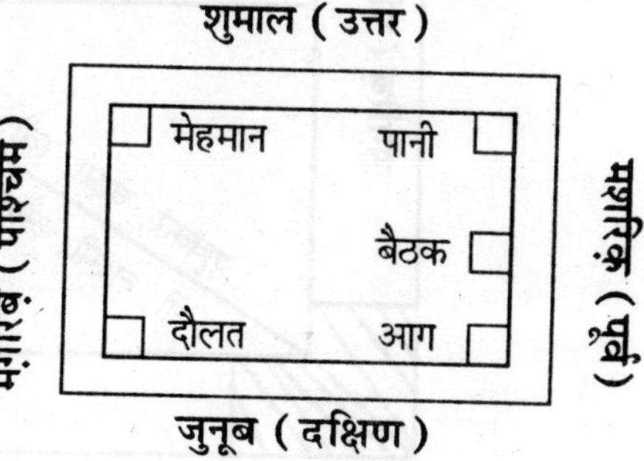

(3) पानी की जगह या पूजा पाठ की जगह शुमाल–मशरिक (उत्तर–पूर्व) के गोशे (कोने) में होना मुबारक असर का होगा।

(4) चूल्हे का मुंह मशरिक (पूर्व) में होना चाहिए।

(5) पानी रखने की जगह मकान से बाहर निकलते वक्त दाएं हाथ पर होनी चाहिए। आग की जगह मकान से बाहर निकलते वक्त बाएं हाथ पर रखें मगर शर्त यह होगी कि ऐसे में मशरिक (पूर्व) पीछे रह जाना चाहिए।

मकान के अन्दर सिम्तें (दिशाएं) और गोशे (कोने)

शुमाल – उत्तर दिशा
जूनूब – दक्षिण दिशा
मगरिब – पश्चिम दिशा
मशरिक – पूर्व दिशा
शुमाल–मगरिब – उत्तर–पश्चिम
शुमाल–मशरिक – उत्तर–पूर्व
जुनूब–मगरिब – दक्षिण–पश्चिम
जुनूब–मशरिक – दक्षिण–पूर्व
केन्द्र स्थान – बुध का दायरा, सबको अपने दायरे में घुमाने वाला
केन्द्र से शुमाल तक – केतु, पूजा स्थान मगर पूजा पाठ नहीं, पेशानी (मस्तक) का तिलक
केन्द्र से मगरिब तक – सनीचर, साजो–सामान
केन्द्र से जुनूब तक – मंगल, जंगो–जदल (लड़ाई–झगड़े) का सामान या हथियार।
केन्द्र से मशरिक तक – सूरज, सबकी मदद करने वाला।
केन्द्र से शुमाल–मगरिब – बृहस्पत, पूजा–पाठ लेकिन पूजा का स्थान नहीं, मेहमाननवाजी
केन्द्र से जुनूब–मगरिब – शुक्कर, चेहरा, स्त्री, घी, लक्ष्मी, औलाद
केन्द्र से जुनूब–मशरिक – राहु, दुश्मन, कोयला
केन्द्र से शुमाल–मशरिक – चन्द्र, दूध, शान्ति, आशीर्वाद।

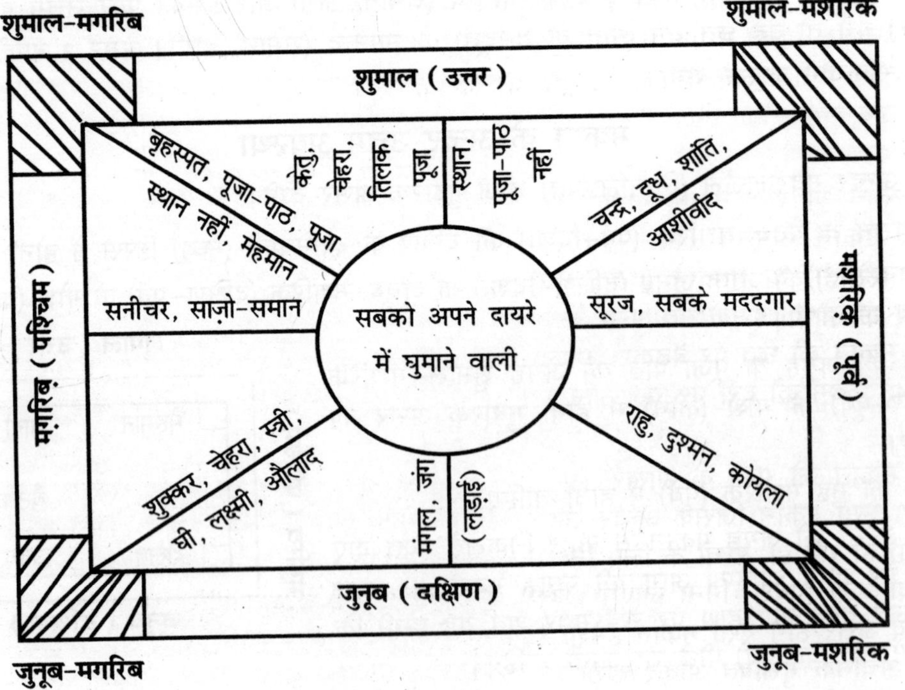

मकान में ग्रहों की पक्की जगहें

(1) मकान में हर गोशा (कोना) और सिम्त (दिशा) किसी न किसी ग्रह के लिए हमेशा के लिए पक्के तौर पर मुकर्रर (निश्चित) है।

(2) मकान में सम्बन्धित ग्रह की पक्की जगह पर उसी ग्रह के दुश्मन ग्रह की अश्या (चीजें) कायम (स्थापित) करने से सम्बन्धित ग्रह की (जिस ग्रह के लिए वह जगह मकान में पक्के तौर पर मुकर्रर है) चीजों से टेवे वाले को फायदा न होगा। मसलन चन्द्र के लिए खाना नंबर 4 (उत्तर–पूर्व का कोना) मकान में मुकर्रर जगह है, अगर खाना नंबर 4 वाले गोशे (कोने) में लोहे का बड़ा संदूक (सनीचर) लाकर रख दें तो चन्द्र का फल मंदा ही होता चला जाएगा यानि टेवे वाले को चन्द्र की चीजों (कारोबार, रिश्तेदार या सामान) का कोई आराम न मिलेगा लेकिन चन्द्र की सिर्फ उन चीजों से मुतअल्लिक (सम्बन्धित) चीजों का असर न मिलेगा जो चीजें मकान के अन्दर हो या मकान के अन्दर बैठकर इस्तेमाल (प्रयोग) की जा रही हों।

(3) मकान के नजदीक या मकान की हुदूद (सीमा) के अन्दर की जमीन में (किसी दीवार में नहीं) अगर कोई पीपल का दरख्त (वृक्ष) हो तो इस दरख्त की सेवा से बहुत नेक फल मिलेगा, बरखिलाफ (विपरीत) इसके अगर इस दरख्त की सेवा न की जाएगी यानि उसकी जड़ों में पानी नहीं डाला जाएगा तो जहां तक उस दरख्त (वृक्ष) का साया (छाया) होगा वहां तक तबाही और बरबादी होगी। यही हाल नजदीक के कुएं का होगा यानि अगर इस कुएं में कभी–कभी मीठा या दूध डाल दिया जाए तो नेक फल होगा। लेकिन अगर गंदा किया जाए तो तबाही का सबब (कारण) होगा।

(4) मकान के अन्दर कीकर का दरख्त (वृक्ष) लावल्दी (संतानहीनता) का बहाना (कारण) होगा। बतौर उपाय अगर सूरज निकलने से पहले तारों की छांव में (अंधेरे में) लगातार हर शनिवार के दिन 40 दिन तक (हफ्ते में एक बार) इस कीकर के दरख्त में पानी डालते रहें। उपाय पूर्ण होने के बाद जब कभी मौका मिले तो शनिवार के दिन इसी वक्त पानी डाल दें।

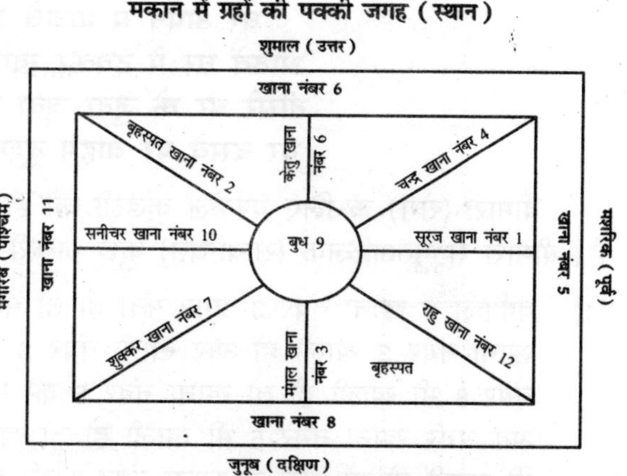

(5) कब्रिस्तान या श्मशान की जमीन पर बनाया हुआ मकान अमूमन (सामान्यतः) लावल्दी (संतानहीनता) या मुतबन्ने (दतक पुत्र) रखने की वजह होगा। इसके मंदे असर से बचाव के लिए मकान की छत पर बैठकर शुमाल–मगरिब (उत्तर–पश्चिम) की तरफ देखें। इस सिम्त (दिशा) में 40–43 कदम की दूरी पर चलें और इस दूरी के अंदर–अंदर एक कुआं कायम करवाएं मुबारक असर देगा।

(6) ऐसा मकान जो गली के आखरी (अन्त) में हो और जिस मकान पर जाकर रास्ता बन्द हो रहा हो अथवा ऐसा मकान जिसके अन्दर सीधे रास्ते की यानि शार–ए–आम (आम–रास्ते) की हवा दाखिल (प्रवेश) हो रही हो, बच्चों के लिए निहायत मनहूस होगा। घर के अन्दर बुरी हवा या बुरी रूह (आत्मा) का दाखिला (प्रवेश) गिना जाएगा। बच्चे और औरत सभी बरबाद होंगे। सुबह और शाम राहु–केतु के मंदे असर होंगे ऐसा मकान हमेशा ही बुरा असर देगा। ऐसे मकान में रह रहे सदस्यों पर कोई न कोई अचानक मुसीबत आकर खड़ी हो जाएगी। न तो वहां औरत ही रह सकेगी और न ही आंखों

वाला आदमी। यानि ऐसे मकान में अंधा और विधुर आदमी अपने जोड़ों पर मालिश करवाने के लिए रहता होगा।

(7) सेहत (स्वास्थ्य) के मामले में इंसान को दूसरी चीजों से ज्यादा ध्यान देना बेहद जरूरी है। इसके लिए ऐसा कहा गया है कि रात को सोते वक्त चारपाई का सिरहाना मशरिक (पूर्व दिशा) की ओर रहे तो मुबारक असर होगा। इससे सूरज साथ देगा और दिन में दिमाग (बुद्धि) काम करेगा और रात में सोते वक्त अपने पांव (पैर) जुनूब (दक्षिण) या मशरिक (पूर्व) में करके सोना मनहूस (नेष्ट) गिना जाएगा। शुमाल (उत्तर) की तरफ पांव हों तो कोई नुकसान की बात न होगी। लेकिन खयाल (विचार) करने की बात यह है कि नेकी (शुभत्व) का काम चाहे हाथ से हो चाहे पांव से कोई फर्क नहीं होना चाहिए क्योंकि नेकी का काम रुहानी (ईश्वरीय) काम है, इसमें हाथ या पांव होने या न होने का कोई सवाल ही नहीं उठता यानि चाहे सोते वक्त खयाल (विचार) रूह (आत्मा) से आए अथवा जागते हुए जिस्म से हो कोई फर्क नहीं पड़ेगा।

(8) रात को सनीचर के चौराहे पर अर्थात् ऐसे रास्ते पर चारपाई डालकर सोना जहां पर हवा चारों तरफ से आती हो, इंसान को अंधा कर देगा।

बीमारी (रोग)

योग माया, योग दृष्टि, बीमारी के वक्त दी गई मुफस्सिल (व्याख्या) के लिए फरमान नंबर 8 में दी गई योग दृष्टि का उसूल देखें। सेहत–बीमारी, नफा–नुकसान, फतह–शिकस्त हर पहलू के लिए यही उसूल (सिद्धान्त) काम करेंगे।

घर अपने से पांचवें दोस्त, सातवें उल्टे होते हैं
आठवें घर पे टक्कर खाते, बुनियाद नौवें पर बनते हैं
तीसरे घर के जुदा-जुदा तो, बुध से वह आ मिलते हैं
घर दसवें पर बाहम दुश्मन, धोखा देते या चक्कर हैं

बीमारी (रोग) के लिए वर्षफल कुंडली को ही मुख्य रूप से और बुनियादी तौर पर महत्त्व दिया गया है। बीमारी से मुतअल्लिक (सम्बन्धित) कुछ जरूरी उसूल (सिद्धान्त) आगे दिये जा रहे हैं।

(1) वर्षफल में खाना नंबर 3 अगर मंदा हो तो मंदी हालत और मंदे नतीजे (परिणाम) जाहिर होंगे। अगर खाना नंबर 3 खाली हो और खाना नंबर 8 मंदा हो तो नतीजे मंदे ही होंगे। अगर ऐसे वक्त खाना नंबर 8 भी खाली हो तो खाना नंबर 5 की मंदी हालत देखकर ही नतीजे का खयाल (विचार) करें। अब अगर खाना नंबर 5 भी खाली हो तो खाना नंबर 11 की हालत देखें और अगर खाना नंबर 11 भी खाली हो तो फिर से खाना नंबर 3 की हालत देखकर ही किसी नतीजे पर पहुंचेंगे।

अगर वर्षफल कुंडली में सारे खाने (3, 8, 5, 11) खाली हों तो अन्तिम रूप से खाना नंबर 4 भेदी (गुप्त रहस्य को बताने वाला) होगा।

(2) बीमारी का आगाज (आरम्भ) खाना नंबर 8 से शुरू होगा। खाना नंबर 2–4 बीमारी का बहाना (कारण) होंगे। खाना नंबर 10 बीमारी को और ज्यादा बढ़ा देगा। खाना नंबर 5 धन के खर्चे का हिसाब बताएगा। खाना नंबर 3 दुनिया से चले जाने का हुक्म (मौत) सुनाएगा।

(3) खाना नंबर 3 के ग्रह, खाना नंबर 8 की मंदी हालत से बचाने वाले होते हैं इसलिए अगर खाना नंबर 3 इंसान का साथ छोड़ दे तो मौत उसका हाथ थाम लेती है। खाना नंबर 3 भी इंसान को खाना नंबर 8 की मंदी हालत से तभी बचा सकेगा जब खाना नंबर 11 के दुश्मन ग्रहों से वह (खाना नंबर 3) मंदा न हो रहा हो।

(4) आखरी (अंतिम) अपील सुनने का मालिक चन्द्र होगा। अगर चन्द्र खाना नंबर 4 में बैठा हो और राहु–केतु खाना नंबर 2–8 में बैठे हों अथवा खाना नंबर 6–12 में बैठें हों तो उम्र के ताल्लुक में कोई मंदा असर न गिना जाएगा।

(5) बीमारी का बहाना (कारण या वजह) खाना नंबर 2 से शुरू होता है और उसमें लहरें (तीव्रता) खाना नंबर 10 पैदा करता है इसलिए जब खाना नंबर 2 में बाहम (आपसी) दुश्मनी करने वाले ग्रह बैठे हों अथवा खाना नंबर 2 में बैठे हुए ग्रह का असर खाना नंबर 8 में बैठे हुए दुश्मन ग्रह की वजह से मंदा हो रहा हो तो खाना नंबर 8 के दुश्मन ग्रह का खाना नंबर 2 के ग्रह की चीजों (वस्तुएं, व्यापार या रिश्तेदार) पर तो कोई जहरीला असर न होगा, मगर उसी वक्त खाना नंबर 10 खाली हो तो खाना नंबर 2 में पैदा हो रहा जहर बीमारी का बहाना (वजह) जरूर खड़ा कर देगा और बीमारी के बहाने को रफ्तार (गति) दे देगा, जो वास्तव में खाना नंबर 8 के जहर का नतीजा (परिणाम) होगा, लेकिन उसूल (सिद्धान्त) के मुताबिक (अनुसार) हमेशा खयाल रहे कि अगर खाना नंबर 10 खाली होगा तो खाना नंबर 2 के बाहमी (आपसी) दुश्मन ग्रहों का बीमारी के ताल्लुक (सम्बन्ध) में कोई भी दखल (हस्तक्षेप) नहीं होता है क्योंकि अगर खाना नंबर 10 खाली हो तो खाना नंबर 2 के ग्रह सोए हुए गिने जाएंगे। विस्तारपूर्वक देखें फरमान नंबर 8, सोए हुए ग्रह। इसके अलावा यह भी ध्यान रहे कि खाना नंबर 2 के ग्रहों का असर हमेशा अलग–अलग और अपना–अपना ही होगा, चाहे वे आपस में दुश्मन ही क्यों न हों। बीमारी की लहरों (तीव्रता) को घटाने या बढ़ाने की ताकत केवल खाना नंबर 10 के पास ही होती है।

(6) खाना नंबर 3 या किसी भी घर के मंदे ग्रह जब बमूजिब (अनुसार) वर्षफल खाना नंबर 3 या खाना नंबर 9 में आएंगे तो बुरा वाकिया (घटना) ही होगा, जिसकी बुनियाद पर राहु–केतु की शरारत होगी। राहु की बुरी या भली तासीर (स्वभाव) का जवाब बुध दे देगा और केतु की बद या नेक नीयत (स्वभाव) का सुराग (भेद) बृहस्पत दे देगा। जिसकी रोकथाम खाना नंबर 8 में बैठकर मंदा असर पैदा करने वाले ग्रह की रोकथाम (उपाय) करने से होगा और मुकम्मल (सम्पूर्ण) इलाज खाना नंबर 5 करेगा। लेकिन अगर खाना नंबर 5 खाली हो तो इंसान की सेहत उम्दा होगी। लेकिन अगर किसी वजह से इंसान बीमार हो भी जाए तो खुद ब खुद (स्वतः) ही तंदुरुस्त (स्वस्थ) हो जाएगा।

(7) मुख्तसरन (संक्षिप्त) तौर पर खाना नंबर 3 अगर बीमारी के बहाने से बरबादी देता है तो खाना नंबर 5 मुर्दा (मृत) जिस्म में रूह (आत्मा) वापिस डाल देता है। इन दोनों घरों (3, 5) की बुनियाद (आधार) खाना नंबर 9 होगा। अगर खाना नंबर 3 और खाना नंबर 5 दोनों ही खाली हों तो खाना नंबर 2, 6, 8, 12 का मुश्तरका (इकट्ठा) फैसला (निर्णय) ही आखरी नतीजा (परिणाम) देगा। जिसकी आखरी अपील चन्द्र पर होगी। अगर टेवे (जनम कुंडली) में बृहस्पत मंदा हो तो खाना नंबर 5 पर बिजली कड़कती है। देखें फरमान नंबर 8 पक्का घर खाना नंबर 5।

कियाफा (हस्तरेखा)

(1) सनीचर के बुर्ज़ (पर्वत) का ज्यादा उठा हुआ न होना या हाथ में सनीचर रेखा (भाग्यरेखा) का न होना उम्दा सेहत (स्वास्थ्य) को बताता है।

(2) मोटा जिस्म (शरीर) और उम्दा सेहत दो अलग–अलग (विरोधाभास) बातें हैं।

(3) हाथ की उंगलियों के नाखूनों से भी सेहत का खयाल (विचार) किया जाता है। मसलन–बरबाद या फटा हुआ नाखून अमूमन (सामान्यतः) 9 महीने में पूरा हो जाता है। इसलिए जब नाखून बिना किसी

चोट वगैरह के खुद–ब–खुद (स्वतः) फटने लगें तो 9 महीने बाद होने वाली सेहत की खराबी की खबर (सूचना) देंगे अथवा अगर फटा हुआ नाखून ठीक होने लगे तो मंदी सेहत की खराबी से सेहत की दुरुस्ती (तंदुरुस्ती) की 9 महीने पहले ही खबर दे रहे होंगे।

खाना नंबर 2 में बैठे ग्रहों का जहर

खाना नंबर 2 में बैठे ग्रह बीमारी का बहाना (कारण) खड़ा कर देते हैं। कुछ ग्रहों का हस्तरेखा के लक्षणों के साथ असर आगे दिया जा रहा है।

बुध– जब खाना नंबर 2 में बुध जहरीला हो रहा हो अथवा हथेली में उंगलियों के नाखून गोल हों या उनका रंग सब्ज (हरा) हो जाए तो ऐसा इंसान इल्म (ज्ञान), हुनर (गुणों) वाला और शर्मीला होगा मगर अन्दरूनी (आन्तरिक) तौर पर फसादी (झगड़ालू) होगा। ऐसे इंसान की खुद पैदा की हुई शरारतें और झगड़े–फसाद उसके लिए दिमागी (मानसिक) बीमारियों का बहाना (कारण) होंगे।

राहु– जब खाना नंबर 2 में राहु जहरीला हो रहा हो अथवा हाथ में नाखून चौड़े हों या नाखूनों का रंग नीला हो गया हो मगर ध्यान रहे कि किसी चोट वगैरह की वजह से नाखून नीला न हो रहा हो तो इंसान को पुट्ठों (मांसपेशियों) के रोग होंगे। खून की कमी (एनीमिया) वाले रोग हो सकते हैं। जब टेवे में राहु खाना नंबर 2 में ही बैठकर जहरीला हो रहा हो अथवा इंसान के नाखून पतले, पीछे की तरफ झुके हुए, टेढ़े और उनका रंग सिक्के की धातु जैसा हो जाए तो ऐसे इंसान की सेहत के मामले में हालत नाजुक होगी।

शुक्कर– जब शुक्कर खाना नंबर 2 में जहरीला हो रहा हो अथवा नाखून छोटे हों और उनका रंग सफेद हो जाए तो ऐसा इंसान तंगदिल, लालची, जल्दबाजी में बिना सोचे–विचारे काम करने वाला होगा। इस इंसान को खून की कमी और कफ–विकार वाले रोग होंगे।

बृहस्पत– जब बृहस्पत खाना नंबर 2 में बैठकर जहरीला हो रहा हो अथवा नाखून बहुत छोटे–छोटे हों और उनका रंग जर्द हो जाए तो ऐसा इंसान कम अक्ल (मंदबुद्धि या बेवकूफ) और जल्दबाज होगा। ऐसे इंसान को दिल की बीमारी (हृदयरोग) होगी। जब बृहस्पत खाना नंबर 2 में जहरीला हो अथवा नाखून लंबे हों या उनका रंग सोने का जैसा हो जाए तो ऐसे इंसान की जिस्मानी (शारीरिक) हालत (फेफड़े और छाती की बीमारी से) कमजोर हो रही होगी।

सनीचर– जब खाना नंबर 2 में सनीचर जहरीला हो रहा हो अथवा नाखून दरमियाना (मध्यम) हालत में पहुंच जाए या नाखूनों का रंग स्याह (काला–रंग) हो जाए तो कारोबार के ताल्लुक (सम्बन्ध) में नेक और मुबारक असर वाला होगा। मगर उम्र भर में कम ही दौलत जोड़ पाया होगा। जो भी जोड़ेगा वह बीमारियों में चली जाएगी।

केतु– जब खाना नंबर 2 में केतु का असर जहरीला हो रहा हो अथवा हाथ में नाखून बहुत लम्बे और तंग (संकरे) होंगे। नाखून का रंग चितकबरा हो जाए या काले–सफेद और सुर्ख (लाल) रंग के धब्बे हो जाए तो ऐसे इंसान को पुश्तों (पैत्रिक) वाली बीमारियां होंगी।

बीमारी के दूसरे (अन्य) उसूल (नियम)

(1) अगर खाना नंबर 3 और खाना नंबर 9 मंदे हों तो खाना नंबर 5 भी मंदा ही होगा लेकिन अगर खाना नंबर 9 में सूरज या चन्द्र हों तो खाना नंबर 5 उम्दा होगा।

(2) खाना नंबर 5 और खाना नंबर–6 के ग्रह खाना नंबर 10 के लिए जहरीले दुश्मन होंगे।

(3) मंदी हालत की निशानी (पहचान) मंदे ग्रहों से सम्बन्धित चीजों से जाहिर (प्रकट) होगी।

(4) बमूजिब (अनुसार) टेवा (जनम–कुंडली) जब सूरज या चन्द्र के साथ शुक्कर या बुध या कोई पापी (राहु, केतु, बहैसियत पापी सनीचर) बैठा हो तो जिस वक्त वह (सूरज या चन्द्र) खाना नंबर 1, 6, 7, 8, 10 में बमूजिब (अनुसार) वर्षफल आएगा वह साल (सूक्ष्म विवेचन के लिए 1 साल के भी 3 भाग करें– देखें फरमान नंबर 6 दरमियानी ग्रह) सेहत के मामले में मंदा वक्त होगा।

(5) खाना नंबर 3–5 में कौन–सा घर खराबी (परेशानी) देगा और कौन–सा घर मदद देगा।

किस घर को खराब करेगा?	क्या खराबी देगा?	कौन–सा घर खराब करेगा?	कौन–सा घर मदद देगा?	क्या मदद देगा?
खाना नंबर 3 के लिए	अचानक चोट देगा, धोखा देगा, मंदा टकराव देगा	1 6 8	11 7 2	बाहमी (आपस में) मदद देगा, बुनियादी मदद देगा, साझी दीवार का काम देगा।
खाना नंबर 5 के लिए	अचानक चोट देगा, धोखा देगा, मंदा टकराव देगा	7 8 10	1 6 4	बाहमी (आपस में) मदद देगा, बुनियादी मदद देगा, साझी दीवार का काम देगा।

ग्रहों और बीमारी का ताल्लुक (सम्बन्ध)

(1) हर ग्रह की मुख्य–मुख्य बीमारियां आगे दी जा रही हैं। जब कभी दी गई बीमारियों से मुतअल्लिक (सम्बन्धित) ग्रह खराब या बरबाद या नीच का होगा तो उस ग्रह की बीमारी इंसान की सेहत (स्वास्थ्य) को खराब कर सकती है।

(2) जब कभी आगे दी जा रही बीमारियों में से कोई भी बीमारी इंसान को तंग (परेशान) करे तो फौरन उस बीमारी से मुतअल्लिक ग्रह का उपाय कर लें, मददगार होगा।

(3) मुश्तरका (संयुक्त) ग्रहों की हालत में उस ग्रह का उपाय करें जिसकी वजह से साथ बैठा हुआ ग्रह भी बरबाद हो रहा हो। मसलन राहु–बृहस्पत मुश्तरका (इकट्ठे) होने के वक्त राहु का उपाय करना मददगार साबित होगा।

(4) अगर घर से बीमारी दूर ही न हो रही हो यानि एक के बाद दूसरा बीमार होता चला जा रहा हो तो मंदरजाजैल (निम्नलिखित) उपाय मददगार होंगे।

(i) घर के सभी सदस्यों और 30 दिनों के दौरान (अन्तराल) में आए हुए कुल मेहमानों की औसत तादाद (संख्या) निकालकर, इसी तादाद की मीठी रोटियां (चाहे छोटी हों या बड़ी) महीने में एक बार (30 दिन से ज्यादा नहीं) बनाकर घर के बाहर जानवरों (कुत्ता, कोवों, गाय, वगैरह) को डाल दिया करें।

(ii) कद्दू (काशीफल) का हलवा बनाकर हर सहमाही (3 माह) या हर शशमाही (6 माह) में सिर्फ एक बार धर्म–स्थान में दें अगर संभव न हो तो सिर्फ साल में एक बार ही दें। मगर ध्यान रहे कि जो कद्दू इस्तेमाल करें वह खूब पका हुआ हो यानि ऊपर से जर्द (पीला रंग) और अन्दर से खोखला सा महसूस हो रहा हो।

(iii) अगर कोई मरीज किसी तरह भी कोई शिफा (राहत) न पा रहा हो तो रात को उसके सिरहाने (सिर के नीचे) तांबे के 2 सिक्के रखकर सुबह महतर (स्वीपर) को दे दें। ऐसा 40 से 43 दिन तक लगातार करें। वास्तव में यह पिछले जनम का कर्जा होता है।

(iv) जब भी श्मशान या कब्रिस्तान से होकर गुजरें तो पैसा–दो पैसा वहां गिरा दें, ऐसा करना उत्तम गैबी (ईश्वरीय) मदद मानते हैं।

ग्रह और उसकी बीमारी

बृहस्पत– सांस की बीमारी, दमा, कफ (खांसी), फेफड़ों से मुतअल्लिक (सम्बन्धित) बीमारी।

सूरज– जब सूरज कमजोर हो तो दिल का धड़कना। जब सूरज को चन्द्र की मदद न मिले तो रक्तचाप, उन्माद (पागलपन), हिस्टीरिया (एक मनोरोग), मिर्गी–रोग (नाड़ी मंडल से सम्बन्धित रोग जिसमें दौरे पड़ते हैं), मुंह से झाग निकलना, लकवा, अधरंग। अगर सूरज खाना नंबर 6 में हो और बुध खाना नंबर 12 में हो तो रक्तचाप (ब्लडप्रेशर) ग्रहों की हालत देखकर ऊंचा या नीचा होगा।

चन्द्र – दिल की बीमारी, दिल की धड़कन, आंख के डेले की बीमारियां

शुक्कर– जिल्द (त्वचा) के अमराज (मर्ज या रोग), खुजली, चम्बल (अपरस रोग जिसमें शरीर में खुजली होती है और लाल–लाल चकत्ते हो जाते हैं और एक समय पर पूरी त्वचा काली हो जाती है) वगैरह ऐसे वक्त बुध के उपाय नाक छेदन से मदद मिलेगी।

मंगल– नासूर (पुराना घाव), पेट की बीमारियां, हैजा (एक संक्रामक रोग), पित्त, मेदा (पाचनशक्ति से सम्बन्धित एक रोग)।

मंगल–बद– भगंदर (बवासीर, ऐसा रोग जिसमें मलद्वार के ऊपर व्रण बनते हैं), फोड़ा, नासूर (ऐसा घाव जिसके मवाद से बदबू आने लग जाए)।

बुध– चेचक (त्वचा पर लाल रंग के चिकत्ते हो जाना), दिमाग के रोग, खुशबू या बदबू का पता न लगना, नाक–जुबान और दांतों की बीमारी। जब बुध खाना नंबर 12 और सूरज खाना नंबर 6 में हो (बमूजिब वर्षफल) तो रक्तचाप (ब्लडप्रेशर) की बीमारी होगी।

सनीचर– बीनाई (आंखों की ज्योति) की बीमारी, हर किस्म की खांसी लेकिन दमा बृहस्पत देगा। चश्म (नजर) की बीमारियां। सनीचर के मंदे असर से बचने के लिए दरिया में नारियल बहाएं।

राहु– बुखार, दिमागी मर्ज (रोग), प्लेग (संसार की सबसे पुरानी महामारी, एक संक्रमण), अचानक चोट या कोई हादसा भी राहु की देन है।

केतु– अजू (जोड़ों) की बीमारियां, फोड़े–फुंसी, रसौली (शरीर में ऊत्तकों की असामान्य वृद्धि, ये रोग अमूमन महिलाओं के गर्भाशय में फोड़े के रूप में होता है), सुजाक (यौन संचारित एक बीमारी जो प्रजनन अंगों में होती है), आतशक (संभोगक्रिया से होने वाला एक रोग जिसे उपदंश या सिफलिस भी कहते हैं), पेशाब की बीमारी, एहतिलाम (स्वप्नदोष), कान की बीमारी, रीढ़ की हड्डी, हार्निया (उदर की दीवार की भित्ति से आंत का बाहर निकल जाना), अजू (जोड़) का उतर जाना या भारी हो जाना।

बृहस्पत–राहु मुश्तरका या बृहस्पत–बुध मुश्तकरा (इकट्ठे) – दमा (अस्थमा) जो एक गंभीर बीमारी है जिसमें सांस नालिकाओं में सूजन आ जाती है और सांस की तकलीफ होती है।

राहु–केतु मुश्तरका – बवासीर, पागलपन

चन्द्र–राहु मुश्तरका – निमोनिया।

बृहस्पत–राहु मुश्तरका – दमा (सांस घुटने की बीमारी)

सूरज–शुक्कर मुश्तरका – तपेदिक (क्षय रोग)

बुध–बृहस्पत मुश्तरका – टीवी (एक संक्रामक रोग)

मंगल–सनीचर मुश्तरका – कोढ़, खून की बीमारी, जिस्म का फट जाना।

शुक्कर–राहु मुश्तरका – नामर्दी (नपुंसकता)

शुक्कर–केतु मुश्तरका – एहतिलाम (स्वप्नदोष)

बृहस्पत–मंगल बद मुश्तरका – मरकान (पीलिया)

चन्द्र–बुध मुश्तरका या मंगल का टकराव – थायराइड ग्रंथि के रोग।

इंसानी उम्र (आयु)

इंसान गाफ़िल दुनिया कितनी, मारे से मरता नहीं
वक्त हो जो आया अपना, रोके से रुकता नहीं
बन्द मुटठी का खजाना, बाकी जब रहता नहीं
तदबीर अपनी खुद ही उल्टी, राज बन आता नहीं

इंसान चाहे कितना ही बेपरवाह (असावधान) हो मगर जब तक मौत न आए वह किसी के मारे नहीं मरता। लेकिन जब कूच (मौत) का वक्त आएगा तो वह किसी भी कोशिश (प्रयत्न) से इस जहान में रुक न सकेगा। जब बन्द मुटठी का खजाना (प्रारब्ध कर्म) खत्म हो जाएगा तब सारी योजनाएं और सारे उपकरण उलटे ही पड़ते जाएंगे और इस मौत का राज (रहस्य) कोई जाहिर (प्रकट) न कर सकेगा।

(1) इस दुनिया में आंखे खोलने वाला बच्चा अपनी जिन्दगी के सफर में मर्द–औरत, मां–बाप, भाई–बहिन, बड़ा–छोटा, दायां–बायां, बाप–बेटा, मां–बेटी, जनम–मरण, शुरू–आखरी, आकाश–हवा, नर ग्रह– स्त्री ग्रह, नेकी–बदी से गांठ (संपर्क) लगाता है। इस बच्चे के द्वारा लगाई गई हर तरह की गांठ (घटना) मसलन ग्रह–शंका, अदल–रहम (न्याय–क्षमा) से इंसाफ, गृहस्थ–शादी, गमी और इंसाफ के ग्रह (राहु–केतु), गृहस्थी का ग्रह (शुक्कर), चन्द्र कुंडली, जनम–कुंडली, दोनों जहानों के मालिक बृहस्पत की हवा के आने–जाने का रास्ता, बुध का खाली आकाश, अक्ल (सूरज) की रोशनी, अंधेरे (सनीचर) की जगह, मौत नुमाई (रास्ता), उम्र का आखरी (अन्तिम) वक्त सब कुछ पहले ही देखा जा सकता है मगर इस भेद (मौत के रहस्य) को वक्त से पहले ही अपनी मर्जी से खुद (स्वतः) अपने मुंह से बोलकर, इशारतन (इशारों में) या पोशीदा (गुप्त) ढंग से जाहिर (प्रकट) कर देना न सिर्फ ज्योतिषी के लिए खून के कोढ़ की बीमारी देगा बल्कि गैबी (ईश्वरीय) मायनों में एक बड़ी गुनहगारी का सबूत होगा। अगर किसी नाजुक (संवेदनशील) हालातों में टेवे वाला ही कोई इस तरह का सवाल खड़ा कर दे तो भी उसको कागजी शहादत (गवाही) और कच्चे–पक्के सबूत से तसल्ली (सांत्वना) देकर समझाना एक ज्योतिषी की जिम्मेदारी होगी। जिन्दगी या मौत दोनों ही हालातों में जो कोई भी उपाय मुमकिन (संभव) हो टेवे वाले को बता दें मगर मौत का आगाज (आगमन) हो तो खयाल रहे कि यह राज उस पर जाहिर न होने पाए। उपाय बताने का तरीका भी ऐसा हो कि किसी को गुमान (संशय) तक न होने पाए कि आखिर यह उपाय क्यों बतलाया गया है। मौत का फलादेश समझना बहुत बड़ी जिम्मेदारी की बात होगी क्योंकि यह हिसाब–किताब सिर्फ इंसानी दुनियावी दिमाग ही कर सकता है। मौत का भेद हर किसी को नहीं मिला है इसलिए हो सकता है कि गलती से कोई वहम (गलतफहमी)

खड़ा हो जाए और चूक (त्रुटि) कर बैठें और टेवे वाला मायूस होकर कोई जहमत (मुसीबत) या नुकसान ही खड़ा कर बैठे।

सूरज किस खाने में हो?	तो चन्द्र किस खाने में राहत देगा?	चन्द्र की खानावार उम्र क्या होगी?	सूरज किस खाने में हो?	तो चन्द्र किस खाने में मानेंगे?	चन्द्र की उम्र क्या होगी?
1	9	75 साल	9	1	90 साल
2	8	90 साल	10	10	90 साल
3	7	85 साल	11	12	90 साल
4	6	80 साल	12	11	90 साल
5	5	100 साल			
6	4	85 साल			
7	3	80 साल			
8	2	96 साल			

(2) मौत के भेद (रहस्य) की ताकत असली ताकत होगी। जो खाना नंबर 6 (रहम) और खाना नंबर 8 (अदल) और खाना नंबर 12 (इंसाफ) का नतीजा (परिणाम) होगी। सबसे पहले ये तीनों खाने देख और समझ लिए जाने चाहिए वरना तमाम कहानी बेमानी (व्यर्थ) होगी।

(3) औलाद की उम्र खाना नंबर 11, माता की उम्र खाना नंबर 6, पिता की उम्र खाना नंबर 10 और खुद की उम्र (व्यक्तिगत–स्वयं की) उम्र खाना नंबर 8 से जाहिर होगी।

(4) उम्र का मालिक चन्द्र माना गया है लेकिन पितृ–ऋण या मातृ ऋण वाले टेवे में उम्र का फैसला सूरज से होगा। अब सूरज की 12 खानों में बैठक (स्थिति) के अनुसार चन्द्र को किसी एक घर में मुकर्रर (निश्चित) कर देंगे चाहे बमूजिब (अनुसार) जनम–कुंडली वह कहीं भी क्यों न बैठा हो। फिर चन्द्र को जिस घर में मुकर्रर किया है, उसी के अनुसार चन्द्र की उम्र लेंगे।

(5) मसलन जनम–कुंडली में अगर सूरज खाना नंबर 6 में हो तो चन्द्र किसी भी घर में क्यों न हो, चन्द्र को खाना नंबर 4 में लिखकर जो फैसला होगा कर लेंगे।

(6) अगर चन्द्र से शुक्कर का सम्बन्ध हो तो चन्द्र की उम्र 85 साल होगी। नर ग्रह से ताल्लुक हो तो चन्द्र की उम्र 96 साल होगी। पाप (राहु–केतु) का ताल्लुक बने तो उम्र 3 साल कम हो जाएगी।

(7) जिस टेवे में बृहस्पत–सनीचर मुश्तरका (इकट्ठे) हों उस टेवे में इंसान की उम्र का फैसला खाना नंबर 11 के ग्रहों से होगा लेकिन अगर खाना नंबर 11 खाली हो तो आम टेवे के उसूल (सिद्धान्त) को लेंगे और चन्द्र ही उम्र का मालिक गिना जाएगा।

मौत की निशानी (लक्षण)

(1) जब इंसान की तबीयत इकदम बदल जाए यानि गरम स्वभाव नरम और नरम स्वभाव सख्त (तीव्र) हो जाए तो इंसान की उम्र 1 साल बाकी (शेष) रहेगी।

(2) रात को अगर शुमाल–कुतुब (उत्तरी–ध्रुव) का तारा (ध्रुव तारा) नजर आए तो इंसान की उम्र 40 दिन बाकी रहेगी।

(3) जब घी, तेल और पानी में अपना बिंब नजर न आए तो इंसान की उम्र सात दिन बाकी रहेगी।

(4) जब आइने (शीशे) में अपना अक्स नजर न आए तो इंसान की उम्र दस दिन बाकी रहेगी।

(5) जब सांस लेते वक्त पेट न हिले या आंख पथराने लगे तो कुछ घंटे ही इंसान की उम्र बाकी रहेगी।

(6) जब सांप का काटा हुआ (विष से पीड़ित) हो तो चार दिन में मौत हो जाएगी।

(7) जहर से भरा हुआ पड़ा हो मगर मुंह के रास्ते खून निकलना जारी हो यानि मुंह से खून बह रहा हो तो मौत शक्की (मौत होने में संदेह) होगी।

(8) गैस से भरे हुए इंसान का जिस्म (शरीर) वैसा का वैसा ही नरम पड़ा हो अकड़ा न हो तो ऐसे इंसान की मौत शक्की (मृत्यु में संदेह) होगी।

(9) पड़े हुए इंसान की हथेली को रोशनी की तरफ करके देखने पर हाथ में खून मालूम न हो या लाली–सी नजर न आ रही हो या जिस्म अकड़ा हुआ–सा हो तो ऐसा इंसान यकीनन (निश्चित तौर पर) मुर्दा ही होगा।

उम्र कितनी होगी?

(1) जब चन्द्र खाना नंबर 6, सूरज खाना नंबर 10 और चन्द्र–केतु मुश्तरका (इकट्ठे) खाना नंबर 6 में हों तो इंसान की उम्र 12 दिन होगी।

(2) जब सूरज–सनीचर मुश्तरका बृहस्पत के घरों 2, 5, 9, 12 में हों तो इंसान की उम्र 12 माह होगी। लेकिन इसी वक्त नर ग्रह बृहस्पत, मंगल, सूरज, सनीचर की मदद पर न हों तो इंसान की उम्र 2 साल होगी।

(3) जब सूरज–चन्द्र मुश्तरका खाना नंबर 11 में हों तो इंसान की उम्र 9 साल होगी।

(4) जब चन्द्र–केतु मुश्तरका खाना नंबर 1 में हों और उसी वक्त खाना नंबर 4 खाली हो तो इंसान की उम्र 10 साल होगी।

(5) जब चन्द्र खाना नंबर 5, सूरज खाना नंबर 11 में हो और नर ग्रह बृहस्पत–मंगल इनकी मदद पर (साथ–साथी वगैरह) न हों तो इंसान की उम्र 12 साल होगी मगर ऐसे वक्त सनीचर भी खाना नंबर 5 में हो तो इंसान की उम्र लम्बी होगी क्योंकि सनीचर और सूरज अब साथी ग्रह होंगे।

(6) जब सूरज–सनीचर मुश्तरका बृहस्पत के घरों 2, 5, 9, 12 में हों, बृहस्पत खाना नंबर 6, 8, 10, 11 में हो, शुक्कर, मंगल, बुध खाना नंबर 7 में हों या बुध, शुक्कर, चन्द्र खाना नंबर 5 में हों तो इंसान की उम्र 2 साल होगी।

(7) जब चन्द्र–राहु खाना नंबर 1 में हों तो इंसान की उम्र 15 साल होगी। मौत पक्की दोपहर को गोली लगने से (हथियार) से अचानक होगी।

(8) जब बृहस्पत–राहु खाना नंबर 2 या बुध–बृहस्पत खाना नंबर 6 में हो तो इंसान की उम्र 20 साल होगी। मौत लम्बी जहमत, मुसीबत या बीमारी से होगी।

(9) जब सूरज–राहु खाना नंबर 10 या खाना नंबर 11 में हों और खाना नंबर 5 में उम्र को रद्दी करने वाले ग्रह बैठे हों तो इंसान की उम्र 22 साल होगी बशर्ते

(i) जब सूरज–राहु मुश्तरका खाना नंबर 10 में हों तो खाना नंबर 2 में सनीचर स्त्री ग्रहों के साथ बैठा हो।

(ii) जब सूरज–राहु खाना नंबर 11 में हों तो सनीचर उम्र को रद्दी, मंदा, नष्ट या बरबाद करने वाले घरों में हो।

(iii) जब सूरज–राहु खाना नंबर 10, 11 में हों और खुद सनीचर ही मंदा हो रहा हो और ऐसे वक्त नर ग्रह साथ–साथी या मदद पर न हों।

(iv) अगर राहु–सूरज खाना नंबर 10–11 में हों और सनीचर खाना नंबर 3 या 5 में हो साथ ही नर ग्रह भी सनीचर की मदद (साथ, साथी वगैरह) पर हों तो उम्र लम्बी होगी।

(10) जब चन्द्र–राहु खाना नंबर 6 में हों या मंगल–बद या मंगल–बुध खाना खाना नंबर 6 में हों और शुक्कर, केतु दोनों ही नष्ट हो रहे हों तो इंसान की उम्र 25 साल होगी। खासकर (विशेषकर) उस वक्त जब इंसान के

(i) दांतों का मांस नजर आता हो या

(ii) नाक और कान ऊपर को चढ़े मिले हुए हों या

(iii) उंगलियों के जोड़ बहुत ही छोटे–छोटे हों या

(iv) पेट बहुत ही तंग हो

ऐसा इंसान नर औलाद जरूर बाकी छोड़कर मरेगा मगर लावल्द होने की कोई शर्त न होगी।

(11) जब बृहस्पत–बुध, खाना नंबर 2 या बृहस्पत–राहु, खाना नंबर 3 में हों तो इंसान की उम्र 30 साल होगी और उसका पिता भी उसकी 16 से 19 या 21 साल की उम्र तक खत्म हो गया होगा। ऐसे इंसान का माल और दौलत भी सिफर (शून्य) ही होगी।

(12) जब चन्द्र–राहु मुश्तरका किसी भी घर में हों, सिवाए खाना नंबर 2, 5 के तो इंसान की उम्र 35 साल होगी।

(13) जब बृहस्पत–राहु, खाना नंबर 9 या खाना नंबर 12 में हों तो इंसान की उम्र 40 साल होगी। अगर माथे पर भी बहुत ज्यादा बाल हों और माथा तंग हो तो अल्पायु होगा और माता–पिता के लिए मंदी किस्मत वाला होगा।

(14) जब राहु–बृहस्पत खाना नंबर 6 या बुध–केतु खाना नंबर 12 में हों तो इंसान की उम्र 45 साल होगी।

(15) जब चन्द्र–राहु, खाना नंबर 5 या खाना नंबर 2 में हों और खाना नंबर 7 मंदा हो अथवा पेशानी (मस्तक) पर ऐसी (>) रेखा हो तो इंसान की उम्र 50 साल होगी।

(16) जब चन्द्र, राहु, बुध मुश्तरका (इकट्ठे) खाना नंबर 2 या खाना नंबर 5 में हो तो इंसान की उम्र 56 साल होगी।

(17) जब चन्द्र–बुध खाना नंबर 2 में हों तो इंसान की उम्र 60 साल होगी।

(18) जब इंसान की पीठ पर ऊर्ध्व रेखा हो तो इंसान की उम्र 70 साल होगी।

(19) जब चन्द्र नेक हो या चन्द्र–राहु मुश्तरका खाना नंबर 9 में हों तो इंसान की उम्र 75 साल होगी और ऐसे इंसान की मौत अचानक ही होगी।

(20) जब चन्द्र–बृहस्पत खाना नंबर 4 में हों या चन्द्र खाना नंबर 3 या खाना नंबर 6 में हो तो ऐसा इंसान धन–दौलत का सुख–सागर बाकी (शेष) छोड़कर ही मरेगा। ऐसे इंसान की उम्र 80 साल होगी।

(21) जब चन्द्र कायम (देखें फरमान नंबर 6) हो या चन्द्र–मंगल खाना नंबर 7 में हों तो इंसान की जिन्दगी दूध में जहर होने की जैसी जिन्दगी होगी। ऐसे इंसान की उम्र 85 साल होगी।

(22) जब चन्द्र खाना नंबर 1, 8, 10, 11 में (देंखे फरमान नंबर 6) हो तो इंसान की उम्र 90 साल होगी।

(23) जब कायम चन्द्र खाना नंबर 3 या 4 में हो या नर ग्रह साथ–साथी या मदद पर हों तो इंसान की उम्र अमूमन 96 साल होगी।

(24) जब बृहस्पत–केतु खाना नंबर 9 में हों या सनीचर–केतु खाना नंबर 6 में हों या चन्द्र–सनीचर खाना नंबर 7 में हों अथवा इंसान के चेहरे पर आंख के नीचे 2 या 3 खत हों तो इंसान की उम्र 96 साल होगी।

अन्य उसूल

(1) जब चन्द्र–राहु मुश्तरका (इकट्ठे) होकर किसी भी खाने में हों या चन्द्र और राहु किसी दूसरे घर को मुश्तरका (संयुक्त) हालत में देख रहे हों या किसी दूसरे खाने में बैठे ग्रह से दोनों ही मुश्तरका देखे जा रहे हों तो ये दोनों (चन्द्र–राहु) टेवे में मुश्तरका ही गिने जाएंगे चाहे ये दोनों ही कुंडलियों (जनम–कुंडली और वर्ष–कुंडली) में अलग–अलग ही क्यों न बैठे हों मसलन चन्द्र खाना नंबर 1 और राहु खाना नंबर 7 में हो तो दोनों ही आपस में मिले हुए गिने जाएंगे। यही उसूल (सिद्धान्त) सभी ग्रहों के लिए लागू होगा।

चन्द्र–राहु के मुश्तरका होने पर हर (प्रत्येक) खाने में दी गई चन्द्र की उम्र निस्फ (आधी) हो जाएगी। ये उम्र का असर उन राशियों के रिश्तेदारों पर जाहिर (प्रकट) होगा। जो राशियां चन्द्र–राहु मुश्तरका के असर से प्रभावित हो रही होंगी मगर यह उसूल सिर्फ टेवे वाले के हकीकी (सगे) रिश्तेदारों के लिए ही लागू होगा।

मसलन खाना नंबर 9 खाली हो और राहु–चन्द्र दोनों ही खाना नंबर 9 को खाना नंबर 3 और खाना नंबर 5 में बैठकर देख रहे हों तो खाना नंबर 9 के रिश्तेदार बुजुर्ग बाप, दादा वगैरह होते हैं लेकिन अगर खाना नंबर 9 में मंगल बैठा हो तो टेवे वाले के हकीकी (सगे) भाई पर ये मंदा असर पड़ेगा बशर्ते राहु और चन्द्र दोनों ही हर तरह से अकेले और दृष्टि से खाली हों। अगर ये दोनों कुंडली के पहले घरों में हों तो मौत नहीं आएगी मगर करीबुलमर्ग (मौत से सामना) जरूर होगा।

मौत का दिन

चन्द्र जिस राशि में होगा उसी के अनुसार मौत का दिन होगा। मसलन चन्द्र अगर खाना नंबर 1 में हो तो मौत का दिन बुधवार होगा, खाना नंबर 2 में हो तो शुक्रवार, खाना नंबर 3 में हो तो बुधवार इसी तरह ही बारह खानों में चन्द्र की हालत देखकर मौत का दिन मुकर्रर (निश्चित) करेंगे।

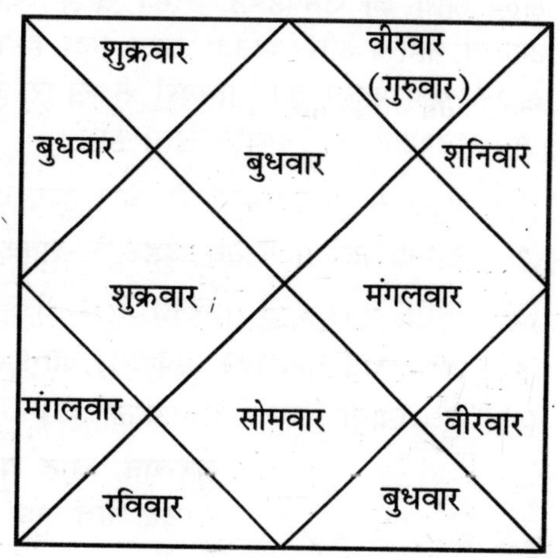

जब खाना नंबर 12 खाली हो तो चन्द्र जिस खाने में बैठा होगा उसी के अनुसार मुकर्रर (निश्चित) दिन इंसान की मौत होगी। खाना नंबर 9 और खाना नंबर 12 में कोई न कोई ग्रह अगर जरूर बैठा हो तो खाना नंबर 9 और खाना नंबर 12 के लिए मौत का दिन (अगर चन्द्र 9, 12 में बैठा हो तो) सोमवार लेंगे वरना वीरवार (गुरुवार या बृहस्पतिवार) ही रहेगा।

ग्रह की उम्र

बृहस्पत – 75 साल
मंगल – 90 साल
बुध या केतु – 80 साल
शुक्कर – 85 अथवा 96 साल
सनीचर, मंगल
या राहु – 90 साल
शुक्कर–चन्द्र – 85 साल
चन्द्र – 85 अथवा 96 साल
सूरज – 100 साल

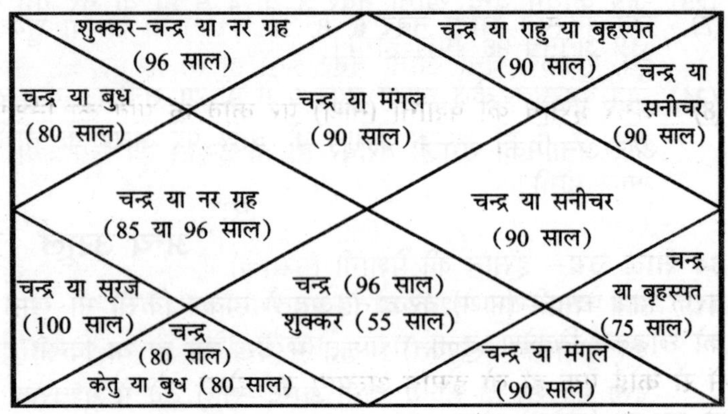

नोट– ***चन्द्र-शुक्कर दोनों स्त्री ग्रह हैं, इसलिए उम्र 85 साल होगी लेकिन अगर नर ग्रह का साथ हो जाए तो उम्र 96 साल होगी। जब मुखन्नस (नपुंसक) ग्रह, स्त्री ग्रह के साथ हो जाएं तो उम्र 85 साल होगी।***

खानों की उम्र

खाना नंबर 1	–	100 साल	खाना नंबर 2	–	75 साल
खाना नंबर 3	–	90 साल	खाना नंबर 4	–	85 साल
खाना नंबर 5	–	औलाद	खाना नंबर 6	–	80 साल
खाना नंबर 7	–	85 साल	खाना नंबर 8	–	मौत
खाना नंबर 9	–	बुजुर्ग	खाना नंबर 10	–	90 साल
खाना नंबर 11	–	धर्म मंदिर	खाना नंबर 12	–	90 साल

अल्प आयु

अल्प आयु की उम्र 8×8 = 64 साल ज्यादा से ज्यादा होगी। अल्पायु वाले इंसान का हर आठवां दिन, आठवां महीना और आठवां साल मंदा होगा। ऐसे इंसान की जिन्दगी में जहमत (मुसीबत) और जान का खतरा बना रहता है। जानवरों से खतरा होगा और जानवरों की वजह से मौत भी संभव है। अल्पायु के योग मंदरजाजैल (निम्नलिखित) होंगे।

(1) बहुत से दुश्मन ग्रहों से घिरा हुआ बृहस्पत हो।
(2) खाना नंबर 9 में बुध, बृहस्पत, शुक्कर तीनों मुश्तरका (इकट्ठे) हों।
(3) खाना नंबर 9 में बृहस्पत के 1 से ज्यादा दुश्मन (बुध, शुक्कर, राहु) हों।
(4) चन्द्र–राहु मुश्तरका (इकट्ठे) खाना नंबर 7 या खाना नंबर 8 में हों।
(5) बुध खाना नंबर 9 में अकेला हो।

बृहस्पत, चन्द्र या दोनों उत्तम, छठे तीन घर सातवें जो
उम्र नौवें बुध बेशक लम्बी, हाल गृहस्थी मंदा हो

(6) खाना नंबर 3, 6, 7 में अगर बृहस्पत और चन्द्र उत्तम भी हों तो भी अल्पायु योग होगा। लेकिन खाना नंबर 9 का बुध उम्र भले ही लम्बी दे मगर गृहस्थ जरूर मंदा ही रखेगा।

(7) जब बृहस्पत खाना नंबर 6, 8, 10, 11 में हो अथवा शुक्कर, मंगल, बुध खाना नंबर 7 में हों अथवा बुध, शुक्कर, चन्द्र खाना नंबर 5 में हों तो इंसान की उम्र 2 साल होगी।

(8) अगर इंसान की पेशानी (माथे) पर कौवे के पांव का निशान हो अथवा मर्द के दाएं पांव की कनिष्ठा और अनामिका उंगली बराबर हो तो इंसान की उम्र कम होगी।

सामुद्रिक अल्प आयु

64 साल उम्र– इंसान की पेशानी (मस्तक) के खत (रेखाएं) टूटे–फूटे हों और उनका झुकाव भी नाक की तरफ हो। पेशानी (माथे) के दोनों अब्रू (भौंहों) के दरमियान (मध्य) मगर तिलक की जगह (खाना नंबर 2) को छोड़कर त्रिकोण, तुला, तराजू, मछली, त्रिशूल, पदम, पंखा, अंकुश, तलवार या परिंदें (पक्षी) के निशान में से कोई एक हो तो इंसान अल्पायु का होगा। ऐसा इंसान मवेशियों (चौपाया जानवरों या वाहन) के सुख से महरूम (वंचित) होगा। अल्पायु वाले इंसान की हर आठवें साल (8, 16, 24, 32, 40, 48, 56, 64) तंग हालत और आम–इंसान की हर सातवें साल के बाद तब्दीली (परिवर्तन) मानते हैं।

सामुद्रिक दीर्घायु

100 साल उम्र– (1) कान लम्बे हों और बड़ी–सी दीवार के मानिन्द (समान) हों।

(2) ठोढ़ी (चिबुक) बड़ी, उभरी हुई और बाहर की ओर हो।

(3) गर्दन पर सिर्फ एक बल या शिकन (सिकुड़न) पड़ता हो।

(4) चेहरा लम्बा, आंखें बड़ी उभरी हुई और बाहर की ओर हों।

(5) जांघ मोटी–मोटी और कलाई पर किस्मत रेखा की जड़ में चार शाखाओं वाला ख़त (卝) हो।

दीर्घायु

100 साल उम्र– (1) केतु–बृहस्पत मुश्तरका, खाना नंबर 12 में हों और टेवे में चन्द्र कायम (देखें फरमान नंबर 6) हो।

(2) चन्द्र–बृहस्पत इकट्ठे, खाना नंबर 5 या खाना नंबर 12 में हों और चन्द्र व नर ग्रह क़ायम हों।

(3) मंगल खाना नंबर 1, 2, 7 में हो, और सूरज खाना नंबर 4 में हो।

(4) नर ग्रह क़ायम हों और चन्द्र को मदद दे रहे हों।

(5) चन्द्र, सूरज, बृहस्पत क़ायम हों।

(6) बुध, चन्द्र, शुक्कर तीनों खाना नंबर 4 में हों।

(7) जिस्म के तमाम (सभी) हिस्से मुनासिब (उचित) मिकदार (मात्रा या वज़न) में हों।

120 साल उम्र– चन्द्र–बृहस्पत खाना नंबर 12 में हों। जनम कुंडली के नीच का ग्रह या मंदा ग्रह बमूजिब (अनुसार) वर्षफल जिस साल नीच या मंदे घरों में आ जाए तो नीच फल देता है लेकिन अगर कोई ग्रह टेवे (जनमकुंडली) में भी खाना नंबर 8 का हो और वर्षफल में भी खाना नंबर 8 में ही आ जाए तो उस ग्रह का दोस्त ग्रह, उसकी कुर्बानी का बकरा ग्रह और टेवे में खाना नंबर 6 से मुतअल्लिक (सम्बन्धित) रिश्तेदार का ग्रह तीनों ही मारक–स्थान में गिने जाएंगे। इसी तरह अगर टेवे में खाना नंबर 6 का ग्रह बमूजिब (अनुसार) वर्षफल खाना नंबर 6 में ही आ जाए तो उसका दोस्त ग्रह, कुर्बानी का बकरा ग्रह और टेवे में खाना नंबर 8 से मुतअल्लिक (सम्बन्धित) ग्रह का रिश्तेदार पाताली हालत (कम उम्र या मंदी उम्र) होने [illegible] सबूत देगा।

कुर्बानी के बकरे

विषय के अनुसार यहां जरूरी है कि ''कुर्बानी के बकरे, ग्रहों'' को पाठकों के समक्ष स्पष्ट कर दिया जाए। इस सिद्धान्त के अन्तर्गत जब एक ग्रह किसी भी दूसरे ग्रह के कारण अथवा किसी घर (खाने) के कारण मंदा हो रहा हो तो वह अपने स्थान पर दूसरे ग्रह को खराब या बरबाद कर देता है और खुद बच जाता है। प्रत्येक ग्रह अपनी बारी पर किसी निश्चित ग्रह को ही कुर्बानी का बकरा बनाता है। जिसका विवरण इस प्रकार है।

(1) सनीचर अपने स्थान पर अपने जुजों राहु–केतु को कुर्बानी का बकरा बनाता है।

(2) बुध अपनी बलाएं शुक्कर पर डालकर शुक्कर को कुर्बानी का बकरा बनाता है।

(3) शुक्कर अपनी बारी आने पर चन्द्र को कुर्बानी का बकरा बनाता है।

(4) मंगल–बद अपनी बारी आने पर केतु को कुर्बानी का बकरा बनाता है।

(5) बृहस्पत और सूरज अपनी बलाएं केतु पर डालकर, केतु को कुर्बानी का बकरा बनाते हैं।

(6) चन्द्र अपने दोस्त ग्रहों (सूरज, मंगल, बृहस्पत) को कुर्बानी का बकरा बनाता है।

(7) राहु, केतु मुसीबत के वक्त खुद (स्वयं) ही अपने आप मुसीबत झेलते हैं।

इंसानी कद (ऊंचाई) और उम्र

इंसानी कद खुद अपने जिस्म (शरीर) के लिहाज से उम्र के साल मुकर्रर (निश्चित) करता है। इस उसूल (सिद्धान्त) में उम्र का पैमाना इंसान की खुद की उंगलियां ही होंगी। इस पैमाने को उंगल कहेंगे।

3 उंगल	=	1 गिरह	4 गिरह	=	1 बालिश्त
2 बालिश्त	=	1 हाथ	2 हाथ	=	1 गज
1 गज	=	36 इंच	1 गज	=	48 उंगल
1 उंगल	=	¾ इंच			

इंसानी कद	उम्र कितनी होगी?	इंसानी कद	उम्र कितनी होगी?
90 उंगल	30 साल	100 उंगल	80 साल
91 उंगल	35 साल	101 उंगल	85 साल
92 उंगल	40 साल	102 उंगल	90 साल
93 उंगल	45 साल	103 उंगल	95 साल
94 उंगल	50 साल	104 उंगल	100 साल
95 उंगल	55 साल	105 उंगल	105 साल
96 उंगल	60 साल	106 उंगल	110 साल
97 उंगल	65 साल	107 उंगल	115 साल
98 उंगल	70 साल	108 उंगल	120 साल
99 उंगल	75 साल		

पेशानी (मस्तक) की रेखा और उम्र

इंसान के मस्तक पर जितनी तादाद (संख्या) रेखाओं की होगी उसी के अनुसार इंसानी उम्र मुकर्रर (निश्चित) की गई है।

दुरुस्त और साफ रेखा

लकीरों की तादाद (संख्या)	मर्द (पुरुष)	औरत (स्त्री)
1 लकीर	20 साल	40 साल
2 लकीर	30 साल	60 साल
3 लकीर	60 साल	70 साल
4 लकीर	80 साल	80 साल
5 लकीर	100 साल	100 साल
6 लकीर	120 साल	80 साल
7 लकीर	50 साल	–
सिफर या बगैर लकीर	100 साल	–

टूटी–फूटी रेखा

लकीरों की तादाद (संख्या)	मर्द (पुरुष)	औरत (स्त्री)
1 लकीर	10 साल	20 साल
2 लकीर	30 साल	40 साल
3 लकीर	40 साल	50 साल
4 लकीर	40 साल	–

अगर मस्तक पर सुर्ख (लाल–रंग) की नसें हों तो इंसान की उम्र 40 साल कम से कम होती है। अगर पेशानी की रेखा दोनों कानों तक स्पष्ट और साबुत (बिना कटी) हो तो इंसान की उम्र लम्बी होगी। अगर ये रेखा 1 हो (मर्द या औरत) तो उम्र 100 साल, अगर ये रेखा 2 हों (मर्द या औरत) तो उम्र 70 साल होगी।

चन्द्र की स्थिति के अनुसार इंसानी उम्र

चन्द्र हो खाना नंबर	राशि	घर का मालिक	मौत का दिन	उम्र (आयु) के
1	मेष	मंगल	बुधवार	90 साल
2	वृष	शुक्कर	शुक्रवार	96 साल
3	मिथुन	बुध	बुधवार	80 साल
[illegible]	मकर	सनीचर	मंगलवार	90 साल

न का स

11	कुंभ	सनीचर	शनिवार	90 साल
12	मीन	राहु–बृहस्पत	वीरवार	90 साल
4	कर्क	चन्द्र	शुक्रवार	85 या 96 साल
5	सिंह	सूरज	मंगलवार	100 साल
6	कन्या	केतु–बुध	इतवार	80 साल
7	तुला	शुक्कर	सोमवार	85 साल
8	वृश्चिक	मंगल	बुधवार	90 साल
9	धनु	बृहस्पत	वीरवार	75 साल

दिल रेखा की लम्बाई से इंसानी उम्र

दिल रेखा की लम्बाई (मर्द या औरत)	उम्र के साल
कनिष्ठा उंगली तक ही हो	100 साल
कनिष्ठा और अनामिका के मध्य तक हो	25 साल
अनामिका तक हो	50 साल
अनामिका और मध्यमा के मध्य तक हो	75 साल
मध्यमा तक हो	90 साल
मध्यमा और तर्जनी के मध्य तक हो	100 साल
तर्जनी उंगली तक हो	120 साल

कलाई की रेखा

जब 1 रेखा हो तो उम्र 30 साल होगी। जब 2 रेखा हो तो उम्र 60 साल होगी। जब 3 रेखा हो तो उम्र 90 साल होगी। जब 4 रेखा हो तो उम्र 120 साल होगी।

मौत के दिन के उसूल (सिद्धांत)

(1) जब खाना नंबर 12 में कोई ग्रह न हो तो चन्द्र जिस राशि में होगा उसी के अनुसार मौत का दिन मुकर्रर (निर्धारित) होगा।

(2) जब जनमदिन और जनम वक्त का ग्रह एक ही हो तो ऐसा ग्रह कभी भी टेवे वाले इंसान का बुरा न करेगा और न ही कभी धोखा ही देगा। बल्कि टेवे वाले की मौत भी उस दिन या उस वक्त पर न होगी। यहां तक कि चन्द्र के हिसाब से मौत का वह दिन भी आ जाए तब भी वह ग्रह बुरा न करेगा बशर्ते कि कुंडली में वह ग्रह जनम दिन या जनम वक्त का ग्रह कायम (देखें फरमान नंबर 6) हो। मसलन मंगलवार के दिन जनम हो और पक्की दोपहर (मंगल का वक्त) के वक्त जनम हो तो मंगल बुरा फल न करेगा और मंगल कायम भी हो तो चन्द्र भी मौत का दिन मुकर्रर न कर सकेगा।

(3) जब जनमदिन और जनम वक्त का ग्रह अलैहदा–अलैहदा (अलग–अलग) हो तो ऐसी हालत में जनम वक्त और जनमदिन के ग्रहों का नतीजा (परिणाम) ग्रहफल, राशिफल और आपसी दोस्ती दुश्मनी के उसूल (सिद्धान्त) के आधार पर मुकर्रर (निर्धारित) होगा।

(4) मौत का दिन, खाना नंबर 12 और खाना नंबर 8 के ग्रहों की ताकत के मुकाबले से गिना जाएगा।

(5) बुध अपने पक्के घर (खाना नंबर 7) में बैठा हुआ अथवा नर ग्रहों (सूरज, बृहस्पत या मंगल) में से कोई या सनीचर बन्द मुट्ठी के खानों (1, 7, 4, 10) में आया हुआ हो या धर्म मंदिर खाना नंबर 2 या गुरुद्वारा (खाना नंबर 11) में बैठा हुआ हो तो टेवे वाले की सेहत (स्वास्थ्य), उम्र और खानों पर कभी बुरा असर (मौत वगैरह) न होगा बशर्ते ऐसे वक्त सनीचर का ताल्लुक (सम्बन्ध) स्त्री ग्रहों के साथ न हो जाए।

(6) जनम दिन और जनम वक्त कभी मौत का वक्त न होगा।

(7) खाना नंबर 3 का ग्रह जब बमूजिब (अनुसार) वर्षफल खाना नंबर 3 में उम्र के 6, 14, 26, 38, 54, 66, 74, 96, 102, 111 साल में वापिस आएगा तो कभी मौत न देगा।

मौत का आखरी साल और आखरी दिन

(1) जनम कुंडली में चन्द्र के मुकाम (राशि) से मौत का आखरी दिन और वर्ष कुंडली में चन्द्र के मुकाम (राशि) और खाना नंबर 8–12 के मुश्तरका (संयुक्त) असर से मौत का साल जाना जाता है। चन्द्र का मुकाम तो टेवे (कुंडली) में मालूम (ज्ञात) ही होगा। लेकिन खाना नंबर 8 में जो कोई ग्रह भी होगा वह नीच का होगा। इस अर्से से जो कोई साल भी पहला साल इसकी हद में होगा, वह खराब साल होगा। आठवें खाने पर बारहवें खाने के ग्रह 25 फीसदी अच्छा या बुरा फल करेंगे यानि अगर बारहवें खाने के ग्रहों की अच्छी नजर हुई तो जिस साल भी यह अच्छी नजर खत्म होगी वही मौत का साल होगा और अगर बुरी नजर हुई तो जिस साल भी वह बुरी नजर शुरू होगी वह आखरी साल होगा।

हस्तरेखा और उम्र

उम्र रेखा की सहायक रेखा– यह रेखा उम्र रेखा की टूट–फूट के खराब असर से इंसान का बचाव (रक्षा) करती है। यह हथेली में खाना नंबर 3 की जगह का काम देगी। आखरी फैसला चन्द्र की हालत से होगा। उंगलियों की राशियों के हिसाब से (देखें फरमान नंबर 5), चन्द्र के बुर्ज़ से और दिल रेखा की लम्बाई से इंसान की उम्र मुकर्रर होगी।

उम्र रेखा– कोई भी रेखा जो उम्र मुकर्रर (निर्धारित) करती हो उम्र रेखा का काम देगी।

(1) दिल रेखा किसी भी उंगली की जड़ तक जाए तो इंसान की उम्र होगी 25 साल।

(2) उम्र (जीवन) रेखा अगर सिर (मस्तिष्क) रेखा तक जाए तो उम्र होगी 35 साल।

(3) किस्मत (भाग्य) रेखा अगर दिल (हृदय) रेखा तक जाए तो उम्र होगी 65 साल।

(4) किस्मत रेखा अगर मध्यमा उंगली की जड़ तक जाए तो इंसान की उम्र होगी 70 साल।

रेखा के असर का कौन सा साल होगा?

(1) उम्र रेखा और किस्मत रेखा की गिनती (गणना) करते वक्त जनम से 12 साल तक का अरसा (समय सीमा) जमाने की हवा (गणना) में नहीं आता। 70 साल के बाद वह 70–72 साल तक चला जाता है। इसलिए किस्मत रेखा की हद (अधिकतम सीमा) 70 साल रखी गई है।

(2) किस्मत रेखा कलाई से चलती है, उम्र रेखा अंगूठे की जड़ से चलती है और दिल रेखा बुध के बुर्ज़ (पर्वत) पर हथेली के बाहर से शुरू होती है।

(3) शुक्कर पर्वत (खाना नंबर 7) के केन्द्र से कोई खयाली (काल्पनिक) रेखा मध्यमा उंगली की जड़ तक खींचे, दूसरी रेखा अनामिका उंगली की जड़ तक खींचे, तीसरी रेखा कनिष्ठा उंगली की जड़ तक खींचे, चौथी रेखा कनिष्ठा उंगली के बाहरी सिरे तक खींचे, पांचवी रेखा मंगल–बद के बुर्ज़ की तरफ समानान्तर खींचे, छठवीं रेखा चन्द्र के बुर्ज़ की ओर कलाई के सिरे तक खींचे, इसी तरह सातवीं, आठवीं रेखा चित्र के अनुसार खींचे। खींची गई रेखाएं किस्मत रेखा को अलग–अलग हिस्सों में बांटती जाएंगी। ये हिस्से किस्मत रेखा पर उम्र को जाहिर (प्रदर्शित) करेंगे। ये उम्र क्रमशः 70, 56, 35, 28, 21, 14, 7, 1 साल होगी।

चित्र 588:

(4) जो बिन्दु खाना नंबर 7 पर शुक्कर के बुर्ज़ पर किस्मत रेखा के लिए माना था वही बिन्दु उम्र रेखा के हिस्से करने के काम आएगा। पहली खयाली (काल्पनिक) रेखा से आठवीं खयाली रेखा तक जो रेखा किस्मत रेखा को अलैहदा–अलैहदा (अलग–अलग) करती है। वही रेखाएं उम्र रेखा के भी हिस्से करती हैं। ये हिस्से उम्र रेखा पर इंसान की उम्र जाहिर करेंगे। ये उम्र क्रमशः 12, 28, 35, 42, 49, 56, 70, 90, 120, साल होगी।

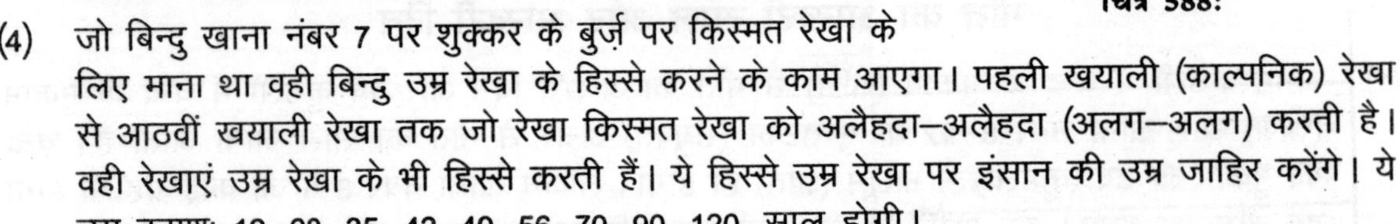

(5) जिस तरह उम्र रेखा और किस्मत रेखा पर उम्र के निशान लगाए गए हैं उसी तरह दिल (हृदय) रेखा पर भी उम्र मुकर्रर (निर्धारित) करने के लिए निशान लगाए जाते हैं। दिल रेखा पर उम्र की गिनती (गणना) करना बेहद आसान काम है। इसके लिए उंगलियों की तरफ से खयाली (काल्पनिक) रेखा ऊपर (अंगूठे) की तरफ तिरछी खींची जाएगी और यह दिल रेखा के जिस हिस्से पर पहुंचेगी वह उम्र का साल होगा। कनिष्ठा उंगली और अनामिका उंगली के बीच के हिस्से से दिल रेखा पर खींचा गया तिरछा खत (रेखा) 25 साल उम्र। अनामिका उंगली और मध्यमा उंगली के बीच खींचा गया तिरछा खत रेखा 75 साल उम्र। मध्यमा उंगली और तर्जनी उंगली के बीच खींचा गया तिरछा खत 120 साल उम्र। इसी अनुपात में पूरी दिल रेखा को खयाली तौर पर रेखा खींचकर उम्र मुकर्रर (निश्चित) कर लें। देखें चित्र 588।

(6) कनक (जौ) के टुकड़े (दाने) को पैमाना माना जाएगा और मुकर्रर किया जाएगा कि एक जौ के दाने के बराबर लम्बाई की कोई रेखा दस साल का अरसा (समयावधि) बताएगी।

(7) अगर तर्जनी उंगली की जड़ से हाथ के किनारे के साथ–साथ नीचे की ओर उम्र रेखा को काटती हुई रेखा खींचें तो उसे काटने की जगह (उम्र रेखा को) पर उम्र रेखा इंसान की बारहवें साल की उम्र जाहिर (प्रदर्शित) करेगी। चाहे वह जौ के दाने से कितनी ही बड़ी क्यों न हो?

(8) जिस जगह पर यही रेखा आगे बढ़कर उम्र रेखा को दोबारा काट दे तो वहां पर इंसान की उम्र रेखा 90 साल की उम्र वाला अरसा दिखाएगी।

(9) जिस जगह किस्मत रेखा और उम्र रेखा एक दूसरे से मिल रही हों वह मिलन–बिन्दु किस्मत रेखा का इक्कीसवां साल होगा।

(10) जिस जगह किस्मत रेखा, सिर रेखा से मिल रही हो वह बिन्दु किस्मत रेखा का पैंतीसवां साल होगा।

(11) जिस जगह किस्मत रेखा, दिल रेखा से मिल रही हो वह बिन्दु किस्मत रेखा का छप्पनवां साल होगा।

(12) हथेली की चौड़ाई को नापकर निस्फ (आधा) कर लें। दिल रेखा पर यह पैमाना 45 साल की उम्र होगी। अथवा खाना नंबर 7 (शुक्कर के बुर्ज़) के केन्द्र से आई वह रेखा जो किस्मत रेखा को 35 साल और उम्र रेखा को 42 साल की उम्र पर काटती है वह दिल रेखा को 45 साल पर काटेगी।

(13) सेहत या तरक्की रेखा जिस जगह उम्र रेखा से मिले या जिस जगह पर ये दोनों रेखाएं एक दूसरे को काटें, इंसान की आखरी उम्र होगी।

सामुद्रिक योग	ग्रह–चाल (योग)	मौत की वजह (कारण)
मंगल–बद के बुर्ज़ खाना नंबर 8 पर सूरज का सितारा हो या पेट पर केवल एक ही बल पड़े।	चन्द्र, सनीचर, मंगल या बुध, शुक्कर, मंगल या शुक्कर, मंगल–बद खाना नंबर 5, 8 में हो या मंगल–बद खाना नंबर 2 में हो मगर सूरज या चन्द्र का साथ न हो।	लड़ाई के मैदान या मैदान–ए–जंग में मौत होगी।
सनीचर के बुर्ज़ खाना नंबर 10 से कोई रेखा, उम्र रेखा को काटे।	सनीचर–शुक्कर, खाना नंबर 10 और सूरज खाना नंबर 4 में हो।	पुरदर्द (दुःखद) मौत होगी।
सूरज के बुर्ज़ खाना नंबर 1 पर सूरज का सितारा हो।	सूरज खाना नंबर 1 में अकेला और कायम हो।	अचानक मौत होगी।
दिल रेखा और सिर रेखा मिल रही हों अथवा दिल रेखा और गृहस्थ रेखा, कनिष्ठा उंगली या मध्यमा उंगली के पास मिल रही हों अथवा सिर रेखा, दिल रेखा को काटकर, सनीचर के बुर्ज़ पर खत्म हो और दोनों एक ही रेखा मालूम (प्रतीत) हो रही हो।	चन्द्र और बुध खाना नंबर 3 और खाना नंबर 6 में हो या चन्द्र–सनीचर खाना नंबर 7 में हो या चन्द्र–मंगल बद, खाना नंबर 7 या खाना नंबर 10 में हो।	सदमे से मौत होगी।
सिर की श्रेष्ठ रेखा का झुकाव सनीचर के बुर्ज़ खाना नंबर 10 की ओर हो जाए।	सनीचर खाना नंबर 6, बुध खाना नंबर 3, 10, 11 या सनीचर खाना नंबर 6, बुध–शुक्कर खाना नंबर 8 में हो।	जानवरों (पशुओं) से मौत का खतरा।
अंगूठा छोटा हो और मध्यमा उंगली बहुत लंबी हो। दिल, सिर, उम्र तीनों रेखाओं का आपस में मिल जाना। सूरज रेखा का हाथ में बिलकुल न होना। सिर रेखा का चन्द्र के बुर्ज़ पर खत्म होना।	चन्द्र–बुध मुश्तरका (इकट्ठे) खाना नंबर 4 में हों अथवा किसी भी खाने में हों और सूरज टेवे में बरबाद हो रहा हो।	इंसान खुदकुशी (आत्महत्या) करेगा।

पापी ग्रहों से बुध का साथ हो रहा हो या पापी ग्रहों का मुश्तरका (इकट्ठा) निशान किसी भी बुर्ज़ पर हो।	बुध, राहु, केतु मुश्तरका या बुध, पापी ग्रहों के साथ हों।	बिजली या सांप से मौत।
सिर रेखा से कोई रेखा (शाखा) दिल रेखा तक हो।	बुध–सनीचर खाना नंबर 4 में हों या बुध, सनीचर, चन्द्र मुश्तरका हों और सूरज कायम हो।	खूनी (हत्यारा) होगा।
पितृ रेखा की कोई शाखा, मातृ रेखा को काटकर अनामिका उंगली तक जाए। पितृ रेखा, उम्र रेखा और मातृ–रेखा, दिल रेखा होगी।	सनीचर खाना नंबर 3, बुध खाना नंबर 11 या सूरज–सनीचर खाना नंबर 10, बुध खाना नंबर 8 में हों।	कैद में मौत होगी।
उम्र रेखा से निकली हुई किस्मत रेखा, सूरज के बुर्ज़ (खाना नंबर 1) तक चली जाए।	शुक्कर खाना नंबर 1, सूरज खाना नंबर 7 या शुक्कर किसी दुश्मन पापी ग्रह के साथ या सूरज–शुक्कर मुश्तरका खाना नंबर 3, 1, 10 में हों।	तपेदिक (टी.वी.) से मौत।
पितृ रेखा (उम्र रेखा) के ऊपर त्रिशूल का निशान हो।	सूरज, बुध, चन्द्र खाना नंबर 4 में हों।	घोड़े (दुपहिया वाहन) से गिरकर मरेगा।
पितृ–रेखा के नीचे राहु का निशान हो।	चन्द्र–राहु मुश्तरका (इकट्ठे) खाना नंबर 4 में हो।	कुएं में गिरकर या फांसी से या घुटकर मरेगा।
सिर रेखा पर त्रिशूल का निशान हो।	सूरज–सनीचर मुश्तरका इकट्ठे खाना नंबर 7 में हों या सूरज, सनीचर, बुध तीनों खाना नंबर 7 मे हों।	सिर कटने से मौत होगी।
पितृ रेखा, मातृ रेखा से अलैहदा (अलग) होकर कटी हुई या टेढ़ी हो। चन्द्र की चीजों के आगमन से चन्द्र नष्ट होगा।	बुध–बृहस्पत दोनों आपस में बिलमुकाबिल (देखें फरमान 6) हों।	अधरंग (पक्षाघात) से मौत।
पितृ रेखा, मातृ रेखा से अलैहदा होकर टेढ़ी हो रही हो।	बुध–बृहस्पत मुश्तरका खाना नंबर 3 में हों।	सन्निपात से मौत होगी।
शुक्कर के बुर्ज़ या उम्र रेखा पर सूरज का सितारा हो।	चन्द्र–सनीचर, खाना नंबर 4 या चन्द्र खाना नंबर 10 और सनीचर खाना नंबर 4 (रात के वक्त मौत) सनीचर खाना नंबर 10, चन्द्र–सूरज खाना नंबर 4 (दिन के वक्त मौत) सूरज–चन्द्र खाना नंबर 7 (न दिन होगा और न रात)।	दरिया या नदी या नाले के पानी से मौत होगी।

–	चन्द्र–सनीचर खाना नंबर 7 में हों और चन्द्र प्रबल हो।	मातृ भूमि में मौत होगी।
–	चन्द्र–सनीचर खाना नंबर 7 में हों और सनीचर प्रबल हो।	परदेश (विदेश) में मौत होगी।
–	बृहस्पत खाना नंबर 2, केतु खाना नंबर 2 या दोनों ही मुश्तरका हों।	मौत का पहले ही पता लग जाएगा।
–	चन्द्र खाना नंबर 7, 10 और खाना नंबर 2 खाली हो।	फेफड़े और छाती की बीमारियों से मौत होगी।

(1) उम्र रेखा का अचानक टूट जाना मौत आने की निशानी (पहचान) है।

(2) जब वर्षफल कुंडली में बुध, राहु, केतु तीनों मुश्तरका (इकट्ठे) हो जाएं तो ये मौत आने की निशानी होगी।

(3) जब भी वर्षफल में बुध, राहु या केतु से मुश्तरका होकर आएगा, मौत की निशानी देगा।

(4) जब चन्द्र–सनीचर, खाना नंबर 4 में मुश्तरका हों तो इंसान परदेश में मरेगा।

(5) जब चन्द्र–सनीचर खाना नंबर 7 में हों तो इंसान अपने घर या गृहस्थों के बीच में ही मरेगा।

(6) किस्मत रेखा की शुरू की दो शाखाओं में से अंगूठे की तरफ वाली शाखा लम्बी हो (शुक्कर के बुर्ज़ की तरफ वाली लम्बी हो) तो अपने ग्रहस्थियों के बीच मरेगा लेकिन अगर चन्द्र की तरफ वाली शाखा बड़ी हो तो परदेश में मरेगा।

(7) बृहस्पत खाना नंबर 6 या केतु खाना नंबर 6 में हो तो ऐसे इंसान को अपनी मौत का अंदाजा मरने से पहले ही हो जाएगा।

नक्कारा–कूच (मौत का नगाड़ा)

(मौत का वक्त)

मौत का वक्त पापी ग्रहों (राहु, केतु, बहैसियत पापी सनीचर) और शुक्कर के मंदे कामों (प्रभावों) का नतीजा (परिणाम) होता है।

कर्म जब हो खत्म अपना या खजाना लेख का
खुद-ब-खुद आ ही बनेगा, सब बहाना मौत का

जब इंसान के प्रारब्ध–कर्म खत्म हो जाएंगे और लेख का खजाना भी खाली हो जाएगा तो खुद–ब–खुद (स्वतः) ही मौत का बहाना (कारण) सामने आकर खड़ा हो जाएगा। अर्थात्–

(1) जब बुध, राहु, केतु (बमूजिब वर्षफल) किसी भी तरह (दृष्टि सिद्धान्त, साथ–साथी वगैरह) से इकट्ठे हो रहे हों।

(2) खाना नंबर 3 खाली हो या खाना नंबर 3 में मंदे ग्रह हों और खाना नंबर 6, 8 में एक या दो ग्रह मंदे हो रहे हों।

(3) बंद मुट्ठी के खाने (1, 7, 4, 10) खाली हों (बमूजिब वर्षफल) और बमूजिब (अनुसार) वर्षफल उनमें कोई भी ग्रह न बैठा हो।

(4) चन्द्र (बमूजिब वर्षफल) निकम्मा हो रहा हो।

(5) खाना नंबर 4, खाना नंबर 2 की मार्फत (माध्यम से) खाना नंबर 8 का जहर बढ़ा रहा हो। (देखें दृष्टि सिद्धान्त, फरमान नंबर 8)। मार्फत उपर्युक्त सभी उसूल (सिद्धान्त) इंसान के लिए मौत का बहाना खड़ा कर देंगे।

विनाश काले विपरीत बुद्धि, मालो जर न काम हो
मौत डंके चोट लगती, चलता खासो आम हो

जब इंसान के विनाश का वक्त आता है तो उसकी बुद्धि भी विपरीत–दिशा में (अनिष्टकारक) काम करने लगती है। जब इंसान की मौत का वक्त आता है तब न तो उसका धन या माल (सामान) ही काम आता है और न ही उसकी दुनियावी (सांसारिक) औकात ही उसका साथ देती है। जब डंके पर मौत की चोट पड़ती है तो हर तरह के आम (साधारण) और खास (विशिष्ट) इंसान को जाना ही पड़ता है।

(1) जब बमूजिब (अनुसार) वर्षफल बुध मंदे घरों में बैठ जाए। मसलन (जैसे) खाना नंबर 3, 8, 9, 12 में बुध की बैठक हो।

(2) सनीचर अपने पाप (राहु–केतु) की मार्फत (माध्यम से) चन्द्र को जहर दे रहा हो।

(3) राहु खाना नंबर 8 में (बमूजिब वर्षफल) हो और चन्द्र, राहु के जहर से मंदा हो रहा हो।

उपर्युक्त ग्रह–चाल (योग) इंसान की मौत का आगाज (प्रारम्भ) होंगे। यानि जब तक साथ लाए हुए दाना–पानी का खजाना बाकी (शेष) था तब तक इंसानी सांस चलती रही और इंसान की मुट्ठी खुलती और बन्द होती रही लेकिन ज्यों ही आखरी वक्त आया तब इंसान की मुट्ठी खुली की खुली रह गई, बन्द करने से भी बन्द न हो सकी। आखरी वक्त पर सब गृहस्थों और साथियों को देख रहा होगा मगर किसी को भी अपना साथी न बना सकेगा और न ही बाकी सामान की गठरी भरकर अपने साथ ले जा सकेगा। यघपि सांस बन्द हो गई मगर किस्मत का लेखा चलता रहेगा यानि उसकी साथ लाई हुई खजाने की दौलत में से जो कुछ बाकी बचा होगा वह उसके गृहस्थों (परिवार वालों) को भोगने के लिए मिल जाएगा।

फरमान नंबर 18

आशीर्वाद

खुश रहो आबाद दुनिया, मालो-जान बढ़ते रहो
मदद मालिक अपनी देगा, नेकी खुद करते रहो